2018年《节能与新能源汽车年鉴》

顾问单位

（以单位名称汉语拼音顺序排序）

东风汽车公司

上海汽车集团股份有限公司

中国第一汽车集团有限公司

重庆长安汽车股份有限公司

理事单位

（以单位名称汉语拼音顺序排序）

北京新能源汽车股份有限公司

北汽福田汽车股份有限公司

广州小鹏汽车科技有限公司

国能新能源汽车有限责任公司

零跑汽车有限公司

天津力神电池股份有限公司

协办单位

（以单位名称汉语拼音顺序排序）

爱驰汽车有限公司

恒大法拉第未来智能汽车（广东）有限公司

湖南猎豹汽车股份有限公司

江苏塔菲尔新能源科技股份有限公司

三友联众集团股份有限公司

厦门宏发电力电器有限公司

深圳市恒翼能科技有限公司

深圳市通茂电子有限公司

威马汽车科技集团有限公司

武汉理工通宇新源动力有限公司

游侠汽车浙江有限公司

浙江合众新能源汽车有限公司

智车优行科技（上海）有限公司

重庆金康新能源汽车有限公司

支持单位

（以单位名称汉语拼音顺序排序）

FEV中国	安徽江淮汽车集团股份有限公司	奥地利AVL李斯特公司
奥特佳新能源科技股份有限公司	北奔重型汽车集团有限公司	北京蓝吉新能源科技有限公司
北京商驰科技发展有限公司	比亚迪汽车工业有限公司	博格华纳（中国）投资有限公司
博世（中国）投资有限公司	大连理工大学	大陆汽车投资（上海）有限公司
东风柳州汽车有限公司	东风日产乘用车公司	东莞市创明电池技术有限公司
孚能科技（赣州）有限公司	赣州市豪鹏科技有限公司	广东国鸿氢能科技有限公司
广西玉柴机器股份有限公司	广州通达汽车电气股份有限公司	海马新能源汽车有限公司
杭州富特科技股份有限公司	杭州威衡科技有限公司	航天新长征电动汽车技术有限公司
合肥国轩高科动力能源有限公司	河南速达电动汽车科技有限公司	湖南金杯新能源发展有限公司
湖南中车时代电动汽车股份有限公司	江苏陆地方舟新能源车辆股份有限公司	江苏敏安电动汽车有限公司
江苏维科新能源科技有限公司	江西博能上饶客车有限公司	江西江铃集团新能源汽车有限公司
江西优特汽车技术有限公司	江西中城通达新能源装备有限公司	开沃新能源汽车集团有限公司
科力美汽车动力电池有限公司	科力远混合动力技术有限公司	南京越博动力系统股份有限公司
宁波双林汽车部件股份有限公司	宁德时代新能源科技股份有限公司	奇瑞新能源汽车技术有限公司
前途汽车（苏州）有限公司	清华大学汽车安全与节能国家重点实验室	庆铃汽车（集团）有限公司
厦门金龙联合汽车工业有限公司	山东国金汽车制造有限公司	山东圣泉新能源科技有限公司
山东玉皇新能源科技有限公司	陕西汽车集团有限责任公司	上海奥威科技开发有限公司
上海德朗能动力电池有限公司	上海电驱动股份有限公司	上海加冷松芝汽车空调股份有限公司
上海交通大学	上海申龙客车有限公司	上海蔚来汽车有限公司
上海重塑能源科技有限公司	上汽通用五菱汽车股份有限公司	深圳市大地和电气股份有限公司
深圳欣锐科技股份有限公司	四川南骏汽车集团有限公司	四川新筑通工汽车有限公司
唐山普林亿威科技有限公司	天津大学无人驾驶汽车交叉研究中心	天津清源电动车辆有限责任公司
同济大学新能源汽车工程中心	芜湖天弋能源科技有限公司	武汉泰歌氢能汽车有限公司
远东福斯特新能源有限公司	长城汽车股份有限公司	浙江中马传动股份有限公司
中国重汽集团成都王牌商用车有限公司	中国重汽集团济南豪沃客车有限公司	中航复合材料有限责任公司
中航光电科技股份有限公司	中信戴卡股份有限公司	中植一客成都汽车有限公司
重庆力帆新能源汽车有限公司	株洲齿轮有限责任公司	

公司简介

COMPANY PROFILE

中国第一汽车集团公司新能源分公司成立于2010年9月8日，注册地为吉林长春净月经济开发区。公司主要经营内容为新能源汽车整车及其零部件的研发、制造、销售；除此以外，提供新能源汽车技术咨询，汽车租赁，以及新能源汽车及其零部件检测服务。公司依托一汽集团，围绕新能源产品开发，前瞻技术中试，总成经营三大业务，已取得一系列的卓有成效的工作成果。

新能源汽车分公司作为集团新能源事业的排头兵，根据自身需要吸收和培养了大批高素质人才，为集团输出了较多的优秀的管理者和工程师。公司内现有博士2人、硕士42人、本科102人，员工平均年龄31岁，体现出了公司人才的高学历化、年轻化趋势。

本公司自成立以来完成了奔腾B50PHEV、奔腾B50EV、威志EV、奔腾B30EV、宾果车型的开发及试制工作，实现了红旗H7PHEV电机、奔腾B30EV动力电池、红旗EV动力电池、3.5kWh动力电池、奔腾B30EV下部车身及骏派A70前地板的试制及批量生产工作。

全体员工以创业精神，在新能源汽车领域践行一汽集团公司“中国第一，世界一流”的企业愿景，贯彻“夯实管理基础，优化产品技术，培育核心能力，促进人才育成”的企业方针，树立自主品牌，实现科技领先，打造节能、环保的新能源汽车造福社会。

产品介绍

PRODUCT INTRODUCTION

长安汽车
CHANGAN
CCTV
国家品牌
计划
行业领跑者
颜控首选
460kM超长续航
全方位拓宽你的生活半径
逸动 EV460
/超长续航给你全“新”体验/

上海汽车集团股份有限公司
SAIC MOTOR CORPORATION LIMITED
爱上汽车
SAIC
畅行天下

BAIC BJEV
北汽新能源
CCTV.
国家品牌
计划

现在，即WEY来
WEY
中国豪华SUV领导者
P8
WEY P8
定义中国插电混动豪华SUV

江淮新能源
江淮iEV
科技引领 大众e行
科技引领 大众e行
iEV6E运动版&iEV6E升级版 双星闪耀 联袂上市
最高续航
310km
最高续航
390km
iEV6E升级版
iEV6E运动版
电池包液冷技术
五层次安全设计
防冲击电驱技术
单踏板能量回收

猎豹汽车
LEOPAARD
猎豹CS9 EV 新能源 i-SUV
充电快 跑得远 更省钱
移动互联纯电动SUV
LEOPAARD
CS9 EV
i-SUV
猎豹CS9

宝骏汽车
可靠的伙伴
宝骏530
多点空间
活出色彩
=
+
+
+
五 抢五折型鲨
免 18期免利息
换 5000元置换补贴
以上金融和置换政策限宝骏530手动尊贵型，手自一体全系及DCT全系车型享有，有效期至2018年8月31日

NISSAN
Innovation that excites
技术日产 人·车·生活
NISSAN INTELLIGENT MOBILITY
日产智行科技
轩逸·纯电 让爱满格
全球专业纯电家轿 正式预售
越早购车
越多惊喜
*全国前1500名购车用户专享
最高可享3000元
购车抵扣券
价值3000元
北京移动充电卡
SYLPHY Zero Emission
轩逸·纯电
欢迎莅临东风日产智行科技体验馆品鉴
*关于预售活动的具体内容，最终解释权归东风日产所有
SYLPHY Zero Emission NISSAN MAXIMA TEANA MURANO X-TRAIL TERRA QASHQAI KICKS LANNIA TIIDA SYLPHY SUNNY LIVINA QUEST PATROL 370Z NISSAN GT-R
服务热线
400 830 8899 800 830 8899
www.dongfeng-nissan.com.cn
东风日产

东风风行
景逸S50EV
先锋科技纯电轿车
菱智M5EV
全能电动商务车
0跑蔚蓝 E路风行
东风风行新能源汽车以非凡的纯电科技和卓越的性能，
实现了“0”束缚，“0”限制，“0”担忧，
“0”污染的用车生活，“0”跑未来，引领看得见的蔚蓝生活。
景逸S50EV
综合工况410km续航
45分钟闪电快充
8年或16万公里整车质保
2700mm超长轴距
LG高安全高效电机电控
剧院级NVH静谧系统
百公里仅需11.44元（家用电）
菱智M5EV
综合工况353/330km续航
8年或16万公里整车质保
57.7kwh超大电池容量
IP67高等级电机电池包防水绝缘性
百公里仅需15.04元（家用电）
政策鼓励，城市道路不限行

蔚来es8
高性能智能电动7座SUV
es8
nio.com

AIWAYS
与爱驰行
为全球年青人打造的
高品质智能电动SUV

A NEW SPECIES OF
ADVANCED MOBILITY
FF.com
FF 91

金菓EV
SF 7

YOUXIA
It`s coming
YOUXIA MOTORS
游侠汽车创始于2014年，注册资本42亿人民币，总部坐落于中国最大的汽车科技产业中心一上海，是一家集新能源整车研发、生产、销售、服务为一体的智能电动汽车企业，同时也是中国第一家发布完整纯电动汽车（YOUXIA X）的科技企业，通过打造具有全新人车智能交互系统的高性能电动汽车，加速领跑全球可持续化能源梦想。
Youxia automobile was founded in 2014 with a registered capital of RMB 4.2 billion, the company is headquartered in Shanghai, the largest automotive technology industry center in China. It is a smart electric vehicle enterprise integrating R&D, production, sales and service of new energy vehicles. China's first technology company to release a complete pure electric vehicle (YOUXIA X), to accelerate the global sustainable energy dream by creating a high-performance electric vehicle with a new human-car intelligent interactive system.
「高颜值
高性能」

敏安汽车
MIN AN AUTO

企业简介（INTRODUCTION）

江苏敏安电动汽车有限公司成立于2013年，注册资本为1.3亿美元，总投资83亿元。下设研发中心、营销中心、智造中心等，是集市场、研发、生产制造、智能开发、营销、售后等为一体的整车开发与制造公司。2017年3月，敏安汽车在江苏淮安投资的生产基地项目启动，该项目规划建成智能化、信息化、节能化、园林化工厂，打造工业4.0时代电动汽车工厂标杆。目前工厂厂房已完成结顶，现进入设备安装调试阶段，预计2018年年底实现各车间及设施全面投入使用，实现每年至少5万辆的电动乘用车产能输出。

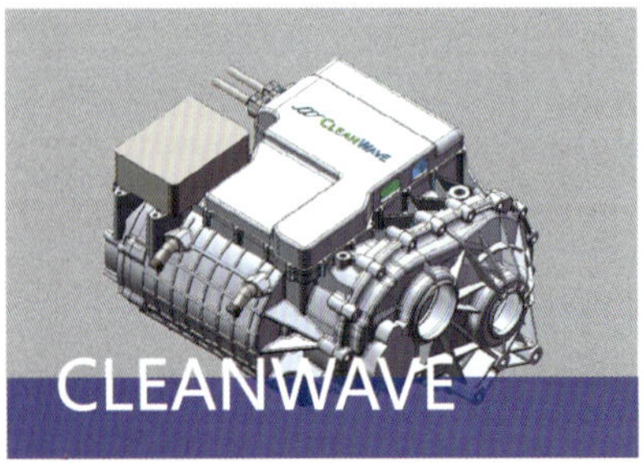

克林威孚电机

CLEANWAVE TECHNOLOGIES,INC.于2008年成立于美国硅谷，在电机、功率电子和软件控制领域均拥有创新的专利技术。2016年，敏安与CleanWave在嘉兴市成立合资公司，其合作开发的高性能电机具备高效高功率特性，其电机的能量密度、体积密度具有世界领先水平。

轻量化车身

2011年，敏安汽车与丰田合作研发的B平台车型，采用新型全铝车身架构，该车型是全国首款通过碰撞试验的全铝车身汽车产品。2015年，敏安汽车引进日本东丽和澳大利亚的新材料技术——碳纤维车身技术，并计划在2019年小规模量产的电动跑车上适用。

智能汽车研发

敏实与日本Sharp和富士通合资在宁波设立电子事业部，大力投入汽车电子智能领域，研发、生产广角摄像头、车用中控屏幕、自动驾驶系统等，目前车用广角摄像头、车用中控屏幕已经具备生产能力。

敏安汽车首款产品

/ FIRST PRODUCT /

智趣中级电动SUV

COMING SOON

前途汽车专注于纯电动汽车的设计、研发、生产、销售及服务。公司致力于通过前瞻性的设计、开放的智能互联平台、轻量化的材料和模块化的电驱动技术，为更多消费者打造充满驾趣的纯电动车。

2015年4月，由前途汽车自主设计、研发和制造的高性能纯电动跑车前途K50亮相上海国际车展。该车秉承轻量化的设计理念，车身大量采用碳纤维及铝合金等轻量化材料，最大限度地优化了整车的操控性能与续航能力。2016年北京车展上，前途汽车带来了国内首款敞篷K50纯电动跑车概念车和在造型设计、工程设计上更为接近量产版的全新前途K50。未来，前途汽车还将推出覆盖多个细分市场的纯电动车型。

2016年2月17日，前途汽车苏州生产基地破土动工，一期投资超过20亿元，初期占地面积23万平方米，先期计划产能为5万辆。与传统汽车的生产模式以冲压、焊接、涂装和总装四大工艺不同，基地的生产模式将围绕碳纤维、铝合金等轻量化材料的使用进行全新规划。前途汽车苏州生产基地建成后，将在中国汽车行业内率先实现大规模定制、柔性化生产。

2016年10月10日，以前途汽车为实施主体的“北京长城华冠汽车科技股份有限公司年产5万辆新能源乘用车项目”获得国家发改委批准。

2018年4月4日，前途汽车进入工信部第306批《道路机动车辆生产企业及产品公告》新增车辆生产企业名单，成为国内第6家正式获得新建纯电动乘用车资质的企业。

2018年4月25日，前途汽车首家品牌体验店在北京正式对外开放，并命名为前途驿，前途驿作为前途汽车的品牌名片和新兴的城市文化地标，是一个具备多元功能的复合空间。

2018年4月25日，前途汽车携前途K50、前途K20 Concept和前途Concept 1三个车型亮相2018北京国际车展。未来，前途汽车将在三个平台进行同步开发。

2018年6月6日，前途汽车首款量产车型——前途K50进入工信部《道路机动车辆生产企业及产品公告》(第308批)车辆新产品名单，标志着该车型正式获得工信部道路机动车辆产品准入许可，成为国内首款获得准入许可的自主品牌纯电动跑车。

2018年6月30日，前途汽车首款量产车前途K50在苏州生产基地正式下线，用“行胜于言”的扎实行动兑现“造一部好车”的承诺。

2018年7月25日，前途汽车在北京、上海两座城市举办了前途K50首次用户试驾会，共吸引近千名用户到场试驾。

2018年8月8日，中国首款纯电动城市跑车——前途K50在前途汽车苏州生产基地正式上市，补贴后全国统一售价为68.68万元，即日起可登录前途汽车官方网站下单预订。在发布仪式现场，前途汽车董事长陆群向首批车主代表交付钥匙，标志着这款充满驾趣的城市电动跑车的销售正式开启。

JMEV 江铃集团新能源
为更好去前行
我的易至生活
陪伴是最长情的告白，而守护是最用心的陪伴。我们因您，为更好去前行！
E100
E160
E400
E200S
E200

国金汽车
SINOGOLD
国金GM3
纯电动MPV标杆
核心三电质保
8年或20万公里
免费保养
3年7次
自购车之日起
山东淄博市高新技术开发区宝山路777号
www.guojinauto.com
400-6585-777
山东国金汽车销售有限公司
SHANDONG SINOGOLD AUTOMBILE SALES CO.,LTD

SD
速达
速达汽车
电动未来
SUDA CARS
ELECTRIC
FUTURE
SUDA EV · China
SUDA EV · China
联系方式:
0398-2771017
河南速达电动汽车科技有限公司
地址：河南省三门峡市开发区东区

福田汽车移动官网

福田汽车官方微信

FOTON

福田汽车

金龙客车
KING LONG
创新前行 因您而动
金龙纯电动客车
城市之光
City Lights
金龙客车
城市之光
City Lights
城市公交大巴系列
让出行更美好
城市之光大型公交系列继承了前代美观、稳定的优良血统，并在外观、乘坐、驾驶、安全、维保及动力等六大层面有重大升级，驾乘体验全面加分。全系车型涵盖四大动力平台，能源选择更多样，满足您不同场景下的运营需求。
全新城市之光，以诚意打造城市公交辉煌杰作。
厦门金龙联合汽车工业有限公司 地址：福建省厦门市集美区金龙路9号 361023 400-886-6700 www.king-long.com.cn
金龙微信二维码
金龙官网二维码

中国中车
CRRC
电驱动领航者
THE PILOT OF ELECTRIC DRIVE TECHNOLOGY
零排放推动者
THE DRIVER OF ZERO EMISSION
湖南中车时代电动汽车股份有限公司
HUNAN CRRC TIMES ELECTRIC VEHICLE CO., LTD.
地址：湖南省株洲市国家高新技术开发区栗雨工业园五十七区
t-power
云智通
ATS
高铁科技
全承载
24小时服务
阴极电泳
金融解决方案
电话：4001755678
邮编：412007
传真：+86-731-2849-3788
网址：www.tev.csrzic.com

CNHTC
中国重汽
SINOTRUK

天津清源电动车辆有限责任公司

Tianjin Qingyuan Electric Vehicle Co., Ltd.

开清源电动汽车，走节能环保路线

Open Qingyuan Electric car,take the road of energy saving

公司简介/COMPANY PROFILE

公司简介:天津清源电动车辆有限责任公司（以下简称“清源公司”）创立于2001年，是由中南创发国际有限公司、中国汽车技术研究中心、天津力神电池股份有限公司等单位共同投资组建的有限责任公司（台港澳与境内合资），专门从事电动车辆整车及关键零部件的研究、开发、生产与经营。

2002年清源公司被天津市政府授权为天津市电动车辆研究中心，2003年被国家人事部授予博士后科研工作站，2006年被认定为国家高新技术企业，2008年取得国家工信部授权的“新能源汽车整车生产企业”资质，2009年清源公司的电动汽车动力系统关键零部件试验室通过了国家实验室认可委员会的资质认定，可以为行业提供产品准入所需的评价试验，并先后通过了ISO9001、ISO/TS16949认证，2018年清源公司成功实现增资重组。

经过十多年的科研攻关和技术积累，清源公司培养了一批专业分布合理、理论基础全面、技术经验丰富的电动汽车技术研发团队，拥有中机车辆公告准入特聘专家，建立了国际先进的电动汽车整车及其动力系统研发和评价的软硬件条件，具备了全新整车车型正向开发、电动汽车动力系统核心部件开发以及电动车辆工程技术开发等方面的研发能力。

证书/CERTIFICATE

技术应用案例/CASE

目前针对MODEL S车型的高性能电池包已经完成电池模组开发，该电池包采用21700圆柱电芯，运用分布式液冷技术，最大温差小于3℃，SOC精度大于97%，电池包能量密度大于160Wh/kg，计划2018年底完成整个电池包的台架测试以及搭载MODEL S后的整车测试。同时，2018年底将在清源厂区内建设一条PACK试制演示线，用于演示该PACK技术的开发及生产技术工艺。

清源公司电池PACK业务部门目前可向客户提供电池包的BMS产品和电池PACK及其生产线的全套技术解决方案的工程技术服务，也可以与客户进行整车及电池PACK相关的项目合作，以及合资等模式开展PACK产品开发、生产线建设、产品生产销售及技术服务等。

未来规划：未来清源将重点发展新能源乘用车，产品品类包含A00级-B级，至2025年全产销30万辆，营业额超过600亿元，以服务和客户体验为目标，做好产品品质，将清源电动车打造成为国内主流新能源汽车品牌。

联系方式:供应商开发部　王先生 13336097031　wanghubin@qyev.com

航天新长征

航天新长征电动汽车技术有限公司成立于2011年8月，注册资金1.2亿元，位于北京市经济技术开发区，是中国航天科技集团公司下属的一家航天技术应用的高新科技企业，是航天技术应用产业研发中心和产业化运营平台，也是新能源汽车和高端专用车项目的军转民基地。

航天新长征电动汽车技术有限公司秉承航天科技优势，依托北京航天发射技术研究所多年积累的航天技术能力，围绕用户及社会的需求和根本利益，长期致力于专用特种车、新能源专用车、新能源系统及零部件三大板块的运营。电视转播车、指挥通信车、高空作业车、纯电动短途乘用车、新能源物流车、新能源汽车系统及零部件等产品，在细分市场具有差异化的技术竞争优势和较高的市场占有率。

航天新长征电动汽车技术有限公司拥有雄厚的研发资源和能力，并建立了严格的质量保证体系，产品结构、系统匹配、生产工艺、科技含量均处于国内领先水平。公司凭借严格的管理、先进的产品、优质的服务以及为用户创造价值的经营理念赢得了社会的广泛认可，产品销往全国各地，服务于企事业单位、社会团体以及社会公众。

车载巨型屏幕车“Eagle”

“WHALE”概念车
SMG超高清4K全IP转播车
纯电动物流车
航天蓝速HT7型电动汽车
HT7
高空车
航天蓝速HT10型电动汽车
新能源零部件系统
数字仪表
车身控制模块
其他设备
CAN-bus2
档位
电动油泵
电动气泵
DC/AC
电动空调
高压配电箱
DC/DC
辅助电池
冷却水泵
油门
电池管理系统
动力电组
制动
CAN-bus1
PC故障诊断
地面充电
电机控制器
CAN连接
电气连接
机械连接
钥匙
远程信息采集
远程监控系统
驱动电机
IO 控制
零部件
无线数据采集基站
整车控制器
无线车载记录仪
燃料电池
中国航天
5kW驱动电机控制器
高压配电箱
110kW驱动电机控制器
65kW驱动电机控制器

专注于废旧电池回收利用
Devote to recycle retired batteries

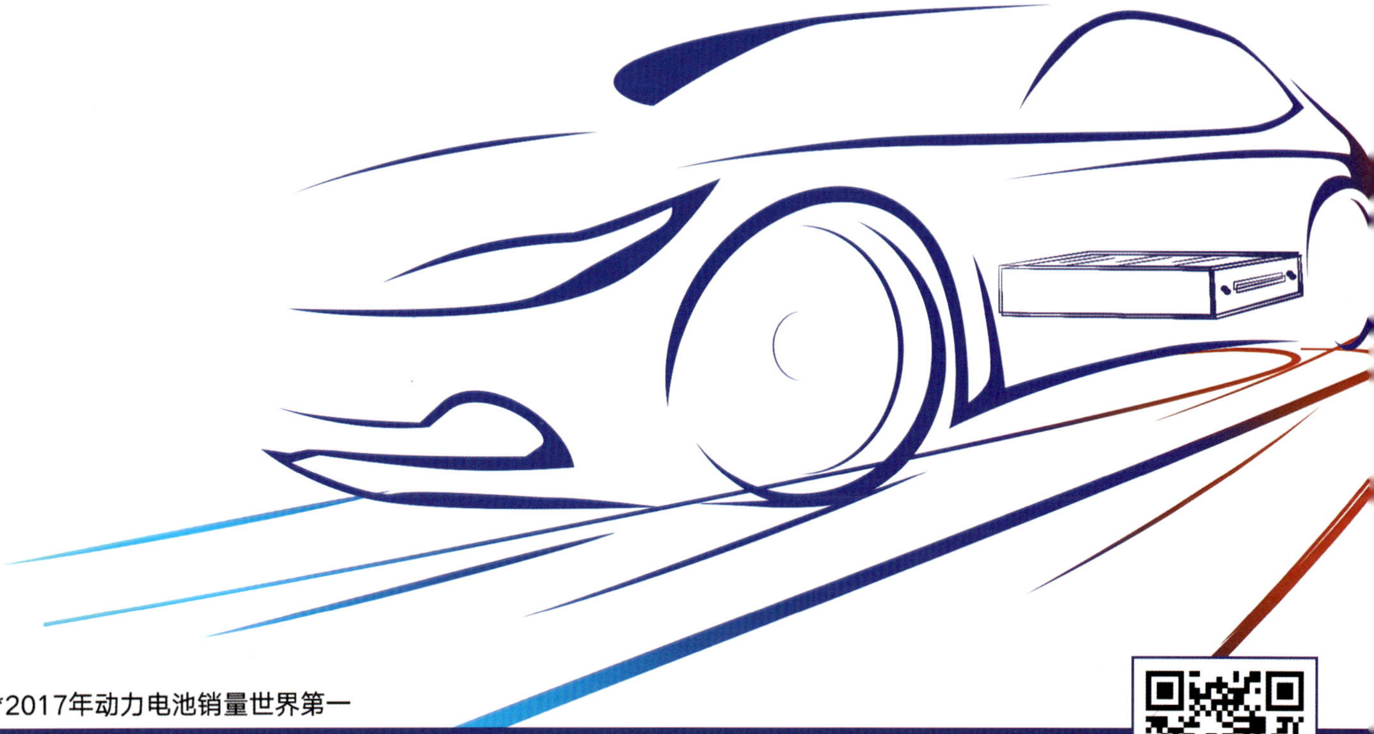

万向一二三股份公司

Wanxiang A123 Systems Asia Co.,Ltd.

公司简介 »

万向一二三股份公司是万向集团旗下专业的锂离子动力电池制造企业。公司位于杭州市萧山经济技术开发区，占地约330亩，建筑面积13万多平方米，拥有行政办公楼和5座厂房，现有员工约3000人，直接从事研发、技术工作的人员中，博士、硕士人才占比45%以上。公司主要业务包括新能源汽车用锂离子动力电池的研发、生产、销售和服务，为新能源汽车生产企业提供全套动力电池解决方案，目前年产能达到8GWh。万向集团将于2018年底动工的万向创新聚能城项目，建成后将形成80GWh的电池产能。公司主要产品为软包锂离子动力电池，包括乘用车用三元锂电池产品，客车用磷酸铁锂电池产品和48V微混动力产品。产品具有高能量密度、高安全性、长寿命的优异特点，在国内同行业中处于领先地位。48V启停电池产品2018年获素有行业创新的风向标之称的美国PACE大奖，三元锂电池产品获“十二五”机械工业优秀科技成果奖和浙江省优秀工业产品称号。

万向一二三股份公司坚持产品技术研发、生产质量管理、国内外市场开拓三头并进的战略。公司2014年被评为国家高新技术企业，拥有浙江省内第一批重点企业研究院——万向电池研究院，统筹国内和国外技术研发团队的研发路线。公司成立以来承担各类国家、省级科研项目20余项，包括牵头或参与工信部新能源汽车创新工程5项，863项目14项，发改委项目2项，浙江省科技厅项目6项。公司推行精益管理体系，对生产过程进行精益管理；使用MES系统，对产品进行全生命周期管理；使用Agile系统，对公司技术开发和知识分享进行敏捷管理。通过在细节上的不断提高，公司顺利通过IATF16949质量体系认证、ISO14001环境管理体系认证和OHSAS18001职业健康管理体系认证，质量管理达到国际先进水平。凭借强大的研发实力和先进的质量管理，公司产品获得了国内外客户的好评，目前已和保时捷、通用、宝马、上汽、广汽、长安、奇瑞等知名汽车厂商建立稳定良好的合作关系。

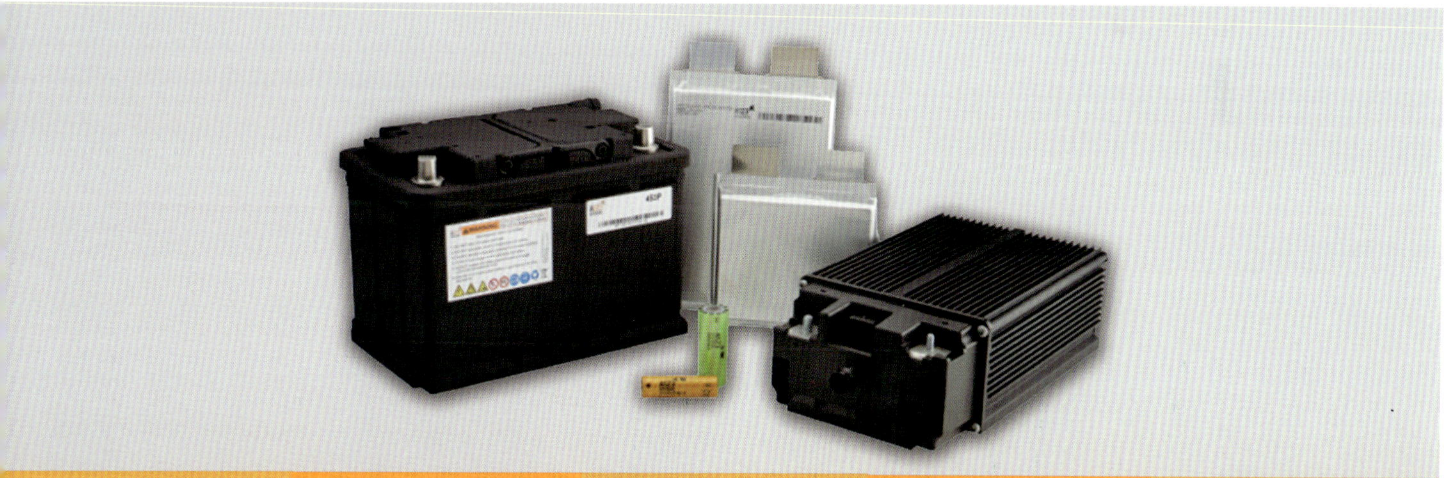

48V电源模块：

提供了一个强大的48V系统解决方案，支持发动机小型化、电子增压、启停、刹车能量回收、发动机低速助力、停机滑行等功能，混合动力车辆可节省燃油12%~15%。

VDA/商用车模组：

通用化、标准化、模块化设计，具备轻量化、高安全、高可靠性、可自动化制造的特点。经过先进的仿真设计开发和优化，为EV、PHEV和HEV应用提供了便利的配置，通过国内外主流主机厂认证。

6/8Ah：

超级纳米磷酸铁锂体系软包电池，采用A123独家的超级纳米磷酸铁锂专利技术，为12V和48V应用提供了兼具超高功率、长寿命和宽温度使用范围的系列化电芯产品。单体功率密度为5800~6000W/kg。

37/42/50Ah：

三元体系软包电芯，按照标准化、模块化的要求设计，拥有高比能、高安全、长寿命的优异化学特性。单体能量密度为200-240Wh/kg。主要应用于PHEV。

80Ah：

三元体系软包电芯，为满足未来大容量电池要求而开发，拥有低成本、高比能、高安全的优异化学特性，单体能量密度为285Wh/kg。主要应用于EV乘用车。

A123 SYSTEMS

LISHEN

天津力神电池股份有限公司
公司地址：中国天津滨海高新技术产业开发区（环外）海泰南道38号
邮　　编：300384
电话传真：86-22-23866002　86-22-23866088
网　　址：www.lishen.com.cn

LISHEN

20th 周年 1997-2017

力神电池

天津力神电池股份有限公司

深孚众望 为国赋能

Deep Fu hope for the country

FARASIS 孚能科技（赣州）有限公司

公司简介

孚能科技（赣州）有限公司于2009年在江西赣州国家经济开发区注册成立，注册资本8.5亿人民币。主要生产新能源车用三元锂离子动力电池及相关产品，已经通过ISO9001、ISO14001、TS16949等各项质量管理体系认证。2016年7月，孚能科技顺利获得国家工业和信息化部《汽车动力蓄电池行业规范条件》企业目录（第四批）。目前，孚能科技已经拥有五十多项世界级锂电池发明专利。

孚能科技主要从事新能源车用锂离子动力电池及控制系统的研发和生产，其三元软包动力电池技术处于国际领先地位。2017年10月，孚能科技"新能源汽车动力电池智能制造试点示范项目(年产4GWh锂离子电池生产基地)"顺利通过国家工信部智能制造试点示范项目审核。并于同年11月荣登国家工信部、财政部两部委公布的2017年国家技术创新示范企业名单。

在技术路线方面，孚能科技的单体电芯能量密度领先世界，公司从2014年底就开始大规模量产220Wh/kg的三元动力电池，目前量产电芯为240Wh/kg的水平，循环寿命在2000次以上，是国内能量密度最高的量产型动力电池。公司更先进的285Wh/kg的电芯已开始匹配国内外一线车厂，将于2019年量产。目前主要是供应北京新能源汽车有限公司和江铃新能源汽车有限公司全系列车型，北汽EU400搭载的三元锂电池就来自孚能科技，续航里程达到460km。

孚能科技成为第一家技术支持世界顶级电动方程式赛事的中国电池企业，向Venturi车队提供了电控和能量管理等多项独家技术。孚能科技生产的动力电池，目前在国内主要应用于乘用车领域，同时大量出口北美成为豪华电动摩托车市场份额第一的电池供应商。2017年，孚能科技动力电池系统出货量进入全球前十位，同年，乘用车电池装机总数量达4.37万台，名列国内前三甲。

在融资方面，截至2018年5月孚能科技累计完成C轮融资超10亿美元，吸引了包括中国国有资本风险投资基金、兴业银行、北京汽车集团产业投资有限公司、工银国际、中科院国科投资、兴业国信资管和杭州金控等企业投资。行业独角兽美誉实至名归。

未来，孚能科技动力电池的生产将结合"智能制造"，利用资本市场，向上下游产业延伸，形成千亿元产业集群，加速动力电池产业的全面升级。

产品介绍

电池包

电芯

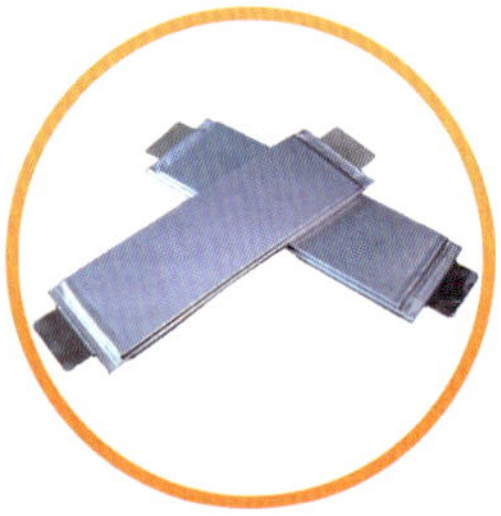

电芯

模组

产品应用

电话：0797-7329999

TAFEL | **塔菲尔新能源科技**
TAFEL New Energy Technology

量产产品介绍
MP Product Introduction

做更专业的中国“芯”

To make more professional made-in-China “ **CELLS**”

锂动力电池和储能电池服务商

EV and ESS battery supplier

五大产品指标

5 Major Product Indicators

- **高安全** High-level Safety
- **高能量密度** High Energy Density
- **快充** Fast Charge
- **长寿命** Long Cycle Life
- **低温放电** Low-temperature Discharge

江塔塔菲尔
Jiangsu TAFEL

TAFEL TAFEL New Energy Technology | **衡即动力** BALANCE IS ENERGY **衡有动力** POWER FROM ETERNITY

YOTTEO 江西优特汽车技术有限公司

Jiangxi YOTTEO Auto technology Co.,Ltd.

公司简介

江西优特汽车技术有限公司是汉腾汽车旗下全资子公司。主研新能源汽车动力电池系统、电池管理系统、氢燃料动力电池系统，集研发、生产、试验、销售、回收为一体的高新技术企业。公司位于上饶市国家经济开发区，目前一期总投资额2.5亿元，占地2万平方米，可年产12万台套新能源动力电池总成，同时满足纯电动和混合电动车型对核心动力电池不同配置的需求。

公司理念

我们的理念▶ 谦和诚信　创新进取　开放包容　聚力共赢

我们的愿景▶ 坚持技术创新与管理创新，以规模化平台化能力建设为突破口构建企业长期核心竞争力，以集团化运作能力、战略性人力资源管理体系、市场导向型研发体系、营销体系升级建设为重点保障；依托现有整车平台保障，大力创新发展锂动力电池业务，加快氢燃料动力电池研发制造，发挥技术优势、团队优势，为我国新能源事业的发展不懈努力。

发展历程

2016.09 公司成立 注册资金5000万元

2016.11 试制线投入生产

2016.12 首批动力电池系统交付

2017.05 斥资5000万，建成电池安全和性能试验室

2018.1 入选国家新能源重点专项正式申报企业

2018.7 国家高新技术企业申报成功

2018.9 投资2亿，建成新能源园区投入使用

产品介绍

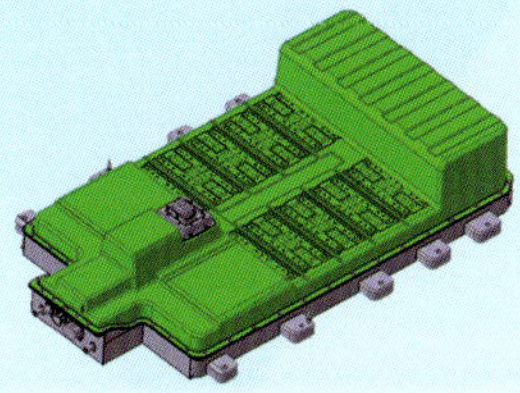

SUV BEV动力电池总成（纯电动）

总能量（kWh）	50.37
电池额定电压（V）	335.8
电池工作电压（V）	257.6-395.6
放电电流（额定）A）	225
放电电流（A）	428
电池箱体IP等级	IP67
冷却方式	液冷
系统能量密度（Wh/kg）	＞120
充电时间	快充：1h 慢充：16.7h

SUV PHEV动力电池总成（插电式混合动力）

总能量（kWh）	13.13
电池额定电压（V）	345.6
电池工作电压（V）	288-403.2
放电电流（额定）（A）	121
放电电流（峰值）（A）	201
电池箱体IP等级	IP67
冷却方式	液冷
系统能量密度（Wh/kg）	＞90
充电时间	快充：0.5h慢充：4h

A0级乘用车BEV动力电池总成（纯电动）

总能量（kWh）	48.18
电池额定电压（V）	321.2
电池工作电压（V）	246.4-378.4
放电电流（额定）（A）	162
放电电流（峰值）（A）	325
电池箱体IP等级	IP67
冷却方式	液冷
系统能量密度（Wh/kg）	＞140
充电时间	慢充：13h 快充：1.5h

电池管理系统

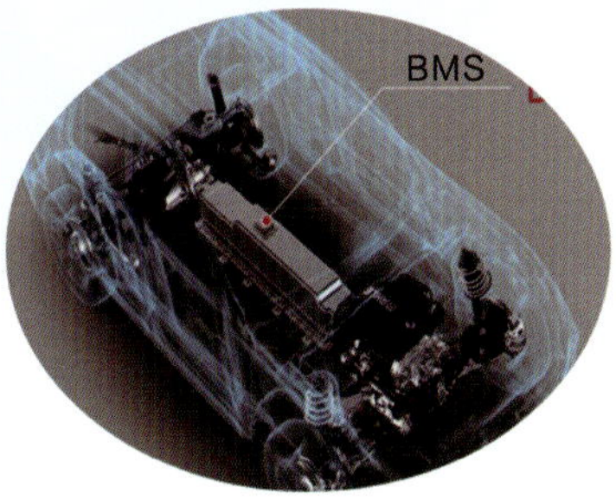

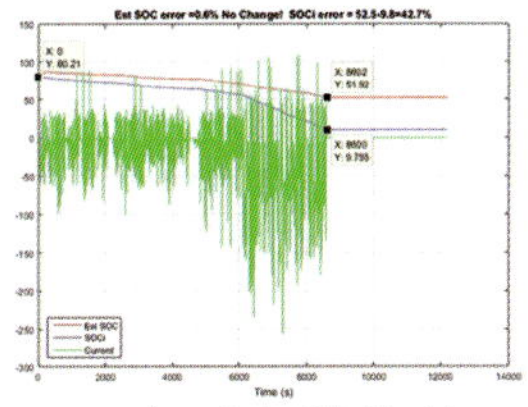

实时在线估算

- 最先进的核心技术
- 高精度、高鲁棒性：不仅有超强的纠错能力，而且，估算精度在电池的整个生命周期内不随工况变化、不随温度变化、不随电池的老化变化
- 同样的续航里程，成本相应降低20%以上，重量减轻15%~20%
- 符合ISO26262功能安全标准
- 系统稳定、安全、可靠

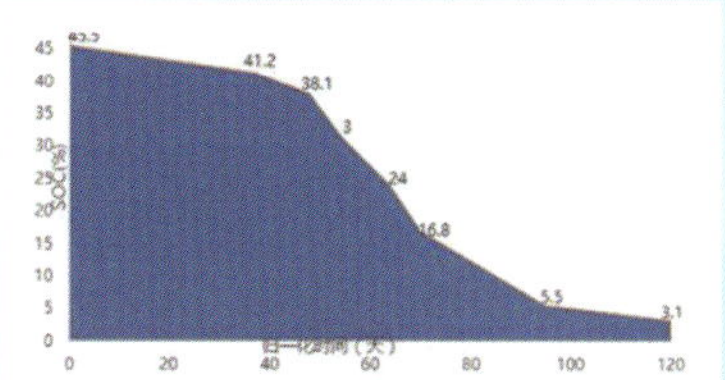

动态均衡技术

- 独特的动态均衡技术
- 延长续航里程20%以上，可将国产电池平均寿命由2~3年提高2~3倍以上

试验能力

试制生产线

pack封装线

激光焊接机

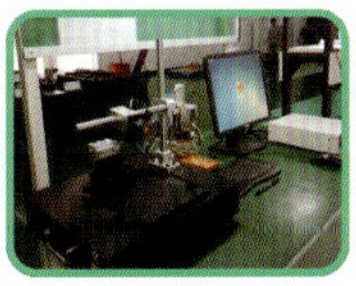
电芯测试分选设备

于2016年6月，建造了单班产能10台份电池包总成的试制生产线，集电芯测试分选、模组组装、激光焊接和pack封装为一体。

电池安全试验室

振动试验台

气动冲击试验台

翻转试验台

电池安全试验室建成于2017年5月，致力于研究产品在遭受外界破坏时所表现的安全状况，从而对产品质量进行不断的改善和提升，使产品在更大程度上让顾客用的放心。

试验室设备主要包含：振动试验台、气动冲击试验台、翻转试验台、步入式盐雾试验箱，步入式高低温试验箱、大电流短路试验装置、动力电池跌落试验机、热冲击试验箱、快速温变试验箱、海水浸泡箱等。

可做试验项目：电池包振动、机械冲击、翻转、盐雾、快速温变、海水浸泡试验、电池单体和模组短路、热冲击、跌落、高低温试验。

电池安全试验室

步入式盐雾试验箱

步入式高低温试验箱

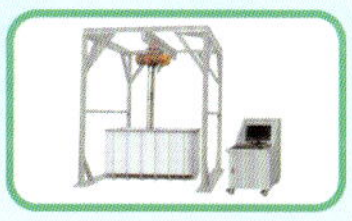
海水浸泡箱

大电流短路试验装置

热冲击试验箱

快速温变/跌落试验箱

电池性能试验室

Pack充放电测试柜

模组充放电测试柜

HIL仿真实验

电池性能试验室于2017年5月建成并投入使用，主要用于电池单体/模组/电池包和电池管理系统性能试验，为产品研发及技术验证提供支持。

试验室设备主要包含：HIL研件在环试验台，HIL仿真测试系统750V500A充放电性能测试柜，60V600A充放电性能测试柜。

可做试验项目：电池单体/模组/电池包的过充过放电特性试验、寿命试验、容量试验、荷电保持能力等试验，及电池管理系统、电机及电机控制器、整车控制器、DC/DC变换器等各种汽车零部件性能试验。

三友繼電器
SANYOU RELAYS
团结 / 创新 / 敬业 / 诚信

公司简介
Company Profile

三友联众集团股份有限公司（以下简称“三友联众”），是一家专业的集继电器研发、制造、销售为一体的国家级高新技术企业、中国电子元件百强企业。

三友联众目前生产的继电器包括80多个系列、20000多种产品规格，产品涵盖了磁保持继电器、通用功率继电器、汽车继电器、新能源继电器、通讯继电器五大类。广泛应用于家电、交通、工业、新能源汽车、充电桩设备、信息、医疗等领域。三友联众拥有一流的自动化装配设备设计能力，目前有100余条全自动或半自动生产线，多种型号的产品使用全自动生产线生产，继电器年产值近十亿只。

三友联众拥有一整套完整的质量保证体系，建有业内先进的产品检测中心，为国内第二家通过了美国UL目击实验室、德国VDE数据实验室，并已通过CNAS国家认可实验室认证。三友联众花巨资引进电力继电器性能测试实验台，包括短路测试及寿命测试两部分，是目前业内仅有的两家能自行进行此类实验的企业之一。三友联众建有完善的管理体系，先后通过了ISO9001、IATF16949、ISO14001标准认证，全部产品通过美国UL目击实验室、CUL及中国CQC认证，并满足欧盟ROHS、REACH指令要求，部分产品获得德国VDE、TUV认证。完备可靠的质量、环境保证体系，完美的技术服务，遍布全球的营销服务网络和最佳性能价格比，使“三友继电器”成为海内外知名客户的最佳选择。

技术研发和产品创新是三友联众生存和发展的动力和源泉。三友联众多年来取得丰硕的研发成果，共获得国家专利200余项。公司还十分注重引进先进国家的继电器设计和制造技术、生产设备，先后与日本、韩国、英国等知名企业建立广泛合作，花巨资引进其优秀的产品设计及制造技术，现已建立自有的高精度、高品质的模具、五金、注塑零件制造体系，保证了三友联众的产品设计、模具开发、零件制造和成品生产方面的技术、品质、工艺水平处于国际同行领先地位。

产品介绍
Product introduction

SEC150系列
额定电压：750VDC
额定电流：150A
简介：陶瓷密封灭弧室
带辅助触点

SEC150

SEC350系列
额定电压：750VDC
额定电流：350A
简介：带辅助触点
陶瓷密封灭弧室

SEC350

SEV20系列
额定电压：750VDC
额定电流：20A
简介：快插端子，
陶瓷密封灭弧室

SEV20

SEV40系列
额定电压：750VDC
额定电流：40A
简介：陶瓷密封灭
弧室

SEV40

SEV200F系列
额定电压：750VDC
额定电流：200A
简介：陶瓷密封灭
弧室，体积小型化

SEV200F

SEV250系列
额定电压：750VDC
额定电流：250A
简介：陶瓷密封灭
弧室

SEV250

SEV300系列
额定电压：750VDC
额定电流：300A
简介：陶瓷密封灭
弧室

SEV300

荣誉证书
Certificate of Honor

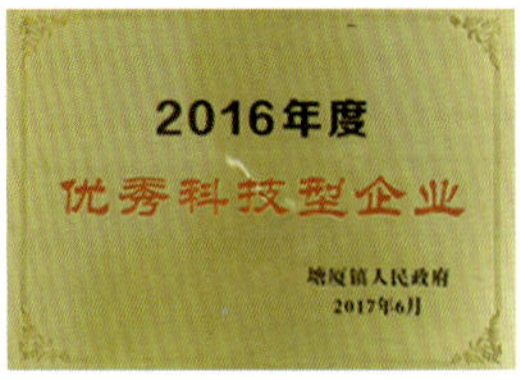

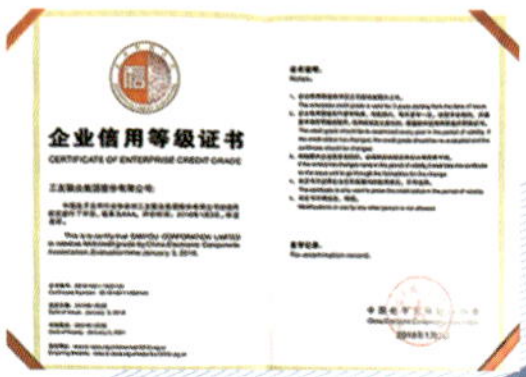

地 址：广东省东莞市塘厦镇莆心湖中心二路27号
邮 编：523719
电 话：86-769-82618888
传 真：86-769-85916770
网 址：www.sanyourelay.com
邮 箱：dghlds01@sanyourelay.com

宏发高压直流继电器
——连通新能源的高压安全分断设备
适用于电动汽车、混合动力汽车、电动大巴、充电桩及48V系统
高效、可靠解决电弧问题
Fast charging station
Battery
Inverter
Motor
Accessory
Normal charging
Control electronics
(1)主继电器
乘用车
HFE18V-150（150A 450VDC）
HFE18V-200（200A 450VDC）
HFE82V-120（120A 450VDC）
HFE82-150B（150A 450VDC）
HFE85-150（150A 450VDC）
大巴
HFE18V-200（200A 750VDC）
HFE18V-300（300A 750VDC）
(2)预充继电器
HFE18V-10（10A 450VDC/750VDC）
HFE18V-20（20A 450VDC/750VDC）
HFE80V-20（20A 450VDC/750VDC）
(3)快速充电继电器
乘用车
HFE18V-100（100A 450VDC）
HFE18V-150（150A 450VDC）
HFE18V-200（200A 450VDC）
大巴
HFE18V-200（200A 750VDC）
HFE18V-300（200A 750VDC）
HFE18V-400（400A 750VDC）
(4)普通充电继电器
乘用车
HFE18V-20（20A 450VDC）
HFE18V-40（40A 450VDC）
大巴
HFE18V-100（100A 750VDC）
(5)辅助继电器
HFE18V-20（20A 450VDC/750VDC）
HFE18V-40（40A 450VDC/750VDC）
充电桩
HFE18V-100（100A 450VDC/750VDC）
HFE18V-150（150A 450VDC/750VDC）
HFE18V-200（200A 450VDC/750VDC）
HFE18V-300（300A 450VDC/750VDC）
HFE18V-400（400A 450VDC/750VDC）
HFE82V-600（600A 450VDC/750VDC）
以上仅为典型应用与推荐；有关直流继电器的选型，应根据具体的使用条件选择与之相匹配的产品，请联系宏发以获取最优方案推介。
* 控制负载能力强，具有10-1000A、工作电压范围12-1000VDC的负载能力
* 陶瓷气密封结构，无电弧泄露风险，可靠性高
* 强壮的磁吹装置，高效灭弧
* 载流能力强，抗短路性能突出，满足电动汽车常见异常工况应对需求
* 电气寿命表现强，满足电动汽车8年（12万公里）的质保需求
* 严格的机械环境测试，全面符合ISO 16750标准
* 可靠的用电安全保障，完全满足IEC 60664-1、ISO 6469-3要求
①该特性针对采用HFE18、HFE82、HFE85系列产品
* 精耕三十年，专注继电器；全球出货量第一，卓越领先
* 二十余年汽车继电器研发与制造经验
* 一流的设计、试验、制造、检测团队与设备，行业领先
* 国内首家自主研发并具备批量能力的高压直流继电器厂商
* 宏发客户关怀，提供系统性的技术支持及产品定制服务
新能源汽车、48V系统典型产品系列方案
（以下仅就应用领域进行宏发产品的典型系列选择推荐，更详细的产品型号选择请与宏发联系，已获取最合适的产品方案）
新能源乘用车&大巴
HFE18V HFE82V系列
*负载控制能力强
*抗短路能力强
*强大的载流能力
物流车&微型电动车
HFE80V系列
*经济适用、性价比高
*负载控制能力强
*超大触点间隙
充电桩
HFE18 HFE82系列
*负载能力强，最大电流达1000A 1000VDC
*反向电寿命能力突出
48V系统
HFE80系列
*经济适用、性价比高
*超低高度
*超大触点间隙
宏发继电器
HONGFA RELAY
厦门宏发电力电器有限公司
厦门市集美区东林路560-564号
服务热线：0592-6682878
http://www.hf-relay.com

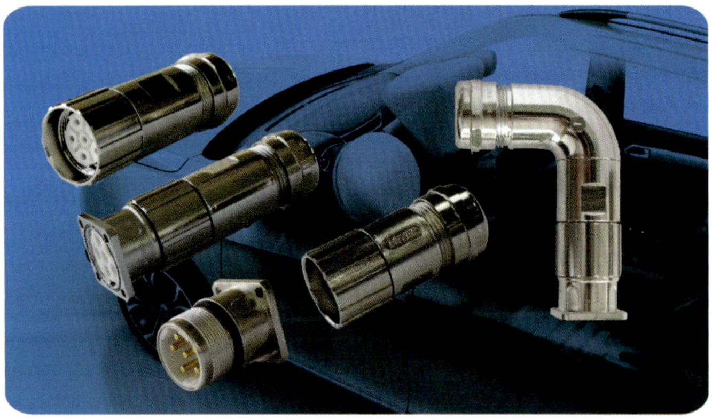

奥特佳

奥特佳新能源科技有限公司是深交所上市公司，股票代码002239。在汽车业务板块，目前奥特佳拥有南京奥特佳新能源科技有限公司、空调国际集团、牡丹江富通汽车空调科技有限公司3家控股公司，并参股澳特卡新能源科技有限公司。公司拥有汽车空调压缩机、汽车空调系统、新能源汽车电控产品三大系列产品。

在新能源领域，南京奥特佳、空调国际和澳特卡各有所长，相互支撑，共同实现了在新能源领域的优异成绩。

南京奥特佳

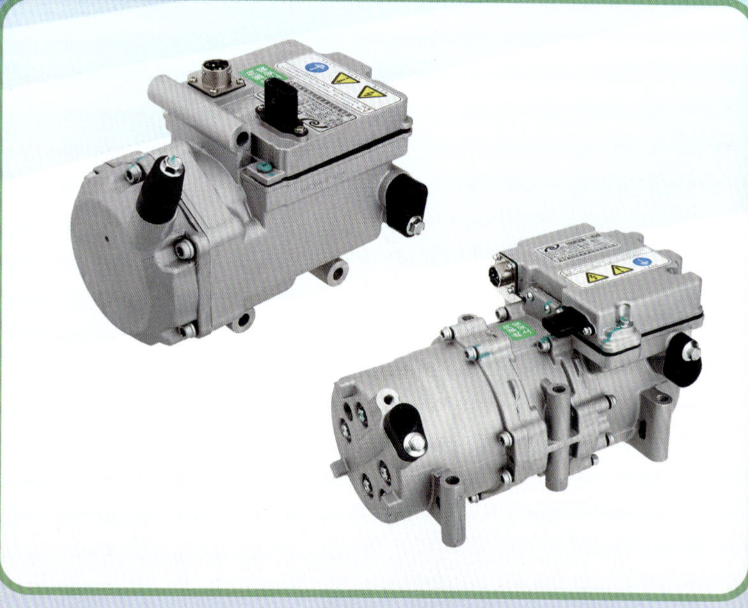

南京奥特佳电动压缩机品种齐全，共有6个系列100多品种规格，适用工质R134a、1234yf及R407c，在纯电动汽车及混合动力汽车领域具有广泛的应用，覆盖新能源轿车、卡车、客车及传统轿车、卡车、客车等国内众多车厂及其售后体系。

公司的电动压缩机为全封闭涡旋压缩机，具有高可靠性、高防护等级的特点。压缩机由直流永磁同步电机驱动，高效节能，转速可连续控制达到变排量效果，舒适性更高。压缩机配备了智能驱动控制器，提供驱动与保护功能，重量轻、体积小，并可根据客户需要增加CAN或LIN通信功能。客户涵盖了通用五菱、比亚迪、长安、北汽新能源、江淮汽车、奇瑞、吉利、力帆、华晨、福田、海马汽车等国内大多数主要的电动汽车生产企业。

南京奥特佳网址：www.aotecar.com

空调国际

Air International Thermal Systems 空调国际热能系统

空调国际从2008年开始致力于新能源汽车热管理系统的研发和制造。2011年量产Coda纯电动车和Fiska增程式混动车的整车热管理系统，集成能力达到国际先进水平。2012年将同样技术应用到国内长安等主机厂，成为国内第一批带整车电池热管理系统的电动车批产应用，取得了良好的客户反馈。

空调国际具有丰富的热管理系统开发经验，涵盖乘员舱舒适度控制、电池热管理、整车动力总成散热、电子电器散热、车辆余热回收、多源热泵等多个系统功能模块。在整车节能增程设计方面有多项实车案例和专有技术，开发车型覆盖48V微型车、轿车、SUV、大巴等各型新能源车辆。

空调国际网址：www.ai-thermal.com

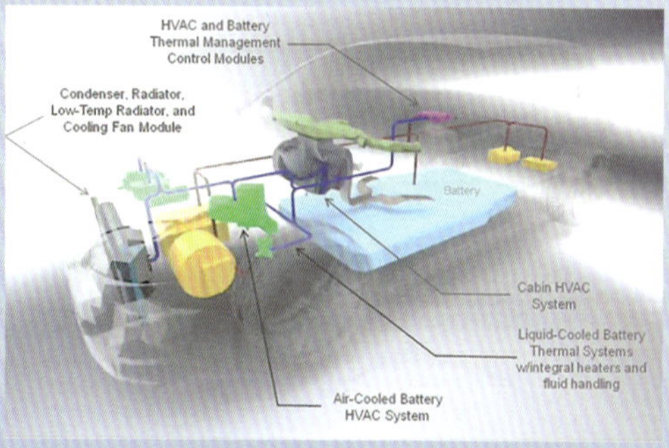

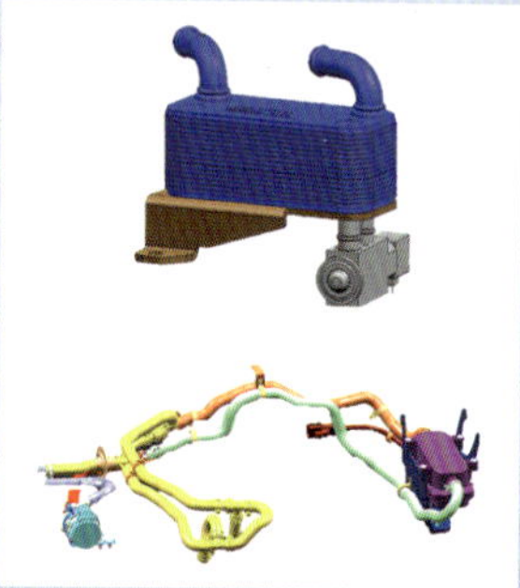

澳特卡

eCartronic

澳特卡的主要产品包括新能源车用的整车控制器、混动控制器、永磁同步电机控制器、电池管理系统和电空调压缩机控制器，能够为客户提供一站式的新能源汽车动力总成集成开发服务。澳特卡的产品开发始终秉持安全、高效、可靠的理念，整个开发流程严格遵循车用电控系统的V型开发模式并导入ASPICE和ISO 26262功能安全的相关流程。公司的产品全部采用基于模型的开发方式进行，通过高效的图形化建模和自动代码生成技术，能够保证产品的可靠和高效、快速的开发周期。

澳特卡所有产品的软硬件均为技术团队自主研发，拥有100%的知识产权，并被授权了十多项国家发明专利和软件著作权。公司已经累计完成10项以上的新能源车动力系统相关的工程咨询或动力系统集成服务。

澳特卡网址：www.ecartronic.com

一体化开发平台

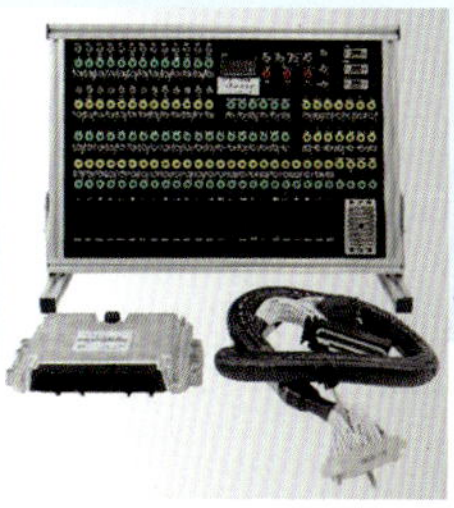

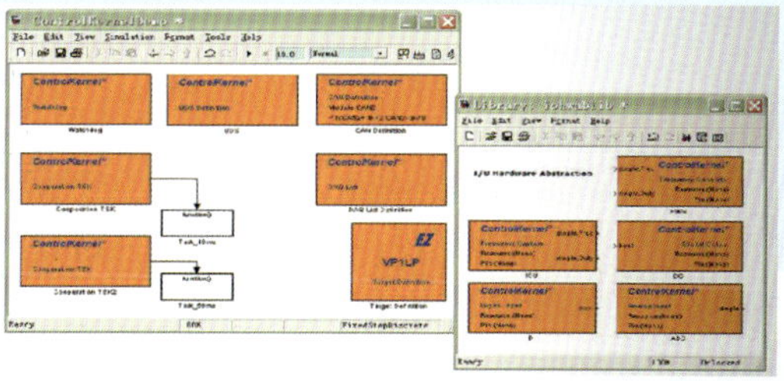

电动空调压缩机控制器

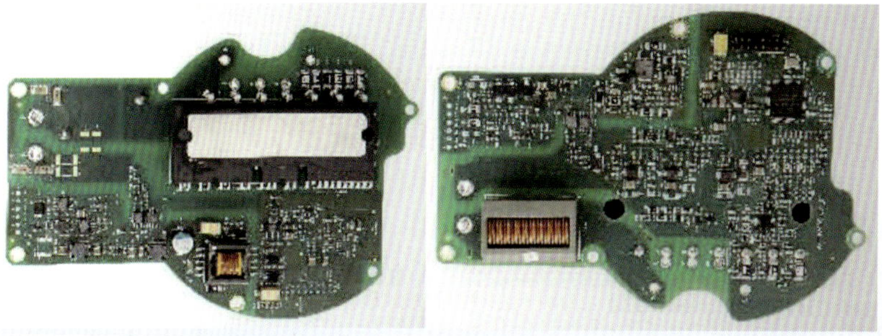

通用整车控制器

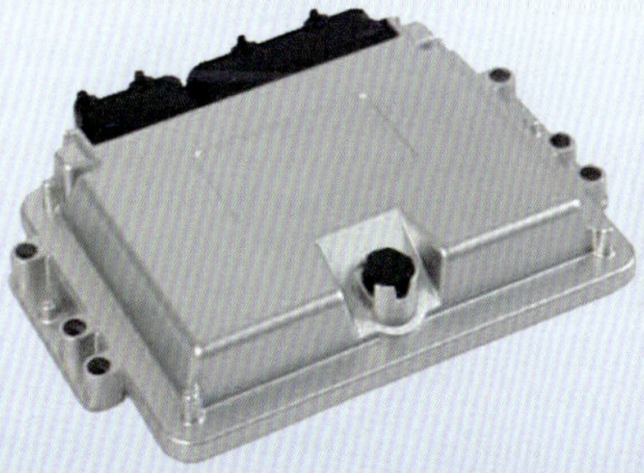

驱动电机控制器

电池管理系统

BMU

LECU

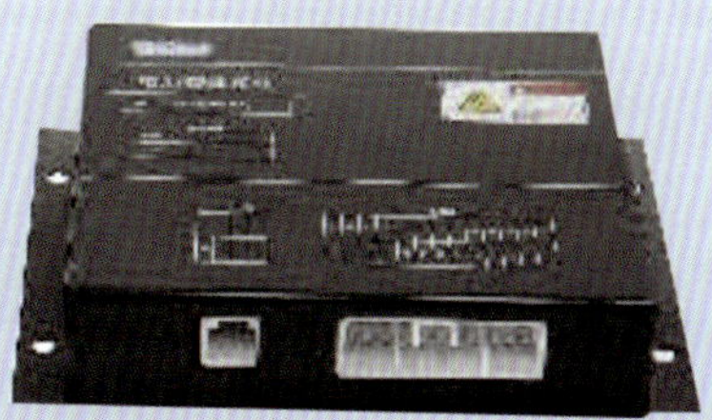

HMU

玉柴机器 YC DIESEL

广西玉柴机器股份有限公司
Guangxi Yuchai Machinery Group Co., Ltd.

公司简介/Company Profile

广西玉柴机器股份有限公司坐落于广西壮族自治区玉林市天桥西路88号，创建于1951年，于1992年经广西壮族自治区人民政府（桂政办函〔1992〕320号）批准发起设立改制为股份制企业；1993年由中资股份制企业改制为中外合资股份制企业，于1993年4月20日在玉林市工商行政管理局登记注册，取得注册号为企股桂总字第001283号的《企业法人营业执照》，现有注册资本47298.93万元。经营范围：柴油机、汽油机、发电机组、小型工程机械的制造销售；提供技术咨询服务；节能与新能源汽车动力总成、零部件的研发、生产、销售及服务；节能与新能源汽车动力系统相关产品的技术咨询及服务；普通货运、货物专用运输（集装箱）。

玉柴现拥有员工8000多人，总资产166.57亿元，年销售收入超200亿元，发动机年生产销售55万台，是中国最大的独立柴油发动机制造商，产品型谱最完整的内燃机生产基地。公司总部设在广西玉林市，下辖7家子公司，生产基地布局福建、江苏、安徽、山东等地。

玉柴是中国目前最大的内燃机生产基地，国家第四批创新型试点企业，具有国家级高新技术企业资质，位列中国企业500强排行榜第215位，中国制造业500强排名第108名，中国500最具价值品牌第107位，位列中国机械500强企业第19位，产品涵盖轻、中、重型系列柴油发动机，2000多个品种，年生产能力80万台，产品畅销30多个国家和地区，以卓越的品质赢得国内外用户的认可，柴油发动机社会保有量超过500万台，2001-2015年，玉柴发动机产销规模连续十五年保持国内同行业第一，单厂产销规模稳居全球之冠。玉柴国家认定企业技术中心在全国887家国家认定企业技术中心中排名20位，在行业位列第一位。

公司坚持"绿色发展，和谐共赢"的核心理念，以"打造全球最具竞争力的专业动力供应商"为愿景，以"用卓越和领先满足公众的动力需求"为己任，坚持走资源节约、环境友好的绿色发展之路，源源不断向市场推出一系列具有自主知识产权的高性能、低排放、低耗能、低耗材的环保动力，享有良好的社会美誉度和公众诚信度，荣获"中国名牌产品""出口免验企业""全国用户满意企业""全国用户满意产品""中国十大诚信企业""中国诚信综合等级AAA①企业""全国实施卓越绩效模式先进企业""全国企业文化建设优秀单位""全国文明单位"等一系列荣誉；公司是广西第一家、也是行业第一家获得"全国质量奖"荣誉的企业，2012年，公司荣获了首届广西壮族自治区主席质量奖；"玉柴机器"获评"中国汽车十年影响力发动机企业品牌"称号；"玉柴"商标被评为"中国驰名商标"。

在国家新能源汽车战略的号召下，玉柴秉承绿色发展、和谐共赢的核心理念，成立新能源动力事业部，从事新能源汽车核心零部件的研发、制造。通过科学的规划，构建了完整的产品体系，产品囊括混联式混合动力系统、并联式混合动力系统、纯电动系统、集成发电系统、新一代混合动力系统、燃料电池系统、集成电桥等新能源汽车核心零部件，产品可配套各类客车、卡车、专用车、牵引车等多种车型。

产品介绍/Product introduction

玉柴飞轮集成发动机动力总成系统，可运用于多种构型的混合动力系统：混联式混合动力总成系统（P1+P2或者P1+P3方案）、增程器系统、并联式混合动力系统（P1方案）。可适应于客车、卡车、专用车、物流车等领域。

玉柴飞轮集成式电机在原发动机飞轮及齿圈组件上集成电机转子组件，在原发动机飞轮壳内部安装电机定子组件，可与发动机曲轴直连，在实现驱动和发电基础上具有以下特点：

- 代替原发动机起动机，具有起动发动机功能；
- 代替原发动机飞轮，保证发动机后端输出连接结构不变；
- 整车在瞬态加速工况时，飞轮集成式电机可产生驱动力，助力发动机加速，实现机电耦合混合动力控制；
- 整车在滑行和制动工况时，飞轮集成式电机可实现发电，在辅助整车制动的同时实现能量回收；

专利申请相关如下。

序号	类型	专利名称	专利号
1	实用新型	ISG的转子支架	ZL 201520101040. 5
2	实用新型	混合动力电机转子的保护装置	ZL 201520011745. 8
3	实用新型	一种发动机智能启停系统	ZL 201520598675. 0
4	实用新型	ISG电机壳体	ZL 201520995707. 0
5	实用新型	ISG发动机连接盘	ZL 201520996215. 3
6	实用新型	集成式发电机结构	ZL 201620435375. 5
7	实用新型	一种移动发电车专用电控发动机	ZL 201620833581. 1
8	实用新型	一种移动发电车系统	ZL 201620833232. X
9	实用新型	一种移动发电车动力总成系统	ZL 201620833480. 4
10	实用新型	一种车用的发电机	ZL 201620835521. 3
11	实用新型	一种混合动力离合器控制结构	ZL 201621298775. 2

混联式混合动力系统

增程式系统

SHUANGLIN

公司简介

宁波双林汽车部件股份有限公司，于2010年在深交所成功上市。目前，双林股份产业已覆盖动力总成、内外饰、轮毂轴承、汽车机电、新能源动力等板块，旗下拥有近40家分（子）公司，主要合作客户包括上汽通用五菱、吉利、福特、丰田、大众、长安、东风等国内外知名汽车厂商，同时和联合汽车电子、佛吉亚、博泽、麦格纳、奥拓立夫、法雷奥、李尔、博格华纳等国际百强汽车零部件巨头建立了长期稳定的合作关系。

双林股份下属的新能源子公司德洋电子成立于2009年4月，是一家专注于电动汽车电机、控制器等核心模块研发、生产与销售的高新技术企业。一直以来，双林股份致力于打造适合中国市场的电动车动力总成最佳解决方案，成为国内新能源汽车动力领域的领导者。

双林德洋

产品介绍

中压电桥系统

- 电机和减速器集成一体化
- 系统重量轻、系统效率高
- 结构优化、性能稳定、可靠性高
- 无花键连接，噪音低
- 可扩展性强，能应用于多种车型
- 可选机械驻车或电子驻车
- 系统供应商，提供一站式服务

整车控制器VMS

- VMS和CAN总线网络实时采集驾驶信号和电控部件信息，实现整车集成电控系统的弱电控制、强电管理、整车运行状态控制、制动能量回收、整车故障保护和仪表显示等功能
- 能全面提高整车控制系统性能，随时了解车辆工作情况，随心操控
- 产品体积小，性能稳定，质量可靠
- 4年11万余辆电动汽车搭载，市场表现优秀

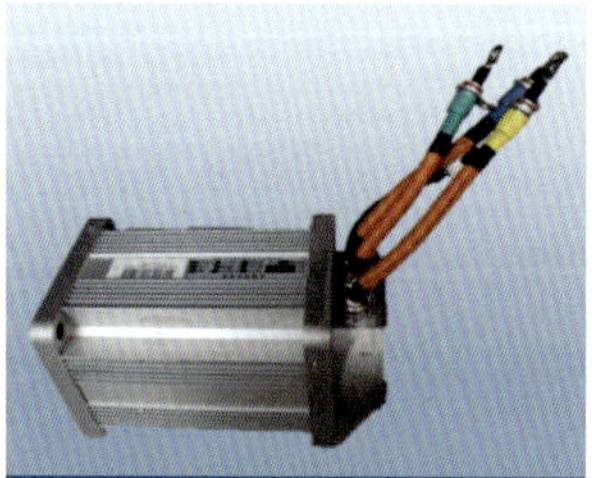

永磁同步电机

- 高功率密度，高转矩密度，调速范围宽，控制精度高
- 良好的转矩平稳性及低振动噪声
- 体积小、重量轻、效率高、高效率平台宽
- 结构紧凑、可靠性高、使用寿命长
- 配套范围：A00、A0级

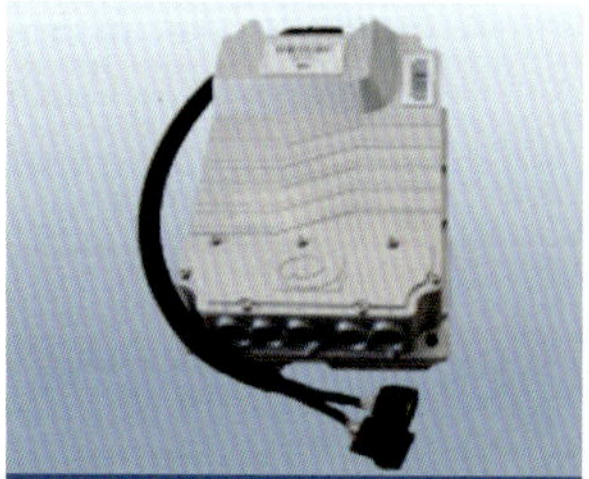

电机控制器

- 采用正弦波矢量控制技术
- 体积小，重量轻
- 闭环控制，响应速度快，控制精度高
- 采用MOSFET模块，具有高可靠性
- 功率补偿，启动扭矩大
- 抗电磁干扰，抗震动性能强

电 话：+86(0)21-39785888
Email：sales@shuanglin.com
邮 编：201799

地 址：上海市青浦区北盈路202号
官 网：www.shuanglin.com

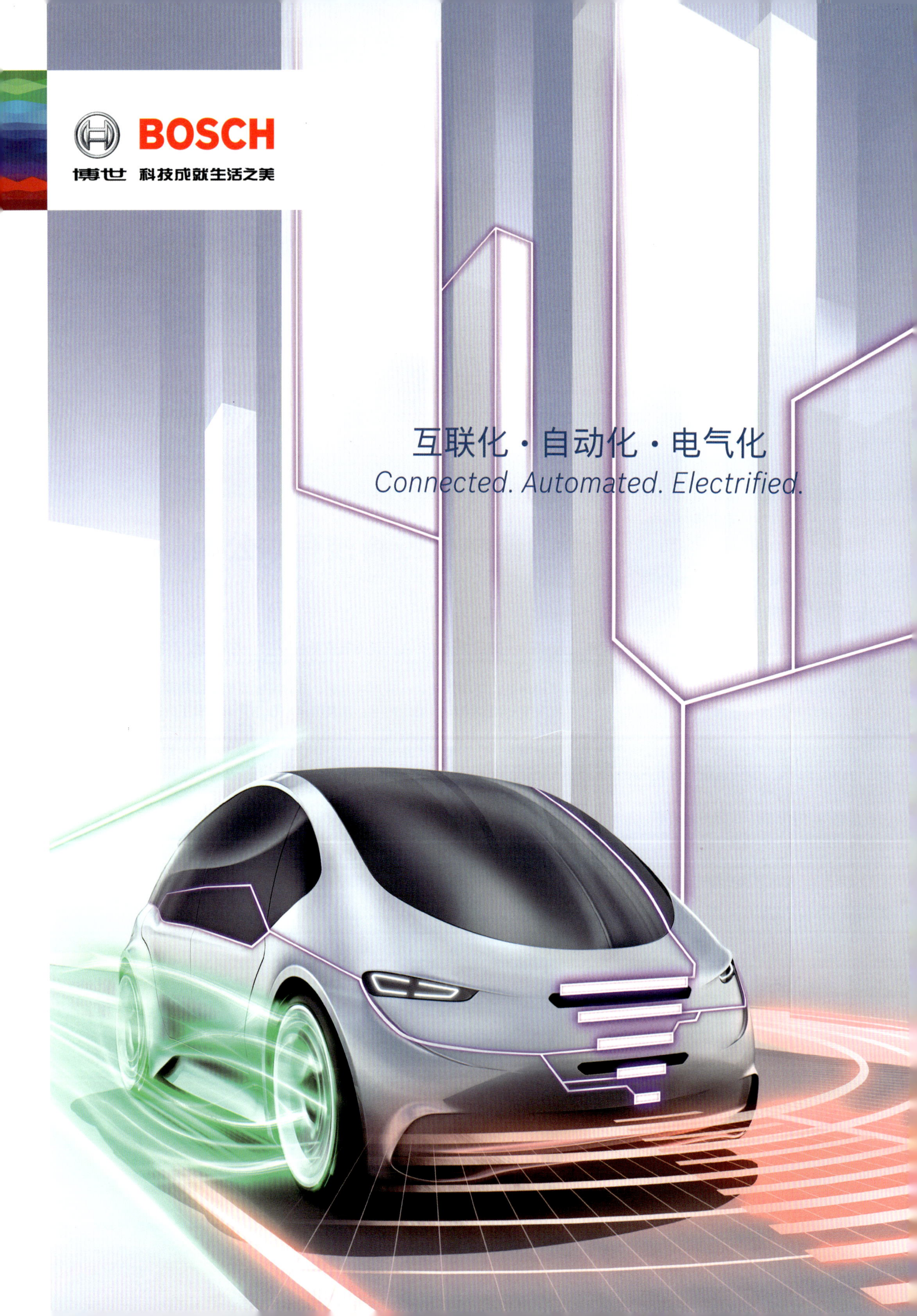
BOSCH
博世 科技成就生活之美
互联化 · 自动化 · 电气化
Connected. Automated. Electrified.

AVL
100m
48

创造轻快的世界
Make a Light and Brisk World
医疗
高铁
汽车
航空
复合材料轻量化解决方案
利用航空领域积累的技术和经验，为汽车、轨道交通、船舶、能源、医疗等工业领域提供材料、设计、工艺、制造、检测、服务等完整的、定制化的应用解决方案。以“低成本、快节拍、智能化”的创新及服务，创造轻快的世界！
扫码浏览官网
www.acc.avic.com
AVIC
中航复合材料有限责任公司
AVIC COMPOSITE CORPORATION LTD.

2018
节能与新能源汽车年鉴

YEARBOOK OF ENERGY-SAVING AND NEW ENERGY VEHICLES OF 2018

中国汽车技术研究中心有限公司
《节能与新能源汽车年鉴》编制办公室 编

中国铁道出版社
CHINA RAILWAY PUBLISHING HOUSE

节能与新能源汽车年鉴．2018/中国汽车技术研究中心有限公司，《节能与新能源汽车年鉴》编制办公室编．—北京：中国铁道出版社，2018．11
ISBN 978-7-113-25092-8

Ⅰ．①节… Ⅱ．①中… ②节… Ⅲ．①节能－新能源－汽车－中国－2018－年鉴 Ⅳ．①U469．7－54

中国版本图书馆 CIP 数据核字（2018）第 241395 号

书　　名：节能与新能源汽车年鉴 2018
作　　者：中国汽车技术研究中心有限公司、《节能与新能源汽车年鉴》编制办公室　编

责任编辑：朱景芳　靳　岭　　　**编辑部电话：**（010）51873407
封面设计：崔丽芳
责任校对：王　杰
责任印制：赵星辰

出版发行：中国铁道出版社（100054，北京市西城区右安门西街 8 号）
网　　址：http://www.tdpress.com
印　　刷：中煤（北京）印务有限公司
版　　次：2018 年 11 月第 1 版　2018 年 11 月第 1 次印刷
开　　本：889 mm×1 194 mm　1/16　印张：53.5　插页：94　字数：2 200 千
书　　号：ISBN 978-7-113-25092-8
定　　价：980.00 元

2018年《节能与新能源汽车年鉴》编审委员会

（以姓氏笔划排序）

委　　员

1. 各省、自治区、直辖市、计划单列市

于德虎　大连市经济和信息化委员会
王　含　重庆市经济和信息化委员会
王东林　江西省新能源汽车推广应用工作协调小组办公室
王桂强　山东省经济和信息化委员会
王海峰　甘肃省工业和信息化委员会
文　彬　成都市经济和信息化委员会
方安明　湖州市经济和信息化委员会
史震坤　云南省工业和信息化委员会
乔丽刚　山西省经济和信息化委员会
刘建华　上海市新能源汽车推进办公室
齐　鹏　天津市科学技术委员会
许心超　北京市科学技术委员会
苏超然　广西壮族自治区工业和信息化委员会
杜　毅　黑龙江省工业和信息化委员会
李　莉　新乡市工业和信息化委员会
李　涛　河南省工业和信息化委员会
李广平　广东省发展和改革委员会
李中军　金华市经济和信息化委员会
李林清　武汉市经济和信息化委员会
杨云贵　南通市交通运输局
杨建艇　宁波市科学技术局
肖理生　绍兴市经济和信息化委员会
余　伟　广州市发展和改革委员会
余　璟　深圳市发展和改革委员会
张　勇　陕西省工业和信息化厅
张　瑛　江苏省经济和信息化委员会
张春福　辽宁省工业和信息化委员会
陈　军　江西省工业和信息化委员会
陈　宏　长春市工业和信息化局
陈贵如　北京市新能源汽车发展促进中心
林　敏　海南省工业和信息化厅
周文彪　南京市经济和信息化委员会
周永清　四川省经济和信息化委员会
郑　斌　安徽省经济和信息化委员会
郑荣新　杭州市经济和信息化委员会
洪京武　襄阳市汽车产业办公室
宫毓刚　吉林省工业和信息化厅
耿江波　扬州市经济和信息化委员会
徐　进　贵州省经济和信息化委员会
殷林波　湖南省经济和信息化委员会
阎宁亚　河北省工业和信息化厅
董立业　沈阳市经济和信息化委员会
程振革　合肥市科技局
黎明春　福建省经济和信息化委员会

2. 科研院所

王子冬　中国北方车辆研究所
王庆华　信息产业化学物理电源产品质量监督检验中心
王丽芳　中国科学院电工研究所
王贺武　清华大学
王　锐　国家机动车质量监督检验中心(重庆)
王震坡　北京理工大学
方茂东　国家轿车质量监督检验中心(天津)
石　刚　中国科学院沈阳自动化研究所
刘永东　中国电力企业联合会标准化管理中心
刘昌仁　重庆车辆检测研究院有限公司
刘桂彬　中国汽车技术研究中心有限公司
许　敏　上海交通大学
李建秋　清华大学
李普明　国家汽车质量监督检验中心(襄阳)
杨春尧　成都产品质量检验研究院有限责任公司
宋　强　北京理工大学
周雅夫　大连理工大学
侯　明　中国科学院大连化学物理研究所
姜久春　北京交通大学
黄宏成　上海交通大学
曹　飞　重庆车辆检测研究院有限公司
曹云翔　北京机械工业自动化研究所有限公司
龚进峰　中国汽车技术研究中心有限公司
章　桐　同济大学
彭永伦　国家汽车质量监督检验中心(北京)
谢　辉　天津大学
颜文胜　昆明理工大学交通工程学院
薛荣生　西南大学智能传动工程技术研究中心
魏学哲　同济大学

3. 企事业单位

Anil Yadav　大陆汽车投资(上海)有限公司
丁　涛　奥特佳新能源科技有限公司
丁吉康　四川南骏汽车集团有限公司
于　民　北京亿华通科技股份有限公司
于春阳　北京商驰科技发展有限公司
万鑫铭　中国汽车工程研究院股份有限公司
马东生　广东国鸿氢能科技有限公司
马锡洪　中国重汽集团济南豪沃客车有限公司
王　京　深圳市车电网络有限公司
王　瑛　山东玉皇新能源科技有限公司
王　颖　零跑汽车有限公司
王　攀　山东德洋电子科技有限公司
王才振　南京康尼新能源汽车零部件有限公司
王守田　山东国金汽车制造有限公司
王克坚　北京华特时代电动汽车技术有限公司
王国斌　北京维艾迪汽车科技有限公司
王培森　广州通达汽车电气股份有限公司
王景雨　山西成功汽车制造有限公司
王渭新　中信戴卡股份有限公司
王德平　中国第一汽车集团有限公司
区汉成　赣州市豪鹏科技有限公司
毛正松　广西玉柴机器股份有限公司
方艳平　珠海华粤传动科技有限公司
尹升爱　航天钧和科技有限公司
邓　群　湘电莱特电气有限公司
石先兴　万向一二三股份公司

叶致中	云南航天神州汽车有限公司
申宇翔	湖南中车时代电动汽车股份有限公司
冯炜沾	广东威浦电器有限公司
邢映彪	广州通达汽车电气股份有限公司
曲家骐	上海赢双电机有限公司
朱 庆	杭州威衡科技有限公司
朱田芳	扬州嘉和新能源科技有限公司
朱光海	郑州宇通客车股份有限公司
朱清喜	湖南猎豹汽车股份有限公司
朱琳菊	比亚迪汽车工业有限公司
任海松	唐山普林亿威科技有限公司
华 黎	上海奥威科技开发有限公司
伊曙东	航天新长征电动汽车技术有限公司
刘 帅	河北艾福亿维动力总成有限公司
刘 钧	深圳市威迈斯电源有限公司
刘 凌	湖南中车时代电动汽车股份有限公司
刘 浩	浙江银轮机械股份有限公司
刘 清	诺贝丽斯(中国)铝制品有限公司
刘 攀	天津清源电动车辆有限责任公司
刘乃胜	北汽福田汽车股份有限公司
刘长力	江苏陆地方舟新能源车辆股份有限公司
刘成东	烟台海德专用汽车有限公司
刘青林	浙江中马传动股份有限公司
刘彩云	科力远混合动力技术有限公司
汤治恒	武汉理工通宇新源动力有限公司
安栋梁	合肥国轩高科动力能源有限公司
孙少飞	深圳新荷科技有限公司
苏 岭	重庆长安汽车股份有限公司
苏 亮	厦门金龙联合汽车工业有限公司
杜 炬	沈阳华龙新能源汽车有限公司
李 磊	苏州绿控传动科技股份有限公司
李凤栖	天津三电汽车空调有限公司
李书利	长城汽车股份有限公司
李世明	江西优特汽车技术有限公司
李占江	南京越博动力系统股份有限公司
李宁川	杭州富特科技股份有限公司
李向前	深圳市比克动力电池有限公司
李红旗	精进电动科技股份有限公司
李建光	合加新能源汽车有限公司
李培军	重庆青山工业有限责任公司
杨 欣	深圳市通茂电子有限公司
杨建军	株洲齿轮有限责任公司
杨泉良	昆山国力源通新能源科技有限公司
杨晓辉	上海文依电气股份有限公司
吴 波	武汉泰歌氢能汽车有限公司
吴壬华	深圳欣锐科技股份有限公司
吴泽华	中航光电科技股份有限公司
邱文渊	深圳市蓝海华腾技术股份有限公司
余 润	中植一客成都汽车有限公司
余 康	株洲中车时代电气股份有限公司
余 嘉	湖南金杯新能源发展有限公司
余海军	湖南邦普汽车循环有限公司
辛细香	株洲中车时代电气股份有限公司
汪晓健	上海汽车集团股份有限公司
宋宁华	万向一二三股份公司
迟少林	威海市泓淋电力技术股份有限公司
张 延	华域汽车电动系统有限公司
张 明	中航复合材料有限责任公司
张 盼	重庆金康电动汽车销售有限公司
张 科	航天钧和科技有限公司
张 洋	上海蔚来汽车有限公司
张 娜	天津力神电池股份有限公司
张 勇	浙江合众新能源汽车有限公司
张 溪	中信国安盟固利动力科技有限公司
张 瑾	智车优行科技(北京)有限公司(奇点汽车)
张天强	中国第一汽车集团有限公司
张仁柏	北京普莱德新能源电池科技有限公司
张舟云	上海电驱动股份有限公司
张金金	广州小鹏汽车科技有限公司
张学平	江苏敏安电动汽车有限公司
张哲军	广东国鸿氢能科技有限公司
陆 斌	威马汽车科技集团有限公司
陆 群	前途汽车(苏州)有限公司
陈 旸	万向一二三股份公司
陈 路	四川新筑通工汽车有限公司
陈 瑶	上海德朗能动力电池有限公司
陈孙艺	福建艺达电驱动股份有限公司
陈香玲	苏州达思灵新能源科技有限公司
陈顺东	安徽安凯汽车股份有限公司
陈俊求	东风裕隆汽车有限公司
陈晓罡	孚能科技(赣州)有限公司
林 琦	上海重塑能源科技有限公司
林 程	北京理工华创电动车技术有限公司
林文鹏	中国重汽集团成都王牌商用车有限公司
金 新	爱驰汽车有限公司
金浙勇	众泰新能源汽车有限公司
周 辉	北京理工华创电动车技术有限公司
周唐军	江苏维科新能源科技有限公司
庞建中	北奔重型汽车集团有限公司
郑云峰	深圳市力辉电机有限公司
单丰武	江西江铃集团新能源汽车有限公司
孟祥峰	宁德时代新能源科技股份有限公司
练朝春	上汽通用五菱汽车股份有限公司
赵少华	深圳市恒翼能科技有限公司
赵成龙	山东玉皇新能源科技有限公司
赵志永	海马新能源汽车有限公司
赵剑奇	杭州福达除湿设备有限公司
胡 锋	上海世携新能源科技有限公司
胡国民	南京康尼新能源汽车零部件有限公司
相小宁	博格华纳汽车零部件(宁波)有限公司
姜筱华	江西江铃集团新能源汽车有限公司
洪尧生	厦门宏发电力电器有限公司
恽益红	江西中城通达新能源装备有限公司
祝建勋	山东圣泉新能源科技有限公司
姚国元	上海申龙客车有限公司
骆亚军	四川野马汽车股份有限公司
夏 立	游侠汽车浙江有限公司
夏永春	东莞市创明电池技术有限公司
夏顺礼	安徽江淮汽车集团股份有限公司
钱 莹	北京蓝吉新能源科技有限公司

钱得柱　河南德力新能源汽车有限公司
倪绍勇　奇瑞新能源汽车技术有限公司
徐　松　庆铃汽车(集团)有限公司
徐性怡　上海大郡动力控制技术有限公司
徐春江　江西博能上饶客车有限公司
徐新堰　东风日产乘用车公司
高　旋　陕西汽车集团有限责任公司
高文彬　山东龙立电子有限公司
高立中　东风电动车辆股份有限公司
高海涛　山东吉海新能源汽车有限公司
郭富强　三友联众集团股份有限公司
唐　竞　东风柳州汽车有限公司
唐　琳　国能新能源汽车有限责任公司
唐继光　柳州延龙汽车有限公司
诸　萍　南京金龙客车制造有限公司
陶　广　芜湖天弋能源科技有限公司
黄　莉　健和兴科技(苏州)有限公司
黄永辉　江苏塔菲尔新能源科技股份有限公司
黄国强　上海加冷松芝汽车空调股份有限公司
黄福良　南京金龙客车制造有限公司
龚锦城　河南速达电动汽车科技有限公司
彭　钢　恒大法拉第未来智能汽车(广东)有限公司
葛　威　科力美汽车动力电池有限公司
董志华　ABB(中国)有限公司
焦兴军　宁波双林股份有限公司
曾小坚　厦门宏发电力电器有限公司
曾洪华　广东天劲新能源科技股份有限公司
曾宪武　广东天劲新能源科技股份有限公司
曾鑫城　东南(福建)汽车工业有限公司
温仕纬　上海乐来汽车分析测试有限公司
谢　飞　中国汽车工程研究院股份有限公司
谢英豪　广东邦普循环科技有限公司
路国卫　杭州威衡科技有限公司
詹俊杰　力帆实业(集团)股份有限公司
蔡　栋　远东福斯特新能源有限公司
蔡碧博　新乡天力锂能股份有限公司
谭小川　中国重汽集团成都王牌商用车有限公司
熊晓飞　武汉电动汽车技术开发有限公司
樊成伟　四川野马汽车股份有限公司
樊耀兵　孚能科技(赣州)有限公司
潘晓东　株洲齿轮有限责任公司
戴建侠　张家港友诚新能源科技股份有限公司

2018年《节能与新能源汽车年鉴》特约编辑

（以姓氏笔划为序）

1. 各省、自治区、直辖市、计划单列市

马天毅　湖南省经济和信息化委员会
王晓峰　辽宁省工业和信息化委员会
石　梁　沈阳市经济和信息化委员会
丛大冉　大连市经济和信息化委员会
朱　健　南通市运输管理处
庄国仕　南京市经济和信息化委员会
闫　石　吉林省工业和信息化厅
孙　乐　北京市新能源汽车发展促进中心
孙　丽　黑龙江省工业和信息化委员会
李　妍　四川省经济和信息化委员会
杨　洋　山东省经济和信息化委员会
吴　尧　江西省新能源汽车推广应用工作协调小组办公室
邹海鹏　江苏省经济和信息化委员会
宋连武　河南省工业和信息化委员会
张　爽　北京市新能源汽车发展促进中心
张明智　深圳市发展和改革委员会
张培书　贵州省经济和信息化委员会
张冀驰　襄阳市汽车产业办公室
陆象桢　深圳市发展和改革委员会
陈　清　甘肃省工业和信息化委员会
陈承伟　福建省经济和信息化委员会
陈善福　宁波市科学技术局
易再尧　广州市发展和改革委员会
罗　翔　重庆市新能源汽车推广应用和产业发展联席会议办公室
金敏光　云南省工业和信息化委员会
郑　祥　金华市经济和信息化委员会
胡丕国　湖州市经济和信息化委员会
茹一戈　绍兴市经济和信息化委员会
袁玉坤　武汉市经济和信息化委员会
徐　涛　海南省工业和信息化厅
徐大海　天津市科学技术信息研究所
高　宇　陕西省工业和信息化厅
郭　亮　扬州市经济和信息化委员会
崔力伟　山西省经济和信息化委员会
章　磊　成都市经济和信息化委员会
禤鹏翔　广东省发展和改革委员会
戴　兵　合肥市科技局
魏兆宏　杭州市经济和信息化委员会

2. 科研院所

马天才　同济大学
王占国　北京交通大学
王　旭　中国汽车技术研究中心有限公司
王　芳　国家轿车质量监督检验中心（天津）
王明睿　北京机械工业自动化研究所有限公司
王建惠　天津大学
叶　磊　重庆车辆检测研究院有限公司
宁良野　国家机动车质量监督检验中心（重庆）
刘晓松　中国科学院沈阳自动化研究所
李建勤　成都产品质量检验研究院有限责任公司
吴晓东　上海交通大学
何云堂　中国汽车技术研究中心有限公司
何　泳　北京理工大学
张静一　清华大学
陈　芬　中国北方车辆研究所
周　黔　西南大学智能传动工程技术研究中心
赵淑华　国家汽车质量监督检验中心（襄阳）
胡芳芳　国家汽车质量监督检验中心（北京）
徐梁飞　清华大学

3. 企事业单位

于焕英　北京理工华创电动车技术有限公司
马　蕊　孚能科技（赣州）有限公司
王　栋　庆铃汽车（集团）有限公司
王　慧　江苏陆地方舟新能源车辆股份有限公司
王文娟　江苏敏安电动汽车有限公司
王方龙　安徽江淮汽车集团股份有限公司
王付滨　上海世携新能源科技有限公司
王江峰　杭州威衡科技有限公司
王安贵　四川新筑通工汽车有限公司
王妙雪　深圳市恒翼能科技有限公司
王佩佩　山东国金汽车制造有限公司
王念贵　河北御捷车业有限公司
王建东　张家港友诚新能源科技股份有限公司
王保森　湖南邦普循环科技有限公司
王俊文　上海大郡动力控制技术有限公司
王鑫森　中航复合材料有限责任公司
韦杰宏　东风柳州汽车有限公司
邓　雷　中植一客成都汽车有限公司
邓友菊　东莞市创明电池技术有限公司
石昊辉　威马汽车科技集团有限公司
叶盛能　四川野马汽车股份有限公司
田　华　航天钧和科技有限公司
白　薇　零跑汽车有限公司
吁志强　万向一二三股份公司
吕　娜　东风裕隆汽车有限公司
吕红文　沈阳华龙新能源汽车有限公司
朱高清　山东吉海新能源汽车有限公司
乔　贺　浙江中马传动股份有限公司
伍文刚　武汉泰歌氢能汽车有限公司
伍文博　中国重汽集团济南豪沃客车有限公司
刘　军　重庆青山工业有限责任公司
刘　洋　河南速达电动汽车科技有限公司
刘　峰　深圳市比克动力电池有限公司
刘宝花　上海游侠汽车有限公司
刘艳丽　江苏塔菲尔新能源科技股份有限公司
刘莉文　广州小鹏汽车科技有限公司

刘祥环	株洲齿轮有限责任公司	林智腾	珠海华粤传动科技有限公司
刘雷蕾	上海蔚来汽车有限公司	欧彦楠	广东邦普循环科技有限公司
汤健铭	株洲中车时代电气股份有限公司	金爱民	杭州福达除湿设备有限公司
孙　剑	河南德力新能源汽车有限公司	周承东	中信国安盟固利动力科技有限公司
孙树强	博格华纳(中国)投资有限公司	庞永东	广东威浦电器有限公司
纪睿渊	四川南骏汽车集团有限公司	郑元春	北京亿华通科技股份有限公司
扶祝华	湖南猎豹汽车股份有限公司	郑俊兵	航天新长征电动汽车技术有限公司
严春兰	上海赢双电机有限公司	郎向荣	杭州威衡科技有限公司
杜文件	合肥国轩高科动力能源有限公司	孟　涵	江西江铃集团新能源汽车有限公司
李　莹	北京蓝吉新能源科技有限公司	荣雪东	长城汽车股份有限公司
李　晔	国能新能源汽车有限责任公司	钟昌霞	湖南中车时代电动汽车股份有限公司
李　海	深圳市力辉电机有限公司	段　雄	江西中城通达新能源装备有限公司
李　璞	深圳市车电网络有限公司	洪　筠	厦门宏发电力电器有限公司
李书林	上海乐来汽车分析测试有限公司	袁　召	山东圣泉新能源科技有限公司
李应顺	广东国鸿氢能科技有限公司	袁　琳	广州通达汽车电气股份有限公司
李转转	天津清源电动车辆有限责任公司	贾爱萍	上海电驱动股份有限公司
李建华	东风日产乘用车公司	贾海峰	威海市泓淋电力技术股份有限公司
李莹莹	深圳市威迈斯电源有限公司	顾健博	福建艺达电驱动股份有限公司
李海燕	山西成功汽车制造有限公司	徐　伟	北汽福田汽车股份有限公司
李清华	昆山国力源通新能源科技有限公司	徐　骁	万向一二三股份公司
李鑫磊	中信戴卡股份有限公司	徐　馨	中航光电科技股份有限公司
杨　帆	海马新能源汽车有限公司	徐文斌	安徽安凯汽车股份有限公司
杨　烨	合加新能源汽车有限公司	徐学海	深圳市蓝海华腾技术股份有限公司
杨　雪	上海文依电气股份有限公司	徐洪飞	众泰新能源汽车有限公司
杨丽琼	江西优特汽车技术有限公司	殷卫民	芜湖天弋能源科技有限公司
吴　玲	健和兴科技(苏州)有限公司	高丽艳	中国重汽集团成都王牌商用车有限公司
吴艳菲	智车优行科技(北京)有限公司(奇点汽车)	郭安东	广东天劲新能源科技股份有限公司
吴耀燕	柳州延龙汽车有限公司	展洪文	厦门金龙联合汽车工业有限公司
何　玲	北京商驰科技发展有限公司	曹旭东	江苏维科新能源科技有限公司
辛立刚	烟台海德专用汽车有限公司	曹敬煜	苏州绿控传动科技股份有限公司
闵　梅	宁波双林股份有限公司	康　壮	云南航天神州汽车有限公司
沙　莉	大陆汽车投资(上海)有限公司	彭庆丰	浙江合众新能源汽车有限公司
宋光吉	厦门金龙联合汽车工业有限公司	葛晓滢	上海汽车集团股份有限公司
张　尧	杭州富特科技股份有限公司	蒋　琳	诺贝丽斯(中国)铝制品有限公司
张　琪	上汽通用五菱汽车股份有限公司	蒋　曦	深圳新荷科技有限公司
张　琼	深圳欣锐科技股份有限公司	蒋元广	南京越博动力系统股份有限公司
张文泽	陕西汽车集团有限责任公司	蒋志强	江西博能上饶客车有限公司
张江华	东南(福建)汽车工业有限公司	韩　慧	山东龙立电子有限公司
张春岩	深圳市通茂电子有限公司	粟小艳	湖南金杯新能源发展有限公司
张晓东	北奔重汽(北京)汽车研发有限公司	喻　辉	南京康尼新能源汽车零部件有限公司
张健道	扬州嘉和新能源科技有限公司	程俊杰	重庆金康电动汽车销售有限公司
张霄霆	唐山普林亿威科技有限公司	傅福美	奇瑞新能源汽车技术有限公司
陆新林	天津三电汽车空调有限公司	曾海滨	上海德朗能动力电池有限公司
陈　玉	上海申龙客车有限公司	谢　建	浙江银轮机械股份有限公司
陈　怡	爱驰汽车有限公司	谢丰海	赣州市豪鹏科技有限公司
陈　哲	北京新能源汽车股份有限公司	谢正良	广西玉柴机器股份有限公司
陈小青	三友联众集团股份有限公司	廖正根	远东福斯特新能源有限公司
陈祥吉	南京奥特佳新能源科技有限公司	翟　晟	北京华特时代电动汽车技术有限公司
陈蓓娜	中国第一汽车集团有限公司	黎明军	重庆长安汽车股份有限公司
苗小丽	上海奥威科技开发有限公司	潘　斌	武汉电动汽车技术开发有限公司
林岑雯	上海重塑能源科技有限公司	冀景君	新乡天力锂能股份有限公司

2018年《节能与新能源汽车年鉴》编制办公室

主　　任： 王　成

副 主 任： 朱　成　樊春艳　王云龙

编　　辑： 胡苧丹　刘　佳　李光凯　张书山　王同辉　任丽丽
潘春雷　任秋森　万　亮　周　洋　杨月静

广告编辑： 郝世娇

编制说明

《节能与新能源汽车年鉴》(以下简称《年鉴》)国内每年公开发行的专业性年鉴,每年跟踪上年度我国节能与新能源汽车行业各方面的发展情况,是全面反映我国节能与新能源汽车行业的连续性、综合性、权威性、史记性大型工具书,为我国政府部门出台节能与新能源汽车产业相关政策法规和企业制定相关战略规划提供重要参考和有效借鉴。《年鉴》由中国汽车技术研究中心有限公司组织编制,自2010年开始编制以来,得到了国家科技部、国家工信部、国家发改委等主管部门的关怀、指导,以及相关企业、科研院所的大力支持,受到了广大读者的关注和欢迎。

2018年《年鉴》邀请了相关行业专家,就国内进展、国际趋势、国内外差距等问题进行分析,针对我国在节能与新能源汽车各领域,包括纯电动乘用车、纯电动客车、插电式混合动力乘用车、插电式混合动力客车、燃料电池乘用车、燃料电池客车、智能网联汽车、增程式电动汽车、车用动力电池、锂离子电池材料、电池管理系统、动力电池测试、动力电池生产装备、电池回收与梯次利用、车用燃料电池、车用驱动电机、车用电机测试、充电基础设施、电动汽车无线充电、新能源汽车电动空调、新能源汽车轻量化、新能源汽车标准等,对我国节能与新能源汽车产业发展情况进行全面系统的汇总和梳理,全面盘点我国节能与新能源汽车在2017年所取得的技术和产业发展成果,并提出下一步发展建议。

2018年《年鉴》涵盖了我国在节能与新能源汽车领域的产业发展、研发进展、政策法规、推广应用、产量统计、关键零部件配套量统计、行业大事等行业综合信息。《年鉴》共收集了我国50多个重点地区推广节能与新能源汽车的相关情况和150多家节能与新能源汽车领域重点企事业单位的生产经营、产能建设及技术研发能力进展、合资合作等发展情况。涉及节能汽车、新能源汽车、车用动力电池、氢能与燃料电池、超级电容、电池管理系统、电池回收再利用、电池关键材料与制造装备、车用驱动电机、整车与电机控制系统、充电设施与车载系统、新能源汽车线缆、检测认证等相关领域。

2018年《年鉴》在征集资料及编制过程中,得到了国家有关部门,各省、市、自治区节能与新能源汽车行业主管部门,以及各汽车工业集团(公司)、关键零部件厂商、科研院所等相关企事业单位的大力支持和协助,在此表示诚挚的谢意。《年鉴》将一如既往以翔实、权威、科学、严谨的数据,全面、系统、客观、真实的内容,回报编委单位和广大读者的厚爱。

由于时间仓促和水平所限,书中不足之处在所难免,敬请各位专家、读者批评指正。希望今后能够继续得到有关方面及广大读者的大力支持,欢迎对《年鉴》的充实和完善提出宝贵意见和建议,组织编制单位将不胜荣幸与感激。

中国汽车技术研究中心有限公司
《节能与新能源汽车年鉴》编制办公室
2018年10月

Compilation of instructions

The Yearbook of Energy Conservation and New Energy Vehicles (hereinafter referred to as the Yearbook) is anannual publication that tracks the development of various aspects of the energy conservation and new energy automotive industry in China in the previous year. It is a comprehensive reflection of China's energy conservation and new energy automobile industry. As a continuous, comprehensive, authoritative and historical large-scale reference book, it provides an important and effective reference for the government to introduce relevant policies and regulations on energy-conservation and new-energy automobile industries and to formulate relevant strategic plans for enterprises. The Yearbook was compiled by China Automotive Technology and Research Center Co.,Ltd. Since its inception in 2010, it has received the care and guidance of the Ministry of Science and Technology, the Ministry of Industry and Information Technology, and the State Development and Reform Commission, as well as the supports of relevant enterprises and research institutes. It has received the attention and welcome of the vast number of readers.

The 2018 edition of the Yearbook invited experts from relevant industries to analyze domestic progress, international trends, and domestic and foreign gaps of China's energy conservation and new energy vehicles, including pure electric passenger vehicles, pure electric passenger buses, plug-in hybrid passenger vehicles, plug-in hybrid buses, fuel cell passenger vehicles, fuel cell buses, intelligent connected vehicles, range extend electric vehicle, automotive power cells, lithiumions battery materials, battery management systems, power cell testing, power cell production equipment, battery recovery and echelon utilization, vehicle fuel cells, vehicle drive motors, vehicle motor testing, charging infrastructure, electric vehicle wireless charging, electric air-conditioning for new energy vehicles, new energy vehicle Lightweight, new energy vehicle standards, etc.. They comprehensively and systematically summarized and analyzed the development and technological and industrial achievements of China's energy-conservation and new-energy automobile industry in 2017, and put forward next-step development proposals.

The 2018 Yearbook covers comprehensive information on industry development, R&D progress, policies and regulations, promotion and application, production statistics, statistics on key parts and components, and industry events in the field of energy conservation and new energy vehicles in China. It collected information on the promotion of energy conservation and new energy vehicles in more than 50 key regions in China, and progress of operation, management, production capacity, technology research and development capabilities, and joint venture cooperation of more than 150 key enterprises and institutions in the field of energy conservation and new energy vehicles. It covers the fields of energy-saving vehicles, new energy vehicles, automotive power cells, hydrogen energy and fuel cells, supercapacitors, battery management systems, battery recovery and reuse, battery key materials and manufacturing equipment, vehicle drive motors, vehicle and motor control systems, charging facilities and vehicle systems, new energy vehicle cables, and testing and certification.

In the process of collecting information and compiling the 2018 edition of the Yearbook, we obtained supports and assistances from relevant departments of the state, the competent departments of energy conservation and new energy automobile industry of various provinces and municipalities, as well as various automobile industry groups (companies), key component manufacturers and research institutes. We would like to express our sincere gratitude for them. The Yearbook will, as always, provide comprehensive, systematic, objective and authentic content with informative, authoritative, scientific and rigorous data, to repay the love of the editorial units and the readers.

Due to the rush of time and the limits of our proficiency, deficiencies in the book are inevitable. We sincerely welcome your criticism and correction. We hope that we can continue to receive strong support from relevant parties and readers in the future. We welcome your valuable comments and suggestions on the enrichment and improvement of the Yearbook. It will be a great honor to us and we do appreciate it.

China Automotive Technology and Research Center Co. ,Ltd.
Compilation Office of the Energy Conservation and New Energy Vehicle Yearbook
October, 2018

企业形象专版目录

封　面

SF motors 公司

封　二

广州小鹏汽车科技有限公司

封二对页

广州小鹏汽车科技有限公司

中国第一汽车集团公司新能源分公司
重庆长安汽车股份有限公司
上海汽车集团股份有限公司
北京新能源汽车股份有限公司
长城汽车股份有限公司
安徽江淮汽车集团股份有限公司
湖南猎豹汽车股份有限公司
上汽通用五菱汽车股份有限公司
海马新能源汽车有限公司
重庆力帆乘用车有限公司
东风日产乘用车公司
东风柳州汽车有限公司
浙江合众新能源汽车有限公司
上海蔚来汽车有限公司
威马汽车科技集团有限公司
爱驰汽车有限公司
恒大法拉第未来智能汽车（中国）集团有限公司
SF motors 公司
国能新能源汽车有限责任公司
游侠汽车浙江有限公司
零跑科技有限公司
智车优行科技（上海）有限公司（奇点汽车）
江苏敏安电动汽车有限公司
前途汽车（苏州）有限公司
江西江铃集团新能源汽车有限公司
山东国金汽车制造有限公司
河南速达电动汽车科技有限公司
北汽福田汽车股份有限公司
厦门金龙联合汽车工业有限公司
上海申龙客车有限公司
湖南中车时代电动汽车股份有限公司
中国重汽集团济南豪沃客车有限公司
四川新筑通工汽车有限公司
江苏陆地方舟新能源车辆股份有限公司
陕西汽车集团有限责任公司

封　底

国能新能源汽车有限责任公司

封　三

深圳市通茂电子有限公司

封三对页

中航光电科技股份有限公司

扉　插

庆铃汽车股份有限公司
江西中城通达新能源装备有限公司
天津清源电动车辆有限责任公司
航天新长征电动汽车技术有限公司
武汉泰歌氢能汽车有限公司
赣州市豪鹏科技有限公司
宁德时代新能源科技股份有限公司
万向一二三股份公司
天津力神电池股份有限公司
孚能科技（赣州）有限公司
江苏塔菲尔新能源科技股份有限公司
山东圣泉新能源科技有限公司
山东玉皇新能源科技有限公司
江西优特汽车技术有限公司
科力美汽车动力电池有限公司
科力远混合动力技术有限公司
北京商驰科技发展有限公司
深圳市恒翼能科技有限公司
三友联众集团股份有限公司
厦门宏发电力电器有限公司
上海文依电气股份有限公司
杭州威衡科技有限公司
奥特佳新能源科技股份有限公司
武汉理工通宇新源动力有限公司
广西玉柴机器股份有限公司
宁波双林汽车部件股份有限公司
唐山普林亿威科技有限公司
博世（中国）投资有限公司
博格华纳（中国）投资有限公司
FEV 中国
奥地利 AVL 李斯特公司北京联络处
中航复合材料有限责任公司
浙江中马传动股份有限公司
株洲齿轮有限责任公司
中信戴卡股份有限公司

比亚迪汽车工业有限公司
浙江吉利控股集团有限公司
奇瑞新能源汽车技术有限公司
四川野马汽车股份有限公司
东风裕隆汽车有限公司
东南(福建)汽车工业有限公司
众泰新能源汽车有限公司
郑州宇通客车股份有限公司
安徽安凯汽车股份有限公司
南京金龙客车制造有限公司
中植一客成都汽车有限公司
江西博能上饶客车有限公司
沈阳华龙新能源汽车有限公司
中国重汽集团成都王牌商用车有限公司
山东吉海新能源汽车有限公司
四川南骏汽车集团有限公司
山西成功汽车制造有限公司
柳州延龙汽车有限公司
北奔重型汽车集团有限公司
合加新能源汽车有限公司
烟台海德专用汽车有限公司
河南德力汽车销售有限公司
上海重塑能源科技有限公司
广东国鸿氢能科技有限公司
北京蓝吉新能源科技有限公司
北京亿华通科技股份有限公司
合肥国轩高科动力能源有限公司
深圳市比克动力电池有限公司
江苏维科新能源科技有限公司
新乡天力锂能股份有限公司
杭州福达除湿设备有限公司

上海奥威科技开发有限公司
湖南金杯新能源发展有限公司
远东福斯特新能源有限公司
东莞市创明电池技术有限公司
上海德朗能动力电池有限公司
芜湖天弋能源科技有限公司
广东天劲新能源科技股份有限公司
中信国安盟固利动力科技有限公司
北京华特时代电动汽车技术有限公司
航天钧和科技有限公司
上海加冷松芝汽车空调股份有限公司
浙江银轮机械股份有限公司
扬州嘉和新能源科技有限公司
天津三电汽车空调有限公司
浙江新劲空调设备有限公司
深圳市金菱通达电子有限公司
诺贝丽斯(中国)铝制品有限公司
德斯拜思机电控制技术(上海)有限公司
株洲中车时代电气股份有限公司

前　插　页

北京机械工业自动化研究所有限公司
上海赢双电机有限公司
上海电驱动股份有限公司
精进电动科技股份有限公司
苏州绿控传动科技股份有限公司
南京越博动力系统股份有限公司
深圳市大地和电气股份有限公司
上海大郡动力控制技术有限公司
湘电莱特电气有限公司
大陆汽车投资(上海)有限公司
深圳市蓝海华腾技术股份有限公司
广州通达汽车电气股份有限公司
杭州富特科技股份有限公司
深圳欣锐科技股份有限公司
厦门 ABB 低压电器设备有限公司深圳分公司
深圳市车电网络有限公司
健和兴科技(苏州)有限公司
广东威浦电器有限公司
上海世携新能源科技有限公司
国家汽车质量监督检验中心(北京)
国家客车质量监督检验中心
国家汽车质量监督检验中心(襄阳)
国家机动车质量监督检验中心(重庆)
信息产业化学物理电源产品质量监督检验中心
成都产品质量检验研究院有限责任公司
同济大学新能源汽车工程中心
清华大学汽车安全与节能国家重点实验室
上海交通大学汽车工程研究院
大连理工大学
天津大学无人驾驶汽车交叉研究中心

后　插　页

华域汽车电动系统有限公司
福建艺达电驱动股份有限公司
北京理工华创电动车技术有限公司
珠海华粤传动科技有限公司
重庆青山工业有限责任公司
北京维艾迪汽车科技有限公司
深圳市力辉电机有限公司
上海乐来汽车分析测试有限公司
武汉电动汽车技术开发有限公司
时空电动汽车股份有限公司
深圳新荷科技有限公司
昆山国力源通新能源科技有限公司
深圳市费思泰克科技有限公司
深圳威迈斯电源有限公司
山东龙立电子有限公司
南京康尼新能源汽车零部件有限公司
泓淋科技集团
张家港友诚新能源科技股份有限公司

目 录 | CONTENTS |

第一篇 分领域发展综述

第二篇 政策与规划

第三篇 地区概况

第四篇 重点单位发展概况

新能源汽车
引领者
CCTV
国家品牌
计划
行业领跑者
唐
全新一代
在一起 创未来
全新一代唐 豪华科技双模旗舰SUV 撼世而临
比亚迪新能源车品牌大使
莱昂纳多·迪卡普里奥
唐DM
第三代DM科技
4.3秒
百公里加速
全时电四驱
1.6升
百公里油耗低至
创·豪华气度 演绎磅礴之势
Dragon Face设计语言
宽适七座空间
创·无畏精神 坚定心之所向
第三代DM科技
ADAS
B-safe安全系统
BLP大型豪华造车平台
严苛品质测试
创·智慧未来 洞悉时代之道
14.6英寸1080P智能自动旋转悬浮Pad
DiLink 智能网联系统

帝豪EV450

纯 电 动 精 品 中 级 轿 车

能效金三角

电机 · 电池 · 电控

能效金三角：以强大的三电集成驱动系统，配以软件优化，实现超低能耗，从驱动端到回收端，完成能量正向流动闭环，高效、高能、高控。

HEDS 高效电驱系统：输出效能达到 96%，稳定持续的线性输出，纯劲动力，平顺自如。

轻量化高能智控电池系统：142Wh/kg 高密度三元锂电池，遥遥领先业内整体水平，52kWh 高容电量，辅以 ITCS2.0 智能温控，保障电池寿命，无虑冬夏，安心远行。

智能高效精敏电控系统：高精度全工况控制、高敏动态响应率，提升整车能效，精准稳定，安全可靠。

敢领美学-潮流向上　敢性空间-品质呈现　敢想互联-智趣沟通　敢为安全-全面防护

奇瑞新能源
CHERY NEW ENERGY
净世界
未来
智享未来
小蚂蚁 大不同
惊艳登场
小蚂蚁 400
探索纯净之旅

YEMA
野马新能源汽车
野马新能源·智动新生活
小哥1号
EC30
60
EC70

東南汽車
Go纯电 Go纯血
耀势登场 引领未来
东南汽车作为国内最早进行新能源汽车研发生产的企业之一
从最早的电动得利卡，到V3电动车，到2015年的V5电动车
对新能源汽车的研究从未停止
2017年东南汽车迎来首款纯电动SUV
承袭东南汽车SUV家族式设计语言的精髓
意大利百年宾法大师操刀设计
敢于变革时尚，却不盲目抛弃经典
更完美地经受来自年轻消费者对于时尚的挑剔
DX3 EV

大国品牌
THE GROWING OF THE GREAT BRAND
众泰汽车
ZOTYE AUTO
E200
青春就来电
青春玩家 2018款众泰E200 来电上市
电跑美学设计
超驾享系统
智娱生活圈
众泰E200
热线电话：400-887-5858
官方网址：www.zotye.com

绿色科技 驱动未来

安凯客车作为我国新能源客车的先行者，从世界首条纯电动公交线路，到行业首个新能源智能管理系统--安凯“e控”系统，在整车控制系统、电机驱动系统、能量管理系统取得关键技术突破。再到行业唯一的“国家电动客车整车系统集成工程技术研究中心”“电动客车整车系统开发与应用国家地方联合工程研究中心”。安凯一直紧盯国际发展趋势，应用国内最新纯电动客车发展技术，在车辆运营效率、车身结构、整车能耗、续驶里程、轻量化及整车成本上全面超越，打造行业内全生命周期使用性价比最高的新一代电动客车。

JAC 安徽安凯汽车股份有限公司

地址：安徽省合肥市包河区花园大道99号　邮编：230051　销售热线：**0551-62298516/7**

网址：**www.ankai.com**　客服服务24H热线：**400-8874-868**

安凯官网二维码　安凯大家园微信二维码

Skywell
开沃汽车
绿色出行智慧交通
新/能/源/汽/车/领/军/企/业
开沃汽车

上饶客车
SHANGRAO COACH

江西博能上饶客车有限公司

江西博能上饶客车有限公司，前身为江西鑫新实业股份有限公司上饶客车厂，始建于1969年，拥有悠久的客车制造传统，为原国家机械工业部客车生产定点企业、骨干企业。公司曾以首创客车汽油发动机后置技术、率先引进全承载车身技术、成功承制国庆50周年、60周年江西省游行彩车而著称。

2007年，公司在德国客车专家指导下，在上饶市经济技术开发区设计建造成占地面积365亩、建筑面积6万余平方米的新工厂。公司专业设计、生产大中型客车，单班具备年产4000辆客车整车产能，产品涵盖6～12米大中轻型客车，包括校车、团体、公交、旅游客运、新能源和专用车六大系列40多个品种，销售及售后服务网络遍布全国各大城市和海外地区。目前，公司总人数700余人，专业技术人员占总人数30%以上，且公司技术中心为江西省唯一一家省级客车技术研发中心。公司已通过ISO 9001:2008质量体系认证，所有产品全部通过国家认监委的“3C”强制认证；相关配套企业也全部通过ISO 9001:2008质量体系认证，关键零部件全部通过“3C”强制认证。

2009年，在不断扩大传统客车和海外市场份额的基础上，公司全力进军新能源汽车领域。2010年，公司引进战略投资者——中国科学院和江西出版集团，与中国科学院在资金、技术、品牌上进行全方位合作，开展自主研发和技术创新，建设新能源汽车研发和产业化基地，力争将上饶客车打造成全国新能源汽车第一品牌。

与中科院签约战略合作协议

SR6700HBEV纯电动客车

SR6700SHEV增程式电动客车

SR6110CHEV混合动力城市客车

SR6106PHEVG/PHEVNG混合动力城市客车

SR6116PHEVNG插电式混合动力城市客车

公司地址：江西省上饶市经济技术开发区凤凰西大道18号　　邮编：334100

电话：（0793）8469522　传真：（0793）8469567　网址：http://www.srkc.com.cn

中国重汽集团成都王牌

公司简介Company Profile

中国重汽集团成都王牌商用车有限公司是中国重汽集团控股的大型商用车制造企业，是国家高新技术企业，四川省、成都市100强企业。重汽王牌公司的主导产品为重、中、轻、微型商用车，专用车，新能源车（LNG运输车），低速货车等产品系列，形成了工程自卸车、公路运输车、特种专用车、新能源纯电动车、低速货车等产品，1000多个车型品种的产品结构，年生产能力达25万辆。公司全部产品拥有自主知识产权，获得注册商标23项，并连续获得四川省名牌产品称号，被认定为国家驰名商标，王牌品牌在国内汽车行业有较高的知名度。

重汽王牌公司产品适用于工程用车领域，包括基础设施建设、港口码头、矿山采掘运输及其他建设工程运载需求，可服务于特定范围运输单元的组合；公路用车领域，包括长途中重型平板车、牵引车，城际和城市物流载货车等运输单元的组合；多用途车辆领域，包括纯电动物流车、城市环卫、绿化多功能专用车、特种用途车等，产品以其高性价比赢得客户青睐。

产品介绍Product introduction

重汽王牌1.8吨纯纯电动自装卸式垃圾车

公告型号及名称	CDW5020ZZZNEV 纯电动自装卸式垃圾车
整车外形尺寸(mm)（长×宽×高）	3985*1415*2100
整备质量(kg)	1170/1285
载质量(kg)	500/385
总质量(kg)	1800
轮胎型号	175/r14lT(4只)
轴距（mm）	1800
前/后悬（mm）	1125/985
接近角/离去角	15/25
续驶里程（km/h）	250
板簧（型号/片数）	片数: 1/-
ABS厂家及型号	ABS系统控制方式: 双参数控制

王牌电动皮卡车

公告型号及名称	CDW5030XGCEV 纯电动皮卡
整车外形尺寸(mm)（长×宽×高）	5562×1840×1838
轴距mm	3405
整备质量(kg)	2300
总质量(kg)	3425
最高车速（km/h）	≥110
续驶里程（工况法）	≥260
续驶里程（60km/h）	≥300
充电方式	直流充电（2h充满）/ 交流充电（10h充满）
0~50km/h加速时间（s）	≤7
0~100km/h加速时间（s）	≤16
爬坡度(%)	≥25

迷你型纯电动厢式运输车

公告型号及名称	迷你CDW5020XXYNEV型 纯电动厢式运输车
整车外形尺寸(mm)（长×宽×高）	3910×1400×1905
货箱栏板内尺寸（mm）	2220×1360×1150
总质量（kg）	1800
整备质量（kg）	1120
额定载质量（kg）	550
载质量利用系数	0.6
最高车速（km/h）	80
驾驶室准乘人数（人）	2
前悬/后悬（mm）	1125/985
接近角/离去角（°）	15/25
底盘型号	CDW1020NEV
防抱死系统	有
暖风机/空调	选装

北奔重卡
BEIBEN TRUCK
V3ET
高效至上·价值为先
免费咨询电话：800-8050118（座机）：400-6609595 | WWW.BEIBEN.CN

公司简介

北京蓝吉新能源科技有限公司是中关村国家自主创新示范区核心区高新技术企业，以研发燃料电池技术和工业生产规模为导向，投入数亿元用于引进燃料电池电堆和动力模块生产线，以实现燃料电池生产本土化。是一家研发、设计、生产、加工及销售利用各种清洁能源的应用及燃料电池混合动力系统的专业公司。

北京蓝吉新能源科技有限公司已开发了三代氢动力城市公交车和超过10个商用燃料电池电力、动力系统产品，并拥有13项专利技术，其中发明专利5项，软件著作权7项，实用新型专利1项。

北京蓝吉新能源科技有限公司研发中心位于北京，在天津蓟州区设有燃料电池动力系统测试生产线、燃料电池客车装配测试车间、脱硫高压设备及加氢站，提供专业的高压气体工程安装与检测服务。该设施的服务和条件满足了燃料电池电力系统装配和制造的技术以及安全要求的所有标准和条件。北京蓝吉新能源科技有限公司在北京中关村国家自主创新示范区引进和建设年产1000套大功率燃料电池电堆的生产线，并入库2018年山东省新旧动能转换入库项目，将在山东临沂高新技术产业区生产20000套燃料电池与动力总成自动化生产线。

北京蓝吉新能源科技有限公司拥有雄厚的研发和工程资源，研发、工程和管理团队经验丰富，教育和工作背景涉及电力电子、微电子、控制、自动化、计算机科学和通信、电化学、材料科学、机械结构和制造、商业管理和金融等，核心团队包括国际和国内氢能源和燃料电池行业的专家。

北京蓝吉新能源科技有限公司业务覆盖氢能源的部署和利用，包括：净化和利用副产品合成气和氢、氢充电站、氢储存和运输、甲醇重整制氢发电机和车载氢供应系统，并致力于利用风能、太阳能、废水和合成气来促进清洁能源的应用。

产品介绍

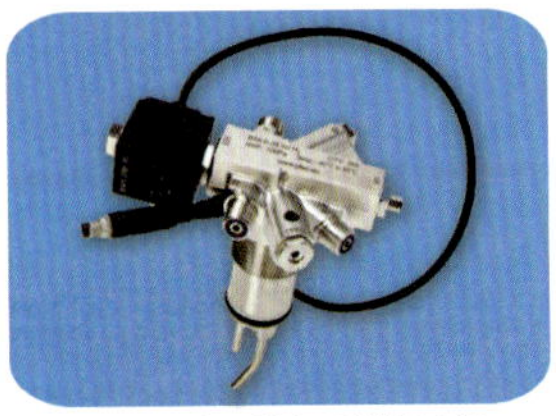
70MPa高压储氢系统瓶头阀

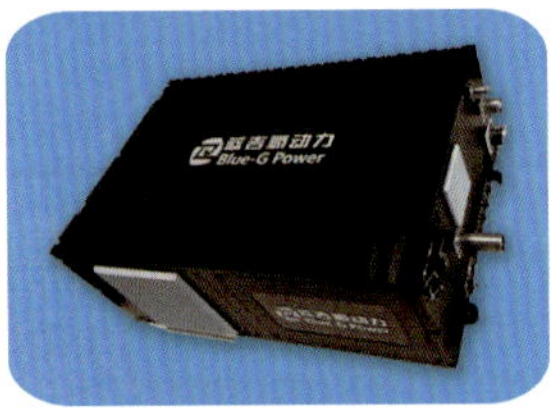

30kW燃料电池发动机

30kW燃料电池发动机

60kW燃料电池发动机

80kW智能直流负载柜

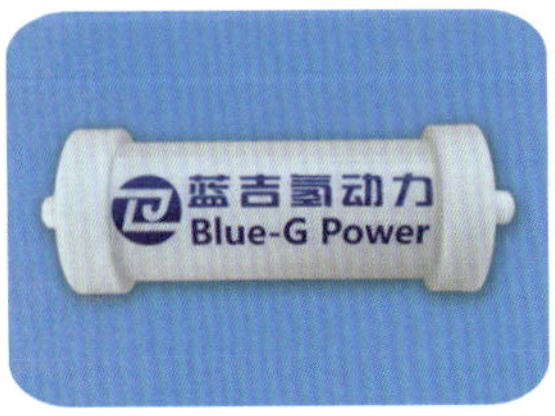

离子过滤器

空滤

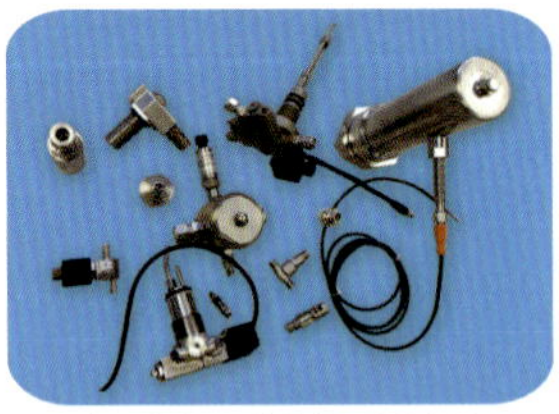
高压储氢系统瓶阀系列产品

生产车间

加氢间

客车组装车间

氢气间实验室

邮编：100081
邮箱：info@bluegtech.com
地址：北京市海淀区北三环西路66号理工国际教育交流大厦807室

电话：+86 010 6894 5611-8073
传真：+86 010 6894 8556
官网：www.bluegtech.com

亿华通
SinoHytec

华通科技　氢见未来

SINOHYTEC,TO THE FUTURE OF HYDRAGEN ENERGY

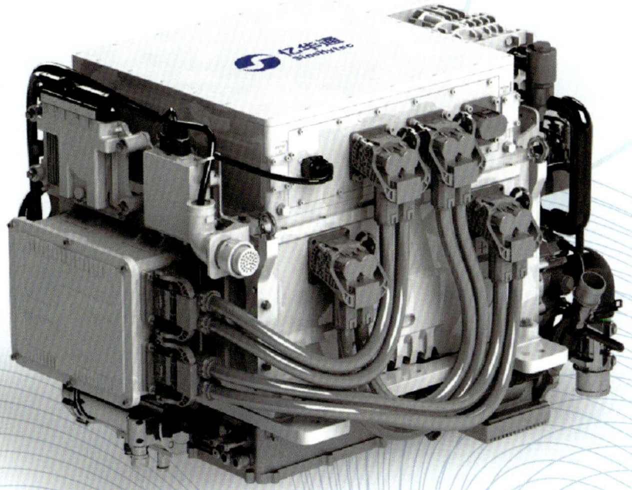

氢燃料电池发动机

FUEL CELL ENGINE

基于十多年的技术研发和车辆示范运行经验，亿华通自主研发的国产氢燃料电池发动机YHTG30，采用国产自主研发电堆，即插即用，功率密度大于1.7 kW/L，同时性能、可靠性、维修性进一步提高，无需加湿，成本进一步降低，可与国外主流产品相媲美。

核心特点
- 采用国产自主研发电堆：-30℃ 低温启动、-40℃ 低温存储；
- 采用低功率低噪音低压吹风机：噪音低、自耗能低、故障率低；
- 防护等级高：IP67；
- 高度集成化、模块化设计：节省空间、便于维护，降低维护成本；
- 远程智能监控和诊断技术：发动机运行状态实时监控、数据实时智能诊断。

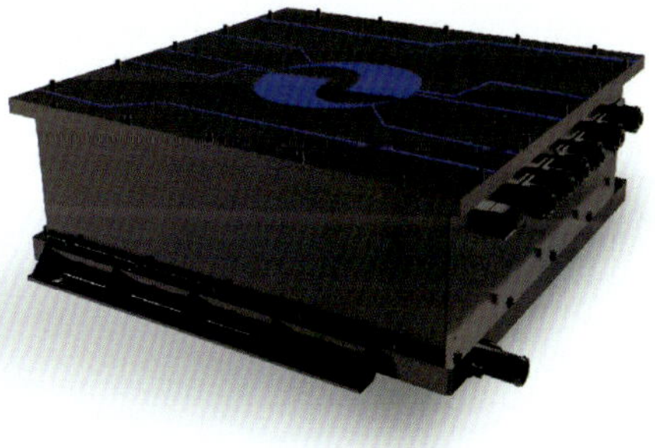

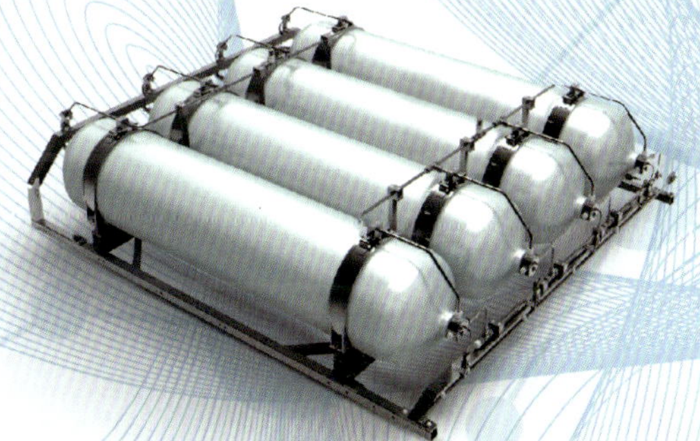

氢燃料电池电压变换器

DC/DC BOOSTER

氢燃料电池动力系统的关键部件，通过对发动机输出功率的精确控制，实现燃料电池与整车高压之间的解耦,实现整车动力系统之间的功率分配和优化控制；稳定发动机的工作状态，延长发动机寿命。

核心特点
- 升压变比高
- 运行效率高
- 适用范围广

压缩气态氢系统

HYDROGEN STORAGE

亿华通拥有十多年压缩气态氢系统产品设计技术和生产制造经验，严格的生产与质量管理体系，产品均已通过冲击试验、静推试验、振动试验、电磁兼容等多项检测试验，已应用于大中型客车、物流车、轿车和有轨机车等车型。

核心特点
- 过压保护、过温保护、过流保护、压力监测、温度监测
- 泄漏监测、气体放空、模块设计、气体取样、加注预警

www.sinohytec.com
86-10-62796417 / 18 / 19 / 20
北京市海淀区西小口路66号
中关村东升科技园B-6号楼C座七层

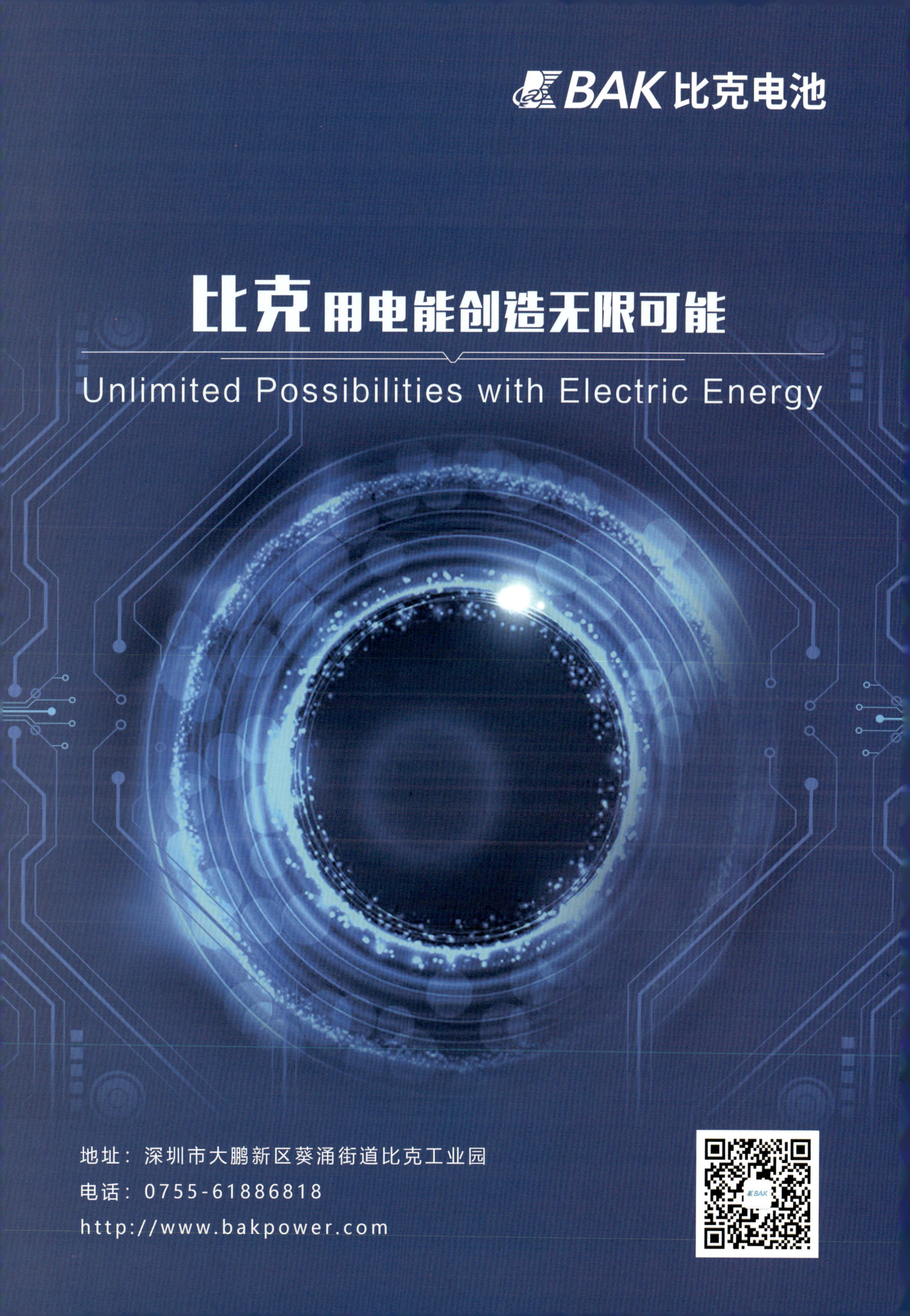
BAK 比克电池
比克 用电能创造无限可能
Unlimited Possibilities with Electric Energy
地址：深圳市大鹏新区葵涌街道比克工业园
电话：0755-61886818
http://www.bakpower.com

VPOWER
国新维科

企业简介

江苏维科新能源科技有限公司，位于江苏省盐城市，是一家以锂电池系统研发、生产、销售及服务的高科技企业，主要从事电动汽车动力电池、电源管理系统（BMS）的研发及制造，以及储能领域应用的各种锂电池产品的研发和生产。

江苏维科新能源科技有限公司由盐城市国有资产投资集团有限公司控股。盐城国投集团成立于2006年12月，注册资本20亿元，由盐城市人民政府出资组建，为国有独资企业。截至2017年底，集团总资产超500亿元。

江苏维科新能源科技有限公司一期位于江苏省盐城市经济技术开发区盐渎路8号A12，二期自动化产线位于江苏省盐城市经济技术开发区东环路69号，联系方式：0515-80891098。

江苏维科新能源科技有限公司有两条自动化生产线，一条圆柱型电池系统生产线，一条方形电池系统生产线，均采用国内最先进的自动化生产线，年产能达20亿瓦时，3万~5万台配套能力，2年内产能达35亿瓦时。

生产设备

全自动化方形生产设备

全自动化圆柱生产设备

专利证书

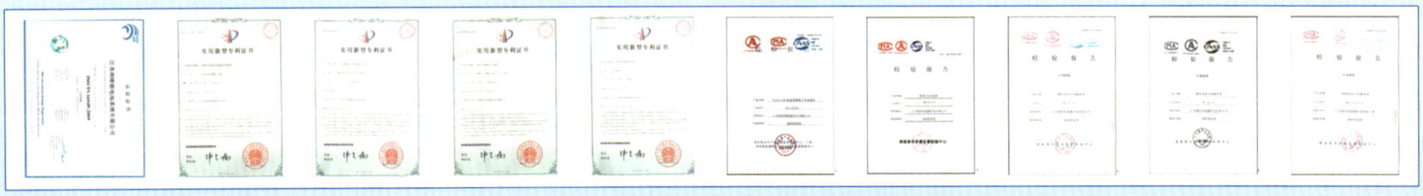

主要产品

2T微卡低压平台车型　A0级乘用车　10.5米公交车　旅游观光车

2T物流车/扫路车/环卫车　速派奇低速车　速派奇低速车　常州多灵小火车　无人驾驶物流车

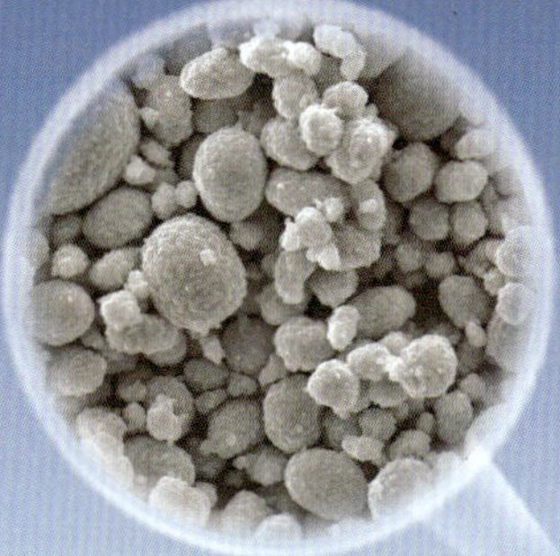

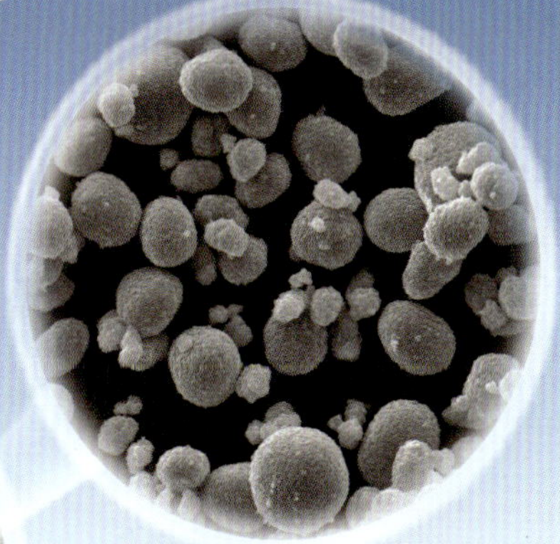

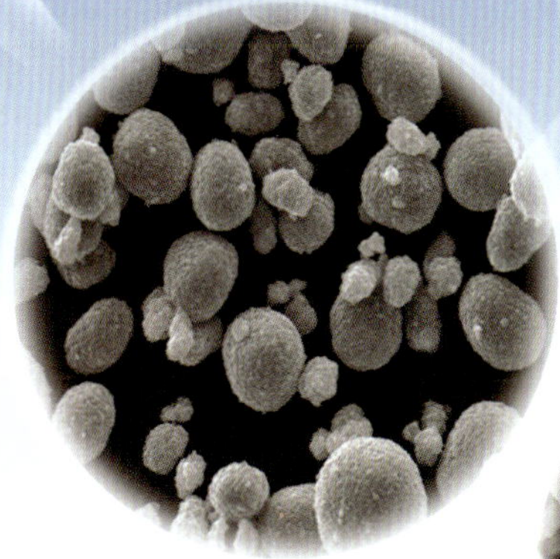

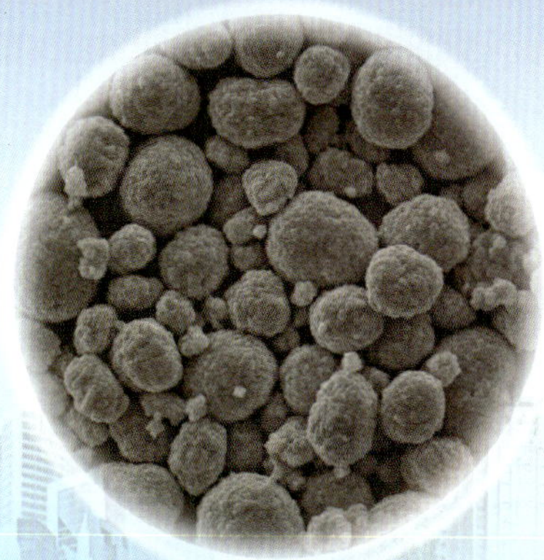

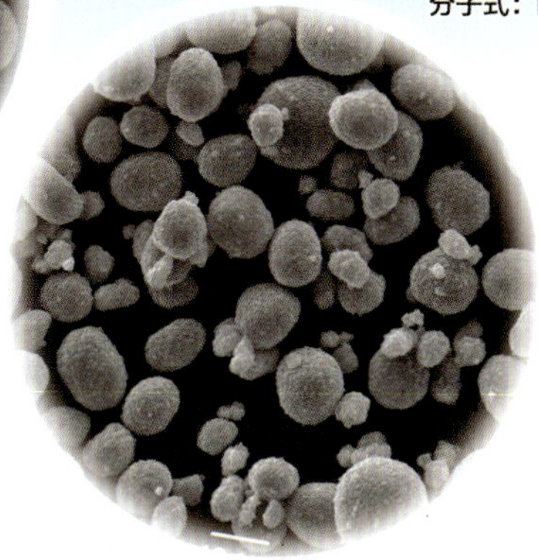

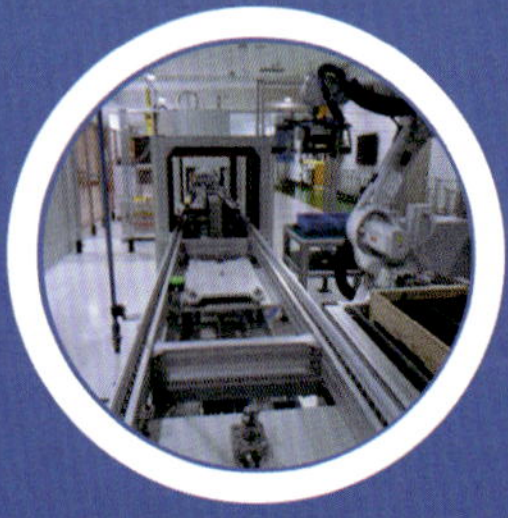

上海电驱动股份有限公司

SAHGNHAI EDRIVE CO..LTD

引领行业　驱动未来

LEADING FIELD　DRIVING FUTURE

上海电驱动股份有限公司专业从事新能源汽车电机驱动系统的研发、制造与服务，下设上海汽车电驱动有限公司、上海汽车电驱动工程技术研究中心有限公司、北京锋锐新能源电驱动科技有限公司等多个子公司。公司是上海汽车电驱动工程技术研究中心的依托单位，拥有系列新能源汽车电机驱动系统研发和测试平台和多条柔性生产线和一条全自动生产线。

公司现有员工800余人，拥有一支专业的年富力强的技术团队，有工程技术人员200余名，覆盖车用驱动电机系统各个技术领域。公司多次承担国家重大项目、上海市重大科技及产业化项目。拥有全系列的车用电驱动系统产品，并取得多项核心专利；同时还主持并参与了多项国家和行业标准的制、修订工作。公司作为我国电动汽车电驱动全产业链技术创新战略联盟理事长单位，推动了上游产业链快速发展。

公司产品覆盖峰值功率200kW以下的系列化、规格化、模块化的各类永磁电机及其控制系统，为国内主流汽车企业核动力集成商配套各类驱动电机及其控制器，产品市场占有率居国内同行业领军地位。

公司以人为本，为员工、客户、供应商、股东创造价值，打造新能源汽车关键零部件的中国品牌和世界品牌。

研发测试

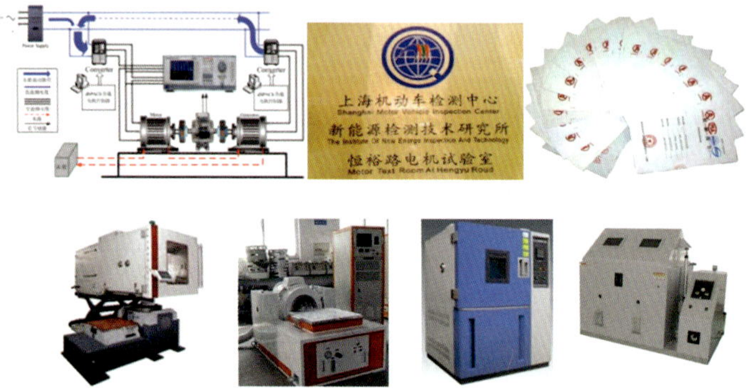

柔性制造

产品及适用车型

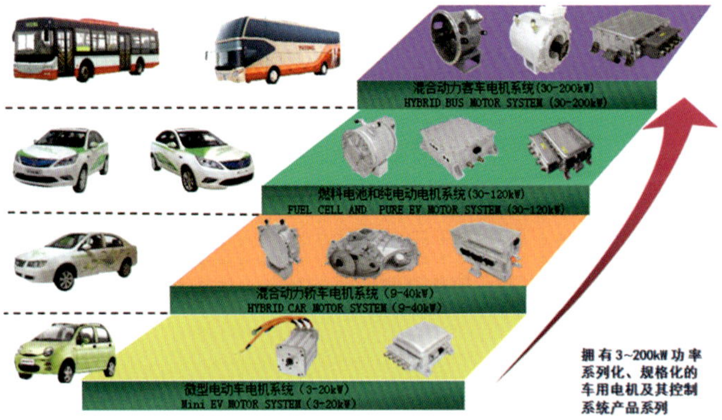

产业联盟

地址：上海市嘉定区恒裕路300号　电话：021-31615888　传真：021-31615800　邮编：201806　网址：www.chinaedrive.com

湘电莱特电气有限公司（以下简称湘电莱特）是湘电股份（股票代码：600416）控股企业，是研发、生产、销售新型高效电机及其控制系统、电动车辆及其关键零部件、电气控制及系统集成的高新技术企业。公司成立于2011年2月，投资3.5亿元，位于湖南湘潭国家高新区内，是全球领先的高效节能电机和驱动系统开发创新的制造商。

公司依托湘电国家级企业技术中心、国家级重点实验室、国家级研发检测中心、国家级计量中心的强大技术研发团队和先进的IPD（集成产品开发）研发管理机制，致力于为高端客户提供以高效节能成套设备技术为核心的资源信息一体化解决方案，在解决方案中为客户量身定制满足个性化需求方案设计、核心产品等特色专业服务。

公司核心技术团队长期从事电机与控制、电传动车辆、电气传动整体系统集成智能化的科研开发工作，承担并圆满完成国家重大技术装备研制、863电动汽车重大专项、省市混合动力电动客车及关键零部件、风电电气控制产品等科技项目，在电动汽车驱动系统方面，开展了大量、系统、深入的研究工作。目前公司已开发出系列化的电动汽车驱动系统产品，并与国内知名车企形成批量配套。

广州通达汽车电气股份有限公司

GUANGZHOU TONGDA AUTO ELECTRIC CO., LTD.

公司简介

广州通达汽车电气股份有限公司（以下简称：通达电气）成立于1994年，注册资本2.64亿元，是一家专业从事车载智能终端综合信息管理系统及配套汽车电气产品研发、生产、销售的高新技术企业、新三板挂牌企业（股票代码：870399）。公司主要为客车、物流车生产厂商提供车载智能系统系列产品、新能源汽车电机与热管理系统系列产品、公交多媒体信息发布系统系列产品、车载部件系列产品等，致力于成为国内车载电气领域最具竞争力的企业之一。

通达电气旗下拥有9家全资、控股或参股公司。其中拥有六家全资子公司，一家控股80%的广州市柏理通电机有限公司，一家控股50%的公司“广州思创科技发展有限公司”（位于萝岗开发区内），与中国汽车技术研究中心（央企）发起成立“天津英捷利汽车技术有限责任公司”，与中国恒天集团（央企）发起成立 “北京恒天鑫能新能源汽车技术有限公司”，目前公司员工有1000多名。

企业产品业务主要围绕互联网+、新能源汽车、交通运输三大市场服务与拓展，产品涵盖车载智能系统系列产品、公交多媒体信息发布系统系列产品、车载部件系列产品、新能源汽车电机与热管理系统系列产品。车载智能系统系列产品智能公交综合信息管理系统主要配套智能硬件，硬件产品主要包括车载智能终端、新能源车载远程监控终端、乘客信息管理系统（LED动态显示屏、中央控制器、线路管理及播报器）、漏气报警器、监控录像系统、电子信息公交站台等。公交多媒体信息发布系统系列产品。公交多媒体信息发布系统系列产品主要为车载广告媒体硬件，包括多媒体风道、全彩广告屏、可视变光信息广告一体化系统等。车载部件系列产品主要包括车载照明产品、普通风道、车内外装饰件和公交车载收银系统等构成。新能源汽车电机与热管理系统系列产品主要为新能源汽车发动机、电池、电机热管理系统、新能源电机热管理系统、直流无刷磁力泵等新能源汽车电机产品。

公司客户囊括国内众多客车企业并成功挺进国际市场，是郑州宇通、厦门金龙、苏州金龙、安凯客车、中通客车、比亚迪客车等国内前十名客车生产厂家的标准配套商，产品覆盖我国全部一线城市和大部分二三线城市；在国际市场中，公司产品出口到亚洲、非洲、欧洲、南美洲等30多个国家和地区。同时，公司多款产品在2008年北京奥运会、2010年广州亚运会、2011年深圳世界大学生运动会、2013年沈阳全运会以及2014年青奥会以及2018年春晚等国内大型活动中均有应用。

公司生产经营保持良好的增长趋势，总资产和营业收入实现了可持续增长，销售收入逐年递增，财务稳健，公司经营状况整体良好，2017公司实现销售额78307.62万元，同比增长35.57%，实现税后净利润14153.96万元，同比增长36.45%，缴纳税费9366.69万元，同比增长50.09%。特别是公司新三板挂牌以来已经实现2.04亿元的融资，用于企业自身的建设。

通达电气经过多年的发展，是国家级高新技术企业、信息系统集成及服务三级认证、全国两化融合管理体系贯标试点企业、广东省高成长中小企业、广东省创新型试点企业、广东省战略性新兴产业骨干（培育）企业（智能制造），拥有广东省省级企业技术中心、广东省工程技术研究中心、广东省院士专家企业工作站；公司已通过ISO9000质量认定、环境管理体系认定、知识产权管理体系认证，荣获“2016年广东省智能交通业绩十强单位”称号、广州市创新标杆百家企业、广州市著名商标、2014—2016年连续三年获得广州市纳税信用等级A级；2016年获得广州市优秀企业称号、广州市AAA和谐企业称号。目前公司有十项产品获得广东省高新技术产品，“公交车载智能终端”获得2017年广东省名牌产品，六项产品获得3C中国国家强制性产品认证，四项产品获得欧洲E-mark认证。

产品介绍

1.新能源电机热管理系统

新能源电机热管理系统由压缩机、风机、冷凝器，换热器，水泵，PTC，组成。系统控制器通过水循环，制冷模块的作用达到稳定电池工作温度的目的。

2.直流无刷磁力泵

直流无刷磁力泵集合电机行业最新技术，实现驱动电机无碳刷磨损及泵头无水封泄露，确保热管理系统以及整车动力系统能够稳定、可靠运行。

3.车载智能调度录像一体机

车载智能调度录像一体机是车辆管理系统的核心硬件，实现车辆与后台的信息交互、信息处理等功能。它采用高速处理器和嵌入式操作系统，结合视频压缩/解压缩技术、网络技术、GPS 定位技术，可实现录像回放、数据上传、车辆定位、视频监控、报警联动等功能。

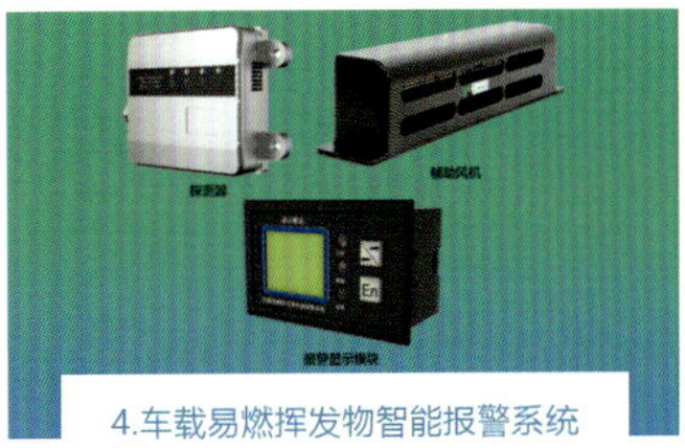

4.车载易燃挥发物智能报警系统

车载易燃挥发物智能报警系统为一款针对车厢安全环境检测而设计的易燃挥发物检测及火情报警装置，主要有探测器、辅助风机、报警显示模块组成。实现对汽油、松香水、香蕉水和乙醇(酒精)等易燃品挥发物及火前燃烧产生的CO进行快速、准确、高灵敏的非接触式监测，有效预防因乘客携带易燃易挥发物品上车造成火灾事故。可广泛应用于公交车、大型客车、地铁等公共交通工具。

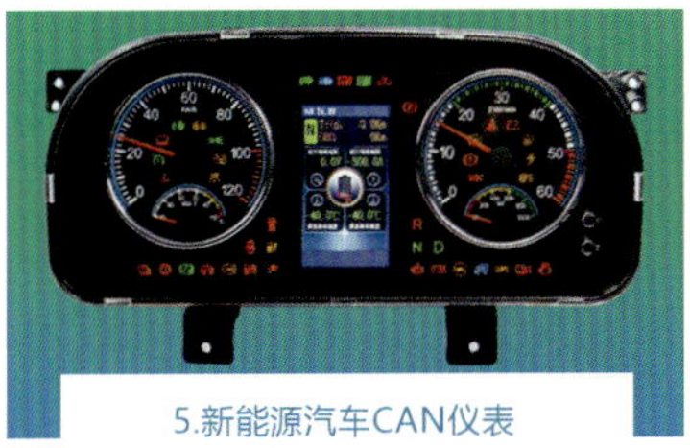

5.新能源汽车CAN仪表

本项产品针对新能源汽车进行开发，适用于公共汽车、货车和特种车辆等多种类型车辆，主要实现车辆各种运行数据的采集、运算、通讯、存储、显示及输出控制，保证车辆行车安全。产品由智能仪表、车身控制模块、CAN通讯网络主控模块组成。智能仪表实现人机界面，能够独立采集分析数据，并将数据转换为车辆状态，智能仪表具备显示各种参数信息、多种方式的报警提示、故障检测及存储等功能。

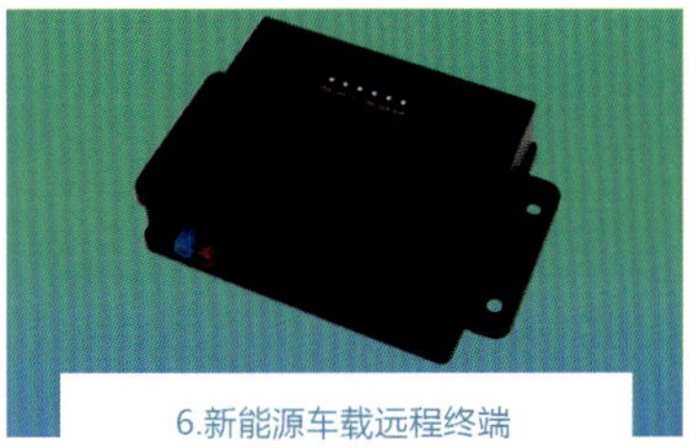

6.新能源车载远程终端

本项产品针对新能源汽车进行开发，适用于公共汽车、货车和特种车辆等多种类型车辆，集车辆数据采集、智能存储、多链路传输、GPS+北斗双模定位、DBC协议解析可配置、异常情况下独立运行等功能于一体，实现对于新能源汽车动力电池、驱动电机、整车控制等特定参数的记录及传输，可以将新能源车辆数据同时传输至客户平台及地方、国家的监控平台。

KST™
Future Connection
AC充电连接器 BEV /PHEV
AC Charging Connector for Electric Vehicle
健和兴端子为你连接未来 “绿能新纪元”
NEW
电动车/油电车/动力混合车...全系列
汽车产业连接器及充电系列（EV/HEV）
符合美国 UL 2215 标准以及SAE J1722
标准界面之 TUVus 认证 GB 20234 认证
EV Plug-to-Plug Charging Cable Set
VCPS2A032C1-10
IEC 62196 TYPE1 TO TYPE2
EV Plug-to-Plug Charging Cable Set
VCCICA032A0-10
IEC 62196 TYPE2 TO TYPE2
电动车充电系统之应用
Application in EV Charging System
车载用充电座
旅充线组
充电桩
健興 健興 KS K.S
健和兴科技（苏州）有限公司
苏州市相城经济开发区澄云路88号
电话：0512-65785885
传真：0512-65787880
健和兴科技（苏州）有限公司广州分公司
广州市番禺区大石街石北工业大道丰晟工业园L栋5楼
电话：020-87397198/87397629
传真：020-87399367

国家汽车质量监督检验中心（北京顺义）

>单位介绍/Introduction to the Unit

国家汽车质量监督检验中心（北京顺义）（以下简称中心）由国家质量监督检验检疫总局批准筹建（国质检[2009]61号）；北京市产品质量监督检验院在北京市质量技术监督局领导下，积极联合北京及周边地区汽车检测优势资源，并通过市政府立项投资建设高水平实验室，打造功能齐全、设施完善的独立、公正、科学、权威的第三方汽车专业检测研究机构。

中心占地总面积14.3万平方米，建设用地面积9.5万平方米，规划总面积12.3万平方米，一期建设7.8万平方米，建有碰撞安全实验室、零部件实验室、整车性能实验室、排放节能实验室、灯光电器实验室、电磁兼容实验室、材料与用品实验室、油品实验室、仿真分析实验室、新能源实验室、缺陷工程分析实验室，拥有先进设备300多台/套。中心检测能力覆盖121个产品1708参数，具备汽车及相关产品强制性检验能力。

>主要包括/Mainly include

● 碰撞安全

碰撞安全实验室具备检测能力4项，可进行3.5吨以下车辆的正面、正面偏置、侧面、追尾、翻滚等多种类型实验，可实现时速120公里的单车碰撞，时速80公里的车车正对碰、偏置对碰等。

行人保护：腿部冲击试验，头型冲击试验。

● 整车性能

包括整车动力性、经济性、制动、噪声、操纵稳定性、行驶平顺性和可靠性等试验项目；

具备国家强制性检测项目要求的整车基本性能检测，如侧倾、淋雨密闭性、侧后防护、尺寸及质量参数等，同时具备整车基本性能等研发与验证试验能力。

● 节能环保与新能源

具备轻型车辆机动车污染物排放限值的试验能力；

具备对关键部件噪声测量、分析的实验研发能力；

具备轻型车辆曲轴箱污染物、排放耐久、车载故障诊断系统等的试验能力；

具备电动汽车、动力电池及配套设施检测研究能力。

● 零部件

中心建立涵盖车辆底盘、车身、电气、附件等主要总成和零件的试验检测能力和环境技术条件。主要包括：座椅、头枕、安全带、内饰材料、后视镜、门锁、门铰链、轮胎、燃油箱、制动软管、暖风机、遮阳板、电喇叭、玻璃升降器、风窗洗涤器、刮雨器、减震器、传动轴、驱动桥、V型带等产品的性能和耐久试验。

● 其他

具备整车及车载电子电器设备的电磁兼容实验研究和检测能力；

具备结构仿真和汽车导航等模拟分析与检测能力；

具备车内空气质量与车内材料有害物的检测能力；

具备汽柴油、润滑油检测能力；

具备部分汽车专业计量校准能力。

●电池模组电性能测试系统

●顶压试验

●行人保护试验

●灯光实验室

●十六烷值测定仪

●零部件实验室

地址：北京市顺义区顺兴路9号　电话：010-57521131　传真：010-57521181

国家客车质量监督检验中心

国家客车质量监督检验中心（以下称“本中心”）是经工业和信息化部、交通运输部、环境保护部、国家质检总局、认监委等政府主管部门认可和授权的国家级汽车产品质量检测机构，是中国合格评定国家认可委认可实验室。

本中心设有新能源汽车中心，拥有新能源汽车检测设备100余台套，具备新能源汽车产品准入管理要求的新能源整车（含纯电动、混合动力和燃料电池汽车等）、驱动电机系统及动力电池系统的全部检测能力，能够按照国家标准、欧盟指令、ECE法规及行业标准开展新能源汽车整车、动力电池系统、驱动电机及控制器的各类测试；同时可以根据用户需求帮助新能源汽车及关键零部件生产企业进行产品前期研发性试验及各种产品鉴定试验；还可以进行整车、驱动电机系统、电池及管理系统、电磁兼容（EMC）技术提升等试验研究工作和技术咨询服务。

本中心在重庆市高新区金凤电子信息产业园建设640亩新基地，已建成占地500亩，包括直径300米的动态广场、直线2公里长性能试验路、ABS试验路、噪声试验路、涉水池、浸水池、6个电动汽车交直流充电桩及其他辅助设施的重庆机动车强检试验场，通过工信部《道路机动车辆生产企业及产品公告》检验场地和交通运输部道路运输车辆燃料消耗量检验场地能力核定。正在建设的重庆机动车强检试验场二期试验室项目占地约160亩，引进IST加速台车碰撞模拟试验系统、Messring整车碰撞试验系统（满足大客车和货车的碰撞试验）、高低温环境模拟排放试验仓等设备设施，建设国际先进、国内一流的整车、碰撞、整车排放、发动机排放、新能源汽车、部件、电磁兼容、部件安全等专业试验室，全部工程将于2020年建成投用。同时，本中心在深圳坪山设立新能源汽车检测分场所，建设有动力电池、电机及电控检测实验室，主要面向深圳市、珠三角及周边地区的新能源汽车关键零部件生产企业提供检测服务。

■ 某18m铰接电动客车进行动力性试验

■ 某18m铰接电动客车进行EMC试验

■ 某电动客车进行涉水试验

■ 某电动客车进行24h浸泡试验

■ 某电动客车进行带电侧面碰撞试验

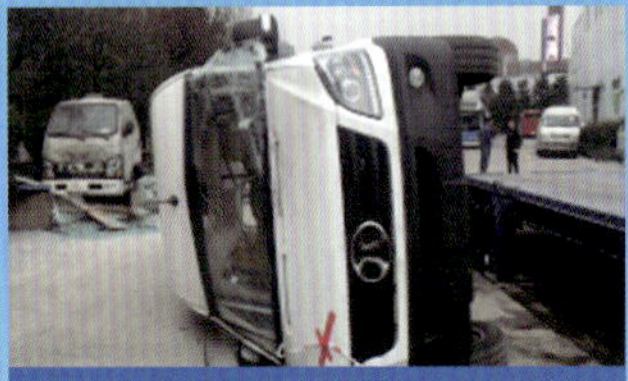

■ 某18m铰接电动客车进行EMC试验

■ 驱动电机系统试验台架

■ 低气压环境试验箱

■ 高低温环境试验箱

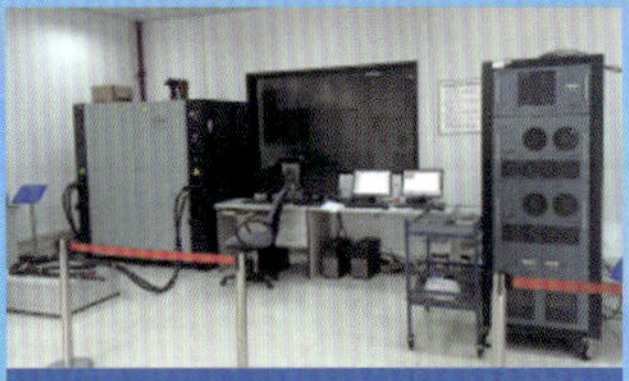

■ 动力电池充放电测试系统

■ 动力电池包挤压试验

■ 动力电池包外部火烧试验

■ 动力电池系统充放电测试

■ 动力电池模块针刺试验

■ 动力电池系统过充电试验

■ 动力电池系统过放电试验

重庆车辆检测研究院有限公司
Chongqing Vehicle Test & Research Institute Co.,Ltd.

地址：重庆市北部新区汇星路1号　网址：www.cqvtri.com
联系电话：023-63426217/63426218/63426219

电磁兼容试验

新能源试验

汽车安全与节能国家重点实验室

State Key Laboratory of Automotive Safety and Energy

汽车安全与节能国家重点实验室是国家计委利用世行贷款建设的75个国家重点实验室之一。实验室依托清华大学，涵盖车辆工程、动力机械及工程两个国家重点学科。

1989年经国家计委批准立项，1995年通过国家验收并正式运行和对外开放。自创建以来，实验室围绕汽车的“安全、节能、环保”三大主题以及我国国民经济发展中的重大需求，瞄准国际前沿、国家目标，定位于汽车工业共性关键基础技术、汽车工程交叉学科基础理论、汽车领域宏观发展基本问题，致力于绿色化、智能化的生态汽车的研究与发展，逐步形成了自己的优势领域和特色。

实验室始终坚持“开放、流动、联合、竞争”的运行方针，支持国内外优秀科研人员和学者开展前瞻性研究，同时积极开展与世界著名大学、研究院所、汽车公司的广泛深入的学术交流与合作，形成了具有总体国内领先和部分国际先进水平的科研基地，在跨地区、跨学科集成创新研究中发挥了国家公共科研基础平台作用。

实验室于1997年、2003年、2008年、2013年和2018年先后顺利通过了由教育部或科技部组织的国家重点实验室评估。

2017年固定人员85名，其中研究人员71人，技术人员13人，管理人员1人，这对基础研究和工程应用都要兼顾的实验室来说是一个比较合理的研究队伍结构。研究人员中，正高职称（教授、研究员）32人、副高职称研究人员（副教授、副研究员）34人、中级职称研究人员（助理研究员）5人，分别占45%、48%和7%；中国科学院院士1人，长江学者特聘教授5人，长江学者特聘讲席教授1人，国家千人计划2人，国家青年千人计划2人，万人计划3人，国家杰出青年科学基金获得者3人，国家优秀青年科学基金获得者3人，科技部中青年科技创新领军人才3人。固定人员中60岁以上的正高职称研究人员3人，正高职称研究人员平均年龄52岁；40岁以下的副高职称研究人员10人，副高职称研究人员平均年龄44岁。

2017年共承担科研项目220项，到款科研总经费17452万元，其中国家重点研发计划、973计划、863计划、科技支撑计划、自然科学基金等国家级项目，和省部级项目总到款8090万元（46%），军工专项到款1521万元（8%），国际合作项目到款1781万元（10%），横向项目到款6060万元（34%）。另有依托单位支持双一流建设经费1020万元，实到科研经费总计18472万元。本年度重点项目类型更加广泛多元，作为项目负责人/课题负责人承担重点研发计划12项，其中国拨经费共6959万。共申请国家自然科学基金34项，获批11项，资助率32%，其中重点项目3项，面上基金5项，青年基金2项，外国青年基金1项。李亮承担的自然科学基金面上项目被评为国家自然科学基金委机械工程学科优秀结题项目。

2017年发表SCI论文203篇， EI论文283篇，授权发明专利85项。欧阳明高入选2017年全球“高被引科学家”名单；王志在全球顶级期刊《能源与燃烧科学进展》发表发动机爆震燃烧综述文章（五年IF=23.63，在机械工程（132个期刊）和热力学（58个期刊）两个领域排名榜首）；李亮在国际电动车研讨会（ISEV 2017）上荣获最佳论文奖；杨殿阁指导的博士后江昆在第17届COTA国际交通科技会议上获得最佳论文奖；李克强指导的博士生徐彪在2017 IEEE智能汽车研讨会获得最佳论文。

2017年科研机构建设取得新突破，探索跨越式发展的新模式：牵头成立了清华大学智能网联汽车与交通研究中心(中心主任李克强)，为清华大学首批3个跨学科交叉机构之一，打造强大的跨学科交叉平台，目标进一步筹建智能网联汽车国家创新中心；成立了清华大学-玲珑轮胎汽车轮胎动力学联合研究中心（中心主任宋健）和清华大学（汽车系）- 壳牌清洁交通能源联合研究中心（中心主任帅石金），旨在开展跨学科的联合技术攻关以及跨行业的产业政策研究；“中美电动汽车技术北京市国际科技合作基地”（负责人欧阳明高）被评为优秀。此外，我室正在与中国重型汽车集团公司筹建联合研究中心，探讨“一带一路人才培养新模式”，另有多家校企联合研究中心推进中。

2017年，获省部级一等奖3项。2013-2017年，共获国家奖5项，省部级一等奖11项、二等奖5项、三等奖4项。

2017 年欧阳明高教授当选中国科学院院士

海外华人交通协会(COTA)主席
张瑜教授做客汽车学术沙龙

与国家电投集团科学技术研究院有限公司
签署合作意向书

成立清华大学(汽车系)-
壳牌清洁交通能源联合研究中心

汽车系在中国汽车工程学会
第九次全国会员代表大会被授予多项表彰荣誉

潘际銮院士做客第 200 期
汽车学术沙龙特别版

世界资源研究所董事、热布卡公司
联合创始人罗宾 · 蔡斯来访

与东风汽车集团股份有限公司技术中心
签署战略合作备忘录

浙江吉利控股集团杨健副董事长
一行来访

成立清华大学智能网联汽车
与交通研究中心

清华大学电驱动机械变速器团队夺得
金砖国家创客大赛“ 特等奖 ”

创立智能网联汽车期刊

汽车安全与节能国家重点实验室

State Key Laboratory of Automotive Safety and Energy

上海交通大学汽车工程研究院

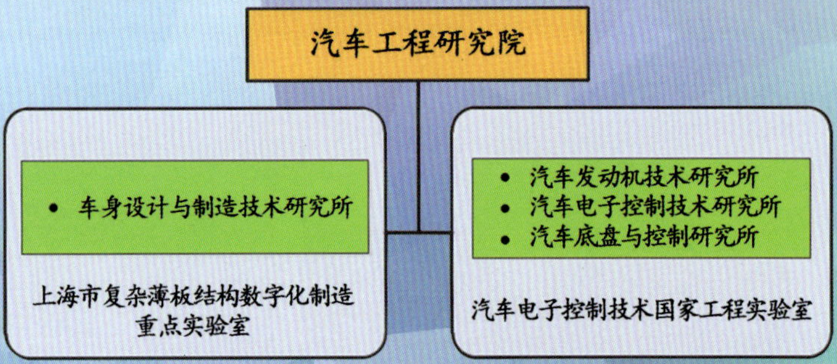

上海交通大学汽车工程研究院成立于2006年上海交通大学110周年华诞，瞄准国际汽车科技前沿技术，在政府、学校以及企业等多方面的支持下，通过整合和优化上海交通大学汽车工程相关学科和研究方向，组建的具有上海交通大学特色的汽车学科大平台。汽车工程研究院拥有一支事业心强、富于创新精神的科研团队以及10000平方米的汽车实验大楼，设有汽车车身研究所、汽车底盘与控制研究所、汽车发动机研究所以及汽车电子研究所，形成具有教授15人，副教授15人，讲师4人，博士后7人，工程师20余人以及研究生三百多人的研发团队。汽车工程研究院依托汽车电子控制技术国家工程实验室，上海市数字化汽车车身工程重点实验室等平台基地，重点开展汽车电子控制、汽车车身数字化工程、汽车发动机先进技术与控制以及混合动力、新能源汽车核心技术、以及智能网联汽车技术研究。

其中汽车电子控制技术国家工程实验室在2008年由国家发改委批准成立，定位为围绕国家节能减排和汽车产业升级的重大需求，突破汽车电子控制技术瓶颈，在汽车电子核心技术原始创新方面为行业技术进步、企业产品创新提供有力支撑。上海市数字化汽车车身工程重点实验室由上海市科委2003年批准建设，以汽车车身设计与制造技术研究与应用为核心，重点发展薄板精益成形技术、制造质量控制技术、薄板连接技术、车身轻量化设计技术、装配工艺数字化设计技术等方面的高水平研究与车身应用。智能网联电动汽车创新中心成立于2017年，依托车辆工程、自动化、信息安全、计算机、机器人等跨学科交叉研究为基础，深度融合智能化、网联化和电动化相关专业，联合上海交大已有优势平台开展创新研究，包括上海市新能源汽车公共数据采集与检测研究中心、上海市北斗导航与位置服务重点实验室、上海市信息安全综合管理技术研究重点实验室、上海云计算联合实验室等交大核心学院和实验室等。

汽车电子控制技术国家工程实验室

National Engineering Laboratory of Automotive Electronic Control Technology

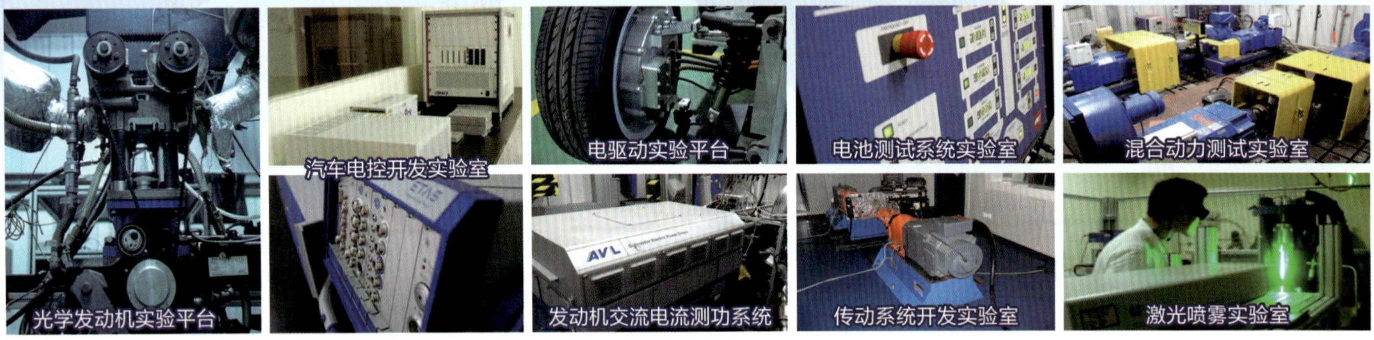

主办的国际性学术会议　现代化的办公区域　上海交通大学赛车队赛后合影　混合动力电动公交汽车　交大赛车耐久赛现场　自主开发线控汽车

上海交通大学，汽车工程研究院

地址：上海市东川路800号机械楼群D楼　联系人：毛骏莉　电话：021-34208374　邮箱：maojunli2533@sjtu.edu.cn

NEVL 辽宁省节能与新能源汽车动力控制与整车技术重点实验室

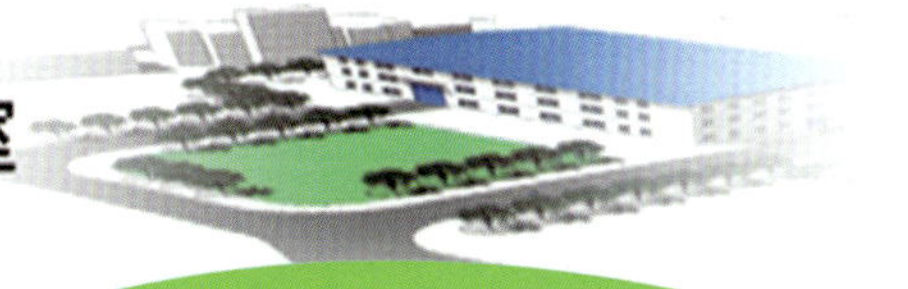

辽宁省节能与新能源汽车动力控制与整车技术重点实验室，依托大连理工大学汽车工程学院，是目前在新能源汽车领域辽宁省唯一的专业性省级重点实验室。该实验室以未来汽车发展的主要方向——新能源汽车为主线，结合我国汽车产业发展的自身特点和关键技术，整合我国北方汽车工业的行业资源和高校科研能力，在国家节能环保建设环境友好型社会的政策指导下，本着服务地方经济推进地方产学研发展的原则，建立产学研一体化平台。

地址：辽宁省大连市甘井子区凌工路2号
手机：13332231368
邮箱:dlzyf@dlut.edu.cn
http://sae.dlut.edu.cn/index/zdsys.htm

双源驱动系统

针对燃料电池电动汽车驱动系统在效率、成本和技术成熟度等方面的不足，实验室研发了一种新型双源驱动系统。该系统省去了DC/DC变换器，通过对双源电机的控制，可实现驱动、制动能量回收、燃料电池和二次电池的能量交换、对燃料电池内阻进行测量等系列功能。核心技术包括：双源驱动电机技术（双源电机结构的选择、双源电机系统参数的设计）；双源驱动系统仿真匹配技术（多模型、多学科联合仿真）；双源电机控制技术（双源电机控制器的软、硬件开发）。

· 双源电机控制器

· 双源驱动电机样机

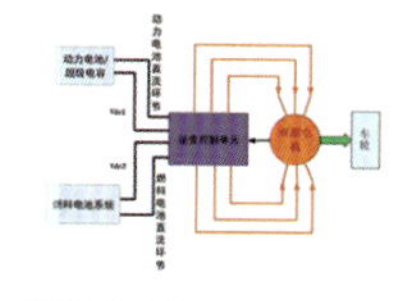

· 用于燃料电池动力系统的双源驱动电机

适用于燃料电池动力系统的DC/DC解决方案

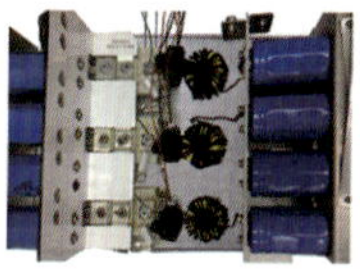

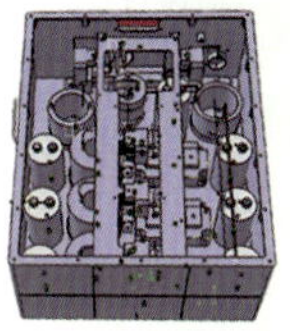

· DC/DC主回路

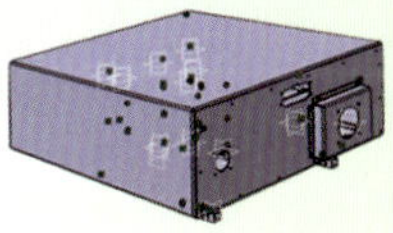

· DC/DC样机

面向燃料电池车辆现有的驱动系统，实验室开发了具有自己特色的DC/DC变换器，其主要特点在于输入输出双重控制、多相工作的拓扑结构、多模式的控制方法及相互转换机制、适合燃料电池特性的控制策略，燃料电池电流纹波得到最大优化，转换效率大于93%的高效工作区域达到100%。

新能源汽车整车控制技术

实验室所开发的整车控制器现已应用于纯电动客车，试验运行时间达三年。实现整车控制与车载信息系统高度集成，可便捷的实现4G和未来5G通讯，为未来车联网、智能车的信息传递提供高效通讯支持。

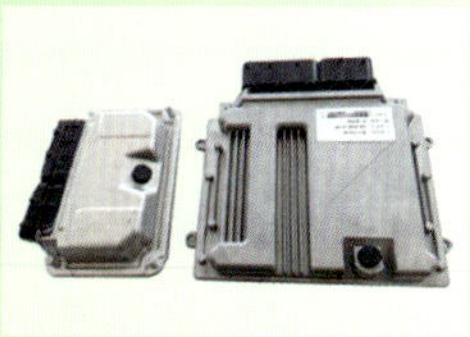

· 电动汽车整车控制器

PHEV整车台架

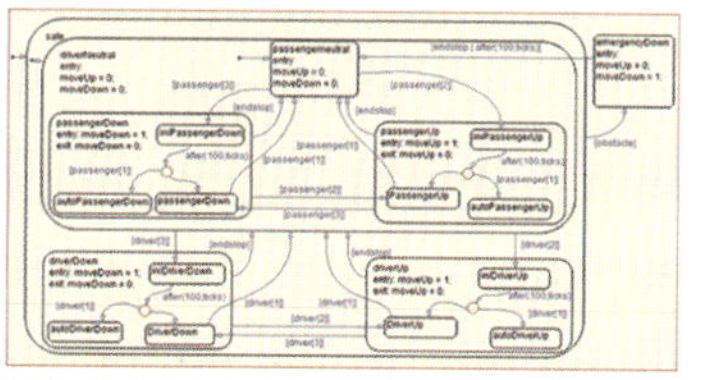

基于智能交通信息的新能源汽车整车控制策略研究

车用永磁同步电机控制技术

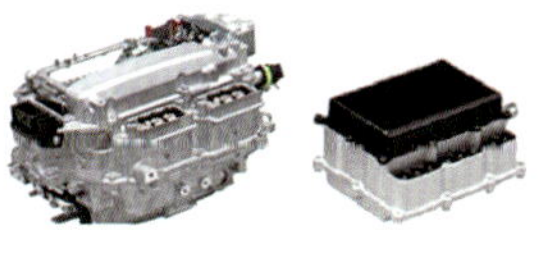

· 混合动力客车驱动电机控制器

· 永磁同步电机控制器

· 电动汽车驱动电机试验台架

该技术不仅实现了对车用永磁同步电机的场定向控制，而且根据车辆的特性实现了多模式和智能控制，例如变参数优化学习控制、动态过程的高效AI控制、深度弱磁AI控制等。本成果具有低成本和高性能的特点，可为整车企业和其他零部件企业提供配套，可用于各种新能源道路车、轨交车。

新能源汽车信息化平台

实验室建立了节能与新能源汽车信息化平台，开发了车载数据采集器，实现了对地方政府和企业示范运行的数千辆纯电动及混合动力汽车运行状态的数据采集、远程监控与数据分析，为提升不同类型电动汽车的整车性能和优化动力系统设计提供了支持。

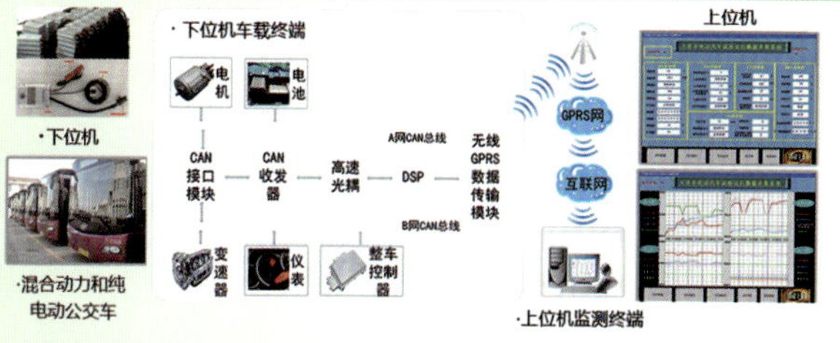

天津大学无人驾驶汽车交叉研究中心

◎ 无人驾驶样车平台

- GPS/IMU高精度车辆定位系统
- 双目摄像头视觉感知系统
- 4/16/32/64线激光雷达感知系统
- 前向/侧后方毫米波雷达感知系统
- NVIDIA PX/TX 系列车载计算控制系统
- 车辆线控执行系统

◎ 虚拟仿真平台

- 车辆动力学及3维虚拟场景仿真软件:PRESCAN、AMESIM、SCANERDT
- 驾驶模拟器驾驶员在环仿真测试平台:AAI、VI-GRADE
- 自动驾驶控制器硬件在环仿真平台:PX2
- 深度学习GPU计算集群

◎ 无人驾驶控制算法

- 基于高精度地图与GPS惯导的车辆实时定位技术
- 基于高精度地图的车辆行驶轨迹规划技术
- 基于模型预测控制理论的车辆横纵向控制技术
- 基于强化学习与无人驾驶行为决策技术

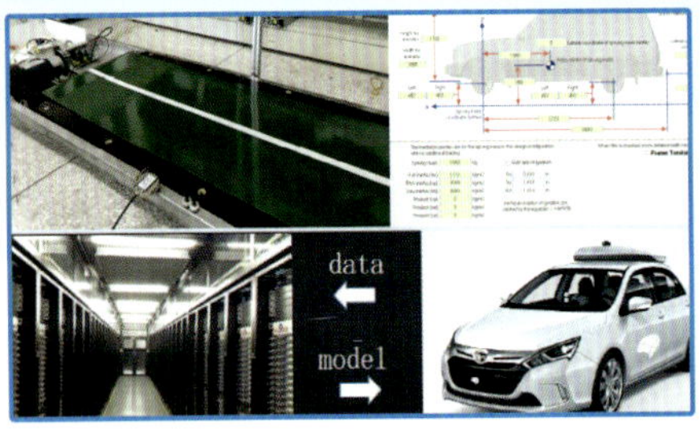

◎ 无人驾驶车辆动力学模型

- 车辆动力学软硬件在环实时仿真平台
- 车辆驾驶行为与行驶工况数据库
- 车辆驾驶模拟器驾驶员在环测试平台

◎ 无人驾驶试验场

- 交通标识符，车道线及交通灯识别测试
- 十字路口，人行横道测试
- 环岛绕行测试
- 静止与运动障碍物避让测试

天津市津南区天津大学北洋园　15922078552　jianhui.wang@tju.edu.cn

节能与新能源汽车年鉴

YEARBOOK OF ENERGY-SAVING AND NEW ENERGY VEHICLES

第一篇 Section I

分领域发展综述

Overview of Development According to Fields

一、产业技术发展综述

Chapter 1 Summary of Industry Technology Development

我国新能源汽车产业在经历了产业导入期(2009—2013年,全年年产量不超过2万辆)、快速增长期(2014—2015年,产销同比增长300%以上)后,从2016年开始进入稳定增长期,2016和2017年全年产销量同比增长率保持在30%~60%,预计今后几年的产销同比增长率也将保持在30%~50%,这也是产业发展逐步走向成熟的标志。2017年也是国家和地方财政补贴集中退坡的一年,国家和地方政府继续出台非资金性支持政策,企业积极应对,产业链参与方继续保持信心和投入,全年产量接近82万辆,实现了58.9%的同比增长,继续保持全球产量第一的地位,为2020年国家财政全面退出实现了较好的过渡。

1. 政策法规分析

2017年,相关部门对新能源汽车的行业管理遵循"放管服"的总体要求,精简了部分审批环节,加强了对事中的监督和管理,其中对新能源汽车行业影响较大的政策法规包括以下几个。

(1)2017年版的《新能源汽车生产企业及产品准入管理规定》的颁布和实施

2017年版的《新能源汽车生产企业及产品准入管理规定》(以下简称《规定》)2017年1月颁布,同年7月1日起实施。该《规定》一是明确了新能源汽车的定义和范围;二是完善了生产企业准入条件;三是完善了产品准入条件;四是建立了运行安全状态的监测制度;五是完善了监督检查措施;六是强化了法律责任。可以看出其六项重要内容中有三项关乎事中的监督和事后的管理,也将更加突出了保障运行安全性的重要地位。

(2)《乘用车企业平均燃料消耗量与新能源汽车积分并行管理办法》的颁布

《乘用车企业平均燃料消耗量与新能源汽车积分并行管理办法》(以下简称《办法》)于2017年9月发布,自2018年4月1日起实施。该《办法》主要内容有:一是建立积分核算制度和积分管理平台;二是明确积分核算方法;三是有条件地放宽小规模企业的燃料消耗量达标要求;四是设立新能源汽车积分比例要求的门槛;五是实行积分并行管理。《办法》的发布实施有助于推动产业持续发展的长效机制,其提出的平均燃料消耗量积分和新能源汽车积分"双积分"并行管理机制,兼顾了传统汽车节能水平提升与新能源汽车创新发展,既充分吸收借鉴了国际先进经验,也充分考虑了我国汽车产业发展现状,有利于促进我国汽车产业节能减排和转型升级。

(3)《促进汽车动力电池产业发展行动方案》的发布并实施

《促进汽车动力电池产业发展行动方案》(以下简称《方案》)2017年2月由工信部、发展改革委、科技部、财政部联合发布,旨在加快我国动力电池行业的科技创新和产业化力度,《方案》提出:2018年要提升现有产品性价比,保障高品质电池供应;2020年要基于现有技术改进的新一代锂离子动力电池实现大规模应用;2025年要采用新化学原理的新体系电池力争实现技术变革和开发测试。其中2020年动力电池系统比能量力争较现有水平提高1倍达到260 Wh/kg、成本降至1元/Wh以下,2025年动力电池单体比能量达500 Wh/kg,同时在加强安全性、加快关键材料和生产装备产业发展方面提出了发展目标和实施路径,助力我国继续形成动力电池的国家核心竞争能力。

(4)《关于组织开展城市绿色货运配送示范工程的通知》发布并实施

《关于组织开展城市绿色货运配送示范工程的通知》(以下简称《通知》)于2017年12月发布并实施,目标是实施城市绿色货运配送示范工程:形成一批各具特色的城市绿色货运配送发展模式;建成一批现代化、标准化、集约化的城市货运枢纽,形成若干集聚效应强的干支衔接公共货运枢纽站场;培育一批运作高效、服务规范、开展甩挂运输和实施共同配送的物流企业;更新一批标准化、专业化、环保型运输与物流装备,新能源和清洁能源车辆占营运载货汽车比重大幅提升;打造功能健全、资源集约协同共享的物流信息平台;城市货运配送效率显著提升,物流成本、能耗水平和污染物排放明显降低。对纳入城市绿色货运配送示范工程的货运枢纽(物流园区)项目,交通运输部将按照《"十三五"货运枢纽(物流园区)建设方案》和相关管理规定,予以重点考虑、优先支持。该《通知》的发布,引导了地方政府对新能源物流行业的关注和支持,带动了新能源物流车的快速发展。

2. 产业与技术发展情况

2017年我国共生产新能源汽车819 991辆,较2016年同比增长58.9%,各类新能源汽车产量见表1-1。其中纯电动乘用车45.3万辆,占比达到55.2%,是我国新能源汽车市场的主力车型,插电式乘用车2017年共生产10.3万辆。新能源乘用车(纯电动乘用车与插电式乘用车)产量占比达到67.7%,主要缘于由于私家车市场的迅速发展。新能源客车(含纯电动客车和插电式客车)共生产10.7万辆,占比为13.1%。值得一提的是纯电动专用车2017年共生产超过15万辆,占比达到18.9%,超过新能源客车,是我国新能源汽车行业新兴的增长点。燃料电池汽车主要集中在客车和专用车领域,乘用车市场尚未启动。

表1-1 2017年国内新能源汽车产量 (单位:辆)

分类	产量
纯电动乘用车	453 808
插电式混合动力乘用车	102 793
纯电动客车	91 102

续上表

分　类	产　量
插电式混合动力客车	16 242
纯电动专用车	154 774
燃料电池客车	280
燃料电池专用车	992
总计	819 991

(1)纯电动乘用车

① 国内纯电动乘用车以A级及以下车型为主。纯电动乘用车是我国新能源汽车市占比最高的车辆类型,2017年纯电动乘用车产量共计45.3万辆,产量占比超过50%。车型以A级及以下为主,售价补贴后10万以内,以5万~8万售价区间居多,主要应用是私家车、租赁用车、出租车等。2017年A00与A0级纯电动乘用车共生产32.3万辆,占比达到71%;A级车型共生产8.6万辆,占比为19%,A级及以下车型产量占比达到90%。产量TOP5车企分别为北汽新能源、浙江吉利、湖南江南、江铃控股、浙江豪情,产量排名前十位的车型如图1-1所示,北汽新能源的EC180以78 740辆位居第一。

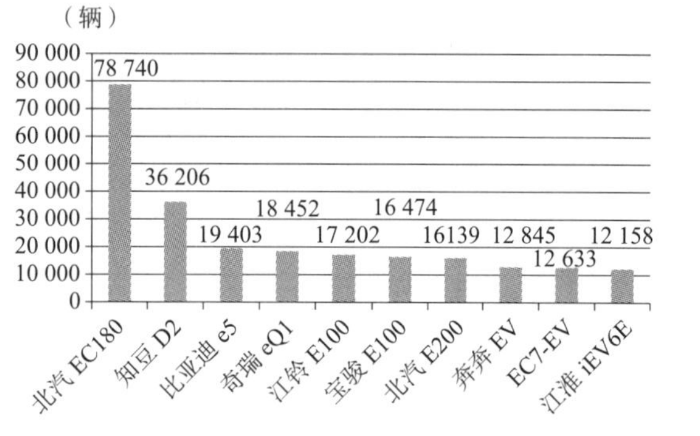

图1-1　2017年纯电动乘用车产量TOP10车型

② 续驶里程较2016年持续增长,新发车型续驶里程多超过300 km。随着电池技术的进步,动力电池能量密度进一步提升,成本继续下降,纯电动乘用车整车续驶里程实现持续增长,2017年部分新发布或升级车型如北汽新能源EU400、吉利帝豪EV300及荣威ERX5等,工况法续驶里程已突破300 km,部分车型等速续驶里程超过400 km。

③ 智能网联技术在量产车型上的应用实现一定突破。整车智能化和车桩网联化取得一定突破,智能化与个性化的车载导航系统、智能找寻充电桩等技术和应用出现在北汽、吉利、上汽等新发量产车型上,为用户带来更智能化和便利的使用体验。

④ 新兴造车企业开始发布首款车型。经过两年的酝酿,2017年,新兴造车企业开始较为集中发布首款车型,云度π1、车和家SEV、小鹏汽车1.0量产车、奇点IS6、威马EX5、蔚来ES8纷纷亮相,其中云度汽车率先获得工信部的企业和产品准入,新兴造车企业主打科技、智能化标签,并在营销模式、运营模式上进行了创新,云度的三年整车回购、全年服务费无忧行驶等模式为国内纯电动乘用车市场带来了不少新思维。

(2)插电式乘用车

① 国内插电式乘用车以SUV和B级车为主,合资品牌加速入局。2017年国内共生产插电式乘用车10.3万辆,车型以SUV和B级车为主,插电式乘用车产量TOP10车型如图1-2所示,代表车型比亚迪宋连续占据产量榜前列,2017年产量超过2.5万辆,荣威ei6一上市就上升势头明显,年产量也接近万辆,产量前五位车型成为比亚迪和上汽两家企业之间的比拼,外资和合资企业的合资品牌等迅速布局并进入市场,其中别克Velite5、BMW X1插电版进入年度产量车。目前插电式乘用车企业,凯迪拉克、沃尔沃、华晨宝马、奥迪、奔弛等均有车型均有车型,虽然产量不多,但借助品牌优势开始培养市场,并借助合资方式下探售价,未来必将给国内插电式乘用车市场带来更激烈的竞争。

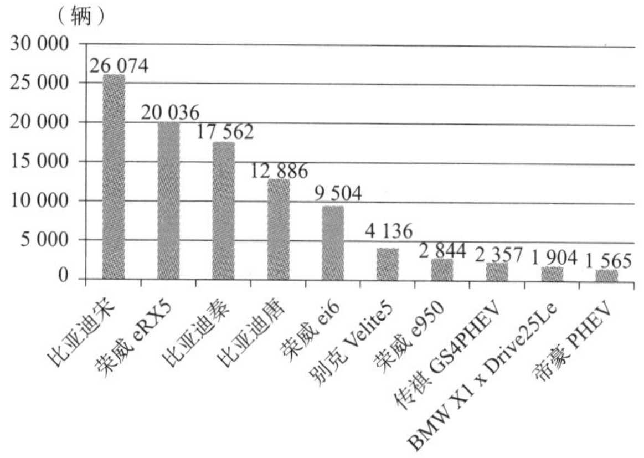

图1-2　2017年插电式乘用车产量TOP10车型

② 动力性提升和降能耗是主要技术方向。2017年没有太多新插电式乘用车车型进入市场,但各厂家在改款升级款方面做了一些工作,主要方向是提升动力性和降低能耗,以达到提高驾驶乐趣以及提升纯电动续驶里程的目的。在动力性提升方面,更大排量发动机,以及新型涡轮增压发动机的应用,在提升整车动力性的同时,可以使发动机更多的工作在高效区。在降能耗方面,通过提升发动机热效率、电机比功率和电池的功率密度,以及提升电压平台等方案,使得能耗进一步降低,从而提升纯电动续航里程。

(3)纯电动客车

① 受补贴退坡和纯电动公交车市场趋于饱和影响,纯电动客车产量呈现负增长。2017年国内共生产纯电动客车9.1万辆,较2016年全年产量下降21.3%。2017年纯电动客车产量前十位的企业如图1-3所示,宇通继续领跑,但全年产量较2016年也下降了5%。在全年同比大幅增长的情况下,纯电动客车产量同比下降,说明当前纯电动公交车市场趋于饱和,究其原因,一方面有补贴退坡的影响,另一方面也受纯电动客车整体市场容量的影响,当前纯电动客车主要用途是城市公交,近年来一、二线城市纷纷进行城市公共电动化工作,部分城市电动化率接近100%,但城市公交市场容量有限,更换新车也需要3~5年时间,接下来是三、四线城市进行公交电动化的时间,但三、四线城市公交领域容量有限,预计往后几年可能还要面临零增长或负增长的局面。因此纯电动客车要继续拓宽服务领域,如旅游客车、公路客车、通

勤车等，继续扩大应用。

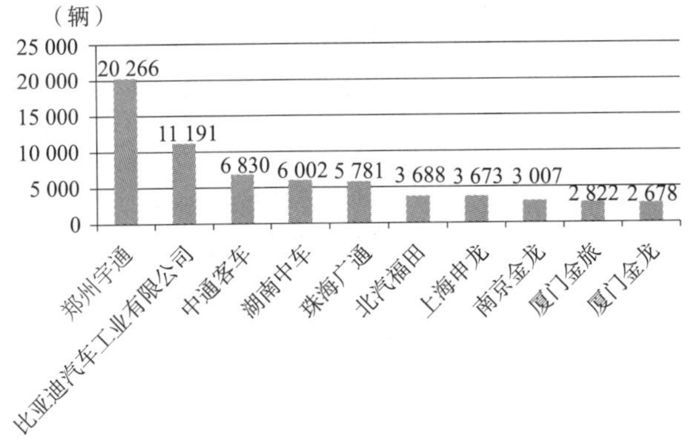

图 1－3　2017 年纯电动客车产量 TOP10 企业

② 纯电动客车以 10 m 及以上大中型客车为主，等速续驶里程超半数位于 200～300 km。目前我国纯电动客车的使用用途主要有公交客运、公路客运、旅游客运以及通勤。2017 年全年生产的纯电动客车车长 10 m 以上为 5.3 万辆，同类占比为 58%，以公交用途为主，其次为 8～10 m，同类占比为 39%，其余车长在 6～8 m。在里程方面，等速工况续驶里程在 200～300 km 范围内的整车产量占比达到 56%，而等速工况续驶里程在 300～500 km 的整车产量占比为 32%，见表 1－2。整体看，纯电动公交车续驶里程近年来呈现长途化趋势。

表 1－2　2017 年纯电动客车等速工况续驶里程范围分布与占比图

等速工况续驶里程范围（km）	产量（辆）	占比（%）
80～100	255	0
101～200	6 503	7
201～300	50 996	56
301～400	14 747	16
401～500	15 027	16
500 以上	3 574	4

③ 纯电动客车成为我国客车行业技术创新及应用的重要载体。受益于国家和地方政府的多级财政补贴，又加之纯电动客车的“电力”属性，纯电动客车对新技术所带来的成本增加敏感度低于传统客车，所以近几年来，纯电动客车成为我国客车行业创新及新技术应用的重要载体。从制造工艺上，纯电动客车的生产由离散型的制造工艺逐步向柔性、分布式制造模式转变，在轻量化方面，高强钢、铝合金型材在纯电动客车上应用的试验验证以及相关新型工艺的实验验证也取得了较大的突破。主流企业也积极探索轮毂电机、轮边电机以及多电机集成化驱动等新型技术在纯电动客车上的应用。智能网联汽车与城市 ITS 智慧交通的融合取得技术突破和应用。

（4）插电式混合动力客车

① 插电式客车较 2016 年减产 17%，生产企业多且产量分散度较大。2017 年，我国共生产插电式混合动力客车 1.62 万辆，较 2016 年下降 17.3%。与纯电动客车相同，同样是在总产量大幅增长下取得了负增长。2017 年共有 34 家企业进行了插电式混合动力客车的生产，除郑州宇通产量超过 4 000辆以外，其余生产企业产量均未超过 2 000 辆，产量分散度较大。2017 年插电式混合动力客车产量前十位如图 1－4所示。

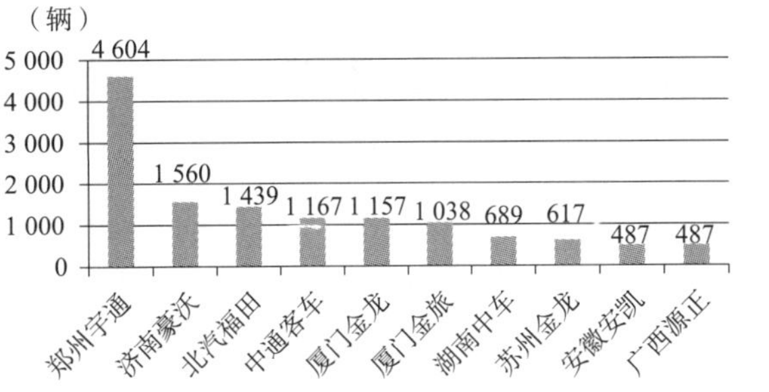

图 1－4　2017 年插电式混合动力客车产量 TOP10 企业

② 等速法工况纯电动续驶里程位于 51～80 km 范围居多，对车桩比要求更高。2017 年生产的插电式混合动力客车中，纯电动续驶里程（等速法工况）范围分布如图 1－5 所示，其中 74% 的纯电动续驶里程位于 51～80 km 范围，对于公交、公路、旅游等客运用途来说，显然非常不足，若要更加充分发挥纯电动工况的节油减排效果，就要求配备相关的充电设施更为完善。

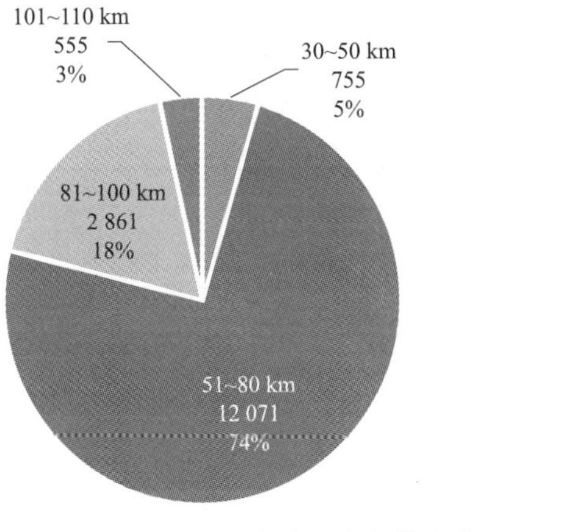

图 1－5　2017 年插电式混合动力客车等速法工况里程范围分布图

（5）纯电动专用车

物流产业发展带动纯电动专用车产量增速迅猛。2017 年全年生产纯电动物流车共计 15.4 万辆，首次超过新能源客车（含纯电动和插电式客车）的全年产量，TOP10 企业如图 1－6所示。纯电动专用车的主要类别包括货运专用车、工程邮政等专用车，以及市政环卫用专用车，从表 1－3 可以看出，货运类纯电动专用车共生产 149 876 辆，同类占比 97%。纯电动货车的大幅增长是纯电动专用车产量激增的主要因素。纯电动货车产量的大幅增长主要缘自市场的需求以及政策的驱动，互联网经济的迅猛发展带动了物流产业的快速增长，纯电动专用车在使用环节的经济性迎合了市场需要，另外，诸多城市对纯电动物流车在行驶路权方面的政策激励也带动了大型物流企业对纯电动物流车的青睐。

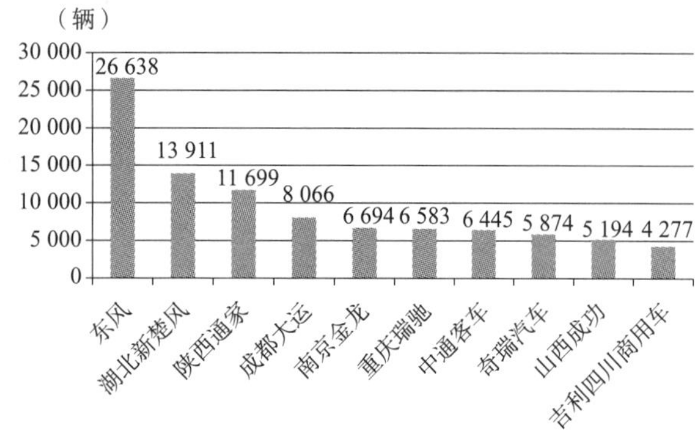

图 1－6　2017 年纯电动专用车产量 TOP10

表 1－3　纯电动专用车使用类别及相关产量（单位：辆）

用　途	类　别	产　量	小　计
货运类	厢式运输车	142 164	149 876
	封闭货车	6 515	
	冷藏车	725	
	仓栅车	472	
市政环卫类	环卫作业车	1 304	2465
	垃圾车	1 161	
特种专业类	工程车	1 295	1 904
	邮政车	609	
重型专用车	索引车	333	333
其他类	其他专用车	196	196
合计		154 474	154 474

（6）燃料电池商用车

与纯电动汽车和插电式汽车同样，我国燃料电池汽车的推广应用也是从商用车开始的，2017 年全年共生产燃料电池商用车 1 272 辆，其中客车 280 辆、专用车 992 辆，见表 1－4。较 2016 年增长 102%，虽然增长率高，但车辆数量仍较少，我国燃料电池汽车产业仍处于产业引导期，目前主要靠国际国内的小规模示范类项目带动，产业链尚不齐备，尤其是基于氢能的制、储、运相关方案的经济性等方面尚需要进行进一步探索。在燃料电池汽车汽车方面，燃料电池电堆的使用寿命、效率，以及整车的低温启动与国际水平尚有一定差距，需要进行更细致的攻关工作。

表 1－4　2017 年燃料电池商用车生产企业及产量

（单位：辆）

燃料电池客车	280
北汽福田汽车股份有限公司	30
佛山市飞驰汽车制造有限公司	47
金华青年汽车制造有限公司	5
上汽大通汽车有限公司	197
郑州宇通客车股份有限公司	1
燃料电池专用车	**992**
东风汽车公司	535
江苏奥新新能源汽车有限公司	56
金华青年汽车制造有限公司	401

（中国汽车技术研究中心有限公司　王　成　朱　成　樊春艳）

二、纯电动乘用车

Chapter 2　Pure Electric Passenger Car

1. 2017 年纯电动乘用车整车产业与技术总体情况

2017 年，全球电动车乘用车市场总体延续了前两年快速增长的发展趋势，总销量达到 122 万辆，在 2016 年 77 万辆的基础上，同比上涨 58%。其中，中国市场延续了几年来的强劲走势，继续保持全球市场的领跑地位。2017 年中国新能源乘用车产销量分别为 59.3 万辆和 57.8 万辆，从单车累计销量看中国市场占全球市场的份额已经高达 46.7%。其中，纯电动乘用车销量为 46.8 万辆，同比增长 82.1%；插电式混合动力乘用车销量为 11.1 万辆，同比增长 39.4%。纯电动乘用车占中国新能源乘用车销量的比例超过了 81%，是国家政策、企业和市场等多方面共同作用结果的集中体现。

2017 年中国的纯电动汽车市场集中度较高，绝大多数的市场份额由本土品牌主导——以北汽新能源、吉利、比亚迪、众泰、奇瑞为代表的五家国内纯电动汽车生产厂商的销量达 29.8 万辆，占据了全国近 64% 的市场份额，销量前十大厂商均为本土厂商。随着 2017 年纯电动汽车行业投资继续高涨，国内外资源加速整合，企业创新势力的迅速布局以及市场需求不断升级，2017 年的纯电动乘用车市场展现出以下几个特点。

一是区域市场集中度比较高，销量排名前十位的北上广深等城市占据 55.1% 的市场份额，其中北京和上海仍是新能源乘用车消费最大的两个市场，其中纯电动乘用车目前仍然位于主导地位，除上海插电式销量远高于纯电动外，其余 9 个城市都是纯电动比例较高。

二是国内纯电动乘用车以 A00 级与 A 级车型为主。其中 A00 级车型累计销量 30 万辆，占比 54.42%，同比累计增长 173%，市场份额最高；A0 级车型累计销售 2.7 万辆，占比 4.94%；A 级车型有所提高，累计销售超过 11 万辆，占比 20.42%；B 级车型累计销售近 5 000 辆，占比仅为 0.88%。

三是中国纯电动乘用车市场依然是以政策主导的市场。国内新能源乘用车推广较好的几个城市，如北京、上海、深圳、天津等城市都或多或少受益于汽车限购限行政策的影响，还没有达到靠产品和服务赢得客户的目标。

2. 2017 年纯电动乘用车技术发展特点

（1）2017 年纯电动乘用车技术发展特点

2017 年，纯电动乘用车的续航里程、智能网联及自动驾驶等技术继续得到显著提升。一是纯电动乘用车的续航里程在2016年的基础上，进一步实现了持续性的增长。部分新锐车型如北汽新能源EU400、吉利帝豪EV300及荣威ERX5等，工况法续航均已突破300 km，部分车型的等速续航已超过400 km。二是智能网联的整车应用实现快速发展。北汽新能源新锐精品车型Lite实现了独有的前后屏互动设计和内部的三屏互联智能系统，上汽的2017款eRX5实现了智能化与个性化的车载导航系统，能够依据车主行车习惯智能规划路线，智能找寻充电桩服务，能快速有效地解决充电难题，向车主提供精准的充电桩位置及使用状态。三是国产自动驾驶技术的进一步应用。百度在上海车展推出"阿波罗计划"，宣布开放自己的自动驾驶技术，并已经获得近百家整车与零部件公司的支持。

(2)2017年纯电动乘用车实现的主要突破点

① 以永磁同步电机为主导的纯电驱动系统技术为纯电动乘用车性能提升提供保障。2017年我国自主研发的永磁同步电机、交流异步电机和开关磁阻电机已经实现了与整车产业化技术配套，电机功率密度达到2.8~3.0 kW/kg，电机系统最高效率达到94%以上，我国由于在稀土资源方面的优势，永磁同步电机成为当前新能源汽车市场的主流，这也是我国纯电动乘用车的一大特点，永磁同步电机由于具有功率密度高、可靠性高、功率因数高、较宽的转速范围等优势，使得我国自主品牌纯电动乘用车整车性能有了较大的提升。

② 换电和快充标准的逐步完善为纯电动乘用车出行服务提供更多选择。随着2017年电动汽车充换电设施建设，为了适用换电技术路线的新变化与大功率充电、无线充电以及电动汽车充电设施与智能电网的互动等技术的发展，充电设施标准体系也随之进行完善。现已形成传导充电设施、换电设施、无线充电系统三大标准体系。其中，电动汽车传导充电设施标准体系规划80项标准，现已发布标准有33项；正在制修订标准有36项。电动汽车换电设施标准体系规划45项标准，现已经批准发布24项，正在制修订标准有14项。电动汽车无线充电系统标准体系规划21项标准，正在制定5项标准。

③ 动力电池产业化程度和能量密度双提升为纯电动乘用车市场化提供保障。动力电池在2017年发展迅速，中国动力锂电池出货量较2016年增长29.4%，总装机量达36.24 GWh。其中TOP 3的宁德时代、比亚迪、沃特码装机量分别为10.4 GWh、5.43 GWh和2.33 GWh。根据2017年推出的12批纯电动汽车数据统计，乘用车的平均电池系统能量密度已达120 Wh/kg，而电池的平均价格则由2016年的2.15元/Wh下降20%~30%。在三元电池技术方面，宁德时代动力电池的单体能量密度已经达到304 Wh/kg，循环寿命基本上在1 000次左右，相关的安全性检测全部通过；磷酸铁锂电池方面，比亚迪的单体能量密度将达到180 Wh/kg，电池组能量密度达到134 Wh/kg。动力电池产业化程度和能量密度的双提升为整车性能提升提供了更多的可能性和一致性保障。

3. 目前亟需解决的技术难点及解决方案

目前纯电动乘用车大规模推广应用的技术难点集中在纯电动整车集成开发、快速充电系统开发及全气候高性能动力电池研发等三个方面。在纯电动整车集成开发方面，通用、特斯拉、日产等国外先进车企已量产Bolt、Model X及Leaf为代表的纯电动汽车，其正向开发的整车架构能够安置更大电量的动力电池并优化其空间布局，同时应用整车轻量化技术能够在满足碰撞安全需求的基础上大幅降低整车整备质量和能耗水平。而国内以油改电共平台开发为主，整车无法安置大电量电池，轻量化技术水平与碰撞安全防护技术均有不足。在快速充电系统开发方面，以奔驰、宝马为代表的车企已加入350 kW CCS整合充电系统，基于高压平台架构的超快速充电能力已成为纯电动汽车的风向标。国内在快速充电系统开发方面还处于起步阶段。在全气候高安全性动力电池系统技术方面，以特斯拉、日产为代表的国外车企已开发出高安全、全气候适应的动力电池系统，支撑400 km以上续航里程的车型开发，满足大功率充电需求和极端气温下的行驶需求。国内在此尚处初级阶段，针对全气候电池最新开发的高速自加热技术还未有大规模应用，严重影响了电动车续航里程，亟待突破全气候电池新技术研发与应用及安全快速充电技术。

4. 2017年重点车型技术特点分析

(1)2017代表车型1：北汽新能源EC180

北汽新能源EC180车型整车长宽高3 675 mm×1 630 mm×1 518 mm(轴距2 360 mm)，整备质量1 050 kg，采用前置前驱，最高车速110 km/h，NEDC续航里程156 km。2017全年销量超7.8万辆，成为全国/全球纯电动销量冠军车型。

① 在电池方面，EC180搭载高性能三元锂电池(ATL电芯)，与磷酸铁锂电池相比，其在容纳电量、充放速度上的表现更为优异。因此，北汽新能源EC180在NEDC综合工况下续航可达156 km，满足在大多数场景应用；标配慢充口，7 h内可充满电量；同时，北汽新能源EC180还搭载能量回收系统与低温预加热功能，前者可通过在行驶过程中回收制动能量反馈动力电池，增加10%的续航里程，后者可在低温环境下为电池加热，保障电池的充电与使用。

② 在电机方面，EC180搭载高性能交流异步电机，其特点是结构简单、运行耐用、维修方便，与同功率的直流电动机相比效率更高、更适合于高速运转。该交流异步电机有着大于15/30 kW的电机功率、65/(140 Nm)的电机扭矩，并且耐高温性强，整车最高车速达110 km/h；具备无级变速功能，并提供了D档限速75 km/h安全驾驶、S档无限速运动模式两种驾驶模式，让驾驶者能够在不同的环境中尽情享受驾驶乐趣。

③ 在电控方面，EC180搭载了北汽新能源独家的e-Motion Drive超级电驱技术，能够精密解析电动机空间磁场实现动力标定，使核心动力系统效率高达96%，从电能到动力仅损失4%；并且可以多维度动态单体电流控制技术，实现快速均衡充电，保证充电快速安全；同时采用了集成控制单元(PEU)技术，减少电磁辐射传导路径，将电磁场密封在箱体内部，大幅降低辐射强度；以及全面实现过充过放、高温高寒等电寿命保护，有效延长电池使用周期和保障续航里程。

(2)2017代表车型2：上汽荣威ERX5

上汽荣威ERX5车型整车长宽高4 554 mm×1 855 mm×1 716mm(轴距2 700mm),整备质量1 710 kg,前置前驱,最高车速135 km/h,NEDC续航里程超320 km。2017全年销量达1.05万辆,在全国纯电动市场名列第十,也成为唯一销量过万的SUV车型。

① 在电池方面,荣威ERX5采用了NCM高能量密度锂电池,电池组自重357 kg,电池容量48.3 kWh,能量密度达到135.3 Wh/kg,这一水平达到2017年主流车型领先水平,能够享受1.1倍国家补贴。电池组搭载宁德时代的高性能(在-15 ℃~55 ℃范围内性能稳定)电芯,因此未配备低温预加热配置。

② 在电机方面,所搭载的永磁同步电机最大功率85 kW,最大扭矩255 Nm,介于内燃机1.2T至1.4T的动力水平,驾驶感受平缓且没有纯电动车提速突兀感。此外,应用多项减震降噪技术,动力总成的NVH表现优异,应用多项电力电子集成技术,实现紧凑结构与轻量化设计。

③ 在智能网联方面,ERX5实现了三屏互联汽车智能系统,能够提供较为全面的应用支持,如,车载支付宝、免费更新信息的高德地图(可通过LVDS双通道显示在仪表盘上)、语音控制、远程车辆控制、OTA升级等。同时,由于采用封闭系统设计,安全级别、系统稳定性及网络速度都更好。

(3)2017代表车型3:吉利帝豪EV300

吉利帝豪EV300车型整车长宽高4 631 mm ×1 789 mm×1 495 mm(轴距2 650 mm),整备质量1 598 kg,前置前驱,最高车速140 km/h,NEDC续航里程为300 km。2017全年销量达2.3万辆,在全国纯电动市场名列第六。

① 在电池方面,帝豪EV300搭载宁德时代供应的三元锂电池,容量为45.3 kWh,使用60 kW快充端0%~80%能在45 min完成,并且配备由水冷散热和低温预热所组成的主动温控系统,实现整车在高温和低温环境下动力电池始终处于25 ℃~40 ℃范围内。

② 在电机方面,帝豪EV300搭载一台永磁同步电动机,其峰值功率为95 kW(129.2马力),最大扭矩为240 Nm,匹配一款单速变速器。该电机在目前上市产品中为上游水平,具有体积小、重量轻、可靠性高等优点,传动效率高达96%。此外,电机配备主动液冷循环散热方式,采用悬吊式布局方式,可以有效缓解行驶过程中的各种冲击碰撞,防护级别达到IP67。

5. 未来几年纯电动乘用车技术发展趋势

(1)电动化与能源低碳化结合

电动化如果不与能源低碳化结合,电动车可能无法达成降低碳排放量的目标。低碳的关键在于电的来源要朝可再生能源发展,全面推进智能电网、能源互联网和氢能的发展规划。电动化与能源低碳化在结合的过程中,将会有更先进的电池出现。比如石墨烯及固态电池是2017年电池方面的热点。此外,在充电领域也要变革。电动化和低碳化的结合将实现能源的双向流动,充电不仅仅是充电,电能既可以从电网到电动车,也可以从电动车到电网中。这就要求在充电技术上进行突破。

(2)轻量化与制造生态化结合

轻量化不仅是做轻,其注重的是电动汽车乃至整个汽车工业制造角度的大变革。这和工信部推进的工业4.0智能制造专项紧密相关。将来的销售模式是网上个性化定制、网上下订单。在制造方面,增材制造、3D打印等发挥重要作用,如果用了碳纤维之后,以前几大工艺都要变革,材料需要再循环,现在在这方面还仅仅是起步,而且重视度还不够。

(3)智能化与互联化结合

目前网联化主要体现在将手机的功能移植在汽车上,没有体现在汽车本身的控制上,例如GPS还没有融入汽车的控制中。而未来智能网联的发展将实现通过网络控制,利用网络大数据进行整车的决策、推理。因此,未来汽车的发展将实现汽车的自动控制,并与网络紧密地结合在一起,即所谓的智能网联技术。

(北京新能源汽车股份有限公司 魏跃远 张振翀)

三、纯电动客车

Chapter 3 Pure Electric Bus

新能源客车是我国最早开始推广应用的车型,目前我国的新能源客车中以纯电动客车为主,而主要用途是公交车,在各地还用于公路的长途客运、旅游用车,以及通勤用车,经过多年发展,我国的纯电动客车技术水平不断提升,成为绿色交通体系的重要组成部分。

目前一线主要城市的新能源公交客车已经趋于饱和,如北上广深津杭等城市新能源客车接近90%以上,2018年新能源汽车市场最大的需求量来自于东部地区和中部地区,城市工业化水平和规模将决定未来几年二、三、四线城市将是新能源客车的主要拓展市场。

1. 我国新能源客车发展概况

2017年我国新能源客车产量为10.9万辆;实际销售10.1万辆,其中新能源大中客车上险数103 316辆,大中客依旧是新能源客车市场主流,同比增长1.6%。分车型来看,2017年全年新能源大客占比明显提升。受益补贴政策倾斜,共销售66 220辆,同比增长21.5%;分用途来看,2017年新能源大中客中公交占比保持高位。

2. 技术进展

2017年,在政府和市场需求的引导下,我国纯电动客车相关企业在围绕国家新能源汽车发展规划和发展目标进行攻关的同时,也紧跟市场的需求变化逐步明确技术发展的方向,其技术发展呈现以下特点。

(1)技术发展特点

① 驱动系统高效化:国家对于新能源汽车能耗指标和

续驶里程的要求，对驱动电机、驱动电机控制器以及动力电池储能单元均提出了更高的应用要求，纯电动客车逐步从高能耗驱动向高效节能型驱动系统过渡，诸多有利于驱动系统高效化的整车集成技术开始更多应用于量产车型。如，驱动电机与变速器耦合一体化驱动系统、整体式电动驱动桥、分布式驱动系统等。同时，主流企业也积极探索轮毂电机、轮边电机以及多电机集成化驱动等新型技术在纯电动客车上的应用。

② 模块化、电动化底盘：随着工业4.0的导入，我国发布“中国制造2025”发展规划，提出制造业智能化制造的相关规划，纯电动客车的生产由离散型的制造工艺逐步向柔性、分布式制造模式转变。目前我国纯电动客车的生产初步实施了分段式制造和装配，其中纯电动客车模块化零部件总成的研发及应用对提升装配工艺和制造标准化，以及质量管控与过程追溯起到了非常重要的作用。

③ 动力电池热管理技术迅速发展：在NEDC工况下，动力电池的环境适应性和热失效及热失效防护推动了动力电池热管理技术飞速发展。其主要技术要点包括：半导体应用、超导应用、油冷、液冷、强制风冷等多种动力电池热管理技术，均取得了不同程度的技术进步。

④ 轻量化技术：在满足使用性能的前提下，采用结构优化设计、轻量化材料的应用和先进制造工艺去除客车骨架的冗余部分，同时通过减少骨架搭接、改变骨架结构的方式减少骨架方钢数量或减轻质量，继而实现轻量化，从而提高动力性和安全性。高强钢、铝合金型材在纯电动客车上应用的试验验证以及相关新型工艺的实验验证也取得了较大的突破。

(2)主要技术突破点

① 新材料、新工艺的技术突破。探索铝合金、镁铝合金、超强度钢的应用，同时复合合材料的探索性应用，如碳纤维、蜂窝复合材料、轻型复合型高分子材料等。

② 驱动技术的技术突破，新型电机机构的应用。优化了驱动电机的外形尺寸和冷却模式；新型功率器件的应用，如SIC碳化硅，大功率功率器件IGBT，全隔离电路设计，EMC、EMI的设计优化，高转矩精度和转速精度控制等。

③ 汽车主动安全与智能驾驶。纯电动客车由于承载人数与人均分布密集度很高，汽车主动安全逐步导入车道偏离及预警、前向碰撞预警系统、前碰撞紧急制动系统等已经逐步成为纯电动客车标准配置。

④ 车联网技术突破。智能网联汽车与城市ITS智慧交通的融合，基于IOT信息技术，智能网联汽车与城市智慧交通的技术发展和突破。

3. 目前亟需解决的技术难点

(1)需要进一步深入研究动力电池能力密度、PACK成组技术、动力电池热失效预防与控制技术，从而解决纯电动客车因动力电池能量密度导致的续驶里程短，充电倍率低等问题，并应加紧研究动力电池在热失效阶段的应急处理技术等安全相关技术。

(2)随着智能驾驶技术进一步市场化应用，应加紧研究制定纯电动客车智能驾驶相关的标准和测试规范，同时应加紧开展智能驾驶技术相关芯片、功率模块等关键零部件的自主研发与生产，掌握相关核心技术。

(3)新材料新工艺推动了纯电动客车轻量化技术的快速发展，结构验证和优化需要较长的时间验证，新型焊接技术、链接方式等需要持续深入推动创新。

(南京金龙客车制造有限公司 黄福良)

四、插电式混合动力乘用车

Chapter 4 Plug-in Hybrid Passenger Car

1. 2017年插电式乘用车整车产业与技术总体情况

随着乘用车保有量的增加，能源和环境污染问题日益突出，世界各国近年来都加大了对纯电动乘用车以及插电式乘用车的研究投入。实现零排放的纯电动乘用车是解决能源危机和环境污染的理想途径之一，但是由于当前的电池技术、充电站、续航里程等限制了现阶段纯电动乘用车的发展速度，而插电式混合动力汽车既可以短途纯电行驶零排放，又可以长途混动模式行驶解决续驶里程问题，因此是当前新能源乘用车重要发展方向之一。

2017年，国内外各大车企依据各自的新能源乘用车布局，相继推出重磅产品。比亚迪在2017年初推出新一代插电式混合动力车型——“唐100”，如图1-7所示；上汽也推出新一代插电式乘用车产品“荣威eRX5”，如图1-8所示。新一代车型相比上一代在动力性、经济性和舒适性方面有明显提升。

图1-7 比亚迪“唐100”

图1-8 “荣威eRX5”

2. 2017 年插电式混合动力乘用车技术进展

(1)技术发展特点

从 2017 年上市及发布的车型来看,插电式混合动力乘用车发展有明显的特点,主要体现在以下几个方面。

① 混合动力系统结构多样化,从 P0 ~ P4 等构型的混动车不断涌现。硬件方面,采用更大排量的发动机,提升整车动力,使发动机更好地工作在高效区,同时,新型涡轮增压器提高发动机低转速区域扭矩输出能力。配备湿式双离合变速器,提高离合器传递扭矩能力。电机、电控功率和效率的提升不仅提高了整车的动力性,也增加了整车的纯电续驶里程。

② 降能耗成为所有车企共同努力的方向。随着国家油耗法规愈趋严格,汽车消费群体日益成熟,对驾驶体验要求越来越高,补贴政策退坡等外部环境变化,插电式混合动力乘用车对能量消耗要求也越来越高。零部件方面,发动机热效率提升,电机比功率、功率密度提升,电压平台的提升,都能较大程度地降低整车能耗。控制方面,让发动机、电机等动力源尽可能多地工作在各自的高效区,同时根据实际工况协调各动力源输出,使整车运行于高效状态。智能化的发动机起停策略、整车发电策略、能量回收策略使整车在保证电量平衡的同时,降低发动机油耗。

③ 驾驶舒适性愈发受关注。随着汽车的发展,驾驶舒适性成为车辆竞争力重要的一部分。插电式混合动力系统由多个动力源提供动力,各动力源之间的配合至关重要,动力耦合的好坏直接影响整车的驾驶舒适性。湿式变速器替代干式变速器、无冲击换挡、智能化扭矩分配及加载策略等方案对整车驾驶舒适性有较大改善。

(2)主要技术突破点

降油耗是插电式混合动力乘用车持续性的工作,降油耗不仅要从零部件着手进行优化,更要从整车角度去协调各零部件的工作,力求达到整车的一个低耗状态。

① 零部件优化:插电式混合动力系统主要零部件——发动机、变速箱、电机电控的效率对整车能耗影响较大。

a. 发动机方面,BSG 电机作为现阶段混动车的热点配置,能够极大提高发动机起动速度,缩短起动时间,同时 BSG 处于发电模式时,BSG 作为一个发动机的可变负载,能够调整发动机的工作区域,使发动机工作在高效区,提高发动机效率。

b. 变速箱方面,传统机械泵效率较低,以电动泵取代机械泵的电动化方案能够提高变速箱效率,降低整车能耗。

c. 电机电控方面,提高 IGBT 效率,同时采用电机电控集成方案,减轻电机电控重量,从而减轻整车质量,减小阻力。

② 控制策略优化:整车能量管理方面,优化能量回收策略,在兼顾驾驶舒适性的基础上,尽量多地回收车辆动能,储存在电池中。通过优化扭矩分配策略,在满足整车动力需求的基础上,使发动机、电机电控工作在高效区,提高整车效率。智能化的发动机起停策略在满足整车动力性的基础上,避免发动机频繁起停,降低发动机起停带来的能量损失。优化换挡策略,在保证较小冲击的基础上,调整各动力源的工作区间,提高零部件效率。

③ 动力电池性能的提升:动力电池直接关系到插电式乘用车纯电行驶功能。现阶段,三元锂电池以其独特的优势迅速占领新能源车市场,进入 2017 年,国内新能源汽车引领者比亚迪,也在新上市的车型上全面换装三元锂电池,动力电池在体积能量密度、质量能量密度、高低温充放电能力等方面均有较大提升,接近世界领先水平。

(3)目前亟需解决的技术难点及解决方案

① 动力总成系统方面:国内发动机在动力性及效率方面与国外有较大差异,如何开发针对插电式混合动力系统的阿特金森循环发动机将成为提高发动机功率及热效率的重要方向。小涡轮增压器可在提高发动机低转速输出扭矩能力的同时有效控制成本。变速箱作为发动机和电机的动力耦合机构,其制造工艺直接影响整车表现,当前国内在制造水平上和国外有差距,不能很好地发挥混动车双动力源的优势,同时现阶段流行的湿式离合器在效率、可靠性、传递扭矩精确性方面均有待提高。

② 控制系统方面:离合器如何精准传递发动机输出扭矩,同时协同发动机,稳定发动机转速是当前有待提升的一方面,同时由于机械响应与电响应本身快慢不同,如何用电机的快响应去弥补发动机响应慢的问题依旧是今后研究的重点。

③ 动力电池系统方面:当前国内电池管理系统与国外知名企业有较大的差距,电池热管理,电池一致性都是当前的难点,同时,当前电池工程化程度不高,电池及其管理系统成本较高是阻碍新能源车发展的重要因素。

3. 2017 年重点车型技术特点分析

2017 年是混合动力乘用车发展较快的一年,世界各大车企根据自身的发展特点,重点发展某一特定构型混合动力乘用车。

本田雅阁混动版。该车搭载 2.0 L 阿特金森循环发动机,双电机电动 CVT,同时配备 PCU 动力控制单元。2.0 L 阿特金森循环发动机热效率高达 39%,最大功率 107 kW/6 200 r/min。混动版雅阁采用的 PCU(动力控制单元)整合了发电机以及电动机所使用的逆变器、电动机 ECU(电子控制单元)以及最大 700 V 的升压电路等。双电机模组是雅阁混动版的技术亮点,一台电机负责发电,一台电机负责驱动车辆,驱动电机最大功率 135 kW,最大扭矩 315 Nm。动力电池采用容量为 1.3 kWh 的锂离子电池,储存电能较少。在电机驱动模式下,动力分离装置(主要构成部分为一个湿式多片离合器)断开,驱动车辆行驶的能源直接来源于车载的锂电池组。混动驱动模式下,发动机启动,但动力分离装置断开,发动机驱动 E-CVT 电子无级变速箱内的发电机,产生电能,为锂电池组进行充电。电能经由锂电池组提供给驱动用电机,驱动车辆行进。发动机驱动模式下,动力分离装置正常连接,并通过 E-CVT 电子无级变速箱将机械能直接传递给车轮。

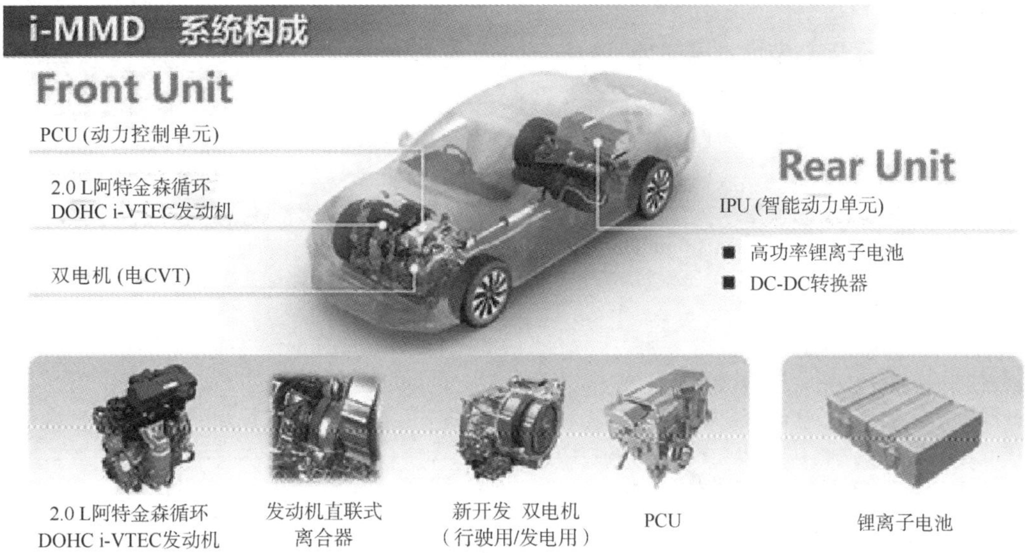

图 1－9　雅阁混动版

新一代插电式混动版普锐斯。该车可以看作是第四代普锐斯的衍生车型,相比第四代普锐斯,由于电池体积增加了 66%,因此整车的重量也增加到了 1 535 kg。插电式普锐斯的动力总成搭载了一套由 1.8 L“发动机 + 双电动机”组成的 THS IV 混动系统,其中发动机能提供 72 kW 的最大动力,以及 142 Nm 的峰值扭矩;前电动机的额定功率为 53 kW,峰值扭矩为 163 Nm。THS IV 混动动力总成由位于后座下方的高压电池组和位于发动机舱的发动机、电驱控制器和对应集成双电机的变速箱所组成,如图 1－10 所示。新一代发动机(ESTEC2ZR-FXE)采用阿特金森循环,是首款热效率达到 40% 的汽油机。为了达到这样的热效率,丰田首先提出了冷却废气循环(Cooled EGR)概念,以更低缸内温度来减少爆震,然而 EGR 的混合率受限于燃烧速度。THS IV 混合动力驱动桥采用了全新的平行双电机结构,代替了原来的行星齿轮减速机构,但动力分流仍由单排行星齿轮完成。插电式混动版普锐斯将锂电池(8.8 kWh)配备的电池预热系统,使得电池即便在寒冷外部条件下,也能被加热到有效的工作温度,从而减少了低温对 EV 模式的影响。

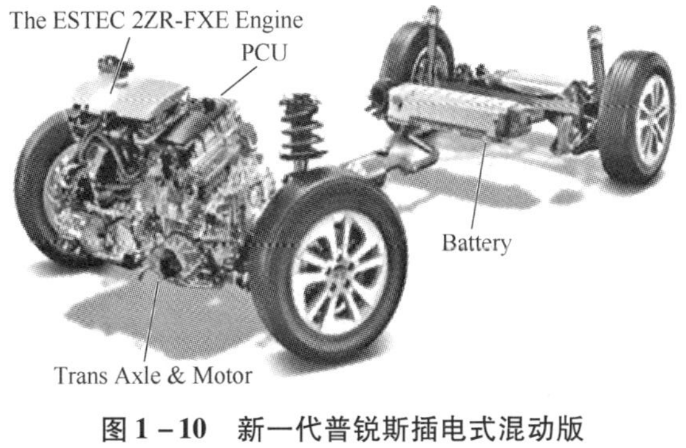

图 1－10　新一代普锐斯插电式混动版

图 1－11　比亚迪全新一代“唐”

比亚迪全新一代“唐”,如图 1－11 所示。该车采用三擎四驱,搭载 2.0T 涡轮增压发动机,前后 110 kW,250 Nm 双电机,动力强劲。2.0T 发动机采用全铝合金机体,配备缸内直喷、双可变气门正时技术,提升发动机热效率,涡轮增压技术提升中低转速发动机扭矩输出能力,额定功率 139 kW (5 500 r/min),最大扭矩 320 Nm(1 750～4 500 r/min)。驱动电机最高转速为 12 000 r/min,效率 90% 以上区间达到 80%,结构上采用了新式工艺,提高了转子的结构强度,保证了电机在高转速下运行的可靠性。该车配备六速湿式双离合自动变速器,动力输出更加平顺高效,离合器寿命更长,承载能力更大。完美匹配的 DM 电四驱动力系统,在混合动力模式下,能爆发出 950 Nm 的最大扭矩,使得百公里加速时间仅为 4.5 s。通过控制系统对电机和发动机进行合理分配,使得综合工况油耗 2.0 L/100 km,相比普通燃油车大大降低了车辆使用成本,减少尾气排放。整车通过控制器实时监控车辆状态,在车辆出现馈电、有电、上下坡等情况时,智能判断当前车辆所需驾驶模式,在 EV、HEV 模式之间进行快速平顺地切换,保证车辆在任何情况下都有最佳的动力性、经济性和快速响应性能。高能量密度的动力电池作为整车高压能量来源,保证整车空调、双向车载、电控、DC 等高压零部件的高效率用电需求,最大纯电动续驶里程可以达到 100 km,同时配备电池热管理功能,使得动力电池在冬季严寒和酷暑炎热条件下,依然能保证较大充放电功率,发挥电池性能,延长电池寿命。比亚迪新一代唐搭载博世最新第九代“五位一体”ESP 电子车辆稳定系统,集成了 ABS、EBD、TCS、VDC、HHC、HBA、CDP、HDC、AVH、

RMI 等 10 余项功能,为车主提供全方位的主动安全保护。

4. 插电式混合动力乘用车技术发展趋势

插电式混合动力乘用车由于具有高效率、低排放、高续航等优点,因此在当前甚至今后很长一段时期内具有较大的发展前景。随着国家双积分政策的出台,降能耗成为插电式混合动力乘用车重要的方向,同时,插电式混合动力乘用车想要大力推广也需要解决高成本、驾驶体验差等问题。各大厂商从零部件到整车系统各方面入手,加大研发投入,着眼于插电式混合动力乘用车新技术。

(1)车身及关键零部件轻量化。整车质量直接影响车辆行驶阻力,采用新型复合材料能够在保证原有功能的基础上减轻整车质量,降低行驶阻力,从而降低整车能耗,增加整车续航。

(2)高效率、集成式电驱系统。电机及电控效率的提升有助于减少电能的损耗,提高纯电续驶里程,同时,电驱动系统的集成能有效减小系统的体积与质量,减轻整车重量,降低成本。

(3)高能量密度、高功率密度、低成本的动力电池。当前锂离子电池在能量密度与功率密度方面存在矛盾,如何平衡能量密度与功率密度,研发出新型材料动力电池,降低成本,也是亟待突破的领域。

(4)智能电池管理系统。动力电池有诸多单体连接而成,如何保证各单体温度、电量、充放电特性的一致,如何用智能化的电池均衡技术来监控、调节各单体状态,弥补制造工艺带来的一致性差是电池管理系统研究的重要方向。

(5)新一代阿特金森循环发动机。发动机热效率低是混合动力乘用车油耗高最直接的因素,如何开发新型阿特金森循环发动机,配合可变节气门正时技术和涡轮增压技术,在提高发动机热效率的同时,增强发动机的扭矩输出能力是插电式混合动力乘用车发动机方面的重要研究方向。

5. 发展建议

自从新能源汽车被列入国家战略新兴产业以来,新能源汽车相关产业取得巨大的发展,按照 2016 年及 2017 年新能源汽车年产量增速,到 2020 年基本能够达到国家制定的目标,但当前消费者对新能源汽车的接受程度不高,因此,新能源汽车的推广至关重要。

(1)国家政策需进一步支持

目前插电式混合动力乘用车处于起步发展阶段,技术不够成熟,新能源双积分政策出台、补贴退坡等环境的变化对插电式混合动力乘用车的发展提出了挑战,面对挑战,不仅需要企业从消费者体验出发,加大研发投入,提升产品竞争力,也需要相关政府部门给予政策上的支持,通过整个国家的产业转型来给新能源汽车的发展创造更好的环境。

(2)共同推进消费者公众认知

消费者认知的局限性是阻碍插电式混合动力乘用车的原因之一。虽然插电式混合动力乘用车经过多年的发展宣传,让消费者了解到一种新的出行方式,但大多消费者对插电式混合动力乘用车仍有疑虑,如电能来源何处,是否环保;插电式混合动力乘用车是否省油,使用成本是否低;国家是否支持插电式混合动力乘用车的发展等。消费者认知的提升不仅需要企业深耕技术,提高消费者驾驶体验,也需要国家从环境保护、能源安全、技术便利的角度去宣传插电式混合动力技术,提高消费者认知水平。

(3)大力发展充电设施

新能源汽车配套设施不足,消费者使用不方便也是阻碍插电式混合动力乘用车发展的因素。目前我国新能源汽车基础配套设施不完善,相比燃油车更是处于绝对的劣势,只有逐步完善基础配套设施,才能更好地推广插电式混合动力乘用车。目前,新能源公交车、出租车由于其使用特点推广效果显著,也让我们看到基础设施完善后,插电式混合动力乘用车的发展前景。

(比亚迪汽车工业有限公司　凌和平　杜魁善　周小伟)

五、插电式混合动力客车

Chapter 5　Plug-in Hybrid Bus

2017 年 1—12 月,我国商用车总销量 416.0 万台,同比增长 13.9%,客车行业总销售 52.7 万辆,整体下滑 10.7%;其中大中型客车下滑幅度均收窄,大中型客车销售 17.9 万台(含出口),同比下降 5.3%。我国插电式混合动力客车推广规模居世界第一,2017 年插电式实现销量 14 929 辆,较 2016 年同比下滑 15.4%。典型插电式客车的运营情况详见表 1-5。

表 1-5　典型插电式客车的运营情况

示例车型	12 m 油电	11.5 m 油电	18 m 油电	12 m 气电插电式	12 m 气电插电式
样本数量(辆)	44	30	40	42	51
开始运营时间	2 010.04	2 012.05	2 012.10	2 014.02	2 015.10
单车累计最长运营里程(km)	412 200	357 841	286 906	152 720	90 209
单车累计平均运营里程(km)	288 881	295 175	257 646	143 414	85 023
单车日平均运营里程(km)	169	187	150	202	214
百公里燃料消耗	36L	28L	43.2L	20.4 kg	20.1 kg
年平均节油率/节气率(%)	16	31.6	35	45	42

注:数据来源为远程智能监控故障诊断系统。

1. 插电式混合客车需要核心竞争力的突破

汽车工业可持续发展面临能源和环境挑战，发展新能源汽车已是全球共识，是我国战略性新型产业和“中国制造2025”确定的重点领域。插电式混合动力汽车是我国实施新能源汽车纯电驱动战略的重要抓手。

我国插电式混合动力客车经过近几年的发展，节油水平得到了市场的检验，插电式混合动力客车实际线路节油率从2010年16%提高到30%以上，插电式达到40%以上，运营车辆最长行驶里程超过400 000 km，超过6年。

插电式混合动力的发展受纯电动技术的不断进步，每年都在不同程度下滑，因此对插电式系统关键技术的研发投入，提升插电式混合动力客车性能，对于促进我国客车产业的快速发展，全面提高技术水平具有重要意义。

目前国外VOLVO、奔驰等主流汽车企业已推出了混合动力客车产品，整车能耗、排放、驾驶性能、安全性等方面得到市场检验。系统构型主要包括以美国EATON、德国ZF、瑞典VOLOV为代表的并联式和以美国Allison为代表的行星混联式，其中行星混联构型在能耗方面以及舒适性方面优于并联构型，呈现出了竞争优势，如图1－12所示。

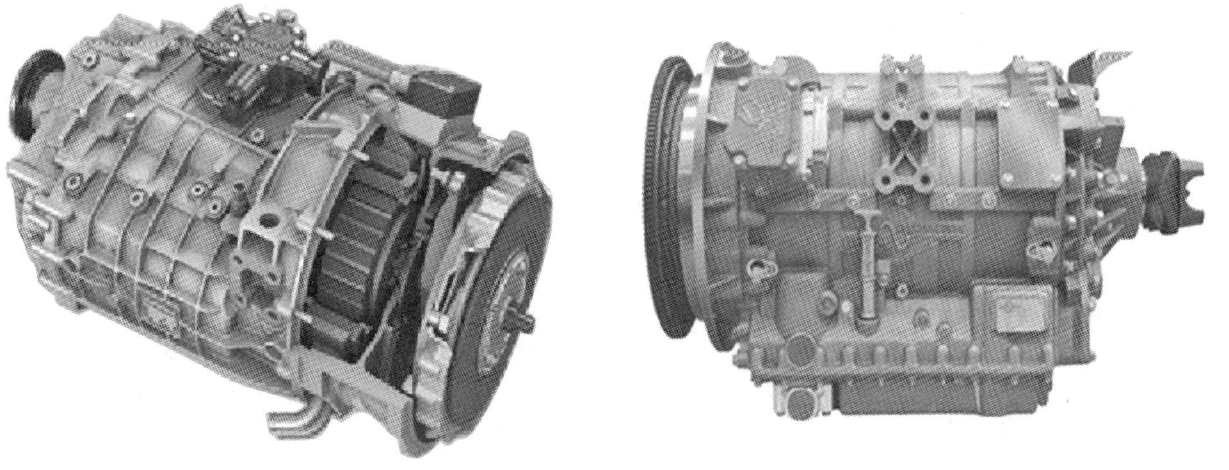

(a) (b)

图1－12 国外混联混合动力系统

2. 我国插电式混合动力技术现状

我国的商用车插电式系统构型主要包括三类：一是基于双电机同轴混联的混合动力系统，该系统构型规避了国外对于AMT技术的垄断，关键零部件国内完全掌握，成为行业主流，在城市公交领域得到大规模推广应用，相关成果获国家科学技术进步二等奖；二是基于行星排的混联式混合动力系统，此系统在经济性、舒适性方面优于P2构型，成为宇通双电机同轴混联系统的换代产品；三是基于AMT的P2构型混合动力系统，存在换挡动力中断、舒适性差等问题，但由于此系统结构简单，成本低，在中通、金龙等客车企业得到了推广应用。

3. 国家补贴政策对节油率要求提升，对技术进步牵引力度加大

2017年的新能源客车的补贴政策中对插电式混合动力客车提出了节油率的门槛要求，并对节油率高的产品给予更高的国家补贴。2018年发布的国家补贴标准对插电式混合动力客车的节油率进行了进一步提高，较2017年的节油率门槛提升20%，最高补贴标准节油率提升10%，对技术进步进一步牵引。插电式混合动力客车的发展必须在动力平台技术、轻量化技术、能量管理技术等多个方面开展，开发高动力、低能耗、高安全、环境适应性好的系列化插电式混合动力客车产品，引领行业技术进步，提升我国新能源客车国际竞争力。

（郑州宇通客车股份有限公司 程 相）

六、燃料电池乘用车

Chapter 6 Fuel Cell Passenger Car

1. 2017年燃料电池轿车产业发展概况

(1)国际情况

日本、韩国以及欧洲等国的各大汽车厂商都在不断推进燃料电池汽车的研发工作，并推出了相应车型。如丰田Mirai，其续驶里程可达502 km，百公里加速时间9.6 s，动力系统最大输出功率113 kW，峰值扭矩335 Nm，氢瓶压力700 bar，加氢时间3 min；本田Clarity FCEV最大续驶里程为

750 km，最高车速约 160 km/h，百公里加速时间 8.8 s，动力系统最大输出功率 130 kW，峰值扭矩 300 Nm，氢瓶压力 700 bar，加满氢气需要 3 min；现代 ix35 FCEV 续驶里程为 594 km，最高车速约 160 km/h，百公里加速时间 12.5 s，动力系统最大输出功率为 110 kW，峰值扭矩为 221 Nm，氢瓶压力 700 bar，10 min 以内可以加满氢气。以上三款已经实现量产的燃料电池汽车，在世界范围内受到了市场的初步认可。另外，奔驰于 2017 年 9 月发布了旗下首款搭载燃料电池动力的量产车型 GLC F-CELL，将于 2018 年正式发售，该车续驶里程可达 439 km，最大功率输出为 147 kW，峰值扭矩 350 Nm，氢瓶压力达到 700 bar，一次加氢时间 3 min，氢气消耗 0.97 kg/100 km；丰田在东京车展正式发布了全新燃料电池 MPV——Fine Comfort Ride 概念车，其续驶里程达到了 1 000 km，一次加氢时间约 3 min；现代的全新一代燃料电池 NEXO 于 2018 年 1 月上市，该车最大续驶里程达到了805 km，最高车速约 160 km/h，百公里加速时间 9.9 s，动力系统最大输出功率为 120 kW，最大扭矩 395 Nm，搭载了700 bar的氢瓶，加满氢气需要 5 min。自燃料电池商业化初期的 2013 年至 2017 年年底，全球总计售出 6 475 辆氢燃料电池车。到 2021 年，至少有 11 家汽车制造商将推出氢燃料电池车，包括丰田、雷克萨斯、现代、起亚、本田、奔驰和宝马等。

（2）国内情况

2017 年燃料电池车总产量为 1 272 辆，相比 2016 年的 629 辆，同比增长 102%。但大部分车型为商用车，轿车方面，上汽自主研发的荣威 950 轿车已进入工信部氢燃料电池汽车目录，续驶里程为 430 km，最高车速为 160 km/h，百公里加速时间为 12 s，动力系统最大输出功率为 110 kW，搭载 700 bar 氢瓶，冷启动温度为 -20 ℃；长安汽车于 2017 年年底发布了首款燃料电池 SUV，将于 2020 年进行小批量运行；一汽将于 2018 年批量生产红旗车燃料电池车型；北汽于 2018 年 4 月发布燃料电池轿车，将于 2020 年进行小批量运行。与其他国家相比，国内在燃料电池汽车核心技术上缺乏竞争力，燃料电池系统及其关键零部件技术落后较多，基础设施相对匮乏，产业链建设也尚不完善。为了促进国内燃料电池轿车产业的进步，政府将燃料电池动力系统作为新能源技术研发和产业化的重点突破领域，各地市也纷纷出台利好政策，投资涌入，企业合作不断深化。2017 年，国内燃料电池行业已经进入加速发展期。

2. 2017 年燃料电池轿车技术发展概况

（1）技术发展特点

① 关键零部件方面，燃料电池电堆作为燃料电池轿车的核心组件，目前在国产化方面已经取得初步成效，产量逐渐提升，成本也实现了一定幅度的下降。国内电堆产业链初具雏形，上游厂商齐全，膜电极、质子交换膜和双极板具备国产化能力，气体扩散层有小批量供应。新源动力自主研发的燃料电池电堆寿命达到5 000 h，功率密度可以达到3.1 kW/L。但与国外相比，国内的关键零部件的产业链尚不够成熟、成本较高，燃料电池系统配套体系亟待完善。如空压机、氢气循环泵/引射器、加湿器等作为发动机的关键辅助部件，对电堆性能、寿命有着重要影响，但国内还缺乏相应成熟的研究及成熟的供货商；在燃料电池催化剂领域，国外企业处于领先地位，已经能够实现性能稳定产品的批量化生产，但国内企业尚处于研究阶段，无法实现批量产出；作为气体扩散层基底的碳纸产品，主要由几个国际大生产商垄断，国内相关产品尚处于小规模产出阶段。

② 燃料电池轿车整车方面，国内典型产品的性能与国外相比，在整车总布置、动力性、经济性、混合动力系统集成控制方面差异不大，最高车速都集中在 150 ~ 170 km/h，百公里加速时间基本在 10 ~ 15 s。但国内燃料电池轿车在续驶里程、发动机功率、耐久性、冷启动温度方面距国际先进水平还有很大差异。由于国外开始使用 70 MPa 车载储氢系统，一次加注的续驶里程大大提高。国内典型轿车例如上汽的燃料电池发动机功率为 35 ~ 50 kW，但国外基本在 90 ~ 100 kW，丰田、现代发布的新一代车型搭载的发动机功率达到了 120 kW。尽管在“十二五”期间，我国已实现金属双极板电堆关键技术的突破，样堆的功率密度达到了 2 kW/L，但该电堆尚未应用于燃料电池发动机并实现装车，而国外同类产品的功率密度基本达到 2.5 ~ 3 kW/L 的水平，我国燃料电池轿车的耐久性仍然明显低于国外燃料电池轿车的水平。此外，国外燃料电池轿车基本已实现 -30 ℃冷启动，而国内的荣威 950 冷启动温度为 -20 ℃。

③ 示范运营方面，主要针对燃料电池商用车，针对燃料电池轿车的示范运营还很少。国内氢燃料电池汽车大规模商业化示范运营已在佛山、如皋等城市启动，28 辆首批量产的燃料电池公交车在云浮、佛山两地试运营。基础设施建设方面，目前，国内在运营加氢站不足 10 座，分布在北京、上海、郑州、大连、佛山、云浮、常熟、如皋等地。而在日本已有 91 座已经在运行的加氢站，还有 9 座正处于建设中。我国在加氢站的建设、运行方面与国外相比，存在较大的数量差距。2018 年全年我国共规划了 30 余座加氢站，将逐步提升燃料电池车的示范运行规模和速度，同时将有助于提高产品的各项性能。

（2）主要技术突破点

燃料电池发动机的功率、寿命、成本都获得了一定程度上的突破：

① 燃料电池系统功率密度得到了提升。现代的第四代氢燃料电池反应堆的能量密度提升了 30%，效率达到了 60%，搭载第四代系统的极速可达176 km/h。我国大连化物所开发的金属双极板燃料电池电堆功率密度达到了 3 kW/L，我国新源动力研发的 II 型电堆功率密度可达 3.1 kW/L，与世界先进水平的差距进一步缩短。

② 燃料电池系统耐久性方面，Ballard FC velocity-HD6 燃料电池已经达到超过 25 000 h 时间的耐久性纪录。国产新源动力轿车用电堆寿命超过了 5 000 h，达到了美国 DOE 提出的燃料电池商业化技术要求。

③ 冷启动方面，我国新源动力研发的 I 型电堆已可实现 -30 ℃存储和 -20 ℃冷启动，国产燃料电池的性能像国际水平逐步靠拢。国内外燃料电池轿车的续航里程也得到了进一步提升。

④ 燃料电池系统的成本进一步降低。这主要归因于电堆中贵金属铂使用量的下降。目前，本田电堆铂金载量已经

低至0.12 g/kg。以本田 Clarity 为例，单辆燃料电池车催化剂耗铂已经降至10 g左右，而单辆柴油车需要5 g做铂金作为尾气净化催化剂，目前燃料电池催化剂铂金用量已经降至产业化水平，而且处于持续下降中。

⑤ 新型非贵金属催化剂的发展也有利于燃料电池系统成本的降低。在2017年9月，日本日清纺控股公司通过用过碳合金代替铂，在全球首次成功实现了不使用贵金属铂的燃料电池用催化剂的实用化。该技术如若获得大规模应用，可将燃料电池的材料成本削减至几千分之一。价格一直是燃料电池车的瓶颈，这项研究成果有望推动燃料电池车的普及。

⑥ 氢气的制备、提纯、储运技术获得突破。氢气生产方面，天然气制氢成本已经媲美汽油成本，根据美国能源部测算，到2020年，新技术（不包含重整法）制氢可将加注站售价维持在4美元/gge，相当于汽油价1.057美元/L；氢气提纯方面，美国正在开发一种碳氢膜分离系统，可以应用在大规模煤制气联合系统中用于分离氢气和二氧化碳，可替代当前成本高昂的冷却分离提纯技术；氢气储运方面，目前各国正在研发氢载体方式运输氢，以代替传统的液化汽车运输、高压气体汽车运输和管道运输，我国的富瑞特装已经在有机物储氢技术上取得阶段性成果。

3. 技术与产业发展趋势

未来几年内，燃料电池轿车技术的发展将聚焦于提升功率密度、降低制造成本、增加使用寿命、提高可靠性能等方面。燃料电池的体积、重量将进一步减小，贵金属铂载量将进一步降低。根据美国能源部测算，到2020年，燃料电池效率可达到65%，铂金属用量由0.16 g/kW降低到0.125 g/kW，双极板成本从7美元/kW降低到3美元/kW，燃料电池50万台批量成产成本下降至40美元/kW（最终目标为30美元/kW）。此外，提升燃料电池轿车的低温启动性能、燃料电池配套设施的完善、燃料电池零部件供应链的成熟和燃料电池汽车的商业化推广也将继续成为重要议题。

技术提升和示范运行将要同时进行。氢燃料电池车商业化示范将大规模开启，加速氢燃料电池汽车布局及技术提升。国内许多地市积极建设氢能产业链，主流车企加大针对燃料电池汽车的投入力度。如上海市出台了《上海市燃料电池汽车发展规划》，明确制定近期、中期和长期目标，预计在2017—2020年，建设加氢站5～10座、乘用车示范区2个，运行规模达到3 000辆，燃料电池汽车全产业链年产值突破150亿元；企业方面，包括宇通、福田、金龙在内的多家企业先后推出燃料电池商用车型，并大力推进燃料电池商用车的示范运营。

4. 制约燃料电池轿车发展的主要因素及解决方案

虽然燃料电池轿车发展在不断加速，但技术、成本、配套设施、燃料来源及储运仍是产业发展必须突破的瓶颈。

（1）技术仍是制约我国燃料电池轿车发展的关键因素

我国燃料电池轿车在工艺特性、冷启动、可靠性等方面与国际先进水平有较大差异；在关键技术领域所拥有的专利数目不多，尚未形成系统、完善的技术标准；燃料电池汽车动力系统集成技术水平较低；催化剂、双极板等关键材料方面，产业化能力不足，缺乏相应的供货体系；燃料电池汽车整车的零部件供应链尚不成熟。政府应通过一系列政策，引导、鼓励企业与科研机构针对燃料电池汽车的研究，加大燃料电池系统研发的投入。支持有条件的企业加快落实整车开发，形成企业特色技术体系；支持关键材料与零部件的研发，提高燃料电池关键技术指标；同时，推动行业通用标准以及规范体系的建立、核心零部件的标准、电池的寿命、动力耦合技术的具体标准都需要建立和进一步完善。

（2）燃料电池轿车制造成本偏高

这其中主要涉及3个关键部件的成本——铂催化剂、电解质膜和双极板。占总成本近半的铂催化剂一直是影响燃料电池成本的核心因素。为降低成本，需进一步降低铂催化剂的用量。当前研究主要集中在改进催化剂结构和改进催化剂配方上，其最终优化目标是在2020年左右将催化剂铂需求量控制在5 g/100 kW。对于电解质膜，目前燃料电池所用的Nafion薄膜主要依靠进口，其价格在600美元/㎡左右。因此，降低质子交换膜的价格迫在眉睫。对于双极板，目前质子交换膜燃料电池最常使用的双极板是不透性石墨材料，其制作工艺复杂，成本较高。故需进一步改善替代金属双极板的性能，实现制备精度高、成本低、寿命长的需求。从成本和小型轻量化的角度来看，还需进一步降低燃料电池发动机系统零部件的成本，应加速开发使用轻量、低成本的空压机、氢循环系统、氢储藏材料和高压氢燃料罐。

（3）我国加氢站等配套设施严重不足

燃料电池汽车的推广必须依赖于加氢站等基础设施的完备。当前加氢站建设主要面临标准缺失和成本高昂两大难题，这使得加氢站的建设只能用于试验性经营，远远不足以满足燃料电池产业化推广的要求。加氢站的建设需要国家进一步的政策导向与投入。在加氢站设计中，应做好氢气增压机和储罐的匹配、选择、优化，行业相关标准也亟待完善。加氢站的储氢装置应该满足能承受高压、具备在线监测功能、发生危险自动报警等要求。

（4）氢气来源及存储、运输仍存在成本、技术上的问题

如何因地制宜、便利高效地获得廉价氢气亟待解决。传统工业制氢的方法以化石材料制氢、电解水制氢为主，随着对大规模制氢需求的提高，应更加广泛地应用生物制氢、热化学制氢和太阳光催化光解制氢等方法。从成本角度来看，在燃料电池推广初期，应以分散式制氢为主，但随着未来燃料电池规模化发展，集中制氢的成本和环保优势将会进一步突出。氢气存储方面，短期内，高压罐储氢仍是主要氢气储存运输手段，长期来看，需要具备高储氢容量、高安全性、吸/放氢速率快、长寿命、低成本等特性的储氢材料。此外，无论是氢气加注抑或氢气本身的安全问题，都需要一整套氢能源生产、运输网络、行业标准、操作规范作为支撑。

5. 燃料电池轿车产业化发展建议

要想解决燃料电池轿车产业化过程中存在的问题，政府、企业、科研机构之间必须通力协作，才能推动我国燃料电池轿车行业快速、稳定发展。

（1）制定明确的国家战略

把发展燃料电池汽车与发展新能源汽车、发展中国汽车

工业结合起来，因地制宜，充分利用我国现有的、在电动汽车行业积攒的产业链优势；充分利用电池、电机、电控共性技术，聚焦燃料电池的关键核心技术，制定适合中国产业现状的发展道路。

（2）加大对燃料电池汽车的政策支持

继续通过价格补贴、双积分等政策硬性规定方式，引导企业和公民购买、使用燃料电池轿车；制定燃料电池商业化示范的优待政策，结合各地新兴的氢能产业园和氢能小镇，扩大社会宣传力度。

（3）增强资金投入，充分利用、积极引导企业及社会资本支持燃料电池汽车产业能力建设。

持续的资金投入可以促进产业协同效应的形成，提高产业竞争力，从而缩短产品研发周期，降低整体研发成本，推动产业向前发展。

（4）加强国际合作与交流

鼓励跨国技术研发与示范运行合作，支持企业收购并购，积极倡导、推动国际行业标准、规范的制定工作。

（5）改变能源结构，大力加强配套基础支持的建设力度

支持制氢、储氢、供氢等氢能产业链的完善，积极构建氢能源社会，推动燃料电池的商业化。

总之，燃料电池汽车经过数十年的发展和积累，已经逐渐走向成熟，目前已经迎来逐步爆发，2017 年被业界广泛称之为中国燃料电池汽车大发展的元年。相信在突破了技术及产业化等瓶颈后，燃料电池汽车将带领人类走向绿色发展的新篇章。

（同济大学　章　桐）

七、燃料电池客车

Chapter 7　Fuel Cell Passenger Bus

1. 2017 年燃料电池客车技术总体情况

燃料电池汽车近年来在电堆耐久性、功率密度和系统成本等方面取得了显著进步，在燃料电池发动机、动力系统和整车等方面实现了从小批量试制逐步转入中等批量生产的规模提升阶段。燃料电池发动机是燃料电池汽车的最核心部件。针对不同的细分市场和应用场景，业内形成了两种典型的燃料电池发动机技术路线：一是采用金属双极板、主要用于轿车的高功率密度燃料电池发动机；二是采用耐腐蚀、性能稳定的石墨基双极板，主要用于商用车的长寿命燃料电池发动机。后者对重量和体积的要求不如前者苛刻。

表 1－6 为主要国际跨国公司的燃料电池发动机技术参数对比，从中可见，轿车燃料电池发动机大多采用高压金属双极板，电堆体积比功率密度超过 3.1 kW/L，重量比功率密度超过 2 kW/kg，总功率超过 100 kW，寿命超过 5 000 h，具备 －30 ℃低温冷启动能力，铂载量最低可达 0.12 g/kW；商用车燃料电池发动机大多采用常压石墨双极板，电堆体积比功率密度达到 0.2 kW/L，重量比功率密度达到 0.348 kW/kg，总功率大部分位于 60～85 kW，少部分达到 130 kW，寿命超过 10 000 h（性能优异者达到 20 000 h），具备 －20 ℃～－10 ℃低温冷启动能力。

表 1－6　主要国际跨国公司的燃料电池发动机参数对比

指标＼品牌	丰　田	本　田	奔　驰	氢　能	巴　拉　德	美国混合动力
FCE 照片						
装机车型	轿　车	轿　车	轿　车	商 用 车	商 用 车	商 用 车
电堆体积比功率密度	3.1 kW/L	3.1 kW/L	不详	0.20 kW/L	0.17 kW/L	0.20 kW/L
电堆重量比功率密度	2 kW/kg	2 kW/kg	不详	218 W/kg	348 W/kg	274 W/kg
总功率	114 kW	103 kW	100 kW	60 kW	85 kW	130 kW
寿命	5 000 h	5 000 h	5 000 h	10 000 h	20 000 h	20 000 h
铂载量	0.175 g/kW	0.120 g/kW	0.200 g/kW	不详	不详	不详
重量	56 kg	52 kg	不详	275 kg	244 kg	474 kg
低温能力	－30 ℃	－30 ℃	－25 ℃	－10 ℃启动 －40 ℃存储	－2 ℃启动 －25 ℃工作 －40 ℃存储	－40 ℃工作自带关机保温系统
双极板	金 属 板	金 属 板	金 属 板	石 墨 板	石 墨 板	石 墨 板
工作压力	高　压	高　压	高　压	常　压	常　压	常　压

以美、德、日等为代表的国际社会长期开展燃料电池客车研发和示范，制定了燃料电池客车关键技术指标，表 1－7 为美国规划的燃料电池客车的技术指标。2020 年燃料电池客车的目标为：车辆寿命 12 年（或500 000 mile），燃料电池电堆寿命达到 25 000 h，出车率超过 90%，车辆故障间的行驶距离超过 4 000 mile，电堆故障间的行驶距离超过 20 000 mile，车辆一次加氢的行驶里程超过300 mile。

表 1－7 美国规划的燃料电池客车的技术指标

	单 位	2015 年状态	2016 的目标	2020 最终目标
大巴寿命	年/mile	5/100 000 *	12/500 000	12/500 000
电堆寿命	h	600 ~ 19 500 *	18 000	25 000
巴士出车率	%	70 ~ 74	85	90
故障频率（大巴/燃料电池系统）	每次故障之间的距离（mile）	3 400 ~ 4 000/27 500 ~ 21 300	3 500/15 000	4 000/20 000
工作时间	每日小时/每周天	19/7	20/7	20/7
维修费用	美元/mile	0. 54 ~ 1. 33	0. 75	0. 40
续航里程	mile	220 ~ 300	300	300

注：mile 为英制单位，1 mile≈1. 609 km。

经过数十年的持续资金投入和艰苦攻关，国际跨国公司和研究机构已逐步突破了燃料电池耐久性机理。表 1－8 为车用工况燃料电池发动机性能衰退机理。起动—停机、负载变化、怠速和大负载、极端环境条件等工况条件造成电堆内部气—水—热状态失衡，最终导致催化剂、质子交换膜、气体扩散层等关键部件的不可逆衰退。基于衰退机理，各大公司及科研机构提出了多项关键技术，并通过实车示范进行验证。

表 1－8 车用工况燃料电池电堆性能衰减因素和机理

工 况 条 件	衰 减 形 式	原 因 分 析
起动—停机循环	阴极催化剂表面积损失； 催化剂层水聚焦； 膜形成穿孔	催化剂颗粒由于碳腐蚀减小； 催化剂层形态由于碳腐蚀发生劣化； 干—湿循环形成机械应力
负载循环变化	阴极催化剂表面积损失； 膜形成穿孔	催化剂流失由于电位循环； 由于湿度、温度和压力循环形成机械应力
怠速	膜形成穿孔； 膜质子交换能力下降； 催化剂活性损失	过氧化氢的化学攻击； 过氧化氢的化学攻击； 膜分解物导致的中毒
大负载	催化剂表面积损失	高温条件下催化剂颗粒熟化
苛刻的环境条件	催化剂活性损失； 膜的质子传输能力损失； GDL 气体渗透能力损失	空气/氢气杂质污染； 阳离子污染物交换质子； 流道被灰尘聚焦

图 1－13 为可再生能源实验室总结的美国燃料电池客车的近 2 年（2016—2017 年）的运行情况。车辆的平均运行时间已达到 14 000 h，最长运行时间已达到 25 000 h。2017 年巴拉德宣布在伦敦示范的燃料电池客车运行时间也达到 25 000 h，提前达到美国能源部制定的 2020 年目标。

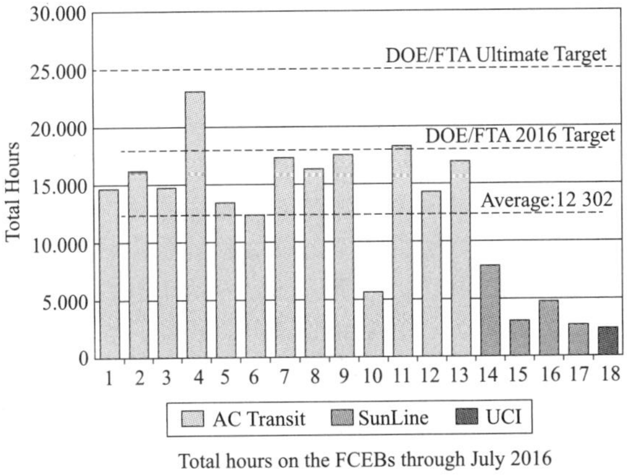

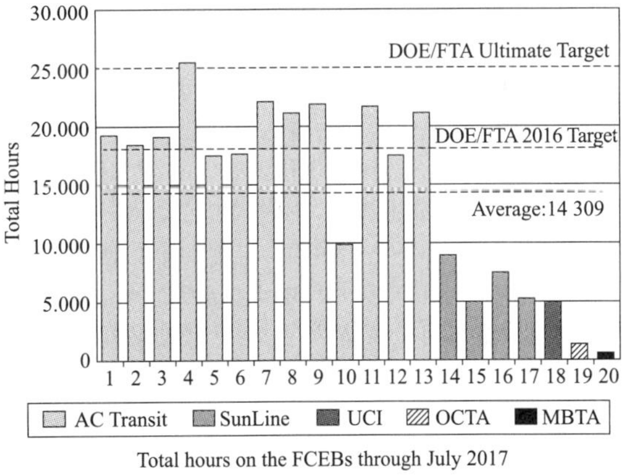

图 1－13 美国燃料电池客车的示范记录（2016—2017 年）

我国的燃料电池客车基本采用增程式燃料电池——动力电池的动力系统方案。整车性能多数指标和国外水平相当，成本具有明显优势，仅为国外的1/3～1/6。2017年我国生产累计已达千辆级规模，在商用车领域数量全球排名第一。

表1-9为国内外典型燃料电池客车性能对比。国外燃料电池客车一般配备大功率燃料电池(超过120 kW)。丰田和日野联合研制的燃料电池客车配备了2台Mirai发动机，功率达到228 kW。国内则选用中小功率燃料电池(30～60 kW)。国外客车配备中小容量动力电池：大部分选用20～50 kWh锂离子电池；丰田选用了3.2 kWh镍氢电池。国内则一般选用大容量锂离子电池(60 kWh)。在驱动电机方面，国外大多采用两轮驱动方案，国内则以单电机驱动为主。在所选用的高压储氢气瓶方面，国内外客车大部分选用35Mpa气瓶，仅有丰田和日野联合研制的客车选用了8个70 Mpa的气瓶。车辆整车性能指标国内外较为接近，行驶里程大多超过350 km。同时，国外也有部分企业采用增程式燃料电池客车的技术方案，如Proterra和EV America。前者采用Hydrogenics的燃料电池发动机(60 kW)，后者采用Ballard的燃料电池发动机(70 kW)，两者均采用了由Altairnano公司生产的54 kWh锂离子电池。

表1-9 国内外燃料电池城市客车性能对比

客车厂家	美国Van Hool	美国New Flyer	德国戴姆勒奔驰	日本丰田日野	福田宇通申沃等
燃料电池功率	120 kW	150 kW	2×60 kW	2×114 kW	60 kW
动力电池的容量或功率	17.4 kWh，锂离子(EnerDel)	47 kWh，锂离子(Valence)	26 kWh，锂离子(A 123)	2×1.6 kWh 2×6.5 Ah	60 kWh
电机功率或转矩	2×85 kW Siemens ELFA	2×85 kW Siemens ELFA	2×80 kW 2个轮边电机	2×110 kW 2个轿车电机	2×100 kW 或者180 kW
氢气气瓶	350 bar、8个	350 bar、8个	350 bar、7个	700 bar、8个	350 bar、8个
氢气量	40 kg	56 kg	35 kg	480 L、18 kg	30 kg
续驶里程	483 km	483 km	250 km	未公开	350 km

我国燃料电池客车相比国外仍然存在如下短板。

(1)耐久性低于国外产品

国外燃料电池客车最长运行时间已达20 000 h，国内大部分客车约为3 000～5 000 h。国内客车配备的燃料电池功率较小(30～60 kW)，一般用于车速较低的城市工况(20～40 km/h)，无法适用于持续高速运行(70～90 km/h)的公路工况。国外客车配备的燃料电池功率较大(120～200 kW)，可兼顾城市工况和公路工况。

(2)燃料电池发动机关键技术积累不如国际大企业

以丰田、本田、US Hybrid和巴拉德公司为例，在燃料电池汽车领域及发动机方面的授权发明专利为9 913项、3 747项、633项和294项。我国主要研究机构的专利仅为几百项，关键技术和知识产权掌握不足，整体处于跟跑阶段，部分技术处于并跑阶段。

2. 2017年燃料电池客车技术发展特点

(1)2017年燃料电池客车技术发展特点

由于燃料电池为单向功率输出单元，无法回收车辆制动能量，燃料电池汽车必须配备动力电池等储能装置。受燃料电池电堆内部传热传质动态过程的限制，燃料电池的动态响应性能比不上内燃机，也需要动力电池等储能装置在车辆加速时提供部分峰值功率。借用内燃机混合动力的术语，燃料电池客车动力系统从本质上属于"串联式混合动力"；从电路拓扑结构的角度分析，燃料电池和动力电池的电路连接关系为并联。根据车辆需求功率在燃料电池、动力电池之间的分配关系，燃料电池客车可分为增程型、能量混合型和全功率型三类。

① 增程型：小功率燃料电池+大容量动力电池，需要给动力电池外部充电；车辆运行时首先按纯电动模式运行，等动力电池SOC降到某个阈值后启动燃料电池；开启燃料电池后，燃料电池运行于准稳定状态，动力电池SOC维持在某一范围；燃料电池输出功率根据动力电池SOC反馈计算。

② 能量混合型(即Softrun型)：中等功率燃料电池+中大容量动力电池，燃料电池提供车辆平均功率，准稳态运行，动力电池提供动态峰值功率，SOC可在较宽范围内变化，调节车辆能量需求，但不外接充电；燃料电池输出功率根据动力电池SOC反馈(主)、整车需求功率前馈(次)联合计算。

③ 全功率型(即功率混合型)：大功率燃料电池+小容量动力电池，燃料电池满足车辆动态功率需求，动力电池容量很小，主要用于制动回馈，不需要给动力电池外部充电；燃料电池输出功率根据动力电池SOC反馈(次)、整车需求功率前馈(主)联合计算。

a. 国际燃料电池客车的主流技术为全功率方案[大功率燃料电池(>120 kW)+小容量动力电池(20～50 kWh)]，尤其以丰田推出的燃料电池客车为突出，采用了2套Mirai动力系统：228 kW燃料电池+3.2 kWh镍氢电池。此外，国外部分企业也开始采用能量混合型燃料电池客车的技术方案。

b. 国内燃料电池客车主要以增程型、能量混合型为主，一般燃料电池功率范围为30～60 kW，动力电池容量超过60 kWh。此外，随着国内燃料电池发动机技术的进步，相关公司也在积极布局全功率式燃料电池客车的研发。

(2)2017年燃料电池客车实现的主要技术突破点

2017年国内燃料电池客车在整车层面继续并跑、在燃料电池发动机层面继续跟跑。部分车型实现如下技术突破点。

① 车辆动力性、经济性提升。开展了车辆实车道路示范运营，基于大数据分析优化整车能量管理和驱制动策略，进一步降低实车氢耗、提升车辆的动力性和驱制动过程的平顺性。目前，车辆的动力性能基本与内燃机客车相当，城市公交工况平均氢耗达到7 kg/100 km、一次加氢行驶里程达

到500 km。

② 车辆可靠性和环境适应性提升。在动力系统开发单位的努力下，进一步优化了包括燃料电池电堆、系统和整车电气化附件等系统的整体设计和故障诊断策略，提升了动力系统可靠性。通过动力系统部件协调等方法，部分车型实现了 -30 ℃环境温度低温启动和运行。

③ 燃料电池发动机寿命逐步提升。通过动力系统匹配、整车控制策略优化、燃料电池发动机设计及控制优化等措施，车用燃料电池发动机性能衰退逐渐变缓，寿命逐渐提升。

(3)目前亟需解决的技术难点及解决方案

目前国内燃料电池客车主要以增程型、能量混合型技术方案为主，特点为：燃料电池提供车辆平均功率，准稳态运行，动力电池提供动态峰值功率，SOC可在较宽范围内变化，调节车辆能量需求。为进一步促进燃料电池客车的商业化推广应用，下一步需继续提升车辆的动力性、经济性、耐久性、可靠性和环境适应性，亟需解决的技术难点和方案如下。

① 动力性。现有的燃料电池客车主要面向城市公交工况设计，最高车速、平均车速和续驶里程无法适应城市间公路客车的需求。需进一步优化动力系统构型和部件参数，使之适应大里程、高车速、高加速和爬坡能力的需求。

② 经济性。现有燃料电池客车氢耗大多数是在空调关闭的情况下测量。为进一步降低空调开启后燃料电池客车的实际氢耗，需进一步优化整车热管理系统，综合设计燃料电池、动力电池、驱动电机和整车空调热管理系统，提升车辆整体效率。

③ 耐久性。当前，燃料电池电堆的台架寿命已获得大幅提高，但实车寿命与国外尚有差距。需进一步优化整车能量管理、燃料电池系统控制策略(尤其是低温起停、大功率输出等工况)，优化电堆流场设计，在实车上实现寿命超过10 000 h。

④ 可靠性。随着燃料电池、动力电池、储氢罐等部件的增加，燃料电池车辆重心位置发生改变，横向、纵向、垂向动力学特性也会变化。为提升车辆高速运行时的安全性和可靠性，需优化车辆动力学控制系统。此外，要逐步实现功能安全设计，实现整车氢—电—结构耦合安全性综合管理和互锁控制技术。

⑤ 环境适应性。为使燃料电池客车适应宽范围环境温度(-30 ℃ ~40 ℃)工作条件，需通过提升电堆零下温度自启动能力、采用动力电池辅助启动等方法，进一步优化整车综合热管理和极端条件下的启停功能，实现极端条件下的电堆温度控制。

3. 燃料电池客车技术发展趋势

未来燃料电池客车将逐步由增程型、能量型动力系统向全功率型动力系统转变，同时满足城市内和城市间工况需求，具备大燃料电池发动机、高平均车速、长寿命、高可靠性、高续驶里程和高环境适应性等特点。

4. 其　他

(1)随着燃料电池、动力电池、驱动电机等部件的性能提升，进一步探索适用于不同工况的动力系统创新构型。

(2)进一步研究燃料电池动力系统性能测试和评价方法。

(3)开展70 MPa高压氢气瓶的研发和认证，车载氢系统集成和安全监控技术研究，探索车载液态储氢系统关键技术。

(4)开展制氢、运氢、加氢基础设施方面的产业布局，以便为更大规模的燃料电池客车示范奠定基础。

(清华大学　徐梁飞　李建秋)

八、智能网联汽车

Chapter 8　Intelligent Connected Vehicle

目前，电动化，智能化、网联化和共享化已经成为汽车产业的发展趋势，智能网联汽车融合汽车制造、计算芯片、人工智能、大数据、云计算、信息通信等多个高新技术产业，具备产业深度融合，技术体系复杂、价值链长、市场规模大等特点，已经成为国际公认的汽车产业发展战略方向。美、德、日等世界汽车强国通过产业顶层设计并结合自身产业优势，在智能网联汽车领域已经形成一定先发优势，我国正在积极通过国家顶层规划、产业政策引导、法规标志制修订、开放道路测试等方式加速智能网联汽车技术和产业化发展步伐。

1. 2017年智能网联汽车产业与技术总体情况

2017年国家发改委牵头制定《智能汽车创新发展战略》，并于2018年1月5日向全社会公开征求意见。根据规划，到2020年，智能汽车新车占比达到50%，到2035年，中国标准智能汽车将享誉全球，率先建成智能汽车强国，全民共享“安全、高效、绿色、文明”的智能汽车社会，这也标志着中国智能网联汽车产业发展纳入国家顶层战略。产业调研结果显示，2017年合资品牌已有超过50%的车型具备辅助驾驶功能，自主品牌超过10%车型具备辅助驾驶功能。随着人民群众对汽车出行安全的日益重视和国家发展战略的指导，预计未来驾驶辅助(DA)、部分自动驾驶(PA)级智能网联汽车的市场渗透率将快速提高。

智能网联汽车具有多产业深度交叉融合的特点，相关技术涉及汽车、信息通信、交通等诸多领域，技术架构复杂。根据其特点可划分为“三横两纵”的技术架构：“三横”是指智能网联汽车主要涉及的车辆、信息交互与基础支撑3个领域技术，“两纵”是指支撑智能网联汽车发展的车载平台以及基础设施条件，如图1－14所示。智能网联汽车多项技术涉及国家信息战略安全，决定了我国必须发展具备中国标准的智能网联汽车，而我国在信息通信、北斗导航、5G等领域的技术优势也为智能网联汽车技术的跨越式发展和汽车产业“换道超车”提供重大历史机遇。

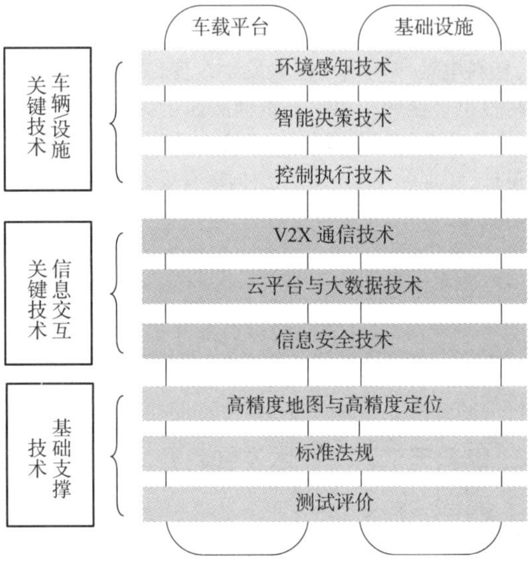

图 1－14　智能网联汽车“三横两纵”技术架构

2. 智能网联汽车技术发展现状

(1)环境感知技术

环境感知技术利用激光雷达、毫米波雷达、摄像头等车载传感器及 V2X 通信技术感知车辆周围环境。虽然相关传感器在性能和稳定性等领域不断提高,但单一传感器仍难以满足全天候、高精度、高可靠性的环境感知,需要运用多传感器融合技术提高感知能力。在复杂环境识别领域,“深度学习”技术被认为是更具性能优势的技术方案,但如何更好地理解其“黑箱”式的决策机制是“深度学习”技术在智能网联汽车取得应用的基础。

(2)智能决策技术

常用的智能网联汽车决策方法包括:状态机、决策树、深度学习、增强学习等,传统的状态机和决策树方法具备高效、可读性强等特点,但其对于特殊、复杂工况的应对能力不足,深度学习和增强学习具备一定的应对未知工况的能力,但对计算能力要求更高,两者的协同运作是更具性价比的决策机制。

(3)控制执行技术

目前在单车控制方面,多采用 PID 控制、模糊控制、自适应控制等传统控制策略,这些控制方法可靠性高,但是需要车辆制动、转向、油门甚至悬架的线控技术支持。我国在汽车线控领域虽然取得一定成果,但与国际巨头相比仍有较大差距。在多车协同控制方面,则仍然处于实验室研究阶段。

(4)V2X 通信技术

目前 V2X 技术主要分为以 IEEE 802.11p 为代表的 DSRC 通信技术和以蜂窝为基础的 LTE-V 通信技术两大类。作为最新的 LTE 技术,5G 技术具备高速、高带宽、高容量、低延时等特点,满足未来智能网联汽车的通信需求,我国在 5G 领域的技术优势也决定了 LTE 技术方案更加符合中国发展需要。

(5)云平台与大数据技术

智能网联汽车云平台通过信息交互扩展了车辆的感知能力,通过云平台可实现城市级别的车辆优化控制,云计算中心和边缘云的配合,可进一步提升云控平台效率和对车辆的控制能力,对提高出行安全和效率有重要意义。

(6)信息安全技术

智能网联汽车面临的安全威胁大致可分为“云端威胁、传输威胁、终端威胁和外部威胁”4 层。目前,国内正在开展全生命周期信息安全防护设计,构建以预测为核心的智能汽车信息安全保障 PPDR 体系,打造智能网联汽车的信息安全架构和“端—管—云”协同的信息安全技术体系。

(7)高精度地图与高精度定位

高精度地图和高精度定位是智能网联汽车必需的基础技术,可大幅降低车辆信息处理压力。为更好开展自动驾驶地图技术及应用路线图探索研究,中国汽车工程学会和清华大学借助中国智能网联汽车产业创新联盟平台组建中国“自动驾驶地图工作组”,推动高精度地图领域研究。我国的北斗导航系统也为智能网联汽车的定位提高了安全保障,摆脱对 GPS 等国外系统的依赖。

3. 2017 年智能网联汽车技术发展特点

各相关产业对智能网联汽车的关注和研发投入,大大推动了智能网联汽车的技术进步,智能网联汽车的技术发展也展现出如下特点。

(1)人工智能技术在智能网联汽车加速应用

以“深度学习”为代表的人工智能技术大大推动了智能网联汽车感知技术的提升,Google、百度等互联网公司的持续高投入也进一步推升人工智能技术在汽车上的应用。人工智能可以帮助汽车更好地理解环境,为车辆的自主驾驶提供基础,同时,智能网联汽车也已成为人工智能应用落地的最佳场景。

(2)自主式与网联式智能加速融合

通过 V2X 辅助信息感知可以在时间、空间两个维度有效扩展智能网联汽车的环境感知能力,是对车载感知系统的强有力补充。随着相关信息通信技术的成熟和基础设施的不断完善,网联式车辆智能正在受到越来越多的重视,并与自主式智能加速融合。

(3)道路测试评价技术成为热点

开放道路测试是智能网联汽车上路行驶的前提,2017 年末,北京市率先提出国内首个无人驾驶道路测试地方性法规,结束了我国企业只能到国外开展道路测试的不利局面。目前,国内已有北京、上海、重庆等多个地区展开道路测试工作,相关的无人驾驶汽车评价和考核机制也成为研究热点。

4. 2017 年智能网联汽车实现的主要技术突破点

(1)传感器技术加速发展

激光雷达、毫米波雷达、摄像头等传感器的性能直接决定了车辆对环境的感知能力。激光雷达由于分辨率高、具备三维成像能力,成为重要的无人驾驶汽车传感器。目前,机械式激光雷达的高成本限制了其应用,国内外厂商积极研发 MEMS 固态激光雷达,其高稳定性、低成本、小型化的特点将推动激光雷达的普及应用。毫米波雷达方面,国内企业已经完成 77 GHz 毫米波雷达的原型开发,钛赫兹毫米波雷达由于具备三维成像能力,成为毫米波雷达的研究重点。

(2)异构计算芯片取得突破

Nvidia、Intel和高通占据了智能网联汽车计算芯片的主要市场,国内企业正在积极研发相关计算平台和芯片,为中国汽车配上"中国芯"。智能网联汽车所需的异构芯片架构,为企业规避专利壁垒提供了机遇。目前国内AI芯片的研发已经取得一定成绩,在功耗和算力方面取得突破。

(3)辅助驾驶和特定场景无人驾驶技术成熟

自动紧急制动系统(AEBS)、车道保持系统(LKS)、自动泊车(PA)、自适应巡航(ACC)等低等级智能网联汽车驾驶系统已逐渐成熟,即将进入市场化推广阶段。目前在复杂路况,智能网联汽车还不具备完全无人驾驶能力,但机场、港口、矿区、工业园区和旅游景区等特定场景具备道路状况简单、行驶速度较低等特点,对车辆的信息感知、决策控制能力要求较低,将是无人驾驶率先落地的场景。清智科技、智行者等企业针对景区、物流场景的无人驾驶汽车目前已经具备商用化能力。

5. 智能网联汽车五大基础共性技术及解决方案

为加速推动智能网联汽车技术进步和产业化步伐,亟需解决高精度地图基础数据平台、智能网联汽车云控基础平台、新型智能车载终端基础平台、车辆智能计算基础平台和智能网联汽车信息安全基础平台等五大基础共性技术平台。

(1)高精度地图基础数据平台

建立行业统一的数据标准和交换格式,消除产业合作的技术障碍和标准藩篱。突破高精地图数据采集、融合、更新与数据服务平台等基础技术,开展全国范围的基础道路数据采集,建立公共数据服务平台,实现高覆盖、高精度、高实时性的数据动态更新。

(2)智能网联汽车云控基础平台

建立标准化的智能网联驾驶数据通信与应用接口,需实现跨品牌车辆和跨行业应用之间信息的互联互通,以及服务之间的协同与联动,打破信息孤岛现象。解决海量数据的分类规则定义、权重定义、融合感知等规则设计,基于单车、多车的控制模型,实现车路协同感知及集中式协同决策与控制。

(3)新型智能车载终端基础平台

研究面向新一代智能网联汽车的电子电器与网络架构,以以太网为网络主干、域控制器为主要节点,重点开展智能驾驶的冗余设计。制定车内网络通信需求与数据交换格式等标准协议,实现智能车载终端基础平台设计。

(4)车辆智能计算基础平台

发展基于可重构深度学习与增强学习,支持车规级多源目标传感、信息融合、中央决策、上层控制的汽车大脑芯片;提高智能芯片与算法的协同化程度,研究车载环境中场景数据不可预知下芯片的高效非监督式算法演进,布局深度学习模型的稀疏化、低精化,搭建基于高效编译的芯片设计软件生态,并建立规范的芯片测试评价平台与标准。

(5)智能网联汽车信息安全基础平台

重点突破智能汽车终端安全、边界安全、网络安全和数据安全技术,建立基于分域隔离与纵深防御的安全控制机制、入侵检测框架与可信认证模型、通信交互框架与访问控制模型和数据生命周期管理与安全稳定存储四大能力;促进访问控制、入侵防护、安全隔离、在线升级等技术应用,实现对智能汽车入侵行为的实时监控和阻断。研发面向智能汽车大数据及云平台的身份认证、数据加密、监控审计等安全技术,支撑智能汽车上路的安全运行。

6. 智能网联汽车技术发展趋势

智能网联汽车核心在于提升出行的安全性,为提高车辆的感知、决策、执行能力,相关传感器、计算芯片、控制算法、汽车线控、系统集成、信息通信等技术及产品必将向着高可靠性、高性能、低功耗、小型化等方向不断发展。

针对未来社会开放道路的完全无人驾驶,必须适应中国复杂的交通环境和驾驶员习惯。因此,我国亟需建立面向智能网联汽车的中国驾驶员自然驾驶行为基础数据库,打造面向智能网联汽车的驾驶行为数据共享平台;建立面向不同级别自动驾驶系统的中国测试场景库,满足智能网联汽车不同级别自动驾驶系统的测试与评价需求;建立测试场景与测试里程的对应关系,形成仿真测试与实路测试能力与测试方法,支撑我国自动驾驶汽车测试。

(清华大学 李克强)

九、增程式电动汽车

Chapter 9 Extended-range Electric Vehicles

1. 增程式电动汽车产业与技术总体情况

增程式电动汽车技术路线起始于2011年美国通用汽车开始商业化批量销售的雪佛兰VOLT,由于受到了美国市场的欢迎,确立了这一新的汽车动力系统技术路线的地位,得到世界各国同行的认可。

我国于2008年之后由多家客车厂与电池厂联合成立了增程式客车联盟,虽然因技术不成熟最后没有成功商业化,但是也洒下了增程式技术路线的种子。2010年起,一些乘用车企业也开始了相关技术的开发,奇瑞在2010年推出了国内第一款增程式电动车18D-REEV;之后还有吉利的GPECS-EC7;北汽新能源委托柳机专门开发了2缸增程器专用L2增程汽油机,广汽于2015在国内市场上推出了增程式电动车传祺GA5。此外,国外市场则出现了宝马i3、别克VELITE 5和日产e-power等热卖的增程式电动车,美国福特汽车也开发了增程式电动车并筹划引入中国市场。

随着2014年中国政府关于新能源汽车补贴政策的落地,增程式归类于插电式混动(含增程式)的一种车型,因补贴较少而渐渐淡出了人们的视线，在2015—2016年两年里国内市场增程式汽车的开发陷入了低谷。

2017年在中国政府明确了新能源汽车补贴退坡计划和退坡幅度后，国内市场又逐步恢复了对增程式电动车技术路线的关注，包括奇瑞新能源、北汽新能源、吉利、车和家、万向、云度等等纷纷立项开发增程器和增程式电动车。杭州赫日、常州斯太尔、柳机动力等作为专用增程器开发商也开始活跃在增程器市场上。然而，增程式电动车市场化开发的道路仍然存在曲折，正如新能源汽车百人会执行副理事长欧阳明高教授指出的，"制约国内增程式电动乘用车发展的诸多原因中，缺少增程器专用小排量发动机以及增程式电动乘用车测试法规缺失是两大核心问题"。

2. 增程式电动汽车技术特点

增程式电动车技术的基本特点是在纯电动汽车上增加一套辅助的车载发电系统，整车在纯电动模式下可以达到其所有的动力性能，而当车载可充电电池无法满足续航里程要求时，启动车载发电系统（增程器）为动力系统提供电能，以延长续航里程。典型的车载发电系统（增程器）包括汽油/柴油增程器、天然气增程器、甲醇增程器和燃料电池增程器等。

早期的增程式电动汽车配置受国家政策中为增程式电动车的定位影响，均按照插电混动性能要求来配置增程式动力系统的。这时整车厂在考虑系统配置时主要考虑三点：一是增程器发电功率要满足电动车最高时速行驶要求，而电池可以进入电量保持工作状态；二是电池电量在满足50 km纯电里程要求下要尽可能少；三是增程式电动车的B状态百公里油耗要比同级传统车低60%以上。

上述三个要求使得增程式电动车开发难度相对较大，增程式电动汽车动力系统配置路线主要由下面3个因素之间的相互比例来决定：即增程器额定功率（Pre）、驱动电机额定功率（Pmot）、设计纯电总续航里程（Rkm）。

基于三个因素的不同配比，形成了的增程式不同的配置路线，见表1-10。

表1-10 增程式不同的配置路线

Pre	Pmot	Rkm	配 置	说 明
1	1	50~80 km	混动增程	综合里程不限，以油为主
1	1	150~200 km	全电动增程	综合里程不限，以电为主
<70%	1	120~150 km	主电动增程	>600 km，强辅助增程
<50%	1	>100 km	辅助增程	>400 km，轻辅助增程
<30%	1	>100 km	补电增程	>300 km，车载辅助充电

注：① Pre和Pmot之间是功率对比系数。

② 影响不同配置选择的主要因素是整车成本及空间限制，不同的车型（乘用车、货车、客车、公交车）对于增程式电动车的综合续驶里程目标要求不同，可以选择不同的配置。增程式电动车不仅只有混动增程一种配置，根据系统匹配成本、整车空间和重量等综合考量，可以有多种配置。

3. 技术难点及解决方案

随着政府对于新能源汽车补贴的退坡和停止、新能源汽车不限行不限购的优势及双积分的激励政策的执行，解决了里程焦虑问题的增程式电动车的开发和市场化销售必然会成为新的热点。目前急需解决的技术难点包括：

（1）推动高性能增程式发动机开发，包括高转速、低噪声和高效率3种性能的综合开发。

（2）发动机与电驱动系统的匹配标定。增程式电动车的实现主要受成熟的增程器系统产品的供应影响，包括辅助配件的供应链整合。目前国内大多数纯电动汽车开发团队都不熟悉发动机系统调试和标定、更不熟悉整车集成安装发动机的设计要求，同时集成安装增程器系统所涉及的零部件数量很大，更因为缺少排放、油耗测试能力和排放标定（含OBD标定）的经验，使得纯电动整车企业在增程式电动车的开发上困难重重。解决这一难点急需有专业开发和销售系列增程器供应商，供应多种可选择的增程器同时能够为纯电动车厂集成增程器动力系统提供系统集成方案、排放测试等的技术及设备支持。

（3）相关建立检验和测试标准的建立。主要包括：出台增程器检验和测试标准、提供增程器关键部件开发和选择的评价方法；建立增程式电动车测试法规，为电动车厂开发增程式电动车上公告铺平道路；推动增程式动力系统开发，完善系统控制与管理技术体系。

4. 技术发展趋势

目前增程式电动汽车主要包括乘用车、专用车（以物流车为主）、客车3类，增程器的燃料主要是汽油和柴油，未来随着技术的发展会出现新的燃料系统增程器，包括：

（1）汽油增程器：8~20 kW增程器可用于物流货车，目前20~30 kW增程器可用于乘用车，30~60 kW增程器可用于客车。其特点是增程器成本低、备件供应和维修保养设施完善、齐全。

（2）甲醇燃料增程器：未来2~3年内可直接用于车队用车，如出租车、物流车、客车等；随着加甲醇设施的改善，会逐渐用于乘用车。其特点是增程器成本低、备件供应和维修保养设施完善、齐全，燃料成本低（运营成本低）、属于清洁燃料。

（3）氢燃料电池增程器：10~15年内随着氢燃料电池技术的成熟（成本和寿命）和加氢等设施的完善和普及，逐渐从车队用车发展到乘用车应用。其特点是增程器成本高、备件和维修保养设施尚不具备，运营成本较高，但是具有零污染和清洁燃料的特点。

5. 其 他

增程式电动车的增程式发电不是一定有高排放。目前增程器主要是烧油,原因是燃油发动机技术成熟且价格便宜;也可以使用替代燃料——甲醇发动机的增程器已经在开发和测试中,未来就是边走边充电的过程产生所产生的排放几乎可以忽略不计,而氢燃料电池增程器最终会成为终极增程器实现零排放。从技术的发展角度而言,增程式电动车技术是未来可以与纯电动车和氢燃料电池车无缝对接的技术。

(苏州达思灵新能源科技有限公司 吴德平)

十、车用动力电池

Chapter 10 Power Battery for Vehicle

1. 动力电池产业发展现状

严峻的能源安全及环境挑战使交通能源动力转型成为全球共识,汽车产业迎来了动力系统电动化时代,世界主要发达国家和主流汽车企业均制定了动力系统电动化的战略和规划。动力电池作为汽车电动化的核心零部件,成为目前技术研究及产业化的焦点和热点,有力地支撑了新能源汽车产业的快速发展。

在国家补贴政策的强力支持下,中国动力电池产业的发展尤以锂离子动力电池最为显著。2017 年中国新能源汽车(包括纯电动和插电式混合动力)销量接近 80 万辆,配套动力电池的总量超过了 367 亿 Wh,较 2016 年增长 30%,双双呈现快速发展态势。

中国目前形成了全球最为完善的锂离子动力电池产业链体系,涵盖电池材料(正极、负极、隔膜和电解液四大主材)、电池单体、电池系统、生产装备、梯级利用及资源回收、测试评价及基础研究(主要针对新材料、新体系电池及模拟仿真分析)等,形成了京津、长三角、珠三角以及中原四大主要区域为中心的,以宁德、宜春、镇江、溧阳、长兴、新乡等城市为代表的动力电池研发及产业化聚集区,有效形成了动力电池产业点与面的良好布局。据统计,2017 年中国动力电池行业的名义年产能规模达到 2 000 亿 Wh,实际年产能预计在 1 000 亿 Wh 左右,有超过 200 家动力电池生产企业(含电池系统集成企业),动力电池行业的实际年产能发挥率在 30% ~40%,但优质产能仍显不足,优质产品仍处于供不应求的局面。

尽管面临着市场激烈竞争和价格大幅下降的局面,且少数动力电池企业出现了技术和资金等问题,总体而言中国动力电池行业目前仍处于投资扩产的大发展阶段,已建动力电池企业大多在扩产提升产能;新建动力电池企业为达到规模效应,投资额大多达到几十亿人民币的水平;此外一些大型央企和投资公司正在深度介入动力电池行业,积极开展投资布局。

2017 年动力电池行业形势相对较好,动力电池单体的价格大致在 1 元/Wh,电池系统的价格大致在(1.4 ±0.2)元/Wh,动力电池企业的经营压力相对较小。2018 年随着新能源汽车补贴的快速退坡,动力电池单体的价格大致趋向 0.8 元/Wh,电池系统的价格大致趋向(1.2 ±0.2)元/Wh 的价格水平,动力电池的成本压力日益凸显,如何提高盈利能力是动力电池企业面临的严峻课题。

2. 动力电池技术发展现状及趋势

随着新能源汽车国家补贴政策的调整,双积分政策的发布与实施,新能源汽车重点研发专项的实施,汽车产业中长期发展规划的发布,中国制造 2025 节能与新能源汽车技术路线图动力电池分技术路线图的发布,动力电池技术正在向着高比能方向快速发展,如图 1 -15 所示。

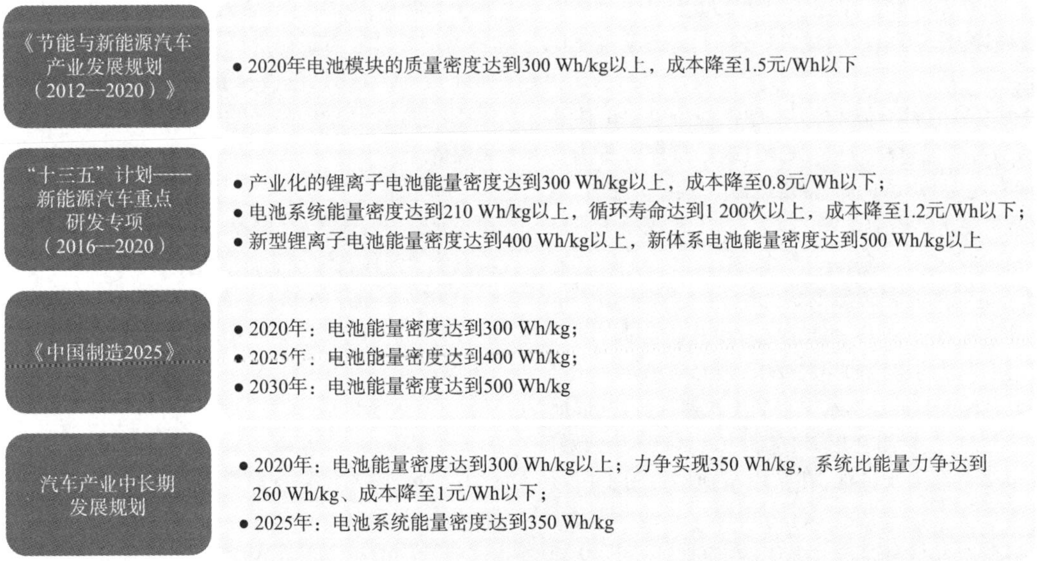

图 1 -15 新能源汽车相关国家计划的电池规划内容

从动力电池相关的规划内容可以看出，国家层面对动力电池的研发和产业化工作的布局基本上分为 3 个层次：产业化的锂离子动力电池 2020 年能量密度要达到 300 Wh/kg；新型锂离子动力电池 2025 年能量密度要达到 400 Wh/kg；新体系动力电池（如锂硫、锂空气和固态电池）要达到 500 Wh/kg。

(1) 量产动力电池的技术概况

结合上述动力电池的规划内容，以及整车产品对动力电池产品的指标要求（结合财政补贴政策的调整），动力电池在 2017、2018 年实现产业化的产品技术路线见表 1－11。

表 1－11　近期可实现量产的动力电池路线图

正极材料	负极材料	隔膜材料	电解质盐	单体能量密度（Wh/kg）	应用领域
磷酸铁锂	石墨	PP 和 PE，部分采用涂层膜	六氟磷酸锂，功能性添加剂，碳酸酯类溶剂	120～180	已实现商业化，持续应用（EV、PHEV）——大巴车为主，乘用车和物流车等
锰酸锂混合镍钴锰（如 5:5）	石墨	PP 和 PE，部分采用涂层膜	六氟磷酸锂，功能性添加剂，碳酸酯类溶剂	120～200	已实现商业化，持续应用（EV、PHEV）——大巴车、乘用车和物流车等
镍钴锰（333 或 532 型）	石墨	PE 为主，部分采用涂层膜	六氟磷酸锂，功能性添加剂，碳酸酯类溶剂	160～230	大容量电池实现批量应用，小容量电池（如 18650）实现了规模化应用——乘用车和物流车
镍钴锰（333 或 532 型）	钛酸锂或石墨混合软碳	PP、PE、PVDF 及芳纶等	六氟磷酸锂，功能性添加剂，碳酸酯类溶剂	80～200	已实现商业化（主要为快充领域），持续应用（EV、PHEV 等）——大巴车为主
镍钴锰（811 型）或镍钴铝	石墨或硅碳	PE 为主，薄型化和涂层改性（无机、有机涂层）	六氟磷酸锂，功能性添加剂，碳酸酯类溶剂	200～260	小容量电池实现了规模化应用（如 18650、21700 等）——乘用车和物流车等
镍钴锰（622 或 811 型）	石墨	PE 为主，薄型化和涂层改性（无机、有机涂层）	六氟磷酸锂，功能性添加剂，碳酸酯类溶剂	200～260	大容量实现了规模化应用——乘用车等

在中央财政补贴政策的推动下，从量产的锂离子动力产品应用领域看，在商用车（大巴车）领域主要为磷酸铁锂动力电池和部分快充型锰酸锂动力电池（锰酸锂材料与三元材料混合）；在乘用车领域则主要为三元材料锂离子动力电池和部分磷酸铁锂动力电池；商用车（专用车，如物流车等）领域主要为三元材料动力电池和部分磷酸铁锂动力电池。

① 从动力电池的材料体系看，磷酸铁锂动力电池单体产品（负极为石墨类材料，主要以铝合金方形壳体封装形式为主，部分为软包装封装形式）的能量密度达到了 150 Wh/kg 以上，容量在 100 Ah 以上，电池系统的能量密度超过了 135 Wh/kg以上，实现了规模化生产和应用。同时通过容量的提升来提高能量密度，如 200 Ah 的电池能量密度可以达到 160 Wh/kg，300 Ah 的电池能量密度可以达到 180 Wh/kg 等，实现了磷酸铁锂动力电池的技术储备，上述产品主要用于大巴车领域。

② 从动力电池的材料体系看，锰酸锂动力电池单体产品（正极材料为锰酸锂材料与三元材料混合，负极为石墨类材料）的能量密度为 170 Wh/kg，容量达到了 140 Ah 左右，电池系统的能量密度达到了 140 Wh/kg 左右，上述产品主要应用于物流车领域。

③ 从动力电池的材料体系看，三元材料锂离子动力电池由于其能量密度高（包括体积能量密度和重量能量密度），可以满足乘用车对动力电池的相关要求，因此高比能三元材料锂离子动力电池产品的技术水平得到了快速提升，并形成了不同的产品类别，包括圆柱形、软包和方形装 3 种主要封装方式的三元材料锂离子电池，在乘用车领域得到了广泛应用。

a. 在圆柱形三元材料锂离子动力电池方面，以 21700 和 18650 作为典型代表产品，技术进展迅速，其中以力神、比克和亿纬锂能公司为代表性企业。

2017 年量产的 21700 高容量电池单体产品以 4 Ah 为主（532 三元正极材料/石墨负极材料），能量密度为 210 Wh/kg，电池系统的能量密度在 145～150 Wh/kg；量产的 21700 快充电池单体产品以 3.6 Ah 为主，能量密度为 190 Wh/kg（532 三元正极材料/石墨负极材料）。同时 5 Ah 的 21700 高容量电池单体（镍钴铝正极材料/石墨＋氧化亚硅负极材料）和 4.5 Ah 的 21700 快充电池单体（镍钴铝正极材料/石墨负极材料）完成了产品开发，能量密度分别为 260 Wh/kg 和 240 Wh/kg，2018 年实现量产。

2017 年量产 18650 电池单体 2.2 Ah 和 2.5 Ah（532 三元正极材料/石墨负极材料）及 2.9 Ah 和 3.0 Ah（811 或 NCA 三元正极材料/石墨＋硅碳负极材料）等产品，且以后二者电池单体作为主打产品，能量密度分别达到了 179 Wh/kg、198 Wh/kg、224 Wh/kg 和 245 Wh/kg；同时完成了 3.2 Ah（811 或 NCA 三元正极材料/石墨＋氧化亚硅负极材料）18650 电池单体的产品开发，能量密度为 250 Wh/kg，2018 年实现量产。

b. 在软包装三元材料锂离子动力电池方面，以高比能和快充类为两类典型代表产品，以孚能、盟固力、万向和微宏动力公司为代表性企业。

2017 年量产的 32 Ah、50 Ah（532 三元正极材料/石墨负极材料）高比能软包装动力电池能量密度分别达到了 215 和 220 Wh/kg，量产的 34 Ah 高比能软包装动力电池能量密度达到了 240 Wh/kg（622 三元正极材料/石墨负极材料），同时完成了能量密度达到 255 Wh/kg 和 265 Wh/kg 动力电池（622 三元正极材料/石墨负极材料）的技术开发，预计 2018 年底量产。

2017 年量产的 25 Ah 和 15 Ah 快充类软包装动力电池的能量密度分别达到了 120 Wh/kg 和 170 Wh/kg（532 三元正极材料/石墨负极材料），可实现 4C 的快速充电能力，循环寿命达到了4000次以上，并开展了200 Wh/kg快充类动力电池的技术开发。

c. 在方形三元材料锂离子动力电池方面，以高比能动力电池为典型代表产品，以宁德时代、力神和国轩为代表性企业。

2017年量产的53 Ah、102 Ah和153 Ah高比能方形铝合金动力电池能量密度分别达到了210 Wh/kg（532三元正极材料/石墨负极材料），动力电池系统的能量密度达到了140 Wh/kg。同时开展能量密度达到240～260 Wh/kg（622或811三元正极材料/石墨负极材料）动力电池的技术开发，相关产品预计2018年实现小批量生产。

（2）研发的锂离子动力电池技术进展概况

随着新能源汽车重点研发专项的实施以及中国制造2025节能与新能源汽车技术路线图动力电池分技术路线图的发布，见表1－12，能量密度300 Wh/kg和400 Wh/kg的锂离子动力电池的研发成为当前热点；同时为提升磷酸铁锂电池的能量密度达到200 Wh/kg以上，亦开展相关技术研究工作。

表1－12　中远期可实现量产的动力电池路线图

正极材料	负极材料	隔膜材料	电解质盐	单体能量密度（Wh/kg）	进　度
磷酸铁锂	硅碳/锡碳	PE为主，薄型化和涂层改性（无机、有机涂层）	六氟磷酸锂，功能性添加剂，碳酸酯类溶剂	～200	开发过程中，2020年实现装车应用
镍钴锰（811型）或镍钴铝	硅碳	PE为主，薄型化和涂层改性（无机、有机涂层）	六氟磷酸锂，功能性添加剂，碳酸酯类溶剂	～300	开发过程中，2020年实现装车应用（预计配套装车数量超过1万辆）
富锂锰基材料	硅碳	PE为主，薄型化和涂层改性（无机、有机涂层）	六氟磷酸锂，功能性添加剂，碳酸酯类溶剂	～400	开发过程中，2020年实现装车应用
5 V尖晶石锰酸锂	石墨	PE为主，薄型化和涂层改性（无机、有机涂层）	高电压电解液	200～240	开发过程中，2020年实现装车应用

① 300 Wh/kg动力电池的技术进展概况。宁德时代、力神、国轩和中航锂电分别承担了300 Wh/kg的新型锂离子电池的研发及产业化工作，目前总体进展顺利，2020年实现产业化和批量装车应用。4家企业采取的技术路线基本相同，即正极采用高镍三元材料（811三元材料或镍钴铝材料），负极采用硅碳材料，采用软包装的封装方式。其中宁德时代开发的63 Ah软包装动力电池重量能量密度达到了304 Wh/kg，体积能量密度达到了720 Wh/L，25 ℃循环寿命达到了1 200次（@80%容量@1C充放电），45 ℃循环寿命达到了800次（@80%容量@1C充放电），储存性能基本满足整车工况需求，安全性能基本满足国标要求（过充电除外）。力神开发的52 Ah软包装动力电池重量能量密度达到了302 Wh/kg，体积能量密度大于642 Wh/L，25 ℃下循环寿命达到了710次（@80%容量@1C充放电），容量保持率达到80%；同时通过优化电解液配方，循环性能明显改善，目前循环285次（100% DOD）容量保持率达96%。

② 400 Wh/kg动力电池的技术进展概况。北京大学和中科院物理所分别承担了400 Wh/kg的新型锂离子电池的基础研究工作，目前总体进展顺利。其中北京大学通过深入研究电子和几何结构，揭示了阴阳离子参与电荷补偿对于高容量的贡献；通过调制富锂材料中氧空位浓度来提升材料的稳定性并揭示了阴离子电荷补偿过程中电荷转移的热力学活化机制；通过对新材料的设计首次研发出具有400 mAh/g的超高比容量的O_2型的富锂锰基材料。

物理所采用气固界面改性方法，富锂锰基正极材料的放电比容量超过300 mAh/g，首次效率超过92%。通过进行表面改性和体相结构优化，研发的富锂锰基正极材料100次循环后电压衰减小于5%。

上述富锂锰基正极材料与硅碳复合负极材料匹配，研制的新型锂离子电池原理产品的能量密度达到了395 Wh/kg，为新型高比能动力电池的研发提供了可能的技术方向。

3. 动力电池第三方强检测试结果

随着动力电池单体能量密度的快速提升以及系统成组技术的进步，近年来动力电池系统的能量密度提升显著。

通过中国汽车技术研究中心的测试结果可以看出，2017年度动力电池单体的能量密度平均值达到了173 Wh/kg，电池系统的能量密度密度平均值达到了116 Wh/kg，成组系数为0.67。随着国家补贴政策的调整以及新能源汽车行业相关强检标准的执行，无论是磷酸铁锂还是三元材料锂离子动力电池，能量密度提升已成为明显趋势。目前磷酸铁锂动力电池主要应用于大巴车领域，三元材料锂离子动力电池主要应用于乘用车领域，三元材料锂离子动力电池单体材料体系的选择空间和能量密度（体积和重量两个方面）提升空间较磷酸铁锂更大，同时系统集成技术快速提升，因此得到的关注度更高。

① 20款磷酸铁锂动力电池单体的能量密度范围在118.5～158.5 Wh/kg，平均值为143.9 Wh/kg；45款磷酸铁锂动力电池系统的能量密度范围在68.6～137.3 Wh/kg，平均值为117 Wh/kg；单体到系统的成组系数达到了81.42%。

② 60款三元材料锂离子动力电池单体的能量密度范围在136.3～230.6 Wh/kg，平均值为183 Wh/kg；96款三元锂离子动力电池系统的能量密度范围在88.2～151.5 Wh/kg，平均值为115.4 Wh/kg；单体到系统的成组系数达到了63.06%。

其中按照单体封装方式的不同，方形锂离子动力电池单体的能量密度平均值为144.2 Wh/kg，电池系统的能量密度平均值为105.5 Wh/kg，成组系数平均值为73.2%；软包装锂离子动力电池单体的能量密度平均值为171 Wh/kg，电池系统的能量密度平均值为114.2 Wh/kg，成组系数平均值为66.9%；圆柱形锂离子动力电池单体的能量密度平均值为

187 Wh/kg，电池系统的能量密度平均值为 117.6 Wh/kg，成组系数平均值为 62.9%；从测试结果看，圆柱形电池单体和系统的技术参数最好，软包装次之，方形电池再次之，但在电池系统成组系数方面，方形电池最好。

按照电池系统冷却方式的不同，采用风冷方案的电池系统的能量密度平均值为 120.2 Wh/kg（3 款），液冷为 114.1 Wh/kg（7 款），自然冷却为 115.4 Wh/kg（86 款），自然冷却技术方案在 2017 年度是主要选择。

③ 从 2018 年的动力电池测试结果看，电池系统的能量密度平均值提高到 137.5 Wh/kg，电池单体到电池系统的成组系数平均值提高到 0.74，较 2017 年提升显著。

4. 动力电池安全标准相关进展

动力电池标准体系围绕安全、电性能、寿命、空间布置与循环利用等需求开展制修订工作，已发布实施包含 20 余项电池单体、模块、电池包和系统的标准，有力支撑了“新能源汽车生产企业和产品准入”等行业管理政策的发布和实施，如图 1－16 所示。

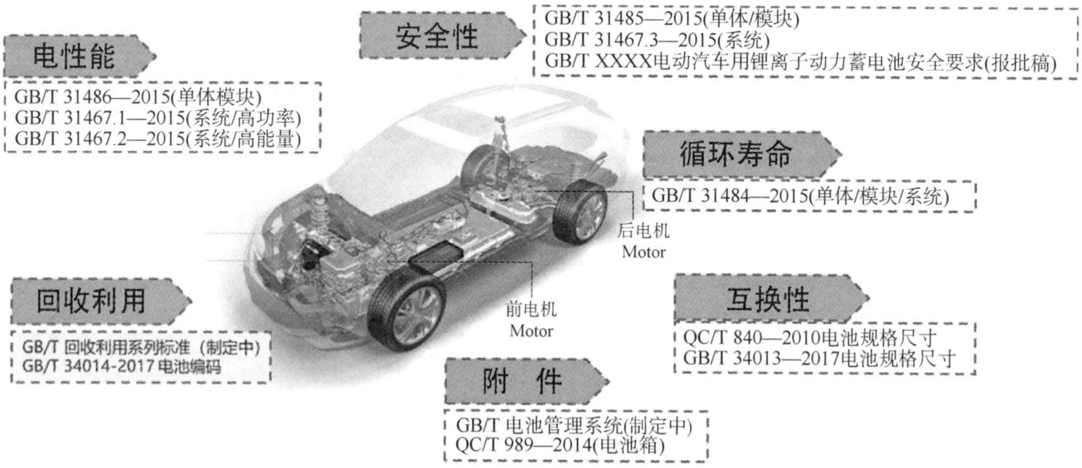

图 1－16　动力电池相关标准的分布概况

随着动力电池单体和电池系统能量密度的快速提升，对动力电池安全性的重视度日渐提升，对安全性的评价也从电池单体和模块为主转为以电池系统为主，对动力电池安全性要求的相关内容体现在制定的国家强制性标准《电动汽车用锂离子动力蓄电池安全要求》报批稿中，并着重增加了热扩散测试项目的相关要求（图 1－17），对动力电池及电池系统的安全性进行系统全面的测试评价，从而提升动力电池使用过程的安全性和可靠性。

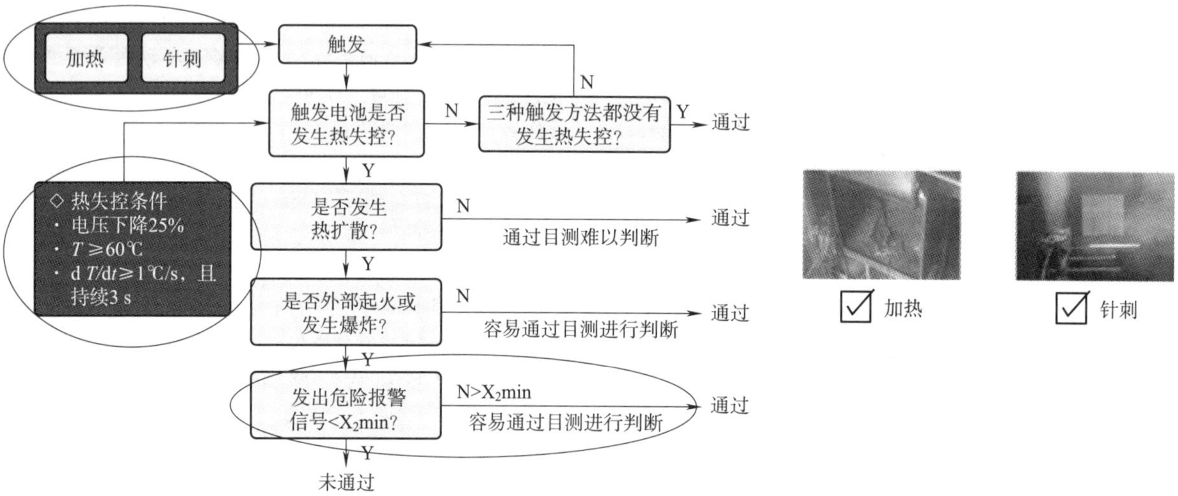

图 1－17　动力电池系统热扩散试验流程示意图

5. 小　　结

中国动力电池产业形成了完善的产业链体系，动力电池未来市场需求预期旺盛，参与产业化的动力电池企业众多，年产能巨大，但当前优质产能仍显不足，优质产品尚处于供不应求的局面。目前钴和镍等贵重金属和碳酸锂材料等的价格高企，三元材料的价格也高位运行，三元材料锂离子动力电池面临的成本压力巨大，如何控制和降低成本是动力电池行业面临的严峻课题。

随着国家补贴政策的调整，动力电池技术和系统集成技术水平快速提升，尤其体现在能量密度方面，动力电池向着高比能三元材料锂离子动力电池方向发展的趋势日趋明显；

随着动力电池系统能量密度的快速提升，动力电池单体和电池系统的安全性成为关注的焦点，因此在制定的动力电池国家强制性标准中着重增加了热扩散的测试内容，对动力电池及电池系统的安全性进行系统全面的测试评价，以保障动力电池使用过程中的安全可靠性。

（中国电子科技集团公司第十八研究所　肖成伟）

十一、锂离子电池材料

Chapter 11　Lithium-ion Battery Material

2017年全球锂离子电池出货量达到148 GWh，新能源汽车销量再创新高，全球动力电池出货量超过60 GWh，中国约占60%，约36.7 GWh。所谓的“磷酸铁锂和三元正极之争”也有了一个初步答案，轿车动力电池一般倾向于使用三元正极材料，主要是高比能量的电池对私家轿车更有吸引力，客车、物流车等商用车和电力储能一般倾向于高安全性和长寿命的磷酸铁锂电池。2018年系统比能量达到160 Wh/kg的轿车用三元材料动力电池和系统比能量大于150 Wh/kg的客车用磷酸铁锂动力电池开始进入应用，基本可以满足纯电动车辆的动力性能要求。三元正极材料分为镍钴锰酸锂（NCM）和镍钴铝酸锂（NCA），国内主要采用NCM技术路线，日韩采用NCA技术路线。NCM按照镍钴锰三者的比例又可以分为111、532、622、811。随着国家补贴政策直接与电池能量密度挂钩，三元电池特别是高能量密度的高镍811电池成为国内许多电池企业的新品研发的选择，同时，伴随着钴价格的高涨，也促使企业选用高镍811成为动力电池的发展趋势，但安全方面的风险在增加。

随着产业规模的扩大，电池系统的价格会进一步下降，预期2020年底将达成系统价格低于1元/Wh的目标，届时纯电动车辆不依赖于补贴即可具有较好的经济性。

四大电池材料的生产在整个锂电池产业链中最为重要。正极材料方面，中、日、韩三国形成了寡头聚集的局面。日韩方面因为起步早，在整体水平和质量控制方面很强，占据着高端市场。负极材料方面，相关产业主要集中在中、日两国，一些公司开始在石墨性少量添加硅或一氧化硅，但是未来很长一段时间内，碳材料仍旧是主流的负极电池材料。在四大电池材料中，隔膜生产技术壁垒最高，日本仍占据技术优势。电解液方面，世界范围内的电解液供应商同样集中在中、日、韩三国，核心竞争力在于材料配方，电解液中主流电解质仍为六氟磷酸锂。

电池材料行业总体产能过剩，技术同质化，成本透明化，进入激烈的价格竞争阶段。

1. 正极材料

在正极材料的选择方面，国外主要走锰酸锂和镍钴锰酸锂三元材料的路线，主要的正极材料制造商包括日本的日亚化学、户田工业、住友金属矿山、清美化学，韩国的L&F公司和ECOPRO公司，比利时优美科、德国巴斯夫等。中国此前更倾向于发展磷酸铁锂，但是随着比能量指标的提升，我国三元材料用量快速增加。

2017年我国三元材料产量达9.62万t，同比增加58.75%，进口9 142 t、出口量7 625 t，同比增加29.81%。当升科技、贝特瑞等企业已开始生产NCM523、NCM622等三元材料。从三元材料企业市场份额角度分析，2017年我国三元材料生产企业之间的竞争更为激烈，因为总产能有两倍的过剩，开工率整体偏低；同时受上游锂、钴原料价格较高与下游电池厂家压价需求限制，三元正极材料毛利率普遍偏低。

磷酸铁锂电池的安全性、低成本、使用寿命长等优点，在动力汽车和储能领域应用广泛，2017年磷酸铁锂正极材料产量达6.81万t，同比增加10.55%，磷酸铁锂的生产进一步集中。

锰酸锂电池具备功率性能、放电倍率性能、低温性能好、成本低的特点，除继续与三元混合用于乘用车外，锰酸锂电池在新能源专业车领域应用面扩大，2017年锰酸锂正极材料产量达2.8万t，同比增长28.46%。

2. 负极材料

全球来看，目前锂电池负极材料生产企业主要在中国和日本，中国的优势是石墨资源和广阔的市场空间，日本优势是技术。主要负极生产企业有日本日立化成、日本三菱化学、日本碳素、日本JFE以及我国的贝特瑞和杉杉科技等。2017年我国负极材料产量14.6万t，同比增长23.7%，动力电池对负极材料的需求增长是主要原因，3C数码电池的负极材料占不到1/3，其中杉杉、贝特瑞和江西紫宸出货量均超过2万t。中国锂电池硅碳负极材料产量超1 500 t，同比增长超过130%，但从全年整体锂离子电池负极材料14.7万t的产量看，硅碳负极材料仅占1%。

3. 隔　膜

从世界隔膜材料市场来看，中国、日本、韩国三足鼎立，占据主要份额。日本企业以旭化成、东丽、宇部兴产、住友化学为代表，韩国企业以SK创新、W-scope韩国公司为代表，占据高端隔膜产品的市场，中国企业以星源材质、上海恩捷、沧州明珠等为代表，逐步向高端产品转变。

2017年中国锂电池隔膜产量达14.35亿m^2，同比增长32.38%，隔膜国产化率进一步提升至90%，湿法隔膜增速大于干法，需求快速增长。国内动力电池用隔膜以国产为主，湿法隔膜出口比例加大。随着新增产能继续释放，隔膜产品均价出现超20%的下滑。陶瓷涂覆隔膜已可以大批量生产，设备国产化率在80%以上。

4. 电解液

全球锂电池电解液主要厂商集中在中国、韩国、日本，包括韩国旭成、LG化学；中国的广州天赐、新宙邦、国泰华荣；日本的三菱化学、宇部兴产、三井化学等。电解液的核心竞争力在于材料的提纯技术和配方，六氟磷酸锂是商业化锂离子电池采用的主要电解质,生产企业主要集中中日两国,包括日本森田化学、中国多氟多等。

2017 年中国电解液产量为 119 710 t,与 2016 年 95 400 t 相比,同比增长了 25.48%,随着六氟磷酸锂价格的回落,电解液平均价格迅速下降。电解液主要企业有广州天赐、新宙邦、江苏国泰、东莞杉杉、天津金牛等,广州天赐以 31 388 t 排在首位。

(中国科学院物理研究所 黄学杰)

十二、电池管理系统

Chapter 12 Battery Management System

全球范围内电动汽车保有量的迅速增长不断推动电池管理系统(BMS)技术的提升和发展。在 2016 年电动汽车发展放缓的基础上,2017 年电动汽车市场继续蓬勃发展,全球交付量同比增加 58%,其中 66% 来自纯电动汽车,34% 来自插电式混合动力汽车。中国大力促进电动汽车的发展,2017 年电动汽车保有量超过 60 万辆,销量同比增长 73%,远远超过美国(增长 27%)和欧洲(39%),可见中国已经成为最为重要的电动汽车市场。更为值得关注的是,中国销售的新能源汽车 96% 来自国内生产和国内自主品牌。

《中国制造 2025 路线图》明确指出,到 2020 年,中国自主新能源汽车销量要突破 100 万辆,市场份额达到 70% 以上。到 2025 年,实现与国际先进水平同步的新能源汽车年销量 300 万辆,市场份额达到 80% 以上。随着动力电池企业扩充速度的加快以及新能源汽车保有量的迅速增加,具有电池监控、SOC 评估和电池均衡等关键保障电池安全和提交电池寿命功能的 BMS 越来越获得认可。

1. 电池管理系统发展情况

(1)专利申报情况(表 1-13)

通过专利检索可以发现,2017 年电池管理方面的专利已经从早期的硬件结构、系统构架、参数检测方法逐渐转向电池系统状态估算、均衡、热管理、健康监测等方面,其中与电池系统整体设计密切相关,并且对电池的性能和使用寿命影响较大的热管理系统的关注度和研究逐渐增多。

表 1－13 2017 年电池管理申请专利的厂家及基本情况表

(单位:项)

申请厂家	专利数量	发明专利	实用新型
宁德时代新能源科技股份有限公司	20	18	2
合肥国轩高科动力能源有限公司	5	4	1
华霆(合肥)动力技术有限公司	22	13	9
深圳市科列技术股份有限公司	6	6	0
重庆长安汽车股份有限公司	13	13	0
深圳市沃特玛电池有限公司	35	30	5
欣旺达电子股份有限公司	8	7	1
东莞钜威动力技术有限公司	4	4	0
惠州市亿能电子有限公司	2	2	0
惠州市蓝微新源技术有限公司	21	15	6

(2)电池管理系统标准

充分考虑目前电池管理系统的技术现状与发展趋势,与汽车领域的发布标准以及电动汽车电池系统安全强标进行充分协调,标准草案重点明确了电池管理系统的参数测量精度、SOC 估算、耐环境性能、电气安全性能、电磁兼容性能等方面的具体性能要求与测试方法,首次将电池管理系统 SOC 估算的硬件设计要求与控制策略进行系统划分,选取多种工况进行全面测评,并且提出了 SOP 估算、均衡的推荐测试方法。2018 年 5 月底,BMS 标准草案已形成征求意见稿,并向全行业进行意见征询,并预计于 2018 年底最终形成标准报批稿,争取 2019 年发布,规范整个 BMS 行业的有序发展。

(3)国内主要电池管理系统厂家及产品应用情况

2017 年通过统计分析,目前我国 BMS 研发生产主体细分为 4 种类型:动力电池企业自营 BMS、专业第三方企业 BMS、"BMS + PACK"企业 BMS 和整车企业自营 BMS(图 1－18)。

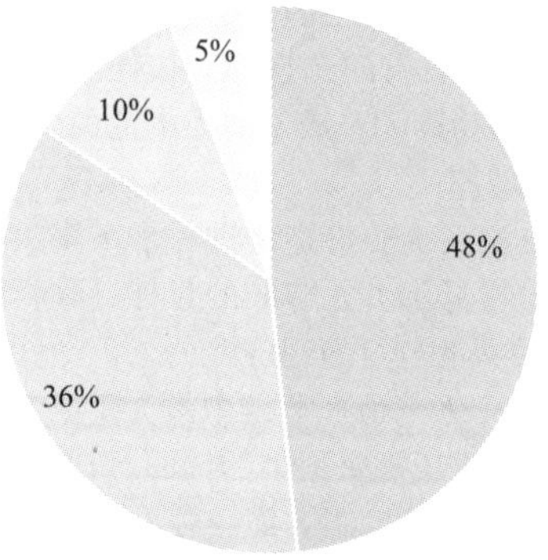

图 1－18 国内主要电池管理系统厂家及产品应用情况

① 动力电池企业自营 BMS:动力电池企业目前已经成为 BMS 市场的主力,总车型中占比为 48%。动力电池企业自主研发 BMS 装配自产的电池,可以及时检测电池的性能和存在的问题,提高电池性能,并且能够建立更高效的 BMS 系统。代表的动力电池企业主要有宁德时代、中信国安盟固利、沃特玛、国轩高科等,均已逐渐掌握整套核心技术,具有很强的市场竞争力。

② 专业第三方企业 BMS:专业第三方企业由于掌握软件技术和数据的核心竞争力,并在规模化效应、工艺水平、交付能力等方面具有更强的优势,总车型中占比 36%。如果进一步加强与上下游的深度合作,市场份额将会逐渐拓宽。代表企业主要有东莞钜威动力、惠州市亿能电子、深圳科列技术、安徽力高新能源等企业。

③ "BMS + PACK"企业 BMS:"BMS + PACK"企业,总车型中该类占比 10%。此类企业既经营 BMS 业务又经营 PACK 业务。其中以南京创源天地、北京普莱德、华霆动力均为代表。对 PACK 企业而言,根据整车厂提出的要求,通过 BMS 把控动力电池性能,得到更及时的反馈信息后优化 PACK 是其拓展 BMS 业务的初衷。当 PACK 的定制属性经过 BMS 的高技术壁垒加成,

会使其能更好地满足整车厂对 BMS 的需求。

④ 整车企业自营 BMS:总车型中该类占比 5%。以比亚迪、北京新能源、中通客车为代表的企业,自己研发 BMS,装配给自己生产的车辆。整车企业能够更好地结合整车控制和需求,进行 BMS 研发共,在成本方面较其他企业也有较强的市场竞争力。

2017 年,动力电池管理系统核心技术与综合服务之间的竞争日益加剧,给行业内并购整合激发更多机会。整车企业、电芯企业、PACK 企业和 BMS 公司均在 BMS 业务领域加快了布局步伐,根据自身企业定位与优势,纷纷与其他企业积极开展合作与整合,业界出现更多的合作企业共同致力于电池系统与电池管理系统的研发工作。

宁德时代新能源科技股份有限公司,作为一家拥有材料、电芯、电池系统以及循环利用领域核心技术的企业,宁德时代一直致力于推出更快、更安全、更高效的创新产品和技术,以期满足、超越客户的期望。目前,宁德时代已与国内外众多知名汽车厂商深度合作,相继为宝马、北汽新能源、吉利汽车、长安汽车提供纯电动、混合动力汽车的动力电池系统。同时,宁德时代也是中国唯一一家向国外乘用车企提供电池系统的企业。2015 年,宁德时代出货量达 2.43 GWh,成为出货量全球第三、国内市场占有率第二的中国汽车动力电池生产商。

微宏动力系统(湖州)有限公司,成立于 2006 年,是一家有着深厚研发能力的高科技化工与能源产品供应商,从事新能源及储电技术产品的研发、生产以及销售,致力于为不同应用领域提供清洁能源解决方案;主要产品微宏第一代 LpTO™ 到第二代 LpCO™ 快速充电电池产品,凭借其 10 min 以内完成快速充电以及超长循环寿命的特性,树立了独到的技术优势,并形成了客户认可的商业推广模式。公司十分重视研发投入,拥有一支实力强劲的研发团队以及先进的检测与分析设备,在锂电池的负极材料、负极材料、隔膜以及电解液等多个领域展开针对性的研发工作,并已取得了突破性的成果。

天津力神电池股份有限公司,成立于 1997 年,是一家拥有自主知识产权核心技术的股份制高科技企业,专注于锂离子蓄电池的技术研发、生产和经营,应用范围涵盖了个人电子消费产品、电动工具、交通运输和储能等领域。公司相继与戴姆勒奔驰、大众、一汽、长安、东风、吉利、东风悦达起亚、北汽、江淮、广汽、宇通、金龙、北汽福田、安凯、中通、申沃等国内外大型车企展开合作,合作项目包括乘用车、专用车以及商用大巴车等全系列电源解决方案。

东莞钜威动力技术有限公司,成立于 2009 年,是国内领先的同时掌握电动汽车及大型储能电池管理系统技术的综合解决方案供应商,已为全国超过 75 位大型客户提供超过 400 种车型的电池管理系统。钜威动力共取得各项专利百余项,服务知名整车企业、电池企业、储能客户、高等院校等重要客户 100 多家,累计交付项目 1 000 多个。

南京创源天地动力科技有限公司,成立于 2015 年,致力于通过先进的电池技术,生产安全、优质、高效、环保的锂离子电池包及管理系统,与新能源汽车、新能源汽车充电站以及电网储能系统等形成完美配套,为客户提供优质的新能源电池系统方案。在电动汽车领域,公司已与南京金龙客车制造有限公司等国内众多知名汽车厂商建立了深度合作关系,为全球客户研发、生产纯电动汽车、混合动力汽车的动力电池系统。

2. BMS 产业面临的问题

(1)技术两极分化趋势严重

当前 BMS 在新能源汽车市场的应用呈现出两极分化的趋势,乘用车对 BMS 设计功能和安全性的要求日益严苛,为了提高续航里程造成 BMS 的设计空间不断被挤压,整车对 BMS 的优化设计技术和结构配置的方式要求也越来越高;而商用车 BMS 安全性虽然得到不断的提升,但是对于研发时间和成本的要求更加敏感,加之充裕的整车空间,因此低质低价的竞争环境并未改观,技术水平相对较低。

(2)成本压力日益突出

目前电池系统占整车成本较高,而 BMS 作为电池系统的关键部件之一,降低其成本对降低电池系统成本也很重要。通过器件、平台通用化等技术设计可以降低开发成本,同时规模生产化后可以有效降低成本。由于市场对政府的补贴政策仍然具有很强的依赖性,因此引起新能源汽车市场销量出现的波动对于 BMS 降低成本提出了更高的要求。

(3)BMS 与电池系统融合趋势提升

电池 PACK 具有较强的定制属性,PACK 设计不仅基于整车企业提出的具体需求,在机械机构、热管理、系统接口、IP 等级和安全防护等方面还与 BMS 密切相关,因此,专业 BMS 企业逐渐步入 PACK 设计生产领域,而 PACK 生产企业也逐渐加大了 BMS 技术研发的力度,实现 BMS 与电池系统的高度融合。BMS 逐渐不再单独,而是与电池系统一起作为汽车的关键零部件,所以 BMS + PACK 企业可以凭借自身的技术积累、生产工艺、生产管理、成本控制等优势,开展与整车企业的密切合作,提升市场竞争力。

3. BMS 技术发展趋势

BMS 的高精度管理、高度集成化通用化、智能化发展需求对 BMS 系统性能的三大发展趋势。BMS 技术发展具有以下特点。

(1)系统全方位性能要求不断提高完善:电动汽车大规模应用对车载 BMS 层面的动力锂离子电池状态在线评估提出了更高的要求,达到电池系统全寿命周期、宽工作温度范围内实现荷电状态(SOC)、功率状态(SOP)和健康状态(SOH)的高精度的估算,估计误差绝对值≤3%,单体电池之间的最大温差≤2 ℃,快速充电至 80% 以上 SOC 状态所需时间≤1 h,满足安全性等国标要求和宽温度使用范围要求,并符合 ISO 26262 ASIL—C 功能安全要求及行业标准要求。

(2)新的技术方案不断涌现:无线 BMS 技术 Linear(凌力尔特)与 LION Smart 合作开发首款无线电池管理系统(BMS)概念车,将电池组监视系统及其 SmartMes 无线网格网络产品在 BMW i3 车型上进行了整合,取代了电池组和电池管理系统之间的传统有线连接。无线 BMS 的方案是可以大幅度改善 BMS 的可靠性、减少整个 PACK 成本和重量以及降低配线复杂性。

(3)在线和离线联合核心参数估算成为 BMS 的核心竞争力:逐步提出"广义 BMS"概念,在线 BMS 根据状态模型进行电池状态的实时估算,结合离线历史数据平台,根据电池老化机理进行电池健康状态的准确诊断,修正在线估算模型,实现电池在全生命周期内状态的高精度评估和耐久性管理,最大限度地提升动力电池系统的安全利用效能。

(北京交通大学　姜久春　王占国)

十三、动力电池测试

Chapter 13　Power Battery Test

动力电池测试处于新能源汽车产业链中游,是动力电池研发、生产及应用的重要组成部分。新能源汽车技术的发展,使动力电池测试技术日趋完善,但仍然存在测试方法相对单一、各层级测试相对独立的问题。2017 年,得益于新能源汽车市场的蓬勃发展和国家政策支持,动力电池测试技术在产业发展需求和技术创新需求的双重动力下,针对动力电池发展的关键问题,在测试技术的广度和深度上都呈现较好的发展形势。

1. 动力电池测试技术总体进展及特点

2017 年是新能源汽车持续发展的一年,我国新能源汽车全年累计总销量 77.7 万辆,同比增长 53%。2017 年也是动力电池市场竞争激烈、逐步整合的一年。电池生产企业为了保持市场竞争力,进一步提高产品的能量密度、降低成本,由此衍生出了大量电池性能和安全性的国标测试需求和研发测试需求。政策方面,2017 年国家颁布了《促进汽车动力电池产业发展行动方案》《外商投资产业指导目录》等 7 项动力电池相关政策,并针对退役动力电池逐年增加的现状,发布了《车用动力电池回收利用拆解规范》等 4 项回收利用国家标准(表 1 - 14),这些政策和标准的颁布对动力电池测试技术提出了新的要求。动力电池测试技术基于市场和政策需求以及自身发展需要,聚焦新能源汽车产业共性问题,2017 年在全生命周期测试技术、实车工况测试技术和安全性量化评价技术等方面取得了重要技术突破。

表 1 - 14　2017 年国家发布了 4 项动力电池回收利用相关标准

序　号	标 准 号	标准名称	实施日期
1	GB/T 33598—2017	《车用动力电池回收利用 拆解规范》	2017 - 12 - 1
2	GB/T 34013—2017	《电动汽车用动力蓄电池产品规格尺寸》	2018 - 2 - 1
3	GB/T 34014—2017	《汽车动力蓄电池编码规则》	2018 - 2 - 1
4	GB/T 34015—2017	《车用动力电池回收利用 余能检测》	2018 - 2 - 1

2. 国内动力电池测试的主要技术突破点

(1)初步建立动力电池全生命周期监控和测评体系

目前动力电池回收利用溯源管理平台已建立,4 项国标的发布和溯源平台的建立有利于改变动力电池回收和梯次利用的无序状态,促进动力电池标准化生产,对新能源汽车整个产业链的发展具有重要意义。回收体系的建立也有利于动力电池的测试评价技术从新电池向电池的全生命周期扩展,实现动力电池从生产、使用、维修、更换、回收、梯次利用到完全报废全过程的性能监控,并基于数据统计分析,建立多相关性的动力电池全生命周期测评方法。全生命周期测评体系的建立能够为动力电池产业链的有序发展,尤其是对产业链后端的梯次利用和回收利用的有效推行提供明确的参数指标,降低动力电池的生产成本。

(2)基于实车应用工况的动力电池测试技术

随着动力电池产业的快速发展,现行国标中对于动力电池性能和安全性的测试工况已逐渐不能适应当前技术发展的需求。因此,基于实车应用工况的动力电池测试技术是 2017 年的重点研究方向。在动力电池系统寿命测试方面,通过采集电动汽车的典型实车工况,将其解析为动力电池系统的充放电工况,并在此基础上开展动力电池系统的加速老化评价方法研究。目前相关成果尚未形成测试标准,需要进一步的数据收集。安全性测试评价方面,通过采集实车测试数据并进行参数标准化,获得基于实车使用工况的动力电池系统机械安全性测试评价方法。2017 年重点针对动力电池系统机械冲击、模拟碰撞和振动等测试项目进行了典型实车工况研究。在机械冲击与模拟碰撞测试方面,通过采集车辆碰撞试验中车辆和电池包的加速度参数,分析电动汽车的特殊结构对碰撞过程安全性能的影响,并精确测定电池包在车辆碰撞过程中的冲击加速度载荷。在振动测试方面,由于电池系统配套车型的不同以及系统在车上的安装位置不同,单项标准已无法覆盖所有车型的振动强度。中国汽车技术研究中心有限公司联合各大车企对多个车型的实际振动路谱进行采集,通过分析不同车型的振动强度,制定更加符合实际工况的振动曲线,该项成果已形成了振动相关新的测试标准,将在 2018 年公开征求意见。

(3)动力电池安全性能量化评价技术

对于动力电池的安全性能,现有标准具备机械安全性、环境安全性和电安全性的测试方法,但缺乏具体的量化评价指标。随着动力电池产业的发展,在与国际接轨的大形势下,需要制定能够对动力电池安全性能进行量化和评级的标准体系。针对这一需求,中国汽车技术研究中心有限公司开展了动力电池热-电化学耦合特性测试评价体系研究,针对动力电池的安全风险等级(主要包括针刺、加热和过充安全性)和安全阈值边界动态(绝热环境下的热失控关键温度)的变化规律进行系统研究。结合建模和仿真的分析,研究动力电池安全性的定性定量评价方法。目前已经取得了动力电池单体针刺、加热和过充安全性评级的相关成果,下一步会继续针对动力电池的安全阈值边界进行深入研究,改变国内动力电池安全评价方法相对单一、相互独立的现状,并实现从单体到系统的安全量化评价。

(4)热失控及热扩散测试评价方法走在世界前列

动力电池最容易发生事故的是单体热失控以及热失控之后向整个系统的扩展,该问题受到国内国际的广泛关注。我国作为世界车辆法规协调论坛(WP29)框架下 EVS 工作组的副主席国家,长期积极参与电动汽车安全全球技术法规(EVS-GTR)的制定,并组建专家组共同研究所涉及的技术问题、开展试验验证工作。中国汽车技术研究中心有限公司作为 EVS-GTR 热扩散小组组长单位,对动力电池热失控和热扩散的测试技术进行了深入的研究。在动力电池系统是否通过热失控及热扩散测试的判定指标上,建立了详细的评价体系,判定指标包括加热、针刺、过充电等不同诱因是否能触发热失控、触发热失控后是否发生热扩展、发生热扩展后的危害判定以及从热失控报警到电池起火的时间等。目前,由中国牵头制定的电动汽车安全全球技术法规已获得表决通过,我国热失控及热扩散测试评价的工作是全球领先的。

3. 动力电池测试需要解决的技术难点

(1)动力电池单体关键材料的测试评价技术

当前动力电池的测试评价方法中,最小测试单元是电池单体。采用的测试方法均是对电池样品进行电信号、机械信号和环境信号的激励,通过测试样品的响应情况,判断其是否达到指标要求。然而当前测试技术对于电池内部关键材料,如电极、隔膜、电解液等在各项测试中的演变无从得知。为了探究动力电池性能和安全性能演变的关键因素,为动力电池工艺升级、测评技术发展和标准制定提供更为准确的数据支撑,需要将动力电池测试评价方法拓展到电极和材料层级,发展一系列多层级的无损分析和失效分析方法。

(2)动力电池单体一致性测试技术

动力电池系统由成百上千个电池单体通过串并联的方式组成,成组后单体之间的一致性差异会引发一系列性能和安全性问题。动力电池能够通过初期分选来降低由于制造工艺带来的静态一致性差异,而使用过程中由于电池过充过放、温度差异等原因导致的单体动态一致性差异会随着电池老化而逐渐放大,严重影响电池性能和安全性。解决这一问题需要通过电池系统内单体温度分布、能量效率、功率状态的测试,分析电池的 SOC 范围、电流阈值等参数,提出电均衡和优化热管理等方法来缓解电池的动态一致性差异,并优化整车控制策略。

(3)电池管理系统评价技术

电池管理系统作为整个动力电池系统的核心监控单元,其性能和功能表现直接影响动力电池系统的技术水平。目前我国对于电池管理系统安全评价方法和功能评价方法还不完善,需要针对动力电池管理系统高精度、高效率和高可靠性的需求,以算法误差源为切入点,考虑电池在不同荷电状态、温度状态和老化状态下的性能参数变化规律,形成动力电池管理系统性能和功能的普适性测试及评价方法。

4. 2017 年典型电池测试情况介绍

根据中汽中心 2017 年对 140 余款动力电池系统及其单体能量密度的统计数据,动力电池系统平均能量密度为 116 Wh/kg,单体平均能量密度为 173 Wh/kg;2017 年动力电池平均成组率为 0.67,较之去年的 0.63 有所提升。其中,40 余款磷酸铁锂动力电池系统的平均能量密度为 117 Wh/kg,单体的平均能量密度为 143.9 Wh/kg,成组率 0.81;90 余款三元动力电池系统平均能量密度为 115.4 Wh/kg,单体平均能量密度为 183 Wh/kg,成组率 0.63。三元电池成组率低于磷酸铁锂电池的主要原因是部分产品采用了液冷等提高电池安全性的措施,降低了电池系统的能量密度。在动力电池系统的安全性测试方面,2017 年根据《GB/T 31467.3—2015 电动汽车用锂离子动力蓄电池系统测试规程　第 3 部分　安全性要求与测试方法》的测试结果,2017 年 6 月之前,振动、机械冲击、挤压等机械安全性测试项目,通过率约 75%;在 2017 年 6 月发布了该项标准的第 1 号修改单后,振动和挤压两项测试通过率显著提高。温度冲击、海水浸泡、盐雾等环境安全性测试项目,通过率为约 85%;过温保护、短路保护等功能安全类测试项目,通过率为约 95%。

总体来看,2017 年我国动力电池制造技术水平提升显著,电池单体和系统的能量密度都有所增加,电池生产工艺较往年有很大改善;动力电池系统成组效率提升,系统安全水平大幅度提高。从动力电池测试对象来看,三元电池在纯电动乘用车领域占大多数;磷酸铁锂电池虽然测试样品较去年减少,但其系统设计趋于标准化和规格化,能够在纯电动客车领域广泛普及。随着动力电池技术研发的深入,动力电池单体和系统成本逐年下降。

5. 未来几年动力电池测试技术的发展趋势

我国新能源汽车已进入大规模应用的关键时期,新能源汽车若想在市场竞争中与燃油车抗衡,还需进一步提升里程成本的性价比,而动力电池性能的提升离不开测试技术的发展。《节能与新能源汽车产业发展规划(2012—2020 年)》中明确了"建立相关行业共享测试平台,建设国家级整车及零部件研究试验基地"等工作。目前我国动力电池测评方法相对单一,无法完全满足动力电池多尺度、多维度、多工况的测试评价需要。未来几年内,针对新能源汽车大规模应用对动力电池高水平测试评价技术的迫切需求,需要建立具备国际先进水平的动力电池综合测试评价平台,并基于标准化测试方法和量化指标建立各层级产品数据库。通过共性问题的技术突破,在行业的共同努力下,构建完善的动力电池测试评价体系,推动新能源汽车产业技术升级。

(中国汽车技术研究中心有限公司　王　芳　马天翼)

十四、动力电池生产装备

Chapter 14　Power Battery Production Equipment

1. 2017 年动力电池生产装备产业与技术总体情况

我国新能源汽车发展迅猛,已成为推动我国汽车工业持续发展的中坚力量。随着新能源汽车产品不断丰富以及续航里程等关键技术水平不断提升,同时伴随着充电桩等基础设施建设的明显改善,新能源汽车将继续保持迅猛增势。

动力电池系统(Pack)作为新能源汽车的心脏,其生产线设计和制造(Pack)水平的高低决定了新能源汽车的发展。目前,国际动力电池企业在工厂自动化、智能化、数字化、高效化等方面的优势越发对国内企业形成挤压态势。德国、美国和日本等发达国家Pack生产线自动化率较高、产能较大,具有较高的生成制造水平,但面对市场供应上仍略显捉襟见肘;我国Pack生产线,基本是采用"半自动+手动"方式,导致一次性合格率不足70%,自动化率低、产能不足,其生产制造技术水平尚不成熟,根本无法满足国内动力电池系统未来爆发式增长需求,并将严重制约我国电动汽车的发展。

新能源汽车动力电池系统(Pack)主要由不同类型的模组(Module)构成,而不同类型的模组(Module)均是由同一种类的锂离子动力电池(Cell)构成。此外,新能源汽车动力电池系统智能装配工艺流程涵盖了软包、硬包、圆柱电池的共性装配工艺,且其装配工艺受Pack设计的影响很大,在抽取出共性特征的基础上,将新能源汽车动力电池系统智能装配一般工艺流程概括为4个部分:电芯处理、模组组装、汇流排焊接、动力电池系统组装,如图1-19所示。其中,第一项电芯处理包括电芯上线、外观检测、电参数检测、清洁和标识读取,该阶段需确保锂离子动力电池表面平整光洁,其电压、内阻均在误差允许范围内;第二项模组组装阶段主要包括基本单元装配、模组堆垛、模组固定和极性检测,此阶段各道工序的节拍控制尤为关键;第三项汇流排焊接,主要由汇流排安装、焊接和焊接质量检测三道主要工序组成,对于焊接设备的精度、效率以及可靠性要求比较严格;第四项动力电池系统组装,主要包括下壳体上线、模组安装、控制单元、成品下线以及功能检测等工序,这一阶段主要以人工工序为主。

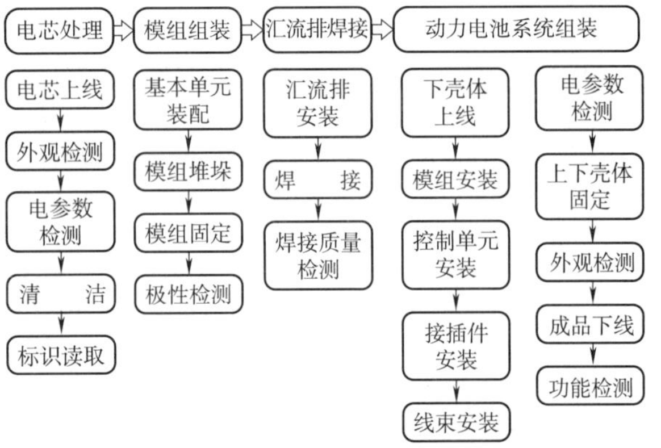

图1-19 动力电池系统装配工艺流程

另外,如图1-20所示,锂离子动力电池的生产工艺过程主要分为3个阶段:极片制作、电芯制作、电池组装。其中,第一项极片制作是制造锂离子动力电池的基础工艺,该阶段由涂覆、极片分切等工序构成,对于精度、效率以及一致性标准的要求比较严格;第二项,电芯作为锂离子动力电池的单元,其生产制作以卷绕或者叠片工艺为主,卷绕工艺生产效率较高,产品一致性较强,而叠片工艺可实现锂离子动力电池内部电阻最小化,此外外壳焊接、注入电解液对设备的精度、智能化水平以及可靠性的要求非常高;第三项电池组装环节分为电池化成、电池分选、电池组装几个工序,作为动力电池系统(Pack)的构成单元,锂离子动力电池(Cell)的一致性、安全性、可靠性等要求较高。

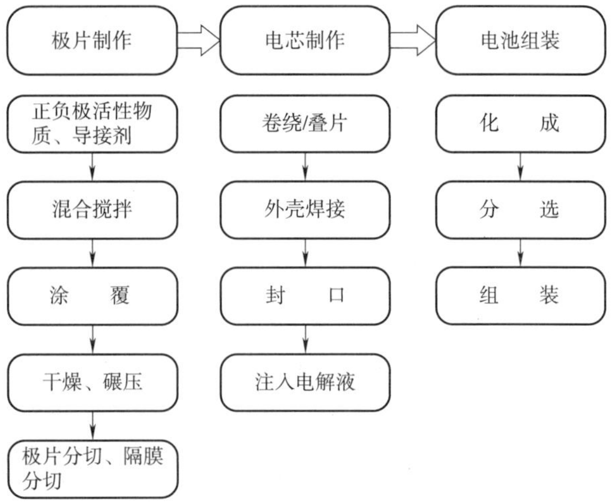

图1-20 锂离子动力电池主要工艺

2. 2017年动力电池生产装备技术发展特点

(1)2017年动力电池生产装备技术发展特点

动力电池组系统(Pack)是将众多单个的电芯通过串、并联的方式连接起来的电池组,综合了动力和热管理等电池硬件系统。Pack是动力电池系统生产、设计应用的关键,是连接上游电芯生产和下游整车的应用核心环节。动力电池系统(Pack)制造工艺相对明确清晰,核心设备为激光焊接机以及各类检测设备。

作为动力电池系统(Pack)的基本构成单元,锂电子动力电池(Cell)的制造装备根据其自身制造工艺大体分为三类。在极片制作工艺阶段,以涂布装备为代表,这些智能化高精密度装备的应用,有利于实现电池能量存储性能和电池使用期限方面的突破;在电芯制作工艺阶段,中型、大型尺寸的卷绕机、叠片机、焊接机、注液机等,这些装备的自动化水平的提高有利于帮助锂离子动力电池产业突破发展瓶颈;在动力电池组装阶段,为了保证产品的一致性,配置智能化测试装备显得非常重要。

(2)2017年动力电池生产装备实现的主要技术突破点

① 动力电池系统(Pack)焊接装备。动力电池系统(Pack)焊接质量关系到动力电池系统的性能,在动力电池组的生产过程中,作为实现动力电池电芯串并联的一道关键工序,汇流排与动力电池模组的焊接质量好坏,直接决定作为电动汽车供电电源的Pack的品质稳定性,因此,应在焊接过程中杜绝过焊和虚焊的发生,新能源汽车对动力电池系统(Pack)的焊接质量提出了较高的要求。以大族激光为代表的激光加工设备生产厂商,在新能源汽车动力电池系统制造领域,已经实现诸多方面的技术突破,目前领先的模组通用单工位激光焊接设备,能够以"穿透焊"的方式焊接5 mm以内厚度的铝片(可焊接铜片、镍片、钢片等材料),同时,其设备的焊接轨迹可设定,如可实现W形、S形、螺旋形轨迹等。其中,轴定位精度≤±0.02 mm;重复定位精度:≤±0.02 mm;单个工作台对12个电芯的模组的生产节拍能达122 s,产品一致性很好情况下,采用4点拍照定位方法,加工效率可提高到88 s以内。这些高端焊接设备均可以自动生成各项数据并

进行本地保存,并对接 MES 系统。

② 锂离子动力电池(Cell)极片涂布装备。锂离子动力电池(Cell)的生产工艺的全部工序中,极片的浆料涂布工艺及装备是极为关键的部分。首先,由于极片浆料的黏度远远高于普通的涂布液,而且该工艺浆料的标准量也非常大,根本无法以常规的方法实现均匀涂布,因此以该浆料的流动机理为依据,综合其流变特征以及涂布要求,通过多种方案进行试验,证实挤压涂布技术相对适合。挤压涂布技术是一种相对比较先进的工艺,适用于黏度较高的流体涂布,而且形成的涂层的精度也相对比较高。宁德时代新能源科技股份有限公司的智能制造新模式应用项目——“锂离子动力电池数字化车间”,其生产工艺和智能化程度达到国际先进水平。其次,锂离子动力电池涂布设备,通过对涂布挤压头出口速度分布和涂层厚度精确模拟仿真,创新性地采用了衣架式变截面积流道设计,研制出高速双面涂布机,涂布质量波动率小于 0.5%,厚度误差小于 1 μm,涂布速度达到 80 m/min,产品一致性和生产效率大幅提升。

3. 目前亟需解决的技术难点及解决方案

互联网络:实现动力电池制造数字化车间分层通信模型,组件化的工控协议分析及检测系统,实现智能制造的安全可控。

流程协同:销售、设计与生产流程的快速衔接,变更流程彻底执行,减少非有效工作时间,以缩短产品设计技术准备、生产采购周期,以减少错误,提高产品质量。

数据协同:设计过程中充分考虑成本和库存、设计数据准确无误传递,以降低企业成本,提供有竞争力的产品。

信息系统协同:避免信息孤立,减少信息化系统重复投资,以提高企业运作能力。

工艺协同:研发工艺和制造工艺的无缝连接;产品的质量可以很好控制。

4. 典型案例

目前,中国科学院沈阳自动化研究所基于对工业 4.0 理念的理解,面向生产车间的全方位数字化,提出基于语义化信息的工业互联网架构,以对控制网络进行重新构架,从实时精准感知、全互联制造网络、语义化信息集成和服务化制造应用 4 个层次,提升动力电池系统生产的智能化制造水平。

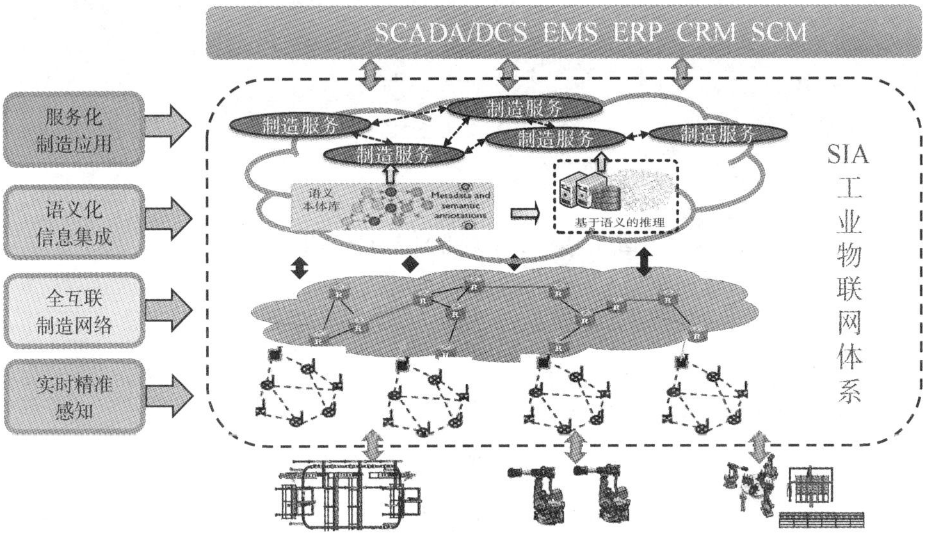

图 1-21 以工业互联网为核心的车间通信网络

(1)实时精准感知:搭建 WIA-FA 高效实时网络

为更好地满足控制要求,将综合应用现场总线技术和 WIA-FA 技术,实现传感器、控制器、执行器的互联通信。

WIA-FA 是面向离散加工,传感器、控制器、执行器之间互联通信的高速无线网络技术,在 802.11 物理层基础上,实现频域轮询、动态信道调度、聚合 Ack 技术,使得百点规模并发数据传输时延低于 10 ms,可靠性 99.99% 以上。2014 年 9 月 26 日,IEC/TC65 投票通过,作为 IEC 可公开提供的技术规范发布,也是国际上第一个面向工厂自动化应用的无线网络技术规范。应用 WIA-FA,可以以较低的投资和使用成本实现对工业全流程的“泛在感知”,解决了工厂环境下遍布的各种大型器械、金属管道等对无线信号的反射、散射造成的多径效应,提供能够满足工业应用需求的高可靠、实时无线通信服务。

(2)全互联制造网络:软件定义网络技术应用

全互联制造网络指基于 Internet 的 TCP/IP 架构,实现对工厂管理网络、控制网络、传感网络进行全面互联,并与 Internet 集成,实现无缝信息传输。同时实现工厂全覆盖,管理和控制业务混流传输,并提供安全可靠保障的组网与传输技术。

在以 Internet 为核心搭建全互联制造网络时,一个必要的技术手段是采用软件定义网络(Software Defined Network, SDN),即将控制功能从网络节点中分离出来,以可编程的方式控制流量,构建动态、开放、可控的网络环境。同时,利用虚拟化技术,让试验网络与生产网络在物理链路上并存,最终实现无缝过渡。

图 1－22　电压/电流/压力/扭矩等传感器和无线接近开关

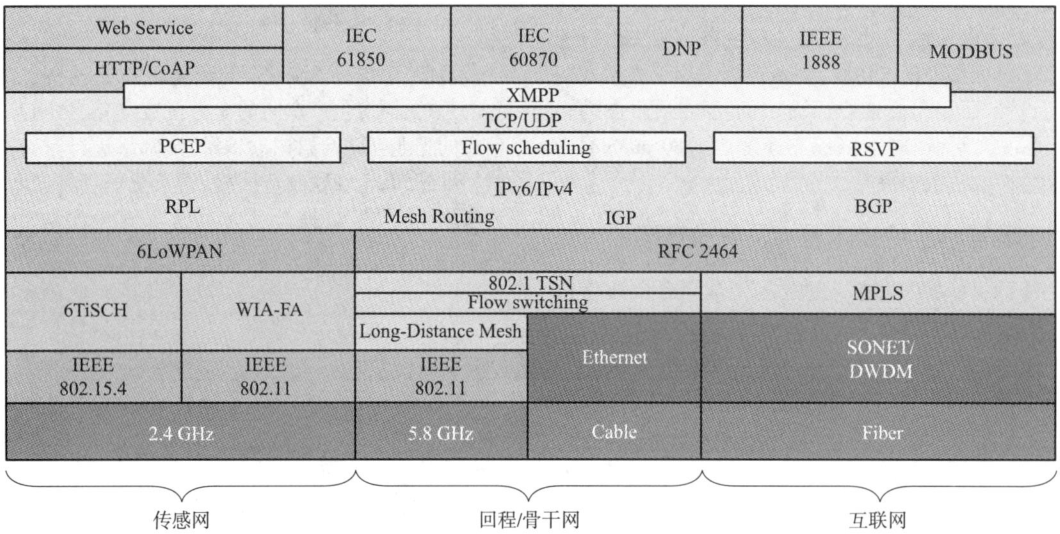

图 1－23　互联制造网络标准体系

(3)语义化信息集成：基于 OPC UA 规范的统一数据交换模式

OPC 统一架构(OPC UA)是 OPC 基金会提供的用于工业自动化数据交换的规范。OPC UA 是新一代的基于语义和面向服务架构(SOA)的 OPC 规范，它通过 Web 服务或者优化的基于 TCP 的方式提供数据。OPC UA 提供一致的、集成的地址空间和服务模型，如图 1－24 所示，与传统 OPC 仅提供数据相比，由于其信息建模能力，OPC UA 可提供更有效的展示数据语义的可能性。

现场设备层的现场数据、设备信息、报警信息等通过工业以太网汇总到 OPC UA 服务器，MES 系统通过 OPC UA 客户端访问服务器获取信息并上传到 MES 系统的 OPC UA 服务器，企业资源管理层的 ERP、SCR、CRM 等系统再通过 OPC UA 客户端访问服务器获取相关信息。同样，企业资源管理层的 ERP、SCR、CRM 等系统通过 OPC UA 客户端向 MES 系统的 OPC UA 服务器下达调度指令、工作指令等，MES 系统通过 OPC UA 客户端获取指令，经分析处理后下达给下一级 OPC UA 服务器，服务器通过工业以太网将指令下达给指定的可编程控制器或现场设备。

(4)服务化制造应用：动力电池产品全生命周期管控

产品全生命周期管控一体化平台，基于语义化技术构建统一的本体库，实现信息的语义化描述、存储、组织与集成，

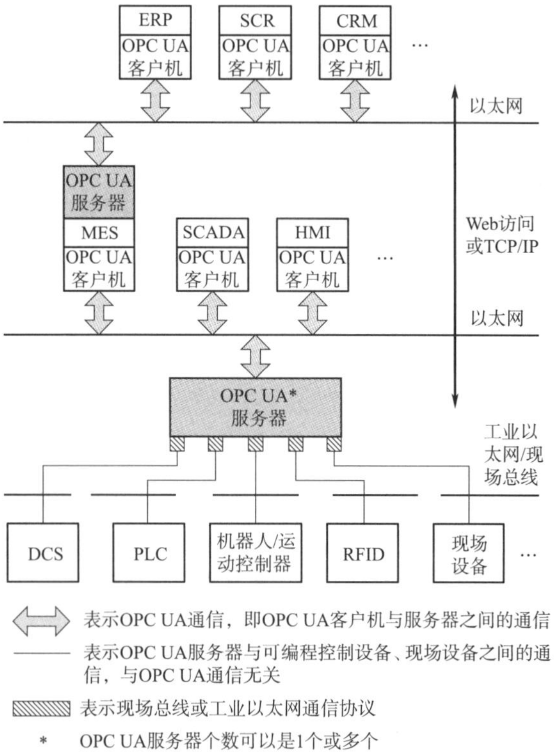

图 1－24　OPC UA 体系架构

使企业 ERP、MES、DCS 等不同信息系统和不同层次之间扁平化集成，提升设计、工程、生产、维护、服务等不同环节间的信息集成效率。

产品全生命周期管控一体化平台是集成统一技术平台、制造协同平台和产品服务管理平台的集团层级软件与数据一体化平台，如图 1－25 所示。平台将采用云数据中心模式，实现企业不同生产基地的协同，并预留接口，未来可将新建的生产基地纳入。产品全生命周期管理系统可以从统一技术平台、制造协同平台和产品服务管理平台中提取相关的信息，从而允许生产线在整个网络上来进行概念设计、产品设计、产品生产、产品维护。该系统从研发部门延伸到企业的各个部门，对于同一份系统中的数据，根据公司的划分标准不同，具有多个生命周期。

5. 动力电池生产装备技术发展趋势

智能制造是制造业发展的必然趋势，也是中国企业实现转型升级的必然选择。在智能装备的生产过程中，能耗更低、用料更少、效率和质量却更高。在这一目标的指引下，基于稳定性的高效率、基于模块化的柔性化和标准化，以及基于网络的高度自动化和信息化都是锂电池生产智能装备的核心特征。

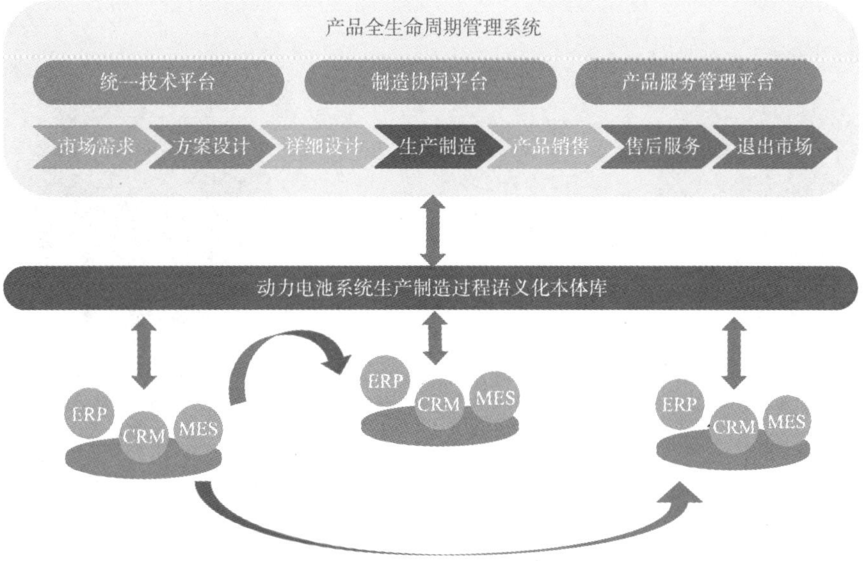

图 1－25 全生命周期管控平台总体架构

目前，国内客户对于动力电池市场需求、技术需求要求不高，加之由于政策、地域、资金、技术路线等方面的问题，在电芯以及动力电池系统装配制造装备、系统集成、电池设计、制造流程、单位能耗等方面均与国际范围内的动力电池制造巨头有非常大的差距。如果当下阶段不能有效地提升自身的电池“智造”水平，下一步又将面临技术和市场双双落后的局面。因此，动力电池系统智能化生产装备技术的提升对于国内动力电池行业的发展有着非常重要的意义。

未来，动力电池系统制造过程将包含动力电池系统自动化装配与验证平台、高效率动力电池系统产品测试与实验平台、智能化物流与仓储平台、智能检测与质控等各类功能，并会融合智能物流、无纸化订单处理、多维度信息集成、自判断/自纠错自动化设备系统等设计思路，加以应用 WIA-FA、OPC-UA 和 SDN 技术构建工业互联网，实现控制网络与管理信息网络的互联互通，而这些先进的设计思路十分符合当下工业 4.0 时代下工厂的技术要求，实现动力电池系统的高节拍、高可靠、高柔性混流生产。

此外，解决方案不拘泥于现有的管理方式和思路，应该引入业界最佳实践与解决方案，充分尊重顾问公司行业经验，实现流程型制造企业从资源计划管理到生产制造各方面的全涵盖，通过与研发系统的集成，打通企业研发、经营管理和生产制造的信息流，打破各种信息孤岛，真正实现数据共享、信息共享。通过实施数字化制造系统的实施，定能真正建立起智能制造体系，为锂电池行业的传统制造模式转化，走向智能制造探索出一条有益的路径与解决方案。

（中国科学院沈阳自动化研究所　石　刚　刘晓松）

十五、电池回收与梯次利用

Chapter 15 Battery Recovery and Echelon Utilization

2017 年，退役动力蓄电池回收利用工作进入了规范发展阶段，国家标准 GB/T 33598—2017《车用动力电池回收利用拆解规范》、GB/T 34015—2017《车用动力电池回收利用余能检测》相继得到发布，《车用动力电池回收利用　梯次利用要求》(20150671-T-339)也公开征求了意见,《国家鼓励发展的重大环保技术装备目录(2017 年版)》(工信部、科技部公告 2017 年 61 号)明确了“废旧动力电池自动化拆解成套装备”和“废旧锂离子电池(含镍钴锰)资源循环利用成套装备”的关键技术及主要技术指标。随着动力蓄电池报废规模的逐步增长、回收规则的不断明确、回收渠道的不断规范、回收利用技术不断进步,动力蓄电池的回收、梯次利用和再生利用的规模将逐年扩大。

1. 回收利用市场现状

动力蓄电池回收利用的发展尚处于起步阶段,但并不意味着我国电池回收行业也是新兴产业。3C 电池相对于动力电池包、模组而言体积小、质量轻、电压低,但其每年报废的量比较大,已经形成了比较稳定的回收商业模式。据高工产研锂电研究所(GGII)统计,2017 年中国锂电池回收市场占比和再生产品三元前驱体竞争格局分别如图 1-26、图 1-27 所示。目前,国内规模化的电池回收企业数量少,其中规模较大有邦普、格林美、豪鹏等;大批量利用再生钴、镍等原材料进行三元前驱体生产的企业也比较少,其中邦普已连续多年位居国内再生产品生产三元前驱体规模第一。动力蓄电池包拆解成单体后与 3C 电池无异,依托现有的电池回收利用经验,目前产生的动力蓄电池多由已经形成规模的电池回收利用企业进行资源化处理。

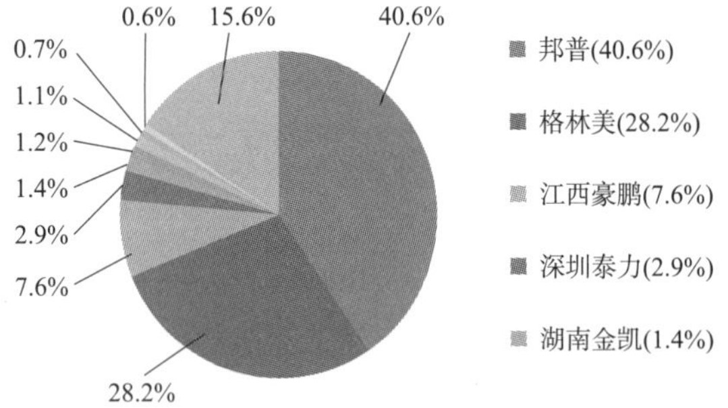

图 1-26 2017 年中国锂电池回收市场占比

注:统计包括数码、动力锂电池、报废极片处理量。

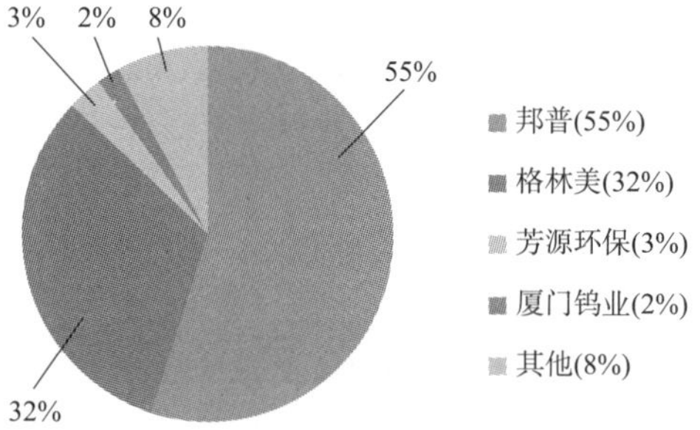

图 1-27 2017 年再生产品三元前驱体企业竞争格局

2. 技术发展特点

(1)梯次利用

退役动力蓄电池的梯次利用需要综合考虑蓄电池的特征、应用场景、信息追溯和效益等内容。梯次利用主体包括蓄电池包、电池模组和蓄电池单体,梯次利用电池流程如图 1-28所示。退役动力蓄电池经检测与评估后,性能符合梯次利用要求的,可直接进行梯次利用,不符合梯次利用要求的蓄电池包和模组可按照 GB/T 33598—2017《车用动力电池回收利用 拆解规范》的要求进行拆解,对其包含的蓄电池继续检测和分类,适合梯次利用的直接进行梯次利用,不适合梯次利用的直接报废进行再生利用;也可将不符合梯次利用要求的蓄电池包、模组和单体直接进行再生利用。退役动力蓄电池的筛选是综合使用工况数据、外观分选结果和充放电性能测试,采用合适的判断、分级方法判定其剩余容量、内阻值、自放电值、SOH 健康状态和老化速度等特征,判定是否可梯次利用。采用合适的成组方法成批次将一致性相近的退役动力蓄电池配对、成组和装配,保证梯次利用电池产品的自放电、倍率性能的一致性,提高使用寿命。

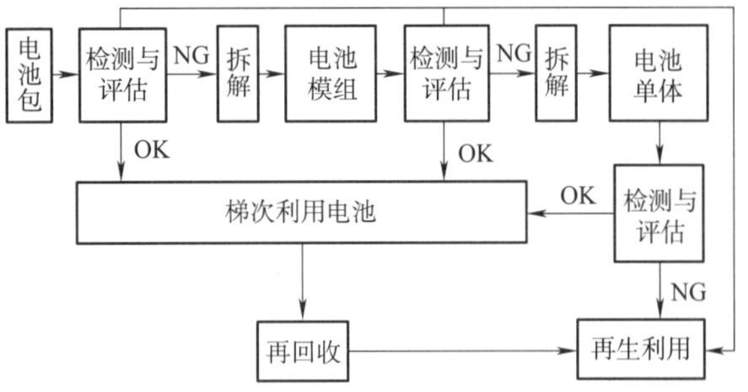

图 1-28 梯次利用流程

退役动力蓄电池已接近寿命终点,多处于临界状态,易产生失效和安全风险;不同蓄电池其使用温度、连接阻抗、震荡程度、过充过放次数等使用工况不同,导致其容量衰减、内阻变化、健康状况等特征各不相同,一致性差异较大。基于此,不同于新品蓄电池的抽样检测,所有梯次利用的退役动力蓄电池均应进行检测、筛选分级,难点在于成批、快速、有效判断是否可以进行梯次利用。

目前退役动力蓄电池梯次利用的应用场景尚属于研究阶段,应用领域的要求是要较大范围的容纳退役动力蓄电池,其使用安全性能要求要适当降低,以提高梯次利用效率。目前主要应用领域有作为储能电源应用于通信基站、电网储能、家庭储能、移动电源、后备电源、应急电源等,作为动力电源可应用于低速电动车、电动自行车、电动叉车等。

退役动力蓄电池梯次利用过程还涉及对蓄电池的编码追溯和回收,提高企业关于编码追溯技术和梯次利用过程信息管理技术,是保证退役动力蓄电池梯次利用合规性的必要措施。

(2)再生利用

退役动力蓄电池的再生利用,是将废旧蓄电池产品进行彻底放电、拆解、破碎、分选得到电池材料,将其中的正极材料进行冶炼、提纯等处理,回收蓄电池中的镍、钴、锰、锂等有价金属,实现金属资源的回收和有害废物的处理,是退役动力蓄电池的最终处置。在退役动力蓄电池的收集、贮存、拆解和回收过程中,废气的产生及废渣、废酸、废碱的随意排放，都很容易造成环境污染。

目前成熟的动力蓄电池再生利用方法是采用物理法与化学法相结合回收方法，首先采用自动化拆解装备将蓄电池包和模组拆解成单体，蓄电池单体经放电、拆解、热处理、破碎分选得到正极材料；正极材料采用化学试剂将其中的金属离子浸出，然后通过沉淀、萃取、盐析等方法得到三元前驱体材料，将前驱体材料进行合成得到电池级三元材料。《国家鼓励发展的重大环保技术装备目录（2017 年版）》（工信部、科技部公告 2017 年 61 号）中“废旧电池（含镍钴锰）资源循环利用成套装备”要求设备处理量大于 3×10^4 t/年，其中铜箔、铝箔、石墨、正极活性物破碎分选识别率应超过 98.43%；粉碎正极活性物颗粒粒径不大于 80 目；铝、铜、铁回收纯度不小于 95%，镍钴锰三金属元素综合回收率不小于 98.58%，镍钴锰三元素不分离直接合成的镍钴锰氢氧化物［$Ni_{1/3}Co_{1/3}Mn_{1/3}$］$(OH)_2$ 符合 GB/T 26300—2010《镍、钴、锰三元素复合氢氧化物》要求；氨氮循环利用率不小于 99%，排出的废水中氨氮最大含量不小于 3.2 mg/L。

随着动力电池行业需求的持续增长，国内正极材料市场需求也将持续增加，将废旧动力蓄电池中有价金属进行再生利用，扩大回收利用效率，使有价金属资源在电池产业中实现循环，是规避原生矿产短缺及价格波动风险，实现经济可持续发展的有效途径。

3. 存在的问题

（1）梯次利用

① 可行的梯次应用场景不明确。目前应用场景的可行性尚在研究阶段，主要以替换铅酸电池和能量密度低的锂离子电池。前期应用的动力蓄电池本身性能和设计未考虑梯次利用，电池尺寸、规格、容量等差异大；使用过程中蓄电池运行工况缺少数据记录，无法初步判断电芯存在的差异，一致性初步判断缺乏依据；现阶段退役的动力蓄电池数量不多，且分散进入各企业进行研究，导致难以形成规模效应；工信部等部委印发的《促进汽车动力电池产业发展行动方案》（工信部联装〔2017〕29 号）规划“到 2020 年，新型锂离子动力电池成本降至 1 元/Wh 以下”，新品动力蓄电池价格下行压力大，不满足装车要求的新品蓄电池压缩了梯级利用电池应用空间，这些不利因素使可行的梯次利用应用场景难以明确。

② 梯次利用技术尚不成熟。不同电池生产厂家、行驶工况、电池类型的退役动力蓄电池，其分类方法、电池健康评价、寿命预测、一致性检测、电池系统配备等尚存在多种难题，且尚未解决预测梯级利用电池使用寿命、评判梯级利用电池质量等共性难题；而现阶段退役的动力蓄电池型号、批次、种类差异大，梯次利用单位研究样本有限，不足形成可梯次利用的规模化、市场化产品技术，这些技术难题不仅阻碍了梯次利用的商业运行，也使梯次利用产品缺乏可靠的评价标准。

③ 回收利用经济性差。退役动力蓄电池的价值属性被过分放大，安全环保属性却被选择性忽视，准入要求也不明确，主要的退役动力蓄电池（锂离子动力蓄电池和镍氢动力蓄电池）均属于危险货物，收集、包装、运输和储存成本高；目前退役动力蓄电池多以模块和单体形式梯次利用，需要进行拆解和重新配置蓄电池管理系统，梯次利用产品报废后需要再回收和处置，生产、回收和处置成本高；蓄电池的材料、结构、安全状态千差万别，再生利用处理装备、技术、人员要求各不相同，需要再生利用企业在安全、环保和处置工艺上进行大量投入；而电池生产、汽车生产、废旧物资回收、化工生产等各类行业巨头纷纷偏离主业进入退役动力蓄电池回收利用行业，导致所有参与者均回收不到足够多的退役动力蓄电池电池来分摊网络运行和投资运行成本。

（2）再生利用

① 拆解和环保成本居高不下。拆解过程不仅有利于回收动力蓄电池中的金属材料，还有利于减少再生利用过程中的杂质成分，提高材料回收利用率；拆解过程还可以将含有 300～1 000 V 高压的蓄电池包转变为只含有几伏的蓄电池单体，再生利用过程安全性大大提高，因此退役动力蓄电池再生利用需要将其从蓄电池包拆解成模组直至成蓄电池单体。早期生产的动力蓄电池包，为了保证其安全性，大部分采用不可拆解结构，增加了回收利用拆解过程难度；再生利用的蓄电池是寿命终结的动力蓄电池，多出现形变或遭遇其他类型的极限情况，不能进行自动化拆解的概率较高；各整车企业设计的车身结构和动力蓄电池安装位置差异较大，导致动力蓄电池包结构差异较大，不适用全自动机械化和自动化拆解，人工参与程度相对较高，成本也随之增加。退役动力蓄电池的回收利用过程，不仅只是回收其中含有的有价金属和可再回收物资，还是处理其含有低价有害材料的过程，为了保证各项指标达标排放，合规的再生利用企业需要投入大量资金购买和运营环保设备，造成环保投入居高不下。

② 过程复杂，退役数量不足以支撑生产连续运转。废旧动力锂电池回收处理的整个过程包括放电、拆解、破碎、分选、除杂、元素合成等几十个复杂步骤，涉及物理、化学、材料、工程等多个交叉学科，技术复杂冗长，生产建设投入巨大。官方预测到 2020 年，动力蓄电池退役累计量将超过 20 万 t，而仅邦普一家年处理能力就达 12 万 t，动力蓄电池退役数量和来源不足以支撑再生利用企业连续运转，导致研发和生产投资成本无法得到有效分摊，投资回报周期较长。

③ 兼容性差，回收技术投产经济性不明朗。不同类型的动力蓄电池，其回收工艺、设备要求和特征污染物均存在差异，导致研究和投入存在不确定性，各回收工艺只能对特定种类的蓄电池才能达到理想的效果。随着对电动汽车用动力蓄电池的比能量、寿命、安全性和成本要求的不断提高，电池材料不断更新换代，后端再生利用企业需要不断进行技术创新和投入新的生产线以适应新投入的动力蓄电池，回收技术兼容性差，导致企业回收技术投产后的经济性存在较大不确定性。

4. 建议措施

（1）梯次利用企业未实现市场化应用前，应谨慎推行

梯次利用只是将退役动力蓄电池进行分选、检测、重组等多种工序处理后进行再销售和使用，是一种再利用，以电池的形态再次流入市场并未实现动力蓄电池的最终处置，其安全环保隐患依然存在；梯次利用是动力蓄电池全生命周期

中的一个可选环节，非必要环节，其产生的价值和产生的成本、安全环保风险应通过市场检验，因此在未探索出技术和经济都可行的商业模式前，应谨慎推行，确保退役动力蓄电池的安全环保风险得到最终消除。

（2）促成企业间合作，加大梯次利用共性技术研究和梯次利用电池产品监管力度

充分发挥电池溯源系统的作用，促成梯次利用企业与电动汽车、动力电池生产企业间的合作，落实动力蓄电池可梯次利用设计和工况信息互联互通，使梯次利用企业全面掌握动力蓄电池的来源、产品结构、拆卸拆解、使用状况、报废状态等信息，方便集中同型号、批次、种类蓄电池梯次利用，提高筛选、分组效率；加大扶持攻关共性关键技术，加快制定梯次利用行业标准，提升梯次利用电池产品质量。

（3）加强共性技术和兼容性强的再生利用技术开发支持力度，提高回收效率

政府有关部门应以现有规模化企业为实践载体，以电池回收行业中的骨干企业为依托，从资金、政策、智力资源等方面支持建立科研院所共同参与的动力电池循环利用国家工程研究中心，着力解决动力蓄电池回收利用过程中动力蓄电池自动化和机械化拆解、兼容性强且短程的再生利用技术、开发通用性的回收利用装备等瓶颈问题，推动关键共性技术、前沿引领技术、现代工程技术和颠覆性技术创新，多维度、多层面引导整个行业的可持续发展。

（4）加强安全环保监管，扶持专业化、符合国家各项政策和标准的综合利用企业

充分利用已有资源；鼓励发展再生利用和梯级利用一体化的综合利用企业，减少中间环节、避免恶性竞争，实现资源、网络共享、促成逆向回收体系建设，减少废旧动力电池梯级利用和再生利用间的转移成本和沟通成本，加速形成成熟的回收体系和回收模式；推动落实退役动力蓄电池回收利用的废旧物资资源化利用和保护环境的公益性质，形成规模效益，保证回收利用规范化，增强综合利用企业的抗风险能力，使其有能力承担起其社会责任并引领废旧动力电池回收利用行业健康发展。

（湖南邦普汽车循环有限公司　余海军　王保森
广东邦普循环科技有限公司　谢英豪　欧彦楠）

十六、车用燃料电池

Chapter 16　Vehicle Fuel Cell

2017 年可称作是中国燃料电池汽车商业化的元年，随着上汽集团大通 FCV80 燃料电池汽车开始正式销售，标志着中国燃料电池汽车正式进入了商业化初级阶段。在国家及各级地方政府新能源汽车政策引导与激励下，燃料电池电动汽车及相关技术进入了一个新的发展阶段，燃料电池汽车及加氢站的数量得到明显增长，从事燃料电池企业不断增多，燃料电池技术更注重高耐久性及低成本的有利于市场接受的发展方向。总结 2017 年车用燃料电池进展主要体现在以下几个方面。

1. 中国燃料电池汽车正式开始商业化

2017 年 11 月，上汽大通 FCV80 燃料电池汽车宣布开始正式商业化销售，如图 1－29 所示，补贴后每辆车的价格是 30 万元。该车在氢燃料电池系统为主、动力电池为辅的双动力源推动下，综合工况续航里程达到 305 km（纯氢 260 km、纯电 45 km）。其燃料电池采用的是新源动力提供的 Hy－Mod－36 型燃料电池模块，额定功率 36 kW，可在－20 ℃保存，－10 ℃启动。该车，已经在上海、新宾等地投入示范运行。此外，上汽乘用车方面，在继荣威 750 后，开发出荣威 950 燃料电池轿车，并开始在上海汽车城等地进行示范，该车采用新源动力的 Hy-Mod-50 燃料电池模块，输出功率达到 42～50 kW，可实现－20 ℃启动。

图 1－29　上汽大通 FCV80 燃料电池汽车

2. 燃料电池技术得到逐步提升

2017 年国内车用燃料电池取得了明显的进步，主要表现在以下几个方面。

（1）燃料电池关键材料与部件

催化剂方面，上海交通大学章俊良团队突破高活性、高耐久性、低铂合金催化剂批量化合成关键技术，实现 80 g/批次，氧还原性能达到国际先进水平，并在膜电极中进行应用，铂用量小于 0.3 g/cm^2。膜电极方面，大连化学物理研究所研究制备了 Pd/C@ Ptskin 纳米纤维电极，展现了低铂电极有潜力的发展方向。此外，国内质子交换膜技术也得到了显著进展，东岳公司国产复合膜技术已准备批量生产。

在材料与零部件方面，还存在供应链短缺问题，膜电极等没有建立批量生产能力，空压机、氢循环泵、70 MPa 氢瓶等关键部件供应商不足；建议建立国际商品化材料与部件的数据库，制定测试标准，把自主开发的材料与国际先进水平对标，促进国内材料与零部件的研发。

（2）燃料电池堆性能、耐久性提高

新源动力股份有限公司是国内燃料电池研发旗舰式企业，经过近 20 年的积累，他们所开发的 HYMOD®-300 型车用燃料电池电堆模块，如图 1－30 所示。采用高稳定性、高性能的“膜基催化层膜电极设计”和高可靠性的“复合双极板结构”，经寿命测试和整车应用验证，突破了车用燃料电池 5 000 h 的耐久性难

关,成为我国首例自主研发的超越 5 000 h 耐久性的燃料电池产品。目前已经成功应用于荣威 750 燃料电池轿车,以及我国首款商业化的上汽大通 FCV80 燃料电池汽车。

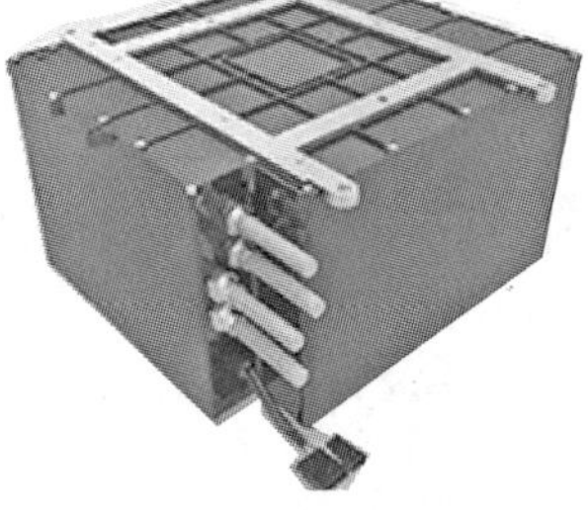

图 1－30　新源动力燃料电池 HYMOD®-300 模块

大连化学物理研究所是国内具有 50 年研发历史的研究所,他们在原有电堆技术及长期知识产权积累的基础上,开发出新一代金属双极板燃料电池,如图 1－31 所示,优化了金属双极板表面改性技术方案,进一步提高金属双极板的导电、耐腐蚀性。设计、制备、操作三方面出发进行调控,保证电堆在运行过程中保持均一性,单堆额定输出 50 kW,电堆体积比功率达到3.0 kW/L。电堆进行了工程化设计,考虑防水、防尘、耐振动等多种因素,可以满足车用燃料电池工况需求。

图 1－31　大连化物所新一代金属极板燃料电池堆

(3)燃料电池发动机技术不断完善

2017 年燃料电池发动机技术取得了很大的进步,集成度不断提高,产品性能日益完善,朝着更实用化方向发展,代表性的企业有重塑、亿华通等,如图 1－32 所示。

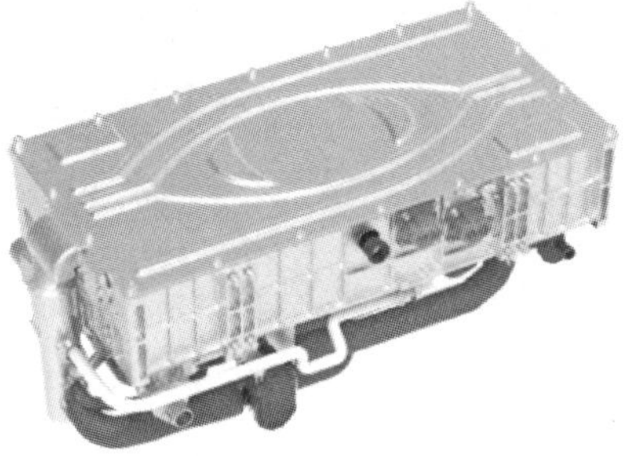

(a) 重塑燃料电池系统

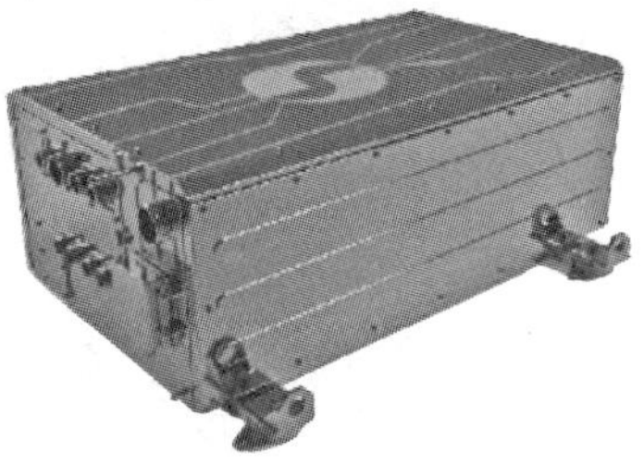

(b) 亿华通燃料电池系统

图 1－32　国内燃料电池系统产品

① 重塑燃料电池发动机。重塑能源科技公司在广东云浮建成中国首条燃料电池系统生产线,2017 年 6 月投入使用,一期形成年产 5 000 套产能,扩产后产能 20 000 套/年。目前公司的主要产品有 Caven 3、Caven 4、Caven 7 等 3 个系列的产品,额定功率分别为 30 kW、42 kW 和 70 kW。该公司已完成 12 款样车的开发,其中包括 9 款燃料电池客车车型、2 款燃料电池物流车车型和 1 款燃料电池乘用车,累计向市场提供 550 套燃料电池系统。

② 亿华通燃料电池发动机。亿华通公司主要产品为 YHT30 与 YHT60 2 款燃料电池发动机,额定功率分别为 30 kW和 60 kW。燃料电池系统采用低功率、低噪音、低压鼓风机,实现高度集成化、模块化、轻量化;能快速、无条件、无损伤启停及远程监控与故障诊断。可为 8～10 m 城市公交车、8～9 m 团体客车、8 t 以下城市物流车、乘用车提供燃料电池发动机,目前产品已经在福田、宇通、申龙、中通、金旅等车上得到应用。另外,亿华通控股的上海神力公司自主开发的 C290-30 燃料电池模块通过国家强制检测认证,其低温/高温储存通过国家最新标准要求,在不增湿条件下,电堆功率密度实现 2.0 kW/L。除此之外,国内今年还涌现出数十家能够生产燃料电池发动机的企业,包括泰罗斯、爱德曼、新研、氢璞创能等。

3. 燃料电池批量生产线逐步建立

市场可接受度很大程度决定于燃料电池成本,材料与部件的批量生产是降低成本的有效途径之一。随着市场预期的不断扩大,国内燃料电池开发商逐步开始重视建立燃料电池批量生产线。

云浮国鸿氢能采用引进技术,联合投资引进加拿大巴拉德公司的 9SSL 电堆生产线技术,在燃料电池生产设备和技术转让、工程服务等投入达 4 亿元人民币,建成年产 2 万台套电堆生产线(图 1－33)和 5 000 台动力系统的生产能力,2017 年 7 月完成生产线建设和正式投产运行。该生产线是目前全国乃至全球最大的燃料电池电堆及系统集成生产线。

安徽明天氢能科技股份有限公司采用大连化物所第二代金属双极板电堆,联合国内领先的自动化装备公司、设计院,合力打造国内国际一流的自动化、连续化生产工厂(图 1－34)。工厂一期设计产能为万台级,2018 年 9 月投入使用,届时会大幅降低燃料电池电堆及系统的生产成本,加速推进氢能与燃料电池的商业化进程,如图 1－34 所示。

(a)　　(b)

图 1－33　广东国鸿公司燃料电池电堆生产线

图 1－34　安徽明天氢能源公司电堆生产线

此外，潍柴动力、雄韬股份、雪人股份等国内大型企业也都在积极规划燃料电池相关产业；此外，国内汽车企业如宇通、上汽、一汽、东风、广汽、长安、长城、安凯、长江等也都在布局燃料电池上下游产品的开发，旨在推动与健全燃料电池全产业链建设。

4. 燃料电池示范规模不断扩大

2017 年燃料电池汽车示范规模有所扩大，主要有以下几个代表性的示范项目。

上海汽车集团股份有限公司与上海化学工业区签署了“上海化学工业区与上汽集团战略合作框架协议”。签约双方利用双方优势资源，结合上海市燃料电池汽车产业发展规划，共同推进燃料电池汽车产品的商业化运营合作模式，将上海化学工业区打造成氢能示范基地，并开展各类燃料电池汽车示范运行，(图 1－35)首批投入上海化工区示范运营的燃料电池汽车大约 20 台，2018 年示范运营的车辆将达到 400 辆的规模。

福田欧辉氢燃料电池客车在产品不断完善基础上，以 2022 年北京冬奥会为契机，与张家口市签订了 49 辆 10.5 m 氢燃料电池城市客车订单，目前 49 辆福田欧辉氢燃料电池客车(图 1－36)已陆续在张家口市上线运营，将加速完善张

图 1－35　燃料电池汽车上海化工园区示范

家口市的氢能生态圈构建，助力提升 2022 年绿色冬奥、科技冬奥的国际形象。

图 1－36　福田欧辉燃料电池汽车助力 2022 年冬奥会

上汽大通在辽宁新宾县启动了 FCV80 燃料电池轻型客车营运车辆试点项目，首批 40 辆 FCV80 燃料电池车已经到位(图 1－37)，未来拟购置燃料电池客运和物流车辆 300 辆。此外，国内还有一些燃料电池汽车示范项目在规划中。

宇通的第三代燃料电池客车正在进行实际道路测试，截至目前，已累计运行了约 80 000 km，系统稳定运行已超过 2 000 h。日前，宇通公司又发布了一款 10.5 m 氢燃料电池客车 ZK6105FCEVG1 型新品(F10)，(图 1－38)该车配置了 50 kW 和60 kW 两种燃料电池系统，客户可根据需求进行选择。车辆加氢时间小于 10 min，续驶里程超过 500 km，并且在可靠性和环境适应性方面进行了全面升级，可满足我国大部分地区环境使用需求。

图 1－37 上汽大通 FCV80 燃料电池汽车

图 1－38 宇通 ZK6105FCEVG1 型(F10)燃料电池客车

5. 国内加氢站建设增速

随着燃料电池汽车示范与应用的不断深入，国内加氢站建设明显增速。目前，已建、在建的加氢站数量超过 40 座。2017 年佛山的瑞晖加氢站正式投入运营，该站是由南海区政府和企业共同投资 1 550 万元建成，加氢压力 35 MPa，日加注能力为 350 kg。

加氢站方面值得关注的是神华、中石化、中石油等能源公司也积极投入到加氢站建设行列。神华如皋加氢站项目占地 3. 87 亩，计划安装 2 台氢气压缩机，可达每小时 1 100 标方，日加氢能力达到 1 000 kg，未来将构建以点带线的氢走廊，形成东西南北中产业战略布局。中石化云浮加油加氢站启动，氢气储存量为 1 000 kg，项目总投资约为3 300万元，2018 年 6 月投入运营。油-氢混合站依靠已有加油站基础上进行建设，是目前比较好的加氢站建设方式，可与有效地节约土地成本，利用已有加油站销售网络。目前中石化已经完成近 10 个油-氢混建的地址选择计划。

各级地方政府也在加氢站建设方面给予极大的支持。2017 年 9 月，上海首个氢能源基础设施投资建设运营平台成立，计划在 3～5 年内建成“环上海加氢站走廊”，2017—2020 年，建设加氢站 5～10 座。此外，苏州市政府也出台了氢能产业发展规划，到 2020 年建成加氢站近 10 座；武汉计划在 2018 年在东湖高新区建成首座示范加氢站，未来 3 年内在湖北省、武汉市将建设 21 座加氢站。

6. 待解决的关键技术问题

尽管燃料电池在国内展现出良好的发展势头，但在未来燃料电池汽车商业化推进过程中，还要解决如下问题：

(1)加速实现关键材料与部件的批量生产

国内的催化剂、复合膜、碳纸等从技术水平上已经达到或超过国外商业化产品，急需产业界投入建立批量生产线，实现国产化。需尽快实现燃料电池关键材料与部件的批量生产，建立健全燃料电池的产业链，这是实现商业化的必要条件。

(2)进一步提高燃料电池电堆和系统可靠性和耐久性

燃料电池系统的寿命不完全是由电堆决定的，还依赖与系统的配套，包括燃料供给、氧化剂供给、水热管理和电控等，要进一步开发控制电堆衰减的实用方法，大幅度提高电堆与电池系统的可靠性与耐久性。此外，促进开发氢侧循环泵、MEA 在线水监测等措施，可以有效地改善阳极水管理，提高燃料电池耐久性。

(3)进一步提高燃料电池综合性能

开发长寿命的薄金属双极板，大幅度提高燃料电池堆的重量比功率与体积比功率；开发三维流场和有一定憎水能力的有序化的纳米薄层电极，大幅度降低电池的铂用量和提高电池的工作电流密度，进而大幅度降低电堆成本。

(4)解决氢的制备、储运和加氢站的建设问题

我国最大的优势是副产氢比较多，如氯碱工业、炼焦工业、甲醇生产和合成氨工业的施放气等有大量的副产氢。此外可利用可再生能源的弃水、弃风、弃光等电解水制氢也是解决氢源问题的重要组成部分。加氢站方面，尽管国家有补贴政策，但成本还是比较高，近期，可以根据燃料电池商用车或轨道交通车区域或固定线路运行的特点，建立区域性加氢站，满足示范运行需求。

(5)重视燃料电池汽车安全性

氢气在封闭空间的安全性要引起足够重视，要尽快完善燃料电池汽车运行、停放等场所的安全法规标准。氢在封闭空间，它比汽油车危险，在车库等相对封闭空间要加氢气传感器及强制通风装置来保证安全性；但在开放空间，氢气很轻，扩散很快，安全性比汽油车高得多，在敞开空间是比较安全的。

(中国科学院大连化学物理研究所 衣宝廉 侯 明)

十七、车用驱动电机

Chapter 17 Vehicle Driving Motor

1. 2017 年车用驱动电机产业与技术总体情况

2017 年，我国新能源汽车继续保持快速增长势头。根据中汽协统计数据，我国 2017 年新能源汽车总体销量达到 77. 7 万辆，占我国 2017 年汽车销售总量 2. 67%，占全球新能源汽车市场超过 50%，我国已经成为最大的新能源汽车消费市场。

我国驱动电机产业伴随新能源汽车产业同步快速发展，从2017年我国新能源汽车主要配套供应商分布看，国内自主驱动电机依然占据绝对份额。

从中汽协统计数据看，2017年新能源汽车公告中驱动电机和电机控制器生产企业仍分别保持了200余家的规模，前20位生产企业的驱动电机和电机控制器产品占总量的比例分别达到74.2%和75.3%，较2016年略有下降。我国以比亚迪、北汽新能源、宇通客车、长安新能源等整车企业为代表，通过自主建设、合资合作等途径，整车自主驱动电机研发与制造能力快速增长；上海电驱动、联合电子、精进电动、深圳汇川、安徽巨一自动化、上海大郡、南车株洲所、蓝海华腾和上海华域等依然是我国独立的电机供应商中的主导企业；方正电机、山东德阳、杭州杰能、永康斯科诺、珠海英博尔、杭州德沃士等在小型纯电动汽车领域的配套份额依然保持快速增长；苏州绿控、南京越博等商用车动力总成企业自主驱动电机发展迅速，在市场崭露头角；同时，国外多个变速器企业与动力总成企业加快在华合作步伐，如麦格纳与华域汽车合资成立电机公司、安川电机与奇瑞汽车成立电驱动公司等，合资企业纷纷加快新能源汽车驱动电机产业布局。我国驱动电机总体发展多样化，行业发展持续升温。

在新能源汽车驱动电机方面，高速、高密度、低振动噪声、低成本是重点发展方向，扁导线绕组工艺成为提升转矩和功率密度以及效率的主要手段，是面向2020年量产电机的工艺路线重点方向之一。2017年，我国驱动电机在功率密度、系统集成度、电机最高效率和转速、绕组制造工艺、冷却散热技术等方面持续进步，与国外先进水平并驾齐驱；低含量稀土材料开始样机研制和探索。同时，我国驱动电机研究开始延伸至振动噪声和材料层面，进一步提升驱动电机的设计精度、工艺制造水平以及产品质量。

在电机控制器方面，IGBT芯片双面焊接与模块双面冷却技术、电力电子集成技术是不断提升电机控制器集成度、功率密度和效率的主要技术发展方向。2017年我国自主开发出了车用IGBT芯片、双面冷却IGBT模块封装和高功率密度电机控制器，样机水平接近国外同类产品；碳化硅器件、高温封装与焊接、全碳化硅控制器已经开始全面布局研发。我国在电机驱动系统符合ISO 26262功能安全标准设计与认证、电驱动系统与整车的全工况匹配技术逐步普及。

在电驱动总成方面，机电耦合与电力电子集成、电力电子封装集成是电驱动总成明确的发展方向。2017年我国自主研制的应用于乘用车的电驱动一体化总成开发成功并应用于国内多个新能源乘用车进行试验验证；同时上汽、科力远、比亚迪等开发了多款高性能机电耦合动力总成产品并实现量产。

2. 2017年车用驱动电机技术发展特点

(1)2017年国内车用驱动电机主要技术指标进展及主要技术突破点

① 我国驱动电机主要技术指标进展及技术突破。

在高密度驱动电机方面，我国主要电机研制企业如上海电驱动、精进电动等开发出功率密度达到3.8~4.6 kW/kg的样机和产品，最高转速达13 000~14 000 r/min，并实现了电驱动一体化集成，电机冷却方式涵盖水冷和油冷多种类型，技术指标达到国际先进水平，见表1-15。

表1-15 我国典型驱动电机与国外同类产品对比

生产企业	上海电驱动	精进电动	美国通用Bolt	德国宝马i3
电机图片				
峰值功率(kW)	120	130	130	125
最高转速(r/min)	12 800	13 200	8 810	12 800
峰值转矩(Nm)	300	315	360	250
峰值效率(%)	97%	97%	97%	97%
功率密度(kW/kg)	3.82	4.56	4.60	3.80
冷却方式	水冷	油冷	水冷	水冷

a. 在驱动电机精确设计方面，上海大学提出了基于电磁材料多域服役特性的车用电机多域多层面正向设计方法，综合电磁、机、热、流体、声多域仿真与验证，解决电磁材料宽温变和应变等服役特性的非线性问题。上海大学联合国内硅钢企业系统性开展了铁芯应力—磁特性研究，挖掘出硅钢材料加工、装配与运行过程中的温度和应力导致材料本身性能改变的规律；中国科学院电工所应用非晶合金和硅钢片混合材料、分瓣式定子结构和黏接工艺，研制出非晶电机样机，样机最高效率达到96.2%，连续功率密度达1.2 kW/kg。

b. 在电机绕组技术方面，华域汽车、精进电动等在国内较早地开展了扁导线绕组工艺探索和实践。同时，精进电动开发出转矩密度达到20.3 Nm/kg的商用车直驱电机，北京佩特来应用扁导线技术开发了3 500 Nm外转子直驱电机，我国商用车电机技术水平达到国际先进水平。

② 我国电机控制器技术指标进展及技术突破。

结合我国"十三五"科技部重点研发计划新能源汽车重大专项实施，2016年和2017年分别设立了电力电子专项项目，上海电驱动、上海大郡、中车时代电气、深圳汇川等均推出了基于IGBT定制化封装模块和标准模块的电机控制器样机，我国高密度电机控制器技术水平迅速追赶国际先进水平。在高密度电机控制器 IGBT 器件关键封装工艺方面，上海电驱动联合上海道之，采用芯片双面焊接工艺和电力电子功率组件的直焊互连工艺，研制出高密度电机控制器，匹配峰值功率 80 kW 电机的功率密度达到 18 kW/L；中车时代电气采用自主 IGBT 芯片、双面焊接与双面冷却技术、自主驱动芯片和电力电子集成封装技术，开发出 600 A/750 V 双面散热模块及组件产品，基于双核 MCU（微处理器）芯片开发出功率密度达到 20 kW/L 的电机控制器；上海大郡联合上海道之采用双面水冷结构，输入功率达到 260 kW，电机控制器功率密度达到 21.7 kW/L，双电机控制器与博世双控制器相比较，功率密度指标相当。

我国典型高密度电机控制器样机与国外先进水平对比见表 1－16。

表 1－16　2017 年国内典型电机控制器与国外对比

对比项目	Bosch 电机控制器	苏州汇川电机控制器	电驱动电机控制器	大郡双电机控制器
电机控制器图片				
功率比体积（kW/L）	24.0	14.0	20.0	21.7
功率比重量（kW/kg）	21.5	12.0	18.0	19.0
功率器件	IGBT	IGBT	IGBT	IGBT
直流电压	300～480 V	300～420 V	300～480 V	300～480 V
器件电流（A）	800 A	800 A	800 A	800 A
器件封装	定制	标准模块	定制	定制

a. 在碳化硅器件及控制器开发方面，中科院微电子所研制的 1 200 V/100 A SiC SBD（肖特基势垒二极管）器件的正向电流密度为 247 A/cm^2（VF＝1.6 V），与 Cree 第五代 CPW5-1200-Z050B 产品 208 A/cm^2 相比具有优势；中车时代电气股份有限公司研制出 750 V/150 A、1 200 V/50 A、1 200 V/200 A SiC SBD 芯片和 1 200 V/30 A 平面栅 SiC MOS 芯片，并基于自主的 SiC SBD 和 Si IGBT 芯片，开发750 V/600 A、1 200 V/500 A ～800 A SiC 混合模块；中科院电工所采用 P3/HP1 封装形式、复合功能膜电容器和高密度控制板，在 600 Vdc 供电条件下，适配峰值功率 85 kW 驱动电机，功率密度达 33 kW/L，开关频率达到 20 kHz 以上，国内首次完成样机开发，达到国际先进水平。

b. 在功能安全 ISO 26262 方面，基于英飞凌 TC275 芯片平台，深圳汇川在国内电机控制器领域首先通过功能安全认证；上海电驱动基于飞思卡尔 MPC5744、上海大郡/精进电动基于 TC275 均启动了功能安全设计与认证项目，正在进行功能流程和产品认证。

③ 我国电驱动总成技术指标进展及技术突破。

a. 在纯电驱动一体化总成方面，上海电驱动、中车时代、深圳汇川、上海大郡等均开发了集成电机、控制器和减速器的一体化总成，总成峰值功率 120～150 kW，总成输出转矩 2 800～3 200 Nm，总成输出转速 1 200～1 500 r/min。

b. 在高速减速器方面，我国如重庆青山、株洲欧格瑞等已开发出了最高转速12 000 r/min的高速减速器，并实现了与国内驱动电机、电机控制器的一体化集成；上汽变速器开发了最高转速达到 16 000 r/min 高速减速器，为博世进行配套；我国高速减速器（大于 12 000 r/min）技术和产品快速追赶国外先进水平。

c. 在电驱动变速器总成方面，上汽捷能、科力远、精进电动均推出了可应用新能源乘用车和商用车的机电耦合动力总成产品，并实现了量产。

（2）目前亟需解决的技术难点及解决方案

对比国外同类产品，我国当前亟需解决的技术难点主要包括以下几个方面。

① 我国驱动电机在功率密度、转速、效率等关键技术指标与国外相当，在扁导线制造工艺方面有一定积累，驱动电机发展以不断提高材料利用率、不断提升电机与整车工况效率匹配以及提升电机品质和降低成本为主要方向，同时需要加大关注低重稀土永磁材料、耐电晕耐高温绝缘材料、高强度高热导耐高温绝缘骨架、直接油冷电机材料的兼容性、高导磁低损耗材料替代应用问题。

② 在电机控制器方面，技术方向是更高功率密度和更高效率，双面焊接与单面/双面冷却是电机控制器主流封装工艺技术；我国如上海道之、中车时代电动等在 IGBT 功率模块封装、控制器系统级工程化集成能力提升很快，2018 年有望量产。电力电子晶圆和芯片以及相关集成电路等方面材料、技术和工艺、产品有待加强。

③ 在 SiC 芯片和模块方面，高温高可靠性封装技术是碳化硅模块封装的主流，全碳化硅控制器具有高温、高效和高频优势，国外已经在加快 SiC 器件在汽车中的应用，我国浙江大学、中电集团 55 所、中车时代电动、中科院上海微系统所等从 2018 年开始将逐步加快应用探索及验证，碳化硅器件的产品开发及产业化应用亟待快速推进。

④ 电驱动一体化总成是乘用车领域一个明确的产品发展方向，我国起步与国外基本同步，我国有多个企业推出了电驱动总成产品，上海汽车变速器研发了 16 000 r/min 高速减速器样机，我国需要加快自主高速减速器及其轴承、齿轮等配套关键零部件开发，并强化电机和减速器的深度集成。

3. 2017 年典型电驱动系统技术分析

(1)高密度电机控制器

实现系统级电力电子封装集成技术是实现电机控制器功率密度的关键,功率部件连接是核心工艺。在电力电子功率部件连接工艺方面,依托国家重点研发计划专项,上海电驱动牵头攻关并完成了功率部件直焊互连集成设计与焊接工艺验证,实现了膜电容器端子与 IGBT 模块直流端子、IGBT 模块交流端子与三相铜排的直接键合与集成,确保高温、振动等复杂环境条件下的电机控制器的可靠性,提升了电机控制器功率密度水平。基于直焊互连工艺技术,采用双面焊接单面散热 IGBT 功率模块,上海电驱动牵头研制了功率密度达到 18 kW/L 的 80 kW 逆变器样机,集成水平与 Bosch、大陆等国外同类控制器产品相当。

双面焊接双面冷却 IGBT 模块集成的关键是适合双面散热器结构。由上海大郡牵头,联合上海鹰峰电子合作研制了高效双面散热器,在此基础上研制了组合式水冷智能功率模组(CLIPM)。该模组采用双面水冷结构与 Building Block 结构,IGBT 模块扩展十分灵活;铜排采用焊接工艺,可靠性及生产效率大幅提高。基于组合式水冷智能功率模组技术,上海大郡牵头开发了双电机控制器样机,完成了 IGBT 并联均流的测试验证,采用双电机控制器输入功率达到 260 kW,电机控制器功率密度达到 21.7 kW/L,与 Bosch 双电机控制器产品的集成水平相当。

(2)高功率密度与高转矩密度驱动电机

我国基于机、电、热、磁、声的永磁同步电机多领域集成设计优化技术,通过建立永磁电机三维有限元模型,优化冷却介质流动状态以及与散热面的相对速度提高散热系数;建立电机转子的三维结构有限元模型,进行高速转子动力学分析,评估最高转速和高线速度的安全性。精进电动、上海电驱动、上海华域、中车时代等均研制出高密度驱动电机,其中精进电动依托国家重点研发计划专项开发出了应用于乘用车的 128 kW、12 000 r/min 驱动电机并实现了装车应用,电机峰值功率密度达到 4.0 kW/kg,额定功率密度达到 2.5 kW/kg,峰值效率达到 96%;同时精进电动研制出商用车 2 880 Nm、198 kW 直驱电机,峰值转矩密度达到 20.2 Nm/kg,额定转矩密度达到 11.95 Nm/kg,电机最高效率达到 96%,在我国新能源汽车获得应用。

(3)“三合一”电驱动总成

在应用于乘用车的电驱动一体化总成方面,上海电驱动、中车时代、上海大郡、精进电动、深圳汇川等先后开发了集驱动电机、电机控制器和高速减速器的“三合一”电驱动总成,总成峰值功率涵盖 120 ~ 150 kW,驱动电机输出转矩 270 ~ 320 Nm,减速器速比达到 10 ~ 12,电驱动总成输出转矩 2 800 ~ 3 500 Nm,总成输出转速 1 200 ~ 1 500 r/min。我国三合一电驱动总成与国外同类产品如博世、大陆、吉凯恩等相比较,技术水平基本相当;我国如上汽变速器等企业开发出了峰值转速达到 16 000 r/min 的高速减速器,但我国高速减速器(14 000 ~ 16 000 r/min)总体上成熟产品相对较少。

4. 未来几年车用驱动电机技术发展趋势

(1)我国驱动电机在功率密度、转速、效率等关键技术指标与国外相当,在扁导线制造工艺方面有一定积累,驱动电机发展以不断提高材料利用率、不断提升电机与整车工况效率匹配以及提升电机品质和降低成本为主要方向,同时需要加大关注低重稀土永磁材料、耐电晕耐高温绝缘材料、高强度高热导耐高温绝缘骨架、直接油冷电机材料的兼容性、高导磁低损耗材料替代应用问题。

(2)在电机控制器方面,技术方向是更高功率密度和更高效率,双面焊接与单面/双面冷却是电机控制器主流封装工艺技术;我国 IGBT 功率模块封装、控制器系统级工程化集成能力提升很快,2018 年有望量产。电力电子晶圆和芯片以及相关集成电路等方面材料、技术和工艺、产品有待加强。在 SiC 芯片和模块方面,高温高可靠性封装技术是碳化硅模块封装的主流,全碳化硅控制器具有高温、高效和高频优势,国外已经在加快 SiC 器件在汽车中的应用,我国从 2018 年开始将逐步加快应用探索及验证。

(3)电驱动一体化总成是乘用车领域一个明确的产品发展方向,我国起步与国外基本同步,我国需要加快自主高速减速器及其轴承、齿轮等配套关键零部件开发,并强化电机和减速器的深度集成。我国电驱动系统产业联盟持续发展,在核心零部件方面推动研发与验证,有望进一步提升我国零部件自主竞争力。

(4)由于我国新能源汽车产业发展较快,行业对驱动电机产业投资力度持续升温,除了在驱动电机、电机控制器方面增加投入外,尤其需要注重关键材料和零部件的国产化能力提升,特别是 IGBT 芯片、MCU、驱动 IC 等方面需要集中投入,政府和整车企业需要鼓励应用国产化的材料和器件的驱动电机系统带载整车进行充分的应用验证,通过在应用中积累经验和数据,不断提升我国核心材料和器件的本土化水平。

(上海电驱动股份有限公司　贡　俊)

十八、车用电机测试

Chapter 18　Vehicle Motor Testing

1. 2017 年车用电机测试技术发展总体情况

2017 年,车用电机测试技术的发展主要体现在以下 6 个方面:

(1)电力测功机技术获得普遍应用,采用基于感应电动机和永磁同步电动机的电力测功机成了整车企业、电机系统零部件开发和生产企业的标准配置,随着驱动电机高速化、小型化发展趋势,最高工作转速超过 15 000 r/min 的高速电力测功机逐步受到重视。

(2)面向车用驱动电机系统生产的自动下线性能检测和质量控制技术逐渐受到重视，自动化的高效检测设备成了车用电机生产企业的强烈需求，利用该项技术，电机下线的终端检测时间可以缩短至15 min左右，提高了生产效率，降低了检测成本。

(3)电机测试技术的网络化管理和云端平台仍旧是建设现代化检测平台的重要需求之一，除了台架系统通信网络化、控制过程数字化、测试过程自动化趋势之外，也体现在多台测试设备的网络化调度、试验安排、大数据分析、数据挖掘等方面。

(4)对车用电机系统的快速可靠性检测和故障诊断技术的研究开始获得重视，整车和电机企业及科研机构进行了试验方案的完善工作，集成于异类传感器信息融合技术的可靠性和故障诊断技术在测试台架和车载检测方面进行了研究。

(5)随着行业对基于碳化硅技术的功率开关器件开发和应用的关注，车用驱动电机系统的高频高效高温控制技术受到重视，高频复杂谐波条件下车用驱动电机系统测试精度的提高成了研究重点。

(6)2015版的车用驱动电机系统国家标准在车辆公告认证体系中普遍应用，驱动电机系统NVH特性测试、电磁兼容特性测试成了研究重点，也成了制约电动汽车及电机零部件产业化水平的重要技术瓶颈之一。

2. 2017年技术发展特点

(1)2017年国内车用电机测试技术总体进展及特点

2017年，电力测功机成了车用驱动电机测试的主流负载设备，其应用不仅局限于高等院校和科研院所，也不仅局限于原理样机的研制开发，而是在汽车整车企业、电机零部件供应商等部门获得普遍应用，广泛应用于车用电机系统产业化过程中的性能测试和下线检测。在技术实施过程中，一方面，采用成本较低的电机对拖形式的电机性能检测方式继续存在，应用规模较大，但是采用专用软硬件结构的电力测功机成了技术发展的方向；另一方面，国产的专用电力测功机凭借较低的价格和较好的服务继续扩大应用市场，但是在试验台架的协同控制和动态响应能力方面还存在一定的技术瓶颈；与此同时，来自国外的专业化测功设备仍旧占领了国内的高端市场，在试验检测过程的可靠性、检测精度和硬件在环仿真方面具有突出优势，其应用逐渐向中小电机企业渗透，有利于提高中小电机企业的技术开发和产品质控水平。

在电机测试台架结构方面，以感应电机和永磁同步电机作为测功机机械负载主体形成了电机测试台架的自动化控制和检测网络，将测功设备、电池模拟设备、传感器、检测分析设备、硬件在环设备、被测电机等形成一个自动化网络化的试验平台，提高了试验检测的自动化程度和试验数据的分析能力。随着驱动电机高速化小型化的发展趋势，最高工作转速在15 000～20 000 r/min范围内的高速电力测功机成了很多单位的选择目标。但是国内测功机生产厂家所能提供的较为成熟的测功产品基本在10 000 r/min之内。

基于驱动电机和控制器的硬件在环系统越来越成为电机测试台架的标准配置，电机测试台架的整车传动结构及负载的建模和实时模拟技术为新型电机和控制技术的开发奠定了技术基础，也促进了整车动力传动系统的开发，有利于整车动力性、经济性、舒适性的前期性能测试和验证，节省了开发成本，缩短了开发时间。面向电机控制策略及软件开发的信号级硬件在环仿真系统在控制策略开发和测试中获得广泛应用，面向电机控制器的功率级硬件在环仿真技术开始受到重视，车用驱动电机产业化规模的扩大需要高效快速的自动化检测设备，一方面，在电机的下线检测过程中需要快速的连接和夹紧装置以增强安装的快速性和可靠性，国内的电机企业进行了大量的夹具研制和开发工作，提高了安装效率；另一方面，在下线检测的快速性和自动化方面，国内企业的研究还非常不足，检测过程自动化水平不够，人工工作量较大，电机下线检测时间偏长，制约了电机高效产业化生产。国内能够提供较高自动化程度的电机下线测功机的供应商还非常少，技术成熟度不够，国内车用电机生产企业从国外引进了部分相关设备以满足车用驱动电机大规模产业化生产的需求。

2017年，除了原有的单个台架测试系统的网络化通信技术、数字化控制技术和自动化测量技术需求之外，对多个平台的网络化管理技术和云端技术成为了平台建设的新需求。电机测试实验室开始基于网络化进行管理，从试验调度、试验安排，到试验数据的分析和数据挖掘等，都实施分级网络化管理，更加注重试验数据的分析和挖掘以促进电机产品性能和可靠性的提高，更加注重云端平台的数据传输和管理，更好地服务于科研、生产制造及质量保障。

除了利用《GB/T18488.1—2015 电动汽车用驱动电机系统　第1部分：技术条件》和《GB/T18488.2—2015 电动汽车用驱动电机系统　第2部分：试验方法》两项国家标准进行试验和产品公告外，电机系统的可靠性耐久性、电磁兼容性、NVH特性仍旧是测试和研究的热点，电机系统可靠性的台架试验和车载试验体系正在逐步建立，但是其评价体系还有待于在大数据分析基础上进一步完善。电磁兼容性、NVH特性的指标体系、限值要求和测试方法正处于分析和试验验证阶段。驱动电机系统电磁兼容特性相关技术标准基本完善，有待于验证、公布和实施。

(2)2017年国内车用电机测试技术实现的主要技术突破点

2017年，以感应电动机或者永磁同步电动机为主体的测功系统的数字化控制和网络化集成开始普及，电机测试平台的网络化管理逐渐增多。在增强单个测功台架自动化水平的同时，多个测试台架的协同管理成了电机测试技术的新需求，依据客户需求进行定制化设计和开发，实现电机测试环境的集成化、网络化管理，实现多个测试平台的协同调度，实现电机测试过程中云端平台的建设和应用，实现电机试验数据的大数据分析和电机系统的性能和功能的技术挖掘，为电机测试技术的发展和测试设备功能的充分发挥提供了新的技术手段。

在电池模拟器方面，国产的大功率电池模拟器具有了与国外产品相当的静态和动态性能，具有更高的性价比，国产的电池模拟器在电机测试台架中的配置越来越普遍。

国内车用电机测试技术不再局限于基于电机和控制器

的台架测试系统，更广泛地结合了车辆动力传动系统和整车动力学建模和实时仿真的硬件在环技术。同时，面向电机控制策略和性能测试的信号级硬件在环技术在研究机构和生产企业获得广泛应用。

（3）目前亟需解决的技术难点及解决方案

一方面是如何提高电机系统下线检测的自动化水平，在机电协同方面增强电机性能检测和标定的效率。现阶段已经开发的若干机械快速连接装置不足以大幅提高生产效率，还需要进一步充分利用自动化技术、计算机技术、控制技术等，增强测试装置的高速数据采集和分析能力，减少自动化试验过程中的人为调整和干涉，同时，在检测过程中，基于异类传感器的信息融合和数据分析，采用电机故障诊断技术，实现对所生产电机性能的评价和故障电机系统的快速筛选。另一方面，车用驱动电机系统的电磁兼容特性、振动噪声特性等方面的试验检测仍旧是行业重点关注的技术内容，但是其测试指标体系、测试方法和参数限值还有待于进一步验证和完善，仍旧需要后续大量试验数据的支持。再者，随着碳化硅技术的发展，高速电机驱动技术成为了更为适宜的发展方向，与之配套的最高工作转速在 15 000 ~ 20 000 r/min 范围内（以至于更高转速）的高速测功机技术是我国需要尽快解决的问题。同时，将硬件在环技术与电机测试台架有机结合，包括车辆动力传动系统的建模和实施模拟技术信号级的电机控制策略开发和性能测试硬件在环技术，以及面向电机控制器的功率级硬件在环技术也是需要重点关注的技术方向。

3. 2017 年典型类别电机的测试情况介绍

2017 年，车用驱动电机系统性能检测认证机构、高等院校、研究院所、整车企业和车用电机制造企业主要对感应电机和永磁同步电机系统进行试验验证和技术对标工作，《GB/T18488.1—2015 电动汽车用驱动电机系统　第 1 部分：技术条件》和《GB/T18488.2—2015 电动汽车用驱动电机系统　第 2 部分：试验方法》两项国家标准在电动汽车产品认证公告体系中使用，由于测试内容的大幅扩充，以及测试严酷程度的提升，导致测试成本和测试时间的增加，但是也增强了对电机系统的可靠性和安全性的保障。

科研机构和高等院校针对不同的电传动结构，积极探索新型试验测试技术，进行车用电机系统的可靠性测试、性能分析和技术改进等开发工作；而整车企业和电机制造企业则面向产业化发展，在车用电机系统的电气安全性、可靠性、耐久性、环境适应性、电磁兼容性、振动噪声等方面加强性能测试和技术对标，同时加强对电机动力传动一体化系统的性能测试技术开发，从而生产制造具有更佳动力性、可靠性、经济性和舒适性的电动汽车产品。

4. 未来几年车用电机测试技术的发展趋势

在未来几年，基于高性能交流电力测功机系统的电机测试平台的数字化控制、自动化测试和网络化集成将更加普遍，利用互联网技术的测试台架也将出现，互联网技术、自动测试技术和数据挖掘技术相结合，将推动测试设备对电机功能的深度开发和充分利用；计算机仿真软件、试验台架和被试电机相结合的程度越来越大，分别依托于电机测试台架、电机控制策略开发和电机控制器的硬件在环仿真和试验测试技术将更为成熟，并成为技术发展的主要方向之一。同时，由于碳化硅新技术在电力电子行业的应用和普及，适用于高温高频高效控制条件下的电机及控制器的高精度测试技术将获得发展。

（北京理工大学　宋　强）

十九、充电基础设施

Chapter 19　Charging Infrastructure

2017 年，中国电动汽车充电基础设施快速发展。据中国电动汽车充电基础设施促进联盟（充电联盟）统计，截至 2017 年 12 月，公共充电桩保有数量 21.4 万个，比 2017 年净增约 7 万个，月均新增约 6 000 个，私人充电桩数量 23.2 万个。公共充电桩和私人充电桩总量超过 44 万个，桩与车仍保持近 1:4 的比例。中国充电基础设施保有量世界第一。

1. 行业动态

（1）政策发布

2016 年 12 月 30 日，国家发改委、住建部、交通运输部、国家能源局发布了《关于统筹加快推进停车场与充电基础设施一体化建设的通知》（发改基础〔2016〕2826 号），以停车充电一体化为重点，加强规划建设、运营管理、标准规范等领域的有效衔接，充分调动社会资本参与投资建设的积极性，大力发展基于“互联网 +”的新产业新业态，营造良好发展环境，推进停车场与充电基础设施协调快速发展。

2017 年 1 月 13 日，国家能源局、国资委、国管局联合发布《关于加快单位内部电动汽车充电基础设施的通知》（国能电力〔2017〕19 号）。文件要求到 2020 年，公共机构新建和既有停车场要规划建设配备充电设施（或预留建设安装条件）比例不低于 10%；中央国家机关及所属在京公共机构比例不低于 30%；在京中央企业比例力争不低于 30%。

（2）地方政府承担推动充电设施发展的主体责任

根据《国务院办公厅关于加快电动汽车充电基础设施建设的指导意见》要求，地方政府负责研究制定充电基础设施发展规划、用地规划、配套政策、充电设施建设运营管理制度等。目前，多地政府出台规划、政策实施细则、相关管理办法和制度，并在体制上加以保障。充电设施建设和运营数量排名前五的北京、广东、上海、江苏和山东等地以开放姿态，积极促进关键共性问题解决，为加快充电设施建设、提高充电运营服务水平提供了重要保障。

在地方层面，长沙市发布了电动汽车充电基础设施规划（2017—2020 年）。到 2020 年，全市共计规划建成充换电站 114 座，充电桩 8.7 万个，满足全市 8.3 万辆电动汽车充电需求。分别推进公交充电桩、出租车专用充电桩、物流与环卫专用充电桩、公共充电桩、用户专用充电桩等协调、有序发展,形成统一开放、竞争有序的充电服务市场。安徽省出台电动汽车充电基础设施建设规划(2017—2020 年),至 2020 年,为满足 20 万辆以上电动汽车充电需求,根据不同应用领域电动汽车配置要求,建成公交车专用充换电站 200 座,环卫、物流等专用车充电站 100 座,城市公共充电站 130 座,分散式公共充电桩 3 万个,公务车与私家车分散式自用充电桩 15 万个,城际快充站 170 座。

(3)信息统计

2017 年 10 月,国家统计局正式将充电基础设施纳入机械工业统计制度,开展全国范围内的充电基础设施信息统计工作。自 2017 年 11 月起,充电设施信息数据已定期向社会公开发布,中国电动汽车充电基础设施促进联盟通过《数据专报》和《联盟简报》方式公开发布电动汽车充电基础设施相关统计数据。

(4)联盟标识管理(认证)体系

为确保互联互通国家标准的顺利实施,提高充电设施软硬件的兼容性,在国家简政放权、加强行业自律的大背景下,在国家能源局的具体指导下,充电联盟组织开展了充电设施认证工作,制定并发布《联盟标识评定管理体系文件》和《联盟标识发放管理办法(试行)》,并于 2017 年 7 月正式启动充电设施标识管理评定工作。目前,在联盟成员和相关机构的积极参与下,已完成首批授权检测、认证机构的遴选、公示、发布,开展首批标识评定产品的遴选,稍后由刘永东副秘书长正式发布获证产品名录。充电联盟秘书处已建立标识发放、管理的信息化管理手段,通过国家信息平台对标识评定工作进行电子化流程管理并严格控制标识发放数量以及做好标识的防伪工作。

2. 充电设施标准体系建设

目前,国内充电标准基本形成体系。从标准层级看,包括国家标准(GB/T)、行业标准(NB/T)、团体标准(T/CEC);从标准体系看,体系由基础、电能补给、建设与运行标准、服务网络等 4 个部分组成,包括传导充电、无线充电、电池更换 3 个充电技术路线,涉及术语、传导充电系统与设备标准、无线充电系统与设备标准、动力电池箱标准、计量、服务网络等 21 个专业领域标准。标准体系规划 144 项,其中,规划国家标准 63 项、行业标准 47 项、团体标准 34 项。

2017 年组建了检测认证标准工作组、无线充电标准工作组、大功率充电技术与标准预研工作组、充电信息安全标准工作组等专业标准工作组。工作组的目的就是聚焦专业领域开展标准化工作,研究各专业领域的具体技术路线及细分标准体系;开展技术交流及标准验证;协助标委会开展相关标准编制;协助对口相关国际标准化工作。

2017 年开展了电动汽车大功率充电技术研发和标准预研工作,编写了《大功率充电接口的可行性分析报告》,启动了大功率充电示范试点工程建设;加快电动汽车无线充电标准化工作,启动了无线充电系统特殊要求、无线充电通信协议及电磁环境限值等 3 项标准的制定工作,启动了中国电动汽车无线充电互操作测试活动。

开展充电互操作测试活动。2017 年是充电接口标准新旧转换的关键一年,为解决新旧标准更替过程中的兼容性问题,开展了第二期电动汽车传导充电系统互操作测试活动,活动于 2016 年 11 月 17 日启动,2017 年 4 月 21 日结束,4 月 26 日在苏州召开了活动总结会,向社会发布了《第二期电动汽车传导充电系统互操作性测试活动总结报告》。有 12 家检测机构对 65 个充电设备和 12 个电动汽车进行了测试。测试结果表明,新标准正逐渐被广大充电设备制造企业、电动汽车制造企业和检测机构掌握,充电互操作能力有了大幅度提高,相比于 2015 年开展的第一期测试活动,第二期测试活动中,实验室单边测试的总体合格率从第一期的 40% 提升到 83. 9%;实车实桩测试合格率从第一期的 83. 9% 提升到了 91. 9%。

国际标准组织取得了新突破。根据中电联标准《电动汽车充换电服务信息交换》(T/CEC 102 系列标准)提出的电动汽车充电漫游标准提案获得 IEC TC 69 批准,并成立充电漫游服务标准工作组(IEC TC69 WG9),充电漫游服务标准工作组将制定充电漫游所需的系列标准。这是充电设施领域第一个成立的由中国提出并担任召集人的技术组织,也是世界上首个电动汽车充电服务领域的标准。2017 年 6 月在北京召开了第一次会议。

3. 充电基础设施建设情况

根据中国电动汽车充电基础设施促进联盟统计,截至 2017 年 12 月,省级行政区域内所拥有的公共类充电桩数量前十的分别为:北京 30 363 个、广东 29 262 个、上海 26 314 个、江苏 22 075 个、山东 17 557 个、安徽 9 909 个、河北 9 875 个、浙江 9 866 个、天津 9 788 个、湖北 6 214 个。截至 2017 年 12 月,联盟内成员整车企业总计上报私人类充电桩231 820 个,交流充电桩 231 807 个,直流充电桩 13 个。截至 2017 年 12 月,各充电服务运营商所运营充电桩数量前十的分别为:特来电 97 559 个,国网公司 42 304 个、星星充电28 521个、普天新能源 14 660 个、上汽安悦 7 025 个、比亚迪 4 640、浙江万马 4 293 个、南方电网 2 118 个、珠海驿联 1 915 个、贝棱斯 1 848 个。

4. 充电基础设施建设运营存在的问题

虽然充电基础设施发展较快,但行业仍然面临着基础不牢固、发展不均衡、规模不充分等问题。一是充电设施平均利用率相对较低,行业盈利能力低,商业模式尚未成熟,有待进一步探索。二是充电设施运营企业在整体产业链中处于弱势地位,车企参与度相对较低,动力电池充电技术升级难以协调。三是充电设施总量虽然较大,但技术水平依然偏低。各类充电设施只能实现单向充电,还难以与电网互动,私人充电设施无法提供智能共享服务。四是充电运营企业众多,手机应用程序较多,运营商平台数据"互联互通"水平有待提升。

5. 促进充电基础设施建设的建议

为促进充电基础设施健康长远发展,应在政策研究、商业模式、技术研发、产品质量、互联互通等方面开展工作。

(1)应进一步落实国家关于充电基础设施建设的各项要求,加强在停车场、单位内部等充电基础设施建设,扩大充电基础设施规模。

(2)应进一步探索充电商业模式,打造充电服务长远健康发展的商业生态,为电动汽车车主提供充电优质服务。

(3)应加强充电技术的研发,高度重视大功率直流传导充电、无线充电等新型充电技术研究以及对充电服务商业模式的影响。

(4)应高度重视充电设施产品质量,提高充电设备在户外应用情况的监管,加强对充电设备的维护,保障充电安全。

(5)应高度重视充电服务的互联互通,与相关充电服务运营商开展充电漫游业务,提高充电设备的利用率。

(中国电力企业联合会标准化管理中心　刘永东)

二十、电动汽车无线充电

Chapter 20　Wireless Charging for Electric Vehicle

1. 电动汽车无线充电系统产业发展现状

当今世界正面临全球性的能源危机与日益严峻的环境保护压力,交通运输领域作为世界经济的命脉,正经受着高能源消耗与高环境污染的双重挑战。针对此问题,世界各国均发布并实施了各自的电动汽车战略。

我国也已经开始新能源汽车的推广和基础充电设施的建设进程。截至 2016 年,我国电动汽车销量同比增长 65% 达到 40.9 万辆,公共类充电机建设同比增长 118% 达到 141 254 个。根据我国对新能源汽车发展的目标,到 2020 年,我国纯电动汽车和插电式混合动力汽车生产能力将达到 200 万辆、累计产销量超过 500 万辆,中国已成为全球最大的电动汽车市场。若充电设施与电动汽车按 1∶2 的比例建设,无线充电技术渗透率为 50%,按安装一套无线充电装置一万元计算,预计 2020 年仅我国无线充电的市场规模将达到百亿规模。此外,据权威机构预测,2017 年全球的无线充电市场将达 73 亿美元,2019 年将突破 100 亿美元,而 2015 年还不足 20 亿美元,4 年复合增速超过 50%。预计随着技术提升及商用突破,无线充电将呈现广阔市场空间。

为了促进电动汽车无线充电系统产业的发展,国家发展改革委、国家能源局于 2016 年 3 月下发的《能源技术革命创新行动计划(2016—2030 年)》中,要求到 2020 年突破电动汽车无线充电技术,以电动汽车无线充电为应用对象,研发高效率、低成本的无线充电系统,实现即停即充,甚至在行驶中实现动态充电。

2. 无线充电系统技术概况

电动汽车无线充电系统主要由功率因数校正电路(PFC)、高频逆变器、耦合机构、无功补偿网络、高频整流桥组成。无线充电系统的结构简图如图 1 – 39 所示。功率因数校正电路将 220 V 的交流市电转变为直流电,并进行功率因数的校正;高频逆变器将直流电转变为高频交流电;耦合机构包括发射端线圈与接收端线圈,用于产生强交变磁场,通过一、二次侧的电磁感应实现能量的无线传输;无功补偿网络补偿了系统中的无功分量,提高了能量传输的效率;高频整流桥将二次侧交流电转变为直流电,并为电池进行供电。

(1)功率因数校正电路

在中国,市电是电压为 220 V/50 Hz 的交流电。作为市电负载的电气产品阻抗特性存在 3 种状况:电容性、电感性和电阻性。其中,电阻性负载消耗有功功率(实际做功的功率),而容性和感性负载则消耗无功功率。为了使电气产品正常工作,作为能量源的市电则需要提供的总功率应为负载消耗的有功功率和无功功率之和。当负载消耗的无功功率越小,市电需提供的总功率也越小,从而市电的利用率就越大。因此,为了实现市电利用率的最大化,在市电和市电负载之间需要增加功率因数校正电路,使得市电的输出负载特性接近纯阻性。单相拓扑的功率因数校正电路主要应用于千瓦级的无线充电系统中,三相拓扑的功率因数校正电路主要应用于大功率的无线充电系统中。

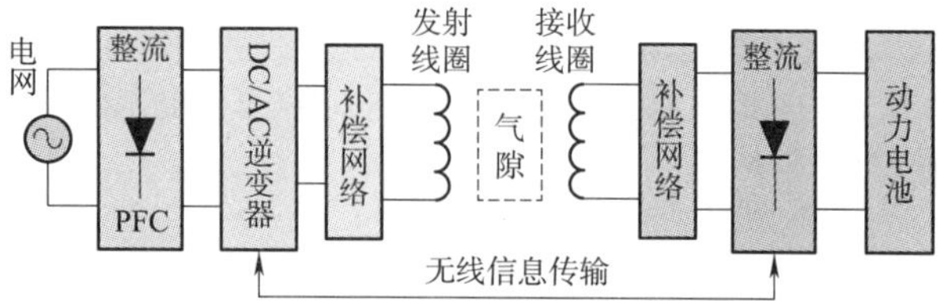

图 1 – 39　无线充电系统结构简图

(2)高频逆变器

高频逆变器是原边电路中的核心部分,其主要作用是把 PFC 电路输出的直流电转换成高频交流电。该高频交流电的波形为方波,幅值与直流电电压幅值相等。逆变器基本结构有推挽型逆变器、半桥逆变器和全桥逆变器。推挽逆变器通常应用与小功率场合;在中大功率应用场合中多采用半桥逆变器和全桥逆变器,其中全桥逆变器以其灵活的控制方式及无需均压电容的优点得到了广泛应用。因此,在电动汽车无线充电系统中,高频逆变器常采用全桥拓扑进行设计。

(3)耦合机构

无线充电系统的耦合机构一般包括两个线圈,发射线圈和接收线圈。发射线圈内的电流产生高频电磁场,其中一部分铰链到接收线圈的高频电磁场由于电磁感应作用在接收线圈内产生感应电流进而提供电能给负载。无线充电系统耦合机构与传统变压器的本质区别,在于原副边耦合性能的差异,耦合系数 k 用来描述两个线圈之间的耦合程度($0 < k < 1$),传统变压器耦合系数通常在 0.95 ~ 0.98 之间,而磁耦合无线能量传输系统的线圈属于松耦合,耦合系数一般在 0.5 以下,甚至不到 0.1。线圈之间的耦合性能是无线充电系统的核心和基础,耦合性能越好,传输效率越高,系统的稳

定性也越高。目前,主流的线圈结构主要包括平面盘式螺旋线圈、交错并联式DD型线圈、串联式DD线圈和工字形线圈等结构,为了提高线圈间的耦合系数以及减小电磁辐射,在耦合线圈两侧需要添加电磁屏蔽材料。

(4)无功补偿网络

原副边补偿网络的主要作用是调整系统最大输出功率和传输效率的工作点。通过对原边补偿网络的设计,改变原边回路阻抗的实部和虚部,实现对系统最大输出功率点的调节;通过对副边补偿网络的设计,改变副边回路阻抗的实部和虚部,实现对系统最大传输效率点的调节。

根据线圈自感和补偿网络中电容的连接方式,简单的补偿网络拓扑可分为串联型拓扑和并联型拓扑。这两种补偿方式结构简单,易于实现,但不能达到最优性能指标,只适合特定的场合。含有多个电容或多个电感的复合补偿网络,如LCC补偿,结构相对复杂,但能更好地进行回路阻抗的阻抗变换,保证系统性能指标。

(5)高频整流桥

电动汽车无线充电系统中的高频整流桥通常采用全桥不控整流结构,其主要由4个二极管及一个滤波电容组成。它的作用是将副边接收线圈感应到的交流电转化为直流电,经电容滤波后为电池供电。为保证充电的安全与稳定,应保证整流桥工作在电流连续模式。

3. 无线充电技术研究进展概况

对于电动汽车无线充电技术,国内主要有中国科学院电工研究所、重庆大学、东南大学、天津工业大学、清华大学、哈尔滨工业大学等科研院所开展了相关研究工作,中兴新能源、中惠创智等企业在从事相关产品的研发生产。

中国科学院电工研究所是国内最早开展无线充电技术研究的单位之一,承担完成了多项无线充电方面的国家和北京市科技攻关项目。通过在电动汽车无线充电系统线圈设计、电容参数优化、系统电磁兼容性、系统动态特性、磁场分析与屏蔽等方面进行深入研究,提出了一种无线充电系统优化方法,显著提高了系统的偏移容忍度,同时对电动汽车静止式和移动式无线充电系统的动态特性与切换瞬态特性进行了深入分析,并研究了切换位置对移动式无线充电系统稳态输出和暂态冲击的影响,提出了最佳导轨切换控制方案。已经研发出电动乘用车用3.3 kW无线充电系统,传输距离为20 cm,最高系统效率大于90%,在北京新能源汽车股份有限公司的E150、E200、EU260等纯电动乘用车上进行了装车试用(如图1-40所示),目前正在开展电动汽车无线充电系统的小规模示范运行与推广。同时,还在20 cm传输距离条件下开发了6.6 kW无线充电系统,DC—DC最高效率达到94.2%;以及30 kW无线充电系统,DC—DC最高效率达到95.3%。并且开展了电动汽车移动式无线充电系统研发,试验平台效率达到90.8%。

重庆大学自动化学院于2000年开始磁感应式无线电能传输(WPT)技术的研究,围绕该技术的基本原理、高频谐振软开关变换器的建模方法及非线性行为分析、功率传输的稳定性等方面进行了较为深入的研究,并在磁感应式WPT技术的推广和应用方面做了大量的工作,研制了多套实验样机。

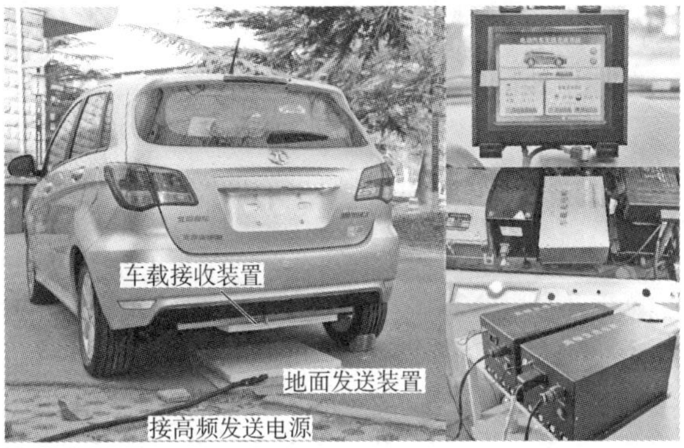

图1-40 中科院电工所3.3 kW无线充电系统装车试用

东南大学科研团队,针对磁耦合谐振式无线电能传输系统特性,提出了功率调频控制技术、动态频率调控技术、电动汽车无线充电技术及无线充电电动汽车与电网互动技术等一系列关键技术,并搭建了电动汽车磁耦合谐振式无线充电装置,充电功率最高3 kW,传输效率保持在90%。

天津工业大学针对磁耦合谐振式无线电能传输系统的频率分裂特性及系统建模方法等理论上作了一些研究,探讨了磁耦合谐振式无线电能传输系统发生频率分裂现象的原因,并给出了相应的解决方法。

哈尔滨工业大学也针对磁耦合谐振式无线充电进行了相关实验和模型分析,得出了系统参数与系统充电效率之间的影响关系,并进一步研究了如何提高系统传输的功率、距离和效率。

南京航空航天大学则在磁感应式WPT的电路拓扑方面做了大量研究工作,提出了适应宽负载和耦合系数变化的S/SP补偿拓扑,在1.5 kW的原理样机上验证了其恒电压增益的优异特性。

中兴新能源(ZTEV)研发出电动汽车3~60 kW大功率无线充电系列产品,为新能源智能网联汽车提供自动、自在、自由的汽车充电整体解决方案,并在成都、襄阳等地开展了示范运行。

中惠创智(Zonecharge)公司旗下有专注低功率无线供电芯片研发生产的“泰沃”品牌,和专注高功率新能源汽车充电桩研发生产的“能度”品牌。

浙江万安亿创电子科技有限公司是万安科技与美国Evatran公司在中国设立的合资公司,Evatran公司所研发的电动车无线充电系统获得美国第三方安全机构ETL认证,据第三方测评,其3.3 kW系统效率在82.4%左右。

4. 电动汽车无线充电系统标准相关进展

为了促进电动汽车无线充电系统产业化的进程,无线充电系统相关标准的制定已显得格外重要。

在国外,国际电工委员会IEC在2015年8月发布了电动汽车无线充电系统通用要求,其通信要求、磁场无线充电技术要求两部分正在制定中。同时,国际标准化组织ISO正在制定电动汽车无线充电的互操作性及安全要求相关标准。此外,美国标准化组织SAE已正式发布了一种电动车无线充电技术的行业标准SAE J2954,该标准旨在为插电式混动车以及纯电动车的无线充电技术制定规范，其对于不同的高度传输的功率、效率以及偏移时的效率都给了定义。

在国内，2015 年 9 月 29 日国务院发布《关于加快电动汽车充电基础设施建设的指导意见》，明确了到 2020 年，基本建成适度超前、车桩相随、智能高效的充电基础设施体系，满足超过 500 万辆电动汽车的充电需求；建立较完善的标准规范和市场监管体系，形成统一开放、竞争有序的充电服务市场的工作目标，指导意见中明确要求制定无线充电等新型充电技术标准。2015 年 4 月 30 日国家标准委已计划立项《电动汽车无线充电系统通用要求》，2016 年国家标准委已相继计划立项《电动汽车无线充电电磁暴露限值与测试方法》《电动汽车无线充电系统特殊要求》《电动汽车车载充电机与无线充电设备通信协议》。

5. 小　结

电动汽车充电设施是我国智能电网建设和绿色交通相结合的重要体现，无线充电技术在传导充电的基础上，为用户提供了更为简便的操作和更为安全的充电服务。无线充电设施作为充电设施的一个特殊应用，它利用高级测量技术、高效控制技术、高速通信技术，构建了充电设施与电网、与电动车辆、与服务用户之间的电力流、信息流、业务流实时互动的新型供用电关系。

无线充电技术应用的出现加快了充电设施企业的新一轮技术创新步伐，新技术发展、新产品研发、新成果应用，快速转化为产业生产能力，并带动上下游产业链的技术、装备、监管和能力的同步提升；同时也为企业扩大对外交流与协作，聚集发展要素，为科研单位、高等院校实现产学研结合，高科技成果转化提供了广泛的渠道。

（中国科学院电工研究所　王丽芳）

二十一、新能源汽车电动空调

Chapter 21　New Energy Vehicle Electric Air Conditioning

1. 2017 年新能源汽车电动空调产业总体情况

据中国汽车工业协会统计发布的结果，2017 年我国新能源车累计销售 77.7 万辆，同比增长 53.3%。其中，新能源乘用车销售 57.8 万辆，包括纯电动 46.8 万辆，插电式混合动力 11.1 万辆。并且，汽车空调已成为标配零部件，100% 搭载。新能源汽车电动空调系统与传统车空调系统一样主要有四大件，压缩机、冷凝器、膨胀阀、蒸发器构成和管路构成。截至目前我国汽车空调行业经营企业约有 1 200 家。其中，上海地区的汽车空调企业有 240 家，约占总数的 19% 左右；广东省有 230 多家，约占 18%；浙江和广西分别位居第三和第四，企业数量分别为 180 多家和 110 家左右。在纯电动汽车用空调领域，整车企业选取的空调供应商基本上与传统车的相同。主要的电动汽车空调系统企业有日系的电装、三电、精工、三菱、京滨、昭和等；美系有德尔福、伟世通等；德系有马勒贝洱；法系有法雷奥，韩系有汉拿等。电动汽车空调自主品牌有上海松芝、南京协众、重庆超力与河南裕新等。比亚迪、长城等汽车公司建有独资控股的汽车空调公司。为此，整个行业的技术标准也主要参考德系、美系、日系。自主品牌的技术处于探索的初步阶段，比如电动压缩机、电控技术等方面仍有许多基础技术需要研究。

2. 传统燃油车空调系统与新能源汽车的空调系统差异

（1）压缩机不同：传统车的空调系统用机械传动式压缩机，新能源汽车的空调系统用电驱动式压缩机。

（2）空调系统冬天的采暖热源不同：传统车空调系统冬季的热源来源于发动机的余热，新能源汽车空调系统的主要是 PTC 加热或热泵加热。

（3）空调系统服务对象变化：传统车空调系统只是管理乘员舱的舒适性，新能源车空调系统不仅要管理乘员舱的舒适性还要负责电池温度管理。

（4）控制系统不同：新能源汽车电动空调系统的控制比传统车更复杂，而且新能源车空调系统与控制相关的技术与数据积累没有传统车丰富。

（5）零部件的成熟度不同：电动压缩机、电子膨胀阀等汽车专用部件产业积累尚不成熟。

新能源车空调系统也有相应的优点，比如其驱动源均采用了电驱动方式，空调系统的控制运行的自由度增加，有利于系统在低碳、节能、环保方面对新的挑战并实现突破。

3. 2017 年新能源汽车电动空调实现的主要技术突破点

与传统汽车相比，电动汽车在冬季的采暖方式不同，因而空调在设计、结构和理念等方面均有较大的变化。在电动车的使用中，空调在冬季采暖消耗的能量比重较大，直接影响电动汽车的续航里程，为此采用供暖效率更高的热泵技术非常必要。江淮新能源汽车和北汽新能源汽车在电动车热泵技术方面已经取得了一定的突破，后者准备在量产车型中采用天津三电汽车空调开发的热泵系统。同时，日本三电的热泵系统已通过华裕三电在上汽荣威 ei5 车型上实现了量产。热泵技术的应用提升电动车续航里程。因而，热泵技术是电动汽车空调的发展趋势。

对电动汽车空调的热泵系统而言，室外换热器的变化较大，需要结合其在热泵系统中的作用进行新开发设计。在夏季使用空调制冷降温时，室外换热器充当冷凝器的功能，将冷媒的热量传递给通其外部的空气，使冷媒降温，以实现制冷功能；在冬季采用热泵供暖时，室外换热器充当蒸发器的功能，从外部的低温空气中吸取热量，通过冷媒传递给室内换热器，以便加热乘员舱内空气。室外换热器的功能发生变化，因而其内部的换热结构、流道布局与单纯的冷凝器完全不同。在设计时，既要结合冷凝器的紧凑结构需求，还考虑蒸发时防止结霜的需求。

随着新能源车电动空调及热泵空调系统的逐步量产，新能源车空调系统中的关键零部件电动压缩机不仅实现了量产，同时产品也完成了大量的验证，性能和可靠性都有大幅度的提升。节流阀也实现了热力膨胀阀到电磁膨胀阀，再到电子膨胀阀的突破。热泵系统上用的室内换热器、室外换热器、chiller 等也实现了量产。新能源车用空调系统技术和产品也陆续成熟。

4. 新能源汽车电动空调技术发展趋势

（1）热泵系统的应用。对于电动用汽车空调而言，面临最棘手的问题是冬季采暖。当前，电动汽车的空调系统主要通过 PTC 加热实现采暖。由于 PTC 的效率相对较低，为此电动车空调的采暖直接影响了整车的续航里程。因而，高效率的采暖系统是必需的，针对这一问题，热泵系统是很好的解决方案，目前大众 e-Golf、奥迪 Q7 etron、日产 Leaf、雷诺 Zoe、宝马 i3、荣威 ei5 等新能源车上已经采用了热泵空调系统。

（2）冷媒的更新迭代。2016 年的《基加利协议》中提出“限制 HFC 冷媒的使用量”，各个国家会在不同的阶段，用更环保的冷媒替换 HFC 类型冷媒。为了减少空调能耗对整车续航里程的影响，在短期内，HFC 冷媒的热泵系统不需要 OEM 做大变化的前提下可以实现。然而，HFC 热泵系统存在以下主要问题：①热泵在低温环境下运行时，有系统性能衰减问题。为此，热泵系统会出现能力不足、无法正常运行等现象。②热泵系统的室外换热器结霜问题，汽车空调内常用的平行流换热器的防结霜性能很差，极易出现冰堵。③如何实现整车热能综合利用确保能效最大化。这三个问题是业界公认的技术难题。从长期发展趋势来看，自然环保的制冷工质 CO_2将会非常大的期待。在欧美日这些技术发达的区域，CO_2作为冷媒的制冷系统，已经有大量的研究，并且在工业、商业方面都有了较大规模的应用。在汽车行业，以德国戴梅勒为首，已在部分小批量的高端车上使用了 CO_2工质的单冷系统。不管从 GWP 还是 ODP 来看，CO_2最为适合。国内的汽车工程协会汽车空调分会上也有此方面的讨论，并且国内自主品牌的 OEM 和供应商已联手在研究。从国家的行业的角度来看，急需相关的标准等已指引行业的发展。

电动汽车空调系统中的关键零部件性能提升，则直接关系到空调性能。为提升空调的使用效果、降低能耗，关键零部件应向以下技术要求发展：①电动压缩机，质量轻；电磁干扰和反抗干扰的能力（EMC）等级高；能够实现高转速，并提供大压缩比；振动噪声小、能满足 NVH 要求；耐久可靠性高。②电磁膨胀阀，控制精度应提高；EMC 等级高。③PTC（热敏电阻），无论是空气式还是水式 PTC 的绝缘等级高；EMC 能力高；工作效率高、功耗小。④换热器，换热器种类多，包括蒸发器、室内换热器、室外换热器、板式换热器、高温水箱和低温水箱等，应根据各自的功能需求设计；加强换热器用原材料研发；材料的耐腐蚀性提升；换热器轻量化。⑤传感器，为了能实现准确高效的控制，电动汽车上使用传感器的数量较多。传感器自身的测量精度要高，同时抗电磁干扰的能力要高，以便更好地服务于系统控制。

5. 相关建议

由于新能源车的空调系统不仅给乘员舱提供舒适的环境，同时要给动力电池系统提供适宜的工作环境温度，使电池系统处于安全可靠并能高效工作。如何能保证空调系统和电池系统均满足温度需求是当前面临的问题，各个厂家均有各自的解决方案，有从零部件层面的，有从控制策略层面的，还有从系统层面的。因此有必要通过建立产业联盟，实现资源的最大化利用，并联合制定出高水平的行业标准规则，尽快完善新能源车空调系统方面的相关行业标准和国家标准，引导行业的健康成长。

（天津三电汽车空调有限公司　陆新林）

二十二、新能源汽车轻量化

Chapter 22　Lightweight of New Energy Vehicles

作为石油燃料的使用大户，汽车产业随着其快速的发展，正在面临着能源问题、环境问题等诸多挑战。针对于此，各国相继制定了越来越严格的油耗法规，例如美国、欧洲、日本、中国分别要求在 2020 年，新车平均油耗限值达到 5.5 L/100 km、4.2 L/100 km、4.9 L/100 km 和 5 L/100 km。后续，相关排放法规必将越来越严苛。法规的不断升级，倒逼节能与新能源汽车的快速发展，全球主要汽车企业都高度重视节能与新能源汽车技术的研发。

汽车节能技术主要包括动力系统的优化、新型燃料技术、整车节能技术，其中整车节能技术又包括轻量化技术、低阻力技术和电子控制系统优化等。其中轻量化材料在汽车上的应用比例、结构优化设计水平和制造工艺不断提高，过去 20 年间，汽车平均重量显著降低。尤其在当前汽车电池技术难以实现根本性突破的情况下，轻量化技术更是对电动车续航里程的提升有着十分重要的意义。我们提出了汽车轻量化技术增加成本容忍度的对比系数 δ[1]，如果 δ 小于 1，说明电动汽车技术增加成本的容忍度要高于传统汽车，即

$$\delta = \frac{\frac{\Delta x}{X}}{\frac{\Delta y}{Y}} \tag{1-1}$$

式中，Δx 为电动汽车轻量化技术增加成本；X 为电动汽车减重前售价；Δy 为传统汽车轻量化技术增加成本；Y 为传统汽车减重前售价。

通过测算，电动汽车的 $\delta = 0.56$，也就是说，电动汽车轻量化技术增加的容忍度要高于传统汽车近 1 倍，即电动汽车的技术增加成本敏感度比传统汽车要低。此外，考虑国家在

电动汽车的补贴等因素，电动汽车轻量化技术前景比传统汽车更为广阔。通俗地讲，由于电动汽车轻量化，可以使同样电池电量行驶更远的距离，或者同样续航里程可以采取更少的电池电量，故电动汽车对材料的敏感度比传统燃油汽车更低，更多的轻质材料也可以应用于电动汽车上。如 1－41 图可以看出，电动汽车每减重 10%，续航里程将增加 5% 以上。

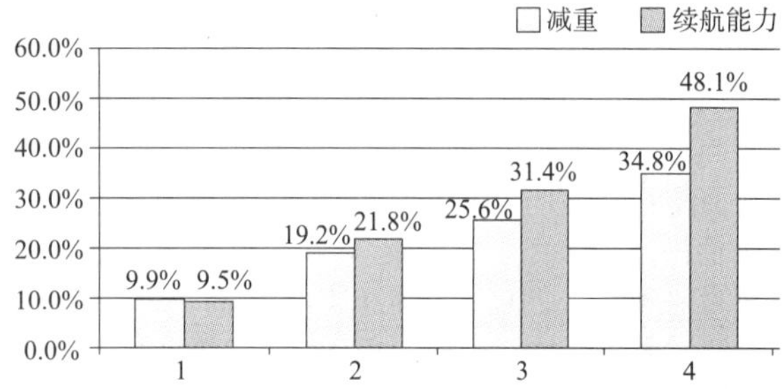

总重量 (kg)	1 550	1 407	1 253	1 154	1 011
行程 (km)	186	203.6	226.6	244.3	275.5
减重比例	基数	9.9%-1	19.2%-2	25.6%-3	34.8%-4

图 1－41　纯电动车整车质量与续航能力关系
（车重 450 kg、比能量 100 Wh/kg，资料来源：东京大学）

汽车轻量化是汽车产业的核心技术和重要发展方向，已经成为国家制造业的发展战略，“中国制造 2025”中多次提到汽车轻量化，涉及了轻量化材料、优化设计、整车轻量化技术等多个方面，《节能与新能源汽车轻量化技术路线图》也将汽车轻量化作为发展战略重点之一。国家工信部、环保部、科技部、交通部、发改委、自然科学基金委、质量监督总局等部门都发布了多项惠及汽车轻量化产业的技术标准、法律法规和研发项目。这些政策促进汽车生产企业提高车辆的燃油经济性，降低尾气排放，鼓励产业联合和技术创新，引导消费者购买节能的汽车产品，有利于提高我国汽车轻量化产业的核心竞争力，为汽车轻量化发展提供了机遇。[2]

1. 2017 年新能源汽车轻量化现状

（1）全铝车身

铝合金作为汽车用第二大材料，具有密度小、易成形、易回收利用、易制造等优点。由于“三电”系统的重量一般较高，其车身轻量化的需求更为迫切。故只有在相对高端的传统车型上才会采用全铝车身可以广泛用于新能源汽车上。2017 年，奇瑞汽车最新开发的小型纯电动车奇瑞小蚂蚁就采用了全铝车身打造。小蚂蚁整车重 855 kg，白车身骨架重 165 kg，轻量化系数达到 2. 5。采用了高强度铝镁合金型材及铝冲压件高强度全铝空间骨架，高性能的复合材料外覆盖件结构，较同一系列车型 eQ 减重 60 kg。在车身的连接工艺方面，主要采用 MIG 焊接、拉铆以及无铆连接的方式。

2017 年蔚来汽车推出的高端 SUV 车型 ES8，也采用了全铝车身。官方称 ES8 铝材的使用率高达 96. 4%，是全世界铝合金应用率最高的量产车。其白车身重量为 335 kg，轻量化系数达 2. 02，车身扭转刚度为 44 140 Nm/deg。同时，ES8 还采用了航空级 7003 系列铝合金，也是目前唯一一款采用此

图 1－42　奇瑞小蚂蚁的全铝车身

级别铝合金的车。在连接工艺方面，ES8 车身使用 7 种先进的连接技术：FDS（热融自攻铆接）、RSW（铝点焊）、CMT（冷金属过渡弧焊）、SPR（自冲铆接）、Adhesive 结构胶、Laser（激光焊接）、Monobolt（高强度抽芯拉铆），确保车身连接强度，令效能和可靠性达到最佳，提高整车安全性。[3]

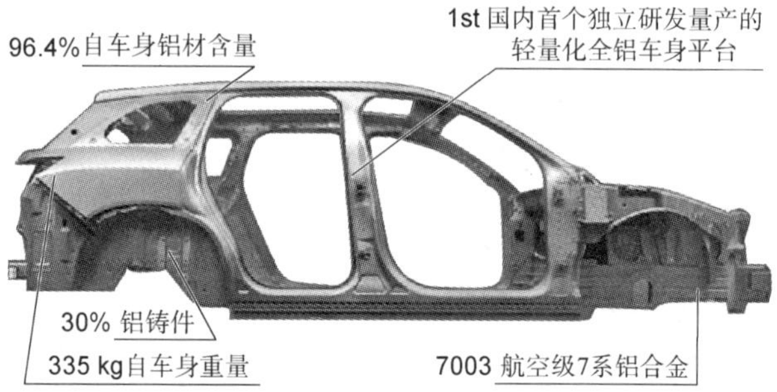

图 1－43　蔚来 es8 全铝车身

（2）电池包壳体

电池包是新能源汽车核心能量源，为整车提供驱动电能，主要通过壳体包络构成电池包主体。电池包壳体作为电池模块的承载体，对电池模块的安全工作和防护起着关键作用。电池包壳体的减重对于整车轻量化、提升续航里程具有重要的作用。

(a) 电池包上壳体

(b) 电池包下壳体

图 1－44　塑料电池包上下壳体

在选材方面,传统的电池箱体采用钢板、铝合金等材料铸造,然后对表面进行喷涂处理。随着轻量化技术发展,电池壳体在选材方面逐渐向玻纤增强复合材料、SMC 片状材料、碳纤增强复合材料等多种轻量化的材料过渡。

轻量化新能源电动车的电池包方案的发展趋势为下壳体采用铝合金挤压型材 + 搅拌摩擦焊 + "MIG 焊",可以降低综合成本,满足性能要求,同时可实现水冷电池的循环水道的集成。上壳体采非金属上壳体,主要用到"PP/玻纤 + LFT - D 模压工艺",提高生产的效率且可满足火焰燃烧和密封性能要求,且模具成本较低。

2. 塑料覆盖件

新能源汽车普遍采用铝合金、高性能塑料及复合材料等轻质材料作为覆盖件材料。特别是高性能塑料、碳纤维增强复合材料和长玻纤增强复合材料,在新能源汽车覆盖件中应用广泛。如塑料翼子板、碳纤维复合材料发盖、塑料后背门、长玻纤增强复合材料前端模块、碳纤维复合材料车顶盖等。

目前,国内新能源车企也在积极尝试塑料覆盖件的使用,如哈佛 E 新能源车就采用了碳纤维增强复合材料后背门;上汽 E50 纯电动车在开发过程中也尝试了碳纤维复合材料前舱盖、后尾门、翼子板、前保防撞梁等部件;北京中材也开发了 SMC 塑料后背门,并应用于北汽新能源车型。

3. 新能源模块化底盘

新能源汽车市场的不断增长带动了相关零部件需求的提升,而对于电动汽车而言,底盘系统的开发是极为重要的一项内容。资料显示,底盘的设计与新能源汽车的总布置方案息息相关,与新能源汽车动力系统架构及其集成度联系紧密,同时也影响着新能源汽车的外观设计与内部空间。换句话说,电动汽车相对于传统燃油车,最大的不同点其实就在于底盘架构的改变。由于新的动力系统取代了原传统发动机,电动汽车的制动系统、转向系统、传动系统、悬架系统等都需要在原有构架上做出相应调整。与此同时,车企及相关供应商还需解决由于这些架构的改变而带来的噪音、振动、平顺性以及安全性等方面的问题。

近年来,为克服新能源汽车成本高的问题,各车企向着平台模块化发展。大众汽车曾经说过,新能源车的模块化平台可减少 20% 以上的生产成本,节约 30% 的制造时间。本特勒在 2017 年上海车展上展示的电动汽车模块化底盘系统备受关注。该底盘融合了前后碰撞管理系统、前后悬挂模块、电池储存系统、电池热管理系统等,还集成了两驱或四驱电动汽车电机以及无线/传导充电模块。本特勒可扩展的组件和模块由铝合金、钢、玻璃纤维增强材料构成,运用于电动汽车的车身、底盘以及综合热管理系统中,其中玻璃纤维增强材料横向板簧可以减重 14 kg。[4]

4. 目前急需解决的问题

关于整车和车身轻量化水平的评价,目前部分国内外文献中所采用的"车辆密度"和"白车身轻量化系数"[5]指标均没有得到世界普遍公认,也不适用于非全承载式车身轻量化水平和全新架构电动汽车的评价。因此,建立全新架构电动汽车整车和车身轻量化评价模型、评价方法,对于对比评价

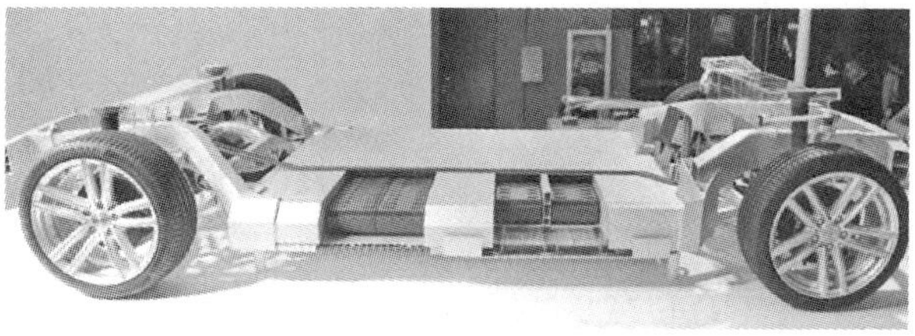

图 1 - 45 本特勒电动车模块化底盘

不同电动汽车轻量化水平具有重要的理论意义和实用价值。

在碳纤维增强复合材料方面,奇瑞汽车和江苏奥新等企业先后在政府和社会力量的支持下,开发了碳纤维车身;长安、长城和上汽等汽车企业也联合了大连兴科、中科院宁波所、东华大学等单位,针对传统乘用车和电动汽车的发动机盖板等典型零部件,开展了碳纤维复合材料选用、零部件设计与性能验证等针对性探索研究,其他高校也进行了相关理论研究。但至今为止,还没有取得大型复杂车身零部件的一体化集成设计、整体高效成形与性能评价等关键技术的突破,也未能系统性解决碳纤维复合材料在汽车上应用的共性关键技术问题。

5. 结　语

新能源汽车的研发与应用是缓解汽车工业资源消耗和环境污染带来的巨大压力的有效途径。现阶段,新能源汽车电池技术尚未得到根本性的突破,轻量化成为提升续航能力、减少能源消耗的重要技术,众多新材料、新工艺新能源汽车研发难度大,成本高,需要政府的大力支持,各国都制定了大量的相关政策来推动新能源汽车的发展。新能源汽车轻量化一方面能够有效地降低车身的重量,提高能动性,降低消耗,提升续航能力,是目前汽车工业轻量化最成熟的途径之一。材料利用要与结构设计相结合,同事还要解决多种轻质材料之间的连接问题,这样可以最大力度发挥材料的结构和性能优势,保证汽车性能和安全性的条件下实现轻量化的目标。优化铝镁合金的加工成型工艺、提高碳纤维增强复合材料产业化技术水平能够平衡新能源汽车研发和轻质材料应用的成本,从而推动新能源汽车的产业化和市场化。

参考文献

[1] 中国汽车工程学会,中国汽车轻量化技术战略联盟,中国第一汽车股份有限公司技术中心组. 中国汽车轻量化发展:战略与路径[M]. 北京:北京理工大学出版社,2015.

[2] 节能与新能源汽车战略咨询委员会,中国汽车工程学会. 节能与新能源汽车技术路线图[M]. 北京:机械工业出版社. 2016.

[3] 汽车轻量化时代 蔚来 ES8 全铝车身设计解读[EB/OL].2018 - 02. https://baijiAhao. baidu. com/s? id = 1593299909310875031&wfr = spider&for = pc

[4] 本特勒电动汽车底盘系统上海车展全球首发[EB/OL]. 2018 - 04. http://auto. sina. com. cn/news/hy/2017 - 04 - 27/detail - ifyetwtf8409640. shtml

[5] 路洪洲,王智文,陈一龙,等. 汽车轻量化评价[J]. 汽车工程学报, 2015, 5(1):1 - 8.

(中国汽车工程学会 曲 兴)

二十三、新能源汽车标准

Chapter 23 Electric Vehicle Standards

1. 新能源汽车标准体系

在新能源汽车主管部门及产业界的关怀关心下，全国汽车标准化技术委员会电动车辆分技术委员会全体委员经过近20年的工作积累，新能源汽车标准体系基本建立并趋于完善。

目前，我国现行有效的新能源汽车标准共有83项（国家标准58项、行业标准25项），并有近40项标准正在研究制定当中。新能源汽车标准体系建设逐渐成熟，主要由新能源汽车整车、关键系统部件、接口与设施，以及基础通用标准组成。从安全、性能、能耗等整车标准，到动力电池、驱动电机、核心器件等系统与部件标准，再到支撑新能源汽车商业化运行的充电与加氢接口和设施标准，均设置了相关标准化子领域，标准类型也覆盖了基础通用标准、产品标准、方法标准和管理标准。

在传统研究方法之外，我国还借助《中国电动汽车标准化工作路线图》、“电动汽车综合标准化体系建设”“五年计划之标准体系建设方案”等体系研究工作，力促我国新能源汽车标准体系的科学、合理、持续改进。总之，我国建立了各领域相互配合、相互协调、相互配套，共同构成了结构合理、功能完善的新能源汽车标准体系，见表1－17。

2. 政策和产业的强有力支撑

2017年，新能源汽车发展迅猛，离不开政策的支持。近年来新能源汽车的支持政策的思路和方向正在逐步进行调整，政策比以前更注重长期效果：双积分政策着眼于补贴退坡后对于新能源汽车企业的长期激励；注重环保因素则推出了电池的回收利用、产业升级等的相关政策；为了提高技术水平，国家相关部门对于道路机动车辆生产企业及产品准入许可提出了管理办法的征求意见稿；着眼于社会公众关注的电动汽车安全，也有相应的文件得到体现。

凡此种种，我们注意到政策从刚开始的鼓励产品进入市场的短期效应到如今的鼓励高水平、可持续、无污染的长期效应的转型，相应地，标准也在这些方面做出了应对。比如，配合双积分的能耗标准、电池回收利用所需要的编码尺寸标准、配合产品准入和企业准入的强制性检验标准都是2017年标准的制定重点领域。这集中体现在以下几个方面：

（1）全力支撑新能源汽车企业和产品准入的考核条件，准入文件引用了38项新能源汽车标准，发挥了标准法规本身所特有的技术规范作用。

（2）在国家出台的鼓励新能源汽车生产和消费的政策文件中，引用了新能源汽车标准，为政策实施和落地提供支撑。

（3）新能源汽车标准在车辆安全、节能方面提供严格规范，保障了市场的稳定和健康发展。

（4）新能源汽车标准在充电和加氢接口领域提供统一技术规范，保证新能源汽车与基础设施的互联互通，促进了新能源汽车产品的推广，增强了消费信心。

简言之，标准体系确保了新能源汽车大规模应用的安全、兼容、协调，促进汽车产业的和谐健康发展。

3. 中国的国际话语权在加强

（1）立足国内

中国新能源汽车标准体系的建立，离不开我国汽车行业核心企业的带头和模范作用，作为委员单位的一汽、东风、长安、北汽、上汽等“国家队”深入参与标准研究和制定，积极影响了我国的标准体系。通过参与标准研究，也为这些企业研发提供驱动力，推动企业应用新技术、开发新产品。

（2）展望国际

标准是为产业服务的，标准工作具有国际化的属性，在新能源汽车领域，我国积极参与国际标准法规活动，推介我国的技术和产品，引领中国新能源汽车产业的走出去，这始终是我国新能源汽车标准化工作的动力和目标。在标准法规国际化方面，体现工作如下：

① 积极参与国际标准。积极参与ISO和IEC电动汽车国际标准的各项工作，并在标准项目上获得进展，近年来，我国主导起草并发布的新能源汽车国际标准2项，中国标准方案纳入国际标准1项，提出项目提案2项，尚有多个项目建议在酝酿当中。

② 开始主导国际法规。深入参与联合国汽车法规协调论坛框架下的电动汽车安全（EVS）和电动汽车与环境（EVE）两个法规的起草工作，以及燃料电池汽车全球技术法规（FCV-GTR）二阶段起草工作，以上这些项目中，中国都是作为副主席国家在相关任务组中担任主导角色。

③ 重视双边交流合作。重视与国外特别是汽车工业强国之间的交流和合作，在汲取经验教训的同时，提升中国在新能源汽车领域的影响力。我们承担多项政府与非政府组织的交流和合作活动，包括中德、中美、中日、中法等双边交流，与他们在新能源汽车标准体系、标准化工作路线图、具体技术标准、国际标准协调等方面保持沟通。

4. 新能源汽车发展任重道远

新能源汽车是国家战略性新兴产业，标准化建设是国家核心竞争力的重要体现，标准化建设已经上升为国家战略，需要从战略的角度，布局标准、规划产业，促进二者的协调兼容，方能成就新能源汽车的长久事业。

全国汽车标准化技术委员会电动车辆分技术委员会秘书处及挂靠单位中国汽车技术研究中心会时刻认清形势，以服务发展产业为己任，立足全行业，在新能源汽车的标准化事业上养精蓄锐、厚积薄发。

表 1－17　新能源汽车标准体系

序号	标准号	标准名称	标准英文名称	归口单位	标准主要内容	代替标准号	发布日期	实施日期
1	GB/T 18333.2—2015	电动道路车辆用锌空气蓄电池	Zinc-air Batteries for Electric Road Vehicle	全国汽车标准化技术委员会	本标准规定了电动汽车用锌空气电池（以下简称电池）的术语和定义、符号、要求、试验方法、检验规则、标志、包装、运输、贮存。 本标准适用于以机械更换式作为能量补充方式的电动车用锌空气电池	GB/Z 18333.2—2001	2015－2－4	2015－9－1
2	GB/T 18384.1—2015	电动汽车　安全要求　第1部分：车载可充电储能系统（REESS）	Electrically Propelled Road Vehicles—Safety Specifications Part 1：on-Board Rechargeable Energy Storage System（REESS）	全国汽车标准化技术委员会	本部分规定了电动汽车B级电压驱动电路系统的车载可充电储能系统（REESS）的要求，从而确保车辆内部、外部人员以及车辆环境的安全。 本部分适用于车载驱动系统的最大工作电压是B级电压的电动汽车。电动摩托车和电动轻便摩托车可参照执行。 本部分不适用于非道路车辆，例如物料搬运车和叉车。 本部分不适用于指导电动汽车的装配、维护和修理。机电飞轮（车辆）不在本部分范围内	GB/T 18384.1—2001	2015－5－15	2015－10－1
3	GB/T 18384.2—2015	电动汽车　安全要求　第2部分：操作安全和故障防护	Electrically Propelled Road Vehicles—Safety Specifications—Part 2：Vehicle Operational Safety Means and Protection Against Failures	全国汽车标准化技术委员会	本部分针对电动汽车所特有的危险规定了操作安全和故障防护的要求，以保护车辆内外的人员的安全。 本部分适用于车载驱动系统的最大工作电压是B级电压的电动汽车。电动摩托车和电动轻便摩托车可参照执行。 本部分不适用于非道路车辆，例如物料搬运车和叉车。 本部分不适用于混合动力电动汽车的内燃机系统。 本部分不适用于指导电动汽车的装配、维护和修理	GB/T 18384.2—2001	2015－5－15	2015－10－1
4	GB/T 18384.3—2015	电动汽车　安全要求　第3部分：人员触电防护	Electrically Propelled Road Vehicles—Safety Specifications—Part 3：Protection of Persons Against Electric Shock	全国汽车标准化技术委员会	本部分规定了电动汽车电力驱动系统和传导连接的辅助系统（如果有）防止车内和车外人员触电的要求。 本部分适用于车载驱动系统的最大工作电压是B级电压的电动汽车。电动摩托车和电动轻便摩托车可参照执行。 本部分不适用于非道路车辆，例如物料搬运车和叉车。 本部分不适用于指导电动汽车的装配、维护和修理	GB/T 18384.3—2001	2015－5－15	2015－10－1
5	GB/T 18488.1—2015 报批稿	电动汽车用驱动电机系统　第1部分：技术条件	Drive Motor System for Electric Vehicles—Part 1：Technical Conditions	全国汽车标准化技术委员会	本部分规定了电动汽车用驱动电机系统的工作制、电压等级、型号命名、要求、检验规则以及标志与标识等。 本部分适用于电动汽车用驱动电机系统、驱动电机、驱动电机控制器。 对仅具有发电功能的车用电机及其控制器，可参照本部分执行	GB/T 18488.1—2006	2015－2－4	2015－9－1
6	GB/T 18488.2—2015	电动汽车用驱动电机系统　第2部分：试验方法	Drive Motor System for Electric Vehicles—Part 2：Test Methods	全国汽车标准化技术委员会	本部分规定了电动汽车用驱动电机系统试验用的仪器仪表、试验准备及各项试验方法。 本部分适用于电动汽车用驱动电机系统、驱动电机、驱动电机控制器。 对仅具有发电功能的车用电机及其控制器，可参照本部分执行	GB/T 18488.2—2006	2015－2－4	2015－9－1
7	GB/T 19754—2015	重型混合动力电动汽车能量消耗量试验方法	Test Methods for Energy Consumption of Heavy-Duty Hybrid Electric Vehicles	全国汽车标准化技术委员会	本标准规定了重型混合动力电动汽车在底盘测功机或道路上进行能量消耗量试验的试验方法。 本标准适用于最大总质量超过3 500 kg 的混合动力电动汽车	GB/T 19754—2005	2015－5－15	2015－10－1

续上表

序号	标 准 号	标准名称	标准英文名称	归口单位	标准主要内容	代替标准号	发布日期	实施日期
8	GB/T 20234.1—2015	电动汽车传导充电用连接装置 第1部分：通用要求	Connection Set for Conductive Charging of Electric Vehicles—Part 1: General Requirements	全国汽车标准化技术委员会	本部分规定了电动汽车传导充电用连接装置的定义、要求、试验方法和检验规则。 本部分适用于电动汽车传导式充电用的充电连接装置 1. 交流额定电压不超过690 V。频率50Hz，额定电流不超过250 A； 2. 直流额定电压不超过1 000 V，额定电流不超过400 A。 如果充电连接装置的供电接口使用了符合GB 2099.1和GB 1002的标准化插头插座，则本部分不适用于这些插头插座 注：本部分中的车辆是指可外接充电的电动汽车	GB/T 20234.1—2011	2016-1-1	2015-12-28
9	GB/T 20234.2—2015	电动汽车传导充电用连接装置 第2部分：交流充电接口	Connection Set for Conductive Charging of Electric Vehicles—Part 2: AC Charging Coupler	全国汽车标准化技术委员会	本部分规定了电动汽车传导充电用交流充电接口的通用要求、功能定义、型式结构、参数和尺寸。 本部分适用于电动汽车传导充电用的交流充电接口，其额定电压不超过440 V(AC)，频率50Hz，额定电流不超过63 A(AC) 注：如果交流充电接口的供电接口使用了符合GB 2099.1和GB 1002的标准化插头插座，则本部分不适用于这些插头插座	GB/T 20234.2—2011	2016-1-1	2015-12-28
10	GB/T 20234.3—2015	电动汽车传导充电用连接装置 第3部分：直流充电接口	Connection Set for Conductive Charging of Electric Vehicles—Part 3: DC Charging Coupler	全国汽车标准化技术委员会	本部分规定了电动汽车传导充电用直流充电接口的通用要求、功能定义、型式结构、参数和尺寸。 本部分适用于充电模式4及连接方式C的车辆接口，其额定电压不超过1 000 V(DC)、额定电流不超过250 A(DC)	GB/T 20234.3—2011	2016-1-1	2015-12-28
11	GB/T 31466—2015	电动汽车高压系统电压等级	Voltage Ratings of Electric Vehicles High Voltage Electricity System	全国汽车标准化技术委员会	本标准规定了电动汽车高压系统的直流电压等级要求。 本标准适用于纯电动汽车和混合动力电动汽车	—	2015-5-15	2015-12-1
12	GB/T 31467.1—2015	电动汽车用锂离子动力蓄电池包和系统 第1部分：高功率应用测试规程	Lithium-ion Traction Battery Pack and System for Electric Vehicles—Part 1: Test Specification for High Power Applications	全国汽车标准化技术委员会	本部分规定了电动汽车用高功率锂离子动力蓄电池包和系统电性能的测试方法。 本部分适用于装载在电动汽车上，主要以高功率应用为目的的锂离子动力蓄电池包和蓄电池系统。 以高功率应用为目的的镍氢动力蓄电池包和系统等可参照执行	—	2015-5-15	2015-5-15
13	GB/T 31467.2—2015	电动汽车用锂离子动力蓄电池包和系统 第2部分：高能量应用测试规程	—	全国汽车标准化技术委员会	—	—	2015-5-15	2015-5-15

续上表

序号	标准号	标准名称	标准英文名称	归口单位	标准主要内容	代替标准号	发布日期	实施日期
14	GB/T 31467. 3—2015	电动汽车用锂离子动力蓄电池包和系统 第3部分:安全性要求与测试方法	—	全国汽车标准化技术委员会	—	—	2015-5-15	2015-5-15
15	GB/T 31484-2015	电动汽车用动力蓄电池循环寿命要求及试验方法	—	全国汽车标准化技术委员会	—	—	2015-5-15	2015-5-15
16	GB/T 31485—2015	电动汽车用动力蓄电池安全要求及试验方法	—	全国汽车标准化技术委员会	—	—	2015-5-15	2015-5-15
17	GB/T 31486—2015	电动汽车用动力蓄电池电性能要求及试验方法	—	全国汽车标准化技术委员会	—	—	2015-5-15	2015-5-15
18	GB/T 31498—2015	电动汽车碰撞后安全要求	—	全国汽车标准化技术委员会	—	—	2015-5-15	2015-10-1
19	GB/T 32694—2016	插电式混合动力电动乘用车 技术条件	Plug-in Hybrid Electric Passenger Cars—Technical Condition	全国汽车标准化技术委员会	—	—	2016-6-14	2017-1-01
20	QC/T 1022—2015	纯电动乘用车用减速器总成技术条件	Technical Specification for Reduction Gearbox of Battery Electric Passenger Cars	全国汽车标准化技术委员会	本标准规定了纯电动乘用车用减速器总成的基本参数、要求、试验方法、检验规则和标志、包装、运输、贮存。 本标准适用于纯电动乘用车用齿轮减速器总成	—	2015-10-10	2016-3-1
21	QC/T 1023—2015	电动汽车用动力蓄电池系统通用要求	General Requirement of Traction Battery System for Electric Vehicles	全国汽车标准化技术委员会	本标准规定了电动汽车用动力蓄电池系统的通用要求。 本标准适用于电动汽车用的动力蓄电池系统	—	2015-10-10	2016-3-1
22	GB/T 18386—2017	电动汽车 能量消耗率和续驶里程 试验方法	Electric vehicles—Energy Consumption and Range—Test Procedures	全国汽车标准化技术委员会	本标准规定了纯电动汽车的能量消耗率和续驶里程的试验方法。 本标准适用于纯电动汽车。电动正三轮摩托车可参照执行	GBT 18386—2005	2017-10-14	2018-5-1
23	GB/T 18387—2017	电动车辆的电磁场发射强度的限值和测量方法	Limits and Test Method of Magnetic and Electric Field Strength From Electric Vehicles	工业和信息化部	木标准规定了车辆的电场、磁场辐射发射强度的限值和试验方法，试验频率范围为 150 kHz ~ 30 MHz 本标准适用于纯电动汽车、混合动力电动汽车、燃料电池电动汽车等类型的电动车辆	GBT 18387—2008	2017-5-12	2017-12-1

续上表

序号	标 准 号	标准名称	标准英文名称	归口单位	标准主要内容	代替标准号	发布日期	实施日期
24	GB/T 18487.2—2017	电动汽车传导充电系统　第2部分：非车载传导供电设备电磁兼容要求	Electric Vehicle Conductive Charging System—Part 2：EMC Requirements for off-Board Electric Vehicle Supply Equipment	工业和信息化部	本部分规定了为电动汽车非车载传导充电的电动汽车供电设备（以下统称为供电设备）的电磁兼容要求。供电设备的供电电源额定电压最大值为1 000 V AC或1 500 V DC，额定输出电压最大值为1 000 V AC或1 500 V DC。 本部分适用于GB/T 18487.2中规定的充电模式2、充电模式3、充电模式4的供电设备。 本部分适用于从现场储能系统（如缓冲蓄电池组等）获得能量的电动汽车供电设备。 本部分认为无电子元件或开关（除手动开关外）的电缆是无源的，符合发射和抗扰度要求，不需要测试。 本部分不适用于任何车载供电设备和电动汽车的供电系统的零部件和设备。 本部分不适用于以无线充电（WPT）方式为电动汽车供电或充电的供电设备。 本部分不适用于无轨电车、铁路车辆、工业车辆和主要用于非道路车辆的供电设备	GBT 18487.2—2001	2017－12－29	2018－7－1
25	GB/T 19596—2017	电动汽车术语	Terminology of Electric Vehicles	工业和信息化部	本标准界定了电动汽车相关的术语及定义。 本标准适用于电动汽车整车、驱动电机系统、可充电储能系统及充电机	GBT 19596—2004	2017－10－14	2018－0－01
26	GB/T 33598—2017	车用动力电池回收利用　拆解规范	Recycling of Traction Battery Used in Electric Vehicle—Dismantling Specification	工业和信息化部	本标准规定了车用废旧动力蓄电池包（组）、模块拆解工作的术语和定义，总体要求，作业程序及存储和管理要求。 本标准适用于车用废旧锂离子动力蓄电池、金属氢化物镍动力蓄电池的蓄电池包（组）、模块的拆解，不适用于车用废旧动力蓄电池单体的拆解	—	2017－5－12	2017－12－1
27	GB/T 34013—2017	电动汽车用动力蓄电池产品规格尺寸	Dimension of Traction Battery for Electric Vehicles	工业和信息化部	本标准规定了电动汽车用动力蓄电池单体、模块和标准箱规格尺寸。 本标准适用于装载在电动汽车上的锂离子蓄电池和金属氢化物镍蓄电池，其他类型蓄电池参照执行	—	2017－7－12	2018－2－1
28	GB/T 34014—2017	汽车动力蓄电池编码规则	Coding Regulation for Automotive Traction Battery	工业和信息化部	本标准规定了汽车动力蓄电池编码的对象、代码结构组成、代码结构表示方法和数据载体。 本标准适用于汽车动力蓄电池、超级电容器及其他可充电储能装置	—	2017－7－12	2017－12－1
29	GB/T 34015—2017	车用动力电池回收利用　余能检测	Recycling of Traction Battery Used in Electric Vehicle—Test of residual capacity	工业和信息化部	本标准规定了车用废旧动力蓄电池余能检测的术语和定义、符号、检测要求、检测流程及检测方法。 本标准适用于车用废旧锂离子动力蓄电池和金属氢化物镍动力蓄电池单体、模块的余能检测	—	2017－7－12	2017－12－1
30	GB/T 34585—2017	纯电动货车　技术条件	Battery Electric Goods Vehicles—Technical Conditions	工业和信息化部	本标准规定了纯电动货车的术语和定义、要求及试验方法。 本标准适用于纯电动货车	—	2017－10－14	2018－7－1

续上表

序号	标 准 号	标准名称	标准英文名称	归口单位	标准主要内容	代替标准号	发布日期	实施日期
31	GB/T 34598—2017	插电式混合动力电动商用车 技术条件	Plug-in Hybrid Electric Commercial Vehicles—Technical Conditions	工业和信息化部	本标准规定了插电式混合动力电动商用车的术语和定义、要求及试验方法。 本标准适用于插电式混合动力电动商用车	—	2017 - 10 - 14	2018 - 5 - 1
32	GB/T 4094. 2—2017	电动汽车 操纵件、指示器及信号装置的标志	Electric Vehicles—Symbols for Controls, Indictors and Tell - tales	工业和信息化部	本部分规定了电动汽车特有的操纵件、指示器及信号装置的标志和信号装置显示颜色的基本要求。 本部分适用于电动汽车	GBT 4094. 2—2005	2017 - 9 - 29	2019 - 7 - 1
33	QC/T 1068—2017	电动汽车用异步驱动电机系统	Asynchronous Drive Motor System for Electric vehicles	工业和信息化部	本标准规定了电动汽车用异步驱动电机系统的要求、试验方法、检验规则、标志与标识。 本标准适用于电动汽车用异步驱动电机系统	—	2017 - 1 - 09	207 - 7 - 1
34	QC/T 1069—2017	电动汽车用永磁同步驱动电机系统	Permanent Magnet Synchronous Drive Motor System for Electric Vehicles	工业和信息化部	本标准规定了电动汽车用永磁同步驱动电机系统的技术要求、试验方法、检验规则、标志与标识 本标准适用于电动汽车用永磁同步驱动电机系统	—	2017 - 1 - 9	2017 - 7 - 1
35	GB/T 35178—2017	燃料电池电动汽车氢气消耗量测量方法	Fuel Cell Electric Vehicles-Hydrogen Consumption—Test Methods	工业和信息化部	本标准规定了燃料电池电动汽车氢气消耗量的测量方法。 本标准适用于使用压缩氢气的燃料电池电动汽车	—	2017 - 12 - 29	2018 - 7 - 1
36	GB/T 34425—2017	燃料电池电动汽车 加氢枪	Fuel Cell Electric Vehicles—Hydrogen Refuelling Nozzle	工业和信息化部	本标准规定了燃料电池电动汽车加氢枪的定义、要求和试验方法。 本标准适用于使用压缩氢气为工作介质、工作压力不超过 30 MPa、工作环境温度为 - 40 ℃ ~ 60 ℃的燃料电池电动汽车加氢枪	—	2017 - 10 - 14	2018 - 5 - 1
37	GB/T 34657—2017	电动汽车传导充电互操作性测试规范 第 2 部分:车辆	Interoperability Test Specifications of Electric Vehicle Conductive Charging—Part 2: Vehicle	工业和信息化部	本部分规定了电动汽车传导充电互操作性测试对车辆的检验规则、测试条件、测试项目、测试方法及合格评判。 本部分适用于采用 GB/T 20234. 2—2015 和/或 GB/T 20234. 3—2015 传导充电接口的电动汽车	—	2017 - 10 - 14	2018 - 5 - 1
38	GB/T 34593—2017	燃料电池发动机氢气排放测试方法	Test Methods of Hydrogen Emission for Fuel Cell Engine	工业和信息化部	本标准规定了车用燃料电池发动机的氢气排放测试方法。 本标准适用于车用质子交换膜燃料电池发动机	—	2017 - 10 - 14	2018 - 5 - 1

（中国汽车技术研究中心有限公司　何云堂）

节能与新能源汽车年鉴

YEARBOOK OF ENERGY-SAVING AND NEW ENERGY VEHICLES

第二篇 Section Ⅱ

政策与规划

Policies and Regulations

一、国家主要政策与规划

Chapter 1 National Major Polices and Planning

新能源汽车生产企业及产品准入管理规定

中华人民共和国工业和信息化部令第39号

《新能源汽车生产企业及产品准入管理规定》已经2016年10月20日工业和信息化部第26次部务会议审议通过，现予公布，自2017年7月1日起施行。工业和信息化部2009年6月17日公布的《新能源汽车生产企业及产品准入管理规则》（工产业〔2009〕第44号）同时废止。

第一条 为了落实发展新能源汽车的国家战略，规范新能源汽车生产活动，保障公民生命财产安全和公共安全，促进新能源汽车产业持续健康发展，根据《中华人民共和国行政许可法》《中华人民共和国道路交通安全法》《国务院对确需保留的行政审批项目设定行政许可的决定》等法律法规，制定本规定。

第二条 在中华人民共和国境内生产新能源汽车的企业（以下简称新能源汽车生产企业），及其生产在境内使用的新能源汽车产品的活动，适用本规定。

第三条 本规定所称汽车，是指《汽车和挂车类型的术语和定义》国家标准（GB/T 3730.1—2001）第2.1款所规定的汽车整车（完整车辆）及底盘（非完整车辆），不包括整车整备质量超过400 kg的三轮车辆。

本规定所称新能源汽车，是指采用新型动力系统，完全或者主要依靠新型能源驱动的汽车，包括插电式混合动力（含增程式）汽车、纯电动汽车和燃料电池汽车等。

第四条 工业和信息化部负责实施全国新能源汽车生产企业及产品的准入和监督管理。

省、自治区、直辖市工业和信息化主管部门负责本行政区域内新能源汽车生产企业及产品的日常监督管理，并配合工业和信息化部实施准入管理相关工作。

第五条 申请新能源汽车生产企业准入的，应当符合以下条件：

（一）符合国家有关法律、行政法规、规章和汽车产业发展政策及宏观调控政策的要求。

（二）申请人是已取得道路机动车辆生产企业准入的汽车生产企业，或者是已按照国家有关投资管理规定完成投资项目手续的新建汽车生产企业。

汽车生产企业跨产品类别生产新能源汽车的，也应当按照国家有关投资管理规定完成投资项目手续。

（三）具备生产新能源汽车产品所必需的设计开发能力、生产能力、产品生产一致性保证能力、售后服务及产品安全保障能力，符合《新能源汽车生产企业准入审查要求》（见附件1，以下简称《准入审查要求》）。

具备工业和信息化部规定条件的大型汽车企业集团，在企业集团统一规划、统一管理、承担相应监管责任的前提下，其下属企业（包括下属子公司及分公司）的准入条件予以简化，适用《企业集团下属企业的准入审查要求》（见附件2）。

（四）符合相同类别的常规汽车生产企业准入管理规则。

第六条 汽车生产企业在已列入《道路机动车辆生产企业及产品公告》（以下简称《公告》）的新能源汽车整车或者底盘基础上改装生产新能源汽车产品，改装未影响到底盘、车载能源系统、驱动系统和控制系统的，不需要申请新能源汽车生产企业准入。

第七条 申请准入的新能源汽车产品，应当符合以下条件：

（一）符合国家有关法律、行政法规、规章。

（二）符合《新能源汽车产品专项检验项目及依据标准》（见附件3），以及相同类别的常规汽车产品相关标准。

（三）经国家认定的检测机构（以下简称检测机构）检测合格。

（四）符合工业和信息化部规定的安全技术条件。

工业和信息化部根据新能源汽车产业发展的实际情况和相关标准制修订情况，及时调整《新能源汽车产品专项检验项目及依据标准》的有关内容，并在施行前向社会公布。

第八条 申请新能源汽车生产企业准入的，应当向工业和信息化部提交以下材料：

（一）申请新能源汽车生产企业准入审查的文件。

（二）《新能源汽车生产企业准入申请书》（见附件4）及相关证明材料。

（三）新建新能源汽车生产企业的企业法人营业执照复印件，以及根据国家有关投资管理规定办理投资项目手续的文件。中外合资企业还应当提交中外股东持股比例证明。

第九条 申请新能源汽车产品准入的，应当向工业和信息化部提交以下材料：

（一）新能源汽车产品主要技术参数表（见附件5）。

（二）检测机构出具的新能源汽车产品检测报告。

（三）其他需要说明的情况。

第十条 工业和信息化部收到准入申请后，对于申请材料不齐全或者不符合法定形式的，应当当场或者在5日内一次性告知申请人需要补正的全部内容。申请材料齐全、符合法定形式的，应当予以受理，并自受理之日起20个工作日内作出批准或者不予批准的决定。20个工作日内不能作出决定的，经工业和信息化部负责人批准，可以延长10个工作日，并应当将延长期限的理由告知申请人。

第十一条 工业和信息化部委托第三方技术服务机构，组织专家对新能源汽车生产企业、新能源汽车产品准入申请进行技术审查，审查方式包括现场审查、资料审查。

工业和信息化部建立新能源汽车领域专家库，从中选取专家组成审查组。

第三方技术服务机构技术审查所需时间不计算在本规定第十条规定的期限内。

第十二条 申请新能源汽车生产企业准入的，如已按照相同类别的常规汽车生产企业准入管理规则通过了审查的，免予审查《准入审查要求》中的相关要求。

第十三条　检测机构应当严格按照工业和信息化部有关规定开展新能源汽车产品检测工作，不得擅自变更检测要求。

第十四条　通过审查的新能源汽车生产企业及产品，由工业和信息化部通过《公告》发布。

不符合本规定所规定的条件、标准的新能源汽车生产企业及产品，工业和信息化部不予列入《公告》。

新能源汽车生产企业应当按照《公告》载明的许可要求生产新能源汽车产品。

第十五条　新能源汽车生产企业应当加强管理、规范使用新能源汽车产品出厂合格证，确保出厂合格证及其信息与实际产品唯一对应、保持一致。

第十六条　新能源汽车生产企业应当建立新能源汽车产品售后服务承诺制度。售后服务承诺应当包括新能源汽车产品质量保证承诺、售后服务项目及内容、备件提供及质量保证期限、售后服务过程中发现问题的反馈、零部件（如电池）回收，出现产品质量、安全、环保等严重问题时的应对措施以及索赔处理等内容，并在本企业网站上向社会发布。

第十七条　新能源汽车生产企业应当建立新能源汽车产品运行安全状态监测平台，按照与新能源汽车产品用户的协议，对已销售的全部新能源汽车产品的运行安全状态进行监测。企业监测平台应当与地方和国家的新能源汽车推广应用监测平台对接。

新能源汽车生产企业及其工作人员应当妥善保管新能源汽车产品运行安全状态信息，不得泄露、篡改、毁损、出售或者非法向他人提供，不得监测与产品运行安全状态无关的信息。

第十八条　新能源汽车生产企业应当在产品全生命周期内，为每一辆新能源汽车产品建立档案，跟踪记录汽车使用、维护、维修情况，实施新能源汽车动力电池溯源信息管理，跟踪记录动力电池回收利用情况。

新能源汽车生产企业应当对新能源汽车产品的技术状况、故障及主要问题等运行情况进行分析、总结，编写年度报告（见附件6）。年度报告应当在新能源汽车产品全生命周期内存档备查。

第十九条　新能源汽车生产企业申请准入的新能源汽车产品类别或者动力系统（包括插电式混合动力、纯电动、燃料电池等）与已列入《公告》的新能源汽车产品不同的，或者增加、变更生产地址的，应当向工业和信息化部提交本规定第八条所列的材料，原则上应当进行现场审查。

取得插电式混合动力汽车或者燃料电池汽车产品准入的新能源汽车生产企业，申请相同类别的纯电动汽车产品准入的，只进行资料审查。

第二十条　新能源汽车生产企业应当持续满足《准入审查要求》和生产一致性等相关规定，确保新能源汽车产品安全保障体系正常运行。

第二十一条　新能源汽车生产企业发现新能源汽车产品存在安全、环保、节能等严重问题的，应当立即停止相关产品的生产、销售，采取措施进行整改，并及时向工业和信息化部和相关省、自治区、直辖市工业和信息化主管部门报告。

第二十二条　工业和信息化部应当对新能源汽车生产企业的《准入审查要求》保持情况、生产一致性情况和监测平台运行情况等进行监督检查，检查方式包括资料审查、实地核查、市场抽样和性能检测等。

省、自治区、直辖市工业和信息化主管部门应当对本行政区域内新能源汽车生产企业的生产情况、监测平台运行情况进行监督检查。发现新能源汽车生产企业有《准入审查要求》所列要求发生重大变化、生产管理存在重大安全隐患、有违法行为等的，应当及时向工业和信息化部报告。

第二十三条　对于停止生产新能源汽车产品12个月及以上的新能源汽车生产企业，工业和信息化部予以特别公示。

经特别公示的新能源汽车生产企业在恢复生产之前，工业和信息化部应当对其保持《准入审查要求》的情况进行核查。

第二十四条　工业和信息化部建立新能源汽车生产企业信用数据库，将企业违反生产一致性要求、申请材料弄虚作假、行政处罚等情况列入信用数据库。

第二十五条　新能源汽车生产企业不能保持《准入审查要求》，存在公共安全、人身健康、生命财产安全隐患的，工业和信息化部应当责令其停止生产、销售活动，并责令立即改正。

第二十六条　新能源汽车生产企业破产或者自愿终止生产新能源汽车产品的，工业和信息化部应当撤销、注销其相应的新能源汽车生产企业、产品准入。

第二十七条　隐瞒有关情况或者提供虚假材料申请新能源汽车生产企业、新能源汽车产品准入的，工业和信息化部不予受理或者不予准入，并给予警告，申请人在一年内不得再次申请准入。

以欺骗、贿赂等不正当手段取得新能源汽车生产企业、新能源汽车产品准入的，工业和信息化部应当撤销其新能源汽车生产企业、产品准入，申请人在三年内不得再次申请准入。

第二十八条　新能源汽车生产企业擅自生产、销售未列入工业和信息化部《公告》的新能源汽车车型的，工业和信息化部应当依据《中华人民共和国道路交通安全法》第一百零三条第三款的规定予以处罚。

第二十九条　已取得准入的新能源汽车整车生产企业，应当按照本规定进行改造，并自本规定施行之日起6个月内报送满足本规定的审查计划，于24个月内通过审查。对于其取得准入时已审查的有关内容，免予审查。

自制自用新能源汽车底盘的改装类客车生产企业，通过改造，满足商用车生产企业准入管理规则有关生产客车底盘准入条件后，可申请新能源汽车整车生产企业准入。自制自用新能源汽车底盘的改装类专用车生产企业，按照国家有关投资管理规定完成整车投资项目手续、满足商用车生产企业准入管理规则有关准入条件后，可申请新能源汽车整车生产企业准入。自制自用新能源汽车底盘的改装类客车、改装类专用车生产企业，应当自本规定施行之日起6个月内报送满足本规定的审查计划，于24个月内通过审查。

逾期未通过审查的，视为不能保持《准入审查要求》。

第三十条　新能源汽车生产企业在产的新能源汽车产

品应当自本规定施行之日起6个月内,符合《新能源汽车产品专项检验项目及依据标准》。

第三十一条 新建纯电动乘用车生产企业应当同时满足《新建纯电动乘用车企业管理规定》。

第三十二条 本规定自2017年7月1日起施行。2009年6月17日工业和信息化部公布的《新能源汽车生产企业及产品准入管理规则》(工产业〔2009〕第44号)同时废止。本规定施行前公布的有关规定与本规定不一致的,以本规定为准。

附件:

1. 新能源汽车生产企业准入审查要求
2. 企业集团下属企业的准入审查要求
3. 新能源汽车产品专项检验项目及依据标准(略)
4. 新能源汽车生产企业准入申请书(略)
5. 新能源汽车产品主要技术参数表(略)
6. 新能源汽车年度报告(略)

附件1

新能源汽车生产企业准入审查要求

序 号	准入审查要求
一	设计开发能力
1	应建立专门的设计开发机构,统一负责产品设计和制造过程开发全过程的工作。对于企业集团,设计开发机构可统一设立。 申请各类别新能源汽车生产企业准入的企业,应配备与设计开发工作相适应的专业技术人员,人员的能力、数量、岗位分布应满足相应的常规汽车生产企业准入管理规则的要求,并能完成以下工作: (1)整车控制系统软、硬件设计、调试、标定; (2)车载能源系统、驱动系统及动力耦合装置的匹配、电器附件的匹配; (3)设计计算和仿真分析; (4)申请插电式混合动力汽车生产准入的,还应具有发动机整机、机构和系统、机电耦合装置的研发人员,以及发动机和机电耦合装置控制系统二次开发的人员。申请燃料电池汽车生产准入的,还应具有燃料电池系统、储氢系统及相应的控制系统的研发人员
2*	理解和掌握所生产的新能源汽车的开发和制造方面的技术,至少包括: (1)相应的常规汽车生产企业准入管理规则对各类别汽车产品开发和制造方面的技术要求; (2)整车控制系统技术,包括整车控制策略、系统/部件/元器件硬件和软件的基本原理、结构、功能和性能要求、控制器软硬件设计、通讯和数据交换、失效模式、安全及环保风险、测试评价方法、标定、故障诊断和解决措施等; (3)整车控制系统、车载能源系统、驱动系统、其他电器系统附件的边界划分与接口定义; (4)整车与车载能源系统、驱动系统及动力耦合装置、电器附件的集成和匹配; (5)申请插电式混合动力汽车生产准入的,还应理解和掌握发动机和机电耦合装置控制系统的技术;申请燃料电池汽车生产准入的,还应理解和掌握燃料电池系统控制、储氢系统控制方面的技术; (6)整车刚度和强度与动力学分析、安全性仿真分析、整车NVH仿真分析、电子电控系统分析、整车通讯系统分析、热力学分析、机构运动分析、操纵稳定性和平顺性分析方面的设计计算和仿真分析等; (7)产品试制、试装、调试、标定、试验验证、评价
3	应建立适于本企业的整车及电子电控系统软、硬件开发工作流程和开发管理手册,应包括参与部门及职责、时间节点管理、输出物管理、评审、验证、确认等方面的内容。 应建立与整车、电子电控系统软/硬件、底盘、车身、车架、驾驶室、专用装置相关的设计规范、匹配标定和试验验证规范,其内容应覆盖相关设计、匹配标定和试验验证过程,以及技术文件管理、标准化等内容,应能够指导新能源汽车整车设计、电子电控系统软/硬件设计、其他系统设计和匹配、自制总成部件设计、拥有知识产权总成部件设计、通讯和数据交换协议开发工作,以及相应的匹配标定、试验验证和评价、确认等方面的工作。 对于其他不具备知识产权的总成、部件,应具备完整的匹配标定和试验验证规范。 设计规范、匹配标定和试验验证规范应在实际工作中得以应用
4	应建立与产品相适应的产品信息数据库,数据库内容至少应包括: (1)申请车型使用的金属和非金属原材料性能数据; (2)基础车型或类似产品的设计平台基础数据、图样、规格参数、技术要求等; (3)申请车型的整车和底盘、整车控制系统、其他系统和总成/部件的图样、规格参数、技术要求、设计计算和仿真分析结果、对车辆运行安全状态监测的结果;其他不具备知识产权的总成、部件的接口、通讯、外廓尺寸和安装尺寸、功能和性能要求
5*	具备必要的整车、整车控制系统、其他自行设计开发的系统和总成的开发工具、软件及设备,能够完成相应的开发工作,至少应包括整车(包括底盘/车架、车身/驾驶室/内外饰、专用装置等)和整车控制系统功能和性能开发、效果图设计、三维数据扫描及处理、绘图、整车及系统仿真、电路板设计及电路仿真、通讯和数据交换系统开发、控制策略建模、自动代码生成、调试、标定、编译、写入、控制器软/硬件测试等工作
6*	申请各类别新能源汽车生产企业准入的企业,应分别满足相应的常规汽车生产企业准入管理规则对整车和自制部件的试制、试装、调试能力的要求。 企业应具备与自身研发工作相适应的试验验证能力,包括整车、整车控制系统、车载能源系统、驱动系统、其他自制部件的试验验证能力等。至少包括: (1)相应的常规汽车生产企业准入管理规则对各类别汽车整车企业试验验证能力的要求。申请新能源客车产品的企业,还应具备整车动力性、经济性、可靠性模拟试验验证能力。 (2)动力系统、驱动系统和控制系统集成测试能力(包括制动回馈功能测试能力)、电子电控系统功能测试能力及耐环境性(高温、低温、振动、盐雾等)测试能力、通信系统模拟测试能力、控制软件分析测试能力、硬件在环测试能力、单个箱体的动力蓄电池包(超级电容器)性能测试能力及耐环境性(高温、低温、振动等)测试能力、电子电器的电气性能基本测试能力、高压电安全测试能力。 (3)申请插电式混合动力汽车的,还应具备发动机性能/工况排放、能耗、电机性能、机电耦合装置性能综合测试台架;申请燃料电池汽车的,还应具备燃料电池系统性能测试台架、车载氢系统泄漏及高压气体安全方面的测试仪器和设备

续上表

序　号	准入审查要求
7	产品和制造过程设计开发的输入、输出应充分适宜;应对产品和制造过程设计开发的输出进行评审、验证和确认,并保存相应记录。设计输出所形成的产品图样及相关技术文件应完整,并可以指导生产。 设计评审、验证的项目应充分、合理,应包括总成部件、系统、整车的功能、性能,重点关注安全性
8	在实施产品和制造过程的设计更改(包括由供方引起的更改)前,应重新进行评审(包括评价更改对产品组成部分和已交付产品的影响)、确认,必要时进行验证,同时应满足产品的生产一致性要求。 应保存评审、验证和确认的记录,包括更改在生产中实施日期的记录
二	生产能力
9＊	申请各类别新能源汽车生产企业准入的企业,应分别满足相应的常规汽车生产企业准入管理规则的要求。 应具备保证产品质量和生产能力所必需的生产设备以及专用的工装、模具。新能源汽车可与其他汽车产品共线生产。 应具备专用充电设备,数量应能保证产品充电需要。 应建立充分的安全生产管理措施、人员防护措施、应急处理措施
10＊	投资项目审批文件中要求建设发动机生产条件的整车生产企业,申请插电式混合动力汽车产品时,应具备发动机的生产能力,至少应有缸体、缸盖的精加工生产线,机械化的发动机总成装配线及发动机试验台架。曲轴、凸轮轴、连杆可委托加工
三	产品生产一致性保证能力
11	新能源汽车生产企业应实施计算机信息化管理,至少应建立产品可追溯性信息管理系统,应对发动机、车载能源系统/燃料电池系统、储氢系统、驱动电机、整车控制器等关键零部件总成,以及整车配置、出厂检测数据等进行可追溯性信息管理
12	针对所有原材料、常规部件、车载能源系统及其他电器系统部件、软件及服务等供方,应建立供应链管理体系,确定供方及其产品评价标准、采购技术协议、产品验证规范,对供方及其产品进行评价和选择,并进行日常监督管理,以保证产品的质量和安全性。应保留对供方及其产品的评价、选择、管理记录
13＊	应具备保证产品质量所必需的进货检验、过程检验、出厂检验等设备和辅助检具,检验项目覆盖整车主要技术特性参数、主要零部件基本技术参数、功能和性能方面的检验内容,对安全、环保、节能等法规符合性、顾客特殊要求、新能源汽车专项检测项目要求应特别关注,性能指标应满足相关技术标准的要求,且与所要求的测量能力一致。 应具备车载能源系统/燃料电池系统、驱动系统的电气性能与安全、温度、储氢系统安全等项目的检验设备以及整车安全检测线。 应具备整车控制器总成检验能力、整车下线后控制系统及其子系统的检验能力,具备故障诊断专用仪器和软件
14＊	应建立从关键零部件总成供方至整车出厂的完整的产品可追溯体系。应建立整车产品信息及出厂检测数据记录和存储系统,存档期限不低于产品的预期生命周期。 当产品质量、安全、环保等方面发生重大共性问题和设计缺陷时(包括由于供方原因引起的问题),应能迅速查明原因,确定召回范围,并采取必要措施;当顾客需要维修备件时,应能够迅速确定所需备件的技术状态。 对于发动机、车载能源系统/燃料电池系统、储氢系统、驱动电机、整车控制器等关键部件,应建立易见的、不可更换的、唯一性标识,并建立可以支持产品追溯的信息数据库
四	售后服务及产品安全保障能力
15	应建立完整的文件化的销售和售后服务管理体系,包括人员培训(企业内部人员、经销商人员、顾客或使用单位的人员)、销售和售后服务网络建设、维修服务提供、备件提供、索赔处理、信息反馈、整车产品召回、零部件(如电池)回收及再利用、客户管理等内容,并有能力实施。 应建立相应的技术文件体系,包括销售技术培训手册、整车/底盘/电子电器系统的维修手册、备件目录、专用工具和仪器清单、产品使用说明书、售后服务承诺、应急措施等。 售后服务承诺内容应充分适宜,应在本企业网站上向社会公开,并严格履行。 已获得新能源汽车生产准入的企业如果发生重组,应保证重组后企业提供的售后服务不低于重组前作出的售后服务承诺
16	维修服务、备件供应满足所有客户要求,能保证在产品的使用寿命期限内、在企业承诺的限定服务时间内向顾客提供可靠的备件、维修和咨询服务。 售后服务体系除能独立完成或与供方协作完成与常规汽车相同的售后服务项目外,还应具备整车及车载能源系统、驱动系统、控制系统及子系统和相关部件的故障诊断专用仪器和软件,具备相应的维修服务能力和更换能力。 应建立零部件(如电池)回收及再利用的渠道,与有关各方签订相关协议,确保回收及再利用的顺利实施
17＊	应建立质量信息及时反馈机制及产品安全保障机制。 应在产品全生命周期内为所销售的每一辆新能源汽车(含底盘)建立相应的档案,跟踪汽车使用、维护、维修情况,建立新能源汽车动力电池溯源信息管理系统,跟踪记录动力电池回收利用情况。 应按照与用户的协议,对已销售的全部新能源汽车(含底盘)的运行安全状态进行监测,直至汽车停止使用或报废。监测数据应至少包括车辆运行安全、故障、充电、能耗情况等方面,应对监测数据进行分析,并能为车辆改进提供数据支持。监测数据保存期应不低于产品的生命周期。企业监测平台应与地方和国家新能源汽车推广应用监测平台对接。 应建立新能源汽车安全事故应急处理制度,包括应急预案、抢险救援方案、事故调查及汇报方案等。 应编写年度报告。年度报告应长期存档备查

注:1. 申请新能源汽车生产企业准入的企业,如已按照相同类别的常规汽车生产企业准入管理规则通过审查,则对相关要求免予审查。

2. 表中准入审查要求分为否决项和一般项两类,共 17 个条款,标注“＊”的条款(共 8 个)为否决项。

3. 判定原则如下:

(1)现场考核全部否决项均符合要求,一般项不符合不超过 2 项,审查结论为通过;其余情况均为不通过。

(2)当现场考核结果未达到本注中第(1)条要求时,申请企业可在 2 个月内针对不符合项进行整改,经验证后达到本注中第(1)条要求的,考核结论为通过;验证未达到第(1)条要求的,结论为不通过,申请企业 6 个月后方可重新提出申请。整改验证只能进行一次。

附件 2

企业集团下属企业的准入审查要求

一、设计开发能力

企业集团如果具备共用与通用的产品设计开发能力(包括产品试制试装能力、试验验证能力),则下属企业可以借用,并简化《准入审查要求》"设计开发能力"的考核要求。

二、生产能力

下属企业应满足《准入审查要求》"生产能力"的相关要求。

对于车身、底盘等总成部件,如果企业集团在冲压、焊装等方面有统一生产布局,则可简化下属企业的相关能力要求。

三、产品生产一致性保证能力

下属企业应满足《准入审查要求》"产品生产一致性保证能力"的相关要求,并能够独立实施。但在检验能力中,涉及定期抽查、型式检验等方面的工作可由企业集团统一完成。

共用与通用产品的零部件配套可在企业集团统一管理、统一评价、统一要求下进行。下属企业的专有产品,应由下属企业自行制定要求、自行评价,指定配套企业。

四、售后服务及产品安全保障能力

可由企业集团统一销售渠道、提供通用性服务。下属企业的专有产品,应由下属企业提供专项服务。

工业和信息化部部长　苗　圩

2017 年 1 月 6 日

促进汽车动力电池产业发展行动方案

工信部联装〔2017〕29 号

动力电池是电动汽车的心脏,是新能源汽车产业发展的关键。经过十多年的发展,我国动力电池产业取得长足进步,但是目前动力电池产品性能、质量和成本仍然难以满足新能源汽车推广普及需求,尤其在基础关键材料、系统集成技术、制造装备和工艺等方面与国际先进水平仍有较大差距。为加快提升我国汽车动力电池产业发展能力和水平,推动新能源汽车产业健康可持续发展,制定本行动方案。

一、总体要求

(一)指导思想

深入贯彻落实党的十八大和十八届三中、四中、五中、六中全会精神,牢固树立创新、协调、绿色、开放、共享的发展理念,以推动供给侧结构性改革为主线,加快实施创新驱动发展战略,按照《中国制造 2025》总体部署,落实新能源汽车发展战略目标,发挥企业主体作用,加大政策扶持力度,完善协同创新体系,突破关键核心技术,加快形成具有国际竞争力的动力电池产业体系。

(二)基本原则

坚持创新驱动。以市场为导向、企业为主体,强化产学研用协同创新体系建设,加快关键核心技术突破,大幅提升产品安全和质量水平。

坚持产业协同。加强政策措施引导,充分发挥行业组织、产业联盟作用,促进动力电池与材料、零部件、装备、整车等产业紧密联动,推进全产业链协同发展。

坚持绿色发展。倡导全生命周期理念,完善政策法规体系,大力推行生态设计,推动梯级利用和回收再利用体系建设,实现低碳化、循环化、集约化发展。

坚持开放合作。充分利用全球资源和市场,创新思路和模式,不断提升合作的层次和水平,积极参与国际标准和技术法规制定,不断提高国际竞争能力。

二、发展方向和主要目标

(一)发展方向

持续提升现有产品的性能质量和安全性,进一步降低成本,2018 年前保障高品质动力电池供应;大力推进新型锂离子动力电池研发和产业化,2020 年实现大规模应用;着力加强新体系动力电池基础研究,2025 年实现技术变革和开发测试。

(二)主要目标

1. 产品性能大幅提升。到 2020 年,新型锂离子动力电池单体比能量超过 300 Wh/kg;系统比能量力争达到 260 Wh/kg、成本降至 1 元/Wh 以下,使用环境达 −30 ℃到 55 ℃,可具备 3C 充电能力。到 2025 年,新体系动力电池技术取得突破性进展,单体比能量达 500 Wh/kg。

2. 产品安全性满足大规模使用需求。新型材料得到广泛应用,智能化生产制造和一致性控制水平显著提高,产品设计和系统集成满足功能安全要求,实现全生命周期的安全生产和使用。

3. 产业规模合理有序发展。到 2020 年,动力电池行业总产能超过 1 000 亿 Wh,形成产销规模在 400 亿 Wh 以上、具有国际竞争力的龙头企业。

4. 关键材料及零部件取得重大突破。到 2020 年,正负极、隔膜、电解液等关键材料及零部件达到国际一流水平,上游产业链实现均衡协调发展,形成具有核心竞争力的创新型骨干企业。

5. 高端装备支撑产业发展。到 2020 年,动力电池研发制造、测试验证、回收利用等装备实现自动化、智能化发展,生产效率和质量控制水平显著提高,制造成本大幅降低。

三、重点任务

(一)建设动力电池创新中心

推动大中小企业、高校、科研院所等搭建协同攻关、开放共享的动力电池创新平台,引导支持优势资源组建市场化运作的创新中心。加快建设具有国际先进水平的研发设计、中试开发、测试验证和行业服务能力,开展动力电池关键材料、单体电池、电池系统等重大关键共性技术、基础技术和前瞻技术研究,以及知识产权布局和储备研究,为行业提供技术开发、标准制定、人才培养和国际交流等方面的支撑。(工业和信息化部)

(二)实施动力电池提升工程

通过国家科技计划(专项、基金)等统筹支持动力电池研发,实现 2020 年单体比能量超过 300 Wh/kg,不断提高产品性能,加快实现高水平产品装车应用。鼓励动力电池龙头企业协同上下游优势资源,集中力量突破材料及零部件、电池单体和系统关键技术,大幅度提升动力电池产品性能和安全性，力争实现单体350 Wh/kg、系统260 Wh/kg 的新型锂离子产品产业化和整车应用。（工业和信息化部、科技部）

（三）加强新体系动力电池研究

通过国家重点研发计划、国家自然科学基金等，鼓励高等院校、研究机构、重点企业等协同开展新体系动力电池产品的研发创新，积极推动锂硫电池、金属空气电池、固态电池等新体系电池的研究和工程化开发，2020 年单体电池比能量达到400 Wh/kg 以上、2025 年达到500 Wh/kg。（科技部、工业和信息化部、自然科学基金会）

（四）推进全产业链协同发展

依托重大技改升级工程、增强制造业核心竞争力重大工程包，加大对瓶颈制约环节突破、关键核心技术产业化等的支持，加快在正负极、隔膜、电解液、电池管理系统等领域培育若干优势企业，促进动力电池与材料、零部件、装备、整车等产业协同发展，推进自主可控、协调高效、适应发展目标的产业链体系建设。支持高性能超级电容器系统的研发，进一步加大产业化应用。（工业和信息化部、发展改革委、科技部）

（五）提升产品质量安全水平

结合技术进步、产业发展情况，调整完善动力电池行业规范条件、新能源汽车生产企业及产品准入管理规则等管理措施，加强产品质量和安全性监督检查，促进动力电池生产企业加强技术和管理创新，健全产品生产规范和质量保证体系，确保产品安全生产，提高产品质量在线监测、在线控制和产品全生命周期质量追溯能力，不断提升产品性能和质量安全水平。（工业和信息化部、质检总局）

（六）加快建设完善标准体系

发布实施并不断完善新能源汽车标准化路线图。加强动力电池产品性能、寿命、安全性、可靠性和智能制造、回收利用等标准的制修订工作；制定并实施动力电池规格尺寸、产品编码规则等标准。做好国家标准的贯彻实施工作，鼓励企业建立高于国家标准要求的企业标准体系。支持行业组织和企业积极参与国际标准和技术法规的制定，不断提升在国际标准和技术法规领域的话语权。（工业和信息化部、质检总局）

（七）加强测试分析和评价能力建设

通过中国制造2025 专项资金、国家科技计划等，支持动力电池检测和分析能力建设。加强测试技术及评价方法研究，加快制定行业通用的测试评价规程，完善企业自主检测、公共服务检测和国家认证检测相结合的评价体系。鼓励研究机构、检测认证机构以及动力电池、新能源汽车生产企业加强产品测试验证等相关数据积累，为产品开发、标准制修订、产品一致性管控夯实基础。（工业和信息化部、发展改革委、科技部、质检总局）

（八）建立完善安全监管体系

实施动力电池生产、使用、报废等全过程监管，鼓励行业组织、专业机构建立产品信息服务平台。完善新能源汽车安全监管体系建设，新能源汽车生产企业应对所销售的整车及动力电池等关键系统运行和安全状态进行监测和管理，建立产品安全预警制度和安全隐患定期排查机制，加强安全事故防范。（质检总局、工业和信息化部）

（九）加快关键装备研发与产业化

通过重大短板装备升级工程等，推进智能化制造成套装备产业化，鼓励动力电池生产企业与装备生产企业等强强联合，探索构建资本与风险共担的合作模式，加强关键环节制造设备的协同攻关，推进数字化制造成套装备产业化发展，提升装备精度的稳定性和可靠性以及智能化水平，有效满足动力电池生产制造、资源回收利用的需求。（工业和信息化部、发展改革委）

四、保障措施

（一）加大政策支持力度

发挥政府投资对社会资本的引导作用，鼓励利用社会资本设立动力电池产业发展基金，加大对动力电池产业化技术的支持力度。通过国家科技计划（专项、基金）等统筹支持核心技术研发；利用工业转型升级、技术改造、高技术产业发展专项、智能制造专项、先进制造产业投资基金等资金渠道，在前沿基础研究、电池产品和关键零部件、制造装备、回收利用等领域，重点扶持领跑者企业。动力电池产品符合条件的，按规定免征消费税；动力电池企业符合条件的，按规定享受高新技术企业、技术转让、技术开发等税收优惠政策。（工业和信息化部、财政部、税务总局、科技部、发展改革委、商务部）

（二）完善产业发展环境

全面清理整顿不利于全国公平竞争的政策措施。国家统一产品检测标准及规范，地方严格贯彻落实国家标准。加强对第三方检测机构的监督检查，保障检验测试公平公正。落实《电动汽车动力蓄电池回收利用技术政策（2015 年版）》；适时发布实施动力电池回收利用管理办法，强化企业在动力电池生产、使用、回收、再利用等环节的主体责任，逐步建立完善动力电池回收利用管理体系。预防和制止垄断行为和不正当竞争行为。加强舆论监督和引导，营造产业发展的良好舆论环境。（工业和信息化部、质检总局、发展改革委、科技部、商务部）

（三）发挥产业联盟作用

在动力电池企业与科研机构、高等学校、上下游产业之间建立有效运行的产学研合作新机制，充分利用现有的基础和条件，建立健全动力电池产业创新联盟，发挥行业协会等组织的作用，围绕共性关键技术开发、知识产权许可和保护、标准研究、政策措施建议等交流协作，加强行业自律管理，促进动力电池及相关产业的协同发展。（工业和信息化部）

（四）加快人才培养和引进

建立多层次的人才培养体系，推进人才培养、引进和引智工作。鼓励企业、科研院所在材料、系统集成等关键核心技术领域，加快培养和聚集一批国际知名领军人才。加强动力电池及系统集成等相关学科建设，鼓励企业、科研院所和高校建立联合培养机制，加强联合培养基地建设，培养相关学科应用型人才。（教育部、人力资源社会保障部、工业和信息化部）

（五）加强国际合作与交流

充分发挥多边或双边合作机制的作用，加强技术标准、政策法规等方面的国际交流与合作，积极参与和推动国际标准和技术法规的制定。鼓励国内企业与国外高水平企业的互利合作，推进动力电池技术和人才交流、项目合作和成果产业化。支持国内动力电池企业技术输出、产品出口以及到国外投资建厂，鼓励有条件的企业在发达国家设立研发机构。（工业和信息化部、质检总局、商务部、科技部）

工业和信息化部
国家发展和改革委员会
科学技术部
财政部
2017 年 2 月 20 日

汽车产业中长期发展规划

工信部联装〔2017〕53 号

汽车产业是推动新一轮科技革命和产业变革的重要力量，是建设制造强国的重要支撑，是国民经济的重要支柱。汽车产业健康、可持续发展，事关人民群众的日常出行、社会资源的顺畅流通和生态文明的全面跃升。当前，新一代信息通信、新能源、新材料等技术与汽车产业加快融合，产业生态深刻变革，竞争格局全面重塑，我国汽车产业进入转型升级、由大变强的战略机遇期。为落实党中央、国务院关于建设制造强国的战略部署，推动汽车强国建设，制定本发展规划。

一、发展现状与面临形势

（一）我国汽车产业发展成绩显著

进入新世纪以来，我国汽车产业快速发展，形成了种类齐全、配套完整的产业体系。整车研发能力明显增强，节能减排成效显著，质量水平稳步提高，中国品牌迅速成长，国际化发展能力逐步提升。特别是近年来在商用车和运动型多用途乘用车等细分市场形成了一定的竞争优势，新能源汽车发展取得重大进展，由培育期进入成长期。2016 年，我国汽车产销突破 2 800 万辆，连续 8 年位居全球第一，其中中国品牌汽车销量占比 50% 左右，市场认可度大幅提高。

汽车产业不断发展壮大，在国民经济中的地位和作用持续增强，对推动经济增长、促进社会就业、改善民生福祉作出了突出贡献。汽车相关产业税收占全国税收比、从业人员占全国城镇就业人数比、汽车销售额占全国商品零售额比均连续多年超过 10%。

与此同时，我国汽车产业大而不强的问题依然突出，表现在关键核心技术掌握不足，产业链条存在短板，创新体系仍需完善，国际品牌建设滞缓，企业实力亟待提升，产能过剩风险显现，商用车安全性能有待提高。巨大汽车保有量带来的能源、环保、交通等问题日益凸显。

（二）汽车产业发展形势面临重大变化

产品形态和生产方式深度变革。随着能源革命和新材料、新一代信息技术的不断突破，汽车产品加快向新能源、轻量化、智能和网联的方向发展，汽车正从交通工具转变为大型移动智能终端、储能单元和数字空间，乘员、车辆、货物、运营平台与基础设施等实现智能互联和数据共享。汽车生产方式向充分互联协作的智能制造体系演进，产业上下游关系更加紧密，生产资源实现全球高效配置，研发制造效率大幅提升，个性化定制生产模式将成为趋势。

新兴需求和商业模式加速涌现。互联网与汽车的深度融合，使得安全驾乘、便捷出行、移动办公、本地服务、娱乐休闲等需求充分释放，用户体验成为影响汽车消费的重要因素。互联网社交圈对消费的导向作用逐渐增强，消费需求的多元化特征日趋明显，老龄化和新生代用户比例持续提升，共享出行、个性化服务成为主要方向。

产业格局和生态体系深刻调整。汽车发达国家纷纷提出产业升级战略，加快推进产业创新和融合发展。发展中国家也在加紧布局，利用成本、市场等优势，积极承接国际产业和资本转移。中国深化改革全面推进，汽车产业国际化发展进程提速。产业边界日趋模糊，互联网等新兴科技企业大举进入汽车行业。传统企业和新兴企业竞合交融发展，价值链、供应链、创新链发生深刻变化，全球汽车产业生态正在重塑。

（三）建设汽车强国具备较好基础和有利条件

新能源汽车和智能网联汽车有望成为抢占先机、赶超发展的突破口。当前，我国新能源汽车技术水平大幅提升，产业规模快速扩大，产业链日趋完善。支撑汽车智能化、网联化发展的信息技术产业实力不断增强，互联网产业在全球占有一定优势，信息通信领域技术和标准的国际话语权大幅提高，北斗卫星导航系统即将实现全球组网。

潜力巨大、层次丰富的市场需求为产业发展提供持续动力和上升空间。随着新型工业化和城镇化加快推进，海外新兴汽车市场的发展，我国汽车产量仍将保持平稳增长，预计 2020 年将达到 3 000 万辆左右、2025 年将达到 3 500 万辆左右。维修保养、金融保险、二手车等后市场规模将快速扩大。同时，差异化、多元化的消费需求，将推动企业在技术、产品、服务、标准等多维度创新发展，抢占新兴领域发展先机。

制造强国战略实施和“一带一路”建设为产业发展提供重要支撑和发展机遇。智能制造的推广实施将有力推动产业转型升级，工业强基逐步夯实共性技术基础，“一带一路”建设将使海外发展通道更加畅通，沿线市场开发更为便捷，汽车产业协同其他优势产业共谋全球布局、国际发展的机制加快形成。

建设汽车强国，必须紧紧抓住当前难得的战略机遇，积极应对挑战，加强统筹规划，强化创新驱动，促进跨界融合，完善体制机制，推动结构调整和转型升级。

二、指导思想、基本原则和规划目标

（一）指导思想

深入贯彻党的十八大和十八届三中、四中、五中、六中全会精神，牢固树立和贯彻落实创新、协调、绿色、开放、共享的发展理念，推动大众创业、万众创新，推进汽车产业供给侧结构性改革，调控总量、优化结构、协同创新、转型升级。以加强法制化建设、推动行业内外协同创新为导向，优化产业发展环境；以新能源汽车和智能网联汽车为突破口，引领产业转型升级；以做强做大中国品牌汽车为中心，培育具有国际竞争力的企业集团；以“一带一路”建设为契机，推动全球布局和产业体系国际化。控总量、优环境、提品质、创品牌、促转型、增效益，推动汽车产业发展由规模速度型向质量效益型转变，实现由汽车大国向汽车强国转变。

（二）基本原则

创新驱动、重点突破。深入实施创新驱动发展战略，围绕价值链部署创新链，围绕创新链配置资源链，完善政产学研用协同创新体系，推进技术、管理、体制和模式等创新，全面提升创新能力，实现重点领域和关键环节的突破发展。

协同发展、合作共赢。加快推进设计、制造和服务一体化，实现产品全生命周期网络协同。创新整车与零部件企业合作模式，推进全产业链协同发展。引导信息通信、能源交通、材料环保等与汽车产业深度融合，构建新型产业生态。

市场主导、政府引导。发挥市场在资源配置中的决定性作用和政府宏观调控引导作用，完善法制建设，坚持质量为先，明确法律责任，规范产业发展秩序，突出企业主体地位，鼓励兼并重组，优化产业布局，推动特色优势产业集群发展。

开放包容、竞合发展。优化投资和产品准入管理，深化开放合作，营造统一开放、有序竞争的良好市场环境。鼓励优势企业牢固树立国际化发展理念，统筹利用两种资源、两个市场，积极进行海外布局，加快融入全球市场。

（三）规划目标

力争经过十年持续努力，迈入世界汽车强国行列。

——关键技术取得重大突破。产业创新体系不断完善，企业创新能力明显增强。动力系统、高效传动系统、汽车电子等节能技术达到国际先进水平，动力电池、驱动电机等关键核心技术处于国际领先水平。到2020年，培育形成若干家进入世界前十的新能源汽车企业，智能网联汽车与国际同步发展；到2025年，新能源汽车骨干企业在全球的影响力和市场份额进一步提升，智能网联汽车进入世界先进行列。

——全产业链实现安全可控。突破车用传感器、车载芯片等先进汽车电子以及轻量化新材料、高端制造装备等产业链短板，培育具有国际竞争力的零部件供应商，形成从零部件到整车的完整产业体系。到2020年，形成若干家超过1 000亿规模的汽车零部件企业集团，在部分关键核心技术领域具备较强的国际竞争优势；到2025年，形成若干家进入全球前十的汽车零部件企业集团。

——中国品牌汽车全面发展。中国品牌汽车产品品质明显提高，品牌认可度、产品美誉度及国际影响力显著增强，形成具有较强国际竞争力的企业和品牌，在全球产业分工和价值链中的地位明显提升，在新能源汽车领域形成全球创新引领能力。到2020年，打造若干世界知名汽车品牌，商用车安全性能大幅提高；到2025年，若干中国品牌汽车企业产销量进入世界前十。

——新型产业生态基本形成。完成研发设计、生产制造、物流配送、市场营销、客户服务一体化智能转型，实现人、车和环境设施的智能互联和数据共享，形成汽车与新一代信息技术、智能交通、能源、环保等融合发展的新型智慧生态体系。到2020年，智能化水平显著提升，汽车后市场及服务业在价值链中的比例达到45%以上。到2025年，重点领域全面实现智能化，汽车后市场及服务业在价值链中的比例达到55%以上。

——国际发展能力明显提升。统筹利用国际国内两种资源，形成从技术到资本、营销、品牌等多元化、深层次的合作模式，企业国际化经营能力显著提升。到2020年，中国品牌汽车逐步实现向发达国家出口；到2025年，中国品牌汽车在全球影响力得到进一步提升。

——绿色发展水平大幅提高。汽车节能环保水平和回收利用率不断提高。到2020年，新车平均燃料消耗量乘用车降到5.0 L/100 km、节能型汽车燃料消耗量降到4.5 L/100 km以下、商用车接近国际先进水平，实施国六排放标准，新能源汽车能耗处于国际先进水平，汽车可回收利用率达到95%；到2025年，新车平均燃料消耗量乘用车降到4.0 L/100 km、商用车达到国际领先水平，排放达到国际先进水平，新能源汽车能耗处于国际领先水平，汽车实际回收利用率达到国际先进水平。

三、重点任务

（一）完善创新体系，增强自主发展动力

坚持把增强创新能力作为提高产业竞争力的中心环节，坚持创新驱动发展导向，完善创新体系建设，加强核心技术攻关，提升平台服务能力，增强自主发展动力。

1. 完善创新体系。加强顶层设计与动态评估，建立健全部门协调联动、覆盖关联产业的协同创新机制。完善以企业为主体、市场为导向、产学研用相结合的技术创新体系，建立矩阵式的研发能力布局和跨产业协同平台，推进大众创业、万众创新，形成体系化的技术创新能力。充分发挥企业在技术创新中的主体地位，支持高水平企业技术中心建设。鼓励企业、院所、高校等创新主体围绕产业链配置创新资源，组建动力电池、智能网联汽车等汽车领域制造业创新中心。依托汽车产业联合基金等，推动创新要素向产业链高端和优势企业聚集流动。

2. 加强核心技术攻关。发布实施节能与新能源汽车、智能网联汽车技术路线图，明确近、中、远期目标。引导创新主体协同攻关整车及零部件系统集成、动力总成、轻量化、先进汽车电子、自动驾驶系统、关键零部件模块化开发制造、核心芯片及车载操作系统等关键核心技术，增加基础、共性技术的有效供给。加强燃料电池汽车、智能网联汽车技术的研发，支持汽车共享、智能交通等关联技术的融合和应用。

3. 提升支撑平台服务能力。推进技术标准、测试评价、基础设施、国际合作等产业支撑平台建设，完善整车和零部件技术标准体系，形成支撑产业发展的系统化服务能力。提升认证检验检测能力，推进建立汽车开发数据库、工程数据中心和专利数据库，为企业提供创新知识和工程数据的开放共享服务。重点支持具有较好基础、创新能力强、成长性好的产业链服务型企业发展。

专栏1　创新中心建设工程

制定节能汽车、纯电动汽车和插电式混合动力汽车、氢能燃料电池汽车、智能网联汽车、汽车动力电池、汽车轻量化、汽车制造等技术路线图，引导汽车及相关行业自主集成现有创新资源，组建协同攻关、开放共享的创新平台，加大研发投入，共同开展前沿技术和共性关键技术的研发，推动技术成果转移扩散和首次商业化，面向行业、企业提供公共技术服务。

到2020年，完成动力电池、智能网联汽车等汽车领域制造业创新中心建设，实现良好运作；到2025年，创新中心高效服务产业发展，具备较强国际竞争力。

（二）强化基础能力，贯通产业链条体系

产业基础和先进装备是建设汽车强国的重要支撑。夯实安全可控的汽车零部件基础，大力发展先进制造装备，提升全产业链协同集成能力。

1. 夯实零部件配套体系。依托工业强基工程，集中优势资源优先发展自动变速器、发动机电控系统等核心关键零部件，重点突破通用化、模块化等瓶颈问题。引导行业优势骨干企业联合科研院所、高校等组建产业技术创新联盟，加快培育零部件平台研发、先进制造和信息化支撑能力。引导零部件企业高端化、集团化、国际化发展，推动自愿性产品认证，鼓励零部件创新型产业集群发展，打造安全可控的零部件配套体系。

2. 发展先进车用材料及制造装备。依托国家科技计划（专项、基金等），引导汽车行业加强与原材料等相关行业合作，协同开展高强钢、铝合金高真空压铸、半固态及粉末冶金成型零件产业化及批量应用研究，加快镁合金、稀土镁（铝）合金应用，扩展高性能工程塑件、复合材料应用范围。鼓励行业企业加强高强轻质车身、关键总成及其精密零部件、电机和电驱动系统等关键零部件制造技术攻关，开展汽车整车工艺、关键总成和零部件等先进制造装备的集成创新和工程应用。推进安全可控的数字化开发、高档数控机床、检验检测、自动化物流等先进高端制造装备的研发和推广。加快3D打印、虚拟与增强现实、物联网、大数据、云计算、机器人及其应用系统等智能制造支撑技术在汽车制造装备的深化应用。

3. 推进全产业链协同高效发展。构建新型"整车－零部件"合作关系，探索和优化产业技术创新联盟成本共担、利益共享合作机制，鼓励整车骨干企业与优势零部件企业在研发、采购等层面的深度合作，建立安全可控的关键零部件配套体系。推动完善国家科技计划（专项、基金等）项目遴选取向，建立关键零部件产业化及"整车－零部件"配套项目考核指标，鼓励整车和零部件企业协同发展。开展关键零部件和"四基"薄弱环节联合攻关，推进企业智能化改造提升，促进全产业链协同发展。

专栏2　关键零部件重点突破工程

支持优势特色零部件企业做强做大，培育具有国际竞争力的零部件领军企业。针对产业短板，支持优势企业开展政产学研用联合攻关，重点突破动力电池、车用传感器、车载芯片、电控系统、轻量化材料等工程化、产业化瓶颈，鼓励发展模块化供货等先进模式以及高附加值、知识密集型等高端零部件。

到2020年，形成若干在部分关键核心技术领域具备较强国际竞争力的汽车零部件企业集团；到2025年，形成若干产值规模进入全球前十的汽车零部件企业集团。

（三）突破重点领域，引领产业转型升级

大力发展汽车先进技术，形成新能源汽车、智能网联汽车和先进节能汽车梯次合理的产业格局以及完善的产业配套体系，引领汽车产业转型升级。

1. 新能源汽车。加快新能源汽车技术研发及产业化。利用企业投入、社会资本、国家科技计划（专项、基金等）统筹组织企业、高校、科研院所等协同攻关，重点围绕动力电池与电池管理系统、电机驱动与电力电子总成、电动汽车智能化技术、燃料电池动力系统、插电/增程式混合动力系统和纯电动力系统等6个创新链进行任务部署。

实施动力电池升级工程。充分发挥动力电池创新中心和动力电池产业创新联盟等平台作用，开展动力电池关键材料、单体电池、电池管理系统等技术联合攻关，加快实现动力电池革命性突破。

加大新能源汽车推广应用力度。逐步提高公共服务领域新能源汽车使用比例，扩大私人领域新能源汽车应用规模。加快充电基础设施建设，构建便利高效、适度超前的充电网络体系。完善新能源汽车推广应用，尤其是使用环节的扶持政策体系，从鼓励购买过渡到便利使用，建立促进新能源汽车发展的长效机制，引导生产企业不断提高新能源汽车产销比例。不断完善新能源汽车标准体系，提高新能源汽车生产企业及产品准入门槛，加强出厂安全性能检测，强化新能源汽车生产监管，建立健全新能源汽车分类注册登记、交通管理、税收保险、车辆维修、二手车管理等政策体系。逐步扩大燃料电池汽车试点示范范围。

专栏3　新能源汽车研发和推广应用工程

掌握驱动电机及控制系统、机电耦合装置、增程式发动机等关键技术，支持动力电池、燃料电池全产业链技术攻关，实现革命性突破，大幅提升新能源汽车整车集成控制水平和正向开发能力，鼓励企业开发先进适用的新能源汽车产品。建设便利、高效、适度超前的充电网络体系，建立新能源汽车安全监测平台，完善新能源汽车推广应用扶持政策体系。

到2020年，新能源汽车年产销达到200万辆，动力电池单体比能量达到300 Wh/kg以上，力争实现350 Wh/kg，系统比能量力争达到260 Wh/kg、成本降至1元/Wh以下。到2025年，新能源汽车占汽车产销20%以上，动力电池系统比能量达到350 Wh/kg。

2. 智能网联汽车。加大智能网联汽车关键技术攻关。充分发挥智能网联汽车联盟、汽车产业联合基金等作用，不断完善跨产业协同创新机制，重点攻克环境感知、智能决策、协同控制等核心关键技术，促进传感器、车载终端、操作系统等研发与产业化应用。研究确定我国智能网联汽车通信频率，出台相关协议标准，规范车辆与平台之间的数据交互格式与协议，制定车载智能设备与车辆间的接口、车辆网络安全等相关技术标准。促进智能汽车与周围环境和设施的泛在互联，在保障安全前提下，实现资源整合和数据开放共享，推动宽带网络基础设施建设和多行业共建智能网联汽车大数据交互平台。

开展智能网联汽车示范推广。出台测试评价体系，分阶段、有步骤推进智能网联汽车应用示范，稳步扩大试点范围。示范区内建设测试、验证环境及相应的数据收集分析、管理监控等平台，集中开展智能网联汽车产品性能验证的示范与评价，建立智能网联汽车与互联网、物联网、智能交通网络、智能电网及智慧城市等的信息交流和协同机制，探索适合中国国情、多领域联动的智能网联汽车创新发展模式。加快推进智能网联汽车法律法规体系建设，明确安全责任主体界定、网络安全保障等法律要求。

专栏4　智能网联汽车推进工程

推进智能网联汽车技术创新，着力推动关键零部件研发，重点支持传感器、控制芯片、北斗高精度定位、车载终端、操作系统等核心技术研发及产业化。组织开展应用试点和示范，完善测试评价体系、法律法规体系建设。

到2020年，汽车DA（驾驶辅助）、PA（部分自动驾驶）、CA（有条件自动驾驶）系统新车装配率超过50%，网联式驾驶辅助系统装配率达到10%，满足智慧交通城市建设需求。到2025年，汽车DA、PA、CA新车装配率达80%，其中PA、CA级新车装配率达25%，高度和完全自动驾驶汽车开始进入市场。

3. 节能汽车。加大汽车节能环保技术的研发和推广。

推动先进燃油汽车、混合动力汽车和替代燃料汽车研发，突破整车轻量化、混合动力、高效内燃机、先进变速器、怠速启停、先进电子电器、空气动力学优化、尾气处理装置等关键技术。不断提高汽车燃料消耗量、环保达标要求，加强对中重型商用车节能减排的市场监管。完善节能汽车推广机制，通过汽车燃料消耗量限值标准、标识标准以及税收优惠政策等，引导轻量化、小型化乘用车的研发和消费。鼓励天然气、生物质等资源丰富的地区发展替代燃料汽车，允许汽车出厂时标称油气两用，开展试点和推广应用，促进车用能源多元化发展。

专栏5　先进节能环保汽车技术提升工程

依托现有资金渠道，按规定建立联合攻关平台，重点攻克先进发动机、混合动力、先进电子电器等乘用车节能环保技术和高压共轨喷射系统、高性价比混合动力总成、高效尾气处理装置等商用车节能环保技术。通过节能汽车车船税优惠、汽车消费税等税收政策，引导、鼓励小排量节能型乘用车消费。

到2020年，乘用车新车平均燃料消耗量达到5 L/100 km、怠速启停等节能技术应用率超过50%；到2025年，乘用车新车平均燃料消耗量比2020年降低20%、怠速启停等节能技术实现普遍应用。

（四）加速跨界融合，构建新型产业生态

坚持跨界融合、开放发展，以互联网与汽车产业深度融合为方向，加快推进智能制造，推动出行服务多样化，促进汽车产品生命周期绿色化发展，构建泛在互联、协同高效、动态感知、智能决策的新型智慧生态体系。

1. 大力推进智能制造。推进数字工厂、智能工厂、智慧工厂建设，融合原材料供应链、整车制造生产链、汽车销售服务链，实现大批量定制化生产。引导企业在研发设计、生产制造、物流配送、市场营销、售后服务、企业管理等环节推广应用数字化、智能化系统。重点攻关汽车专用制造装备、工艺、软件等关键技术，构建可大规模推广应用的设计、制造、服务一体化示范平台，推动建立贯穿产品全生命周期的协同管理系统，推进设计可视化、制造数字化、服务远程化，满足个性化消费要求，实现企业提质增效。

2. 加快发展汽车后市场及服务业。引导汽车企业积极协同信息、通信、电子和互联网行业企业，充分利用云计算、大数据等先进技术，挖掘用户工作、生活和娱乐等多元化的需求，创新出行和服务模式，促进产业链向后端、价值链向高端延伸，拓展包含交通物流、共享出行、用户交互、信息利用等要素的网状生态圈。推动汽车企业向生产服务型转变，实现从以产品为中心到以客户为中心发展，支持企业由提供产品向提供整体解决方案转变。鼓励发展汽车金融、二手车、维修保养、汽车租赁等后市场服务，促进第三方物流、电子商务、房车营地等其他相关服务业同步发展。

3. 推动全生命周期绿色发展。以绿色发展理念引领汽车产品设计、生产、使用、回收等各环节，促进企业、园区、行业间链接共生、原料互供、资源共享。制定发布汽车产品生态设计评价标准，建立统一的汽车绿色产品标准、认证标识体系。依托现有资金渠道，按规定支持汽车制造装备绿色改造，推动绿色制造技术创新和产业应用示范。推进汽车领域绿色供应链建设，生产企业在设计生产阶段应采取环境友好的设计方案，确保产品具有良好的可拆解、可回收性。逐步扩大汽车零部件再制造范围，提高回收利用效率和效益。落实生产者责任延伸制度，制定动力电池回收利用管理办法，推进动力电池梯级利用。

专栏6　“汽车+”跨界融合工程

推进智能化、数字化技术在企业研发设计、生产制造、物流仓储、经营管理、售后服务等关键环节的深度应用，不断提高生产装备和生产过程的智能化水平，推动建立充分互联协作的智能制造体系。围绕跨领域大数据的应用，创新出行和服务模式，推动汽车企业向生产服务型转变。加快推进汽车产业绿色改造升级，积极构建绿色制造体系。

到2020年，智能化水平大幅提升；到2025年，骨干企业研发、生产、销售等全面实现一体化智能转型，主要产品单耗达到世界先进水平。未来10年，汽车服务业在价值链中的比例年均提高2个百分点。

（五）提升质量品牌，打造国际领军企业

坚持把质量建设和品牌建设作为提高产业竞争力的根本要求，严格质量控制，加强品牌培育，推进企业改革，培育具有国际竞争力的领军企业。

1. 提升质量控制能力。推进汽车企业加强技术研发、质量保证、成本控制、营销服务等能力建设，增强企业产品综合竞争力。引导汽车企业加强可靠性设计、试验与验证技术开发应用，构建包含前期策划、中间监管、售后反馈的质量管理闭环系统，制定和完善产品质量标准体系，完善质量责任担保机制，发挥认证检验检测高技术服务业作用，健全全生命周期的质量控制和追溯机制。引导企业实施质量提升计划，以全面提高服务水平为突破口，以降低汽车故障率和稳定达标排放为工作目标，充分利用互联网、大数据等先进技术，建设汽车质量动态评价系统，持续提升产品品质和服务能力。

2. 加强品牌培育。提高品牌培育意识，引导企业实施品牌战略，夯实中国品牌汽车竞争力基础，强化中国汽车品牌文化内涵设计和推广工作，提升品牌价值。推动建立中国汽车品牌建设促进组织和机制，充分利用国际产业合作、重大活动等机会推广中国汽车品牌。引导行业组织研究建立适合中国汽车产业特色的质量品牌评价体系，积极推动汽车品牌评价国际新秩序建设。改造提升现有汽车产业集聚区，推动产业集聚向产业集群转型升级。密切产融合作，支持优势企业进行国际知名品牌收购和运管。

3. 激发企业发展活力。健全国有企业内部治理和监管机制，加快建立与市场经济相适应的经营决策、选人用人、业绩考核、收入分配等激励约束机制，推行实施国企考核研发投入按比例折算为利润。稳妥推进混合所有制改革，通过市场化手段和多种模式，实现国企和其他非公有制企业在产能、渠道、投融资等方面的合作。充分发挥社会监督机制作用，落实政府投资责任追究制度，引导民营资本、新兴科技企业等依法合规进入汽车领域。

4. 打造龙头企业。支持优势特色企业做大做强，成为具有较强国际竞争力的汽车领军企业，积极培育具有技术创新优势的零部件、连锁维修企业、汽车咨询服务企业成长为“小巨人”。支持以企业为主导开展国内外有序重组整合、企业并购和战略合作，鼓励企业国际化发展。鼓励汽车产业链内以及跨产业的资本、技术、产能、品牌等合作模式，支持优势企业以相互持股、战略联盟等方式强强联合，不断提升产业集中度。

专栏7 汽车质量品牌建设工程

建立和完善中国汽车质量品牌培育和发展机制，鼓励行业组织建立和推广中国汽车品牌评价标准体系，开展汽车品牌价值专业评价工作，引导行业企业加强品牌培育；鼓励优势企业通过收购国际知名汽车品牌和企业，实施品牌培育的跨越发展。

到2020年，骨干汽车企业研发经费占营业收入4%左右，新车平均故障率比2015年下降30%，形成若干世界知名汽车品牌；到2025年，骨干汽车企业研发经费占营业收入6%左右，骨干企业新车平均故障率达到国际一线品牌同等水平，若干中国品牌汽车企业产销量进入世界前十。

（六）深化开放合作，提高国际发展能力

坚持把国际化发展作为汽车产业可持续发展的重要保障，健全服务保障体系，提升国际化经营能力，加强国际合作，加快推动中国汽车产业融入全球市场。

1. 加快“走出去”步伐。引导汽车企业树立国际化发展的战略理念，制定国际化发展战略。发挥多双边合作和高层对话机制作用，促成产业合作整体框架和支持政策协定。深化境外投资管理改革，搭建“汽车产业国际合作绿色通道”。抓住“一带一路”建设、国际产能合作等机遇，加大力度开拓国际市场。鼓励优势企业选择差异化发展路径，逐步从出口贸易为主向投资、技术、管理等深度合作模式转变，实现产品、服务、技术和标准协同“走出去”。支持整车企业协同零部件企业选择重点发展地区建设汽车产业园区，形成科学布局、联动发展的产业格局。推动中国品牌汽车与国际工程项目“协同出海”。

2. 健全国际化服务体系。鼓励行业组织推动建立汽车产业海外发展联盟，着重培育包括政策法规、知识产权和认证等领域的系统性服务能力。整合国内外资源，推动行业企业自主设立汽车产业海外发展基金，联合相关国家和地区政府与社会资本，打造多维度、市场化资金保障体系。鼓励银行业金融机构基于商业可持续发展原则，建立适应汽车企业境外发展的信贷管理和贷款评审制度，加快建立多层次汽车产业境外投资担保体系。促进国内金融和保险机构跨境服务体系建设，探索在海外开展汽车融资租赁和相关保险业务。加大对发达国家尤其是“一带一路”国家和地区标准、认证和检验监管等制度研究，有效破解国际贸易壁垒。整合国内资源，促进中外政府汽车质量安全监管制度交流与合作，完善平行进口等多种贸易方式汽车监督管理。

3. 提高国际化经营能力。充分发挥现有政策的引导作用，鼓励和支持企业开展跨国合作，充分利用国际优势资源设立研发中心，推动产业合作由加工制造环节为主向合作研发、市场营销、品牌培育等产业链高端环节转移。推动企业品牌国际化建设，鼓励多投资主体共建共享国际营销渠道，创新营销模式，打造独立经销品牌。加强与汽车产业相关国际机构、组织的交流与合作，鼓励行业中介机构积极组织重点企业、高等院校等会同国际组织申请全球环境基金等绿色发展应用示范项目，建设新能源汽车分布式利用可再生能源的智能示范区，探索新能源汽车与可再生能源、智能电网的深度融合和协同发展的商业化推广模式，形成可在全球复制推广的经验和样本。

4. 提高国际合作水平。继续扩大对外开放，鼓励利用外资及引进相关先进技术和高端人才，加强与国外企业的战略合作，全面提高合作水平。加强政策引导，促进合资合作品牌与中国品牌共同发展，共同开拓国际、国内两个市场。鼓励合资合作企业加大研发投入，提高本地化开发车型比例。鼓励合资合作企业与内资企业加强技术和人才交流。

专栏8 海外发展工程

基于多双边高层合作机制，促进汽车产业合作战略框架协议达成。鼓励重点企业深化国际合作，在重点国家布局汽车产业园和开展国际产能合作，推动中国品牌商用车与国际工程项目“协同出海”。引导组建汽车产业对外合作联盟，提升汽车企业海外发展服务能力。

到2020年，中国品牌汽车海外市场影响力明显提高，实现向发达国家市场的批量出口；到2025年，中国品牌汽车国际市场占有率大幅提高，实现全球化发展布局。

四、保障措施

（一）深化体制机制改革

深化改革汽车产业管理体制，强化法制化管理，建立健全适合我国国情和产业发展规律的法制化、集约化、国际化管理制度。研究制定机动车生产管理相关法规，明确生产企业、政府等各方责任，建立健全有力的惩罚性赔偿制度和企业退出机制。完善车辆产品随机抽查抽检制度，大力查惩违法违规生产销售行为。逐步完善投资项目管理，实施事前的机动车辆生产企业及产品准入制度，事中的环保信息公开、达标监管及车辆维修信息公开、生产一致性核查制度，事后的缺陷产品召回和环保召回制度“三位一体”的管理体系，简化事前审批，强化事中、事后监管。优化和改革汽车产品公告管理，强化整车企业能力要求，实施委托改装制度。依托企业信息公示系统实现企业信用信息归集共享，加快推进汽车行业企业诚信体系和售后服务质量担保责任体系建设，落实产品质量主体责任和法律责任，建立多部门、跨地区的信用联动奖惩机制。完善内外资投资管理制度，有序放开合资企业股比限制。加强汽车产能监测预警，动态跟踪行业产能变化，定期发布产能信息，引导行业和社会资本合理投资。

（二）加大财税金融支持

依托各类产业投资基金、汽车产业联合基金等资金渠道，支持创新中心建设等八大工程实施。通过国家科技计划（专项、基金等）统筹支持前沿技术、共性关键技术研发。以创新和绿色节能为导向，鼓励行业企业加大研发投入，全面实施营改增试点，落实消费税、车辆购置税等税收政策。积极发挥政策性金融和商业金融各自优势，加大对汽车关键零部件、新能源汽车、智能网联汽车等重点领域的支持力度。支持中国进出口银行在业务范围内加大对汽车企业走出去的服务力度。

（三）强化标准体系建设

充分发挥标准的基础性和引导性作用，促进政府主导制定与市场自主制定的标准协同发展，建立适应我国国情并与国际接轨的汽车标准体系。完善汽车安全、节能、环保等领域强制性标准，健全标准实施效果评估机制。以整车安全与性能评价、基础设施为重点，优化完善新能源汽车标准体系。以功能安全、网络安全为重点，加强智能网联汽车标准体系建设。以轻量化、智能化制造、典型测试工况、先进节能技术为重点，完善节能汽车标准体系。以车辆本质安全、节能高效、严格贯标为重点，加强商用汽车标准的建设和贯彻执行。开展重点领域标准综合体的研究，发挥企业在标准制定中的重要作用。鼓励企业积极采用国际标准，推动汽车相关标准法规体系与国际接轨。积极参与国际标准制定，发挥标准化组织作用，推动优势、特色技术标准成为国际标准，提升我国在国际标准制定中的话语权和影响力。强化认证检验检测体系建设，完善认证认可管理模式。

（四）加强人才队伍保障

加强对汽车人才队伍建设的统筹规划和分类指导，开展汽车人才培养及管理模式等专项研究，健全人才评价体系，完善人才激励机制，优化人才流动机制，改善人才生态环境，构建具有国际竞争力的人才制度。加强汽车学科专业建设，改革院校创新型人才培养模式，强化职业教育和技能培训，搭建普通教育与职业教育的流动通道，着力培养科技领军人才、企业家、复合型等紧缺人才队伍，扩大培养技艺精湛的能工巧匠和高级技师。弘扬工匠精神，推进现代学徒制，支持企业推行订单培养、顶岗实习等人才培养模式，实现培养与产业需求的精准结合。建立科技领军人才、汽车大国工匠等表彰制度。构建汽车产业人才供需对接、互动交流、成长服务等专业特色平台，构建和完善各类人才数据库，指导人才合理流动和定向培养。实施积极开放、有效的人才引进政策，促进国际化人才培养。

（五）完善产业发展环境

着力提高汽车产品节能、环保、安全、智能水平，完善道路交通安全法规和标准，建立道路交通事故深度调查研究机制，对事故车辆存在质量问题的依法追究生产改装企业责任。加快研究制定规范管理低速电动车的指导意见，从源头解决非法生产销售问题。加强机动车污染防治，科学制定并严格执行机动车排放和车用燃料标准，建立实施汽车排气检测与维护制度，鼓励使用清洁车用能源，推广使用节能环保车型，以市场化手段推动老旧、高排放汽车淘汰更新。提高城市规划和交通布局的前瞻性和科学性，合理建设布局城市道路、停车场、加油站、充电站（桩）等基础设施，大力建设安全便捷、畅通高效、绿色智能的现代综合交通运输服务体系。促进汽车共享经济发展，全方位提高汽车使用效率。

（六）发挥行业组织作用

发挥行业组织熟悉行业、贴近企业的优势，为政府和行业提供双向服务。行业组织应加强数据统计、成果鉴定、检验检测、标准制订等能力建设，提高为行业企业发展服务水平。行业组织应密切跟踪产业发展动态，开展专题调查研究，及时反映企业诉求，充分发挥连接企业与政府的桥梁作用。鼓励行业组织完善公共服务平台，协调组建行业交流及跨界协作平台，开展联合技术攻关，推广先进管理模式，培养汽车科技人才。行业组织应完善工作制度，提高行业素质，加强行业自律，抵制无序和恶性竞争。

五、规划实施

各地区、各部门要充分认识推动汽车产业转型升级、由大到强的重大意义，加强组织领导，健全工作机制，强化部门协同，形成发展合力。各部门要根据自身职能，制定工作方案，细化政策措施。各地区要结合当地实际，研究制定具体实施方案，确保各项任务落实到位。工业和信息化部要会同相关部门加强跟踪分析和督促指导，开展年度检查与效果评估，适时对目标任务进行必要调整。研究建立汽车产业发展国家级智库，开展产业发展前瞻性、战略性等重大问题研究，对重大决策提供咨询评估。

中华人民共和国工业和信息化部
中华人民共和国国家发展和改革委员会
中华人民共和国科学技术部
2017年4月6日

乘用车企业平均燃料消耗量与新能源汽车积分并行管理办法

中华人民共和国工业和信息化部
中华人民共和国财政部
中华人民共和国商务部
中华人民共和国海关总署
国家质量监督检验检疫总局
第44号令

第一章 总 则

第一条 为了提升乘用车节能水平，缓解能源和环境压力，建立节能与新能源汽车管理长效机制，促进汽车产业健康发展，根据《中华人民共和国节约能源法》等规定，制定本办法。

第二条 中华人民共和国境内的乘用车企业平均燃料消耗量与新能源汽车积分管理，适用本办法。

第三条 工业和信息化部会同财政部、商务部、海关总署、质检总局实施乘用车企业平均燃料消耗量与新能源汽车积分管理。

第四条 本办法所称乘用车，是指《汽车和挂车类型的术语和定义》（GB/T 3730.1—2001）第2.1.1.1款至第2.1.1.10款规定的、最大设计总质量不超过3 500 kg的车辆，包括新能源乘用车和传统能源乘用车。

本办法所称新能源乘用车，是指采用新型动力系统，完全或者主要依靠新型能源驱动的乘用车，包括插电式混合动力（含增程式）乘用车、纯电动乘用车和燃料电池乘用车等。

本办法所称传统能源乘用车，是指除新能源乘用车以外的，能够燃用汽油、柴油或者气体燃料的乘用车（含非插电式混合动力乘用车）。

第五条 乘用车企业包括中华人民共和国境内乘用车生产企业、进口乘用车供应企业。

本办法所称境内乘用车生产企业，是指取得工业和信息化部乘用车生产企业准入并获得强制性产品认证的乘用车企业。

本办法所称进口乘用车供应企业，是指从中华人民共和国境外进口并在境内销售获得强制性产品认证的乘用车的企业，包括获境外乘用车生产企业授权的进口乘用车供应企业和未获授权的进口乘用车供应企业。

第六条 工业和信息化部建立汽车燃料消耗量与新能源汽车积分管理平台，统筹推进企业平均燃料消耗量与新能源汽车积分公示、转让、交易等工作。

乘用车企业应当按照工业和信息化部的要求(见附件1),报送其生产、进口的乘用车燃料消耗量和新能源乘用车相关数据;通过汽车燃料消耗量与新能源汽车积分管理平台,开展积分转让或者交易。

第二章 乘用车企业平均燃料消耗量积分核算

第七条 境内各乘用车生产企业和各进口乘用车供应企业,是乘用车企业平均燃料消耗量积分的核算主体,单独实施核算。

第八条 乘用车企业平均燃料消耗量积分,为该企业平均燃料消耗量的达标值和实际值之间的差额,与其乘用车生产量或者进口量的乘积(计算结果按四舍五入原则保留整数)。

实际值低于达标值产生正积分,高于达标值产生负积分。

第九条 乘用车企业平均燃料消耗量达标值,是指该企业平均燃料消耗量目标值与该核算年度的企业平均燃料消耗量要求的乘积(计算结果按四舍五入原则保留两位小数)。

乘用车企业平均燃料消耗量目标值,按照《乘用车燃料消耗量评价方法及指标》(GB 27999—2014)第5.2款计算(计算结果按四舍五入原则保留两位小数)。同一车型在核算年度有多个不同的燃料消耗量目标值的,按照不同的目标值分开计算。

核算年度的企业平均燃料消耗量要求,是指《乘用车燃料消耗量评价方法及指标》第5.3款规定的相关比值。

第十条 乘用车企业平均燃料消耗量实际值,按照《乘用车燃料消耗量评价方法及指标》第5.1款计算(计算结果按四舍五入原则保留两位小数)。同一车型在核算年度有多个不同的燃料消耗量的,按照不同的燃料消耗量分开计算。

第十一条 境内乘用车生产企业的乘用车生产量,按照该企业在核算年度内生产的、用于境内销售的乘用车实际产量核算。

进口乘用车供应企业的乘用车进口量,按照该企业在核算年度进口用于境内销售的、获得强制性产品认证并经出入境检验检疫机构检验的乘用车数量核算。

第十二条 对核算年度生产量2 000辆以下并且生产、研发和运营保持独立的境内乘用车生产企业,进口量2 000辆以下的获境外乘用车生产企业授权的进口乘用车供应企业,按照以下规定放宽其企业平均燃料消耗量积分的达标要求:

企业2016年度至2020年度平均燃料消耗量较上一年度下降6%以上的,其达标值在《乘用车燃料消耗量评价方法及指标》规定的企业平均燃料消耗量要求基础上放宽60%;下降3%以上不满6%的,其达标值放宽30%。

未获境外乘用车生产企业授权的进口乘用车供应企业按照前款的规定管理,并自2019年度起实施企业平均燃料消耗量积分核算;但是,核算年度进口量2 000辆以下的,暂不实施积分核算。

第三章 乘用车企业新能源汽车积分核算

第十三条 境内各乘用车生产企业和各进口乘用车供应企业,是新能源汽车积分的核算主体,单独实施核算。

第十四条 乘用车企业新能源汽车积分,为该企业新能源汽车积分实际值与达标值之间的差额。

实际值高于达标值产生正积分,低于达标值产生负积分。

第十五条 乘用车企业新能源汽车积分实际值,是指该企业在核算年度内生产或者进口的新能源乘用车各车型的积分与该车型生产量或者进口量乘积之和(计算结果按四舍五入原则保留整数)。

前款规定的生产量、进口量,按照本办法第十一条规定的方法核算。

新能源乘用车车型积分按照《新能源乘用车车型积分计算方法》(见附件2)确定。

第十六条 乘用车企业新能源汽车积分达标值,是指该企业在核算年度内传统能源乘用车的生产量或者进口量,与新能源汽车积分比例要求的乘积(计算结果按四舍五入原则保留整数)。

第十七条 对传统能源乘用车年度生产量或者进口量不满3万辆的乘用车企业,不设定新能源汽车积分比例要求;达到3万辆以上的,从2019年度开始设定新能源汽车积分比例要求。

2019年度、2020年度,新能源汽车积分比例要求分别为10%、12%。2021年度及以后年度的新能源汽车积分比例要求,由工业和信息化部另行公布。

第四章 积分报告和公示

第十八条 乘用车企业应当于每年12月20日前,向工业和信息化部提交下一年度乘用车企业平均燃料消耗量与新能源汽车积分年度预报告。

预报告的内容包括本企业平均燃料消耗量预期达标值、预期实际值和新能源汽车积分预期值等(见附件3)。

第十九条 乘用车企业应当于每年3月1日前,向工业和信息化部提交上一年度乘用车企业平均燃料消耗量与新能源汽车积分执行情况年度报告。

报告的内容包括本企业生产或者进口的各车型乘用车数量、关键参数、燃料消耗量、电能消耗量和对应车型的燃料消耗量目标值,以及本企业平均燃料消耗量达标值、实际值和新能源汽车积分等(见附件3)。

第二十条 工业和信息化部于每年4月10日前,通过汽车燃料消耗量与新能源汽车积分管理平台,向社会公示上一年度乘用车企业平均燃料消耗量与新能源汽车积分相关情况。

对公示的乘用车企业平均燃料消耗量与新能源汽车积分相关情况有异议的,可以在30日内向工业和信息化部提出。工业和信息化部在收到异议后30日内作出答复。

第二十一条 工业和信息化部会同财政部、商务部、海关总署、质检总局于每年6月30日前,对乘用车企业提交的企业平均燃料消耗量与新能源汽车积分执行情况年度报告和相关数据进行核实,并发布上一年度乘用车企业平均燃料消耗量与新能源汽车积分核算情况报告。

第五章 积分并行管理

第二十二条 乘用车企业平均燃料消耗量正积分可以

结转或者在关联企业间转让。

乘用车企业新能源汽车正积分可以依据本办法自由交易。新能源汽车正积分不得结转，但2019年度产生的新能源汽车正积分可以等额结转一年。

乘用车企业有平均燃料消耗量负积分、新能源汽车负积分的，应当在乘用车企业平均燃料消耗量与新能源汽车积分核算情况报告发布后60日内，向工业和信息化部提交其平均燃料消耗量负积分和新能源汽车负积分抵偿报告（见附件4），并在核算情况报告发布后90日内完成负积分抵偿归零。

第二十三　条具有下列关系之一的乘用车企业，属于本办法第二十二条第一款规定的关联企业：

（一）境内乘用车生产企业与其直接或者间接持股总和达到25%以上的其他境内乘用车生产企业；

（二）同为境内第三方直接或者间接持股总和达到25%以上的境内乘用车生产企业；

（三）获境外乘用车生产企业授权的进口乘用车供应企业，与该境外乘用车生产企业直接或者间接持股总和达到25%以上的境内乘用车生产企业。

第二十四条　乘用车企业平均燃料消耗量正积分结转后续年度使用的，按照一定比例进行结转，结转有效期不超过三年。2018年度及以前年度的正积分，每结转一次，结转比例为80%；2019年度及以后年度的正积分，每结转一次，结转比例为90%。

第二十五条　乘用车企业受让的平均燃料消耗量正积分，仅限其在当年度使用，不得再次转让。

第二十六条　乘用车企业平均燃料消耗量负积分应当采取下列方式抵偿归零：

（一）使用本企业结转的平均燃料消耗量正积分；

（二）使用本企业受让的平均燃料消耗量正积分；

（三）使用本企业产生的新能源汽车正积分；

（四）购买新能源汽车正积分。

前款所列的抵偿方式，可以组合使用。

新能源汽车正积分可以抵扣同等数量的平均燃料消耗量负积分。

第二十七条　乘用车企业的新能源汽车负积分，应当通过购买新能源汽车正积分的方式抵偿归零。

第二十八条　乘用车企业2019年度产生的新能源汽车负积分，可以使用2020年度产生的新能源汽车正积分进行抵偿。

第二十九条　乘用车企业购买的新能源汽车正积分，仅限其在当年度使用，不得再次交易。

第三十条　乘用车企业发生分立、合并等情形，影响积分结转、转让、交易、抵偿等的，应当及时向工业和信息化部办理变更手续。

第六章　监督管理

第三十一条　工业和信息化部会同财政部、商务部、海关总署、质检总局建立乘用车企业平均燃料消耗量与新能源汽车积分信用管理制度。

乘用车企业提交平均燃料消耗量与新能源汽车积分执行情况年度报告时，应当同时向工业和信息化部提交信用承诺书（见附件5），由工业和信息化部向社会公示其信用承诺书。企业法定代表人未发生变动的，信用承诺书无需逐年提交。

乘用车企业不履行承诺的，工业和信息化部将其作为失信乘用车企业进行通报，并录入车辆生产企业信用信息管理平台。

第三十二　条工业和信息化部会同财政部、商务部、海关总署、质检总局对乘用车企业平均燃料消耗量与新能源汽车积分进行核查。

工业和信息化部负责对境内乘用车生产企业及其乘用车燃料消耗量、新能源乘用车参数、乘用车生产量等进行核查。

商务部负责对进口乘用车供应企业有关情况进行核查。

海关总署负责对乘用车进口量进行核查。

质检总局负责对进口新能源乘用车参数、进口乘用车燃料消耗量和获得强制性产品认证并经出入境检验检疫机构检验的乘用车进口量等进行核查。

第三十三条　对违反本办法的行为，任何单位和个人都有权向工业和信息化部举报。接到举报后，工业和信息化部会同有关部门及时依法调查处理，并为举报人保密。

第七章　法律责任

第三十四条　乘用车企业有下列情形之一的，工业和信息化部等部门按照职责给予通报，并按照核查值核算平均燃料消耗量与新能源汽车积分；情节严重的，作为失信乘用车企业进行通报，并录入车辆生产企业信用信息管理平台：

（一）未按照本办法的规定报送乘用车燃料消耗量和新能源乘用车相关数据的；

（二）报送的乘用车燃料消耗量数据、新能源乘用车数据与核查结果不符的；

（三）报送的乘用车生产量、进口量数据与实际数量不符的；

（四）未按照本办法的规定提交企业平均燃料消耗量与新能源汽车积分报告，或者报告的内容与事实不符的。

第三十五条　乘用车企业平均燃料消耗量负积分、新能源汽车负积分未按照本办法抵偿归零的，应当向工业和信息化部提交其本年度乘用车生产或者进口调整计划，使本年度预期产生的正积分能够抵偿其尚未抵偿的负积分。

第三十六条　乘用车企业平均燃料消耗量与新能源汽车积分管理要求，纳入乘用车生产企业及产品准入条件。乘用车企业有下列情形之一的，在其负积分抵偿归零前，对其燃料消耗量达不到《乘用车燃料消耗量评价方法及指标》车型燃料消耗量目标值的新产品，不予列入《道路机动车辆生产企业及产品公告》或者不予核发强制性产品认证证书，并可以依照《汽车产业发展政策》《强制性产品认证管理规定》等有关规定处罚：

（一）平均燃料消耗量负积分未按照本办法抵偿归零的；

（二）新能源汽车负积分未按照本办法抵偿归零的；

（三）未按照本办法第三十五条的规定提交年度乘用车生产或者进口调整计划，或者提交生产或者进口调整计划但本年度平均燃料消耗量积分、新能源汽车积分未满足要求的。

第八章　附　　则

第三十七条　本办法所称核算年度是指每年1月1日至12月31日。境内生产的乘用车以机动车整车出厂合格证上记载的制造日期为准确定相应的年度；进口乘用车以获得强制性产品认证车辆的随车检验单的签发日期为准确定相应的年度。

工业和信息化部收到乘用车企业依据本办法规定提交的材料后，转送其他相关部门。

第三十八条　本办法涉及的标准修订的，按照修订后的文本执行。

本办法中的“以上”“以下”“不超过”均含本数，“不满”不含本数。

第三十九条　工业和信息化部会同有关部门依据国家有关规定，完善乘用车企业平均燃料消耗量与新能源汽车积分管理的经济措施。

根据我国国情和汽车产业发展的需要，适时调整本办法有关制度、附件，并重新公布。

第四十条 本办法自2018年4月1日起施行。2013年3月14日公布的《乘用车企业平均燃料消耗量核算办法》（工业和信息化部2013年15号公告）、2014年10月14日公布的《关于加强乘用车企业平均燃料消耗量管理的通知》（工信部联装〔2014〕432号）同时废止。本办法施行前制定的规定与本办法不一致的，按照本办法执行。

附件：

1. 乘用车燃料消耗量与新能源乘用车数据报送要求
2. 新能源乘用车车型积分计算方法
3. 乘用车企业平均燃料消耗量与新能源汽车积分报告（略）
4. 信用承诺书（略）

附件1

乘用车燃料消耗量与新能源乘用车数据报送要求

工业和信息化部建立汽车燃料消耗量与新能源汽车积分管理平台。企业应当按照要求及时通过该平台报送生产或者进口的乘用车燃料消耗量和新能源乘用车相关数据。

一、报送范围

本办法中规定的，在中华人民共和国境内生产或者进口并用于境内销售的、最大设计总质量不超过3 500 kg的乘用车，包括能够燃用汽油、柴油或者气体燃料的传统能源乘用车（含非插电式混合动力乘用车），以及纯电动、插电式混合动力（含增程式）、燃料电池等新能源乘用车。

二、报送要求

（一）生产或者进口的乘用车产品，凡属于报送范围内的，应当按要求报送。

（二）境内乘用车生产企业和进口乘用车供应企业，作为核算主体，报送其乘用车燃料消耗量、新能源乘用车相关数据。

（三）按照“一车一条数据”的原则报送。

（四）境内生产的乘用车在下线后48 h内、进口乘用车在车辆进口核销后48 h内（节假日顺延）上报燃料消耗量和新能源乘用车相关数据。

（五）报送数据内容见“乘用车燃料消耗量与新能源乘用车数据表”（见附表1）。

（六）企业应当保证报送数据的真实性。企业可以根据需要进行数据修改、撤销和补传等操作，但相关操作应当作为历史记录保存。

（七）企业报送数据实施月度锁定管理。每月15日之前，企业可以对上月的数据进行确认，并进行修改、撤销和补传等操作。在每月15日之后，对上月数据实施锁定，企业确需进行修改、撤销或者补传的，应当提交企业法定代表人签名并加盖企业公章的纸质说明材料。

每年3月1日为上一年度数据修订截止日。

三、报送流程

（一）企业提交以下加盖企业公章的纸质材料，获取上传账号：

1. 企业基本情况表（见附表2）；（略）
2. 企业营业执照复印件；
3. 企业相关人员从事数据报送相关工作的授权委托书以及相关人员身份证复印件；
4. 进口乘用车供应企业产品代理委托书复印件或者进口许可证明复印件。

（二）使用上传账号登录汽车燃料消耗量与新能源汽车积分管理平台，按照“用户手册”进行填报。

附表1

乘用车燃料消耗量与新能源乘用车数据表

序　号	参数名称	数　据	备　注
1. 车辆基本信息			
1	乘用车生产企业	—	
2	进口乘用车供应企业	—	仅进口乘用车供应企业填写
3	备案号	—	采用车辆识别代号（VIN）
4	车辆制造日期/进口核销日期	—	
5	产品型号	—	
6	通用名称	—	
7	海关商品编码	—	仅进口乘用车填写

续上表

序号	参数名称	数据	备注
8	车辆类型	—	
9	越野车(G类)	—	
10	燃料种类	—	选填汽油、柴油、两用燃料、双燃料、气体燃料、非插电式混合动力、插电式混合动力、纯电动、燃料电池或者其他
11	座椅排数	—	
12	整备质量(kg)	—	
13	总质量(kg)	—	
14	最高车速(km/h)	—	
15	额定载客(人)	—	
16	轮胎规格	—	
17	前轮距/后轮距(mm)	—	
18	轴距(mm)	—	
19	驱动型式	—	
20	其他信息	—	可填多项,非必填项
2. 乘用车填写			
2.1 传统能源乘用车填写			
21	发动机型号	—	
22	发动机气缸数目	—	
23	发动机排量(mL)	—	
24	发动机功率(kW)	—	
25	发动机最大净功率(kW)	—	非必填项
26	变速器型式	—	
27	变速器挡位数	—	
28	燃料消耗量(市区,L/100 km)	—	
29	燃料消耗量(市郊,L/100 km)	—	
30	燃料消耗量(综合,L/100 km)	—	
31	CO_2排放量(综合,g/km)	—	
2.2 非插电式混合动力乘用车填写			
32	混合动力结构型式	—	串联/并联/混联/其他
33	是否具有行驶模式手动选择功能	—	
34	电动汽车储能装置种类	—	金属氢化物镍电池/三元锂电池/磷酸铁锂电池/锰酸锂电池/其他
35	储能装置总储电量(kWh)	—	
36	动力电池系统能量密度(Wh/kg)	—	
37	纯电驱动模式续驶里程(工况法,km)	—	有纯电动模式的车辆填写
38	纯电动模式下1 km最高车速(km/h)	—	有纯电动模式的车辆填写
39	储能装置总成标称电压(V)	—	
40	驱动电机类型	—	
41	混合动力汽车电功率比(%)	—	
42	驱动电机峰值转矩(Nm)	—	
43	驱动电机额定功率(kW)	—	
44	燃料消耗量(市区,L/100 km)	—	填写修正后(电能平衡值为0)的燃料消耗量
45	燃料消耗量(市郊,L/100 km)	—	填写修正后(电能平衡值为0)的燃料消耗量
46	燃料消耗量(综合,L/100 km)	—	填写修正后(电能平衡值为0)的燃料消耗量
47	CO_2排放量(综合,g/km)	—	填写修正后(电能平衡值为0)的CO_2排放量
48	发动机型号	—	
49	发动机气缸数目	—	
50	发动机排量(mL)	—	—

续上表

序号	参数名称	数据	备注
51	发动机功率(kW)	—	
52	发动机净功率(kW)	—	非必填项
53	变速器型式	—	
54	变速器挡位数	—	
2.3 插电式混合动力乘用车填写			
55	混合动力结构型式	—	串联/并联/混联/其他
56	是否具有行驶模式手动选择功能	—	
57	电动汽车储能装置种类	—	金属氢化物镍电池/三元锂电池/磷酸铁锂电池/锰酸锂电池/其他
58	储能装置总储电量(kWh)	—	
59	动力电池系统能量密度(Wh/kg)	—	
60	纯电驱动模式续驶里程(工况法,km)	—	
61	纯电动模式下1 km最高车速(km/h)	—	
62	储能装置总成标称电压(V)	—	
63	驱动电机类型	—	
64	混合动力汽车电功率比(%)	—	
65	驱动电机峰值转矩(Nm)	—	
66	驱动电机额定功率(kW)	—	
67	条件A试验电能消耗量(kWh/100 km)	—	
68	条件B试验燃料消耗量(L/100 km)	—	
69	工况条件下百公里耗电量(kWh/100 km)	—	填写加权平均值
70	燃料消耗量(综合,L/100 km)	—	填写加权平均值
71	CO_2排放量(综合,g/km)	—	填写加权平均值
72	发动机型号	—	
73	发动机气缸数目	—	
74	发动机排量(mL)	—	
75	发动机功率(kW)	—	
76	发动机净功率(kW)	—	非必填项
77	变速器型式	—	
78	变速器挡位数	—	
2.4 纯电动乘用车填写			
79	电动汽车储能装置种类	—	金属氢化物镍电池/三元锂电池/磷酸铁锂电池/锰酸锂电池/其他
80	储能装置总储电量(kWh)	—	
81	动力电池系统能量密度(Wh/kg)	—	
82	30 min最高车速(km/h)	—	
83	储能装置总成质量与整备质量的比值(%)	—	
84	储能装置总成标称电压(V)	—	
85	电动汽车续驶里程(工况法,km)	—	
86	驱动电机类型	—	
87	驱动电机额定功率(kW)	—	
88	驱动电机峰值转矩(Nm)	—	
89	工况条件下百公里耗电量(kWh/100 km)	—	
2.5 燃料电池乘用车填写			
90	燃料电池燃料种类	—	
91	电动汽车储能装置种类	—	金属氢化物镍电池/三元锂电池/磷酸铁锂电池/锰酸锂电池/其他
92	燃料电池系统额定功率(kW)	—	
93	燃料电池堆功率密度(kW/L)	—	—

续上表

序　号	参数名称	数　据	备　注
94	电电混合技术条件下动力电池系统能量密度(Wh/kg)	—	
95	燃料消耗量(综合,kg/100 km)	—	非必填项
96	电动汽车续驶里程(工况法,km)	—	
97	30 min 最高车速(km/h)	—	
98	驱动电机类型	—	
99	驱动电机额定功率(kW)	—	
100	驱动电机峰值转矩(Nm)	—	
101	燃料电池汽车气瓶型号	—	
102	燃料电池汽车气瓶公称工作压力(MPa)	—	
103	燃料电池汽车气瓶公称水容积(L)	—	
3. 检测试验情况			
104	检测机构名称	—	
105	报告编号	—	—

附件 2

新能源乘用车车型积分计算方法

车辆类型	标准车型积分	备　注
纯电动乘用车	$0.012 \times R + 0.8$	(1)R 为电动汽车续驶里程(工况法),单位为 km。 (2)P 为燃料电池系统额定功率,单位为 kW。 (3)标准车型积分上限为 5 分。 (4)车型积分计算结果按四舍五入原则保留两位小数。
插电式混合动力乘用车	2	
燃料电池乘用车	$0.16 \times P$	

1. 对纯电动乘用车 30 min 最高车速不低于 100 km/h,电动汽车续驶里程(工况法)不低于 100 km,且按整备质量(m,kg)不同,纯电动乘用车工况条件下百公里耗电量(Y, kWh/100 km)满足条件一、但是不满足条件二的,车型积分按照标准车型积分的 1 倍计算;满足条件二的,按照 1.2 倍计算。其余车型按照 0.5 倍计算,并且积分仅限本企业使用。

条件一:$m \leq 1\,000$ 时,$Y \leq 0.014 \times m + 0.5$;$1\,000 < m \leq 1\,600$ 时, $Y \leq 0.012 \times m + 2.5$;$m > 1\,600$ 时,$Y \leq 0.005 \times m + 13.7$。

条件二:$m \leq 1\,000$ 时,$Y \leq 0.009\,8 \times m + 0.35$;$1\,000 < m \leq 1\,600$ 时, $Y \leq 0.008\,4 \times m + 1.75$;$m > 1\,600$ 时,$Y \leq 0.003\,5 \times m + 9.59$。

2. 插电式混合动力汽车纯电驱动模式续驶里程不低于 50 km。纯电驱动模式续驶里程不满 80 km 的插电式混合动力乘用车车型,其条件 B 试验燃料消耗量(不含电能转化的燃料消耗量)与《乘用车燃料消耗量限值》(GB 19578—2014)中车型对应的燃料消耗量限值相比应当小于 70%;比例不小于 70% 的,车型积分按照标准车型积分的 0.5 倍计算,并且积分仅限本企业使用。纯电驱动模式续驶里程在 80 km 以上的插电式混合动力乘用车车型,其条件 A 试验电能消耗量应当满足纯电动乘用车条件一的要求;不满足的,车型积分按照标准车型积分的 0.5 倍计算,并且积分仅限本企业使用。

3. 燃料电池乘用车续驶里程不低于 300 km,燃料电池系统额定功率不低于驱动电机额定功率的 30%,并且不小于 10 kW 的,车型积分按照标准车型积分的 1 倍计算。其余车型按照标准车型积分的 0.5 倍计算, 并且积分仅限本企业使用

注:在核算乘用车企业新能源汽车积分实际值时,同一车型在核算年度有多个新能源乘用车车型积分的,按照不同的积分分开计算。

工业和信息化部部长　苗　圩
财政部部长　肖　捷
商务部部长　钟　山
海关总署署长　于广洲
质检总局局长　支树平
2017 年 9 月 27 日

增强制造业核心竞争力三年行动计划(2018—2020 年)节选——智能汽车关键技术产业化实施方案

发改办产业〔2017〕2063 号

为提高我国汽车产业技术水平和核心竞争力,推动智能汽车创新发展,加快产业转型升级,根据《增强制造业核心竞争力三年行动计划(2018—2020 年)》,制定本方案。

一、发展目标

通过实施本方案,国家智能汽车创新发展平台基本建成并投入实质性运作,智能汽车自主可控的产业体系初步形成。智能汽车基础技术能力稳步提升,核心软硬件系统逐步突破,满足智能汽车综合测试评价需要的测试基地基本建成,重点区域示范运行取得积极成效。车用动力电池单体能量密度达到 300 Wh/kg,电池系统安全性、可靠性等性能指标达到国际先进水平,高度集成式纯电直驱动力系统实现产业化,更好满足智能汽车运行需求。

二、主要任务

(一)建立智能汽车基础技术体系和数据库

重点研发汽车与通信、电子、人工智能、交通等领域交叉融合的智能汽车系统技术架构,环境感知、路径规划、车辆控

制、自主学习、交通预测等汽车人工智能基础技术，人机界面、控制权限切换、控制互补等人机交互及人机共驾技术，数据采集、存储、挖掘、应用、共享等大数据技术；加快建设覆盖全国的智能汽车典型场景库和大数据基础系统。

（二）突破智能汽车关键共性技术

重点研发具有多模式通信、多模式定位、智能网关等功能的新型智能终端模块，基于人工智能基础计算架构、装载高性能处理芯片和强实时车载操作系统的多核异构智能计算平台技术，全天候复杂交通场景高精度定位和地图技术，高吞吐、低延时的多类别传感器融合感知技术，LTE-V2X、5G-V2X车用无线通信关键技术，以及数据通信与应用接口标准化、云平台互联互通、数据开放共享的基础云控平台技术。

（三）开展智能汽车信息安全技术攻关

重点研发驾驶任务相关系统与其他系统的新型安全隔离架构技术，基于机器学习和安全沙箱的软硬件协同攻击识别技术，智能汽车终端芯片安全加密和应用软件安全防护技术，适用于人车路云协同的车用无线通信安全加密技术，基于区块链的去中心化的安全通讯及认证授权技术，面向智能汽车云控平台的数据加密、监控审计等安全防护技术。

（四）提升智能汽车关键软硬件水平

聚焦智能汽车产业链薄弱领域和关键环节，整合国内外优势资源，采用开放合作、联合研发等多种方式，补短板、强弱项，重点加强传感器、车载芯片、中央处理器、车载操作系统、无线通信设备、以及北斗高精度定位装置等产品开发与产业化。加强自适应巡航、车道偏离预警、防碰撞预警、车道保持辅助、自动紧急制动、智能人机交互等辅助智能驾驶系统在整车上批量化、集成化示范应用。

（五）推动动力系统技术升级

开展高安全、长寿命、耐低温、低成本的高能量型和高功率型车用动力电池材料、单体及系统研发及产业化。加强高效率、高精度、智能化先进动力电池生产线示范应用。开发动力电池单体、系统等的自动化拆解先进工艺及专用设备。推动集高性能轮毂、轮边直驱系统和车用高性能功率器件于一体的新能源汽车新型动力驱动系统产业化和规模化应用。

（六）完善智能汽车测试评价技术

重点研发适应我国国情的具有复杂环境感知及场景定位、合理决策与控制、交通行为预测等功能的智能汽车测试评价体系架构，虚拟仿真、硬件在环仿真、实车道路等测试技术和验证工具，整车级、系统级、零部件级测试评价方法；构建全面反映我国道路环境和驾驶行为的测试基础数据库。

（七）开展智能汽车技术示范运行验证

建立智能汽车示范运行工作规程，重点利用机场、港口、矿区、工业园区和旅游景区等相对封闭区域，以及北京通州副中心智能交通、雄安新区智慧城市等建设工程，开展智能汽车示范运行，系统验证复杂环境感知的准确率、不同应用场景的定位精度、复杂交通环境的合理决策、交通参与者行为预测、车辆控制精度、乘坐体验优化、功能安全、系统容错与故障处理等技术和性能。

（八）加强智能汽车创新能力建设

依托国家重点实验室、工程研究中心、制造业创新中心等研发机构，优化创新能力布局，建设智能汽车创新合作生态。推进国家智能汽车技术试验评价中心建设，建立智能汽车虚拟评价、在环测试、实路测试等检验检测能力。依托新型城镇化和道路交通设施等重大工程建设，建立智能汽车技术应用示范基地，开展示范运行验证。

（九）推进智能汽车军民融合发展

建立军民融合创新中心，实施军民融合重点专项，开展军民联合攻关，推动科技成果相互转化。加快北斗定位导航系统、高分辨率对地观测系统在智能汽车相关领域的应用，促进车辆电子控制、高性能芯片、计算平台、激光/毫米波雷达、夜视装备、微机电系统等自主知识产权军用技术的转化应用，加强无人驾驶系统、网络信息、基础云控平台、人工智能等在军用车辆、作战平台的开发应用。

三、重点工程

（一）智能汽车平台技术能力提升工程

1. 高精度位置服务平台。由北斗位置服务龙头企业组织建设，能够提供厘米级的高精度实时精密定位，并发在线服务能力达到汽车千万辆级别，具备车辆行驶状态、违规行为实时监控与告警能力。

2. 软件系统研制测试平台。由互联网骨干企业组织建设，面向高级别智能驾驶技术应用提供开放、完整、安全的软硬件和系统级解决方案，车辆检测准确率超过92%，单日模拟测试能力达到百万公里级，场景数量达到万级。

（二）智能汽车软硬件技术突破工程

1. 车载芯片产业化项目。由车载芯片骨干企业组织建设，自主研制面向智能汽车的整车控制单元系列芯片、车载总线系列芯片、高精度融合导航芯片及模块，芯片主频、总线速度、抗干扰能力和工作温度范围等性能达到国际先进水平。

2. 视觉增强系统产业化项目。由汽车电子骨干企业组织建设，开发生产集高性能车规级摄像头、视觉增强技术、信息处理系统于一体的视觉增强系统。产品具备高精度车道线偏离识别、碰撞预警及全景泊车等功能，误警率低于3次/千公里。

3. 自动驾驶控制系统产业化项目。由通信设备龙头企业组织建设，自主研发集成高性能中央处理器、FPGA芯片、实时操作系统的自动驾驶域控制器，满足高级别智能汽车配套需求，形成批量生产能力。

（三）智能汽车综合测试评价能力建设工程

1. 智能汽车安全评价基地。由交通管理领域科研机构牵头，联合有关单位组织实施，建设由多种类型道路和交叉口、障碍物、交通信号灯、交通标志、可变车道和潮汐车道等构建形成的综合实际道路场景，满足半开放道路环境下智能汽车安全评估、事故责任认定、网络安全保障、电子身份识别、智能交通管理等测试评价需要。

2. 智能汽车测试示范基地。由基础条件较好的地方组织实施，建设封闭测试环境、虚拟仿真环境、车辆在环实验室，拓展公共道路测试区域，建立涵盖交通事故、自然驾驶、驾驶模拟、标准规范数据的全息场景库，开展智能汽车测试规范研究，满足智能汽车技术研发和产品测试验证需要。

（四）先进动力电池研制及高效回收利用工程

1. 先进动力电池及系统集成。由动力电池制造骨干企业组织实施，重点研制高能量密度车用动力电池、满足车辆低温工作环境的宽温域高性能动力电池，加快突破单体批量化生产及系统集成关键技术，开展正负极材料、高性能隔膜及功能性电解液等关键材料产业化。

2. 专用制造装备产业化项目。由动力电池制造装备骨干企业组织实施，开展高性能搅拌机、涂布机等核心装备自主开发，推动动力电池高效高精度智能化关键生产设备产业化，提高动力电池制造装备技术水平、工作效率及控制精度，提升动力电池产品一致性、安全性和使用寿命。

3. 动力电池高效循环利用项目。由动力电池回收骨干企业组织实施，研发动力电池单体、模组、系统的自动化拆解先进工艺及专用设备，开展镍、钴、锰等资源的高效利用，推动隔膜、电解液无害化处理，建立电池后处理综合信息数据库。

（五）高性能纯电直驱动力系统产业化工程

由电驱系统骨干企业组织建设，研发新型轮边直驱动力系统集成与控制、轻量化等关键技术，采用改进型扁线绕组、多层磁钢等先进技术工艺生产直驱电机，开展直驱电机和减速装置冷却系统、轻量化和振动噪声一体化设计，提高生产工艺和设备技术水平。

四、保障措施

（一）加强统筹组织协调

加强顶层设计，完善协调机制，组建国家智能汽车创新发展平台，推动智能汽车领域的重大战略研究、核心技术研发、产业生态培育等。充分发挥战略规划和产业政策的指导作用，有效利用中央、地方和社会资源，着力构建健康有序、各具特色的区域产业发展格局。积极推动汽车、信息、通信、互联网等领域企业合作，鼓励企业、科研院所、行业组织等开展产学研用协同创新。

（二）推进标准制定和第三方认证

开展智能汽车标准的制修订，建立完善中国标准体系，积极主导或参与国际标准制定，推动国际标准互认。加强第三方检验检测认证机构建设，按照自愿性认证和强制性认证相结合原则，建立健全智能汽车及关键零部件产品认证制度，强化企业行业自律。

（三）优化资金支持方式

充分利用现有渠道，加大资金投入力度，支持智能汽车核心技术攻关和关键共性技术平台建设。创新资金使用方式，积极运用先进制造产业投资基金等产业投资基金，扶植骨干企业发展和产业创新平台建设，推进智能汽车关键技术产业化。

（四）建立项目储备制度

按照“建设一批、启动一批、储备一批、谋划一批”的思路，建立智能汽车关键技术产业化项目库，实施项目动态管理。以技术水平、市场需求、战略作用等为标准，有关省级发展改革委和中央企业每年3月底前报送符合条件的项目。国家发展改革委产业协调司组织咨询机构和专家，对上报项目进行评估，将通过评估的项目纳入项目库并给予优先支持。

（五）加强项目建设管理

根据《加强和完善重大工程调度工作暂行办法》（发改投资〔2015〕851号）要求，有关省级发展改革委和中央企业对项目建设进行动态监管，定期向国家发展改革委报送项目实施进展情况，协调解决存在问题，保证项目按计划顺利实施。委托中国汽车技术研究中心，对实施方案中项目建设进度、资金使用等情况进行监督检查，及时发现和反馈项目实施过程中出现的问题。项目实施单位按季度向中国汽车技术研究中心提交项目进展报告，有关省级发展改革委要积极做好检查督促工作。

国家发展和改革委员会

2017年11月20日

关于全面深入推进绿色交通发展的意见

交政研发〔2017〕186号

建设生态文明是中华民族永续发展的千年大计。党的十八大以来，交通运输行业深入贯彻落实以习近平同志为核心的党中央关于生态文明建设的新理念新思想新战略，全力推动交通运输的科学发展，在绿色交通方面取得了积极成效。但总体上看，交通运输发展方式相对粗放、运输结构不尽合理、绿色交通治理体系不尽完善、治理能力有待提高等问题依然存在，难以有效满足新时代人民日益增长的优美生态环境需要。为全面贯彻党的十九大精神，切实落实新发展理念，深入推进绿色交通发展，服务交通强国建设，现提出以下意见。

一、总体要求

（一）指导思想

以习近平新时代中国特色社会主义思想为指导，紧紧围绕统筹推进“五位一体”总体布局和协调推进“四个全面”战略布局，坚持人与自然和谐共生的基本方略，牢固树立社会主义生态文明观，践行“绿水青山就是金山银山”的理念，以交通强国战略为统领，以深化供给侧结构性改革为主线，着力实施交通运输结构优化、组织创新、绿色出行、资源集约、装备升级、污染防治、生态保护等七大工程，加快构建绿色发展制度标准、科技创新和监督管理等三大体系，实现绿色交通由被动适应向先行引领、由试点带动向全面推进、由政府推动向全民共治的转变，推动形成绿色发展方式和生活方式，为建设美丽中国、增进民生福祉、满足人民对美好生活的向往提供坚实支撑和有力保障。

（二）基本原则

生态优先，绿色发展。坚持尊重自然、顺应自然、保护自然，把绿色发展摆在更加突出的位置，落实最严格的生态环境保护制度，全方位、全地域、全过程推进交通运输生态文明建设，全面提升交通基础设施、运输装备和运输组织的绿色水平。

深化改革，创新驱动。坚持体制机制创新、管理创新、技术创新和方式创新，着眼于建设现代化经济体系的战略目标，着力深化交通运输供给侧结构性改革，加快推进综合交通管理体制等重点领域改革，转变交通发展方式，优化交通运输结构，推广绿色出行方式，推动形成交通运输绿色发展长效机制。

重点突破，系统推进。坚持抓重点、补短板、强弱项，针对绿色交通发展制约性强、群众反映突出的问题,在重点领域和关键环节集中发力,打好污染防治攻坚战,以点带面,示范引领,不断拓展绿色交通发展的广度和深度,形成交通运输发展与生态文明建设相互促进的良好局面。

多方参与,协同治理。坚持政府为主导、企业为主体、社会组织和公众共同参与,通过法律、经济、技术和必要的行政手段,着力构建约束和激励并举的绿色交通制度体系,努力建设政府企业公众共治的绿色交通行动体系。积极参与全球环境治理,加强交通运输应对气候变化等领域的国际合作与交流。

(三)发展目标

到2020年,初步建成布局科学、生态友好、清洁低碳、集约高效的绿色交通运输体系,绿色交通重点领域建设取得显著进展。

——客货运输结构持续优化。铁路和水运在大宗货物长距离运输中承担的比重进一步提高,铁路客运出行比例逐步提升。

——先进运输组织方式进一步推广。力争实现2020年多式联运货运量比2015年增长1.5倍,重点港口集装箱铁水联运量年均增长10%。

——绿色出行比例显著提升。大中城市中心城区绿色出行比例达到70%以上,建成一批公交都市示范城市。

——资源利用效率明显提高。港口岸线资源、土地资源和通道资源的利用效率明显提高,交通运输废旧材料循环利用率和利用水平稳步提升。

——清洁高效运输装备有效应用。交通运输行业新能源和清洁能源车辆数量达到60万辆,内河船舶船型标准化率达到70%,公路货运车型标准化率达到80%。内河运输船舶能源消耗中液化天然气(LNG)比例在2015年基础上增长200%。铁路单位运输工作量综合能耗比2015年降低5%,营运货车、营运船舶和民航业单位运输周转量能耗比2015年分别降低6.8%、6%和7%,港口生产单位吞吐量综合能耗比2015年降低2%。

——污染排放得到有效控制。船舶水污染物全部接收或按规定处置,环渤海(京津冀)、长三角、珠三角水域船舶硫氧化物、氮氧化物和颗粒物排放与2015年相比分别下降65%、20%和30%。交通运输二氧化碳排放强度比2015年下降7%。全国主要港口和船舶排放控制区内港口50%以上已建的集装箱、客滚、邮轮、3千吨级以上客运和5万吨级以上干散货专业化泊位具备向船舶供应岸电的能力。

——生态保护取得积极成效。交通基础设施建设全面符合生态功能保障基线要求。建成一批绿色交通基础设施示范工程,实施一批交通基础设施生态修复项目。

到2035年,形成与资源环境承载力相匹配、与生产生活生态相协调的交通运输发展新格局,绿色交通发展总体适应交通强国建设要求,有效支撑国家生态环境根本好转、美丽中国目标基本实现。

二、全面推进实施绿色交通发展重大工程

(一)运输结构优化工程

统筹交通基础设施布局。在国土主体功能区和生态功能保障基线要求下,进一步优化铁路、公路、水运、民航、邮政等规划布局,扩大铁路网覆盖面,加快完善公路网,大力推进内河高等级航道建设,统筹布局综合交通枢纽,完善港口、机场等重要枢纽集疏运体系,提升综合交通运输网络的组合效率。

优化旅客运输结构。推进铁路、公路、水运、民航等客运系统有机衔接和差异化发展,提升公共客运的舒适性和可靠性,吸引中短距离城际出行更多转向公共客运。加快构建以高速铁路和城际铁路为主体的大容量快速客运系统,形成与铁路、民航、水运相衔接的道路客运集疏网络,稳步提高铁路客运比重,逐步减少800 km以上道路客运班线。

改善货物运输结构。按照"宜水则水、宜陆则陆、宜空则空"的原则,研究制定相关政策,调整优化货运结构,促进不同运输方式各展其长、良性竞争、整体更优。提升铁路全程物流服务水平,理顺运价形成机制,提高疏港比例,发挥铁路在大宗物资中远距离运输中的骨干作用。大力发展内河航运,充分发挥水运占地少、能耗低、运能大等比较优势。逐步减少重载柴油货车在大宗散货长距离运输中的比重。

(二)运输组织创新工程

推广高效运输组织方式。大力发展多式联运、江海直达、滚装运输、甩挂运输、驼背运输等先进运输组织方式。依托铁路物流基地、公路港、沿海和内河港口等,推进多式联运型和干支衔接型货运枢纽(物流园区)建设。统筹农村地区交通、邮政、商务、供销等资源,推广"多站合一"农村物流节点建设,推广农村"货运班线"服务方式。积极推动快递"上车上船上飞机",鼓励发展铁路快运产品。积极推进铁水联运示范工程,将集装箱铁水联运示范项目逐步扩大到内河主要港口。

提高物流信息化水平。鼓励"互联网+"高效物流等业态创新,深入推进道路货运无车承运人试点,促进供需匹配,降低货车空驶率。推进国家交通运输物流公共信息平台建设,推动跨领域、跨运输方式、跨区域、跨国界的物流信息互联互通。

发展高效城市配送模式。加快推进城市绿色货运配送,优化城市货运和快递配送体系,在城市周边布局建设公共货运场站或快件分拨中心,完善城市主要商业区、校园、社区等末端配送节点设施,引导企业发展统一配送、集中配送、共同配送等集约化组织方式。鼓励发展智能快件箱等智能投递设施,积极协调公安等部门保障快递电动车辆依法依规通行。

(三)绿色出行促进工程

全面开展绿色出行行动。积极鼓励公众使用绿色出行方式,进一步提升公交、地铁等绿色低碳出行方式比重。加强自行车专用道和行人步道等城市慢行系统建设,改善自行车、步行出行条件。引导规范私人小客车合乘、互联网租赁自行车等健康发展。鼓励汽车租赁业网络化、规模化发展,依托机场、火车站等客运枢纽发展"落地租车"服务,促进分时租赁创新发展。

深入实施公交优先战略。在大中城市全面推进"公交都市"建设,完善公共交通管理体制机制,加快推动城市轨道交通、公交专用道、快速公交系统等公共交通基础设施建设,强化智能化手段在城市公共交通管理中的应用。推进城际、城市、城乡、农村客运四级网络有序对接,鼓励城市公交线路向郊区延伸,扩大公共交通覆盖面。

加强绿色出行宣传和科普教育。启动全国绿色交通宣教行动，深入宣贯相关理念、目标和任务。开展绿色出行宣传月活动及“无车日”活动，制作发布绿色出行公益广告，让绿色交通发展人人有责，让绿色出行成为风尚。

（四）交通运输资源集约利用工程

集约利用通道岸线资源。推动铁路、公路和市政道路统筹集约利用线位、桥位等交通通道资源，改扩建和升级改造工程充分利用既有走廊。加强港口岸线使用监管，严格控制开发利用强度，促进优化整合利用。深入推进区域港口协同发展，促进区域航道、锚地和引航等资源共享共用。

提高交通基础设施用地效率。推进交通基础设施科学选线选址，避让基本农田，禁止耕地超占，减少土地分割。积极推进取土、弃土与造地、复垦综合施措，因地制宜采用低路基、以桥代路、以隧代路等措施，严格控制互通立交规模，提高土地节约集约利用水平。

促进资源综合循环利用。积极推动废旧路面、沥青等材料再生利用，推广钢结构的循环利用，扩大煤矸石、矿渣、废旧轮胎等工业废料和疏浚土、建筑垃圾等综合利用。推进钢结构桥梁建设，提升基础设施品质和耐久性，降低全生命周期成本。推进快递包装绿色化、减量化、可循环，鼓励降低客运领域一次性制品使用强度。继续推动高速公路服务区、客运枢纽等开展水资源循环利用。

推广应用节能环保先进技术。制定发布交通运输行业重点节能环保技术和产品推广目录。继续对港口、机场、货运枢纽（物流园区）装卸机械和运输装备实施“油改电、油改气”工程，开展机场新能源综合利用示范。积极推广温拌沥青等技术应用，在桥梁、隧道等交通基础设施中全面推广节能灯具、智能通风控制等新技术与新设备。提高铁路机车牵引能效水平，推广车船节能技术改造，全面规范实施飞机辅助动力装置（APU）替代。

（五）高效清洁运输装备升级工程

推进运输装备专业化标准化。加快推进内河船型标准化，严格执行船舶强制报废制度，加快淘汰高污染、高耗能船舶、老旧运输船舶、单壳油轮和单壳化学品船。调整完善内河运输船舶标准船型指标，加快推广三峡船型、江海直达船型和节能环保船型。继续深化车辆运输车治理，全面推进货运车辆标准化、厢式化、轻量化。加快推进敞顶集装箱、厢式半挂车等标准化运载单元的推广应用。

推广应用新能源和清洁能源车船。在港口和机场服务、城市公交、出租汽车、城市物流配送、汽车租赁、邮政快递等领域优先使用新能源汽车，加大天然气等清洁燃料车船推广应用。联合环保、工信、质检、公安等部门，严格落实国家、行业有关能耗等标准限值要求，鼓励支持节能环保车辆优先使用，推动运输装备升级进档。联合公安等部门研究制定鼓励新能源汽车使用的差异化政策措施。支持高速公路服务区、交通枢纽充电加气设施的规划与建设，在京津冀、长三角、珠三角、成渝等区域公路网率先完善充电加气配套设施体系。支持内河高等级航道加气设施的规划与建设，支持在长江干线、京杭运河和西江干线等开展液化天然气加注码头建设。

（六）交通运输污染防治工程

强化船舶和港口污染防治。继续实施船舶排放控制区政策，适时研究建立排放要求更严、控制污染物种类更全、空间范围更大的排放控制区政策。大力推广靠港船舶使用岸电，推动码头、船舶、水上服务区待闸锚地等新改建岸电设施。全面推进港口油气回收系统建设，推动船舶改造加装尾气污染治理装备。全面推进大型煤炭、矿石码头堆场防风抑尘设施建设。全面推进港口船舶污染物接收设施建设，重点提升化学品洗舱水接收能力，并确保与城市公共转运、处理设施衔接。继续推进实施碧海行动计划。推动长江经济带内河船舶开展环保设施升级改造，推动建设长江经济带绿色航运发展先行示范区。

强化营运货车污染排放的源头管控。加快更新老旧和高能耗、高排放营运车辆，推广应用高效、节能、环保的车辆装备。强化运输过程的抑尘设施应用。制定实施汽车检测与维护（I/M）制度，确保在用车达到能耗和排放标准。采用多种技术手段，推进对营运车辆燃料消耗检测的监督管理。研究建立京津冀、长三角区域道路货运绿色发展综合示范区。倡导推广生态驾驶、节能操作、绿色驾培。积极推广绿色汽车维修技术，加强对废油、废水和废气的治理，提升汽车维修行业环保水平。

（七）交通基础设施生态保护工程。

推进绿色基础设施创建。把生态保护理念贯穿到交通基础设施规划、设计、建设、运营和养护全过程，强力开展绿色铁路、绿色公路、绿色航道、绿色港口、绿色机场等创建活动。在铁路、公路沿线开展路域环境综合整治。积极推行生态环保设计，倡导生态选线选址，严守生态保护红线。完善生态保护工程措施，合理选用降低生态影响的工程结构、建筑材料和施工工艺，尽量少填少挖，追求取弃平衡。落实生态补偿机制，降低交通建设造成的生态影响。

实施交通廊道绿化行动。落实国土绿化行动，大力推广公路边坡植被防护，在铁路、公路、航道沿江沿线大力开展绿化美化行动，提升生态功能和景观品质，支撑生态廊道构建。联合旅游等部门健全交通服务设施旅游服务功能，打造国家旅游风景道，促进交通旅游融合发展。

开展交通基础设施生态修复。针对早期建设不能满足生态保护要求的交通基础设施，推进生态修复工程建设。重点针对高寒高海拔、水源涵养生态功能区、水土流失重点治理区等重点生态功能区，结合国省道改扩建项目推进取弃土场生态恢复、动物通道建设和湿地连通修复。针对涉及自然保护区、世界自然文化遗产、风景名胜区的国省道改扩建项目，推进路域沿线生态改善和景观升级。在环渤海、长三角、珠三角等港航产业应用滩涂湿地恢复、生境营造、增殖放流等生态修复技术。在长江经济带内河高等级航道、西江干线航道等实施生态护岸、人工鱼巢等航道生态恢复措施。

三、加快构建绿色交通发展制度保障体系

（一）绿色交通制度标准体系

加快构建绿色交通规划政策体系。研究制定绿色交通中长期发展战略，建立分层级、分类别、分方式的绿色交通规划体系。研究制定京津冀、长江经济带等重点区域绿色交通发展规划。将生态文明建设目标纳入综合交通运输规划，推动构建科学适度有序的国土空间布局体系和绿色循环低碳发展的产业体系。修订交通运输节能环保领域相关管理办法。

完善绿色交通标准体系。逐步构建基础设施、运输装备、运输组织等方面的绿色交通标准体系，配套制定绿色交通相关建设和评价标准，完善交通运输行业重点用能设备能效标准和能耗统计标准。积极参与绿色交通国际标准制定，提升国际影响力。

（二）绿色交通科技创新体系

强化绿色交通科技研发。强化科研单位、高校、企业等创新主体协同，开展以绿色交通新技术、新产品、新装备为重点的科技联合攻关，在新能源和清洁能源应用、特长隧道节能、车船尾气防治、自动驾驶、无人船、自动化码头、低噪声船舶、数字航道、公路发电等领域尽快取得一批突破性科研成果。

推动绿色交通科技成果转化与应用。完善绿色交通科技创新成果的评价与转化机制，加快先进成熟适用绿色技术的示范、推广与应用。加快推进移动互联、云计算、大数据等先进信息技术应用，大力推动“互联网＋”交通运输发展，提升交通运输运行效率。借鉴国际绿色交通发展经验，加强国际科技和成果交流合作。

（三）绿色交通监督管理体系

提升行业节能环保管理水平。健全绿色交通管理体制机制，推动各级交通运输主管部门加强绿色交通管理力量配备。严格执行国家环保“三同时”制度，深入开展交通运输规划环境影响评价工作。加强与发展改革、环保等部门及地方政府协同合作，按照大气、水污染防治协作机制分工，配合完成大气、水污染治理攻坚任务。

强化船舶污染物排放监测监管。以船舶排放控制区为重点，开展船舶大气污染物排放和水污染物排放监测监管。推动建立港口和船舶污染物排放、船舶燃油质量等方面的部门间联合监管机制。强化船舶大气污染监测和执法能力建设，严格落实内河和江海直达船舶使用合规普通柴油、船舶排放控制区低硫燃油使用的相关要求。

四、切实抓好组织落实

（一）加强组织领导

统筹推进绿色交通建设发展，强化本意见与交通运输服务决胜全面建成小康社会三年行动计划和交通强国战略纲要的衔接，在行动计划和战略纲要中充分体现各项任务要求。各级交通运输主管部门要抓紧研究制定本地区、本领域绿色交通发展的实施方案，明确责任分工和任务措施，各司其职、各负其责，确保工作落实到位。

（二）加大政策支持

积极争取各级财政性资金对绿色交通发展的支持力度，促进交通运输行业应用绿色信贷、绿色债券等创新金融工具，拓宽绿色交通发展融资渠道，鼓励支持交通运输节能环保产业发展。加强政策协调衔接，强化试点示范、典型经验的总结推广。

（三）鼓励多方参与

充分发挥企业和社会公众积极性，积极探索新举措、新模式，形成全社会广泛参与的工作机制。引导企业广泛应用节能环保技术和装备，更好承担社会责任，培育创建一批绿色交通示范企业。组织开展绿色交通专题教育培训，推广绿色交通先进技术和经验，提升行业从业人员的节能环保意识和能力。

（四）强化监督考核

加大对绿色交通建设的督查考核力度，积极探索将绿色交通发展绩效纳入部门和单位工作考核体系，研究建立奖惩机制。落实《党政领导干部生态环境损害责任追究办法（试行）》要求，坚决制止和惩处破坏生态环境行为。

交通运输部

2017 年 11 月 27 日

关于组织开展城市绿色货运配送示范工程的通知

交办运〔2017〕191 号

各省、自治区、直辖市、新疆生产建设兵团交通运输厅（局、委）、公安厅（局）、商务主管部门：

为贯彻落实党的十九大精神，推动城市货运配送绿色高效发展，缓解城市交通拥堵，促进物流业降本增效，按照《国务院办公厅关于进一步推进物流业降本增效促进实体经济发展的意见》（国办发〔2017〕73 号）、《交通运输部公安部等十四个部门关于印发促进道路货运行业健康稳定发展行动计划的通知》（交运发〔2017〕141 号）以及《商务部公安部交通运输部国家邮政局供销合作总社关于印发＜城乡高效配送专项行动计划（2017—2020 年）＞的通知》（商流通函〔2017〕917 号）工作要求，经交通运输部、公安部、商务部同意，决定联合组织开展城市绿色货运配送示范工程。现将有关事项通知如下：

一、总体思路

开展城市绿色货运配送示范工程建设，是支撑国家新型城镇化战略实施的重要举措，是防治大气污染和缓解城市交通拥堵的客观要求，是促进物流降本增效、破解城市配送“三难”问题的有效途径。示范工程将以城市为组织主体，坚持“客货并举、便民高效、综合施策”的原则，整合各方物流资源，完善干支衔接的公共货运枢纽设施，优化城市配送车辆便利通行政策，推广应用新能源城市配送车辆，实现城际干线运输和城市末端配送的有机衔接，形成集约高效的城市货运配送组织链条，提升流通效率，促进节能减排。

二、工作目标和主要任务

（一）工作目标

通过示范，力争在示范城市建成“集约、高效、绿色、智能”的城市货运配送服务体系，为促进城市可持续发展提供有力支撑。

示范城市在示范期结束时应实现以下目标：探索形成一批各具特色的城市绿色货运配送发展模式；建成一批现代化、标准化、集约化的城市货运枢纽，形成若干集聚效应强的干支衔接公共货运枢纽站场；培育一批运作高效、服务规范、开展甩挂运输和实施共同配送的物流企业；更新一批标准化、专业化、环保型运输与物流装备,新能源和清洁能源车辆占营运载货汽车比重大幅提升;打造功能健全、资源集约协同共享的物流信息平台;城市货运配送效率显著提升,物流成本、能耗水平和污染物排放明显降低。

(二)主要任务

1. 统筹规划建设城市货运配送节点网络。在城市周边统筹布局规划和建设一批具有干支衔接并组织共同配送的大型公共货运枢纽,优化城市内末端共同配送节点网络,在城市近郊建设服务于城际货运和城市配送间高效转换的物流园区和大型物流中心,依托工业集中发展区或大型商业网点建设分拨中心、公共配送中心以及各类货物装卸点、公共配送站,推动形成有机衔接、层次分明、功能清晰、协同配套的城市货运配送节点网络体系。

2. 优化完善城市配送车辆便利通行政策。建立"交通运输主管部门负责运力调控,商贸流通主管部门负责配送需求引导,公安交通管理部门负责通行管理"的协同工作机制,健全完善城市货运配送需求调查制度,科学确定并及时向社会公布配送车辆禁止、限制通行的区域和时间;对城市配送车辆依照规定发放通行证,并向社会公布通行证办理的条件和程序;对年度安全管理考核不合格、车辆交通违法行为较多的配送运输企业,收回其车辆通行证,并责令限期整改。探索实施城市配送车辆分时、错时、分类通行和停放措施,合理规划设置中心城区商业区、居住区、生产区、大型公共活动场地等区域专用卸货场地和道路范围内配送车辆的临时停车泊位。

3. 加快标准化新能源城市货运配送车辆推广应用。推动示范城市制定符合国家标准、体现各地发展实际的城市配送车辆选型技术指南,进一步加强对城市配送车辆车型、安全、环保等方面的技术管理,推动城市配送车辆的标准化、专业化发展。加大对新能源城市配送车辆的推广力度,加强政策支持并给予通行便利,健全完善加补气、充电等基础设施建设,引导支持城市配送车辆清洁化发展。

4. 推进城市货运配送全链条信息交互共享。推动示范城市建设城市货运配送基础公共信息服务平台,有效整合城际干线运输、城市配送相关公共信息系统以及城市交通管理信息系统等各类资源,促进各类信息资源的集约利用。支持互联网平台企业利用信息化技术优化公共货运配送服务,打通物流企业、生产制造企业和商贸流通企业信息互联共享链条,提升供应链综合服务水平。

5. 引导和鼓励城市货运配送组织模式创新。支持城市货运配送企业发展多种形式的统一配送、集中配送、共同配送。推动完善夜间配送管理制度,引导商贸流通企业、货运配送企业协同开展夜间配送。支持货运配送企业延展服务链条,推进干线甩挂运输与城市共同配送的一体化运作。推动干线货运与城市配送企业之间、同城配送企业之间建立多种形式的合作联盟,共同开展跨区域货运配送的业务合作、同城共同配送的组织协作。

三、申报条件

申报绿色货运配送示范工程的城市,原则上应当同时满足以下条件。

(一)城市规模。地级及以上城市,优先考虑直辖市、省会城市和计划单列市;

(二)区位条件。优先支持《推进物流大通道建设行动计划(2016—2020年)》确定的国家骨干联运枢纽(城市)、区域重点联运枢纽(城市)和《全国物流园区发展规划(2013—2020年)》确定的一级、二级物流园区布局城市;

(三)物流基础。物流枢纽站场等基础设施条件较好,信息化水平较高,物流需求旺盛,城市配送、甩挂运输、冷链物流等重点领域发展潜力大;

(四)政策环境。城市人民政府及相关管理部门对推动城市物流配送发展、新能源配送车辆便利通行等方面有具体、明确的支持政策。

四、申报程序与时间安排

(一)启动阶段(2018年1月—6月)

1. 城市申报。省级交通运输主管部门组织本省(区、市)各有关城市进行申报。符合申报条件的城市人民政府,按照实施方案编制要点(详见附件1),结合城市发展特点,认真组织编写城市绿色货运配送示范工程实施方案,报送省级交通运输主管部门,抄送省级公安、商务部门。

2. 审查确认。省级交通运输、公安、商务部门应遵循公平、公正、公开的原则,对申报城市材料进行审核,形成审核报告,并按照推荐的优先顺序排序后,填写《×××省(区、市)申报城市绿色货运示范工程情况汇总表》(详见附件2),于2018年3月31日前将相关材料报交通运输部,申报城市原则上不超过两个。交通运输部会同公安部、商务部组织专家对审核报告和城市申报材料进行综合评价,择优确定城市绿色货运配送示范工程创建城市,并于2018年6月30日前联合发文确认公布。

(二)实施阶段(2018年7月—2020年6月)

1. 组织实施。城市人民政府要建立部门协同、分工负责的工作机制,按照批准的实施方案,严格组织执行,落实配套政策,全面推进各项工作。

2. 重点督导。省级交通运输主要部门要会同公安、商务部门要加强跟踪督导,及时协调解决示范工程建设中遇到的各种问题。交通运输部将会同公安部、商务部视工作进展情况适时组织督查。

(三)验收总结阶段(2020年7月—12月)

1. 评估验收。交通运输部将会同公安部、商务部制定示范工程绩效考核评价指标体系和评估方法,示范工程结束后,各省级交通运输主管部门会同公安、商务部门按照绩效评估办法,对照示范工程实施方案和考核验收目标,对示范工程进行总结评估,出具评估验收意见。交通运输部将会同公安部、商务部视情对验收工作进行抽查。

2. 总结推广。相关部门要全面总结示范工程取得成效,梳理典型发展模式和成熟经验,充分发挥标杆项目示范引领作用,推进城市绿色货运配送健康发展。

五、工作要求

(一)加强组织领导

示范城市所在省级交通运输、公安、商务部门要充分认识推进城市绿色货运配送发展的重要意义,对示范工作给予高度重视和大力支持。示范城市人民政府应加强领导和统筹,建立有关部门各负其责、协调配合的工作机制,明确具体职责、工作目标和任务分工，强化示范工作动态监管，为示范工程提供组织保障。

（二）落实配套政策

交通运输部将对纳入城市绿色货运配送示范工程的货运枢纽（物流园区）项目，按照《“十三五”货运枢纽（物流园区）建设方案》和相关管理规定，予以重点考虑、优先支持。公安部、商务部将根据各自职责，加强部门协调和政策推进，支持示范工程建设。交通运输主管部门应积极争取省级和城市的财政资金支持，加大对示范工程中公共基础设施建设、公共信息平台建设、新能源配送车辆更新购置、企业节能减排技术改造项目等方面的支持。

（三）强化市场监管

城市交通运输主管部门要会同公安、商务部门研究制定城市配送企业运营服务规范，健全城市货运配送企业质量信誉考核制度，引导行业规范发展。加强城市配送需求、车辆运力需求的调查统计，科学制定城市配送发展规划和运力投放计划，提高城市配送车辆通行证发放的科学性。进一步加大对城市货运非法营运、交通违法行为的检查和处罚力度，规范城市配送市场和安全秩序。

（四）加强监督指导

各省级交通运输主管部门要会同公安、商务部门，按照示范工程绩效考核评价办法的要求，严格对示范工程的绩效考核。各省级主管部门和城市人民政府应加强对示范工作实施过程的监督管理，建立督查督导工作制度，及时掌握示范工作进展情况，协调解决示范过程中遇到的问题，确保示范工作取得实效。

交通运输部办公厅
公安部办公厅
商务部办公厅
2017 年 12 月 18 日

关于免征新能源汽车车辆购置税的公告

2017 年第 172 号

为贯彻落实党的十九大精神，进一步支持新能源汽车创新发展，经国务院同意，现将免征新能源汽车车辆购置税有关事项公告如下：

一、自 2018 年 1 月 1 日至 2020 年 12 月 31 日，对购置的新能源汽车免征车辆购置税。

二、对免征车辆购置税的新能源汽车，通过发布《免征车辆购置税的新能源汽车车型目录》（以下简称《目录》）实施管理。2017 年 12 月 31 日之前已列入《目录》的新能源汽车，对其免征车辆购置税政策继续有效。

三、2018 年 1 月 1 日起列入《目录》的新能源汽车须同时符合以下条件。

（一）获得许可在中国境内销售的纯电动汽车、插电式（含增程式）混合动力汽车、燃料电池汽车；

（二）符合新能源汽车产品技术要求（附件 1）；

（三）通过新能源汽车专项检测，达到新能源汽车产品专项检验标准（附件 2）；

（四）新能源汽车生产企业或进口新能源汽车经销商（以下简称企业）在产品质量保证、产品一致性、售后服务、安全监测、动力电池回收利用等方面符合相关要求（附件 3）。

财政部、税务总局、工业和信息化部、科技部根据新能源汽车标准体系发展、技术进步和车型变化等情况，适时调整列入《目录》的新能源汽车条件。

四、企业应当向工业和信息化部提交《目录》申请报告（附件 4），并对申报材料的真实性和产品质量负责。工业和信息化部会同税务总局组织技术专家进行审查，通过审查的车型列入《目录》，并由工业和信息化部、税务总局发布。

五、对列入《目录》的新能源汽车，企业上传机动车整车出厂合格证信息时，在“是否列入《免征车辆购置税的新能源汽车车型目录》”字段标注“是”（即免税标识）。工业和信息化部对企业上传的机动车整车出厂合格证信息中的免税标识进行审核，并将通过审核的信息传送税务总局。税务机关依据工业和信息化部审核后的免税标识和机动车统一销售发票（或有效凭证）办理免税手续。

六、对产品与申报材料不符、产品性能指标未达到要求、提供其他虚假信息等手段骗取列入《目录》车型资格的企业，取消免征车辆购置税申请资格，并依照相关法律法规规定予以处理处罚。对已销售产品在使用中存在安全隐患、发生安全事故的，视事故性质、严重程度等依法采取停止生产、责令立即改正、暂停或者取消免征车辆购置税申请资格等处理处罚措施。

七、从事《目录》申请报告审查、审核，办理免税审核的工作人员履行职责时，存在滥用职权、玩忽职守、徇私舞弊等违法违纪行为的，按照《公务员法》《行政监察法》等国家有关规定追究相应责任；涉嫌犯罪的，移送司法机关处理。

附件：

1. 新能源汽车产品技术要求
2. 新能源汽车产品专项检验标准目录
3. 新能源汽车企业要求
4.《免征车辆购置税的新能源汽车车型目录》申请报告（略）

附件 1

新能源汽车产品技术要求

一、新能源汽车纯电动续驶里程要求

（单位：km）

类 别	乘用车	客车	货车	专用车	测试方法
纯电动	≥100	≥200	≥80	≥80	M1、N1 类采用工况法，其他暂采用 40 km/h 等速法
插电式（含增程式）混合动力	≥50（工况法） ≥70（等速法）	≥50	≥50	≥50	M1、N1 类采用工况法或 60 km/h 等速法，其他暂采用 40 km/h 等速法
燃料电池	≥300	≥300	≥300	≥300	M1、N1 类采用工况法，其他暂采用 40 km/h 等速法

注：1. 超级电容、钛酸锂快充纯电动客车无纯电动续驶里程要求。

2. M1 类是指包括驾驶员座位在内，座位数不超过九座的载客车辆。N1 类是指最大设计总质量不超过 3 500 kg 的载货车辆。

二、新能源乘用车技术要求

1. 纯电动乘用车 30 min 最高车速不低于 100 km/h。

2. 纯电动乘用车动力电池系统的质量能量密度不低于 95 Wh/kg。

3. 纯电动乘用车产品，按整车整备质量(m)不同，工况条件下百公里耗电量(Y)应满足以下要求：$m \leq 1\ 000$ kg 时，$Y \leq 0.014 \times m + 0.5$；$1\ 000 < m \leq 1\ 600$ kg 时，$Y \leq 0.012 \times m + 2.5$；$m > 1\ 600$ kg 时，$Y \leq 0.005 \times m + 13.7$。

4. 工况纯电续驶里程低于 80 km 的插电式混合动力乘用车 B 状态燃料消耗量(不含电能转化的燃料消耗量)与现行的常规燃料消耗量国家标准中对应限值相比小于 70%。工况纯电续驶里程大于等于 80 km 的插电式混合动力乘用车，其 A 状态百公里耗电量满足与纯电动乘用车相同的要求。

三、新能源客车技术要求

1. 单位载质量能量消耗量(Ekg)不高于 0.24 Wh/(km·kg)。

2. 非快充类纯电动客车电池系统能量密度要高于 95 Wh/kg，快充类纯电动客车快充倍率要高于 3C，插电式混合动力(含增程式)客车节油率水平要高于 40%。

四、新能源货车和专用车技术要求

1. 装载动力电池系统质量能量密度不低于 95 Wh/kg。

2. 纯电动货车、运输类专用车单位载质量能量消耗量(Ekg)不高于 0.49 Wh/(kmkg)，其他类纯电动专用车吨百公里电耗(按试验质量)不超过 10 kWh。

五、燃料电池汽车技术要求

燃料电池系统的额定功率不低于驱动电机额定功率的 30%，且乘用车燃料电池系统额定功率不小于 10 kW，商用车不小于 30 kW。

附件 2

新能源汽车产品专项检验标准目录

序号	检验项目	标准名称	标准号	备注
1	储能装置(单体、模块)	电动汽车用锌空气电池	GB/T 18333.2—2015	6.2.4、6.3.4 90°倾倒试验对水系电解液蓄电池暂不执行
		车用超级电容器	QC/T 741—2014	
		电动汽车用动力蓄电池循环寿命要求及试验方法	GB/T 31484—2015	6.5 工况循环寿命结合整车可靠性标准进行考核
		电动汽车用动力蓄电池安全要求及试验方法	GB/T 31485—2015	6.2.8、6.3.8 针刺试验暂不执行
		电动汽车用动力蓄电池电性能要求及试验方法	GB/T 31486—2015	
	储能装置(电池包)	电动汽车用锂离子动力蓄电池包和系统 第 3 部分：安全性要求与测试方法	GB/T 31467.3—2015	对于由车体包覆并构成电池包箱体的，要带箱体/车体测试；电池包或系统尺寸较大，无法进行台架安装测试时，可进行子系统测试
	储能装置(单体、模块、电池包)	汽车动力蓄电池编码规则	GB/T 34014—2017	实施时间以工业和信息化部《车辆生产企业及产品公告》要求时间为准
2	电机及控制器	电动汽车用驱动电机系统 第 1 部分：技术条件	GB/T 18488.1—2015	5.6.7 电磁兼容性结合 GB/T 18387—2008 电磁兼容考核；5.7 可靠性试验结合整车可靠性进行考核；附录 A 不执行
		电动汽车用驱动电机系统 第 2 部分：试验方法	GB/T 18488.2—2015	10 可靠性试验、9.7 电磁兼容性暂不执行
3	电动汽车安全	电动汽车安全要求 第 1 部分：车载可充电储能系统(REESS)	GB/T 18384.1—2015	5.1.2(除乘用车和 N1 类车辆外的其他汽车)绝缘电阻测试条件，可在室温条件下进行；5.2 污染度暂不执行；5.3 有害气体和其他有害物质排放暂不执行
		电动汽车安全要求 第 2 部分：操作安全和故障防护	GB/T 18384.2—2015	6 用户手册涉及项目暂不执行；8 紧急响应涉及项目暂不执行
		电动汽车安全要求 第 3 部分：人员触电防护	GB/T 18384.3—2015	6.3.3 电容耦合 暂不执行；7.2B(除乘用车和 N1 类车辆外的其他汽车)绝缘电阻测试条件，可在室温条件下进行；9 用户手册涉及项目暂不执行
		燃料电池电动汽车安全要求	GB/T 24549—2009	

续上表

序号	检验项目	标准名称	标准号	备注
4	电磁场辐射	电动车辆的电磁场发射强度的限值和测量方法,宽带,9 kHz ~ 30 MHz	GB/T 18387—2008	
5	电动汽车操纵件	电动汽车操纵件、指示器及信号装置的标志	GB/T 4094.2—2005	
6	电动汽车仪表	电动汽车用仪表	GB/T 19836—2005	4.2 电磁兼容试验结合 GB/T 18387—2008 标准的方法和要求进行
7	能耗	电动汽车能量消耗率和续驶里程试验方法	GB/T 18386—2005	
		轻型混合动力电动汽车能量消耗量试验方法	GB/T 19753—2013	
		重型混合动力电动汽车能量消耗量试验方法	GB/T 19754—2015	
8	排放	轻型混合动力电动汽车污染物排放控制要求及测量方法	GB 19755—2016	
9	电动汽车除霜除雾	电动汽车风窗玻璃除霜除雾系统的性能要求及试验方法	GB/T 24552—2009	5.1.1 除霜试验环境温度对于燃料电池电动汽车为 -10 ℃
10	纯电动乘用车技术条件	纯电动乘用车　技术条件	GB/T 28382—2012	
11	燃料电池发动机	燃料电池发动机性能试验方法	GB/T 24554—2009	
12	燃料电池电动汽车加氢口	燃料电池电动汽车　加氢口	GB/T 26779—2011	
13	燃料电池电动汽车车载氢系统技术要求	燃料电池电动汽车车载氢系统技术要求	GB/T 26990—2011	
		燃料电池电动汽车　车载氢系统试验方法	GB/T 29126—2012	
14	电动汽车传导充电用连接装置	电动汽车传导充电用连接装置　第1部分:通用要求	GB/T 20234.1—2015	
		电动汽车传导充电用连接装置　第2部分:交流充电接口	GB/T 20234.2—2015	
		电动汽车传导充电用连接装置　第3部分:直流充电接口	GB/T 20234.3—2015	
15	通信协议	电动汽车非车载传导式充电机与电池管理系统之间的通信协议	GB/T 27930—2015	
16	碰撞后安全要求	电动汽车碰撞后安全要求	GB/T 31498—2015	采用 B 级电压的燃料电池电动汽车应符合本标准规定
17	超级电容电动城市客车	超级电容电动城市客车	QC/T 838—2010	5.1.3.1 绝缘、5.2.1 高压电器设备及布线、5.3 低压电器设备及电路设施暂不执行
18	插电式混合动力电动乘用车技术条件	插电式混合动力电动乘用车　技术条件	GB/T 32694—2016	
19	电动汽车远程服务与管理系统技术规范	电动汽车远程服务与管理系统技术规范　第2部分:车载终端	GB/T 32960.2—2016	
		电动汽车远程服务与管理系统技术规范　第3部分:通讯协议及数据格式	GB/T 32960.3—2016	
20	定型试验	电动汽车定型试验规程	GB/T 18388—2005	4.1.2、4.1.3 电动车除霜除雾结合 GB/T 24552—2009 标准的方法和要求考核; 4.3 可靠性行驶对于纯电动乘用车按照 GB/T 28382—2012 标准 4.9 可靠性要求考核

续上表

序　号	检验项目	标准名称	标 准 号	备　注
20	定型试验	混合动力电动汽车定型试验规程	GB/T 19750—2005	
		超级电容电动城市客车定型试验规程	QC/T 925—2013	
		电动汽车　动力性能　试验方法	GB/T 18385—2005	
		混合动力电动汽车　动力性能　试验方法	GB/T 19752—2005	9.7 混合动力模式下的 30 min 最高车速暂不执行
		燃料电池电动汽车最高车速试验方法	GB/T 26991—2011	

注：本目录将根据新能源汽车标准变化情况进行调整。

附件 3

新能源汽车企业要求

提出申请的汽车生产企业或进口汽车经销商（以下简称企业）须符合以下条件：

1. 企业应对消费者提供动力电池等储能装置、驱动电机、电机控制器质量保证，其中乘用车企业应提供不低于 8 年或 12 万 km（以先到者为准，下同）的质保期限，商用车企业（含客车、专用车、货车等）应提供不低于 5 年或 20 万 km 的质保期限。

2. 企业应当持续满足生产一致性相关规定，确保新能源汽车产品安全保障体系正常运行。

3. 企业应当建立新能源汽车产品售后服务承诺制度。售后服务承诺应当包括新能源汽车产品质量保证承诺、售后服务项目及内容、备件提供及质量保证期限、售后服务过程中发现问题的反馈、零部件（如电池）回收，出现产品质量、安全、环保等严重问题时的应对措施以及索赔处理等内容，并在本企业网站上向社会发布。

4. 企业应当建立新能源汽车产品运行安全状态监测平台，按照与新能源汽车产品用户的协议，对已销售的全部新能源汽车产品的运行安全状态进行监测。企业监测平台应当与地方和国家的新能源汽车推广应用监测平台对接。

企业及其工作人员应当妥善保管新能源汽车产品运行安全状态信息，不得泄露、篡改、毁损、出售或者非法向他人提供，不得监测与产品运行安全状态无关的信息。

5. 企业应当在产品全生命周期内，为每一辆新能源汽车产品建立档案，跟踪记录汽车使用、维护、维修情况，实施新能源汽车动力电池溯源信息管理，跟踪记录动力电池回收利用情况。

6. 对企业已销售的新能源汽车产品，在使用中存在安全隐患、发生安全事故的，企业应提交产品事故检测报告、后续改进措施等材料，完善新能源汽车安全运行保障体系。

中华人民共和国财政部
国家税务总局
中华人民共和国工业和信息化部
中华人民共和国科技部
2017 年 12 月 26 日

二、地方政府政策与规划

Chapter 2　Local Government Policy and Planning

地方政府	政　策	文 件 号	发布单位	发布日期	内　容
北京市	关于调整北京市示范应用新能源小客车相关政策的通知	京科发〔2017〕25 号	北京市科学技术委员会 北京市发展和改革委员会 北京市经济和信息化委员会 北京市财政局 北京市交通委员会	2017 - 2 - 16	通知明确，2017 年北京市示范应用新能源小客车财政补助标准按照中央财政单车补贴额的 50% 补贴，国家和本市财政补助总额不超过车辆销售价格的 60%
	关于进一步做好 2016 年度北京市推广应用新能源汽车市级财政补助资金兑付工作的通知	京经信委〔2017〕48 号	北京市经济和信息化委员会 北京市发展和改革委员会 北京市科学技术委员会 北京市财政局	2017 - 6 - 29	通知指出，2016 年度在本市备案的非个人用户购买的新能源汽车申请补贴，累计行驶里程须达到 30 000 km（作业类专用车除外），这是继国家补贴要求 30 000 km 运营条件后，地方补贴第一次把它加入到要求中
	北京市推广应用新能源商用车管理办法	京科发〔2017〕123 号	北京市科学技术委员会 北京市经济和信息化委员会 北京市财政局 北京市交通委员会	2017 - 7 - 14	该办法确定 2017 年北京市示范应用新能源小客车按照中央财政单车补贴额的 50% 确定市级财政补助标准，国家和本市财政补助总额不超过车辆销售价格的 60%。按照 2017 年的补贴标准，购买纯电动续航里程（参配、图片、询价）为 100 km 及以上、但小于 150 km 车型，国家补贴 2 万元，北京市地方补贴 1 万元；购买纯电动续航里程为 150 km 及以上、但小于 250 km 车型，国家补贴 3.6 万元，北京市地方补贴 1.8 万元；购买续航里程为 250 km 及以上车型，国家补贴 4.4 万元，北京市地方补贴 2.2 万元

续上表

地方政府	政　策	文件号	发布单位	发布日期	内　容
北京市	关于进一步加强北京市电动汽车充电基础设施建设和管理的实施意见	京政办发〔2017〕36号	北京市人民政府办公厅	2017-8-20	该意见计划到2020年建立起较为完善的充电基础设施和管理制度体系。对于新建建筑充电设施配建指标,《实施意见》要求严格落实执行,居住类建筑按照配建停车位的100%规划建设,办公类建筑按照不低于配建停车位25%规划建设
	北京市推广应用新能源商用车生产企业及产品备案管理细则	京经信委发〔2017〕61号	北京市经济和信息化委员会 北京市发展和改革委员会 北京市科学技术委员会 北京市城市管理委员会 北京市质量技术监督局	2017-9-11	《细则》对新能源商用车生产企业提出了九大条件,其中包括:首款新能源商用车产品取得新车公告满3年(含)以上,客车企业首款新能源商用车产品取得公告5年(含)以上。整车企业及核心配套零部件企业三年内未出现产品缺陷导致的重大安全事故,且无因违法违规或产品质量、安全问题导致的处罚记录。企业研发人员不低于200人,具有三电关键技术的自主研发或验证能力。在北京市设有3家(含)以上授权合作的维修服务中心,每个中心配备不少于5个社会公用充电桩。对车辆提供部低于3年或60 000 km,关键零部件不低于5年或200 000 km的质保期限。建立完善的废旧动力电池回收处理体系等
	顺义区关于加快促进新能源汽车推广应用的实施意见	顺政发〔2017〕24号	顺义区人民政府	2017-4-10	意见中提到,顺义区每年推广应用新能源汽车500辆以上,力争到2020年累计推广应用各类新能源汽车2 000辆以上。到2020年力争新增公共充电桩2 000个、充电站20座,实现城区1 km范围全覆盖
	顺义区新能源汽车(置换)补贴实施细则(暂行)	—	顺义区发展和改革委员会 顺义区财政局	2017-5-8	该细则指出在国家、北京市对新能源汽车补贴的基础上,顺义区对符合条件的燃油车主置换新能源汽车给予最高不超过5万元/台的补贴,置换补贴不超过车辆实际终端销售价格的50%。也就是说燃油车置换新能源车在"国补+地补"的基础之上还可以再拿到最高5万元的补助款,综合补助最高可以达到11.6万元
	顺义区电动汽车充电设施补贴实施细则(暂行)	—	顺义区发展和改革委员会	2017-5-8	该暂行办法指出,对符合国家及本市相关要求的公共充电设施,投资建设单位可申请不高于项目总投资30%的政府固定资产补助资金支持;新能源汽车使用顺义区境内公用充电桩进行充电,给予充电服务费用0.4元/kWh补贴
天津市	关于进一步加强在津推广应用新能源汽车安全服务保障的通知	津新能源推广〔2017〕2号	天津市工业和信息化委员会 天津市发展和改革委员会 天津市交通运输委员会 天津市财政局 天津市科学技术委员会 天津市市场和质量监督管理委员会	2017-4-27	文件明确要求,新能源汽车生产企业作为第一责任主体,必须建立覆盖全部在津车辆的安全服务保障体系,搭建车辆实时监测平台,建立车辆信息管控机制,做好售后服务、安全保障与应急救援、重大事故应急处置、缺陷汽车产品召回、废旧动力电池回收处置等工作,确保在津推广应用新能源汽车的产品一致性和安全可靠性
	天津市推广应用新能源汽车地方补助管理办法(2017年)	—	天津市财政局 天津市工业和信息化委员会	2017-4-28	该办法对2017年在天津销售并初次登记的,纳入国家2017年推荐车型目录,并符合本市安全服务保障要求的新能源汽车给予地方财政补贴,包括纯电动汽车、插电式混合动力汽车以及燃料电池汽车。地方补贴按照国家标准的50%执行,这主要是指新能源乘用车、专用车,对于新能源客车是按照国家标准的25%执行。另外新能源汽车的国家和地方补贴之和不能超过新能源车指导价格的50%

续上表

地方政府	政　　策	文件号	发布单位	发布日期	内　　容
上海市	上海市节能和应对气候变化"十三五"规划	沪府发〔2017〕12 号	上海市人民政府	2017 - 3 - 1	该通知提出发展绿色低碳交通，优先发展公共交通，坚持并完善小客车管控政策，绿色交通出行比重不低于 80%。到 2020 年，建成 800 km 轨道交通网络；力争形成 500 km 公交专用道，进一步提高地面公交的便捷性和服务水平；继续鼓励推广使用新能源和清洁能源车，加大充电设施建设力度。到 2020 年，新能源汽车达到 26 万辆，新能源和清洁能源公交车比例达到 50% 以上，中心城公交基本实现新能源化；加强智能交通建设和交通需求管理力度，鼓励发展拼车、新能源汽车分时租赁等共享出行模式
	上海市燃料电池汽车发展规划	沪科合〔2017〕23 号	上海市科学技术委员会 上海市经济和信息化委员会 上海市发展和改革委员会	2017 - 9 - 5	该规划提出，到 2020 年，聚集超过 100 家燃料电池汽车相关企业，燃料电池汽车全产业链年产值突破 150 亿元；建设加氢站 5 ~ 10 座、乘用车示范区 2 个，运行规模达到 3 000 辆，积极推动燃料电池公交、物流等车辆试点
重庆市	重庆市新能源汽车生产企业备案管理办法（暂行）	—	重庆市新能源汽车推广应用和产业发展联席会议办公室	2017 - 3 - 13	该办法提到，对经国家或本市认定存在违法违规行为的企业，市新能源汽车办公室有权暂缓备案、取消备案，或给予 1 ~ 3 年内取消其备案申请资格的处罚。有弄虚作假行为的，市新能源汽车办公室有权收回相关财政补助资金，并给予 1 ~ 3 年内取消其备案申请资格的处罚
	重庆市关于加强主城区公共停车场建设管理的通知	渝府办〔2017〕14 号	重庆市人民政府办公厅	2017 - 6 - 12	通知指出，新建公共停车场按照不低于总停车位数量 10% 的比例建设电动汽车充电基础设施；已建公共停车场，通过改造、加装等方式提供电动汽车充电基础设施；鼓励根据实际需求增建电动汽车充电基础设施
	重庆市 2017 年度新能源汽车推广应用财政补贴政策	渝财产业〔2017〕180 号	重庆市财政局 重庆市经济和信息化委员会	2017 - 7 - 10	该通知明确，重庆市市级财政补贴标准为中央补贴标准的 46% 以内，市、区（县）财政补贴（各级财政补贴总和）不得超过中央财政单车补贴额的 50%。2017 年重庆市新能源汽车推广应用目标为 1.6 万辆左右
	重庆市新能源汽车路桥通行年费免缴实施细则（暂行）	—	重庆市经济和信息化委员会 重庆市城市管理委员会	2017 - 8 - 25	该细则提出，购买《免缴路桥通行年费新能源汽车车型目录》的新能源汽车，在 2017 年 1 月 1 日—2020 年 12 月 31 日期间免缴主城区路桥通行年费。其中，已上牌车辆可申请退返缴纳的 2017 年 1 月 1 日至本细则颁发日期间的路桥通行年费。同日，《重庆市免缴路桥通行年费新能源汽车车型目录》发布，共 8 395款新能源汽车可免缴路桥费。新能源汽车车型种类含客车、货车、专用车、乘用车等四类，车型燃料种类分为纯电动、混合动力、燃料电池等三类，所有车型均为中国车企制造，包括长安、力帆、恒通等本地多家自主品牌车企的多款车型均入围
	重庆市电动汽车充电基础设施建设运营管理办法	渝发改能源〔2017〕1264 号	重庆市发展和改革委员会 重庆市能源局	2017 - 10 - 23	明确规定，充电基础建设的技术及验收要求，同时还规定充电设施应满足相关运维及运营条件
河北省	河北省"十三五"能源发展规划	冀政办字〔2017〕114 号	河北省人民政府办公厅	2017 - 9 - 13	通知明确将积极推进电能替代，支持公共交通车辆油改电，适度超前建设充电设施、支持电动汽车发展
	唐山市关于实施机动车限行交通管理措施的通告	唐政通字〔2017〕13 号	唐山市人民政府	2017 - 10 - 11	通告决定在全市实施机动车限行管理措施。其中悬挂合法号牌的纯电动汽车、插电式混合动力汽车、燃料电池汽车、残疾人专用汽车（残疾人驾驶）不受限

续上表

地方政府	政策	文件号	发布单位	发布日期	内容
河北省	唐山市关于实行冬春季机动车限行的通告	唐政通字〔2017〕18号	唐山市人民政府	2017－10－30	通告决定在全市实施机动车限行管理措施。其中悬挂合法号牌的纯电动汽车、插电式混合动力汽车、燃料电池汽车、残疾人专用汽车(残疾人驾驶)不受限
山西省	山西省新能源汽车产业发展2017年行动计划	—	山西省经济和信息化委员会	2017－03－17	该通知计划2017年推进一批重点项目投产或部分投产,力争全年完成投资50亿元以上;推动一批龙头企业实现规模化生产,全省新能源汽车生产能力达到10万辆;引进一批核心配套产业项目,培育与新能源汽车相关的协作产业链
	山西省关于新能源汽车营销补助资金管理办法的补充通知	晋财建一〔2017〕119号	山西省财政厅 山西省经济和信息化委员会	2017－9－5	该通知,2017年1月1日起,电动汽车营销补助按照国家同期补助资金1∶0.5标准执行。2017年,甲醇客车0.5万元/辆,甲醇重卡0.5万元/辆,甲醇轿车0.25万元/辆,甲醇多用途乘用车0.1万元/辆;燃气重卡0.5万元/辆,燃气轻(微)卡0.1万元/辆
	山西省汽车中长期发展规划	晋经信产业字〔2017〕307号	山西省经济和信息化委员会	2017－10－18	该规划预计到2025年,新能源汽车成为山西省汽车产业发展龙头,形成3～5个国内核心竞争强、在国内外市场有较大影响的汽车和零部件企业集团,积极向国内汽车大省梯队迈进
内蒙古自治区	关于呼和浩特市新能源汽车销售商登记管理办法(试行)的通知	呼新汽推〔2017〕2号	呼和浩特市经济和信息化委员会	2017－7－3	《办法》要求新能源汽车销售商在呼和浩特销售新能源汽车,应向市新能源汽车推广应用领导小组办公室申请登记。申请登记的新能源汽车销售商,应具有新能源汽车生产厂家的销售授权委托书,具备工信部装〔2016〕337号文件要求的落实产品质量安全主体责任和中机函〔2017〕2号文件规定的产品技术要求,并在呼和浩特市建立较为完善的售后服务和应急保障体系
辽宁省	辽宁省"十三五"节能减排综合工作实施方案	辽政发〔2017〕21号	辽宁省人民政府	2017－4－21	《方案》提出,加强工业节能,落实阶梯电价政策。强化建筑节能,鼓励利用太阳能、浅层地热能等解决建筑用能需求。促进交通运输节能,大力推广节能与新能源汽车、液化天然气动力船舶等。推动商贸流通领域节能,提倡绿色包装,推广可循环包装、减量包装和可降解包装。推进农业农村节能,加快淘汰老旧农业机械,推广农用节能机械、设备和渔船。同时,加强公共机构节能,公共机构率先执行绿色建筑标准,新建建筑全部达到绿色建筑标准等
	辽宁省关于加快推进"电化辽宁"工作方案	—	辽宁省人民政府办公厅	2017－7－22	该方案预计到2020年,累计新增电能替代电量210亿kWh。按照方案,辽宁电能替代方式将涉及采暖、工业生产、交通运输、服务业、农业等众多领域
黑龙江省	黑龙江省新能源公交车推广应用省级补助资金管理办法	黑财规审〔2017〕9号	黑龙江省财政厅 黑龙江省交通运输厅 黑龙江省工业和信息化委员会	2017－4－12	根据管理办法,黑龙江省级补助资金采取省对市县(农垦总局)"以奖代补"方式下达。黑龙江省、市、县财政新能源公交车购置补贴总额最高不得超过同期中央财政补贴额的50%
	黑龙江省电动汽车充电基础设施建设运营管理暂行办法	黑发改轨〔2017〕2号	黑龙江省发展和改革委员会 黑龙江省工业和信息化委员会 黑龙江省财政厅 黑龙江省科学技术厅 黑龙江省住房和城乡建设厅 黑龙江省物价监督管理局	2017－6－29	《办法》明确表示,省内各地要将充电设施专项规划有关内容纳入城乡规划,完善独立占地的充电设施布局。原则上,新建住宅配建停车位应当100%建设充电设施或预留建设安装条件,大型公共建筑物配建停车场、社会公共停车场建设充电设施或预留建设安装条件的车位比例不低于10%,每2 000辆电动汽车至少配建一座公共充电站

续上表

地方政府	政　策	文 件 号	发布单位	发布日期	内　容
黑龙江省	黑龙江省关于加快电动汽车充电基础设施建设的意见	—	黑龙江省发展和改革委员会 黑龙江省工业和信息化委员会 黑龙江省财政厅 黑龙江省科学技术厅 黑龙江省住房和城乡建设厅 黑龙江省物价监督管理局	2017-6-14	意见指出，原则上新建住宅配建停车位应当100%建设充电设施或预留建设安装条件，大型公共建筑物配建停车场、社会公共停车场建设充电设施或预留建设安装条件的车位比例不低于10%，每2 000辆电动汽车至少配套建设一座公共充电站
	关于促进哈尔滨市新能源汽车推广应用和产业发展若干政策规定	—	哈尔滨市政府	2017-11-14	新《政策规定》进一步明确了补贴标准和对象。确定“非个人用户购买的新能源汽车申请补贴，累计行驶里程须达到30 000 km（作业专用车除外）”。将原《政策规定》“对纯电动汽车按1:1、插电式混合动力汽车按1:0.8的比例给予地方配套财政补贴”改为“对新能源汽车按照1:0.5的比例给予地方配套财政补贴”等等
	关于哈尔滨市电动汽车充电服务费收费标准有关事项的通知	哈发改价费〔2017〕364号	哈尔滨市发展和改革委员会	2017-11-17	规定从12月1日至2019年12月31日，电动汽车充电服务费按充电电度收取，最高收费标准为0.54元/kWh，鼓励充电设施建设运营单位在最高限价内给予用户优惠。《通知》中称，充电设施建设运营单位可向电动汽车用户收取电费及充电服务费两项费用。《通知》要求，充电设施建设运营单位应严格执行明码标价的规定，在收费场所醒目位置公示服务内容、充电电价和充电服务费标准等，主动接受社会的监督
江苏省	江苏省关于做好2017年新能源汽车推广应用地方财政补助工作的通知	苏财工贸〔2017〕13号	江苏省财政厅 江苏省经济和信息化委	2017-3-30	乘该通知提出用车补贴额度最高不超过0.9万元，客车最高补贴5万元，专用车补贴为1.5万。燃料电池乘用车/客车/专用车分别补贴5万元、10万元、7万元。此外，强调浙江省下各设区市可根据本地区情况进行补贴额度安排，但总体地方补贴额度不能超过国补50%
	南京市“十三五”新能源汽车推广应用实施方案	宁政办发〔2017〕156号	南京市人民政府办公厅	2017-8-29	实施方案定下了未来四年南京新能源汽车推广的“小目标”，还将在目前道路临时停车泊位1 h内免费基础上，研究出台社会经营性停车场对新能源乘用车实施优惠收费政策。值得一提的是，当南京为缓解交通拥堵、改善大气环境而采取机动车限行、限购等措施时，新能源汽车不受限制
	2017年南京市新能源汽车推广应用财政补贴实施细则	宁财企〔2017〕460号	南京市财政局 南京市新能源汽车推广应用工作领导小组办公室	2017-6-22	按照规划，2017年南京市新能源汽车推广应用计划，南京市新能源汽车推广总量为2 500辆，新能源汽车充电设施建设计划总量为3 000根，其中交流桩1 770根，直流桩1 230根
	2017年无锡市新能源汽车推广应用财政补贴实施细则	锡财工贸〔2017〕33号	无锡市财政局 无锡市经济和信息化委员会	2017-5-31	细则明确，新能源汽车地方财政补贴总额（含省、市、区三级财政）不超过相应车型中央财政补贴额的50%。无锡市地方财政（含市、区两级财政）补贴标准与省级补贴标准按1:1的比例进行配套，补贴总额最高不超过相应车型扣除国家补贴后汽车售价的20%（以销售发票为准）。市级与各地区按照第二条予以分担
	2017年常州市新能源汽车推广应用地方财政补贴实施细则	—	常州市财政局 常州市经济和信息化委员会	2017-8-31	该细则显示，新北区、天宁区和钟楼区的纯电动乘用车按续驶里程不同，分别补贴1万元、1.5万元、2万元；插电式混合动力车补贴1万元。燃料电池乘用车补贴10万元。纯电动客车按车长不同分别补贴2万元、6万元和10万元。插电式混合动力客车分别补贴2万、4万和6万元

续上表

地方政府	政策	文件号	发布单位	发布日期	内容
江苏省	苏州市关于做好新能源汽车推广应用安全隐患排查工作的通知	苏新汽工办〔2017〕5号	苏州市经济和信息化委员会	2017-7-21	通知表示为进一步提高苏州市新能源汽车安全运行水平，保障人民群众的生命财产安全，将开展新能源汽车推广应用安全隐患排查工作。排查范围覆盖苏州市公共服务领域推广应用的新能源汽车及其动力电池、充电基础设施，重点是2017年1月1日之前投入使用的新能源汽车及充电基础设施
	2017年苏州市新能源汽车推广应用市级财政补贴实施细则的通知	苏府办〔2017〕317号	苏州市人民政府办公室	2017-10-30	苏州市明确省、市两级财政给予的补贴资金不得超过相应车型中央财政补贴金额的50%。其中，纯电动乘用车按续驶里程不同，分别补贴0.1万元、0.9万元、1.3万元；插电式混动乘用车补贴0.7万元。 对公共服务领域充电设施建设运营单位按充电桩充电功率予以补贴，直流充电桩每千瓦补贴600元，交流充电桩每千瓦补贴400元。单个充电站或充电桩群的省、市补贴总额不超过200万元
	2017年南通市新能源汽车推广应用地方财政补贴实施细则	通财综〔2017〕6号	南通市财政局 南通市交通运输局	2017-5-26	通知指出，将给予2017年南通市范围内新能源汽车购买者和公共服务领域充电设施建设运营单位补贴。其中，新能源乘用车最高补贴0.9万元、新能源客车最高补贴5万元，新能源专用车补贴0.1万元/kWh，燃料电池车最高补贴15万元
	连云港市“十三五”新能源汽车推广应用实施方案	—	连云港市人民政府办公室	2017-6-5	通知指出，到2020年连云港市计划累计推广应用新能源汽车达到20 000辆，建设充电桩5 000个。通知还强调，将参照省级补贴标准，不断完善全市新能源汽车推广应用财政资金补贴细则，对购买符合国家要求的新能源汽车，给予一定比例的地方补贴，严格按照有关规定进行拨付
	2017年扬州市新能源汽车推广应用地方财政补助实施细则	—	扬州市财政局 扬州市经济和信息化委员会	2017-11-15	细则明确，扬州市新能源乘用车、专用车（货车）、燃料电池汽车补助标准为中央财政相应车型单车补助额的40%，新能源客车补助标准为中央财政相应车型单车补助额的30%。地方财政补助总额最高不超过扣除国家补助后汽车售价的50%（以销售发票为准）
	2017年镇江市新能源汽车推广应用地方财政补贴实施细则	镇财工贸〔2017〕11号	镇江市财政局 镇江市经济和信息化委员会	2017-8-18	2017年，新能源客车车辆购置补贴标准为中央财政相应车型单车补贴额的30%；新能源乘用车、专用车（货车）、燃料电池汽车车辆购置补贴标准为中央财政相应车型单车补贴额的40%。地方财政补贴总额最高不超过扣除国家补贴后汽车售价的60%（以销售发票为准）。 充电设施建设补贴标准中规定，对公共服务领域充电设施建设运营单位按充电桩充电功率给予补贴，交流充电桩每千瓦400元，直流充电桩每千瓦600元。单个充电站或充电桩群的补贴总额不超过50万元。对闲置的车辆和充电设施不予补贴
	镇江市关于调整和明确市区机动车停放有关收费政策的通知	—	镇江市物价局	2017-11-16	该通知明确对装有公安部门核（换）发的新能源汽车号牌的车辆停放服务，按现行相应收费标准减半收取停车服务费（继续享有进入停车场免费停车时间）
	2017年泰州市新能源汽车推广应用地方财政补贴实施细则	—	泰州市财政局 泰州市经济和信息化委员会	2017-5-31	根据细则显示，各类新能源汽车购置补贴按中央财政单车补贴额的30%核定给予补贴。 泰州对公共领域充电设施建设运营单位按充电桩充电功率给予补贴，交流充电桩每千瓦200元、直流充电桩每千瓦300元。单个充电站或充电桩群的补贴总额不超过50万元

续上表

地方政府	政　策	文 件 号	发布单位	发布日期	内　容
江苏省	2017 年宿迁市新能源汽车推广应用地方财政补贴实施细则	—	宿迁市财政局 宿迁市经信委	2017 - 7 - 25	通知要求，新能源汽车地方财政补贴按中央财政单车补贴额的一定比例核定。其中，新能源客车按照中央财政单车补贴额的 30% 比例核定给予补贴，新能源乘用车按照 40% 的比例核定给予补贴，新能源专用车（货车）按照 20% 的比例核定给予补贴，燃料电池汽车按照 30% 的比例核定给予补贴。 在充电基础设施方面，按充电桩充电功率对充电设施建设给予财政资金补贴，交流充电桩每千瓦补贴 600 元、直流充电桩每千瓦补贴 900 元。单个充电站或充电桩群的补贴总额不超过 120 万元
	2017 年江阴市新能源汽车推广应用市级财政资金补贴实施细则	澄财工贸〔2017〕12 号	江阴市财政局 江阴市经济和信息化委员会	2017 - 9 - 12	细则明确，市级补贴标准按照省级补贴标准 1:1 的比例标准进行配套，每辆车补贴额不超过扣除国家补贴后汽车售价的 20%（以销售发票为准）
	2017 年淮安市新能源汽车推广应用地方财政补贴实施细则	—	江苏省财政厅 江苏省经济和信息化委员会	2017 - 9 - 30	细则规定，地方财政补贴（包括省、市两级财政补贴）对象为淮安市范围内新能源汽车购买者和公共服务领域充电设施建设运营单位。车辆购置补贴标准：新能源汽车地方财政补贴按中央财政单车补贴额的 30% 给予补贴。充电设施补贴标准：按充电桩充电功率对充电设施建设给予财政补贴，交流充电桩每千瓦补贴 200 元、直流充电桩每千瓦补贴 300 元；单个充电站或充电桩群的补贴总额不超过 50 万元。公共服务领域消费者购置新能源汽车，补贴资金由财政部门直接拨付给新能源汽车购买者。私人消费者购置新能源汽车，补贴资金由财政部门拨付给汽车销售机构（4S 店）。汽车销售机构（4S 店）以扣除财政补贴资金后的价格与私人消费者结算。公共服务领域充电设施补贴资金由财政部门拨付给建设运营单位。细则对资金承担方式以及资金管理与监督进行了规定
浙江省	浙江省电动汽车充电基础设施建设运营管理暂行办法	—	浙江省发展和改革委员会	2017 - 1 - 20	发布，办法提出，个人、企业、机关事业单位和其他组织可以在其依法拥有所有权（或使用权）的停车场所上投资建设充电基础设施，并拥有充电基础设施所有权
	2017—2018 年杭州市新能源汽车推广应用财政支持政策	杭政办函〔2017〕70 号	杭州市人民政府办公厅	2017 - 7 - 13	根据政策，在 2017 年 1 月 1 日至 2018 年 12 月 31 日期间，消费者在杭州市购买新能源汽车，微型纯电动汽车按照中央财政补贴标准的 25% 给予地方配套补贴，每辆补贴最高不超过 1 万元；其余车型按照中央财政补贴标准的 50% 给予地方配套补贴，其中新能源货车和专用车每辆补贴最高不超过 3 万元
	关于调整湖州市市本级新能源汽车推广应用地方配套补助政策的通知	—	湖州市新能源汽车推广应用工作领导小组办公室	2017 - 7 - 31	鼓励充电运营商降低充电服务费和降低公共服务领域企业的运营成本，对提供公共充电服务的各类充电设施，以实际提供的公共充电量为基数，按 0.1 元/kWh 标准给予充电补贴，充电功率每千瓦每年补贴电量上限调整为 2 000 kWh
	关于进一步完善参与杭州市新能源汽车推广应用企业及车型备案相关事宜的通知	—	杭州市新能源汽车发展与应用领导小组办公室	2017 - 8 - 14	通知要求非在杭注册的生产企业需工商注册登记或委托一家在杭州主城区内的具有独立法人资格的销售机构申请备案。生产企业或销售机构已在杭州建立较为完善的售后服务和安全事故应急处理体系，近几年未发生因产品缺陷而导致的重大安全事故，对应的车辆生产企业应建立新能源汽车监测平台，并能够与本市新能源汽车监测平台实现对接

续上表

地方政府	政　策	文件号	发布单位	发布日期	内　容
浙江省	关于调整2017年宁波市新能源汽车推广应用资金补助政策的通知	甬科合〔2017〕65号	宁波市科学技术局 宁波市财政局	2017-6-26	通知明确,2017年宁波市财政(各级财政补贴总和)补助标准按照不超过中央财政单车补助额的50%进行补助。非个人用户购买的新能源汽车申请补贴,累计行驶里程须达到30 000 km(作业类专用车除外),补贴标准和技术要求按照车辆获得行驶证年度执行
	宁波市电动汽车充电基础设施建设实施方案	甬政办发〔2017〕82号	宁波市人民政府	2017-7-3	提出到2020年,全市共建成电动汽车集中式充换电站不少于110座,分散式充电桩不少于41 800个,具备满足5万辆电动汽车充电需求的能力
	温州市中心城区电动汽车充电设施专项规划	温政函〔2017〕29号	温州市城市规划设计研究院	2017-4-10	根据规划,温州市在"十三五"期间将规划布局社会公用充电桩604个(一类区264个、二类区340个);公共充电站14座(中型充电站10座、小型充电站4座);专用充电站16座(13座公交车充电站、3座出租车充电站)。近期规划建设社会公共充电桩339个、点位32处;社会公用充电站8座、专用充电站10座
	绍兴市区2017年新能源汽车推广应用财政补助办法	绍市经信〔2017〕89号	绍兴市经信委 绍兴市发改委 绍兴市财政局	2017-9-1	新办法规定,绍兴市将对购买新能源汽车的车主按国家补助标准的50%给予补助。国家和地方的新能源汽车补助总额最高不超过车辆市场指导价的50%。如果补助总额高于车辆指导价50%的,按车辆指导价的50%扣除国家补助后计算地方财政补助金额,非个人用户购买的新能源汽车申请补助,累计行驶里程须达到30 000 km(作业类专用车除外)。但是新能源公交车不受此限
	台州市市区新能源汽车推广应用财政补助暂行办法补充说明	—	台州市财政局台州市经济和信息化委员会	2017-4-1	通知调整完善了纯电动乘用车、插电式混合动力(含增程式)乘用车推广应用市级配套补贴标准。纯电动乘用车按照续驶里程分级补贴,续驶$R\geqslant250$ km的补贴2.2万元,续驶150 km$\leqslant R<250$ km的补贴1.8万元,续驶100 km$\leqslant R<150$ km的补贴1万元;插电式混合动力(含增程式)乘用车续驶$R\geqslant50$ km的补贴1.2万元
安徽省	安徽省"十三五"汽车和新能源汽车产业发展规划	皖经信规划〔2017〕46号	安徽省经济和信息化委员会办公室	2017-2-13	根据规划内容,到2020年,该省力争培育年销售收入达1 000亿元的汽车企业集团1~2家。在此基础上,做优合肥、芜湖两市零部件产业基地,努力再培育全国知名汽车零部件产业基地1~2个,着力再培育新能源汽车产业集聚发展基地1~2个
	安徽省电动汽车充电基础设施建设规划(2017-2020年)	皖发改能源〔2017〕577号	安徽省发展和改革委员会 安徽省能源局 安徽省经济和信息化委员会 安徽省财政厅 安徽省住房和城乡建设厅 安徽省质量技术监督局 安徽省物价局	2017-8-9	该通知至2020年,为满足20万辆以上电动汽车充电需求,根据不同应用领域电动汽车配置要求,建成公交车专用充换电站200座,环卫、物流等专用车充电站100座,城市公共充电站130座,分散式公共充电桩3万个,公务车与私家车分散式自用充电桩15万个,城际快充站170座,计划总投资100亿元
	安徽省支持新能源汽车产业创新发展和推广应用若干政策	皖政〔2017〕110号	安徽省人民政府	2017-8-15	该政策全方位资金支持当地新能源汽车产业创新发展与推广应用。鼓励当地新能源汽车企业技术创新、加大招商引资扶持力度、奖励新能源汽车销量靠前的企业、加大新能源汽车的推广与充电基础设施建设
	合肥市关于调整新能源汽车推广应用政策	合政办〔2017〕35号	合肥市人民政府办公厅	2017-5-9	通知明确,对单位和个人购买续驶里程(工况法)大于150 km的纯电动乘用车,按照中央财政补助标准1∶0.5的比例给予地方配套补助

续上表

地方政府	政　策	文件号	发布单位	发布日期	内　容
安徽省	合肥市推广应用新能源汽车生产企业及产品管理细则(2017 年修订)	—	合肥市科学技术局 合肥市财政局 合肥市经济和信息化委员会 合肥市发展和改革委员会	2017－7－26	细则明确,享受市级财政补助的新能源汽车产品须符合以下条件:1. 新能源汽车产品需获得中国强制性产品认证证书,纳入国家《新能源汽车推广应用推荐车型目录》和《免征车辆购置税的新能源汽车车型目录》。2. 符合国家现行有关新能源汽车标准和规定。3. 新能源汽车未发生因质量原因导致的重大安全事故。4. 具备满足远程监测所需的车载终端并能够实现数据交换。5. 新能源乘用车座位数不少于4 座,最高车速不低于 100 km/h
	关于阜阳市加快电动汽车充电基础设施建设和管理的实施意见	—	阜阳市法制办	2017－9－20	《意见》明确,我市将按照阜阳中心城区加快布局,各县市区城区、高速公路服务区和主要景区景点同步推进的原则,加强统筹规划、适度超前建设,完善政策措施、激发市场活力,创新发展模式、提高服务水平,2020 年基本建成适度超前、车桩相宜、智能高效的充电基础设施体系,确保满足 4 万辆(标车)电动汽车充电服务需求
福建省	福建省关于支持新能源汽车产业加快发展的八条措施	—	福建省人民政府	2017－8	该通知给予新能源汽车销售奖励,重大研发创新平台补贴,科研项目配套奖励,支持企业兼并重组和扩大有效投资,鼓励新能源汽车租赁等新模式发展,在政府投资的公共停车场(点)停放新能源汽车 2 h 以内免费等优惠政策
	福建省新能源汽车产业发展规划(2017—2020 年)	闽政〔2017〕36 号	福建省人民政府	2017－9－23	该规划到 2020 年,全省新能源汽车产能达到 30 万辆以上,打造千亿新能源动力电池、电机基地,全产业链产值超 1 800 亿元,其中整车 600 亿元、零部件 1 200 亿元。本地的新能源汽车产业链公司具有地理优势,有望受益政策推动
	福建省关于加快全省新能源汽车推广应用促进产业发展的实施意见	闽政办〔2017〕110 号	福建省人民政府办公厅	2017－9－23	该意见提出扩大新能源汽车在公共服务领域应用规模,加大在城市公交、环卫、物流、邮政、机场、景区等公共领域推广应用力度,鼓励公共机构和私人消费者购买使用新能源汽车。到 2020 年,全省累计推广新能源汽车 35 万辆
	福建省关于加快充电基础设施建设促进新能源汽车推广应用的实施方案	闽政〔2017〕36 号	福建省发展和改革委员会 福建省住房和城乡建设厅	2017－9－30	该通知指出 2017 年目标为:新建公共领域充电桩 3 000 个以上;城际快充网络基本覆盖全省;适应电动公交车数量稳步上升需求,进一步完善公交充电网络;加快推进城市中心区、AAAAA 级景区充电基础设施建设。 2018 年目标为建设 1.7 万个公共及专用充电设施、2 万个私人充电桩。2019 年目标为建设 3.5 万个公共及专用充电设施、2.5 万个私人充电桩。2020 年目标为建设 7.2 万个公共及专用充电设施、9.6 万个私人充电桩,环卫、物流及公安巡逻等的电动汽车充电网络较为完备
	福州市新能源公交车置换计划	榕交公〔2017〕67 号	福州市新能源公交车置换工作领导小组办公室	2017－11－10	计划明确,2017 年底前,全市 2010 年以前购入的 758 辆燃油公交车(不含市公交集团 2010 年购置的 282 辆燃油公交车辆)将更新为新能源公交车;2018 年底前,全市 2011 年至 2013 年购入的 864 辆燃油公交车(含市公交集团 2010 年购置的 282 辆燃油公交车辆)将更新为新能源公交车;2020 年,全市公交车基本更新为新能源公交车

续上表

地方政府	政策	文件号	发布单位	发布日期	内容
福建省	三明市关于加快推进新能源公交车置换工作的通知	—	三明市人民政府办公室	2017-11-2	通知表示，要完善和落实对新能源公交车推广应用的扶持政策，营造有利于新能源公交车在城市公交行业推广应用的政策环境，引导城市公交企业主动选择新能源汽车
江西省	2017年江西省新能源汽车推广应用财政补助和奖励方案	赣车办字〔2017〕4号	江西省新能源汽车推广应用工作协调小组办公室	2017-5-17	通知明确了2017年省级补贴标准为：新能源乘用车单车购置省级补贴额=2017年中央财政相应车型单车补贴额×15%（系数）；新能源客车单车购置省级补贴额=2017年中央财政相应车型单车补贴额×15%（系数）；新能源专用车单车购置省级补贴额=2017年中央财政相应车型单车补贴额×10%（系数）
	2017年南昌市新能源汽车推广应用财政补助和奖励方案	洪新汽办〔2017〕6号	南昌市新能源推广应用工作协调小组办公室	2017-9-30	方案明确，南昌补助标准主要依据中央财政补助标准和要求以及与2017年江西省省级财政补助标准按1:1配套
	南充市“十三五”新能源汽车产业发展规划（2016—2020年）	—	南充市人民政府办公室	2017-2-17	规划中提出，到2020年，完成“千亿百家”计划，年生产整车规模达15万辆（含专用车），产业产值超1 000亿元，培育出100家产值3亿元以上的专业化程度较高、研发实力较强的小巨人型汽车零部件及机械制造企
山东省	山东省“十三五”战略性新兴产业发展规划	鲁政发〔2017〕7号	山东省人民政府	2017-3-9	规划提到，山东省要把握全球新能源汽车轻量化、智能化的科技发展趋势，完善地方性标准规范和政策体系，推进纯电动、混合动力及低能耗汽车技术创新。到2020年，建成聊城、临沂、枣庄、潍坊、德州等一批新能源汽车产业集聚区，纯电动轿车、载货电动车等各类新能源汽车产量达到100万辆
	济南市电动汽车充电基础设施建设实施方案	济政办发〔2017〕8号	济南市人民政府办公厅	2017-3-24	方案表示，到2020年，济南市建成公用及专用充电站102座、充电桩34 000个，充电基础设施配电总容量达到84 MVA，初步构建区域清晰、重点突出、疏密结合、覆盖全面的充电基础设施布局网络，并落实国家标准规范，完善市场监管体系，逐步形成统一开放、竞争有序的充电服务市场
	济南市关于电动汽车充电设施服务价格的通知	济发改物价〔2017〕464号	济南市发展和改革委员会	2017-8-16	根据该通知，纯电动汽车（7座以下）充电服务价格按充换电电度收取，充电服务最高限价为1.45元/kWh（含服务费0.60元）；公交纯电动汽车充电服务费最高限价为每千瓦时1.35元（含服务费0.60元）
	青岛市电动汽车充电服务费的通知	青价格〔2017〕11号	青岛市物价局	2017-5-24	通知指出，电动汽车充电服务费实行最高限价管理，充电服务费按充电电度收取，电动公交车充电服务费最高为0.60元/kWh，电动乘用车充电服务费最高为0.65元/kWh。此外，要求充电设施经营企业应严格执行明码标价的规定
	东营市“十三五”电动汽车充电基础设施发展规划	东发改能交〔2017〕24号	东营市发展和改革委员会 东营市经济和信息化委员会 东营市住房和城乡建设局 东营市城乡规划局	2017-2-9	规划指出，结合东营市电动汽车发展目标，根据各应用领域电动汽车对充电基础设施的配置要求，经分类测算，到2020年，全市需建设公共充换电站41座，公交车充换电站7座，环卫与物流等专用车充电站4座；建设充电桩16 550个，其中，居民区专用充电桩8 550个，单位内部停车场专用充电桩4 000个，分散式公共充电桩4 000个

续上表

地方政府	政　策	文件号	发布单位	发布日期	内　容
山东省	济宁加快全市电动汽车充电基础设施建设实施方案	济政办字〔2017〕78 号	济宁市人民政府办公室	2017－5－25	方案提出，加快构建以用户停车位、单位停车场、公交停车场等配建的充电设施为主体，以社会公共停车场等配建的公共充电设施为辅助，以独立占地的城市快充站和城际快充站为补充，以智能充电服务平台为支撑的充电基础设施服务体系。到 2020 年，全市建成充(换)电站 70 座、充电桩 19 000 个
	利津县电动汽车充电站(桩)规划征求意见公告	—	利津县发展和改革局	2017－9－11	该公告表示，在 2020 年底前，城区和重点乡镇规划建设充电站 5 座。其中城区 2 座、盐窝镇 1 座、陈庄镇 1 座、刁口乡 1 座。重点在银座、百大等商业广场公共停车场，凤凰广场、东津生态园、博物馆、文化艺术中心、翠园湖、黄河外滩等人口休闲娱乐聚集区，南部新区集中居住区停车场，机关单位等办公场所停车场，陈庄、盐窝等乡镇镇区商业街及人口聚集区，规划建设充电桩 2 500 个
	金乡加快全县电动汽车充电基础设施建设实施方案	金政办字〔2017〕72 号	金乡县人民政府办公室	2017－8－15	方案明确，到 2020 年，全县建成充(换)电站 3 座、充电桩 900 个，满足不同领域、不同层次的电动汽车充电需求。到 2020 年，建成用户居住地专用充电桩 220 个；建成单位内部专用充电桩 220 个；建成城市公共充(换)电站 3 座，分散式公共充电桩 220 个，满足临时充电需要；建成城际、城乡公共充电桩 240 个，满足城际出行需求
河南省	郑州市加快电动汽车充电基础设施建设实施方案的通知(2017—2020 年)	郑政办〔2017〕65 号	郑州市人民政府办公厅	2017－5－17	通知指出工作的总体目标是：到 2020 年，基本建成适度超前、车桩相随、智能高效的充电基础设施体系。规划建设 3 座公交换电站、143 个纯电动公交充电站、239 个公共快速充电站、210 个公交分散专用桩、302 个出租环卫专用桩、51 300 个交流充电桩，18 个高速公路快速充电站，服务约 10 万辆电动汽车的充电需求
	安阳市市区新能源出租汽车更新实施方案	安政办〔2017〕91 号	安阳市人民政府办公室	2017－12－20	《实施方案》要求车辆须进入《推荐目录》；380 V 电压，40 kW 充电桩，电池使用质保期 8 年，且电池容量符合国家规定标准；综合工况续航里程达到 300 km 至 400 km；轴距在 2 600 mm以上，后备箱容量不小于400 L 以及其他要求
	安阳市关于进一步加快新能源汽车推广应用的实施意见	安政办〔2017〕98 号	安阳市人民政府办公室	2017－12－28	《意见》表示，纯电动、插电式混合动力(含增程式)客车，根据车辆长度按照中央财政补贴的 20% ～40% 享受省级补贴；环卫、邮政、物流、工程等专用车按照中央财政补贴的 30% 享受省级补贴。省财政对纯电动客车的充电站，根据车长折合奖励标准，8 m 以下折合 1 万元，8～10 m 折合 3 万元，10 m 以上折合 5 万元；对纯电动专用车的充电站根据电池容量确定奖励标准，30～50 kWh 奖励 1 万元、60～90 kWh 奖励 3 万元、120～200 kWh 奖励 5 万元
	三门峡关于在主城区实行机动车限行禁行的通告	—	三门峡市交通管理支队	2017－12－1	该通告指出，自 2017 年 12 月 4 日 0 时起至 12 月 31 日 24 时，实行机动车限行、禁行交通管制。新能源汽车(含纯电动机动车、插电式(含增程式)混合动力汽车和燃料电池汽车)等不受限

续上表

地方政府	政　　策	文 件 号	发布单位	发布日期	内　　容
湖北省	湖北省新能源汽车及专用车产业“十三五”发展规划	鄂经信规划〔2017〕9号	湖北省经济和信息化委员会	2017－1－11	该规划提到，至2020年，全省专用汽车产能达到40万辆/年，其中高品质适销对路新能源专用车产能5万辆/年。在全国的地位和影响进一步提升，生产规模在努力提高附加值基础上适度增长，产销量占全国的比重提高到15%
	武汉市新能源汽车充电基础设施补贴实施方案	武发改能源〔2017〕192号	武汉市发展和改革委员会 武汉市经济和信息化委员会 武汉市科学技术局 武汉市财政局	2017－3－28	通知中提到，对2013年1月1日到2016年6月30日投资建设的充电设施，从即日起至4月20日，企业可申报新能源车充电基础设施补贴
	武汉市新能源汽车推广应用和产业化工作实施方案(2017—2020年)	武政规〔2017〕42号	武汉市人民政府	2017－8－31	文件指出截至2020年底，武汉市新能源汽车推广应用数量累计要达到18 000辆，建成并投入使用的充电桩数量累计要达到15 000个，形成若干个新能源汽车及关键零部件产业项目集聚区，促进汽车产业的转型升级，引领行业发展
	武汉市关于加快新能源汽车推广应用若干政策的通知	武政规〔2017〕43号	武汉市人民政府	2017－8－31	通知强调，新能源汽车在市内行驶时不受尾号限制，对从事城市配送的新能源物流车发放通行证，三环线内按照核定线路通行
湖南省	株洲市关于加快充电基础设施建设步伐推动新能源汽车应用的通知	株政办发〔2017〕14号	株洲市人民政府办公室	2017－7－7	根据通知，“十三五”期间，株洲市新能源汽车推广目标任务是17 300辆，年度目标分别为2 000辆、2 400辆、3 000辆、4 200辆和5 700辆。“十三五”期间，全市建设充电桩总数14 263个，年度目标分别为200个、1 200个、2 600个、4 200个和6 063个
广东省	广东省关于加强2015年度新能源汽车省级补助资金核查工作的通知	粤发改产业函〔2017〕2364号	广东省发展和改革委员会	2017－5－8	通知指出，各市要核查非个人购买的新能源汽车(作业类专用车除外)截至2017年4月30日的行驶里程，对一个车主单位存在10辆以上行驶里程不足15 000 km的，应当逐家报告有关情况
	广东省关于进一步完善机动车停放服务收费政策的实施意见	粤发改规〔2017〕5号	广东省发展改革委 广东省住房和城乡建设厅 广东省交通运输厅	2017－5－22	意见提出，机动车停放服务收费实行“统一政策，属地管理”，省级人民政府价格主管部门会同有关部门负责制定全省统一的机动车停放服务收费政策，市(地级以上市，下同)、县(县及县级市，下同)人民政府价格主管部门会同有关部门负责制定辖区内的机动车停放服务收费具体实施细则，机动车停放服务具体收费标准由停车设施所在地县级以上人民政府价格主管部门依法制定
	广东省关于新能源汽车推广应用省级财政补贴政策的通知(征求意见稿)	—	广东省发展和改革委员会	2017－10－14	该意见规定，在广东购买新能源汽车并注册、在注册地申报的消费者(含单位和个人)给予新能源汽车购车综合补贴，由经销企业申请地方购车综合补贴。2017年1月1日起注册登记的车辆，为国家补贴的50%；燃料电池汽车地方补贴不低于4 500元/kW(根据车辆燃料电池额定功率计算单车补贴额)，地方补贴额不超国家补贴
	广州市关于进一步加强电动汽车充电基础设施建设运营管理的通知	穗工信规字〔2017〕2号	广州市工业和信息化委员会	2017－4－1	根据通知，广州市将从充电设施产品、规划建设、信息录入、财政补贴、运营安全等方面加强监督管理
	广州市关于2016、2017年新能源汽车购置地方财政补贴标准的通知	—	广州市发展和改革委员会	2017－7－5	通知指出，2016与2017年地方财政补贴按当年国标1∶0.5执行

续上表

地方政府	政　　策	文 件 号	发布单位	发布日期	内　　容
广东省	广州市新能源汽车发展工作方案(2017—2020 年)	穗府办函〔2017〕263 号	广州市人民政府办公厅	2017 - 10 - 25	方案指出,广州将力争到 2020 年底,全市新能源汽车整车年生产能力达到 30 万辆以上,其中新能源汽车专线年产能达 20 万辆,实现总产值超 1 000 亿元
	深圳市新能源公交车示范推广期运营补贴办法	深财规〔2017〕7 号	深圳市财政委员会 深圳市交通运输委员会	2017 - 5 - 10	通知指出,2013 年 6 月 1 日之前投入的以融资租赁方式购置的新能源公交车运营补贴标准为 26 万元/辆/年,2013 年 6 月 1 日(含 6 月 1 日)后投入的新能源公交车运营补贴标准为 42. 27 万元/辆/年。通知还指出,新能源公交车单车年度运营考核里程为 64 000 km,实际运营里程达到 64 000 km 可获得全额补贴
	深圳市对新能源纯电动物流车继续实施通行优惠政策	深公交(通)〔2017〕112 号	深圳市公安局交通警察局	2017 - 6 - 8	该通告明确,决定对深圳市部分道路限制新能源纯电动物流车行驶的时间、路线和区域进行调整。对已完成电子备案登记,接受监管的纯电动轻、微型货车(包含轻型厢式货车和轻型封闭式货车),除周一至周五 7 时 30 分至 21 时禁止通行深南大道(深南/沿河立交至香梅路段)外,允许在深圳市其余道路行驶。已完成电子备案登记,接受监管的车身长度不超过 6 m 的纯电动重、中型货车,限制通行的时间和路段(与普通轻、微型货车限行范围相同)
	深圳市 2017 年新能源汽车推广应用财政支持政策	深财规〔2017〕10 号	深圳市财政委员会	2017 - 7 - 18	该政策表示,财政支持政策明确了地方各级财政补贴总和不得超过中央财政单车补贴额的 50%。其中对新能源汽车购置补贴、充电设施建设补贴以及动力电池回收补贴有了详细的补贴政策
	深圳市对异地号牌载货汽车实施限制通行措施	深公交(通)〔2017〕158 号	深圳市人居环境委 深圳市公安局交通警察局	2017 - 9 - 4	该公告表示,10 月 1 日起,深圳在全市范围内工作日早晚高峰期间对非本市核发机动车号牌载货汽车实施限制通行措施,外地号牌的新能源车等不受此限制
	深圳市关于 2017—2020 年度纯电动巡游出租汽车推广应用工作有关事项	深交规〔2017〕4 号	深圳市交通运输委员会	2017 - 10 - 20	通知指出,将通过奖励纯电动巡游出租汽车经营权指标的方式,进一步加大纯电动小汽车在市巡游出租汽车行业的推广力度,争取在 2020 年全面实现深圳市巡游出租汽车纯电动化
	关于完善深圳市机动车停放服务收费政策的通知(征求意见稿)	—	深圳市发展和改革委员会	2017 - 12 - 12	意见指出,在实行政府定价管理的停车设施内充电(每天首 2 h 内)的新能源汽车免收机动车停放服务费。意见稿还指出,鼓励实行市场调节价管理的停车场所设置一定时间机动车免费停放时间,并对新能源汽车充电时减免机动车停放服务收费
	深圳市关于对新能源纯电动物流车继续实施通行优惠政策的通告	深公交(通)〔2017〕240 号	深圳市公安局交通警察局	2017 - 12 - 22	通告指出,已完成电子备案登记,接受监管的纯电动轻、微型货车(包含轻型厢式货车和轻型封闭式货车),除周一至周五 7:30 ~ 21:00 禁止通行深南大道(深南/沿河立交至香梅路段)外,允许在深圳市其余道路行驶。已完成电子备案登记,接受监管的车身长度不超过 6 m的纯电动重、中型货车,限制通行的时间和路段(与普通轻、微型货车限行范围相同)
	汕尾市电动汽车充电基础设施专项规划(2016—2020 年)		汕尾市发展和改革局	2017 - 5 - 23	该规划明确表示,总量目标为:至 2020 年,建成公交充电站 16 座、出租车充换电站 3 座、公共服务充换电站 29 座、其他机构充换电站 5 座,建成分散式充电桩 3 135 个

续上表

地方政府	政　　策	文 件 号	发布单位	发布日期	内　　容
广东省	汕头市电动汽车充电服务收费标准及有关问题的通知	汕市发改函〔2017〕1002 号	汕头市发展和改革局	2017－7－11	意见稿指出，电动汽车充电服务费（不含电费），按充电量收取，收费标准为 0.75 元/kWh
	江门市电动汽车充电基础设施建设工作方案（2017—2020 年）	江发改交能〔2017〕924 号	江门市发展和改革局	2017－9－11	方案指出，着力构建布局合理、便捷高效、覆盖全城的电动汽车充电基础设施体系。根据《方案》，划定第一批布点计划共 194 个，按照全市电动汽车的推广计划适当超前布局，争取到 2020 年，全市建成集中式充电站 51 座，建成分散式充电桩 608 个
	梅州市新能源汽车推广应用实施方案	梅市府办〔2017〕15 号	梅州市人民政府办公室	2017－5－16	方案明确，到 2020 年，基本实现公交电动化，全市纯电动公交车保有量占全部公交车比例超 75%。至 2020 年，全市建成充电站 25 座，其中公交车专用充电站 13 座、专用车充电站 1 座、城际快充站 12 座、城市公共充电站 1 座；公共充电桩 700 个，内部专用充电桩 8 500 个
	清远市推广新能源公共汽车应用考核评分方案	清府办〔2017〕51 号	清远市人民政府办公室	2017－8－22	方案明确，对清远辖区内各县（市、区）为单位的 2016—2019 年每个自然年度新能源公交车推广应用情况进行评分。达到 60 分以上的视为当年新能源公交车推广应用目标完成，在市完成省考核目标时，该辖区可享受规定的补贴，在市未完成省考核目标时，根据完成目标实际应获得的补助资金差额，等额扣减未完成地区下一年度成品油价格涨价补助资金，等额扣减比例不超过 80%。年度扣减资金优先补助完成 60 分以上目标地区当年度新增及更新的新能源车辆
	东莞市新能源汽车产业发展“十三五”规划	东府办〔2017〕96 号	东莞市人民政府办公室	2017－7－14	通知指出，到 2020 年，东莞市培育 1～3 家大型新能源汽车整车企业，5～10 家大型关键零部件企业，2～3 家新能源汽车推广应用平台企业，打造 3 个以上行业知名品牌，提升东莞新能源汽车产业整体竞争力。在新能源汽车推广应用方面，到 2020 年，全市推广应用新能源汽车 4 万辆以上，重点保障新能源汽车在公交、公务、私人等领域的推广应用，并采取有效措施确保新能源汽车在出租、快递、物流、环卫等领域取得较大突破
	东莞市“十三五”电动汽车充电基础设施规划	东发改〔2017〕492 号	东莞市发展和改革局	2017－9－1	通知表示，“十三五”期间，在市内各区域及城际高速公路服务区建成超 300 座充电站、53 000 个充电桩，形成适度超前、布局合理、功能完善的充电基础设施体系
	潮州市电动汽车充电服务费收费标准的通知	—	潮州市发展和改革局	2017－8－25	通知明确 2020 年前，潮州市电动汽车充电服务收费实行政府指导价管理。电动汽车充电服务费（不含电费，电费另按国家规定的电价政策收取）按充电量收取，收费标准为 1 元/kWh
广西壮族自治区	广西壮族自治区新能源汽车产业发展“十三五”规划	桂工信装备〔2017〕71 号	广西壮族自治区工业和信息化委员会	2017－2－8	该规划提出，推动汽车产业转型升级，加快培育发展新能源汽车产业，其中明确要重点打造梧州市新能源汽车动力电池生产基地
	柳州市新能源汽车推广应用财政补贴资金管理实施细则	—	柳州市财政局 柳州市发展和改革委员会 柳州市工业和信息化委员会 柳州市住房和城乡建设委员会 柳州市公安局	2017－7－7	该细则表示，从产业补助、购置补贴、充电设施建设补贴、充电桩运营补贴和电费补贴 5 个方面发力，拿出真金白银推动新能源汽车发展
	关于柳州市住宅小区新能源汽车停车收费有关问题的通知	柳价格〔2017〕89 号	柳州市物价局综合法规科	2017－12－7	通知规定从 2018 年 1 月 1 日起，新能源汽车在住宅小区停车的，1 h 内（含）不收费

续上表

地方政府	政　策	文件号	发布单位	发布日期	内　容
海南省	海南省电动汽车充电基础设施建设运营省级补贴实施暂行办法	琼发改交能〔2017〕349 号	海南省发展和改革委员会 海南省财政厅	2017-2-16	办法规定,省发改委负责组织开展补贴资金申报、审核工作,会同省财政厅下达补贴资金支出计划。省财政厅主要负责补贴资金的经费预算安排,按程序拨付资金,会同省发改委对补贴资金进行监督
	2017 年海南省新能源汽车推广应用重点工作任务	琼府办〔2017〕72 号	海南省人民政府办公厅	2017-4-25	该任务明确,2017 年海南省新能源汽车推广任务总量为 4 960 辆,全年新增和更换的公交车中新能源汽车比例要求不低于 60%;环卫、物流、邮政、机场用车、旅游景区用车以及公共机构新增和更换车辆中新能源汽车比例要求不低于 50%
	海南省关于开展新能源汽车企业备案的通知	琼商建〔2017〕109 号	海南省商务厅 海南省工业和信息化厅	2017-4-1	通知指出,对于 2017 年以前已备案的新能源汽车企业及产品需更新《新能源汽车企业车型备案信息表》、备案车型的《汽车产品技术参数表》;补充汽车产品被纳入工信部《新能源汽车推广应用推荐车型目录》(2017 年)的证明材料、动力电池回收利用方案以及新能源汽车安全监管承诺书及安全事故应急处理方案
	海南省新能源汽车推广应用省级财政补贴实施办法	琼财建〔2017〕1587 号	海南省财政厅 海南省工业和信息化厅 海南省公安厅	2017-10-15	办法明确,新能源汽车车辆购置地方财政补贴按同期中央财政单车补贴额的 50% 执行,其中,省、市县两级财政各承担 50%
	海南关于电动汽车用电实行扶持性电价政策有关问题的通知	琼价价管〔2017〕668 号	海南省物价局	2017-11-27	通知指出,电动汽车充换电设施用电按其所在场所执行峰谷分时电价政策,峰谷价差和峰平谷时段保持不变
	三亚市电动汽车充电基础设施管理暂行办法	三府〔2017〕106 号	三亚市人民政府	2017-4-13	办法指出,三亚市新建住宅小区,配建停车位要 100% 建设充电设施或预留建设安装条件(包括电力管线预埋和电表箱、电力容量预留等);在市区域范围内,原则上每 2 000 辆电动汽车至少建设一座集中式充(换)电站;在城际高速公路上,原则上按每座集中式充(换)电站服务半径 50 km 配建
	五指山市电动汽车充电基础设施实施方案	五府办〔2017〕178 号	五指山市人民政府办公室	2017-9-12	实施方案表示,2017 年建设电动汽车充电桩 146 个,其中,公共充电桩 22 个,单位专用充电桩 68 个,用户自用 56 个。要求所有新建住宅小区配建地面停车场要建设充电设施或预留建设安装条件,新建地面专用停车场、公用停车场,原则建设充电设施或预留建设安装条件的车位比例不低于 20%。规划至 2020 年,全市电动汽车充电桩建设规模达到 417 个
四川省	四川省人民政府办公厅关于加快电动汽车充电基础设施建设的实施意见	川办发〔2017〕19 号	四川省人民政府办公厅	2017-2-28	意见指出,到 2020 年,全省新建集中式充换电站 600 座以上,分散式充电桩 27 万个以上,满足 23.8 万辆以上电动汽车的充电需求,达到作为国家电动汽车示范推广地区对充电基础设施建设的总体要求,基本形成统一开放、竞争有序的充电服务市场
	四川省"十三五"汽车产业发展指导意见	川经信汽车〔2017〕329 号	四川省经济和信息化委员会	2017-9-21	意见明确,到 2020 年,全省汽车年产能达到 400 万辆,推动全省汽车产业产值突破5 000亿元,打造国家级创新研发平台达到1~2 家,成为全国重要的汽车研发与制造基地
	关于组织申报成都市 2017 年新能源汽车充换电设施市级补贴的通知	成经信财〔2017〕41 号	成都市经信委 成都市发改委 成都市财政局 成都市科技局	2017-4-27	通知明确,在符合规划、安全、消防的前提下,现有加油站、加气站增建、改建经营性充电设施,给予建设投资(不含土地费用)20%、最高 200 万元补贴

续上表

地方政府	政　策	文件号	发布单位	发布日期	内　容
四川省	成都市电动汽车充换电基础设施建设专项规划	成府函〔2017〕87 号	成都市人民政府	2017－5－9	规划指出,为保证 11.6～13.7 万辆电动汽车的充电需求,至 2020 年全市共需建设充电桩 10.7～12.9 万个,其中自(专)用充电桩 9.4～11.4 万个,公共充电桩 1.3～1.5 万个。展望至 2030 年,为保证 60.0～65.0 万辆电动汽车的充电需求,全市共需建设充电桩 53.2～58.0 万个,其中自(专)用充电桩 46.2～50.4 万个,公共充电桩 7.0～7.6 万个
	成都市支持新能源汽车推广应用的若干政策	成办发〔2017〕20 号	成都市人民政府办公厅	2017－7－20	该文件规定,对在该市公安车辆管理部门注册登记的新能源汽车新车,要按照中央财政单车补贴额的 50% 给予市级配套补贴;并将在 3 年内,逐步取消燃油货运车辆入城证发放(除认定的特种货运车辆外);而纯电动的城市快递、物流等配送车辆入城,自此不再受到限制
	关于成都市电动汽车充电服务费有关问题的通知	成发改价格〔2017〕611 号	成都市发展和改革委员会	2017－8－3	通知指出,电动汽车充电服务费按充电电量收取,充电服务费指导价格上限为 0.60 元/kWh,鼓励充电设施经营企业向下浮动充电服务费
	关于成都市新能源汽车停车收费实施减免的通知	成发改委收费〔2017〕930 号	成都市发改委 成都市经信委 成都市财政局 成都市交委 成都市公安局交管局	2017－11－6	通知规定,每天 0:00～24:00,在临时占道停车场(点)首次停车,免首 2 h 停车费,在市及区(市)县政府财政全额投资建设的同一公共停车场(点)首次停车,免首 2 h 停车费
	广元市支持新能源汽车产业发展八条措施	广府办发〔2017〕77 号	广元市人民政府办公室	2017－6－27	通知指出,对 2017—2019 年新购置我市生产的新能源纯电动汽车(二手车除外)的本市消费者(个人、单位用户),在中央财政补贴基础上,市财政按中央财政补贴标准的 25% 再给予地方补贴;市外消费者在中央财政补贴基础上,再以销售收入税收市内留存部分作为补贴
贵州省	贵州省支持电动汽车充电基础设施加快建设若干政策措施	黔府办发〔2017〕45 号	贵州省人民政府办公厅	2017－9－10	该措施明确,从 2017—2020 年,政府财政性资金、城市建设投资(交通投资)公司全额投资新建的停车场(以城镇道路为载体的占道停车位除外),按不低于 3% 的比例设立电动汽车专用停车位
	关于促进贵阳市推广应用新能源汽车的实施意见	筑府办函〔2017〕21 号	贵阳市人民政府办公厅	2017－2－27	实施意见指出,贵阳市补助标准按照贵州省省级补助标准的 100% 进行跟进补助,国家、省、市补助总额不超过车辆销售价格的 60%。除中央和省级补助外,贵阳市补助资金按属地原则(车辆注册地)由市和所在区(市、县)财政按各 50% 的比例承担
	贵阳市关于加快电动汽车充电基础设施建设确保完成 2017 年度建设目标的通知	筑府办函〔2017〕143 号	贵阳市人民政府办公厅	2017－8－21	通知明确,2017 年度,贵阳市电动汽车充电基础设施建设的目标任务,保底目标是建设充电桩 5 500 个;争取目标是 7 000 个。新建住宅配建停车位应 100% 建设充电设施或预留建设安装条件,大型公共建筑物配建停车场、社会公共停车场建设充电设施或预留建设安装条件的车位比例不低于 10%
	六盘水市“十三五”新能源汽车充电设施建设规划	—	六盘水市新能源充电设施建设领导小组办公室	2017－2－3	规划指出,预计到 2020 年六盘水市电动汽车将达到 7 941 辆,新建充电桩 7 264 个,充电站 16 座,建设充电设施累计投资 1.98 亿元。满足新能源汽车充电需求,从而带动新能源汽车产业发展,降低燃油汽车比例,改善环境质量,为六盘水市营造一个健康和谐的发展环境

续上表

地方政府	政　策	文 件 号	发布单位	发布日期	内　容
陕西省	西安市人民政府关于进一步加快新能源汽车推广应用的实施方案	市政办发〔2017〕21号	西安市人民政府办公厅	2017-3-13	通知指出，调整新能源汽车补贴标准，对单位和个人购买新能源汽车的，公共服务领域按1∶0.5、非公共服务领域按1∶0.3给予地方财政补贴。地方财政补贴（地方各级财政补贴总和）不超过中央财政单车补贴额的50%
	西安市新能源汽车生产销售企业及产品审核备案暂行规定	市政办发〔2017〕102号	西安市人民政府办公厅	2017-11-10	规定西安市辖区以外的新能源汽车企业需在本市工商注册登记或指定一家具有独立法人资格的汽车销售机构；并规定，非个人用户购买的新能源汽车申请补贴资金，累计行驶里程须达到30 000 km（作业类专用车除外），补贴标准和技术要求按照车辆获得行驶证年度执行
	西安市新能源汽车及充换电设施信息平台运行管理暂行办法	市政办函〔2017〕338号	西安市人民政府办公厅	2017-12-13	该办法要求各新能源汽车生产企业须通过企业平台实现对在本市生产、销售的新能源车辆进行监控管理和安全预警，实时采集、监测车辆关键系统运行数据，数据保存期限不低于3年。各充换电设施建设、运营企业通过企业平台实现对在本市建设运行的充换电场站及充换电设施进行信息化管理，实时监控、统计充换电设施运行数据，数据保存期限不低于3年
	榆林市电动汽车充电基础设施专项规划（2016—2020年）	榆政办发〔2017〕7号	榆林市人民政府办公室	2017-1-22	该规划指出，计划到2020年，新增集中式充电站超过454座，分散式充电桩超过9.44万个，以满足陕西省10万辆电动汽车的充电需求
	安康市加快新能源汽车推广应用实施方案	安政办发〔2017〕44号	安康市人民政府办公室	2017-4-21	方案指出，2017—2019年新能源公交车更新比例应分别达到当年新增及更新公交车数量的20%、25%、30%以上；环卫、物流、邮政领域新能源汽车更新比例应达到当年新增及更新专用车辆的30%以上。方案还提到，力争到2020年，全市建成集中式充电站20座，分散式充电桩2 100个
甘肃省	甘肃省科学技术厅关于调整省级新能源汽车推广应用财政补贴政策的通知	甘财经（2017）27号	甘肃省财政厅 甘肃省工业和信息化委员会 甘肃省科学技术厅	2017-3-13	通知指出，2017年1月1日之后（含当日）在省内购买的符合补贴申请条件的新能源汽车，财政补贴标准调整为：省级财政按照调整后的中央财政补贴标准的35%执行，市（州）、县（市、区）财政按照调整后的中央财政补贴标准的15%执行，省、市、县补贴比例总和为中央财政补贴的50%
新疆维吾尔自治区	乌鲁木齐市电动汽车充电基础设施建设实施方案	新发改能源〔2017〕325号	乌鲁木齐市人民政府	2017-8-18	通知指出，到2020年，全市基本建成适度超前、车桩相宜、智能高效的电动汽车充电基础设施体系，确保满足电动汽车充电服务需求，形成统一开放、竞争有序的电动汽车充电服务市场，建成20座充电站、5 183个充电桩
	关于乌鲁木齐市机动车安全技术检测检验收费标准及相关事项	乌发改收费〔2017〕916号	乌鲁木齐市发展和改革委员会	2017-9-28	通知指出，小型车（车辆自重3.5 t以下的含3.5 t）120元/（车·次）；中型车（车辆自重3.5 t以上至6 t含6 t）140元/（车·次）；大型车（车辆自重6 t以上的）160元/（车·次）。通知特别指出，为促进城市公共交通和出租行业发展，加大新能源汽车政策支持力度，公交车、出租车、新能源汽车安全技术检测检验减半执行

第三篇 Section Ⅲ

地区概况
Regional Profile

北 京 市

Beijing Municipality

一、节能与新能源汽车产业概况

2017 年，北京市实现新能源汽车技术创新、商业模式创新、政策创新的有机协同，率先进入成长期。

扎实推进产业发展，制定《北京市加快科技创新培育新能源智能汽车产业的指导意见》，2017 年销售收入 400 亿元，同比增长 33.3%，产业竞争力保持国内领先。进一步强化技术创新，推进国家级新能源汽车技术创新中心等建设，初步形成完善的、领先的新能源智能汽车创新体系。

二、节能与新能源汽车扶持政策与措施

2017 年，北京持续优化政策体系，保持政策体系完整性及有效性，新能源汽车推广有序推进。

为贯彻落实国家《关于调整新能源汽车推广应用财政补贴政策的通知》，2 月，发布《关于调整北京市示范应用新能源小客车相关政策的通知》，明确单车市级财政补助为中央财政补贴标准的 50%；7 月，发布《北京市推广应用新能源商用车管理办法》，实现补贴、车辆调控等政策协同。

充电设施建设方面，为系统规范北京充电设施建设运营，5 月，发布《关于加快推进本市电动汽车社会公用充电设施新国标升级改造工作的通知》；8 月 21 日，发布《关于进一步加强电动汽车充电基础设施建设和管理的实施意见》；8 月28 日，发布《北京市鼓励单位内部公用充电设施建设的办法（试行）》。

为进一步提升北京新能源智能汽车创新能力和产业化水平，加快构建高精尖经济结构，2017 年 12 月，市委、市政府正式印发《北京市加快科技创新培育新能源智能汽车产业的指导意见》。

三、节能与新能源汽车推广应用情况

2017 年，北京大力推进新能源汽车推广应用，新增上牌电动汽车 6.7 万辆，累计推广 17.1 万辆，位居全国第一。

1. 持续推进公共领域示范应用

充分发挥公共领域示范带动作用，政策聚焦公交、出租、租赁等细分市场，全年推广电动汽车 1.5 万辆。

2. 私人领域率先实现市场化

单月上牌量稳步增长，2017 年新增 5.2 万辆，包括个人 4.9 万辆，单位 0.3 辆，全市累计达到 12.4 万辆。全年完成 69 076（含 9 076 个中签过期未用个人指标再配置）个示范应用新能源小客车指标配置，尚有 11 6135 个个人申请、6 302 个单位申请将按照规定轮候配置。

四、基础设施建设及运行情况

截至 2017 年底，本市累计建成充电桩 11.52 万根，其中公共专用桩 1.31 万根、社会公用桩 1.88 万根、私人自用桩 8.33 万根。

电动社区计划发挥引领作用，充分调动物业等各方积极性，私人用户建桩率稳步提升，目前已超过 80%，车桩比在全国遥遥领先。

五、发展规划

加快推进国家新能源汽车技术创新中心建设，突出体制机制创新，形成开放共享的大联合、大协同、大网络，辐射形成更加完善的产业创新生态；统筹推进产业发展指导意见落地，整合各类资源，推动智能新能源汽车高精尖产业的集聚发展；持续完善政策体系，实现科技创新、财政补贴、车辆调控、通行停车差异化等政策的协同。

六、节能与新能源汽车推广应用统计表

2017 年节能与新能源汽车推广应用数量 （单位：辆）

车型 / 燃料	公交车	旅游大巴	公务车	出租车	租赁用车	私人车	环卫车	物流车	邮政车	电力工程车	载货车	其他	合计
纯电动汽车	5 337	1 012	0	1 177	2 537	51 627	866	4 200	0	0	0	0	66 756
合计	5 337	1 012	0	1 177	2 537	51 627	866	4 200	0	0	0	0	66 756

天 津 市

Tianjin Municipality

一、2017 年节能与新能源汽车产业概况

目前，天津市已拥有天津比亚迪、天津清源、天津一汽、银隆等 9 家新能源整车企业，攻克了电机与发动机、变速箱、底盘等系统集成技术，形成了高性价比一体化的电驱动总成系统，实现津产新能源客车、乘用车、专用车的全覆盖。天津松正公司开发的公交插电式混合动力系统，节油率超过 45%，颗粒排放物减少 90%，达到国际领先水平；中国汽车技术研究中心在纯电驱动系统、动力电池、电磁兼容、整车碰撞试验等检测方面达到国际先进水平；国安盟固利、艾康尼克、轮毂电机等一系列新能源汽车配套企业不断涌现。

二、2017 年节能与新能源汽车扶持政策与措施

政策名称	文件号	发布单位	发布日期	政策概要
《关于进一步加强在津推广新能源汽车安全服务保障的通知》	津新能源推广〔2017〕2 号	天津市工业和信息化委员会 天津市发展和改革委员会 天津市财政局 天津市交通运输委员会 天津市科学技术委员会 天津市市场和质量监督管理委员会	2017－4－27	对在津推广应用新能源汽车企业及产品提出了明确要求
《天津市新能源汽车补贴管理办法(2017 年)》	津财建一〔2017〕17 号	天津市财政局 天津市工业和信息化委员会	2017－4－28	对在津推广新能源汽车地方补贴标准和申报流程进行了明确
《天津市新能源电动汽车充电基础设施发展规划(2016—2020 年)》	津发改工业〔2017〕4 号	天津市发展和改革委员会	2017－1－5	对天津市充电设施建设总体要目标、规划布局、建设计划等作出明确要求

三、2017 年节能与新能源汽车推广应用情况

2017 年,天津市新增新能源汽车 42 112 辆,同比增长 71%,占全国推广总量的 5.4%。其中乘用车 32 809 辆、客车 897 辆、专用车 8 406 辆、折算标准车 58 766 辆。其中,个人购置新能源汽车总量首次突破 2 万辆,达到 21 463 辆,占全市新增新能源汽车比重超过 51%,占全市新增和更新小客车总量超过一成。租赁领域新增新能源汽车达到 11 016 辆。

四、2017 年节能与新能源汽车主要企业经营情况

2017 年,天津市生产新能源乘用车、客车和专用车 50 917 辆,销售 55 149 辆,销售额达 91.9 亿元;全年动力蓄电池在全国累计配套量达到 14.75 亿 Wh,共完成 3.25 万辆新能源汽车搭载配套,累计配套电量位于全国第七位;一汽夏利、华泰、清源、比亚迪等生产企业新增新能源汽车 8 款。

五、2017 年节能与新能源汽车项目及园区建设情况

2017 年,天津市新能源汽车项目纷纷落地。银隆新能源汽车项目落户静海区子牙循环经济区;国能新能源汽车项目正式获国家发改委批复,样车已正式下线;力神电池公司六期甲扩能项目已如期竣工。国安盟固利、艾康尼克、松正、轮毂电机等一系列企业不断涌现,已形成了高新区、静海区等新能源汽车产业聚集区。

六、2017 年基础设施建设及运行情况

2017 年天津市新建公共充电桩达 4 000 个,公共充电桩总数接近 8 000 个,有效保障了新能源汽车的推广应用。新建公交场站 21 座、充电桩 262 个,全市公交充换电站已达到 50 座、充电桩 808 个。加快居民自用电桩建设,继续推进国网充电桩建设绿色通道,保障购置电动汽车居民的充电需求。同时,针对部分电力容量不足,无法大规模建桩的小区,深入开展老旧小区公共充电桩建设,在近 50 个小区新建充电桩约 100 台。高速公路网方面,已在高速公路服务区建设快充站 30 座、充电桩 140 台,全年完成充电 1.6 万车次,充电量 19.6 万 kWh,已经初步建成了覆盖京津冀全部高速公路的充电服务网络。

七、发展规划

编制了《天津市新能源汽车充电基础设施发展规划(2016—2020 年)》,到 2020 年,规划建设各类充电桩超过 9.2 万个,满足约 16 万辆车的新增充电需求;编写了《天津市新能源汽车产业发展三年行动方案(2018—2020 年)》,提出天津下一步将紧紧围绕国家“四个全面”战略布局与“中国制造 2025”总体部署,加快发展新能源汽车产业。

八、节能与新能源汽车推广应用统计表

2017 年节能与新能源汽车推广应用数量

(单位:辆)

燃料＼车型	公交车	旅游大巴	公务车	出租车	租赁用车	私人车	环卫车	物流车	邮政车	电力工程车	载货车	合计
新能源汽车合计	393	504	219	111	11 016	21 463	0	7 935	471	0	0	42 112

九、2017 年 12 月底本地区电动汽车充(换)电站(桩)保有量统计表

城市名称	充电站				充电桩		换电站
	数量(座)	充电机功率总计(kW)	充电站占地面积(m^2)	投资金额(万元)	慢充(个)	快充(个)	数量(座)
天津市	214	175 020	58 340	80 000	1 万余个		3

注:仅国家电网建设。

上 海 市

Shanghai Municipality

一、2017 年节能与新能源汽车产业概况

2017 年,上海市新能源汽车产业发展继续保持高增速:实现产值 232.38 亿元,继续保持两位数增速,可比增长达到 42.6%;年度推广数量 2017 年首次突破 6 万辆,截至 2017 年底累计超过 16.5 万辆,推广总量保持全球领先。

二、2017 年节能与新能源汽车扶持政策与措施

政策名称	文件号	发布单位	发布日期	政策概要
《关于调整〈上海市鼓励购买和使用新能源汽车暂行办法(2016 年修订)〉部分内容的通知》	沪府办发〔2017〕41 号	上海市人民政府办公厅	2017-5-18	对符合条件的新能源汽车,按照《暂行办法》有关标准核定本市财政补助金额。本市对单车财政补助金额,不超过单车可获得中央财政补贴额的 50%
新能源汽车生产厂商、车型备案登记要求(2017 年)	—	上海市经信委	2017-2-24	自 2017 年 1 月 1 日起申请《上海市新能源汽车产品信息确认凭证》、财政补助政策支持的新能源汽车生产厂商及其相应车型备案登记的操作流程、要求调整

三、2017 年节能与新能源汽车推广应用情况

2017 年,上海市新能源汽车产业发展迅速,共推广新能源汽车 61 354 辆,同比增长 35% 以上。纯电动和燃料电池占比由 2016 年的 30.87% 上升到 2017 年的 36.2%,私人领域新能源汽车推广量占比由 2016 年的 51% 上升到 2017 年的 62.7%,其中私人购买纯电动汽车的占比超过 19%。

上海新能源汽车市场占有率前五位的分别是:荣威、比亚迪、特斯拉、北汽和申龙牌新能源汽车。

截至 2017 年 12 月底,上海市充电设施管理平台共接入充换电设施 129 986 个,其中,公共充电桩 25 707 个、专用充电桩 21 332 个、私人充电桩 82 947 个。

四、2017 年节能与新能源汽车主要企业经营情况

上汽集团搭载斑马智能车载操作系统的荣威 ei6 插电强混互联网轿车、荣威 eRX5 插电强混互联网 SUV、荣威 ERX5 纯电动互联网 SUV 等新车型产品实现大规模量产并取得优异的国内市场表现,全球首款纯电动互联网休旅车荣威 Ei5、名爵旗下首款量产新能源车型 MG6 插电式混合动力轿车实现量产上市,荣威光之翼 VISIONE 纯电动超级轿跑 SUV 正式发布并计划 2018 年量产。上汽大通纯电动轻客 EV80 实现上汽集团首个自主品牌新能源汽车大批量出口欧洲,同时也是国内首个获得英国和德国政府补贴的轻型商用车;上汽大通作为目前唯一一家通过《新能源汽车生产企业及产品准入管理规定》(工信部 39 号令)的燃料电池汽车生产企业,其 FCV80 既是国际首款燃料电池轻客车型也是国内首家实现商业化运营的燃料电池车型,目前已实现销售超过百辆。上汽通用基于其自身的新能源战略规划,先后推出 VELITE 5 增程式电动车和凯迪拉克旗舰车型 CT6 的插电混动版,并取得了较好的市场成绩。蔚来汽车研发的全铝车身纯电动 SUVES8 完成小批量试制和正式发布,基本具备上市条件。上海申沃国内市场销售车辆全部实现新能源化,其自主研发的快充纯电动 12 m 和 18 m 绞接车将在上海奉浦公交快线(BRT)投放运营,成功研发 12 m 低地板、双堆并联的燃料电池大客车用于联合国开发计划署(UNDP)在上海嘉定公交的 6 辆燃料电池公交车商业化营运项目。

五、2017 年节能与新能源汽车项目及园区建设情况

嘉定区、闵行区认真落实区级新能源汽车相关政策,扩大推广应用规模,带动相关产业发展。崇明区积极实施“生态崇明,绿色出行”发展路径,在主要旅游景点、交通枢纽、重要商圈均已实现纯电动汽车分时租赁网点覆盖。上海国际汽车城 EVCARD 分时租赁、驿动共享班车运营规模与商业模式创新取得持续性突破,EVCARD 不断推出包含 B2B、B2C、B2 校园、B2 园区等分时租赁、短租业务、长租业务多种产品形式,实现会员规模与使用黏性的双重提升,驿动共享班车全力打造“驿动微铁”和“驿动文旅”两个独立品牌;EVZONE 试乘试驾中心在不断引进新能源汽车最新车型的基础上,新增网上预约试乘试驾功能、设立 EV 服务站,主动迎合市民大众试乘试驾、行业政策解读、相关信息查询等方面的实际需求;成功举办“2017 国际电动汽车示范城市及产业发展论坛”,推动 UNDP、GEF 燃料电池汽车示范运行项目在本市的实施落地。

六、2017 年基础设施建设及运行情况

2017 年上海市继续加快充电设施建设,完成新建公共充电桩共计约 1.6 万个。截至 2017 年底已累计建成各类充电桩超过 12.53 万个,其中公共充电桩 2.57 万个、专用充电桩 2.13 万个、私人充电桩 7.83 万个,每辆新能源汽车平均拥有充电桩数量由 2016 年的 0.58 个提高到 0.76 个,进一步提升充电设施对新能源汽车推广应用的有效支撑。

七、发展规划

产值规模方面,新能源汽车产值预计达到 200 亿元,实现同比增长逾 20%;推广数量方面,计划推广应用新能源汽车 40 000 辆左右,进一步优化应用结构;充电设施方面,计划建成 4 000 个以上的公共充电桩,并有序提升公共快充桩的数量比例。

八、节能与新能源汽车推广应用统计表

2017 年节能与新能源汽车推广应用数量

（单位：辆）

燃料 \ 车型	公交车	旅游大巴	公务车	出租车	租赁用车	私人车	环卫车	物流车	邮政车	电力工程车	载货车	其他	合计
纯电动汽车	1 482	2 089	2 939	0	1 979	7 432	0	5 702	0	0	0	0	21 623
插电式混合动力汽车	381	0	4 054	0	3 634	31 073	0	0	0	0	0	0	39 142
增程式电动汽车	0	0	0	0	0	0	0	0	0	0	0	0	0
燃料电池汽车	0	539	50	0	0	0	0	0	0	0	0	0	589
合计	1 863	2 628	7 043	0	5 613	38 505	0	5 702	0	0	0	0	61 354

注：本表共统计进口车 4 538 辆。

2017 年节能与新能源汽车推广应用车型及数量

应用地区	车型	通用名称	数量（辆）
上海市	荣威牌 CSA6454NDPHEV1 型插电式混合动力运动型乘用车	荣威 eRX5	11 944
	比亚迪牌 BYD6460STHEV5 型插电式混合动力多用途乘用车	比亚迪宋	4 891
	荣威牌 CSA7104SDPHEV1 型插电式混合动力轿车	荣威 ei6	3 769
	荣威牌 CSA7154TDPHEV 型插电式混合动力轿车	荣威 550PHEV	3 163
	比亚迪牌 BYD7150WT5HEV4 型插电式混合动力轿车	比亚迪秦	3 064
	比亚迪牌 BYD6480STHEV 型插电式混合动力多用途乘用车	比亚迪唐	2 608
	荣威牌 CSA7144CDPHEV1 型插电式混合动力轿车	荣威 e950	1 627
	荣威牌 CSA6456BEV1 型纯电动运动型乘用车	荣威 eRX5	1 442
	比亚迪牌 BYD7150WTHEV3 型混合动力轿车	比亚迪秦	1 274
	比亚迪牌 BYD6480STHEV3 型插电式混合动力多用途乘用车	比亚迪唐	1 222
	宝马牌 BMW6462AAHEV（BMWX1）型插电式混合动力多用途乘用车	BMW X1xDrive25Le	1 108
	通用牌 SGM7158DACHEV 型插电式增程混合动力轿车	Velite 5	996
	荣威牌 CSA7144CDPHEV 型插电式混合动力轿车	荣威 e950	956
	北京牌 BJ7000B3D5－BEV 型纯电动轿车	EV200－II	938
	申龙牌 SLK5030XXYBEV3 型纯电动厢式运输车	纯电动厢式运输车	753
	奇瑞牌 SQR7000BEVJ00 型纯电动轿车	奇瑞 eQ	731
	奇瑞牌 SQR7000BEVJ72 型纯电动轿车	奇瑞 eQ1	639
	江淮牌 HFC7000WEV 型纯电动轿车	江淮 iEV6E	621
	北京牌 BJ7001BPH5－BEV 型纯电动轿车	EC180	578
	东风牌 EQ5020XXYLBEV1 型纯电动厢式运输车	纯电动厢式运输车	539
	东风牌 EQ5080XXYTFCEV1 型燃料电池厢式运输车	燃料电池厢式运输车	500
	申龙牌 SLK6108AEBEVD3 型纯电动客车	纯电动客车	500
	沃尔沃牌 VCC7204C13PHEV 型混合动力轿车	S60L T6 TWIN ENGINE	470
	吉利美日牌 MR7002BEV03 型纯电动轿车	EC7－EV	464
	腾势牌 QCJ7007BEV2 型纯电动轿车	腾势	464
	通用牌 SGM7200KACHEV 型插电式混合动力轿车	CT6	437
	长安牌 SC5031XXYKQ54BEV 型纯电动厢式运输车	纯电动厢式运输车	434
	宇通牌 ZK6115BEVY51 型纯电动客车	纯电动客车	389
	大通牌 SH5041XXYA7BEV－6 型纯电动厢式运输车	EV80	322
	比亚迪牌 BYD5030XYZBEV 型纯电动邮政车	纯电动邮政车	300
	金龙牌 XMQ5030XXYBEVS09 型纯电动厢式运输车	纯电动厢式运输车	298
	大通牌 SH5041XXYA7BEV－7 型纯电动厢式运输车	纯电动厢式运输车	287
	畅达牌 NJ5020XXYEV5 型纯电动厢式运输车	纯电动厢式运输车	263
	宇通牌 ZK6115BEVY52 型纯电动客车	纯电动客车	262
	中国中车牌 TEG6110EV04 型纯电动客车	纯电动客车	260
	长安牌 SC7001ADBEV 型纯电动轿车	奔奔 EV	254

续上表

应用地区	车型	通用名称	数量(辆)
上海市	东风牌 EQ5045XLCTBEV 型纯电动冷藏车	纯电动冷藏车	250
	比亚迪牌 BYD7150WT5HEV5 型插电式混合动力轿车	比亚迪秦	246
	瑞驰牌 CRC5030XXYB－LBEV 型纯电动厢式运输车	纯电动厢式运输车	246
	申沃牌 SWB6108BEV04 型纯电动城市客车	纯电动城市客车	231
	俊风牌 DFA7000G1F2BEV 型纯电动轿车	E 17	230
	北京牌 BJ7000C5E1－BEV 型纯电动轿车	EU 200	228
	传祺牌 GAC7150CHEVA5A 型插电式混合动力轿车	传祺 GA3S PHEV	215
	长安牌 SC7001AEBEV 型纯电动轿车	奔奔 EV	215
	宇通牌 ZK6105BEVG29 型纯电动城市客车	纯电动城市客车	207
	通家福牌 STJ5023XXYEV 型纯电动厢式运输车	纯电动厢式运输车	204
	宇通牌 ZK6935BEVG2 型纯电动城市客车	纯电动城市客车	195
	荣威牌 CSA7155TDPHEV 型插电混合动力轿车	荣威 e550	192
	万象牌 SXC6110GBEV7 型纯电动城市客车	纯电动城市客车	191
	传祺牌 GAC6450CHEVA5B 型插电式混合动力多用途乘用车	传祺 GS4 PHEV	188
	东风牌 EQ5045XXYTBEV3 型纯电动厢式运输车	纯电动厢式运输车	168
	开沃牌 NJL5032XXYBEV 型纯电动厢式运输车	纯电动厢式运输车	160
	大马牌 HKL5041XXYBEV1 型纯电动厢式运输车	纯电动厢式运输车	149
	万象牌 SXC6120GBEV8 型纯电动城市客车	纯电动城市客车	146
	奇瑞牌 SQR7000BEVJ601 型纯电动轿车	Arrizo5 e	138
	大通牌 SH5040XXYA7BEV－4 型纯电动厢式运输车	纯电动厢式运输车	127
	宇通牌 ZK6808BEVQZ52 型纯电动客车	纯电动客车	120
	大运牌 CGC5044XXYBEV1NBLJEAGK 型纯电动厢式运输车	纯电动厢式运输车	110
	江淮牌 HFC7001A1EV 型纯电动轿车	IEV 7	107
	拓速乐牌 5YJXCCE2 型纯电动轿车(进口车)	Model X 90D	2 491
	拓速乐牌 5YJSA7E1 型纯电动轿车(进口车)	Model S	1 471
	拓速乐牌 5YJSA7E2 型纯电动轿车(进口车)	Model S 60D	461
	拓速乐牌 5YJXCCE4 型纯电动轿车(进口车)	Model X P90D	115
	其他	—	3 786

注:本表共统计进口车 4 538 辆。

重 庆 市

Chongqing Municipality

一、2017 年节能与新能源汽车产业概况

2017 年,全市生产新能源汽车 40 418 辆,全国占比为 5.1%(比 2016 年提高 3.6 个百分点),同比增长 403.5%;实现产值 47.31 亿元,同比增长 230.5%。其中,生产新能源乘用车 31 902 辆、客车 62 辆、物流车 8 454 辆。

全市已形成“9＋3＋4＋30”的新能源汽车产业体系,即长安汽车、长安福特、力帆乘用车、力帆汽车、金康新能源、华晨鑫源、众泰汽车、北汽银翔、潍柴 9 家乘用车企业,恒通、五洲龙、穗通 3 家客车企业,庆铃、瑞驰、盛时达、长帆 4 家专用车企业以及约 30 家相关配套企业。

二、2017 年节能与新能源汽车扶持政策与措施

政策名称	文件号	发布单位	发布日期	政策概要
关于补充提交 2016 年度重庆市新能源汽车推广应用市级财政补助资金有关申报资料的通知	渝财产业〔2017〕198 号	重庆市财政局 重庆市经济和信息化委员会	2017－7－10	明确 2016 年度市级补贴申报材料
关于印发《重庆市推广应用新能源汽车生产企业及产品备案管理办法(暂行)》的通知	渝经信发〔2017〕136 号	重庆市经济和信息化委员会	2017－12－4	明确重庆市新能源汽车企业及产品备案流程

续上表

政策名称	文件号	发布单位	发布日期	政策概要
关于印发重庆市新能源汽车路桥通行年费免缴实施细则(暂行)的通知	渝经信发〔2017〕110 号	重庆市经济和信息化委员会 重庆市城市管理委员会	2017－8－15	明确重庆市新能源汽车免缴路桥费细则
关于重庆市 2017 年度新能源汽车推广应用财政补贴政策的通知	渝财产业〔2017〕180 号	重庆市财政局 重庆市经济和信息化委员会	2017－7－10	明确重庆市 2017 年补贴标准
重庆市电动汽车充电基础设施建设运营管理办法	渝发改能源〔2017〕1264 号	重庆市发改委	2017－10－23	明确充电桩建设及运营管理
关于 2017 年充电设施奖补有关事项的通知	渝能源综〔2017〕105 号	重庆市能源局 重庆市财政局	2017－12－28	充电桩补贴标准及申报流程
重庆市新能源汽车推广应用市级财政补助资金申报流程(暂行)	渝经信发〔2017〕140 号	重庆市经济和信息化委员会	2017－11－27	明确 2017 年及以后年度补贴申报流程

三、2017 年节能与新能源汽车推广应用情况

2017 年全市推广应用新能源汽车 18 285 辆,其中,乘用车 15 570 辆、客车 697 辆、物流车 2 018 辆。

四、2017 年节能与新能源汽车主要企业经营情况

长安汽车“香格里拉计划”明确 2025 年后停售传统燃油车,是国内第一家发布停售传统燃油车时间表的车企。全年长安新能源汽车产量同比增长近 3.8 倍达 2.6 万辆,全国排名上升 2 位列第七位。瑞驰汽车同期生产新能源物流车 6 797 辆,同比增长 1.7 倍,列全国小型新能源物流车产量第 2 位。

五、2017 年节能与新能源汽车项目及园区建设情况

已形成超威、国能的电池模组,无线绿洲、金美通信的电池管理系统,特瑞、五龙动力的电池正极材料,云天化纽米科技的电池隔膜,神驰机电、赛力盟的电机,长安、凯瑞电动、中力新能源的控制器,日本三电、超力空调、建设车用空调的电空调,美国耐世特、龙润转向器的电转向,德国华域大陆的电制动等核心配套。同时,上海电驱动的驱动电机和东风小康、众泰汽车的动力电池电芯等重点配套项目落地。

六、2017 年基础设施建设及运行情况

截至 2018 年 4 月底,全市建成充电桩 8 503 个。其中,慢充桩 6 716 个、快充桩 1 787 个。

七、节能与新能源汽车推广应用统计表

2017 年节能与新能源汽车推广应用数量

(单位:辆)

燃料＼车型	公交车	旅游大巴	公务车	出租车	租赁用车	私人车	环卫车	物流车	邮政车	电力工程车	载货车	合计
新能源汽车合计	697	0	0	0	15 570	0	2 018	0	0	0	18 285	36 570

八、2017 年 12 月底本地区电动汽车充(换)电站(桩)保有量统计表(截至 2018 年 4 月)

城市名称	充电站				充电桩		换电站
	数量(座)	充电机功率总计(kW)	充电站占地面积(m^2)	投资金额(万元)	慢充(个)	快充(个)	数量(座)
重庆市	—	—	—	—	6 716	1 787	—

河北省

Hebei Province

一、新能源汽车产业概况

新能源汽车推广应用工作有力地推动了本省新能源汽车整车及配套产业发展,截至目前,全省新能源汽车产业拥有各类生产企业 30 多家,产品涵盖纯电动轿车、客车、物流、教练、动力电池、电池材料等。全省已形成新能源汽车 36.8 万辆产能(乘用车 15 万辆、新能源商用车 21.8 万辆)。新能源汽车驱动电机产能 15 万台(套)/年,电子控制器产能 3 万套/年,动力电池已建和在建产能约 9.5 亿 Ah/年。2016 年,全省新能源汽车产量 3 620 辆,同比增长 74.3%,实现总产值 242 亿元。2017 年,全省新能源汽车产量 8 736 辆,同比增长 141.3%,新能源汽车产业实现总产值 341 亿元。

1. 整车情况

目前全省获得新能源汽车整车生产许可企业有 7 家,有 65 余款国家公告车型,已具备年产新能源汽车 36.8 万辆的

生产能力，整车方面：长城汽车C30EV纯电动轿车续航里程200 km，已投放市场，适用于出租车行业、租赁公司和家庭用车，长城汽车魏派插电式混合动力多用途乘用车（SUV）已进入国家公告，预计近期上市。石家庄中博汽车的钛酸锂纯电动公交车具有高安全性、快充和耐低温等特点，目前在北方公交市场占有较大份额，中兴汽车纯电动皮卡车、纯电动教练车均是国内唯一产品。御捷车业、石家庄跃迪在全国低速电动车销量位居前列。

河北省新能源汽车整车企业情况表

企业	主要产品	产能（万辆）	产值（万元）	
			2016年	2017年
长城汽车	纯电动轿车、插电式混合动力SUV	7	0	827
中兴汽车	纯电动皮卡、纯电动教练车	5	118 079	82 300
长安汽车	纯电动厢式运输车、纯电动客车	15	49 344	6 754
红星汽车	纯电动厢式运输车	3	824	337
御捷车业	纯电动SUV、纯电动厢式运输车	5	5 182	47
中博汽车	纯电动客车	1	130 416	0
上汽唐山	纯电动客车、混合动力客车	0.3	0	0
广通邯郸	纯电动公交	0.3	42 240	23 760
承德比亚迪	纯电动客车	0.2	0	0
总计	纯电动轿车、客车、SUV、物流车等	36.8	346 085	114 025

（1）长城汽车股份有限公司

新能源汽车产销量情况：纯电动轿车产能3万辆，2016年生产164辆，2017年生产2 550辆，销售122辆，收入827万元，利润－869万元。插电式混合动力多用途乘用车产能4万辆，目前暂未生产。

新能源汽车研发投入情况：2016年累计研发投入6.92亿元，2017年累计研发投入15.2亿元。

（2）河北中兴汽车制造有限公司

通过对现有生产及配套体系升级改造，实现了新能源汽车与传统汽车的共线生产，总生产能力5万辆。2017年，新能源汽车生产12 442辆、销售12 442辆，总销售收入为82 300万元，效益为2 073万元，研发投入为1 314.78万元。企业于2017年8月启动工厂整体迁建工作，项目建设期为2年。

（3）河北长安汽车有限公司

新能源汽车与传统车为共线生产，总生产能力15万辆。企业在2017年12月31日前提交现有公告内新能源汽车生产企业审查计划，在2018年12月31日前完成新能源汽车能力升级准入审核工作。2017年上半年产量10.78万辆，产能利用率143.7%。其中新能源汽车生产43辆、销售55辆，总销售收入为6 754万元，总效益为276万元，总研发投入为702万元。

（4）河北红星汽车制造有限公司

河北红星汽车制造有限公司由多氟多化工股份有限公司控股，目前已建立了汽车研究院，拥有完善的整车生产检测手段，通过对现有5万辆整车生产线进行升级改造，已形成新能源汽车产能2万辆，2017年下半年新能源汽车产能达到3万辆。2017年上半年生产188辆，产能利用率为0.94%，销售29辆、销售收入337万元，新能源汽车研发投入756万元。

河北红星汽车制造有限公司计划投资15亿元，建设年产10万辆新能源汽车生产基地，关键工艺达到国际一流水平2018年3月开工建设，2019年12月投产。

（5）河北御捷车业有限公司

河北御捷车业有限公司具有纯电动多用途乘用车、纯电动运动型乘用车、纯电动厢式运输车等产品生产资质，具备年产5万辆的生产能力。2017年上半年产销10辆，产能利用率为0.02%，实现销售收入47万元，研发投入2 400万元。

（6）石家庄中博汽车有限公司

石家庄中博汽车有限公司有改装类大中型客车、纯电动大中型客车（含自制自用底盘）生产资质。2013年5月，珠海银隆新能源有限公司旗下珠海广通汽车有限公司对中博汽车进行了资产重组，注册资金4亿元，在正定县投资建设石家庄中博汽车有限公司搬迁改造扩能项目，分三期建设。目前一期已于竣工投产，具备年产1万辆纯电动大中型客车的生产能力。

中博汽车共有公告产品20个车型，产品与新版的《新能源汽车生产企业及产品准入管理规定》相符。2017年上半年，研发支出537.82万元，实现销售收入0元、利润－1 702万元、利税13 514万元，产量100辆，销售量0辆，产能利用率1.53%。

中博汽车搬迁改造项目二期于2017年1月开工建设，总投资11.35亿元，建设制件车间、底盘车间、涂装车间（二期）、外协配套中心，新增厂房面积9.7万m^2，生产设备增至1 666台（套），建设后形成年产2万辆纯电动客车的生产能力，2017年12月建成投产。三期视经营情况再行建设，总投资25.03亿元，建设SUV冲压车间、焊接车间、涂装车间、总装车间，新增厂房面积17万m^2，购置乘用车生产设备745台（套），建成后形成年产10万辆混合动力SUV的生产能力。

（7）上汽唐山客车有限公司

上汽唐山客车有限公司总生产能力3 000辆，至2015年底已累计生产客车1 800余辆。2017年底，未获得市场订单。目前企业正在进行股东股比调整工作。

(8)珠海广通汽车有限公司邯郸分公司

珠海广通汽车有限公司邯郸分公司生产能力 3 000 辆。研发依托总公司珠海广通汽车有限公司相关研发部门。2017 年上半年共生产 628 辆纯电动公交车，销售 198 辆。

(9)比亚迪汽车工业有限公司承德分公司

总投资 2. 92 亿元。生产主要产品为纯电动客车，产能为年产 2 000 辆。已于 2017 年 12 月通过工信部公告验收。

2. 在建新能源汽车整车项目

(1)北京汽车集团有限公司黄骅分公司技术改造项目，该项目已经核准，总投资 2. 13 亿元。其中包含新能源车(纯电动)2 万辆生产能力建设。项目于 2017 年 6 月完成竣工并实现燃油车型批量生产。截至目前，该企业没有获得新能源汽车整车生产许可。

(2)奇瑞新能源石家庄生产基地年产 10 万辆新能源乘用车项目，位于石家庄栾城装备制造园区内，总投资 30 亿元。生产主要产品为小型新能源乘用车(艾瑞泽 5EV、小蚂蚁以及一款 SUV、一款城市物流车共 4 款车型)，规划产能为年产 10 万辆。目前该项目已于 2017 年 8 月 18 日开工。预计一期工程会在 2018 年结束。

新能源汽车在建项目情况表

项　目	投资总额(亿元)	主要产品	规划产能(万辆)	项目进度
北汽集团黄骅分公司	2. 13	新能源车(纯电动)	2	项目于 2017 年 6 月完成竣工并实现燃油车型批量生产
奇瑞新能源石家庄基地	30	小型新能源乘用车	10	该项目已于 2017 年 8 月 18 日开工。预计一期工程会在 2018 年结束
总计	35. 05	—	12. 2	—

另外有拟投资建设新能源汽车生产企业项目 17 个，拟建产能达 260 万辆。

3. 零部件方面

邢台神州巨电、邯郸银隆新能源产品已经量产并为整车配套。北方奥钛公司的纳米钛酸锂材料、沧州明珠动力锂电池隔膜产品技术全国领先。正定精进电动在新能源汽车电机领域具有世界先进水平。石家庄通合电子的充换电站充电电源系统(充电桩)及电动汽车车载电源产品远销海外。

二、全省新能源汽车推广应用情况

1. 推广应用

截至 2017 年 12 月底，全省累计推广新能源汽车 45 573 辆，其中，新能源公交车 17 414 辆，占全部推广数量的 38. 2%；地产车 11 513 辆，占比 25. 2%。省级财政共拨付29 亿元补贴资金。

2017 年，全省共推广新能源汽车 52 593. 5 辆标准车(实车数量 19 361 辆)，完成全省任务量(35 000 辆标准车) 147. 73%。其中，推广应用新能源公交车 2 294 辆、私人车 14 319 辆、物流车 1 803 辆、环卫 55 辆、其他车 851 辆。地产车推广 5 012 辆。全省 13 个市有 12 个超额完成任务(承德完成任务的 81. 18%)。

2017 年度全省新能源汽车推广应用情况汇总表

(单位:辆)

城　市	任务数量(标车)	完成数量(标车)	完成率(%)	实车数量	车型领域						地产车
					公交车	出租车	私人	物流	环卫	其他	
廊　坊	1 500	4 800	320. 00	1 642	350	29	1253	0	10	0	69
秦皇岛	1 300	2 980	229. 23	270	270	0	0	0	0	0	0
石家庄	4 800	9 037	188. 27	4 605	70	0	3 955	580	0	0	0
唐　山	3 700	6 036	163. 14	1 544	176	0	897	38	5	428	36
保　定	5 000	7 532	151. 24	4 560	262	0	3 777	181	0	340	2 528
邢　台	3 100	4 682	151. 03	2 289	207	0	1 850	229	0	3	1 268
辛　集	200	293	146. 50	150	13	0	137	0	0	0	0
张家口	2 000	2 511	125. 55	557	180	0	297	0	50	30	19
沧　州	3 200	3 965. 5	123. 92	1 391	228	0	1 030	133	0	0	167
邯　郸	4 800	5 529	115. 19	750	239	0	461	0	0	50	200
衡　水	1 900	2 041. 5	107. 45	259	156	0	0	103	0	0	0
定　州	1 800	1 806. 5	100. 36	1 229	28	0	662	539	0	0	725
承　德	1 700	1 380	81. 18	115	115	0	0	0	0	0	0
其　他	600	0	0. 00	0	0	0	0	0	0	0	0
全　省	35 600	52 593. 5	147. 73	19 361	2 294	29	14 319	1 803	55	851	5 012

2. 充电基础设施

截至 2017 年底，全省已建成投运充电站 1 955 座、充电桩 40 017 个(其中：公共充电站 23 991 个、自备桩 16 026 个)。实现了高速公路、市县主城区全覆盖。积极开展“车桩并进”试点，在 16 家省直单位建设相应比例的充电桩，坚持“谁用车、谁付费”，开通绿色公务出行，形成了“以桩养车、以车养桩”的发展模式。

3. 政策保障

一是积极推广应用新能源汽车专用号牌。从2017年11月20日起,保定、廊坊市、石家庄、邢台市分批启动新能源汽车专用号牌,截至2017年12月31日,4市共发放新能源号牌7 457副。二是加强规划引导约束,省住建厅制发了《关于加强电动汽车充电设施规划建设有关工作的通知》,对出具规划设计条件、建筑设计方案审定、施工图纸审查、核发规划建设许可、规划条件核实和竣工验收等环节严格建设充电设施配建比例要求,目前全省各市审批的约500个项目中,均在规划条件出具和方案审批中落实了电动汽车充电设施配置要求,明确预留电动汽车充电设施建设安装条件的停车位275 214个,明确需要建设充电设施的停车位2 255个。三是完善充换电服务费形成机制,省物价局印发了《河北省物价局关于调整电动汽车充电服务费标准等有关事项的通知》(冀价管〔2017〕179号),同时研究建立电动汽车充电服务费标准与油(气)价格联动机制,进一步降低电动汽车用电成本。四是落实车船税税收优惠政策,2017年省地税局减免新能源汽车车船税11 983辆,金额346.58万元,同时积极推动车船税联网征收工作,实现税务部门与保险公司车船税信息共享。

三、存在的问题

随着新能源汽车推广应用工作的不断深入,推广应用和产业发展也进入了新阶段,一些不平衡不充分的问题逐步凸显:

(1)充电使用环境有待进一步完善。充电设施建设结构性供给不足和布局不合理问题日益凸显。一方面机关事业单位、城区中心和繁华地段公共停车场充电配套设施闲置;另一方面居民小区充电设施建设不足,闲置和短缺现象并存,对新能源汽车推广应用的支撑作用不足。因建设成本收回难,充电桩运营企业投资意愿下降。

(2)推广车型领域有待进一步平衡。经过近3年努力,截至2017年底,全省累计推广新能源公交车1.58万辆,新能源公交车数量占河北省城市公交车总数的49%,河北省公交领域新增和更换新能源汽车已近饱和,私人用车、出租车、公务用车等领域亟待推动。

(3)产业发展布局有待进一步统筹。相比国内先进省市,河北省新能源汽车产业规模有待进一步扩大,布局有待进一步统筹,部分地方在新能源汽车招商引资方面出现一哄而上盲目投资现象。产品竞争力有待进一步提高,长城汽车纯电动轿车产品投放市场时间较短,市场竞争力和占有率不高,河北长安、上汽唐山纯电动客车产品核心零部件均为外协外购,核心竞争力不足。电池、电机、电控等新能源汽车核心零部件企业在全国市场尚未形成竞争力。

(4)政策体系建设有待进一步加强。随着国家新能源汽车购买补贴逐步减少、补贴办法调整、双积分等倒逼政策实施,新能源使用、通行便利等后续接替政策需要提前研究,抓紧布局。各部门之间、省市之间,支持政策的衔接还不够充分。部分市在推广政策细则制定上有待细化、完善。

四、2018年任务目标

2018年,全省推广应用新能源汽车不低于3万辆(标准车),力争达到4.3万辆(标准车),全省公务用车领域新增或更换车辆选用新能源汽车比例不低于40%,其中纯电动车比例不低于35%,全省更新或新增的公交车中,新能源公交车比例不低于70%;新建充电站394座,充电桩13 125个。

山 西 省

Shanxi Province

一、2017年节能与新能源汽车产业概况

2017年,山西省完成汽车工业总产值316.30亿元,同比增长105.50%;主营业务收入288.50亿元,同比增长81.80%;工业销售产值301.90亿元,同比增长92.17%;实现汽车工业增加值44.90亿元,同比增加95.70%;出口交货值10.7亿元,同比增加53.70%;利税总额18.40亿元,同比增加52.10%。占全省装备制造业工业总产值的15.49%、工业增加值的10.32%、利税总额的15.03%。

截至2017年底,山西省汽车产业企业已发展到39家,具有生产整车企业8家。其中:重型汽车企业2家、乘用车企业3家、生产客车企业4家,燃气汽车生产企业3家,电动汽车生产企业7家,甲醇汽车生产企业1家,专用汽车企业16家,汽车发动机生产企业3家,从业人数约2.3万人。山西省全年产销汽车133 318辆和133 033辆;其中电动汽车产销21 335辆和21 250辆。

二、2017年节能与新能源汽车扶持政策与措施

政策名称	文件号	发布单位	发布日期
山西省汽车产业中长期发展规划	晋经信产业字〔2017〕307号	山西省经信委	2017-10-18
山西省新能源汽车产业发展2017年行动计划	晋经信产业字〔2017〕67号	山西省经信委	2017-3-17

三、2017年节能与新能源汽车推广应用情况

截至2017年底,全省在交警部门注册登记的新能源汽车共86 798辆。其中电动汽车45 459辆,甲醇汽车202辆,燃气汽车41 137辆。2017年,全年推广应用新能源汽车共36 217辆。太原市8 292辆出租车已全部更换为纯电动汽

车,成为全世界首个实现出租车电动化的城市;长治市率先出台了市级充电设施补贴政策;临汾市完成了市区内纯电动公交车全覆盖;运城市委托中兴网信公司开发建设市级电动车充电设施服务平台 APP。

四、2017 年节能与新能源汽车企业经营与建设情况

大运汽车股份有限公司的发展赶上了历史的机遇,依靠民营企业机制灵活的优势,创造了产销量增长率、市场占有率等多个行业的奇迹,2017 年产销汽车 38 136 辆和 38 076 辆,其中电动汽车产销 8 479 辆和 8 458 辆。元月"新三板"挂牌,拥有了 600 多项自主知识产权,与康明斯发动机、奔驰动力进行了合作生产重卡,成功入围工信部"2017 年智能制造试点示范项目"。大运汽车已掌握纯电动车整车设计、整车控制器(VCU)设计开发、纯电动汽车动态管理(D-management)系统开发等多项核心技术,在整车轻量化设计、整车控制策略开发等方面具备竞争优势;荣获工信部颁发的两化融合管理体系评定证书和山西省整车行业、山西省民营企业、运城市两化融合管理体系评定企业;获得由国家工商管理总局和世界知识产权组织共同举办的第三届"中国商标金奖""商标创新奖"提名单位,获得"第二届山西省质量奖"殊荣。

山西成功汽车制造有限公司经过近十年的发展,已实现从研发、生产到销售的优化布局。总投资 29.20 亿元,目前已完成投资 25 亿元,项目建成后将具备年产 30 万辆新能源汽车的生产能力。项目分两期建设,一期年产 12 万辆新能源汽车生产能力已经建成;二期年产 18 万辆生产线于 2017 年开工建设,正在进行焊装车间的扩建工程及冲压 C 线 4800T 压力机的安装调试。产品包括:传统燃油车、甲醇车、CNG 车、纯电动物流车等微面微卡系列。2017 年产销汽车 8 385 辆,其中纯电动物流汽车产销 5 269 辆和 5 233 辆,实现销售收入 43 000 万元,上缴税金 384 万元,汽车研发投入 1 000 多万元。同时积极开发了海外市场,目前远销玻利维亚、南非、沙特、伊朗等 13 个国家。公司获中国深圳第二届新能源汽车(物流车)挑战赛"最佳用户评价奖""最佳爬坡能力奖""最佳涉水能力奖"三项大奖。

吉利汽车山西基地隶属于浙江吉利控股集团,是集团旗下独立法人公司,山西省唯一一家乘用车生产企业,拥有乘用车、商用车生产资质。占地面积 1 450 亩,建有完整的冲压、焊装、涂装、总装四大工艺生产线及配套设施,建筑面积达 40 余万 m^2,总投资近 50 亿元。公司整体运营战略分 4 个阶段:"油—'油+电'—'油+电+醇'—'油+电+醇+混动'",目前处于第三阶段,进入高速成长期。2017 年 7 月开始投入生产,在山西省、晋中市政府的大力支持下公司取得骄人业绩,主要生产帝豪 GS 汽油车、帝豪 EV 电动车、帝豪 GL 甲醇车三款车型,日产整车 640 台,全年共计生产整车 86 168 台,其中电动汽车销售 7 430 辆,工业产值 82.58 亿,税收 5.6 亿元。商用车板块主要生产 10.5 m 纯电动客车、12 m 纯电动客车、10.5 m 甲醇客车三款车型,全年共计生产客车 69 台,实现产值约 4 000 万元。公司荣获"山西省优秀企业""晋中市模范企业"称号。

江铃重型汽车有限公司处于产品开发和产能建设阶段,江铃重汽整车及发动机项目是江铃汽车倾力建设的重大战略项目。江铃重汽发动机项目总投资 20 亿元,6 月发动机产品正式投产下线,达产后将实现年产 8 万台中重型柴油发动机的生产能力;2017 年 4 月,江铃重汽整车产品在第十七届上海国际车展发布亮相,11 月整车产品正式投产下线并隆重上市,设计规模年产 8 万台整车生产能力。到 2020 年产销达 3 万辆重卡,实现产值 100 亿元。公司 JMC 蠕铁缸体在第十四届中国国际铸造博览会上荣获优质铸件金奖。目前规划建设产品研发中心,并积极参与以江铃重汽为龙头的汽车产业园区建设,将有效带动零部件配套、物流配送、销售服务等产业链发展。

山西原野汽车制造有限公司在山西综改示范区新征地 3 000 余亩,拟投资 100 亿元,以原野汽车为主体整合上下游产业链,建设新能源产业基地。第一期工程占地 500 亩,计划投资 22 亿元,建设年产 5 000 辆大中客车、物流车生产线、PACK 车间和研发大楼。达产后产值约 50 亿元,税收约 4.5 亿元。

比亚迪新能源汽车太原基地 7 月首批 K8 纯电动客车成功下线,标志着比亚迪在中西部地区首个以纯电动客车、纯电动专用车、工矿作业车为重点的新能源汽车制造和研发基地落成投产。首批下线的 K8 比亚迪纯电动公交车,车长 10.5 m,采用两级踏步及车身轻量化设计,可提供不同电量配置选择,具有耐高寒、耐高温、高安全、长寿命等特点。截至 2017 年底生产订单包括北京、安阳、林州、吉林、西安、太原等地的公交车订单,全年完成订单 700 辆,完成产值约 7.2 亿元。

陕汽大同专用汽车有限公司 2017 年完成销量 7 367 辆,实现销售收入 18.45 亿元,净利润 1 430.15 万元,并通过了高新技术企业认定。年度完成 22 m 桥梁检测车产品开发、填补了陕汽集团的空白。结合陕汽大同现有条件,计划 2018 年开发纯电动环卫车、渣土车以及 18 m 桥梁检测车等作业类车辆。

五、2017 年基础设施建设及运行情况

截至 2017 年底,全省建成充(换)电站保有量 280 座,充电桩保有量 9 589 个。2017 年,建成充电站 137 座,建成充电桩 5 478 个。

六、发展规划

山西省发布了《山西省汽车中长期发展规划》,到 2020 年,全省汽车产能达到 70 万辆、产销量达到 50 万辆,全行业销售收入达到 1 500 亿元。到 2025 年,培育 2 个销售收入达到 300 亿元以上企业,6 个销售收入达到 100 亿元以上企业,30 个销售收入达到 30 亿元以上企业,再培育引进 1~2 家重型汽车企业,2~3 家乘用车及新能源汽车生产企业,专用车产能规模稳步提升,各项经济效益指标达到较高水平。

到 2020 年,协作突破部分新能源汽车领域关键技术,全省新能源汽车配套基础设施逐渐完备,推动 3~5 户新能源

汽车龙头企业实现规模化生产，电动汽车产能达到30万辆、甲醇汽车产能达到20万辆、燃气汽车产能达到10万辆。到2025年，在电动汽车领域基本掌握电池、电机、电控等核心技术，新能源汽车配套设施健全完备，基本构建起创新能力强、产业化水平高、市场应用规模大的新能源汽车产业发展格局。

辽 宁 省

Liaoning Province

一、节能与新能源汽车扶持政策与措施

2017年11月，为加快辽宁省充电基础设施建设，进一步规范充电设施的规划建设，促进电动汽车推广应用，印发了《辽宁省发展改革委关于印发辽宁省电动汽车充电基础设施建设运营管理办法（试行）的通知》。管理办法对充电基础设施建设原则、运营管理、运营企业职责、管理模式等作出了相关规定。

二、节能与新能源汽车推广应用情况

2017年，在国家新能源汽车推广应用资金补助政策的引导下，新能源汽车推广应用实现较快增长。全省新能源汽车推广应用上牌车辆4 723辆，同比增长4.8%。其中公共服务领域，新能源公交车推广应用3 433辆，占72.7%；新能源专用车233辆，占4.9%；私人用车983辆，占20.8%。按燃料种类划分，纯电动汽车2 741辆；占58%，插电式混合动力汽车1 942辆，占41.2%；燃料电池汽车40辆，占0.8%。

三、基础设施建设及运营情况

截至2017年底，辽宁省共有公用充电桩（站）208处、充电桩1 442台，充电量45万kWh。其中沈阳138台、大连1 210台。2017年当年新建充电桩48台。

四、节能与新能源汽车项目投融资及园区建设情况

（一）辽宁雷风新能源科技有限公司充电站项目

2017年12月，辽宁雷风新能源科技有限公司充电桩项目投入使用，该充电站有直流桩、交流桩20个，可同时为20台电动新能源汽车快速充电，具备每天为350台新能源电动汽车提供充电服务的能力。

（二）大连中比动力电池有限公司年产2亿Ah高能动力锂离子电池建设项目

项目总投资4.65亿元，主要生产方形大电池，将建设2条智能全自动锂离子电池生产线，现已进入工厂内部装修阶段，预计2018年建成投产。

（三）沈阳妙盛汽车电源有限公司高功率型锂离子电池产业化建设项目

计划总投资6亿元，主要建设4条锂离子动力电池生产线，实现配料、涂布到电池装配包装生产线的自动化生产。项目建成后，将形成年产10亿W高功率型锂离子动力电池生产能力。

（四）华晨宝马新研发中心项目

2017年7月，华晨宝马位于铁西工厂内的新研发中心全面落成，沈阳成为宝马集团在德国之外最大的研发基地。新研发中心建立了动力总成和电机试验台，并在高压电池领域以宝马集团全球领先的动力电池设计理念，开发高水准的动力电池包，实现了包括电芯、电子电器、机械设计、系统架构及功能在内的高压电池包全流程开发和验证。

（五）华晨宝马高压电池中心项目

2017年10月该项目正式建成投产，项目占地6 480 m^2，总投资32 413万元，主要用于生产G38（即全新一代宝马5系）高能量电池组，年产能为3.3万套。高能量电池组的生产将包含电池模块，生产电池模块所需电池、电池联接系统（ZKS）、压板、张力板、绝缘箔、双面胶带和导热板等配件都将在华晨宝马高压电池中心同步进行生产。

五、2017年节能与新能源汽车主要企业经营情况

截至2017年底，辽宁省共有新能源汽车整车生产企业13家，新能源汽车产量6 718辆，其中新能源汽车整车4 386辆，新能源专用汽车2 332辆。

六、2017年节能与新能源汽车推广应用数量统计表

（单位：辆）

车型 燃料	公交车	旅游大巴	公务车	出租车	租赁用车	私人车	环卫车	物流车	邮政车	电力工程车	载货车	其他	合计
纯电动汽车	1 933	0	0	0	0	575	0	233	0	0	0	0	2 741
插电式混合动力汽车	1 460	0	0	0	0	408	0	0	0	0	0	74	1 942
增程式电动汽车	0	0	0	0	0	0	0	0	0	0	0	0	0
燃料电池汽车	40	0	0	0	0	0	0	0	0	0	0	0	40
合计	3 433	0	0	0	0	983	0	233	0	0	0	74	4 723

七、2017 年本地区重点新能源汽车企业产销量统计表

（单位：辆）

生产企业名称	产品商标	车辆类型	产量统计	销量统计
大连比亚迪汽车有限公司	比亚迪	纯电动城市客车	1 117	1 117
大连黄海汽车有限公司	黄海	纯电动专用车	3	0
丹东黄海汽车有限责任公司	黄海	纯电动大中型客车	475	475
		插电式混合动力大中型客车	468	468
		纯电动专用车	1	0
华晨宝马汽车有限公司	宝马、之诺	插电式混合动力多用途乘用车	2 037	2 006
华晨鑫源重庆汽车有限公司	鑫源	纯电动乘用车	14	14
		纯电动专用车	463	463
辽宁乾丰专用车有限公司	易圣达	纯电动城市客车	50	50
沈阳华晨金杯汽车有限公司	金杯	纯电动专用车	76	76
沈阳华龙新能源汽车有限公司	华龙	纯电动城市客车	8	0
		纯电动专用车	3	0
沈阳金杯车辆制造有限公司	金杯	纯电动厢式运输车	150	150
沈阳五洲龙新能源汽车有限公司	五洲龙	插电式混合动力大中型客车	2	0
一汽客车（大连）有限公司	解放	纯电动大中型客车	120	120
		插电式混合动力大中型客车	95	95
		纯电动厢式运输车	1 636	1 636
合计（辆）			6 718	6 670

吉 林 省

Jilin Province

一、产业总体情况

吉林省现有新能源整车、关键部件生产企业，以及相关科研单位共 21 家。其中，新能源整车企业 6 家、关键部件企业 8 家，从事新能源汽车相关领域研发单位 7 家。目前，全省已具备年产 3 万辆新能源汽车生产能力。

1. 自主品牌新能源汽车开发取得进展。省内自主品牌新能源汽车生产企业主要有一汽新能源、一汽红旗、一汽吉林、一汽客车、长春新能源公司 5 家企业，累计有 78 款新能源新产品进入国家公告目录，其中：客车 44 款、乘用车和专用车各 17 款。2017 年，全省累计有 16 款新能源新产品进入国家公告目录，21 款车型进入新能源汽车推广应用推荐车型目录。

2. 一汽集团新能源汽车发展战略正在强化。一汽集团通过深化改革将新能源汽车确定为集团发展战略重点，重新组建设立了一汽新能源开发院，着力加快新能源汽车研发和产业化。一汽集团已有奔腾 B30、骏派 A70 两款续驶里程为 205 km 的纯电动 A 级轿车已实现量产，并投放市场。8.6 m、9.3 m、10.5 m、12 m 纯电动和插电式混合动力客车产品已经批量投入运行。2017 年投放给吉林市进行社会主义新农村建设及灾区建设的 20 辆解放牌 T80 电动环卫车也已交付使用。红旗 H7 插电式混合动力轿车、森雅 R7 纯电动 SUV 及 V80 纯电动物流车陆续投放市场。

3. 新能源整车引进项目加快建设。2016 年引进 CATL 落户长春新区的长春新能源汽车产业园一期项目已开工建设，四大工艺厂房钢结构框架已搭建完成，预计 2018 年底竣工投产，可形成 1 万辆新能源客车生产能力。中能东道新能源汽车产业园一期规划年产 15 万辆新能源整车项目，已完成冲压和焊装车间基础施工。中能东道与奇瑞汽车洽谈合作，充分利用项目建设期，在长德新区租借厂房建设临时组装线，生产奇瑞艾瑞泽等纯电动汽车。

4. 合资品牌新能源汽车规划积极展开。根据一汽与德国奥迪签署的十年商业计划，一汽大众加快引入奥迪品牌新能源汽车，插电式混合动力奥迪 A6L 轿车已经取得国家产品公告。从 2018 年开始，一汽大众将陆续投放插电式混合动力奥迪 A6L、纯电动全新奥迪 SUV、纯电动奥迪 Q2 等五款以上新能源产品，并规划新建 15 万辆奥迪新能源汽车生产基地。同时，插电式混合动力迈腾、纯电动宝来和高尔夫等多款大众品牌新能源汽车项目也已开始实施，将从 2018 年陆续投放市场。

5. 核心部件研发和配套能力不断提升。动力电池产业链初步形成。吉林中聚公司具备 4 亿 Wh 磷酸亚铁锂动力

电池生产能力，已装配一汽客车纯电动客车并获得国家新能源汽车产品公告。中盈志合科技公司研发的适合北方严寒地区使用的宽温镍氢动力电池已具备0.5亿Wh生产能力。辽源鸿图锂电隔膜公司研制的锂离子电池陶瓷隔膜产品技术指标达到国内领先水平，已向天津力神电池公司批量配套，并通过了日本住友化学、三星SDI、比克等国内外高端电池生产商的认证，现已具备11 000万m^2高性能锂电隔膜生产能力。

6. 研发试验检测能力不断加强。吉林大学汽车学院形成了新能源整车系统匹配与集成、整车性能验证与标定等综合开发能力，建立了涵盖电池、电机、电控以及充电机和制动能量回收系统等关键总成部件的综合测试与试验评价能力。一汽启明公司建立了较为完备的新能源电池、电机、各项电子电器检测能力，在电池安全领域，具备了国家标准、德国标准等检测能力。

二、推广应用情况

吉林省自2010年新能源汽车示范推广以来，截至2017年年底，全省累计推广新能源汽车4 829辆，其中公共服务领域3 333辆。其中：2017年全省新增新能源汽车2 321辆，其中公共服务领域1 590辆。2015—2017年，全省公交领域分别新增新能源汽车353辆、847辆和966辆，新能源公交车辆更新比重分别达到52%、68%和63.4%，高于国家对吉林省10%、15%和20%更新比重的目标要求。省财政每年列专门预算用于新能源汽车推广应用补贴，并已累计争取到国家推广应用补贴资金超过1亿元。

充电基础设施建设不断得到完善。截至2017年，全省共建有电动汽车公用充电站2座、公用换电站1座、公交专用充电站32座、充电桩828个。

新能源汽车政策体系正在逐步完善。2011年以来，以省政府名义先后出台了《关于支持我省新能源汽车产业发展的若干意见》（吉政发〔2011〕16号）、《关于加快我省新能源汽车推广应用的实施意见》（吉政办发〔2015〕39号）、《关于进一步促进新能源汽车加快发展的政策意见》（吉政办发〔2016〕70号）等政策文件，成立了以主管副省长为组长的省新能源汽车产业推进组，建立了全省新能源汽车推广应用联席会议工作机制，形成了较为完整的支持新能源汽车发展和推广应用的政策体系。

三、政策与措施

在新能源汽车产业方面：按照吉林省工业转型升级行动计划总体要求，研究制定了《吉林省汽车产业转型升级实施方案》，研究制定加快推动全省新能源汽车产业创新发展的指导意见；推动吉林省新能源汽车产业联盟“微型纯电动汽车公共试验研发平台”项目建设；推动一汽客车公司、吉林大学汽车学院、启明公司共同开展燃料电池客车项目的联合技术攻关，谋划氢能产业发展；开展吉林省新能源汽车企业清理规范专项行动；加强产需衔接，组织省邮政管理局与一汽吉林公司新能源快递物流车产需对接。

在新能源汽车推广方面：健全新能源汽车推广工作体系，明确全省各地区新能源汽车推广牵头部门；研究制定《吉林省2017—2018年新能源汽车推广应用补贴资金管理办法》；推动省级新能源汽车监控平台项目建设，实现与国家新能源汽车监管平台对接；研究《吉林省电动企业充电基础设施奖补资金管理办法》；组织2015—2016年度新能源公交车辆推广应用省级购置补贴资金申报审核和实地核查；完成2016年度国家新能源汽车推广应用补助资金清算及充电基础设施奖励资金申报工作，争取国家充电基础设施奖补政策支持；研究制定新能源汽车专用号牌推广应用工作方案，做好配套保障工作。

四、发展规划

吉林省新能源汽车以《吉林省工业“十三五”发展规划》和《中国制造2025吉林实施纲要》为指导，结合《吉林省汽车产业转型升级三年行动计划》，推动新能源汽车产业供给侧结构升级，加快培育发展汽车产业新动能。推动需求结构升级，加快全省新能源汽车推广应用。着力推动《吉林省人民政府办公厅关于加快新能源汽车推广应用的实施意见》和《吉林省人民政府办公厅关于进一步促进新能源汽车加快发展的政策意见》两项政策意见落实，按照吉林省工信厅印发的《吉林省工业“十三五”发展规划》，十三五期间，吉林省新能源汽车产业以插电式混合动力和纯电动汽车为主要战略方向，率先实现产业化，积极发展氢燃料电池汽车，跟踪发展太阳能薄膜电池汽车，构建国内领先的新能源汽车研发生产基地；搭建新能源乘用车产品平台，以一汽新能源发展战略规划为主，实现从A0到C级新能源汽车全系列覆盖，能够满足城市、城际及运动等多种用户使用需求；搭建吉林省地方新能源商用车产品平台，实现与一汽差异化发展，产品覆盖公交客车、旅游客车、商务客车、城市卡车；打造新能源特种专用车产品平台，以地方专用车企业为主，产品覆盖环卫车、物流车、游览车、机场转运车、邮政车、巡逻车等多个品种，满足不同领域需求。

以动力电池、驱动电机和电控系统三大关键零部件为突破口，率先实现自主化，满足新能源汽车产业发展需求。重点推进动力电池系统、驱动电机及控制器、机电耦合装置、整车控制系统等关键零部件研发及产业化，积极开发氢燃料电池堆和储氢装置；开展基于新能源汽车的电动空调、电动转向、电动制动等新型系统开发，形成关键零部件技术创新体系和自主配套体系。

搭建省内新能源汽车及关键零部件公共实验平台，着力提升新能源汽车自主创新能力，突破关键共性技术，重点发展整车集成技术、电驱动系统技术、能量存储系统技术、氢燃料电池系统技术。到2020年，形成从整车到关键零部件较为完整的产业创新体系，新能源汽车产能达到20万辆。

黑龙江省

Heilongjiang Province

一、2017 年节能与新能源汽车产业概况

2017 年，黑龙江省新能源汽车产业得到快速发展，部分新能源汽车产业项目陆续建成投产，新能源汽车整车及配套产品研发制造能力得到大幅提升。哈尔滨通联客车制造有限公司、黑龙江龙华汽车有限公司、哈尔滨龙江客车制造有限公司 3 户新能源汽车生产企业设计产能可达年产 1.8 万辆新能源汽车，新能源车型增加到 24 个，2017 年共生产新能源客车 338 辆。长安福特哈尔滨基地、大庆沃尔沃公司都在加快推进新能源汽车项目进程。新能源汽车配套企业数量、产品数量和产能也在快速发展，以哈尔滨光宇集团为核心的新能源汽车电池产业规模不断壮大，光宇集团新能源汽车电池扩能项目、万鑫石墨谷石墨烯导电浆料扩能项目等都在有序推进。

二、2017 年节能与新能源汽车扶持政策与措施

政策名称	文件号	发布单位	发布日期	政策概要
黑龙江省人民政府关于推动新能源汽车产业创新发展的意见	黑政规〔2017〕33 号	黑龙江省人民政府	2017－12－25	在政策和资金方面鼓励和支持新能源汽车产业做大做强，推进新能源汽车关键零部件产品研发和产业化，加大新能源汽车推广力度
关于加快电动汽车充电基础设施建设的意见	黑发改电力〔2017〕240 号	黑龙江省发展和改革委员会 黑龙江省工业和信息化委员会黑龙江省财政厅 黑龙江省科学技术厅 黑龙江省住房和城乡建设厅 黑龙江省物价监督管理局	2017－6－14	通过加强充电设施规划引导，推动充电设施加快建设，完善充电设施服务体系，提高配套电网保障能力和政策支持，加快黑龙江省电动汽车充电基础设施建设
关于印发《黑龙江省电动汽车充电基础设施建设运营管理暂行办法》的通知	黑发改规〔2017〕2 号	黑龙江省发展和改革委员会 黑龙江省工业和信息化委员会黑龙江省财政厅 黑龙江省科学技术厅 黑龙江省住房和城乡建设厅 黑龙江省物价监督管理局	2017－6－30	《黑龙江省电动汽车充电基础设施建设运营管理暂行办法》共计 6 章 25 条，对黑龙江省电动汽车充电基础设施建设、运营和管理，以及加快推进充电基础设施产业发展等制定具体管理办法
哈尔滨市人民政府印发关于促进哈尔滨市新能源汽车推广应用和产业发展的若干政策规定的通知	哈政规〔2017〕47 号	哈尔滨市人民政府	2017－12－18	《规定》明确了推广应用目标、补贴标准和对象、充电设施建设与服务、交通管理、产业支持等内容，本政策规定自印发之日起实行，有效期至 2020 年 12 月 31 日
关于印发哈尔滨市新能源汽车推广应用和产业发展支持政策实施方案的通知	哈工信规〔2017〕5 号	哈尔滨市工业和信息化委员会哈尔滨市财政局 哈尔滨市发展和改革委员会 哈尔滨市科学技术局 哈尔滨市交通局 哈尔滨市公安局	2017－12－28	《实施方案》对补贴标准及方式、申报流程、申报材料、交通管理、资金监督与管理做出具体规定，本《实施方案》自印发之日起实行，有效期至 2020 年 12 月 31 日

三、2017 年节能与新能源汽车推广应用情况

2017 年全省共推广应用节能与新能源汽车 4 315 辆，其中：纯电动客车 2 977 辆、插电式混合动力客车 686 辆、插电式混合动力乘用车 642 辆。

四、2017 年节能与新能源汽车主要企业经营情况

哈尔滨通联新能源客车公司已有 6 款全年共生产新能源客车 214 辆，实现销售收入 1 4391 万元。黑龙江龙华汽车公司全年共生产新能源客车 124 辆，实现销售收入 8 171 万元。哈尔滨龙江客车完成新能源汽车行业准入审核，当年生产并销售新能源客车 20 辆，实现销售收入 1 500 万元。哈尔滨光宇电源股份有限公司已具备年产 5.5 亿 Ah 锂电池的能力，已成为北汽新能源、广汽乘用车等企业的配套商，具有沈阳、呼和浩特等低温地区的使用经验。中科众瑞（哈尔滨）清洁能源股份有限公司为中国科学院在哈共同成立的股份制公司，专业生产镍氢合金高储能宽温区的新能源动力电池，适用于高寒或高温地区。

五、2017 年节能与新能源汽车项目及园区建设情况

哈尔滨通联客车有限公司已具备了年产 5 000 辆新能源客车的制造能力，2017 年实现销售汽车 300 辆，完成产值 19 328 万元。黑龙江龙华汽车已具备了年产 5 000 辆的制造能力，2017 年销售 1 403 辆车，实现产值 72 960 万元。哈尔滨龙江客车通过新能源客车生产资质审查，获取了首个纯电动客车车型公告、推荐目录、免征目录，

拥有了大量的意向订单。哈尔滨光宇电源股份有限公司具备年产5.5亿Ah锂电池的能力，为北汽新能源、广汽乘用车等企业配套，具有沈阳、呼和浩特等低温地区的使用经验。中科众瑞（哈尔滨）清洁能源股份有限公司专业生产镍氢合金高储能宽温区的新能源动力电池适用于高寒或高温地区。

六、节能与新能源汽车推广应用统计表

2017年节能与新能源汽车推广应用数量

（单位：辆）

燃料＼车型	公交车	旅游大巴	公务车	出租车	租赁用车	私人车	环卫车	物流车	邮政车	电力工程车	载货车	其他	合计
纯电动汽车	2 987	0	0	0	0	0	0	0	0	0	0	0	2 987
插电式混合动力汽车	720	0	0	466	0	142	0	0	0	0	0	0	1 328
增程式电动汽车	0	0	0	0	0	0	0	0	0	0	0	0	0
燃料电池汽车	0	0	0	0	0	0	0	0	0	0	0	0	0
合计	3 707	0	0	466	0	142	0	0	0	0	0	0	4 315

2017年节能与新能源汽车推广应用车型及数量

应用地区	车型	通用名称	数量（辆）
哈尔滨市	中通牌LCK6809EVGL型纯电动城市客车	纯电动城市客车	1
	金龙牌XMQ6106AGBEVL8型纯电动城市客车	纯电动城市客车	1
	安凯牌HFF6109G03EV1型纯电动城市客车	纯电动城市客车	2
	金龙牌XMQ6106AGBEVL6型纯电动城市客车	纯电动城市客车	75
	开沃牌NJL6100BEV36型纯电动城市客车	纯电动城市客车	10
	龙江牌LJK6100PBABEV1型纯电动城市客车	纯电动城市客车	20
	龙江牌LJK6105CHEVP型插电式混合动力城市客车	插电式混合动力城市客车	1
	万达牌WD6105BEV11型纯电动城市客车	纯电动城市客车	110
	亚星牌JS6108GHBEV11型纯电动城市客车	纯电动城市客车	138
	宇通牌ZK6105BEVG13A型纯电动城市客车	纯电动城市客车	19
	宇通牌ZK6105BEVG23型纯电动城市客车	纯电动城市客车	200
	宇通牌ZK6105BEVG24型纯电动城市客车	纯电动城市客车	100
	宇通牌ZK6105BEVG25型纯电动城市客车	纯电动城市客车	21
	宇通牌ZK6115BEVG52型纯电动城市客车	纯电动城市客车	27
	宇通牌ZK6805BEVG11型纯电动城市客车	纯电动城市客车	10
	宇通牌ZK6805BEVG13型纯电动城市客车	纯电动城市客车	4
	宇通牌ZK6805BEVG15型纯电动城市客车	纯电动城市客车	50
	中通牌LCK6108EVG12型纯电动城市客车	纯电动城市客车	30
	中通牌LCK6809EVGT1型纯电动城市客车	纯电动城市客车	44
	比亚迪牌BYD6460STHEV5型插电式混合动力乘用车	比亚迪宋	49
	比亚迪牌BYD6480STHEV型插电式混合动力乘用车	比亚迪唐	4
	比亚迪牌BYD6480STHEV2型插电式混合动力乘用车	比亚迪唐	10
	比亚迪牌BYD7150WT5HEV4型插电式混合动力乘用车	比亚迪秦	14
	中通牌LCK6107PHEVG3型插电式混合动力城市客车	插电式混合动力城市客车	34
	福特牌CAF7200HEV型插电式混合动力乘用车	插电式混合动力乘用车	8
	吉利美日牌MR7152PHEV01型插电式混合动力乘用车	帝豪PHEV	492
	哈尔滨牌HKC6121CHEV型插电式混合动力城市客车	插电式混合动力城市客车	131
	哈尔滨牌HKC6100HLPHEVL型插电式混合动力城市客车	插电式混合动力客车	176
	哈尔滨牌HKC6121CHEV01型插电式混合动力城市客车	插电式混合动力城市客车	101
	宇通牌ZK6125CHEVNPG29型插电式混合动力城市客车	插电式混合动力城市客车	231
	宇通牌ZK6105CHEVPG29型插电式混合动力城市客车	插电式混合动力城市客车	11
	金龙牌KLQ6109GAHEVE5K1型插电式混合动力城市客车	插电式混合动力城市客车	15
	比亚迪牌BYD6480STHEV3型插电式混合动力乘用车	比亚迪唐	2
	比亚迪牌BYD6460STHEV5型插电式混合动力乘用车	比亚迪宋	9

续上表

应用地区	车　型	通用名称	数量(辆)
齐齐哈尔市	宇通牌 ZK6105BEVG21 型纯电动城市客车	纯电动城市客车	60
	宇通牌 ZK6115BEVG5 型纯电动城市客车	纯电动城市客车	14
	宇通牌 ZK6805BEVG11 型纯电动城市客车	纯电动城市客车	11
	宇通牌 ZK6105BEVG23 型纯电动城市客车	纯电动城市客车	23
	申龙牌 SLK6109ULE0BEVS5 型纯电动城市客车	纯电动城市客车	112
	申龙牌 SLK6819UEBEVJ1 型纯电动城市客车	纯电动城市客车	224
	中通牌 LCK6117EVG8 型纯电动城市客车	纯电动城市客车	20
	中通牌 LCK6108EVG15 型纯电动城市客车	纯电动城市客车	1
	中通牌 LCK6108EVG12 型纯电动城市客车	纯电动城市客车	30
	中通牌 LCK6809EVGL 型纯电动城市客车	纯电动城市客车	190
	比亚迪牌 BYD7150WT5HEV4 型插电式混合动力乘用车	比亚迪秦	1
	比亚迪牌 BYD6480STHEV2 型插电式混合动力乘用车	比亚迪唐	1
	比亚迪牌 BYD6460STHEV5 型插电式混合动力乘用车	比亚迪宋	2
牡丹江市	宇通牌 ZK6105BEVG23 型纯电动城市客车	纯电动城市客车	108
	宇通牌 K6105BEVG25 型纯电动城市客车	纯电动城市客车	10
	金龙牌 XMQ6106AGBEVL8 型纯电动城市客车	纯电动城市客车	31
	宇通牌 ZK6805BEVG13 型纯电动城市客车	纯电动城市客车	6
	中通牌 LCK6117EVG8 型纯电动城市客车	纯电动城市客车	33
	中通牌 LCK6813EVGA 型纯电动城市客车	纯电动城市客车	6
	宇通牌 ZK6105BEVG21 型纯电动城市客车	纯电动城市客车	19
	宇通牌 ZK6115BEVG5 型纯电动城市客车	纯电动城市客车	5
	宇通牌 ZK6805BEVG12 型纯电动城市客车	纯电动城市客车	4
	申龙牌 SLK6819UEBEVN1 型纯电动城市客车	纯电动城市客车	1
	福特牌 CAF7200HEV 型混合动力轿车	混合动力轿车	1
	比亚迪牌 BYD6480STHEV3 型插电式混合动力乘用车	比亚迪唐	1
	比亚迪牌 BYD6460STHEV5 型插电式混合动力乘用车	比亚迪宋	3
	金龙牌 XMQ6110BGPHEVD51 型插电式混合动力城市客车	插电式混合动力城市客车	20
	中通牌 LCK6109PHEVG4 型插电式混合动力城市客车	插电式混合动力城市客车	1
佳木斯市	宇通牌 ZK6105BEVG23 型纯电动城市客车	纯电动城市客车	58
	宇通牌 ZK6115BEVG52 型纯电动城市客车	纯电动城市客车	8
	宇通牌 ZK6805BEVG15 型纯电动城市客车	纯电动城市客车	34
	中通牌 LCK6809EVGL 型纯电动城市客车	纯电动城市客车	14
	宇通牌 ZK6805BEVG13 型纯电动城市客车	纯电动城市客车	58
	中通牌 LCK6813EVGA 型纯电动城市客车	纯电动城市客车	2
大庆市	中通牌 LCK6811EVGC 型纯电动城市客车	纯电动城市客车	2
	中通牌 LCK6811EVGA 型纯电动城市客车	纯电动城市客车	1
	比亚迪牌 BYD6480STHEV3 型插电式混合动力乘用车	比亚迪唐	1
	比亚迪牌 BYD7150WT5HEV4 型插电式混合动力乘用车	比亚迪秦	1
	比亚迪牌 BYD6460STHEV5 型插电式混合动力乘用车	比亚迪宋	1
鸡西市	长安牌 SC6805ACBEV 型纯电动城市客车	纯电动城市客车	13
	中通牌 LCK6809EVGT1 型纯电动城市客车	纯电动城市客车	21
	中通牌 LCK6809EVGT 型纯电动城市客车	纯电动城市客车	20
	中通牌 LCK6809EVGL 型纯电动城市客车	纯电动城市客车	44
	东风牌 EQ6810CACBEV2 型纯电动城市客车	纯电动城市客车	77
	申龙牌 SLK6819UEBEVN1 型纯电动城市客车	纯电动城市客车	20
	宇通牌 ZK6805BEVG15 型纯电动城市客车	纯电动城市客车	4

续上表

应用地区	车型	通用名称	数量(辆)
鸡西市	金龙牌 XMQ6106AGBEVL8 型纯电动城市客车	纯电动城市客车	28
	中车牌 TEG6801BEV03 型纯电动城市客车	纯电动城市客车	36
双鸭山市	中通牌 LCK6108EVG12 型纯电动城市客车	纯电动城市客车	26
	中通牌 LCK6809EVGL 型纯电动城市客车	纯电动城市客车	10
	宇通牌 ZK6805BEVG15 型纯电动城市客车	纯电动城市客车	25
	福特牌 CAF7200HEV 型混合动力轿车	混合动力轿车	1
伊春市	宇通牌 ZK6805BEVG11 型纯电动城市客车	纯电动城市客车	4
	长安牌 SC6805ACBEV 型纯电动城市客车	纯电动城市客车	66
	宇通牌 ZK6805BEVG10 型纯电动城市客车	纯电动城市客车	4
	比亚迪牌 BYD6480STHEV3 型插电式混合动力乘用车	比亚迪唐	1
七台河市	金龙牌 XMQ6106AGBEVL8 型纯电动城市客车	纯电动城市客车	55
	宇通牌 ZK6105BEVG13A 型纯电动城市客车	纯电动城市客车	30
	宇通牌 ZK6115BEVG5 型纯电动城市客车	纯电动城市客车	5
	晶马牌 JMV6820GRBEV5 型纯电动城市客车	纯电动城市客车	1
	宇通牌 ZK6805BEVG15 型纯电动城市客车	纯电动城市客车	30
鹤岗市	宇通牌 ZK6105BEVG13A 型纯电动城市客车	纯电动城市客车	15
	宇通牌 ZK6105BEVG26 型纯电动城市客车	纯电动城市客车	25
	宇通牌 ZK6805BEVG15 型纯电动城市客车	纯电动城市客车	10
	中通牌 LCK6809EVGL 型纯电动城市客车	纯电动城市客车	28
	中通牌 LCK6108EVG12 型纯电动城市客车	纯电动城市客车	20
黑河市	中通牌 LCK6809EVGT 型纯电动城市客车	纯电动城市客车	16
	中通牌 LCK6809EVGK 型纯电动城市客车	纯电动城市客车	16
	宇通牌 ZK6805BEVG10 型纯电动城市客车	纯电动城市客车	8
	宇通牌 ZK6805BEVG13 型纯电动城市客车	纯电动城市客车	1
	比亚迪牌 BYD6460STHEV5 型插电式混合动力乘用车	比亚迪宋	1
大兴安岭	宇通牌 ZK6805BEVG13 型纯电动城市客车	纯电动城市客车	38
	中通牌 LCK6809EVGT 型纯电动城市客车	纯电动城市客车	12
绥化市	宇通牌 ZK6805BEVG12 型纯电动城市客车	纯电动城市客车	142
	宇通牌 ZK6805BEVG13 型纯电动城市客车	纯电动城市客车	1
	中通牌 LCK6813EVGA 型纯电动城市客车	纯电动城市客车	29
	宇通牌 ZK6805BEVG15 型纯电动城市客车	纯电动城市客车	14
	中通牌 LCK6809EVGK 型纯电动城市客车	纯电动城市客车	100
	比亚迪牌 BYD6460STHEV5 型插电式混合动力乘用车	比亚迪宋	3
	比亚迪牌 BYD6480STHEV3 型插电式混合动力乘用车	比亚迪唐	1
	比亚迪牌 BYD7150WT5HEV4 型插电式混合动力乘用车	比亚迪秦	1
绥芬河	中通牌 LCK6809EVGT1 型纯电动城市客车	纯电动城市客车	4
	中通牌 LCK6809EVGT 型纯电动城市客车	纯电动城市客车	18
农垦	中通牌 LCK6813EVGA 型纯电动城市客车	纯电动城市客车	23

七、2017 年本地区重点新能源汽车企业产销量统计表

生产企业名称	产品商标	车辆类型	通用名称	产量统计(辆)	销量统计(辆)
哈尔滨通联客车有限公司	通联	HKC6121CHEV01 插电式混合动力汽车	商用车	200	100
		HKC6810BEV 纯电动汽车	商用车	42	42
		HKC6680BEV 纯电动汽车	商用车	50	50
黑龙江龙华汽车有限公司	龙华	HLJ6122PHEV 插电式混合动力汽车	商用车	50	50

八、2017 年 12 月底本地区电动汽车充(换)电站(桩)保有量统计表

城市名称	充电站				充电桩		换电站
	数量(座)	充电机功率总计(kW)	充电站占地面积(m^2)	投资金额(万元)	慢充(个)	快充(个)	数量(座)
哈尔滨市	—	—	—	—	295	178	—
齐齐哈尔市	—	—	—	—	203	91	—
牡丹江市	—	—	—	—	76	21	—
佳木斯市	—	—	—	—	128	53	—
大庆市	—	—	—	—	15	4	—
鸡西市	—	—	—	—	6	3	—
鹤岗市	—	—	—	—	3	1	—
双鸭山市	—	—	—	—	65	5	—
七台河市	—	—	—	—	133	36	—
伊春市	—	—	—	—	141	23	—
黑河市	—	—	—	—	23	6	—
绥化市	—	—	—	—	69	16	—
大兴安岭	—	—	—	—	20	8	—

江 苏 省

Jiangsu Province

一、2017 年节能与新能源汽车产业概况

2017 年,全省累计产销新能源汽车 7.3 万辆和 6.5 万辆,分别同比增长 62.3% 和 42.5%,累计实现销售收入 193 亿元,同比增长 5.6%。新能源汽车产量占全国的 9.1%。分车型看,产销乘用车 4.1 万辆和 4 万辆,分别同比增长 220.9% 和 222.7%;产销客车 2.5 万辆和 1.9 万辆,分别同比下降 18.8% 和 40.4%;产销专用车 0.7 万辆和 0.6 万辆,分别同比增长 512% 和 411%。分地区看,全省新能源汽车产量排名前三的依次是南京、南通、常州,分别为 2.7 万辆、1.8 万辆和 1.1 万辆,分别同比增长 172.3%、43.4% 和 180.7%。

二、2017 年节能与新能源汽车扶持政策与措施

政策名称	文件号	发布单位	发布日期	政策概要
关于做好 2017 年新能源汽车推广应用地方财政补助工作的通知	苏财工贸〔2017〕13 号	江苏省财政厅、江苏省经济和信息化委	2017 - 3 - 30	进一步明确省级财政补贴的补助对象标准、资金拨付方式和职责分工

三、2017 年节能与新能源汽车推广应用情况

2017 年全省共推广应用新能源汽车 3.9 万辆,折合标准车 10.2 万辆。新能源汽车推广逐步从以客车为主向以乘用车为主转变,2017 年推广应用的新能源汽车中客车、乘用车、专用车分别占比为 16%、68% 和 16%。截至 2017 年底,累计推广新能源汽车 8.4 万辆,约占全国同期推广数量的 4.8%。

四、2017 年节能与新能源汽车主要企业经营情况

整车制造汇聚南京金龙、苏州金龙、江苏九龙等一批行业骨干企业,整车实现销售收入 192.9 亿元。其中,南汽、南京金龙占全省电动汽车生产总量的 25% 以上。截至 2017 年底,共有 485 个车型列入工信部《新能源汽车推广应用推荐车型目录》,占比全国 15%。“三电”技术领域不断取得突破,培育南京国轩电池、星恒电源、江苏乐能、南京越博、苏州绿控、能瑞电子等骨干企业,竞争力和品牌影响力不断增强。主要动力电池生产企业 35 家,电解液、隔膜、电极材料等配套企业 14 家,2017 年动力电池出货量 6.5 GWh,增长 18%,约占全国 16%。一批重点企业进入全国前十。主要电机电控企业 17 家,2017 年实现销售收入 81 亿元。苏州绿控自主研发生产的商用车混合动力系统产品全国市场占有率排名全国第一。南京越博动力自主研发的纯电动汽车动力总成系统与世界先进水平保持同步。苏州汇川攻克了永磁电机大范围弱磁调速、混合式同步电机等关键技术壁垒,成为全国电控领域龙头企业。

五、2017 年节能与新能源汽车项目及园区建设情况

2017 年,全省重点工业项目投资计划中新能源汽车产业在建项目 35 个,累计完成投资额 209.9 亿元,其中当年竣工

项目12个。2017年5月,银隆新能源(南京)产业园项目在溧水开发区开工建设,江苏时代新能源动力锂离子电池项目总投资100亿元,计划新增产能10 GWh,目前已完成厂房建设,计划于2018年开始量产。

六、2017年基础设施建设及运行情况

截至2017年底,全省共建成各类充电桩近5万个,高速公路服务区电动汽车充电站覆盖率近90%,初步构建覆盖全省的充电服务网络,基本满足了公共领域新能源汽车充电服务需求。2017年全省建设各类充电桩2.16万个,实现充电量约4.6亿度,实现产值约20亿元。南京南瑞集团、南京能瑞是国家电网电动汽车充电设备的重要供应商。2017年江苏万帮新能源旗下的星星充电是江苏省本土培养的国内领先的专业充电运营服务商,截至2017年底共在全国30多个主要城市建设各类充电桩的3.6万个,仅次于国家电网和特来电,居全国第三位,2017年充电量达1.2亿度。

七、发展规划

到2020年,推广应用新能源汽车累计17万辆以上,按照满足20万辆新能源汽车运行的要求,累计建设充电场站2 000个以上,各类充电桩20万个以上,新能源汽车产业规模占全国的10%以上。

八、节能与新能源汽车推广应用统计表

2017年节能与新能源汽车推广应用数量　　(单位:辆)

车型 / 燃料	公交车	旅游大巴	公务车	出租车	租赁用车	私人车	环卫车	物流车	邮政车	电力工程车	载货车	其他	合计
纯电动汽车	4 100	490	0	1 300	9 000	4 000	400	0	5 900	0	0	0	25 190
插电式混合动力汽车	1 700	10	0	3 000	6 100	3 400	0	0	0	0	0	0	14 210
增程式电动汽车	0	0	0	0	0	0	0	0	0	0	0	0	0
燃料电池汽车	0	0	0	0	0	0	0	0	0	0	0	0	0
合计	5 800	500	0	4 300	15 100	7 400	400	0	5 900	0	0	0	39 400

九、2017年12月底本地区电动汽车充(换)电站(桩)保有量统计表

	充电站				充电桩		换电站
城市名称	数量(座)	充电机功率总计(kW)	充电站占地面积(m^2)	投资金额(万元)	慢充(个)	快充(个)	数量(座)
江苏省	—	—	—	—	30 900	16 200	—

浙 江 省

Zhejiang Province

一、2017年浙江新能源汽车产业发展情况

(一)产业生态初步形成

目前全省已初步形成了包括新能源汽车示范运营、充电设施制造与建设、整车制造、关键零部件制造、核心基础材料研发生产在内的较为完整的新能源汽车产业链。如以西湖数源、吉利曹操专车等为代表的运营企业,以省电网公司、万马股份为代表的充电桩建设运营企业,以吉利、众泰、长江等为代表的整车制造企业,以万向、微宏为代表的电池制造企业,以亚太、三花、卧龙电气等为代表的关键零部件制造企业,以浙江大东南、宁波墨西等为代表的核心基础材料企业。2017年浙江新能源汽车产量约8万辆,约占全国的1/8。

(二)重大项目进展顺利

规划建成世界知名、国内一流的浙江智能汽车测试场和创新中心项目已明确落户地址,项目方案设计、专家团队组建等工作已开展。新增义乌、宁波杭州湾两个新能源汽车小镇;万向集团与上汽集团在杭州合资生产新能源客车项目开始投产,部分车辆已在杭州上路营运;长江汽车新能源乘用车项目已建成,正式获得国家工信部公告目录;零部件领域,微宏动力多元复合锂电项目二期已动工建设。

(三)关键技术攻关取得突破

省政府围绕补强短板、做强产业链、部署创新链,先后在新能源汽车及关键零部件企业布局19家省级重点企业研究院,开展重大瓶颈技术攻关,取得一批新突破。吉利汽车研究院研发的帝豪EV纯电动轿车,已实现批量生产,市场反馈良好;青年汽车研究院已研制出一款新型氢能燃料电池卡车,可以加水在车上直接制氢驱动汽车;微宏动力成为全球实现商业化大规模生产“10分钟充满电”动力电池的三家企业之一。截至目前,19家研究院建设投入累计超过20亿元,研究院人才数量超过3 500人。

(四)商业模式创新走在全国前列

西湖电子集团探索纯电动公交车“融资租赁”模式,目前在杭州已投放2 000余辆。吉利汽车在杭州开展“曹操专车”网约车的营运模式,已投放3 000多辆。康迪汽车率先在杭州推出电动汽车分时租赁模式,投放汽车18 000余辆,目前已成为全国推广应用比较成功的模式之一,并已在全国多个城市

复制。金华爱拓公司在全国首推面向旅游租车市场的电动汽车租赁模式。工信部与浙江省合作开展的5G网络智能汽车智慧交通应用示范在杭州西湖云栖小镇和桐乡乌镇开始启动。

（五）推广应用成效明显

2017年，全省共推广新能源汽车46 178辆，其中：纯电动乘用车28 152辆、插电式混合动力乘用车13 115辆，乘用车的比重达到89.4%。杭州市推广27 950辆，占全省推广数的60%。截至2017年底，全省累计推广新能源汽车达到100 127辆。按标准车统计，2017年共计推广80 235.5辆，是年初推广计划的2.3倍。

（六）充换电设施建设呈现新亮点

2017年全省新建充换电站378座，其中公交等专用站106座、城市公用站258座、高速快充站14座，城市公用分散充电桩6 930个，分别达到年度计划的291%、231%。综合2016年建设数据，2016、2017年2年共建成充换电站578座，公用分散充电桩13 871个，分别达到“十三五”目标的72.3%、115.6%。全省高速公路服务区基本都已建成充换电站，全省高速路网充电设施形成全覆盖。

（七）安全监管措施信息化步伐加快

目前，浙江省西湖电子、康迪汽车、众泰汽车等开展新能源汽车生产、营运的企业，都已对新能源汽车行驶情况进行实时监控。各租赁、运营服务企业对本公司的销售和租赁新能源汽车建立了监管平台，加强新能源汽车的安全运营管理。杭州市正在创建全市范围内的新能源公交车、出租车、租赁车的统一监管平台，组织创建全市充电设施监控平台，进一步强化对充电设施的安全监管，实现资源共享。

安 徽 省

Anhui Province

一、2017年节能与新能源汽车产业概况

目前安徽省已形成以合肥、芜湖为中心，以江淮汽车、奇瑞汽车为代表的新能源乘用车产业，以安凯客车为代表的新能源客车产业，以芜湖宝骐汽车为代表的新能源专用车产业，以合肥国轩高科、中盐红四方锂电、芜湖天弋能源、合肥华霆动力为代表的动力电池产业，以巨一自动化为代表的电机产业，以国网电力、普天新能源、国轩特来电、易开租车为代表的充电设施建设运营服务产业，新能源汽车产业链初步形成。奇瑞新能源汽车和江淮大众新能源汽车还分别获得国家纯电动乘用车生产资质批复。

二、2017年节能与新能源汽车扶持政策与措施

政策名称	文件号	发布单位	发布日期	政策概要
《安徽省人民政府关于印发支持新能源汽车产业创新发展和推广应用若干政策的通知》	（皖政〔2017〕110号）	安徽省人民政府	2017-8	全方位资金支持当地新能源汽车产业创新发展与推广应用；鼓励当地新能源汽车企业技术创新，加大招商引资扶持力度、奖励新能源汽车销量靠前的企业；加大新能源汽车的推广与充电基础设施建设

三、2017年节能与新能源汽车推广应用情况

2017年，安徽省新能源汽车生产和销售分别达到6.76万辆、6.51万辆，同比分别增长51.3%、46.9%。

四、2017年基础设施建设及运行情况

2017年，全省当年新增充电桩1.5万个。

五、发展规划

到2020年，全省新能源汽车生产能力达到20万辆以上。

六、2017年本地区重点新能源汽车企业产销量统计表

生产企业名称	产品商标	车辆类型	通用名称	产量统计（万辆）	销量统计（万辆）
安徽江淮汽车集团股份有限公司	—	纯电动轿车	—	3.15	3.15
奇瑞汽车股份有限公司	—	纯电动轿车	—	2.8	2.8
安徽安凯汽车股份有限公司	—	新能源客车	—	0.25	0.25

七、2017年12月底本地区电动汽车充（换）电站（桩）保有量统计表

城市名称	充电站				充电桩		换电站
	数量（座）	充电机功率总计（kW）	充电站占地面积（m^2）	投资金额（万元）	慢充（个）	快充（个）	数量（座）
安徽省	—	—	—	—	40 000		—

福 建 省

Fujian Province

一、2017 年节能与新能源汽车产业概况

经过多年的努力，福建省新能源汽车发展迅速，新能源客车、动力电池、永磁电机等关键产品技术均走在全国前列。2017 年全省新能源汽车全产业链产值 850 亿元。

1. 新能源整车方面

全省共有新能源汽车整车生产企业 7 家（厦门大、小金龙，福州东南汽车，莆田云度汽车，龙岩新龙马，福州新福达、泉州西虎汽车），专用车生产企业 1 家（龙岩龙马环卫），新能源汽车产能 15 万辆，基本涵盖了所有类别的新能源汽车产品。其中，厦门金龙客车 2017 年销量 10 388 辆居国内同行业第四位；莆田云度汽车自 2017 年 10 月上市以来，实现产销 3 300 辆；新龙马纯电动物流车产销 4 800 辆，在同类别车型中全国排名第四。

2. “三电系统”方面

宁德时代新能源，掌握 15 min 快充、250 Wh/kg 的高能量密度电芯、1 500 次超长循环寿命等领先技术。2017 年出货 11. 8 GWh，约占全国动力电池装机量 1/3，跃居全球第一。厦门钨业计划投资 100 亿元，建立国内最大最先进的稀土永磁电机产业基地，达产后产值有望超过 1 000 亿元。南平巨电新能源生产的单体 500 Ah 大容量固态聚合物动力锂离子电池，技术在国内领先。此外，万润新能源的客车电机和控制系统、星云电子的电池测试系统等在行业均具有一定影响力。

3. 其他配套产业方面

厦门钨业稀土永磁材料产品和技术居国际第二位，福建杉杉科技负极材料技术全国第二位，海源机械复合碳纤维轻量化车身技术、宁德卓高隔膜技术全球领先，福耀汽车玻璃、漳州正兴车轮等汽车零部件产销全国第一。

二、2017 年节能与新能源汽车扶持政策与措施

政策名称	文件号	发布单位	发布日期	政策概要
福建省新能源汽车产业发展规划（2017—2020 年）	闽政〔2017〕36 号	福建省人民政府	2017 - 9 - 23	到 2020 年，全省新能源汽车产能达到 30 万辆以上，打造千亿新能源动力电池、电机基地，全产业链产值超 1 800 亿元，其中整车 600 亿元、零部件 1 200 亿元
关于加快全省新能源汽车推广应用促进产业发展的实施意见	闽政办〔2017〕110 号	福建省人民政府办公厅	2017 - 9 - 23	扩大新能源汽车在公共服务领域应用规模，加大在城市公交、环卫、物流、邮政、机场、景区等公共领域推广应用力度，鼓励公共机构和私人消费者购买使用新能源汽车
关于加快充电基础设施建设促进新能源汽车推广应用的实施方案	闽发改能源〔2017〕649 号	福建省发展和改革委员会、福建省住房和城乡建设厅	2017 - 9 - 30	到 2020 年，建设 7. 2 万个公共及专用充电设施、9. 6 万个私人充电桩，环卫、物流及公安巡逻等的电动汽车充电网络较为完备

三、2017 年节能与新能源汽车推广应用情况

全省累计推广应用新能源汽车约 3. 8 万辆，其中 2017 年推广应用 24 173 辆（公交车 4 000 辆、乘用车 16 048 辆、专用车 4 125 辆），同比增长 266. 1%，推广规模数量在全国处于中上游水平。

四、2017 年节能与新能源汽车项目及园区建设情况

金龙集团漳州龙海基地新能源客车项目于 2017 年 11 月 16 日开工建设，规划总占地面积 5 687 亩，分为节能与新能源客车整车制造区、核心零部件区和生活配套区等三大功能区，其中整车厂区规划面积 3 015 亩，零部件厂区规划面积 1 681 亩。按照“一次规划、分期实施”原则推进，其中一期项目占地 2 121 亩，总投资 30. 06 亿元，建成后年产 2 万辆。

云度新能源首款产品 π1 于 2017 年 10 月 10 日正式上市销售，开启了从项目建设阶段向经营阶段的转变。

五、2017 年基础设施建设及运行情况

截至 2017 年底，福建省累计建设充电站 1 095 座，换电站 4 座，充电桩 18 322 个，其中 2017 当年建设充电站 406 座，充电桩 5 012 个。在城际快速充电网络建设方面，全省 108 对高速公路服务区（含海门岛），已有 94 对服务区建设充电站，高速公路服务区充电站覆盖率近 90%，基本形成完善的全省高速公路城际电动汽车快速充电服务网络。

六、发展规划

福建省在新能源汽车领域重点培育和打造福莆宁乘用车、厦门客车、龙岩物流和专用车、三明商用车生产基地，壮大宁德、漳州 2 个动力电池基地，形成一批电机、电控等产业龙头企业。预计到 2020 年全省新能源产能将达 60 万辆，全产业链产值超 2 000 亿元。

七、节能与新能源汽车推广应用统计表

2017 年节能与新能源汽车推广应用数量

（单位:辆）

车型 / 燃料	公交车	旅游大巴	公务车	出租车	租赁用车	私人车	环卫车	物流车	邮政车	电力工程车	载货车	其他	合计
纯电动汽车	3 447	0	0	3 273	361	11 753	0	4 025	0	100	0	3	22 962
插电式混合动力汽车	553	0	0	250	0	380	0	0	0	0	0	0	1 183
增程式电动汽车	0	0	0	0	0	28	0	0	0	0	0	0	28
燃料电池汽车	0	0	0	0	0	0	0	0	0	0	0	0	0
合计	4 000	0	0	3 523	361	12 161	0	4 025	0	100	0	3	24 173

注:私人车进口 242 辆,其中纯电动汽车 233 辆、插电式混合动力汽车 9 辆。

2017 年节能与新能源汽车推广应用车型及数量

应用地区	车型	通用名称	数量(辆)
福州市	宝骏牌 LZW7001EVA 型纯电动轿车	宝骏 E100	1
	宝马牌 BMW6462AAHEV(BMWX1)型插电式混合动力多用途乘用车(进口车)	BMW X1xDrive25Le	1
	北京牌 BJ7000C5E2 - BEV 型纯电动轿车	EU260	670
	北京牌 BJ7000C5E2G - BEV 型纯电动轿车	EU260	121
	北京牌 BJ7001BPH2 - BEV 型纯电动轿车	EC180	1
	北京牌 BJ7001BPH5 - BEV 型纯电动轿车	EC180	215
	北京牌 BJ7001BPH7 - BEV 型纯电动轿车	EC180	17
	比亚迪牌 BYD6460SBEV 型纯电动多用途乘用车	比亚迪宋 EV	2
	比亚迪牌 BYD6460STHEV5 型插电式混合动力多用途乘用车	比亚迪宋	53
	比亚迪牌 BYD6480STHEV 型插电式混合动力多用途乘用车	比亚迪唐	1
	比亚迪牌 BYD6480STHEV3 型插电式混合动力多用途乘用车	比亚迪唐	8
	比亚迪牌 BYD7005BEV 型纯电动轿车	比亚迪 e5	38
	比亚迪牌 BYD7006BEVH 型纯电动轿车	比亚迪 e6	51
	比亚迪牌 BYD7008BEV1 型纯电动轿车	比亚迪秦 EV300	3
	比亚迪牌 BYD7150WT5HEV5 型插电式混合动力轿车	比亚迪秦	2
	比亚迪牌 BYD7150WT5HEV4 型插电式混合动力轿车	比亚迪秦	40
	别克牌 SGM7158DACHEV 型插电式增程混合动力轿车	Velite 5	4
	传祺(Trumpchi)牌 GAC7100SHEVD5 型增程式混合动力轿车	GA5 混动版	2
	传祺(Trumpchi)牌 GAC7100SHEVD5A 型插电式混合动力轿车	GA5 PHEV	1
	帝豪牌 HQ7002BEV04 型纯电动轿车	帝豪 EV	4
	帝豪牌 HQ7002BEV08 型纯电动轿车	帝豪 EV	16
	东风牌 EQ5022XXYTBEV1 型纯电动厢式运输车	纯电动厢式运输车	3
	东风牌 EQ5045XXYTBEV14 型纯电动厢式运输车	纯电动厢式运输车	135
	东风牌 ZN5036XGCH2YBEV 型纯电动工程车	纯电动工程车	100
	东南牌 DN7001MBEV 型纯电动轿车	V5 ATL 菱致	1
	东南牌 DN7004MBEV 型纯电动轿车	电咖 EV10	32
	东南牌 DN7007MBEV 型纯电动轿车	DX3EV	7
	福建牌 FJ5020XXYBEVA12 型纯电动厢式运输车	纯电动厢式运输车	20
	福建牌 FJ5020XXYBEVA5 型纯电动厢式运输车	纯电动厢式运输车	16
	福建牌 FJ5020XXYBEVA6 型纯电动厢式运输车	纯电动厢式运输车	120
	高尔夫牌 PHEVWVWC64AU 型插电式混合动力轿车(进口车)	插电式混合动力轿车	2
	广通牌 GTQ5043XXYBEV1 型纯电动厢式运输车	纯电动厢式运输车	1
	红旗牌 CA7200PHEVA 型插电式混合动力轿车	红旗 H7PHEV	14
	华泰圣达菲牌 SDH6440BEVGL 型纯电动多用途乘用车	华泰新圣达菲	1
	吉海牌 KRD5022XXYBEV02 型纯电动厢式运输车	纯电动厢式运输车	38
	吉利美日牌 MR7002BEV03 型纯电动轿车	EC7 - EV	17

续上表

应用地区	车　型	通用名称	数量(辆)
福州市	江淮牌 HFC5031XXYPV4EV5B3 型纯电动厢式运输车	帅铃 i3	2
	江淮牌 HFC7000AEV 型纯电动轿车	和悦 iEV	3
	江淮牌 HFC7000WEV 型纯电动轿车	江淮 iEV6E	97
	江淮牌 HFC7001A1EV 型纯电动轿车	IEV7	4
	江淮牌 HFC7001EAEV2 型纯电动轿车	江淮 iEV7S	1
	江铃牌 JX70012BEV 型纯电动轿车	E200S	1
	江铃牌 JX70016BEV 型纯电动轿车	E200	1
	江铃牌 JX70020BEV 型纯电动轿车	E400	1
	江铃牌 JX7005BEV 型纯电动轿车	E100	13
	江铃牌 JX7006BEV 型纯电动轿车	E200	4
	江铃牌 JX7009BEV 型纯电动轿车	E160	3
	金龙牌 XMQ6106AGBEVL6 型纯电动城市客车	纯电动城市客车	186
	金龙牌 XMQ6802AGBEVL4 型纯电动城市客车	纯电动城市客车	106
	金旅牌 XML5036XXYEVH0 型纯电动厢式运输车	纯电动厢式运输车	2
	金旅牌 XML5036XXYEVK0 型纯电动厢式运输车	纯电动厢式运输车	1
	金旅牌 XML5036XXYEVL0 型纯电动厢式运输车	纯电动厢式运输车	65
	金旅牌 XML5036XXYEVN0 型纯电动厢式运输车	纯电动厢式运输车	1
	金旅牌 XML5036XXYEVW0 型纯电动厢式运输车	纯电动厢式运输车	86
	金旅牌 XML6105JEVD0C1 型纯电动城市客车	纯电动城市客车	90
	金旅牌 XML6105JEVW0C1 型纯电动城市客车	纯电动城市客车	61
	金旅牌 XML6105JHEVG5C6 型插电式混合动力城市客车	混合动力城市客车	176
	金旅牌 XML6125JHEVW5C 型插电式混合动力城市客车	混合动力城市客车	51
	金旅牌 XML6855JEVW0C 型纯电动城市客车	纯电动城市客车	8
	金旅牌 XML6855JHEVA5C 型插电式混合动力城市客车	混合动力城市客车	1
	金旅牌 XML6855JHEVC5C 型插电式混合动力城市客车	混合动力城市客车	22
	奇瑞牌 SQR7000BEVJ00 型纯电动轿车	奇瑞 eQ	326
	奇瑞牌 SQR7000BEVJ601 型纯电动轿车	Arrizo5 e	11
	奇瑞牌 SQR7000BEVJ72 型纯电动轿车	奇瑞 eQ1	592
	荣威牌 CSA6454NDPHEV1 型插电式混合动力运动型乘用车	荣威 eRX5	3
	荣威牌 CSA7104SDPHEV1 型插电式混合动力轿车	荣威 ei6	3
	瑞驰牌 CRC5030XXYB－LBEV 型纯电动厢式运输车	纯电动厢式运输车	38
	拓速乐牌 5YJSA7E1 型纯电动乘用车(进口车)	Model S	10
	拓速乐牌 5YJSA7E2 型纯电动轿车(进口车)	Model S 60D	6
	拓速乐牌 5YJXCCE2 型纯电动乘用车(进口车)	Model X 90D	28
	拓速乐牌 5YJXCCE4 型纯电动轿车(进口车)	Model X P90D	8
	野马牌 SQJ6460M1BEV 型纯电动多用途乘用车	M302EV	1
	御捷马牌 YGM6371BEV 型纯电动运动型乘用车	E 行	4
	云度牌 YDE7000BEV1B 型纯电动轿车	π1	22
	云度牌 YDE7000BEV1C 型纯电动轿车	π1	30
	长安牌 SC6388AVBEV 型纯电动多用途乘用车	欧力威 EV	12
	长安牌 SC7001ADBEV 型纯电动轿车	奔奔 EV	22
	长安牌 SC7001AEBEV 型纯电动轿车	奔奔 EV	1
	长安牌 SC7001CAABEV 型纯电动轿车	奔奔 mini e	16
	长安牌 SC7001CABBEV 型纯电动轿车	奔奔 mini e	20
	长安牌 SC7003AABEV 型纯电动轿车	EADO	2
	知豆牌 SMA7001BEV23 型纯电动轿车	知豆 D2	2
	中国中车牌 TEG6106BEV11 型纯电动城市客车	纯电动城市客车	20

续上表

应用地区	车　型	通用名称	数量(辆)
福州市	中通牌 LCK5026XXYBEV1 型纯电动厢式运输车	纯电动厢式运输车	100
	中通牌 LCK6809EVGK 型纯电动城市客车	纯电动城市客车	10
	众泰牌 JNJ7000EVE6 型纯电动轿车	芝麻 E30	35
	众泰牌 JNJ7000EVK1 型纯电动轿车	E200	20
	众泰牌 JNJ7000EVX12 型纯电动轿车	云 100S	9
	众泰牌 JNJ7000EVX13 型纯电动轿车	云 100S	94
	众泰牌 JNJ7000EVX16 型纯电动轿车	云 100S	29
	众泰牌 JNJ7000EVX9 型纯电动轿车	云 100S	29
厦门市	宝马牌 BMW6462AAHEV(BMWX1)型插电式混合动力多用途乘用车	BMW X1xDrive25Le	13
	北京牌 BJ7000C5E2 - BEV 型纯电动轿车	EU260	505
	北京牌 BJ7000C5E2G - BEV 型纯电动轿车	EU260	8
	北京牌 BJ7000C5E4 - BEV 型纯电动轿车	EU400	3
	北京牌 BJ7000U3D2 - BEV 型纯电动轿车	EX260	1
	北京牌 BJ7001BPH1 - BEV 型纯电动轿车	EC180	273
	北京牌 BJ7001BPH5 - BEV 型纯电动轿车	EC180	1 804
	北京牌 BJ7001BPH7 - BEV 型纯电动轿车	EC180	1 580
	北京牌 BJ7001BPH8 - BEV 型纯电动轿车	EC180	2
	比亚迪牌 BYD6460SBEV 型纯电动多用途乘用车	比亚迪宋 EV	10
	比亚迪牌 BYD6460STHEV5 型插电式混合动力多用途乘用车	比亚迪宋	45
	比亚迪牌 BYD6480STHEV 型插电式混合动力多用途乘用车	比亚迪唐	30
	比亚迪牌 BYD6480STHEV3 型插电式混合动力多用途乘用车	比亚迪唐	25
	比亚迪牌 BYD7005BEV 型纯电动轿车	比亚迪 e5	1 848
	比亚迪牌 BYD7006BEVH 型纯电动轿车	比亚迪 e6	2
	比亚迪牌 BYD7008BEV1 型纯电动轿车	比亚迪秦 EV300	3
	比亚迪牌 BYD7150WT5HEV5 型插电式混合动力轿车	比亚迪秦	1
	比亚迪牌 BYD7150WT5HEV4 型插电式混合动力轿车	比亚迪秦	84
	比亚迪牌 BYD7150WTHEV3 型混合动力轿车	比亚迪秦	1
	别克牌 SGM7158DACHEV 型插电式增程混合动力轿车	Velite 5	1
	昌河牌 CH7000BEVH2CA 型纯电动轿车	EC180	52
	昌河牌 CH7005BEVA2CC 型纯电动轿车	北斗星 E	1
	楚风牌 HQG5022XXYEV4 型纯电动厢式运输车	纯电动厢式运输车	14
	楚风牌 HQG5042XXYEV9 型纯电动厢式运输车	纯电动厢式运输车	1
	传祺牌 GAC6450CHEVA5B 型插电式混合动力多用途乘用车	传祺 GS4 PHEV	1
	传祺牌 GAC7000BEVH0A 型纯电动轿车	传祺 GE3	2
	传祺(Trumpchi)牌 GAC7100SHEVD5 型增程式混合动力轿车	GA5 混动版	2
	传祺(Trumpchi)牌 GAC7100SHEVD5A 型插电式混合动力轿车	GA5 PHEV	4
	大马牌 HKL5041XXYBEV1 型纯电动厢式运输车	纯电动厢式运输车	200
	大马牌 HKL6490BEV1 型纯电动多用途乘用车	纯电动多用途乘用车	20
	帝豪牌 HQ7002BEV04 型纯电动轿车	帝豪 EV	1
	帝豪牌 HQ7002BEV04 型纯电动轿车	帝豪 EV	12
	东风牌 EQ5045XXYTBEV14 型纯电动厢式运输车	纯电动厢式运输车	100
	东南牌 DN7001MBEV 型纯电动轿车	V5 ATL 菱致	4
	福建牌 FJ5020XXYBEVA12 型纯电动厢式运输车	纯电动厢式运输车	80
	福建牌 FJ5020XXYBEVA5 型纯电动厢式运输车	纯电动厢式运输车	2
	福建牌 FJ5020XXYBEVA6 型纯电动厢式运输车	纯电动厢式运输车	305
	高尔夫牌 PHEVWVWC64AU 型插电式混合动力轿车(进口车)	插电式混合动力轿车	4
	广通牌 GTQ5043XXYBEV1 型纯电动厢式运输车	纯电动厢式运输车	2

续上表

应用地区	车 型	通用名称	数量(辆)
厦门市	红星牌 HX5021XXYVEV 型纯电动厢式运输车	纯电动厢式运输车	14
	吉利美日牌 MR7002BEV03 型纯电动轿车	EC7 - EV	10
	吉利美日牌 MR7152PHEV01 型插电式混合动力轿车	帝豪 PHEV	140
	吉利牌 JL7001BEV33 型纯电动轿车	知豆 D2	6
	吉利牌 JL7001BEV36 型纯电动轿车	知豆 D2	60
	吉利牌 JL7001BEV45 型纯电动轿车	知豆 D2	3
	吉利牌 JL7001BEV46 型纯电动轿车	知豆 D2	186
	吉利牌 SMA7001BEV25 型纯电动轿车	K17A	102
	江淮牌 HFC7000W3EV 型纯电动轿车	江淮 iEV6E 时光版	1
	江淮牌 HFC7000WEV 型纯电动轿车	江淮 iEV6E	402
	江淮牌 HFC7001A1EV 型纯电动轿车	IEV7	1
	江铃牌 JX7005BEV 型纯电动轿车	E100	3
	江铃牌 JX7006BEV 型纯电动轿车	E200	10
	江铃牌 JX7009BEV 型纯电动轿车	E160	7
	金龙牌 XMQ6106AGBEVL8 型纯电动城市客车	纯电动城市客车	82
	金龙牌 XMQ6106AGBEVM1 型纯电动城市客车	纯电动城市客车	42
	金龙牌 XMQ6110BCBEVL8 型纯电动城市客车	纯电动城市客车	13
	金龙牌 XMQ6110BGBEVL 型纯电动城市客车	纯电动城市客车	5
	金龙牌 XMQ6127AGBEVL3 型纯电动城市客车	纯电动城市客车	93
	金龙牌 XMQ6127AGBEVM 型纯电动城市客车	纯电动城市客车	20
	金龙牌 XMQ6127AGCHEVD58 型插电式混合动力城市客车	插电式混合动力城市客车	65
	金龙牌 XMQ6806BYBEVL 型纯电动城市客车	纯电动城市客车	1
	金龙牌 XMQ6850AGBEVL4 型纯电动城市客车	纯电动城市客车	22
	金龙牌 XMQ6850BGBEVM1 型纯电动城市客车	纯电动城市客车	23
	金旅牌 XML5036XXYEVL0 型纯电动厢式运输车	纯电动厢式运输车	20
	金旅牌 XML5036XXYEVW0 型纯电动厢式运输车	纯电动厢式运输车	25
	金旅牌 XML6105JEVD0C1 型纯电动城市客车	纯电动城市客车	149
	金旅牌 XML6105JHEVG5C5 型插电式混合动力城市客车	插电式混合动力城市客车	180
	金旅牌 XML6809JEVD0 型纯电动城市客车	纯电动城市客车	3
	金旅牌 XML6855JHEVL5C 型插电式混合动力城市客车	插电式混合动力城市客车	38
	开瑞牌 SQR5024XXYBEVK06 型纯电动厢式运输车	开瑞优优 EV	1
	凯马牌 KMC5023XXYEVA29D 型纯电动厢式运输车	纯电动厢式运输车	9
	奇瑞牌 SQR7000BEVJ00 型纯电动轿车	奇瑞 eQ	24
	奇瑞牌 SQR7000BEVJ601 型纯电动轿车	Arrizo5 e	6
	奇瑞牌 SQR7000BEVJ72 型纯电动轿车	奇瑞 eQ1	227
	荣威牌 CSA6454NDPHEV1 型插电式混合动力运动型乘用车	荣威 eRX5	16
	荣威牌 CSA6456BEV1 型纯电动运动型乘用车	荣威 eRX5	4
	荣威牌 CSA7104SDPHEV1 型插电式混合动力轿车	荣威 ei6	3
	瑞驰牌 CRC5030XXYB - LBEV 型纯电动厢式运输车	纯电动厢式运输车	40
	拓速乐牌 5YJSA7E1 型纯电动轿车(进口车)	Model S	26
	拓速乐牌 5YJSA7E2 型纯电动轿车(进口车)	Model S 60D	17
	拓速乐 5YJSA7E4 型纯电动轿车(进口车)	Model S P100D	2
	拓速乐牌 5YJXCCE2 型纯电动轿车(进口车)	Model X 90D	87
	拓速乐牌 5YJXCCE4 型纯电动轿车(进口车)	Model X P90D	5
	御捷马牌 YGM5021XXYBEV22 型纯电动厢式运输车	e 达	55
	御捷马牌 YGM6371BEV 型纯电动运动型乘用车	E 行	100
	御捷马牌 YGM6372BEV 型纯电动运动型乘用车	E 行	19

续上表

应用地区	车型	通用名称	数量(辆)
厦门市	裕路牌 DYM7009AABEV 型纯电动轿车	纯电动轿车	40
	裕路牌 DYM7009ABBEV 型纯电动轿车	裕路 EV2	440
	裕路牌 DYM7009ACBEV 型纯电动轿车	裕路 EV2	16
	云度牌 YDE7000BEV1B 型纯电动轿车	π1	1
	云度牌 YDE7000BEV1C 型纯电动轿车	π1	5
	长安牌 SC7001ADBEV 型纯电动轿车	奔奔 EV	12
	长安牌 SC7001AEBEV 型纯电动轿车	奔奔 EV	6
	长安牌 SC7001CAABEV 型纯电动轿车	奔奔 mini e	10
	长安牌 SC7001CABBEV 型纯电动轿车	奔奔 mini e	1
	长安牌 SC7003AABEV 型纯电动轿车	EADO	4
	长安牌 SC7003ACBEV 型纯电动轿车	EADO	154
	长安牌 SC7004CBBEV 型纯电动轿车	CS15EV	1
	知豆牌 SMA7001BEV23 型纯电动轿车	知豆 D2	147
	知豆牌 SMA7001BEV66 型纯电动轿车	知豆 D2	199
	知豆牌 SMA7001BEV73 型纯电动轿车	知豆 D2	14
	众泰牌 JNJ7000EVE6 型纯电动轿车	芝麻 E30	15
	众泰牌 JNJ7000EVK1 型纯电动轿车	E200	160
	众泰牌 JNJ7000EVK5 型纯电动轿车	E200	1
	众泰牌 JNJ7000EVX13 型纯电动轿车	云 100S	3
	众泰牌 JNJ7000EVX14 型纯电动轿车	云 100S	3
	众泰牌 JNJ7000EVX16 型纯电动轿车	云 100S	1
莆田市	北京牌 BJ7000C5E1 – BEV 型纯电动轿车	EU200	1
	北京牌 BJ7000C5E2G – BEV 型纯电动轿车	EU260	3
	北京牌 BJ7001BPH1 – BEV 型纯电动轿车	EC180	7
	北京牌 BJ7001BPH5 – BEV 型纯电动轿车	EC180	1
	别克牌 SGM7158DACHEV 型插电式增程混合动力轿车	Velite 5	1
	比亚迪牌 BYD6460STHEV5 型插电式混合动力多用途乘用车	比亚迪宋	1
	比亚迪牌 BYD7150WT5HEV4 型插电式混合动力轿车	比亚迪秦	1
	传祺(Trumpchi)牌 GAC7100SHEVD5 型增程式混合动力轿车	GA5 混动版	3
	传祺(Trumpchi)牌 GAC7100SHEVD5A 型插电式混合动力轿车	GA5 PHEV	2
	帝豪牌 HQ7002BEV08 型纯电动轿车	帝豪 EV	5
	福建牌 FJ5020XXYBEVA5 型纯电动厢式运输车	纯电动厢式运输车	1
	福建牌 FJ5020XXYBEVA6 型纯电动厢式运输车	纯电动厢式运输车	80
	高尔夫牌 PHEVWVWC64AU 型插电式混合动力轿车(进口车)	插电式混合动力轿车	1
	华泰牌 SDH7000BEVYL 型纯电动轿车	华泰 EV150	10
	吉海牌 KRD5022XXYBEV02 型纯电动厢式运输车	纯电动厢式运输车	6
	吉利美日牌 MR7002BEV03 型纯电动轿车	EC7 – EV	1
	江淮牌 HFC7000WEV 型纯电动轿车	江淮 iEV6E	13
	江淮牌 HFC7001A1EV 型纯电动轿车	IEV7	1
	江铃牌 JX70012BEV 型纯电动轿车	E200S	1
	江铃牌 JX70016BEV 型纯电动轿车	E200	2
	江铃牌 JX7005BEV 型纯电动轿车	E100	39
	江铃牌 JX7006BEV 型纯电动轿车	E200	17
	江铃牌 JX7009BEV 型纯电动轿车	E160	2
	金龙牌 XMQ6850AGBEVL4 型纯电动城市客车	纯电动城市客车	110
	金旅牌 XML5036XXYEVW0 型纯电动厢式运输车	纯电动城市客车	1
	金旅牌 XML6102JEVW01 型纯电动城市客车	纯电动城市客车	50

续上表

应用地区	车　型	通用名称	数量(辆)
莆田市	金旅牌 XML6855JEVW0C 型纯电动城市客车	纯电动城市客车	150
	奇瑞牌 SQR7000BEVJ00 型纯电动轿车	奇瑞 eQ	2
	奇瑞牌 SQR7000BEVJ72 型纯电动轿车	奇瑞 eQ1	17
	荣威牌 CSA6454NDPHEV1 型插电式混合动力运动型乘用车	荣威 eRX5	3
	荣威牌 CSA6456BEV1 型纯电动运动型乘用车	荣威 eRX5	1
	荣威牌 CSA7104SDPHEV1 型插电式混合动力轿车	荣威 ei6	2
	拓速乐牌 5YJSA7E1 型纯电动乘用车(进口车)	Model S	1
	拓速乐牌 5YJSA7E2 型纯电动轿车(进口车)	Model S 60D	1
	拓速乐牌 5YJXCCE2 型纯电动乘用车(进口车)	Model X 90D	5
	拓速乐牌 5YJXCCE4 型纯电动轿车(进口车)	Model X P90D	2
	云度牌 YDE7000BEV1B 型纯电动轿车	π1	75
	云度牌 YDE7000BEV1C 型纯电动轿车	π1	375
	云度牌 YDE7000BEV1D 型纯电动轿车	π1	75
	云度牌 YDE7000BEV2A 型纯电动轿车	π3	21
	长安牌 SC7001AKBEV 型纯电动轿车	奔奔 EV	3
	长安牌 SC7001CAABEV 型纯电动轿车	奔奔 mini e	10
	长安牌 SC7001CABBEV 型纯电动轿车	奔奔 mini e	10
	众泰牌 JNJ7000EVX13 型纯电动轿车	云 100S	3
三明市	北京牌 BJ7001BPH1－BEV 型纯电动轿车	EC180	1
	北京牌 BJ7001BPH5－BEV 型纯电动轿车	EC180	1
	比亚迪牌 BYD6460STHEV5 型插电式混合动力多用途乘用车	比亚迪宋	10
	比亚迪牌 BYD7150WT5HEV4 型插电式混合动力轿车	比亚迪秦	1
	福建牌 FJ5020XXYBEVA6 型纯电动厢式运输车	纯电动厢式运输车	14
	吉利美日牌 MR7002BEV03 型纯电动轿车	EC7－EV	1
	江淮牌 HFC7000W3EV 型纯电动轿车	江淮 iEV6E 时光版	100
	江淮牌 HFC7000WEV 型纯电动轿车	江淮 iEV6E	2
	江铃牌 JX7005BEV 型纯电动轿车	E100	8
	江铃牌 JX7006BEV 型纯电动轿车	E200	3
	江铃牌 JX7009BEV 型纯电动轿车	E160	1
	金龙牌 XMQ6850AGBEVL4 型纯电动城市客车	纯电动城市客车	2
	金龙牌 XMQ6850AGCHEVD53 型混合动力城市客车	混合动力城市客车	14
	金旅牌 XML6105JEVD0C1 型纯电动城市客车	纯电动城市客车	36
	金旅牌 XML6105JEVN0C 型纯电动城市客车	纯电动城市客车	35
	金旅牌 XML6805JEVN0C 型纯电动城市客车	纯电动城市客车	59
	金旅牌 XML6855JEVW0C 型纯电动城市客车	纯电动城市客车	51
	奇瑞牌 SQR7000BEVJ72 型纯电动轿车	奇瑞 eQ1	15
	荣威牌 CSA6454NDPHEV1 型插电式混合动力运动型乘用车	荣威 eRX5	1
	拓速乐牌 5YJXCCE2 型纯电动乘用车(进口车)	Model X 90D	2
	拓速乐牌 5YJXCCE4 型纯电动轿车(进口车)	Model X P90D	1
	宇通牌 ZK6650BEVG16 型纯电动城市客车	纯电动城市客车	2
	宇通牌 ZK6850CHEVNPG33 型插电式混合动力城市客车	插电式混合动力城市客车	6
	御捷马牌 YGM6372BEV 型纯电动运动型乘用车	E 行	1
	御捷马牌 YGM7000BEV 型纯电动轿车	E 行	9
	众泰牌 JNJ7000EVX13 型纯电动轿车	云 100S	1
	众泰牌 JNJ7000EVX16 型纯电动轿车	云 100S	7
	众泰牌 JNJ7000EVX9 型纯电动轿车	云 100S	1

续上表

应用地区	车　型	通用名称	数量(辆)
泉州市	奥路卡牌 ZQ5020XXYZC1BEV 型纯电动厢式运输车	荣达 EV	12
	宝马牌 BMW6462AAHEV(BMWX1)型插电式混合动力多用途乘用车	BMW X1xDrive25Le	1
	北京牌 BJ7000C5E1 - BEV 型纯电动轿车	EU200	95
	北京牌 BJ7000C5E2 - BEV 型纯电动轿车	EU260	311
	北京牌 BJ7000C5E2G - BEV 型纯电动轿车	EU260	4
	北京牌 BJ7001BPH1 - BEV 型纯电动轿车	EC180	20
	北京牌 BJ7001BPH2 - BEV 型纯电动轿车	EC180	7
	北京牌 BJ7001BPH5 - BEV 型纯电动轿车	EC180	114
	北京牌 BJ7001BPH7 - BEV 型纯电动轿车	EC180	8
	北京牌 BJ7001BPH8 - BEV 型纯电动轿车	EC180	2
	比亚迪牌 BYD6460SBEV 型纯电动多用途乘用车	比亚迪宋 EV	3
	比亚迪牌 BYD6460STHEV5 型插电式混合动力多用途乘用车	比亚迪宋	31
	比亚迪牌 BYD6480STHEV 型插电式混合动力多用途乘用车	比亚迪唐	2
	比亚迪牌 BYD6480STHEV3 型插电式混合动力多用途乘用车	比亚迪唐	3
	比亚迪牌 BYD7005BEV 型纯电动轿车	比亚迪 e5	1
	比亚迪牌 BYD7150WT5HEV4 型插电式混合动力轿车	比亚迪秦	13
	长安牌 SC6388BVBEV 型纯电动多用途乘用车	欧力威 EV	460
	长安牌 SC7001ADBEV 型纯电动轿车	奔奔 EV	315
	长安牌 SC7001AEBEV 型纯电动轿车	奔奔 EV	2
	长安牌 SC7001AKBEV 型纯电动轿车	奔奔 EV	1
	长安牌 SC7001CAABEV 型纯电动轿车	奔奔 mini e	10
	长安牌 SC7001CABBEV 型纯电动轿车	奔奔 mini e	34
	长安牌 SC7003AABEV 型纯电动轿车	EADO	310
	长安牌 SC7003ACBEV 型纯电动轿车	EADO	9
	长安牌 SC7104AA5HEV 型插电式混合动力轿车	逸动 PHEV	1
	长城牌 CC7000CE00BEV 型纯电动轿车	长城 C30EV	8
	楚风牌 HQG5022XXYEV4 型纯电动厢式运输车	纯电动厢式运输车	11
	楚风牌 HQG5042XXYEV9 型纯电动厢式运输车	纯电动厢式运输车	33
	帝豪牌 HQ7002BEV04 型纯电动轿车	帝豪 EV	12
	帝豪牌 HQ7002BEV08 型纯电动轿车	帝豪 EV	3
	东南牌 DN7001MBEV 型纯电动轿车	V5 ATL 菱致	2
	福建牌 FJ5020XXYBEVA12 型纯电动厢式运输车	纯电动厢式运输车	213
	福建牌 FJ5020XXYBEVA16 型纯电动厢式运输车	纯电动厢式运输车	1
	福建牌 FJ5020XXYBEVA5 型纯电动厢式运输车	纯电动厢式运输车	298
	福建牌 FJ5020XXYBEVA6 型纯电动厢式运输车	纯电动厢式运输车	432
	高尔夫牌 PHEVWVWC64AU 型插电式混合动力轿车(进口车)	插电式混合动力轿车	2
	华泰牌 SDH7000BEVYL 型纯电动轿车	华泰 EV150	2
	吉海牌 KRD5022XXYBEV02 型纯电动厢式运输车	纯电动厢式运输车	86
	吉利美日牌 MR7002BEV03 型纯电动轿车	EC7 - EV	14
	吉利牌 JL7001BEV35 型纯电动轿车	知豆 D2	1
	江淮牌 HFC7000AEV 型纯电动轿车	和悦 iEV	20
	江淮牌 HFC7000W3EV 型纯电动轿车	江淮 iEV6E 时光版	6
	江淮牌 HFC7000WEV 型纯电动轿车	江淮 iEV6E	44
	江淮牌 HFC7001A1EV 型纯电动轿车	IEV7	9
	江淮牌 HFC7001EAEV2 型纯电动轿车	江淮 iEV7S	2
	江铃牌 JX7005BEV 型纯电动轿车	E100	33
	江铃牌 JX7006BEV 型纯电动轿车	E200	15

续上表

应用地区	车　　型	通用名称	数量(辆)
泉州市	江铃牌 JX7009BEV 型纯电动轿车	E160	7
	金龙牌 XMQ5030XXYBEVS08 型纯电动厢式运输车	纯电动厢式运输车	1
	金龙牌 XMQ6106AGBEVL6 型纯电动城市客车	纯电动城市客车	25
	金龙牌 XMQ6802AGBEVL2 型纯电动城市客车	纯电动城市客车	315
	金龙牌 XMQ6802AGBEVL4 型纯电动城市客车	纯电动城市客车	3
	金龙牌 XMQ6850AGBEVL4 型纯电动城市客车	纯电动城市客车	175
	金旅牌 XML5036XXYEVH0 型纯电动厢式运输车	纯电动厢式运输车	2
	金旅牌 XML5036XXYEVL0 型纯电动厢式运输车	纯电动厢式运输车	1
	金旅牌 XML5036XXYEVW0 型纯电动厢式运输车	纯电动厢式运输车	2
	金旅牌 XML6805JEVD0C 型纯电动城市客车	纯电动城市客车	34
	金旅牌 XML6809JEVW0C 型纯电动城市客车	纯电动城市客车	164
	金旅牌 XML6855JEVW0C 型纯电动城市客车	纯电动城市客车	540
	金旅牌 XML6855JEVW0C2 型纯电动城市客车	纯电动城市客车	16
	开瑞牌 SQR5023XXYBEVK06 型纯电动厢式运输车	中城博源 EV	2
	开瑞牌 SQR5024XXYBEVK06 型纯电动厢式运输车	开瑞优优 EV	12
	开沃牌 NJL5032XXYBEV 型纯电动厢式运输车	纯电动厢式运输车	1
	凯马牌 KMC5023XXYEVA29D 型纯电动厢式运输车	纯电动厢式运输车	4
	奇瑞牌 SQR7000BEVJ00 型纯电动轿车	奇瑞 eQ	17
	奇瑞牌 SQR7000BEVJ601 型纯电动轿车	Arrizo5 e	7
	奇瑞牌 SQR7000BEVJ72 型纯电动轿车	奇瑞 eQ1	239
	荣威牌 CSA6454NDPHEV1 型插电式混合动力运动型乘用车	荣威 eRX5	3
	荣威牌 CSA6456BEV1 型纯电动运动型乘用车	荣威 eRX5	3
	荣威牌 CSA7104SDPHEV1 型插电式混合动力轿车	荣威 ei6	1
	瑞驰牌 CRC5030XXYB－LBEV 型纯电动厢式运输车	纯电动厢式运输车	5
	通家福牌 STJ5024XXYEV 型纯电动厢式运输车	纯电动厢式运输车	134
	通家福牌 STJ5029XXYEV1 型纯电动厢式运输车	纯电动厢式运输车	212
	拓速乐牌 5YJSA7E1 型纯电动乘用车(进口车)	Model S	5
	拓速乐牌 5YJSA7E2 型纯电动轿车(进口车)	Model S 60D	3
	拓速乐牌 5YJXCCE2 型纯电动乘用车(进口车)	Model X 90D	20
	野马牌 SQJ6460B2BEV 型纯电动多用途乘用车	E70S	4
	宇通牌 ZK6805BEVG13 型纯电动城市客车	纯电动城市客车	24
	御捷马牌 YGM5021XXYBEV22 型纯电动厢式运输车	e 达	11
	御捷马牌 YGM6371BEV 型纯电动运动型乘用车	E 行	50
	御捷马牌 YGM6372BEV 型纯电动运动型乘用车	E 行	1
	云度牌 YDE7000BEV1B 型纯电动轿车	π1	3
	云度牌 YDE7000BEV1C 型纯电动轿车	π1	6
	云度牌 YDE7000BEV2A 型纯电动轿车	π3	1
	知豆牌 SMA7001BEV73 型纯电动轿车	知豆 D2	1
	众泰牌 JNJ7000EVC1 型纯电动轿车	Z500EV	12
	众泰牌 JNJ7000EVE6 型纯电动轿车	芝麻 E30	9
	众泰牌 JNJ7000EVK1 型纯电动轿车	E200	60
	众泰牌 JNJ7000EVX13 型纯电动轿车	云 100S	16
	众泰牌 JNJ7000EVX16 型纯电动轿车	云 100S	10
漳州市	北京牌 BJ7001BPH1－BEV 型纯电动轿车	EC180	13
	北京牌 BJ7001BPH5－BEV 型纯电动轿车	EC180	12
	北京牌 BJ7001BPH7－BEV 型纯电动轿车	EC180	5
	北京牌 BJ7001BPH8－BEV 型纯电动轿车	EC180	11

续上表

应用地区	车　　型	通用名称	数量(辆)
漳州市	比亚迪牌 BYD6460SBEV 型纯电动多用途乘用车	比亚迪宋 EV	3
	比亚迪牌 BYD6460STHEV5 型插电式混合动力多用途乘用车	比亚迪宋	5
	比亚迪牌 BYD6480STHEV 型插电式混合动力多用途乘用车	比亚迪唐	1
	比亚迪牌 BYD7150WT5HEV4 型插电式混合动力轿车	比亚迪秦	3
	比亚迪牌 BYD7150WTHEV3 型混合动力轿车	比亚迪秦	2
	传祺(Trumpchi)牌 GAC7100SHEVD5 型增程式混合动力轿车	GA5 混动版	5
	传祺(Trumpchi)牌 GAC7100SHEVD5A 型插电式混合动力轿车	GA5 PHEV	11
	长安牌 SC7001CAABEV 型纯电动轿车	奔奔 mini e	28
	长安牌 SC7001CABBEV 型纯电动轿车	奔奔 mini e	4
	长城牌 CC7000CE00BEV 型纯电动轿车	长城 C30EV	52
	帝豪牌 HQ7002BEV08 型纯电动轿车	帝豪 EV	32
	东南牌 DN7001MBEV 型纯电动轿车	V5 ATL 菱致	9
	风神牌 DFM7000G1F3BEV 型纯电动轿车	E70	1
	福达牌 FZ6801UFBEV 型纯电动城市客车	纯电动城市客车	70
	福建牌 FJ5020XXYBEVA12 型纯电动厢式运输车	纯电动厢式运输车	37
	福建牌 FJ5020XXYBEVA5 型纯电动厢式运输车	纯电动厢式运输车	2
	福建牌 FJ5020XXYBEVA6 型纯电动厢式运输车	纯电动厢式运输车	108
	华泰牌 SDH7000BEVYL 型纯电动轿车	华泰 EV 150	15
	吉利美日牌 MR7002BEV03 型纯电动轿车	EC7 - EV	18
	吉利牌 JL7001BEV36 型纯电动轿车	知豆 D2	1
	吉利牌 JL7001BEV46 型纯电动轿车	知豆 D2	1
	江铃牌 JX70012BEV 型纯电动轿车	E 200S	2
	江铃牌 JX70016BEV 型纯电动轿车	E 200	9
	江铃牌 JX7005BEV 型纯电动轿车	E 100	24
	江铃牌 JX7006BEV 型纯电动轿车	E 200	19
	江铃牌 JX7009BEV 型纯电动轿车	E 160	14
	金龙牌 XMQ6106AGBEVL8 型纯电动城市客车	纯电动城市客车	11
	金旅牌 XML5036XXYEVD0 型纯电动厢式运输车	纯电动厢式运输车	1
	金旅牌 XML6105JEVD0C1 型纯电动城市客车	纯电动城市客车	53
	金旅牌 XML6809JEVW0C 型纯电动城市客车	纯电动城市客车	12
	金旅牌 XML6855JEVW0C 型纯电动城市客车	纯电动城市客车	74
	荣威牌 CSA6454NDPHEV1 型插电式混合动力运动型乘用车	荣威 eRX5	1
	荣威牌 CSA7104SDPHEV1 型插电式混合动力轿车	荣威 ei6	3
	瑞驰牌 CRC5030XXYB - LBEV 型纯电动厢式运输车	纯电动厢式运输车	4
	拓速乐牌 5YJXCCE2 型纯电动乘用车(进口车)	Model X 90D	3
	拓速乐牌 5YJXCCE4 型纯电动轿车(进口车)	Model X P90D	2
	御捷马牌 YGM5021XXYBEV22 型纯电动厢式运输车	e 达	7
	御捷马牌 YGM6371BEV 型纯电动运动型乘用车	E 行	44
	御捷马牌 YGM6372BEV 型纯电动运动型乘用车	E 行	1
	裕路牌 DYM7009AABEV 型纯电动轿车	纯电动轿车	10
	云度牌 YDE7000BEV1B 型纯电动轿车	π1	17
	云度牌 YDE7000BEV1C 型纯电动轿车	π1	7
	知豆牌 SMA7001BEV23 型纯电动轿车	知豆 D 2	21
	知豆牌 SMA7001BEV66 型纯电动轿车	知豆 D 2	1
	众泰牌 JNJ7000EVK1 型纯电动轿车	E200	34
	众泰牌 JNJ7000EVX13 型纯电动轿车	云 100S	4
	众泰牌 JNJ7000EVX9 型纯电动轿车	云 100S	14

续上表

应用地区	车 型	通用名称	数量(辆)
南平市	北京牌 BJ7001BPH5 - BEV 型纯电动轿车	EC180	3
	北京牌 BJ7001BPH7 - BEV 型纯电动轿车	EC180	7
	比亚迪牌 BYD6460STHEV5 型插电式混合动力多用途乘用车	比亚迪宋	1
	传祺(Trumpchi)牌 GAC7100SHEVD5 型增程式混合动力轿车	GA5 混动版	6
	传祺(Trumpchi)牌 GAC7100SHEVD5A 型插电式混合动力轿车	GA5 PHEV	11
	帝豪牌 HQ7002BEV04 型纯电动轿车	帝豪 EV	2
	福建牌 FJ5020XXYBEVA5 型纯电动厢式运输车	纯电动厢式运输车	1
	福建牌 FJ5020XXYBEVA6 型纯电动厢式运输车	纯电动厢式运输车	10
	华泰圣达菲牌 SDH6440BEVGL 型纯电动多用途乘用车	华泰新圣达菲	12
	吉利美日牌 MR7002BEV03	EC7 - EV	6
	江淮牌 HFC7000AEV 型纯电动轿车	和悦 iEV	1
	江淮牌 HFC7001A1EV 型纯电动轿车	IEV7	2
	江铃牌 JX7005BEV 型纯电动轿车	E100	20
	江铃牌 JX7006BEV 型纯电动轿车	E200	8
	江铃牌 JX7009BEV 型纯电动轿车	E160	7
	金龙牌 XMQ6802AGBEVL5 型纯电动城市客车	纯电动城市客车	73
	金龙牌 XMQ6850AGBEVL7 型纯电动城市客车	纯电动城市客车	36
	金旅牌 XML6105JEVW0C 型纯电动城市客车	纯电动城市客车	29
	奇瑞牌 SQR7000BEVJ72 型纯电动轿车	奇瑞 eQ1	3
	荣威牌 CSA6456BEV1 型纯电动运动型乘用车	荣威 eRX5	1
	荣威牌 CSA6454NDPHEV1 型插电式混合动力运动型乘用车	荣威 eRX5	2
	宇通牌 ZK6805BEVG11 型纯电动城市客车	纯电动城市客车	14
	云度牌 YDE7000BEV1C 型纯电动轿车	π1	5
	众泰牌 JNJ7000EVE6 型纯电动轿车	芝麻 E30	4
	众泰牌 JNJ7000EVK1 型纯电动轿车	E200	1
	众泰牌 JNJ7000EVX13 型纯电动轿车	云 100S	3
	众泰牌 JNJ7000EVX16 型纯电动轿车	云 100S	14
	众泰牌 JNJ7000EVX9 型纯电动轿车	云 100S	1
龙岩市	北京牌 BJ7000U3D2 - BEV 型纯电动轿车	EX260	1
	北京牌 BJ7001BPH1 - BEV 型纯电动轿车	EC180	1
	北京牌 BJ7001BPH7 - BEV 型纯电动轿车	EC180	1
	比亚迪牌 BYD6460STHEV5 型插电式混合动力多用途乘用车	比亚迪宋	3
	比亚迪牌 BYD7150WT5HEV4 型插电式混合动力轿车	比亚迪秦	1
	长安牌 SC7001CAABEV 型纯电动轿车	奔奔 mini e	7
	长安牌 SC7001CABBEV 型纯电动轿车	奔奔 mini e	4
	传祺(Trumpchi)牌 GAC7100SHEVD5 型增程式混合动力轿车	GA5 混动版	3
	传祺(Trumpchi)牌 GAC7100SHEVD5A 型插电式混合动力轿车	GA5 PHEV	1
	帝豪牌 HQ7002BEV04 型纯电动轿车	帝豪 EV	1
	东南牌 DN7001MBEV 型纯电动轿车	V5 ATL 菱致	8
	福建牌 FJ5020XXYBEVA12 型纯电动厢式运输车	纯电动厢式运输车	396
	福建牌 FJ5020XXYBEVA17 型纯电动厢式运输车	纯电动厢式运输车	1
	福建牌 FJ5020XXYBEVA19 型纯电动厢式运输车	纯电动厢式运输车	3
	福建牌 FJ5020XXYBEVA5 型纯电动厢式运输车	纯电动厢式运输车	5
	福建牌 FJ5020XXYBEVA6 型纯电动厢式运输车	纯电动厢式运输车	304
	福建牌 FJ6860GBEV3 型纯电动城市客车	纯电动城市客车	4
	福龙马牌 FLM5030TYHDEV 型纯电动路面养护车	纯电动路面养护车	1
	华泰圣达菲牌 SDH6440BEVGL 型纯电动多用途乘用车	华泰新圣达菲	4

续上表

应用地区	车　型	通用名称	数量(辆)
龙岩市	江淮牌 HFC7000AEV 型纯电动轿车	和悦 iEV	1
	江淮牌 HFC7000W3EV 型纯电动轿车	江淮 iEV6E 时光版	1
	江淮牌 HFC7000WEV 型纯电动轿车	江淮 iEV6E	3
	江淮牌 HFC7001A1EV 型纯电动轿车	IEV7	3
	江铃牌 JX70012BEV 型纯电动轿车	E200S	1
	江铃牌 JX7005BEV 型纯电动轿车	E100	20
	江铃牌 JX7006BEV 型纯电动轿车	E200	9
	江铃牌 JX7009BEV 型纯电动轿车	E160	1
	金旅牌 XML6105JEVD0C1 型纯电动城市客车	纯电动城市客车	50
	金旅牌 XML6855JEVW0C 型纯电动城市客车	纯电动城市客车	50
	蓝速牌 BYN5020XXYBEV1 型纯电动厢式运输车	纯电动厢式运输车	20
	猎豹牌 LBA6450AABEV 型纯电动多用途乘用车	C5BEV	1
	奇瑞牌 SQR7000BEVJ00 型纯电动轿车	奇瑞 eQ	1
	奇瑞牌 SQR7000BEVJ72 型纯电动轿车	奇瑞 eQ1	10
	荣威牌 CSA6454NDPHEV1 型插电式混合动力运动型乘用车	荣威 eRX5	1
	野马牌 SQJ6460B2BEV 型纯电动多用途乘用车	E70S	3
	御捷马牌 YGM6371BEV 型纯电动运动型乘用车	E 行	1
	云度牌 YDE7000BEV1B 型纯电动轿车	π1	1
	云度牌 YDE7000BEV1C 型纯电动轿车	π1	8
	众泰牌 JNJ7000EVE6 型纯电动轿车	芝麻 E30	1
宁德市	北京牌 BJ7000C5E2G－BEV 型纯电动轿车	EU260	1
	北京牌 BJ7001BPH7－BEV 型纯电动轿车	EC180	1
	比亚迪牌 BYD6460SBEV 型纯电动多用途乘用车	比亚迪宋 EV	1
	比亚迪牌 BYD6460STHEV5 型插电式混合动力多用途乘用车	比亚迪宋	3
	比亚迪牌 BYD7005BEV 型纯电动轿车	比亚迪 e5	5
	比亚迪牌 BYD7150WT5HEV4 型插电式混合动力轿车	比亚迪秦	3
	长安牌 SC7001AKBEV 型纯电动轿车	奔奔 EV	1
	长安牌 SC7104AA5HEV 型纯电动轿车	逸动 PHEV	1
	帝豪牌 HQ7002BEV04 型纯电动轿车	帝豪 EV	1
	帝豪牌 HQ7002BEV08 型纯电动轿车	帝豪 EV	16
	东风牌 EQ5045XXYTBEV4 型纯电动厢式运输车	纯电动厢式运输车	1
	东南牌 DN7001MBEV 型纯电动轿车	V5 ATL 菱致	67
	福建牌 FJ5020XXYBEVA6 型纯电动厢式运输车	纯电动厢式运输车	39
	华泰圣达菲牌 SDH6440BEVGL 型纯电动多用途乘用车	华泰新圣达菲	1
	吉利美日牌 MR7002BEV03 型纯电动轿车	EC7－EV	11
	江淮牌 HFC7000AEV 型纯电动轿车	和悦 iEV	1
	江淮牌 HFC7000WEV 型纯电动轿车	江淮 iEV6E	1
	江铃牌 JX70011BEV 型纯电动轿车	E200S	6
	江铃牌 JX7005BEV 型纯电动轿车	E100	1
	江铃牌 JX7006BEV 型纯电动轿车	E200	2
	江铃牌 JX7009BEV 型纯电动轿车	E160	6
	金杯牌 SY5040XXYD－EV4 型纯电动厢式运输车	纯电动厢式运输车	5
	金龙牌 XMQ6106AGBEVL8 型纯电动城市客车	纯电动城市客车	99
	金龙牌 XMQ6110BGBEVL3 型纯电动城市客车	纯电动城市客车	10
	金龙牌 XMQ6127AGBEVL3 型纯电动城市客车	纯电动城市客车	1
	金龙牌 XMQ6127BYBEVL 型纯电动城市客车	纯电动城市客车	1
	金龙牌 XMQ6802AGBEVL2 型纯电动城市客车	纯电动城市客车	2

续上表

应用地区	车 型	通用名称	数量(辆)
宁德市	金龙牌 XMQ6802AGBEVL5 型纯电动城市客车	纯电动城市客车	35
	金龙牌 XMQ6850AGBEVL4 型纯电动城市客车	纯电动城市客车	20
	金旅牌 XML5036XXYEVW0 型纯电动厢式运输车	纯电动厢式运输车	2
	金旅牌 XML6805JEVN0C 型纯电动城市客车	纯电动城市客车	16
	金旅牌 XML6809JEVD0 型纯电动城市客车	纯电动城市客车	1
	金旅牌 XML6809JEVW0C 型纯电动城市客车	纯电动城市客车	2
	金旅牌 XML6855JEVW0C 型纯电动城市客车	纯电动城市客车	35
	奇瑞牌 SQR7000BEVJ00 型纯电动轿车	奇瑞 eQ	4
	奇瑞牌 SQR7000BEVJ601 型纯电动轿车	Arrizo5 e	1
	奇瑞牌 SQR7000BEVJ72 型纯电动轿车	奇瑞 eQ1	10
	荣威牌 CSA6456BEV1 型纯电动运动型乘用车	荣威 eRX5	1
	申龙牌 SLK6108ALE0BEVY1 型纯电动城市客车	纯电动城市客车	6
	五菱牌 GL6606BEV 型纯电动城市客车	纯电动城市客车	12
	五洲龙牌 FDG6116EV 型纯电动城市客车	纯电动城市客车	6
	宇通牌 ZK6115BEVZ52 型纯电动城市客车	纯电动城市客车	1
	宇通牌 ZK6119BEVQY52 型纯电动城市客车	纯电动城市客车	1
	之诺牌 BBA6461AAHEV(ZINORO60H)型插电式混合动力多用途乘用车	之诺 60H	1
	中通牌 LCK6108EVG8 型纯电动城市客车	纯电动城市客车	30
	众泰牌 JNJ7000EVX13 型纯电动轿车	云 100S	2
平潭县	比亚迪牌 BYD6460STHEV5 型插电式混合动力多用途乘用车	比亚迪宋	1
	比亚迪牌 BYD7150WT5HEV4 型插电式混合动力轿车	比亚迪秦	1
	传祺牌 GAC7100SHEVD5 型增程混合动力轿车	GA5 混动版	1
	长安牌 SC7001ADBEV 型纯电动轿车	奔奔 EV	12
	长安牌 SC7001AEBEV 型纯电动轿车	奔奔 EV	1
	长安牌 SC7003AABEV 型纯电动轿车	EADO	1
	福建牌 FJ5020XXYBEVA6 型纯电动厢式运输车	纯电动厢式运输车	6
	吉利美日牌 MR7002BEV03 型纯电动轿车	EC7 – EV	12
	江淮牌 HFC7000WEV 型纯电动轿车	江淮 iEV6E	5
	江铃牌 JX70011BEV 型纯电动轿车	E200S	2
	江铃牌 JX70012BEV 型纯电动轿车	E200S	1
	江铃牌 JX70016BEV 型纯电动轿车	E200	4
	江铃牌 JX7005BEV 型纯电动轿车	E100	6
	江铃牌 JX7006BEV 型纯电动轿车	E200	9
	江铃牌 JX7009BEV 型纯电动轿车	E160	3
	金旅牌 XML5036XXYEVW0 型纯电动厢式运输车	纯电动厢式运输车	1
	奇瑞牌 SQR7000BEVJ72 型纯电动轿车	奇瑞 eQ1	1
	众泰牌 JNJ7000EVK1 型纯电动轿车	E200	2
	众泰牌 JNJ7000EVX13 型纯电动轿车	云 100S	1

注:私人车进口 242 辆,其中纯电动汽车 233 辆、插电式混合动力汽车 9 辆。

八、2017 年本地区重点新能源汽车企业产销量统计表

生产企业名称	产品商标	车辆类型	通用名称	产量统计(辆)	销量统计(辆)
福建新龙马汽车股份有限公司	启腾	纯电动物流车	M70 – EV	5 428	5 741
	福建	纯电动客车	—	4	4
厦门金龙联合汽车工业有限公司	金龙	插电式混合动力客车	—	1 168	1 158
		纯电动客车	—	3 134	3 069

续上表

生产企业名称	产品商标	车辆类型	通用名称	产量统计(辆)	销量统计(辆)
厦门金龙旅行车有限公司	金旅	插电式混合动力客车	—	1 033	1 033
		纯电动客车	—	3 322	3 322
福建省汽车工业集团云度新能源汽车股份有限公司	云度	纯电动轿车	π1	2 465	2 464
		纯电动轿车	π3	31	31
东南(福建)汽车工业有限公司	东南	纯电动轿车	DX3 EV	1 242	7
		纯电动轿车	EV10	2 001	98
福建新福达汽车工业有限公司	福达	纯电动客车	—	73	70
福建龙马环卫装备股份有限公司	福龙马	纯电动路面养护车	—	6	4

九、2017 年 12 月底本地区电动汽车充(换)电站(桩)保有量统计表

城市名称	充电站				充电桩		换电站
	数量(座)	充电机功率总计(kW)	充电站占地面积(m^2)	投资金额(万元)	慢充(个)	快充(个)	数量(座)
福州市	189	43 440	—	13 868	1 208	648	0
厦门市	22	11 064	—	3 053	2 978	1 481	4
漳州市	242	181 524	—	32 968	665	2 360	0
泉州市	284	41 269	—	24 180	2 138	1 123	0
三明市	43	16 102	—	13 384	286	295	0
莆田市	142	26 240	—	8 389	1 965	377	0
南平市	48	22 876	—	9 530	425	533	0
龙岩市	60	—	—	9 027	348	254	0
宁德市	59	37 507	—	13 146	526	374	0
平潭县	6	3 240	—	985	198	140	0

江 西 省

Jiangxi Province

一、2017 年节能与新能源汽车产业概况

江西省新能源汽车产业初步形成了从整车到“三电”关键零部件较完整的产业链。截至 2017 年底，全省已有 10 家新能源汽车整车生产企业，产能达到了 10 万辆。整车建成了南昌、上饶 2 个产业聚集区，培育了江铃新能源、上饶客车、百路佳客车等重点企业，产品涵盖乘用车、客车、专用车 3 个大类。2017 年新能源汽车产销量达 5. 1 万辆和 4. 2 万辆，同比增长 1. 8 倍和 1. 3 倍，销量在全国占比达 5. 4%，产业主营业务收入超 60 亿元。

二、2017 年节能与新能源汽车推广应用情况

2017 年新能源汽车产销量达 5. 1 万辆和 4. 2 万辆，同比增长 1. 8 倍和 1. 3 倍，销量在全国占比达 5. 4%，产业主营业务收入超 60 亿元。2016 年全省推广应用的新能源汽车达到 1 万辆，2017 年超过 1. 5 万辆，同比增长 40%，圆满完成新能源汽车推广应用任务。截至 2018 年 3 月 15 日，江西省登记的新能源汽车 37 135 辆，较 2017 年底的 29 652 辆，增长 25. 24%；较 2016 年底的 15 827 辆，增长 134. 63%。

三、2017 年节能与新能源汽车主要企业经营情况

2017 年，全省新能源乘用车销量 35 938 辆、新能源客车销量 2 143 辆、新能源专用车销量 4 202 辆，均创历史新高。其中，江铃新能源销售了 3. 2 万辆纯电动轿车，同比增长 1 倍；昌河汽车 4 个月销售了 6 930 辆纯电动汽车，成为江西省新能源汽车新的增长点；博能客车销售 978 辆新能源汽车，百路佳客车销售了 607 辆，宜春客车 473 辆，江铃晶马 143 辆，玖发专用车 874 辆，均较上年实现了大幅增长。

四、2017 年节能与新能源汽车项目及园区建设情况

1. 新能源汽车整车项目

(1)江铃新能源汽车有限公司投资 80 亿元，在赣江新区建设年产 30 万辆(其中一期 15 万辆)纯电动轿车生产项目。

(2)江铃汽车股份有限公司投资 20 亿元，在南昌市小蓝经济开发区建设年产 20 万辆汽车生产基地(新能源汽车 10 万辆)。

(3)江西昌河汽车有限责任公司九江分公司投资 130 亿

元,在九江市建设50万辆汽车生产基地(新能源汽车10万辆)。

(4)汉腾汽车有限公司投资36亿元,在上饶市经开区建设20万辆新能源乘用车项目。

(5)江西博能上饶客车有限公司投资17亿元,在上饶市经开区建设年产2万辆客车(1.5万辆新能源客车)项目。

(6)山东凯马汽车制造有限公司投资25亿元,在赣州市建设年产15万辆新能源汽车整车项目。

(7)赣州国机智骏在赣州市建设年产10万辆纯电动汽车项目。

(8)江西凯马百路佳客车有限公司投资10亿元,在南昌临空经济开发区建设年产1.5万辆新能源客车项目。

2. 动力电池项目

(1)江西迪比科股份有限公司投资20亿元,在抚州高新区建设年产10 Gwh石墨烯钛酸锂动力电池项目。

(2)远东福斯特新能源有限公司投资10亿元,在宜春市建设年产10 Gwh三元材料动力电池生产项目。

(3)孚能科技投资20亿元,在赣州市建设年产10 GWh动力锂电池项目。

(4)江铃新能源汽车有限公司投资2.5亿元,在南昌市经开区建设年产5万台新型先进动力电池包及电池能源管理系统产业化应用项目。

(5)上海卡耐新能源有限公司投资20亿元,在南昌市建设三元软包动力锂电池项目。

(6)江西恒动新能源有限公司投资3.2亿元,在南昌市临空经济区建设年产1 GWh动力锂电池项目。

(7)江西博能上饶客车有限公司投资5亿元,在上饶经开区建设1.6 Gwh磷酸铁锂动力电池生产项目。

(8)赣州中航新能源汽车有限公司投资30亿元,在赣州市建设年产7 Gwh动力电池项目。

(9)赣州恒玖电气有限公司投资3亿元,在赣州市建设年产10万套电池组及电池管理系统项目。

五、2017年基础设施建设及运行情况

配套充电设施截至2017年底,全省11个设区市共计建成公用和专用充电站300余座、充电桩4 000多根(加上自用桩共约1.32万根),其中南昌市公交公司建充电站17座、充电桩288个、553把充电枪,较2015年底翻了2倍多。

六、节能与新能源汽车推广应用统计表

2017年节能与新能源汽车推广应用数量

(单位:辆)

车型 / 燃料	公交车	旅游大巴	公务车	出租车	租赁用车	私人车	环卫车	物流车	邮政车	电力工程车	载货车	其他	合计
纯电动汽车	2 289	0	0	0	2 800	13 822	40	303	0	0	0	0	19 254
插电式混合动力汽车	166	0	0	0	0	0	0	0	0	0	0	0	166
增程式电动汽车	0	0	0	0	0	0	0	0	0	0	0	0	0
燃料电池汽车	0	0	0	0	0	0	0	0	0	0	0	0	0
合计	2 455	0	0	0	0	0	0	0	0	0	0	0	19 420

2017年节能与新能源汽车推广应用车型及数量

应用地区	车型	通用名称	数量(辆)
南昌市	江西牌JXK6109BEV型纯电动城市客车	纯电动城市客车	309
	江西牌JXK6126BPHEVN型插电式混合动力城市客车	插电式混合动力城市客车	91
	江西牌JXK6127BPHEVN型插电式混合动力城市客车	插电式混合动力城市客车	23
	江西牌JXK6811BEV型纯电动城市客车	纯电动城市客车	160
	环球牌GZQ5021CCYBEV型纯电动仓栅式运输车	纯电动仓栅式运输车	4
	环球牌GZQ5021ZXXBEV型纯电动车厢可卸式垃圾车	纯电动车厢可卸式垃圾车	2
	环球牌GZQ5022XXYBEV型纯电动厢式运输车	纯电动厢式运输车	10
	环球牌GZQ5030XXYBEV型纯电动厢式运输车	纯电动厢式运输车	12
	环球牌GZQ5031CCYBEV型纯电动仓栅式运输车	纯电动仓栅式运输车	8
	江铃牌JX7005BEV型纯电动轿车	E100	6 061
	江铃牌JX7006BEV型纯电动轿车	E200	410
	江铃牌JX7009BEV型纯电动轿车	E160	754
	江铃牌JX70011BEV型纯电动轿车	E200S	11
	江铃牌JX70012BEV型纯电动轿车	E200S	16
	江铃牌JX70014BEV型纯电动轿车	E200	121
	江铃牌JX70015BEV型纯电动轿车	E200	201
	江铃牌JX70016BEV型纯电动轿车	E200	2 528
	江铃牌JX70019BEV型纯电动轿车	E160	2

续上表

应用地区	车　型	通用名称	数量（辆）
南昌市	江铃牌 JX70020BEV 型纯电动轿车	E400	55
	江铃牌 JX70021BEV 型纯电动轿车	E400	54
	江铃牌 JX70022BEV 型纯电动轿车	E200	3
	昌河牌 CH5015XXYBEVA2CC 型纯电动箱式运输车	北斗星 E	1
	昌河牌 CH7005BEVA2CB 型纯电动轿车	北斗星 E	3
	昌河牌 CH7005BEVA2CC 型纯电动轿车	北斗星 E	131
九江市	广通牌 GTQ6858BEVB5 型纯电动城市客车	纯电动城市客车	35
	中通牌 LCK6809EVGT 型纯电动客车	纯电动客车	10
	金龙牌 XMQ6802AGBEVL2 型纯电动城市客车	纯电动城市客车	18
	宇通牌 ZK6105BEVG21 型纯电动城市客车	纯电动城市客车	6
	宇通牌 ZK6115BEVG52 型纯电动城市客车	纯电动城市客车	1
	宇通牌 ZK6650BEVG6 型纯电动城市客车	纯电动城市客车	4
	宇通牌 ZK6805BEVG11 型纯电动城市客车	纯电动城市客车	61
	宇通牌 ZK6805BEVG13 型纯电动城市客车	纯电动城市客车	43
	江铃牌 JX7005BEV 型纯电动轿车	E100	821
	江铃牌 JX7006BEV 型纯电动轿车	E200	301
	江铃牌 JX7009BEV 型纯电动轿车	E160	131
	江铃牌 JX70011BEV 型纯电动轿车	E200S	2
	江铃牌 JX70012BEV 型纯电动轿车	E200S	2
	江铃牌 JX70016BEV 型纯电动轿车	E200	245
	昌河牌 CH7005BEVA2CB 型纯电动轿车	北斗星 E	12
	昌河牌 CH7005BEVA2CC 型纯电动轿车	北斗星 E	195
	昌河牌 CH5015XXYBEVA2CC 型纯电动箱式运输车	北斗星 E	1
上饶市	福田牌 BJ6105PHEVCA－7 型插电式混合动力客车	插电式混合动力客车	20
	安凯牌 HFF6800G03EV8 型纯电动城市客车	纯电动城市客车	16
	大马牌 HKL6801GBEV 型纯电动城市客车	纯电动城市客车	28
	中通牌 LCK6809EVGM 型纯电动城市客车	纯电动城市客车	20
	中通牌 LCK6809EVGM5 型纯电动城市客车	纯电动城市客车	20
	金龙牌 XMQ6802AGBEVL4 型纯电动城市客车	纯电动城市客车	40
	宇通牌 ZK6826BEVQG50 型纯电动城市客车	纯电动城市客车	10
	宇通牌 ZK6805BEVG11 型纯电动城市客车	纯电动城市客车	10
	江铃牌 JX7005BEV 型纯电动轿车	E100	238
	江铃牌 JX7006BEV 型纯电动轿车	E200	139
	江铃牌 JX7009BEV 型纯电动轿车	E160	40
	江铃牌 JX70016BEV 型纯电动轿车	E200	50
	昌河牌 CH5015XXYBEVA2CC 型纯电动箱式运输车	北斗星 E	1
	昌河牌 CH5025XXYBEVC3CA 型纯电动箱式运输车	北斗星 X5E	1
	昌河牌 CH7005BEVA2CC 型纯电动轿车	北斗星 E	52
	昌河牌 CH7005BEVC3CA 型纯电动轿车	北斗星 X5E	1
抚州市	福田牌 BJ6805EVCA－8 型纯电动城市客车	纯电动城市客车	3
	安凯牌 HFF6800G03EV9 型纯电动城市客车	纯电动城市客车	37
	晶马牌 JMV6105GRBEV3 型纯电动城市客车	纯电动城市客车	43
	中通牌 LCK6808EVQGA 型纯电动城市客车	纯电动城市客车	10
	中通牌 LCK6809EVGK 型纯电动城市客车	纯电动城市客车	1
	中通牌 LCK6809EVGM 型纯电动城市客车	纯电动城市客车	1
	上饶牌 SR6101BEVG3 型纯电动城市客车	纯电动城市客车	59
	上饶牌 SR6106BEVG1 型纯电动城市客车	纯电动城市客车	1

续上表

应用地区	车 型	通用名称	数量(辆)
抚州市	上饶牌 SR6810BEVG1 型纯电动城市客车	纯电动城市客车	36
	宇通牌 ZK6115BEVG5 型纯电动城市客车	纯电动城市客车	28
	宇通牌 ZK6826BEVQG50 型纯电动城市客车	纯电动城市客车	42
	江铃牌 JX7005BEV 型纯电动轿车	E100	273
	江铃牌 JX7006BEV 型纯电动轿车	E200	100
	江铃牌 JX7009BEV 型纯电动轿车	E160	83
	江铃牌 JX70011BEV 型纯电动轿车	E200S	1
	江铃牌 JX70016BEV 型纯电动轿车	E200	88
宜春市	环球牌 GZQ5021CCYBEV 型纯电动仓栅式运输车	纯电动仓栅式运输车	6
	环球牌 GZQ5022XXYBEV 型纯电动厢式运输车	纯电动厢式运输车	62
	环球牌 GZQ5030XXYBEV 型纯电动厢式运输车	纯电动厢式运输车	55
	环球牌 GZQ5031CCYBEV 型纯电动仓栅式运输车	纯电动仓栅式运输车	13
	晶马牌 JMV6800GRBEV1 型纯电动城市客车	纯电动城市客车	10
	中宜牌 JYK6100GBEV4 型纯电动城市客车	纯电动城市客车	58
	中宜牌 JYK6800GBEV2 型纯电动城市客车	纯电动城市客车	117
	海格牌 KLQ6800GEVN3 型纯电动城市客车	纯电动城市客车	18
	宇通牌 ZK6105BEVG21 型纯电动城市客车	纯电动城市客车	36
	宇通牌 ZK6105BEVG25 型纯电动城市客车	纯电动城市客车	2
	宇通牌 ZK6650BEVG16 型纯电动城市客车	纯电动城市客车	4
	宇通牌 ZK6805BEVG11 型纯电动城市客车	纯电动城市客车	85
	宇通牌 ZK6825CHEVPG23C 型插电式混合动力城市客车	插电式混合动力城市客车	2
	宇通牌 ZK6826BEVQG50 型纯电动城市客车	纯电动城市客车	7
	江铃牌 JX7005BEV 型纯电动轿车	E100	261
	江铃牌 JX7006BEV 型纯电动轿车	E200	63
	江铃牌 JX7009BEV 型纯电动轿车	E160	54
	江铃牌 JX70012BEV 型纯电动轿车	E200S	2
	江铃牌 JX70016BEV 型纯电动轿车	E200	67
	昌河牌 CH7005BEVA2CB 型纯电动轿车	北斗星 E	4
	昌河牌 CH7005BEVA2CC 型纯电动轿车	北斗星 E	7
吉安市	青年牌 JNP6103BEV3M 型纯电动城市客车	纯电动城市客车	40
	中宜牌 JYK6800GBEV2 型纯电动城市客车	纯电动城市客车	54
	中通牌 LCK6607DEVQG 型纯电动城市客车	纯电动城市客车	10
	中通牌 LCK6811EVGA 型纯电动城市客车	纯电动城市客车	32
	中通牌 LCK6813EVGB 型纯电动城市客车	纯电动城市客车	20
	金旅牌 XML6805JEVL0C 型纯电动城市客车	纯电动城市客车	10
	常隆牌 YS6100GBEVC 型纯电动城市客车	纯电动城市客车	20
	常隆牌 YS6860GBEVC 型纯电动城市客车	纯电动城市客车	20
	宇通牌 ZK6805BEVG11 型纯电动城市客车	纯电动城市客车	30
	宇通牌 ZK6805BEVG12 型纯电动城市客车	纯电动城市客车	60
	江铃牌 JX7005BEV 型纯电动轿车	E100	475
	江铃牌 JX7006BEV 型纯电动轿车	E200	54
	江铃牌 JX7009BEV 型纯电动轿车	E160	33
	江铃牌 JX70012BEV 型纯电动轿车	E200S	1
	江铃牌 JX70016BEV 型纯电动轿车	E200	158
赣州市	环球牌 GZQ5020XSHBEV 型纯电动售货车	纯电动售货车	51
	环球牌 GZQ5021CCYBEV 型纯电动仓栅式运输车	纯电动仓栅式运输车	85
	环球牌 GZQ5022XXYBEV 型纯电动厢式运输车	纯电动厢式运输车	59

续上表

应用地区	车　型	通用名称	数量(辆)
赣州市	环球牌 GZQ5022ZZZBEV 型纯电动自装卸式垃圾车	纯电动自装卸式垃圾车	2
	环球牌 GZQ5030XSHBEV 型纯电动售货车	纯电动售货车	17
	环球牌 GZQ5030XXYBEV 型纯电动厢式运输车	纯电动厢式运输车	46
	环球牌 GZQ5031CCYBEV 型纯电动仓栅式运输车	纯电动仓栅式运输车	60
	安凯牌 HFF6800G03EV73 型纯电动城市客车	纯电动城市客车	30
	晶马牌 JMV6820GRBEV5 型纯电动城市客车	纯电动城市客车	6
	上饶牌 SR6106PHEVG5 型插电式混合动力客车	插电式混合动力客车	30
	上饶牌 SR6810BEVG2 型纯电动城市客车	纯电动城市客车	34
	宇通牌 ZK6805BEVG11 型纯电动城市客车	纯电动城市客车	24
	宇通牌 ZK6805BEVG12 型纯电动城市客车	纯电动城市客车	27
	宇通牌 ZK6805BEVG13 型纯电动城市客车	纯电动城市客车	10
	江铃牌 JX7005BEV 型纯电动轿车	E100	501
	江铃牌 JX7006BEV 型纯电动轿车	E200	171
	江铃牌 JX7009BEV 型纯电动轿车	E160	150
	江铃牌 JX70012BEV 型纯电动轿车	E200S	1
	江铃牌 JX70016BEV 型 纯电动轿车	E200	75
	昌河牌 CH7005BEVA2CC 型纯电动轿车	北斗星 E	124
	昌河牌 CH5015XXYBEVA2CC 型纯电动箱式运输车	北斗星 E	1
	昌河牌 CH7005BEVA2CB 型纯电动轿车	北斗星 E	22
景德镇市	安凯牌 HFF6800G03EV73 型纯电动城市客车	纯电动城市客车	40
	江铃牌 JX7005BEV 型纯电动轿车	E100	22
	江铃牌 JX7006BEV 型纯电动轿车	E200	46
	江铃牌 JX7009BEV 型纯电动轿车	E160	3
	江铃牌 JX70016BEV 型纯电动轿车	E200	7
	昌河牌 CH5015XXYBEVA2CD 型纯电动厢式运输车	北斗星 E	2
	昌河牌 CH7005BEVA2CB 型纯电动轿车	北斗星 E	6
	昌河牌 CH7005BEVA2CC 型纯电动轿车	北斗星 E	34
	昌河牌 CH7005BEVC3CA 型纯电动轿车	北斗星 X5E	1
	昌河牌 CH7005BEVC3CB 型纯电动轿车	北斗星 X5E	1
萍乡市	晶马牌 JMV6800GRBEV1 型纯电动城市客车	纯电动城市客车	14
	晶马牌 JMV6820GRBEV3 型纯电动城市客车	纯电动城市客车	15
	中宜牌 JYK6800GBEV2 型纯电动城市客车	纯电动城市客车	5
	安源牌 PK6853BEV 型纯电动城市客车	纯电动城市客车	20
	上饶牌 SR6810BEVG6 型纯电动城市客车	纯电动城市客车	7
	金旅牌 XML6809JEVW0C 型纯电动城市客车	纯电动城市客车	10
	宇通牌 ZK6105BEVG21 型纯电动城市客车	纯电动城市客车	30
	宇通牌 ZK6805BEVG11 型纯电动城市客车	纯电动城市客车	10
	宇通牌 ZK6805BEVG12 型纯电动城市客车	纯电动城市客车	14
	江铃牌 JX7005BEV 型纯电动轿车	E100	321
	江铃牌 JX7006BEV 型纯电动轿车	E200	55
	江铃牌 JX7009BEV 型纯电动轿车	E160	35
	江铃牌 JX70016BEV 型纯电动轿车	E200	29
	昌河牌 CH7005BEVA2CC 型纯电动轿车	北斗星 E	7
新余市	环球牌 GZQ5020XSHBEV 型纯电动售货车	纯电动售货车	11
	环球牌 GZQ5030XXYBEV 型纯电动厢式运输车	纯电动厢式运输车	45
	安凯牌 HFF6800G03EV73 型纯电动城市客车	纯电动城市客车	18
	安凯牌 HFF6800G03EV8 型纯电动城市客车	纯电动城市客车	100

续上表

应用地区	车　　型	通用名称	数量(辆)
新余市	开沃牌 NJL6859BEV39 型纯电动城市客车	纯电动城市客车	40
	上饶牌 SR6810BEVG1 型纯电动城市客车	纯电动城市客车	37
	宇通牌 ZK6105BEVG23 型纯电动城市客车	纯电动城市客车	2
	宇通牌 ZK6805BEVG10 型纯电动城市客车	纯电动城市客车	10
	宇通牌 ZK6805BEVG11 型纯电动城市客车	纯电动城市客车	14
	江铃牌 JX7005BEV 型纯电动轿车	E100	45
	江铃牌 JX7006BEV 型纯电动轿车	E200	29
	江铃牌 JX7009BEV 型纯电动轿车	E160	7
	江铃牌 JX70011BEV 型纯电动轿车	E200S	2
	江铃牌 JX70016BEV 型纯电动轿车	E200	7
鹰潭市	金旅牌 XML6805JEVL0C 型纯电动城市客车	纯电动城市客车	20
	宇通牌 ZK6105BEVG25 型纯电动城市客车	电动城市客车	30
	宇通牌 ZK6805BEVG11 型纯电动城市客车	电动城市客车	25
	宇通牌 ZK6805BEVG13 型纯电动城市客车	电动城市客车	20
	江铃牌 JX7005BEV 型纯电动轿车	E100	253
	江铃牌 JX7006BEV 型纯电动轿车	E200	66
	江铃牌 JX7009BEV 型纯电动轿车	E160	46
	江铃牌 JX70011BEV 型纯电动轿车	E200S	1
	江铃牌 JX70012BEV 型纯电动轿车	E200S	2
	江铃牌 JX70016BEV 型纯电动轿车	E200	30

七、2017 年本地区重点新能源汽车企业产销量统计表

生产企业名称	产品商标	车辆类型	通用名称	产量统计(辆)	销量统计(辆)
江西博能上饶客车有限公司	上饶牌	客车	—	1 374	978
江铃控股有限公司	江铃牌	纯电动乘用车	E100,E200,E160,E200S	40 090	32 168
江西昌河汽车有限责任公司	昌河牌	纯电动乘用车、物流车	北斗星	7 600	6 930
江西宜春客车厂有限公司	中宜牌	客车	—	489	473
江西凯马百路佳客车有限公司	江西牌	客车	—	607	607
江西玖发专用车有限公司	环球牌	专用车	—	918	874

八、2017 年 12 月底本地区电动汽车充(换)电站(桩)保有量统计表

城市名称	充电站				充电桩		换电站
	数量(座)	充电机功率总计(kW)	充电站占地面积(m^2)	投资金额(万元)	慢充(个)	快充(个)	数量(座)
南昌市	65	—	—	—	1 400	400	—
赣州市	43	—	—	—	220	80	—
宜春市	36	—	—	—	280	70	—
九江市	20	—	—	—	280	40	—
景德镇市	18	—	—	—	120	0	—
上饶市	50	—	—	—	180	140	—
新余市	20	—	—	—	200	30	—
萍乡市	16	—	—	—	100	30	—
抚州市	26	—	—	—	100	50	—
鹰潭市	12	—	—	—	120	40	—
吉安市	16	—	—	—	150	50	—
合计	322	—	—	—	3 150	930	—

山 东 省

Shandong Province

一、新能源汽车生产和推广

2017 年,全省生产新能源汽车 141 170 辆,同比增长 22.73%,其中新能源客车 20 310 辆,增长 9.6%;乘用车 112 754 辆,增长 24.04%,新能源汽车总产量占全国的 17.8%。

2017 年,全省推广应用新能源汽车 58 855 辆,占当年新增及更新汽车总量的 2.82%。截至 2017 年年底全省总保有量 14.6 万辆,占全国的 10% 左右,位居全国前列。

二、新能源汽车产业概况

中通客车已成功转型为全国著名的新能源客车生产企业,年产销新能源客车 12 510 辆,居全国第二位;重汽豪沃、烟台舒驰也由传统燃油客车企业转型为新能源客车生产企业,年产销规模分别达到 2 500 辆和 4 867 辆。

积极引进省外优秀企业,北汽新能源汽车已落户青岛,实现规模化经营,2017 年产销新能源轿车 8 万辆;引进陕西国金汽车已落户淄博,开始批量生产;浙江吉利汽车济南分公司也转型生产新能源轿车也取得实质性进展。

三、2017 年全省新能源汽车推广应用统计表

种 类	车 型	数量(辆)	合计(辆)
纯电动	大型客车(K11-K15)	4 371	58 855
	中型客车(K21-K25)	0	
	小型客车(K31、K32)	750	
	轿车(K33、K41-K43)	44 604	
	其他车辆(不包含 M 类、N 类、T 类、G 类、B 类)	5 077	
混合动力(油电或气电,不含油气混合)	大型客车(K11-K15)	2 332	
	中型客车(K21-K25)	0	
	小型客车(K31、K32)	921	
	轿车(K33、K41-K43)	800	
	其他车辆(不包含 M 类、N 类、T 类、G 类、B 类)	0	

四、2017 年全省新能源汽车产量统计表

序号	企业名称	产品名称	本年累计产量(辆)	去年同期累计产量(辆)	同比增幅%
客 车		6 家	20 310	18 531	9.6
1	中通汽车工业集团有限责任公司	混合动力	1 177	2 339	-49.7
2		纯电动客车	11 333	11 766	-3.7
3	山东中文沂星电动汽车公司	纯电动客车	429	513	-16.4
4	中国重型汽车集团有限公司	纯电动客车	2 500	1 603	56.0
5	烟台舒驰客车有限责任公司	纯电动客车	4 867	2 310	110.7
6	北汽福田山东多功能汽车厂	纯电动客车	4	0	—
乘用车		5 家	112 754	90 899	24.0
1	济南吉利汽车有限公司	纯电动轿车	18 410	6 576	180.0
2	荣成华泰汽车有限公司	纯电动轿车	12 969	4 257	204.7
3	北京新能源汽车股份有限公司青岛分公司	纯电动轿车	80 684	80 066	0.8
4	北汽福田山东多功能汽车厂	纯电动轿车	274	0	—
5	山东国金汽车制造有限公司	纯电动轿车	417	0	—
专用车		6 家	8 106	5 599	44.8
1	山东昊宇车辆有限公司	厢式货车、自卸车	4 771	4 348	9.7
2	中国重型汽车集团有限公司	厢式运输车、载货汽车	—	—	—
3	烟台海德专用汽车有限公司	纯电动扫路车、纯电动餐厨垃圾车	26	19	36.8

续上表

序号	企业名称	产品名称	本年累计产量（辆）	去年同期累计产量（辆）	同比增幅%
专用车		6 家	8 106	5 599	44.8
4	山东凯马汽车制造有限公司	垃圾车、厢式运输车	2 720	1 232	120.8
5	山东吉海新能源汽车有限公司	—	—	—	—
6	北汽福田山东多功能汽车厂	纯电动货车	589	0	—
新能源汽车合计(辆)			141 170	115 029	—

河 南 省

Henan Province

一、2017 年主要工作完成情况

（一）推广应用及充电设施建设整体任务完成较好

一是超额完成省明确的推广任务。2017 年河南省推广各类新能源汽车 23 114 辆，其中新能源客车 5 073 辆。折合标准车 78 917 辆，完成国家下达任务的 358.71%，完成河南省自定任务的 230.75%。其中商丘、周口、郑州、洛阳、安阳、新乡、南阳、漯河市均完成推广任务的 200% 以上。二是充电设施建设稳步推进。2017 年全省建设充电站 57 座，充电桩 2 357 个，同比增长 14.42%。郑州市已累计建设充电桩超过 2 000 个，走在全省的前列。

（二）产业发展取得新成效

一是整车与电池产销量稳步提升。2017 年全省生产各类新能源汽车 39 401 辆，同比增长 38.78%，约占全国总量的 5%，其中新能源客车 25 049 辆，占全国新能源客车市场 30% 左右。2017 年全省累计生产动力电池 65.52 亿 Wh，同比增长 43.86%。二是新建项目稳步推进。河南速达公司年产 10 万辆电动汽车项目，截至 2017 年 12 月底已完成计划投资 14 亿元，已建成总装车间、研发中心、试制及新产品生产车间等工程，预计 2018 年下半年建成投产。银隆新能源与洛阳市合作建设产城融合新能源产业园，计划投资约 150 亿元，规划建设新能源汽车整车生产基地、钛系列电池生产基地等项目完成签约，已于 2017 年 11 月开工建设。森源集团计划投资百亿元建设的新能源汽车产业园项目已完成主体工程建设，主要设备进场安装，已完成新能源商用车资质申报工作。

（三）关键技术创新能力进一步增强

一是电池新技术有突破。单体能量密度超过 230 Wh/kg，系统能量密度超过 130 Wh/kg，锂硫电池、金属空气电池、固态锂离子电池等新一代电池技术开发取得重大突破。二是充电技术创新有新发展。充电技术逐年提高、充电商业模式初步建立起来。三是整车研发创新有新收获。正向设计开发水平进一步提高，整车轻量化水平进一步提升，产品智能化水平增强。四是机制创新有新成就。以企业为主体，以市场为导向，产学研相结合的协同创新机制进一步完善。政府支持方式不断创新，省新能源汽车产业发展联席会议成员单位各司其职，协同配合，形成合力，积极推进工作落实。

（四）继续完善出台新能源汽车推广应用及产业化支持政策

2018 年初，省四部门已经出台了新能源汽车推广应用调整政策。省财政对购买纳入国家推荐目录的新能源汽车并在河南省注册上牌的新能源汽车予以补助。新能源汽车生产企业在销售新能源汽车产品时按照扣减各级补助后的价格与消费者结算，省财政按程序将企业垫付的省级补助资金再拨付给生产企业，补贴比例为国补的 30%。以政府引导、市场主体、先建后补、以奖代补方式吸引社会资本投资充电基础设施，建成验收后省财政按充电站内安装的主要充电设备购置金额的 30% 给予一次性奖补。为鼓励省内新能源汽车生产企业加大研发投入、提升产品性能、促进升级换代、加快推广应用，省财政对生产企业新研发产品在取得公告资格一年内，且实现一定销售数量和销售额标准的，经考核后按照销售额的 2% 实施奖励，具体奖励标准与销售数量和销售额度挂钩，对单个企业和产品奖励金额实行封顶。

二、存在的主要问题

（一）推广应用任务完成质量不高

虽然全省总体上超额完成了国家下达的最低推广任务，但还有开封、鹤壁、平顶山、信阳和济源市没有完成推广任务。政府机关等公共机构带头使用新能源汽车的积极性不够，数量太少，示范成效不明显，消费者对新能源汽车的认可度还不够高。

（二）商业化水平有待提高

河南省新能源汽车依赖政策驱动较重，市场化程度不高。除客车以外，其他车型的性价比仍不具备足够的竞争优势。公共充电桩互联互通问题突出，公共充电桩建设数量少，各自为战，使用率不高，可持续的商业发展模式还没有形成，存在着运营企业盈利困难和消费者充电价格偏高的双向矛盾。

（三）新能源汽车正向研发能力不高

整车新一代纯电驱动的平台还没有纳入企业的研发计划，已有的平台大多是利用原来燃油车进行的改装性平台，新能源乘用车大多数是在传统汽车基础上改装而成，技术含量和性能普遍不高。

三、2018 年河南省新能源汽车推广应用及产后发展的重点工作

2018 年新能源汽车主要聚焦规模化、高端化、集群化发展，继续扩大新能源汽车推广应用，围绕优化环境、提升品质、创立品牌、增强效益等方面，推动新能源汽车健康发展。

（一）继续扩大新能源汽车推广应用规模

2018 年，国家给河南省下达的推广任务是不低于 2.8 万辆（标准车，下同）。根据《河南省人民政府办公厅关于加快新能源汽车推广应用及产业化发展的实施意见》（豫政办〔2016〕56 号）文件精神，本年度各地具体推广任务为：郑州市不低于 5 500 辆，开封、洛阳、新乡、许昌、焦作市各不低于 3 000 辆，其他省辖市不低于 2 000 辆（济源市不低于 200 辆）。郑州、开封、洛阳、新乡、许昌、焦作市政府机关和公共机构购买新能源汽车占当年配备更新总量的比例不低于 55%，其他省辖市不低于 45%；加快充换电设施建设步伐，优化充换电设施布局，探索分领域、分地域多元化建设和运营模式，增强新能源汽车充换电的使用性、便利性。

（二）不断壮大新能源汽车产业发展

全年力争生产新能源汽车 10 万辆以上，其中新能源客车不少于 4 万辆，支持宇通、海马、郑州日产、开封奇瑞新能源汽车项目和银隆新能源（洛阳）项目建设，鼓励上汽郑州乘用车公司积极引进新能源汽车产品，加快推进河南速达 10 万辆纯电动乘用车项目建成投产，推进森源重工商用车升级为纯电动商用车。

（三）力求技术创新有新突破

重点突破高集成度的电池管理系统、电驱动系统、整车控制系统与节能、充电加注、排放与噪音控制、电池回收等关键核心技术以及整车集成技术，提升整车正向设计开发、轻量化、智能化水平，推动电动汽车与智能电网、智能驾驶等融合发展。

（四）做强动力电池产业集群

2018 年全省动力电池产量力争达到 80 亿 Wh 以上；整合动力电池生产企业，提高产业集中度、提升产品竞争力；加快燃料电池、锂硫电池、金属空气电池、全固态锂离子电池等新一代电池研发，抢占新型电池产业发展的制高点，做大做强储能和动力电池产业链。

（五）积极探索商业模式创新

在公共服务领域探索公交车、出租车、公务用车的新能源汽车融资租赁运营模式，在个人使用领域探索分时租赁、车辆共享、整车租赁以及按揭购买新能源汽车等模式，鼓励互联网企业参与新能源汽车技术研发和运营服务，加快智能电网、移动互联网、物联网、大数据等新技术应用，为新能源汽车推广应用带来更多便利和实惠。

四、新能源汽车推广应用数量统计表

（单位：辆）

省辖市	2017 年计划推广数量（标准车）	2017 年实际推广数量（非标准车）		2017 年实际推广折合标准车数量	2017 年完成进度（标准车）	2017 年完成进度排名
		客车	其他车辆			
郑州市	5 000	1 210	5 475	19 995	399.90%	3
开封市	2 500	50	759	1 359	54.36%	16
洛阳市	2 500	498	1 385	7 361	294.44%	4
鹤壁市	1 500	20	51	291	19.40%	17
安阳市	1 500	230	1 017	3 777	251.80%	5
新乡市	2 500	190	3 327	5 607	224.28%	8
濮阳市	1 500	168	—	2 016	134.40%	10
焦作市	2 500	194	776	3 298	131.92%	11
许昌市	2 500	189	960	3 228	129.12%	12
平顶山市	1 500	75	502	1 402	93.47%	14
漯河市	1 500	220	742	3 382	225.47%	7
三门峡市	1 500	121	110	1 562	104.13%	13
南阳市	1 500	221	1 063	3 715	247.67%	6
商丘市	1 500	850	206	10 406	693.73%	1
信阳市	1 500	96	—	1 152	76.80%	15
周口市	1 500	460	524	6 044	402.93%	2
驻马店市	1 500	121	978	2 430	162.00%	9
济源市	200	—	—	0	0	18
直管县（市）	—	160	166	2 086	—	—
合计	34 200	5 073	1 8041	78 917	230.75%	—

五、2017年全省充电设施建设情况统计表

城市名称	充电站				充电桩		换电站
	数量（座）	充电机功率总计（kW）	充电站占地面积（m^2）	投资金额（万元）	慢充（个）	快充（个）	数量（座）
郑州市	—	—	—	—	150	—	—
开封市	7	10 170	50 323	1 429.92	40	64	—
洛阳市	—	—	—	—	83	43	—
鹤壁市	1	900	6 000	292.5	30	—	—
安阳市	7	17 600	87 000	10 000	440	—	—
新乡市	8	4 639	567	1 402.8	34	136	—
濮阳市	—	—	—	—	—	—	—
焦作市	—	—	—	—	—	—	—
许昌市	5	5 868	2 780	1 206.7	384	32	—
平顶山市	3	4 170	9 500	1 500		44	—
漯河市	4	1 830	7 736	717.1	0	13	—
三门峡市	—	—	—	—	—	—	—
南阳市	5	12 633	67 000	2 580	38	2	—
商丘市	5	12 880	33 000	3 850	—	295	—
信阳市	2	2 184	5 390	418	30	0	—
周口市	5	5 513	40 350	3 629	9	142	—
驻马店市	5	8 160	71 666	5 660	343	5	—
济源市	—	—	—	—	—	—	—
合计	57	86 547	381 312	32686.02	1581	776	—

湖南省

Hunan Province

一、2017年节能与新能源汽车产业概况

2017年，全省汽车行业实现产值1 446.7亿元，同比增长29%；汽车1 160 997辆，同比增长21.7%（不含广菲克广州工厂数据，则全年生产汽车1 030 396辆，同比增长13%）。上汽大众、广汽菲克、广汽三菱、吉利、长丰年产量超10万辆，上汽大众、广汽菲克、比亚迪年产值超200亿元。

2017年，全省新能源汽车重点企业累计生产新能源汽车50 753辆，同比增加19.5%，约占全国同期产量（79.4万辆）的6.39%；累计销售39 813辆，同比增加30.2%，约占全国同期销量（77.7万辆）的5.12%。

二、2017年节能与新能源汽车扶持政策与措施

政策名称	文件号	发布单位	发布日期	政策概要
关于调整湖南省新能源汽车推广应用工作联席会议成员名单的通知	〔2017〕第12号	湖南省新能源汽车推广应用工作联席会议办公室	2017－5－12	增加省安监局为联席会议成员单位

三、2017年节能与新能源汽车推广应用情况

2017年全省新能源汽车推广总量为25 443辆，同比增长85.8%。其中，新能源客车7 420辆（纯电动客车6 509辆、插电式混合动力客车911辆），相比去年的5 108辆同比增长45.3%；新能源乘用车17 785辆，相比2016年的8 075辆同比增长120%；纯电动专用车，相比2016年的508辆同比下降53.2%。按地区统计，2017年“长株潭”城市群推广数量为17 282辆，占全省的67.9%；“长株潭”之外11市州推广数量为8161辆，占全省的32.1%。

按照标准台数统计，2017年全省新能源汽车推广量为100 935.2标台，是国家下达的目标任务值2.2万标台的4.58倍，同比增长66.3%。其中，新能源客车82 663标台（纯电动客车78 108标台、插电式混合动力客车4 555标台），占全省推广总量的81.9%，较2016年51 759标台同比增长59.7%；新能源乘用车17 774.2标台，占全省推广总量的17.6%，较2016年8 075标台同比增长120.1%；新能源专用车498标台，占湖南省推广总量的0.5%。按地区统

计,2017 年“长株潭”城市群推广量为 33 619.7 标台,占全省的 33.3%,“长株潭”之外 11 市州推广量为 67 315.5 标台,占全省的 66.7%。

四、2017 年节能与新能源汽车主要企业经营情况

1. 节能汽车方面

上汽大众长沙工厂实现产值 305 亿、产量 281 258 辆,同比分别增长 73.7%、74.2%。

广汽菲克全年产值 285.4 亿、产量 210 740 辆,同比分别增长 26.4%、40.5%(含广州工厂全年产值 164 亿,产量 130 601 辆)。

比亚迪长沙分公司全年产值 202.3 亿元、产量 57 270 辆,同比分别增长 18.3%、2.5%(其中包含新能源客车及客车底盘 4 835 辆)。

广汽三菱全年产值 155.8 亿元、产量 121 860 辆,同比分别增长 102.8%、115%。

吉利汽车全年产值 169.6 亿元、产量 192 529 辆,同比分别增长 14.9%、17.6%。

长丰集团全年产值 151.7 亿元、产量 135 682 辆,同比分别增长 42.4%、52.6%。

2. 新能源汽车方面

湖南中车时代电动汽车股份有限公司全年产值 50.87 亿元,新能源客车、新能源专用车总产量 6 498 辆,同比增加 52%。

比亚迪汽车工业有限公司长沙分公司全年新能源客车及客车底盘总产量 4 835 辆,同比增加 35%。

湖南江南汽车制造有限公司星沙制造厂全年产值 50.47 亿元,新能源乘用车总产量 28 702 辆,同比增加 16%。

长沙梅花汽车制造有限公司全年产值 8.51 亿元,新能源客车、新能源专用车总产量 511 辆,同比增加 5%。

北京汽车股份有限公司株洲分公司全年产值 39.31 亿元,新能源乘用车总产量 4 225 辆,同比下降 31%。

安徽猎豹汽车有限公司长沙分公司新能源乘用车总产量 3 000 辆,实现零的突破。

五、2017 年基础设施建设及运行情况

2017 年全省共建成电动汽车充电站 724 座、交直流充电桩 6 392 根。截至 2017 年 12 月 31 日,全省已实际建成并投入使用的充电站及换电站累计 791 座(其中充电站 789 座,党政机关及其他公共机构充电站 103 座,公交/出租车充电站 163 座,其他类型充电桩 523 座(其中高速公路服务区 18 座),有专用配电设备的充电站 207 座;换电站 2 座、换电工位 2 个,充电站功率累计 364 925 kW,投资估算累计 95 779 万元。全省已实际建成并投入使用的充电桩 11 392 根(其中直流桩 2 813 根,交流桩 8 579 根;党政机关及其他公共机构充电桩 1 618 根,公交/出租车充电站内充电桩 2 346 根,其他类型充电桩 7 428 根),充电桩功率累计 372 472 kW,投资估算累计 45 466 万元。全省充电基础设施备案项目个数累计 651 个。

“长株潭”城市群初步形成城市内部充电网络,京港澳高速沿线初步形成快充服务网络。在充电运营服务方面普遍存在燃油车占位、缺乏统一的运营平台、车主找桩困难、设施利用率低且充电运营企业难以盈利等问题。

六、发展规划

湖南省经济和信息化委员会发布的《湖南省节能与新能源汽车等汽车制造产业发展五年行动计划(2016—2020 年)》指出,到 2020 年,湖南省节能汽车产能达到 200 万辆;新能源汽车产能达到 50 万辆,含自主品牌新能源乘用车 45 万辆,新能源商用车 5 万辆(其中新能源客车产能达到 3 万辆、新能源专用车产能达到 2 万辆);大力发展节能汽车零部件产业,包括节能发动机、变速箱、电机电控等系统总成,不断提升湖南汽车零部件制造整体水平,形成节能汽车、新能源汽车产业健康发展的新格局,节能与新能源汽车产业主营业务收入达到 3 000 亿元。充分利用湖南省在动力电池及电池管理系统、电池材料、电机、电控方面已有基础,争取到 2020 年,通过实施品牌战略,动力蓄电池产品形成 1 ~ 2 家骨干企业、2 ~ 3 家重点企业;新能源电机、电控产品形成 2 ~ 4 家重点企业,面向全国实现配套。

七、节能与新能源汽车推广应用统计表

2017 年节能与新能源汽车推广应用数量 (单位:辆)

燃料 \ 车型	公交车	旅游大巴	公务车	出租车	租赁用车	私人车	环卫车	物流车	邮政车	电力工程车	载货车	其他	合计
纯电动汽车	5 865	29	2	0	11 181	6 086	0	237	0	0	0	502	23 902
插电式混合动力汽车	227	0	0	0	1	588	0	0	0	0	0	725	1 541
增程式电动汽车	0	0	0	0	0	0	0	0	0	0	0	0	0
燃料电池汽车	0	0	0	0	0	0	0	0	0	0	0	0	0
合计	6 092	29	2	0	11 182	6 674	0	237	0	0	0	1 227	25 443

八、2017 年本地区重点新能源汽车企业产销量统计表

生产企业名称	产品商标	车辆类型	通用名称	产量统计(辆)	销量统计(辆)
比亚迪汽车工业有限公司长沙分公司	比亚迪	纯电动汽车	K8	3 662(含总成零部件)	866(不含总成零部件)
			K7	873(含总成零部件)	110(不含总成零部件)

续上表

生产企业名称	产品商标	车辆类型	通用名称	产量统计(辆)	销量统计(辆)
比亚迪汽车工业有限公司长沙分公司	比亚迪	纯电动汽车	C9	200(含总成零部件)	0(不含总成零部件)
			T3	185(含总成零部件)	4(不含总成零部件)
			K9	100(含总成零部件)	0(不含总成零部件)
湖南中车时代电动汽车股份有限公司	中国中车	纯电动汽车	纯电动客车	5 863	5 863
			纯电动厢式运输车	1	1
		插电式混合动力汽车	插电式混合动力客车	634	634
湖南江南汽车制造有限公司星沙厂	众泰	纯电动汽车	云 100S	28 702	24 426
长沙梅花汽车制造有限公司	同心	纯电动汽车	纯电动客车	214	97
			纯电动厢式运输车	297	210
中联重科股份有限公司	中联	纯电动汽车	纯电动桶装垃圾运输车等	27	28
北京汽车股份有限公司株洲分公司	北京	纯电动汽车	绅宝 X25 系列(EV/EX 系列)	4 225	4 309
安徽猎豹汽车有限公司	猎豹	纯电动汽车	CS9	3 200	733
湖南江南汽车制造有限公司	江南	纯电动汽车	T11S	2 500	2 500
浙江豪情汽车制造有限公司湘潭分公司	吉利	纯电动汽车	EK－2A	70	31

九、2017 年 12 月底本地区电动汽车充(换)电站(桩)保有量统计表

城市名称	充电站				充电桩		换电站
	数量(座)	充电机功率总计(kW)	充电站占地面积(m^2)	投资金额(万元)	慢充(个)	快充(个)	数量(座)
长沙市	559	199 110	—	27 674	7 851	957	2
株洲市	17	8 686	—	5 790	44	163	0
湘潭市	59	9 870	—	3 029	380	159	0
衡阳市	11	14 390	—	9 953	105	133	0
邵阳市	21	27 846	—	6 434	52	172	0
岳阳市	9	8 448	—	2 842	24	116	0
张家界市	5	3 733	—	2 150	4	62	0
益阳市	28	26 506	—	11 455	76	313	0
常德市	6	10 610	—	3 006	0	218	0
娄底市	11	7 680	—	2 285	0	74	0
郴州市	12	11 186	—	3 620	22	91	0
永州市	3	5 030	—	1 260	10	37	0
怀化市	26	18 960	—	3 100	0	185	0
湘西州	4	6 800	—	1 180	10	70	0
高速公路湖南境内路段	18	6 300	—	12 000	0	63	0
总计	789	365 155	—	95 778	8 578	2 813	2

广 东 省

Guangdong Province

一、2017 年节能与新能源汽车产业概况

全省新能源汽车综合产能(含乘用车和客车)约为 15 万辆。2017 年,全省新能源汽车产量 30 479 辆(统计局公布数量)。新能源乘用车企业为比亚迪和广汽集团;新能源客车主要生产企业包括比亚迪、珠海银隆、佛山北汽福田、广汽比亚迪等;新能源专用车主要企业有比亚迪、深圳东风等。燃料电池汽车主要企业有云浮飞驰氢能商用车、佛山长江氢能商用车。

二、2017 年节能与新能源汽车推广应用情况

2017 年广东省共推广应用新能源汽车 82 479 辆(含深

圳),其中纯电动客车 7 569 辆、插电式混合动力客车 91 辆、纯电动专用车 24 234 辆、纯电动乘用车 30 018 辆、插电式混合动力乘用车 20 549 辆、燃料电池客车 7 辆、燃料电池物流车 24 辆。

三、2017 年节能与新能源汽车主要企业经营情况

广汽集团:汽车产销首次突破 200 万辆,同比增长均 21%,高于行业平均增幅约 18 个百分点,销量增幅居国内六大汽车集团之首,市场占有率提升至 7%。其中自主品牌销量突破 50 万 辆,同比增长 36%。合并营业总收入约 715.75 亿元,同比增长约 44.84%;归属于母公司所有者的净利润约 107.86 亿元,同比增长约 71.53%。

比亚迪:营业额为 1 026 亿元,归属上市公司净利润约达 40.66 亿元,比亚迪汽车业务收入约为 545 亿元,其中新能源汽车业务收入约为 385 亿元,同比增长约 13.06%,占其总收入的比例进一步增至 37.55%。2017 年,在全国新能源客车整体销量同比大幅下滑背景下,比亚迪客车实现逆势增长,市场占有率同比增长 3.16%~14.73%,位居全国新能源大客车销量第一。

四、2017 年节能与新能源汽车项目及园区建设情况

陆地方舟项目已获得国家批准;惠州亿鼎 10 000 辆/年新能源专用车已获得国家批准,正在加快建设,惠州速源汽车 1 000 辆/年专用车项目已具备投产能力。广汽智联新能源车产业园动工。

五、2017 年基础设施建设及运行情况

2017 年广东省共新建成集中式充换电站约 246 座,新建成分散式充电桩达 1.7 万个。

六、新能源汽车推广应用

广东省新能源汽车推广应用进展情况(1)　　(单位:辆)

车　型	分　类	深圳市	全省合计(含深圳市)	珠三角
纯电动客车	公交客车	1 722	6 028	4 503
	旅游客车	97	150	150
	租赁	155	222	222
	企业通勤车	744	1 169	1 164
小计		2 718	7 569	6 039
插电式混合动力客车(含增程式)	公交客车	0	89	49
	旅游客车	0	0	0
	租赁	0	0	0
	企业通勤车	2	2	2
小计		2	91	51
纯电动特种车	邮政	0	0	0
	物流	20 521	22 840	22 507
	环卫	1	1	1
	工程	0	0	0
	其他	1 203	1 393	1 358
小计		21 725	24 234	23 866
纯电动乘用车	租赁	924	7 704	7 578
	出租	7 928	9 961	9 951
	公务	249	252	252
	私人	7 612	12 101	11 768
小计		16 713	30 018	29 549
插电式混合动力乘用车(含增程式)	租赁	51	1 253	1 253
	出租	0	0	0
	公务	24	27	27
	私人	15 715	19 269	19 113
小计		15 790	20 549	20 393
燃料电池汽车	客车	0	12	7
	乘用车	0	0	0
	物流车		24	24
总计		56 948	82 497	79 929

广东省新能源汽车推广应用进展情况(2)

车　型	分类	深圳市	一类	二类	三类	合计	珠三角	全省车型分类	珠三角车型分类
纯电动客车	公交客车	1 722	2 680	101	915	5 418	4 503	—	—
	旅游客车	97	53	0	0	150	150	—	—
	租赁	155	67	0	0	222	222	—	—
	企业通勤车	744	419	1	5	1 169	1 164	6 959	6 039
插电式混合动力客车(含增程式)	公交客车	0	49	0	40	89	49	—	—
	旅游客车	0	0	0	0	0	0	—	—
	租赁	0	0	0	0	0	0	—	—
	企业通勤车	2	0	0	0	2	2	91	51
纯电动特种车	邮政	0	0	0	0	0	0	—	—
	物流	20 521	1 986	0	3	22 510	22 507	—	—
	环卫	1	0	0	0	1	1	—	—
	工程	0	0	0	0	0	0	—	—
	其他	1 203	152	3	0	1 358	1 358	23 869	23 866
纯电动乘用车	租赁	924	6 651	3	24	7 602	7 578	—	—
	出租	7 928	2 003	20	0	9 951	9 951	—	—
	公务	249	3	0	0	252	252	—	—
	私人	7 612	3 921	235	188	11 956	11 768	29 761	29 549
插电式混合动力乘用车(含增程式)	租赁	51	1 202	0	0	1 253	1 253	—	—
	出租	0	0	0	0	0	0	—	—
	公务	24	3	0	0	27	27	—	—
	私人	15 715	2 713	685	155	19 268	19 113	20 548	20 393
燃料电池汽车	客车	0	7	0	5	12	7	7	7
	乘用车	0	—	0	0	0	0	—	—
	物流车	—	24	—	—	24	24	24	24
总计	—	56 948	21 933	1 048	1 335	81 264	79 929	81 259	79 929

注:三类地区缺汕头、梅州、清远、韶关。

广西壮族自治区

Guangxi Zhuang Autonomous Region

一、2017 年节能与新能源汽车产业概况

广西形成以上汽通用五菱汽车股份有限公司、东风柳州汽车有限公司、桂林客车工业集团有限公司、广西华奥汽车制造有限公司、柳州五菱汽车工业有限公司、广西源正新能源汽车有限公司、柳州延龙汽车有限公司和广西玉柴专用汽车有限公司等企业为主的新能源汽车整车研发及生产格局。上汽通用五菱拥有国家级企业技术中心,东风柳汽、柳州延龙、柳州五菱等企业拥有自治区级企业技术中心,新能源汽车技术创新体系逐步建立和完善,进一步保障了广西壮族自治区新能源汽车产业的持续发展。截至 2017 年底,8 家新能源汽车生产企业累计有 97 款新能源汽车产品进入国家《道路机动车生产企业及产品公告》,其中 2017 年有 67 款。产品涵盖了纯电动轿车、纯电动多用途乘用车、纯电动客车、插电式混合动力客车、纯电动邮政车、纯电动厢式运输车、纯电动仓栅式运输车、纯电动自卸式垃圾车和纯电动冷藏车等多种车型。2017 年,全年新能源汽车产销量均超过 1.6 万辆。

二、2017 年节能与新能源汽车扶持政策与措施

政策名称	文件号	发布单位	发布日期	政策概要
广西壮族自治区人民政府办公厅关于印发广西汽车产业新跨越行动方案的通知	桂政办发〔2017〕195 号	广西壮族自治区人民政府办公厅	2017－12－28	提出了包括支持新能源汽车发展在内的多个方面的政策

三、2017 年节能与新能源汽车推广应用情况

2017 年，广西在公交领域新增推广新能源汽车 1 750 辆，占全部新增及更换的公交车总量的 91%。其中南宁 440 辆、柳州 152 辆、桂林 182 辆、梧州 132 辆、北海 180 辆、防城港 2 辆、钦州 40 辆、贵港 120 辆、玉林 161 辆、贺州 16 辆、百色 111 辆、河池 66 辆、来宾 135 辆、崇左 13 辆。此外，上汽通用五菱在广西新增推广 1. 14 万辆新能源轿车。

四、2017 年节能与新能源汽车主要企业经营情况

2017 年，上汽通用五菱汽车产销量分别为 217. 08 万辆和 215. 00 万辆，同比分别增长 1. 23% 和 0. 93%；产值 1 104. 27 亿元，同比增长 9. 7%，销售收入 1 092. 80 亿元，同比增长 9. 5%；新能源汽车销量为 1. 14 万辆。东风柳汽产销量分别为 28. 77 万辆和 28. 54 万辆，同比分别减少 4. 84% 和 5. 78%；产值 275. 11 亿元，同比增长 19. 1%，销售收入 267. 54 亿元，同比增长 17. 2%；新能源汽车销量 1 658 辆。广西源正新能源汽车有限公司 2017 年实现产值 15. 28 亿元，税金 2 200 万元，利润 17 785 万元，产销客车 1 308 辆，同比分别增长 449%、266%、356%、334%。广西玉柴专用汽车有限公司生产销售新能源电动物流车 433 辆，实现销售收入 6 860 万元。

五、节能与新能源汽车项目及园区建设情况

（一）重大项目

1. 上汽通用五菱汽车股份有限公司 E200 产品项目，总投资 3. 5 亿元。项目利用企业原有厂房，对冲压、涂装、车身车间以及新能源总装车间原有生产线和设备进行适应性改造，新增机器人焊接设备、门盖包边机等生产设备以及相应配套的模具、检具和工装夹具，形成年产 4. 5 万辆 E200 系列新能源汽车的能力。

2. 广西华奥新能源汽车制造（二期）项目，总投资 20 亿元，项目在现有华奥汽车总装厂房的基础上，增加总装生产设备，新建冲压、焊接、涂装车间建筑总面积约 37 500 m^2，主要产品为纯电动轻型客车。

3. 玉林装备制造城玉柴纯电动商用车建设项目，总投资 13. 40 亿元。项目建设冲压车间、焊装车间、涂装车间、总装车间、改装车间、新能源部件车间、试验试制车间，并新建办公楼、食堂、联合站房以及全厂性设施，建成后将形成 5 万辆纯电动商用车及零部件的研发、制造、销售和服务为一体的综合性新能源汽车生产基地。

（二）园区建设

在南宁市邕宁新兴产业园建设新能源汽车产业园，以园区为载体，加快了园区水、电、路等基础设施建设，引导了新能源汽车企业集群集聚发展，重点发展新能源客车、新能源乘用车、新能源专用车、多功能电动车，以及电池、电机、电控等关键零部件，加快发展汽车轻量化材料，打造规模化、竞争力强的新能源整车和零部件产业集群，建设新能源汽车生产基地。

广西贵港新能源客车生产基地。依托广西华奥汽车制造有限公司新能源客车项目，建设新能源汽车基地。目前，广西华奥一期客车及轻型客车生产车间已全部建设完成并已投产，相关配套也建成并投入使用；二期工程按计划顺利推进。截至 2017 年底，公司有 6 款纯电动客车、1 款纯电动厢式运输车、1 款中小型校车、3 款客车底盘列入工信部道路机动车辆生产企业及产品公告，其中有 7 款新能源汽车列入《新能源汽车推广应用推荐车型目录》。

六、2017 年基础设施建设及运行情况

全区新能源汽车充电站点共 231 个，充电桩 3 552 个，宝骏 E100 专用充电插座 5 800 个。部分城市充电设施建设情况：南宁市充电站点 28 个、充电桩 383 个，柳州市充电站点 78 个、充电桩 655 个，桂林市充电站点 19 个、充电桩 400 个，梧州市充电站点 12 个、充电桩 410 个，贵港市充电站点5 个、充电桩 631 个，来宾市充电站点 14 个、充电桩 400 个。

七、发展规划

2017 年 2 月，广西壮族自治区工业和信息化委员会印发实施《广西新能源汽车产业发展"十三五"规划》，提出到 2020 年，全区形成新能源整车年生产能力 40 万辆，新能源动力总成年生产能力突破 5 万套，新能源汽车产业实现年产值 300 亿元；推广新能源公交车 2 500 辆、新能源出租车 3 500 辆，新能源汽车在环卫车辆中的比例不低于 20%。新能源汽车在全区得到推广应用，充电等配套设施建设不断完善，新能源汽车及零部件出口基地形成比较优势，形成新源汽车整车及零部件的开发、生产、销售、检测、服务为一体的新能源汽车产业发展体系。《广西汽车产业新跨越行动方案》提出到 2020 年新能源汽车销量突破 10 万辆。

八、节能与新能源汽车推广应用统计

2017 年节能与新能源汽车推广应用数量

（单位：辆）

车型 / 燃料	公交车	旅游大巴	公务车	出租车	租赁用车	私人车	环卫车	物流车	邮政车	电力工程车	载货车	其他	合计
纯电动汽车	1 267	0	140	20	1 040	12 081	0	748	0	0	0	0	15 296
插电式混合动力汽车	483	0	0	0	0	161	0	0	0	0	0	0	644
增程式电动汽车	0	0	0	0	0	0	0	0	0	0	0	0	0
燃料电池汽车	0	0	0	0	0	0	0	0	0	0	0	0	0
合计	1 750	0	140	20	1 040	12 242	0	748	0	0	0	0	15 940

注：本表共统计进口车 29 辆。

2017 年新能源汽车推广应用车型及数量

应用地区	车 型	通用名称	数量(辆)
南宁市	东风牌 EQ5042XXYACBEV3 型纯电动厢式运输车	纯电动厢式运输车	1
	中植汽车牌 CDL5030XXYBEV1 型纯电动厢式运输车	纯电动厢式运输车	130
	众泰牌 JNJ7000EVE6 型纯电动轿车	芝麻 E30	2
	众泰牌 JNJ7000EVK1 型纯电动轿车	E200	1
	众泰牌 JNJ7000EVK1 型纯电动轿车	E200	17
	众泰牌 JNJ7000EVX13 型纯电动轿车	云 100S	20
	众泰牌 JNJ7000EVX9 型纯电动轿车	云 100S	18
	传祺(Trumpchi)牌 GAC7100SHEVD5 型增程式混合动力轿车	GA5 混动版	12
	传祺(Trumpchi)牌 GAC7100SHEVD5A 型插电式混合动力轿车	GA5 PHEV	1
	依维柯牌 NJ5057XXYCEV3 型纯电动厢式运输车	纯电动厢式运输车	4
	别克牌 SGM7158DACHEV 型插电式增程混合动力轿车	Velite 5	6
	北京牌 BJ7001BPH1 – BEV 型纯电动轿车	EC180	7
	北京牌 BJ7001BPH5 – BEV 型纯电动轿车	EC180	7
	北京牌 BJ7001BPH7 – BEV 型纯电动轿车	EC180	46
	华泰牌 SDH7000BEVYL 型纯电动轿车	华泰 EV150	7
	华骐牌 YQZ7002BEV 型纯电动轿车	纯电动轿车	2
	大运牌 CGC5044XXYBEV1NBLJEAGK 型纯电动厢式运输车	纯电动厢式运输车	3
	奇瑞牌 SQR7000BEVJ601 型纯电动轿车	Arrizo5 e	1
	奇瑞牌 SQR7000BEVJ72 型纯电动轿车	EQ1	216
	宝骏牌 LZW7000EVA 型纯电动轿车	宝骏 E100	6
	宝骏牌 LZW7001EVA 型纯电动轿车	宝骏 E100	6
	宝马(BMW)BMW6462AAHEV(BMWX1) 型插电式混合动力多用途乘用车	BMW X1xDrive25Le	4
	拓速乐牌 5YJSA7E1 型纯电动轿车(进口车)	Model S	1
	拓速乐牌 5YJSA7E2 型纯电动轿车(进口车)	Model S 60D	3
	拓速乐牌 5YJSA7E4 型纯电动轿车(进口车)	Model S P100D	1
	拓速乐牌 5YJXCCE2 型纯电动轿车(进口车)	Model X 90D	15
	拓速乐牌 5YJXCCE4 型纯电动轿车(进口车)	Model X P90D	2
	比亚迪牌 BYD6460STHEV5 型插电式混合动力多用途乘用车	比亚迪宋	58
	比亚迪牌 BYD6480STHEV 型插电式混合动力多用途乘用车	唐	10
	比亚迪牌 BYD6480STHEV 型插电式混合动力多用途乘用车	唐	1
	比亚迪牌 BYD6480STHEV3 型插电式混合动力多用途乘用车	比亚迪唐	7
	比亚迪牌 BYD7005BEV 型纯电动轿车	比亚迪 e5	29
	比亚迪牌 BYD7150WT5HEV4 型插电式混合动力轿车	比亚迪秦	16
	比亚迪牌 BYD7150WT5HEV5 型插电式混合动力轿车	比亚迪秦	1
	江淮牌 HFC7000AEV 型纯电动轿车	和悦 iEV	6
	江淮牌 HFC7000W3EV 型纯电动轿车	江淮 iEV6E 时光版	12
	江淮牌 HFC7000WEV 型纯电动轿车	江淮 iEV6E	36
	江淮牌 HFC7001A1EV 型纯电动轿车	IEV7	22
	江淮牌 HFC7001EAEV2 型纯电动轿车	江淮 iEV7S	3
	江铃牌 JX70012BEV 型纯电动轿车	E200S	1
	江铃牌 JX70016BEV 型纯电动轿车	E200	1
	江铃牌 JX7005BEV 型纯电动轿车	E100	23
	江铃牌 JX7006BEV 型纯电动轿车	E200	35
	江铃牌 JX7009BEV 型纯电动轿车	E160	17
	拓速乐牌 5YJSA7E1 型纯电动轿车(进口车)	纯电动轿车	1
	拓速乐牌 5YJXCCE2 型纯电动乘用车(进口车)	Model X 90D	2
	玉柴专汽牌 NZ5041XXYEV 型纯电动厢式运输车	纯电动厢式运输车	100

续上表

应用地区	车型	通用名称	数量(辆)
南宁市	瑞驰牌 CRC5030XXYB - LBEV 型纯电动厢式运输车	纯电动厢式运输车	11
	知豆牌 SMA7001BEV23 型纯电动轿车	知豆 D2	22
	知豆牌 SMA7001BEV73 型纯电动轿车	知豆 D2	2
	荣威牌 CSA6454NDPHEV1 型插电式混合动力运动型乘用车	荣威 eRX5	17
	荣威牌 CSA6456BEV1 型纯电动运动型乘用车	荣威 eRX5	3
	荣威牌 CSA7104SDPHEV1 型插电式混合动力轿车	荣威 ei6	5
	远程牌 DNC5047XXYBEV01 型纯电动厢式运输车	E200 远程轻卡	50
	通家福牌 STJ5024XXYEV 型纯电动厢式运输车	纯电动厢式运输车	3
	通家福牌 STJ5024XXYEV8 型纯电动厢式运输车	电牛 2 号 EV	446
	野马牌 SQJ6460B1BEV 型纯电动乘用车	T70 EV	1
	野马牌 SQJ6460B2BEV 型纯电动轿车	E70S	2
	长安牌 SC7001AKBEV 型纯电动轿车	奔奔 EV	1
柳州市	宝骏牌 LZW7000EVA 纯电动轿车	宝骏 E100	4 701
	宝骏牌 LZW7001EVA 纯电动轿车	宝骏 E100	6 559
	东风牌 EQ6510LM5F1BEV 纯电动多用途乘用车	菱智 M5EV	731
	东风牌 EQ7000LS1F1BEV 纯电动轿车	景逸 S50EV	532
	东风牌 LZ6510MLAEV 纯电动多用途乘用车	菱智 M5EV	184
其他地区	比亚迪牌 BYD6100LSEV1 型纯电动双层城市客车	纯电动双层城市客车	56
	金华奥牌 CCA6121BEVG02 型纯电动城市客车	纯电动城市客车	58
	金华奥牌 CCA6830BEVG02 型纯电动城市客车	纯电动城市客车	60
	东风牌 EQ6800CACBEV4 型纯电动城市客车	纯电动城市客车	172
	广通牌 GTQ6105BEVB5 型纯电动城市客车	纯电动城市客车	40
	广通牌 GTQ6803BEVB7 型纯电动城市客车	纯电动城市客车	120
	安凯牌 HFF6800G03EV8 型纯电动城市客车	纯电动城市客车	15
	紫象牌 HQK6109BEVB1 型纯电动城市客车	纯电动城市客车	15
	紫象牌 HQK6188BEVB 型纯电动城市客车	纯电动城市客车	9
	紫象牌 HQK HQK6828BEVB 型纯电动城市客车	纯电动城市客车	17
	紫象牌 HQK6828BEVB3 型纯电动城市客车	纯电动城市客车	70
	紫象牌 HQK6109CHEVB 型插电式混合动力城市客车	插电式混合动力城市客车	50
	紫象牌 HQK6109CHEVNG 型插电式混合动力城市客车	插电式混合动力城市客车	192
	紫象牌 HQK6128PHEVNG5 型插电式混合动力城市客车	插电式混合动力城市客车	8
	紫象牌 HQK6129CHEVB 型插电式混合动力城市客车	插电式混合动力城市客车	15
	青年牌 JNP6103BEV3 型纯电动城市客车	纯电动城市客车	20
	青年牌 JNP6103BEVBM 型纯电动城市客车	纯电动城市客车	10
	青年牌 JNP6843BEVM 型纯电动城市客车	纯电动城市客车	25
	海格牌 KLQ6109GAEVN4 型纯电动城市客车	纯电动城市客车	10
	海格牌 KLQ6601GBEVX6 型纯电动城市客车	纯电动城市客车	8
	海格牌 KLQ6800GEVN3 型纯电动城市客车	纯电动城市客车	25
	中通牌 LCK6108EVG9 型纯电动城市客车	纯电动城市客车	2
	中通牌 LCK6721EVGA 型纯电动城市客车	纯电动城市客车	5
	中通牌 LCK6809EVGM 型纯电动城市客车	纯电动城市客车	54
	中通牌 LCK6809EVGM1 型纯电动城市客车	纯电动城市客车	20
	中通牌 LCK6809EVGM2 型纯电动城市客车	纯电动城市客车	14
	中通牌 LCK6809EVGT 型纯电动城市客车	纯电动城市客车	30
	中通牌 LCK6809EVGW 型纯电动城市客车	纯电动城市客车	22
	中通牌 LCK6812EVGC 型纯电动城市客车	纯电动城市客车	1
	中通牌 LCK6127PHEVG5 型插电式混合动力城市客车	插电式混合动力城市客车	15

续上表

应用地区	车　　型	通用名称	数量(辆)
其他地区	中通牌 LCK6850PHEVG4 型插电式混合动力城市客车	插电式混合动力城市客车	10
	申龙牌 SLK6109UDHEVZ 型插电式混合动力城市客车	插电式混合动力城市客车	60
	申龙牌 SLK6819UEBEVJ1 型纯电动城市客车	纯电动城市客车	40
	中国中车牌 TEG6801BEV01 型纯电动城市客车	纯电动城市客车	20
	金旅牌 XML6805JEVL0C 型纯电动城市客车	纯电动城市客车	5
	金旅牌 XML6809JEVD0C 型纯电动城市客车	纯电动城市客车	40
	金旅牌 XML6855JHEVD5C1 型插电式混合动力城市客车	插电式混合动力城市客车	18
	金龙牌 XMQ6106AGCHEVD57 型插电式混合动力城市客车	插电式混合动力城市客车	85
	穗通牌 YST6850BEVG 型纯电动城市客车	纯电动城市客车	10
	舒驰牌 YTK6830GEV3 型纯电动城市客车	纯电动城市客车	100
	宇通牌 ZK6125CHEVPG29 型插电式混合动力城市客车	插电式混合动力城市客车	15
	宇通牌 ZK6850CHEVPG23 型插电式混合动力城市客车	插电式混合动力城市客车	12
	宇通牌 ZK6850CHEVPG26 型插电式混合动力城市客车	插电式混合动力城市客车	1
	宇通牌 ZK6850CHEVPG33 型插电式混合动力城市客车	插电式混合动力城市客车	1
	宇通牌 ZK6850CHEVPG35 型插电式混合动力城市客车	插电式混合动力城市客车	1
	宇通牌 ZK6650BEVG11 型纯电动城市客车	纯电动城市客车	1
	宇通牌 ZK6650BEVG16 型纯电动城市客车	纯电动城市客车	4
	宇通牌 ZK6650BEVG6 型纯电动城市客车	纯电动城市客车	1
	宇通牌 ZK6805BEVG10 型纯电动城市客车	纯电动城市客车	30
	宇通牌 ZK6805BEVG11 型纯电动城市客车	纯电动城市客车	54
	宇通牌 ZK6805BEVG12 型纯电动城市客车	纯电动城市客车	84

注:本表共统计进口车 25 辆。

九、2017 年本地区重点新能源汽车企业产销量统计表

生产企业名称	产品商标	车辆类型	通用名称	产量统计(辆)	销量统计(辆)
上汽通用五菱汽车股份有限公司	宝骏	纯电动轿车	宝骏 E100	13 287	11 446
东风柳州汽车有限公司	东风	纯电动轿车	S50EV	911	701
		纯电动 MPV	菱智 EV	1 114	957
柳州五菱汽车工业有限公司	五菱	纯电动厢式运输车	—	75	75
广西源正新能源汽车有限公司	紫象	纯电动城市客车	—	843	843
		插电式混合动力城市客车	—	335	335
广西玉柴专用汽车有限公司	玉柴专汽	纯电动物流车	—	424	424
		纯电动冷藏车	—	9	9
合计				16 998	14 790

十、2017 年 12 月底广西电动汽车充(换)电站(桩)保有量统计表

城市名称	充电站				充电桩			换电站
	数量(座)	充电机功率总计(kW)	充电站占地面积(m^2)	投资金额(万元)	总数(个)	慢充(个)	快充(个)	数量(座)
南宁市	6	—	—	—	383	—	—	—
柳州市	2	—	—	—	655	—	—	—
桂林市	4	—	—	—	400	—	—	—
梧州市	3	—	—	—	410	—	—	—
崇左市	1	—	—	—	66	—	—	—
玉林市	1	—	—	—	111	—	—	—
百色市	1	—	—	—	129	—	—	—

续上表

城市名称	充电站				充电桩			换电站
	数量（座）	充电机功率总计（kW）	充电站占地面积（m^2）	投资金额（万元）	总数（个）	慢充（个）	快充（个）	数量（座）
防城港市	1	—	—	—	75	—	—	—
贵港市	—	—	—	—	631	—	—	—
北海市	—	—	—	—	69	—	—	—
贺州市	—	—	—	—	105	—	—	—
来宾市	—	—	—	—	400	—	—	—
钦州市	—	—	—	—	32	—	—	—
河池市	—	—	—	—	86	—	—	—
合计	19	—	—	—	3 552	—	—	—

海 南 省

Hainan Province

一、2017 年节能与新能源汽车产业概况

海南省节能与新能源汽车产业处于起步阶段。2017年，由于海马集团发展战略调整，海南省唯一的整车生产企业——一汽海马汽车有限公司没有量产新能源汽车车型上市销售。未来，海南将依托节能与新能源汽车推广，加强清洁能源汽车产业链发展顶层设计，推进智能网联汽车测试示范专项工程，氢燃料汽车示范应用专项工程，清洁能源汽车文旅产业发展专项工程，使海南在清洁能源汽车产业链、创新链、价值链形成鲜明特色，具备突出的全球化品牌效应，成为拉动区域经济发展的战略性支柱产业。

二、2017 年节能与新能源汽车扶持政策与措施

政策名称	文件号	发布单位	发布日期	政策概要
《关于印发海南省电动汽车充电基础设施建设运营省级补贴实施暂行办法的通知》	琼发改交能〔2017〕349 号	海南省发展和改革委员会	2017－2	明确了全省对外提供公共服务的电动汽车充电基础设施补贴的标准及相关管理流程
《关于转发〈关于加快单位内部电动汽车充电基础设施建设的通知〉的通知》	琼事管发〔2017〕12 号	海南省机关事务管理局	2017－3	明确提出要在省委各级党政机关、企事业单位内部加快新能源汽车推广和配套充电基础设施建设，将电动汽车充电基础设施建设纳入年度节能工作考核
《关于印发〈海南省新能源汽车推广应用省级财政补贴实施办法〉的通知》	琼财建〔2017〕1587 号	海南省财政厅、海南省工业和信息化厅、海南省公安厅	2017－10	明确了海南省新能源汽车推广应用省级财政补贴标准及申报审核流程
《关于电动汽车用电实行扶持性电价政策有关问题的通知》	琼价价管〔2017〕668 号	海南省物价局	2017－11	明确了海南省电动汽车充电峰谷分时电价的标准
《关于深化改革推进出租汽车行业健康发展的实施意见》	琼府〔2017〕44 号	海南省人民政府	2017－4	深化巡游出租车改革，明确新增和更新出租汽车应优先使用新能源、清洁能源或混合动力车辆等环境友好型车辆

三、2017 年节能与新能源汽车推广应用情况

2017 年海南省推广新能源汽车 7 736 辆，是年度 4 960 辆推广目标的 1.6 倍。截至 2017 年 12 月底，全省新能源汽车保有量突破 1.5 万辆，占全省机动车保有量 1% 左右。在公共交通领域，2017 年全省新增及更换新能源公交车 1 226 辆，占比 80.6%，超额完成任务；新增及更换新能源出租车 200 辆，新能源汽车投放率达 100%。在公务出行领域，2017 年公共机构新能源汽车推广数量 864 辆，公务用车更新比例为 50%。在其他公共服务领域，小二租车、环球车享等新能源汽车运营企业，累计投入新能源共享汽车超 5 000 辆。

四、2017 年节能与新能源汽车项目及园区建设情况

海南康迪电动汽车车身及总成项目：总投资 20 亿元，总建筑面积 19.7 万 m^2，建设 10 万台（套）纯电动汽车零部件的冲压车间、焊装车间、涂装车间、检测车间、配送中心等。该项目已于 2017 年上半年完成设备安装，已具备生产条件。

五、2017 年基础设施建设及运行情况

截至 2017 年底，全省累计建成分散式充电桩 2 881 个，其中公共充电桩 2 323 个，车桩比由 8:1 优化至 5:1 左右。全省各级党政机关办公场所充电基础设施建设全面启动，省直三大办公区一期 70 个充电桩已投入使用；省公安厅、地税局、省政务中心、省工商局、省国土厅、省规划委等省直机关已启动充电桩建设；海口、三亚、琼海等 13 个市县政府办公区已规划建设充电桩 470 个。

六、发展规划

海南省将节能与新能源汽车产业发展列为“十三五”期间低碳制造领域重点发展的八大产业之一，《海南省低碳制造业“十三五”发展规划》明确：依托海南省生态省建设战略定位，围绕海南国际旅游岛建设主题，积极引入国内外汽车企业，加快布局旅游专用新能源汽车、无人驾驶汽车、智能网联汽车等产品，推动海南省汽车制造产业结构优化升级，以市场应用引导和促进生产制造，带动新能源汽车产业快速发展。

——新能源汽车。以一汽海马为中心，打造和提升海马自主品牌，加速产品更新换代。在稳定传统汽车发展基础上，借助国家推广新能源汽车政策契机，重点发展新能源汽车，依托现有汽车生产基地，推动海马引进国外先进技术生产纯电动、插电式混合动力等新能源汽车，推进康迪、宏远等电动车汽车制造项目，加快培育和壮大新能源汽车整车生产能力，加快引进电池、电机、电控等关键配套零部件生产项目，延伸和完善新能源汽车产业链条。

——新能源汽车基础设施。引进国内新能源汽车充电基础设施生产、建设、运营企业，构建覆盖重点景区、度假酒店、机场车站等公共区域的新能源汽车充电网络，打造国内大型旅游新能源汽车租赁运营平台，树立行业标杆。

——智能网联汽车。抢抓国际、国内智能制造装备产业加速发展、汽车产品智能化发展的重要趋势，积极引进国内外相关领域企业及科研院所，鼓励海南现有传感技术研究机构，开展智能网联汽车专用传感器的研发。以海南试车场为基础，打造无人驾驶汽车及智能网联汽车技术开发及试验测试基地，吸引国内外车企在海南进行普通道路智能驾驶和高速公路自动驾驶技术的研发和试验，开展地方法规下的智能网联汽车法规研究与应用示范。

七、节能与新能源汽车推广应用统计表

2017 年节能与新能源汽车推广应用数量

（单位：辆）

燃料 \ 车型	公交车	旅游大巴	公务车	出租车	租赁用车	私人车	环卫车	物流车	邮政车	电力工程车	载货车	其他	合计
纯电动汽车	1 226	16	864	303	766	1 620	0	2 032	0	0	300	338	7 465
插电式混合动力汽车	170	0	0	0	0	101	0	0	0	0	0	0	271
增程式电动汽车	0	0	0	0	0	0	0	0	0	0	0	0	0
燃料电池汽车	0	0	0	0	0	0	0	0	0	0	0	0	0
合计	1 396	16	864	303	766	1 721	0	2 032	0	0	300	338	7 736

注：本表共统计 50 辆进口纯电动乘用车。

2017 年节能与新能源汽车推广应用车型及数量

应用地区	车型	通用名称	数量（辆）
海口市	宝马牌 WBY1Z610 型纯电动轿车（进口车）	宝马 i3	1
	北京牌 BJ7000B3D5 – BEV 型纯电动轿车	EV200 – II	3
	北京牌 BJ7000C5E2 – BEV 型纯电动轿车	EU260	203
	北京牌 BJ7000C5E2G – BEV 型纯电动轿车	EU260	2
	北京牌 BJ7000C5E4 – BEV 型纯电动轿车	EU400	6
	北京牌 BJ7000U3D2 – BEV 型纯电动轿车	EX260	14
	北京牌 BJ7001BPH1 – BEV 型纯电动轿车	EC180	248
	北京牌 BJ7001BPH2 – BEV 型纯电动轿车	EC180	4
	北京牌 BJ7001BPH5 – BEV 型纯电动轿车	EC180	15
	北京牌 BJ7001BPH7 – BEV 型纯电动轿车	EC180	203
	比亚迪牌 BYD6460SBEV 型纯电动多用途乘用车	比亚迪宋 EV	1
	比亚迪牌 BYD6460STHEV5 型插电式混合动力多用途乘用车	比亚迪宋	31
	比亚迪牌 BYD6480STHEV2 型插电式混合动力多用途乘用车	比亚迪唐	3
	比亚迪牌 BYD6480STHEV3 型插电式混合动力多用途乘用车	比亚迪唐	10
	比亚迪牌 BYD7150WT5HEV4 型插电式混合动力轿车	比亚迪秦	15
	昌河牌 CH5015XXYBEVA2CC 型纯电动厢式运输车	北斗星 E	1
	传祺牌 GAC7000BEVH0A 型纯电动轿车	传祺 GE3	1

续上表

应用地区	车　型	通用名称	数量(辆)
海口市	传祺牌 GAC7150CHEVA5A 型插电式混合动力轿车	传祺 GA3S PHEV	15
	大运牌 CGC5044XXYBEV1NBLJEAGK 型纯电动厢式运输车	大运 E3	6
	东风牌 EQ5022XXYTBEV1 型纯电动厢式运输车	纯电动厢式运输车	217
	东风牌 EQ5040XXYACBEV7 型纯电动厢式运输车	纯电动厢式运输车	100
	东风牌 EQ5045XXYTBEV19 型纯电动厢式运输车	纯电动厢式运输车	199
	东风牌 EQ5045XXYTBEV3 型纯电动厢式运输车	纯电动厢式运输车	50
	东风牌 ZN5026XXYV1YBEV 型纯电动厢式运输车	纯电动厢式运输车	113
	东南牌 DN7004MBEV 型纯电动轿车	电咖 EV10	7
	福建牌 FJ5020XXYBEVA6 型纯电动厢式运输车	纯电动厢式运输车	8
	福田牌 BJ6105CHEVCA－3 型插电式混合动力客车	插电式混合动力客车	20
	广通牌 GTQ5043XXYBEV1 型纯电动厢式运输车	纯电动厢式运输车	2
	广通牌 GTQ6119BEVH6 型纯电动客车	纯电动客车	10
	广通牌 GTQ6119BEVH9 型纯电动客车	纯电动客车	100
	海马牌 HMA7002S30BEV 型纯电动轿车	@3	4
	海马牌 HMA7003S13BEV 型纯电动轿车	爱尚 EV	10
	海马牌 HMC6440BM0BEV 型纯电动多用途乘用车	普力马纯电动	1
	吉利美日牌 MR7002BEV03 型纯电动轿车	EC7－EV	1
	吉利牌 SMA7000BEV05 型纯电动轿车	K12	991
	吉利牌 SMA7001BEV25 型纯电动轿车	K17A	100
	江淮牌 HFC5031XXYPV4EV5B3 型纯电动厢式运输车	帅铃 i3	1
	江淮牌 HFC5041XXYP73EV1C5 型纯电动厢式运输车	帅铃 i5	1
	江淮牌 HFC7000W3EV 型纯电动轿车	江淮 iEV6E 时光版	1
	江淮牌 HFC7000WEV 型纯电动轿车	江淮 iEV6E	1
	江铃牌 JX5045XXYMBEV 型纯电动厢式运输车	纯电动厢式运输车	30
	江铃牌 JX7005BEV 型纯电动轿车	E100	2
	江铃牌 JX7006BEV 型纯电动轿车	E200	3
	金龙牌 XMQ6106AGBEVM1 型纯电动城市客车	纯电动城市客车	130
	金旅牌 XML6112JEVA0 型纯电动客车	纯电动客车	1
	劲骐牌 WXS5024XXYBEV01 型纯电动厢式运输车	纯电动厢式运输车	252
	开沃牌 NJL5032XXYBEV13 型纯电动厢式运输车	纯电动厢式运输车	153
	开沃牌 NJL5032XXYBEV1 型纯电动厢式运输车	纯电动厢式运输车	57
	开沃牌 NJL6806BEV12 型纯电动客车	纯电动客车	88
	开沃牌 NJL6806BEV13 型纯电动客车	纯电动客车	11
	开沃牌 NJL6806BEV15 型纯电动客车	纯电动客车	1
	陆地方舟牌 RQ5026XXYEVH3 型纯电动厢式运输车	纯电动厢式运输车	1
	陆地方舟牌 RQ6110YEVH3 型纯电动客车	纯电动客车	57
	陆地方舟牌 RQ6830YEVH10 型纯电动客车	纯电动客车	21
	陆地方舟牌 RQ6830YEVH11 型纯电动客车	纯电动客车	2
	陆地方舟牌 RQ6830YEVH13 型纯电动客车	纯电动客车	1
	陆地方舟牌 RQ6830YEVH8 型纯电动客车	纯电动客车	200
	中国中车牌 TEG6106EHEV14 型混合动力城市客车	插电式混合动力城市客车	150
	奇瑞牌 SQR7000BEVJ72 型纯电动轿车	奇瑞 eQ1	2
	荣威牌 CSA6456BEV1 型纯电动运动型乘用车	荣威 eRX5	102
	舒驰牌 YTK5040XXYEV2 型纯电动厢式运输车	纯电动厢式运输车	181
	太行成功牌 SCH5022XXY－BEV1 型纯电动封闭货车	成功汽车 V2E	2
	太行成功牌 SCH5022XXY－BEV8 型纯电动封闭货车	成功汽车 V2E	298
	拓速乐牌 5YJSA7E1 型纯电动轿车(进口车)	Model S	8

续上表

应用地区	车　型	通用名称	数量(辆)
海口市	拓速乐牌 5YJSA7E2 型纯电动轿车(进口车)	Model S 60D	3
	拓速乐牌 5YJXCCE2 型纯电动轿车(进口车)	Model X 90D	16
	通家福牌 STJ5024XXYEV 型纯电动厢式运输车	纯电动厢式运输车	51
	拓速乐牌 5YJSA7E4 型纯电动轿车(进口车)	Model S P100D	1
	拓速乐牌 5YJXCCE4 型纯电动轿车(进口车)	Model X P90D	1
	鑫源牌 JKC5020XXY - AXBEV 型纯电动厢式运输车	纯电动厢式运输车	14
	扬子江牌 WG6610BEVZH1 型纯电动客车	纯电动客车	1
	野马牌 SQJ6460B1BEV 型纯电动乘用车	T70 EV	6
	野马牌 SQJ6460B2BEV 型纯电动乘用车	E70S	7
	远程牌 DNC5045XXYBEV01 型纯电动厢式运输车	E200 远程轻卡	50
	远程牌 DNC5047XXYBEV01 型纯电动厢式运输车	E200 远程轻卡	25
	长安牌 SC7001AEBEV 型纯电动轿车	奔奔 EV	2
	长安牌 SC7001CABBEV 型纯电动轿车	奔奔 mini e	16
	知豆牌 SMA7001BEV66 型纯电动轿车	知豆 D2	9
	知豆牌 SMA7001BEV73 型纯电动轿车	知豆 D2	11
	中国中车牌 TEG6106BEV16 型纯电动城市客车	纯电动城市客车	30
	中国中车牌 TEG6106BEV20 型纯电动城市客车	纯电动城市客车	20
	中国中车牌 TEG6129BEV06 型纯电动城市客车	纯电动城市客车	50
	中通牌 LCK5049XXYEVH3 型纯电动厢式运输车	纯电动厢式运输车	252
	众泰牌 JNJ7000EVE6 型纯电动轿车	芝麻 E30	9
	众泰牌 JNJ7000EVK1 型纯电动轿车	E200	48
	众泰牌 JNJ7000EVX16 型纯电动轿车	云 100S	3
	众泰牌 JNJ7000EVX9 型纯电动轿车	云 100S	13
三亚市	安凯牌 HFF6111K10EV21 型纯电动客车	纯电动客车	23
	北京牌 BJ7000B3D5 - BEV 型纯电动轿车	EV200 - II	200
	北京牌 BJ7000C5E1 - BEV 型纯电动轿车	EU200	1
	北京牌 BJ7000C5E2 - BEV 型纯电动轿车	EU260	99
	北京牌 BJ7000C5E4 - BEV 型纯电动轿车	EU400	1
	北京牌 BJ7000KPCC - BEV 型纯电动轿车	ARCFOX1	100
	北京牌 BJ7000U3D2 - BEV 型纯电动轿车	EX260	300
	北京牌 BJ7001BPH1 - BEV 型纯电动轿车	EC180	9
	北京牌 BJ7001BPH2 - BEV 型纯电动轿车	EC180	2
	北京牌 BJ7001BPH5 - BEV 型纯电动轿车	EC180	4
	北京牌 BJ7001BPH7 - BEV 型纯电动轿车	EC180	100
	比亚迪牌 BYD6110LLEV 型纯电动客车	纯电动客车	60
	比亚迪牌 BYD6450VBEV 型纯电动多用途乘用车	比亚迪 e3	28
	比亚迪牌 BYD6460STHEV5 型插电式混合动力多用途乘用车	比亚迪宋	5
	比亚迪牌 BYD6480STHEV3 型插电式混合动力多用途乘用车	比亚迪唐	6
	比亚迪牌 BYD7005BEV 型纯电动轿车	比亚迪 e5	1
	比亚迪牌 BYD7006BEVH 型纯电动轿车	纯电动乘用车	1
	比亚迪牌 BYD7150WT5HEV4 型插电式混合动力轿车	比亚迪秦	11
	风神牌 DFM7000G1F3BEV 型纯电动轿车	E70	1
	福建牌 FJ5020XXYBEVA6 型纯电动厢式运输车	纯电动箱式运输车	5
	广通牌 GTQ6119BEVH1 型纯电动客车	纯电动客车	146
	广通牌 GTQ6119BEVH9 型纯电动客车	纯电动客车	54
	宏远牌 KMT6109GBEV6 型纯电动客车	纯电动客车	30
	华骐牌 YQZ7002BEV 型纯电动轿车	华骐	202

续上表

应用地区	车　　型	通用名称	数量(辆)
三亚市	江淮牌 HFC7000WEV 型纯电动轿车	江淮 iEV6E	1
	江铃牌 JX7005BEV 型纯电动轿车	E100	1
	劲骐牌 WXS5023XXYBEV01 型纯电动厢式运输车	纯电动厢式运输车	1
	奇瑞牌 SQR7000BEVJ72 型纯电动轿车	奇瑞 eQ1	50
	荣威牌 CSA6456BEV1 型纯电动运动型乘用车	荣威 eRX5	47
	申龙牌 SLK6118ALE0BEVS6 型纯电动客车	纯电动客车	50
	舒驰牌 YTK5040XXYEV2 型纯电动厢式运输车	纯电动厢式运输车	150
	拓速乐牌 5YJSA7E1 型纯电动轿车(进口车)	Model S	3
	通家福牌 STJ5022XXYEV6 型纯电动厢式运输车	纯电动厢式运输车	2
	通家福牌 STJ5024XXYEV 型纯电动厢式运输车	纯电动厢式运输车	15
	通家福牌 STJ5029XXYEV1 型纯电动厢式运输车	纯电动厢式运输车	14
	通家福牌 STJ5030XXYEV2 型纯电动厢式运输车	纯电动厢式运输车	1
	拓速乐牌 5YJSA3H1 型纯电动轿车(进口车)	Model S 85	1
	拓速乐牌 5YJSA7E2 型纯电动轿车(进口车)	Model S 60D	1
	拓速乐牌 5YJXCCE2 型纯电动轿车(进口车)	Model X 90D	10
	拓速乐牌 5YJXCCE4 型纯电动轿车(进口车)	Model X P90D	2
	鑫源牌 JKC5020XXY－AXBEV 型纯电动厢式运输车	纯电动厢式运输车	2
	宇通牌 ZK6105BEVG25 型纯电动城市客车	纯电动城市客车	18
	宇通牌 ZK6115BEVY53 型纯电动客车	纯电动客车	40
	宇通牌 ZK6650BEVG16 型纯电动城市客车	纯电动城市客车	5
	宇通牌 ZK6650BEVG6 型纯电动城市客车	纯电动城市客车	5
	宇通牌 ZK6805BEVG15 型纯电动城市客车	纯电动城市客车	54
	宇通牌 ZK6906BEVQY52 型纯电动客车	纯电动客车	20
	远程牌 DNC5045XXYBEV01 型纯电动厢式运输车	E200 远程轻卡	50
	远程牌 DNC5047XXYBEV01 型纯电动厢式运输车	E200 远程轻卡	25
	知豆牌 SMA7001BEV73 型纯电动轿车	知豆 D2	1
	中通牌 LCK6108EVGD1 型纯电动城市客车	纯电动城市客车	33
	中通牌 LCK6860EVGW 型纯电动城市客车	纯电动城市客车	12
	中植汽车牌 CDL6110LRBEV1 型纯电动客车	纯电动客车	10
	中植汽车牌 CDL6110LRBEV2 型纯电动客车	纯电动客车	60
	中植汽车牌 CDL6810LRBEV2 型纯电动客车	纯电动客车	20
	众泰牌 JNJ7000EVE6 型纯电动轿车	芝麻 E30	2
	众泰牌 JNJ7000EVK1 型纯电动轿车	E200	8
儋州市	北京牌 BJ7001BPH5－BEV 型纯电动轿车	EC180	3
	比亚迪牌 BYD7150WT5HEV4 型插电式混合动力轿车	比亚迪秦	1
	宏远牌 KMT6802GBEV2 型纯电动城市客车	纯电动城市客车	30
	江铃牌 JX7006BEV 型纯电动轿车	E200	1
	知豆牌 SMA7001BEV73 型纯电动轿车	知豆 D2	1
琼海市	北京牌 BJ7000C5E2－BEV 型纯电动轿车	EU260	1
	北京牌 BJ7001BPH5－BEV 型纯电动轿车	EC180	4
	比亚迪牌 BYD7150WT5HEV4 型插电式混合动力轿车	比亚迪秦	1
	吉利牌 SMA7000BEV05 型纯电动轿车	K12	50
	解放牌 CA5021XXYEVH1 型纯电动厢式运输车	纯电动厢式运输车	3
	知豆牌 SMA7001BEV73 型纯电动轿车	知豆 D2	1
	众泰牌 JNJ7000EVX9 型纯电动轿车	云 100S	1
文昌市	北京牌 BJ7001BPH5－BEV 型纯电动轿车	EC180	2
	江淮牌 HFC7000WEV 型纯电动轿车	江淮 iEV6E	1
	江铃牌 JX7005BEV 型纯电动轿车	E100	17

续上表

应用地区	车型	通用名称	数量(辆)
文昌市	江铃牌 JX7006BEV 型纯电动轿车	E200	5
	拓速乐牌 5YJXCCE2 型纯电动乘用车(进口车)	Model X 90D	1
	中通牌 LCK6108EVGM1 型纯电动客车	纯电动客车	15
	中通牌 LCK6809EVGM1 型纯电动客车	纯电动客车	55
	众泰牌 JNJ7000EVE6 型纯电动轿车	芝麻 E30	1
万宁市	北京牌 BJ7000B3D5 - BEV 型纯电动轿车	EV200 - II	100
	北京牌 BJ7001BPH5 - BEV 型纯电动轿车	EC180	1
	比亚迪牌 BYD7150WT5HEV4 型插电式混合动力轿车	比亚迪秦	1
	拓速乐牌 5YJXCCE2 型纯电动乘用车(进口车)	Model X 90D	1
	长安牌 SC7001CAABEV 型纯电动轿车	奔奔 mini e	1
	中通牌 LCK6809EVGT 型纯电动城市客车	纯电动城市客车	46
	众泰牌 JNJ7000EVX9 型纯电动轿车	100S	1
东方市	开沃牌 NJL6809BEV11 型纯电动城市客车	纯电动城市客车	40
	荣威牌 CSA6454NDPHEV1 型插电式混合动力运动型乘用车	荣威 eRX5	1
五指山市	北京牌 BJ7001BPH5 - BEV 型纯电动轿车	EC180	1
	宏远牌 KMT6802GBEV2 型纯电动城市客车	纯电动城市客车	16
澄迈县	比亚迪牌 BYD6460STHEV5 型插电式混合动力多用途乘用车	比亚迪宋	1
	大马牌 HKL6801GBEV 型纯电动城市客车	纯电动城市客车	15
	众泰牌 JNJ7000EVX13 型纯电动轿车	云 100S	1
临高县	众泰牌 JNJ7000EVK1 型纯电动轿车	E200	2
定安县	北京牌 BJ7001BPH2 - BEV 型纯电动轿车	EC180	1
	北京牌 BJ7001BPH5 - BEV 型纯电动轿车	EC180	1
	北京牌 BJ7001BPH7 - BEV 型纯电动轿车	EC180	1
	海马牌 HMA7003S13BEV 型纯电动轿车	爱尚 EV	2
	江铃牌 JX7005BEV 型纯电动轿车	E100	4
	江铃牌 JX7006BEV 型纯电动轿车	E200	2
	江铃牌 JX7009BEV 型纯电动轿车	E160	7
屯昌县	江淮牌 HFC7000WEV 型纯电动轿车	江淮 iEV6E	1
	中通牌 LCK6108EVGM1 型纯电动城市客车	纯电动城市客车	10
	中通牌 LCK6809EVGM1 型纯电动城市客车	纯电动城市客车	30
陵水县	北京牌 BJ7000U3D2 - BEV 型纯电动轿车	EX260	1
	北京牌 BJ7001BPH1 - BEV 型纯电动轿车	EC180	1
	北京牌 BJ7001BPH5 - BEV 型纯电动轿车	EC180	1
昌江县	北京牌 BJ7001BPH7 - BEV 型纯电动轿车	EC180	1
	东风牌 EQ6810CACBEV 型纯电动城市客车	纯电动城市客车	20
保亭县	比亚迪牌 BYD7006BEVH 型纯电动轿车	比亚迪 e6	15
	众泰牌 JNJ7000EVX9 型纯电动轿车	100S	1
洋浦经济开发区	拓速乐牌 S(V25N)/S(V25N)型纯电动乘用车(进口车)	纯电动乘用车	1
	知豆牌 SMA7001BEV66 型纯电动轿车	知豆 D2	1

注:本表含 50 辆进口纯电动乘用车。

八、2017 年 12 月底本地区电动汽车充(换)电站(桩)保有量统计表

城市名称	充电站				充电桩		换电站
	数量(座)	充电机功率总计(kW)	充电站占地面积(m^2)	投资金额(万元)	慢充(个)	快充(个)	数量(座)
海口市	146	13 142.5	23 940	2 943	742	267	1
三亚市	73	21 640	27 736	4 751.062	330	469	1

续上表

城市名称	充电站				充电桩		换电站
	数量（座）	充电机功率总计（kW）	充电站占地面积（m^2）	投资金额（万元）	慢充（个）	快充（个）	数量（座）
儋州市	16	1 360	3 515	388.5	48	21	0
琼海市	18	1 978	2 425	241	79	51	0
文昌市	19	625	5 905	596	91	24	0
万宁市	22	4 464	3 110	390	70	112	0
五指山市	2	342	140	2	6	8	0
乐东县	2	130	35	6	10	4	0
澄迈县	27	2 132	8 500	535.5	141	45	0
临高县	6	260	980	168	34	4	0
定安县	3	380	280	4	20	16	0
屯昌县	2	921	14 105	178	3	20	0
陵水县	15	1 874	2 000	167.5	42	37	0
保亭县	7	1 105	3 917.5	214	10	32	0
合计	358	50 353.5	96 588.5	10 584.562	1 626	1 110	2

四川省

Sichuan Province

一、2017 年节能与新能源汽车产业概况

四川省共有新能源汽车重点企业 100 户，其中汽车整车制造企业 18 户，动力电池等关键零部件企业 68 户，研发销售运营企业 14 户。2017 年全省生产新能源汽车 2.4 万辆，产值约 200 亿元。

二、2017 年节能与新能源汽车扶持政策与措施

政策名称	文件号	发布单位	发布日期	政策概要
《四川省"十三五"汽车产业发展指导意见》	川经信汽车〔2017〕329 号	四川省经济和信息化委员会	2017－09－21	进一步明确了把推动节能与新能源汽车、智能网联汽车发展作为四川省汽车产业发展的重点方向，推动汽车产业向新能源、轻量化、智能和网联转型升级

三、2017 年节能与新能源汽车推广应用情况

2017 年四川推广应用新能源汽车 2.4 余万辆，累计推广应用新能源汽车约 4.8 万辆。

四、2017 年节能与新能源汽车主要企业经营情况

拥有成都沃尔沃、南充吉利、重汽王牌、成都雅骏、成都大运、成都客车、四川野马、中植一客、成都银隆、一汽川专等新能源整车生产企业，产品覆盖乘用车、商用车、专用车等领域，并以整车为核心聚集零部件配套发展，初步形成了从整车、核心零部件及关键材料到充换电设施、智能服务终端等较为完整的产业链。2017 年全省生产新能源汽车 2.4 万辆，产值约 200 亿元。

五、2017 年节能与新能源汽车项目及园区建设情况

南充吉利新能源商用车项目已于 2017 年 7 月建成投产，形成了年产 10 万辆新能源商用车和 5 万套动力总成的生产能力。成都银隆新能源产业园项目已于 2017 年 10 月建成投产，建成了钛酸锂电池、新能源汽车、充电装备生产基地。宜宾奇瑞新能源汽车项目正式开工建设，预计 2019 年竣工投产。成都吉利 BMA 新能源乘用车项目进展顺利，预计 2019 年竣工投产。

六、2017 年基础设施建设及运行情况

已建成充电站 550 余座，各种充电桩约 1.3 万余个，初步构建了互联互通的充电服务网络。

七、发展规划

规划建设以成都为核心，带动成都平原经济区、辐射全省重点发展节能与新能源汽车的产业发展布局。围绕新能源汽车整车企业，建设全国重要的电池、电机、电控三大核心零部件及关键材料产业基地，并按照节能与新能源汽车生产、销售情况，对全省加气站、充电站（桩）、加氢站建设

进行规划布局，加速构建城市内部与城际高速互联互通的配套基础设施服务网络；加大汽车节能环保技术的研发和推广，发挥四川的地域优势，进一步推动四川天然气汽车的发展。

八、2017 年节能与新能源汽车推广应用统计表

应用城市	车型 燃料	公务车	旅游大巴	公务车	租赁用车	私人车	环卫车	物流车	邮政车	电力工程车	载货车	其他	合计
成都市	纯电动汽车	639	40	11	4 537	1 901	7	8 249	0	0	0	4 111	19 495
	插电式混合动力汽车	161	0	3	0	672	0	0	0	0	0	210	1 046
德阳市	纯电动汽车	66	0	0	0	0	0	51	0	0	2	0	119
乐山市	纯电动汽车	75	0	0	0	0	0	98	0	0	1	9	183
	插电式混合动力汽车	20	0	0	0	0	0	48	0	0	0	0	68
宜宾市	纯电动汽车	50	0	0	0	0	0	0	0	0	0	0	50
攀枝花市	纯电动汽车	88	0	0	0	0	0	0	0	0	0	0	88
	插电式混合动力汽车	45	0	0	0	0	0	0	0	0	0	0	45
广元市	纯电动汽车	68	0	0	2	0	0	10	0	0	0	0	80
	插电式混合动力汽车	0	0	0	6	0	0	7	0	0	0	0	13
内江市	纯电动汽车	6	0	0	0	0	48	72	10	6	0	0	142
	非插电式混合动力汽车	982	0	0	0	0	0	0	0	0	0	0	982
	插电式混合动力汽车	78	0	0	0	0	0	0	0	0	0	0	78
雅安市	纯电动汽车	18	0	0	1	0	0	30	0	1	0	0	50
	非插电式混合动力汽车	0	0	0	0	0	0	19	0	0	0	0	19
	插电式混合动力汽车	0	0	0	0	0	0	5	0	0	0	0	5
绵阳市	纯电动汽车	81	0	0	0	0	0	250	0	0	0	0	331
	插电式混合动力汽车	32	0	0	0	0	0	139	0	0	0	0	171
泸州市	纯电动汽车	65	0	0	10	0	0	0	0	0	0	0	75
	插电式混合动力汽车	160	0	0	0	0	0	0	0	0	0	0	160
自贡市	纯电动汽车		0	0	0	0	0	47	0	0	0	0	47
	插电式混合动力汽车	93	0	0	0	0	0	30	0	0	0	0	123
南充市	纯电动汽车	86	0	0	0	1	0	110	0	9	0	1	207
	插电式混合动力汽车	0	0	0	0	0	0	14	0	0	0	0	14
眉山市	共计	0	0	0	0	0	0	0	0	0	0	0	530
合计		2 813	40	14	4 556	2 574	55	9 179	10	16	3	4 331	24 121

九、2017 年重点地区电动汽车充(换)电站(桩)保有量统计表

城市名称		充电站				充电桩		换电站
		数量(座)	充电机功率总计(kW)	充电站占地面积(m^2)	投资金额(万元)	慢充(个)	快充(个)	数量(座)
成都		292	7 950	—	4 732	8 313	1 710	4
德阳		54	17 300	33 582	5 705. 5	447	272	1
乐山		1	1 500	1 280	1 659 551. 89	—	32	—
		1	66	90	76 914. 41	3	3	—
		1	300	480	248 499. 07	24	8	—
峨眉		1	105	75	128 346. 22	—	5	—
		1	102	120	98 709. 41	6	2	—
攀枝花市		1	1 020	720	240	11	1	—
广元市		8	8 682	16 737. 94	6 000	34	19	—
内江市		2	—	1 100	308	20	19	—
雅安	雨城	1	1 000	100	600	21	—	—
	荥经	2	960	278	302	—	—	—

续上表

城市名称		充电站				充电桩		换电站
		数量（座）	充电机功率总计（kW）	充电站占地面积（m^2）	投资金额（万元）	慢充（个）	快充（个）	数量（座）
雅安	石棉	4	1 920	556	604	2	—	—
	汉源	1	780	300	2 000	3	—	—
	名山	—	—	—	—	2	—	—
绵阳		166	16 691	21 500	9 000	1 573	652	6
自贡市		—	—	—	—	37	—	—
南充市		4	1 500	3 333	300	10	60	0
眉山市		7	—	—	—	—	25	—
合计		547	57 803	80 251. 94	2 241 812. 5	10 506	2 808	11

贵州省

Guizhou Province

一、2017 年节能与新能源汽车产业概况

目前，贵州省共有 6 家企业取得新能源汽车生产企业准入，其中奇瑞万达贵州客车股份有限公司、贵州长江汽车有限公司、贵州贵航云马汽车工业有限责任公司 3 家企业取得新能源客车生产企业准入，贵州航天成功汽车制造有限公司、贵州航天特种车有限责任公司、贵州新山地新能源汽车制造有限公司汽车 3 家企业取得新能源专用车生产企业准入。在已取得新能源汽车生产准入的企业中，奇瑞万达贵州客车股份有限公司、贵州长江汽车有限公司、贵州航天成功汽车制造有限公司 3 家企业实现批量生产销售，但产销规模较小。除已取得新能源汽车生产准入的企业外，其他企业也在积极布局新能源汽车产业，吉利贵阳整车产业化项目基本建成，贵航青年莲花新能源汽车项目、长沙梅花汽车制造有限公司遵义分公司新能源汽车生产项目分别获贵州省发展和改革委员会备案和核准，正在抓紧建设。

二、2017 年节能与新能源汽车扶持政策与措施

政策名称	文件号	发布单位	发布日期	政策概要
关于调整我省新能源汽车推广应用补助政策的通知	黔经信装备〔2017〕24 号	贵州省经济和信息化委员会、贵州省财政厅、贵州省科学技术厅、贵州省发展和改革委员会	2017 - 5 - 19	1. 省级财政补助期限截至 2017 年 12 月 31 日； 2. 调整补助总额为不超过车辆销售价格的 50%； 3. 调整补助对象

三、2017 年节能与新能源汽车推广应用情况

2017 年，贵州省新注册登记的新能源汽车共 6 387 辆，其中，按车型分：插电式混合动力乘用车 649 辆、插电式混合动力客车 125 辆、纯电动乘用车 3 513 辆、纯电动客车 1 381 辆、纯电动专用车 605 辆；按地区分：贵阳市 4 141 辆、遵义市 465 辆、六盘水市 328 辆、铜仁市 140 辆、黔西南州 354 辆、毕节市 216 辆、安顺市 123 辆、黔东南州 212 辆、黔南州 315 辆、贵安新区 88 辆。截至 2017 年底，贵州省累计推广新能源汽车 11 203 辆。

四、2017 年基础设施建设及运行情况

截至 2017 年底，贵州省累计建成公共充电桩 7 036 个，其中，贵阳市 2 621 个、遵义市 551 个、六盘水市 343 个、铜仁市 153 个、黔西南州 1 132 个、毕节市 214 个、安顺市 750 个、黔东南州 187 个、黔南州 884 个、贵安新区 201 个。

五、新能源汽车推广应用情况

（单位：辆）

时　间	纯电动乘用车	插电式混合动力乘用车	纯电动客车	插电式混合动力客车	纯电动专用车	合计
2014 年底前	25	29	2	390	0	446
2015 年	96	50	1 518	411	0	2 075
2016 年	540	150	1 338	262	5	2 295
2017 年	3 627	649	1 381	125	605	6 387
合计	4 288	878	4 239	1 188	610	11 203

六、2017 年充电桩建设情况

地　区	建设数量(个)
贵阳市	2 621
遵义市	551
六盘水市	343
安顺市	750
黔南州	884
黔东南州	187
黔西南州	1 132
铜仁市	153
毕节市	214
贵安新区	201
合计	7 036

云 南 省

Yunnan Province

一、2017 年节能与新能源汽车产业概况

2017 年底，云南省共有 6 家企业取得新能源汽车资质(2017 年新增 2 家)，共有 50 个车型进入国家公告目录，产品涵盖纯电动客车、厢式货车、乘用车，以及混合动力客车等类型。昆明乘用车项目已正式开工，计划 2018 年取得国家项目核准，2018 年底取得生产资质。东风云汽整体搬迁项目已正式启动，从东风公司导入先进新能源车型，预计 2018 年建成投产。云南航天神州汽车有限公司整体搬迁项目已签约，预计 2017 年 3 月动工，2019 年 7 月建成投产。

2017 年，云南省推广新能源汽车 1.15 万辆，保有量达到 1.95 万辆，充电桩超过 5 000 个。但云南省发展新能源汽车也存在产业基础薄弱、研发能力不足，以及推广政策力度不够、基础设施建设滞后、市场环境有待改善等方面的问题。

目前，云南省新能源汽车产业发展势头良好，国能汽车、宝龙汽车、江铃汽车等入滇建厂洽谈进展顺利，有望到 2020 年，新能源汽车产能规模 50 万辆，形成以滇中新区为主，滇中主要城市聚集发展的良好格局。

二、2017 年节能与新能源汽车推广应用情况

以滇中城市群及其他条件较好的州市为主体，以公交、出租、物流、公务、旅游、共享汽车、市政等公共服务领域为突破口，通过公共领域示范带动社会消费。2017 年云南省推广新能源汽车 11 510 辆，其中纯电动汽车 10 587 辆，插电式混合动力汽车 923 辆，推广量在全省推广总数中最多的是昆明、曲靖、玉溪、大理、丽江、楚雄、红河等 7 州市。截至 2017 年底，云南省新能源汽车保有量 1.95 万辆。

三、2017 年节能与新能源汽车主要企业经营情况

2017 年云南省云南航天神州汽车有限公司、云南五龙汽车有限公司、昆明客车制造有限公司、东风云南汽车有限公司、北汽云南瑞丽汽车有限公司、一汽红塔有限公司 6 户获得新能源汽车整车生产许可企业，现有产能 4.8 万辆/年，工业 50 个产品进入国家公告目录。

四、2017 年节能与新能源汽车项目及园区建设情况

截至 2017 年 7 月，云南省在建新能源汽车生产企业投资项目 3 项，分别是昆明新能源汽车工程技术中心有限公司新能源汽车项目、云南德动汽车制造有限公司年产 20 万辆新能源汽车项目、昆明客车制造有限公司改装客车搬迁暨技术升级改造建设项目(二期)，3 个项目共投资 109.86 亿元，累计完成投资 8.15 亿元，建成后形成 35.3 万辆的产能。截至 2017 年 12 月，中汽中心国家高原汽车检测中心重大项目已相继签约落地。航天神州新能源汽车产业园、江铃汽车、宝能新能源汽车等一批重点项目正抓紧洽谈。

五、2017 年基础设施建设及运行情况

截至 2016 年底，云南省已建成电动汽车公用和专用充电桩约 2 400，其中交流充电桩 1 793 个，直流充电桩 610 个，建设投资约 1.37 亿元。目前，全省除曲靖、玉溪、普洱、迪庆和临沧外，均建设并投产了不少充电桩，充电基础设施在 2016 年得到大力发展。2017 年云南省建充电桩超过 5 000 个。

目前面临的困难问题，充电基础设施在省内处于起步阶段，由于涉及城市规划、建设用地、建筑物及配电网改造、居住地安装条件、投资运营模式等方面，利益主体多，推进难度大。为保证充电需求，云南省规划在“十三五”时期新建超过 350 座集中式充换电站、16.3 万个以上的分散式充电桩，预算投资约 40 亿元。

六、发展规划

1. 指导思想

以习近平新时代中国特色社会主义思想为指导，深入贯彻落实党的十九大精神，把握国内外新能源汽车发展趋势，聚焦产业空间布局，大力引进新能源汽车整车和电池、电机、电控等关键配套产业，引导现有整车企业入园聚集发展，形成新能源汽车完整产业链，加快建设充电基础设施，通过推广应用带动新能源汽车产业发展，将云南省绿色清洁能源优势转化为经济优势和发展优势，使云南省在全国新能源汽车发展中占有一席之地。

2. 主要目标

（一）产业发展目标

到2020年，全省形成年产50万辆新能源汽车生产能力，其中乘用车35万辆、商用车15万辆，形成年生产动力电池40亿Wh的生产能力，实现年销售收入500～800亿元，力争培育2家产值过100亿元的龙头企业；乘用车、客车、物流车等门类基本齐全，电池、电机、电控等关键配套基本完善，生产、销售、运营、回收体系基本完整，滇中城市群聚集发展格局基本成型，力争3～5年内，全省形成年产100万辆新能源汽车生产能力，实现年销售收入1 500亿元～2 000亿元，形成完整产业链。

（二）市场推广目标

以滇中城市群及其他条件较好的州市为主体，以公交、出租、物流、公务、旅游、共享汽车、市政等公共服务领域为突破口，通过公共领域示范带动社会消费。2018—2020年新增新能源汽车15万辆，昆明、曲靖、玉溪、大理、丽江、楚雄、红河7州市推广量占到全省推广总数的80%。

（三）充电基础设施建设目标

到2020年，全省规划建成350座集中式充换电站、16.3万个以上分散式充电桩，全省高速公路实现全覆盖。全省县级城市、骨干道路、主要旅游景区等实现基本覆盖。

3. 空间布局

（一）产业布局

1. 乘用车

以昆明滇中新区杨林汽车产业园、昆明经济技术开发区、曲靖经济技术开发区为依托，引进新建3～4家具有技术优势、品牌影响力和较强实力的纯电动乘用车生产企业，同步引进新能源汽车研发机构，打造云南新能源乘用车生产基地；加大企业技术研发投入，提高整车技术和工业设计水平，优化产品结构，加快新车型开发、产品市场投放和批量生产。

2. 客车

以昆明滇中新区杨林汽车产业园、安宁工业园和海口工业园等为依托，支持现有客车整车企业搬迁入园加快发展，重点发展纯电动大中型和轻型客车。引导企业通过技术改造、引入战略合作伙伴，扩大产能规模，提升竞争力。根据现有条件并兼顾未来发展空间，发展新能源客车整车制造，形成良性竞争的发展格局。

3. 专用车

以昆明滇中新区、曲靖经济技术开发区、玉溪高新技术开发区、德宏州芒市帕底工业园、楚雄高新技术开发区、大理凤仪工业园为主，形成多元化、专用化、特色化专用车发展格局，逐步开发多系列各类型汽车产品，形成各种形式的物流车、环卫车、冷链车、专用作业车等特种用途电动汽车。

4. 关键零部件

以滇中新区杨林汽车产业园、安宁工业园、曲靖经济技术开发区、玉溪高新技术开发区、楚雄高新技术开发区、大理上登工业园为主，支持各地以整车项目为带动，围绕动力电池、驱动电机和电控系统三大核心部件，立足现有动力电池及材料、驱动电机、铸铜转子的基础，发挥云南省水电铝材一体化发展优势，鼓励和引导本土骨干企业加大投入，引进技术和资本做大做强，延伸产业链，提高本地配套能力，发展汽车工业用铝产品，实现集群发展。

（二）充电基础设施布局

昆明、玉溪、曲靖、楚雄、红河等滇中城市群，率先推进城市公共领域停车场充换电设施建设，推进大型居民小区充电设施建设。其余州、市政府所在地，应配套建设相应的充电设施。

重点加快推进昆明—大理—丽江、昆明—玉溪—版纳、沪昆高速、昆明—弥勒—蒙自—河口等高速公路充电设施建设，2020年实现全省高速充电设施覆盖95%以上，打通新能源汽车进出省通道，提升新能源汽车城际通行能力。

在昆明、丽江、大理、玉溪、保山、版纳、文山、红河等旅游集散地及重点旅游景区，建设旅游大巴、共享汽车、自驾车营地（基地），配套建设区域性充电网络，实现"一部手机游云南"智能出行。2020年，全省AAAA以上景区大客车停车位全部具备充电条件，乘用车停车位可充电比例超过10%。

七、节能与新能源汽车推广应用统计表

2017年节能与新能源汽车推广应用数量（单位：辆）

燃料＼车型	公交车	旅游大巴	公务车	出租车	租赁用车	私人车	环卫车	物流车	邮政车	电力工程车	载货车	其他	合计
纯电动汽车	1 166	21	16	450	5 334	1 343	0	2 257	0	0	0	0	10 587
插电式混合动力汽车	395	10	0	0	29	489	0	0	0	0	0	0	923
增程式电动汽车	0	0	0	0	0	0	0	0	0	0	0	0	0
燃料电池汽车	0	0	0	0	0	0	0	0	0	0	0	0	0
合计	1 561	31	16	450	5 363	1 832	0	2 257	0	0	0	0	11 510

注：含进口车66辆。

2017 年节能与新能源汽车推广应用车型及数量

应用地区	车 型	通用名称	数量(辆)
云南省	江淮牌 HFC5031XXYPV4EV5B3 型纯电动货车	帅铃 i3	12
	江淮牌 HFC7000AEV 型纯电动轿车	和悦 iEV	4
	江淮牌 HFC7000W3EV 型纯电动轿车	江淮 iEV6E 时光版	11
	江淮牌 HFC7000WEV 型纯电动轿车	江淮 iEV6E	21
	江淮牌 HFC7001A1EV 型纯电动轿车	IEV7	3
	江淮牌 HFC7001EAEV2 型纯电动轿车	江淮 iEV7S	2
	北京牌 BJ7000B3D5 – BEV 型纯电动轿车	EV200	78
	北京牌 BJ7000C5E1 – BEV 型纯电动轿车	EU200	100
	北京牌 BJ7000C5E2 – BEV 型纯电动轿车	EU260	565
	北京牌 BJ7000C5E4 – BEV 型纯电动轿车	EU400	20
	北京牌 BJ7000U3D2 – BEV 型纯电动轿车	EX260	17
	北京牌 BJ7001BPH1 – BEV 型纯电动轿车	EC180	674
	北京牌 BJ7001BPH2 – BEV 型纯电动轿车	EC180	1 319
	北京牌 BJ7001BPH5 – BEV 型纯电动轿车	EC180	832
	北京牌 BJ7001BPH7 – BEV 型纯电动轿车	EC180	1 186
	北京牌 BJ5040XXYCJ01EV 型纯电动厢式运输车	纯电动厢式运输车	40
	北京牌 BJ7000C5E2G – BEV 型纯电动轿车	EU260	37
	北京牌 BJ7000KPCC – BEV 型纯电动轿车	ARCFOX1	2
	比亚迪牌 BYD6100LGEV7 型纯电动城市客车	纯电动城市客车	56
	比亚迪牌 BYD6460SBEV 型纯电动多用途乘用车	比亚迪宋 EV	45
	比亚迪牌 BYD6810LZEV1 型纯电动城市客车	比亚迪 K7	244
	比亚迪牌 BYD7005BEV 型纯电动轿车	比亚迪 e5	439
	比亚迪牌 BYD7006BEVH 型纯电动轿车	比亚迪 e6	2
	大运牌 CGC5044XXYBEV1NBLJEAGK 型纯电动厢式运输车	纯电动厢式运输车	3
	风神牌 DFM7000G1F2BEV 型纯电动轿车	E70	1
	东风牌 EQ5023XXYACBEV1 型纯电动箱式运输车	纯电动厢式运输车	2
	东风牌 EQ5023XXYACBEV1 型纯电动箱式运输车	纯电动厢式运输车	3
	东风牌 EQ6620CLBEV6 型纯电动城市客车	纯电动城市客车	5
	东风牌 EQ6800CACBEV4 型纯电动城市客车	纯电动城市客车	18
	东风牌 EQ6800CACBEV5 型纯电动城市客车	纯电动城市客车	40
	东风牌 EQ6810CACBEV 型纯电动城市客车	纯电动城市客车	8
	东风牌 EQ6670CTBEV3 型纯电动城市客车	纯电动城市客车	36
	东风牌 EQ6830CTBEV7 型纯电动城市客车	纯电动城市客车	30
	东风牌 EQ6830CTBEV8 型纯电动公交车	纯电动城市客车	12
	华骐牌 YQZ7002BEV 型纯电动轿车	纯电动轿车	1
	东风牌 EQ5023XXYPBEV 型纯电动箱式运输车	纯电动箱式运输车	800
	东风牌 EQ5023XXYPBEVB 型纯电动货车	纯电动箱式运输车	17
	传祺(TRUMPCHI)GAC7000BEVH0A 型纯电动轿车	传祺 GE3	2
	御捷马牌 YGM6350BEV 型纯电动运动型乘用车	E 驰	3
	御捷马牌 YGM6371BEV 型纯电动轿车	E 行	16
	楚风牌 HQG5021XXYEV 型纯电动箱式运输车	纯电动箱式运输车	2
	楚风牌 HQG5022XXYEV6 型纯电动箱式运输车	纯电动箱式运输车	15
	江南牌 JNJ7000EVA9 型纯电动轿车	T11	20
	众泰牌 JNJ7000EVC1 型纯电动轿车	Z500EV	21
	众泰牌 JNJ7000EVE6 型纯电动轿车	芝麻 E30	79
	众泰牌 JNJ7000EVK1 型纯电动轿车	E200	138
	众泰牌 JNJ7000EVX13 型纯电动轿车	云 100S	14

续上表

应用地区	车　型	通用名称	数量(辆)
云南省	众泰牌 JNJ7000EVX16 型纯电动轿车	云 100S	11
	众泰牌 JNJ7000EVX9 型纯电动轿车	云 100S	22
	远程牌 DNC5047XXYBEV01 型纯电动货车	E200 远程轻卡	40
	江铃牌 JX70016BEV 型纯电动轿车	E200	22
	江铃牌 JX7005BEV 型纯电动轿车	E100	177
	江铃牌 JX7006BEV 型纯电动轿车	E200	104
	江铃牌 JX7009BEV 型纯电动轿车	E160	30
	大马牌 HKL6490BEV1 型纯电动轿车	九龙 EF5	20
	昌河牌 CH5015XXYBEVA2CC 型纯电动箱式运输车	北斗星 E	2
	海格牌 KLQ6601GBEVX6 型纯电动城市客车	纯电动城市客车	40
	云海牌 KK5030XXYEV04 型纯电动箱式运输车	纯电动箱式运输车	63
	云海牌 KK5041XXYEV01 型纯电动箱式运输车	纯电动箱式运输车	60
	云海牌 KK6800GEV01 型纯电动城市客车	纯电动城市客车	110
	开沃牌 NJL5032XXYBEV1 型纯电动厢式运输车	纯电动厢式运输车	6
	开沃牌 NJL6101BEV3 型纯电动厢式运输车	纯电动厢式运输车	10
	开沃牌 NJL6809BEV5 型纯电动城市客车	纯电动城市客车	1
	奇瑞牌 SQR7000BEVJ00 型纯电动轿车	奇瑞 eQ	200
	奇瑞牌 SQR7000BEVJ72 型纯电动轿车	EQ1	200
	华泰圣达菲牌 SDH6440BEVGL 型纯电动轿车	华泰新圣达菲	1
	华泰牌 SDH7000BEVYL 型纯电动轿车	华泰 EV150	28
	金旅牌 XML6809JEVD0C 型纯电动城市客车	纯电动城市客车	2
	金旅牌 XML6855JEVM0C 型纯电动城市客车	纯电动城市客车	28
	金龙牌 XMQ6850AGBEVL4 型纯电动公交车	纯电动城市客车	8
	通家福牌 STJ5024XXYEV 型纯电动厢式运输车	纯电动厢式运输车	216
	通家福牌 STJ5024XXYEV8 型纯电动厢式运输车	纯电动厢式运输车	249
	荣威牌 CSA6456BEV1 型纯电动轿车	荣威 eRX5	101
	申龙牌 SLK6118ALE0BEVS6 型纯电动客车	纯电动客车	35
	申龙牌 SLK6819UEBEVY1 型纯电动城市客车	纯电动城市客车	20
	野马牌 SQJ6460B2BEV 型纯电动轿车	E70S	3
	野马牌 SQJ6460M1BEV 型纯电动轿车	M302EV	12
	舒驰牌 YTK5040XXYEV2 型纯电动箱式运输车	纯电动箱式运输车	36
	舒驰牌 YTK6118EV9 型纯电动客车	纯电动客车	20
	神州牌 YH5022XXYBEV 型纯电动箱式运输车	纯电动箱式运输车	302
	神州牌 YH5023XXYBEV 型纯电动箱式运输车	纯电动箱式运输车	288
	吉利牌 JL7001BEV33 型纯电动轿车	知豆 D2	10
	吉利牌 JL7001BEV34 型纯电动轿车	吉利 100	60
	吉利牌 JL7001BEV45 型纯电动轿车	知豆 D2	3
	知豆牌 SMA7001BEV23 型纯电动轿车	知豆 D2	178
	知豆牌 SMA7001BEV61 型纯电动轿车	知豆 D2	24
	知豆牌 SMA7001BEV66 型纯电动轿车	知豆 D2	28
	知豆牌 SMA7001BEV73 型纯电动轿车	知豆 D2	54
	宇通牌 ZK6105BEVG23 型纯电动城市客车	纯电动城市客车	5
	宇通牌 ZK6650BEVG13 型纯电动城市客车	纯电动城市客车	1
	宇通牌 ZK6650BEVG16 型纯电动城市客车	纯电动城市客车	49

续上表

应用地区	车 型	通用名称	数量(辆)
云南省	宇通牌 ZK6805BEVG10 型纯电动城市客车	纯电动城市客车	36
	宇通牌 ZK6805BEVG11 型纯电动城市客车	纯电动城市客车	158
	宇通牌 ZK6805BEVG12 型纯电动城市客车	纯电动城市客车	23
	宇通牌 ZK6805BEVG13 型纯电动城市客车	纯电动城市客车	18
	宇通牌 ZK6805BEVG15 型纯电动城市客车	纯电动城市客车	16
	中通牌 LCK5026XXYBEV1 型纯电动厢式运输车	纯电动厢式运输车	1
	中通牌 LCK5049XXYEVH3 型纯电动厢式运输车	纯电动厢式运输车	51
	中通牌 LCK6108EVG9 型纯电动城市客车	纯电动城市客车	4
	中通牌 LCK6809EVGM 型纯电动城市客车	纯电动城市客车	69
	中植汽车牌 CDL5030XXYBEV1 型纯电动厢式运输车	纯电动厢式运输车	100
	中植汽车牌 CDL6110LRBEV1 型纯电动客车	型纯电动客车	10
	中植汽车牌 CDL6810LRBEV3 型纯电动客车	纯电动客车	75
	长安牌 SC7001AEBEV 型纯电动轿车	奔奔 EV	2
	长安牌 SC7001CAABEV 型纯电动轿车	奔奔 mini e	58
	长安牌 SC7001CABBEV 型纯电动轿车	奔奔 mini e	22
	福田牌 BJ6105PHEVCA－17 型插电式混合动力城市客车	插电式混合动力城市客车	50
	福田牌 BJ6905CHEVCA－10 型插电式混合动力城市客车	插电式混合动力城市客车	100
	比亚迪 BYD6460STHEV5 型插电式混合动力多用途乘用车	比亚迪宋	217
	比亚迪牌 BYD6480STHEV 型插电式混合动力多用途乘用车	比亚迪唐	61
	比亚迪牌 BYD6480STHEV3 型插电式混合动力多用途乘用车	比亚迪唐	51
	比亚迪牌 BYD6480STHEV5 型插电式混合动力多用途乘用车	比亚迪唐	15
	比亚迪牌 BYD7150WT5HEV4 型插电式混合动力轿车	比亚迪秦	36
	比亚迪牌 BYD7150WT5HEV5 型插电式混合动力轿车	比亚迪秦	6
	传祺(Trumpchi)牌 GAC6450CHEVA5B 型插电式混合动力多用途乘用车	传祺 GS4 PHEV	1
	传祺(Trumpchi)牌 GAC7100SHEVD5 型增程式混合动力轿车	GA5 混动版	31
	传祺(Trumpchi)牌 GAC7100SHEVD5A 型插电式混合动力轿车	GA5 PHEV	40
	宝马(BMW)BMW6462AAHEV(BMWX1)型插电式混合动力轿车	BMW X1xDrive25Le	2
	海格牌 KLQ6850GAHEVE5K1 型插电式混合动力城市客车车	插电式混合动力城市客车	30
	云海牌 KK6103G03CHEV 型插电式混合动力城市客车	插电式混合动力城市客车	10
	云海牌 KK6103G03PHEV 型插电式混合动力城市客车	插电式混合动力城市客车	140
	荣威牌 CSA6454NDPHEV1 型插电式混合动力运动型乘用车	荣威 eRX5	42
	荣威牌 CSA7104SDPHEV1 型插电式混合动力轿车	荣威 ei6	17
	荣威牌 CSA7144CDPHEV1 型插电式混合动力轿车	荣威 e950	2
	申龙牌 SLK6118ALD5HEVL1 型插电式混合动力客车	插电式混合动力客车	10
	别克(BUICK)SGM7158DACHEV 型插电式增程混合动力轿车	Velite 5	1
	宇通牌 ZK6850CHEVNPG35C 型插电式混合动力城市客车	插电式混合动力城市客车	15
	宇通牌 ZK6850CHEVPG35 型插电式混合动力城市客车	插电式混合动力城市客车	50
	拓速乐牌 5YJSA7E4 型纯电动轿车(进口车)	Model S P100D	1
	拓速乐牌 5YJSA7E1 型纯电动轿车(进口车)	Model S	5
	拓速乐牌 5YJSA7E2 型纯电动轿车(进口车)	Model S 60D	7
	拓速乐牌 5YJXCCE2 型纯电动轿车(进口车)	Model X 90D	38
	拓速乐牌 5YJXCCE4 型纯电动轿车(进口车)	Model X P90D	2
	宝马牌 WBY1Z610 型纯电动轿车(进口车)	宝马 i3	1
	其他	—	12

注:本表共统计进口车 66 辆。

八、2017 年本地区重点新能源汽车企业产销量统计表

生产企业名称	产品商标	车辆类型	通用名称	产量统计(辆)	销量统计(辆)
东风云南汽车有限公司	东风	纯电动专用车	—	—	818
云南五龙汽车有限公司	长江	纯电动汽车	—	—	301
云南航天神州汽车有限公司	神州	纯电动物流车	—	—	716
昆明客车制造有限公司	昆客	纯电动客车	—	—	453

陕 西 省

Shaanxi Province

一、2017 年节能与新能源汽车产业概况

近年来,在省委省政府的坚强领导下,陕西将发展新能源汽车产业作为调整产业结构、推进转型升级的重点,加快培育壮大产业基础、着力完善配套政策体系、多措并举营造产业发展良好环境,陕西省新能源汽车呈现提档升级加快、核心竞争优势明显、多点支撑有力的鲜明特点,持续保持着强劲的增长势头,为陕西省打造全国重要的新能源汽车产业基地,抢占未来产业发展的制高点打下坚实基础。

一是产业规模稳居全国前列。2017 年全省产销新能源汽车 8.3 万辆,增长 93%,占全国总量的 10.7%,产销量位居全国第二位。基本形成了纯电动乘用车、混合动力乘用车和物流车、环卫车、客车、码头牵引车等新能源汽车产品系列化的发展格局。2017 年 1—4 月,陕西省新能源汽车继续保持强劲增长势头,产销 4.15 万辆,增长 518%,高于全国的 149%,新能源汽车产量全国占比达到了 17%,初步确立了全国新能源汽车产业发展的领先地位。

二是技术研发核心竞争力进一步增强。陕西省汽车企业不断加大新能源汽车技术研发投入力度,掌握纯电动、混合动力等新能源汽车整车及电池、电机、电控、节能变速器等关键核心技术,技术水平全国领先,核心竞争优势明确。比亚迪电动汽车技术研发处国际先进水平,研制上市的“秦”“宋 DM”等品牌插电式混合动力乘用车 2017 年实现销售 5.2 万辆,市场占有率近 50%,远超其他品牌汽车销量,纯电动大客车年销量连续 4 年稳居全球第一,成为唯一进入欧、美、日、韩等汽车发达国家和地区的中国品牌汽车。陕汽集团在新能源商用车领域起步较早,研制推出了多款新能源商用车产品,其旗下子公司陕汽宝华公司上市的轩德“E9”纯电动中轻卡物流车性能优异,市场竞争优势明显。陕西通家研制上市的“电牛”系列纯电动微型物流车,贴合市场需求,同类产品性价比优势明显,产品销量稳居细分行业第一位。

三是配套能力不断提升。新能源汽车全产业链聚集发展趋势明显,动力电池、电机、电控等关键部件配套能力加快提升。三星动力电池技术水平世界领先,已成功入选国家第一批汽车动力蓄电池白名单公示,拥有 2 000 项安全项目检查标准,批量配套菲亚特、克莱斯勒、宝马、保时捷、大众、奥迪等国际知名品牌汽车。德飞电池、天臣电池、沃特玛电池、华星 PACK(电池包)、捷普电机、正麒电机等一批新能源关键零部件企业,陆续投产达效,聚集效应凸显。

二、2017 年节能与新能源汽车推广应用情况

坚持政府推动、社会参与、整体规划、重点突破,以西安市国家新一轮新能源试点城市为重点,以省铁腕治霾专项行动关中地区公交、出租、物流等公共领域新能源汽车替换普及为抓手,有力推动了陕西省新能源汽车推广应用。截至目前,全省累计推广新能源汽车 24 720 辆。其中,公交车替换推广 4 796 辆、出租车推广 410 辆、物流车推广 5 447 辆、团体客车 1 677 辆、私人领域推广 13 431 辆。

三、2017 年节能与新能源汽车主要企业经营情况

陕汽控股实现产值 628 亿元,增长 51%,产销突破 19 万辆,增长 60%,创历史最好水平,特别是重卡产销突破 17 万辆,其天然气重卡技术国内领先,销量全国第一,市场占有率 40% 以上。

比亚迪汽车实现产值 240 亿元,增长 20%,产销汽车 25.5 万辆,下降 3.52%。其中,新能源汽车产销 6.8 万辆,居全国前列。

四、2017 年节能与新能源汽车项目及园区建设情况

西安吉利 30 万辆乘用车、西安开沃 20 万辆物流车、比亚迪 30 万辆乘用车扩能、宝能新能源、陕汽宝华搬迁暨新能源汽车生产基地、陕西通家 5 万辆乘用车等一批新能源整车项目陆续开工建设,咸阳秦星、商洛跃迪、汉中金汉等项目陆续建成投产,逐步释放产能。

五、2017 年基础设施建设及运行情况

截至 2017 年 12 月,建设充电站 41 座、充电桩 19 581 个(其中公共桩 4 663 个、专用桩 14 921 个)。

甘肃省

Gansu Province

一、2017 年节能与新能源汽车产业概况

甘肃省节能与新能源汽车产业集中在兰州市、兰州新区，依托兰石集团、长城电工、兰州电机、金川公司等企业，发展驱动电机、电控系统、动力电池等新能源汽车关键零部件，发展电池关键材料和充电桩等配套基础设备，尽快形成规模化配套能力，已形成珠海银隆、兰州知豆、亚太专用车等为龙头的新能源汽车企业产业链，并依托构建电动车、动力电池及客车零部件等战略性新兴产业产品及产业链的延伸。兰州知豆已形成年产新能源乘用车 4 万辆能力；兰州广通新能源客车生产基地建设年中完成，将达到年产 6 000 辆新能源客车生产能力；兰石兰驼也已通过新能源专用车现场审核，产品已上公告目录，可达年产 2 万辆新能源物流运输车能力。同时，积极引进专业化服务公司为新区重点新能源企业提供项目设计、人员培训、节能低碳等服务，推动新能源汽车产业快速发展。

二、2017 年节能与新能源汽车推广应用情况

2017 年，全省推广应用节能与新能源汽车 2 790 辆，其中新能源客车 1 522 辆，新能源乘用车 1 144 辆，新能源专用车 124 辆，折合标准车约 15 803 辆。

三、2017 年节能与新能源汽车主要企业经营情况

兰州知豆电动汽车有限公司 2017 年 1—12 月产量为 18 554 辆，实现产值 127 510. 36 万元。

四、2017 年节能与新能源汽车项目及园区建设情况

兰州知豆电动汽车有限公司是知豆电动汽车有限公司全资子公司，其前身为兰州吉利汽车工业有限公司，成立于 2006 年 7 月。2014 年底，企业进行了重大战略调整，即由传统燃油汽车的制造，转型为新能源纯电动汽车的制造。2015 年 5 月，企业正式更名为兰州知豆电动汽车有限公司，注册资本 4. 2 亿元，旗下拥有知豆电动汽车技术集成有限公司、山东知豆电池集成科技有限公司、宁海知豆电动汽车销售有限公司 3 个全资子公司，是拥有冲压、焊装、涂装、总装四大工艺的整车制造企业，占地面积 650 亩。2017 年 2 月 28 日，兰州知豆年产 4 万辆纯电动乘用车项目经国家发改委核准批复，项目总投资 8. 8 亿元，其中利用原有固定资产 3. 9 亿元，新增投资 4. 9 亿元（固投 3. 96 亿元、流动资金 0. 94 亿元），主要生产知豆牌纯电动乘用车。项目自 2017 年 3 月启动建设，目前已全部建成，并于 2017 年 11 月 1 日，正式获得中华人民共和国工业和信息化部兰州知豆纯电动乘用车生产资质。

兰州广通新能源汽车有限公司是由珠海银隆新能源股份有限公司牵头，增资重组原兰州宇通客车有限公司而来。兰州广通新能源汽车生产基地项目，规划总占地面积 1 087 亩，一期建设用地面积 668 亩，总建筑面积 18 万 m^2。主要建设客车联合厂房（含制件车间、焊装车间、涂装车间、总装车间）、检测调整车间、底盘及改装车间、淋雨试验室、综合办公楼、倒班楼及食堂等；预留试制车间、研发中心、电池 PACK 车间及 2 个生产车间。项目总投资 11. 5 亿元，于 2017 年 5 月 3 日奠基动工，预计 2018 年 6 月部分车间建成投产。项目投产后，可实现年产纯电动客车 6 000 辆、客车底盘 3 000 辆、改装及物流车 5 000 辆、电池 PACK 系统 11 000 套，年销售收入 717 949 万元。一期建成后，计划启动建设二期大型动力电池和储能生产线项目。

五、2017 年基础设施建设及运行情况

根据国务院办公厅发布的《关于加快电动汽车充电基础设施建设的指导意见》，鼓励企业创新商业合作与服务模式，引导社会资本参与充电基础设施体系建设运营，到 2020 年要完成为 500 万辆电动汽车配套相应规模的充电基础设施建设，为发展新能源汽车产业提供重要保障。甘肃省积极推进充电基础设施建设，目前共建设充电站 229 座（占地面积 367 757. 44 m^2），充电桩 2 429 个，换电站 23 个，充电机功率总计 224 236. 45 kW，投资 52 950. 24 万元，运行情况良好。

六、发展规划

力争 2020 年，甘肃省在新能源汽车整车、关键零部件发展及推广应用和充电基础设施建设等方面取得明显进展，有利于新能源汽车发展的环境进一步优化，初步建成以市场为导向、企业为主体、产学研用紧密结合的新能源汽车创新与产业体系，汽车后市场及服务业在价值链中比重大幅度上升。

产业发展方面：围绕新能源汽车重点发展领域，实施研发及产业化专项，加快培育和发展新能源汽车产业，打造新能源汽车产业链，引导和培育自主品牌的龙头企业，顺应新能源汽车电动化、智能化、网联化发展方向，推动甘肃省新能源汽车整车研发、设计、制造及产业整合发展，提升产品竞争力和市场占有率。动力电池、电机、和充电配套设备等关键零部件产业化步伐加快。到 2020 年，全省初步形成 240 亿元规模的新能源汽车产业，并带动电池及充电设施等配套产业快速发展。

推广应用方面：2017—2020 年，全省新能源汽车（标准车）分年度推广数量分别不低于 1. 2 万辆、1. 5 万辆、2. 0 万辆、3. 0 万辆，且推广的新能源汽车数量占本地区新增及更新汽车总量比例不低于 1. 5%、2%、2. 5%、3%。

充电基础设施方面：到 2020 年基本建立适度超前、车桩相随、布局合理、设备先进的充电设施服务网络。其中，新能源汽车推广应用城市公共充电桩与电动汽车比例不低于 1:5，省内其他城市公共充电桩与电动汽车比例力争达到 1:10，能够满足推广应用新能源汽车运行需要。

七、节能与新能源汽车推广应用统计

2017 年 1—12 月底节能与新能源汽车推广应用数量

（单位：辆）

车型 燃料	公交车	旅游大巴	公务车	出租车	租赁用车	私人车	环卫车	物流车	邮政车	电力工程车	载货车	其他专用车	其他	合计
纯电动汽车	1 114	0	37	648	93	224	0	121	0	0	0	0	21	2 258
插电式混合动力汽车	390	18	0	0	0	123	0	0	0	0	0	0	0	531
增程式电动汽车	0	0	0	0	0	0	0	0	0	0	0	0	1	1
燃料电池汽车	0	0	0	0	0	0	0	0	0	0	0	0	0	0
合计	1 504	18	37	648	93	347	0	121	0	0	0	0	22	2 790

2017 年 1—12 月底节能与新能源汽车推广应用车型及数量

应用地区	车型	通用名称	数量（辆）
兰州市	楚风牌 HQG5042XXYEV9 型纯电动厢式运输车	纯电动厢式运输车	88
	吉海牌 KRD5022XXYBEV02 型纯电动厢式运输车	纯电动厢式运输车	29
	比亚迪牌 BYD7150WT5HEV4 型插电式混合动力轿车	比亚迪秦	2
	比亚迪牌 BYD6460STHEV5 型插电式混合动力轿车	比亚迪宋	30
	比亚迪牌 BYD6480STHEV 型插电式混合动力轿车	比亚迪唐	6
	比亚迪牌 BYD7005BEV 型纯电动轿车	比亚迪 e5	48
	比亚迪牌 BYD7006BEVH 型纯电动轿车	比亚迪 e6	200
	北京牌 BJ7000C5E1 - BEV 型纯电动轿车	EU200	290
	奇瑞牌 SQR7000BEVJ72 纯电动轿车	EQ1	2
	奇瑞牌 SQR7000BEVJ601 纯电动轿车	艾瑞泽 5e	2
	江铃牌 JX7005BEV 纯电动轿车	E100	7
	太行成功牌 SCH5022XXY - BEV1 型纯电动封闭货车	成功汽车 V2E	4
	广通牌 GTQ6121BEVBT3 型纯电动城市客车	纯电动城市客车	160
	广通牌 GTQ6123BEVBT11 型纯电动城市客车	纯电动城市客车	30
	广通牌 GTQ6105BEVBT9 型纯电动城市客车	纯电动城市客车	10
	宇通牌 ZK6125BEVG4 型纯电动城市客车	纯电动城市客车	314
白银市	众泰牌 JNJ7000EVZ4 型纯电动轿车	知豆 301C	1
	比亚迪牌 BYD6480STHEV5 型插电式混合动力多用途乘用车	比亚迪宋	6
	比亚迪牌 BYD7150WT5HEV4 型插电式混合动力轿车	比亚迪秦	1
	奇瑞牌 SQR7000BEVJ00 型纯电动轿车	奇瑞 eQ	1
	奇瑞牌 SQR7000BEVJ72 型纯电动轿车	EQ1	4
	吉利牌 SMA7000BEV01 型纯电动轿车	知豆 D1	1
	宇通牌 ZK6805BEVG12 型纯电动城市客车	纯电动城市客车	68
	中通牌 LCK6808EVQGA 型纯电动客车	世腾	15
	宇通牌 ZK6805BEVG3 型纯电动城市客车	E8	30
	宇通牌 ZK6805BEVG11 型纯电动城市客车	E8	10
	宇通牌 ZK6805BEVG12 型纯电动城市客车	纯电动城市客车	22
天水市	福田牌 BJ6123PHEVCA - 15 型插电式混合动力城市客车	插电式混合动力城市客车	50
	亚星牌 JS6128GHEVC12 型插电式混合动力城市客车	插电式混合动力城市客车	26
	比亚迪牌 BYD6480STHEV5 型插电式混合动力多用途乘用车	比亚迪唐	1
	众泰牌 JNJ7000EVE6 型纯电动轿车	芝麻 E30	18
	海格牌 KLQ6850GRVT 型纯电动城市客车	纯电动城市客车	32
	荣威牌 CSA6454NDPHEV1 型插电式混合动力运动型乘用车	eRX5	1
	东风牌 EQ6800CACBEV4 型纯电动城市客车	纯电动城市客车	2
	吉利美日牌 MR7002BEV03 型纯电动轿车	EC7 - EV	1
	传祺（Trumpchi）牌 GAC7100SHEVD5 型增程式混合动力轿车	GA5 混动版	1
	传祺（Trumpchi）牌 GAC7000BEVH0A 型纯电动轿车	传祺 GE3	1

续上表

应用地区	车　型	通用名称	数量(辆)
定西市	宇通牌 ZK6805BEVG3 型纯电动城市客车	纯电动城市客车	34
	宇通牌 ZK6805BEVG11 型纯电动城市客车	纯电动城市客车	40
	宇通牌 ZK6805BEVG12 型纯电动城市客车	E8	16
	友谊牌 ZGT6818LBEV 型纯电动城市客车	纯电动城市客车	21
酒泉市	东风牌 EQ6810CLBEV 型纯电动城市客车	纯电动城市客车	10
	东风牌 EQ6800CACBEV6 型纯电动城市客车	纯电动城市客车	10
	传祺(Trumpchi)牌 GAC7000BEVHOA 型纯电动乘用车	传祺 GE3	1
	恒通牌 CKZ6851HBEVG 型纯电动城市客车	CKZ6851HBEVG	40
	比亚迪牌 BYD6460STHEV5 型插电式混合动力多用途乘用车	宋 DM	1
	御捷马牌 YGM6371BEV 型纯电动乘用车	E 行	1
	众泰牌 JNJ7000EVK1 型纯电动乘用车	E200	1
	帝豪牌 HQ7002BEV08 型纯电动轿车	帝豪 EV	2
	吉利牌 JL7001BEV42 型纯电动轿车	知豆 D1	60
	吉利牌 JL7001BEV45 型纯电动轿车	知豆 D2	33
	比亚迪牌 BYD6480STHEV2 型插电式混合动力乘用车	比亚迪唐	2
	比亚迪牌 BYD7006BEVH 纯电动轿车	比亚迪 e6	60
	比亚迪牌 BYD6480STHEV 型插电式混合动力乘用车	比亚迪唐	2
	北汽新能源汽车	北汽	55
嘉峪关市	宇通牌 zk6805BEVG15 型纯电动城市客车	纯电动城市客车	5
	众泰牌 JNJ7000EVE6 型纯电动轿车	芝麻 E30	13
	北京牌 BJ7001BPH7—BEV 型纯电动轿车	EC180	3
	吉海牌 KRD5022XXYBEV02 型纯电动箱式运输车	纯电动箱式运输车	2
	御捷马牌 YGM6371BEV 型纯电动运动型乘用车	御捷 E 行	9
	野马牌 SQJ6460B2BEV 型纯电动轿车	E70S	1
张掖市	宇通牌 ZK6805BEVG12 型纯电动城市客车	纯电动城市客车	11
	东风牌 EQ6800CACBEV5 型纯电动城市客车	东风天翼	23
武威市	北京牌 BJ7001BPH1 - BEV 型纯电动轿车	EC180	73
	比亚迪牌 BYD6480STHEV3 型插电式混合动力多用途乘用车	比亚迪唐	1
	比亚迪牌 BYD7150WTHEV3 型插电式混合动力轿车	比亚迪秦	1
	传祺(TRUMPCHI)牌 GAC7000BEVH0A 型纯电动轿车	传祺 GE3	1
	传祺(Trumpchi)牌 GAC7100SHEVD5 型增程式混合动力轿车	GA5 混动版	2
	传祺(Trumpchi)牌 GAC7100SHEVD5A 型插电式混合动力轿车	GA5 PHEV	1
	福田牌 BJ6805EVCA - 2 型纯电动城市客车	纯电动城市客车	56
	江铃牌 JX7005BEV 型纯电动轿车	E100	18
	江铃牌 JX7009BEV 型纯电动轿车	E160	1
	金龙牌 XMQ6127AGBEVL3 型纯电动城市客车	纯电动城市客车	50
	力帆牌 LF7004GEV 型纯电动轿车	330EV	2
	荣威牌 CSA6454NDPHEV1 型插电式混合动力运动型乘用车	荣威 eRX5	1
	宇通牌 ZK6805BEVG1 型纯电动城市客车	纯电动城市客车	60
	宇通牌 ZK6805BEVG13 型纯电动城市客车	纯电动城市客车	20
	知豆牌 SMA7001BEV23 型纯电动轿车	知豆 D2	1
	众泰牌 JNJ7000EVE6 型纯电动轿车	芝麻 E30	1
	众泰牌 JNJ7000EVK1 型纯电动轿车	E200	1
	众泰牌 JNJ7000EVX9 型纯电动轿车	云 100S	4
	长安牌 SC6805ACBEV 型纯电动城市客车	纯电动城市客车	14
	长城牌 CC7000CE00BEV 型纯电动轿车	长城 C30EV	8
	华泰牌 SDH7000BEVYL 型纯电动轿车	华泰 EV150	1

续上表

应用地区	车型	通用名称	数量(辆)
武威市	帝豪牌 HQ7002BEV04 型纯电动轿车	帝豪 EV	1
	吉海牌 KRD5022XXYBEV02 型纯电动厢式运输车	纯电动厢式运输车	1
	吉利美日牌 MR7002BEV03 型纯电动轿车	EC7 – EV	1
	江淮牌 HFC7001A1EV 型纯电动轿车	IEV7	1
	北京牌 BJ7001BPH2 – BEV 型纯电动轿车	EC180	32
平凉市	宇通牌 ZK6805BEVG3 型纯电动城市客车	纯电动城市客车	20
	宇通牌 ZK6805BEVG12 型纯电动城市客车	纯电动城市客车	40
	中通牌 LCK6809EVGM2 型纯电动城市客车	纯电动城市客车	10
	东风牌 EQ6810CACBEV 型纯电动城市客车	纯电动城市客车	10
	东风牌 EQ6800CACBEV4 型纯电动城市客车	纯电动城市客车	16
	帝豪牌 HQ7002BEV04 型纯电动轿车	帝豪 EV	30
	比亚迪 BYD7005BEV 型纯电动轿车	比亚迪 e5	20
	野马牌 SQJ6460B2BEV 纯电动乘用车	E70S	1
	奇瑞牌 SQR7000BEVJ00 型纯电动轿车	奇瑞 eQ	6
	奇瑞牌 SQR7000BEVJ72 型纯电动轿车	奇瑞 eQ1	1
	比亚迪牌 BYD6480STHEV5 型插电式混合动力多用途乘用车	比亚迪唐	3
	比亚迪牌 BYD6480STHEV 型插电式混合动力多用途乘用车	比亚迪唐	3
	传祺(Trumpchi)牌 GAC7100SHEVD5 型增程式混合动力轿车	GA5 混动版	1
庆阳市	宇通牌 ZK6125BEVG23 型纯电动城市客车	纯电动城市客车	20
	宇通牌 ZK6105BEVG25 型纯电动城市客车	纯电动城市客车	40
	宇通牌 ZK6805BEVG15 型纯电动城市客车	纯电动城市客车	12
	奇瑞牌 SQR7000BEVJ00 型纯电动轿车	奇瑞 eQ	5
	传祺牌(trumpchi)牌 GAC7000BEVH0A 型纯电动轿车	传祺 GE3	2
	华泰牌 SDH7000BEVYL 型纯电动轿车	华泰 EV150	2
	江铃牌 JX7009BEV 型纯电动轿车	E160	2
	野马牌 SQJ6460B2BEV 型纯电动乘用车	E70S	1
	宇通牌 ZK6805BEVG13 型纯电动城市客车	纯电动城市客车	16
	北京牌 BJ7001BPH1 – BEV 型纯电动轿车	EC180	10
	比亚迪牌 BYD6480STHEV3 型插电式混合动力多用途乘用车	比亚迪唐	12
临夏州	宇通牌 ZK6805BEVG11 型纯电动城市客车	纯电动城市客车	30
	宇通牌 ZK6805BEVG12 型纯电动城市客车	纯电动城市客车	20
	长安牌 SC6805ACBEV 型纯电动城市客车	纯电动城市客车	1
	长安牌 SC6836BBEV 型纯电动城市客车	纯电动城市客车	1
	长安牌 SC6805ABBEV 型纯电动城市客车	纯电动城市客车	1
	长安牌 SC6836ABEV 型纯电动城市客车	纯电动城市客车	1
	野马牌 SQJ6460B2BEV 型纯电动轿车	E70S	6
	野马牌 SQJ6460B1BEV 型纯电动乘用车	T70 EV	2
	力帆牌 LF7004GEV 型纯电动乘用车	330EV	8
甘南州	中通牌 LCK6809EVG6 型纯电动城市客车	纯电动城市客车	16
	中通牌 LCK6809EVGK 型纯电动城市客车	纯电动城市客车	10
金昌市	中国中车牌 TEG6801BEV01 型纯电动城市客车	纯电动城市客车	3
	北京牌 BJ7001BPH7 – BEV 型纯电动轿车	EC180	9
陇南市	宇通牌 ZK6105BEVG23 型纯电动城市客车	纯电动城市客车	8
	宇通牌 ZK6805BEVG11 型纯电动城市客车	纯电动城市客车	17
	宇通牌 ZK6650BEVG16 型纯电动城市客车	纯电动城市客车	10
	宇通牌 ZK6826BEVQG50 型纯电动城市客车	纯电动城市客车	40
	宇通牌 ZK6826BEVQG51 型纯电动城市客车	纯电动城市客车	1

八、2017年本地区重点新能源汽车企业产销量统计表

生产企业名称	产品商标	车辆类型	通用名称	产量统计(辆)	销量统计(辆)
兰州知豆电动汽车有限公司	知豆	纯电动汽车	D2	18 554	18 554

九、2017年12月底本地区电动汽车充(换)电站(桩)保有量统计表

城市名称	充电站				充电桩		换电站
	数量(座)	充电机功率总计(kW)	充电站占地面积(m^2)	投资金额(万元)	慢充(个)	快充(个)	数量(座)
甘南州	1	600	3000	127	30	—	2
兰州市	129	108 402.45	97 565	31 465.15	483	417	1
定西市	10	33 240	105 918	3 300	0	170	0
嘉峪关市	7	7 000	100	21	7	0	0
金昌市	16	135	16	20	15	1	0
酒泉市	4	8 893	21 038	2 720	300	86	10
临夏州	1	120	5 200	456	43	15	0
平凉市	11	13 280	15 400	5 298.64	72	123	0
庆阳市	2	2 134	15085	632.5	8	1	0
天水市	1	1 000	1000	150	0	24	0
武威市	11	30 900	68 580.44	3410	165	45	10
张掖市	16	500	500	120	16	0	0
白银市	8	7 952	26 495	2 049.95	105	129	0
陇南市	12	10 080	7 860	3 180	120	54	0
合计	229	224 236.45	367 757.44	52 950.24	1 364	1 065	23

沈阳市

Shenyang City

一、2017年新能源汽车产业概况

2017年,沈阳市共生产新能源汽车2 103辆,同比增长84.8%,实现工业产值8.07亿元,同比增长142.3%。其中乘用车为1 983辆,全部由华晨宝马生产。商用车120辆,全部由金杯车辆公司生产。

产业规模持续扩张,目前全市拥有新能源汽车规模化生产能力及产品公告的整车企业6家,形成了包括整车研发制造、关键零部件、新能源汽车示范运营等在内的新能源汽车产业链,产品包括包含纯电动、插电式混合动力乘用车、纯电动客车、插电式混合动力客车、纯电动专用车等。

整车方面,华晨宝马基于宝马品牌推出了BMW 5系和BMW X1插电式混合动力产品,并于2014年在国内成立专门的新能源汽车品牌"之诺",致力于新能源汽车技术和产品的开发,之诺1E和60H两款车型已上市销售;华晨汽车新能源车型主要以A0级的纯电动车型为主,2013年推出的中华H230EV,续航里程达150 km,目前新一代H230纯电动乘用车产品正在研发中。沈阳五洲龙是深圳五洲龙集团重点研发生产基地之一,年生产能力3 000辆,2015年生产的230辆插电式混合动力客车已在沈阳市公交领域运营。沈阳金杯车辆等企业积极进行电动化平台开发研制,纯电动厢式运输车和纯电动载货车等物流车产品已经进入工信部新能源汽车推广应用推荐车型目录。沈阳华龙新能源汽车有限公司增程式纯电驱动客车项目厂房及生产线建设完成,开发的纯电动城市客车已成功下线,并进入工信部公告和推荐车型目录。

零部件领域,华晨宝马与宁德时代合作动力电池PACK生产线在铁西工厂竣工投产。东软睿驰依托在汽车电子领域的积累,积极布局动力电池系统研发设计、电池组装与管理、智能充电关键技术、驾驶辅助系统、车联网等领域,动力电池系统已实现小批量生产供应。妙盛新能源电池产业基地项目已落户沈北新区,将装备两条智能化锂离子动力电池生产线,生产高功率锂离子动力电池,计划年产值20亿元,项目建成后,将有效拉动动力电池上下游产业集聚。该项目由北京洁蓝德新能源科技有限公司投资建设,计划总投资6亿元,占地100亩,规划建筑面积6.7万m^2,主要建设4条生产线、研发中心和办公楼等,项目全部达产后预计产值50亿元。

二、新能源汽车推广应用情况

截至2017年底，沈阳市累计推广新能源汽车3 636辆，其中纯电动汽车1 071辆，其余为插电式混合动力汽车。全市已经建成充电站20座，充电桩370余个。2017年12月5日，辽宁省超大规模的新能源汽车智能充电桩群——雷风充电沈师站建成并正式投入运营。2017年11月5日，沈阳市新能源汽车行业协会正式成立，会员涵盖了新能源整车、零部件、充电桩、新能源汽车运行、金融及科研机构等单位。新能源汽车作为沈阳未来重点发展的产业，涉及面广，沈阳新能源汽车行业协会的成立，架起了政府和企业之间的桥梁，可以发挥其在政府与企业、企业与企业、企业与用户之间的协调作用，以整车为带动，促进动力电池、驱动电机、电控系统、智能网联系统、充电基础设施、装备制造等配套产业链资源聚集，形成完备的新能源汽车产业生态。

大 连 市

Dalian City

一、新能源汽车推广应用

充分依托各种宣传渠道，并借助大连市举行各类大型活动之良机，广泛宣传国家和省、市政策，积极调动各方购买使用新能源汽车的积极性。按照市政府确定的“公共领域先行，多种模式推进”工作思路，一方面加快推进公交领域纯电化进程，另一方面积极推动新能源汽车在出租、环卫及私人领域的推广应用。截至目前，全市已累计推广新能源汽车超过7 500辆；主要投放领域包括公交领域2 200多辆、环卫及物流领域近300辆、私家车1 300多辆，其余3 700多辆为企事业单位、出租车和车辆租赁公司及其他公司用车。其中，截至2017年底公交领领域，市内主城区公交线路累计投放纯电动公交车1 540辆，纯电动化率达到40%；近郊公交线路更换新能源汽车700辆，占比超过90%。2018—2019年，大连市将继续推动公交电动化工作，计划在主城区公交线路再投放1 200辆纯电动公交车，届时市内公交纯电动化率将突破70%。

二、新能源汽车产业发展

坚持“以推广应用带动产业发展，以产业发展促进推广应用”原则，推动新能源汽车产业产需互促、良性发展，全面提升大连市新能源汽车整车及零部件企业产业化水平；着力提升整车研发和产业化水平；依托现有新能源汽车企业实施改、扩建，增加产品品种，提升产能；在国家相关政策的指导下，引导传统汽车企业研发、生产新能源汽车产品；加快推进动力电池、驱动电机、电控系统及其他关键零部件技术创新和成果转化，提高产品的安全性、可靠性和稳定性。

（一）精心培育整车企业

比亚迪纯电动客车生产基地作为东北唯一的纯电动大巴生产、出口基地，一期项目产能已达1 400台/年。2017年产销纯电动大巴1 100多辆，产值10亿元，主要销往北京、玉溪等地。一汽大客与江苏正豪公司签署战略增资扩股协议完成了混合所有制改制，企业获得优质资金注入，在客车生产基础上又研发多款电动厢式物流车，形成公司新的利润增长点。2017年产销纯电动客车及物流车1 800多台，产值4.7个亿；2018年一季度既签署了5 000台的电动车全年生产订单，为企业实现规模化生产奠定坚实基础。华晨集团生产的插电式混合动力客车和纯电动客车销售情况良好，目前正在研发新车型开拓新市场；上海威马汽车技术有限公司计划将原大连黄海汽车有限公司升级为威马汽车在中国的第三工厂，主要生产新能源汽车。

（二）鼓励核心零部件企业创新发展

1. 动力电池

大连中比动力电池有限公司一期项目配备了4条国内最先进的锂离子电池自动生产线，高能动力锂离子电池年产能达到8亿Wh，可满足纯电动汽车及储能产品10万套动力电池组的需求，目前已与一汽大众、华晨宝马、长城汽车等整车企业签署合作协议。二期电芯工厂主要生产方形大电池，现已进入工厂内部装修阶段，将配备2条最先进智能全自动锂离子电池生产线，2018年投产。达产后年产能为32亿Wh，可满足大巴车、物流车、集装箱储能产品5万套大型动力电池包的需求。

大连松下汽车能源有限公司动力电池技术水平全球领先，其投建的车载动力电池项目一期占地17万m^2，主要从事车载用锂离子动力电池设计、制造、销售与售后服务等。计划建设6条生产线，其中2条生产线已经投产，第三条生产线进入设备导入和安装阶段。下一步，公司将筹备启动二期项目。

2. 燃料电池

新源动力拥有了燃料电池电堆、系统及关键零部件工程技术、工艺验证以及测试平台和氢源技术工程化实验平台等，其自行研发的燃料电池系统功率密度已达到300 W/kg，居国内领先水平，具有300台/年的集成试制和工程技术验证能力，是目前国内最先进最完善的燃料电池产业化平台。公司拥有自主知识产权约500项，其中国际专利6项，部分关键技术已达到国际一流水平。目前与上汽等大型车企合作，已经累计交付燃料电池模块及系统产品200余台，产品的可靠性、耐久性有了质的飞越，燃料电池发动机技术也得到了进一步的完善，预计2018年底产能将扩充至1 000台/年。

3. 驱动电机

大连电机集团有限公司是国内最早进入新能源汽车驱动系统研发及制造的企业之一，现已开发了从5.5 kW到160 kW交流永磁同步驱动系统、交流异步驱动系统，配套车型涵盖纯电动轿车、物流车、旅行车、环卫车、中巴车及

12 m 客车。其主要客户有北汽新能源、郑州宇通、山东沂星、陕汽通家、唐骏欧铃、重庆恒通、航天新长征电动汽车有限公司等十余家整车企业。目前,公司已成为国内新能源汽车驱动系统领域规格最全、品种最多的企业之一。其研发的驱动电机具有全部自主知识产权,拥有多项发明和实用新型专利,其中 30 kW 永磁驱动系统入选科技部中德合作项目,送到德国爱因霍夫研究所按德国标准进行测试,内嵌式 IPM 永磁同步电机申报辽宁省引进海外研发团队项目,获日本电机专家指导设计,同款永磁同步电机相比其他厂家减少一个机座号,具有更高的功率密度和性价比,产品水平国内领先。

(三)其他配套产品亮点频现

大连伊科能源科技有限公司专业研发、生产锂离子电池隔膜,拥有世界首创的干法双向拉伸制备多孔膜技术,独立完成了世界单机产能最大的拉膜生产线和车速最快的涂覆生产线,锂离子电池隔膜及涂覆隔膜的产能分别达到 28 000 万 m^2 和 10 800 万 m^2。大连宏光锂业股份有限公司主要从事锂离子电池石墨类负极材料的生产、加工、销售,产品 30 余种,年产能达 3 500 余吨;2017 实现主营业务收入 5 076 万元,同比增长 34%。大连罗宾森电源设备有限公司成功开发"智能充电堆",实现了集智能控制、管理和监控于一体,充电设施整体品质大幅提升,已成为国内多个整车企业的供应商,产品出口英国、荷兰、韩国等多地。另外,大连冰山集团研制的新能源汽车专用空调质量优良,已成为国内多家整车生产企业协议供货商。

三、下一阶段工作重点

看到成绩的同时,更要看到面临的问题和挑战。推广应用方面,目前全市新能源汽车推广基数较好,但是受补贴政策空档期及充电网络不够完善等因素影响车辆增速较慢,推广模式需要创新,推广领域也需要进一步拓展。产业发展方面,全市新能源汽车产业总体规模较小,个别具有代表性的企业尚没有做大做强,产业链整合有待加强,需要构建和优化本地企业加快发展和行业龙头企业来连落户的政策环境。特别是与深圳、青岛等平行城市相比,大连市虽然工业基础较好,但在新能源汽车产业发展上已经处于落后态势。根据《研究促进新能源汽车产业发展有关工作会议纪要》指出的当下我国新能源汽车产业发展面临的问题和挑战,"一是核心技术有待突破,二是配套环境亟需改善,三是政策体系仍需完善",下一步,大连市将坚持市场主导、创新驱动、重点突破、协调发展,进一步加强统筹规划,优化政策措施,强化研发支持,完善软硬环境,加快实现技术升级、产品换代和市场推广,推动新能源汽车更加协调、更高质量、更可持续发展。

长 春 市

Changchun City

一、2017 年节能与新能源汽车产业概况

2017 年,随着国家政策调整和市场的不断发展,发展新能源汽车已成为长春市各新能源汽车整车厂的共识,特别是一汽集团新领导班子高度重视新能源汽车产业发展,将其列入集团重点发展战略全力推动;长春新能源公司也加快自主"环菱"品牌的研发。此外,中盈志合、金冠电气等一批新能源汽车及关键零部件项目不断推进,产业集聚效应初步显现,长春市新能源汽车呈现出加速发展趋势。

二、2017 年节能与新能源汽车推广应用情况

2017 年长春市在公交领域共推广新能源汽车 158 辆。

三、2017 年节能与新能源汽车主要企业经营情况

新能源客车方面,2017 年一汽客车公司纯电动客车产销 30 辆。长春新能源公司生产的 66 台纯电动客车已交付公交公司投入运营。

新能源乘用车方面,一汽轿股现有奔腾系列 B50EV、B50PHEV、X80EV、B30EV 等新能源乘用车,一汽红旗已开发并投放红旗 H7PHEV,一汽大众开发奥迪 A6L 插电式混合动力乘用车并试生产。

新能源物流车方面,2017 年一汽客车公司 5.9 m 纯电动物流车取得 50 辆订单,已完成生产并交付。

四、2017 年节能与新能源汽车项目及园区建设情况

长春新能源汽车产业园规划占地 45.3 万 m^2,项目分两期建设,一期规划实现年产大中型新能源客车 10 000 辆,轻型新能源客车 5 000 辆;二期将建设动力电池模组、电控系统、储能系统、轻型新能源客车扩能到 45000 辆。新能源汽车总投资 34 亿元。为加快企业发展及园区建设,长春新能源公司正在谋划与行业内企业进行深层次合作。

五、2017 年基础设施建设及运行情况

截至 2017 年末,长春市有充电桩 317 个,其中,一汽新能源 49 个,主要为一汽集团研发、检测及员工提供充电服务;特来电公司 176 个,主要为公交集团新能源公交车提供充电服务;中兴公司 21 个,主要分布在 4 路、62 路公交站点,为公交集团新能源公交车及租赁运营提供充电服务;长春供电公司 60 个;此外有关使用单位自建 11 个充电桩。

六、节能与新能源汽车推广应用统计表(公交领域)

2017 年节能与新能源汽车推广应用数量

(单位:辆)

燃料 \ 车型	公交车	旅游大巴	公务车	出租车	租赁用车	私人车	环卫车	物流车	邮政车	电力工程车	载货车	其他	合计
纯电动汽车	148	0	0	0	0	0	0	0	0	0	0	0	148
插电式混合动力汽车	10	0	0	0	0	0	0	0	0	0	0	0	10
增程式电动汽车	0	0	0	0	0	0	0	0	0	0	0	0	0
燃料电池汽车	0	0	0	0	0	0	0	0	0	0	0	0	0
合计	158	0	0	0	0	0	0	0	0	0	0	0	158

2017 年节能与新能源汽车推广应用车型及数量

应用地区	车型	通用名称	数量(辆)
长春市	环菱牌 CCQ6100BEV1 型纯电动城市客车	纯电动城市客车	66
	安凯牌纯电动客车	纯电动客车	50
	中通牌纯电动客车	纯电动客车	6
	中国中车纯电动客车	纯电动客车	12
	宇通牌纯电动客车	纯电动客车	14
	宇通牌插电式混合动力客车	插电式混合动力客车	10

七、2017 年本地区重点新能源汽车企业产销量统计表

生产企业名称	产品商标	车辆类型	通用名称	产量统计(辆)	销量统计(辆)
一汽客车有限公司	解放	纯电动公交客车	—	30	30
		纯电动厢式运输车	—	50	50
		纯电动售货车	—	2	0
长春北车电动汽车有限公司	环菱	纯电动城市客车	—	66	66
中国第一汽车集团公司	一汽	纯电动轿车	奔腾 B30EV	238	135
	红旗	插电式混合动力乘用车	红旗 H7PHEV	36	36
一汽大众汽车有限公司	奥迪	插电式混合动力乘用车	奥迪 A6L e－tron	153	0

八、2017 年 12 月底本地区电动汽车充(换)电站(桩)保有量统计表

城市名称	充电站				充电桩		换电站
	数量(座)	充电机功率总计(kW)	充电站占地面积(m^2)	投资金额(万元)	慢充(个)	快充(个)	数量(座)
长春市	1	423	2 200	810	108	209	1

南 京 市

Nanjing City

一、2017 年节能与新能源汽车产业概况

1. 产业链条基本形成

目前,南京市新能源乘用车、客车、货车、专用车生产已初具规模,形成以南汽、南维柯、南京长安、南京金龙、南京比亚迪等新能源整车生产企业,以南京国轩、LG 化学(电池)、南京越博(动力总成)、奥特佳冷机(纯电动汽车空调压缩机)等新能源汽车主要零部件生产企业,以国电南瑞、南京能瑞等新能源汽车配套设备生产企业为主的一条完整的产业链。现有新能源整车生产能力 17 万辆,电池生产能力 4 GWh。

2. 产业发展初具规模

近年来,南京市以建设成为全国重要的新能源汽车生产和研发中心为目标,积极打造新能源汽车产业“四基地”。“四基地”分别为:江北新区新能源汽车产业基地,主要依托上南合作,积极推进上汽集团自主品牌新能源乘用车和南京

依维柯新能源轻型商用车基地建设;溧水新能源汽车产业基地,主要依托南京长安、南京金龙、南京比亚迪、南京银隆4家新能源整车企业,重点打造新能源整车及主要零部件生产基地;江宁新能源汽车产业基地,主要依托上汽大通南京分公司等整车企业,奥特佳新能源汽车空调、国电南瑞等零部件企业,积极打造新能源汽车整车及核心零部件产业基地;新港新能源汽车产业基地,主要以FMC、蔚来等企业为龙头,LG动力电池等企业为支撑,积极布局新能源汽车产业基地。

2017年,全市共生产新能源汽车2.7万辆,翻了一番;累计实现主营收入120亿元,增长33%。随着上汽ei6、长安欧力威EV等车型不断投产,及FMC、南京银隆等一批新能源项目的开工建设,预计未来几年,南京市新能源汽车将继续保持快速增长的态势。

二、2017年节能与新能源汽车扶持政策与措施

政策名称	文件号	发布单位	发布日期	政策概要
南京市"十三五"新能源汽车推广应用实施方案	宁政办发〔2017〕156号	南京市人民政府办公厅	2017-08-29	明确了"十三五"期间南京市新能源汽车推广应用的指导思想、基本原则和主要目标,提出力争到2020年,基本实现全市主城区、新城新区公交车新能源化;全市新增新能源汽车5万标准车以上,保有量达到13万标准车以上;新建成充电桩2万根,累计达到2.5万根的推广应用目标

三、2017年节能与新能源汽车推广应用情况

截至2017年底,南京市已发展各类新能源汽车26 949辆,建成各类充电桩13 507个,车辆和充电桩均占全省总量的30%以上,累计发展量居全省第一,新能源汽车产业链不断完善,新能源汽车推广应用成效卓著。

(一)车辆推广应用

南京市新能源汽车发展总量为26 949辆(2014年3 835辆、2015年5 209辆、2016年3 540辆、2017年14 365辆),其中新能源公交车4 297辆,市级公务车2辆,出租车1 000辆,电力系统用车17辆,物流、环卫等专用车5 354辆,市区大客包车3 203辆,各类小型乘用车13 076辆。

(二)充换电基础设施建设

目前南京市有服务换电式公交车的3座专用换电站、服务充电式公交车的70座充电站1 650个专用充电桩、服务出租汽车的284个充电桩,还已建成社会公用交、直流充电桩共计13 507个(2017年建成5 264个),充换电网络初步建立。

南 通 市

Nantong City

一、2017年节能与新能源汽车产业概况

2017年,南通市新能源汽车产业完成产值770.31亿元,同比增长17.6%;实现主营业务收入758.79亿元,同比增长11.7%;实现利润61.15亿元,同比增长16.2%。企业总数达到125家,其中,整车生产企业3家,零配件生产企业120家,特种车辆生产企业2家。

在整车领域,拥有康迪电动汽车江苏有限公司、江苏陆地方舟新能源电动汽车有限公司、中航爱维克3家企业。2017年,全市整车产量1.77万辆,同比增长49.47%,整车销量1.68万辆,同比增长33.04%。

在零部件领域,拥有中天储能、江苏海四达、天丰电子新材料、雄邦压铸公司等9家龙头企业,生产锂离子电池、车灯、电子线束、车内饰、轮胎等配套产品,在电池、电控领域形成了一定优势。中天储能生产的锂离子电池已广泛应用于通信、电力与动力等领域,研发的电动汽车充电设施达到国家标准。江苏海四达生产的锂电子电池已为江苏常隆客车及中国南车等企业配套,产品出口德国、美国、波兰等国家。天丰电子新材料是中国唯一具有完备自主知识产权的隔膜生产企业,主要生产高性能动力电池隔膜。吉泰科电气研发的纯电动及混合动力汽车的电机控制系统受到市场高度关注,销售情况良好。雄邦压铸公司为特斯拉Model—X车型研发左右前减震塔,具有极佳减震效果和舒适度功能。冠东模塑与复旦大学等高等院校成功研发pc玻璃-膜复合技术,填补了国内空白。亨通电子线缆电动汽车车用屏蔽综合软电缆等产品获得国家专利,已与国内众多新能源汽车生产经营商签订了供货合同。

在特种车辆领域,拥有明诺电动科技、江海节能设备科技有限公司2家企业。明诺机械以生产新能源高效路面清扫车和微型急救车为主;江海节能设备科技有限公司主要为一汽解放和南京特种汽车制配厂有限公司生产纯电动专用车。

在创新发展领域,南通市汽车及零部件生产厂家不断采用新技术、新工艺促进产品向高技术、高品质、高附加值方向发展。2017年,新增省级企业技术中心3家、省级工程技术研究中心3家、省级高新技术企业11家、省级智能车间2家。

二、2017 年节能与新能源汽车扶持政策与措施

政策名称	文件号	发布单位	发布日期	政策概要
关于印发《2017 年南通市新能源汽车推广应用地方财政补贴实施细则》的通知	通财综〔2017〕6 号	南通市财政局 南通市交通运输局	2017 - 5 - 26	关于 2017 年新能源汽车补贴对象及补贴标准

三、2017 年节能与新能源汽车推广应用情况

2017 年南通市推广新能源汽车 4 374 辆,其中纯电动客车 187 辆,插电式混合动力客车(含增程式)4 辆,纯电动乘用车 3 969 辆,插电式混合动力乘用车(含增程式)23 辆,纯电动专用车 191 辆。

四、2017 年节能与新能源汽车主要企业经营情况

江苏陆地方舟新能源车辆股份有限公司,2017 年完成工业产值 206 855 万元,同比增加 33%,实现主营业务收入 163 074.47 万元,同比增加 36.19%,利税 3 451.92 万元,同比减少 87.58%。企业主要产品为专用车、客车、乘用车,全年实现产量 2 462 辆(含传统汽车和新能源汽车),同比减少 54%,销量 2 461 辆(含传统汽车和新能源汽车),同比减少 57%。全年研发投入 7 378.67 万元,占销售收入 4.52%;获得工业应税销售十强、省级工程技术研究中心、国家知识产权优势企业、南通市融合创新示范企业等荣誉。

中航爱维客汽车有限公司,2017 年累计销售 40 台客车,其中 20 台为 10.5 m 新能源公交车出口韩国,销售收入为 1 416.03 万元。20 台为 7.5 m 传统客车,销售收入为 671.09 万元。

五、2017 年节能与新能源汽车项目及园区建设情况

出台了《南通市新能源汽车产业发展规划》,将新能源及新能源汽车产业列为市委、市政府重点推进的“3 + 3 + N”产业之一,加快培育特色鲜明、具有较强竞争力的新能源汽车产业集群。一是形成了一批产业集聚区。如皋市获批“国家火炬如皋新能源汽车特色产业基地”、“江苏省新能源汽车生产基地”和“联合国开发计划署氢经济示范城市”,南通高新区成为“中国压铸产业试点基地”。二是聚集了一批重点项目。全市已有康迪、吉利、沈阳金杯、陆地方舟、美国赛麟等 8 家整车厂落户,产品涵盖大客车、中重型卡车与轻卡、乘用车和专用车,计划总投资近 200 亿元。陆地方舟项目总投资 40 亿元,目前已具备年产大中型客车 5 000 辆的生产能力。康迪电动汽车总投资 12 亿元,计划形成年产 10 万辆新能源乘用车的生产规模。三是实现了产业链上下延伸。大唐恩智浦、中天储能科技、天丰电子新材料等新能源汽车配套产业项目取得了突破性进展。天丰电子填补我国动力电池隔膜生产空白。神华集团、百应能源、南通泽禾、南通碧空等研发的氢燃料电池动力系统已经应用于多款汽车,并获得工信部公告,进入补贴目录。

六、2017 年基础设施建设及运行情况

2017 年南通市建设充电桩 779 个,其中:交流桩 597 个、直流桩 182 个。目前运行正常。

七、发展规划

(一)发展产业链关键环节

以“中国制造 2025”国家级示范区创建工作为引领,以培育地标性特色产业为抓手,尽快研究出台新能源汽车产业发展实施方案和扶持政策,推动新能源汽车产业集群差异互补、特色发展;立足南通市产业基础,实施“强链补链”工程,聚焦氢燃料电池领域,重点发展零部件领域关键核心技术,力争形成覆盖氢能制储运、燃料电池及关键材料、燃料电池汽车等环节的氢燃料电池产业链。

(二)加快突破重大项目

加大优质项目的招引工作力度;聚焦新能源汽车产业链关键环节,积极承接上海重大产业项目转移;推动市县联动,加强与国内前 10 强企业的对接,组织产业板块、特色园区开展精准招商引资和高端招才引智活动,促进新能源汽车产业重大项目落户南通;加大重大项目的跟踪和服务力度;紧盯 9 个投资超亿元重点实施项目,聚焦 2 个超 30 亿元(三元车用锂电池复合新材料项目、当升锂电池正极材料三期项目)、5 个超 10 亿元重点项目(三电石墨烯车用通风设备、沪海汽车轻量化关键部件、鹏德汽车零部件、新凌嘉锂电池、嘉朗精密机械),强化服务保障,及时跟踪进度,主动协调打通“堵点”,力促项目尽早开工、尽快投产。

(三)培育龙头骨干企业

全面贯彻落实《南通市“5215”工业大企业培育实施方案》,跟踪服务好康迪电动汽车、陆地方舟等一批新能源汽车产业重点联系企业;推动设立新能源汽车产业发展基金,鼓励企业开展上市及并购,支持企业实施项目建设、并购重组、品牌打造、市场拓展等战略,引导企业加强科技创新和管理创新,推动企业深耕细作、集约发展、做大做强;依托产业联盟,邀请院士、千人计划专家、世界 500 强、国内 100 强企业负责人、省级以上行业协会负责人等高层次人才来南通宣讲,组织专家团队深入行业龙头企业,为企业发展提供咨询把脉。

(四)推动特色载体建设

引导如皋经济技术开发区、南通高新技术产业开发区 2 个省级园区,围绕“一主一副”产业定位发展,按照“一本特色园区规划、一支专业化工作队伍、一个公共服务平台、一批龙头企业”的“四个一”要求,形成差异互补、特色发展的特色产业园区良性竞争格局。细分产业领域,整车领域重点发展如皋新能源汽车整车产业园,零部件领域重点发展通州、海安新能源汽车零部件产业园,吸引产业加速集聚,形成示范辐射。

(五)提升公共服务水平

不断提高新能源汽车产业联盟活跃度,促进本地上下游

企业间，企业与相关高校、科研院所、金融机构间深度开展技术、生产、市场、资金合作。积极推动建设汽车产业联合研究中心、公共技术服务中心、公共监测平台，开展人才培养、技术攻关、成果转换等合作。突出企业主体作用，组织行业内“科企双见面”活动，实现国内外科技资源与企业的全面合作对接。优化完善汽车产业人才培养、发现、评价、激励机制，大力引进国内外汽车（新能源汽车）产业高端人才和创新团队。

八、节能与新能源汽车推广应用统计

2017 年节能与新能源汽车推广应用数量

（单位：辆）

车型 燃料	公交车	旅游大巴	公务车	出租车	租赁用车	私人车	环卫车	物流车	邮政车	电力工程车	载货车	其他	合计
纯电动汽车	182	0	29	0	3 325	620	1	190	0	0	0	0	4 347
插电式混合动力汽车	4	0	3	0	0	20	0	0	0	0	0	0	27
增程式电动汽车	0	0	0	0	0	0	0	0	0	0	0	0	0
燃料电池汽车	0	0	0	0	0	0	0	0	0	0	0	0	0
合计	186	0	32	0	3 325	640	1	190	0	0	0	0	4 374

2017 年节能与新能源汽车推广应用车型及数量

应用地区	车型	通用名称	数量（辆）
南通市	北京牌 BJ7001BPH1 – BEV 型纯电动轿车	EC180	128
	北京牌 BJ7001BPH2 – BEV 型纯电动轿车	EC180	26
	北京牌 BJ7001BPH5 – BEV 型纯电动轿车	EC180	2
	北京牌 BJ7001BPH7 – BEV 型纯电动轿车	EC180	15
	北京牌 BJ7001BPH8 – BEV 型纯电动轿车	EC180	3
	比亚迪牌 BYD6460STHEV5 型混合动力多用途乘用车	比亚迪宋	23
	比亚迪牌 BYD7006BEVH 型纯电动轿车	比亚迪 e6	9
	长城牌 CC7000CE00BEV 型纯电动轿车	长城 C30EV	1
	海马牌 HMA7003S10BEV 型纯电动轿车	爱尚 EV	7
	海马牌 HMA7003S13BEV 型纯电动轿车	爱尚 EV	47
	众泰牌 JNJ7000EVK1 型纯电动轿车	E200	52
	众泰牌 JNJ7000EVK5 型纯电动轿车	E200	7
	众泰牌 JNJ7000EVE3 型纯电动轿车	芝麻 E30	6
	众泰牌 JNJ7000EVE6 型纯电动轿车	芝麻 E30	11
	众泰牌 JNJ7000EVX9 型纯电动轿车	云 100S	42
	众泰牌 JNJ7000EVX13 型纯电动轿车	云 100S	25
	众泰牌 JNJ7000EVX14 型纯电动轿车	云 100S	12
	众泰牌 JNJ7000EVX16 型纯电动轿车	云 100S	11
	吉利牌 JL7001BEV45 型纯电动轿车	知豆 D2	1
	江铃牌 JX7005BEV 型纯电动轿车	E100	114
	江铃牌 JX7006BEV 型纯电动轿车	E200	7
	江铃牌 JX7009BEV 型纯电动轿车	E160	13
	江铃牌 JX70012BEV 型纯电动轿车	E200S	1
	江铃牌 JX70016BEV 型纯电动轿车	E200	17
	吉利牌 JL7001BEV35 型纯电动轿车	知豆 D2	3
	吉利牌 JL7001BEV45 型纯电动轿车	知豆 D2	16
	长安牌 SC7001CABBEV 型纯电动轿车	奔奔 mini e	9
	华泰牌 SDH7000BEVYL 型纯电动轿车	华泰 EV150	21
	吉利牌 SMA7000BEV05 型纯电动轿车	K12	2 591
	吉利牌 SMA7001BEV25 型纯电动轿车	K17A	635
	奇瑞牌 SQR7000BEVJ72 型纯电动轿车	EQ1	73
	奇瑞牌 SQR7000BEVJ00 型纯电动轿车	奇瑞 eQ	3
	华骐牌 YQZ7002BEV 型纯电动轿车	华骐	1

续上表

应用地区	车　　型	通用名称	数量(辆)
南通市	御捷马牌 YGM6350BEV 型纯电动运动型乘用车	E 驰	22
	御捷马牌 YGM6371BEV 型纯电动乘用车	E 行	38
	大马牌 HKL6801BEV3 型纯电动客车	纯电动客车	1
	海格牌 KLQ6800GEVN4 型纯电动客车	纯电动客车	18
	开沃牌 NJL6100BEV38 型纯电动客车	纯电动客车	18
	常隆牌 YS6860GBEVA 型纯电动客车	纯电动客车	10
	常隆牌 YS6100GBEVA 型纯电动客车	纯电动客车	5
	宇通牌 ZK6105BEVG27 型纯电动客车	纯电动客车	7
	宇通牌 ZK6105BEVG29 型纯电动客车	纯电动客车	72
	宇通牌 ZK6115BEVZ51 型纯电动客车	纯电动客车	2
	宇通牌 ZK6650BEVG16 型纯电动客车	纯电动客车	6
	宇通牌 ZK6805BEVG11 型纯电动客车	纯电动客车	40
	东风牌 EQ6811LACBEV1 型纯电动客车	纯电动客车	2
	宇通牌 ZK6105CHEVPG33 型插电式混合动力客车(含增程式)	插电式混合动力客车	4
	福田牌 BJ6105CHEVCA-8 型插电式混合动力客车(含增程式)	插电式混合动力客车	6
	红星牌 HX5021XXYVEV 型纯电动厢式运输车	纯电动厢式运输车	3
	楚风牌 HQG5042XXYEV2 型纯电动厢式运输车	纯电动厢式运输车	89
	鑫源牌 JKC5020XXY-AXBEV 型纯电动厢式运输车	纯电动厢式运输车	1
	凯马牌 KMC5022TSLEV29D 型纯电动扫路车	纯电动扫路车	17
	陆地方舟牌 RQ5022XXYEVH9 型纯电动厢式运输车	纯电动厢式运输车	1
	陆地方舟牌 RQ5026XXYEVH0 型纯电动厢式运输车	纯电动厢式运输车	31
	通家福牌 STJ5024XXYEV8 型纯电动厢式运输车	电牛 2 号 EV	49

九、2017 年本地区重点新能源汽车企业产销量统计表

生产企业名称	产品商标	车辆类型	通用名称	产量统计(辆)	销量统计(辆)
江苏陆地方舟新能源车辆股份有限公司	陆地方舟	纯电动客车	RQ6830YEVH8	226	226
			RQ6830YEVH10	21	21
			RQ6830YEVH11	2	2
			RQ6830YEVH13	2	2
			RQ6830GEVH2	33	33
			RQ6110YEVH3	66	66
		纯电动物流车	RQ5026XXYEVH0	1 009	1 009
			RQ5026XXYEVH2	141	141
			RQ5026XXYEVH3	123	123
			RQ5022XXYEVH9	22	22
			RQ5022XXYEVHJ	44	44
			RQ5022XXYEVHF	444	444

十、2017 年 12 月底本地区电动汽车充(换)电站(桩)保有量统计表

城市名称	充电站				充电桩		换电站
	数量(座)	充电机功率总计(kW)	充电站占地面积(m^2)	投资金额(万元)	慢充(个)	快充(个)	数量(座)
南通市	0	0	0	0	597	182	0

扬 州 市

Yangzhou City

一、2017 年节能与新能源汽车产业概况

全市已初步形成以整车制造—零部件配套—充电服务的较为完整产业链，建成 1 个省级新能源汽车产业基地。整车制造领域已有亚星、九龙 2 家新能源整车资质企业，形成纯电动和插电式混合动力客车、电动专用车等主力车型，产能达 5 万辆。2017 年，2 家企业《目录》内新能源汽车产销量分别为 5 159 辆、4 926 辆。另有道爵、威昂新能源科技、五环龙等 3 家低速电动车生产企业，道爵（含威昂）的低速电动车产销量国内前列。零部件方面，电池有仪征的中兴派能、江都的金阳光锂电、邗江的罗斯韦尔等企业；罗斯韦尔还生产电控系统部件、电机；充电设施有北辰电气、鼎充、智绿等企业。还有部分企业正在争取进入新能源领域。

二、2017 年节能与新能源汽车扶持政策与措施

政策名称	文件号	发布单位	发布日期	政策概要
关于印发 2017 年扬州市新能源汽车推广应用地方财政补助实施细则的通知	扬财工贸〔2017〕29 号	扬州市财政局 扬州市经济和信息化委员会	2017－11－15	对当年的新能源汽车推广应用及充电设施建设，与省级财政补贴资金进行配套补贴

三、2017 年节能与新能源汽车推广应用情况

截至 2017 年底，累计推广应用新能源汽车实物车 3 499 辆，其中纯电动客车 1 647 辆、插电式混合动力客车 767 辆、乘用车 869 辆、纯电动专用车 216 辆。2017 年推广新能源汽车 1036 辆，其中插电式乘用车 487 辆、纯电动客车 221 辆、插电式混合动力客车 132 辆、纯电动专用车 196 辆。

四、2017 年节能与新能源汽车主要企业经营情况

扬州亚星客车股份有限公司 2017 年完成工业产值 244 825 万元，同比下降 29.7%。企业主要产品为客车，全年实现产量 5 791 辆，同比增长 5.3%，销量 5 742 辆，同比增长 3.7%。全年研发投入 10 489 万元，占销售收入 4.36%。获得中国客车网 2017 年度最具影响力活动“新能源客车客户满意奖”。江苏九龙汽车制造有限公司 2017 年实现产量 7 356 辆，销量 7 150 辆，公司实现开票销售 11.12 亿元、入库税收 6 295 万元。

五、2017 年节能与新能源汽车项目及园区建设情况

建成 1 个省级新能源汽车产业基地，服务全市整车制造、低速电动车生产、电池、电控系统布局、电机、充电设施建设运营企业，促进产业健康稳定发展。

六、2017 年基础设施建设及运行情况

截至 2017 年底，全市累计建成充电桩 1 872 个，其中，直流充电桩 714 个、交流充电桩 1 158 个；累计建成充电站 117 座。2017 年建设充电站 45 个、充电桩 738 个。

七、发展规划

到 2020 年，新能源汽车产业产值突破百亿元，产能达 15 万辆，争取形成“轿车、客车、专用车”产品体系，争取纯电动乘用车产品突破；发展一批具有较强技术创新能力的关键零部件企业；完善省级新能源汽车产业基地建设。

八、节能与新能源汽车推广应用统计表

2017 年节能与新能源汽车推广应用数量

（单位：辆）

车型 燃料	公交车	旅游大巴	公务车	出租车	租赁用车	私人车	环卫车	物流车	邮政车	电力工程车	载货车	其他	合计
纯电动汽车	170	0	0	0	0	0	0	196	0	0	0	51	417
插电式混合动力汽车	132	0	0	0	12	475	0	0	0	0	0	0	619
增程式电动汽车	0	0	0	0	0	0	0	0	0	0	0	0	0
燃料电池汽车	0	0	0	0	0	0	0	0	0	0	0	0	0
合计	302	0	0	0	12	475	0	196	0	0	0	51	1 036

2017 年节能与新能源汽车推广应用车型及数量

应用地区	车 型	通用名称	数量(辆)
扬州市	北京牌 BJ7001BPH1－BEV 型纯电动轿车	EC180	48
	北京牌 BJ7001BPH2－BEV 型纯电动轿车	EC180	9
	北京牌 BJ7001BPH5－BEV 型纯电动轿车	EC180	13

续上表

应用地区	车　　型	通用名称	数量(辆)
扬州市	北京牌 BJ7001BPH7 - BEV 型纯电动轿车	EC180	22
	比亚迪牌 BYD6460STHEV5 型插电式混合动力多用途乘用车	比亚迪宋	29
	比亚迪牌 BYD6480STHEV 型插电式混合动力多用途乘用车	比亚迪唐	5
	比亚迪牌 BYD6480STHEV3 型插电式混合动力多用途乘用车	比亚迪唐	3
	比亚迪牌 BYD7005BEV 型纯电动轿车	比亚迪 e5	2
	比亚迪牌 BYD7150WT5HEV4 型插电式混合动力轿车	比亚迪秦	10
	比亚迪牌 BYD7150WT5HEV5 插电式混合动力轿车	比亚迪秦	3
	传祺(Trumpchi)牌 GAC7100SHEVD5 型增程式混合动力轿车	GA5 混动版	4
	传祺(Trumpchi)牌 GAC7100SHEVD5A 型插电式混合动力轿车	GA5 PHEV	2
	大马牌 HKL5040XXYBEV1 型纯电动厢式运输车	纯电动厢式运输车	3
	大马牌 HKL5041XXYBEV1 型纯电动厢式运输车	纯电动厢式运输车	68
	东风牌 DXK6450EC1BEV 型纯电动多用途乘用车	东风小康 EC36	3
	吉利美日牌 MR7002BEV03 型纯电动轿车	EC7 - EV	1
	吉利牌 JL7001BEV45 型纯电动轿车	知豆 D2	1
	江淮牌 HFC5049XXYEV1H 型纯电动厢式运输车	帅铃 i6	5
	江淮牌 HFC7000AEV 型纯电动轿车	和悦 iEV	3
	江淮牌 HFC7000W3EV 型纯电动轿车	江淮 iEV6E 时光版	21
	江淮牌 HFC7000WEV 型纯电动轿车	江淮 iEV6E	17
	江淮牌 HFC7001A1EV 型纯电动轿车	IEV7	3
	江铃牌 JX70012BEV 型纯电动轿车	E200S	3
	江铃牌 JX70016BEV 型纯电动轿车	E200	29
	江铃牌 JX7005BEV 型纯电动轿车	E100	44
	江铃牌 JX7006BEV 型纯电动轿车	E200	20
	江铃牌 JX7009BEV 型纯电动轿车	E160	13
	解放牌 CA5020XXYBEV32 型纯电动厢式运输车	纯电动厢式运输车	50
	解放牌 CA5040XXYBEV31 型纯电动厢式运输车	纯电动厢式运输车	50
	开沃牌 NJL5032XXYBEV1 型纯电动厢式运输车	纯电动厢式运输车	1
	奇瑞牌 SQR7000BEVJ00 型纯电动轿车	奇瑞 eQ	1
	奇瑞牌 SQR7000BEVJ72 型纯电动轿车	EQ1	5
	荣威牌 CSA6454NDPHEV1 型插电式混合动力运动型乘用车	荣威 eRX5	2
	荣威牌 CSA7104SDPHEV1 型插电式混合动力轿车	荣威 ei6	2
	申沃牌 SWB6128BEV01 型纯电动城市客车	纯电动城市客车	24
	舒驰牌 YTK5040XXYEV2 型纯电动厢式运输车	纯电动厢式运输车	8
	太行成功牌 SCH5022XXY - BEV8 型纯电动封闭货车	成功 V2E	10
	亚星牌 JS6108GHBEV10 型纯电动城市客车	纯电动城市客车	36
	亚星牌 JS6108GHEV16 型插电式混合动力城市客车	插电式混合动力城市客车	60
	亚星牌 JS6128GHBEV11 型纯电动城市客车	纯电动城市客车	40
	亚星牌 JS6128GHBEV12 型纯电动城市客车	纯电动城市客车	40
	亚星牌 JS6128GHEV12 型插电式混合动力城市客车	插电式混合动力城市客车	60
	亚星牌 JS6851GHBEV8 型纯电动城市客车	纯电动城市客车	30
	亚星牌 YBL6111HBEV2 型纯电动城市客车	纯电动城市客车	1
	延龙牌 LZL5028XXYBEV 型纯电动厢式运输车	纯电动厢式运输车	1
	宇通牌 ZK6105CHEVPG35 型插电式混合动力城市客车	插电式混合动力城市客车	12
	长安牌 SC7001CAABEV 型纯电动轿车	奔奔 mini e	1
	知豆牌 SMA7001BEV23 型纯电动轿车	知豆 D2	4
	知豆牌 SMA7001BEV61 型纯电动轿车	知豆 D2	1
	知豆牌 SMA7001BEV66 型纯电动轿车	知豆 D2	23

续上表

应用地区	车　型	通用名称	数量(辆)
扬州市	知豆牌 SMA7001BEV73 型纯电动轿车	知豆 D2	12
	中植汽车牌 CDL6810LRBEV3 型纯电动客车	纯电动客车	50
	众泰牌 JNJ7000EVE6 型纯电动轿车	芝麻 E30	24
	众泰牌 JNJ7000EVK1 型纯电动轿车	E200	6
	众泰牌 JNJ7000EVX16 型纯电动轿车	云 100S	5
	其他	—	93

九、2017 年 12 月底本地区电动汽车充(换)电站(桩)保有量统计表

城市名称	充电站				充电桩		换电站
	数量(座)	充电机功率总计(kW)	充电站占地面积(m^2)	投资金额(万元)	慢充(个)	快充(个)	数量(座)
扬州市	45	—	—	—	331	407	—

合 肥 市

Hefei City

一、2017 年节能与新能源汽车产业概况

1. 主要指标完成情况

2017 年,合肥新能源汽车产业实现产值 206.98 亿元,增加值 43.21 亿元。新能源汽车产业发展集聚基地实现税收 13.5 亿元,同比增长 68.8%,固定资产投资 31.38 亿元,同比增长 30.2%。整车产销 3.1 万辆,同比增长 31%,其中乘用车产销 2.82 万辆,同比增长 56.5%,纯电动客车和物流车产销分别是 2 551 辆和 746 辆。

2. 创新能力提升情况

合肥市新能源汽车行业重点企业累计获得发明专利 3 000 余件,主导或参与相关标准 31 项,其中国家标准 19 项、行业标准 12 项;大力支持企业技术创新能力,在电驱动效率、电池能量密度提升、纯电动客车使用环境等方面开展技术攻关;支持安凯国家电动客车整车系统集成工程技术研究中心、江淮和国轩高科国家级企业技术中心建设,形成电动汽车正向开发能力。安凯第 5 代纯电动客车的能耗比行业平均水平低 10%。2017 年安凯无人驾驶电动客车在深圳常规道路运营,开创无人驾驶客车商业运营首例。重点企业商业模式不断创新,江淮汽车与新能源汽车分时租赁企业强化合作,分时租赁市场发展迅速,目前全市分时租赁企业 7 家,主要有环球车享、小明出行等,运营车辆超过 2 500 辆。

二、2017 年节能与新能源汽车扶持政策与措施

政策名称	文件号	发布单位	发布日期	政策概要
《合肥市人民政府办公厅关于调整新能源汽车推广应用政策的通知》	合政办〔2017〕35 号	合肥市人民政府	2017-5-9	支持企业研发创新,给予购车、建桩补助、充电补助,支持分时租赁、车辆共享等应用模式,给予路权、停车等优惠
《合肥市新能源汽车绿色出行实施方案(2017—2020 年)》	合政办〔2017〕87 号	合肥市人民政府	2017-12-22	明确了“十三五”期间的主要目标,对公交车、出租车等公共领域提出具体要求,打造电动化、智能化、共享化融合发展的公众绿色出行示范城市

三、2017 年节能与新能源汽车推广应用情况

2017 年,合肥市推广新能源汽车 27 268 辆,其中新能源乘用车 22 779 辆(其中私人 15 153 辆、租赁运营等 7 626 辆)、新能源客车 1 480 辆(含公交车 761 辆)、纯电动货车和专用车 3 009 辆。截至 2017 年底,合肥市在全国范围内累计推广应用新能源汽车超过 8 万辆,其中在本市应用 46 417 辆。

四、2017 年节能与新能源汽车主要企业经营情况

按照“龙头企业—产业链—产业集群—产业基地”的发展思路,全市聚集新能源汽车产业链企业近百家,涵盖整车制造、电池、电机、电控、充电设施、智能化、网联化等领域。

重点企业 2017 年度相关数据

企业名称	总产值(亿元)	利润(亿元)
江淮汽车	492	2.37
安凯客车	41.267 8	-1.954 6
国轩高科	50	4.17
星凯龙	2.15	0.016 5
巨一自动化	4.032 58	0.351 6
合肥长安	75	2.756 1

五、2017 年节能与新能源汽车项目及园区建设情况

全市新能源汽车领域聚集重点项目 50 多个,总投资超过 500 亿元,已投资 300 多亿元。江淮大众首款纯电动小型 SUV 思皓牌已于 2017 年 3 月获得工信部公告批准,江淮蔚来 ES8 于 2017 年 12 月上市,奇瑞年产 10 万辆新能源汽车项目实现量产,国轩年产 6 亿安 Ah 动力电池生产基地项目投产,长安新能源汽车项目、国家智能网联电动汽车质量监督检测中心(筹)等进展顺利。

六、2017 年基础设施建设及运行情况

合肥市拥有充电设施企业 20 余家,其中充电设施运营商 7 家,主要包括国网合肥供电公司、普天新能源安徽有限公司等,充电桩生产企业 10 余家,主要包括合肥同智机电控制技术有限公司、安徽易威斯新能源科技股份有限公司等。2017 年市建投集团增资扩股成立合肥市电动汽车充电设施投资运营有限公司,负责公共充电桩建设。截至目前,全市累计建成充电桩 2.5 万个。

七、发展规划

1. 打造绿色出行示范城市

认真落实《合肥市新能源汽车绿色出行实施方案(2017—2020 年)》(合政办〔2017〕87 号)文件要求,加大出租、公交、城市物流等公共领域新能源汽车推广力度,支持分时租赁、网约等共享新能源汽车发展,着力打造电动化、智能化、共享化融合发展的公众绿色出行示范城市。

2. 支持产业做大做强

加快新能源汽车产业集聚发展基地建设,加快推进江淮大众项目发展,支持奇瑞新能源汽车项目,长安汽车二期项目,蔚来汽车 ES6 项目,国轩电池及材料新线等重点项目建设,重点发展优势产品,形成品牌效应,积极谋划智能网联电动汽车发展。

3. 保障车桩安全运行

根据国家和省的要求,建设安全监控服务平台,实现对新能源汽车及充电桩的全程监控,保障车桩安全使用。

八、节能与新能源汽车推广应用统计表

2017 年节能与新能源汽车推广应用数量

(单位:辆)

燃料 \ 车型	公交车	旅游大巴	公务车	出租车	租赁用车	私人车	环卫车	物流车	邮政车	电力工程车	载货车	其他	合计
纯电动汽车	761	0	0	0	7 626	15 151	0	0	0	0	3 009	318	26 925
插电式混合动力汽车	177	0	0	0	0	166	0	0	0	0	0	0	343
增程式电动汽车	0	0	0	0	0	0	0	0	0	0	0	0	0
燃料电池汽车	0	0	0	0	0	0	0	0	0	0	0	0	0
合计	938	0	0	0	7 626	15 317	0	0	0	0	3 009	318	27 268

注:本表共统计进口车 21 辆。

2017 年节能与新能源汽车推广应用车型及数量

应用地区	车型	通用名称	数量(辆)
合肥市	安凯牌 HFF6100G03CHEV22 型插电式混合动力城市客车	G9	20
	安凯牌 HFF6100G03EV-61 型纯电动城市客车	G9	150
	安凯牌 HFF6100G03EV-6 型纯电动城市客车	G9	134
	安凯牌 HFF6109G03EV 型纯电动城市客车	G9	1
	安凯牌 HFF6109K10EV31 型纯电动客车	A6	1
	安凯牌 HFF6111K10EV21 型纯电动客车	A8	1
	安凯牌 HFF6122G03CHEV2 型插电式混合动力城市客车	G9	6
	安凯牌 HFF6123G03CHEV-2 型插电式混合动力城市客车	G9	120
	安凯牌 HFF6129G03EV-45 型纯电动城市客车	G9	420
	安凯牌 HFF6803KEVB1 型纯电动客车	F7	1

续上表

应用地区	车　型	通用名称	数量(辆)
合肥市	安凯牌 HFF6803KEVB 型纯电动客车	F7	10
	北汽牌 BJ7001BPH2－BEV 型纯电动轿车	EC180	231
	北汽牌 BJ7001BPH8－BEV 型纯电动轿车	EC180	2 026
	比亚迪牌 BYD6460STHEV5 型插电式混合动力多用途乘用车	比亚迪宋	63
	昌河牌 CH5015XXYBEVA2CD 型纯电动厢式运输车	北斗星 E	10
	大众牌 WVWCR23C 型插电式混合动力乘用车(进口车)	—	21
	传祺(Trumpchi)牌 GAC7100SHEVD5A 型插电式混合动力轿车	GA5 PHEV	12
	传祺(Trumpchi)牌 GAC7100SHEVD5 型增程式混合动力轿车	GA5 混动版	13
	众泰牌 JNJ7000EVK1 型纯电动轿车	E200	18
	众泰牌 JNJ7000EVX16 型纯电动轿车	云 100S	8
	华菱牌 HN5040XXYD10C3BEV 型纯电动厢式运输车	纯电动厢式运输车	100
	远程牌 DNC5045XXYBEV01 型纯电动厢式运输车	E200 远程轻卡	50
	江淮牌 HFC5041XXYP73EV1C5 型纯电动厢式运输车	帅铃 i5	110
	江淮牌 HFC7000A2EV 型纯电动轿车	iEV4	136
	江淮牌 HFC7000AEV 型纯电动轿车	iEV4	1 014
	江淮牌 HFC7000W3EV 型纯电动轿车	江淮 iEV6E 时光版	6 715
	江淮牌 HFC7000WEV 型纯电动轿车	iEV6E	7 429
	江淮牌 HFC7001A1EV 型纯电动轿车	iEV7	584
	江淮牌 HFC7001EAEV2 型纯电动轿车	iEV7S	490
	凯马牌 KMC5022XXYEVA29D 型纯电动厢式运输车	纯电动厢式运输车	29
	凯马牌 KMC5042XXYEVA33D 型纯电动厢式运输车	纯电动厢式运输车	25
	建康牌 NJC6101YBEV2 型纯电动客车	纯电动客车	51
	奇瑞牌 SQR7000BEVJ00 型纯电动轿车	奇瑞 eQ	1 223
	奇瑞牌 SQR7000BEVJ72 型纯电动轿车	奇瑞 eQ1	675
	陕西通家牌 STJ5024XXYEV 型纯电动厢式运输车	纯电动厢式运输车	97
	上汽牌 CSA6456BEV1 型纯电动运动型乘用车	荣威 eRX5	96
	唐骏欧铃牌 ZB5045XXYBEVKDC6 型纯电动厢式运输车	纯电动厢式运输车	397
	五洲龙牌 FDG6116EV 型纯电动客车	纯电动客车	251
	星凯龙牌 HFX6105BEVK09 型纯电动客车	纯电动客车	100
	星凯龙牌 HFX6817BEVG11 型纯电动城市客车	纯电动城市客车	58
	舒驰牌 YTK5040XXYEV2 型纯电动厢式运输车	纯电动厢式运输车	50
	长安牌 SC7001ADBEV 型纯电动轿车	奔奔 EV	960
	长安牌 SC7003ABBEV 型纯电动轿车	EADO	402
	长安牌 SC7003ACBEV 型纯电动轿车	EADO	37
	长安牌 SC7004CABEV 型纯电动轿车	CS15EV	33
	中通牌 LCK5049XXYEVH3 型纯电动厢式运输车	纯电动厢式运输车	346
	其他	—	2 544

注:本表共统计进口车 21 辆。

九、2017 年本地区重点新能源汽车企业产销量统计表

生产企业名称	产品商标	车辆类型	通用名称	产量统计(辆)	销量统计(辆)
安徽安凯汽车股份有限公司	安凯	插电式混合动力客车	G9	146	146
	安凯	纯电动客车	G9、A6、A8、C7、F7	722	722
合肥长安汽车有限公司	长安	纯电动乘用车	—	435	435
安徽江淮汽车集团股份有限公司	江淮	纯电动货车和专用车	—	110	110
		纯电动轿车	iEV4、iEV6E、iEV6S、iEV7E、iEV7S、iEVA50、iEV7、iEV5	16 678	16 678
安徽星凯龙客车有限公司	星凯龙	纯电动客车	—	520	221

十、2017 年 12 月底本地区电动汽车充（换）电站（桩）保有量统计表

城市名称	充电站				充电桩		换电站
	数量（座）	充电机功率总计（kW）	充电站占地面积（m^2）	投资金额（万元）	慢充（个）	快充（个）	数量（座）
合肥市	694	—	—	—	23 575	1 754	2

杭州市

Hangzhou City

一、2017 年节能与新能源汽车产业概况

2017 年，杭州市继续推动广汽乘用车杭州项目、吉利大江东新能源整车项目等重大项目建设，广汽乘用车杭州公司年产 20 万辆的乘用车生产线经过 1 年的技术改造，于 2017 年 12 月 26 日正式下线生产，吉利大江东新能源整车项目正在进行设备安装调试，2018 年 6 月投产。长江汽车乘用车生产线于 2017 年 12 月通过了工信部现场准入资格审查，标志着其新能源乘用车已具备批量生产条件。新能源汽车整车与本地零部件企业配套水平进一步提高。2017 年，杭州市新能源汽车产业实现产值超 100 亿元。

二、2017 年节能与新能源汽车扶持政策与措施

政策名称	文件号	发布单位	发布日期	政策概要
《2017—2018 年杭州市新能源汽车推广应用财政支持政策》	杭政办函〔2017〕70 号	杭州市人民政府办公厅	2017 - 7 - 13	补贴标准： 1. 在 2017 年 1 月 1 日—2018 年 12 月 31 日期间，消费者在杭州市购买新能源汽车，微型纯电动汽车按照中央财政补贴标准的 25% 给予地方配套补贴，每辆补贴最高不超过 1 万元；其余车型按照中央财政补贴标准的 50% 给予地方配套补贴，其中新能源货车和专用车每辆补贴最高不超过 3 万元。 2. 享受中央和地方财政补贴的总额最高不超过车辆销售价格的 50%。 3. 鼓励和支持各类资本参与建设充换电设施，在 2017 年 1 月 1 日—2018 年 12 月 31 日期间，对投资建设杭州市公用和共用充换电设备的，由地方财政按实际投资额的 25% 给予补贴

三、2017 年节能与新能源汽车推广应用情况

2017 年，杭州市共推广新能源汽车 30 306 辆，其中新能源公交车 580 辆、物流车 1 160 辆、环卫车 60 辆，个人购买新能源汽车 12 796 辆，首次突破 1 万辆，网约车和租赁车 16 004 辆，推广数量相当于 2013—2016 年 4 年的推广总量。

四、2017 年节能与新能源汽车主要企业经营情况

杭州市现有新能源整车生产企业 10 家，2017 年共生产新能源汽车整车 6 290 辆，其中杭州长江汽车有限公司生产 2 000 辆纯电动中巴车和物流车，湖南江南汽车制造有限公司浙江分公司 1 772 辆新能源乘用车，东风裕隆汽车有限公司 480 辆乘用车，比亚迪汽车工业有限公司杭州分公司 1 874 辆新能源公交车，上汽万向新能源客车有限公司 164 辆新能源公交车。受国家新能源汽车政策调整，3 家新能源客车生产企业 2017 年上半年几乎未生产，下半年开始才生产正常，与上年同期水平持平。

五、2017 年基础设施建设及运行情况

截至 2017 年 12 月底，浙江市累计建设充电桩 9 452 个。2016—2017 年浙江市新增充电桩 5 942 个，其中公用充电桩 2 750 个，市区早晚高峰交通限行区内公用充电服务半径已达到 2 km 以内，公用充电桩的使用效率逐年提高。

六、节能与新能源汽车推广应用统计表

2017 年节能与新能源汽车推广应用数量（单位：辆）

燃料 \ 车型	公交车	旅游大巴	公务车	出租车	租赁用车	私人车	环卫车	物流车	邮政车	电力工程车	载货车	其他	合计
纯电动汽车	356	0	0	2 701	2 263	7 145	60	1 160	0	0	0	8 780	22 465
插电式混合动力汽车	229	0	0	561	0	5 651	0	0	0	0	0	1 400	7 841
增程式电动汽车	0	0	0	0	0	0	0	0	0	0	0	0	0
燃料电池汽车	0	0	0	0	0	0	0	0	0	0	0	0	0
合计	585	0	0	3 262	2 263	12 796	60	1 160	0	0	0	10 180	30 306

2017 年节能与新能源汽车推广应用车型及数量

应用地区	车 型	通用名称	数量(辆)
杭州市	吉利牌 SMA7001BEV25 纯电动轿车	K17A	2 208
	帝豪牌 HQ7002BEV04 型纯电动轿车	帝豪 EV	4 045
	吉利牌 SMA7000BEV05 纯电动轿车	康迪 K12	5 363
	比亚迪牌 BYD7005BEV 型纯电动轿车	比亚迪 e5	403
	比亚迪牌 BYD7150WT5HEV4 型插电式混合动力轿车	比亚迪秦	2 826
	比亚迪牌 BYD6460STHEV4 型插电式混合动力多用途乘用车	比亚迪宋	1 773
	比亚迪牌 BYD6480STHEV 型插电式混合动力多用途乘用车	比亚迪唐	611
	东风牌 DFA7000L2ABEV 型纯电动轿车	俊风 ER30	2 149
	众泰牌 JNJ7000EVK1 型纯电动轿车	众泰 E200	2 356
	众泰牌 JNJ7000EVX13 型纯电动轿车	众泰云 100S	103
	长安牌 SC7001CABBEV 型纯电动轿车	奔奔 mini e	193
	长安牌 SC7001CABBEV 型纯电动轿车	奔奔 mini e	102
	长安牌 SC6388AVBEV 型纯电动多用途乘用车	欧力威 EV	1 607
	长安牌 SC7003ACBEV 纯电动轿车	逸动 EV	55
	北京牌 BJ7001BPH7－BEV 型纯电动轿车	EC 180	1 197
	北京牌 BJ7000C5E2－BEV 型纯电动轿车	EU 260	305
	荣威牌 CSA7154TDPHEV 型插电混合动力轿车	荣威 e550	36
	荣威牌 CSA7144CDPHEV1 型插电混合动力轿车	荣威 e950	243
	荣威牌 CSA7104SDPHEV1 型插电式混合动力轿车	荣威 ei6	488
	荣威牌 CSA6454NDPHEV1 型插电式混合动力运动型乘用车	荣威 eRX5	352
	腾势牌 QCJ7007BEV 型纯电动轿车	腾势	742
	昌河牌 CH5025XXYBEVC3CA 型纯电动箱式运输车	北斗星 X5 EV	141
	昌河牌 CH7005BEVC3CA 型纯电动轿车	北斗星 X5	573
	奇瑞牌 SQR7160PHEVJ42 型插电式混合动力	艾瑞泽 7	416
	奇瑞牌 SQR7000BEVJ72 型纯电动轿车	奇瑞 eQ1	151
	吉利牌 JL7001BEV45 型纯电动轿车	知豆 D2	588
	江淮牌 HFC7000WEV 型纯电动轿车	江淮 iEV6E	340
	江铃牌 JX7009BEV 型纯电动轿车	江铃 E160	58
	江铃牌 JX7006BEV 型纯电动轿车	江铃 E200	297
	比亚迪牌 BYD6121LGEV4 型纯电动城市客车	纯电动城市客车	60
	比亚迪牌 BYD6700HZEV 型纯电动城市客车	纯电动城市客车	20
	中植汽车牌 CDL6100URBEV5 型纯电动城市客车	纯电动城市客车	25
	长江牌 FDC6100PBABEV01 型纯电动城市客车	纯电动城市客车	30
	海格牌 KLQ6109GAHEVC5K 型插电式混合动力城市客车	插电式混合动力城市客车	26
	海格牌 KLQ6601GBEVX6 型纯电动城市客车	纯电动城市客车	3
	海格牌 KLQ6850GAHEVC5K 型插电式混合动力城市客车	插电式混合动力城市客车	22
	开沃牌 NJL6680BEV23 型纯电动城市客车	纯电动城市客车	6
	万向牌 WXB6121GEV2 型纯电动城市客车	纯电动城市客车	104
	万向牌 WXB6860GEV 型纯电动城市客车	纯电动城市客车	60
	金旅牌 XML6125JHEVG5CN5 型插电式混合动力城市客车	插电式混合动力城市客车	60
	金龙牌 XMQ6106AGBEVL6 型纯电动城市客车	纯电动城市客车	22
	金龙牌 XMQ6106AGCHEVN512 型插电式混合动力城市客车	插电式混合动力城市客车	34
	金龙牌 XMQ6127AGBEVM 型纯电动城市客车	纯电动城市客车	10
	金龙牌 XMQ6802AGBEVL5 型纯电动城市客车	纯电动城市客车	6
	金龙牌 XMQ6850BGBEVM1 型纯电动城市客车	纯电动城市客车	10
	宇通牌 ZK6105CHEVNPG33 型插电式混合动力城市客车	插电式混合动力城市客车	50
	宇通牌 ZK6850CHEVNPG35C 型插电式混合动力城市客车	插电式混合动力城市客车	37

七、2017 年本地区重点新能源汽车企业产销量统计表

生产企业名称	产品商标	车辆类型	通用名称	产量统计(辆)	销量统计(辆)
湖南江南汽车制造有限公司浙江分公司	众泰	纯电动轿车	Z500	1 772	—
杭州长江汽车有限公司	长江	纯电动客车	—	2 000	—
比亚迪汽车工业有限公司杭州分公司	比亚迪	纯电动客车	K9	1 874	—
万向集团公司	万向	纯电动客车	—	164	—
东风裕隆汽车有限公司	裕路	纯电动轿车	裕路 EV2	480	—

宁 波 市

Ningbo City

一、2017 年节能与新能源汽车产业概况

宁波市现拥有浙江吉利汽车有限公司、浙江中车电车有限公司、宁波比亚迪汽车有限公司、宁海知豆电动汽车有限公司、浙江宝成机械科技有限公司和宁波杉杉汽车有限公司 6 家新能源整车企业，以及宁波力神、杉杉股份、维科、佳贝思等动力电池生产企业；宁波菲仕、均胜电子等电机控制系统生产企业，形成了新能源汽车上下游产业协同发展的良好态势。新能源汽车产业进入快速发展通道。据统计，2017 年，宁波市新能源汽车及其零部件产业实现产值 658.83 亿元，同比增长 22.4%。

二、2017 年节能与新能源汽车扶持政策与措施

政策名称	文 件 号	发布单位	发布日期	政策概要
《关于调整 2017 年宁波市新能源汽车推广应用资金补助政策的通知》	甬科合〔2017〕65 号	宁波市科技局、财政局	2017 - 7 - 6	对宁波市 2017 年新能源汽车推广应用资金补助政策进行细化调整

三、2017 年节能与新能源汽车推广应用情况

2017 年宁波市共推广应用新能源汽车 8 826 辆，折标准车 21 281 辆，超额完成省里下达的年度计划(6 000 辆标准车)的 355%。目前，宁波市已累计推广应用新能源汽车 16 359 辆，其中，纯电动客车 2 344 辆、插电式混合动力客车 505 辆、纯电动专用车 446 辆、纯电动乘用车 12 805 辆、插电式混合动力乘用车 259 辆。

宁波市一直致力于在各领域尤其是公共服务领域加强推广新能源汽车示范运营。在公交车领域，宁波市目前已建成并开通 22 条超级电容纯电动公交线路，已有 292 辆超级电容纯电动公交上线运营。2016 年宁波市奉化区签约的比亚迪汽车目前已在宁波市已经推广签约新能源汽车 600 余辆。在环卫领域和物流快递领域，宁波市环卫车和物流快递车均优先使用新能源汽车。配合公务用车改革，鼓励和引导市级机关创新绿色出行方式，通过引入社会资金，开展新能源汽车分时租赁试点，专门用于机关单位公务用车调度使用。此外，积极尝试"互联网 + 新能源汽车"运作模式如曹操新能源专车、共享汽车等，为广大市民提供更低碳更高效的一站式出行服务方案。

四、2017 年节能与新能源汽车主要企业经营情况

浙江吉利汽车有限公司共生产销售新能源汽车 14 828 辆，新能源汽车产值达 20.5 亿元；宁波比亚迪生产销售新能源汽车 1 546 辆，新能源汽车产值达 14.1 亿元；浙江中车生产销售新能源汽车 338 辆，新能源汽车产值达 4.4 亿元。

五、2017 年节能与新能源汽车项目及园区建设情况

积极推进新能源汽车产业化重大项目落地，补好发展短板，拉长产业链条。

(1)宁波市宁海县智能汽车小镇目前已累计完成固定资产投资约 46 亿元，其中吉利知豆城市微行纯电动车工程项目年度完成投资 3.9 亿元，焊装、总装、电池集成三大车间已建成，涂装车间土建完成，2018 年 12 月底可正式整车下线。目前小镇已形成了产业集聚的虹吸效应，索菱科技、德洋新能源汽车电机、奇亿金属等 10 余个项目已入驻，总投资 57 亿元，涉及电机、电池、整车、汽车零部件等系列配套产业，基本形成以新能源汽车产业制造为核心、多元化项目为补充的全产业生态链。

(2)2017 年比亚迪新能源汽车在奉化完成了一条生产组装流水线，并且正式投入运营，预计本年度可以实现生产 250 辆新能源汽车，预计达到年销售收入 8 亿元。

(3)中国中车超级电容全球研发制造基地项目计划总投资 18 亿元，于 2018 年 2 月建成投产，同时规划建立国家级超级电容研究中心和国家级实验室，努力建设成为国际先进的智能化制造工厂。此外，中车储能式无轨电车产业化工程二期项目(即制造中心)于 2017 年 3 月竣工并投产，达到了年产 800 辆储能式无轨电车(12 m 车折算)的生产能力，并拟于 2018 年上半年完成数字化、智能化改造，产能 2018 年提

升至 1 500 辆。

(4)2017 年 1 月宁波市象山县政府与中车城市交通有限公司签署合作协议，拟在象山建立以智能停车系统集成、旅游特种装备、智能港机装备为龙头的现代智能制造装备及配套产业基地，进而推广中车新能源公交、新能源物流车等先进装备，计划总投资 15 亿元，全部达产后可实现 50 亿元以上年产值。

六、2017 年基础设施建设及运行情况

目前宁波市累计建设充电桩 4 861 个，其中快充桩 1 760 个，慢充桩 3 101 个。其中 2016 年宁波市在 250 多个站点(不计私人自用)共建设安装充电桩 2 800 个，其中快充桩 659 个、慢充桩 2 148 个，充电设备总功率 50 800 kW，总投资 17 000 多万元。宁波境内高速公路服务区均已安装充电设施。2017 年新建成充电桩 1 610 个，其中快充桩 1 060 个，慢充桩 550 个。

目前，宁波市已成功建成国内第一座"风光储配充一体化"新型绿色节能充电站，实现了光伏发电、风力发电、储能、电网配电和充电设施有机结合。积极搭建充电服务网络管理平台，建成电动汽车充电服务体验中心，并设置 APP、微信、支付宝等多种快捷支付方式，以实现充电服务互联互通。推出电动汽车一站式服务，用户通过自主开发的"永易充"APP，可以足不出户地享受充电桩安装申请、进度查询、服务点评和电桩分享等装维一站式服务。为促进公共服务领域示范推广，宁波市已在市政府、市行政服务中心、市发改委、市国土局、海曙区政府、象山县政府等政府机构停车场建设了一定数量的充电基础设施。宁波市奉化区积极推进充电基础设施建设，目前已初步形成了覆盖奉化城区、溪口旅游区、滕头风景区等重点区域的充电网络。

七、发展规划

一是加强新能源汽车推广应用工作。继续以公共交通、公务用车、环卫以及出租、物流等公共服务领域为重点，认真制定计划，分解任务。充分发挥电视、报刊等传统媒体和互联网、微博、微信等新媒体的舆论宣导作用，鼓励新能源汽车采用分时租赁、网约车等新型商业化模式提高车辆使用效率，带动新能源汽车私人领域市场。根据实施方案推广目标，2018 年宁波市计划推广应用新能源汽车 1 684 辆、折合标准车 5 874 辆。二是继续做好新能源汽车补助工作。根据资金补助管理办法和备案管理细则，认真做好宁波市新能源汽车备案审核和资金补助清算工作，加强补助资金管理，提高资金使用效益。三是完善相关配套政策。根据国家政策调整方向，及时研究 2018 年新一轮补助政策，保持宁波市新能源汽车推广应用政策的延续性，确保国家和地方新能源汽车补贴政策落地。四是加大新能源汽车产业化力度。加快推进重点产业化项目实施，抓好新能源汽车整车及关键零部件产业培育扶持工作；同时，继续加强招商引资，争取再引进落户若干重大产业项目。五是加快推进基础设施建设。加快推进各领域充电基础设施建设；研究制定充电基础设施的财政奖补政策，支持充电设施建设运营、改造升级和充电服务平台建设运营等相关领域；规范充电设施发展管理，提升监管和运行服务水平，引导宁波市充电基础设施建设又快又好发展。

八、节能与新能源汽车推广应用统计表

2017 年节能与新能源汽车推广应用数量

(单位：辆)

车型 / 燃料	公交车	旅游大巴	公务车	出租车	租赁用车	私人车	环卫车	物流车	邮政车	电力工程车	载货车	其他	合计
纯电动汽车	926	174	0	0	3 830	3 411	5	168	0	0	0	61	8 575
插电式混合动力汽车	67	0	0	0	39	120	0	0	0	0	0	25	251
增程式电动汽车	0	0	0	0	0	0	0	0	0	0	0	0	0
燃料电池汽车	0	0	0	0	0	0	0	0	0	0	0	0	0
合计	993	174	0	0	3 869	3 531	5	168	0	0	0	86	8 826

2017 年节能与新能源汽车推广应用车型及数量

应用地区	车型	通用名称	数量(辆)
宁波市	宝裕牌	—	6
	北京牌	—	1 001
	比亚迪牌	—	693
	传祺牌	—	2
	大马牌	—	51
	帝豪牌	—	11
	东风牌	—	130
	东风日产牌	—	11
	福建牌	—	24
	海马牌	—	26

续上表

应用地区	车　型	通用名称	数量(辆)
宁波市	华骐牌	—	1
	华泰牌	—	109
	华泰圣达菲牌	—	1
	吉海牌	—	41
	吉利美日牌	—	48
	吉利牌	—	3 005
	江淮牌	—	54
	江铃牌	—	691
	金旅牌	—	1
	开瑞牌	—	1
	陆地方舟牌	—	4
	迈迪牌	—	30
	奇瑞牌	—	822
	荣威牌	—	5
	瑞驰牌	—	11
	杉杉牌	—	13
	扬子江牌	—	166
	野马牌	—	2
	宇通牌	—	126
	御捷马牌	—	20
	裕路牌	—	1
	远程牌	—	6
	长安牌	—	42
	长城牌	—	12
	知豆牌	—	1 151
	中国中车牌	—	336
	众泰牌	—	172

九、2017 年本地区重点新能源汽车企业产销量统计表

生产企业名称	产品商标	车辆类型	通用名称	产量统计(辆)	销量统计(辆)
浙江吉利汽车有限公司	吉利	纯电动汽车	帝豪 EV	12 639	12 639
	吉利	插电式混合动力汽车	帝豪 PHEV	1 567	1 567
	全球鹰	纯电动轿车	康迪 K 系列	14 738	14 732
	知豆	纯电动轿车	D2	13 547	13 345
	知豆	纯电动轿车	D2S	13 764	13 739
	知豆	纯电动轿车	D3	117	117
浙江中车电车有限公司	中国中车	插电式混合动力商用车	新能源公交车	14	14
	中国中车	纯电动商用车	电动公交车	316	316
宁波杉杉汽车有限公司	杉杉牌	纯电动厢式运输车	NSS5020XXYBEV01	10	10
	杉杉牌	纯电动厢式物流车	NSS5042XXYBEV01	3	3
浙江宝成机械科技有限公司	宝裕	纯电动专用车	纯电动专用车	21	21

十、2017 年 12 月底本地区电动汽车充(换)电站(桩)保有量统计表

充电站					充电桩		换电站
城市名称	数量(座)	充电机功率总计(kW)	充电站占地面积(m^2)	投资金额(万元)	慢充(个)	快充(个)	数量(座)
宁波市	—	50 800	—	17 000	3 101	1 760	—

绍兴市

Shaoxing City

一、2017 年节能与新能源汽车推广应用情况

2017 年,全市共推广各类新能源汽车 3 510 辆,其中,纯电动汽车 3 003 辆、插电式混合动力汽车 507 辆,折合标准车 9 059 辆,超额完成浙江省省部署任务。

二、2017 年主要工作

1. 落实目标责任

根据浙江省推动纯电动汽车产业发展工作联席会议下达的 2017 年全省新能源汽车(标准车)推广应用计划。绍兴市 2017 年需完成推广应用新能源汽车 3 000 辆(标准车)。为加快推广应用工作的开展,绍兴市以市新能源汽车推广应用工作领导小组办公室的名义下达了全市 2017 年新能源汽车推广应用计划,将车辆推广任务分解到各区、县(市)。同时,绍兴市将新能源汽车推广数量要求写入节能目标责任书,通过目标责任制考核督促各地加大新能源汽车推广力度。

2. 出台补助政策

为加快新能源汽车的推广应用,根据浙江省下达的任务计划,并参考其他城市的财政扶持政策,绍兴市制订出台了《绍兴市区 2017 年新能源汽车推广应用补助办法》,对从绍兴市区注册的汽车销售企业购买新能源汽车的个人或单位用户,以及在绍兴市区投资建设充电设施项目的企业进行财政补助,其他县、市参照执行。按照补助办法,绍兴市对在市区推广的新能源汽车按中央财政补贴标准的 50% 给予补助,国家和地方的新能源汽车补助总额最高不超过车辆市场指导价的 50%。此外,对在绍兴市区投资建设充电设施项目的,按充电设备实际投资额的 20% 给予补助。

3. 建设充电设施

新能源汽车推广工作开展以来,绍兴电力局、绍兴市城投集团、绍兴市交投集团在电动汽车充电基础设施项目建设上持续稳步推进,取得了阶段性成效,累计建成集中式充电站 26 座,分散式充电桩 1 468 个。其中 2017 年,绍兴市建成公交等公共服务专用站 4 座、城市公用站 4 座,共计 8 座,充电桩 57 个;共建成分散充电桩 391 个,其中公用分散桩 332 个,居民区、单位内部、个人等自用桩 59 个。

4. 加快产业发展

自开展新能源汽车推广应用工作以来,绍兴市的新能源汽车产业有了较大发展。一批配件生产企业在新能源汽车零配件领域不断加大投入,并在市场开拓方面取得了显著成效。特别是 2017 年,北京电咖汽车科技有限公司迁址绍兴市滨海新城,并更名为浙江电咖汽车科技有限公司,项目总用地 1 500 亩,其中整车生产用地 1 000 亩,总投资 55 亿元,设计产能为 18 万台/年。整车项目的投产还可带动包括三电(电池、电机、电控)在内的零部件配套生产企业的入驻,可形成综合产值约 200 亿元。

5. 加大宣传力度

绍兴市充分利用新闻媒体、互联网络等渠道,普及新能源汽车相关知识,宣传新能源汽车节能减排的重要意义,解读新能源汽车配套扶持政策以及绍兴市新能源汽车推广应用工作的目标、任务和举措,提高公众认知度和接受度,强化社会各界对实施新能源汽车推广应用的认知度,营造促进新能源汽车推广应用的工作氛围。

三、存在的问题

1. 国家政策变数较多

近几年来,国家在新能源汽车财政补助政策上一直没有形成比较稳定的机制,每年都会出现较大的调整,这一方面加大了地方配套补助政策制订的难度,另一方面也使生产和销售企业在生产和经营节奏上难以准确把握,近两年已连续出现年底扎堆上牌的情况,给推广工作的健康有序推进带来了不小的挑战。

2. 补助拨付流程拉长

自 2016 年起,国家对于非个人用户购买的新能源汽车,须在行驶里程达到 30 000 km 后方能申报补助,这导致同一时间销售的车辆在补助申报和拨付上会出现较大的差异,部分使用频率较低的车辆补助时间会拖得很长,这给财政补助资金的安排和测算上带来了较大的困扰。

3. 私人购买意愿不强

绍兴市 2017 年已推广的新能源汽车主要以公交和物流车为主,个人购买的乘用车仅有 405 辆,占比仅有 11.5%,表明绍兴市市民对新能源汽车的接受度还不高,购买意愿还有待加强。

四、2018 年工作思路

1. 修订完善地方财政补助政策

根据国家政策的调整情况,继续完善地方财政支持政策;研究制定 2018 年绍兴市区新能源汽车推广应用财政补助办法,持续推进新能源汽车推广应用工作。

2. 持续推动公共领域应用

继续在公交领域大力推动新能源公交车的应用,2018 年计划推广新能源公交车 350 辆。按照《党政机关公务用车管理办法》的要求,在公务用车中推广配备新能源轿车,在邮政、环卫等领域推广使用新能源专用车。

3. 继续推进基础设施建设

根据新能源汽车的发展和市场使用情况科学合理配置充电站和充电桩。采取以企业投资为主、政府补贴为辅的方式,引进专业化运营企业参与新能源汽车配套基础设施的投资运营。

4. 加快新能源汽车产业发展

充分发挥产业优势,加大招商引资力度,引进落户一批新能源汽车产业项目,发挥政策和市场双重驱动作用,

大力发展新能源汽车整车生产，持续完善产业链条，实现新能源汽车关键零部件突破；同时，加强规划引导，引导资源向优势企业集聚，壮大新能源汽车产业规模，提升产业化水平。

五、节能与新能源汽车推广应用统计表

2017 年节能与新能源汽车推广应用数量

（单位：辆）

车型／燃料	公交车	旅游大巴	公务车	出租车	租赁用车	私人车	环卫车	物流车	邮政车	电力工程车	载货车	其他	合计
纯电动汽车	44	203	0	0	0	508	0	2 248	0	0	0	0	3 003
插电式混合动力汽车	427	0	0	0	0	80	0	0	0	0	0	0	507
增程式电动汽车	0	0	0	0	0	0	0	0	0	0	0	0	0
燃料电池汽车	0	0	0	0	0	0	0	0	0	0	0	0	0
合计	471	203	0	0	0	588	0	2 248	0	0	0	0	3 510

2017 年节能与新能源汽车推广应用车型及数量

应用地区	车　型	通用名称	数量（辆）
绍兴市	安凯牌 HFF6800G03EV73 型纯电动城市客车	纯电动城市客车	10
	北京牌 BJ7001BPH1 - BEV 型纯电动轿车	EC180	14
	北京牌 BJ7001BPH2 - BEV 型纯电动轿车	EC180	4
	北京牌 BJ7001BPH5 - BEV 型纯电动轿车	EC180	2
	北京牌 BJ7001BPH7 - BEV 型纯电动轿车	EC180	14
	比亚迪牌 BYD6460SBEV 型纯电动多用途乘用车	比亚迪宋 EV	1
	比亚迪牌 BYD6460STHEV5 型插电式混合动力多用途乘用车	比亚迪宋	32
	比亚迪牌 BYD6460STHEV5 型插电式混合动力轿车	比亚迪宋	7
	比亚迪牌 BYD6480STHEV3 型插电式混合动力多用途乘用车	比亚迪唐	2
	比亚迪牌 BYD6480STHEV 型插电式混合动力多用途乘用车	比亚迪唐	6
	比亚迪牌 BYD6480STHEV 型插电式混合动力轿车	比亚迪唐	3
	比亚迪牌 BYD7005BEV 型纯电动轿车	比亚迪 e5	1
	比亚迪牌 BYD7008BEV1 型纯电动轿车	比亚迪秦 EV300	1
	比亚迪牌 BYD7150WT5HEV4 型插电式混合动力轿车	比亚迪秦	25
	楚风牌 HQG5042XXYEV9 型纯电动厢式运输车	纯电动厢式运输车	202
	大运牌 CGC5025XXYBEV1NBBFBAML 型纯电动厢式运输车	纯电动厢式运输车	4
	大运牌 CGC5044XXYBEV1NBLJEAGK 型纯电动厢式运输车	纯电动厢式运输车	8
	帝豪牌 HQ7002BEV04 型纯电动轿车	帝豪 EV	3
	帝豪牌 HQ7002BEV08 型纯电动轿车	帝豪 EV	1
	东风牌 DXK6450EC1BEV 型纯电动多用途乘用车	东风小康 EC36	5
	东风牌 EQ5022XXYTBEV1 型纯电动厢式运输车	纯电动厢式运输车	200
	东风牌 ZN5026XXYV1YBEV 型纯电动厢式运输车	纯电动厢式运输车	98
	东南牌 DN7004MBEV 型纯电动轿车	电咖 EV10	38
	风神牌 DFM7000G1F3BEV 型纯电动轿车	E70	4
	福田牌 BJ6855CHEVCA - 2 型插电式混合动力城市客车	插电式混合动力城市客车	14
	广通牌 GTQ6119BEVH1 型纯电动客车	纯电动客车	2
	海马牌 HMA7003S10BEV 型纯电动轿车	爱尚 EV	4
	红星牌 HX5021XXYVEV 型纯电动厢式运输车	纯电动厢式运输车	3
	华泰牌 SDH7000BEVYL 型纯电动轿车	华泰 EV150	13
	吉利美日牌 MR7002BEV03 型纯电动轿车	EC7 - EV	7
	吉利牌 JL7001BEV35 型纯电动轿车	知豆 D2	6
	吉利牌 JL7001BEV45 型纯电动轿车	知豆 D2	4
	江淮牌 HFC7000AEV 型纯电动轿车	和悦 iEV	1
	江淮牌 HFC7000W3EV 型纯电动轿车	江淮 iEV6E 时光版	3

续上表

应用地区	车　型	通用名称	数量(辆)
绍兴市	江淮牌 HFC7000WEV 型纯电动轿车	江淮 iEV6E	4
	江淮牌 HFC7001A1EV 型纯电动轿车	IEV7	1
	江铃牌 JX70016BEV 型纯电动轿车	E200	80
	江铃牌 JX7005BEV 型纯电动轿车	E100	52
	江铃牌 JX7006BEV 型纯电动轿车	E200	26
	江铃牌 JX7009BEV 型纯电动轿车	E160	11
	解放牌 CA5020XXYBEV31 型纯电动厢式运输车	纯电动厢式运输车	101
	解放牌 CA5040XXYBEV31 型纯电动厢式运输车	纯电动厢式运输车	63
	金龙牌 XMQ6106AGCHEVD57 型混合动力城市客车	混合动力城市客车	25
	金龙牌 XMQ6106AGCHEVN510 型插电式混合动力城市客车	插电式混合动力城市客车	40
	金龙牌 XMQ6127AGPHEVN53 型插电式混合动力城市客车	插电式混合动力城市客车	50
	金龙牌 XMQ6850AGBEVL4 型纯电动城市客车	纯电动城市客车	34
	金龙牌 XMQ6850AGCHEVD53 型混合动力城市客车	混合动力城市客车	16
	金龙牌 XMQ6850AGPHEVD52 型插电式混合动力城市客车	插电式混合动力城市客车	32
	劲骐牌 WXS5024XXYBEV01 型纯电动厢式运输车	纯电动厢式运输车	102
	开沃牌 NJL5022XXYBEV2 型纯电动厢式运输车	纯电动厢式运输车	2
	开沃牌 NJL5032XXYBEV 型纯电动厢式运输车	纯电动厢式运输车	39
	开沃牌 NJL5032XYZBEV 型纯电动邮政车	纯电动邮政车	13
	开沃牌 NJL5040XXYBEV18 型纯电动厢式运输车	纯电动厢式运输车	2
	开沃牌 NJL5040XYZBEV4 型纯电动邮政车	纯电动邮政车	1
	开沃牌 NJL6806BEV12 型纯电动客车	纯电动客车	80
	力帆牌 LF7004GEV 型纯电动轿车	330EV	17
	奇瑞牌 SQR7000BEVJ601 型纯电动轿车	Arrizo5 e	1
	奇瑞牌 SQR7000BEVJ72 型纯电动轿车	奇瑞 eQ1	109
	荣威牌 CSA6454NDPHEV1 型插电式混合动力运动型乘用车	荣威 eRX5	4
	荣威牌 CSA7104SDPHEV1 型插电式混合动力轿车	荣威 ei6	1
	瑞驰牌 CRC5022XXYB－LBEV 型纯电动厢式运输车	纯电动厢式运输车	3
	瑞驰牌 CRC5030XXYB－LBEV 型纯电动厢式运输车	纯电动厢式运输车	52
	瑞驰牌 CRC5032XXYC－LBEV 型纯电动封闭货车	纯电动封闭货车	7
	申龙牌 SLK6118ALE0BEVS6 型纯电动客车	纯电动客车	56
	舒驰牌 YTK5040XXYEV2 型纯电动厢式运输车	纯电动厢式运输车	265
	舒驰牌 YTK6118EV9 型纯电动客车	纯电动客车	21
	舒驰牌 YTK6810EV3 型纯电动客车	纯电动客车	2
	通家福牌 STJ5024XXYEV 型纯电动厢式运输车	纯电动厢式运输车	499
	通家福牌 STJ5029XXYEV1 型纯电动厢式运输车	纯电动厢式运输车	198
	野马牌 SQJ6460B2BEV 型纯电动乘用车	E70S	1
	宇通牌 ZK6105CHEVNPG35C 型插电式混合动力城市客车	插电式混合动力城市客车	54
	宇通牌 ZK6105CHEVPG33 型插电式混合动力城市客车	插电式混合动力城市客车	63
	宇通牌 ZK6105CHEVPG35 型插电式混合动力城市客车	插电式混合动力城市客车	16
	宇通牌 ZK6850CHEVNPG35C 型插电式混合动力城市客车	插电式混合动力城市客车	45
	宇通牌 ZK6850CHEVPG33 型插电式混合动力城市客车	插电式混合动力城市客车	17
	宇通牌 ZK6850CHEVPG35 型插电式混合动力城市客车	插电式混合动力城市客车	55
	远程牌 DNC5047XXYBEV01 型纯电动厢式运输车	E200 远程轻卡	20
	长安牌 SC7001CABBEV 型纯电动轿车	奔奔 mini e	1
	长安牌 SC7003AABEV 型纯电动轿车	EADO	1
	知豆牌 SMA7001BEV66 型纯电动轿车	知豆 D2	5
	知豆牌 SMA7001BEV73 型纯电动轿车	知豆 D2	15

续上表

应用地区	车　型	通用名称	数量(辆)
绍兴市	中通牌 LCK5049XXYEVH3 型纯电动厢式运输车	纯电动厢式运输车	253
	中植汽车牌 CDL5030XXYBEV1 型纯电动厢式运输车	纯电动厢式运输车	110
	中植汽车牌 CDL5030XXYBEV 型纯电动厢式运输车	纯电动厢式运输车	3
	中植汽车牌 CDL6810LRBEV3 型纯电动客车	纯电动客车	20
	中植汽车牌 SPK6110BEVL 型纯电动客车	纯电动客车	22
	众泰牌 JNJ7000EVE6 型纯电动轿车	芝麻 E30	10
	众泰牌 JNJ7000EVK1 型纯电动轿车	E200	30
	众泰牌 JNJ7000EVX13 型纯电动轿车	云 100S	16
	众泰牌 JNJ7000EVX14 型纯电动轿车	云 100S	2

六、2017 年 12 月底本地区电动汽车充(换)电站(桩)保有量统计表

城市名称	充电站				充电桩		换电站
	数量(座)	充电机功率总计(kW)	充电站占地面积(m^2)	投资金额(万元)	慢充(个)	快充(个)	数量(座)
绍兴市	29	—	—	—	1 483		—

湖　州　市

Huzhou City

一、2017 年节能与新能源汽车产业概况

2017 年,湖州市新能源汽车产业共有企业 90 家,全年实现工业增加值同比增长 13.7%,高出全市面上 5.4 个百分点,其中动力电池产业工业增加值占全市工业增加值的 28%,增速为 7.8%,全年实现销售收入约 1 900 亿元,利润总额约为 961 亿元,产量占全国市场的 70%,产能利用率达 95%。天能集团、超威集团继续入围中国民营企业 500 强。全年全市谋划类和实施类新能源汽车项目 25 个,合计总投资约 600 亿元,包括吉利集团总投资 326 亿元新能源汽车项目、游侠总投资 90 亿元新能源汽车项目、微宏动力总投资 55 亿元三期锂电池等项目。

二、2017 年节能与新能源汽车扶持政策与措施

政策名称	文件号	发布单位	发布日期	政策概要
《关于调整湖州市市本级新能源汽车推广应用地方配套补助办法的通知》	湖推广办〔2017〕1 号	湖州市经济和信息化委员会	2017－7－31	结合国家四部委政策变动的文件通知,在 2016 年湖州市市本级新能源汽车地方配套补助办法的基础上,对湖州市新能源汽车地方配套补助办法作出进一步调整和完善
湖州市新能源汽车推广应用安全监管实施办法	湖推广〔2017〕1 号	湖州市经济和信息化委员会	2017－12－25	高度重视新能源汽车产业发展和推广应用中的安全问题,建立健全湖州市新能源汽车和充电基础设施的安全保障体系

三、2017 年节能与新能源汽车推广应用情况

2017 年全年,湖州市累计推广了新能源汽车 5 827 辆,其中纯电动乘用车 5 210 辆,插电式混合动力乘用车 49 辆,纯电动客车 503 辆,插电式混合动力客车 5 辆,纯电动物流车 60 辆。其中,湖州市市本级累计推广了 1 252 辆新能源汽车,具体为纯电动乘用车 469 辆,非插电式混合动力乘用车 247 辆,插电式混合动力乘用车 20 辆,纯电动客车 461 辆,纯电动物流车 5 辆。

四、2017 年节能与新能源汽车主要企业经营情况

2017 年,长兴县天能集团销售收入约为 104.33 亿元,同比增长 15.39%,营业利润约为 5.61 亿元,同比减少 11.56%;长兴县超威集团销售收入约为 55.1 亿元,与 2016 年同期基本持平,营业利润约为 4.4 亿元,同比增长 76.1%;长兴县浙江江森自控电池有限公司销售收入约为 28.89 亿元,同比增长 33%,营业利润约为 0.48 亿元,同比增长 69%;湖州开发区微宏动力系统(湖州)有限公司销售收入约 13.72 亿元,与 2016 年同期基本持平,营业利润约为 0.3 亿元,同比大幅下降;湖州开发区湖州创亚动力电池材料有限公司销售收入约

为 23.89 亿元，同比增长 26%，营业利润约为 4.06 亿元，同比增长 34%；德清县浙江伊卡新能源汽车有限公司销售收入约为 4.61 亿元，同比增长 59%，营业利润约为 0.65 亿元，同比增长 73%。

五、2017 年节能与新能源汽车项目及园区建设情况

2017 全年湖州市谋划类新能源汽车重大项目 3 个，合计总投资 428.17 亿元，具体为游侠汽车浙江有限公司年产 20 万辆游侠智能汽车生产基地项目，吉利新能源汽车整车项目和湖州金冠鸿图隔膜科技有限公司年产 2.7 亿 m^2 锂离子电池隔膜建设项目；实施类新能源汽车重大项目 22 个，合计总投资约 172 亿元，具体为微宏动力三期锂电池项目，湖州天丰电源有限公司新增 9 亿 Wh 锂离子电池生产线建设项目，浙江普朗特电动汽车有限公司年产区域物流车车壳及汽车零配件 10 万台（套）建设项目，湖州恩驰汽车有限公司年产专用车、电动专用车、电动乘用车及其零部件的研发及生产（包括新能源专用车）项目等，其中天丰电源已于 2017 年年底竣工，普朗特新能源物流车和恩驰新能源客车已于 2018 年取得工信部生产资质。

六、2017 年基础设施建设及运行情况

2017 年，湖州市累计建成充电站 14 座、分散充电桩 416 个，并全部投入运行。

七、发展规划

以实现纯电动公交车全覆盖为目标，以公共交通运输领域的公交车更新为主要抓手，加快公交专用充电基础设施建设，规划布局近 100 座公交专用充电站，建立统一的公交充电及调度监管平台，推进纯电动客车在线实时监测，积极打造绿色公交体系，确保 2018 年全市新增纯电动客车 800 辆，基本实现市本级公交车电动化全覆盖，并逐步推广到湖州市其他县区和旅游等其他行业内，力争到 2022 年全市累计推广应用纯电动客车 1 800 辆以上。

加快新能源汽车整车项目建设，力争吉利、游侠等重大项目早日竣工投产；加大整车、三电和其他关键零部件研发投入，加快技术创新，抢占技术高地；加强与国内外院校、龙头企业的合作，大力培育新能源汽车领域的高级研发人才和技术人才，保障人才资源供给。

八、节能与新能源汽车推广应用统计表

2017 年节能与新能源汽车推广应用数量

（单位：辆）

车型 燃料	公交车	旅游大巴	公务车	出租车	租赁用车	私人车	环卫车	物流车	邮政车	电力工程车	载货车	其他	合计
纯电动汽车	355	145	0	0	4 932	278	0	56	0	0	4	3	5 773
插电式混合动力汽车	5	0	0	0	0	49	0	0	0	0	0	0	54
增程式电动汽车	0	0	0	0	0	0	0	0	0	0	0	0	0
燃料电池汽车	0	0	0	0	0	0	0	0	0	0	0	0	0
合计	360	145	0	0	4 932	327	0	56	0	0	4	3	5 827

2017 年节能与新能源汽车推广应用车型及数量

应用地区	车型	通用名称	数量（辆）
湖州市	北京牌 BJ7001BPH1－BEV 型纯电动轿车	EC180	30
	北京牌 BJ7001BPH2－BEV 型纯电动轿车	EC180	15
	北京牌 BJ7001BPH5－BEV 型纯电动轿车	EC180	22
	北京牌 BJ7001BPH7－BEV 型纯电动轿车	EC180	16
	北京牌 BJ7001BPH8－BEV 型纯电动轿车	EC180	5
	比亚迪牌 BYD6460STHEV5 型插电式混合动力多用途乘用车	比亚迪宋	23
	比亚迪牌 BYD6480STHEV 型插电式混合动力多用途乘用车	比亚迪唐	10
	比亚迪牌 BYD6480STHEV3 型插电式混合动力多用途乘用车	比亚迪唐	3
	比亚迪牌 BYD6480STHEV5 型插电式混合动力多用途乘用车	比亚迪唐	2
	比亚迪牌 BYD7005BEV 型纯电动轿车	比亚迪 e5	3
	比亚迪牌 BYD7008BEV1 型纯电动轿车	比亚迪秦 EV300	1
	比亚迪牌 BYD7150WT5HEV4 型插电式混合动力轿车	比亚迪秦	8
	比亚迪牌 BYD7150WT5HEV5 型插电式混合动力轿车	比亚迪秦	1
	比亚迪牌 BYD7150WTHEV3 型插电式混合动力轿车	比亚迪秦	2
	东风牌 DXK6450EC1BEV 型纯电动多用途乘用车	东风小康 EC36	1
	东风牌 EQ5041XXYACBEV5 型纯电动厢式运输车	纯电动厢式运输车	6
	飞燕牌 SDL6121EVL 型纯电动旅游客车	纯电动旅游客车	90

续上表

应用地区	车　型	通用名称	数量(辆)
湖州市	飞燕牌 SDL6126EVG 型纯电动城市客车	纯电动城市客车	5
	飞燕牌 SDL6801EV 型纯电动客车	纯电动客车	50
	广通牌 GTQ6103BEVB1 型纯电动城市客车	纯电动城市客车	2
	海马牌 HMA7003S10BEV 型纯电动轿车	爱尚 EV	11
	华泰牌 SDH7000BEVYL 型纯电动轿车	华泰 EV150	4
	吉利美日牌 MR7002BEV03 型纯电动轿车	EC7 - EV	14
	吉利牌 JL7001BEV18 型纯电动轿车	全球鹰 K11D	652
	吉利牌 JL7001BEV33 型纯电动轿车	知豆 D2	3
	吉利牌 JL7001BEV34 型纯电动轿车	吉利 100	1
	吉利牌 JL7001BEV35 型纯电动轿车	知豆 D2	3
	吉利牌 JL7001BEV45 型纯电动轿车	知豆 D2	8
	吉利牌 JL7001BEV46 型纯电动轿车	知豆 D2	1
	吉利牌 JL7001BEV47 型纯电动轿车	知豆 D3	43
	吉利牌 JL7001BEV58 型纯电动轿车	知豆 D2	74
	奇瑞牌 SMA7000BEV05 型纯电动轿车	K12	2 044
	吉利牌 SMA7000BEV06 型纯电动轿车	全球鹰 K10D	573
	吉利牌 SMA7001BEV25 型纯电动轿车	K17A	39
	江淮牌 HFC5041XXYP73EV1C5 型纯电动厢式运输车	帅铃 i5	3
	江淮牌 HFC5049XXYEV1H 型纯电动厢式运输车	帅铃 i6	2
	江淮牌 HFC7000A2EV 型纯电动轿车	iEV4	3
	江淮牌 HFC7000AEV 型纯电动轿车	和悦 iEV	1
	江淮牌 HFC7000W3EV 型纯电动轿车	江淮 iEV6E 时光版	22
	江淮牌 HFC7000WEV 型纯电动轿车	江淮 iEV6E	29
	江淮牌 HFC7001A1EV 型纯电动轿车	IEV7	5
	江铃牌 JX70011BEV 型纯电动轿车	E200S	58
	江铃牌 JX70016BEV 型纯电动轿车	E200	495
	江铃牌 JX7005BEV 型纯电动轿车	E100	145
	江铃牌 JX7006BEV 型纯电动轿车	E200	418
	江铃牌 JX7009BEV 型纯电动轿车	E160	1
	金龙牌 XMQ6806BGBEVL 型纯电动城市客车	纯电动城市客车	3
	金龙牌 XMQ6806BYBEVL 型纯电动城市客车	纯电动城市客车	4
	俊风牌 DFA7000G1F1BEV 纯电动轿车	E17	1
	开瑞牌 SQR5023XXYBEVK06 型纯电动厢式运输车	中城博源 EV	3
	开瑞牌 SQR5024XXYBEVK06 型纯电动厢式运输车	开瑞优优 EV	3
	凯马牌 KMC5022XXYEVA29D 型纯电动厢式运输车	纯电动厢式运输车	13
	力帆牌 LF7004GEV 型纯电动轿车	330EV	1
	迈迪牌 JNP7001BEV3 型纯电动轿车	迈迪 i3	1
	迈迪牌 JNP7001BEV4 型纯电动轿车	迈迪 i3	14
	奇瑞牌 SQR7000BEVJ00 型纯电动轿车	奇瑞 eQ	6
	奇瑞牌 SQR7000BEVJ72 型纯电动轿车	eQ1	2
	神州牌 YH5023XXYBEV 型纯电动箱式运输车	纯电动箱式运输车	10
	太行成功牌 SCH5022XXY - BEV1 型纯电动封闭货车	成功汽车 V2E	4
	太行成功牌 SCH5022XXY - BEV8 型纯电动封闭货车	成功汽车 V2E	16
	拓速乐牌 5YJSA7E1 型纯电动轿车(进口车)	Model S	5
	拓速乐牌 5YJSA7E2 型纯电动轿车(进口车)	Model S 60D	2
	拓速乐牌 5YJXCCE2 型纯电动轿车(进口车)	Model X 90D	9
	野马牌 SQJ6460B2BEV 型纯电动多用途乘用车	E70S	3

续上表

应用地区	车型	通用名称	数量(辆)
湖州市	野马牌 SQJ6460B1BEV 型纯电动乘用车	T70 EV	1
	宇通牌 ZK6105BEVG19A 型纯电动城市客车	E10	295
	宇通牌 ZK6105CHEVPG35 型插电式混合动力城市客车	插电式混合动力城市客车	5
	宇通牌 ZK6115BEV5Y 型纯电动客车	纯电动客车	1
	宇通牌 ZK6115BEVG5 型纯电动客车	纯电动客车	20
	宇通牌 ZK6650BEVG13 型纯电动客车	纯电动客车	10
	宇通牌 ZK6805BEVG11 型纯电动客车	纯电动客车	3
	宇通牌 ZK6845BEVG6A 型纯电动客车	纯电动客车	20
	云度牌 YDE7000BEV1C 纯电动轿车	π1	1
	长安牌 SC7001AEBEV 型纯电动轿车	奔奔 EV	1
	长安牌 SC7001CAABEV 型纯电动轿车	奔奔 mini e	1
	长安牌 SC7001CABBEV 型纯电动轿车	奔奔 mini e	2
	知豆牌 SMA7001BEV22 型纯电动轿车	知豆 D1	2
	知豆牌 SMA7001BEV23 型纯电动轿车	知豆 D2	32
	知豆牌 SMA7001BEV60 型纯电动轿车	知豆 D1	1
	知豆牌 SMA7001BEV61 型纯电动轿车	知豆 D2	9
	知豆牌 SMA7001BEV66 型纯电动轿车	知豆 D2	6
	知豆牌 SMA7001BEV73 型纯电动轿车	知豆 D2	12
	众泰牌 JNJ7000EVC1 型纯电动轿车	Z500EV	6
	众泰牌 JNJ7000EVE6 型纯电动乘用车	芝麻 E30	106
	众泰牌 JNJ7000EVK1 型纯电动轿车	E200	72
	众泰牌 JNJ7000EVX13 型纯电动轿车	云 100S	44
	众泰牌 JNJ7000EVX14 型纯电动轿车	云 100S	92
	众泰牌 JNJ7000EVX16 型纯电动轿车	云 100S	23
	众泰牌 JNJ7000EVX9 型纯电动轿车	云 100	15

九、2017 年 12 月底本地区电动汽车充(换)电站(桩)保有量统计表

城市名称	充电站				充电桩		换电站
	数量(座)	充电机功率总计(kW)	充电站占地面积(m^2)	投资金额(万元)	慢充(个)	快充(个)	数量(座)
湖州市	14	—	—	—	295	121	—

金 华 市

Jinhua City

一、新能源汽车推广和产业发展情况

1. 推广应用成效显著

2017 年,全市新推广新能源汽车 4 619 辆、折标准车 9 862 辆,累计推广 9 079 辆,推广数量走在全省前列。公交领域,金华市区已开通了 6 条线路,投放“青年”纯电动公交车 222 辆,形成了“两横两纵两延伸”的 BRT 交通格局,其推广应用经验受到省政府和有关部委的肯定。物流领域,在快递、超市等物流领域探索整车租赁模式,实施新能源汽车规模化推广。私人领域,以政策补助降低成本进行推广。

2. 产业规模持续壮大

通过多年培育和发展,金华市新能源汽车产业已经形成了以青年、众泰、华科、康迪、爱特、零跑、尤奈特、金大等企业为代表的新能源整车制造和电机、电控等关键零部件制造的产业体系。据统计,2016 年全年实现汽车产业产值 378.57 亿元,同比增长 18.2%,2017 年,汽车产业产值 341.3 亿元,同比增长 25.4%,依然保持较好的发展态势。

3. 产业平台初具规模

金华现已规划布局“三(镇)+四(基地)”节能与新能源汽车及关键零部件产业发展平台。金华开发区新能源汽车

小镇列入省第二批创建名单，永康众泰小镇列入省第二批培育名单，义乌绿色动力小镇列入金华市第一批创建名单，婺城、兰溪、武义、东阳四大汽摩配产业基地已列入“十三五”期间重点建设的先进装备制造业发展平台。

4. 配套政策日趋完善

2015 年 6 月出台了《金华市区新能源汽车推广应用财政补助暂行办法》，对购买新能源客车按照国家补助标准，给予 1:1 配套补助，对购买纯电动乘用车给予 3 万元补助，混合动力乘用车给予 2 万元补助。2017 年出台《金华市区新能源汽车推广应用财政补助暂行办法》，2017—2018 年对购买新能源汽车按国家补助标准的 50% 予以补助。

5. 基础设施加快推进

为规范市区电动汽车充电基础设施建设与服务，市区公用充电基础设施统一采用社会公开招标方式，引进青岛特锐德公司为公众提供充电基础设施及相关服务。2016 年，金华市共完成 21 座快充站点的建设工作，其中高速公路站点 12 座 48 个桩，非高速公路 9 座 64 个桩，分散充电桩 1 411 个，全省排名位居第四。2017 年全市完成公交等公共服务专用充电桩 218 个，城市公用充换电站 46 座，站内桩数 259 个，公用分散充电桩 366 个，居民区、单位内部、个人等自用桩 305 个，共完成充电桩 1 148 个。

二、存在的问题

1. 财政政策调整影响产业发展

近两年来，受新能源汽车骗补核查、公告目录调整、技术标准提升等因素影响，全国新能源汽车国补清算兑付周期延长，造成新能源汽车生产、销售企业资金大量沉淀。如非个人用户购买的新能源汽车累计行驶里程须达到 30 000 km，造成了 2016 年已推广的大部分车辆无法国补清算；同时各地基本上要求车辆获国补清算后再享受地补，也造成了地补资金兑现较慢，影响销售企业资金回笼。政策不确定、补助退坡、补贴领取难等问题困扰着新能源汽车产业发展和推广应用。

2. 地方财政压力影响县市推广积极性

虽然年初金华市已将年度任务分解到各县市政府，但部分地方考虑到财政压力，又是一项新生任务，因此对推广工作积极性不高。

三、下步工作计划

1. 加大支持产业发展

继续把新能源汽车及关键零部件作为主导产业来优先培育、优先发展，高起点规划、高标准建设，全力支持新能源汽车产业发展大平台、大项目、大企业。

2. 加快基础设施建设

鼓励建设快慢充相结合的充电设施，国网供电公司在城市核心区和重要交通枢纽加快布点快充站，对居民自用充电桩单独装表，并按居民峰谷电价执行。建设部门积极落实民用建筑配建充电设施，新建建筑在项目审查备案时，要求充电设施与其他设备统筹安排。物价部门对经营性集中式充电设施用电，执行大工业用电价格。

3. 优化推广补助政策

根据国补政策，制定出台地方新能源汽车补助办法，对消费者购买新能源汽车的按中央财政单车补助额的 50% 继续给予补贴，要求各县(市)发挥财政资金引导作用，加大新能源汽车推广应用。围绕公交、网约车、物流租赁、私人购买等领域制定 2018 年新能源汽车推广方案，力争全年推广 4 500 辆标准车。

4. 继续加大宣传力度

依托青年、众泰等新能源汽车生产(销售)企业，加大对政策的宣传力度；同时，积极借助媒体、网络加大对新能源汽车推广应用的宣传，普及新能源汽车相关知识，宣传金华市新能源汽车推广应用成果，为下步大规模推广工作营造良好的舆论氛围。

四、节能与新能源汽车推广应用统计表

2017 年节能与新能源汽车推广应用数量

(单位：辆)

燃料 \ 车型	公交车	旅游大巴	公务车	出租车	租赁用车	私人车	环卫车	物流车	邮政车	电力工程车	载货车	其他	合计
纯电动汽车	433	0	0	0	688	3 194	0	160	0	0	0	40	4 515
插电式混合动力汽车	45	0	0	0	0	59	0	0	0	0	0	0	104
增程式电动汽车	0	0	0	0	0	0	0	0	0	0	0	0	0
燃料电池汽车	0	0	0	0	0	0	0	0	0	0	0	0	0
合计	478	0	0	0	688	3 253	0	160	0	0	0	40	4 619

2017 年节能与新能源汽车推广应用车型及数量

应用地区	车型	通用名称	数量(辆)
金华市	北京牌 BJ7001BPH1 - BEV 型纯电动轿车	EC 180	112
	北京牌 BJ7001BPH2 - BEV 型纯电动轿车	EC 180	11
	北京牌 BJ7001BPH5 - BEV 型纯电动轿车	EC 180	14
	北京牌 BJ7001BPH7 - BEV 型纯电动轿车	EC 180	45
	比亚迪牌 BYD6460SBEV 型纯电动多用途乘用车	比亚迪宋 EV	1
	比亚迪牌 BYD6460STHEV5 型插电式混合动力轿车	比亚迪宋	35

续上表

应用地区	车 型	通用名称	数量(辆)
金华市	比亚迪牌 BYD6480STHEV 型插电式混合动力轿车	比亚迪唐	17
	比亚迪牌 BYD7005BEV 型纯电动乘用车	比亚迪 e5	5
	比亚迪牌 BYD7008BEV1 型纯电动轿车	比亚迪秦 EV300	1
	比亚迪牌 BYD7150WTHEV3 型混合动力轿车	比亚迪秦	2
	比亚迪牌 BYD7150WT5HEV4 型插电式混合动力轿车	比亚迪秦	5
	瑞驰牌 CRC5030XXYB－LBEV 型纯电动厢式运输车	纯电动厢式运输车	1
	东风牌 DXK6450EC1BEV 型纯电动多用途乘用车	东风小康 EC36	1
	江淮牌 HFC7000AEV 型纯电动轿车	和悦 iEV	2
	江淮牌 HFC7000WEV 型纯电动轿车	江淮 iEV6E	3
	江淮牌 HFC7001A1EV 型纯电动轿车	IEV7	1
	帝豪牌 HQ7002BEV04 型纯电动轿车	帝豪 EV	200
	众泰牌 JNJ7000EVA9 型纯电动轿车	T11	280
	众泰牌 JNJ7000EVE6 型纯电动乘用车	芝麻 E30	45
	众泰牌 JNJ7000EVK 型纯电动轿车	E200	1
	众泰牌 JNJ7000EVK1 型纯电动轿车	E200	1921
	众泰牌 JNJ7000EVK3 型纯电动轿车	E200	19
	众泰牌 JNJ7000EVX12 型纯电动轿车	云 100S	13
	众泰牌 JNJ7000EVX13 型纯电动轿车	云 100S	114
	众泰牌 JNJ7000EVX14 型纯电动轿车	云 100S	1
	众泰牌 JNJ7000EVX16 型纯电动轿车	云 100S	268
	众泰牌 JNJ7000EVX9 型纯电动轿车	云 100	154
	青年牌 JNP6103BEVBM 型纯电动城市客车	纯电动城市客车	22
	青年牌 JNP6123BEV31 型纯电动城市客车	纯电动城市客车	55
	青年牌 JNP6123BEV32 型纯电动城市客车	纯电动城市客车	80
	青年牌 JNP6123BEV3N 型纯电动城市客车	纯电动城市客车	50
	青年牌 JNP6843BEVM 型纯电动城市客车	纯电动城市客车	66
	江铃牌 JX70011BEV 型纯电动轿车	E200S	3
	江铃牌 JX70016BEV 型纯电动轿车	E200	43
	江铃牌 JX7005BEV 型纯电动轿车	E100	22
	江铃牌 JX7006BEV 型纯电动轿车	E200	33
	江铃牌 JX7009BEV 型纯电动轿车	E160	7
	吉海牌 KRD5022CCYBEV02 型纯电动仓栅式运输车	纯电动仓栅式运输车	2
	吉海牌 KRD5022XXYBEV02 型纯电动厢式运输车	纯电动厢式运输车	18
	金龙牌 NJL6806BEV 型纯电动客车	纯电动客车	20
	长安牌 SC6388AVBEV 型纯电动多用途乘用车	欧力威	193
	长安牌 SC6388BVBEV 型纯电动多用途乘用车	欧力威	188
	太行成功牌 SCH5022XXY－BEV1 型纯电动封闭货车	成功汽车 V2E	10
	华泰圣达菲牌 SDH6440BEVGL 型纯电动多用途乘用车	华泰新圣达菲	1
	康迪牌 SMA7000BEV02 型纯电动轿车	纯电动轿车	80
	奇瑞牌 SMA7000BEV05 型纯电动轿车	K12	50
	知豆牌 SMA7001BEV23 型纯电动轿车	知豆 D2	13
	吉利牌 SMA7001BEV25 型纯电动轿车	K17A	20
	开瑞牌 SQR5023XXYBEVK06 型纯电动厢式运输车	中城博源 EV	150
	奇瑞牌 SQR7000BEVJ00 型纯电动轿车	奇瑞 eQ	5
	奇瑞牌 SQR7000BEVJ601 型纯电动轿车	Arrizo5 e	2
	奇瑞牌 SQR7000BEVJ72 型纯电动轿车	eQ1	9
	中国中车牌 TEG6106BEV20 型纯电动城市客车	纯电动城市客车	19

续上表

应用地区	车　型	通用名称	数量(辆)
金华市	中国中车牌 TEG6851BEV10 型纯电动城市客车	纯电动城市客车	10
	金龙牌 XMQ6106AGCHEVN510 型插电式混合动力城市客车	插电式混合动力城市客车	31
	金龙牌 XMQ6802AGBEVL2 型纯电动城市客车	纯电动城市客车	8
	金龙牌 XMQ6850AGBEVL4 型纯电动城市客车	纯电动城市客车	53
	宇通牌 ZK6805BEVG15 型纯电动城市客车	纯电动城市客车	10
	宇通牌 ZK6845BEVG6A 型纯电动城市客车	纯电动城市客车	60
	宇通牌 ZK6850CHEVPG35 型插电式混合动力城市客车	插电式混合动力城市客车	14

五、2017 年本地区重点新能源汽车企业产销量统计表

生产企业名称	产品商标	车辆类型	通用名称	产量统计(辆)	销量统计(辆)
金华青年汽车制造有限公司	青年	纯电动客车	—	864	864
湖南江南汽车制造有限公司永康分公司	众泰	纯电动轿车	E200	16 670	16 751

六、2017 年 12 月底本地区电动汽车充(换)电站(桩)保有量统计表

城市名称	充电站				充电桩		换电站
	数量(座)	充电机功率总计(kW)	充电站占地面积(m^2)	投资金额(万元)	慢充(个)	快充(个)	数量(座)
金华市	70	—	—	—	2 082	589	—

武 汉 市

Wuhan City

一、2017 年节能与新能源汽车产业概况

新能源汽车产业初步形成相对完整的产业体系。全市五大乘用车企业新能源项目均在稳步推进中。其中,东风乘用车公司两款纯电动乘用车 E70、E30 上市销售,2017 年销量 2 700 辆,产值 5 亿元;2017 年比亚迪和扬子江共生产新能源客车及物流车 2 849 辆,实现产值约 26.28 亿元。新能源汽车零部件布局提速,目前已有 22 家配套企业落户武汉,涉及驱动电机、动力电池系统、电控系统等核心零部件以及智能网联汽车相关零部件。

二、2017 年节能与新能源汽车扶持政策与措施

政策名称	文件号	发布单位	发布日期	政策概要
《武汉市人民政府关于印发武汉市新能源汽车推广应用和产业化工作实施方案(2017—2020 年)的通知》	武政规〔2017〕42 号	武汉市人民政府	2017-8-31	对于在武汉市购买、在武汉市车辆管理所完成注册登记,且已获得中央财政专项资金补贴的新能源汽车,武汉市在中央财政专项资金补贴的基础上,对单位和个人购买的轴距小于或者等于 2.2 m 的纯电动汽车、插电式混合动力汽车,按照中央财政单车补贴额的 20% 确定地方财政补贴标准;对单位和个人购买的燃料电池汽车,按照中央财政单车补贴额 1:1 的比例确定地方财政补贴标准
《市人民政府关于加快新能源汽车推广应用若干政策的通知》	武政规〔2017〕43 号	武汉市人民政府	2017-8-31	工作任务:新能源汽车推广应用数量居我国中部城市前列;创新新能源汽车商业运营模式;加大充电基础设施建设力度;建立新能源汽车监管平台;加大对新能源汽车推广应用的支持力度

三、2017 年节能与新能源汽车推广应用情况

2017 年,武汉市新能源汽车新增上牌 12 404 辆,较 2016 年增长 245.1%。其中,新能源公交车 572 辆、新能源通勤车 471 辆、新能源出租车 1 605 辆、新能源物流车 2 293 辆、新能源环卫车 6 辆、社会购置及租赁的新能源乘用车 7 457 辆。

四、2017 年节能与新能源汽车主要企业经营情况

其中,东风乘用车公司两款纯电动乘用车 E70、E30 上市销售,2017 年销量 2 700 辆,产值 5 亿元;2017 年比亚迪和扬

子江共生产新能源客车及物流车 2 849 辆，实现产值约 26.28 亿元。

五、2017 年节能与新能源汽车项目及园区建设情况

以平台化、数据化、共享化为特征的新能源汽车新商业模式正在构建。武汉电动汽车示范运营公司与法国 PSA 集团共享汽车 FREETOMOVE 合资合作项目已经签约落地，共同发展分时租赁业务；武汉斑马快跑 2017 年完成第三轮融资后，已取得全国第六张网约车公司牌照，目前在全国已有 20 万辆斑马车，并已在美国、加拿大、日本、澳大利亚成功上线 2 万余辆，成为华中地区首个网约车"独角兽"企业；此外，环球共享、曹操专车、滴滴、易到、神舟已分别在武汉注册分公司，大力推行分时租赁、网约车和共享出行业务。

六、2017 年基础设施建设及运行情况

武汉市全力推动充电设施基础建设，截至 2017 年底，武汉市已累计建成并投入使用的社会公用服务充电站及公交车、物流车专用充电站等共计 72 座，公共充电桩建设数量为 6 293 个，其中直流桩 3 029 个、交流桩 3 264 个。此外，积极引进有实力有特色的充电桩建设企业开展充电桩建设及运营服务，初步形成了特来电、国网电力、万爱新能源、万帮、通宇新能源等为主，光谷新能源、既济电力集团、合康智能电气为补充的充电基础设施建设格局。

七、发展规划

继续按照武汉市人民政府《武汉市人民政府关于印发武汉市新能源汽车推广应用和产业化工作实施方案（2017—2020 年）的通知》和《市人民政府关于加快新能源汽车推广应用若干政策的通知》制定的发展目标和主要任务，以新能源汽车推广应用为抓手，以充电基础设施建设为重点，以分时租赁等商业模式创新为载体，全面推动新能源汽车产业化发展，力争将武汉市建设成为全国领先的新能源汽车推广应用和产业化发展基地。

襄 阳 市

Xiangyang City

一、2017 年节能与新能源汽车产业概况

2017 年，新能源汽车整车产量达到 32 346 辆（同比增长 105%，全国增速为 53.8%）、新能源汽车产值 187.45 亿元（同比增长 24.6%），均创历史新高。

二、2017 年节能与新能源汽车扶持政策与措施

政策名称	文件号	发布单位	发布日期	政策概要
《关于襄阳市 2017 年新能源汽车推广应用财政支持政策的通知》	襄汽办发〔2017〕120 号	襄阳市汽车办、襄阳市财政局、襄阳市科技局	2017－12－20	对 2017 年 1 月 1 日—12 月 31 日在襄阳市购买新能源汽车的消费者给予补贴

三、2017 年节能与新能源汽车推广应用情况

2017 年，襄阳市新能源汽车推广应用达到 8 616 辆。

四、2017 年节能与新能源汽车主要企业经营情况

东风汽车股份有限公司的东风俊风 E17 纯电动轿车于 10 月量产，第三款新能源乘用车已经完成公告公示工作；东风股份新能源电动轻卡于 8 月实现量产。

五、2017 年节能与新能源汽车项目及园区建设情况

襄阳九州汽车有限公司于 2017 年 9 月 1 日正式迁址襄阳，2017 年 12 月 8 日，5 款车型全部投产。湖北东润专用车有限公司于 2017 年 12 月取得了自制自用新能源汽车底盘的改装类专用车生产资质。

六、2017 年基础设施建设及运行情况

截至 2017 年底，襄阳市公共领域已经完成充电桩建设 1 041 个。

七、发展规划

到 2021 年形成 100 万辆整车、30 万套驱动电机系统、100 亿 Wh 动力电池的产能，产业规模跃上千亿级。

八、节能与新能源汽车推广应用统计表

2017 年节能与新能源汽车推广应用数量 （单位：辆）

燃料＼车型	公交车	旅游大巴	公务车	出租车	租赁用车	私人车	环卫车	物流车	邮政车	电力工程车	载货车	其他	合计
纯电动汽车	67	0	0	0	0	1 189	0	7 314	0	0	0	0	8 570
插电式混合动力汽车	42	0	0	0	0	4	0	0	0	0	0	0	46
增程式电动汽车	0	0	0	0	0	0	0	0	0	0	0	0	0
燃料电池汽车	0	0	0	0	0	0	0	0	0	0	0	0	0
合计	0	0	0	0	0	0	0	0	0	0	0	0	8 616

新 乡 市

Xinxiang City

一、2017 年节能与新能源汽车产业概况

2017 年,新乡市电池与电动车产业 53 户规模以上企业完成实现主营业务收入、利润、利税分别为 167.9 亿元、5.8 亿元、7.7 亿元。

二、2017 年节能与新能源汽车推广应用情况

2017 年,全市共推广新能源汽车 3 517 辆(含进口车 7 辆),其中纯电动客车 190 辆、纯电动厢式货车 1 607 辆、纯电动乘用车 1 690 辆、混合动力乘用车 30 辆。

三、2017 年节能与新能源汽车项目及园区建设情况

依据《新乡市人民政府关于加快先进制造业专业园区建设的实施意见》,新乡市将在高新技术开发区建设新能源汽车专业园、在牧野区建设电池及电动车专业园、在凤泉区建设动力电池专业园,重点发展纯电动专用车、充电设施、动力电池、电池材料等新能源汽车及相关产业。

四、发展规划

2016 年 10 月 24 日,《新乡市加快新能源汽车推广应用及产业化发展实施方案(2016—2020 年)》正式印发,未来 5 年新乡市将大力推广新能源汽车并支持产业化发展。依据《新乡市电池与电动车产业"十三五"发展指导规划》,"十三五"期间,新乡市将着力推动锂离子电池为主的动力电池升级,重点做大做强锂离子电池、完善锂电池产业链、研发新型电池,推动新能源汽车及相关产业快速发展。

五、节能与新能源汽车推广应用统计表

2017 年节能与新能源汽车推广应用数量

(单位:辆)

燃料 \ 车型	公交车	旅游大巴	公务车	出租车	租赁用车	私人车	环卫车	物流车	邮政车	电力工程车	载货车	其他	合计
纯电动汽车	190	0	143	0	0	1 547	0	0	0	0	1 607	0	3 487
插电式混合动力汽车	0	0	7	0	0	23	0	0	0	0	0	0	30
增程式电动汽车	0	0	0	0	0	0	0	0	0	0	0	0	0
燃料电池汽车	0	0	0	0	0	0	0	0	0	0	0	0	0
合计	190	0	150	0	0	1 570	0	0	0	0	1 607	0	3 517

注:本表共统计进口车 7 辆。

2017 年节能与新能源汽车推广应用车型及数量

应用地区	车型	通用名称	数量(辆)
新乡市	比亚迪牌 BYD6460STHEV5 型插电式混合动力轿车	比亚迪宋	15
	比亚迪牌 BYD7150WT5HEV4 型插电式混合动力轿车	比亚迪秦	4
	荣威牌 CSA6454NDPHEV1 型插电式混合动力运动型乘用车	荣威 eRX5	2
	荣威牌 CSA7104SDPHEV1 型插电式混合动力轿车	荣威 ei6	2
	传祺(Trumpchi)牌 GAC7100SHEVD5 型增程式混合动力轿车	GA5 混动版	6
	高尔夫牌 PHEVWVWC64AU 型插电式混合动力轿车(进口车)	插电式混合动力轿车	1
	拓速乐牌 5YJSA3H1 型纯电动轿车(进口车)	Model S 85	6
	北京牌 BJ7001BPH1 - BEV 型纯电动轿车	EC 180	51
	北京牌 BJ7001BPH2 - BEV 型纯电动轿车	EC 180	26
	北京牌 BJ7001BPH5 - BEV 型纯电动轿车	EC 180	29
	北京牌 BJ7001BPH7 - BEV 型纯电动轿车	EC 180	99
	比亚迪牌 BYD6460SBEV 型纯电动多用途乘用车	比亚迪宋 EV	1
	比亚迪牌 BYD7005BEV 型纯电动轿车	比亚迪 e5	1
	长城牌 CC7000CE00BEV 型纯电动轿车	长城 C30EV	5
	东风牌 DXK6450EC1BEV 型纯电动多用途乘用车	东风小康 EC36	2
	东风牌 EQ5045XXYTBEV11 型纯电动箱式运输车	纯电动箱式运输车	354
	福建牌 FJ5020XXYBEVA12 型纯电动箱式运输车	纯电动箱式运输车	3

续上表

应用地区	车 型	通用名称	数量(辆)
新乡市	江淮牌 HFC5031XXYPV4EV5B3 型纯电动厢式运输车	帅铃 i3	2
	江淮牌 HFC7000W3EV 型纯电动轿车	江淮 iEV6E 时光版	115
	泓锋泰牌 HFT5021XXYBEV14 型纯电动箱式运输车	纯电动箱式运输车	481
	大马牌 HKL6801GBEV 型纯电动城市客车	纯电动城市客车	40
	海马牌 HMA7003S10BEV 型纯电动轿车	爱尚 EV	16
	吉利牌 JL7001BEV45 型纯电动轿车	知豆 D2	585
	众泰牌 JNJ7000EVE6 型纯电动轿车	芝麻 E30	94
	众泰牌 JNJ7000EVK1 型纯电动轿车	E 200	26
	众泰牌 JNJ7000EVX13 型纯电动轿车	云 100S	30
	江铃牌 JX70016BEV 型纯电动轿车	E200	16
	江铃牌 JX7005BEV 型纯电动轿车	E100	93
	凯马牌 KMC5035XXYEVA30D 型纯电动箱式运输车	纯电动箱式运输车	1
	力帆牌 LF7004GEV 型纯电动轿车	330EV	7
	长安牌 SC7001ADBEV 型纯电动轿车	奔奔 EV	72
	太行成功牌 SCH5022XXY－BEV1 型纯电动封闭货车	成功汽车 V2E	766
	华泰牌 SDH7000BEVYL 型纯电动轿车	华泰 EV150	12
	别克牌 SGM7158DACHEV 型插电式增程混合动力轿车	Velite 5	2
	知豆牌 SMA7001BEV23 型纯电动轿车	知豆 D2	370
	知豆牌 SMA7001BEV66 型纯电动轿车	知豆 D2	2
	奇瑞牌 SQR7000BEVJ72 型纯电动轿车	EQ1	30
	宇通牌 ZK6105BEVG23 型纯电动城市客车	纯电动城市客车	70
	宇通牌 ZK6115BEVG5 型纯电动城市客车	纯电动城市客车	30
	宇通牌 ZK6805BEVG11 型纯电动城市客车	纯电动城市客车	50

注:本表共统计进口车 7 辆。

六、2017 年 12 月底本地区电动汽车充(换)电站(桩)保有量统计表

城市名称	充电站				充电桩		换电站
	数量(座)	充电机功率总计(kW)	充电站占地面积(m^2)	投资金额(万元)	慢充(个)	快充(个)	数量(座)
新乡市	42	—	—		525	411	4

广 州 市

Guangzhou City

一、2017 年节能与新能源汽车产业概况

2017 年广州市新增新能源车 2.1 万辆,截至年底,全市累计推广应用新能源汽车超过 5 万辆。广州市本地企业 2017 年新能源汽车产量为 7 706 辆,增速为 53%。

二、2017 年节能与新能源汽车扶持政策与措施

政策名称	文 件 号	发布单位	发布日期	政策概要
广州市新能源汽车发展工作领导小组办公室关于广州市 2016、2017 年新能源汽车购置地方财政补贴标准的通知	穗新能源汽车办〔2017〕2 号	广州市新能源汽车发展工作领导小组办公室	2017－7－3	明确 2016、2017 年新能源汽车购置地方财政补贴标准为国家补贴的 50%
广州市人民政府办公厅关于印发广州市新能源汽车发展工作方案(2017—2020 年)	穗府办函〔2017〕263 号	广州市人民政府办公厅	2017－10－25	明确广州市 2017—2020 年推动新能源汽车发展的工作目标及重点任务

三、2017 年节能与新能源汽车推广应用情况

2017 年广州市新增新能源车 2.1 万辆，截至 2017 年底，全市累计推广应用新能源汽车超过 5 万辆。从应用领域看，租赁 26 495 辆（占 53%）、私人 12 505 辆（占 26%）、公交 6 878 辆（占 14%）、出租 2 103 辆（占 4%）、物流 1 245 辆（占 2%）、公务 396 辆（占 1%）。从技术路径看，纯电动汽车约 3.7 万辆（占 74%）、插电式混合动力汽车约 1.3 万辆（占 26%）。从使用效果看，车辆累计行驶里程超过 9 亿 km，累计充电超 1.9 亿度，行驶状况良好，节能减排效果明显。

四、2017 年节能与新能源汽车主要企业经营情况

全市共有自主品牌新能源汽车企业 8 家〔包括广汽乘用车、广汽比亚迪、东风启辰、东风日产、北汽（广州）、广汽新能源、广汽蔚来、小鹏汽车〕，目前已经实现新能源汽车量产企业有广汽乘用车、广汽比亚迪、东风日产、东风启辰、北汽（广州）。2017 年，全市新能源汽车产量为 7 706 辆，增速为 53%。

五、2017 年节能与新能源汽车项目及园区建设情况

2017 年 4 月，规划总投资 450 亿元的广汽智能网联新能源汽车生态产业园（番禺）动工，首期 20 万辆/年新能源汽车项目 2018 年底竣工投产。

六、2017 年基础设施建设及运行情况

截至 2017 年 12 月底，全市建设完成各类充电设施 1.54 万个，其中公用、专用类充电设施 1.35 万个、私人自用充电桩 1 890 个，在平台登记充电运营服务商 37 家。

七、发展规划

1. 进一步加快新能源汽车产业发展
2. 不断完善政策体系
3. 进一步发挥公共领域示范效应
4. 继续营造促进新能源汽车加快发展环境

八、节能与新能源汽车推广应用统计表

2017 年节能与新能源汽车推广应用数量

（单位：辆）

燃料 \ 车型	公交车	旅游大巴	公务车	出租车	租赁用车	私人车	环卫车	物流车	邮政车	电力工程车	载货车	其他	合计
纯电动汽车	1 581	30	30	2 263	8 694	4 312	0	1 294	0	0	0	71	18 275
插电式混合动力汽车	0	0	4	0	901	2 511	0	0	0	0	0	0	3 416
增程式电动汽车	0	0	0	0	0	0	0	0	0	0	0	0	0
燃料电池汽车	0	0	0	0	0	0	0	0	0	0	0	0	0
合计	1 581	30	34	2 263	9 595	6 823	0	1 294	0	0	0	71	21 691

2017 年节能与新能源汽车推广应用车型及数量

应用地区	车型	通用名称	数量（辆）
广州市	北京牌 BJ6410UC4EV 型纯电动多用途乘用车	EX 260	2
	北京牌 BJ7000B3D5－BEV 型纯电动轿车	EV 160	1 014
	北京牌 BJ7000C5E1－BEV 型纯电动轿车	EU 260	684
	北京牌 BJ7000C5E2－BEV 型纯电动轿车	EU 260	210
	北京牌 BJ7000C5E2G－BEV 型纯电动轿车	EU 260	10
	北京牌 BJ7000C5E4－BEV 型纯电动轿车	EU 400	34
	北京牌 BJ7000U3D2－BEV 型纯电动轿车	EV 200	26
	北京牌 BJ7001BPH1－BEV 型纯电动轿车	EC 180	334
	北京牌 BJ7001BPH2－BEV 型纯电动轿车	EC 180	86
	北京牌 BJ7001BPH5－BEV 型纯电动轿车	EC 200	1 595
	北京牌 BJ7001BPH7－BEV 型纯电动轿车	EC 220	1 059
	比亚迪 BYD6460SBEV 型纯电动多用途乘用车	比亚迪宋 EV	12
	比亚迪 BYD6460STHEV5 型插电式混合动力多用途乘用车	比亚迪宋	709
	比亚迪 BYD6480STHEV 型插电式混合动力多用途乘用车	比亚迪唐	167
	比亚迪 BYD6480STHEV3 型插电式混合动力多用途乘用车	比亚迪唐	102
	比亚迪 BYD6480STHEV5 型插电式混合动力多用途乘用车	比亚迪唐	33
	比亚迪 BYD7005BEV 型纯电动轿车	比亚迪 e5	1 933
	比亚迪 BYD7006BEVH 型纯电动轿车	比亚迪 e6	3
	比亚迪牌 BYD7008BEV1 型纯电动轿车	比亚迪秦 EV300	5
	比亚迪 BYD7150WT5HEV4 型插电式混合动力轿车	比亚迪秦	905

续上表

应用地区	车　型	通用名称	数量（辆）
广州市	比亚迪 BYD7150WT5HEV5 型插电式混合动力轿车	比亚迪秦	89
	比亚迪 BYD7150WTHEV3 型混合动力轿车	比亚迪秦	52
	比亚迪 BYD6100LLEV 型纯电动客车	纯电动客车	2
	大马牌 HKL5041XXYBEV1 型纯电动厢式运输车	纯电动厢式运输车	400
	大通牌 SH5040XXYA7BEV－4 型纯电动厢式运输车	纯电动厢式运输车	50
	东风牌 EQ5023XXYACBEV1 型纯电动厢式运输车	纯电动厢式运输车	31
	东风牌 EQ5040XXYACBEV7 型纯电动厢式运输车	纯电动厢式运输车	83
	东风牌 EQ5042XXYACBV3 型纯电动厢式运输车	纯电动厢式运输车	2
	东风牌 EQ5045XLCTBEV 型纯电动冷藏车	纯电动冷藏车	20
	东风牌 EQ5045XXYTBEV12 型纯电动厢式运输车	纯电动厢式运输车	47
	东风牌 EQ5045XXYTBEV3 型纯电动厢式运输车	纯电动厢式运输车	300
	广客牌 GTZ6112BEV1 纯电动客车	纯电动客车	56
	传祺（Trumpchi）牌 GAC6450CHEVA5B 型插电式混合动力多用途乘用车	传祺 GS4 PHEV	150
	传祺（Trumpchi）牌 GAC7000BEVH0A 型纯电动轿车	传祺 GE3	167
	传祺 GAC7100SHEVD5 型增程式混合动力轿车	GA5 混动版	2
	传祺 GAC7150CHEVA5A 型插电式混合动力轿车	传祺 GA3S PHEV	70
	广汽牌 GZ6100LGEV4 型纯电动城市客车	纯电动城市客车	930
	广汽牌 GZ6121LGEV1 型纯电动城市客车	纯电动城市客车	438
	帝豪牌 HQ7002BEV04 型纯电动轿车	帝豪 EV	412
	帝豪牌 HQ7002BEV08 型纯电动轿车	帝豪 EV	17
	吉利牌 SMA7001BEV25 型纯电动轿车	K17A	100
	吉利美日牌 MR7002BEV03 型纯电动轿车	EC7－EV	1 629
	吉利美日牌 MR7152PHEV01 型插电式混合动力轿车	帝豪 PHEV	1
	江淮牌 HFC7000AEV 型纯电动轿车	和悦 iEV	8
	江淮牌 HFC7000WEV 型纯电动轿车	江淮 iEV6E	95
	江淮牌 HFC7001A1EV 型纯电动轿车	IEV7	27
	江南牌 JNJ7000EVA9 型纯电动轿车	T11PLUS	96
	金旅牌 XML6809JEVD0 型纯电动客车	纯电动客车	12
	开沃牌 NJL5032XXYBEV1 型纯电动厢式运输车	纯电动厢式运输车	104
	开沃牌 NJL5040XXYBEV1 型纯电动厢式运输车	纯电动厢式运输车	34
	开沃牌 NJL6117BEV25 型纯电动客车	纯电动客车	26
	奇瑞牌 SQR7000BEVJ00 型纯电动轿车	奇瑞 eQ	419
	奇瑞牌 SQR7000BEVJ601 型纯电动轿车	Arrizo5e	8
	奇瑞牌 SQR7000BEVJ72 型纯电动轿车	奇瑞 eQ1	1 422
	启辰牌 DFL7000B2BEV 型纯电动轿车	启辰 e30	1
	荣威牌 CSA6454NDPHEV1 型插电式混合动力运动型乘用车	荣威 eRX5	172
	荣威牌 CSA6456BEV1 型纯电动运动型乘用车	荣威 eRX5	114
	荣威牌 CSA7104SDPHEV1 型插电式混合动力轿车	荣威 ei6	93
	荣威牌 CSA7154TDPHEV 型插电式混合动力轿车	荣威 550PHEV	595
	荣威牌 CSA7155TDPHEV 型插电混合动力轿车	荣威 e550	277
	瑞驰牌 CRC5030XXYB－LBEV 型纯电动厢式运输车	纯电动厢式运输车	449
	舒驰牌 YTK5040XXYEV2 型纯电动厢式运输车	纯电动厢式运输车	232
	舒驰牌 YTK6118EV2 型纯电动客车	纯电动客车	12
	宇通牌 ZK6105BEVG29A 型纯电动城市客车	纯电动城市客车	89

续上表

应用地区	车型	通用名称	数量（辆）
广州市	宇通牌 ZK6115BEVY51 型纯电动客车	纯电动客车	117
	宇通牌 ZK6115BEVY52 型纯电动客车	纯电动客车	4
	宇通牌 ZK6119BEVQZ51 型纯电动客车	纯电动客车	4
	宇通牌 ZK6701BEVQ5 型纯电动客车	纯电动客车	8
	宇通牌 ZK6805BEVG21A 型纯电动城市客车	纯电动城市客车	110
	宇通牌 ZK6808BEVQZ52 型纯电动客车	纯电动客车	1
	吉利牌 JL7001BEV33 型纯电动轿车	知豆 D2	8
	吉利牌 JL7001BEV35 型纯电动轿车	知豆 D2	41
	吉利牌 JL7001BEV36 型纯电动轿车	知豆 D2	9
	吉利牌 JL7001BEV38 型纯电动轿车	知豆 D2	200
	吉利牌 JL7001BEV45 型纯电动轿车	知豆 D2	28
	吉利牌 JL7001BEV46 型纯电动轿车	知豆 D2	8
	知豆牌 SMA7001BEV23 型纯电动轿车	知豆 D2	855
	知豆牌 SMA7001BEV61 型纯电动轿车	知豆 D2	42
	知豆牌 SMA7001BEV66 型纯电动轿车	知豆 D2	72
	知豆牌 SMA7001BEV73 型纯电动轿车	知豆 D2	37
	中通牌 LCK6809EVGM 型纯电动城市客车	纯电动城市客车	12
	众泰牌 JNJ7000EVX13 型纯电动轿车	云 100S	5
	众泰牌 JNJ7000EVX16 型纯电动轿车	云 100S	3
	众泰牌 JNJ7000EVX17 型纯电动轿车	云 100S	200
	众泰牌 JNJ7000EVX9 型纯电动轿车	云 100S	1
	众泰牌 JNJ7000EVK1 型纯电动轿车	E200	556
	众泰牌 JNJ7000EVX13 型纯电动轿车	云 100S	38
	众泰牌 JNJ7000EVX16 型纯电动轿车	云 100S	204
	众泰牌 JNJ7000EVX17 型纯电动轿车	云 100S	799
	众泰牌 JNJ7000EVX9 型纯电动轿车	云 100S	73

九、2017 年本地区重点新能源汽车企业产销量统计表

生产企业名称	产品商标	车辆类型	通用名称	产量统计（辆）	销量统计（辆）
广州汽车集团乘用车有限公司	传祺（Trumpchi）	GAC6450CHEVA5B 型插电式混合动力多用途乘用车	传祺 GS4 PHEV	—	150
	传祺（Trumpchi）	GAC7000BEVH0A 型纯电动轿车	传祺 GE3	—	167
	传祺（Trumpchi）	GAC7100SHEVD5 型增程式混合动力轿车	GA5 混动版	—	2
	传祺（Trumpchi）	GAC7150CHEVA5A 型插电式混合动力轿车	传祺 GA3S PHEV	—	70
广州汽车集团客车有限公司	广汽	GZ6100LGEV4 型纯电动城市客车	K8	1 078	930
	广汽	GZ6121LGEV1 型纯电动城市客车	K9	469	438
东风汽车有限公司	启辰	启辰晨风 DFL7000B2BEV 纯电动轿车	启辰 e30	0	1

十、2017 年 12 月底本地区电动汽车充（换）电站（桩）保有量统计表

城市名称	充电站				充电桩		换电站
	数量（座）	充电机功率总计（kW）	充电站占地面积（m^2）	投资金额（万元）	慢充（个）	快充（个）	数量（座）
广州市	31	78 430	—	—	2 699	1 723	5

深圳市

Shenzhen City

一、2017年节能与新能源汽车产业概况

2017年,深圳市新能源汽车产值为1 200亿元,高于深圳市同期规模以上工业增加值增速。依托深圳市电子信息产业基础较好等先发优势,经过多年发展,深圳市新能源汽车产业基本形成以整车生产为主导,动力电池及原材料、驱动电机、电控系统、充电基础设施等配套产业协同发展的完整产业链,并在各细分领域分别涌现出一批龙头品牌企业。其中,比亚迪已具备年产新能源乘用车10万辆、客车1.5万辆的产能规模,推出的插电式混动车秦、唐、宋,以及纯电动乘用车e6和商用车K7、K8、K9等均有较强的市场影响力,部分车型进入美洲、欧洲市场;比亚迪、沃特玛、比克电池3家企业动力电池出货量位居全球前十;欣锐科技(国内DC—DC市场份额60%以上,DC—DC即直流—直流变换器,在电源和驱动电机之间起升压和稳压调节作用)、贝特瑞(连续3年成为全球电池负极材料第一大供应商)、新宙邦(国内最大的动力电池电解液供应商)等企业市场占有率均居细分领域前列。

截至2017年底,深圳市共依托新能源汽车重点企业建设创新载体57个,累计授权专利超过12 000件,创新能力持续增强。其中,比亚迪在动力电池、发动机、变速箱、控制软件、转向系统等领域都拥有完全自主知识产权;星源材质是国内首家同时掌握动力电池隔膜生产干湿技术的企业,成功打破日韩企业市场垄断地位;贝特瑞完成高容量硅碳复合负极材料开发,能量密度比现有负极材料提升80%,有望用于特斯拉下一代电动汽车;大地和是国内少数同时掌握高效电机和控制驱动系统两方面核心技术的企业之一,其生产的控制器安全等级已达到国际水准;威迈斯、欣锐科技、蓝海华腾等企业分别在车载双向充电机、车载电源、电机驱动核心控制等技术领域处于国内领先地位。

二、2017年节能与新能源汽车扶持政策与措施

政策名称	文件号	发布单位	发布日期	政策概要
深圳市2017年新能源汽车推广应用财政支持政策	深财规〔2017〕10号	深圳市财政委员会、深圳市发展和改革委员会	2017-7-18	对深圳辖区范围内的新能源车辆和充电设施,给予购置补贴、充电设施建设补贴和动力电池回收补贴,根据《财建〔2016〕958号》文有关要求,地方各级财政补贴总和不得超过中央财政单车补贴额的50%
深圳市2016—2020年新能源汽车推广应用工作方案	深发改〔2016〕1122号	深圳市发展和改革委员会	2016-9-13	根据《关于加快新能源汽车推广应用的指导意见》和《关于加快电动汽车充电基础设施建设的指导意见》等文件精神,制定了深圳市2016—2020年新能源汽车推广应用工作方案,提出了具体工作目标

三、2017年节能与新能源汽车推广应用情况

2017年,深圳市出台了《深圳市2017年新能源汽车推广应用财政支持政策》等政策,并安排约30亿元新能源汽车推广应用专项资金,重点支持新能源汽车车辆购置、充电基础设施建设等,进一步扩大新能源汽车推广应用规模,年内已实现专营公交车100%纯电动化,成为全球首个公交全面纯电动化的城市。2017年全年推广新能源汽车56 948辆,其中纯电动公交车1 701辆、纯电动出租车7 928辆、纯电动通勤车864辆、纯电动物流车20 521辆、新能源租赁汽车1 130辆、新能源私家车23 600辆、其他新能源汽车1 204辆。

四、2017年节能与新能源汽车主要企业经营情况

2017年内,比亚迪股份有限公司(以下简称比亚迪)实现收入约1 059.15亿元,同比增长2.36%,其中汽车及相关产品业务的收入约566.24亿元,同比下降0.68%;占比亚迪总收入的比例分别为53.46%;新能源汽车业务收入约390.6亿元,同比增长12.83%,占比亚迪总收入比例进一步提升至36.88%。

2017年全年,比亚迪新能源汽车销量实现超过11万辆,同比增长超过15%,根据EV Sales的统计数据,2017年比亚迪新能源汽车销量再次冠领全球,实现连续3年排名全球销量第一,行业地位进一步巩固,品牌影响力进一步增强。

五、2017年节能与新能源汽车项目及园区建设情况

为进一步促进产业集聚发展,深圳市坪山区规划建设了总面积为13.5 km^2的新能源汽车产业基地。该基地2017年产值达771.24亿元,同比增长17.13%,占坪山区规上企业总产值47%,目前已被国家商务部确定为国家级新能源汽车产业基地。

六、2017年基础设施建设及运行情况

2017年全年,深圳市累计建成集中式充电站12座、公交快速充电桩2 279个、社会快速充电桩1 948个、专用充电桩206个、慢速充电桩7 153个。

七、发展规划

到2018年底,出租车纯电动化率达到100%;到2020年底,小型物流车纯电动化率超过50%;全市累计建设公交综合车场(充电站)13个,各类快慢充电桩约12万个;城市中心区域社会公共充电站服务半径小于0.9 km。

八、节能与新能源汽车推广应用统计表

2017 年节能与新能源汽车推广应用数量

（单位：辆）

燃料＼车型	公交车	旅游大巴	公务车	出租车	租赁用车	私人车	环卫车	物流车	邮政车	电力工程车	载货车	其他	合计
纯电动汽车	1 722	996	249	7 928	924	7 612	1	20 521	0	0	0	1 203	41 156
插电式混合动力汽车	0	2	24	0	51	15 715	0	0	0	0	0	0	15 792
增程式电动汽车	0	0	0	0	0	0	0	0	0	0	0	0	0
燃料电池汽车	0	0	0	0	0	0	0	0	0	0	0	0	0
合计	1 722	998	273	7 928	975	23 327	1	20 521	0	0	0	1 203	56 948

2017 年节能与新能源汽车推广应用车型及数量

应用地区	车　型	通用名称	数量（辆）
深圳市	比亚迪牌 BYD111017GBEV1 型纯电动厢式运输车	T 7	7
	比亚迪牌 BYD4180D8DBEV 型纯电动半挂牵引车	Q 1	10
	比亚迪牌 BYD5030XXYBEV1 型纯电动厢式运输车	T 3	55
	比亚迪牌 BYD5030XXYBEV1 型纯电动厢式运输车	T 3	8
	比亚迪牌 BYD5031XXYBEV 型纯电动货车和专用车	T 4	5
	比亚迪牌 BYD5070XXYBEV 型纯电动厢式运输车	T 5	26
	比亚迪牌 BYD5110XXYBEV1 型纯电动厢式运输车	T 7	14
	比亚迪牌 BYD6100LGEV3 型纯电动城市客车	K 8	854
	比亚迪牌 BYD6100LLEV 型纯电动客车	C 8	1
	比亚迪牌 BYD6100LSEV1 型纯电动双层城市客车	K8S	140
	比亚迪牌 BYD6110LLEV 型纯电动客车	C8	550
	比亚迪牌 BYD6120LLEV4 型纯电动客车	C9	2
	比亚迪牌 BYD6460SBEV 型纯电动多用途乘用车	宋 EV	1
	比亚迪牌 BYD6460SBEV 型纯电动多用途乘用车	宋 EV	160
	比亚迪牌 BYD6460STHEV5 型插电式混合动力多用途乘用车	宋 DM	5 560
	比亚迪牌 BYD6480STHEV3 型插电式混合动力多用途乘用车	唐	474
	比亚迪牌 BYD6480STHEV5 型插电式混合动力多用途乘用车	唐	1 017
	比亚迪牌 BYD6480STHEV 型插电式混合动力多用途乘用车	唐	2 053
	比亚迪牌 BYD6810LZEV 型纯电动城市客车	K7B	2
	比亚迪牌 BYD7005BEV 型纯电动轿车	比亚迪 e5	1 764
	比亚迪牌 BYD7006BEVH 型纯电动轿车	比亚迪 e6	7 886
	比亚迪牌 BYD7008BEV1 型纯电动轿车	比亚迪秦 EV300	94
	比亚迪牌 BYD7150WT5HEV4 型插电式混合动力轿车	比亚迪秦	3 369
	比亚迪牌 BYD7150WT5HEV5 型插电式混合动力轿车	比亚迪秦	98
	比亚迪牌 BYD7150WTHEV3 型混合动力轿车	比亚迪秦	996
	比亚迪牌 CK6100LGEV2 型纯电动城市客车	K8	7
	比亚迪牌 QCJ7006BEVF 型纯电动轿车	比亚迪 e6	1
	比亚迪牌 QCJ7007BEV1 型纯电动轿车	腾势	339
	比亚迪牌 QCJ7007BEV2 型纯电动轿车	腾势	373
	其他新能源汽车	—	31 082

九、2017 年本地区重点新能源汽车企业产销量统计表

生产企业名称	产品商标	车辆类型	通用名称	产量统计（辆）	销量统计（辆）
比亚迪汽车工业有限公司	比亚迪	插电式混合动力多用途乘用车	唐	14 774	14 592
		纯电动轿车	E 6	10 220	10 215

续上表

生产企业名称	产品商标	车辆类型	通用名称	产量统计(辆)	销量统计(辆)
比亚迪汽车工业有限公司	比亚迪	纯电动城市客车	K 9	928	928
		纯电动城市客车	K 8	3 416	3 416
		纯电动城市客车	C 9	2	2
		纯电动城市客车	K 6	32	32
		纯电动城市客车	C 6	1	1
		纯电动城市客车	C 8	550	550
		纯电动城市客车	K8S	187	187
		纯电动城市客车	K 7	1 681	1 681
		纯电动货车	T 系列	531	531
合计			32 322	32 135	

十、2017 年 12 月底本地区电动汽车充(换)电站(桩)保有量统计表

城市名称	充电站				充电桩		换电站
	数量(座)	充电机功率总计(kW)	充电站占地面积(m^2)	投资金额(万元)	慢充(个)	快充(个)	数量(座)
深圳市	300	599 100	300 000	200 000	29 308	11 314	0

成 都 市

Chengdu City

一、2017 年节能与新能源汽车产业概况

全市拥有新能源汽车企业 36 户,其中整车生产企业 10 户,产品涵盖"新能源乘用车(轿车、SUV、MPV) + 新能源商用车(客车、载重货车、特种作业车)",初步形成了比较完整的整车制造体系;零部件企业 26 户,产品涵盖"三电"关键零部件(动力电池、驱动电机、电控系统)及配套设备(充电设施、控制管理系统、后端设备制造),形成了研发、制造、检验检测、后端服务等零部件制造体系。2017 年,全市新能源汽车实现整车产销量 8 247 辆和 8 201 辆,实现产值 67 亿元。

二、2017 年节能与新能源汽车扶持政策与措施

政策名称	文件号	发布单位	发布日期	政策概要
关于印发成都市支持新能源汽车推广应用若干政策的通知	成办发〔2017〕20 号	成都市政府办公厅	2017 - 7 - 20	对新能源汽车补贴、充电桩建设、新能源汽车路权保障等领域进行了规定
成都市电动汽车充换电基础设施建设专项规划	—	成都市经济和信息化委员会	2017 - 5	规划 2016—2020 年全市充电设施建设目标和时间节点
成都市关于鼓励和规范新能源汽车分时租赁业发展的指导意见	成办函〔2017〕165 号	成都市政府办公厅	2017 - 9 - 27	包括总体思路、基本原则、发展目标、加快服务网点布局和充电设施建设、加强政策扶持、规范新能源汽车分时租赁营运管理、保障机制 7 方面内容
关于印发成都市加快能源消费结构调整实施方案(2017—2020 年)的通知	成办函〔2017〕71 号	成都市政府办公厅	2017 - 5 - 5	立足实际、因地制宜,宜气则气、宜电则电,从供给侧和需求侧入手,从清洁能源基础设施建设、发展绿色交通、淘汰燃煤锅炉、加快关停落后产能、加快构建清洁能源区
成都市发改委关于成都市电动汽车充电服务费有关问题的通知	成发改价格〔2017〕611 号	成都市发展和改革委员会	2017 - 8 - 3	设定充电服务费指导价格
成都市发改委、经信委《成都市战略性新兴产业发展"十三五"规划》	成发改高技〔2017〕303 号	成都市发展和改革委员会 成都市经济和信息化委员会	2017 - 4 - 21	规划"十三五"期间全市新能源汽车产业发展

三、2017 年节能与新能源汽车推广应用情况

截至 2017 年底，全市累计推广应用新能源汽车超过4 万辆，包括公共交通及客运车辆 2.4 万辆、物流配送车 1.1 万辆、党政机关用车 694 辆和私人乘用车 5 129 辆。

四、2017 年节能与新能源汽车主要企业经营情况

1. 经开区

先后聚集新能源汽车及零部件企业 20 余家，初步形成了以野马汽车、中植一客、成都大运、成都雅骏、一汽专汽等 6 家整车企业为龙头引领，联腾动力、华川电装、富临精工、凯迈科技等 10 余家关键核心零部件为配套支撑，特来电、雅骏等充换电设施企业为服务保障，集研发设计、生产制造与推广运营于一体的完整的产业链，产业发展整体位居国内中上游水平。目前已拥有新能源汽车国家推荐目录车型27 款，主要包括野马 E70 纯电动 SUV、沃尔沃 S60L 插电式混合动力轿车、大运纯电动载货汽车、野马纯电动客车、中植纯电动客车、雅骏纯电动载货车等纯电动、混合动力新能源轿车、客车、专用汽车产品，形成了较为完善的乘用车加商用车产品系列。2017 年全区新能源汽车产量达 1.5 万台，产值达 51 亿元。

2. 郫都区

成都客车股份有限公司 2017 年共计生产节能与新能源客车 1 178 辆，实现产值 3.74 亿元，其中生产新能源客车 330 辆，实现产值 1.800 2 亿元。国蓉科技有限公司，2017 年产值大约为 6 057 万元；四川金星清洁能源装备股份有限公司，2017 年产值大约为 1 700 万元。

3. 双流区

成都紫光电气设备有限公司：主要从事动力电池隔膜制造，2017 年完成总产值 0.33 亿，同比增长 5.46%，截至 2018 年 4 月，完成产值 700 万，同比下降 4.67%。

四川科能锂电有限公司：主要磷酸铁锂正极材料、磷酸铁锂电池、锂离子动力电池及储能电源系统，2018 年 1—4 月完成产值 1 400 万，同比下降 20.85%。

四川南都国舰新能源股份有限公司：主要从事储能及动力电池。2017 年完成产值 9.35 亿，同比增长 46.46%。2018 年 1—4 月完成产值 2.17 亿，同比下降 16.43%。

4. 新都区

四川思博瀚宇新材料有限公司主要生产“高性能锂电池隔膜”，2017 年产量 2 600 万 m^2，产值 4 000 余万元。

新津县：成都广通汽车有限公司 2017 年 1 月动工建设，10 月投产，当年生产纯电动大客车 731 辆，实现产值 10.3 亿元。

5. 高新区

东方电气成都清能科技有限公司，主要产品为燃料电池动力系统，2017 年产量 1 台，产值 47.4 万元，销售收入 41.5 万元；国蓉科技有限公司，主要产品为动力电池及电池管理系统，2017 年生产 322 台，产值 6 057 万元，销售收入 6 057 万元；成都华气厚普电子技术有限公司，主要产品为交流充电桩、直流充电桩；四川蜀杰通用电气有限公司，主要产品和主营业务为电动汽车充电设施研发、生产、建设、运营维护，2017 年公司已取得相关资质并形成年产 1 000 套充电桩生产能力，尚无订单；成都特来电新能源有限公司，主要产品和主营业务为电动汽车充电场站、建设投资、新能源汽车销售租赁，2017 年产品产量 3 276 台，产值 10 266 万元，销售收入 3520 万元；四川中力汇通新能源汽车有限公司，主要产品为电机、电机控制器，2017 年产品产量“电机 100 + 控制器 100”，产值 949.89 万元，销售收入 949.89 万元。

五、2017 年节能与新能源汽车项目及园区建设情况

1. 经开区

成功引进中植新能源汽车总部基地项目、南山汽车零部件研发基地项目等汽车产业项目 10 余个；目前正在积极推动藏格锂电池项目、亿纬锂能锂离子动力电池项目等一大批项目加速落户；已先后在总部经济港、经开孵化园等总部园区，禾盛汽贸、天屹生物等企业，东域龙湾、观澜东山、东山国际等公共区域建设运营充电站点 14 个，建成新能源汽车充电终端156 个，可满足公交、市政、物流、客运等不同领域新能源汽车充电需求。

2. 金堂县

同捷汽车项目一期总装厂房正进行设备基础施工，地面基础浇筑即将完成，二期正在进行场地平整。

3. 郫都区

截至 2017 年 12 月，郫都区落户涉及节能与新能源汽车约 7 家，其中国蓉科技有限公司、四川金星清洁能源装备股份有限公司已经处于投产阶段，其他公司还出去研发筹备阶段，预计 2018 年陆续投产。

4. 双流区

双流区制定印发了《成都市双流区制造业 2025 发展规划》，规划了新能源产业用地 26 km^2，重点发展核能、太阳能、风能和智能电网及储能（动力）电池，已建成新能源公交车充电桩 266 个，其中东升点位 206 个、长顺点位 50 个、黄龙溪点位 10 个（长顺、黄龙溪点位为租地建设的临时充电场），可同时满足 266 台公交车充电需求。2017 年启动了金桥场站、和顺场站、三江场站、黄甲场站、胜利场站 5 个首末站开建工作。

5. 新都区

成都特隆美储能技术有限公司于 2017 年 3 月与区政府签订投资协议书，拟投资 2 亿元，在工业东区征地 40 亩，建设锂离子电池生产线项目，主要产品为锂离子电池、动力电池系统和储能系统。项目于 2017 年 5 月动工，12 月底厂房及配套用房建设及内部装修全部完工，2018 年 1 月开始试生产，6 月正式投产。

6. 高新区

截至 2017 年末，拥有节能与新能源汽车零部件研发、生产企业 4 户，充电桩制造及运营企业 3 户，2017 年 7 户企业相关业务收入累计 10 677.39 万元。相关企业基本分布于高新区南部园区、西部园区，近期未规划建设节能与新能源汽车项目专业园区，无重大在建、拟建项目。

六、2017年基础设施建设及运行情况

全市累计建成各类充(换)电站296座,充电桩9 658个,更换专用号牌的新能源汽车数量达到1.4万辆。

七、发展规划

到2020年,力争新能源汽车整车年产量达到10万辆,新能源汽车产业主营业务收入达到800亿元~1 000亿元,把成都市建设成为国家西部重要的新能源汽车生产基地。

八、节能与新能源汽车推广应用统计表

燃料 \ 车型	公交车(辆)	旅游大巴(辆)	公务车(辆)	出租车(辆)	租赁用车(辆)	私人车(辆)	环卫车(辆)	物流车(辆)	邮政车(辆)	电力工程车(辆)	载货车(辆)	其他(辆)	合计(辆)
纯电动汽车	639	40	11	0	4 537	1 901	7	8 249	0	0	0	4 111	19 495
插电式混合动力汽车	161	0	3	0	0	672	0	0	0	0	0	210	1 046
增程式电动汽车	0	0	0	0	0	0	0	0	0	0	0	0	0
燃料电池汽车	0	0	0	0	0	0	0	0	0	0	0	0	0
合计	800	40	14	0	4 537	2 573	7	8 249	0	0	0	4 321	20 541

九、2017年本地区重点新能源汽车企业产销量统计表

生产企业名称	产品商标	车辆类型	通用名称	产量统计(辆)	销量统计(辆)
四川野马汽车股份有限公司	野马	纯电动SUV	E70	2 212	2 102
成都客车股份有限公司	蜀都	插电式混合动力客车	CDK685	65	25
		插电式混合动力客车	CDK611	6	6
		纯电动城市客车	CDK660	5	5
		纯电动城市客车	CDK663	19	19
		纯电动城市客车	CDK680	16	16
		纯电动城市客车	CDK685	120	40
		纯电动城市客车	CDK610	51	51
		纯电动城市客车	CDK611	22	22
		纯电动城市客车	CDK612	25	25
		纯电动厢式物流车	CDK504	1	1
中植一客成都汽车有限公司	中植汽车	纯电动厢式运输车/纯电动客车	—	2 500	3 033
成都广通汽车有限公司	广通	纯电动大中型客车	无	731	499

十、2017年12月底本地区电动汽车充(换)电站(桩)保有量统计表

城市名称	充电站				充电桩		换电站
	数量(座)	充电机功率总计(kW)	充电站占地面积(m^2)	投资金额(万元)	慢充(个)	快充(个)	数量(座)
成都市	292	7 950	—	4 732	8 313	1 710	4

德 阳 市

Deyang City

一、2017年节能与新能源汽车产业概况

近年来,德阳市把新能源汽车作为发展重点和产业转型升级的主攻方向,通过实施国家技术创新工程、优先保障要素支撑、集中力量推进等措施,形成了较为完整的新能源汽车动力电池产业链,具备较强的新能源汽车零配件装备制造能力和新能源汽车用新材料生产能力,拥有威旭锂电、东深新能源、德源电气、华兴宇电子、同华科技等一批优质企业,产品涉及新能源汽车电池材料、动力电池、电控系统、电池管理系统、交直流充电桩以及车用内饰材料等多领域。

二、2017 年节能与新能源汽车推广应用情况

2017 年,全市共推广应用新能源汽车 119 辆,其中 66 辆纯电动客车,应用于城市公共交通和城乡客运交通等领域;51 辆纯电动乘用车,应用于私人领域;2 辆纯电动货车和专用车,应用于货物运输等领域,较好地完成了新能源汽车推广应用工作。

三、2017 年节能与新能源汽车主要企业经营情况

四川省同华科技有限公司成立于 2013 年 6 月,主营业务为电池组、电源管理系统、新能源汽车的电气控制系统软件及硬件的研发、生产和销售。该公司控股股东系深圳盛屯集团有限公司,新能源汽车领域主营产品为新能源汽车动力系统,其产品可为大巴、中巴、乘用车(小车、SUV)、物流车、专用车等不同车型进行配套。2017 年建成年产 10 万 kWh 汽车动力电池系统生产线,与整车共同完成 2 款汽车公告。汽车动力电池系统销售收入 4 591. 21 万元,实现利润 124. 74 万元。

四川德源电气有限公司,成立于 2011 年 1 月,是专业从事新能源相关产品研发、制造与销售的独立法人的单位。公司拥有自己的测试中心,由博士 2 人、硕士 6 人、高级工程师 10 人,组成技术团队,从事电池故障检测、容量估算、充放电管理等研发工作。公司通过了质量管理体系 ISO 9001—2008 认证,并拥有多项发明专利和实用新型专利。产品涵盖六大系列:UPS 蓄电池及锂电 UPS 智能管理系统,蓄电池预防、诊断、处置建议一体化解决方案;风力发电机变桨系统蓄电池在线监测智能化系统;伴生气储能能源;新能源汽车储能式充电桩设备及"车桩合一"云平台管理系统;智能立体停车库设备;智能铁塔监控及管理系统。2017 年实现销售收入 3 800 万元,利润 210 万元。

德阳威旭锂电科技有限责任公司于 2012 年 9 月 3 日成立,公司注册资本金为 2 000 万元。威旭锂电主营业务为:电池、电池材料的研究及销售及上述产品的进出口业务。该企业非常重视技术创新工作,拥有一支经验丰富、战斗力强的研发队伍,具备较强的自主研发能力。科技人员共计 16 人,其中教授及博士生导师 2 人、高级工程师 1 人、博士 4 人,硕士 2 人。2017 年完成工业总产值 2 000 万元,实现营业收入 800 万元。

四、2017 年节能与新能源汽车项目及园区建设情况

四川省同华科技有限公司新能源汽车电池包产业化建设项目,投资 7 000 万元,致力于自主研发的新能源汽车电池包防刺技术、温度一致性技术 SOC 精确控制技术及电池模组散热技术。项目预期年产 2 000 组新能源汽车动力电池包项目建成后,年均销售收入可达 20 000. 00 万元,年均利税总额 200 余万元,带动地方就业约 40 人。现目前一期已经顺利建成,完成 3 000 m^2 厂房建设,完成 100 余台(套)设备投入。二期正在积极建设当中,包括一条软包生产线,一条方壳生产线。

德阳威旭锂电科技有限责任公司年产 3 000 t 高性能磷酸铁锂正极材料项目生产线建设项目。该项目占地 100 亩,总投资 1. 2 亿元。该项目实施运用企业与四川大学联合研发、企业拥有自主知识产权的发明专利技术,形成成套"液相法低成本磷酸铁锂制备工艺";生产线投产后全线年产能将达到 3 000 t,年产值超过 2. 5 亿元。现目前已经完成投产 1 500 t 生产线建设。

五、2017 年基础设施建设及运行情况

德阳市结合本地实际,坚持结合全市范围内已(在)建停车场等公共服务设施,形成以合建、配建为主,独立占地建站为补充的建设思路,充分利用已有条件,集约高效利用土地资源,分区域、分步骤规划推进充电设施建设。截至 2017 年 12 月 31 日,全市已建设电动汽车充电站 54 座,各类充电桩 719 个(其中慢充 447 个、快充 272 个)。

专用站方面,建成德阳公交亭江街充电站、西山巷充电站、罗江略坪公交充电站、罗江区公交充电站、广汉城市公交充电站、什邡市新能源公交充电站、绵竹恒达公交充电站(2 座)和绵竹市宏运公交充电站等 9 座专用充电站,共计安装、运行各类充电桩 334 个(其中慢充 207 个、快充 127 个)。

充电桩集群方面,以特来电、智电科技等企业为代表的充电设施生产运营企业已在德阳市建设充电站 45 座,换电站 1 座,共计安装、运行各类充电桩 385 个(其中慢充 240 个、快充 145 个)。

社会公用站方面,已建成 G5 京昆高速八角服务区 AB 站,共计安装 8 个充电桩,目前正在推进外部电源接入工程,2018 年初正式投入运营。

六、发展规划

认真贯彻国家和省关于培育发展新能源汽车产业的战略部署,准确把握国内外新能源汽车产业发展趋势,充分依托现有产业基础,发挥企业主体作用,坚持产业发展与推广应用相结合、市场主导与政府扶持相结合、整车引进培育和零部件配套相结合,壮大新能源汽车产业规模,一是地方政府继续给予强有力的产业扶持政策支持,落实各项财税优惠政策。二是积极引进大型新能源汽车整车制造企业和零部件生产企业落户德阳,形成涵盖新能源汽车整车及零部件的开发、生产、销售、检测、服务等的新能源汽车产业发展体系,完善整个产业链。三是加大对相关企业科技研发的支持力度,鼓励和支持骨干企业积极与省内外高校、科研机构建立紧密合作关系,围绕动力电池、驱动电机、电控系统等方面进行技术攻关和新产品开发,加大关键技术攻关,大力发展磷酸铁锂电池正极材料、铝空气电池项目、纳米锂电池等新能源汽车动力和燃料电池产业,依托德阳市的装备制造业,连接上游的化工产业和下游的新能源汽车产业,逐渐形成新能源电池原料—储能设备—新能源汽车制造的完整产业链。

七、节能与新能源汽车推广应用统计表

2017 年节能与新能源汽车推广应用数量

(单位:辆)

燃料 \ 车型	公交车	旅游大巴	公务车	出租车	租赁用车	私人车	环卫车	物流车	邮政车	电力工程车	载货车	其他	合计
纯电动汽车	66	0	0	0	0	51	0	0	0	0	2	0	119
插电式混合动力汽车	0	0	0	0	0	0	0	0	0	0	0	0	0
增程式电动汽车	0	0	0	0	0	0	0	0	0	0	0	0	0
燃料电池汽车	0	0	0	0	0	0	0	0	0	0	0	0	0
合计	66	0	0	0	0	51	0	0	0	0	2	0	119

注:本表含 13 辆进口车。

2017 年节能与新能源汽车推广应用车型及数量

应用地区	车 型	通用名称	数量(辆)
德阳市	宇通牌 ZK6805BEVG11 型纯电动城市客车	E8 MINI	36
	长江牌 FDE6100PBABEV08 型纯电动城市客车	长江 EV	10
	拓速乐牌 5YJXCCE2 型纯电动乘用车(进口车)	Model X 90D	10
	长江牌 FDC6120PDABEV01 型纯电动城市客车	益众 eZONE	20
	比亚迪牌 BYD6460SBEV 型多用途纯电动乘用车	宋 EV400	2
	长安牌 SC7001CAABEV 型纯电动轿车	奔奔 mini e	2
	力帆 LF7004CEV 型纯电动轿车	330EV	1
	拓速乐牌 5YJSA7E1 型纯电动乘用车(进口车)	Model S	3
	华泰牌 SDH7000BEVYL 型纯电动轿车	华泰 EV150	1
	江铃牌 JX7005BEV 型纯电动轿车	E200S	17
	众泰牌 JNJ7000EVK1 型纯电动轿车	E200	2
	东风牌 DXK6450EC1BEV 型纯电动多用途乘用车	Ec36	1
	比亚迪牌 BYD7005BEV 型纯电动轿车	比亚迪 e5	1
	北京牌 BJ7001BPH1 – BEV 型纯电动轿车	EC180	8
	江淮牌 HFC7000WEV 型纯电动轿车	iEV6E	3
	通家福牌 STJ5024XXYEV 型纯电动厢式运输车	电牛	1
	鑫源牌 JKC5020XXY – AXBEV 型纯电动厢式运输车	好运 1 号	1

注:本表含 13 辆进口车。

八、2017 年 12 月底本地区电动汽车充(换)电站(桩)保有量统计表

城市名称	充电站				充电桩		换电站
	数量(座)	充电机功率总计(kW)	充电站占地面积(m^2)	投资金额(万元)	慢充(个)	快充(个)	数量(座)
德阳市	54	17 300	33 582	5 705.5	447	272	1

乐 山 市

Leshan City

一、2017 年节能与新能源汽车产业概况

1. 新能源汽车产业概况

乐山市现有华发科技、四川国宏汽车(原天龙汽车)、东风电机、川南减震、东风汽车电器、嘉勤机械、大洋轴承、振静皮革、一拉得电器等 10 余户汽车产业企业,范围涵盖整车和配套零部件生产等领域,2017 年全市汽车产业实现总产值 21.3 亿元,汽车类产品出口额 462 万美元。在现有汽车产业企业谋求转型升级发展的支撑和带动下,已初步形成以华发科技、四川国宏汽车为核心的、集整车(纯电动客车、纯电动低速特种车)和关键零部件(电机驱动系统、电控系统)研发、生产、销售于一体的产业链条,生产规模和技术能力达到

一定水平，推广应用配套基础设施较为齐全。

2. 新能源整车生产情况

龙头企业华发集团拥有10余项新能源汽车核心零部件、电机方面的专利技术，总投资3.7亿元的年产5 000台纯电动车和15万套电动汽车电机驱动系统项目2018年将建成，低速电动车（场地车）已小批量上市，现已形成1 500台纯电动客车、5 000台低速电动车和8万套汽车电机驱动系统生产能力，发展基础好、潜力大。在省经信委大力支持下，天龙汽车已获得纯电动大中型客车和纯电动专用货车及自制自用地盘生产资质，并与上海申通客车和中国汽车工程研究院签订了广泛合作协议。东方财星国际资本管理有限公司控股公司国宏汽车集团有限公司于2016年6月，通过增资扩股方式控股（出资1.2亿元，占70%股权）天龙汽车，并更名为四川国宏汽车有限公司。目前，四川国宏公司已形成年产1 200台纯电动客车的能力，进入工信部公告目录的车型共9款，其中城市客车4款、客车3款、纯电动箱式物流车1款、纯电动客车1款。2017年底8.1 m纯电动公交车列入国家工信部新能源产品公告第九批推荐目录。

3. 关键零部件情况

东气集团东风电机公司在电动车驱动系统及特种电机领域具有很强的研发能力和明显的技术优势，先后参加过多项“863”电动车驱动科研项目，已建成高性能电驱动系统实验室及年产5.2万台电动车驱动系统自动化生产线，是安徽安凯、苏州金龙、成客、川汽等企业电动车驱动系统供应商，目前已与四川国宏汽车有限公司达成产品配套协议。2017年，东风电机公司新能源电动客车电机和驱动系统实现销量618台（套）、销售收入突破1 707万元。

4. 产业配套情况

现有配套企业产品门类较齐全，且均具备一定产能规模，已形成2 500套大型新能源客车用汽车电动驱动系统集成、16万台汽车启动电机、6.5万台汽车发电机、900万套轴承、12万个车用档圈、50万套主轴带轮、26万支汽车减震器、20万件汽车轮毂、22万套车用座椅皮套年生产能力。2017年12月18日，振静股份在上交所成功上市。国家电网公司已在峨眉山市建成1个大型公交车充电站，一拉得公司和乐山能投特来电公司在乐山市建成充电桩共计95个。

二、2017年节能与新能源汽车推广应用情况

2017年，乐山市全市共推广新能源汽车251辆。

三、2017年基础设施建设及运行情况

乐山一拉得电网自动化公司经多方考察与青岛特来电新能源公司、乐山市交通投资开发公司、乐山城市资源开发利用公司、乐山高新投资建设开发公司达成协议，共同出资组建“乐山国投特来电新能源有限公司”，拟在乐山全面实施互联网、车联网、充电网三网融合的电动汽车充电网络建设及运营管理。该项目计划2017—2019年，总投资3 000万元，在全市范围内建成直流充电桩206个、交流充电桩448个；完善城市新能源汽车充电基础配套设施，进一步优化新能源汽车市场。

四、节能与新能源汽车推广应用统计表

2017年节能与新能源汽车推广应用数量

（单位：辆）

燃料＼车型	公交车	旅游大巴	公务车	出租车	租赁用车	私人车	环卫车	物流车	邮政车	电力工程车	载货车	其他	合计
纯电动汽车	75	0	0	0	0	98	0	0	0	0	1	9	183
插电式混合动力汽车	20	0	0	0	0	48	0	0	0	0	0	0	68
增程式电动汽车	0	0	0	0	0	0	0	0	0	0	0	0	0
燃料电池汽车	0	0	0	0	0	0	0	0	0	0	0	0	0
合计	95	0	0	0	0	146	0	0	0	0	1	9	251

注：本表含3辆进口车。

2017年节能与新能源汽车推广应用车型及数量

应用地区	车型	通用名称	数量（辆）
乐山市	御捷马牌 YGM5021XXYBEV22 型纯电动厢式运输车	e达	1
	宇通牌 ZK6805BEVG10 型纯电动城市客车	纯电动城市客车	48
	宇通牌 ZK6650BEVG6 型纯电动城市客车	纯电动城市客车	10
	广通牌 GTQ6126BEVBT3 型纯电动城市客车	纯电动城市客车	8
	广通牌 GTQ6103BEVBT9 型纯电动城市客车	纯电动城市客车	10
	宇通牌 ZK6115BEVZ51 型纯电动客车	纯电动客车	8
	华泰牌 SDH7000BEVYL 型纯电动轿车	华泰 EV150	5
	宇通牌 ZK6105CHEVNPG35C 型插电式混合动力城市客车	插电式混合动力城市客车	20
	荣威牌 CSA6454NDPHEV1 型插电式混合动力运动型乘用车	荣威 eRX5	4
	拓速乐牌 5YJXCCE2 型纯电动乘用车（进口车）	Model X 90D	3
	御捷马牌 YGM6371BEV 型纯电动运动型乘用车	E行	25

续上表

应用地区	车 型	通用名称	数量(辆)
乐山市	比亚迪牌 BYD6480STHEV3(5)(K)型插电式混合动力多用途乘用车	比亚迪唐	44
	江铃牌 JX7005BEV 型纯电动轿车	E100	24
	江淮牌 HFC7000W3EV 型纯电动轿车	江淮 iEV6E 时光版	13
	北京牌 BJ7001BPH1 – BEV 型纯电动轿车	EC180	20
	众泰牌 JNJ7000EVK1 型纯电动轿车	E200	5
	吉利美日牌 MR7002BEV03 型纯电动轿车	EC7 – EV	1
	奇瑞牌 SQR7000BEVJ72 型纯电动轿车	奇瑞 eQ1	1
	比亚迪牌 BYD7005BEV 型纯电动轿车	比亚迪 e5	1

注:本表含 3 辆进口车。

五、2017 年本地区重点新能源汽车企业产销量统计表

生产企业名称	产品商标	车辆类型	通用名称	产量统计(辆)	销量统计(辆)
乐山市四川国宏汽车有限公司	乐达牌	10.5 m 纯电动客车	—	6	0
	乐达牌	8.1 m 纯电动客车	—	3	0
	乐达牌	2 t 纯电动物流车	—	2	0

六、2017 年 12 月底本地区电动汽车充(换)电站(桩)保有量统计表

城市名称	充电站				充电桩		换电站
	数量(座)	充电机功率总计(kW)	充电站占地面积(m^2)	投资金额(万元)	慢充(个)	快充(个)	数量(座)
峨眉	1	102	120	98 709.41	6	2	—
	1	105	75	128 346.22	—	5	—
乐山	1	1 500	1 280	1 659 551.89	—	32	—
	1	66	90	76 914.41	3	3	—
	1	300	480	248 499.07	24	8	—

宜 宾 市

Yibin City

一、2017 年节能与新能源汽车产业概况

2017 年 7 月 29 日,宜宾市与奇瑞汽车股份有限公司签署《投资协议》等系列合作协议,奇瑞汽车股份有限公司宜宾分公司工厂建设项目一期厂房已在 2017 年 9 月 18 日开工建设。

二、2017 年节能与新能源汽车扶持政策与措施

政策名称	文件号	发布单位	发布日期	政策概要
宜宾市支持新能源汽车产业发展的若干政策	宜府办函〔2017〕31 号	宜宾市人民政府办公室	2017 年 2 月 20 日	1. 支持新能源企业落户 2. 支持新能源企业创新 3. 抓好要素保障 4. 车辆购置、使用与充换电设施建设支持

三、2017 年节能与新能源汽车推广应用情况

2017 年 9 月,宜宾市城市公交交通有限公司购置成都客车股份有限公司蜀都牌纯电动城市客车 50 辆,并投入运营。

四、2017 年节能与新能源汽车主要企业经营情况

奇瑞汽车股份有限公司宜宾分公司工厂建设项目一期厂房已在 2017 年 9 月 18 日开工建设,预计 2019 年全面建成。

五、2017 年节能与新能源汽车项目及园区建设情况

完成土地平整、强夯工作，已为 2018 年全面开工建设做好准备。

六、2017 年基础设施建设及运行情况

2017 年，宜宾市临港开发区汽车产业园已实现“五通一平”。

七、发展规划

项目规划新能汽车产能 30 万辆，预计总投资 45 亿元以上，全部建成达产后可实现产值 500 亿元以上，带动配套产业产值 1 500 亿元以上。

八、节能与新能源汽车推广应用统计表（公交领域）

2017 年节能与新能源汽车推广应用数量

（单位：辆）

燃料 \ 车型	公交车	旅游大巴	公务车	出租车	租赁用车	私人车	环卫车	物流车	邮政车	电力工程车	载货车	其他	合计
纯电动汽车	50	0	0	0	0	0	0	0	0	0	0	0	50
插电式混合动力汽车	0	0	0	0	0	0	0	0	0	0	0	0	0
增程式电动汽车	0	0	0	0	0	0	0	0	0	0	0	0	0
燃料电池汽车	0	0	0	0	0	0	0	0	0	0	0	0	0
合计	50	0	0	0	0	0	0	0	0	0	0	0	50

2017 年节能与新能源汽车推广应用车型及数量

应用地区	车　型	通用名称	数量（辆）
宜宾市	蜀都牌 CDK6103CBEV2 型纯电动城市客车	纯电动城市客车	50

攀枝花市

Panzhihua City

一、2017 年节能与新能源汽车推广应用情况

2017 年，全市共推广使用新能源公交车辆 123 辆，其中纯电动 88 辆、插电式混合动力 45 辆。

二、2017 年基础设施建设及运行情况

2017 年，投入 240 万元建设充电站 1 座、充电桩 12 套，已在公交公司投入使用。

三、发展规划

“十三五”期间计划推广使用新能源公交车 325 台，建设充电桩 70 套。

四、2017 年节能与新能源汽车推广应用数量

燃料 \ 车型	公交车（辆）	旅游大巴（辆）	公务车（辆）	出租车（辆）	租赁用车（辆）	私人车（辆）	环卫车（辆）	物流车（辆）	邮政车（辆）	电力工程车（辆）	载货车（辆）	其他（辆）	合计（辆）
纯电动汽车	88	0	0	0	0	0	0	0	0	0	0	0	88
插电式混合动力汽车	45	0	0	0	0	0	0	0	0	0	0	0	45
增程式电动汽车	0	0	0	0	0	0	0	0	0	0	0	0	0
燃料电池汽车	0	0	0	0	0	0	0	0	0	0	0	0	0
合计	123	0	0	0	0	0	0	0	0	0	0	0	123

五、2017 年 12 月底本地区电动汽车充（换）电站（桩）保有量统计表

城市名称	充电站				充电桩		换电站
	数量（座）	充电机功率总计（kW）	充电站占地面积（m^2）	投资金额（万元）	慢充（个）	快充（个）	数量（座）
攀枝花市	1	1 020	720	240	11	1	—

广 元 市

Guangyuan City

一、2017 年节能与新能源汽车产业概况

近年来，广元市大力发展新能源电动汽车及核心零部件制造产业，形成了电池材料、电池到动力总成、整车较为完整的产业链条，具备了新能源汽车关键零部件和整车全面实现"广元造"的基础条件。截至 2017 年底，全市现有新能源汽车企业 6 家，其中整车生产企业 1 家、核心零部件生产企业 2 家、材料生产企业 1 家、配套企业 2 家。全市新能源汽车及其零部件生产企业实现工业总产值达 5 000 万元左右，实现销售收入达 4 500 万元左右。

二、2017 年节能与新能源汽车扶持政策与措施

政策名称	文件号	发布单位	发布日期	政策概要
《广元市支持新能源汽车产业发展八条措施》	广府办发〔2017〕77 号	广元市人民政府	2017－6－27	对 2017—2019 年新购置广元市生产的新能源纯电动汽车（二手车除外）的该市消费者（个人、单位用户），在中央财政补贴基础上，市财政按中央财政补贴标准的 25% 再给予地方补贴；市外消费者在中央财政补贴基础上，再以销售收入税收市内留存部分作为补贴

三、2017 年节能与新能源汽车推广应用情况

2017 年全市推广新能源电动汽车共计 93 辆，其中大型普通客车 68 辆，全部为纯电动汽车；小型普通客车 8 辆，有 2 辆为纯电动汽车，其余为油、电混合动力汽车；小型轿车 16 辆，有 10 辆为纯电动汽车，其余 6 为混合动力汽车；小型越野客车 1 辆，为油、电混合动力汽车。

四、2017 年节能与新能源汽车主要企业经营情况

（1）四川兴能新材料公司为国家级高新技术企业，拥有 1 个省级技术中心，即"专家院士工作站"。主要从事高电位锂离子电池正极材料镍锰酸锂、负极材料钛酸锂的研发、生产和销售。2017 年工业生产总值 2 201 万元，当年主营业务收入 2 201 万元。

（2）四川剑兴锂电池有限公司为四川兴能新材料有限公司的全资子公司，主要从事锂电池、电池组件、电源系统及正、负极材料、电解液研发、生产、销售及技术开发、技术转让等。2017 年工业生产总值 1 789 万元，当年主营业务收入1 789 万元。

（3）四川兴能新源科技有限公司主营业务为软件开发，新能源产品的研发，电源系统开发、制造、销售及技术咨询等。2017 年工业生产总值 1 789 万元，当年主营业务收入 540 万元。

（4）四川新纪元电动汽车动力总成有限公司主要从事新能源电动汽车动力总成技术产品研发、投资、制造生产、销售等，产品包括专用锂电池、电机、电控和管理系统。其动力总成生产基地项目计划第一期计划于 2017 年 6 月建成第一批 4 条生产线，2017 年底建成 16 条生产线，其中 2 条生产线于 2017 年 6 月 28 日正式投产。

（5）四川思达汽车制造公司于 2016 年 8 月进入纯电动客车准入资质公示，成为全省目前具有新能源客车生产资质的 6 家企业之一，准入产品类型为纯电动大中型客车及自制自用底盘。目前思达汽车已被珠海广通汽车有限公司全资收购，2017 年暂无生产及销售。

五、2017 年节能与新能源汽车项目及园区建设情况

2017 年全市实施新能源汽车项目主要有 2 个，为广元市纯电动快充公交示范线项目和新纪元电动汽车动力总成生产基地项目。其中广元市快充公交示范线项目总投资 5 277.2 万元，新建 3 条示范线，共投放采用"广元造"钛酸锂电池（四川剑兴锂电池有限公司）的纯电动快充公交车 52 辆，新（改）建充电站 6 座、充电桩 23 个。项目于 2017 年 7 月开工建设，11 月基本建成并投入试运营。新纪元电动汽车动力总成生产基地项目计划用地 700 亩，总投资 40 亿元，其中，第一期用地 240 亩，投资 15 亿元。第一期计划于 2017 年 6 月建成第一批 4 条生产线，2017 年底建成 16 条生产线，实现全部投产。一期 16 条线全部达产后，年生产电动汽车锂电池产品 8 亿安时（Ah）、配置 2 万套大中型纯电动整车的动力总成产品，年销售收入 65 亿元，年净利润 10 亿元，年税收 3 亿元，新增就业 1 500 人。目前该项目其中 2 条生产线已于 6 月 28 日正式投产，形成 1 亿 Ah 磷酸铁钒锂电池生产能力。

六、2017 年基础设施建设及运行情况

2017 年示范线项目新（改）建充电站 6 座、充电桩 23 个，其中公交公司——雪峰建设充电大棚 1 个，安装充电桩 6 个（150 kW），占地面积 7 274.14 m^2，总建筑面积 542.3 m^2；广运集团——新建剑门关景区南门、剑门关镇客运站充电站 2 座（其中剑门关镇客运站充电站为广运集团自建慢充充电站，总投资 140 万元，占地 1 250 m^2、新建 4 个充电桩，规格为 60 kW）；改建普安镇、下寺镇充电站 2 座；充电站占地总面积 4 620 m^2，建筑面积约 1 600 m^2；2 条示范线共计安装充电桩 12 个（8 个 300 kW、4 个 60 kW）；剑门关高铁站 PPP 项目承建方中电建公司新建剑门关高铁站充电站项目新建充电站 1 座，总投资 400 万，总面积 2 923.8 m^2，安装充电桩 5 个（其中 3 个为 300 kW、2 个为 120 kW）。

截至 2018 年 2 月底，全市共有充电站 8 座；充电桩 53 个，其中快充 19 个、慢充 34 个；占地面积约 16 737.94 m^2。

七、发展规划

（1）目前全市已布局新能源汽车电池材料、电池、动力总成等核心零部件相关产业，但唯一一家具有整车生产资质企业引进整车生产企业四川思达汽车制造公司已被珠海广通汽车有限公司全资收购，2017 年全年无生产及销售情况。下一步计划在广元引进一家整车生产企业，形成从核心零部件到整车的完整产业链。

（2）目前全市新能源核心零部件相关企业正在实施的项目包括新纪元电动汽车动力总成生产基地、剑兴锂电智能化车间改造等，其中新纪元电动汽车动力总成生产基地项目原计划 16 条生产线目前有 2 条已经竣工投产，下一步将尽快推进该批项目加快建设，争取尽快投产达效。

（3）2017 年实施的纯电动快充公交示范线项目运行情况反馈良好，该项目主要采用“广元造”钛酸锂电池纯电动快充公交车，下一步将进一步加快新能源汽车在全市的推广应用，尤其是在公共服务领域的推广应用，在市城区出租、物流、环卫等行业鼓励使用新能源电动汽车。

八、节能与新能源汽车推广应用统计表

2017 年节能与新能源汽车推广应用数量

（单位：辆）

燃料＼车型	公交车	旅游大巴	公务车	出租车	租赁用车	私人车	环卫车	物流车	邮政车	电力工程车	载货车	其他	合计
纯电动汽车	68	0	2	0	0	10	0	0	0	0	0	0	80
插电式混合动力汽车	0	0	6	0	0	7	0	0	0	0	0	0	13
增程式电动汽车	0	0	0	0	0	0	0	0	0	0	0	0	0
燃料电池汽车	0	0	0	0	0	0	0	0	0	0	0	0	0
合计	68	0	8	0	0	17	0	0	0	0	0	0	93

注：本表含 5 辆进口车。

2017 年节能与新能源汽车推广应用车型及数量

应用地区	车　　型	通用名称	数量（辆）
广元市	蜀都牌 CDK6850CBEV6 型纯电动城市客车	纯电动城市客车	29
	蜀都牌 CDK6116CBEV 型纯电动城市客车	纯电动城市客车	23
	宇通牌 ZK6805BEVG13 型纯电动城市客车	纯电动城市客车	10
	蜀都牌 CDK6630CBEV 型纯电动城市客车	纯电动城市客车	6
	拓速乐牌 5YJXCCE4 型纯电动轿车（进口车）	Model X P90D	1
	荣威牌 CSA6454NDPHEV1 型插电式混合动力运动型乘用车	荣威 eRX5	4
	比亚迪牌 BYD6480STHEV3 型插电式混合动力多用途乘用车	比亚迪唐	1
	保时捷牌 WP1AE292 型插电式混合动力轿车（进口车）	插电式混合动力轿车	1
	拓速乐牌 5YJSA7E2 型纯电动轿车（进口车）	Model S 60D	1
	北京牌 BJ7001BPH5－BEV 型纯电动轿车	EC180	4
	江铃牌 JX7005BEV 型纯电动轿车	E100	2
	奇瑞牌 SQR7000BEVJ601 型纯电动轿车	Arrizo5 e	1
	拓速乐牌 5YJXCCE2 型纯电动乘用车（进口车）	Model X 90D	1
	江淮牌 HFC7000WEV 型纯电动轿车	江淮 iEV6E	1
	传祺（Trumpchi）牌 GAC7150CHEVA5A 型插电式混合动力轿车	传祺 GA3S PHEV	1
	德国宝马牌 WBA7J210 型混合动力小型轿车（进口车）	混合动力小型轿车	1
	比亚迪牌 BYD7150WT5HEV4 型插电式混合动力轿车	比亚迪秦	1
	长安牌 SC7001CABBEV 型纯电动轿车	奔奔 mini e	1
	荣威牌 CSA7104SDPHEV1 型插电式混合动力轿车	荣威 ei6	3
	比亚迪牌 BYD6460STHEV5 型插电式混合动力多用途乘用车	比亚迪宋	1

注：本表含 5 辆进口车。

九、2017 年 12 月底本地区电动汽车充（换）电站（桩）保有量统计表

城市名称	充电站				充电桩		换电站
	数量（座）	充电机功率总计（kW）	充电站占地面积（m^2）	投资金额（万元）	慢充（个）	快充（个）	数量（座）
广元市	8	8 682	16 737.94	6 000	34	19	0

内 江 市

Neijiang City

一、2017 年节能与新能源汽车产业概况

成功引进河北跃迪科技公司投资 55 亿元，建设年产 20 万台乘用车项目，项目正在建设中，预计 2019 年 3 月建成投产。

二、2017 年节能与新能源汽车推广应用情况

以政府公务用车示范、公交客运示范车队试点为主，物流、驾校、私家车等为辅，探索分时租赁等方式，推广应用节能与新能源汽车。截至 2017 年底，累计推广节能和新能源汽车 1 202 辆（含混合动力节能汽车）；推广应用的车辆中均为宇通、比亚迪、众泰、江淮、奇瑞、力帆等外地品牌，其中推广应用新能源客车 83 辆（市公交公司纯电动客车 3 辆，混动客车 74 辆；隆昌县公交公司混动客车 6 辆），新能源物流、租赁、私家车 120 台。

三、2017 年节能与新能源汽车项目及园区建设情况

2017 年 8 月 24 日，与河北跃迪科技集团公司签订了投资 55 亿元，占地 1 800 亩，年产 20 万台新能源乘用车项目。该项目将于 2017 年 12 月动工、2019 年 3 月下线，可实现销售收入 350 亿元，税收 17 亿元，解决就业 4 000 余人；同时，新增近 20 户新能源汽车零部件配套企业同期入驻。

四、2017 年基础设施建设及运行情况

建设充电站 2 个、充电桩 39 个。

五、发展规划

已初步编制内江市新能源汽车“十三五”发展规划及充电站桩“十三五”发展规划。“十三五”期间，将以纯电驱动为新能源汽车发展的主要战略取向，重点推广应用纯电动汽车、插电式（含增程式）混合动力汽车，积极推广应用燃料电池汽车。以零部件的研发制造和新能源汽车整车开发为主线，以中国汽车（摩托车）零部件制造基地为牵引，以市场主导和政府扶持相结合，以相关产业协调发展为保障，以完善新能源汽车应用环境为基础，加强研发创新，加大投入培养出本土化的行业领头羊以及具有竞争力的品牌，力争形成蜚声国际的新能源汽车产业化研发和生产链条，实现新能源汽车技术创新、产业规模和市场应用的新突破，形成新能源汽车产业竞争的新优势，促进川南城市群新能源汽车推广应用一体化发展。

六、2017 年节能与新能源汽车推广应用数量

车型 燃料	公交车（辆）	旅游大巴（辆）	公务车（辆）	出租车（辆）	租赁用车（辆）	私人车（辆）	环卫车（辆）	物流车（辆）	邮政车（辆）	电力工程车（辆）	载货车（辆）	其他（辆）	合计（辆）
纯电动汽车	6	0	0	0	48	72	10	6	0	0	0	0	142
非插电式混合动力汽车	982	0	0	0	0	0	0	0	0	0	0	0	982
插电式混合动力汽车	78	0	0	0	0	0	0	0	0	0	0	0	78
增程式电动汽车	0	0	0	0	0	0	0	0	0	0	0	0	0
燃料电池汽车	0	0	0	0	0	0	0	0	0	0	0	0	0
合计	1 066	0	0	0	48	72	10	6	0	0	0	0	1 202

注：本表共含节能车 982 辆。

七、2017 年 12 月底本地区电动汽车充（换）电站（桩）保有量统计表

城市名称	充电站				充电桩		换电站
	数量（座）	充电机功率总计（kW）	充电站占地面积（m^2）	投资金额（万元）	慢充（个）	快充（个）	数量（座）
内江市	2	—	1 100	308	20	19	—

雅 安 市

Yaán City

一、2017 年节能与新能源汽车产业概况

雅安市共有规模以上新能源汽车整车生产企业 1 户，主要产品包括：纯电动城市客车、纯电动城市物流车、混合动力城市客车。2017 年全年累计完成工业总产值 2.3 亿元，同比增长 1.92%，总销售收入为 2.3 亿元。

二、2017 年节能与新能源汽车推广应用情况

1. 加大产业扶持力度

大力支持企业产品研发、技术转化、项目投资等方面加大投入，并在市级工业发展资金中重点对新能源汽车产业重大项目进行奖励。在开展了充分调研的基础上，正在起草雅安市新能源汽车推广应用支持相关政策，政策将在通过后正式出台。

2. 努力推广应用新能源汽车

认真贯彻落实国务院办关于加快新能源汽车推广应用的有关文件精神，立足雅安实际，以市场主导和政府扶持相结合，加快推进新能源汽车推广应用工作，促进新能源汽车产业健康快速发展。一是转变服务理念，创新新能源汽车推广应用；二是加大县域新能源公交车推广力度；三是引进新能源汽车分时租赁项目；四是推广应用新能源城市物流车。

3. 不断优化使用环境

雅安市按照省委、省政府及省经济和信息化委的要求，积极启动市内各地区充电设施建设，截至 2017 年底，全市中心城区内共建成新能源汽车充电桩 25 个、充电站 2 座，还有 6 座充电站尚在建设中。充电桩布点单位积极配合和支持充电设施运营单位开展建设安装工作，有力地推进了新能源汽车应用设施环境建设。2017 年，雅安市新增新能源汽车 74 辆，其中：纯电动汽车 50 辆，非插电式混合动力汽车 19 辆，插电式混合动力汽车 5 辆。

三、2017 年节能与新能源汽车主要企业经营情况

全市新能源汽车整车生产企业，即四川新筑通工汽车有限公司。2017 年全年完成工业总产值 2.3 亿元，同比增长 1.92%，总销售收入为 2.3 亿元，实现利润 362 万元。

四、2017 年节能与新能源汽车项目及园区建设情况

雅安市汽车产业园，位于园区草坝片区，规划面积约 2.65 km^2，按照用地的功能布局分为 5 个片区：整车制造区、汽车零部件加工区、综合服务区、仓储物流区、城市生活区。

五、2017 年基础设施建设及运行情况

按照省委、省政府及省经济和信息化委的要求，积极启动市内各地区充电设施建设，截至 2017 年底，全市中心城区内共建成新能源汽车充电桩 25 个、充电站 2 座，还有 6 座充电站尚在建设中。充电桩布点单位积极配合和支持充电设施运营单位开展建设安装工作，有力地推进了新能源汽车应用设施环境建设。

六、发展规划

科学合理进行汽车整车区域及产品布局，促进本地汽车整车及零部件产业高效、跨越式发展；实现雅安市汽车产业集中化、合理化布局目标；发挥雅安市飞地园区（经开区）整车带动效应，打造产业核心区，围绕周边市场需求培育雨城区、石棉县为产业卫星区，芦山县为产业补充区，形成“一核多点”的汽车产业布局；实现拥有新能源整车企业 2～3 家，新能源客车及物流车年产 0.5 万辆以上，实现新能源乘用车产量零突破；新能源汽车零部件形成初步聚集，逐步建立独具特色的动力电池产业基地；打造一核多点的园区布局；三整四零双新兴的新能源产品定位。

七、节能与新能源汽车推广应用统计表

2017 年节能与新能源汽车推广应用数量

（单位：辆）

燃料 \ 车型	公交车	旅游大巴	公务车	出租车	租赁用车	私人车	环卫车	物流车	邮政车	电力工程车	载货车	其他	合计
纯电动汽车	18	0	1	0	0	30	0	1	0	0	0	0	50
非插电式混合动力汽车	0	0	0	0	0	19	0	0	0	0	0	0	19
插电式混合动力汽车	0	0	0	0	0	5	0	0	0	0	0	0	5
增程式电动汽车	0	0	0	0	0	0	0	0	0	0	0	0	0
燃料电池汽车	0	0	0	0	0	0	0	0	0	0	0	0	0
合计	18	0	1	0	0	54	0	1	0	0	0	0	74

注：本表含 1 辆进口车，19 辆节能车。

2017 年节能与新能源汽车推广应用车型及数量

应用地区	车型	通用名称	数量（辆）
雅安市	丰田牌 TV7184GL－iHEV 型混合动力轿车（非插电式）	卡罗拉	8
	比亚迪牌 BYD6480STHEV 型插电式混合动力多用途乘用车	比亚迪唐	1
	东风日产牌 DFL6491VTL2HEV 型混合动力多用途乘用车（非插电式）	混合动力多用途乘用车	2
	比亚迪牌 BYD6460STHEV5 型插电式混合动力多用途乘用车	比亚迪宋	4
	雅阁牌 HG7200AAC5BHEV 型混合动力轿车（非插电式）	非插电式混合动力轿车	2
	传祺牌 GAC7100SHEVD5A 型插电式混合动力轿车	GA5 混动版	1
	丰田牌 GTM7180HE V 型混合动力轿车（非插电式）	非插电式混合动力轿车	2
	思铂睿牌 DHW7204CUHEV 型混合动力轿车（非插电式）	混合动力轿车	1

续上表

应用地区	车　　型	通用名称	数量(辆)
雅安市	凯迪拉克牌 SGM6480NBPHEV 型混合动力多用途乘用车(非插电式)	混合动力多用途乘用车	1
	思威牌 DHW6464R5HEV 型混合动力多用途乘用车(非插电式)	混合动力多用途乘用车	2
	拓速乐牌 5YJSA7E2 型纯电动轿车(进口车)	Model S 60D	1
	北京牌 BJ7001BPH1 – BEV 型纯电动轿车	EC180	12
	北京牌 BJ7001BPH2 – BEV 型纯电动轿车	EC180	2
	江淮牌 HFC7000W3EV 型纯电动轿车	江淮 iEV6E 时光版	1
	江淮牌 HFC7000WEV 型纯电动轿车	江淮 iEV6E	2
	长安牌 SC7001CABBEV 型纯电动轿车	奔奔 mini e	8
	江铃牌 JX70016BEV 纯电动轿车	E200	1
	北京牌 BJ7001BPH5 – BEV 型纯电动轿车	EC180	1
	开沃牌 NJL5020XXYBEV1 型纯电动厢式运输车	纯电动厢式运输车	1
	众泰牌 JNJ7000EVX16 型纯电动轿车	云 100S	1
	东风牌 DXK6450EC1BEV 型纯电动多用途乘用车	东风小康 EC36	2
	通工牌 TG6800CBEV1 型纯电动城市客车	纯电动城市客车	12
	中通牌 LCK6607DEVQG 型纯电动城市客车	纯电动城市客车	6

注:本表含 1 辆进口车,19 辆节能车。

八、2017 年本地区重点新能源汽车企业产销量统计表

生产企业名称	产品商标	车辆类型	通用名称	产量统计(辆)	销量统计(辆)
四川新筑通工汽车有限公司	通工	纯电动汽车	城市客车	36	12

九、2017 年 12 月底本地区电动汽车充(换)电站(桩)保有量统计表

	充电站				充电桩		换电站
城市名称	数量(座)	充电机功率总计(kW)	充电站占地面积(m^2)	投资金额(万元)	慢充(个)	快充(个)	数量(座)
雨城	1	1 000	100	600	21	0	0
荥经	2	960	278	302	0	0	0
石棉	4	1 920	556	604	2	0	0
汉源	1	780	300	2 000	3	0	0
名山	0	0	0	0	2	0	0

泸 州 市

Luzhou City

一、2017 年节能与新能源汽车产业概况

2017 年,推广应用新能源汽车 235 辆(其中公交车 225 辆、私家乘用车 10 辆),开通新能源汽车公交线路 48 条。招商引资方面,主要与四川野马、南京红太阳集团、合肥国轩高科动力公司进行深度洽谈。

二、2017 年基础设施建设及运行情况

建设完成集中式充电站 1 座,开工建设集中式充电站 3 座,目前全市建成充电点位(站)17 个、充电桩 475 根,全部正常运行中。

三、发展规划

一是大力引进产业项目,以建设泸州中国西部新能源汽车特色产业园为目标,以市场化、差异化为切入点,进一步加大中低端、差异化新能源汽车企业招引工作;二是加大推广应用力度,以创建公交都市为契机,进一步提升公共领域推广应用示范效果,加快私人、物流、专用车领域推广速度;三是分领域推进充电站点建设。继续推进公交充电点建设,在新建公交场站标准中增加充电设施建设要求,并按照新的标准建设和验收;推进现有社会停车场改造,在主要商业区、住宅区、公共停车场配套建设公共充电桩;加快推进综合服务充电站建设。

四、节能与新能源汽车推广应用统计表

2017 年节能与新能源汽车推广应用数量

（单位：辆）

燃料＼车型	公交车	旅游大巴	公务车	出租车	租赁用车	私人车	环卫车	物流车	邮政车	电力工程车	载货车	其他	合计
纯电动汽车	65	0	0	0	10	0	0	0	0	0	0	0	75
插电式混合动力汽车	160	0	0	0	0	0	0	0	0	0	0	0	160
增程式电动汽车	0	0	0	0	0	0	0	0	0	0	0	0	0
燃料电池汽车	0	0	0	0	0	0	0	0	0	0	0	0	0
合计	225	0	0	0	10	0	0	0	0	0	0	0	235

2017 年节能与新能源汽车推广应用车型及数量

应用地区	车型	通用名称	数量(辆)
泸州市	中通牌 LCK6106PHENV 型混合动力城市客车	混合动力城市客车	30
	金龙牌 XMQ6106AGPHEVN5 型混合动力城市客车	混合动力城市客车	50
	蜀都牌 CDK6850CEHEV 型插电式混合动力城市客车	插电式混合动力城市客车	25
	金龙牌 XMQ6106AGBEVNL8 型纯电动城市客车	纯电动城市客车	15
	宇通牌 ZK6105CHEVNPG35C 型插电式混合动力城市客车	插电式混合动力城市客车	1
	宇通牌 ZK6650BEVG13 型纯电动城市客车	纯电动城市客车	19
	宇通牌 ZK6650BEVG7 型纯电动城市客车	纯电动城市客车	1
	宇通牌 ZK6850BEVG13 型纯电动城市客车	纯电动城市客车	10
	宇通牌 ZK6105PHEVNP 型混合动力城市客车	插电式混合动力城市客车	4
	宇通牌 H8 型插电式混合动力公交客车	H8	22
	宇通牌 H10 型插电式混合动力公交客车	H10	8
	宇通牌 ZK6105BEVG25 型纯电动城市客车	纯电动城市客车	20
	宇通牌 ZK6105CHEVPG35 型插电式混合动力城市客车	插电式混合动力城市客车	20
	奇瑞牌 EQ 型纯电动乘用车	EQ	10

五、2017 年 12 月底本地区电动汽车充(换)电站(桩)保有量统计表

城市名称	充电站				充电桩		换电站
	数量(座)	充电机功率总计(kW)	充电站占地面积(m^2)	投资金额(万元)	慢充(个)	快充(个)	数量(座)
泸州市	14	25 000	11 268	23 000	203	229	0

绵 阳 市

Mianyang City

一、2017 年节能与新能源汽车产业概况

现有川汽野马、天津力神、泰坦豪特等新能源汽车企业共计 20 余家，产品涵盖新能源汽车整车、动力电池、充电桩等多个品类。2017 年，生产新能源汽车整车 3 212 辆，产值 7.7 亿元，同比增速达 670%。

二、2017 年节能与新能源汽车推广应用情况

2017 年绵阳市共推广应用新能源汽车 502 辆。

三、2017 年节能与新能源汽车主要企业经营情况

野马汽车绵阳公司实现产值 33.7 亿元，同比增长 35.9%；生产新能源汽车 3 212 辆，产值 7.7 亿元，同比增速达 670%。

四、2017 年节能与新能源汽车项目及园区建设情况

新签约总投资 30 亿元的上海申龙客车新能源汽车基地项目，项目落户安州区，建成后达到年产 1 万辆新能源客车和 3 万辆新能源物流车生产能力。

五、2017 年基础设施建设及运行情况

2017 年建成充电桩 1 000 余个，已全部投入运行。

六、2017 年节能与新能源汽车推广应用数量

燃料 \ 车型	公交车（辆）	旅游大巴（辆）	公务车（辆）	出租车（辆）	租赁用车（辆）	私人车（辆）	环卫车（辆）	物流车（辆）	邮政车（辆）	电力工程车（辆）	载货车（辆）	其他（辆）	合计（辆）
纯电动汽车	81	0	0	0	0	250	0	0	0	0	0	0	331
插电式混合动力汽车	32	0	0	0	0	139	0	0	0	0	0	0	171
增程式电动汽车	0	0	0	0	0	0	0	0	0	0	0	0	0
燃料电池汽车	0	0	0	0	0	0	0	0	0	0	0	0	0
合计	113	0	0	0	0	389	0	0	0	0	0	0	502

七、2017 年本地区重点新能源汽车企业产销量统计表

生产企业名称	产品商标	车辆类型	通用名称	产量统计（辆）	销量统计（辆）
四川野马汽车绵阳制造有限公司	野马	纯电动 SUV	E70	3 212	3 212

八、2017 年 12 月底本地区电动汽车充（换）电站（桩）保有量统计表

城市名称	充电站				充电桩		换电站
	数量（座）	充电机功率总计（kW）	充电站占地面积（m^2）	投资金额（万元）	慢充（个）	快充（个）	数量（座）
绵阳市	166	16 691	21 500	9 000	1 573	652	6

自 贡 市

Zigong City

一、2017 年节能与新能源汽车产业概况

自贡市新能源汽车产业以明君汽车有限公司、四川天非尼迪新能源科技有限公司 2 家整车生产企业以及四川新国荣能源材料有限公司、自贡朗星达科技有限公司、自贡市江阳磁材有限公司等新能源汽车电池及电池关键零部件、电机零配件生产企业构成。

二、2017 年节能与新能源汽车推广应用情况

共推广新能源汽车 170 辆，其中插电式混合动力公交车 93 辆，插电式混合动力乘用车 30 辆，纯电动乘用车 47 辆，新能源乘用车全部为私人用车。

三、2017 年节能与新能源汽车主要企业经营情况

明君汽车有限公司全面转向新能源汽车生产，2018 年开始投产。天非尼迪公司低速电动汽车生产 1 500 台。四川新国荣能源材料有限公司、自贡市江阳磁材有限公司年产值约 6 亿元。自贡朗星达科技有限公司将于 2018 年投产年产值约 6 亿元。

四、2017 年基础设施建设及运行情况

已建成新能源汽车充电桩 19 个，在建 18 个。

五、发展规划

到 2020 年，全市新能源汽车保有量达到 1 000 辆以上，发展公交车 200 辆以上、出租车 400 辆；建成集中式充换电站 4 座以上、充电桩超过 300 个。明君汽车等整车生产企业实现新能源汽车的达产量产。

六、2017 年节能与新能源汽车推广应用数量

燃料 \ 车型	公交车（辆）	旅游大巴（辆）	公务车（辆）	出租车（辆）	租赁用车（辆）	私人车（辆）	环卫车（辆）	物流车（辆）	邮政车（辆）	电力工程车（辆）	载货车（辆）	其他（辆）	合计（辆）
纯电动汽车	0	0	0	0	0	47	0	0	0	0	0	0	47
插电式混合动力汽车	93	0	0	0	0	30	0	0	0	0	0	0	123
增程式电动汽车	0	0	0	0	0	0	0	0	0	0	0	0	0
燃料电池汽车	0	0	0	0	0	0	0	0	0	0	0	0	0
合计	0	0	0	0	0	0	0	0	0	0	0	0	170

七、2017 年 12 月底本地区电动汽车充(换)电站(桩)保有量统计表

城市名称	充电站 数量(座)	充电机功率总计(kW)	充电站占地面积(m^2)	投资金额(万元)	充电桩 慢充(个)	充电桩 快充(个)	换电站 数量(座)
自贡市	—	—	—	—	37	—	—

南 充 市

Nanchong City

一、2017 年节能与新能源汽车产业概况

2017 年,全市统计口径内汽车制造企业共实现产值 229.2 亿元,同比增长 22.5%。

二、2017 年节能与新能源汽车推广应用情况

2017 年,全市共新增新能源汽车 221 辆,其中纯电动公交车、乘用车等共 207 辆,插电式混合动力车共 14 辆。

三、2017 年节能与新能源汽车主要企业经营情况

吉利四川商用车公司实现产值 13.96 亿元,同比增长 694.2%,生产整车 6 044 辆,同比增长 271.5%,自 2009 年以来首次实现正增长;其中新能源汽车 4 319 辆,形成了从无到有、起步就是冲刺的良好局面。

四、2017 年节能与新能源汽车项目及园区建设情况

2017 年 7 月 9 日,吉利四川商用车正式投产下线,截至 2017 年底,共生产新能源汽车 4 319 辆,销售 4 319 辆。

五、2017 年基础设施建设及运行情况

截至 2017 年 12 月,全市共有充电站 4 座,2017 年新建充电站 3 座,其中慢充 10 个、快充 20 个,充电总功率 1 500 kW,总投资 300 万元。新建的 3 座充电站主要集中在公交站内,为南充市新采购的 86 台纯电动公交车提供充电服务。

六、发展规划

南充市计划围绕吉利商用车公司打造新能源汽车产业集群,大力推进错位发展、项目推动、招商引资、龙头带动、推广应用、创新驱动、人才支撑等重点工作,逐步完善集新能源汽车设计、研发、制造、贸易、物流等为一体的汽车产业链,2018 年计划生产新能源汽车 15 000 辆以上。

七、节能与新能源汽车推广应用统计表

2017 年节能与新能源汽车推广应用数量

(单位:辆)

燃料 \ 车型	公交车	旅游大巴	公务车	出租车	租赁用车	私人车	环卫车	物流车	邮政车	电力工程车	载货车	其他	合计
纯电动汽车	86	0	0	1	0	110(进口 3)	0	9	0	0	0	1	207
插电式混合动力汽车	0	0	0	0	0	14	0	0	0	0	0	0	14
增程式电动汽车	0	0	0	0	0	0	0	0	0	0	0	0	0
燃料电池汽车	0	0	0	0	0	0	0	0	0	0	0	0	0
合计	86	0	0	1	0	124(进口 3)	0	9	0	0	0	1	221

注:本表共统计 3 辆进口车。

2017 年节能与新能源汽车推广应用车型及数量

应用地区	车型	通用名称	数量(辆)
南充市	远程牌 DNC6120BEVG 型纯电动城市客车	纯电动城市客车	7
	远程牌 DNC6120BEVG1 型纯电动城市客车	纯电动城市客车	50
	中国中车牌 TEG6801BEV01 型纯电动城市客车	纯电动城市客车	29
	比亚迪牌 BYD6460STHEV5 型插电式混合动力多用途乘用车	比亚迪宋	13
	比亚迪牌 BYD6480STHEV3 型插电式混合动力多用途乘用车	比亚迪唐	1
	远程牌 DNC5045XXYBEV01 型纯电动厢式运输车	E200 远程轻卡	9
	北京牌 BJ7001BPH1 - BEV 型纯电动轿车	EC180	13
	北京牌 BJ7001BPH2 - BEV 型纯电动轿车	EC180	1
	北京牌 BJ7001BPH5 - BEV 型纯电动轿车	EC180	5

续上表

应用地区	车型	通用名称	数量(辆)
南充市	北京牌 BJ7001BPH7 – BEV 型纯电动轿车	EC180	1
	比亚迪牌 BYD6460SBEV 型纯电动多用途乘用车	比亚迪宋 EV	2
	比亚迪牌 BYD7005BEV 型纯电动轿车	比亚迪 e5	1
	长安牌 SC7001CAABEV 型纯电动轿车	奔奔 mini e	8
	东风牌 DXK6450EC1BEV 型纯电动多用途乘用车	东风小康 EC36	1
	海马牌 HMA7003S10BEV 型纯电动轿车	爱尚 EV	1
	华泰牌 SDH7000BEVYL 型纯电动轿车	华泰 EV150	3
	江淮牌 HFC7000WEV 型纯电动轿车	江淮 iEV6E	2
	江淮牌 HFC7001A1EV 型纯电动轿车	IEV7	1
	江铃牌 JX70016BEV 型纯电动轿车	E200	1
	江铃牌 JX7005BEV 型纯电动轿车	E100	39
	江铃牌 JX7006BEV 型纯电动轿车	E200	1
	猎豹牌 LBA6450AABEV 型纯电动多用途乘用车	C5BEV	1
	奇瑞牌 SQR7000BEVJ601 型纯电动轿车	Arrizo5 e	1
	奇瑞牌 SQR7000BEVJ72 型纯电动轿车	奇瑞 eQ1	1
	拓速乐牌 5YJSA7E1 型纯电动乘用车(进口车)	Model S	2
	拓速乐牌 5YJXCCE2 型纯电动乘用车(进口车)	Model X 90D	1
	众泰牌 JNJ7000EVE6 型纯电动轿车	芝麻 E30	4
	众泰牌 JNJ7000EVX12 型纯电动轿车	云 100S	1
	众泰牌 JNJ7000EVX9 型纯电动轿车	云 100S	21

注:本表共统计 3 辆进口车。

八、2017 年本地区重点新能源汽车企业产销量统计表

生产企业名称	产品商标	车辆类型	通用名称	产量统计(辆)	销量统计(辆)
吉利四川商用车有限公司	远程牌	纯电动轻卡	—	4 239	4 254
吉利四川商用车有限公司	远程牌	纯电动客车	—	80	65

注:车辆类型统计范围包括纯电动汽车、插电式混合动力汽车、燃料电池汽车、增程式电动汽车

九、2017 年 12 月底本地区电动汽车充(换)电站(桩)保有量统计表

城市名称	充电站				充电桩		换电站
	数量(座)	充电机功率总计(kW)	充电站占地面积(m^2)	投资金额(万元)	慢充(个)	快充(个)	数量(座)
南充市	4	1 500	3 333	300	10	60	0

眉 山 市

Meishan City

一、2017 年节能与新能源汽车推广应用情况

2017 年合计推广各类型新能源汽车 530 辆。

二、2017 年基础设施建设及运行情况

彭山区新建一座公交充电站,包括 6 台直流桩。仁寿县新建 4 座城际快冲站,分别是成自泸高速汪洋服务区、成自泸高速文宫服务区,包括 12 台交流桩。

三、发展规划

正在制定《眉山市电动汽车充电基础设施专项规划(2018—2020)》。

四、2017 年 12 月底本地区电动汽车充(换)电站(桩)保有量统计表

城市名称	充电站				充电桩		换电站
	数量(座)	充电机功率总计(kW)	充电站占地面积(m^2)	投资金额(万元)	慢充(个)	快充(个)	数量(座)
眉山市	7	—	—	—	—	25	—

节能与新能源汽车年鉴

YEARBOOK OF ENERGY-SAVING AND NEW ENERGY VEHICLES

第四篇 Section Ⅳ

重点单位发展概况

Development of Key Units

中国第一汽车集团有限公司

China FAW Group Co., Ltd.

一、单位概况

坚持国家“绿色发展”的基本国策，把握“中国制造2025”“新能源汽车是实现汽车制造强国的重要战略”的战略导向，中国一汽将发展新能源汽车作为企业的重要战略，紧跟国家发展战略，加快新能源产业化进程。利用混合动力、纯电动自主创新的核心技术，完成多款新能源产品开发；在市场销售方面，立足企业投资地，积极创新商业模式，在新能源汽车市场推广方面取得良好成绩。

二、经营情况

中国一汽发挥企业投资地优势，积极创新营销模式，充分利用政府机关、企事业单位等大客户资源，销售红旗H7插电式混合动力、奔腾纯电动车、骏派纯电动车、解放纯电动车等车辆近千辆。

三、产能建设

新能源汽车与传统车并线生产，集团内各事业板块基本完成能力建设，具备新能源汽车生产资质。

四、技术进展及研发能力建设

中国一汽目前从事新能源汽车产品开发的相关技术人员有近千人，制定了新能源汽车整车和关键总成产品开发流程，以及支撑流程运行的设计规范500余项，试验验证标准300余项。

中国一汽建立了具有国际先进水平的新能源汽车整车、电机、电池、电控和高压系统的试验和验证基地，拥有动力总成综合试验台架、HCU开发HIL试验台、电机性能试验台、电池单体穿刺试验台、电池单体测试系统、电池模块测试系统、电池总成测试系统、纯电动高压系统试验台、高压配电盒性能试验台等新能源总成和零部件试验设备。

中国一汽体系化解决了新能源汽车整车平台开发以及电机、电池、电控等关键总成开发中所面临的大批技术难题，掌握了单电机和双电机深度混合动力构型、高功率密度的机电耦合变速器、高能量密度和安全性的电池组及整车控制器等关键技术，动力总成开发技术和动力系统的集成技术等；成功开发了奔腾系列新能源轿车、红旗H7混合动力轿车、A0级纯电动轿车等新能源乘用车产品、纯电动城市公交客车、一代和二代混合动力城市公交客车、纯电动城市物流车和环卫车等新能源汽车产品。

五、主要新产品

序号	产品型号	产品名称	通用名称
1	一汽牌CA7001EVA	纯电动轿车	奔腾B30EV
2	红旗牌CA7200PHEVA	插电式混合动力轿车	红旗H7PHEV
3	骏派牌CA7003EV	纯电动轿车	骏派A70E

六、发展目标与规划

中国一汽新能源战略是集团“十三五”乃至未来企业长远发展的重要战略。中国一汽将紧跟国内外法规政策趋势，关注市场发展，加快新能源产业化进程。技术研发方面，打造平台化、模块化的新能源动力总成体系和整车序列；产品方面，投放红旗、奔腾、解放等品牌的多款新能源产品，满足消费者需求；市场销售方面，发挥企业投资地优势，积极开拓全国重点新能源消费市场。

上海汽车集团股份有限公司

SAIC Motor Corporation Limited

一、单位概况

上海汽车集团股份有限公司（以下简称上汽集团）积极贯彻国家能源战略，瞄准汽车驱动电力化趋势，重点加快推进混合动力和电动汽车产业化，并持续推动燃料电池汽车研发升级和示范运行。上汽集团全面实施“纯电动、插电强混、燃料电池”3条技术路线，并实现新能源汽车产业链关键环节的全方位布局。

二、经营情况

2017年上汽集团新能源车销售超过6.4万辆，同比增长156%。从2017年开始，上汽集团新能源车不只是自主乘用车，自主商用车、合资企业也开始发力，其中上汽大通的FCV80燃料电池轻客率先在上海、抚顺、佛山等地实现商业化运营；上汽通用五菱的E100在柳州市政府的大力支持下，开创了全新的新能源商业模式。

三、技术进展及研发能力建设

近年来上汽集团不断加大新能源汽车研发投入力度，已在上海、南京和英国建设了技术中心，形成了中国主导、全球联动的自主研发体系。开发技术上涵盖混合动力、纯电动、燃料电池等多种方案，涵盖乘用车和商用车等多种产品，累计研发投入超过100亿元，全面自主掌控电池、电驱动、电控“三电”核心技术，水平已与国际领域相当。

2018年1月，上汽“低能耗插电式混合动力乘用车关键技术及其产业化”项目，荣获国家科学技术进步二等奖，这是本次评选中唯一获奖的汽车行业自主研发项目。这个项目主要是EDU电驱变速箱为核心的插电混动“三电”技术，它成功突破了国际汽车巨头的技术壁垒，提出了全新的插电混动系统产品结构方案，实现了能效的全面超越、驾驶性能的大幅提升和安全可靠运行，搭载这套技术的上汽新能源产品已累计实现近6.5万台的销量。现在上汽集团已经在开发第二代的EDU产品，技术瞄准世界一流水平，预计2018年年底就将搭载在上汽新能源产品上，进一步提升产品的竞争力水平。上汽在集团发展新能源汽车过程中，通过推出“新能源＋互联网”的产品，将电动化与智能网联化结合，在产品技术端，找到了差异化的竞争优势。

四、主要新产品

序　号	产品型号	产品名称	通用名称
1	CSA7102SDPHEV	插电式混合动力轿车	eMG6
2	CSA6454NDPHEV1	插电式混合动力轿车	eRX5
3	CSA6456BEV1	纯电动轿车	ERX5
4	CSA7104SDPHEV1	插电式混合动力轿车	ei6
5	CSA7144CDPHEV1	插电式混合动力轿车	e950
6	SGM7158DACHEV	插电式混合动力轿车	Velite 5
7	SGM7200KACHEV	插电式混合动力轿车	CT6
8	LZW7000EVA	纯电动轿车	宝骏 E100
9	SH6612A4FCEV	燃料电池客车	FCV80
10	SH5041XXYA7BEV-7	纯电动客车	EV80

五、合资合作及重大项目建设

2017年，上汽集团与CATL宁德时代在资本和产业两个方面进行战略合作，成为CATL第五大股东，而且成立了“时代上汽”和“上汽时代”两家合资企业，成为CATL目前在国内唯一合作生产电芯的企业。上汽集团还与英飞凌开展IGBT合资合作，在全球技术高度垄断的领域，实现战略卡位，为今后新能源可持续发展提供了战略安全性保证。不仅如此，上汽集团还有华域在新能源产业链上的强大支撑，上一年华域和麦格纳在电驱动领域进行合资合作，打造中国一流的电驱动解决方案；联合电子、纳铁福等企业也在电驱动领域积极布局，面向未来、抢占技术制高点。

在新能源后市场服务领域，上汽集团2015年投资组建了上海安悦充电科技有限公司，全面推进新能源汽车配套服务，截至目前已累计建设超过1万根公共充电桩；同时，通过“新能源＋分时租赁”，将电动化与共享化结合，在商业模式端，开辟了差异化的发展道路。上汽集团与上海国际汽车城合资组建环球车享汽车租赁有限公司，在全国范围内开展新能源汽车租赁业务，目前已进入全国60座城市，运营车辆达到2.7万辆，上线网点超过8 000个，注册会员达到173万人，是目前全球最大的新能源分时租赁运营企业。

六、发展目标与规划

2025年，上汽集团立志成为全球新能源汽车主流品牌，新能源车型进一步丰富，覆盖主流细分市场，新能源生态圈具备行业领先优势，呈现国际化特征。

其中，至2020年，树立上汽新能源汽车国内行业领先地位，在技术上打造全球行业标杆的新能源车型，建立创新的新能源汽车用户综合解决方案。新能源领域专项投资超过200亿元，投放30款以上全新车型，新能源汽车销量达到60万辆。

七、2017年1—12月企业在新能源汽车方面经济指标统计

填报单位名称	指标名称	本期累计（亿元）	同期累计（亿元）	同比增长率（%）
上海汽车集团股份有限公司	2017年末资产总计	7 235.33	5 907.10	22.49
	2017年营业总收入	8 706.39	7 564.14	15.10
	2017年利润总额	542.61	504.90	7.47

北京新能源汽车股份有限公司

BEIJING ELECTRIC VEHICLE CO., LTD.

一、单位概况

北京新能源汽车股份有限公司（以下简称北汽新能源）创立于2009年，是世界500强企业——北京汽车集团有限公司控股子公司，是我国首家独立运营、首个获得新能源汽车生产资质、首家进行混合所有制改革、首批试点国有企业员工持股改革的新能源汽车企业。2018年9月27日，北汽新能源正式登陆A股市场，成为“中国新能源汽车第一股”（股票名称：北汽蓝谷，股票代号：600733）。

北汽新能源现拥有北京、山东青岛、江苏常州、云南昆明等多个整车生产基地和美国硅谷、底特律、德国亚琛、西班牙巴塞罗那等数个海外研发中心，业务范围涵盖新能源汽车整车及核心零部件研发、生产、销售和服务等业务板块，以及分时租赁、充换电运营、二手车置换等综合服务板块，同时布局智能制造、能源管理、智慧出行、互联网＋等多个战略新兴产业，是国内纯电动汽车市场占有率领先、产业链覆盖广、产品线丰富的领军企业，是我国制造业服务化转型的典范。

2014年至2018年9月，北汽新能源累计销量近27万辆，在线行驶里程超35亿km。2017年，销售整车超10.3万辆，连续5年蝉联全国第一，位列全球纯电动汽车市场第一位。

目前，北汽新能源已拥有BJEV/ARCFOX两大产品品牌，EC/EV/EX/EU/ES/EH六大系列数十款产品，在行业内

率先实现了“大、中、小”，“高、中、低”，“3、4、5”的全面覆盖。2017年，公司产品获得了国内的第一张莱茵认证、第一张欧盟出口资质认证。2018年6月20日，世界品牌实验室（World Brand Lab）发布2018年《中国500最具价值品牌》排名，北汽新能源以301.29亿元的品牌价值名列第178位，是唯一入榜的新能源汽车品牌。

成立以来，北汽新能源不断加大研发投入，截至2018年9月底，累计申请专利3 483项（人均申请专利2.55件）、企业标准1 033项，主导、参与外部（国家、地方）标准66项。先后获得WEC世界环保组织国际碳金总奖（2014）、世界电动汽车质量金奖（2015）、亚洲质量卓越奖（2017）、中国汽车工业科学技术奖一等奖（2015）、中国专利优秀奖（2015）、国家级技术发明奖（2016）、国家级企业管理现代化创新成果一等奖（2016）、全国新能源汽车行业质量领军企业（2016）、全国五一劳动奖章（2016）等多个国际、国内大奖和荣誉称号。

2017年，北汽新能源提出“开放·共享”战略，以开放式平台重塑产业结构，联合一切可以联合的力量，共同推进新能源汽车产业的可持续发展。2018年3月1日，由北汽新能源作为建设主体单位牵头组建的国家新能源汽车技术创新中心正式揭牌，将协同相关新能源企业，为国内新能源汽车创新、前沿技术研发提供支撑和保障。

“十三五”期间，北汽新能源将秉持“开放共享”战略，坚持“一个卫蓝梦、两个世界级”品牌愿景和“新·无止境”品牌主张，以建成“世界级新能源汽车科技创新中心”和“世界级新能源汽车企业”为目标，致力将北汽新能源建设成为国内第一、全球前三的纯电动汽车品牌，为长期推动我国新能源汽车产业发展、打造新能源汽车国家名片、实现“中国制造2025”等一系列国家战略贡献力量。

二、经营情况

2017年，在行业增速趋缓、国家与地方政策微调的背景下，北汽新能源以“四个聚焦”为引领，在股东的大力支持下，通过公司全员不懈努力，全年完成销售103 199辆，同比增长102.3%，持续领跑纯电动乘用车市场，为公司向“两个世界级”目标迈进打下坚实基础。

2017年，公司以“战略聚焦、强化经营、管理升级”为经营方针，坚持“聚焦技术、聚焦产品、聚焦资源、聚焦市场”的指导思想，全面提升经营质量和经营效率，围绕价值链运营，持续推进营销能力建设与模式创新，强化核心资源与产能保障，严格质量与成本管控；围绕技术与产品，以市场需求为主导，着力打造明星产品，推进三电等核心技术开发；围绕产业资源，积极开放合作，实现优质资源联合互补，推进新能源产业生态建设；围绕体制与机制，深化混合所有制改革，持续推进管理创新变革，激发企业活力。

（一）持续升级营销服务能力，大力推进市场拓展

1. 创新营销模式，不断拓展全国和大客户市场

明确区域销售目标，制定营销规划，通过强化区域运营支持、商务政策保障、活动巡展、线上与线下互动宣传等举措，进一步覆盖全国市场，2017年北京以外地区销售78391辆，占总销量的76%，覆盖北京、厦门、兰州、广州等10余个城市；租赁行业销售5万辆以上，在国内分时租赁领域中排名第一。

2. 强化渠道建设，培育渠道能力

推进网络建设与渠道下沉，开展网点培训认证、驻店辅导、建立运营检核标准，持续提升网点能力，2017年入网半年以上的单店平均实现销量500辆/年。

3. 打造服务生态系统，深化客户服务

通过发布擎天柱计划、升级“充电吧2.0”APP、“智慧管家”升级等举措，初步形成“产品+服务+充电+换电+运营一体化”的城市绿色生态服务系统。

截至2017年底，自建对私充电桩4.2万个、对公充电桩1.4万个，接入全国44家运营商13.5万多个公共桩信息。

（二）提升自主能力，打造明星产品，掌握核心技术

1. 加快研发重点新品，注重爆款产品打造

2017年，EC系列销售77 754辆，成为超越特斯拉的全球最畅销新能源车型，创造了单一车型销量世界冠军；EU400产品续驶里程达到400 km，实现了长续航产品的重要突破；LITE车型荣获“第五届轩辕奖——未来概念奖唯一车型奖项”，并获得欧盟整车WVTA认证。

2. 强化技术研发，推进核心技术掌握

电池技术：通过标准化模组设计、系统开发，电池系统整包能量密度大幅提升，明显优于同类品牌。

电机技术：填补无线充电技术、大功率快充技术2项前沿技术空白；开发与应用第一款动力总成平台产品，实现动力总成、电机、电机控制、减速器、电源系统五大技术领域全覆盖。

电控技术：完成国内首款具备电机、充电桩和电池高压系统模拟的自动化测试平台建设；建立符合ISO 26262的电控开发流程体系，取得国际知名认证机构德国莱茵TUV集团颁发的ASIL（汽车安全完整性等级）D等级功能安全流程体系认证；获得国内首家三电功能安全ASIL C等级产品认证。

智能网联技术：完成第一款量产三联屏车型，初步探索智能座舱系统集成技术，并在BE21平台上落地；完成对L2级自动驾驶技术及以下的主动安全功能开发；全面体现“云—管—端”的实车技术落地。

（三）加强质量管控，实现品质倍增

1. 2017年公司通过了ISO 9001、3C、TS 16949审核认证。

2. 完善产品开发质量管控

梳理质量门评审工作流程，严把阀点质量门，完成专项评审、问题管理等工作，确保达成质量阀目标。

（四）整合优质资源，合资合作提升产业发展能力

1. 持续深化产业链布局

注册成立蓝谷动力系统分公司，推进孚能电池合资公司项目、博泰车联网合资项目、麦格纳合作项目等项目。

2. 开放合作格局初步形成

携手戴姆勒、华为、百度等巨头，进一步推动和打造企业生态联盟。

（五）体制机制改革迈向纵深

完成B轮融资，募集资金111.18亿元，募集满足公司现阶段发展所需资金，为公司上市进一步奠定基础。

实施员工持股计划，成为北京市首批国有控股企业员工

持股试点企业。

(六)积极推进党建、企业文化建设

1. 2017 年,公司深入学习贯彻党的十九大精神,加速推进党务工作规范化、体系化、标准化。

(1)成立党建工作领导小组,修订"三重一大"制度,将党建要求写入公司章程,增强党委议事决策能力;

(2)深化"卫蓝之旅　红帆领航"党建品牌工程,完善"23456"党建工作体系;

(3)成立营销公司党委,落实《党支部标准化手册》;

(4)出台系列管理制度,形成以业绩导向的干部选任机制,通过领导力模型和任职资格体系,激发干部活力。

2. 企业文化建设

(1)发布了公司企业文化理念 3.0 版;

(2)通过开展岗位立功竞赛、成立职工创新工作室、设立卫蓝温暖基金、建设心灵驿站和健身活动中心、举办员工家年华等活动,营造了公司员工同心共筑卫蓝梦的浓厚范围。

三、产能建设

1. 青岛莱西工厂

北汽新能源莱西工厂是由北汽集团携手青岛莱西市打造的一个新能源汽车产业园区,项目一、二期总投资约 50 亿元,预计 2020 年达到产能 20 万辆/年。伴随着莱西生产基地建设项目的完成,北汽新能源也将实现京外产能战略布局的第一步。

北汽新能源莱西生产基地于 2014 年 9 月 2 日开工,项目一二期总投资约 50 亿元,其中一期完成总装、涂装及焊装三大工艺的车间建设、设备采购、安装调试并形成 5 万辆生产能力。二期工程拟增加冲压工艺,形成完整的汽车生产四大工艺,产能将达 15 万辆/年。到 2020 年,园区总投资达到 100 亿元以上,汽车产业产值达到 1 000 亿元以上。

北汽新能源莱西生产基地 2015 年投产的两款产品分别为 E150EV 和威旺 307EV 两款车型。E150EV 作为北汽新能源首款产品,百公里耗电仅 16 度,成本不足 8 元,约为燃油汽车的 1/10,且享受 5 年内免费维护保养。

2. 北京采育工厂

北汽新能源采育工厂位于北京大兴区采育镇,占地面积约 20 000 m^2,是目前我国最大的新能源乘用车专用生产车间。采育工厂规划单班年产能 2 万辆,拥有 58 个有效工位,可同时满足北汽自主品牌 EV160、EV200、威旺 306EV、绅宝 ES210、E150EV 等多种纯电动轿车的大批量生产。

3. 江苏常州工厂

常州项目总投资 100 亿元,其中一期投资 15 亿元,将年产 5 万台新能源汽车。一期项目将利用常州英田汽车工厂及新增的 153 亩扩建厂房进行生产,第一台新能源纯电动汽车于 2018 年 9 月底下线。项目二期将另行选址 2 000 亩新建整车工厂,计划投资 85 亿元,达产后可年产新能源汽车 15 万台。项目三期将进行局部改造,改造提升后总产能将提升至每年 30 万台。

四、技术进展及研发能力建设

北汽新能源除了自主掌握电动汽车的"三电"(电池、电机、电控)核心技术,北汽新能源更是在整车各个专业领域都沉淀了大量新能源汽车独特的工艺、流程、技术和标准,为新能源汽车产业的全新发展之路奠定了坚实的基础。

2015 年,北汽新能源 C30 平台车型产品获得 2015 年中国汽车工业科技进步一等奖,是获得此荣誉中唯一新能源汽车企业;2016 年与北京航空航天大学等 5 家单位合作完成的"电动汽车能源系统安全高效控制技术及应用"项目,获得 2016 年中国汽车工业技术发明一等奖;在国际发明展览会、中国专利奖评选等活动中取得金、银、铜等各类奖项 11 项。

北汽新能源一直将验证能力的提升作为研发的重点工作,经过几年的发展与建设,已建成的试制试验场地占地面积 7 000 m^2,目前拥有各类设施 300 多台套,设备资产总额 22000 余万元。北汽新能源试验中心在 2014 年 5 月通过评审获批"北京市新能源汽车节能与安全重点实验室",2016 年 10 月通过了 CNAS(中国合格评定国家认可委员会)认可。用创新型产学研合作模式,整合行业优势科研资源,北汽等轻量化联盟内 17 家单位共同组建了国家汽车轻量化重点实验室,中心实验室设在北汽。2017 年 2 月通过评审获批"纯电动乘用车开发技术北京市工程实验室"。北汽新能源与北京理工大学等 5 家单位联合申报获批北京市教委"新能源汽车北京实验室"。依托实验室,重点开展新能源汽车用户行驶工况研究、新能源汽车关键电动部件能耗研究、电芯、模组及电池包安全性研究、基于动力电池的整车安全性研究、以经济性和安全性为目标的整车控制策略开发及优化等技术领域的研究工作,为新能源车的技术提升提供了有力的支持。

北汽新能源根据当前自身现状,结合发展需求,正在建设覆盖整车环境、性能、耐久及可靠性、EMC、NVH、VOC 等在内的全方位的整车验证能力,规划(扩容)建设电机、电池、电控等新能源车核心零部件的验证能力,提升电机、电池的性能及耐久性、电池安全性、电芯/模组性能及寿命等的测试能力。北汽新能源验证中心投资超过 8 亿元,目前项目处于设备采购及试验楼建设阶段,规划 2018 年年底投入使用,将建成具备世界一流水平的、国内第一大的新能源汽车规模化验证中心。

随着北汽新能源公司产能的不断提升,公司对研发投入规模也逐年递增。2012—2017 年公司研发费用投入累计达到 21.13 亿元,2018 年北汽新能源公司研发投入将继续保持较高增长,2018 年研发投入将达到 14 亿元。

在 8 年的企业发展和产品创造过程中,北汽新能源始终以新能源技术创新的开拓者,引领行业发展。北汽新能源从 2011 年开始,深度整合 Telematics 无线技术、电动汽车车辆控制技术、信息(IT)技术,成功建立了国内首家规模最大的电动汽车远程监控平台;高度集成化驱动控制总成 PEU(Power Electronics Unit)产品为北汽新能源自主设计与开发,是完全拥有自主知识产权、国内首创的高压驱动集成控制单元;在国内率先开发了制动能量回收技术、电池换电技术、电动汽车远程充电技术、远程开启空调、远程解闭锁车门、远程OTA更新ECU程序等远程控制技术，完成手机APP、微信查询、ECU远程刷写、TSP平台、分时租赁等分系统的技术与功能开发，并应用于量产车型成功推向市场；2017年6月30日，北京新能源汽车股份有限公司获得了国内第一张符合ISO 26262功能安全标准的汽车电控产品开发流程体系的认证证书，该证书标志着北汽新能源的汽车电控开发体系可以满足设计安全目标最高安全级别达到"ASIL D"的产品。在电池产品及技术方面，北汽新能源自主掌握电池系统集成技术，历经V1.0～V3.0的技术升级，电池系统能量密度一直位于行业内领先水平。在V4.0时期，通过车包一体化设计及新技术应用，电池系统能量密度将达到210 Wh/kg，继续保持行业领先。在电驱产品及技术方面，北汽新能源从分立式电驱产品，逐步实现电驱产品集成化与系列化开发，打造出高性能、高可靠性、高功能集成化的动力总成系统。在电控产品及技术方面，北汽新能源自主掌握电控技术开发，历经了五代控制器的研制，产品从VCU控制器扩展到BMS、MCU控制器，并在技术上向着集成化、安全化、智能化方向不断发展，目前处于国内行业领先水平。

五、主要新产品

序号	产品型号	产品名称	通用名称
1	BJ7000U3D2-BEV	纯电动轿车	EX260
2	BJ7001BPH7-BEV	纯电动轿车	EC180
3	BJ7001BPH5-BEV	纯电动轿车	EC200
4	BJ7000KPCC-BEV	纯电动轿车	LITE
5	BJ7000C5E4-BEV	纯电动轿车	EU400
6	BJ7000C5E3-BEV	纯电动轿车	EU300
7	CH7005BEVA2BA	纯电动轿车	北斗星E(磷酸铁锂)
8	BJ5023XXYV3RK-BEV	纯电动厢式运输车	威旺407EV

六、合资合作及重大项目建设

北京·亦庄科技创新中心项目是支撑实现世界级科技创新中心愿景的重点支持项目，2017年完成"国家级新能源汽车技术创新中心"申报工作，现已完成入园搬迁，开展多个重点项目。

加强新能源公司生态链建设，紧随共享化潮流，大力布局新能源汽车分时租赁、网约车业务，成立轻享网约车科技有限公司全资子公司，为公司打造世界级服务出行品牌奠定基础。

麦格纳项目完成签约，并明确合作车型及项目合作地点，年底启动合资合作协议前期准备工作。该项目在土地、厂房、设备、税收奖励及人才支持等方面获得多方大力支持，为北汽新能源公司BE21平台产品的落地提供了有力支持。

七、发展目标与规划

"十三五"期间，北汽新能源将以轻资产、重创新、大开放、聚人才为发展思路，以强基础、建生态、做资本为经营方针，以"聚焦技术、聚焦产品、聚焦资源、聚焦市场"为主要路径，打造世界级科技创新中心和世界级新能源汽车愿景，至2020年把北汽新能源打造成为国内领先、全球前三的纯电动汽车品牌。

公司中长期2025发展规划的愿景是成为一家世界级绿色智能科技服务平台公司，涵盖的领域包括汽车、能源互联网、清洁能源、化工、出行服务。将围绕核心业务的价值创造，建设一个生态航母，具有"一体两翼"三大战略业务，以及若干经营要素支撑。一体两翼的体，是核心业务，即：商品创造战略。2025年实现100万～120万辆销量目标。其中一翼，是产业链战略，是生态化、服务化经营的升级。在"十三五"末期实现千亿级的产业链经营收入。另一个翼，是金融与资本运营。成功实现企业上市，并通过成功的策略性资本运作，实现千亿市值公司的打造。

八、2017年1—12月企业在新能源汽车方面经济指标统计

填报单位名称	指标名称	单位	本期累计	同期累计	增长率(%)
北京新能源汽车股份有限公司	2017年末资产总计	万元	2810158.10	2465462.16	13.98
	2017全年完成投资额	万元	230050.15	66197.84	247.52
	2017年营业收入	万元	1145521.52	922233.36	21.21
	2017年利润总额	万元	15076.03	67383.02	-77.63
	2017年产品销售率	%	98.89	99.53	-0.64
	2017年销售利润率	%	1.32	2.73	

重庆长安汽车股份有限公司

Chongqing Chang'an Automobile Company Limited

一、发展概况

自2001年以来，长安新能源汽车经过了基础原理、产业化、市场化三个阶段的发展，完成了从样车到产品的正向开发历程，现已具备了从开发流程、核心技术、核心产品，到生产制造、供应链等，成体系的市场化能力，并建立了涵盖新技术开发、平台开发、产品开发、试验验证等在内的长安自主研发体系。完全自主掌握整车集成、系统集成能力，电池系统、电驱动系统、控制器等三大关键零部件开发能力，以及CAE仿真分析和试验验证两大技术能力。

长安汽车坚持秉承全球化视野，充分整合全球资源，建立了中国重庆、北京，意大利都灵，英国伯明翰，美国底特律的全球研发格局，实现全球24 h不间断开发。

始终以开放的心态吸引全球人才，形成了以重庆总部牵头，北京研究院、英国中心、美国中心支持的新能源全球研发队伍，包含海外专家、兵装科技带头人、两江学者、博士等850余名专职人员，培养了一支高学历、高素质、高能力的新能源汽车研发核心人才队伍。

通过不断积累，长安汽车充分发挥政、产、学、研、用协同研发模式，在新能源汽车领域自主掌握了电控技术、电池管理技术等新能源核心技术，有效解决了行业核心技术"空心化"难题，控制器产品及开发测试体系均获得ISO26262功能安全认证。覆盖新能源开发核心8大领域，共有2060余项试验项目，全面覆盖了新能源动力系统所有属性目标的验证。

建立了新能源汽车及关键零部件系统的设计、工艺、试验规范184项。截至2017年底，累计拥有有效专利335件，其中发明专利188件。牵头制定了国家行业标准1项，参与制定国家行业标准规范20余项。

截至2017年12月，已推出20款新能源汽车产品。逸动EV系列，自2015年初推出第一代车型，经过换代升级，品质与口碑稳步提升；新奔奔EV系列作为长安微小型纯电动的代表产品，市场反响良好，2017年在北京细分市场占有率排名第一。

二、生产经营

形成重庆、北京、保定、合肥、深圳五大新能源整车生产基地。截至2017年12月，累计销售新能源汽车逾9.1万辆；搭建长安出行平台，开展分时租赁、网约、试乘试驾等活动，已布局重庆、杭州、南京、合肥等地。

三、产能建设

投资1.2亿元，建成占地面积5 000 m^2 的新能源动力电池生产基地；产品涵盖EV及PHEV动力电池集成，年产能4万套/年，形成规模化制造能力。

在长安鱼嘴基地投资建设全新动力电池生产线，满足长安新能源动力电池产品需求。

四、技术进展及研发能力进展

核心能力掌控扎实推进，具体体现在以下几方面。

1. 电控：掌握系统设计、策略开发、标定匹配、控制器开发等能力，电控功能安全达到ASIL C级，技术能力国际一流。

2. 电池：掌握系统集成、电池管理系统软硬件开发、电池生产制造等能力，技术能力国内领先。

3. 电驱：掌握系统集成、电机控制软件开发能力，技术能力国内一流。

4. 整车：形成整车平台开发、车身轻量化开发、整车热管理开发能力。

5. 产品开发及实验验证：在传统自主开发体系基础上，建立了覆盖新能源整车、系统及关键零部件的产品开发及试验验证体系。

五、主要产品

序　号	产品型号	产品名称	通用名称
1	SC7003ACBEV	纯电动轿车	逸动 EV
2	SC7001AGBEV	纯电动轿车	新奔奔 EV
3	SC7004CBBEV	纯电动轿车	CS15EV
4	SC7104AA5HEV	插电式混合动力轿车	逸动 PHEV

六、合资合作

开放合作：长安在与宁德时代、博世集团、蔚来汽车、滴滴集团、华为、百度、腾讯、阿里巴巴等形成战略合作的基础上，也通过合资参股、联合开发、产业链合作等多种方式，在电池研究、智能网联新能源汽车研发、充电方式及环境的建设、出行方案等多个领域，与各大行业标杆企业开展深度创新合作。

其中，2017年4月，与蔚来汽车签署战略合作框架协议，就整车研发、生产、销售、服务以及安全领域开展合作。2017年11月，出资5.19亿元参股CATL，持股比例为0.57%。

七、发展规划

2017年10月19日，长安汽车发布新能源战略——"香格里拉计划"。提出预计到2020年，完成三大新能源专用平台打造；到2025年，全面停售传统意义燃油车，实现全谱系产品电气化。并制定四大战略行动——千亿行动、万人研发、伙伴计划、极致体验。

到2025年，将在全产业链上累计投入超过1 000亿元。其中，新能源产品研发领域的投入将超过400亿元，新能源专有平台的打造投入将超过100亿元，动力电池领域的投入将超过300亿元，共享、充电设施和服务等领域的投入将达到200亿元。

依托长安"全球研发"体系、1.1万名研发人员队伍、17个国籍近500名专家团队、10余名"千人计划"专家，全面加速新能源研发，致力于打造世界领先、中国最强大的新能源研发能力。

整合全球最优秀的资本、顶尖的技术、专业的人才等资源，携手跨界企业，构建新能源生态圈。

资本链：打造专业的新能源产业基金投资平台——长安新能源产业基金。

产品：2020年前打造3大新能源汽车专用平台，2025年前累计推出多种形态的全新纯电动汽车21款、插电式混合动力汽车12款。

里程：实现电动汽车"充电5分钟，续航百公里"，插电式混合动力续航里程将超过1 000 km。

安全：依托200余人安全团队，打造五星安全新能源产品。

智能：将率先在新能源汽车上实现L3～L4级自动驾驶功能。

浙江吉利控股集团有限公司

Zhejiang Geely Holding Group Co., Ltd.

一、单位概况

浙江吉利控股集团始建于1986年,1997年进入汽车行业,一直专注实业,专注技术创新和人才培养,不断打基础练内功,坚定不移地推动企业健康可持续发展。现资产总值超过2 000亿元,员工总数超过10万多人,连续六年进入世界500强。

浙江吉利控股集团总部设在杭州,旗下拥有沃尔沃汽车、吉利汽车、领克汽车、Polestar、宝腾汽车、路特斯汽车、伦敦电动汽车、远程新能源商用车等汽车品牌,规划到2020年实现年产销300万辆,进入世界汽车企业前十强。

浙江吉利控股集团旗下汽车企业在中国上海、杭州、宁波、瑞典哥德堡、英国考文垂、西班牙巴塞罗那、美国加州建有设计、研发中心,研发设计、工程技术人员超过2万人,拥有大量发明创新专利,全部产品拥有完整知识产权。在中国、美国、英国、瑞典、比利时、白俄罗斯、马来西亚建有世界一流的现代化整车工厂,产品销售及服务网络遍布世界各地。

二、经营情况

2017年,吉利控股集团旗下吉利与沃尔沃两大汽车品牌实现总销量182万辆,同比增长40%,缴纳税收344亿元,同比增长28%。其中:吉利汽车销量124.7万辆,同比增长63%,销量位居自主品牌第一,增幅位居行业首位,利润同比增长108%;沃尔沃汽车全球销量57.2万辆,同比增长7%(其中中国市场同比增长26%),实现盈利141亿瑞典克朗,同比增长28%。

三、产能建设

截至2017年底,吉利汽车集团新能源整车产能北仑、晋中基地分别建成2万辆,目前新工厂规划都按照传统燃油车和新能源汽车共线生产进行规划。

商用车方面,四川南充新能源商用车基地正式投产;浙江义乌的英伦新能源整车项目开工建设,将建设形成年产10万辆整车生产规模。

四、技术进展及研发能力建设

在无人驾驶、人机交互,在电动化、轻量化,在汽车共享、陆空一体化飞行汽车研发方面,吉利与国内众多高校开展了深入的技术交流与合作,先后开展了各类技术合作项目57项。

2017年5月10日,吉利发布了面向未来的“INTEC”技术品牌,致力于打造“人性化智能驾乘科技”。作为吉利汽车的设计开发大本营,公司将与合作伙伴携手并进,重点推动以电动化、网联化、智能化和共享化为核心的新技术、新业态、新模式的探索,不断加强自身设计开发及配套能力的提升,共同营造中国汽车品牌的竞争新优势,助力吉利提前实现“20200战略”的宏伟目标。

2017年,是吉利蓝色行动承上启下的关键一年,新能源产品开发及卓越的市场表现,为“蓝色吉利行动”的顺利开展奠定了坚实的基础。3月,搭载全新热管理系统的帝豪EV300成功上市,凭借强大的产品竞争力和领先的技术,帝豪EV全年销量突破2.5万辆,成功引领A级纯电动车市场。吉利首款混动车型——帝豪PHEV,搭载了CHS混动系统,一上市即引起各方好评。此外,纯电动、混动和插电式混合动力平台开发顺利进行,为2018年吉利新能源汽车的蓬勃发展奠定了基础。

吉利战略投资的新能源汽车共享出行服务平台——曹操专车,于2017年2月22日成为国内首个获得网约车牌照的新能源汽车共享出行服务平台。目前曹操专车已在全国18座城市上线,12 000余名经过专业培训的专职认证司机,为近1 000万用户提供绿色低碳的出行服务。特别值得一提的是,在刚刚过去的1月份,曹操专车获多家海内外知名金融机构投资,完成A轮10亿元融资,估值超100亿元人民币。

五、主要新产品

序号	产品型号	产品名称	通用名称
1	HQ7002BEV05	纯电动轿车	帝豪EV450
2	HQ7002BEV11	纯电动轿车	帝豪EV350
3	MR7152PHEV01	插电式混合动力轿车	帝豪PHEV

六、合资合作及重大项目建设

2017年3月,搭载全新热管理系统的帝豪EV300成功上市,凭借领先的技术,帝豪EV全年销量突破2.5万辆。吉利首款混动车型——帝豪PHEV,搭载了CHS混动系统,一上市即引起各方好评。

吉利战略投资的新能源汽车共享出行服务平台——曹操专车,于2017年2月22日成为国内首个获得网约车牌照的新能源汽车共享出行服务平台。目前曹操专车已在全国18座城市上线,12 000余名经过专业培训的专职认证司机,为近1 000万用户提供绿色低碳的出行服务。

2017年,四川南充新能源商用车基地正式投产;伦敦电动车安斯蒂新工厂落成,新一代零排放、超低排放的伦敦电动车TX5顺利投产;浙江义乌的英伦新能源整车项目开工建设,将建设形成年产10万辆整车生产规模。此外,占地20 000 m^2的山西晋中基地也已全面投产,并已顺利将纯电动公交车等产品交付到客户手中。

七、发展目标与规划

2015年11月18日,吉利汽车发布了新能源战略规划

"蓝色吉利行动"：

1. 率先承诺提前全面实现 2020 年国家第四阶段企业平均 5.0L/100 km 燃油消耗限值；

2. 实现消费者用传统汽车的购车成本购买插电式混动汽车的梦想；

3. 实现到 2020 年新能源汽车销量占吉利整体销量 90% 以上，其中，插电式混动与油电混动汽车销量占比达到 65%，纯电动汽车销量占比达 35%；

4. 在氢燃料及金属燃料电池汽车研发方面取得实质性成果；

5. 实现新能源技术，智能化、轻量化技术在行业的领先地位。

八、2017 年 1—12 月企业在新能源汽车方面经济指标统计

填报单位名称	指标名称	单位	本期累计	同期累计	增长率(%)
浙江吉利控股集团有限公司	2017 年营业收入	万元	40.27	32.49	24

长城汽车股份有限公司

Great Wall Motor Company Limited

一、单位概况

长城汽车股份有限公司是国内首家在香港 H 股上市的民营整车汽车企业。公司发展至今，连续入选中国企业 500 强，中国机械 500 强，中国民营企业上市公司十强，河北省企业百强之首。通过创新发展之路，公司得到高速发展：SUV 连续 15 年中国市场第一，哈弗进入 2018 年全球汽车最具价值品牌 TOP 20；WEY 品牌自上市以来 VV7、VV5 单月销量双双破万，建立了"中国豪华 SUV 领导者"品牌认知；皮卡连续 20 年保持中国市场销量冠军。

2018 年 3 月 13 日，国际氢能委员会公布新近加入成员名单，长城汽车成为首家进入该委员会的中国车企。氢能将在未来中国乃至全世界的能源领域和交通运输领域扮演至关重要的角色。通过组建世界级专家团队，以及建造顶级的氢能试验中心，长城汽车将专注于制氢、加氢、燃料电池驱动系统等多方面的技术研发，打造在中国乃至全世界极具竞争力的产品。加入国际氢能委员会，长城汽车将担负起相应的责任，为世界氢能社会的建立贡献力量。

二、经营情况

2017 年长城汽车股份有限公司实现销售 107 万辆，收入 1 012 亿元，利税 136 亿元。2017 年长城 C30EV 上市，补贴后最低市场价为 6.98 万元，而同级别竞品车型终端售价集中在 12 万元以上，长城 C30EV 上市后以超高的性价比，迅速获得行业及私人用户的关注，上市半年销售超 3 000辆。

三、产能建设

2018 年 3 月 28 日，长城汽车永川基地正式开工，新工厂计划于 2019 年底投产，未来将生产旗下的高端皮卡和中大型 SUV 哈弗 H9 等车型。新能源方面，到 2020 年长城公司将在国内建成年产 16 万辆规模的新能源生产基地，其中插电式混合动力 SUV P8、紧凑级纯电动轿车长城 C30EV 及长城 EV350 产能共计 6 万辆/年，微型纯电动欧拉 R1、欧拉 R2 共计产能 10 万辆/年。

四、技术进展及研发能力建设

长城汽车股份有限公司已构建以保定总部为核心，涵盖欧洲、日本、北美、印度、奥地利、韩国等研发布局。为加强新能源汽车核心技术研发能力，保定研发总部建立电池及氢能技术中心。

电池研发中心：总投资约 6 亿元，包含电池试制车间、试验中心、分析中心、材料分析中心，目前部分功能已投入使用。

氢能技术中心：2017 年开始建设，投资约 4 亿元，含综合试验中心、液态加氢站和破坏性测试区，2018 年上半年运行。

五、主要新产品

序号	产品型号	产品名称	通用名称
1	CC7000CE00BEV	CH041E	长城 C30EV
2	CC7000CE04BEV	CH041E	长城 C30EV
3	CC7001CE02ABEV	CH141E	欧拉 iQ，欧拉 iQ360
4	CC6483AD21APHEV	CHB071 EAD	P8s
5	CC6484AD21APHEV	CHB072 EAD	P8

六、合资合作及重大项目建设

1. 2017 年 7 月 16 日，长城汽车股份有限公司发布公告，宣布与河北御捷车业有限公司及其股东签署《合资框架协议》，长城汽车股份有限公司拟通过增资入股的方式获得河北御捷车业有限公司 25% 股权。

2. 2018 年 2 月 23 日，长城汽车股份有限公司发布公告，宣布在中国北京与宝马股份公司签署了意向书。根据意向书，双方对以合资公司形式在新能源汽车领域开展合作的前景和可行性进行评估。

七、发展目标与规划

为响应新能源汽车产业政策，长城汽车已将新能源汽车列为重要发展战略，至 2025 年前将在新能源汽车领域投入资金超 300 亿元。

2020 年,新能源汽车年销 15 万辆。

2025 年,新能源汽车年销 70 万辆,打造新能源汽车市场领先地位。

长城汽车将打造 2 个纯电动专属平台,并结合全新平台开发推出 10 余款新能源车型,包含 EV、PHEV 及 FCV,车型级别涵盖小型到大型,品类涵盖 SUV、轿车。

比亚迪汽车工业有限公司

BYD Automobile Industry Co., Ltd.

一、单位概况

比亚迪汽车工业有限公司(以下简称比亚迪或公司)是 2006 年 8 月 3 日经深圳市工商行政管理局批准成立的有限责任公司,由比亚迪股份有限公司和 BYD(H.K.) CO. LIMITED 共同出资组建的合资公司,公司注册资本 44 800万美元。

比亚迪汽车工业有限公司具有乘用车、商用客车、商用卡车生产资质。目前,主要承担着比亚迪中高级传统燃油车 S6、S7、双模电动车唐、纯电动车 e6 等车型的生产任务以及 K 系列、T 系列等一系列新能源车型的研发、试制任务。公司已被授予"国家高新技术企业"、"广东省战略性新兴产业骨干企业"和"广东省战略性新兴产业新能源汽车基地"等荣誉称号。

二、经营情况

比亚迪汽车工业有限公司的汽车业务包括新能源汽车和传统燃油汽车两大板块,其中,传统燃油汽车主要车型有:思锐、S6、S7、宋 MAX 和燃油版唐等。新能源汽车主要车型有:纯电动乘用车 e6、腾势、元 EV;插电式双模电动车唐、元;纯电动货车 T3;纯电动洗扫车 T8SA;纯电动大巴 K9、K10、C8、K8 和 K7 等。

2017 年,比亚迪收入约 1 059.15 亿元,同比增长 2.4%,其中汽车及相关产品业务的收入约人民币 566.24 亿元,同比下降 0.7%,当中新能源汽车业务收入约 390.60 亿元,同比增长约 12.8%,占总收入的比例增至 36.9%,成为公司重要的收入和利润来源。

2017 年比亚迪汽车总销量为 42.30 万辆。其中,新能源车产销分别达到 12.61 万辆和 12.70 万辆,根据 EV Sales 的统计数据,2017 年比亚迪新能源汽车销量再次冠领全球,实现连续 3 年排名全球销量第一,行业地位进一步巩固,品牌影响力进一步增强。在纯电动大巴领域,集团在整体市场下降的情况下实现良好的销售表现,市场占有率同比增长 3.16 个百分点至 14.7%。

三、产品出口

2017 年,比亚迪乘用车出口累计 1.12 万辆。

四、产能建设

比亚迪汽车工业有限公司位于深圳市坪山新区比亚迪汽车生产园区内,占地约 260 万 m^2,是集研发试制、整车生产、销售为一体的汽车基地。公司经营范围涵盖汽车、电动车及其零部件、汽车模具及其相关附件、汽车电子装置汽车等。

五、技术进展及研发能力建设

1. 技术创新能力

技术是比亚迪的 DNA,强大的研发实力是公司迅速发展的根本。在汽车领域,比亚迪是世界上目前唯一一家自主掌握电池、电机、电控、充电基础设施以及整车技术的车企。比亚迪始终坚持"技术为王,创新为本"的发展理念,坚信技术改变生活,并最终改变世界。投入巨资成立"五院一所",即中央研究院、汽车工程研究院、电力科学研究院、卡车及专用车研究院、轻轨交通研究院和电动车研究所。从硬件、软件以及测试等配备 1.5 万名高精尖的技术队伍,在新材料、汽车、新能源等多领域积累了丰富的自主开发经验。2017 年,研发人员数量达 2.75 万人,占比达 13.7%,研发投入金额为 62.66 亿元,占营业收入比例为 5.9%。

(1)"542 科技",从性能、安全、油耗 3 方面重新定义汽车标准,动力更强劲、能耗更节省、操控更灵活。

(2)驱动电机及控制技术。在电机技术方面,比亚迪自主开发了永磁同步电机系统,能够开发更为节能、环保的电动汽车产品;比亚迪生产的高能效电机完全可以替代国外的同类产品。在电控系统方面,比亚迪完全掌握了能量控制系统、再生制动控制系统、电动助力转向控制系统、动力总成控制系统,且诸多技术指标已经达到国际先进水平。

(3)动力电池技术。比亚迪是国内最早开展车用动力电池领域研发的企业之一,拥有从原材料输入到电池产出过程的全自动化生产线,在保证电池品质的基础上实现高效率、高精度的生产。截至 2017 年底,比亚迪已建成拥有 16 GWh 产能的动力电池产线。比亚迪还出资 2.45 亿在青海设立新公司,专注开发盐湖锂资源,预计建成后产能将达 10 GWh。2018 年,随着比亚迪动力电池业务的拆分,比亚迪将为更多的公司提供动力电池。

(4)BYD 双向逆变充放电技术。集驱动电机、车载充电器、直流充电站三者功能于一身,使电动车摆脱对专业充电站的依赖,同时也使得电动车成为移动电站,有效解决充电站带来的占地空间大、成本高、不利普及等问题。

2. 全球领先的汽车三大实验室

目前比亚迪汽车已建成 120 多个专业实验室,实验室总占地面积约 30 万 m^2,可以进行 4 000 多项汽车试验。汽车工程研究院汽车及零部件检测中心和中央研究院材料分析测试中心,均通过了中国合格评定国家认可委员会认可。比亚迪斥资数十亿元建成的碰撞实验室、EMC 实验室、NVH 实验室达到世界一流水平。

六、主要新产品

1. 整车

序　号	产品型号	产品名称	通用名称
1	BYD6100LGEV10	纯电动城市客车	K8
2	BYD6121LGEV5	纯电动城市客车	K9
3	BYD7152WTHEV	插电式混合动力轿车	秦 Pro
4	BYD4250DDABEV	纯电动半挂牵引车	Q3
5	BYD6490STHEV2	插电式混合动力多用途乘用车	新唐

2. 零部件

序　号	产品名称	产品型号
1	43.52 kWh 动力电池系统	T01
2	180 kW 永磁同步电机	BYD-3425TZ-XS-A
3	驱动电机控制器	KTZ64X44S6A2
4	21.12 kWh 动力电池系统	K03
5	100 kW 永磁同步电机	TZ300XSDJ023
6	驱动电机控制器	KTZ51X34S784
7	21.76 kWh 动力电池系统	K01
8	100 kW 永磁同步电机	TZ2712XSB
9	驱动电机控制器	KTZ54X33S

七、合资合作及重大项目建设

2017 年 10 月 31 日，深圳比亚迪与佛吉亚宣布成立新的合资公司。该合资公司名为深圳佛吉亚汽车部件有限公司，将专注于为比亚迪旗下的整车品牌研发并提供先进的座椅系统解决方案。其中，佛吉亚持股 70%，比亚迪持股 30%。此次战略合作重点整合比亚迪在深圳、西安及长沙的座椅生产项目。

八、发展目标与规划

比亚迪力争把中国道路交通领域所有用油的地方全部用电搞定，逐步实现全市场布局。在个人消费领域，比亚迪以插电式双模电动汽车为主、纯电动车为辅，二者共同推进；在公共交通领域，坚持发展纯电动汽车。公交电动化和出租车电动化是大势所趋，接下来的 3～5 年，比亚迪将积极推进新能源汽车从一线及限购城市向二、三线城市的拓展，最终实现新能源汽车在全国范围的销售。

同时，比亚迪将把握新能源汽车行业蓬勃发展的历史机遇，进一步加强研发，提升产品竞争力，全面推进技术、产品和品牌三大战略。通过技术创新，颠覆传统，打造汽车互联网生态，重新定义汽车动力和安全；贯彻“7＋4”全市场战略，面向全国范围内大力推广新能源汽车；投入更多资源和精力到品牌升级中，并进行一系列旨在提升品牌的战略部署，引入更多世界级团队，在不断丰富“王朝”系列车型的基础上，推出更多高性价比并具有竞争力的产品。

比亚迪新能源汽车“7＋4”全市场战略分布

七大常规领域	四大特殊领域
城市公交：K9、K8、K7、K6 出租车：e6、e5 道路客运：C9、C8、C6 城市商品物流：T3、T5、T7 城市建筑物流：纯电动混凝土搅拌车 环卫车：纯电动洗扫车、洒水车 私家车：秦、唐、宋、元	仓储：纯电动叉车系列 矿山：纯电动宽体自卸车 机场：纯电动机场摆渡车、机场引导车 港口：纯电动港口专用车

九、2017 年 1—12 月企业在新能源汽车方面经济指标统计

填报单位名称	指标名称	单　位	本期累计	同期累计	增长率(%)
比亚迪汽车工业有限公司	2017 年末资产总计	万元	17 809 943	14 507 077.8	22.8
	2017 年营业收入	万元	10 591 470.2	10 346 999.7	2.4

安徽江淮汽车集团股份有限公司

Anhui Jianghuai Automobile Group Corp., Ltd.

一、单位概况

安徽江淮汽车集团股份有限公司创建于 1964 年，是集商用车、乘用车及动力总成的研发、制造、销售和服务及相关多元业务于一体的综合型汽车厂商，是国家火炬计划高新技术企业、国家级创新型企业；位居中国企业 500 强、中国百强工业企业。

具有年产 70 万辆整车、80 万台发动机及相关核心零部件的生产能力，其中乘用车拥有 40 万辆、商用车拥有 30 万辆的生产能力。

2001 年，在上海证交所挂牌上市；2015 年 4 月，圆满完成集团公司整体上市工作。

2018 年 2 月，成立新能源乘用车公司，下设新能源汽车研究院、新能源乘用车营销公司、安庆分公司以及平台管理部门，研产销一体化独立运作。

二、经营情况

全年销售各类整车及底盘 52.15 万辆，其中新能源乘用车 2.83 万辆，同比增长 53.86%；实现营业收入 500.8 亿元，上缴各类税收超过 20 亿元，研发费用投入 20 亿元。

三、产品出口

坚持聚焦重点市场、重点产品，持续推进结构优化，位列行业第四。轻卡继续保持高端轻卡出口第一位置。SUV出口超过4万辆，跃居行业出口第一。

四、产能建设

以新能源乘用车公司为中心，打造合肥、安庆两大产业化基地，目前已形成年产35万辆新能源汽车生产能力。

五、技术进展及研发能力建设

构建了iEV平台技术，全面掌控整车及“三大电”产业化技术。

1. 深耕产业化核心技术，从用户体验需求角度，已经不断开发了续驶里程达500 km、快充电时间1 h且更加时尚、智能、舒适的电动车；内修电池安全、寿命、低温性能及软件可靠性。

2. 提高了高比能电池热失控安全技术；经过10年时间，联合供应链，开展上千次爆炸试验研究，江淮电动车热失控安全技术取得突破，实现单个电芯热失控时电动车不起火、不爆炸；形成五层次高比能动力电池系统热失控安全开发方法。

3. 形成了电池液冷技术开发能力，提升电池的安全性和使用寿命。

4. 大量实践积累了软件可靠性技术、功能安全，故障诊断与处理等方面的经验。

5. 形成了技术成熟的方法，围绕功能、性能、耐久性和可靠性4个维度，穷举出结构类部件与控制软件的“白盒”测试和“黑盒”测试用例近5 000项。

六、主要新产品

序号	产品型号	产品名称	通用名称
1	HFC7000EWEV2/HFC7000EWEV3	纯电动轿车	iEV6E 运动版
2	HFC7000WEV1	纯电动轿车	iEV6E
3	HFC7001EAEV5/HFC7001EAEV6	纯电动轿车	iEV7S
4	HFC7000BEV/HFC7000BEV1/HFC7000BEV2/HFC7000BEV3/HFC7000BEV5	纯电动轿车	iEVA50
5	HFC7001E1AEV	纯电动轿车	E20X
6	HFC6502ECEV-W	纯电动多用途乘用车	ES8

七、合资合作及重大项目建设

江淮大众新能源乘用车项目被列为安徽省先进制造业的“一号工程”，首款产品已下线；江淮大众多用途车研发与销售合资项目签署了合作备忘录；与蔚来汽车合作项目完成生产线建设，并实现产品公告下发，已启动批量生产；电池与电机领域分别于华霆动力、巨一自动化合资成立安徽江淮华霆电池系统有限公司及合肥道一动力科技有限公司。

八、发展目标与规划

1. 坚持江淮新能源汽车 i. EV + 战略

战略定位，坚持创新驱动，掌握核心技术，持续构筑领先的纯电驱动技术优势，重点发展纯电动和插电式混合动力两大技术平台。

战略目标，到2025年，江淮新能源汽车总产销量占江淮总产销量的30%以上，形成节能汽车、新能源汽车、智能网联汽车共同发展的新格局。

2. 构建第三代iEV专用平台，轴距2 400～2 800 mm，电池能量40～100 kWh，续驶里程300～500 km、轻量化整车、智能化3～4级。

九、2017年1—12月企业在新能源汽车方面经济指标统计

填报单位名称	指标名称	单位	本期累计	同期累计	增长率(%)
安徽江淮汽车集团股份有限公司	2017全年完成投资额	万元	12 000	10 800	0.9
	2017年营业收入	万元	281 912	276 725	1.87
	2017年利润总额	万元	14 874	52 908	-71.89
	2017年产品销售率	%	100	100	—
	2017年销售利润率	%	5.28	19.12	-72.4

东风电动车辆股份有限公司

Dongfeng Electric Vehicle Co., Ltd.

一、单位概况

东风电动车辆股份有限公司（以下简称公司）成立于2001年9月28日，位于湖北省武汉经济技术开发区，公司注册资本为人民币12 636.48万元，净资产6亿元。作为东风公司新能源汽车研发与产业化的平台，历经多年发展，公司

已步入以新能源汽车核心零部件研发与生产制造、新能源车辆出行服务及运营、大数据监控及运营业务为核心的发展阶段,形成了以新能源汽车核心零部件产业化、新能源汽车商业模式创新和数据运营为核心的产业布局。

公司的东风新能源汽车产业园,占地面积 133 亩 ,产业园一期形成了 80 万套各类控制器、12 万套电机、5 万套电池系统的制造能力,完整的三电开发及试验验证能力。

二、经营情况

公司经营范围:电动车辆及电动运载工具研制、开发、生产销售(需上国家目录管理的车辆除外);清洁燃料汽车、经济节能汽车的研制开发;车辆售后服务及技术咨询;汽车及零配件的研发、销售、维修及服务;机电产品、五金交电、钢材、化工产品(不含化学危险品及国家限制的化学品)的销售;应用软件服务、手机智能软件、电子产品、计算机网络技术、计算机系统集成;电力供应;充电服务;网络预约出租汽车,道路普通货物运输,道路普通客运。

1. 三电业务(电池、电控、电驱动)销售量逐年递增,动力总成平台完成销售 29.3 万套,实现营业收入 8 亿元,预计 2022 年销售额将达到 216 亿元,利润总额达到 7.8 亿元。

2. 出行服务和数据支持平台实现车辆运营 3150 台,利润 420 万元。

三、产能建设

1. 电驱动产线:自主开发的电驱动总成测试台架,具有自动对半轴、自动注抽油、自动注抽防冻液、自动测试电驱动系统 P 挡、总成噪声测试等功能。产线具备高柔性化,兼容定子外径 150 ~ 260 mm 的电机;关键工序采用自动化设备装配,自动化率达 40%,节拍 20JPH;全过程质量管控,全自动化在线及总成测试。产线具备高柔性化,兼容定子外径 150 ~ 260 mm 的电机;关键工序采用自动化设备装配,自动化率达 40%,节拍 20JPH;全过程质量管控,全自动化在线及总成测试。

2. 电池产线建设:产线按照工业 4.0 理念设计,数据管理可从电池包追溯到电芯等各级零部件;产线柔性化设计,满足多产品生产,产线工位按 22 个工位设计,其中模组与铜排可在 2 个工位进行装配。产线物流采用 AGV 引导。

3. 电控产线建设:全无尘恒温万级净化车间;具备自动贴片、插件焊接、清洗涂覆、整机装配、高温老化、整机测试完整生产流程;采用柔性化自动组装生产线,关键工序使用全自动生产设备,自动化覆盖率达到 43%;全过程数字化、信息化管理,产品过程追溯全覆盖,可追溯至每颗物料的批次;拥有自主设备开发团队,掌握测试核心技术,一键式全自动测试,测试结果自动关联存档。

4. 出行平台上线 1 500 辆汽车。

四、技术进展及研发能力建设

1. 研发试验楼 1 楼 5 500 m^2 为电机、电控联合实验室。已有试验设备资源:各类电机台架 15 套,气候试验箱 6 台,振动试验台 2 套,共计实验设备 230 台(套)。电池系统综合试验台 2 套,各类电子试验室。

2. 2018 年新建成各类电机台架 16 套以及 EMC 试验室、3T 振动试验台等。

3. 更高效、更快捷服务客户,自主开发新能源汽车智能 OBD 诊断模块;兼容新能源三电产品;通过手机端 APP 完成程序更新及参数标定工作;模块插接汽车 OBD 口,即插即用。

4. 电池回收体系探索。

五、合资合作及重大项目建设

1. 电池业务和宁德时代合资合作。

2. 动力总成业务与东风乘用车、神龙汽车公司、东风日产、东风本田、东风柳汽展开合作。

六、发展目标与规划

1. 开展废旧电池回收事业;
2. 三电业务进一步拓展;
3. 出行业务完成三网合一;
4. 进一步拓展桩网平台建设。

七、2017 年 1—12 月企业在新能源汽车方面经济指标统计

填报单位名称	指标名称	单 位	本期累计	同期累计	增长率(%)
东风电动车辆股份有限公司	2017 年营业收入	亿元	2.85	2.59	2.3
	2017 年利润总额	亿元	-0.52	-0.14	-271.4

奇瑞新能源汽车技术有限公司

Chery New Energy Vehicle Technology Co., Ltd.

一、单位概况

奇瑞新能源汽车技术有限公司始于 1999 年,率先开启新能源汽车自主研发之路,公司于 2010 年 4 月注册成立,是集新能源汽车研发、生产、销售、售后维修等一体化业务的企业,属战略新兴产业中具有较高成长性的科技型企业。

目前,奇瑞新能源拥有国内先进的电动化系统实验室和一流的研发团队,建立了国际化的整车开发流程和标准体系,掌握了一整套整车开发的方法和模拟仿真平台、设计质量管理流程和方法、整车数据库,具备了新能源汽车 32 位整

车控制、集成化热管理、热泵空调、一体化电池包等技术能力，已经形成全系列的新能源乘用车研发体系和集成平台，包括四大新能源整车平台——轻量化纯电动整车产品平台，插电式混动整车产品平台、电动四驱整车产品平台、超轻智能互联整车产品平台，五大通用子系统——整车控制系统、动力电池系统、电驱动系统、PHEV 动力总成、电驱动后桥，七大核心技术——新能源整车集成、整车控制技术、电池管理和电池系统设计、PHEV 系统设计、轻量化技术、智能互联设计、增程/氢燃料技术。目前，奇瑞新能源申请国家专利 771 项，已获授权专利 315 项，其中，小蚂蚁项目共有 220 项专利（外观 + 发明 + 实用新型），其中全铝车身技术专利 120 项。

公司通过了国家发改委关于新建纯电动乘用车项目的核准，先后获得安徽省人民政府颁发的先进集体称号、安徽省智能工厂、安徽省服务性制造示范企业等一系列荣誉称号，同时，奇瑞新能源牵头组建了安徽省纯电动汽车工程中心、安徽省新能源汽车知识产权联盟、芜湖市新能源汽车协会等。设有省级博士后科研工作站，并获省、市博管办优秀称号，目前正在申报国家级博士后科研工作站，已通过网上审核。

二、经营情况

2017 年奇瑞新能源实际销售 32 124 辆，同比增长 85.5%。全年销售收入 24.3 亿元，总体销量全国排名第五位。

2018 年 1—6 月累计销售 23 536 辆（其中 eQ 1 501 辆，小蚂蚁 17 197 辆，艾瑞泽 5e 755 辆，瑞虎 3xe 4 083 辆），同比增长 156%，销售收入为 23.6 亿元，同比增长 195.8%。

三、产能建设

芜湖城北传统车身工厂占地 205 000 m^2 年产 2.5 万辆；芜湖城南全铝车身工厂占地 80 624m^2 年产 6 万辆。

四、技术进展及研发能力建设

公司成立以来，始终坚持自主创新，逐步建立了国际化的新能源汽车的整车开发流程和标准体系，拥有国内先进的电动化系统实验室和国内一流的新能源汽车研发团队，掌握了一整套整车开发的方法和模拟仿真平台、设计质量管理流程和方法、整车及系统试验验证体系规范和标准、试验数据库，具备了新能源汽车 32 位整车控制、集成化热管理、热泵空调、一体化电池包等技术能力，在此基础上打造了 A5BSG、A5ISG、QQ3EV、M1EV 等一系列新能源汽车产业化产品，并在同步研发 S15EV（含增程式）、A16EV（含增程式）、M16PHEV 等更有竞争力的新能源汽车产业化产品，数年来承接了国家转子增程、X1 增程式电动汽车、全新结构电动车、下一代高性能电动轿车、G5 燃料电池汽车等几十余项国家 863 项目。

五、主要新产品

序　号	产品型号	产品名称	通用名称
1	SQR7000BEVJ726	eQ1	小蚂蚁
2	SQR7000BEVJ601	M1A EV	艾瑞泽 5e
3	SQR7000BEVJ694	A13T EV	瑞虎 3Xe
4	T15	A 级 SUV 纯电	瑞虎 7e
5	S61	A 级 SUV 纯电	S61 SUV

六、合资合作及重大项目建设

在核心零部件方面，打造自己的产业链，以解决核心零部件瓶颈问题，与世界上最先进的电机制造商——日本安川电机合资成立了奇瑞安川电驱动系统有限公司；为了更好地解决电池包问题，成立了全资子公司——奇瑞奇达动力电池系统有限公司。

七、发展目标与规划

2018—2022 年，公司计划上市纯电动 12 款，最终实现奇瑞新能源公司 2022 年目标：新能源技术第一，行业领先者；具有新能源独立资质和品牌的上市公司；奇瑞新能源市场与国内市场、国际市场并肩形成三大主力市场。

八、2017 年 1—12 月企业在新能源汽车方面经济指标统计

填报单位名称	指标名称	单　位	本期累计	同期累计
奇瑞新能源汽车技术有限公司	2017 年末资产总计	万元	491 393.35	212 396.84
	2017 年营业收入	万元	238 055.20	112 745.65
	2017 年利润总额	万元	11 798.41	14 921.98
	2017 年销售利润率	%	4.95	13.23

上汽通用五菱汽车股份有限公司

SAIC-GM-Wuling Automobile Co., Ltd.

一、单位概况

上汽通用五菱汽车股份有限公司成立于 2002 年 11 月 18 日，由上海汽车集团股份有限公司、通用汽车中国有限责任公司、广西汽车集团有限公司三方共同组建而成，是国内第一家国企混合所有制改革形成的中外合资汽车公司。其前身为成立于 1958 年的柳州动力机械厂，公司发展历经“柳州动力机械厂”“柳州拖拉机厂”“柳州微型汽车厂”“柳州五菱”“上汽五菱”“上汽通用五菱”6 个阶段。上汽通用五菱充分集成股东各方的资金、技术、管理、人才优势，建立起以“新四会”为架构的现代化企业管理制度，同时保留和发扬了国企“老三会”的优秀传统，实现了企业的快速发展。

二、经营情况

合资以来,公司全年产销量由2002年的15万辆增长到2017年的215万辆,连续12年蝉联全国产销量冠军,积累了超过1 800万用户;销售收入由38亿元增长到1 100亿元,年复合增长率超过25%,利税总额由3亿元增长到138亿元,累计税收超过528亿元。与此同时,上汽通用五菱带动了全产业链的协同发展,众多国际知名供应商入驻柳州,高端产业集群效应显现。每年拉动社会经济总量增长超过7 700亿元,直接和间接解决就业人员超过20万人。

三、技术进展及研发能力建设

上汽通用五菱汽车股份有限公司,建立了完善的新能源汽车开发团队和新能源汽车的测试试验能力。开发新能源汽车的研发人员达到500多人。目前已经掌握纯电动汽车和混合动力汽车的整车及关键零部件的集成应用能力,掌握纯电动汽车的整车控制技术,掌握动力电池、驱动电机系统的关键技术和集成应用能力,掌握高压匹配、高压安全等核心技术,已具备纯电动汽车、混合动力汽车的完整开发体系和技术储备能力,可实现量产车型的快速开发。同时,在智能泊车、无人驾驶技术上进行了研究和应用,2017年实现了样车的制造和示范运行,在智能化方面取得了突破性的进展。建立了新能源试验室,包含整车HIL设备、四驱转毂、电力测功机、三综合振动台、高低温试验箱、盐雾试验箱、充放电设备、高压耐压绝缘测试设备、IP等级测试设备、CAN网络台架等测试设备,覆盖新能源汽车的整车、三电、高压安全、网络通信等测试能力。

四、主要新产品

序　号	产品型号	产品名称	通用名称
1	LZW7001EVA	纯电动轿车	宝骏E100

五、发展目标与规划

在产品规划上,公司会加速新能源产品发展,大力探索纯电、弱混和插电强混等技术路线并全面布局产品。纯电以E平台为依托,丰富产品系列(E100、E200、E300等),实现规模产销,E100创造性地构建了三大生态,即用户驱动的新价值链生态,大数据驱动的智造生态、政产学研联动的环境生态。E100仅是公司新四化先导产品,未来还有更多的新能源产品推出。弱混主要选择48 V成熟适用的新能源路线,为消费者提供高性价比、环境友好的可靠产品,此外,还将探索多途径的插电强混模式。在新技术应用上,为满足未来第五阶段油耗、国六排放以及更严格的安全要求,在发动机燃烧技术、车身轻量化、自动变速器等方面寻求突破,通过与互联网络、大数据等领域的交叉应用,实现产品的发展升级。

六、2017年1—12月企业在新能源汽车方面经济指标统计

填报单位名称	指标名称	单　位	本期累计
上汽通用五菱汽车股份有限公司	2017全年完成投资额	万元	20 406.44
	2017年营业收入	万元	88 281.77

海马新能源汽车有限公司

Haima New Energy Vehicle Co., Ltd.

一、单位概况

海马新能源汽车有限公司(原名海马商务汽车有限公司),位于郑州市经济技术开发区航海东路1689号,占地面积共218万m^2,注册资金8.66亿元,整车年产能6万辆,现有员工650余人,其中研发人员约200人。公司始建于1948年,曾生产出河南省第一辆汽车,1980年1月在原有基础上成立郑州轻型汽车制造厂,2007年海马汽车集团收购郑州轻型汽车制造厂成立海马新能源汽车有限公司,目前已发展成为颇具规模和实力的现代化汽车生产企业,曾多次荣获中国机械工业百强企业称号,系河南省汽车生产骨干企业和郑州市重点企业。具备汽车生产四大工艺生产车间以及研发、采购、销售和物流体系,并通过ISO 9001、QS 9000、ISO/TS 16949质量体系认证及国家强制性3C产品认证。

二、经营情况

海马新能源汽车有限公司近3年来营业收入累计实现12.69亿,2017年较上年增长16%,保持较快的增长势头。截至2017年12月31日公司资产总额11.27亿,流动资产9.42亿,负债合计3.39亿,所有者权益7.88亿,资产负债率30%。

三、产能建设

2018年7月9日,河南省发改委发布《关于海马新能源汽车有限公司跨细分类生产新能源轿车技改项目核准的批复》,同意建设海马新能源汽车有限公司跨细分类生产新能源轿车技改项目,在总产能保持不变的情况下,新增5万辆电动轿车生产能力,其他乘用车和N1类载货汽车生产能力调整为1万辆。

四、技术进展及研发能力建设

整车控制技术:自主开发第四代整车控制器,优化整车控制策略;结合ESP提升能量回收率;采用高效智能能量管理策略,减少不必要的能量损失,能量回收效率达到90%。

电池:已初步完成电池组模块化平台开发;自主研发电池管理系统已完成实车验证。

自动驾驶技术：已建立 LEVEL3 级自动驾驶技术仿真开发试验室，并完成内部封闭道路 600 km 试运行，初步具备系统布置设计能力、仿真分析能力、软件和硬件自主开发能力、系统架构搭建能力；计划 2019 年实现 LEVEL2 级自动驾驶技术车型量产。

PHEV 技术：已完成 P2 结构车型产品开发，具备机电耦合模块的设计开发能力，硬件在环测试能力，动力总成的详细定义及 HCU 软件的测试标定能力，计划于 2019 年实现车型量产。

五、主要新产品

序　号	产品型号	产品名称	通用名称
1	HMA7003S13BEV	纯电动轿车	爱尚 EV
2	HMA7003S201BEV	纯电动轿车	新爱尚 EV
3	HMA7003S203BEV	纯电动轿车	E1
4	HMA7003S302BEV	纯电动轿车	E3

六、发展目标与规划

2017 年开始，海马 ZQ5020XXYZC1BEV 纯电动物流车已经量产，并进入新能源汽车推广应用工程推荐车型目录。计划建立研发中心满足纯电动物流车系列产品和纯电动轿车、SUV、MPV 等各平台新能源汽车开发需求，形成 Z 系列（物流车）和 E 系列（乘用车）产品的开发和试验能力，其中，Z 系列 2 个车型（荣达 EV、新荣达 EV）；E 系列 4 个平台（A00 级：E1、A0 级：E3、SUV：E5、MPV：E7）。

七、2017 年 1—12 月企业在新能源汽车方面经济指标统计

填报单位名称	指标名称	单　位	本期累计	同期累计	增长率（%）
海马新能源汽车有限公司	2017 年末资产总计	万元	11730	10759	9.03
	2017 全年完成投资额	万元	3952	6618	-40.28
	2017 年营业收入	万元	56506	35789	57.89
	2017 年利润总额	万元	-13318	-4037	229.90
	2017 年产品销售率	%	99.44	95.88	3.71
	2017 年销售利润率	%	-23.57	-11.28	108.95

重庆力帆新能源汽车有限公司

Chongqing Lifan New Energy Automobile Co., Ltd.

一、发展概况

力帆实业（集团）股份有限公司成立于 1992 年，历经 25 年艰苦奋斗，力帆已迅速发展成为以新能源产业为战略发展方向，融科研开发、发动机、通机、摩托车和汽车的生产、销售（包括出口）为主业，并集金融证券、房地产于一体的大型民营企业。

力帆控股于 2007 年投身于新能源产业，依托力帆集团的雄厚资金、技术实力和完善的汽车工艺，先后成立上海中科力帆电动汽车有限公司、河南力帆新能源电动车有限公司，逐步搭建起新能源产业研发、生产、销售体系。

二、生产经营

力帆集团锐意进取，屡创佳绩，产品远销东南亚、西亚、欧洲、非洲、南美等 100 多个国家和地区。开发的汽车、发动机、摩托车等产品通过欧盟的 e-mark 认证，标志着力帆产品可以自由进入欧洲 18 个国家。

随着 2015 年 6 月“力帆新能源 L BLUE 1.0 战略”的发布，公司以“深蓝能源”、“新蓝产品”、“泛蓝生活”和“蔚蓝金融”四大核心计划，全方位解析力帆新能源产业的产品、运营、服务发展流向，构建集互联网 +、智能汽车、能源互联网于一体的新能源汽车完整生态链和产业链，力帆在汽车行业弯道超车的发展战略已初具规模。

目前共推出纯铅酸、锂电等两大领域、7 大系列产品，能覆盖各类消费人群；在 2020 年前，力帆新能源还将推出 20 款纯电和混合动力产品，实现新能源整车累计销售 50 万台，逐步实现“823”计划，即平均每 8 度电行驶 100 km、综合油耗 <2 L/100 km 及换电时间少于 3 min 的性能目标；并将在未来 5 年，在全国范围内投资建成 500 座能源站，根据客户的不同需求，不断推出个性化、定制化的绿色出行服务，引领新能源汽车产业的全面发展，做新能源领域的创新践行者，成为国际一流的智能新能源汽车品牌。

三、产能建设

力帆实业（集团）股份有限公司总体生产能力为：年产整车 15 万辆、汽车发动机 20 万台、新能源汽车 15 万辆。公司拥有先进的冲压、焊接、涂装、总装、汽车发动机生产线，以及整车动态性能检测线，为生产出高品质的品牌轿车打下了坚实的基础。

2014 年 9 月，投资 22 亿元建成投产的河南力帆新能源

电动车有限公司位于济源市高新技术产业开发区，由力帆实业（集团）股份有限公司全资兴建，设计产能10万辆/年，年产值50亿元；是力帆集团“专业交通工具制造商”产业链中必要的一环，也是全国首家既拥有汽车生产资质又拥有新能源电动车生产资质进入低速电动车领域的汽车制造企业。

四、技术进展及研发能力进展

力帆新能源汽车研发分为重庆及上海两个基地，重庆基地依托力帆汽车研究院为研发班底，以新能源研发中心及各专业所技术精英为团队建立新能源汽车项目组，负责混合动力汽车、纯电动乘用车及低速电动车研发，上海基地以力帆与上海深江电动汽车有限公司共同组建的子公司上海中科力帆电动汽车有限公司为主，负责高端纯电动汽车开发及试制，目前重庆与上海两个研发基地共有研发人员近80人，博士后、博士、硕士、高级工程师等技术骨干所占比例近20%。

力帆目前具备新能源汽车整车控制器（VCU）、电池管理系统（BMS）、驱动电机、电机控制器、车联网、动力电池集成自主开发能力并已有成熟产品批量应用，具备整车开发、性能匹配、动力仿真分析、碰撞CAE分析等设计分析能力，同时具备电动汽车三大系统联调能力及性能测试能力，公司拥有专用测试开发设备：D2P开发平台、CANOE、各类示波器、电动汽车动力总成台架测试系统，正在采购的有迪卡龙电池充放电系统、新能源汽车车载测试系统、充电器及DC/DC性能测试系统等新能源汽车专用零部件测试设备。

重庆力帆乘用车有限公司于2010年6月通过国家新能源汽车生产资质审查，并取得新能源汽车生产资质，生产规模达到年产10万辆。目前已有多款纯电动乘用车上公告并销售。

五、主要产品

序　号	名　称	型　号
1	力帆330EV纯电动轿车	LF7004GEV
2	力帆650EV3纯电动轿车	LF7002GEV
3	力帆820EV纯电动轿车	LF7007EV

六、合资合作

力帆在新能源产品研发、换电运营和租赁服务三大板块共同发力。成立和整合了3家企业来共同推进力帆智蓝战略i. Blue 1.0计划。其中包括从事物联网（车联网、电池管理）通信技术的无线绿洲、从事能源存储及换电服务的移峰能源以及从事新能源汽车分时租赁的盼达用车。无线绿洲与移峰能源是上市公司力帆股份的全资子公司，盼达用车则由力帆控股投资。

七、发展规划

2015年6月8日，力帆正式发布了未来新能源发展战略——智蓝战略i. Blue 1.0，i. Blue1.0旨在构建新能源汽车完整产业链，使力帆实现在汽车行业的弯道超车。该战略包含“深蓝能源”、“新蓝产品”、“泛蓝生活”和“蔚蓝金融”四大核心计划，从能源、产品、运营和金融服务4个方向全面推进力帆新能源产业。智蓝战略计划在2020年前，推出21款纯电和混合动力产品，实现新能源整车累计销售50万台；并将在未来5年，在全国范围内投资建成500座能源站，根据客户的不同需求，不断推出个性化、定制化的绿色出行服务，引领新能源汽车产业的全面发展，做新能源领域的创新践行者，成为国际一流的智能新能源汽车品牌。

东南（福建）汽车工业有限公司

SOUTHEAST（Fujian） Automotive Industry Co.，Ltd.

一、单位概况

东南（福建）汽车工业有限公司（以下简称东南汽车）于1995年成立，是由福建省汽车工业集团公司（现更名为福建省汽车工业集团有限公司）与台湾最大的汽车企业裕隆集团所属“中华汽车公司”携手组建的最大的海峡两岸合资汽车企业，并同步引进35家台湾专业汽车零部件厂商紧密环绕于周围，形成一个具有国际先进水准和自主发展能力的专业汽车生产基地。东南汽车吸取台湾“中华汽车公司”的先进管理经验，以及源自日本三菱汽车领先时代的全球造车科技，引进日本、德国等全自动化尖端技术设备，形成冲压、焊接、涂装、总装、车检线等多位一体的现代化生产流程，同时建立起高标准、严要求的质量管理体系，在国内汽车整车企业中首家通过ISO 9001:2000质量体系认证、首批通过国家强制性产品3C认证，通过国家环境保护总局颁布的中国环境标志产品认证，并通过ISO 14001:2004版环境体系认证。放眼未来，在加强与国际汽车大厂合作的同时，东南汽车还将继续发展自主品牌。2006年东南汽车研发中心获得了福建省“省级技术研究中心”的称号，于2008年取得了“国家级实验室”的称号。关爱地球，保护环境，东南汽车以不懈的环保热情不断加速新能源技术的市场化，通过不断地自主创新，促进技术进步。2011年8月，东南汽车通过工信部专家组现场审核，获得新能源汽车生产资质。东南牌得利卡电动车作为国内首款纯电动轻型客车于2011年10月取得公告，2013年1月取得改款车型公告；2013年2月，V3换电式纯电动车成为国内首款取得换电式纯电动轿车整车公告的车型。

二、产能建设

2017年11月，首款A00级纯电动轿车EV10上市。2018年3月，首款纯电动SUV车型DX3 EV上市。未来，东南汽车将在纯电动和插电式混合动力领域继续加大研发投入，通过在自主研发、产品布局、产能提升3个方面夯实东南汽车新能源整体实力，实现在新能源各主流细分市场的全面覆盖。

三、技术进展及研发能力建设

东南汽车研发中心于2006年6月建成并投入使用。近年来不断加大自主研发投入，目前研发中心已配备了整车排放实验室、环境实验室、强度实验室、造型室、计算机辅助设计工作室、油模间、三次元室及五元素分析室，具备自主造型设计、车身改造、底盘设计和整车测试等方面的能力。2011年，东南汽车与福建省汽车工业集团汽车研究院及台湾"中华汽车公司"签订战略合作协议，三方深化核心资源的互补及合作，建立东南汽车研究院，构筑省内自主研发创新合作平台。

东南汽车响应国家新能源发展战略，积极投身新能源汽车产品的研发，与福建省汽车工业集团汽车研究院展开技术合作，依托其在新能源核心技术上的优势，采取"充电式 + 换电式"的纯电动汽车技术路线，并已启动增程式电动车、混合动力汽车的研发工作。经过多年的研发积累，东南汽车建立了电动汽车整车构型分析、性能控制、控制策略、关键总成、试制、试验以及产品认证等开发流程，并建设完成电子实验室、整车控制器实验室、道路实验室、电机实验室及电池实验室。历经23年发展，东南汽车在融合吸收国际先进的汽车研发及制造经验的基础上，也不断强化与国际先进的研发资源的整合力度，加大企业自主产品及自主研发创新的力度。自主研发能力已经从创立初期以产品导入为主的研发1.0时代，逐步跃升至整合国际资源，完全正向自主研发为主的研发3.0时代。

四、主要新产品

序　号	产品型号	产品名称	通用名称
1	DN7007MBEV	纯电动乘用车	DX3 EV

五、发展目标与规划

东南汽车已建立了较为雄厚的自主研发及经营管理体系，也已进一步明晰了自身"原创设计　匠心品质"的品牌精髓。秉承"品致一生　缘启东南"的品牌理念，东南汽车将始终致力于产品魅力和品牌价值的持续向上，努力为客户提供精彩的汽车移动生活，为构建文明汽车社会而不懈努力。未来在一、二期已形成的双班15万辆/年的产能规模上，东南汽车将适时展开三期产能提升建设项目，该项目建成后东南汽车可实现双班39万辆/年的产能规模。

湖南猎豹汽车股份有限公司

HUNAN LEOPAARD MOTORS CO., LTD.

一、单位概况

湖南猎豹汽车股份有限公司（简称猎豹汽车公司）成立于2013年8月，是长丰集团有限责任公司（简称长丰集团）的控股子公司。长丰集团始建于1950年6月，其前身是中国人民解放军第7319工厂，2001年9月由军队移交湖南省政府管理。"猎豹"汽车品牌是中国驰名商标。目前已形成"2341"的发展布局，即两个研发中心（北京研究院和长沙工程院），3家核心零部件公司（长丰动力、衡阳风顺车桥和中德变速器），4个整车生产基地（湖南永州、湖南长沙、安徽滁州和湖北荆门）和1个总部（湖南长沙）。

二、经营情况

2017年全集团生产整车135 714辆，销售整车125 723辆，同比分别增长52.64%和38.94%；实现营业收入113.22亿元，比上年同期增长28.98%。2017年起公司新能源汽车与燃油车实行分网销售，在华北、华中、华东、华南、中南、西南、陕西等省区新建了新能源汽车销售和服务网络。

三、产能建设

公司拥有永州、滁州、长沙、荆门四大整车生产基地，具备年产50万辆整车生产能力；四大整车基地同时具备燃油车和新能源车生产条件，其中新能源乘用车年生产能力达到10万辆。

四、技术进展及研发能力建设

1. 技术进展

（1）乘用车整车系统集成设计研发

引入先进设计方法和分析手段，如虚拟样机技术、虚拟试验技术、多领域系统耦合仿真技术等，构建纯电动乘用车整车结构设计体系，通过优化结构参数并进行试验分析，提升整体设计质量，优化整车性能，提高整车可靠性。在新车型开发时，在设计过程即进行整车能耗分析、整车安全性与电磁兼容性、整车环境适应性、高防护全气候动力电池系统、智能化整车控制系统、高压电气集成系统、电动转向与回馈制动、CAN总线网络系统方面的分析研究。

（2）高效整车电子控制系统（VCU）研发

研究能源能量消耗的瞬态与稳态过程，借助网络通信输入前方路况信息，通过辨别驾驶行为习惯、自动估计车辆负荷状态，结合实时最优控制算法，建立复杂多变驾驶工况下动力系统实时能量管理策略，开发能效优化动力系统控制方法与动力协调工作切换模式，提高动力系统控制的可靠性、实时性与经济性。

（3）智能网联系统设计开发

① 基于智能网联技术的纯电动乘用车能够有效地规划车辆的充电路径，并通过与智能电网的融合（V2G）进行智能充放电，以满足电动汽车长时间行驶以及电能稳定的要求，从而有效缓解电动汽车在续航里程上与传统汽车的不足。

② 结合大数据平台的车联网信息共享技术，通过不同服务提供商之间数据交换，跨地区共享增值服务，以信息通信技术为基础，研发基于共享汽车的智能交互、远程控制及智能故障诊断系统。

2. 研发能力建设

公司从2002年就开始进行新能源汽车的研发，是国内最早从事新能源汽车研发的企业之一。2014年4月，公司为了进一步加强新能源汽车的研发能力，重新整合内部新能源汽车开发相关人力资源，组建专门研发团队。经过多年的潜心研发，猎豹汽车已经在新能源汽车系统集成、整车控制、电池系统集成等各方面取得了多项技术专利，整车设计的安全性、操控性及能耗指标均处于国内先进水平。同时还建设了新能源汽车试制和测试的试制车间和试验室，已建成动力总成测试台、电机试验台、电池PACK测试室、整车控制HIL测试室以及高压附件测试试验室等，具备较强的新能源汽车的研发试制及测试能力。

五、主要新产品

续上表

序　号	产品型号	产品名称	通用名称
1	LBA6431AABEV	纯电动多用途乘用车	CS9EV
2	LBA6431BABEV	纯电动多用途乘用车	CS9EV
3	LBA6450AABEV	纯电动多用途乘用车	CS7BEV
4	LBA7000BABEV	纯电动轿车	CS9EV
5	LBA7002AABEV	纯电动轿车	CS3EV

六、合资合作及重大项目建设

公司加大了新能源核心零部件的布局，正在推动新能源电机、插电式混合动力车型用动力耦合器总成的合资合作开发和生产等。

七、发展目标与规划

公司围绕“节能、新能源、智能、网联”加快新产品开发和老产品改进升级，着力开发纯电动技术与插电式混合动力技术，加快纯电动汽车、插电式混合动力汽车的开发和投产，实现新能源核心零部件和新能源整车跨越式发展。

四川野马汽车股份有限公司

Sichuan YEMA Auto Limited by Share Ltd.

一、单位概况

四川野马汽车股份有限公司是一家拥有自主研发能力整车制造企业；目前产品涵盖传统能源乘用车、客车，新能源乘用车、客车、物流车，是国家级高新技术企业。

二、经营情况

野马汽车成立于20世纪80年代，至今已有30余年专业造车的经验，旗下的传统能源车型涵盖乘用车、客车等系列，2017年销量突破5万辆。

2012年，野马汽车做出重大战略布局，成立野马汽车新能源分公司，发展至今，已拥有新能源乘用车、客车、商用车三大系列的多个车型，并与清华大学、西华大学等联合开展技术研究，被四川省政府列入重点规划和发展计划。

2017年实现累计销售新能源汽车超过2 300辆。纯电动SUV销量位列行业第五。

三、产能建设

拥有绵阳生产基地、成都制造基地、成都新能源客车基地、咸宁新能源基地4个基地，产能40万辆/年。

四、技术进展及研发能力建设

具备整车研发、三电系统开发能力，已完成多款新能源产品开发，正在进行智能网联、驾驶辅助、自动驾驶方面的产品研发工作。

五、主要新产品

序　号	产品型号	产品名称	通用名称
1	SQJ5020XXYM1BEV	小哥1号	小哥1号
2	SQJ6460M1BEV	EC30	EC30

六、发展目标与规划

未来产品将覆盖轿车、SUV、MPV及厢式物流车市场，重点布局纯电动，寻求其他型式的新能源作为补充。

2025年，产销规模达到20万辆/年，成为国内盈利能力最强、行业领先的新能源自主品牌企业和具备可持续发展的出行服务提供商。

七、2017年1—12月企业在新能源汽车方面经济指标统计

填报单位名称	指标名称	单　位	本期累计	同期累计
四川野马汽车股份有限公司	2017年末资产总计	万元	115 995	76 060
	2017全年完成投资额	万元	1 153	1 918
	2017年营业收入	万元	28 103	23 001
	2017年利润总额	万元	2 617	14 266
	2017年产品销售率	%	90	100
	2017年销售利润率	%	9	62

东风日产乘用车公司

Dongfeng Nissan Passenger Vehicle Company

一、发展概况

东风日产乘用车公司成立于2003年6月16日，是东风汽车有限公司旗下重要的乘用车板块，从事NISSAN品牌乘用车的研发、采购、制造、销售、服务业务，是国内为数不多的具备全价值链的汽车企业。

东风日产进入中国市场15年来，基于对市场脉络和未来发展的准确判断，积极应变，转变思路，调整战略，以强劲的体系实力为企业驱动，从产品、营销、技术及售后等层面一同发力、不断升级，品牌年轻化持续深化。

自2015年首次跨越百万销量，连续3年NISSAN单品牌销量破百万，东风日产已经成为百万量级的大型汽车整车企业。

新能源车方面，早在2012年，东风日产就依托全球首款明星车型(聆风)的技术平台，自主研发并向市场推出首款纯电动汽车——启辰晨风。晨风纯电动车上市后，以其优秀的产品设计、领先的技术水平和可靠性，快速赢得客户信任和行业尊重。2018年，东风日产将其首款日产品牌国产纯电动汽车——轩逸・纯电 SYLPHY Zero Emission在北京车展全球首发，并在当年上市销售。

二、生产经营

作为一家领先的年轻车企，东风日产年销量从2003年的6.5万辆跃升到2017年的NISSAN单品牌年零售112.3万辆；年产值从企业初创时的百亿元上升到2017年的年产值超1 600亿元；包括4S店、二级网点在内的销售服务网络，也从早期100家发展到2017年拥有近1 500家，覆盖中国大陆全部省份和省会城市，并已广泛布点三、四级市场，稳居行业前列。

经过15年努力，东风日产累计整车产销量接近1 000万辆。其中2015—2017年连续3年销量超越100万辆，行业排名稳居前五。东风日产已成为东风汽车集团有限公司极具魅力的事业单元之一，2017年的年销量超过东风汽车集团有限公司总销量的1/4。中国市场是日产汽车公司最重要的区域市场之一，东风日产2017年销量约为日产全球销量的1/5。

三、技术进展及研发能力进展

在产品研发领域，东风日产技术中心承担着东风日产及东风启辰、东风英菲尼迪品牌车型的产品开发工作，在承接日产全球同步开发的同时，也基于本地化的优势资源，致力于新动力、新能源、智能网联等前沿技术的开发。

同时，为了提升东风日产价值链前端的研发实力，2016年，东风日产先进工程技术中心、启辰造型中心及东风日产大学三大中心正式投入使用，三大中心和原有的技术中心形成双剑合璧之势，为东风日产决胜未来提供攻坚武器。

面向未来，东风日产将以科技驱动未来，不断为消费者提供先进、可靠的汽车产品，做备受信赖的企业公民，未来5年全力挑战合资品牌TOP3席位。

四、主要产品

序　号	产品型号	产品名称	通用名称
1	DFL7000NAH1BEV	SYLPHY 轩逸 EV	轩逸纯电

五、合资合作

2010年，东风日产乘用车公司根据市场发展需求，加深与日产的合作关系，投入巨资启动合资自主品牌启辰。启辰品牌旗下布局各区隔产品，包括：R30、R50、R50X、T70、T70X、晨风EV、T90、M50V，其致力于给中国家庭带来高品质的生活，已成为中国最成功的合资自主品牌。

2017年2月7日，东风启辰汽车公司成立，成为东风汽车有限公司旗下重要的独立事业板块。

六、发展规划

东风日产根据市场的发展趋势，提前谋划，在未来几年将精准投放数款极具竞争力的新能源车型。届时东风日产将形成多系的新能源汽车产业布局，成为新能源汽车领域车型较多、产品线较完整的车企之一，完整满足客户多元化的市场需求。

东风柳州汽车有限公司

Dongfeng Liuzhou Motor Co., Ltd.

一、单位概况

东风柳州汽车有限公司是东风汽车集团股份有限公司和柳州市产业投资有限公司合资经营的有限责任公司，成立于1997年7月18日，现注册资本为124 470万元，其中东风汽车集团股份有限公司占75%的股份，柳州市产业投资有限公司占25%的股份。目前，拥有员工5 600多人，资产总值206亿元，占地面积350.7万m^2，已形成商用车基地年产6.5万辆商用车、乘用车基地年产32万辆乘用车生产能力，拥有“乘龙”商用车品牌和“风行菱智”、“风行景逸”等乘用车品牌，营销、服务网络遍布全国，产品远销东南亚、西亚和非洲各国。

二、经营情况

2017 年公司资产总额达 206 亿元，全年汽车销量达 28.53 万辆，同比下滑 5.8%，其中：商用车实现销售 5.5 万辆，同比增长 32.2%；乘用车实现销售 23.03 万辆，同比下滑 11.8%。整体销售收入达 265 亿元，实现利润总额 7.3 亿元。

三、产品出口

2017 年公司出口汽车 4 826 辆，其中传统能源商用车 3 096辆，传统能源乘用车 1 730 辆，无新能源车型出口。出口目的地主要为东南亚的越南、老挝、菲律宾等国，以及南美洲的秘鲁、智利等国。

四、产能建设

2017 年，公司规划产能 38.5 万辆，其中商用车产能 6.5 万辆，乘用车产能 32 万辆。新能源产品与传统能源产品共线生产，与传统能源汽车共享产能。

五、技术进展及研发能力建设

东风柳汽拥有商用车、乘用车两大技术中心，已形成较完备的商用车、乘用车自主研发体系。东风柳汽建设有国家级博士后科研工作站、广西院士工作站、自治区级工程技术中心等的科技创新平台，运行良好，管理制度完善，已经成为企业技术创新体系建设的补充。企业商用车、乘用车开发达到区内领先水平，推动广西汽车行业技术的快速发展。

六、主要新产品

序　号	产品型号	产品名称	通用名称
1	LZ7000SLAEV	纯电动轿车	S50EV
2	LZ6512MLAEV	纯电动多用途乘用车	M5EV

七、合资合作及重大项目建设

东风柳汽的两大生产基地目前均位于柳州柳东新区的广西汽车城园区内，其中商用车生产基地占地面积 212.8 万 m^2，乘用车基地占地 130.8 万 m^2。两大生产基地从 2010 年开始开工建设，其中乘用车生产基地已于 2014 年交付使用，商用车生产基地预计 2018 年交付使用（目前商用车的生产仍在柳南区老基地）。

东风裕隆汽车有限公司

Dongfeng Yulong Motor Co., Ltd.

一、单位概况

东风裕隆汽车有限公司由东风汽车公司与裕隆大陆投资有限公司合资组建，是《海峡两岸经济合作框架协议》（ECFA）签订后海峡两岸首个大型产业合作项目。东风裕隆是一家集整车研发、生产、销售、售后服务等全价值链的汽车制造企业，产品涵盖运动型多用途乘用车、多功能乘用车、轿车及新能源汽车。截至 2017 年 12 月 31 日，公司总共有员工 1 200 多人。企业已经根据 ISO 9001、TS 16949 等体系文件完成了相关的认证工作，并且每年进行企业内部审核以及外部审核。

二、经营情况

东风裕隆自成立以来，已搭建起 NV、GP、LC 等 3 个整车平台，陆续向市场投放了纳智捷大 7 SUV、大 7 MPV & MASTER CEO、纳 5、优 6 SUV、锐 3、U5 SUV 等 7 款车型，覆盖 SUV、MPV、轿车三大乘用车细分市场。截至 2017 年底，累计销售汽车 22.3 万辆（其中含 569 辆新能源车），累计营业收入达 321.77 亿元，累计上缴税收 36 亿元。

三、产能建设

项目用地：

一期规划用地 1 118 亩，二期规划用地 1 688 亩。

项目规模：

一期规划年产各类乘用车 12 万辆和配套发动机 12 万台，二期规划实现年产乘用车 24 万辆和配套发动机 24 万台。

四、技术进展及研发能力建设

技术进展：

1. 液冷 PEU 技术的开发：藉由液冷 PEU 驱动系统开发，散热性能提升达 20%，PEU 温度小于 60 ℃。目前已完成液冷 PEU 研发设计内容并进行相关散热效果计算，经评估，已基本满足合同书相关研发目标任务和技术指标的要求。

2. 导入 EHPS 系统（电液助力转向系统）：综合工况续驶里程提升 10%，已完成导入 EHPS 系统，可依据驾驶情境与车速进行转向辅助力修正，车辆 NEDC 工况法续航里程由 133.8 km 提升为 154 km，提升达 15%，已满足目标。

3. 电池 PACK 的快速更换机构设计：2013 年底在申报科技攻关项目时，充电和换电两种模式在新能源车型上都有一定的应用，为实现电池包的快速更换，东裕预期设计一种电池 PACK 的快速更换机构已基本完成相关的原理和结构设计。

4. DC 快充能力：公司根据充电时间要求计算所需的电芯充电倍率，以此为基础选取符合特性的电芯，编写 DC 快充软件，并且通过电池管理系统监控电池电压、温度等讯息，避免电池过充、过放、过热等问题。经过测试，目前可达成 30 min 80% 快充能力目标。

研发能力建设：

1. 科研设施设备及固定资产建设：东风裕隆已建成研发大楼、试制车间、整车性能试验室、新能源试验室和整车车辆整备间，共投资 5.09 亿元，总建筑面积 20 782 m^2，已初步满足了研发办公、车型试制、整车及发动机试验等基本业务需求。其中，新能源实验室占地面积 750 m^2，主要设备有电机试验台、电控试验台、电池试验台、电池拆卸平台、充电桩设备、三综合试验台、高低温试验箱,可对系统及整车进行各项改造、试装、测试验证。

2. 规章制度建设:东风裕隆在传统开发流程基础上,结合新能源汽车开发实际需求,编制了《零部件工程开发管理程序》、《产品开发项目管理控制程序》、《设计变更管理程序》《产品设计控制程序》四大程序及《车色开发作业基准》、《零件技术方案评估作业基准书》等38份作业基准书;针对新能源人才引进及管理,特别制定了《关键岗位、关键人才管理办法》《总经理特别奖管理办法》等18份管理制度。同时还编制了《锂电池模组电池耐久试验规范》等20余份企业标准。

3. 人力资源建设:截至2017年底,东风裕隆新能源汽车研究院共有人员323人,以国家重点院校中新能源汽车研究方向的应(往)届硕士毕业生和行业内拔尖技术类人才为主要方向,研究院共计引进了新能源研究方向人才共计95人,其中高级职称18人,中级职称12人,硕士39人、海外引进人才13人、东风汽车公司"十二五"优秀科技人才1人、东风汽车公司NVH协会会员1人、杭州市技能大师工作室领衔人及全国中央企业劳动模范1人。

五、发展目标与规划

2018年:扭亏年,调整运营体质,并投入350~400 km续航里程的新能源电动车,东裕新能源市场正式拉开帷幕。

2019年:翻身年,打造爆款商品,投入汽油车/电动车双模全新物种车型,打一场漂亮的翻身仗。

2020年:增长年,新世代新技术,投入PHEV新世代车型,宣告新车型全面电气化时代降临。

众泰新能源汽车有限公司

ZOTYE New Energy Vehicle Co., Ltd.

一、单位概况

众泰新能源汽车业务始于2008年,隶属于浙江众泰汽车制造有限公司品牌旗下的新能源板块,主要从事新能源汽车的研发、生产、销售和服务。作为中国最早布局新能源汽车产业化的企业,近年来众泰新能源销量稳步增长,累计实现销售超过7万辆,占全国新能源纯电动汽车总体销量的18%,其中,2016年众泰新能源销量突破37 298辆,占纯电动细分市场的15%,连续多年位列中国新能源汽车销量前列。

二、经营情况

2017年度,众泰所有车型产销315 363辆和317 036辆,其中新能源汽车汽车产销37 560和37 877辆。

三、技术进展及研发能力建设

众泰新能源整车研发主要以纯电动汽车为主,同步研发混合动力汽车。核心零部件研发重点发展驱动电机、电机控制器、动力电池系统、机电耦合装置、增程式系统、高压总成、整车控制器为主,同时在关键共性技术发展的整车集成技术、电驱动系统技术、能量存储系统技术、高压电气系统技术方面进行创新突破。目前众泰新能源自主研发的VCU(整车控制器)已经批量生产,并通过国家轿车质量检验中心检验。同时在驱动电机系统(MCU)和电池管理系统(BMS)方面也实现了全面升级。众泰E200更荣获多项设计专利。

众泰新能源曾创造性地提出"让一辆车先跑起来、让一批人先用起来、让一座城市先完善起来"的思路模式,这一"三先"模式一度创下了中国新能源汽车六个"第一";众泰新能源汽车还曾与国家电网等单位合作开启了分时租赁和众车纷享等运营模式,为中国纯电动汽车的发展提供了参考和借鉴。

四、主要新产品

序　号	产品型号	产品名称	通用名称
1	JNJ700EVK	纯电动乘用车	E200
2	JNJ2000EVX	纯电动乘用车	云100

五、发展目标与规划

伴随着中国制造2025战略的深入实施,众泰新能源将通过6大整车应用平台的建设、9大关键技术的研发、6大新能源汽车核心零部件项目的实施,推动众泰新能源汽车同国际先进水平并轨2017年众泰新能源将进一步完善新能源产品谱系,在为每一款传统车型储备新能源版本的同时还将推出相应车型的纯电动版和混动版,到2020年众泰新能源汽车占比将达60%以上,真正实现让众泰新能源汽车走进千家万户的梦想,打造绿色增长极,积极为绿色环保事业发展助力。

山东国金汽车制造有限公司

Shandong Guo Jin Automobile Manufacturing Co., Ltd.

一、单位概况

山东国金汽车制造有限公司隶属于国金汽车集团,坐落于山东省淄博国家高新技术产业开发区,致力于新能源汽车及核心零部件、充电基础设施的研发、制造和市场运营。国金汽车集团下辖一家整车研发制造公司、两家新能源汽车研究院、一家整车控制系统研发公司、一家飞轮动力系统研发及产业化公司、一家电池系统集成公司,目前已实现了从整车到核心零部件及基础配套的新能源汽车产业链战略布局。

山东国金汽车制造有限公司现有厂区(厂区占地面积 648 亩),及厂区内已有冲压车间、焊装车间、涂装车间、总装车间(原为组装车间)等生产车间和研发大楼、动力站房等设施,形成年产 MPV6 万辆、SUV4 万辆的生产能力。

二、产能建设

新增工艺设备共计 950 台套,其中冲压车间 42 台套、焊装车间 349 台套、涂装车间 81 台套、总装车间 83 台套、验证中心 330 台套、物流 65 台套。

三、技术进展及研发能力建设

山东国金汽车制造有限公司开发的纯电动(GM3)样车采用新一代的电动化技术,囊括轻量化车身、电动汽车专用底盘、高能量密度的三元材料动力电池(软包)、永磁同步电机、DC 与 MCU 集成控制器、车载智能网络技术、新型热管理等先进技术,使得整车的综合工况续航达到 400 km 以上综合工况百公里能耗低于 14.9 kWh。配有冷暖电动空调系统,使驾乘具有良好的舒适性,同时配置电动助力转向和电动真空制动与 ABS + EBD 系统,使得整车具有良好的操控性、稳定性和安全性。全新的安全设计包括整车高压互锁、整车绝缘检测系统、安全气囊系统、高强度车身和安全防撞设计的样车具有很高的安全性能。配有 PEPS 一键启动系统、车载影音系统、车身控制模块、夜视系统、全景泊车、胎压监测、EBP 电子驻车、GPRS 远程监控等系统,使产品更具科技性、更加智能化。

研发机构内设专业技术部门,承担整车或系统、总成的技术开发工作;配备与设计开发任务相适应的专业技术人员,专业技术人员包括产品策划、造型设计、整车设计、系统及总成部件设计、设计验算及仿真分析、产品工程设计、部件配套开发、试制和试装、试验和检验、标准法规、情报信息知识产权与专利等方面的人员。能够及时了解国内外同类产品技术的发展情况;能够对国家有关规定、国家有关标准、相关行业标准进行跟踪、转化。截至 2018 年 3 月底,整个研发团队共计 268 人,其中,中组部“千人计划”专家 3 人、博士 4 人、硕士 57 人、本科及以上学历 175 人,其他 90 人。研究生及以上学历占比 22.8%,本科及以上学历占比 65.2%。研究院研发团队中拥有 10 年以上整车开发经验的人员达 57 人,占比 21.3%;5 年及以上整车开发经验的 116 人,占比 43.2%。

试验验证中心建成后具有整车试验验证、系统零部件试验验证、油泥造型验证及三电试验验证能力,可完成汽车整车及零部件(电池、电控、电机)等产品的动力性、经济性、可靠性、疲劳耐久、被动安全等试验。具体包括整车环模、整车室内性能试验、整车道路性能、整车主观评价、整车可靠性试验、整车 NVH 试验;高低温试验、盐雾试验、材料试验、振动试验、四门两盖试验;整车开发车型油泥模型造型、模型参数测量分析;三综合振动试验、电机可靠耐久性试验、三电联调等试验。

试制部占地 5 400 m^2,配有车身试制设备和整车装配试制设备等,可满足整车的装配工艺要求并实现新车型的工位布置、装配顺序、零部件设计、工具使用的验证工作,为新车型顺利进入生产线做足准备工作,同时建设有喷烤漆一体房 1 套,可实现新车型的颜色验证工作。

四、主要新产品

1. 整车

序　号	产品型号	产品名称	通用名称
1	STJ6460EV5	纯电动多用途乘用车	GM3
2	STJ6460EV6	纯电动多用途乘用车	GM3
3	STJ6460EV7	纯电动多用途乘用车	GM3
4	STJ6460EV8	纯电动多用途乘用车	GM3

2. 零部件

序　号	产品名称	产品型号
1	电池 pack	GJ04C01-344.1V66kWh
2	电池 pack	GJ30C01-344.1V55.05kWh

五、发展目标与规划

未来产品和技术路线规划,主要是以车型研发项目为核心,以能力建设和体系建设为两翼,产品规划遵循“平台化模块化,少平台多车型;平台一次规划,车型陆续开发”的原则进行。提前确定首款车型和衍生车型,确保后续车型低成本和高效率开发。根据国金汽车技术现状和国内外市场竞争格局,拟从 7 个方面开展技术深入研究工作,包括:轻量化技术、车联网技术、辅助驾驶与无人驾驶技术、动力电池技术、BMS 技术、整车控制器技术、电机电控技术等。

江西江铃集团新能源汽车有限公司

Jiangxi Jiangling Group New Energy Vehicle Co., Ltd.

一、单位概况

江西江铃集团新能源汽车有限公司(简称 JMEV)成立于 2015 年初,是江铃集团成立的专业从事新能源汽车研发、生产、销售和服务为一体的新兴企业。2016 年底公司获得国内第七张新建纯电动乘用车生产资质,2017 年 9 月底成为国内第三家通过工信部资质全面审查、进入工信部第 300 批公告,正式获得纯电动乘用车生产资质企业。

公司坐落在昌北经济开发区,现有面积 275 亩,产能规划年产 5 万辆,具备新能源汽车生产所需的冲焊涂总四大工艺及电池包、三电系统控制单元的生产能力。正在建设占地 1832 亩的新基地,规划建设产能 30 万辆/年,其中一期规划 15 万辆/年,预计 2019 年开始投入使用。同时,公司按照建设成为国家级新能源汽车技术中心的目标进行规划设计工程研究院,占地面积约 300 亩,建成后将具备新能源整车研发、三电技术研发、智能网联技术研发、轻量化车身研发、试制试验等能力。

公司在电动化底盘、整车系统集成匹配、整车轻量化方面持续投入研发，已完成整车控制系统研发、验证匹配和产业化工作，并批量集成在公司全系列量产纯电动车型上，正在进行电池管理系统、电驱动系统等三电核心技术的开发及应用。

2015 年实现新能源纯电动汽车销售 5 272 台，2015 年在国内纯电动汽车行业品牌排名第八位。2016 年实现新能源纯电动汽车销售 15 640 台，2016 年在国内纯电动汽车行业品牌排名第七位。2017 年实现新能源纯电动汽车销售38 218台，2017 年在国内纯电动汽车行业品牌排名第五位。

面对充满挑战的时代机遇和快速发展的新能源汽车市场前景，公司以“致力于成为纯电动乘用车研发制造与绿色出行领域的专家”为企业愿景，秉承“创新智造未来，驱动绿色生活”的发展理念，为消费者提供最适用的新能源国民车，引领绿色出行的未来，实现客户、企业以及合作方企业、社会的共赢。

二、经营情况

2017 年，江西江铃集团新能源纯电动汽车销售超过 3. 8 万辆，连续三年翻倍增长，占到全国纯电动乘用车销量的 8. 6%，排名全国第五，较上一个年度提升了两位。

1. 进一步完善产品纵深布局，通过开发更加多元的产品，满足不同消费者需求，提升在纯电动乘用车领域的竞争力。

2. 创新营销模式，要利用一切符合消费者习惯及市场需求的手段来实现营销的突破。

3. 实现更高的销售目标，主动探索市场方向，明确各自业务的经营目标，扩大销售规模。

4. 加快品牌建设推广工作，系统构建“易至”品牌，持续丰富品牌内涵。

5. 整合内外部研发能力资源，推进三电技术迭代研发出成果；组建智能网联开发团队、进行前瞻技术研究和示范应用工作；严格按项目节点推进已立项整车产品项目的开发工作 ，以支持公司未来业务机会的获取。

6. 降本增效，通过引入更高性价比的动力电池供应商，加大力度进行竞争性谈价，大幅降低动力电池采购成本；通过集中采购和集成化设计等措施，降低三电等价值量高的其他关键零部件的采购成本。

三、产能建设

公司是江西省生产纯电动车最大的企业之一，拥有一流的办公环境和生产车间，公司占地面积 183 334. 25 m^2，工厂面积 275 亩，产能规划年产 5 万辆，已打通冲、焊、涂、总及电池包全产业链，实现了汽车车身自制的新能源汽车企业。现代化三电实验 2 520 m^2，整车试制及整车试验中心 5 500 m^2，造型中心 500 m^2。固定资产投入 13 450. 97 万元。目前年生产能力 5 万辆。公司年产 5 万辆纯电动乘用车项目于 2016 年底获得国家发改委核准。2017 年 9 月获得工业和信息化部生产准入。

公司前期已投入大量的技改及新建项目以确保产品质量，确保产品品质优质。焊接方面：焊装已采用三坐标进行检测，来确保产品必须与数模的一致性。涂装方面：加强底漆线，中涂线、面漆线建设，以满足产品涂装要求，新建涂装中央空调建设项目来保障涂装防腐涂层的最佳温度，确保产品比同类产品更持久的耐磨防腐能力。总装及调试线：新引进最新检测线、淋雨线，试车道、发车库停车场改造及大量公用设施的改造，以保障从生产到发运过程中的产品质量要求。

采用精益生产方式，车间内各生产工位不设大量零部件存放，所用零部件在车间物流缓存区配套后直接送至装配工位；生产线具备柔性生产能力；为提高生产效率，确保装配质量，大量使用电气动工具；部件总成分装区临近主线相应工位布置；进入车间的外协件零部件经检验合格后上线，关键工序设检验工位，以保证装配质量。

四、技术进展及研发能力建设

公司专注于纯电动汽车的研发、生产制造与销售，2016 年纯电动乘用车行业排名第七名。公司紧跟电动车市场发展步伐，加快产品研发投入，正在进行全新 E300、E400、E200S 等车型的开发，同时 E500、E180、E600 整车产品也进入项目立项研发阶段，到 2020 年，公司致力于获得纯电动市场 10% 的销售目标。

本着自主研发、不断创新的宗旨，已成功自主开发的关键零部件有：动力蓄电池、驱动电机、电机控制器、整车控制器，有力地支持了公司产品的市场占有率的持续攀升。纯电动汽车及关键零部件产品制造领域处于国内领先地位。公司现有产品整车 E100、E200、E160 系列纯电动轿车，并正在研究开发 E300、E200S、E400 纯电动轿车、SUV 车型。零部件现有产品驱动电机、电机控制器、整车控制器、动力蓄电池多余种产品，零部件品种齐全，覆盖面广，涵盖了轿车、专用物流车、轻型卡车、轻型客车等众多领域。

坚持以自主研发、技术创新为主线，以强化引进消化吸收再创新为生点，以企业为主体、市场为导向、科研院所为依托，加强产学研有机结合，实施知识产权和品牌战略，建立健全技术创新体制和机制，提高企业产品核心竞争力，提升产业技术水平，增强公司综合竞争力，保障企业健康可持续发展。对技术中心的研究方向、重点技术攻关及经费预算等方面进行决策，并监督技术中心的研发工作。同时，在公司领导的主持下外聘有关专家、教授组成专家委员会，加强对技术中心科技创新的技术决策研究和技术咨询、评估等工作，为技术中心的科技创新提供了强有力的技术支撑。

技术中心拥有 CAD、CATIA 等先进设计软件，采用 PDM 技术管理软件，从微机、工作站到小型机的配置，拥有内部网络、产品数据库。技术中心从产品设计、工艺设计、BOM 设计到模夹具设计全部采用二维、三维设计软件。

公司技术中心拥有先进的纯电动轿车、整车控制器、驱动电机控器、动力蓄电池总成产品实验室，拥有各型先进的产品研发及试验设备 90 多台套，设备投资 5 000 万元，根据产品研发规划，各种研发、试验、检测设备每年不断更新，保证了技术中心具有较完备的研发和试验基础条件，能够满足企业产品开发的需要。

五、主要新产品

1. 整车			
序　号	产品续驶里程	产品名称	通用名称
1	150 km、250 km、300 km、400 km	A0 纯电动轿车	E400
2	150 km、250 km	A0 纯电动轿车	E160
3	150 km、200 km	A00 纯电动轿车	E100
4	150 km、200 km、250 km	A00 纯电动轿车	E200
5	250 km、300 km	A00 纯电动轿车	E300
2. 零部件			
序　号	产品型号	产品名称	通用名称
1	JMEV-VCPCBZ002	整车控制器	—
2	3600030-ME	整车控制器	—
3	JMEV-VCPCBZ001	整车控制器	—
4	JMEV-SHZLW001	电池包	—
5	JMEV-SCZCX001	电池包	—

六、发展目标与规划

江西江铃集团新能源汽车有限公司的长期发展目标，是结合《汽车产业中长期发展规划》，深入实施创新驱动发展战略，推进技术、管理、体制和模式创新，实现重点领域和关键环节的突破发展；加快推进设计、制造和服务一体化，实现产品全生命周期网络协同；创新整车与零部件合作模式，推进协同发展。企业创新能力明显增强，整车研发、动力电池、驱动电机等关键核心技术处于国内领先水平。

面对新能源汽车市场快速发展的机遇，江西江铃集团新能源汽车有限公司计划进一步扩大生产规模。根据公司发展规划，2020 年左右要将江西江铃集团新能源汽车有限公司建设成为市场占比 10% 以上的新能源汽车企业，到 2025 年具备 30 万辆纯电动乘用车的生产能力。决定选址赣江新区南昌经济技术开发区建设新的生产基地，新建冲压车间、焊装车间、涂装车间、总装车间、电池 PACK 车间、返修交检车间及质量制造中心、能源中心、污水处理站等生产、生活、辅助设施，形成年产 30 万辆纯电动乘用车的生产能力。

浙江合众新能源汽车有限公司

Zhejiang HOZON New Energy Automobile Co., Ltd.

一、单位概况

浙江合众新能源汽车有限公司(以下简称合众新能源)成立于 2014 年 10 月，注册资金 6.26 亿元人民币，目前总投资超过 25 亿元人民币。合众新能源是国家发改委与工信部核准的具备整车生产“双资质”的新能源汽车企业，产能为 8 万辆/年。

二、经营情况

第一款产品将于 2018 年第三季度上市。

三、技术进展及研发能力建设

合众新能源拥有业内领先的独立研发机构，汇聚全球顶尖的前瞻技术，构建国际领先的研发体系，将形成包括上海研发中心、北京造型中心、嘉兴研发中心(合众新能源与清华长三角研究院共同成立)、美国硅谷智能驾驶研发中心、德国工程与技术中心(筹)、意大利都灵设计中心(筹)在内的“四国六地”全球研发布局。

合众新能源瞄准汽车电动化、智能化、网联化的核心技术与前瞻技术，开展研发、试验和验证工作，重点布局整车轻量化技术、“三电”核心技术、智能驾驶技术的产业化应用研究与 AI 技术研究，打造全球领先的新能源汽车技术创新和服务平台。

四、主要新产品

序　号	产品型号	产品名称	通用名称
1	THZ7000BEVS004	纯电动轿车	哪吒 N01

五、发展目标与规划

“2＋7”产品战略，其中“2”即两个整车平台，“7”即七款产品。

合众新能源以创造“客户价值”为导向，以优化“用户体验”为标准，通过全价值链的模式创新，贯通产品设计、渠道经销与消费服务，为客户创造极致的消费体验。产品——贯通产业上下游，让用户深度参与、分享产品的设计、智造与营销，提升用户参与感与获得感；渠道——网络渠道布局价值化，产业链资源与利益共享化，打造品质与价值创造命运共同体；服务——打造价值链一体化的智能服务体系，将大数据，云技术与客户需求更精准对接，创造“个性化、定制化”的服务体验。

广州小鹏汽车科技有限公司

Guangzhou Xiaopeng Automobile Technology Co., Ltd.

一、单位概况

小鹏汽车是一家集硬件、软件和运营于一体的高科技制造公司。公司定位于中国的年轻互联网用户，以自动驾驶和智能网联为核心差异化，致力于打造高颜值、高品质、高续航、高性价比的高智能进化互联网汽车，旨在成为世界级智慧出行运营商和设备制造商。

小鹏汽车总部位于广州，并在广州、硅谷、北京、上海、肇庆、郑州等地，建立设计、研发、生产与营销机构，做全球化企业布局。公司目前拥有近2 000人团队，核心团队来自特斯拉、奔驰、马自达、广汽、阿里巴巴、腾讯、摩根大通、华为、宝洁、小米等行业标杆企业，其中包含1 500名整车和互联网研发人员。

小鹏汽车于2016年9月发布Beta版样车并开放试乘试驾；2017年7月获得国家工信部产品资质公告，2017年10月率先实现首批工程量产车在郑州成功下线，并于12月3日率先开启工程量产车的交付。2018年3月21日，小鹏汽车1.0量产车型正式取得小鹏汽车第一张新能源汽车专用号牌。

二、产能建设

小鹏汽车计划在肇庆新区投资百亿元打造智能科技产业园，集自动驾驶研发与示范、智能网联大数据平台打造、汽车研发、零部件制造、供应链合作、整车生产、试制试验、国际业务、汽车服务贸易等多业务为一体。其中，一期规划年产能10万辆，制造基地将于2019年10月建成投产，年产值超200亿元。

三、技术进展及研发能力建设

小鹏汽车自成立以来，累计已申请专利250余项，发明专利116项；授权专利100余项，发明专利10项，涉及电池、电机、电控、汽车互联网、智能驾驶等多个核心技术领域，有力地支撑了整车的全流程开发及汽车互联网产品的创新。公司作为一家研发生产制造电动化，智能化，网联化的汽车的科技公司，目前研发人员约1 500人。产品研发主要分为四大板块：汽车技术中心，动力总成中心，互联网中心，自动驾驶中心。

小鹏汽车实验中心包含试制中心和实验室两部分，占地面积20 000 m^2，包括焊装车间、涂装设备（规划中）、总装车间、物流仓储、实验室，目前共有101名试制试验员工。

小鹏汽车搭载适合中国城市的自动驾驶功能，自由泊车、自适应巡航、防加塞式行车跟随、辅助变道等功能，更好地结合了中国城市驾驶环境。小鹏汽车自建全球顶级自动驾驶技术研发团队，自主研发L2.5、L3、L4级自动驾驶技术，在未来3～5年内将自动驾驶能力赋予每代汽车产品。小鹏汽车搭载自主研发Xmart OS车联网系统，不仅拥有语音控车、实时路况导航、手机远程遥控、OTA远程升级等功能，同时作为车辆信息中枢，对整车进行操控和信息管理，将车况信息、交通数据、行车数据和用户数据形成闭环，实现数据的整合服务。

小鹏汽车计划首批在广州、北京、深圳、上海和杭州及珠三角地区实现5～10 km范围的快速充电网络布局，于2020年将自建超级充电站1 000个，超级充电桩10 000个，合作三方充电桩10万个。超级充电站将实现15 min为车辆充满50%电量的能力。

四、主要新产品

小鹏汽车G3是一款高智能高颜值互联网纯电动SUV，整车造型犀利简洁，拥有鲨鱼式运动前脸、LED光剑灯组，低风阻系数车身设计，配置业内首创的360°标志性车顶摄像头以及中国品牌独有的太空驾驶座舱；驾驶座舱标配12.3 in全液晶仪表和15.6 in悬浮触摸中控，全面集成在线音乐、地图导航、实时天气和车辆状态控制，驾驶员可通过智能语音系统控制全部功能。小鹏汽车G3装备了25个智能感应设备，可实现钥匙和语音操控的全场景车位识别、无须人工介入的全自动泊车，构成了目前独创适配亚洲驾驶环境的自动驾驶技术系统。

上海蔚来汽车有限公司

EXTEV CO., LTD.

单位概况

蔚来汽车2014年创立，是全球领先的智能电动汽车公司，致力于通过提供高性能的智能电动汽车与极致用户体验，为用户创造愉悦的生活方式，成为全球范围内第一家用户企业。蔚来目前已在上海、北京、圣何塞、慕尼黑以及伦敦等14地设立设计、研发、生产与商务机构，汇聚了来自超过40个国家和地区的6 000多名人才。至2018年底，蔚来将在中国169个城市拥有城市运营与服务保障团队。2015年，蔚来车队获得国际汽联电动方程式锦标赛历史上首个车手总冠军；2016年，蔚来发布全球最快电动汽车EP9，创造了纽博格林北环等国际知名赛道最快圈速纪录以及最快无人驾驶时速世界纪录；2017年，高性能智能电动7座SUV蔚来ES8亮相上海车展并于12月正式上市。

威马汽车科技集团有限公司

WM Motor Technology Co., Ltd.

一、单位概况

威马汽车（WM Motor）成立于2015年，总部位于上海，是国内新兴的新能源汽车产品及出行方案提供商。威马的WM是德文Weltmeister世界冠军单词的缩写，威马汽车的目标是制造一台高品质、高可靠性、有良好用户体验的“世界冠军”级别主流智能汽车，做智能电动汽车的普及者，并成长为以数据驱动的智能硬件公司，最终成为智慧出行新生态的服务商。

威马汽车团队成员来自原博格华纳、菲亚特、沃尔沃和吉利所属技术、生产、供应链管理、市场、销售和售后服务等汽车全价值链上经验丰富的高管。目前公司总规模人数已超过 1 700 人，分布在上海、温州、德国、北京和成都的多个机构。

威马汽车拥有全球最先进的新能源智能汽车总成技术、优秀的整车研发体系和产品制造能力，提供智能制造 C2M 客制化生产方式，从客户需求到生产交付整体价值网络的各环节更紧密高效协作，为客户提供个性化产品。

威马汽车首款量产车型，全车交互纯电 SUV——EX5，于 2018 年 4 月 20 日在北京上市并启动预购，将于下半年大批量交付用户，年内预计交付 1 万辆。

二、经营情况

目前威马已经拥有超过 1 700 人的核心团队，分布在德国（技术中心）、上海（总部、设计中心、研发中心）、北京（区域总部）、成都（研究院）和温州（世界级工业 4.0 标准整车工厂）。

上海集团总部：主要业务包括集团综合运营、战略规划、品牌营销等。

上海设计・采购中心：主要业务包括产品链细节研发、前瞻技术研发、供应链管理等。

北京区域总部：主要业务包括新零售渠道拓展、智行新生态的构建等。

成都汽车研究院：主要业务包括车联网、智能交互系统、性能测试等。

温州智能产业园：主要业务包括智能制造、智慧物流、零部件柔性化配套、自动驾驶试验等。

德国技术中心：主要业务包括核心三点系统技术开发，整车及材料开发、高性能动力结构研发等。

在战略资本合作上，获得百度集团、腾讯集团、远景能源、五矿集团、远东租赁、诚通基金、成为资本、红杉资本、百度资本、SIG 海纳亚洲、阿米巴基金、七海基金等战略性投资威马汽车。

2018 年 7 月，威马汽车智行合伙人累计签约已达 30 家，覆盖北京、上海、广州等近 30 座一线及新一线城市，新零售渠道建设的阶段任务已按期完成。

三、产能建设

威马新能源汽车智能产业园：

产业园位于浙江温州瓯江口，总用地面积为 648 422.83 m^2，其中北厂区（整车生产区）用地面积为 546 071.43 m^2；南厂区（研发及生活配套区）用地面积为 102 351.4 m^2。厂区布局合理，车间布置紧凑，内外物流顺畅。

项目按照一次规划分期实施的原则，一期规划建成包括冲压车间、车身车间、涂装车间、总装车间、动力电池车间、塑料件车间等生产车间以及公用动力、管理中心、餐饮中心、倒班宿舍、研发中心等生产配套设施和办公生活配套设施在内的生产基地，形成年产 10 万台整车的生产规模。围绕“智能化、自动化、质量保证体系”三大核心任务建设，意在智能制造和智慧交通领域，打造新能源智能化汽车工业 4.0 园区。从订单生成到排产制造，都可以根据客户需求，客制化生产。

生产工艺上，车身车间生产主线自动化率达到 100%，同时采用先进的在线和离线激光测量，以及三坐标测量系统，在白车身尺寸和质量控制上达到“两毫米工程”这一业内极高的标准。威马汽车还创新地运用机器视觉识别和人工智能技术协助工人解决传统制造业中车辆零部件错漏装的问题。

区别于传统整车工厂造车思路，威马重构订单及制造体系，全面围绕用户需求布局，确保用户对车辆配置拥有更大选择余地。工厂依据全球领先的智能化、数字化标准建造，与包括博世、西门子、SAP、杜尔、发那科、库卡等世界领先的供应商合作，引入大量先进的机器人技术、智能化控制系统，并构筑了先进的数据系统，对整体工厂运行进行实时调配，更前瞻性地预留出了软、硬件升级空间。

四、技术进展及研发能力建设

威马汽车的首款量产车产品是定位于 20 万元区间的纯电动智能化 SUV 车型，整车最大续航里程达 600 km，综合工况下续航里程超过 460 km，将采用 C2M 定制化生产方式，于 2018 年量产下线。威马汽车的量产车型将 100% 联网，不论何时、何地、何人，为用户提供一致性的无缝体验。

五、主要新产品

1. 整车			
序　号	产品型号	产品名称	通用名称
1	SZS6460	纯电动多用途乘用车	EX5

2. 零部件		
序　号	产品名称	产品型号
1	160 kW 永磁同步电机	TZ242XS003

六、合资合作及重大项目建设

车联网及自动驾驶技术合作：

与博世（中国）、远景智能及远东宏信、深圳地平线机器人科技、北京四维图新科技等公司签订战略合作协议。主要围绕自动驾驶技术、车联网、智慧城市的交通示范领域、产品和服务等领域展开合作，重点推进电动车系统技术前沿技术的研发。

企业建设合作：

与 Siemens PLM Software 达成战略合作协议，助力其建设数字化企业。此次合作是威马汽车迈向数字化企业的关键一步。

汽车充电业务合作：

与合普友电科技、特来电新能源、星星充电、安悦充电等公司签署战略合作协议。双方将在智能充电桩研发、车—桩—网互联、充电运营、市场推广、都市“房 + 车”共享模式探索及其他新能源产业链方面展开深度合作。

智能出行合作：

与海南省交通投资控股有限公司签署全面战略合作框架协议，这是威马汽车在旅游租车领域的初次尝试。哈罗单车(Hellobike)获得威马汽车战略投资。未来双方将在智慧出行领域深度合作，共同探索"共享单车+智能汽车"的出行新模式。

产品造型设计合作：

威马汽车与德国超跑品牌 Isdera 展开深度合作。借助 Isdera 团队近 50 年性能车的设计、研发和制造经验，威马汽车会在量产车型上更多注入设计和工程的全球领先技术，精益求精提升量产智能电动 SUV 的驾控品质和续航里程。

七、发展目标与规划

威马汽车在未来产品规划上实行"128"战略，即围绕 1 个核心架构，延伸出"STD"和"PL"2 个整车平台 8 款产品。

快速造车规模化和量产化。

与各类合作伙伴共同建立智慧、绿色、共享出行平台，并提供全新的用户体验，进而推动各地立体交通、智慧城市建设。

打通用户以及合作伙伴，并与其他智能设备连接，实现数据打通，建设个性化、普惠化的智慧生活，以打造全球领先的智慧共享生活生态。

威马汽车首款量产车型，全车交互纯电 SUV——EX5，将于 2018 年批量交付用户超过 1 万辆，规划 2019 年冲击 10 万辆。

爱驰汽车有限公司

AI Chi Motor Co., Ltd.

一、单位概况

公司注册成立时间为 2017 年 2 月，于 2018 年 2 月正式更名为爱驰汽车，全称"爱驰汽车有限公司"。

1. 全球布局：爱驰汽车制造基地在江西上饶，公司总部、销售公司设在上海长阳创谷，技术中心设在上海嘉定，在德国设有全资子公司爱驰恭博汽车有限公司，在美国的前瞻技术分部已落地。

2. 企业标准：优异品质。爱驰汽车核心团队凭借数十年汽车工程制造经验，更理解用户需求，更尊重汽车工业客观规律，以产品设计为基因，以生产制造为血肉，塑造新能源汽车企业最高品质标准。

3. 企业态度：温暖待人。爱驰汽车创始团队更懂中国汽车市场，更懂中国汽车消费者，努力打造最适合中国消费者的汽车产品，为用户提供最合理的产品定价。

4. 企业方法：传承创新。爱驰汽车核心团队以深厚的造车经验为基础，通过传承创新全力促进汽车工业向未来进化，同时注重人工智能技术开发与应用，借势中国智造崛起的浪潮，推动中国汽车工业"换道超车"。

二、经营情况

在 2017 年 2 月成立后的一年多时间里，爱驰汽车的新总部办公楼落成，上饶基地智慧工厂即初具规模，可实现"数字化双胞胎(Digital Twins)"技术，交付"物理+数字"双重工厂。同时，上海嘉定技术中心已投入使用。目前，爱驰的供应链、产业链的合作构建初见成效，与多家世界顶级供应商建立了战略合作伙伴关系。爱驰已打造出世界首个上钢下铝的纯电整车正向开发平台 MAS 和跑车平台 GES，并在北京车展展出了基于二者分别打造的首款智能电动 SUV 车型 U5 ION 和全球首款赛道级电动跑车 RG Nathalie。

三、产能建设

爱驰汽车上饶制造基地于 2017 年 3 月 28 日奠基，6 月 18 日正式动工，已经进入设备陆续进场安装阶段，预计将于 2018 年年底前完成所有设备调试，为来年的产品在线生产做好全部准备。按照规划，该基地一期和二期建成后共可实现 30 万辆的产能规模。

四、技术进展及研发能力建设

1. 技术进展

爱驰汽车的技术战略，就是在电动化、智能化两大核心技术领域实现领先和突破，目前爱驰汽车已提出 200 多项专利，其中 47 项已获授权，并推出了全球首个采用"上钢下铝"车身结构的纯电整车正向开发平台 MAS。

2. 研发能力建设

爱驰汽车团队人数已经突破 700 人，其中 80% 与技术开发强相关。在海外布局上，爱驰汽车在德国的全资子公司爱驰恭博专注于高端性能电动跑车的研发，在美国设立的前瞻技术分部也在落地中。

爱驰汽车上海嘉定技术中心项目设备总投资超过 3 亿元，建筑面积 9 862.05 m^2，占地面积 31 439 m^2，包括造型中心、动力系统中心、电子电器试验、试制中心、材料/系统零部件试验、整车性能试验等功能。其中，整车性能试验室拥有新能源汽车行业内领先的整车性能集成研发、材料、环境适应性、NVH、可靠耐久、整车分析评价等整车性能开发和验证类能力，并拥有 AVL、MTS、LMS 等国际先进设备和完善的测试流程和体系。电池、电机、电控"三电"试验中心配备国内外先进的测试设备，参照国标测试要求和测试流程，具备完备的"三电"系统功能、性能、环境及可靠性测试能力。

五、合资合作及重大项目建设

1. 合资合作

成立一年多以来，爱驰汽车积极布局全球合作伙伴，从造车技术、智能化生产到销售及后市场服务领域，吸纳整合世界级的优越资源和技术注入。其中，与博世（中国）正式签署战略合作协议，就智能化助力器 iBooster、自动驾驶、轻量化、车联网等整车前沿技术展开合作，共同致力于实现核心技术的产业化；与西门子（中国）在智能化工厂建设与数字化生产达成战略合作，采用“数字化双胞胎”技术的爱驰汽车上饶制造基地“实体 + 数字”双重智慧工厂正在建设中；与中汽中心工程研究院达成战略合作，围绕智能电动汽车核心技术成立了“联合工程技术开发中心”，共同推动新能源车的技术进步；与全球轻量化铸件专家乔治费歇尔展开深入合作，针对新能源汽车的轻量化进行全面的技术探究，为消费者带来更加便捷环保的出行产品；与世界一流人工智能公司深兰科技展开合作，共同进行汽车人工智能、机器视觉、深度学习、智能线控等先进技术的研发；与四维图新在高精度地图导航、语音交互、智能车管家等多项服务上展开合作，向消费者提供“产品 + 出行服务”的全套解决方案。

2. 重大项目建设

爱驰汽车上饶制造基地设冲压车间、焊装车间、涂装车间、总装车间、质保中心、电池 PACK 车间、研发中心、公用动力系统以及全厂性设施组成，总建筑面积 296 386.72 m^2，总投资为 133 亿元，用地 1 200 亩，分两期建设 30 万辆产能（其中一期 15 万辆）。

六、发展目标与规划

1. 发展目标

基于超前的造车理念、深厚的造车经验以及强劲的内在驱动力，爱驰汽车有清晰且坚定的发展目标和企业战略，那就是依托电驱动和人工智能两大核心技术，打造一套智能纯电出行生态系统，在能源运营、出行服务、汽车零售三大领域重塑汽车产业价值链，通过提供优质产品、温暖待人、传承创新和以爱驰速度为标识的强大执行力，成为智能电动时代最具造车功力的破局者。

2. 发展规划

在能源运营领域，爱驰汽车有着全面、充分的思考和规划，未来将为个人及运营用户提供全场景、无缝的充电解决方案。在汽车零售领域，爱驰汽车的理念规划是销服分离、线上线下结合、多品牌经营和存量资源盘活，整合社会资源创造更优解决方案。在出行服务领域，爱驰汽车的规划是“盘活和利用社会现存资源”，在实践上，爱驰汽车已与万帮新能源、上海交运集团、摩拜、上海服务业联合会等相关企业进行合作，展开全面出行服务布局。

在电驱动技术规划上，爱驰汽车的 AIPT 动力总成系列具有集成化、平台化、轻量化、高性能、低成本、低噪声特征。在智能技术规划上，爱驰汽车的 AIAD 人工智能技术覆盖高阶储备和降维应用，具备专用平台，具有拓展性强、开发成本低、技术风险小的特征。

智车优行科技（北京）有限公司（奇点汽车）

Zhiche Youxing technology (Beijing) Co., Ltd. (Singulato)

一、单位概况

智车优行科技（北京）有限公司（奇点汽车）是全新智能电动汽车品牌，以智能为驱动，以科技诠释“懂你”，让天空更蔚蓝、让交通更通畅、让出行更安全，让每次出行都成为美好的记忆。目前已形成北京、上海、江苏苏州、安徽铜陵、美国硅谷、日本宇都宫“三国六地”的研发体系，以及落户安徽铜陵和苏州相城“一拖二”的生产基地。首款智能电动车 iS6 于 2018 年下半年上市。

二、产能建设

第一款车与北汽新能源合作生产。

奇点汽车拥有安徽铜陵和江苏苏州相城“一拖二”的生产基地。

苏州一期生产基地占地 600 亩，年产能 5 万辆，二期生产基地 400 亩，预计年产能总体可达到 20 万辆，未来计划投产奇点高品质小型智能新能源汽车；

安徽铜陵，主要投产高品质中大型智能新能源汽车，一期预计在 2018 年完成，总年产能预计达 20 万辆。

三、技术进展及研发能力建设

奇点汽车首款智能电动汽车量产车型——奇点 iS6 预览版于 2017 年 4 月 13 日正式亮相，车长 4.9 m、轴距 2.96 m，定位于中大型 SUV 市场，提供两驱、四驱、五座、七座多种组合配置车型，配合先进的主动水冷电池系统可实现 400 km 续航（NEDC 标准）；同时，奇点 iS6 以大数据、人工智能、IoT 为核心，构建新一代电子电气架构，打通动力系统、智能系统、用户系统，为年轻用户带来全新的“奇乐无穷”驾驶模式。

奇点汽车拥有自主研发智能汽车系统、自动驾驶系统以及整车设计的能力，在车辆智能系统、智能安全、智能控制、智能出行以及车辆控制系统、整车结构、车辆外形等领域，基本涉及当前车辆相关的主要领域专利。

奇点汽车将汽车的智能大脑作为核心竞争力，从团队创立之初就深耕于此。不仅专注于造车本身，奇点建立了“三国六地”的研发布局，其中：苏州全球研发中心下辖自动驾驶云研究中心、自动驾驶安全研究院、奇点城市智慧交通研究院等研发分支机构；硅谷研究与创新中心主要承担奇点汽车自动驾驶技术的研发和推进落地，并借助硅谷在世界科技领域的影响力寻找先进合作资源、搭建顶尖研发团队；北京智能系统研发中心主导软硬件一体化车载智能系统、车联网的研发工作。

1. 北京:智能系统研发中心,负责车载智能系统、智能应用、车联网、市场及销售;

2. 上海:整车研究院,负责汽车工程、造型设计、三电研发等;

3. 安徽铜陵:智能电动汽车产业园,负责整车制造和核心技术研发,包括20万产能新能源智能电动汽车总装线、三电系统研发中心、新型材料的研发中心、智能驾驶系统生产基地等;

4. 美国硅谷:美国研究与创新中心,负责自动驾驶技术的研发、集成、测试和推进量产,以及与自动驾驶产业链相关的全球伙伴展开全面合作;

5. 日本宇都宫:为整车设计提供全面指导;

6. 江苏苏州:奇点汽车全球研发中心、20万产能高品质小型车生产基地。

四、主要新产品

序 号	产品名称
1	奇点 iS6 智能电动 SUV

五、合资合作及重大项目建设

2016年3月9日,沈海寅率先将“奇点汽车”的功能样车开上了发布会舞台,以“务实”的态度将智能出行的全新理念和产品带到中国用户身边。

2016年11月,奇点汽车正式对外宣布奇点智能新能源汽车产业园项目落户安徽铜陵,总投资80亿元、占地1 000亩,除年产能20万的总装线、三电研发中心、碳纤维材料研发制造中心以外,园区还将重点建设智能系统生产中心、智能驾驶测试基地、无人驾驶体验园在内的智能驾驶研发基地。

2017年4月13日,奇点汽车的首款智能电动汽车量产车型——奇点 iS6 预览版正式亮相,并参加了上海国际车展。

2017年11月,奇点汽车宣布与广州智能装备产业集团有限公司及广州广日股份有限公司签署战略合作框架协议,三方将在新能源汽车领域就技术、市场及资本合作、渠道整合、资源共享等方面进行合作。

2017年12月,奇点汽车与东风设计研究院有限公司签署战略合作框架协议,双方将在智能新能源汽车产品研发试验、资质申报、项目建设、生产制造、技术人才、资本服务等领域进行全方位合作,共同推动新能源汽车的产业升级和发展。

2018年1月,奇点汽车美国研究与创新中心成立,并邀请全球计算机视觉与人工智能领域顶级科学家黄浴博士担任奇点汽车美国研究与创新中心首席科学家,吸收硅谷的技术和人才经验,主导研发奇点汽车自动驾驶布局。同月,奇点汽车全球无人体验厅在北京三里屯开业。

2018年3月31日,奇点全球研发中心和第二产业基地正式落户苏州,同时,奇点汽车还与苏州共同成立了100亿的智能电动汽车产业投资基金。自此,奇点汽车已建立起包括北京、上海、江苏苏州、安徽铜陵、美国硅谷、日本宇都宫在内的“三国六地”研发生产体系。

2018年4月25日,北京国际车展上,奇点汽车正式宣布与北汽新能源达成战略合作协议,双方成为重要的战略合作伙伴,基于“开放共享”战略在智能汽车技术开发、充换电设施建设、经销网络、制造资源共享等方面开展合作;奇点汽车加入北汽新能源牵头建设国家级新能源汽车技术创新中心。

六、发展目标与规划

奇点 iS6 计划在2018年实现量产,售价区间为20万元~30万元(补贴后)。

前途汽车(苏州)有限公司

Qiantu Motor (Suzhou) Co., Ltd.

一、发展概况

前途汽车专注于纯电动汽车的设计、研发、生产、销售及服务。公司致力于通过前瞻性的设计、开放的智能互联平台、轻量化的材料和模块化的电驱动技术,为更多消费者打造充满驾趣的纯电动车。

2017年4月,三款前途 K50 亮相上海国际车展。

2017年11月,前途 K50 工程样车实车碰撞试验。

2017年12月,前途汽车苏州工厂开始小批量试生产。

2018年4月4日,前途汽车进入工信部第306批《道路机动车辆生产企业及产品公告》新增车辆生产企业名单,成为国内第6家正式获得新建纯电动乘用车资质的企业。

2018年4月25日,前途汽车首家品牌体验店在北京正式对外开放,并命名为前途驿,前途驿作为前途汽车的品牌名片和新兴的城市文化地标,是一个具备多元功能的复合空间。

2018年4月25日,前途汽车携前途 K50、前途 K20 Concept 和前途 Concept 1 三个车型亮相2018北京国际车展。未来,前途汽车将在3个平台进行同步开发。

2018年6月6日,前途汽车首款量产车型——前途 K50 进入工信部《道路机动车辆生产企业及产品公告》(第308批)车辆新产品名单,标志着该车型正式获得工信部道路机动车辆产品准入许可,成为国内首款获得准入许可的自主品牌纯电动跑车。

2018年6月30日,前途汽车首款量产车前途 K50 在苏州生产基地正式下线,用“行胜于言”的扎实行动兑现“造一部好车”的承诺。

2018年7月25日,前途汽车在北京、上海两座城市举办了前途 K50 首次用户试驾会，共吸引近千名用户到场试驾。

2018 年 8 月 8 日，前途汽车首款量产车——前途 K50 正式上市，官方网络预订通道同步正式开启，并举行首批用户代表交车仪式。

二、技术进展及研发能力进展

前途汽车全面应用了其自主研发的三大核心技术：整车控制管理系统（VCU）、可再充电能量储存系统（RESS）和整车轻量化技术。其中在整车轻量化技术方面，前途 K50 采用全铝合金车身框架和碳纤维车身覆盖件，较传统车身及底盘设计，整备质量降低约 250～300 kg。整车重量的大幅降低，减少了动力电池的使用数量，进而优化了加速和制动性能。前途 K50 时速从零到百公里加速仅需 4.6 s，使用户可充分体验到电动汽车所带来的驾驶乐趣。

三、主要产品

序　号	产品型号	产品名称	通用名称
1	QTE7000BEV02	纯电动乘用车	K50

零跑汽车有限公司

Leap Motor Co., Ltd.

一、单位概况

零跑汽车有限公司成立于 2015 年 12 月，由大华股份及其主要创始人投资的智能电动汽车生产企业。基于大华股份在安防监控和智慧交通领域十多年的研发和技术积累，以及团队丰富的整车制造经验，零跑汽车将安防监控技术中 AI、视频图像处理技术、生物识别技术等先进技术应用在新能源汽车当中，打造全新设计的智能电动汽车。

目前，零跑汽车已自主研发了 3 大整车平台及“三电”系统、智能网联系统、自动驾驶系统 3 大核心技术，完整掌握自动驾驶核心硬件平台和算法技术，实现了对自动驾驶感知、决策、执行层关键技术的自主化全覆盖。

2017 年 11 月 10 日，零跑汽车推出的第一款智能纯电动汽车零跑 S01 首次公开亮相。该车型全系配备有智能互联及以预防为核心的零跑 ADAS 系统，含自适应巡航、车道保持、车道偏离预警、疲劳驾驶预警、智能自动泊车等多项智能驾驶功能，全方位保障驾驶安全。零跑 S01 计划 2019 年第一季度交付。

二、经营情况

零跑汽车业务范围包括电动汽车整车设计开发、智能驾驶、电机电控、电池系统研发及云计算的车联网解决方案，现有员工 600 余人，其中研发人员近 400 人，来自世界知名的研究机构、IT 企业等，平均每年投入研发金额数亿元。

三、产能建设

零跑汽车制造基地位于浙江金华新能源汽车小镇，投资 26 亿元，一期年产量 5 万辆（后续可扩展到 25 万辆）。工厂占地 551 亩，厂房面积约 23 万 m^2。制造基地具备三电、冲压、焊装、涂装四大产线，拥有平台化、标准化、高质量、高效率的精益制造系统，设备选型均采用国际一流品牌，建设目标为世界级的智能化汽车工厂。

四、技术进展及研发能力建设

零跑汽车全面应用了其自主研发的自研动力电池及电池管理系统、自研电机动力总成系统、自研车机互联系统、自研自动驾驶系统。截至 2017 年底，零跑汽车已获得国家专利局受理专利 255 项，授权 92 项，其中发明专利 9 项、实用新型专利 77 项、外观设计专利 6 项。

轻量化车身设计。铝合金前盖及防撞梁，热成型及高强钢应用比例 70%。白车身自重仅 226 kg，轻量化系数 2.74。

Heracles 全集成一体式电驱总成。集驱动电机、减速器、控制器三位一体，系统效率高达 93.6%，高效区占比 92.3%，轻量化设计，仅 91 kg。

双极双保险高安全电池系统。自主研发高精度高集成 BMS 系统，电池容量 36 kWh，蛇形液冷恒温电池组，PACK 高低压电全隔离绝缘安全专利设计，一体化铸铝箱体设计，比同尺寸钣金箱体重量减轻 40%。业界领先热管理方案，寿命延长 20% 以上。快充 1 h 可充满 80%，慢充 8～10 h 充满 100%。

完全独立自主研发的智能驾驶辅助系统。基于大华股份在安防监控和智慧交通领域的先进算法和技术积累，融合宽动态传感器及仿生摄像等先进技术，自主研发而成的智能 ADAS 系统。涵盖全自动智能泊车、低速跟随、车道偏离预警、自动紧急制动、疲劳驾驶预警、车辆盲区监控等多项智能驾驶辅助系统功能。

五、主要新产品

1. 整车		
序　号	产品型号	产品名称
1	S01	纯电动轿跑车
2	T02/T03	纯电动乘用车
3	C11	纯电动 SUV 乘用车
2. 零部件		
序号	产品名称	产品型号
1	整车控制系统	S01 VCU；T02/03 VCU；C11 VCU
2	电池管理系统	S01 BMS；T02/03 BMS；C11 BMS
3	电机控制系统	S01 MCU；T02/03 MCU；C11 MCU

六、发展目标与规划

1. 产品开发

零跑汽车对产品将采用平台化开发。旗下 3 个整车平台，分别为S平台、T平台和C平台，除了S平台下的零跑S01在2019年第一季度交付外，另外两个平台下打造的A00级电动车和电动跨界SUV车型，将在2019年第二季度上市。2019年，零跑汽车将有3款量产车型入市。针对3个平台产品，将采用一年小改款、两年大改款、三年推出全新平台车型的规划，运用电子产品更新迭代的节奏，加快智能电动汽车的迭代速度。

2. 研发目标与规划。

零跑汽车与大华股份正联合研发AI自动驾驶芯片，并计划于19年第二季度进行实车测试。至此，零跑汽车将全面掌握自动驾驶核心硬件平台和算法技术，实现对自动驾驶感知、决策和执行层面的自动化全覆盖。

国能新能源汽车有限公司

National New Energy Vehicle Co., Ltd.

一、单位概况

国能新能源汽车项目是国能电动汽车瑞典有限公司(NEVS)与中国合作伙伴共同在天津滨海高新区投资研发、生产、销售纯电动乘用车项目。项目主体国能新能源汽车有限责任公司于2015年6月在天津滨海高新区注册成立，注册资本24亿元人民币。项目工厂位于天津滨海高新区未来科技城南区。建设包括研发中心、四大工艺车间和成品车停车场，总占地面积716亩。一期总投资42亿元人民币，年生产5万辆纯电动汽车，二期建成达产后可年产22万辆纯电动汽车，年总产值650亿元人民币，项目将打造成为中国国家级新能源汽车技术研发中心和新能源汽车生产基地。项目已于2015年10月开工建设，2016年被选为天津20大重点项目。2017年1月25日取得第9张国家发改委的投资核准(生产资质)。

二、技术进展及研发能力建设

具备新能源汽车关键零部件、子系统和整车的设计验证能力。设计验证和试验研发设备有整车电子、整车环境仓、电机测控机台架、电池单体测试台、电池模组测试台、电池包测试台及测试环境仓、整车控制器HIL及电池管理系统HIL测试台架、基于Matlab Simulink模型的控制器开发平台及一键式编译和控制器自动刷写平台、零部件级EMC/EMI试验间，能满足纯电动车设计验证基本要求。拥有完整的整车试制能力，能进行车身的焊接、车身涂装以及总装。

三、主要新产品

序　号	产品型号	产品名称
1	9-3EV	纯电动轿车
2	9-3EVL	纯电动轿车

游侠汽车浙江有限公司

YOUXIA Motor Zhejiang Co., Ltd.

一、单位概况

游侠汽车始创于2014年，注册资本42亿元人民币，总部坐落于中国最大的汽车科技产业中心——上海。是一家集新能源整车研发、设计、生产、销售、服务为一体的智能电动汽车公司。

2015年7月，游侠在北京发布了第一台智能电动概念车YOUXIA X，成为国内首家具有整车设计研发能力并率先推出完整概念汽车产品的科技公司。

游侠汽车成立4年来，凭借团队的前瞻意识和不懈努力，具备稳健成长的健康态势和领先行业的竞争优势，员工来自于BMW、通用、保时捷、沃尔沃、上汽、江淮、吉利、百度、腾讯等国际知名汽车公司和互联网行业的精英，具有丰富的行业经验和创新精神。

游侠汽车是浙江省“省特别重大产业项目”的企业，得到了省、市、区三级政府的重点扶持和持续关注。

二、经营情况

游侠汽车全球产业化布局已逐步开展，目前设有：

上海集团总部：主要业务包括集团综合运营、品牌营销、战略规划、金融板块等。

湖州生产基地 & 动力总成分院：主要业务包括整车研发制造、供应链管理、物流中心以及能源中心等。

苏州智能电子分院：主要业务包括车联网、自动驾驶系统、智能交互系统等。

德国研发中心：主要业务包括核心三电技术开发、整车及材料开发、高性能动力结构研发等。

意大利都灵设计中心：主要业务包括整车造型设计、前瞻工业级功能设计、人车交互设计、创新驾驶设计等。

英国设计中心(赛车部)：主要业务包括游侠电动底盘平台化开发、核心性能调校、高性能车型测试、赛车赛事运营等。

三、产能建设

1. 游侠汽车全球样板工厂

游侠汽车湖州生产基地整体 1 +5 +1 规划建设(1 个主机厂,5 个核心配套企业,1 个研发试制检测中心),厂区总占地 2 200 亩,年产能 20 万辆。

2. 主机厂

主要包含冲压、焊装、涂装、总装、PACK、办公、展示中心、公用动力、测试跑道、成品库等,占地 1 050 亩。

3. 研发试制检测中心

研发试制测试中心占地约 130 亩,实现新产品样车试制、试验验证。同时满足个性化产品定制,年产 4 000 辆产量;含焊装、涂装、总装及检测车间、研发大楼、造型中心、试验中心及相关配套设施。

4. 配套园区

占地 1 000 亩,主要建设电动车核心零部件如三合一驱动总成、线束、内外饰、自动驾驶板块等。

四、技术进展及研发能力建设

上海游侠汽车研发中心经过 4 年的发展已实现创意设计、工程研发、样车试制、试验验证等方面的基础规划。另外,在电池及 PACK、VCU、ADAS 系统、智能人车交互系统等核心部件及系统方面已取得较大进展。

游侠汽车研发中心,是以"四地"(上海研究总院、湖州动力研究院、苏州智能电子分院、海外研究院),"八部"(技术支持部、先期开发部、整车技术研究院、智能电子分院、集中采购部、项目综合管理部、质量管理部及试验部)为核心的专业技术及综合性汽车研发中心。

游侠研发中心通过自主建立并结合国内外先进的设计标准和技术规范,搭建完成整车/系统/零部件设计标准及规范体系,主要涵盖以下领域:动力经济性、新能源技术、安全性、可靠耐久性、NVH、操稳平顺性、热管理、空气动力性、电子通讯、人机工程、尺寸工艺、重量控制、质量管理等。

研发中心依据公司自身发展趋势和产品规划特点,借鉴国内外成熟汽车企业研发流程及新能源特点,制定了先进的公司产品开发流程(《游侠汽车产品开发流程》),在产品开发全过程中设置 8 个质量阀点,覆盖产品立项、概念开发、设计开发、试制试验与认证、生产准备和量产与投产六大研发阶段。

研发中心研发能力主要取得以下的成果:

◆ 动力总成:联合开发的电机、电控、减速器三机为一体的动力总成,拥有强大的动力转换效率。

◆ 异步感应电机参数分别为:350 kW,扭矩 560 Nm,最高转速 16 000 r/min;180 kW 最大扭矩 302 Nm,最高转速 18 000 r/min,最高时为 YOUXIA X 提供 860 Nm 的强大动力,0 ~ 100 km/h的加速时间最短可达到 3.9 s。

◆ 电池 PACK:采用蜂窝箱式液冷方案,电池包总能量提升至 104 kWh 以上。单体采用 21 700 三元锂电电芯,相比于其他动力电池,具有能量密度高,成组灵活,热管理效率高等优点。采用钎焊、铝丝超声波焊接等先进技术,单体比能量达 300 Wh/kg,PACK 比能量 165 Wh/kg,续航里程 600 km。

◆ 轻量化技术:车身设计以铝合金为主要材料,其中铝合金用量达到了 88%,部分区域使用超高强度钢板,车身轻量化性能优于同级别铝合金车身车型。白车身重量:292 kg,扭转刚度:37 586,轻量化系数:1. 56。

◆ 智能电子技术:ADAS 控制系统采用融合三目摄像头、超声波传感器、毫米波雷达数据的技术方案,实现对车辆周围障碍物的检测,从而实现 LDW、FCW、AEB、ACC、PCW、TSR、SAS、BSD 等功能。未来通过 FOTA 软件升级可实现 L3 级别自动驾驶;自主研发的 KITT OS 重新定义人机交互系统模式,基于云数据运动算法分析,实现汽车深度学习、图像识别等数据算法优化。

◆ 安全技术:丰富的铝合金模拟技术经验,能够准确模拟结构受力变形、疲劳失效工况,准确率 90% 以上。

多体动力学分析,模拟整车在各道路环境下的操纵性、平顺性,准确率 95% 以上。

◆ 平台化策略:打造全新的可拓展的电动汽车底盘平台,为后续车型的开发提供保障。

五、合资合作及重大项目建设

1. 全球化技术合作

造型开发合作:与欧洲顶级造型公司 Italdesign Giugiaro S. P. A 合作,打造全新的四门五座轿跑,体现科技感及时尚感,为游侠的高端定位打下基础。

赛车开发合作:与著名的赛车公司 Prodrive Motorsport Ltd. 合作,打造游侠 DNA 的专属赛车,并体现游侠独有的赛车文化。

底盘调校合作:与保时捷(上海)公司合作,专业的底盘调校,打造安全、舒适、一流超控感的轿车底盘。

2. 全球化供应商合作

游侠汽车目前有零部件供应商 500 家左右,所有供应商已基本完成定点工作。

核心零部件均由国内外一流供应商供货,一流供应商占比达 70% 以上。例如:

电机与台湾知名厂商合作,打造三机一体的高性能异步感应电机,在提供强劲动力的同时,有效地控制整机的体积和质量,为 YOUXIA X 的超高性能提供保障

仪表显示系统与马瑞利合作,采用智能图像识别分析技术,结合 AR 增强现实和行车道路信息及 AR 液晶仪表盘的形式,致力于打造绚丽、个性化、科技感十足的视觉体验产品。

整车内饰及座椅同国际知名供应商(佛吉亚)合作,打造舒适温暖的驾驶空间,真皮包覆的座椅为乘客提供更好的舒适性,从而为 YOUXIA 高品质量产奠定基础。

全系标配博世汽车 EPB 电子驻车制动系统、AUTOHOLD 自动驻车系统、双模 EPS 电子助力转向模式等,让每一位驾乘者都能享受尊贵和舒适体验。

六、发展目标与规划

2018 年 4 月 3 日游侠汽车超级工厂建设项目开工建设

正式启动,预计2018年底可完成超级工厂建设项目车间主体结构建设,2019年上半年完成五大工艺车间建设具备设备进场条件,2019年底完成设备安装调试,2020年5月实现项目SOP。

Faraday Future 公司

Faraday Future Inc.

Faraday Future (FF)是一家总部位于美国加州的全球化互联网智能出行生态企业,2014年5月成立,用两年半的时间从最初的产品概念到开发出第一款量产车FF 91。作为一家新能源、AI、互联、共享的全球化互联网出行生态企业,目前FF在多项技术指标上领先行业标准,实现了车辆平台、计算平台、自动驾驶、动力系统、互联网系统和AI人工智能等六大领域的技术变革。

FF在中国北京、上海和美国洛杉矶、硅谷都设有办公室。FF近千人的全球精英员工横跨科技、汽车、航空和能源产业。拥有前宝马、通用、特斯拉、福特等知名汽车公司,以及苹果、亚马逊等科技、互联网企业的研发和管理人才,掌握包括“三电”技术在内的核心技术知识产权。

SF MOTORS 公司

SF MOTORS INC.

一、企业介绍

SF MOTORS总部位于美国硅谷,具有领先的技术集成能力及生产能力,在电动和智能两大重点领域取得多项技术创新成果,为全球用户提供高性能的智能电动汽车及愉悦的智能驾驶体验,其品牌中文名称为“金菓EV”。SF MOTORS拥有中美双智造能力和生产资质的纯电动车企业,中美工业4.0标准的智能化生产,确保安全性和质量标准处于世界一流。在美国、德国、中国与日本均设有研发中心。

SF MOTORS凭借对智能电动汽车趋势与用户需求的深刻理解,立足全球化协同与产业整合趋势,目前已和博世、英飞凌、三星SDI、LGC等全球知名供应商形成了战略及业务关系,与杜尔、西门子、AFT等全球顶级装备制造商建立长期合作关系。SF MOTORS希望与各位合作伙伴共同推进全球智能汽车产业链整合,共建EV产业发展新生态。

1. 发展历程

◆ 2016年1月,SF MOTORS在美国硅谷成立。

◆ 2017年1月,最大投资方小康股份成为第一批获得中国政府新能源汽车生产资质企业,未来将全力支持金菓EV在中国的生产和制造。

◆ 2017年4月,和美国密西根大学携手成立“智能驾驶互联联合研究中心”。

◆ 2017年6月,宣布收购位于美国印第安纳州米沙沃卡AM General民用车工厂。

◆ 2017年10月,正式收购美国当地电动汽车电池系统研发设计公司InEVit的100%股权。

◆ 2018年1月,正式取得美国加州的自动驾驶测试牌照。

◆ 2018年3月,全球发布会正式举行,以电驱动技术为核心的多项世界领先科技与2款智能电动SUV首次公开亮相。

◆ 2018年7月,在中国北京发布中文品牌“金菓EV”,正式进军中国新能源车市场。

2. 领先技术

◆ 专利电机

金菓EV开发了一系列专利电机和变速齿轮产品线,覆盖从100 kW到400 kW的功率,在功率密度、扭矩密度和最高时速方面处于行业领先。业内首创的四电机驱动技术平台,可通过灵活的电机平台使用1~4个电机并无需机械差速器即可实现四轮驱动,能提供超过1 000马力的高效动力,最短3 s内实现0~60 mile瞬间加速。

◆ 强劲续航

在动力电池方面,金菓EV开发了高能量密度电池,其专利电池系统在兼具领先安全特性的同时续航里程轻松突破500 km。同时,金菓EV根据用户需求,研发了有效解决“里程焦虑”的车载式增程器平台,为“充电难”提供了切实可行的解决方案。

◆ 先进电控

在控制器软硬件研发方面,金菓EV独立开发的电机控制器采用先进的独特算法,能进行瞬时扭矩控制,并可以更好地管控性能优化。车辆控制器提供四轮驱动的扭矩输出,可带来高效动力并提升行驶安全。

◆ 安全驾驶

在智能技术方面,金菓EV的研发围绕着安全为中心展开。金菓EV的目标是在2020年将“保护性的自主驾驶技术”运用于产品上。正在创建能够少量依赖人类指令而自行处理典型驾驶任务的系统,这些系统采用基于深度神经网络的计算机视觉,并结合激光雷达传感器的高感知精度,实现全天候、全路况的精准灵敏监测。

二、产品介绍

金菓EV现有SF5和SF7两款车型,SF5计划2019年1月开启量产车体验,3月开启中国市场预订,2019年第三季度正式上市,并实现批量交付。

金菓EV自主研发的电力总成系统和智能化底盘,创造了一种新的驾驶体验,搭载首创的四电机驱动平台,可以达到16 000 r/min的动力输出，最高提供超过1 000马力的动力，能在最短3 s内实现0～100 km/h瞬间加速。并采用自主研发的电池模块技术，实现超长的循环使用寿命。根据测试，金菓EV的续航里程超过500 km。

江苏敏安电动汽车有限公司

Jiangsu Min An Automotive Co., Ltd.

一、单位概况

江苏敏安电动汽车有限公司，位于淮安市经济技术开发区，成立于2013年，总投资83亿元，占地约947亩。一期生产基地建设根据国家发改委的批复建设用地为577.05亩，建设年产能5万辆，工厂建设总投资25亿元（不含产品及核心零部件的研发和生产投入）。

敏安汽车从2008年开始投入新能源汽车研发及布局，经历了2008—2012年的探索积累，2012—2015年的正向开发，2016年起，敏安发展迈进新阶段，全面展开纯电动汽车研发和产业布局。

二、产能建设

2017年3月，敏安汽车在江苏淮安投资的生产基地项目启动，该项目规划建成智能化、信息化、节能化、园林化工厂，功能包括光伏房顶、再生能源系统等。形成拥有柔性制造体系、360°品控，实现低成本制造、智慧制造、快速响应和定制的智造能力。

2018年4月，冲压、焊装、涂装、总装、四大工艺车间完成结顶，进入设备安装调试阶段；附属设施方面，试车跑道已完成，生活中心、联合站房主体已完成，物流中心主钢结构已完成，预计2018年年底可正式投产，满足每年5万辆的产能输出。

三、技术进展及研发能力建设

1. 全球化研发布局体系

敏安研发中心，下设整车研发中心、动力中心、智能驾驶中心、性能开发中心和试制试验中心，在台湾设有研发机构。在美国、德国等多地也拥有研发分支机构。其中德国设计研发中心主攻造型设计与动力系统设计，日本研发中心负责产品精致工程和工艺制作；台湾的研发中心和合资企业主要对电池系统集成研发和汽车电子进行技术研究；宁波汽车电子事业部在汽车电子电器、自动驾驶方面进行同步开发和配套，淮安铝事业部和研发中心在铝轻量化材料应用方面同步设计和配套。

2. 研发成果

敏安汽车于2016年6月正式启动A2001项目。该项目定位为A级新能源平台，产品涵盖A级5门5座SUV（纯电两驱版、纯电四驱版、增程版）、高端MPV和跨界MPV等5款车型。

首款量产产品将于2018年年底量产，2019年下半年上市，定位于“智趣中级纯电SUV”，NEDC续航不低于350 km，具备多项舒适趣味配置，搭载AEB/ACC等智能安全科技等。

四、主要新产品

序　号	通用名称	产品名称
1	A01	纯电动微型车
2	D01	纯电动轿跑车
3	E01	纯电动SUV
4	A2001	纯电动SUV

五、合资合作及重大项目建设

2011年，收购意大利Grecav全铝车身技术及整车知识产权；

2012年，与日本丰田合作开发COMS车型；

2015年，敏实与日本Sharp和富士通合资在宁波设立电子事业部，大力投入汽车电子智能领域研发、生产；

2016年4月，与美国CLEANWAVE驱动系统公司全面战略合作，研发生产和销售电机和控制器等；

2017年2月，敏安汽车生产基地建设项目启动；

2016年6月，A2001项目正式启动；

2017年6月，敏安新能源汽车科研文化街区暨无人驾驶试验场项目启动。

六、发展目标与规划

目前，敏安汽车已成功实现首款上市产品的研发，与此同时，敏安汽车的第二个新平台研发也已正式启动。

产品技术方面，敏安将持续在三电技术、轻量化车身技术和无人驾驶技术等核心领域进行重点攻坚。

销售渠道方面，敏安将采用全渠道模式，通过多元化的渠道触点覆盖消费者生活场景，通过共享租赁平台为用户提供各类出行服务产品，并通过电商渠道实现消费者对产品需求的定制化，同时将设立实体智慧终端，提供销售、体验、售后等完整功能。

售后服务方面，敏安将根据销售渠道的布局，针对属地城市、限购限行城市及其他城市建设三级服务网络。南京、淮安等属地城市自建服务中心，限购限行城市由经销服务一体的经销商承担服务功能，其他城市与全国连锁大型服务运营商合作；服务形式上充分考虑消费者的便利性需求，将采取上门服务+到店服务相结合的形式开展。

未来，敏安将继续围绕“精工品质、人性科技，突破未来”的核心价值观，以产品为基，以市场为驱动，以用户为中心，不断提升企业综合实力，为属地城市及江苏省的汽车制造业带来新气象和新动力。

河南速达电动汽车科技有限公司

Henan Suda Electric Vehicle Technology Co., Ltd.

一、单位概况

河南速达电动汽车科技有限公司成立于2010年9月,位于河南省三门峡经济开发区东区,主要从事新能源纯电动汽车整车的研发、制造、销售。

本公司与国内外多个科研院所保持广泛的技术交流与合作,汇聚了谢友柏院士、曹秉刚教授、马鸣图博士、李复活博士、张西富高工为首的百余位新能源汽车领域专家学者及大量科技研发、战略规划、产品设计、生产营销专业人才组成的纯电动汽车整车研发生产团队,获准建立了河南省唯一的纯电动汽车公共技术研发设计中心,构建了较为完备的研发生产体系。自主研发、设计、生产的内置式永磁同步(轮毂)电机、驱动与再生制动控制器、能源管理系统三大新能源汽车关键零部件,整车系统集成经过充分试验验证,完全满足法规与各种路况的行驶要求。拥有基于轿车整车并应用于电动汽车的设计开发流程与标准,具有全铝合金轻量化车身设计开发能力、整车平台化设计开发能力、NVH性能开发能力,成为新能源汽车行业技术标杆。速达电动汽车采用国际流行的"平台理念"设计打造,与同级车相比具有明显技术优势,规划开发多款车型,覆盖高中低端各细分市场。2017年3月28日,年产10万辆速达牌纯电动汽车项目正式获得国家发改委核准。

二、产能建设

年产10万辆速达牌纯电动汽车及50万套纯电动汽车配套三大核心零部件项目总规划用地3500亩,拟投资总额为50亿元,分三期实施:一期占地705亩,完成纯电动汽车配套三大核心零部件及10万辆速达牌纯电动汽车生产基地建设,建设冲压、焊接、涂装、总装四大生产工艺及生产辅助设施,总建筑面积约220 000 m^2;二期占地1 500亩,建设世界级纯电动轿车整车试验检测中心。三期占地1 295亩,完成新能源汽车关键零部件及纯电动汽车全产业链及物流集散基地建设。本项目完全达产后可直接实现年产值356亿元,利税70亿元,还可以整合一批关联企业入驻,间接实现产值1 000元亿以上,吸纳产业工人2万人左右。

三、技术进展及研发能力建设

河南速达电动汽车科技有限公司目前拥有包括纯电动汽车"驱动再生制动控制系统""整车控制系统""电池能源管理系统"3项新能源领域核心技术,以及"整车轻量化技术""整车集成技术"等整车领域核心技术。经过多年核心技术的积累及对整车技术的持续投入,通过多轮验证,产品具备了商品化条件。在研发能力建设方面,速达拥有国内一流的纯电动技术研发团队400余人,外聘工程院士1人,国外专家40余人,河南省EV专家组成员10人。公司技术中心下设西安技术中心、德国亚琛技术中心、三门峡技术中心等研发机构。具备纯电动汽车及核心零部件研发能力,是河南省唯一授权的纯电动汽车技术研发中心。中心被认定为"河南省纯电动轿车公共技术研发设计中心""河南省纯电动汽车动力系统工程技术中心"。速达试验中心拥有各类试验检测设备200余台(套),具备试验中心智能纯电动试验场整车研发验证能力。公司科研实力雄厚,自主创新能力强,累计获得新能源汽车方面专利200余项。现正在研发无人驾驶车辆及未来车型的研发。

四、合资合作及重大项目建设

目前,由河南速达电动汽车科技有限公司参与主办的"新丝路上的蓝色集装箱""一带一路"建设国际文化经济交流项目正在有序进行,该项目响应国家"一带一路"倡议,是贯彻落实习"一带一路"新思维的具体化的主动尝试行为。河南速达电动汽车科技有限公司在这项活动的尝试中担当起了组织联络中国民营企业的参与工作,依托"一带一路"新丝绸之路经济带陆上平台,以欧亚铁路为重要载体,用文化语言去阐释,用高科技宏观技术展示,联合沿线11国政府、27个地区和城市、经济机构和企业、文化机构和团体等,打造一个11国共荣的文化经济交流的平台,推动各国之间的经济合作共赢和文化的融合和大发展。

五、发展目标与规划

在未来5年里,河南速达电动汽车科技有限公司在发挥自身技术优势的同时,将不断与先进产品对标,掌握技术发展动态。从平台延伸、整车轻量化、智能驾驶、核心部件技术水平突破等方面对产品及前沿技术进行规划。在强化自身建设和自主创新的同时,广泛与国内外科研院所、高等院校、企事业单位加强交流与合作,始终掌握前沿技术,确保产品的技术领先性。同时,将建立现代化企业管理和质量保证体系,打造安全、高效、低成本、品质保证的企业运行系统,大力推进销售和服务网络建设,拓展国际市场。力争到2022年末,将速达打造成"五国七地"的研发、生产、销售布局,具有两千人以上的核心研发基地,形成独具特色的国际化汽车技术产业联盟。逐步建立以"科技创新"为主线,以"核心技术"为驱动,以"体系制度"为保障的现代化企业管理模式,驱动公司快速发展。

郑州宇通客车股份有限公司

Zhengzhou Yutong Bus Co., Ltd.

一、单位概况

2017 年,郑州宇通客车股份有限公司继续加大在节能与新能源客车研发和产业推广方面的投入,在团队建设、核心技术研发、试验能力、科研能力、产品及市场表现和知识产权方面都取得了显著的成绩。

1. 团队建设

截至 2017 年 12 月底,已形成以 23 名博士、208 名硕士为核心的 744 人的专业人才团队,涵盖整车控制、电机控制、系统集成、车载能源、电气技术、充电技术、车身技术、底盘技术、电器技术等技术方向,拥有国内最大、最强的新能源客车研究团队。

2. 核心技术研发

(1)共性关键技术:经过多年技术攻关,突破了高效动力系统技术,研发了融合多电机驱动、多功能集成的高压控制技术,开发了纯电动、插电式、混合动力系统共平台技术,缩短了开发周期,零部件通用化率达到 86%,成本降低 55%,改变了关键零部件依靠进口的局面,实现了关键技术国内完全掌控;开发了长寿命、高可靠性动力电源系统,基于大数据的电池管理系统解决了 SOC 估算和安全防护等行业难题,提高了动力电池系统寿命和环境适应性;突破了整车控制与节能技术,采用高强度钢底架、轻量化车身、铝壳电机、控制器集成化设计、高能量密度动力电池等轻量化技术,大幅提高整车能量利用率和续驶里程,产品的能耗处于国际领先水平。全面提升了整车安全、节能、可靠及耐久性、环境适应性和智能化水平。

(2)燃料电池技术:已成功开发出 3 代燃料电池客车,全面掌握了燃料电池客车整车动力系统匹配与优化、燃料电池系统氢—电结构耦合安全、燃料电池系统集成与控制、快速加氢等关键技术,形成了燃料电池系统、车载氢系统、整车设计开发及验证能力、一致性保证能力、零部件采购与管理能力等。第三代燃料电池客车已在综合路况下运行了约 35 000 km,系统稳定运行已超过 1 000 h,百公里氢耗 7.28 kg,优于国外水平。2017 年获得车载氢系统安装资质。

(3)智能网联技术:开发了融合雷达、视觉通信、导航等信息的智能驾驶控制策略,自动驾驶客车电动已完成在城郊、高速、城市、工业园区工况下的实车测试,单车实际路况测试里程超过 10 000 km。

3. 试验能力

建有节能与新能源客车软硬件在环仿真试验室、电动客车混合动力试验室、系统集成与控制策略开发试验室、电机系统测试试验室、电池安全可靠性试验室、电器系统综合试验室、高压安全试验室、充电系统试验室等 200 余台(套)试验、检测设备以及软件系统,2017 年进一步建成了具有燃料电池系统测试台、电堆测试台、电解水制氢装置、氢阀综合测试等燃料电池测试平台,具备燃料电池整车、系统、电堆、车载氢系统等多项关键零部件的测试与验证能力。

4. 科研能力

围绕新能源客车,已拥有“客车安全控制技术国家地方联合工程试验室”和“国家认可试验室”等创新平台,完成了河南省新能源客车重点实验室建设,2014 年获批筹建的“国家电动客车电控与安全工程技术研究中心”,是国内唯一专注于电动客车电控与安全的国家级科技创新平台。2015 年,郑州宇通客车股份有限公司获批牵头组建河南省新能源客车产业技术创新战略联盟。2017 年获批组建的“郑州市燃料电池与氢能工程技术研究中心”,是我国客车行业首个燃料电池与氢能专业研发平台。

截至 2017 年底,郑州宇通客车股份有限公司已获得国家及省市级科技进步奖 12 项,包括国家科学技术进步二等奖 1 项,河南省科技进步一等奖 3 项,河南省科技进步二等奖 4 项,河南省科技进步三等奖 4 项。其中主持完成的《节能与新能源客车关键技术研发及产业化》项目凭借领先的关键技术和产生的重大经济效益荣获 2015 年度国家科学技术进步奖二等奖。

5. 产品及市场表现

建立了配置可更改、功能可定制、系统平台化、成本差异化的系列化产品开发体系,形成了集成区域配置和智能选车、需求管理等功能的产品配置器。开发了 6 ~ 18 m 混合动力、插电式、纯电动客车的系列化产品,截至 2017 年底,已获得 33 款混合动力客车公告、105 款插电式混合动力客车公告、5 款燃料电池客车公告和 206 款纯电动客车公告。覆盖中型、大型、特大型客车,满足城市公交、班线客运、机场摆渡、商务接待、机关团体等细分市场,适应多样化市场需求和复杂的运行环境。1 款产品荣获国家重点新产品,9 款产品荣获河南省工业节能产品。2017 年节能与新能源客车上险销售 24 446 辆,市场占有率 24.5%,位居客车行业第一,其中混合动力客车 4 524 辆,市场占有率 29.4%,纯电动客车 19 922 辆,市场占有率 23.7%,均位居行业第一。

6. 知识产权

截至 2017 年底,已累计申报节能与新能源客车领域专利 1 177 件,其中发明专利 530 件;软件著作权 95 件,参与制定节能与新能源客车领域国家、行业标准 18 项,制定企业标准 130 余项,建立了从供货技术条件、设计规范、试验规范及产品等完善的企业标准体系,促进了零部件的通用化和规模化,规范了企业行为,促进了产品品质提升。

二、经营情况

2017 年,郑州宇通客车股份有限公司全球销售客车 67 268辆,其中新能源客车 24 865 辆,稳居行业首位,企业规模和销售业绩全球领先。目前,郑州宇通客车股份有限公司新能源客车累计推广 7.9 万多辆,其中纯电动销量超过 5.7 万辆,全球第一,并在 310 多个城市成功推广,包括法国、英国、智利、中国澳门等，是唯一一个在2015年联合国气候大会上进行展示和推广的非欧纯电动客车品牌。

三、产品出口

2016年2月，郑州宇通客车股份有限公司E12纯电动公交在法国巴黎路线21和路线147开展试运行，在空调运行和交通拥堵的情况下，可满足全天运营需求，在所有试用样车中电耗表现最佳。

2017年，郑州宇通客车股份有限公司批量出口到法国50辆纯电动客车，这是首批出口欧洲的纯电动批量订单，除此之外，郑州宇通客车股份有限公司已在英国、保加利亚、俄罗斯、智利等国家多个城市成功开展了纯电动产品试运营，从整体品质、续航里程、产品舒适度表现等方面，均满足了各项运营需求。

四、产能建设

2012年起投资38.6亿元建设的郑州宇通客车股份有限公司节能与新能源客车生产基地，占地面积2 000余亩，建筑面积达60万m^2，具备年产30 000辆的生产能力，成为全球最大的新能源客车生产基地。

技术进展及研发能力建设。

1. 技术进展

在新能源汽车产业技术创新工程和国家“十二五”“十三五”科技计划的大力支持下，郑州宇通客车股份有限公司基于市场运营大数据，突破电控、电机、电池、感知和轻量化等关键技术，开发安全、可靠、经济、智能的新能源客车。

突破了整车控制与节能技术，自主研制的基于双MCU的高安全、高可靠整车控制器，电磁抗扰性达到国际最高等级，整车控制器通过了累计3亿km可靠性验证。开发了面向功能安全得多动力分配、多模式切换、多能源管理的整车控制策略，综合节油率提高了15%。开发了一种面向节能与安全的机电复合再生制动控制系统，在实际线路运营平均续驶里程提高了43.6%。发明了一种高强度钢骨架、全铝蒙皮的轻量化车身新结构，底盘部件采用轻量化材料，较传统客车轻1 t以上。12 m混合动力客车油耗17.75 L/100 km（CCBC工况）、12 m纯电动客车电耗57.4 kWh/100 km（GB/T 18386—2005），整车控制与节能技术处于国际领先水平。

突破了高效动力系统技术，改变了关键零部件依靠进口的局面，实现了关键技术国内完全掌握。通过永磁同步电机转子磁场定向矢量控制、极限工况点标定，电机最高效率达95%，高校区范围扩展到85%，提高了系统动态性能和稳定性。开发了纯电动、插电式、混合动力系统共平台技术，有效规避了自动变速箱技术壁垒，充分利用电机驱动无极调速的特性，通过集成大转矩高转矩密度电机直接驱动、集成式高压控制、整车控制、附件电动化等共性技术，拓展形成了适用于混合动力、插电式混合动力客车的双电机混联式混合动力系统以及适用于纯电动、双源纯电动客车的纯电驱动动力系统，具有动力传递高效、再生制动回收比例高等优点。

2. 研发能力建设

郑州宇通客车股份有限公司十分重视节能与新能源客车研发和产业推广，全力支持新能源客车关键技术攻关。以引领行业创新发展为己任，依托自身及行业的创新资源，建设有国家电动客车电控与安全工程技术研究中心、国家认定企业技术中心、国家认可实验室（CNAS）、企业博士后科研工作站、客车安全控制技术国家地方联合工程实验室、应急信息技术国家工程实验室车辆信息技术分实验室等6个国家级研发平台，以及客车安全控制技术河南省工程实验室、河南省新能源客车技术重点实验室、河南省客车工程技术研究中心、省市两级“院士工作站”等创新平台，为集聚优秀的创新人才、技术和产品的持续创新、科技成果工程化和产业化创建了优良环境。

五、主要新产品

序　号	产品型号	产品名称	通用名称
1	ZK6805BEVG11	纯电动城市客车	E8
2	ZK6105BEVG23	纯电动城市客车	E10
3	ZK6115BEVZ51	纯电动客车	E11
4	ZK6105CHEVNPG35C	插电式混合动力客车	H10
5	ZK6850CHEVNPG35C	插电式混合动力客车	H8
6	ZK6125CHEVNPG29	插电式混合动力客车	H12
7	ZK6125FCEVG3	燃料电池城市客车	F12
8	ZK6125FCEVG5	燃料电池城市客车	F12

六、合资合作及重大项目建设

郑州宇通客车股份有限公司先后承担了国家863计划、国家科技支撑计划、新能源汽车产业技术创新工程、国家重大科技成果转化、国家重点研发计划等37项国家和省市级科研项目，突破多项制约产业发展的关键技术难题。

此外，与高校和科研院所合作开展基础研究，共同开展人才培养，实现成果转化；与供应商通过联合开发，实现技术升级和产品改进；与用户合作实现成果应用，促进产品性能提升；与行业企业合作制定标准规范，推动产业技术升级。目前已形成产业成果转化反哺技术创新的良性循环，巩固中国客车第一品牌地位的同时拉动了行业整体技术水平的提高。

七、发展目标与规划

郑州宇通客车股份有限公司将持续加大投入新能源客车核心技术的研发，积极推动新能源客车产业化，按照混合动力—插电式—纯电动—燃料电池的技术路线，坚持三横五纵矩阵式发展策略和平台化战略，依托纯电动、插电式和燃料电池三大系统平台，以系统集成、车载能源、电驱动系统、整车控制、电动化附件等共性核心技术自主攻关为切入点，以市场为导向、平台为依托，打造适应市场、有竞争力的平台化、模块化、标准化、通用化、规模化产品。

持续完善并提升节能与新能源客车电控、电机及车载能源系统的测试评价体系。研究并完善基于纯电动系统、插电式混合动力系统和燃料电池系统三大平台的安全性、动力性、经济性等关键指标的测试方法，开展防水、防火、防触电、电池安全、监控安全、碰撞安全6方面的安全技术研发，并建立动力系统性能评价能力，有效支撑安全、高效、节能的产品开发。

北汽福田汽车股份有限公司

Beiqi Foton Motor Co., Ltd.

一、单位概况

北汽福田汽车股份有限公司(简称福田汽车)成立于1996年8月28日,1998年6月在上海证券交易所上市。经过20多年的发展,现有资产861多亿元,员工近4万人,以优质的产品和服务覆盖全球110个国家和地区,品牌价值已超千亿元,连续13年蝉联商用车行业第一位,累计产销汽车803万辆,海外累计出口56万辆。

福田汽车集团现已经形成了集整车制造、核心零部件、汽车金融、车联网、福田电商为一体的汽车生态体系。商用车业务,涵盖整车及零部件、智能互联服务两大业务,其中整车覆盖卡车、客车、商务汽车等5大业务单元、15个产品品牌;金融业务,打造全球专业的金融服务商——福田金融集团,涵盖汽车信贷、融资租赁、供应链金融、保险服务等多元化金融业务。

未来,福田汽车将以突破科技引领智能与高效的汽车体验为愿景,在实现效率与可靠性的进程中不断驱动品质超越,连接高效汽车未来。至2025年,福田汽车将建设成为绿色、智能、高科技的世界级主流汽车企业。

二、经营情况

福田汽车新能源汽车产品包含客车、卡车、商务汽车、乘用车、皮卡、环境装备六大品类38个车型,涵盖纯电动、燃料电池、混合动力三大技术路线,2017年福田汽车新能源汽车销量突破10 000辆,同比增长53.1%。

三、产品出口

2017年,福田汽车欧辉客车出口海外订单数量共计1 257辆(整车1 164辆,底盘93辆),各销售区域分布情况如下:亚太区:960辆;海湾区:166辆;南亚:89辆;中南非:18辆;中南美:17辆;东亚区:7辆。

四、产能建设

福田汽车在国内的京、鲁、湘、粤、冀、浙等多个省市布局六大生产基地,建设专业化的中高端重卡工厂、多平台的乘用车、商务车生产及孵化工厂、柔性协同的轻卡工厂群以及核心零部件制造基地,共计23个生产工厂,整车总体产能70.05万辆/年。目前传统能源产品与新能源共线生产。

五、技术进展及研发能力建设

1. 技术进展

福田汽车是国内最早开始新能源商用车研发及产业化的企业之一,自2003年以来就开始新能源商用车的研发与销售,全国最早开发出纯电动环卫车并在北京运营2 000余辆,建有国家级企业技术中心和北京市新能源技术研究中心。国家科技支撑计划“面向产业化的纯电动公交车开发及应用关键技术研究”等10余项国家级项目,以及60余项省部级项目并成功通过验收。

福田汽车新能源产品涵盖纯电动、混合动力、燃料电池等3条技术路线,在VAN平台、卡车平台、客车平台上,乘用车平台形成全系列车型15个产品系列,50余款新能源车型。特别是客车方面,福田汽车欧辉新能源客车产品涵盖6.5 ~18 m全线产品,包括纯电动、混合动力、氢燃料等产品。

(1)纯电动产品

① 高效的永磁电机已经基本完全取代异步电机,成为市场的绝对主流,具有降低电耗(运营成本)、降低电池成本的优势;

② 直驱:电机为城市客车“量体裁衣”定制;

③ 高端直驱:双电机直驱成为高端(高效、高转矩、高输出)、高可靠性配置;

④ 变速方案:高可靠性、少挡位变速器成为提高输出能力、降成本、轻量化的新方案,并解决爬坡度和高速的矛盾。

(2)混合动力产品

① 高电功率比、高转矩直驱ISG混联保持市场公交市场的主流产品地位,行星排混联异军突起;

② 掌握ISG混联系统电控技术;

③ 并联混合动力继续其市场“次席”地位,着力解决油耗和可靠性问题;

④ 混联系统结合少速比变速器,具有提高输出能力、降低成本、轻量化的优点;

⑤ 混动(带少挡位箱方案)从公交客车向公路、团体、旅游市场发展。

(3)氢燃料产品

现有车型已经涵盖8.5 m、10.5 m、12 m,广泛应用于城市、旅游团体、定制班车等。规划10.8 m、12 m高速长续驶里程城间车型及18m大容量城市干线公交车型。

① 采用氢—电混合的动力策略,在匀速行驶阶段,燃料电池发动机提供功率,在加速或爬坡行驶阶段,燃料电池发动机和动力电池共同提供功率;

② 性能提升:基于现有材料体系优化膜电极结构,优化金属双极板和石墨双极板结构;

③ 寿命提升:优化电推设计,提高电堆关键部件的一致性;

④ 成本控制:减少关键材料用量,降低材料成本。

2. 研发能力建设

福田汽车持续进行研发投入和研发能力建设,已具备新能源汽车整车控制系统开发,动力系统集成开发,车载能源系统集成开发,整车性能仿真分析等能力,并具备相应的试验验证能力。特别是包括混合动力,机电耦合系统测试台架与燃料电池系统台架及氢系统安全检测设备,实现了新能源领域核心电控系统完全自主研发。

新能源技术开发上,基于平台化架构的三电系统,形成了2 t、3 t、5 t、8 t全系列纯电动卡车产品，8 t、12 t、18 t燃料电池及纯电动环卫车产品，纯电动小VAN、大VAN、皮卡等纯电动乘用类产品。

福田汽车被授权新能源汽车技术相关专利800余项，获北京市科学技术进步一等奖、教育部技术发明二等奖、第三届北京市发明专利特等奖、第四届北京市发明专利一等奖等奖项。

六、主要新产品

序　号	产品型号	产品名称	通用名称
1	BJ5049XLCEV1	纯电动冷藏车	奥铃
2	BJ5049XSHEV1	纯电动售货车	奥铃
3	BJ5049CCYEV1	纯电动仓栅式运输车	奥铃
4	BJ5049XXYEV3	纯电动厢式运输车	奥铃
5	BJ1049EVJA	纯电动载货汽车	奥铃
6	BJ5049XYZEV1	纯电动邮政车	奥铃
7	BJ5023XXYEV4	纯电动厢式运输车	风景V3
8	BJ5023XYZEV1	纯电动邮政车	风景V3
9	BJ6425EVAA2	纯电动多用途乘用车	风景V3
10	BJ5023XXYEV6	纯电动厢式运输车	风景V3
11	BJ5023XXYEV5	纯电动厢式运输车	风景V3
12	BJ6105CHEVCA-11	插电式混合动力城市客车	欧辉
13	BJ6105EVCA-26	纯电动城市客车	欧辉
14	BJ6105EVCA-27	纯电动城市客车	欧辉
15	BJ6105EVCA-28	纯电动城市客车	欧辉
16	BJ6105PHEVCA-19	插电式混合动力城市客车	欧辉
17	BJ6117EVUA-5	纯电动客车	欧辉
18	BJ6123CHEVCA-7	插电式混合动力城市客车	欧辉
19	BJ6123EVCA-42	纯电动城市客车	欧辉
20	BJ6123EVCA-43	纯电动城市客车	欧辉
21	BJ6123PHEVCA-17	插电式混合动力城市客车	欧辉
22	BJ6805EVCA-18	纯电动城市客车	欧辉
23	BJ6851EVCA-17	纯电动城市客车	欧辉
24	BJ6802EVUA-7	纯电动客车	欧辉
25	BJ6123EVCA-41	纯电动城市客车	欧辉
26	BJ6105FCEVCH	燃料电池城市客车	欧辉
27	BJ6113PHEVCA-3	插电式混合动力城市客车	欧辉
28	BJ6105EVCA-23	纯电动城市客车	欧辉
29	BJ6105EVCA-25	纯电动城市客车	欧辉
30	BJ6851FCEVCH	燃料电池城市客车	欧辉
31	BJ6117EVUA-3	纯电动客车	欧辉
32	BJ6905CHEVCA-11	插电式混合动力城市客车	欧辉
33	BJ6123FCEVCH-1	燃料电池城市客车	欧辉
34	BJ6127PHEVUA-3	插电式混合动力客车	欧辉
35	BJ6855CHEVCA-3	插电式混合动力城市客车	欧辉
36	BJ6855PHEVCA-1	插电式混合动力城市客车	欧辉
37	BJ6905CHEVCA-10	插电式混合动力城市客车	欧辉

续上表

序　号	产品型号	产品名称	通用名称
38	BJ6123CHEVCA-6	插电式混合动力城市客车	欧辉
39	BJ6127PHEVCA-5	插电式混合动力城市客车	欧辉
40	BJ6127PHEVUA-5	插电式混合动力客车	欧辉
41	BJ6123CHEVCA-5	插电式混合动力城市客车	欧辉
42	BJ6123PHEVCA-15	插电式混合动力城市客车	欧辉
43	BJ6123PHEVCA-16	插电式混合动力城市客车	欧辉
44	BJ6905CHEVCA-9	插电式混合动力城市客车	欧辉
45	BJ6105PHEVCA-18	插电式混合动力城市客车	欧辉
46	BJ6105PHEVCA-17	插电式混合动力城市客车	欧辉
47	BJ6105CHEVCA-9	插电式混合动力城市客车	欧辉
48	BJ6123EVCA-38	纯电动城市客车	欧辉
49	BJ6123EVCA-39	纯电动城市客车	欧辉
50	BJ6123EVCA-40	纯电动城市客车	欧辉
51	BJ6123EVCA-37	纯电动城市客车	欧辉
52	BJ6105EVCA-19	纯电动城市客车	欧辉
53	BJ6851EVCA-13	纯电动城市客车	欧辉
54	BJ6105EVCA-20	纯电动城市客车	欧辉
55	BJ6851EVCA-15	纯电动城市客车	欧辉
56	BJ6805EVCA-15	纯电动城市客车	欧辉
57	BJ6805EVCA-13	纯电动城市客车	欧辉
58	BJ6105CHEVCA-5	插电式混合动力城市客车	欧辉
59	BJ6105CHEVCA-6	插电式混合动力城市客车	欧辉
60	BJ6105CHEVCA-7	插电式混合动力城市客车	欧辉
61	BJ6105CHEVCA-8	插电式混合动力城市客车	欧辉
62	BJ6105PHEVCA-11	插电式混合动力城市客车	欧辉
63	BJ6105PHEVCA-12	插电式混合动力城市客车	欧辉
64	BJ6105PHEVCA-13	插电式混合动力城市客车	欧辉
65	BJ6105PHEVCA-16	插电式混合动力城市客车	欧辉
66	BJ6113PHEVCA-2	插电式混合动力城市客车	欧辉
67	BJ6127PHEVCA-3	插电式混合动力城市客车	欧辉
68	BJ6855CHEVCA-1	插电式混合动力城市客车	欧辉
69	BJ6855CHEVCA-2	插电式混合动力城市客车	欧辉
70	BJ6905CHEVCA-5	插电式混合动力城市客车	欧辉
71	BJ6905CHEVCA-6	插电式混合动力城市客车	欧辉
72	BJ6905CHEVCA-7	插电式混合动力城市客车	欧辉
73	BJ6905CHEVCA-8	插电式混合动力城市客车	欧辉
74	BJ6105EVCA-16	纯电动城市客车	欧辉
75	BJ6105EVCA-17	纯电动城市客车	欧辉
76	BJ6105EVCA-18	纯电动城市客车	欧辉
77	BJ6123EVCA-33	纯电动城市客车	欧辉
78	BJ6123EVCA-35	纯电动城市客车	欧辉
79	BJ6123EVCA-36	纯电动城市客车	欧辉
80	BJ6425EVAA1	纯电动多用途乘用车	欧辉
81	BJ6117EVUA	纯电动客车	欧辉
82	BJ6117EVUA-1	纯电动客车	欧辉

续上表

序　号	产品型号	产品名称	通用名称
83	BJ6117EVUA-2	纯电动客车	欧辉
84	BJ6805EVCA-8	纯电动城市客车	欧辉
85	BJ6123EVCA-31	纯电动城市客车	欧辉
86	BJ6805EVCA-11	纯电动城市客车	欧辉
87	BJ6123EVCA-32	纯电动城市客车	欧辉
88	BJ6105EVCA-15	纯电动城市客车	欧辉
89	BJ6851EVCA-7	纯电动城市客车	欧辉
90	BJ6851EVCA-8	纯电动城市客车	欧辉
91	BJ6805EVCA-12	纯电动城市客车	欧辉
92	BJ6851EVCA-9	纯电动城市客车	欧辉
93	BJ6851EVCA-12	纯电动城市客车	欧辉
94	BJ6103EVUA-1	纯电动客车	欧辉
95	BJ6103EVUA-2	纯电动客车	欧辉
96	BJ6103EVUA	纯电动客车	欧辉
97	BJ6802EVUA-4	纯电动客车	欧辉
98	BJ6802EVUA-5	纯电动客车	欧辉
99	BJ6802EVUA-3	纯电动客车	欧辉
100	BJ5072ZZZEV-H1	纯电动自装卸式垃圾车	欧辉环境
101	BJ5049XYZEV2	纯电动邮政车	欧马可
102	BJ5030XXYEV6	纯电动厢式运输车	时代
103	BJ5030XSHEV5	纯电动售货车	时代
104	BJ5048XYZEV1	纯电动邮政车	图雅诺
105	BJ5048XJEEV1	纯电动环境监测车	图雅诺
106	BJ5048XXYEV2	纯电动厢式运输车	图雅诺

七、合资合作及重大项目建设

福田汽车通过国际战略联盟整合全球化、智能化、网联化、新能源等发展所需市场、产品、技术和管理等关键资源，在国际战略合作方面取得显著成绩。

2017 年 4 月 18 日，福田汽车、德国 ZF 成立了轻型变速箱、重型变速箱合资公司，福田汽与 ZF 在轻型合资公司的股比分别为 60:40，在重型合资公司的股比分别为 49:51，轻型合资公司产品为世界先进的 5S/6S 轻型 MT 变速箱，设计产能 32 万台；重型合资公司产品为 ZF 全球最新、最先进的 12AMT、16MT 变速箱，设计产能 19 万台。目前，福田汽车与 ZF 正在开展电驱动、智能转向系统的合作。

八、发展目标与规划

在节能与新能源领域福田汽车的发展目标为：聚焦产品，以城市物流为核心，加快电动车新能源产品的开发与市场推广，在平台化、可靠性（搭载三电系统基础上）前提下谋求成本优势。措施为：加大产品开发力度，当前阶段仍以纯电动为主，加快启动全新平台城市物流产品的开发，未来 3 ~ 5年燃料电池和混合动力汽车将逐渐进入推广阶段，要进行技术储备、开发；以直销为主，分销为辅；在低速电动车领域开展代工和资本合作；择机成立专门新能源公司，推进业务运作。

厦门金龙联合汽车工业有限公司

Xiamen King Long United Automotive Industry Co., Ltd.

一、单位概况

厦门金龙联合汽车工业有限公司（以下简称金龙客车）成立于 1988 年，经过近 30 年的发展，目前拥有 3 个生产基地，厦门大中型客车生产基地、厦门轻型客车生产基地和绍兴公交/前置客车生产基地，产品涵盖 4.8 ~ 18 m 各种类型客车，累计销售客车超过 25 万辆，产品遍布全球五大洲 100 多个国家和地区。大中型客车年产能超过 1 万辆，轻型客车年产能超过 5 万辆，累计生产客车超过 45 万辆，累计出口 130 多个国家和地区，出口客车 8 万余辆。

二、经营情况

2017 年公司经营稳健，侧重经营质量的提升，通过无人驾驶技术的研究为中国客车行业的智能化发展探索出另一条道路。作为一线客车品牌，2017 年公司继续保持了既有的行业地位，全年销售客车约 29 000 辆、近 80 亿元。

三、产品出口

2017 年海外出口客车约 8 100 辆、超过 19 亿元（含轻客），出口量在国产品牌中居第一，出口额居第二。

四、产能建设

目前，金龙客车拥有大中型客车年生产能力为 12 000 辆，轻型客车的年生产能力为 6 万辆。

五、技术进展及研发能力建设

1. 整车技术

（1）电机电池电控方面：已完成新型高能量密度电池、耐寒电池、耐高温电池的技术储备；已经成熟掌握双枪充电技术、无线充电技术；已完成金龙自主控制系统“易驱 3.0”的全面升级；三电系统实现 IP68 防护等级；整车控制实现 OTA 空中下载技术远程升级。

（2）车辆轻量化技术：近几年金龙公司不断探索与研究客车轻量化技术，在材料轻量化、结构轻量化以及零部件轻量化上都取得了突破性进展；材料方面高强度钢材、铝合金材料、碳纤维材料以及复合型材料的合理搭配利用最大可实现整车整备质量下降 2%；结构方面金龙公司通过利用有限元仿真技术、拓扑结构优化技术、六立柱试验台架等先进的设计辅助手段不断对产品设计进行仿真、优化、验证，最后经典的金龙3H骨架结构、金龙全承载骨架结构也确确实实为金龙客车带来了轻量化2%的不俗成绩；零部件方面金龙公司近年来对所有零部件提出了“提质降重”的要求，通过新材料应用、零部件集成等手段一批轻量化零部件入住金龙客车，如轻量化座椅、轻量化轮毂、多合一电控系统等将金龙客车轻量化水平推向了一个新的高度，目前瘦身成功的金龙客车较之前整备质量最大可下降6%。

(3)车辆动力性提升：随着新能源客车在全国各地的普及，运行环境对新能源客车的动力性提出了更高的要求，为满足市场这一实际需求金龙公司新能源产品通过动力总成优化实现全系动力提升，一些代表行业发展方向的先进技术比如带挡箱驱动技术、双电机驱动技术、双离合技术、轮边电机驱动技术等都已经成熟的应用在金龙新能源产品上，15%的爬坡度、0～50 km/h加速时间12 s为用户提供不一样的驾驶体验。

(4)车辆经济性提升：近年来国家对新能源产品的技术指标要求不断提高，金龙公司不断对新能源系统进行优化，力求能量利用的精准化和能量回收的最大化，目前金龙新能源产品除特殊市场特殊要求外，正向规划的产品均能满足EKG≤0.15，达到产品最高补贴技术指标要求。

2. 产品研发

(1)纯电动客车：金龙纯电动产品发展到目前产品线已经非常全面，4～6 m的轻型客车，6～18 m公交客车，8～12 m公交、团体旅游客车，从长度和用途上均已经达到市场全覆盖，各米段车型均已经实现产业化，车辆性能极具竞争力。

(2)插电式混合动力公交车：目前金龙客车在插电式混合动力公交客车产品主要集中在8.5 m、10.5 m和12 m三个长度段，之前在8 m、9 m、11.5 m、10.7 m、12 m长度由于补贴政策和市场需求等原因已经取消布局。产品在市场表现出色，动力性和经济性能均为行业一线水平。

(3)燃料电池客车：目前金龙客车在燃料电池领域的技术已经成熟，大金龙12 m氢燃料电池公交XMQ6127AGFCEV于2017年初开发完成，并于2017年6月获得准入资质。车型采用高性能质子交换膜燃料电池，峰值功率可达55%，寿命10 000 h以上，燃料电池成熟可靠。采用先进节能控制核心技术，等速续驶里程达800 km，等速氢耗2.75 kg/100 km(盐城试验场实测)。现正在研发8.5 m和10.5 m城市公交，已经初步具备产业化条件，示范推广工作正在持续推进。

3. 技术预研

(1)分布式驱动技术

目前已开发完成12～13.7 m分布式驱动公交，初步掌握分布式驱动的整车应用技术，并将其作为重点新技术持续投入研发。

(2)无人驾驶技术：

公司与百度于2017年8月合作开发无人驾驶微循环电动巴士车阿波龙。2018年7月量产，阿波龙车辆的自动驾驶等级达到L4级别。2018年将尝试在12 m公交车上导入百度Apollo无人驾驶系统。联合百度、大唐电信探索无人车在厦门BRT上运行的可行性。2019年将基于无人驾驶技术在常规车辆上实现车道保持LKA、紧急制动AEB、自动巡航ACC等智能辅助驾驶技术。

六、主要新产品

序　号	产品型号	产品名称
1	XMQ6650AGBEVL1	纯电动城市客车
2	XMQ6802AGBEVL2	纯电动城市客车
3	XMQ6850AGBEVL4	纯电动城市客车
4	XMQ6106AGBEVL6	纯电动城市客车
5	XMQ6127AGBEVL3	纯电动城市客车
6	XMQ6706BYBEVL2	纯电动客车
7	XMQ6806BYBEVL1	纯电动客车
8	XMQ6821CYBEVL3	纯电动客车
9	XMQ6110BCBEVL14	纯电动客车
10	XMQ6127BYBEVL	纯电动客车

七、2017年1－12月企业在新能源汽车方面经济指标统计

填报单位名称	指标名称	单　位	本期累计
厦门金龙联合汽车工业有限公司	2017年末资产总计	万元	801 797
	2017全年完成投资额	万元	7 446
	2017年营业收入	万元	687 680
	2017年利润总额	万元	14,642
	2017年产品销售率	%	70.45
	2017年销售利润率	%	2.13
	工业经济效益综合指数	%	101.08

湖南中车时代电动汽车股份有限公司

Hunan CRRC Times Eectric Vehicle Co., Ltd.

一、单位概况

湖南中车时代电动汽车股份有限公司(以下简称中车电动)成立于2007年，由中国中车集团整合国内外优质资源成立的国内第一家专业从事电动汽车研发与制造的高新技术企业，将世界领先的轨道交通电气传动及控制技术成功应用于新能源汽车领域，并打造了新能源汽车从IGBT元器件到驱动电机、电池管理系统等关键零部件以及动力系统平台和

整车制造的新能源汽车的全产业链平台，产品广泛应用于公交、公路、团体、旅游、城市物流等领域。中车电动用一颗环保的心，生产零排放、亲和环境的新能源汽车，成为继高铁之后，中国中车的产业新名片。

二、经营情况

2017 年公司实现营收收入 50 余亿元，年均复合增长率达 58%，不断创造发展新纪录；客车年销量 6 000 余辆，同比增长 47.9%，新能源客车排名升至全国第四，首次进入前五，并走向海外市场；电驱动系统产品系统产品外销 3 万余辆（套），同比增长 150%，行业排名全国领先。

三、产品出口

海外市场实现从无到有的改变。实现了系统产品、电动化底盘和整车 3 种类型产品的海外销售。通过 8 m 和 12 m 整车的欧盟认证，比利时车展发布"ACE"方案，与新西兰和意大利签署海外示范运营协议，积极参与"一带一路"倡议挺进白俄罗斯，为后续海外业务积蓄动能。

四、产能建设

整车日产辆数从 2016 年的 30 辆，提升到 2017 年四季度的日产 40 辆，单月产能突破 1 000 辆大关。《基于快速响应客户个性化需求的研发体系构建》荣获国家级企业管理现代化创新成果二等奖。建立工位制节拍化流水线生产模式，系统产品日产能从 120 辆提升至 300 辆，系统生产首次申报，一次通过中车"三星级精益车间"评定。

五、技术进展及研发能力建设

2017 年，公司积极参与 10 余项国家级行业标准建设工作，申请专利 70 件，其中发明专利 51 件，并实现了海外专利申请零突破。

整车方面，在全承载二代技术基础上开发出混搭结构第三代全承载技术，整车重量及成本得到控制。结合通用化、模块化、系列化的"三化"工作，成功打造订单设计流水线，订单高峰时设计周期下降 47%。与时代新材合作开发新能源客车轻量化零部件产品，有效降低整车重量，提升车辆经济性。系统方面，完成面向对象控制软件通用化模型开发，控制软件水平大幅提升。实现 TP5 控制总成电磁兼容国标全覆盖、完成公司首例海外整车电磁兼容认证。完成功能安全研发管理体系初步建设，产品研发进入系统设计阶段。初步搭建客车智能驾驶控制平台，完成首轮自动驾驶技术应用开发。燃料电池动力系统匹配应用能力初步建立，首套系统完成台架试验、装车应用。

整车产品开发已形成两大产品用途，七大系列，初步形成系列化谱系化的客车产品线。完成全新 18 m BRT 客车、全新 8 m 公路客车、11 m 公路团体客车、新一代新造型 12 m 及 8 m 欧盟客车开发、欧盟高端城市客车项目造型效果及 CAS 设计。系统产品方面，基于 APQP 流程完成 TP5 控制总成研发，设计降本 18%，功率密度提升 42.9%，累计装车6 000 余辆，完成物流版 TP5 控制总成样机生产，设计降本 20% 以上。实现四档 AMT 传动总成道路车辆批量应用，累计装车千余辆，完成基于双绕组电机的景区车用传动系统研发并顺利装车。铁路领域多类电池 PACK 样机开发成功并装车试运营。

六、发展目标与规划

公司未来十年发展目标是：全面推进"32332"战略，2019 年提前过百亿、2025 年突破 500 亿元，成为新能源商用车行业国内引领、国际知名公司。

安徽安凯汽车股份有限公司

Anhui Ankai Automobile Co., Ltd.

一、单位概况

安徽安凯汽车股份有限公司是江汽集团股份公司下属的专业生产全系列客车和汽车零部件的上市公司。公司于 1997 年 7 月成立并在深圳交易所挂牌上市。

安凯客车产品覆盖各类公路客车、旅游客车、团体客车、景观车、公交客车、新能源商用车等。安凯客车采用全承载和半承载两条技术路线，全承载技术主要用于大型客车和新能源客车，全承载客车车身骨架采用 16M 矩形管，车身强度为一般客车的 3 ~ 6 倍，质量比同级别车约轻 8%，整车安全性高、质量轻、燃油经济性好；半承载技术主要用于中轻型客车，半承载客车依托江淮汽车专业底盘的技术优势，经济性、舒适性受到客户广泛称赞。

公司认真贯彻"敬客经营　质量为本　求真务实"企业核心价值观，致力于制造中国最好的客车，努力为客户提供更好的产品，产品畅销国内外市场。安凯在全国各大区域均建立了销售点，拥有遍布全国的重点客户和战略客户。

公司已发展成为国家创新型试点企业、国家火炬计划重点高新技术企业，拥有电动客车整车系统集成工程技术研究中心、电动客车联合工程研究中心、国家级企业技术中心、国家级博士后科研工作站、国家认可的整车性能实验室。

二、经营情况

截至 2017 年底，公司总资产 79.79 亿元，员工近 5 000 人，2017 年，安凯实现产销 8 717 辆。其中 2017 年安凯销售新能源客车2 556 辆，销售额22.65 亿元（未含国补），从产品类别来看，纯电动客车 1 914 辆，插电式混合动力 642 辆。

三、产品出口

安凯客车已出口美国、英国、法国、俄罗斯、澳大利亚、阿联酋、新西兰、新加坡、南非等近百个国家和地区，建立了覆盖全球的销售网络，并获得多项世界最高等级产品认证。2017 年全年出口 1 370 辆。

四、产能建设

安凯拥有安凯车桥、金达机械等多家控参股子公司。公司总占地面积1 800多亩，共有4个客车整车和1个汽车零部件生产基地，年综合生产客车及底盘能力2万辆。

五、技术进展及研发能力建设

1. 研发机构及人员

公司设有企业技术中心，专门负责企业新能源汽车产品研发、试制、试验。截至目前，已被认定为国家电动客车整车系统集成工程技术研究中心、国家级企业技术中心、省级优秀企业技术中心、安徽省电动客车工程实验室，拥有国家级博士后科研工作站，与中国科学技术大学、上海交通大学、合工大、美国加州大学戴维斯分校等国内外知名高校开展产学研合作。

中心共有研发人员249人，拥有享受国务院政府津贴的专家1人、安徽省政府津贴的专家1人、安徽省115团队带头人1人，本科以上学历212人，本科及以上学历人员占总数的85%，同时，还聘请了国内同行业资深专家教授12人，国外专家2人。

2. 开发能力

安凯技术中心已具备较强的纯电动客车、插电式混合动力客车、燃料电池客车等产品研发能力，掌握整车与车载能源系统、驱动系统及动力耦合装置、电器附件的集成和匹配技术，整车控制系统技术，驱动系统技术、发动机和机电耦合装置控制系统的技术，燃料电池系统控制、储氢系统控制技术等关键技术；具备整车刚度和强度与动力学分析、安全性仿真分析、整车NVH仿真分析等能力；具备产品试制、试装、调试、标定、试验验证、评价技术。

中心具备专业、先进的研发软件：

◆ 专业开发软件Dspace、Cruise、UG、CAE、Matlab、AVL－Puma、Ansys、AutoCAD等；
◆ 电控系统设计软件(Protel、Cadence)；
◆ 生命全周期产品管理系统(PLM)；
◆ 基于三维的CAPP系统。

六、主要新产品

1. 整车			
序 号	产品型号	产品名称	通用名称
1	HFF6100G03CHEV13	插电式混合动力客车	混合动力 G9
2	HFF6100G03EV-61	纯电动城市客车	10.5mG9
3	HFF6800G03EV8	纯电动城市客车	8mG9
4	HFF6803KEVB	纯电动客车	8mF7

续上表

2. 零部件		
序 号	产品名称	产品型号
1	安凯自主80 kW永磁同步电机	TZ365XS080
2	安凯自主100 kW永磁同步电机	TZ425XS100
3	安凯4代整车控制器	AKECU－1

七、合资合作及重大项目建设

2017年4月26日，与安徽皖投工业投资有限公司、达州市投资有限公司合资成立四川达清客车有限公司。

八、发展目标与规划

1. 实施“新能源工程”，争取新能源产品的系统优势：积极研究新能源新技术，研发有性能优势的产品。

2. 加大电机、电控方面的投入，持续推动“三电”技术的系统升级，提高核心竞争力水平。

九、2017年1—12月企业在新能源汽车方面经济指标统计

填报单位名称	指标名称	单 位	本期累计	同期累计	增长率(%)
安徽安凯汽车股份有限公司	2017年末资产总计	万元	797 881	907 841	－12.11
	2017全年完成投资额	万元	8 176	9 567	－14.54
	2017年营业收入	万元	544 892	475 733	14.53
	2017年利润总额	万元	－29 531	7 877	－474.90
	2017年产品销售率	%	100	100	—
	2017年销售利润率	%	－5.42	1.66	7.08

南京金龙客车制造有限公司

Nanjing Golden Dragon Bus Co., Ltd.

一、单位概况

南京金龙客车制造有限公司(以下简称南京金龙或公司)是具有生产乘用车(SUV、MPV)、轻型客车、微型客车、中型及大型客车，以及包含各类新能源乘用车、通勤车、客运及公交客车等车型的大型汽车生产企业，公司成立于2000年，注册资本为5亿元；公司于2011年实施重大重组，股东由南京创源天地汽车有限公司、厦门金龙联合汽车工业有限公司、东宇汽车集团有限公司联合组成，控股股东为南京创源天地汽车有限公司，公司董事长由创维集团创始人黄宏生先生担任。

公司秉承“质量是生存、发展之本”的理念，坚持以高品

质的产品服务用户,公司已经通过 ISO 9001 质量体系认证和国家 CCC 强制性认证。现有职工 2 200 人,大专以上学历人员占总数的91%。科技人员为652 人,其中,高级职称 30 人,中级职称 243 人,博士及硕士 60 多人,本科及以上学历人员占研发人员总数的 85%,同时,还聘请了国内同行业资深专家教授 20 多人的专家组。近年来公司一直保持较快发展,各主要经营指标再创新高。2017 年销售 30 多亿元,连续 4 年行业销量位列前茅。

公司主要产品纯电动物流车、轻型新能源客车和大型新能源公交客车,自主研发的节能环保客车比同级别车辆车身重量轻约 10% ~16%,满载燃油消耗与同行业相比低 8% ~ 13%,百公里节油至少 2 ~3 L。

公司生产的新能源客车在南京、深圳、广州、南通、武汉长沙、上海等地拥有较好的市场占有率。其关键性能指标满足行业应用需求,得到客户高度认可。优良的产品品质使得南京金龙新能源客车被南京市政府、青奥会、武汉市政府等政府机关和大型活动批量使用。

在企业高速发展的过程中,南京金龙客车制造有限公司坚持"以信息化带动工业化,以工业化促进信息化"两化深度融合理念推动企业信息化建设,将信息化发展提升至公司战略高度,由公司高层领导主抓企业信息化建设,南京金龙有制造型企业向信息化制造型企业变革。

为加强公司生产经营管理,企业实施并应用了金蝶 K3 ERP 系统,用于采购、仓储、财务、成本、销售等业务,为提升设计管理效率,公司实施应用了 Windchill PDM 系统,使设计信息能够共享,具备了产品配置管理、图档管理、设计过程的管理功能。

公司为提高产品设计质量和效率,陆续购置了 AUTOCAD、UG NX、Pro/E 等二维、三维 CAD 软件,CAD 软件已用于生产设计的全过程,同时 CAE 分析软件 MSC 用于客车性能的分析,如有限元分析和动力学分析。

为实现精细化生产与信息化协同,公司建设 MES 系统,用于车生产过程的控制与管理,包括生产计划与进度,生产过程中的质量管理,生产环节监管、质量可追溯以及产品售后服务保障。实现精准把握企业脉搏、优化生产管理、提升企业业务运作效率和精细化管理。

运营体系方面,公司建立了完善的质量保证体系,通过了 ISO 9001 质量管理体系认证。公司建立了远程数据监控中心,用于对运行车辆的运行状态,故障报警,派工与维修实现同步,同时,公司对用户反馈信息与维修信息进行同步公示,形成以研发中心、生产、质检、工艺、物资、采购、仓储、物流、财务等协同联动,实时对产品的信息状态进行跟踪处理,并应对市场需求做出快速响应。

通过多年的快发发展,南京金龙目前获得:国家地方联合工程研究中心、江苏省企业技术中心、江苏省工程技术中心、江苏省依法管理诚信经营先进企业、江苏省公共技术服务平台、江苏省科技型中小企业、南京市工程技术中心、南京市工业设计中心,获批国家重大科技支撑、江苏省科技成果转化专项,实现科研成果市场化应用,同时,公司也获得江苏省新产品新技术推广应用专项和江苏省两化融合试点企业的资金扶持,加速了公司科技创新与产业创新的发展。

二、经营情况

2017 年,南京金龙全年产销实现全新突破,其自有品牌开沃汽车销量达到 10 633 辆,其中大中型客车 3 212 辆,物流车 7 421 辆,进入中国新能源汽车万台俱乐部;除整体业绩外,2017 年,南京金龙还在纯电动多个细分市场取得突破:一是在 6 m 以下纯电动物流车市场,2017 年开沃汽车实现销量排名第二;二是在轻客、箱货型纯电动物流车细分市场,2017 年开沃汽车位居第一。

三、产品出口

南京金龙在聚焦国内市场的同时,加速海外市场的战略布局,成立海外事业部,同时聘请留学生拓宽海外销售渠道,建立完善的海外售后服务体系;实现了海外订单的突破,产品实现销往泰国、乌克兰、智利、加拿大等国家,销量近百台。

四、产能建设

南京金龙客车制造有限公司加速产业布局;在南京新增生产线一条,全年可实现产能:大中型客车两万辆;轻型客车五万辆;武汉、深圳、西安基地逐步建设完成,同时在广州、呼和浩特建立新的生产基地。

五、技术进展及研发能力建设

南京金龙注重核心技术与创新,成立了中央研究院,乘用车研究院,将科技研发向纵深层次快速推进,完成了纯电动、燃料电池、混合动力、天然气等多种技术路线,同时在关键零部件领域,形成以电池、电机、电控等核心部件研发设计能力。

南京金龙聚焦前沿技术,在整车轻量化、新材料应用层面,采用高强度钢、镁铝合金材料,高强度复合材料,蜂窝复合材料等,实现车辆结构强度的同时,降低整车整备质量。

在燃料电池领域,南京金龙通过与巴拉德合作,快速形成燃电池应用技术、燃料电池存储技术、燃料电池加注与安全防控技术等领域的突破,是国内少数完全掌握燃料电池汽车级应用技术的企业之一。

在整车智能化领域,南京金龙组织高等级技术人员,通过与国内外科研机构与大学紧密合作,实现智能辅助驾驶与传感器融合技术的突破,目前已经实现前碰撞预计、车道偏离预警、前碰撞紧急制动、ACC 自适应巡航、倒车辅助、盲点探测、驾驶员疲劳监控等;提高了车辆主动安全防护能力。

六、主要新产品

序　号	产品型号	产品名称	通用名称
1	NJL6100BEV36	纯电动客车	—
2	NJL6117BEV26	纯电动客车	—
3	NJL6680BEV24	纯电动客车	—
4	NJL6809BEV6	纯电动客车	—
5	NJL5040BEV	纯电动物流车	—

七、发展目标与规划

南京金龙紧密结合国家新能源战略规划；加快产业布局，未来5年，南京金龙将重点开展燃料电池、混合动力、智能驾驶等技术研发深度，同时，加快乘用车车型迭代更新，同时，结合市场需求，针对不同市场需求，开发满足市场应用的车型；提高南京金龙综合竞争能力；南京金龙将加快人才培养战略的实施，形成高中低不同层次人才队伍。

八、2017年1—12月企业在新能源汽车方面经济指标统计

填报单位名称	指标名称	单位	本期累计	同期累计	增长率
南京金龙客车制造有限公司	2017年末资产总计	万元	987442.71	763252.11	29.37%
	2017年营业收入	万元	342227.54	465706.20	-26.51%
	2017年利润总额	万元	28258.27	2429.71	15.20%
	2017年产品销售率	%	114.76	120.31	-4.61
	2017年销售利润率	%	8.26	5.27	56.74

中国重汽集团济南豪沃客车有限公司

Jinan Haowo Passenger Coach Co., Ltd. ,China Heavy Truck Group

一、发展概况

2010年，中国重汽集团在原济南客车厂的基础上实施整体搬迁、改造，落户章丘重汽工业园，更名设立中国重汽集团济南豪沃客车有限公司（以下简称豪沃客车），具备年产10 000辆大中型客车的生产能力。

豪沃客车凭借中国重汽集团在核心总成零部件发动机、前后桥、变速箱等方面的独特优势，导入战略伙伴德国曼，截至2017年12月共计开发产品及通过目录公告218个，产品涵盖各型中高档公路客车、城市公交客车、旅游客车和团体客车共计60多个品种。按动力种类分为燃油车、燃气车、纯电车、油电及气电混合动力新能源车和无轨电车。

二、生产经营

豪沃客车国内销售部分覆盖大部分省市，且已在国内建立经销单位50余个；海外营销部分依托集团进出口公司下设亚太、中东及俄罗斯、非洲3个分公司，形成较为健全的营销网络。

豪沃客车销量持续保持较快增长，2017年共销售新能源客车2 400余辆。

三、技术进展及研发能力进展

中国重汽集团技术发展中心（以下简称技术中心）为首批国家级企业技术中心，成立于1983年，总部设在济南，现拥有浙江杭州、山西大同和山东济宁等3个分支机构，是中国重汽新产品研发和试验的综合科研基地，集产品开发设计、科研试验和检测、工艺与生产准备管理、标准化与信息化等管理于一体。并拥有国家级工程技术研究中心、质量监督检验中心和博士后科研工作站。

技术中心现有正式员工1 224人，本科以上各类专业技术人员962人，其中博士21人、硕士334人；中级以上技术职称631人，高级职称248人，已形成一支由本科、硕士及博士（后）组成的年龄梯次及专业结构合理、高层次科研队伍格局。并拥有一支专业素质较高、综合能力较强的专业学术带头人队伍。

近年来，中心承担国家863计划项目6项、国家科技支撑计划项目3项、省部级研发项目3项、重大横向委托项目60余项，完成各类工程化开发项目150余项，并承担国家、行业和地方标准制修订。在知识产权保护方面拥有有效专利2 981项。

多年来，技术中心通过对整车及车身技术、关键总成及核心零部件技术、整车及总成零部件试验检测、重型汽车新材料、新工艺开发的研究与推广，形成了行业领先的车身、动力系统、传动系统、电子控制系统和整车匹配等五大核心优势，建立了技术管理、设计开发、中试生产和试验检测等软硬件相对完善的研发体系，搭建起可同时启动多个并行项目的产品研发平台。

目前，技术中心已拥有完善的新能源汽车开发工具链以及强大的研发团队，并且不断继续大力引进燃料电池系统集成、动力电池PACK、电机及电机控制器、新能源专用AMT、新能源汽车核心零部件开发和子系统集成等领域的专业技术人才。具备新能源汽车整车控制系统的硬件设计、软件开发和集成测试能力以及动力总成的集成开发、测试和标定能力，搭建了包括新能源整车控制器硬件在环仿真平台（HIL），基于Altium Designer、Multisim等硬件电路设计和仿真平台，集成Matlab/Simulink仿真软件、快速原型开发工具、代码自动生成工具的软件开发平台，以及包括自主知识产权柔性多能源动力总成综合试验台、振动试验台、高低温、湿热试验箱、盐雾试验箱等在内的试验检测平台在内的新能源综合研发平台。

此外，技术中心于2016年底建设完成新能源动力总成多功能试验台，并匹配动力电池模拟器，使台架能够模拟动力总成的整车运行工况；2017年启动了“氢动能汽车及动力总成平台”项目，该项目作为2017年济南市重大科技专项，到2022年，将围绕新能源商用车整车和核心零部件，着力开展关键技术研究、产品开发、技术合作、人才培养、研发能力建设，其中整车覆盖中重卡、轻卡、客车、特种车等商用车系列车型；核心零部件包括氢燃料电池系统、驱动电机及其控制系统、动力电池PACK及其管理系统、整车控制系统、高效AMT系统、电驱桥系统等领域。

自2010年开展与新能源汽车相关的研究工作以来，已开发出多款拥有自主知识产权的新能源汽车整车控制器，并相继开发出混合动力、纯电动客车等多种系列产品，成功进入工信部新能源汽车推荐推广目录。新能源客车产品主要有混合动力、纯电动、双源无轨、氢燃料电池车型。目前，技术中心节能与新能源汽车产品技术水平、质量水平达到国内领先、国际先进水平，成为国内节能与新能源汽车的领头企业。

四、主要产品

序　号	名　称	型　号
1	纯电动城市客车	JK6806GBEVQ3
2	纯电动城市客车	JK6106GBEVQ10
3	纯电动城市客车	JK6106GBEV5
4	纯电动城市客车	JK6106GBEVQ4
5	纯电动城市客车	JK6106GBEVQ5
6	纯电动城市客车	JK6126GBEVQ1
7	纯电动客车	JK6116HBEVQA10
8	混合动力城市客车	JK6106GPHEVN5
9	混合动力城市客车	JK6106GPHEVN5Q2
10	混合动力城市客车	JK6126GPHEVN5Q
11	混合动力城市客车	JK6126GPHEVN5Q2
12	混合动力城市客车	JK6106GCHEVN5Q2
13	混合动力城市客车	JK6126GCHEVN5Q

五、合资合作

2009年7月15日中国重汽集团与德国曼公司签署战略合作协议，双方将在重型汽车、发动机、车桥、客车的生产制造、质量控制、销售和售后服务等方面开展合作。豪沃客车利用MAN项目契机，以国产化的MAN总成产品和MAN客车底盘技术，实施自主创新和集成创新，实现中国重汽客车底盘及大客车产品技术的全面升级，形成豪沃客车公司独有的竞争优势。

已有德国、美国、意大利、日本、奥地利等国家著名企业与中国重汽集团建立了战略合作关系：ZF（方向机）、福士（插接件）、威伯科（AMT控制系统、ABS系统）、曼・胡墨尔（滤清器）、瀚瑞森（橡胶悬架）、贝耳（散热系统）、VDO（仪表和控制系统）均已在济南建厂或已开工建厂，生产专供中国重汽集团与国际重型汽车同步配套的汽车部件。

六、发展规划

豪沃客车公司自2010年开展与新能源汽车相关的研究工作以来，以中国重汽集团自有技术和自身产业链为依托，自主研发了一系列领先于国内同行业先进水平的客车产品，截至2017年12月共计开发产品及通过目录公告218个，产品涵盖了从6 m到18 m的新能源公交客车、新能源旅游客车、新能源团体客车等共计60多个品种。

按照中国重汽集团节能与新能源汽车战略规划，豪沃客车公司未来将围绕引进吸收曼技术高端旅游客车及城市公交车，并在纯电动专用车及纯电动物流车等重点领域，开发更加符合客户需求的节能与新能源产品。

上海申龙客车有限公司

Shanghai Shenlong Bus Co. Ltd.

一、单位概况

上海申龙客车有限公司占地200 000 m^2，公司专门致力于客车整车研发、制造和销售，产品涵盖新能源客车、公路客运、旅游、公交、团体、厢式物流车等各个细分市场，年产能超过1万辆，是综合性客车制造企业。2017年，申龙客车全年销量7 155辆，其中新能源客车占比超过2/3，全年净利润3.15亿元。

2017年，申龙客车正式成为国内知名上市公司东旭光电科技股份有限公司（证券代码：东旭光电 000413）旗下全资子公司。东旭光电成立于1992年，1996年在深圳证券交易所挂牌上市，是全球领先的光电显示材料供应商，也是目前中国本土最大、世界第四的液晶玻璃基板生产商。

2016年7月，东旭光电推出了世界首款石墨烯基锂离子电池——烯王，开启了东旭的石墨烯产业化之路。目前，东旭光电石墨烯业务已形成了产业与资本“双引擎”布局，成为中国石墨烯产业化应用和投资领军企业。

为了更好地实现申龙新能源汽车产品的战略升级，更快的占有市场，2017年6月20日，申龙客车与南宁市政府签署了新能源汽车生产基地项目投资协议，投资30亿建设年产1万辆新能源客车和3万辆新能源物流车的大型新能源汽车生产基地，打造以新能源汽车制造为龙头，零配件配套生产加工为辅，集研发、创新、制造、推广应用为一体的新能源汽车科技产业园。除南宁生产基地以外，为了加速在新能源领域的产业布局，提升申龙客车的生产能力，东旭光电在2017年11月28日与四川绵阳市安州区签署协议投资30亿元建设年产10 000辆新能源客车与30 000辆新能源物流专用车生产基地。在2018年2月6日，东旭光电又与江苏宿迁签署协议投资30亿元建设年产5 000辆新能源客车和50 000辆新能源物流专用车生产基地。

二、经营情况

2017年客车销量行业排名第八位；2017年新能源销量排名第五。

三、产品出口

申龙客车海外销售及售后覆盖全球近 60 个国家及地区。其中,申龙客车在泰国客车保有量超过 5 000 辆,稳居泰国市场中国客车第一品牌。

四、产能建设

2017 年新能源车总产能:5 722 辆。

2018 年,广西申龙新能源客车及物流车生产基地在南宁市邕宁区新兴产业园正式奠基。广西申龙新能源生产基地项目建成后将具备年产 1 万辆新能源客车及 3 万辆新能源物流车的产能,预计达产年后销售收入近 100 亿元。

五、主要新产品

序 号	产品型号	产品名称
1	SLK6108ALE0BEVY1	纯电动客车
2	SLK6109ULE0BEVY1	纯电动城市客车

续上表

序 号	产品型号	产品名称
3	SLK6129UQFCEVH	燃料电池客车
4	SLK6101UBEVY	纯电动城市客车
5	SLK6126	双风挡公路客车

六、合资合作及重大项目建设

2017 年 6 月,申龙客车与南宁市政府签署了新能源汽车生产基地项目投资协议,投资 30 亿建设年产 1 万辆新能源客车和 3 万辆新能源物流车的大型新能源汽车生产基地,打造以新能源汽车制造为龙头,零部件配套生产加工为辅,集研发、创新、制造、推广应用为一体的新能源汽车科技产业园。

七、发展目标与规划

2018 年新能源车销量突破 8 000 辆,新能源物流车 3 000辆。

四川新筑通工汽车有限公司

SICHUAN XINZHU TONGGONG MOTOR VEHICLE CO., LTD.

一、单位概况

四川新筑通工汽车有限公司(以下简称新筑通工)的前身是雅安通工汽车厂,“通工牌”从 1958 年至今已有 60 年历史。2011 年新筑股份全资收购雅安通工汽车厂。2018 年 4 月,四川发展(控股)有限责任公司控股新筑股份,新筑通工成为四川省唯一具有国有企业背景的新能源整车企业。公司主要从事新能源商用车(客车、物流车)的研发、制造、销售、服务。

二、经营情况

公司的 12 m 超级电容纯电动城市客车和 8 m 纯电动城市客车分别在雅安 7 号线和汉源实现了批量销售,截至目前公司刚完成产业转型升级,各项基础已经打好,准备推出系列化产品。

三、产能建设

新能源客车产能 5 000 辆/年;新能源物流车产能 8 000 辆/年;移植轨道交通车辆的生产制造和质量控制体系;拥有先进的生产设备;拥有先进的整车装配生产线;拥有先进的试验检测设备及整车检测线。

四、技术进展及研发能力建设

新筑公司拥有成套的新能源整车技术。目前,拥有整车相关专利技术 24 项,相关产品获得了工信部产品公告、进入了推荐目录,整车经过了雅安 7 号公交线、汉源公交线的商业化运营验证;经过了乌鲁木齐极端气温、九寨沟高原气候、雅安东拉山复杂山地地形的试验验证。并与白俄罗斯 BKM 合作,完成了 18 m 超级电容公交车的设计及商业化运营,获得了 2017 年度白俄罗斯国家科技进步二等奖。新筑公司同时拥有新能源汽车的部件核心技术。在电控和电机方面,拥有基于轨道交通 TCMS 列车网络控制技术、独立轮驱动技术、电机技术等 11 项专利;在超级电容方面,拥有国家级车用超级电容器系统工程技术研究中心,是我国国家车用超级电容标准的主要起草单位并协助以色列完成国家标准制定,产品通过了国内和欧洲的系列认证,其中的欧洲 ECE R100 和 ECE R10 认证,是全球超级电容领域通过认证的唯一厂商。新筑所拥有的整车、电机、电控和超级电容电池完整技术实力,符合《国家发展改革委工业和信息化部关于完善汽车投资项目管理的意见》提出的重点支持对象要求。

公司按国际和国内同步发展的要求构建了完整的技术体系。国际方面,在德国杜塞尔多夫设立了欧洲研发中心,搭建了对欧洲的技术合作平台,在白俄罗斯中白工业园设立了超级电容的研发机构,搭建了面向俄语区及中东的技术合作平台;在国内方面,拥有省级以上的技术研发平台 7 个,并与北京理工大学、西南交通大学、中国汽研院等研究机构和企业建立了技术协同开发关系,以支撑新能源汽车前沿技术研发,满足新能源汽车产业在发展过程中不同时期的技术需求。

五、主要新产品

序 号	产品型号	产品名称
1	TG6120CBEV1	超级电容纯电动城市客车

续上表

序号	产品型号	产品名称
2	TG6101CBEV1	纯电动城市客车
3	TG6101CBEV2	纯电动城市客车
4	TG6103CBEV1	超级电容纯电动城市客车
5	TG6101CPHEV1	插电式混合动力城市客车
6	TG6102CPHEV1	插电式混合动力城市客车
7	TG6801CBEV1	纯电动城市客车

六、发展目标与规划

1. 产业发展目标：

引领我国新能源汽车技术发展；

带领四川省新能源汽车产业发展；

争当“一带一路”新能源汽车推广应用的排头兵。

2. 经济发展目标：

2020 年新能源汽车整车产值达到 87.75 亿元，带动产业链产值达到 175.5 亿元；

2025 年新能源汽车整车产值达到 150 亿元，带动产业链产值达到 300 亿元。

3. 公司发展目标：

成为独立的上市公司；

2019 年成为四川省新能源客车和物流车的龙头企业；

2020 年成为国内新能源客车和物流车的主力军；

2025 年成为我国新能源客车和物流车细分行业的前三甲。

七、2017 年 1—12 月企业在新能源汽车方面经济指标统计

填报单位名称	指标名称	单位	本期累计	同期累计	增长率(%)
四川新筑通工汽车有限公司	2017 年末资产总计	万元	33 867.73	36 639.81	-8
	2017 全年完成投资额	万元	1 424.60	1 758.77	-19
	2017 年营业收入	万元	1 812.18	3 326.39	-46
	2017 年利润总额	万元	-3 707.45	95.02	-4002
	2017 年产品销售率	%	100	100	
	2017 年销售利润率	%	-204.59	2.86	-7 253

江西博能上饶客车有限公司

Jiangxi B-energy Shangrao Coach Co., Ltd.

一、发展概况

江西博能上饶客车有限公司，前身为上饶客车厂，始建于 1969 年，拥有 40 多年的客车制造经历，为全国客车重点生产企业和江西省“十大战略新兴产业”重点扶持企业，江西省唯一的省级客车技术研发中心。公司以全国首创汽油发动机后置技术和最先批量出口海外而著称，并成功承制了中华人民共和国国庆 50 周年和 60 周年江西省游行彩车。

2017 年江西博能上饶客车有限公司已有超过 30 款新能源客车产品获得国家公告，通过与清华大学、西北工业大学等“985”重点高校就驱动控制系统和传统客车降噪技术方面进行专项合作，与南昌大学、长安大学等“211”重点高校在电池管理系统和车身轻量化技术方面开展专题项目合作和定期交流活动，公司目前已获得授权或正在公示审查的核心技术发明专利 21 项，实用新型专利和软件著作权若干。

二、生产经营

2017 年江西博能上饶客车有限公司全年实现客车销售 3 550 辆，同比增长 35.14%；销售额 17.45 亿，增长 36.33%，其中新能源客车实现销售 2 393 辆，增长 112.3%，在江西占据新能源客车总销量连续多年第一，增速势头迅猛。专用校车等其他车型销售 1 157 辆，主要市场包括广东等地，专用校车市场份额继续保持全国一线梯队。

三、产能建设

2017 年，江西博能上饶客车有限公司围绕年度目标想方设法提升产能，在原有产能 15 辆/天的基础上提升到 20～25 辆/天。具备年产传统客车、校车 4 000 辆及新能源客车 2 000辆的生产能力。产品涵盖 5～12 m，普、中、高档次的校车、团体旅游、公交、客运、新能源和特种车六大系列多个品种。

四、技术进展及研发能力进展

2017 年，江西博能上饶客车有限公司持续加强与中国科学院全方位合作，2016 年被评为高新技术企业，先后投资 3 000 余万建立了江西省省内为数不多的动力实验室和电子实验室，拥有较为丰富的技术储备和人才储备。

2017 年，江西博能上饶客车有限公司新研发产品超过 30 款，已取得国家工信部产品公告目录及《新能源汽车推广应用推荐车型目录》，其中大部分新研发产品实现了当年研发、当年批量销售。

五、主要产品

序号	产品型号	产品名称
1	SR6800BEV2/BEV3 系列	纯电动客车

续上表

序 号	产品型号	产品名称
2	SR6800BEVG/BEVG1 系列	纯电动城市客车
3	SR6810BEVG1/BEVG2/BEVG3/BEVG4/BEVG6 系列	纯电动城市客车
4	SR6101BEVG/BEVG1/BEVG3、SR6106BEVG1 系列	纯电动城市客车
5	SR6107PHEVN/PHEVNG、 SR6127PHEVN 系列	插电式混合动力客车
6	SR6106PHEVG5/SR6116PHEVG5 系列	插电式混合动力城市客车
7	SR6106PHEVNG/SR6116PHEVNG/、SR6126PHEVNG 系列	插电式混合动力城市客车

六、合资合作

在新能源汽车产业链布局上，江西博能上饶客车有限公司联合国内市场份额前三的动力电池上市企业高管团队、中组部千人计划专家等多方投资 21 亿元建设年产 10 亿 Ah 动力电池项目也于 2016 年已建设，2017 年 7 月前第一期已经实现量产。电控电机等其他核心系统零部件的产业化工作也在 2017 年开工建设。

同时，江西博能上饶客车有限公司积极推进与国内外知名企业、高校及科研院所的技术合作，如中科院电动车辆研发中心、清华大学、北京理工大学、南昌大学、合肥工业大学等，成功开发出了 SR6800BEV2/BEV3 系列纯电动客车，SR6810BEVG1/BEVG2/BEVG3/BEVG4/BEVG6 系列等系列纯电动城市客车。

七、发展规划

2018 年，江西博能上饶客车有限公司制定了“保四争五”，保证最低实现客车销售 4 000 辆，力争实现 5 000 辆，产值超 20 亿元，规模和产值再次翻番的奋斗目标。市场拓展上在稳定现有市场资源的基础上新增 5 个重点省份和 10 家传统客车有效经销商，提升服务水平。同时为了江西博能上饶客车有限公司的长远发展，上饶客车在工信部《新能源汽车生产企业及产品准入管理规定》发布的半年前已经与上饶市经开区签约启动上饶客车单班年产 2 万辆、最高年产 3 万辆的新厂建设设计工作。目前，江西博能上饶客车有限公司新厂建设已经于 2017 年 3 月全面开工建设，项目用地 1 200 余亩，总投资 30 亿元，目前正在有序推进中，预计 2018 年 11 月投产，计划 2021 年达产达标，年产值将超 100 亿元。

中植一客成都汽车有限公司

Zhongzhi Yi Ke Chengdu Automobile Co., Ltd.

一、单位概况

中植一客成都汽车有限公司，原名一汽客车（成都）有限公司，成立于 2006 年 1 月，是国内具有全资质的新能源汽车自主品牌（中植牌）企业，原名为一汽客车（成都）有限公司，2015 年 9 月更名为中植一客成都汽车有限公司，位于四川省成都经济技术开发区（龙泉驿区），注册资本43 870. 75万元。旗下拥有中植睢宁、中植汽车（淳安）两家全资新能源客车制造企业，注册资本 43 870. 75 万元。公司现有员工总人数 1 000 余人，各类工程技术人员及专业管理人员 200 余人，厂区占地面积共计 487 000 m^2。

公司专注于新能源汽车技术研发、整车制造、市场推广和后市场服务，是西南地区新能源客车骨干企业之一。自组建以来，高度重视科技研发和产品创新，不断提升与清华大学、同济大学和西华大学等知名高校和科研机构的校企合作水平，通过对研发创新的持续投入，公司燃料电池、轮边驱动和复合材料应用等领域取得了国内领先、国际先进的核心技术，获得国家专利技术认证近 50 项。

二、经营情况

中植一客依托核心技术优势，已研发出包括燃料电池城市客车、纯电动客车、纯电动城市客车、纯电动机场摆渡车、纯电动厢式运输车等产品平台，采用四大生产工艺（冲压、焊装、涂装、总装），达到年产 5 000 辆的生产规模。已建立起覆盖国内主要经济区域和中心城市的完善的营销网络和专业的售后服务团队，产品远销东南亚、美洲、非洲等海外市场，形成区域内的品牌、技术和规模优势。被列入成都市“153 项目”。2016 年公司销售新能源客车 2 495 辆，实现主营业务收入 12. 7 亿元，多项经济指标位列中西部前茅。2017 年销售新能源客车 2 594 辆，实现主营业务收入 13. 1 亿元。稳健增长的中植一客，立足西南辐射全国，为实现“青山绿水就是金山银山”的伟大号召继续努力。

三、产品出口

中植一客成都汽车有限公司，产品不仅畅销国内 20 多个省市，还远销拉美、非洲、亚太等地区的 20 多个国家。

中植一客在 2015 年向尼日利亚出口 500 辆适应非洲地区使用的客车，目前还出口非洲的尼日利亚、安哥拉、加纳，美洲地区的墨西哥、洪都拉斯以及亚洲的菲律宾、泰国等国家。

四、产能建设

中植一客启动了 2. 5 万辆新能源商用车建设项目。

项目新征用地 494 亩，固投 20 亿元以上，统一规划建设冲压车间、焊接车间、涂装车间、总装车间、调试车间，配套建设加氢站、新能源汽车研究院等。项目实施后，将建成完整的现代化、智能化新能源商用车生产基地，可实现年产 1 万辆大中型新能源客车、1 万辆新能源轻型客车、0. 5 万辆新能源货车的生产能力。项目投产后，年销售收入将达到 80 亿元 ~ 100 亿元。

主要项目包括:新厂区及附属设施建设、职工活动中心建设、车辆道路试验环形试验道路建设、加氢站、研发中心及新能源汽车实验室升级优化、生产线智能化、数字化提升等。

五、技术进展及研发能力建设

中植一客拥有本科以上人员占研发团队的90%,还有一大批(硕、博)研究生、海归等专业人才。研发人员总数100余人。

六、主要新产品

序 号	产品型号	产品名称	通用名称
1	CDL5040XDWBEV	纯电动流动服务车	凌特
2	CDL5040XXYBEV	纯电动厢式运输车	物流车
3	CDL6100URBEV6	纯电动城市客车	10.5 m 公交车
4	CDL6110LRBEV3	纯电动客车	11 m 团体车
5	CDL6110LRBEV4	纯电动客车	11 m 团体车
6	CDL6660URBEV	纯电动城市客车	6.6 m 公交车
7	CDL6800LRBEV2	纯电动客车	8 m 考斯特
8	CDL6850URBEV	纯电动城市客车	8.5 m 公交车

七、合资合作及重大项目建设

2018年3月12日,成都市绿色智能汽车产业功能区(2.5万辆商用车建设项目)开工仪式在中植一客成都汽车有限公司隆重举行。

八、发展目标与规划

公司通过持续的自主科技创新,掌握了氢燃料电池、轮边驱动、碳纤维复合材料、三电(电机、电控、电池)和电空调等国内领先的新能源汽车前沿核心技术。公司依托上述科技优势,通过产业兼并与重组,整合了汽车专业设计公司、整车制造公司、营销推广公司、后市场服务(互联网+)公司等优质资源,并计划3年内建成由十家控股、十家参股、十家合作的多元化、集团化、国际化的大型新能源汽车企业集群,成为国内优秀的新能源客车企业。

沈阳华龙新能源汽车有限公司

Shenyang Hualong New Energy Automobile Co., Ltd.

一、单位概况

沈阳华龙新能源汽车有限公司成立于2015年7月,注册资金5亿元,为辽宁省经信委、沈阳市发改委"十三五"辽宁省战略性新兴支柱产业重点扶持项目。主要以自主专利技术研发、生产6~12 m各型新能源客车,公司建有钣金冲压、组合件、焊接、车身焊装、整车水性涂料涂装、底盘组装、总装调试、整车检测等生产线,拥有一流的生产设备,生产过程采用总装、冲压、焊接、底盘、检测等完整的流水生产线,拥有激光切割机、数控折弯机、中央蒙皮点焊机、液压涨拉蒙皮机、水性涂料涂装设备等大型先进设备,各类主要设备近1 000台(套)。

至2017年底,公司所研发的纯电驱动客车,纯电驱动续航里程达330 km以上,并已取得新能源汽车推广目录及新能源汽车免税目录等一系列国家公告目录。

二、产能建设

2015年起公司投资5亿元,建设新能源汽车生产基地,占地面积144 715.4 m^2,总建筑面积75 311.2 m^2,2017年公司在原有基础上进一步改造生产线,提升产能,以达到设计年产2 000辆大中型新能源客车的生产能力,基本满足生产需要。

三、技术进展及研发能力建设

沈阳华龙新能源汽车有限公司以开发轻量化安全、可靠、经济的新能源汽车产品为目标。结合自主专利技术开发的纯电驱动车型采用智能高压配电系统,水冷辅机系统(DC/DC,DC/AC)6项水冷电机配制,通过超高效的电机驱动系统,每公里比同类产品降低能耗30%,续航里程达330 km以上,特别是公司研发的全铝制车身,三开门,低地板增程式车型(已获得产品造型专利)节能达50%以上,增程模式下续航里程达550 km以上,彻底解决纯电动客车缺少充电桩问题。

目前,沈阳华龙新能源汽车有限公司拥有工程师以上级别人才达50多人,占公司总人数30%以上,公司还与多家高校合作,持续技术后备人才培养。

四、主要新产品

序 号	产品型号	产品名称
1	SKC6810EVGF	纯电动城市客车
2	SKC6120EVGH	纯电动城市客车
3	SKC5080XXYEV1	纯电动物流车
4	SKC6100EVGF	纯电动城市客车
5	SKC6120HEVGG	混合动力城市客车

五、发展目标与规划

沈阳华龙新能源汽车有限公司将持续新能源汽车产品的研发与发展,在自主核心技术基础上不断创新,完善,以持续向社会不断推出轻量化、安全、可靠、经济的纯电驱动汽车产品,并在此基础上并逐步向新能源乘用车、无人驾驶、燃料电池等技术领域发展。

江苏陆地方舟新能源车辆股份有限公司

Jiangsu GREENWHEEL EV Co., Ltd.

一、发展概况

江苏陆地方舟新能源车辆股份有限公司(以下简称江苏陆地方舟公司)是工业和信息化部《车辆生产企业及产品公告》内民用改装车生产企业,是由深圳市陆地方舟电动车集团有限公司重组江苏省如皋市客车厂后迁址新建的一家立足于常规动力和清洁能源、专注于混合动力和纯电动汽车研发生产的汽车公司。公司拥有改装类大中型客车、专用车生产资质。

江苏陆地方舟公司建设有上海研究院及电驱动系统公司,负责新产品关键技术的研究和三大电的开发。

上海研究院坐落于上海市福克斯创新园,主要从事电动汽车整车及关键零部件研发。研究院设有整车研发中心、电驱动研发中心、产品工艺中心,其中整车研发中心下设项目管理部、总布置部、造型部、车身部、底盘部、饰件部、电子电器部、CAE 部及试制试验部,具备整车开发的策划、设计及试制、试验推进能力。研究院拥有专业、资深的研发、工艺团队,是陆地方舟新能源电动汽车产业的科技创新平台和技术研发平台。

电驱动系统公司,致力于节能与新能源车用电驱动系统的研发、制造与服务。公司设有电控部、电机部、电池部、试制部及测试部五大部门。电驱动系统公司经过十余年对电动汽车核心技术的自主研发,在驱动电机及控制系统方面,同时拥有交流异步电机与永磁同步电机及控制系统核心技术与产业化能力,建立了独具特色的新能源汽车高效智能控制系统 HIEDS,HIEDS 在集团生产的客车、专用车及乘用车上得到广泛的应用与市场检验。

二、生产经营

2011 年,陆地方舟(江苏)电动汽车有限公司开工建设,被定为国家汽车工业调整和振兴计划重点扶持的、国家战略性装备工业项目,也就是国家 863 高科技成果产业化及优秀发明专利实施项目。

2012 年,获得国家新能源汽车生产准入资质。

2013 年,江苏陆地方舟新能源电动汽车有限公司通过纯电动客车生产资质现场审核。

2014 年,12 m 纯电动大巴在深圳、佛山、漳州、南通、如皋、盐城示范运行,续航突破 360 km,刷新国内记录,荣获年度十大创新力客车企业,连续 4 年入选新能源汽车行业创新力 50 强。

2015 年,HiEDS 高效变频电驱动系统升级至第六代。

2016 年,8.3 m 康和特纯电动客车成功满载登顶三晋岳(最高海拔 2 560 m,最大坡度 3%),同时该车型荣获 8 ~ 10 m 区间新能源客车销量第四名,全国占有量 8.7%。

2017 年,8.3 m 客车主要销往海南、江苏,同时新研制的 8.3 m 氢燃料客车取得一致的好评。

江苏陆地方舟公司 2014 年投产销售以来,研发数十款新能源客车、专用车产品,不断开拓市场,在江苏、广东、山西、湖北、福建、海南等省份均已实现大批量销售。2017 年,客车、专用车销售量达 4 000 余辆。

三、产能建设

江苏陆地方舟公司注册资本为 18 105.263 2 万元,占地面积 430 亩,建筑面积 252 617 m^2,总投资 137 200 万元,规划产能为新能源客车、专用车各 5 000 辆,3 000 台底盘的生产能力。现已经建成集客车、专用车焊装车间、涂装车间、总装车间、研发中心和试制车间检测返修车间、动能和污水处理中心、物流中心和试车跑道、展销大厅等为一体的生产基地。

四、技术进展及研发能力进展

陆地方舟 2001 年研发第一台混合动力客车,除了拥有包括"三大电、三小电"在内的纯电动汽车的三大核心技术和 9 项关键技术外,已经成为我国电动汽车领域技术水平领先、产品系列较全、技术产品与市场结合度较好的新能源汽车企业。

三大自主核心技术:HIEDS 电动汽车用驱动电机智能控制系统:不断升级,已经发展到了第六代;车用驱动电机:自主研发、生产从 5 kW 到最大功率 200 kW 的 6 个系列的高效车用驱动电机,应用于 A0 级到 B 级轿车、SUV、专用车、客车/商务车;整车控制器:已开发了从乘用车到专用车、混合动力及纯电动客车/商务车的整车控制器。

九大关键零部件配套技术:电池管理系统 BMS;车载充电系统 EPS;电动助力转向系统(实现助力随动);高效节能电子空调制冷系统;PTC 电加热暖气系统(实现恒温控制);AMT 电动车用自动变速系统;电动真空助力制动系统(实现延时控制);CAN 总线通信系统技术;DC-DC 等其他电动车用电子辅助系统。

截至 2017 年底,共获得 150 多项专利,其中发明专利 12 项,实用新型专利 89 项,外观设计专利 42 项,国际专利 15 项。

五、主要产品

序　号	产品型号	产品名称	通用名称
1	RQ5027XXYEVH0	纯电动厢式运输车	X30
2	RQ5026XXYEVZ0	纯电动厢式运输车	X35
3	RQ5025XLCEVH0	纯电动冷藏车	T80LC
4	RQ6830YEVH14	纯电动客车	康和特
5	RQ6830GEVH4	纯电动城市客车	康和特
6	RQ6110YEVH5	纯电动客车	E11
7	RQ6101GEVH5	纯电动城市客车	—

六、合资合作

江苏陆地方舟公司与南通大学合建的研究生工作站获江苏省教育厅和江苏省科学技术厅授牌，为南京理工大学“产、学、研”合作基地，同时，“年产5 000辆改装客车、5 000辆专用客厢车和100 000套电动汽车关键零部件技术改造项目”被列为江苏省汽车产业“十二五”发展规划重点项目，也是如皋市“十二五”发展规划重点项目，被授予江苏省新能源汽车产业基地和新能源汽车零部件产业基地。

为提升新能源汽车关键技术研发测试能力，2016年，江苏陆地方舟公司持续投入5 000多万元购入奥地利AVL公司新能源汽车综合测试控制系统，建设EMC实验室、三综合汽车实验室、电池PACK综合性能测试实验室等，提升了公司的研发基础实力。

陕西汽车集团有限责任公司

Shaanxi Automobile Group Co., Ltd.

一、发展状况

陕西汽车集团有限责任公司(以下简称陕汽集团)，总部位于陕西省西安市，是我国西北地区最大的商用汽车制造企业，前身是始建于1968年的陕西汽车制造厂，现有员工2.8万人，资产总额533亿元，位居中国500强第387位，中国机械500强第22位，主要从事重型军用越野车、重型卡车、中轻型卡车、大中型客车、微型车、重微型车桥、康明斯发动机及其零部件的开发、生产、销售及汽车金融业务，是行业内唯一5次参加阅兵仪式的重型军用生产企业，受到国务院及中央军委的多次嘉奖。

陕汽集团率先在商用车领域从事新能源汽车技术及产品研发。2009年开发出世界上首创纯电动重型港口牵引车并成功应用于上海港；2010年陕汽集团取得新能源汽车生产企业及产品准入资质；2014年陕汽集团节能与新能源重型商用车重点实验室通过省级重点实验室认证，主持参与了3项国家“863”计划和2项国家科技支撑计划新能源汽车技术领域项目，通过广泛的产学研合作及自主研发，陕汽集团掌握了纯电动与混合动力汽车整车控制技术及电池管理技术等新能源汽车核心技术，形成了以纯电动和混合动力商用车技术为主、燃料电池商用车技术为储备的新能源汽车整车及零部件产品研发平台及支撑体系；组建了以新能源汽车研究所为核心的新能源汽车产品开发团队及新能源汽车实验室为核心的产品实验及验证团队。

二、产能介绍

陕汽集团下辖的四大整车板块，本着充分利用现有资源，继承和创新相结合的原则，对新能源汽车与传统汽车共性和差异性进行分析，确保产品实现的工艺过程。

2017年11月23日上午，全系列商用车暨新能源汽车产业基地开工动员会召开。项目规划总投资50亿元，分两期建设，一期投资30亿元，形成10万辆生产能力，整车、零部件及相关产业集群实现产值300亿元以上。二期根据市场情况，再对生产线进行填平补齐，力争产值突破400亿元。该项目建成达产后，一是将为陕西省打造引领中国新能源商用车发展潮流的产业平台，全面提升将技术领先优势转变为产品领先能力的水平，进一步提升陕西汽车产业层次、壮大产业规模。二是将发挥巨大的拉动效应，带动全省新能源商用车上、下游配套产业的聚集发展，进而打造千亿级的零部件配套产业集群。三是将进一步完善陕汽的发展格局，实现“新能源＋智能网联”双轮驱动，为企业下一步的发展和实现“千亿陕汽”目标奠定坚实基础。同时，陕汽还将以建设国内领先的“数字化＋网络化＋智能化”新能源商用车绿色标杆工厂为目标，整合、集成商用车智能制造领域最先进的技术，为陕西省制造业在智能装备发展、关键技术创新、标准体系建立及示范推广等方面积累实战经验，提供理论依据。

陕汽纯电动轻卡生产线及相关设施：底盘件下料、冲压、组焊、机加工、小件电泳生产车间，上装制作、上装涂装、上装生产车间，车身装焊、车身电泳涂装、内饰装配生产线，底盘装配线、电池组装与检测线、整车检测线、汽车路试跑道、物流库房、整车库、充电设施污水处理站及公用站房等。

三、技术进展及研发能力进展

1. 技术进展

陕汽集团拥有新能源商用车专利技术78项，充分掌握了新能源商用车系统集成及核心零部件开发能力，形成了新能源商用车产业化发展格局。在节能重卡领域市场占有率超过42%，纯电动码头牵引车成功引入美国市场，实现了中国重卡产品在欧美发达国家市场的突破。

国家将发展电动车产业定位为国家战略，在坚定国家战略的同时，陕汽集团始终坚持“以客户为中心，关注产品全生命周期，关注客户经营全过程”的开发初心，脚踏实地的开展新能源事业。2013年陕汽纯电动物流轻卡在国内率先进行研发，历经3年的研发及其测试，2016年车辆首批批量下线。2017年该批车辆全部落地运营，并打造了西安样板市场，市场占有率38%，共享单车运输车辆90%为陕汽轩德E9纯电动车。目前，陕汽纯电动物流轻卡联合国内知名零部件企业已经开始研发第三代电驱动零部件产品；并且对于第四代轮边电机技术项目已经组织研发部门立项。

轩德E9采用国内外先进零部件配套体系，使得陕汽纯电动物流轻卡在满载工况下一度电可跑3.5 km；充电倍率提升至1C，40 min可充70%电量，可满足用户全天高效运行的充电需求；国内首家通过高温试验(吐鲁番火焰山地表72 ℃)和低温试验(哈尔滨气温－35 ℃)，性能可靠，出勤率高；先进的技术总成方案使得电机高效区保持在95%以上，行车耗电较行业竞品省 21%；整车及核心零部件防护达到 IP67 以上；先进的集成控制器使电磁兼容性能达到 class3，行业内最高。

2. 研发能力进展

在基础设施方面，陕汽具有国家级技术中心、汽车研究院、博士后科研工作站、新能源汽车实验室等领先的基础设施。依托国家级企业技术中心和博士后科研流动站，陕汽建立了强大的新能源车辆开发团队，形成了以专家、科技带头人、博士和硕士为骨干、近 600 名具有丰富汽车设计开发经验的专业人员组成的技术开发团队和技术创新体系。陕汽除了自身具备完善的基础设施外，积极开展产学研工作，与产业链一流企业达成战略合作。

在新技术开发应用、试制试验方面，陕汽与长安大学、西安交通大学、清华大学保持亲密合作关系；在动力电池选择上，陕汽与国内一流品牌，建立战略合作关系；同时与汽车传统零部件企业共同开发新一代产品。

四、主要产品

序　号	产品型库	产品名称	通用名称
1	SX5043XLCBEV331L	纯电动冷藏车	轩德 E9
2	SX5043XXYBEV331L	纯电动厢式运输车	轩德 E9
3	SX5044XXYBEV331L	纯电动厢式运输车	轩德 E9

续上表

序　号	产品型库	产品名称	通用名称
4	SX5041XXYBEV331S	纯电动厢式运输车	轩德 E9
5	SX5043CCYBEV331L	纯电动仓栅式运输车	轩德 E9
6	SX5045XXYBEV331L	纯电动厢式运输车	轩德 E9
7	SX5041XLCBEV331S	纯电动冷藏车	轩德 E9
8	SX5041XXYBEV331H	纯电动厢式运输车	轩德 E9
9	SX5042XXYBEV331H	纯电动厢式运输车	轩德 E9
10	SX5042XXYBEV331S	纯电动厢式运输车	轩德 E9
11	SX5040XXYBEV331M	纯电动厢式运输车	轩德 E9

五、发展规划

陕汽集团总体目标：

第一阶段，从现在开始到 2020 年，用 3 年左右的时间，实现千亿陕汽目标，完成“十三五”的发展任务；第二阶段，从 2020 年到 2025 年，军品业务实现系列化发展，国际市场销量占比达到 30% 以上，全系列商用车业务进入国内行业前列，集团销售收入突破 1 500 亿元；第三阶段，从 2025—2035 年，陕汽全系列商用车业务达到国际领先水平，新能源乘用车业务成为行业重要力量，集团销售收入突破 2 000 亿元。

中国重汽集团成都王牌商用车有限公司

SINOTRUK CHENGDU WANGPAI COMMERCIAL VEHICLE CO., LTD.

一、单位概况

中国重汽集团成都王牌商用车有限公司是中国重汽集团控股的大型商用车制造企业，是国家高新技术企业，四川省、成都市 100 强企业，成都市大企业大集团。

重汽王牌公司位于四川省成都市青白江区“成都市载货汽车生产基地”，注册地址成都市青白江区弥牟镇长城路 8 号，占地面积 2 000 余亩，注册资本 8 亿元。公司下辖中国重汽集团南充海乐机械有限公司、四川重汽王牌兴城液压件有限公司和成都重汽王牌汽车检测有限公司 3 家全资子公司，拥有员工近 3 000 人。

重汽王牌公司坚持创新驱动战略，建有省级技术中心和工业设计中心，利用重汽集团先进的技术、管理和品牌资源优势，走自主创新与“产学研”结合研发的道路，开发的中重卡、智能型渣土车，“7”系轻、微卡，纯电动商用车、城市多功能用车等产品，达到国内同行业先进水平。根据国家转型升级的要求，公司对技术工艺、生产装备进行大规模技术改造，形成具有特色的工艺技术，获得包括 15 项发明专利的 300 余项专利授权。

重汽王牌公司的主导产品为重、中、轻、微型商用车、专用车、新能源车（LNG 运输车）、低速货车等产品系列，形成了工程自卸车、公路运输车、特种专用车、新能源纯电动车、低速货车等产品，1 000 多个车型品种的产品结构，年生产能力达 25 万辆。公司产品全部产品拥有自主知识产权，获得注册商标 23 项，并连续获得四川省名牌产品称号，被认定为国家驰名商标，王牌品牌在国内汽车行业有较高的知名度。

重汽王牌公司产品适用于工程用车领域，包括基础设施建设、港口码头、矿山采掘运输及其他建设工程运载需求，可服务于特定范围运输单元的组合；公路用车领域，包括长途中重型平板车、牵引车，城际和城市物流载货车等运输单元的组合；多用途车辆领域，包括纯电动物流车、城市环卫、绿化多功能专用车、特种用途车等。

重汽王牌公司立足西部，面向国内、国际市场，在全国建有完善的经销商、服务商网络，产品畅销 28 个省市自治区，出口到东南亚、南美、非洲等 40 多个国家和地区，成为四川省商用汽车出口骨干企业。

二、生产经营

坚持以质量为生命线的管理创新，不断完善质量管理体系，按照卓越绩效的规则，建立多方共赢的质量管理体系，将质量管理的重点从企业内部延伸到市场用户，建立为用户负责的质量保障体系和指标控制体系。4 年来产品质量不断提升，连续获得四川省名牌产品称号。

推广应用信息化工程和“两化融合”工程，运用信息技术改造升级传统产品研发和经营管理。运用 CAD、CAE、CAM、PDM 进行新产品研发设计，运用 ERP 系统对生产运营进行控制管理。企业销售、物资、财务等业务板块，基本实现信息化管理。公司成为工信部“两化融合”贯标企业，正在实施“两化融合”的标准化体系建设。

推进劳动用工和分配制度改革，健全了企业内部的责任制体系，强化绩效考核，调动员工积极性。在生产经营发展的基础上，不断完善社会保障体系，保障员工的社会保险及福利待遇，员工的工资收入每年递增 10% 以上。

坚持科学发展，创新驱动，不断推进企业产品升级、工艺装备升级、市场营销转型、企业管理转型，奠定了企业持续发展的基础和保障。

三、产能建设

根据公司未来电动车发展情况及公司生产线总体调整规划情况和重汽集团部署，重汽王牌的新能源汽车要作为公司重要板块来发展。

2015 年，公司投资 10 000 余万元，将电动汽车总装配线搬迁到新厂区（012 厂区），达到年产 5 000 辆电动车的生产能力。同时，通过纯电动汽车项目的实施，重汽王牌建设完成了：载货汽车辊压及自动焊接货箱生产线 1 条；驾驶室自动焊装生产线 2 条；改建零部件生产线 2 条、完善涂装和车架生产线各 1 条及其他辅助生产设施等，机器人全自动冲压生产线，机器人自动滚边装置、一体化机器人自动点焊系统、货箱采用辊压成型技术、货箱油漆技术、车架三面冲技术、车架纵梁表面喷丸处理等工艺改进。

四、技术进展及研发能力建设

1. 坚持技术开发创新，实现产品升级

目前，公司首先抓好产品的创新升级，按照载货车技术发展趋势，以国内一类企业产品为标杆，先后开发了新型“7”系轻微卡产品、中重卡产品、新能源纯电动车产品、专用车产品以及建筑垃圾运输车产品、右舵轻卡产品，实现了产品的轻量化、智能化、低排放、国际化。公司产品由原来的两大类增加到现在的六大类，形成了重、中、轻、微、特、新的产品结构，使公司的商用车产品线得到极大的丰富，产品公告门类齐全，扩大了满足市场的领域和范围，适应市场的需求面更为广阔，为公司做强做大提供了产品支撑。2011 年以来新产品开发达 1 100 多个品种，新产品产值占销售产值的 90% 以上。

2011 年开始的新能源纯电动商用车的研发，使重汽王牌公司成为四川最早获得纯电动车包括底盘和整车生产资质，并完成研发生产的企业，产品在国内处于领先地位。2016 年以来，新能源纯电动汽车产品已经累计向市场投放 2 000 辆左右，获得市场一致好评，目前已经具备 5 000 辆/年的生产能力。

2011 年以来，公司投资开发中重卡高端产品，形成以工程车、平板车、牵引车为主的中重卡系列产品，使成都的商用车行业真正具备了高端重卡的生产能力。在此基础上，公司根据成都建筑市场及市政管理的需要，2014 年又开发了智能型建筑垃圾运输车，进一步提升产品的技术含量，增添了有竞争力的创新产品，该产品在国内处于先进水平。

为了适应开拓国际市场的需要，公司根据出口国的法规和标准，先后开发了面向出口的右置方向车型，完成了出口型轻微型卡车车桥、发动机的开发等。使产品能很好地适应出口的需要，在东南亚已经具有一定的知名度，远销东南亚、南美、非洲等十多个国家和地区，成为公司新的经济增长点。

产品的创新升级，促进了公司产品在市场下滑的形势下，产品销售逆势增长，成为川内商用车的一道亮点。公司的“7”系创新产品获得了 2014 年四川省科技进步奖。公司的重汽 CDW 系列纯电动汽车关键技术研究及应用在 2016—2017 年获四川省科学技术成果。2012—2016 年还有以下政策立项科技项目。

序　号	项目来源	项目名称	项目编号	起止时间	项目简介
1	成都市科技局	重汽王牌电动洒水车研发及产业化	12ZHZD051GX－003	2012－1 2014－12	1. 建立纯电动汽车系统仿真平台； 2. 建立纯电动汽车整车控制系统开发平台； 3. 建立以功率密度最大为目标的纯电动汽车系统参数匹配及优化方法； 4. 建立纯电动汽车身几何模型和动力学分析模型数据库和知识库； 5. 针对纯电动汽车建立底盘改制设计平台和底盘创新设计平台
2	四川省科技厅	轻中型载货汽车研发及产业化	—	2013－1 2014－12	1. 研发载货汽车的制造过程管理系统，建立载货汽车系统仿真平台； 2. 实现轻中型载货商用载货汽车电子化、模块化与智能化； 3. 改造传统轻中型载货汽车底盘，实现具有良好的操控性、平顺性和能效性； 4. 对轻中型载货车身、车架结构进行轻量化改造，使用高强度、轻量化新材料，如合成材料等，使电动车底盘具有重量轻、效率高、结构紧凑和成本低等特点

续上表

序 号	项目来源	项目名称	项目编号	起止时间	项目简介
3	四川省科技厅	工程货车辊压高强度货箱边板结构专利组合	—	2014-2 2015-2	1. 车型扩展;销量2.2万辆,公告完成7系100个型申报; 2. 形成批量生产,制造工艺在国内领先; 3. 授权专利60件以上; 4. 驾驶室逆向改型及右舵结构设计(出口车型)、车身
4	四川省科技厅	纯电动城市物流配送车产业链关键技术研究及运营示范	2015GZ0129	2015-1 2016-12	纯电动城市物流配送车试验评价技术研究;纯电动城市物流配送车批量化生产工艺及检测技术研究。(注:王牌是参与单位)
5	成都市科技局	重汽王牌纯电动商用汽车	2015-CP01-00060GX	2015-12 2017-12	总目标:产量3 200辆、产值7亿、缴税1 280万元、净利润600万元;申报发明专利3件,实用新型4件,软件著作2件
6	四川省科技厅	NVH正向设计在中/重型商用车开发中的应用研究	2015GZ0150	2015-3 2018-2	实现NVH正向设计在商用车开发中的应用,形成研发规范,进行汽车性能分析

2. 重汽王牌公司——西华大学电动车联合实验室产学研联合室

2012年,"重汽王牌公司——西华大学电动车联合实验室产学研联合室"获得批准。

实验室主要从事新能源汽车中的电动汽车的车身及底盘设计、整车控制系统、整车系统匹配及优化、电机控制系统、电池管理系统等方面的科学研究及产品开发、产品检测等工作。

3. 纯电动汽车技术水平的提升

建立了汽车零部件产业链技术创新服务平台ASP,实现了网络协同销售管理;纯电动车设计运用了"基于国产三维设计平台或核心的汽车及零部件产品应用服务系统"、"支持产品创新设计的多学科协同建模仿真方法及实现技术"和"支持汽车行业两甩工程的数字化集成平台"等两项"863"成果和市科技成果进行产品设计、优化,采用CAD三维系统协作开发,提高产品设计水平,减少设计费用和缩短研发时间。王牌已有的技术平台参与,包括相关技术人员、设备条件等。电动汽车联合实验室将在电动汽车整车控制器研发技术、新能源汽车整车集成及匹配优化技术、电动汽车车身及底盘设计技术、新能源车辆专业技术人员培训等项目开展产学研工作。电动汽车联合实验室专门从事新能源车辆整车控制技术和系统匹配优化技术的研究,研发目标主要锁定在新能源车辆系统优化匹配、车身与底盘设计以及综合控制中核心技术的研究,以及关键应用系统的开发。公司的整车出厂安全检测线配备了车速试验台、踏板力计、轴重—制动试验台、灯光测试仪、侧滑试验台等设备,采用了全数字通讯,全自动联网,检测数据和结果自动采集、打印。远程监控平台的建立,能够实现故障的远程与诊断。截至2016年12月,共申请新能源相关专利36项,获得新能源汽车相关专利32项,其中发明专利3项、实用新型专利24项,外观专利5项。重汽王牌载货汽车自主研发载货汽车的五大集成技术全部应用于电动汽车之中,在电动汽车设计中,针对电动汽车相关要求,开展了电动汽车动系统可靠性、动力机械传递技术攻关,对于在研发中的创新点进行了研究并取得成效,形成了纯电动汽车核心技术。

五、主要新产品

1. 整车		
序 号	产品型号	产品名称
1	CDW5040XXYH1PEV	纯电动厢式运输车
2	CDW5040XXYH2PEV	纯电动厢式运输车
3	CDW5040XXYH3PEV	纯电动厢式运输车
4	CDW5040XXYH4PEV	纯电动厢式运输车
5	CDW5020ZZZNEV	纯电动自装卸式垃圾车
6	CDW5030XGCEV	纯电工程车(皮卡)
7	CDW5040XLCMEV	纯电动冷藏车
8	CDW1070H5PEV	纯电动载货汽车
2. 零部件		
序 号	产品名称	产品型号
1	成箱后的储能装置型号	129.6V145.4Ah
	电动汽车驱动电机型号	YPQ200L-8-HT
2	成箱后的储能装置型号	129.6V173.4Ah
	电动汽车驱动电机型号	YPQ200L-8-HT;TZ260XSD64
3	成箱后的储能装置型号	129.6V145.4Ah
	电动汽车驱动电机型号	YR321XS-060-01YJ
4	成箱后的储能装置型号	268.8V143Ah
	电动汽车驱动电机型号	TZ290XS-PLM070G01
5	成箱后的储能装置型号	GSBSHZMBAA25.9-86.4
	电动汽车驱动电机型号	G175TZX024-027
6	成箱后的储能装置型号	129.6V145.4Ah
	电动汽车驱动电机型号	YPQ200L-8-HT

六、合资合作及重大项目建设

1. 完成杭州1.8 t新能源纯电动车公告申报、新能源目录申报、免征及3C等申报,并完成与中国重汽集团绵阳专用汽车有限公司、杭州容大智造科技有限公司框架协议的签订及小批生产。

2. 与四川电力公司多次进行沟通,初步建立与四川省电力公司、昆明、海南电力公司合作事宜。

北奔重型汽车集团有限公司

BEIBEN Trucks Group Co., Ltd.

一、单位概况

北奔重型汽车集团有限公司是中国兵器工业集团直属大型高端支柱型重型商用汽车制造企业。集团总部在内蒙古包头市，拥有资产总额136亿元，占地总面积达232万 m^2。公司拥有较为先进的整车总装、驾驶室、车架及车桥生产线。北奔重汽以先进独特的奔驰技术为核心，深度融合严谨领先的军工技术，通过消化吸收，自主创新，集成开发，建成学科门类齐全的科研开发队伍和专业成熟完善的科技创新体系。北奔以平台化、模块化和系列化战略，构建起 NG80、NG09、NG10 三大重卡平台和 NG08 非公路车平台。

内蒙古青杉汽车有限公司，作为北奔重型汽车集团有限公司的子公司，经过两年的发展，建立起了较为完备的混合动力城市客车、纯电动城市客车开发和生产环境，造就了一支富有实践经验的高科技研发队伍。

二、经营情况

北奔重型汽车集团有限公司在新能源客车板块，经过两年的发展，已建立起了较为完备的混合动力城市客车、纯电动城市客车的开发和生产环境，正在积极推进新能源客车在内蒙古地区的示范运营工作，在新能源汽车产业化道路上迈出了坚实的步伐。2018年，公司将加大新能源卡车板块的研发投入，发挥企业优势，积极创新营销模式，充分利用政府机关、企事业单位等大客户资源，在中重型新能源环卫车、物流车、自卸车等方面完成开发和销售。

三、产能建设

北奔集团拥有较为先进的整车总装、驾驶室、车架及车桥生产线，有各类设备2 218台（套），其中进口设备252（套），专业化的生产线和制造设备成为整车卓越品质的坚强保证，目前拥有年产5万辆重卡的生产能力。在新能源客车板块，具备年产新能源公交车整车3 000辆的生产能力，项目占地150亩，建有联合厂房、检测车间、淋雨车间等。

未来在新能源重卡板块，北奔集团公司将采取新能源汽车与传统车并线生产的方式，2018年内完成能力建设及 N3 类新能源汽车的生产资质准入。对现有生产线进行改造后，新能源智能网联汽车生产线具备机械化焊（铆）、预装、底盘装配能力，新建电机装配生产线，下线自动检测台等，产能将达到5万辆/年。

四、技术进展及研发能力建设

本着军民融合发展的原则，北奔重汽投入大量资金建成了国内一流的综合研发基地。占地面积53 000 m^2，拥有图形工作站240余台，具备综合办公、部件及整车台架试验、数据采集、工艺验证等功能。技术中心现有科技人员254人，其中，本科学历188人；研究生及以上学历39人，研高工10人，高级工程师45人，工程师116人；享受国务院津贴专家2人，中国兵器科技首席科学家1人，科技带头人2名，技能带头人2人。北奔新产品开发已实现了全数字化开发环境和工作流程，建立了基于 BOM 和 VPM 系统的同步设计系统，实现协同开发同步设计；3D 数据应用贯穿产品定义、概念设计到 SOP 整个开发过程。技术中心目前采用 CATIA 进行三维设计，干涉检查，装配工艺性检查，采用 HyperMesh/ANSA、MSC. NASTRAN、DYTRAN、MSC. ADAMS、FEMFAT、LS-DYNA、HyperViewCRUISE、KULI 等专业设计、分析和计算软件，在“千人计划”专家的带领下，形成了整车性能开发能力。产品验证中心试制车间采用全新的工艺定置方案，同时具备3台整车的试制能力。目前拥有 INTEST、VBOX、M + P 三套先进的试验设备，主要用于温度、压力、加速度、方向盘转角转矩、车速的测量。能够独立完成整车的平顺性、动力性、制动性、经济性、热平衡、NVH 等基本定型试验。

在研发能力建设方面，北奔重汽目前拥有新能源生产企业准入要求的整车及系统试验验证能力，结合企业发展要求，北奔重汽进一步发展新能源汽车试验能力，建设先进的新能源汽车试验中心，推动北奔自主研发体系不断趋于完善，大幅提高北奔的核心竞争力。新能源汽车试验中心的职能将承担北奔新能源重型汽车开发的试验验证工作，以及为产品质量提升、结构优化、各项基础研发、专项科研任务提供试验支持。逐步成为提高北奔可持续创新能力，实现技术跨越，增强市场竞争力的平台。北奔新能源汽车试验中心将多层次、分阶段、全方位的逐步建设，具体规划如下。

试验中心逐步建设4个试验室、1个试验场以及1个平台，分别为“新能源道汽车路性能与环境试验室”“新能源汽车动传系统试验室”“新能源汽车强度与疲劳试验室”“新能源汽车电器试验室”“新能源汽车智能网联试验场”“新能源智能网联汽车云平台”。

在新能源客车板块，根据现实需求和公司发展规划，公司在整车、系统、零部件等方面都得到了快速提升。在客车外观设计、全铝车身的设计、空气悬挂定位器、汽车车架横梁焊接定位器、新能源汽车动力储能仓散热系统的研发及应用、用于驱动电机输出轴上的连接件的研制、便携式轮胎拆卸辅助工具的开发、新型储气筒支架的研发等方面获得了相应的知识产权。北奔客车产品坚持安全优先，独创“4S”安全理念，即结构安全（Structural Safety）、涉水安全（Wading Safety）、监控安全（Monitoring Security）、使用安全（Use Safe）。

结构安全：整车采用封闭环全承载式结构，在碰撞及侧翻时能够吸收、减少碰撞能量，最大程度保证车内乘员安全空间；针对客车常发、易发事故部位，结合新能源汽车高压部件特点，针对动力电池、各种高压控制部件等部位增加防撞装置，保障高压碰撞安全。

涉水安全：针对国内城市频发内涝等特点，在车辆防水上下功夫。所有 B 级电压部件均采用防水防尘等级为 IP67 部件,低压插件均采用防水插件。在车辆结构设计时注重防水,使整车涉水能够达到 500 mm 以上。

监控安全:所有出厂车辆标配车辆后台监控系统,实时对包括车辆地理位置、主要零部件运行情况等实现实时监控,可以实现安全事故预防、节能因素挖掘、电池寿命预测、故障分级预警等监控。

使用安全:出厂车辆均标配绝缘检测系统,当车辆电器系统出现异常工况时,可通过声光报警向驾驶员提醒;标配适用于高寒及高温地区的电池热管理系统,保证电池性能持续工作在高效区,有效地解决高寒及高温地区的车辆续驶里程短、电池寿命短的安全瓶颈。

五、主要新产品

序　号	产品型号	产品名称
1	ND6102BEV00	纯电动城市客车
2	ND6101PHEVN	插电式混合动力城市客车
3	ND6122PHEVN	插电式混合动力城市客车
4	ND6111LEV00	纯电动客车
5	ND6820BEV00	纯电动城市客车
6	ND6870PHEVN	插电式混合动力城市客车
7	ND6111BEV00	纯电动城市客车
8	ND6104BEV00	纯电动城市客车
9	ND6822BEV00	纯电动城市客车
10	ND6801BEV00	纯电动城市客车
11	ND6802BEV00	纯电动城市客车

六、发展目标与规划

公司将在新能源领域发力,在重卡板块,率先完成纯电动城市环卫车的产品研发,后续根据市场需求及政策,完成纯电动牵引车、自卸车等系列车型的开发,掌握新能源整车集成开发、整车控制、新能源轻量化、新能源 NVH 等核心技术及先进的试验验证能力。成为内蒙古地区率先拥有纯电动重卡研发能力的汽车企业,填补内蒙古地区在纯电动卡车领域的空白。2018 年内完成能力建设及 N3 类新能源汽车的生产资质准入,并具备新能源智能网联汽车 5 万辆/年的生产能力。

在新能源客车板块,以纯电动公交车为主,完善在纯电动客车,混合动力客车方面的产品布局。市场方面以开拓新能源公交车市场为主,同时探索利用租赁、PPP 等新的商务模式与客户合作,扩大销售市场。

北奔集团将借助国家大力发展新能源车市场时机,把握市场机会,走出一条人才和技术驱动的发展之路。

七、2017 年 1—12 月企业在新能源汽车方面经济指标统计

增长率(%)	指标名称	单位	本期累计	同期累计
北奔重型汽车集团有限公司	2017 年末资产总计	76 558.48	51 781.13	47.85
	2017 全年完成投资额	4 526.70	6 535.95	-30.74
	2017 年营业收入	48 441.80	14 565.59	232.58
	2017 年利润总额	-1 478.02	-847.65	74.37
	2017 年产品销售率	97.00	96.00	1.04
	2017 年销售利润率	-3.05	-5.82	-47.57

四川南骏汽车集团有限公司

Sichuan NANJUN Automobile Group Co., Ltd.

一、单位概况

四川南骏汽车集团有限公司是经工业和信息化部批准在《道路机动车辆生产企业及产品公告》内设立的商用车整车生产企业(《目录》序号 152),从事车辆研发、生产、销售近 30 年,在商用车、专用车及其零部件的研发设计、制造管理、质量管理、采购管理、销售管理和售后服务管理等方面拥有坚实的基础和丰富的经验。2017 年底,四川南骏汽车集团有限公司正式取得了新能源汽车生产资质。

二、产能建设

四川南骏汽车集团有限公司现有员工 2 095 人,占地 2 858.59亩,厂房面积 526 569 m^2,冲压、焊装、涂装、总装四大生产工艺齐备,具备年产新能源汽车 4 000 辆的综合生产能力。

三、技术进展及研发能力建设

四川南骏汽车集团有限公司具备完整的商用车产品设计、开发、试验、验证、生产、检测、销售和服务能力,通过自主开发、技术合作和技术支援方式,深入研究纯电动厢式运输车的电气架构、电气安全和整车控制技术,完成了整车控制系统硬件样件的研制和软件架构的搭建,并完成了实验室内的试验、测试,并对关键零部件、关键总成试验室进行了技术改造,对电机、电池、电控系统进行了样件测试,通过第三方机构实施了“三电”系统与实车性能的整体测试,建立了纯电动货车的开发流程、情报信息、整车电气系统设计文件,就纯电动汽车相关知识对技术、质量、生产、采购、销售、售后服务人员进行了系统培训。目前,四川南骏汽车集团有限公司已具备新能源货车整车的开发、设计、试制、试验、生产、销售和售后服务能力。

四、主要新产品

序号	产品型号	产品名称	通用名称
1	08SDA30BEV5001	纯电动厢式运输车	瑞逸
2	20SDE30BEV1001	纯电动载货汽车	瑞逸
3	20SDE30BEV5010	纯电动厢式运输车	瑞逸
4	60EDF33BEV1001	纯电动载货汽车	瑞吉
5	60EDF33BEV5010	纯电动厢式运输车	瑞吉
6	80PDB33BEV1001	纯电动载货汽车	瑞吉
7	80PDB33BEV5010	纯电动厢式运输车	瑞吉
8	70PDB33BEV5001	纯电动厢式运输车	瑞吉
9	80PDB33BEV5001	纯电动厢式运输车	瑞吉

五、合资合作及重大项目建设

南骏集团与云南冶金集团创能金属燃料电池股份有限公司共同开发铝空气电池，替代现有南骏物流车型上所使用的锂离子电池，以降低车载电池成本；同时，推进开发铝空气电池与锂离子电池并型为 2.5 t 冷链物流车的电源，以提高冷链车续航里程。

六、发展目标与规划

南骏集团将坚定不移立足商用车领域求发展，坚定实施“技术突破、品质跨越、品牌重塑、经营革新”四大工程，面向国内国际市场，大力发展新能源汽车，力争在未来内迅速成长为具有强大的核心竞争力和可持续发展能力的商用车集团。

庆铃汽车股份有限公司

Qingling Motors Co., Ltd.

一、单位概况

庆铃汽车股份有限公司（以下简称庆铃）成立于 1985 年，是中国汽车行业第一家中日合资企业，是中国汽车行业第一家赴境外上市的企业，公司现有员工 2 858 余人，其中：职能、技术、营销专业技术人员 629 人，中层干部 113 人，占地面积 496 044m^2，建筑面积 317 298 m^2，生产能力 12 万辆/年/（两班制）生产。经过 30 多年的发展，庆铃已形成轻、中、重型商用卡车的全系列产品阵容，具有先进的制造体系和生产装备，具备完善的开发体系及流程和齐全的试验、检测设施，建立了遍布全国的销售、售后服务网点，拥有一大批忠实、稳定的客户群体，成为中国商用卡车企业的技术质量标杆。庆铃积极响应国家新能源汽车发展战略，以传统燃油车研发、生产的能力和经验为依托，快速启动了庆铃新能源汽车产业的发展建设，已获得 N1、N2 类新能源纯电动汽车生产资质，并取得了多款车型的公告。

二、产能建设

庆铃拥有完备的轻、中、重型载货汽车、皮卡及多用途货车的生产条件，冲压、焊接、涂装、总装四大工艺齐全，实现新能源车与传统油车的混线生产，各车型年综合产能 12 万辆，其中：轻型载货汽车 7 万辆（含纯电动轻型载货汽车 1 万辆），皮卡及多用途货车 4 万辆（含纯电动皮卡 0.5 万辆），中、重型载货汽车 1 万辆。

三、技术进展及研发能力建设

根据行业战略转型的需要，庆铃加大对新能源技术研发的投入，拥有业内经验丰富的研发团队，已能够独立完成整车结构自主设计（含底盘、车身及电器），拥有国内领先的关键核心技术（整车控制器），同时在驱动系统、储能系统的匹配及选型上技术成熟，具备新能源整车设计开发、试制及试验验证、制造、销售服务一体化的新能源汽车生产能力。

在设计理念上，庆铃严格遵循零部件标准化、模块化、系列化、轻量化原则；在设计开发方面，生产、品质、采购等管理部门提前参与项目开发，同步开展相关工作，及时发现并共同解决问题，让设计阶段的问题得到提前整改确认；在设计验证方面，庆铃拥有专业的 CAE 分析团队和先进的技术分析验证手段，能够独立完成复杂的结构、强度、碰撞、NVH、CFD 分析等方面深入分析，此外庆铃拥有丰富的台架试验验证资源、整车性能、道路可靠性验证策划充分，保证了产品交付生产环节前的质量；在技术管理方面，技术管理部门专门配备了相应的专业技术人员，及时跟踪了解国内外新能源汽车技术的最新发展情况及国家和行业技术标准、法规动态，在产品开发过程中邀请、走访了电动汽车专家和相关企业，对整车控制系统、车载能源系统、驱动系统等关键系统的边界划分与借口定义进行了细致的分析了解。

庆铃制定了新能源《产品开发流程》等各种产品设计开发规范及管理流程，对新能源产品开发设计过程分 6 个阶段（PP0～PP5）及 7 个节点进行管理，分别规定了相应的设计开发输入、输出文件等交付物，各阶段都进行了评审、验证和确认，并保存相应的记录，设计输出包含了完整的产品明细、产品图纸及技术文件，并能指导生产。

四、主要新产品

1. 整车			
序号	产品型号	产品名称	通用名称
1	QL5041XXYBEVECCA	纯电动厢式运输车	EV100
2	QL5070XXYBEVECCA	纯电动厢式运输车	EVK100
3	QL1070BEVEBCAY	纯电动载货汽车底盘	EV600
4	80.6 kWh 动力电池系统	GXB2－G7B－5P42S	
5	110 kW 永磁同步电机	YTD060W23	

续上表

2. 零部件		
序　号	产品名称	产品型号
6	90 kW 智能立式直流充电桩	S-ACCS220-32-F
7	驱动电机控制器	KTZ50X35S
8	电子真空泵	02.10.101
9	新能源汽车车载实时监控装置	NE－EVT200-P
10	车速表、组合仪表	3820010-XEA01
11	电动汽车整车控制器	VCU02

五、发展目标与规划

产业规划：庆铃汽车作为汽车行业的重点骨干企业，国内高端商用车的引领者，一直坚持走技术领先、质量领先、管理领先的创新发展之路。对于新能源汽车产业，庆铃始终秉承主动拥抱百年来汽车行业最大的技术变革，紧紧围绕国家政策和法规要求，牢牢把握改革创新这个主线，充分发挥庆铃在传统商用汽车行业内的比较优势，集政产学研用各方面力量，整合国内外优势社会资源，按新能源汽车全产业链布局，推进引资、引技、引智全面合资合作，迅速推进庆铃新能源商用车产业发展，逐步形成年产 6 万辆、销售额过百亿的产销规模，再造一个庆铃，实现节能环保继续保持国内领先的燃油汽车和新能源汽车的双轮驱动发展战略。

产品布局：庆铃新能源汽车按照“3531”产品战略进行产品平台化、系列化布局，即：实施纯电动、混合动力、燃料电池“3”种新能源技术路线，以纯电动为主，预演混合动力、燃料电池技术，适时切入；打造纯电动轻卡、纯电动皮卡、纯电动轻客、混合动力重卡、燃料电池重卡“5”个整车产品平台，2018 年完成 4.5 t 物流车及 7.3 t 底盘开发及销售，启动皮卡开发；2019 年开发 16～18 t 重卡底盘，启动轻客开发，2020 年开发都市物流；掌握电控、驱动系统总成、动力电池“3”3 个核心总成；搭建智能驾驶和车联网“1”个系统。2020 年前，在纯电动皮卡/轻卡/轻客 3 个平台陆续推出 10 个以上车型，形成系列化、节能化、专业化、智能化和网联化的产品，以满足城市最后 1 km 运输及市政环卫用车需求。2022 年前，打造完成混合动力和燃料电池重卡两个产品平台，以满足城际间中长距离运输需求。

山西成功汽车制造有限公司

Shanxi Chenggong Automobile Manufacturing Co., Ltd.

一、单位概况

山西成功汽车制造有限公司（以下简称成功汽车）成立于 2009 年 6 月 24 日，是山西成功投资集团有限公司的全资子公司，由其旗下的汽车事业部进行管理。位于长治县科工贸园区，占地面积 533 333.7 m^2，总建筑面积 140 083 m^2。企业在册员工 1 300 余人，注册资本为 10.8 亿元，是一家汽车研发、生产、销售、售后全过程的整车制造公司。现拥有多用途乘用车、多用途货车、轻型货车、运动型乘用车、纯电动多用途乘用车、纯电动厢式货车、纯电动封闭货车、纯电动载货汽车等生产资质。

成功汽车作为山西省重点企业，也是山西省内唯一的一家微车整车制造企业，先后从德国、日本、意大利等国引进了先进的生产制造工艺和生产线，目前拥有完整的四大工艺车间冲压车间、焊装车间、涂装车间、总装车间，规划产能 30 万辆/年。2016 年我国纯电动物流车产量达 5.78 万辆，成功汽车公司产销 3 748 辆，占全国总销量的 6.48%，在同类生产企业中排第四位。2017 年我国纯电动物流车销量达 14.8 万辆，成功汽车公司销量达 5 231 辆，占全国总销量的 3.53%，排名第五位。

二、经营情况

成功汽车自 2016 年由传统汽油车向新能源物流电动车战略转型，生产经营呈现逐步增长的势头，经营质量稳步改善，风险抵御能力不断提升。在 2017 年全国物流车销售排名中，成功 V2E 名列全国第五名。

三、产品出口

2017 年成功汽车出口沙特、埃及、秘鲁、阿联酋、菲律宾、萨尔瓦多、乌拉圭、也门等南美、非洲国家总计 694 辆，出口创汇 3 290 730 美元。

四、产能建设

成功汽车总产能 30 万辆，项目分两期建设，一期年产 12 万辆新能源汽车生产能力已经建成，二期年产 18 万辆生产线正在建设中。

五、技术进展及研发能力建设

成功汽车投资数亿元于 2011 年 4 月、2016 年 7 月、2017 年 5 月成立汽车工程研究院、新能源动力研究院、汽车前瞻技术研究院；主要负责汽车和发动机产品的研发、生产过程中的技术支持、生产线技术改造、汽车和发动机产品配套体系的建立；动力电池、驱动电机及电机控制系统的研究、匹配和选型；汽车前沿技术的跟踪研究，如汽车的轻量化、智能网联化等工作。目前已具备了较强的自主研发能力，具备汽车造型设计、工程化设计、仿真分析、样车试制试验等四大能力。已完成 V518 微型客车、V511 单排货车、V512 双排货车、V108 甲醇汽车、S108 型 SUV、S102 型皮卡、1025DF 型 CNG 车、V2E 系列新能源汽车及 6431F 型 CNG 车等车型的完整开发，这些车型均已列入工信部《道路机动车辆生产企业及产品》公告并批量生产。

为了增强研发能力，成功汽车对试验中心进行了升级，升级后的试验中心分为新能源试验区、零部件试验区、整车性能试验区、噪声电磁干扰试验区、试制区、充电区等区域，可涵盖整车和零部件可靠性、操稳、NVH、安全、环境适应性、动力性、经济性、电子电器、耐候性、排放和材料等性能的试验开发和验证能力。不仅拥有新产品小批量试生产能力，还能完成关键部件的试装、验证工作，完全可以满足企业对于全新车型的研发需求和对于现有各类车型部件的检测要求。

目前成功汽车正在开发纯电动多用途底盘车，此项目为正向开发满足纯电动物流车三电搭载、货物搭载及使用工况的全新车型。同时进行轮毂电机匹配整车和氢气燃料电池配车等项目。项目已经完成了前期技术沟通及资料共享，对改造方案及技术细节，双方也达成共识，即将陆续进行样车的实际改装及试验场地的实车测试工作。

六、主要新产品

序　号	产品型号	产品名称	通用名称
1	SCH5022XXY-BEV1	纯电动封闭货车	成功汽车 V2E
2	SCH5022XXY-BEV2	纯电动封闭货车	成功汽车 V2E
3	SCH5022XXY-BEV5	纯电动封闭货车	成功汽车 V2E
4	SCH5022XXY-BEV8	纯电动封闭货车	成功汽车 V2E
5	SCH5022XXY-BEV9	纯电动封闭货车	成功汽车 V2EA
6	SCH6431BEV	纯电动多用途乘用车	成功汽车 V2E
7	SCH5025XXYD1-BEV3	纯电动厢式货车	成功汽车 KE2

七、合资合作及重大项目建设

1. 2017 年成功汽车与北京科技大学签署“电动汽车 2 挡自动变速器”技术开发(合作)合同。在电动汽车上配备 2 挡自动变速器，可以有效改善电机的输出特性，提升整车效率。

2. 北京科技大学已经完成了两挡变速器结构设计，并进行了系统强度、效率等计算校核。完成了两挡变速器及机电执行机构动力学模型搭建，并利用 AMESim 软件搭载驾驶员模型，进行道路循环工况跟随控制仿真研究。进行了机电执行换挡执行机构仿真模型搭建，试制了换挡执行机构模拟实验台架，并进行换挡电机控制系统开发，优化换挡过程执行电机控制策略。搭建了成功汽车后桥的单输入双输出传动系统测试台架。

3. 成功汽车与上海龙创汽车设计股份有限公司合作开发共平台 SUV 和 MPV。

4. 成功汽车与浙江亚太机电股份有限公司签署了《轮毂电机驱动系统工程样车合作匹配开发协议(合同)》，期望在下一代专用物流车上实现基于轮毂电机技术的分布式驱动系统。浙江亚太集团作为中国汽车产业中重要的零部件供应商之一，在制动系统(包括 ABS、ESP 等)领域具有较强的技术研发实力。本项目中，亚太通过使用来自欧洲依拉菲的已量产的轮毂电机技术，匹配成功现有成熟车型的要求，双方共同打造一辆用于测试、检验的工程样车，为后续深入合作打好基础。

八、发展目标与规划

跻身中国新能源车企业第一阵营；城市电动物流车全国保有量名列前茅；预计 2019 年全新开发 2 款纯电动乘用车、3 款纯电动货车。

九、2017 年 1—12 月企业在新能源汽车方面经济指标统计

填报单位名称	指标名称	单位	本期累计	同期累计	增长率(%)
山西成功汽车制造有限公司	2017 年末资产总计	万元	291 701.57	232 356.05	25.54
	2017 全年完成投资额	万元	23 114.36	1 990.99	1 060.95
	2017 年营业收入	万元	97 685.79	83 964.10	16.34
	2017 年利润总额	万元	22 505.63	21 296.42	5.68
	2017 年产品销售率	%	1.364 8	1.153 3	18.34
	2017 年销售利润率	%	23.04	25.36	-9.17

山东吉海新能源汽车有限公司

Shandong Jihai New Energy Vehicles Co., Ltd.

一、发展概况

山东吉海新能源汽车有限公司成立于 2015 年，位于山东省广饶县，占地 59.6 万 m^2，员工 1 000 余人，是国家工信部《道路机动车辆生产企业及产品公告》内商用汽车整车生产企业、新能源汽车整车生产企业、专用汽车(含特种作业车)生产企业(目录序号 160)。主要产品有载货汽车、纯电动厢式运输车、纯电动仓栅式运输车、纯电动邮政车、压缩式垃圾清运车、车载修井机等，其中纯电动厢式运输车、纯电动仓栅式运输车和纯电动邮政车均被列入《新能源汽车推广应用推荐车型目录》、《免征车辆购置税的新能源汽车车型目录》。

二、技术研发能力

公司技术研究院共有研发人员 100 余人，其中高级工程师 10 人，工程师 40 人。主要研发软件包括 CAE、成型工艺分析、三维设计软件、数据管理系统、数据保护系统、整车性能仿真软件等设计软件和办公软件等。主要研发设备包括三坐标测量划线机、油泥铣削机、3D 打印机、发动机综合性能测试台、液压伺服系统、驱动桥综合试验台、车顶静压试验台、四门一盖试验台、整车排放分析系统、汽车高低温(湿热)环境试验室、机动车综合性能测试仪、四轮定位剪式双层举升机、里程表综合测试仪、汽车发动机转速表综合测试仪、电

器综合测试台、电池振动综合试验台、绝缘耐压测试仪、绝缘电阻测试仪、工频磁场干扰模拟器、脉冲传导抗干扰信号模拟器、步入式盐雾室等，具备汽车造型设计、3D 扫描、逆向工程、油泥模型制作、整车试验及验证能力。技术研究院建有 PLM 产品数据管理系统，对设计规范、2D 图纸、3D 模型、整车及各总成设计过程文件、CAE 分析报告、工艺文件、检验规范、检验报告、评审整改记录等进行信息化管理。整车试验场建有标准长直线、搓板路、扭曲路、坑洼路、涉水路、标准坡道等，可进行车辆的出厂路试、整车及零部件的可靠性路试等相关试验测试项目。

二、产能建设

公司拥有完整的汽车生产工艺(冲压、焊接、涂装、总装)流水线、驱动电机及控制器生产流水线，具备年产 5 万辆整车、3 万架车桥以及 3 万辆驱动电机和控制器的生产能力。

三、质量控制

公司建立了完整的质量控制体系，已获得 ISO 9001:2015 质量管理体系证书，生产车型通过国家强制性产品认证(CCC 认证)，产品质量和生产一致性将得到切实保证。公司检测中心具备从零部件进货到整车出厂生产过程的质量控制能力。

公司建有 ERP 数据管理系统，实现了从销售计划的下达、零部件采购、零部件入库、生产、财务、车辆入库过程的数据化管理。

公司建立了新能源汽车运行信息化管理平台，并与国家、地方新能源监控平台对接，对每台出厂的新能源车辆的运行状态进行实时监控。

四、销售和售后服务保障

公司在全国建立了 100 多家销售店和 68 家特约维修站，销售网络全面覆盖了国内 20 多个省市一级城市，基本布局二、三线城市，形成了比较完善的销售、售后服务网络。采用 ERP - U8 经营管理平台，实现从产品库存、产品销售、产品档案、服务协议、服务保养策略、服务请求以及服务执行、服务过程结算费用支持、服务投诉和回访整个售后和客户、用户接触、服务以及收入的全流程。公司建立了新能源汽车动力蓄电池回收利用溯源综合管理平台，对公司出厂的新能源车辆的电池以及电池单体纳入平台集中化管理。

五、主要产品

序 号	产品型号	产品名称
1	纯电动载货汽车	JHN1031CDBEV1、JHN1024CCBEV1、JHN1024CCBEV2
2	纯电动载货汽车底盘	JHN1031CDEV1、JHN1024CCEV1、JHN1024CCEV2
3	纯电动厢式运输车	JHN5031CDXXYBEV1、JHN5030CGXXYBEV1、JHN5024CCXXYBEV1、JHN5024CCXXYBEV2
4	纯电动仓栅式运输车	KRD5022CCYBEV、KRD5022CCYBEV02
5	纯电动邮政车	KRD5022XYZBEV01

柳州延龙汽车有限公司

Liuzhou Yanlong Automobile Co., Ltd.

一、单位概况

柳州延龙汽车有限公司是江苏保千里视像科技集团股份有限公司(股票代码:600074)控股公司，是经国家工信部批准的专用汽车、新能源汽车、房车生产企业、国家高新技术企业、省级技术中心，多次获得广西著名商标、广西名牌产品等荣誉称号。

从 2008 年开始，延龙汽车开始涉足新能源汽车领域，公司累计投入上亿元用于电动汽车核心技术的研发和产业化进程。目前已拥有电动汽车整车控制系统、电驱动系统、蓄能系统及其他关键零部件的试验室，并通过与清华大学、桂林电子科技大学、广西科技大学等高校合作，掌握了电动汽车整车控制关键技术。

延龙汽车专用车传统改装主要以上汽通用五菱、东风柳汽等二类底盘改装为主，在专用汽车的领域中努力拓展其专用化、功能化，研制生产了上百个品种的专用汽车，主要产品有微型、轻型、中型、重型等系列专用车。如厢式车、翼开车、冷藏车、救护车、压缩垃圾车、洒水车等。

结合国家大力推动旅游产业发展，延龙布局房车产业，全力开展自行式房车和拖挂房车自主研发。

二、经营情况

截至 2017 年，公司新能源、房车、传统改装车累计销量已超 30 万辆。其中，2017 年延龙房车销售 26 辆，位居全国销量前列。

三、产能建设

2016 年起，延龙汽车投资上亿元扩建新能源汽车总装生产基地和房车生产基地，目前已具备年产 15 000 辆的生产能力。

四、技术进展及研发能力建设

延龙汽车 2008 年开始涉足新能源汽车领域，公司累计投入上亿元用于电动汽车核心技术的研发和产业化进程。目前，延龙汽车已拥有电动汽车整车控制系统、电驱动系统、蓄能系统及其他关键零部件的试验室，并通过与清华大学、桂林电子科技大学、广西科技大学、北京联合大学等高校合作，掌握了电动汽车整车控制关键技术。

五、主要新产品

序　号	产品型号	产品名称
1	LZL5021XXYBEV	纯电动厢式运输车
2	LZL5029XXYBEV	纯电动厢式运输车
3	LZL5027CCYBEV	纯电动仓栅式运输车
4	LZL5030CTYBEV	纯电动桶装垃圾运输车
5	LZL5030ZXXBEV	纯电动车厢可卸式垃圾车

六、发展目标与规划

产业规划：

延龙汽车投资规划为100亿元，在柳州投资建设自行式房车和拖挂房车、新能源汽车助力柳州打造成为中国房车之都。

产品规划：

(1)自行式房车和拖挂房车：产品将服务县域新旅游，构建县域旅游新名片，以拖挂房车为载体的吃住玩乐购一体化新型消费主题园，满足当地居民日常消费，吸引外来游客旅游消费，成为县域经济发展的新动力，丰富房车的娱乐功能。

(2)新能源纯电动汽车：目前国家大力发展新能源汽车，国家及各级地方政府倾斜性政策频出，新能源汽车年度产销量目标不断被打破。在这样的大趋势之下，新能源汽车给每个人都带来福音。顺应时代潮流，提倡环保、节能，目前延龙汽车推出仓栅车、厢式小货车、环卫车、观光车等系列车型，满足不同市场的需求。

(3)区域用无人驾驶车：研发区域用无人驾驶车，实现双驾双控(即可独立工作在人工驾驶模式和自动驾驶模式)功能，基于低成本激光雷达和RTK－GPS技术的多传感器数据融合技术与基于先验知识的智能决策系统实现；产品将服务于智能区域物流配送、环卫、消防、自动巡逻、智能接送等领域。

(4)高端专用车：研发洗扫车、高压清洗车、冷链物流车辆、渣土运输车辆，搅拌运输车，配置疲劳驾驶、车载夜视等智能驾驶系统，广泛运用于运输、城建、环卫领域。

发展目标：

(1)自行式房车和拖挂房车：生产平台拟投资50亿元，3年产能预期达到50 000辆，经济效益预期实现250亿元，计划5年产能达到100 000辆，实现经济效益500亿元。

(2)延龙汽车新能源汽车计划投资12亿元在柳州建设新能源汽车生产平台，包括整车资质、动力和储能电池。3年预期产能50 000辆，经济效益预期实现40亿元，计划5年产能达到100 000辆。

江西中城通达新能源装备有限公司

Jiangxi Zhongcheng Tongda New Energy Equipment Co., Ltd.

一、单位概况

江西中城通达新能源装备有限公司是由中国中车集团下属的中车城市交通有限公司联合中通、申通、韵达、上海城合共同在赣江新区打造的新能源装备制造平台。公司主要从事新能源物流车、专用作业车的研发、制造与销售；智能轨道车辆的本地化组装与维保。

公司具备完善的研发、制造、质量、营销及人才储备体系。公司享有物流快递巨头提供的市场优先，享有中国中车最有价值的品牌输入，享有轨道交通装备部件一流供应商提供的制造资源支持，将积极为客户提供优质的新能源整车装备，同时做好全产业链的资源开发，旨在打造辐射华中区域的新能源装备制造总部基地。

二、经营情况

江西中城通达公司2017年10月注册成立；2018年2月12日，江西省发改委项目核准批复；3月13日，ISO 9001体系认证审查通过并获得质量管理体系证书；6月6日，工信部《道路机动车辆生产企业及产品公告》第308批正式公布中城通达新建专用汽车生产企业生产准入通过。

8月初，CLE5043XXYEV1车型公告已正式发布；预计9月，CLE5042XXYEV1、CLE5044XXYEV1两款车型公告发布。公司目前已签订350台车辆采购订单。

三、产品出口

经过前期紧张有序的研发工作，公司现已开发3款纯电动厢式运输车，分别为CLE5042XXYEV1、CLE5043XXYEV1、CLE5044XXYEV1。其中CLE5042XXYEV1车型采用东风襄旅二类底盘，搭载苏州绿控55 kW电机配两档变速器，动力电池为国能78.8 kWh(磷酸铁锂)；CLE5043XXYEV1车型采用东风柳汽二类底盘，搭载苏州绿控75 kW直驱电机，动力电池为力神77.8 kWh(磷酸铁锂)，CLE5044XXYEV1车型采用成都大运二类底盘，搭载普林亿威50 kW直驱电机，动力电池为国轩96.8 kWh(磷酸铁锂)。

下一步的产品方向是专用作业车(环卫车以及冷藏车)以及整车开发，都已经成立项目组，正式立项。

四、产能建设

生产部下设4个工段，分别为焊装工段、涂装工段、总装工段、调试工段。生产厂房长度为253.6 m，宽度为96 m，建筑面积为24 346 m^2，共有4跨。东起第1跨为焊接工段，分为两部分，东半部分为下料成型区，西半部分为焊接区，焊装工段采用动力网架集中供风、供气、供电、起重，制作采用柔性化工装及基础平台确保车型快速换线；第1跨与第2跨南部端头为涂装工段，涂装工段采用自动化悬挂式流水线；第2跨为货厢车总装工段；第3跨东半部为欧系轻客总装工段，西半部为微面总装工段，总装工段采用动力网架集中供风、供气、供电，登高作业采用液压升降平台，现场通过 MES 系统进行拉动式生产；第 4 跨东半部分为调试工段，其中南部端头为淋雨房（车间内新建淋雨房长 15 m × 宽 5 m，面积75 m^2），北部为制动试验台、大灯检测及地沟返修区，西半部分为物流车试驾区，西北部端头还设有新能源物流车的推广展示区，调试工段采用国内顶尖检测线及淋雨设施。

生产部共有65 人，设部长1 人，工段长4 人，质量、工艺各1人，仓管人员6 人，安全专员1 人，设备专员1 人，车间辅助管理人员4 人，车间工艺员2 人，车间质检员6 人。工段总共配置50人，焊装工段总共配置23 人，其中下料区5 人，焊装区18 人；涂装工段总共配置4 人，其中底漆及前处理2 人，面漆2 人；总装工段总共配置19 人，其中总装工段一8 人，总装工段二11 人；调检车间总共配置4 人，其中检测线2 人，动态调试2 人。

焊装工段下料区共有下料设备 10 多余套，其中激光切割机保障了碳钢，不锈钢，铝合金板材的下料精度，数控剪板，折弯设备保障了连接零部件精度。焊接区共设 10 个工位，生产节拍为 30 min/台车，采用国内第一品牌松下焊接设备，采用高端混合气体，焊接质量高于同行业许多，而且不产生飞溅，节约打磨清洁工序人工。焊装采用先进的气动快夹工装，有效地避免了焊接变形，提高了工作效率。焊接烟尘采用先进的除尘工艺，点除尘和集成罩除尘相结合，既降低了能源损耗，又提高了除尘效果，并且采用 5 μm 的除尘滤筒，净化了烟尘，完全符合环保要求。

涂装工段共设 6 个工位，生产节拍为 30 min/台车，涂装生产线为封闭式、环绕式涂装生产线，从工件的打磨、底漆喷涂、烘干到面漆喷涂、烘干全部采用数控，可根据产品不同任意设置烘干时间、转运时间，实现半自动化生产，配备了先进的除尘设备，对喷漆产生的气味、细小颗粒、有害物质都做了针对性消除，排放达到环保要求，保障了职工的人身安全。

总装工段共设36 个台位，生产节拍为1 h/台车，采用动力集成网架，工作简便，轻松，大大提高效率，配备了国内知名的工具设备，根据产品设计了合理的工装，生产能力大大提高。

调检工段共设 3 大工位，分别为检测线、淋雨线、动调线，生产节拍为 30 min/台车，配备了国内最先进的检测线，保障了车辆出厂前的全面检测，配备了目前国内最长的通过式淋雨房，可对超长车辆进行淋雨检测，并且设置了检测中心，对焊接部件可进行性能检测。调检车间从设备到人员可完全保障出场车辆性能的可靠。

五、技术进展及研发能力建设

1. 研发部总共包括 31 人，包括底盘、车身、电器、产品认证各科室，购买了一大批专业作图工作站，并且采购了专业的画图软件（包括二维和三维绘图），完全具备对专用客厢车和专用货车的产品策划、整车匹配、客厢车盲窗、隔断以及货车上装（货厢）等工作的独立开发设计能力。目前已经开发出三款 4.5 t 纯电动轻卡产品，陆续推向市场；同时为了满足下阶段的更严苛的法规标准，研发部已经成立了轻量化专题小组，继续攻关上装的轻量化，为明年的产品做好准备。

2. 为了进一步拓展产品方向，研发部成立了专用作业车小组，定向开发满足江西市场的环卫车以及冷藏车，立项工作已经开展，前期技术储备也已经在进行。

3. 为了掌握新能源汽车核心技术，中城通达研发部成立了新产品项目组，专注于新能源整车开发，包含底盘、车身、电器等经验丰富的专业研发人员，具备底盘、三电系统等正向开发能力，能够使用CAE 专业软件进行结构仿真轻量化分析。目前已经通过了前期的造型评审，相关工作正在稳步推进。

六、主要新产品

序　号	产品型号	产品名称	通用名称
1	CLE5042XXYEV1	纯电动厢式运输车	轻卡
2	CLE5043XXYEV1	纯电动厢式运输车	轻卡
3	CLE5044XXYEV1	纯电动厢式运输车	轻卡

七、合资合作及重大项目建设

公司规划用地 416.22 亩，用于专用车厂搬迁扩建。目前152.22 亩土地已摘牌，另外 264 亩土地预计 8 月底挂牌；项目计划投资 13 亿元，全部达产后将实现年产 15 000 辆纯电动专用车。

八、发展目标与规划

1. 结合当地政府资源，中城通达拓展专用车新领域——专用作业车，并已开始在周边城市调研，由于专用作业车附加值高，且隶属于政府采购，有利于中城通达进行布局。

2. 由于专用车资质只能进行上装的生产，物流车上装附加值低，不利于公司长期发展，中城通达已经启动整车新产品研发项目，并且在新产业园开始启动整车货车生产资质准入的计划。

烟台海德专用汽车有限公司

Yantai Haide Special Vehicle Co., Ltd.

一、发展概况

烟台海德专用汽车有限公司（以下简称海德汽车）创立于1992 年，公司占地面积 30 万 m^2，建筑面积 15 万 m^2。海德汽车是一家专业从事环卫、市政和公路养护用车辆及设备的研发、制造和销售的股份制企业，是国内最早的专业生产环卫设备企业之一。

海德汽车顺应国家战略性新兴产业发展重点和世界汽车

产业发展趋势,将新能源纯电动商用汽车作为战略发展方向。公司先后投资 50 多亿元,同美、英、德、法等世界领先的纯电动商用车公司展开了深入的技术合作,并综合中国的市场进行了创新升级。公司于 2012 年收购法国 PVI 公司 40% 的股份,引进法国 PVI 公司具有 20 多年纯电动商用车核心技术。

研发中心结合 PVI 先进技术,并同国内商用车一汽解放、东风汽车、长安汽车等企业合作,全面致力于 3.5 ~ 18 t 全系列纯电动专用车底盘的自主开发工作。开发车型包括环卫、市政、城市物流等城市服务类车辆,应用领域广泛,市场前景广阔。

二、产能建设

目前,公司已经成功研发了纯电动扫路机、纯电动扫路车、纯电动餐厨垃圾车、纯电动高压清洗车等全系列纯电动专用车辆。为进一步满足市场需求,公司已建成占地面积 250 亩、建筑面积 60 000 m^2 的新能源汽车总装车间,可以增加年产 20 000 辆纯电动专用车的生产能力及新建 8 000 m^2 的研发条件和设施一流的研发中心。

三、技术进展及研发能力进展

公司通过各种渠道广纳贤才,现已形成 50 余人的研发团队。其中博士占 10%,硕士占 40% 左右。经过近几年的研发积累,海德汽车建立了电动汽车的整车架构分析、性能控制、试制、试验等开发流程;在整车控制器、电池管理、电机控制方面也有了新突破;建立了台架测试平台、电子实验室、动力系统实验室、淋雨实验室,全面提升海德汽车节能与新能源专用车的试验测试能力。

四、主要产品

序　号	名　称	型　号	类　别
1	扫路车	CHD5030TSLBEV	N1
2		CHD5032TSLBEV	N1
3		CHD5070TSLBEV	N2
4		CHD5060TSLBEV	N2
5		CHD5082TSLBEV	N2
6	路面养护车	CHD5030TYHBEV	N1
7		CHD5031TYHBEV	N1
8		CHD5032TYHBEV	N1
9	厢式运输车	CHD5030XXYBEV	N1
10		CHD5031XXYBEV	N1
11	自卸式垃圾车	CHD5032ZLJBEV	N1
12		CHD5033ZLJBEV	N1
13	车厢可卸式垃圾车	CHD5030ZXXBEV	N1
14		CHD5031ZXXBEV	N1
15		CHD5032ZXXBEV	N1
16	餐厨垃圾车	CHD5060TCABEV	N2
17		CHD5071TCABEV	N2
18		CHD5100TCABEV	N2
19		CHD5120TCABEV	N2
20	洒水车	CHD5100GSSBEV	N2
21		CHD5180GSSBEV	N3
22	洗扫车	CHD5180TXSBEV	N3

合加新能源汽车有限公司

Hejia New Energy Automobile Co., Ltd.

一、单位概况

合加新能源汽车有限公司是中国大型专业环保上市公司启迪桑德(股票代码:000826)全资子公司,主要从事新能源环卫专用车研发、设计、生产和环保设备制造。公司坐落于湖北省咸宁国家高新技术产业开发区内,占地面积 561 亩,2019 年将拥有环卫专用车年产能 1 万辆、各类环保设备产能 3 000 台(套),产值逾 30 多亿元的制造能力,是业内最大的环保设备生产基地之一。

合加汽车依托启迪桑德全产业链优势,可为客户量身订制个性化环卫车产品,提供从项目咨询、工艺设计、产品提供、工程建设、托管运营等“一站式”服务。并积极响应国际绿色发展的号召,以重点推动环卫车新能源化目标为准,积极开拓新能源汽车行业市场,立志成为新能源汽车行业的标杆。公司主要生产和销售环卫专用车、固体废弃物处理设备、水处理成套设备,如新能源与传统动力的洗扫车、压缩式垃圾车、车厢可卸式垃圾车、自卸式垃圾车、洒水车、餐厨车和除雪车等系列环卫专用车产品以及电渗透污泥高干脱水成套设备、生物质打包成型设备、垃圾干湿分离高压挤压设备、垃圾渗滤液 MVR 卧式降膜蒸发设备、餐厨垃圾预处理设备、生活垃圾焚烧处理设备、生活垃圾综合处理设备、小城镇污水处理设备、餐厨及生活垃圾渗滤液膜分离设备、高效沉淀池等专用环保设备,产品广泛应用于城乡环卫、垃圾、污水综合处理等环保行业,市场占有率已进入主流环保设备制造商行列。

公司始终坚持科学管理、研发创新,已通过了 ISO 9001 质量体系、ISO 14001 环境体系、OHSAS 18001 职业健康安全体系认证,被连续授予湖北省高新技术企业证书;具有一级机电设备工程专业承包安装资质,拥有博士、硕士、高级工程师等组成的一流技术研发团队,170 余项专利技术;被认定为湖北省工程技术研究中心。环卫专用车实现了全系列新能源化、智能化、模块化、网联化、轻量化,纯电动洗扫车产品行业领先,实现了“先有、后精、再特”的飞跃式发展;固废处理、污泥处理技术始终走在行业前列。

秉承“持续创新、追求完美、诚朴取信、勇担责任”的核心价值观,在环保领域内锐意进取、戮力前行,不断提高产品质量与研发、制造水平,推动行业发展。

二、经营情况

合加新能源成立10年来，一直致力于环卫车技术的纵深发展。在科技创新方面更是取得累累硕果：截至2018年初，公司所研制的压缩式垃圾车、车厢可卸式垃圾车、清洗车、洗扫车等节能环保车型已在国家工信部公告达160余款，拥有自主知识产权170余项，其中20余项发明专利。环卫专用车目前已实现了全系列纯电动化、智能化、模块化、网联化、轻量化，洗扫车、路面养护车等产品行业领先。强大的科研能力，使合加新能源成为环卫车领域率先，跻身"国家级高新技术企业""国家级知识产权示范企业"，并于2015年先后获批成立"湖北省工程技术研究中心""咸宁市环保车辆设备工程技术研究中心"，2017年荣获湖北名牌产品称号，2017年荣获湖北省支柱产业细分领域隐形冠军科技小巨人企业，2018年获批国家知识产权优势示范企业。

公司环卫汽车已经实现流水线式作业，且自主研发的新能源专用汽车已开始进入量产阶段，环卫汽车实现了全系列新能源化，传统动力环卫车辆实现智能化、模块化、信息化、轻量化。依靠启迪桑德全产业链优势，以内部示范项目的推广运用，拓展外部市场，公司产品市场占有率进入主流环卫装备制造商行列。

三、产能建设

2008年环卫专用车年产能3 000辆、各类环保设备产能500台(套)，产值逾10亿元的制造能力。

2019年环卫专用车年产能10 000辆、各类环保设备产能3 000台(套)，产值逾30多亿元的制造能力。

四、技术进展及研发能力建设

目前公司已在湖北咸宁成立研究院，在湖南长沙、湘潭、北京分别设置3个分属研发中心，研发人员增至300人，拥有博士、硕士、高级工程师等组成的一流技术研发团队，主要负责路面清扫、清洗及清雪、垃圾收运类相关产品研发设计、电液智能、电动技术、无人驾驶技术、桑德盒子、智慧环卫研究、工艺支持、专利、标准化、技术资料及相关研发管理工作等。

公司研究院主要技术带头人拥有环卫车产业领域内领先的技术水平和丰富的管理经验。跟踪行业最新发展趋势，洞悉市场和客户的需求变化，积极创新，不断地将先进技术运用到研发、生产过程中，能有效地支持客户取得终端产品的市场先机；并能随时根据市场和用户需求变化提供有效的整体解决方案。

公司的研发创新团队成员既有新的设计思维的注入，又有多年行业经验的专业人员作坚实的后盾，对环卫汽车技术创新提供了强有力的保障。公司研发团队能有效迅速的为客户提供定制化的产品设计服务；团队的人员都熟练掌握制造技术及各产品与终端配套的解决方案，善于快速准确地把握客户产品需求，将客户产品构想转化成制造方案，并试制出合格样品进行检测认证。

五、主要新产品

序　号	产品型号	产品名称
1	HJK5180TDYEQBEV	纯电动多功能抑尘车
2	HJK5030CTYSTBEV	纯电动桶装垃圾运输车
3	HJK5030ZZZSTBEV	纯电动自装卸式垃圾车
4	HJK5030TYHSTBEV	纯电动路面养护车
5	HJK5180TXSEQBEV	纯电动洗扫车
6	HJK5180GQXEQBEV	纯电动清洗车
7	HJK5040XXYEQBEV	纯电动厢式运输车
8	HJK5080ZYSSTBEV	纯电动压缩式垃圾车
9	HJK5181GQXEQBEV	纯电动清洗车
10	HJK5181GSSEQBEV	纯电动洒水车
11	HJK5100TSLSTBEV	纯电动扫路车
12	HJK5180ZYSEQBEV	纯电动压缩式垃圾车
13	HJK5186GSSEQBEV	纯电动洒水车
14	HJK5030ZXXSTBEV	纯电动车厢可卸式垃圾车
15	HJK5080TCASTBEV	纯电动餐厨垃圾车
16	HJK5030TSLSTBEV	纯电动扫路车
17	HJK5120TXSSTBEV	纯电动洗扫车
18	HJK5120ZYSSTBEV	纯电动压缩式垃圾车
19	HJK5186TXSEQBEV	纯电动洗扫车
20	HJK5181TSLEQBEV	纯电动扫路车
21	HJK5080XXYSTBEV	纯电动厢式运输车
22	HJK5186GQXEQBEV	纯电动清洗车
23	HJK5031XXYSTBEV	纯电动厢式运输车
24	HJK5180GSSEQBEV	纯电动洒水车

六、发展目标与规划

以环卫汽车横纵产品技术路线发展为重点(纯电动环卫车纯电动化、智能化、模块化、网联化、轻量化为主，传统环卫汽车为辅)，在2020年前进入全国环卫汽车行业前3，营业收入突破30亿元。

天津清源电动车辆有限责任公司

Tianjin Qingyuan Electric Vehicle Co., Ltd.

一、单位概况

天津清源电动车辆有限责任公司(以下简称清源公司)创立于2001年，是由中南创发国际有限公司、中国汽车技术研究中心、天津力神电池股份有限公司、中电力神有限公司和天津百利机械装备集团有限公司5家单位共同投资组建的有限责任公司(台港澳与境内合资)。以研发、生产、销售新能源车为主，采用模块化平台生产方式，产品线覆盖微型及中型车新能源乘用车及物流车。

2002 年清源公司被天津市政府授权为天津市电动车辆研究中心;2003 年被国家人事部授予博士后科研工作站;2006 年被认定为国家高新技术企业;2008 年取得国家工信部授权的“新能源汽车整车生产企业”资质,2009 年清源公司的电动汽车动力系统关键零部件试验室通过了国家实验室认可委员会的资质认定,可以为行业提供产品准入所需的评价试验,并先后通过了 ISO 9001、ISO/TS 16949 认证;2018 年清源公司成功实现增资重组。

经过 10 多年的科研攻关和技术积累,清源公司培养了一批理论基础全面、技术经验丰富的电动汽车技术研发团队,拥有中机车辆公告准入特聘专家,建立了国际先进的电动汽车整车及其动力系统研发和评价的软硬件条件,具备全新整车车型正向开发、电动汽车动力系统核心部件开发以及电动车辆工程技术开发等方面的研发能力。

二、产能建设

清源公司拥有年产 3 万辆纯电动汽车装配线和年产 3 万套动力总成生产线。具备电动汽车整车、电驱动系统、动力电池包、控制系统等关键零部件的开发、试验和检测能力,是国内重要的电动汽车开发、试验和生产基地。

三、技术进展及研发能力建设

2016 年,承担研究课题 12 项,其中纵向课题 2 项,横向课题 10 项。承担国家“863”计划项目 2 项,发表核心期刊论文 4 篇,授权国家发明专利 11 项。

2016 年,多项科研工作取得进展,其中由辛明华团队联合中国汽车技术研究中心试验所、华中科技大学、公安部上海消防研究所承担的“电池成组及消防安全技术研究”项目,从促进电动汽车的推广应用出发,测试分析完成了国外先进样车不同工况下的 SOC 估算精度和热失控控制、隔离保护与预防措施,完成测试分析;研究完成了 SOC 估算精度和电池热失控与预警保护装置的测试评价规范。以及重点研究完成了火灾发生后动力电池的燃烧特性、电动汽车火灾的扑救与救援方法,开发电动汽车专用自动灭火系统等的研究,为保障我国电动汽车的安全运营,填补我国电动汽车行业相关消防安全标准的空白,为降低我国电动汽车火灾风险、规范电动汽车行业的健康发展提供可靠的技术支撑和相应的技术法规。由其团队承担的“电动汽车关键共性技术研究及整车集成应用”项目,完成了电动汽车性能评价指标体系、方法流程和电动汽车专利分析与挖掘方法,建立数据资源共享平台;并通过对关键零部件及共性技术的集成应用与试验考核,进一步促进关键零部件性能、可靠性、EMC 等指标的优化提升,掌握关键零部件与整车匹配开发等一批整车集成应用技术,并形成了相关的测试评价规范。

航天新长征电动汽车技术有限公司

Aviation Xinchangzheng Electric Vehicle Technology Co., Ltd.

一、发展概况

航天新长征电动汽车技术有限公司成立于 2011 年 8 月,注册资金 1.2 亿元,位于北京市经济技术开发区,是中国航天科技集团公司下属的一家航天技术应用的高新科技企业,是航天技术应用产业研发中心和产业化运营平台,也是新能源汽车和高端专用车项目的军转民基地。

航天新长征电动汽车技术有限公司秉承航天科技优势,依托北京航天发射技术研究所多年积累的航天技术能力,围绕用户及社会的需求和根本利益,长期致力于专用特种车、新能源专用车、新能源系统及零部件三大板块的运营,且在细分市场具有差异化的技术竞争优势和较高的市场占有率。

新能源专用车板块:重点发展产品包括纯电动短途乘用车、纯电动物流车、纯电动冷藏车、纯电动环卫车等。产品广泛应用于短途出行、城市物流、冷链运输、市政环卫等领域。

新能源系统及零部件板块:重点发展纯电动(混合动力)控制系统和氢燃料电源两大产品。整车控制器、电机控制器、高压配电箱、远程诊断系统产品成功进入到各大整车厂的配套系统,具有批量化生产能力,各种系列功率燃料电池电堆等零部件主要应用于电信运营商的基站备用电源方面。

专用特种车板块:重点发展电视转播车、应急通信车、燃油版冷链物流车、医疗车、房车、高空作业车以及其他细分市场的产品。

二、产能建设

新长征公司是中国航天科技集团公司新能源汽车和高端专用车项目的军转民基地,也是航天科技集团公司地面设备及发射车辆总体单位的航天技术应用产业研发中心和产业化运营平台。

整车生产以北京大兴长子营镇产业化基地、辽宁凌源凌河整车生产基地(在建)为基础,生产网点延伸至山东、华中、华南、东南等地区,规划具备年产整车 8 万辆的生产能力。整车控制器、高压控制器、低压控制器配套能力达 15 万套,可满足各整车制造企业对电控系统产品的需求。

预计 2018 年,总计销售节能与新能源汽车整车 5 000 余辆,专用车 300 辆。新能源及零部件 2 万台(套)。

在实验能力方面,拥有 SMT 自动化生产线、电动车动力系统试验室、电器装配车间、特种车辆液压试验室、特种车辆道路模拟试验系统等实验平台,航天单位的研发及试验能力为航天新长征公司的发展提供了坚实后盾。

三、技术进展及研发能力进展

航天新长征电动汽车技术有限公司是北京市级企业科技研究开发机构，公司依托航天发射技术研究所的强大研发力量，在新能源汽车领域持续进行技术开发和创新，公司近年来在技术、研发、试验等方面取得长足进步。

1. 技术进展情况

新能源汽车是公司重点发展领域，公司瞄准新能源汽车市场和客户需求，有针对性地进行远程控制技术、液氮制冷技术、燃料电池技术、整车通信技术、仿真分析技术、供配电技术、车辆技术等多种特有技术开发并成功应用与公司开发的各类新能源汽车产品。

2. 研发能力

航天新长征电动汽车技术有限公司目前已具备整车、底盘及电动车核心零部件研发能力，已累计开发出多款低速电动车、纯电动厢式运输车、纯电动冷藏车、液氮制冷冷藏车、纯电动专用车底盘等新能源汽车产品；先后参与完成了《新能源汽车高效动力及控制系统》《北京市燃料电池电堆》两个国家、科研机构项目的研发及验收。

3. 试验能力

针对整车、底盘及零部件研发对于试验验证的需求，公司已完成多项试验验证方面的能力建设，目前可进行道路模拟试验、动力传动试验、电动车动力系统试验、液压系统试验、高低温湿热试验、振动试验等研发试验工作。

4. 知识产权

目前，公司在节能与新能源汽车领域拥有专利 126 项、软件著作权 13 项。是北京市级企业科技研究开发机构。

5. 资质体系

航天新长征电动汽车技术有限公司是北京新能源汽车产业协会副会长单位，中国电子商会智能电动汽车专业委员会副理事长单位，燃料电池汽车产业技术创新战略联盟成员单位；也是北京汽车行业协会会员、国家蓄电池观光车协会会员等。公司通过了 ISO/TS 16949：2009 管理体系、ISO 9001：2008 质量管理体系、ISO 14001：2004 环境管理体系、OHSAS 18001：2007 职业健康安全管理体系、GB/T 27922：2011 服务体系等认证并取得证书。

四、主要产品

1. 整车		
序号	名称	型号
1	蓝速牌 BYN5040XLCBEV 型纯电动冷藏车	BYN5040XLCBEV
2	蓝速牌 BYN5040XXYBEV 型纯电动厢式运输车	BYN5040XXYBEV
3	蓝速牌 BYN5020XXYBEV1 型纯电动厢式运输车	BYN5020XXYBEV1
4	蓝速牌 BYN5020XXYBEV 型纯电动厢式运输车	BYN5020XXYBEV
5	蓝速牌 BYN5030XXYBEV3 纯电动厢式运输车	BYN5030XXYBEV3
2. 零部件		
序号	名称	型号
1	整车控制器	HT-UA3105C
2	集成控制器	HTJC-3DG5W2-EXBQ8
3	高压配电箱	HTUG-BPH6E2U
4	二合一	HTJC-1D7G3F1-H
5	电机控制器	KTZ38X45S-12-HT
6	物流车系统	AA3025-0-KY

宁德时代新能源科技股份有限公司

Contemporary Amperex Technology Co., Limited

一、单位概况

宁德时代新能源科技股份有限公司，注册资本 19.55 亿元，公司经营范围为锂离子电池、锂聚合物电池、燃料电池、动力电池、超大容量储能电池、超级电容器、电池管理系统及可充电电池包、风光电储能系统、相关设备仪器的开发、生产和销售及售后服务；对新能源行业的投资；锂电池及相关产品的技术服务、测试服务以及咨询服务等。

二、经营情况

宁德时代积极布局国内动力电池市场，2017 年在国内动力电池厂商中销量的市场占比 27%，份额最大。此外，在 2017 年全球动力电池企业销量排名中位居第一，领军中国动力电池企业。

2017 年宁德时代营业收入近 200 亿元，2017 年的净利润将近 40 亿元。而在合作企业方面，与国内品牌宇通集团、上汽集团、北汽集团、吉利集团等行业内整车龙头企业保持长期战略合作；国际品牌方面已经进入宝马、大众等国际一流整车企业的供应体系，也是国内少数为国际汽车品牌提供动力电池解决方案的供应商。

三、技术进展及研发能力建设

2017 年公司研发费用占当年营业收入的 8.02%。宁德时代自成立以来，先后参与承担了多项国家部委和省级科研项目。宁德时代研发项目涵盖了材料、电芯设计、装置及工艺、电池组、电子电气、电池包、储能系统、移动电源等领域。

宁德时代研发成果所获得的主要奖项包括：国家火炬计划产业化师范项目、河南省科学技术一等奖、青海省科技进步奖一等奖、福建省专利奖二等奖、福建企业创新优秀成果"。

同时，宁德时代相当数量的研发成果已经通过申请专利的方式获得了保护，部分尚处于专利申请的过程中，部分是宁德时代多年来积累的非专利成果。截至 2017 年 12 月 31 日,宁德时代及其子公司共拥有已授权的境内专利 907 项、境外专利 17 项,正在申请的专利合计 1 440 项。

宁德时代通过长期技术积累和发展,培养了一支高水平的技术研发团队。宁德时代十分重视对技术人才的培养和引进,以保证各项研发工作的有效组织和成功实施,形成了较强的自主创新能力,技术研发水平位于行业前列。

四、合资合作及重大项目建设

1. 2018 年 7 月 4 日,东风时代(武汉)电池系统公司在东风新能源汽车产业园成立并建成投产,由宁德时代和东风汽车合资成立。

2. 2018 年 7 月 9 日,在中德两国总理的见证下,宁德时代与德国图林根州州政府签署了一份投资协议。根据协议内容,宁德时代将投资 2.4 亿欧元(折合 18.7 亿元人民币),在德国图林根州埃尔福特市设立电池生产基地及智能制造技术研发中心。

3. 2018 年 7 月 17 日,宁德时代与华晨宝马达成长期战略合作,在既有长期伙伴关系的基础上进一步深化合作。

4. 2018 年 7 月 19 日,广州汽车集团股份有限公司与宁德时代新能源科技股份有限公司将在动力电池领域于广州共同组建两家合资公司。

5. 宁德时代目前与上汽集团的合资工厂已开始筹建,同时也正在布局其他合资合作项目,与下游行业领军企业共同发展。

五、发展目标与规划

1. 把握住全球动力锂电池市场的快速增长机遇,持续保持在技术能力、制造能力、产能规模、人才储备上的行业领先地位。

2. 在乘用车领域,加大研发投入力度,持续提升研发和工艺水平,以及生产制造效率,与国内外整车企业保持长期深入的业务合作关系。

3. 巩固客车电池市场国内领先的行业地位,持续扩大业务份额,在深耕主流市场的同时逐步向区域市场和细分市场延伸。

4. 在物流车领域,持续提升与主要战略客户的合作广度和深度,持续优化产品设计,提升产品竞争力,并积极探索新的商业模式。

5. 在储能领域,以长寿命、有成本竞争力的产品为依托,积极布局梯次利用,并在分布式电网、工商业能、储能充电站等方面探讨新的商业模式。除布局国内市场,同时也在全球范围积极寻找战略合作伙伴。

6. 进一步增强精细化管理水平,强化质量管理和成本控制,为客户提供高性价比的优质产品。

六、2017 年 1—12 月企业在新能源汽车方面经济指标统计

填报单位名称	指标名称	单　位	本期累计	增长率(%)
宁德时代新能源科技股份有限公司	2017 年末资产总计	万元	49 662 885.76	30.9%
	2017 年营业收入	万元	19 996 860.81	—
	2017 年利润总额	万元	4 942 063.29	—

天津力神电池股份有限公司

Tianjin Lishen Battery Joint-Stock Co., Ltd.

一、发展概况

天津力神电池股份有限公司(以下简称力神公司)是一家国有控股的国家高新技术企业,创立于 1997 年 12 月 25 日,注册资本约 17.3 亿元,是国内首家锂离子电池研发与制造企业,拥有 20 年锂离子电池研发与制造经验。截至 2017 年底,力神公司已具有 100 亿 Wh 锂离子蓄电池的年生产能力,国际高端市场占有率位居全球锂电行业前列。

二、生产经营

2017 年力神销售收入 45.67 亿元,总资产达 135 亿元。

三、产能建设

2017 年力神公司电动汽车动力电池扩建项目、苏州年产 15 亿 Wh 锂离子动力电池新建项目陆续投产,力神公司动力电池产能增加了 40 亿 Wh,截至 2017 年底公司已具备 70 亿 Wh 的动力电池年生产能力。

四、技术进展及研发能力进展

经过 20 年的发展,力神公司研究并掌握了电池单体、电池系统及电池管理系统的产品开发方法和开发工具,形成了完善的电池产品开发平台、工艺技术平台、装备技术平台、标准及检测认证平台。

五、主要产品

序　号	产品名称	产品型号
1	224.94 kWh 商用车动力电池系统	PUO54173210LA
2	323.78 kWh 商用车动力电池系统	PUO71173207GA
3	104.71 kWh 商用车动力电池系统	PEH54173210IA
4	248.21 kWh 商用车动力电池系统	PEH54173210DA
5	116.35 kWh 商用车动力电池系统	PUY54173210BA
6	201.6 kWh 商用车动力电池系统	PCP54173210EA
7	49.4 kWh 物流车动力电池系统	PNY18650FWB

续上表

序　号	产品名称	产品型号
8	34.9 kWh 乘用车动力电池系统	PCN2714897AKA
9	26.8 kWh 微型车动力电池系统	PAAN2714897AFA
10	35.6 kWh 乘用车动力电池系统	PJX2714897RC

六、合资合作

2017 年实现了与东风实业有限公司的资本合作成立东风力神动力电池系统有限公司，实现与东风汽车资本合作，全面供应东风汽车及其下属车厂。

七、发展规划

力神公司将继续加大科研投入，重点针对国内市场，同时兼顾国际市场，分步实施完成动力电池产业布局，到 2020 年形成 300 亿 Wh 动力电池年生产能力，2025 年形成 600 亿 Wh 动力电池年生产能力。

万向一二三股份公司

Wanxiang A123 System Asia Co., Ltd.

一、单位概况

万向一二三股份公司成立于 2011 年，注册资本 278 000 万元，是万向集团旗下专业的锂离子动力电池制造企业。公司位于杭州市萧山经济技术开发区，占地约 330 亩，建筑面积 13 万多 m^2，拥有行政办公楼和四座厂房，员工 850 余人，其中博士 15 人，硕士 124 人，高级职称 7 人，中级职称 41 人。公司主要业务包括新能源汽车用锂离子动力电池的研发、生产、销售和服务，为新能源汽车生产企业提供全套动力电池解决方案，目前年产能达到 5 GWh。公司主要产品为软包锂离子动力电池，包括乘用车用三元锂电池产品、客车用磷酸铁锂电池产品和 48V 微混动力产品。产品具有高能量密度、高安全性、长寿命的优异特点，在国内同行业中处于领先地位。

二、经营情况

2017 年公司锂离子动力电池产销近 1 亿 Ah，销售动力电池系统 8 000 余套，营业收入 49 161 万元。截至 2017 年底，公司固定资产总额达到 510 773 万元。

三、产能建设

2017 年公司投资约 9 亿元用于产能的扩建和产线技术改造升级，目前产能已达到 5 GWh/年。

四、技术进展及研发能力建设

万向一二三股份公司是国内最早一批致力于锂离子动力电池的研究开发的企业，经过多年的积累，目前已成为国内技术领先的锂离子动力电池企业。其中，公司联合美国 A123 研发的 48 V 微混电源系统在全球低压细分领域处于领先地位。多年来万向一二三股份公司在动力电池领域积累了如下关键技术：

1. 产品关键技术

(1)电芯技术

① 正负极材料：选择高镍三元作为正极活性物质；负极材料方面，使用高容量、高压实的人工或者天然石墨作为负极主要的活性物质。高镍三元材料具有比容量高(在充电到 4.2 V 时，比容量可以达到 180 mAh/g)，循环稳定性和动力学性能优良等特点。负极方面，高容量、高压实的人工或者天然石墨是主要的发展方向。这种石墨材料的比容量可以达到 360 mAh/g，压实密度可以达到 1.6 g/m^3 以上。可以通过使用高容量高压实的负极减少电芯的重量和提供体积比能量。目前公司已完成 250 Wh/kg 动力电池开发工作。能量密度达到 280 Wh/kg 和 300 Wh/kg 动力电池目前正在开发当中。

② 隔离膜：采用高安全耐热型陶瓷复合材料涂层隔膜。

③ 电解液：拥有平衡的高低温性能，采用高压全温区功能电解液。公司通过协同相关的电解液厂家，深入研究和优化正负极的成膜添加剂，分析不同溶剂组合以及不同锂盐浓度在低温下的黏度与性能，并引入兼顾高温和低温性能的新型锂盐等方式来实现。

④ 电芯结构：采用新型连续卷绕式叠片。与常用的之字形叠片相比，这种新型的叠片方式能够使极片间以及极片与隔膜间的接触更加紧密，尤其对电芯边缘能更好地压紧，这样有利于电芯电化学性能的提高，并防止边缘位置在循环过程中出现变形。此外，这种新型的叠片方式相对于之字形叠片，能明显提高生产率(可提高 25% 左右)。

(2)电池系统

电池系统包括动力电池单体/模块、动力电池箱体、高压分配单元、热管理系统、均衡系统、电池管理系统以及相关电气元器件。

① 电池包设计

电池包本体的外形、安装定位孔尺寸公差满足整车安装要求；电池箱应作防锈处理；电池包动力线和低压线的出口接插件应做防错处理；电池包内的低压电线束应符合 QC/T 29106 的规定；电池包内壁与用电设备之间必须做绝缘处理，应耐受 50 Hz、550 V(有效值)正弦波形电压历时 1 min 的试验，绝缘不被击穿。

② 功能/性能要求

拥有 IP6X 电池箱防尘性能；采用模块轻量化及热管理设计；电池箱防水性能达到 IPX7；拥有良好的碰撞保护和安全功能；具备低温加热功能和低温预热功能的冷却系统；耐异常电源电压性能；电磁兼容性；耐盐雾性能。

动力电池系统集成效率实现 80% 以上，安全性达到国家标准，低温性能优于国家标准并达到国际先该管理系统先进，性能优异，有效提高电池使用寿命，所开发电池系统技术先进、性能优异，电池寿命得以有效提高。

(3)电芯的安全性能

高能量密度电芯的安全问题是一个严峻的挑战，也是一个极为复杂的问题。公司目前在电芯安全性能和循环性能设计中掌握的关键技术如下。

① 使用涂布陶瓷材料的隔离膜。通过基膜的选择，以及陶瓷涂布层的厚度和面密度等的优化，达到改善安全性能并兼顾电芯动力学性能的目的。

② 使用涂布 PVDF 的隔离膜。通过与电解液的接触形成凝胶电解液，凝胶骨架具有更高的热容，并且可对电解液进行一定的固化，有利于安全性能的提高。

③ 在负极表面进行一定的涂布处理。采用 PVDF 混合陶瓷涂布。由于在滥用条件下的失效最先引发的是负极反应，包括在较低温度下 SEI 的分解放热，SEI 膜分解后富含锂的石墨负极与电解液之间发生更剧烈的放热反应，这些热量将导致电芯温度升高并引发高镍正极放氧，最终电芯失效。因此，负极隔热非常重要。为了兼顾负极表面涂布之后的动力学性能，需要优化涂布浆料的组成，以在涂布同时在表面造孔，从而减小锂脱欠过程中的浓差极化，改善动力学性能。

④ 在电解液中加入适量的阻燃剂。为防止电芯失效过程中的着火，在电解液中加入合适的阻燃剂，并对加入量进行仔细优化，以免影响电芯的电化学性能。

(4)电芯的循环性能

在正极材料方面，与材料厂家进行协作，对高镍三元材料进行改性处理。在负极方面，采用目前相对成熟的高容量石墨负极及硬碳材料。与电解液厂家协作开发适当的电解液，在平衡高温和低温性能的前提下，兼顾安全性能，从而有利于循环性能、电化学性能和安全性能的提高。

在隔膜方面，使用 PVDF 功能材料的隔膜，有利于电芯循环性能的进一步提高。

2. 关键工艺技术

正极采用导电胶工艺，提高导电剂在浆料中的分散效果，采用国际先进的行星式高速搅拌机，有效解决正极粉料的分散性；

负极采用干法水溶剂工艺，无需单独制胶，全部制浆时间缩短至 5 h 以内；

正负极浆料采用 Slit die 喷涂方式，可间歇或连续涂敷，对齐度好，无首厚尾厚问题。涂敷速度可达 30 m/min，具备自动切换卷功能，生产效率高，γ 射线在线监测涂敷量，涂敷量一致性高；

极片碾压采用进口大辊径碾压机，碾压厚度均匀度高，速度快，正极采用热辊压，增强极片表面柔软性，降低反弹度，同时减少碾压造成的损伤；负极增加喷油装置，有效解决水溶剂粘辊问题；

采用全自动叠片/卷绕生产工艺，自动化程度高、正负极片对齐度好；

分容使用电力能源储存回用系统，该技术可降低能耗。

电池化成采用能量回馈型全自动化成系统和服务器数据管理系统，可降低电能消耗及数据的追溯管理。

电池排气采用全自动 Degassing 生产线，提高电池排气、切边、辊压、平压等制作过程的一致性。

采用全自动 ACIR/OCV 和 DCIR/OCV 测试系统和全自动分选系统，提高电池指标的测试和分选准确性。

五、主要新产品

序　号	产品名称	产品型号
1	30.6 kWh 锂离子动力电池模组	WX3725
2	24 kWh 锂离子动力电池模组	WX3250
3	320 kWh 锂离子动力电池模组	WX3250
4	24 kWh 锂离子动力电池系统	WX3738
5	48 V 微混动力系统	WX3208

六、合资合作及重大项目建设

一方面，万向一二三股份公司投资形势参股锂离子电池生产的上游材料供应商合作，加强了电池材料的技术研发实力，有效确保了上游材料的供应。

目前万向集团正在落实建设万向创新聚能城，计划建成年产 80 GWh 的智能化绿色锂离子动力电池生产基地。

七、发展目标与规划

一方面，万向一二三股份公司计划未来投入两亿美元，用于人才招募和平台建设。人才方面，计划全球范围内招募 300 位高级技术人才，其中博士 100 人；平台建设方面，计划建设基础材料研究平台、电芯设计平台、电池系统开发平台、电芯过程开发平台、测试平台等五大研发平台，以 300 Wh/kg 能量密度为目标，开展一系列技术研究和测试。另一方面，加大产线投入，计划在 2019 年原有厂区形成 8.1 GWh/年的产能，同时在万向集团的统筹规划下，未来将在万向创新聚能城内建成年产 80 GWh 的智能化绿色锂离子动力电池生产基地。

八、2017 年 1—12 月企业在新能源汽车方面经济指标统计

填报单位名称	指标名称	单位	本期累计	同期累计	增长率(%)
万向一二三股份公司	2017 年末资产总计	万元	510 773	292 470	75%
	2017 全年完成投资额	万元	90 449	71 460	27%
	2017 年营业收入	万元	49 161	121 159	-59%

合肥国轩高科动力能源有限公司

Hefei Guo Xuan High-Tech Power Energy Co., Ltd.

一、发展概况

国轩高科股份有限公司于 2015 年 4 月成功上市，股票代码 002074，拥有新能源动力锂电池以及输配电设备两大业务板块，公司员工 5 000 余人，注册资金 8.8 亿元，总资产 100 亿元，公司总市值 300 亿元。

合肥国轩高科动力能源有限公司为国轩高科股份有限公司全资子公司，成立于2006年5月，坐落于合肥市新站区瑶海工业园，拥有合肥、庐江、南京、苏州、青岛、唐山等多个生产基地，实现了国轩动力电池产品的多元化发展。

公司专业从事新型锂离子电池及其材料的研发、生产和经营，拥有核心技术知识产权。主要产品为磷酸铁锂材料及电芯、三元电芯、动力电池组、电池管理系统及储能型电池组。在市场应用方面，国轩高科为国内主流整车企业提供"芯动力"，与宇通、申龙、中通、安凯、金龙、北汽、江淮、上汽、奇瑞、众泰等一大批优秀的企业携手共进，以"产品为王"的经营理念赢得用户认可。2018年上半年，国轩动力电池市场份额全国前三、全球前五。

作为国家重点高新技术企业、国家级企业技术中心、3项国家"863"重大课题承担单位，3项新能源汽车创新工程参与者，公司先后通过ISO 9000等"三标一体"认证和TS 16949质量体系认证，被评为国家CNAS认可检测中心、国家级博士后工作站，成立院士工作站，获评第三届安徽省政府质量奖等。2016年，由国轩牵头的"高比能量动力锂离子电池的研发与集成应用"课题、"年产6亿安时锂离子动力电池生产基地项目"，以及"新能源汽车锂动力电池智能工厂"项目分别成功申报国家"十三五"规划新能源汽车重大专项、发改委2016年增强制造业核心竞争力专项和工信部新能源汽车锂动力电池智能工厂重点项目。

国轩高科专注技术驱动，不断实现动力电池技术新突破。在合肥、上海、美国硅谷、美国独立城、日本筑波、欧洲(筹)建立全球六大研发中心。现有专业研发队伍1 500余人，其中硕博占70%以上，预计2020年将达到3 000人规模，博士占比达30%以上。截至2018年6月，公司累计申请专利2 215项，其中发明专利1 068项，授权专利711项，其中发明专利215项。专利成果覆盖正极材料的制备、电池的制备技术、电池的原辅材料设计、电池的成组技术、电池的筛选技术、电池的PACK技术、电池管理系统等电池制备到应用的全过程。

二、生产经营

2017年，国轩高科积极应对经济形势变化，把握新能源产业机遇，稳固扩充产能，加大市场开拓力度，动力锂电池业务发展良好，营业收入和营业利润较2016年同期大幅增长，同时在确保既有产品优化改进的前提下，积极拓展三元电池、储能业务、电池回收等战略领域新业务。

2018年上半年，公司品牌影响力进一步提升，战略布局纵深发展，产业链布局持续完善，重点项目稳步推进。下半年，公司将"一切以订单交付为中心"，争取完成年初既定的经营目标。在此情形下，一是夯实营销基础，开拓市场格局；二是坚持用户导向，专注技术驱动；三是产线全面升级，生产保质保量；四是紧盯车厂型谱，加强项目管控；五是贯彻交付意识，严抓质量成本；六是完善管理制度，提高工作效率；七是深入资本市场，推进并购整合。2018年上半年国轩高科主要完成了以下几项重要工作：

1. 国轩高科管理层积极面对行业政策调整，深耕战略客户渠道保障公司市场份额持续扩张。2018年继续保持与中通客车、宇通客车、上海申龙、安凯客车、苏州金龙、安凯客车、东风汽车等商用车企良好合作的同时，加强与北汽新能源、江淮汽车、众泰汽车、奇瑞汽车等乘用车企战略合作，推动三元电池的市场投入，扩大公司在新能源汽车乘用车市场的战略布局，同时布局物流车领域，与成都大运、奇瑞商用车、江淮商用车、中通轻客、湖北新楚风等形成战略合作伙伴关系。

2. 为丰富公司的产品结构，促进公司经营目标实现，确保公司可持续性发展，公司全资子公司合肥国轩高科动力能源有限公司(以下简称合肥国轩)拟以自有资金出资20 000万元在合肥经济技术开发区设立全资子公司合肥国轩电池有限公司(以下简称国轩电池)，从事动力锂离子电池的研发、生产及销售。

3. 为通过公司深厚的新能源动力锂电池产业经验，以及丰富的市场开拓经验，挖掘国内外战略合作伙伴，加大公司新一代新能源汽车电池管理系统(BMS)的研发力度，掌握国际领先的BMS系统技术，扩展国际技术开发平台，加快公司在新能源产业链布局，拓展国际市场，促进公司健康、可持续发展。合肥国轩拟以自有资金4 000万元对合肥轩一投资管理有限公司(以下简称轩一投资)增资，拟以自有资金9 999 998新币(约合人民币4 760万元，以当时实际汇率为准)对新加坡国轩有限公司(以下简称新加坡国轩)增资，拟以自有资金1 500万美元(约合人民币9 459万元)对国轩高科(美国)有限公司(以下简称美国国轩)增资。增资后，轩一投资注册资本由1 000万元增加至5 000万元，新加坡国轩注册资本由2新币增加至1 000万新币，美国国轩注册资本由3 500万美元增加至5 000万美元，合肥国轩持有轩一投资、新加坡国轩、美国国轩100%股权不变。

4. 2018年1月18日，轩一投资、合肥国轩与国元证券股份有限公司共同出资100 100万元发起设立产业基金，其中，轩一投资作为普通合伙人认缴出资100万元，占投资总规模0.10%；合肥国轩作为劣后级有限合伙人认缴出资30 000万元，占投资总规模29.97%；国元证券作为优先级有限合伙人认缴出资70 000万元，占投资总规模69.93%。

三、产能建设

合肥国轩拥有合肥、庐江、南京、苏州、青岛、唐山等多个生产基地，2018年底公司产能可达20 GWh以上。

四、技术进展及研发能力进展

国轩高科(股票代码:002074)是专注于锂离子动力电池材料研发及制造的国家级高新技术企业，目前拥有国家级企业技术中心、国家CNAS认可检测实验中心、国家博士后科研工作站、安徽省院士工作站等创新平台，先后参与碳纳米管浆料国际标准、多项国家标准(GB/T 31485—2015、GB/T 31467.2—2015等)制定工作，并承担多项国家级重点科研项目(No.2012AA110407，No.2016YFB0100300等)，相关成果获得国家专利优秀奖、安徽省专利金奖和安徽省科技进步奖等。

近年来，公司自主研发、科技创新成果在电池产业化方面的应用，大大提升了企业产能建设水平。承担"863"项目

3 项，承担国家工信部技改项目 1 项，申请并承担省自主创新项目 3 项；钛酸锂等 6 个新产品申请并被认定为安徽省省级新产品，“电动汽车用磷酸铁锂电池及产业化”项目获安徽省科学技术二等奖，与中国科学技术大学合作的“新能源汽车动力锂电池管理关键技术及其系统”项目获安徽省科学技术三等奖，“磷酸铁锂动力电池产业化”及“高功率型磷酸铁锂复合材料技术研究及产业化”项目分别获合肥市科学技术一等奖、“电动汽车用磷酸铁锂电池一致性技术研究及应用”“循环经济型磷酸铁锂电池技术开发及产业化”项目分别获合肥市科学技术二、三等奖。

2016 年 10 月，全球领先的第三方检测认证机构 TÜV 南德意志集团在上海为国轩高科颁发首张国内测试新能源汽车动力电池单品 ECE R100 证书，标志着国轩高科新能源汽车动力电池产品相关安全性能已处于国内行业领先水平，也代表了其拥有了进入包括欧盟在内欧洲市场的“通行证”。

五、主要产品

序　号	产品型号	产品名称
1	DJ1801	纯电动乘用车动力电池组
2	DJ1806	纯电动乘用车动力电池组
3	DK1802	纯电动客车动力电池组
4	DK1813	纯电动客车动力电池组
5	DT1802	纯电动物流车动力电池组

六、合资合作

2018 年 1 月 22 日，前锋股份与合肥国轩及相关各方签署了《成都前锋电子股份有限公司与北京新能源汽车股份有限公司全体股东之资产置换及发行股份购买资产协议》。前锋股份拟通过资产置换并向北汽新能源全体股东非公开发行 A 股股份方式，购买其合计持有的北汽新能源 100% 股权。公司子公司合肥国轩拟根据经北京市国资委核准的评估值和《资产购买协议》，将合肥国轩持有的北汽新能源 120 000 000股股份转让给前锋股份，公司所持股份的出售价格为 65 347. 78 万元，前锋股份将以发行股份的方式向合肥国轩支付本次交易对价，交易完成后合肥国轩将获得对应的前锋股份 17 352 040 股。

七、发展规划

公司规划未来 5 年内，实现在国内纯电动车动力电池产销量位居领先地位。公司坚持以科学发展观为指导，以市场需求为导向，以发展动力电池技术、实现动力电池产业化为己任，持续推动电池技术创新步伐和新能源汽车产业化进程。把握新能源产业机遇，积极拓展储能、电池回收、充电桩制作等战略领域业务，巩固公司行业龙头地位，创造优秀产品，为推动中国新能源汽车产业的发展、人类文明进步作出新的贡献。

孚能科技（赣州）有限公司

Farasis Energy (Gan Zhou) Inc.

一、单位概况

孚能科技（赣州）有限公司于 2009 年在江西赣州国家经济开发区注册成立，注册资本 8. 5 亿元。主要生产新能源车用三元锂离子动力电池及相关产品，已经通过 ISO 9001、ISO 14001、TS 16949 等各项质量管理体系认证。2016 年 7 月，孚能科技顺利获得国家工业和信息化部《汽车动力蓄电池行业规范条件》企业目录（第四批）。截至目前，孚能科技已经拥有 50 多项世界级锂电池发明专利。

二、生产经营

孚能科技主要从事新能源车用锂离子动力电池及控制系统的研发和生产，其三元软包动力电池技术处于国际领先地位。2017 年 10 月，孚能科技“新能源汽车动力电池智能制造试点示范项目（年产 4 Gwh 锂离子电池生产基地）”顺利通过国家工信部智能制造试点示范项目审核。并于同年 11 月荣登国家工信部、财政部两部委公布的 2017 年国家技术创新示范企业名单。

在技术路线方面，孚能科技的单体电芯能量密度领先世界，公司从 2014 年底就开始大规模量产 220 Wh/kg 的三元动力电池，目前量产电芯为 240 Wh/kg 的水平，循环寿命在 2 000次以上，是国内能量密度最高的量产型动力电池。公司更先进的 285 Wh/kg 的电芯已开始匹配国内外一线车厂，将于 2019 年量产。目前主要是供应北京新能源汽车有限公司和江铃新能源汽车有限公司全系列车型，北汽 EU400 搭载的三元锂电池就来自孚能科技，续航里程达到 460 km。

孚能科技成为第一家技术支持世界顶级电动方程式赛事的中国电池企业，向 Venturi 车队提供了电控和能量管理等多项独家技术。孚能科技生产的动力电池，目前在国内主要应用于乘用车领域，同时大量出口北美成为豪华电动摩托车市场份额第一的电池供应商。2017 年，孚能科技动力电池系统出货量进入全球前十位，同年，乘用车电池装机总数量达 4. 37 万台，名列国内前三甲。

在融资方面，截至 2018 年 5 月孚能科技累计完成 C 轮融资超 10 亿美元，吸引了包括中国国有资本风险投资基金、兴业银行、北京汽车集团产业投资有限公司、工银国际、中科院国科投资、兴业国信资管和杭州金控等企业投资。行业独角兽美誉实至名归。

三、发展规划

未来，孚能科技动力电池的生产将结合“智能制造”，利用资本市场，向上下游产业延伸，形成千亿元产业集群，加速动力电池产业的全面升级。

深圳市比克动力电池有限公司

SHENZHEN BAK POWER BATTERY CO., Ltd.

一、单位概况

比克电池于2001年在中国深圳成立，现已发展成为集锂离子动力电池、消费类数码电池研发、生产、销售及回收再利用于一体的国际领先新能源企业。产品涵盖电芯、模组、整包，应用于乘用车、巴士车、物流车、专用车等全系列车型。至2017年12月，公司动力电池产能已达8 GWh，累计装车达11万辆，单车最长行驶记录超400 000 km，占据国内约30%市场份额，在国产三元动力圆柱电池领域电池供应商中排名第一。

二、经营情况

目前拥有深圳、郑州两大生产基地，现已发展成为集锂离子电池、电动汽车、电池回收三大核心业务为一体的国际领先的新能源企业。公司产品和服务包括圆柱、方型和聚合物电芯，以及电池封装、电池解决方案等，主要应用于新能源交通出行、消费数码及后备储能等领域。

2017年，比克电池在中国三元电池市场份额排名第二。累计装载新能源汽车11万辆。

目前，比克以18650圆柱动力电池为基础，配合21700圆柱电池及大方型电池，以超强循环寿命、稳定安全性能、领先续航里程、超强温度和空间适应性等优势，为国内外知名新能源汽车整车厂商提供动力驱动。此外，依托锂离子电池核心技术，比克已提前布局并持续发力纯电动商用车领域的研发、制造和推广。

三、产能建设

比克推动智能制造升级，进行动力电池智能生产制造体系建设，2017年已达到8 GWh产能。计划2018年达到12 GWh产能，到2020年达到20 GWh产能。

四、技术进展及研发能力建设

比克拥有一个国家级博士后科研工作站、多个研发团队，遍及国内和欧洲、北美等地。拥有专职研发人员800余人，并与多家国内知名院校、科研机构保持着长期合作。研发投入方面，比克每年保持5%以上的营业收入投入研发体系。比克在数码、储能、动力电池等应用领域具备从电芯、模组及系统完整的批量化制造能力。

五、主要新产品

序号	产品名称	产品型号
1	N18650CP	18650圆柱3.2 Ah动力电池
2	N18650CK	18650圆柱3.0 Ah动力电池
3	N18650CL	18650圆柱2.9 Ah动力电池
4	H18650CNP	18650圆柱2.5 Ah动力电池

中信国安盟固利动力科技有限公司

CITIC Guoan Mengguli Power Science And Technology Co., Ltd.

一、单位概况

中信国安盟固利动力科技有限公司(简称盟固利，MGL)，是中信国安股份公司(股票代码:000839)的全资子公司。在中信及国安集团新能源业务战略指引下，于2002年5月27日，在北京中关村科技园昌平园区注册成立。中信国安盟固利动力公司也是中国最早成立的专业从事新能源汽车用锂离子动力电池技术研发和产业化的公司，拥有“国家火炬计划重点高新技术企业”资质，迄今已发展成为中国动力电池行业的重点骨干企业。

公司注册资本31 201万元，员工总数为1 629人，其中研发与技术管理人员564人，占比35%。截至2017年底，公司产品在国内市场已经覆盖了全部31个省(自治区、直辖市)，搭载盟固利动力电池的新能源车辆累计安全运行超过35亿km；全球运行搭载盟固利动力电池的新能源车辆超过60 000辆，远销欧美、韩国、印度、东南亚等国，无任何质量安全事故。

二、经营情况

2017年，公司实现营业收入147 919万元，同比增长39.14%，实现净利润15 364万元。

三、产品出口

近年来，公司与美国PLUG POWER公司在新能源汽车领域的战略合作全面展开，一直保持持续稳定供货，其中2017年实现销售金额1 305.6万元。

四、产能建设

2017年，公司实际产能为年产1.41亿Ah锂离子动力电池；天津新建5亿Ah动力电池产能项目稳步推进，计划2018年下半年建成投产；为满足上汽大通EV69配套需求，在江苏溧阳建成年产20 000套动力电池系统自动化生产线，实现了与上汽大通在乘用车领域战略合作的跨越式发展。

五、技术进展及研发能力建设

1. 不断加强技术研发工作，取得了一系列重要的技术研发成果。

材料基础问题研究。建立正负极材料原位 XRD 数据库；建立高 Ni 材料与水分关系实验数据库；完成可充放电透明装置开发；完成模拟电池制作全电池方法开发；LTO 材料研发方面完善了生产品质监控管理体系。

电芯产品关键性能指标取得大幅提升。EV 能量型电芯的能量密度由 2016 年的 180 Wh/kg 提升到 230 Wh/kg，同比增加 27%，PHEV 电芯能量密度比 2016 年增加 55 Wh/kg，同比增加 37%。

300 Wh/kg 等级前沿电芯技术开发取得重大进展，电芯循环寿命从 2016 年的 600 次增加到当前的 700 次，能量密度由 270 Wh/kg 增加到 280 Wh/kg。

面向冬奥会环境的低温电池技术开发成功，标志着公司具备了为 2022 年北京冬奥会提供绿色交通服务的能力，同时也标志着中国适应寒冷地区运行的全气候型动力电池技术取得了一项新的重大突破。

2. 加快技术转化进度，在前瞻性应用领域取得一系列重要突破。

盟固利公司不断推进其电池产品在高铁、航空、军工等前瞻性尖端领域的技术合作和推广应用：一是在通用航空领域取得新突破，2017 年 11 月 1 日，搭载盟固利动力电池系统的增程电动双座 RX1E－A 型飞机成功实现首飞，较上一代 RX1E 型双座电动飞机，该机型续航时间从 45 min 左右增加到了 2 h；二是在轨道交通领域取得重要进展，2017 年，搭载盟固利高能量型电池系统的中国标准动车首次实现出口德国铁路系统，预计到 2018 年 4 月，搭载盟固利同款电池产品的中国标准动车组“复兴号”将进入整车试验阶段，到下半年将实现小批量供货；三是在标准液冷电池系统技术开发方面，成功实现了在 PHEV 商用车领域的批量应用，同时，上汽乘用车 EV69 项目开发取得整车公告，已经进入批量供货阶段。

3. 持续加大自主创新力度，不断巩固核心技术成果。

2017 年，盟固利公司共新申请政府资助项目 36 项，申报成功 23 项，全年申请资金共计 1.8 亿元；全年新申请专利 59 项，其中发明专利 12 项；新授权专利 27 项，其中发明专利 3 项；发表软件著作权 2 项。此外，公司全年共参加 7 项重要国家标准的制定或修订工作。通过不断的技术创新，公司已形成了较为完备的核心技术体系，截至 2017 年底，已累计承担国家及地方重大科研及产业化项目 30 余项，申请技术专利 200 多项，已授权专利近 70 项。

此外，2017 年，盟固利还获批“北京市企业信用等级 AAzc－级别资信等级 AAA 级”、“北京市两化融合贯标试点企业”以及“高新技术企业（新认定）”等资质。

六、主要新产品

序号	产品名称	产品型号
1	32 Ah 插电式混合动力电池系统	MGL32C02
2	35 Ah 插电式混合动力电池系统	MDEP5990352
3	25 Ah 插电式混合动力电池系统	MDEP5990753
4	50 Ah 纯电动电池系统	MDEE3592004
5	48 Ah 快充电池系统	MGL48C01Y

七、合资合作及重大项目建设

2017 年，公司进一步加深与重点整车企业、重点系统厂商的合作，上汽 EV69 项目开发取得整车公告，已经进入批量供货阶段，实现销售收入 1.1 亿元；为满足上汽 EV69 项目的市场需求，在长三角地区（江苏溧阳）建成年产 20 000 套动力电池 PACK 自动化生产线。同时，新增跃进 ES50、红岩、申沃等车型，正在与合作厂商进行技术对接。另外，北汽乘用车系统产品开发进展顺利，EX260 新项目开发进展顺利，新增 C80 项目，预计 2019 年实现量产。公司还新开发广汽、长安、华晨、云度等乘用车客户，均已正式开展全面的技术准备工作。

八、发展目标与规划

未来，盟固利将立足新能源汽车用动力电池市场，不断加强技术创新，使公司产品生产与质量保证能力达到行业领先水平；不断扩大在新能源乘用车、公共交通车等领域的推广应用，在推动节能与新能源汽车产业化方面发挥支撑与引领作用；在轨道交通、通用航空、智能驾驶及绿色储能等前沿领域不断开拓创新，加快实现产业化和市场普及应用；不断做优做强，成为技术领先、服务领先、创新领先、社会贡献度领先的一流企业，促进全球新能源事业发展。

江苏塔菲尔新能源科技股份有限公司

Jiangsu TAFEL New Energy Technology Inc

一、单位概况

塔菲尔新能源科技成立于 2014 年，是一家专注于研发、生产、销售新能源锂离子动力电池及储能电池的创新型高新技术企业。公司主要生产基地位于江苏南京，同时在深圳、东莞、北京、台湾等多地设有分（子）公司。塔菲尔致力于通过不断改进先进的电池技术，为全球锂离子动力和储能电池领域提供高效的解决方案。公司主营产品有各种类型国标尺寸的方形铝壳锂离子动力电池及电池组，产品广泛应用于电动汽车、储能和通讯基站上。

二、经营情况

塔菲尔新能源科技与国内多家车企建立了紧密的合作关系,多款配备公司产品的车型进入国家工信部《新能源汽车推广应用推荐车型目录》。在302期目录及304期目录中,配备塔菲尔电芯的知豆车型均为当期最高能量密度车型,达到158.07 Wh/kg。配置塔菲尔电芯的山西原野物流车最大续航里程达到570 km,达到业内顶级水准。目前,公司已与一汽轿车、长安、陕汽、东风、领途等企业达成战略合作,拓展公司新能源产业整体布局。

三、产能建设

在新能源产业迅猛发展的大背景下,塔菲尔开展了全产业链发展的战略布局。以南京为生产基地,立足长三角、珠三角辐射周边地域,面向全国进行上下游供应链战略合作。包括原材料开发、性能验证、供应管理,电芯研发、性能提升,电池模组、PACK研发生产,应用-电动车/储能,电池梯次利用以及废旧电池安全回收、原料再利用等全产业合作。力争打造产业集群,发挥新能源产品的最大化利用。2017年塔菲尔在南京投资80亿元,成立智能化、自动化生产基地,占地约480亩,涵盖生产、办公和科研一体。

南京项目共分三期,其中一期项目于2017年11月开始试投产,产能1.5 GWh/年,年产值15亿元。二期和三期项目计划于2019年底完工,规划用地400亩,建成后可实现年产能4.5 GWh/年,届时,塔菲尔南京生产基地将实现6 GWh/年的产能,每年可实现销售额60亿元,同时带动动力电池上游材料厂和设备厂、下游PACK厂的百亿级产业链。与此同时,塔菲尔还在山东、湖南、湖北、贵州等地布局产线,预计到2020年总产能达15 GWh/年,以期匹配快速增长的市场需求。

四、技术进展及研发能力建设

塔菲尔新能源科技主要产品为锂离子动力电池及电池组,广泛应用于电动汽车、电动大巴、风光储能、家庭储能和基站后备电源等领域,产品具有高安全、高能量密度、、快速充放电、长寿命、优异低温性能等显著特点,多项性能指标通过国内外权威认证,均位于同行业领先水平。在高安全性上,公司产品以安全第一为设计理念,安全相关的设计点达200余项,已通过国标GB/T 31485、北美UL 2580、欧洲IEC 62660等动力电池安全认证标准。高能量密度方面,目前市场主流的磷酸铁锂产品的能量密度在90~135 Wh/kg,塔菲尔量产的磷酸铁锂产品能量密度≥160 Wh/kg,快速充放电方面,目前快充电池技术处于行业领先地位,量产产品可实现5C充电,即12 min充满电量,未来产品可实现6 min满充。电池的长寿命是塔菲尔的强项,塔菲尔建立了一套电池寿命预测模型,用于对电池寿命进行测试和分析,目前塔菲尔量产产品循环寿命超过5 000次,高于市场普遍的电芯参数。2018年底,实验室产品循环寿命将超过10 000次在低温放电上,塔菲尔产品在-30 ℃环境下可实现相当于常温环境放电量的90%。塔菲尔产品关键技术拥有自己的专利群,截至2017年年底申请专利逾150项,其中发明专利30项、PCT 1项,授权专利近60项。预计2018年底,公司专利总数将突破250项。

此外,塔菲尔产品采用市场主流尺寸型号,可良好兼容于市场主流电动车型号,是宝马、大众、宇通大型车企的量产车型所选用的型号;产品尺寸型号均在国标《电动汽车用动力蓄电池产品规格尺寸》规定的8个型号中,遵从政策指导,满足未来市场主流需求的产品;项目产品类型与生产工艺,易于开发设备,适合全自动化生产,最大限度地满足了市场通用性。

公司在技术研发方面,以建立国标领先的技术研发团队为目标,与美国德州大学奥斯分校Goodenough实验室,积极拓展产学研合作项目,包括锂金属电池、全固态锂离子电池和锂空气电池等,为塔菲尔未来开发更高性能、更优质产品奠定良好的技术基础。主要合作方向有:全固态电池研发,全固态电池开发和硅基高能量密度电池开发,高能量密度碳负极动力电池开发等。

五、主要新产品

序号	产品名称	产品型号
1	锂离子电池	LFP80Ah
2	锂离子电池	LFP115Ah
3	锂离子电池	LFP136Ah
4	锂离子电池	LFP150Ah
5	锂离子电池	NCM45Ah
6	锂离子电池	NCM100Ah
7	锂离子电池	NCM135Ah
8	锂离子电池	NCM150Ah
9	锂离子电池	NCM153Ah

六、合资合作及重大项目建设

在新能源汽车产业快速发展的背景下,江苏塔菲尔新能源科技与一汽轿车、长安、陕汽、东风、领途等业内知名汽车企业及运营企业建立紧密的合作关系,在为客户配套提供技术含量高、品质过硬、安全性高的动力电池产品的同时,在电池低温放电、快充等方面逐步,实现与客户深度合作;与此同时,为保证能够满足客户需求,公司在各地政府的支持下,积极进行产能扩建,分别在贵州贵安新区、湖南常德、山东齐河建立生产基地。

七、发展目标与规划

江苏塔菲尔新能源科技以动力电池研发生产为根本,立足于新能源产业,坚持做更专业的中国"芯",追求工艺创新、品质控制、科学管理,推崇"工匠精神"的敬业、精益、专注与创新,致力为客户提供技术含量高、品质过硬、安全性好的锂离子动力电池及储能电池产品。塔菲尔坚持以发展现代绿色能源事业为己任,致力于安全、高效、绿色环保能源的开发与推广,用优质的产品和服务,持续推动电池技术创新和新能源汽车产业化进程,做动力电池行业的领导者,成为全球知名的新能源整体服务提供商,用高科技与创新思维为人类提供更清新、更环保、更便捷、更智能的生活。

远东福斯特新能源有限公司

FAR EAST FIRST NEW ENERGY CO., LTD

一、单位概况

远东福斯特新能源有限公司(简称福斯特)成立于2009年7月,是一家专业从事锂离子电池和动力电池研发、生产、销售及服务于一体的国家高新技术企业,是上市公司远东智慧能源股份有限公司(股票代码:600869)的全资控股子公司。

福斯特总部坐落于国家锂电新能源高新技术产业化基地——江西省宜春经济技术开发区,占地700余亩,是宜春打造“亚洲锂都”的龙头企业。现员工总人数3 000余人,拥有超10万m^2的高洁净厂房、先进的自动化生产设备;拥有38项创新专利,掌握了行业先进的生产工艺技术;管理团队稳定优秀;产品竞争力强、交期准时。

经工信部专家审查,顺利进入符合《汽车动力蓄电池行业规范条件》的第四批企业目录。福斯特18650锂电池、动力电池产品广泛应用于新能源乘用车、新能源物流车和太阳能储能、风能储能、基站储能以及电动自行车、笔记本电脑、移动电源等领域。2016年福斯特销售产值突破15亿元,上缴税款超亿元。现日产18650圆柱锂离子电池超120万支,居国内产销规模第一,全球排名第三,仅次于三星和松下;动力电池现生产规模为年产10万组。公司计划用3~5年时间,做中国第一、世界第一的18650动力电池供应商。

二、经营情况

福斯特18650锂电池、动力电池产品广泛应用于新能源乘用车、新能源物流车和太阳能储能、风能储能、基站储能以及电动自行车、笔记本电脑、移动电源等领域。公司通过了ISO 9001:2008质量管理体系认证、ISO 14001:2004环境管理体系认证、TS 16949:2009汽车质量管理认证体系、OHSAS 18001:2007职业健康安全体系认证;产品通过了IEC 62133、CE、UN 38.3、2006/66/EC指令测试、UL 1642等认证。

三、产能建设

福斯特现日产18650圆柱锂离子电池超120万支,居国内产销规模第一,全球排名第三,仅次于三星和松下;动力电池现生产规模为年产10万组。公司积极响应紧抓住新能源汽车发展的契机,2017年公司新建6万m^2生产厂房,投资3亿元购进两条进口自动化、智能化动力电池生产线以及PACK自动生产线,全面拓宽动力电池组产品销售领域,已与江铃、东风、众泰、奇瑞、陕汽通家等新能源汽车厂商配套销售超过3万组动力电池组,目标做中国最安全的新能源汽车动力电池组;同时根据市场需求及公司经营战略规划,公司启动“年产3 GWh高能量密度动力储能锂电池研发及产业化项目”,项目总投资近40亿元,项目用地面积约368亩,新建厂房、仓库、办公楼及配套设施等建筑面积约200 000 m^2,建成6条进口动力电池生产线、3条自动化PACK生产线等。项目在3年内全部建成达产达标后,18650型锂电池产能将突破6 GWh,产值在100亿元以上,可实现百亿企业的目标。

四、技术进展及研发能力建设

远东福斯特新能源有限公司研发中心成立于2010年1月,2014年12月成立新能源汽车研究院,现有研发技术人员243人,博士6人、硕士27人,高级工程师21人,团队专业背景以化学、材料类为主,约占80%;是一支具有超强创新能力的技术团队。

远东福斯特新能源有限公司拥有自主知识产权42项:发明专利13项,实用新型专利22项,外观设计1项,软件著作权6项。

研发中心承担建设了1个国家级联合工程研究中心(复合材料锂电池制造技术国家地方联合工程研究中心)、2个省级锂电池技术研究中心(江西省锂电池工程研究中心、江西省锂离子动力电池工程技术研究中心)、3个市级研发创新平台。

远东福斯特新能源有限公司与中科院、北京理工大学、清华大学、复旦大学、南昌大学等重点高校、学术机构建立了广泛的产学研合作关系;2014年6月与中科院化学所万立骏院士联合建立“院士工作站”;2015年9月获国家人力资源社会保障部、全国博士后管理委员会批准成立“国家博士后科研工作站”。

2016年远东福斯特新能源有限公司自主研发锂离子动力电池2 600 mAh和3 350 mAh形成量产。公司投资2 000万元建设动力电芯研发实验室和PACK安全试验,并成立福斯特研究院。

五、主要新产品

1. 整车

序号	产品型号	产品名称	通用名称
1	2 000 mAh	18650圆柱锂离子动力电池	20EB
2	2 200 mAh	18650圆柱锂离子动力电池	22EB
3	2 400 mAh	18650圆柱锂离子动力电池	24EB
4	2 600 mAh	18650圆柱锂离子动力电池	26EB
5	2 900 mAh	18650圆柱锂离子动力电池	29EB

2. 零部件

序号	产品名称	产品型号
1	汽车动力电池组	Y100S
2	汽车动力电池组	E100A
3	汽车动力电池组	5023A
4	汽车动力电池组	DK01
5	汽车动力电池组	S15EV

六、合资合作及重大项目建设

公司积极响应紧抓住新能源汽车发展的契机，上游与杉杉股份、当升科技、格林美、贝特瑞等企业建立了长期的战略合作关系；下游与江铃、东风、众泰、奇瑞、陕汽通家等新能源汽车厂商配套销售超过4万多组动力电池组，2016年新建60 000 m^2 生产厂房，投资3亿元购进国际技术领先的两条进口自动化、智能化动力电池生产线及PACK自动生产线，全面拓宽动力电池组产品销售领域，有信心做中国最安全的新能源汽车动力电池。

七、发展目标与规划

福斯特目标致力成为国内顶尖的新能源汽车及储能领域的能源系统解决方案服务商。结合“智慧能源”产业链上，未来定位有三点：第一，做精做强现有业务，争取实现18650锂电池全球第一的目标；第二，通过与智慧能源及其下属子公司的协同整合，发展BMS（电池管理系统）以及电池云业务，抢占交通用户的数据流量入口；第三，发挥电池的梯级利用效应，发展储能业务，抢抓全球未来趋势，投入研发布局缆储一体化业务。通过在国家顶层设计大力推动“互联网＋、智慧能源”的大背景下，新能源汽车、能源互联网、智慧能源的建设将成为能源行业未来发展的重要方向，福斯特将充分响应国家发展战略号召，以市场为主导，坚持走可持续发展道路，助力智慧能源、新能源产业的健康快速发展。

八、2017年1—12月企业在新能源汽车方面经济指标统计

填报单位名称	指标名称	单位	本期累计	同期累计	增长率(%)
远东福斯特新能源有限公司	2017年末资产总计	万元	248 433.00	198 236.43	25.32
	2017全年完成投资额	万元	14 916.10	10 070.52	48.12
	2017年营业收入	万元	155 927.80	101 178.56	54.11
	2017年利润总额	万元	18 385.03	11 731.03	48.20
	2017年产品销售率	%	97.45	91.98	5.47
	2017年销售利润率	%	11.79	11.59	0.2

上海德朗能动力电池有限公司

DLG Power Battery(Shanghai) Co., Ltd.

一、单位概况

上海德朗能动力电池有限公司于2001年10月在上海奉贤区成立，并先后在上海、深圳、张家港、宁波、天津设立生产基地和销售中心。产业以电芯制造为主，并逐步向中下游系统集成业务延伸，产业涵盖动力锂离子电池、电池控制系统、民用电池及相关产品的研发、设计、生产、销售及服务。产品主要是圆柱18650电芯，年生产能力可达4 GWh。

德朗能拥有8家相关公司，主营业务为18650锂离子动力电芯的4家公司：山东德朗能新能源；上海德朗能动力以及其控股的宁波奉化德朗能动力（主产3 200 mAh），张家港德朗能动力（主产2 600 mAh）。主营业务为电池模组（PACK）的3家公司包括上海德朗能新能源；上海德朗能电子和其控股的山东德朗能电子科技。

另外，集团旗下主要拥品牌包括：“次世代”“德朗能”“DLG”“德朗”“DLG Power”，其中“DLG”“次世代”“德朗能”在电子消费类行业品牌知名度极高，并在海外多个国家注册及推广。

德朗能一贯高度重视产品质量，近年来相继通过TS 16949、ISO 9001、ISO 14001、CE、UL认证和ROHS检测。目前，公司已发展成为国内锂离子动力储能电池的知名生产商，产品远销美国，欧洲等地区，是所处细分市场知名电源解决方案供应商。

二、产品出口

德朗能产品远销美国，欧洲、澳洲等国家和地区。

三、技术进展及研发能力建设

德朗能拥有136人的研发团队，平均年龄在35岁；由归国留学博士构成的技术领军人物，分别来自锂离子电池技术强国日本、基础理论强国美国、材料资源强国澳洲。研发团自主研发的关于锂离子电池的专利55项；其中专利发明23项，实用性专利30项，外观专利3项。德朗能技术领域与国内外高校都有交流探讨，与上海市交通大学共同建立了联合实验室，被定为“市级实验室”；与澳洲卧龙岗大学（Wollongong）联合开发生物医学电池获得澳洲政府资助；不仅如此，公司的研发项目先后荣获了“国家科技中小企业技术创新基金”“上海市科技成果转化专项基金”“上海市节能减排项目基金”“上海市火炬计划”“上海市重大高新技术产业化项目”等多项科技专项资金支持。公司先后被评为上海市名牌企业、上海市科技小巨人企业、上海市专精特新中小科技企业、上海市科技创新型高新技术企业等。2016年入选了中国电池行业百强企业；2018年持续入选工信部《锂离子电池行业规范条件》目录的动力电池企业之一。

四、主要新产品

序号	产品名称	产品型号
1	锂离子动力电池	NCM18650-260
2	锂离子动力电池	INR18650-320
3	锂离子动力电池	INR18650-340

五、发展目标与规划

1. 德朗能的主要目标包括：

（1）在乘用车领域，加大力度拓展新的市场，提高市场份额；

（2）在电池组领域，持续提升与主要战略客户的合作广度和深度；

（3）研发投入力度，使得德朗能可以在工艺水平和技术上在行业内保持领先。

2. 战略规划

（1）业务发展规划

德朗能以电芯板块和电池模组板块两部分为主营业务，与主要客户开展深度合作。另外，公司也在准备筹建新厂址，来扩大产品规模和市场。

（2）技术发展规划

德朗能将致力于三元高能量密度、电池模组保护板的研究，技术研发始终领先于行业水平。

上海卡耐新能源有限公司

Shanghai CENAT New Energy Company Limited

一、单位概况

上海卡耐新能源有限公司公司成立于2010年5月24日，创立之初是由中国汽车技术研究中心与日本ENAX合资成立的国内第一家、也是最早的一家三元软包动力电池生产企业，经营范围包括研发、生产电动汽车和混合动力汽车、储能设施所需锂离子电池及其零配件等。

公司走三元锂离子软包装的技术路线，主要产品有三元软包装锂离子电池、电池模块、电池模组、电池包系统和电池成组技术及定制化解决方案等，其服务的主要客户包括上汽通用五菱、江铃新能源、长城华冠、上海申龙客车、陕汽集团、东风特汽、日本雅马哈发动机株式会社等多家整车厂及储能客户，并先后取得动力电池十大安全之星、高工金球奖——年度创新技术、中国电动汽车零部件百强等诸多荣誉。

二、经营情况

上海卡耐新能源有限公司已建设完成投入量产的基地有上海基地、南昌基地、柳州基地，此外还设立了日本分公司。8年的奋斗历程使上海卡耐新能源有限公司拥有4个行业第一：国内第一家批量提供三元叠片软包装动力锂电池的厂家、第一批符合工信部《汽车动力蓄电池行业规范条件》的企业、第一家将产品出口到日本并用在大巴车上的动力电池生产企业、国内唯一参与所有新国标起草的电池企业。2017年公司位于国内新能源乘用车电池装机电量排行榜第十四名。公司和十余家企业达成合作伙伴关系，多次荣获十大动力电池安全之星、中国电动汽车零部件百强、中国汽车新能源汽车行业优秀动力电池企业等行业殊荣，上汽通用五菱最佳快速响应奖、上汽通用五菱新能源贡献奖等客户表彰。

三、产能建设

2018年底，在上海、南昌、柳州3个基地投产基础上，江苏基地一期工程将建设完成并进入试产，届时卡耐总体产能达到6 GWh。2019年，江苏基地二期工程预期建设完成，届时卡耐总体产能将达到10 GWh。到2021年公司总体产能将达到14 GWh的规模。

四、技术进展及研发能力建设

上海卡耐新能源有限公司的技术最早来源于日本英耐时株式会社（ENAX），目前已拥有自主知识产权能力，并取得国家专利30余项，涵盖电芯技术、模组集成技术、热管理技术等领域。公司生产的B型电芯可达软包电芯综合指标一流水平，在业内口碑良好，A型电芯也已经量产，C型电芯、VDA模块电芯、新体系电芯都在开发之中。

此外，自主开发的36 Ah电芯能量密度达到220 Wh/kg，已通过新国标测试；生产的三元电池产品在做针刺测试时，不冒烟不起火，安全系数高；三元电池根据新国标可承受1.5倍终止电压过充电测试，均属国内领先水平。

根据公司发展规划，2018年将建设新的技术中心，集前瞻技术研究、原材料技术研究、电池技术研究、工程技术研究、测试技术中心、项目与综合管理等多研究院与管理机构，规划到2022年建成千人以上研发和工程团队，形成首席专家、海外专家、专业带头人、青年科技骨干的人才梯队。

五、主要新产品

序号	产品名称	产品型号
1	锂离子电池	CPB-LM20
2	锂离子电池	CEA-LM26
3	锂离子电池	CEB-LM26
4	锂离子电池	CEB-LM34
5	锂离子电池	CEA-LM36
6	锂离子电池	CEB-LM36
7	锂离子电池	CEB-LM39

六、合资合作及重大项目建设

2017 年 6 月，与南京江宁滨江经济开发区签订投资协议，征地 600 亩建设核心基地及研发中心。

七、发展目标与规划

上海卡耐新能源有限公司发展战略规划——125 工程。

第一，一个技术中心，2018 公司将建设新的技术中心——南京卡耐新能源有限公司，新技术中心占地 13 300 m^2，总建筑面积 15 000 m^2，预计 2018 年年底启用，新技术中心集前瞻技术研究、原材料技术研究、电池技术研究、工程技术研究、测试技术中心、项目与综合管理等多研究院与管理机构，规划到 2022 年建成千人以上研发和工程团队，形成首席专家、海外专家、专业带头人、青年科技骨干的人才梯队。第二，两个海外分中心，2017 年卡耐日本分公司正式成立，2018 年正式投入运营且目标实现盈利。2018 年还将成立卡耐北美分公司，未来两个海外分中心会帮助总公司积极开拓海外市场，建立海外产品研发和产业链合作关系，吸引海外研发和制造人才。第三，5 个制造基地。2018 年年底，在上海、南昌、柳州 3 个基地投产基础上，卡耐江苏基地一期工程将建设完成并进入试产，届时卡耐总体产能达到 6 GWh。2019 年，江苏基地二期工程预期建设完成，届时卡耐总体产能达到 10 GWh。到 2021 年公司总体产能将达到 14 GWh 的规模。

八、2017 年 1—12 月企业在新能源汽车方面经济指标统计

填报单位名称	指标名称	单位	本期累计	同期累计	增长率(%)	增长额
上海卡耐新能源有限公司	2017 年末资产总计	万元	90 315.45	61 902.38	45.9	28 413.07
	2017 全年完成投资额	万元	25 300	16 100	57.1	9 200
	2017 年营业收入	万元	43 143.92	13 420.48	221.5	29 723.44

科力远混合动力技术有限公司

China Hybrid System Co., Ltd.

一、单位概况

科力远混合动力技术有限公司(简称 CHS 公司)成立于 2014 年 11 月 25 日，是由国内知名混合动力汽车动力电池供应商湖南科力远新能源股份有限公司与著名民营汽车制造商(世界 500 强、中国汽车行业十强)浙江吉利控股集团有限公司共同投资组建的一家合资公司，注册资本 6.59 亿元。2016 年 11 月 22 日，湖南科力远新能源股份有限公司与浙江吉利控股集团有限公司、上海华普汽车有限公司、重庆长安汽车股份有限公司、重庆长安新能源汽车有限公司、昆明云内动力股份有限公司签署《增资扩股协议》，共同将 CHS 公司打造成为一个国家级的混合动力总成系统技术平台。CHS 公司注册资本达到 20.21 亿元。

二、经营情况

科力远中国混合动力及传动系统总成技术平台项目的主要内容包括但不限于混合动力合成箱 HT(内含双电机)及电池包(含动力电池及 BPS 电池管理系统)的研发、制造、销售、应用解决方案；整车控制器、发动机控制器及管理系统的研发、生产、销售及配套。

CHS 是节能与新能源汽车(EV、HEV、PHEV)动力驱动系统整体解决方案。主要包括先进合成箱 HT(含双电机 E1、E2)、整车控制器(HCU)、电机控制器(PEU)、油泵控制器(OPC)、动力电池(Battery)及其控制系统(BMS)。

三、产能建设

科力远混合动力技术有限公司佛山生产基地主要生产两个平台产品 CHS1800 和 CHS2800，基地一期项目规划 CHS1800 平台年产能 10 万台(套)合成箱总成，CHS2800 平台年产能 20 万台(套)合成箱总成。两个平台产品的工艺流程和产能情况介绍如下。

1. CHS1800 动力合成箱工艺流程(图)：

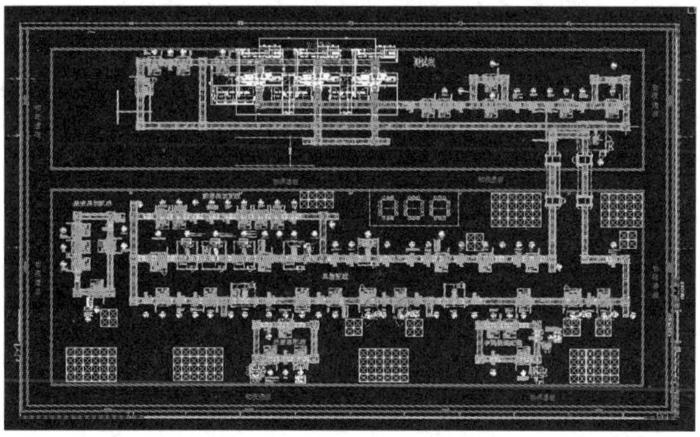

2. CHS1800 动力合成箱目前产能。

生产线	全年工作日(d)	工作时数(h/d)	年产能力[万台(套)]	生产线说明
装配测试线	250	14	10	装配测试线由 4 条分装线、1 条总装线、1 条测试线组成，中隔板分装、后端盖分装、差速器分装、前箱体分装、主装配线、测试下线。 整线共有工位 86 个，其中自动工位 32 个，半自动工位 23 个，自动化率 51%，节拍为 113 s

生产线介绍：整线运用了视觉系统、纠错防错、智能臂、电子伺服压装、多轴伺服拧紧、机器人柔性装配、MES 系统等技术和手段，使产线具有高品质、标准化、自动化、柔性化、信息化、数字化等特点，在保障装配质量的同时有效提升了生产效率。

3. CHS2800 动力合成箱工艺流程（图）：

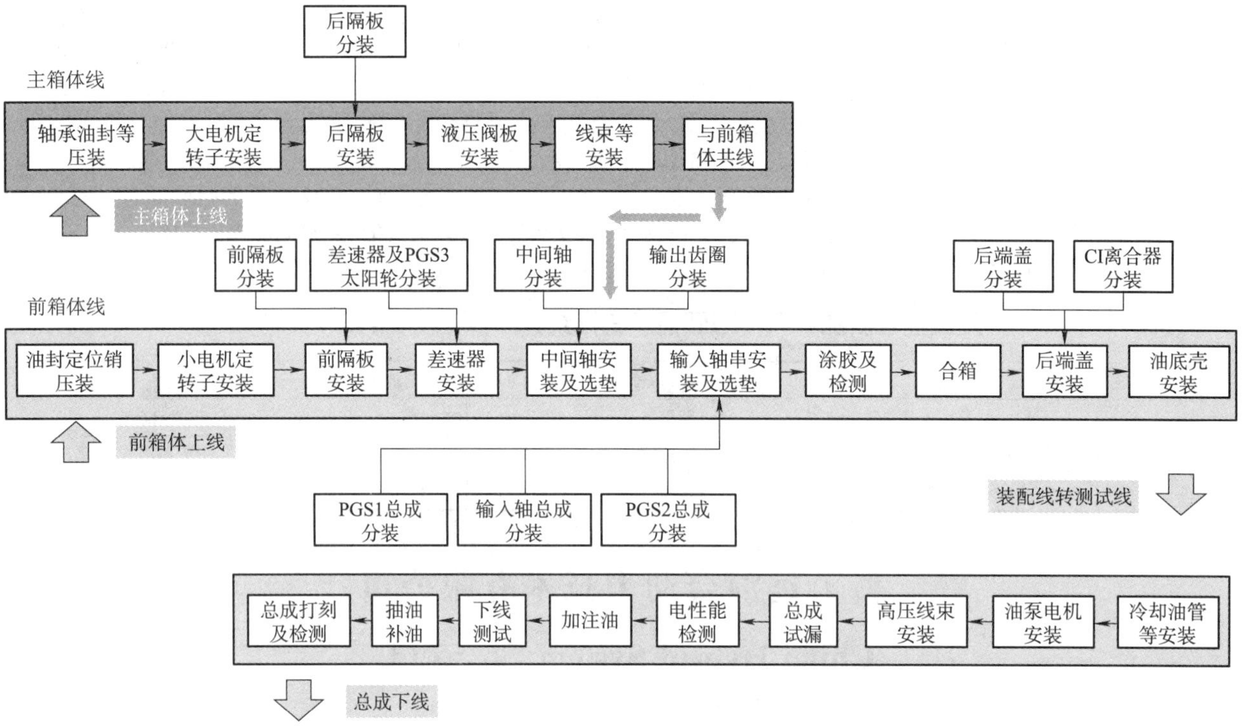

4. CHS2800 动力合成箱目前产能

生产线	全年工作日(d)	工作时数(h/d)	年产能力〔万台(套)〕	生产线说明
装配测试线	250	14	20	整线包含 2 条总装线、1 条测试线、11 条分装线，前隔板总成分装、后隔板/中间轴总成分装、阀体分装、差速器 &PGS3 分装、PGS1 总成分装、PGS2 总成分装、C1 离合器分装、油泵电机分装、后端盖分装、输入轴分装、输出齿圈分装、主装配线、测试下线。 生产线共有工位 138 个，其中自动工位 56 个，半自动工位 39 个，自动化率达到 63%，节拍为 56 s

生产线主要生产设备为：装配测试线具有高质量（具备 100% 纠错防错能力）、高自动化（自动化率达 63%）、柔性化（适合多客户机型共线生产）、信息化（配备 MES 系统监控全生产过程）、精益化（合理的布局设计，降本提效）、智能化和数字化。

四、技术进展及研发能力建设

截至 2017 年 12 月，科力远混合动力技术有限公司已完成 CHS 1800、CHS 2800、CHS 3800、CHS 18000 等多平台混合动力合成箱产品开发，其中：

1. CHS1800 产品定位于 2.4 L 以下发动机，输入轴扭矩可以承受 200 Nm，轮边输出扭矩为 1800 Nm 的 A 级车型，该产品已搭载在吉利帝豪平台，满足量产要求。

2. CHS 2800 用于匹配 2.4 ~ 3.5 L 发动机，输入轴扭矩可以承受 250 Nm，轮边输出扭矩为 2 800 Nm，满足 SUV 等大扭矩轿车的搭载装车要求，目前已经完成功能样机的开发，同步正在进行长安 SUV 的功能样车开发。

3. HT3800 用于匹配 2.5 ~ 3.0 L 柴油发动机，输入轴扭矩可以承受 400 Nm，轮边输出扭矩为 3 800 Nm，满足轻卡、中巴、皮卡、后驱乘用车等大扭矩轿车的搭载装车要求，目前已经完成功能样机的开发。

4. CHS 18000，用于匹配 6.5 ~ 8 L 发动机，可输出扭矩 18 000 Nm，适用于 8 ~ 12 m 的城市公交客车。目前已经完成了功能样机和功能样车的开发，正在进行性能样机的开发。

科力远混合动力技术有限公司开发的混合动力系统有以下三点优势。

1. 技术独创性。自主研发的混合动力系统核心技术是单模输入、复合动力分流、高效机电耦合驱动系统。该系统核心是一套电子控制的无级变速箱（E－CVT），是采用行星排机构的主流混联系统；系统相对同类型其他系统，在成本、效率和结构复杂性方面做到了更好的平衡；能针对不同的工况进行效率优化，实现更大的控制自由度，特别在中低速工况具有更佳的效率；该系统可高效低成本开发出混合动力车型及插电式混合动力车型。

2. 产品技术可实现传动效率 94%。电子无极变速

(ECVT)机电耦合传动系统,其机械系统结构与传统的无极变速系统(CVT)等相比,结构简单,传动链短,系统的传动效率较高,可以达到94%,而传统无极变速系统的效率只有92%左右。

3. 产品在混合模式下节油率大于30%。科力远混合动力技术有限公司的混合动力系统能够实现以纯电动、发动机单独驱动以及混合动力驱动等多种工作模式行驶的功能;运用四轴行星齿轮机构,使得系统能针对不同的工况进行效率优化,实现更大的控制自由度,特别在中低速工况具有更佳的效率从起步到高速行驶过程中实现各元件的最佳工作状态。搭载该系统的帝豪(MR7184HEV)油电混合动力汽车,综合工况油耗为4.9 L/100 km,与相应的传统车相比,节油率达到36%。搭载该系统的帝豪(MR7152PHEV01)插电式混合动力汽车,综合工况油耗为1.6 L/100 km,在正常进行充电的情况,节油率达到79%;在无法正常进行充电的情况下,插电式混合动力电动汽车进入混合动力模式,综合油耗为5.2 L/100 km,节油率达到32%。

科力远混合动力技术有限公司拥有研发人员316人,其中博士9人,硕士97人,归国留学人员7人,特聘国外专家3人,具有中级职称18人,高级职称6人。公司配备混合动力实验室、专用电子试验室、发动机性能、整车性能测试试验室等国内顶尖的混合动力系统实验设备及设施。其中混合动力实验室配备混合动力实验台架、混合动力试验控制台、混合动力控制柜、智能油耗仪等设备;专用电子试验室配备工控机测试平台、车载测试平台、信号发生器、数据采集仪等设备;发动机性能、整车性能测试试验室配备汽车综合性能检测线、整车道路试验仪、发动机故障综合试验仪、发动机ECU诊断仪、ABS故障诊断仪、轮速传感器检测台、汽车排放气体分析仪、反力滚筒式制动检验台、四轮定位仪、汽车车轮转角检验台、行驶记录仪、制动检测仪、发动机故障综合测试仪、三座标测量仪、三维激光扫描及检测系统等设备。

五、主要新产品

序号	产品名称	产品型号
1	动力合成箱	CHS1801
2	动力合成箱	CHS1803
3	动力合成箱	CHS 2800
4	动力合成箱	CHS 3800
5	动力合成箱	CHS 18000
6	动力电池总成(镍氢电池)	DCNP288-170D

六、合资合作及重大项目建设

科力远混合动力技术有限公司规划投资约100亿元的CHS项目一期(投资约46.5亿元)圆满竣工,其中,规划的CHS1800系列混合动力合成箱年产10万台套已与2018年6月正式投产。

公司总部于2018年8月成功迁址佛山禅城,加快了产品产业化进程。

七、发展目标与规划

科力远混合动力技术有限公司主要为节能与新能源汽车提供动力驱动系统整体解决方案、提供HCU的软件及整车标定技术,在未来3～5年内,以打造成熟稳定可靠的混合动力系统产品为主要目标。公司规划有4款平台产品,由CHS1800、CHS2800、CHS3800、CHS18000组成,可全面覆盖节能与新能源汽车里的A级轿车、B级轿车、SUV、公交乃至MPV、柴油机车型等。

八、2017年1—12月企业在新能源汽车方面经济指标统计

填报单位名称	指标名称	单位	本期累计	同期累计	增长率(%)
科力远混合动力技术有限公司	2017年末资产总计	万元	242 269.1	179 997.8	34.6
	2017全年完成投资额	万元	52 754.5	29 991.21	75.9
	2017年营业收入	万元	3 346.5	1 539.1	117.43
	2017年利润总额	万元	7 184.6	−9 604.6	174.8
	2017年销售利润率	%	214.7%	−624.1%	134.4

科力美汽车动力电池有限公司

Corun Peve Automotive Battery Co., Ltd.

一、单位概况

科力美汽车动力电池有限公司是由Primearth EV Energy株式会社(以下简称PEVE)、丰田通商株式会社、丰田汽车(中国)投资有限公司与湖南科力远新能源股份有限公司、常熟新中源创业投资有限公司共同出资建立的中外合资企业。其中股份分别为:Primearth EV Energy株式会社41%、湖南科力远新能源股份有限公司40%、常熟新中源创业投资有限公司10%、丰田汽车(中国)投资有限公司5%、丰田通商株式会社4%。是PEVE首次在日本本土之外投资建厂,其生产的动力电池主要用于配套一汽丰田、广汽丰田国产化混合动力汽车。

科力美汽车动力电池有限公司成立于2014年8月,主要产品为汽车用镍氢动力电池。工厂建设与生产准备期共2

年，于2016年末正式投产。

公司总占地面积40 377 m^2，目前员工约260人，待2020年二期工程全部建成并投产之际员工预计将达470人，在生产准备期间，PEVE及相关日方技术人员会全程做技术支持和生产调试，以确保产品在量产时的品质安全性和稳定性。

伴随产能的逐步增加，科力美的产能将在满足一汽丰田、广汽丰田对镍氢动力电池需求的同时，还将能满足中国国内品牌的节能车用镍氢动力电池的需求。

二、经营情况

科力美于2016年底正式投产，同年12月产能达到1 000台，2017年初开始供货，2017年5月基本开始满负荷稳定运转，其中2017年销售额达到了83 031.8万元。

科力美生产的动力电池模块组主要搭载于一汽丰田卡罗拉双擎、广汽丰田雷凌双擎和凯美瑞双擎。PEVE生产的该产品在全球的销售实绩已达1 200万台。

公司计划扩建二期工程，项目预计于2020年建成并投产，未来将在满足中国混合动力汽车市场需求的同时，也将进一步提升科力美的经营业绩。

三、产能建设

公司实行三班两运转体制，保证了机器设备的24 h运转。公司于2016年底正式投产，2017年初开始供货，2017年5月基本开始满负荷稳定运转，预计至2018年可实现满产目标。

其中2017年实际产量为74 306台，满负荷生产时将达到全年113 220台。

四、技术进展及研发能力建设

产品采用日本PEVE和丰田汽车目前最新、最安全的产品设计和制造工艺，不断与PEVE、丰田汽车更新的技术相匹配，在提升产品性能的同时也力争降低成本。

五、主要新产品

序号	产品名称	产品应用
1	汽车镍氢动力电池模块组(28模块)	搭载于一汽丰田丰田卡罗拉 & 广汽丰田雷凌双擎
2	汽车镍氢动力电池模块组(34模块)	搭载于广汽丰田卡美瑞双擎

山东圣泉新能源科技有限公司

Shandong Sheng Quan Amperex Technology Limited

一、单位概况

山东圣泉新能源科技有限公司成立于2017年，是圣泉集团股份有限公司五大产业布局之一，专注于“次世代”电池安全技术、动力电池及超级电容、电极材料的研发及应用、相关产品的单体制造及系统集成。

公司拥有350～3 000 F、2.5～25 Ah超级电容和钛酸锂电池共12个型号的高度柔性化生产能力，产线按10万级电池洁净厂房要求建设，60%以上的韩国进口设备。其中超级电容单体自动测试线可实现国际先进的全自动高温老化、自放电测试、分容、放电、分选，全流水线式自动测试。设备精度、环境控制、过程检测及控制、产品测试能力及数据管理(MES)等各环节达到国内一流质量控制水平，产品自动过程检测率达到75%，并具有自主调整和缺陷识别功能。

通过集团公司改性碳材料的成本、性能等优势，以超级电容、动力电池、柔性电池产品为延伸，最终形成从生物质的综合利用到新能源环保动力的“绿色”生态链，将产业价值最大化。产品可广泛应用于国防军工、航空航天、新能源汽车、智能装备、储能等领域。

二、产能建设

目前项目一期投入1.27亿元，占地面积21 424 m^2，新建厂房及附属设施，总建筑面积10 439 m^2，共购置设备48台(套)。投产后实现30万只3 000 F超容及25 Ah钛酸锂产能，其具有高度柔性化和换线能力，按湿法极片产能540 000 m^2/年，可生产三元锂7 360万Wh，或锰酸锂3 910万Wh，或钛酸锂2 300万Wh、2.4万只柔性电池，同时干法电极也可实现43万 m^2 的年产能。

三、技术进展及研发能力建设

山东圣泉新能源科技有限公司通过长期的技术开发，研发出“次世代电池安全”技术，可有效增加电池的安全性，未来将引领电池安全新时代。公司研发出高压正极材料，运用到钛酸锂电池中，将钛酸锂电池电压提升到3.2 V，开拓钛酸锂电池应用领域。通过电池电容结构优化、添加剂技术等研究工作，增加电池、电容的倍率性能，开发出功率特性优异的电池、电容产品。

(1)次世代电池安全技术

电池的安全性问题一直是电池行业的痛点，新能源车发生交通事故后导致的燃烧爆炸及人员伤亡、电动公交车高温自燃、飞机上锂电池产品起火爆炸等都给电池安全性技术革新提出来迫切需求，发展电池安全技术将是未来很长一段时间的研究热点。圣泉新能源电池通过内置高分子自闭保护材料技术，在传统电池隔膜上进行技术处理，制备出不起火、不爆炸的高安全性锂电池。当电池内部发生短路、热失控等致使电池内部温度超过100 ℃时，涂覆在隔膜上的高分子材料会发生熔化，覆盖电池短路部位，使得电池短路终止，相当于在电池内部加装安全保险丝，电池自然不会发生起火、爆炸等安全性问题。该技术可广泛应用于目前的锂电体系，制备出高安全性电池，使得电池可以不起火、不爆炸，可放心地带入车、船、飞机等公共交通，而不用担心发生安全事故，属于行业领先产品。

（2）高电压钛酸锂电池技术

钛酸锂电池因低温性能优异、高达 20 000 次循环寿命、可快速充电等优点广泛应用于工程、特种车辆、军工、储能等领域，但是该电池电压平台较低，仅 2.3 V，比能量低，约 70 Wh/kg，制约了钛酸锂电池的发展，公司通过长期技术攻关，研发出高压正极材料并运用到钛酸锂电池中，研发出电压平台 3.2 V、比能量超过 100 Wh/kg 的钛酸锂电池，并大幅降低了电池成本，使得钛酸锂电池的竞争力得到大幅提升。

（3）高功率型电池、电容技术

随着汽车、军工领域的飞速发展，对电池、电容的功率性能要求也越来越高，公司通过开展结构优化设计，研发出具备大电流输出的电池、电容结构，目前该结构已经申请专利，同时开展电极添加剂研究工作，通过技术攻关，研制出内阻更低的电池、电容产品，有效地增加电池的功率输出和低温能力，电池输出能力可达 10 C，功率密度达到 1 000 W/kg，电容输出可达上千安培，响应时间可达毫秒级，功率密度达8 500 W/kg，并均可在低温 -45 ℃下正常工作。圣泉通过结构优化和添加剂技术研究，有效提高了电池、电容的功率输出能力。

四、主要新产品

序号	产品名称	产品型号
1	高安全锂电池	GLM003R702R5
2	3.2 V 钛酸锂电池	TLDL03R20025
3	高功率钛酸锂电池	TLDL02R30025
4	高性能超级电容器	CDLP02R73000

五、合资合作

圣泉新能源公司与香港纳米所达成合作，引进其柔性电池、高性能正极材料及硅碳负极材料相关产品技术，拓展了在智能装备、高电压、高功率的电容及电池技术领域的发展。

六、发展目标与规划

公司目前一期项目已建成，二期项目预计投资 30 亿～40 亿元，占地 500 亩，预计建成后形成 4 GW 储能电池产能。达产达效后将形成年产超级电容及钛酸锂电池 500 万只，储能碳材料 1 450 t，形成 2.85 V，3 000 F（圆柱形/方形）超级电容和 2.7 V 25 Ah（圆柱形/方形）钛酸锂电池规模生产能力，可柔性生产 350～5 000 F、2.5～40 Ah 之间任何容量的超级电容及钛酸锂电池，国内市场占有率将达到20%。

发展规划：2017 年开始项目建设，2018 年完成产品布局和市场推广，2019 年拟拓展项目业务领域，稳固项目市场。2022 年拟将公司打造成行业内标杆，开始上市工作，2025 年拟完成上市。

山东玉皇新能源科技有限公司

Shandong YuHuang New Energy Techology Co., Ltd.

一、单位概况

山东玉皇新能源科技有限公司成立于 2014 年，注册资本 2.5 亿元，资产 6.8 亿元，专注于新能源汽车核心零部件锂离子电池及关键材料的研发制造。公司拥有 648 亩工业产业园和 25 000 m^2 研发中心。一期投资 6.13 亿建设年产 5 亿 Wh 动力电池生产线已于 2017 年 3 月正式投产，已在国内一线车企装车使用。

二、经营情况

山东玉皇新能源科技有限公司与东风、常隆、一汽解放、长安等多家车企建立了紧密的战略合作关系，多款配备公司产品的车型进入国家工信部《新能源汽车推广应用推荐车型目录》，在第 308 批《道路机动车辆生产企业及产品公告》中，其中 4 款车型配备公司电池产品。

三、产能建设

公司计划通过 3 年的时间，投资 55 亿元，于 2020 年打造“玉皇新能源百亿产业园”，规划建设 12 个生产车间，24 条生产线，以及研发、检测、办公等配套设施共计 46 万 m^2，正在进行中的二期产业项目，预计 2020 年可实现 100 亿 Wh 的产能。产业园将涵盖锂电池关键材料、高端动力电芯、动力总成系统等新能源汽车关键技术及产品的研发、生产、销售，力争成为国内前列的新能源汽车核心零部件生产基地，成为当地的主导产业。

四、技术进展及研发能力建设

公司注重技术开发和团队建设，目前技术人员 140 余人，拥有博士 11 人、硕士 34 人，本科 95 人，其中 2 位外籍专家，1 位国家“千人计划”特聘专家、“泰山产业领军人才”。公司与钱逸泰院士建有院士工作站，并荣获全国示范院士专家工作站称号。拥有山东省石墨烯新材料工程实验室、山东省博士后创新实践基地、山东省“一企一技术”研发中心、山东省知识产权优势培育企业、山东省国民经济动员中心、中国石墨烯产业技术创新战略联盟理事单位等创新平台。公司分别承担了中央引导地方科技创新项目、泰山产业领军人才工程项目、省级引智成果示范推广项目、省重点研发计划项目等国家省市项目 10 多项。截至目前，共申请国内专利 131 项、授权 64 项、申请 PCT 专利 11 项、美国专利 1 项。

玉皇新能源技术中心拥有5 000 m^2 包含24个高标准实验室的研发楼和3 000 m^2 顶级动力电池中试生产车间，石墨烯省级工程实验室和年产3 t的国内最大石墨烯粉体生产线。技术中心已经形成"扣电—小软包—中试线—大产线"完整的产品研发和验证体系。研发中心获得中国合格评定国家认可委员会认证(CNAS)，配备最先进的化学分析、电化学分析、热分析、可靠性测试、热安全测试机械安全测试等仪器设备。研发中心的技术团队自主研发锂电池相关的分析表征技术，包括电池材料的快速评估方法、设计工艺的评估方法、电池失效机理的研究方法、电池性能与寿命预测、电池安全滥用及预测以及电池安全性与整体产品的质量保障。

五、主要新产品

序号	产品名称	产品型号
1	铝壳锂动力电池	LFP2614891－25AH
2	铝壳锂动力电池	LFP54173200－200AH
3	铝壳锂动力电池	NCM2614891－40AH
4	铝壳锂动力电池	NCM2614891－47AH
5	石墨烯粉体	YH－GP－01/02/03
6	氧化石墨烯粉体	YH－GOP－01
7	石墨烯浆料	YH－GP－04
8	氧化石墨烯浆料	YH－GOP－02

东莞市创明电池技术有限公司

Dongguan Cham Battery Technology Co., Ltd.

一、单位概况

东莞市创明电池技术有限公司成立于2009年，是深圳市创明新能源股份有限公司(专业研发制造18650锂离子电池单一产品超过15年的)的全资子公司，专业从事圆柱形(18650)锂离子电池研发、生产和销售。

二、经营情况

2014年以来公司大力开拓新能源汽车的市场，成绩斐然，相继与国内外大型车企展开合作，合作项目包括微公交、乘用车、专用车、以及商用大巴车等全系列电源解决方案。截至2017年，创明电池新能源汽车装车近5万辆，处于国内新能源汽车应用市场的领先地位，主要客户分布于长三角、珠三角地区。

公司成功推出并量产3 350 mAh高能量密度18650锂电池，主打高端3C数码产品市场，是目前国内唯一能替代LG产品且能批量交付的厂家。

三、产能建设

创明电池是专业的18650动力电池研发生产企业，主要生产镍钴锰系三元材料的18650锂离子电池，2017年的产能达到9.2亿Wh。

四、技术进展及研发能力建设

创明非常重视研发工作，成立了产品设计研发机构——创明研究院。研究院面积3 930 m^2，有独立的研发试制线和实验室。创明目前获得授权的专利技术共有144项，其中19项为发明专利，107项为实用新型专利，18项为外观专利。其中大部分专利及企业内部科研立项已成功转化为产品。被认定为广东省创新型试点企业、东莞市专利优势企业。

自成立以来，创明依次开发了2 200 mAh、2 600 mAh、2 800 mAh、3 000 mAh、3 350 mAh电池，这几款电池型号均是国内第一家推出并量产的。其中3 350 mAh F9L高容量电池，性能媲美国际先进水平，创明是国内目前唯一能够量产供货的企业，产品已成功出口至欧美市场。创明于2010年开始涉足新能源汽车用动力锂电池的研发和生产，是国内最早批量装车的三元18 650电池生产企业之一，并于2016年成功入选中国工信部发布的符合《汽车动力蓄电池行业规范条件》企业目录。与中南大学、深圳大学、天津大学一直保持良好的合作和沟通，对技术进步起到很大推动作用。

五、主要新产品

序号	产品名称	产品型号
1	2 500 mAh 18650锂离子电池	CMICR 18650F8Q
2	2 600 mAh 18650锂离子电池	CMICR 18650F8R
3	3 350 mAh 18650锂离子电池	CMICR 18650F9L

六、2017年1—12月企业在新能源汽车方面经济指标统计

填报单位名称	指标名称	单位	本期累计	同期累计	增长率(%)
东莞市创明电池技术有限公司	2017年末资产总计	万元	63 153	52 310	21
	2017全年完成投资额	万元	10 000	8 500	18
	2017年营业收入	万元	48 805	44 800	9
	2017年利润总额	万元	903	2 200	－59
	2017年产品销售率	%	104	92	13
	2017年销售利润率	%	2	5	－60

芜湖天弋能源科技有限公司

Wuhu ETC Battery Limited

一、单位概况

芜湖天弋能源科技有限公司成立于2014年9月12日，总占地约800亩。其中一期位于弋江区中小企业创业园，建筑面积5.2万m^2，二期和三期均位于芜湖弋江高铁站附近，分别占地面积500亩和300亩。是一家集锂离子电池研发、制造以及销售的高科技企业，致力于为全球提供能源储存整体解决方案。目前芜湖天弋能源科技有限公司已经形成了集电芯、电池PACK及电池管理系统等动力电池系统全方位的研发生产体系。拥有两条CE生产线，两条三元电芯生产线及3条磷酸铁锂电芯生产线，已达产能4 GWh，计划全面达产14 GWh。

二、技术进展及研发能力建设

目前，芜湖天弋能源科技有限公司针对国家新能源补贴政策的调整，结合电芯及动力电池PACK基础技术研发储备，新推出高能量密度的电芯(206 Ah，277 Ah)和第四代标准箱产品，该产品按照业内认可的标准体系开发。已经顺利通过国家《电动客车安全技术条件》中对电芯及动力电池系统要求的所有测试，并已取得各项强检报告。

在电芯制造方面，芜湖天弋能源科技有限公司拥有国内外先进的薄膜涂覆设备和技术、极耳成型工艺设备技术、精密的电芯合成设备及技术、全密封和选择式密封开发设备、电芯常规性能检测和检验设备、滥用安全评估体系设备等一系列从生产到制造代表国内外先进水平和领先技术的精密可靠性体系评价。

在动力电池系统设计制造方面，芜湖天弋能源科技有限公司拥有先进的焊接、测试等生产设备，结合先进的生产管理质量控制体系以及专业设计团队的丰富设计经验，具备了为客户提供品质优良可靠产品的能力。

三、主要新产品

序号	产品名称
1	商用车电池包
2	乘用车电池包
3	储能电池包
4	模组
5	磷酸铁锂电池
6	三元电池

四、发展目标与规划

产能规划：CE电芯总产能预计2020年达到7 200万只；EV电芯总产能预计2020年达到14 GWh。技术规划：国家要求及产品质量指标，能量密度值预计2020年300 Wh/kg，2025年500 Wh/kg。人员规划：员工预规模将超过8 000人。

“1357”客户反馈机制：1天内给客户反馈，3天内给客户初步分析报告，5天内给客户完善的分析报告，7天内给客户整改措施。“24/48/72”售后服务机制：周边300 km内，24 h内到场解决问题；周边600 km内，48 h内到场解决问题；国内其他地区，72 h内到场解决问题。

目前全国6个办事处：北京办事处、郑州办事处、合肥办事处、上海办事处、武汉办事处、深圳办事处。2020年除内蒙古西藏外将建立9个全国服务大区，20个办事处、当地特约维修站。

江苏维科新能源科技有限公司

Jiangsu Vehicle Power Technology Company Limited

一、单位概况

江苏维科新能源科技有限公司是江苏国投集团旗下江苏奥新新能源汽车有限公司控股子公司，成立于2015年，注册资金5 000万元，是一家以电动汽车系统研发、生产、销售及服务为主营业务的高科技企业，从事纯电动汽车、混合动力汽车锂离子电池电源系统、电源管理系统(BMS)的研发及制造，以及储能领域应用的各种锂离子电池电源产品的研发和生产。公司拥有一批资深工程师及专业技术人员，其中包括大学教授，中，高级职称的专业人员及海归人才，团队还拥有多项自主知识产权，涵盖了从关键材料、结构设计、系统组件、安全电路、控制策略等多项电池系统关键技术。

二、产能建设

江苏维科新能源科技有限公司投入大量资金设备建成两条自动化生产线：一条圆柱形自动化生产线年产8亿Wh电池系统，一条方形自动化生产线年产10亿Wh电池系统。

三、技术进展及研发能力建设

江苏维科新能源汽车有限公司于2015年成立，核心团队来自国内知名新能源企业，技术研发队伍占员工总数的30%，全部成员具有本科及以上学历，并将研发团队建设列为公司发展战略，并始终同步注重人才的吸纳与培养。现已建立了完善的研究与开发体系，具备较强的科研开发与技术创新能力，是长三角新能源汽车研究院理事单位，现已开发出成熟的 BMS 系统、氢燃料电池系统，目前正在从事新材料电池包的开发。公司坚持创新为动力，高度重视产学研结合，以长三角新能源汽车研究院有限公司为依托，走科技创新、自主创新、产学研一体化道路，共同研发高新技术项目。目前产品开发出电池系统能量密度由 120 Wh/kg 到 140 Wh/kg，系统轻量化进展顺利，多种复合材料应用到电池系统中。

四、主要新产品

序号	产品名称	产品型号
1	76.2 kWh 动力电池系统	WK-532143
2	33 kWh 动力电池系统	PL-151220
3	40.2 kWh 动力电池系统	WK-151266
4	2.6T 平台动力电池系统	WK-318122
5	27 kWh 动力电池系统	WK-155174

五、合资合作及重大项目建设

江苏维科新能源科技有限公司与长三角新能源汽车研究院有限公司建立了产学研长期合作关系，发挥各自优势，建立多种形式开展全面合作。长三角新能源汽车研究院有限公司成立于 2015 年，主要围绕新能源汽车整车、底盘车身、驱动系统和轻质合金、复合材料、增程发电装置、智能化网络化系统的设计开发、实验验证等开展技术研究，并提供新能源汽车项目、产品规划、工艺设计等专业服务。长三角新能源汽车研究院与大连理工大学、机械科学研究总院、中国矿业大学、江苏大学、盐城工学院等高校院所签订了合作协议，具有较高科研水平。公司充分利用研究院的科研技术、人力等资源解决企业技术难题，提高企业的科研水平和自主创新能力。

六、发展目标与规划

江苏维科新能源科技有限公司将围绕技术辐射及成果产业化开展工作，在技术转移工作的过程中，努力进行运行模式的创新，加快良性循环自我发展的能力形成。利用研究院的科研技术等资源积极组织力量进行研究开发、成果转化和技术攻关，建立一支专业结构合理的优秀研发队伍。公司 2019 年前计划再投资 1.37 亿元（厂房建设 5 000 万元，研发设备 1 500 万元，生产设备 6 500 万元，扩产至 45 亿 Wh）。

七、2017 年 1—12 月企业在新能源汽车方面经济指标统计

填报单位名称	指标名称	单位	本期累计	同期累计
江苏维科新能源科技有限公司	2017 年末资产总计	万元	17 950	2 500
	2017 全年完成投资额	万元	8 000	700
	2017 年营业收入	万元	9 400	145
	2017 年利润总额	万元	300	-540

广东天劲新能源科技股份有限公司

Guangdong Teamgiant New Energy Tech. Inc

一、单位概况

广东天劲新能源科技股份有限公司创立于 2006 年 9 月，是一家提供新能源汽车动力电池智能制造的国家高新技术企业。国家工信部"符合《汽车动力蓄电池行业规范条件》"（第四批）目录企业；"广东省动力电池标准化技术委员会委员单位"；龙华区"工业百强企业"。2017 年三元软包动力电池产销量全国排名第二；物流车三元软包动力电池装机量全国排名第一；全年三元软包动力电池/组完成年销售量超过 21 350 套，实现销售额超 13 亿元。

2014 年以来，广东天劲新能源科技股份有限公司获得了国内聚合物软包动力电池龙头企业的行业地位；深圳市委王伟中书记挂点扶持企业；龙华区第一届"两会"政府工作报告重点扶持企业；2014 年度龙华新区"自主创新百强企业"；2016 年度龙华区"工业百强企业"；"广东省动力电池标准化技术委员会委员单位"；2016 年度广东省名牌产品、广东省著名品牌、深圳市知名品牌等社会和行业荣誉。

二、经营情况

广东天劲新能源科技股份有限公司建立了市场营销战略（区域）体系，初步规划了华北、华东、华南、华中和西部沿线等五大市场营销战略（区域）。目前已经与陕西通家（物流车、乘用车）、奇瑞汽车（物流车、乘用车）、国金汽车、合众汽车、知豆汽车、山东唐骏等 20 多家新能源车企建立了长期的战略合作伙伴关系，软包动力市场占有率达 10.18%。

三、产能建设

目前，公司动力电池年实际产能可达 20 亿 Wh 以上。全年可以满足 5 万辆新能源汽车的配电需求。2017 年，公司在佛山顺德建设规划用地 150 亩的"年产能 60 亿 Wh 汽车动力电池智能制造产业园"。2018 年，公司经过产能提升和产线自动化升级后，年产能将达到 80 亿 Wh，全年可满足 20 万辆新能源电动汽车的配电需求，可实现年产值达 100 亿元。

四、技术进展及研发能力建设

公司专注于（聚合物）软包锂离子电池和软包动力电池的研发与智能制造，采用软包叠片工艺，材料体系以三元 32 Ah、37 Ah、48 Ah、51 Ah 电芯为主。目前已经量产的三元软包电池单体比能量密度达 240 Wh/kg，三元系统能量密度已达到 150 Wh/kg 以上；近期将推出的 51 Ah VDA 三元软包电池（单体能密 260 Wh/kg）已经顺利通过国家强检认证；系统能密也将达到 160 Wh/kg 以上。

公司高度重视自主知识产权和专有技术的研发，自创立以来，获得国内 100 多家知名媒体、平台以及权威机构所颁

发的200多个行业奖项；已获得"发明专利""实用新型专利"等108项，其中发明专利58项；以及多项核心专利技术和软件著作等非专利技术。

与此同时，公司非常注重人才的引进和培养以及人力资源的优化和配置，现拥有200余人的高素质专职研发队伍，引进博士、硕士、动力电池技术专家30多人。

五、主要新产品

序号	产品名称及应用	产品型号
1	动力电池系统总成 VDA（多功能乘用车）	K09-2101010EW
2	动力电池组总成（GM3——乘用车）	TG30C02-344.1V63.66 kWh
3	动力电池组总成（城市微行 EV）	GTJPED2148185
4	动力电池组总成（多功能物流车——微面）	TG04W02-325.6V35.816 kWh
5	动力电池组总成（物流车——面包）	STJ-GTJ-N06-38.97-1
6	动力电池组总成（物流车——轻卡）	TG10W01-532.8V74.59 kWh
7	动力电池组总成（换电电池）	TG04W07
8	动力电池组总成（乘用车）	TG11W02-355.2V34.10 kWh

六、重大项目建设

深圳市经济贸易和信息化委员会正式公布了2017年度战略性新兴和未来产业专项资金扶持计划项目，其中由广东天劲新能源科技股份有限公司牵头的200 Wh/kg动力电池系统研发与产业化"创新链＋产业链"融合专项实施方案获批准，总资助4 500万元。该项目的合作参与单位还有清华大学深圳研究生院、深圳新宙邦科技股份有限公司、深圳市星源材质科技股份有限公司、深圳市德方纳米科技有限公司等。

此外，广东天劲新能源科技股份有限公司独立申请的"锂离子电池集装箱式储能高效大电流均衡及系统关键技术研发"项目顺利获批科创委"2017年度重点技术攻关项目"。

广东天劲新能源科技股份有限公司"高比能软包动力电池组先进热管理技术"项目于2018年6月8日顺利通过中国高科技产业化研究会科技成果评价，将进一步加大推广力度，满足市场要求。该热管理技术专项研究，综合自然散热、液冷和低温加热各种热管理措施，控制电池温差在5 ℃内，保证电池系统适应极限高温、极限低温工况，扩大整车应用区域和使用便利性。重点项目的热管理系统可以达到温升7 ℃，温差3 ℃的水平。

七、发展目标与规划

根据公司的发展战略规划，广东天劲新能源科技股份有限公司立志在未来3～5年内成为"中国动力电池行业第一梯队成员"，实现年产值超100亿元的目标。

八、2017年1—12月企业在新能源汽车方面经济指标统计

填报单位名称	指标名称	单位	本期累计(2017年)	同期累计(2016年)	增长率(%)
广东天劲新能源科技股份有限公司	2017年末资产总计	万元	156 547	90 408	73
	2017全年完成投资额	万元	620	0	100
	2017年营业收入	万元	109 136	62 216	75
	2017年利润总额	万元	5 270	4 310	22
	2017年产品销售率	%	95	92	3
	2017年销售利润率	%	5	7	-2

江西优特汽车技术有限公司

Jiangxi YOTTEO Auto Technology Co., Ltd.

一、单位概况

江西优特汽车技术有限公司成立于2016年，是汉腾汽车全资子公司。主研新能源汽车动力电池系统、氢燃料动力电池系统，集研发、生产、试验、销售、服务为一体的专业化、标准化、规模化的高新技术企业。公司位于上饶市国家经济开发区，目前一期总投资额2.5亿元，占地2万 m^2，可年产12万台（套）新能源动力电池总成，同时满足纯电动和混合电动车型对核心动力电池不同配置的需求。研发团队包括"国家千人计划"专家1人，博士3余人，硕士10余人；申请专利一百余项。

二、经营情况

公司致力于为绿色交通提供动力电池解决方案，为清洁能源提供高效存储解决方案，产品主要应用于动力和储能电池两大领域。

2016年9月，公司成立，同年底，首批动力电池系统开发交付，2017年5月，斥资5 000万元，建成电池安全和性能试验室，同步开发5款电池系统总成。2018年9月，投资2亿元，建成新能源园区，年产能可达到4万套新能源动力电池总成。

三、产能建设

目前产线能满足的产能为 1.2 GWh，年产 4 万套，到 2021 年，公司总产能规划将超过 3.2 GWh、8 万套。

四、技术进展及研发能力建设

1. 安全技术：已开发多款电池，持续里程续跑，零事故。

2. 质保：8 年 120 000 km；电池系统耐久性长寿命可达 15 年，10 000 次循环。

3. 大功率充电技术：40 min，80% 电量。

4. 高能量密度：2020 年底前，实现 300 Wh/kg。

5. 超强环境适应性：工作温度 -30 ~ 60 ℃。

6. 产品开发体系：PACK 开发体系，建立标准化平台，通过层层验证，精准控制与管理，极大提高系统可靠性。

7. 智能制造：对生产设备进行广泛的智能化升级，对车间通过信息化管理，对产线进行柔性控制，从而大幅提高产品质量及稳定性，为满足客户的个性化需求，实现定制化生产服务。

五、主要新产品

序号	产品名称	通用名称	产品型号
1	SUV BEV 动力电池总成（纯电动）	BEV 动力电池系统总成	YT-335.8-150
2	SUV PHEV 动力电池总成（插电式混合动力）	PHEV 插电式混合动力电池系统总成	YT-345.6-38
3	A0 级乘用车 BEV 动力电池总成（纯电动）	BEV 动力电池系统总成	YT-142.4-216
4	电池管理系统一体机	电池管理系统	CA42S-01
5	电池管理系统主控	电池管理系统	
6	电池管理系统从控	电池管理系统	

六、合资合作及重大项目建设

目前，优特建成电池安全和性能试验室，汉腾全资投资 PACK 产线建成，预计 2018 年 10 月完成调试，进入量产模式。

七、发展目标与规划

江西优特汽车技术有限公司将继续加大研发投入，加快发展步伐。到 2020 年，能量密度超过 300 Wh/kg，成本再下降 1/3。到 2025 年，动力电池技术水平再次提升，实现新能源车的使用性能优于传统车、全生命周期成本低于传统车。

湖南金杯新能源发展有限公司

Hunan Gold-Cup New Energy Developments Co., Ltd.

一、发展概况

湖南金杯新能源发展有限公司于 2015 年 3 月成立，注册资金 10 000 万元。是上市公司金杯电工（股票代码：002533）的控股子公司。金杯新能源致力于新能源汽车动力蓄电池系统（包括 BMS）的研发、生产和销售。公司产品广泛应用于新能源纯电动乘用车、纯电动商用车、纯电动专用车、通讯基站后备电源、家庭储能等不同领域，与长安、御捷、国金、通家、北汽银翔、金龙等主机厂建立了良好合作关系。

公司已获得 TS 16949/ISO 14001/OHSAS 18001 体系证书，在长沙、江苏镇江、山东淄博等多地建立了生产基地。

二、生产经营能力

公司引进先进的 MES 与 ERP 等智能化、自动化生产监控系统，已建设完成 3 条智能化、自动化、信息化程度一流的动力电池系统集成生产线。可以对应圆柱，方形铝壳和软包电池的模组和 PACK 制造。PACK 模组的年生产能力可达 3 GWh。

同时建设完成了专业的六大检测实验室：BMS 综合实验室、可靠性实验室、热管理实验室、安全性实验室、焊接实验室、机械实验室。可以独立完成国标要求中除火烧试验之外绝大多数试验测试项目。

三、技术创新能力

公司重视技术创新，与日本的老牌汽车电子企业京滨电子建立了长期合作关系，双方共同开发新一代集中式 BMS 平台。公司也设立了企业自己的技术中心，组建了专职研发团队开展包括机械、硬件、软件和测试技术的研发及产品创新。

公司现有从事技术研发的技术人员 50 人，其中高级职称人员 6 人，同时还与中南大学、湖南大学等科研机构合作，建立起了以企业技术中心为核心的联合研发机构，进行产学研协同开发。与重庆长安、国金汽车、陕西通家等重点用户单位建立起了战略合作，保持公司产品紧密联系市场需求。

公司自成立之初就非常重视核心技术的研发。目前公司申请专利 38 项，其中发明专利为 22 项，已授权 9 项，基本构建了 BMS 技术平台上的专利壁垒。

四、主要产品

序号	名称
1	新能源汽车动力电池集成系统(PACK)
2	新能源汽车动力电池控制系统(BMS)

五、发展规划

金杯新能源在母公司金杯电工的支持下,协同集团中的其他公司,已经基本完成从新能源汽车零部件研发、新能源汽车销售、新能源汽车租赁和运营、充电基础设施运营和新能源汽车维修保养检测等全产业链布局。

公司将继续新建智能化工厂,生产线将大量采用智能传感器、智能视觉识别系统、专用机器人、机械臂、数控加工设备等自动化设备,购置并二次开发部署 MES 智能生产制造执行系统、企业资源计划 ERP 系统、PLM 产品全生命周期管理系统等软件系统。构建基于工业互联网的生产执行环境,实现生产计划自动优化、生产过程故障自检测自排查,减少人员职守,电池能量包生产全过程无人干预,模组自动化率100%,良品率100%。

公司还将继续加大投入推动轻量化材料和技术的研究。通过应用铝型材焊接与碳纤维轻量化材料的应用力争实现箱体减重40% ~50%以上。此外在热管理技术、功能安全技术、测试技术等领域进行预研,确保未来产品的核心技术优势。

北京华特时代电动汽车技术有限公司

BEIJING WATTPACK EV TECH CO., LTD

一、单位概况

北京华特时代电动汽车技术有限公司,是北京长城华冠汽车技术股份有限公司的全资子公司。成立于 2014 年 1 月,是一家集电动汽车动力系统及主要零部件研发生产与销售于一体的高新技术企业。

公司整合长城华冠多年的整车设计及零部件专业设计能力,依托强大的产品研发团队、专业的生产及质量控制体系,为国内外众多电动汽车制造商提供标准电池箱、可再充电能量储存系统(RESS)、整车控制器(VCU)等产品的服务和整体解决方案。

目前公司的产品已经成功批量应用于前途汽车生产的首款纯电动跑车前途 K50 上。

二、经营情况

标准电池箱生产与销售。标准电池箱采用模块化的设计优点在于可在结构和数量上进行标准化设计,可根据客户需求进行组装;采用液态介质冷暖温控系统,对电池一致性进行调配,最大限度发挥电池性能。

可再充电能量储存系统(RESS)生产、销售及定制服务。可根据客户需求,基于整车性能分析,为客户定制、开发满足国家法规、标准要求的 RESS 系统、提供从设计、生产安装到调试的一站式服务。

三、产能建设

2017 年年底,位于苏州高新区的标准电池箱工厂建成投产。工厂建筑面积 12 592 m^2,设计产能 4.1 GWh,可年产 52 万件标准电池箱。工厂生产线达到 80% 以上自动化程度,将自动化制造、物料信息在线管理、品质生产信息管理相融合,体现了中国国内智能制造的最高水平,即使在国际上也属于行业领先的工厂。

四、主要新产品

序号	产品名称	产品型号
1	标准电池箱	710 mm × 275 mm × 200 mm
2	可再充电能量储存系统(RESS)	根据客户需求配置
3	整车控制器(VCU)	—

航天钧和科技有限公司

Aerospace Junhe Science and Technology Co., Ltd.

一、单位概况

航天钧和科技有限公司隶属于中国运载火箭技术研究院第十八研究所,是在十八所确立大力发展军民融合产业的思路下,以航天机电伺服驱动技术与储能技术为依托,研发、实验、生产、销售新能源汽车领域的相关产品。其中主要产品有交流充电桩、直流充电桩、电池管理系统(简称 BMS)、动力电池系统。

二、经营情况

航天钧和科技有限公司 2016 年主营的动力电池系统销往各地经销商 6 000 余台,2017 年销售各类 PACK 1000 余台。

三、产能建设

航天钧和科技有限公司拥有分选机、电焊机、测试机等设备,在新能源产品的生产上拥有国内一流的生产线,动力电池系统的产能更是大幅度提高,年产能已达到 10 000 台。

四、技术进展及研发能力建设

继续加强与北京理工大学新能源领域专家的交流与合作，全面构建多领域、多层次的动力电池系统研发体系，不断完善 PACK 制造的整个过程，包括先进的工艺与设备、生产过程中的数据采集与管理、完善的检测和质量体系等。研发着重于“功能安全”“模块轻量化”“高效热管理”等。继续完善现有充电设备的技术升级，更好地利用“互联网＋”技术，以“智慧充电”为主题，推出充电运维平台等新产品。通过合理化规划设计、可视化运维、智能化管理打造新能源行业的良好口碑。

五、主要新产品

序号	产品名称	产品型号
1	39.4 kWh 动力电池系统	EV-DS97405-01
2	31.8 kWh 动力电池系统	EV-DS97320-01
3	30 kW 直流充电桩	JH-ZDZ-500V60A
4	7 kW 交流充电桩	JH-JDZ-220V32A
5	电池管理系统主控模块	JH-BMU01-24
6	电池管理系统从控模块	JH-BSU01-12S-24
7	电池管理系统主从一体模块	JH-BMU-01-12

赣州市豪鹏科技有限公司

Ganzhou Highpower Technolkgy Co., Ltd.

一、单位概况

赣州市豪鹏科技有限公司（以下简称赣州豪鹏）成立于 2010 年 9 月 21 日，主要股东成员有：厦门钨业股份有限公司、北汽新能源汽车股份有限公司、豪鹏国际集团。公司主营业务为废旧新能源汽车动力电池回收及梯次利用，废旧电池无害化和资源循环利用企业，是国内最早从事废旧二次电池回收及加工利用的国家级高新技术企业之一，2017 年 8 月，被工信部认定为首批国家级绿色工厂。2018 年 7 月，工信部公告的首批五家符合《新能源汽车废旧动力蓄电池综合利用行业规范条件》企业之一，江西省新能源汽车动力蓄电池回收利用试点工作牵头企业。

目前，赣州豪鹏利用股东优势，已初步构成动力电池回收闭合生态圈；生产电池（豪鹏国际）——汽车制造（北汽新能源）——电池回收利用（赣州豪鹏）——电池原材料制造（厦门钨业）——电池生产（豪鹏国际）。

面对未来，赣州豪鹏将以智能化＋绿色化＋尖端化＋现代化为新动能，致力发展成为国际一流的电池无害化处理企业，积极践行循环经济，为废旧新能源动力电池的回收利用作出积极的努力。

二、经营情况

赣州豪鹏在 7 年多的迅速发展中，一直围绕企业定位“专业、专注、专致”发展。积极开展了废旧动力电池的回收、拆解、梯次利用、再生利用技术研究。拥有专业的废旧电池回收处理团队、拥有专业的废旧电池运输车辆和贮存仓库、拥有专业的回收处理生产线；专注于废旧电池回收市场开发、专注于废旧电池无害化处理技术研究，专注于为客户提供优质的绿色服务；专致把废旧电池回收和无害化处理这一件事做好。

基于成熟的技术团队、自主的知识产权，标准化的信息管理手段，以顾客为关注焦点的服务，赣州豪鹏绿色回收无害化处理网络体系正在形成。

三、产能建设

赣州豪鹏一期项目 2015 年已建成投产，年回收处理废旧锂电池 10 000 t。目前，正在建设中的二期项目，预计 2020 年建成投产，届时将达到年回收处理废旧锂电池 50 000 t，年产三元前驱体 20 000 t，年产高性能碳酸钴粉 4 000 t。

四、技术进展及研发能力建设

赣州豪鹏拥有一个市级企业技术中心，中心占地 2 000 m^2，下设动力电池回收利用研究室、工艺技术研究室、工程检测室；全方面进行研究布局，遵循产学研用相结合原则，加快废旧动力电池无害化处理技术联合创新，搭建拥有自主知识产权的废旧动力电池全生命周期研究平台；中心设备先进、工艺技术要求严格、产品质量稳定、管理规范。截至目前，公司参与制修订国家标准 3 项、行业标准 2 项、团体标准 6 项；形成自主知识产权 44 项，其中 7 项为核心发明专利，20 余项为动力电池回收利用相关技术专利。

五、合资合作

2017 年 8 月 10 日，厦门钨业股份有限公司向赣州豪鹏增资控股。至此，从股东结构分析，赣州豪鹏动力电池回收闭合生态圈已初步构成。

六、发展目标与规划

未来，赣州豪鹏将采用 4＋5 模式，专注于废旧电池回收利用。

（1）四项目标建设：

智能化——利用机器互联、大数据处理实现精准化的智能生产，高标准的线上和线下监测/检测系统，保证品质。

绿色化——在现有绿色工厂基础上，不断升级用地集约化、原料无害化、生产洁净化、废物资源化、能源低碳化。

尖端化——通过建设国家级动力电池技术中心、省级检测中心、博士后流动站，形成一家持续掌握自主核心技术的科技企业。

现代化——用最新的技术装备武装，用现代化的管理工具和管理方法来管理，使企业生产实现高度的自动化，使企业劳动生产率达到国内先进水平。形成产权清晰、权责明确、管理科学的现代化企业。

（2）五个基地建设：

①废旧动力电池回收利用循环基地；

②再生钴镍锰锂金属循环利用基地；

③废旧动力电池梯次利用基地；

④高性能电池材料生产基地；

⑤废旧电池固废处理基地。

武汉泰歌氢能汽车有限公司

Wuhan Tiger Hydrogen Energy Automobile Co., Ltd.

一、单位概况

武汉泰歌氢能汽车有限公司成立于 2016 年 12 月，注册资金 2 亿元，是一家致力于燃料电池产业化的企业，主营业务包括燃料电池模块、燃料电池系统、控制策略及软件开发、电推系统零部件匹配、测试平台以及相关的技术开发服务，并逐渐开拓了工程应用总包服务，为客户提供燃料电池以及氢能方面的各种解决方案。公司拥有自主知识产权专利技术近 32 件，其中发明专利 18 件，涵盖了质子交换膜燃料电池发动机系统关键材料、关键部件、系统等各个层面。始终致力于燃料电池科技创新及成果转化。

二、产能建设

2017 年，泰歌氢能已拥有燃料电池电堆系统及关键零部件以及氢源技术的工程技术以及测试平台，可满足 100 台/年的燃料电池电堆和系统集成试制和工程技术验证，建立启用面向社会的燃料电池产业化平台。预计 2019 年底产能将扩充至 1 000 台/年。

三、技术进展及研发能力建设

泰歌氢能拥有高层次的研发团队，团队总人数 45 人，其中博士学历人员占 4.5%、硕士学历人员占 49%，本科学历以上人员占科研团队人员的 90% 以上，大大提高了企业的技术创新能力，加快了科技成果转化。

1. 技术进展

泰歌氢能开发的 T40-FC11111 型车用燃料电池电堆模块，采用高稳定性、高性能的“系统集成技术”和高可靠性的“动态模拟设计”，目前该产品已经成功应用于我国的燃料电池汽车，包括取得工信部公告目录的燃料电池公交大客 NJL6859FCEV。

2. 研发能力

泰歌氢能已建立起规范化的、具有国内先进水平的燃料电池及氢源技术研究、开发试验基地，能够适应开展技术创新研究的要求，不断提升燃料电池及氢源技术的研发、中试和工程化验证的技术体系。

四、主要新产品

产品名称	产品型号
燃料电池系统	T40-FC11111

五、发展目标与规划

未来，泰歌氢能仍将坚持燃料电池系统、模块及电堆技术的研发，一是加大力度进行大功率燃料电池系统及模块化高集成发动机系统的开发，实现燃料电池电堆与辅助系统的机械与能量高度集成的模块化设计，提升系统功率密度。二是推进电推系统的产业化，在专用车（物流车等）及公交大客领域进行应用检验。在保证技术先进性的同时，泰歌氢能也将逐步扩大行业的领先优势，持续扩充产能，预计 2018 年底产能将扩充至 200 台/年，到 2020 年产值超过 4 亿元。

上海重塑能源科技有限公司

Shanghai Re-Fire Technology Co., Ltd.

一、单位概况

重塑科技成立于 2015 年，致力于向车企提供氢燃料电池系统产品及整车工程服务，包括燃料电池整车动力系统集成设计，燃料电池整车集成、试制和调试，燃料电池汽车生产资质申请、整车公告咨询服务。

过去的两年多时间里，已完成 CAVEN 3 和 CAVEN 4 燃料电池系统的研发，CAVEN 3 燃料电池系统已于 2017 年 6 月投入批量生产。在广东省云浮市建成国内首座商用车用燃料电池系统量产基地，一期产能 5 000 套/年，扩产后产能将达 20 000 套/年。公司目前已为全国多家汽车企业配套燃料电池客车、物流车动力系统设计，截至目前已完成 12 款样车开发。

二、经营情况

2017 年重塑科技和东风特专合作在中国市场投放了 550 辆燃料电池物流车，其中 500 辆位于上海，已陆续服务于各大电商跟快递行业，成为全国首个燃料电池物流车商业化运营项目。

三、产能建设

Re－Fire 重塑科技于 2017 年 6 月正式投产了燃料电池系统的生产基地，年产能达 5 000 台，扩产可达 20 000 台。

四、技术进展及研发能力建设

1. 团队拥有燃料电池电堆的设计开发和评价能力。
2. 燃料电池系统和关键零部件开发能力。
3. 动力系统集成设计能力。
4. 整车集成、试制和调试的能力。

重塑科技关注产品开发前期仿真，建立了联合仿真平台，覆盖燃料电池的三位 CFD 仿真，动力系统仿真和整车性能仿真。

团队目前已完成车用燃料电池系统和燃料电池整车控制器（VCU）、燃料电池系统控制器（FCU）、氢热管理控制器（HTCU）开发。并在车用开发流程的基础上完成了燃料电池整车、燃料电池系统和电控产品的三项专用开发流程及相应的产品验证体系。

五、主要新产品

序号	产品名称	产品型号
1	30 kW 燃料电池系统	CAVEN3
2	46 kW 燃料电池系统	CAVEN4

六、合资合作及重大项目建设

重塑科技在广东省云浮市建成国内首座商用车用燃料电池系统量产基地，一期产能 5 000 套/年，扩产后产能将达 20 000 套/年。

广东国鸿氢能科技有限公司

Guangdong Guohong Hydrogen Energy Technology Co., Ltd.

一、单位概况

广东国鸿氢能科技有限公司是在广东省委、省政府大力支持下和佛山、云浮两市政府直接领导下，于 2015 年 6 月成立的一家以氢燃料电池为核心产品的高科技企业，是一家集科学技术和产品研发、设计、制造、销售的实业企业，是国内最早介入燃料电池新能源汽车开发的企业。截至目前，公司已经成长为国内氢能产业、燃料电池领域的龙头企业。

公司自成立以来，经积累与优化，形成了稳健、适用和高效的管理体系，并先后通过了 ISO 9001:2016 国际标准质量管理体系、IATF 16949:2016 汽车行业生产件及相关服务件组织的质量管理体系认证。2017 年被评为国家高新技术企业。

二、经营情况

广东国鸿氢能科技有限公司主要产品为 9SSL 燃料电池电堆和 HD85、MD30、MP30 车用燃料电池模块。2017 年营业收入 5.54 亿元，营业利润 2.94 万元，截至 2017 年底公司资产总计 12.26 亿元，负债 9.84 亿元，净资产 2.42 亿元。

三、产能建设

公司与加拿大巴拉德动力有限公司以及上海重塑能源科技有限公司合作成立合资控股公司，建成投产全球最大规模的商用燃料电池电堆生产线和燃料电池动力系统集成生产线，年产电堆可达 2 万台，动力系统 5 000 套。

四、技术进展及研发能力建设

公司在引进、消化和吸收加拿大巴拉德公司的电堆生产线技术和电堆组装技术后，对产品进行了二次创新，首先是在保证电堆品质的条件下将电堆零部件逐步替换为国产零部件，其次是在掌握引进技术的基础上开发了拥有自主知识产权的新一代燃料电池电堆，同时公司正在研发高比功率的燃料电池电堆。目前公司已申请专利 43 项，拥有授权专利 9 项。

公司十分重视研发能力的建设，公司拥有一批毕业于国家重点工科院校的经验丰富的专业工程技术人员，长期从事燃料电池电堆相关产品的研发工作。教授 2 人，高级职称技术研发人员 3 人，有初级职称的研发和员工 5 人，其中博士学历 5 人，硕士学历 9 人，本科学历 23 人；已经形成了职称结构、学历结构、年龄结构合理，生产和科研经验丰富，年富力强、责任心强、努力奋发的技术研发人员队伍。公司非常重视与国内本行业的一流高校和科研院所的合作，公司与佛山科技学院一直保持了较为密切的科研和技术合作，合作成立了佛山（云浮）氢能产业与新材料发展研究院，并以此为依托成立了新能源产业学院，建立了大学生联合培养基地。

五、主要新产品

序号	产品名称	产品型号
1	燃料电池电堆	9SSL
2	车用燃料电池模块	MP30
3	轻型车用燃料电池模块	MD30
4	重型车用燃料电池模块	HD85

六、合资合作及重大项目建设

为了尽快掌握成熟的燃料电池技术，广东国鸿氢能科技有限公司与加拿大巴拉德动力系统公司合资兴建了广东国鸿巴拉德氢能动力有限公司（国鸿占股 90%），专门生产 9SSL 氢燃料电池电堆。

以及为了更好地掌握燃料电池系统控制技术，公司与上海重塑能源科技有限公司合资兴建了广东国鸿重塑能源科技有限公司（国鸿占股 51%），专门生产 MP30 车用燃料电池动力模块。

同时，公司与佛山科学技术学院，佛山（云浮）产业转移工业园联合创办佛山（云浮）氢能产业与新材料发展研究院作为公司的技术研发中心，为公司的发展与产品研发提供技术支撑。目前佛山（云浮）氢能产业与新材料发展研究院已经开始实体化运行，负责燃料电池与电堆模块的设计与研发。

七、发展目标与规划

在未来3~5年内，燃料电池与氢能产业将进入一个黄金发展时期。公司将利用这一时期，继续做大做强，进一步加大技术开发力度，在保持已有技术成果的前提下，进一步提升技术优势，培育企业自主的核心技术；改善产品的性能与质量，进一步提升公司产品的市场份额；拓宽市场，不断以新的产品开发潜在的新的市场导向；加大与高等学府、科研机构的合作，在提升技术的同时，提升公司在行业内的学术影响力；从而不仅仅成为一个一流的燃料电池企业，还成为燃料电池与氢能产业的领导者。具体规划分为以下几点。

（1）在引进消化吸收国外先进技术的基础上，实现二次创新，提升产品竞争力；

（2）培育自主核心技术，打造专业的具有创新能力的研究队伍；

（3）新产品的开发以及市场的开拓；

（4）通过与高等学府、科研机构的合作，提升技术水平与行业影响力。

新源动力股份有限公司

Xinyuan Power Co., Ltd.

一、单位概况

新源动力股份有限公司成立于2001年3月，是中国第一家致力于燃料电池产业化的股份制企业，国家燃料电池技术标准制定的副主任委员单位，“燃料电池及氢源技术国家工程研究中心”承建单位，连续承担“十五”“十一五”“十二五”、国家“863”重大专项。公司拥有自主知识产权专利技术近400件，其中发明专利250余件，包括国际专利10余件，涵盖了质子交换膜燃料电池发动机系统关键材料、关键部件、电堆、系统等各个层面。2010年被认定为国家级知识产权试点单位；2013年被认定为首批国家级知识产权优势企业；2016年正式通过国家企业知识产权管理体系认证，同时被确定为2016年度国家知识产权示范企业。新源动力是国内燃料电池领域规模最大，集科研开发、工程转化、产品生产、人才培养于一体的专业化企业，数十年如一日，始终致力于燃料电池科技创新及成果转化。

二、经营情况

新源动力股份有公司注册资金1.12亿元，主营业务包括燃料电池电堆、燃料电池模块、燃料电池系统、测试平台以及相关的技术开发服务，并逐渐开拓了工程应用总包服务，为客户提供燃料电池以及氢能方面的各种解决方案。2017年营业收入7 792万元。

三、产能建设

2017年，新源动力已拥有燃料电池电堆、系统及关键零部件以及氢源技术的工程技术以及测试平台，可满足300台/年的燃料电池电堆和系统集成试制和工程技术验证，是国内最先进最完善的燃料电池产业化平台。预计2018年底产能将扩充至1 000台/年。

四、技术进展及研发能力建设

新源动力拥有高层次的研发团队，团队总人数115人，其中博士学历人员占11%、硕士学历人员占48%，本科学历以上人员占科研团队人员的90%以上，大大提高了企业的技术创新能力，加快了科技成果转化。

1. 技术进展

新源动力开发的HYMOD®－300型车用燃料电池电堆模块，采用高稳定性、高性能的“膜基催化层膜电极设计”和高可靠性的“复合双极板结构”，经寿命测试和整车应用验证，突破了车用燃料电池5 000 h的耐久性难关，成为我国首例自主研发的超越5 000 h耐久性的燃料电池产品，同时可实现电堆－10 ℃低温启动，－40 ℃储存。目前该产品已经成功应用于我国的燃料电池汽车，包括我国首款登录工信部公告目录的燃料电池轿车——荣威750燃料电池轿车以及我国首款、全球第四款商业化的燃料电池汽车——上汽大通FCV80。

2. 研发能力

新源动力已建立起规范化的、具有国内先进水平的燃料电池及氢源技术研究、开发试验基地，能够适应开展技术创新研究的要求，不断提升燃料电池及氢源技术的研发及中试和工程化验证的技术体系，包括：PEMFC核心材料和关键部件制备技术产业化示范平台、PEMFC电堆应用系统工程化验证平台、PEMFC系统应用工程化验证台、PEMFC系统用零配件工程化验证台以及氢源技术工程化实验平台。现有的国内最大的燃料电池测试和验证中心，为燃料电池产品开发、测试和验证提供基础保证；另外氢源技术工程化实验平台中包含的东北首座加氢站项目，可兼容35 MPa和70 MPa两种加注模式，且与可再生能源（风能、光伏）结合，可以为当地燃料电池汽车示范运营实验提供基本的基础设施保证。

五、主要新产品

序号	产品名称	产品型号
1	燃料电池电堆模块	HYMOD-36
2	燃料电池电堆模块	HYMOD +
3	燃料电池系统	HYSYS-30
4	燃料电池系统	HYSYS-60

六、发展目标与规划

未来,新源动力仍将坚持燃料电池系统、模块及电堆技术的研发,一是加大力度进行大功率燃料电池系统及模块化高集成发动机系统的开发,实现燃料电池电堆与辅助系统的机械与能量高度集成的模块化设计,提升系统功率密度。二是持续开发高性能的燃料电池电堆,满足商用及乘用燃料电池汽车的应用要求,推动燃料电池电堆技术的完善提高。在保证技术先进性的同时,新源动力也将逐步扩大行业的领先优势,持续扩充产能,预计2018年底产能将扩充至1 000台/年,到2020年产值超过4亿元。

北京亿华通科技股份有限公司

Beijing SinoHytec Co., Ltd.

一、单位概况

北京亿华通科技股份有限公司(以下简称亿华通),是在科技部、北京市政府、清华大学的大力支持下,从事新能源汽车领域技术研发及应用的高新技术企业。

亿华通先后承担了国家"863计划"中众多燃料电池重大专项课题以及联合国开发计划署(UNDP)"中国燃料电池公共汽车商业化示范"等项目,并先后参与了北京奥运会、上海世博会、新加坡首届青奥会等多个世界级重大活动的燃料电池客车示范运营项目。

目前产业化产品已经广泛应用于客车、物流车、乘用车、叉车、有轨电车、固定电源等诸多领域,并与宇通客车、福田汽车、中通客车、厦门金旅等国内主流车企展开广泛合作。

2016年,亿华通新三板正式挂牌(股票代码:834613),成为"中国氢能第一股",实现中国氢能公司在资本市场的零突破。

二、经营情况

自2004年以来,亿华通始终专注于氢燃料电池发动机研发与产业化,2017年亿华通营业收入超过1.8亿元,氢燃料系统装配整车超过100辆,截至2017年累计安全运营里程超过800 000 km。

三、产能建设

已形成以北京为中心,全国多制造基地统筹联动的生产布局。并建成国内首条燃料电池发动机万台级自动化智能生产线,一期2 000台生产线已投产二期10 000台生产线建设中。通过了IATF 16949:2016、ISO 9001:2015质量体系认证;APQP/PPAP/FEMA等已全面开展。

四、技术进展及研发能力建设

亿华通沿着自顶向下的技术路线,从燃料电池整车示范与系统集成,到燃料电池动力系统,到燃料电池发动机和核心零部件,逐步积累了深厚的燃料电池汽车技术研究与示范运营经验。

产业进展方面,亿华通在2017年完成了产业升级,通过了IATF 16949:2016国家质量管理体系认证,在张家口建成国内首个年产万台级氢燃料电池发动机生产基地,并与宇通、福田、北汽等国内多家主流整车企业建立了合作关系,共同推动我国燃料电池汽车产业的发展。

搭载亿华通燃料电池动力系统的2辆燃料电池客车已于2017年在张家口创坝园区启动用于通勤班车示范应用,经过冬季低温、山地起伏大等诸多不利自然条件的检验,目前运行状况良好。

五、主要新产品

序号	产品名称	产品型号
1	YHT60 燃料电池发动机	YHT60-120/240
2	YHTG30 燃料电池发动机	YHTG30-82/164

六、发展目标与规划

亿华通依托清华大学的科研基础,消化吸收国际先进技术,联合整个产业链上下游企业共同创建包含氢能与燃料电池产业创新研究中心、燃料电池动力系统测试平台、国产化燃料电池动力系统生产线的产业集群基地,形成整个产业链的闭环设计,推动整个产业的规模化发展。

公司在国内燃料电池发动机市场规划如下。

1. 2017—2019年处于市场导入期,主要工作侧重于国内各整车生产企业的样车制造、地方政府示范运行车队的小批量生产、氢基础设施建设;整合国际主流电堆生产企业技术路线,掌握核心技术;以上海神力为基础,打造自主知识产权的电堆开发和批量化生产的能力;定型商业化FCE产品。

2. 2020—2025年处于发展期,主要工作集中于逐步优化燃料电池发动机(FCE)产品,完善FCE产品线,形成以产品为主的核心竞争力;打通上下游产业链,加强供应商管理,具备满足市场的充足产能;提供各地方政府及整车企业整体解决方案,面向市场需求提供可商业化应用产品。

3. 2026—2030年处于成熟期,主要工作集中于继续深化上下游合作关系,强化供应商管理,以大工业为基础实现FCE规模化生产,继续提升性能、降低成本,加大国内外市场拓展力度,逐步替代内燃机为主的商用车,向乘用车业务方向发展,研发可商业化应用车型。

七、2017 年 1—12 月企业在新能源汽车方面经济指标统计

填报单位名称	指标名称	单位	本期累计	同期累计	增长率(%)
北京亿华通科技股份有限公司	2017 年末资产总计	万元	73 043	34 462	111
	2017 年营业收入	万元	18 480	13 075	41
	2017 年利润总额	万元	3 199	1 146	179
	2017 年产品销售率	%	90	97	-7
	2017 年销售利润率	%	17	9	88
	工业经济效益综合指数	%	350	226	54

北京蓝吉新能源科技有限公司

Blue - G New Energy Sci. &Tech. Corp

一、单位概况

北京蓝吉新能源科技有限公司是中关村国家自主创新示范区核心区高新技术企业,以研发燃料电池技术和工业生产规模为导向,投入数亿元用于引进燃料电池电堆和动力模块生产线,以实现燃料电池生产本土化。是一家研发、设计、生产、加工及销售各种清洁能源利用的应用及燃料电池混合动力系统的专业公司。

北京蓝吉新能源科技有限公司已开发了三代氢动力城市公交车和超过 10 个商用燃料电池电力、动力系统产品,并拥有 13 项专利技术,其中发明专利 5 项,软件著作权 7 项(申报中),实用新型专利 1 项。

北京蓝吉新能源科技有限公司研发中心位于北京,在天津蓟州区设有燃料电池动力系统测试生产线、燃料电池客车装配测试车间、脱硫高压设备及加氢站,提供专业的高压气体工程安装与检测服务。该设施的服务和条件满足了燃料电池电力系统装配和制造的技术,以及安全要求的所有标准和条件。北京蓝吉新能源科技有限公司在北京中关村国家自主创新示范区引进和建设年产 1 000 套大功率燃料电池电堆的生产线,并入库 2018 年山东省新旧动能转换入库项目,将在山东临沂高新技术产业区生产 20 000 套电动与动力总成自动化生产线。

北京蓝吉新能源科技有限公司拥有雄厚的研发和工程资源,研发、工程和管理团队经验丰富,教育和工作背景涉及电力电子、微电子、控制、自动化、计算机科学和通信、电化学、材料科学、机械结构和制造、商业管理和金融等,核心团队包括国际和国内氢能源和燃料电池行业的专家。

北京蓝吉新能源科技有限公司主营产品:氢燃料电池电堆;氢发动机(燃料电池系统总成);蓝吉氢动力隔离式 DC/DC 直流转换器;车载氢气系统控制器;车载高压储/供氢系统;燃料电池测试设备;燃料电池测试负载;甲醇重整制氢发电机和车载氢供应系统、车载加氢站。

北京蓝吉新能源科技有限公司通过与整车厂、研究院、开发商以及供氢系统集成商合作,运营加氢站等工程服务,同时,已布局燃料电池模块和电堆生产线、整车制造、供氢系统及关键零部件、加氢服务及移动车载甲醇制氢技术。

二、产品出口

2018 年,北京蓝吉新能源科技有限公司的定制低压氢发动机已经出口美国。目前已收到来自世界各国多个客户的询价及定制化开发需求,正与多家海外客户洽谈整车出口及定制需求等相关事宜。

三、产能建设

北京蓝吉新能源科技有限公司的燃料电池电堆生产线预计 2018 年四季度下线。量产 1 000 ~ 2 000 套燃料电池电堆,以及基于自主知识产权的国产化开发。根据国函〔2018〕1 号文件:国务院关于山东新旧动能转换综合试验区建设总体方案的批复,在山东临沂或其他具备产业化条件的地区建立一条规模化量产的自动化生产线,将实现年产量达 20 000 套从燃料电池电堆到完成氢发动机的规模化生产。

四、技术进展及研发能力建设

北京蓝吉新能源科技有限公司已完成的技术布局:

2016 年在天津市蓟州区建立整车测试实验工厂(主营:整车调测)之后,在 2017 年建立了小型加氢站及供氢工程服务公司。2018 年,在大连建立系统开发实验室,研发测试设备。

已完成 30 kW 燃料电池发动机在测试台架的完整测试并通过国家检测,主要客户有山东沂星电动汽车有限公司等 12 家整车厂、大学及研究所。同时完成了 60 kW 燃料电池发动机的测试。目前设计测试 240 kW 燃料电池发动机,以满足轨道交通项目的需求。

2018 年 3 月,北京蓝吉新能源科技有限公司在北京建设的示范生产线启动建设,2018—2019 年在山东建设规模化生产线并投入生产。

控股公司天津蓝吉氢能源动力科技有限公司,着眼于氢能源开发、氢动力技术研究以及燃料电池动力设备的研发,各项工作尚在建设完善中。现阶段主要从事燃料电池动力系统测试及整车试车服务。2018 年开始提供燃料电池电堆与系统的成套测试设备。

控股公司天津赛珐氢能源科技有限公司,主要从事加氢

站和车载供氢系统的服务，同时涵盖气体控制设备技术开发，高压瓶阀的制造、销售及维修。已完成员工的相关资质培训以及公司资质申报的准备工作，杭州中植新能源汽车有限公司的加氢站设计、装配及安装工作，以及成都客车厂等车载供氢系统的安装工作。

控股公司大连光阳机电有限公司，专门从事燃料电池系统集成及燃料电池生产设备、测试设备开发，已加入“氢能产业技术创新与应用联盟”和“辽宁氢能燃料电池联盟”，在燃料电池系统的设计、安装、调试和维修方面拥有深厚的技术积累和丰富的项目经验。曾参与过2008年中国奥运会清洁能源客车项目和2010年上海世博会氢燃料客车项目。另外，与中通客车合作的“国内首台9 m氢燃料电池客车”——LCK6900FCEVG已登录工信部第296批公告；与氢阳能源、扬子江汽车合作的氢储能纯电动公交车已成功下线；同时给多家企业设计安装了燃料电池备用电源系统和燃料电池测试平台系统。

五、主要新产品

1. 整车			
序号	产品型号	产品名称	通用名称
1	SDL6120FCEVG	燃料电池城市客车	FCBUS

2. 零部件		
序号	产品名称	产品型号
1	16 kW 氢燃料电池发动机	LJFC-16
2	30 kW 氢燃料电池发动机	LJFC-30
3	45 kW 氢燃料电池发动机	LJFC-45
4	16 kW 隔离式 DC/DC 直流转换器	LJDC-16
5	30 kW 隔离式 DC/DC 直流转换器	LJDC-30
6	45 kW 隔离式 DC/DC 直流转换器	LJDC-45
7	氢燃料发动机控制器	LJKZQ-10
8	车载氢气系统控制器	LJKZQ-20
9	车载高压储/供氢系统	—
10	氢燃料电池动力总成	—
11	燃料电池测试系统	LJTEF-30
12	燃料电池测试负载	LJFZ-45
13	甲醇重整移动加氢站	—

六、合资合作及重大项目建设

北京蓝吉新能源科技有限公司是加拿大水吉能公司(Hydrogenics)的燃料电池混合动力传动系统CIPs(认证集成商)，与水吉能公司签订了技术转让许可证以及生产许可证，在国内设立燃料电池制造自动化生产线，具备年产量5 000套大型动力燃料电池电堆和模块的生产能力。

同时，与美国Element 1(e1)公司签署了车载甲醇制氢发生器联合开发协议，通过授权许可和双方联合技术攻关，将攻克采用氢气技术和应用燃料电池的一系列技术或应用的障碍，减少与燃烧天然气相关的浪费与污染，共同致力于中国快速增长的氢能经济发展。协议涉及高纯产氢量为500 L/min的甲醇车载重整制氢设备商业化样机的联合设计、研发与试制，成果将应用于氢燃料电池客车、物流车及其他运输设备的应用中。协议中涉及甲醇系统的结构与控制以及燃料电池系统的双方工作分6个阶段在各自的实验室完成，目前进行到第3、4阶段。

七、发展规划

北京蓝吉新能源科技有限公司定位于开发自己的燃料电池上游核心技术。具备以下几个方面的竞争优势。

1. 产品化技术路线与途径

在已完成系统集成开发与产品的基础上，在氢发动机的技术集成由天津蓝吉氢能源动力科技有限公司生产的同时，引进、吸收开发燃料电堆和膜电极生产技术，以生产更适合中国情况的系统化系列电堆产品。为各整车厂和集成商提供更有竞争力的电堆，将大家在应用系统上竞争矛盾转化成上下游技术产品合作，共同配合降低成本，以推动燃料电池电堆的国产化进程。

2. 原材料的来源准备及质量保证

电池材料是膜电极，关键是对材料的选择，包括质子交换膜、气体扩散层、双极板、催化剂，以及添加材料等，北京蓝吉新能源科技有限公司利用对技术的了解及国内外行业领域布局的掌握，已对国内外材料供应商及上游产品的研发单位开展了对接与测试，为使用国产化原材料的生产电堆做好了准备。

3. 技术人才储备及后备力量

实现燃料电池电堆的国产化目标，需要懂原理与设计的高端人才，也需要具有实践经验的结构设计与检测人员，以及熟练的生产线操作技术员。除公司中领军的几位专家外，具有实际系统设计调试经验的技术人员也是公司团队强有力的技术保证。北京蓝吉新能源科技有限公司几十名工程师均有多年从事燃料电池电堆测试生产的工作经验，属于中国燃料电池领域的中坚力量。北京蓝吉新能源科技有限公司人才储备基础强，与大连、广东、上海、武汉等燃料电池人才集中地区(地域)共同合作。

上海奥威科技开发有限公司

Shanghai Aowei Technology Development Co., Ltd.

一、单位概况

上海奥威科技开发有限公司成立于1998年，公司总部位于浦东张江高科技园区郭守敬路188号，在南汇老港还有一个占地66 600 m^{2}的产业化基地。

作为是国家高新技术企业，奥威专业从事超级电容器及其应用系统的技术开发20余年，是国内最早的超级电容器生产企业，也是“国家车用超级电容器系统工程技术研究中心”依托单位，并已建成了国内最具规模的超级电容器研发基地，先后承担了包括国家“863计划”、国家科技支撑计划、科技部重大专项及上海市科委登山行动计划等在内的国家和地方重大科研项目攻关。

公司拥有超级电容器的自主知识产权，产品广泛应用于电子电器和机械制造等行业，其中UCK系列高能量超级电容器及其系统集成技术已经达到世界先进水平，产品用于各种车辆、内燃机的启动，轻型车、电动公交车的牵引，以及工程机械、能源电力等领域。

二、经营情况

2018年1月，奥威荣获由工信部、中国超级电容产业联盟、中国电子工业标准化技术协会等单位联合评选的“2017年度中国超级电容器产业十佳企业”之首，奥威产品的技术水平已得到国内外广泛认可，国内外多份超级电容行业调研报告和国家发改委市场分析报告均将奥威作为中国超级电容器行业的龙头企业。

三、产品出口

2014年4月底保加利亚索菲亚11路超级电容公交示范线已开通运营，2016年8月，塞尔维亚贝尔格莱德和奥地利格拉茨的公交示范线开通运营，2016年9月以色列特拉维夫4路超级电容公交示范线投入运营，2017年5月，中白合作打造的新型18 m超级电容公交车样车在白俄罗斯首都明斯克正式开通运营。

四、产能建设

2016年开始，奥威科技位于南汇老港的生产基地一期、二期工程陆续投建，目前已经形成30多万只的产能，产值达到1亿多元，2018年将形成年产200万只的高能量超级电容器的产能，预计在2019年产值将超过10亿元。

五、技术进展及研发能力建设

奥威科技曾获全国职工优秀技术创新成果一等奖、上海市科学技术一等奖、浦东新区科学技术一等奖等荣誉。2018年奥威车用超级电容器产品通过了“上海品牌”认证，成为首批获得这一认证的53家企业之一。目前奥威已通过ISO 9001、ISO 14001、IATF 16949、SA 8000、OHSAS 18001等体系认证和ROHS、CE、UL、ECER10、ECER100等产品认证。

奥威已申请国内外超级电容器相关专利百余项，主持和参与制定行业及地方标准7项，其中主持制定的国内第一部行业标准《车用超级电容器》（QC/T 741）已被工信部作为准入管理的强制性检测依据，主持制定的《超级电容电动城市客车供电系统》（QC/T 839—2010）已正式转化为以色列国家标准《Overhead Contact Power Supply System for Ultracapacitor City Bus》（SI 6289—2014）并颁布实施。

六、主要新产品

序号	产品名称	产品型号
1	24 V车用超级电容器模块	MUCK24V2870
2	48 V车用超级电容器模块	MUCR48V196
3	UCK系列超级电容器	UCK42V14000
4	UCK系列超级电容器	UCK42V9000
5	UCR系列超级电容器	UCR42V28000

上海电驱动股份有限公司

Shanghai Edrive Co., Ltd.

一、单位概况

上海电驱动股份有限公司成立于2008年，专业从事节能与新能源汽车用永磁同步驱动电机系统的研发、生产、销售和服务。

2017年度，公司团队继续扩大，至2017年年底，公司在职人员超过了800人，拥有一支专业的年富力强的技术团队，有工程技术人员200余名，技术覆盖车用电机系统领域各方面，技术团队曾先后获得上海市政府上海市科技创新团队建设项目的资助，团队中有5人次技术骨干分别获得上海市青年科技启明星计划（B类）项目的支持，2人次获得上海市优秀学科带头人，2人次被选为上海市后备领军人才培养计划，1人次上海市领军人才，1人次国家万人计划中青年领军人才。

完成国家科技支撑计划项目1项，完成上海市科委科技项目5项，完成横向委托任务100多项，通过这些项目的开展形成了一系列的科技成果。

2017年在车用驱动电机系统方面实现了约11.8亿元的销售收入，实现利润约1.4亿元。

2017年公司新申请专利16项，新获授权专利14项。

公司拥有车用永磁同步驱动电机系统的产业化生产能力。

公司综合实力和市场占有率均居领军地位，在国内外有较高的行业影响力。

公司发起成立的全国电动汽车电驱动系统全产业链技术创新战略联盟，2017年联盟成员单位由原先的30家增加至34家，联盟实力得到了进一步增强。以电动汽车电驱动系统全产业链技术创新战略联盟为平台，进一步围绕车用电驱动上游产业链关键材料、关键器件等广泛开展产学研合作，对国内车用电驱动上游产业的发展起到了有效的拉动作用，对于推动我国电动汽车产业发展具有巨大的战略意义。

二、经营情况

2017 年实现电动汽车用电机及其控制系统的销售 11.2 万套，实现销售收入约 11.8 亿元，实现利润约 1.4 亿元。

三、产能建设

上海电驱动股份有限公司嘉定生产基地，占地 123 亩，2017 年在 48 V 混合动力总成方面，建成年产 50 万台(套)的 48 V BSG 总成生产线。

四、技术进展及研发能力建设

1. 驱动电机功率密度高不断提升

在驱动电机设计方面，采用基于机、电、热、磁的永磁同步电机多领域集成优化方法，对高密度永磁电机极限设计和精确分析，开发的产品具有转矩脉动小、效率高、功率密度高的优点。上海电驱动典型驱动电机产品功率密度达到 3.8 kW/kg，电机的峰值效率达到 97% 以上，超过 80% 的高效率区达到 80% 以上。

2. 电机控制器集成度不断提高

在电机控制器设计方面，采用电力电子模块化集成技术，将汽车级功率模块、一体化功率母排与膜电容器以及高换热效率的散热器高度集成，电机控制器功率密度不断提升；典型控制器产品功率密度达到 12.0 kW/kg，电机及其控制系统的峰值效率达到 94%，超过 80% 的高效率区达到 80% 以上。同时，依托国家重点研发计划项目，研发基于管芯封装的新一代电机控制器，峰值功率密度达到 20 kW/L。

3. 关键工艺技术不断应用

通过对车用驱动电机系统的关键生产工艺进行不断优化与创新，上海电驱动掌握了在拼块定子铁芯与高密度绕线技术、定子水冷机座设计与整体铸造技术、多级永磁转子整体充磁技术等方面的专业工艺技术，提升了自动化生产水平，提高了生产效率及产品质量。同时，开始探索高速永磁电机扁导线定子制造技术，在 48VBSG 电机上开展应用研究与工艺验证。

五、主要新产品

序号	产品名称	产品型号
1	48V BSG 总成	EP2007A01
2	55 kW 二合一电驱动总成	EC2070A03/EM2437A01
3	125 kW 三合一电驱动总成	EC2059A03/EM2361A06
4	插电式混合动力双电机总成	EC2057A07/EM2374/EM2414
5	行星排系统	EC3101A02/EC3201A02/EM3008A02/EM3009A02

六、发展目标与规划

1. 发展战略

在全球新能源汽车市场良好的发展趋势下，一方面公司将充分利用技术、质量及品牌优势，积极布局国内新能源汽车市场；另一方面公司将加强与国外整车厂商合作，推动公司加快进入全球新能源汽车供应链体系，把公司打造成具有全球视野的国际一流汽车零部件供应商。

2. 经营目标

继续致力于提供高效节能的新能源汽车驱动电机系统开发及产业化，建成系列化产品平台，形成批量化产品生产能力，设立完善的产品测试评价体系，力争在产品质量、集成化程度以及成本控制方面达到国际同类产品的先进水平。

3. 主要实施计划

(1)研发和创新计划

加大对新能源车用驱动电机系统工程化和产业化关键技术的投入，进一步提升产品的稳定性、可靠性、功率密度等性能。

(2)人力资源发展计划

不断完善优化用人机制，根据业务发展需要，引进优秀的精细化生产管理人才、技术研发人才及市场营销人才，建立科学的人力资源管理体系，进一步增强公司持续发展能力。

(3)市场和业务开拓计划

国内市场方面：在新能源商用车领域，将动力集成系统作为主要产品，通过提供优质的售前、售后服务，逐步将产品推向终端客户市场；在乘用车领域，注重与乘用车整车制造厂商的合作，积极储备优质项目资源，通过提供高性价比产品，不断扩大市场份额，此外，拟通过在具有大批量采购需求的乘用车生产企业周边建立生产工厂的模式，提供点对点的产品和服务，以进一步提高客户满意度。国外市场方面：通过加大工程化和产业化关键技术的投入，积极开发高品质、高性能的驱动电机系统产品，以满足国际市场需求，同时，公司计划通过加强与国外整车厂商合作，推动公司加快进入全球新能源汽车供应链体系。

(4)供应链体系建立计划

建立一体化的供应链体系，进一步不断提高产品的稳定性、可靠性及集成度，使公司的产品质量及集成化水平逐步趋于国际先进水平。

七、2017 年 1—12 月企业在新能源汽车方面经济指标统计

填报单位名称	指标名称	单位	本期累计	同期累计	增长率(%)
上海电驱动股份有限公司	2017 年末资产总计	万元	253 301.33	188 598.15	34.31
	2017 全年完成投资额	万元	23 974.49	7 537.09	218.09
	2017 年营业收入	万元	118 231.44	94 685.29	24.87

精进电动科技股份有限公司

Jing-Jin Electric Technologies Co., Ltd.

一、单位概况

精进电动是全球领先的新能源汽车电机和动力系统提供商,技术路线覆盖纯电动、插电混合动力、混合动力等,驱动电机产品形成了高功率密度、高转矩密度和高可靠性的技术特色,释放出强大的产品竞争力。以驱动电机产品为依托,精进电动把技术和产品拓展到电驱动总成及其核心零部件,形成了包括电机、电机控制器、新能源汽车专用变速器、减速器总成和先进控制软件的综合供应能力,为客户提供更全面的电驱动总成及核心零部件解决方案。

精进电动国内外客户包括美国菲斯科、美国克莱斯勒、一汽、东风、上汽、广汽、吉利、北汽、长城、福田集团、中通客车、海格客车、厦门金龙、开沃客车、银隆客车等知名整车企业,并且在继续扩展与国内外主流车企的合作。公司在乘用车电机系统市场的持续保持领先,给美国三大配套的10万台油冷电机项目于2015年投产,2018年产能扩展到年产30万~40万台,精进电动是国际行业四家油冷电机系统企业之一,也是唯一的中国企业。2015年商用车电机系统销量突破3万台套,目前在国内新能源商用车市场份额已经超过30%。

二、产品出口

精进电动出口到克莱斯勒、卡玛汽车、US Hybrid、Dana、EDI、Transpower等美国客户、加拿大的Encount公司、澳大利亚的SEA Auto公司、法国的ACTIA公司等。2017年出口电机3万台;2018年上半年出口电机28 000多台。2018年全年预计突破5万台。

出口的产品主要覆盖乘用车、卡车和客车。主要车型是PACIFICA面包车和大指挥官吉普车、港口卡车、轻型物流卡车、海狮系列客车、美国定义的3到7级卡车和8级重载卡车。主要技术路线时纯电驱动、增程和混合动力系统的电机和电控。

三、产能建设

精进电动在上海嘉定和石家庄正定先后建设了年产20万台和年产50万台电机和驱动总成的先进研发及产业化基地,配备了具有自主知识产权的自动化生产线,在生产过程中实施了从供应链开发、生产制造、质量保障到物流管理的全面质量管理。精进电动还在美国底特律设立了子公司,为前沿技术的研发和国际市场拓展提供了平台。

四、技术进展及研发能力建设

公司组建了一支国际化的产业化团队,在电机系统和电驱动总成的研发、生产、质量、供应链、项目管理、营销、售后服务等整个价值链上与国际标准接轨。公司在北京建立了国际领先的新能源汽车电机系统研发中心,拥有国际领先的2万转电机动态性能测试台、国际上总装机功率最高的电机可靠性试验台组,以及全面的温度、湿度、腐蚀、振动等环境试验能力。

五、主要新产品

主要产品		
序号	产品名称	产品型号
1	130 kW驱动电机系统	TZ220XS519
2	1 000 Nm驱动电机系统	TZ290XSA05
3	1 000 Nm驱动电机+电磁换挡自动变速器	IS5020B/AG2150
4	精进电动高压PII控制器	CU5156
5	3 600 Nm双电机驱动系统	TM5058
产品配套情况		
序号	配套车型	车型名称
1	吉利汽车EV450纯电动轿车	帝豪EV450
2	广汽集团GE3纯电动SUV	传祺GS
3	北汽新能源EU300纯电动轿车	EU300
4	克莱斯勒PACIFICA插电式混合动力MPV	大捷龙
5	卡玛Reveno增程式轿跑车	REVENO
6	比亚迪C7客车纯电动客车	C7
7	比亚迪K8L纯电动客车	K8
8	中通、海格、福田、开沃、银隆等8~12 m纯电动客车	客车
9	中通、海格、福田、开沃等8~12 m客车插电式混合动力客车	客车
10	东风汽车4.5 t蓝牌纯电动卡车	东风蓝牌
11	华晨鑫源微面纯电动物流车	华晨鑫源微面

武汉理工通宇新源动力有限公司

Wuhan Polytechnic New Source Power Co., Ltd.

一、单位概况

武汉理工通宇新源动力有限公司(以下简称理工动力)是一家拥有自主知识产权核心技术并致力于新能源汽车驱动系统及关键零部件的国家高新技术企业,集设计、研发、制造、销售和服务于一体。公司创立于2010年7月,地处华中地区最具竞争力的“中国光谷”——武汉东湖国家自主创新示范区。

公司注册类型为有限责任公司,注册资本8 683万元,AAA银行信用等级,现有有员工224人,其中,研发技术98

人(占总人数的44%),本科以上87人(占总人数的39%)。拥有新能源汽车动力系统相关技术专利50余项,并于2010年通过ISO/TS 16949质量管理体系认证,是武汉理工大学在电动汽车动力系统方面科研成果转化及产业化基地。

二、产能建设

制造中心分为总成生产车间、电控生产车间和零部件生产车间,总成生产车间拥有3条自动化总成装配线,能完成总成装配及检测全流程,年产量为10万台(套)。电控生产车间拥有4条半自动化装配流水线,能完成单板测试、整机老化、带载测试等,年产量为8万套。

三、技术进展及研发能力建设

公司技术中心于2013年被湖北省认定为企业技术中心。拥有专业的人才队伍,现技术研发人员98人(占总人数的44%),本科及以上学历87人。在产品开发和研发成果产业化方面有着十分丰富的经验。先后承担国家"863计划"项目、国家科技部中小企业创新基金项目、湖北省电动汽车发展专项项目、武汉市新能源与新能源汽车专项项目、武汉市重大新产品专项项目等。技术中心实验室配备了高性能测功机、综合试验平台、智能电磁振动试验台、精密型盐雾试验机、可编程式恒温恒湿试验箱、可调高压直流源、老化实验房等完善的产品测试与试验仪器设备,支持新产品和新技术的试制和产业化,为高质量、快速度的技术研发工作打下了坚实的基础。

四、主要新产品

续上表

序号	产品名称	产品型号
1	30/60 kW SMT 动力总成	TZ185XSTY331
2	50/90 kW SMT 动力总成	TZ210XSTY535
3	60/120 kW SMT 动力总成	TZ420XSTY646
4	80/160 kW SMT 动力总成	TZ380XSTY849
5	130/170 kW SMT 动力总成	TZ430XSTY1342
6	160/320 kW DMT 动力总成	TZ380XSTYD842
7	KH45 系列单主驱控制器	KH45 1-B
8	KH60 系列单主驱控制器	KH60 3-B
9	KH90 系列单主驱控制器	KH90 2-A
10	三合一电机控制器	KH60 T11-B
11	五合一电机控制器	KH60 F10-C
12	整车控制器	WTVCU1-1
13	动力系统控制器	WTPCM1-1
14	变速箱控制器	WTTCU1-1

五、合资合作

长期以来与国内主流商务车生产企业达成配套合作。主要合作的有:舒驰客车、南京金龙、中植汽车、中通客车、东风(十堰)特种商用车有限公司、恒通客车、武汉客车、东风襄阳旅行车、厦门金龙等。

六、发展目标与规划

公司扩增新能源乘用车动力系统,形成十亿元乃至百亿元级别的产业集群,带动千余人地方就业,实现上缴利税超亿元,并拟冲刺国家级企业研究中心,制定国家EMT动力系统行业标准,形成新能源汽车关键零部件研发设计生产制造全产业核心竞争力。2018—2020年发展目标:

2018年力争销售额突破4亿元,利润突破4 000万元;

2019年力争销售额突破6亿元,利润突破6 000万元;

2020年力争销售额突破8亿元,利润突破8 000万元。

南京越博动力系统股份有限公司

Nanjng Yueboo Power System Co., Ltd

一、单位概况

南京越博动力系统股份有限公司是国内领先的新能源汽车动力总成系统产品和解决方案提供商。公司成立于2012年,总部位于南京市新城科技园。2018年5月8日在深交所创业板成功上市(股票代码:300742)。

越博动力拥有新能源汽车整车控制技术、驱动电机及控制技术、自动变速器及控制技术、动力系统集成一体化技术等核心技术。目前已与东风汽车、长安汽车、中国一汽、厦门金旅、陕汽集团、中通客车、山西大运、中国重汽集团等国内顶级新能源汽车厂商展开合作。截至2018年7月,公司已申请国内外专利271项,其中授权专利135项。

公司先后获得国家高新技术企业、工信部品牌培育试点企业、国家智能制造综合标准化与新模式应用项目实施单位、江苏省隐形冠军企业、江苏省科技小巨人企业等荣誉;承担了国家火炬计划产业化示范项目、江苏省科技成果转化专项等项目30余项。依托越博动力新能源汽车研究院,公司获批建立了江苏省新能源汽车动力系统重点实验室、江苏省新能源汽车动力总成工程技术研究中心、江苏省认定企业技术中心、江苏省博士后创新实践基地等省级研发创新平台。同时与吉林大学汽车仿真与控制国家重点实验室、北京理工大学、南京理工大学等著名国内外十多家高校和科研机构形成了长期战略合作关系。

二、产能建设

建有国家级新区江北新区基地、国家级新区重庆两江新区基地、南京基地。

三、技术进展及研发能力建设

技术进展：拥有新能源汽车整车控制技术、驱动电机及控制技术、自动变速器及控制技术、动力系统集成一体化技术等核心技术。

研发能力建设：建有江苏省新能源汽车动力系统重点实验室、江苏省新能源汽车动力总成工程技术研究中心、江苏省认定企业技术中心、江苏省博士后创新实践基地。

四、主要新产品

序号	产品名称
1	纯电动通勤车/客车总成方案
2	纯电动物流车（含微型、蓝牌）总成方案

续上表

序号	产品名称
3	纯电动重卡方案
4	正在布局乘用车方案市场

五、发展目标与规划

未来3年，公司将继续致力于新能源汽车动力总成事业，打造越博动力“三横三纵”产品平台发展战略，即以纯电动汽车动力总成系统、混合动力汽车动力总成系统和机械式自动变速器系统三大主力产品作为核心三横，以新能源客车、新能源专用车以及新能源乘用车动力总成系统作为核心三纵的产品体系。同时，将依托移动互联网建设新能源汽车动力总成大数据平台，实现产品智能化以及远程监测。

苏州绿控传动科技股份有限公司

Suzhou Lvkon Transmission S&T Co., Ltd

一、发展概况

苏州绿控传动科技股份有限公司，是一家致力于发展成为新能源汽车行业领先的驱动产品，以及整车动力系统解决方案的服务提供商；主营业务涵盖汽车AMT自动变速箱、新能源汽车驱动电机、纯电动及混合动力汽车动力总成的研发、生产和销售。

公司成立于2011年12月，注册资金5 000万元，占地190亩，已经建成厂房80 000 m^2，现有员工798人。

截止2018年8月，绿控在国内超过300个城市、40 000辆新能源车示范运营，累计运营里程超过80亿km，受到各地用户的一致好评。

二、生产经营

2017年绿控主营业务收入实现近6亿元，为了保证产品批量生产的一致性和品质，绿控建立了国际先进的定转子自动化生产线、电机及控制器的自动装配线，引进了先进的变速器磨齿加工设备，以及高精度的壳体加工设备；并采用全自动的测量仪器对各零件进行严格的检测，通过台架、路试车辆对下线的总成进行综合检验，从而满足客户对产品的高质量要求。绿控产品销量国内市场占有率达到30%以上，排名全国第一。目前已为中通客车、北汽福田、宇通客车、厦门金龙、苏州金龙等国内40余家客车企业，以及中国一汽、东风汽车、中国重汽、陕汽重卡、江淮汽车等20余家卡车企业批量供货。

三、产能建设

苏州绿控传动科技股份有限公司研发车间于2015年8月建成并投入使用，获得国家产业振兴及技术改造项目支持，形成年产1万套插电式混合动力客车机电耦合及控制系统总成的生产能力；2016年开始建设19.2亩厂房，17年8月竣工验收，形成年产5万套混合动力传动系统总成和纯电动系统总成的生产能力；信息化系统方面已实施ERP系统管理，2016年8月MES系统正上线实施。绿控建立了国际先进的定转子自动化生产线、电机及控制器的自动装配线，引进了先进的变速器磨齿加工设备，以及高精度的壳体加工设备。2018年8月开始建设90亩新厂房，建成后将形成年产10万套新能源汽车动力耦合系统总成的生产能力。

四、技术进展及研发能力进展

绿控传动的核心技术团队在AMT变速箱及动力总成的技术领域有近10年的研究，开发的基于AMT变速箱的同轴并联式混合动力新能源客车整车动力系统总成，实现了混合动力新能源客车的最大节油率及最低尾气排放，比传统客车节油35%以上，同时保证了其良好的动力性、可靠性和爬坡能力。目前该项技术打破了国外伊顿公司在此领域的技术垄断，实现了批量的应用，弥补了国内新能源汽车产业化过程中在动力耦合方面的的关键技术缺失，能够极大地推动汽车产业技术升级，而且能够快速带动驱动电机及控制器、动力电池及其管理系统、底盘电动化零部件、车身电动化零部件以及高、低压控制、仪表网络等关键总成的研发及产业化步伐，促进其规模化和市场化，从而带动相关产业快速发展。

五、主要产品

序号	产品名称	产品型号
1	AMT变速箱	GC-6JA950AMT
2	并联式混合动力系统	PHD3100
3	混联式混合动力系统	MHD3700

六、发展规划

公司未来一年计划建成年产10万套新能源汽车动力耦合系统总成生产能力。

广西玉柴机器股份有限公司

Guangxi Yuchai Machinery Co., Ltd.

一、单位概况

广西玉柴机器股份有限公司坐落于广西壮族自治区玉林市天桥西路88号，创建于1951年，于1992年经广西壮族自治区人民政府（桂政办函〔1992〕320号）批准发起设立改制为股份制企业；1993年由中资股份制企业改制为中外合资股份制企业，于1993年4月20日在玉林市工商行政管理局登记注册，取得注册号为企股桂总字第001283号的《企业法人营业执照》，现有注册资本47 298.93万元。

玉柴现拥有员工8 000多人，总资产166.57亿元，年销售收入超200亿元，发动机年生产销售55万台，是中国最大的独立柴油发动机制造商，产品型谱最完整的内燃机生产基地。公司总部设在广西玉林市，下辖7家子公司，生产基地布局福建、江苏、安徽、山东等地。

玉柴是中国目前最大的内燃机生产基地、国家第四批创新型试点企业，具有国家级高新技术企业资质，位列中国企业500强排行榜第215位，中国制造业500强排名第108位，中国500最具价值品牌第107位，位列中国机械500强企业第19位，产品涵盖轻、中、重型系列柴油发动机，2 000多个品种，年生产能力80万台，产品畅销30多个国家和地区，以卓越的品质赢得国内外用户的认可，柴油发动机社会保有量超过500万台，2001—2015年，玉柴发动机产销规模连续15年保持国内同行业第一，单厂产销规模稳居全球之冠。玉柴国家认定企业技术中心在全国887家国家认定企业技术中心中排名20位，在行业位列第1位。

在国家新能源汽车战略的号召下，玉柴成立新能源动力事业部，从事新能源汽车核心零部件的研发、制造。通过科学的规划，构建了完整的产品体系，产品囊括混联式混合动力系统、并联式混合动力系统、纯电动系统、集成发电系统、新一代混合动力系统、燃料电池系统、集成电桥等新能源汽车核心零部件，产品可配套各类客车、卡车、专用车、牵引车等多种车型。

二、经营情况

1. 玉柴纯电动系统

2017年，纯电动系统匹配广西源正、上海申龙、厦门金龙、厦门金旅、中汽宏远等主流厂家，目前已经完成纯电动系统公告为15个，主要覆盖8～12 m段纯电动车辆。

2. 玉柴混合动力系统

自成立新能源动力事业部以来，新能源动力系统受到整车厂的青睐，广泛配套，已基本覆盖国内主流厂家。混合动力总成已市场配套超过4 000台（套）。

三、产能建设

1. 新一代混合动力系统：建成功率分流式混合动力系统生产线，具备年产50 000台（套）/年的生产能力。

2. 燃料电池系统：投资25亿建设燃料电池产业园区，建立10 000台/年的装配生产能力。

3. 集成电桥系统：建成电驱动桥生产线，具备年产100 000台套/年的生产能力。

4. 集成发电式发动机动力总成系统：设立年产增程器10 000套生产线一条，增程器专用测试台架2套。

四、技术进展及研发能力建设

新能源动力事业部从事新能源汽车核心零部件的研发、制造。通过科学的规划，构建了完整的产品体系，产品囊括混联式混合动力系统、并联式混合动力系统、纯电动系统、集成发电系统、新一代混合动力系统、燃料电池系统、集成电桥等新能源汽车核心零部件，产品可配套各类客车、卡车、专用车、牵引车等多种车型。

研发实力雄厚，建立了南宁、玉林两个国内科研基地，拥有国家级企业技术中心、国家认可实验室、博士后工作站。2010年，玉柴成为千亿元产业广西内燃机研发中心唯一依托建设单位。2011年，代表我国内燃机行业最高水平的高效节能内燃机国家工程实验室落户玉柴。公司与德国、奥地利等国家的著名科研机构，英国布鲁奈尔大学、清华大学、天津大学、上海交通大学、哈尔滨工程大学等名校合作，共同建立了10余个国内外产品技术研发中心，形成以自主研发技术为核心、对接世界前沿技术的强大研发平台。

依靠强劲的科研实力，玉柴机器产品引领了行业发展潮流，在燃烧开发技术、低排放开发技术、机械开发技术方面处于国际领先水平，并在多个领域填补了我国汽车发动机技术的空白，承担9项国家“863”高科技前沿研究课题和3项国家重点研发计划项目，主持并参与了53项国家、行业标准的制修订工作，是全国专利发明先进单位，连续11年专利发明数居广西企业之首。公司在行业内率先推出我国第一台排放达标国Ⅰ、国Ⅱ、国Ⅲ、国Ⅳ、国Ⅴ、欧Ⅵ的发动机，均比国家法规实施计划时间提前2～7年。2012—2015年，玉柴“节能环保型柴油机关键技术及产业化”“内燃机全工况高增压关键技术及工程应用”“低噪声内燃机设计关键技术及应用”荣获国家科技进步二等奖。

五、主要新产品

序号	产品名称	产品型号
1	永磁同步电机	TZ367XS100
2	永磁同步电机	TZ367XS075
3	永磁同步电机	TZ480XS050
4	永磁同步电机	TZ435XS048
5	永磁同步电机	TZ367XS030
6	永磁同步电机	TZ284XS060

六、合资合作及重大项目建设

1. 开发下一代新能源动力系统产品

(1)包括:混合动力系统、纯电系统、变速器,突破国内外目前在商用车领域集成度低、实际运行节油率不高等行业共性问题;

(2)开发项目总投入5亿元;

(3)预计市场达到10万套/年。

2. 开发燃料电池动力系统

(1)包括:燃料电池电堆集成、控制系统、附件系统,突破国内外目前高成本、耐久性差、环境适应能力差等瓶颈技术难题;

(2)一期研发及试验设备投入2亿元;

(3)预计市场达到1万套/年。

七、发展目标与规划

玉柴新能源动力的发展战略:

1. 具备完整的新能源动力系统核心零部件研发、制造能力;

2. 向客户提供整套新能源动力系统解决方案;

3. 拥有中国覆盖范围最广的新能源服务网络平台。

深圳市大地和电气股份有限公司

Shenzhen Greatland Electrics Inc.

一、单位概况

深圳市大地和电气股份有限公司于2010年7月成为中国宝安集团的控股公司,公司定位深圳为研发中心总部,办公面积7 000 m^2,生产基地在贵州遵义,厂房面积70 000 m^2。

电机总装车间面积约35 000 m^2,实现电机定转子加工、电机装配、测试、包装全流程生产自制自控。自主研发了定子自动嵌线流水线1条和电机半自动装配流水线1条,单线产能是现在行业的3倍以上。电机车间定子综合测试仪、转子动平衡、绝缘、测试台架设备方案全部按照国内主流配置,具备较好的品质控制能力基础。控制器生产车间按照10万级无尘车间标准建立,远期设计年产能50万台。主要设备全部采用全球主流设备,覆盖PCBA贴片、单板测试、整机装配、老化及测试。全自动化焊接、装配IGBT。

二、技术进展及研发能力建设

大地和产品包括AMC平台系列、IMC平台系列、MOS平台系列及SMA平台系列、CML平台系列、BML平台系列、动力总成产品平台系列等,覆盖新能源汽车的微型车、乘用车、商用车全部目标车型。

结合优异的电机和控制器研究团队,引入资深顶级减速器研究人才,大地和在高集成化方向,起步早,投入大,已经完成了动力总成项目的技术研发等工作;整个驱动系统的电机、控制器、减速器一体化设计,大大提高了整个动力系统的可靠性、安全性和现场适应能力,获得众多车厂的高度认可和整车配套持续采购。

三、主要新产品

序号	产品名称	产品型号
1	7.5 kW 低速车控制器	MMCA25
2	60 kW 三合一控制器	AMCC42
3	120 kW 三合一控制器	AMC12C
4	乘用车60 kW 控制器	AMC060
5	乘用车80 kW 控制器	AMC080
6	乘用车120 kW 控制器	AMC120
7	7.5 kW 低速车电机	SMAA10
8	AOO 乘用车电机	SMAF15
9	微面物流车电机	CMLB20
10	SUV 高速电机	CMLE28
11	4.5 t 物流车电机	BML10B

四、合资合作及重大项目建设

1. 2015年5月7日,成立全资子公司——遵义市大地和电气有限公司,作为生产基地。

2. 2015年9月14日,成立合资公司——厦门捷欧大地和新能源有限公司。

3. 2016年5月24日,成立合资公司——深圳市大源高科有限公司,主要销售、研发及生产充电设备。

4. 2017年3月9日,成立合资公司——武汉优微道电气有限公司,主要研发设计适用于不限于汽车行业的特种电机。

5. 2018年3月7日,成立合资公司——深圳市和创诚技术有限公司,主要销售、研发及生产DCDC产品。

五、2017年1—12月企业在新能源汽车方面经济指标统计

填报单位名称	指标名称	单位	本期累计	同期累计
深圳市大地和电气股份有限公司	2017年末资产总计	万元	89 231.70	73 962.69
	2017全年完成投资额	万元	1 766.74	1 571.30
	2017年营业收入	万元	22 894.57	40 840.32
	2017年利润总额	万元	-10 433.31	5 443.26
	2017年产品销售率	%	65.28	91.43
	2017年销售利润率	%	-45.57	13.32

唐山普林亿威科技有限公司

Tangshan Pulin Yiwei Technology Co., Ltd.

一、单位概况

唐山普林亿威科技有限公司成立于 1993 年,主要从事稀土永磁电机和控制器的研发与生产。

公司历经 25 年的自主研发,研制出的稀土永磁同步电机及控制器,永磁无刷直流电机和控制器,已获国家专利 47 个,并先后通过了 ISO 9001 质量管理体系认证和 TS 16949 质量管理体系认证。

公司生产的稀土永磁电机具有体积小、重量轻、噪声低、功率密度大、转矩密度高、高效区宽、恒功率范围大、转矩波动小等特性,多项产品达到国内、国际先进水平,被广泛应用于电动汽车、风力发电、铁路机车、石油开采、军工、工业水泵等多个领域。

唐山普林亿威科技有限公司现已与大运汽车、森源汽车、山东唐骏汽车、湖北世纪中远、东风特汽、超龙客车、安徽华菱汽车、上海申龙客车、珠海银隆、骐嘉汽车、中通客车和亚星客车等多家车厂建立了紧密的合作关系,优良的产品质量和性能,得到各大车厂一致认可。

2017 年,深圳市英威腾电气股份有限公司,完成对唐山普林亿威科技有限公司的并购,实现强强联合。

二、经营情况

唐山普林亿威科技有限公司主营永磁同步电机及控制器。2017 年,公司销售收入 16 835. 9 万元,利税总额 4299. 9 万元。

三、产能建设

目前,公司拥有定子生产线、转子生产线、定子装配线、电机总装生产线、低速动平衡机、高速动平衡机、浸漆设备、立式加工中心、试验检测设备等,电机生产能力年产均可达 10 万台。

四、技术进展及研发能力建设

2015 年以来,公司先后开发的技术有:拓宽电机高效区间与恒功率区间技术、提高电机功率与转矩密度技术、电机轻量化技术、高转速电机技术、电机与电控一体化技术、轮边电机电子差速技术等。

公司 2015 年申报产业技术研究院建设项目被唐山市科技局授予电动汽车动力总成产业技术研究院荣誉称号,2017 年获得河北省科技厅授予科技小巨人荣誉称号。同期,被认定为唐山市企业技术中心和河北省专精特新中小企业认定等荣誉称号。并建立有完整的管理制度及相关流程。全公司致力于新能源汽车动力总成的研发与生产,引入全国各大院校相关专业的博士生导师、博士生和硕士生等高水平人才,为公司快速、长期与稳定的发展提供保障。

五、主要新产品

序号	产品名称	产品型号
1	20 kW 永磁同步电机	BS20-3600/307
2	30 kW 永磁同步电机	BS30-4000/360
3	50 kW 永磁同步电机	BS50-1800/540
4	60 kW 永磁同步电机	BS60-1500/540
5	60 kW 永磁同步电机	BS60-5000/540
6	70 kW 永磁同步电机	BS70-1650/540
7	85 kW 永磁同步电机	BS85-1350/540
8	100 kW 永磁同步电机	BS100-1000/540
9	120 kW 永磁同步电机	BS120-1200/540

六、合资合作及重大项目建设

公司现与中科院、沈阳工业大学、吉林大学、华北理工大学等科研院所与高校建立了长期合作,吸纳高端人才,壮大研发队伍。公司在电机、控制器、变速箱等电动汽车核心零部件领域展开关键技术攻关,不断提高产品技术水平,与此同时积极申报了多项科研课题,为公司抢占新能源与传统驱动电机领域科技高地提供了强大支撑与保证。

株洲中车时代电气股份有限公司

Zhuzhou CRRC Times Electric Co., Ltd.

一、单位概况

株洲中车时代电气股份有限公司是中国中车的二级子公司,2006 年 12 月 20 日在香港 H 股上市(股票代码:03898. HK),是中国轨道交通装备制造业首家境外上市公司。

公司具备超强的自主研发能力,经过多年发展,不仅自主掌握了具有列车"心脏"和"大脑"之称的牵引电传动和网络控制关键核心技术,同时坚持"同心多元化"发展战略,将轨道交通牵引电传动技术应用于新能源汽车领域,形成以电动汽车电机驱动系统为核心的系列产品及配套产业链。公司在高功率密度、高可靠性、高安全性等设计技术上实现了多项技术突破,性能指标处于国内先进水平。产品已应用于纯电动乘用车及专用车、混合动力轿车等领域。公司致力于成为国内领先、世界知名的新能源汽车核心部件供应商和服务提供商。

二、经营情况

2017 年销售额达 146 亿元。

三、产能建设

已有年产 50 000 台电机控制器自动化生产线 1 条;

正在筹建驱动系统自动化生产线 2 ~ 3 条。

四、技术进展及研发能力建设

实现无位置传感器控制技术实现车辆跛行;

控制器最高效率 98%,转矩误差 3%,转矩响应≥1 000 Nm/s;

完成研制自主芯片的电机控制器,一体化电驱桥通过单体搭载试验。

五、主要新产品

序号	产品名称	产品型号
1	电驱动系统	DM11
2	电驱动系统	DM12
3	电驱动系统	DM16(PHEV)

六、合资合作及重大项目建设

与一汽集团、北汽签订了战略合作协议;

与德国 Hofer 针对一体化驱动桥进行合资合作。

华域汽车电动系统有限公司

Huayu Automotive Electric Drive System Co., Ltd.

一、单位概况

华域汽车电动系统有限公司系上汽集团下属华域汽车电动系统有限公司、航天科工集团下属航天科工海鹰集团有限公司及贵州航天工业责任有限公司共同出资,致力于提供新能源汽车驱动系统的集成解决方案,及核心电机电控零部件的研发与制造,是国内具有领先技术的新能源汽车核心零部件供应商。公司注册资本 3.91 亿元,主营业务为研发、生产、销售各类新能源车用驱动电机及其控制系统。

华域汽车电动系统有限公司于 2011 年荣获“节能与新能源汽车产业创新力 50 强”企业,2012 年 11 月被认定为高新技术企业,并在 2016 年被评为年度电控供应商,2017 年评为“中国新能源汽车行业优秀供应商”和“电机电控畅销品牌”。

1. 自主创新

华域汽车电动系统有限公司自主研发了包括永磁同步电机 PMSM、控制器 PEB 等多款新能源汽车核心零部件,这些产品可按照不同车型平台的技术要求进行定制,并安装在纯电动、混合动力等多种新能源汽车上。

华域汽车电动系统有限公司于 2014 年在国内率先应用 Hair - pin 工艺,显著提高电机功率密度,并具有功率密度高、效率高、输出扭矩大、调速范围宽、防护等级高等优点。

目前,在节能与新能源汽车领域,华域汽车电动系统有限公司拥有专利 59 项,其中发明专利 2 项,实用新型专利 48 项,软件著作权 3 项,外观专利 6 项。

2. 提供卓越解决方案和优质产品

华域汽车电动系统有限公司拥有多条成熟的平台产品线,提供驱动电机与控制器的集成解决方案,适用于各类纯电及混动乘用车,并且采用模块化设计,可以为不同车型平台的技术要求提供快速、可靠、高效的定制化方案。为城市的节能减排、绿色出行及商务物流提供创新的电动交通解决方案。模块化设计,确保产品的稳定、可靠及快速交付,通过灵活、柔性的开放架构,可以形成符合客户自身特色的产品方案。

二、经营情况

华域汽车电动系统有限公司自创立以来始终坚持标准化管理,不断完善,优化质量、环境、安全等环节的管理流程,建立了一套完整且标准化的企业管理体系。目前,华域汽车电动系统有限公司已通过了 ISO/T S16949 质量管理体系认证(目前正在 IATF 16949 转版中),ISO 14001 环境管理体系和 OHSAS 18001 职业健康安全管理体系认证三大国际管理体系认证,并获得相关证书。

公司拥有先进的生产设备和一流试验验证设备,试验能力达到国家标准的要求,在国内率先建立了较为完善的汽车驱动电机性能和可靠性验证体系。

三、产能建设

华域汽车电动系统有限公司积极打造工业 4.0,通过自动化生产线引进、精密模具和先进设备的投入,以及智能化信息系统的构建,将更高效地为客户提供卓越的解决方案和优质产品。目前,华域电动拥有 3 条生产线,规划可达到年产 26 万台驱动电机和 6 万台控制器。已投资第二生产基地,计划于 2018 年 10 月投入使用,预计产能达 60 万台驱动电机。

四、技术进展及研发能力建设

华域汽车电动系统有限公司将继续重点发展集成一体化电驱动动力总成产品,采用新材料、新原理、新工艺、集成技术打造更高功率密度、更低制造成本、更高集成度的新能源汽车电控系统。

在研发核心能力规划上,将继续深入研究驱动电机扁铜线技术、高磁阻电机技术,投入更多的研发在非稀土永磁电机技术和铝漆包线应用研究上。实现控制器功能安全 D 级和芯片级集成技术。满足 ISO 26262 ASIL C 要求,计划在 2018 年通过功能安全流程认证,2019 年通过功能安全产品认证。在未来 3 年内实现集成产品的集成封装技术和集成一体化技术。

五、主要新产品

序号	产品名称
1	52 kW 永磁同步电机
2	400 A 控制器
3	85 kW 永磁同步电机(Hair - pin)
4	52 kW 永磁同步电机(Hair - pin)
5	110 kW 永磁同步电机
6	900 A 控制器

湘电莱特电气有限公司

XELE ELECTRIC CO., Ltd.

一、单位概况

湘电莱特电气有限公司是湘电集团有限公司上市板块湘潭电机股份有限公司引进世界最先进的电机电控成套技术,立足打造中国低压电机领军品牌而创建的一家现代化中美合资企业,致力于方案研究、产品研发、生产制造、营销服务于一体解决方案,为"湘电"品牌旗下唯一低压电机研发、制造、经销和服务的供应商。

湘电莱特电气有限公司是依托湘电股份上市公司国家级企业技术中心、国家级研发检测中心、国家级计量中心强大的技术研发团队,致力于为高端客户提出一体化解决方案。公司核心技术团队从 2002 年就从事电机与控制、电传动车辆、低压高效电机科研开发,承担国家"863"电动汽车重大专项、省市电动汽车科研项目等,系列化电动汽车驱动系统与国内知名车企形成批量配套。

公司拥有发明专利 30 余项,多项国家"863"计划重大项目,国家重点产品以及国家、省市科技进步奖等。现有各类专业人员 230 余人,其中:技术研发人员 46 人,享受政府津贴技术专家 1 人、国家"863"专家 3 人、研究员级工程师 2 人、高级工程师 5 人,拥有世界唯一一条年产 10 000 台非晶电机柔性生产线和一个年产能 100 万 kW 的低压电机半自动化生产基地。2017 年根据物流车批量供货的实际需求,搭建打造 10 万台产能自动生产线及测试能力。公司产品广泛应用于风力发电、水泵、钢铁冶金、船舶、电力、水泥、造纸等行业和新能源汽车、太阳能、风力发电、工程机械及其配套系统。

二、经营情况

2002 年,纯电动客车用驱动电机开发开发成功,并成功配套中巴车运行。(湘电股份)

2005 年,12 m 并联式混合动力客车开发成功,并开辟湖南省首条混合动力客车示范运营线。(湘电股份)

2007 年,承担国家"863""串并联混合动力车用驱动电机系统研发"项目,助力东风、吉利、夏利、华普、长城汽车配套。(湘电股份)

2011 年,引进先进非晶电机技术,成立湘电莱特,研发非晶增程器、为博世开发铸铜转子 BSG 电机并小批供货。

2015 年,投资 2 亿元,搬迁新厂区,开发出永磁系列电机系统平台,为重庆瑞驰、东风小康纯电动物流车电驱动系统批量供货。

2017 年,物流车批量供货,排名前五,搭建 10 万台产能自动生产线及测试能力。进入乘用车领域。

三、产品出口

2017 年,公司共出口低压交流电机:4 600 台(套);非晶电机:650 台(套)。

四、产能建设

1. 年产 10 000 台非晶电机柔性生产线(世界上唯一一条);

2. 年产能 100 万 kW 的低压电机半自动化生产基地;

3. 年产 10 万台 30 kW 电机自动生产线及配套进口奥地利试验 AVL 台架。

五、技术进展及研发能力建设

2002 年,组建核心团队迈入电动行业;

2003 年,开发客车用电驱动系统;

2004 年,开发并联式混合动力客车开辟示范运营线;

2006 年,承担国家"863"重大专项,开发系列化产品;

2011 年,开发非晶高效电机及非晶集成式增程器;

2012 年,开发混合动力车用铸铜转子 BSG 电机、轮毂电机;

2015 年,开发 30 kW、70 kW 纯电动物流车系统并批量装车;

2017 年,开发混合动力车用 ISG、BSG 电驱动系统,电机减速箱集成产品。

现阶段公司的产品已覆盖 20 ~ 150 kW 包括纯电动、混合动力方案。

低压交流电机已广泛应用于风力发电、水泵、钢铁冶金、船舶、电力、水泥、造纸等行业,形成完善的产销一体化。

六、主要新产品

序号	产品名称	产品型号
1	30 kW 永磁同步电机(瑞驰、小康)	TYC30－8/180
2	30 kW 永磁同步电机(小康)	TZ180XS001
3	30 kW 永磁同步电机(力帆)	TZ180XS30C
4	50 kW 永磁同步电机(力帆)	TZ210XS50C
5	30 kW 永磁同步电机(通家)	TZ0121031010H
6	30 kW 配套控制器(瑞驰、小康)	XEMC-KZQ-30-1
7	30 kW 配套控制器(力帆)	KTZ36X25S002

七、合资合作及重大项目建设

已上公告并批量供货:东风小康 EC36、重庆瑞驰 EC35;

样机完成试装并上公告:力帆丰顺、力帆轩朗;

项目样机开发阶段:陕西通家、长丰猎豹、中能绿驰、湘潭吉利、国金汽车、东风小康 580P2 混动。

八、发展目标与规划

1. 湘电莱特电气有限公司、国金汽车集团有限公司、湖南耐为电控技术有限公司拟整合优化资源,共同构建行业领先的第三方电驱动专业化平台。

2. 完整产业链设计,完善产品结构,除对现有产品进行优化更新外,积极展开新产品的设计与开发,包括秦川机械所需配套的转向助力泵电机的开发以及中能绿驰一体化驱动系统的样机研发。

3. 2019 年计划新建 1 条新能源汽车电机全自动生产线与国金汽车 K01 项目实现无缝对接,预计年产量达 8 万～10 万台。

上海大郡动力控制技术有限公司

Shanghai Dajun Technologies Inc.

一、单位概况

上海大郡动力控制技术有限公司(简称大郡控制)成立于 2005 年,是一家有着深厚研发背景的技术性企业,现有员工人数 600 多人。公司从事新能源汽车用电机及其控制器技术研发、制造和销售,致力于为国内外主流汽车制造商提供产品及服务,通过实现客户价值来成为国内业界技术和规模领先的汽车级、服务性制造企业。2015 年正海磁材(股票代码:300224)并购大郡控制获证监会正式批准,依托上市公司平台及强劲资本的注入,大郡控制将继续扩大技术研发、供应链保障体系及多样化服务优势,为客户创造最大价值。

2002 年,核心团队归国,率先将永磁磁阻电机设计技术引入国内新能源汽车领域;

2003 年,最早进入“863”“电动汽车重大专项”助力东风、上汽、一汽、长安开发电驱动系统;

2005 年,创立上海大郡动力控制技术有限公司;

2008 年,搭载大郡电驱动系统的长安、一汽、上汽新能源车辆,零故障服务奥运会;

2009 年,大郡为中国首款量产 HEV 产品长安杰勋配套电机系统;

2010 年,成功引入风险投资,开始产业化进程;

2011 年,完成深圳大运会示范运行的千辆混合动力客车动力系统交付;

2012 年,大巴直驱电机系统批量配套商用车市场,并拓展至中巴及小巴市场;

2013 年,北汽配套大郡电驱动系统并进入量产,同年搭载大郡电驱动系统的商用车分别在纯电动和增程式项目上荣获 2013 中国首届公共汽车节能大赛金奖;

2014 年,搭载大郡系统的申沃增程式、东风微型电动车、广汽增程式传祺、北汽纯电动绅宝投产;

2015 年,正海大郡并购案获证监会正式批准;迁入新址,产能提升至 10 万套/年;

2016 年,发布“百亿大郡”5 年战略规划;同年获得国家首批“国家重大研发项目计划”。

二、经营情况

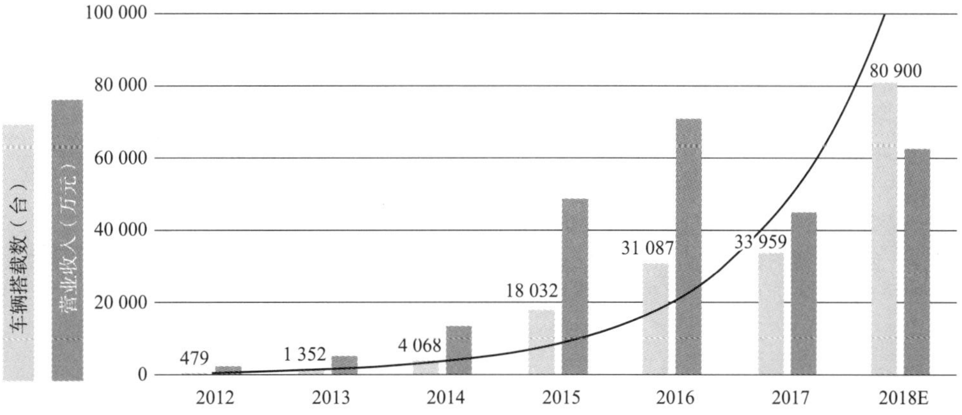

三、产能建设

大郡一直致力于建设并完善制造及供应链体系，以高质量、灵活敏捷的制造能力支撑客户的需求。截至2015年，已形成年产10万台(套)系统总成的供货能力；此外，公司的新基地上海临港产业园已形成年产12万台(套)系统总成的供货能力，且预计在2020年，达到年产50万台(套)的产能目标。

四、技术进展及研发能力建设

由电力电子领域“千人计划”专家徐性怡博士领军的大郡团队，于2002年率先将永磁磁阻电机设计技术引入国内新能源汽车领域。并从2003年开始承担国家电动汽车相关的重大项目，包括：科技部“863”电动汽车重大专项、新能源汽车产业技术创新工程项目、国家重点研发计划等11项国家级项目。2016年大郡控制再次凭借《高功率密度电机控制器》项目，成为新能源汽车领域受国家重点支持的两家电机控制器企业之一。

在政府及客户的大力支持下，大郡坚持自主创新，开发出各类具有自主知识产权的新能源汽车电驱动技术。截至目前，大郡已申请包括66项发明专利在内的各类知识产权200余项。并逐步形成了完整的汽车系统产品设计、测试验证规范及相关设施支撑。

五、主要新产品

序号	产品名称	产品型号
1	25 kW 平台微型车电驱动系统	EB25
2	50 kW 平台小型乘用车电驱动系统	EA50
3	50 kW 平台物流车及轻型客车电驱动系统	EG50
4	150 kW 平台中型商用客车电驱动系统	EC150
5	200 kW 平台大型商用客车电驱动系统	EB200

六、合资合作及重大项目建设

2015年7月，由大郡控制、卧龙集团(浙江)、ATB三方合资成立卧龙大郡新动力电机有限公司，占地150亩，现已实现年产能10万台(套)；

2016年12月，由上海大郡动力控制技术有限公司、烟台正海磁性材料股份有限公司双方合资成立上海郡正新能源动力系统有限公司，现已实现年产能12万台(套)；

2017年5月，由上海大郡动力控制技术有限公司、烟台正海磁性材料股份有限公司及自然人王中太三方合资成立杭州郡致传动技术有限公司，共同打造新能源汽车传动业务的发展平台。

深圳市蓝海华腾技术股份有限公司

Shenzhen V&T Technologies Co., Ltd.

一、发展概况

深圳市蓝海华腾技术股份有限公司是一家拥有完全自主知识产权的国家级高新技术企业，专业致力于电动汽车电机控制器、变频器、伺服驱动器等电力电子产品的研发、制造、销售和服务。公司于2016年在创业板成功上市(股票代码:300484)。凭借产品在各方面的出色表现，蓝海华腾荣获中国电工技术学会、电动车辆专业委员会、中国汽车工程学会和电动汽车分会联合颁发的“2012电动汽车技术卓越奖”，变频器行业协会“技术创新”奖、中国电工协会“最具竞争力自主品牌”奖等众多奖项。

在新能源电动汽车行业，蓝海华腾自主研发的电动汽车电机控制器作为其核心部件之一，在性能、安全性、可靠性、使用寿命等方面处于行业领先水平，同时具有完善的产业化设计和生产平台，并拥有丰富完整的产品系列：同步/异步主驱动电机控制器、ISG和BSG电机控制器、油泵/气泵电机控制器等单机标准系列和客户化定制的二合一、三合一及多合一集成产品几十种型号，功率覆盖3～355 kW，可为用户降低成本、节省空间、提高可靠性，并通过与多家系统总成厂家、部件厂家及整车厂密切合作；截至2017年12月已有20多万台(套)主电机控制器、辅助电机控制器和多合一集成产品，在国内众多主流车厂的各种混合动力和纯电动车型上批量配套，并成功应用于西班牙、意大利、巴基斯坦、菲律宾、埃及等国际市场。

为满足公司的快速发展需求，蓝海华腾设立了全资子公司厦门蓝海华腾电气有限公司和无锡蓝海华腾技术有限公司，完善的销售和服务网络已覆盖全国各地。

二、主要产品

序号	名称	型号
1	电动汽车电机控制器	V6-H-4D120G/V6-H-2D60G
2	电动汽车电机控制器	V6-H-4D55G/V6-H-2D30G
3	电动汽车电机控制器	V6-H-4D110G& V6-H-4D110G/V6-H-2D55G& V6-H-2D55G
4	电动汽车电机控制器	V6-H-4D250G/V6-H-4D200G/V6-H-2D90G
5	电动汽车电机控制器	V6-H-4D120G& V6-H-2D60G
6	电动汽车电机控制器	V6-H-4D5. 5G& V6-H-4D5. 5G
7	电动汽车电机控制器	V6-H-4D90G& V6-H-2D45G
8	电动汽车电机控制器	V6-H-4D160 G& V6-H-2D80G
9	电动汽车电机控制器	V6-H-4D5. 5G/V6-H-2D3. 7G

宁波双林汽车部件股份有限公司

Ningbo Shuanglin Auto Parts Co., Ltd.

一、单位概况

宁波双林汽车部件股份有限公司，于2010年在深交所成功上市。目前，双林股份产业已覆盖多个板块，旗下拥有近40家分(子)公司，先后获得国家火炬计划重点高新技术企业、国家级企业技术中心、院士工作站等多项荣誉。

双林股份的主要合作客户包括上汽通用五菱、吉利、福特、丰田、大众、长安、东风等国内外知名汽车厂商，同时和联合汽车电子、佛吉亚、博泽、麦格纳、奥拓立夫、法雷奥、李尔、博格华纳等国际百强汽车零部件巨头建立了长期稳定的合作关系。

双林股份下属的新能源子公司德洋电子成立于2009年4月，是一家专注于电动汽车电机、控制器等核心模块研发、生产与销售的高新技术企业。

二、经营情况

双林股份下设汽车饰件、汽车机电、动力总成、轮毂轴承四大事业部，产品包括内外饰件、机电电子、轮毂轴承、自动变速箱、新能源汽车动力系统等，并涉足汽车智能驾驶领域。2017年，双林股份共实现销售额42.8亿元。

其中，双林新能源动力系统产品近3年来实现主营业务收入6.2亿元，国内市场占有率已达10%。公司长期与国内高校、科研院所进行合作，相继开发了VMS系列产品、电动汽车智能电控系统、BMS系列产品，真正形成电机、电控、VMS、BMS四位一体的产品格局。所研发的电动汽车专用永磁同步电机及无刷直流电动机通过了国家轿车监督中心的测试，专家认为其主要性能指标处于国家同类产品领先水平。

三、产品出口

2017年全年，双林股份共实现产品出口额超5亿元。

其中，双林新能源动力系统配合电动汽车厂家出口，足迹遍布法国、德国、意大利、英国、荷兰、捷克、罗马尼亚、奥地利、巴西、波兰、比利时、韩国等全球18个国家，成为电动力系统出口国际市场标杆之一。

四、产能建设

在新能源动力领域，双林股份拥有各种生产、检测设备百余台(套)，可生产多种电动汽车电机的产品系列，具备年产电机20万台生产能力；在智能控制器方面，双林股份拥有国际先进生产、检测设备50余台(套)、SMT生产线、插件线、线束线、装配线、检测线等共计近20条，具备年产控制器20万只的能力。

五、技术进展及研发能力建设

技术创新是双林股份发展的内在核心动力，为了站在零部件制造领域的技术前沿，双林股份不断完善其科研创新体系的建设，成立初期就建立了研发中心，并相继成立了技术委员会和专家委员会等机构。目前，双林股份已建成澳洲技术研发中心、上海电子研发中心、变速箱研发中心3家核心研发机构，拥有两个省级博士后工作站、3个省级高新技术企业研究开发中心、一个人才培养基地、一个国家认可实验室，整体研发力量超过500人。其中，新能源动力系统相关研发人员近百人。

同时，双林股份投入大量资金购买各类大型实验测试设备，如示波器、直流低电阻测试仪、电机测试试验台、高速记录仪、红外测温枪、热成像仪和电控系统测试平台等，为实现超一流的新能源动力技术提供了先进的孵化环境。

完善的研发体系、高水平的研发团队以及先进的研发仪器和检测设备，不仅保证了实验中各类检测检验数据的准确性和科学性，更保障了双林新能源动力技术研发项目的顺利推进。

近年来，双林股份在新能源领域硕果累累，获得多项国内专利和发明奖项。不但自主完成并通过了电动汽车永磁同步电机4 kW至15 kW系列产品及控制器的开发与生产，如TZ155X13DYA永磁同步电机、DY-BLDC-144-450C电机控制器、C型永磁同步电机(15 kW/144 V)、DY-BLDC-72-700C电机控制器、72V9KW C型永磁同步电机等，其中，永磁同步电机控制器(144 V)和永磁同步电机控制器(72 V)已获得国家外观专利证书。更形成了以自动识别电机、霍尔保护、定点电流采样等控制技术为关键的核心技术，而自主研发的DY-1、DY-V3等技术，在产品性能、质量、科技含量等方面都有着显著的提高与进步，把车辆的动能通过特有技术变成电能储存到电池里，做到既可以省电、又可以提高电动汽车的续航里程。产品应用于电动车上，各项性能指标均达到要求且工作可靠性稳定。

六、主要新产品

序号	产品名称	产品型号
1	72 V9 kW一代电机控制器	DY-BLDC-72-700A
2	144 V15 kW二代电机控制器	KTZ14X45DYA
3	144 V15 kW二代永磁同电机	TZ175X15DYA
4	72V7.5 kW永磁同步电机	TZ155H7.5DYA
5	72V9 kW一代永磁同电机	DY-BLDC-72-9A
6	整车控制器(一代)	XDY-VMS10-GF
7	整车控制器(二代)	XDY-VMS144-GF
8	整车控制器(H1车型)	XDY-VMS21-GF

七、发展目标与规划

双林股份在新能源领域，以“新能源汽车动力总成领导者”为长远目标，以“自主创新”为核心竞争力，将进一步加大在电机、电桥方面的技术和资金投入，加快相关产品研发节奏和产能建设规划，投放更多市场适应性强、技术领先、性能卓越的产品。

北京理工华创电动车技术有限公司

BIT Huachuang Electric Vehicle Technology Co., Ltd.

一、单位概况

北京理工华创电动车技术有限公司成立于2010年，是北京理工大学电动汽车技术唯一的产业化依托单位。公司长期致力于新能源汽车关键技术的研究，在整车动力学控制、电池成组及高压安全、电驱动与传动系统、分布式驱动和车辆智能网联等领域掌握了一系列核心技术，形成了整车控制器、功率转换集成控制器、分布式驱动系统控制器及电驱动传动系统等产品，可提供电动汽车动力系统平台解决方案。

二、主要新产品

序号	产品名称	产品型号
1	智能网联整车控制器	HCDN67VCU-3
2	整车控制器	HCDN55VCU
3	分布式电子控制器	HCDN55DCU
4	1 000 Nm 4 挡 AMT 动力总成	HC4R10PWT-MZA
5	500 Nm 4 挡 AMT 动力总成	HC4U05PWT-BZA
6	800 Nm 2 挡 AMT 动力总成	HC2u08PWT-EQA
7	300 Nm 2 挡 AMT 动力总成	HC2U03PWT-BZC
8	五合一高压集成控制器	HC60LCPIC-F20
9	四合一高压集成控制器	HC60l5PIC-720
10	三合一高压集成控制器	HC60L4PIC-700
11	直流变频器	HC60LDPIC-110
12	高压维护开关	HCMSD
13	高压线束/充电插座	HC6S14 GXS/HC6S08GXS

博世(中国)投资有限公司

Boshi(China) Investment Co., Ltd.

一、单位概况

博世(中国)投资有限公司(以下简称博世集团)是由罗伯特·博世(1861—1942年)于1886年在斯图加特创立，当时名为“精密机械和电气工程车间”。博世集团独特的所有权形式保证了其财务独立和企业发展的自主性，使集团能够进行长期战略规划和前瞻性投资以确保其未来发展。慈善性质的罗伯特·博世基金会拥有罗伯特·博世有限公司92%的股权，多数投票权由罗伯特·博世工业信托公司负责。该信托公司也行使企业所有权职能。其余股份则分属博世家族和罗伯特·博世有限公司。

作为全球领先的物联网企业，博世为智能家居、智慧城市、互联交通和互联工业提供创新的解决方案。博世业务划分为4个业务领域，涵盖汽车与智能交通技术、工业技术、消费品以及能源与建筑技术领域。

二、经营情况

博世集团是世界领先的技术及服务供应商。根据初步数据，博世集团约400 500名员工(截至2017年12月31日)在2017财政年度创造了约780亿欧元的销售业绩。

集团包括罗伯特·博世有限公司及其遍布约60个国家的450家分公司和区域性公司。如果将其销售和服务伙伴计算在内，博世的业务几乎遍及全世界每一个国家。博世的长远健康发展建立在不断创新的基础上。

博世在中国生产和销售汽车零配件和售后市场产品、工业传动和控制技术、包装技术、电动工具、安防和通信系统、热力技术以及家用电器。博世在1909年进入中国市场。博世2016年在中国经营着62家公司，合并销售额达到915亿元人民币。截至2016年12月31日，公司在华员工人数达59 000人。

三、产品出口

博世2016年在中国经营着62家公司，合并销售额达到915亿元人民币。2017年在华业绩创下新高，销售额首次突破千亿，达到1 134亿元人民币(约合149亿欧元)，实现了近24%的大幅增长。

四、技术进展及研发能力建设

博世的研发网络拥有62 500名研发人员，遍布全球125个国家和地区。2017年博世在华研发总支出高达64亿元人民币，拥有23个技术中心，新增注册专利较去年增长19%。截至2017年底，博世在华员工人数近60 000人，其中，超过6 850名员工致力于研发工作，占公司员工总数近12%。

大陆集团

Continental AG

一、单位概况

大陆集团“量身定制的电气化”解决方案，保留了环保型汽车的驾乘舒适感和驾驭性能，适用于搭载了不同车载电压的各类汽车。从 48 V 直至 400 V，即从轻混到纯电动车，均能配备相应的电气系统。

大陆集团的混合动力系统进入量产已逾十年，并于 2011 年起开始生产用于纯电动车的各种部件。从 48 V 电机系统、电池包等低压系统解决方案，到功率电子、高压电机及模块化的新型电力驱动系统等高压解决方案，大陆集团凭借经验和持续创新的能力，在不断改进产品功能与动力性能的同时，致力于减小尺寸和减轻重量。

针对具体的欧盟 2021 年 95 g/km 二氧化碳的排放法规和中国 2020 年 5 L/km 的汽车企业燃油平均油耗法规目标。大陆集团率先推出了 48 V 环保驾乘系统，在没有高电压的情况下和以极具竞争力的市场价格支持广泛的轻混功能，是大陆集团在动力混合方面“注重实效”理念的一个成功案例。48 V 环保驾乘系统的开发，在基础的 12 V 电力网络和高压强混之间，新增加了一个电压等级：48 V。48 V 系统相比 12 V 系统具有更多功能，同时拥有灵活的电池尺寸，和合适的能源额定值，是高压强混和低压微混之间的完美桥梁。大陆集团通过这种“量身定制的电气化”，帮助汽车制造商能够采取循序渐进的逐步式方案实现电气化。该技术已于 2016 年在欧洲率先实现量产，中国市场和北美市场将紧随其后。2018 年 3 月 7 日，大陆集团与成飞集成科技股份有限公司(CITC)通过各自旗下子公司成立合资公司，致力于开发生产 48 V 汽车电池系统。大陆集团提供包括基础软件在内的电池管理系统，成飞集成旗下的中航锂电将提供电芯。大陆集团已具备在全球市场提供整套的 48 V 轻混合动力系统解决方案的能力。

2015 年 6 月，大陆集团宣布推出专为中国市场打造的新型电力驱动系统，其创新概念在于集电机、变速箱和功率电子系统于一体，省去了许多部件。新产品设计紧凑，极具经济性及扩展性，能应用于从 80 ~ 250 kW 的所有性能水平。因此可用于从插电式混合动力车到强劲的电动车在内的广泛车型。根据用途的不同，该驱动系统的电动机有两种变体：异步电动机(ASM)和永磁同步电动机(PSM)。由于其紧凑的设计，新型电力驱动系统不仅重量更轻，而且比同类产品更强劲，使驾驶更富乐趣。凭借成本上的优势，相信该电力驱动系统正适合中国市场的需求。

作为模块化设计的结果，扩展性和灵活性对系统变得至关重要。在适用于混合动力及电动车的所有关键部件方面，大陆集团的模块化系统(从功率电子、电机、电池管理一直到完整的系统解决方案)已经实现了这个目标。

二、新能源乘用车主要产品

序号	产品名称
1	高压轴驱动电机
2	高压电机控制器
3	高压 DCDC 直流转换器
4	48 V 轻混系统水冷电机 + 逆变器
5	48 V 轻混系统风冷电机 + 逆变器
6	48 V 轻混系统直流转换器
7	48 V 电池系统
8	高压电池管理系统

博格华纳(中国)投资有限公司

Boge Huana(China) Investment Co., Ltd.

一、单位概况

博格华纳总部位于美国密歇根州的奥本山，与全球客户合作，是致力于提供内燃机、混合动力和电动汽车清洁高效驱动系统解决方案的全球供应商。博格华纳引领技术发展趋势，为全球主要汽车生产商提供先进的动力系统解决方案，致力于将正确的博格华纳技术带到市场，以实现正确的价值。

世界 500 强企业，2017 年全球销售额达到 98 亿美元，凭借全球的紧密合作，公司在全球 18 个国家建立了 66 个制造和技术基地为世界各地的客户提供服务，拥有 29 000 名员工，服务于亚洲、美洲、欧洲和非洲等国家和地区。

二、经营情况

涡轮增压系统：作为世界先进的涡轮增压制造商，专为乘用车及商用车包括内燃机、混合动力车型提供 eBooster 技术、旁通阀涡轮增压技术、汽油机可变截面涡轮增压技术、两级涡轮增压技术、e-Turbo 技术，并不断追求涡轮轻量化设计。

排放 & 热能系统：作为全球领先的热能管理技术及最先进的集成设计与制造为一体的排放技术供应商，为乘用车及商用车提供包括应用于内燃机及混合动力车型的电子水泵技术、硅油风扇离合器技术、EGR 技术、点火技术、柴油冷启动技术和座舱加热技术。

摩斯系统:发动机正时系统、凸轮轴相位气门正时技术以及动力传动应用产品领域的全球领导者。拥有可变凸轮轴相位器技术、e-Phaser 技术、发动机链系统技术、用于前轮驱动变速器及分动箱的哈瓦链技术和应用于 P2 混合动力的链技术。

变速器系统:供应质量超群的湿式双离合变速器的离合器模块和控制模块。其中控制模块中的电磁阀技术和离合器模块中的摩擦片技术是博格华纳成为行业领导者的关键。除此之外,博格华纳先进的分离离合器和控制技术可以确保实现 P2 混合动力中电机和内燃机的快速、平顺切换。同时,也是启停技术领域的领先创新者。

动力驱动系统:提供完整的全轮驱动(AWD)系统和控制装置,如分动器、主控式全轮驱动扭矩管理器和混合动力及电力驱动系统 eDM。此外,动力驱动系统开发出一系列先进的桥技术,其中包括集成式后桥模块、传动断开系统、电子限滑差速器和扭矩矢量解决方案。

三、产能建设

迄今博格华纳在北京、上海、宁波、大连、太仓、天津、武汉 7 地设有工厂和办事处,其中国区协调中心和研发中心位于上海。

2009 年 3 月 22 日,博格华纳中国技术中心在上海紫竹高新技术产业开发区开业。建筑面积 16 000 m^2,将成为博格华纳全球技术中心网络中的重要一员。致力于发动机和传动系统产品的研发、工程应用和管理工作。这个技术中心将会是国际一流水平的汽车零部件研发中心,致力于开发高效低能耗、低排放的汽车发动机与传动系统零部件,为中国及全球的客户提供领先和更进一步的技术支持。

7 个地区:宁波、太仓、北京、大连、天津、武汉。

9 个工厂:6 个独资、3 个合资。

四、技术进展及研发能力建设

博格华纳的产品目前覆盖内燃机、混合动力及电动车领域。目前主要研发能力集中于混动以及纯电动领域的驱动系统上。如满足 P0 ~ P4 以及 PS 的综合解决方案,以及纯电动汽车 eDM 及 iDM 的电驱动模块。

五、主要新产品

序号	产品名称
1	iDM 集成控制器的电驱动模块
2	eDM 电驱动模块
3	eBooster 电子增压器
4	P2 On Axis,P2 同轴系统
5	Liquid Heater/Air Heater 液体加热器和空气加热器

FEV 中国

FEV China

一、单位概况

总部位于德国亚琛的 FEV 集团是一家国际化动力系统及整车开发的服务供应商。针对动力系统及整车,FEV 可以提供从概念设计到最终批量生产的全部咨询、开发、测试等服务。除了传统的发动机与变速箱的开发、整车集成、标定以及汽油机柴油机本地化等业务,FEV 也把重点放在混合动力、电驱动以及可替代能源领域。同时,FEV 的专家团队也专注在电子控制系统、车联网以及自动驾驶等先进技术领域。

FEV 软件及测试解决方案为上述服务提供了前沿的测试环境、测量设备及软件工具,帮助客户把大量原本需要在道路测试中完成的工作转移到测试台甚至计算机仿真环境中完成,从而极大的提高开发效率。

FEV 为全世界客户提供上述服务,集团有 5 500 多名技术专家,在四大洲建立了超过 40 处的研发机构,更好地满足客户需求。为了增加 FEV 动力系统方面本地化项目处理服务,FEV 第一个中国本地公司大连虎威发动机技术有限公司于 2004 年在大连成立。目前拥有 13 个发动机测试台架,沿用 FEV 德国的技术路线,24 h 运转为客户提供专业的电机测试。

2016 年 6 月,FEV 北京整车研究中心落成。为了提升空气质量以及能源效率,FEV 可在高效燃烧、电动机、变速箱、电池供电系统和燃料电池等方面为客户提供本地化服务。为了这个目标,FEV 整车研究中心建筑面积为 10 000 m^2,不仅包括 7 个发动机的开发试验台,而且包括一个电池测试台架。此外,还设有电动车充电站和不同种类燃油的加油站。

未来几年,中国的电动车比例将大幅上升。为此,FEV 计划在电力总成系统开发和测试以及整车集成方面进行更多的建设。

二、技术进展及研发能力建设

FEV 中国电子电器部门(FEV 内部简称 BE),2017—2018 年期间,在控制器软件开发及功能安全领域团队建设及技术能力发展迅速,已经拥有 VCU、HCU、BMS 软件开发以及功能安全开发能力,有着一支经验丰富的开发团队。目前和国内多个整车企业及零部件企业已经完成或者正在进行多个项目合作。

FEV 在试验台架和试验系统领域拥有超过 30 年的专业经验。早期在欧洲和德国为业内客户提供测试,如今在欧洲、亚洲和美国已建成 5 个全球大型测试中心。可面向动力总成行业客户的前沿研发或测试要求,以及新能源开发需求提供所有方面的测试台架和专业系统设备。

三、主要新产品

序号	产品名称
1	VCU 软件
2	HCU 软件
3	BMS 软件
4	功能安全
5	VCAP 虚拟标定平台
6	FLEX 试验中心信息管理平台
7	E-Motor TB 高速电机试验台
8	Powertrain TB 动力总成试验台
9	Battery TB 电池试验台

四、合资合作及重大项目建设

1. FEV 中国电子电器部门(FEV 内部简称 BE)承接主要项目:

(1)国内某整车企业混动 SUV HCU 应用层软件及功能安全开发;

(2)国内某整车企业 BMS 应用层软件开发;

(3)国内某整车企业纯电动车型 VCU 应用层软件及功能安全开发;

(4)国内某整车企业混动车型 HCU 应用层软件开发;

(5)国内某整车企业充电动车型 VCU 应用层软件开发;

(6)国内某整车企业动力电池整个 PACK 研发(含 BMS)。

2. FEV 测试系统部门(FEV 内部简称 BT)承接主要项目:

(1)国内某整车企业发动机虚拟标定平台开发;

(2)国内某整车企业大型试验中心信息管理平台软件开发;

(3)国内某整车企业高速电机试验台建设;

(4)国内某整车企业单缸机台架建设;

(5)国内某整车企业气道试验台架建设;

(6)国内某整车企业多个发动机、动力总成台架建设。

奥地利 AVL 李斯特公司

AVL List GmbH

一、单位概况

奥地利 AVL 李斯特公司(AVL List GmbH)致力于乘用车、卡车的动力总成系统(包括混合动力、内燃机、传动系统、电力驱动、电池和软件)以及大型发动机的开发、模拟和测试技术的独立公司。作为全球化理念的实践者,中国已经发展成为 AVL 最重要的市场之一。

AVL 已经在全球范围内雇佣员工约 9 500 人,45 个子公司及分支机构遍布世界各地。同时,AVL 在德国、法国、瑞典、英国、美国、韩国和中国等地,拥有 26 个技术中心。

奥地利 AVL 李斯特公司与中国有着深厚渊源,创始人 Hans List 教授从 1926—1932 年在上海同济大学任教,在那里李斯特教授开始了他的发动机科研生涯。1948 年 AVL 李斯特公司(以下简称 AVL 公司)正式成立,此后李斯特教授和 AVL 公司致力于为中国培养一流的科技人才,协助中国客户在发动机领域独立快速发展。

1979 年 AVL 通过贸易代理正式开启了其在中国的业务,1987 年在北京设立第一个代表处,发展至今 AVL 在中国已设有 2 个代表处,2 家技术中心,3 家法人公司,近 700 名员工分布在 8 个城市的 9 个办公室,为遍布于全中国的 400 多家客户提供动力总成的开发、设计、咨询,以及动力总成模拟仿真,仪器与测试设备的安装、调试、咨询与服务。

作为公司战略的一部分,AVL 李斯特公司先后于 2003 年和 2015 年分别成立李斯特技术中心(上海)有限公司(STC)和李斯特技术中心(天津)有限公司(TTC)。2015 年 10 月,李斯特技术中心(上海)有限公司被正式评为高新技术企业。

二、经营情况

每年 AVL 在研发上的支出均占全年营业额的 10%,生产的产品 96% 用于出口至世界各地。2017 年,AVL 在全球的营业额已达 15.5 亿欧元。AVL 在中国的业务分为以下 3 个部分:

动力总成系统的开发:AVL 开发和改进各种动力总成系统,其动力总成工程是全球汽车和移动产业中创新性动力系统发展的专家级合作伙伴。从柴油发动机到电力传动,从替代燃料到控制软件,从变速箱到电池,已经与遍布全球的公司合作了 60 多年。与 AVL 仪器和测试系统以及先进的仿真技术的独特协同作用,使我们能够为客户开发出满足其未来市场挑战的具有高度创造性、成熟和特定应用的解决方案。

发动机仪器和测试系统:二氧化碳排放的降低,新动力总成系统的复杂化,以及为满足快速发布新车型而需要尽可能提高的开发效率,是汽车行业目前及可预见的未来所面临的主要挑战。AVL 通过提供发动机和车辆测试所需的所有仪器和系统提升并优化控制和测量,测试和确认,集成和模拟,评估和标定,支持与管理等各个方面的效率和性能,帮助客户解决以上挑战。

先进模拟技术:基于 AVL 工程知识开发出的强大的多维仿真平台,为用户的解决方案提供实用的、以应用为导向的指导。在灵活和开放的环境中,AVL 提供了一套全面的模拟工具,使多学科解决方案成为动力总成开发过程的组成部分。在应用特定仿真方法中嵌入的完全验证的最先进的物理模拟模型使虚拟样机能够在组件和系统级别上实现最有效的模拟、设计和测试组合。

三、技术进展及研发能力建设

近几年来，AVL在汽车电气化领域取得了极大的进展，尤其对于混合动力纯电动汽车开发中关键的动力电池包，电机系统与全球知名汽车企业开展了广泛的合作并取得了极大的成绩。

前沿ADAS开发方面，AVL十多年来一直致力于支持各种汽车制造商开发安全可靠的驾驶员辅助功能，以满足汽车开发各个阶段的高标准和严要求。此外，AVL还提供通用模块化软件和控制环境，以涵盖所有级别的自动化。这些允许AVL从可行性研究、渐进式算法和模拟的开发一直到车辆中的概念演示，为不同供应商的组件和系统提供灵活的解决方案。

AVL将继续保持与全球所有汽车生产厂商与零部件供应商的良好合作关系，致力于为全球动力总成及汽车相关科技领域作出更大贡献。

奥特佳新能源科技股份有限公司

Aotecar New Energy Technology Co., Ltd.

一、公司概况

奥特佳新能源科技股份有限公司是深交所上市公司（股票代码：002239）。在汽车业务板块，目前奥特佳拥有南京奥特佳新能源科技有限公司、空调国际集团、牡丹江富通汽车空调科技有限公司、澳特卡新能源科技有限公司4家控股公司。公司拥有汽车空调压缩机、汽车空调系统、新能源汽车电控产品三大系列产品。奥特佳目前是中国最大全球第五的汽车压缩机供货商，电动压缩机销量全球前三，电动热泵技术具有国际领先水平。近年来通过自主研发和外部并购相结合的方式，不断增强企业实力，成为中国汽车零部件行业尤其新能源汽车零部件行业一个快速发展的明星企业。

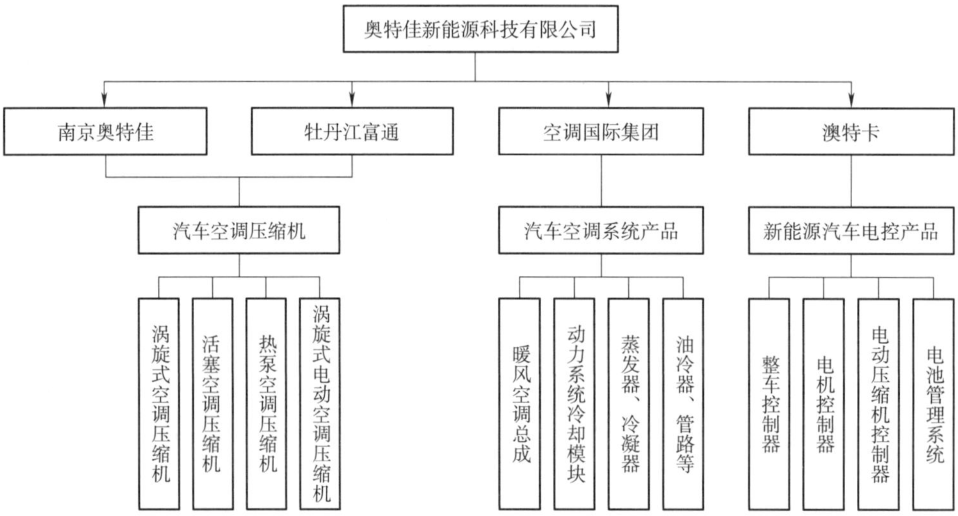

在新能源领域，南京奥特佳、空调国际、牡丹江富通和澳特卡各有所长，相互支撑，共同实现了在新能源领域的优异成绩。

二、旗下核心企业

1. 南京奥特佳新能源科技有限公司

南京奥特佳新能源科技有限公司成立于2000年，总部位于江苏省南京市，是中国最大的独立汽车空调压缩机制造企业。2017年公司发货量654万台，占整体汽车市场份额的23%，在涡旋压缩机市场份额接近75%。客户以国内自主品牌乘用车为主，占有率超过60%。目前年产能为900万台，员工总数将近4 000人。

公司对所研发生产的产品拥有独立的知识产权，拥有专利158项，其中发明专利21项，2017年度新增各项专利38项（包括1项发明专利）。公司得到国家科技部技术创新基金支持，先后荣获国家级重点火炬项目、国家高新技术企业、中国驰名商标及江苏省名牌产品称号，成立了江苏省汽车空调工程技术研发中心，获得省部级科技进步一等奖、江苏省质量信用3A企业、南京市市长量奖等奖项，是《汽车空调用小排量涡旋压缩机 GB T 27942—2011》国家标准的起草者，以及《国家行业标准——JB/T电动汽车空调用压缩机》的起草者。公司承担了多个国家"863"课题项目、国家科技计划支撑项目和国家"强基工程"技术改造项目等重大项目，连续多年被评为全国百佳汽车零部件供应商，为业界推举为"中冷协汽车空调委员会"主任委员。公司与国际压缩机权威机构美国普度大学保持紧密联系，技术水平始终处于国际前沿。

与公司形成合作关系的主要客户包括通用五菱、比亚迪、奇瑞汽车、吉利汽车、华晨汽车、神龙汽车、南京依维柯、菲亚特、北汽福田、长春一汽、天津一汽、东南汽车、东风乘用车、名爵汽车、长安汽车、海马汽车等国内知名汽车厂商以及德尔福（DELPHI）、法雷奥（VALEO）等国际一流汽车零部件系统配套商。2016 年公司成为法国标致(PSA)的供货商，2017 年成为德国大众的供货商。

电动压缩机是新能源汽车空调系统核心，将电机、控制器与压缩机组成有机整体，具备良好的自动控制性能以及与整车控制系统的信息交换，是智能汽车环境工程的重要执行单元。南京奥特佳的电动压缩机为全封闭涡旋压缩机，具有高可靠性、高防护等级的特点。压缩机由直流永磁同步电机驱动，高效节能，转速可连续控制达到变排量效果，舒适性更高。压缩机配备了智能驱动控制器，提供驱动与保护功能，重量轻、体积小，并可根据客户需要增加 CAN 或 LIN 通信功能。公司电动压缩机品种齐全，共有 6 个系列 100 多品种规格，目前具有 E18A、E26A、E26B、E34、E34P、E66A、E66D、ER28 等多个排量系列产品，适用工质 R134a、1234yf 及 R407c，在纯电动汽车及混合动力汽车领域具有广泛的应用。公司电动压缩机销量连续多年保持高速增长，是国内名副其实的电动压缩机龙头。2017 年公司通过严格审核，被确定向比亚迪、北汽新能源、德国(大众)和一汽(大众)等国内外龙头新能源汽车整车厂批量供货，公司已于 2018 年 4 月起向比亚迪、北汽新能源国内两家最大的新能源汽车制造商批量供货。

压缩机系列	批量(cc/r)	控制器结构	制冷量(W)		额定电压(V)	应用领域
			转速(r/min)	制冷量(W)		
E18	18	独立	2000	1000	12	卡车驻车空调、房车空调
			4000	2000	24	传统动力重卡电动空调、房车空调
			6000	3000	60－380	低速经济轿车、2～3 t 环卫车，A0 级轿车
EWXH036	36	独立	2000	2000	24/48	传统动力重卡电动空调、传统动力电动空调
			5000	5000	60/72/96/110/144/288/320/380	电动轿车、火车机车
E26A/B	27	集成	2000	1500	24	传统动力重卡电动空调、房车空调
			4000	3000	60/72	电动低速经济轿车、A 级电动轿车
			6000	4500	144/288/300－380/520	纯电动轿车、混合动力轿车、电动邮政车、电动物流车
ER28 热泵	27	集成	6500	4800	300/320/350	纯电动轿车热泵系统、混合动力轿车热泵系统、电动大巴热泵系统
E34/P	34	集成	4000	3760	48	传统客车模块电动空调、军用车辆
			6000	5640	300/320/350/540	纯电动轿车、混合动力轿车、电动大巴
E66A/D	66	集成	4000	7000	300/320/540	电动大客车、火车机车、飞机

注：吸气压力 0.3 MPa(abs)，排气压力 1.5 MPa(abs)；过热度 10 ℃，过冷度 5 ℃。

奥特佳开发的热泵型电动汽车空调压缩机，采用带喷射的双级压缩技术，提升热泵循环的效率，解决了极寒地区电动汽车采暖除霜消耗大量电力的难题。经省部级科技成果鉴定，其技术指标达到国际先进、国内领先水平，并且热泵电动压缩机获得机械部科技进步一等奖。目前已在上汽、一汽、吉利、奇瑞等新能源汽车上取得了应用。

公司引进了以博士硕士为主的高端技术团队，为新能源汽车电动压缩机及变排量空调压缩机机电一体化高端产品做好了技术储备，确保未来公司继续保持行业领先地位。

2. 牡丹江富通汽车空调科技股份有限公司

牡丹江富通汽车空调科技股份有限公司是国家高新技术企业，公司紧跟国际前沿技术，引进国内外高级专家，并与国内外知名院校、科研院所合作推进自主创新，在引进德尔福 V-5、SP 系列汽车空调压缩机技术的基础上，开发了 SC、FM10 G/S 系列和高端 CVC 压缩机，获国家专利 88 项。富通空调主要生产摇盘式变排量压缩机、斜盘式变(定)排量压缩机等活塞压缩机。活塞压缩机更符合现在车型的主流产品，其中的变排量活塞压缩机符合自主品牌汽车升级换代趋势。公司为一汽-大众、一汽轿股、天汽、海汽、一汽青岛、东风贝洱/日产、上汽五菱、福特-江铃、华晨金杯、奇瑞、长安、吉利等 20 多个车厂的配套并出口北美、东欧、日本、韩国和中东地区，连续多年获一汽大众 A 级供应商、一汽海马、华晨金杯等用户优秀质量奖和售后服务奖。2017 年公司发货量达到 140 万台，比 2016 年增长 40%。

3. 空调国际集团

空调国际集团成立于 1960 年，产品涵盖 HVAC 总成、动力系统冷却模块、蒸发器、冷凝器、油冷器、管路等汽车空调系统领域的产品。公司在美国、澳大利亚、中国、欧洲、泰国等均有业务，客户包括客户包括全球范围内超过 30 家的整车厂。

空调国际在全球拥有三大研发中心，1 个在美国，2 个在中国(上海和重庆)。公司拥有七大区域性技术中心，为全球客户提供现场支持。1995 年，空调国际就进军中国，是国内最早的一批汽车空调生产企业之一，2008 年在泰国建成了世界级的蒸发器工厂，2014 年在印度与 TATA 合资建立印度工厂，2016 年捷克制造基地投产，为 VW 配套。

空调国际从 2008 年就开始致力于新能源汽车热管理系统的研发和制造。2011 年空调国际就量产了 Coda 纯电动车和 Fiska 增程式混动车的整车热管理系统，集成能力达到国际先进水平。2012 年空调国际将同样的技术应用到国内长安等主机厂，成为国内第一批带整车电池热管理系统的电动车批产应用，取得了良好的客户反馈。空调国际具有丰富的热管理系统开发经验。开发范围乘员舱舒适度控制、电池热管理、整车动力总成散热、电子电器散热、车辆余热回收、多源热泵等多个系统功能模块。在整车节能增程设计方面有多项实车案例和专有技术。开发车型覆盖 48 V 微型车、轿车、SUV、大巴等各型新能源车辆，为国内外多家客户提供服务和产品。

近期空调国际成立了新能源汽车空调事业部，在新能源方向投入了更大的研发力度。根据国内外客户对低温环境续航里程的强烈需求，公司正在开发低温热泵，R744 制冷/热泵系。独立电池热管理模块等具有领先水平的新能源专有技术，已经进入批量生产阶段。2017 年，公司成为蔚来汽车纯电动汽车热管理系统的供货商。未来，空调国际将与多家新能源汽车企业以及电池厂家建立长期合作状态，并增加公司新能源事业部的研发投入、扩大产能规模。

4. 澳特卡新能源科技(上海)有限公司

澳特卡新能源科技(上海)有限公司是国内技术领先的新能源汽车电控系统供应商，公司团队超过 50 人，拥有丰富的工程开发经验，核心骨干来自于上汽、TRW、德尔福等国内外知名企业。公司在业内拥有广泛的客户资源，和众泰新能源、中航爱维客、福建新龙马、天津国能电动、德国舍弗勒、杉杉新能源、上海航天电源、江苏海四达电源、南京奥特佳等国内外知名整车企业和零部件企业保持紧密的合作关系。

澳特卡的主要产品包括新能源车用电空调压缩机控制器、整车控制器和电池管理系统和，能够为客户提供一站式的新能源汽车动力总成集成开发服务。澳特卡的产品开发始终秉持安全、高效、可靠的理念，整个开发流程严格遵循车用电控系统的 V 型开发模式并导入 ASPICE 和 ISO 26262 功能安全的相关流程。公司的产品全部采用基于模型的开发方式进行，通过高效的图形化建模和自动代码生成技术，能够保证产品的可靠和高效、快速的开发周期。

澳特卡所有产品的软硬件均为技术团队自主研发，拥有 100% 的知识产权，并被授权了 10 多项国家发明专利和软件著作权。公司已经累计完成 10 项以上的新能源车动力系统相关的工程咨询或动力系统集成服务。成功案例包括：

电动压缩机控制器：澳特卡和南京奥特佳密切合作，成功开发并量产了适用于乘用车及商用车的多款电动压缩机控制器，采用无位置传感器估计及矢量控制技术，并具备完备的诊断和故障管理功能。

新能源汽车整车控制：澳特卡为新能源汽车企业提供纯电动及增程插电式混动系统工程开发服务，包括从系统设计、系统分析、需求分析、策略功能实现、混动控制器开发、测试与标定等一系列工作内容。

车用电池管理系统：澳特卡开发的电池管理系统采用主从式分布式构架，已成功应用于国内多家乘用车及大巴企业。该系统具有健康状态(SOH)估算、荷电状态(SOC)估算、功率能力(SOP)估算、绝缘检测、均衡控制等功能，符合最新的国标充电协议。

在未来战略发展方向上，奥特佳将紧紧抓住新能源汽车的产业机会，紧紧围绕四个战略方向，致力于成为新能源汽车热管理龙头。

(1)新能源化：巩固电动压缩机的市场领先地位，积极拓展新能源机车核心零部件领域。

(2)国际化：抓住与国内外新能源汽车行业龙头合作的机会，并充分利用空调国际的全球网络，走国际化道路。

(3)热管理系统化：突破传统汽车热管理概念，拓展至电池、电机系统的热管理。

(4)技术领先：在新能源汽车热管理相关技术上继续加大投入，掌握最尖端的核心技术。

上海加冷松芝汽车空调股份有限公司

Songz Automobile Air Conditioning Co., Ltd.

一、发展概况

上海加冷松芝汽车空调股份有限公司(以下简称松芝股份)创立于 1998 年，专业研发、制造各类车辆空调系统。2010 年在深交所成功上市，股票简称松芝股份。上海总部占地面积 18.1 万 m^2，建筑面积 22.4 万 m^2。控股厦门松芝、安徽松芝、重庆松芝、成都松芝、柳州松芝、武汉松芝、南京博士朗等子公司，员工 4 000 余人。

2016 年，正式成立新能源及压缩机事业部，形成六大业务并驾齐驱的局面。松芝股份六大业务领域包括大中型客车空调、乘用车空调、轨道车空调、冷冻冷藏车空调、车用空调零部件、新能源汽车空调及压缩机，日益发展成为国内移动空调领域的翘楚。

二、生产经营

松芝股份目前已拥有 18 个分子公司，形成以上海为中心，以安徽、重庆、武汉、柳州、成都、北京、厦门等地区为主要基地的国内市场布局，业务覆盖全国 34 个省市。2016 年在印度尼西亚设立子公司。目前，松芝产品远销巴西、马来西亚、印度尼西亚等海外 30 多个国家。2017 年，新增收购 3 家公司，新同创(苏州)、首钢福田(北京)、Lumikko(芬兰)。

三、产能建设

目前，公司已具备上千种产品的产业化能力，客车空调年产能达 6.5 万套，换热器芯体年产能达 400 万件，空调总成年产能 180 万套。引入国内领先的自动总装线、芯体装配线、自动焊接机、自动氦检机、激光切割等，形成以上海为中心，覆盖厦门、江淮、柳州、重庆、南京、武汉等地的全国生产布局。

通过企业资源计划系统(ERP)、制造执行系统(MES 系统)及仓库管理系统(WMS)等信息化系统进行资源整合，实现生产物料透明化、作业指导信息化、生产过程可视化，贯彻信息化和工业化深度融合，打造数字化智能制造的标杆工厂。

四、技术进展及研发能力进展

建立技术中心试验室作为科技创新基地，建设具有世界先进水平的风洞环模实验室，全面提高产品搭载整车的试验能力，为整车集成开发提供更加完善、可靠的数据分析和技术评价。引入具有世界领先水平的小型汽车空调专用试验装置和客车空调性能试验台，在公交客车、旅游客车、双层巴士、电车、中型商用车和乘用车空调的设计和制造领域形成强大的技术领先优势。2016 年，试验中心获得"中国合格评定国家认可委员会实验室认可证书"（CNAS 认证）。

构建自主创新与知识产权体系，核心技术累计申请专利 400 余项，制定国家标准 2 件、行业标准 3 件，注册商标 21 项。经中国科学院上海科技查新咨询中心检索，技术水平达到国际先进水平的项目已达 20 项。自主研发的产品获得国家科技进步二等奖、上海市科技进步二等奖、国家重点新产品、上海市重点新产品、国家机械工业科技进步二等奖、国家发明展"发明创造奖"项目奖金奖、产学研一等奖、闵行区科技进步奖一等奖等。

五、主要产品

续上表

序号	产品名称	产品型号
1	大中型客车空调	SZA ~ SZR 系列、JLD 系列、JLE 系列等
2	乘用车空调	江淮 J10、东风柳汽景逸 S50、上汽通用五菱宝骏系列等
3	轨道车空调	KLD29/35/40 系列等
4	冷冻冷藏车空调	全电式半挂车冷藏机组、新能源全电式机组等
5	电动涡旋压缩机	新能源 C 型、EVH 型电动压缩机等

六、发展规划

在立足国内移动空调市场拓展的同时，积极开拓国外市场，2020 年前完成公司海外布局 3 ~ 5 家，海外销售占比不低于 5%。

实现移动式空调热系统主要产品系列全面正向开发能力，有计划地推进冷却模块和相关热系统产品的研发，把新能源电动空调系统、电动压缩机、电池冷却系统的研发摆在优先位置，加快集团分子公司产品研究中心和集团研究院布局，加强基础研究和产品研发的功能配置，2020 年达到行业领先水品争取成为国家级研究中心。

加快推进公司产品功能的模块化，推进产品体系整体的平台化、规格的系列化、零部件的通用化，从全球市场的视野高度，谋划公司的布局和产能建设，立足上海、辐射全国。加快上海标杆工厂的建设，推动两化融合进程，向智能化、信息化迈进。

天津三电汽车空调有限公司

Tianjin Sanden Auto Air-conditioning CO., LTD

一、发展概况

天津三电汽车空调有限公司是天津市西环汽车消声器集团有限公司与日本三电株式会社合资成立（日方占比 51.46%，中方占比 48.54%），董事会成员结构为 3:3，自公司成立以来公司总经理一直由中方委任，公司经营者重点关注研发、开发及技术创新能力的提升，公司是集研发、开发、生产、销售为一体的微通道换热器及其组件、汽车及大巴空调系统制造商。公司坐落于天津市西青经济开发区赛达二大道 8 号，始建于 1994 年，注册资金 1 780 万美元，投资总额 2 300 万美元，占地面积 54 428 m^2，其中包括国际一流水平的现代化实验中心以及将于 2017 年 9 月投入使用的整车环境风洞实验室（是中国汽车零部件供应商中建造的第一个环境风洞）。

二、生产经营

2010 年宁波分公司开业；2016 年柳州分公司开业。截至 2016 年底公司主要经营情况：销售收入实现 9 亿元，利税总额达到 9 600 万元；从业人员 850 人（其中研发人员 220 人）。全年高新技术研发投入 5 000 多万元；天津三电汽车空调有限公司已经获得授权专利 58 项。

天津三电汽车空调有限公司致力于通过微通道技术革新和新能源技术的开发，为客户提供创新、可靠、节约成本的系统化集成方案，满足终端顾客对"环保产品的追求"。纯电动大巴空调系统、轨道交通空调系统、电池热管理系统技术是公司自主开发形成的核心技术，产品已经应用至中车集团、比亚迪、申龙、力神、微宏动力等顾客的整车上。

三、产能建设

天津三电汽车空调有限公司从 2013 年开始，在乘用车开空调生产线的基础上增加了，纯电动大巴空调生产线及电池热管理系统的生产线。公司目前生产能力：汽车热交换器 300 万只、汽车空调系统 200 万套、大巴空调系统 5 万套、热管理系统 20 万套等。经过近 23 年的发展，公司一直致力于广泛推广应用环保、低能耗的车用空调系统，在此过程中逐步成长。

四、技术进展及研发能力进展

空调系统能耗占整车能耗的比重大，空调系统的运行直接影响着电动车的续航里程。为此，电动车的空调设计迫切需要面临较大挑战。由于电动车在冬季的采暖方式不同，因而空调在设计、结构、理念等方面均发生着较大的变化，所以企业不得不快速的采取新的解决方案。针对电动车冬季采暖时所导致的整车续航里程大幅度的下降，为此对电动车而言只能导入供暖效率更高的系统即热泵技术需要被采用。

为了提升电动车续航里程，热泵系统将是电动汽车空调的一个大的趋势。目前有很多技术难题还在攻克中，需要一定时间。无论对于混合动力汽车还是电动汽车的空调系统，系统控制的复杂程度大大增加,必须考虑如何将能量节省下来提升续航里程等。在纯电动车上,乘员舱的舒适性与动力电池的高效适宜和安全的工作系统相关联。就是将空调系统和动力总成放在一起统筹设计,转换成整车的热管理系统,将来空调系统会被包含于热管理系统。为此,热管理系统与整车的关联性也会越来越强,重要性也越来越明显。对电动汽车空调的热泵系统而言,室外换热器的变化较大,需要结合其在热泵系统中充当的角色进行新开发设计。如在夏季使用空调制冷降温时,室外换热器充当冷凝器的功能,将冷媒的热量传递给通过其外部的空气,使冷媒将降温,以实现制冷降温。如在冬季采用热泵供暖时,室外换热器充当蒸发器的功能,从外部的低温空气中吸取热量,通过冷媒传递给室内换热器,以便加热乘员舱内空气。室外换热器的功能发生变化,因而其内部的换热结构、流道布局与单纯的冷凝器完全不同。此外,既要结合冷凝器的紧凑结构需求,还有防止蒸发的时防止结霜需求。除此之外,压缩机和膨胀阀也需要重新设计开发。

五、主要产品

序号	产品名称
1	HVAC 系统
2	TMS 系统
3	热泵系统

六、发展规划

天津三电汽车空调有限公司将在 2018 年实现热泵系统的量产。

浙江银轮机械股份有限公司

Zhejiang Yinlun Machinery Co., Ltd.

一、单位概况

浙江银轮机械股份有限公司成立于 1999 年,是一家专业研发、制造和销售各种热交换器企业,热交换器产销量已经连续 10 多年保持国内行业第一。目前公司是我国热交换器行业标准的牵头制订单位,建有省级研发中心、省级研究院和国家级博士后科研工作站,是国家级高新技术企业。2007 年公司成功地在深圳证券交易所上市。

公司的主要产品有油冷器总成、EGR、冷却模块、SCR、DPF、ORC 等。广泛应用于发动机、汽车、工程机械等热交换领域,已与美国康明斯、卡特彼勒、福特、通用、玉柴、东风、潍柴等国内外著名企业建立了良好的配套关系。

二、经营情况

2017 年度公司聚焦新能源产品研发及开发,成立第五事业部,作为新能源产品的项目孵化器,持续优化产品设计,提高竞争力。公司目前具备新能源换热系统主要零部件产品开发生产能力,同时具备热管理系统设计集成能力。

2017 年度公司实现营业收入 43.23 亿元,较去年同期增长 38.63%;实现归属于上市公司股东的净利润 3.11 亿元,较期初增长 21.13%。

三、技术进展及研发能力建设

银轮致力于为客户提供"安全"、"节能"、"减排"、"智能"高效换热和排放系统解决方案。公司是国家级高新技术企业,现已拥有国家级技术研究中心及国家试验检测中心、博士后工作站,并在全球设立研发平台,建立了与世界同步的研发体系。公司建立了产品发展战略规划体系,产品研究开发系统以及产品试制、试验系统,至今已取得 200 多项专利,其中发明专利 40 多项,并成为中国热交换器行业标准牵头制订单位。公司先后与清华大学、浙大、上海交大、哈工大、山东大学、AVL 等建立了战略合作关系,并同相关院校成立了联合研发中心。联合创新、联合研发,并取得了卓有成效。

目前,公司拥有完善先进的产品性能测试设备和热交换器产品测试基地,产品通过了 ISO/IEC 17025 体系认证,是中国合格评定国家认可委员会(CNAS)国家认证实验室,测试基地的部分试验手段超过了国外同行水平;公司已形成了模拟仿真计算与可靠性设计技术、试验方法与装备开发技术、冷却系统集成与匹配技术、排放后处理产品技术(SCR 和 EGR)、发动机智能化热管理技术、节能清洁的钎焊技术(五室半连续真空炉)六大核心技术。

四、主要新产品

序号	产品名称	产品型号
1	电池冷却器总成	—
2	冲压板式水冷板	312815-01、314491-01、314492-01、314493-01
3	挤压管式水冷板	313318-01、313319-01、313320-01、313320-02、314405-01、314007-01、314008-01
4	独立式水空中冷器	330313-01、330314-01、330271-01、330380-01
5	集成式水空中冷器	330316-01、330339-01、330321-01、330347-01

五、合资合作及重大项目建设

1. 进行上海银轮基地建设,生产乘用车、新能源车产品。
2. 与其他公司合作成立资金投资公司,打造资金平台。
3. 与皮尔博格合作成立合资公司。
4. 与广汽合作成立合资公司。
5. 与佛吉亚公司合作成立合资公司。

六、发展目标与规划

2018 年发展思路:始终坚持"安全清洁"与"发展变革"这两个主题,高度重视安全和清洁发展,加快内部变革,不断创新管理及商业模式,做好平台建设,努力实现全球协同,不断提升公司经营管理能力,坚定实现近期经营目标不动摇,确保公司健康经营。公司致力于成为提供高效换热及排气系统解决方案的世界级优秀企业。

七、2017 年 1—12 月企业在新能源汽车方面经济指标统计

填报单位名称	指标名称	单位	本期累计	同期累计	增长率(%)
浙江银轮机械股份有限公司	2017 年末资产总计	万元	514 690	367 288	40
	2017 年营业收入	万元	298 348	234 287.7	27.34
	2017 年利润总额	万元	19 784.8	24 992.5	-20.84
	2017 年销售利润率	%	7	11	—

扬州嘉和新能源科技有限公司

Yangzhou Jiahe Amperex Technology Limited

一、发展概况

江苏嘉和集团成立于 2004 年，是国内传统汽车的发动机冷却模块及新能源整车热管理领域的知名企业，并针对新能源汽车市场成立了扬州嘉和新能源科技有限公司。

公司的经营范围涵盖：乘用车整车热管理（三电和空调热管理系统）、商用车热管理（三电热管理）及氢燃料电池动力冷却模块。

以上系统涉及的主要零部件：散热器、冷凝器、水冷中冷器、板式换热器、电池液冷板、Chiller、无刷风扇和电子水泵等。

扬州嘉和新能源科技有限公司的核心技术团队拥有近 10 年新能源行业热交换器研发制造经验。公司依托雄厚的资金、丰富的技术实力，完善的质量管理体系，致力于新能源汽车氢燃料电池、PACK 等汽车动力系统热管理产品的研发和制造，产品技术水平位居行业前列。为国内主流整车厂和 PACK 企业提供配套服务。

二、产能建设

嘉和新能源初期依托扬州苏中循环经济产业园制造基地，目前主要产品的产能：新能源乘用车整车热管理系统 30 万台（套），商用车动力系统热管理产品 15 万台（其中物流车 10 万台，大巴车 5 万台），燃料电池汽车动力系统冷却模块 1 万台。在核心零部件方面，电池液冷板 30 万台、Chiller（真空钎焊）20 万台。

三、技术进展及研发能力进展

嘉和新能源以新能源汽车热管理研发为重点，负责新能源汽车热管理系统方案的开发、设计和产品实现。技术团队凭借多年来在乘用车和商用车热系统方面开发经验的积累，已经形成了完善的开发流程和体系、具备了较强的产品设计、验证和项目管理的能力，同时在前瞻研究和“产学研”合作方面成效显著，并与多所知名高校建立了博士后工作站。近年来公司技术研发成果丰硕。

目前，公司已和多家传统及新能源车企成功开发了乘用车整车热管理系统，并将该技术拓展到商用车的大巴和物流车上，填补国内空白，取得领先优势。已开发出适用于大巴物流车电池恒温机组（原理图一），其工作原理是根据电池温度 BMS 向机组发出制冷、加热、自循环、停机指令，机组控制系统根据目标水温进行压缩机、电子风扇、水泵转速调节适应不同工况的需求，使得电池始终处于合适的温度范围，提高了电池的充放电效率，延长电池的使用寿命，目前已被多家大巴和物流企业直接或间接选用。在此基础上，通过系统匹配，将电机及其控制器的冷却系统与电池热管理进一步集成，实现了电池、电机及其控制器的三电集成热管理（原理图二），该方案获国家发明专利，目前已被主流客车企业选用。

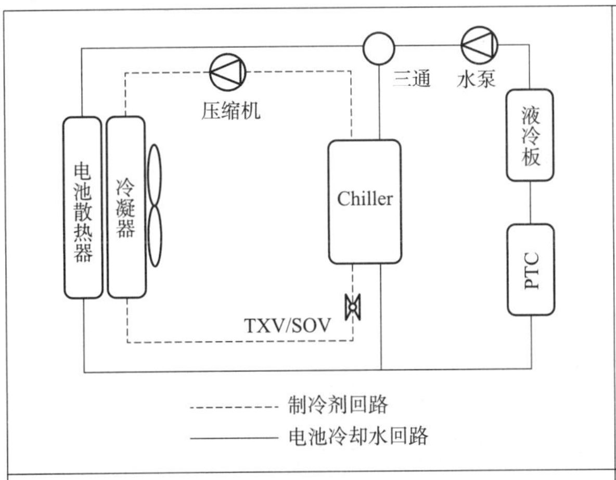

原理图一

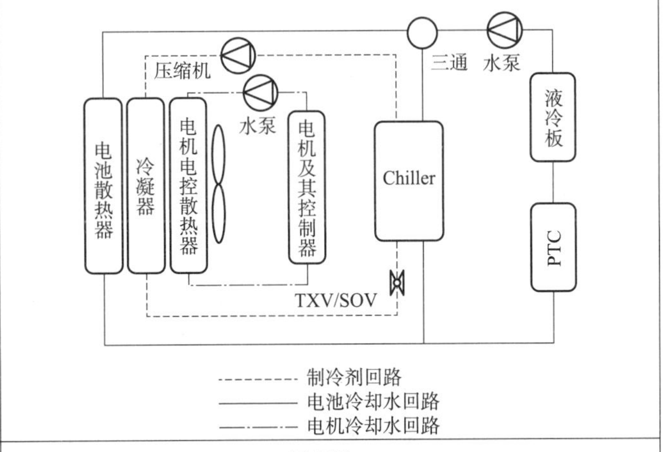

原理图二

同时,公司也为燃料电池动力系统提供热管理方案,重点围绕水管理系统和空气供给系统进行研发。目前为国内主流燃料电池动力系统厂家提供配套和服务。

在关键零部件开发制造方面,子公司三丰新能源经过多年的努力,在电池包的液冷、直冷方面取得了一定成果。尤其在液冷方面,先后开发出液冷板近百种,产品应用覆盖乘用车、物流车以及商用大巴车,结构上有口琴管、冲压板、蛇形管形式,覆盖方形电池、圆柱电池、软包电池。产品在动力电池的冷却(加热)方面具有温降(温升)速率高,温度均匀性好,安全可靠、经济性好等性能,现已得到广泛应用。

四、主要产品

序号	产品型号	产品名称
1	CRFM	前端冷却模块
2	HVAC	空调箱
3	液冷板	方形电池(板片冲压、挤压型材)
4		圆柱电池(挤压型材蛇形管)
5		软包电池(板片冲压、挤压型材)
6	电池热管理恒温机组系统	BTMS-3000W-PTC
7		BTMS-4500W-PTC
8		BTMS-6000W-PTC
9	智能水温控制系统	FCV-30KW-RAD
10		FCV-45KW-RAD
11		FCV-60KW-RAD

五、发展规划

公司计划经过2018、2019、2020这三年的高速发展和产业累积,预计在2022年主板成功上市,成为新能源汽车细分市场的领军企业。

上海赢双电机有限公司

Shanghai Yingshuang Electromechanical Co., Ltd.

一、发展概况

上海赢双电机有限公司是一家专业研发和生产各种型号旋转变压器的上海市高新技术企业,通过合作承担国家"863"计划重大专项新能源汽车电机系统中的传感器子课题项目,在混合动力汽车、纯电动汽车和燃料电池汽车的电机系统中的磁阻式旋转变压器的设计、生产和制造工艺等方面的研究取得了一系列重大突破,面向国家战略性新兴产业和上海高新技术产业化的发展需求,提供电动汽车(包括高铁、轨道交通、风力发电)电驱动系统所需的高可靠性磁阻式旋变产品。公司自主研发的磁阻式旋转变压器已随着国内重点新能源汽车电机驱动系统企业的产品应用于各大知名汽车企业的整车中。

上海赢双电机有限公司完成的研究项目主要有:

(1)国家"863"科研计划项目"乘用车电驱动系统全产业链开发"——车用旋转变压器项目;

(2)上海科委科研计划项目"电动汽车电驱动产业链产品技术标准与应用示范"——车用旋转变压器技术标准项目;

(3)经上海市高新技术成果转化项目认定办公室认定,上海赢双电机有限公司磁阻式旋转变压器(52型)、磁阻式旋转变压器(132型)为上海市高新技术成果转化项目;

(4)"用于高转速的旋转变压器""定子和转子槽13/16配合的小尺寸旋转变压器""七槽旋转变压器"3项研发专利已获得授权。

目前,上海赢双电机有限公司已形成31项专利,其中授权发明专利3项、授权实用新型专利17项,受理并进入实审的发明专利6项。合作制定国家标准1项,拥有企业标准1项,软件著作权1项,注册商标1项。于2010年通过ISO 9001质量体系认证,2014年通过TS 16949汽车质量管理体系认证,2012年被授予上海市高新技术企业,2015年被授予上海市专精特新企业,2016年被上海市科委评为上海市科技小巨人培育企业。

二、生产经营

上海赢双电机有限公司共生产数十万台磁阻式旋转变压器应用于各大汽车厂家如中通客车、安凯客车、奇瑞汽车、一汽汽车等新能源车中,包括纯电动汽车、混合动力轿车及客车、燃料电池汽车、电动环卫车、电动叉车、电动场馆车及低速电动车等。此外,一部分磁阻式旋变还应用于EPS系统中。为满足国家电动汽车产业化配套需求,公司组建的磁阻式旋转变压器自动化生产线已增加到两条,一些旋变试制品已应用至国外汽车企业的新能源汽车中,并为全球几大新能源汽车零部件配套商如博世联合电子、大陆汽车等进行了样品开发。磁阻式旋转变压器已完成产品系列化开发,目前其外径已开发了ϕ37 mm～ϕ424 mm的旋变近百个型号,可满足从微型电动车到混合动力大客车等车型的需求。

三、产能建设

公司新建两条具有自主产权的磁阻式旋转变压器自动化生产线,可满足3款特定品种旋变年150 000套的配套需求。为了跟随国外主流新能源汽车电机厂家的电机产业向中国转移的趋势,同时也为了满足数年后的国内电动汽车电机驱动系统中旋变的需求,公司正在加快产能建设,预计2018年后可达年产200万套配套能力。

四、技术进展及研发能力进展

上海赢双电机有限公司拥有研发实验室,配备专业研发仪器设备和试验平台。公司还和上海大学共建产学研基地，就车用磁阻式旋转变压器的研发与生产进行联合。公司非常注重人才队伍建设，形成一支以教授专家带队、青年科技工程人员为主的研发团队。通过承担国家"863"计划等重大科研项目的研发任务，锻炼技术及生产队伍，同时在新能源汽车电机系统中的磁阻式旋转变压器的设计、生产和制造工艺等方面的研究取得丰富的经验。基于汽车电机实际工作环境恶劣性的考虑，在产品的可靠性上做了大量的研究工作，量产产品绕组采用全密封保护，保证电机在车用环境下稳定可靠地工作。

新产品方面为博世、联合电子、大陆汽车、雷米电机等新能源汽车电机配套商进行试制样品供货。

五、主要产品

序号	名称	系列
1	磁阻式旋转变压器	YSJ37 系列
2	磁阻式旋转变压器	YSJ52 系列
3	磁阻式旋转变压器	YSJ132 系列
4	磁阻式旋转变压器	YSJ160 系列
5	磁阻式旋转变压器	YS215 系列
6	磁阻式旋转变压器	YS225 系列
7	绕线式旋转变压器	YSJ36 系列

续上表

序号	名称	系列
8	绕线式旋转变压器	YSJ52 系列
9	绕线式旋转变压器	YS160 系列

六、发展规划

公司对未来产品发展规划如下。

1. 产业布局

(1)加强旋变基础研究，深化旋变精细化设计与精益化制造管理技术。

① 产能建设目标：

2018 年 150 万台，2019 年 200 万台。

② 发展目标：

三年目标，旋变的产业化技术与能力达到国内一流，产品性能达到国际先进水平；建立旋变的企业技术中心。

五年目标，中国旋变品牌具有国际影响力，旋变产品品质与企业进入国际先进行列。

(2)加快战略产品研发，布局永磁交流伺服电机系统，主要用于"中国制造 2025"、机器人等领域。

2. 推进生产制造自动化

重点突破产业化关键工艺与装备，推进生产制造自动化，提高生产效率和产品质量，降低成本。

浙江中马传动股份有限公司

Zhejiang Zomax Transmission Co., Ltd.

一、单位概况

浙江中马传动股份有限公司位于温岭市石塘镇上马工业区，主要从事汽车变速器、车辆齿轮的研发、生产和销售，从 2007 年开始涉足新能源汽车变速器的研发，与北汽福田合作开发迷迪电动出租车及驭菱电动环卫车变速器并量产；2013 年与南京越博合作开发 4 挡电控新能源变速器并量产；2017 年与江苏九龙合作开发 400 Nm 高速新能源减速器并量产；与山东国金汽车合作开发带 P 挡功能的高速新能源减速器。

二、技术进展及研发能力建设

公司新能源减速器性能指标：最高扭矩 400 Nm、最高转速 12 000 r/min，噪声值小于 75 dB；

具备高速低噪声齿轮的开发能力，采用 MASTA 设计软件；实验室可完成疲劳耐久、温升试验、传动效率试验、差速可靠性试验、高速性能试验、静扭强度试验、加载噪声试验、润滑试验、齿轮接触斑点试验，可对产品进行全方位验证。

三、主要新产品

序号	产品名称	产品型号
1	400 Nm 高速新能源减速器	ZME440A

续上表

序号	产品名称	产品型号
2	300 Nm 高速新能源减速器	ZME300A
3	130 Nm 高速新能源减速器	ZME130A

四、合资合作及重大项目建设

1. 2007 年与北汽福田合作，迷迪电动出租车及驭菱电动环卫车。

2. 2013 年与南京越博合作开发 4 挡电控新能源变速器。

3. 2017 年与江苏九龙合作开发 400 Nm 高速新能源减速器。

4. 2017 年与山东国金汽车合作开发带 P 挡功能的高速新能源减速器。

5. 2018 年与知豆新能源合作开发 D2 与 D3 车型的高速新能源减速器。

五、发展目标与规划

未来，公司在固定速比的少挡位手动新能源汽车变速器的基础上，逐步导入少挡位自动变速器研发、生产和销售。同时研发电机、控制器和减速器三位一体的新能源车动力总成。

株洲齿轮有限责任公司

Zhuzhou Gear Co., Ltd.

一、单位概况

株洲齿轮有限责任公司始建于1958年，现为潍柴集团控股子公司。经过60年的发展和壮大，成为中国齿轮传动行业重点骨干企业，入选“中国机械500强”，并多次被评为中国百佳汽车零部件供应商、中国机械行业管理创新示范企业，是中国齿轮行业标准起草单位。

公司现有总资产10亿元，员工近1 000人，工程技术人员约300人，其中各类博士、硕士、高级工程师50余人，工程师100余人。公司主要从事汽车变速器、分动器、行星减速机等传动及控制系统总成、新能源汽车变速器及动力系统总成的研发、制造和销售，以悠久的历史和丰厚的积累在行业内享有盛誉。拥有雄厚的技术实力，是国家高新技术企业，建有“国家认定企业技术中心”“湖南省汽车齿轮传动工程技术研究中心”，并与AVL、SMT、中南大学、湖南大学、重庆理工大学等专业研发机构和高等院校建立了良好的合作关系；具备完善的质量管理体系，先后通过ISO 9001、QS 9000、IATF 16949和GJB9001B等体系认证。

二、技术进展

公司吸收、消化国外先进技术，形成国内领先的分动器研发制造能力，以此为基础，大力拓展行星减速机等特种齿轮传动总成业务，快速抢占市场，成为替代进口的首选。公司依托数十年齿轮及传动总成研发制造经验，大力发展乘用车变速器业务，迅速成为自主品牌乘用车变速器解决方案供应商。近年来，公司紧跟行业崛起的步伐，大力发展新能源汽车变速器与动力系统总成业务，坚持产品、市场双轮驱动，抢占25%以上市场份额，无论是技术水平，还是产品覆盖率、市场份额，都处于行业领先地位。

三、研发及生产能力建设

公司具有强大的工艺装备能力，从德国、美国、瑞士、日本等发达国家引进大量先进生产、检测设备，建成年产乘用车变速器45万台、新能源变速器及动力总成40万台、分动器及行星传动总成8万台(套)的生产能力。

株齿公司以优质的产品和服务赢得了社会和客户的广泛认可，不仅成为国内各大整车、整机厂的配套首选，还与Bosch、Continental等国际知名品牌达成合作，产品远销美国、俄罗斯、乌克兰、白俄罗斯、土耳其、韩国、印度、泰国等20余个国家和地区。

四、主要产品

序号	产品名称
1	传统变速箱/减速箱
2	自动变速箱
3	混动动力变速箱
4	轮边减速箱
5	轮毂减速箱
6	二合一电驱动系统
7	三合一电驱动系统
8	多挡纯电动力总成

重庆青山工业有限责任公司

Chongqing Tsingshan Industrial Co., Ltd.

一、单位概况

重庆青山工业有限责任公司系中国兵器装备集团公司所属的国有大型工业企业。公司始建于1965年1月，经过50余年的发展，资产总额逾35亿元，2017年度公司品牌价值逾40亿元。公司专业从事各类汽车变速器的研发、生产和销售，经过多年的发展建设，形成了重庆、成都、郑州三大生产基地，年产能力达300万台。搭建了MT-DCT-纯电动-混合动力四大产品平台，累计产销变速器总成2 000余万台。公司拥有国家认证技术中心、CNAS认可实验室、博士后科研工作站，具备国内领先、国际一流水平的设计、分析、试制、试验、匹配、验证六大能力，实施了以“产品平台、能力平台、资源平台、团队平台”为核心的研发平台化建设，自主研发的DCT双离合自动变速器实现产业化。公司拥有262项国家专利，其中发明专利141项，主持和参加制定《汽车机械式变速器总成技术条件》等10余项行业标准。公司坚持管理创新，优化经营和管理模式，建立独具特色的“333”精益管理体系，不断改善组织绩效，实现高效运行，公司通过了IATF 16949质量管理体系认证和GB/T 24001、GB/T 28001环境与职业健康安全管理体系认证。

公司自1981年持续保持盈利，荣获全国五一劳动奖状、全国文明单位、中国汽车零部件百强企业、中国十佳变速器、全国守合同重信用企业、国家级企业管理创新奖、全国工业品牌培育示范企业等荣誉称号。青山公司将秉承“感恩、诚信、自立、超越”的核心价值观，与各界朋友携手并进、精诚合作，为中国民族汽车工业的振兴发展做出贡献。

二、产能建设

公司专业从事各类汽车变速器的研发、生产和销售。经过多年的发展建设,形成了重庆、成都、郑州三大生产基地,已具备年产200万台MT手动变速器,30万台新能源变速器,70万台DCT双离合自动变速的生产制造能力,累计产销各类变速器总成2 000余万台。

三、技术进展及研发能力建设

公司技术力量雄厚,自主研发能力强,截至2017年公司共申请了302项国家专利,其中发明146项,共拥有有效专利262项,其中发明专利141项,专利覆盖了DCT、AMT、新能源以及传统手动变速器等关键技术。拥有国家认证技术中心、CNAS认可实验室、博士后科研工作站,形成"两国三地五中心"的全球性布局,具备国内领先、国际同等水平的设计、分析、试制、匹配、试验、验证六大能力,全面打造出满足3.0L以下乘用车的MT、DCT、纯电动、混合动力四大产品平台,形成20个产品系列、近300个型号的产品谱系,覆盖轿车、SUV、MPV、微客等多种车型,实现了以"产品平台、能力平台、资源平台、团队平台"为核心的研发平台化建设。自主研发DCT变速器并实现产业化,代表行业主持制定发布了《汽车机械式变速器总成技术条件》等并10余项行业标准。

四、主要新产品

序号	产品名称	产品型号
1	270 Nm 双离合自动变速器	DF727
2	155 Nm 双离合自动变速器	DF515
3	200 Nm 电驱动桥	ED120
4	300 Nm 纯电动减速器	EF130
5	300 Nm 纯电动减速器	ER130
6	350 Nm 三合一电驱动总成	EF135
7	160 Nm 前置前驱5挡变速器	MF515
8	220 Nm 前置前驱6挡变速器	MF622
9	280 Nm 前置前驱6挡变速器	MF628

五、发展目标与规划

基于2025五阶段油耗及国家双积分政策,开展高效率、高性能、轻量化的新能源变速器平台搭建,突破新能源电驱动领域核心技术,打造高、低压电系统混合动力变速器,满足PHEV、HEV强混、HEV轻混等整车搭载需求;打造纯电驱动总成,满足各类型EV的搭载需求。建立车机器一体化的变速器研发能力。

珠海华粤传动科技有限公司

Zhuhai China And Canton Clutch Co., Ltd.

一、单位概况

珠海华粤传动科技有限公司(原名为珠海华粤离合器有限公司)成立于1993年8月,位于广东省珠海市香洲区南屏洪湾工业区兴湾七路一号,年末企业全部总建筑面积19 095.05 m^2。中港合资企业。公司集研发、制造、销售于一体,是汽车标准离合器,自调整离合器、DMF、新能源DCT产品配套商。同时也是中国汽车离合器行业协会理事长单位、国家高新技术企业、省级技术中心、省级工程中心、市级技术中心。有强大的本土研发团队与设施及与院校的长期合作,为技术升级提供源源不断的支持。

二、经营情况

目前公司产品是离合器行业先进技术的主流产品,已被国内外客户广为认知。公司有80%的产品在国内市场销售,已为中国大众、上海通用、通用五菱、吉利、海马、北汽、奇瑞、比亚迪等汽车主机厂配套及合作。并在国内大中城市:北京、广州、重庆、沈阳、南京、武汉、郑州、哈尔滨、济南、昆明等地建立了10个核心代理商。约20%的产品在欧洲、北美、南美、中东和非洲等70多个国家海外市场销售。2017年公司OEM市场占有率已达26%,已成为最大的国内品牌乘用车离合器配套商。

2017年生产经营情况如下:

(单位:万元)

资产总额	资产负债率	银行信用等级	销售收入	净利润	缴纳税费额
19856.9	63%	AAA	33358.3	2676.19	1106

三、产品出口

出口产品主要是离合器套件(Clutch cover, disc and bearing 3 in 1 kits);出口售后市场:欧洲占60%,亚非占25%,中南美占15%。

四、产能建设

华粤离合器从最初的对外贸易转型到配套乘用车市场,目前已经形成了330万套干式离合器产能的规模。公司可根据客户需求与项目进度同步进行产能投资扩产,现有厂房内规划干式离合器产能为350万台,DMF双质量飞轮产能100万套,建成后将成为国内最大的单体干式离合器工厂。

五、技术进展及研发能力建设

1. 企业技术中心的组织机构及运行机制

技术中心具备先进的研究开发条件,建立有效的激励机制,吸引科技人才到企业技术中心工作,增强企业对科技人员的凝聚力,提高企业技术人员的整体素质。截至2017年,公司自主研发23件授权实用新型专利。此外，公司也十分注重各国内知名高校进行产学研项目合作，从2010年起与南京理工大学建立了“离合器力学特性研究”的项目合作，2014年公司又与吉林大学珠海学院建立产学研实习基地、与吉林大学开展“基于纯电动轿车两档自动变速器的干式双离合器总成及其电控系统开发”的研究项目，开始新能源电动汽车DCT产品的研究，充分发挥校企合作的人才与资源的双向优势。

2. 企业技术中心研究开发及试验的基础条件

技术中心现有面积2 330 m^2，办公面积1 890 m^2，其中建设专门有试验室、理化间与坐标室3个专门的实验室，共占地面积700 m^2，具有完善的试验检测设备，包含系统检验、功能测试、疲劳测试、材料及测量等设备30多台，试验专用车辆8辆。为研究系统提供了真实可靠的数据分析和试验结果。也为众多客户提供分离系统的检测数据和改进建立系统。

3. 企业技术中心的研究开发工作开展情况

公司近年来不断加大科研投入，进一步研发新产品，新工艺，新技术，提高创新能力和服务水平，稳定客户品质，为汽车整车传动系统更快更好的解决整车振动、噪音、阻尼衰减、发抖等问题。公司十分注重各国内知名高校进行产学研项目合作，从2010年起与南京理工大学建立了“离合器力学特性研究”的项目合作，并在《汽车工艺与材料》刊物上发表了《冷强化对膜片弹簧载荷变形特性的影响分析》、在《机械传动》刊物上发表《膜片弹簧A-L修正公式的研究》等10篇与本项目课题相关的研究文章。2014年公司又与吉林大学珠海学院建立产学研实习基地、与吉林大学开展“基于纯电动轿车两档自动变速器的干式双离合器总成及其电控系统开发”的研究项目，开始新能源电动汽车DCT产品的研究。公司在2012年成为珠海市市级重点企业技术中心，成功持续的承接着公司各大项目的研究与开发，致力打造持久的企业核心产品竞争力、全方位卓越质量追求，成为一流企业，行业标杆。公司近年来通过不断的技术创新，获得了客户、行业与政府的充分认可，近年来获得大众、通用、比亚迪、海马等客户颁发的优秀供应商的荣誉称号；同时也是中国汽车离合器行业协会副理事长单位、国家高新企业、市级技术中心、珠海市创新产业化示范基地。

六、主要新产品

序号	产品名称	产品型号
1	常规离合器	一汽大众、上汽大众、上汽通用、上汽通用五菱、一汽轿车、一汽吉林、一汽夏利、吉利汽车、北汽、北汽银翔、一汽海马、海马汽车，奇瑞、比亚迪
2	混合动力离合器	科力远、吉利汽车、广汽乘用车
3	湿式双离合器	—
4	双质量飞轮	东风柳汽、北汽银翔、海马、上汽通用五菱

七、发展目标与规划

1. 公司技术中心后续将坚持吸收人才的理念，不断吸收专业人才和专家，扩大技术中心队伍，加快培养高技能人才，形成老中青阶梯的团队构架组合成技术中心，实现可持续发展目标。

2. 技术中心加大科研投入，进一步研发新产品，新工艺，新技术，提高创新能力和服务水平，稳定客户品质，为汽车整车传动系统更快更好的解决整车振动、噪声、阻尼衰减、发抖等问题。打造持久的企业核心竞争力，成为一流企业，行业标杆，从提供单一产品的OEM配套商向提供综合产品与服务的传动科技公司转型，向新能源减振器与纯电动拓展。

3. 打造国家标准的实验室。技术中心的实验室不仅成为客户认可的实验室，后续将建立成为国家认可的实验室，利用购买的先进进口试验设备，为广大的客户提供专业的服务平台和建立分析系统。

4. 充分利用我们已经形成的产学研基地，重点研究汽车传动系统的NVH、EMT、DCT的技术难题，创建行业的领先技术。完成新能源汽车关键部件AT、DCT、CVT用减振器开发工作，实现混合动力产品量产，同时把纯电动产品推向市场。

深圳欣锐科技股份有限公司

SHINRY Technologies Co., Ltd.

一、单位概况

深圳欣锐科技股份有限公司成立于2005年1月，是以新能源汽车产业为核心业务的国家高新技术企业，是国家科技部“863”项目和国家发改委战略性新兴产业项目的主承接单位。拥有汽车级IATF 16949体系认证标准的专业化工厂，为客户提供高效率、高功率密度、智能化、高可靠性的电力电子解决方案，产品服务全球。

公司自2006年初进入新能源汽车产业，拥有车载电源(DC/DC变换器、车载充电机等的总称)原创性核心技术的全部自主知识产权。在车载电源和大功率充电领域积累了丰富的研发及产业经验，拥有业界领先的研发创新能力及工程制造能力，产品技术水平居行业前列。欣锐科技的车载电源已配套了国内外众多主流车型。

二、产能建设

欣锐科技制造工厂持续升级，现有深圳第一工厂及第二工厂，拟建上海第三工厂。

深圳第一工厂规模 18 000 m^2，为多品种、小批量、新产品早期量产工厂，已于2015年8月正式投产；

深圳第二工厂规模 28 000 m^2，为批量量产工厂，已于2017年8月正式投产。

三、技术进展及研发能力建设

欣锐科技拥有新能源汽车车载电源（DC/DC变换器和车载充电机）的全部自主知识产权，已取得了发明专利15项、实用新型专利69项、软件著作权191项，有一百多项技术创新点在申请中，是全球范围内重要的技术研究、产品开发团队之一。欣锐科技始终专注在新能源汽车车载电源细分领域，产品技术迭代升级。

四、主要新产品

序号	产品名称
1	2 kW 水冷 DC/DC 变换器
2	6.6 kW 水冷充电机
3	一体化集成产品
4	CDU 系统集成产品

杭州富特科技股份有限公司

Hangzhou EV – Tech Co., Ltd.

一、发展概况

杭州富特科技股份有限公司成立于2011年8月，坐落在环境优美的杭州西湖科技园，占地面积约 15 000 m^2。公司长期专注于新能源汽车车载充电机和车载DC/DC转换器等核心零部件的研发、生产以及销售。在行业内率先通过了IATF 16949汽车电子质量管理体系认证，为国家级高新技术企业。现有员工近500人，其中技术人员超百人，具有极其丰富的工程实践经验。成立至今，公司已拥有多项自主研发的专利技术以及10余款软件著作权。2015年11月，公司完成B轮融资，广汽集团（601238）、长高集团（002452）蔚来资本等知名公司成为本公司战略股东。

二、产能建设

2015年4月，搬新址拥有约 15 000 m^2 标准厂房，按TS 16949质量体系建立严格的生产质控体系，广汽等入股，完成B轮融资；2016年开始新一代产品投产及测试、产线改造升级工作；2017年完成产线第一阶段改造升级，已有员工300余人，工程技术人员近百人，实验室的 1 000 m^2，各类试验设备齐全，具备年产能30万台的能力，力争获得江淮、奇瑞、上通五、广汽等新项目定点工作（江淮和上通五广汽已驻点）；2018年完成第二阶段改造，具备年产能60万台的能力，到2020年具备年产70万台的能力，2019年Q4计划新基地建成、试产，拟购安吉两山高新技术园土地33.57亩，拟建厂房建筑面积 25 000 m^2，规划新生产基地配套产能：日产能4 000台年产能120万台。

三、技术进展及研发能力进展

在公司联合创始人梁一桥博士以及技术专家刘钢的带领下，经过多年的潜心研究和测试，公司成功研发了新一代具备车规级车载充电机产品系列、车载DC产品系列、集成产品系列，本公司产品设计紧凑，占用空间小、重量轻，完全符合市场对于该类新能源产品的期望，现已广泛应用于东风、北汽、上汽、众泰、吉利、金龙、江铃等新能源汽车上，以及国家电网的均衡装置、4 kW 非车载充电机上面。

四、主要产品

序号	产品名称	产品型号
1	车载充电机	VC04-B，VC03-A，VC03-B
2	OBC&DC 控制器	VCDC01-A，VCDC01-B
3	车载 DC/DC 转换器	VDC03-A，VDC02-A，VDC04-A
4	三合一控制器	VCDC03-A

五、合资合作

公司与浙江大学等国内知名大学有着长期的产学研合作关系，并与浙江大学电气学院共建有产学研合作基地，与知名学校的深度合作，为公司进一步发展拓宽了技术路线，也极大丰富了公司继续发展的人才来源。

六、发展规划

2016年：实现工装化生产，实现销售收入3.5亿；

2017年：实现自动化生产，实现销售收入5亿；

2018年：成为批量配套全球一流车企，实现销售收入8亿。

深圳威迈斯电源有限公司

SHENZHEN VMAX POWER CO., LTD

一、单位概况

深圳威迈斯电源有限公司成立于2005年8月，是一家以生产通信电源、电梯电源、新能源汽车零部件的国家级高新技术企业，目前企业员工约400人，2017年实现产值4.5亿元。

深圳威迈斯电源有限公司于2009年进入新能源汽车领域，是以新能源汽车产业为核心业务的国家高新技术企业，专注新能源汽车车载电源的研发与制造，拥有业界领先的研发创新能力和工程制造能力，产品技术水平位居行业前列，威迈斯已配套了国内外众多主流车型。

二、产能建设

深圳威迈斯电源有限公司当前生产厂房面积达到100 00 m^2，当前产能达到每年40万台新能源汽车充电机；2018年继续扩充生产厂房面积1 500 m^2，2018年10月建设自动化组装生产线，该线年产能达到360万台充电机；总产能达到80万台新能源汽车充电机。到2020年下半年，威迈斯电源有限公司的全新厂房全面启动并投入使用，总生产面积达到50 000 m^2，年产能设计达到200万台新能源汽车充电机，新厂房位于深圳市龙岗区宝龙工业区。

三、技术进展及研发能力建设

深圳威迈斯电源有限公司拥有一流的资深车载电力电子开发团队，拥有118项专利及软件著作权，其中发明专利35项。在技术上与上游多家国际一流企业及下游多家乘用车OEM厂结成战略性合作关系。公司持续在车载电源领域投入并取得了长足的进步，车载充电机和车载DC-DC变换器产品设计达到国际领先水平，在功率密度、重量、尺寸上显著优于行业水平。公司产品设计上严格按照全球汽车行业标准要求，提升研发的整体水平。通过产品设计及企业能力符合A-SPICE、ISO 26262、AUTOSAR等要求的具体要求。

四、主要新产品

序号	产品名称
1	6.6 kW水冷充电机
2	二合一集成产品
3	三合一集成产品
4	PLC模块

五、2017年1—12月企业在新能源汽车方面经济指标统计

填报单位名称	指标名称	单位	本期累计	同期累计	增长率(%)
深圳威迈斯电源有限公司	2017年末资产总计	万元	35 132.65	18 759.92	87.7
	2017全年完成投资额	万元	3 000.00	1 500.00	100
	2017年营业收入	万元	43 427.05	26 021.63	67
	2017年利润总额	万元	5 423.77	2 913.03	86
	2017年产品销售率	%	95	92	3
	2017年销售利润率	%	28	29	3

深圳市车电网络有限公司

Carenergy

一、单位概况

深圳市车电网络有限公司是深圳市科陆电子科技股份有限公司与国开基金共同出资成立，承载科陆电子在充电站充电桩全产业链布局下的综合运营服务商。

公司注册资本2.1亿元。公司主要从事新能源汽车充电设备研发，充电网络的建设、运营维护以及相关增值服务。

车电网一直致力于为客户提供更智能、更节能、更经济的充电解决方案。通过自主研发充电云平台，向上对接政府监管平台、横向完成互联互通操作，向下兼容停车，广告媒体等应用场景，完善的C端和B端应用为客户提供智能高效的运营管理平台。通过标准化的场站建设流程，积累了丰富的充电场站的建设经验，为客户提供充电场站的规划、设计、施工、以及后期场站的运营管理服务。

二、经营情况

在2014年第一个在南昌投资并运营了多个大型的公交场站，充电桩产品配合一汽汽车第一个经过了黑河极低温度和海南极高温度测试的厂家。第一个在贵州实现光储充的厂家，第一个在公交场站大功率商用超大功率架式充电桩的厂家。在产品设计上，充分考虑了安全性和运营性的需求，比如主动充电保护，低功耗设计，利用大数据平台充电行为

分析，与供电分析相结合的能效管理等，不光解决如何充电问题更提升客户的运营空间。我们一直行走在技术创新的道路上2016年，科陆相继中标国家电网、南方电网充电桩招标项目，随着新能源领域蓬勃发展，科陆充电桩产品业务也不断延伸和发展，截至2016年，公司已经成为中国一汽、北汽福田、东风、比亚迪、众泰、金龙、五洲龙、江铃集团、恒天集团、普天集团、福瑞特等多家新能源汽车厂、运营机构提供充电机产品及解决方案。服务包括有充电桩/站的建设与运营、通勤客车租赁、物流车租赁、分时租赁、新能源车辆体验店、智慧网络云平台等。

三、技术进展及研发能力建设

在充电设备上，公司有近10年的产品研发经验，涉及开发交流充电桩、直流充电桩、交直流一体式 充电桩、交直流群充系统、大功率充电设备等20多款标准产品，产品系列全、业务模式和场景应 用覆盖范围广。自主研发制造充电桩内部核心单元，如充电控制单元、功率调度单元、计费控制单元等，有效保障产品质量、降低产品成本；软硬件系统设计上采用三级架构，充电业务和底层控制分离，实现产品多向可扩展性，满足市场的多元化需求；在柔性功率输出控制上，可满足各种场景的控制策略，采用CPLD进行逻辑互锁保护，优化功率接触器投切时序，可有效地解决充电桩产品充电过程中安全隐患的问题，提高充电设备的输出效率，得到了客户的高度认可。

四、主要产品

续上表

序号	产品名称	产品型号
1	便携式直流充电机	CL5870
2	40 kW 直流充电机	CL5899
3	120 kW 分体式直流充电机	CL5823
4	壁挂式交流充电桩	CL5431
5	充电云平台	—

五、合资合作及重大项目建设

作为深圳最早拿到运营资质的厂商之一，公司组建专业的云平台开发团队，自主研发智慧充电云平台、充电APP、维修APP等。与深圳巴士集团、鹏程电动等展开全面合作，在全国多个城市自投自建公交、出租、物流等多种充电场站。凭借独立运营、代管运营、加盟运营、互联互通等多样化运营模式，截至2018年7月，根据中国电动汽车充电基础设施促进联盟最新统计数据，车电网运营规模位居全国前七。

六、发展目标与规划

车电网将实现十城百桩，从国内到海外，从产品到服务，跨行业融合，数据不断增值。针对未来充电设施需求不断的开发与创新新技术，使电动汽车的社会效益最大化。充电云平台从技术方面为更多客户提供智能决策的支持，高效提高平台数据分析。

充分拉动了全国新能源车+桩+网的产业发展，打造全国新能源汽车产业运营、配套产品与服务的综合运营商。

深圳市通茂电子有限公司

Shenzhen Tongmao Electronics Co., Ltd.

一、单位概况

深圳市通茂电子有限公司成立于1996年，是一家专业从事各类光、电连接器的研发、生产、销售，并致力于为企业全面提供连接器技术解决方案的国家高新技术企业。公司占地16 000多m^2，现有职工千余人，其中研发人员106人，其中硕士学历23人，本科学历58人，高级工程师6人、中级工程师18人，工程师16人。公司营销和服务网点遍及全国，在北京、上海、广州、深圳、南京、武汉、西安、成都等地均设立办事处。

公司先后通过了ISO 9001:2008质量管理体系认证、ISO/TS 16949:2009质量管理体系认证、国家高新技术企业认证等。公司参与制订了多项国家标准，产品先后获得多项国家重点新产品证书、国家专利证书以及各种荣誉证书并先后通过了TUV、UL、CQC、CE等认证。公司产品广泛应用于各种通信、航空、航天、船舶、邮电、电子、电力、交通、新能源汽车等领域。

民品一公司专注于新能源汽车连接器、充电枪及线束；充电桩用连接器、充电枪及线束等系统的连接技术解决方案的研究和开发；

民品二公司专注于铁路机车、高铁和城市轨道用重载连接器、圆形连接器、印制电路连接器、光纤光缆连接器、通信、电网领域连接器等，着重致力于客户子系统连接解决方案。

二、经营情况

公司生产具有完全自主知识产权的产品300多个系列、5 000多个品种、50 000多种规格，每年开发新产品400种以上。主要有新能源汽车连接器及线束、充电枪系列、充电桩用连接器及线束、DJL型模块电源连接器、TJ系列矩形连接器、JL系列矩形连接器、MIL-26482系列、MIL-38999系列、MIL-5015系列、推拉式圆形电连接器、大电流电源连接器、滤波电连接器、YDA型电网连接器、印制电路连接器、微矩形电连接器等。

公司年平均增长速度超过30%，是深圳市成长型工业企业500强。

三、产能建设

通茂公司现有7个生产制造车间，30余条生产线，其中已拥有充电枪的自动化生产线，3条贯军标生产线，生产制造范围涵盖模具加工、注塑、冲压、机加、电镀、热处理及装配全过程，年生产能力近千万只。

四、技术进展及研发能力建设

公司共承担总装备部新品研制任务28项、型谱研制任务2项、宇高工程项目1项、军标生产线建设任务4项、深圳市科技创新项目1项；主导制定了8项、参与制定了15项国家军用标准，获得发明专利2项、实用新型专利33项，外观设计专利8项，有3项产品被国家科技部、商务部、环境保护部、国家质量监督检验检疫总局列入国家重点新产品计划。在新能源汽车领域研制的电机用关键连接器QCL1型旋变接插件替代了日本和美国的进口产品，获得国家科技部国家重点新产品；电机电控盒用QCL3-62型电控总成接插件比其他同类产品接触密度更高，获得国家实用新型专利1项。

五、主要新产品

序号	产品名称	产品型号
1	充电枪及线束	QEC 交流充电枪系列、QED 直流充电枪系列、QDH1 系列
2	高压系列连接器	QCL4 系列、QCL10 系列、QCL16、QCLY1、QCLY4、QCLY7 系列、QCLY8 等
3	模块电源连接器	DJL 各系列
4	信号类连接器	QCL1、QCL2 系列、QCL3-62、QCL11 系列等
5	快换系列连接器	QCL13-9 系列等
6	高压配电盒	QBT 系列等

六、合资合作及重大项目建设

公司与深圳市比亚迪供应链管理有限公司、重庆长安新能源汽车有限公司、浙江方正电机股份有限公司、众泰控股集团有限公司、奇瑞新能源汽车技术有限公司、浙江兴轮电驱动有限公司、重庆君马新能源汽车制造有限公司、深圳南方德尔汽车电子有限公司、深圳市英可瑞科技股份有限公司、深圳市优优绿能电气有限公司、易事特集团股份有限公司等先后合作开发多种新能源汽车用电机、电控用高、低压接插件及线束、充电枪等产品。

公司研发产品涉及高压系列、充电系列、快换系列、信号类连接器、高压控电盒、充电枪及线束等各类产品，并广泛应用于新能源汽车的驱动电机、配电盒、控制器、电池包等各个部件，旋变接插件与电控总成接插件都批量装配于BYD“e5”、“K9”、“秦”、“唐”、“宋”和戴姆勒的“腾势”等众多新能源车型。

七、发展目标与规划

公司将重点进行充电枪系列化产品开发，使其兼容不同电流与电缆规格；将实现驱动电机、电控盒与电池间多种解决方案；并重点研发充电桩大功率模块电源，以全面满足用户需求。

公司将对信息化建设重点投入，打造数字智能化企业，推动企业“两化融合”的深入应用，不断开拓创新，全面实现企业现代化，加快企业产业升级和特色新型工业化进程，实现企业“制造”向“智造”转型，提升企业可持续竞争力。

山东龙立电子有限公司

Shandong Longli Electronic Co., Ltd.

一、单位概况

山东龙立电子有限公司位于临沂国家高新区，成立于2002年，占地近50亩，是集研发、生产、销售高端电连接器于一体的国家高新技术企业。

公司生产的智能电网专用连接器、新能源汽车专用连接器、铁路机车专用连接器、军工连接器等几十个系列、近万个规格品种，广泛应用于航空航天、军事电子装备、电网、铁路、新能源、通讯、石油、煤矿等国民经济各领域，用户遍及五大洲的多个国家和地区。

多年以来，公司专科研，重人才，不断加大研发经费的投入，积极建立高效执行力的人才梯队，先后荣获了山东省创新型企业、山东省专利明星企业、“守合同重信用”企业、山东省“一企一技术”创新企业、山东省创新型民营企业、山东省电子信息优秀创新企业、临沂市十佳科技创新企业、山东省著名商标、山东名牌等称号，在业内打响了品牌知名度，实现了公司的快速发展。

二、经营情况

公司重点围绕智能电网、铁路机车、新能源汽车和军工等领域发展，近年来重点加大新能源汽车连接器、交直流充电桩等充电设备的研发投入，开发系列产品，布局市场，主导产品市场占有率力争10%以上。目前公司产值已达到3.5亿元。

三、产品出口

公司产品出口20多个国家，重点市场是欧洲、东南亚、北美等国家。中国台湾地区。

四、产能建设

公司现有玻璃烧结、绞线插针等十余个生产车间，占地面积约 3 万 m^2，拥有先进生产设备 800 余台（套），形成了从坯料成型到零部件加工再到装配成品的全方位生产流程，可实现年产符合国标、国军标的各类电连接器 600 余万套。

五、技术进展及研发能力建设

公司每年投入的研发经费占销售收入的 6% 以上，建有博士后科研工作站、省级工程技术研究中心、省级企业技术中心和省级"一企一技术"研发中心等科研创新平台。多项具有自主知识产权的科研成果填补了国内空白，有 16 项科研成果先后通过了省市科技成果鉴定，其中 2 项技术达到世界先进水平、12 项达到国内领先水平；有 50 余个科研项目被列入科技部和省市科技计划，先后获得过山东省科技进步奖、山东省中小企业科技进步奖、临沂市科技进步奖等多项省市级荣誉；现有专利 73 项，其中发明专利 11 项。

六、主要新产品

序号	产品名称	产品型号
1	充电枪	LDAC 国标交流充电枪系列 LDDC 国标直流充电枪系列 LDFC 非标交流充电枪系列 LDEA 欧标交流充电枪系列
2	充电插座	LDAC 系列国标交流充电插座 LDDC 系列国标直流充电插座 LDFC 系列非标交流充电插座 LDEA 系列欧标交流充电插座
3	高压连接器	LGY 系列卡扣式高压连接器 LGCB32 系列圆形推拉锁紧式连接器 LGC1 系列推拉式高压连接器 LGP 系列高压连接器 LGS 系列塑壳高压连接器

续上表

序号	产品名称	产品型号
4	低压信号连接器	LGCA26 系列圆形推拉锁紧式连接器 LGCA20－3 圆形推拉锁紧式连接器 LGY 系列卡扣式低压信号连接器 LXS 系列推拉式低压信号连接器 LDY 系列卡扣式低压连接器 LDY1 卡扣式低压连接器
5	线束	LG 系列充电线束、高压线束和低压线束

七、合资合作及重大项目建设

公司注重与高校、科研机构的产学研合作，与北京交通大学、北京邮电大学、中国科学院、山东省科学院、山东省电力科学院、山东大学、山东理工大学、临沂大学等有着密切的合作关系，为企业的创新发展提供了有力的技术支撑。

由山东龙立电子有限公司全资控股的济南无线电九厂有限公司，成立于 1965 年，是专业研制和生产电连接器的国有军工企业，是总装备部"装备承制单位"、国防科工局"科研生产许可单位"，是三级保密单位、国军标体系认证单位，是海、陆、空三军合格供方单位，积累了 50 余年的科研、生产经验，技术力量雄厚，研制生产的高可靠连接器先后为导弹、火箭、飞机、飞船、卫星、舰船等重点军事工程配套。

八、发展目标与规划

在现有交直流充电连接装置、高压连接器、高低压线束等产品的基础上，继续拉伸新能源汽车配套产品的产业链，丰富产品品种，重点开发车内高压控制盒、低压控制盒、交流充电桩、直流快充充电装置、便携式快速充电器以及欧标美标充电装置等产品，预计到 2020 年，年生产各类新能源汽车配套产品 30 万台（套），公司将由此发展成为国内知名的新能源汽车的配套企业。

九、2017 年 1—12 月企业在新能源汽车方面经济指标统计

填报单位名称	指标名称	单位	本期累计	同期累计	增长率(%)	增长额(提高百分点)
山东龙立电子有限公司	2017 年末资产总计	万元	25 798	22 532	14. 49	14. 49
	2017 全年完成投资额	万元	2 973	2 841	4. 65	4. 65
	2017 年营业收入	万元	22 708	18 191	24. 83	24. 83
	2017 年利润总额	万元	4 194	2 527	3. 05	3. 05
	2017 年产品销售率	%	96. 23	91. 72	4. 92	4. 92
	2017 年销售利润率	%	18. 47	13. 89	32. 97	32. 97
	工业经济效益综合指数	%	170	160	6. 25	6. 25

威海市泓淋电力技术股份有限公司

Weihai Honglin Electronics Co., Ltd.

一、单位概况

威海市泓淋电力技术股份有限公司成立于 1997 年，注册资金 27 500 万元，厂房面积 120 000 m^2，职工人数 1 500 人，是山东省高新技术企业。

公司新能源事业部专注于电动汽车充换电领域连接器、充电设备、整车高压线束的技术研发、生产及提供整车系统的解决方案；主要产品：交直流充电接口（线束）、充电设备、

整车线束与连接器等，服务于动力电池、驱动电机、电控技术到整车制造、充换电设施整个产业链。公司产品符合电动汽车新国标《GBT20234—2015 电动汽车传到充电用连接装置》、《GBT 18487—2015 电动汽车传导充电系统》等要求，公司对质量严格要求，以强大的生产能力、设计能力、检测能力、为不同层次领域客户提供专业的产品与技术服务。

公司配备高素质的研发团队，具有丰富的研发经验、深厚的技术积累、完善的产品开发、工程设计和配套能力。

公司主要的客户：三星、LG、华为、中兴、海尔、松下、苹果、戴尔、惠普、中航集团、三一重工、特锐德、奇瑞、起亚、北汽、长安等在内的世界领先品牌客户。

二、产能建设

公司目前建成 5 000 m^2 的生产车间。2 条全自动 28 工位流水线，若干组装线。

生产设备：20 台大中型生产设备。

其中，交流枪年产能：15 万套/年；交流座年产能：15 万套/年；直流充电枪产能：8 万套/年；直流充电座产能：8 万套/年。

三、主要新产品

序号	产品名称	产品型号
1	模式二交流充电枪	XBA-1AC13A
2	250A 直流充电插头	XCA-DC250A
3	200A 直流充电插头	XCA-DC200A

续上表

序号	产品名称	产品型号
4	125A 直流充电插头	XCA-DC125A
5	80A 直流充电插头	XCA-DC80A
6	250A 直流充电插座	XIA-DC250A
7	200A 直流充电插座	XIA-DC200A
8	125A 直流充电插座	XIA-DC125A
9	80A 直流充电插座	XIA-DC80A
10	32A 车端交流插头	XCB-1AC32A
11	16A 车端交流插头	XCB-1AC32A
12	32A 车端交流插座	XIA-1AC32A
13	16A 车端交流插座	XIA-1AC16A
14	32A 交流双头枪	XDB-1AC32A
15	16A 交流双头枪	XDB-1AC16A

四、合资合作及重大项目建设

目前公司充电枪产品配套国家电网的能瑞、南瑞、科大智能、合康等大型粧企业及江淮、吉利、江铃、上汽等大型汽车企业。

五、2017 年 1—12 月企业在新能源汽车方面经济指标统计

填报单位名称	指标名称	单位	本期累计
威海市泓淋电力技术股份有限公司	2017 年末资产总计	万元	91 855
	2017 年营业收入	万元	78 261
	2017 年利润总额	万元	6 596

张家港友诚新能源科技股份有限公司

Zhangjiagang Youcheng Technology Engine Co., Ltd.

一、单位概况

张家港友诚新能源科技股份有限公司为中国宝安集团（股票代码：000009）旗下企业，下设全资子公司苏州工业园区多思达科技有限公司，控股子公司无线沃乐思科技有限公司。

友诚新能源建于 1998 年，主营电动汽车传导式充电连接装置，交流充电桩系列，电动汽车内部高压连接器系列，通用机械电源连接件等产品，其中，电动汽车传导式充电连接装置（核心产业）及电源连接器的研发与制造方面取得了骄人的业绩，稳居行业前端。专业高效的研发和制造团队，让我们轻松应对来自每个客户近乎苛刻的要求。友诚新能源始终严格执行 ISO/TS 16949 和 ISO 9001 国际质量管理体系，产品通过 CCC、UL、CSA、TUV、BS、CE、SAA、PSE 等专业权威机构检测认证。

友诚新能源全资子公司多思达科技参与《电动汽车传导充电用连接装置》国家和汽车行业标准讨论与起草。拥有 GB/T 20234、IEC62196、SAE J1772 标准下属各类型充电接口和模式。为中国最早研发、量产、市场应用的电动汽车充电接口企业，首个通过国家轿车监督检测中心检测、首个获得 CUL、TUV 检测认证的产品。被应用于多个著名品牌的各类型电动汽车和国家级充电站，并深受用户好评。

二、产能建设

目前拥有制造厂房 35 000 m^2、员工 358 人，具有超过 100 万套（电动汽车充电接口）和 2 000 万个/年（电源连接器）生产能力。设有精密模具、数控机加、塑胶成型、金属冲压、成品总装整链生产线。

三、技术进展及研发能力建设

张家港友诚新能源科技股份有限公司积极引进各类人才，特别注重技术人员的引进及规划，公司现有高级工程师 6 名，工程师 12 名，工程技术人员 5 名，技术力量雄厚，除了已有研发中心外，还将在苏州设立研发中心，预计 2018 年底投入使用。目前已获得技术专利授权及软件著作权 50 余项。

四、主要新产品

序号	产品名称	产品型号
1	充电枪系列连接器	DUOSIDA-交流充电枪系列
		DUOSIDA-交流充电座系列
		DUOSIDA-直流充电枪系列
		DUOSIDA-直流充电座系列
2	充电桩系列连接器	DUOSIDA-交流充电桩系列
3	汽车高压系列连接器	DUOSIDA-HVC 系列

续上表

序号	产品名称	产品型号
4	通机电源连接器	UCHEN-通机插头系列
		UCHEN-通机插座系列

五、合资合作及重大项目建设

张家港友诚新能源科技股份有限公司与安徽江淮汽车、比亚迪汽车、海马汽车、河北御捷汽车、江苏德和新能源、南京南瑞、浙江万马新能源等公司达成长期战略合作协议。并于2017年控股无锡沃乐思科技有限公司发展无线充电项目。

健和兴科技(苏州)有限公司

K. S. Terminals(Suzhou)Co., Ltd.

一、单位概况

健和兴科技(苏州)有限公司是全球电工冷压端子生产行业的先导者,生产基地和物流总部位于苏州相城区,占地100多亩,现有职工人数超过300人;工厂集合产品设计开发、精密金属连续冲压、塑胶射出、自动化电镀、组装包装等全自动化生产线及物流功能;健和兴从台湾开始发展,迄今已累积40多年的产品开发与模具设计经验,拥有20 000种以上产品与4 000多套模具的核心技术,能以专业的经验与服务,独力开发或协同客户开发,是客户最佳的工程技术伙伴。

2003年,成立健和兴科技(苏州)有限公司;

2004年,设立自动化电镀生产线;

2007年,取得ISO/TS 16949与ISO 9001证书;自动化连续端子冲压厂建成投产;

2010年,成立广州分公司;

2011年,成立中国区青岛、北京、长春等办事处;

2013年,成立汽车产品实验中心,拥有40余种的新型测试仪器;

2014年,家电类端子产品陆续取得CQC认证;

2014年,取得ISO 14001证书,环安卫体系全面提升;

2014年,取得CNAS L7338证书,符合ISO/IEC 17025:2005检测和校准实验室能力通用规范;

2015年,设立电动车(EV)用充电连接器生产线;

2015年 取得电动车(EV)充电连接器CQC认证。

二、生产能力

健和兴拥有一贯化的生产车间,集合冲压、注塑、电镀、焊接、退火、押出、组装与包装等完整制程工艺,由于制程工艺的自主性高,再搭配模具加工中心、自动化设备研发与实验中心等配套单位,让本公司能够同时实现大量生产与少量多样的弹性接单模式,不仅质量稳定可靠,并能满足出货交期短的急单需求。

三、质量验证

健和兴实验中心成立于2013年,实验中心拥有40多种新型测试仪器,能模拟不同环境下的测试条件,以满足连接器的可靠度验证需求。目前实验中心有主管及合格品管实验人员共10人,自成立以来,实验室人员一直致力于先进实验仪器以及测试标准的研究,努力提高实验操作技术、产品开发验证与失效模式分析等专业技能,以确保测试准确性。

健和兴实验中心所使用到的测试标准有MES PA 67001B、QC417.1—5—2001、UL486A—486B—2013、UL486C—2013、UL310—2014、IEC62275—2013、GB 4208—2008等,并且已经推动让更多系列的产品通过CQC(中国质量认证中心)与TATC(国家轿车质量监督检验中心)等机构认证。

四、产品发展

公司的连接器产品,可让汽机车辆更容易组装、线路更方便检查与维修,长时间的户外环境使用也不用担心可靠度与安全性。

◆ 小型化防水型连接器

防水等级可达IP 67,使用多重卡扣来加强对接的稳定性,且使用一体式的密封环,让端子间距缩小到2.0 mm,可应用于车辆的LED灯具、传感器或是小型的户外散热机构。

◆ ECU连接器

汽机车辆愈讲求低油耗,而油耗控制的主要关键在于引擎;本公司的多极式ECU连接器,其多极式的密封结构能通过严苛的防水测试,端子本体采用高强度与耐高温材料,能承受严苛的震动测试,具有良好的环境可靠度,可应用在引擎等控制系统。

◆ 电动车充电枪(座)

健和兴充电枪(座)产品符合UL2251、SAE J1772、IEC 62196-2、GB 20234、CNS15511等多种充电接口与各国测试标准,并已取得包括TUV、UL、CNS、CQC等第三方或指定机构的产品认证,可应用于车载充电枪、充电桩连接器线组、旅行用充电枪线组,适用多种接口规格与充电桩系统。

◆ 其他车用产品

(1)摩托车ABS煞车系统连接器

(2)电磁阀连接器

(3)电动车马达连接器

(4)超高电流铜管端子(通过 UL 认证)
(5)电动车电池接头模块

五、发展规划

健和兴开发完成的电动车辆专用连接器产品:包括小型化多孔连接器、电子燃油喷射系统连接器、电动马达控制线组与电池组连接器,已经销售到台湾、中国与东南亚的车用市场。未来也会持续推出新一代的 AC 与 DC 规格电动车充电枪(座)产品,配合专用生产车间的扩建,导入自动化生产与检测产线,进一步提高产品质量与生产量。

六、主要新产品

序号	产品名称	产品型号
CQC 认证 GB20234	32A 国标 GB 版车载充电枪	VCCG2A032B0
	32A 国标 GB 版双枪充电枪	VCCG2A032B1-GBC50-G0
	32A 国标 GB 版二代新外观充电枪	VCCG2A032C2
	32A 国标 GB 版车载充电座	VCIG2A032B0
	32A 国标 GB 版供电端充电座左翻盖	VCSG2A032C0
	32A 国标 GB 版供电端充电座右翻盖	VCSG2A032D0
	125A 国标 GB 版 DC 充电座组立	VCIGXD125A0
UL 认证 SAEJ172 UL 2251	16A 美规 UL 版 300V 充电枪	VCPU1A016C0
	32A 美规 UL 版充电枪	VCPU2A032C1
	32A 美规 UL 版充电座(法兰盘螺丝孔位 49 mm×49 mm)	VCSU2A032B0
	32A 美规 UL 版充电座(法兰盘螺丝孔位 55 mm×55 mm)	VCSU2A032C0
	32A 美规 UL 版右翻盖充电座(法兰盘螺丝孔位 52 mm×54 mm)	VCSU2A032D0
	32A 美规 UL 版左翻盖充电座(法兰盘螺丝孔位 52 mm×54 mm)	VCSU2A032E0
TUV 认证 IEC6216 Type 1 五孔	32A 欧规 Type1 充电枪	VCPS2A032B0
	32A 欧规 Type1 充电座(法兰盘螺丝孔位 49 mm×49 mm)	VCSS2A032B0
	32A 欧规 Type1 充电座(法兰盘螺丝孔位 55 mm×55 mm)	VCSS2A032C0
TUV 认证 IEC6216 Type 2 七孔	32A 欧规 Type2 车载三相充电枪	VCCICA032A0
	32A 欧规 Type2 充电桩单相充电座	VCSICA032A0
	32A 欧规 Type1+Type2 单相双枪	VCPS2A032C1-10
	32A 欧规 Type2+Type2 三相双枪	VCCICA032A0-I0

南京康尼新能源汽车零部件有限公司

Nanjing Kangni New Energy Auto Parts Co., Ltd.

一、单位概况

南京康尼新能源汽车零部件有限公司是南京康尼机电股份有限公司控股子公司,位于南京经济技术开发区内,公司专业从事新能源汽车的高压电气系统的设计、制造、销售与服务。

公司注册资金 3 000 万元,生产办公面积约为 25 000 m^2,未来规划建设年 200 万套的生产能力。公司主要产品有交、直流充电插座线束,交流充电枪、直流充电枪、充电模式二、充电模式三,高压接口插件(线束),维修开关,充电桩,车载高压配电盒,BDU,及整车高压线束等,已成为国内主要自主品牌新能源汽车企业的重要供应商。

公司组建了专业技术团队进行市场开拓、产品和制造过程开发,参与国家标准和产品认证规则的讨论,制定并执行汽车行业的体系要求。公司人才荟萃,全体员工本科以上学历一百余人,其中从事市场、研发、工程和质量的管理人员有180 余人。

二、经营情况

康尼新能源立足于新能源汽车产业爆发式增长的关键时期,凭借自主开发技术,以产品质量好、可靠性高、性价比高的优势,开辟华东、华南、华北、华中等多个片区一级市场,取得了与上汽、比亚迪、吉利、奇瑞、广汽、江淮、长城、众泰等主机厂的合作,成为这些新能源整车生产厂商充电系统的重要供应商。在服务好自主品牌的主机厂的同时,康尼新能源还获得了合资品牌大众 MQB 充电插座项目、通用 K228 高压配电箱项目、捷豹路虎 D8 的充电枪项目,项目将于 2019 年陆续开始 SOP。

2015 年,康尼新能源营业总额达 1.59 亿元;2016 年,康尼新能源营业总额达 2.72 亿元;2017 年营业额达 3 亿元;

2018 年营业额预计将达到 4.5 亿元。

三、产能建设

公司生产办公面积约为 25 000 m^2，未来规划建设年 200 万套的生产能力。

四、技术进展及研发能力建设

康尼参与制定两项国家标准，并与主机厂共同制定 1 项行业标准；

拥有 337 项授权专利，其中包括 67 项发明专利、11 项国际发明专利，且核心发明专利荣获第 12 届、14 届以及 16 届中国杰出专利奖；

荣获中国标准创新贡献二等奖；

荣获中国知识产权优势企业称号；

康尼新能源是中国大功率充电标准委员会委员单位；

康尼新能源是中德大功率充电标准委员会中方委员单位；

康尼新能源是铝/铝导体标准发起单位；

康尼新能源电动汽车模式二用插头标准工作组成员单位。

五、主要新产品

续上表

序号	产品名称
1	交流充电枪
2	直流充电枪
3	充电模式二、三
4	交流充电桩
5	交流充电插座线束
6	直流充电插座线束
7	电子锁
8	PDU
9	MSD
10	高压接插件
11	高压线束

六、合资合作及重大项目建设

生产面积达 25 000 m^2 的新能源生产大楼，已于 2017 年竣工并投入使用。投资 3 000 万，由日本大福设计制作的全自动立仓项目，现已投入使用；充电枪、充电插座的自动化产线预计 2019 年年初投入使用。

七、发展目标与规划

到 2020 年营收规模实现 15.09 亿元，年产量 200 万套，在高压接口及高压线束领域进入行业前五名，主产品稳居行业市场细分前三，稳固国内新能源汽车连接器首选系统供应商地位。

厦门 ABB 低压电器设备有限公司深圳分公司

ABB Xiamen Low Voltage Equipment Co.,Ltd.,Shenzhen branch

一、单位概况

厦门 ABB 低压电器设备有限公司深圳分公司是世界 500 强 ABB 集团旗下子公司，坐落于深圳宝安。近日，《财富》杂志发布的 2018 年“改变世界”企业榜中，ABB 凭借在加快清洁能源电动交通领域的突出贡献，荣登榜单第八位。“随着电动汽车的日益普及，ABB 已在全球范围安装了超过 7 000 台快速充电站，过去 7 年累计节省汽油约 757 万 L。自 2015 年起，ABB 电动汽车充电业务销售收入保持着两位数的年增长率。接下来，ABB 与电气化美国开展合作，明年将在美国建设数百个电动汽车充电站”——《财富》颁奖词。

作为电气行业的领导者，ABB 正逐步加大和加快在新能源汽车充电设施领域的投入。今年 1 月，ABB 与 E 级方程式（即电动方程式，Formula-E）宣布建立开创性的合作伙伴关系，领航电动汽车可持续发展的未来。ABB 将为赛事提供领先技术，同时冠名赞助，支持“ABB 国际汽车联盟 E 级方程式锦标赛”。

作为 ABB 在中国的电动汽车基础设施业务单元，依托于 ABB 集团在电气产品领域长期积累的产品优势，公司提供全面、可靠、安全的新能源汽车充电解决方案，包括适用于高速公路及交通枢纽的大功率直流快速充电机，以及为商业中心、物流、分时租赁、单位及公寓住宅度身定做的壁挂式直流充电机以及与新能源汽车配套的交流充电机。同时，ABB 提供充电设备的在线连接云服务，能够帮助充电设施业主实现远程监控、远程诊断、远程升级等功能，实现充电桩的互联和智能化。公司通过了 ISO 9001、ISO 14001、OHSAS 18001 体系认证。

二、、产品出口

产品出口至中国香港、中国澳门、中国台湾、美国、德国、意大利、荷兰等国家和地区。

三、技术进展及研发能力建设

ABB 拥有全球领先的充电桩技术，参与制定了多个充电标准。ABB 在超高功率充电桩方面的研究也取得巨大突破，并于 2018 年在欧洲推出 Terra High Power DC 快充充电桩，充电功率达到 350 kW，可满足充电 8 min 行驶 200 km，领先行业水平。ABB 在全球拥有 3 个充电桩技术研发中心，分别位于荷兰、意大利和中国。其中厦门 ABB 低压电器设备有限公司深圳分公司在国内拥有超过 40 人的研发团队，包含软件、硬件以及结构等完整的研发链条，同时保持与欧洲 ABB 充电桩的研发团队的紧密合作，立足本土、面向全球，致力于提供全面、领先、安全、可靠的新能源汽车充电方案。

四、主要新产品

序号	产品名称	产品型号
1	60 kW 落地式直流充电桩	Terra 63Z
2	10/20 kW 壁挂式直流充电桩	Wallbox 10/20
3	7 kW 交流充电桩	Blink-OP/BC
4	180 kW 分体式直流充电桩	Terra 184Z

五、发展目标与规划

ABB 致力于面向交通枢纽、高速公路、加油站等安全要求高的应用场景，提供全面、领先、安全、可靠的新能源汽车充电方案。

广东威浦电器有限公司

Guangdong Wei Pu Electrical Appliance Co., Ltd.

一、单位概况

广东威浦电器有限公司成立于 1996 年，是一家专业设计生产工业用防水连接器、圆形连接器、组合防水配电箱的企业。公司自创立以来一直专业致力于工业接插装置，形成一套完整的设计、生产、品检体系，并拥有多项国家专利。自有厂区占地 30 亩，厂房面积约 40 000 m^2，员工 400 多人，研发人员 20 人，品管人员 30 人。并且在北京、上海、广州设立商务中心，直接面对客户提供售前售后服务。

威浦电器是“全国电器附件标准化技术委员会”组织机构成员，是国标 GB/T11918—2014 的起草单位之一。威浦电器的质量管理体系已通过 ISO 9001 认证，产品符合 RoHS 标准，已通过 CCC、CQC、CE 和 CSA 认证。

威浦电器除了大量采用数控设备和机械手提升产品的品质，在检测方面也做了很多创新。威浦电器有严格的品控检测。实验室配置包括振动、温度、湿度、综合试验系统等十几种大中型检测设备，生产线上还配套各种特制的检测仪器。特别是连接器的关键部件插针和插套，都是经过全自动电脑检测各种插拔力，确保接插可靠的一致性。

威浦电器拥有强大的研发能力，除了从原型设计、模具开发到生产都是全程自主，威浦还能根据客户的各种特殊要求快速开发各种特殊规格的连接器，加快新能源汽车生产企业的研发和生产进度。

二、主要新产品

序号	产品名称	产品型号
1	航空插头、插座、连接器	WY/WF/WS 系列
2	工业防水插头、插座、连接器	TYP 系列
3	组合插座配电箱	TYP 系列

威浦电器主要产品系列有：

1. 1 000 V 以下、16 ~ 400 A 工业用插头、插座和电缆连接器、组合插座配电箱、检修电源箱等。

2. M23、SF、SA、ST、SP、SY、WA22、WAC3、RJ45、WP、WT、WL52、WD、WB、WS、WF、WY 等 17 大系列航空插头、插座、连接器，耐压由 500 ~ 4 000V，电流由 3 ~ 150A，连接形式有普通螺纹锁紧、卡扣式锁紧和推入式快速锁紧 3 种，接线方式有焊接、螺丝压紧和压接 3 种，极数从 2 针到 61 针，防护等级从 IP44 到 IP68，可以满足各种需求和使用环境，尤其擅长于户外防水连接。其中 WY/WF/WS 系列在新能源汽车领域、TYP 系列在新能源汽车制造业上下游产品配套产业均有广泛的应用。

威浦电器产品有接触电阻小、插拔柔和、电流大、抗振耐冲击、可靠性高等特点，所有的产品均按不同应用场合的最高要求设计，并能随时为新能源汽车订制各种规格的连接器。

三友联众集团股份有限公司

Sanyou Corporation Limited

一、单位概况

三友联众集团股份有限公司（以下简称三友联众），是一家专业的集继电器研发、制造、销售为一体的国家级高新技术企业、中国电子元件百强企业，旗下目前拥有东莞制造中心、安徽省明光市三友电子有限公司、安徽省明光万佳联众电子有限公司、安徽省砀山万佳联众电子有限公司、浙江省宁波市甬友电子有限公司、景德镇市三友新能源电控有限公司、北美三友有限公司、韩国三友、欧洲三友有限公司等多家全资或控股子公司，职工达 3 000 余名。拥有完备可靠的质量、环境保证体系，完美的技术服务，遍布全球的营销服务网络和最佳性能价格比。

三友联众目前生产的继电器包括 80 多个系列、10 000 多种产品规格，产品涵盖了磁保持继电器、通用功率继电器、汽车继电器、通讯继电器、高压直流继电器五大类。广泛应用于家电、交通、工业、能源、信息、医疗等领域。与各领域的众多知名企业建立了良好的合作关系。

二、经营情况

公司拥有全球化的营销服务网络，在华北、华东、华南、华中、西南等多地设有销售点，在北美、欧洲、韩国等地设有海外销售公司。产品出口到全球80多个国家和地区，具备全球化技术服务能力，可以更方便、更快捷地为全球客户及时有效地解决问题。

三、产能建设

三友联众拥有一流的自动化装配设备设计能力，目前有80多条全自动或半自动生产线，多种型号的产品使用全自动生产线生产，继电器年生产能力达6亿只。

四、技术进展及研发能力建设

三友联众拥有一整套完整的质量保证体系，建有业内先进的产品检测中心，为国内第二家通过了美国UL、德国VDE目击实验室认证，并已通过CNAS国家认可实验室认证。花巨资引进电力继电器性能测试实验台，包括短路测试及寿命测试两部分，是目前业内仅有的两家能自行进行此类实验的企业之一。建有完善的管理体系，先后通过了ISO9001、IATF16949、ISO14001标准认证，全部产品通过美国UL、CUL及中国CQC认证，并满足欧盟ROHS、REACH指令要求，部分产品获得德国VDE、TUV认证。

技术研发和产品创新是三友联众生存和发展的动力和源泉。三友联众多年来取得丰硕的研发成果，共获得国家专利100余项。公司还十分注重引进先进国家的继电器设计和制造技术、生产设备，先后与日本、韩国、英国等知名企业建立广泛合作，花巨资引进其优秀的产品设计及制造技术，现已建立自有的高精度、高品质的模具、五金、注塑零件制造体系，保证了三友联众的产品设计、模具开发、零件制造和成品生产方面的技术、品质、工艺水平处于国际同行领先地位。

此外，三友联众在景德镇成立了专门的新能源事业部，依托景德镇几十年高压电真空的设计与生产的成熟完善的经验。在陶瓷密封技术上，三友高压直流接触器是处于国内领先地位的，拥有目前最先进的自动控温系统真空钎焊炉，在金属封接上的匹配封接、非匹配封接技术上一直是不断精细研究改良。现在三友联众批量生产中，陶瓷密封焊接的合格率已经可以做到99.9%的合格率。

三友联众拥有高素质的产品研发团队，拥有继电器行业内顶尖的技术人才，研发人员近200人。在技术支持上成立了专门的销售技术支持团队，对客户的问题可以提供最专业最优质的技术服务。

五、主要新产品

序号	产品名称	产品说明
1	SEV系列高压直流接触器	陶瓷钎焊密封结构，负载范围10～300 A，电压最大能达到1000VDC，体积小型化，能够与国内外品牌主要的产品无缝切换，主要应用与新能源汽车，光伏，充电桩等各种直流领域
2	SEC系列高压直流接触器	陶瓷钎焊密封结构，负载范围100～350A，体型为圆柱形，体积小，可以带辅助触点检测主触点状态，电压最大能达到1000VDC，能够与国内外品牌主要的圆形无缝切换

六、合资合作及重大项目建设

与“广东产品质量监督检验研究院”进行合作测试，进行一系列CCC认证、CE认证。

厦门宏发电力电器有限公司

Xiamen HongFa Electric Power Controls CO., LTD.

一、发展概况

厦门宏发电力电器有限公司是厦门宏发电声股份有限公司全资子公司，是全球市场上重要的高压直流继电器研发、生产企业。公司专业致力于磁保持继电器、高压直流继电器、灭弧室和氧传感器的开发与生产，具有先进的研发、工艺和生产技术水平，已成为全球电力继电器领域具有举足轻重地位的企业；高压直流继电器的发展居于国内领先水平。宏发电力磁保持继电器在国内和国际市场上均拥有很高的市场占有率，是全球智能电网建设中重要的供应商；高压直流继电器约占国内市场20%以上。经过10余年技术发展，宏发高压直流继电器已形成负载电流覆盖10～1 000 A，电压DC 72～1 000 V的多个系列产品，得到国内外新能源汽车和相关配套厂商的广泛认可。

厦门宏发电力电器有限公司母公司——厦门宏发电声股份有限公司是国内最大的专门从事继电器研发、生产和销售的大型上市企业。2017年总营业额达84.8亿元，其中继电器部分55亿元；出货量18亿只，全球排名第一。宏发建立了国家认定企业技术中心和企业博士后科研工作站；主持或参与起草11项继电器行业标准，拥有146项国内外专利（发明专利占1/3），也是中国继电器行业“国家汽车零部件出口基地企业”。

二、生产经营

项目	2015年	2016年	2017年
总收入（亿元）	10.16	12.11	14.45

三、产能建设

厦门宏发电力电器有限公司已启用全新的海沧新生产基地，占地90亩，新建厂房8.1万m^2、办公和实验室1.55万m^2。其中建筑面积2.2万m^2用于“高压直流继电器产业化”项目建设，按照高压直流继电器生产要求，对生产厂房进行适应性改造装修，达到10万级洁净、无静电生产厂房的要求。新基地启用初期将建设高压直流继电器自动化装配调试生产线8条；建设高压直流继电器自动化检测生产线5～8条，以实现规模化生产，形成经济规模生产能力，到2020年实现16条生产线、年产1200万只高压直流继电器的生产制造能力。

四、技术进展及研发能力进展

厦门宏发电力电器有限公司已建立由总经理牵头、总工程师具体负责的系统完善的高压直流继电器项目工作小组，挂靠在公司技术中心，负责工作规划、协调、预算、跟踪评估、后勤保障、管理服务、知识产权保护、开发和利用。

厦门宏发电力电器有限公司技术团队通过引进、吸收国内电真空技术、军用密封继电器技术，与国内研究所、院校等研发团队形成产学研合作联盟，自行研发具有自主知识产权、技术指标达到国际先进水平的高压直流继电器。公司已经解决了产品防爆、抗炸等技术难题，目前所开发的技术成果已经申请并受理了50项各种专利，其中国际专利7项，国内发明专利18项，实用新型专利25项。其中已经授权25项，发明专利4项，实用新型专利21项。宏发的高压直流继电器完全具备自主的知识产权。

厦门宏发电力电器有限公司研发的高压直流继电器系列产品是目前国内的代表产品，拥有自主知识产权；产品具有抗电弧、体积小、功耗低、噪声低等特点，额定负载10～1 000 A（直流），额定电压达DC 72～1 000 V，电耐久性次数可以达到1 000～100 000次以上，性能指标已经达到国际先进水平。

相比国外主要品牌的产品，宏发产品具有双重绝缘设计优势，产品反向电寿命、抗粘接能力更高，产品防爆、抗炸、防起火能力更强，除了乘用车领域可直接替代日本松下、美国泰科、韩国LS等同类产品外，宏发产品在大巴DC 750 V高压需求方面更具优势，可以全面满足国内外新能源汽车的需求。

厦门宏发电力电器有限公司建立了完善的高压直流继电器检测、测试实验室，具有先进、齐全的试验设备，能够对电器产品进行全性能参数检测，其中电寿命试验能力达到DC 800 V、3 000 A、短路试验能力达到10 000 A，并具备振动实验、高低温/湿度冲击、盐雾实验等新能源汽车领域的相关测试，可确保产品安全、可靠、寿命持久，能够针对新能源汽车对高压直流继电器的严苛要求做出有效的实验与检测，并先后完成宁德新能源、吉利、北汽、上汽等众多整车及电池厂商的目击试验，并且产品已成功进入大众、戴姆勒、德科斯米尔、三星、特斯拉的供应商体系。

同时，在高压直流继电器10余年的技术发展过程中，厦门宏发电力电器有限公司积极与国内外整车厂商、关键零部件供应商展开合作，在技术输入、实车测试、故障分析等方面积累了较为丰富的经验，能够为客户在高压直流继电器的选型上提供系统的技术支持和解决方案。

五、主要产品

续上表

序号	名　称	型　号
1	HFE18系列高压直流继电器	陶瓷钎焊密封结构，负载范围10～400 A，电压最大达DC 1 000 V，广泛适用于新能源汽车、充电桩、光伏等各种直流应用领域
2	HFE82系列高压直流继电器	陶瓷钎焊密封结构，负载范围60～1 000 A，电压最大达DC 1 000 V，高抗短路性能、小体积，能够以更佳性价比对国外品牌主要产品进行无缝切换的新一代高压直流继电器，广泛适用于新能源汽车、充电桩、光伏等各种直流应用领域
3	HFE85/HFE86系列高压直流继电器	陶瓷钎焊密封结构，圆形腔体系列，小体积、安装灵活，能够无缝切换其他品牌圆形外形产品
4	HFE80系列直流继电器	塑封结构，负载范围20～1 000 A，额定电压DC 200 V(20 A型产品可达DC 1 000 V电压)，经济性佳，特别适用于低电压系统微型电动汽车、48 V系统的高性价比产品

六、合资合作

厦门宏发电力电器有限公司在加强自主研发的同时，积极开展产学研等各种合作，以促进公司的产品结构、技术水平和创新能力的提升。先后与华中科技大学合作研究“提高HFE18系列真空继电器电寿命”项目、与厦门理工学院合作研究“高密封、抗电弧直流继电器用陶瓷罩的研发”项目、与辽宁工程技术大学签订产学研合作项目——“高压直流继电器力学行为及振动模型研究”等。

此外，厦门宏发电力电器公司与厦门精合电气自动化有限公司签订合作开发“HFE18-10A/100A/150A中检吹灰工艺技术”项目协议，双方合作开发HFE18-10A/100A/150A的自动检测磁间隙、触点间隙、返回力、超行程、触点压力、自动隔离不良品的自动化设备。

通过产学研合作，厦门宏发电力电器公司的产品结构、技术水平和创新能力得到了极大提升，在较短的时间内缩小了与世界先进水平的差距。公司也将与更多的厂商联合开发自动化生产设备和仪器。

七、发展规划

厦门宏发电力电器有限公司高压直流继电器产品性能指标达到国际同类产品的先进水平，随着未来几年全球新能源事业的高速发展，产品进一步扩大在国内外新能源汽车及相关领域的市场份额，力争国内市场占有率超过50%，争取国际高端市场占有率超过20%。到2020年，厦门宏发电力电器有限公司规划完成16条生产线的建设，并力争成为世界高压直流继电器最主要研发基地和第一制造供应商。

年份	生产能力(万只)	生产线建设	销售收入(亿元)	市场占有率%
2018年	600	8	4	25
2019年	800	12	6	30
2020年	1 200	16	8	40

昆山国力源通新能源科技有限公司

Kunshan Guo Li Yuan Tong New Energy Technology Co., Ltd.

一、发展概况

昆山国力源通新能源科技有限公司是昆山国力电子科技股份有限公司的子公司,昆山国力电子科技股份有限公司具有武器装备科研生产许可证,三级保密资格证、研制单位资格证等,并多次获得江苏军民结合科技创新奖,从2004年开始从事高压直流接触器研发,到2015年随着新能源汽车的发展,为了加快制造强国建设,随着新能源汽车行业及其充电设施等产业的快速发展,国力股份与美国GIGAVAC等股东合资成立了昆山国力源通新能源科技有限公司,专注新能源领域。

国力源通公司自2016年成立以来,主要从事高压直流接触器的研发、生产与销售。产品广泛用于新能源汽车、充电设施、光伏风能、军工、储能、电源基站、航空航天等领域。

2016年通过了ISO 9001:2008和TS 16949:2009直流接触器的设计和制造的质量管理体系认证;通过了3C、UL的产品安全规范认证,并获得了多项专利证书;

2017年对质管理体系进行了升版,通过了ISO 9001:2015和IATF 16949:2016认证,获得了江苏省民营科技企业和昆山研发机构等荣誉;建立直流接触器国家级实验室并于通过中国合格评定国家认可委员会的现场审核。

二、生产经营

国力源通生产的产品主要有四大系列(品种多达30种),分别为GX系列、GL系列、GLF系列、HX系列。其中GX系列为标准的陶瓷密封高压直流接触器,适用于一般直流电源接通与断开,此系列在欧美市场有广泛的应用;GL系列为改进型的陶瓷密封直流接触器、特别适应中国市场,安装尺寸与美国泰科的直流接触器兼容,可以直接替代;GLF系列采用方形设计,安装尺寸与日本松下的产品兼容,可以直接替代松下的直流接触器;HX系列为高电压系列,额定工作电压1 500 V DC,适用于光伏发电等电压较高的场合。

三、产能建设

国力源通现有3个生产制造车间,5条生产线,包含4条半自动生产线,1条自动化生产线,另外还有一条GLF150自动线已在制作中,生产制造范围涵盖组装、氩弧焊、激光焊、测试、灌封等过程。目前年产能为300万只/年,2017年产量为160万只(含出口)。

四、技术进展及研发能力进展

国力源通传承了国力股份优良的电真空基础,为北汽新能源、特斯拉、CATL、江铃、华泰新能源、东南汽车、扬子江电动大巴、蔚来汽车、宇通客户、中通客车、南京金龙、安凯客车、金旅客车、福田汽车、银隆新能源、东风商用车等公司研发配套产品。

公司与哈尔滨工业大学、江苏科技大学等高校进行产学研合作,为技术研发提供有力保障。

公司荣获江苏省民营科技企业、昆山市研发机构等称号,拥有高新技术产品3项。同时公司注重知识产权保护,目前获得16项实用新型专利,5项发明专利,1项外观专利。

公司研发产品涉及高中低压,电流从10～1 000A等各类产品,并广泛应用于新能源汽车的驱动电机、配电盒、控制器、电池包等各个部件,产品批量装配于北汽新能源、特斯拉、CATL、江铃、华泰新能源、东南汽车、扬子江电动大巴、蔚来汽车、宇通客车、中通客车、南京金龙、安凯客车、金旅客车、福田汽车、银隆新能源、东风商用车等众多新能源车型。

公司建设约有1 000m^{2}现代化综合国家实验室,拥有可承担测试产品的多种性能,实验室相关人员参与制定了IEC61810-10国际标准。本实验室于2018年2月通过CNAS认证,严格按照ISO/IEC 17025—2017体系运行,主要负责检测直流接触器等产品的环境可靠性、电性能等。实验室拥有先进的检测设备,标准的检测方法,确保实验结果的准确性。

五、主要产品

序号	产品名称	产品型号
1	GL系列20A直流接触器	GL20
2	GL系列100 A直流接触器	GL100
3	GL系列200 A直流接触器	GL200
4	GL系列400 A直流接触器	GL400
5	GL系列600 A直流接触器	GL600
6	GLF系列10 A直流接触器	GLF10
7	GLF系列40 A直流接触器	GLF40
8	GLF系列100 A直流接触器	GLFW100/GLFWB100
9	GLF系列150 A直流接触器	GLFW150/GLFWB150
10	GLF系列200 A直流接触器	GLFW200
11	GLF系列250 A直流接触器	GLFW250
12	GLF系列300 A直流接触器	GLFW300
13	GLF系列400 A直流接触器	GLW400
14	GLK系列20 A直流接触器	GLK20
15	48 V直流接触器	GLT100

六、合资合作

公司与北京理工华创、深圳欣锐、武汉嘉晨、四川永贵、苏州汇川、宁德时代、盟固利、苏州安靠、八达光电等众多企业达成长期战略合作协议,积极配合北汽、江铃、猎豹、东南、知豆、宇通、金龙、福田欧辉、中通等车企进行新产品开发。

七、发展规划

2017 年：公司实现工装化生产，实现销售收入 1.7 亿；

2018 年：公司实现工装及自动装配线投入使用，实现销售收入 3.6 亿；

2019 年：公司实现全自动装配线投入使用，实现销售收入 5 亿。

中信戴卡股份有限公司

CITIC Dicastal Co., Ltd.

一、发展概况

中信戴卡股份有限公司是中国中信集团公司于 1988 年投资组建的中国大陆第一家铝合金车轮制造企业，前身是戴卡轮毂制造有限公司。2007 年 10 月，进行股份制改造；2012 年 8 月，正式更名为中信戴卡股份有限公司。2011 年，以并购德国 KSM 铸造集团为标志，公司正式迈入产品多元化发展阶段。2017 年 3 月，托管中信渤海铝业控股有限公司，形成公司产品第三大板块铝型材。经过 30 年的发展，公司已经成为全球最大的铝车轮和铝制底盘零部件供应商，也是世界汽车底盘零部件行业的重要成员，连续 9 年保持国内汽车零部件行业出口量第一，在全球汽车零部件配套供应商百强中排名 71 名。

在客户资源上，中信戴卡以优质的产品和服务完成全球市场布局，为奔驰、宝马、奥迪、大众、标致-雪铁龙、雷诺-日产、通用、福特、菲亚特-克莱斯勒、丰田、本田、马自达、现代-起亚以及一汽、上汽、东风、广汽、北汽、长安等国外、国内主要整车制造商配套供货。在欧洲，半数以上的汽车上都有“戴卡制造”的零部件，具有较强的供货能力。

同时，作为行业标准制定者，中信戴卡正积极建设智能化的生产管理平台，采用国际先进低压铸造、锻造、铸旋及差压铸造等技术工艺，生产轻量化的铝铸件产品及铝合金车轮，代表着世界汽车零部件加工的最高水平。公司先后获得河北省巨人计划创新创业团队、国家技术创新示范企业、国家火炬计划重点高新技术企业、全国企事业知识产权试点企业、全国百家优秀汽车零部件供应商、国家汽车零部件出口基地企业、河北省政府质量奖、河北百强企业等多项荣誉称号。

二、生产经营

中信戴卡股份有限公司现已发展成为集汽车铝车轮、底盘系统、动力总成、车身零部件、装备制造、能源管理等多元业务为一体的大型跨国汽车零部件企业集团，向全球所有主要汽车企业提供同步研发及产品配套服务。目前，公司拥有全资子公司 8 家，参、控股企业 11 家，全球员工总数 6 000 余人，工程师超过 400 人。截至 2017 年底，公司总资产 221.75 亿元，净资产 59.74 亿元，年营业额 260.14 亿元。2017 年公司铝车轮销量 5 128 万只；除车轮以外的其他汽车铝铸件销量 7.7 万 t，其中铝制底盘零部件产品销量全球第一；铝型材产品业务也稳步推进，承接数个客户订单。此外，公司位居中国汽车零部件出口领域排名第一、河北省出口企业第一。

三、产能建设

2017 年 1 月 3 日，戴卡凯斯曼成都汽车零部件有限公司竣工正式投产。戴卡凯斯曼成都工厂占地 196 亩，2016 年 3 月开工建设，建设工期仅有短短 9 个月，充分体现了戴卡人努力拼搏的作风，满产后将实现产出 2 万 t 铝铸件的生产规模，是凯斯曼全球第九家工厂，也是中信戴卡产业转移和产业升级的典范。

2017 年 9 月 26 日，中信戴卡长沙合作项目正式投产。中信戴卡长沙合作项目从正式动工到试生产仅用时 7 个月，实现了当年开工、当年建成、当年投产和生产清洁化、生产自动化、生产智能化，秉承绿色制造的理念，刷新了长沙望城项目建设的新速度，树立了长沙工业发展的新标杆。

此外，公司在 2017 年另有 6 个新项目开始投产，产能逐步提升，预计 2018—2019 年达到满产能状态。

四、技术进展及研发能力进展

中信戴卡建有 5 733 m^2 技术中心大楼和 10 000 m^2 试验中心，研发用的软件、设备和中间试验设备总值超过 1.5 亿元。公司技术中心是国家认定企业技术中心，并建有博士后科研工作站，具有强大的研发能力，是新产品、新技术、新材料、新装备的研究中心，拥有国际一流的检测试验室。道路模拟试验、双轴疲劳试验、径向冲击试验和 Filiform 试验是国内唯一、国际领先试验检测项目。

作为全球领先的汽车零部件解决方案提供商，公司在北美、欧洲，日本，以及国内长春、上海等客户集中的区域分别建立了研发分支机构，提供现地设计服务和工程支持，实现了全球化研发机构布局。利用 PLM 系统实现了产品的全生命周期管理，为跨区域、跨时域的协同设计提供了有力支撑。通过为欧洲、北美，日本等自主品牌众多主机厂配套，中信戴卡对全球不同客户的设计要求、技术标准和开发流程体系有着深入理解，可以为客户提供快速的“一体化解决方案”，从整车概念阶段为客户提供多种创意方案选择，具备多样化的铝制零件成型主流技术（低压铸造、旋压、锻造、差压铸造、高压铸造、高真空铸造、挤压、焊接等），能够提供一百余种表面状态以满足全球客户的个性化需求。

公司建立了促进技术创新的体系机制，与北美、欧洲、日本及国内多所高校和科研机构开展密切合作，促进技术进步，近年研发出铸造水冷技术、多种套色工艺、彩色透明漆技术、光整表面处理等多种新技术新产品，主持或参与制定了多项国家或行业标准，拥有 2 000 余项专利。领导开发了具有自主知识产权，全球领先的低压强水冷铸造工艺，生产效率提高40%,性能提高使得铝车轮减重10%,每年使戴卡车轮减低二氧化碳排放20万t;车轮道路模拟试验(RLT);该项目对车轮行业发展水平的提升,尤其对车轮的高强度轻量化发展,都具有重要意义,达到世界领先水平;轻质高强铝钪合金与细晶铸旋成形及其应用技术研究,实现了车轮轻量化目标,为汽车轻量化提供了重要的技术支撑。铸旋SLT技术的研发,实现铸旋产品加工制造的高效率、短流程、低成本的高程度自动化生产线,达到国际领先水平。

中信戴卡专利公开量排名位列河北省第一、国内汽车零部件第一、全球车轮行业第一。参与制定标准30项,其中国家标准11项,行业标准19项。

五、主要产品

序号	产品名称
1	铸造铝合金车轮
2	锻造铝合金车轮
3	铸旋铝合金车轮
4	铝合金转向节
5	铝合金控制臂
6	铝制副车架
7	铝制电池箱体
8	铝制防撞梁
9	其他铝合金底盘零部件

六、合资合作

中信戴卡从创立伊始就确立了高起点、高定位,生产高技术产品的发展思路,始终坚持把科技创新摆在公司发展的首要位置,加大研发投入,加强产学研合作,注重新技术、新工艺、新产品的开发,不断提升企业的核心竞争力。公司利用与市场接近、对市场比较了解的优势,和高等院所对前沿科技学术方向了解的科技优势;结合行业的发展特点趋势,积极查找相关产业领域的发展趋势、最新成果、科技资源,通过与国内知名高校、科技院所的沟通、联系与合作,寻求到一系列有合作前景的产业化项目。在此基础上,逐步建立和完善了专家信息库,分别与清华大学、中南大学、天津大学、河北工业大学、武汉理工大学、燕山大学、加拿大UBC大学、日本东北大学、PPG公司、亮克威泽公司等众多产学研机构开展研究合作和交流,保证了企业科研实力始终走在行业前端。分别与清华大学、中南大学、天津大学、河北工业大学、武汉理工大学、燕山大学、加拿大UBC大学、日本东北大学、PPG公司、亮克威泽公司等众多产学研机构开展研究合作和交流,保证了企业科研实力始终走在行业前端。

按照现代科技企业管理要求,公司组建了适应科技开发和规模化、产业化、市场化生产经营要求的技术中心,职能界定清楚,责任明确,管理有序。科研项目的选题立项坚持突出主业,发挥优势,看准世界先进水平,以市场为导向;加强了与外部技术资源的整合,实现自主开发与"借力"开发相结合。一方面积极开展学术交流,走出去,请进来,另一方面加大了与外部的技术合作,科研项目联合开发、引进转化和自主开发相结合,不断在管理上推陈出新。企业通过引进国内外先进技术,加快技术创新工作步伐。技术中心内部设立管理委员会、专家学术委员会,外部依托外部专家,并建立了专家信息库和网络交流系统平台。专门开展新产品、新工艺和新技术的研究、应用、设计、实施等工作。同时积极探索合作开展自主创新新形式,大力推进自主创新能力建设产学研的交流与合作。

七、发展规划

1. 顺应汽车行业发展趋势

顺应行业发展变化的趋势,是企业实现持续稳健发展的重要前提。"十三五"以来,汽车行业不断呈现出新的发展趋势:一方面,汽车"电动化、网联化、智能化、共享化"趋势明显;另一方面,全球汽车市场已开始步入长期"微增长"阶段,汽车行业逐步转向存量市场,与此同时汽车保有量在未来将快速增长。

2. 公司中长期发展目标

从长期目标来看,公司将以德国博世、日本电装等企业为标杆,立志于成为"受人尊重的公司",将产品和服务打造成中国符合,使公司发展成为"全球领先的具有核心技术、民族自主品牌的轻量化、模块化创新型综合零部件制造服务企业集团"。公司制定了"11MI"的"十三五"发展目标,即铝镁合金铸造汽车零部件销量全球第一;进入全球汽车零部件百强第一梯队,销售收入及市值均达到100亿美元;以模块化、系统化为业务发展方向,适时拓展模块化业务领域(Modularization);践行创新创业精神(Innovation),打造一批创新型子公司并做大做强,支撑主业发展。

3. 未来发展的关键举措

面向未来,中信戴卡将在继续做大做强铝车轮和KSM铝铸件两大主业的同时,将创新服务型业务打造成为两大主业的支撑板块,拓展铝型材产品板块,促进公司向生产服务型转型升级。为此,公司将重点实施卓越能力中心、模块化系统化、产融结合等发展举措。

中航复合材料有限责任公司

AVIC Composite Corporation Ltd.

一、发展概况

中航复合材料有限责任公司是由航空工业北京航空材料研究院和北京航空制造工程研究所复合材料专业战略重组组成,于2010年6月注册成立,位于北京市顺义航空产业园区,占地36.4万m^2,拥有一流的科研人员队伍和研发、生产、办公设施,并依托建有先进复合材料国防科技重点实验室和结构性碳纤维国家工程实验室,是集复合材料研发、生产、销售和服务于一体的专业化国有企业。

公司继承并发扬了我国航空先进复合材料坚实的技术基础和辉煌成就,在高性能树脂及预浸料技术、高性能复合材料新型结构、树脂基复合材料制造技术、金属基及陶瓷基(含 C/C)复合材料成型技术、材料表征与测试技术、先进无损检测技术等方面均处于领先地位。公司正积极推进航空复合材料技术在民用飞机、汽车、轨道交通、石油、电力和新能源等领域的应用和产业化。

公司明确"1234 发展战略"(一个中心:打造研发、工程转化、生产一体化中心;二条主线:保障军品,开拓民品;三个一流:一流人才、一流技术、一流产品;四个目标:引领高端技术研发,促进复合材料应用,创新经营管理模式,实现产业跨越发展)。

公司自 2012 年开始非常重视非航民品业务的发展,规划了五大产品平台,包括原材料和中间材料产品平台、医疗复合材料构件产品平台、交通领域复材构件产品平台、运输用罐车产品平台和全复合材料大巴车身产品平台,经过近 5 年的发展,突破了五大产品平台的一些关键技术,并有部分产品已经实现产品量产,为后续各产品平台下系列化产品发展起到示范引领作用。

二、生产经营

中航复合材料有限责任公司经营的产品有树脂预浸料、铝蜂窝和纸蜂窝、PMI 泡沫等原材料、航空复合材料零部件以及复合材料医疗床板和复合材料汽车零部件,2017 年产值约为 16.7 亿元。

三、产能建设

中航复合材料有限责任公司现树脂年产能力 600 t,预浸料年产能力达 1 500 000 m^2,铝蜂窝年产能力为 25 t,纸蜂窝年产能力为 4 000 m^3。

四、技术进展及研发能力进展

中航复合材料有限责任公司有一支实力雄厚的研发队伍,现公司员工 449 人其中院士 1 人,研究员 32 人,高级工程师 126 人,工程师 98 人,其中博士 59 人,硕士 152 人。公司建立了完整的研发体系,基础研究领域主要包括:高性能树脂及预浸料技术、高性能复合材料新型结构、复合材料制造技术、金属基、陶瓷基(含 C/C)复合材料成型技术、材料表征与测试技术和先进无损检测技术研究,产品研发包括高性能树脂及预浸料、芳纶纸蜂窝、复合材料航空零部件以及非航民品开发。公司的非航民品规划五大产品研发平台分别为原材料和中间材料研发平台、医疗复合材料构件研发平台、交通领域复材构件研发平台、运输用罐车研发平台和全复合材料大巴车身产品平台。

五、主要产品

序号	产品名称
1	树脂预浸料
2	芳纶纸蜂窝
3	医疗零部件
4	全复合材料客车车身
5	复合材料客车板簧

六、发展规划

中航复合材料有限责任公司规划"十三五"不同非航民品的发展规划。针对轿车、电动客车等交通领域对快节拍、低成本树脂和预浸料的需求,通过自投资模式,实现快速固化预浸料产品产业化能力,到 2020 年,达到 4 000 万元经济规模。主要针对轨道交通、汽车等市场对轻量化的需求,到 2020 年非航民品蜂窝用量达到 4 000 万元的经济规模。针对医疗器械市场,不断开拓市场,医疗复合材料产品到 2020 年达到 2 500 万元的经济规模。

深圳市恒翼能科技有限公司

Shenzhen HYNN Technologies Co., Ltd.

一、单位概况

深圳市恒翼能科技有限公司创立于 2006 年,总部位于深圳市龙华区,下设有东莞恒翼能自动化有限公司、成都恒翼能科技公司及华东、华南、华北办事处。恒翼能是一家立足于新能源行业,专业研发动力锂电池检测设备以及整体智能解决方案的国家级高新技术企业,产品涵盖锂电池制造后段自动化线体、动力电池组全自动检测线、动力电池组智能制造线体和实验室设备四大体系。自主研发的设备包括锂电芯生产后段全自动线体、模组生产自动化线体、电池化成分容设备、电池组充放电循环设备、大功率电池组充放电设备、BMS 检测设备、动力电池组 EOL 测试系统与实验室设备等。产品广泛应用于电池厂、大型新能源汽车整车装备厂、高端实验室、高校和科研检测机构等。

恒翼能高精度动力电池测试系统可以对多种规格电池进行充放电测试,具有高功率、高性能等特点。集化成、分容、分选、仓储一体化的锂电池后段全自动线体,则是根据客户生产工艺和产品特点提供半自动或全自动解决方案,实现人员的大量节省和产能的飞速提升。

自动化针床根据电池种类、工艺特点,定制适合客户需求的自动化成分容针床设备。采用一体式化成、分体式化成、高温压力化成和负压化成等最新技术,适用于方形电池、软包电池、圆柱电池和电池模组等不同的电芯设备。

PACK 电池组装测试自动化线体,根据客户生产工艺,依次将 PCM 测试机、电池分选机、电池电焊机、半成品测试设备、老化设备、自动封壳机、成品测试设备、缓存库等电池后处理特色单机，通过自动化的形式组装起来，实现 PACK 电池生产产能的飞跃。

以恒翼能 MES 软件管理平台为核心，架构企业网络，实现电池生产检验数据全产线信息化管理，能有效降低生产制造周期，提升产品制造质量，缩短交货周期，提高设备利用率。环节的检测测试数据都可同步上传至后台服务器，实现检测的可追溯性。

恒翼能是工信部锂离子电池安全标准特别工作组/锂离子电池制造设备标准项目组全权会员。

二、经营情况

恒翼能公司现有员工 520 人，研发人员约占 38%，设有深圳总公司、成都分公司以及华东、华南、华北办事处，2017 年产值 7.2 亿元，2018 年产值预计突破 10 亿元。公司积累了丰富的技术、行业及市场经验，不仅成为中国锂电池设备十大品牌企业，更跻身于中国锂电池检测设备前 10 强。

三、产品出口

目前恒翼能产品已销往美国、韩国、俄罗斯、印度等国家。

四、技术进展及研发能力建设

2017 年初，恒翼能成都研发中心成立，研发人员达 40 多人，其中多数来自全国各重点高校、科研机构及知名企业。目前已获得 2 项 PCT 国际专利，5 项美国专利，20 项中国发明专利和 200 项实用新型专利。

五、主要新产品

序号	主要产品
1	电芯与数码 3C 模组检测系统
2	动力电池组检测设备
3	自动化生产设备
4	BMS 测试系统
5	电动汽车与储能测试系统

六、合资合作及重大项目建设

恒翼能研究院着重新技术的研发和知识产权保护，承担深圳市科创委重大技术攻关项目——电池化成分容匹配一体化关键技术研发。推进与高等院校和研究机构的紧密合作，与深圳大学合作共同承担深圳市科创委的重大技术攻关项目，清华大学深圳研究院筹备建立联合实验室。与上下游领域杰出企业（如库卡工业自动化有限公司）签订战略合作协议，发挥自身在锂电池生产和检测设备方面优势的同时，结合其他领域优势，打造完整产业链。

七、发展目标与规划

顺应锂电设备行业整线化、标准化、全球化的三大趋势，恒翼能致力打造全球性锂电池智能制造和检测设备龙头企业。增设分公司及研发中心，设立办事处和分工厂。

北京商驰科技发展有限公司

Beijing SUNCH Technology Development Co., Ltd.

一、单位概况

北京商驰科技发展有限公司是一家注册于中关村国家自主创新示范区的国家高新技术企业，为园区重点发展的海帆计划和瞪羚计划企业，多年连续被评为北京市诚信创建企业、北京市新技术新产品服务企业、中关村高新技术企业、中关村新品牌 100 强。公司成立于 1997 年，一直以来致力于研究先进制造技术，开发工厂自动化生产工艺设备、自动化生产线，发展高端智能制造装备。公司经历了 20 年的经营，16 年的智能装配制造装备专业经验，12 年的持续研发和积淀，掌握高端核心应用技术（填补空白、打破进口垄断），取得了跨越式的发展，目前在锂电池电芯装配、动力电池 PACK 等应用的高端智能装备制造领域产品布局完整，是国内领先的高端智能制造设备、锂电高端设备研发、生产的核心企业。公司研发装备已在力神、比亚迪、北汽、LG 、孚能、东莞新能源、鹏辉、德朗能、天鹏、天能、天臣等企业得到应用，市场占有率名列前茅。

二、人才队伍

公司始终贯彻“人才是第一战略”的方针，高度重视人才队伍建设，加大人才培养和高层次人才引进力度，积极进行技术储备，技术力量雄厚，现拥有一支由国内行业知名专家、教授、博士、硕士、工程师等高中级技术人才，专业覆盖机械制造及自动化、机电一体化、机械设计、自动控制、电气工程及其自动化、信息技术、工业设计、工业工程、能源与动力工程、测控技术与仪器、材料科学与工程等。公司在坚持企业主导自主开发的同时，走出去、请进来，积极与北京理工大学、北京航空航天大学、哈尔滨工业大学、航天科技集团等国内高校、科研院所建立了良好的合作关系，拥有强大的技术支持和依托。不断完善新型现代企业管理模式，建立有效激励机制，以股权分红奖励和项目提成奖励为核心，激发研发人员的创造力和工作热情，确保研发进度和订货合同如期履约。

三、核心技术

公司加大技术改造力度，研发投入逐年增加，研发硕果累累，拥有智能制造设备相关专利数十项、软件著作权 18 项，锂电池生产设备领域，技术实力雄厚，经过 20 年的行业专业技术积淀，掌握高端核心应用技术，核心技术处于国内领先水平，国际同类水平。对标国际尖端技术产品，是国内领先的锂电高端设备、高端智能制造设备研发、生产、销售的前沿科技公司。国内率先完成了 60PPM18650 锂电池全自动装备生产线和动力电池组合封装 PACK 自动生产线的设计开发与应用，掌握120PPM18650锂电池全自动装备生产线技术的企业，全线产品为客户提供锂电池一站式全自动智能制造装备解决方案。从事非标高端智能装配技术，商驰科技具备行业一流的研发实力，在机械自动化领域进行了许多开创性的研究与开发。拥有和掌握以下核心关键技术。

(1)虚拟主轴同步技术

(2)在线监控及数据实时处理技术

(3)现场总线技术

(4)智能检测与控制技术

(5)凸轮驱动与同步协调技术

(6)影像检测与视觉定位技术

(7)特种精密机构技术

(8)高效真空注液技术

(9)工厂整线自动化技术

(10)控制与信息化技术

(11)微精密焊接技术

(12)流体动力控制技术

(13)运动控制技术

(14)高端智能装配技术

(15)高重复精度现代制造技术

(16)自动机械与机器人技术

(17)实时人机对话技术

(18)智能制造技术

四、竞争优势

在国内，公司率先在智能装配与检查、自动机械与FA应用、锂电池装配自动化生产、电池组合PACK自动化生产、电子部品部件装配自动化生产等高端装备应用领域，系统地开发了系列化的关键应用技术与优质装备。服务领域涉及新能源汽车、微电动车、电动自行车、IT终端产品、储能、移动设备等锂离子电池的生产及高端制造装备及电子制造高端装备。公司把核心关键技术应用于各种高端智能装配流水线，转化性强，可方便进入其他行业。而非标高端智能装配应用范围之广，覆盖了现代化工业的各个方面，正是工业4.0最迫切需要的一项技术。锂电高端装配线可以方便地转化为3C终端消费品、电子部品等的装配生产线。

锂电池全自动装备生产线行业竞争优势特别突出：

(1)200PPM圆形锂电池全自动装备生产线；

(2)120PPM圆形锂电池全自动装备生产线；

◆ 60PPM圆形锂电池全自动装备生产线；

◆ 基于圆形锂电的微型电动车电池PACK总装自动生产线；

◆ 基于圆形锂电的微型电动自行车电池PACK总装自动生产线；

◆ 26型60PPM/120 PPM圆形动力锂电池全自动装配线；

◆ 卷绕型方形动力电池15－50AH全自动装配线；

◆ 基于方型锂电的汽车动力电池全自动PACK线；

◆ 基于软包锂电的汽车动力电池全自动PACK线；

◆ 3C与电子制造领域产品智能装备技术与装备线。

五、愿景展望

商驰提供的锂电池生产线的性价比远高于日、韩同类装备；未来三年，公司要把研发中心建成北京市级高端制造装备技术中心，未来五年，建成国家级高端制造装备技术中心，成为最具代表国家竞争实力的高端智能装备制造企业，同时实现直线超车，成为世界高端锂电智能制造装备的领跑者。

北京机械工业自动化研究所有限公司

Beijing Research Institute of Automation for Machinery Industry Co., Ltd.

一、发展概况

北京机械工业自动化研究所有限公司(简称北自所)创建于1954年，是原机械工业部直属的综合性科研机构，1999年转制为国务院国资委监管的大型科技企业。

北自所致力于制造业领域自动化、信息化、集成化、智能化技术的创新、研究、开发和应用。为客户提供包括开发、设计、制造、安装及服务的整体解决方案。

北自所现有员工900余人，其中工程技术人员700余人。拥有9个研究开发中心；拥有“制造业自动化国家工程研究中心”、“国家‘863’计划智能机器人产业化基地”等国家级科研机构；拥有“智能专机设备”和“高附加值工业产品”为主题的两个产业园区；有“全国工业自动化系统与集成标委会”等15个全国性行业组织依托在北自所，负责自动化领域的国际标准、国家标准和行业标准的研究制定工作；并编辑发行两本中文核心期刊《制造业自动化》和《液压与气动》。

2017年，北京机械工业自动化研究所有限公司结合市场需求，以智能制造为导向，潜心研究汽车动力锂电池的生产装配工艺，配合企业的信息化管理水平，最终设计了国内第一条动力锂电池智能化生产线方案。该方案集柔性化制造、智能化物流、数字化信息自动采集与设备集成等关键技术于一体，实现电池模组智能装配、电池Pack智能装配及电池PACK集成在线检测等功能。完成包括中控系统、电池模组装配产线、电池PACK总装线以及电池Pack全自动检测线在内的一整套设计与制造，为新能源汽车锂电池厂家的批量化生产、智能化装配、一致性管理，提供了可靠的软硬件保证。

为促进科研成果的产业化转换，北京机械工业自动化研究所有限公司在新能源汽车动力电池生产厂家进行了项目实施。该项目为新能源汽车动力电池生产厂家解决了包括电芯静置缓存库、电芯分档、电芯分档缓存库、智能AGV物流配料、模组Pack自动装配检测线以及MES系统数据管理等智能化与信息化需求在内的一整套设计与制造，实现了

MES 系统订单下发产线、Pack 组件条码层层绑定、关键数据参数存储与质量追溯的智能化信息管理、电子看板生产实时信息与生产线运行状态智能监控以及 AGV 智能车物料装配与输送等功能，单线产能节拍达到 24 ppm。

汽车动力锂电池模组组装及 Pack 线智能制造的顺利实施，很好地解决了动力电池生产过程中的装配精度、工艺准确性、生产节拍、信息管理、物流等问题；实现了新能源汽车动力电池的自动化、标准化、智能化装配；加速了新能源汽车智能制造前进的步伐。

二、科研项目及成果

截至 2017 年底，北京机械工业自动化研究所有限公司的新能源汽车锂电池模组组装及 PACK 线智能制造项目，已与国内 8 家动力电池生产厂家和新能源汽车生产厂商开展了项目合作。新能源汽车锂电池模组组装及 PACK 线智能制造项目在电池生产厂家的良好运行，带动了企业的技术进步，提高了企业的核心竞争力。降低人工成本，提高设备自动化、无人化是必要前提，数字智能化水平是企业将安全风险和损失降到最低的核心竞争趋势。在以上项目的实施过程中，方案不断得以完善，技术不断得以提高，人员不断得以学习。共计取得 6 项实用新型专利。

三、主要研究方向

北京机械工业自动化研究所有限公司主要针对我国新能源汽车动力电池系统厂商当前存在的自主研发能力不强、研发设计及工艺水平较低、生产自动化装备不完善、质量控制能力差、电池一致性和稳定性较弱等问题，通过推动工业机器人、增材制造装备、智能传感器与控制装备、智能检测与装配装备及智能物流与仓储装备等安全可控核心智能制造装备创新应用，开展面向多规格的新能源汽车动力电池系统的柔性化、智能化生产线研制。

主要研究内容包括：新能源汽车动力锂电池的装配工艺、动力电池生产车间智能化装配与检测平台、产品数字化三维设计与仿真平台、可视化高效率测试与实验平台、智能化物流与仓储平台等。

以上研究内容不仅能满足产品全生命周期各环节智能化的要求，还能提高企业的生产效率，减低运营成本，提高资源利用率，促进我国新能源汽车动力电池系统核心技术工程化及产业化能力提升。

四、发展规划

1. 开展新能源汽车动力电池系统自动化、智能化、数字化生产，实现车间网络架构与信息系统互联互通，提高产品的标准化装配、一致性管理，满足社会对新能源汽车动力电池系统的需求；

2. 构建新能源汽车动力电池系统产品研发设计与实现平台，建立产品全生命周期管理系统，实现产品数字化三维设计与仿真；

3. 搭建集成化的动力电池系统自动化装配与检测平台，通过车间制造执行系统，实现生产过程现场数据的采集与可视化，以及产品数据的可追溯性；搭建生产线总控制系统，实现对智能机器人的控制与管理，柔性生产，满足新能源汽车对动力电池系统的多元化要求；对设备生产异常、急停等故障提供自诊断与报警功能；

4. 搭建智能化高效率的动力电池系统产品测试实验平台，降低产品不良品率，缩短研制周期，减低运营成本；

5. 打造智能化的物流与仓储平台，实现对货物仓库管理各个环节数据输入的速度和准确性，确保及时准确地掌握库存信息，降低企业的运营成本及产品的供货周期。

新乡天力锂能股份有限公司

Xinxiang Tianli Energy Co., Ltd.

一、单位概况

新乡天力锂能股份有限公司成立于 2009 年 3 月，注册资本 4 037 万元，是一家专业从事锂电三元正极材料研发、生产和销售的国家级高新技术企业，也是业内同时拥有前驱体和成品三元材料少数供应商之一。公司综合产能 20 000 t/年，其中高镍 3 000 t。2015 年公司股票在新三板挂牌交易（股票代码:833757）。2017 年公司产值超过 7 亿元，实现利税近 5 000 万元，各项经营指标较 2016 年增长均超过 95%。

公司生产的三元材料主要应用于电动汽车、电动自行车、移动储能设备以及电动工具等领域，主要客户有苏州星恒、江边海四达、深圳卓能、浙江天能、广州鹏辉等国内知名锂电池生产企业，遍及长三角、珠三角等主要锂电产业地区，正在开发的跨国公司客户有日本松下、韩国三星等。

新三板挂牌为公司打开了融资的大门，截至 2017 年，已成功融资近 3 亿元，获得了多家国内知名投资机构和上市公司的重点关注，被评定为新三板最具投资价值锂电企业、2016 年中国锂电池最具投资价值企业，2017 年度新三板企业最佳表现奖，2017 年公司市值已超过 14 亿元。

二、企业科技创新的基本情况

公司 2014 年被认定为国家级高新技术企业，拥有省级企业技术中心“新乡天力锂能股份有限公司企业技术中心”及市级“新乡市动力电池三元材料工程技术研究中心”，先后获得授权发明专利 4 项，实用新型专利 6 项。“湿法混合生产镍钴锰酸锂三元材料”“无汞碱性锌粉”两项成果被认定为河南省科技成果，其中“湿法混合生产镍钴锰酸锂三元材料”技术面达到国内领先水平，被列入 2016 年新乡市科技重大专项项目，自主研发 8 项新产品并通过权威机构认定。公司先后被认定为国家级高新技术企业、河南省瞪羚企业，被列入新乡市高新技术企业培育计划。

公司不断加大研发投入，以“622、811 动力型三元材料”

和“NCA 正极材料”为发力点，与中南大学、河南师范大学、郑州轻工业学院、新乡电池研究院等高校和科研院所密切合作，并高薪聘请了2名日本专家，现已具备量产能力。

三、2018 年的发展思路

1. 全年主营业务收入达到20亿元，利税1.8亿元，主要经营指标同比增长100%以上。不断优化客户结构和产品结构，争取成为比亚迪、中航锂电、万向集团、苏州松下等行业龙头的主流或核心供应商。

2. 加快与万向集团、亿纬锂能等实力机构的投资谈判进度，实现股权融资3亿元，债权融资1亿元，取得最大的产业协同效应。

3. 在现有8 000 t产能基础上，新增5 000 t高端动力型三元材料产能，实现产能超万t，为市场开发提供坚实的产能基础。

4. 加大科研投入，持续科技创新，不断引进行业专家及创新人才，实现在关键技术上的突破，将企业打造成专业化的锂电三元材料产业化基地。

5. 不断探索资本经营的手段，积极参与资本运作，持续推进企业的规范化运行，争取年内申报创业板上市材料。

四、企业“十三五”期间在建项目及谋划项目

1. 2018年，投资扩建“年产10 000 t高端动力型三元材料项目”，年新增收入15亿元，年创利税2亿元，就业员工600人，进入行业前三。

2. 2019—2020年，利用上市募集资金，投资扩建“年产20 000 t高端动力型三元材料项目”，年新增收入30亿元，年创利税4亿元。

3. 培育和建立“省级工程技术中心”“国家级企业技术中心”，申报锂电三元材料“博士后工作站”“院士工作站”。

4.“十三五”末，通过资本运作手段，并购产业链上下游企业，实现企业年营业收入超过50亿元，年利税超过8亿元，资本市场市值超过100亿元。

广州通达汽车电气股份有限公司

Guangzhou Tongda Auto Electric Co., Ltd.

一、单位概况

广州通达汽车电气股份有限公司成立于1994年，注册资本2.64亿，是一家专业从事车载智能终端综合信息管理系统及配套汽车电气产品研发、生产、销售的高新技术企业、新三板挂牌企业（股票代码:870399）。公司主要为客车、物流车生产厂商提供车载智能系统系列产品、新能源汽车电机与热管理系统系列产品、公交多媒体信息发布系统系列产品、车载部件系列产品等，致力于成为国内车载电气领域最具竞争力的企业之一。

广州通达汽车电气股份有限公司旗下拥有9家全资、控股或参股公司。其中拥有5家全资子公司，一家控股80%的广州市柏理通电机有限公司，一家控股50%的广州思创科技发展有限公司，与中国汽车技术研究中心（央企）发起成立的天津英捷利汽车技术有限责任公司，与中国恒天集团（央企）发起成立的北京恒天鑫能新能源汽车技术有限公司，目前公司员工有1 000多人。

二、经营情况

广州通达汽车电气股份有限公司客户涵盖国内众多客车企业并成功挺进国际市场，是郑州宇通、比亚迪客车、厦门金龙、安凯客车、中通客车等国内前十名客车生产厂家的标准配套商，产品覆盖我国全部一线城市和大部分二、三线城市；同时，公司多款产品在2008年北京奥运会、2010年广州亚运会、2011年深圳世界大学生运动会、2013年沈阳全运会以及2014年青奥会以及2018年春晚等国内大型活动中均有应用。

2017公司实现销售额78 307.62万元，同比增长35.57%，实现税后净利润14 153.96万元，同比增长36.45%，缴纳税费9 366.69万元，同比增长50.09%。特别是公司新三板挂牌以来已经实现2.04亿元的融资，用于企业自身的建设。

三、产品出口

广州通达汽车电气股份有限公司产品已出口到亚洲、非洲、欧洲、南美洲等30多个国家和地区。

四、产能建设

自广州通达汽车电气股份有限公司设立以来，规模不断扩大，目前公司总建筑面积厂房及办公场地面积为22 589.24 m^2，正在筹建民营科技园车联网产业园项目（占地面积29 517.21 m^2）、开发区电气信息系统建设项目（占地面积20 083.00 m^2）的建设，建设完成后公司的建筑面积将增长3倍以上，为产能的实现提供场地基础。

广州通达汽车电气股份有限公司通过积极建设公司通过乘客信息系统生产线升级技术改造项目、车载电气柔性生产线升级技术改造项目、新能源汽车车载部件自动化生产线项目等生产线升级改造项目，实现生产线的自动化和智能化，提高公司的工程化建设能力。

广州通达汽车电气股份有限公司主要产品产能为车载智能终端一体机年均产能10 000套；乘客信息管理系统年均产能34 375套；多媒体风道年均产能13 750套；通道灯年均产能20 000套。

五、技术进展及研发能力建设

广州通达汽车电气股份有限公司技术中心经过多年的建设，在管理架构和运行机制上对技术资源进行整合、规划、统一协调和规范管理，实现了技术研发的制度化、流程化、规

范化、标准化的运作管理机制，逐步形成了以产品研发为核心，技术创新与管理创新相结合的科技管理体系。公司从2012年开始一直被认定为国家级高新技术企业、国家两化（工业化和信息化）融合贯标试点单位、广东省院士工作站、广东省技术中心、广东省工程中心、广州市创新标杆企业，参加省市区级科技项目5项以上，与中山大学、华南理工大学建立密切产学研合作关系，承接广东省科技厅重大专项——“巴士在线”大数据管理分析平台关键技术研究与应用、基于移动车联网的智能物流支撑平台的关键技术研发及应用。

公司针对客户提出的功能需求进行定制研发，同时配合客车生产厂商新车型同步开发配套产品。目前公司共有11项产品获得广东省高新技术产品认定，公司已经通过知识产权管理体系认证，实现从研发、管理等过程中对公司知识产权进行有效保护。

公司在发展过程中一直注重研发投入以保证公司的竞争优势，近几年企业研发投入呈明显上升趋势增长，2017年研发支出金额3 609.93万元，占营业收入的4.61%，同比2016年的2 402.60万元，增长50.25%。大量的研发投入为研制新产品提供保障，新产品推出为公司的收入提供了持续增长的保障。

六、主要新产品

序号	产品名称	产品型号
1	新能源汽车CAN仪表	TD-D-45-130041
2	新能源电机热管理系统	TD-ATS-DS222A0
3	直流无刷磁力泵	TD-C-34-HT6000
4	车载易燃挥发物智能报警系统	TD-C-37-V
5	新能源车载远程终端	TD-D-55-WNSLB2

七、合资合作及重大项目建设

1. 2017年11月16日成立十堰通巴达电气有限公司，注册资本为200万元，广州通达汽车电气股份有限公司持有100%的股权。

2. 公司于2017年5月，发行股票89.2万股，募集资金446万元。

3. 公司于2017年10月，发行股票2 000万股，募集资金20 000万元。

4. 公司于2017年9月5日，成功以6 204万元的价格竞得广州公共资源交易中心网上挂牌出让的位于广州市白云区太和镇北太路与草塘路交界处西北方向AB1207028-1地块国有建设用地使用权。

八、2017年1—12月企业在新能源汽车方面经济指标统计

填报单位名称	指标名称	单位	本期累计	同期累计	增长率(%)
广州通达汽车电气股份有限公司	2017年末资产总计	万元	98 387.63	55 263.69	78.03
	2017年营业收入	万元	78 307.62	57 761.22	35.57
	2017年利润总额	万元	16 465.94	12 064.50	36.48
	2017年销售利润率	%	21.03	20.89	0.67

杭州威衡科技有限公司

Hangzhou Wei Heng Technology Co., Ltd.

一、发展概况

杭州威衡科技有限公司自2009年成立至今，先后被认定为拱墅区、杭州市、国家高新技术企业、浙江省科技型中小企业、2016年度浙江百佳年度最受欢迎企业、浙江省“创业之星”企业、浙江省最具成长性百强企业、杭州市雏鹰企业、杭州最具活力小微企业、杭州市专利试点企业、余杭区高新技术企业研发中心、专利试点示范企业荣誉称号。并与浙江大学进行产学研合作，共同开拓电机测试领域市场。于2015年在浙股交创新版成功挂牌，并通过了ISO 9001:2008质量管理体系认证。获得授权专利82项，其中发明专利23项、实用新型专利54项、外观设计专利5项，另获软件著作权12项。

杭州威衡科技有限公司凭借先进的研发技术和严格的质检管理，以尖端的产品技术使企业得以领跑国内电机测试测量行业。尤其在新能源汽车测试技术领域的研发、设计到性能检测等方面，都已经达到国内同行的领先水平，且拥有国内首创的电动车霍尔检测技术。每年为新能源汽车厂家提供新能源汽车整车及零部件检测设备、各项性能检测设备及其他检测设备等产能建设约600套。

二、主要产品

序号	产品名称	产品型号
1	EVD系列	底盘性能测试解决方案
2	EVM-P系列	驱动电机测试解决方案
3	EVM－C系列	电机控制系统测试解决方案
4	EVP系列	动力总成测试解决方案
5	SFT系列	车用电机测试解决方案
6	EVT系列	动力电池测试解决方案

三、合资合作

公司已与吉利汽车、比亚迪汽车、中汽研究院、格力、中

国船舶重工集团公司711研究所、众泰汽车、中兴汽车、海格汽车、知豆电动汽车、金彭、小刀电动车、宗申摩托、尤奈特电机、绿源电动车、海尔、格力、海信、美的、格兰仕、九阳、博世、皇冠、ABB、老板、方太、三菱电机、中国兵器、中国航空、中船重工、中国科学院微电子中心、浙江省质检院、北京大学、中国矿业大学、中国计量学院、华东理工大学、上海交通大学医学院、浙江大学、海康威视、博世科技等单位开展广泛合作。

上海乐来汽车分析测试有限公司

Shanghai Reliable Automotive Analysis and Test Co., Ltd.

一、单位概况

上海乐来汽车分析测试有限公司是一家总部位于美国密歇根州麦迪逊海茨市专业从事汽车综合工程和测试服务的公司。公司主要分布在北美和亚太地区,已在中国设立上海乐来汽车分析测试有限公司、柳州乐来汽车分析测试有限公司以及北京、重庆办事处,其他城市也将陆续成立服务机构。美国乐来1990年成立,上海乐来2005年成立,柳州乐来2016年成立。全球超过260名员工,美国总部50余名员工,上海乐来180余名员工,柳州乐来15名员工,上海乐来重庆办事处3名员工,北京办事处1名员工。

二、经营情况

上海乐来汽车分析测试有限公司,位于上海市浦东新区康桥东路1365弄12A,公司主营业务为提供汽车内外饰件、电子电气产品及各种材料的测试服务。2017年主营业务收入达8 000万元,2018年目标主营业务收入12 000万元。

三、技术进展及研发能力建设

上海乐来在汽车材料测试能力方面,具备物理及机械性能测试能力、环境模拟机加速气候老化测试能力、化学及散发性能测试能力、热分析测试能力;环境可靠性测试区域位于园区10号楼,实验室占地面积2 300 m^2,能力覆盖气候类、机械、电性能、化学性能、线束连接器、功能性测试、安全系统等;汽车电磁兼容测试能力含辐射发射、传导发射(CEV/CEI)、磁场发射测试、瞬态传导发射、辐抗扰度、静电放电等常规类及新能源汽车测试能力。

上海乐来还自行研发了车床密封条滑动阻力测试台、铜沉积法电源、天线极性自动定位系统、天线极性半自动定位装置、便携式发射机功放、样品动作装置(模拟实车状态人机互动)、电性能测试系统、数据采集系统、智能型开路短路测试箱、水飞溅测试系统等,实验室还自制磁场抗扰度设备以校准各参数满足要求。

四、合资合作及重大项目建设

主要合作的OEM和重要的供应商有上汽大众、上汽集团、联合电子、北京恒润、闪渡新能源、北京海松元等,做过的项目有电池包项目、电机项目、变速器项目等,有丰富的经验和成熟的技术。

深圳新荷科技有限公司

Shenzhen Xinhe Technology Co., Ltd.

一、单位概况

深圳新荷科技有限公司成立于2015年,注册资金500万,公司目前拥有运营、售后、客服以及专业研发团队;软、硬件技术人员达20人,主要从事计算机软硬件的研发与销售;网络技术及计算机技术开发、技术咨询、技术转让;数据处理及储存服务;信息技术服务;销售、租赁新能源汽车;新能源汽车的技术开发与技术咨询;汽车配件的研发与销售;充电设备的设计与安装、维护、租赁、充电服务;充电桩的安装、运营、建设;车载智能终端的研发、安装、销售等业务。是一家专注于绿色出行的新能源汽车高新技术企业。

新荷科技采用终端+平台一体化运营模式,为车企提供国标过检及国家要求所有数据及技术集成方案,满足车企基础要求与日后扩展,通过高频数据平台为车企提供健全的数据服务,帮助车企了解市场需求、技术指标、应用领域及客户导向,更好地立足于市场。

二、经营情况

深圳新荷科技自成立以来,专业积累物联网底层技术研发,与2017年初介入新能源汽车行业,分别与湖北三环专用汽车有限公司、云南贵航云马汽车有限公司、云南北汽专用车有限公司、一汽(红塔)专用汽车有限公司建立合作,提供新能源汽车自动化平台。

三、产品出口

深圳新荷科技有限公司新能源自动化平台与海外哥伦比亚 Renting Colombia 公司建立深度合作,为其新能源汽车提供监控、运维、售后维保等业务。

四、技术进展及研发能力建设

售后服务——与传统车辆维修进行区分,新荷联合整车企业与供应商建立全国新能源汽车维修服务专业化、智能化体系，将售后服务前置，做到车未到，各地服务站已熟悉该车辆维修、保养方法，以此达到售后服务整体升级。

产品供应——车企结合车辆运行数据与维保数据，分析供应商产品问题，生成运行报告，指导供应商提高生产工艺。新荷与供应商直接对接，保障现场问题第一时间告知，节省维修时间。

车企管理——按照国家要求，车企需不断完善对新能源汽车零配件及数据的追溯，新荷平台支持车企制造入库、销售出库等阶段，完成对车辆数据回溯、零配件维保和更换追溯，一方面保障车企能够满足国家要求，另一方面优化车企管理结构，走向数据指引的道路。

五、主要新产品

序号	产品名称	产品型号
1	智能终端 T-BOX	TK_VT600
2	新能源自动化平台	V3.0

武汉电动汽车技术开发有限公司

Wuhan Electric Vehicle Technology Development Co., Ltd.

一、单位概况

武汉电动汽车技术开发有限公司成立于 2010 年 10 月，是一家专注于提供新能源汽车 TSP 车联网数字化产品和服务的高新技术企业，公司位于武汉光谷金融港。

公司拥有核心知识产权的产品有 V-link 车载数据交互终端、TBOX 车载数据采集终端、VBOX 语音数据交互终端等智能车载终端产品，终端产品涵盖到 2 G/3 G/4 G，下一代的产品集成以太网等技术，不断地提升产品应用拓展。

车联网即时通讯平台、新能源安全监控平台、电池溯源平台、分时租赁平台、智能充电平台等系统平台为核心为整车企业、运营企业、政府部门提供数据服务。

公司作为业内领先的数据应用服务商，全程参与了 GB/T 32960 国标文件的起草与制定，为整车企业产品数据接入国家平台提供强有力的技术支持。通过 8 年的卓越发展，作为中国新能源汽车大数据联盟成员单位之一，坚持以技术创新、产品创新来为整车企业服务，推动智能网联的快速发展。

公司 2015 年与中国电信签署了战略合作协议，作为中国电信车联网平台服务的唯一提供商。

截至目前，公司硬件产品已为 18 家整车企业 228 款新能源车辆的前装项目服务，其中包括：比亚迪汽车工业有限公司、东风乘用车有限公司、东风商用车有限公司、东风日产乘用车有限公司、海马汽车有限公司、海马新能源汽车有限公司、一汽海马汽车有限公司、郑州日产汽车有限公司、东风启辰汽车有限公司、东风襄阳旅行车有限公司、东风（十堰）特种专用车有限公司、武汉客车制造股份有限公司、东风电动车辆股份有限公司、福建新龙马环卫装备有限公司等。软件产品已为 7 家整车企业、5 家运营企业、2 家政府部门提供服务。

二、经营情况

公司自主研发的新能源汽车智能网联车载终端、远程监控终端 2017 年全年出货量达 8 万套，位列全国新能源汽车安全监控车载终端销售前茅。智能网联 Elink 系统平台已服务十多家整车企业，接入车辆达 5.8 万辆，通过国家平台车辆符合性测试的车型达 228 款，是全国领先的数据应用及运营解决方案提供商。

三、技术进展及研发能力建设

公司团队由国内一线整车企业高管、整车研发人员、市场人员组成，同时拥有国家专利 21 项，软件著作权 19 项，通过高新企业认定、软件企业认定、CMMI-3 认证、IATF 16949、ISO 9001 等体系认证。专注于为整车企业提供完善的数据解决方案，是国内领先的数据应用服务商。

核心研发团队由汽车电子、计算机软件、信息管理、遥感与测绘、计算机图像等专业人员组成。由知名高校遥感与测绘学院教授领队，开发团队 75% 拥有硕士、博士学位。

平台产品的设计，利用大数据设计架构将繁琐的车辆 CAN 总线通信、大数据存储与管理、负载均衡、服务器技术等集成封装，可实现海量车辆数据的存储与计算、监控分析、数据挖掘、数据应用，为整车企业研发部门、售后部门、销售部门、法规部门提供大数据支撑，并提供 APP 客户端供整车企业管理人员、车主用户使用。

四、主要新产品

序号	产品名称	产品型号
1	新能源安全监控车载终端	EVT-088E
2	新能源数据采集车载终端	EVT-098
3	车联网数据通信终端	EVT-108

清华大学汽车安全与节能国家重点实验室
State Key Laboratory of Automotive Safety and Energy Conservation, Tsinghua University

一、发展概况

2017 年实验室有固定人员 85 人，其中研究人员 71 人，技术人员 13 人，管理人员 1 人，建立了比较合理的研究队伍结构。研究人员中，正高职称（教授、研究员）32 人、副高职称研究人员（副教授、副研究员）34 人、中级职称研究人员（助理研究员）5 人，分别占 45%、48% 和 7%；中国科学院院士 1 人，长江学者特聘教授 5 人，长江学者特聘讲席教授 1 人，国家千人计划 2 人，国家青年千人计划 2 人，万人计划 3 人，国家杰出青年科学基金获得者 3 人，国家优秀青年科学基金获得者 3 人，科技部中青年科技创新领军人才 3 人。固定人员中 60 岁以上的正高职称研究人员 3 人，正高职称研究人员平均年龄 52 岁；40 岁以下的副高职称研究人员 10 人，副高职称研究人员平均年龄 44 岁。

本年度持续增加人才工作投入力度，不断创新人才工作方法。在原有的组织和凝聚、吸引、培养国内外优秀中青年人才的措施基础上，新开展的工作如下：设立人才基金，加大人才引进和支持力度，最高支持人才经费 50 万元/（人·年）；优化人才招聘途径，发布海内外高层次人才招聘公告、订制专属海外招聘手册、制作招聘公告微信推送和 H5 信息平台，启动了海外宣讲与招募，与多位海外青年人才面对面交流，建立起点对点联系，进一步完善了海外人才专家库；在参加第 17 届 COTA 国际交通科技年会时，举办了智能交通领域青年学者交流会，丰富了人才储备。从依托单位“双一流”建设经费和国家重点实验室专项经费中，设立人才引进、人才培养专项科研经费，为高层次人才的引进和培养，青年骨干人才的资助和派出等提供经费保障。如设立青年人才启动基金，为新引进的青年人才提供高起点。

经过几年工作的积累，形成了“顶尖院士团队—学科带头人—青年学术骨干”的人才阶梯布局，在 2017 年取得了重要突破，捷报频传：欧阳明高当选中国科学院院士，成为实验室院士零的突破；经过多方努力，拟正式引进李骏院士，正稳步推进入职环节；后续院士储备及引进人选也提上日程。李克强荣获首届“全国创新争先奖”；李建秋和王志入选科技部创新人才推进计划和国家万人计划；李升波获得青年长江学者、清华大学学术新人奖；刘亚辉获茅以升北京青年科技奖；王建强获得长江学者特聘教授；申报 3 位国家千人计划，其中左磊通过了短期千人专家评审，即将进入实验室工作。行业奖项方面，连小珉、宋健入选中国汽车工程学会会士，至今实验室共 6 位教师入选；欧阳明高、赵福全、成波和王贺武获中国汽车工程学会“突出贡献奖”，刘宗巍获中国汽车工业优秀青年科技人才奖；郑新前获中国内燃机学会“突出贡献奖”；冯旭宁和吕辰获入选中国汽车青年人才托举工程。

二、科研项目及成果

2017 年共承担科研项目 220 项，到款科研总经费 17 452 万元，其中国家重点研发计划、973 计划、863 计划、科技支撑计划、自然科学基金等国家级项目，和省部级项目总到款 8 090 万元（46%），军工专项到款 1 521 万元（8%），国际合作项目到款 1 781 万元（10%），横向项目到款 6 060 万元（34%）。另有依托单位支持双一流建设经费 1 020 万元，实到科研经费总计 18 472 万元。本年度重点项目类型更加广泛多元，作为项目负责人/课题负责人承担重点研发计划 12 项，其中国拨经费共 6 959 万。共申请国家自然科学基金 34 项，获批 11 项，资助率 32%，其中重点项目 3 项，面上基金 5 项，青年基金 2 项，外国青年基金 1 项。

2017 年发表 SCI 论文 203 篇，EI 论文 283 篇，授权发明专利 85 项。欧阳明高入选 2017 年全球“高被引科学家”名单；王志在全球顶级期刊《能源与燃烧科学进展》发表发动机爆震燃烧综述文章〔五年 IF = 23.63，在机械工程（132 个期刊）和热力学（58 个期刊）两个领域排名榜首〕；李亮在国际电动车研讨会（ISEV 2017）上荣获最佳论文奖。

2017 年，获省部级一等奖 3 项。2013—2017 年，共获国家奖 5 项，省部级一等奖 11 项、二等奖 5 项、三等奖 4 项。“结构共用型汽车智能驾驶辅助系统技术及产业化应用”获 2017 年中国汽车工业技术奖一等奖（第一完成人和第一完成单位）。首次实现了具有完全自主知识产权的相关产品在我国乘用车企业（含合资品牌）的规模化前装配套，显著提高了我国汽车智能驾驶辅助系统的开发水平和产品竞争力。“高效汽油机燃烧理论及其应用”获中国产学研创新成果奖一等奖（第一完成人和第一完成单位）。围绕直喷汽油机燃烧的基础理论和关键技术，开展了 10 多年的持续研究，形成了多种具有自主知识产权的主导技术。

三、科研设施及科研能力建设

2017 年实验室购置仪器设备 741 台，总经费 2 347 万元。包括燃料电池阻抗测试系统 、发动机状态测试系统、发动机台架、全工况测试系统、高性能服务器、质谱仪、车轮滑移模拟系统、流动燃烧激光测试系统、动力电池量热仪、多通道电池测试系统、驱动系统测试台架、高低温试验箱、高速相增强系统。其中大部分仪器设备都能够开放共享。

四、主要研究方向

实验室的主要研究方向为汽车主动安全性、汽车被动安全性、先进发动机与排放控制、电动汽车与新型动力、汽车电子控制。

汽车主动安全性包括汽车动力学与控制、汽车振动与噪声控制、驾驶行为识别与安全辅助系统、交通安全与事故再现。

汽车被动安全性包括汽车碰撞力学、汽车安全性设计、乘员保护及人体损伤机理、汽车新型材料与轻量化。

先进发动机与排放控制包括发动机燃料与燃烧、发动机排放控制、发动机热流体学、动力总成与性能优化。

电动汽车与新型动力包括车用动力电池系统、纯电驱动系统、混合动力系统、燃料电池动力系统。

汽车电子控制包括发动机电子控制、底盘电子控制、智能汽车、智能交通。

五、国内外交流

2017年,继续打造重点实验室学术沙龙交流平台,累计已举办208次,本年度共23次,3 000余人次参与,主讲嘉宾中有清华大学副校长、海外华人交通协会主席、中国机械工程学会秘书长等,已形成品牌效应。在第200期学术沙龙特邀潘际銮院士作题为"抗日战争时期的西南联大"的主题报告,约400人参加,校党委书记陈旭、副校长尤政、校务委员会副主任谢维和,同济大学校长钟志华、北京理工大学副校长项昌乐、长安汽车北京研究院院长吴礼军等都应邀出席了沙龙,活动反响热烈。

《汽车安全与节能学报》先后已被《中国科技论文统计源期刊(中国科技核心期刊)》(CSTPCD)和《中国科学引文数据库》(CSCD)收录,本年度出版4期,刊发学术文章55篇,业内影响力不断扩大。2017年入选《中国学术期刊影响因子年报》统计源核心期刊,同时还被美国、英国、俄罗斯、日本等多个期刊数据库收录。实验室第一份国际化全英文期刊Journal of Intelligent and Connected Vehicles(JICV)正式创刊,期刊将由英国埃默瑞德公司Emerald Publishing Limited公开出版发行,由王建强任期刊主编,期刊将对提升实验室在国际学术界的影响力、提高国际知名度发挥里程碑意义。

2017年国内外学者前来访问交流1 000余人次,其中国际知名学者来访交流100余人次,教职工因公派出96人次。主办了"中国电动汽车百人会论坛"、2017年国际汽车工程学会"动力总成、燃油和润滑油大会"、中美清洁汽车联盟2017年技术年会;接待了韩国湖南大学副校长、北京市交管局、立陶宛大使、世界资源研究所董事、ZipCar公司创始人罗宾蔡斯等来访。通过学术交流、参观来访和合作洽谈,进一步扩大我室在国内外汽车行业的影响力。

六、发展规划

1. 争创优秀级的车辆领域国家重点实验室,联合国内优势学术团队,引领国家汽车技术发展;

2. 进一步加强跨学科研究和实验室共建,发挥苏州汽车研究院的支撑作用;

3. 进一步加强重点实验室自主课题管理,向年轻人和基础性、创新性前沿课题倾斜,以培养人才为目标。

同济大学新能源汽车工程中心

New Energy Automotive Engineering Center of Tongji University

一、发展概况

同济大学新能源汽车工程中心成立于2000年,同时也是国家燃料电池及动力系统工程技术研究中心、新能源汽车及动力系统国家工程实验室、国家级国际联合研究中心、中德电动汽车联合研究中心、中国燃料电池汽车技术创新战略联盟秘书长单位。此外,受科技部委托,中心同时承担了国际氢能经济和燃料电池伙伴计划(IPHE)联络办公室的工作,代表科技部出席相关会议,定期向科技部汇报国际上氢能燃料电池的最新进展。现阶段主要专注于新能源与智能化汽车的研究。

二、科研项目及成果

近年来在"十五"、"十一五"、"十二五"和"十三五"期间,在新能源汽车领域承担了30余项"863"项目、"973"专项及一大批地方和企业的重大科研攻关项目,代表性的项目包括:国家973项目"高性能分布式驱动电动汽车关键基础问题研究";"燃料电池轿车"、"燃料电池轿车动力系统技术平台"、"混合动力轿车"、"微型纯电动轿车"、"新能源汽车动力系统控制器"、"燃料电池发动机可靠性与耐久性试验"等国家863项目,以及"燃料电池汽车高压氢气加氢站和供氢技术"、"70 MPa加氢机"、"风光互补制氢加氢站"、"氢能汽车加氢设施关键技术及标准研究"等氢设施相关课题。历年来,出色完成了多项国家和省部级重点项目,并获得了数十项国家、地方及行业奖项。代表性的奖项包括:燃料电池轿车动力平台关键技术(国家科学技术进步奖二等奖)、燃料电池汽车供氢关键技术(国家科学技术进步奖二等奖)、燃料电池轿车动力系统集成与控制技术(上海市科学技术奖一等奖)、世博新能源汽车研发与应用示范项目组(上海世博会先进集体)等。

同济大学新能源汽车团队从2006年至今,共发表论文1 800多篇,已获授权专利187项(其中发明专利64项)。通过承担上述科技项目,已形成了一支科研实力雄厚、年龄结构合理的技术团队。近年来引进高级人才12人,分别来自德国、日本、美国和国内著名高校与企业。该技术团队现有109人,拥有正高职称29人,副高职称25人,其中博士59人,平均年龄不超过45岁;拥有国家"863"重大专项总体组责任专家1人,教育部长江学者特聘教授1人,"千人计划"2人,海外名师1人,聘请多名国内外著名汽车专家为兼职教授或客座教授;是一支知识结构合理、国际交流经验丰富、富有创新精神的研发团队。近年来,先后获得国家教育部长江学者及创新团队计划中的"节能环保汽车"创新团队、科技奥运先进集体、上海世博会先进集体、"十一五"国家科技计划执行优秀团队等荣誉。

三、科研设施及科研能力建设

同济大学新能源汽车工程中心目前已建成国内领先的智能与新能源汽车研发与试验平台,具备了从零部件至整车的全系列测试和研发能力,具有代表性的科研设施主要有:

整车空气动力学风洞、整车热力学风洞、半消声环境的四转鼓整车性能测试实验室、整车环境舱与动力性能测试平台、整车耐久性测试平台、全路况智能汽车试车场、整车及零部件振动测试台、汽车尾气测试与分析系统、新能源汽车动力系统测试与模拟实验室、燃料电池发动机测试平台、燃料电池发动机环境舱、燃料电池电堆测试平台、新能源汽车关键材料分析仪器、各零部件至整车等级的完善模拟仿真计算平台等。相关科研能力建设为本单位的前瞻性科学研究和工程技术开发奠定了良好的基础。

四、主要研究方向

1. 智能驱动技术；
2. V2X 与组合定位；
3. 智能感知与控制；
4. 线控底盘；
5. 智能汽车测试与评价；
6. 燃料电池复合电源动力系统；
7. 燃料电池关键材料；
8. 燃料电池电堆；
9. 燃料电池发动机；
10. 氢能综合利用；
11. 氢能与燃料电池测试评价。

五、发展规划

致力于智能型新能源汽车关键技术的前瞻性研究和工程化开发，推动国内先进汽车技术发展与产业的推广落地，拓展国际合作扩大中国汽车技术世界影响力，确保我国汽车技术与产业的持续健康发展。

上海交通大学汽车工程研究院

Automotive Engineering Research Institute of Shanghai Jiao Tong University

一、发展概况

上海交通大学车辆工程学科始建于 1936 年，1954 年北迁至长春市。车辆工程专业于 1986 年重建，1996 年被评为上海市重点学科，1998 年建立车辆工程博士点。上海交通大学汽车工程研究院成立于 2006 年上海交通大学 110 周年华诞，瞄准国际汽车科技前沿技术，在政府、学校以及企业等多方面的支持下，通过整合和优化上海交通大学汽车工程相关学科和研究方向，组建的具有上海交通大学特色的汽车学科大平台。

汽车工程研究院拥有一支事业心强、富于创新精神的科研团队以及 10 000 m^2 的汽车实验大楼，设有汽车车身研究所、汽车底盘与控制研究所、汽车发动机研究所以及汽车电子研究所，形成具有教授 15 人，副教授 15 人，讲师 4 人，博士后 7 人，工程师 20 多人以及研究生 300 多人的研发团队。汽车工程研究院依托汽车电子控制技术国家工程实验室，上海市数字化汽车车身工程重点实验室等平台基地，重点开展汽车电子控制、汽车车身数字化工程、汽车发动机先进技术与控制以及混合动力、新能源汽车核心技术、以及智能网联汽车技术研究。

其中，汽车电子控制技术国家工程实验室在 2008 年由国家发改委批准成立，定位为围绕国家节能减排和汽车产业升级的重大需求，突破汽车电子控制技术瓶颈，在汽车电子核心技术原始创新方面为行业技术进步、企业产品创新提供有力支撑。

上海市数字化汽车车身工程重点实验室由上海市科委 2003 年批准建设的上海市重点实验室，合作单位是上海汽车工业(集团)总公司。实验室以汽车车身设计与制造技术研究与应用为核心，围绕上海汽车工业自主品牌轿车开发，重点发展薄板精益成形技术、制造质量控制技术、薄板连接技术、车身轻量化设计技术、装配工艺数字化设计技术等方面的高水平研究与车身应用。

智能网联电动汽车创新中心成立于 2017 年，响应智能网联汽车国家战略，依托车辆工程、自动化、信息安全、计算机、机器人等优势学科，以跨学科交叉研究为基础，发挥基础研究拔尖的优势，深度融合智能化、网联化和电动化相关专业，联合上海交大已有平台优势，包括上海市新能源汽车公共数据采集与检测研究中心、上海市北斗导航与位置服务重点实验室、上海市信息安全综合管理技术研究重点实验室、上海云计算联合实验室等交大核心学院和实验室。中心以核心共性基础技术为战略目标，以电动化、智能化、信息化、个性化、网络化、轻量化、共享化、终端化的先进理念打造下一代汽车。建立适应行业发展的人才培养、教育体系，为行业培养领军人与技术骨干，建成促进科技成果转化的产学研融合平台，为政府推进汽车产业发展提供的公共服务平台。

二、科研项目及成果

上海交通大学汽车工程研究院以对接国家战略、进行人才培养和开展产学研合作为重心，承担包括科技部重点研发计划、自然科学基金、上海市科委/经信委项目在内的一大批国家及省部级项目，服务于国家对推动科技进步和提升自主创新能力的战略性需求。近 5 年，汽车工程研究院共承担项目 280 余项，包括国家“863”“973”“攀登计划”“自然科学基金”“人才计划基金”项目 52 项、省部级科技攻关项目 67 项、企业科技攻关课题 161 项，科研总经费达亿元。汽车工程研究院旨在培养面向企业的高端人才，同时以产学研合作的方式，从学科层面服务于产业界的发展，与美国通用、上海汽车、上汽通用五菱、江淮汽车、吉利汽车、华为、百度等国内外知名车企长期合作，建成了多个研究中心，在国际合作和校企合作方面做出了特色。新能源方面近期典型科研成果包括：创新性 48 V 电驱动车辆，全线控驾驶底盘系统，高效增程式发动机系统，车载无线充电系统等。

三、科研设施及科研能力建设

汽车工程研究院下设8个研究所,其中包括车身设计与制造技术研究所,汽车发动机研究所,汽车电子控制技术研究所,汽车底盘与控制研究所,汽车空调实验室,快速成形与制造实验室,汽车知识工程实验室,智能网联电动汽车创新中心。同时依托汽车电子控制技术国家工程实验室,定位为围绕国家节能减排和汽车产业升级的重大需求,突破汽车电子控制技术瓶颈,在汽车电子核心技术原始创新方面为行业技术进步、企业产品创新提供有力支撑。发展的方向是:形成一个以公共平台为支撑,面向整车与关键零部件企业服务的"三纵三横"(三纵为动力与传动、底盘与安全和汽车总线电子,三横为基础核心技术、共性关键技术和工程应用技术)研发布局。实验室建有基础元器件研发、控制仿真与策略研发、动力传动系统控制、汽车总线与电子电器、底盘控制与主动安全等5个研发平台。国家工程实验室的主要任务是建成设备先进、功能合理、管理科学的实验平台,形成一支国际水平的研发创新团队;通过产学研合作,突破一些汽车电子行业急需解决的共性关键技术和基础核心技术,承担一批重大工程应用项目,开发一批自主知识产权的汽车电控产品,并推广应用。同时为行业提供技术支撑与服务,培训高级工程技术人员。汽车工程研究院根据车辆工程专业特点,紧密联合企业,构建汽车行业公共研发平台;进行汽车电子核心技术攻关;促进先进技术的成果转化;研究与制定我国汽车电子技术产品标准;检测与评估汽车电子产品和技术;培养我国汽车电子行业发展所需的高级人才;起到作为我国汽车电子行业资讯交流及国际合作交流的枢纽作用。

四、主要研究方向

车身设计与制造技术研究所:车身数字化设计,车身轻量化技术,薄板冲压成形技术,车身制造质量控制,车身现代制造工艺,汽车复杂型面快速成形制造技术与工艺,汽车知识工程(KBE)理论与关键技术。

汽车发动机研究所研究:发动机燃烧喷雾研究,发动机使能装置研发与产业化,发动机工程化开发,汽车电子使能装置研发与产业化,先进发动机技术研发。

汽车电子控制技术研究所:汽车电子系统研究与开发,新能源动力总成系统研究,电池管理系统研究与开发,柴油发动机电控系统研究与开发,高效动力与传动系统开发。

汽车底盘与控制研究所:车辆动力学理论与控制,整车设计与开发,车身结构分析,汽车底盘控制技术,汽车变速箱开发和先进传动技术。

智能网联汽车技术中心:中心下设8个研究室,全面覆盖智能网联电动汽车的关键技术领域。以图像处理和深度学习研究高可靠性的实时环境感知方法;研究面向自动驾驶的多源异构传感器信息融合方法;研究汽车驾驶路径规划和智能行为决策技术;智能网联电动汽车车载信息系统安全评估、安全协议设计、外部网络安全防护等方面研究。面向智能驾驶的线控转向、线控制动技术,定制化可变驾驶感受;基于电机执行机构的动态安全防滑控制算法;车辆纵横向动力学集成控制,轮胎模型。

五、国内外交流

上海交通大学汽车工程研究院非常重视国际化学术交流,聘请来自日本、美国的海外一流高校专家学者作为学院客座教授,了提升科研氛围,连续3年荣获国家外专局的高端外国专家资助。受邀专家每年固定周期来华访问并做学术报告,拓展学生学术视野。

研究院同时关注学生的海外交流,每位博士生在读期间都有机会到国外知名大学或科研机构访学,例如密西根州立大学,密西根大学,俄亥俄州立大学等。与此同时,海外留学生也选择到汽车工程研究院交流。学生每年都有很多机会参加相关领域的国际会议,如ILASS,SAE,国际燃烧大会等。其中,上海交通大学机械与动力工程学院主办第17届亚洲液体雾化与喷雾系统学术会议(17th Annual Conference on Liquid Atomization and Spray Systems – Asia),是亚洲液体雾化与喷雾系统学会历史上最大规模的会议。

此外,汽车工程研究院与国内外知名企业也保持良好的交流和合作关系,如美国通用,福特汽车公司,德国博世,汽车联合电子,上海大众,上海汽车等,促进了产学结合模式的发展。

六、发展规划

上海交通大学汽车工程研究院将继续加大科研投入,加强与海内外各科研机构的学术交流。上海交通大学汽车工程研究院一方面为汽车产业培养优秀人才,另一方面进一步促进产学结合,使前沿科技成果更好地服务汽车产业,提高中国汽车产业的国际竞争力。

辽宁省节能与新能源汽车动力控制与整车技术重点实验室

Liaoning Key Laboratory of Energy Saving and New Energy Vehicle Power Control and Vehicle Technology

一、发展概况

2017年实验室有固定人员44人,其中教学科研岗位38人,专职实验岗位6人;正高级职称12人,副高级职称20人,中级职称12人;博士生导师15人。在整个师资队伍中,有长江学者特聘教授1人、国家"千人计划"引进专家1人、国务院"政府特殊津贴"获得者1人、国家人事部"百千万"人才工程第一、二层次人选1人、国家杰出青年基金获得者2人、863主题专家1人、国家"青年千人计划"入选者1人、辽宁省"百千万"人才"千人"层次1人、辽宁省高等学校学科拔尖人才 1 人、辽宁省汽车工业协会专家 3 人。

师资队伍中,60% 以上的教师具有国外学习、进修或作为访问学者的经历,最高学位为博士的教师占 85% 以上,45 岁以下教师占 85% 以上,教授、副教授大部分是年富力强的中青年教师,师资队伍整体结构呈年轻化、专业化。在这些教师中,26 位教师具有在企业工作过或在企业实践 6 个月以上的经历,10 名教师作为企业技术咨询专家长期为企业提供技术咨询,18 位教师承担技术合作项目,合计 75% 以上具有企业实践经验。

现任实验室主任周雅夫教授长期从事电动汽车整车技术、电机及控制系统和发动机电子控制等方面的研究,连续 12 年获得科技部"863"专项资助,是科技部项目评审专家,教育部科技奖励评审专家,中国汽车工程学会科技奖励评审委员会专家、大连市节能与新能源汽车示范项目专家、辽宁省汽车工业协会专家库专家,在新能源车辆动力系统领域具有较高声誉,在中德电动汽车合作战略平台中承担着重要角色。

二、科研项目及成果

1. 双源驱动系统

针对燃料电池电动汽车驱动系统在效率、成本和技术成熟度等方面的不足,实验室研发了一种新型双源驱动系统。该系统省去了 DC/DC 变换器,通过对双源电机的控制,可实现驱动、制动能量回收、燃料电池和二次电池的能量交换、对燃料电池内阻进行测量等系列功能。核心技术包括:双源驱动电机技术(双源电机结构的选择、双源电机系统参数的设计);双源驱动系统仿真匹配技术(多模型、多学科联合仿真);双源电机控制技术(双源电机控制器的软、硬件开发)。

2. 适用于燃料电池动力系统的 DC/DC 解决方案

面向燃料电池车辆现有的驱动系统,实验室开发了具有自己特色的 DC/DC 变换器,其主要特点在于输入输出双重控制、多相工作的拓扑结构、多模式的控制方法及相互转换机制、适合燃料电池特性的控制策略,燃料电池电流纹波得到最大优化,转换效率大于 93% 的高效工作区域达到 100%。

3. 新能源汽车信息化平台

实验室建立了节能与新能源汽车信息化平台,开发了车载数据采集器,可实现对各类汽车运行状态的数据采集、远程监控与数据分析,为提升不同类型电动汽车的整车性能和优化动力系统设计提供了支持,获大连市科技进步奖 1 项。

4. 车用永磁同步电机控制技术

在车用驱动电机及其控制技术方面:实验室先后承担多项相关国家"863"专项子项,主持企业相关委托项目 20 余项,为企业开发混合动力中巴车控制系统、混合动力客车多能源控制系统、混合动力高压电安全监测系统、永磁同步电机控制系统、交流异步感应电机控制系统、开关磁阻电机控制系统、双凸极永磁电机控制系统、汽车仪表总成等。

5. 新能源汽车整车控制技术

实验室所开发的整车控制器现已应用于纯电动客车,试验运行时间达 3 年。实现整车控制与车载信息系统高度集成,可便捷的实现 4 G 和未来 5 G 通讯,为未来车联网、智能车的信息传递提供高效通讯支持。

三、科研设施及科研能力建设

实验室现有科研、办公、实验用房 3 800 m^2,2017 年实验室新增设备原值 476 万元,拥有的大型仪器设备包括高性能电机试验台架、整车试验台架、电池模拟器、安全监测与保护系统、升速箱、调压器、锂离子动力电池组、功率分析仪、汽车 CAN 总线测试工具、车身 NVH 实验台等,能够满足新能源汽车驱动系统、整车系统研究与产品化设计开发的需求,设备总资产 2 582 万元,已实现全面的对外开放和共享。

在自行研制和改造仪器设备方面,实验室自行开发有新能源汽车驱动电机动态测试台架、电机控制器、电动汽车原型样车、节能与新能源汽车车载信息化平台,并研制有全新的"彩虹"电动汽车、轻量化房车等。

四、主要研究方向

实验室立足辽宁,瞄准国际前沿,针对我国节能与新能源汽车发展诸多关键科学问题,以电气化、智能化、轻量化为特色,坚持基础研究与应用基础研究并重,现有研究方向包括:

节能与新能源汽车动力总成及控制、新能源汽车整车匹配设计与控制、基于车联网的新能源汽车信息化、燃料电池车双源驱动系统,燃料电池用 DC/DC、导航 AGV 车、自动化物流运输系统、智能感知技术、特种智能车辆设计、基于深度学习的车载环境认知与自主导航控制、主动安全技术、传感器技术、汽车轻量化制造工艺与自动化装备、汽车车身工程、汽车材料、汽车服务工程等。

五、国内外交流

实验室与美国密歇根大学、美国 Kettering 大学、美国纽约州立大学、美国密执安大学汽车研究中心、英国杜伦大学、德国 DFKI RIC 人工智能研究中心—机器人创新中心、Fraunfofer IFAM Bremen 研究所、韩国科学技术研究院(KAIST)多所国际著名大学建立了稳定的科技合作、研究生培养和人才交流关系。其中,与美国 Kettering 大学之间的师生国际交流活动自 2008 年启动以来,已成功举办 10 年。

实验室定期邀请国外专家访问讲学,派遣优秀教师出国进修。2017 年,实验室举办了"辽宁省节能与新能源汽车动力控制与整车技术重点实验室学术委员会及学科建设会议"。

六、发展规划

加强组织申报国家级重大课题及相关科技奖励,预期在 3 年内承担国家重大/重点项目 2 项、国家自然科学基金 8 ~ 10 项,获省部级科技奖励(二等奖以上)1 ~ 3 项,发表本领域高水平论文 40 ~ 60 篇,授权国家发明专利 30 ~ 40 项,进一步引进或培育领域内高端人才,加强产学研合作,促进科研成果在省内至全国的转化,积极筹备申报国家级重点实验室。

天津大学无人驾驶汽车交叉研究中心

Unmanned Vehicle Cross Research Center of Tianjin University

一、发展概况

天津大学无人驾驶汽车交叉研究中心依托天津大学，以“双一流”学科建设为契机，由动力、车辆、计算机、电信、自动化、数学、精仪和力学等7个一级学科构成。以车辆控制、仪器工程、图像处理、机器学习、自动控制、数学优化和非线性系统等领域多年的优势积累为基础，面向智能驾驶的感知、决策、控制等核心算法以及仿真建模技术、测试评价技术、基础数据库技术、人工智能机器学习技术等基础技术，开展协同创新研究，已取得突破性成果。

交叉中心科研团队力量雄厚，有天津大学内燃机燃烧学国家重点实验室副主任、天津大学智能驾驶汽车交叉研究中心主任谢辉教授、天津大学计算机学院副院长胡清华教授、天津大学精仪学院副院长蔡怀宇教授、天津大学自动化专业系主任左志强教授等7位智能驾驶专家、副教授和讲师20余人，博士后、博士生和硕士生50余人，研究团队中有国家优青1人，青年长江学者1人，教育部新世纪人才5人，形成由高水平科研人员、管理和技术支持一体化的科研、教学实体。交叉中心共承担国家重大科技专项、国家自然科学基金重点项目等科研项目近6项，经费累计超过1 000万元，发表录用论文32篇，SCI论文22篇，IEEE汇刊论文10篇，授权发明专利15项。

二、科研项目及成果

天津大学无人驾驶汽车交叉研究中心承担有国家重大科技专项、国家自然科学基金重点项目、校企合作项目等共6项。围绕智能驾驶的感知、决策、控制等核心算法以及仿真建模技术、测试评价技术、基础数据库技术、人工智能机器学习技术等基础技术，开展协同创新研究，已实现真实道路交通场景下的多目标检测识别、路径轨迹跟随控制，搭建了三维道路场景和多维车辆动力学联合仿真的无人驾驶汽车虚拟仿真平台，驾驶行为数据快速采集和硬件在环测试平台；已完成实车传感器安装标定、线控改装，具备自主转向、制动、加速的功能；基于SUV、物流车和工程机械等多种车型的无人驾驶样车平台以及无人驾驶封闭试验场，具备多种场景可用于实车测试；在无人驾驶的基于视觉的复杂环境感知，多传感数据融合，三维全景地图实时重建，路径规划算法，车辆控制算法，基于深度学习的驾驶决策控制等方面，研发了具有自主知识产权的多项核心技术，并进行了大量室内仿真和现场试验，掌握了图像识别、雷达感知、信息融合、路径规划、操纵控制等关键技术。

2017年6月于天津参加“第一届世界智能驾驶挑战赛”的无人驾驶组比赛，获取领先奖；2017年11月于常熟参加“中国智能车未来挑战赛”的离线测试的多项比赛，取得优异成绩；2017年12月于上海参加中国智能汽车大赛（CIVC）的离线测试组比赛，获取领军奖；2018年5月于天津参加“第二届世界智能驾驶挑战赛”的无人驾驶组、虚拟场景组比赛，荣获无人驾驶组越野赛优秀奖、城市街区场景赛优秀奖、最佳兴村道路通行奖、虚拟场景组领先奖等奖项。

三、科研设施及科研能力建设

天津大学无人驾驶汽车交叉研究中心现有基于PreScan和AmeSim联合仿真的三维道路场景和多维车辆动力学联合仿真的无人驾驶汽车虚拟仿真平台，构建仿真案例达1 000多种，包含了环境感知数据集、驾驶行为数据集，数据覆盖各种不同环境、气候、光照等条件变化；具有国际先进的数据计算硬件仿真平台，采用无人驾驶领军技术的英伟达PX2计算GPU和深度学习主机对驾驶脑进行分区训练，实现了硬件在环测试和模型验证；基于SUV、物流车和工程机械等多种车型的无人驾驶样车平台，包含：GPS高精度车辆定位系统、双目摄像头视觉感知系统、64线激光雷达、4线激光雷达和多个毫米波雷达组成的无人驾驶雷达感知系统、先进的无人驾驶车辆线控系统、精确的PX2超运算车载系统以及半实物仿真的视觉检测系统；可完成多种实车测试的无人驾驶封闭试验场，建有车辆进出口道闸和移动障碍物，可用于智能驾驶车辆障碍物识别技术测试，红绿灯、人行灯等多种交通信号系统可用于智能驾驶样车环境感知技术的测试，十字路口、环岛绕行、车库等多种复杂道路可用于无人驾驶样车车辆定位、惯性导航、自动泊车等技术测试，多种规格的车道线和交通标识符可用于无人驾驶样车图像识别、车道线识别等技术测试。

无人驾驶汽车是室外轮式移动机器人的一种，它依靠人工智能、传感器、定位系统和导航系统的协同合作，让计算机在没有任何人类主动的操作下，自动安全地操作机动车辆，为人类的交通安全和效率带来全新体验。无人驾驶技术可以分为感知和决策两个层面，一方面通过传感器数据获取局部数据（车辆自身及四周环境的数据），另一方面结合高精度地图和天气数据做到构建全局数据。数据综合起来将与决策层做协调应用，辅助系统做定位和导航，再结合算法模型做路径规划，控制车辆的转向和速度，实现驾驶自动化。决策层得到的数据部分也会反馈回高精度地图上。

交叉中心通过车辆控制、仪器工程、图像处理、机器学习、自动控制、数学优化和非线性系统等领域多年的研究优势，现有拥有环境感知、定位导航、路径规划、决策控制等无人驾驶关键技术的研究开发能力。

四、主要研究方向

无人驾驶环境感知技术：

车辆的感知功能主要是通过传感器来获取数据。传感器相当于无人驾驶汽车的眼睛，用来观察行驶时的动态变化，它是无人驾驶汽车中不可或缺的重要组成部分，常用的传感器包括有摄像头、激光雷达、超声波雷达、GPS、陀螺仪等，摄像头和激光雷达是最主要的两种传感器。研究内容主要是基于视觉图像与深度学习的目标检测、分类与跟踪技术、于概率滤波的多传感器信息融合技术、基于视觉图像的交通标识符与车道线识别技术等。

GPS 定位和导航技术：

定位技术是准确感知自身在全局环境中的相对位置，将自身视作一个质点并与环境有机结合起来。导航技术是帮助无人驾驶汽车"知道"自己所要行驶的速度、方向、路径等信息。在实际应用中通过信息融合技术将二者组合，从而将环境信息和车身信息融合成一个系统的整体。其中高精度地图是无人驾驶实现导航以及后续做路径规划的基础。

路径规划技术：

路径规划技术是为无人驾驶提供最优的行车路径。在无人驾驶车行驶的过程中，从出行需求出发，在高精度地图的基础之上根据路网和宏观交通信息绘制一条自出发点至目标点、无碰撞、可通过的路径（包括计算道路长度、速度、路段等级、交通口等待时长等），再根据车辆在行驶过程中收集到的局部环境数据、自身状态数据来做最优路径选择。

无人驾驶控制算法：

为了在行驶过程中避免与动态障碍物发生碰撞，无人驾驶系统需要算法的辅助来做到以下 3 个条件：(1)要可靠地检测出对行驶有影响的动态障碍物，需要传感器精确测量出障碍物的位置变化并能够提取出障碍物特征用于不同时刻的障碍物之间的匹配，完成对同一个障碍物的跟踪；(2)必须预测出动态障碍物的运动路径；(3)需要识别动态障碍物的种类，不同的障碍物具有不同的运动特性，直接影响着无人驾驶汽车最终采取的避障策略。

无人驾驶车辆动力学模型：

在无人驾驶系统中，合理的车辆模型选择对规划、控制模块的复杂度和性能有着很大的影响。考虑实际车辆的运动学和动力学约束，车辆实际运动的跟踪控制性能会更好。

五、国内外交流

天津大学无人驾驶汽车交叉研究中心与英国伦敦城市大学、英国 Brunel 大学、英国 Loughborough 大学、英国伦敦大学、英国帝国理工学院、德国卡尔斯鲁厄大学、美国 Wisconsin - Madison 大学、美国 University of California, Berkeley 大学、美国麻省理工学院（MIT）、美国 Michigan 大学、加拿大滑铁卢大学和韩国高等科技学院（KAIST）等建立了合作关系。每年邀请 10 余位国际知名专家来室讲学。承办每两年一次的智能驾驶国际会议。组织暑期课堂，邀请国际知名教授授课，并向国内科研人员和在校研究生开放，聚集了国内外优秀人才来室工作。

交叉中心在依托单位天津大学的支持下，围绕国家重大需要，在我国人工智能驾驶领域发挥"开拓和牵引"作用。通过高水平的科学研究，高水平的人才培养，发展成为国际知名的知识创新基地、具有国际视野的领军人才培养基地和国际学术交流中心。

六、发展规划

天津大学无人驾驶汽车交叉研究中心按照"平台基础建设""原理创新验证""竞争技术应用验证""核心技术产业化"4 个阶段逐步推进，通过已组建的平台管理委员会、工作委员会、专家委员会、战略咨询委员会和行政办公室的协同运行管理，完善多学科交叉合作机制，现已充分掌握无人驾驶感知、规划、决策的关键算法，将针对若干优势领域推出一系列具有国际竞争力的原始创新技术，3 ~ 5 年内成为有国际影响力的无人驾驶新技术发源地，为我国无人驾驶汽车领域培养一批高素质创新型人才。

国家机动车质量监督检验中心（重庆）

National Motor Vehicle Quality Supervision and Inspection Center (Chongqing)

一、发展概况

新能源汽车关键零部件试验室主要根据行业标准和企业标准进行新能源汽车关键零部件（电机、动力电池、混合动力、充电接口、通信协议、BMS、车载远程终端、车载充电机和 DC/DC 等）的公告检测和研发性试验。

新能源汽车关键零部件试验室目前拥有员工 33 人，其中研究生及以上学历 9 人。拥有试验仪器设备 60 余台套。近年来负责、参与行业标准制、修订 10 余项，承担国家部委及市属科研项目 4 项。团队人员丰富的检测经验以及专业的技术水平可以为客户提供最优质的服务。

二、测试技术及规范研究与制定

根据国家"863"计划《下一代高性能纯电动轿车动力系统平台研发》项目要求，牵头完成《电池模块测试规范》和《电池系统测试规范》的编制工作，同时正牵头新能源汽车行业内的《电动汽车工程手册》编制工作。

三、检测能力建设

设备能力：目前实验室具备新能源汽车关键零部件的公告和委托试验能力，以及电池系统的试验能力，拥有新能源动力总成、电机、传动系统及零部件专业检测设备 60 余套，占地面积 4 000 m^2。设备涵盖新能源电驱动桥试验台、减速器试验台、电机试验台、动力总成试验台、环境试验台、电池单体模块系统性能测试设备、电池单体模块系统安全测试设备、车载充电机和 DC/DC 变换器测试设备、CANoe 通信协议、电机测试设备等。

标准能力：科室具备较完整的新能源汽车关键零部件的测试能力已获得 CNAS、认监委和工信部等相关机构、部委的授权。同时参与新能源汽车关键零部件测试评价的相关课题研究和相关标准的制修订工作。

四、国内外交流

与宁德新能源、湖南桑顿、大连比克、深圳比亚迪、广汽研究院、博格华纳、北汽新能源等国内外动力电池企业、主机厂等就动力电池新国标及试验方法进行广泛的技术交流。

五、发展规划

单位内部高度重视新能源汽车关键零部件试验能力建设，为了更好地为企业服务，正积极进行全国，分别在华南、华北、华东、西南布局了新能源测试评价能力，同时会根据行业标准变化及业务开展的需要，不断完善新能源汽车关键零部件尤其是作为电动汽车核心部件的电池系统的安全试验能力。

国家汽车质量监督检验中心（襄阳）

National Automobile Quality Supervision and Test Center（Xiangyang）

一、发展概况

国家汽车质量监督检验中心（襄阳）暨襄阳达安汽车检测中心有限公司，成立于 1995 年 10 月，是经中国合格评定国家认可委员会认可，国家工业与信息化部、国家环境保护部、国家质量监督检验检疫总局，国家交通运输部、国家认证认可监督管理委员会等政府主管部门授权，具有独立法律地位的第三方综合性汽车检测及技术服务机构。

经过 20 多年的发展，中心进入到发展期，在能力形成、技术积累、人才培养、市场服务等方面奠定一定的基础，已成为国内检测设施及功能最完善、测试技术最先进、测试环境最优越的国际化汽车测试基地，拥有一个综合性汽车试验场和 11 个专业试验室，职工总数约 400 人，先进的仪器设备约 1 000 台套，能够承担乘用车、商用车、农用车，摩托车、发动机、底盘、零部件、机动车仪表、灯光、电器、非金属制品等各种产品的检测和检查；汽车专用测试仪器的校准；汽车、摩托车及其零部件产品的 CCC 工厂检查。具备 221 大类汽车及零部件产品共计 978 项标准的国家授权的检测能力，19 项汽车专用测试仪器的校准能力，14 项汽车产品工厂审查能力，99 项国家专利，参与国家标准制修订 52 项，行业标准制修订 20 项，连续多年被评为优秀高新技术企业。

目前，中心具备新能源汽车产品准入（除燃料电池外）管理要求的整车、驱动电机系统及车载储能装置的全部检测能力，具备新能源汽车减免税的全部检测项目的试验能力。主要设备从美国、德国、英国、日本等国进口，其中，用于整车动力性、安全性、经济性相关的检测设备近 100 余台（套），驱动电机及其控制器的动态性能、安全性能及环境适应性相关的检测设备近 20 余台（套），动力电池的充放电性能、安全性能的检测设备近 40 余台（套）。

二、测试技术及规范研究与制定

国家汽车质量监督检验中心（襄阳）积极参加国标和行业标准制修订，是全国汽车标准化技术委员会电动车辆分委会委员、汽车节能分技术委员会委员、客车分委会委员，是电动汽车碰撞安全要求标准研究工作组、插电式混合动力汽车标准项目组、电驱动系统及关键零部件 EMC 标准研究专项工作组、电动汽车电磁兼容工作组、混合动力城市客车技术要求标准工作组和纯电动城市客车通用技术条件标准工作组成员单位。

2017 年参与以下 4 项标准制修订工作：JT/T1178. 1-2018：营运货车安全技术条件 第 1 部分：载货汽车、GB 30510-2018：重型商用车辆燃料消耗量限值、JT/T 719-2016：营运货车燃料消耗量限值及测量方法、JT/T 711-2016：营运客车燃料消耗量限值及测量方法。

三、检测能力建设

目前中心可按国家标准、欧盟指令，ECE 法规及行业标准的有关技术要求和试验规程进行新能源汽车整车、动力电池系统、驱动电机系统的性能试验和环境测试试验能力。包括：燃料电池发动机系统一般性测试、性能测试、质量测试、可靠性及耐久性测试等，新能源汽车的“三高”试验及地区适应性试验，新能源汽车车辆动力学性能的开发（底盘调校、操纵稳定性试验），新能源汽车整车及零部件的电磁兼容试验，新能源汽车续驶里程和能量消耗率试验，电动汽车用驱动电机系统性能试验，电动汽车锂电池、镍氢电池、超级电容、铅酸电池等的安全性能试验。

2017 年新能源主要能力建设项目：

1. 燃料电池系统测试台架

能够完成功率在 60 kW 以内的燃料电池系统台架测试。可进行 GB/T 24554—2009《燃料电池发动机性能试验方法》中要求的所有项目，包括燃料电池发动机气密性测试、绝缘电阻测试、冷启动特性试验、热启动特性试验、常温启动特性试验、额定功率试验、峰值功率试验、加载动态响应测试、卸载动态响应测试、稳态响应特性试验、紧急停机功能测试、质量测试。该系统测试台架建成后，中心可进行燃料电池相关的全项法规检测试验。

2. 动力电池检测能力补充

在已有能力的基础上，新增了电池单体、电池模组、电池包测试设备共 11 套，新增低气压试验箱、步入式盐雾箱、20 t 电磁振动台、步入式环境箱、大型跌落试验机、大型挤压试验机、火烧试验设备等各一套，进一步提高业务处理能力。

3. 电机及电机控制器测试能力补充

在已有检测能力基础上，补充 20 000 r/min 500 Nm 电机及电机控制器测试台架一套。

4. 新能源汽车远程服务与管理系统验证平台完善

2016 年已建立新能源汽车远程监测车载终端和企业监

测平台验证检测平台，经过一年的试运行，2017 年着重对新能源汽车远程服务与管理系统验证平台进行更新，在提升测试平台运行稳定性的同时，增加了操作指引等内容，全面提高测试效率。

四、国内外交流

2017 年，国家汽车质量监督检验中心（襄阳）积极组织与主管部门（如北京环保局）、认证机构、国内外企业开展法规、认证技术交流，提升法规认证技术服务能力和行业知名度。主要有环保部、日产中国国六排放技术交流；环保部 RDE 实际道路（兰州）验证试验；中国工况襄阳城市车辆工况采集研究、2017 年新能源准入管理培训会、电动汽车远程检控平台交流会、日本丰田公司技术交流会、三项驱动桥行业标准修订交流会、重型车用发动机Ⅵ阶段标准法规政策研讨会、电动汽车远程监控数据验证交流会、与特商公告认证及远程监控交流会、襄阳旅行车远程监控测试技术交流会、乘用车内空气污染物技术交流研讨会、轻型车国六排放检测交流研讨会、上汽红岩商用车标准法规交流会。

五、发展规划

国家汽车质量监督检验中心（襄阳）以“建设卓越的、可信赖的国际化汽车检测、认证技术服务机构”为目标，在汽车检测技术服务、法规、认证、先行技术研究四个关键领域进行了系统规划。

根据新能源汽车法规检测的需求，以及对国内外多个新能源汽车生产商的调研对标，2018—2019 年补充完成燃料电池及燃料电池汽车相关检测能力、电机系统及其他高压部件电磁兼容检测能力、传导充电系统通信协议一致性及互操作性等检测能力等，并计划重新设计筹建更安全、环保、运行效率更高的动力电池安全试验室。

未来，中心将以集中度、前瞻性、备受信赖为战略目标，保证检测质量，提升新技术引领能力，在新能源、智能网联等新项目中实现“抢先、领先”，逐步形成“1 + 1 + N”战略布局。已开展的重大项目有：试验场三期工程建设、汽车环境风洞试验室建设项目、整车排放国六法规升级改造项目、新能源汽车法规检测能力补充投资项目、智能网联汽车试验场建设。积极推动的项目有：ADAS 试验能力、试验场智能化管理系统建设项目、汽车试验场四期工程及“三高”试验基地。在法规检测和认证服务领域，在国内外树立达安（NAST）品牌形象；作为独立企业法人，不断扩大业务领域，国有资产保值增值；注重科技创新，开展新能源、智能汽车、互联网 + 等先行技术研究；关爱员工，改善环境，打造更具活力、凝聚力、竞争力的技术服务机构。

国家化学与物理电源产品质量监督检验中心

Quality Supervision & Testing Center of Chemical & Physical Power Sources of Information Industry

一、发展概况

信息产业化学物理电源产品质量监督检验中心于 1985 年成立，是国内最大的综合性的化学物理电源产品质量检验的第三方机构。2013 年 2 月，经国家认监委正式发文授权，成为国内第一家综合性的新能源产品测试国家中心。多年来，受国家有关部委、部门委托，中心先后对各类化学物理电源产品进行了全国统检、监督抽查、性能评估等；产品司法鉴定、技术鉴定和仲裁检测；产品选型、进出口检测、产品应用及可行性评估等各类检测和试验；中心具备 CCC 中国强制性（自愿性）产品认证（简称 3C 认证）的软硬件条件。

二、测试技术及规范研究与制定

具备的第三方检测机构资质：

◆ 国家化学与物理电源产品质量监督检验中心；

◆ 工业和信息化部工业产品（化学物理电源）质量保证和技术评价实验室；

◆ 中国实验室认可委员会（CNAS）认可的实验室（№ L0591）；

◆ 国防科技工业实验室认可委员会认可的实验室（№ DL014）；

◆ 中国国家认证认可监督管理委员会考核批准，取得资质认定计量认证合格的实验室（部中心）（16001701593）；

◆ 中国国家认证认可监督管理委员会考核批准，取得资质认定计量认证合格的实验室（国家中心）（160017013368），认定授权（2016）国认鉴认字（528 号）；

◆ 世界上 4 个具有光伏计量基准标定资格的实验室之一；

◆ 国家工信部电动汽车动力蓄电池产品强制性检测单位；

◆ 铁道部机车和客车用蓄电池的专检和发证单位；

◆ 国内第一个 IECEE 关于光伏测试的 CBTL 实验室；

◆ 美国认证机构 UL 签约光伏、动力电池认证测试的实验室

◆ 德国 TUV - SUD 公司关于光伏、动力电池认证测试的签约实验室；

◆ 美国 CEC（美国加州能源委员会）指定实验室；

◆ 中国质量认证中心（CQC）签约实验室；

◆ 北京鉴衡认证中心签约实验室。

三、检测能力建设

中心现已具备的条件主要包括：化学与物理电源产品检测评估实验室、环境力学实验室、计量实验室、理化分析实验室等部分，各类实验室总面积达到 6 000 m^2，其中恒温面积 1 700 m^2，拥有各种国内外先进的检测仪器和设备 511 台（套），固定资产总值达到 8 000 余万元。检测手段先进，能够按照 IEC、JIS、MIL 等国际标准、国家标准、行业标准和企业标准等对包括动力蓄电池在内的化学物理电源产品进行

电性能、环境、力学、安全性及寿命等的检测评估工作。

测试能力涉及的相关标准：

GB/T 31467.1—2015 《电动汽车用锂离子动力蓄电池包和系统 第1部分：高功率应用测试规程》

GB/T 31467.2—2015 《电动汽车用锂离子动力蓄电池包和系统 第2部分：高能量应用测试规程》

GB/T 31467.3—2015 《电动汽车用锂离子动力蓄电池包和系统 第3部分：安全性要求和测试方法》

GB/T 31484—2015 《电动汽车用动力蓄电池循环寿命要求及试验方法》

GB/T 31485—2015 《电动汽车用动力蓄电池安全要求及试验方法》

GB/T 31486—2015 《电动汽车用动力蓄电池电性能要求及试验方法》

QC/T 741—2014 《车用超级电容器》

CGC/GF 025:2013 CNCA/CTS 0037—2014 《储能系统用锂离子电池》

GB/T 22473—2008 《储能用铅酸蓄电池》

GB 31241—2014 《便携式电子产品用锂离子电池和电池组安全要求》

GB/T 24533—2009 《锂离子电池石墨类负极材料》

UL 2580—2011 《电动汽车用电池 UL 安全性试验标准》

UL 1642—2015 《锂电池安全标准》

QB/T 2947.3—2008 《电动自行车用蓄电池及充电器 第三部分：锂离子蓄电池及充电器》

四、国内外交流

中心多年来与国内外多家动力电池企业保持着技术交流关系，同时与多家国外认证机构、科研院所、高校保持着合作关系。多次与中央电视台和地方电视台合作拍摄化学电源相关科普类节目。

五、发展规划

随着测试标准的不断更新和检测监控要求的不断提高，中心继续添置新的设施来满足其要求。同时结合军工产品质量管理经验，开展针对典型问题的故障分析，通过故障分析、定位，采取措施加以解决，为提高产品质量提供技术支持。

国家汽车质量监督检验中心(北京)

National Automobile Quality Supervision and Inspection Center(Beijing)

一、发展概况

根据北京市汽车产业调整与振兴发展的需求和国家质检中心服务当地经济发展的功能定位，2009年2月18日，国家质检总局批复，由北京市质量技术监督局负责，在北京市产品质量监督检验院基础上，积极联合交通运输部公路科学研究院等北京及周边地区汽车检测优势资源，并通过市政府立项投资，建设国内第一个由质检系统内机构主导，多方参与的国家汽车质量监督检验中心(北京)，打造功能齐全、设施完善的独立、公正、科学、权威的第三方汽车专业检测研究机构。

二、测试技术及规范研究与制定

中心作为北京市电动汽车产业标准化工作组成员，参与了北京市地方标准指导性技术文件《电动汽车电能供给与保障技术规范 充电站》《电动汽车电能供给与保障技术规范 车载充电机》《电动汽车电能供给与保障技术规范 非车载充电机》等标准的研究和制修订工作。

此外，本中心参与起草了国家计量技术规范《汽车正面碰撞试验用人形试验装置校准规范》《汽车侧面碰撞试验用人形试验装置校准规范》。中心已承担国家科技部及北京市科委电动汽车领域科研课题5项，分别如下。

课题一：城市公共基础设施管理与服务技术标准研究(从属于科技部国家科技支撑计划项目：公共管理与社会服务技术标准研究)；

课题二：电动汽车及充电设施检测标准研究及验证；

课题三：国家级电动汽车检测服务平台(Ⅰ期)；

课题四：国家级电动汽车检测服务平台(Ⅱ期)；

课题五：国家级电动汽车检测服务平台(Ⅲ期)。

获得课题经费支持接近4 000万元。

研究成果：

1. 建立起电动汽车及其配套设施检测技术能力；
2. 为规划建立国家级电动汽车检测平台打下良好基础；
3. 研究形成了电动汽车年检标准草案；
4. 为北京市地方标准制修订提供技术支撑。

三、检测能力建设

中心占地总面积14.3万m^2，建设用地面积9.5万m^2，规划总面积12.3万m^2，一期建设7.8万m^2，建有碰撞安全实验室、零部件实验室、整车性能实验室、排放节能实验室、灯光电器实验室、电磁兼容实验室、材料与用品实验室、仿真分析实验室、新能源实验室、缺陷工程分析实验室，拥有先进设备400多台(套)。中心检测能力覆盖116个产品，1 682个参数，具备汽车及相关产品强制性检验能力。

四、国内外交流

中心多次参与汽车标准委员会年会等技术交流活动，积极开展汽车检测方法研究和标准制定。在电动汽车准入和检测方法研究、标准制修订和实施等工作中发挥积极作用。为打造合作共赢的战略目标，中心积极开展国际互认，与国际知名技术机构间进行检测结果互认，与中汽认证中心CCAP等机构签订互认协议，并先后同多家实验室开展交流合作，不断提升中心权威性和影响力。

五、发展规划

国家汽车质量监督检验中心(北京)自筹建以来,得到国家质检总局、北京市政府、北京市质量技术监督局等各级领导的关心与支持。随着深化改革的步伐,中心将以"创新业务模式、开展特色经营"为方向,建立现代企业管理制度,进行市场化运作,打造汽车检测专业服务品牌。

中心积极为政府主管部门汽车产品市场准入、质量监管、政策研究以及促进产业创新发展等方面提供技术支撑与服务。与中国汽车工业协会、工程学会等深入合作,开展汽车产品自愿性认证、性能评价、信息发布、国际交流、标准制修订等工作,发挥行业引领作用。为汽车及零部件企业产品研发、质量提升和认证检测提供技术服务,与国际权威实验室进行互认合作,参与国际标准和贸易准则研究,为企业走向国际市场开拓绿色通道。中心将探索联合建设国家质检中心的管理机制,创新运营模式,实现合作单位的互利共赢。

展望未来,为推进北京质量首善之区,国家汽车质量监督检验中心(北京)作为第三方公正的汽车检测技术服务和研究机构,将继续秉承以责任赢信任的宗旨、以市场为导向的原则,以"服务当地汽车产业,服务政府行政监管,促进首都汽车产业升级,带动周边地区经济发展"为己任,实现可持续发展,打造现代服务业领先品牌,为首都经济发展贡献力量。

重庆车辆检测研究院有限公司

Chongqing Vehicle Inspection & Testing Institute Co., Ltd.

一、发展概况

重庆车辆检测研究院有限公司新能源汽车中心积极主动响应国家大力发展推广新能源汽车的号召,集公司各个实验室的优势资源而打造的一个综合性试验研究中心,同时也是为了适应我国战略性新兴产业发展的任务要求,在现有基础上,补充建设技术能力并完善了服务功能建设而成的,中心是面向全社会开放,为全国新能源汽车产业化发展提供检测评价技术支撑,为新能源产业发展提供技术依托的公共技术服务平台,助力新能源汽车产业全面、可持续、健康的发展。

新能源汽车中心具备新能源汽车产品准入管理要求的整车(含纯电动汽车、混合动力汽车和燃料电池汽车等)、驱动电机系统及动力电池等全部检测能力。可按国家标准、欧盟指令,ECE 法规、ISO/IEC、SAE 及行业标准的有关技术要求和试验规程进行新能源汽车整车、动力电池系统、驱动电机系统的性能试验和安全测试。不仅能够根据不同用户的需求帮助新能源汽车及关键零部件生产企业进行产品的前期研发性试验及各种产品鉴定试验外,还可以进行整车、驱动电机系统、动力电池及管理系统等试验研究工作和技术咨询服务。

2017 年 3 月 29 日,重庆车检院和深圳坪山区签署合作框架协议,将在 2018 年 7 月建成新能源汽车及关键零部件检测平台。该项目建成后,将更好地为深圳及周边区域的新能源汽车及相关产业的快速发展,提供测试评价、技术咨询等优质服务。

二、测试技术及规范研究与制定

随着新能源汽车技术水平的不断提高,相关产品标准也在不断升级,重庆车检院作为全国汽车标准化技术委员会电动车辆分技术委员会委员单位和全国汽车标准化技术委员会电动汽车整车标准工作组成员单位,积极参与新能源汽车相关标准和测试技术、规范的研究中。参与制修订的强制性标准包括 GB/T 18386—2017《电动汽车　能量消耗率和续驶里程》、GB/T 4094. 2—2017《电动汽车操纵件、指示器及信号装置的标志》以及《电动客车安全技术条件》、《电动汽车安全要求》、《电动汽车用锂离子动力蓄电池安全要求》等,其中后 3 项标准已经通过汽标委电动车辆分标委的技术审查。

三、检测能力建设

重庆车辆检测研究院有限公司在重庆市高新区金凤电子信息产业园征地 600 余亩,已建成直径 300 m 的 ESP 动态广场、直线 2. 5 km 长性能试验路、ABS 试验路、噪声试验路、涉水池、浸水池以及多个电动汽车交直流充电桩及其他一些辅助设施,该项目的建设将更好地为重庆市乃至全国新能源汽车及零部件行业提供质量监督、检测技术、人才培养,并开展相关领域的科技研究与技术创新,同时,也会为整个新能源汽车及零部件企业提供更加便利、更加优质、更加超值的服务。重庆车检院投入 5 000 余万元进行能力建设,从德国 AVL 公司购建了燃油蒸发测试系统、从 Horiba 公司购置了 460 kW 发动机台架测试系统和满足国六标准的发动机性能台架及排放测试系统;通过购置电池模拟测试系统、振动试验台、冲击试验台、穿刺挤压试验台、盐雾试验箱、防尘试验箱、淋雨试验台等设备,进一步完善了新能源电池及电池包测试系统检测能力。

公司在深圳坪山设立新能源汽车检测分场所,建设有动力电池、电机及电控检测实验室,主要面向深圳市、珠三角及周边地区的新能源汽车关键零部件生产企业提供检测服务。

四、国内外交流

重庆车检院积极组织和参加行业内技术研讨交流活动。2017 年,重庆车检院和电动汽车资源网联合主办的"2017 中国新能源汽车测试评价技术发展高峰论坛"在深圳市坪山新区成功召开。重庆车检院安排多名行业专家就新能源汽车整车安全、电磁兼容、动力电池系统、驱动电机系统等测试内容发表主题演讲,并与参会专家和代表进行了广泛的沟通和交流。重庆车检院分别受邀参加"2017 客车技术发展论坛”、“2017第三届中国新能源汽车运营商与车企对接采购交流会”和“2017（第三届）中国国际电动汽车与混合动力汽车技术大会”，并分别发表《对客车安全技术现状及政策的几点思考》、《电动汽车动力电池检测探讨》和《电动汽车安全测试技术要点剖析》和《新能源客车安全检测技术解析》的主题演讲，就新能源客车的安全现状及我国目前的产业政策提出了建议，并对动力电池和电动汽车在测试过程中出现的问题和目前新我国能源客车的安全和技术标准现状及影响客车安全的关键技术因素与参会代表进行深入探讨。

五、发展规划

随着电动汽车技术水平的不断发展，相关的整车及零部件标准也需要不断提升（比如燃料电池电动汽车技术不断发展、电动汽车远程监控体系不断完善、电动汽车互联互通技术水平不断提升、电动汽车无线充电技术水平不断发展等），为了更好地为企业服务，重庆车检院将努力提升自身的检测水平与能力，加强新能源汽车检测能力建设，其中包括燃料电池电动汽车、远程监控、电动汽车车桩互连互通及电动汽车无线充电等方面的检测与科研能力。

重庆车检院将紧跟时代发展步伐，密切关注新能源汽车技术水平的不断进步和标准体系的不断更新，持续加大新能源汽车检测能力投入，在国家级汽车检测中心中率先实现试验检测、科研开发及技术咨询的全面协调发展。

2017年，重庆车检院新基地试验室一期工程已建成，购建了满足国六排放标准的轻型车排放污染物测试能力、轻型车底盘耐久测试能力、重型发动机性能、耐久及排放测试能力、车内空气质量（VOC）测试能力和轻型车车载法排放测试能力的设备设施；同时，投入3 000余万元完善和升级新能源汽车电机、电控、电池的测试能力，并结合国家标准法规制定情况完善车载充电系统检测能力。正在建设的新基地二期试验室项目占地约160亩，规划建筑面积100 000 m^2，计划投资7.5亿元，建设国际先进、国内一流水平的整车、碰撞、整车排放、发动机排放、新能源汽车、部件、电磁兼容、部件安全等专业试验室，全部工程将于2020年建成投用。

成都产品质量检验研究院有限责任公司

Chengdu Product Quality Supervision and Inspection Institute Co., Ltd.

一、发展概况

2017年7月国家质检总局发布了国质检科〔2017〕325号文。文中正式批准了以成检公司为主体开展“国家汽车零部件产品质量监督检验中心（四川）”筹建工作。9月中旬筹备组成员到位，负责按筹建任务书及国家相关标准要求调研检测项目及设备，为实验室修建、改造及环境搭建提供技术支撑，同时完成筹建小组安排的其他任务。

至今以传统汽车为基础、新能源汽车为重点开展设备以及市场调研工作，特别是对新能源汽车“三电”（电池、电机、电控）进行行业发展动态调研以及国内外检测设备的技术交流，

二、国内外交流

2017年公司领导先后带队前往天津、吉林、广东、重庆、上海及湖北等地考察汽车检验检测机构，了解汽车检测行业的现状和行业动态，科学制定筹建规划。

三、发展规划

初步规划国家汽车零部件测试中心下设3个实验室，其中以传统汽车测试为基础，满足国家的85%覆盖率要求；重点及亮点为新能源汽车测试，特别是新能源汽车核心“三电”（电池、电机、电控）；另外需要建立基础的零件材料检测，用以支持汽车零部件和新能源汽车零部件基础检测任务。

节能与新能源汽车年鉴

YEARBOOK OF ENERGY-SAVING AND NEW ENERGY VEHICLES

第五篇 Section V

整车产量统计

Vehicle Output Statistics

一、新能源汽车累计产量统计(2009—2017年)

Chapter 1 Statistics on Cumulative Output of New-Energy Vehicles(2009 to 2017)

(辆,vehicle)

车 型	2009年 合计 Total	2010年 合计 Total	2011年 合计 Total	2012年 合计 Total	2013年 合计 Total	2014年 合计 Total	2015年 合计 Total	2016年 合计 Total	2017年												
									1月 January	2月 February	3月 March	4月 April	5月 May	6月 June	7月 July	8月 August	9月 September	10月 October	11月 November	12月 December	合计 Total
纯电动客车 Pure Electric Bus	78	655	1360	1904	1607	12877	97272	115664	31	0	615	452	1622	5526	5355	5642	8026	9191	18451	36191	91102
纯电动乘用车 Pure Electric Passenger Car	37	1141	4759	9699	14478	46727	151272	247345	3231	7618	25907	24570	34891	34523	33500	43459	43301	44426	76749	81833	453808
纯电动专用车 Pure Electric Special Purpose Vehicle	60	167	588	1869	2036	4033	49394	58773	287	164	710	1905	3221	6315	10616	6665	13900	13460	39865	57666	154774
插电式混合动力客车 Plug-in Hybrid Bus	37	345	289	262	718	16848	63755	19576	197	303	1081	707	320	1303	1496	996	1364	1792	2907	3776	16242
插电式混合动力乘用车 Plug - in Hybrid Passenger Car	70	280	197	277	4736	13746	24614	74229	542	1487	4781	7305	7193	6569	11236	12358	11698	9482	14719	15423	102793
插电式混合动力专用车 Plug in - Hybrid Electric Special Vehicle	0	0	0	0	0	0	0	1	0	0	0	0	0	0	0	0	0	0	0	0	0
燃料电池客车 Fuel Cell Passenger Bus	0	2	0	0	0	8	10	33	0	0	0	10	0	0	0	0	5	4	74	187	280
燃料电池乘用车 Fuel Cell Passenger Car	0	46	0	0	0	0	0	64	0	0	0	0	0	0	0	0	0	0	0	0	0
燃料电池专用车 Fuel Cell Special Vehicle	0	0	0	0	0	0	0	532	0	0	0	0	0	28	2	0	400	0	3	559	992
合计 Total	2336	7605	13470	28760	36297	102655	401345	602398	4288	9572	33094	34949	47247	54264	62005	69120	78694	78355	152768	195635	819991

二、2017年新能源汽车产量统计(钢、铝、塑料混合结构)

Chapter 2 Statistics on Output of New-Energy Vehicle in 2017

1. 纯电动汽车产量统计/Statistics on Output of Pure Electric Vehicle

(1)大中型客车、轻型客车/Large and Medium Sized Bus and Light Bus

企业名称 Company Name	品牌 Brand	外形尺寸 Dimension (mm) 长 Length	宽 Width	高 Height	轴距 Wheel Base(mm)	总质量 Total Weight (kg)	整备质量 Vehicle Weight(kg)	续驶里程 Driving Mileage, of Electric Vehicle(等速法, Isokinetic Method)(km)	30min 最高车速 Maximum Speed of Electric Car in 30 Minutes (km/h)	最高车速 Maximum Speed (km/h)	1月 January (辆, vehicle)	2月 February	3月 March	4月 April	5月 May	6月 June	7月 July	8月 August	9月 September	10月 October	11月 November	12月 December	2017年产量合计 total Output in 2017
郑州宇通客车股份有限公司 Zhengzhou Yutong Bus Co., Ltd.	宇通 Yutong	6540	2100	2770;2980	3320	7400;7500;7600	4800;4850;5050;5000;5200	210;257;360	69	69	0	0	16	0	11	0	46	33	137	20	146	216	20266
		7045	2065	2710;2930	4500	6200	4150;4340	257	45	100	0	0	0	0	0	56	0	0	11	0	2	7	
		8045	2360	3025;3250	4450	11480;11500	7800;7900;8050;8450;8150;8200;8300	255;305;370;351	90;80	90;80	0	0	0	6	0	62	17	4	8	11	28	116	
		8050	2350	2975;3105;3135	4200;4450	12200;11100;11500;11800;12600;13000;	7600;7950;8350;7100;7400;6980;7300;7650;8100;7750;8150	152;251;280;385;310;420;255;280	69	69	0	0	70	60	132	565	381	431	1094	915	2692	3862	
		8245	2500	3180;3440;3460;3200	4000	13500	8800;9200;9000;9600;9400	251;302;351	69;100;90	69;100;90	0	0	0	0	0	0	0	6	37	8	42	106	
		8405	2500	3020;3215;2980;3240;3290	4300	13000	8350;8700;9050;8800;9050;8150;8500;8950;8100;8890;7800;8400	320;260;455;380;201	69	69	0	0	0	0	0	0	10	65	74	59	152	226	
		8455	2500	3020;3175;3215	4300	13000	7800;8100;8400;8700	201	69	69	0	0	0	0	0	0	0	0	0	0	0	26	
		8995	2500	3200;3450	4750	14000	10100;10400	485	100;90	100;90	0	0	0	0	0	0	0	0	0	0	20	1	
		9340	2500	3050;3200	4600	15000	10050;10350	470	69	69	0	0	0	0	1	0	0	0	185	1	8	40	
		10500	2500	3260;3000;3050;3200;3360	6100	16500;18000	10400;10900;11400;10050;10450;12000;9850;10850;11000;11350;10640;10200;10700;10250;11350;11500;11700;12900;12500;10350;10800	155;251;270;305;315;330;375;300;260;375;245;505;475;440;255	69	69	0	0	68	30	27	416	371	284	329	686	607	2195	

续上表

企业名称 Company Name	品牌 Brand	外形尺寸 Dimension (mm) 长 Length	宽 Width	高 Height	轴距 Wheel Base(mm)	总质量 Total Weight (kg)	整备质量 Vehicle Weight(kg)	续驶里程 Driving Mileage of Electric Vehicle(等速法, Isokinetic Method)(km)	30min 最高车速 Maximum Speed of Electric Car in 30 Minutes (km/h)	最高车速 Maximum Speed (km/h)	1月 January	2月 February	3月 March	4月 April	5月 May	6月 June	7月 July	8月 August	9月 September	10月 October	11月 November	12月 December	2017年产量合计 total Output in 2017
											(辆,vehicle)												
郑州宇通客车股份有限公司 Zhengzhou Yutong Bus Co., Ltd.	宇通 Yutong	10690	2500	3200;3430	5250	16500;17000	11100;11500;11700;11200;11900;11300;12200;11400;11300	305;301;355;415;415	69;90	69	0	0	0	7	49	157	99	138	118	145	604	948	20266
		11300	2500	3450;3650	5680	17000	11970;12270	320;401	100;90	100;90	0	0	0	0	0	0	0	0	0	3	1	83	
		12000	2550	3360;3050;3200;3360	6100	18000	12900;11000;11400;11800;12600;13200;11750;12200;11300	475;530;230;280;352;475;530;400	69	69	0	0	0	1	10	1	2	500	24	24	47	60	
		12300	2550	4140	5500+1600	25000	17000;18000	375	69	69	0	0	0	0	0	0	0	0	0	0	0	8	
		6395;6415	2065	2710;2930	3850	6200	4150;4340	257	45	80	0	0	0	0	0	0	0	0	1	0	0	1	
比亚迪汽车工业有限公司 BYD Automobile Industry Co., Ltd	比亚迪 BYD	6540	2160	3150	3300	8800	6000;5350	290;252	69	69	0	0	0	0	0	0	0	0	0	0	0	1	11191
		7110	2060	2840;2690	3985	9000	6000	380	100	100	0	0	0	0	0	0	0	0	0	0	0	1	
		7010	2160	3210	3530	9600	6600;6300	360	69	69	0	0	0	0	0	0	0	0	0	0	10	73	
		8010	2060	3150	4520	9900	6850;6550	335	69	69	0	0	0	0	0	0	0	0	0	0	0	4	
		8060	2420	3330;3470	4140	12780;13180;12760;13030	9000;9400;9700;8980;9250	320;410;380;450;320;410	69	69	0	0	0	0	0	0	4	76	230	817	490	403	
		10350	2550	4200	5800	18000	12980;12530	450	69	69	0	0	0	0	0	0	0	0	6	75	106	0	
		10490	2500	3150;3250	5000	17800;17200;17450;18000	12650;11000;11500;11750;12500	475;330;281;320;410;480	69	69	0	0	0	0	390	155	474	382	1681	1397	2054	0	
		10690	2500	3580	5250	17950	13300	469	100	100	0	0	0	0	0	0	0	10	208	342	60	0	
		12000	2525	3585;3200;3280;3360	6000;6050	17500;18000	12600;12300;12800;13000;13500;11900;13050	360;525;340;480;570	100;69	100;69	0	0	0	0	65	145	20	61	588	270	593	0	
中通客车控股股份有限公司 Zhongtong Bus Holding Co., Ltd.	中通 Zhongtong	6050	1995	2650	3665	4990	2950	240	69	69	0	0	0	0	1	0	0	9	0	11	7	2	6830
		7240	2280	2860;3020	3870	8500	5600;5800	255	65	69	0	0	0	0	1	0	0	4	0	0	50	92	

续上表

企业名称 Company Name	品牌 Brand	外形尺寸 Dimension (mm) 长 Length	宽 Width	高 Height	轴距 Wheel Base(mm)	总质量 Total Weight (kg)	整备质量 Vehicle Weight(kg)	续驶里程 Driving Mileage of Electric Vehicle(等速法, Isokinetic Method)(km)	30min 最高车速 Maximum Speed of Electric Car in 30 Minutes (km/h)	最高车速 Maximum Speed (km/h)	1月 January (辆, vehicle)	2月 February	3月 March	4月 April	5月 May	6月 June	7月 July	8月 August	9月 September	10月 October	11月 November	12月 December	2017年产量合计 total Output in 2017
中通客车控股股份有限公司 Zhongtong Bus Holding Co., Ltd.	中通 Zhongtong	8010	2390	3090;2950	4500	11200;11700	7400;7000;7550;7150;6850;6500;7700;7300;6900;7200;7600	215;265;325;205;215;235;270	65	69	0	0	0	30	380	67	381	310	543	506	765	665	6830
		8030	2320	3050;2920	4300	11600	7900;7500	260	65	69	0	0	0	0	0	0	0	1	12	3	25	37	
		8080	2340	3200;3000	4500	11000	6900;7100;6500;6800;7000	285;253;255;305	65	69	0	0	8	10	5	44	48	38	55	57	125	209	
		8350	2390	3090;2950	4300	11600	7800;7350	255	65	69	0	0	0	0	0	0	100	0	6	0	6	1	
		8600	2480	3280;3160	4250	13700	9250;9790	415	65	69	0	0	0	0	0	0	0	0	12	0	0	1	
		10460	2500	3330;3450	5400	16500	11200;11800	285	90	90	0	0	0	0	0	0	281	316	0	1	2	48	
		10480	2500	3280;3120	5400;6100	16500;17100;1600;16500;16300	10000;10500;10400;11000;11200;9900;10900;11500;10800	250;290;295;320;398;440;251;225;270;258;305	69;65	69	0	0	0	0	14	2	126	65	146	100	147	719	
		10690	2500	3330;3450	5630	16500	11000;11600	255	69	69	0	0	0	0	0	0	35	0	53	0	25	20	
		11990	2550	3280;3150;3360	6100	17900;1800;17800	12200;12800;12500;11400;12100;12700	320;330;475;290	69;65	69	0	0	0	0	0	0	0	25	0	25	0	53	
湖南中车时代电动汽车股份有限公司 Hunan CRRC Times Electric Vehicle Co., Ltd.	中国中车 CRRC	8190	2400	3200	5300	12200	8120;7720	210	65	69	0	0	12	0	0	0	0	0	0	0	0	0	6002
		8540	2470	3030;3180	4500	12500	7750;8150	201	65	69	0	0	18	0	0	0	0	0	0	0	0	0	
		10490	2490	3280;3150	5600	16000	11200;10900;10600	250	65	69	0	0	10	0	0	0	0	0	0	0	0	0	
		10900	2500	3470;3220	5400	17000	12000;11600	350	90	100	0	0	12	0	0	0	0	0	0	0	0	0	
		8040	2400	3000;3150	4400	11000	7200;7500;7280;7670;7350;7650;7540;7150	251;307;210;290;220	65	69	0	0	0	0	0	41	10	40	56	5	68	203	
		8190	2400	3200	5300	12200	8120;7720	210	65	69	0	0	0	0	0	0	0	0	0	0	100	1	
		8490	2470	3200	5300	13400	8300;8700	251	65	69	0	0	0	0	0	0	0	0	0	0	0	1	

续上表

企业名称 Company Name	品牌 Brand	外形尺寸 Dimension (mm) 长 Length	宽 Width	高 Height	轴距 Wheel Base(mm)	总质量 Total Weight (kg)	整备质量 Vehicle Weight(kg)	续驶里程 Driving Mileage of Electric Vehicle(等速法, Isokinetic Method)(km)	30min 最高车速 Maximum Speed of Electric Car in 30 Minutes (km/h)	最高车速 Maximum Speed (km/h)	1月 January	2月 February	3月 March	4月 April	5月 May	6月 June	7月 July	8月 August	9月 September	10月 October	11月 November	12月 December	2017年产量合计 total Output in 2017
											(辆, vehicle)												
湖南中车时代电动汽车股份有限公司 Hunan CRRC Times Eectric Vehicle Co., Ltd.	中国中车 CRRC	8540	2470	3030;3180	4500	12500	7750;8150;7800;8200;8100;7870;8260;8500;8650;8000;8400;9100	201;210;250;225;251;277;340;380	65	69	0	0	0	0	0	0	20	0	0	9	91	383	6002
		10490	2490	3280;3150	5600	16500;17000;16000;16700	12000;11500;11100;12200;11800;12400;12100;10100;12100;10400;10500;10590;10500;10900;10700;11300	420;430;520;255;260;241;250;230;280;265	65	69	0	0	0	0	7	50	638	720	562	403	563	704	
		10900	2540	3470;3340	5400	16900	11400;11000;11900;11500	270;266;280	90;65	100;69	0	0	0	0	0	0	0	0	0	0	594	490	
		11950	2540	3365;3280;3380	5900	17800;18000	13050;12650;12900	500;515	65	69	0	0	0	0	0	0	35	0	50	0	0	100	
		6945;7100	1995	2650	4325	5900	3800;4000	280	65	69	0	0	0	0	0	0	6	0	0	0	0	0	
珠海广通汽车有限公司 Zhuhai Granton Bus And Coach Co. Ltd.	广通 Granton	6840	2290	3060	4080	9000	6500	120	69	69	0	0	0	0	0	0	0	10	17	0	0	0	5781
		8005	2350	3000;3100	4250	11200	7200;7600	253	69	69	0	0	0	0	0	0	0	0	0	50	59	11	
		8045	2500	3160	4180	12500	8600;8200	110	69	69	0	0	0	0	0	0	0	4	0	0	0	5	
		8490	2480	3050	4300	13500	8800	201	69	69	0	0	0	0	0	0	0	32	0	0	50	86	
		8500	2500	3450	3900	13500	9200;9600	151	69	69	0	0	0	0	0	0	40	0	20	0	1	44	
		10200	2500	3160	6085	14000	10000;9500	130;250	69	69	0	0	0	0	0	2	0	50	6	0	60	200	
		10480	2500	3050;3150;3300	5350	16500	11400;11600	105;90;250;230;130;143	69	69	0	0	0	0	20	200	0	22	210	58	66	509	
		10490	2520	3450	5000	16500	11200;11500	105;90;251;151	69	69	12	0	0	0	0	36	0	11	11	0	5	26	
		10700	2500	3210;3460	5700	16500	11200;11800;12500	224;230;251;201	100	100	0	0	0	0	0	327	10	0	2	0	304	732	
		10830	2500	3250	5400	17500	11800;12500	150	69	69	0	0	0	0	0	0	0	0	0	0	0	227	

续上表

企业名称 Company Name	品牌 Brand	外形尺寸 Dimension (mm) 长 Length	宽 Width	高 Height	轴距 Wheel Base(mm)	总质量 Total Weight (kg)	整备质量 Vehicle Weight(kg)	续驶里程 Driving Mileage of Electric Vehicle(等速法, Isokinetic Method)(km)	30min 最高车速 Maximum Speed of Electric Car in 30 Minutes (km/h)	最高车速 Maximum Speed (km/h)	1月 January	2月 February	3月 March	4月 April	5月 May	6月 June	7月 July	8月 August	9月 September	10月 October	11月 November	12月 December	2017年产量合计 total Output in 2017
											(辆,vehicle)												
珠海广通汽车有限公司 Zhuhai Granton Bus And Coach Co. Ltd.	广通 Granton	12000	2540	3040;2840;3450;3210;3460	6100;5900;6250	18000;17900	12700;13000;13600;11400;11800;12200;12700;14100;13800	150;160;95	69;100	69;100	0	0	0	0	0	833	4	16	60	200	108	926	5781
		12800	2550	3995	5550+1450	25500	18500;19500;20150	165	69	69	0	0	0	0	0	0	0	0	0	0	0	1	
		13670	2550	3350	6100+1470	24000	16100	151	69	69	0	0	0	0	0	0	0	0	3	1	0	0	
		18000	2550	3350	5900+6000	28000	18400;19500;20300	151	69	69	0	0	0	2	0	0	1	0	0	11	22	58	
北汽福田汽车股份有限公司 Beiqi Foton Motor Co.,Ltd.	福田 Foton	8005	2450	3280;3380;3200;3100;3000	3800;4250	12080;11200	8000;8470;7000;7400;7600;7900	303;265;229;262;251	100;69	100;69	0	0	56	0	0	68	12	4	1	181	40	50	3688
		8540	2450	3100;3050	4600	13700	8050;8250;8400;8800;8500	233;222;239;209;229;318	69	69	0	0	0	0	0	0	55	17	81	1	0	93	
		10490	2500	3280;3465	5170	15500	10300;10600;10900	246;346	100	100	0	0	0	0	0	0	0	0	0	20	0	20	
		10500	2500	3100;3200;3250	5700	17500	10800;11200;11500;11300;11750;12200;11800;12300	279;251;270;313;267;431	69	69	0	0	0	0	0	47	3	30	2	10	156	268	
		11210	2550	3420;3560	5700	16400;16500	11500;11800;11200;11400;11700;11600;11900	315;275;241;331;320;278	100;88	100;88	0	0	0	0	0	0	20	0	12	41	10	510	
		12000	2550	3100;3200;3250	5900	18000	11850;12350;12700;12980;13300	266;233;176;543	69	69	0	0	0	0	1	0	0	50	782	538	501	3	
		18000	2550	3100;3200;3250	5800+6100	28000	18500;19400	201	60	69	0	0	0	0	0	5	0	0	0	0	0	0	
上海申龙客车有限公司 Shanghai Shenlong Bus Co.,Ltd.	申龙 Shenlong	8090	2350	2920;3050	4200	12200	7950;8350;7600	205;260	69	69	0	0	0	0	0	0	85	139	0	1	64	373	3673
		8545	2500	3200;3060	4430	13200	8700;9200	205;210	69	69	0	0	1	0	0	0	0	0	0	0	0	100	
		10495	2500	3395;3295	5200	16000	11000;11300;11700	210;255	100	100	0	0	0	0	372	223	405	10	0	0	380	158	

续上表

企业名称 Company Name	品牌 Brand	外形尺寸 Dimension (mm) 长 Length	宽 Width	高 Height	轴距 Wheel Base(mm)	总质量 Total Weight (kg)	整备质量 Vehicle Weight(kg)	续驶里程 Driving Mileage of Electric Vehicle(等速法, Isokinetic Method)(km)	30min 最高车速 Maximum Speed of Electric Car in 30 Minutes (km/h)	最高车速 Maximum Speed (km/h)	1月 January (辆, vehicle)	2月 February	3月 March	4月 April	5月 May	6月 June	7月 July	8月 August	9月 September	10月 October	11月 November	12月 December	2017年产量合计 total Output in 2017
上海申龙客车有限公司 Shanghai Shenlong Bus Co., Ltd.	申龙 Shenlong	10500	2500	3200;3060	5000;6100	16500	11700;12200;10200;10500	250;485;490;201	69	69	0	0	1	0	0	0	55	57	116	26	23	111	3673
		10995	2500	3395;3295	5550	16400	11600;12000	280	100	100	0	0	0	0	0	0	0	4	36	142	25	766	
南京金龙客车制造有限公司 Nanjing Golden Dragon Bus Co., Ltd.	开沃 Skywell	6800	2270	2821;2952	3700;4200	8400;9500	5640;5840;6150;6330	200;330	69	69	0	0	0	0	0	0	6	0	0	0	0	149	3007
		8005	2340	2800;3060	4550	10700	6960;7160	220	69	69	0	0	0	0	0	0	0	0	0	0	0	3	
		8005	2340	2800;3060	4550	10700	7100;7300;7240;7440;7500;7700;7530;7730	230;250;220;300	69	69	0	0	0	0	0	0	22	1	23	16	10	212	
		8010	2160	2860	4500	9000	5900;6140;5940	250	100;80;69	100;80;69	0	0	0	0	0	0	4	0	0	1	4	323	
		8080	2020	2870	5350	6750	4380	315;325;328	100	100	0	0	0	0	6	0	0	0	1	0	0	10	
		8490	2460	3035;3120	4465	12200	8000;8200;8020;8220;8040;8240;8500;8480;8280;8550;8750;9020	250;210;350	69	69	0	0	0	0	0	6	4	0	65	90	2	238	
		10095	2460	3120	5950	14000	9460	250	69	69	0	0	0	0	0	0	0	0	30	0	0	10	
		10420	2480	3580	5100	16500	10900	250	90	90	0	0	0	0	0	4	0	0	0	0	0	1	
		10490	2500	3020;3170;3050;3200	5000;6100	16795;16500	11600;11380;11900;10160;10460;10720;10420;10600;10900;10940;10640;10720;10740;11080;11380	450;400;280;250;300;290;420	69	69	0	0	0	0	0	0	8	46	30	10	175	428	
		10995	2480	3450;3540	5600	17500	11760;12240;12440;12340;12500;12940;11800;12150	250;280;380;350	90;69	90;69	0	0	0	0	0	26	119	100	0	102	500	220	
		11990	2550	3200	6100	17920	11240;12500	250;470	69	69	0	0	0	0	0	0	0	0	0	0	0	2	

续上表

企业名称 Company Name	品牌 Brand	外形尺寸 Dimension (mm) 长 Length	宽 Width	高 Height	轴距 Wheel Base(mm)	总质量 Total Weight (kg)	整备质量 Vehicle Weight(kg)	续驶里程 Driving Mileage of Electric Vehicle(等速法, Isokinetic Method)(km)	30min 最高车速 Maximum Speed of Electric Car in 30 Minutes (km/h)	最高车速 Maximum Speed (km/h)	1月 January (辆, vehicle)	2月 February	3月 March	4月 April	5月 May	6月 June	7月 July	8月 August	9月 September	10月 October	11月 November	12月 December	2017年产量合计 total Output in 2017
厦门金龙旅行车有限公司 Xiamen Golden Dragon Bus Co., Ltd.	金旅 Golden Dragon	5330	1700	1980;2066;2240	2890	3260	2140	220;246	100	100	0	0	0	2	6	6	5	19	2	0	5	0	2822
		7045	2050	2640;2770;2890	3935	8100	5250	239	69	69	0	0	0	0	0	0	0	0	0	0	0	19	
		8045	2350	2930;3050	4550	11400	7200;7600;7350;7750;7380;7830	201;214;248	69	69	0	0	0	0	0	0	0	22	25	0	77	50	
		8050	2280	2860;2980	4160;4185	9600	6350	201	100;69	100;69	0	0	0	0	4	34	38	92	0	32	85	175	
		8490	2460	3050;3165	4700	13900	9100;9600	287	69	69	0	0	0	0	0	0	0	18	0	0	0	0	
		8520	2460	3050;3165	4700	13000	8700;9000;9200	201;215;223;103;125	69	69	0	0	0	0	0	0	15	108	61	8	259	665	
		10480	2500;2550	3300;3150;3450	5000	17500;18000	11150;11640;11600;12090;12200;12600	202;265;398;210;275	69	69	0	0	50	0	0	41	0	0	29	2	167	460	
		10490	2550	3430;3600	5200	17500	11200;11600;12000	202;237;201	100;69	100;69	0	0	0	0	0	0	6	34	7	0	58	51	
		10990	2550	3430	5550	18000	12300;12700	262	100	100	0	0	0	0	0	0	0	1	2	1	0	2	
		12000	2550	3520;3300;3150;3600;3430	6100;6300;5980	18000	11700;12200;12600;12700;12350;11800;11290;12190	255;2580;201	69	69	0	0	0	0	0	21	0	0	0	0	0	58	
厦门金龙联合汽车工业有限公司 Xiamen King Long United Automotive Industry Co.,Ltd.	金龙 KING LONG	7000	2050	2670;2810;2890	4100	7400	4820;4650	295	100	100	0	0	0	2	0	0	0	0	0	2	19	1	2678
		8005	2350	3175;3240;2930;2985;3030;3090	3850	11500	7500;7900;8300;8250;7850	250;280;300;350	69	69	0	0	0	0	17	12	20	8	27	120	68	489	
		8080	2280	2870;2990	4200	9500	5800;6100	300	100;69	100;69	0	0	0	0	0	0	0	1	0	0	38	10	
		8545	2450	3275;3340;3030;3090;3130;3190	4700;4250	13000	8900;9400;9800;8800;8400;9300;8750;9250;9750	210;260;300;440;490	69	69	0	0	0	0	15	17	28	38	60	11	223	247	
		10500	2500	3400;3470;3070;3120;3230;3270	5700	17500	10300;10800;11300;11150;11650;12100;11000	300;260;400	69	69	0	0	0	0	55	116	80	11	50	62	220	302	

续上表

企业名称 Company Name	品牌 Brand	外形尺寸 Dimension (mm) 长 Length	宽 Width	高 Height	轴距 Wheel Base (mm)	总质量 Total Weight (kg)	整备质量 Vehicle Weight (kg)	续驶里程 Driving Mileage of Electric Vehicle (等速法, Isokinetic Method) (km)	30min 最高车速 Maximum Speed of Electric Car in 30 Minutes (km/h)	最高车速 Maximum Speed (km/h)	1月 January (辆, vehicle)	2月 February	3月 March	4月 April	5月 May	6月 June	7月 July	8月 August	9月 September	10月 October	11月 November	12月 December	2017年产量合计 total Output in 2017
厦门金龙联合汽车工业有限公司 Xiamen King Long United Automotive Industry Co., Ltd.	金龙 KING LONG	10700	2500	3300;3380;3190;3230;3270	5350;6300	16400;18000	10600;10700;11100;11300;12100;12700	300;365;350;150	100;69	100;69	0	0	0	0	0	0	17	16	20	0	63	18	2678
		11980	2550	3400;3470;3070;3120;3230;3270	6100	18000	11600;12600;13300;11800;12300;12800	280;450	69	69	0	0	0	0	77	1	20	10	0	0	50	16	
		12000	2550	3550;3730	6050	18000	13100	330	100	100	0	0	0	0	0	0	0	0	0	0	1	0	
安徽安凯汽车股份有限公司 Anhui Ankai Automobile Co., Ltd.	安凯 Ankai	6190	2250	2775;2975	3300	7300	4780;4960	260	68	69	0	0	0	0	0	0	0	0	0	0	0	1	1761
		8005	2350	3000;3100	4450	10200	6800;7200	260;280	68	69	0	0	0	0	0	12	116	0	115	71	60	171	
		8010	2280	2750;2980	4500	9300;9500	5900;6100;6120;6320;6000;6200	275;380	98;68	100;69	0	0	0	0	0	0	53	1	4	3	6	27	
		8510	2420	3120;3270	4600	13000	8200;8600	320	68	69	0	0	0	0	0	0	0	0	0	0	0	1	
		10490	2500	3430	5120	16000	10400	255	88	90	0	0	0	0	0	0	0	0	8	0	0	1	
		12000	2550	4000	5170+1470	24000	16650	305;480	68	69	0	0	0	0	0	10	0	0	12	0	0	0	
		10990	2500	3590	5450	16500	12000	315	88	90	0	0	0	0	0	23	0	0	0	0	0	1	
		10450	2500	3150;3250	5500	17000;17750	12500;13350	576;530	68	69	0	0	0	0	0	0	0	0	0	100	0	235	
		10010	2350	3000;3100	5670	13500	9170;9700;9320;9850	360;395	68	69	0	0	0	0	0	0	0	0	0	1	0	11	
		10450	2500	3150;3250	6100	16500	10650;11300;10700;11200;11500	310;300;380;375	68	69	0	0	0	0	0	0	0	0	0	0	55	139	
		12000	2550	3250;3360	6100	18000	13900	685;690	68	69	0	0	0	0	0	0	0	0	0	0	112	412	
东风汽车集团有限公司 Dongfeng Motor Group Co., Ltd.	东风 DONG-FENG	5800	2036	2375;2590	3610	4500	2950	280;300	80	100	1	0	0	0	0	8	0	0	0	0	0	0	1556
		6200	2000	2750;2890	3300	6500	4100;4250;4160;4310	255	69	69	0	0	0	0	1	4	0	0	0	0	10	13	
		8050	2260	2835;2990;3260	4100	10000	6000;6200;6380;6580;6450;6710	250;310;280	69	69	0	0	0	4	26	173	15	68	38	107	258	366	
		8100	2360	3050;3180;3260;2950;3150	4100	10000;12000	6830;7030;6500;6750;6900;7150;7050;7300	290;230;260;300	100;69	100;69	0	0	0	0	24	0	20	55	60	32	66	120	
		10480	2500	3040;3170	5000	16500	10700;11000	270	69	69	0	0	0	0	0	25	35	12	0	15	0	0	

续上表

企业名称 Company Name	品牌 Brand	外形尺寸 Dimension (mm) 长 Length	宽 Width	高 Height	轴距 Wheel Base(mm)	总质量 Total Weight (kg)	整备质量 Vehicle Weight(kg)	续驶里程 Driving Mileage of Electric Vehicle(等速法,Isokinetic Method)(km)	30min 最高车速 Maximum Speed of Electric Car in 30 Minutes (km/h)	最高车速 Maximum Speed (km/h)	1月 January (辆,vehicle)	2月 February	3月 March	4月 April	5月 May	6月 June	7月 July	8月 August	9月 September	10月 October	11月 November	12月 December	2017年产量合计 total Output in 2017
广州广汽比亚迪新能源客车有限公司 Guangzhou GAC BYD New Energy Bus Co.,Ltd.	广汽 GAC	10490	2550	3250	5000	18000	12660	480	69	69	0	0	0	0	0	0	0	0	0	0	286	794	1553
		12000	2550	3360	6050	18000	13180	570	69	69	0	0	0	0	0	0	0	0	0	0	128	345	
烟台舒驰客车有限责任公司 Yantai Shuchi Bus Co.,Ltd.	舒驰 Shuchi	8052	2130	2980;2800	3980	9300	6350;6150;6700	300;350	65;98	69;100	0	0	0	0	0	0	0	0	0	0	0	3	1174
		8280	2400	3220;3070	4380	11530	7500;7300	250;256	65	69	0	0	0	0	0	0	0	0	0	0	0	314	
		10300	2510	3260;3070	5200	15320	10100;9900	280	65	69	0	0	0	0	0	0	0	0	0	0	0	2	
		10980	2490	3630;3510	5300	16400	11700;11500	256	98;65	100;69	0	0	0	0	0	50	80	120	151	51	252	149	
		11990	2510	3260;3070	6200	16900	11030;10800	252	65	69	0	0	0	0	0	0	0	0	0	0	0	2	
扬州亚星客车股份有限公司 Yangzhou Yaxing Motor Coach Co., Ltd.	亚星 Yaxing	8110	2190	2775;2910	4500	9150	5900;6200;6100;6350	270;330	69	69	0	0	0	0	0	0	0	0	10	0	0	92	1174
		8540	2400	3050;3210	4600	12500	7400;7800;7810;8290;8525	275;255	69	69	0	0	30	0	0	0	0	0	0	8	0	9	
		10100	2400	3020;3190;3360	5780	14000	8550;9000;9500;9900	350;335	69	69	0	0	0	0	0	0	0	0	0	0	0	30	
		10480	2400	3020;3190	5500	13500	8500;9000	280	69	69	0	0	0	0	0	0	0	0	0	0	0	77	
		10500	2500	3050;3210;3265	5950	16500	10000;10500;10700;11300	335;280;450	69	69	0	0	0	0	36	0	0	0	0	18	70	84	
		10690	2500	3380;3500	4990	16500	10800;11400	230	100	100	0	0	0	0	0	0	400	0	0	0	198	1	
		10990	2500	3580;3690	5440	16500	11900;12520	280	100	100	0	0	0	0	0	1	0	0	0	0	0	0	
		12000	2550	3050;3210;3265	6150	18000	12500;12900;12000;12600;1300012400;	385;445;390	69	69	0	0	0	0	40	0	0	0	0	0	40	30	
江苏九龙汽车制造有限公司 Jiangsu Joylong Automobile Co.,Ltd.	大马 Dama	8050	2250	2910;2980	4100	9000;10000;10700	6150;6350;6550;6800;6500	255;290;260;255	69;100	69;100	0	0	0	0	51	79	5	123	46	153	89	410	1008
		8130	2040	2730;2860	4540	8500	5650	255	100	100	0	0	0	0	0	0	0	0	0	0	2	50	
金龙联合汽车工业(苏州)有限公司 HIGER BUS Co., Ltd.	海格 HIGER	6045	2020	2690;2860	3670	4830	3040;3140	235	69	69	0	0	0	0	0	0	0	0	0	10	54	71	924
		8010	2040	2710;2840;2820;2870	4500	8800	5800;6000	255	69;100	69;100	0	0	0	0	0	1	0	0	0	0	0	44	

续上表

企业名称 Company Name	品牌 Brand	外形尺寸 Dimension (mm) 长 Length	宽 Width	高 Height	轴距 Wheel Base(mm)	总质量 Total Weight (kg)	整备质量 Vehicle Weight(kg)	续驶里程 Driving Mileage of Electric Vehicle(等速法，Isokinetic Method)(km)	30min 最高车速 Maximum Speed of Electric Car in 30 Minutes (km/h)	最高车速 Maximum Speed (km/h)	1月 January	2月 February	3月 March	4月 April	5月 May	6月 June	7月 July	8月 August	9月 September	10月 October	11月 November	12月 December	2017年产量合计 total Output in 2017
											(辆，vehicle)												
金龙联合汽车工业(苏州)有限公司 HIGER BUS Co., Ltd.	海格 HIGER	8040	2370	3020;3120;3180	4700	11305	7300;7600 7950;8100 7900	235;315	69	69	0	0	0	0	0	0	0	0	25	19	38	94	924
		8340	2370	3070;3260	5800	12400	7900;8150;8290	232	69	69	0	0	0	0	0	0	0	0	0	0	128	0	
		8540	2440	3080;3180;3250	4700	13000	8700;8950;9150;9300;9500	255;380	69	69	0	0	0	0	0	0	0	0	0	0	32	91	
		10490	2500;2480;2550	3590;3690;3080;3180;3250	5170;5700	17000;16500	12600;13000;12000;12250;10700;11000;11400	337;402;204;210;300	90;69	90;69	0	0	0	0	0	1	0	0	12	0	20	228	
		10990	2500	3390;3530	5670	16900	11680	255	90	90	0	0	0	0	0	0	0	0	0	0	1	34	
		12000	2550	3150;3230;3300;3390;3530	5900;6150	18000	13430;13860	435;200	69;80	69;80	0	0	0	0	0	1	0	0	0	0	20	0	
中国重汽集团济南豪沃客车有限公司 Jinan Haowo Passenger Coach Co., Ltd., China Heavy Truck Group	黄河 Huanghe	8050	2500	3120;3250	4250	12500	8500;8750	260	69	69	0	0	0	0	60	0	100	0	21	0	0	0	883
		10790	2500	3420	5350	16900	10700	250	100	100	0	0	0	0	0	0	0	0	402	196	4	0	
		10500	2500	3120;3250	5800	16500	11000;10650	280	69	69	0	0	0	0	0	0	100	0	0	0	0	0	
金华青年汽车制造有限公司 Jinhua Youngman Automobile Manufacturing Co., Ltd.	青年 Youngman	8370	2450	3050	4100	11000	7510	235;251	66	69	0	0	0	0	0	91	0	0	0	0	0	20	867
		10150	2450	3090;2850;3100	5550;5100	13700;14000;14500	9100;8900;9200;9000;9500;10500	255;251;275;300	92;66	94;69	0	0	0	0	0	232	71	0	142	0	0	1	
		10500	2500	3320	5350	16000	10200	251	66	69	0	0	0	0	0	60	64	0	0	0	0	0	
		12000	2550	3200	5800	18000	11200;1;400;12000;12650	251;330	66;69	69	0	0	0	0	0	135	0	0	0	0	50	1	
中植一客成都汽车有限公司 Zhongzhi Yi ke Chengdu Automobile Co., Ltd.	中植汽车 Zhongzhi	8060	2180	2630;2860	4500	8600	5750	275;278	100	100	0	0	0	0	0	0	0	0	195	0	91	161	774
		8145	2400	2970	4100	9800	6470	290	69	69	0	0	1	0	0	0	0	0	0	0	0	0	
		10450	2500	3265	5500	16800	10800	300	69	69	0	0	0	0	0	0	0	0	0	0	25	0	
		10990	2500	3500;3600	5700	16150	11600	270;280;315	100	100	0	0	1	0	0	0	0	0	100	0	0	200	

续上表

企业名称 Company Name	品牌 Brand	外形尺寸 Dimension (mm) 长 Length	宽 Width	高 Height	轴距 Wheel Base(mm)	总质量 Total Weight (kg)	整备质量 Vehicle Weight(kg)	续驶里程 Driving Mileage of Electric Vehicle(等速法, Isokinetic Method)(km)	30min 最高车速 Maximum Speed of Electric Car in 30 Minutes (km/h)	最高车速 Maximum Speed (km/h)	1月 January (辆, vehicle)	2月 February	3月 March	4月 April	5月 May	6月 June	7月 July	8月 August	9月 September	10月 October	11月 November	12月 December	2017年产量合计 total Output in 2017
安徽星凯龙客车有限公司 Anhui Xingkailong Bus Co., Ltd.	星凯龙 Xingkai-long	6005	2240;2098	2970;2710;2645	3308;3570	7000;4550	4800;4600;3060	232;302	100	100	0	0	0	0	0	0	0	0	0	0	0	2	656
		8100	2400	2950;3180	4100	10600	7180;7400;7300;7100	260;2655	69	69	0	0	0	0	0	0	0	0	0	0	8	142	
		8510	2440	2950;3180	4250	12600	7980;8200	107	69	69	0	0	0	0	0	0	0	0	0	0	0	1	
		10480	2500	3050;3150	5350	16500	10680;10900	257	69	69	0	0	0	0	0	0	0	0	0	0	0	401	
		10500	2550	3680	5200	16500	11100	257	100	100	0	0	0	0	0	0	0	0	0	2	63	37	
江西博能上饶客车有限公司 Jiangxi B-energy Shangrao Coach Co., Ltd.	上饶 Shangrao	6620	2270	2810;2980	3300	8500	4880;5090	251	69	69	0	0	0	0	0	0	0	0	0	0	0	43	651
		8100	2350	2920;3120	4450	12200	7450;7880	250.5;251;252;255;258	69	69	0	0	0	0	0	0	0	0	2	0	123	201	
		10090	2460	3050;3200	5000	14500	9070;9525;9080;9535;9120;9535	258;286	69	69	0	0	0	0	0	0	0	0	0	0	0	80	
		10490	2490	3490;3590	5300	16550	10650;10950	262	100	100	0	0	0	0	0	0	0	0	0	0	160	41	
		10495	2500	3050;3200	5000	16500	10510;11135	255	69	69	0	0	0	0	0	0	0	0	0	0	0	1	
广西源正新能源汽车有限公司 Guangxi Yuan Zheng New Energy Automobile Co., Ltd.	紫象 Zixiang	8250	2400	3100	4300	13500	8000;8600	151;254	69	69	0	0	0	0	0	0	0	17	0	0	55	15	551
		8545	2500	3200;3060	4430	13200	8800;9300	330;350	69	69	0	0	0	0	0	0	0	0	0	0	60	30	
		10500	2500	3200;3060	6000;6100	16500	11750;10600;11000	440;140	69	69	0	0	0	0	0	0	0	0	15	0	176	174	
		17990	2500	3180	5800+6200	28000	19500	257	69	69	0	0	0	9	0	0	0	0	0	0	0	0	
杭州长江汽车有限公司 Hangzhou Changjiang Automobile Co., Ltd.	长江 Chang-jiang	7490	2195	2735	4135	8000	5260;5370;5600	300;255;330	100	100	0	0	0	0	0	3	2	20	2	4	1	6	539
		8080	2195	2735	4935	8020	5246;5415	340;255	100	100	0	0	0	0	0	1	0	10	6	53	50	161	
		8500	2380	3200;3100	4400	12500	7200;6950	245	60	69	0	0	0	0	0	0	0	0	0	0	0	40	
		10480	2500	3300;3120	5500;5730	18000	10850;10500;11700	320;340	60	69	0	0	0	0	0	0	0	0	0	0	80	80	
		12000	2550	3090	6000	18000	12660	380;402	60	69	0	0	0	0	0	20	0	0	0	0	0	0	
成都广通汽车有限公司 Chengdu Guang Tong Automobile Co., Ltd.	广通 Guang tong	6840	2290	3060	4080	9000	6600;6400	90	69	69	0	0	0	0	0	0	0	0	0	0	1	179	498
		10200	2500	3160	6085	14000	10000;9500	150	69	69	0	0	0	0	0	0	0	0	0	0	1	219	
		18000	2550	3350	5900+6000	28000	18400;19500;20300	130	69	69	0	0	0	0	0	0	0	0	0	0	2	96	

续上表

企业名称 Company Name	品牌 Brand	外形尺寸 Dimension (mm) 长 Length	宽 Width	高 Height	轴距 Wheel Base(mm)	总质量 Total Weight (kg)	整备质量 Vehicle Weight(kg)	续驶里程 Driving Mileage of Electric Vehicle(等速法, Isokinetic Method)(km)	30min 最高车速 Maximum Speed of Electric Car in 30 Minutes (km/h)	最高车速 Maximum Speed (km/h)	1月 January (辆, vehicle)	2月 February	3月 March	4月 April	5月 May	6月 June	7月 July	8月 August	9月 September	10月 October	11月 November	12月 December	2017年产量合计 total Output in 2017
江西凯马百路佳客车有限公司 Jiangxi Kaima Bonluck Bus Co., Ltd.	江西 Jiangxi	8100	2390	2940;3190	4500	11350	7350;7150	251	62	69	0	0	0	0	100	0	0	0	0	0	20	40	495
		10480	2550	3250	6100	16500	10600	273	62	69	0	0	0	0	0	0	0	0	0	37	114	184	
北京北方华德尼奥普兰客车股份有限公司 Beijing North Huade Neoplan Bus Co., Ltd.	北方 North Bus	8010	2350	2950;3050	4450	10900	7260;7430	252	69	69	0	0	0	0	0	0	0	0	1	0	293	51	481
		10500	2500	3100;3200	6100	15900;16500	10700;11000; 11200;11500	225;336	69	69	0	0	0	0	0	0	0	0	1	1	95	0	
		11990	2550	3250	6100	18000	12900	226.9	69	69	0	0	0	0	0	0	0	0	20	10	9	0	
上海申沃客车有限公司 Shanghai Sunwin Bus Corporation	申沃 Sunwin	8600	2500	3200	4500	12900	8650	579	65	69	0	0	0	0	0	0	11	0	0	0	0	0	479
		10495	2500	3250;3360	5000	18000	11800;11500	450;435	65	69	0	0	0	0	0	0	0	60	148	0	23	0	
		10990	2500	3600	5450	16500	11200	280	90	100	0	0	0	0	0	0	0	0	47	0	0	40	
		11990	2500	3470;3250; 3400;3275	5900;6100	18000	12100;12200; 11900;12900	201;450; 435;560	65	69	0	0	0	0	0	0	0	41	12	52	0	35	
		17990	2500	3470	5900+6150	28000	18700	202	65	69	0	0	0	0	0	0	0	0	0	0	0	10	
丹东黄海汽车有限责任公司 Dandong Huanghai Automobile Co., Ltd.	黄海 Huanghai	6015	2025	2820;2650	3715	4460;4660	3035;2935; 3105	210;180; 255;252	100	100	0	0	0	2	0	284	111	0	0	0	0	0	475
		8040	2440	3020;3220	4300	11360	7600;7900	320	65	69	0	0	0	0	0	0	0	0	0	0	0	1	
		8540	2430	3070;3170	4000	13500	8100;8400	260	65	69	0	0	0	0	0	0	0	0	0	0	0	1	
		10010	2440	3070;3230	5670	13500;14000	8500;8800; 8900;9200	290;360	65	69	0	0	0	0	0	0	0	42	0	0	0	31	
		10490	2482	3510;3100; 3250	5000;6100	18000;17000	12900;13300; 10350;10700	170;290	65	69	0	0	0	0	0	1	0	0	0	0	0	1	
		10840	2500	3430;3580	5820	16500	11500;11850	261	85	85	0	0	0	0	0	0	0	0	0	0	0	1	
珠海市广通客车有限公司 Zhuhai Guangtong Bus Co., Ltd.	广客 Guangke	8055	2160	2840	4500	9000	6000	242	100	100	0	0	0	0	1	0	0	0	0	0	1	11	464
		8190	2400	3200	4250	11200	7400	235	69	69	0	0	0	0	0	0	1	0	0	0	0	35	
		8490	2500	3250	4500	13500	9580;9460	352;330	69;69	69	0	0	205	0	0	0	0	0	0	0	0	37	
		10660	2500	3250	5600	16500;17000	10800;11600	293;295; 432	69	69	0	0	0	0	0	0	0	1	2	0	0	83	
		10970	2500	3510	5850	15500	11500;11600	287;305; 313	100	100	0	0	0	0	0	0	1	1	11	5	29	0	
		11990	2520	3250	6100	17700	11800	518	69	69	0	0	0	0	0	0	0	0	0	0	0	40	

续上表

企业名称 Company Name	品牌 Brand	外形尺寸 Dimension (mm) 长 Length	宽 Width	高 Height	轴距 Wheel Base(mm)	总质量 Total Weight (kg)	整备质量 Vehicle Weight(kg)	续驶里程 Driving Mileage of Electric Vehicle(等速法, Isokinetic Method)(km)	30min 最高车速 Maximum Speed of Electric Car in 30 Minutes (km/h)	最高车速 Maximum Speed (km/h)	1月 January (辆,vehicle)	2月 February	3月 March	4月 April	5月 May	6月 June	7月 July	8月 August	9月 September	10月 October	11月 November	12月 December	2017年产量合计 total Output in 2017
扬子江汽车集团有限公司 Yangtse River Automobile Group Co., Ltd.	扬子江 Yangtse	6100	1795	2200	3300	6000	3500	200	69	69	0	0	0	251	0	0	0	0	0	0	0	0	450
		6150	2200	2600;2800	3750	7500	4850	240	69	69	0	0	0	0	0	0	0	0	10	0	0	0	
		8200	2450	2990;3200	3900	12500	8300;8500	255	69	69	0	0	0	0	0	0	0	0	0	0	0	8	
		8530	2550	3000;3200	5000	12500	8000;8300	245	69	69	0	0	0	0	0	0	0	0	0	0	0	13	
		10500	2500	3200;3520	5000	16500	11500	315	69	69	0	0	0	0	0	0	0	0	0	0	26	0	
		10700	2550	3200	5050	16500	12000	330	69	69	0	0	0	0	0	0	0	0	0	0	0	17	
		12000	2550	3200;3320	6200;6150	18000	11900;12500	205;230	69	69	0	0	0	0	0	0	0	0	0	0	2	123	
成都大运汽车集团有限公司 Chengdu Dayun Automobile Group Co., Ltd.	大运 Dayun	8005	2340	2800;3060	4550	10700	7100;7300;7440;7640	250	69	69	0	0	0	0	0	0	0	0	8	10	0	43	449
		8010	2160	2860	4500	9000	5940	250	69	69	0	0	0	0	0	0	0	0	0	0	0	1	
		8050	2250	2910;2980;2975;3105	4100;4450	9000;11100;11500	6150;7300;7100;7400;7600	255;251;280	69	69	0	0	0	0	0	0	0	0	0	0	30	56	
		8540	2470;2400	3030;3180;3050;3210	4500;4600	12500	8400;8000;7800	280;255	65;69	69	0	0	0	0	0	0	0	0	0	0	0	3	
		10095	2460	3120;3035	5950	14000	9460;9100	250	69	69	0	0	0	0	0	0	0	0	0	8	30	1	
		10100	2400	3020;3190	5780	14000	8800	285	69	69	0	0	0	0	0	0	0	0	0	0	0	84	
		10490	2490;2550	3280;3150;3050;3200	5600;6100	16000;16500	11400;11100;10640;10940	265;300	65;69	69	0	0	0	0	0	0	0	0	0	0	0	2	
		10500	2500	3050;3200	6100	16500	10050;10500;11000	305	69	69	0	0	0	0	0	0	0	0	0	0	0	173	
上海万象汽车制造有限公司 Shanghai Wanxiang Automobile Manufacturing Co., Ltd.	象牌 Xiang Brand	7500	2300	2900	4600	9300	6630	389	69	69	0	0	0	0	0	0	0	0	0	0	10	0	448
		8090	2280	3000	4500	9800	6900	259	100	100	0	0	1	0	0	0	0	0	0	0	0	0	
		9400	2500	3150	4700	14800	10700	418	69	69	0	0	0	0	0	0	0	70	0	0	0	0	
		10800	2500	3150	6100	16100;17100	11100;12000	203;438;439	69	69	0	0	0	0	0	0	47	144	10	0	20	0	
		12000	2500	3150	6100	18000	12900	449	69	69	0	0	0	0	0	0	0	101	10	25	10	0	
深圳市五洲龙汽车股份有限公司 Shenzhen Wuzhoulong Motors Co., Ltd.	五洲龙 Wuzhoulong	10490	2500	3200;2950	5300	18000	12400;13000;12700	350	69;65	69	0	0	10	1	0	0	0	0	0	0	0	61	432
		10900	2500	3680	5600	17000	12500	205	100	100	0	0	0	0	0	0	0	0	0	0	260	100	

续上表

企业名称 Company Name	品牌 Brand	外形尺寸 Dimension (mm) 长 Length	宽 Width	高 Height	轴距 Wheel Base(mm)	总质量 Total Weight (kg)	整备质量 Vehicle Weight(kg)	续驶里程 Driving Mileage of Electric Vehicle(等速法, Isokinetic Method)(km)	30min 最高车速 Maximum Speed of Electric Car in 30 Minutes (km/h)	最高车速 Maximum Speed (km/h)	1月 January	2月 February	3月 March	4月 April	5月 May	6月 June	7月 July	8月 August	9月 September	10月 October	11月 November	12月 December	2017年产量合计 total Output in 2017
											(辆, vehicle)												
东风特种汽车有限公司 Dongfeng Special Automobile Co., Ltd.	东风 DONG-FENG	6740	2260	2910;3080	3850	8000	5500	255	69	69	0	0	0	0	0	0	0	0	0	0	0	37	429
		8340	2340	2910;3050	4600	12500	7400;7600;7700;7900	251;255	69	69	0	0	0	0	10	0	0	1	0	10	47	123	
		10490	2500	3020;3200	5000	16000	11000	255	69	69	0	0	0	0	0	0	0	0	10	28	93	70	
山东沂星电动汽车有限公司 Shandong Yixing Electric Auto Co., Ltd.	飞燕 Feiyan	8040	2160	2840	4500	9000	5700	260	80	80	0	0	0	0	0	0	0	0	0	0	0	100	412
		8300	2530	3200	3900	12500	8050	260	69	69	0	0	0	0	0	0	0	0	0	0	10	60	
		10500	2550	3340;3250	5000;5200	17500;16900	12200;10500	300;240	69	69	0	0	0	0	0	0	0	0	0	0	0	42	
		12000	2550	3520	6000	18000	12800	350;400	100;69	100;69	0	0	0	0	0	0	0	0	0	0	30	170	
东莞中汽宏远汽车有限公司 Dongguan Zhongqihongyuan Automobile Co., Ltd.	宏远 Hong-yuan	8010	2410	3050;2800	4250	10200	6900;6650	260;380	69	69	0	0	0	0	0	0	0	0	0	0	0	193	368
		8560	2410	3080;2910	4600	13500	8800;8550	251;291	69	69	0	0	0	0	0	0	0	0	0	0	0	102	
		10450	2480	3220;2980	6100	17000	11850;11550	285;308;322	69	69	0	0	0	0	0	0	0	0	0	40	0	33	
广西华奥汽车制造有限公司 Guangxi Huaao Automobile Manufacturing Co., Ltd.	金华奥 Jin Hua Ao	6700	2270	2850;3100	3300	7400	4750	250	69	69	0	0	0	0	0	0	0	0	0	0	1	50	364
		8340	2360	2910;3050	4600	12500	7900	295	69	69	0	0	0	0	0	0	17	44	0	0	0	142	
		11990	2550	3360;3460	6350	18000	11700	302	69	69	0	0	0	0	0	70	0	0	0	0	0	40	
浙江中车电车有限公司 Zhejiang CRRC Electric Vehicle Co., Ltd.	中国中车牌 CRRC Brand	8490	2500	3100;3050	4300	13000	7800;8200	290	69	69	0	0	0	0	0	0	0	0	0	0	0	13	318
		8500	2380	3100;2950	5300	11000	6750;6900	252	69	69	0	0	0	0	0	0	0	0	0	0	0	1	
		10505	2500	3370	6100	16000	10700	220	69	69	0	0	0	0	0	0	0	0	0	0	213	81	
		12000	2540	3370	5950	18000	11400	230	69	69	0	0	0	0	0	0	0	0	0	0	0	10	
江西宜春客车厂有限公司 Jiangxi Yichun Bus Factory Co., Ltd.	中宜 ZHONG-YI BUS	8050	2400	2910;2980	4100	10700	6750	220	69	69	0	0	0	0	0	0	0	0	0	1	90	139	309
		8130	2040	2730;2860	4540	8500	5650	255	100	100	0	0	0	0	0	0	0	0	0	1	0	0	
		10480	2500	2950;3050;3000;3100	5350	17350;18000	10800;11000	205	69	69	0	0	0	0	0	0	0	0	0	1	27	50	
江苏陆地方舟新能源车辆股份有限公司 Jiangsu Green Wheel EV Co., Ltd	陆地方舟 Green-Wheel EV	8348	2280	2880;2980	5100	9400	6550	300;265;310	100;69	100;69	0	0	0	0	2	0	2	0	1	0	123	103	301
		10480	2500	3250	5800	15600	9800	255	69	69	0	0	0	0	0	0	0	0	4	0	0	0	
		10960	2500	3600	5600	17300	12610	335	90	90	0	0	0	0	0	0	0	1	0	0	0	65	
四川野马汽车股份有限公司 Sichuan YeMa Auto Limited by Share Ltd.	野马 YeMa	8130	2160	2900	4500	9000	5780	230	90	100	0	0	0	0	0	0	0	0	0	5	2	43	233
		8075	2160	2970	4500	9000	6120	330	69	69	0	0	0	0	0	0	0	0	19	1	0	44	
		10050	2380	3090	5300	12000	7800	260	90	100	0	0	0	0	0	0	0	0	0	0	21	42	
		10115	2370	3085	5300	12000	8050	360	69	69	0	0	0	0	0	0	0	6	0	1	0	49	

续上表

企业名称 Company Name	品牌 Brand	外形尺寸 Dimension (mm) 长 Length	宽 Width	高 Height	轴距 Wheel Base(mm)	总质量 Total Weight (kg)	整备质量 Vehicle Weight(kg)	续驶里程 Driving Mileage, of Electric Vehicle(等速法, Isokinetic Method)(km)	30min 最高车速 Maximum Speed of Electric Car in 30 Minutes (km/h)	最高车速 Maximum Speed (km/h)	1月 January (辆, vehicle)	2月 February	3月 March	4月 April	5月 May	6月 June	7月 July	8月 August	9月 September	10月 October	11月 November	12月 December	2017年产量合计 total Output in 2017
河北长安汽车有限公司 Hebei Chang'an Automobile Co., Ltd.	长安 Chang'an	8005	2260	2815;2950	4500	10200	7000;7200	270;315	69	69	0	0	0	0	36	0	0	6	0	16	109	42	213
		8345	2400	3125;3225;3060;3210	4200;4500	12200;11200	8000;8230;8280;7050;7400;7200;7550	260	69	69	0	0	0	0	0	0	0	0	0	0	0	4	
南京市公共交通车辆厂 Nanjing Public Traffic Vehicle Factory	建康 Jiankang	6680	2250	2880	4700	8550	5650	200	69	69	0	0	0	0	0	0	0	0	0	0	0	1	207
		8010	2160	2720;2860	4500	9000	6000;6200	250;200	90	90	2	0	0	0	0	0	0	0	0	0	0	2	
		8040	2500	3100	4160	11200	7500	250	69	69	0	0	0	0	0	0	0	0	0	0	0	2	
		8545	2450	3330	4100	12000	8650	250	100	100	0	0	0	0	0	0	0	0	0	0	0	54	
		8540	2500	3100	4600	12200;12500	8200;8550	250	69	69	0	0	0	0	0	0	0	4	0	0	20	72	
		10490	2550	3150;3570	5400;5650;6100	16500	10600;11000;11200;11800;11600	220;310;360;314;300	69;100	69;100	0	0	0	0	0	0	0	4	0	0	0	46	
奇瑞万达贵州客车股份有限公司 Chery&Wanda Guizhou Bus Co., Ltd.	万达 Wanda	6010	1920	2314	3690	4350	2950	265	100	100	0	0	0	0	0	0	0	0	0	0	0	23	202
		10490	2500	3230;3110	5250	16900	10500	260	69	69	0	0	0	0	0	0	0	39	0	0	30	110	
江苏常隆客车有限公司 Jiangsu Changlong Bus Co., Ltd.	常隆 Changlong	8640	2380	3120;3000	4400	12500	7050;6900;7300;7150	220;240	69	69	0	0	0	0	0	0	0	0	0	0	0	80	189
		10100	2380	3170;3050	5300	13500	8450;8250;8500;8300;8750;8550	290;270	69;100	69;100	0	0	0	0	0	0	0	0	0	0	0	35	
		10490	2500	3400;3225;3150	5450;5700	16500	10450;10150;10350	240;350	69;100	69;100	0	0	0	0	0	0	0	0	0	0	0	74	
成都客车股份有限公司 Chengdu Passenger Car Co., Ltd.	蜀都 Shudu	6010	2050	2690;2620	3200	6700	4350;4500	325	90	100	0	0	0	0	0	0	0	0	0	0	0	5	178
		6330	2160	2770	3650	7500	5150;4950	310	60	69	0	0	0	0	0	0	0	0	0	0	0	1	
		8070	2390	3030	4300	11200	7650;7450	300	69	69	0	0	0	0	0	0	0	0	0	0	0	16	
		8535	2460	3120;3000	4700	12500;13300	7400;7850;7800;8230	95;260	69	69	0	0	0	0	0	0	1	28	1	0	0	10	
		10495	2500	3250;3000	6100	16500	10950	310	65	69	0	0	0	0	0	0	0	0	0	0	0	1	
		10600	2550	3150;3000	6200	16500	10400;10700	275;100	69	69	0	0	0	0	0	0	0	0	72	0	0	0	
		12000	2550	3185;3020	6200	17900	12560;12000	460	65	69	0	0	0	0	0	0	0	24	0	0	0	1	
		6330;6410	2160	2770;2820	3650	7500	5150;4950	251	60	69	0	0	0	0	0	0	0	6	12	0	0	0	

续上表

企业名称 Company Name	品牌 Brand	外形尺寸 Dimension (mm) 长 Length	宽 Width	高 Height	轴距 Wheel Base(mm)	总质量 Total Weight (kg)	整备质量 Vehicle Weight(kg)	续驶里程 Driving Mileage of Electric Vehicle(等速法, Isokinetic Method)(km)	30min最高车速 Maximum Speed of Electric Car in 30 Minutes (km/h)	最高车速 Maximum Speed (km/h)	1月 January	2月 February	3月 March	4月 April	5月 May	6月 June	7月 July	8月 August	9月 September	10月 October	11月 November	12月 December	2017年产量合计 total Output in 2017
											(辆,vehicle)												
江西江铃集团晶马汽车有限公司 Jiangxi Jiangling Group Jingma Motor Co.,Ltd.	晶马 Jingma	8045	2400	2960;3130	4200	11200	7400	215	69	69	0	0	0	0	0	0	0	10	1	0	14	13	171
		8200	2280	2950;2900;2820;2750	4260	10000	6290;6435;6370;6505	220;275	69;100	69;100	0	0	0	0	2	6	0	10	4	10	21	37	
		10480	2500	3150;3300	5000	16500	11000;11350	255	69	69	0	0	43	0	0	0	0	0	0	0	0	0	
万向集团公司 Wanxiang Group Company	万向 Wan-xiang	8600	2500	3200	4500	13100	9200	304	65	69	0	0	0	0	0	0	1	0	0	6	39	12	167
		10495	2500	3250;3360	5000	18000	12800	439	65	69	0	0	0	0	0	0	0	1	0	1	0	0	
		11990	2500	3400	6100	18000	13400	492	65	69	0	0	0	0	0	0	0	1	42	0	24	40	
石家庄中博汽车有限公司 Shijiazhuang Zhong Bo Automobile Co.,Ltd.	广通客车 Guang-tong Bus	8490	2480	3050	4300	13500	8800	110;210	69	69	0	0	0	0	0	0	0	0	0	0	100	60	163
		10700	2500	3210;3460	5700	16500	11200;11800	230	100	100	0	0	0	0	0	0	0	0	0	1	0	0	
		12000	2550	3450	6100	18000	12700	95	69	69	0	0	0	0	0	0	0	2	0	0	0	0	
北奔重型汽车集团有限公司 BEIBEN Trucks Group Co.,Ltd.	北奔 BEIBEN	8190	2400	3140;3285	4100	12500	7700;7900	201	69	69	0	0	0	0	0	0	100	0	0	0	0	0	130
		10490	2500	3125;3300	5150	16400	10220;10600	210	69	69	0	0	0	0	0	0	0	0	1	6	0	0	
		10970	2500	3200;3450	5800	15000	10350;10700	286	100	100	0	0	0	0	0	0	0	0	0	0	0	23	
北汽(常州)汽车有限公司 BAIC (Changzhou) Automobile Co.,Ltd.	北京 Beijing	6040	2020	2650;2360;2850;2560	3665	4680	2960	255	100	100	0	0	0	1	0	0	0	0	0	1	0	1	130
		8200	2400	3200	5300	12200	7400;7700;8100;8400	210;330	69	69	0	0	0	0	0	0	2	0	0	0	0	17	
		8290	2350	3200	4500	9500	6700	290	90	90	0	0	0	0	0	0	1	0	0	0	0	0	
		10490	2500	3487;3534;3080;3220;3250	5000;5100	16000;16500;17000	11000;11500;10100;10400;11200	350;230	82;69	85;69	0	0	0	0	0	0	0	0	0	0	20	87	
一汽客车(大连)有限公司 FAW Bus (Dalian) Co.,Ltd.	解放 Jiefang	10480	2500	2950;3205	5350	16000	10740;11000	276	69	69	0	0	0	0	0	120	0	0	0	0	0	0	120
重庆穗通新能源汽车制造有限公司 Chongqing Suitong New Energy Automobile Manufacturing Co.,Ltd.	穗通 Sui Tong	8480	2500	3200	4500	13000	8400	205	69	69	0	0	0	0	0	0	0	0	0	0	0	114	114

续上表

企业名称 Company Name	品牌 Brand	外形尺寸 Dimension (mm) 长 Length	宽 Width	高 Height	轴距 Wheel Base(mm)	总质量 Total Weight (kg)	整备质量 Vehicle Weight(kg)	续驶里程 Driving Mileage of Electric Vehicle(等速法, Isokinetic Method)(km)	30min最高车速 Maximum Speed of Electric Car in 30 Minutes (km/h)	最高车速 Maximum Speed (km/h)	1月 January	2月 February	3月 March	4月 April	5月 May	6月 June	7月 July	8月 August	9月 September	10月 October	11月 November	12月 December	2017年产量合计 total Output in 2017
											(辆,vehicle)												
昆明客车制造有限公司 Kunming Coach Manufacturing Co., Ltd.	云海 Yunhai	8005	2350	3000;3100	4450	10200	6800;7200;7350	280	68	69	0	0	0	0	0	90	0	0	1	0	0	20	111
苏州益茂电动客车有限公司 Suzhou Yimao Electric Bus Co.,Ltd.	东鸥 Dong Ou	8100	2280;2160	2780;2980;2720;2840	4500	9400	6000	250	69;100	69;100	0	0	0	0	0	0	0	0	0	0	0	102	102
陕西汉中客车有限公司 Shaanxi Hanzhoung Coach Co.,Ltd.	汉龙 Han Long	10490	2500	2950;3170	5600	16900	10190;10450	280	69	69	0	0	0	0	0	0	0	0	1	20	45	35	101
长沙梅花汽车制造有限公司 Changsha Meihua Auto Manufacturing Co.,Ltd.	同心 Tong Xin	8260	2400	3150	4300	12000	7420	220;225	69	69	0	0	0	0	0	0	0	0	0	0	0	8	98
		8280	2400	3120	4100	12500	8550	305	69	69	0	0	0	0	0	0	0	0	0	0	0	88	
		10490	2500	3100;3260	5600	16500	10030;10300	248;2500	69	69	0	0	0	0	0	0	0	0	0	0	0	2	
哈尔滨通联客车有限公司 Harbin Tonglian Bus Co.,Ltd.	哈尔滨 Harbin	6790	2280	2930;3090	3300	8500	5550;5800	258	69	69	0	0	0	0	0	0	0	0	0	0	0	50	92
		8100	2360	3060;3200	4100	11600	7500;7700	230	69	69	0	0	0	0	0	0	0	0	0	0	0	42	
吉利四川商用车有限公司 Geely Sichuan Commercial Vehicle Co.,Ltd.	远程 Yuan-cheng	10490	2500	3085;3155	5000	16500	11000;11500	302	69	69	5	0	0	0	0	0	0	0	0	0	0	0	91
		12000	2500	3085;3155	6000	16900;18000	11300;11600;12400;12700	328;379	69	69	6	0	0	0	0	0	0	0	1	0	15	58	
		10500	2500	3100;3200	5200	16500	10300;10600	324	69	69	0	0	0	0	0	0	0	0	0	0	6	0	
陕西秦星汽车有限责任公司 Shaanxi Qin Xing Automobile Co., Ltd.	原点之星 Yuandi-anzhixing	10490	2480	3005;3290	5150	16500	10200;10500;10800	223	69	69	0	0	0	0	0	0	0	0	20	0	0	70	90
福建新福达汽车工业有限公司 Fujian Xinfuda Automotive Industry Co.,Ltd.	福达 Fuda	8050	2250	2910;2980	4100	9000	6150	255	69	69	0	0	0	0	0	0	0	0	0	0	0	70	71
		10480	2500	3300;3150	5000	17500	12500	275	69	69	1	0	0	0	0	0	0	0	0	0	0	0	

续上表

企业名称 Company Name	品牌 Brand	外形尺寸 Dimension (mm) 长 Length	宽 Width	高 Height	轴距 Wheel Base(mm)	总质量 Total Weight (kg)	整备质量 Vehicle Weight(kg)	续驶里程 Driving Mileage, of Electric Vehicle(等速法, Isokinetic Method)(km)	30min 最高车速 Maximum Speed of Electric Car in 30 Minutes (km/h)	最高车速 Maximum Speed (km/h)	1月 January	2月 February	3月 March	4月 April	5月 May	6月 June	7月 July	8月 August	9月 September	10月 October	11月 November	12月 December	2017年产量合计 total Output in 2017
											(辆,vehicle)												
长春北车电动汽车有限公司 Changchun Beiche Electric Vehicle Co., Ltd.	环菱 Huanling	10100	2400	3020;3190	5780	14000	8550;9000	305	69	69	0	0	0	0	0	0	0	0	66	0	0	0	66
上海汽车商用车有限公司 SAIC Motor Commercial Vehicle Co., Ltd	大通 Datong	6120;6030;6320	1998	2352;2570	4180	4200	2670	251	100	100	0	0	0	0	0	0	1	0	0	0	0	0	64
		6120;6030;6320	1998	2352;2570	4180	4370	2810	280	100	100	0	0	0	0	0	0	5	6	3	12	36	1	
安源客车制造有限公司 Anyuan Bus Manufacture Co., Ltd.	安源 Anyuan	8510	2430	3250	4000	11840	8350	221	69	69	0	0	0	0	0	0	0	0	0	0	0	1	62
		8510	2430	3250	4000	12280	8790	232	69	69	0	0	0	0	0	0	0	20	40	0	0	0	
		8050	2420	3060;3220	4600	12050	8235	210	69	69	0	0	0	0	0	0	0	0	0	0	0	1	
贵州长江汽车有限公司 Guizhou Changji-ang Automobile Co., Ltd.	贵州 Guizhou	8500	2380	3168;3040	4400	12500	7245;7525	260	69	69	0	0	0	0	0	0	0	0	0	0	16	40	56
重庆恒通客车有限公司 Chongqing Hengtong Bus Co., Ltd.	恒通客车 Hengtong Bus	8545	2400	3255	4200	12960	8200;8650;9200	251	69	69	0	0	0	0	0	40	0	0	0	0	0	14	54
安庆安达尔汽车制造有限公司 Anqing Anda'er Automobile Manufacturing Co., Ltd.	安达尔 Anda'er	8080	2360	3200;3000	4100	12000	7200;7000	250	69	69	1	0	0	0	0	0	0	0	0	0	0	0	51
		8160	2390	3100;3000	4500	12200	7900;7700	250	69	69	0	0	0	0	0	0	0	0	0	0	0	50	
辽宁乾丰专用车有限公司 Liaoning Qian Feng Special Purpose Vehicle Co., Ltd.	易圣达 REST-ART	10490	2550	3050;3200	6100	16500	10640;10540	300	69	69	0	0	0	0	0	0	0	0	0	0	0	50	50
四川国宏汽车有限公司 Sichuan Guohong Automobile Co., Ltd.	乐达 Leda	8080	2360	3200;3000	4100	13000	8200;8000	255	69	69	0	0	0	15	15	0	0	0	0	0	0	0	50
		10480	2500	3280	5400	15900	11300	260	69	69	0	0	0	16	4	0	0	0	0	0	0	0	

续上表

企业名称 Company Name	品牌 Brand	外形尺寸 Dimension (mm) 长 Length	宽 Width	高 Height	轴距 Wheel Base(mm)	总质量 Total Weight (kg)	整备质量 Vehicle Weight(kg)	续驶里程 Driving Mileage, of Electric Vehicle(等速法, Isokinetic Method)(km)	30min 最高车速 Maximum Speed of Electric Car in 30 Minutes (km/h)	最高车速 Maximum Speed (km/h)	1月 January (辆, vehicle)	2月 February	3月 March	4月 April	5月 May	6月 June	7月 July	8月 August	9月 September	10月 October	11月 November	12月 December	2017年产量合计 total Output in 2017
江苏友谊汽车有限公司 Jiangsu Youyi Automobile Co.,Ltd.	友谊 Youyi	8080	2320	2920;2850	4950	11000	6600;6400	229	69	69	0	0	0	0	0	0	0	0	12	0	0	6	47
		8300	2280	2860	4600	9400	6550;6490	386	99	99	0	0	0	0	0	0	0	0	0	0	0	11	
		8495	2380	3080;2930	4500	10700	6900;6700	245	69	69	0	0	0	0	0	0	0	0	0	0	0	10	
		8510	2500	3250;3010	4300	13000	8800;8500	280	69	69	0	0	0	0	0	0	0	0	0	0	0	8	
山西新能源汽车工业有限公司 Shanxi New Energy Automobile Industry Co.,Ltd.	远程 Yuan-cheng	10500	2500	3100;3220	5200	16500	11100;11500	350	69	69	0	0	0	0	0	0	0	0	0	0	2	40	44
		12000	2500	3100;3220	6000	16900	11300;11600	328	69	69	0	0	0	0	0	0	0	0	0	0	2	0	
中植汽车(淳安)有限公司 Zhongzhi Automobile (Chunan) Co., Ltd.	中植汽车 Zhongzhi	10990	2500	3500;3600	5700	16900	11200	245	100	100	0	0	0	0	0	0	0	0	0	0	0	44	44
云南五龙汽车有限公司 Yunnan Wulong Automobile Co.,Ltd.	长江 Chang-jiang	10480	2500	3300;3120	5500;5730	18000	10850;10500;11700	320;340	60	69	0	0	0	0	0	0	0	0	0	10	0	32	43
		12000	2550	3090	6000	18000	11400;11600	275;315	60	69	0	0	0	0	0	0	0	1	0	0	0	0	
佛山市飞驰汽车制造有限公司 Foshan Feichi Automobile Manufacturing Co.,Ltd.	飞驰 Feichi	8545	2490	3090	4700	13500	8200;7900	212;263	69	69	0	0	0	0	0	0	0	0	42	0	0	0	42
大汉汽车集团有限公司 Da Han Automobile Group Co.,Ltd.	大汉 Da Han	6900	2220	2900;3120	3300	8500	5200	200	69	69	0	0	0	0	0	0	0	0	0	0	0	1	36
		8150	2450	3000;3200	4100	11000	7500	230	69	69	0	0	0	0	0	4	0	0	0	0	0	1	
		8055	2160	2720;2840	4500	9000	5800	250	69	69	0	0	0	0	0	23	0	0	0	0	5	2	
中国第一汽车集团有限公司 China FAW Group Co.,Ltd.	解放 Jiefang	8580	2500	3060;3250	4500	12500	8320;8530	261	69	69	0	0	0	0	0	0	0	0	0	0	0	1	35
		11990	2500	3060;3250	6100	18000;17800	11390;11600;11590;11800	202;282;151	69	69	2	0	0	0	1	1	0	0	30	0	0	0	
四川省客车制造有限责任公司 Sichuan Carriage Manufacturing Co., Ltd.	峨嵋 E Mei	8540	2500	3050;3200	4350	12500	8050;8300	355	69	69	0	0	0	0	0	0	0	0	0	0	0	19	33
		10495	2500	3050;3200	5000	16500	10600;10900	390	69	69	0	0	0	0	0	0	0	0	0	0	0	13	
		11990	2550	3450	6000	18000	12500;12170	460	69	69	0	0	0	0	0	0	0	0	0	0	0	1	

续上表

企业名称 Company Name	品牌 Brand	外形尺寸 Dimension (mm) 长 Length	宽 Width	高 Height	轴距 Wheel Base(mm)	总质量 Total Weight (kg)	整备质量 Vehicle Weight(kg)	续驶里程 Driving Mileage of Electric Vehicle(等速法, Isokinetic Method)(km)	30min 最高车速 Maximum Speed of Electric Car in 30 Minutes (km/h)	最高车速 Maximum Speed (km/h)	1月 January (辆, vehicle)	2月 February	3月 March	4月 April	5月 May	6月 June	7月 July	8月 August	9月 September	10月 October	11月 November	12月 December	2017年产量合计 total Output in 2017
四川新筑通工汽车有限公司 Sichuan Xinzhu Tonggong Motor Vehicle Co.,Ltd.	通工 Tonggong	8050	2260	2835;2990	4100	10000	6380;6530	280	69	69	0	0	0	0	0	0	0	0	0	0	0	13	24
		12000	2550	3680	5900	18000	12500;12200	38	69	69	0	0	0	0	0	0	0	0	0	0	0	10	
		10500	2500	3050;3265	5950	16500	10000;10300	300	69	69	0	0	0	0	0	0	0	0	0	0	0	1	
哈尔滨龙江客车制造有限公司 Harbin Longjiang Passenger Coach Manufacturing Co., Ltd.	龙江 Longjiang	10010	2440	3070;3230	5670	13500	8500;8800	290	65	69	0	0	0	0	0	0	0	0	0	0	0	20	20
武汉客车制造股份有限公司 Wuhan Bus Manufacturing Co.,Ltd.	华中 Huazhong	8050	2400	2910;2980	4100	10000;10200	6700;6580	235;255	100;69	100;69	0	0	0	0	0	0	0	0	0	0	12	4	20
		10480	2500	3210;3310;2950;3050	5350	15800;16900	10400;10900	235;255	100;69	100;69	0	0	0	0	0	0	0	0	0	0	0	4	
陕西跃迪新能源汽车有限公司 Shaanxi Yuedi New Energy Vehicle Co., Ltd.	跃迪 Yuedi	8080	2360	3200;3000	4100	12000	7200;7000	250	69	69	1	0	0	0	0	0	0	0	0	0	0	0	18
		8160	2390	3100;3000	4500	12200	7900;7700	250	69	69	0	0	0	0	0	0	0	0	0	0	10	7	
北京汽车制造厂有限公司 Beijing Automobile Manufacturing Factory Co.,Ltd.	北京 Beijing	6075	1885	2285	3720	4432	2928	208	100	100	0	0	0	0	0	0	0	0	0	0	0	15	15
河南少林客车股份有限公司 Henan Shaolin Bus Limited by Share Ltd.	少林 Shaolin	6045	1995	2650;2830	3665	4490;4680	3140;3240;3030	200;255	100;69	100;69	0	0	0	0	0	8	1	0	0	0	0	0	12
		8240	2390	3060;3200	4500	12000	7280;7550	260	69	69	0	0	0	0	0	0	0	0	2	0	0	0	
		10500	2500	3130;3260	6100	16500	9830;10150	300	69	69	0	0	0	0	0	0	0	0	1	0	0	0	
桂林客车工业集团有限公司 Guilin Bus Industry Group Co.,Ltd.	五菱 Wuling	6005	2098	2645;2735;2765;2895	3310	5700	3500	215	69	69	0	0	0	0	0	0	0	0	0	0	12	0	12
江苏登达汽车有限公司 Jiangsu Dengda Motor Co.,Ltd.	钻石 Zuanshi	8020	2390	2950;3150	4300	11100	7200;7400	220	69	69	0	0	0	0	0	0	0	0	0	0	0	1	10
		8540	2440	2900;3150	4100	12500	7900;8200	125;250	69	69	0	0	0	0	0	0	0	0	6	0	0	2	
		10500	2500	3050;3300	6000	17000	9600;9900	230	69	69	0	0	0	0	0	0	0	0	0	0	0	1	

续上表

企业名称 Company Name	品牌 Brand	外形尺寸 Dimension (mm) 长 Length	宽 Width	高 Height	轴距 Wheel Base (mm)	总质量 Total Weight (kg)	整备质量 Vehicle Weight (kg)	续驶里程 Driving Mileage of Electric Vehicle（等速法，Isokinetic Method）(km)	30min 最高车速 Maximum Speed of Electric Car in 30 Minutes (km/h)	最高车速 Maximum Speed (km/h)	1月 January (辆, vehicle)	2月 February	3月 March	4月 April	5月 May	6月 June	7月 July	8月 August	9月 September	10月 October	11月 November	12月 December	2017年产量合计 total Output in 2017
沈阳华龙新能源汽车有限公司 Shenyang Hualong New Energy Automobile Co., Ltd.	华龙 Hualong	8110	2190	2775;2910	4500	9150	6100;6350	330	69	69	0	0	0	0	0	0	0	0	0	0	1	2	8
		10100	2400	3020;3190	5780	14000	8500;9000	300	69	69	0	0	0	0	0	0	0	0	0	0	1	2	
		12000	2550	3050;3265	6150	17850	12000;12400	300	69	69	0	0	0	0	0	0	0	0	0	0	1	1	
福建新龙马汽车股份有限公司 Fujian New Longma Motor Co., Ltd.	福建 Fujian	8560	2410	3080;2910	4600	13500	8800;8550	295	69	69	0	0	0	0	0	5	0	0	0	0	0	0	5
山西皇城相府宇航汽车制造有限公司 Shanxi Royal Prime Minister's Palace Aerospace Automobile Manufacturing Co., Ltd.	山西 Shanxi	6600	2240	2820;3020	3300	7200	4900	150	69	69	0	0	0	0	0	1	0	0	0	0	0	0	5
		7005	2050	2640;2760;2890	3935	7500	5100;5300	200	100	100	0	0	0	3	0	0	0	0	0	0	0	0	
		11990	2550	3050;3150	6000	18000	13100	260	69	69	0	0	0	0	0	1	0	0	0	0	0	0	
山西原野汽车制造有限公司 Shanxi Yuanye Automobile Manufacturing Co., Ltd.	湛龙 Zhanlong	8005	2260	2815;2950	4500	10200	6780;6980	290	69	69	0	0	0	0	0	0	0	0	0	0	0	1	5
		10480	2550	3300;3150	5000	17500	11800;11400	218	69	69	0	0	0	0	0	0	0	1	0	0	0	1	
		12000	2550	3300;3150	6100	18000	12450;12800	265	69	69	0	0	0	0	0	0	0	1	0	0	0	1	
云南航天神州汽车有限公司 Yunnan Astronautics Shenzhou Automobile Co., Ltd.	神州 Shenzhou	6550	2280	2800;2700	3600	6860	4500;4300	205	69	69	0	0	0	0	0	0	0	0	1	0	0	0	5
		6040	1880	2320	3720	4450	2900	290	100	100	0	0	0	0	0	0	0	0	0	0	2	0	
		8030	2400	2765;2650	4600	9800	5550;5350	203	69	69	0	0	0	0	1	0	0	0	0	0	1	0	
贵州贵航云马汽车工业有限责任公司 Guizhou Guihang Yunma Automobile Industry Co., Ltd.	云马 Yunma	8050	2250	2910;2980	4100	9000	6150	255	69	69	0	0	0	0	0	0	0	0	0	0	4	0	4
江苏卡威汽车工业集团股份有限公司 Jiangsu Kawei Auto Industrial Group Co., Ltd.	卡威 Kawei	8539	2495	3171	5400	12200	7550	260	69	69	0	0	0	0	0	0	0	0	0	0	0	1	3
		10490	2500	3160	6000	14800	9100;9400	240;270	69	69	0	0	0	0	0	0	0	0	0	0	0	2	
南京汽车集团有限公司 Nanjing Automobile (Group) Corporation	依维柯 IVECO	6880	2000	2820;3050	3950	5750	3950	350	70	100	0	0	2	0	0	0	0	0	0	0	0	0	2

续上表

企业名称 Company Name	品牌 Brand	外形尺寸 Dimension (mm) 长 Length	宽 Width	高 Height	轴距 Wheel Base(mm)	总质量 Total Weight (kg)	整备质量 Vehicle Weight(kg)	续驶里程 Driving Mileage, of Electric Vehicle(等速法, Isokinetic Method)(km)	30min 最高车速 Maximum Speed of Electric Car in 30 Minutes (km/h)	最高车速 Maximum Speed (km/h)	1月 January	2月 February	3月 March	4月 April	5月 May	6月 June	7月 July	8月 August	9月 September	10月 October	11月 November	12月 December	2017年产量合计 total Output in 2017
											(辆,vehicle)												
安徽广通汽车制造股份有限公司 Anhui Guang Tong Automobile Manufacturing Limited by Share Ltd.	安通 Antong	8350	2430	2920;3200	4300	12500	8000;8200	262	69	69	0	0	0	0	1	0	0	0	0	0	0	0	1
黑龙江龙华汽车有限公司 Heilongjiang Longhua Automobile Co.,Ltd.	黑龙江 Heilongjiang	8500	2450	3130;3270	4000	12500	7365;7520	80	69	69	0	0	0	0	0	1	0	0	0	0	0	0	1
襄阳九州汽车有限公司 Xiangyang Jiuzhou Automobile Co., Ltd.	九州 Jiuzhou	8100	2280	2980	4500	9400	6000	210	100	100	0	0	0	0	0	0	0	0	0	0	0	1	1
2017年产量合计 Total Output in 2017 (辆,vehicle)											31	0	615	452	2077	5371	5549	5601	10056	8792	19180	33378	91102

(2)乘用车/Passenger Car

企业名称 Company Name	品牌 Brand	外形尺寸 Dimension (mm) 长 Length	宽 Width	高 Height	轴距 Wheel Base (mm)	总质量 Total Weight (kg)	整备质量 Vehicle Weight (kg)	续驶里程 Driving Mileage of Electric Vehicle (工况法, Operating Condition Method)(km)	续驶里程 Driving Mileage of Electric Vehicle (等速法, (Isokinetic Method)(km)	30min 最高车速 Maximum Speed of Electric Car in 30 Minutes(km/h)	最高车速 Maximum Speed (km/h)	1月 January	2月 February	3月 March	4月 April	5月 May	6月 June	7月 July	8月 August	9月 September	10月 October	11月 November	12月 December	2017年产量合计 Total Output in 2017
												(辆,vehicle)												
北京新能源汽车股份有限公司 Beijing Electric Vehicle Co.,Ltd.	北京 Beijing	3675	1630	1518	2360	1360	1030;1030;1058;1050	162;170;156	200;210;202	100	101	908	2540	4328	4184	3374	2809	2837	7090	8321	8960	18163	15124	78661
		3998	1720	1503	2500	1670	1295	150	190	110	110	0	0	0	0	0	7	0	0	0	0	0	1	
		4025	1720	1503	2500	1670	1295	150	190	110	125	0	0	0	0	0	0	0	0	0	0	15	0	
浙江吉利汽车有限公司 Zhejiang Geely Automobile Co., Ltd.	吉利美日 Geely Meiri	4631	1789	1495	2650	1913;1945;1973	1538;1570;1598	300;253	360;330	140	140	0	312	1617	2542	3088	820	2271	977	142	285	77	504	45058
	吉利 Geely	2770	1560	1610	1880	1150	990	153	195	102	102	0	0	0	0	1500	1094	0	0	1426	1638	1920	1762	
		2900	1545	1590	2080	1150	990	153	195	102	102	0	0	0	0	0	0	0	0	0	573	0	0	
		3971	1745	1496	2461	1545;1530	1170;1155	151	195;190	102	102	0	0	0	0	1100	520	3	532	928	240	311	479	

续上表

企业名称 Company Name	品牌 Brand	外形尺寸 Dimension (mm)			轴距 Wheel Base (mm)	总质量 Total Weight (kg)	整备质量 Vehicle Weight (kg)	续驶里程 Driving Mileage of Electric Vehicle (工况法, Operating Condition Method) (km)	续驶里程 Driving Mileage of Electric Vehicle (等速法, (Isokinetic Method) (km)	30min 最高车速 Maximum Speed of Electric Car in 30 Minutes (km/h)	最高车速 Maximum Speed (km/h)	1月 January	2月 February	3月 March	4月 April	5月 May	6月 June	7月 July	8月 August	9月 September	10月 October	11月 November	12月 December	2017年产量合计 Total Output in 2017
		长 Length	宽 Width	高 Height								(辆, vehicle)												
浙江吉利汽车有限公司 Zhejiang Geely Automobile Co., Ltd.	知豆 Zhi Dou	2765	1540	1555	1765	870;874;935	690;724;755	155;161	165;171;170	100	100	0	0	0	2	0	0	0	0	0	0	5	43	45058
		2806;2811	1540;1540	1555;1555	1765	1000;870;890;955	690;740;775;820	155;255	165;265	100	100	0	597	2151	1655	2644	2019	745	1789	1094	1070	2632	1951	
湖南江南汽车制造有限公司 Hunan Jiangnan Automobile Manufacturing Co., Ltd.	江南 Jiangnan	3300	1405	1410;1480	2175	1040;1140	710;810	150	160	100	100	0	0	0	0	0	0	1	112	384	536	1290	166	36220
	众泰 Zotye	2735	1600	1630	1810	1270	1080;1100	160;165	185;220	100	120	484	101	1851	1306	1040	1770	1006	715	1349	1364	2795	2358	
		2798	1563	1572	1765	960	810	150;160	170;186	100	100	0	0	5	556	1695	499	8	699	404	794	835	59	
		3559	1620	1476	2360	1340;1420	1040;1120	155	200	100	102	10	0	1107	482	66	701	752	295	30	0	0	0	
		3995	1620	1915	2700	2015	1435	155	210	100	100	0	0	0	0	0	0	0	0	0	0	0	3	
		4405	1830	1640;1665	2610	1973	1598	250	330	140	140	0	0	0	0	0	0	0	0	0	0	0	15	
		4750	1810	1510	2750	2050	1675	250	310	140	140	0	0	46	46	294	207	25	0	29	7	3	207	
		3559;3627	1620	1476	2360	1280;1340;1375;1420	980;1040;1075;1120	155;165;255;152	200;320	100	102	0	0	0	0	954	645	414	541	620	570	2795	1174	
江铃控股有限公司 Jiangling Motor Holding Co., Ltd.	江铃 JMC	3427	1565	1450;1510	2260	1125	825	152	—	100	100	319	1193	1295	1226	719	992	1435	1124	1855	1065	2222	3757	31116
		3994	1626	1505	2400	1290;1370	990;1070	152	—	100	100	0	17	92	354	269	170	199	192	188	215	380	504	
		4160	1810	1670	2560	1735;1865	1360;1490	152;252	—	108	110	0	0	0	0	0	0	0	0	0	0	0	109	
		3580;3650	1570	1485	2345	1250;1220;1260;1280	950;920;980;960	152	—	100	100	27	227	684	301	500	534	529	601	709	1323	2898	2892	
浙江豪情汽车制造有限公司 Zhejiang Haoqing Automotive Manufacturing Co., Ltd.	帝豪 EMGRAND	3778	1663	1519	2353	1450	1075;1150	155	200	110	110	0	0	0	0	0	0	0	0	1	0	0	51	30571
		4631	1789	1495	2650	1913;1973	1538;1598	300	360	140	140	0	0	0	0	0	0	307	2379	1813	1290	2730	2517	
	吉利 Geely	2765	1540	1555	1765	935	755	161	170	100	100	0	0	598	1	0	0	0	0	0	0	0	0	
		2806	1540	1555	1765	955;1000;870;890	775;820;690;740	155;255	165;265	100	100	0	0	1332	1375	2293	3037	373	2626	1307	1238	2192	2086	
		2975	1585	1590	1865	1020	870	155	165	100	100	0	0	0	0	0	0	0	0	0	0	40	283	
		3598	1630	1595	2340	1420	1120	151	195	102	102	0	1	49	0	0	0	0	0	0	652	0	0	
重庆长安汽车股份有限公司 Chongqing Chang'an Automobile Co., Ltd.	长安 Chang'an	3580	1570	1485	2345	1280	980	152	—	100	100	0	0	0	0	794	890	1117	544	1943	1121	494	1517	28905
		3730	1650	1528	2410	1615	1240	180;210;251	220;225;260;300	105	125	400	361	906	931	1212	1126	1686	1432	1614	1016	1113	1048	
		3800	1700	1670	2505	1715	1340	252	300	100	130	0	0	5	0	436	353	562	392	1065	1203	936	3	
		4100	1740	1630	2510	1905	1530	300	340	110	110	0	0	0	0	0	0	0	0	0	0	0	253	
		4620	1820	1515;1540	2660	1985;2055	1610;1680	200;300	255;360	120	140	100	0	0	1	0	319	0	145	516	265	386	700	

续上表

企业名称 Company Name	品牌 Brand	外形尺寸 Dimension (mm) 长 Length	宽 Width	高 Height	轴距 Wheel Base (mm)	总质量 Total Weight (kg)	整备质量 Vehicle Weight (kg)	续驶里程 Driving Mileage of Electric Vehicle (工况法, Operating Condition Method) (km)	续驶里程 Driving Mileage of Electric Vehicle (等速法, (Isokinetic Method) (km)	30min 最高车速 Maximum BZ Speed of Electric Car in 30 Minutes (km/h)	最高车速 Maximum Speed (km/h)	1月 January (辆, vehicle)	2月 February	3月 March	4月 April	5月 May	6月 June	7月 July	8月 August	9月 September	10月 October	11月 November	12月 December	2017年产量合计 Total Output in 2017
奇瑞汽车股份有限公司 Chery Automobile Co., Ltd.	开瑞 Karry	4450	1760	1760;1790	2755	2075	1550	255	—	110	125	0	0	0	0	0	0	0	0	0	10	53	190	28305
	奇瑞 Chery	3200	1670	1550;1590	2150	1005;1195	855;895	151	180	100	100	1	14	477	1044	1798	2460	2557	2757	1408	1915	2839	1182	
		3564	1620	1527	2340	1428	1128	≥151	≥170	100	100	0	431	736	1256	911	979	1046	872	57	1	10	1490	
		4200	1760	1570	2555	1890	1515	260	350	100	100	0	0	0	0	0	0	2	0	0	0	0	0	
		4572	1825	1496	2670	1850;1955	1475;1580	152;351	206;400	100	145;152	8	0	0	0	0	3	0	246	792	369	149	242	
安徽江淮汽车集团股份有限公司 Anhui Jianghuai Automobile Group Co., Ltd.	江淮 JAC	3630	1670	1475	2390	1450;1475	1150;1175	156;170	190;205	102	102	0	89	640	1630	2265	3262	2739	2563	2131	2460	5072	797	27967
		3775	1685	1570	2390	1550	1250	170	205	102	102	0	0	0	0	0	0	0	0	0	0	0	2	
		4135	1750	1560;1565	2490	1835	1460	280	350	130	130	0	0	0	0	0	0	8	1	328	6	253	40	
		4190	1650	1445	2400	1560	1260	166;176	200;260	102;101	102;101	0	149	343	404	563	77	4	76	178	30	126	160	
		4320	1710	1515	2490	1635	1260	170;180	240;250	120	120	0	124	268	54	45	0	72	92	151	141	111	222	
		4590	1765	1490	2710	2125	1750	310	390	120	130	0	0	0	0	0	0	0	0	0	0	0	291	
比亚迪汽车有限公司 BYD Auto Co., Ltd.	比亚迪 BYD	4565	1870	1720;1700	2660	2425;2550	2050;2175	270	300	140	140	0	0	10	103	1	80	1324	1382	83	31	41	199	26111
		4680	1765	1500	2660	2220;2275	1845;1900	305	360	130	130	0	47	886	2458	2041	232	2709	1997	2055	2030	1713	1146	
		4740	1770	1490	2670	2325;2275	1950;1900	300	350	145	150	2	2	914	500	272	533	808	277	27	51	35	33	
北京汽车股份有限公司 BAIC MOTOR Co., Ltd.	北京 Beijing	4025	1720	1503	2500	1670	1295	150	190	110	125	12	198	1015	464	406	516	564	832	112	938	346	13	19100
		4110	1750	1583	2519	1810	1410	250	300	100	100	3	9	1226	412	576	780	530	150	0	0	0	22	
		4582	1794	1515	2650	2023	1603;1613	200;252	260;330	125;100	140;100	0	0	0	0	0	0	0	0	0	0	0	4	
		4602	1794	1515	2650	2023;2053;2058	1613;1683;1603	252;300;360;200	330;380;460;260	125;100	140;100	0	391	1262	248	535	1353	621	1254	492	335	1594	1787	
		4946	1860	1483	2830	2200	1900	300	380	140	140	0	100	0	0	0	0	0	0	0	0	0	0	
上汽通用五菱汽车股份有限公司 SAIC - GM - Wuling Automobile Co., Ltd.	宝骏 BaoJun	2488	1506	1620;1670	1600	880	700;750	155;165;255;152	160;200;170	100	100	698	330	0	0	0	0	73	986	2296	2340	4215	5536	16474
东风汽车集团有限公司 Dongfeng Motor Group Co., Ltd.	东风 DONGFENG	3775	1665	1690	2450	1625	1220;1295;1325	255;320	—	103	105	0	0	676	0	1196	1381	1761	1149	656	730	494	66	13442
		4665	1790	1526	2700	1915	1540	255	—	110	150	0	0	0	0	0	0	0	0	0	0	86	795	
		5145	1720	1980	3000	2500	1880	200	—	100	120	0	0	0	0	0	0	0	0	0	0	1	832	

续上表

企业名称 Company Name	品牌 Brand	外形尺寸 Dimension (mm) 长 Length	宽 Width	高 Height	轴距 Wheel Base (mm)	总质量 Total Weight (kg)	整备质量 Vehicle Weight (kg)	续驶里程 Driving Mileage of Electric Vehicle (工况法, Operating Condition Method) (km)	续驶里程 Driving Mileage of Electric Vehicle (等速法, (Isokinetic Method) (km)	30min 最高车速 Maximum Speed of Electric Car in 30 Minutes(km/h)	最高车速 Maximum Speed (km/h)	1月 January (辆, vehicle)	2月 February	3月 March	4月 April	5月 May	6月 June	7月 July	8月 August	9月 September	10月 October	11月 November	12月 December	2017年产量合计 Total Output in 2017
东风汽车集团有限公司 Dongfeng Motor Group Co., Ltd.	风神 Fengshen	2995	1560	1595	2160	1310	1010	150;151	160;161	100	100	0	0	0	6	6	69	38	0	0	0	0	12	13442
		4680	1720	1530	2700	1939	1564	302;351	—	130;135	140;145	0	0	0	0	0	1	10	12	2	107	1091	1337	
	俊风 JunFeng	3775	1665	1530	2450	1350	1050	160	—	115	115	0	0	0	0	0	0	0	0	0	0	0	13	
		4530	1730	1490	2620	1690	1315	171	—	105	115	0	0	0	0	0	0	0	0	0	0	0	31	
		4680	1720	1545	2700	1925;5105;2120	1500;1670;1685;1730;1745	260;256;290;320	—	115;110	125;115	0	0	0	0	0	0	1	3	16	0	175	689	
上海汽车集团股份有限公司 SAIC Motor Co., Ltd.	荣威 ROEWE	4554	1855	1686;1716	2700	2155	1710	320	425	130	135	0	0	0	0	0	191	1198	2819	1922	1974	2090	353	10547
比亚迪汽车工业有限公司 BYD Automobile Industry Co., Ltd.	比亚迪牌 BYD	4460	1720	1875;1895	2725	2625	1940;2000	250	320	130	130	0	0	0	0	0	0	0	0	0	4	24	4	9667
		4560	1822	1630	2830	2795	2420	400	520	140	140	75	134	21	285	52	2	246	475	282	269	12	3480	
	腾势 DENZA	4642	1850	1642	2880	2550	2160	352	473	120	150	123	95	763	176	109	80	377	141	577	459	1110	292	
海马汽车有限公司 Haima Motor Co., Ltd.	海马 Haima	3662	1540	1495;1502	2332	1250	950	151	155	100	100	0	0	1	0	701	556	100	278	500	653	1266	1763	6002
		4553	1737	1510	2600	1806;1808	1431;1433	202;315	264;400	120	130	0	0	0	0	0	0	1	0	1	7	24	110	
Haima Car Co., Ltd.	小鹏 XiaoPeng	4470	1818	1600	2610	1873	1458;1472	260;304	330;375	150	170	0	0	0	0	0	0	0	0	0	0	2	39	
荣成华泰汽车有限公司 Rongcheng Hawtai Automobile Co., Ltd.	华泰 Hawtai	3461	1560	1470	2260	1210	910;852	160;155	180;180	100	100	0	0	0	0	0	466	475	243	490	328	657	432	5835
		3520	1570	1490	2345	1465	1040	155	200	105	105	0	0	0	15	179	145	0	0	0	0	0	29	
		4777	1794	1481	2700	2053	1678;1712;1698	195;255;230	245;319;288	130	130	0	0	0	0	1	8	1	0	0	0	865	2	
	华泰圣达菲 Hawtai Santa Fe	4426	1862	1683;1709	2660	2139	1764	266;255	332;320	132.5	130	2	2	7	0	98	20	94	79	2	1	1194	0	
河北御捷车业有限公司 Hebei Yujie Vehicle Industry Co., Ltd.	御捷马 Yujiema	3450	1500	1480	2385	1270	970	155	175	103	100	0	0	0	0	0	10	245	0	108	135	7	5	5245
		3500	1500	1550;1610	2385	1240;1360	940;1060	151;150	—	100	105	0	0	0	0	0	0	0	0	0	0	0	61	
		3675;3749	1655	1570	2385	1315;1425	1015;1125;1080	153	—	100	105	0	0	0	0	0	0	0	0	1	462	1877	2334	

续上表

企业名称 Company Name	品牌 Brand	外形尺寸 Dimension (mm) 长 Length	宽 Width	高 Height	轴距 Wheel Base (mm)	总质量 Total Weight (kg)	整备质量 Vehicle Weight (kg)	续驶里程 Driving Mileage of Electric Vehicle (工况法, Operating Condition Method) (km)	续驶里程 Driving Mileage of Electric Vehicle (等速法, (Isokinetic Method) (km)	30min最高车速 Maximum Speed of Electric Car in 30 Minutes (km/h)	最高车速 Maximum Speed (km/h)	1月 January	2月 February	3月 March	4月 April	5月 May	6月 June	7月 July	8月 August	9月 September	10月 October	11月 November	12月 December	2017年产量合计 Total Output in 2017
												(辆, vehicle)												
江西昌河汽车有限责任公司 JiangXi Changhe Automobile Co., Ltd.	昌河 Changhe	3400	1575	1685;1750	2335	1335	980	165	200	100	100	0	0	0	0	0	0	0	51	68	84	639	11	3803
		3664	1610	1709;1735;1689;1722	2485	1580;1650	1070;1170	160;260	230;280	105	105	0	0	0	0	0	0	216	420	1035	497	353	429	
安徽猎豹汽车有限公司 Anhui LEOPAARD Motors Co., Ltd.	猎豹 LEOPAARD	4558	1730	1687;1712	2550	1893	1490	250	320	≥80	120	0	0	0	0	0	0	0	0	0	38	194	0	3232
		4315	1840	1650	2600	1944;2095	1494;1645	150;255	180;310	104;130	130	0	0	0	0	0	0	0	0	0	0	0	3000	
东南(福建)汽车工业有限公司 SOUTHEAST(Fujian) Automotive Industry Co., Ltd.	东南 SOUTHEAST	3692	1650	1532;1551	2400	1330;1350	1030;1050	155	230	100	100	0	0	0	0	0	0	0	0	2	0	0	1948	3166
		4354	1840	1664	2610	2040	1665	255	300	110	125	0	0	0	0	0	0	0	0	0	0	0	1213	
		4570	1770	1495	2610	1805	1430	150	180	120	130	0	0	0	0	2	0	1	0	0	0	0	0	
长城汽车股份有限公司 Great Wall Motor Co., Ltd.	长城 Great Wall	4452;4471	1705	1520;1525	2610	1760;1765	1385;1390	200;270	370	130;140	140;150	0	150	581	519	600	140	0	102	0	0	398	418	2908
重庆力帆乘用车有限公司 Chongqing Lifan Passenger Vehicle Co., Ltd.	力帆 Lifan	3775	1620	1420	2340	1370;1395	995;1020	200;180	260;240	100	105	0	0	5	0	0	5	485	59	107	243	721	1058	2811
		4625	1715	1480;1500;1525	2610	1670;1675;1925	1270;1300;1295;1550	250;400	300;480	100;120	110;140	0	0	5	0	0	0	0	0	5	0	0	61	
		4550;4610	1705	1495	2605	1755	1380	252	325	120	120	0	0	0	0	0	0	0	0	0	47	10	0	
东风小康汽车有限公司 DFSK Motor Co., Ltd.	东风 DONGFENG	4500	1680	2000	3050	2250	1710	200;252	210;270	100	100	0	0	3	0	422	136	149	140	212	55	560	1081	2758
福建省汽车工业集团云度新能源汽车股份有限公司 Fujian MOTOR Group, YUDO New-Energy Automobile Co., Ltd.	云度 YUDO	4010	1729	1621	2460	1685;1785	1310;1410	150;250	200;330	105;120	120;140	0	0	0	0	0	0	0	0	72	114	667	1613	2497
		4340	1765	1610	2580	1825	1450	260	350	120	140	0	0	0	0	0	0	0	0	0	0	2	29	

续上表

企业名称 Company Name	品牌 Brand	外形尺寸 Dimension (mm)			轴距 Wheel Base (mm)	总质量 Total Weight (kg)	整备质量 Vehicle Weight (kg)	续驶里程 Driving Mileage of Electric Vehicle (工况法, Operating Condition Method) (km)	续驶里程 Driving Mileage of Electric Vehicle (等速法, (Isokinetic Method) (km)	30min 最高车速 Maximum Speed of Electric Car in 30 Minutes (km/h)	最高车速 Maximum Speed (km/h)	1月 January	2月 February	3月 March	4月 April	5月 May	6月 June	7月 July	8月 August	9月 September	10月 October	11月 November	12月 December	2017年产量合计 Total Output in 2017
		长 Length	宽 Width	高 Height								(辆, vehicle)												
四川野马汽车股份有限公司 Sichuan YEMA Auto Limited by Share Ltd.	野马 YEMA	4555	1835	1688;1715	2665	2250;2290	1775;1875;1910	255;276	350	110;155;120	110;155;120	0	0	0	0	86	162	128	128	573	103	195	513	2082
		4580	1730	1825	2800	2290	1765	255	—	110	110	0	0	0	0	0	0	1	0	0	10	20	163	
广州汽车集团乘用车有限公司 Guangzhou Automobile Group Motor Co., Ltd.	传祺牌 Trumpchi	4346	1825	1637;1662	2560	2080	1667	310	475	145	156	0	0	0	0	0	0	66	411	335	439	290	429	1970
金华青年汽车制造有限公司 Jinhua Youngman Automobile Manufacturing Co., Ltd.	迈迪 Maidi	3340	1564	1500;1555	2260	1180	880	151	—	102	102	0	0	0	0	0	28	62	377	37	1285	0	0	1891
	欧联 Oulian	2727	1565	1558	1860	930;970	780;820	152	—	100	100	58	0	0	0	0	0	2	37	0	0	0	0	
	青年 Youngman	3585	1635	1475	2360	1280	980	150.5	180	105	105	0	0	0	0	0	0	0	0	5	0	0	0	
北汽(广州)汽车有限公司 BAIC (Guangzhou) Automotive Co., Ltd.	北京 Beijing	4602	1794	1515	2650	2023	1613	252	330	100	100	0	0	0	31	0	59	0	355	0	0	0	403	848
陕西通家汽车股份有限公司 Shaanxi Tongjia Automobile Co., Ltd.	国金汽车 SINO-GOLD	4615	1845	1655	2840	2330	1880	285;350	—	135	150	0	0	0	0	0	0	0	1	0	0	10	416	569
	通家福 Tongjiafu	4030	1620	1900	2700	2050	1400	220	—	80	85	0	0	0	0	6	37	0	2	36	12	12	37	
东风裕隆汽车有限公司 Dongfeng Yulong Motor Co., Ltd.	裕路 Yulu	3643	1669	1496	2340	1320;1315;1365	1020;1015;1065	150	180	100	100	0	0	0	0	35	0	0	0	20	0	235	276	566
河北红星汽车制造有限公司 Hebei Hongxing Automobile Co., Ltd.	红星 Hongxing	3010;3180	1605	1650;1680	2025	1300;1350	980;1030	155	190	100	105	0	0	0	0	0	0	0	0	0	36	6	493	535

续上表

企业名称 Company Name	品牌 Brand	外形尺寸 Dimension (mm) 长 Length	宽 Width	高 Height	轴距 Wheel Base (mm)	总质量 Total Weight (kg)	整备质量 Vehicle Weight (kg)	续驶里程 Driving Mileage of Electric Vehicle (工况法, Operating Condition Method) (km)	续驶里程 Driving Mileage of Electric Vehicle (等速法, (Isokinetic Method) (km)	30min 最高车速 Maximum Speed of Electric Car in 30 Minutes (km/h)	最高车速 Maximum Speed (km/h)	1月 January	2月 February	3月 March	4月 April	5月 May	6月 June	7月 July	8月 August	9月 September	10月 October	11月 November	12月 December	2017年产量合计 Total Output in 2017
												(辆, vehicle)												
北京汽车制造厂有限公司 Beijing Automobile Manufacturing Factory Co. ,Ltd.	北京 Beijing	4212	1656	1910	2850	1950	1400	200	225	100	100	0	0	0	0	0	0	0	259	0	0	0	274	533
北汽(镇江)汽车有限公司 BAIC(Zhenjiang) Automobile Co. , Ltd.	北京 Beijing	4110	1750	1605	2519	1810	1410	250	300	100	100	0	0	0	0	0	0	0	0	0	0	0	515	515
合肥长安汽车有限公司 Hefei Chang' an Automobile Co. , Ltd.	长安 Chang' an	4100	1740	1630	2510	1905	1530	300	340	110	110	0	0	0	0	0	0	0	0	34	15	35	0	515
		4620	1820	1515	2660	1985	1610	200	255	120	140	0	0	0	0	0	51	230	0	147	3	0	0	
北汽新能源汽车常州有限公司 BAIC New Energy Automobile Changzhou Co. ,Ltd.	北京 Beijing	2986	1676	1492	1870	1045	895	150	190	100	110	0	0	0	0	0	0	0	0	0	0	103	399	502
东风悦达起亚汽车有限公司 Dongfeng Yueda KIA Motors Co. , Ltd.	华骐 HORKI	4535	1735	1470	2610	1835	1445	265	310	140	140	0	0	0	1	0	0	0	0	3	31	79	363	477
北京现代汽车有限公司 Beijing Hyundai Motor Company	北京现代 Beijing Hyundai	4569;4601	1777	1493	2655	1845	1429;1470	270	335	140	140	0	0	0	0	0	0	0	155	107	87	69	9	427
重庆力帆汽车有限公司 Chongqing Lifan Auto Co. ,Ltd.	力帆 Lifan	4015	1595	1900	2525	1850	1295	150	160	100	100	0	0	0	0	0	50	0	0	0	0	117	236	403
江苏九龙汽车制造有限公司 Jiangsu Joylong Automobile Co. , Ltd.	大马 Dama	4900	1835	1890	2950	2850	2350	180	255	120	120	0	0	0	0	0	40	69	0	0	0	0	0	353
		4900	1835	1890	2950	2850	2350	180	255	120	120;100	0	0	0	0	0	0	0	77	2	11	14	140	

续上表

企业名称 Company Name	品牌 Brand	外形尺寸 Dimension (mm) 长 Length	宽 Width	高 Height	轴距 Wheel Base (mm)	总质量 Total Weight (kg)	整备质量 Vehicle Weight (kg)	续驶里程 Driving Mileage of Electric Vehicle (工况法, Operating Condition Method) (km)	续驶里程 Driving Mileage of Electric Vehicle (等速法, (Isokinetic Method) (km)	30min 最高车速 Maximum Speed of Electric Car in 30 Minutes (km/h)	最高车速 Maximum Speed (km/h)	1月 January	2月 February	3月 March	4月 April	5月 May	6月 June	7月 July	8月 August	9月 September	10月 October	11月 November	12月 December	2017年产量合计 Total Output in 2017
												(辆, vehicle)												
北汽福田汽车股份有限公司 Beiqi Foton Motor Co., Ltd.	福田 FOTON	4200	1680	1875	2700	2050	1350	251	280	105	110	0	0	0	0	0	0	0	0	0	19	32	12	257
		4200	1680	1875	2700	2050	1380	185	230	100	105	0	0	0	0	0	0	0	0	0	0	3	191	
中国第一汽车集团有限公司 China FAW Group Co., Ltd.	一汽 FAW	4625	1790	1500	2630	1860	1450	170	240	120	120	0	0	0	0	0	0	0	0	1	0	0	0	222
		4625	1790	1500	2630	1860	1450	205	280	130	140	0	0	0	1	0	0	0	0	0	14	98	108	
东风柳州汽车有限公司 Dongfeng Liuzhou Motor Co., Ltd.	东风 DONG-FENG	5145	1720	1980	3000	2500	1880	200	—	100	120	0	0	0	0	0	0	0	0	0	0	0	216	216
江苏卡威汽车工业集团股份有限公司 Jiangsu Kawei Auto Industrial Group Co., Ltd.	卡威 Kawei	4515	1750	1760;1795	2725	2295	1770	350	—	130	130	0	0	0	0	0	0	0	0	0	0	1	0	120
		4600	1855	1810	2730	2500	1850	255	—	130	130	0	1	0	0	0	5	1	11	75	0	5	21	
江西昌河铃木汽车有限责任公司 Jiangxi Changhe Suzuki Automobile Co., Ltd.	昌河 Changhe	3675	1630	1518	2360	1360	1050	156	202	100	101	0	0	0	0	0	0	0	0	0	50	52	0	102
上海汽车商用车有限公司 SAIC Motor Commercial Vehicle Co., Ltd	大通 Datong	5168	1980	1928	3198	3210	2685	200	255	130	150;100	0	0	0	1	4	5	16	5	1	2	24	39	97
天津一汽夏利汽车股份有限公司 Tianjin FAW Xiali automobile Limited by Share Ltd.	骏派 Junpai	4610	1790	1500	2630;2652	1860	1450	205	280	130	140	0	3	0	0	0	0	0	0	19	20	41	10	93
北汽银翔汽车有限公司 Baic Silver Cheung Automobile Co., Ltd.	北京 Beijing	4460	1820	1705	2650	2010	1635	180	—	120	120	0	0	0	0	0	0	0	0	0	0	0	41	41

续上表

企业名称 Company Name	品牌 Brand	外形尺寸 Dimension (mm) 长 Length	宽 Width	高 Height	轴距 Wheel Base (mm)	总质量 Total Weight (kg)	整备质量 Vehicle Weight (kg)	续驶里程 Driving Mileage of Electric Vehicle (工况法, Operating Condition Method) (km)	续驶里程 Driving Mileage of Electric Vehicle (等速法, (Isokinetic Method) (km)	30min最高车速 Maximum Speed of Electric Car in 30 Minutes (km/h)	最高车速 Maximum Speed (km/h)	1月 January (辆, vehicle)	2月 February	3月 March	4月 April	5月 May	6月 June	7月 July	8月 August	9月 September	10月 October	11月 November	12月 December	2017年产量合计 Total Output in 2017
汉腾汽车有限公司 Hanteng Automobile Co., Ltd.	汉腾 HANTENG	4501	1820	1648	2600	1995	1620	252	330	140	140	0	0	0	0	0	0	0	0	0	0	0	21	21
山西成功汽车制造有限公司 Shanxi Chenggong Automobile Manufacturing Co., Ltd.	太行成功 Taihangchenggong	4330	1650	1920	2850	1950	1340	233	—	105	110	0	0	0	0	0	0	0	0	0	0	0	20	20
华晨鑫源重庆汽车有限公司 Brilliance Shineray Chongqing Automobile Co., Ltd.	鑫源 Shineray	4495	1680	1990	2925	2100	1570	190	220	100	110	0	0	0	0	0	0	0	0	0	0	0	14	14
郑州日产汽车有限公司 Zhengzhou Nissan Automobile Co., Ltd.	东风 DONGFENG	4500	1695	1825	2695	2280	1680	270	310	105	110	0	0	0	0	2	0	0	0	0	0	0	11	13
东风汽车有限公司 Dongfeng Motor Co., Ltd.	启辰 Venucia	4467	1771	1549	2700	1920	1494	175	205	125	144	0	0	2	0	1	0	0	0	0	0	0	0	3
北汽云南瑞丽汽车有限公司 BAIC Yunnan Ruili Automobile Co., Ltd.	北京 Beijing	4110	1750	1605	2519	1810	1410	250	300	100	100	0	0	0	0	0	0	0	0	0	0	0	1	1
广汽丰田汽车有限公司 GAC Toyota Motor Co., Ltd.	凌志 Leahead	3930	1695	1555	2460	1555	1255	120	150	125	130	1	0	0	0	0	0	0	0	0	0	0	0	1
2017年产量合计 Total Output in 2017 (辆, vehicle)												3231	7618	25907	24570	34891	34523	33300	43459	43301	44426	76749	81833	453808

(3)专用车(运输车、邮政车、服务车、垃圾车、自卸车、扫路车、洒水车、售货车、载货车、工程车等)/Special Vehicles(Transport Truck, Postal Vehicle, Service Truck, Garbage Truck, Dump Truck, Sweeper, Sprinkler, Vending Truck, Cargo Truck, Engineering Vehicle, etc.)

企业名称 Company Name	品牌 Brand	外形尺寸 Dimension (mm) 长 Length	宽 Width	高 Height	轴距 Wheel Base (mm)	总质量 Total Weight (kg)	整备质量 Vehicle Weight (kg)	续驶里程 Driving Mileage of Electric Vehicle (工况法, Operating Condition Method) (km)	续驶里程 Driving Mileage of Electric Vehicle (等速法, (Isokinetic Method) (km)	30分钟最高车速 Maximum Speed of Electric Car in 30 Minutes (km/h)	最高车速 Maximum Speed (km/h)	1月 January (辆, vehicle)	2月 February	3月 March	4月 April	5月 May	6月 June	7月 July	8月 August	9月 September	10月 October	11月 November	12月 December	2017年产量合计 Total Output in 2017
东风汽车集团有限公司 Dongfeng Motor Group Co., Ltd.	东风 DONG-FENG	5995	2100; 2070; 2200; 2150; 1995; 2305; 2240; 2120	3020;3220; 2840;2890; 3090;2800; 2940;3040; 2810	3300;3100; 3308;3650	4495;8275	3450;2650; 2805;3060; 3175;3100; 3050;8080; 3125;2950	—	312;330; 190;255; 155;308; 300;310; 280;400	80;75; 70;101	90;100; 85;105	0	2	11	5	606	5	229	145	386	250	2698	2583	26638
		5980	2000	2800	3300	4495	2805;3050	—	260;280; 275;270	80;75; 85	85	0	0	1	0	2	7	2	0	5	4	42	123	
		5998	2060	2730;2500	3600	4495	3215;3395	—	326;350	75	80;85	0	0	0	0	0	0	0	1	0	0	11	107	
		4975	1790; 1780	2070;2100	2950	3490	2695	180	—	65	80	0	0	0	0	0	0	0	0	0	1	0	0	
		4940	1680	2250	3300	3380	2500;2750	205	—	80	85	0	0	5	0	17	2	2	0	0	0	12	77	
		4495	1680	1990	2925	2300	1500;1440	270;180; 220	—	100	110	4	0	21	30	14	64	54	0	39	174	483	698	
		4500	1680	2000	3050	2505	1705	210	—	85	100	0	0	0	0	0	0	0	0	0	0	0	92	
		5960	2100; 2050	2100;2050	3100;3300	4495	3195;3350; 3400	—	260;240	75	85	0	0	0	0	0	3	3	3	0	2	123	242	
		5990	2040; 2200; 2245	2740;3020	3360;3308	4495;7320	2800;4630; 4230	—	280;230	95;80	100;90	0	0	0	0	0	0	0	0	0	0	1	12	
		4150	1620	1905	2700	2290	1645;1420; 1525	245;226; 230	—	80;85	85	0	0	13	10	67	310	378	102	306	659	78	274	
		5930	2100; 2020	2790;2840	3300	4495	2805;2940	—	250	80	85	0	0	0	0	0	0	0	0	101	0	1	0	
		5145	1760	2300;2380	2900	4000	2800;3000	—	260	80	80	0	0	0	0	1	0	0	0	0	0	0	53	
		3750	1510; 1515	1820;1850	2400	1750	1180;1200	220	—	65	80	0	0	0	0	2	3	13	3	22	9	200	215	
		4365; 4310	1600; 1625	2030;2110	2525	2200	1280	200;210	—	65	80	0	0	0	0	0	0	0	0	0	0	102	145	
		4178	1630	1898	2705	2185;2190	1450;1540	230;265	—	75;85	85;95	0	18	1	199	742	181	234	71	537	132	284	286	
		4070	1560	1910	2760	1800	1100	195	—	75	85	8	0	0	0	0	0	1	0	5	0	20	0	

续上表

企业名称 Company Name	品牌 Brand	外形尺寸 Dimension (mm) 长 Length	宽 Width	高 Height	轴距 Wheel Base (mm)	总质量 Total Weight (kg)	整备质量 Vehicle Weight (kg)	续驶里程 Driving Mileage of Electric Vehicle (工况法, Operating Condition Method) (km)	续驶里程 Driving Mileage of Electric Vehicle (等速法, (Isokinetic Method) (km)	30分钟最高车速 Maximum Speed of Electric Car in 30 Minutes (km/h)	最高车速 Maximum Speed (km/h)	1月 January	2月 February	3月 March	4月 April	5月 May	6月 June	7月 July	8月 August	9月 September	10月 October	11月 November	12月 December	2017年产量合计 Total Output in 2017
												(辆, vehicle)												
东风汽车集团有限公司 Dongfeng Motor Group Co., Ltd.	东风 DONG-FENG	4580	1640; 1615; 1595	2110;2330; 1892;1890	2800	2330;2280; 2330	1550;1350; 1710	160	—	75	80	0	0	0	0	0	1	1	8	23	17	25	3	26638
		4585	1595	1925	2800	2330	1600	160	—	75	80	0	0	0	0	0	0	0	0	16	0	0	2	
		5380; 5500	2020; 2100	2800	2800	4495	2680	—	160	75	90	0	0	0	0	0	1000	0	12	788	0	1496	66	
		4490	1680	2250	2850	3495	2350	240	—	75	85	0	0	0	0	1	0	7	14	0	0	46	202	
		4500; 5560; 4555; 5425	1870; 1730	2130;2280	2950	3490	2900	180	—	65	80	0	0	0	0	0	0	10	0	0	0	0	20	
		5900; 5995	2050; 2020; 2100; 2200	2790	3100;3300	4495	2805;3260; 2930;3060; 3120;3150; 3160	—	262;240; 264;300; 248;310; 260;360; 415;262; 322;316	75;70; 80	85;100; 95;90	0	0	0	0	45	131	94	176	1116	296	1941	3078	
		5950; 5750	2050	2865	3300	4495	2805;3030	—	250	80	85	0	0	0	0	3	1	3	9	0	0	41	2	
		6110; 7310	2200	2850;2950; 3050;2840; 2940;3040	3300;3900	7350	4150;4320	—	326;350; 280	80;70	90	0	0	0	0	0	0	0	0	0	0	0	14	
		5995; 5900	1930	2820	3360	4495	3350	—	380	80	85	0	0	0	0	0	0	0	0	0	0	0	48	
		5800; 5980	2036	2375;2590; 2890	3610	4495;4495; 4500	2800;3000; 2900;3050; 3300	—	300;280; 340	95;80	100	0	0	0	1	107	152	14	22	15	1	298	6	
		8760; 8860; 9000	2480	3250	5000	16000	11700	—	320	70	90	0	0	0	0	0	0	0	2	12	0	0	61	
		11860; 9760	2550	3990;3870; 3700;3500	7100	18000	9200	—	100	75	85	0	0	0	0	0	0	0	0	0	0	0	1	
		11860	2550	3990;3790	7320	18000	9230	—	100	75	85	0	0	0	0	0	0	0	0	0	0	0	1	

续上表

企业名称 Company Name	品牌 Brand	外形尺寸 Dimension (mm) 长 Length	宽 Width	高 Height	轴距 Wheel Base (mm)	总质量 Total Weight (kg)	整备质量 Vehicle Weight (kg)	续驶里程 Driving Mileage of Electric Vehicle (工况法, Operating Condition Method) (km)	续驶里程 Driving Mileage of Electric Vehicle (等速法, (Isokinetic Method) (km)	30 分钟最高车速 Maximum Speed of Electric Car in 30 Minutes (km/h)	最高车速 Maximum Speed (km/h)	1 月 January (辆, vehicle)	2 月 February	3 月 March	4 月 April	5 月 May	6 月 June	7 月 July	8 月 August	9 月 September	10 月 October	11 月 November	12 月 December	2017 年产量合计 Total Output in 2017
湖北新楚风汽车股份有限公司 Hubei Xinchufeng Automobile Co., Ltd.	楚风 Chufeng	4070	1680	1905	2700	2435	1350;1450	222;321;325;326	—	80	80	0	0	20	0	0	0	164	7	0	101	653	656	13911
		4650	1960	2230	2700	4495	2620	—	137	85	85	0	0	0	0	0	0	0	0	0	0	0	1	
		5880;5990;5940	1940;2110;2160	2850;2830;2950;2760	3300;3100	4495	2805;2850;2950;2650;3010	—	198;137;212;85;200;198;223;148;223	85	85	0	0	30	0	0	310	3762	463	528	561	2736	3642	
		5920;6170	1940	2790	3300;3100	5490	3405	—	180;185	85	85	0	0	10	0	0	0	0	0	0	0	0	267	
陕西通家汽车股份有限公司 Shanxi Tongjia Automobile Co., Ltd.	通家福 Tongjiafu	4900	1755	2100	2570	2900	1935	207;212	—	100;80	100	0	0	0	0	0	0	0	0	0	0	1	18	11699
		4030	1620	1900	2700	2050	1400;1325;1285;1355;1300;1370	260;225;212;190;242;253;280;290;325;287	—	80;65;85;100	85;75;88;100	0	0	164	1153	12	631	2001	1556	151	474	2110	3428	
成都大运汽车集团有限公司 Chengdu Dayun Automobile Group Co., Ltd.	大运 Dayun	5995	2050;2150;2250	2870;2970;3070	3300	4490	2800;3005;2760;2985;3050;2990;3015;3045	—	163;171;211;315;290;295;275;270;310	80	80	0	0	0	0	0	0	0	16	223	815	2220	3277	8066
		5960	2020	2650;2360	3665	4480	2800	—	200	100	100	0	0	0	0	0	0	0	0	0	0	0	3	
		4150	1620	1905	2700	2290	1480;1680	265	—	100	100	0	0	0	0	0	0	0	0	0	3	2	23	
		4198	1666	1933	2715	2200	1480	265;260	—	100	100	0	0	0	0	0	0	0	0	0	0	0	49	
		5470	2050;2150	2340;2870;2970	2800	4490	2565;2800;2740;2750	—	200;214;170	80	80	0	0	0	0	0	0	3	2	0	95	877	345	
		5590	2050	2985	2800	4490	3205	—	200	80	80	0	0	0	0	0	0	0	0	0	0	0	1	
		5770	2050;2150	2870;2970	3100	4490	2800	—	280	80	80	0	0	0	0	0	0	1	0	0	0	0	0	
		6030	2500	3030;3430;3605	3600	18000	8030	—	105	60	60	0	0	0	0	0	0	0	3	0	0	12	1	
		7335	2500	3500	3800+1350	24700	13340	—	140	85	90	0	0	0	0	0	0	0	0	0	0	0	10	
		7455	2500	3030;3430;3605	3800+1350	24700	14000	—	170	90	90	0	0	0	0	0	0	0	5	0	0	20	60	

续上表

企业名称 Company Name	品牌 Brand	外形尺寸 Dimension (mm) 长 Length	宽 Width	高 Height	轴距 Wheel Base (mm)	总质量 Total Weight (kg)	整备质量 Vehicle Weight (kg)	续驶里程 Driving Mileage of Electric Vehicle (工况法, Operating Condition Method) (km)	续驶里程 Driving Mileage of Electric Vehicle (等速法, (Isokinetic Method) (km)	30 分钟最高车速 Maximum Speed of Electric Car in 30 Minutes (km/h)	最高车速 Maximum Speed (km/h)	1月 January	2月 February	3月 March	4月 April	5月 May	6月 June	7月 July	8月 August	9月 September	10月 October	11月 November	12月 December	2017年产量合计 Total Output in 2017
												(辆, vehicle)												
南京金龙客车制造有限公司 Nanjing Golden Dragon Bus Co., Ltd. Nanjing Jinlong Bus Manufacturing Co., Ltd.	开沃 Skywell	4900	1700	2240;1980	2590	3390	1900	220;185;208;221	—	100	100	0	0	0	0	3	3	4	10	4	1	16	203	6694
		5960	2020	2650;2360	3665	4490	2860;2810;2910	—	276;213;278	100	100	0	0	0	6	6	10	20	11	2	21	96	277	
		4430	1626	1930	2800	2290	1475	198;245;228	—	80	90	0	0	0	0	0	0	0	0	0	0	0	10	
		3900	1510	1870	2430	1840	1150	239;268;269;274;289	—	70;80	80	0	1	0	0	6	0	3	0	2	6	12	44	
		5200	1700	2240;1980	2890	3490;3250	2000;1850	180;200;213;197;209;179;203	—	100	100	0	0	0	0	3	35	20	133	233	730	1147	3616	
重庆瑞驰汽车实业有限公司 Chongqing Ruichi Automobile Industry Co., Ltd.	瑞驰 Ruichi	4500	1680	2000;1985	3050	2510	1640;1590	242;233;236	—	60	80	0	1	0	0	306	170	957	756	849	707	1040	425	6583
		4210	1560	2335	2515	1950	1240	195	—	60	80	0	0	0	0	0	0	0	6	0	175	28	0	
		3795	1560	1925	2515	1950	1260	195	—	60	80	0	0	0	3	3	6	60	9	0	97	831	154	
中通客车控股股份有限公司 Zhongtong Bus Holding Co., Ltd.	中通 Zhongtong	5995	2150	2860;2940;3040	3300	8275	8080	—	155	70	85	0	0	0	0	0	0	0	0	0	0	0	50	6445
		5980	2000;2040;2160	2800;2880	3300	4495	2800;2600;2450;2750;2860	—	210;85;130	100;90	100;90	0	0	0	0	1	0	0	336	994	1271	2619	652	
		4495	1680	1990	2925	2200	1500;1620	140;285	—	100	100	0	0	0	0	1	5	21	18	116	48	11	260	
		4500	1680	2000	3050	2500	1680	235	—	100	100	0	0	0	0	0	0	0	0	0	0	0	1	
		3940	1640	1865	2500	1920	1260;1310	201;285	—	100	100	0	0	0	0	0	0	0	0	0	0	10	2	
		5990	2040	2740	3360	4495	2800;2650;2900;2750	—	160;251	100	100	0	0	0	0	0	0	0	0	0	0	0	26	
		5245	1995	2380	3255	4490	2700	—	240	95	100	0	0	0	0	0	0	2	0	0	0	0	1	
奇瑞汽车股份有限公司 Chery Automobile Co., Ltd.	开瑞 Karry	4430	1626	1930	2800	2050;2110	1390;1450	235;275	300	90;100	100;110	0	0	0	0	0	0	0	0	0	105	2133	3636	5874

续上表

企业名称 Company Name	品牌 Brand	外形尺寸 Dimension (mm) 长 Length	宽 Width	高 Height	轴距 Wheel Base (mm)	总质量 Total Weight (kg)	整备质量 Vehicle Weight (kg)	续驶里程 Driving Mileage of Electric Vehicle (工况法, Operating Condition Method) (km)	续驶里程 Driving Mileage of Electric Vehicle (等速法, (Isokinetic Method) (km)	30分钟最高车速 Maximum Speed of Electric Car in 30 Minutes (km/h)	最高车速 Maximum Speed (km/h)	1月 January (辆, vehicle)	2月 February	3月 March	4月 April	5月 May	6月 June	7月 July	8月 August	9月 September	10月 October	11月 November	12月 December	2017年产量合计 Total Output in 2017
山西成功汽车制造有限公司 Shanxi Chenggong Automobile Manufacturing Co., Ltd.	太行成功 Taihang-chenggong	4330	1650	1920	2850	1950;2000	1310;1340;1325	233;250	—	85	90	5	0	0	0	25	539	481	47	395	108	930	2664	5194
吉利四川商用车有限公司 Geely Sichuan Commercial Vehicle Co., Ltd.	嘉龙 Jialong	5995	2250;2100	2950;3050	3360	4495	2805	—	280	80	80	5	0	0	0	0	0	0	0	0	0	0	0	4277
	远程 Yuan-cheng	5995	2250;2100	2950;3050	3360	4495	3450;2805	—	320;300;385;325;280	90;80	90;80	8	0	0	0	24	32	37	120	1060	316	447	2228	
福建新龙马汽车股份有限公司 Fujian New Longma Motor Co., Ltd.	福建 Fujian	4071	1677	1902	2700	1940;1980	1330;1340;1350;1365;1320;1355	210;220;235	240;235;250	80	100	0	0	25	128	220	402	337	525	756	289	611	837	4130
烟台舒驰客车有限责任公司 Yantai Shuchi Bus Co., Ltd.	舒驰 Shuchi	5960	1995	2650	3665	4490	3000;2870	—	380;320;330	98;95	100	0	0	0	0	0	300	301	249	731	496	845	936	3858
江西昌河汽车有限责任公司 JiangXi ChangHe Automobile Co., Ltd.	昌河 Changhe	3400	1575	1685;1750	2335	1480	940	165	200	80	80	0	0	0	0	0	0	0	0	140	702	1800	8	3796
		3664	1610	1689;1722;1709	2485	1650;1580	1120;1040	260;160	280;230	105	105	0	0	0	0	0	0	125	101	332	253	36	299	
上海汽车商用车有限公司 SAIC Motor Commercial Vehicle Co., Ltd.	大通 Datong	4939;5024;5149	1998	2174;2380	3100	3760	2230	—	290	100	100	0	0	0	0	0	0	0	0	0	23	405	32	3274
		4950;5160;5035	1998	2345;2132	3100	3760	2490;2745	—	345;250	100	100	0	0	0	13	68	92	49	131	39	130	0	7	
		5700;5910;5785	1998	2345;2470;2552;2680;2715;2920;2458;2665;2650	3850	4100	2440;2650;2810;3275;2540;3650	—	365;295;345;356;330	100	100	0	0	0	0	0	469	101	38	212	401	752	312	

续上表

企业名称 Company Name	品牌 Brand	外形尺寸 Dimension (mm) 长 Length	宽 Width	高 Height	轴距 Wheel Base (mm)	总质量 Total Weight (kg)	整备质量 Vehicle Weight (kg)	续驶里程 Driving Mileage of Electric Vehicle (工况法, Operating Condition Method) (km)	续驶里程 Driving Mileage of Electric Vehicle (等速法, (Isokinetic Method) (km)	30分钟最高车速 Maximum Speed of Electric Car in 30 Minutes (km/h)	最高车速 Maximum Speed (km/h)	1月 January	2月 February	3月 March	4月 April	5月 May	6月 June	7月 July	8月 August	9月 September	10月 October	11月 November	12月 December	2017年产量合计 Total Output in 2017
												(辆, vehicle)												
南京汽车集团有限公司 Nanjing Automobile (Group) Co., Ltd.	畅达 Changda	4940	1620	2010	2500	2600	1620	100	120	50	72	0	10	2	0	0	1	0	0	0	0	0	0	2634
		4205	1685	1900	2700	2380	1650	250	—	100	100	0	0	0	50	1	56	0	8	69	20	101	41	
		5330; 5450	1700	2705	2650	3495	2350	315	—	100	100	0	0	0	0	0	0	0	0	0	0	0	23	
		4930	1700	2190	2650	3495	2450	230	—	100	100	0	0	0	0	0	0	12	0	0	12	0	3	
		4932	1685	2320	2650	3495	2500	230	—	100	100	0	0	0	0	0	0	3	0	3	0	0	0	
		5335	1830	2155	2650	3495	2500	230	—	100	100	0	0	0	0	0	0	6	0	0	8	0	3	
	依维柯 IVECO	5980	2000	2700	3310	4490	3500	—	380	70	100	0	0	0	0	1	0	0	0	0	0	0	0	
		5990	2000	2800	3310	4490	3400	—	410	70	100	0	0	0	0	0	0	0	0	5	329	2	23	
		5990	2000	2800	3310	4490	3400;3095	—	410	70	100	0	0	0	0	0	0	0	0	0	0	47	296	
		5990	2000	2800	3310	4490	3500;3185	—	380	70	100	0	0	1	0	99	0	0	0	444	12	95	716	
		4845; 4905	2000	2570	2800	4490	2725	—	350	70	100	0	0	0	0	0	0	0	0	0	0	0	10	
	跃进 Yuejin	5889	1910	2780	3308	4495	2705	—	210	92	100	19	0	0	0	0	2	0	6	0	0	17	78	
湖北世纪中远车辆有限公司 Hubei Shiji Zhongyuan Group Automobile Co., Ltd.	中悦 Zhongyue	4900	1720	2055	3300	3380	1950	105	—	72	85	0	0	0	0	0	0	1	0	0	0	0	18	2569
		4490	1680	2250	2850	3380	1760	105	—	72	85	0	0	0	0	0	0	0	0	1	11	29	113	
		4850	1690	2055	3300	3380	1760	105	—	72	85	0	0	0	0	0	0	1	63	5	0	30	91	
		5550; 5950; 5995	2050; 2250	2790;2950	3300	4495	2800;2770	—	135	80	90	0	0	0	0	0	0	0	0	461	239	52	1454	
江苏九龙汽车制造有限公司 Jiangsu Joylong Automobile Co., Ltd.	大马 Dama	4840; 4990	1880	2285;2350; 2550;2320	2570	3550	2250;2400; 2500	—	260	100	100	0	0	0	0	12	43	4	4	2	0	1	1	2177
		5380; 5530	1880	2285	3110	4300	2550	—	325	100	100	0	0	0	0	0	0	26	57	448	511	720	348	
山东凯马汽车制造有限公司 Shandong Kaima Car Manufacturing Co., Ltd.	凯马 Kaima	5995	2240	3200;3000; 2390	3360	4495	3210;2805; 3305;2560	—	225;270	80;75	80	1	0	0	0	1	24	9	19	4	0	57	809	1943
		4500	1680	2000	3050	2555	1800	270	—	80	85	0	0	0	0	0	0	0	0	0	0	0	15	
		4700	1670	2380	2900	2265	1140	120	140	80	80	0	0	0	0	0	0	0	11	0	0	3	0	
		4240	1670	1860	2900	2450	1420	120	140	80	80	1	0	2	2	0	0	0	0	0	0	1	1	

续上表

企业名称 Company Name	品牌 Brand	外形尺寸 Dimension (mm) 长 Length	宽 Width	高 Height	轴距 Wheel Base (mm)	总质量 Total Weight (kg)	整备质量 Vehicle Weight (kg)	续驶里程 Driving Mileage of Electric Vehicle (工况法, Operating Condition Method) (km)	续驶里程 Driving Mileage of Electric Vehicle (等速法, (Isokinetic Method) (km)	30分钟最高车速 Maximum Speed of Electric Car in 30 Minutes (km/h)	最高车速 Maximum Speed (km/h)	1月 January (辆, vehicle)	2月 February	3月 March	4月 April	5月 May	6月 June	7月 July	8月 August	9月 September	10月 October	11月 November	12月 December	2017年产量合计 Total Output in 2017
山东凯马汽车制造有限公司 Shandong Kaima Car Manufacturing Co., Ltd.	凯马 Kaima	4650	1700; 1655; 1625	2480; 2280; 1920	2900	2450; 2410	1525; 1325; 1460	220; 230; 140	250	80; 75	80	0	0	0	0	2	96	15	10	1	3	98	92	1943
		4020; 4340	1510	2290; 2090; 1950	2400; 2100	2510; 1955	1385; 1180; 1080	130; 110	130	75; 85	85	0	0	0	4	0	0	0	11	12	2	40	262	
		4610	1900	2100	2545	2450	1920	120; 140	—	75	80	0	0	0	0	22	0	0	0	0	0	0	30	
		4650; 4260	1700	2380; 2280	2900	2450	1325	120; 140	140; 160	80	80	0	0	0	0	0	0	0	3	0	2	2	0	
		4420	1620	2190	2900	2450	1580	120	140	80	80	0	0	0	0	0	0	10	0	0	0	0	0	
		4300	1840	2000	2900	2450	1620	120; 140	—	75	80	0	0	0	0	0	0	0	1	0	0	0	0	
		4880; 5360	1700; 1840	2100	3300; 2960	3490	1980	200	—	75	80	0	0	0	0	2	0	0	0	0	0	1	26	
		4920; 5400; 4810	1760; 1900	2560; 2360	3300; 2690	3490	2050	200	—	75	80	12	0	0	0	0	0	1	18	36	4	0	165	
山东唐骏欧铃汽车制造有限公司 Shandong Tangjun Ouling Automobile Manufacture Co., Ltd.	欧铃 Ouling	3193	1554	1582; 1662	1886; 1906	1420; 1400	940; 920	145	—	85	95	0	0	5	0	2	0	0	0	0	0	425	752	1909
		5600	2035	2890; 2910	2850	4495	3050; 3335; 2805	—	200; 160	80	90	0	0	0	0	4	220	3	114	70	19	0	1	
		5997	2035	2890	3360	4495	3100; 3150	—	210	80	90	0	0	0	0	2	0	0	0	12	11	115	154	
江苏陆地方舟新能源车辆股份有限公司 Jiangsu Green-Wheel EV Co., Ltd.	陆地方舟 Green-Wheel EV	4495	1680	1990	2925	2520	1580; 1680	235; 220; 255	—	80	85	0	0	0	0	30	0	10	60	0	205	299	721	1846
		4500	1680	2000	3050	2550	1620; 1680; 1635; 1600	225; 260; 220; 255; 230; 240	—	85; 95	90; 105	0	0	0	1	0	0	1	1	10	8	478	22	
一汽客车(大连)有限公司 FAW bus (Dalian) Co., Ltd.	解放 Jiefang	4205	1685	1900	2700	2380	1650	250	—	100	100	0	0	0	0	0	0	1	0	302	200	633	52	1636
		5960; 5835	1995	2650	3665	4490	3000	—	320	100	100	0	0	0	0	0	0	0	0	1	2	346	99	
芜湖宝骐汽车制造有限公司 Wuhu Baoqi Automobile Manufacturing Co., Ltd.	劲骐 Jinqi	4178	1630	1898	2705	2250; 2100	1590; 1620; 1350; 1380	270; 285; 185	—	80	82; 80	0	0	0	0	0	5	0	212	224	264	704	151	1578
	帅骐 Shuaiqi	3650	1510	1860	2500	1630	1150; 1135	203	—	75	75	0	0	0	0	0	2	0	8	0	0	1	4	
	智骐 Zhiqi	3650	1510	2050	2500	1630	1160	208	—	75	75	0	0	0	0	0	0	0	2	0	0	0	1	

续上表

企业名称 Company Name	品牌 Brand	外形尺寸 Dimension (mm) 长 Length	宽 Width	高 Height	轴距 Wheel Base (mm)	总质量 Total Weight (kg)	整备质量 Vehicle Weight (kg)	续驶里程 Driving Mileage of Electric Vehicle (工况法, Operating Condition Method) (km)	续驶里程 Driving Mileage of Electric Vehicle (等速法, Isokinetic Method) (km)	30 分钟最高车速 Maximum Speed of Electric Car in 30 Minutes (km/h)	最高车速 Maximum Speed (km/h)	1月 January (辆, vehicle)	2月 February	3月 March	4月 April	5月 May	6月 June	7月 July	8月 August	9月 September	10月 October	11月 November	12月 December	2017年产量合计 Total Output in 2017
中植一客成都汽车有限公司 Zhongzhi Yike Chengdu Automobile Co., Ltd.	中植汽车 Zhongzhi	4030	1620	1900	2700	2050	1350	255;235	—	85	85	0	0	0	0	0	0	0	0	1	0	278	16	545
		5300	1700	2050;2250	2890	3450	2050;2460	200;350	—	100	100	0	0	0	0	0	84	0	3	707	279	25	152	
山东吉海新能源汽车有限公司 Shandong Jihai New Energy Vehicles Co., Ltd.	吉海 Jihai	5995	1998	2360;2650	3665	4285	2840;2890	—	200	100	100	0	0	0	1	0	0	0	0	0	0	0	0	1423
		3900	1510	1870	2430	1810	1060	240	—	70	70	1	0	0	0	0	0	0	0	0	0	4	0	
		4390	1710;1635	2220;2170	2900	1990;1919	1210;1139	210;180	—	70	70	58	0	1	55	263	174	122	30	77	95	240	302	
河北红星汽车制造有限公司 Hebei Hongxing Automobile Co., Ltd.	红星 Hongxing	5995	2050	2710	3300	4495	2995	—	280	85	85	0	0	0	0	0	0	0	0	0	11	40	54	1368
		4015	1595	1900	2525	1995	1330	220	230	90	100	0	0	0	0	0	100	79	57	2	18	0	0	
		4430	1626	1930	2800	2050	1390	230	240	90	100	0	0	0	0	0	0	0	0	10	269	287	441	
成都雅骏汽车制造有限公司 Chengdu YaJun Automobile Manufacturing Co., Ltd.	通途 TongTu	5995	2160;2150;1980;2120;2140;2155;2100	2980;2930;2900;3220;3010	3360	7100;4495	3900;3300;3370;3200;4050;3210;4200	—	170;255;220;250;290	80;85	80;85	0	89	63	0	157	111	97	173	29	25	144	300	1286
		4240	1560	2530	2700	2800	1900	250	—	85	85	0	0	1	2	9	4	2	3	0	0	0	0	
		4190;4390;4590	1560	2120;2485	2700	2710	1800;1690	250	—	85	85	0	0	0	1	8	7	6	36	0	0	1	18	
江苏奥新新能源汽车有限公司 Jiangsu Aoxin New Energy Automotive Co., Ltd.	达福迪 Dafudi	5980	2090	2750	3300	4495	2925	—	280	80	90	0	0	0	0	0	0	0	0	0	0	0	50	1258
		4330;4400	1500	2210;1980;2150	2500	2150	1250;1280;1310;1230;1310;1670	230;224;225;260;220	—	60	72	0	0	1	0	0	1	66	10	86	60	267	662	
		3960	1500	1820	2500	2150	1280	150	—	60	72	0	0	0	0	0	0	0	0	0	0	0	50	
		3880	1500	1820	2500	2150	1360	150	—	60	72	0	0	0	4	0	1	0	0	0	0	0	0	
陕西汽车集团有限责任公司 Shaanxi Automobile Group Co., Ltd.	陕汽 Shanqi	5995	2100;2150;2200	2850;2880;2980;3080;2930;3030;3130	3300	4495;7300	3400;3350;3310;3360;3900	—	330;265;280;300;350	85	85	0	0	0	0	0	0	0	0	0	1	222	874	1109

续上表

企业名称 Company Name	品牌 Brand	外形尺寸 Dimension (mm) 长 Length	宽 Width	高 Height	轴距 Wheel Base (mm)	总质量 Total Weight (kg)	整备质量 Vehicle Weight (kg)	续驶里程 Driving Mileage of Electric Vehicle (工况法, Operating Condition Method) (km)	续驶里程 Driving Mileage of Electric Vehicle (等速法, (Isokinetic Method) (km)	30 分钟最高车速 Maximum Speed of Electric Car in 30 Minutes (km/h)	最高车速 Maximum Speed (km/h)	1月 January (辆, vehicle)	2月 February	3月 March	4月 April	5月 May	6月 June	7月 July	8月 August	9月 September	10月 October	11月 November	12月 December	2017年产量合计 Total Output in 2017
陕西汽车集团有限责任公司 Shanxi Automobile Group Co., Ltd.	陕汽 Shanqi	5500; 5995	2100; 2150; 2200	2850;2880; 2980;3080	3300;2800	4495	3220	—	235	85	85	0	0	0	0	0	0	0	0	0	0	0	4	1109
		5600; 5100	2060; 2100	2270	3300	4495	3420	—	225	85	85	0	0	0	0	0	0	0	0	0	0	0	1	
		5960; 5995; 6340	2060; 2130	2370;2500	3300	7300	4250	—	240	85	85	0	0	0	0	0	0	0	0	0	0	0	1	
		5995; 6060; 6110; 6210; 6290	2100; 2180; 2200; 2280	3190;3290; 3370	3300	7300	4560	—	230	85	85	0	0	0	0	0	0	0	0	0	0	1	5	
北汽福田汽车股份有限公司 Beiqi Foton Motor Co., Ltd.	福田 FOTON	5995	2170; 2050; 2200; 2350; 2450; 1900; 1950; 2000	2970;3070; 3120;3320; 2995;2920; 2900	3360	4495;4330; 4495;7355	3100;3300; 2950;3840	—	275;270; 260	90	90	0	0	0	0	0	0	0	0	0	11	103	585	977
		4200	1680	1875;2105	2700	2050	1350;1320	220;251; 185	240;280; 230	90;100; 105	102;105; 110	0	0	0	0	0	0	0	0	0	21	35	203	
		4055	1587	2360	2000	2510	1450	210	—	90	90	0	0	0	0	0	0	1	0	0	0	0	0	
		3940	1640	1865	2500	1920	1260	235	250	90	102	0	0	0	0	0	0	0	0	0	3	0	0	
		5000	1720	2530	2700	2510	1850	170	—	90	90	0	0	0	0	0	0	0	0	0	0	0	2	
		5455	1780	2715	2800	3494	2365;2220	240	280	90	90	0	0	0	0	0	0	0	0	0	0	1	4	
		5990	2000	2620;2440; 3110	3750	4250	2850;3900	—	307;275	100	100	0	0	0	0	0	0	2	0	0	3	3	0	
北京华林特装车有限公司 Beijing Hualin Special Vehicle Co., Ltd.	华林 Hualin	4320	1730	1990	2800	3495	2280	200	—	100	100	0	0	1	0	0	0	0	0	29	0	0	1	958
		5995	2080; 2140; 2295; 2100	2960;2320; 2665	3360	7320	4790;5190; 5310	—	350	100	100	0	0	1	0	1	18	61	81	0	0	0	38	
		10730	2500	3080	1850 + 3200 + 1350	32000	15160	—	260	90	90	0	0	0	0	0	0	0	0	0	0	15	55	
		9890	2500	3080	1850 + 3200 + 1350	32000	15460	—	260	90	90	0	0	1	0	7	0	0	0	0	0	0	0	

续上表

企业名称 Company Name	品牌 Brand	外形尺寸 Dimension (mm) 长 Length	宽 Width	高 Height	轴距 Wheel Base (mm)	总质量 Total Weight (kg)	整备质量 Vehicle Weight (kg)	续驶里程 Driving Mileage of Electric Vehicle (工况法, Operating Condition Method) (km)	续驶里程 Driving Mileage of Electric Vehicle (等速法, (Isokinetic Method) (km)	30分钟最高车速 Maximum Speed of Electric Car in 30 Minutes (km/h)	最高车速 Maximum Speed (km/h)	1月 January (辆, vehicle)	2月 February	3月 March	4月 April	5月 May	6月 June	7月 July	8月 August	9月 September	10月 October	11月 November	12月 December	2017年产量合计 Total Output in 2017
北京华林特装车有限公司 Beijing Hualin Special Vehicle Co., Ltd.	华林 Hualin	4310	1680	1960	2800	3495	1990	200	—	100	100	0	0	1	0	0	0	0	0	0	0	0	3	958
		4900	1745	2600	2800	3495	2160	200	—	100	100	0	0	1	0	0	0	0	0	0	0	0	1	
		4900	1800	2570	2800	3495	2470	200	—	100	100	0	0	0	0	0	0	0	0	0	0	0	1	
		4865	1695	1960	2800	3495	2200	200	—	100	100	0	0	1	0	1	9	0	13	14	0	0	35	
		4975	1700	2050	2800	3495	2290	200	—	100	100	0	0	0	0	0	0	0	0	0	0	0	16	
		4940	1780	2930;2565	2800	3495	2800	200	—	100	100	0	0	0	0	0	0	0	0	5	0	0	0	
		4955	1750	2110	2950	3490	2990	180	—	65	80	0	0	0	0	0	0	0	0	0	0	0	1	
		6370;6770;6670	2046	2450	3360	7320	5680;5840;5880	—	350	100	100	0	0	1	1	1	49	0	0	0	0	0	18	
		5850	2095	2450	3360	7320	5740	—	350	100	100	0	0	1	0	1	64	0	0	0	0	0	4	
		7680;7980	2500	3000	3800	18000	10680;10950	—	200	85	85	0	0	1	0	25	5	0	0	0	0	0	0	
		7680;8330;8180	2500	3000	3800	18000	10680;10950;10980	—	200	85	85	0	0	0	0	0	22	0	0	3	0	0	0	
		9060	2550	3160	4100+1350	25000	15180	—	240	90	90	0	0	1	0	4	0	0	0	0	0	0	0	
		9920;10370	2550	3460	4100+1350	25000	17110;17500	—	240	90	90	0	0	1	0	0	13	0	0	0	0	0	0	
		7060	2280	2460	4250	11860	9040	—	350	90	100	0	0	0	0	0	0	0	0	0	0	1	0	
		7060	2280	2460;2550	4250	11860	9040	—	350	90	100	0	0	0	0	0	0	0	0	0	0	0	53	
		7180	2310	2650	4250	11860	9260	—	350	90	100	0	0	0	0	5	0	0	0	0	0	3	31	
		7500	2500	3120	4500	16000	10380	—	300	85	85	0	0	0	0	0	0	0	0	0	0	0	9	
		8345;8625	2500	3000	4500	16000	10880;11130	—	280	85	85	0	0	1	0	13	5	0	0	0	0	0	0	
		8345;8995;8845	2500	3000	4500	16000	10880;11130;11180	—	280	85	85	0	0	0	0	0	22	0	0	0	5	0	9	
		8200	2500	3270	4500	16000	14300	—	460	85	85	0	0	0	0	0	0	0	0	0	0	0	76	
		8265	2500	3260	4500	16000	15150	—	460	85	85	0	12	0	0	0	0	0	0	0	4	30	53	

续上表

企业名称 Company Name	品牌 Brand	外形尺寸 Dimension (mm) 长 Length	宽 Width	高 Height	轴距 Wheel Base (mm)	总质量 Total Weight (kg)	整备质量 Vehicle Weight (kg)	续驶里程 Driving Mileage of Electric Vehicle (工况法, Operating Condition Method) (km)	续驶里程 Driving Mileage of Electric Vehicle (等速法, (Isokinetic Method) (km)	30 分钟最高车速 Maximum Speed of Electric Car in 30 Minutes (km/h)	最高车速 Maximum Speed (km/h)	1 月 January (辆, vehicle)	2 月 February	3 月 March	4 月 April	5 月 May	6 月 June	7 月 July	8 月 August	9 月 September	10 月 October	11 月 November	12 月 December	2017 年产量合计 Total Output in 2017
一汽解放青岛汽车有限公司 FAW Jiefang Qingdao Automobile Co., Ltd.	解放 Jiefang	5995	2200	2910;3110	3300	4495	3210	—	255	90	90	0	0	0	0	0	0	0	0	1	0	3	365	878
		5998	2060;2250;2025;2220	2905;3105;2910;3110	3300	4495	3300;3250;3000	—	260;320;200	90;85;80	90	0	0	0	0	2	2	0	1	0	0	3	501	
重庆力帆汽车有限公司 Chongqing Lifan Auto Co., Ltd.	力帆 Lifan	4015	1595	1900	2525	2100	1375	227	237	80	80	0	0	0	0	0	0	0	0	0	0	218	560	778
郑州日产汽车有限公司 Zhengzhou Nissan Automobile Co., Ltd.	东风 DONG-FENG	4500	1695	1825	2695	2499	1625	250	281	100	110	0	0	0	0	0	0	0	0	0	0	22	118	766
		4949	1690	1940	2950	2900	2230	235	280	100	120	0	0	1	0	0	0	0	5	0	0	0	0	
		4949	1690;1820	1940	2950	2900	2230;2039	235;255	280;300	100	120	0	0	0	0	0	0	0	0	2	92	157	369	
上海申龙客车有限公司 Shanghai Shenlong Bus Co., Ltd.	申龙 Shenlong	4430	1626	1930	2800	2550	1400	240	—	90	90	0	0	0	0	0	0	0	0	0	0	0	10	746
		4430	1626	1930	2800	2550	1515	255	—	90	90	0	0	0	0	0	0	0	0	0	0	0	3	
		4920	1700	2240;1980	2590	3340	1850	200	—	100	100	0	0	0	0	0	0	0	0	0	0	0	5	
		5220	1700	2240;1980	2890	3390	1900	200	—	100	100	0	0	0	0	0	0	0	0	0	0	429	299	
扬子江汽车集团有限公司 Yangtse River Automobile Group Co., Ltd.	扬子江 Yangtse	4500	1680	2000	3050	2505	1740;1770	255	285	100	100	0	0	0	0	1	0	0	0	0	0	0	0	722
		4500	1680	2000	3050	2450	1740;1770	255	285	100	100	21	0	0	0	0	0	0	5	0	0	21	180	
		4430	1626	1930	2800	2650	1645	265	295	100	100	0	0	0	0	20	0	0	0	3	0	205	193	
		5280	1710	2650	3190	3370	2005	250	265	80	80	21	0	0	0	0	0	0	0	0	0	0	0	
		5280	1710	2570	3190	3370	2005	250	265	80	80	31	0	0	0	0	0	0	0	0	0	0	0	
		5255	1710	2660	3190	3370	2450	265	280	80	80	21	0	0	0	0	0	0	0	0	0	0	0	
云南航天神州汽车有限公司 Yunnan Astronautics Shenzhou Automobile Co., Ltd.	神州 Shenzhou	4495	1680	1990	2925	2190	1560	265	—	100	105	0	0	0	0	0	0	15	136	23	7	57	62	721
		4495	1680	1990	2925	2190	1560	245	—	100	105	0	0	0	0	0	0	0	0	0	11	124	266	
		5035	1760	2490	3050	2320	1860;1760	260	290	100	100	0	0	0	0	0	0	4	0	16	0	0	0	
东风汽车股份有限公司 Dongfeng Motor Limited by Share Ltd.	东风 DONG-FENG	5995	2120;2240	2890;3090	3308	4495	3100	—	275	80	90	0	0	0	0	0	0	0	0	0	0	0	683	690
		3750	1515	1850	2400	1750	1200	220	—	65	80	0	0	0	0	0	0	0	0	0	0	0	1	
		5800;5980	2036	2375;2590	3610	4495	3050	—	570	95	100	0	0	0	0	0	0	0	0	0	0	0	6	

续上表

企业名称 Company Name	品牌 Brand	外形尺寸 Dimension (mm) 长 Length	宽 Width	高 Height	轴距 Wheel Base (mm)	总质量 Total Weight (kg)	整备质量 Vehicle Weight (kg)	续驶里程 Driving Mileage of Electric Vehicle (工况法, Operating Condition Method)(km)	续驶里程 Driving Mileage of Electric Vehicle (等速法, (Isokinetic Method)(km)	30分钟最高车速 Maximum Speed of Electric Car in 30 Minutes(km/h)	最高车速 Maximum Speed (km/h)	1月 January (辆, vehicle)	2月 February	3月 March	4月 April	5月 May	6月 June	7月 July	8月 August	9月 September	10月 October	11月 November	12月 December	2017年产量合计 Total Output in 2017
重庆长安汽车股份有限公司 Chongqing Chang' an Automobile Co., Ltd.	长安 Chang' an	4498	1735	1940	2900	2785	1660	220	—	90	90	0	0	0	0	0	0	0	0	0	6	221	459	688
		5640	1860	2705	3600	4495	2780	—	240	80	85	0	0	0	0	0	0	0	0	0	0	0	2	
国宏汽车集团有限公司 Guohong Automobile Group Co., Ltd.	泓锋泰 Hongfengtai	4640	1591; 1535	2020	2770	2000	1150	170	210	59	60	0	0	0	0	0	0	0	0	12	519	1	2	642
		4806	1520	1920	2770	2000	1200	170	210	59	60	0	0	0	0	0	0	0	0	11	58	0	0	
		4810	1545	1920	2770	2000	1250	170	210	59	60	0	0	0	0	0	0	0	0	10	29	0	0	
安徽江淮汽车集团股份有限公司 Anhui Jianghuai Automobile Group Co., Ltd.	江淮 JAC	4460	1680	2430	2400	2490	1660	110	130	80	80	0	0	0	0	0	1	0	0	0	0	0	0	625
		5165; 5200	1650; 1690	2610;2650; 2400	2600	2980	1975;2290; 2105	200;205	250;240	80	80	0	0	1	0	0	18	18	90	87	56	168	1	
		5995	2098; 2015; 1965	2645;3005; 3045;3000	3570;3815	4495;6495	3225;3450; 3795;3595; 3995	—	315;385; 250	90	100;90	0	0	0	0	0	1	0	7	9	28	139	1	
东风云南汽车有限公司 Dongfeng Yunnan Motor Co., Ltd.	东风 DONGFENG	4010	1620	1915	2700	1960	1320	220	—	85	85	0	0	200	0	0	0	0	0	103	0	160	138	620
		4010	1620	1915	2700	1960	1320	235	—	85	85	0	0	0	1	0	0	0	0	0	0	0	17	
		6230	2080	3090	3350	6495	4250	—	165	85	85	0	0	0	1	0	0	0	0	0	0	0	0	
郑州宇通重工有限公司 Zhengzhou Yutong Heavy Industries Co., Ltd.	宇通 Yutong	4800	1760	2050	3300	3490	2240	110	—	70	70	0	0	3	0	0	0	0	0	0	0	0	0	599
		5400	1700	2525	3000	4490	3500	—	205	75	75	0	0	0	0	0	0	0	0	0	0	0	9	
		5335	1790	2430;2525	3000	4490	3000	—	218	75	75	0	0	0	0	0	0	0	0	0	0	0	1	
		5880	2000	2470	3360	7300	5200	—	200	80	80	0	0	8	0	0	0	0	1	0	2	0	2	
		4880	1700; 1730	2250	2500	3495	2850	151	—	75	75	0	0	0	0	0	0	1	0	0	0	0	0	
		4880	1700; 1730	2250	2500	3495	2850	297	—	75	75	0	0	0	0	0	0	0	0	0	0	0	12	
		5880; 5320	1700	2270	3000	4490	2900;2800	—	260	75	75	0	0	0	0	0	0	0	0	0	0	0	1	
		5530	1750	2350	3000	4490	3700	—	295	75	75	0	0	0	0	0	0	0	0	1	0	0	0	
		5530	1750	2350	3000	4490	3700	—	355	75	75	0	0	0	0	0	0	0	1	0	0	0	0	
		5530	1750	2350;2400	3000	4490	3700;3850	—	355	75	75	0	0	0	0	0	0	0	0	0	0	1	12	
		4950	1790	2035	3300	3490	2540	125	—	70	70	0	0	19	58	9	79	0	0	1	1	0	0	

续上表

企业名称 Company Name	品牌 Brand	外形尺寸 Dimension (mm) 长 Length	宽 Width	高 Height	轴距 Wheel Base (mm)	总质量 Total Weight (kg)	整备质量 Vehicle Weight (kg)	续驶里程 Driving Mileage of Electric Vehicle (工况法, Operating Condition Method) (km)	续驶里程 Driving Mileage of Electric Vehicle (等速法, (Isokinetic Method) (km)	30 分钟最高车速 Maximum Speed of Electric Car in 30 Minutes (km/h)	最高车速 Maximum Speed (km/h)	1月 January (辆, vehicle)	2月 February	3月 March	4月 April	5月 May	6月 June	7月 July	8月 August	9月 September	10月 October	11月 November	12月 December	2017年产量合计 Total Output in 2017
郑州宇通重工有限公司 Zhengzhou Yutong Heavy Industries Co., Ltd.	宇通 Yutong	5030	1905	2155	3300	3490	2560	105	120	70	72	1	6	0	0	0	0	0	0	0	0	0	0	599
		5030	1905	2195	3300	3490	2720	110	—	70	70	0	0	0	0	0	0	0	0	0	0	0	1	
		5025	1860	2280	3300	3490	2670	135	—	70	70	0	0	7	0	0	0	0	0	0	0	0	0	
		6480	2120	2725	3815	7300	6000	—	170	80	80	0	0	0	0	0	0	0	0	0	0	0	1	
		6570	2100	2710	3815	7300	6100	—	170	80	80	0	0	0	108	29	30	120	52	2	1	0	1	
		6975	2100	2600	3850	8495	6500	—	300	80	80	0	0	0	0	0	0	0	0	0	0	1	0	
		6975	2100	2600	3850	8495	6300	—	300	80	80	0	0	0	0	0	0	0	0	0	0	1	0	
		8026;9000	2520	2835	4500	18000	10500;10350	—	410	85	85	0	0	0	0	0	0	0	0	0	0	1	0	
		8026;9000	2520	3020;2835	4500	18000	10500;10350	—	180	85	85	0	0	0	0	0	0	0	0	0	6	0	1	
		8180	2490	3250	4500	18000	12560	—	410	85	85	0	0	0	0	0	0	0	0	1	0	0	0	
		8276	2490	3200	4500	18000	12700;12950	—	410	85	85	0	0	0	0	0	0	0	0	0	0	1	5	
		8276	2490	3200	4500	18000	12950	—	402	85	85	0	0	0	0	0	0	1	0	0	0	0	0	
赣州汽车改装厂 Ganzhou Automobile Rebuilding Works	环球 Huanqiu	5000	1720	2650	2900	2510	1690	120	—	75	80	0	0	0	0	0	0	0	0	0	0	0	17	570
		5000	1720	2650	2900	2450	1690	119	140	80	80	0	0	0	0	2	6	16	0	0	0	0	40	
		5000	1720	2650	2900	2450	1690	120	140	80	80	2	2	1	2	1	0	0	0	0	0	0	0	
		4560	1680	2010	2900	2450	1770	119	140	80	80	0	0	0	0	0	1	0	0	0	0	0	1	
		4560	1680	2010	2900	2450	1770	120	140	80	80	1	0	0	0	0	0	0	0	0	0	0	0	
		4790	1630	1930	2900	2450	1320	119	140	80	80	0	0	0	0	0	0	0	0	0	0	5	2	
		4650	1670	2190	2900	2510	1130	120	—	75	80	0	0	0	0	0	0	0	0	0	0	45	36	
		4650	1670	2190	2900	2450	1130	119	140	80	80	0	0	0	0	1	0	15	0	6	20	0	53	
		4650	1670	2190	2900	2450	1130	120	140	80	80	0	1	0	0	0	0	0	0	0	0	0	0	
		4650	1700	2280	2900	2510	1260	120	—	75	80	0	0	0	0	0	0	0	0	0	0	51	110	
		4650	1700	2280	2900	2450	1325	119	140	80	80	0	0	0	0	15	22	41	8	0	6	0	24	
		4650	1700	2280	2900	2450	1325	120	140	80	80	14	0	2	0	0	0	0	0	0	0	0	0	
		4260	1620	1920	2900	2450	1360	119	140	80	80	0	0	0	0	0	0	0	0	0	0	0	1	

续上表

企业名称 Company Name	品牌 Brand	外形尺寸 Dimension (mm) 长 Length	宽 Width	高 Height	轴距 Wheel Base (mm)	总质量 Total Weight (kg)	整备质量 Vehicle Weight (kg)	续驶里程 Driving Mileage of Electric Vehicle (工况法, Operating Condition Method) (km)	续驶里程 Driving Mileage of Electric Vehicle (等速法, Isokinetic Method) (km)	30分钟最高车速 Maximum Speed of Electric Car in 30 Minutes (km/h)	最高车速 Maximum Speed (km/h)	1月 January (辆, vehicle)	2月 February	3月 March	4月 April	5月 May	6月 June	7月 July	8月 August	9月 September	10月 October	11月 November	12月 December	2017年产量合计 Total Output in 2017
航天新长征电动汽车技术有限公司 Aviation Xinchangzheng Electric Vehicle technology Co., Ltd.	蓝速 LANSEL	4825	1650	2420	2850	2210	1400	220	—	80	80	0	0	0	2	36	6	0	2	0	4	94	261	568
		4630	1665	2390	2900	2510	1320	160	—	80	80	0	0	0	0	0	0	0	0	0	0	0	15	
		5410	1770;1740	2700	3050	4060	3005	—	260	80	80	0	0	0	0	0	0	0	0	0	0	3	0	
		5410	1770;1740	2700	3050	4070	3015	—	260	80	80	0	0	0	4	0	0	1	0	0	23	1	116	
比亚迪汽车工业有限公司 BYD Automobile Industry Co., Ltd	比亚迪 BYD	4460	1720	1875	2725	2780	1950	250	320	130	130	0	0	1	3	13	16	7	3	13	113	234	35	527
		5995	2050	2950;3150	3360	7320	4300;4720	—	350	100	100	0	0	0	0	0	0	0	0	0	0	1	0	
		5995	2050	2950;3150	3360	7320	4720	—	350	100	100	0	0	0	0	0	0	0	0	1	0	15	8	
		5995	2050	2450	3360	7320	4980	—	350	100	100	0	0	0	0	0	0	0	0	0	0	0	2	
		8265	2500	3260	4500	16000	14750	—	460	85	85	0	0	0	0	0	0	0	0	0	0	0	2	
		8290	2500	3000	4500	16000	10680	—	300	85	85	0	0	0	0	0	0	0	0	0	0	1	6	
		10125	2500	3750	1850+3200+1350	32000	15500	—	260	90	90	0	0	0	0	3	0	0	0	0	0	0	0	
		4790	1750	2030	2800	3495	2060	200	230	100	100	0	0	0	0	0	0	0	0	0	1	0	0	
		4790	1750	2100;2500	2800	3495	2210;2300	200	230	100	100	0	0	0	0	0	0	0	0	0	4	1	0	
		6430	2500	3030	3800	18000	9950	—	210	95	95	0	0	0	0	0	0	0	1	9	0	0	0	
		7450	2250	3300	4250	10695	6070;6290	—	350	100	100	0	0	0	0	0	0	0	0	0	0	1	13	
		7450	2370	2485	4250	10695	5935	—	350	100	100	0	0	0	0	0	0	0	0	0	0	7	0	
		7185	2250	2820	4250	11860	8865	—	350	90	100	0	0	0	0	0	0	0	0	0	0	0	6	
		8870	2500	3200	4500	16000	13000	—	280	85	85	0	0	0	0	0	0	0	0	0	0	4	3	
广西玉柴专用汽车有限公司 Guangxi Yuchai Special Automobile Co., Ltd.	玉柴专汽 Yuchai Special Vehicle	4190	1560	2120;2485	2700	2710	1800	260	—	85	85	1	0	0	0	0	0	0	0	0	0	0	0	468
		5995	2150	2980	3360	6630	4015	—	220	85	85	0	0	0	0	0	0	0	0	2	0	0	1	
		5995	2150	2890	3360	4495	3300	—	295;255	85	85	0	0	0	0	3	0	0	0	0	0	0	0	
		5995	2150	2890	3360	4495	3300		295	85	85	1	0	0	0	0	0	0	0	0	0	0	0	
		5995	2150	2890;2930	3360	4495	3300	—	295;255	85	85	0	0	0	0	0	0	2	0	80	12	17	310	
		5500	1975;2000	2875;2215	2800	4495	3100;2830	—	220	85	85	0	0	30	0	0	0	0	0	2	0	0	4	
		5500	2030	2870	2800	4495	3220	—	220	85	85	0	0	0	0	0	0	0	0	2	0	0	1	

续上表

企业名称 Company Name	品牌 Brand	外形尺寸 Dimension (mm) 长 Length	宽 Width	高 Height	轴距 Wheel Base (mm)	总质量 Total Weight (kg)	整备质量 Vehicle Weight (kg)	续驶里程 Driving Mileage of Electric Vehicle (工况法, Operating Condition Method) (km)	续驶里程 Driving Mileage of Electric Vehicle (等速法, (Isokinetic Method) (km)	30 分钟最高车速 Maximum Speed of Electric Car in 30 Minutes (km/h)	最高车速 Maximum Speed (km/h)	1 月 January	2 月 February	3 月 March	4 月 April	5 月 May	6 月 June	7 月 July	8 月 August	9 月 September	10 月 October	11 月 November	12 月 December	2017 年产量合计 Total Output in 2017
												(辆, vehicle)												
华晨鑫源重庆汽车有限公司 Brilliance Shineray Chongqing Automobile Co., Ltd.	鑫源 Shineray	4495	1680	1990	2925	2300	1440	180	—	100	110	2	0	0	9	27	39	22	0	19	1	48	219	463
		4600	1560	2300	2760	1900	1150	190	205	80	85	2	0	0	0	0	0	0	0	4	12	18	16	
		4600	1560	1870	2760	1900	1080	190	205	80	85	0	0	0	0	0	0	0	0	1	0	12	10	
		4600	1560	2400	2760	1900	1200	190	205	80	85	2	0	0	0	0	0	0	0	0	0	0	0	
厦门金龙旅行车有限公司 Xiamen Golden Dragon Bus Co., Ltd.	金旅 Golden Dragon	5330	1700	2240;2066;1980	2890	3260	2050;2140;2270	185;165;182;258	—	100	100	0	0	0	2	5	6	5	19	20	23	117	223	420
河北长安汽车有限公司 Hebei Chang'an Automobile Co., Ltd.	长安 Chang'an	4805	1715	1990;2200	3050	2700;2315;2760	1670;1600;1730	210;100	80	80	80;90	0	0	0	0	0	0	1	0	2	0	3	79	396
		5330	1780	2650	3300	3490	2320	225	250	85	85	10	0	0	0	0	0	0	0	0	0	0	301	
贵州航天成功汽车制造有限公司 Guizhou Hangtian Chenggong Automobile Manufacturing Co., Ltd.	航天 Hangtian	4010	1620	1915	2700	1960	1320	210	—	85	85	1	2	1	0	0	36	83	0	0	0	0	147	387
		4010	1620	1915	2700	1960	1320	235	—	85	85	0	0	0	0	0	0	0	0	0	0	0	117	
厦门金龙联合汽车工业有限公司 Xiamen King Long United Automotive Industry Co., Ltd.	金龙 King Long	5300	1700	2230;2030	2890	3260	2130;2180	190	200	90	90	0	0	0	0	0	0	0	2	1	152	210	11	376
四川野马汽车股份有限公司 Sichuan YEMA Auto Limited by Share Ltd.	野马 YEMA	4580	1730	1825	2800	2290	1710	255	—	110	110	0	0	0	0	0	0	1	1	0	2	22	55	370
		5935	1920	2300	3700	4480	2950	—	200	80	80	0	0	0	0	0	0	0	0	0	0	0	60	
		5935	1920	2300	3700	4480	3080	—	251	80	80	0	0	0	0	0	0	0	0	22	74	0	133	
一汽吉林汽车有限公司 Faw Jilin Automobile Co., Ltd.	解放 Jiefang	4405	1680	1910	2800	2350	1640	190	—	100	120	0	0	0	0	0	0	0	0	0	0	22	324	367
		4525	1675	1910	2960	2350	1550	145	—	75	80	0	0	0	0	0	0	0	0	1	19	0	1	

续上表

企业名称 Company Name	品牌 Brand	外形尺寸 Dimension (mm) 长 Length	宽 Width	高 Height	轴距 Wheel Base (mm)	总质量 Total Weight (kg)	整备质量 Vehicle Weight (kg)	续驶里程 Driving Mileage of Electric Vehicle (工况法, Operating Condition Method) (km)	续驶里程 Driving Mileage of Electric Vehicle (等速法, (Isokinetic Method) (km)	30分钟最高车速 Maximum Speed of Electric Car in 30 Minutes (km/h)	最高车速 Maximum Speed (km/h)	1月 January	2月 February	3月 March	4月 April	5月 May	6月 June	7月 July	8月 August	9月 September	10月 October	11月 November	12月 December	2017年产量合计 Total Output in 2017
												(辆, vehicle)												
湖南江南汽车制造有限公司 Hunan Jiangnan Automobile Manufacturing Co., Ltd.	众泰 Zotye	3995	1620	1915	2700	2010	1335	185	245	102	102	0	0	0	0	0	0	0	0	5	0	201	0	340
		3995	1620	1915	2700	2015	1345	210	285	102	102	0	0	0	0	0	0	0	0	7	0	127	0	
北汽(常州)汽车有限公司 BAIC (Changzhou) Automobile Co., Ltd.	北京 Beijing	5960	2020	2650;2360	3665	4495	2960	—	280	100	100	0	0	0	0	0	0	0	0	0	0	1	104	335
		5960	2020	2650;2360	3665	4495	2960	—	285	100	100	0	0	0	0	1	0	0	5	0	1	1	222	
湖北三环专用汽车有限公司 Hubei Sanhuan Special Purpose Auto Co., Ltd.	十通 Shitong	5995	2090;2290;2390	3100;3200;3300	3300	4495	3370	—	290	80	80	0	0	0	0	0	0	6	0	18	0	1	46	331
		5995	2090;2290;2390	3100;3200;3300	3300	4495	3370		295	80	80	0	0	0	0	0	0	0	0	0	0	0	1	
		5995	2150;2290	3110;3300	3300	7365	4180	—	170	80	80	0	0	0	0	0	0	1	0	0	0	0	20	
		4498	1735	1940	2900	2995	1820	200	—	80	80	0	0	0	0	0	0	0	0	0	0	1	1	
		6500	2500	3000;3600	3800	18000	6940	—	100	90	90	0	0	0	0	0	0	0	0	0	0	2	210	
		8280;8680	2550	3600	3850+1350	25000	12500	—	100	90	90	0	0	0	0	0	0	0	0	0	0	11	1	
		10100;12000	2550	3800;3990	5600	18000	8700	—	100	90	90	0	0	0	0	0	0	0	0	0	0	6	1	
		10100;12000	2550	3800;3990	7000	18000	8700	—	100	90	90	0	0	0	0	0	0	0	0	0	0	5	0	
襄阳九州汽车有限公司 Xiangyang Jiuzhou Automobile Co., Ltd.	九州 Jiuzhou	5995	1995	2650	3665	4490	2800	—	180	100	100	0	0	0	0	0	0	0	0	0	0	0	254	256
		4500	1680	2000	3050	2550	1740	255	—	85	85	0	0	0	0	0	0	0	0	0	0	0	1	
		4500	1680	2000	3050	2550	1790	250	—	85	85	0	0	0	0	0	0	0	0	0	0	0	1	
安阳市德力专用汽车有限公司 Anyang Deli Special Purpose Vehicle Co., Ltd.	德帅 Deshuai	5995	2170	2970;3070	3360	4495	3300	—	240	90	90	0	0	0	0	0	0	0	0	0	1	29	199	229

续上表

企业名称 Company Name	品牌 Brand	外形尺寸 Dimension (mm) 长 Length	宽 Width	高 Height	轴距 Wheel Base (mm)	总质量 Total Weight (kg)	整备质量 Vehicle Weight (kg)	续驶里程 Driving Mileage of Electric Vehicle (工况法, Operating Condition Method) (km)	续驶里程 Driving Mileage of Electric Vehicle (等速法, (Isokinetic Method) (km)	30 分钟最高车速 Maximum Speed of Electric Car in 30 Minutes (km/h)	最高车速 Maximum Speed (km/h)	1 月 January (辆, vehicle)	2 月 February	3 月 March	4 月 April	5 月 May	6 月 June	7 月 July	8 月 August	9 月 September	10 月 October	11 月 November	12 月 December	2017 年产量合计 Total Output in 2017
南京市公共交通车辆厂 Nanjing Public Traffic Vehicle Factory	建康 Jiankang	5440	1705	2210	3110	3480	2100	180	—	85	85	0	0	0	0	0	0	0	0	0	0	0	1	214
		5440	1705	2210	3110	3480	2100	200	—	85	85	0	0	0	0	0	0	0	0	0	0	0	11	
		5440	1705	2210	3110	3480	2100	202	—	100	100	0	0	0	0	0	0	0	0	2	0	52	148	
长沙梅花汽车制造有限公司 Changsha Meihua Auto Manufacturing Co., Ltd.	同心 Tongxin	5980	2005	2650	3665	4390	3040	—	260	100	100	0	0	0	0	0	0	0	0	0	1	0	210	211
金华青年汽车制造有限公司 Jinhua Youngman Automobile Manufacturing Co., Ltd.	青年曼 Young Man	6665	2100	2920	3800	7600	3755	—	150	78	80	0	0	0	0	0	0	150	50	0	0	0	0	201
		6665	2100	2920	3800	7600	3990	—	203	78	80	0	0	0	0	0	0	0	0	0	0	1	0	
河北御捷车业有限公司 Hebei Yujie Vehicle Industry Co., Ltd.	御捷马 Yujiema	3748	1660	1690	2370	1700	1100	175	190	80	80	0	0	0	0	0	0	0	62	3	0	34	72	171
东风小康汽车有限公司 DFSK MOTOR Co., Ltd.	东风 DONG-FENG	4500	1680	2000	3050	2510	1675	226	235	60	80	0	0	5	0	0	0	16	0	55	18	70	0	164
浙江飞碟汽车制造有限公司 Zhejiang Feidie Automobile Manufacturing Co., Ltd.	飞碟 Feidie	3910	1400	1905	1800	1700	1070	180	220	80	80	0	0	0	0	0	0	0	0	0	0	10	110	164
		5695	1875	2525;2625	2860	3495	2250	215	—	85	85	0	0	0	0	0	0	0	0	0	0	0	44	
沈阳金杯车辆制造有限公司 Shenyang Jinbei Vehicle Manufacturing Co., Ltd.	金杯 Jinbei	5995	2000	2335	3350	4495	2980	—	320	95	95	0	0	0	0	0	0	0	0	0	0	0	1	150
		5990	2000	2220;2940;3040	3350	4495;4330	2568;2920;2705	—	165;260;165	85;95	85;95	0	0	0	0	0	0	1	0	0	0	14	112	
		5135	1775	1770	3025	2695	1875	160	155	100	110	0	0	0	0	0	0	0	0	0	0	0	22	

续上表

企业名称 Company Name	品牌 Brand	外形尺寸 Dimension (mm) 长 Length	宽 Width	高 Height	轴距 Wheel Base (mm)	总质量 Total Weight (kg)	整备质量 Vehicle Weight (kg)	续驶里程 Driving Mileage of Electric Vehicle (工况法, Operating Condition Method)(km)	续驶里程 Driving Mileage of Electric Vehicle (等速法, (Isokinetic Method)(km)	30 分钟最高车速 Maximum Speed of Electric Car in 30 Minutes(km/h)	最高车速 Maximum Speed (km/h)	1 月 January	2 月 February	3 月 March	4 月 April	5 月 May	6 月 June	7 月 July	8 月 August	9 月 September	10 月 October	11 月 November	12 月 December	2017 年产量合计 Total Output in 2017
												(辆,vehicle)												
珠海广通汽车有限公司 Zhuhai Granton Bus And Coach Co. Ltd.	广通 Granton	5995	1995	2650	3665	4490	2860	—	260	100	100	0	0	0	0	0	0	1	0	1	0	0	2	142
		4900	1835	1890	2950	3450	2300	180	—	120	120	0	0	0	0	0	0	2	0	0	0	0	2	
		5990	2040	2740	3360	4495	2700	—	250	95	105	0	0	0	0	0	0	0	0	0	0	0	19	
		4030	1620	1900	2700	2050	1400	225	—	80	85	0	0	0	0	0	0	0	0	2	0	0	111	
		5920;6170	1940	2790	3300	5490	3405	—	185	85	85	0	0	0	0	0	0	0	2	0	0	0	0	
江西宜春客车厂有限公司 Jiangxi Yichun Bus Factory Co., Ltd.	中宜 ZhongYi BUS	4030	1620	1900	2700	2050	1325	220	—	80	85	0	0	0	0	6	12	24	1	24	12	24	35	138
北京汽车股份有限公司 BAIC Motor Co., Ltd.	北京 Beijing	4495	1636	1912	2920	2300	1565	160	200	70	70	0	0	1	0	0	0	0	0	0	0	0	8	131
		4500	1650	1940	2920	2410	1600	220	260	80	80	0	0	0	0	0	0	0	0	0	0	2	120	
昆明客车制造有限公司 Kunming Coach Manufacturing Co.,Ltd.	云海 Yunhai	5165	1650	2610	2600	2980	1975	205	—	80	80	0	0	0	0	0	0	0	0	0	0	2	61	123
		5995	2015;1965	3005;3045	3815	4495	3450	—	385	90	90	0	0	0	0	0	0	0	0	1	0	10	49	
金龙联合汽车工业(苏州)有限公司 Higer Bus Co., Ltd.	海格 HIGER	5995	1993	2370;2670	3670	4495	3320;3370	—	350	100	100	0	0	0	0	0	1	0	0	0	0	0	0	122
		4205	1685	1910	2700	2365	1620	235	—	80	80	0	0	0	0	0	0	0	0	0	0	9	109	
		5910;5995	2020	2400;2465;2690;2755	3670	4495	2860;2930	—	280	100	100	0	0	0	0	0	0	0	0	0	0	0	3	
海马新能源汽车有限公司 Haima New Energy Vehicle Co., Ltd.	奥路卡 Orca	4198	1666	1933	2715	2200	1445	262	300	81	81	0	0	0	0	0	0	0	0	0	0	1	107	108
安徽华菱汽车有限公司 Anhui Hualing Automobile Co., Ltd.	华菱之星 Hualing-zhixing	5960;5900	2150;2000	3000;2850	3300	4495	2875	—	115	80	80	0	0	0	0	0	0	0	0	0	0	0	100	100

续上表

企业名称 Company Name	品牌 Brand	外形尺寸 Dimension (mm) 长 Length	宽 Width	高 Height	轴距 Wheel Base (mm)	总质量 Total Weight (kg)	整备质量 Vehicle Weight (kg)	续驶里程 Driving Mileage of Electric Vehicle (工况法, Operating Condition Method) (km)	续驶里程 Driving Mileage of Electric Vehicle (等速法, (Isokinetic Method) (km)	30分钟最高车速 Maximum Speed of Electric Car in 30 Minutes (km/h)	最高车速 Maximum Speed (km/h)	1月 January (辆, vehicle)	2月 February	3月 March	4月 April	5月 May	6月 June	7月 July	8月 August	9月 September	10月 October	11月 November	12月 December	2017年产量合计 Total Output in 2017
四川国宏汽车有限公司 Sichuan Guohong Automobile Co., Ltd.	乐达 Leda	5995	2030	2920	3360	7100	3540	—	160	70	80	0	0	0	36	64	0	0	0	0	0	0	0	100
江苏卡威汽车工业集团股份有限公司 Jiangsu Kawei Automotive Industry Group Co., Ltd.	卡威 Kawei	5990	2040	2740	3360	4495	3050	—	380	90	100	0	0	0	0	0	0	0	0	1	0	0	0	99
		5990	2040	2910	3360	4495	3350	—	350	90	90	0	0	0	0	0	0	0	0	0	0	0	1	
		4330	1650	1920	2850	2550	1360	290	—	85	85	0	0	0	0	0	0	0	0	10	0	0	13	
		3854	1745	1721	2550	1730	1150	250	—	90	90	0	0	0	0	0	0	0	0	0	0	0	1	
		5400	1998	2360	3250	4000	2340	—	200	100	100	0	0	0	0	0	0	0	0	36	0	0	12	
		5560	1850	1940	3500	3225	2350	350	—	100	100	0	0	0	0	0	0	0	0	1	0	0	0	
		5560	1850	1835	3500	3225	2350	350	—	100	100	0	0	0	0	0	0	0	0	0	0	0	1	
		5560	1850	1940;1835	3500	3225	2350	350	—	100	100	0	0	0	0	0	0	0	0	4	2	2	6	
		5940	1998	2650	3665	4395	2900	—	300	100	100	0	0	0	0	0	0	0	0	0	0	0	2	
		4600	1885	1810	2730	2680	1850	250	—	110	110	0	1	1	0	0	0	0	0	0	0	0	0	
		4330	1650	1920	2850	2550	1360	290	—	85	85	0	0	0	0	0	2	0	0	0	0	0	0	
		5400	1998	2360	3250	4000	2340	—	200	100	100	0	0	0	0	0	1	0	0	0	0	0	0	
		5560	1850	1940	3500	3225	2350	350	—	100	100	0	0	0	0	0	2	0	0	0	0	0	0	
山西原野汽车制造有限公司 Shanxi Yuan ye Automobile Manufacturing Co., Ltd.	湛龙 Zhanlong	5990	2040	2740	3360	4495	3100	—	420	95	100	0	0	0	0	0	0	0	0	0	0	0	1	90
		5800;5980	2036	2375;2590	3610	4495	2750	—	280	80	100	1	0	0	0	0	0	0	1	0	0	0	0	
		5800;5980	2036	2375;2590	3610	4495	2750		300	80	100	0	0	0	0	0	0	0	1	0	0	0	0	
		4450	1520	2120	2700	2840	2020	130	—	80	80	0	0	0	0	0	0	0	0	0	0	0	6	
		4967	1650	2530	2566	3125	2000	220	—	75	81	0	0	0	0	0	0	0	0	0	0	0	10	
		4280	1520	1945	2700	2840	1665	130	—	80	80	0	0	0	0	0	0	0	0	2	0	0	68	
烟台海德专用汽车有限公司 Yantai Haide Special Vehicle Co., Ltd.	海德 Haide	5045	1680	2130	3300	3490	2330	152	—	80	80	0	0	0	0	0	0	0	0	13	0	0	13	81
		5465	1835	2130	3300	3490	2400	152	—	80	80	0	2	0	0	0	0	0	2	0	0	0	19	
		5040	1700	2110	3300	3490	2730	200	240	80	80	0	0	0	0	0	0	0	0	0	0	0	12	
		5475	1740	2345	3300	3490	2880	125	150	80	80	0	4	0	0	0	0	0	0	0	0	0	16	

续上表

企业名称 Company Name	品牌 Brand	外形尺寸 Dimension (mm) 长 Length	外形尺寸 Dimension (mm) 宽 Width	外形尺寸 Dimension (mm) 高 Height	轴距 Wheel Base (mm)	总质量 Total Weight (kg)	整备质量 Vehicle Weight (kg)	续驶里程 Driving Mileage of Electric Vehicle (工况法, Operating Condition Method) (km)	续驶里程 Driving Mileage of Electric Vehicle (等速法, (Isokinetic Method) (km)	30 分钟最高车速 Maximum Speed of Electric Car in 30 Minutes (km/h)	最高车速 Maximum Speed (km/h)	1 月 January	2 月 February	3 月 March	4 月 April	5 月 May	6 月 June	7 月 July	8 月 August	9 月 September	10 月 October	11 月 November	12 月 December	2017 年产量合计 Total Output in 2017
												(辆, vehicle)												
沈阳华晨金杯汽车有限公司 Shenyang Brilliance Jinbei Automobile Co., Ltd.	金杯 Jinbei	4200	1695	1930	2700	2150	1370	160	190	100	100	0	0	0	0	0	0	1	55	0	0	14	0	76
		4200	1695	1930	2700	2380	1535	210	240	100	100	0	0	0	0	0	0	1	5	0	0	0	0	
柳州五菱汽车工业有限公司 Liuzhou Wuling Automobile Industry Co., Ltd.	五菱 Wuling	4705	1595; 1635	2370;2080	3050	2505	1435;1525; 1565	180	150	80	80	0	0	0	0	0	0	0	1	1	0	0	15	72
		4705	1595; 1635	2370; 2080	3050	2505	1600;1560	200	155	80	80	0	0	0	0	0	0	0	0	4	0	51	0	
重庆盛时达汽车有限公司 Chongqing Shinstar Automobile Co., Ltd.	炫虎 Xuanhu	5995	2160	2870	3360	4495	3300	—	265	85	85	0	0	0	0	2	0	0	0	0	0	4	0	63
		5995	2160	2870	3360	4495	3200	—	280	85	85	0	0	0	0	0	0	0	0	0	0	0	20	
		5995	2160	2870	3360	6550	3400	—	205	85	85	0	0	0	0	2	0	0	0	0	0	0	0	
		5995	2150	2890;2930	3360	4495	3300	—	295	85	85	0	0	0	0	0	0	1	0	0	0	0	0	
		4500	1515	1990	2960	2510	1600	255	—	100	100	0	0	0	0	2	0	0	0	0	0	0	0	
		4510	1515	2450	2960	2510	1660	240	—	100	100	0	0	0	0	0	0	0	0	0	0	1	20	
		4510	1515	2280	2960	2510	1600	240	—	100	100	0	0	0	0	2	1	0	0	8	0	0	0	
中国第一汽车集团有限公司 China FAW Group Co., Ltd.	解放 Jiefang	11990	2500	3250	6100	12000	10200	—	112	60	60	0	0	0	0	0	0	0	0	0	0	0	2	52
		5960; 5835	1995	2650	3665	4490	3000	—	320	100	100	0	0	0	0	0	0	0	0	0	0	0	50	
中联重科股份有限公司 Zoomlion Heavy Industry Science And Technology Co., Ltd.	中联 Zoomlion	5050	1660	2075	2650	3495	2760	150	—	85	85	0	0	0	0	0	0	2	0	0	0	2	2	41
		5185	1575	2000	2990	2625	2320	140	175	75	90	5	0	0	0	0	0	3	0	0	0	0	0	
		4845	1556	1980	2990	2800	2320	140	175	75	90	0	0	22	0	0	0	3	0	0	0	0	0	
		7090	2210	2640	4200	10000	8300	—	260	90	90	0	0	0	0	0	0	0	0	0	0	0	1	
		6940	2200; 2120	2790	4200	10000	8400	—	260	90	90	0	0	0	0	0	0	0	0	0	0	0	1	
河南森源重工有限公司 Henan Senyuan Heavy Industries Co., Ltd.	森源 Senyuan	5995	2200	3055	3315	7490	4400	—	160	80	80	0	0	0	0	0	0	0	0	0	0	0	1	40
		8200	2500	2950	4500	18000	12000	—	220	80	80	0	0	0	0	0	0	0	0	1	0	0	3	
		5960	2010	2670	3360	4495	2915	—	245	90	90	0	0	0	0	0	0	0	0	0	0	0	1	
		4815	1690	2435	2900	2495	1782	180	—	100	100	1	0	0	0	0	0	0	0	0	0	0	0	
		5950	2060	2340	3360	7490	5420	—	150	80	80	1	0	0	0	0	5	0	0	0	0	0	0	

续上表

企业名称 Company Name	品牌 Brand	外形尺寸 Dimension (mm) 长 Length	宽 Width	高 Height	轴距 Wheel Base (mm)	总质量 Total Weight (kg)	整备质量 Vehicle Weight (kg)	续驶里程 Driving Mileage of Electric Vehicle (工况法, Operating Condition Method) (km)	续驶里程 Driving Mileage of Electric Vehicle (等速法, Isokinetic Method) (km)	30 分钟最高车速 Maximum Speed of Electric Car in 30 Minutes (km/h)	最高车速 Maximum Speed (km/h)	1 月 January	2 月 February	3 月 March	4 月 April	5 月 May	6 月 June	7 月 July	8 月 August	9 月 September	10 月 October	11 月 November	12 月 December	2017 年产量合计 Total Output in 2017
												(辆, vehicle)												
河南森源重工有限公司 Henan Senyuan Heavy Industries Co., Ltd.	森源 Senyuan	5950	2060	2340	3360	7490	5450	—	158	80	80	0	0	0	0	0	0	0	0	1	0	0	3	40
		5565	2060	2340	3315	7490	3770	—	160	80	80	0	0	0	0	0	0	0	0	0	0	0	2	
		5925	2200	3115	3315	7490	4040	—	160	80	80	0	0	0	0	0	0	0	0	0	0	0	4	
		5725	2260	2480	3315	7490	5020	—	160	80	80	0	0	0	0	0	0	0	0	0	0	0	2	
		6990	2200	2475	3315	7490	5880	—	160	80	80	0	0	0	0	0	0	0	0	0	0	0	2	
		9145; 8205	2500	2900	4500	18000	10100	—	220	80	80	0	0	0	0	0	0	0	0	1	0	0	3	
		8935	2500	3730	4500	18000	10500	—	150	80	80	1	0	0	0	0	5	0	0	0	0	0	0	
		8935	2500	3730	4500	18000	10500		220	80	80	0	0	0	0	0	0	0	0	0	1	0	2	
江西江铃汽车集团改装车股份有限公司 Jiangxi Jiangling Automobile Group Refitted Vehicle Limited by Share Ltd.	江铃 JMC	5696	1972	2240;2490	3570	3510	2310	—	300	100	100	0	0	0	0	0	0	0	0	0	0	0	30	30
天津清源电动车辆有限责任公司 Tianjin Qingyuan Electric Vehicle Co., Ltd.	清源 Qingyuan	4315	1520	1915	2700	2840	1615	165	150	70	70	8	0	0	0	0	0	0	0	0	0	0	0	28
		4770	1520	1980	2700	2840	1800	170	150	70	70	1	2	2	0	0	0	0	0	0	0	0	0	
		4970	1520	2100	2700	2840	2450	210	200	70	70	5	0	0	0	0	0	0	0	0	0	0	0	
		4305	1680	1790;1810	2720	2400	1375	190	230	85	85	0	0	0	0	0	0	0	0	0	0	0	10	
新日(无锡)发展有限公司 Xinri (Wuxi) Development Co., Ltd.	新日 Xinri	4130	1610	2220	2100	2495	1620	120	—	80	85	0	0	0	0	0	0	2	0	0	0	0	0	27
		4410	1605	2200	2600	2530	1550	220	—	90	90	0	0	0	0	0	0	0	0	0	0	0	25	
河北中兴汽车制造有限公司 Hebei Zhongxing Automobile Co., Ltd.	田野 Tianye	5060	1715	1710	2900	1810	1550	145	—	80	80	0	0	0	0	0	0	0	0	10	0	0	0	26
		5100	1750	1725	2900	2560	1760	220	270	100	100	0	0	0	0	1	0	1	0	5	0	0	0	
		5100	1750	1725	2900	2605	1880	300	350	100	100	0	0	0	0	2	0	0	0	3	0	0	4	
北京汽车制造厂有限公司 Beijing Automobile Manufacturing Factory Co., Ltd.	北京 Beijing	4212	1656	1910	2850	1950	1350;1370	200	225	100	100	1	2	0	0	0	0	9	13	0	0	0	0	25

续上表

企业名称 Company Name	品牌 Brand	外形尺寸 Dimension (mm) 长 Length	宽 Width	高 Height	轴距 Wheel Base (mm)	总质量 Total Weight (kg)	整备质量 Vehicle Weight (kg)	续驶里程 Driving Mileage of Electric Vehicle（工况法，Operating Condition Method）(km)	续驶里程 Driving Mileage of Electric Vehicle（等速法，Isokinetic Method）(km)	30分钟最高车速 Maximum Speed of Electric Car in 30 Minutes (km/h)	最高车速 Maximum Speed (km/h)	1月 January	2月 February	3月 March	4月 April	5月 May	6月 June	7月 July	8月 August	9月 September	10月 October	11月 November	12月 December	2017年产量合计 Total Output in 2017
												（辆，vehicle）												
南京特种汽车制配厂有限公司 Nanjing Special Auto Manufacturing Co.,Ltd.	金龙 King Long	4110	1690	1930	2605	2340	1470	240	280	80	80	0	0	0	0	0	0	0	0	0	0	0	21	24
		5990	2155	2820;2720	3360	4480	3140	—	240	80	80	0	0	0	0	0	0	0	0	0	0	0	2	
		5915	1995	2650	3665	4390	2880	—	250	98	100	0	0	0	0	0	0	0	0	0	0	0	1	
深圳东风汽车有限公司 Dongfeng Motor Co.,Ltd. Shenzhen Dongfeng Motor Company	东风 DONGFENG	4178	1630	1898	2705	2280	1720	240	—	65	80	2	0	0	0	0	0	0	0	0	0	0	0	24
		4071	1677	1902	2700	2000	1620	240	—	65	80	1	0	0	0	0	0	0	0	0	0	0	0	
		4800	1665	2330	2850	2850	2460	260	—	72	80	0	0	0	1	0	0	0	0	0	0	0	0	
		5940	1830	2070;2100	3500	2850	1850	260	—	72	80	0	0	0	0	0	0	0	0	0	0	0	5	
		4420;4970	1665	2070	2850	2850	1905	260	—	72	80	0	0	0	0	0	0	0	0	0	0	0	1	
		5100;5700	1760	2600	3500	2850	1810;1860	260	—	72	80	0	0	0	0	0	0	0	2	0	0	0	0	
		5880	1830	2070	3500	2850	1830	180	—	80	80	0	8	0	4	0	0	0	0	0	0	0	0	
镇江天洋汽车有限公司 Zhenjiang Passenger Car Factory	江天 Jiangtian	5995	1995	2650	3665	4490	2860	—	310	100	100	0	0	0	0	0	0	0	0	1	1	0	20	23
		5995	1995	2650	3665	4490	2860	—	300	100	100	0	0	0	0	0	0	0	0	0	0	0	1	
浙江宝成机械科技有限公司 Zhejiang Baocheng Machinery Technology Co.,Ltd.	40 宝裕 Baoyu	4560	1560	2020	2990	2490	1774	170	180	85	85	0	0	0	1	0	0	0	0	0	0	0	0	21
		4530	1560	2010	2990	2490	1690	170	180	85	85	0	0	0	0	0	1	0	0	0	0	0	0	
		4600	1620	2080	2900	2510	1600	180	190	100	100	0	0	0	0	0	0	0	0	0	0	0	2	
		4250	1600	1960	2900	2510	1530	180	190	100	100	0	0	0	0	0	0	0	0	0	0	5	0	
		5070	1560	1910;2160	2990	2490	1690	170	180	85	85	0	0	0	0	0	0	0	2	0	0	0	0	
		4675	1560	2085	2990	2490	1772	170	180	85	85	0	0	0	0	0	2	3	3	0	0	0	0	
		4710	1560	2140	2990	2490	2240	170	180	85	85	0	0	0	1	0	0	1	0	0	0	0	0	
北汽银翔汽车有限公司 Baic Silver Cheung Automobile Co.,Ltd.	北京 Beijing	4022	1600	1878	2630	1990	1290	202	—	75	80	0	0	0	0	0	0	0	0	0	0	0	1	19
		4925	1835	1980;2115	3080	2780	1980	200	260	100	100	0	0	0	0	8	10	0	0	0	0	0	0	
宁波杉杉汽车有限公司 Ningbo Shanshan Automobile Co., Ltd.	杉杉 Shanshan	5995	2020	2820	3300	4495	2900	—	248	75	85	0	0	0	0	0	0	0	0	0	0	0	3	19
		3650	1510	1850	2500	1740	1120	206	—	70	80	0	0	0	0	0	0	0	0	0	0	1	15	

续上表

企业名称 Company Name	品牌 Brand	外形尺寸 Dimension (mm) 长 Length	宽 Width	高 Height	轴距 Wheel Base (mm)	总质量 Total Weight (kg)	整备质量 Vehicle Weight (kg)	续驶里程 Driving Mileage of Electric Vehicle (工况法, Operating Condition Method) (km)	续驶里程 Driving Mileage of Electric Vehicle (等速法, (Isokinetic Method) (km)	30分钟最高车速 Maximum Speed of Electric Car in 30 Minutes (km/h)	最高车速 Maximum Speed (km/h)	1月 January (辆, vehicle)	2月 February	3月 March	4月 April	5月 May	6月 June	7月 July	8月 August	9月 September	10月 October	11月 November	12月 December	2017年产量合计 Total Output in 2017
福建龙马环卫装备股份有限公司 Fujian Longma Environmental Sanitation Equipment Co., Ltd.	福龙马 Fulongma	4585	1560	2070	2400	2490	1950	125	150	80	80	5	0	0	0	0	0	0	0	0	0	0	0	18
		4985	1710	2080	2950	3490	2690	180	—	65	80	0	0	7	0	2	0	0	0	0	1	1	2	
合加新能源汽车有限公司 Eguard New Energy Automobile Co., Ltd	合加 Hejia	4460	1840	2490	2950	3495	1905	187	—	80	80	0	0	0	0	0	0	0	0	0	0	0	1	16
		8760	2520	3060	5100	18000	12250	—	190	70	85	0	0	0	0	0	0	0	0	0	0	0	13	
		8325	2520	3060	5100	18000	9790	—	190	70	85	0	0	0	0	0	0	0	0	0	0	0	1	
		9525	2520	3060	5100	18000	9790	—	190	70	85	0	0	0	0	0	0	0	0	0	0	0	1	
中国重型汽车集团寿光泰丰专用汽车有限公司 Shouguang Taifeng Special Purpose Vehicle Co., Ltd., China Heavy Truck Group	泰汽 Taiqi	5960	2020	2650	3665	4490	3200	—	285	98	100	0	0	0	0	0	0	0	0	0	0	0	15	15
中通汽车工业集团有限责任公司 Zhongtong Automobile Industry Group Co., Ltd.	东岳 Dongyue	5980	2000	2800	3300	4495	2805	—	280	75	85	0	0	0	0	0	0	0	0	0	0	0	3	9
		4940	1840	2165	2950	3490	2620	160	—	65	80	0	0	0	0	0	0	0	0	0	0	0	2	
		4500; 5560; 4555; 5425	1870; 1730	2130;2280	2950	3490	2900	140	—	65	80	0	0	0	0	0	1	0	0	0	0	0	2	
		4990	1900	2370	2950	3490	2320	140	—	65	80	0	0	0	0	1	0	0	0	0	0	0	0	
山东昊宇车辆有限公司 Shandong Hao Yu Vehicle Co., Ltd.	昊御 Haoyu	3535	1555	1650	2350	1610	965	210	280	70	80	0	1	0	2	0	0	0	0	0	0	0	0	6
		3600	1560	1775	2350	1640	990	240	280	70	80	0	0	3	0	0	0	0	0	0	0	0	0	
大运汽车股份有限公司 Dayun Automobile Co., Ltd	大运 Dayun	5995	2050; 2150; 2250	2870;2970; 3070	3300	4490	2800	—	280	80	80	0	0	0	0	0	0	0	0	0	0	0	5	5

续上表

企业名称 Company Name	品牌 Brand	外形尺寸 Dimension (mm) 长 Length	宽 Width	高 Height	轴距 Wheel Base (mm)	总质量 Total Weight (kg)	整备质量 Vehicle Weight (kg)	续驶里程 Driving Mileage of Electric Vehicle (工况法, Operating Condition Method) (km)	续驶里程 Driving Mileage of Electric Vehicle (等速法, (Isokinetic Method) (km)	30分钟最高车速 Maximum Speed of Electric Car in 30 Minutes (km/h)	最高车速 Maximum Speed (km/h)	1月 January	2月 February	3月 March	4月 April	5月 May	6月 June	7月 July	8月 August	9月 September	10月 October	11月 November	12月 December	2017年产量合计 Total Output in 2017
												(辆, vehicle)												
陕西跃迪新能源汽车有限公司 Shaanxi Yuedi New Energy Vehicle Co., Ltd.	跃迪 Yuedi	5800	2036	2590;2375	3610	4495	2710	—	300	80	100	0	0	0	0	0	0	0	0	0	0	0	4	4
北京北电科林电子有限公司 Beijing Nortel Electronic Co., Ltd.	新桥 Xinqiao	5765	1998	2620	3850	4100	3905	—	240	100	100	0	0	0	1	0	2	0	0	0	0	0	0	3
北京和田汽车改装有限公司 Beijing Hetian automobile refit Co., Ltd.	长城 Great Wall	5998	2050;2250	2905;3105	3300	4495	3300	—	260	90	90	0	0	0	0	1	0	0	2	0	0	0	0	3
大连黄海汽车有限公司 Dalian the Yellow Sea Automobile Co., Ltd.	黄海 Huanghai	5910;5930;5995	2025	2650	3715	4460	2880	—	252	100	100	0	0	0	0	0	0	0	0	2	0	0	1	3
湖南恒润汽车有限公司 Hunan Hengrun Automobile Co., Ltd.	恒润 Hengrun	4560	1520	2080	2740	2400	1080	95	100	80	80	0	0	1	0	0	0	0	0	0	0	0	0	3
		3850	1460	2000	2200	1580	750	80	105	80	80	0	0	1	0	0	0	0	0	0	0	0	0	
		4290	1520	1970	2740	2400	1420	95	100	80	80	0	0	1	0	0	0	0	0	0	0	0	0	
淮安市苏通市政机械有限公司 Huaian Sutong Municipal Machinery Co., Ltd.	苏通 Sutong	4580;4400	1670;1620	2090;2185	2900	2450	1680	120;140	140;160	80	80	0	0	0	0	2	0	1	0	0	0	0	0	3
沈阳华龙新能源汽车有限公司 Shenyang Hualong New Energy Automobile Co., Ltd.	华龙 Hualong	5995	1950	2880;2950	3400	7500	4700	—	265	100	100	0	0	0	0	0	0	0	0	0	0	1	2	3
武汉客车制造股份有限公司 Wuhan Bus Manufacturing Co., Ltd.	华中 Huazhong	4580	1640	2110;2330	2800	2330	1550	160	—	75	80	0	0	0	0	0	1	0	0	0	0	0	0	3
		5995;5900	2200;2050	2790;2830	3300	4495	2805	—	180	80	85	0	0	0	0	0	1	0	0	0	0	0	0	
		5995;6110	2200;2300	2840;2940;3040	3300	7100	4000	—	155	70	95	0	0	0	0	0	1	0	0	0	0	0	0	

续上表

企业名称 Company Name	品牌 Brand	外形尺寸 Dimension (mm) 长 Length	宽 Width	高 Height	轴距 Wheel Base (mm)	总质量 Total Weight (kg)	整备质量 Vehicle Weight (kg)	续驶里程 Driving Mileage of Electric Vehicle (工况法, Operating Condition Method)(km)	续驶里程 Driving Mileage of Electric Vehicle (等速法, (Isokinetic Method)(km)	30分钟最高车速 Maximum Speed of Electric Car in 30 Minutes(km/h)	最高车速 Maximum Speed (km/h)	1月 January (辆, vehicle)	2月 February	3月 March	4月 April	5月 May	6月 June	7月 July	8月 August	9月 September	10月 October	11月 November	12月 December	2017年产量合计 Total Output in 2017
中国重汽集团成都王牌商用车有限公司 Sinotruk Chengdu Wangpai Commercial Vehicle Co., Ltd.	王牌 Wangpai	5995	2160	2480;2720	3360	7100	3670	—	170	80	80	0	0	0	0	0	1	1	0	0	0	0	0	3
		4630	1665	2390	2900	2510	1320	160	—	80	80	0	0	0	0	0	1	0	0	0	0	0	0	
重庆长帆新能源汽车有限公司 Chongqing Changfan New Energy Automobile Co., Ltd.	长帆汽车 CHANGFANEV	4000;4370	1590;1625;1660	2140	2500	2510	1110;1125	205	—	60	60	0	0	0	0	0	0	0	0	0	0	3	0	3
安庆安达尔汽车制造有限公司 Anqing Anda'er Automobile Manufacturing Co., Ltd.	安达尔 Anda'er	5800	2036	25;902;375	3610	4495	2710	—	300	80	100	0	0	0	0	0	0	0	0	0	0	0	2	2
贵州航天特种车有限责任公司 Guizhou Aerospace Special Vehicle Co., Ltd.	南风 Nanfeng	4495	1680	1990	2925	2520	1595	280	300	105	105	0	0	0	0	0	0	0	0	0	0	1	1	2
贵州新山地新能源汽车制造有限公司 Guizhou New Mountain New Energy Automobile Manufacturing Co., Ltd.	山地 Shandi	4570	1550	2290	2760	2750	1570	180	—	70	80	1	0	0	0	0	0	0	0	0	0	0	0	2
		4510	1515	2180;2360	2760	2550	1510	180	250	70	80	0	0	0	0	0	0	0	0	0	0	1	0	
江苏登达汽车有限公司 Jiangsu Deng Da Motor Co., Ltd.	钻石 Zuanshi	4212	1656	1910	2850	1980	1350	200	—	95	100	0	0	0	0	0	0	0	0	0	0	0	2	2
江苏悦达专用车有限公司 Jiangsu Yueda Special Purpose Vehicle Co., Ltd.	悦达 Yueda	5000;5130;4540;5560	1810;1780;1870	2100;2300	2950	3490	2650;2750;3020	80	—	65	80	0	0	2	0	0	0	0	0	0	0	0	0	2

续上表

企业名称 Company Name	品牌 Brand	外形尺寸 Dimension (mm) 长 Length	宽 Width	高 Height	轴距 Wheel Base (mm)	总质量 Total Weight (kg)	整备质量 Vehicle Weight (kg)	续驶里程 Driving Mileage of Electric Vehicle (工况法, Operating Condition Method) (km)	续驶里程 Driving Mileage of Electric Vehicle (等速法, (Isokinetic Method) (km)	30分钟最高车速 Maximum Speed of Electric Car in 30 Minutes (km/h)	最高车速 Maximum Speed (km/h)	1月 January	2月 February	3月 March	4月 April	5月 May	6月 June	7月 July	8月 August	9月 September	10月 October	11月 November	12月 December	2017年产量合计 Total Output in 2017
												(辆, vehicle)												
四川新筑通工汽车有限公司 Sichuan Xinzhu Tonggong Motor Vehicle Co., Ltd.	通工 Tong Gong	5995	1880	2800	3360	4495	3250	—	260	80	80	0	0	0	0	0	0	0	0	0	0	0	1	2
		5980	2000	2800	3300	4495	2805	—	280	75	85	0	0	0	0	0	0	0	0	0	0	0	1	
湖南恒润高科股份有限公司 Hunan Heron High Technology Limited by Share Ltd.	恒润 Hengrun	4355	1605	2260	2600	2310	1530	230	310	80	100	0	0	1	0	0	0	0	0	0	0	0	0	1
湖南中车时代电动汽车股份有限公司 Hunan CRRC Times Electric Vehicle Co., Ltd.	中国中车牌 CRRC Brand	5980	2000	2800	3300	4495	3050	—	260	85	85	0	0	0	0	0	0	0	0	0	0	0	1	1
利辛县江淮扬天汽车有限公司 Lixin Jianghuai Yangtian Automobile Co., Ltd.	金皖 Jinwan	4580; 4400	1670; 1620	2090; 2185	2900	2450	1680	120; 140	140; 160	80	80	1	0	0	0	0	0	0	0	0	0	0	0	1
洛阳中集凌宇汽车有限公司 Luoyang Zhongji Lingyu Automobile Co., Ltd.	凌宇 Lingyu	4530	1750	2250	2950	3490	3080	160	—	65	80	0	0	0	0	0	0	0	0	0	0	0	1	1
安徽安凯汽车股份有限公司 Anhui Ankai Automobile Co., Ltd.	安凯 Ankai	5650; 5840	2098	2405	3570	4495	2850	—	265	98	100	0	0	0	0	0	0	0	0	0	0	0	1	1
安徽星凯龙客车有限公司 Anhui Xingkailong Bus Co., Ltd.	星凯龙 Xingkailong	5980	2005	2650	3665	4490	2890	—	268	100	100	0	0	0	0	0	0	0	0	0	0	0	1	1
成都客车股份有限公司 Chengdu Passenger Car Co., Ltd.	蜀都 Shudu	5990	2040	2740	3360	4495	2800	—	200	95	100	0	0	0	0	0	0	0	0	0	0	0	1	1

续上表

企业名称 Company Name	品牌 Brand	外形尺寸 Dimension (mm) 长 Length	宽 Width	高 Height	轴距 Wheel Base (mm)	总质量 Total Weight (kg)	整备质量 Vehicle Weight (kg)	续驶里程 Driving Mileage of Electric Vehicle (工况法, Operating Condition Method)(km)	续驶里程 Driving Mileage of Electric Vehicle (等速法, (Isokinetic Method)(km)	30 分钟最高车速 Maximum Speed of Electric Car in 30 Minutes(km/h)	最高车速 Maximum Speed (km/h)	1月 January	2月 February	3月 March	4月 April	5月 May	6月 June	7月 July	8月 August	9月 September	10月 October	11月 November	12月 December	2017年产量合计 Total Output in 2017
												(辆, vehicle)												
丹东黄海汽车有限责任公司 Dandong Huanghai Automobile Co., Ltd.	黄海 Huanghai	5930	2110	2950	3360	4495	3200	—	260	90	90	0	0	0	0	0	0	0	0	0	0	0	1	1
广西华奥汽车制造有限公司 Guangxi Hope Automobile Co., Ltd.	金华奥 Jin Hua Ao	4030	1620	1900	2700	2050	1400	232	—	80	85	0	0	0	0	0	0	0	0	0	0	0	1	1
淄博舜泰汽车制造有限公司 Zibo Shun Tai Automobile Manu-facturing Co., Ltd.	舜泰 ShunTai	4212	1656	1910	2850	1950	1400;1415	200	—	100	100	0	0	0	0	0	0	0	0	0	0	0	1	1
2017 年产量合计 Total Output in 2017 (辆, vehicle)												287	164	710	1905	3221	6315	10616	6665	13900	13460	39865	57666	154774

2. 插电式混合动力汽车产量统计/Statistics on Output of Plug-in Hybrid Electric Vehicle (PHEV)

(1)大中型客车、轻型客车/Large and Medium Sized Bus and Light Bus

企业名称 Company Name	品牌 Brand	外形尺寸 Dimension (mm) 长 Length	宽 Width	高 Height	轴距 Wheel Base (mm)	总质量 Total Weight (kg)	整备质量 Vehicle Weight (kg)	油耗 Oil Consumption (L/100 km)	混动电功率比 HEV Electric Power Ratio (%)	续驶里程 Driving Mileage of Electric Vehicle (等速法, (Isokinetic Method)(km)	30 分钟最高车速 Maximum Speed of Electric Car in 30 Minutes (km/h)	纯电动模式下1公里最高车速 Maximum Speed (km/h)	最高车速 Maximum Speed (km/h)	1月 January	2月 February	3月 March	4月 April	5月 May	6月 June	7月 July	8月 August	9月 September	10月 October	11月 November	12月 December	2017年产量合计 Total Output in 2017
														(辆, vehicle)												
郑州宇通客车股份有限公司 Zhengzhou Yutong Bus Co., Ltd.	宇通 Yutong	8250	2350	3105;2980;3265	3850	12000;12550	7800;8090;8350;8550;8830	12.1	126.2;113.60;121.40	51	69	69	69	0	0	0	0	0	0	2	0	0	0	0	2	4604
		8530	2500	3200;3400;3480	4050	12600	8850;9200;9470	12.1	121.36;113.64	52	69	50	69	0	0	0	50	51	54	55	27	101	26	148	44	

续上表

企业名称 Company Name	品牌 Brand	外形尺寸 Dimension (mm) 长 Length	宽 Width	高 Height	轴距 Wheel Base (mm)	总质量 Total Weight (kg)	整备质量 Vehicle Weight (kg)	油耗 Oil Consumption (L/100 km)	混动电功率比 HEV Electric Power Ratio (%)	续驶里程 Driving Mileage of Electric Vehicle (等速法, (Isokinetic Method) (km)	30分钟最高车速 Maximum Speed of Electric Car in 30 Minutes (km/h)	纯电动模式下1公里最高车速 Maximum Speed (km/h)	最高车速 Maximum Speed (km/h)	1月 January	2月 February	3月 March	4月 April	5月 May	6月 June	7月 July	8月 August	9月 September	10月 October	11月 November	12月 December	2017年产量合计 Total Output in 2017
														(辆, vehicle)												
郑州宇通客车股份有限公司 Zhengzhou Yutong Bus Co., Ltd.	宇通 Yutong	8500	2500	3400;3200;3340	4050	13000	8150;8440;8800;8350;8750;9150;9450;9600;9350;8950	17.6;17.2;18.0;18.1	113.60;121.40;121.4;113.64;121.36	51	69	69	69	4	0	12	12	0	0	1	0	8	0	0	3	4604
		8530	2500	3340	4050	13000	8950;9350;9600;9740	14.9	121.36;113.64	60	69	50	69	0	0	0	0	0	0	0	0	0	0	0	2	
		8530	2500	3400	4050	13000	9130;9530;9850;10050	—	121.36	60	69	50	69	0	0	0	52	23	129	5	100	163	1	129	154	
		8500	2500	3340;3400	4050	13000	9250;9600;9900;10190	—	121.36	51	69	50	69	0	78	49	0	0	0	0	0	0	0	1	1	
		8530	2500	3400;3340	4050	13000	9250;9600;9900;10190	—	121.36	60	69	50	69	0	0	0	0	5	7	0	1	0	0	1	0	
		10500	2500	3400;3050;3200;3360	5100;5200	16550	11400;11900;12380;12640;11450;10900;11300;11200;11550;11950;11650;12250;12100;11700;11800;11350;11100;11300;11900;11400;12380;12300	18.3;18.5;14.9	121.94;100;90.74;116.13;94.83;90.74;94.84;128.57;116.67	68;51;75;58	69	50;69	69	40	40	64	41	51	221	192	228	169	138	207	455	
		10690	2500	3150;3300	5250	16600	11400	20.3	55.56	51	69	69	69	0	0	0	0	0	0	0	0	1	0	0	0	
		11500	2550	3050;3200;3360	5800	18000	12000;12350;12850	—	116.13	51	69	69	69	152	6	0	0	0	0	0	0	0	0	0	0	
		11500	2550	3050;3200;3360	5800	18000	12250;12650;12950	—	86.47;83.05	35	67	50	69	0	0	0	0	1	0	0	0	0	0	0	0	
		12000	2550	3050;3200;3360;3400;3480	6100	18000	12100;12500;13000;13400;12590;13050;12350;12850;13330	20.2;20.6	94.83;100.00;90.74;128.57;116.67;94.84;121.94	51;70;68	69	65;50	69	0	50	0	1	4	0	321	1	118	90	313	136	
		13700	2550	3360	6100+1470	23600	14750;15250;15660;16400	—	85.44	51	69	50	69	0	0	0	0	0	0	0	60	0	0	0	3	
中国重汽集团济南豪沃客车有限公司 Jinan Haowo Passenger Coach Co., Ltd., China Heavy Truck Group	黄河 Huanghe	10500	2500	3140;3210;3350	5000	16500	11300;11800	—	43.6	54	69	69	69	0	0	0	0	0	0	0	0	30	0	0	0	1560
		11990	2500	3110;3245;3450	6000	18000	12080;12400	—	43.6	71	69	69	69	0	0	0	0	0	0	0	0	50	300	645	535	

续上表

企业名称 Company Name	品牌 Brand	外形尺寸 Dimension (mm) 长 Length	宽 Width	高 Height	轴距 Wheel Base (mm)	总质量 Total Weight (kg)	整备质量 Vehicle Weight (kg)	油耗 Oil Consumption (L/100 km)	混动电功率比 HEV Electric Power Ratio (%)	续驶里程 Driving Mileage of Electric Vehicle (等速法, (Isokinetic Method) (km)	30 分钟最高车速 Maximum Speed of Electric Car in 30 Minutes (km/h)	纯电动模式下1公里最高车速 Maximum Speed (km/h)	最高车速 Maxi-mum Speed (km/h)	1月 January (辆, vehicle)	2月 February	3月 March	4月 April	5月 May	6月 June	7月 July	8月 August	9月 September	10月 October	11月 November	12月 December	2017年产量合计 Total Output in 2017
北汽福田汽车股份有限公司 Beiqi Foton Motor Co., Ltd.	福田 FOTON	6845	2100	2860	3200	8500	6200;6400	—	53.7	76	69	69	69	0	0	0	0	0	0	0	0	0	0	0	200	1439
		8540	2450	2950;3080	4000	13000	8550;9050	12.1	53.6	55	69	69	69	0	0	0	0	0	0	0	0	0	50	0	14	
		8540	2450	2950;3080;3300	4000	13000	8550;9050;9400	—	53.6	55	69	69	69	0	0	0	0	0	0	0	0	20	0	0	0	
		8540	2450	2950;3080;3300	4000	13000	8550;9050;9400	—	59.8	74.3	69	69	69	0	0	0	0	0	0	0	0	0	0	0	28	
		8990	2450	3000;3100;3250;3300	4250	13700	8500;8750;9000;9250	—	53.6	51	69	60	69	0	0	0	0	30	41	0	0	0	0	0	0	
		8990	2450	3000;3100;3300	4250	13700	8750;9050;9400	—	53.7	69	69	69	69	0	0	0	0	0	0	0	0	0	0	49	0	
		8990	2450	3000;3100	4250	14550	8650;9200	13.5	53.7	66	69	69	69	0	0	0	0	0	10	0	0	0	0	0	0	
		10500	2500	3100;3200;3250	5000	16500	10350;10900;11200	17.5	30.5	51	69	60	69	0	0	126	14	0	0	0	0	0	0	0	0	
		10500	2500	3100;3200;3250	5000	16500	10900;11200;11350	17.5	53.6	51	69	60	69	0	0	0	0	0	1	0	0	0	0	0	0	
		10500	2500	3100;3200;3250	5000	16550	10500;11000;11300	14.8	48.1;48.1;45.6	82	69	69	69	0	0	0	0	0	100	0	0	0	0	0	6	
		10500	2500	3100;3200;3250	5000	16550	10600;11050;11500	18	48.1;48.1;47.7	100	69	69	69	0	0	0	0	0	0	0	0	0	13	0	0	
		10500	2500	3100;3200;3250;3420	5000	16550	10900;11200;11350	14.8	51	82	69	69	69	0	0	0	0	0	0	0	0	0	0	0	6	
		10500	2500	3100;3200;3250;3420	5000	16500	10900;11300;11900	—	30.5	50	69	69	69	0	0	68	0	0	10	50	0	0	0	0	0	
		10500	2500	3100;3200;3250;3420	5000	16550	11000;11400;11950	—	46.7	82	69	69	69	0	0	0	0	0	5	0	0	0	0	0	0	
		10500	2500	3100;3200;3250;3420	5000	16500	11200;11550;11950	—	53.6	51	69	60	69	0	0	50	0	0	50	10	0	0	0	0	0	
		10500	2500	3100;3200;3250;3420	5000	16550	11200;11700;12150	—	46.7;46.7;46.3	101	69	69	69	0	0	0	0	0	0	0	0	0	0	50	0	
		10500	2500	3100;3200;3250;3420	5000	16550	11200;11700;12150	—	49.7;49.2	101	69	69	69	0	0	0	0	0	0	0	0	0	0	0	30	
		12000	2500	3650;3540	6000	18000	12100;11800	14.1	30.5	51	100	100	100	0	0	0	10	6	88	0	0	0	0	0	0	
		12000	2500	3650;3540	6000	18000	12100;12600	18.6	37.4;35.9	52	69	60	69	0	0	0	0	0	0	0	0	8	0	0	0	
		12000	2550	3100;3200;3250;3420	5900	18000	11950;12250;12750	—	30.5	50	40	60	69	0	0	76	0	0	0	0	0	0	0	0	2	
		12000	2550	3100;3200;3250;3420	5900	18000	12000;12500;13000	—	46.7;43.5	89	69	60	69	0	0	0	0	0	0	0	0	47	0	12	0	
		12000	2550	3100;3200;3250;3420	5900	18000	12100;12650;13100	—	52.8;49.5	90	69	60	69	0	0	0	0	0	0	0	0	0	3	0	40	
		12000	2550	3100;3200;3250;3420	5900	18000	12300;12650	—	100	60	69	69	69	0	0	0	0	0	0	0	0	0	0	0	116	

续上表

企业名称 Company Name	品牌 Brand	外形尺寸 Dimension (mm) 长 Length	宽 Width	高 Height	轴距 Wheel Base (mm)	总质量 Total Weight (kg)	整备质量 Vehicle Weight (kg)	油耗 Oil Consumption (L/100 km)	混动电功率比 HEV Electric Power Ratio (%)	续驶里程 Driving Mileage of Electric Vehicle (等速法, (Isokinetic Method) (km)	30分钟最高车速 Maximum Speed of Electric Car in 30 Minutes (km/h)	纯电动模式下1公里最高车速 Maximum Speed (km/h)	最高车速 Maxi-mum Speed (km/h)	1月 January (辆, vehicle)	2月 February	3月 March	4月 April	5月 May	6月 June	7月 July	8月 August	9月 September	10月 October	11月 November	12月 December	2017年产量合计 Total Output in 2017
中通客车控股股份有限公司 Zhongtong Bus Holding Co., Ltd.	中通 Zhongtong	8245	2380	3380;3220;3060	3900	12200	7550;8000;8500	—	48.5	52	65	69	69	0	0	0	0	0	0	0	0	0	0	0	1	1167
		8545	2480	3280;3120;3455	4200	12500	7800;8200;8700	14.0;14.1	45.5;37.8	52	65	69	69	0	0	60	0	0	0	0	0	0	0	0	0	
		8545	2480	3280;3120;3455	4200	12500	8000;8400;8900	—	41.3	52	65	69	69	0	0	0	0	0	0	0	0	0	0	0	1	
		8545	2480	3280;3120	4200	12600	7800;8200;8700	14.9;14.8	98	58	65	69	69	0	0	0	0	0	0	0	2	0	0	6	3	
		8545	2480	3280;3120;3455	4200	12600	8000;8400;8900	—	98	60	65	69	69	0	0	0	0	0	0	0	0	0	0	0	10	
		10500	2500	3120;3280;3480;3500;3600	5000;5170	16500;16600	10400;11000;11680;10600;11200;11800;11670;12390	13.3;13.4;18.1;18.3;17.9;18.2;18.4;19.2;19.3	1.08;41.9;92;87.1;36.9;36;108	55;57;85;87;83;88;57.8;76	65;69	69	69	0	128	104	30	44	1	0	28	0	295	111	69	
		11300	2500	3600;3500	5720	16500	11670;12390	18.2;18.3	36.9	55	69	69	69	0	0	0	0	0	0	0	0	0	0	0	39	
		11300	2500	3600;3500	5720	16500	11670;12390	18.2;18.3	36.9;36	55	69	69	69	0	0	60	0	0	0	0	0	1	0	0	0	
		11300	2550	3550;3450	5720	16600	11770;12490	19.5;19.6	36.9;36	75	69	69	69	0	0	0	0	0	0	0	0	0	0	0	1	
		11990	2550	3120;3280;3340;3480;3120;3450;3350;3180	6000	17800;17900;1800;16500	11100;11600;12300;11550;12100;12600;12700;12500	19.3;19.5;20.1;20.2	88.9;76;39.2;36.7;90.4;36.9;36	82;85;55	69	69	69	0	1	99	0	0	2	15	30	0	6	18	2	
厦门金龙联合汽车工业有限公司 Xiamen King Long United Automotive Industry Co., Ltd.	金龙 King Long	8545	2450	3290	4250	13000	8700;9200	15	49.1;49.1	72	69	69	69	0	0	0	0	0	0	0	0	8	32	0	10	1157
		8545	2450	3290;3350	4250	13000	8700;9200;9600	—	49.1;49.1	78	69	69	69	0	0	0	0	0	29	20	16	20	8	0	0	
		8545	2450	3030;3140;3290	4250	13000	9200;9600	12	59.0;56.3	65	69	69	69	0	0	0	0	0	0	20	0	0	0	60	0	
		8545	2450	3030;3140;3290	4250	13000	9200;9600	12	59.6;57.2	52	69	69	69	0	0	0	0	0	0	0	0	14	12	16	30	
		8545	2450	3030;3140;3290;3350	4250	13000	9200;9600;10100	—	60.1;57.1	52	69	69	69	0	0	0	0	0	0	0	0	0	0	0	4	
		8545	2450	3290;3350	4250	13000	9200;9600;10100	—	59.0;56.3	70	69	69	69	0	0	0	0	0	0	0	0	0	0	0	18	
		10500	2500	3070;3120;3190;3230;3400;3450	5100	16500	11200;11700;12300;12400;12000;12600;12900;13200;11400	13.5	46.7;54.1;52.8;51.7	102;95;52;90	69	69	69	0	0	0	0	0	139	48	76	75	113	175	35	
		10700	2500	3150;3300;3340	5350	16500	11200	16.9	43	90	69	69	69	0	0	0	0	0	0	0	0	0	20	0	0	

续上表

企业名称 Company Name	品牌 Brand	外形尺寸 Dimension (mm) 长 Length	宽 Width	高 Height	轴距 Wheel Base (mm)	总质量 Total Weight (kg)	整备质量 Vehicle Weight (kg)	油耗 Oil Consumption (L/100 km)	混动电功率比 HEV Electric Power Ratio (%)	续驶里程 Driving Mileage of Electric Vehicle (等速法, (Isokinetic Method) (km)	30分钟最高车速 Maximum Speed of Electric Car in 30 Minutes (km/h)	纯电动模式下1公里最高车速 Maximum Speed (km/h)	最高车速 Maximum Speed (km/h)	1月 January	2月 February	3月 March	4月 April	5月 May	6月 June	7月 July	8月 August	9月 September	10月 October	11月 November	12月 December	2017年产量合计 Total Output in 2017
														(辆, vehicle)												
厦门金龙联合汽车工业有限公司 Xiamen King Long United Automotive Industry Co., Ltd.	金龙 King Long	11980	2550	3070;3120;3190;3230;3400	6000	18000	11600;12600;13300	20.1	51.7;51.7	95	69	69	69	0	0	0	0	0	0	65	0	0	0	0	0	1157
		11980	2550	3070;3120;3190;3230;3400;3450	6000	18000	12000;12800;13400;13800	—	46.7;46.7	106	69	69	69	0	0	0	0	0	0	0	0	0	62	0	0	
		11980	2550	3070;3120;3190;3230;3400;3450	6000	18000	12000;12800;13400;13800	—	46.7;46.7	98	69	69	69	0	0	0	0	0	0	0	0	0	0	24	0	
		12000	2550	3250;3400;3455	6000	18000	12430	18.5	43	80	69	69	69	0	0	0	0	0	0	0	0	0	2	6	0	
厦门金龙旅行车有限公司 Xiamen Golden Dragon Bus Co., Ltd.	金旅 Golden Dragon	8520	2460	3085;3195;3340	4000	13200	9290;9745	12.1	72.5	51	69	50	69	0	0	0	0	0	0	38	0	0	0	0	0	1038
		8520	2460	3085;3195;3340	4000	13200	9290;9745	16.5	63.6	51	69	50	69	0	0	0	0	0	5	0	0	18	0	0	0	
		8520	2460	3085;3195;3340	4000	13200	9465;9920	12.1	112;127.1	52	69	50	69	0	0	0	0	0	0	0	0	0	20	38	22	
		10480	2550	3500;3300;3150	5000	17500;16900	11820;12340;13000;12500;12625;12125;11630;12130;12210;12535;12555;13045	14.9;18.8	91.8;83.3;90.6;91.8;88.8;88.7;95.2;74.8;90.3	64;75;66;62;65;50;63	69;64	50	69;64	0	0	0	0	55	96	116	0	40	112	126	60	
		10490	2550	3400;3600	5200	16600	11550;12550	—	70.7	65.6	69	50	69	0	0	0	0	0	70	0	0	0	0	0	0	
		12000	2540;2550	3500;3300;3150	5980	18000	12000;12500;13000	18.5	113.9	67.5	64	50	64	0	0	0	0	0	0	0	0	0	0	0	51	
		12000	2540;2550	3500;3300;3150	5980	18000	12850;13400;13800	—	90.3	60	69	50	69	0	0	0	0	0	0	0	0	0	0	0	60	
		12000	2540	3500;3300;3150	6100	18000	12465;13000;13410	—	90.3	50	69	50	69	0	0	0	0	0	0	0	0	0	0	0	6	
		12000	2540;2550	3500;3300;3150	6100	18000	12465;13000;13410	—	90.3	50	69	50	69	0	0	0	0	0	0	0	0	0	0	0	6	
		12000	2540;2550	3500;3300;3150	6100	18000	12850;13400;13800	—	64.7	60	69	50	69	0	0	0	97	0	0	0	0	0	0	0	0	
		12000	2550	3600;3400	6300	18000	12800;13300	14.3	63.1	50	100	50	100	0	0	0	0	0	2	0	0	0	0	0	0	
湖南中车时代电动汽车股份有限公司 Hunan CRRC Times Eectric Vehicle Co., Ltd.	中国中车牌 CRRC Brand	8540	2470	3030;3180	4000	12510	8720;9120	16	120;110;114	60	65	65	69	0	0	5	0	0	0	0	0	0	0	0	0	689
		10490	2490	3280;3180	5050	16500	11600;11200	20.1	92.6	51	65	65	69	0	0	150	0	0	0	0	0	0	0	0	0	
		10490	2490	3280;3150	5050	16510	11800;11400;11000	20	92.6;92.6;95;96.8	100	65	65	69	0	0	8	0	0	0	0	0	0	0	0	0	

续上表

企业名称 Company Name	品牌 Brand	外形尺寸 Dimension (mm) 长 Length	宽 Width	高 Height	轴距 Wheel Base (mm)	总质量 Total Weight (kg)	整备质量 Vehicle Weight (kg)	油耗 Oil Consumption (L/100 km)	混动电功率比 HEV Electric Power Ratio (%)	续驶里程 Driving Mileage of Electric Vehicle (等速法, (Isokinetic Method) (km)	30分钟最高车速 Maximum Speed of Electric Car in 30 Minutes (km/h)	纯电动模式下1公里最高车速 Maximum Speed (km/h)	最高车速 Maximum Speed (km/h)	1月 January (辆, vehicle)	2月 February	3月 March	4月 April	5月 May	6月 June	7月 July	8月 August	9月 September	10月 October	11月 November	12月 December	2017年产量合计 Total Output in 2017
湖南中车时代电动汽车股份有限公司 Hunan CRRC Times Eectric Vehicle Co., Ltd.	中国中车牌 CRRC Brand	11980	2540	3280;3150	6000	17800	13000;12600;12200	20.1	92.6;92.6;95;96.8	90	65	65	69	0	0	30	0	0	0	0	0	0	0	0	0	689
		8540	2430	3030;3150	4000	12500	8800;9100	14.1	122;131	51	65	65	69	0	0	0	0	4	0	0	0	0	0	0	0	
		8540	2470	3380;3030;3180	4000	12500	8900;9300	—	119;117	51	65	65	69	0	0	0	0	0	0	0	0	0	0	0	61	
		8540	2470	3030;3180	4000	12510	8720;9120	16	120;110;114	60	65	65	69	0	0	0	0	0	0	0	5	0	30	0	1	
		10490	2490	3150;3280;3500	5050	16500	11400;11800;12200	—	96.8	100	65	65	69	0	0	0	0	0	0	0	0	4	0	0	1	
		10490	2490	3150;3280;3510	5050	16500	12400;12800;13200	—	96.8;96.8;96.8;96	100	65	65	69	0	0	0	0	0	0	0	0	24	28	0	0	
		10490	2490	3150;3280;3510	5050	16500	12500;12900;13300	—	96.8;96.8;96.8;96.8	100	65	65	69	0	0	0	0	0	0	0	0	0	0	0	92	
		10490	2490	3280;3150	5050	16510	11800;11400;11000	20	92.6;92.6;95;96.8	100	65	65	69	0	0	0	0	0	0	0	0	0	0	50	36	
		11980	2540	3480;3280;3150	6000	17800	13300;12900;12500;12100	—	96.8;96.8;96.8	95	65	65	69	0	0	0	0	0	0	86	54	0	0	0	20	
金龙联合汽车工业(苏州)有限公司 HIGER Bus Co., Ltd.	海格 HIGER	8549	2440	3080;3200	4000	13000	9400;9600	12.1;12.1	50.4	53	69	50	69	0	0	0	0	0	0	0	30	0	0	0	2	617
		8549	2440	3080;3200;3320;3440	4000	13000	9550;9750;9950	—	50.4	56	69	50	69	0	0	0	0	0	0	0	0	0	0	75	22	
		10490	2480;2550	3120;3250	5100	16600	11180;11500	14.9;14.9	52.1	62	69	50	69	0	0	0	0	0	0	0	0	0	15	0	0	
		10490	2480;2550	3120;3250	5100	16600	11180;11500	18.1;18.1	40.3	69	69	50	69	0	0	0	0	0	0	0	0	0	0	0	23	
		10490	2480;2550	3120;3250;3350;3485	5100	17000	11650;11850;12200	—	103.2	68	69	50	69	0	0	0	0	0	0	0	0	10	11	37	26	
		10990	2500	3390;3480	5670	16510	11500;12200	20.4	49.5	72	69	60	69	0	0	0	0	0	0	0	60	0	0	0	0	
		12000	2550	3120;3250;3350;3485	6100	18000	12800;13200;13430	—	103.2;98.4	59	69	50	69	0	0	0	0	0	0	0	0	0	72	43	191	
安徽安凯汽车股份有限公司 Anhui Ankai Automobile Co., Ltd.	安凯 Ankai	8140	2500	3285;3405	3800	12200	8820;9350	11.8	57.1	52	98	70	100	0	0	0	0	0	0	1	0	0	0	0	0	487
		8540	2350	3050;3150	4240	12700	8200;8600	12	57.5	56	68	68	69	0	0	0	0	0	0	0	0	18	0	0	0	
		8540	2350	3050;3150;3450	4240	12700	8200;8600	12	57.5	56	68	68	69	0	0	0	0	0	0	0	0	0	0	0	20	
		10450	2500	3150;3250;3360	5100	16500	11200;11700;11500;11900;12300;11800;12600;12700	19;14.7	51.2;52.3;53.6;52.2;54.7	53;75;90;110;97	68	52	69	0	0	0	70	25	26	20	40	1	84	20	19	
		10490	2500	3285;3405	5120	16000	11320;11790	13.2	55.1	52	98	70	100	1	0	0	0	0	0	0	0	0	0	0	0	
		12000	2550	3770	6080	18000	13000;13400	14.3	51.1	52	98	70	100	0	0	0	0	0	1	0	0	0	0	0	0	

续上表

企业名称 Company Name	品牌 Brand	外形尺寸 Dimension (mm) 长 Length	宽 Width	高 Height	轴距 Wheel Base (mm)	总质量 Total Weight (kg)	整备质量 Vehicle Weight (kg)	油耗 Oil Consumption (L/100 km)	混动电功率比 HEV Electric Power Ratio (%)	续驶里程 Driving Mileage of Electric Vehicle (等速法, (Isokinetic Method) (km)	30分钟最高车速 Maximum Speed of Electric Car in 30 Minutes (km/h)	纯电动模式下1公里最高车速 Maximum Speed (km/h)	最高车速 Maximum Speed (km/h)	1月 January (辆, vehicle)	2月 February	3月 March	4月 April	5月 May	6月 June	7月 July	8月 August	9月 September	10月 October	11月 November	12月 December	2017年产量合计 Total Output in 2017
安徽安凯汽车股份有限公司 Anhui Ankai Automobile Co., Ltd.	安凯 Ankai	12000	2550	3150;3250;3360	6100	18000	12100;12800;13500	—	54.7	97	68	50	69	0	0	0	0	15	6	0	0	0	0	0	0	487
		12000	2550	3150;3250	6100	18000	12700;13200;12400	—	52.3	51	68	50	69	0	0	120	0	0	0	0	0	0	0	0	0	
广西源正新能源汽车有限公司 Guangxi Yuan Zheng New Energy Automobile Co., Ltd.	紫象 Zixiang	10500	2500	3400	5000	16500	11800;12500	14.7	52.3	87	69	69	69	0	0	0	0	0	0	0	0	0	0	50	0	487
		10500	2500	3400	5000	16500	11800;12500	—	52.3	87	69	69	69	0	0	0	0	0	0	0	0	2	87	33	284	
		11990	2550	3350	6000	17900	12680	—	64.5	82	69	69	69	0	0	0	0	0	0	0	0	0	0	0	16	
		11995	2500	3400	6000	18000	12400;13100	17.7	58.6	85	69	69	69	0	0	0	0	0	0	0	0	0	0	0	15	
丹东黄海汽车有限责任公司 Dandong Huanghai Automobile Co., Ltd.	黄海 Huanghai	8540	2430	3070;3170	4000	13500	8600;8900	14.9	110	51	65	69	69	0	0	0	0	0	0	0	0	0	0	0	2	468
		8540	2430	3070;3170	4000	13500	8600;8900	—	98.5	51	65	69	69	0	0	0	0	0	0	21	0	0	20	0	0	
		10490	2482	3150;3255	5000	16520	10450;11050	—	175	51	60	65	69	0	0	0	0	0	0	0	0	0	0	10	0	
		10490	2482	3130;3300	5000	16520	11200;11600	—	85.4	76	60	65	69	0	0	0	0	0	0	0	0	0	0	0	51	
		11500	2532	3510	5880	18000	12000;12450	—	87.5	51	60	65	69	0	0	0	0	0	0	0	0	0	0	87	1	
		12000	2532	3220;3380;3510	6000	18000	11700;12300	—	83.8	51	65	60	69	0	0	0	276	0	0	0	0	0	0	0	0	
上海申龙客车有限公司 Shanghai Shenlong Bus Co., Ltd.	申龙 Shenlong	8545	2500	3200;3060	4000	13200	8700;9200	13.4	49.1	52	69	69	69	0	0	0	0	0	25	25	25	0	0	0	0	399
		8545	2500	3200;3060;3440	4000	13200	9000;9500	—	49.1	52	69	69	69	0	0	0	0	0	0	0	0	0	0	0	38	
		10500	2500	3400	5000	16500	11800;12300	14.9	48.1	85	69	69	69	0	0	0	0	0	0	22	0	0	40	0	0	
		10500	2500	3400	5000	16500	11800;12300	15.4	51.2	90	69	69	69	0	0	0	0	0	0	0	0	0	42	0	0	
		10500	2500	3400	5000	16500	11800;12300	15.4	53.6	84	69	69	69	0	0	0	0	0	0	60	0	50	0	0	20	
		10500	2500	3400	5000	16500	11800;12500	—	46.7	85	68	69	69	0	0	0	0	0	0	0	0	0	0	0	42	
		10995	2500	3550	5550	16400	12200	12.8	46.1	51	93	100	100	0	0	0	0	0	0	0	0	10	0	0	0	
扬州亚星客车股份有限公司 Yangzhou Yaxing Motor Coach Co., Ltd.	亚星 Yaxing	8540	2400	3020;3120;3370	4100	13000	8600;9090	—	98.5	52.4	69	69	69	0	0	0	1	0	0	0	0	0	0	0	0	382
		10500	2500	3090;3210	5000	16500	10800;11400	16.9	98.8	71.2	69	69	69	0	0	0	0	0	0	0	0	0	12	0	0	
		10500	2500	3090;3210;3460	5000	16500	10900;11500;12200	—	87.1	72.8	69	69	69	0	0	0	0	0	0	0	0	0	16	16	0	
		10500	2500	3090;3210	5000	16500	11000;11600	16.8	98.8	68.2	69	69	69	0	0	0	0	0	0	40	40	0	0	60	0	
		10500	2500	3090;3210;3460	5000	16500	11790;12400	—	129	51.2	69	69	69	0	0	0	1	0	0	0	0	0	0	0	0	
		12000	2550	3090;3210	5900	18000	12100;12800	18.3	88.8	70.5	69	69	69	0	0	0	0	0	0	0	0	0	0	60	0	
		12000	2550	3090;3210;3460	5900	18000	12300;13000	—	90.9	70.6	69	69	69	0	0	0	0	0	0	0	106	0	0	30	0	

续上表

企业名称 Company Name	品牌 Brand	外形尺寸 Dimension (mm) 长 Length	宽 Width	高 Height	轴距 Wheel Base (mm)	总质量 Total Weight (kg)	整备质量 Vehicle Weight (kg)	油耗 Oil Consumption (L/100 km)	混动电功率比 HEV Electric Power Ratio (%)	续驶里程 Driving Mileage of Electric Vehicle (等速法, (Isokinetic Method) (km)	30分钟最高车速 Maximum Speed of Electric Car in 30 Minutes (km/h)	纯电动模式下1公里最高车速 Maximum Speed (km/h)	最高车速 Maximum Speed (km/h)	1月 January (辆, vehicle)	2月 February	3月 March	4月 April	5月 May	6月 June	7月 July	8月 August	9月 September	10月 October	11月 November	12月 December	2017年产量合计 Total Output in 2017
江西博能上饶客车有限公司 Jiangxi B - energy Shangrao Coach Co., Ltd.	上饶 Shangrao	10495	2500	3100;3200	5000	16500	10650;11040	13.5	—	96.5	65	69	69	0	0	0	0	0	0	0	0	0	0	0	30	330
		10490	2490	3490;3590	5300	16550	10850;11350	—	—	80	100	100	100	0	0	0	0	0	0	0	0	100	0	0	200	
哈尔滨通联客车有限公司 Harbin Tonglian Bus Co., Ltd.	哈尔滨 Haerbin	10470	2500	3560;3370	5000	16500	11900;11620	—	33.33	52	100	80	100	0	0	0	2	2	0	0	0	0	0	0	0	206
		11990	2500	3385	6000	18000	12670;12920	—	52.3;52.3	50	69	69	69	0	0	0	0	0	1	0	0	0	0	0	0	
		11990	2500	3385	6000	18000	12695;13045	—	52.3	50	69	69	69	0	0	0	0	0	0	101	0	0	0	100	0	
北奔重型汽车集团有限公司 BeiBen Trucks Group Co., Ltd.	北奔 BeiBen	8680	2400	3140;3205;3355	4100	12500	8700;9100	—	50.495	50	69	35	69	0	0	0	0	0	0	1	0	0	0	1	0	204
		10495	2540	3500;3300;3150	5000	16900	12350;11900	—	46.7	50	69	33	69	0	0	0	0	0	0	0	0	0	0	0	131	
		11980	2540	3500;3300;3150	6100	18000	12800;13210;12200	—	46.7	50	69	30	69	0	0	0	0	0	0	0	0	71	0	0	0	
昆明客车制造有限公司 Kunming Coach Manufacturing Co., Ltd.	云海 Yunhai	10450	2500	3150;3250	5100	16600	11700;12400	—	36.6	90	68	52	69	0	0	0	0	0	0	0	0	0	0	90	50	170
		10450	2500	3150;3250	5100	16600	11700;12400	—	52.4;51.4	102	68	52	69	0	0	0	0	0	0	0	0	0	0	10	20	
上海万象汽车制造有限公司 Shanghai Wanxiang Automobile Manufacturing Co., Ltd.	象牌 Xiang Brand	10690	2490	3400	5200	17100	12700	18.1;18.2	≥30	109	69	10	69	0	0	0	0	1	0	0	30	44	0	0	0	136
		12000	2490	3400	6100	18000	13500	20.1;20.2	≥30	102	69	10	69	0	0	0	0	0	0	0	36	25	0	0	0	
南京金龙客车制造有限公司 Nanjing Golden Dragon Bus Co., Ltd. Nanjing Jinlong Bus Manufacturing Co., Ltd.	开沃 Skywell	8500	2440	3300	4050	13200	8800	12.1	53.5	50	69	69	69	0	0	0	0	0	0	0	0	0	0	0	1	122
		10490	2550	3190	5100	16550	11300	14.9	59.1	75	69	69	69	0	0	0	0	0	0	0	0	0	0	0	1	
		11990	2550	2935;3135;3335	6000	17920	12900;13200	—	73.36	100	69	69	69	0	0	0	0	0	0	90	0	30	0	0	0	
江西凯马百路佳客车有限公司 Jiangxi Kaima Bonluck Bus Co., Ltd.	江西 Jiangxi	11980	2550	3450;3350;3210	6000	18000	13400	—	79	61	62	68	69	0	0	0	0	0	0	0	0	0	22	0	1	115
		11980	2550	3450;3350;3210;3070	6000	18000	13400;13000	—	79	61	62	68	69	0	0	0	0	1	89	0	0	0	0	0	2	
北汽(常州)汽车有限公司 BAIC (Changzhou) Automobile Co., Ltd.	北京 Beijing	10490	2532	3150;3220	5000	16600	10800;11200	14.8	90.6	65	69	69	69	0	0	0	0	0	0	0	0	0	0	0	50	101
		10490	2532	3150;3220	5000	16600	10900;11300	—	85.4	65	69	69	69	0	0	0	0	0	0	0	0	0	0	0	51	

续上表

企业名称 Company Name	品牌 Brand	外形尺寸 Dimension (mm) 长 Length	宽 Width	高 Height	轴距 Wheel Base (mm)	总质量 Total Weight (kg)	整备质量 Vehicle Weight (kg)	油耗 Oil Consumption (L/100 km)	混动电功率比 HEV Electric Power Ratio (%)	续驶里程 Driving Mileage of Electric Vehicle (等速法, (Isokinetic Method)(km)	30 分钟最高车速 Maximum Speed of Electric Car in 30 Minutes (km/h)	纯电动模式下1公里最高车速 Maximum Speed (km/h)	最高车速 Maximum Speed (km/h)	1月 January (辆, vehicle)	2月 February	3月 March	4月 April	5月 May	6月 June	7月 July	8月 August	9月 September	10月 October	11月 November	12月 December	2017年产量合计 Total Output in 2017
黑龙江龙华汽车有限公司 Heilongjiang Longhua Automobile Co., Ltd.	黑龙江 Heilongjiang	11990	2500	3250	6100	18000	12569	—	50.22	50	69	69	69	0	0	0	0	0	0	50	0	0	0	0	0	100
		11990	2500	3250	6100	18000	12569	—	50.22;52.3;50.22	50	69	69	69	0	0	0	50	0	0	0	0	0	0	0	0	
一汽客车(大连)有限公司 FAW bus (Dalian) Co., Ltd.	解放 Jiefang	10498	2500	3250	5100	16500	11350	—	90	52	65	65	69	0	0	0	0	0	40	0	0	0	0	0	0	95
		10548	2500	3250	5100	16500	11775	—	90	52	65	65	69	0	0	0	0	0	20	0	0	0	0	0	0	
		11995	2550	3250;3385	6100	17800	12900;13100	—	90	52	65	65	67	0	0	0	0	0	35	0	0	0	0	0	0	
东风汽车集团有限公司 Dongfeng Motor Group Co., Ltd.	东风 Dongfeng	12000	2550	3020;3150;3360	6000	18000	12200;12500	—	55.7	100	69	60	69	0	0	0	0	0	0	0	0	30	10	0	0	40
奇瑞万达贵州客车股份有限公司 Chery&Wanda Guizhou Bus Co., Ltd.	万达 Wanda	10490	2500	3420	5000	16400	12100	—	87.1	75	69	69	69	0	0	0	0	0	0	0	0	32	0	0	0	32
成都客车股份有限公司 Chengdu Passenger Car Co., Ltd.	蜀都 Shudu	8520	2480	3280	4000	13000	8450;8200	—	98.5	51	67	69	69	0	0	0	0	0	0	20	0	0	0	0	5	31
		10500	2500	3475	5000	16500	11700;11300	—	46.7	51	69	69	69	0	0	0	0	0	0	0	0	0	0	0	6	
上海申沃客车有限公司 Shanghai Sunwin Bus Corporation	申沃 Sunwin	10495	2500	3400	5000	16500	11650	18.1	83.3	91	65	69	69	0	0	0	0	0	0	0	0	22	0	0	0	22
浙江中车电车有限公司 Zhejiang CRRC Electric Vehicle Co., Ltd.	中国中车牌 CRRC Brand	8545	2490	3180	4000	13500	9050;9250	12.1	86	65	69	67	69	0	0	0	0	0	0	0	0	0	0	0	1	18
		8545	2490	3180	4000	13500	9150;9350	—	100	65	69	67	69	0	0	0	0	0	0	0	0	0	0	0	1	
		10490	2490	3400	5000	16550	11030;10800	14.9	90	85	69	—	69	0	0	0	0	0	0	0	0	0	0	0	13	
		10490	2490	3350;3400	5000	16550	11550;11780;11230;11000	—	86	85	69	—	69	0	0	0	0	0	0	0	0	0	0	0	1	
		12000	2540	3400	6000	18000	12175;12400	20.6	86	105	69	—	69	0	0	0	0	0	0	0	0	0	0	0	1	
		12000	2540	3400	6000	18000	12375;12600	—	86	104	69	—	69	0	0	0	0	0	0	0	0	0	0	0	1	
重庆恒通客车有限公司 Chongqing Hengtong Bus Co., Ltd.	恒通客车 Hengtong Bus	10570	2500	3020;3200;3350	5000	16500	11700;12000;12600	—	79.4	70	69	60	69	0	0	0	0	0	0	0	0	0	0	0	18	18
中国第一汽车集团有限公司 China FAW Group Co., Ltd.	解放 Jiefang	10490	2500	3285;3410	5100	16500	10667	—	90	52	65;65	65;65	69;69	0	0	0	0	1	0	0	0	0	0	0	0	2
		11990	2500	3410	6100	18000	12920	—	85	32	65	65	69	0	0	0	0	1	0	0	0	0	0	0	0	

续上表

企业名称 Company Name	品牌 Brand	外形尺寸 Dimension (mm) 长 Length	宽 Width	高 Height	轴距 Wheel Base (mm)	总质量 Total Weight (kg)	整备质量 Vehicle Weight (kg)	油耗 Oil Consumption (L/100 km)	混动电功率比 HEV Electric Power Ratio (%)	续驶里程 Driving Mileage of Electric Vehicle (等速法, Isokinetic Method) (km)	30分钟最高车速 Maximum Speed of Electric Car in 30 Minutes (km/h)	纯电动模式下1公里最高车速 Maximum Speed (km/h)	最高车速 Maximum Speed (km/h)	1月 January (辆, vehicle)	2月 February	3月 March	4月 April	5月 May	6月 June	7月 July	8月 August	9月 September	10月 October	11月 November	12月 December	2017年产量合计 Total Output in 2017
沈阳五洲龙新能源汽车有限公司 Shenyang Wuzhoulong New Energy Motors Co., Ltd.	五洲龙 Wuzhou-long	11490	2550	3200	5800	18000	13000	—	37.1	51	69	60	69	0	0	0	0	0	0	0	0	0	0	0	2	2
四川新筑通工汽车有限公司 Sichuan Xinzhu Tonggong Motor Vehicle Co., Ltd.	通工 Tong Gong	10490	2480	3450	5100	16500	12000;12550	—	46.7	75	69	69	69	0	0	0	0	0	0	0	0	0	0	0	1	2
		10490	2480	3450	5100	17000	12600	—	54.8	51	69	69	69	0	0	0	0	0	0	0	0	0	0	0	1	
佛山市飞驰汽车制造有限公司 Foshan Feichi Automobile Manufacturing Co., Ltd.	飞驰 Feichi	8549	2460	3080	4050	13000	8900	—	42.5	51	69	50	69	0	0	0	0	0	0	1	0	0	0	0	0	1
福建新福达汽车工业有限公司 Fujian Xinfuda Automotive Industry Co., Ltd.	福达 Fuda	10480	2500	3300;3150;3200	5000	17500;16900	12080;12410	14.9	46.3	63	66	69	69	0	0	0	0	0	0	0	1	0	0	0	0	1
2017年产量合计 Total Output in 2017 (辆, vehicle)														197	303	1081	707	320	1303	1496	996	1364	1792	2907	3776	16242

(2)乘用车/Passenger Car

企业名称 Company Name	品牌 Brand	外形尺寸 Dimension (mm) 长 Length	宽 Width	高 Height	轴距 Wheel Base (mm)	总质量 Total Weight (kg)	整备质量 Vehicle Weight (kg)	油耗 Oil Consumption (L/100km)	混动电功率比 HEV electric Power ratio (%)	续驶里程 Driving Mileage of Electric Vehicle (工况法, Operating Condition Method) (km)	续驶里程 Driving Mileage of Electric Vehicle (等速法, Isokinetic Method) (km)	30分钟最高车速 Maximum Speed of Electric Car in 30 Minutes (km/h)	纯电动模式下1公里最高车速 Maximum Speed (km/h)	最高车速 Maximum Speed (km/h)	1月 January (辆, vehicle)	2月 February	3月 March	4月 April	5月 May	6月 June	7月 July	8月 August	9月 September	10月 October	11月 November	12月 December	2017年产量合计 Total Output in 2017
比亚迪汽车有限公司 BYD Auto Co., Ltd.	比亚迪 BYD	4565	1870	1700	2660	2495	2120	1.4	41.5	80	100	160	140	180	0	0	0	653	2386	2795	5006	4319	3378	1218	2808	3511	43642
		4740	1770	1480	2670	2095	1720	1.5	97.3	70	100	150	150	185	0	1	0	0	0	0	0	0	0	0	0	0	
		4700	1790	1480	2670	2135	1760	1.4	97.3	80	100	150	150	185	0	0	3	0	0	0	0	0	0	0	0	0	
		4700	1790	1480	2670	2135	1760	1.8	97.3	55	70	150	150	185	0	0	3	0	0	0	0	0	0	0	0	0	
		4740	1770	1480	2670	2135	1760	1.4	97.3	80	100	150	150	185	0	0	0	0	0	0	74	1545	2752	3922	4061	4192	
		4740	1770	1480	2670	2135	1760	1.8	97.3	55	70	150	150	185	0	0	3	0	0	0	0	0	0	0	0	0	
		4740	1770	1480	2670	2160	1785	1.2	97.3	100	120	150	150	185	0	158	155	306	175	65	68	3	9	5	30	38	

续上表

企业名称 Company Name	品牌 Brand	外形尺寸 Dimension (mm) 长 Length	宽 Width	高 Height	轴距 Wheel Base (mm)	总质量 Total Weight (kg)	整备质量 Vehicle Weight (kg)	油耗 Oil Consumption (L/100km)	混动电功率比 HEV electric Power ratio (%)	续驶里程 Driving Mileage of Electric Vehicle (工况法, Operating Condition Method)(km)	续驶里程 Driving Mileage of Electric Vehicle (等速法, Isokinetic Method)(km)	30 分钟最高车速 Maximum Speed of Electric Car in 30 Minutes (km/h)	纯电动模式下1公里最高车速 Maximum Speed (km/h)	最高车速 Maximum Speed (km/h)	1月 January (辆, vehicle)	2月 February	3月 March	4月 April	5月 May	6月 June	7月 July	8月 August	9月 September	10月 October	11月 November	12月 December	2017 年产量合计 Total Output in 2017
上海汽车集团股份有限公司 SAIC Motor Co. Ltd.	名爵 MORRIS GARAGE	4695	1848	1458	2715	1889	1465	1.5	39.47	53	70	185	—	200	0	0	0	0	0	0	0	0	0	0	0	43	32472
	荣威 ROEWE	4554	1855	1689;1719	2700	2105	1730	1.6	32.6	60	80	185	—	200	237	715	2639	4009	2759	1568	1278	1530	438	780	1542	2541	
		4648	1827	1479	2705	2074	1699	1.6	87.3;42.9	60	88	177	200	200	45	0	0	0	0	0	0	0	0	0	0	0	
		4671	1835	1460	2715	1855	1430	1.5	59.41	53	70	185	—	200	0	0	0	68	258	154	1707	1020	1288	1547	1827	1635	
		4995	1857	1500	2837	2135;2210	1835	1.7	34.88	60	81	185	—	185	0	100	1	10	248	474	575	497	332	29	211	326	
		4995	1857	1500	2837	2135;2210	1835	1.7	35.29	60	81	185	—	185	41	0	0	0	0	0	0	0	0	0	0	0	
比亚迪汽车工业有限公司 BYD Automobile Industry Co., Ltd	比亚迪 BYD	4815	1855	1720	2720	2725	2220	2.0	0.346	85;80	110;105	96	140	180	31	0	0	0	0	0	0	0	0	0	0	0	12886
		4815	1855;1890	1720	2720	2725;2785	2220;2280	2.0	0.346	85;80	110;105	96	140	180	49	0	0	0	0	0	0	0	0	0	0	0	
		4815	1855;1890;1875	1720;1725	2720	2725;2785;2995	2220;2280;2390	2.0	72.85	85;80	110;105	180	150	180	56	279	934	817	449	353	546	655	947	662	522	3	
		4815	1875	1725	2720	2995	2390	1.8	72.85	100	120	180	150	180	3	150	394	862	485	488	531	584	546	53	36	52	
		4815	1875	1725	2720	2995	2390	1.8	72.85	81	105	180	150	180	0	0	0	0	5	0	0	0	0	0	992	1402	
上汽通用汽车有限公司 SAIC General Motors Co., Ltd.	别克 BUICK	4579	1811	1494	2694	2030	1610	0.9	57.80	116	—	—	160	160	38	17	18	32	242	205	320	567	504	323	1164	706	5132
	凯迪拉克 CADILLAC	5179	1879	1500	3109	2470	2000	1.7	37.54	80	—	—	—	240	14	0	0	1	94	111	17	246	99	7	406	1	
广州汽车集团乘用车有限公司 Guangzhou Automobile Group Motor Co., Ltd.	传祺 Trumpchi	4600	1790	1530	2620	2012	1623	1.7	183.1	60	85	140	180	180	0	0	0	0	0	192	267	219	156	50	7	138	4215
		4510	1852	1677;1708	2650	2135	1760	1.8	183.1	60	80	130	150	180	0	0	0	0	0	0	0	0	0	0	90	141	
		4510	1852	1677;1708	2650	2150	1760	1.8	183.1	58	80	130	150	180	0	0	0	0	41	134	352	725	611	251	7	5	
		4800	1819	1484	2710	2110	1680	2.4	100.00	50	80	120	150	150	0	0	309	519	1	0	0	0	0	0	0	0	
华晨宝马汽车有限公司 BMW Brilliance Automotive Ltd.	宝马 BMW	4565	1821	1613	2780	2340	1900	1.80	70	60	—	190	120	195	19	44	268	16	0	0	382	317	322	245	162	129	2037
		5087	1868	1490	3108	2495	1955	1.90	51.8519	61	—	210	140	225	0	0	0	0	0	0	0	0	0	0	2	0	
		5087	1868	1490	3108	2495	2005	2.00	51.8519	60	—	210	140	225	0	0	0	0	0	0	0	0	0	0	2	0	
	之诺 ZINORO	4582	1820	1609	2780	2340	1900	1.80	70	60	—	190	120	190	5	0	7	1	0	0	35	35	17	13	8	8	

续上表

企业名称 Company Name	品牌 Brand	外形尺寸 Dimension (mm) 长 Length	宽 Width	高 Height	轴距 Wheel Base (mm)	总质量 Total Weight (kg)	整备质量 Vehicle Weight (kg)	油耗 Oil Consumption (L/100km)	混动电功率比 HEV electric Power ratio (%)	续驶里程 Driving Mileage of Electric Vehicle (工况法, Operating Condition Method) (km)	续驶里程 Driving Mileage of Electric Vehicle (等速法, Isokinetic Method) (km)	30 分钟最高车速 Maximum Speed of Electric Car in 30 Minutes (km/h)	纯电动模式下1公里最高车速 Maximum Speed (km/h)	最高车速 Maximum Speed (km/h)	1月 January (辆, vehicle)	2月 February	3月 March	4月 April	5月 May	6月 June	7月 July	8月 August	9月 September	10月 October	11月 November	12月 December	2017年产量合计 Total Output in 2017
浙江吉利汽车有限公司 Zhejiang Geely Automobile Co., Ltd.	吉利美日 Geely Meiri	4631	1789	1492	2650	1913	1538	1.5	25%	61	70	90	90	175	0	0	0	0	0	30	78	39	238	377	583	220	1565
重庆长安汽车股份有限公司 Chongqing Chang'an Automobile Co., Ltd.	长安 Chang'an	4620	1820	1525	2660	1975	1600	1.6	98	60	—	130	120	185	0	0	0	0	0	0	0	0	30	0	52	280	362
浙江豪情汽车制造有限公司 Zhejiang Haoqing Automotive Manufacturing Co., Ltd.	沃尔沃 Volvo	4715	1866	1481	2856	2450	1996	2.1	17	53	—	120	120	230	3	22	42	11	43	0	0	0	0	0	143	7	271
一汽-大众汽车有限公司 Faw-Volkswagen Automobile Co., Ltd.	奥迪 AUDI	5036	1874	1480	3012	2477	2035	2.30	65	50	55	84	130	210	0	0	0	0	7	0	0	50	31	0	64	3	155
汉腾汽车有限公司 Hanteng Automobile Co., Ltd.	汉腾 HANTENG	4775	1902	1697	2810	2380	2005	2.2	52	52	—	185	100	185	0	0	0	0	0	0	0	0	0	0	0	39	39
中国第一汽车集团有限公司 China FAW Group Co., Ltd.	红旗 HongQi	5095	1875	1485	2970	2460	2010	2.4	27.5	50	—	200	120	200	0	0	0	0	0	0	0	7	0	0	0	1	8
北京奔驰汽车有限公司 Beijing Benz Automotive Co., Ltd.	梅赛德斯-奔驰 Mercedes-Benz	4771	1810	1442	2920	2455	1940	2.8	38.71	26	—	240	—	250	1	1	5	0	0	0	0	0	0	0	0	0	7
广汽三菱汽车有限公司 GAC Mitsubishi Automobile Co., Ltd.	广汽 GAC	4510	1852	1677; 1708	2650	2150	1760	1.8	183.1	58	80	130	150	180	0	0	0	0	0	0	0	0	0	0	0	2	2
2017年产量合计 Total Output in 2017 (辆, vehicle)															542	1487	4781	7305	7193	6569	11236	12358	11698	9482	14719	15423	102793

3. 燃料电池汽车产量统计/Statistics on Output of Fuel Cell Vehicle

(1)大中型客车、轻型客车/Large and Medium Sized Bus and Light Bus

企业名称 Company Name	品牌 Brand	外形尺寸 Dimension (mm) 长 Length	宽 Width	高 Height	轴距 Wheel Base (mm)	总质量 Total Weight (kg)	整备质量 Vehicle Weight (kg)	续驶里程 Driving Mileage of Electric Vehicle (等速法, Isokinetic Method) (km)	30 分钟最高车速 Maximum Speed of Electric Car in 30 Minutes (km/h)	最高车速 Maximum Speed (km/h)	1月 January (辆,vehicle)	2月 February	3月 March	4月 April	5月 May	6月 June	7月 July	8月 August	9月 September	10月 October	11月 November	12月 December	2017年产量合计 Total Output in 2017
上海汽车商用车有限公司 SAIC Motor Commercial Vehicle Co. ,Ltd	大通 Datong	6120	1998	2612	4180	4220	3105;3130	430	80	100	0	0	0	0	0	0	0	0	5	4	40	148	197
佛山市飞驰汽车制造有限公司 Foshan Feichi Automobile Manufacturing Co. ,Ltd.	飞驰 Feichi	8645	2490	3300	4350	13000	8590	85(氢系统不工作,Hydrogen system does not work); 308(氢系统工作,Hydrogen system work)	69	69	0	0	0	0	0	0	0	0	0	0	0	20	47
		10960	2490	3500	5500	17900	12700	30(氢系统不工作,Hydrogen system does not work); 360(氢系统工作,Hydrogen system work)	69	69	0	0	0	0	0	0	0	0	0	0	0	17	
		10960	2490	3500	5500	18000	12700	300	69	69	0	0	0	10	0	0	0	0	0	0	0	0	
北汽福田汽车股份有限公司 Beiqi Foton Motor Co. , Ltd.	福田 FOTON	8520	2450	3800	4100	12680	9600;9800	450	100	100	0	0	0	0	0	0	0	0	0	0	29	1	30
金华青年汽车制造有限公司 Jinhua Youngman Automobile Manufacturing Co. ,Ltd.	青年 Youngman	10150	2500	3405	5100	15000	10200	440(纯氢 Pure Hydrogen); 350+(纯电,Pure Electricity 90)	66	69	0	0	0	0	0	0	0	0	0	0	5	0	5
郑州宇通客车股份有限公司 Zhengzhou Yutong Bus Co. ,Ltd.	宇通 Yutong	12000	2550	3400	6100	18000	12400; 12900; 13180	110(氢系统不工作,Hydrogen system does not work); 500(氢系统工作,Hydrogen system work)	69	69	0	0	0	0	0	0	0	0	0	0	0	1	1
2017年产量合计 Total Output in 2017 (辆,vehicle)											0	0	0	10	0	0	0	0	5	4	74	187	280

（2）专用车（运输车、邮政车、服务车、垃圾车、自卸车、扫路车、洒水车、售货车、载货车、工程车等）/Special Vehicles（Transport Truck，Postal Vehicle，Service Truck，Garbage Truck，Dump Truck，Sweeper，Sprinkler，Vending Truck，Cargo Truck，Engineering Vehicle，etc.）

企业名称 Company Name	品牌 Brand	外形尺寸 Dimension（mm）			轴距 Wheel Base（mm）	总质量 Total Weight（kg）	整备质量 Vehicle Weight（kg）	续驶里程 Driving Mileage of Electric Vehicle（等速法）（Isokinetic Method，km）	30分钟最高车速 Maximum Speed of Electric Car in 30 Minutes（km/h）	最高车速 Maximum Speed（km/h）	1月 January	2月 February	3月 March	4月 April	5月 May	6月 June	7月 July	8月 August	9月 September	10月 October	11月 November	12月 December	2017年产量合计 Total Output in 2017
		长 Length	宽 Width	高 Hight							（辆，vehicle）												
东风汽车集团有限公司 Dongfeng Motor Group Co.，Ltd.	东风 DONG-FENG	6410	2200	2850	3600	7510	4100	305	70	85	0	0	0	0	0	0	2	0	0	0	3	530	535
金华青年汽车制造有限公司 Jinhua Youngman Automobile Manufacturing Co.，Ltd.	青年曼 Young Man	6665	2100	2920	3800	7600	4470	378（纯氢，Pure Hydrogen）；（305＋纯电 Pure Electricity 73）	78	80	0	0	0	0	0	0	0	0	400	0	0	1	401
江苏奥新新能源汽车有限公司 Jiangsu Aoxin New Energy Automotive Co.，Ltd.	达福迪 Dafudi	4370	1500	2210	2500	2150	1330	—	70	80	0	0	0	0	0	28	0	0	0	0	0	28	56
2017年产量合计 Total Output in 2017（辆，vehicle）											0	0	0	0	0	28	2	0	400	0	3	559	992

节能与新能源汽车年鉴

YEARBOOK OF ENERGY-SAVING AND NEW ENERGY VEHICLES

第六篇 Section Ⅵ

关键零部件配套数量统计

Matching Statistics of Key Components and Accessories

一、储能装置配套统计

Chapter 1 Statistics on Output of Energy Storage Devices

储能装置单体生产企业 Single Cell Production Enterprise of Energy Storage Device	储能装置种类 Types of Energy Storage Devices	储能装置单体型号 Cell Odels of Energy Storage Device	储能装置单体标称电压 Nominal Voltage of Monomer for Energy Storage Unit (V)	储能装置单体标称静电容量 Nominal Static Capacity of Super Capacitor Cell (F)	储能装置单体质量 Monomer Quality of Energy Storage Unit (kg)	储能装置总成生产企业 Production Company of Energy Storage Device Cell	储能装置总成标称电压 Nominal Voltage of Energy Storage Device Assembly (V)	储能装置总成标称容量 Nominal Capacity of Power Battery Assembly (Ah)	储能装置总成质量 Quality of Energy Storage Device Assembly (kg)	配套车辆类型 Matching Vehicle Type	2017年配套车型产量小计 Subtotal Output of Supported Odels in 2017(辆, vehicle)	2017年配套车型产量总计 Total Output of Supported Odels in 2017(辆, vehicle)
宁德时代新能源科技股份有限公司 Contemporary Amperex Technology Co. ,Ltd.	磷酸铁锂 Lithium iron phosphate	FFH3H0	3.2	—	2.93	宁德时代新能源科技股份有限公司 Contemporary Amperex Technology Co. ,Ltd.	115	130	150	纯电动乘用车 Pure Electric Passenger Car	7923	199602
	磷酸铁锂 Lithium iron phosphate	S5E8E7	3.2	—	1.25±0.15	宁德时代新能源科技股份有限公司 Contemporary Amperex Technology Co. ,Ltd.	537.6	42	320	插电式混合动力客车 Plug-in Hybrid Bus	4	
	磷酸铁锂 Lithium iron phosphate	29/135/220/72AH	3.2	—	2	北京普莱德新能源电池科技有限公司 Beijing Pride Power System Technology Ltd.	307	72	270	纯电动乘用车 Pure Electric Passenger Car	1	
	磷酸铁锂 Lithium iron phosphate	7AL0H2	3.2	—	2.67±0.30	宁德时代新能源科技股份有限公司 Contemporary Amperex Technology Co. ,Ltd.	313.6	120	348	纯电动专用车 Pure Electric Special Car	3	
	磷酸铁锂 Lithium iron phosphate	48173170	3.2	—	2.93	宁德时代新能源科技股份有限公司 Contemporary Amperex Technology Co. ,Ltd.	384; 499; 518.4; 537.6;576;595.2; 614.4	120;240;360; 480	520;2000;655;1230; 1244;1383;702; 1982;2050;2180; 3105;1492;1500; 1510	纯电动客车 Pure Electric Bus	954	
	磷酸铁锂 Lithium iron phosphate	48173170	3.2	—	2.93	宁德时代新能源科技股份有限公司 Contemporary Amperex Technology Co. ,Ltd.	384;460.8;537.6; 604.8	120;360	520; 555; 752; 870; 1980	纯电动专用车 Pure Electric Special Car	383	
	磷酸铁锂 Lithium iron phosphate	48173170	3.2	—	2.95	北京普莱德新能源电池科技有限公司 Beijing Pride Power System Technology Ltd. ; 宁德时代新能源科技股份有限公司 Contemporary Amperex Technology Co. ,Ltd.	614.4;518.4;576	240;120	1500;690;820	纯电动客车 Pure Electric Bus	79	

续上表

储能装置单体生产企业 Single Cell Production Enterprise of Energy Storage Device	储能装置种类 Types of Energy Storage Devices	储能装置单体型号 Cell Odels of Energy Storage Device	储能装置单体标称电压 Nominal Voltage of Monomer for Energy Storage Unit (V)	储能装置单体标称静电容量 Nominal Static Capacity of Super Capacitor Cell (F)	储能装置单体质量 Monomer Quality of Energy Storage Unit (kg)	储能装置总成生产企业 Production Company of Energy Storage Device Cell	储能装置总成标称电压 Nominal Voltage of Energy Storage Device Assembly (V)	储能装置总成标称容量 Nominal Capacity of Power Battery Assembly (Ah)	储能装置总成质量 Quality of Energy Storage Device Assembly (kg)	配套车辆类型 Matching Vehicle Type	2017年配套车型产量小计 Subtotal Output of Supported Odels in 2017(辆, vehicle)	2017年配套车型产量总计 Total Output of Supported Odels in 2017(辆, vehicle)
宁德时代新能源科技股份有限公司 Contemporary Amperex Technology Co. ,Ltd.	磷酸铁锂 Lithium iron phosphate	48173170	3.2	—	2.93 ±0.3	宁德时代新能源科技股份有限公司 Contemporary Amperex Technology Co. ,Ltd.	460.8;537.6;576;595.2;614.4;518.4	480;240;120;360	2220;1358;770;2130;2300;2400;2600;3050;1550;1930	纯电动客车 Pure Electric Bus	410	199602
	磷酸铁锂 Lithium iron phosphate	48173170	3.2	—	2.93 ±0.3	宁德时代新能源科技股份有限公司 Contemporary Amperex Technology Co. ,Ltd.	384;537.6	120;360	475;520;1996	纯电动专用车 Pure Electric Special Car	13	
	磷酸铁锂 Lithium iron phosphate	1AL0H2	3.2	—	2.28 ±0.3	宁德时代新能源科技股份有限公司 Contemporary Amperex Technology Co. ,Ltd.	352;364.8;537.6	200	658;650;952	纯电动专用车 Pure Electric Special Car	50	
	磷酸铁锂 Lithium iron phosphate	29/135/220-80Ah	3.2	—	2.02	北京普莱德新能源电池科技有限公司 Beijing Pride Power System Technology Ltd.	320	80	276;285	纯电动乘用车 Pure Electric Passenger Car	5416	
	磷酸铁锂 Lithium iron phosphate	47/173/132.5-86Ah	3.2	—	2.3	宁德时代新能源科技股份有限公司 Contemporary Amperex Technology Co. ,Ltd.	326.4;518.4	172;86	620;486	纯电动专用车 Pure Electric Special Car	287	
	磷酸铁锂 Lithium iron phosphate	47/173/,132.5-86Ah	3.2	—	2.3 ±0.3	宁德时代新能源科技股份有限公司 Contemporary Amperex Technology Co. ,Ltd.	345.6;576	86	345;565	插电式混合动力客车 Plug-in Hybrid Bus	464	
	磷酸铁锂 Lithium iron phosphate	47,173,132.5-86Ah	3.2	—	2.3 ±0.3	宁德时代新能源科技股份有限公司 Contemporary Amperex Technology Co. ,Ltd.	614.4	172	1184	纯电动客车 Pure Electric Bus	70	
	磷酸铁锂 Lithium iron phosphate	6LH3L7	3.2	—	5	宁德时代新能源科技股份有限公司 Contemporary Amperex Technology Co. ,Ltd.	537.6	240	995	纯电动专用车 Pure Electric Special Car	2	
	磷酸铁锂 Lithium iron phosphate	6LH3L7	3.2	—	5	宁德时代新能源科技股份有限公司 Contemporary Amperex Technology Co. ,Ltd.	460.8;518.4;537.6;547.2;595.2;652.8;614.4	480;240	1696;1922;995;1990;1009;1108;1207;848;1142	纯电动客车 Pure Electric Bus	4389	

续上表

储能装置单体生产企业 Single Cell Production Enterprise of Energy Storage Device	储能装置种类 Types of Energy Storage Devices	储能装置单体型号 Cell Odels of Energy Storage Device	储能装置单体标称电压 Nominal Voltage of Monomer for Energy Storage Unit (V)	储能装置单体标称静电容量 Nominal Static Capacity of Super Capacitor Cell (F)	储能装置单体质量 Monomer Quality of Energy Storage Unit (kg)	储能装置总成生产企业 Production Company of Energy Storage Device Cell	储能装置总成标称电压 Nominal Voltage of Energy Storage Device Assembly (V)	储能装置总成标称容量 Nominal Capacity of Power Battery Assembly (Ah)	储能装置总成质量 Quality of Energy Storage Device Assembly (kg)	配套车辆类型 Matching Vehicle Type	2017年配套车型产量小计 Subtotal Output of Supported Odels in 2017(辆, vehicle)	2017年配套车型产量总计 Total Output of Supported Odels in 2017(辆, vehicle)
宁德时代新能源科技股份有限公司 Contemporary Amperex Technology Co., Ltd.	磷酸铁锂 Lithium iron phosphate	6LH3L7	3.2	—	5.00±0.30	北京普莱德新能源电池科技有限公司 Beijing Pride Power System Technology Ltd.	489.6;614.4;576	240	966;1100;1206;1125	纯电动客车 Pure Electric Bus	757	199602
	磷酸铁锂 Lithium iron phosphate	6LH3L7	3.2	—	5.00±0.30	宁德时代新能源科技股份有限公司 Contemporary Amperex Technology Co., Ltd.	576; 537.6; 604.8; 307.2; 460.8; 508.8; 518.4; 528; 537.6; 547.2; 585.6; 614.4; 633.6	240;480	1060;995;1125;588;1696;944;1888;961;1950;1029;1984;1990;1009;2120;1091;1142;2284;2352;1170;2340;1170	纯电动客车 Pure Electric Bus	6736	
	磷酸铁锂 Lithium iron phosphate	6LH3L7	3.2	—	5.00±0.30	北京普莱德新能源电池科技有限公司 Beijing Pride Power System Technology Ltd.; 宁德时代新能源科技股份有限公司 Contemporary Amperex Technology Co., Ltd.	518.4;576;604.8;614.4	480;240	普莱德 Pride Power: 1191;2046;1125;1206; 宁德时代 CATL: 1125; 1922;1060;1142	纯电动客车 Pure Electric Bus	490	
	磷酸铁锂 Lithium iron phosphate	DAL0H2	3.2	—	3.06±0.3	宁德时代新能源科技股份有限公司 Contemporary Amperex Technology Co., Ltd.	524.8;588.8	140	624;704	纯电动专用车 Pure Electric Special Car	1045	
	磷酸铁锂 Lithium iron phosphate	MFH3L7	3.2	—	3.8	宁德时代新能源科技股份有限公司 Contemporary Amperex Technology Co., Ltd.	364.8;460.8;499.2;508.8;585.6;518.4;537.6;566.4;614.4;633.6;643.2	176;352;528	520;1284;710;1444;1640;1468;759;1498;1590;2385;2568;918;912	纯电动客车 Pure Electric Bus	12057	
	磷酸铁锂 Lithium iron phosphate	MFH3L7	3.2	—	3.8	宁德时代新能源科技股份有限公司 Contemporary Amperex Technology Co., Ltd.	460.8;518.4	176;528	642;2202	纯电动专用车 Pure Electric Special Car	23	
	磷酸铁锂 Lithium iron phosphate	MFH3L7	3.2	—	3.8	宁德时代新能源科技股份有限公司 Contemporary Amperex Technology Co., Ltd.	614.4	176	856	燃料电池客车 Fuel cell bus	1	
	磷酸铁锂 Lithium iron phosphate	MFH3L7	3.2	—	3.8±0.3	北京普莱德新能源电池科技有限公司 Beijing Pride Power System Technology Ltd.	528;422.4	176	770;608	纯电动客车 Pure Electric Bus	2	

续上表

储能装置单体生产企业 Single Cell Production Enterprise of Energy Storage Device	储能装置种类 Types of Energy Storage Devices	储能装置单体型号 Cell Odels of Energy Storage Device	储能装置单体标称电压 Nominal Voltage of Monomer for Energy Storage Unit (V)	储能装置单体标称静电容量 Nominal Static Capacity of Super Capacitor Cell (F)	储能装置单体质量 Monomer Quality of Energy Storage Unit (kg)	储能装置总成生产企业 Production Company of Energy Storage Device Cell	储能装置总成标称电压 Nominal Voltage of Energy Storage Device Assembly (V)	储能装置总成标称容量 Nominal Capacity of Power Battery Assembly (Ah)	储能装置总成质量 Quality of Energy Storage Device Assembly (kg)	配套车辆类型 Matching Vehicle Type	2017年配套车型产量小计 Subtotal Output of Supported Odels in 2017(辆, vehicle)	2017年配套车型产量总计 Total Output of Supported Odels in 2017(辆, vehicle)
宁德时代新能源科技股份有限公司 Contemporary Amperex Technology Co. ,Ltd.	磷酸铁锂 Lithium iron phosphate	MFH3L7	3.2	—	3.8±0.3	北京普莱德新能源电池科技有限公司 Beijing Pride Power System Technology Ltd.	422.4	176	608	纯电动专用车 Pure Electric Special Car	11	199602
	磷酸铁锂 Lithium iron phosphate	MFH3L7	3.2	—	3.8±0.3	北京普莱德新能源电池科技有限公司 Beijing Pride Power System Technology Ltd.；宁德时代新能源科技股份有限公司 Contemporary Amperex Technology Co. ,Ltd.	518.4; 528; 604.80; 537.6;566.4	352;176;528	普莱德 Pride Power：1496; 765;770;784;2442; 宁德时代 CATL：1468; 770; 765;759;2385	纯电动客车 Pure Electric Bus	1295	
	磷酸铁锂 Lithium iron phosphate	MFH3L7	3.2	—	3.8±0.3	宁德时代新能源科技股份有限公司 Contemporary Amperex Technology Co. ,Ltd.	528; 538; 307.2; 460.8; 470.4; 508.8; 518.4; 537.6; 556.8; 566.4; 576; 595.2; 604.8; 614.4; 624; 633.6;643.2	176;352;528	765;1518;428;1284; 1346;1444;734; 1468;765;1530;759; 1518;1566;795; 1590;808;1616; 2424;832;863;856; 1712;2568;887;918; 912	纯电动客车 Pure Electric Bus	6987	
	磷酸铁锂 Lithium iron phosphate	V6H3L7	3.2	—	2.10±0.15	宁德时代新能源科技股份有限公司 Contemporary Amperex Technology Co. ,Ltd.	518.4	184;276	820;1230	纯电动客车 Pure Electric Bus	84	
	磷酸铁锂 Lithium iron phosphate	V6H3L7	3.2	—	2.10±0.15	宁德时代新能源科技股份有限公司 Contemporary Amperex Technology Co. ,Ltd.	518.4	92	410	插电式混合动力客车 Plug-in Hybrid Bus	51	
	磷酸铁锂 Lithium iron phosphate	V6H3L7	3.2	—	2.10±0.15	宁德时代新能源科技股份有限公司 Contemporary Amperex Technology Co. ,Ltd.	643.2	368	2136	纯电动专用车 Pure Electric Special Car	10	
	磷酸铁锂 Lithium iron phosphate	Y3H3C8	3.2	—	1.45±0.15	宁德时代新能源科技股份有限公司 Contemporary Amperex Technology Co. ,Ltd.	537.6;614.4	100;50	780;390;415; 440;480	插电式混合动力客车 Plug-in Hybrid Bus	1592	
	磷酸铁锂 Lithium iron phosphate	Y3H3C8	3.2	—	1.45±0.15	宁德时代新能源科技股份有限公司 Contemporary Amperex Technology Co. ,Ltd.	614; 576; 614.4; 633.6	100;150;200	870;865;1234;1810; 1305	纯电动客车 Pure Electric Bus	149	

续上表

储能装置单体生产企业 Single Cell Production Enterprise of Energy Storage Device	储能装置种类 Types of Energy Storage Devices	储能装置单体型号 Cell Odels of Energy Storage Device	储能装置单体标称电压 Nominal Voltage of Monomer for Energy Storage Unit (V)	储能装置单体标称静电容量 Nominal Static Capacity of Super Capacitor Cell (F)	储能装置单体质量 Monomer Quality of Energy Storage Unit (kg)	储能装置总成生产企业 Production Company of Energy Storage Device Cell	储能装置总成标称电压 Nominal Voltage of Energy Storage Device Assembly (V)	储能装置总成标称容量 Nominal Capacity of Power Battery Assembly (Ah)	储能装置总成质量 Quality of Energy Storage Device Assembly (kg)	配套车辆类型 Matching Vehicle Type	2017年配套车型产量小计 Subtotal Output of Supported Odels in 2017(辆, vehicle)	2017年配套车型产量总计 Total Output of Supported Odels in 2017(辆, vehicle)
宁德时代新能源科技股份有限公司 Contemporary Amperex Technology Co. ,Ltd.	磷酸铁锂 Lithium iron phosphate	Y3H3F0	3.2	—	1.72±0.15	宁德时代新能源科技股份有限公司 Contemporary Amperex Technology Co. ,Ltd.	537.6;614.4	120;180;240	868;880;1470;1960	纯电动客车 Pure Electric Bus	95	199602
	三元材料 Ternary material	7FE895	3.65	—	1.23	北京普莱德新能源电池科技有限公司 Beijing Pride Power System Technology Ltd.	307	67	167	纯电动乘用车 Pure Electric Passenger Car	17156	
	三元材料 Ternary material	ELE895	3.65(1C)	—	2.4	宁德时代新能源科技股份有限公司 Contemporary Amperex Technology Co. ,Ltd.	346(1C)	126(1C)	354	纯电动乘用车 Pure Electric Passenger Car	7255	
	三元材料 Ternary material	M0H385	3.6	—	0.701	宁德时代新能源科技股份有限公司 Contemporary Amperex Technology Co. ,Ltd.	277.2	53	169	插电式混合动力乘用车 Plug-in Hybrid Passenger Car	2033	
	三元材料 Ternary material	148/27/91-42Ah	3.65	—	0.85	北京普莱德新能源电池科技有限公司 Beijing Pride Power System Technology Ltd.	330;328.5	126	295	纯电动乘用车 Pure Electric Passenger Car	8569	
	三元材料 Ternary material	7FE891	3.65	—	1.25;1.25±0.03	北京普莱德新能源电池科技有限公司 Beijing Pride Power System Technology Ltd.; 芜湖奇达动力电池系统有限公司 Wuhu Qida Power Battery System Co. ,Ltd.; 上海捷新动力电池系统有限公司 Shanghai Advanced Traction Battery Systems Co. ,Ltd.	336;350	140	270;390;357	纯电动乘用车 Pure Electric Passenger Car	12909	
	三元材料 Ternary material	7FE891	3.65	—	1.25±0.03	重庆长安新能源汽车有限公司 Chongqing Chang'an New Energy Automobile Co. ,Ltd.	307;321;321.2	140;70	342;370;187	纯电动乘用车 Pure Electric Passenger Car	3346	
	三元材料 Ternary material	7FE891	3.65	—	1.25±0.03	宁德时代新能源科技股份有限公司 Contemporary Amperex Technology Co. ,Ltd.	321.2	140	366	纯电动专用车 Pure Electric Special Car	934	

续上表

储能装置单体生产企业 Single Cell Production Enterprise of Energy Storage Device	储能装置种类 Types of Energy Storage Devices	储能装置单体型号 Cell Odels of Energy Storage Device	储能装置单体标称电压 Nominal Voltage of Monomer for Energy Storage Unit (V)	储能装置单体标称静电容量 Nominal Static Capacity of Super Capacitor Cell (F)	储能装置单体质量 Monomer Quality of Energy Storage Unit (kg)	储能装置总成生产企业 Production Company of Energy Storage Device Cell	储能装置总成标称电压 Nominal Voltage of Energy Storage Device Assembly (V)	储能装置总成标称容量 Nominal Capacity of Power Battery Assembly (Ah)	储能装置总成质量 Quality of Energy Storage Device Assembly (kg)	配套车辆类型 Matching Vehicle Type	2017 年配套车型产量小计 Subtotal Output of Supported Odels in 2017(辆, vehicle)	2017 年配套车型产量总计 Total Output of Supported Odels in 2017(辆, vehicle)
宁德时代新能源科技股份有限公司 Contemporary Amperex Technology Co., Ltd.	三元材料 Ternary material	7FE891	3.65	—	1.25;1.25±0.03	宁德时代新能源科技股份有限公司 Contemporary Amperex Technology Co., Ltd.	321;350.4;328	70;140	198;387;381	纯电动乘用车 Pure Electric Passenger Car	7241	199602
	三元材料 Ternary material	DCH3D3	3.65±0.02	—	2.10±0.15	北京普莱德新能源电池科技有限公司 Beijing Pride Power System Technology Ltd.	328.5	95	302	纯电动乘用车 Pure Electric Passenger Car	194	
	三元材料 Ternary material	DCH3D3	3.65	—	2.1	北京普莱德新能源电池科技有限公司 Beijing Pride Power System Technology Ltd.	350.4	190	660	纯电动专用车 Pure Electric Special Car	8	
	三元材料 Ternary material	DCH3D3	3.65±0.02	—	2.10±0.15	北京普莱德新能源电池科技有限公司 Beijing Pride Power System Technology Ltd.	328.5;438	95;190	302;735;735±22;765;770;765	纯电动专用车 Pure Electric Special Car	1123	
	三元材料 Ternary material	DCH3D3	3.65±0.02	—	2.10±0.15	宁德时代新能源科技股份有限公司 Contemporary Amperex Technology Co., Ltd.	379.6;525.6;584	190;285;95	636±5;912;700;840;472	纯电动专用车 Pure Electric Special Car	7291	
	三元材料 Ternary material	LAE895	3.65	—	1.77±0.08	重庆长安新能源汽车有限公司 Chongqing Chang'an New Energy Automobile Co., Ltd.	306.6	100	240	纯电动乘用车 Pure Electric Passenger Car	124	
	三元材料 Ternary material	LAE895	3.65	—	1.77±0.08	长城汽车股份有限公司 Great Wall Motor Company Limited	372.3	100	275±6	纯电动乘用车 Pure Electric Passenger Car	1	
	三元材料 Ternary material	LAE895	3.65	—	1.68;1.77	宁德时代新能源科技股份有限公司 Contemporary Amperex Technology Co., Ltd.; 北京普莱德新能源电池科技有限公司 Beijing Pride Power System Technology Ltd.	350;109	92;200	278;170	纯电动乘用车 Pure Electric Passenger Car	34441	
	三元材料 Ternary material	P2-42NSR-A1	3.65±0.02	—	0.83±0.03	长城汽车股份有限公司 Great Wall Motor Company Limited	332	80	285	纯电动乘用车 Pure Electric Passenger Car	2907	

续上表

储能装置单体生产企业 Single Cell Production Enterprise of Energy Storage Device	储能装置种类 Types of Energy Storage Devices	储能装置单体型号 Cell Odels of Energy Storage Device	储能装置单体标称电压 Nominal Voltage of Monomer for Energy Storage Unit (V)	储能装置单体标称静电容量 Nominal Static Capacity of Super Capacitor Cell (F)	储能装置单体质量 Monomer Quality of Energy Storage Unit (kg)	储能装置总成生产企业 Production Company of Energy Storage Device Cell	储能装置总成标称电压 Nominal Voltage of Energy Storage Device Assembly (V)	储能装置总成标称容量 Nominal Capacity of Power Battery Assembly (Ah)	储能装置总成质量 Quality of Energy Storage Device Assembly (kg)	配套车辆类型 Matching Vehicle Type	2017 年配套车型产量小计 Subtotal Output of Supported Odels in 2017(辆, vehicle)	2017 年配套车型产量总计 Total Output of Supported Odels in 2017(辆, vehicle)
宁德时代新能源科技股份有限公司 Contemporary Amperex Technology Co. ,Ltd.	三元材料 Ternary material	P2-42NSR-A1	3. 67;3. 65	—	0. 83;0. 86	宁德时代新能源科技股份有限公司 Contemporary Amperex Technology Co. ,Ltd.	359. 66;346;318	126;120;84	400;416;270	纯电动乘用车 Pure Electric Passenger Car	16419	199602
	三元材料 Ternary material	S5E891	3. 65 ±0. 02	—	0. 82 ±0. 03	重庆长安新能源汽车有限公司 Chongqing Chang'an New Energy Automobile Co. ,Ltd.	350	37	143	插电式混合动力乘用车 Plug-in Hybrid Passenger Car	362	
	三元材料 Ternary material	S5E891	3. 65	—	0. 82	上海捷新动力电池系统有限公司 Shanghai Advanced Traction Battery Systems Co. ,Ltd. ; 欣旺达电动汽车电池有限公司 Sunwoda Electric Vehicle Battery Co. ,Ltd.	329;308. 28;306. 6	37	141;127	插电式混合动力乘用车 Plug-in Hybrid Passenger Car	24404	
	三元材料 Ternary material	S5E891	3. 65	—	0. 82 ±0. 03	广州汽车集团乘用车有限公司 Guangzhou Automobile Group Motor Co. ,Ltd. ; 华晨宝马汽车有限公司 BMW Brilliance Automotive Ltd.	350;350. 4	37	150;117. 2	插电式混合动力乘用车 Plug-in Hybrid Passenger Car	235	
	三元材料 Ternary material	S5E891	3. 65	—	0. 83	北京普莱德新能源电池科技有限公司 Beijing Pride Power System Technology Ltd. ; 中国第一汽车集团有限公司 China FAW Group Co. ,Ltd.	372. 3;350	46;92	142;285	纯电动乘用车 Pure Electric Passenger Car	817	
惠州比亚迪电池有限公司 Huizhou BYD Battery Co. ,Ltd.	磷酸铁锂 Lithium iron phosphate	FADM07315D	3. 2	—	6. 52	惠州比亚迪电池有限公司 Huizhou BYD Battery Co. , Ltd.	422. 4	280	1241	纯电动客车 Pure Electric Bus	4	103188
	磷酸铁锂 Lithium iron phosphate	FADM07315B	3. 3	—	6. 45	惠州比亚迪电池有限公司 Huizhou BYD Battery Co. , Ltd.	303. 6	270	700	纯电动乘用车 Pure Electric Passenger Car	5333	
	磷酸铁锂 Lithium iron phosphate	FADM07315B	3. 2	—	6. 45	惠州比亚迪电池有限公司 Huizhou BYD Battery Co. , Ltd.	473; 473. 6; 512; 540; 600; 614. 4; 640;730	540;270	2500; 2414. 4; 1440; 2530; 1794; 1735. 5; 1800;2005	纯电动客车 Pure Electric Bus	8112	

续上表

储能装置单体生产企业 Single Cell Production Enterprise of Energy Storage Device	储能装置种类 Types of Energy Storage Devices	储能装置单体型号 Cell Odels of Energy Storage Device	储能装置单体标称电压 Nominal Voltage of Monomer for Energy Storage Unit (V)	储能装置单体标称静电容量 Nominal Static Capacity of Super Capacitor Cell (F)	储能装置单体质量 Monomer Quality of Energy Storage Unit (kg)	储能装置总成生产企业 Production Company of Energy Storage Device Cell	储能装置总成标称电压 Nominal Voltage of Energy Storage Device Assembly (V)	储能装置总成标称容量 Nominal Capacity of Power Battery Assembly (Ah)	储能装置总成质量 Quality of Energy Storage Device Assembly (kg)	配套车辆类型 Matching Vehicle Type	2017 年配套车型产量小计 Subtotal Output of Supported Odels in 2017(辆, vehicle)	2017 年配套车型产量总计 Total Output of Supported Odels in 2017(辆, vehicle)
惠州比亚迪电池有限公司 Huizhou BYD Battery Co. ,Ltd.	磷酸铁锂 Lithium iron phosphate	FADM07315B	3.2	—	6.45	惠州比亚迪电池有限公司 Huizhou BYD Battery Co., Ltd.	540;576;600;650	270;540	1282;2982;3268;1600;1650;1725;3355.18	纯电动专用车 Pure Electric Special Car	597	103188
	磷酸铁锂 Lithium iron phosphate	FADM07315B	3.2	—	6.45±0.1	惠州比亚迪电池有限公司 Huizhou BYD Battery Co., Ltd.	540;550;600;650	270;540	1282;2850;3268;1690	纯电动专用车 Pure Electric Special Car	311	
	磷酸铁锂 Lithium iron phosphate	FADM07315F	3.2	—	6.52	惠州比亚迪电池有限公司 Huizhou BYD Battery Co., Ltd.	460.8;473.6;640;652.8	600;300	2395;2435.2;1814;1679.9	纯电动客车 Pure Electric Bus	1362	
	磷酸铁锂 Lithium iron phosphate	FADM07316A	3.2	—	3.45	惠州比亚迪电池有限公司 Huizhou BYD Battery Co., Ltd.	460	135	580	纯电动乘用车 Pure Electric Passenger Car	4302	
	磷酸铁锂 Lithium iron phosphate	FADM07319	3.3,3.2	—	0.75	惠州比亚迪电池有限公司 Huizhou BYD Battery Co., Ltd.	712;501.6;712.8;640	26	160;250	插电式混合动力乘用车 Plug-in Hybrid Passenger Car	6224	
	磷酸铁锂 Lithium iron phosphate	FADM07325	3.2	—	1.81	惠州比亚迪电池有限公司 Huizhou BYD Battery Co., Ltd.	640;650	75	460;490;500	纯电动专用车 Pure Electric Special Car	449	
	磷酸铁锂 Lithium iron phosphate	FADM07325	3.2	—	1.81	惠州比亚迪电池有限公司 Huizhou BYD Battery Co., Ltd.	640	75	460;430	纯电动乘用车 Pure Electric Passenger Car	3286	
	磷酸铁锂 Lithium iron phosphate	FADM07325	3.2	—	1.81±0.04	惠州比亚迪电池有限公司 Huizhou BYD Battery Co., Ltd.	650	75	490	纯电动专用车 Pure Electric Special Car	127	
	磷酸铁锂 Lithium iron phosphate	FADM07325	3.2	—	1.85	惠州比亚迪电池有限公司 Huizhou BYD Battery Co., Ltd.	633.6	75	494;495	纯电动乘用车 Pure Electric Passenger Car	22857	
	三元材料 Ternary material	FADM07322A; FADM07327	3.6	—	0.62;0.66	惠州比亚迪电池有限公司 Huizhou BYD Battery Co., Ltd.	475.2	23	155	插电式混合动力乘用车 Plug-in Hybrid Passenger Car	6	
	三元材料 Ternary material	FADM07326; FADM07328	3.6	—	0.83;0.85	惠州比亚迪电池有限公司 Huizhou BYD Battery Co., Ltd.	460.8;518.4;691;691.2;514;604	33	177;183;235;200;230	插电式混合动力乘用车 Plug-in Hybrid Passenger Car	50218	

续上表

储能装置单体生产企业 Single Cell Production Enterprise of Energy Storage Device	储能装置种类 Types of Energy Storage Devices	储能装置单体型号 Cell Odels of Energy Storage Device	储能装置单体标称电压 Nominal Voltage of Monomer for Energy Storage Unit (V)	储能装置单体标称静电容量 Nominal Static Capacity of Super Capacitor Cell (F)	储能装置单体质量 Monomer Quality of Energy Storage Unit (kg)	储能装置总成生产企业 Production Company of Energy Storage Device Cell	储能装置总成标称电压 Nominal Voltage of Energy Storage Device Assembly (V)	储能装置总成标称容量 Nominal Capacity of Power Battery Assembly (Ah)	储能装置总成质量 Quality of Energy Storage Device Assembly (kg)	配套车辆类型 Matching Vehicle Type	2017年配套车型产量小计 Subtotal Output of Supported Odels in 2017(辆, vehicle)	2017年配套车型产量总计 Total Output of Supported Odels in 2017(辆, vehicle)
合肥国轩高科动力能源有限公司 Hefei Guo Xuan High-tech Power Energy Co., Ltd.	磷酸铁锂 Lithium iron phosphate	1865140	3.2	—	0.335	合肥国轩高科动力能源有限公司 Hefei Guo Xuan High-tech Power Energy Co., Ltd.	332.8	62.5	270	纯电动专用车 Pure Electric Special Car	13	47440
	磷酸铁锂 Lithium iron phosphate	IFP1865140	3.2	—	0.353	合肥国轩高科动力能源有限公司 Hefei Guo Xuan High-tech Power Energy Co., Ltd.	538	390	2331	纯电动客车 Pure Electric Bus	10	
	磷酸铁锂 Lithium iron phosphate	IFP 1865140-14AH	3.2	—	0.355 ±0.005	合肥国轩高科动力能源有限公司 Hefei Guo Xuan High-tech Power Energy Co., Ltd.	294.4	168	423.6	纯电动专用车 Pure Electric Special Car	54	
	磷酸铁锂 Lithium iron phosphate	IFR 32131	3.2	—	0.235	合肥国轩高科动力能源有限公司 Hefei Guo Xuan High-tech Power Energy Co., Ltd.	531.2	168	940	纯电动客车 Pure Electric Bus	206	
	磷酸铁锂 Lithium iron phosphate	IFP 1865140-15AH	3.2	—	0.375	合肥国轩高科动力能源有限公司 Hefei Guo Xuan High-tech Power Energy Co., Ltd.	307	75	246	纯电动乘用车 Pure Electric Passenger Car	1964	
	磷酸铁锂 Lithium iron phosphate	IFP 1865140-15AH	3.2	—	0.375 ±0.005	合肥国轩高科动力能源有限公司 Hefei Guo Xuan High-tech Power Energy Co., Ltd.	640	420	2670	纯电动客车 Pure Electric Bus	20	
	磷酸铁锂 Lithium iron phosphate	IFP 1865140-16Ah	3.2	—	0.35	合肥国轩高科动力能源有限公司 Hefei Guo Xuan High-tech Power Energy Co., Ltd.	154;345.6;346	128;144;64	216;233;240	纯电动乘用车 Pure Electric Passenger Car	23796	
	磷酸铁锂 Lithium iron phosphate	IFP 1865140A-12.5	3.2	—	0.35	合肥国轩高科动力能源有限公司 Hefei Guo Xuan High-tech Power Energy Co., Ltd.	320	62.5	280	纯电动专用车 Pure Electric Special Car	6	
	磷酸铁锂 Lithium iron phosphate	IFP 20100140-27Ah	3.2	—	0.595	合肥国轩高科动力能源有限公司 Hefei Guo Xuan High-tech Power Energy Co., Ltd.	332.8	135	470	纯电动专用车 Pure Electric Special Car	11	

续上表

储能装置单体生产企业 Single Cell Production Enterprise of Energy Storage Device	储能装置种类 Types of Energy Storage Devices	储能装置单体型号 Cell Odels of Energy Storage Device	储能装置单体标称电压 Nominal Voltage of Monomer for Energy Storage Unit (V)	储能装置单体标称静电容量 Nominal Static Capacity of Super Capacitor Cell (F)	储能装置单体质量 Monomer Quality of Energy Storage Unit (kg)	储能装置总成生产企业 Production Company of Energy Storage Device Cell	储能装置总成标称电压 Nominal Voltage of Energy Storage Device Assembly (V)	储能装置总成标称容量 Nominal Capacity of Power Battery Assembly (Ah)	储能装置总成质量 Quality of Energy Storage Device Assembly (kg)	配套车辆类型 Matching Vehicle Type	2017年配套车型产量小计 Subtotal Output of Supported Odels in 2017(辆, vehicle)	2017年配套车型产量总计 Total Output of Supported Odels in 2017(辆, vehicle)
合肥国轩高科动力能源有限公司 Hefei Guo Xuan High-tech Power Energy Co., Ltd.	磷酸铁锂 Lithium iron phosphate	IFP20100140-27Ah	3.2	—	0.595	合肥国轩高科动力能源有限公司 Hefei Guo Xuan High-tech Power Energy Co., Ltd.	518.4;614.4	216;270	945;1412	纯电动客车 Pure Electric Bus	70	47440
	磷酸铁锂 Lithium iron phosphate	IFP20100140-27Ah	3.2	—	0.595 ±0.005	合肥国轩高科动力能源有限公司 Hefei Guo Xuan High-tech Power Energy Co., Ltd.	518.4;537.6;576;595;595.2;614.4	270;540;162;432;216	1189 ±34;2464;792.5;800;2100;1085;2170;1408;2768;1424;1246	纯电动客车 Pure Electric Bus	1517	
	磷酸铁锂 Lithium iron phosphate	IFP20100140-27Ah	3.2	—	0.595 ±0.005	合肥国轩高科动力能源有限公司 Hefei Guo Xuan High-tech Power Energy Co., Ltd.	316.8;332.8;358.4;384;512;563.2	135;81;216;162	455;470;298;860;866;455;709 ±20	纯电动专用车 Pure Electric Special Car	761	
	磷酸铁锂 Lithium iron phosphate	IFP20100140A	3.2	—	0.572	合肥国轩高科动力能源有限公司 Hefei Guo Xuan High-tech Power Energy Co., Ltd.	505	172	950	纯电动客车 Pure Electric Bus	1	
	磷酸铁锂 Lithium iron phosphate	IFP20100140A	3.2	—	0.585 ±0.005	合肥国轩高科动力能源有限公司 Hefei Guo Xuan High-tech Power Energy Co., Ltd.	537.6	180	1200	纯电动客车 Pure Electric Bus	1	
	磷酸铁锂 Lithium iron phosphate	IFP20100140A	3.2	—	0.62 ±0.005	合肥国轩高科动力能源有限公司 Hefei Guo Xuan High-tech Power Energy Co., Ltd.	556.8	200	1120	纯电动客车 Pure Electric Bus	36	
	磷酸铁锂 Lithium iron phosphate	IFP20100140A	3.2	—	0.575	合肥国轩高科动力能源有限公司 Hefei Guo Xuan High-tech Power Energy Co., Ltd.	316.8	112.5	460	纯电动专用车 Pure Electric Special Car	3	
	磷酸铁锂 Lithium iron phosphate	IFP20100140A	3.2	—	0.6	合肥国轩高科动力能源有限公司 Hefei Guo Xuan High-tech Power Energy Co., Ltd.	332.8	180;225	685;700;800	纯电动专用车 Pure Electric Special Car	307	

续上表

储能装置单体生产企业 Single Cell Production Enterprise of Energy Storage Device	储能装置种类 Types of Energy Storage Devices	储能装置单体型号 Cell Odels of Energy Storage Device	储能装置单体标称电压 Nominal Voltage of Monomer for Energy Storage Unit (V)	储能装置单体标称静电容量 Nominal Static Capacity of Super Capacitor Cell (F)	储能装置单体质量 Monomer Quality of Energy Storage Unit (kg)	储能装置总成生产企业 Production Company of Energy Storage Device Cell	储能装置总成标称电压 Nominal Voltage of Energy Storage Device Assembly (V)	储能装置总成标称容量 Nominal Capacity of Power Battery Assembly (Ah)	储能装置总成质量 Quality of Energy Storage Device Assembly (kg)	配套车辆类型 Matching Vehicle Type	2017年配套车型产量小计 Subtotal Output of Supported Odels in 2017(辆, vehicle)	2017年配套车型产量总计 Total Output of Supported Odels in 2017(辆, vehicle)
合肥国轩高科动力能源有限公司 Hefei Guo Xuan High-tech Power Energy Co., Ltd.	磷酸铁锂 Lithium iron phosphate	IFP20100140A	3.2	—	0.62	合肥国轩高科动力能源有限公司 Hefei Guo Xuan High-tech Power Energy Co., Ltd.	576;556.8;460.8;537.6;560;332.8;345.6;499.2;518.4	250;400;300;150;200;350;175;500;325	1425.2;2240;1711;688;1620;1155;1140;1180;1710;1711;1720;1750;1995;2000;2200;500;560;513.3;1266;1283;1100;1597;1862;1599;2661;1120;2240;1155;1140;1996;1853;1729;513	纯电动客车 Pure Electric Bus	3842	47440
	磷酸铁锂 Lithium iron phosphate	IFP20100140A	3.2	—	0.62	合肥国轩高科动力能源有限公司 Hefei Guo Xuan High-tech Power Energy Co., Ltd.	537.6;332.8	125;150	698;540	纯电动专用车 Pure Electric Special Car	5	
	磷酸铁锂 Lithium iron phosphate	IFP20100140A	3.2	—	0.620±0.05	合肥国轩高科动力能源有限公司 Hefei Guo Xuan High-tech Power Energy Co., Ltd.	518.4;560	250;200	1283.4;1155	纯电动客车 Pure Electric Bus	102	
	磷酸铁锂 Lithium iron phosphate	IFR32131-12AH	3.2	—	0.24	安徽江淮华霆电池系统有限公司 Anhui Jianghuai Huating Battery system Co., Ltd.; 合肥国轩高科动力能源有限公司 Hefei Guo Xuan High-tech Power Energy Co., Ltd.; 华霆(合肥)动力技术有限公司 Huating (Hefei) Power Technology Co., Ltd.	304;112;307	153;192;81	464;206;259	纯电动乘用车 Pure Electric Passenger Car	6167	
	磷酸铁锂 Lithium iron phosphate	IFR32131-12AH	3.2	—	0.240±0.005	合肥国轩高科动力能源有限公司 Hefei Guo Xuan High-tech Power Energy Co., Ltd.	332.8	132	420	纯电动专用车 Pure Electric Special Car	1	
	三元材料 Ternary material	INP2714891A-38AH	3.6	—	0.81	合肥国轩高科动力能源有限公司 Hefei Guo Xuan High-tech Power Energy Co., Ltd.	111.6;345;346	190;76;114	199;245;400	纯电动乘用车 Pure Electric Passenger Car	6482	

续上表

储能装置单体生产企业 Single Cell Production Enterprise of Energy Storage Device	储能装置种类 Types of Energy Storage Devices	储能装置单体型号 Cell Odels of Energy Storage Device	储能装置单体标称电压 Nominal Voltage of Monomer for Energy Storage Unit (V)	储能装置单体标称静电容量 Nominal Static Capacity of Super Capacitor Cell (F)	储能装置单体质量 Monomer Quality of Energy Storage Unit (kg)	储能装置总成生产企业 Production Company of Energy Storage Device Cell	储能装置总成标称电压 Nominal Voltage of Energy Storage Device Assembly (V)	储能装置总成标称容量 Nominal Capacity of Power Battery Assembly (Ah)	储能装置总成质量 Quality of Energy Storage Device Assembly (kg)	配套车辆类型 Matching Vehicle Type	2017年配套车型产量小计 Subtotal Output of Supported Odels in 2017(辆, vehicle)	2017年配套车型产量总计 Total Output of Supported Odels in 2017(辆, vehicle)
合肥国轩高科动力能源有限公司 Hefei Guo Xuan High-tech Power Energy Co., Ltd.	三元材料 Ternary material	INP2714891A-38AH	3.6	—	0.81	合肥国轩高科动力能源有限公司 Hefei Guo Xuan High-tech Power Energy Co., Ltd.	111.6;345.6	190	199;620	纯电动专用车 Pure Electric Special Car	567	47440
	三元材料 Ternary material	INP2714891A-38AH	3.6	—	0.81 ±0.005	江西优特汽车技术有限公司 Jiangxi YoTTEo Auto Technology Co., Ltd.	345.6	38	145.7	插电式混合动力乘用车 Plug-in Hybrid Passenger Car	39	
	三元材料 Ternary material	INP2714891A-43AH	3.6	—	0.85;0.85 ±0.005	合肥国轩高科动力能源有限公司 Hefei Guo Xuan High-tech Power Energy Co., Ltd.	331.2	129	357	纯电动乘用车 Pure Electric Passenger Car	36	
	三元材料 Ternary material	INP2714891A-43AH	3.6	—	0.93;0.930 ±0.005	合肥国轩高科动力能源有限公司 Hefei Guo Xuan High-tech Power Energy Co., Ltd.	345.6	215	640	纯电动专用车 Pure Electric Special Car	1272	
	锰酸锂 Lithium manganate	INP2714891A-43AH	3.6	—	0.93	合肥国轩高科动力能源有限公司 Hefei Guo Xuan High-tech Power Energy Co., Ltd.	345.6	215	640	纯电动专用车 Pure Electric Special Car	151	
深圳市比克动力电池有限公司 Shenzhen BAK Power Battery Co. Ltd.	磷酸铁锂 Lithium iron phosphate	26650MP2-Fe 3.0AH	3.2	—	0.078	深圳市比克动力电池有限公司 SHENZHEN BAK POWER BATTERY Co. Ltd.	576	174	1300	纯电动客车 Pure Electric Bus	2	42339
	三元材料 Ternary material	N18650CL	3.6	—	0.05	华霆(合肥)动力技术有限公司 Huating (Hefei) Power Technology Co., Ltd.	346	113.4	320	纯电动乘用车 Pure Electric Passenger Car	636	
	三元材料 Ternary material	N18650CL-292.75AH	3.6	—	0.048	上海松岳电源科技有限公司 Shanghai Pine Tree Power Technology Co., Ltd.	93.6	233	179	纯电动乘用车 Pure Electric Passenger Car	515	
	三元材料 Ternary material	H18650CC,2.15AH	3.6	—	0.045	大连中比动力电池有限公司 Dalian Cbak Power Battery Co., Ltd.	147.6;331.2;547.2	187.05; 129; 141.9	228;410;420;700;700 ±3%	纯电动专用车 Pure Electric Special Car	2408	

续上表

储能装置单体生产企业 Single Cell Production Enterprise of Energy Storage Device	储能装置种类 Types of Energy Storage Devices	储能装置单体型号 Cell Odels of Energy Storage Device	储能装置单体标称电压 Nominal Voltage of Monomer for Energy Storage Unit (V)	储能装置单体标称静电容量 Nominal Static Capacity of Super Capacitor Cell (F)	储能装置单体质量 Monomer Quality of Energy Storage Unit (kg)	储能装置总成生产企业 Production Company of Energy Storage Device Cell	储能装置总成标称电压 Nominal Voltage of Energy Storage Device Assembly (V)	储能装置总成标称容量 Nominal Capacity of Power Battery Assembly (Ah)	储能装置总成质量 Quality of Energy Storage Device Assembly (kg)	配套车辆类型 Matching Vehicle Type	2017年配套车型产量小计 Subtotal Output of Supported Odels in 2017(辆, vehicle)	2017年配套车型产量总计 Total Output of Supported Odels in 2017(辆, vehicle)
深圳市比克动力电池有限公司 Shenzhen Bak Power Battery Co. Ltd.	三元材料 Ternary material	H18650CC,2.15 AH	3.6	—	0.045	杭州杰能动力有限公司 Hangzhou Genwell-power Co., Ltd.	281;316.8	104;77.4	310;235;255	纯电动乘用车 Pure Electric Passenger Car	15543	42339
	三元材料 Ternary material	H18650CC,2.15Ah	3.6	—	0.045	捷星新能源科技(苏州)有限公司 Jetstar New Energy Technology (Suzhou) Co., Ltd.	345.6	212.85	650;700	纯电动专用车 Pure Electric Special Car	1368	
	三元材料 Ternary material	H18650CC,2.15 AH	3.6	—	0.045 ±0.002	江苏金坛绿能新能源科技有限公司 Jiangsu Jintan Lüneng Amperex Technology Limited; 深圳市比克动力电池有限公司 Shenzhen BAK Power Battery Co. Ltd.	144;108	111.8;204	175;240	纯电动乘用车 Pure Electric Passenger Car	1820	
	三元材料 Ternary material	H18650CC,2.15 AH	3.6	—	0.044 ±0.003	大连中比动力电池有限公司 Dalian CBAK Power Battery Co., Ltd.	331.2;547.2	129;141.9	420;700;700 ±3%	纯电动专用车 Pure Electric Special Car	101	
	三元材料 Ternary material	H18650CIL,2.4 AH	3.6	—	0.046 ±0.003	贵州贵安阳光新能源科技有限公司 Guizhou gui'an Sunshine New Energy Technology Co., Ltd.	172.8	228	350	纯电动专用车 Pure Electric Special Car	145	
	三元材料 Ternary material	H18650CIL,2.4 AH	3.6	—	0.046;0.05	华霆(合肥)动力技术有限公司 Huating (Hefei) Power Technology Co., Ltd.	338;346	71.3;117	257;403	纯电动乘用车 Pure Electric Passenger Car	3208	
	三元材料 Ternary material	H18650CIL,2.4 AH	3.6	—	0.046;0.046 ±0.003;0.047	捷星新能源科技(苏州)有限公司 Jetstar New Energy Technology (Suzhou) Co., Ltd.	345.6;331.2	220.8;146.4;235.2	600;450;650	纯电动专用车 Pure Electric Special Car	822	
	三元材料 Ternary material	H18650CIL,2.4 AH	3.6	—	≤0.049;0.046;0.046 ±0.003;0.047;0.05	深圳市比克动力电池有限公司 Shenzhen BAK Power Battery Co. Ltd.	367.2;324;331;108;374.4;345.6;302.4;97	98.4;84;62.4;187.2;108;110;120;187	345 ±5;220;226;216 ±5;370;358;350;149;160	纯电动乘用车 Pure Electric Passenger Car	12127	

续上表

储能装置单体生产企业 Single Cell Production Enterprise of Energy Storage Device	储能装置种类 Types of Energy Storage Devices	储能装置单体型号 Cell Odels of Energy Storage Device	储能装置单体标称电压 Nominal Voltage of Monomer for Energy Storage Unit (V)	储能装置单体标称静电容量 Nominal Static Capacity of Super Capacitor Cell (F)	储能装置单体质量 Monomer Quality of Energy Storage Unit (kg)	储能装置总成生产企业 Production Company of Energy Storage Device Cell	储能装置总成标称电压 Nominal Voltage of Energy Storage Device Assembly (V)	储能装置总成标称容量 Nominal Capacity of Power Battery Assembly (Ah)	储能装置总成质量 Quality of Energy Storage Device Assembly (kg)	配套车辆类型 Matching Vehicle Type	2017年配套车型产量小计 Subtotal Output of Supported Odels in 2017(辆, vehicle)	2017年配套车型产量总计 Total Output of Supported Odels in 2017(辆, vehicle)
深圳市比克动力电池有限公司 Shenzhen BAK Power Battery Co. Ltd.	三元材料 Ternary material	H18650CIL,2.4Ah	3.6	—	≤ 0.049; 0.046; 0.046 ± 0.003; 0.047;0.048;0.05	深圳市比克动力电池有限公司 Shenzhen BAK Power Battery Co. Ltd.	367.2; 302.4; 345.6; 532.8; 345.6; 331.2; 97.2;346;360	98.4; 158.4; 84;141.6; 120;115.2; 110;278.4; 110.4;120; 172.8	300 ±5;345 ±5;428; 280; 620; 350; 320 ± 10;358;250;400;560	纯电动专用车 Pure Electric Special Car	1895	42339
	三元材料 Ternary material	H18650CIL,2.4Ah	3.6	—	0.047;0.048	四川省同华科技有限公司 Sichuan Tonghua Technology Co.,Ltd.; 无锡恩吉威新能源有限公司 Wuxi Engeway New Energy Co.,Ltd.;郑州比克新能源汽车有限公司 Zhengzhou BAK New Energy Automobile Co.,Ltd.	129; 345; 345.6; 547.2	172.8;120; 110;110.40; 141.6	177; 470; 380; 358; 650	纯电动专用车 Pure Electric Special Car	262	
	三元材料 Ternary material	H18650CIL, 2400 mAh	3.6	—	0.047	深圳市比克动力电池有限公司 Shenzhen BAK Power Battery Co. Ltd.	345.6	88.8	270	纯电动专用车 Pure Electric Special Car	77	
	三元材料 Ternary material	N18650CK(3.0Ah)	3.6	—	0.048 ±0.005	贵州贵安阳光新能源科技有限公司 Guizhou Gui'an Sunshine New Energy Technology Co.,Ltd.	316.8	156	390	纯电动乘用车 Pure Electric Passenger Car	13	
	三元材料 Ternary material	N18650CK(3.0Ah)	3.6	—	0.048 ±0.005	贵州贵安阳光新能源科技有限公司 Guizhou Gui'an Sunshine New Energy Technology Co.,Ltd.	316.8	156	390	纯电动专用车 Pure Electric Special Car	140	
	三元材料 Ternary material	N18650CL-29 2.75Ah	3.6	—	0.046;0.046 ±0.003	华霆(合肥)动力技术有限公司 Huating(Hefei) Power Technology Co.,Ltd.; 欣旺达电动汽车电池有限公司 Sunwoda Electric Vehicle Battery Co.,Ltd.	338;345.6;374	118.25; 121; 115.5;101.75	324;328;300;316	纯电动乘用车 Pure Electric Passenger Car	1257	
深圳市沃特玛电池有限公司 OptimumNano Energy Co.,Ltd.	磷酸铁锂 Lithium iron phosphate	32650-5.5Ah	3.2	—	0.136	江苏正昀新能源技术有限公司 Jiangsu Zheng Yun New Energy Technology Co.,Ltd.	537.6	302.5	1660	纯电动客车 Pure Electric Bus	500	33825

续上表

储能装置单体生产企业 Single Cell Production Enterprise of Energy Storage Device	储能装置种类 Types of Energy Storage Devices	储能装置单体型号 Cell Odels of Energy Storage Device	储能装置单体标称电压 Nominal Voltage of Monomer for Energy Storage Unit (V)	储能装置单体标称静电容量 Nominal Static Capacity of Super Capacitor Cell (F)	储能装置单体质量 Monomer Quality of Energy Storage Unit (kg)	储能装置总成生产企业 Production Company of Energy Storage Device Cell	储能装置总成标称电压 Nominal Voltage of Energy Storage Device Assembly (V)	储能装置总成标称容量 Nominal Capacity of Power Battery Assembly (Ah)	储能装置总成质量 Quality of Energy Storage Device Assembly (kg)	配套车辆类型 Matching Vehicle Type	2017年配套车型产量小计 Subtotal Output of Supported Odels in 2017(辆, vehicle)	2017年配套车型产量总计 Total Output of Supported Odels in 2017(辆, vehicle)
深圳市沃特玛电池有限公司 OptimumNano Energy Co. ,Ltd.	磷酸铁锂 Lithium iron phosphate	32650-5. 5Ah	3. 2	—	0. 136;0. 145	深圳市沃特玛电池有限公司 OptimumNano Energy Co. , Ltd.	537. 6;556. 8;576;595. 2	187;302. 5	1000;1660;1695;1720;1068;1110	纯电动客车 Pure Electric Bus	4517	33825
	磷酸铁锂 Lithium iron phosphate	32650-5. 5Ah	3. 2	—	0. 136;0. 136 ±0. 005;0. 143;0. 145	深圳市沃特玛电池有限公司 OptimumNano Energy Co. , Ltd.	307. 2;537. 6;614. 4	82. 5;99;143;242;473;121;55	270;309;808;1330;2880;640;698;186	纯电动专用车 Pure Electric Special Car	2994	
	磷酸铁锂 Lithium iron phosphate	32650-5. 5Ah; 32650-6Ah	3. 2	—	0. 136;0. 140	深圳市沃特玛电池有限公司 OptimumNano Energy Co. , Ltd.	556. 8;576	302. 5;330	1695;1750	纯电动客车 Pure Electric Bus	145	
	磷酸铁锂 Lithium iron phosphate	32650-5Ah	3. 2	—	0. 143 ±0. 005;0. 145;	深圳市沃特玛电池有限公司 OptimumNano Energy Co. , Ltd.	538;537. 6	140	840;950	纯电动专用车 Pure Electric Special Car	7	
	磷酸铁锂 Lithium iron phosphate	32650-5Ah	3. 2	—	0. 147	深圳市沃特玛电池有限公司 OptimumNano Energy Co. , Ltd.	350	160	550	纯电动客车 Pure Electric Bus	7	
	磷酸铁锂 Lithium iron phosphate	32650-5. 7h	3. 2	—	0. 136;0. 136 ±0. 005	深圳市沃特玛电池有限公司 OptimumNano Energy Co. , Ltd.	537. 6	57;85. 5	330;475	纯电动专用车 Pure Electric Special Car	20736	
	磷酸铁锂 Lithium iron phosphate	32650-6. 5Ah	3. 2	—	0. 143;0. 143 ±0. 005	深圳市沃特玛电池有限公司 OptimumNano Energy Co. , Ltd.	537. 6;614. 4;307. 2;384;512;518. 4;576;608	175. 5; 221;180;273;351;442;156	808;1160;460;580;800;1208;804;1608;2160;1253	纯电动客车 Pure Electric Bus	4773	
	磷酸铁锂 Lithium iron phosphate	32650-6. 5Ah	3. 2	—	0. 143 ±0. 005	深圳市沃特玛电池有限公司 OptimumNano Energy Co. , Ltd.	384	221	720	纯电动专用车 Pure Electric Special Car	3	
	磷酸铁锂 Lithium iron phosphate	32650-6Ah	3. 2	—	0. 14	深圳市沃特玛电池有限公司 OptimumNano Energy Co. , Ltd.	537. 6;384	306;132	1792;510	纯电动客车 Pure Electric Bus	143	
孚能科技(赣州)有限公司 Farasis Energy (Gan Zhou) Inc.	三元材料 Ternary material	IMR18650	3. 65	—	0. 042;0. 045	江西江铃集团新能源汽车有限公司 Jiangxi Jiangling Group New Energy Automobile Co. ,Ltd. ; 孚能科技(赣州)有限公司 Farasis Energy (Gan Zhou) Inc.	146	118;132	167;150	纯电动乘用车 Pure Electric Passenger Car	4477	31380

续上表

储能装置单体生产企业 Single Cell Production Enterprise of Energy Storage Device	储能装置种类 Types of Energy Storage Devices	储能装置单体型号 Cell Odels of Energy Storage Device	储能装置单体标称电压 Nominal Voltage of Monomer for Energy Storage Unit (V)	储能装置单体标称静电容量 Nominal Static Capacity of Super Capacitor Cell (F)	储能装置单体质量 Monomer Quality of Energy Storage Unit (kg)	储能装置总成生产企业 Production Company of Energy Storage Device Cell	储能装置总成标称电压 Nominal Voltage of Energy Storage Device Assembly (V)	储能装置总成标称容量 Nominal Capacity of Power Battery Assembly (Ah)	储能装置总成质量 Quality of Energy Storage Device Assembly (kg)	配套车辆类型 Matching Vehicle Type	2017年配套车型产量小计 Subtotal Output of Supported Odels in 2017(辆, vehicle)	2017年配套车型产量总计 Total Output of Supported Odels in 2017(辆, vehicle)
孚能科技(赣州)有限公司 Farasis Energy (Gan Zhou) Inc.	三元材料 Ternary material	IMP06160230	3.65	—	0.51	孚能科技(赣州)有限公司 Farasis Energy (Gan Zhou) Inc.	113.1;135.05;350;365	203;145;116;174	198; 148; 340; 469; 470	纯电动乘用车 Pure Electric Passenger Car	26903	31380
孚能科技(赣州)有限公司 Farasis Energy (Gan Zhou) Inc.; 远东福斯特新能源有限公司 FAR EAST First New Energy Co.,Ltd.	三元材料 Ternary material	IMR18650; 18650-2400mAh	3.65	—	0.042;0.048	江西江铃集团新能源汽车有限公司 Jiangxi Jiangling Group New Energy Automobile Co.,Ltd.	146	孚能(Farasis);远东福斯特(FAR EAST FIRST):118/120;136/139.2;106/108	孚能(Farasis);远东福斯特(FAR EAST FIRST): 167/190;205/210;148/165	纯电动乘用车 Pure Electric Passenger Car	23701	23701
星恒电源股份有限公司 Suzhou Phylion Battery Co. Ltd.	锰酸锂 Lithium manganate	IMP18/66/133 (12.5)	3.7	—	0.33	北京智行鸿远汽车有限公司 Beijing iDrive Automobile Co., Ltd.	303.4	275	695	纯电动专用车 Pure Electric Special Car	2	16641
	锰酸锂 Lithium manganate	IMP18/66/133(13)	3.7	—	0.33	星恒电源股份有限公司 Suzhou Phylion Battery Co. Ltd.	148;318.2;358.9	182;130;200	300;305;400;750	纯电动专用车 Pure Electric Special Car	5782	
	锰酸锂 Lithium manganate	IMP18/66/133 (13.5)	3.7	—	0.313;0.313±0.01	星恒电源股份有限公司 Suzhou Phylion Battery Co. Ltd.	532.8	156	775±23;775	纯电动专用车 Pure Electric Special Car	761	
	锰酸锂 Lithium manganate	IMP18/66/133-12 AH	3.7	—	0.31	星恒电源股份有限公司 Suzhou Phylion Battery Co. Ltd.	318.2	120	400	纯电动乘用车 Pure Electric Passenger Car	2316	
	锰酸锂 Lithium manganate	IMP18/66/133-13 AH	3.7	—	0.31	苏州星瑞合电气有限公司 Suzhou Xing Rui he Electric Co.,Ltd.	333	104	340	纯电动乘用车 Pure Electric Passenger Car	4955	
	锰酸锂 Lithium manganate	IMP 18/66/133-13 AH	3.7	—	0.31	武汉天达汇能能源系统有限公司 Wuhan Tiandahuineng Energy System Co.,Ltd.	310.8;347.8	143;182	430;500;600	纯电动专用车 Pure Electric Special Car	300	
	锰酸锂 Lithium manganate	IMP18/66/133-13 AH	3.7	—	0.31;0.32	星恒电源股份有限公司 Suzhou Phylion Battery Co. Ltd.	333; 384.8; 148; 340.4	112.5; 195; 175;225;169	395;700;300;575	纯电动专用车 Pure Electric Special Car	602	

续上表

储能装置单体生产企业 Single Cell Production Enterprise of Energy Storage Device	储能装置种类 Types of Energy Storage Devices	储能装置单体型号 Cell Odels of Energy Storage Device	储能装置单体标称电压 Nominal Voltage of Monomer for Energy Storage Unit (V)	储能装置单体标称静电容量 Nominal Static Capacity of Super Capacitor Cell (F)	储能装置单体质量 Monomer Quality of Energy Storage Unit (kg)	储能装置总成生产企业 Production Company of Energy Storage Device Cell	储能装置总成标称电压 Nominal Voltage of Energy Storage Device Assembly (V)	储能装置总成标称容量 Nominal Capacity of Power Battery Assembly (Ah)	储能装置总成质量 Quality of Energy Storage Device Assembly (kg)	配套车辆类型 Matching Vehicle Type	2017 年配套车型产量小计 Subtotal Output of Supported Odels in 2017(辆, vehicle)	2017 年配套车型产量总计 Total Output of Supported Odels in 2017(辆, vehicle)
星恒电源股份有限公司 Suzhou Phylion Battery Co. Ltd.	三元材料 Ternary material	ISP18/66/133(15)	3.6	—	0.313 ±0.01	安徽天鑫能源科技有限公司 Anhui Tianxin Energy Technology Co. ,Ltd. ;星恒电源股份有限公司 Suzhou Phylion Battery Co. Ltd.	335;309.6	120	349;360	纯电动专用车 Pure Electric Special Car	1712	16641
	三元材料 Ternary material	ISP18,66,133(15.5)	3.6	—	0.313 ±0.01	星恒电源股份有限公司 Suzhou Phylion Battery Co. Ltd.	338.4;345.6	62;124	174;340	纯电动乘用车 Pure Electric Passenger Car	208	
	三元材料 Ternary material	ISP18,66,133(15.5)	3.6	—	0.313 ±0.01	星恒电源股份有限公司 Suzhou Phylion Battery Co. Ltd.	367.2	195	660	纯电动专用车 Pure Electric Special Car	3	
惠州亿纬锂能股份有限公司 Huizhou EVE Energy Co. ,Ltd.	磷酸铁锂 Lithium iron phosphate	LF 56	3.2	—	1.45	惠州亿纬锂能股份有限公司 Huizhou EVE Energy Co. ,Ltd. ;南京东宇欧鹏巴赫新能源科技有限公司 Nanjing Dongyu Peng Bach Amperex Technology Limited	563.2;544	336;168	2100;1200	纯电动客车 Pure Electric Bus	67	16421
	磷酸铁锂 Lithium iron phosphate	LF 56	3.2	—	1.45	南京创源天地动力科技有限公司 Nanjing Chuang yuan Tiandi Power Technology Co. ,Ltd.	537.6	56	340	插电式混合动力客车 Plug-in Hybrid Bus	1	
	磷酸铁锂 Lithium iron phosphate	LF 75	3.2	—	1.90;1.90 ±0.05	惠州亿纬锂能股份有限公司 Huizhou EVE Energy Co. ,Ltd.	601.6;556.8	150;300	985;1636	纯电动客车 Pure Electric Bus	6	
	磷酸铁锂 Lithium iron phosphate	LF 75	3.2	—	1.90 ±0.05	南京创源天地动力科技有限公司 Nanjing Chuang yuan Tiandi Power Technology Co. ,Ltd.	556.8;614.4	300	1636;1739;1792	纯电动客车 Pure Electric Bus	307	
	磷酸铁锂 Lithium iron phosphate	LF 75	3.2	—	1.90 ±0.05	山东魔方新能源科技有限公司 Shandong Rubik's cube Amperex Technology Limited	537.6	225	1400	纯电动客车 Pure Electric Bus	32	
	磷酸铁锂 Lithium iron phosphate	LF 90	3.2	—	2.0;2.0 ±0.05	惠州亿纬锂能股份有限公司 Huizhou EVE Energy Co. ,Ltd.	537.6;614.4;512;524.8	180;360;270	832;1660;928;1350;1430;1160;1214;832;1624;1392	纯电动客车 Pure Electric Bus	207	

续上表

储能装置单体生产企业 Single Cell Production Enterprise of Energy Storage Device	储能装置种类 Types of Energy Storage Devices	储能装置单体型号 Cell Odels of Energy Storage Device	储能装置单体标称电压 Nominal Voltage of Monomer for Energy Storage Unit (V)	储能装置单体标称静电容量 Nominal Static Capacity of Super Capacitor Cell (F)	储能装置单体质量 Monomer Quality of Energy Storage Unit (kg)	储能装置总成生产企业 Production Company of Energy Storage Device Cell	储能装置总成标称电压 Nominal Voltage of Energy Storage Device Assembly (V)	储能装置总成标称容量 Nominal Capacity of Power Battery Assembly (Ah)	储能装置总成质量 Quality of Energy Storage Device Assembly (kg)	配套车辆类型 Matching Vehicle Type	2017年配套车型产量小计 Subtotal Output of Supported Odels in 2017(辆, vehicle)	2017年配套车型产量总计 Total Output of Supported Odels in 2017(辆, vehicle)
	磷酸铁锂 Lithium iron phosphate	LF 90	3.2	—	2.0 ±0.05	南京创源天地动力科技有限公司 Nanjing Chuang yuan Tiandi Power Technology Co. ,Ltd.	512; 537.6; 576; 614.4	270; 180; 90; 360	1160; 832; 833; 460; 1856;800	纯电动客车 Pure Electric Bus	773	
	三元材料 Ternary material	3.6V,2.6Ah	3.6	—	0.045	杭州杰能动力有限公司 Hangzhou Genwell-power Co. , Ltd. ;湖南金杯新能源发展有限公司 Hunan Jinbei new Energy Developments Ltd. ; 江苏正昀新能源技术有限公司 Jiangsu Zheng Yun New Energy Technology Co. ,Ltd. ; 无锡恩吉威新能源有限公司 Wuxi engeway new energy Co. ,Ltd.	324; 316.8; 518; 388.8	108; 145.35; 14. ;183.6	330;420;620;640	纯电动专用车 Pure Electric Special Car	247	
惠州亿纬锂能股份有限公司 Huizhou EVE Energy Co. ,Ltd.	三元材料 Ternary material	3.6V,2.6Ah	3.6	—	0.045	惠州亿纬锂能股份有限公司 Huizhou EVE Energy Co. ,Ltd.	144;316.8	140.25; 153; 79	167;182;200	纯电动乘用车 Pure Electric Passenger Car	3959	16421
	三元材料 Ternary material	3.6V,2.6Ah	3.6	—	0.045	惠州亿纬锂能股份有限公司 Huizhou EVE Energy Co. ,Ltd.	345.6;540	193.8;109.65	500	纯电动专用车 Pure Electric Special Car	132	
	三元材料 Ternary material	3.6V,2.6Ah	3.6	—	0.045;0.045 ±0.002	天津华泰亿纬电源有限公司 Tianjin Huatai Yiwei Power Supply Co. ,Ltd.	144;108	137.7;112.2; 195	240;190;132;265	纯电动乘用车 Pure Electric Passenger Car	3408	
	三元材料 Ternary material	3.6V,2.6Ah	3.6	—	0.045 ±0.002	贵州东瑞新能源汽车电源有限公司 Guizhou East Rui new energy automobile power supply Co. ,Ltd. ; 南京创源天地动力科技有限公司 Nanjing Chuang yuan Tiandi Power Technology Co. ,Ltd. ; 苏州市博得立电源科技有限公司 Suzhou Broadline Energy Technology Co. ,Ltd. ; 无锡恩吉威新能源有限公司 Wuxi engeway new energy Co. ,Ltd. ; 惠州市蓝微新源技术有限公司 Huizhou Blueway Electronics Co. ,Ltd.	518.4;316.8;324; 144;547.2	153; 137.7; 114.75; 204; 161.28;114.7	620; 378; 280; 310; 680;720;337	纯电动专用车 Pure Electric Special Car	4412	

续上表

储能装置单体生产企业 Single Cell Production Enterprise of Energy Storage Device	储能装置种类 Types of Energy Storage Devices	储能装置单体型号 Cell Odels of Energy Storage Device	储能装置单体标称电压 Nominal Voltage of Monomer for Energy Storage Unit (V)	储能装置单体标称静电容量 Nominal Static Capacity of Super Capacitor Cell (F)	储能装置单体质量 Monomer Quality of Energy Storage Unit (kg)	储能装置总成生产企业 Production Company of Energy Storage Device Cell	储能装置总成标称电压 Nominal Voltage of Energy Storage Device Assembly (V)	储能装置总成标称容量 Nominal Capacity of Power Battery Assembly (Ah)	储能装置总成质量 Quality of Energy Storage Device Assembly (kg)	配套车辆类型 Matching Vehicle Type	2017年配套车型产量小计 Subtotal Output of Supported Odels in 2017(辆, vehicle)	2017年配套车型产量总计 Total Output of Supported Odels in 2017(辆, vehicle)
惠州亿纬锂能股份有限公司 Huizhou EVE Energy Co., Ltd.	三元材料 Ternary material	3.6V,2.6Ah	3.6	—	0.045±0.002	惠州亿纬锂能股份有限公司 Huizhou EVE Energy Co., Ltd.	144;79.2	117.3;186.15	119;109	纯电动乘用车 Pure Electric Passenger Car	204	16421
	三元材料 Ternary material	3.6V,2.6Ah	3.6	—	0.045±0.002	惠州亿纬锂能股份有限公司 Huizhou EVE Energy Co., Ltd.	338.4; 345.6; 388.8; 403.2; 518.4	135.15; 160.65; 109.7;112.2; 173.4;145.4	≤05;500;390;≤450;≤23;≤635;635;636;745;≤780;780	纯电动专用车 Pure Electric Special Car	1678	
	三元材料 Ternary material	ICR18650,22 V	3.68	—	0.04	安徽欧鹏巴赫新能源科技有限公司 Anhui Ou Peng Bach Amperex Technology Limited; 广东亿纬赛恩斯新能源系统有限公司 Guangdong Yiwei Saiensi New Energy System Co., Ltd.	375.4;342.2	193.5;101	690;340	纯电动专用车 Pure Electric Special Car	19	
	三元材料 Ternary material	ICR18650,22 V	3.68	—	0.043	安徽欧鹏巴赫新能源科技有限公司 Anhui Ou Peng Bach Amperex Technology Limited; 杭州杰能动力有限公司 Hangzhou Genwell-power Co., Ltd.	368;375.4;324	210.7;193.5;96	780;690;325	纯电动专用车 Pure Electric Special Car	961	
	三元材料 Ternary material	3.6V,2.6Ah	3.6	—	0.05	惠州亿纬锂能股份有限公司 Huizhou EVE Energy Co., Ltd.	518.4	145.4	745	纯电动专用车 Pure Electric Special Car	8	
万向一二三股份公司 Wanxiang A123 System Co., Ltd.	磷酸铁锂 Lithium iron phosphate	WX12I3250	3.2	—	1.18	万向一二三股份公司 Wanxiang A123 System Co., Ltd.	512;537.6;614.4	300;500	1333;2330;2660	纯电动客车 Pure Electric Bus	167	15478
	三元材料 Ternary material	WX12I3625	3.6	—	0.515	重庆长安新能源汽车有限公司 Chongqing Chang'an New Energy Automobile Co., Ltd.	306	100	310	纯电动乘用车 Pure Electric Passenger Car	1612	
	三元材料 Ternary material	WX12I3739	3.65	—	0.82	万向一二三股份公司 Wanxiang A123 System Co., Ltd.	343	78	293	纯电动乘用车 Pure Electric Passenger Car	136	

续上表

储能装置单体生产企业 Single Cell Production Enterprise of Energy Storage Device	储能装置种类 Types of Energy Storage Devices	储能装置单体型号 Cell Odels of Energy Storage Device	储能装置单体标称电压 Nominal Voltage of Monomer for Energy Storage Unit (V)	储能装置单体标称静电容量 Nominal Static Capacity of Super Capacitor Cell (F)	储能装置单体质量 Monomer Quality of Energy Storage Unit (kg)	储能装置总成生产企业 Production Company of Energy Storage Device Cell	储能装置总成标称电压 Nominal Voltage of Energy Storage Device Assembly (V)	储能装置总成标称容量 Nominal Capacity of Power Battery Assembly (Ah)	储能装置总成质量 Quality of Energy Storage Device Assembly (kg)	配套车辆类型 Matching Vehicle Type	2017年配套车型产量小计 Subtotal Output of Supported Odels in 2017(辆, vehicle)	2017年配套车型产量总计 Total Output of Supported Odels in 2017(辆, vehicle)
万向一二三股份公司 Wanxiang A123 System Co.,Ltd.	三元材料 Ternary material	WX14I3720	3.7	—	0.51	万向一二三股份公司 Wanxiang A123 System Co., Ltd.	325.6	40	162	插电式混合动力乘用车 Plug-in Hybrid Passenger Car	829	15478
	三元材料 Ternary material	WX14I3726	3.65	—	0.56	上海捷新动力电池系统有限公司 Shanghai Advanced Traction Battery Systems Co.,Ltd.	350	26	108	插电式混合动力乘用车 Plug-in Hybrid Passenger Car	9547	
	三元材料 Ternary material	2101AAT	3.65	—	0.84	万向一二三股份公司 Wanxiang A123 System Co., Ltd.	321	36	138	插电式混合动力乘用车 Plug-in Hybrid Passenger Car	3157	
	三元材料 Ternary material	2101AAT	3.7	—	0.84	万向一二三股份公司 Wanxiang A123 System Co., Ltd.	355	72	288	纯电动乘用车 Pure Electric Passenger Car	30	
广东天劲新能源科技股份有限公司 Guangdong Teamgiant New Energy Tech. Inc	三元材料 Ternary material	80F6Q0	3.7	—	0.55	广东天劲新能源科技股份有限公司 Guangdong Teamgiant New Energy Tech. Inc	344.1	160	450	纯电动乘用车 Pure Electric Passenger Car	427	13625
	三元材料 Ternary material	80F6Q0	3.7	—	0.55	广东天劲新能源科技股份有限公司 Guangdong Teamgiant New Energy Tech. Inc	355.2	96	280	纯电动专用车 Pure Electric Special Car	5515	
	三元材料 Ternary material	9590D0	3.7	—	0.205	广东天劲新能源科技股份有限公司 Guangdong Teamgiant New Energy Tech. Inc	325.6; 377.4; 532.8	110;140	315;440;696	纯电动专用车 Pure Electric Special Car	7683	
上海卡耐新能源有限公司 Shanghai CENAT New Energy Co.,Ltd.	三元材料 Ternary material	CEA-LM26	3.7	—	0.566;0.57	上海卡耐新能源有限公司 Shanghai CENAT New Energy Company Limited	532.8	130;156	720;800;822;808	纯电动专用车 Pure Electric Special Car	581	13482
	三元材料 Ternary material	CEB-LM26	3.7	—	0.585	上海卡耐新能源有限公司 Shanghai CENAT New Energy Co.,Ltd.	115	130	160	纯电动乘用车 Pure Electric Passenger Car	8551	
	三元材料 Ternary material	CEA-LM26	3.7	—	0.57	江西江铃集团新能源汽车有限公司 Jiangxi Jiangling Group New Energy Automobile Co.,Ltd.	133.2	130	180	纯电动乘用车 Pure Electric Passenger Car	4350	

续上表

储能装置单体生产企业 Single Cell Production Enterprise of Energy Storage Device	储能装置种类 Types of Energy Storage Devices	储能装置单体型号 Cell Odels of Energy Storage Device	储能装置单体标称电压 Nominal Voltage of Monomer for Energy Storage Unit (V)	储能装置单体标称静电容量 Nomiral Static Capacity of Super Capacitor Cell (F)	储能装置单体质量 Monomer Quality of Energy Storage Unit (kg)	储能装置总成生产企业 Production Company of Energy Storage Device Cell	储能装置总成标称电压 Nominal Voltage of Energy Storage Device Assembly (V)	储能装置总成标称容量 Nominal Capacity of Power Battery Assembly (Ah)	储能装置总成质量 Quality of Energy Storage Device Assembly (kg)	配套车辆类型 Matching Vehicle Type	2017年配套车型产量小计 Subtotal Output of Supported Odels in 2017(辆, vehicle)	2017年配套车型产量总计 Total Output of Supported Odels in 2017(辆, vehicle)
多氟多(焦作)新能源科技有限公司 Do-Fluoride (Jiaozuo) New Energy Technology Co. ,Ltd.	三元材料 Ternary material	1265132	3.65	—	0.23	多氟多(焦作)新能源科技有限公司 Do-Fluoride (Jiaozuo) New Energy Technology Co. ,Ltd.	146	120	170;175	纯电动乘用车 Pure Electric Passenger Car	11954	13426
	三元材料 Ternary material	1265132	3.7	—	0.23	多氟多(焦作)新能源科技有限公司 Do-Fluoride (Jiaozuo) New Energy Technology Co. ,Ltd.	318;355.2(177.6×2);366.3;370	140;200;90	430;464(232×2);650;684;330	纯电动专用车 Pure Electric Special Car	937	
	三元材料 Ternary material	PSP76161227-32Ah	3.7	—	0.57	多氟多(焦作)新能源科技有限公司 Do-Fluoride (Jiaozuo) New Energy Technology Co. ,Ltd.	111	192	169	纯电动乘用车 Pure Electric Passenger Car	535	
江苏智航新能源有限公司 Jiangsu ZhiHang New Energy Co. ,Ltd.	三元材料 Ternary material	ISR18650	3.7	—	0.046	江苏智航新能源有限公司 Jiangsu ZhiHang New Energy Co. ,Ltd.	577.2	130	600	纯电动专用车 Pure Electric Special Car	254	13015
	三元材料 Ternary material	ISR18650	3.7	—	0.044;0.046	江苏索尔新能源科技股份有限公司 Jiangsu Soul New Energy Technoligy, Inc.	325.6	135; 135.2; 169;236.6	380; 360; 415; 560; 647.5	纯电动专用车 Pure Electric Special Car	2341	
	三元材料 Ternary material	ISR18650	3.7	—	0.046;0.046±0.002	江苏维科新能源科技有限公司 JiangSu Vehicle Power Technology Company Limited;贵州东瑞新能源汽车电源有限公司 Guizhou East Rui New Energy Automobile Power Supply Co. , Ltd. ;贵州众智达系统新能源股份有限公司 Guizhou Zhongzhida System New Energy Limited by Share Ltd. ;河南锂想动力科技有限公司 Henan Lixiangdongli Technology Co. , Ltd. ;中船重工中南装备有限责任公司 Zhongnan Equipment Company Ltd.	155.4;333;351.5	174.2;124.8;120;117;135.2	204; 325; 350; 318; 375	纯电动专用车 Pure Electric Special Car	3057	

续上表

储能装置单体生产企业 Single Cell Production Enterprise of Energy Storage Device	储能装置种类 Types of Energy Storage Devices	储能装置单体型号 Cell Odels of Energy Storage Device	储能装置单体标称电压 Nominal Voltage of Monomer for Energy Storage Unit (V)	储能装置单体标称静电容量 Nominal Static Capacity of Super Capacitor Cell (F)	储能装置单体质量 Monomer Quality of Energy Storage Unit (kg)	储能装置总成生产企业 Production Company of Energy Storage Device Cell	储能装置总成标称电压 Nominal Voltage of Energy Storage Device Assembly (V)	储能装置总成标称容量 Nominal Capacity of Power Battery Assembly (Ah)	储能装置总成质量 Quality of Energy Storage Device Assembly (kg)	配套车辆类型 Matching Vehicle Type	2017年配套车型产量小计 Subtotal Output of Supported Odels in 2017(辆, vehicle)	2017年配套车型产量总计 Total Output of Supported Odels in 2017(辆, vehicle)
江苏智航新能源有限公司 Jiangsu ZhiHang New Energy Co. ,Ltd.	三元材料 Ternary material	ISR18650	3.7	—	0.046±0.002	江苏正昀新能源技术有限公司 Jiangsu Zheng Yun New Energy Technology Co. ,Ltd.	318;340.4	122;117	320;280	纯电动专用车 Pure Electric Special Car	666	13015
	三元材料 Ternary material	ISR18650	3.7	—	0.046;0.046±0.002	江苏智航新能源有限公司 Jiangsu ZhiHang New Energy Co. ,Ltd.	325.6;355;577.2	135.2; 140; 234;130	350;425;600	纯电动专用车 Pure Electric Special Car	6487	
	三元材料 Ternary material	ISR18650	3.7	—	0.046	江苏智航新能源有限公司 Jiangsu ZhiHang New Energy-Co. ,Ltd. ; 贵州众智达系统新能源股份有限公司 Guizhou Zhongzhida system new energy Limited by Share Ltd.	370	120	335	纯电动专用车 Pure Electric Special Car	117	
	三元材料 Ternary material	ISR18650	3.7	—	0.046	四川中力汇通新能源汽车有限公司 Sichuan ZhongLi Huitong New Energy Automobile Co. ,Ltd. .	310.8;532.8	148.2	381;622	纯电动专用车 Pure Electric Special Car	73	
	三元材料 Ternary material	ISR18650	3.7	—	0.046±0.002	河南锂想动力科技有限公司 Henan Lixiangdongli Technology Co. ,Ltd.	333	117	318	纯电动乘用车 Pure Electric Passenger Car	20	
浙江天能能源科技股份有限公司 Zhejiang Tianneng Electronics & Electric Appliance Co. ,Ltd.	三元材料 Ternary material	TNL-ITR 18650-2200P	3.6; 3.65; 3.7	—	0.045;0.045±0.003	浙江天能能源科技股份有限公司 Zhejiang Tianneng Electronics & Electric Appliance Co. ,Ltd.	140.4; 514; 96; 464.4; 76.7; 144; 74	213.4;145.2; 277; 121; 193.6; 246; 316.8;308	290; 600; 240; 495; 140;300;210;260	纯电动专用车 Pure Electric Special Car	668	12920
	三元材料 Ternary material	TNL-ITR 18650-2600E	3.6	—	0.047;0.05	浙江天能能源科技股份有限公司 Zhejiang Tianneng Electronics & Electric Appliance Co. ,Ltd.	360	124.8	370	纯电动专用车 Pure Electric Special Car	34	
	三元材料 Ternary material	TNL-ITR 18650-2600E	3.6	—	0.047±0.0015	南京中欧威能新能源动力系统有限公司 Nanjing Central Europe VAILLANT New Energy Power System Co. ,Ltd.	324	117;143	280;370	纯电动专用车 Pure Electric Special Car	15	

续上表

储能装置单体生产企业 Single Cell Production Enterprise of Energy Storage Device	储能装置种类 Types of Energy Storage Devices	储能装置单体型号 Cell Odels of Energy Storage Device	储能装置单体标称电压 Nominal Voltage of Monomer for Energy Storage Unit (V)	储能装置单体标称静电容量 Nominal Static Capacity of Super Capacitor Cell (F)	储能装置单体质量 Monomer Quality of Energy Storage Unit (kg)	储能装置总成生产企业 Production Company of Energy Storage Device Cell	储能装置总成标称电压 Nominal Voltage of Energy Storage Device Assembly (V)	储能装置总成标称容量 Nominal Capacity of Power Battery Assembly (Ah)	储能装置总成质量 Quality of Energy Storage Device Assembly (kg)	配套车辆类型 Matching Vehicle Type	2017年配套车型产量小计 Subtotal Output of Supported Odels in 2017(辆, vehicle)	2017年配套车型产量总计 Total Output of Supported Odels in 2017(辆, vehicle)
浙江天能能源科技股份有限公司 Zhejiang Tianneng Electronics & Electric Appliance Co. ,Ltd.	三元材料 Ternary material	TNL ITP 095161227P-40	3. 6	—	0. 73 ±0. 5	浙江天能能源科技股份有限公司 Zhejiang Tianneng Electronics & Electric Appliance Co. ,Ltd.	338. 4	80	260	纯电动乘用车 Pure Electric Passenger Car	352	12920
	三元材料 Ternary material	TNL-ITR18650-2200P	3. 6	—	0. 045	浙江天能能源科技股份有限公司 Zhejiang Tianneng Electronics & Electric Appliance Co. ,Ltd.	108; 144; 328; 97. 2;325	185; 118. 8; 63. 8; 180; 79. 2	184;150;186. 8;224;166;235	纯电动乘用车 Pure Electric Passenger Car	11851	
浙江天能能源科技股份有限公司 Zhejiang Tianneng Electronics & Electric Appliance Co. ,Ltd. ;远东福斯特新能源有限公司 FAR EAST FIRST New Energy Co. ,Ltd.	三元材料 Ternary material	TNL-ITR 18650-2200P; 18650-2400 mAh	3. 6;3. 65	—	0. 04;0. 05	浙江天能能源科技股份有限公司 Zhejiang Tianneng Electronics & Electric Appliance Co. , Ltd. ;芜湖奇达动力电池系统有限公司 Wuhu Qida Power Battery System Co. ,Ltd.	345;350	52. 8/48. 4;48	176/170;168	纯电动乘用车 Pure Electric Passenger Car	12448	12448
天津市捷威动力工业有限公司 Tianjin EV Energies Co. , Ltd.	三元材料 Ternary material	IXP117163202	3. 6	—	0. 71	天津市捷威动力工业有限公司 Tianjin EV Energies Co. ,Ltd.	302	66	220	纯电动乘用车 Pure Electric Passenger Car	12	11400
	三元材料 Ternary material	IXP 74/212/ 26937Ah	3. 6	—	0. 8 ±0. 02	天津市捷威动力工业有限公司 Tianjin EV Energies Co. ,Ltd.	144	111	175	纯电动乘用车 Pure Electric Passenger Car	402	
	三元材料 Ternary material	IXP74/212/269	3. 65	—	0. 8	苏州科易新动力科技有限公司 Suzhou Keyi New Power Technology Co. ,Ltd.	503. 7	148	700	纯电动专用车 Pure Electric Special Car	23	
	三元材料 Ternary material	IXP74/212/269	3. 65	—	0. 80 ±0. 02	重庆长安新能源汽车有限公司 Chongqing Chang' an New Energy Automobile Co. ,Ltd.	313. 9	74;88	249;255	纯电动乘用车 Pure Electric Passenger Car	10963	
湖州天丰电源有限公司 Huzhou Tianfeng Power Supply Co. ,Ltd.	三元材料 Ternary material	TFEV 03-125	3. 7	—	0. 174;3. 4	山东知豆电池集成科技有限公司 Shandong ZHIDOU Battery Integration Technology Co. ,Ltd.	144	120	180	纯电动乘用车 Pure Electric Passenger Car	11379	11379

续上表

储能装置单体生产企业 Single Cell Production Enterprise of Energy Storage Device	储能装置种类 Types of Energy Storage Devices	储能装置单体型号 Cell Odels of Energy Storage Device	储能装置单体标称电压 Nominal Voltage of Monomer for Energy Storage Unit (V)	储能装置单体标称静电容量 Nominal Static Capacity of Super Capacitor Cell (F)	储能装置单体质量 Monomer Quality of Energy Storage Unit (kg)	储能装置总成生产企业 Production Company of Energy Storage Device Cell	储能装置总成标称电压 Nominal Voltage of Energy Storage Device Assembly (V)	储能装置总成标称容量 Nominal Capacity of Power Battery Assembly (Ah)	储能装置总成质量 Quality of Energy Storage Device Assembly (kg)	配套车辆类型 Matching Vehicle Type	2017 年配套车型产量小计 Subtotal Output of Supported Odels in 2017(辆, vehicle)	2017 年配套车型产量总计 Total Output of Supported Odels in 2017(辆, vehicle)
上海德朗能动力电池有限公司 DLG Power Battery (Shanghai) Co. ,Ltd.	三元材料 Ternary material	NCM18650-260	3. 7	—	0. 046	上海德朗能动力电池有限公司 DLG Power Battery (Shanghai) Co. ,Ltd.	360	147. 9	520	纯电动客车 Pure Electric Bus	40	10398
	三元材料 Ternary material	NCA18650-320	3. 7	—	0. 049	浙江伊卡新能源汽车有限公司 Zhejiang YIKA New Energy Vehicle Co. ,Ltd.	81. 4	742. 4	420	纯电动乘用车 Pure Electric Passenger Car	318	
	三元材料 Ternary material	NCA18650-320	3. 7	—	0. 049	浙江伊卡新能源汽车有限公司 Zhejiang YIKA New Energy Vehicle Co. ,Ltd. ; 上海德朗能动力电池有限公司 DLG Power Battery (Shanghai) Co. ,Ltd.	81. 4	371. 2;556. 8	210;315	纯电动乘用车 Pure Electric Passenger Car	7908	
	三元材料 Ternary material	NCM18650-260	3. 7	—	0. 045	浙江伊卡新能源汽车有限公司 Zhejiang YIKA New Energy Vehicle Co. ,Ltd.	81. 4	603. 2	408	纯电动乘用车 Pure Electric Passenger Car	167	
	三元材料 Ternary material	NCA18650-320	3. 7	—	0. 046;0. 049	浙江时空能源技术有限公司 Zhejiang space-time Energy Technology Co. ,Ltd.	81. 4	1113. 6; 1484. 8	600;588;784	纯电动专用车 Pure Electric Special Car	236	
	三元材料 Ternary material	NCM18650-260	3. 7	—	0. 045	浙江时空能源技术有限公司 Zhejiang space-time Energy Technology Co. ,Ltd.	81. 4	873. 6;998. 4	665;760	纯电动专用车 Pure Electric Special Car	2	
	三元材料 Ternary material	NCM18650-260	3. 6	—	0. 045	航天钧和科技有限公司 Aerospace Junhe Science and Technology Co. Ltd.	345. 6;97. 2	143; 327. 6; 395. 2;405. 6	480;248;260;290	纯电动专用车 Pure Electric Special Car	1423	
	三元材料 Ternary material	NCM18650-260	3. 7	—	0. 046	上海德朗能动力电池有限公司 DLG Power Battery (Shanghai) Co. ,Ltd.	360	147;147. 9	520	纯电动专用车 Pure Electric Special Car	302	
	三元材料 Ternary material	NCM18650-220	3. 6	—	0. 044	上海德朗能动力电池有限公司 DLG Power Battery (Shanghai) Co. ,Ltd.	316	95	365	纯电动专用车 Pure Electric Special Car	2	

续上表

储能装置单体生产企业 Single Cell Production Enterprise of Energy Storage Device	储能装置种类 Types of Energy Storage Devices	储能装置单体型号 Cell Odels of Energy Storage Device	储能装置单体标称电压 Nominal Voltage of Monomer for Energy Storage Unit (V)	储能装置单体标称静电容量 Nominal Static Capacity of Super Capacitor Cell (F)	储能装置单体质量 Monomer Quality of Energy Storage Unit (kg)	储能装置总成生产企业 Production Company of Energy Storage Device Cell	储能装置总成标称电压 Nominal Voltage of Energy Storage Device Assembly (V)	储能装置总成标称容量 Nominal Capacity of Power Battery Assembly (Ah)	储能装置总成质量 Quality of Energy Storage Device Assembly (kg)	配套车辆类型 Matching Vehicle Type	2017年配套车型产量小计 Subtotal Output of Supported Odels in 2017(辆, vehicle)	2017年配套车型产量总计 Total Output of Supported Odels in 2017(辆, vehicle)
力神动力电池系统有限公司 Lishen Power Battery Systems Co. ,Ltd.	磷酸铁锂 Lithium iron phosphate	LP 27148134	3.2	—	1	力神动力电池系统有限公司 Lishen Power Battery Systems Co. ,Ltd.	460.8	240	1145	纯电动客车 Pure Electric Bus	54	10372
	磷酸铁锂 Lithium iron phosphate	LP27148204-76Ah	3.2	—	1.63	力神动力电池系统有限公司 Lishen Power Battery Systems Co. ,Ltd.	537.6;547.2;576;614.4;633.6;662.4	456;304;152;456;228	1976;1372;724;2160;1156;794;1658	纯电动客车 Pure Electric Bus	3189	
	磷酸铁锂 Lithium iron phosphate	LP2770134	3.2	—	0.51	力神动力电池系统有限公司 Lishen Power Battery Systems Co. ,Ltd.; 天津力神电池股份有限公司 TianJin Lishen Battery Joint-Stock Co. ,Ltd.; 宁波力神动力电池系统有限公司 Ningbo Lishen Power Battery Systems Co. ,Ltd.	537.6;576;384;537.6	420;300;280;420	2457;1880;1100;2457	纯电动客车 Pure Electric Bus	19	
	磷酸铁锂 Lithium iron phosphate	LP2770134	3.2	—	0.513	武汉力神动力电池系统科技有限公司 Wuhan Lishen Power Battery System Technology Co. ,Ltd.	320	120;200	450;900	纯电动专用车 Pure Electric Special Car	81	
	磷酸铁锂 Lithium iron phosphate	LP2770134-24Ah	3.2	—	0.55;0.56	力神动力电池系统有限公司 Lishen Power Battery Systems Co. ,Ltd.	576	192;288;336	1140.1;1720;2000;1950	纯电动客车 Pure Electric Bus	478	
	磷酸铁锂 Lithium iron phosphate	LP2770134-24Ah	3.2	—	0.55;0.55±0.01	力神动力电池系统有限公司 Lishen Power Battery Systems Co. ,Ltd.	576;499.2	336;288	1950;1513	纯电动专用车 Pure Electric Special Car	13	
	磷酸铁锂 Lithium iron phosphate	LP27148204-76Ah	3.2	—	1.63±0.05	力神动力电池系统有限公司 Lishen Power Battery Systems Co. ,Ltd.	537.6	228	1018	纯电动专用车 Pure Electric Special Car	2	
	三元材料 Ternary material	18650	3.6	—	0.045;0.046	浙江时空能源技术有限公司 Zhejiang space-time Energy Technology Co. ,Ltd.	79.2;324	1019.2;176.8	750;445	纯电动专用车 Pure Electric Special Car	7	
	三元材料 Ternary material	18650(2.6Ah)	3.6	—	0.045	力神动力电池系统有限公司 Lishen Power Battery Systems Co. ,Ltd.	345.6	140.4	340	纯电动专用车 Pure Electric Special Car	51	
	三元材料 Ternary material	18650(2.6Ah)	3.6	—	0.045	杭州安靠电源有限公司 Suzhou Ankao Energy Co. , Ltd.	345.6	182;140.4	432	纯电动乘用车 Pure Electric Passenger Car	120	

续上表

储能装置单体生产企业 Single Cell Production Enterprise of Energy Storage Device	储能装置种类 Types of Energy Storage Devices	储能装置单体型号 Cell Odels of Energy Storage Device	储能装置单体标称电压 Nominal Voltage of Monomer for Energy Storage Unit (V)	储能装置单体标称静电容量 Nominal Static Capacity of Super Capacitor Cell (F)	储能装置单体质量 Monomer Quality of Energy Storage Unit (kg)	储能装置总成生产企业 Production Company of Energy Storage Device Cell	储能装置总成标称电压 Nominal Voltage of Energy Storage Device Assembly (V)	储能装置总成标称容量 Nominal Capacity of Power Battery Assembly (Ah)	储能装置总成质量 Quality of Energy Storage Device Assembly (kg)	配套车辆类型 Matching Vehicle Type	2017年配套车型产量小计 Subtotal Output of Supported Odels in 2017(辆, vehicle)	2017年配套车型产量总计 Total Output of Supported Odels in 2017(辆, vehicle)
力神动力电池系统有限公司 Lishen Power Battery Systems Co. ,Ltd.	三元材料 Ternary material	18650(3.6V,2.6Ah)	3.6	—	0.045;0.045±0.02	力神动力电池系统有限公司 Lishen Power Battery Systems Co. ,Ltd.	360	249.6	625	纯电动专用车 Pure Electric Special Car	262	10372
	三元材料 Ternary material	21700(4.0Ah)	3.65	—	0.069	武汉力神动力电池系统科技有限公司 Wuhan Lishen power battery system technology Co. ,Ltd.	343	136	331	纯电动乘用车 Pure Electric Passenger Car	7	
	三元材料 Ternary material	21700(4.0Ah)	3.65	—	0.069±0.002	力神动力电池系统有限公司 Lishen Power Battery Systems Co. ,Ltd.	350.4	216	571.7	纯电动专用车 Pure Electric Special Car	2	
	三元材料 Ternary material	3.65V、2.5Ah	3.65	—	0.05	力神动力电池系统有限公司 Lishen Power Battery Systems Co. ,Ltd.	321.2	150;90	392;235	纯电动乘用车 Pure Electric Passenger Car	3000	
	三元材料 Ternary material	3.6V、2.6Ah	3.6	—	0.045;0.045±0.002;0.046	力神动力电池系统有限公司 Lishen Power Battery Systems Co. ,Ltd.	154.8;316.8;352.8;324	312;156;171.6;176.8	316;340;560;445	纯电动专用车 Pure Electric Special Car	949	
	三元材料 Ternary material	3.6V、2.6Ah	3.6	—	0.045;0.045±0.002	杭州安靠电源有限公司 Suzhou Ankao Energy Co. , Ltd.;力神动力电池系统有限公司 Lishen Power Battery Systems Co. ,Ltd.	346;144	171.6;119.6	419;124	纯电动乘用车 Pure Electric Passenger Car	56	
	三元材料 Ternary material	3.6V、2.6Ah	3.6	—	0.045;0.045±0.002	南京中欧威能新能源动力系统有限公司 Nanjing Central Europe VAILLANT new energy power system Co. ,Ltd.;上海精虹新能源科技有限公司 Shanghai Jinghong Amperex Technology Limited;杭州安靠电源有限公司 Suzhou Ankao Energy Co. , Ltd.	352.8;345.6;576	208;140.4;257.4;249.6	650;370;660;980	纯电动专用车 Pure Electric Special Car	924	
	三元材料 Ternary material	LP2714897	3.65	—	0.81	力神动力电池系统有限公司 Lishen Power Battery Systems Co. ,Ltd.	350.4	37	117	插电式混合动力乘用车 Plug—in Hybrid Passenger Car	8	

续上表

储能装置单体生产企业 Single Cell Production Enterprise of Energy Storage Device	储能装置种类 Types of Energy Storage Devices	储能装置单体型号 Cell Odels of Energy Storage Device	储能装置单体标称电压 Nominal Voltage of Monomer for Energy Storage Unit (V)	储能装置单体标称静电容量 Nominal Static Capacity of Super Capacitor Cell (F)	储能装置单体质量 Monomer Quality of Energy Storage Unit (kg)	储能装置总成生产企业 Production Company of Energy Storage Device Cell	储能装置总成标称电压 Nominal Voltage of Energy Storage Device Assembly (V)	储能装置总成标称容量 Nominal Capacity of Power Battery Assembly (Ah)	储能装置总成质量 Quality of Energy Storage Device Assembly (kg)	配套车辆类型 Matching Vehicle Type	2017 年配套车型产量小计 Subtotal Output of Supported Odels in 2017(辆, vehicle)	2017 年配套车型产量总计 Total Output of Supported Odels in 2017(辆, vehicle)
力神动力电池系统有限公司 Lishen Power Battery Systems Co. ,Ltd.	三元材料 Ternary material	LP2714897(37Ah)	3. 65	—	0. 81 ±0. 01	力神动力电池系统有限公司 Lishen Power Battery Systems Co. ,Ltd.	525. 6	111;148	550 ± 10;736;736 ± 10	纯电动专用车 Pure Electric Special Car	246	10372
	三元材料 Ternary material	LP2714897(37Ah)	3. 65	—	0. 81	力神动力电池系统有限公司 Lishen Power Battery Systems Co. ,Ltd.	321	111	330;350	纯电动乘用车 Pure Electric Passenger Car	904	
远东福斯特新能源有限公司 FAR EAST FIRST New Energy Co. ,Ltd.	三元材料 Ternary material	18650-2000mAh	3. 7	—	0. 045	远东福斯特新能源有限公司 FAR EAST FIRST Ndw Energy Co. ,Ltd	74	252	130	纯电动专用车 Pure Electric Special Car	312	10170
	三元材料 Ternary material	ISR18650-2000mAh	3. 7	—	0. 045	远东福斯特新能源有限公司 FAR EAST FIRST New Energy Co. ,Ltd	74	252	130	纯电动专用车 Pure Electric Special Car	24	
	三元材料 Ternary material	18650-2400mAh	3. 65	—	0. 0475	格林美(武汉)新能源汽车服务有限公司 GEM (Wuhan) New Energy Automotive Service Co. ,Ltd.	394. 2	184. 8;204	630;750	纯电动专用车 Pure Electric Special Car	623	
	三元材料 Ternary material	18650-2400mAh	3. 65	—	0. 048;0. 045 ±0. 002	远东福斯特新能源有限公司 FAR EAST FIRST New Energy Co. ,Ltd	321. 2	120	340	纯电动专用车 Pure Electric Special Car	1368	
	三元材料 Ternary material	18650-2400mAh	3. 65	—	0. 048;0. 048 ±0. 0005	远东福斯特新能源有限公司 FAR EAST FIRST New Energy Co. ,Ltd	146;321. 2;109. 5	129. 6;120;187. 2	150;340;255 ±5	纯电动乘用车 Pure Electric Passenger Car	7310	
	三元材料 Ternary material	18650-2400mAh	3. 65	—	0. 0475	格林美(武汉)新能源汽车服务有限公司 GEM (Wuhan) New Energy Automotive Service Co. ,Ltd.	394. 2	204	750	纯电动客车 Pure Electric Bus	7	
	三元材料 Ternary material	18650-2600mAh	3. 6	—	0. 048; 0. 0475 ±0. 0005	河南锂想动力科技有限公司 Henan Lixiangdongli Technology Co. ,Ltd.	331. 2;324	273;117	720;318	纯电动专用车 Pure Electric Special Car	229	
	三元材料 Ternary material	18650-2600mAh	3. 6	—	0. 048	远东福斯特新能源有限公司 FAR EAST FIRST New Energy Co. ,Ltd.	144	135. 2	155	纯电动乘用车 Pure Electric Passenger Car	3	
	三元材料 Ternary material	18650-2000mAh	3. 7;3. 65	—	0. 045;0. 048	远东福斯特新能源有限公司 FAR EAST FIRST New Energy Co. ,Ltd.	74;109. 5	180;252;326. 4	110;180;372	纯电动专用车 Pure Electric Special Car	294	

续上表

储能装置单体生产企业 Single Cell Production Enterprise of Energy Storage Device	储能装置种类 Types of Energy Storage Devices	储能装置单体型号 Cell Odels of Energy Storage Device	储能装置单体标称电压 Nominal Voltage of Monomer for Energy Storage Unit (V)	储能装置单体标称静电容量 Nominal Static Capacity of Super Capacitor Cell (F)	储能装置单体质量 Monomer Quality of Energy Storage Unit (kg)	储能装置总成生产企业 Production Company of Energy Storage Device Cell	储能装置总成标称电压 Nominal Voltage of Energy Storage Device Assembly (V)	储能装置总成标称容量 Nominal Capacity of Power Battery Assembly (Ah)	储能装置总成质量 Quality of Energy Storage Device Assembly (kg)	配套车辆类型 Matching Vehicle Type	2017 年配套车型产量小计 Subtotal Output of Supported Odels in 2017(辆, vehicle)	2017 年配套车型产量总计 Total Output of Supported Odels in 2017(辆, vehicle)
中信国安盟固利动力科技有限公司 CITIC Guoan Mengguli Power Science and Technology Co. ,Ltd.	锰酸锂 Lithium manganate	SPIM08161227-25	3. 7	—	0. 5 ±0. 03	中信国安盟固利动力科技有限公司 CITIC Guoan Mengguli Power Science and Technology Co. , Ltd.	503. 2;606. 8	100;50	510;310	插电式混合动力客车 Plug-in Hybrid Bus	272	9427
	锰酸锂 Lithium manganate	SPIM11245190	3. 7	—	0. 77;0. 76	中信国安盟固利动力科技有限公司 CITIC Guoan Mengguli Power Science and Technology Co. , Ltd.	510; 511; 510. 6; 347. 8;562. 4	50;75	430; 320; 360; 301; 500;395;472;370	插电式混合动力客车 Plug-in Hybrid Bus	1000	
	锰酸锂 Lithium manganate	SPIM1124519032	3. 7	—	0. 79	中信国安盟固利动力科技有限公司 CITIC Guoan Mengguli Power Science and Technology Co. , Ltd.	407; 481; 532. 8; 651. 2	64;96	430; 468; 700; 625; 700(4 ×175 =700)	插电式混合动力客车 Plug-in Hybrid Bus	5228	
	锰酸锂 Lithium manganate	SPIM12161227-50	3. 7	—	0. 88	中信国安盟固利动力科技有限公司 CITIC Guoan Mengguli Power Science And technology Co. , Ltd.	355. 2	150;200	410;570	纯电动专用车 Pure Electric Special Car	1033	
	锰酸锂 Lithium manganate	SPIM14245190	3. 7	—	1. 03	中信国安盟固利动力科技有限公司 CITIC Guoan Mengguli Power Science and Technology Co. , Ltd.	385; 532. 8; 599; 355; 355. 2; 533; 592;599. 4;614. 2; 617. 9	70;35	375; 280; 260; 644; 320; 360; 270; 300; 490;644 (3 × 160 + 1 ×164 =644)	插电式混合动力客车 Plug-in Hybrid Bus	1765	
	锰酸锂 Lithium manganate	SPIM11245190	3. 7	—	0. 77	中信国安盟固利动力科技有限公司 CITIC Guoan Mengguli Power Science and Technology Co. , Ltd.	599. 4	75	725	燃料电池客车 Fuel Cell Bus	30	
	三元材料 Ternary material	PVS82165227-25	3. 7	—	0. 56	中信国安盟固利动力科技有限公司 CITIC Guoan Mengguli Power Science and Technology Co. , Ltd.	359	150	590	纯电动乘用车 Pure Electric Passenger Car	97	
	三元材料 Ternary material	SPIM 14245190	3. 7	—	0. 95	中信国安盟固利动力科技有限公司 CITIC Guoan Mengguli Power Science and Technology Co. , Ltd.	532. 8	35	210	插电式混合动力客车 Plug-in Hybrid Bus	2	

续上表

储能装置单体生产企业 Single Cell Production Enterprise of Energy Storage Device	储能装置种类 Types of Energy Storage Devices	储能装置单体型号 Cell Odels of Energy Storage Device	储能装置单体标称电压 Nominal Voltage of Monomer for Energy Storage Unit (V)	储能装置单体标称静电容量 Nominal Static Capacity of Super Capacitor Cell (F)	储能装置单体质量 Monomer Quality of Energy Storage Unit (kg)	储能装置总成生产企业 Production Company of Energy Storage Device Cell	储能装置总成标称电压 Nominal Voltage of Energy Storage Device Assembly (V)	储能装置总成标称容量 Nominal Capacity of Power Battery Assembly (Ah)	储能装置总成质量 Quality of Energy Storage Device Assembly (kg)	配套车辆类型 Matching Vehicle Type	2017 年配套车型产量小计 Subtotal Output of Supported Odels in 2017(辆, vehicle)	2017 年配套车型产量总计 Total Output of Supported Odels in 2017(辆, vehicle)
万向一二三股份公司 Wanxiang A123 System Co. ,Ltd. ;天津市捷威动力工业有限公司 Tianjin EV Energies Co. , Ltd. ;合肥国轩高科动力能源有限公司 Hefei Guo Xuan High-tech Power Energy Co. , Ltd.	三元材料 Ternary material	2101AAT; 2101AAT; INP2714891A-38AH	3. 7;3. 7;3. 6	—	0. 84;0. 84;0. 81	万向一二三股份公司 Wanxiang A123 System Co. , Ltd. ; 天津市捷威动力工业有限公司 Tianjin EV Energies Co. ,Ltd. ; 合肥国轩高科动力能源有限公司 Hefei Guo Xuan High-tech Power Energy Co. ,Ltd.	310. 8;310. 8;302	72;72;76	256	纯电动乘用车 Pure Electric Passenger Car	6043	7789
	三元材料 Ternary material	WX1213738; IXP72, 229, 269; INP2714891A-43Ah	3. 7;3. 7;3. 6	—	0. 84;0. 84;0. 93	万向一二三股份公司 Wanxiang A123 System Co. , Ltd. ; 天津市捷威动力工业有限公司 Tianjin EV Energies Co. ,Ltd. ; 合肥国轩高科动力能源有限公司 Hefei Guo Xuan High-tech Power Energy Co. ,Ltd.	310. 8;310. 8;302	76;76;86	250;250;260	纯电动乘用车 Pure Electric Passenger Car	1746	
哈尔滨光宇电源股份有限公司 Harbin COSLIGHT Power Co. ,Ltd.	磷酸铁锂 Lithium iron phosphate	FP45173207A	3. 2	—	3. 2	哈尔滨光宇电源股份有限公司 HARBIN COSLIGHT POWER Co. ,Ltd.	460. 8;547. 2; 614. 4	150;300	539;1425;799	纯电动客车 Pure Electric Bus	54	7785
	锰酸锂 Lithium manganate	NCMP1690200A	3. 7	—	0. 62	哈尔滨光宇电源股份有限公司 HARBIN COSLIGHT POWER Co. ,Ltd.	148	120	179	纯电动乘用车 Pure Electric Passenger Car	1506	
	三元材料 Ternary material	NCMP1690200 A	3. 7;3. 65	—	0. 62;1. 32;1. 52	哈尔滨光宇电源股份有限公司 Harbin COSLIGHT Power Co. , Ltd.	148; 99. 9; 144. 3; 321. 2;139;142. 35; 343. 1	192;120;128; 151;152;76	179; 192; 142; 305; 174;178. 5;200	纯电动乘用车 Pure Electric Passenger Car	6083	
	三元材料 Ternary material	NCMP1690200 A	3. 7	—	0. 63	江西江铃集团新能源汽车有限公司 Jiangxi Jiangling Group New Energy Automobile Co. , Ltd.	133. 2	127. 5	180	纯电动乘用车 Pure Electric Passenger Car	10	
	三元材料 Ternary material	NCMP1690200 A	3. 7;3. 75	—	0. 64;0. 625	哈尔滨光宇电源股份有限公司 Harbin COSLIGHT Power Co. , Ltd.	310. 8;355. 2;315	140;120	389;497;380	纯电动专用车 Pure Electric Special car	132	

续上表

储能装置单体生产企业 Single Cell Production Enterprise of Energy Storage Device	储能装置种类 Types of Energy Storage Devices	储能装置单体型号 Cell Odels of Energy Storage Device	储能装置单体标称电压 Nominal Voltage of Monomer for Energy Storage Unit (V)	储能装置单体标称静电容量 Nominal Static Capacity of Super Capacitor Cell (F)	储能装置单体质量 Monomer Quality of Energy Storage Unit (kg)	储能装置总成生产企业 Production Company of Energy Storage Device Cell	储能装置总成标称电压 Nominal Voltage of Energy Storage Device Assembly (V)	储能装置总成标称容量 Nominal Capacity of Power Battery Assembly (Ah)	储能装置总成质量 Quality of Energy Storage Device Assembly (kg)	配套车辆类型 Matching Vehicle Type	2017年配套车型产量小计 Subtotal Output of Supported Odels in 2017(辆, vehicle)	2017年配套车型产量总计 Total Output of Supported Odels in 2017(辆, vehicle)
北京国能电池科技股份有限公司 Beijing National Battery Polytron Technologies Inc.	磷酸铁锂 Lithium iron phosphate	PL20185265-75AH	3.2	—	1.8	北京国能电池科技股份有限公司 Beijing National Battery Polytron Technologies Inc.	537.6	225	1380	纯电动客车 Pure Electric Bus	1	7315
	磷酸铁锂 Lithium iron phosphate	PL27185265-100Ah	3.2	—	2.3	北京国能电池科技股份有限公司 Beijing National Battery Polytron Technologies Inc.	320	100	345	纯电动专用车 Pure Electric Special Car	3	
	磷酸铁锂 Lithium iron phosphate	PL13181250	3.2	—	1.25	北京国能电池科技股份有限公司 Beijing National Battery Polytron Technologies Inc.	384;512;608;524.8;537.6;544;576;588.8;614.4	180;480;300;240	575;760 ± 22;767;767.5;767.5 ± 23;760;920;2099;1253 ± 34;1340 ± 20;775 ± 22;775 ± 30;794.9;860;1440;1090;1090 ± 28;1160;2355;1500;767.5;1177.1;760	纯电动客车 Pure Electric Bus	2713	
	磷酸铁锂 Lithium iron phosphate	PL13181250	3.2	—	1.25	北京国能电池科技股份有限公司 Beijing National Battery Polytron Technologies Inc.	512	180	722	纯电动专用车 Pure Electric Special Car	453	
	磷酸铁锂 Lithium iron phosphate	PL13181250	3.2	—	1.25 ±0.03	北京国能电池科技股份有限公司 Beijing National Battery Polytron Technologies Inc.	512;537.6;563.2;576;588.8	180;240;300;600;360	740;760 ± 22;767.5 ± 23;1253 ± 34;1340 ± 20;2685 ± 80;1120 ± 20;860;860 ± 25;1726;1160;1170 ± 35;1177.1;1177.1 ± 35;1170 ± 35;	纯电动客车 Pure Electric Bus	1787	
	磷酸铁锂 Lithium iron phosphate	PL13181250	3.2	—	1.25 ±0.03	北京国能电池科技股份有限公司 Beijing National Battery Polytron Technologies Inc.	512	240	944	纯电动专用车 Pure Electric Special Car	118	
	磷酸铁锂 Lithium iron phosphate	PL13181250	3.2	—	1.25 ±0.3	北京国能电池科技股份有限公司 Beijing National Battery Polytron Technologies Inc.	614.4	300	1530 ±30	纯电动客车 Pure Electric Bus	4	
	磷酸铁锂 Lithium iron phosphate	PL17185265	3.2	—	1.5	北京国能电池科技股份有限公司 Beijing National Battery Polytron Technologies Inc.	544	180	918	纯电动客车 Pure Electric Bus	2	

续上表

储能装置单体生产企业 Single Cell Production Enterprise of Energy Storage Device	储能装置种类 Types of Energy Storage Devices	储能装置单体型号 Cell Odels of Energy Storage Device	储能装置单体标称电压 Nominal Voltage of Monomer for Energy Storage Unit (V)	储能装置单体标称静电容量 Nominal Static Capacity of Super Capacitor Cell (F)	储能装置单体质量 Monomer Quality of Energy Storage Unit (kg)	储能装置总成生产企业 Production Company of Energy Storage Device Cell	储能装置总成标称电压 Nominal Voltage of Energy Storage Device Assembly (V)	储能装置总成标称容量 Nominal Capacity of Power Battery Assembly (Ah)	储能装置总成质量 Quality of Energy Storage Device Assembly (kg)	配套车辆类型 Matching Vehicle Type	2017年配套车型产量小计 Subtotal Output of Supported Odels in 2017(辆,vehicle)	2017年配套车型产量总计 Total Output of Supported Odels in 2017(辆,vehicle)
北京国能电池科技股份有限公司 Beijing National Battery Polytron Technologies Inc.	磷酸铁锂 Lithium iron phosphate	PL20185265	3.2	—	1.6;1.8	北京国能电池科技股份有限公司 Beijing National Battery Polytron Technologies Inc.	403.2	150	700	纯电动客车 Pure Electric Bus	65	7315
	磷酸铁锂 Lithium iron phosphate	PL20185265	3.2	—	1.6	重庆长安新能源汽车有限公司 Chongqing Chang'an New Energy Automobile Co.,Ltd.	320	75	300	纯电动专用车 Pure Electric Special Car	3	
	三元材料 Ternary material	PL10161227	3.7	—	0.82	北京国能电池科技股份有限公司 Beijing National Battery Polytron Technologies Inc.	325.6	160	418	纯电动乘用车 Pure Electric Passenger Car	5	
	三元材料 Ternary material	PL62181250	3.7	—	0.65	北京国能电池科技股份有限公司 Beijing National Battery Polytron Technologies Inc.	355.2;407;414.4	120; 150; 90; 180	384; 480; 503; 310; 650;460	纯电动专用车 Pure Electric Special Car	2161	
江苏天鹏电源有限公司 Jiangsu Tenpower Lithium Co.,Ltd.	三元材料 Ternary material	ICR 18650	3.7	—	0.043±0.001	江苏金坛绿能新能源科技有限公司 Jiangsu Jintan Lvneng Amperex Technology Limited	148	114.4	171	纯电动乘用车 Pure Electric Passenger Car	5144	6920
	三元材料 Ternary material	ICR 18650	3.7	—	0.044	捷星新能源科技(苏州)有限公司 Jetstar New Energy Technology (Suzhou) Co.,Ltd.	532.8	143	670	纯电动专用车 Pure Electric Special Car	1	
	三元材料 Ternary material	ICR 18650	3.7	—	0.047	宁波利维能储能系统有限公司 EVPS Ningbo Energy Storage System Co.,Ltd.	321.9	112.8	320;320±5	纯电动专用车 Pure Electric Special Car	1399	
	三元材料 Ternary material	ICR 18650 3.7V 2.4Ah	3.7	—	0.044	捷星新能源科技(苏州)有限公司 Jetstar New Energy Technology (Suzhou) Co.,Ltd.	340.4	144	450	纯电动专用车 Pure Electric Special Car	376	
广州鹏辉能源科技股份有限公司 Guangzhou Great Power Energy and Technology Co.,Ltd.	多元复合锂电池 Multi element composite lithium battery	GSP27135206E,70Ah	3.55	—	1.55; 1.57 ± 0.03; 1.63	广州鹏辉能源科技股份有限公司 Guangzhou Great Power Energy and Technology Co.,Ltd.	360;333.7;539.6	210;280	730;690;1078	纯电动专用车 Pure Electric Special Car	1902	6832

续上表

储能装置单体生产企业 Single Cell Production Enterprise of Energy Storage Device	储能装置种类 Types of Energy Storage Devices	储能装置单体型号 Cell Odels of Energy Storage Device	储能装置单体标称电压 Nominal Voltage of Monomer for Energy Storage Unit (V)	储能装置单体标称静电容量 Nominal Static Capacity of Super Capacitor Cell (F)	储能装置单体质量 Monomer Quality of Energy Storage Unit (kg)	储能装置总成生产企业 Production Company of Energy Storage Device Cell	储能装置总成标称电压 Nominal Voltage of Energy Storage Device Assembly (V)	储能装置总成标称容量 Nominal Capacity of Power Battery Assembly (Ah)	储能装置总成质量 Quality of Energy Storage Device Assembly (kg)	配套车辆类型 Matching Vehicle Type	2017年配套车型产量小计 Subtotal Output of Supported Odels in 2017(辆, vehicle)	2017年配套车型产量总计 Total Output of Supported Odels in 2017(辆, vehicle)
广州鹏辉能源科技股份有限公司 Guangzhou Great Power Energy and Technology Co. ,Ltd.	多元复合锂电池 Multi element composite lithium battery	GSP09184165	3. 7	—	0. 55	广州鹏辉能源科技股份有限公司 Guangzhou Great Power Energy and Technology Co. ,Ltd.	148	180	196	纯电动乘用车 Pure Electric Passenger Car	258	6832
	磷酸铁锂 Lithium iron phosphate	GSP27135206H	3. 2	—	1. 65;1. 65 ±0. 02	广州鹏辉能源科技股份有限公司 Guangzhou Great Power Energy and Technology Co. ,Ltd.	576	160;240	760;114	纯电动客车 Pure Electric Bus	828	
	磷酸铁锂 Lithium iron phosphate	GSP09185190	3. 2	—	0. 615	广州鹏辉能源科技股份有限公司 Guangzhou Great Power Energy and Technology Co. ,Ltd.	77	198	165	纯电动乘用车 Pure Electric Passenger Car	362	
	三元材料 Ternary material	GSP09184165	3. 7	—	0. 55	广州鹏辉能源科技股份有限公司 Guangzhou Great Power Energy and Technology Co. ,Ltd.	148	180	196	纯电动乘用车 Pure Electric Passenger Car	196	
	三元材料 Ternary material	GSP27135206E, 70Ah	3. 55	—	1. 55;1. 57 ± 0. 03	广州鹏辉能源科技股份有限公司 Guangzhou Great Power Energy and Technology Co. ,Ltd.	360;333. 7	210;280	730;690	纯电动专用车 Pure Electric Special Car	328	
	三元材料 Ternary material	ICR 18650P2500MA	3. 6	—	0. 045	广州鹏辉能源科技股份有限公司 Guangzhou Great Power Energy and Technology Co. ,Ltd.	316. 8	127. 5	335	纯电动专用车 Pure Electric Special Car	3	
	三元材料 Ternary material	ICR 18650P2500MA	3. 6	—	0. 045;0. 045 ±0. 003	广州鹏辉能源科技股份有限公司 Guangzhou Great Power Energy and Technology Co. ,Ltd.	79;108;144	187. 5;197. 5	118;162;226	纯电动乘用车 Pure Electric Passenger Car	2955	
银隆新能源股份有限公司 Yinlong New Energy Limited by Share Ltd.	钛酸锂 Lithium titanate	200130205F	2. 3	—	1. 18	银隆新能源股份有限公司 Yinlong New Energy Limited by Share Ltd.	552	198(单组/Single group 99);264(单组/Single group 132)	2400;2395	纯电动客车 Pure Electric Bus	21	6052
	钛酸锂 Lithium titanate	66160A	2. 3	—	1. 15	银隆新能源股份有限公司 Yinlong New Energy Limited by Share Ltd.	577. 3;580	240;180	3450;2800	纯电动客车 Pure Electric Bus	45	

续上表

储能装置单体生产企业 Single Cell Production Enterprise of Energy Storage Device	储能装置种类 Types of Energy Storage Devices	储能装置单体型号 Cell Odels of Energy Storage Device	储能装置单体标称电压 Nominal Voltage of Monomer for Energy Storage Unit (V)	储能装置单体标称静电容量 Nominal Static Capacity of Super Capacitor Cell (F)	储能装置单体质量 Monomer Quality of Energy Storage Unit (kg)	储能装置总成生产企业 Production Company of Energy Storage Device Cell	储能装置总成标称电压 Nominal Voltage of Energy Storage Device Assembly (V)	储能装置总成标称容量 Nominal Capacity of Power Battery Assembly (Ah)	储能装置总成质量 Quality of Energy Storage Device Assembly (kg)	配套车辆类型 Matching Vehicle Type	2017年配套车型产量小计 Subtotal Output of Supported Odels in 2017(辆, vehicle)	2017年配套车型产量总计 Total Output of Supported Odels in 2017(辆, vehicle)
银隆新能源股份有限公司 Yinlong New Energy Limited by Share Ltd.	钛酸锂 Lithium titanate	66160A,66160F	2.3	—	1.15;1.18	银隆新能源股份有限公司 Yinlong New Energy Limited by Share Ltd.	580	180;175	2508; 2210; 2180; 2520	纯电动客车 Pure Electric Bus	2006	6052
	钛酸锂 Lithium titanate	66160F	2.3	—	1.18	银隆新能源股份有限公司 Yinlong New Energy Limited by Share Ltd.	577.3;580	210(单组/Single Group 105);105;140;175	2200; 1415; 1990; 2040; 2022; 2210; 2410;1650	纯电动客车 Pure Electric Bus	2193	
	钛酸锂 Lithium titanate	66160H	2.3	—	1.24	银隆新能源股份有限公司 Yinlong New Energy Limited by Share Ltd.	414; 577.3; 575; 579.6;580;588.8; 634.8	80;240(单组/Single Group 120);160;120	675; 3200; 2890; 1865; 1641; 1800; 2100; 2105; 1094; 1420;1475;2120	纯电动客车 Pure Electric Bus	1566	
	钛酸锂 Lithium titanate	66160H,66160F	2.3	—	1.24;1.18	银隆新能源股份有限公司 Yinlong New Energy Limited by Share Ltd.	580	120;105	1641;1610	纯电动客车 Pure Electric Bus	221	
浙江天能能源科技股份有限公司 Zhejiang Tianneng Electronics & Electric Appliance Co.,Ltd.; 远东福斯特新能源有限公司 FAR EAST FIRST New Energy Co.,Ltd.	三元材料 Ternary material	TNL-ITR18650-2200P; 18650-2400mAh	3.6;3.65	—	0.04;0.05	浙江天能能源科技股份有限公司 Zhejiang Tianneng Electronics &Electric Appliance Co.,Ltd.; 芜湖奇达动力电池系统有限公司 Wuhu Qida Power Battery System Co.,Ltd.	345;350	52.8/48.4;48	176/170;168	纯电动乘用车 Pure Electric Passenger Car	6004	6004
LG化学有限公司 LG Chem,Ltd.	三元材料 Ternary material	5QE 915123 *	3.62	—	0.7	三星(长春)动力电池有限公司 Samsung (Changchun) Power Battery Co.,Ltd.	382	37.5	142	插电式混合动力乘用车 Plug-in Hybrid Passenger Car	155	5558
	三元材料 Ternary material	P2.7	3.7	—	0.554;183	GM Subsystems Manufacturing;LLC	355	50.4;51	183;180.4	插电式混合动力乘用车 Plug-in Hybrid Passenger Car	5132	
	三元材料 Ternary material	P1.5	3.7	—	0.375	威睿电动汽车技术(苏州)有限公司 Weirui Electric Vehicle Technology(Suzhou)Co.,Ltd.; LG化学有限公司 LG Chem,Ltd.	370	23	140	插电式混合动力乘用车 Plug-in Hybrid Passenger Car	271	
中航锂电(洛阳)有限公司 China Aviation Lithium Battery. Co Ltd.	磷酸铁锂 Lithium iron phosphate	CAM72	3.2	—	1.78	中航锂电(洛阳)有限公司 China Aviation Lithium Battery. Co Ltd.	537.6	360	1820	纯电动专用车 Pure Electric Special Car	6	5518

续上表

储能装置单体生产企业 Single Cell Production Enterprise of Energy Storage Device	储能装置种类 Types of Energy Storage Devices	储能装置单体型号 Cell Odels of Energy Storage Device	储能装置单体标称电压 Nominal Voltage of Monomer for Energy Storage Unit (V)	储能装置单体标称静电容量 Nominal Static Capacity of Super Capacitor Cell (F)	储能装置单体质量 Monomer Quality of Energy Storage Unit (kg)	储能装置总成生产企业 Production Company of Energy Storage Device Cell	储能装置总成标称电压 Nominal Voltage of Energy Storage Device Assembly (V)	储能装置总成标称容量 Nominal Capacity of Power Battery Assembly (Ah)	储能装置总成质量 Quality of Energy Storage Device Assembly (kg)	配套车辆类型 Matching Vehicle Type	2017 年配套车型产量小计 Subtotal Output of Supported Odels in 2017(辆, vehicle)	2017 年配套车型产量总计 Total Output of Supported Odels in 2017(辆, vehicle)
中航锂电(洛阳)有限公司 China Aviation Lithium Battery. Co Ltd.	磷酸铁锂 Lithium iron phosphate	CAM72	3.2	—	1.75;1.78±0.1	中航锂电(洛阳)有限公司 China Aviation Lithium Battery. Co Ltd.	582.4;512	72;216	500;1115±15;1140	纯电动客车 Pure Electric Bus	507	5518
	磷酸铁锂 Lithium iron phosphate	L135F68	3.2	—	1.6;1.60±0.15	中航锂电(洛阳)有限公司 China Aviation Lithium Battery. Co Ltd.	537.6;614.4	204;272	1110; 1271; 1672; 1675; 1290; 1125; 1705;1492	纯电动客车 Pure Electric Bus	1312	
	磷酸铁锂 Lithium iron phosphate	L135F75	3.2	—	1.82±0.1	北京海博思创科技有限公司 Beijing Hyper Strong Technology Co. ,Ltd.	537.6	150	850	纯电动专用车 Pure Electric Special Car	2644	
	磷酸铁锂 Lithium iron phosphate	SE180AHA	3.2	—	5.6	中航锂电(洛阳)有限公司 China Aviation Lithium Battery. Co Ltd.	512	360	2300	纯电动客车 Pure Electric Bus	1	
	磷酸铁锂 Lithium iron phosphate	L173F120	3.2	—	2.85;2.85±0.1	中航锂电(洛阳)有限公司 China Aviation Lithium Battery. Co Ltd.	518.4;460.8; 537.6	360;240	1818;1818±54; 1104;1285	纯电动客车 Pure Electric Bus	406	
	三元材料 Ternary material	P161N22A	3.7	—	0.495;0.505	中航锂电(洛阳)有限公司 China Aviation Lithium Battery. Co Ltd.	318.2;148	132;176	400;257	纯电动专用车 Pure Electric Special Car	36	
	三元材料 Ternary material	P161N22A	3.7	—	0.505	中航锂电(洛阳)有限公司 China Aviation Lithium Battery. Co Ltd.	318.2	132	400±5	纯电动乘用车 Pure Electric Passenger Car	606	
东莞市振华新能源科技有限公司 Dongguan Zhenhua Amperex Technology Limited	多元复合锂电池 Multi element composite lithium battery	SW18650-26HP	3.6	—	0.045±0.0015	东莞市振华新能源科技有限公司 Dongguan Zhenhua Amperex Technology Limited	367.2	265.2	750	纯电动专用车 Pure Electric Special Car	1	4844
	三元材料 Ternary material	SW18650-25HP	3.6	—	0.045	华霆(合肥)动力技术有限公司 Huating(Hefei) Power Technology Co. ,Ltd.	144	120	180	纯电动乘用车 Pure Electric Passenger Car	2142	
	三元材料 Ternary material	SW18650-25HP	3.6	—	0.045	福建易动力电子科技股份有限公司 Fujian E-Power Elctronic Tchnology Co. ,Ltd.	324	115.2	330	纯电动专用车 Pure Electric Special Car	1512	

续上表

储能装置单体生产企业 Single Cell Production Enterprise of Energy Storage Device	储能装置种类 Types of Energy Storage Devices	储能装置单体型号 Cell Odels of Energy Storage Device	储能装置单体标称电压 Nominal Voltage of Monomer for Energy Storage Unit (V)	储能装置单体标称静电容量 Nominal Static Capacity of Super Capacitor Cell (F)	储能装置单体质量 Monomer Quality of Energy Storage Unit (kg)	储能装置总成生产企业 Production Company of Energy Storage Device Cell	储能装置总成标称电压 Nominal Voltage of Energy Storage Device Assembly (V)	储能装置总成标称容量 Nominal Capacity of Power Battery Assembly (Ah)	储能装置总成质量 Quality of Energy Storage Device Assembly (kg)	配套车辆类型 Matching Vehicle Type	2017年配套车型产量小计 Subtotal Output of Supported Odels in 2017(辆, vehicle)	2017年配套车型产量总计 Total Output of Supported Odels in 2017(辆, vehicle)
东莞市振华新能源科技有限公司 Dongguan Zhenhua Amperex Technology Limited	三元材料 Ternary material	SW18650－25HP	3.6	—	0.046	江苏维科新能源科技有限公司 JiangSu Vehicle Power Technology Co.,Ltd.	316.8	57.6	180	燃料电池专用车 Fuel Cell Special Car	56	4844
	三元材料 Ternary material	SW18650-26HP	3.6	—	0.045±0.001	惠州市蓝微新源技术有限公司 Huizhou Blueway Electronics Co.,Ltd.	324	145.6	390	纯电动专用车 Pure Electric Special Car	81	
	三元材料 Ternary material	SW18650-26HP	3.6	—	0.045±0.001	惠州市蓝微新源技术有限公司 Huizhou Blueway Electronics Co.,Ltd.	324	145.6	390	纯电动乘用车 Pure Electric Passenger Car	194	
	三元材料 Ternary material	SW18650-26HP	3.6	—	0.045±0.015	德兴市恒和新能源有限公司 Dexing Heng He New Energy Co.,Ltd.	367.2	114.4	395	纯电动专用车 Pure Electric Special Car	502	
	三元材料 Ternary material	SW18650-26HPA	3.6	—	0.045	陕西邦华新能源动力有限公司 Shaanxi Bang Hua New Energy Power Co.,Ltd.	313.2	124.8	240	纯电动专用车 Pure Electric Special Car	201	
	三元材料 Ternary material	SW18650-26HPA	3.65	—	0.045	华霆(合肥)动力技术有限公司莆田分公司 Hua Ting(Hefei) Power Technology Co.,Ltd. Putian Branch	343	114.4	220	纯电动乘用车 Pure Electric Passenger Car	155	
广西卓能新能源科技有限公司 Guangxi Zhuo Neng Amperex Technology Limited	三元材料 Ternary material	INR18650P-2200mAh	3.6	—	0.045	浙江超威创元实业有限公司 Zhejiang Chaowei Chuangyuan Shiye Co.,Ltd.	144	206.8	290	纯电动专用车 Pure Electric Special Car	10	4633
	三元材料 Ternary material	INR18650P (3.6V, 2.4Ah)	3.6	—	0.045	广西卓能新能源科技有限公司 Guangxi Zhuo Neng Amperex Technology Limited	140.4	156	177	纯电动专用车 Pure Electric Special Car	259	
	三元材料 Ternary material	INR18650P-2600mAh	3.6	—	0.0455±0.0005	河南锂想动力科技有限公司 Henan Lixiangdongli Technology Co.,Ltd.	324	117	308±4	纯电动专用车 Pure Electric Special Car	3	

续上表

储能装置单体生产企业 Single Cell Production Enterprise of Energy Storage Device	储能装置种类 Types of Energy Storage Devices	储能装置单体型号 Cell Odels of Energy Storage Device	储能装置单体标称电压 Nominal Voltage of Monomer for Energy Storage Unit (V)	储能装置单体标称静电容量 Nominal Static Capacity of Super Capacitor Cell (F)	储能装置单体质量 Monomer Quality of Energy Storage Unit (kg)	储能装置总成生产企业 Production Company of Energy Storage Device Cell	储能装置总成标称电压 Nominal Voltage of Energy Storage Device Assembly (V)	储能装置总成标称容量 Nominal Capacity of Power Battery Assembly (Ah)	储能装置总成质量 Quality of Energy Storage Device Assembly (kg)	配套车辆类型 Matching Vehicle Type	2017 年配套车型产量小计 Subtotal Output of Supported Odels in 2017(辆, vehicle)	2017 年配套车型产量总计 Total Output of Supported Odels in 2017(辆, vehicle)
广西卓能新能源科技有限公司 Guangxi Zhuo Neng Amperex Technology Limited	三元材料 Ternary material	INR18650P	3. 6	—	0. 045	天津中聚新能源科技有限公司 Tianjin Sinopoly New Energy Technology Co. ,Ltd.	316. 8	105	330	纯电动乘用车 Pure Electric Passenger Car	243	4633
	三元材料 Ternary material	INR18650P	3. 6	—	0. 044;0. 045;0. 047	浙江宝成机械科技有限公司 Zhejiang Baocheng Machinery Technology Co. ,Ltd. ; 天津中聚新能源科技有限公司 Tianjin Sinopoly New Energy Technology Co. ,Ltd. ; 江苏维科新能源科技有限公司 JiangSu Vehicle Power Technology Co. , Ltd.	316. 8;151. 2	110;105; 266. 2	280;330;310	纯电动专用车 Pure Electric Special Car	534	
	三元材料 Ternary material	INR18650P	3. 6	—	0. 04;0. 046 ± 0. 0015;0. 047	江苏正昀新能源技术有限公司 Jiangsu Zheng Yun New Energy Technology Co. ,Ltd.	352. 8;324;352. 8; 151	206. 8;143; 213. 4;266; 206. 8	630; 420; 630; 300; 310;330	纯电动专用车 Pure Electric Special Car	2621	
	三元材料 Ternary material	INR1865P	3. 7	—	0. 046	江苏维科新能源科技有限公司 JiangSu Vehicle Power Technology Co. ,Ltd.	532. 8	143	620	纯电动专用车 Pure Electric Special Car	50	
	三元材料 Ternary material	INR1865P	3. 7	—	0. 0485	江苏正昀新能源技术有限公司 Jiangsu Zheng Yun New Energy Technology Co. ,Ltd.	340. 4	117	315	纯电动专用车 Pure Electric Special Car	11	
	三元材料 Ternary material	INR1865P	3. 7	—	0. 048;0. 048 ±0. 002	江苏索尔新能源科技股份有限公司 Jiangsu Soul New Energy Technoligy,Inc.	325. 6	270. 4;101. 4; 202. 8	740;277. 5;555	纯电动专用车 Pure Electric Special Car	902	
河南新太行电源股份有限公司 Henan Xintaihang Power Source Co. ,Ltd.	磷酸铁锂 Lithium iron phosphate	IFR26650	3. 2	—	0. 088	河南新太行电源股份有限公司 Henan Xintaihang Power Source Co. ,Ltd.	499. 2	99	630	纯电动专用车 Pure Electric Special Car	7	4585
	磷酸铁锂 Lithium iron phosphate	IFR26650	3. 2	—	0. 088	河南新太行电源股份有限公司 Henan Xintaihang Power Source Co. ,Ltd.	512	79. 2	540	纯电动专用车 Pure Electric Special Car	4	

续上表

储能装置单体生产企业 Single Cell Production Enterprise of Energy Storage Device	储能装置种类 Types of Energy Storage Devices	储能装置单体型号 Cell Odels of Energy Storage Device	储能装置单体标称电压 Nominal Voltage of Monomer for Energy Storage Unit (V)	储能装置单体标称静电容量 Nominal Static Capacity of Super Capacitor Cell (F)	储能装置单体质量 Monomer Quality of Energy Storage Unit (kg)	储能装置总成生产企业 Production Company of Energy Storage Device Cell	储能装置总成标称电压 Nominal Voltage of Energy Storage Device Assembly (V)	储能装置总成标称容量 Nominal Capacity of Power Battery Assembly (Ah)	储能装置总成质量 Quality of Energy Storage Device Assembly (kg)	配套车辆类型 Matching Vehicle Type	2017年配套车型产量小计 Subtotal Output of Supported Odels in 2017(辆, vehicle)	2017年配套车型产量总计 Total Output of Supported Odels in 2017(辆, vehicle)
河南新太行电源股份有限公司 Henan Xintaihang Power Source Co.,Ltd.	磷酸铁锂 Lithium iron phosphate	IFR26650	3.2	—	0.088	河南新太行电源股份有限公司 Henan Xintaihang Power Source Co.,Ltd.	0	59.4	380	纯电动专用车 Pure Electric Special Car	7	4585
	磷酸铁锂 Lithium iron phosphate	IFR26650-3300mAh	3.2	—	0.086	河南新太行电源股份有限公司 Henan Xintaihang Power Source Co.,Ltd.	550.4	138.6	690	纯电动专用车 Pure Electric Special Car	13	
	磷酸铁锂 Lithium iron phosphate	IFR26650-3300mAh	3.2	—	0.086 ±0.010	河南新太行电源股份有限公司 Henan Xintaihang Power Source Co.,Ltd.	550.4	138.6	847	纯电动专用车 Pure Electric Special Car	84	
	磷酸铁锂 Lithium iron phosphate	IFR26650-3600mAh	3.2	—	0.086 ±0.005	河南新太行电源股份有限公司 Henan Xintaihang Power Source Co.,Ltd.	550.4	151.2	860	纯电动专用车 Pure Electric Special Car	2000	
	三元材料 Ternary material	INR18650-2200mAh	3.6	—	0.045 ±0.002	河南新太行电源股份有限公司 Henan Xintaihang Power Source Co.,Ltd.	144	281.6	350	纯电动专用车 Pure Electric Special Car	405	
	三元材料 Ternary material	INR18650-2200mAh, INR18650-2200mAh	3.7,3.6	—	0.044	河南新太行电源股份有限公司 Henan Xintaihang Power Source Co.,Ltd.	144,144	110,120	176,180	纯电动乘用车 Pure Electric Passenger Car	1664	
	三元材料 Ternary material	INR18650-2600mAh	3.6	—	0.045	河南新太行电源股份有限公司 Henan Xintaihang Power Source Co.,Ltd.	374.4	104	350	纯电动专用车 Pure Electric Special Car	401	
微宏动力系统(湖州)有限公司 Microvast Power Systems Co.,Ltd.	燃料电池 Fuel Cell	MV06203127NPP	3.55	—	0.298	微宏动力系统(湖州)有限公司 Microvast Power Systems Co., Ltd.	568	63	800	燃料电池客车 Fuel Cell Bus	10	4536
	锰酸锂 Lithium manganate	MV07220126MPE	3.6	—	0.336 ±0.003	微宏动力系统(湖州)有限公司 Microvast Power Systems Co., Ltd.	345.6	120	405	燃料电池客车 Fuel Cell Bus	20	
	锰酸锂 Lithium manganate	MV06203127MPP	3.55	—	0.310 ±0.005	微宏动力系统(湖州)有限公司 Microvast Power Systems Co., Ltd.	340.8	60	526 ±5	燃料电池专用车 Fuel Cell Special Car	535	

续上表

储能装置单体生产企业 Single Cell Production Enterprise of Energy Storage Device	储能装置种类 Types of Energy Storage Devices	储能装置单体型号 Cell Odels of Energy Storage Device	储能装置单体标称电压 Nominal Voltage of Monomer for Energy Storage Unit (V)	储能装置单体标称静电容量 Nominal Static Capacity of Super Capacitor Cell (F)	储能装置单体质量 Monomer Quality of Energy Storage Unit (kg)	储能装置总成生产企业 Production Company of Energy Storage Device Cell	储能装置总成标称电压 Nominal Voltage of Energy Storage Device Assembly (V)	储能装置总成标称容量 Nominal Capacity of Power Battery Assembly (Ah)	储能装置总成质量 Quality of Energy Storage Device Assembly (kg)	配套车辆类型 Matching Vehicle Type	2017 年配套车型产量小计 Subtotal Output of Supported Odels in 2017(辆, vehicle)	2017 年配套车型产量总计 Total Output of Supported Odels in 2017(辆, vehicle)
微宏动力系统(湖州)有限公司 Microvast Power Systems Co. ,Ltd.	锰酸锂 Lithium manganate	MPS036120MPE; MPS036105MPE	3. 6	—	0. 336 ±0. 003	微宏动力系统(湖州)有限公司 Microvast Power Systems Co. , Ltd.	576	240;210	1171;1025	纯电动客车 Pure Electric Bus	14	4536
	锰酸锂 Lithium manganate	MV06203127MPP	3. 55	—	0. 31	微宏动力系统(湖州)有限公司 Microvast Power Systems Co. , Ltd.	543. 15	160	1530	纯电动客车 Pure Electric Bus	56	
	锰酸锂 Lithium manganate	MV07203127MPP	3. 55	—	0. 335;0. 335 ±0. 005	微宏动力系统(湖州)有限公司 Microvast Power Systems Co. , Ltd.	347. 9;575	55;44;88	300;405;790;810	插电式混合动力客车 Plug-in Hybrid Bus	245	
	锰酸锂 Lithium manganate	MV07220126MPE	3. 6	—	0. 336;0. 336 ±0. 003	微宏动力系统(湖州)有限公司 Microvast Power Systems Co. , Ltd.	561. 6; 345. 6; 518. 4	75;120;60	400;405;268	插电式混合动力客车 Plug-in Hybrid Bus	480	
	锰酸锂 Lithium manganate	MV07220126MPE	3. 6	—	0. 336;0. 336 ±0. 003	微宏动力系统(湖州)有限公司 Microvast Power Systems Co. , Ltd.	518. 4; 576; 518; 604. 8;561. 6	180;240;270; 120;210;150	800;1171;1200;536; 796;1088 ± 20;1025; 1179;714	纯电动客车 Pure Electric Bus	2596	
	锰酸锂 Lithium manganate	MV07335132MPE	3. 6	—	0. 50 ±0. 01	微宏动力系统(湖州)有限公司 Microvast Power Systems Co. , Ltd.	518. 4	144	660	纯电动客车 Pure Electric Bus	50	
	锰酸锂 Lithium manganate	MV07335132MPE	3. 6	—	0. 50 ±0. 01	微宏动力系统(湖州)有限公司 Microvast Power Systems Co. , Ltd.	518. 4	48;96	230;440;440 ±10	插电式混合动力客车 Plug-in Hybrid Bus	530	
深圳市比克动力电池有限公司 Shenzhen BAK Power Battery Co. Ltd. ; 郑州比克电池有限公司 Zhengzhou BAK Battery Co. ,Ltd.	三元材料 Ternary material	H18650CIL2. 4Ah	3. 6	—	0. 048,0. 046 ±0. 003	深圳市比克动力电池有限公司 Shenzhen BAK Power Battery Co. Ltd. ; 郑州比克电池有限公司 Zhengzhou BAK Battery Co. , Ltd.	547. 2	141. 6,141. 6	650,658 ±10	纯电动专用车 Pure Electric Special Car	43	4299
	三元材料 Ternary material	H8650CC2. 15Ah; H18650 CIL,2. 4Ah	3. 6	—	0. 044 ± 0. 003, 0. 046 ±0. 003	大连中比动力电池有限公司 Dalian CBAK Power Battery Co. ,Ltd. ; 郑州比克电池有限公司 Zhengzhou BAK Battery Co. , Ltd.	547. 2	141. 9,141. 6	700,658 ±10	纯电动专用车 Pure Electric Special Car	4256	

续上表

储能装置单体生产企业 Single Cell Production Enterprise of Energy Storage Device	储能装置种类 Types of Energy Storage Devices	储能装置单体型号 Cell Odels of Energy Storage Device	储能装置单体标称电压 Nominal Voltage of Monomer for Energy Storage Unit (V)	储能装置单体标称静电容量 Nominal Static Capacity of Super Capacitor Cell (F)	储能装置单体质量 Monomer Quality of Energy Storage Unit (kg)	储能装置总成生产企业 Production Company of Energy Storage Device Cell	储能装置总成标称电压 Nominal Voltage of Energy Storage Device Assembly (V)	储能装置总成标称容量 Nominal Capacity of Power Battery Assembly (Ah)	储能装置总成质量 Quality of Energy Storage Device Assembly (kg)	配套车辆类型 Matching Vehicle Type	2017年配套车型产量小计 Subtotal Output of Supported Odels in 2017(辆, vehicle)	2017年配套车型产量总计 Total Output of Supported Odels in 2017(辆, vehicle)
江苏海四达电源股份有限公司 Jiangsu HIGHSTAR Power Limited by Share Ltd.	磷酸铁锂 Lithium iron phosphate	IFP36115200-68	3. 2	—	1. 6 ±0. 1	陕西华星电子集团有限公司 Shaanxi Huaxing Electronic Group Co. ,Ltd.	524. 8	136	742. 8 ±5	纯电动专用车 Pure Electric Special Car	340	3903
	磷酸铁锂 Lithium iron phosphate	IFP36115200-68	3. 2	—	1. 6;1. 6 ±0. 1	江苏海四达电源股份有限公司 Jiangsu HIGHSTAR Power Limited by Share Ltd.	550. 4; 611. 2; 563. 2;550. 4	204;272;340	1070; 1532; 1816; 1545	纯电动客车 Pure Electric Bus	548	
	磷酸铁锂 Lithium iron phosphate	IFP36115220-78	3. 2	—	1. 68 ±0. 1	江苏海四达电源股份有限公司 Jiangsu HIGHSTAR Power Limited by Share Ltd.	537. 6;576;601. 6	312;156	1393;775;812	纯电动客车 Pure Electric Bus	407	
	磷酸铁锂 Lithium iron phosphate	IFP36115220-78	3. 2	—	1. 68	迪斯达新能源(上海)有限公司 Disda New Energy (Shanghai) Co. ,Ltd.	601. 6	156	796	纯电动客车 Pure Electric Bus	55	
	三元材料 Ternary material	ISR18650-2600	3. 6	—	0. 045;0. 045 ±0. 002	江苏海四达电源股份有限公司 Jiangsu HIGHSTAR Power Limited by Share Ltd.	302. 4;320. 4;324; 256. 4;360	163. 8; 130; 114. 4;127. 4; 247	376; 335; 280; 375; 668. 5	纯电动专用车 Pure Electric Special Car	2541	
	三元材料 Ternary material	ISR18650-2600	3. 7	—	0. 044	江苏海四达电源股份有限公司 Jiangsu HIGHSTAR Power Limited by Share Ltd.	325. 6	169	415	纯电动专用车 Pure Electric Special Car	12	
超威电源有限公司 Chilwee Power Co. ,Ltd.	三元材料 Ternary material	INP1368130A	3. 6	—	0. 26	浙江超威创元实业有限公司 Zhejiang Chaowei Chuangyuan Shiye Co. ,Ltd.	120;144	120	130	纯电动乘用车 Pure Electric Passenger Car	3740	3740
天津力神电池股份有限公司 TianJin Lishen Battery Joint-Stock Co. ,Ltd.	三元材料 Ternary material	18650(2. 2Ah)	3. 6	—	0. 04	华霆(合肥)动力技术有限公司 Huating(Hefei) Power Technology Co. ,Ltd.	331	69	230	纯电动乘用车 Pure Electric Passenger Car	103	3618
	三元材料 Ternary material	18650(2. 2Ah)	3. 6	—	0. 045 ±0. 002	杭州安靠电源有限公司 Suzhou Ankao Energy Co. , Ltd.	540	96. 8	5. 5	纯电动专用车 Pure Electric Special Car	200	
	三元材料 Ternary material	18650(2. 2Ah)	3. 6	—	0. 045 ±0. 002	天津力神电池股份有限公司 TianJin Lishen Battery Joint-Stock Co. ,Ltd.	108	187	209	纯电动乘用车 Pure Electric Passenger Car	3315	

续上表

储能装置单体生产企业 Single Cell Production Enterprise of Energy Storage Device	储能装置种类 Types of Energy Storage Devices	储能装置单体型号 Cell Odels of Energy Storage Device	储能装置单体标称电压 Nominal Voltage of Monomer for Energy Storage Unit (V)	储能装置单体标称静电容量 Nominal Static Capacity of Super Capacitor Cell (F)	储能装置单体质量 Monomer Quality of Energy Storage Unit (kg)	储能装置总成生产企业 Production Company of Energy Storage Device Cell	储能装置总成标称电压 Nominal Voltage of Energy Storage Device Assembly (V)	储能装置总成标称容量 Nominal Capacity of Power Battery Assembly (Ah)	储能装置总成质量 Quality of Energy Storage Device Assembly (kg)	配套车辆类型 Matching Vehicle Type	2017年配套车型产量小计 Subtotal Output of Supported Odels in 2017(辆, vehicle)	2017年配套车型产量总计 Total Output of Supported Odels in 2017(辆, vehicle)
深圳市比亚迪锂电池有限公司 BYD Lithium Battery Co. ,Ltd.	磷酸铁锂 Lithium iron phosphate	FADM07315F	3.2	—	6.52	深圳市比亚迪锂电池有限公司 BYD Lithium Battery Co. ,Ltd.	422.4;448	300;600	1219;2258;1197.8	纯电动客车 Pure Electric Bus	271	3266
	磷酸铁锂 Lithium iron phosphate	FADM07315G	3.2	—	6.72	深圳市比亚迪锂电池有限公司 BYD Lithium Battery Co. ,Ltd.	473.6;512;614.4	640;320	2500;2600;1560;1755.2	纯电动客车 Pure Electric Bus	2994	
	磷酸铁锂 Lithium iron phosphate	FADM07325A	3.2	—	1.86	深圳市比亚迪锂电池有限公司 BYD Lithium Battery Co. ,Ltd.	576;480	160	960;800	纯电动客车 Pure Electric Bus	1	
东莞市创明电池技术有限公司 Dongguan Chuang Ming Battery Technology Co. , Ltd.	三元材料 Ternary material	CMICR18650F8L	3.6	—	0.046±0.0015	江苏正昀新能源技术有限公司 Jiangsu Zheng Yun New Energy Technology Co. ,Ltd.	324	143	420	纯电动专用车 Pure Electric Special Car	5	2925
	三元材料 Ternary material	CMICR18650F8Q	3.6	—	0.046	湖南金杯新能源发展有限公司 Hunan Jinbei New Energy Developments Ltd.	144	117	125	纯电动乘用车 Pure Electric Passenger Car	1	
	三元材料 Ternary material	CMICR18650F5	3.6	—	0.045	杭州安靠电源有限公司 Hangzhou Ankao Energy Co. , Ltd. ; 金华市康迪新能源车辆有限公司 Jinhua Kandi New Energy Vehicle Co. ,Ltd.	317;108	114;185	335;184	纯电动乘用车 Pure Electric Passenger Car	759	
	三元材料 Ternary material	CMICR18650F8	3.6	—	0.046	湖南金杯新能源发展有限公司 Hunan Jinbei New Energy Developments Ltd. ; 南京中欧威能新能源动力系统有限公司 Nanjing Central Europe VAILLANT New Energy Power System Co. ,Ltd. ; 浙江新吉奥动力科技有限公司	316.8;345.6	137.5;135;132.5;117.5	340;380;407;353	纯电动专用车 Pure Electric Special Car	125	

续上表

储能装置单体生产企业 Single Cell Production Enterprise of Energy Storage Device	储能装置种类 Types of Energy Storage Devices	储能装置单体型号 Cell Odels of Energy Storage Device	储能装置单体标称电压 Nominal Voltage of Monomer for Energy Storage Unit (V)	储能装置单体标称静电容量 Nominal Static Capacity of Super Capacitor Cell (F)	储能装置单体质量 Monomer Quality of Energy Storage Unit (kg)	储能装置总成生产企业 Production Company of Energy Storage Device Cell	储能装置总成标称电压 Nominal Voltage of Energy Storage Device Assembly (V)	储能装置总成标称容量 Nominal Capacity of Power Battery Assembly (Ah)	储能装置总成质量 Quality of Energy Storage Device Assembly (kg)	配套车辆类型 Matching Vehicle Type	2017年配套车型产量小计 Subtotal Output of Supported Odels in 2017(辆, vehicle)	2017年配套车型产量总计 Total Output of Supported Odels in 2017(辆, vehicle)
东莞市创明电池技术有限公司 Dongguan Chuang Ming Battery Technology Co., Ltd.	三元材料 Ternary material	CMICR18650F8	3.6	—	0.046;0.046 ± 0.0015	湖南金杯新能源发展有限公司 Hunan Jinbei New Energy Developments Ltd.; 金华市康迪新能源车辆有限公司 Jinhua Kandi New Energy Vehicle Co., Ltd.; 江苏金坛绿能新能源科技有限公司 Jiangsu Jintan Lvneng Amperex Technology Limited	345.6; 108; 158; 144	95; 190; 120; 115	273;170;158;168	纯电动乘用车 Pure Electric Passenger Car	2035	2925
江苏金阳光新能源科技有限公司 Jiangsu Golden Sunshine New Energy Technology Co., Ltd.	三元材料 Ternary material	GSE26800-57NP	3.6	—	0.115 ±0.003	江苏金阳光新能源科技有限公司 Jiangsu Golden Sunshine New Energy Technology Co., Ltd.	356.4	148.2	435	纯电动乘用车 Pure Electric Passenger Car	353	2534
	三元材料 Ternary material	GSE26800-57NP	3.6	—	0.115 ±0.003	江苏金阳光新能源科技有限公司 Jiangsu Golden Sunshine New Energy Technology Co., Ltd.	356.4;360	148.2; 125.4; 205.2	435;375;615	纯电动专用车 Pure Electric Special Car	2181	
天津力神电池股份有限公司 TianJin Lishen Battery Joint-Stock Co., Ltd.; 惠州亿纬锂能股份有限公司 Huizhou EVE Energy Co., Ltd.	三元材料 Ternary material	18650; 3.6V 2.6Ah; 3.6V 2.6Ah	3.6	—	0.045 ±0.001; 0.045 ±0.002	天津力神电池股份有限公司 TianJin Lishen Battery Joint-Stock Co., Ltd.; 天津华泰亿纬电源有限公司 Tianjin Huatai Yiwei Power Supply Co., Ltd.	316.8	110;143;125	348;382.8;368.2	纯电动乘用车 Pure Electric Passenger Car	877	2376
	三元材料 Ternary material	18650;3.6V 2.6Ah	3.6	—	0.045 ±0.002	天津力神电池股份有限公司 TianJin Lishen Battery Joint-Stock Co., Ltd.; 天津华泰亿纬电源有限公司 Tianjin Huatai Yiwei Power Supply Co., Ltd.	331.2	150.8;140.25	400;410	纯电动乘用车 Pure Electric Passenger Car	1499	
东莞市迈科新能源有限公司 Dongguan Mcnair New Energy Co., Ltd.	磷酸铁锂 Lithium iron phosphate	LFP32650	3.2	—	0.155	东莞市迈科新能源有限公司 Dongguan Mcnair New Energy Co., Ltd.	320	95	340	纯电动专用车 Pure Electric Special Car	14	2245
	磷酸铁锂 Lithium iron phosphate	MC-LFP 5.0Ah	3.2	—	0.145 ±0.0005	东莞市迈科新能源有限公司 Dongguan Mcnair New Energy Co., Ltd.	323.2	130	401	纯电动专用车 Pure Electric Special Car	1088	

续上表

储能装置单体生产企业 Single Cell Production Enterprise of Energy Storage Device	储能装置种类 Types of Energy Storage Devices	储能装置单体型号 Cell Odels of Energy Storage Device	储能装置单体标称电压 Nominal Voltage of Monomer for Energy Storage Unit (V)	储能装置单体标称静电容量 Nominal Static Capacity of Super Capacitor Cell (F)	储能装置单体质量 Monomer Quality of Energy Storage Unit (kg)	储能装置总成生产企业 Production Company of Energy Storage Device Cell	储能装置总成标称电压 Nominal Voltage of Energy Storage Device Assembly (V)	储能装置总成标称容量 Nominal Capacity of Power Battery Assembly (Ah)	储能装置总成质量 Quality of Energy Storage Device Assembly (kg)	配套车辆类型 Matching Vehicle Type	2017年配套车型产量小计 Subtotal Output of Supported Odels in 2017(辆, vehicle)	2017年配套车型产量总计 Total Output of Supported Odels in 2017(辆, vehicle)
东莞市迈科新能源有限公司 Dongguan Mcnair New Energy Co.,Ltd.	磷酸铁锂 Lithium iron phosphate	MC-LFP32650C-5.3Ah	3.2	—	0.141±0.003	东莞市迈科新能源有限公司 Dongguan Mcnair New Energy Co.,Ltd.	576;601.6	222.6;238.5;212	1505;1580;1454	纯电动客车 Pure Electric Bus	290	2245
	磷酸铁锂 Lithium iron phosphate	MC-LFP32650C-5.5Ah	3.2	—	0.141±0.002	东莞市迈科新能源有限公司 Dongguan Mcnair New Energy Co.,Ltd.	515.2;534.4	192.5;297	1240;1984	纯电动客车 Pure Electric Bus	50	
	磷酸铁锂 Lithium iron phosphate	MC-LFP71174200P-240Ah	3.2	—	5.1±0.3	东莞市迈科新能源有限公司 Dongguan Mcnair New Energy Co.,Ltd.	528;576	480;240	1973;1061	纯电动客车 Pure Electric Bus	12	
	三元材料 Ternary material	MC-NCM32650C-7.0Ah	3.67	—	0.153;0.153±0.005	东莞市迈科新能源有限公司 Dongguan Mcnair New Energy Co.,Ltd.	359.6;550.5	210;140	685;720	纯电动专用车 Pure Electric Special Car	2	
	三元材料 Ternary material	MC-NCM6.3Ah	3.6	—	0.15	东莞市迈科新能源有限公司 Dongguan Mcnair New Energy Co.,Ltd.	327.6	100.8	315	纯电动乘用车 Pure Electric Passenger Car	290	
	三元材料 Ternary material	MC-NCM6.3Ah	3.6	—	0.15	东莞市迈科新能源有限公司 Dongguan Mcnair New Energy Co.,Ltd.	327.6;352.8;360	100.8;126;201.6	315;404;690	纯电动专用车 Pure Electric Special Car	499	
桑顿新能源科技有限公司 Hunan Sangdun New Energy Co.,Ltd.	磷酸铁锂 Lithium iron phosphate	SEPFe11212268P-51Ah	3.2	—	1.03;1.03±0.05	桑顿新能源科技有限公司 Hunan Sangdun New Energy Co.,Ltd.	512;524.8;556.8	306;204	1352;930;1478;1361	纯电动客车 Pure Electric Bus	14	2209
	三元材料 Ternary material	SEPNi7688190P-12.5Ah	3.6	—	0.260±0.015;0.275±0.015	桑顿新能源科技有限公司 Hunan Sangdun New Energy Co.,Ltd.	108;309.6	187.5;125	211;410;230±5	纯电动乘用车 Pure Electric Passenger Car	1991	
	三元材料 Ternary material	SEPNi8688190P-17Ah	3.6	—	0.290±0.020	桑顿新能源科技有限公司 Hunan Sangdun New Energy Co.,Ltd.	334.8	85	232	纯电动乘用车 Pure Electric Passenger Car	2	
	三元材料 Ternary material	SEPNi7688190P-12.5Ah	3.6	—	0.275	桑顿新能源科技有限公司 Hunan Sangdun New Energy Co.,Ltd.	320	62	142	纯电动专用车 Pure Electric Special Car	2	
	三元材料 Ternary material	SEPNi8688190P-15Ah	3.6	—	0.278;0.278±0.015	桑顿新能源科技有限公司 Hunan Sangdun New Energy Co.,Ltd.	331.2;338.4;554.4;367.2;525.6;540;547.2;576	225;135;420;120	655;375;650;353;372;550;2052;580;705	纯电动专用车 Pure Electric Special Car	200	

续上表

储能装置单体生产企业 Single Cell Production Enterprise of Energy Storage Device	储能装置种类 Types of Energy Storage Devices	储能装置单体型号 Cell Odels of Energy Storage Device	储能装置单体标称电压 Nominal Voltage of Monomer for Energy Storage Unit (V)	储能装置单体标称静电容量 Nominal Static Capacity of Super Capacitor Cell (F)	储能装置单体质量 Monomer Quality of Energy Storage Unit (kg)	储能装置总成生产企业 Production Company of Energy Storage Device Cell	储能装置总成标称电压 Nominal Voltage of Energy Storage Device Assembly (V)	储能装置总成标称容量 Nominal Capacity of Power Battery Assembly (Ah)	储能装置总成质量 Quality of Energy Storage Device Assembly (kg)	配套车辆类型 Matching Vehicle Type	2017年配套车型产量小计 Subtotal Output of Supported Odels in 2017(辆, vehicle)	2017年配套车型产量总计 Total Output of Supported Odels in 2017(辆, vehicle)
东莞市创明电池技术有限公司 Dongguan Chuang Ming Battery Technology Co., Ltd.; 江苏天鹏电源有限公司 Jiangsu Tenpower Lithium Co., Ltd.	三元材料 Ternary material	CMICR18650F5; ICR 18650	3.6;3.7	—	0.045	金华市康迪新能源车辆有限公司 Jinhua Kandi New Energy Vehicle Co., Ltd.	108;111	185	184	纯电动乘用车 Pure Electric Passenger Car	2125	2125
妙盛动力科技有限公司 Melsen Power Technology Co., Ltd.; 北京国能电池科技股份有限公司 Beijing National Battery Polytron Technologies Inc.	多元复合锂电池 Multi element composite lithium battery	N80188236; PL80188236	3.6	—	0.745;0.81	重庆无线绿洲通信技术有限公司 Chongqing Wireless Oasis Communication Technology Co., Ltd.; 北京国能电池科技股份有限公司 Beijing National Battery Polytron Technologies Inc.; 妙盛动力科技有限公司 Melsen Power Technology Co., Ltd.	136.8	240	231;266;246	纯电动乘用车 Pure Electric Passenger Car	10	2032
	多元复合锂电池 Multi element composite lithium battery	N80188236; PL80188236	3.6	—	0.745;0.81	重庆无线绿洲通信技术有限公司 Chongqing Wireless Oasis Communication Technology Co., Ltd.; 北京国能电池科技股份有限公司 Beijing National Battery Polytron Technologies Inc.	136.8	160	156;179	纯电动乘用车 Pure Electric Passenger Car	2022	
浙江谷神能源科技股份有限公司 Zhejiang Gushen Energy Technology Co., Ltd.	磷酸铁锂 Lithium iron phosphate	GSF46160M-22	3.2	—	0.57±0.01	浙江谷神能源科技股份有限公司 Zhejiang Gushen Energy Technology Co., Ltd.	576	176	975	纯电动客车 Pure Electric Bus	1	1999
	三元材料 Ternary material	GSNCM46160M-25	3.6	—	0.605±0.01	浙江谷神能源科技股份有限公司 Zhejiang Gushen Energy Technology Co., Ltd.	86.4	300	255(含高压箱/Contain High Pressure Eox)	纯电动专用车 Pure Electric Special Car	120	
	三元材料 Ternary material	GSNCM46160M-31	3.7	—	0.67±0.01	浙江谷神能源科技股份有限公司 Zhejiang Gushen Energy Technology Co., Ltd.	340.2	124	349	纯电动乘用车 Pure Electric Passenger Car	1878	

续上表

储能装置单体生产企业 Single Cell Production Enterprise of Energy Storage Device	储能装置种类 Types of Energy Storage Devices	储能装置单体型号 Cell Odels of Energy Storage Device	储能装置单体标称电压 Nominal Voltage of Monomer for Energy Storage Unit (V)	储能装置单体标称静电容量 Nominal Static Capacity of Super Capacitor Cell (F)	储能装置单体质量 Monomer Quality of Energy Storage Unit (kg)	储能装置总成生产企业 Production Company of Energy Storage Device Cell	储能装置总成标称电压 Nominal Voltage of Energy Storage Device Assembly (V)	储能装置总成标称容量 Nominal Capacity of Power Battery Assembly (Ah)	储能装置总成质量 Quality of Energy Storage Device Assembly (kg)	配套车辆类型 Matching Vehicle Type	2017年配套车型产量小计 Subtotal Output of Supported Odels in 2017(辆, vehicle)	2017年配套车型产量总计 Total Output of Supported Odels in 2017(辆, vehicle)
百顺松涛(天津)动力电池科技发展有限公司 Baishun Songtao(Tianjin) Power Battery Science and Technology Developing Ltd.	三元材料 Ternary material	18650-2600mAh-3.6V	3.6	—	0.05	河南锂想动力科技有限公司 Henan Lixiangdongli Technology Co., Ltd./Henan Lixiangdongli Technology Co., Ltd.	324	117	318	纯电动专用车 Pure Electric Special Car	1960	1960
中盐安徽红四方锂电有限公司 Anhui red Quartet Lithium Battery Co., Ltd.	磷酸铁锂 Lithium iron phosphate	IFP66/182/295	3.2	—	5.3	中盐安徽红四方锂电有限公司 Anhui red Quartet Lithium Battery Co., Ltd.	371.2	200	780	纯电动专用车 Pure Electric Special Car	1822	1883
	磷酸铁锂 Lithium iron phosphate	IFP66/182/295	3.2	—	5.3	中盐安徽红四方锂电有限公司 Anhui red Quartet Lithium Battery Co., Ltd.	518	200	1000;1220	纯电动客车 Pure Electric Bus	61	
力神动力电池系统有限公司 Lishen Power Battery Systems Co., Ltd.; 上海德朗能动力电池有限公司 DLG Power Battery (Shanghai) Co., Ltd.	三元材料 Ternary material	18650; NCM18650-260	3.6,3.7	—	0.045	浙江时空能源技术有限公司 Zhejiang space-time Energy Technology Co., Ltd.; 浙江伊卡新能源汽车有限公司 Zhejiang YIKA New Energy Vehicle Co., Ltd.	158.4;162.8	254.8;249.6	380	纯电动专用车 Pure Electric Special Car	1475	1880
	三元材料 Ternary material	18650; NCM18650-260	3.6,3.7	—	0.045	浙江时空能源技术有限公司 Zhejiang space-time Energy Technology Co., Ltd.; 浙江伊卡新能源汽车有限公司 Zhejiang YIKA New Energy Vehicle Co., Ltd.; 上海德朗能动力电池有限公司 DLG Power Battery (Shanghai) Co., Ltd.	79.2;81.4	382.2;374.4	285	纯电动乘用车 Pure Electric Passenger Car	201	
	三元材料 Ternary material	3.6V,2.6AH; NCM18650-260	3.6,3.7	—	0.045	浙江时空能源技术有限公司 Zhejiang space-time Energy Technology Co., Ltd.; 浙江伊卡新能源汽车有限公司 Zhejiang YIKA New Energy Vehicle Co., Ltd.	79.2;81.4	603.2	396;408	纯电动乘用车 Pure Electric Passenger Car	204	

续上表

储能装置单体生产企业 Single Cell Production Enterprise of Energy Storage Device	储能装置种类 Types of Energy Storage Devices	储能装置单体型号 Cell Odels of Energy Storage Device	储能装置单体标称电压 Nominal Voltage of Monomer for Energy Storage Unit (V)	储能装置单体标称静电容量 Nominal Static Capacity of Super Capacitor Cell (F)	储能装置单体质量 Monomer Quality of Energy Storage Unit (kg)	储能装置总成生产企业 Production Company of Energy Storage Device Cell	储能装置总成标称电压 Nominal Voltage of Energy Storage Device Assembly (V)	储能装置总成标称容量 Nominal Capacity of Power Battery Assembly (Ah)	储能装置总成质量 Quality of Energy Storage Device Assembly (kg)	配套车辆类型 Matching Vehicle Type	2017 年配套车型产量小计 Subtotal Output of Supported Odels in 2017(辆, vehicle)	2017 年配套车型产量总计 Total Output of Supported Odels in 2017(辆, vehicle)
深圳市比克动力电池有限公司 Shenzhen BAK Power Battery Co. Ltd. ; 天津力神电池股份有限公司 TianJin Lishen Battery Joint-Stock Co. ,Ltd. ; 郑州比克电池有限公司 Zhengzhou BAK Battery Co. ,Ltd. /Zhengzhou BAK Battery Co. ,Ltd.	三元材料 Ternary material	H18650CC 2. 15Ah; 18650(2. 2Ah); H18650 CIL 2. 4Ah	3. 6;3. 6;3. 6	—	0. 044 ±0. 003;0. 045 ±0. 002;0. 046 ±0. 003	大连中比动力电池有限公司 Dalian CBAK Power Battery Co. ,Ltd. ; 天津新艺电子有限公司 Tianjin Monitronics Co. ,Ltd. ; 郑州比克电池有限公司 Zhengzhou BAK Battery Co. , Ltd.	547. 2; 532. 8; 547. 2	141. 9; 145. 2; 141. 6	700;715;658 ±10	纯电动专用车 Pure Electric Special Car	1822	1822
惠州市亿鹏能源科技有限公司 Huizhou Yipeng Energy Technology Co. ,Ltd.	锰酸锂 Lithium manganate	YPMTP26Ah	3. 7	—	0. 78 ±0. 02	惠州市亿鹏能源科技有限公司 Huizhou Yipeng Energy Technology Co. ,Ltd.	547. 6	52	427	燃料电池客车 Fuel Cell Bus	17	1660
	锰酸锂 Lithium manganate	YPMT18Ah	3. 6	—	0. 525	惠州市亿鹏能源科技有限公司 Huizhou Yipeng Energy Technology Co. ,Ltd.	338. 4;345. 6;346; 352. 8;489;562	126;144;54	820; 900; 330; 520; 530	插电式混合动力客车 Plug-in Hybrid Bus	285	
	锰酸锂 Lithium manganate	YPMTP26Ah	3. 7	—	0. 78;0. 78 ±0. 02	惠州市亿鹏能源科技有限公司 Huizhou Yipeng Energy Technology Co. ,Ltd.	510. 6;547. 6; 584. 6;651. 2; 325. 6	52;78;156	405;449;616;700	插电式混合动力客车 Plug-in Hybrid Bus	1358	
骆驼集团新能源电池有限公司 Camel Group New Energy Battery Co. ,Ltd.	三元材料 Ternary material	LT-ISP-32Ah	3. 65	—	0. 68	骆驼集团新能源电池有限公司 Camel Group New Energy Battery Co. ,Ltd.	310. 25;321. 2; 383. 25;386. 9; 576. 7	160;192;128	449; 490; 684; 630; 680	纯电动专用车 Pure Electric Special Car	1507	1508
	三元材料 Ternary material	LT-ISP-32Ah	3. 65	—	0. 68	骆驼集团新能源电池有限公司 Camel Group New Energy Battery Co. ,Ltd.	329	64	2.0	纯电动乘用车 Pure Electric Passenger Car	1	

续上表

储能装置单体生产企业 Single Cell Production Enterprise of Energy Storage Device	储能装置种类 Types of Energy Storage Devices	储能装置单体型号 Cell Odels of Energy Storage Device	储能装置单体标称电压 Nominal Voltage of Monomer for Energy Storage Unit (V)	储能装置单体标称静电容量 Nominal Static Capacity of Super Capacitor Cell (F)	储能装置单体质量 Monomer Quality of Energy Storage Unit (kg)	储能装置总成生产企业 Production Company of Energy Storage Device Cell	储能装置总成标称电压 Nominal Voltage of Energy Storage Device Assembly (V)	储能装置总成标称容量 Nominal Capacity of Power Battery Assembly (Ah)	储能装置总成质量 Quality of Energy Storage Device Assembly (kg)	配套车辆类型 Matching Vehicle Type	2017年配套车型产量小计 Subtotal Output of Supported Odels in 2017(辆, vehicle)	2017年配套车型产量总计 Total Output of Supported Odels in 2017(辆, vehicle)
力神动力电池系统有限公司 Lishen Power Battery Systems Co. ,Ltd. ; 浙江天能能源科技股份有限公司 Zhejiang Tianneng Electronics & Electric Appliance Co. ,Ltd. ; 东莞市振华新能源科技有限公司 Dongguan Zhenhua Amperex Technology Limited/ Dongguan Zhenhua Amperex Technology Limited; 横店集团东磁股份有限公司 Hengdian Group Dmegc Magnetics Co. ,Ltd.	三元材料 Ternary material	3. 6V、2. 6Ah; TNL-ITR18650-2600E; SW18650-26HP; INR18650-26E	3. 6;3. 65	—	0. 045;0. 46	浙江泓源汽车集团有限公司 Zhejiang Hongyuan Automobile Group Co. ,Ltd.	302. 4	166;161. 2	390	纯电动专用车 Pure Electric Special Car	1449	1449
江苏春兰清洁能源研究院有限公司 Jiangsu Baile Galvanothermy Electric Appliance Co. ,Ltd.	磷酸铁锂 Lithium iron phosphate	IFPE85D	3. 2	—	1. 97	江苏春兰清洁能源研究院有限公司 Jiangsu Baile Galvanothermy Electric Appliance Co. ,Ltd.	604. 8	255	1372	纯电动客车 Pure Electric Bus	27	1368
	磷酸铁锂 Lithium iron phosphate	IFPP42A	3. 2	—	1. 22	江苏春兰清洁能源研究院有限公司 Jiangsu Baile Galvanothermy Electric Appliance Co. ,Ltd.	588. 8	84	680	插电式混合动力客车 Plug-in Hybrid Bus	72	
	磷酸铁锂 Lithium iron phosphate	IFPP50;IFPP42A	3. 2	—	1. 65;1. 4	江苏春兰清洁能源研究院有限公司 Jiangsu Baile Galvanothermy Electric Appliance Co. ,Ltd.	352;345. 6	100;84	500;496	插电式混合动力客车 Plug-in Hybrid Bus	50	
	磷酸铁锂 Lithium iron phosphate	LFL160	3. 2	—	1. 62	江苏春兰清洁能源研究院有限公司 Jiangsu Baile Galvanothermy Electric Appliance Co. ,Ltd.	512	60	420	插电式混合动力客车 Plug-in Hybrid Bus	41	
	磷酸铁锂 Lithium iron phosphate	IFPE110	3. 2	—	3. 4	江苏春兰清洁能源研究院有限公司 Jiangsu Baile Galvanothermy Electric Appliance Co. ,Ltd.	153. 6	220	385	纯电动专用车 Pure Electric Special Car	5	

续上表

储能装置单体生产企业 Single Cell Production Enterprise of Energy Storage Device	储能装置种类 Types of Energy Storage Devices	储能装置单体型号 Cell Odels of Energy Storage Device	储能装置单体标称电压 Nominal Voltage of Monomer for Energy Storage Unit (V)	储能装置单体标称静电容量 Nominal Static Capacity of Super Capacitor Cell (F)	储能装置单体质量 Monomer Quality of Energy Storage Unit (kg)	储能装置总成生产企业 Production Company of Energy Storage Device Cell	储能装置总成标称电压 Nominal Voltage of Energy Storage Device Assembly (V)	储能装置总成标称容量 Nominal Capacity of Power Battery Assembly (Ah)	储能装置总成质量 Quality of Energy Storage Device Assembly (kg)	配套车辆类型 Matching Vehicle Type	2017年配套车型产量小计 Subtotal Output of Supported Odels in 2017(辆, vehicle)	2017年配套车型产量总计 Total Output of Supported Odels in 2017(辆, vehicle)
江苏春兰清洁能源研究院有限公司 Jiangsu Baile Galvanothermy Electric Appliance Co., Ltd.	磷酸铁锂 Lithium iron phosphate	IFPE110	3.2	—	2.7	江苏春兰清洁能源研究院有限公司 Jiangsu Baile Galvanothermy Electric Appliance Co., Ltd.	524.8;525;537.6;550.4	220;330;440	1171;1822;2422	纯电动客车 Pure Electric Bus	344	1368
	磷酸铁锂 Lithium iron phosphate	IFPP50	3.2	—	1.32;1.4	江苏春兰清洁能源研究院有限公司 Jiangsu Baile Galvanothermy Electric Appliance Co., Ltd.	352; 499.2; 512; 368	100	500;760;672;550	插电式混合动力客车 Plug-in Hybrid Bus	829	
苏州宇量电池有限公司 Suzhou YouLion Battery Inc.	三元材料 Ternary material	26800YL	3.6	—	0.112;0.144±0.004	苏州宇量电池有限公司 Suzhou YouLion Battery Inc.	324;331.2;338.4	134.4;156.8	296;395;500;480	纯电动专用车 Pure Electric Special Car	1253	1253
芜湖天弋能源科技有限公司 Wuhu ETC Battery Limited	磷酸铁锂 Lithium iron phosphate	CLH3L7	3.2	—	5±0.3	安徽天鑫能源科技有限公司 Anhui Tianxin Energy Technology Co., Ltd.	614.4	240	1195	纯电动客车 Pure Electric Bus	179	1244
	磷酸铁锂 Lithium iron phosphate	CLH3L7	3.2	—	5±0.3	宁波力神动力电池系统有限公司 Ningbo Lishen Power Battery Systems Co., Ltd.	604.8	240	1154	纯电动客车 Pure Electric Bus	20	
	磷酸铁锂 Lithium iron phosphate	CLH3L7	3.2	—	5±0.3	上海索锂科技股份有限公司 Shanghai Suo Li Technology Co., Ltd.	537.6	240	1042	纯电动客车 Pure Electric Bus	11	
	磷酸铁锂 Lithium iron phosphate	CLH3L7	3.2	—	5;5±0.3	芜湖天弋能源科技有限公司 Wuhu ETC Battery Limited	576;460.8;537.6	240;480	1175;1200;940;1100;2240	纯电动客车 Pure Electric Bus	394	
	磷酸铁锂 Lithium iron phosphate	FFH3D3	3.2	—	2.2	山东魔方新能源科技有限公司 Shandong Rubik's cube Amperex Technology Limited	512;576	258;172	1450;1150	纯电动客车 Pure Electric Bus	195	
	磷酸铁锂 Lithium iron phosphate	FFH3H0	3.2	—	2.85	山东魔方新能源科技有限公司 Shandong Rubik's cube Amperex Technology Limited	422.4	120	500	纯电动专用车 Pure Electric Special Car	13	
	磷酸铁锂 Lithium iron phosphate	FFH3H0	3.2	—	2.85	山东魔方新能源科技有限公司 Shandong Rubik's cube Amperex Technology Limited	422.4;460.8	120;240	500;1071	纯电动客车 Pure Electric Bus	180	
	磷酸铁锂 Lithium iron phosphate	NAH3L7	3.2	—	3.8	安徽天鑫能源科技有限公司 Anhui Tianxin Energy Technology Co., Ltd.	633.6	176	927	纯电动客车 Pure Electric Bus	56	

续上表

储能装置单体生产企业 Single Cell Production Enterprise of Energy Storage Device	储能装置种类 Types of Energy Storage Devices	储能装置单体型号 Cell Odels of Energy Storage Device	储能装置单体标称电压 Nominal Voltage of Monomer for Energy Storage Unit (V)	储能装置单体标称静电容量 Nominal Static Capacity of Super Capacitor Cell (F)	储能装置单体质量 Monomer Quality of Energy Storage Unit (kg)	储能装置总成生产企业 Production Company of Energy Storage Device Cell	储能装置总成标称电压 Nominal Voltage of Energy Storage Device Assembly (V)	储能装置总成标称容量 Nominal Capacity of Power Battery Assembly (Ah)	储能装置总成质量 Quality of Energy Storage Device Assembly (kg)	配套车辆类型 Matching Vehicle Type	2017 年配套车型产量小计 Subtotal Output of Supported Odels in 2017(辆, vehicle)	2017 年配套车型产量总计 Total Output of Supported Odels in 2017(辆, vehicle)
芜湖天弋能源科技有限公司 Wuhu ETC Battery Limited	磷酸铁锂 Lithium iron phosphate	NAH3L7	3.2	—	3.8 ±0.3	南京中欧威能新能源动力系统有限公司 Nanjing Central Europe VAILLANT New Energy Power System Co.,Ltd.	528	176	800	纯电动客车 Pure Electric Bus	3	1244
	磷酸铁锂 Lithium iron phosphate	NAH3L7	3.2	—	3.8 ±0.3	宁波力神动力电池系统有限公司 Ningbo Lishen Power Battery Systems Co.,Ltd.	528	176	765	纯电动客车 Pure Electric Bus	30	
	磷酸铁锂 Lithium iron phosphate	NAH3L7	3.2	—	3.8 ±0.3	山东魔方新能源科技有限公司 Shandong Rubik's cube Amperex Technology Limited	576	176	880	纯电动客车 Pure Electric Bus	83	
	磷酸铁锂 Lithium iron phosphate	NAH3L7	3.2	—	3.8;3.8 ±0.3;3.884	芜湖天弋能源科技有限公司 Wuhu ETC Battery Limited	528;576	176	775;808;812;806	纯电动客车 Pure Electric Bus	80	
深圳市慧通天下科技股份有限公司 Shenzhen WISEWOD Technology Co.,Ltd.	三元材料 Ternary material	26980S	3.6	—	0.132	厦门慧通天下新能源有限公司 Xiamen WISEWOD New Energy Co.,Ltd.	327.6	108	330	纯电动专用车 Pure Electric Special Car	1212	1222
	三元材料 Ternary material	26980S	3.68	—	0.132	深圳市慧通天下科技股份有限公司 Shenzhen WISEWOD Technology Co.,Ltd.	540	216	1070	纯电动专用车 Pure Electric Special Car	10	
宁德时代新能源科技股份有限公司 Contemporary Amperex Technology Co.,Ltd.; 江苏集盛星泰新能源科技有限公司 Supreme Power Solutions (Jiangsu) Co.,Ltd.	磷酸铁锂 Lithium iron phosphate; 超级电容 Supercapacitor	48/173/170; SCP1500C0-0002R7WLH	3.2;2.7	1500	2.93;0.339	宁德时代新能源科技股份有限公司 Contemporary Amperex Technology Co.,Ltd.; 江苏集盛星泰新能源科技有限公司 Supreme Power Solutions(Jiangsu)Co.,Ltd.	230.4/576	120	560	插电式混合动力客车 Plug-in Hybrid Bus	132	1034
	磷酸铁锂 Lithium iron phosphate; 超级电容 Supercapacitor	48/173/170; SCP3000C0-0002R7WLG	3.2;2.7	3000	2.93;0.54	宁德时代新能源科技股份有限公司 Contemporary Amperex Technology Co.,Ltd.; 江苏集盛星泰新能源科技有限公司 Supreme Power Solutions(Jiangsu)Co.,Ltd.	268.8/576	120	613	插电式混合动力客车 Plug-in Hybrid Bus	42	

续上表

储能装置单体生产企业 Single Cell Production Enterprise of Energy Storage Device	储能装置种类 Types of Energy Storage Devices	储能装置单体型号 Cell Odels of Energy Storage Device	储能装置单体标称电压 Nominal Voltage of Monomer for Energy Storage Unit (V)	储能装置单体标称静电容量 Nominal Static Capacity of Super Capacitor Cell F)	储能装置单体质量 Monomer Quality of Energy Storage Unit (kg)	储能装置总成生产企业 Production Company of Energy Storage Device Cell	储能装置总成标称电压 Nominal Voltage of Energy Storage Device Assembly (V)	储能装置总成标称容量 Nominal Capacity of Power Battery Assembly (Ah)	储能装置总成质量 Quality of Energy Storage Device Assembly (kg)	配套车辆类型 Matching Vehicle Type	2017年配套车型产量小计 Subtotal Output of Supported Odels in 2017(辆, vehicle)	2017年配套车型产量总计 Total Output of Supported Odels in 2017(辆, vehicle)
宁德时代新能源科技股份有限公司 Contemporary Amperex Technology Co., Ltd.; 江苏集盛星泰新能源科技有限公司 Supreme Power Solutions (Jiangsu) Co., Ltd.	磷酸铁锂 Lithium iron phosphate; 超级电容 Supercapacitor	6LH3L7; SCP3000C0-0002R7WLG	3.2;2.7	3000	5;0.54	宁德时代新能源科技股份有限公司 Contemporary Amperex Technology Co., Ltd.; 江苏集盛星泰新能源科技有限公司 Supreme Power Solutions (Jiangsu) Co., Ltd.	211.2/576	240	650	插电式混合动力客车 Plug-in Hybrid Bus	844	1034
	磷酸铁锂 Lithium iron phosphate; 超级电容 Supercapacitor	MFH3L7; SCP1500C0-0002R7WLH	3.2;2.7	1500	3.8;0.339	宁德时代新能源科技股份有限公司 Contemporary Amperex Technology Co., Ltd.; 江苏集盛星泰新能源科技有限公司 Supreme Power Solutions (Jiangsu) Co., Ltd.	172.8/576	176	519	插电式混合动力客车 Plug-in Hybrid Bus	16	
中天储能科技有限公司 Zhongtian Energy Storage Science and Technology Ltd.	磷酸铁锂 Lithium iron phosphate	25Ah	3.2	—	0.68	中天储能科技有限公司 Zhongtian Energy Storage Science and Technology Ltd.	364.8	125	472	纯电动客车 Pure Electric Bus	15	917
	磷酸铁锂 Lithium iron phosphate	ZTT 2770135-P	3.2	—	0.51	中天储能科技有限公司 Zhongtian Energy Storage Science and Technology Ltd.	576	160	1050	纯电动客车 Pure Electric Bus	21	
	磷酸铁锂 Lithium iron phosphate	ZTT 2770135	3.2	—	0.51;0.512	中天储能科技有限公司 Zhongtian Energy Storage Science and Technology Ltd.	576	288;192	1580; 1659; 1085; 1636	纯电动客车 Pure Electric Bus	881	
珠海鹏辉能源有限公司 Zhuhai Peng Hui Energy Battery Co., Ltd.	磷酸铁锂 Lithium iron phosphate	GSP27135206H	3.2	—	1.65±0.02	广州鹏辉能源科技股份有限公司 Guangzhou Great Power Energy and Technology Co., Ltd.	576	160;240	794;1185	纯电动客车 Pure Electric Bus	8	895
	磷酸铁锂 Lithium iron phosphate	GSP27135206	3.2	—	1.53±0.02	广州鹏辉能源科技股份有限公司 Guangzhou Great Power Energy and Technology Co., Ltd.	537.6	240	1500	纯电动客车 Pure Electric Bus	88	
	磷酸铁锂 Lithium iron phosphate	IFR26650EC	3.2	—	0.085	江苏航天万源科技有限公司 Jiangsu Astronautics Wanyuan Rare Earths Motor Co., Ltd.	540.8	150.5	€75	纯电动专用车 Pure Electric Special Car	122	

续上表

储能装置单体生产企业 Single Cell Production Enterprise of Energy Storage Device	储能装置种类 Types of Energy Storage Devices	储能装置单体型号 Cell Odels of Energy Storage Device	储能装置单体标称电压 Nominal Voltage of Monomer for Energy Storage Unit (V)	储能装置单体标称静电容量 Nominal Static Capacity of Super Capacitor Cell (F)	储能装置单体质量 Monomer Quality of Energy Storage Unit (kg)	储能装置总成生产企业 Production Company of Energy Storage Device Cell	储能装置总成标称电压 Nominal Voltage of Energy Storage Device Assembly (V)	储能装置总成标称容量 Nominal Capacity of Power Battery Assembly (Ah)	储能装置总成质量 Quality of Energy Storage Device Assembly (kg)	配套车辆类型 Matching Vehicle Type	2017年配套车型产量小计 Subtotal Output of Supported Odels in 2017(辆, vehicle)	2017年配套车型产量总计 Total Output of Supported Odels in 2017(辆, vehicle)
珠海鹏辉能源有限公司 Zhuhai Peng Hui Energy Battery Co. ,Ltd.	三元材料 Ternary material	GSP27135206E/70Ah	3. 55	—	1. 6	广州鹏辉能源科技股份有限公司 Guangzhou Great Power Energy and Technology Co. ,Ltd.	539. 6	560	2160	纯电动专用车 Pure Electric Special Car	75	895
	三元材料 Ternary material	GSP27135214	3. 7	—	1. 77	中海龙能源科技股份有限公司 Zhonghailong Energy Polytron Technologies Inc.	344. 1	172	450	纯电动专用车 Pure Electric Special Car	602	
福建猛狮新能源科技有限公司 Dynabat New Energy Science & Technology Co. , Ltd.	磷酸铁锂 Lithium iron phosphate	MSF95135210-25Ah	3. 2	—	0. 54	福建猛狮新能源科技有限公司 Dynabat New Energy Science & Technology Co. ,Ltd.	320	100	332	纯电动专用车 Pure Electric Special Car	76	798
	三元材料 Ternary material	MX18650-26P	3. 6	—	0. 044 ±0. 002	合普(上海)新能源充电设备有限公司 Shanghai Potevio Smart Green New Engery Technology Co. , Ltd.	115	260	255	纯电动专用车 Pure Electric Special Car	3	
	三元材料 Ternary material	MX18650-26P	3. 6	—	0. 045 ±0. 002	武汉力唯新能源科技有限公司 Wuhan Levin New Energy Technology Limited	352. 8	140	420	纯电动专用车 Pure Electric Special Car	300	
	三元材料 Ternary material	MX18650-29P	3. 6	—	≤0. 048	上海松岳电源科技有限公司 Shanghai Pine Tree Power Technology Co. ,Ltd.	93. 6	233	176	纯电动乘用车 Pure Electric Passenger Car	16	
	三元材料 Ternary material	MX18650-29P	3. 6	—	0. 044 ±0. 002	合普(上海)新能源充电设备有限公司 Shanghai Potevio Smart Green New Engery Technology Co. , Ltd.	108	198	174	纯电动乘用车 Pure Electric Passenger Car	301	
	三元材料 Ternary material	MX18650-29P	3. 6	—	0. 045	成都国蓉科技有限公司 Chengdu Guorong Technology Co. ,Ltd.	540	167. 7	660	纯电动专用车 Pure Electric Special Car	102	
浙江超威创元实业有限公司 Zhejiang Chaowei Chuangyuan Shiye Co. ,Ltd.	三元材料 Ternary material	IMP1368225F	3. 6	—	0. 393	江西江铃集团新能源汽车有限公司 Jiangxi Jiangling Group New Energy Automobile Co. ,Ltd.	144	120	160	纯电动乘用车 Pure Electric Passenger Car	101	776
	三元材料 Ternary material	IMP1368225F	3. 6; 3. 65; 3. 7	—	0. 393;0. 39	浙江超威创元实业有限公司 Zhejiang Chaowei Chuangyuan Shiye Co. ,Ltd.	345. 6;372. 3;321. 9	140;100;160	490;320;450	纯电动专用车 Pure Electric Special Car	297	

续上表

储能装置单体生产企业 Single Cell Production Enterprise of Energy Storage Device	储能装置种类 Types of Energy Storage Devices	储能装置单体型号 Cell Odels of Energy Storage Device	储能装置单体标称电压 Nominal Voltage of Monomer for Energy Storage Unit (V)	储能装置单体标称静电容量 Nominal Static Capacity of Super Capacitor Cell (F)	储能装置单体质量 Monomer Quality of Energy Storage Unit (kg)	储能装置总成生产企业 Production Company of Energy Storage Device Cell	储能装置总成标称电压 Nominal Voltage of Energy Storage Device Assembly (V)	储能装置总成标称容量 Nominal Capacity of Power Battery Assembly (Ah)	储能装置总成质量 Quality of Energy Storage Device Assembly (kg)	配套车辆类型 Matching Vehicle Type	2017 年配套车型产量小计 Subtotal Output of Supported Odels in 2017(辆, vehicle)	2017 年配套车型产量总计 Total Output of Supported Odels in 2017(辆, vehicle)
浙江超威创元实业有限公司 Zhejiang Chaowei Chuangyuan Shiye Co. ,Ltd.	三元材料 Ternary material	INP1368130A	3.65	—	0.23	浙江超威创元实业有限公司 Zhejiang Chaowei Chuangyuan Shiye Co. ,Ltd.	380	120	398	纯电动专用车 Pure Electric Special Car	322	776
	三元材料 Ternary material	INP1368130A	3.7	—	0.23	浙江超威创元实业有限公司 Zhejiang Chaowei Chuangyuan Shiye Co. ,Ltd.	355.2	72;144	265;420	纯电动乘用车 Pure Electric Passenger Car	55	
	三元材料 Ternary material	ITP1280200B	3.7	—	0.393	浙江超威创元实业有限公司 Zhejiang Chaowei Chuangyuan Shiye Co. ,Ltd.	344.1	160	420,455	纯电动乘用车 Pure Electric Passenger Car	1	
东莞市创明电池技术有限公司 Dongguan Chuang Ming Battery Technology Co. , Ltd. ; 广西卓能新能源科技有限公司 Guangxi Zhuo Neng Amperex Technology Limited	三元材料 Ternary material	CMICR18650F8L; INR18650P	3.6	—	0.046±0.0015	江苏正昀新能源技术有限公司 Jiangsu Zheng Yun New Energy Technology Co. ,Ltd.	324	143	420	纯电动专用车 Pure Electric Special Car	728	728
江西恒动新能源有限公司 Jiangxi HD New Energy Co. ,Ltd.	磷酸铁锂 Lithium iron phosphate	IFP30,135,226-90EA	3.2	—	1.85	上海恒动新能源有限公司 Shanghai HD New Energy Co. , Ltd.	524.8	180	830	纯电动专用车 Pure Electric Special Car	683	684
	磷酸铁锂 Lithium iron phosphate	IFP30,135,226-90EA	3.2	—	1.9	江西恒动新能源有限公司 Jiangxi HD New Energy Co. , Ltd.	518.4	180	744	纯电动客车 Pure Electric Bus	1	
妙盛动力科技有限公司 Melsen Power Technology Co. ,Ltd.	多元复合锂电池 Multi element composite lithium battery	N43188236	3.6	—	0.41	重庆无线绿洲通信技术有限公司 Chongqing Wireless Oasis Communication Technology Co. ,Ltd.	136.8	160;240	158;172;251	纯电动乘用车 Pure Electric Passenger Car	666	680
	三元材料 Ternary material	N43188236	3.6	—	0.41	妙盛动力科技有限公司 Melsen Power Technology Co. , Ltd.	144	240	300	纯电动专用车 Pure Electric Special Car	1	
	三元材料 Ternary material	N43188236	3.6	—	0.41	重庆无线绿洲通信技术有限公司 Chongqing Wireless Oasis Communication Technology Co. , Ltd.	136.8	240	204	纯电动乘用车 Pure Electric Passenger Car	9	
	三元材料 Ternary material	N7 892232-18.2Ah	3.6	—	0.350±0.015	妙盛动力科技有限公司 Melsen Power Technology Co. , Ltd.	302.4	72.8	230	纯电动乘用车 Pure Electric Passenger Car	4	

续上表

储能装置单体生产企业 Single Cell Production Enterprise of Energy Storage Device	储能装置种类 Types of Energy Storage Devices	储能装置单体型号 Cell Odels of Energy Storage Device	储能装置单体标称电压 Nominal Voltage of Monomer for Energy Storage Unit (V)	储能装置单体标称静电容量 Nominal Static Capacity of Super Capacitor Cell (F)	储能装置单体质量 Monomer Quality of Energy Storage Unit (kg)	储能装置总成生产企业 Production Company of Energy Storage Device Cell	储能装置总成标称电压 Nominal Voltage of Energy Storage Device Assembly (V)	储能装置总成标称容量 Nominal Capacity of Power Battery Assembly (Ah)	储能装置总成质量 Quality of Energy Storage Device Assembly (kg)	配套车辆类型 Matching Vehicle Type	2017年配套车型产量小计 Subtotal Output of Supported Odels in 2017(辆, vehicle)	2017年配套车型产量总计 Total Output of Supported Odels in 2017(辆, vehicle)
深圳市比克动力电池有限公司 Shenzhen BAK Power Battery Co. Ltd.; 惠州亿纬锂能股份有限公司 Huizhou EVE Energy Co. ,Ltd.	三元材料 Ternary material	H18650CC;3.6V 2.6Ah	3.6	—	≤ 0.045; 0.045 ± 0.002	深圳市比克动力电池有限公司 Shenzhen BAK Power Battery Co. Ltd.; 惠州亿纬锂能股份有限公司 Huizhou EVE Energy Co. ,Ltd.	532.8;518.4	141.9;145.4	610;≤700	纯电动专用车 Pure Electric Special Car	279	670
	三元材料 Ternary material	H18650CC;3.6V 2.6Ah	3.6	—	≤ 0.045; 0.045 ± 0.002	深圳市比克动力电池有限公司 Shenzhen BAK Power Battery Co. Ltd.; 惠州亿纬锂能股份有限公司 Huizhou EVE Energy Co. ,Ltd.	532.8;518.4	141.9;145.4	610;745	纯电动专用车 Pure Electric Special Car	389	
	三元材料 Ternary material	H18650 CIL 2.4Ah; 3.6V 2.6Ah	3.6	—	≤0.048;≤0.045	深圳市比克动力电池有限公司 Shenzhen BAK Power Battery Co. Ltd.; 惠州亿纬锂能股份有限公司 Huizhou EVE Energy Co. ,Ltd.	532.8;518.4	158.4;173.4	730;780	纯电动专用车 Pure Electric Special Car	2	
江苏智航新能源有限公司 Jiangsu ZhiHang New EnergyCo. ,Ltd.; 力神动力电池系统有限公司 Lishen Power Battery Systems Co. ,Ltd.	三元材料 Ternary material	ISR18650;3.6V,2.6Ah	3.7;3.6	—	0.044;0.045	江苏索尔新能源科技股份有限公司 Jiangsu Soul New Energy Technoligy,Inc.; 天津中科锂能科技发展有限公司 Tianjin Zhongke Lithium Energy Technology Development Co. ,Ltd.	96.2;93.6	304.2;304.2	245;245	纯电动专用车 Pure Electric Special Car	573	642
	三元材料 Ternary material	ISR18650;LSR18650	3.7;3.6	—	0.044;0.045	江苏索尔新能源科技股份有限公司 Jiangsu Soul New Energy Technoligy,Inc.; 天津中科锂能科技发展有限公司 Tianjin Zhongke Lithium Energy Technology Development Co. ,Ltd.	96.2;93.6	304.2;304.2	245;245	纯电动专用车 Pure Electric Special Car	69	

续上表

储能装置单体生产企业 Single Cell Production Enterprise of Energy Storage Device	储能装置种类 Types of Energy Storage Devices	储能装置单体型号 Cell Odels of Energy Storage Device	储能装置单体标称电压 Nominal Voltage of Monomer for Energy Storage Unit (V)	储能装置单体标称静电容量 Nominal Static Capacity of Super Capacitor Cell (F)	储能装置单体质量 Monomer Quality of Energy Storage Unit (kg)	储能装置总成生产企业 Production Company of Energy Storage Device Cell	储能装置总成标称电压 Nominal Voltage of Energy Storage Device Assembly (V)	储能装置总成标称容量 Nominal Capacity of Power Battery Assembly (Ah)	储能装置总成质量 Quality of Energy Storage Device Assembly (kg)	配套车辆类型 Matching Vehicle Type	2017 年配套车型产量小计 Subtotal Output of Supported Odels in 2017(辆, vehicle)	2017 年配套车型产量总计 Total Output of Supported Odels in 2017(辆, vehicle)
杭州南都动力科技有限公司 Hangzhou Narada Power Technology Co. ,Ltd.	磷酸铁锂 Lithium iron phosphate	NLC36130255PFE90	3. 2	—	2. 38	杭州南都动力科技有限公司 Hangzhou Narada Power Technology Co. ,Ltd.	460. 8	261	1395	纯电动客车 Pure Electric Bus	156	558
	锰酸锂 Lithium manganate	NLC8065135MR	3. 7	—	0. 15 ±0. 01	杭州南都动力科技有限公司 Hangzhou Narada Power Technology Co. ,Ltd.	340. 4	105	325	纯电动专用车 Pure Electric Special Car	2	
	三元材料 Ternary material	NLC8065135MR	3. 7	—	0. 15	北京智行鸿远汽车有限公司 Beijing iDrive Automobile Co. , Ltd. ; 杭州南都动力科技有限公司 Hangzhou Narada Power Technology Co. ,Ltd. ; 浙江南都电源动力股份有限公司 Zhejiang Narada Power Source Co. ,Ltd.	296;340. 4	210;105	580;344	纯电动专用车 Pure Electric Special Car	400	
横店集团东磁股份有限公司 Hengdian Group DMEGC Magnetics Co. ,Ltd.	三元材料 Ternary material	INR18650-26E	3. 65	—	0. 046	横店集团东磁股份有限公司 Hengdian Group DMEGC Magnetics Co. ,Ltd.	328. 5;357. 7	122. 5;117	340;305	纯电动专用车 Pure Electric Special Car	506	506
南通百应能源有限公司 Nantong Bing Energy Co. ,Ltd. ; 天津力神电池股份有限公司 TianJin Lishen Battery Joint-Stock Co. ,Ltd.	燃料电池 Fuel cell	BYFC-A30KW-001; 18650(2. 2Ah)	3. 6	—	0. 045 ±0. 002	南通百应能源有限公司 Nantong Bing Energy Co. , Ltd. ; 杭州安靠电源有限公司 Huangzhou Ankao Energy Co. , Ltd.	540	68. 2	350	燃料电池专用车 Fuel Cell Special Car	401	401
三星环新(西安)动力电池有限公司 Samsung Ring New(Xi'an) Power Battery Co. ,Ltd.	三元材料 Ternary material	CS0940	3. 68	—	2. 1	惠州市亿能电子有限公司 Huizhou Epower Electronics Co. ,Ltd.	360. 6	188	695	纯电动客车 Pure Electric Bus	382	386
	三元材料 Ternary material	CS0940	3. 68	—	2. 05	北京智行鸿远汽车有限公司 Beijing iDrive Automobile Co. , Ltd.	323. 8	215. 8	820	纯电动专用车 Pure Electric Special Car	1	
	三元材料 Ternary material	CS0940	3. 68	—	2. 1	惠州市亿能电子有限公司 Huizhou Epower Electronics Co. ,Ltd.	360. 6	188	695	纯电动专用车 Pure Electric Special Car	3	

续上表

储能装置单体生产企业 Single Cell Production Enterprise of Energy Storage Device	储能装置种类 Types of Energy Storage Devices	储能装置单体型号 Cell Odels of Energy Storage Device	储能装置单体标称电压 Nominal Voltage of Monomer for Energy Storage Unit (V)	储能装置单体标称静电容量 Nominal Static Capacity of Super Capacitor Cell (F)	储能装置单体质量 Monomer Quality of Energy Storage Unit (kg)	储能装置总成生产企业 Production Company of Energy Storage Device Cell	储能装置总成标称电压 Nominal Voltage of Energy Storage Device Assembly (V)	储能装置总成标称容量 Nominal Capacity of Power Battery Assembly (Ah)	储能装置总成质量 Quality of Energy Storage Device Assembly (kg)	配套车辆类型 Matching Vehicle Type	2017年配套车型产量小计 Subtotal Output of Supported Odels in 2017(辆, vehicle)	2017年配套车型产量总计 Total Output of Supported Odels in 2017(辆, vehicle)
宁波中车新能源科技有限公司 Ningbo CRRC New Energy Technology Co. ,Ltd. ; 微宏动力系统(湖州)有限公司 Microvast Power Systems Co. ,Ltd.	锰酸锂 Lithium manganate; 超级电容 Supercapacitor	CRRC-03000-C1-2R7; MV07220126MPE	2. 7;3. 6	3000	0. 53;0. 34	宁波中车新能源科技有限公司 Ningbo CRRC New Energy Technology Co. ,Ltd. ; 微宏动力系统(湖州)有限公司 Microvast Power Systems Co. , Ltd.	729;576	210;240	350;1025/1171	纯电动客车 Pure Electric Bus	304	304
深圳市今朝时代股份有限公司 TIG Technology Co. ,Ltd. ; 宁德时代新能源科技股份有限公司 Contemporary Amperex Technology Co. ,Ltd.	磷酸铁锂 Lithium iron phosphate; 超级电容 Supercapacitor	TCPR002R73000S5; MFH3L7	2. 7;3. 2	3000;—	0. 5;3. 8 ±0. 3	深圳市今朝时代股份有限公司 TIG Technology Co. ,Ltd. ; 宁德时代新能源科技股份有限公司 Contemporary Amperex Technology Co. ,Ltd.	384;288/249. 6	—;176	536;487(132 +355)	插电式混合动力客车 Plug-in Hybrid Bus	276	276
三洋能源(苏州)有限公司 SANYO Energy (Suzhou) Co. ,Ltd.	三元材料 Ternary material	UR1865ZL	3. 6	—	0. 045	捷星新能源科技(苏州)有限公司 Jetstar New Energy Technology (Suzhou) Co. ,Ltd.	518. 4	154. 7	755	纯电动专用车 Pure Electric Special Car	269	269
浙江超威创元实业有限公司 Zhejiang Chaowei Chuangyuan Shiye Co. ,Ltd. ; 多氟多(焦作)新能源科技有限公司 Do-Fluoride (Jiaozuo) New Energy Technology Co. , Ltd. /Duofuduo (Jiaozuo) Amperex Technology Limited	三元材料 Ternary material	INP1368130A; 1265132	3. 7	—	0. 23	浙江超威创元实业有限公司 Zhejiang Chaowei Chuangyuan Shiye Co. ,Ltd. 多氟多(焦作)新能源科技有限公司 Do-Fluoride (Jiaozuo) New Energy Technology Co. , Ltd. / Duofuduo (Jiaozuo) Amperex Technology Limited	347;370	96;90	330	纯电动专用车 Pure Electric Special Car	256	256
河南顺之航能源科技有限公司 Henan Shunzhihang Energy Technology Co. ,Ltd.	三元材料 Ternary material	3. 8V,5. 0Ah	3. 8	—	0. 09	河南顺之航能源科技有限公司 Henan Shunzhihang Energy Technology Co. ,Ltd.	310. 8	145	295	纯电动乘用车 Pure Electric Passenger Car	253	253
江西安驰新能源科技有限公司 Jiangxi Anchi Amperex Technology Limited	磷酸铁锂 Lithium iron phosphate	IFP23140160-55AH	3. 2	—	1. 15	江西安驰新能源科技有限公司 Jiangxi Anchi Amperex Technology Limited	576;614. 4;499. 2	110;165;330	530 ±10;835;1357	纯电动客车 Pure Electric Bus	248	248

续上表

储能装置单体生产企业 Single Cell Production Enterprise of Energy Storage Device	储能装置种类 Types of Energy Storage Devices	储能装置单体型号 Cell Odels of Energy Storage Device	储能装置单体标称电压 Nominal Voltage of Monomer for Energy Storage Unit (V)	储能装置单体标称静电容量 Nominal Static Capacity of Super Capacitor Cell (F)	储能装置单体质量 Monomer Quality of Energy Storage Unit (kg)	储能装置总成生产企业 Production Company of Energy Storage Device Cell	储能装置总成标称电压 Nominal Voltage of Energy Storage Device Assembly (V)	储能装置总成标称容量 Nominal Capacity of Power Battery Assembly (Ah)	储能装置总成质量 Quality of Energy Storage Device Assembly (kg)	配套车辆类型 Matching Vehicle Type	2017年配套车型产量小计 Subtotal Output of Supported Odels in 2017(辆, vehicle)	2017年配套车型产量总计 Total Output of Supported Odels in 2017(辆, vehicle)
中信国安盟固利动力科技有限公司 CITIC Guoan Mengguli Power Science and Technology Co. ,Ltd. ; 微宏动力系统(湖州)有限公司 Microvast Power Systems Co. ,Ltd.	锰酸锂 Lithium manganate	SPIM14245190; 3.7V35Ah	3.7;3.7	—	1.03;1.15	中信国安盟固利动力科技有限公司 CITIC Guoan Mengguli Power Science and Technology Co. , Ltd. ; 中通客车控股股份有限公司 Zhongtong Bus Holding Co. , Ltd.	355	70	320;390	插电式混合动力客车 Plug-in Hybrid Bus	240	240
大连中比动力电池有限公司 Dalian CBAK Power Battery Co. ,Ltd.	三元材料 Ternary material	26650HC 4.5Ah	3.6	—	0.093;0.093 ±0.003	大连中比动力电池有限公司 Dalian CBAK Power Battery Co. ,Ltd.	331.2;547.2; 147.6	130.5; 144; 198	380;690;265 ±3%	纯电动专用车 Pure Electric Special Car	232	233
	三元材料 Ternary material	26650HC2-5.0Ah	3.6	—	0.095 ±0.003	大连中比动力电池有限公司 Dalian CBAK Power Battery Co. ,Ltd.	352.8	85	239 ±3%	纯电动专用车 Pure Electric Special Car	1	
上海航天电源技术有限责任公司 Shanghai Aerospace Power Technology Co. ,Ltd.	磷酸铁锂 Lithium iron phosphate	IFP27135206EC	3.2	—	1.53 ±0.03	上海航天电源技术有限责任公司 Shanghai Aerospace Power Technology Co. ,Ltd.	576	490	2250	纯电动客车 Pure Electric Bus	105	224
	三元材料 Ternary material	ISP27135206E	3.6	—	1.63	上海航天电源技术有限责任公司 Shanghai Aerospace Power Technology Co. ,Ltd.	302	68	220	纯电动乘用车 Pure Electric Passenger Car	119	
江苏春兰清洁能源研究院有限公司 Jiangsu Baile Galvanothermy Electric Appliance Co. ,Ltd. ; 江苏集盛星泰新能源科技有限公司 Supreme Power Solutions (Jiangsu) Co. ,Ltd.	磷酸铁锂 Lithium iron phosphate; 超级电容 Supercapacitor	IFPE60D; SCP3000C0-0002R7WLG	3.2;2.7	3000	1.45(电池);0.54(电容)	江苏春兰清洁能源研究院有限公司 Jiangsu Baile Galvanothermy Electric Appliance Co. ,Ltd. ; 江苏集盛星泰新能源科技有限公司 Supreme Power Solutions(Jiangsu) Co. ,Ltd.	281.6(电池 Battery); 384 (电容/Capacitance)	180	单电池 Single Battery (600kg);716 (含电容/Contain Capacitance)	插电式混合动力客车 Plug-in Hybrid Bus	201	216
	磷酸铁锂 Lithium iron phosphate; 超级电容 Supercapacitor	IFPP42A;SCP3000C0-0002R7WLG	3.2;2.7	2400F-3600F	1.22(电池);0.54(电容)	江苏春兰清洁能源研究院有限公司 Jiangsu Baile Galvanothermy Electric Appliance Co. ,Ltd. ; 江苏集盛星泰新能源科技有限公司 Supreme Power Solutions(Jiangsu) Co. ,Ltd.	294.4(电池 Battery); 384 (电容/Capacitance)	168	796	插电式混合动力客车 Plug-in Hybrid Bus	15	

续上表

储能装置单体生产企业 Single Cell Production Enterprise of Energy Storage Device	储能装置种类 Types of Energy Storage Devices	储能装置单体型号 Cell Odels of Energy Storage Device	储能装置单体标称电压 Nominal Voltage of Monomer for Energy Storage Unit (V)	储能装置单体标称静电容量 Nominal Static Capacity of Super Capacitor Cell (F)	储能装置单体质量 Monomer Quality of Energy Storage Unit (kg)	储能装置总成生产企业 Production Company of Energy Storage Device Cell	储能装置总成标称电压 Nominal Voltage of Energy Storage Device Assembly (V)	储能装置总成标称容量 Nominal Capacity of Power Battery Assembly (Ah)	储能装置总成质量 Quality of Energy Storage Device Assembly (kg)	配套车辆类型 Matching Vehicle Type	2017 年配套车型产量小计 Subtotal Output of Supported Odels in 2017(辆, vehicle)	2017 年配套车型产量总计 Total Output of Supported Odels in 2017(辆, vehicle)
江苏塔菲尔新能源科技股份有限公司 Jiangsu Tafel New Energy Polytron Technologies Inc.	三元材料 Ternary material	FFH3D3-120Ah	3. 66	—	2. 25	苏州科易新动力科技有限公司 Suzhou Keyi New Power Technology Co. ,Ltd.	146	120	126;136	纯电动乘用车 Pure Electric Passenger Car	203	203
新源动力股份有限公司 Xinyuan Power Co. ,Ltd. ; 合肥国轩高科动力能源有限公司 Hefei Guo Xuan High-tech Power Energy Co. , Ltd.	燃料电池 fuel cell; 磷酸铁锂 Lithium iron phosphate	XY-200A-3/IFP20100140	0. 68;3. 2	—	—;0. 58	上海汽车集团股份有限公司 SAIC Motor Corporation Limited;合肥国轩高科动力能源有限公司 Hefei Guo Xuan High-tech Power Energy Co. ,Ltd.	358. 4	40	—;230	燃料电池客车 Fuel Cell Bus	197	197
江西迪比科股份有限公司 Jiangxi DBK Co. ,Ltd.	三元材料 Ternary material	18650-2. 5AH	3. 7	—	0. 043	江西迪比科股份有限公司 Jiangxi DBK Co. ,Ltd.	318. 2	125	340	纯电动专用车 Pure Electric Special Car	1	152
	三元材料 Ternary material	63152225-23AH	3. 6	—	0. 428	江西迪比科股份有限公司 Jiangxi DBK Co. ,Ltd.	313. 2	115	325	纯电动专用车 Pure Electric Special Car	151	
山东鹏翔光电科技有限公司 Shandong Pengxiang Photoelectric Technology Co. , Ltd. ; 上海德朗能动力电池有限公司 DLG Power Battery (Shanghai) Co. ,Ltd.	三元材料 Ternary material	18650-2200mAh; NCM18650-260	3. 7	—	0. 045;0. 046	山东鹏翔光电科技有限公司 Shandong Pengxiang Photoelectric Technology Co. ,Ltd. ; 上海德朗能动力电池有限公司 DLG Power Battery(Shanghai) Co. ,Ltd.	318. 2;325. 6	132;135. 2	330;350	纯电动专用车 Pure Electric Special Car	152	152
安徽益佳通电池有限公司 Anhui Yijiatong Battery Co. ,Ltd.	磷酸铁锂 Lithium iron phosphate	YJT40110413-175Ah	3. 2	—	3. 65;3. 65 ±0. 5	安徽益佳通电池有限公司 Anhui Yijiatong Battery Co. , Ltd.	307. 2;345. 6; 537. 6;614. 4; 556. 8	175;350	460; 521; 794; 1595; 915;792;1631	纯电动客车 Pure Electric Bus	148	148
远东福斯特新能源有限公司 FAR EAST FIRST New Energy Co. ,Ltd; 江西迪比科股份有限公司 Jiangxi DBK Co. ,Ltd.	三元材料 Ternary material	18650-2400mAh; 18650-2. 2AH	3. 65;3. 6	—	0. 048;0. 042	远东福斯特新能源有限公司 FAR EAST FIRST New Energy Co. ,Ltd; 江西迪比科股份有限公司 Jiangxi DBK Co. ,Ltd.	109. 5;108	326. 4;334. 4	330	纯电动专用车 Pure Electric Special Car	134	134

续上表

储能装置单体生产企业 Single Cell Production Enterprise of Energy Storage Device	储能装置种类 Types of Energy Storage Devices	储能装置单体型号 Cell Odels of Energy Storage Device	储能装置单体标称电压 Nominal Voltage of Monomer for Energy Storage Unit (V)	储能装置单体标称静电容量 Nominal Static Capacity of Super Capacitor Cell (F)	储能装置单体质量 Monomer Quality of Energy Storage Unit (kg)	储能装置总成生产企业 Production Company of Energy Storage Device Cell	储能装置总成标称电压 Nominal Voltage of Energy Storage Device Assembly (V)	储能装置总成标称容量 Nominal Capacity of Power Battery Assembly (Ah)	储能装置总成质量 Quality of Energy Storage Device Assembly (kg)	配套车辆类型 Matching Vehicle Type	2017年配套车型产量小计 Subtotal Output of Supported Odels in 2017(辆, vehicle)	2017年配套车型产量总计 Total Output of Supported Odels in 2017(辆, vehicle)
日本汽车能源供应公司 Automotive Energy Supply Corporatio	锰酸锂 Lithium manganate	HEC-110	3.75	—	0.787	上海逸卡新能源汽车技术开发有限公司 Shanghai Yi Ka New Energy Vehicle Technology Development Co., Ltd.	450;510;585	260;390;260	1220;2057;1586	纯电动客车 Pure Electric Bus	115	118
	锰酸锂 Lithium manganate; 镍酸锂	295B1-0A	3.75	—	0.79	东风汽车有限公司 Dongfeng Motor Co., Ltd.	360	57	273	纯电动乘用车 Pure Electric Passenger Car	3	
江苏中兴派能电池有限公司 Jiangsu Zhongxing Pylon Battery Co., Ltd.	磷酸铁锂 Lithium iron phosphate	PF37M	3.2	—	0.73;0.77;0.78	江苏中兴派能电池有限公司 Jiangsu Zhongxing Pylon Battery Co., Ltd.	537.6;524.8;352	185;111;148	1000;560;592	纯电动客车 Pure Electric Bus	51	117
	磷酸铁锂 Lithium iron phosphate	PF37W	3.2	—	0.78	江苏中兴派能电池有限公司 Jiangsu Zhongxing Pylon Battery Co., Ltd.	153.6	220	330	纯电动专用车 Pure Electric Special Car	14	
	磷酸铁锂 Lithium iron phosphate	PF50N	3.2	—	0.9	江苏中兴派能电池有限公司 Jiangsu Zhongxing Pylon Battery Co., Ltd.	614.4	150	760	纯电动客车 Pure Electric Bus	52	
浙江钱江锂电科技有限公司 Zhejiang Qianjiang Lithium Technology Co., Ltd.	磷酸铁锂 Lithium iron phosphate	PL100160222/38Ah 3.2V	3.2	—	0.72	浙江钱江锂电科技有限公司 Zhejiang Qianjiang Lithium Technology Co., Ltd.	512	228	972	纯电动客车 Pure Electric Bus	111	111
实联长宜淮安科技有限公司 Shilien Apex Huaian Technology Co., Ltd.	磷酸铁锂 Lithium iron phosphate	SAB60180	3.2	—	1.045	实联长宜淮安科技有限公司 Shilien Apex Huaian Technology Co., Ltd.	320	129	400	纯电动专用车 Pure Electric Special Car	92	95
	磷酸铁锂 Lithium iron phosphate	SAB60280	3.2	—	1.7±0.1	实联长宜淮安科技有限公司 Shilien Apex Huaian Technology Co., Ltd.	288	140	420	纯电动专用车 Pure Electric Special Car	1	
	磷酸铁锂 Lithium iron phosphate	SAB60280	3.2	—	1.7±0.1	实联长宜淮安科技有限公司 Shilien Apex Huaian Technology Co., Ltd.	361.6	210	720	纯电动客车 Pure Electric Bus	2	
万向一二三股份公司 Wanxiang A123 System Co., Ltd.; 美国麦克斯威科技公司 Maxwell Technology Co., USA.	磷酸铁锂 Lithium iron phosphate; 超级电容 Supercapacitor	WX12I3250; BCAP 3000	3.2;2.7	—;3000	1.18;0.481	天津市松正电动汽车技术股份有限公司 Tianjin Santroll Electric Auto Co., Ltd./Tianjin Santroll Electric Auto Co., Ltd.; 美国麦克斯威科技公司 Maxwell Technology Co., USA.	268.8(电池 Battery); 384(电容/Capacitance)	100	353;108	插电式混合动力客车 Plug-in Hybrid Bus	95	95

续上表

储能装置单体生产企业 Single Cell Production Enterprise of Energy Storage Device	储能装置种类 Types of Energy Storage Devices	储能装置单体型号 Cell Odels of Energy Storage Device	储能装置单体标称电压 Nominal Voltage of Monomer for Energy Storage Unit (V)	储能装置单体标称静电容量 Nominal Static Capacity of Super Capacitor Cell (F)	储能装置单体质量 Monomer Quality of Energy Storage Unit (kg)	储能装置总成生产企业 Production Company of Energy Storage Device Cell	储能装置总成标称电压 Nominal Voltage of Energy Storage Device Assembly (V)	储能装置总成标称容量 Nominal Capacity of Power Battery Assembly (Ah)	储能装置总成质量 Quality of Energy Storage Device Assembly (kg)	配套车辆类型 Matching Vehicle Type	2017年配套车型产量小计 Subtotal Output of Supported Odels in 2017(辆, vehicle)	2017年配套车型产量总计 Total Output of Supported Odels in 2017(辆, vehicle)
惠州亿纬锂能股份有限公司 Huizhou EVE Energy Co., Ltd.; 广西卓能新能源科技有限公司 Guangxi Zhuo Neng Amperex Technology Limited	三元材料 Ternary material	3.6V,2.6Ah; INR1865P	3.6;3.7	—	0.045;0.046±0.003	江苏正昀新能源技术有限公司 Jiangsu Zheng Yun New Energy Technology Co., Ltd.	518;532.8	140;143	620	纯电动专用车 Pure Electric Special Car	92	92
河南环宇赛尔新能源科技有限公司 Henan Huanyu New Energy Technology Co., Ltd.	磷酸铁锂 Lithium iron phosphate	ES HPPF11192320 50Ah	3.2	—	1.35	河南环宇赛尔新能源科技有限公司 Henan Huanyu New Energy Technology Co., Ltd.	352	150	495	纯电动专用车 Pure Electric Special Car	10	90
	磷酸铁锂 Lithium iron phosphate	HPPF10173248 33.5Ah	3.2	—	0.78	河南环宇赛尔新能源科技有限公司 Henan Huanyu New Energy Technology Co., Ltd.	640	335	2275	纯电动客车 Pure Electric Bus	80	
天津中聚新能源科技有限公司 Tianjin Sinopoly New Energy Technology Co., Ltd.	磷酸铁锂 Lithium iron phosphate	SP-FA41255AM	3.2	—	3.32	杭州长江汽车有限公司 Hangzhou Changjiang Automobile Co., Ltd.	384	250	1000	纯电动客车 Pure Electric Bus	33	86
	磷酸铁锂 Lithium iron phosphate	SP-LFP-100AhB	3.2	—	2.86	杭州长江汽车有限公司 Hangzhou Changjiang Automobile Co., Ltd.; 中聚(杭州)新能源科技有限公司 Sinopoly (Hangzhou) New Energy Technology Limited	384;480	200	884;1105	纯电动客车 Pure Electric Bus	6	
	磷酸铁锂 Lithium iron phosphate	SP-LFP-200AHA	3.2	—	5.8	天津中聚新能源科技有限公司 Tianjin Sinopoly New Energy Technology Co., Ltd.	649.6	400	3062	纯电动客车 Pure Electric Bus	20	
	磷酸铁锂 Lithium iron phosphate	SP-LFP-215AHA	3.2	—	5.8	中聚(杭州)新能源科技有限公司 Sinopoly (Hangzhou) New Energy Technology Limited	518.4	430	2318	纯电动客车 Pure Electric Bus	27	
比亚迪股份有限公司 Byd Company Limited	磷酸铁锂 Lithium iron phosphate	FADM07319	3.3;3.2	—	0.75	比亚迪股份有限公司 Byd Company Limited	712.8;640	26	250	插电式混合动力乘用车 Plug-in Hybrid Passenger Car	80	80

续上表

储能装置单体生产企业 Single Cell Production Enterprise of Energy Storage Device	储能装置种类 Types of Energy Storage Devices	储能装置单体型号 Cell Odels of Energy Storage Device	储能装置单体标称电压 Nominal Voltage of Monomer for Energy Storage Unit (V)	储能装置单体标称静电容量 Nominal Static Capacity of Super Capacitor Cell (F)	储能装置单体质量 Monomer Quality of Energy Storage Unit (kg)	储能装置总成生产企业 Production Company of Energy Storage Device Cell	储能装置总成标称电压 Nominal Voltage of Energy Storage Device Assembly (V)	储能装置总成标称容量 Nominal Capacity of Power Battery Assembly (Ah)	储能装置总成质量 Quality of Energy Storage Device Assembly (kg)	配套车辆类型 Matching Vehicle Type	2017年配套车型产量小计 Subtotal Output of Supported Odels in 2017(辆, vehicle)	2017年配套车型产量总计 Total Output of Supported Odels in 2017(辆, vehicle)
江苏索尔新能源科技股份有限公司 Jiangsu Soul New Energy Technoligy, Inc.; 江苏海四达电源股份有限公司 Jiangsu HIGHSTAR Power Limited by Share Ltd.	三元材料 Ternary material	ISR18650; ISR18650-2600	3.7	—	0.044;0.045	江苏索尔新能源科技股份有限公司 Jiangsu Soul New Energy Technoligy, Inc.; 江苏海四达电源股份有限公司 Jiangsu HIGHSTAR Power Limited by Share Ltd.	325.6	101.4;135.2	285;380	纯电动专用车 Pure Electric Special Car	76	76
河南力旋科技股份有限公司 Henan Li Xuan Polytron Technologies Inc.	磷酸铁锂 Lithium iron phosphate	96270235	3.2	—	1.15	河南力旋科技股份有限公司 Henan Li Xuan Polytron Technologies Inc.	537.6	200	985	纯电动客车 Pure Electric Bus	70	70
远东福斯特新能源有限公司 FAR EAST FIRST New Energy Co., Ltd; 浙江天能能源科技股份有限公司 Zhejiang Tianneng Electronics & Electric Appliance Co., Ltd.	三元材料 Ternary material	18650-2000mAh; TNL-ITR18650-2200P	3.7;3.65	—	0.045;0.045	远东福斯特新能源有限公司 FAR EAST FIRST New Energy Co., Ltd; 浙江天能能源科技股份有限公司 Zhejiang Tianneng Electronics & Electric Appliance Co., Ltd.	74;76.7	180;193.6	175;140	纯电动专用车 Pure Electric Special Car	4	64
	三元材料 Ternary material	18650-2000mAh; TNL-ITR18650-2200P	3.7;3.7	—	0.045;0.045	远东福斯特新能源有限公司 FAR EAST FIRST New Energy Co., Ltd; 浙江天能能源科技股份有限公司 Zhejiang Tianneng Electronics & Electric Appliance Co., Ltd.	74;74	252;316.8	180;210	纯电动专用车 Pure Electric Special Car	53	
	三元材料 Ternary material	ISR18650-2000mAh; TNL-ITR18650-2200P	3.7;3.7	—	0.045;0.045	远东福斯特新能源有限公司 FAR EAST FIRST New Energy Co., Ltd; 浙江天能能源科技股份有限公司 Zhejiang Tianneng Electronics & Electric Appliance Co., Ltd.	74;74	252;316.8	180;210	纯电动专用车 Pure Electric Special Car	7	
上海德朗能动力电池有限公司 DLG Power Battery(Shanghai) Co., Ltd.; 浙江天能能源科技股份有限公司 Zhejiang Tianneng Electronics & Electric Appliance Co., Ltd.	三元材料 Ternary material	NCM18650-260; TNL-ITR18650-2200P	3.6;3.7	—	0.046;0.045	上海德朗能动力电池有限公司 DLG Power Battery(Shanghai) Co., Ltd.; 浙江天能能源科技股份有限公司 Zhejiang Tianneng Electronics & Electric Appliance Co., Ltd.	381.6;384.8	200;200	620;590	纯电动专用车 Pure Electric Special Car	63	63

续上表

储能装置单体生产企业 Single Cell Production Enterprise of Energy Storage Device	储能装置种类 Types of Energy Storage Devices	储能装置单体型号 Cell Odels of Energy Storage Device	储能装置单体标称电压 Nominal Voltage of Monomer for Energy Storage Unit (V)	储能装置单体标称静电容量 Nominal Static Capacity of Super Capacitor Cell (F)	储能装置单体质量 Monomer Quality of Energy Storage Unit (kg)	储能装置总成生产企业 Production Company of Energy Storage Device Cell	储能装置总成标称电压 Nominal Voltage of Energy Storage Device Assembly (V)	储能装置总成标称容量 Nominal Capacity of Power Battery Assembly (Ah)	储能装置总成质量 Quality of Energy Storage Device Assembly (kg)	配套车辆类型 Matching Vehicle Type	2017 年配套车型产量小计 Subtotal Output of Supported Odels in 2017(辆, vehicle)	2017 年配套车型产量总计 Total Output of Supported Odels in 2017(辆, vehicle)
苏州新中能源科技有限公司 Suzhou Durapower Technology Co. ,Ltd.	锰酸锂 Lithium manganate	DPME25N	3. 7	—	0. 6	苏州新中能源科技有限公司 Suzhou Durapower Technology Co. ,Ltd.	503. 2;592	100;50	495;330	插电式混合动力客车 Plug-in Hybrid Bus	55	55
四川剑兴锂电池有限公司 Sichuan Jian Xing Lithium Battery Co. ,Ltd.	钛酸锂 Lithium titanate	JXP22B5105TLA20Ah	2. 3	—	0. 52;0. 52 ±0. 01	四川剑兴锂电池有限公司 Sichuan Jian Xing Lithium Battery Co. ,Ltd.	579. 6;552	80;120	850;1200	纯电动客车 Pure Electric Bus	53	53
惠州亿纬锂能股份有限公司 Huizhou EVE Energy Co. ,Ltd. ; 江西迪比科股份有限公司 Jiangxi DBK Co. ,Ltd.	三元材料 Ternary material	3. 6V ,2. 6Ah;18650-2. 2AH	3. 6	—	0. 045 ±0. 002; 0. 042 ±0. 002,	天津华泰亿纬电源有限公司 Tianjin Huatai Yiwei Power Supply Co. ,Ltd. ; 江西迪比科股份有限公司 Jiangxi DBK Co. ,Ltd.	108	195;198	205;229	纯电动乘用车 Pure Electric Passenger Car	51	51
山东衡远新能源科技有限公司 Shandong Forever New Energy Co. ,Ltd.	三元材料 Ternary material	FLP-20NCM	3. 7	—	0. 53	上海舟之航电池有限公司 Shanghai Zhouzhihang Battery Co. ,Ltd.	310. 8	76	257 ±2	纯电动乘用车 Pure Electric Passenger Car	48	48
美国 A123 电池系统有限公司 American A123 battery system Co. ,Ltd. ; 南京乐金化学新能源电池有限公司 Nanjing Lg Chem New Energy Battery Co. ,Ltd.	磷酸铁锂 Lithium iron phosphate; 三元材料 Ternary material	APP72161227;P2. 7S	3. 23;3. 7	—	0. 5;0. 705	上海捷新动力电池系统有限公司 Shanghai Advanced Traction Battery Systems Co. ,Ltd.	297;355	40;33. 1	153;128	插电式混合动力乘用车 Plug-in Hybrid Passenger Car	45	45
宁波中车新能源科技有限公司 Ningbo CRRC New Energy Technology Co. ,Ltd. ; 合肥国轩高科动力能源有限公司 Hefei Guo Xuan High-tech Power Energy Co. , Ltd.	磷酸铁锂 Lithium iron phosphate; 超级电容 Supercapacitor	CRRC-03000-C1-2R7;IFP20100140A	2. 7;3. 2	3000	0. 53 +0. 01;0. 62	宁波中车新能源科技有限公司 Ningbo CRRC New Energy Technology Co. ,Ltd. ; 合肥国轩高科动力能源有限公司 Hefei Guo Xuan High- tech Power Energy Co. ,Ltd.	384;345. 6	150	666(136;530)	插电式混合动力客车 Plug-in Hybrid Bus	44	44
南京乐金化学新能源电池有限公司 Nanjing Lg Chem New Energy Battery Co. ,Ltd.	三元材料 Ternary material	P2. 7S	3. 7	—	0. 705	南京乐金化学新能源电池有限公司 Nanjing Lg Chem New Energy Battery Co. ,Ltd.	355	33. 1	141	插电式混合动力乘用车 Plug-in Hybrid Passenger Car	41	41

续上表

储能装置单体生产企业 Single Cell Production Enterprise of Energy Storage Device	储能装置种类 Types of Energy Storage Devices	储能装置单体型号 Cell Odels of Energy Storage Device	储能装置单体标称电压 Nominal Voltage of Monomer for Energy Storage Unit (V)	储能装置单体标称静电容量 Nominal Static Capacity of Super Capacitor Cell (F)	储能装置单体质量 Monomer Quality of Energy Storage Unit (kg)	储能装置总成生产企业 Production Company of Energy Storage Device Cell	储能装置总成标称电压 Nominal Voltage of Energy Storage Device Assembly (V)	储能装置总成标称容量 Nominal Capacity of Power Battery Assembly (Ah)	储能装置总成质量 Quality of Energy Storage Device Assembly (kg)	配套车辆类型 Matching Vehicle Type	2017年配套车型产量小计 Subtotal Output of Supported Odels in 2017(辆, vehicle)	2017年配套车型产量总计 Total Output of Supported Odels in 2017(辆, vehicle)
三星(天津)电池有限公司 Samsung (Tianjin) Battery Co., Ltd.	三元材料 Ternary material	INR18650-29E	3.7	—	0.048	台州台鹰电动汽车有限公司 Taizhou Tai Ying Electric Vehicle Co., Ltd.; 江苏峰谷源储能技术研究院有限公司 Jiangsu Feng Guyuan Energy Storage Technology Research Institute Co., Ltd.; 上海松岳电源科技有限公司 Shanghai Pine Tree Power Technology Co., Ltd.	96	212	190;205	纯电动乘用车 Pure Electric Passenger Car	35	35
江苏楚汉新能源科技有限公司 Jiangsu Chuhan New Energy Technology Co., Ltd.	三元材料 Ternary material	18650-2.5AH	3.6	—	0.046	江苏楚汉新能源科技有限公司 Jiangsu Chuhan New Energy Technology Co., Ltd.	345.6	80	270	纯电动专用车 Pure Electric Special Car	34	34
三星SDI有限公司 SamSung SDI Co., Ltd.	三元材料 Ternary material	CS0600	3.75	—	1.85	北京智行鸿远汽车有限公司 Beijing iDrive Automobile Co., Ltd.	262.5	120	460	纯电动专用车 Pure Electric Special Car	25	33
	三元材料 Ternary material;锰酸锂 Lithium manganate	CS0600	3.75	—	1.85	北京智行鸿远汽车有限公司 Beijing iDrive Automobile Co., Ltd.	262.5	120	460	纯电动专用车 Pure Electric Special Car	8	
山东恒宇新能源有限公司 Shandong Hengyu New Energy Co., Ltd.	磷酸铁锂 Lithium iron phosphate	HTG90133200F33	3.2	—	0.54±0.02	山东恒宇新能源有限公司 Shandong Hengyu New Energy Co., Ltd.	320	100;125	320;500	纯电动专用车 Pure Electric Special Car	18	30
	三元材料 Ternary material	HTG90133200N30	3.6	—	0.475	山东恒宇新能源有限公司 Shandong Hengyu New Energy Co., Ltd.	324;345.6	120	320;340	纯电动专用车 Pure Electric Special Car	3	
	三元材料 Ternary material	HTG90133200N37	3.6	—	0.52	山东恒宇新能源有限公司 Shandong Hengyu New Energy Co., Ltd.	324	150	370;412	纯电动专用车 Pure Electric Special Car	9	
惠州亿纬锂能股份有限公司 Huizhou EVE Energy Co., Ltd.; 江苏智航新能源有限公司 Jiangsu ZhiHang New Energy Co., Ltd.	三元材料 Ternary material	3.6V,2.6Ah;ISR18650	3.6;3.7	—	0.045;0.046±0.002	惠州亿纬锂能股份有限公司 Huizhou EVE Energy Co., Ltd.; 江苏智航新能源有限公司 Jiangsu ZhiHang New Energy-Co., Ltd.	532.8;518.4	140.98; 145.35	610;650	纯电动专用车 Pure Electric Special Car	21	21

续上表

储能装置单体生产企业 Single Cell Production Enterprise of Energy Storage Device	储能装置种类 Types of Energy Storage Devices	储能装置单体型号 Cell Odels of Energy Storage Device	储能装置单体标称电压 Nominal Voltage of Monomer for Energy Storage Unit (V)	储能装置单体标称静电容量 Nominal Static Capacity of Super Capacitor Cell (F)	储能装置单体质量 Monomer Quality of Energy Storage Unit (kg)	储能装置总成生产企业 Production Company of Energy Storage Device Cell	储能装置总成标称电压 Nominal Voltage of Energy Storage Device Assembly (V)	储能装置总成标称容量 Nominal Capacity of Power Battery Assembly (Ah)	储能装置总成质量 Quality of Energy Storage Device Assembly (kg)	配套车辆类型 Matching Vehicle Type	2017年配套车型产量小计 Subtotal Output of Supported Odels in 2017(辆, vehicle)	2017年配套车型产量总计 Total Output of Supported Odels in 2017(辆, vehicle)
力信(江苏)能源科技有限责任公司 eTrust Power (Jiangsu) Energy Technology Co., Ltd.	磷酸铁锂 Lithium iron phosphate	EFP54175200	3.2	—	3.884	力信(江苏)能源科技有限责任公司 eTrust Power (Jiangsu) Energy Technology Co., Ltd.	537.6	356	1570	纯电动客车 Pure Electric Bus	20	21
	三元材料 Ternary material	ENP27148130	3.65	—	1.13 ±0.02	河南森源重工有限公司 Henan Senyuan Heavy Industries Co., Ltd.	511	156	660	纯电动专用车 Pure Electric Special Car	1	
北京普莱德新能源电池科技有限公司 Beijing Pride Power System Technology Limited	磷酸铁锂 Lithium iron phosphate	29/135/220/72AH	3.2	—	2	北京普莱德新能源电池科技有限公司 Beijing Pride Power System Technology Limited	544	360	2500	纯电动客车 Pure Electric Bus	5	20
	磷酸铁锂 Lithium iron phosphate	29/135/220-80Ah	3.2	—	2.02	北京普莱德新能源电池科技有限公司 Beijing Pride Power System Technology Limited	320	80	285	纯电动乘用车 Pure Electric Passenger Car	15	
合普新能源科技有限公司 Hope New Energy Technology Inc.	三元材料 Ternary material	ISR18650SE-2.4Ah	3.65	—	0.048	合普新能源科技有限公司 Hope New Energy Technlogy Inc.	350.4	199.5;204;172	600;640;590	纯电动客车 Pure Electric Bus	15	15
江苏双登富朗特新能源有限公司 Jiangsu Shuangdeng Front New Energy Co.,Ltd.	磷酸铁锂 Lithium iron phosphate	IFP15180230-058	3.2	—	1.200 ±0.05	江苏双登富朗特新能源有限公司 Jiangsu Shuangdeng Front New Energy Co., Ltd.	576	290	1356	纯电动客车 Pure Electric Bus	15	15
山东威能环保电源科技股份有限公司 Shandong Wina Green Power Technology Co., Ltd.	三元材料 Ternary material	IMP2265106-14Ah	3.7	—	0.32 ±0.01	山东威能环保电源科技股份有限公司 Shandong Wina Green Power Technology Co., Ltd.	333	252	780	纯电动专用车 Pure Electric Special Car	15	15
河南省鹏辉电源有限公司 Henan Penghui Power Supply Co., Ltd.	三元材料 Ternary material	INR18650C-3000D05	3.6	—	0.0495	欣旺达电动汽车电池有限公司 Sunwoda Electric Vehicle Battery Co., Ltd.	345.6	126	309	纯电动乘用车 Pure Electric Passenger Car	12	12
欣旺达电子股份有限公司 Sunwoda Electronic Co., Ltd.	三元材料 Ternary material	XWD18650-N020	3.7	—	0.045	欣旺达电子股份有限公司 Sunwoda Electronic Co., Ltd.	333	120	380	纯电动专用车 Pure Electric Special Car	12	12

续上表

储能装置单体生产企业 Single Cell Production Enterprise of Energy Storage Device	储能装置种类 Types of Energy Storage Devices	储能装置单体型号 Cell Odels of Energy Storage Device	储能装置单体标称电压 Nominal Voltage of Monomer for Energy Storage Unit (V)	储能装置单体标称静电容量 Nominal Static Capacity of Super Capacitor Cell (F)	储能装置单体质量 Monomer Quality of Energy Storage Unit (kg)	储能装置总成生产企业 Production Company of Energy Storage Device Cell	储能装置总成标称电压 Nominal Voltage of Energy Storage Device Assembly (V)	储能装置总成标称容量 Nominal Capacity of Power Battery Assembly (Ah)	储能装置总成质量 Quality of Energy Storage Device Assembly (kg)	配套车辆类型 Matching Vehicle Type	2017年配套车型产量小计 Subtotal Output of Supported Odels in 2017(辆, vehicle)	2017年配套车型产量总计 Total Output of Supported Odels in 2017(辆, vehicle)
上海奥威科技开发有限公司 Shanghai Aowei Technology Development Co.,Ltd.	超级电容 Supercapacitor	UCK42V14000	4.2	14000	0.35	上海奥威科技开发有限公司 Shanghai Aowei Technology Development Co.,Ltd.	585	50	950	纯电动客车 Pure Electric Bus	10	10
湖州南浔遨优电池有限公司 Huzhou Nanxun Aoyou Power Co.,Ltd.	磷酸铁锂 Lithium iron phosphate	AYP110265200F33	3.2	—	1.25±0.05	湖州南浔遨优电池有限公司 Huzhou Nanxun Aoyou Power Co.,Ltd.	576	290	1458	纯电动客车 Pure Electric Bus	2	8
	磷酸铁锂 Lithium iron phosphate	AYP90133200F33	3.2	—	0.54±0.02	湖州南浔遨优电池有限公司 Huzhou Nanxun Aoyou Power Co.,Ltd.	576	350	1724	纯电动客车 Pure Electric Bus	5	
	锰酸锂 Lithium manganate	AYP115188220MN35	3.8	—	1.038±0.03	湖州南浔遨优电池有限公司 Huzhou Nanxun Aoyou Power Co.,Ltd.	539.6	144	681.5	纯电动专用车 Pure Electric Special Car	1	
芜湖天弋能源科技有限公司 Wuhu ETC Battery Limited; 上海三玖电气设备有限公司 Shanghai Sanjiu electrical Equipment Co.,Ltd.	磷酸铁锂 Lithium iron phosphate; 超级电容 Supercapacitor	CLH3L7;2.7V/1200F	3.2;2.7	1200	5±0.3;0.36	上海索锂科技股份有限公司 Shanghai Suo Li Technology Co.,Ltd.; 上海三玖电气设备有限公司 Shanghai Sanjiu electrical Equipment Co.,Ltd.	537.6;630	240	1044;145	纯电动客车 Pure Electric Bus	8	8
LEJ-Lithium Energy Japan	磷酸铁锂 Lithium iron phosphate	LEV21F-D	3.3	—	0.63	三星 Samsung	290	22	100	插电式混合动力乘用车 Plug-in Hybrid Passenger Car	7	7
东莞塔菲尔新能源科技有限公司 Dongguan Tafel Amperex Technology Limited	三元材料 Ternary material	FFH3D3-120Ah	3.66	—	2.25	江苏明美新能源科技有限公司 Jiangsu Ming Mei Amperex Technology Limited	351.36;366	360	935;94	纯电动专用车 Pure Electric Special Car	7	7
四川新纪元电动汽车动力总成有限公司 Sichuan New Century Electric Vehicle Powertrain Co.,Ltd.	磷酸铁锂 Lithium iron phosphate	XJYDL-230	3.2	—	6.15	四川新纪元电动汽车动力总成有限公司 Sichuan New Century Electric Vehicle Powertrain Co.,Ltd.	384	230	822	纯电动客车 Pure Electric Bus	6	6
河南锂动电源有限公司 Henan Lithium Power Source Co.,Ltd.	磷酸铁锂 Lithium iron phosphate	EVGLP30AH-93173260	3.2	—	0.775	河南锂动电源有限公司 Henan Lithium Power Source Co.,Ltd.	144	240	350	纯电动专用车 Pure Electric Special Car	1	5

续上表

储能装置单体生产企业 Single Cell Production Enterprise of Energy Storage Device	储能装置种类 Types of Energy Storage Devices	储能装置单体型号 Cell Odels of Energy Storage Device	储能装置单体标称电压 Nominal Voltage of Monomer for Energy Storage Unit (V)	储能装置单体标称静电容量 Nominal Static Capacity of Super Capacitor Cell (F)	储能装置单体质量 Monomer Quality of Energy Storage Unit (kg)	储能装置总成生产企业 Production Company of Energy Storage Device Cell	储能装置总成标称电压 Nominal Voltage of Energy Storage Device Assembly (V)	储能装置总成标称容量 Nominal Capacity of Power Battery Assembly (Ah)	储能装置总成质量 Quality of Energy Storage Device Assembly (kg)	配套车辆类型 Matching Vehicle Type	2017 年配套车型产量小计 Subtotal Output of Supported Odels in 2017(辆, vehicle)	2017 年配套车型产量总计 Total Output of Supported Odels in 2017(辆, vehicle)
河南锂动电源有限公司 Henan Lithium Power Source Co. ,Ltd.	三元材料 Ternary material	GLM31Ah10180218	3. 7	—	0. 69	河南锂动电源有限公司 Henan Lithium Power Source Co. ,Ltd.	388. 5	186	630	纯电动客车 Pure Electric Bus	2	5
	三元材料 Ternary material	GLM31Ah10180218	3. 7	—	0. 69	河南锂动电源有限公司 Henan Lithium Power Source Co. ,Ltd.	388. 5	186	630	纯电动专用车 Pure Electric Special Car	2	
南通百应能源有限公司 Nantong Bing Energy Co. ,Ltd. ; 微宏动力系统(湖州)有限公司 Microvast Power Systems Co. ,Ltd.	燃料电池 Fuel Cell	BYFC-A30KW-002; MV07220126MPE	3. 6	—	0. 336 ±0. 003	南通百应能源有限公司 Nantong Bing Energy Co. , Ltd. ; 微宏动力系统(湖州)有限公司 Microvast Power Systems Co. , Ltd.	576	105	518 ±15	燃料电池客车 Fuel Cell Bus	5	5
宁德时代新能源科技股份有限公司 Contemporary Amperex Technology Co. ,Ltd; 宁波中车新能源科技有限公司 Ningbo CRRC New Energy Technology Co. ,Ltd.	磷酸铁锂 Lithium iron phosphate; 超级电容 Supercapacitor	MFH3L7; CRRC-03000-C1-2R7	3. 2;2. 7	—;3000	3. 8 ± 0. 3; 0. 538 ± 0. 01	宁德时代新能源科技股份有限公司 Contemporary Amperex Technology Co. ,Ltd; 宁波中车新能源科技有限公司 Ningbo CRRC New Energy Technology Co. ,Ltd.	307. 2;576	176;—	428;183. 6	插电式混合动力客车 Plug-in Hybrid Bus	5	5
山西皇城相府中道能源有限公司中道和分公司 Shanxi Huangcheng Xiangfu(Group)Zhongdao Energy Co. , Ltd. , Zhong Dao branch	磷酸铁锂 Lithium iron phosphate	ZDE-R60260	3. 2	—	1. 5	山西皇城相府中道能源有限公司中道和分公司 Shanxi Huangcheng Xiangfu(Group)Zhongdao Energy Co. ,Ltd. ,Zhong Dao branch	358. 4;518. 4;576	140;560	500;2720;700	纯电动客车 Pure Electric Bus	5	5
三星环新(西安)动力电池有限公司 Samsung Ring New (Xi'an) Power Battery Co. ,Ltd. ; 中天储能科技有限公司 Zhongtian Energy Storage Science and Technology Ltd. ; 宁德时代新能源科技股份有限公司 Contemporary Amperex Technology Co. ,Ltd.	三元材料 Ternary material	CS0940; ZTT 2714897-N; DCH3D3	3. 68;3. 7; 3. 65 ±0. 2	—	2. 05 ± 0. 01; 0. 817; 2. 1 ±0. 15	北汽福田汽车股份有限公司 Beiqi Foton Motor Co. ,Ltd. 北京福田爱易科新能源工程科技分公司 Beiqi Futian Motor Company Limited Beijing Futian Aike New Energy Engineering Technology Branch; 中天储能科技有限公司 Zhongtian Energy Storage Science and Technology Ltd. ; 北京普莱德新能源电池科技有限公司 Beijing Pride Power System Technology Ltd.	368;370;350. 4	188;180;190	586;530;635 ±19	纯电动专用车 Pure Electric Special Car	4	4

续上表

储能装置单体生产企业 Single Cell Production Enterprise of Energy Storage Device	储能装置种类 Types of Energy Storage Devices	储能装置单体型号 Cell Odels of Energy Storage Device	储能装置单体标称电压 Nominal Voltage of Monomer for Energy Storage Unit (V)	储能装置单体标称静电容量 Nominal Static Capacity of Super Capacitor Cell (F)	储能装置单体质量 Monomer Quality of Energy Storage Unit (kg)	储能装置总成生产企业 Production Company of Energy Storage Device Cell	储能装置总成标称电压 Nominal Voltage of Energy Storage Device Assembly (V)	储能装置总成标称容量 Nominal Capacity of Power Battery Assembly (Ah)	储能装置总成质量 Quality of Energy Storage Device Assembly (kg)	配套车辆类型 Matching Vehicle Type	2017年配套车型产量小计 Subtotal Output of Supported Odels in 2017(辆, vehicle)	2017年配套车型产量总计 Total Output of Supported Odels in 2017(辆, vehicle)
湖南科霸汽车动力电池有限责任公司 Hunan Copower EV Batter Co. ,Ltd.	镍氢电池 Nickel metal hydride battery	CHR600D5E0	1.2	—	0.16±0.01	湖南科霸汽车动力电池有限责任公司 Hunan Copower EV Batter Co. ,Ltd.	475.2;518.4	48;36	880;720	插电式混合动力客车 Plug-in Hybrid Bus	2	3
	镍氢电池 Nickel metal hydride battery	CHR600DE	1.2	—	0.16±0.02	湖南科霸汽车动力电池有限责任公司 Hunan Copower EV Batter Co. ,Ltd.	518.4	36	720	插电式混合动力客车 Plug-in Hybrid Bus	1	
中盈志合科技有限公司 Zhong Ying Zhi He Technology Co. ,Ltd.	镍氢电池 Nickel metal hydride battery	1.2V200AH	1.2	—	4.6	中盈志合科技有限公司 Zhong Ying Zhi he Technology Co. ,Ltd.	605	200	2730	纯电动客车 Pure Electric Bus	2	2
淄博国利新电源科技有限公司 Zibo Guoli New Power Source Technology Co. , Ltd.	镍氢电池 Nickel metal hydride battery	UCQNF80P	1.3	—	1.9	淄博国利新电源科技有限公司 Zibo Guoli New Power Source Technology Co. ,Ltd.	561.6	160;80	1980	纯电动客车 Pure Electric Bus	1	2
	镍氢电池 Nickel metal hydride battery	UCQNF80P	1.3	—	1.9	淄博国利新电源科技有限公司 Zibo Guoli New Power Source Technology Co. ,Ltd.	561.6	80	992	插电式混合动力客车 Plug-in Hybrid Bus	1	
安徽天康(集团)股份有限公司 Anhui Tian Kang(Group) Limited by Share Ltd.	钛酸锂 Lithium titanate	130266263	2.25	—	1.75	安徽天康(集团)股份有限公司 Anhui Tian Kang(Group) Limited by Share Ltd.	576	59	880	纯电动客车 Pure Electric Bus	1	1
超霸鑫普(营口)电池科技有限公司 Chao Ba Xin Pu(Yingkou) battery technology Co. , Ltd.	镍氢电池 Nickel metal hydride battery	GP36149244	1.2	—	4.6	包头市鑫普新动力科技有限公司 Baotou Xinpu New Power Technology Co. ,Ltd.	562	200	3150	纯电动客车 Pure Electric Bus	1	1
深圳市三讯电子有限公司 Shenzhen Sanxun Electronics Co. ,Ltd.	磷酸铁锂 Lithium iron phosphate	PF46173133	3.2	—	2.15	深圳市三讯电子有限公司 Shenzhen Sanxun Electronics Co. ,Ltd.	614.4	180	1118.5	纯电动客车 Pure Electric Bus	1	1
苏州海格新能源汽车电控系统科技有限公司 Suzhou Higer New Energy Automobile Electronic Control System Co. ,Ltd.	磷酸铁锂 Lithium iron phosphate	HGL-1	3.2	—	0.33	苏州海格新能源汽车电控系统科技有限公司 Suzhou Higer New Energy Automobile Electronic Control System Co. ,Ltd.	512	360	2100	纯电动客车 Pure Electric Bus	1	1

续上表

储能装置单体生产企业 Single Cell Production Enterprise of Energy Storage Device	储能装置种类 Types of Energy Storage Devices	储能装置单体型号 Cell Odels of Energy Storage Device	储能装置单体标称电压 Nominal Voltage of Monomer for Energy Storage Unit (V)	储能装置单体标称静电容量 Nominal Static Capacity of Super Capacitor Cell (F)	储能装置单体质量 Monomer Quality of Energy Storage Unit (kg)	储能装置总成生产企业 Production Company of Energy Storage Device Cell	储能装置总成标称电压 Nominal Voltage of Energy Storage Device Assembly (V)	储能装置总成标称容量 Nominal Capacity of Power Battery Assembly (Ah)	储能装置总成质量 Quality of Energy Storage Device Assembly (kg)	配套车辆类型 Matching Vehicle Type	2017年配套车型产量小计 Subtotal Output of Supported Odels in 2017(辆, vehicle)	2017年配套车型产量总计 Total Output of Supported Odels in 2017(辆, vehicle)
泰州纳新新能源科技有限公司 Taizhou Sinlion Battery Tech,Co. ,Ltd.	三元材料 Ternary material	S64156225A	3.6	—	0.475	陕西邦华新能源动力有限公司 Shaanxi Bang Hua New Energy Power Co. ,Ltd.	316.8	120	340	纯电动专用车 Pure Electric Special Car	1	1
万向一二三股份公司 Wanxiang A123 System Co. ,Ltd.; 麦克斯威(上海)商贸有限公司 Maxwell(Shanghai) Trading Co. ,Ltd.; 江苏集盛星泰新能源科技有限公司 Supreme Power Solutions (Jiangsu) Co. ,Ltd.	磷酸铁锂 Lithium iron phosphate; 超级电容 Supercapacitor	WX12I3250;BCAP 3000;SCP3000C0-0002R7WLG	3.2;2.7;2.7	3000;3000	1.1(电池Battery); 0.481(电容/Capacitance); 0.54(电容/Capacitance)	万向一二三股份公司 Wanxiang A123 System Co. ,Ltd.; 麦克斯威(上海)商贸有限公司 Maxwell (Shanghai) Trading Co. ,Ltd.; 江苏集盛星泰新能源科技有限公司 Supreme Power Solutions (Jiangsu) Co. ,Ltd.	268.8(电池Battery); 336(电容/Capacitanc); 384(电容/Capacitanc)	100	400(含电容/Contain Capacitance);单电池Single Battery (300kg); 418.4(含电容/Contain Capacitance)	插电式混合动力客车 Plug-in Hybrid Bus	1	1
万向电动汽车有限公司 Wanxiang EV Co. ,Ltd.; 美国麦克斯威科技公司 Maxwell Technology Co. , USA.	磷酸铁锂 Lithium iron phosphate; 超级电容 Supercapacitor	WX12I3250;BCAP 3000 K 系列; BMOD0165	3.2;2.7	3000	1.1;0.51	万向电动汽车有限公司 Wanxiang EV Co. ,Ltd.; 美国麦克斯威科技公司 Maxwell Technology Co. ,USA	270(电池 Battery); 384(电容/Capacitanc)	100	353;108	插电式混合动力客车 Plug-in Hybrid Bus	1	1
浙江佳贝思绿色能源有限公司 Zhejiang GBS Energy Co. , Ltd.	磷酸铁锂 Lithium iron phosphate	33GBSCB 37126080GB32080	3.2	—	1.8	浙江佳贝思绿色能源有限公司 Zhejiang GBS Energy Co. ,Ltd.	576	160	750	纯电动客车 Pure Electric Bus	1	1
郑州宇通客车股份有限公司 Zhengzhou Yutong Bus Co. ,Ltd.; 美国麦克斯威科技公司 Maxwell Technology Co. , USA.	磷酸铁锂 Lithium iron phosphate; 超级电容 Supercapacitor	YT3280E 80Ah/YTPC3000; YT3280E 80Ah./BCAP 3000 K2	3.2/2.7; 3.2/2.7	3000;3000	2.2/0.51;2.2/0.51	郑州宇通客车股份有限公司 Zhengzhou Yutong Bus Co. , Ltd.; 美国麦克斯威科技公司 Maxwell Technology Co. ,USA.	576	80	400	插电式混合动力客车 Plug-in Hybrid Bus	1	1
2017年配套车型产量总计(辆)/Total Output of Supported Odels in 2017(vehicle)											819991	819991

二、驱动电机配套数量统计

Chapter 2 Statistics on Output of Drive Motor Matching

电动汽车驱动电机生产企业 Electric Vehicle Drive Motor Manufacturer	电动汽车驱动电机类型 Type for Driving Motor of Electric Vehicle	电动汽车驱动电机型号 Odels for Driving Motor of Electric Vehicle	驱动电机数量 Installation Quantity of Driving Motor （台/辆，unit/vehicle）	驱动电机额定功率/转速/转矩 Rated Power/Speed/Torque of Drive Motor （kW/r/min/N·m）	控制器生产企业 Controller Manufacturing Enterprise	配套车辆类型 Matching Vehicle Types	2017 年配套车型产量小计 Subtotal output of supported Odels in 2017 （辆，vehicle）	2017 年配套车型产量总计 Total output of supported Odels in 2017 （辆，vehicle）
比亚迪汽车工业有限公司 BYD Automobile Industry Co., Ltd.	永磁司步电机 Permanent Magnet Synchronous Motor	BYD-2912TZ-XY-A	2:1	110/2600/400	比亚迪汽车工业有限公司 BYD Automobile Industry Co.,Ltd.	纯电动专用车 Pure Electric Special Car	568	104818
	永磁司步电机 Permanent Magnet Synchronous Motor	BYD-3425TZ-XS-A	2:1	150/1910/750; 150/2046/700	比亚迪汽车工业有限公司 BYD Automobile Industry Co.,Ltd.	纯电动专用车 Pure Electric Special Car	340	
	永磁司步电机 Permanent Magnet Synchronous Motor	2217TZ-XSA	1	68/3670/177	比亚迪汽车工业有限公司 BYD Automobile Industry Co.,Ltd.	纯电动乘用车 Pure Electric Passenger Car	3094	
	永磁司步电机 Permanent Magnet Synchronous Motor	BYD-2217TZ-XS-B	1	80/4775/160	比亚迪汽车工业有限公司 BYD Automobile Industry Co.,Ltd.	纯电动乘用车 Pure Electric Passenger Car	26133	
	永磁同步电机 Permanent Magnet Synchronous Motor	BYD-2217TZ-XS-B	1	80/4775/160	比亚迪汽车工业有限公司 BYD Automobile Industry Co.,Ltd.	纯电动专用车 Pure Electric Special Car	438	
	永磁同步电机 Permanent Magnet Synchronous Motor	BYD-2217TZ-XS-C	1	80/4775/160	比亚迪汽车工业有限公司 BYD Automobile Industry Co.,Ltd.	纯电动专用车 Pure Electric Special Car	138	
	永磁同步电机 Permanent Magnet Synchronous Motor	BYD-2912TZ-XY-A	2:1	110/2600/400	比亚迪汽车工业有限公司 BYD Automobile Industry Co.,Ltd.	纯电动客车 Pure Electric Bus	1	
	永磁同步电机 Permanent Magnet Synchronous Motor	BYD-3425TZ-XS-A	2:1	150/1910/750	比亚迪汽车工业有限公司 BYD Automobile Industry Co.,Ltd.	纯电动客车 Pure Electric Bus	2	
	永磁同步电机 Permanent Magnet Synchronous Motor	BYD-TYC110A	1	40/8127/47	比亚迪汽车工业有限公司 BYD Automobile Industry Co.,Ltd.	插电式混合动力乘用车 Plug-in Hybrid Passenger Car	17568	
	永磁同步电机 Permanent Magnet Synchronous Motor	BYD-TYC120A	1	75/2550/280	比亚迪汽车工业有限公司 BYD Automobile Industry Co.,Ltd.	纯电动乘用车 Pure Electric Passenger Car	5333	
	永磁同步电机 Permanent Magnet Synchronous Motor	BYD-TYC90A	2:1	75/2600/280;75/2558/280	比亚迪汽车工业有限公司 BYD Automobile Industry Co.,Ltd.	纯电动客车 Pure Electric Bus	7563	
	永磁同步电机 Permanent Magnet Synchronous Motor	TZ2217-XSB	2:1	68/3670/177	比亚迪汽车工业有限公司 BYD Automobile Industry Co.,Ltd.	纯电动乘用车 Pure Electric Passenger Car	1208	
	永磁同步电机 Permanent Magnet Synchronous Motor	TZ2712XSB	2:1	75/2600/280;75/2558/280	比亚迪汽车工业有限公司 BYD Automobile Industry Co.,Ltd.	纯电动客车 Pure Electric Bus	3462	
	永磁同步电机 Permanent Magnet Synchronous Motor	前/Front:BYD-2011TZ-XS-C; 后/Post:BYD-2011TZ-XS-B	2	前/Front:40/8127/47; 后/Post:40/8127/47	比亚迪汽车工业有限公司 BYD Automobile Industry Co.,Ltd.	插电式混合动力乘用车 Plug-in Hybrid Passenger Car	26074	

续上表

电动汽车驱动电机生产企业 Electric Vehicle Drive Motor Manufacturer	电动汽车驱动电机类型 Type for Driving Motor of Electric Vehicle	电动汽车驱动电机型号 Odels for Driving Motor of Electric Vehicle	驱动电机数量 Installation Quantity of Driving Motor（台/辆,unit/vehicle）	驱动电机额定功率/转速/转矩 Rated Power/Speed/Torque of Drive Motor（kW/r/min/N·m）	控制器生产企业 Controller Manufacturing Enterprise	配套车辆类型 Matching Vehicle Types	2017 年配套车型产量小计 Subtotal output of supported Odels in 2017（辆,vehicle）	2017 年配套车型产量总计 Total output of supported Odels in 2017（辆,vehicle）
比亚迪汽车工业有限公司 BYD Automobile Industry Co., Ltd.	永磁同步电机 Permanent Magnet Synchronous Motor	前/Front:BYD-2011TZ-XS-A; 后/Post:BYD-2011TZ-XS-B	2	前/Front:40/8126/47; 后/Post:40/8126/47	比亚迪汽车工业有限公司 BYD Automobile Industry Co.,Ltd.	插电式混合动力乘用车 Plug-in Hybrid Passenger Car	80	104818
	永磁同步电机 Permanent Magnet Synchronous Motor	前/Front:BYD-2011TZ-XS-A; 后/Post:BYD-2011TZ-XS-B	2	前/Front:40/8127/47; 后/Post:40/8127/47	比亚迪汽车工业有限公司 BYD Automobile Industry Co.,Ltd.	插电式混合动力乘用车 Plug-in Hybrid Passenger Car	12806	
	永磁同步电机 Permanent Magnet Synchronous Motor	前/Front:BYD-2217TZ-XS-B; 后/Post:BYD-2011TZ-XS-B	2	前/Front:80/4775/160; 后/Post:40/8127/47	比亚迪汽车工业有限公司 BYD Automobile Industry Co.,Ltd.	纯电动乘用车 Pure Electric Passenger Car	10	
北京新能源汽车股份有限公司 Beijing Electric Vehicle Co., Ltd.	三相交流异步电机 Three Phase AC Asynchronous Motor	YS15H001	1	15/2200/65	北京新能源汽车股份有限公司 Beijing Electric Vehicle Co.,Ltd.	纯电动乘用车 Pure Electric Passenger Car	41204	103363
	三相交流异步电机 Three Phase AC Asynchronous Motor	YS15H001	1	15/2200/65	北京新能源汽车股份有限公司 Beijing Electric Vehicle Co.,Ltd.	纯电动专用车 Pure Electric Special Car	2650	
	三相交流异步电机 Three Phase AC Asynchronous Motor	YS15H001	1	15/2200/65	北京新能源汽车股份有限公司 Beijing Electric Vehicle Co.,Ltd.	纯电动乘用车 Pure Electric Passenger Car	21233	
	三相交流异步电机 Three Phase AC Asynchronous Motor	YS30S01	1	30/2720/105	北京新能源汽车股份有限公司 Beijing Electric Vehicle Co.,Ltd.	纯电动专用车 Pure Electric Special Car	9	
	永磁同步电机 Permanent Magnet Synchronous Motor	PM50W01	1	50/3300/145	北京新能源汽车股份有限公司 Beijing Electric Vehicle Co.,Ltd.	纯电动乘用车 Pure Electric Passenger Car	10824	
	永磁同步电机 Permanent Magnet Synchronous Motor	TZ180X01	1	18/2850/60	北京新能源汽车股份有限公司 Beijing Electric Vehicle Co.,Ltd.	纯电动乘用车 Pure Electric Passenger Car	17156	
	永磁同步电机 Permanent Magnet Synchronous Motor	TZ15X01	1	15/3200/45	北京新能源汽车股份有限公司 Beijing Electric Vehicle Co.,Ltd.	纯电动乘用车 Pure Electric Passenger Car	502	
	永磁同步电机 Permanent Magnet Synchronous Motor	TZ190XS30	1	30/2720/105	北京新能源汽车股份有限公司 Beijing Electric Vehicle Co.,Ltd.	纯电动专用车 Pure Electric Special Car	122	
	永磁同步电机 Permanent Magnet Synchronous Motor	TZ20S02	1	20/3000/64	北京新能源汽车股份有限公司 Beijing Electric Vehicle Co.,Ltd.	纯电动乘用车 Pure Electric Passenger Car	5439	
	永磁同步电机 Permanent Magnet Synchronous Motor	TZ30S01	1	30/2812/102	北京新能源汽车股份有限公司 Beijing Electric Vehicle Co.,Ltd.	纯电动乘用车 Pure Electric Passenger Car	4224	
江西江铃集团新能源汽车有限公司 Jiangxi Jiangling Group New Energy Automobile Co.,Ltd.	三相交流异步电机 Three Phase AC Asynchronous Motor	JMEV-YB1540A	1	15/3673/39	江西江铃集团新能源汽车有限公司 Jiangxi Jiangling Group New Energy Automobile Co.,Ltd.	纯电动乘用车 Pure Electric Passenger Car	2577	39427
	三相交流异步电机 Three Phase AC Asynchronous Motor	JXMI15A4	1	15/3000/43	江西江铃集团新能源汽车有限公司 Jiangxi Jiangling Group New Energy Automobile Co.,Ltd.	纯电动乘用车 Pure Electric Passenger Car	12739	
	三相交流异步电机 Three Phase AC Asynchronous Motor	JXMI10A0	1	10/3000/32	江西江铃集团新能源汽车有限公司 Jiangxi Jiangling Group New Energy Automobile Co.,Ltd.	纯电动乘用车 Pure Electric Passenger Car	17202	

续上表

电动汽车驱动电机生产企业 Electric Vehicle Drive Motor Manufacturer	电动汽车驱动电机类型 Type for Driving Motor of Electric Vehicle	电动汽车驱动电机型号 Odels for Driving Motor of Electric Vehicle	驱动电机数量 Installation Quantity of Driving Motor (台/辆,unit/vehicle)	驱动电机额定功率/转速/转矩 Rated Power/Speed/Torque of Drive Motor (kW/r/min/N·m)	控制器生产企业 Controller Manufacturing Enterprise	配套车辆类型 Matching Vehicle Types	2017年配套车型产量小计 Subtotal output of supported Odels in 2017 (辆,vehicle)	2017年配套车型产量总计 Total output of supported Odels in 2017 (辆,vehicle)`
江西江铃集团新能源汽车有限公司 Jiangxi Jiangling Group New Energy Automobile Co. ,Ltd.	永磁同步电机 Permanent Magnet Synchronous Motor	JMEV-TB1530AW	1	15/3300/43	江西江铃集团新能源汽车有限公司 Jiangxi Jiangling Group New Energy Automobile Co. ,Ltd.	纯电动乘用车 Pure Electric Passenger Car	6906	39427
	永磁同步电机 Permanent Magnet Synchronous Motor	JMEV-TB1530AV	1	15/3000/48	江西江铃集团新能源汽车有限公司 Jiangxi Jiangling Group New Energy Automobile Co. ,Ltd.	纯电动乘用车 Pure Electric Passenger Car	3	
精进电动科技股份有限公司 Jing-Jin Electric Technologies Co. ,Ltd.	三相调速永磁同步电机 Permanent Magnet Synchronous Motor	TM5028	1	42/4000/105	联合汽车电子有限公司 United Automotive Electronic Systems Co. ,Ltd.	纯电动乘用车 Pure Electric Passenger Car	16416	38577
	永磁同步电机 Permanent Magnet Synchronous Motor	TM5002	1	100/2300/400	精进电动科技股份有限公司 Jing-Jin Electric Technologies Co. ,Ltd.	纯电动客车 Pure Electric Bus	432	
	永磁同步电机 Permanent Magnet Synchronous Motor	TZ290XS505	1	75/2000/358	精进电动科技股份有限公司 Jing-Jin Electric Technologies Co. ,Ltd.	纯电动专用车 Pure Electric Special Car	141	
	永磁同步电机 Permanent Magnet Synchronous Motor	TZ365XSB03	1	67/2000/320	精进电动科技股份有限公司 Jing-Jin Electric Technologies Co. ,Ltd.	纯电动专用车 Pure Electric Special Car	3	
	永磁同步电机 Permanent Magnet Synchronous Motor	TZ365XSB03	1	67/2000/320	精进电动科技股份有限公司 Jing-Jin Electric Technologies Co. ,Ltd.	纯电动客车 Pure Electric Bus	135	
	永磁同步电机 Permanent Magnet Synchronous Motor	TZ460XSE01	1	102/750/1310	精进电动科技股份有限公司 Jing-Jin Electric Technologies Co. ,Ltd.	纯电动客车 Pure Electric Bus	18	
	永磁同步电机 Permanent Magnet Synchronous Motor	TZ290XS902	1	60/1430/400	精进电动科技股份有限公司 Jing-Jin Electric Technologies Co. ,Ltd.	纯电动专用车 Pure Electric Special Car	3	
	永磁同步电机 Permanent Magnet Synchronous Motor	TZ460XSE03	1	102/750/1310	精进电动科技股份有限公司 Jing-Jin Electric Technologies Co. ,Ltd.	纯电动客车 Pure Electric Bus	13	
	永磁同步电机 Permanent Magnet Synchronous Motor	TM4018	1	40/5300/72	精进电动科技股份有限公司 Jing-Jin Electric Technologies Co. ,Ltd.	纯电动乘用车 Pure Electric Passenger Car	14	
	永磁同步电机 Permanent Magnet Synchronous Motor	TM4018	1	40/5300/72	精进电动科技股份有限公司 Jing-Jin Electric Technologies Co. ,Ltd.	纯电动专用车 Pure Electric Special Car	1369	
	永磁同步电机 Permanent Magnet Synchronous Motor	TM4018;TZ154XS301	1	40/5300/72;40/4800/72	精进电动科技股份有限公司 Jing-Jin Electric Technologies Co. ,Ltd.	纯电动专用车 Pure Electric Special Car	602	
	永磁同步电机 Permanent Magnet Synchronous Motor	TM5002	1	100/2300/400	精进电动科技股份有限公司 Jing-Jin Electric Technologies Co. ,Ltd.	纯电动专用车 Pure Electric Special Car	3	
	永磁同步电机 Permanent Magnet Synchronous Motor	TM5019	4	85/2320/350	精进电动科技股份有限公司 Jing-Jin Electric Technologies Co. ,Ltd.	纯电动客车 Pure Electric Bus	5	

续上表

电动汽车驱动电机生产企业 Electric Vehicle Drive Motor Manufacturer	电动汽车驱动电机类型 Type for Driving Motor of Electric Vehicle	电动汽车驱动电机型号 Odels for Driving Motor of Electric Vehicle	驱动电机数量 Installation Quantity of Driving Motor (台/辆,unit/vehicle)	驱动电机额定功率/转速/转矩 Rated Power/Speed/Torque of Drive Motor (kW/r/min/N·m)	控制器生产企业 Controller Manufacturing Enterprise	配套车辆类型 Matching Vehicle Types	2017 年配套车型产量小计 Subtotal output of supported Odels in 2017 (辆,vehicle)	2017 年配套车型产量总计 Total output of supported Odels in 2017 (辆,vehicle)`
精进电动科技股份有限公司 Jing-Jin Electric Technologies Co.,Ltd.	永磁同步电机 Permanent Magnet Synchronous Motor	TM5027	1	113/1200/900	精进电动科技股份有限公司 Jing-Jin Electric Technologies Co.,Ltd.	插电式混合动力客车 Plug-in Hybrid Bus	195	38577
	永磁同步电机 Permanent Magnet Synchronous Motor	TM5035	1	150/950/1523	精进电动科技股份有限公司 Jing-Jin Electric Technologies Co.,Ltd.	纯电动客车 Pure Electric Bus	1	
	永磁同步电机 Permanent Magnet Synchronous Motor	TZ220XS502	1	42/3820/105	联合汽车电子有限公司 United Automotive Electronic Systems Co.,Ltd.	纯电动乘用车 Pure Electric Passenger Car	2907	
	永磁同步电机 Permanent Magnet Synchronous Motor	TZ220XS508	1	55/4900/107	联合汽车电子有限公司 United Automotive Electronic Systems Co.,Ltd.	纯电动乘用车 Pure Electric Passenger Car	7255	
	永磁同步电机 Permanent Magnet Synchronous Motor	TZ220XS510	1	60/4500/130	精进电动科技股份有限公司 Jing-Jin Electric Technologies Co.,Ltd.	纯电动乘用车 Pure Electric Passenger Car	41	
	永磁同步电机 Permanent Magnet Synchronous Motor	TZ220XSA5H01	1	50/3980/120	法雷奥汽车内部控制(深圳)有限公司 Valeo Interior Controls (Shen Zhen) Co., Ltd.	纯电动乘用车 Pure Electric Passenger Car	1970	
	永磁同步电机 Permanent Magnet Synchronous Motor	TZ220XYA51T	1	55/4377/120	上海大郡动力控制技术有限公司 Shanghai Dajun Technologies Inc.	插电式混合动力乘用车 Plug-in Hybrid Passenger Car	3388	
	永磁同步电机 Permanent Magnet Synchronous Motor	TZ365XSB04	1	70/1980/340	精进电动科技股份有限公司 Jing-Jin Electric Technologies Co.,Ltd.	纯电动客车 Pure Electric Bus	30	
	永磁同步电机 Permanent Magnet Synchronous Motor	TZ365XSB05	1	82/1500/525	精进电动科技股份有限公司 Jing-Jin Electric Technologies Co.,Ltd.	纯电动客车 Pure Electric Bus	11	
	永磁同步电机 Permanent Magnet Synchronous Motor	TZ365XSB06	1	79/1440/525	精进电动科技股份有限公司 Jing-Jin Electric Technologies Co.,Ltd.	纯电动专用车 Pure Electric Special Car	1	
	永磁同步电机 Permanent Magnet Synchronous Motor	TZ365XSB07	1	82/1500/525	精进电动科技股份有限公司 Jing-Jin Electric Technologies Co.,Ltd.	纯电动客车 Pure Electric Bus	4	
	永磁同步电机 Permanent Magnet Synchronous Motor	TZ365XSC01	1	64/1260/485	精进电动科技股份有限公司 Jing-Jin Electric Technologies Co.,Ltd.	纯电动专用车 Pure Electric Special Car	48	
	永磁同步电机 Permanent Magnet Synchronous Motor	TZ365XSC02	1	100/1200/800	精进电动科技股份有限公司 Jing-Jin Electric Technologies Co.,Ltd.	插电式混合动力客车 Plug-in Hybrid Bus	119	
	永磁同步电机 Permanent Magnet Synchronous Motor	TZ365XSC02	1	100/1200/800	精进电动科技股份有限公司 Jing-Jin Electric Technologies Co.,Ltd.	纯电动客车 Pure Electric Bus	55	
	永磁同步电机 Permanent Magnet Synchronous Motor	TZ365XSD01	1	75/900/800	精进电动科技股份有限公司 Jing-Jin Electric Technologies Co.,Ltd.	纯电动客车 Pure Electric Bus	2	

续上表

电动汽车驱动电机生产企业 Electric Vehicle Drive Motor Manufacturer	电动汽车驱动电机类型 Type for Driving Motor of Electric Vehicle	电动汽车驱动电机型号 Odels for Driving Motor of Electric Vehicle	驱动电机数量 Installation Quantity of Driving Motor (台/辆,unit/vehicle)	驱动电机额定功率/转速/转矩 Rated Power/Speed/Torque of Drive Motor (kW/r/min/N·m)	控制器生产企业 Controller Manufacturing Enterprise	配套车辆类型 Matching Vehicle Types	2017 年配套车型产量小计 Subtotal output of supported Odels in 2017 (辆,vehicle)	2017 年配套车型产量总计 Total output of supported Odels in 2017 (辆,vehicle)`
精进电动科技股份有限公司 Jing-Jin Electric Technologies Co. ,Ltd.	永磁同步电机 Permanent Magnet Synchronous Motor	TZ460XSE01	1	102/750/1310	精进电动科技股份有限公司 Jing-Jin Electric Technologies Co. ,Ltd.	插电式混合动力客车 Plug-in Hybrid Bus	341	38577
	永磁同步电机 Permanent Magnet Synchronous Motor	TZ460XSE02	1	135/850/1520	精进电动科技股份有限公司 Jing-Jin Electric Technologies Co. ,Ltd.	纯电动客车 Pure Electric Bus	28	
	永磁同步电机 Permanent Magnet Synchronous Motor	TZ460XSE04	1	102/750/1310	精进电动科技股份有限公司 Jing-Jin Electric Technologies Co. ,Ltd.	纯电动客车 Pure Electric Bus	1792	
	永磁同步电机 Permanent Magnet Synchronous Motor	TZ460XSE05	1	102/750/1310	精进电动科技股份有限公司 Jing-Jin Electric Technologies Co. ,Ltd.	插电式混合动力客车 Plug-in Hybrid Bus	52	
	永磁同步电机 Permanent Magnet Synchronous Motor	TZ460XSF01	1	135/850/1520	精进电动科技股份有限公司 Jing-Jin Electric Technologies Co. ,Ltd.	纯电动客车 Pure Electric Bus	1152	
	永磁同步电机 Permanent Magnet Synchronous Motor	TZ460XSF02	1	142/750/1810	精进电动科技股份有限公司 Jing-Jin Electric Technologies Co. ,Ltd.	纯电动客车 Pure Electric Bus	1	
	永磁同步电机 Permanent Magnet Synchronous Motor	TZ460XSH01	1	157/750/2000	精进电动科技股份有限公司 Jing-Jin Electric Technologies Co. ,Ltd.	纯电动客车 Pure Electric Bus	19	
	永磁同步直流电机 Permanent Magnet Synchronous DC Motor	TZ460XSE02	1	135/850/1520	精进电动科技股份有限公司 Jing-Jin Electric Technologies Co. ,Ltd.	纯电动客车 Pure Electric Bus	1	
	永磁同步直流电机 Permanent Magnet Synchronous DC Motor	TZ460XSE03	1	102/750/1310	精进电动科技股份有限公司 Jing-Jin Electric Technologies Co. ,Ltd.	纯电动客车 Pure Electric Bus	10	
联合汽车电子有限公司 United Automotive Electronic Systems Co. ,Ltd.	永磁同步电机 Permanent Magnet Synchronous Motor	IMG-290. 1-2;TZ290XSUAES	1	26/3000/83;30/2000/147	联合汽车电子有限公司 United Automotive Electronic Systems Co. ,Ltd.	插电式混合动力乘用车 Plug-in Hybrid Passenger Car	45	32899
	永磁同步电机 Permanent Magnet Synchronous Motor	TZ180XSUAES	1	63/4000/150	联合汽车电子有限公司 United Automotive Electronic Systems Co. ,Ltd.	纯电动乘用车 Pure Electric Passenger Car	427	
	永磁同步电机 Permanent Magnet Synchronous Motor	TZ290XSUAES	1	30/2000/147	联合汽车电子有限公司 United Automotive Electronic Systems Co. ,Ltd.	插电式混合动力乘用车 Plug-in Hybrid Passenger Car	22923	
	永磁同步电机 Permanent Magnet Synchronous Motor	TZ290XSUAES	1	30/2000/147	联合汽车电子有限公司 United Automotive Electronic Systems Co. ,Ltd.	插电式混合动力乘用车 Plug-in Hybrid Passenger Car	9504	

续上表

电动汽车驱动电机生产企业 Electric Vehicle Drive Motor Manufacturer	电动汽车驱动电机类型 Type for Driving Motor of Electric Vehicle	电动汽车驱动电机型号 Odels for Driving Motor of Electric Vehicle	驱动电机数量 Installation Quantity of Driving Motor （台/辆，unit/vehicle）	驱动电机额定功率/转速/转矩 Rated Power/Speed/Torque of Drive Motor （kW/r/min/N·m）	控制器生产企业 Controller Manufacturing Enterprise	配套车辆类型 Matching Vehicle Types	2017 年配套车型产量小计 Subtotal output of supported Odels in 2017 （辆，vehicle）	2017 年配套车型产量总计 Total output of supported Odels in 2017 （辆，vehicle）`
山东德洋电子科技有限公司 Shandong Deyang Electronic Technology Co. ,Ltd. ; 上海电驱动股份有限公司 Shanghai Edrive Co. ,Ltd.	永磁同步电机 Permanent Magnet Synchronous Motor	DY-PMSM-144-15B;190TYZ-XS54BF	1	15/6000/24;15/3450/41. 5	山东德洋电子科技有限公司 Shandong Deyang Electronic Technology Co. ,Ltd. ; 上海电驱动股份有限公司 Shanghai Edrive Co. ,Ltd.	纯电动乘用车 Pure Electric Passenger Car	11631	28409
	永磁同步电机 Permanent Magnet Synchronous Motor	TZ175X15DYA;190TYZ-XS54BF	1	15/5200/27. 5;15/3450/41. 5	山东德洋电子科技有限公司 Shandong Deyang Electronic Technology Co. ,Ltd. ; 上海电驱动股份有限公司 Shanghai Edrive Co. ,Ltd.	纯电动乘用车 Pure Electric Passenger Car	15798	
	永磁同步电机 Permanent Magnet Synchronous Motor	TZ175X15DYL;190TYZ-XS55BG	1	15/5200/27. 5;15/5200/27. 5	山东德洋电子科技有限公司 Shandong Deyang Electronic Technology Co. ,Ltd. ; 上海电驱动股份有限公司 Shanghai Edrive Co. ,Ltd.	纯电动乘用车 Pure Electric Passenger Car	323	
	永磁同步电机 Permanent Magnet Synchronous Motor	190TYZ-XS54BF;TZ175X15DYA	1	15/3450/41. 5;15/5200/27. 5	上海电驱动股份有限公司 Shanghai Edrive Co. ,Ltd. ; 山东德洋电子科技有限公司 Shandong Deyang Electronic Technology Co. ,Ltd.	纯电动乘用车 Pure Electric Passenger Car	657	
郑州宇通客车股份有限公司 Zhengzhou Yutong Bus Co. , Ltd.	永磁同步电机 Permanent Magnet Synchronous Motor	TZ327XSYTH06	1	63/2000/300	郑州宇通客车股份有限公司 Zhengzhou Yutong Bus Co. ,Ltd.	插电式混合动力客车 Plug-in Hybrid Bus	1499	25727
	永磁同步电机 Permanent Magnet Synchronous Motor	TZ327XSYTH15	1	84/2000/400	郑州宇通客车股份有限公司 Zhengzhou Yutong Bus Co. ,Ltd.	插电式混合动力客车 Plug-in Hybrid Bus	1819	
	永磁同步电机 Permanent Magnet Synchronous Motor	TZ445XSYTH05	1	88/700/1200	郑州宇通客车股份有限公司 Zhengzhou Yutong Bus Co. ,Ltd.	插电式混合动力客车 Plug-in Hybrid Bus	63	
	永磁同步电机 Permanent Magnet Synchronous Motor	TZ445XSYTH07	1	62/700/846	郑州宇通客车股份有限公司 Zhengzhou Yutong Bus Co. ,Ltd.	插电式混合动力客车 Plug-in Hybrid Bus	886	
	永磁同步电机 Permanent Magnet Synchronous Motor	YTM200-CV1-P	1	110/2000/525	郑州宇通客车股份有限公司 Zhengzhou Yutong Bus Co. ,Ltd.	插电式混合动力客车 Plug-in Hybrid Bus	198	
	永磁同步电机 Permanent Magnet Synchronous Motor	YTM200-CV2-P	1	90/2000/430	郑州宇通客车股份有限公司 Zhengzhou Yutong Bus Co. ,Ltd.	插电式混合动力客车 Plug-in Hybrid Bus	2	
	永磁同步电机 Permanent Magnet Synchronous Motor	YTM280-CV6-H	1	50/1000/478	郑州宇通客车股份有限公司 Zhengzhou Yutong Bus Co. ,Ltd.	纯电动客车 Pure Electric Bus	78	
	永磁同步电机 Permanent Magnet Synchronous Motor	TZ260XSYTB12	1	25/1000/240	郑州宇通客车股份有限公司 Zhengzhou Yutong Bus Co. ,Ltd.	纯电动专用车 Pure Electric Special Car	39	

续上表

电动汽车驱动电机生产企业 Electric Vehicle Drive Motor Manufacturer	电动汽车驱动电机类型 Type for Driving Motor of Electric Vehicle	电动汽车驱动电机型号 Odels for Driving Motor of Electric Vehicle	驱动电机数量 Installation Quantity of Driving Motor（台/辆，unit/vehicle）	驱动电机额定功率/转速/转矩 Rated Power/Speed/Torque of Drive Motor（kW/r/min/N·m）	控制器生产企业 Controller Manufacturing Enterprise	配套车辆类型 Matching Vehicle Types	2017年配套车型产量小计 Subtotal output of supported Odels in 2017（辆，vehicle）	2017年配套车型产量总计 Total output of supported Odels in 2017（辆，vehicle）`
郑州宇通客车股份有限公司 Zhengzhou Yutong Bus Co.，Ltd.	永磁同步电机 Permanent Magnet Synchronous Motor	TZ327XSYTB06	1	50/1000/478	郑州宇通客车股份有限公司 Zhengzhou Yutong Bus Co.，Ltd.	纯电动客车 Pure Electric Bus	593	25727
	永磁同步电机 Permanent Magnet Synchronous Motor	TZ327XSYTB06	1	50/1000/478	郑州宇通客车股份有限公司 Zhengzhou Yutong Bus Co.，Ltd.	纯电动专用车 Pure Electric Special Car	2	
	永磁同步电机 Permanent Magnet Synchronous Motor	TZ368XSYTB04	1	100/800/1200	郑州宇通客车股份有限公司 Zhengzhou Yutong Bus Co.，Ltd.	纯电动客车 Pure Electric Bus	9250	
	永磁同步电机 Permanent Magnet Synchronous Motor	TZ368XSYTB04	1	100/800/1200	郑州宇通客车股份有限公司 Zhengzhou Yutong Bus Co.，Ltd.	纯电动专用车 Pure Electric Special Car	9	
	永磁同步电机 Permanent Magnet Synchronous Motor	TZ368XSYTB04	1	100/800/1200	郑州宇通客车股份有限公司 Zhengzhou Yutong Bus Co.，Ltd.	燃料电池客车 Fuel Cell Bus	1	
	永磁同步电机 Permanent Magnet Synchronous Motor	TZ368XSYTB05	1	80/1000/764	郑州宇通客车股份有限公司 Zhengzhou Yutong Bus Co.，Ltd.	纯电动客车 Pure Electric Bus	10571	
	永磁同步电机 Permanent Magnet Synchronous Motor	TZ368XSYTB11	1	215/1700/1200	郑州宇通客车股份有限公司 Zhengzhou Yutong Bus Co.，Ltd.	纯电动客车 Pure Electric Bus	31	
	永磁同步电机 Permanent Magnet Synchronous Motor	YTM280-CV4-H	1	100/800/1200	郑州宇通客车股份有限公司 Zhengzhou Yutong Bus Co.，Ltd.	纯电动客车 Pure Electric Bus	1	
	永磁同步电机 Permanent Magnet Synchronous Motor	YTM280-CV4-H	1	100/800/1200	郑州宇通客车股份有限公司 Zhengzhou Yutong Bus Co.，Ltd.	纯电动专用车 Pure Electric Special Car	7	
	永磁同步电机 Permanent Magnet Synchronous Motor	YTM280-CV4-L	1	110/700/1500	郑州宇通客车股份有限公司 Zhengzhou Yutong Bus Co.，Ltd.	插电式混合动力客车 Plug-in Hybrid Bus	136	
	永磁同步电机 Permanent Magnet Synchronous Motor	YTM280-CV5-H	1	25/1000/240	郑州宇通客车股份有限公司 Zhengzhou Yutong Bus Co.，Ltd.	纯电动专用车 Pure Electric Special Car	185	
	永磁同步电机 Permanent Magnet Synchronous Motor	YTM280-CV6-H	1	50/1000/478	郑州宇通客车股份有限公司 Zhengzhou Yutong Bus Co.，Ltd.	纯电动专用车 Pure Electric Special Car	355	
	永磁同步电机 Permanent Magnet Synchronous Motor	YTM280-CV6-H；TZ327XSYTB06	1	50/1000/478；50/1000/478	郑州宇通客车股份有限公司 Zhengzhou Yutong Bus Co.，Ltd.	纯电动专用车 Pure Electric Special Car	2	
浙江方正电机股份有限公司 Zhejiang Founder Motor Co.，Ltd.	永磁同步电机 Permanent Magnet Synchronous Motor	TZ205XFD96140	1	13/3000/41.4	深圳市高科润电子有限公司 Shenzhen Gce Co. Ltd.	纯电动专用车 Pure Electric Special Car	177	23468
	永磁同步电机 Permanent Magnet Synchronous Motor	ETG029	1	15/4775/30	赛伟科新能源科技（湖北）有限公司 Sevcon New Energy Technology（Hubei）Co.，Ltd.；上海电驱动股份有限公司 Shanghai Edrive Co.，Ltd.	纯电动乘用车 Pure Electric Passenger Car	16474	

续上表

电动汽车驱动电机生产企业 Electric Vehicle Drive Motor Manufacturer	电动汽车驱动电机类型 Type for Driving Motor of Electric Vehicle	电动汽车驱动电机型号 Odels for Driving Motor of Electric Vehicle	驱动电机数量 Installation Quantity of Driving Motor（台/辆，unit/vehicle）	驱动电机额定功率/转速/转矩 Rated Power/Speed/Torque of Drive Motor（kW/r/min/N·m）	控制器生产企业 Controller Manufacturing Enterprise	配套车辆类型 Matching Vehicle Types	2017 年配套车型产量小计 Subtotal output of supported Odels in 2017（辆，vehicle）	2017 年配套车型产量总计 Total output of supported Odels in 2017（辆，vehicle）`
浙江方正电机股份有限公司 Zhejiang Founder Motor Co.，Ltd.	永磁同步电机 Permanent Magnet Synchronous Motor	ETG029	1	15/4775/30	赛伟科新能源科技（湖北）有限公司 Sevcon New Energy Technology（Hubei）Co.，Ltd.	纯电动专用车 Pure Electric Special Car	3	23468
	永磁同步电机 Permanent Magnet Synchronous Motor	TZ205XFDM20C	1	20/3500/54.6	苏州汇川技术有限公司 Suzhou Inovance Technology Co.，Ltd.	纯电动专用车 Pure Electric Special Car	2197	
	永磁同步电机 Permanent Magnet Synchronous Motor	TZ205XSFDM30D	1	30/4000/72	苏州汇川技术有限公司 Suzhou Inovance Technology Co.，Ltd.	纯电动专用车 Pure Electric Special Car	16	
	永磁同步电机 Permanent Magnet Synchronous Motor	TZ205XSYS55C	1	30/3000/95.5	苏州汇川技术有限公司 Suzhou Inovance Technology Co.，Ltd.	纯电动乘用车 Pure Electric Passenger Car	2950	
	永磁同步电机 Permanent Magnet Synchronous Motor	TZ205XSYS55C	1	30/3000/95.5	苏州汇川技术有限公司 Suzhou Inovance Technology Co.，Ltd.	纯电动专用车 Pure Electric Special Car	1146	
	永磁同步电机 Permanent Magnet Synchronous Motor	TZ205XSFDM30C	1	30/4000/72	苏州汇川技术有限公司 Suzhou Inovance Technology Co.，Ltd.	纯电动专用车 Pure Electric Special Car	505	
合肥巨一动力系统有限公司 Hefei Jee Power System Co.，Ltd.； 上海电驱动股份有限公司 Shanghai Edrive Co.，Ltd.	永磁同步电机 Permanent Magnet Synchronous Motor	2103AAT；2103AAU	1	15.5/2500/59	合肥巨一动力系统有限公司 Hefei Jee Power System Co.，Ltd.； 上海电驱动股份有限公司 Shanghai Edrive Co.，Ltd.	纯电动乘用车 Pure Electric Passenger Car	18452	18452
重庆长安新能源汽车有限公司 Chongqing Chang'an New Energy Automobile Co.，Ltd.	交流电机 Alternating current dynamo	264TYZ-XS14BA	1	45/3500/123	重庆长安新能源汽车有限公司 Chongqing Chang'an New Energy Automobile Co.，Ltd.	纯电动乘用车 Pure Electric Passenger Car	1612	16048
	永磁同步电机 Permanent Magnet Synchronous Motor	264TYZ-XS14BA	1	45/3500/123	重庆长安新能源汽车有限公司 Chongqing Chang'an New Energy Automobile Co.，Ltd.	纯电动乘用车 Pure Electric Passenger Car	1251	
	永磁同步电机 Permanent Magnet Synchronous Motor	XTDM02	1	25/3000/80	重庆长安新能源汽车有限公司 Chongqing Chang'an New Energy Automobile Co.，Ltd.	纯电动专用车 Pure Electric Special Car	3	
	永磁同步电机 Permanent Magnet Synchronous Motor	XTDM03	1	20/3000/25	重庆长安新能源汽车有限公司 Chongqing Chang'an New Energy Automobile Co.，Ltd.	纯电动乘用车 Pure Electric Passenger Car	12845	
	永磁同步电机 Permanent Magnet Synchronous Motor	XTDM06	1	20/3000/25	重庆长安新能源汽车有限公司 Chongqing Chang'an New Energy Automobile Co.，Ltd.	纯电动乘用车 Pure Electric Passenger Car	337	
杭州杰能动力有限公司 Hangzhou Genwell-power Co.，Ltd.	永磁同步电机 Permanent Magnet Synchronous Motor	JNPMSM320-30	1	30/4000/71；30/4000/72	杭州杰能动力有限公司 Hangzhou Genwell-power Co.，Ltd.	纯电动乘用车 Pure Electric Passenger Car	15543	15883
	永磁同步电机 Permanent Magnet Synchronous Motor	JNPMSM320-30	1	30/4000/72	杭州杰能动力有限公司 Hangzhou Genwell-power Co.，Ltd.	纯电动专用车 Pure Electric Special Car	340	

续上表

电动汽车驱动电机生产企业 Electric Vehicle Drive Motor Manufacturer	电动汽车驱动电机类型 Type for Driving Motor of Electric Vehicle	电动汽车驱动电机型号 Odels for Driving Motor of Electric Vehicle	驱动电机数量 Installation Quantity of Driving Motor (台/辆,unit/vehicle)	驱动电机额定功率/转速/转矩 Rated Power/Speed/Torque of Drive Motor (kW/r/min/N·m)	控制器生产企业 Controller Manufacturing Enterprise	配套车辆类型 Matching Vehicle Types	2017年配套车型产量小计 Subtotal output of supported Odels in 2017 (辆,vehicle)	2017年配套车型产量总计 Total output of supported Odels in 2017 (辆,vehicle)
深圳市民富沃能新能源汽车有限公司 Shenzhen Minfu Woneng New Energy Automobile Co.,Ltd.	三相交流电机 Three Phase AC Motor	TZ370XS-MFM100G01	1	100/1590/600	深圳市民富沃能新能源汽车有限公司 Shenzhen Minfu Woneng New Energy Automobile Co.,Ltd.	纯电动客车 Pure Electric Bus	1	15590
	三相交流电机 Three Phase AC Motor	TZ370XS-MFM100G01	1	100/1590/600	深圳市民富沃能新能源汽车有限公司 Shenzhen Minfu Woneng New Energy Automobile Co.,Ltd.	纯电动专用车 Pure Electric Special Car	12	
	永磁同步电机 Permanent Magnet Synchronous Motor	BS50-1800/540	1	50/1800/265	深圳市民富沃能新能源汽车有限公司 Shenzhen Minfu Woneng New Energy Automobile Co.,Ltd.	纯电动专用车 Pure Electric Special Car	929	
	永磁同步电机 Permanent Magnet Synchronous Motor	TZ210X-MFM30G02	1	30/3000/95	深圳市民富沃能新能源汽车有限公司 Shenzhen Minfu Woneng New Energy Automobile Co.,Ltd.	纯电动专用车 Pure Electric Special Car	364	
	永磁同步电机 Permanent Magnet Synchronous Motor	TZ205X-MFM20G01	1	20/3473/55	深圳市民富沃能新能源汽车有限公司 Shenzhen Minfu Woneng New Energy Automobile Co.,Ltd.	纯电动专用车 Pure Electric Special Car	8	
	永磁同步电机 Permanent Magnet Synchronous Motor	TZ205XS-MFM45G01	1	45/2800/140	深圳市民富沃能新能源汽车有限公司 Shenzhen Minfu Woneng New Energy Automobile Co.,Ltd.	纯电动专用车 Pure Electric Special Car	11032	
	永磁同步电机 Permanent Magnet Synchronous Motor	TZ210X-MFM20G01	1	20/3600/53	深圳市民富沃能新能源汽车有限公司 Shenzhen Minfu Woneng New Energy Automobile Co.,Ltd.	纯电动专用车 Pure Electric Special Car	1176	
	永磁同步电机 Permanent Magnet Synchronous Motor	TZ327XS-MFM75G02	1	75/2300/310	深圳市民富沃能新能源汽车有限公司 Shenzhen Minfu Woneng New Energy Automobile Co.,Ltd.	纯电动客车 Pure Electric Bus	37	
	永磁同步电机 Permanent Magnet Synchronous Motor	TZ327XS-MFM85G01	1	85/2320/350	深圳市民富沃能新能源汽车有限公司 Shenzhen Minfu Woneng New Energy Automobile Co.,Ltd.	纯电动客车 Pure Electric Bus	28	
	永磁同步电机 Permanent Magnet Synchronous Motor	TZ368XS-MFM100G01	1	100/1000/955	深圳市民富沃能新能源汽车有限公司 Shenzhen Minfu Woneng New Energy Automobile Co.,Ltd.	纯电动客车 Pure Electric Bus	300	
	永磁同步电机 Permanent Magnet Synchronous Motor	TZ368XS-MFM120G01	1	120/2000/573	深圳市民富沃能新能源汽车有限公司 Shenzhen Minfu Woneng New Energy Automobile Co.,Ltd.	纯电动客车 Pure Electric Bus	1002	

续上表

电动汽车驱动电机生产企业 Electric Vehicle Drive Motor Manufacturer	电动汽车驱动电机类型 Type for Driving Motor of Electric Vehicle	电动汽车驱动电机型号 Odels for Driving Motor of Electric Vehicle	驱动电机数量 Installation Quantity of Driving Motor (台/辆,unit/vehicle)	驱动电机额定功率/转速/转矩 Rated Power/Speed/Torque of Drive Motor (kW/r/min/N·m)	控制器生产企业 Controller Manufacturing Enterprise	配套车辆类型 Matching Vehicle Types	2017 年配套车型产量小计 Subtotal output of supported Odels in 2017 (辆,vehicle)	2017 年配套车型产量总计 Total output of supported Odels in 2017 (辆,vehicle)`
深圳市民富沃能新能源汽车有限公司 Shenzhen Minfu Woneng New Energy Automobile Co. ,Ltd.	永磁同步电机 Permanent Magnet Synchronous Motor	TZ368XS-MFM125G01	1	125/1500/800	深圳市民富沃能新能源汽车有限公司 Shenzhen Minfu Woneng New Energy Automobile Co. ,Ltd.	纯电动专用车 Pure Electric Special Car	12	15590
	永磁同步电机 Permanent Magnet Synchronous Motor	TZ368XS-MFM245G01	1	245/1700/1370	深圳市民富沃能新能源汽车有限公司 Shenzhen Minfu Woneng New Energy Automobile Co. ,Ltd.	纯电动专用车 Pure Electric Special Car	85	
	永磁同步电机 Permanent Magnet Synchronous Motor	TZ368XS-MFM80G01	1	80/1273/600	深圳市民富沃能新能源汽车有限公司 Shenzhen Minfu Woneng New Energy Automobile Co. ,Ltd.	纯电动客车 Pure Electric Bus	50	
	永磁同步电机 Permanent Magnet Synchronous Motor	TZ370XS-MFM95G01	1	95/1512/600	深圳市民富沃能新能源汽车有限公司 Shenzhen Minfu Woneng New Energy Automobile Co. ,Ltd.	纯电动客车 Pure Electric Bus	326	
	永磁同步电机 Permanent Magnet Synchronous Motor	TZ400XS-MFM215G01	1	215/1700/1207	深圳市民富沃能新能源汽车有限公司 Shenzhen Minfu Woneng New Energy Automobile Co. ,Ltd.	纯电动专用车 Pure Electric Special Car	228	
永康市斯科若电器有限公司 Yongkang Sikeruo Electric Appliance Co. ,Ltd.	三相交流异步电机 Three Phase AC Asynchronous Motor	SCRMP18U2	1	18/4000/43	永康市斯科若电器有限公司 Yongkang Sikeruo Electric Appliance Co. , Ltd.	纯电动乘用车 Pure Electric Passenger Car	14696	14728
	三相交流异步电机 Three Phase AC Asynchronous Motor	YS220H020	1	21/3500/53	永康市斯科若电器有限公司 Yongkang Sikeruo Electric Appliance Co. , Ltd.	纯电动乘用车 Pure Electric Passenger Car	32	
珠海英搏尔电气股份有限公司 Zhuhai Enpower Electric Co. , Ltd.	交流感应电机 AC Induction Motor	Y13120001	1	25/3500/68. 2	珠海英搏尔电气股份有限公司 Zhuhai Enpower Electric Co. ,Ltd.	纯电动乘用车 Pure Electric Passenger Car	14329	14340
	交流感应电机 AC Induction Motor	Y13120001	1	25/3500/68. 2	珠海英搏尔电气股份有限公司 Zhuhai Enpower Electric Co. ,Ltd.	纯电动专用车 Pure Electric Special Car	1	
	交流感应电机 AC Induction Motor	Y13120001;Y13120002	1	25/3500/68. 2	珠海英搏尔电气股份有限公司 Zhuhai Enpower Electric Co. ,Ltd.	纯电动乘用车 Pure Electric Passenger Car	10	
湖南中车时代电动汽车股份有限公司 Hunan CRRC Times Eectric Vehicle Co. ,Ltd.	永磁同步电机 Permanent Magnet Synchronous Motor	TZ405XSD11	1	80/800/955; 80/900/850; 80/2700/283	湖南中车时代电动汽车股份有限公司 Hunan CRRC Times Eectric Vehicle Co. , Ltd.	纯电动客车 Pure Electric Bus	1800	13982
	永磁同步电机 Permanent Magnet Synchronous Motor	TZ290XSD15	1	60/1600/358	湖南中车时代电动汽车股份有限公司 Hunan CRRC Times Eectric Vehicle Co. , Ltd.	纯电动客车 Pure Electric Bus	8	

续上表

电动汽车驱动电机生产企业 Electric Vehicle Drive Motor Manufacturer	电动汽车驱动电机类型 Type for Driving Motor of Electric Vehicle	电动汽车驱动电机型号 Odels for Driving Motor of Electric Vehicle	驱动电机数量 Installation Quantity of Driving Motor (台/辆,unit/vehicle)	驱动电机额定功率/转速/转矩 Rated Power/Speed/Torque of Drive Motor (kW/r/min/N·m)	控制器生产企业 Controller Manufacturing Enterprise	配套车辆类型 Matching Vehicle Types	2017 年配套车型产量小计 Subtotal output of supported Odels in 2017 (辆,vehicle)	2017 年配套车型产量总计 Total output of supported Odels in 2017 (辆,vehicle)
湖南中车时代电动汽车股份有限公司 Hunan CRRC Times Eectric Vehicle Co.,Ltd.	永磁同步电机 Permanent Magnet Synchronous Motor	TZ290XSD15	1	60/1600/358	湖南中车时代电动汽车股份有限公司 Hunan CRRC Times Eectric Vehicle Co.,Ltd.	纯电动专用车 Pure Electric Special Car	2082	13982
	永磁同步电机 Permanent Magnet Synchronous Motor	TZ330XSD16	1	100/2800/340	湖南中车时代电动汽车股份有限公司 Hunan CRRC Times Eectric Vehicle Co.,Ltd.	纯电动客车 Pure Electric Bus	1248	
	永磁同步电机 Permanent Magnet Synchronous Motor	TZ390XS007	1	70/1200/557	湖南中车时代电动汽车股份有限公司 Hunan CRRC Times Eectric Vehicle Co.,Ltd.	纯电动客车 Pure Electric Bus	1066	
	永磁同步电机 Permanent Magnet Synchronous Motor	TZ405XSD17	1	150/1200/1194	湖南中车时代电动汽车股份有限公司 Hunan CRRC Times Eectric Vehicle Co.,Ltd.	纯电动客车 Pure Electric Bus	1	
	永磁同步电机 Permanent Magnet Synchronous Motor	TZ405XSD23	1	100/900/1057	湖南中车时代电动汽车股份有限公司 Hunan CRRC Times Eectric Vehicle Co.,Ltd.	插电式混合动力客车 Plug-in Hybrid Bus	731	
	永磁同步电机 Permanent Magnet Synchronous Motor	TZ405XSD23	1	100/900/1057	湖南中车时代电动汽车股份有限公司 Hunan CRRC Times Eectric Vehicle Co.,Ltd.	纯电动客车 Pure Electric Bus	4258	
	永磁同步电机 Permanent Magnet Synchronous Motor	TZ405XSD23;TZ405XSD23	1	100/900/1057	湖南中车时代电动汽车股份有限公司 Hunan CRRC Times Eectric Vehicle Co.,Ltd.	纯电动客车 Pure Electric Bus	113	
	永磁同步电机 Permanent Magnet Synchronous Motor	TZ450XF185	1	120/1000/1150	湖南中车时代电动汽车股份有限公司 Hunan CRRC Times Eectric Vehicle Co.,Ltd.	纯电动客车 Pure Electric Bus	41	
	永磁同步牵引电动机 Permanent Magnet Synchronous Traction Motor	TZ290XSD15	1	60/1600/358	湖南中车时代电动汽车股份有限公司 Hunan CRRC Times Eectric Vehicle Co.,Ltd.	纯电动客车 Pure Electric Bus	51	
	永磁同步牵引电动机 Permanent Magnet Synchronous Traction Motor	TZ290XSD15	1	60/1600/358	湖南中车时代电动汽车股份有限公司 Hunan CRRC Times Eectric Vehicle Co.,Ltd.	纯电动专用车 Pure Electric Special Car	1908	
	永磁同步牵引电动机 Permanent Magnet Synchronous Traction Motor	TZ405XS001	1	90/900/955	湖南中车时代电动汽车股份有限公司 Hunan CRRC Times Eectric Vehicle Co.,Ltd.	纯电动客车 Pure Electric Bus	103	

续上表

电动汽车驱动电机生产企业 Electric Vehicle Drive Motor Manufacturer	电动汽车驱动电机类型 Type for Driving Motor of Electric Vehicle	电动汽车驱动电机型号 Odels for Driving Motor of Electric Vehicle	驱动电机数量 Installation Quantity of Driving Motor (台/辆,unit/vehicle)	驱动电机额定功率/转速/转矩 Rated Power/Speed/Torque of Drive Motor (kW/r/min/N·m)	控制器生产企业 Controller Manufacturing Enterprise	配套车辆类型 Matching Vehicle Types	2017 年配套车型产量小计 Subtotal output of supported Odels in 2017 (辆,vehicle)	2017 年配套车型产量总计 Total output of supported Odels in 2017 (辆,vehicle)`
湖南中车时代电动汽车股份有限公司 Hunan CRRC Times Eectric Vehicle Co. ,Ltd.	永磁同步牵引电动机 Permanent Magnet Synchronous Traction Motor	TZ405XSD11	1	80/800/955	湖南中车时代电动汽车股份有限公司 Hunan CRRC Times Eectric Vehicle Co. , Ltd.	纯电动客车 Pure Electric Bus	124	13982
	永磁同步牵引电动机 Permanent Magnet Synchronous Traction Motor	TZ405XSD23	1	100/900/1057	湖南中车时代电动汽车股份有限公司 Hunan CRRC Times Eectric Vehicle Co. , Ltd.	纯电动客车 Pure Electric Bus	448	
安徽巨一自动化装备有限公司 JEE Automation Equipment Co. ,Ltd. ; 合肥巨一动力系统有限公司 Hefei Jee Power System Co. , Ltd.	永磁同步电机 Permanent Magnet Synchronous Motor	TZ210XJH1	1	13/3000/41. 4	安徽巨一自动化装备有限公司 JEE Automation Equipment Co. ,Ltd. ; 合肥巨一动力系统有限公司 Hefei Jee Power System Co. ,Ltd.	纯电动乘用车 Pure Electric Passenger Car	1231	13015
	永磁同步内转子电机 Permanent Magnet Synchronous Internal Rotor Motor	TZ200XSJH2	1	13/3000/41. 4	安徽巨一自动化装备有限公司 JEE Automation Equipment Co. ,Ltd. ; 合肥巨一动力系统有限公司 Hefei Jee Power System Co. ,Ltd.	纯电动乘用车 Pure Electric Passenger Car	834	
	永磁同步内转子电机 Permanent Magnet Synchronous Internal Rotor Motor	TZ210XJH5	1	18/3000/58	安徽巨一自动化装备有限公司 JEE Automation Equipment Co. ,Ltd. ; 合肥巨一动力系统有限公司 Hefei Jee Power System Co. ,Ltd.	纯电动乘用车 Pure Electric Passenger Car	10950	
华域汽车电动系统有限公司 Huayu Automotive Electric Drive System Co. ,Ltd.	永磁同步电机 Permanent Magnet Synchronous Motor	TZ210XS25	1	25/2000/119	华域汽车电动系统有限公司 Huayu Automotive Electric Drive System Co. ,Ltd.	纯电动专用车 Pure Electric Special Car	423	11666
	永磁同步电机 Permanent Magnet Synchronous Motor	200TZ-XS60K	1	28/3000/90	华域汽车电动系统有限公司 Huayu Automotive Electric Drive System Co. ,Ltd.	纯电动乘用车 Pure Electric Passenger Car	599	
	永磁同步电机 Permanent Magnet Synchronous Motor	290TZ-XS150K	1	75/2000/360	华域汽车电动系统有限公司 Huayu Automotive Electric Drive System Co. ,Ltd.	纯电动乘用车 Pure Electric Passenger Car	97	
	永磁同步电机 Permanent Magnet Synchronous Motor	TZ204XS85K02	1	40/3100/125	联合汽车电子有限公司 United Automotive Electronic Systems Co. ,Ltd.	纯电动乘用车 Pure Electric Passenger Car	10547	
长沙众泰汽车工业有限公司 Changsha Zotye Auto Industry Co. ,Ltd.	三相交流异步电机 Three Phase AC Asynchronous Motor	ZT13527108	1	13. 5/3000/43	长沙众泰汽车工业有限公司 Changsha Zotye Auto Industry Co. ,Ltd.	纯电动乘用车 Pure Electric Passenger Car	11124	11156
	永磁同步电机 Permanent Magnet Synchronous Motor	ZT1638144	1	16/3000/51	长沙众泰汽车工业有限公司 Changsha Zotye Auto Industry Co. ,Ltd.	纯电动乘用车 Pure Electric Passenger Car	30	
	永磁同步电机 Permanent Magnet Synchronous Motor	ZT2040336	1	20/3200/60	长沙众泰汽车工业有限公司 Changsha Zotye Auto Industry Co. ,Ltd.	纯电动乘用车 Pure Electric Passenger Car	2	

续上表

电动汽车驱动电机生产企业 Electric Vehicle Drive Motor Manufacturer	电动汽车驱动电机类型 Type for Driving Motor of Electric Vehicle	电动汽车驱动电机型号 Odels for Driving Motor of Electric Vehicle	驱动电机数量 Installation Quantity of Driving Motor (台/辆,unit/vehicle)	驱动电机额定功率/转速/转矩 Rated Power/Speed/Torque of Drive Motor (kW/r/min/N·m)	控制器生产企业 Controller Manufacturing Enterprise	配套车辆类型 Matching Vehicle Types	2017年配套车型产量小计 Subtotal output of supported Odels in 2017 (辆,vehicle)	2017年配套车型产量总计 Total output of supported Odels in 2017 (辆,vehicle)
上海电驱动股份有限公司 Shanghai Edrive Co. ,Ltd.	交流永磁同步电机 Permanent Magnet Synchronous Motor	190ZWS011	1	8/2400/32	上海电驱动股份有限公司 Shanghai Edrive Co. ,Ltd.	纯电动专用车 Pure Electric Special Car	1372	9971
	永磁同步电机 Permanent Magnet Synchronous Motor	TZ180X06K	1	15/3000/47	上海电驱动股份有限公司 Shanghai Edrive Co. ,Ltd.	纯电动乘用车 Pure Electric Passenger Car	786	
	永磁同步电机 Permanent Magnet Synchronous Motor	368TYZ-XIS15N	1	40/1600/240	上海电驱动股份有限公司 Shanghai Edrive Co. ,Ltd.	插电式混合动力客车 Plug-in Hybrid Bus	277	
	永磁同步电机 Permanent Magnet Synchronous Motor	2103AAL	1	21/3000/70	上海电驱动股份有限公司 Shanghai Edrive Co. ,Ltd.	纯电动乘用车 Pure Electric Passenger Car	253	
	永磁同步电机 Permanent Magnet Synchronous Motor	240TYZ-XS06J	1	25/3000/75	上海电驱动股份有限公司 Shanghai Edrive Co. ,Ltd.	纯电动专用车 Pure Electric Special Car	6	
	永磁同步电机 Permanent Magnet Synchronous Motor	264TYZ-XS15BT	1	40/4000/100	上海电驱动股份有限公司 Shanghai Edrive Co. ,Ltd.	纯电动乘用车 Pure Electric Passenger Car	11	
	永磁同步电机 Permanent Magnet Synchronous Motor	368TYZ-XIS42AW	1	60/1280/450	上海电驱动股份有限公司 Shanghai Edrive Co. ,Ltd.	插电式混合动力客车 Plug-in Hybrid Bus	277	
	永磁同步电机 Permanent Magnet Synchronous Motor	368TYZ-XS30AZ	1	80/1273/600	上海电驱动股份有限公司 Shanghai Edrive Co. ,Ltd.	纯电动客车 Pure Electric Bus	11	
	永磁同步电机 Permanent Magnet Synchronous Motor	422TYZ-XS04D	1	100/1000/955	上海电驱动股份有限公司 Shanghai Edrive Co. ,Ltd.	纯电动客车 Pure Electric Bus	32	
	永磁同步电机 Permanent Magnet Synchronous Motor	EM-150-144-24N	1	15/3500/41	上海电驱动股份有限公司 Shanghai Edrive Co. ,Ltd.	纯电动专用车 Pure Electric Special Car	16	
	永磁同步电机 Permanent Magnet Synchronous Motor	TZ200XS03Z	1	21/3000/67	上海电驱动股份有限公司 Shanghai Edrive Co. ,Ltd.	纯电动乘用车 Pure Electric Passenger Car	1950	
	永磁同步电机 Permanent Magnet Synchronous Motor	TZ200XS03Z	1	21/3000/67	上海电驱动股份有限公司 Shanghai Edrive Co. ,Ltd.	纯电动专用车 Pure Electric Special Car	1	
	永磁同步电机 Permanent Magnet Synchronous Motor	TZ275XS01A	1	40/3350/114	电装(中国)投资有限公司长春分公司 Denso(China)Investment Co. ,Ltd. Changchun Branch	纯电动乘用车 Pure Electric Passenger Car	315	
	永磁司步电机 Permanent Magnet Synchronous Motor	WTYCDJ-30B-DN	1	45/3200/135	上海电驱动股份有限公司 Shanghai Edrive Co. ,Ltd.	纯电动乘用车 Pure Electric Passenger Car	3	
	永磁司步电机 Permanent Magnet Synchronous Motor	190TYZ-X30AF	1	8/2400/32	上海电驱动股份有限公司 Shanghai Edrive Co. ,Ltd.	纯电动专用车 Pure Electric Special Car	13	
	永磁司步电机 Permanent Magnet Synchronous Motor	TZ230XS02B	1	25/2984/80	上海电驱动股份有限公司 Shanghai Edrive Co. ,Ltd.	纯电动乘用车 Pure Electric Passenger Car	1995	

续上表

电动汽车驱动电机生产企业 Electric Vehicle Drive Motor Manufacturer	电动汽车驱动电机类型 Type for Driving Motor of Electric Vehicle	电动汽车驱动电机型号 Odels for Driving Motor of Electric Vehicle	驱动电机数量 Installation Quantity of Driving Motor (台/辆,unit/vehicle)	驱动电机额定功率/转速/转矩 Rated Power/Speed/Torque of Drive Motor (kW/r/min/N·m)	控制器生产企业 Controller Manufacturing Enterprise	配套车辆类型 Matching Vehicle Types	2017 年配套车型产量小计 Subtotal output of supported Odels in 2017 (辆,vehicle)	2017 年配套车型产量总计 Total output of supported Odels in 2017 (辆,vehicle)`
上海电驱动股份有限公司 Shanghai Edrive Co. ,Ltd.	永磁同步电机 Permanent Magnet Synchronous Motor	2103AAV	1	46/4000/110	上海电驱动股份有限公司 Shanghai Edrive Co. ,Ltd.	纯电动乘用车 Pure Electric Passenger Car	1811	9971
	永磁同步电机 Permanent Magnet Synchronous Motor	264TYZ-XS25DF	1	60/3183/180	上海电驱动股份有限公司 Shanghai Edrive Co. ,Ltd.	纯电动专用车 Pure Electric Special Car	623	
	永磁同步电机 Permanent Magnet Synchronous Motor	TZ230XS15DB	1	45/3500/123	上海电驱动股份有限公司 Shanghai Edrive Co. ,Ltd.	纯电动专用车 Pure Electric Special Car	22	
	永磁同步电机 Permanent Magnet Synchronous Motor	TZ230XS25DT	1	55/2950/180	上海电驱动股份有限公司 Shanghai Edrive Co. ,Ltd.	燃料电池客车 Fuel Cell Bus	197	
杭州德沃仕电动科技有限公司 Hangzhou Dewos Electric Technology Co. ,Ltd.	三相交流异步电机 Three Phase AC Asynchronous Motor	YS210MFDWS96135C	1	13. 5/3600/35. 8	苏州汇川技术有限公司 Suzhou Inovance Technology Co. ,Ltd.	纯电动乘用车 Pure Electric Passenger Car	550	9342
	三相交流异步电机 Three Phase AC Asynchronous Motor	DWS-YXQ-108-13. 5A	1	13. 5/3600/35. 8	珠海英搏尔电气股份有限公司 Zhuhai Enpower Electric Co. ,Ltd.	纯电动乘用车 Pure Electric Passenger Car	368	
	三相交流异步电机 Three Phase AC Asynchronous Motor	DWS-YXQ-144-13. 5B	1	13. 5/3000/43	浙江格雷博智能动力科技有限公司 Global Intelligent Power Technologies Co. , Ltd.	纯电动乘用车 Pure Electric Passenger Car	5548	
	永磁同步电机 Permanent Magnet Synchronous Motor	DWS-TYC-320-18A	1	18/3000/57; 18/3000/57. 3; 18/3000/57. 8	苏州汇川技术有限公司 Suzhou Inovance Technology Co. ,Ltd. ; 深圳市依思普林科技有限公司 Shenzhen Espirit Technology Co. ,Ltd.	纯电动专用车 Pure Electric Special Car	1333	
	永磁同步电机 Permanent Magnet Synchronous Motor	TZ205XFDWS144200A	1	20/3500/54. 6	深圳市依思普林科技有限公司 Shenzhen Espirit Technology Co. ,Ltd.	纯电动专用车 Pure Electric Special Car	21	
	永磁同步电机 Permanent Magnet Synchronous Motor	TZ205XSDWS320300C	1	30/4000/72	澳特卡新能源科技(上海)有限公司 eCartronic New Energy Technology(Shanghai)Co,. Ltd.	纯电动专用车 Pure Electric Special Car	1396	
	永磁同步电机 Permanent Magnet Synchronous Motor	TZ230XSDWS336300A1	1	30/2500/115	深圳市依思普林科技有限公司 Shenzhen Espirit Technology Co. ,Ltd.	纯电动专用车 Pure Electric Special Car	76	
	永磁同步电机 Permanent Magnet Synchronous Motor	TZ230XSDWS336300A1	1	30/2500/115	深圳市依思普林科技有限公司 Shenzhen Espirit Technology Co. ,Ltd.	纯电动专用车 Pure Electric Special Car	50	
山东德洋电子科技有限公司 Shandong Deyang Electronic Technology Co. ,Ltd.	永磁同步电机 Permanent Magnet Synchronous Motor	TZ175X15DYA	1	15/5200/27. 5	山东德洋电子科技有限公司 Shandong Deyang Electronic Technology Co. ,Ltd.	纯电动乘用车 Pure Electric Passenger Car	8769	8770
	永磁同步电机 Permanent Magnet Synchronous Motor	TZ210XXWTDY	1	18/3000/57	山东德洋电子科技有限公司 Shandong Deyang Electronic Technology Co. ,Ltd.	纯电动专用车 Pure Electric Special Car	1	

续上表

电动汽车驱动电机生产企业 Electric Vehicle Drive Motor Manufacturer	电动汽车驱动电机类型 Type for Driving Motor of Electric Vehicle	电动汽车驱动电机型号 Odels for Driving Motor of Electric Vehicle	驱动电机数量 Installation Quantity of Driving Motor (台/辆,unit/vehicle)	驱动电机额定功率/转速/转矩 Rated Power/Speed/Torque of Drive Motor (kW/r/min/N·m)	控制器生产企业 Controller Manufacturing Enterprise	配套车辆类型 Matching Vehicle Types	2017年配套车型产量小计 Subtotal output of supported Odels in 2017 (辆,vehicle)	2017年配套车型产量总计 Total output of supported Odels in 2017 (辆,vehicle)`
苏州绿控传动科技有限公司 Suzhou Lvkong Transmission Technology Co.,Ltd.	三相永磁同步电机 Three Phase Permanent Magnet Synchronous Motor	GC-TM750-01	1	75/2000/350	苏州绿控传动科技有限公司 Suzhou Lvkong Transmission Technology Co.,Ltd.	纯电动专用车 Pure Electric Special Car	36	8757
	永磁同步电机 Permanent Magnet Synchronous Motor	GC-TM450-02	1	60/1910/300	苏州绿控传动科技有限公司 Suzhou Lvkong Transmission Technology Co.,Ltd.	纯电动客车 Pure Electric Bus	262	
	永磁同步电机 Permanent Magnet Synchronous Motor	GC-TM750-06	1	75/2000/350	苏州绿控传动科技有限公司 Suzhou Lvkong Transmission Technology Co.,Ltd.	纯电动客车 Pure Electric Bus	170	
	永磁同步电机 Permanent Magnet Synchronous Motor	GC-TM1000-05	1	80/1280/600	苏州绿控传动科技有限公司 Suzhou Lvkong Transmission Technology Co.,Ltd.	插电式混合动力客车 Plug-in Hybrid Bus	789	
	永磁同步电机 Permanent Magnet Synchronous Motor	GC-TM1000-05	1	80/1280/600	苏州绿控传动科技有限公司 Suzhou Lvkong Transmission Technology Co.,Ltd.	纯电动客车 Pure Electric Bus	15	
	永磁同步电机 Permanent Magnet Synchronous Motor	GC-TM1000-06	1	60/1600/358	苏州绿控传动科技有限公司 Suzhou Lvkong Transmission Technology Co.,Ltd.	插电式混合动力客车 Plug-in Hybrid Bus	115	
	永磁同步电机 Permanent Magnet Synchronous Motor	GC-TM1000-07	1	80/1280/600	苏州绿控传动科技有限公司 Suzhou Lvkong Transmission Technology Co.,Ltd.	插电式混合动力客车 Plug-in Hybrid Bus	1832	
	永磁同步电机 Permanent Magnet Synchronous Motor	GC-TM100-01	1	100/1600/600	苏州绿控传动科技有限公司 Suzhou Lvkong Transmission Technology Co.,Ltd.	插电式混合动力客车 Plug-in Hybrid Bus	326	
	永磁同步电机 Permanent Magnet Synchronous Motor	GC-TM1300-01	1	100/1200/750	苏州绿控传动科技有限公司 Suzhou Lvkong Transmission Technology Co.,Ltd.	纯电动专用车 Pure Electric Special Car	2	
	永磁同步电机 Permanent Magnet Synchronous Motor	GC-TM1300-01	1	100/1270/750	苏州绿控传动科技有限公司 Suzhou Lvkong Transmission Technology Co.,Ltd.	纯电动客车 Pure Electric Bus	245	
	永磁司步电机 Permanent Magnet Synchronous Motor	GC-TM1700-01	1	80/1020/750	苏州绿控传动科技有限公司 Suzhou Lvkong Transmission Technology Co.,Ltd.	纯电动客车 Pure Electric Bus	375	

续上表

电动汽车驱动电机生产企业 Electric Vehicle Drive Motor Manufacturer	电动汽车驱动电机类型 Type for Driving Motor of Electric Vehicle	电动汽车驱动电机型号 Odels for Driving Motor of Electric Vehicle	驱动电机数量 Installation Quantity of Driving Motor (台/辆, unit/vehicle)	驱动电机额定功率/转速/转矩 Rated Power/Speed/Torque of Drive Motor (kW/r/min/N·m)	控制器生产企业 Controller Manufacturing Enterprise	配套车辆类型 Matching Vehicle Types	2017 年配套车型产量小计 Subtotal output of supported Odels in 2017 (辆, vehicle)	2017 年配套车型产量总计 Total output of supported Odels in 2017 (辆, vehicle)`
苏州绿控传动科技有限公司 Suzhou Lvkong Transmission Technology Co., Ltd.	永磁同步电机 Permanent Magnet Synchronous Motor	GC-TM450-01	1	30/1200/230	苏州绿控传动科技有限公司 Suzhou Lvkong Transmission Technology Co., Ltd.	插电式混合动力客车 Plug-in Hybrid Bus	62	8757
	永磁同步电机 Permanent Magnet Synchronous Motor	GC-TM450-02	1	60/1910/300	苏州绿控传动科技有限公司 Suzhou Lvkong Transmission Technology Co., Ltd.	纯电动专用车 Pure Electric Special Car	14	
	永磁同步电机 Permanent Magnet Synchronous Motor	GC-TM680-01	1	95/2300/395	苏州绿控传动科技有限公司 Suzhou Lvkong Transmission Technology Co., Ltd.	插电式混合动力客车 Plug-in Hybrid Bus	43	
	永磁同步电机 Permanent Magnet Synchronous Motor	GC-TM680-02	1	115/2700/400	苏州绿控传动科技有限公司 Suzhou Lvkong Transmission Technology Co., Ltd.	插电式混合动力客车 Plug-in Hybrid Bus	1	
	永磁同步电机 Permanent Magnet Synchronous Motor	GC-TM750-01	1	75/2000/350	苏州绿控传动科技有限公司 Suzhou Lvkong Transmission Technology Co., Ltd.	纯电动专用车 Pure Electric Special Car	2018	
	永磁同步电机 Permanent Magnet Synchronous Motor	GC-TM750-02	1	75/2000/350	苏州绿控传动科技有限公司 Suzhou Lvkong Transmission Technology Co., Ltd.	插电式混合动力客车 Plug-in Hybrid Bus	25	
	永磁同步电机 Permanent Magnet Synchronous Motor	GC-TM750-02	1	75/2000/350	苏州绿控传动科技有限公司 Suzhou Lvkong Transmission Technology Co., Ltd.	纯电动专用车 Pure Electric Special Car	102	
	永磁同步电机 Permanent Magnet Synchronous Motor	GC-TM750-03	1	75/2000/350	苏州绿控传动科技有限公司 Suzhou Lvkong Transmission Technology Co., Ltd.	插电式混合动力客车 Plug-in Hybrid Bus	157	
	永磁同步电机 Permanent Magnet Synchronous Motor	GC-TM750-03	1	75/2000/350	苏州绿控传动科技有限公司 Suzhou Lvkong Transmission Technology Co., Ltd.	纯电动客车 Pure Electric Bus	60	
	永磁同步电机 Permanent Magnet Synchronous Motor	GC-TM750-04	1	75/2000/350	苏州绿控传动科技有限公司 Suzhou Lvkong Transmission Technology Co., Ltd.	插电式混合动力客车 Plug-in Hybrid Bus	2	
	永磁同步电机 Permanent Magnet Synchronous Motor	GC-TM850-01	1	100/1600/500	苏州绿控传动科技有限公司 Suzhou Lvkong Transmission Technology Co., Ltd.	插电式混合动力客车 Plug-in Hybrid Bus	10	

续上表

电动汽车驱动电机生产企业 Electric Vehicle Drive Motor Manufacturer	电动汽车驱动电机类型 Type for Driving Motor of Electric Vehicle	电动汽车驱动电机型号 Odels for Driving Motor of Electric Vehicle	驱动电机数量 Installation Quantity of Driving Motor (台/辆,unit/vehicle)	驱动电机额定功率/转速/转矩 Rated Power/Speed/Torque of Drive Motor (kW/r/min/N·m)	控制器生产企业 Controller Manufacturing Enterprise	配套车辆类型 Matching Vehicle Types	2017 年配套车型产量小计 Subtotal output of supported Odels in 2017 (辆,vehicle)	2017 年配套车型产量总计 Total output of supported Odels in 2017 (辆,vehicle)`
苏州绿控传动科技有限公司 Suzhou Lvkong Transmission Technology Co. ,Ltd.	永磁同步电机 Permanent Magnet Synchronous Motor	GC-TM850-02	1	135/2150/600	苏州绿控传动科技有限公司 Suzhou Lvkong Transmission Technology Co. ,Ltd.	插电式混合动力客车 Plug-in Hybrid Bus	2	8757
	永磁同步电机 Permanent Magnet Synchronous Motor	TZ310XS-LKM0501	1	60/1910/300	苏州绿控传动科技有限公司 Suzhou Lvkong Transmission Technology Co. ,Ltd.	纯电动客车 Pure Electric Bus	340	
	永磁同步电机 Permanent Magnet Synchronous Motor	TZ310XS-LKM0501	1	60/1910/300	苏州绿控传动科技有限公司 Suzhou Lvkong Transmission Technology Co. ,Ltd.	纯电动专用车 Pure Electric Special Car	453	
	永磁同步电机 Permanent Magnet Synchronous Motor	TZ370XS-LKM1101	1	80/1270/600	苏州绿控传动科技有限公司 Suzhou Lvkong Transmission Technology Co. ,Ltd.	纯电动客车 Pure Electric Bus	768	
	永磁同步电机 Permanent Magnet Synchronous Motor	TZ370XS-LKM1101	1	80/1270/600	苏州绿控传动科技有限公司 Suzhou Lvkong Transmission Technology Co. ,Ltd.	燃料电池客车 Fuel Cell Bus	5	
	永磁同步电机 Permanent Magnet Synchronous Motor	TZ370XS-LKM1702	1	80/1020/750;80/750/1020	苏州绿控传动科技有限公司 Suzhou Lvkong Transmission Technology Co. ,Ltd.	纯电动客车 Pure Electric Bus	48	
	永磁同步电机 Permanent Magnet Synchronous Motor	TZ370XS-LKM2002	1	90/760/1140	苏州绿控传动科技有限公司 Suzhou Lvkong Transmission Technology Co. ,Ltd.	纯电动客车 Pure Electric Bus	1	
	永磁同步电机 Permanent Magnet Synchronous Motor	TZ410XS-LKM2502	1	130/950/1300	苏州绿控传动科技有限公司 Suzhou Lvkong Transmission Technology Co. ,Ltd.	纯电动客车 Pure Electric Bus	85	
	永磁同步直流电机 Permanent Magnet Synchronous DC Motor	TZ370XS-LKM1702	1	80/1020/750	苏州绿控传动科技有限公司 Suzhou Lvkong Transmission Technology Co. ,Ltd.	纯电动客车 Pure Electric Bus	324	
	永磁同步直流电机 Permanent Magnet Synchronous DC Motor	TZ410XS-LKM2501	1	130/950/1300	苏州绿控传动科技有限公司 Suzhou Lvkong Transmission Technology Co. ,Ltd.	纯电动客车 Pure Electric Bus	70	
杭州伯坦科技工程有限公司 Hangzhou Bo Tan Technology Engineering Co. ,Ltd. ; 格至控智能动力科技(上海)有限公司 Gezhikong Intelligent Power Technology(Shanghai)Co. ,Ltd.	永磁同步电机 Permanent Magnet Synchronous Motor	BTM110-01;G175TZX024-027	1	12/3200/36	杭州伯坦科技工程有限公司 Hangzhou Bo Tan Technology Engineering Co. ,Ltd. ; 格至控智能动力科技(上海)有限公司 Gezhikong Intelligent Power Technology (Shanghai)Co. ,Ltd.	纯电动乘用车 Pure Electric Passenger Car	8109	8109

续上表

电动汽车驱动电机生产企业 Electric Vehicle Drive Motor Manufacturer	电动汽车驱动电机类型 Type for Driving Motor of Electric Vehicle	电动汽车驱动电机型号 Odels for Driving Motor of Electric Vehicle	驱动电机数量 Installation Quantity of Driving Motor（台/辆，unit/vehicle）	驱动电机额定功率/转速/转矩 Rated Power/Speed/Torque of Drive Motor（kW/r/min/N·m）	控制器生产企业 Controller Manufacturing Enterprise	配套车辆类型 Matching Vehicle Types	2017 年配套车型产量小计 Subtotal output of supported Odels in 2017（辆，vehicle）	2017 年配套车型产量总计 Total output of supported Odels in 2017（辆，vehicle）
上海电驱动股份有限公司 Shanghai Edrive Co.，Ltd.；芜湖杰诺瑞汽车电器系统有限公司 Wuhu Jienuorui Automotive Electrical Systems Co.，Ltd.	永磁同步电机 Permanent Magnet Synchronous Motor	2103AAL;2103AAS	1	21/3000/66.9	上海电驱动股份有限公司 Shanghai Edrive Co.，Ltd.；芜湖杰诺瑞汽车电器系统有限公司 Wuhu Jienuorui Automotive Electrical Systems Co.，Ltd.	纯电动乘用车 Pure Electric Passenger Car	7789	7789
北京德威利新能源科技股份有限公司 Beijing Deweli New Energy Science Technology Co.，Ltd.	永磁同步电机 Permanent Magnet Synchronous Motor	TZ340XSA04	1	70/1600/419	北京德威利新能源科技股份有限公司 Beijing Deweli New Energy Science Technology Co.，Ltd.	纯电动专用车 Pure Electric Special Car	5494	7702
	永磁同步电机 Permanent Magnet Synchronous Motor	TZ340XSA04;TZ340XSA07	1	70/1600/419;60/1600/358	北京德威利新能源科技股份有限公司 Beijing Deweli New Energy Science Technology Co.，Ltd.	纯电动专用车 Pure Electric Special Car	2208	
山东休普动力科技股份有限公司 Shandong Super Motor Power Technology Co.，Ltd.	三相交流异步电机 Three Phase AC Asynchronous Motor	YS210X025	1	25/4160/57.4	山东休普动力科技股份有限公司 Shandong Super Motor Power Technology Co.，Ltd.	纯电动专用车 Pure Electric Special Car	7383	7525
	三相交流异步电机 Three Phase AC Asynchronous Motor	YS210X025	1	25/4160/57.4	山东休普动力科技股份有限公司 Shandong Super Motor Power Technology Co.，Ltd.	纯电动乘用车 Pure Electric Passenger Car	142	
珠海银隆电器有限公司 Zhuhai Yin Long Electrical Appliance Co.，Ltd.	永磁同步电机 Permanent Magnet Synchronous Motor	YLP-LMP60-W	1	60/1640/350	珠海银隆电器有限公司 Zhuhai Yin Long Electrical Appliance Co.，Ltd.	纯电动专用车 Pure Electric Special Car	19	6465
	永磁同步电机 Permanent Magnet Synchronous Motor	YLP-HMP100-W	1	100/868/1100	珠海银隆电器有限公司 Zhuhai Yin Long Electrical Appliance Co.，Ltd.	纯电动客车 Pure Electric Bus	1385	
	永磁同步电机 Permanent Magnet Synchronous Motor	YLP-HMP120-WJJ	1	120/1005/1140	珠海银隆电器有限公司 Zhuhai Yin Long Electrical Appliance Co.，Ltd.	纯电动客车 Pure Electric Bus	227	
	永磁同步电机 Permanent Magnet Synchronous Motor	YLP-HMP150-W	1	100/800/1250	珠海银隆电器有限公司 Zhuhai Yin Long Electrical Appliance Co.，Ltd.	纯电动客车 Pure Electric Bus	88	
	永磁同步电机 Permanent Magnet Synchronous Motor	YLP-HMP197-WJJ	1	120/900/1273	珠海银隆电器有限公司 Zhuhai Yin Long Electrical Appliance Co.，Ltd.	纯电动客车 Pure Electric Bus	4	
	永磁同步电机 Permanent Magnet Synchronous Motor	YLP-HMP90-W	1	90/760/1140	珠海银隆电器有限公司 Zhuhai Yin Long Electrical Appliance Co.，Ltd.	纯电动客车 Pure Electric Bus	562	

续上表

电动汽车驱动电机生产企业 Electric Vehicle Drive Motor Manufacturer	电动汽车驱动电机类型 Type for Driving Motor of Electric Vehicle	电动汽车驱动电机型号 Odels for Driving Motor of Electric Vehicle	驱动电机数量 Installation Quantity of Driving Motor (台/辆,unit/vehicle)	驱动电机额定功率/转速/转矩 Rated Power/Speed/Torque of Drive Motor (kW/r/min/N·m)	控制器生产企业 Controller Manufacturing Enterprise	配套车辆类型 Matching Vehicle Types	2017年配套车型产量小计 Subtotal output of supported Odels in 2017 (辆,vehicle)	2017年配套车型产量总计 Total output of supported Odels in 2017 (辆,vehicle)
珠海银隆电器有限公司 Zhuhai Yin Long Electrical Appliance Co. ,Ltd.	永磁同步电机 Permanent Magnet Synchronous Motor	YLP-MP120-W	1	100/800/1250	珠海银隆电器有限公司 Zhuhai Yin Long Electrical Appliance Co. ,Ltd.	纯电动客车 Pure Electric Bus	1502	6465
	永磁同步电机 Permanent Magnet Synchronous Motor	YLP-MP120-W; YLP-HMP100-WZC	1	100/800/1250;100/1200/796	珠海银隆电器有限公司 Zhuhai Yin Long Electrical Appliance Co. ,Ltd.	纯电动客车 Pure Electric Bus	220	
	永磁同步电机 Permanent Magnet Synchronous Motor	YLP-MP135-W	1	135/760/1650	珠海银隆电器有限公司 Zhuhai Yin Long Electrical Appliance Co. ,Ltd.	纯电动客车 Pure Electric Bus	99	
	永磁同步电机 Permanent Magnet Synchronous Motor	YLP-MP135-W; YLP-MP135-WPTL	1	135/760/1650;150/900/1600	珠海银隆电器有限公司 Zhuhai Yin Long Electrical Appliance Co. ,Ltd.	纯电动客车 Pure Electric Bus	98	
	永磁同步电机 Permanent Magnet Synchronous Motor	YLP-MP150-W	1	135/760/1695	珠海银隆电器有限公司 Zhuhai Yin Long Electrical Appliance Co. ,Ltd.	纯电动客车 Pure Electric Bus	2050	
	永磁同步电机 Permanent Magnet Synchronous Motor	YLP-MP75-W	1	68/1800/360	珠海银隆电器有限公司 Zhuhai Yin Long Electrical Appliance Co. ,Ltd.	纯电动客车 Pure Electric Bus	27	
	永磁同步电机 Permanent Magnet Synchronous Motor	YTP-MP75-W	1	68/1800/360	珠海银隆电器有限公司 Zhuhai Yin Long Electrical Appliance Co. ,Ltd.	纯电动专用车 Pure Electric Special Car	4	
	永磁同步电机 Permanent Magnet Synchronous Motor	YTP-MP75-W; YTP-MP75-WZC	1	68/1800/360;60/1600/358	珠海银隆电器有限公司 Zhuhai Yin Long Electrical Appliance Co. ,Ltd.	纯电动客车 Pure Electric Bus	180	
北汽福田汽车股份有限公司 Beiqi Foton Motor Co. ,Ltd.	永磁同步电机 Permanent Magnet Synchronous Motor	FTTB100	1	100/1000/955	北汽福田汽车股份有限公司 Beiqi Foton Motor Co. ,Ltd.	纯电动客车 Pure Electric Bus	1214	6289
	永磁同步电机 Permanent Magnet Synchronous Motor	FTTB018	1	18/3000/57	北汽福田汽车股份有限公司 Beiqi Foton Motor Co. ,Ltd.	纯电动乘用车 Pure Electric Passenger Car	257	
	永磁同步电机 Permanent Magnet Synchronous Motor	FTTB018	1	18/3000/57	北汽福田汽车股份有限公司 Beiqi Foton Motor Co. ,Ltd.	纯电动专用车 Pure Electric Special Car	265	
	永磁同步电机 Permanent Magnet Synchronous Motor	FTTB055	1	55/1050/450	北汽福田汽车股份有限公司 Beiqi Foton Motor Co. ,Ltd.	插电式混合动力客车 Plug-in Hybrid Bus	244	
	永磁同步电机 Permanent Magnet Synchronous Motor	FTTB060	1	6/1270/450/	北汽福田汽车股份有限公司 Beiqi Foton Motor Co. ,Ltd.	纯电动专用车 Pure Electric Special Car	929	

续上表

电动汽车驱动电机生产企业 Electric Vehicle Drive Motor Manufacturer	电动汽车驱动电机类型 Type for Driving Motor of Electric Vehicle	电动汽车驱动电机型号 Odels for Driving Motor of Electric Vehicle	驱动电机数量 Installation Quantity of Driving Motor (台/辆,unit/vehicle)	驱动电机额定功率/转速/转矩 Rated Power/Speed/Torque of Drive Motor (kW/r/min/N·m)	控制器生产企业 Controller Manufacturing Enterprise	配套车辆类型 Matching Vehicle Types	2017年配套车型产量小计 Subtotal output of supported Odels in 2017 (辆,vehicle)	2017年配套车型产量总计 Total output of supported Odels in 2017 (辆,vehicle)
北汽福田汽车股份有限公司 Beiqi Foton Motor Co. ,Ltd.	永磁同步电机 Permanent Magnet Synchronous Motor	FTTB080	1	80/1390/550	北汽福田汽车股份有限公司 Beiqi Foton Motor Co. ,Ltd.	插电式混合动力客车 Plug-in Hybrid Bus	441	6289
	永磁同步电机 Permanent Magnet Synchronous Motor	FTTB080	1	80/1390/550	北汽福田汽车股份有限公司 Beiqi Foton Motor Co. ,Ltd.	纯电动客车 Pure Electric Bus	412	
	永磁同步电机 Permanent Magnet Synchronous Motor	FTTB090	1	90/955/900	北汽福田汽车股份有限公司 Beiqi Foton Motor Co. ,Ltd.	插电式混合动力客车 Plug-in Hybrid Bus	389	
	永磁同步电机 Permanent Magnet Synchronous Motor	FTTB090	1	90/955/900	北汽福田汽车股份有限公司 Beiqi Foton Motor Co. ,Ltd.	纯电动客车 Pure Electric Bus	247	
	永磁同步电机 Permanent Magnet Synchronous Motor	FTTB090	1	90/955/900	北汽福田汽车股份有限公司 Beiqi Foton Motor Co. ,Ltd.	燃料电池客车 Fuel Cell Bus	30	
	永磁同步电机 Permanent Magnet Synchronous Motor	FTTB100A	1	100/2400/400	北汽福田汽车股份有限公司 Beiqi Foton Motor Co. ,Ltd.	纯电动客车 Pure Electric Bus	1810	
	永磁同步电机 Permanent Magnet Synchronous Motor	FTTB102	1	102/2000/1400	北汽福田汽车股份有限公司 Beiqi Foton Motor Co. ,Ltd.	插电式混合动力客车 Plug-in Hybrid Bus	43	
	永磁同步电机 Permanent Magnet Synchronous Motor	FTTB055A	1	55/1270/400	北汽福田汽车股份有限公司 Beiqi Foton Motor Co. ,Ltd.	纯电动专用车 Pure Electric Special Car	8	
合普动力股份有限公司 Hepu Power Technology Co. , Ltd.	三相交流异步电机 Three Phase AC Asynchronous Motor	HPQ7. 5YBE-72	1	7. 5/3000/23. 8	珠海英搏尔电气股份有限公司 Zhuhai Enpower Electric Co. ,Ltd.	纯电动专用车 Pure Electric Special Car	196	6196
	永磁同步电机 Permanent Magnet Synchronous Motor	TZ210X22H-336	1	22/3500/60	苏州汇川技术有限公司 Suzhou Inovance Technology Co. ,Ltd.	纯电动专用车 Pure Electric Special Car	108	
	永磁同步电机 Permanent Magnet Synchronous Motor	JMEV-TB2550LV	1	25/3000/80	江西江铃集团新能源汽车有限公司 Jiangxi Jiangling Group New Energy Automobile Co. ,Ltd.	纯电动乘用车 Pure Electric Passenger Car	55	
	永磁同步电机 Permanent Magnet Synchronous Motor	TZ180X18H-336	1	18/3000/57	苏州汇川技术有限公司 Suzhou Inovance Technology Co. ,Ltd.	纯电动专用车 Pure Electric Special Car	22	
	永磁同步电机 Permanent Magnet Synchronous Motor	TZ210XS45H-320	1	45/3500/128	苏州汇川技术有限公司 Suzhou Inovance Technology Co. ,Ltd.	纯电动乘用车 Pure Electric Passenger Car	3000	
	永磁同步电机 Permanent Magnet Synchronous Motor	TZ210X15H-144XL	1	15/4500/32	河北君瑞科技有限公司 Hebei Jun Rui Technology Co. ,Ltd.	纯电动专用车 Pure Electric Special Car	384	
	三相交流异步电机 Three Phase AC Asynchronous Motor	HPQ10-96	1	10/3000/31. 8	珠海英搏尔电气股份有限公司 Zhuhai Enpower Electric Co. ,Ltd.	纯电动乘用车 Pure Electric Passenger Car	1789	
	三相交流异步电机 Three Phase AC Asynchronous Motor	HPQ10-96	1	10/3000/31. 8	珠海英搏尔电气股份有限公司 Zhuhai Enpower Electric Co. ,Ltd.	纯电动专用车 Pure Electric Special Car	642	

续上表

电动汽车驱动电机生产企业 Electric Vehicle Drive Motor Manufacturer	电动汽车驱动电机类型 Type for Driving Motor of Electric Vehicle	电动汽车驱动电机型号 Odels for Driving Motor of Electric Vehicle	驱动电机数量 Installation Quantity of Driving Motor (台/辆,unit/vehicle)	驱动电机额定功率/转速/转矩 Rated Power/Speed/Torque of Drive Motor (kW/r/min/N·m)	控制器生产企业 Controller Manufacturing Enterprise	配套车辆类型 Matching Vehicle Types	2017年配套车型产量小计 Subtotal output of supported Odels in 2017 (辆,vehicle)	2017年配套车型产量总计 Total output of supported Odels in 2017 (辆,vehicle)
苏州朗高电机有限公司 Suzhou LEGO Electric Motors Co.,Ltd.	永磁同步电机 Permanent Magnet Synchronous Motor	YQW200Y-10A-RA2	1	50/1000/478	苏州汇川技术有限公司 Suzhou Inovance Technology Co.,Ltd.	纯电动专用车 Pure Electric Special Car	6094	6094
深圳市大地和电气股份有限公司 Shenzhen Greatland Electrics Inc.	感应异步电机 Induction Asynchronous Motor	GLMI15A1	1	20/4000/48	深圳市大地和电气股份有限公司 Shenzhen Greatland Electrics Inc.	纯电动专用车 Pure Electric Special Car	152	6080
	三相交流异步电机 Three Phase AC Asynchronous Motor	GLMI10A1	1	10/3000/32	深圳市大地和电气股份有限公司 Shenzhen Greatland Electrics Inc.	纯电动专用车 Pure Electric Special Car	18	
	三相交流异步电机 Three Phase AC Asynchronous Motor	YS190XB22	1	10/2700/32	深圳市大地和电气股份有限公司 Shenzhen Greatland Electrics Inc.	纯电动乘用车 Pure Electric Passenger Car	3091	
	三相交流异步电机 Three Phase AC Asynchronous Motor	YS190XB31	1	15/3300/43	深圳市大地和电气股份有限公司 Shenzhen Greatland Electrics Inc.	纯电动专用车 Pure Electric Special Car	145	
	异步电机 Asynchronous Motor	YS210XB02	1	20/3979/48	深圳市大地和电气股份有限公司 Shenzhen Greatland Electrics Inc.	纯电动专用车 Pure Electric Special Car	197	
	永磁同步电机 Permanent Magnet Synchronous Motor	GLMP250L0	1	120/1200/955	深圳市大地和电气股份有限公司 Shenzhen Greatland Electrics Inc.	燃料电池客车 Fuel Cell Bus	10	
	永磁同步电机 Permanent Magnet Synchronous Motor	TZ190XDD4	1	15/3000/47	深圳市大地和电气股份有限公司 Shenzhen Greatland Electrics Inc.	纯电动乘用车 Pure Electric Passenger Car	1	
	永磁同步电机 Permanent Magnet Synchronous Motor	TZ400XSF03	1	120/1169/980	深圳市大地和电气股份有限公司 Shenzhen Greatland Electrics Inc.	燃料电池客车 Fuel Cell Bus	17	
	永磁同步电机 Permanent Magnet Synchronous Motor	TZ210XSC33	1	20/3500/55	深圳市大地和电气股份有限公司 Shenzhen Greatland Electrics Inc.	纯电动专用车 Pure Electric Special Car	54	
	永磁同步电机 Permanent Magnet Synchronous Motor	TZ210XSC45	1	15/2865/50	深圳市大地和电气股份有限公司 Shenzhen Greatland Electrics Inc.	纯电动专用车 Pure Electric Special Car	25	
	永磁同步电机 Permanent Magnet Synchronous Motor	GLMP15L0	1	20/2500/64	深圳市大地和电气股份有限公司 Shenzhen Greatland Electrics Inc.	纯电动专用车 Pure Electric Special Car	2	
	永磁同步电机 Permanent Magnet Synchronous Motor	GLMP22L2	1	30/2700/106	深圳市大地和电气股份有限公司 Shenzhen Greatland Electrics Inc.	纯电动专用车 Pure Electric Special Car	81	
	永磁同步电机 Permanent Magnet Synchronous Motor	GLMP250L0	1	120/1200/955	深圳市大地和电气股份有限公司 Shenzhen Greatland Electrics Inc.	纯电动客车 Pure Electric Bus	10	
	永磁同步电机 Permanent Magnet Synchronous Motor	GLMP60L0	1	70/2500/270	深圳市大地和电气股份有限公司 Shenzhen Greatland Electrics Inc.	纯电动专用车 Pure Electric Special Car	120	

续上表

电动汽车驱动电机生产企业 Electric Vehicle Drive Motor Manufacturer	电动汽车驱动电机类型 Type for Driving Motor of Electric Vehicle	电动汽车驱动电机型号 Odels for Driving Motor of Electric Vehicle	驱动电机数量 Installation Quantity of Driving Motor（台/辆，unit/vehicle）	驱动电机额定功率/转速/转矩 Rated Power/Speed/Torque of Drive Motor（kW/r/min/N·m）	控制器生产企业 Controller Manufacturing Enterprise	配套车辆类型 Matching Vehicle Types	2017 年配套车型产量小计 Subtotal output of supported Odels in 2017（辆，vehicle）	2017 年配套车型产量总计 Total output of supported Odels in 2017（辆，vehicle）`
深圳市大地和电气股份有限公司 Shenzhen Greatland Electrics Inc.	永磁同步电机 Permanent Magnet Synchronous Motor	JMEV-TB4590LT	1	45/3357/128	江西江铃集团新能源汽车有限公司 Jiangxi Jiangling Group New Energy Automobile Co. ,Ltd.	纯电动乘用车 Pure Electric Passenger Car	54	6080
	永磁同步电机 Permanent Magnet Synchronous Motor	TZ210XD82	1	20/3540/54	深圳市大地和电气股份有限公司 Shenzhen Greatland Electrics Inc.	纯电动专用车 Pure Electric Special Car	25	
	永磁同步电机 Permanent Magnet Synchronous Motor	TZ210XFD00	1	20/3820/50	深圳市大地和电气股份有限公司 Shenzhen Greatland Electrics Inc.	纯电动专用车 Pure Electric Special Car	10	
	永磁同步电机 Permanent Magnet Synchronous Motor	TZ210XSC00	1	30/2600/110	深圳市大地和电气股份有限公司 Shenzhen Greatland Electrics Inc.	纯电动乘用车 Pure Electric Passenger Car	143	
	永磁同步电机 Permanent Magnet Synchronous Motor	TZ210XSD42	1	30/3600/80	深圳市大地和电气股份有限公司 Shenzhen Greatland Electrics Inc.	纯电动专用车 Pure Electric Special Car	1370	
	永磁同步电机 Permanent Magnet Synchronous Motor	TZ230XSD00	1	45/2000/215	深圳市大地和电气股份有限公司 Shenzhen Greatland Electrics Inc.	纯电动专用车 Pure Electric Special Car	11	
	永磁同步电机 Permanent Magnet Synchronous Motor	TZ260XSC00	1	70/1910/350	深圳市大地和电气股份有限公司 Shenzhen Greatland Electrics Inc.	纯电动客车 Pure Electric Bus	23	
	永磁同步电机 Permanent Magnet Synchronous Motor	TZ260XSC00	1	70/1910/350	深圳市大地和电气股份有限公司 Shenzhen Greatland Electrics Inc.	纯电动专用车 Pure Electric Special Car	171	
	永磁同步电机 Permanent Magnet Synchronous Motor	TZ260XSD00	1	45/1950/220	深圳市大地和电气股份有限公司 Shenzhen Greatland Electrics Inc.	纯电动专用车 Pure Electric Special Car	6	
	永磁同步电机 Permanent Magnet Synchronous Motor	TZ260XSD20	1	60/1146/500	深圳市大地和电气股份有限公司 Shenzhen Greatland Electrics Inc.	纯电动客车 Pure Electric Bus	41	
	永磁同步电机 Permanent Magnet Synchronous Motor	TZ260XSD20	1	60/1146/500	深圳市大地和电气股份有限公司 Shenzhen Greatland Electrics Inc.	纯电动专用车 Pure Electric Special Car	2	
	永磁同步电机 Permanent Magnet Synchronous Motor	TZ260XSD52	1	70/2388/280	深圳市大地和电气股份有限公司 Shenzhen Greatland Electrics Inc.	纯电动专用车 Pure Electric Special Car	3	
	永磁同步电机 Permanent Magnet Synchronous Motor	TZ327XSC40	1	80/849/900	深圳市大地和电气股份有限公司 Shenzhen Greatland Electrics Inc.	纯电动客车 Pure Electric Bus	59	
	永磁同步电机 Permanent Magnet Synchronous Motor	TZ327XSF37	1	80/849/900	深圳市大地和电气股份有限公司 Shenzhen Greatland Electrics Inc.	纯电动客车 Pure Electric Bus	101	
	永磁同步电机 Permanent Magnet Synchronous Motor	TZ327XSF37	1	80/849/900	深圳市大地和电气股份有限公司 Shenzhen Greatland Electrics Inc.	纯电动专用车 Pure Electric Special Car	2	
	永磁同步电机 Permanent Magnet Synchronous Motor	TZ400XSF03	1	120/1169/980	深圳市大地和电气股份有限公司 Shenzhen Greatland Electrics Inc.	纯电动客车 Pure Electric Bus	10	

续上表

电动汽车驱动电机生产企业 Electric Vehicle Drive Motor Manufacturer	电动汽车驱动电机类型 Type for Driving Motor of Electric Vehicle	电动汽车驱动电机型号 Odels for Driving Motor of Electric Vehicle	驱动电机数量 Installation Quantity of Driving Motor (台/辆,unit/vehicle)	驱动电机额定功率/转速/转矩 Rated Power/Speed/Torque of Drive Motor (kW/r/min/N·m)	控制器生产企业 Controller Manufacturing Enterprise	配套车辆类型 Matching Vehicle Types	2017年配套车型产量小计 Subtotal output of supported Odels in 2017 (辆,vehicle)	2017年配套车型产量总计 Total output of supported Odels in 2017 (辆,vehicle)`
深圳市大地和电气股份有限公司 Shenzhen Greatland Electrics Inc.	永磁同步电机 Permanent Magnet Synchronous Motor	HC-EDM6000	1	30/2984/96	深圳市大地和电气股份有限公司 Shenzhen Greatland Electrics Inc.	纯电动专用车 Pure Electric Special Car	118	6080
	永磁同步牵引电动机 Permanent Magnet Synchronous Traction Motor	TZ260XSD00	1	45/1950/220	深圳市大地和电气股份有限公司 Shenzhen Greatland Electrics Inc.	纯电动专用车 Pure Electric Special Car	8	
河南新能微特利电机技术有限公司 Henan Weltell New Energy Micro Motor Technology Co. ,Ltd.	永磁同步电机 Permanent Magnet Synchronous Motor	TZ210XXWD	1	18/3000/57	河南新能微特利电机技术有限公司 Henan Weltell New Energy Micro Motor Technology Co. ,Ltd.	纯电动专用车 Pure Electric Special Car	4700	5970
	永磁同步电机 Permanent Magnet Synchronous Motor	TZ210XXWD	1	18/3000/57	河南新能微特利电机技术有限公司 Henan Weltell New Energy Micro Motor Technology Co. ,Ltd.	纯电动乘用车 Pure Electric Passenger Car	20	
	永磁同步电机 Permanent Magnet Synchronous Motor	TZ210XSXWD45A	1	45/1900/228	河南新能微特利电机技术有限公司 Henan Weltell New Energy Micro Motor Technology Co. ,Ltd.	纯电动专用车 Pure Electric Special Car	1250	
海马汽车有限公司 Haima Motor Co. ,Ltd.	三相交流异步电机 Three Phase AC Asynchronous Motor	MA020001	1	13/3000/41	海马汽车有限公司 Haima Motor Co. ,Ltd.	纯电动乘用车 Pure Electric Passenger Car	5818	5818
浙江泓林新能源科技有限公司 Zhejiang Honglin Amperex Technology Limited	永磁同步电机 Permanent Magnet Synchronous Motor	HLTZ220XS	1	20/3500/55	浙江泓林新能源科技有限公司 Zhejiang Honglin Amperex Technology Limited	纯电动专用车 Pure Electric Special Car	5515	5515
无锡华宸控制技术有限公司 Wuxi Huachen Control Technology Co. ,Ltd.	永磁同步电机 Permanent Magnet Synchronous Motor	HEVM30N-225	1	30/3600/80	无锡华宸控制技术有限公司 Wuxi Huachen Control Technology Co. , Ltd.	纯电动专用车 Pure Electric Special Car	886	5234
	永磁同步电机 Permanent Magnet Synchronous Motor	HEVM50W-240	1	50/1800/266	无锡华宸控制技术有限公司 Wuxi Huachen Control Technology Co. , Ltd.	纯电动专用车 Pure Electric Special Car	4298	
	永磁同步电机 Permanent Magnet Synchronous Motor	TZ238XSWT50HSC	1	50/1800/280	无锡华宸控制技术有限公司 Wuxi Huachen Control Technology Co. , Ltd.	纯电动专用车 Pure Electric Special Car	50	
创驱(上海)新能源科技有限公司 Chuangqu (Shanghai) Amperex Technology Limited	永磁同步电机 Permanent Magnet Synchronous Motor	TZ186XSM01	1	40/3500/110	创驱(上海)新能源科技有限公司 Chuangqu(Shanghai) Amperex Technology Limited	纯电动乘用车 Pure Electric Passenger Car	4955	4955
湘电莱特电气有限公司 XELE Electric Co. ,Ltd.	交流永磁同步电机 Permanent Magnet Synchronous Motor	TYC30-8/180	1	30/3000/95. 5	湘电莱特电气有限公司 XELE ELECTRIC Co. ,Ltd.	纯电动专用车 Pure Electric Special Car	4262	4868
	永磁同步电机 Permanent Magnet Synchronous Motor	TYC30-8/180	1	30/3000/95. 5	湘电莱特电气有限公司 XELE ELECTRIC Co. ,Ltd.	纯电动乘用车 Pure Electric Passenger Car	606	

续上表

电动汽车驱动电机生产企业 Electric Vehicle Drive Motor Manufacturer	电动汽车驱动电机类型 Type for Driving Motor of Electric Vehicle	电动汽车驱动电机型号 Odels for Driving Motor of Electric Vehicle	驱动电机数量 Installation Quantity of Driving Motor （台/辆，unit/vehicle）	驱动电机额定功率/转速/转矩 Rated Power/Speed/Torque of Drive Motor （kW/r/min/N·m）	控制器生产企业 Controller Manufacturing Enterprise	配套车辆类型 Matching Vehicle Types	2017 年配套车型产量小计 Subtotal output of supported Odels in 2017 （辆，vehicle）	2017 年配套车型产量总计 Total output of supported Odels in 2017 （辆，vehicle）`
上海力信电气技术有限公司 Shanghai Leckon Electrical Technology Co.，Ltd.	永磁同步电机 Permanent Magnet Synchronous Motor	LXM070W150	1	70/1700/400	上海力信电气技术有限公司 Shanghai Leckon Electrical Technology Co.，Ltd.	纯电动客车 Pure Electric Bus	3	4356
	永磁同步电机 Permanent Magnet Synchronous Motor	LXM070W150	1	70/1700/400；90/2400/360	上海力信电气技术有限公司 Shanghai Leckon Electrical Technology Co.，Ltd.	纯电动专用车 Pure Electric Special Car	659	
	永磁同步电机 Permanent Magnet Synchronous Motor	LXM120W150B	1	75/1200/580	上海力信电气技术有限公司 Shanghai Leckon Electrical Technology Co.，Ltd.	纯电动客车 Pure Electric Bus	14	
	永磁同步电机 Permanent Magnet Synchronous Motor	TZ208XF100	1	20/3200/60	上海力信电气技术有限公司 Shanghai Leckon Electrical Technology Co.，Ltd.	纯电动专用车 Pure Electric Special Car	1	
	永磁同步电机 Permanent Magnet Synchronous Motor	TZ208XS100	1	58/2400/230	上海力信电气技术有限公司 Shanghai Leckon Electrical Technology Co.，Ltd.	纯电动专用车 Pure Electric Special Car	3675	
	永磁同步电机 Permanent Magnet Synchronous Motor	TZ245XS400	1	70/1700/380	上海力信电气技术有限公司 Shanghai Leckon Electrical Technology Co.，Ltd.	纯电动客车 Pure Electric Bus	2	
	永磁同步电机 Permanent Magnet Synchronous Motor	TZ365XS500	1	94/1000/900	上海力信电气技术有限公司 Shanghai Leckon Electrical Technology Co.，Ltd.	纯电动客车 Pure Electric Bus	2	
南京越博动力系统股份有限公司 Nanjng Yueboo Power System Co.，Ltd.；大运汽车股份有限公司 Dayun Automobile Co.，Ltd.	永磁同步电机 Permanent Magnet Synchronous Motor	TZ205XS-YBM320；DY213AAD03000	1	45/2800/140；45/2800/140	深圳市蓝海华腾技术股份有限公司 Shenzhen V & T Technologies Co.，Ltd.；大运汽车股份有限公司 Dayun Automobile Co.，Ltd.	纯电动专用车 Pure Electric Special Car	4258	4258
厦门金龙联合汽车工业有限公司 Xiamen King Long United Automotive Industry Co.，Ltd.	永磁同步电机 Permanent Magnet Synchronous Motor	KLBEVTM200	1	100/800/1250	厦门金龙联合汽车工业有限公司 Xiamen King Long United Automotive Industry Co.，Ltd.	纯电动客车 Pure Electric Bus	1085	4211
	永磁同步电机 Permanent Magnet Synchronous Motor	KLSTMAD150	1	90/760/1140	厦门金龙联合汽车工业有限公司 Xiamen King Long United Automotive Industry Co.，Ltd.	纯电动客车 Pure Electric Bus	1400	
	永磁同步电机 Permanent Magnet Synchronous Motor	KLSTMAJ135	1	102/700/1400	厦门金龙联合汽车工业有限公司 Xiamen King Long United Automotive Industry Co.，Ltd.	插电式混合动力客车 Plug-in Hybrid Bus	527	

续上表

电动汽车驱动电机生产企业 Electric Vehicle Drive Motor Manufacturer	电动汽车驱动电机类型 Type for Driving Motor of Electric Vehicle	电动汽车驱动电机型号 Odels for Driving Motor of Electric Vehicle	驱动电机数量 Installation Quantity of Driving Motor（台/辆，unit/vehicle）	驱动电机额定功率/转速/转矩 Rated Power/Speed/Torque of Drive Motor（kW/r/min/N·m）	控制器生产企业 Controller Manufacturing Enterprise	配套车辆类型 Matching Vehicle Types	2017年配套车型产量小计 Subtotal output of supported Odels in 2017（辆，vehicle）	2017年配套车型产量总计 Total output of supported Odels in 2017（辆，vehicle）`
厦门金龙联合汽车工业有限公司 Xiamen King Long United Automotive Industry Co. ,Ltd.	永磁同步电机 Permanent Magnet Synchronous Motor	KLTM150A	1	115/2000/550	厦门金龙联合汽车工业有限公司 Xiamen King Long United Automotive Industry Co. ,Ltd.	纯电动客车 Pure Electric Bus	144	4211
	永磁同步电机 Permanent Magnet Synchronous Motor	TZ210XSWT30BXL	1	30/1800/160	厦门金龙联合汽车工业有限公司 Xiamen King Long United Automotive Industry Co. ,Ltd.	纯电动专用车 Pure Electric Special Car	376	
	永磁同步电机 Permanent Magnet Synchronous Motor	TZ365XS-150	1	100/1200/850	厦门金龙联合汽车工业有限公司 Xiamen King Long United Automotive Industry Co. ,Ltd.	插电式混合动力客车 Plug-in Hybrid Bus	174	
	永磁同步电机 Permanent Magnet Synchronous Motor	TZ365XSKL140	1	88/1120/750	厦门金龙联合汽车工业有限公司 Xiamen King Long United Automotive Industry Co. ,Ltd.	纯电动客车 Pure Electric Bus	49	
	永磁同步电机 Permanent Magnet Synchronous Motor	TZ370XS-070	1	75/2000/350	厦门金龙联合汽车工业有限公司 Xiamen King Long United Automotive Industry Co. ,Ltd.	插电式混合动力客车 Plug-in Hybrid Bus	143	
	永磁同步电机 Permanent Magnet Synchronous Motor	TZ370XS-100	1	80/1280/600	厦门金龙联合汽车工业有限公司 Xiamen King Long United Automotive Industry Co. ,Ltd.	插电式混合动力客车 Plug-in Hybrid Bus	313	
日立/Hitachi	永磁同步电机 Permanent Magnet Synchronous Motor	TZ262XYMKV;TZ264XYMKV	2	33/5000/64;50/4000/121	德尔福/DELPHI	插电式混合动力乘用车 Plug-in Hybrid Passenger Car	4136	4136
浙江艾麦电子科技有限公司 Suzhou Accema Electronic Technology Co. ,Ltd.	永磁同步电机 Permanent Magnet Synchronous Motor	TZ280XSA10	1	50/1360/350	浙江艾麦电子科技有限公司 Suzhou Accema Electronic Technology Co. ,Ltd.	纯电动专用车 Pure Electric Special Car	3994	3994
江苏九龙汽车制造有限公司 Jiangsu Joylong Automobile Co. ,Ltd.	永磁同步电机 Permanent Magnet Synchronous Motor	TZ230XS100	1	50/3000/159	江苏九龙汽车制造有限公司 Jiangsu Joylong Automobile Co. ,Ltd.	纯电动乘用车 Pure Electric Passenger Car	353	3780
	永磁同步电机 Permanent Magnet Synchronous Motor	TZ230XS100	1	50/3000/159	江苏九龙汽车制造有限公司 Jiangsu Joylong Automobile Co. ,Ltd.	纯电动专用车 Pure Electric Special Car	2181	
	永磁同步电机 Permanent Magnet Synchronous Motor	TZ290XSJLA	1	60/1600/358	江苏九龙汽车制造有限公司 Jiangsu Joylong Automobile Co. ,Ltd.	纯电动客车 Pure Electric Bus	1246	
上海大郡动力控制技术有限公司 Shanghai Dajun Technologies Inc.	三相交流永磁同步电动机 Three Phase AC Permanent Magnet Synchronous Motor	TZ300XSDJ023	1	60/1640/350	上海大郡动力控制技术有限公司 Shanghai Dajun Technologies Inc.	纯电动专用车 Pure Electric Special Car	1	3755

续上表

电动汽车驱动电机生产企业 Electric Vehicle Drive Motor Manufacturer	电动汽车驱动电机类型 Type for Driving Motor of Electric Vehicle	电动汽车驱动电机型号 Odels for Driving Motor of Electric Vehicle	驱动电机数量 Installation Quantity of Driving Motor (台/辆,unit/vehicle)	驱动电机额定功率/转速/转矩 Rated Power/Speed/Torque of Drive Motor (kW/r/min/N·m)	控制器生产企业 Controller Manufacturing Enterprise	配套车辆类型 Matching Vehicle Types	2017年配套车型产量小计 Subtotal output of supported Odels in 2017 (辆,vehicle)	2017年配套车型产量总计 Total output of supported Odels in 2017 (辆,vehicle)`
上海大郡动力控制技术有限公司 Shanghai Dajun Technologies Inc.	永磁同步电机 Permanent Magnet Synchronous Motor	TZ200XSDJ009	1	30/3000/95.5	联合汽车电子有限公司 United Automotive Electronic Systems Co.,Ltd.	插电式混合动力乘用车 Plug-in Hybrid Passenger Car	39	3755
	永磁同步电机 Permanent Magnet Synchronous Motor	O150WB	1	90/1075/800	上海大郡动力控制技术有限公司 Shanghai Dajun Technologies Inc.	纯电动客车 Pure Electric Bus	370	
	永磁同步电机 Permanent Magnet Synchronous Motor	A170010J-H02	1	17/2500/64	上海大郡动力控制技术有限公司 Shanghai Dajun Technologies Inc.	纯电动乘用车 Pure Electric Passenger Car	131	
	永磁同步电机 Permanent Magnet Synchronous Motor	O100WB	1	60/1640/350	上海大郡动力控制技术有限公司 Shanghai Dajun Technologies Inc.	纯电动客车 Pure Electric Bus	1	
	永磁同步电机 Permanent Magnet Synchronous Motor	O100WB	1	60/1640/350	上海大郡动力控制技术有限公司 Shanghai Dajun Technologies Inc.	纯电动专用车 Pure Electric Special Car	259	
	永磁同步电机 Permanent Magnet Synchronous Motor	O100WC	1	60/1640/350	上海大郡动力控制技术有限公司 Shanghai Dajun Technologies Inc.	纯电动客车 Pure Electric Bus	45	
	永磁同步电机 Permanent Magnet Synchronous Motor	O100WC	1	60/1640/350	上海大郡动力控制技术有限公司 Shanghai Dajun Technologies Inc.	纯电动专用车 Pure Electric Special Car	46	
	永磁同步电机 Permanent Magnet Synchronous Motor	O110WE	1	60/1600/358	上海大郡动力控制技术有限公司 Shanghai Dajun Technologies Inc.	纯电动客车 Pure Electric Bus	1	
	永磁同步电机 Permanent Magnet Synchronous Motor	O150WA	1	90/760/1140	上海大郡动力控制技术有限公司 Shanghai Dajun Technologies Inc.	纯电动客车 Pure Electric Bus	1265	
	永磁同步电机 Permanent Magnet Synchronous Motor	O200WA	1	100/800/1250	上海大郡动力控制技术有限公司 Shanghai Dajun Technologies Inc.	纯电动客车 Pure Electric Bus	235	
	永磁同步电机 Permanent Magnet Synchronous Motor	TZ180XSDJ030	1	25/3000/80	上海大郡动力控制技术有限公司 Shanghai Dajun Technologies Inc.	纯电动专用车 Pure Electric Special Car	11	
	永磁同步电机 Permanent Magnet Synchronous Motor	TZ230XSDJ004	1	42/1600/250	上海大郡动力控制技术有限公司 Shanghai Dajun Technologies Inc.	纯电动专用车 Pure Electric Special Car	1	
	永磁同步电机 Permanent Magnet Synchronous Motor	TZ230XSDJKW1	1	45/3907/110	上海大郡动力控制技术有限公司 Shanghai Dajun Technologies Inc.	纯电动专用车 Pure Electric Special Car	17	
	永磁同步电机 Permanent Magnet Synchronous Motor	TZ270XSDJ010	1	30/1910/150	上海大郡动力控制技术有限公司 Shanghai Dajun Technologies Inc.	纯电动专用车 Pure Electric Special Car	686	
	永磁同步电机 Permanent Magnet Synchronous Motor	TZ289XSDJ013	1	90/1075/800	上海大郡动力控制技术有限公司 Shanghai Dajun Technologies Inc.	纯电动客车 Pure Electric Bus	250	
	永磁同步电机 Permanent Magnet Synchronous Motor	TZ289XSDJ014	1	60/1600/358	上海大郡动力控制技术有限公司 Shanghai Dajun Technologies Inc.	纯电动客车 Pure Electric Bus	19	

续上表

电动汽车驱动电机生产企业 Electric Vehicle Drive Motor Manufacturer	电动汽车驱动电机类型 Type for Driving Motor of Electric Vehicle	电动汽车驱动电机型号 Odels for Driving Motor of Electric Vehicle	驱动电机数量 Installation Quantity of Driving Motor (台/辆,unit/vehicle)	驱动电机额定功率/转速/转矩 Rated Power/Speed/Torque of Drive Motor (kW/r/min/N·m)	控制器生产企业 Controller Manufacturing Enterprise	配套车辆类型 Matching Vehicle Types	2017年配套车型产量小计 Subtotal output of supported Odels in 2017 (辆,vehicle)	2017年配套车型产量总计 Total output of supported Odels in 2017 (辆,vehicle)
上海大郡动力控制技术有限公司 Shanghai Dajun Technologies Inc.	永磁司步电机 Permanent Magnet Synchronous Motor	TZ300XSDJ023	1	60/1640/350	上海大郡动力控制技术有限公司 Shanghai Dajun Technologies Inc.	纯电动客车 Pure Electric Bus	30	3755
	永磁司步电机 Permanent Magnet Synchronous Motor	TZ365XSDJ029	1	85/1080/750	上海大郡动力控制技术有限公司 Shanghai Dajun Technologies Inc.	纯电动客车 Pure Electric Bus	30	
	永磁司步电机 Permanent Magnet Synchronous Motor	TZ380XSDJ011	1	100/800/1250	上海大郡动力控制技术有限公司 Shanghai Dajun Technologies Inc.	纯电动客车 Pure Electric Bus	147	
	永磁司步电机 Permanent Magnet Synchronous Motor	TZ380XSDJ012	1	90/760/1140	上海大郡动力控制技术有限公司 Shanghai Dajun Technologies Inc.	纯电动客车 Pure Electric Bus	169	
	永磁司步直流电机 Permanent Magnet Synchronous DC Motor	O150WB	1	90/1075/800	上海大郡动力控制技术有限公司 Shanghai Dajun Technologies Inc.	纯电动客车 Pure Electric Bus	2	
上海电驱动股份有限公司 Shanghai Edrive Co.,Ltd.; 河北御捷车业有限公司 Hebei Yujie Vehicle Industry Co.,Ltd; 深圳市大地和电气股份有限公司 Shenzhen Greatland Electrics Inc.; 河北御捷车业有限公司 Hebei Yujie Vehicle Industry Co.,Ltd.	前/Front:永磁同步电机 Permanent Magnet Synchronous Motor; 后/Post:交流异步/AC Asynchronous Motor	TZ180X06K/YS170H003; TZ190XDD4/YS170H003	2	前/Front:15/3000/47; 后/Post:3/2000/14.3	上海电驱动股份有限公司 Shanghai Edrive Co.,Ltd.; 河北御捷车业有限公司 Hebei Yujie Vehicle Industry Co.,Ltd.; 深圳市大地和电气股份有限公司 Shenzhen Greatland Electrics Inc.; 河北御捷车业有限公司 Hebei Yujie Vehicle Industry Co.,Ltd.	纯电动乘用车 Pure Electric Passenger Car	3380	3380
安徽巨一自动化装备有限公司 JEE Automation Equipment Co.,Ltd.	永磁同步电机 Permanent Magnet Synchronous Motor	JEETZ260XS7545JH04	1	60/1400/400	安徽巨一自动化装备有限公司 JEE Automation Equipment Co.,Ltd.	纯电动专用车 Pure Electric Special Car	59	3288
	永磁同步电机 Permanent Magnet Synchronous Motor	TZ200XSJH7	1	25/3000/80	安徽巨一自动化装备有限公司 JEE Automation Equipment Co.,Ltd.	纯电动专用车 Pure Electric Special Car	502	
	永磁同步电机 Permanent Magnet Synchronous Motor	TZ200XSRC1	1	30/2600/110	安徽巨一自动化装备有限公司 JEE Automation Equipment Co.,Ltd.	纯电动乘用车 Pure Electric Passenger Car	13	
	永磁同步电机 Permanent Magnet Synchronous Motor	TZ200XSRC1	1	30/2600/110	安徽巨一自动化装备有限公司 JEE Automation Equipment Co.,Ltd.	纯电动专用车 Pure Electric Special Car	140	
	永磁同步电机 Permanent Magnet Synchronous Motor	TZ210XJH1	1	13/3000/41.4	安徽巨一自动化装备有限公司 JEE Automation Equipment Co.,Ltd.	纯电动乘用车 Pure Electric Passenger Car	733	
	永磁同步电机 Permanent Magnet Synchronous Motor	TZ260XSAK6	1	60/1400/400	安徽巨一自动化装备有限公司 JEE Automation Equipment Co.,Ltd.	纯电动专用车 Pure Electric Special Car	1	

续上表

电动汽车驱动电机生产企业 Electric Vehicle Drive Motor Manufacturer	电动汽车驱动电机类型 Type for Driving Motor of Electric Vehicle	电动汽车驱动电机型号 Odels for Driving Motor of Electric Vehicle	驱动电机数量 Installation Quantity of Driving Motor （台/辆，unit/vehicle）	驱动电机额定功率/转速/转矩 Rated Power/Speed/Torque of Drive Motor （kW/r/min/N·m）	控制器生产企业 Controller Manufacturing Enterprise	配套车辆类型 Matching Vehicle Types	2017 年配套车型产量小计 Subtotal output of supported Odels in 2017 （辆，vehicle）	2017 年配套车型产量总计 Total output of supported Odels in 2017 （辆，vehicle）`
安徽巨一自动化装备有限公司 JEE Automation Equipment Co.，Ltd.	永磁同步内转子电机 Permanent Magnet Synchronous Internal Rotor Motor	TZ200XSJH2	1	60/1400/400	安徽巨一自动化装备有限公司 JEE Automation Equipment Co.，Ltd.	纯电动专用车 Pure Electric Special Car	446	3288
	永磁同步内转子电机 Permanent Magnet Synchronous Internal Rotor Motor	TZ210XJH5	1	18/3000/58	安徽巨一自动化装备有限公司 JEE Automation Equipment Co.，Ltd.	纯电动乘用车 Pure Electric Passenger Car	1208	
	永磁同步内转子电机 Permanent Magnet Synchronous Internal Rotor Motor	TZ260XSJH8	1	60/1042/550	安徽巨一自动化装备有限公司 JEE Automation Equipment Co.，Ltd.	纯电动专用车 Pure Electric Special Car	186	
南京金龙客车制造有限公司 Nanjing Golden Dragon Bus Co.，Ltd.	永磁同步电机 Permanent Magnet Synchronous Motor	NJL-DJ01	1	80/1800/450	南京金龙客车制造有限公司 Nanjing Golden Dragon Bus Co.，Ltd.	纯电动客车 Pure Electric Bus	10	3264
	永磁同步电机 Permanent Magnet Synchronous Motor	NJJL60-38-1	1	60/1600/358	南京金龙客车制造有限公司 Nanjing Golden Dragon Bus Co.，Ltd.	纯电动客车 Pure Electric Bus	154	
	永磁同步电机 Permanent Magnet Synchronous Motor	TZ368XSNL5	1	80/1900/400	南京金龙客车制造有限公司 Nanjing Golden Dragon Bus Co.，Ltd.	插电式混合动力客车 Plug-in Hybrid Bus	122	
	永磁同步电机 Permanent Magnet Synchronous Motor	TZ380XSA10	1	60/1300/440	南京金龙客车制造有限公司 Nanjing Golden Dragon Bus Co.，Ltd.	纯电动客车 Pure Electric Bus	1	
	永磁同步电机 Permanent Magnet Synchronous Motor	TZ430XSNL6	1	80/1400/545	南京金龙客车制造有限公司 Nanjing Golden Dragon Bus Co.，Ltd.	纯电动客车 Pure Electric Bus	1086	
	永磁同步电机 Permanent Magnet Synchronous Motor	TZ450XSNL7	1	120/1200/955	南京金龙客车制造有限公司 Nanjing Golden Dragon Bus Co.，Ltd.	纯电动客车 Pure Electric Bus	1891	
新动力电机(荆州)有限公司 New Power Electric (Jingzhou) Co.，Ltd.	永磁同步电机 Permanent Magnet Synchronous Motor	DZ50M16-3WRV	1	50/1000/500	深圳市汇川技术股份有限公司 Shenzhen Inovance Technology Co.，Ltd.	纯电动专用车 Pure Electric Special Car	1	3081
	永磁同步电机 Permanent Magnet Synchronous Motor	DZ65M01-1WRV	1	65/730/850	新动力电机(荆州)有限公司 New Power Electric(Jingzhou)Co.，Ltd.	纯电动客车 Pure Electric Bus	447	
	永磁同步电机 Permanent Magnet Synchronous Motor	TZ180X16A	1	20/2500/95	浙江云迪电气科技有限公司 Zhejiang Yundi Electric Technology Co.，Ltd.	纯电动专用车 Pure Electric Special Car	295	
	永磁同步电机 Permanent Magnet Synchronous Motor	TZ180X16B	1	25/4160/57.4	浙江云迪电气科技有限公司 Zhejiang Yundi Electric Technology Co.，Ltd.	纯电动专用车 Pure Electric Special Car	2200	
	永磁同步电机 Permanent Magnet Synchronous Motor	TZ232XS16B	1	45/3200/150	株洲中车时代电气股份有限公司 Zhuzhou CRRC Times Electric Co.，Ltd.	纯电动乘用车 Pure Electric Passenger Car	41	
	永磁同步电机 Permanent Magnet Synchronous Motor	TZ380XS38A	1	135/900/1450	新动力电机(荆州)有限公司 New Power Electric(Jingzhou)Co.，Ltd.	纯电动客车 Pure Electric Bus	97	

续上表

电动汽车驱动电机生产企业 Electric Vehicle Drive Motor Manufacturer	电动汽车驱动电机类型 Type for Driving Motor of Electric Vehicle	电动汽车驱动电机型号 Odels for Driving Motor of Electric Vehicle	驱动电机数量 Installation Quantity of Driving Motor（台/辆，unit/vehicle）	驱动电机额定功率/转速/转矩 Rated Power/Speed/Torque of Drive Motor（kW/r/min/N·m）	控制器生产企业 Controller Manufacturing Enterprise	配套车辆类型 Matching Vehicle Types	2017 年配套车型产量小计 Subtotal output of supported Odels in 2017（辆，vehicle）	2017 年配套车型产量总计 Total output of supported Odels in 2017（辆，vehicle）
江苏易动新能源有限公司 Jiangsu Yi Dong New Energy Co.，Ltd.	三相永磁同步电机 Three Phase Permanent Magnet Synchronous Motor	EMM-150/200-380-30	1	150/1300/1100	江苏易动新能源有限公司 Jiangsu Yi Dong New Energy Co.，Ltd.	纯电动客车 Fure Electric Bus	500	2976
	永磁同步电机 Permanent Magnet Synchronous Motor	CM1075L140	1	90/2150/400	江苏易动新能源有限公司 Jiangsu Yi Dong New Energy Co.，Ltd.	纯电动专用车 Fure Electric Special Car	1	
	永磁同步电机 Permanent Magnet Synchronous Motor	CM4020L060	1	30/2870/100	江苏易动新能源有限公司 Jiangsu Yi Dong New Energy Co.，Ltd.	纯电动专用车 Fure Electric Special Car	5	
	永磁同步电机 Permanent Magnet Synchronous Motor	CM6050L090	1	50/2100/230	江苏易动新能源有限公司 Jiangsu Yi Dong New Energy Co.，Ltd.	纯电动专用车 Fure Electric Special Car	2410	
	永磁同步电机 Permanent Magnet Synchronous Motor	EM4018A050	1	25/3200/75	江苏易动新能源有限公司 Jiangsu Yi Dong New Energy Co.，Ltd.	纯电动专用车 Fure Electric Special Car	6	
	永磁同步电机 Permanent Magnet Synchronous Motor	EMM-080/135-380-10	1	80/900/850	江苏易动新能源有限公司 Jiangsu Yi Dong New Energy Co.，Ltd.	纯电动客车 Fure Electric Bus	54	
精进电动科技股份有限公司 Jing-Jin Electric Technologies Co.，Ltd.；长沙威康动力技术有限公司 Changsha Wellcom Power Technology Co.，Ltd.	永磁同步电机 Permanent Magnet Synchronous Motor	TZ290XS505；TZ380XS04009	1	75/2000/358；70/2000/335	精进电动科技股份有限公司 Jing-Jin Electric Technologies Co.，Ltd.；长沙威康动力技术有限公司 Changsha Wellcom Power Technology Co.，Ltd.	纯电动专用车 Pure Electric Special Car	2539	2808
	永磁同步电机 Permanent Magnet Synchronous Motor	TZ290XS902；TZ350XSHK60	1	60/1430/400；60/1470/390	精进电动科技股份有限公司 Jing-Jin Electric Technologies Co.，Ltd.；长沙威康动力技术有限公司 Changsha Wellcom Power Technology Co.，Ltd.	纯电动专用车 Pure Electric Special Car	269	
江苏微特利电机股份有限公司 Jiangsu Weiteli Motor Co.，Ltd.	永磁同步电机 Permanent Magnet Synchronous Motor	TZ238XSWT30ANQ	1	30/2500/115	江苏微特利电机股份有限公司 Jiangsu Weiteli Motor Co.，Ltd.；深圳市依思普林科技有限公司 Shenzhen Espirit Technology Co.，Ltd.	纯电动专用车 Pure Electric Special Car	677	2686
	永磁同步电机 Permanent Magnet Synchronous Motor	TZ210XSWT25ALB	1	25/3000/79	苏州汇川技术有限公司 Suzhou Inovance Technology Co.，Ltd.	纯电动乘用车 Fure Electric Passenger Car	232	
	永磁同步电机 Permanent Magnet Synchronous Motor	TZ238XSWT50ATJ	1	50/1800/266	江苏微特利电机股份有限公司 Jiangsu Weiteli Motor Co.，Ltd.	纯电动专用车 Fure Electric Special Car	50	
	永磁同步电机 Permanent Magnet Synchronous Motor	TZ238XSZWA	1	40/3600/106	江苏吉泰科电气股份有限公司 Jiangsu Gtake Electric Co.，Ltd.	纯电动乘用车 Fure Electric Passenger Car	119	

续上表

电动汽车驱动电机生产企业 Electric Vehicle Drive Motor Manufacturer	电动汽车驱动电机类型 Type for Driving Motor of Electric Vehicle	电动汽车驱动电机型号 Odels for Driving Motor of Electric Vehicle	驱动电机数量 Installation Quantity of Driving Motor (台/辆,unit/vehicle)	驱动电机额定功率/转速/转矩 Rated Power/Speed/Torque of Drive Motor (kW/r/min/N·m)	控制器生产企业 Controller Manufacturing Enterprise	配套车辆类型 Matching Vehicle Types	2017 年配套车型产量小计 Subtotal output of supported Odels in 2017 (辆,vehicle)	2017 年配套车型产量总计 Total output of supported Odels in 2017 (辆,vehicle)`
江苏微特利电机股份有限公司 Jiangsu Weiteli Motor Co. ,Ltd.	永磁同步电机 Permanent Magnet Synchronous Motor	TZ238XSZWA	1	40/3600/106	江苏吉泰科电气股份有限公司 Jiangsu Gtake Electric Co. ,Ltd. ; 江苏微特利电机股份有限公司 Jiangsu Weiteli Motor Co. ,Ltd.	纯电动专用车 Pure Electric Special Car	3	2686
	永磁同步电机 Permanent Magnet Synchronous Motor	WTGSDJ-18YC-XN	1	18/3000/57	苏州汇川技术有限公司 Suzhou Inovance Technology Co. ,Ltd.	纯电动专用车 Pure Electric Special Car	1601	
	永磁同步电机 Permanent Magnet Synchronous Motor	WTYCDJ-60A-DF	1	60/1500/385	江苏微特利电机股份有限公司 Jiangsu Weiteli Motor Co. ,Ltd.	纯电动客车 Pure Electric Bus	3	
	永磁同步电机 Permanent Magnet Synchronous Motor	TZ210XSWT18AZT	1	18/3000/57	长沙威康动力技术有限公司 Changsha Wellcom Power Technology Co. , Ltd.	纯电动专用车 Pure Electric Special Car	1	
南京越博动力系统股份有限公司 Nanjng Yueboo Power System Co. ,Ltd.	永磁同步电机 Permanent Magnet Synchronous Motor	TZ205XS-YBM320	1	45/2800/140	深圳市蓝海华腾技术股份有限公司 Shenzhen V & T Technologies Co. ,Ltd. ; 南京越博动力系统股份有限公司 Nanjng Yueboo Power System Co. ,Ltd.	纯电动专用车 Pure Electric Special Car	301	2681
	永磁同步电机 Permanent Magnet Synchronous Motor	TZ200XS-YBM601	1	21/3700/54	南京越博动力系统股份有限公司 Nanjng Yueboo Power System Co. ,Ltd.	纯电动专用车 Pure Electric Special Car	7	
	永磁同步电机 Permanent Magnet Synchronous Motor	TZ230XS-YBM415	1	50/2800/170	南京越博动力系统股份有限公司 Nanjng Yueboo Power System Co. ,Ltd.	纯电动专用车 Pure Electric Special Car	228	
	永磁同步电机 Permanent Magnet Synchronous Motor	TZ365XS-YBM301; TZ365XS-YBM303	1	60/2300/250;60/2300/250	南京越博动力系统股份有限公司 Nanjng Yueboo Power System Co. ,Ltd.	纯电动专用车 Pure Electric Special Car	16	
	永磁同步电机 Permanent Magnet Synchronous Motor	TZ365XS-YBM302	1	60/2300/250	南京越博动力系统股份有限公司 Nanjng Yueboo Power System Co. ,Ltd.	纯电动客车 Pure Electric Bus	1	
	永磁同步电机 Permanent Magnet Synchronous Motor	TZ365XS-YBM303	1	60/2300/250	南京越博动力系统股份有限公司 Nanjng Yueboo Power System Co. ,Ltd.	纯电动客车 Pure Electric Bus	3	
	永磁同步电机 Permanent Magnet Synchronous Motor	TZ365XS-YBM303	1	60/2300/250	南京越博动力系统股份有限公司 Nanjng Yueboo Power System Co. ,Ltd.	纯电动专用车 Pure Electric Special Car	674	
	永磁同步电机 Permanent Magnet Synchronous Motor	TZ368XS-YBM205	1	80/1800/450	南京越博动力系统股份有限公司 Nanjng Yueboo Power System Co. ,Ltd.	纯电动客车 Pure Electric Bus	120	
	永磁同步电机 Permanent Magnet Synchronous Motor	TZ368XS-YBM205	1	80/1800/450	南京越博动力系统股份有限公司 Nanjng Yueboo Power System Co. ,Ltd.	纯电动专用车 Pure Electric Special Car	75	
	永磁同步电机 Permanent Magnet Synchronous Motor	TZ368XS-YBM206	1	120/2000/573	南京越博动力系统股份有限公司 Nanjng Yueboo Power System Co. ,Ltd.	纯电动客车 Pure Electric Bus	1252	
	永磁同步电机 Permanent Magnet Synchronous Motor	YBM300	1	60/2300/250	南京越博动力系统股份有限公司 Nanjng Yueboo Power System Co. ,Ltd.	纯电动客车 Pure Electric Bus	1	

续上表

电动汽车驱动电机生产企业 Electric Vehicle Drive Motor Manufacturer	电动汽车驱动电机类型 Type for Driving Motor of Electric Vehicle	电动汽车驱动电机型号 Odels for Driving Motor of Electric Vehicle	驱动电机数量 Installation Quantity of Driving Motor (台/辆,unit/vehicle)	驱动电机额定功率/转速/转矩 Rated Power/Speed/Torque of Drive Motor (kW/r/min/N·m)	控制器生产企业 Controller Manufacturing Enterprise	配套车辆类型 Matching Vehicle Types	2017 年配套车型产量小计 Subtotal output of supported Odels in 2017 (辆,vehicle)	2017 年配套车型产量总计 Total output of supported Odels in 2017 (辆,vehicle)`
南京越博动力系统股份有限公司 Nanjng Yueboo Power System Co. ,Ltd.	永磁同步电机 Permanent Magnet Synchronous Motor	YBM300	1	60/2300/250	南京越博动力系统股份有限公司 Nanjng Yueboo Power System Co. ,Ltd.	纯电动专用车 Pure Electric Special Car	2	2681
	永磁同步电机 Permanent Magnet Synchronous Motor	YBM301	1	60/250/2300	南京越博动力系统股份有限公司 Nanjng Yueboo Power System Co. ,Ltd.	纯电动专用车 Pure Electric Special Car	1	
福建万润新能源科技有限公司 Fujian Wanrun New Energy Technology Co. ,Ltd.	永磁同步电机 Permanent Magnet Synchronous Motor	TZ400XS085221	1	85/750/1082	福建万润新能源科技有限公司 Fujian Wanrun New Energy Technology Co. ,Ltd.	插电式混合动力客车 Plug-in Hybrid Bus	51	2608
	永磁同步电机 Permanent Magnet Synchronous Motor	WR510-02017	1	18/3000/57	福建万润新能源科技有限公司 Fujian Wanrun New Energy Technology Co. ,Ltd.	纯电动专用车 Pure Electric Special Car	1500	
	永磁同步电机 Permanent Magnet Synchronous Motor	WR510-02020	1	90/900/537	福建万润新能源科技有限公司 Fujian Wanrun New Energy Technology Co. ,Ltd.	纯电动客车 Pure Electric Bus	230	
	永磁同步电机 Permanent Magnet Synchronous Motor	WR510-02021	1	90/900/955	福建万润新能源科技有限公司 Fujian Wanrun New Energy Technology Co. ,Ltd.	纯电动客车 Pure Electric Bus	184	
	永磁同步电机 Permanent Magnet Synchronous Motor	WR510-02023	1	120/1200/955	福建万润新能源科技有限公司 Fujian Wanrun New Energy Technology Co. ,Ltd.	纯电动客车 Pure Electric Bus	121	
	永磁同步电机 Permanent Magnet Synchronous Motor	WR510-02026	1	100/900/1061	福建万润新能源科技有限公司 Fujian Wanrun New Energy Technology Co. ,Ltd.	纯电动客车 Pure Electric Bus	244	
	永磁同步电机 Permanent Magnet Synchronous Motor	WR510-02032	1	40/1800/186	福建万润新能源科技有限公司 Fujian Wanrun New Energy Technology Co. ,Ltd.	纯电动专用车 Pure Electric Special Car	262	
	永磁同步电机 Permanent Magnet Synchronous Motor	WR510-02051	1	80/2000/382	福建万润新能源科技有限公司 Fujian Wanrun New Energy Technology Co. ,Ltd.	纯电动客车 Pure Electric Bus	16	
大洋电机新动力科技有限公司 Broad-Ocean Motor EV New Power Technology Co. ,Ltd.	永磁同步电机 Permanent Magnet Synchronous Motor	YTD090W01	1	90/955/900	大洋电机新动力科技有限公司 Broad-Ocean Motor EV New Power Technology Co. ,Ltd.	纯电动客车 Pure Electric Bus	1408	2565
	永磁同步电机 Permanent Magnet Synchronous Motor	TZ368XSD01	1	135/900/1430	大洋电机新动力科技有限公司 Broad-Ocean Motor EV New Power Technology Co. ,Ltd.	纯电动客车 Pure Electric Bus	222	

续上表

电动汽车驱动电机生产企业 Electric Vehicle Drive Motor Manufacturer	电动汽车驱动电机类型 Type for Driving Motor of Electric Vehicle	电动汽车驱动电机型号 Odels for Driving Motor of Electric Vehicle	驱动电机数量 Installation Quantity of Driving Motor（台/辆，unit/vehicle）	驱动电机额定功率/转速/转矩 Rated Power/Speed/Torque of Drive Motor（kW/r/min/N·m）	控制器生产企业 Controller Manufacturing Enterprise	配套车辆类型 Matching Vehicle Types	2017年配套车型产量小计 Subtotal output of supported Odels in 2017（辆，vehicle）	2017年配套车型产量总计 Total output of supported Odels in 2017（辆，vehicle）`
大洋电机新动力科技有限公司 Broad-Ocean Motor EV New Power Technology Co.，Ltd.	永磁同步电机 Permanent Magnet Synchronous Motor	TZ368XSD03	1	75/1100/650	大洋电机新动力科技有限公司 Broad-Ocean Motor EV New Power Technology Co.，Ltd.	纯电动客车 Pure Electric Bus	1	2565
	永磁同步电机 Permanent Magnet Synchronous Motor	TZ368XSD04	1	90/955/900	大洋电机新动力科技有限公司 Broad-Ocean Motor EV New Power Technology Co.，Ltd.	燃料电池客车 Fuel Cell Bus	20	
	永磁同步电机 Permanent Magnet Synchronous Motor	YTD050W05	1	53/4000/127	大洋电机新动力科技有限公司 Broad-Ocean Motor EV New Power Technology Co.，Ltd.	纯电动乘用车 Pure Electric Passenger Car	864	
	永磁同步电机 Permanent Magnet Synchronous Motor	YTD050W07	1	53/4000/127	大洋电机新动力科技有限公司 Broad-Ocean Motor EV New Power Technology Co.，Ltd.	纯电动乘用车 Pure Electric Passenger Car	36	
	永磁同步电机 Permanent Magnet Synchronous Motor	YTD060W01	1	60/1850/310	大洋电机新动力科技有限公司 Broad-Ocean Motor EV New Power Technology Co.，Ltd.	纯电动专用车 Pure Electric Special Car	3	
	永磁同步电机 Permanent Magnet Synchronous Motor	YTD080W08	1	150/1200/1200	大洋电机新动力科技有限公司 Broad-Ocean Motor EV New Power Technology Co.，Ltd.	插电式混合动力客车 Plug-in Hybrid Bus	10	
	永磁同步电机 Permanent Magnet Synchronous Motor	YTD100W04	1	100/1000/955	大洋电机新动力科技有限公司 Broad-Ocean Motor EV New Power Technology Co.，Ltd.	纯电动客车 Pure Electric Bus	1	
湖南江南汽车制造有限公司 Hunan Jiangnan Automobile Manufacturing Co.，Ltd.	永磁同步电机 Permanent Magnet Synchronous Motor	PMZT184576	1	18/4500/40	湖南江南汽车制造有限公司 Hunan Jiangnan Automobile Manufacturing Co.，Ltd.	纯电动乘用车 Pure Electric Passenger Car	362	2489
	永磁同步电机 Permanent Magnet Synchronous Motor	TZ181H16CL80	1	16/3000/51	湖南江南汽车制造有限公司 Hunan Jiangnan Automobile Manufacturing Co.，Ltd.	纯电动乘用车 Pure Electric Passenger Car	2127	
无锡众联能创动力科技有限公司 Wuxi Zhongliannengchuang Power Technology Co.，Ltd.	永磁同步电机 Permanent Magnet Synchronous Motor	TZ249XSS001	1	60/3600/159	无锡众联能创动力科技有限公司 Wuxi Zhongliannengchuang Power Technology Co.，Ltd.	纯电动客车 Pure Electric Bus	64	2411
	永磁同步电机 Permanent Magnet Synchronous Motor	TZ249XSS001	1	60/3600/159	无锡众联能创动力科技有限公司 Wuxi Zhongliannengchuang Power Technology Co.，Ltd.	纯电动专用车 Pure Electric Special Car	2347	

续上表

电动汽车驱动电机生产企业 Electric Vehicle Drive Motor Manufacturer	电动汽车驱动电机类型 Type for Driving Motor of Electric Vehicle	电动汽车驱动电机型号 Odels for Driving Motor of Electric Vehicle	驱动电机数量 Installation Quantity of Driving Motor (台/辆,unit/vehicle)	驱动电机额定功率/转速/转矩 Rated Power/Speed/Torque of Drive Motor (kW/r/min/N·m)	控制器生产企业 Controller Manufacturing Enterprise	配套车辆类型 Matching Vehicle Types	2017 年配套车型产量小计 Subtotal output of supported Odels in 2017 (辆,vehicle)	2017 年配套车型产量总计 Total output of supported Odels in 2017 (辆,vehicle)
上海电驱动股份有限公司 Shanghai Edrive Co. ,Ltd. ; 深圳市大地和电气股份有限公司 Shenzhen Greatland Electrics Inc.	永磁同步电机 Permanent Magnet Synchronous Motor	264TYZ-XS15BT;TZ210XSC30	1	40/4000/100;40/3183/120	上海电驱动股份有限公司 Shanghai Edrive Co. ,Ltd. ; 深圳市大地和电气股份有限公司 Shenzhen Greatland Electrics Inc.	纯电动乘用车 Pure Electric Passenger Car	2365	2365
重庆瑞驰汽车实业有限公司 Chongqing Ruichi Automobile Industry Co. ,Ltd.	交流永磁同步电机 Permanent Magnet Synchronous Motor	TZ180XS001	1	30/3000/95. 5	重庆瑞驰汽车实业有限公司 Chongqing Ruichi Automobile Industry Co. ,Ltd.	纯电动乘用车 Pure Electric Passenger Car	2152	2316
	交流永磁同步电机 Permanent Magnet Synchronous Motor	TZ180XS001	1	30/3000/95. 5	重庆瑞驰汽车实业有限公司 Chongqing Ruichi Automobile Industry Co. ,Ltd.	纯电动专用车 Pure Electric Special Car	164	
安徽安凯汽车股份有限公司 Anhui Ankai Automobile Co. , Ltd.	三相交流异步电机 Three Phase AC Asynchronous Motor	520YS-HS100	1	100/800/1193	安徽安凯汽车股份有限公司 Anhui Ankai Automobile Co. ,Ltd.	插电式混合动力客车 Plug-in Hybrid Bus	145	2283
	永磁同步电机 Permanent Magnet Synchronous Motor	TZ330XS050	1	50/1600/358	安徽安凯汽车股份有限公司 Anhui Ankai Automobile Co. ,Ltd.	纯电动客车 Pure Electric Bus	1	
	永磁同步电机 Permanent Magnet Synchronous Motor	TZ330XS080	1	80/1200/700	安徽安凯汽车股份有限公司 Anhui Ankai Automobile Co. ,Ltd.	纯电动客车 Pure Electric Bus	93	
	永磁同步电机 Permanent Magnet Synchronous Motor	TZ340XS080	1	80/1900/400	安徽安凯汽车股份有限公司 Anhui Ankai Automobile Co. ,Ltd.	纯电动客车 Pure Electric Bus	633	
	永磁同步电机 Permanent Magnet Synchronous Motor	TZ365XS082	1	82/1000/780	安徽安凯汽车股份有限公司 Anhui Ankai Automobile Co. ,Ltd.	插电式混合动力客车 Plug-in Hybrid Bus	38	
	永磁同步电机 Permanent Magnet Synchronous Motor	TZ420XS100	1	100/1500/650	安徽安凯汽车股份有限公司 Anhui Ankai Automobile Co. ,Ltd.	纯电动客车 Pure Electric Bus	1086	
	永磁同步电机 Permanent Magnet Synchronous Motor	TZ460XS110	1	110/800/1310	安徽安凯汽车股份有限公司 Anhui Ankai Automobile Co. ,Ltd.	插电式混合动力客车 Plug-in Hybrid Bus	287	
宝马/BMW	永磁同步电机 Permanent Magnet Synchronous Motor	IA1P16B	1	28/8000/33. 4	德尔福/DELPHI	插电式混合动力乘用车 Plug-in Hybrid Passenger Car	2033	2033
深圳市民富沃能新能源汽车有限公司 Shenzhen Minfu Woneng New Energy Automobile Co. ,Ltd. ; 北京德威利新能源科技股份有限公司 Beijing Deweli New Energy Science Technology Co. ,Ltd.	永磁同步电机 Permanent Magnet Synchronous Motor	BS50-1800/540;TZ340XSA07	1	50/1800/265;60/1600/358	深圳市民富沃能新能源汽车有限公司 Shenzhen Minfu Woneng New Energy Automobile Co. ,Ltd. ; 北京德威利新能源科技股份有限公司 Beijing Deweli New Energy Science Technology Co. ,Ltd.	纯电动专用车 Pure Electric Special Car	2000	2000

续上表

电动汽车驱动电机生产企业 Electric Vehicle Drive Motor Manufacturer	电动汽车驱动电机类型 Type for Driving Motor of Electric Vehicle	电动汽车驱动电机型号 Odels for Driving Motor of Electric Vehicle	驱动电机数量 Installation Quantity of Driving Motor （台/辆，unit/vehicle）	驱动电机额定功率/转速/转矩 Rated Power/Speed/Torque of Drive Motor （kW/r/min/N · m）	控制器生产企业 Controller Manufacturing Enterprise	配套车辆类型 Matching Vehicle Types	2017 年配套车型产量小计 Subtotal output of supported Odels in 2017 （辆，vehicle）	2017 年配套车型产量总计 Total output of supported Odels in 2017 （辆，vehicle）`
东风电动车辆股份有限公司 Dongfeng Electric Vehicle Co. , Ltd.	永磁同步电机 Permanent Magnet Synchronous Motor	TZ228XS001	1	42/4000/100	东风电动车辆股份有限公司 Dongfeng Electric Vehicle Co. ,Ltd.	纯电动乘用车 Pure Electric Passenger Car	1969	1969
广东新高电驱动系统技术有限公司 Guangdong New High Electric Drive System Technology Co. , Ltd.	三相交流异步电机 Three Phase AC Asynchronous Motor	YS390XSGW1	1	100/1000/955	广东新高电驱动系统技术有限公司 Guangdong New High Electric Drive System Technology Co. ,Ltd.	纯电动客车 Pure Electric Bus	66	1912
	永磁同步电机 Permanent Magnet Synchronous Motor	GWQ22-92/3TA	1	22/3000/70	广东新高电驱动系统技术有限公司 Guangdong New High Electric Drive System Technology Co. ,Ltd.	纯电动专用车 Pure Electric Special Car	33	
	永磁同步电机 Permanent Magnet Synchronous Motor	TZ210XGW1	1	18/3000/57	广东新高电驱动系统技术有限公司 Guangdong New High Electric Drive System Technology Co. ,Ltd.	纯电动专用车 Pure Electric Special Car	1813	
成都联腾动力控制技术有限公司 Chengdu Lian Teng Power Control Technology Co. ,Ltd.	永磁同步电机 Permanent Magnet Synchronous Motor	TZ230XS30E	1	45/3000/150	成都联腾动力控制技术有限公司 Chengdu Lian Teng Power Control Technology Co. ,Ltd.	纯电动乘用车 Pure Electric Passenger Car	1878	1879
	永磁同步电机 Permanent Magnet Synchronous Motor	LMA22R6A	2	35/2500/134	成都联腾动力控制技术有限公司 Chengdu Lian Teng Power Control Technology Co. ,Ltd.	纯电动客车 Pure Electric Bus	1	
深圳市民富沃能新能源汽车有限公司 Shenzhen Minfu Woneng New Energy Automobile Co. ,Ltd. ; 大运汽车股份有限公司 Dayun Automobile Co. ,Ltd.	永磁同步电机 Permanent Magnet Synchronous Motor	BS50-1800/540;DY213AAC01000	1	50/1800/265;50/1800/265	深圳市民富沃能新能源汽车有限公司 Shenzhen Minfu Woneng New Energy Automobile Co. ,Ltd. ; 大运汽车股份有限公司 Dayun Automobile Co. ,Ltd.	纯电动专用车 Pure Electric Special Car	1863	1863
大运汽车股份有限公司 Dayun Automobile Co. ,Ltd.	永磁同步电机 Permanent Magnet Synchronous Motor	DY213AAC01000	1	50/1800/265	大运汽车股份有限公司 Dayun Automobile Co. ,Ltd.	纯电动专用车 Pure Electric Special Car	1742	1744
	永磁同步电机 Permanent Magnet Synchronous Motor	DY213AAD03000	1	45/2800/140	大运汽车股份有限公司 Dayun Automobile Co. ,Ltd.	纯电动专用车 Pure Electric Special Car	2	
武汉理工通宇新源动力有限公司 Wuhan Polytechnic New Source Power Co. ,Ltd.	三相交流同步电机	WTEM60-40-2	1	60/1900/300;80/1600/477	武汉理工通宇新源动力有限公司 Wuhan Polytechnic New Source Power Co. ,Ltd.	纯电动客车 Pure Electric Bus	370	1608
	永磁同步电机 Permanent Magnet Synchronous Motor	TZ210XSTY535	1	50/3000/159	武汉理工通宇新源动力有限公司 Wuhan Polytechnic New Source Power Co. ,Ltd.	纯电动专用车 Pure Electric Special Car	4	

续上表

电动汽车驱动电机生产企业 Electric Vehicle Drive Motor Manufacturer	电动汽车驱动电机类型 Type for Driving Motor of Electric Vehicle	电动汽车驱动电机型号 Odels for Driving Motor of Electric Vehicle	驱动电机数量 Installation Quantity of Driving Motor (台/辆,unit/vehicle)	驱动电机额定功率/转速/转矩 Rated Power/Speed/Torque of Drive Motor (kW/r/min/N·m)	控制器生产企业 Controller Manufacturing Enterprise	配套车辆类型 Matching Vehicle Types	2017 年配套车型产量小计 Subtotal output of supported Odels in 2017 (辆,vehicle)	2017 年配套车型产量总计 Total output of supported Odels in 2017 (辆,vehicle)`
武汉理工通宇新源动力有限公司 Wuhan Polytechnic New Source Power Co. ,Ltd.	永磁同步电机 Permanent Magnet Synchronous Motor	TZ290XSTY431	1	40/1300/295	武汉理工通宇新源动力有限公司 Wuhan Polytechnic New Source Power Co. ,Ltd.	纯电动专用车 Pure Electric Special Car	3	1608
	永磁同步电机 Permanent Magnet Synchronous Motor	TZ290XSTY631	1	60/1600/358	武汉理工通宇新源动力有限公司 Wuhan Polytechnic New Source Power Co. ,Ltd.	纯电动客车 Pure Electric Bus	14	
	永磁同步电机 Permanent Magnet Synchronous Motor	TZ338XSTY533	1	50/1900/250	武汉理工通宇新源动力有限公司 Wuhan Polytechnic New Source Power Co. ,Ltd.	纯电动客车 Pure Electric Bus	1	
	永磁同步电机 Permanent Magnet Synchronous Motor	TZ400XSTY1042	1	100/1150/830	武汉理工通宇新源动力有限公司 Wuhan Polytechnic New Source Power Co. ,Ltd.	纯电动客车 Pure Electric Bus	3	
	永磁同步电机 Permanent Magnet Synchronous Motor	TZ430XSTY841	1	80/1600/477	武汉理工通宇新源动力有限公司 Wuhan Polytechnic New Source Power Co. ,Ltd.	纯电动专用车 Pure Electric Special Car	2	
	永磁同步电机 Permanent Magnet Synchronous Motor	WTEM40-38-1	1	40/1500/254	武汉理工通宇新源动力有限公司 Wuhan Polytechnic New Source Power Co. ,Ltd.	纯电动专用车 Pure Electric Special Car	17	
	永磁同步电机 Permanent Magnet Synchronous Motor	WTEM50-38-1	1	50/1900/250	武汉理工通宇新源动力有限公司 Wuhan Polytechnic New Source Power Co. ,Ltd.	纯电动客车 Pure Electric Bus	314	
	永磁同步电机 Permanent Magnet Synchronous Motor	WTEM60-40-2	1	60/1900/300;80/1600/477	武汉理工通宇新源动力有限公司 Wuhan Polytechnic New Source Power Co. ,Ltd.	纯电动客车 Pure Electric Bus	880	
上海中科深江电动车辆有限公司 Shanghai Zhongke Shenjiang Electric Vehicle Co,Ltd.	交流永磁同步电动机 AC Permanent Magnet Synchronous Motor	SJ2103P030-L1	1	30/2700/107	上海中科深江电动车辆有限公司 Shanghai Zhongke Shenjiang Electric Vehicle Co,Ltd.	纯电动乘用车 Pure Electric Passenger Car	57	1596
	三相永磁同步电机 Three Phase Permanent Magnet Synchronous Motor	SJ060245A-2103	1	60/3000/193	上海中科深江电动车辆有限公司 Shanghai Zhongke Shenjiang Electric Vehicle Co,Ltd.	纯电动专用车 Pure Electric Special Car	23	
	永磁同步电机 Permanent Magnet Synchronous Motor	SJ075300A-2103	1	75/1800/400	上海中科深江电动车辆有限公司 Shanghai Zhongke Shenjiang Electric Vehicle Co,Ltd.	纯电动专用车 Pure Electric Special Car	908	
	永磁同步电机 Permanent Magnet Synchronous Motor	SJ2103P030-L1	1	30/2700/107	上海中科深江电动车辆有限公司 Shanghai Zhongke Shenjiang Electric Vehicle Co,Ltd.	纯电动专用车 Pure Electric Special Car	608	

续上表

电动汽车驱动电机生产企业 Electric Vehicle Drive Motor Manufacturer	电动汽车驱动电机类型 Type for Driving Motor of Electric Vehicle	电动汽车驱动电机型号 Odels for Driving Motor of Electric Vehicle	驱动电机数量 Installation Quantity of Driving Motor （台/辆，unit/vehicle）	驱动电机额定功率/转速/转矩 Rated Power/Speed/Torque of Drive Motor （kW/r/min/N·m）	控制器生产企业 Controller Manufacturing Enterprise	配套车辆类型 Matching Vehicle Types	2017 年配套车型产量小计 Subtotal output of supported Odels in 2017 （辆，vehicle）	2017 年配套车型产量总计 Total output of supported Odels in 2017 （辆，vehicle）`
精进百思特电动（上海）有限公司 Jing-Jin Baisite Electric (Shanghai) Co. ,Ltd.	永磁同步电机 Permanent Magnet Synchronous Motor	电机 1：IS2002；电机 2：TM3003	2	电机 1：32/3800/72；电机 2：45/2550/159	联合汽车电子有限公司 United Automotive Electronic Systems Co. ,Ltd.	插电式混合动力乘用车 Plug-in Hybrid Passenger Car	1565	1565
天津市松正电动汽车技术股份有限公司 Tianjin Santroll Electric Auto Co. ,Ltd.	三相交流异步电机 Three Phase AC Asynchronous Motor	MIM090-336SWD	1	100/800/1193	天津市松正电动汽车技术股份有限公司 Tianjin Santroll Electric Auto Co. ,Ltd.	插电式混合动力客车 Plug-in Hybrid Bus	808	1531
	三相交流感应电机 Three Phase AC Induction Motor	MIM090-384S	1	100/800/1194	天津市松正电动汽车技术股份有限公司 Tianjin Santroll Electric Auto Co. ,Ltd.	插电式混合动力客车 Plug-in Hybrid Bus	1	
	三相交流异步电机 Three Phase AC Asynchronous Motor	MIM090-336SWD	1	100/800/1193	天津市松正电动汽车技术股份有限公司 Tianjin Santroll Electric Auto Co. ,Ltd.	插电式混合动力客车 Plug-in Hybrid Bus	706	
	三相永磁同步电机 Three Phase Permanent Magnet Synchronous Motor	MSM160-336	1	110/955/1100	天津市松正电动汽车技术股份有限公司 Tianjin Santroll Electric Auto Co. ,Ltd.	插电式混合动力客车 Plug-in Hybrid Bus	15	
	永磁同步电机 Permanent Magnet Synchronous Motor	MSM070-380WSW	1	30/1500/191	天津市松正电动汽车技术股份有限公司 Tianjin Santroll Electric Auto Co. ,Ltd.	纯电动专用车 Pure Electric Special Car	1	
浙江格雷博智能动力科技有限公司 Global Intelligent Power Technologies Co. ,Ltd. ; 杭州伯坦科技工程有限公司 Hangzhou Bo Tan Technology Engineering Co. ,Ltd.	永磁同步电机 Permanent Magnet Synchronous Motor	G210TZX040-032；BTM210-01	1	18/3500/51	浙江格雷博智能动力科技有限公司 Global Intelligent Power Technologies Co. ,Ltd. ; 杭州伯坦科技工程有限公司 Hangzhou Bo Tan Technology Engineering Co. ,Ltd.	纯电动专用车 Pure Electric Special Car	1475	1475
山东休普动力科技股份有限公司 Shandong Super Motor Power Technology Co. ,Ltd. ; 深圳市依思普林科技有限公司 Shenzhen Espirit Technology Co. ,Ltd. ; 陕西通家汽车股份有限公司 Shanxi Tongjia Automobile Co. ,Ltd. ; 浙江露通机电有限公司 Zhejiang Lutong Power Machinery Co. ,Ltd.	三相交流异步电机 Three Phase AC Asynchronous Motor	YS210X025；YS210X25L；YS210X025；YS210XF045A	1	25/4160/57.4；25/3980/60	山东休普动力科技股份有限公司 Shandong Super Motor Power Technology Co. ,Ltd. ; 深圳市依思普林科技有限公司 Shenzhen Espirit Technology Co. ,Ltd. ; 陕西通家汽车股份有限公司 Shanxi Tongjia Automobile Co. ,Ltd. ; 浙江露通机电有限公司 Zhejiang Lutong Power Machinery Co. ,Ltd.	纯电动专用车 Pure Electric Special Car	1470	1470

续上表

电动汽车驱动电机生产企业 Electric Vehicle Drive Motor Manufacturer	电动汽车驱动电机类型 Type for Driving Motor of Electric Vehicle	电动汽车驱动电机型号 Odels for Driving Motor of Electric Vehicle	驱动电机数量 Installation Quantity of Driving Motor （台/辆，unit/vehicle）	驱动电机额定功率/转速/转矩 Rated Power/Speed/Torque of Drive Motor （kW/r/min/N·m）	控制器生产企业 Controller Manufacturing Enterprise	配套车辆类型 Matching Vehicle Types	2017年配套车型产量小计 Subtotal output of supported Odels in 2017 （辆，vehicle）	2017年配套车型产量总计 Total output of supported Odels in 2017 （辆，vehicle）`
杭州德沃仕电动科技有限公司 Hangzhou Dewos Electric Technology Co.，Ltd.；迈尔世通电气（苏州）股份有限公司 Maier WorldCom electric（Suzhou）Limited by Share Ltd.	永磁同步电机 Permanent Magnet Synchronous Motor	DWS-TYC-320-18A；MPM18KJRN-EEF	1	18/3000/57.3	杭州德沃仕电动科技有限公司 Hangzhou Dewos Electric Technology Co.，Ltd.；迈尔世通电气（苏州）股份有限公司 Maier WorldCom electric（Suzhou）Limited by Share Ltd.	纯电动专用车 Pure Electric Special Car	1449	1449
大连创为电机有限公司 Dalian Chuangwei Motor Co.，Ltd.	三相交流异步电机 Three Phase AC Asynchronous Motor	QD100	1	60/1200/476	大连创为电机有限公司 Dalian Chuangwei Motor Co.，Ltd.	纯电动专用车 Pure Electric Special Car	200	1446
	三相交流异步电机 Three Phase AC Asynchronous Motor	QD100	1	60/1200/476	大连创为电机有限公司 Dalian Chuangwei Motor Co.，Ltd.	纯电动客车 Pure Electric Bus	91	
	三相交流异步电机 Three Phase AC Asynchronous Motor	QD100	1	60/1200/476	大连创为电机有限公司 Dalian Chuangwei Motor Co.，Ltd.	燃料电池专用车 Fuel Cell Special Car	401	
	三相交流异步电机 Three Phase AC Asynchronous Motor	QD120A	1	80/1200/636	大连创为电机有限公司 Dalian Chuangwei Motor Co.，Ltd.	纯电动客车 Pure Electric Bus	444	
	三相交流异步电机 Three Phase AC Asynchronous Motor	QD150	1	100/1062/900	大连创为电机有限公司 Dalian Chuangwei Motor Co.，Ltd.	纯电动客车 Pure Electric Bus	125	
	三相交流异步电机 Three Phase AC Asynchronous Motor	QD270	1	130/880/1410	大连创为电机有限公司 Dalian Chuangwei Motor Co.，Ltd.	纯电动客车 Pure Electric Bus	185	
山东吉海新能源汽车有限公司 Shandong Jihai New Energy Vehicles Co.，Ltd.	三相交流异步电机 Three Phase AC Asynchronous Motor	YS175MJ13	1	13/3000/40	山东吉海新能源汽车有限公司 Shandong Jihai New Energy Vehicles Co.，Ltd.	纯电动专用车 Pure Electric Special Car	1278	1422
	三相交流异步电机 Three Phase AC Asynchronous Motor	BPAC96V13KW-JM04	1	13/3000/40	山东吉海新能源汽车有限公司 Shandong Jihai New Energy Vehicles Co.，Ltd.	纯电动专用车 Fure Electric Special Car	144	
金龙联合汽车工业（苏州）有限公司 Kinglong-SZ chinaepu Co. Ltd.	永磁同步电机 Permanent Magnet Synchronous Motor	TZ365XSH05	1	113/1200/900	金龙联合汽车工业（苏州）有限公司 Kinglong-SZ chinaepu Co. Ltd.	纯电动客车 Fure Electric Bus	304	1344
	永磁同步电机 Permanent Magnet Synchronous Motor	TZ365XSH21	1	64/1260/485	金龙联合汽车工业（苏州）有限公司 Kinglong-SZ chinaepu Co. Ltd.	纯电动客车 Fure Electric Bus	44	
	永磁同步电机 Permanent Magnet Synchronous Motor	TZ368XSH16	1	55/1170/450	金龙联合汽车工业（苏州）有限公司 Kinglong-SZ chinaepu Co. Ltd.	插电式混合动力客车 Plug-in Hybrid Bus	60	
	永磁同步电机 Permanent Magnet Synchronous Motor	TZ368XSH17	1	100/1404/680	金龙联合汽车工业（苏州）有限公司 Kinglong-SZ chinaepu Co. Ltd.	纯电动客车 Pure Electric Bus	35	
	永磁同步电机 Permanent Magnet Synchronous Motor	TZ368XSH18	1	100/1060/900	金龙联合汽车工业（苏州）有限公司 Kinglong-SZ chinaepu Co. Ltd.	插电式混合动力客车 Plug-in Hybrid Bus	405	

续上表

电动汽车驱动电机生产企业 Electric Vehicle Drive Motor Manufacturer	电动汽车驱动电机类型 Type for Driving Motor of Electric Vehicle	电动汽车驱动电机型号 Odels for Driving Motor of Electric Vehicle	驱动电机数量 Installation Quantity of Driving Motor（台/辆,unit/vehicle）	驱动电机额定功率/转速/转矩 Rated Power/Speed/Torque of Drive Motor（kW/r/min/N·m）	控制器生产企业 Controller Manufacturing Enterprise	配套车辆类型 Matching Vehicle Types	2017年配套车型产量小计 Subtotal output of supported Odels in 2017（辆,vehicle）	2017年配套车型产量总计 Total output of supported Odels in 2017（辆,vehicle）`
金龙联合汽车工业（苏州）有限公司 Kinglong-SZ chinaepu Co. Ltd.	永磁同步电机 Permanent Magnet Synchronous Motor	TZ368XSH19	1	100/868/1100	金龙联合汽车工业（苏州）有限公司 Kinglong-SZ chinaepu Co. Ltd.	纯电动客车 Pure Electric Bus	49	1344
	永磁同步电机 Permanent Magnet Synchronous Motor	TZ368XSH20	1	100/1060/900	金龙联合汽车工业（苏州）有限公司 Kinglong-SZ chinaepu Co. Ltd.	插电式混合动力客车 Plug-in Hybrid Bus	129	
	永磁同步电机 Permanent Magnet Synchronous Motor	TZ415XSH23	1	80/1280/600	金龙联合汽车工业（苏州）有限公司 Kinglong-SZ chinaepu Co. Ltd.	插电式混合动力客车 Plug-in Hybrid Bus	23	
	永磁同步电机 Permanent Magnet Synchronous Motor	TZ420XSH22	1	100/1000/955	金龙联合汽车工业（苏州）有限公司 Kinglong-SZ chinaepu Co. Ltd.	纯电动客车 Pure Electric Bus	172	
	永磁同步电机 Permanent Magnet Synchronous Motor	TZ460XSH24	1	102/750/1310	金龙联合汽车工业（苏州）有限公司 Kinglong-SZ chinaepu Co. Ltd.	纯电动客车 Pure Electric Bus	123	
上海申龙客车有限公司 Shanghai Shenlong Bus Co.，Ltd.	永磁同步电机 Permanent Magnet Synchronous Motor	TZ380XSS01	1	100/800/1250	上海申龙客车有限公司 Shanghai Shenlong Bus Co.，Ltd.	纯电动客车 Pure Electric Bus	1246	1246
苏州汇川技术有限公司 Suzhou Inovance Technology Co.，Ltd.	永磁同步电机 Permanent Magnet Synchronous Motor	TZ230XS090	1	45/3200/135	苏州汇川技术有限公司 Suzhou Inovance Technology Co.，Ltd.	纯电动乘用车 Pure Electric Passenger Car	1213	1213
福建闽东新能源动力科技有限公司 Fujian Fujian New Energy Power Technology Co.，Ltd.	永磁同步电机 Permanent Magnet Synchronous Motor	TZ210X-0618	1	18/3000/57	深圳市依思普林科技有限公司 Shenzhen Espirit Technology Co.，Ltd.	纯电动专用车 Pure Electric Special Car	1212	1212
江苏奥新新能源汽车有限公司 Jiangsu Aoxin New Energy Automotive Co.，Ltd.	三相交流异步电机 Three Phase AC Asynchronous Motor	JY10-4/100	1	10/2950/33	江苏奥新新能源汽车有限公司 Jiangsu Aoxin New Energy Automotive Co.，Ltd.	纯电动专用车 Pure Electric Special Car	1208	1208
重庆永力新能源动力有限公司 Chongqing Yongli New Energy Power Co.，Ltd.	永磁同步电机 Permanent Magnet Synchronous Motor	YL18YT02-AXF	1	10/2400/40	重庆永力新能源动力有限公司 Chongqing Yongli New Energy Power Co.，Ltd.	纯电动专用车 Pure Electric Special Car	778	1181
	永磁同步电机 Permanent Magnet Synchronous Motor	YL18YT03-AXF	1	15/2800/52	重庆永力新能源动力有限公司 Chongqing Yongli New Energy Power Co.，Ltd.	纯电动乘用车 Pure Electric Passenger Car	403	
江西特种电机股份有限公司 Jiangxi Special Electric Limited by Share Ltd.	交流电机 Alternating current Motor	YPQ200L-8-HT	1	55/1650/318	深圳市蓝海华腾技术股份有限公司 Shenzhen V & T Technologies Co.，Ltd.	纯电动专用车 Pure Electric Special Car	1046	1125
	永磁同步电机 Permanent Magnet Synchronous Motor	TZ400XS200	1	90/1350/636.6	深圳市蓝海华腾技术股份有限公司 Shenzhen V & T Technologies Co.，Ltd.	纯电动客车 Pure Electric Bus	1	
	永磁同步电机 Permanent Magnet Synchronous Motor	TZ400XS250	1	100/1150/830	江西特种电机股份有限公司 Jiangxi Special Electric Limited by Share Ltd.	纯电动客车 Pure Electric Bus	78	

续上表

电动汽车驱动电机生产企业 Electric Vehicle Drive Motor Manufacturer	电动汽车驱动电机类型 Type for Driving Motor of Electric Vehicle	电动汽车驱动电机型号 Odels for Driving Motor of Electric Vehicle	驱动电机数量 Installation Quantity of Driving Motor (台/辆,unit/vehicle)	驱动电机额定功率/转速/转矩 Rated Power/Speed/Torque of Drive Motor (kW/r/min/N·m)	控制器生产企业 Controller Manufacturing Enterprise	配套车辆类型 Matching Vehicle Types	2017 年配套车型产量小计 Subtotal output of supported Odels in 2017 (辆,vehicle)	2017 年配套车型产量总计 Total output of supported Odels in 2017 (辆,vehicle)`
西安兰德新能源汽车技术开发有限公司 Xi'an Lande New Energy Vehicle Technology Development Co., Ltd.	永磁同步电机 Permanent Magnet Synchronous Motor	TZ205XS-LDMB045	1	45/2800/140	西安兰德新能源汽车技术开发有限公司 Xi'an Lande New Energy Vehicle Technology Development Co., Ltd.	纯电动专用车 Pure Electric Special Car	1093	1093
合肥巨一动力系统有限公司 Hefei Jee Power System Co., Ltd.	永磁同步电机 Permanent Magnet Synchronous Motor	TZ200XSYD1	1	31/3402/87	合肥巨一动力系统有限公司 Hefei Jee Power System Co., Ltd.	纯电动乘用车 Pure Electric Passenger Car	471	1071
	永磁同步电机 Permanent Magnet Synchronous Motor	TZ200XSYD2	1	31/3402/87	合肥巨一动力系统有限公司 Hefei Jee Power System Co., Ltd.	纯电动乘用车 Pure Electric Passenger Car	31	
	永磁同步内转子电机 Permanent Magnet Synchronous Internal Rotor Motor	TZ200XSJH6	1	30/3000/96	合肥巨一动力系统有限公司 Hefei Jee Power System Co., Ltd.	纯电动乘用车 Pure Electric Passenger Car	567	
	永磁同步内转子电机 Permanent Magnet Synchronous Internal Rotor Motor	TZ210XJH5	1	18/3000/58	合肥巨一动力系统有限公司 Hefei Jee Power System Co., Ltd.	纯电动乘用车 Pure Electric Passenger Car	2	
厦门捷欧大地和新能源有限公司 Xiamen Jie Europe Earth and New Energy Co., Ltd.	永磁同步电机 Permanent Magnet Synchronous Motor	TZ210XSC60	1	40/1863/205	厦门捷欧大地和新能源有限公司 Xiamen Jie Europe Earth and New Energy Co., Ltd.	纯电动乘用车 Pure Electric Passenger Car	1049	1049
潍柴动力股份有限公司 Weichai Power Co., Ltd.	永磁同步电机 Permanent Magnet Synchronous Motor	TZ368XS06001	1	70/1966/340	潍柴动力股份有限公司 Weichai Power Co., Ltd.	纯电动专用车 Pure Electric Special Car	3	1032
	永磁同步电机 Permanent Magnet Synchronous Motor	TZ368XS11001	1	110/1750/600	潍柴动力股份有限公司 Weichai Power Co., Ltd.	插电式混合动力客车 Plug-in Hybrid Bus	44	
	永磁同步电机 Permanent Magnet Synchronous Motor	TZ368XS11002	1	110/1167/900	潍柴动力股份有限公司 Weichai Power Co., Ltd.	插电式混合动力客车 Plug-in Hybrid Bus	336	
	永磁同步电机 Permanent Magnet Synchronous Motor	TZ368XSWE10A	1	100/868/1100	潍柴动力股份有限公司 Weichai Power Co., Ltd.	插电式混合动力客车 Plug-in Hybrid Bus	1	
	永磁同步电机 Permanent Magnet Synchronous Motor	TZ368XSWE10A	1	100/868/1100	潍柴动力股份有限公司 Weichai Power Co., Ltd.	纯电动客车 Pure Electric Bus	321	
	永磁同步电机 Permanent Magnet Synchronous Motor	WEM65-01	1	65/1500/413	潍柴动力股份有限公司 Weichai Power Co., Ltd.	插电式混合动力客车 Plug-in Hybrid Bus	1	
	永磁同步电机 Permanent Magnet Synchronous Motor	WEM65-01	1	65/1500/413	潍柴动力股份有限公司 Weichai Power Co., Ltd.	纯电动客车 Pure Electric Bus	102	
	永磁同步电机 Permanent Magnet Synchronous Motor	WEM80-01	1	80/1550/493	潍柴动力股份有限公司 Weichai Power Co., Ltd.	纯电动客车 Pure Electric Bus	224	

续上表

电动汽车驱动电机生产企业 Electric Vehicle Drive Motor Manufacturer	电动汽车驱动电机类型 Type for Driving Motor of Electric Vehicle	电动汽车驱动电机型号 Odels for Driving Motor of Electric Vehicle	驱动电机数量 Installation Quantity of Driving Motor (台/辆, unit/vehicle)	驱动电机额定功率/转速/转矩 Rated Power/Speed/Torque of Drive Motor (kW/r/min/N·m)	控制器生产企业 Controller Manufacturing Enterprise	配套车辆类型 Matching Vehicle Types	2017年配套车型产量小计 Subtotal output of supported Odels in 2017 (辆, vehicle)	2017年配套车型产量总计 Total output of supported Odels in 2017 (辆, vehicle)`
重庆瑞阳鑫驰新能源汽车有限责任公司 Chongqing Ruiyang Xinchi New Energy Vehicle Co., Ltd.	永磁同步电机 Permanent Magnet Synchronous Motor	TZ210CQRY018	1	18/3000/57	重庆瑞阳鑫驰新能源汽车有限责任公司 Chongqing Ruiyang Xinchi New Energy Vehicle Co., Ltd.	纯电动专用车 Pure Electric Special Car	742	1006
	永磁同步电机 Permanent Magnet Synchronous Motor	TZ210CQRY018; TZ210X-CQRY18A	1	18/3000/57	重庆瑞阳鑫驰新能源汽车有限责任公司 Chongqing Ruiyang Xinchi New Energy Vehicle Co., Ltd.	纯电动专用车 Pure Electric Special Car	147	
	永磁同步电机 Permanent Magnet Synchronous Motor	TZ210X-CQRY18A	1	18/3000/57	重庆瑞阳鑫驰新能源汽车有限责任公司 Chongqing Ruiyang Xinchi New Energy Vehicle Co., Ltd.	纯电动专用车 Pure Electric Special Car	117	
精进电动科技股份有限公司 Jing-Jin Electric Technologies Co., Ltd.; 深圳市科陆驱动技术有限公司 Shenzhen CLOU Transducer Co., Ltd.	永磁同步电机 Permanent Magnet Synchronous Motor	TZ290XS505; DM075M37	1	75/2000/358; 75/2000/350	精进电动科技股份有限公司 Jing-Jin Electric Technologies Co., Ltd.; 深圳市科陆驱动技术有限公司 Shenzhen CLOU Transducer Co., Ltd.	纯电动专用车 Pure Electric Special Car	1002	1002
通用汽车公司 GM	MotorA: 交流异步电机 AC Asynchronous Motor; MotorB: 永磁同步电机 Permanent Magnet Synchronous Motor	YR181MYMRD; TZ213XYMRD	2	MotorA: 47 kW; MotorB: 61 kW/ MotorA: 4000 rpm@ 336 V; MotorB: 4000 rpm@ 336 V/ MotorA: 110 N·m; MotorB: 146 N·m	日立 Hitachi	插电式混合动力乘用车 Plug-in Hybrid Passenger Car	996	996
中通客车控股股份有限公司 Zhongtong Bus Holding Co., Ltd.	永磁同步电机 Permanent Magnet Synchronous Motor	ZTM60-350	1	60/1910/300	中通客车控股股份有限公司 Zhongtong Bus Holding Co., Ltd.	插电式混合动力客车 Plug-in Hybrid Bus	2	968
	永磁同步电机 Permanent Magnet Synchronous Motor	ZT-TM1000-01	1	80/1280/600	中通客车控股股份有限公司 Zhongtong Bus Holding Co., Ltd.	插电式混合动力客车 Plug-in Hybrid Bus	294	
	永磁同步电机 Permanent Magnet Synchronous Motor	TZ200XS-ZTM600	1	21/2900/54	中通客车控股股份有限公司 Zhongtong Bus Holding Co., Ltd.	纯电动专用车 Pure Electric Special Car	479	
	永磁同步电机 Permanent Magnet Synchronous Motor	ZTM100YC01	1	100/1000/955	中通客车控股股份有限公司 Zhongtong Bus Holding Co., Ltd.	纯电动客车 Pure Electric Bus	193	
苏州和鑫电气股份有限公司 Suzhou Hexin Electric Appliance Co., Ltd.	永磁同步电机 Permanent Magnet Synchronous Motor	TZ230XSA95	1	55/3000/175	上海鑫国动力科技有限公司 Shanghai Xinguo Power Technology Co., Ltd.	纯电动专用车 Pure Electric Special Car	18	953
	永磁同步电机 Permanent Magnet Synchronous Motor	TZ230XSB09	1	50/1600/300	苏州和鑫电气股份有限公司 Suzhou Hexin Electric Appliance Co., Ltd.	纯电动专用车 Pure Electric Special Car	44	

续上表

电动汽车驱动电机生产企业 Electric Vehicle Drive Motor Manufacturer	电动汽车驱动电机类型 Type for Driving Motor of Electric Vehicle	电动汽车驱动电机型号 Odels for Driving Motor of Electric Vehicle	驱动电机数量 Installation Quantity of Driving Motor (台/辆,unit/vehicle)	驱动电机额定功率/转速/转矩 Rated Power/Speed/Torque of Drive Motor (kW/r/min/N·m)	控制器生产企业 Controller Manufacturing Enterprise	配套车辆类型 Matching Vehicle Types	2017 年配套车型产量小计 Subtotal output of supported Odels in 2017 (辆,vehicle)	2017 年配套车型产量总计 Total output of supported Odels in 2017 (辆,vehicle)
苏州和鑫电气股份有限公司 Suzhou Hexin Electric Appliance Co.,Ltd.	永磁司步电机 Permanent Magnet Synchronous Motor	TZ260XS030	1	35/2800/120	赛伟科新能源科技(湖北)有限公司 Sevcon New Energy Technology (Hubei) Co.,Ltd.	纯电动专用车 Pure Electric Special Car	626	953
	永磁同步电机 Permanent Magnet Synchronous Motor	TZ380XSB15	1	90/800/1074	苏州和鑫电气股份有限公司 Suzhou Hexin Electric Appliance Co.,Ltd.	纯电动客车 Pure Electric Bus	255	
	永磁同步电机 Permanent Magnet Synchronous Motor	TZ480XSA20	1	120/640/1800	苏州和鑫电气股份有限公司 Suzhou Hexin Electric Appliance Co.,Ltd.	纯电动客车 Pure Electric Bus	2	
	永磁同步电机 Permanent Magnet Synchronous Motor	TZ480XSA15	1	75/720/1000	苏州和鑫电气股份有限公司 Suzhou Hexin Electric Appliance Co.,Ltd.	纯电动客车 Pure Electric Bus	8	
重庆瑞驰汽车实业有限公司 Chongqing Ruichi Automobile Industry Co.,Ltd.;深圳市大地和电气股份有限公司 Shenzhen Greatland Electrics Inc.	交流永磁同步电机 Permanent Magnet Synchronous Motor	TZ180XS001;TZ180XSDAB	1	30/3000/95.5	重庆瑞驰汽车实业有限公司 Chongqing Ruichi Automobile Industry Co.,Ltd.;深圳市大地和电气股份有限公司 Shenzhen Greatland Electrics Inc.	纯电动专用车 Pure Electric Special Car	934	934
杭州伯坦动力科技有限公司 Hangzhou Botan Power Technology Co.,Ltd.	永磁同步电机 Permanent Magnet Synchronous Motor	FT175TZX-001	2	15/3500/40	杭州伯坦动力科技有限公司 Hangzhou Botan Power Technology Co.,Ltd.	纯电动乘用车 Pure Electric Passenger Car	522	928
	永磁同步电机 Permanent Magnet Synchronous Motor	FT175TZX-001	3;4	15/3500/40	杭州伯坦动力科技有限公司 Hangzhou Botan Power Technology Co.,Ltd.	纯电动专用车 Pure Electric Special Car	239	
	永磁同步电机 Permanent Magnet Synchronous Motor	FT175TZX-003	2	15/3500/41	杭州伯坦动力科技有限公司 Hangzhou Botan Power Technology Co.,Ltd.	纯电动乘用车 Pure Electric Passenger Car	167	
现代摩比斯 HYUNDAIMOBIS	永磁同步电机 Permanent Magnet Synchronous Motor	36500-0E200	1	20/4000/48	现代摩比斯 HYUNDAIMOBIS	纯电动乘用车 Pure Electric Passenger Car	477	904
	永磁同步电机 Permanent Magnet Synchronous Motor	PMSM81	1	20/4000/48	现代摩比斯 HYUNDAIMOBIS	纯电动乘用车 Pure Electric Passenger Car	427	
江苏索尔新能源科技股份有限公司 Jiangsu Soul New Energy Technoligy,Inc.	永磁同步电机 Permanent Magnet Synchronous Motor	TZ290XSX10	1	50/1600/300	江苏索尔新能源科技股份有限公司 Jiangsu Soul New Energy Technoligy,Inc.	纯电动专用车 Pure Electric Special Car	900	900

续上表

电动汽车驱动电机生产企业 Electric Vehicle Drive Motor Manufacturer	电动汽车驱动电机类型 Type for Driving Motor of Electric Vehicle	电动汽车驱动电机型号 Odels for Driving Motor of Electric Vehicle	驱动电机数量 Installation Quantity of Driving Motor（台/辆，unit/vehicle）	驱动电机额定功率/转速/转矩 Rated Power/Speed/Torque of Drive Motor（kW/r/min/N·m）	控制器生产企业 Controller Manufacturing Enterprise	配套车辆类型 Matching Vehicle Types	2017 年配套车型产量小计 Subtotal output of supported Odels in 2017（辆，vehicle）	2017 年配套车型产量总计 Total output of supported Odels in 2017（辆，vehicle）
长沙市比亚迪汽车有限公司 Changsha BYD Auto Co. ,Ltd.	永磁同步电机 Permanent Magnet Synchronous Motor	TZ2712XSB	2	75/2600/280	比亚迪汽车工业有限公司 BYD Automobile Industry Co. ,Ltd.	纯电动客车 Pure Electric Bus	896	896
南京乐金汽车零部件有限公司 Nanjing Lejin Automotive Components Co. , Ltd.	永磁同步电机 Permanent Magnet Synchronous Motor	TZ204XSLM1	1	40/3070/124	南京乐金汽车零部件有限公司 Nanjing Lejin Automotive Components Co. ,Ltd.	纯电动乘用车 Pure Electric Passenger Car	881	881
上海大郡动力控制技术有限公司 Shanghai Dajun Technologies Inc. ; 上海电驱动股份有限公司 Shanghai Edrive Co. ,Ltd.	永磁同步电机 Permanent Magnet Synchronous Motor	1510010BAC0100	1	45/4300/100	上海大郡动力控制技术有限公司 Shanghai Dajun Technologies Inc. ; 上海电驱动股份有限公司 Shanghai Edrive Co. ,Ltd.	插电式混合动力乘用车 Plug-in Hybrid Passenger Car	829	829
比亚迪汽车工业有限公司 BYD Automobile Industry Co. , Ltd. ; 长沙市比亚迪汽车有限公司 Changsha BYD Auto Co. ,Ltd.	永磁同步电机 Permanent Magnet Synchronous Motor	BYD-3425TZ-XS-A	2	150/1910/750	比亚迪汽车工业有限公司 BYD Automobile Industry Co. ,Ltd.	纯电动客车 Pure Electric Bus	620	820
	永磁同步电机 Permanent Magnet Synchronous Motor	BYD-3425TZ-XS-A； BYD-3425TZ-XS-A	2	150/1910/750	比亚迪汽车工业有限公司 BYD Automobile Industry Co. ,Ltd.	纯电动客车 Pure Electric Bus	200	
成都富临精工新能源动力有限公司 Chengdu Fulin Precision Machining Co. ,Ltd.	永磁同步电机 Permanent Magnet Synchronous Motor	TZ195XS30A	1	30/3000/96	成都富临精工新能源动力有限公司 Chengdu Fulin Precision Machining Co. , Ltd.	纯电动专用车 Pure Electric Special Car	81	806
	永磁同步电机 Permanent Magnet Synchronous Motor	TZ195XS30A	1	30/3000/96	成都富临精工新能源动力有限公司 Chengdu Fulin Precision Machining Co. , Ltd.	纯电动乘用车 Pure Electric Passenger Car	194	
	永磁同步电机 Permanent Magnet Synchronous Motor	TZ195XS45A	1	45/3000/143	成都富临精工新能源动力有限公司 Chengdu Fulin Precision Machining Co. , Ltd.	纯电动乘用车 Pure Electric Passenger Car	9	
	永磁同步电机 Permanent Magnet Synchronous Motor	TZ260XS70	1	70/2400/278	成都富临精工新能源动力有限公司 Chengdu Fulin Precision Machining Co. , Ltd.	纯电动专用车 Pure Electric Special Car	289	
	永磁同步电机 Permanent Magnet Synchronous Motor	TZ415XS75B	1	75/2000/350	成都富临精工新能源动力有限公司 Chengdu Fulin Precision Machining Co. , Ltd.	纯电动客车 Pure Electric Bus	233	
武汉英康汇通电气有限公司 Wuhan Ying Kang Huitong Electric Co. ,Ltd.	永磁同步电机 Permanent Magnet Synchronous Motor	YKHTTM04512	1	20/3000/63	武汉英康汇通电气有限公司 Wuhan Ying Kang Huitong Electric Co. , Ltd.	纯电动专用车 Pure Electric Special Car	300	748

续上表

电动汽车驱动电机生产企业 Electric Vehicle Drive Motor Manufacturer	电动汽车驱动电机类型 Type for Driving Motor of Electric Vehicle	电动汽车驱动电机型号 Odels for Driving Motor of Electric Vehicle	驱动电机数量 Installation Quantity of Driving Motor（台/辆，unit/vehicle）	驱动电机额定功率/转速/转矩 Rated Power/Speed/Torque of Drive Motor（kW/r/min/N·m）	控制器生产企业 Controller Manufacturing Enterprise	配套车辆类型 Matching Vehicle Types	2017 年配套车型产量小计 Subtotal output of supported Odels in 2017（辆，vehicle）	2017 年配套车型产量总计 Total output of supported Odels in 2017（辆，vehicle）`
武汉英康汇通电气有限公司 Wuhan Ying Kang Huitong Electric Co.，Ltd.	永磁同步电机 Permanent Magnet Synchronous Motor	YKHTTM005	1	45/1410/305	武汉英康汇通电气有限公司 Wuhan Ying Kang Huitong Electric Co.，Ltd.	纯电动客车 Pure Electric Bus	261	748
	永磁同步电机 Permanent Magnet Synchronous Motor	YKHTTM11002	1	65/1500/413	武汉英康汇通电气有限公司 Wuhan Ying Kang Huitong Electric Co.，Ltd.	纯电动客车 Pure Electric Bus	21	
	永磁同步电机 Permanent Magnet Synchronous Motor	YKHTTM15002	1	100/1000/955	武汉英康汇通电气有限公司 Wuhan Ying Kang Huitong Electric Co.，Ltd.	纯电动客车 Pure Electric Bus	166	
福建万润新能源科技有限公司 Fujian Wanrun New Energy Technology Co.，Ltd.； 厦门金龙汽车新能源科技有限公司 Xiamen Jinlong Automobile Amperex Technology Limited	永磁同步电机 Permanent Magnet Synchronous Motor	WR510-02021；TZ400XSKLNEV02	1	90/900/955；90/1350/636.7	福建万润新能源科技有限公司 Fujian Wanrun New Energy Technology Co.，Ltd.； 厦门金龙汽车新能源科技有限公司 Xiamen Jinlong Automobile Amperex Technology Limited	纯电动客车 Pure Electric Bus	739	739
南京创源天地动力科技有限公司 Nanjing Chuang yuan Tiandi Power Technology Co.，Ltd.	永磁同步电机 Permanent Magnet Synchronous Motor	TZ230XSD00	1	45/2000/215	南京创源天地动力科技有限公司 Nanjing Chuang yuan Tiandi Power Technology Co.，Ltd.	纯电动专用车 Pure Electric Special Car	701	701
西门子电气传动有限公司 Siemens Electrical Drives Ltd.	交流感应电机 AC Induction Motor	1PV5138	2	85/3680/220	西门子电气传动有限公司 Siemens Electrical Drives Ltd.	纯电动客车 Pure Electric Bus	572	688
	三相交流异步电机 Three Phase AC Asynchronous Motor	1PV5135	2	67/4000/160	西门子电气传动有限公司 Siemens Electrical Drives Ltd.	插电式混合动力客车 Plug-in Hybrid Bus	116	
成都雅骏新能源汽车科技股份有限公司 Chengdu Ya Jun New Energy Automotive Polytron Technologies Inc.	三相交流电机 Three Phase AC Motor	YPQ180L-90-YJ	1	60/1600/358	成都雅骏新能源汽车科技股份有限公司 Chengdu Ya Jun New Energy Automotive Polytron Technologies Inc.	纯电动专用车 Pure Electric Special Car	546	647
	三相交流电机 Three Phase AC Motor	YR321XS-060-01YJ	1	60/1600/358	成都雅骏新能源汽车科技股份有限公司 Chengdu Ya Jun New Energy Automotive Polytron Technologies Inc.	纯电动专用车 Pure Electric Special Car	2	
	永磁同步电机 Permanent Magnet Synchronous Motor	TZ210XS-025-YJ	1	25/1600/150	成都雅骏新能源汽车科技股份有限公司 Chengdu Ya Jun New Energy Automotive Polytron Technologies Inc.	纯电动专用车 Pure Electric Special Car	99	

续上表

电动汽车驱动电机生产企业 Electric Vehicle Drive Motor Manufacturer	电动汽车驱动电机类型 Type for Driving Motor of Electric Vehicle	电动汽车驱动电机型号 Odels for Driving Motor of Electric Vehicle	驱动电机数量 Installation Quantity of Driving Motor (台/辆,unit/vehicle)	驱动电机额定功率/转速/转矩 Rated Power/Speed/Torque of Drive Motor (kW/r/min/N·m)	控制器生产企业 Controller Manufacturing Enterprise	配套车辆类型 Matching Vehicle Types	2017 年配套车型产量小计 Subtotal output of supported Odels in 2017 (辆,vehicle)	2017 年配套车型产量总计 Total output of supported Odels in 2017 (辆,vehicle)
阳光电源股份有限公司 Sungrow Power Supply Co. ,Ltd.	永磁同步电机 Permanent Magnet Synchronous Motor	TZ400XS250	1	100/1150/830	阳光电源股份有限公司 Sungrow Power Supply Co. ,Ltd.	纯电动客车 Pure Electric Bus	503	623
	永磁同步电机 Permanent Magnet Synchronous Motor	TZ210XSWT45AXL	1	45/1900/228	阳光电源股份有限公司 Sungrow Power Supply Co. ,Ltd.	纯电动专用车 Pure Electric Special Car	110	
	永磁同步电机 Permanent Magnet Synchronous Motor	TZ410XSSGDM80	1	80/1000/800	阳光电源股份有限公司 Sungrow Power Supply Co. ,Ltd.	纯电动客车 Pure Electric Bus	10	
安徽融智天骏新能源汽车有限公司 Anhui Rong Zhi Tian Jun New Energy Vehicle Co. ,Ltd.	永磁同步电机 Permanent Magnet Synchronous Motor	TZ368XS80H-540RZ	1	80/1000/764	安徽融智天骏新能源汽车有限公司 Anhui Rong Zhi Tian Jun New Energy Vehicle Co. ,Ltd.	纯电动客车 Pure Electric Bus	16	615
	永磁同步电机 Permanent Magnet Synchronous Motor	TZ445XS100H-540RZ	1	100/1000/955	安徽融智天骏新能源汽车有限公司 Anhui Rong Zhi Tian Jun New Energy Vehicle Co. ,Ltd.	纯电动客车 Pure Electric Bus	599	
东风特汽(十堰)专用车有限公司 Dongfeng Special Type Automobile (Shiyan) Special Purpose Vehicle Co. ,Ltd.	永磁同步电机 Permanent Magnet Synchronous Motor	TZ290XSH50	1	70/1500/450	东风特汽(十堰)专用车有限公司 Dongfeng Special Type Automobile (Shiyan) Special Purpose Vehicle Co. ,Ltd.	纯电动专用车 Pure Electric Special Car	601	601
大陆汽车系统(天津)有限公司 Continental Automotive System (Tianjin) Co. ,Ltd.	外励磁同步电机 External Excitation Synchronous Motor	CTX61	1	35/5570/60	大陆汽车系统(天津)有限公司 Continental Automotive System (Tianjin) Co. ,Ltd.	纯电动乘用车 Pure Electric Passenger Car	592	592
陕西通家汽车股份有限公司 Shanxi Tongjia Automobile Co. , Ltd.	三相交流异步电机 Three Phase AC Asynchronous Motor	YS132H015	1	15/3000/46	陕西通家汽车股份有限公司 Shanxi Tongjia Automobile Co. ,Ltd.	纯电动专用车 Pure Electric Special Car	421	572
	三相交流异步电机 Three Phase AC Asynchronous Motor	YS210X025	1	25/4160/57. 4	陕西通家汽车股份有限公司 Shanxi Tongjia Automobile Co. ,Ltd.	纯电动专用车 Pure Electric Special Car	151	
航天新长征电动汽车技术有限公司 Aviation Xinchangzheng Electric Vehicle technology Co. ,Ltd.	三相交流异步电机 Three Phase AC Asynchronous Motor	YS210XF-18-HT	1	18/4000/43	航天新长征电动汽车技术有限公司 Aviation Xinchangzheng Electric Vehicle technology Co. ,Ltd.	纯电动专用车 Pure Electric Special Car	421	569
	永磁同步电机 Permanent Magnet Synchronous Motor	TZ260XS-65-HT	1	65/1600/380	航天新长征电动汽车技术有限公司 Aviation Xinchangzheng Electric Vehicle technology Co. ,Ltd.	纯电动专用车 Pure Electric Special Car	148	
深圳市蓝海华腾技术股份有限公司 Shenzhen V & T Technologies Co. ,Ltd.	三相交流电机 Three Phase AC Motor	HPQ20-336HT	1	20/1600/119	深圳市蓝海华腾技术股份有限公司 Shenzhen V & T Technologies Co. ,Ltd.	纯电动专用车 Pure Electric Special Car	89	559
	永磁同步电机 Permanent Magnet Synchronous Motor	TZ370XS185	1	100/1270/750	深圳市蓝海华腾技术股份有限公司 Shenzhen V & T Technologies Co. ,Ltd.	纯电动客车 Pure Electric Bus	360	

续上表

电动汽车驱动电机生产企业 Electric Vehicle Drive Motor Manufacturer	电动汽车驱动电机类型 Type for Driving Motor of Electric Vehicle	电动汽车驱动电机型号 Odels for Driving Motor of Electric Vehicle	驱动电机数量 Installation Quantity of Driving Motor (台/辆,unit/vehicle)	驱动电机额定功率/转速/转矩 Rated Power/Speed/Torque of Drive Motor (kW/r/min/N·m)	控制器生产企业 Controller Manufacturing Enterprise	配套车辆类型 Matching Vehicle Types	2017 年配套车型产量小计 Subtotal output of supported Odels in 2017 (辆,vehicle)	2017 年配套车型产量总计 Total output of supported Odels in 2017 (辆,vehicle)`
深圳市蓝海华腾技术股份有限公司 Shenzhen V & T Technologies Co. ,Ltd.	永磁同步电机 Permanent Magnet Synchronous Motor	TZ290XS150	1	90/1075/800	深圳市蓝海华腾技术股份有限公司 Shenzhen V & T Technologies Co. ,Ltd.	纯电动客车 Pure Electric Bus	73	559
	永磁同步电机 Permanent Magnet Synchronous Motor	TZ400XS250	1	100/1150/830	深圳市蓝海华腾技术股份有限公司 Shenzhen V & T Technologies Co. ,Ltd.	纯电动客车 Pure Electric Bus	37	
河南新能微特利电机技术有限公司 Henan Weltell New Energy Micro Motor Technology Co. ,Ltd. ; 杭州德沃仕电动科技有限公司 Hangzhou Dewos Electric Technology Co. ,Ltd.	永磁同步电机 Permanent Magnet Synchronous Motor	TZ210XXWD; DWS-TYC-320-18A	1	18/3000/57;18/3000/57. 3	河南新能微特利电机技术有限公司 Henan Weltell New Energy Micro Motor Technology Co. ,Ltd. ; 杭州德沃仕电动科技有限公司 Hangzhou Dewos Electric Technology Co. , Ltd.	纯电动专用车 Pure Electric Special Car	25	558
	永磁同步电机 Permanent Magnet Synchronous Motor	TZ210XXWD; DWS-TYC-320-18A	1	18/3000/57;18/3000/57. 3	河南新能微特利电机技术有限公司 Henan Weltell New Energy Micro Motor Technology Co. ,Ltd. ; 深圳市依思普林科技有限公司 Shenzhen Espirit Technology Co. ,Ltd.	纯电动乘用车 Pure Electric Passenger Car	533	
北京锋锐新源电驱动科技有限公司 Beijing Fengrui Xinyuan Electric Drive Technology Co. ,Ltd.	永磁同步电机 Permanent Magnet Synchronous Motor	264TYZ-XS06BF	1	25/3000/80	北京锋锐新源电驱动科技有限公司 Beijing Fengrui Xinyuan Electric Drive Technology Co. ,Ltd.	纯电动专用车 Pure Electric Special Car	25	544
	永磁同步电机 Permanent Magnet Synchronous Motor	264TYZ-XS06BV	1	25/3000/80	北京锋锐新源电驱动科技有限公司 Beijing Fengrui Xinyuan Electric Drive Technology Co. ,Ltd.	纯电动专用车 Pure Electric Special Car	313	
	永磁同步电机 Permanent Magnet Synchronous Motor	368TYZ-XIS15N	1	40/1600/240	北京锋锐新源电驱动科技有限公司 Beijing Fengrui Xinyuan Electric Drive Technology Co. ,Ltd.	插电式混合动力客车 Plug-in Hybrid Bus	206	
前/Fron:上海电驱动股份有限公司 Shanghai Edrive Co. ,Ltd. ; 后/Post:河北御捷车业有限公司 Hebei Yujie Vehicle Industry Co. ,Ltd.	前/Front:永磁同步电机 Permanent Magnet Synchronous Motor; 后/Post:交流异步电机 AC Asynchronous Motor	前/Front:TZ180X06K; 后/Post:YS170H003	2	前/Front:15/3000/47; 后/Post:3/2000/14. 3	前/Front:上海电驱动股份有限公司 Shanghai Edrive Co. ,Ltd. ; 后/Post:河北御捷车业有限公司 Hebei Yujie Vehicle Industry Co. ,Ltd.	纯电动乘用车 Pure Electric Passenger Car	506	540
	前/Front:永磁同步电机 Permanent Magnet Synchronous Motor; 后/Post:交流异步电机 AC Asynchronous Motor	前/Front:TZ180X06K; 后/Post:YS170H003	2	前/Front:15/3000/47; 后/Post:3/2000/14. 3	前/Front:上海电驱动股份有限公司 Shanghai Edrive Co. ,Ltd. ; 后/Post:河北御捷车业有限公司 Hebei Yujie Vehicle Industry Co. ,Ltd.	纯电动乘用车 Pure Electric Passenger Car	34	
深圳市依思普林科技有限公司 Shenzhen Espirit Technology Co. ,Ltd.	永磁同步电机 Permanent Magnet Synchronous Motor	EMP1000A	1	60/1500/385	深圳市依思普林科技有限公司 Shenzhen Espirit Technology Co. ,Ltd.	纯电动专用车 Pure Electric Special Car	100	538
	永磁同步电机 Permanent Magnet Synchronous Motor	TZ210XYSPL018	1	18/3000/57	深圳市依思普林科技有限公司 Shenzhen Espirit Technology Co. ,Ltd.	纯电动专用车 Pure Electric Special Car	2	

续上表

电动汽车驱动电机生产企业 Electric Vehicle Drive Motor Manufacturer	电动汽车驱动电机类型 Type for Driving Motor of Electric Vehicle	电动汽车驱动电机型号 Odels for Driving Motor of Electric Vehicle	驱动电机数量 Installation Quantity of Driving Motor (台/辆,unit/vehicle)	驱动电机额定功率/转速/转矩 Rated Power/Speed/Torque of Drive Motor (kW/r/min/N·m)	控制器生产企业 Controller Manufacturing Enterprise	配套车辆类型 Matching Vehicle Types	2017 年配套车型产量小计 Subtotal output of supported Odels in 2017 (辆,vehicle)	2017 年配套车型产量总计 Total output of supported Odels in 2017 (辆,vehicle)
深圳市依思普林科技有限公司 Shenzhen Espirit Technology Co.,Ltd.	永磁同步电机 Permanent Magnet Synchronous Motor	TZ238XS25L	1	25/1800/133	深圳市依思普林科技有限公司 Shenzhen Espirit Technology Co.,Ltd.	纯电动专用车 Pure Electric Special Car	421	538
	永磁同步电机 Permanent Magnet Synchronous Motor	TZ445XS80H	1	80/1000/764	深圳市依思普林科技有限公司 Shenzhen Espirit Technology Co.,Ltd.	纯电动专用车 Pure Electric Special Car	15	
上海电驱动股份有限公司 Shanghai Edrive Co.,Ltd.; 大洋电机新动力科技有限公司 Broad-Ocean Motor EV New Power Technology Co.,Ltd.	永磁同步电机 Permanent Magnet Synchronous Motor	TZ310XS13AB;TZ290XSD01	1	55/1313/400;60/1500/382	上海电驱动股份有限公司 Shanghai Edrive Co.,Ltd.; 大洋电机新动力科技有限公司 Broad-Ocean Motor EV New Power Technology Co.,Ltd.	燃料电池专用车 Fuel Cell Special Car	535	535
南京挚云电气有限公司 Nanjing Zhiyun Electric Co., Ltd.	永磁同步电机 Permanent Magnet Synchronous Motor	TZ155HFZY	2	10/4500/21.2	南京挚云电气有限公司 Nanjing Zhiyun Electric Co.,Ltd.	纯电动乘用车 Pure Electric Passenger Car	535	535
东湖科技(北京)有限公司 East Lake Technology(Beijing) Co.,Ltd.	三相交流异步电机 Three Phase AC Asynchronous Motor	IM070W	1	70/1800/371	东湖科技(北京)有限公司 East Lake Technology(Beijing)Co.,Ltd.	纯电动客车 Pure Electric Bus	100	534
	三相交流异步电机 Three Phase AC Asynchronous Motor	IM080W	1	80/1000/764	东湖科技(北京)有限公司 East Lake Technology(Beijing)Co.,Ltd.	纯电动客车 Pure Electric Bus	70	
	三相交流异步电机 Three Phase AC Asynchronous Motor	IM120W	1	120/1000/1145	东湖科技(北京)有限公司 East Lake Technology(Beijing)Co.,Ltd.	纯电动客车 Pure Electric Bus	242	
	三相交流异步电机 Three Phase AC Asynchronous Motor	IM045W	1	45/1400/307	东湖科技(北京)有限公司 East Lake Technology(Beijing)Co.,Ltd.	纯电动专用车 Pure Electric Special Car	122	
湖南中车时代电动汽车股份有限公司 Hunan CRRC Times Eectric Vehicle Co.,Ltd.; 深圳市大地和电气股份有限公司 Shenzhen Greatland Electrics Inc.	永磁同步电机 Permanent Magnet Synchronous Motor; 永磁同步牵引电动机 Permanent Magnet Synchronous Traction Motor	TZ250XSD17;TZ260XSD00	1	40/1900/201;45/1950/220	湖南中车时代电动汽车股份有限公司 Hunan CRRC Times Eectric Vehicle Co., Ltd.; 深圳市大地和电气股份有限公司 Shenzhen Greatland Electrics Inc.	纯电动客车 Pure Electric Bus	9	522
	永磁同步电机 Permanent Magnet Synchronous Motor; 永磁同步牵引电动机 Permanent Magnet Synchronous Traction Motor	TZ250XSD17;TZ260XSD00	1	40/1900/201;45/1950/220	湖南中车时代电动汽车股份有限公司 Hunan CRRC Times Eectric Vehicle Co., Ltd.; 深圳市大地和电气股份有限公司 Shenzhen Greatland Electrics Inc.	纯电动专用车 Pure Electric Special Car	513	
佛山市顺德区金泰德胜电机有限公司 Kinetek De Sheng Motor(FOSHAN SHUNDE)Co.,Ltd.	三相交流异步电机 Three Phase AC Asynchronous Motor	YJQ7.5-4H	2	7.5/4000/17.9	珠海英搏尔电气股份有限公司 Zhuhai Enpower Electric Co.,Ltd.	纯电动乘用车 Pure Electric Passenger Car	510	510

续上表

电动汽车驱动电机生产企业 Electric Vehicle Drive Motor Manufacturer	电动汽车驱动电机类型 Type for Driving Motor of Electric Vehicle	电动汽车驱动电机型号 Odels for Driving Motor of Electric Vehicle	驱动电机数量 Installation Quantity of Driving Motor (台/辆,unit/vehicle)	驱动电机额定功率/转速/转矩 Rated Power/Speed/Torque of Drive Motor (kW/r/min/N·m)	控制器生产企业 Controller Manufacturing Enterprise	配套车辆类型 Matching Vehicle Types	2017年配套车型产量小计 Subtotal output of supported Odels in 2017 (辆,vehicle)	2017年配套车型产量总计 Total output of supported Odels in 2017 (辆,vehicle)`
湖南中车时代电动汽车股份有限公司 Hunan CRRC Times Eectric Vehicle Co. ,Ltd. ; 襄阳宇清传动科技有限公司 Xiangyang Yuqing Transmission Technology Co. ,Ltd.	永磁同步牵引电动机 Permanent Magnet Synchronous Traction Motor; 永磁同步电机 Permanent Magnet Synchronous Motor	TZ290XSD15;TZ260XS110YQ	1	60/1600/358;70/1650/400	湖南中车时代电动汽车股份有限公司 Hunan CRRC Times Eectric Vehicle Co. , Ltd. ; 云南航天神州汽车有限公司 Yunnan Astronautics Shenzhou Automobile Co. ,Ltd.	纯电动专用车 Pure Electric Special Car	502	502
上海大郡动力控制技术有限公司 Shanghai Dajun Technologies Inc. ; 福建万润新能源科技有限公司 Fujian Wanrun New Energy Technology Co. ,Ltd. ; 厦门金龙汽车新能源科技有限公司 Xiamen Jinlong Automobile Amperex Technology Limited	永磁同步电机 Permanent Magnet Synchronous Motor	TZ380XSDJ011(配置1); WR510-02026(配置2); TZ400XSKLNEV01(配置3)	1	100/800/1250(配置1); 100/900/1061(配置2); 100/955/1000(配置3)	上海大郡动力控制技术有限公司 Shanghai Dajun Technologies Inc. ; 福建万润新能源科技有限公司 Fujian Wanrun New Energy Technology Co. ,Ltd. ; 厦门金龙汽车新能源科技有限公司 Xiamen Jinlong Automobile Amperex Technology Limited	纯电动客车 Pure Electric Bus	451	451
长沙威康动力技术有限公司 Changsha Wellcom Power Technology Co. ,Ltd.	永磁司步电机 Permanent Magnet Synchronous Motor	TZ210XS262	1	50/3000/160	长沙威康动力技术有限公司 Changsha Wellcom Power Technology Co. , Ltd.	纯电动专用车 Pure Electric Special Car	369	445
	永磁司步电机 Permanent Magnet Synchronous Motor	TZ290XSHK80	1	80/1250/611	长沙威康动力技术有限公司 Changsha Wellcom Power Technology Co. , Ltd.	纯电动客车 Pure Electric Bus	2	
	永磁司步电机 Permanent Magnet Synchronous Motor	TZ365XSHK2	1	115/2000/550	长沙威康动力技术有限公司 Changsha Wellcom Power Technology Co. , Ltd.	纯电动客车 Pure Electric Bus	1	
	永磁同步电机 Permanent Magnet Synchronous Motor	TZ380XS04009	1	70/2000/335	长沙威康动力技术有限公司 Changsha Wellcom Power Technology Co. , Ltd.	纯电动专用车 Pure Electric Special Car	11	
	永磁同步电机 Permanent Magnet Synchronous Motor	TZ400XSHK250	1	135/1005/1280	长沙威康动力技术有限公司 Changsha Wellcom Power Technology Co. , Ltd.	纯电动客车 Pure Electric Bus	1	
	永磁同步电机 Permanent Magnet Synchronous Motor	TZ400XSHK9	1	90/1350/636.5	长沙威康动力技术有限公司 Changsha Wellcom Power Technology Co. , Ltd.	纯电动客车 Pure Electric Bus	61	

续上表

电动汽车驱动电机生产企业 Electric Vehicle Drive Motor Manufacturer	电动汽车驱动电机类型 Type for Driving Motor of Electric Vehicle	电动汽车驱动电机型号 Odels for Driving Motor of Electric Vehicle	驱动电机数量 Installation Quantity of Driving Motor (台/辆,unit/vehicle)	驱动电机额定功率/转速/转矩 Rated Power/Speed/Torque of Drive Motor (kW/r/min/N·m)	控制器生产企业 Controller Manufacturing Enterprise	配套车辆类型 Matching Vehicle Types	2017 年配套车型产量小计 Subtotal output of supported Odels in 2017 (辆,vehicle)	2017 年配套车型产量总计 Total output of supported Odels in 2017 (辆,vehicle)`
襄阳宇清电驱动科技有限公司 Xiangyang Yuqing Electric Drive Technology Co. ,Ltd.	三相异步电机 Three Phase Asynchronous Motor	YS400XF-01A	1	100/1062/900	襄阳宇清电驱动科技有限公司 Xiangyang Yuqing Electric Drive Technology Co. ,Ltd.	纯电动客车 Pure Electric Bus	1	398
	三相交流异步电机 Three Phase AC Asynchronous Motor	YS290XS345A	1	45/2510/171	北京超同步伺服股份有限公司 Beijing Ctb Servo Co. ,Ltd.	纯电动客车 Pure Electric Bus	1	
	三相交流异步电机 Three Phase AC Asynchronous Motor	YS368XF-01A	1	60/1200/476	襄阳宇清电驱动科技有限公司 Xiangyang Yuqing Electric Drive Technology Co. ,Ltd.	纯电动专用车 Pure Electric Special Car	1	
	永磁同步电机 Permanent Magnet Synchronous Motor	TZ210XS01A	1	20/3000/65	襄阳宇清电驱动科技有限公司 Xiangyang Yuqing Electric Drive Technology Co. ,Ltd.	纯电动专用车 Pure Electric Special Car	16	
	永磁同步电机 Permanent Magnet Synchronous Motor	TZ260XS-01F	1	70/2000/334	襄阳宇清电驱动科技有限公司 Xiangyang Yuqing Electric Drive Technology Co. ,Ltd.	纯电动专用车 Pure Electric Special Car	66	
	永磁同步电机 Permanent Magnet Synchronous Motor	TZ260XS-01M	1	42/2000/200	襄阳宇清电驱动科技有限公司 Xiangyang Yuqing Electric Drive Technology Co. ,Ltd.	纯电动专用车 Pure Electric Special Car	112	
	永磁同步电机 Permanent Magnet Synchronous Motor	TZ290XS1000	1	40/1300/293	襄阳宇清电驱动科技有限公司 Xiangyang Yuqing Electric Drive Technology Co. ,Ltd.	纯电动专用车 Pure Electric Special Car	201	
武汉合康动力技术有限公司 Wuhan Hiconics Power Technology Co. ,Ltd.	永磁同步电机 Permanent Magnet Synchronous Motor	TZ210XS262A	1	50/3000/160	武汉合康动力技术有限公司 Wuhan Hiconics Power Technology Co. , Ltd.	纯电动专用车 Pure Electric Special Car	15	397
	永磁同步电机 Permanent Magnet Synchronous Motor	TZ238XSHK1	1	50/1800/266	武汉合康动力技术有限公司 Wuhan Hiconics Power Technology Co. , Ltd.	纯电动客车 Pure Electric Bus	2	
	永磁同步电机 Permanent Magnet Synchronous Motor	TZ380XS04006	1	70/2000/335;75/2000/335	武汉合康动力技术有限公司 Wuhan Hiconics Power Technology Co. , Ltd.	纯电动客车 Pure Electric Bus	378	
	永磁同步电机 Permanent Magnet Synchronous Motor	TZ400XSHK9	1	90/1350/636.5	武汉合康动力技术有限公司 Wuhan Hiconics Power Technology Co. , Ltd.	纯电动客车 Pure Electric Bus	2	
山东哈普沃动力科技股份有限公司 Shandong Hapuwo Power Polytron Technologies Inc.	三相交流异步电机 Three Phase AC Asynchronous Motor	SPQ10-72-3900H1	1	10/3000/32.4	山东哈普沃动力科技股份有限公司 Shandong Hapuwo Power Polytron Technologies Inc.	纯电动专用车 Pure Electric Special Car	183	379

续上表

电动汽车驱动电机生产企业 Electric Vehicle Drive Motor Manufacturer	电动汽车驱动电机类型 Type for Driving Motor of Electric Vehicle	电动汽车驱动电机型号 Odels for Driving Motor of Electric Vehicle	驱动电机数量 Installation Quantity of Driving Motor（台/辆,unit/vehicle）	驱动电机额定功率/转速/转矩 Rated Power/Speed/Torque of Drive Motor（kW/r/min/N·m）	控制器生产企业 Controller Manufacturing Enterprise	配套车辆类型 Matching Vehicle Types	2017 年配套车型产量小计 Subtotal output of supported Odels in 2017（辆,vehicle）	2017 年配套车型产量总计 Total output of supported Odels in 2017（辆,vehicle）`
山东哈普沃动力科技股份有限公司 Shandong Hapuwo Power Polytron Technologies Inc.	交流异步伺服牵引电机 AC Asynchronous Servo Traction Motor	SPQ10-72-3900H1	1	10/3000/32.4	山东哈普沃动力科技股份有限公司 Shandong Hapuwo Power Polytron Technologies Inc.	纯电动专用车 Pure Electric Special Car	196	379
舍弗勒贸易(上海)有限公司 Schaeffler Trading (Shanghai) Co.,Ltd.	永磁同步电机 Permanent Magnet Synchronous Motor	CLDJ00YAQL	1	33/2400/132	重庆长安新能源汽车有限公司 Chongqing Chang'an New Energy Automobile Co.,Ltd.	插电式混合动力乘用车 Plug-in Hybrid Passenger Car	362	362
旭利无锡电气技术有限公司 Xu Li Wuxi Electric Technology Co.,Ltd.	永磁同步电机 Permanent Magnet Synchronous Motor	CM1075L140	1	90/2150/400	旭利无锡电气技术有限公司 Xu Li Wuxi Electric Technology Co.,Ltd.	纯电动专用车 Pure Electric Special Car	27	355
	永磁同步电机 Permanent Magnet Synchronous Motor	CM3140L150	1	90/1150/750	旭利无锡电气技术有限公司 Xu Li Wuxi Electric Technology Co.,Ltd.	纯电动客车 Pure Electric Bus	3	
	永磁同步电机 Permanent Magnet Synchronous Motor	CM4020L060	1	30/2870/100	旭利无锡电气技术有限公司 Xu Li Wuxi Electric Technology Co.,Ltd.	纯电动专用车 Pure Electric Special Car	11	
	永磁同步电机 Permanent Magnet Synchronous Motor	CM6035L080	1	40/1910/200	旭利无锡电气技术有限公司 Xu Li Wuxi Electric Technology Co.,Ltd.	纯电动专用车 Pure Electric Special Car	3	
	永磁同步电机 Permanent Magnet Synchronous Motor	CM6050L090	1	50/2100/230	旭利无锡电气技术有限公司 Xu Li Wuxi Electric Technology Co.,Ltd.	纯电动专用车 Pure Electric Special Car	311	
浙江中车电车有限公司 Zhejiang CRRC Electric Vehicle Co.,Ltd.	永磁同步电机 Permanent Magnet Synchronous Motor	TZ368XS001	1	80/1250/611	浙江中车电车有限公司 Zhejiang CRRC Electric Vehicle Co.,Ltd.	纯电动客车 Pure Electric Bus	1	336
	永磁同步电机 Permanent Magnet Synchronous Motor	TZ370XS001;TZ290XS002	2;1	75/2000/350;80/1250/611	浙江中车电车有限公司 Zhejiang CRRC Electric Vehicle Co.,Ltd.	纯电动客车 Pure Electric Bus	13	
	永磁同步电机 Permanent Magnet Synchronous Motor	TZ370XS01	1	80/1280/600	浙江中车电车有限公司 Zhejiang CRRC Electric Vehicle Co.,Ltd.	插电式混合动力客车 Plug-in Hybrid Bus	2	
	永磁同步电机 Permanent Magnet Synchronous Motor	TZ370XS01;TZ370XS02	1	80/1280/600;75/2000/350	浙江中车电车有限公司 Zhejiang CRRC Electric Vehicle Co.,Ltd.	插电式混合动力客车 Plug-in Hybrid Bus	16	
	正弦控制型永磁同步电机 Sinusoidal Control Permanent Magnet Synchronous Motor	TZ400XS02	1	80/1100/695	浙江中车电车有限公司 Zhejiang CRRC Electric Vehicle Co.,Ltd.	纯电动客车 Pure Electric Bus	304	

续上表

电动汽车驱动电机生产企业 Electric Vehicle Drive Motor Manufacturer	电动汽车驱动电机类型 Type for Driving Motor of Electric Vehicle	电动汽车驱动电机型号 Odels for Driving Motor of Electric Vehicle	驱动电机数量 Installation Quantity of Driving Motor (台/辆, unit/vehicle)	驱动电机额定功率/转速/转矩 Rated Power/Speed/Torque of Drive Motor (kW/r/min/N·m)	控制器生产企业 Controller Manufacturing Enterprise	配套车辆类型 Matching Vehicle Types	2017年配套车型产量小计 Subtotal output of supported Odels in 2017 (辆, vehicle)	2017年配套车型产量总计 Total output of supported Odels in 2017 (辆, vehicle)`
陕西中九汽车工程研究院有限公司 Shaanxi Zhongjiu Automobile Engineering Research Institute Co., Ltd.	永磁同步电机 Permanent Magnet Synchronous Motor	TZ185XSTJ017	1	30/2865/100	陕西中九汽车工程研究院有限公司 Shaanxi Zhongjiu Automobile Engineering Research Institute Co., Ltd.	纯电动专用车 Pure Electric Special Car	317	336
	永磁同步电机 Permanent Magnet Synchronous Motor	TZ220XSTJ007	1	40/2700/142	陕西中九汽车工程研究院有限公司 Shaanxi Zhongjiu Automobile Engineering Research Institute Co., Ltd.	纯电动专用车 Pure Electric Special Car	19	
无锡恩吉威新能源有限公司 Wuxi Engeway New Energy Co., Ltd.	永磁同步电机 Permanent Magnet Synchronous Motor	TZ260XSD-NGV01	1	45/1950/220	无锡恩吉威新能源有限公司 Wuxi Engeway New Energy Co., Ltd.	纯电动专用车 Pure Electric Special Car	1	325
	永磁同步电机 Permanent Magnet Synchronous Motor	TZ280XSN04	1	50/1350/350	无锡恩吉威新能源有限公司 Wuxi Engeway New Energy Co., Ltd.	纯电动专用车 Pure Electric Special Car	283	
	永磁同步电机 Permanent Magnet Synchronous Motor	TZ327XS-NGV01	1	60/1800/318	无锡恩吉威新能源有限公司 Wuxi Engeway New Energy Co., Ltd.	纯电动专用车 Pure Electric Special Car	41	
上海鑫国动力科技有限公司 Shanghai Xinguo Power Technology Co., Ltd.	永磁同步电机 Permanent Magnet Synchronous Motor	M135A-F	1	65/730/850	上海鑫国动力科技有限公司 Shanghai Xinguo Power Technology Co., Ltd.	纯电动客车 Pure Electric Bus	181	312
	永磁同步电机 Permanent Magnet Synchronous Motor	M200A-F	1	100/650/1500	上海鑫国动力科技有限公司 Shanghai Xinguo Power Technology Co., Ltd.	纯电动客车 Pure Electric Bus	130	
	永磁同步电机 Permanent Magnet Synchronous Motor	M90B-S	1	50/2800/170	上海鑫国动力科技有限公司 Shanghai Xinguo Power Technology Co., Ltd.	纯电动专用车 Pure Electric Special Car	1	
浦项制铁股份有限公司 Poscotmc Co., Ltd.	交流电机 Alternating Current Motor	IP-M131101	1	60/3600/159	浦项制铁股份有限公司 POSCOTMC Co.; Ltd.	纯电动专用车 Pure Electric Special Car	272	307
	永磁同步电机 Permanent Magnet Synchronous Motor	IP-M131101	1	60/3600/159	浦项制铁股份有限公司 POSCOTMC Co.; Ltd.	纯电动专用车 Pure Electric Special Car	35	
北京机械设备研究所 Beijing Institute of Machinery and Equipment; 上海力信电气技术有限公司 Shanghai Leckon Electrical Technology Co., Ltd.; 华域汽车电动系统有限公司 Huayu Automotive Electric Drive System Co., Ltd.	永磁同步电机 Permanent Magnet Synchronous Motor	TZ240XS055; TZ208XS400; TZ210XS22	1	20/1500/127; 22/1650/127	北京机械设备研究所 Beijing Institute of Machinery and Equipment; 上海力信电气技术有限公司 Shanghai Leckon Electrical Technology Co., Ltd.; 华域汽车电动系统有限公司 Huayu Automotive Electric Drive System Co., Ltd.	纯电动专用车 Pure Electric Special Car	300	300

续上表

电动汽车驱动电机生产企业 Electric Vehicle Drive Motor Manufacturer	电动汽车驱动电机类型 Type for Driving Motor of Electric Vehicle	电动汽车驱动电机型号 Odels for Driving Motor of Electric Vehicle	驱动电机数量 Installation Quantity of Driving Motor (台/辆,unit/vehicle)	驱动电机额定功率/转速/转矩 Rated Power/Speed/Torque of Drive Motor (kW/r/min/N·m)	控制器生产企业 Controller Manufacturing Enterprise	配套车辆类型 Matching Vehicle Types	2017年配套车型产量小计 Subtotal output of supported Odels in 2017 (辆,vehicle)	2017年配套车型产量总计 Total output of supported Odels in 2017 (辆,vehicle)`
长沙梅花汽车制造有限公司 Changsha Meihua Auto Manufacturing Co.,Ltd.	永磁同步电机 Permanent Magnet Synchronous Motor	TZ290XS-TXM700	1	45/1500/254	长沙梅花汽车制造有限公司 Changsha Meihua Auto Manufacturing Co.,Ltd.	纯电动专用车 Pure Electric Special Car	211	299
	永磁同步电机 Permanent Magnet Synchronous Motor	TZ365XSTX	1	115/2000/550	长沙梅花汽车制造有限公司 Changsha Meihua Auto Manufacturing Co.,Ltd.	纯电动客车 Pure Electric Bus	88	
卧龙电气集团股份有限公司 Wolong Electric Group Co.,Ltd.	永磁同步电机 Permanent Magnet Synchronous Motor	JAS70-D2-R	2	37/2800/126	中冶南方(武汉)自动化有限公司 WISDRI(Wuhan) Automation Co.,Ltd.	纯电动客车 Pure Electric Bus	280	296
	永磁同步电机 Permanent Magnet Synchronous Motor	O160WA	2	80/3470/220	上海大郡动力控制技术有限公司 Shanghai Dajun Technologies Inc.	纯电动客车 Pure Electric Bus	1	
	永磁同步电机 Permanent Magnet Synchronous Motor	TZ300XS090D23	1	60/1640/350	苏州汇川技术有限公司 Suzhou Inovance Technology Co.,Ltd.	纯电动专用车 Pure Electric Special Car	15	
保定长安客车制造有限公司 Baoding Chang'an Coach Manufacturing Co.,Ltd.	永磁同步电机 Permanent Magnet Synchronous Motor	TZ210XSD4D	1	30/4000/72	保定长安客车制造有限公司 Baoding Chang'an Coach Manufacturing Co.,Ltd.	纯电动专用车 Pure Electric Special Car	82	295
	永磁同步电机 Permanent Magnet Synchronous Motor	TZ365XS-SC	1	60/2300/250	保定长安客车制造有限公司 Baoding Chang'an Coach Manufacturing Co.,Ltd.	纯电动客车 Pure Electric Bus	213	
合肥道一动力科技有限公司 Hefei Dao Yi Power Technology Co.,Ltd.	永磁同步电机 Permanent Magnet Synchronous Motor	TZ200XSJH6	1	30/3000/96	合肥道一动力科技有限公司 Hefei Dao Yi Power Technology Co.,Ltd.	纯电动乘用车 Pure Electric Passenger Car	291	291
赣州恒玖电气有限公司 Ganzhou Heng Jiu Electric Co.,Ltd.	三相交流异步电机 Three Phase AC Asynchronous Motor	YS210H1514H1	1	15/3000/48	赣州恒玖电气有限公司 Ganzhou Heng Jiu Electric Co.,Ltd.	纯电动专用车 Pure Electric Special Car	259	278
	交流异步伺服牵引电机 AC Asynchronous Servo Traction Motor	HJ-YB1-11.5KW	1	11.5/3900/28.2	赣州恒玖电气有限公司 Ganzhou Heng Jiu Electric Co.,Ltd.	纯电动专用车 Pure Electric Special Car	18	
	交流异步伺服牵引电机 AC Asynchronous Servo Traction Motor	JF-YB-13KW	1	13/4000/31	赣州恒玖电气有限公司 Ganzhou Heng Jiu Electric Co.,Ltd.	纯电动专用车 Pure Electric Special Car	1	
麦格纳驱动系统集团/Magna Drive System Group	永磁同步电机 Permanent Magnet Synchronous Motor	VOLVO_E1	1	20/2122/90	麦格纳驱动系统集团/Magna Drive System Group	插电式混合动力乘用车 Plug-in Hybrid Passenger Car	271	271
东风汽车电气有限公司 Dongfeng Automobile Electric Co.,Ltd.;格源动力有限公司 Geyuan Power Co.,Ltd.	永磁同步电机 Permanent Magnet Synchronous Motor	TZ228XS002;TZ232XS16A	1	30/2500/115;30/2500/110	东风汽车电子有限公司 Dongfeng Automobile Electronics Co.,Ltd.;格源动力有限公司 Geyuan Power Co.,Ltd.	纯电动专用车 Pure Electric Special Car	270	270

续上表

电动汽车驱动电机生产企业 Electric Vehicle Drive Motor Manufacturer	电动汽车驱动电机类型 Type for Driving Motor of Electric Vehicle	电动汽车驱动电机型号 Odels for Driving Motor of Electric Vehicle	驱动电机数量 Installation Quantity of Driving Motor (台/辆,unit/vehicle)	驱动电机额定功率/转速/转矩 Rated Power/Speed/Torque of Drive Motor (kW/r/min/N·m)	控制器生产企业 Controller Manufacturing Enterprise	配套车辆类型 Matching Vehicle Types	2017年配套车型产量小计 Subtotal output of supported Odels in 2017 (辆,vehicle)	2017年配套车型产量总计 Total output of supported Odels in 2017 (辆,vehicle)`
苏州锐伊恩电动系统有限公司 Suzhou Rui Ian Electric System Co.,Ltd.	永磁同步电机 Permanent Magnet Synchronous Motor	TZ175HFRYN	1	8/2400/32	苏州锐伊恩电动系统有限公司 Suzhou Rui Ian Electric System Co.,Ltd.	纯电动专用车 Pure Electric Special Car	256	256
襄阳汇众联盟新能源技术有限公司 Xiangyang Huizhong Union New Energy Technology Co.,Ltd.	永磁同步电机 Permanent Magnet Synchronous Motor	TZ260XSHZ	1	35/2000/167	襄阳汇众联盟新能源技术有限公司 Xiangyang Huizhong Union New Energy Technology Co.,Ltd.	纯电动专用车 Pure Electric Special Car	2	256
	永磁同步电机 Permanent Magnet Synchronous Motor	TZ366XSHZ	1	70/1715/390	襄阳汇众联盟新能源技术有限公司 Xiangyang Huizhong Union New Energy Technology Co.,Ltd.	纯电动专用车 Pure Electric Special Car	254	
南京越博动力系统股份有限公司 Nanjng Yueboo Power System Co.,Ltd.;广东新高电驱动系统技术有限公司 Guangdong New High Electric Drive System Technology Co.,Ltd.	永磁同步电机 Permanent Magnet Synchronous Motor	TZ365XS-YBM303;TZ330XSGW1	1	60/2300/250;60/3581/200	南京越博动力系统股份有限公司 Nanjng Yueboo Power System Co.,Ltd.;广东新高电驱动系统技术有限公司 Guangdong New High Electric Drive System Technology Co.,Ltd.	纯电动客车 Pure Electric Bus	228	228
武汉乐创世纪科技有限公司 Wuhan Lechuang Century Technology Co.,Ltd.	永磁同步电机 Permanent Magnet Synchronous Motor	TZ205XS001	1	30/4000/72	武汉乐创世纪科技有限公司 Wuhan lochuang Century Technology Co.,Ltd.	纯电动乘用车 Pure Electric Passenger Car	13	227
	永磁同步电机 Permanent Magnet Synchronous Motor	TZ228XS005	1	45/4000/108	武汉乐创世纪科技有限公司 Wuhan lochuang Century Technology Co.,Ltd.	纯电动乘用车 Pure Electric Passenger Car	195	
	永磁同步电机 Permanent Magnet Synchronous Motor	TZ300XS002	1	60/1640/350	武汉乐创世纪科技有限公司 Wuhan lochuang Century Technology Co.,Ltd.	纯电动专用车 Pure Electric Special Car	6	
	永磁同步电机 Permanent Magnet Synchronous Motor	TZ300XS003	1	60/1640/350	武汉乐创世纪科技有限公司 Wuhan lochuang Century Technology Co.,Ltd.	纯电动专用车 Pure Electric Special Car	13	
北京佩特来电机驱动技术有限公司 Beijing Prestolite Motor Drive Technology Co.,Ltd.	永磁同步电机 Permanent Magnet Synchronous Motor	TZ290XSPE120NH	1	70/1966/340	北京佩特来电机驱动技术有限公司 Beijing Prestolite Motor Drive Technology Co.,Ltd.	纯电动客车 Pure Electric Bus	2	203

续上表

电动汽车驱动电机生产企业 Electric Vehicle Drive Motor Manufacturer	电动汽车驱动电机类型 Type for Driving Motor of Electric Vehicle	电动汽车驱动电机型号 Odels for Driving Motor of Electric Vehicle	驱动电机数量 Installation Quantity of Driving Motor （台/辆,unit/vehicle）	驱动电机额定功率/转速/转矩 Rated Power/Speed/Torque of Drive Motor （kW/r/min/N·m）	控制器生产企业 Controller Manufacturing Enterprise	配套车辆类型 Matching Vehicle Types	2017 年配套车型产量小计 Subtotal output of supported Odels in 2017 （辆,vehicle）	2017 年配套车型产量总计 Total output of supported Odels in 2017 （辆,vehicle）
北京佩特来电机驱动技术有限公司 Beijing Prestolite Motor Drive Technology Co. ,Ltd.	永磁同步电机 Permanent Magnet Synchronous Motor	TZ368XSPE180WH	1	90/1264/680	北京佩特来电机驱动技术有限公司 Beijing Prestolite Motor Drive Technology Co. ,Ltd.	纯电动客车 Pure Electric Bus	88	203
	永磁同步电机 Permanent Magnet Synchronous Motor	TZ368XSPE250WH	1	130/1825/680	北京佩特来电机驱动技术有限公司 Beijing Prestolite Motor Drive Technology Co. ,Ltd.	纯电动客车 Pure Electric Bus	2	
	永磁同步电机 Permanent Magnet Synchronous Motor	TZ368XSPE251WH	1	140/1215/1100	北京佩特来电机驱动技术有限公司 Beijing Prestolite Motor Drive Technology Co. ,Ltd.	纯电动客车 Pure Electric Bus	88	
	永磁同步电机 Permanent Magnet Synchronous Motor	TZ368XSPE300WH	1	130/1128/1100	北京佩特来电机驱动技术有限公司 Beijing Prestolite Motor Drive Technology Co. ,Ltd.	纯电动客车 Pure Electric Bus	13	
	永磁同步电机 Permanent Magnet Synchronous Motor	TZ488XSPE352WH	1	250/1195/2000	北京佩特来电机驱动技术有限公司 Beijing Prestolite Motor Drive Technology Co. ,Ltd.	纯电动专用车 Pure Electric Special Car	10	
赣州恒玖电气有限公司 Ganzhou Heng Jiu Electric Co. , Ltd. ; 山东哈普沃动力科技股份有限公司 Shandong Hapuwo Power Polytron Technologies Inc.	交流异步伺服牵引电机 AC Asynchronous Servo Traction Motor	HJ-YB1-11. 5KW; SPQ10-72-3900H1	1	11. 5/3900/28. 2; 10/3000/32. 4	赣州恒玖电气有限公司 Ganzhou Heng Jiu Electric Co. ,Ltd. ; 山东哈普沃动力科技股份有限公司 Shandong Hapuwo Power Polytron Technologies Inc.	纯电动专用车 Pure Electric Special Car	186	186
东方电气集团东风电机有限公司 Dongfang Electric Group Dongfeng Motor Co. ,Ltd.	永磁同步电机 Permanent Magnet Synchronous Motor	TZ420XSD01	1	100/1000/955	东方电气集团东风电机有限公司 Dongfang Electric Group Dongfeng Motor Co. ,Ltd.	纯电动客车 Pure Electric Bus	106	184
	永磁同步电机 Permanent Magnet Synchronous Motor	TZ290XSD01	1	60/1600/358	东方电气集团东风电机有限公司 Dongfang Electric Group Dongfeng Motor Co. ,Ltd.	纯电动客车 Pure Electric Bus	18	
	永磁同步电机 Permanent Magnet Synchronous Motor	TZ290XSD01	1	60/1600/358	东方电气集团东风电机有限公司 Dongfang Electric Group Dongfeng Motor Co. ,Ltd.	纯电动专用车 Pure Electric Special Car	1	
	永磁同步电机 Permanent Magnet Synchronous Motor	TZ420XSD02	1	90/1350/636. 5	东方电气集团东风电机有限公司 Dongfang Electric Group Dongfeng Motor Co. ,Ltd.	纯电动客车 Pure Electric Bus	59	
采埃孚股份公司 ZF Friedrichshafen AG	永磁同步电机 Permanent Magnet Synchronous Motor	TZ269XY	1	45/4000/120	德国大陆集团 Continental AG	插电式混合动力乘用车 Plug-in Hybrid Passenger Car	155	159
	永磁同步电机 Permanent Magnet Synchronous Motor	GC1P25A	1	32/5000/61	博世 BOSCH	插电式混合动力乘用车 Plug-in Hybrid Passenger Car	4	

续上表

电动汽车驱动电机生产企业 Electric Vehicle Drive Motor Manufacturer	电动汽车驱动电机类型 Type for Driving Motor of Electric Vehicle	电动汽车驱动电机型号 Odels for Driving Motor of Electric Vehicle	驱动电机数量 Installation Quantity of Driving Motor (台/辆,unit/vehicle)	驱动电机额定功率/转速/转矩 Rated Power/Speed/Torque of Drive Motor (kW/r/min/N·m)	控制器生产企业 Controller Manufacturing Enterprise	配套车辆类型 Matching Vehicle Types	2017 年配套车型产量小计 Subtotal output of supported Odels in 2017 (辆,vehicle)	2017 年配套车型产量总计 Total output of supported Odels in 2017 (辆,vehicle)`
广西玉柴机器股份有限公司 Guangxi Yuchai Machinery Co., Ltd.	永磁同步电机 Permanent Magnet Synchronous Motor	TZ367XS075	1	75/800/900	广西玉柴机器股份有限公司 Guangxi Yuchai Machinery Co.,Ltd.	纯电动客车 Pure Electric Bus	30	146
	永磁同步电机 Permanent Magnet Synchronous Motor	TZ367XS100	1	100/1200/800	广西玉柴机器股份有限公司 Guangxi Yuchai Machinery Co.,Ltd.	纯电动客车 Pure Electric Bus	100	
	永磁同步电机 Permanent Magnet Synchronous Motor	TZ480XS050	1	50/1160/412	广西玉柴机器股份有限公司 Guangxi Yuchai Machinery Co.,Ltd.	插电式混合动力客车 Plug-in Hybrid Bus	16	
深圳市英威腾电动汽车驱动技术有限公司 Invt Electric Vehicle Drive Technology(Shenzhen)Co.,Ltd.	永磁同步电机 Permanent Magnet Synchronous Motor	GTZ-XS-4YP-L0020	1	20/1500/127	深圳市英威腾电动汽车驱动技术有限公司 Invt Electric Vehicle Drive Technology (Shenzhen)Co.,Ltd.	纯电动专用车 Pure Electric Special Car	72	142
	永磁同步电机 Permanent Magnet Synchronous Motor	GTZ-XS-L0030	1	30/3500/82	深圳市英威腾电动汽车驱动技术有限公司 Invt Electric Vehicle Drive Technology (Shenzhen)Co.,Ltd.	纯电动专用车 Pure Electric Special Car	70	
上海逸卡新能源汽车技术开发有限公司 Shanghai Yi Ka New Energy Vehicle Technology Development Co.,Ltd.	三相交流异步电机 Three Phase AC Asynchronous Motor	YQSL100-6/400	1	100/950/1005	上海逸卡新能源汽车技术开发有限公司 Shanghai Yi Ka New Energy Vehicle Technology Development Co.,Ltd.	纯电动客车 Pure Electric Bus	24	139
	永磁同步电机 Permanent Magnet Synchronous Motor	TQSL100A-6/380	1	100/800/1200	上海逸卡新能源汽车技术开发有限公司 Shanghai Yi Ka New Energy Vehicle Technology Development Co.,Ltd.	纯电动客车 Pure Electric Bus	50	
	永磁同步电机 Permanent Magnet Synchronous Motor	TQSL100B-6/380	1	100/1000/955	上海逸卡新能源汽车技术开发有限公司 Shanghai Yi Ka New Energy Vehicle Technology Development Co.,Ltd.	纯电动客车 Pure Electric Bus	65	
厦门泰中新能源有限公司 Xiamen Tai Zhong New Energy Co.,Ltd.	永磁同步电机 Permanent Magnet Synchronous Motor	TZ-280-X-S-D01	1	55/2200/240	厦门泰中新能源有限公司 Xiamen Tai Zhong New Energy Co.,Ltd.	纯电动专用车 Pure Electric Special Car	127	127
格至控智能动力科技(上海)有限公司 Gezhikong Intelligent Power Technology(Shanghai)Co.,Ltd.	三相永磁同步电机 Three Phase Permanent Magnet Synchronous Motor	G175TZX024-027	1	12/3200/36	格至控智能动力科技(上海)有限公司 Gezhikong Intelligent Power Technology (Shanghai)Co.,Ltd.	纯电动专用车 Pure Electric Special Car	120	120
上海申沃客车有限公司 Shanghai Sunwin Bus Corporation	永磁同步电机 Permanent Magnet Synchronous Motor	TZ382XSSWB02	1	90/760/1140	上海申沃客车有限公司 Shanghai Sunwin Bus Corporation	纯电动客车 Pure Electric Bus	11	120
	永磁同步电机 Permanent Magnet Synchronous Motor	TZ460XSSWB03	1	102/750/1310	上海申沃客车有限公司 Shanghai Sunwin Bus Corporation	插电式混合动力客车 Plug-in Hybrid Bus	22	
	永磁同步电机 Permanent Magnet Synchronous Motor	TZ480XSSWB01	1	100/800/1250	上海申沃客车有限公司 Shanghai Sunwin Bus Corporation	纯电动客车 Pure Electric Bus	87	

续上表

电动汽车驱动电机生产企业 Electric Vehicle Drive Motor Manufacturer	电动汽车驱动电机类型 Type for Driving Motor of Electric Vehicle	电动汽车驱动电机型号 Odels for Driving Motor of Electric Vehicle	驱动电机数量 Installation Quantity of Driving Motor (台/辆,unit/vehicle)	驱动电机额定功率/转速/转矩 Rated Power/Speed/Torque of Drive Motor (kW/r/min/N·m)	控制器生产企业 Controller Manufacturing Enterprise	配套车辆类型 Matching Vehicle Types	2017年配套车型产量小计 Subtotal output of supported Odels in 2017 (辆,vehicle)	2017年配套车型产量总计 Total output of supported Odels in 2017 (辆,vehicle)`
广东亿鼎新能源汽车有限公司 Guangdong Yiding New Energy Automotive Co. ,Ltd.	永磁同步电机 Permanent Magnet Synchronous Motor	TZ240XSEA	1	30/2400/120	广东亿鼎新能源汽车有限公司 Guangdong Yiding New Energy Automotive Co. ,Ltd.	纯电动专用车 Pure Electric Special Car	115	115
山东哈普沃动力科技股份有限公司 Shandong Hapuwo Power Polytron Technologies Inc.；赣州恒玖电气有限公司 Ganzhou Heng Jiu Electric Co. , Ltd.	交流异步电机 AC Asynchronous Motor	SPQ10-72-3900H1；HJ-YB1-11. 5 kW	1	10/3000/32. 4； 11. 5/3900/28. 2	山东哈普沃动力科技股份有限公司 Shandong Hapuwo Power Polytron Technologies Inc.；赣州恒玖电气有限公司 Ganzhou Heng Jiu Electric Co. ,Ltd.	纯电动专用车 Pure Electric Special Car	1	113
	交流异步伺服牵引电机 AC Asynchronous Servo Traction Motor；交流异步电机 AC Asynchronous Motor	SPQ10-72-3900H1；HJ-YB1-11. 5 kW	1	10/3000/32. 4； 11. 5/3900/28. 2	山东哈普沃动力科技股份有限公司 Shandong Hapuwo Power Polytron Technologies Inc.；赣州恒玖电气有限公司 Ganzhou Heng Jiu Electric Co. ,Ltd.	纯电动专用车 Pure Electric Special Car	112	
杭州普拉格新能源汽车有限公司 Hangzhou PLG New Energy Automobile Co. ,Ltd.	三相交流异步电机 Three Phase AC Asynchronous Motor	PLGDM144JA16N	1	16/3000/60	杭州普拉格新能源汽车有限公司 Hangzhou PLG New Energy Automobile co. ,Ltd.	纯电动专用车 Pure Electric Special Car	111	111
江苏艾鑫科电气技术有限公司 Jiangsu AI Xinke Electrical Technology Co. ,Ltd.	三相交流异步电机 Three Phase AC Asynchronous Motor	YS210HAXK	1	20/3540/54	江苏艾鑫科电气技术有限公司 Jiangsu AI Xinke Electrical Technology Co. ,Ltd.	燃料电池专用车 Fuel Cell Special Car	56	106
	永磁同步电机 Permanent Magnet Synchronous Motor	TZ230XS-A02	1	55/2900/180	江苏艾鑫科电气技术有限公司 Jiangsu AI Xinke Electrical Technology Co. ,Ltd.	纯电动专用车 Pure Electric Special Car	50	
北京瑞昱动控科技有限公司 Beijing Ruiyu Dongkong Technology Co. ,Ltd.；深圳市大地和电气股份有限公司 Shenzhen Greatland Electrics Inc.	永磁同步电机 Permanent Magnet Synchronous Motor	TZ230XS08A；TZ260XSD00	1	40/2000/200；45/1950/220	北京瑞昱动控科技有限公司 Beijing Ruiyu Dongkong Technology Co. , Ltd.；深圳市大地和电气股份有限公司 Shenzhen Greatland Electrics Inc.	纯电动专用车 Pure Electric Special Car	103	103
四川中力汇通新能源汽车有限公司 Sichuan ZhongLi Huitong New Energy Automobile Co. ,Ltd.	永磁同步电机 Permanent Magnet Synchronous Motor	TZ210XS35H3K244	1	35/3500/96	四川中力汇通新能源汽车有限公司 Sichuan ZhongLi Huitong New Energy Automobile Co. ,Ltd.	纯电动专用车 Pure Electric Special Car	2	94
	永磁同步电机 Permanent Magnet Synchronous Motor	TZ303XS90H518ZLHT	1	90/1150/750	四川中力汇通新能源汽车有限公司 Sichuan ZhongLi Huitong New Energy Automobile Co. ,Ltd.	纯电动专用车 Pure Electric Special Car	71	
	永磁同步电机 Permanent Magnet Synchronous Motor	TZ338XSWT50AZLHT	1	60/1800/320	四川中力汇通新能源汽车有限公司 Sichuan ZhongLi Huitong New Energy Automobile Co. ,Ltd.	纯电动专用车 Pure Electric Special Car	21	

续上表

电动汽车驱动电机生产企业 Electric Vehicle Drive Motor Manufacturer	电动汽车驱动电机类型 Type for Driving Motor of Electric Vehicle	电动汽车驱动电机型号 Odels for Driving Motor of Electric Vehicle	驱动电机数量 Installation Quantity of Driving Motor (台/辆,unit/vehicle)	驱动电机额定功率/转速/转矩 Rated Power/Speed/Torque of Drive Motor (kW/r/min/N·m)	控制器生产企业 Controller Manufacturing Enterprise	配套车辆类型 Matching Vehicle Types	2017年配套车型产量小计 Subtotal output of supported Odels in 2017 (辆,vehicle)	2017年配套车型产量总计 Total output of supported Odels in 2017 (辆,vehicle)`
浙江中电汽车集团有限公司 Zhejiang Zhongdian Automobile Group Co.,Ltd.	永磁同步电机 Permanent Magnet Synchronous Motor	SMAH20	1	20/3200/60	浙江中电汽车集团有限公司 Zhejiang Zhongdian Automobile Group Co.,Ltd.	纯电动专用车 Pure Electric Special Car	92	92
厦门金龙旅行车有限公司 Xiamen Golden Dragon Bus Co.,Ltd.	三相交流异步电机 Three Phase AC Asynchronous Motor	SHS4-ZDJ	1	100/800/1193	厦门金龙旅行车有限公司 Xiamen Golden Dragon Bus Co.,Ltd.	插电式混合动力客车 Plug-in Hybrid Bus	38	90
	永磁同步电机 Permanent Magnet Synchronous Motor	GDEV-WRD07	1	100/900/1061	厦门金龙旅行车有限公司 Xiamen Golden Dragon Bus Co.,Ltd.	纯电动客车 Pure Electric Bus	50	
	永磁同步电机 Permanent Magnet Synchronous Motor	GDHEV-LD01	1	100/1600/600	厦门金龙旅行车有限公司 Xiamen Golden Dragon Bus Co.,Ltd.	插电式混合动力客车 Plug-in Hybrid Bus	2	
唐山普林亿威科技有限公司 Tangshan Pu Lin Yi Wei Technology Co.,Ltd.	永磁同步电机 Permanent Magnet Synchronous Motor	TZ290XS-06Z15	1	60/1500/382	深圳市蓝海华腾技术股份有限公司 Shenzhen V & T Technologies Co.,Ltd.	纯电动专用车 Pure Electric Special Car	21	88
	永磁同步电机 Permanent Magnet Synchronous Motor	TZ368XS-10Z10	1	100/1000/955	深圳市蓝海华腾技术股份有限公司 Shenzhen V & T Technologies Co.,Ltd.	纯电动专用车 Pure Electric Special Car	17	
	永磁同步电机 Permanent Magnet Synchronous Motor	TZ368XS-10Z10	1	100/1000/955	深圳市蓝海华腾技术股份有限公司 Shenzhen V & T Technologies Co.,Ltd.	纯电动客车 Pure Electric Bus	50	
河北君瑞科技有限公司 Hebei Jun Rui Technology Co., Ltd.	永磁同步电机 Permanent Magnet Synchronous Motor	TZ210X15J-336	1	15/4500/32	河北君瑞科技有限公司 Hebei Jun Rui Technology Co.,Ltd.	纯电动专用车 Pure Electric Special Car	1	84
	永磁同步电机 Permanent Magnet Synchronous Motor	TZ210X16J	1	15/4500/32	河北君瑞科技有限公司 Hebei Jun Rui Technology Co.,Ltd.	纯电动专用车 Pure Electric Special Car	83	
天津英捷利汽车技术有限责任公司 Tianjin Energetlo Auto (Motor) Technology Co.,Ltd.	永磁同步电机 Permanent Magnet Synchronous Motor	YJLTZ210-XS67E	1	20/2000/100	天津英捷利汽车技术有限责任公司 Tianjin Energetlo Auto (Motor) Technology Co.,Ltd.	纯电动专用车 Pure Electric Special Car	76	76
广西三立科技发展有限公司 Guangxi Sanli Technology Development Co.,Ltd.	永磁同步电机 Permanent Magnet Synchronous Motor	TZ367XS-SL150M	1	75/800/900	苏州汇川技术有限公司 Suzhou Inovance Technology Co.,Ltd.	纯电动客车 Pure Electric Bus	70	74
	永磁同步电机 Permanent Magnet Synchronous Motor	SL-DM-100	1	50/1450/330	苏州汇川技术有限公司 Suzhou Inovance Technology Co.,Ltd.	插电式混合动力客车 Plug-in Hybrid Bus	4	
深圳众联能创新能源科技有限公司 Shenzhen Zhong Lian Neng Chuang New Energy Technology Co.,Ltd.	交流牵引电机 AC Traction Motor	YS230MS85ZL	1	85/3600/220	深圳众联能创新能源科技有限公司 Shenzhen Zhong Lian Neng Chuang New Energy Technology Co.,Ltd.	纯电动客车 Pure Electric Bus	61	72
	交流牵引电机 AC Traction Motor	YS230MS85ZL;YS230MS85ZL	1	85/3600/220;85/3600/220	深圳众联能创新能源科技有限公司 Shenzhen Zhong Lian Neng Chuang New Energy Technology Co.,Ltd.	纯电动客车 Pure Electric Bus	11	

续上表

电动汽车驱动电机生产企业 Electric Vehicle Drive Motor Manufacturer	电动汽车驱动电机类型 Type for Driving Motor of Electric Vehicle	电动汽车驱动电机型号 Odels for Driving Motor of Electric Vehicle	驱动电机数量 Installation Quantity of Driving Motor (台/辆,unit/vehicle)	驱动电机额定功率/转速/转矩 Rated Power/Speed/Torque of Drive Motor (kW/r/min/N·m)	控制器生产企业 Controller Manufacturing Enterprise	配套车辆类型 Matching Vehicle Types	2017年配套车型产量小计 Subtotal output of supported Odels in 2017 (辆,vehicle)	2017年配套车型产量总计 Total output of supported Odels in 2017 (辆,vehicle)
福建新福达汽车工业有限公司 Fujian Xinfuda Automotive Industry Co. ,Ltd.	永磁同步电机 Permanent Magnet Synchronous Motor	TZ290XSXFD1	1	60/1600/358	福建新福达汽车工业有限公司 Fujian Xinfuda Automotive Industry Co. , Ltd.	纯电动客车 Pure Electric Bus	70	70
合肥巨一动力系统有限公司 Hefei Jee Power System Co. , Ltd. ; 合肥道一动力科技有限公司 Hefei Dao Yi Power Technology Co. ,Ltd.	永磁同步内转子电机 Permanent Magnet Synchronous Internal Rotor Motor	TZ200XSJH6	1	30/3000/96	合肥巨一动力系统有限公司 Hefei Jee Power System Co. ,Ltd. ; 合肥道一动力科技有限公司 Hefei Dao Yi Power Technology Co. ,Ltd.	纯电动乘用车 Pure Electric Passenger Car	69	69
深圳市蓝海华腾技术股份有限公司 Shenzhen V & T Technologies Co. ,Ltd. ; 深圳市大地和电气股份有限公司 Shenzhen Greatland Electrics Inc.	交流电机 Alternating Current Motor	YPQ200L-8-HT;TZ260XSD64	1	55/1650/318;60/1620/354	深圳市蓝海华腾技术股份有限公司 Shenzhen V & T Technologies Co. ,Ltd. ; 深圳市大地和电气股份有限公司 Shenzhen Greatland Electrics Inc.	纯电动专用车 Pure Electric Special Car	64	64
苏州海格新能源汽车电控系统科技有限公司 Suzhou Higer New Energy Automobile Electronic Control System Co. ,Ltd.	三相交流异步电机 Three Phase AC Asynchronous Motor	HC-HDM4000	1	100/950/1005	苏州海格新能源汽车电控系统科技有限公司 Suzhou Higer New Energy Automobile Electronic Control System Co. ,Ltd.	纯电动客车 Pure Electric Bus	1	63
	永磁同步电机 Permanent Magnet Synchronous Motor	TZ365XSH07	1	85/2300/350	苏州海格新能源汽车电控系统科技有限公司 Suzhou Higer New Energy Automobile Electronic Control System Co. ,Ltd.	纯电动专用车 Pure Electric Special Car	1	
	永磁同步电机 Permanent Magnet Synchronous Motor	TZ365XSH05	1	113/1200/900	苏州海格新能源汽车电控系统科技有限公司 Suzhou Higer New Energy Automobile Electronic Control System Co. ,Ltd.	纯电动客车 Pure Electric Bus	1	
	永磁同步电机 Permanent Magnet Synchronous Motor	TZ368XSH01	1	100/955/1000	苏州海格新能源汽车电控系统科技有限公司 Suzhou Higer New Energy Automobile Electronic Control System Co. ,Ltd.	纯电动客车 Pure Electric Bus	60	
重庆盛时达汽车有限公司 Chongqing Shinstar Automobile Co. ,Ltd.	三相交流异步电机 Three Phase AC Asynchronous Motor	YS375XS002	1	60/1600/358	重庆盛时达汽车有限公司 Chongqing Shinstar Automobile Co. ,Ltd.	纯电动专用车 Pure Electric Special Car	28	62
	永磁同步电机 Permanent Magnet Synchronous Motor	TZ220XSD10	1	20/3000/64	重庆盛时达汽车有限公司 Chongqing Shinstar Automobile Co. ,Ltd.	纯电动专用车 Pure Electric Special Car	34	

续上表

电动汽车驱动电机生产企业 Electric Vehicle Drive Motor Manufacturer	电动汽车驱动电机类型 Type for Driving Motor of Electric Vehicle	电动汽车驱动电机型号 Odels for Driving Motor of Electric Vehicle	驱动电机数量 Installation Quantity of Driving Motor (台/辆,unit/vehicle)	驱动电机额定功率/转速/转矩 Rated Power/Speed/Torque of Drive Motor (kW/r/min/N·m)	控制器生产企业 Controller Manufacturing Enterprise	配套车辆类型 Matching Vehicle Types	2017年配套车型产量小计 Subtotal output of supported Odels in 2017 (辆,vehicle)	2017年配套车型产量总计 Total output of supported Odels in 2017 (辆,vehicle)
福建百隆电机有限公司 Fujian Bailong Motor Co. ,Ltd.	三相异步电机 Three Phase Asynchronous Motor	BLAC15-144	1	15/2900/49. 4	合肥凯利科技投资有限公司 Hefei Kelly Science Technology Investment Co. ,Ltd.	纯电动乘用车 Pure Electric Passenger Car	58	58
海博瑞德(北京)汽车技术有限公司 Hiboridd (Beijing) Automotive Technology Co. ,Ltd.	永磁同步电机 Permanent Magnet Synchronous Motor	HB0210301001	1	22/3000/70	海博瑞德(北京)汽车技术有限公司 Hiboridd (Beijing) Automotive Technology Co. ,Ltd.	纯电动乘用车 Pure Electric Passenger Car	52	52
深圳巴斯巴科技发展有限公司 Shenzhen Busbar Sci-Tech Development Co. ,Ltd.	永磁同步电机 Permanent Magnet Synchronous Motor	TZ210XBSB	1	18/3000/57. 3	深圳巴斯巴科技发展有限公司 Shenzhen Busbar Sci-Tech Development Co. ,Ltd.	纯电动专用车 Pure Electric Special Car	1	52
	永磁同步电机 Permanent Magnet Synchronous Motor	TZ210XSBSB	1	55/4300/150	深圳巴斯巴科技发展有限公司 Shenzhen Busbar Sci-Tech Development Co. ,Ltd.	纯电动乘用车 Pure Electric Passenger Car	51	
河北名骏动力科技有限公司 Hebei Mingjun Power Technology Co. ,Ltd.	永磁同步电机 Permanent Magnet Synchronous Motor	270TYZ-XS21AT	1	62. 3/3000/200	河北名骏动力科技有限公司 Hebei Mingjun Power Technology Co. , Ltd.	插电式混合动力客车 Plug-in Hybrid Bus	51	51
厦门市福工动力技术有限公司 Xiamen Fu Gong Power Technology Co. ,Ltd.	永磁同步电机 Permanent Magnet Synchronous Motor	TZ260XS331	1	60/955/600	厦门市福工动力技术有限公司 Xiamen Fu Gong Power Technology Co. , Ltd.	纯电动客车 Pure Electric Bus	50	50
广西三立科技股份有限公司;苏州绿控传动科技有限公司 Suzhou Lvkong Transmission Technology Co. ,Ltd.	永磁同步电机 Permanent Magnet Synchronous Motor	SL-DM-120;GC-TM100-01	1	92/1450/606;100/1600/600	深圳汇川技术股份有限公司 Shenzhen Inovance Technology Co. ,Ltd. ;苏州绿控传动科技有限公司 Suzhou Lvkong Transmission Technology Co. ,Ltd.	插电式混合动力客车 Plug-in Hybrid Bus	50	50
南京越博动力系统股份有限公司 Nanjng Yueboo Power System Co. ,Ltd. ; 长沙威康动力技术有限公司 Changsha Wellcom Power Technology Co. ,Ltd.	永磁同步电机 Permanent Magnet Synchronous Motor	TZ365XS-YBM303;TZ210XS262A	1	60/2300/250;60/2600/220	南京越博动力系统股份有限公司 Nanjng Yueboo Power System Co. ,Ltd. ;长沙威康动力技术有限公司 Changsha Wellcom Power Technology Co. , Ltd.	纯电动专用车 Pure Electric Special Car	43	43
山东联孚汽车电子有限公司 Shandong Lianfu Automobile Electronic Co. ,Ltd.	永磁同步电机 Permanent Magnet Synchronous Motor	LFTZ390XSA02	1	80/1100/694	山东联孚汽车电子有限公司 Shandong Lianfu Automobile Electronic Co. ,Ltd.	纯电动客车 Pure Electric Bus	43	43
特百佳动力科技有限公司 TopGear Powertrain Technology Co. ,Ltd.	永磁同步直流电机 Permanent Magnet Synchronous DC Motor	TZ365XSTPG02	1	115/2000/550	特百佳动力科技有限公司 TopGear Powertrain Technology Co. ,Ltd.	纯电动客车 Pure Electric Bus	43	43

续上表

电动汽车驱动电机生产企业 Electric Vehicle Drive Motor Manufacturer	电动汽车驱动电机类型 Type for Driving Motor of Electric Vehicle	电动汽车驱动电机型号 Odels for Driving Motor of Electric Vehicle	驱动电机数量 Installation Quantity of Driving Motor（台/辆，unit/vehicle）	驱动电机额定功率/转速/转矩 Rated Power/Speed/Torque of Drive Motor（kW/r/min/N·m）	控制器生产企业 Controller Manufacturing Enterprise	配套车辆类型 Matching Vehicle Types	2017年配套车型产量小计 Subtotal output of supported Odels in 2017（辆，vehicle）	2017年配套车型产量总计 Total output of supported Odels in 2017（辆，vehicle）`
江西江铃集团晶马汽车有限公司 Jiangling Motors Co., Group Jingma Motor Co.,Ltd.	永磁司步电机 Permanent Magnet Synchronous Motor	TZ365XSJM1	1	115/2000/550	江西江铃集团晶马汽车有限公司 Jiangling Motors Co.,Group Jingma Motor Co.,Ltd.	纯电动客车 Pure Electric Bus	43	43
福建亚南电机有限公司 Fujian Yanan Electrical Co., Ltd.；卧龙电气集团股份有限公司 Wolong Electric Group Co., Ltd.	永磁司步电机 Permanent Magnet Synchronous Motor	JSTTD16-35；JAS70-D1-R	2	37/2800/126；37/2800/126	中冶南方（武汉）自动化有限公司 WISDRI（Wuhan）Automation Co.,Ltd.；上海鑫国动力科技有限公司 Shanghai Xinguo Power Technology Co., Ltd.	纯电动客车 Pure Electric Bus	38	39
	永磁司步电机 Permanent Magnet Synchronous Motor	JSTTD16-35；JAS70-D2-R	2	37/2800/126；37/2800/126	中冶南方（武汉）自动化有限公司 WISDRI（Wuhan）Automation Co.,Ltd.	纯电动客车 Pure Electric Bus	1	
台州茂宏电机有限公司 Taizhou Maohong Electric Machinery Co.,Ltd.	三相异步电机 Three Phase Asynchronous Motor	MHJ15-144	1	15/2900/49.9	合肥凯利科技投资有限公司 Hefei Kelly Science Technology Investment Co.,Ltd.	纯电动乘用车 Pure Electric Passenger Car	39	39
上海大郡动力控制技术有限公司 Shanghai Dajun Technologies Inc.；福建万润新能源科技有限公司 Fujian Wanrun New Energy Technology Co.,Ltd.	永磁同步电机 Permanent Magnet Synchronous Motor	TZ380XSDJ012；WR510-02021	1	90/760/1140；90/900/955	上海大郡动力控制技术有限公司 Shanghai Dajun Technologies Inc.；福建万润新能源科技有限公司 Fujian Wanrun New Energy Technology Co.,Ltd.	纯电动客车 Pure Electric Bus	34	34
东方电气（乐山）新能源设备有限公司 Dongfang Electric（Leshan）New Energy Equipment Co.,Ltd.	永磁同步电机 Permanent Magnet Synchronous Motor	TZ415XSD02	1	80/1280/600	东方电气（乐山）新能源设备有限公司 Dongfang Electric（Leshan）New Energy Equipment Co.,Ltd.	插电式混合动力客车 Plug-in Hybrid Bus	6	31
	永磁同步电机 Permanent Magnet Synchronous Motor	TZ415XSD02	2	80/1280/600	东方电气（乐山）新能源设备有限公司 Dongfang Electric（Leshan）New Energy Equipment Co.,Ltd.	纯电动客车 Pure Electric Bus	25	
成都莱姆斯特新能源汽车有限公司 Chengdu Lemst New Motors Co.,Ltd.	永磁同步电机 Permanent Magnet Synchronous Motor	TZ180XSTL001	1	25/2500/84	成都莱姆斯特新能源汽车有限公司 Chengdu Lemst New Motors Co.,Ltd.	纯电动乘用车 Pure Electric Passenger Car	31	31
苏州众联能创新能源科技有限公司 Suzhou Zhong Lian Neng Chuang New Energy Technology Co.,Ltd.	永磁同步电机 Permanent Magnet Synchronous Motor	TZ249XSS00L003	1	60/3600/159	苏州众联能创新能源科技有限公司 Suzhou Zhong Lian Neng Chuang New Energy Technology Co.,Ltd.	纯电动专用车 Pure Electric Special Car	30	30

续上表

电动汽车驱动电机生产企业 Electric Vehicle Drive Motor Manufacturer	电动汽车驱动电机类型 Type for Driving Motor of Electric Vehicle	电动汽车驱动电机型号 Odels for Driving Motor of Electric Vehicle	驱动电机数量 Installation Quantity of Driving Motor（台/辆，unit/vehicle）	驱动电机额定功率/转速/转矩 Rated Power/Speed/Torque of Drive Motor（kW/r/min/N·m）	控制器生产企业 Controller Manufacturing Enterprise	配套车辆类型 Matching Vehicle Types	2017年配套车型产量小计 Subtotal output of supported Odels in 2017（辆，vehicle）	2017年配套车型产量总计 Total output of supported Odels in 2017（辆，vehicle）`
格源动力有限公司 Geyuan Power Co.，Ltd.	永磁同步电机 Permanent Magnet Synchronous Motor	TZ280XS20A	1	50/1600/300	格源动力有限公司 Geyuan Power Co.，Ltd.	纯电动专用车 Pure Electric Special Car	23	23
上海电驱动股份有限公司 Shanghai Edrive Co.，Ltd.；河北御捷车业有限公司 Hebei Yujie Vehicle Industry Co.，Ltd.；合肥阳光电动力科技有限公司 Hefei sunshine Electric Power Technology Co.，Ltd.；河北御捷车业有限公司 Hebei Yujie Vehicle Industry Co.，Ltd.	前/Front：永磁同步电机 Permanent Magnet Synchronous Motor；后/Post：交流异步电机 AC Asynchronous Motor	TZ180X06K/YS170H003；TZ180XSG15/YS170H003	2	前/Front：15/3000/47；后/Post：3/2000/14.3	上海电驱动股份有限公司 Shanghai Edrive Co.，Ltd./河北御捷车业有限公司 Hebei Yujie Vehicle Industry Co.，Ltd.；合肥阳光电动力科技有限公司 Hefei sunshine Electric Power Technology Co.，Ltd./河北御捷车业有限公司 Hebei Yujie Vehicle Industry Co.，Ltd.	纯电动乘用车 Pure Electric Passenger Car	23	23
浙江宝成机械科技有限公司 Zhejiang Baocheng Machinery Technology Co.，Ltd.	永磁同步电机 Permanent Magnet Synchronous Motor	ZBJTZ180XS01	1	20/3500/55	浙江宝成机械科技有限公司 Zhejiang Baocheng Machinery Technology Co.，Ltd.	纯电动专用车 Pure Electric Special Car	21	21
卧龙电气集团股份有限公司 Wolong Electric Group Co.，Ltd.；福建亚南电机有限公司 Fujian Yanan Electrical Co.，Ltd.	永磁同步电机 Permanent Magnet Synchronous Motor	O160WA；TZ296XS-JS3-80	2	80/3470/220；80/3470/220	上海大郡动力控制技术有限公司 Shanghai Dajun Technologies Inc.；上海鑫国动力科技有限公司 Shanghai Xinguo Power Technology Co.，Ltd.	纯电动客车 Pure Electric Bus	20	20
上海瑞华新能源汽车有限公司 Shanghai Rui Hua New Energy Automobile Co.，Ltd.	永磁同步电机 Permanent Magnet Synchronous Motor	TQSL2251X	1	90/1200/716	上海瑞华新能源汽车有限公司 Shanghai Rui Hua New Energy Automobile Co.，Ltd.	纯电动客车 Pure Electric Bus	19	19
天津清源电动车辆有限责任公司 Tianjin Qingyuan Electric Vehicle Co.，Ltd.	永磁同步电机 Permanent Magnet Synchronous Motor	QY245TZ-XS65B	1	20/3500/55	天津清源电动车辆有限责任公司 Tianjin Qingyuan Electric Vehicle Co.，Ltd.	纯电动专用车 Pure Electric Special Car	18	18
成都客车股份有限公司 Chengdu Passenger Car Co.，Ltd.	永磁同步电机 Permanent Magnet Synchronous Motor	TZ290XSCD1	1	60/1600/358	成都客车股份有限公司 Chengdu Passenger Car Co.，Ltd.	纯电动专用车 Pure Electric Special Car	1	17
	永磁同步电机 Permanent Magnet Synchronous Motor	TZ350XSCD1	1	90/1150/750	成都客车股份有限公司 Chengdu Passenger Car Co.，Ltd.	纯电动客车 Pure Electric Bus	16	
杭州三峻控制技术有限公司 Hangzhou Sanjun Control Technology Co.，Ltd.	永磁同步电机 Permanent Magnet Synchronous Motor	TZ210XSJ9616M	1	16/2000/80	杭州三峻控制技术有限公司 Hangzhou Sanjun Control Technology Co.，Ltd.	纯电动乘用车 Pure Electric Passenger Car	16	16

续上表

电动汽车驱动电机生产企业 Electric Vehicle Drive Motor Manufacturer	电动汽车驱动电机类型 Type for Driving Motor of Electric Vehicle	电动汽车驱动电机型号 Odels for Driving Motor of Electric Vehicle	驱动电机数量 Installation Quantity of Driving Motor（台/辆,unit/vehicle）	驱动电机额定功率/转速/转矩 Rated Power/Speed/Torque of Drive Motor（kW/r/min/N·m）	控制器生产企业 Controller Manufacturing Enterprise	配套车辆类型 Matching Vehicle Types	2017 年配套车型产量小计 Subtotal output of supported Odels in 2017（辆,vehicle）	2017 年配套车型产量总计 Total output of supported Odels in 2017（辆,vehicle）`
山东泰丰制动系统科技股份有限公司 Shandong Taifeng Braking Systems science & technology holding Co.,Ltd.	永磁同步电机 Permanent Magnet Synchronous Motor	BDLTZ070XS	1	70/2000/335	山东泰丰制动系统科技股份有限公司 Shandong Taifeng Braking Systems science & technology holding Co.,Ltd.	纯电动专用车 Pure Electric Special Car	15	15
湘电莱特电气有限公司 XELE Electric Co.,Ltd.;深圳市大地和电气股份有限公司 Shenzhen Greatland Electrics Inc.	交流永磁同步电机 Permanent Magnet Synchronous Motor	TYC30-8/180;TZ180XSDAB	1	30/3000/95.5	湘电莱特电气有限公司 XELE Electric Co.,Ltd.;深圳市大地和电气股份有限公司 Shenzhen Greatland Electrics Inc.	纯电动专用车 Pure Electric Special Car	15	15
北京汽车制造厂有限公司 Beijing Automobile Manufacturing Factory Co.,Ltd.	永磁同步电机 Permanent Magnet Synchronous Motor	TZ238XSWT50ABJ	1	50/1800/260	北京汽车制造厂有限公司 Beijing Automobile Manufacturing Factory Co.,Ltd.	纯电动客车 Pure Electric Bus	15	15
柳州五菱汽车工业有限公司 Liuzhou Wuling Automobile Industry Co.,Ltd.	永磁同步电机 Permanent Magnet Synchronous Motor	W210300025	1	85/2300/350	柳州五菱汽车工业有限公司 Liuzhou Wuling Automobile Industry Co.,Ltd.	纯电动客车 Pure Electric Bus	12	12
深圳东风汽车有限公司 Dongfeng Motor Co.,Ltd.;杭州德沃仕电动科技有限公司 Hangzhou Dewos Electric Technology Co.,Ltd.	永磁同步电机 Permanent Magnet Synchronous Motor	SZDF-TYC-312-18;DWS-TYC-320-18A	1	18/3000/57.8;18/3000/57.8	深圳东风汽车有限公司 Dongfeng Motor Co.,Ltd.;杭州德沃仕电动科技有限公司 Hangzhou Dewos Electric Technology Co.,Ltd.	纯电动专用车 Pure Electric Special Car	12	12
深圳熙斯特新能源技术有限公司 Shenzhen Evsystem New Energy Technology Co.,Ltd.	永磁同步电机 Permanent Magnet Synchronous Motor	TZ445XSBSB	1	80/1000/764	深圳熙斯特新能源技术有限公司 Shenzhen Evsystem New Energy Technology Co.,Ltd.	纯电动客车 Pure Electric Bus	8	10
	永磁同步电机 Permanent Magnet Synchronous Motor	TZ445XSXST	1	120/1000/1146	深圳熙斯特新能源技术有限公司 Shenzhen Evsystem New Energy Technology Co.,Ltd.	纯电动客车 Pure Electric Bus	2	
大洋电机新动力科技有限公司 Broad-Ocean Motor EV New Power Technology Co.,Ltd.;北京锋锐新源电驱动科技有限公司 Beijing Fengrui Xinyuan Electric Drive Technology Co.,Ltd.	永磁同步电机 Permanent Magnet Synchronous Motor	YTD030W17;264TYZ-XS06BF	1	30/2812/102;25/3000/80	大洋电机新动力科技有限公司 Broad-Ocean Motor EV New Power Technology Co.,Ltd.;北京锋锐新源电驱动科技有限公司 Beijing Fengrui Xinyuan Electric Drive Technology Co.,Ltd.	纯电动专用车 Pure Electric Special Car	8	8

续上表

电动汽车驱动电机生产企业 Electric Vehicle Drive Motor Manufacturer	电动汽车驱动电机类型 Type for Driving Motor of Electric Vehicle	电动汽车驱动电机型号 Odels for Driving Motor of Electric Vehicle	驱动电机数量 Installation Quantity of Driving Motor（台/辆，unit/vehicle）	驱动电机额定功率/转速/转矩 Rated Power/Speed/Torque of Drive Motor（kW/r/min/N·m）	控制器生产企业 Controller Manufacturing Enterprise	配套车辆类型 Matching Vehicle Types	2017年配套车型产量小计 Subtotal output of supported Odels in 2017（辆，vehicle）	2017年配套车型产量总计 Total output of supported Odels in 2017（辆，vehicle）
中国第一汽车集团有限公司新能源汽车分公司 China FAW Group Corporation New Energy Vehicle Branch	永磁同步电机 Permanent Magnet Synchronous Motor	CAM290PT1	1	21/2200/92	上海电驱动股份有限公司 Shanghai Edrive Co.，Ltd.； 株式会社电装 DENSO Corporation	插电式混合动力乘用车 Plug-in Hybrid Passenger Car	8	8
EM Motive 有限公司 EM Motive Gmbh	永磁同步电机 Permanent Magnet Synchronous Motor	EM0011	1	50/3000/160	德国大陆集团/Continental AG	插电式混合动力乘用车 Plug-in Hybrid Passenger Car	7	7
武汉合康动力技术有限公司 Wuhan Hiconics Power Technology Co.，Ltd.； 精进电动科技股份有限公司 Jing-Jin Electric Technologies Co.，Ltd.	永磁同步电机 Permanent Magnet Synchronous Motor	TZ380XS04006；TZ365XSB04	1	70/2000/335；70/1980/340	武汉合康动力技术有限公司 Wuhan Hiconics Power Technology Co.，Ltd.； 精进电动科技股份有限公司 Jing-Jin Electric Technologies Co.，Ltd.	纯电动客车 Pure Electric Bus	7	7
四川新纪元电动汽车动力总成有限公司 Sichuan New Century Electric Vehicle Powertrain Co.，Ltd.	永磁同步电机 Permanent Magnet Synchronous Motor	XJY-60	1	60/1600/358	四川新纪元电动汽车动力总成有限公司 Sichuan New Century Electric Vehicle Powertrain Co.，Ltd.	纯电动客车 Pure Electric Bus	6	6
山东哈普沃动力科技股份有限公司 Shandong Hapuwo Power Polytron Technologies Inc.； 赣州恒玖电气有限公司 Ganzhou Heng Jiu Electric Co.，Ltd.	交流异步伺服牵引电机 AC Asynchronous Servo Traction Motor； 交流异步电机 AC Asynchronous Motor	SPQ10-72-3900H1； HJ-YB1-11.5 kW	1	10/3900/24.5； 11.5/3900/28.2	山东哈普沃动力科技股份有限公司 Shandong Hapuwo Power Polytron Technologies Inc.； 赣州恒玖电气有限公司 Ganzhou Heng Jiu Electric Co.，Ltd.	纯电动专用车 Pure Electric Special Car	6	6
江苏金坛绿能新能源科技有限公司 Jiangsu Jintan Lvneng Amperex Technology Limited	三相交流异步电机 Three Phase AC Asynchronous Motor	YS210X13K	1	13.5/3000/43	江苏金坛绿能新能源科技有限公司 Jiangsu Jintan Lvneng Amperex Technology Limited	纯电动乘用车 Pure Electric Passenger Car	6	6
合肥阳光电动力科技有限公司 Hefei sunshine Electric Power Technology Co.，Ltd.	永磁同步电机 Permanent Magnet Synchronous Motor	TZ180XSG15	1	15/3000/47	合肥阳光电动力科技有限公司 Hefei sunshine Electric Power Technology Co.，Ltd.	纯电动乘用车 Pure Electric Passenger Car	5	5
衢州圣代电机制造有限公司 Quzhou Shengdai Motor Manufacturing Co.，Ltd.	永磁同步电机 Permanent Magnet Synchronous Motor	SDM30-F	1	15/3000/47	衢州圣代电机制造有限公司 Quzhou Shengdai Motor Manufacturing Co.，Ltd.	纯电动乘用车 Pure Electric Passenger Car	5	5
山东凯马汽车制造有限公司 Shouguang Kaima Car Manufacturing Co.，Ltd.	永磁同步电机 Permanent Magnet Synchronous Motor	KM-25A	1	25/2400/100	山东凯马汽车制造有限公司 Shouguang Kaima Car Manufacturing Co.，Ltd.	纯电动专用车 Pure Electric Special Car	5	5

续上表

电动汽车驱动电机生产企业 Electric Vehicle Drive Motor Manufacturer	电动汽车驱动电机类型 Type for Driving Motor of Electric Vehicle	电动汽车驱动电机型号 Odels for Driving Motor of Electric Vehicle	驱动电机数量 Installation Quantity of Driving Motor（台/辆，unit/vehicle）	驱动电机额定功率/转速/转矩 Rated Power/Speed/Torque of Drive Motor（kW/r/min/N·m）	控制器生产企业 Controller Manufacturing Enterprise	配套车辆类型 Matching Vehicle Types	2017 年配套车型产量小计 Subtotal output of supported Odels in 2017（辆，vehicle）	2017 年配套车型产量总计 Total output of supported Odels in 2017（辆，vehicle）`
北汽福田汽车股份有限公司 Beiqi Foton Motor Co.，Ltd.； 北京福田爱易科新能源工程科技分公司 Beiqi Futian Motor Company Limited Beijing Futian Aike New Energy Engineering Technology Branch	永磁同步电机 Permanent Magnet Synchronous Motor	YTD070W03	1	70/2400/280	北汽福田汽车股份有限公司 Beiqi Foton Motor Co.，Ltd. 北京福田爱易科新能源工程科技分公司 Beiqi Futian Motor Company Limited Beijing Futian Aike New Energy Engineering Technology Branch	纯电动专用车 Pure Electric Special Car	5	5
赣州恒玖电气有限公司 Ganzhou Heng Jiu Electric Co.，Ltd.； 合普动力股份有限公司 Hepu Power Technology Co.，Ltd.	三相交流异步电机 Three Phase AC Asynchronous Motor	HJ-YB1-7.5kW； HPQ7.5YBE-72	1	7.5/3000/23.8； 7.5/2700/26.5	赣州恒玖电气有限公司 Ganzhou Heng Jiu Electric Co.，Ltd.； 珠海英搏尔电气股份有限公司 Zhuhai Enpower Electric Co.，Ltd.	纯电动专用车 Pure Electric Special Car	4	4
日产汽车 NISSAN	永磁同步电机 Permanent Magnet Synchronous Motor	EM57	1	70/6380/105	日产汽车 NISSAN	纯电动乘用车 Pure Electric Passenger Car	3	3
深圳市民富沃能新能源汽车有限公司 Shenzhen Minfu Woneng New Energy Automobile Co.，Ltd.； 南京越博动力系统股份有限公司 Nanjng Yueboo Power System Co.，Ltd.	永磁同步电机 Permanent Magnet Synchronous Motor	TZ205XS-MFM45G01； TZ205XS-YBM320	1	45/2800/140；45/2800/140	深圳市民富沃能新能源汽车有限公司 Shenzhen Minfu Woneng New Energy Automobile Co.，Ltd.； 南京越博动力系统股份有限公司 Nanjng Yueboo Power System Co.，Ltd.	纯电动专用车 Pure Electric Special Car	3	3
北京中瑞蓝科电动汽车技术有限公司 Beijing Zhong Rui Lan Ke Electric Vehicle Technology Co.，Ltd.	交流感应电机 AC Induction Motor	YS210MS18.5-4/180	1	18.5/3000/59	北京中瑞蓝科电动汽车技术有限公司 Beijing Zhong Rui Lan Ke Electric Vehicle Technology Co.，Ltd.	纯电动专用车 Pure Electric Special Car	1	3
	三相交流异步电机 Three Phase AC Asynchronous Motor	YS230MS30-4/180	1	30/3600/80	北京中瑞蓝科电动汽车技术有限公司 Beijing Zhong Rui Lan Ke Electric Vehicle Technology Co.，Ltd.	纯电动专用车 Pure Electric Special Car	1	
	三相交流异步电机 Three Phase AC Asynchronous Motor	ZR60-6/260A1	1	60/1600/358	北京中瑞蓝科电动汽车技术有限公司 Beijing Zhong Rui Lan Ke Electric Vehicle Technology Co.，Ltd.	纯电动客车 Pure Electric Bus	1	
上海电驱动股份有限公司 Shanghai Edrive Co.，Ltd.； 中国第一汽车集团有限公司 China FAW Group Co.，Ltd.	永磁同步电机 Permanent Magnet Synchronous Motor	513TYZ-XS01C；9100410-K38	1	100/955/1000； 100/955/1000	上海电驱动股份有限公司 Shanghai Edrive Co.，Ltd.； 中国第一汽车集团有限公司 China FAW Group Co.，Ltd.	纯电动客车 Pure Electric Bus	2	2
襄阳宇清传动科技有限公司 Xiangyang Yuqing Transmission Technology Co.，Ltd.	永磁同步电机 Permanent Magnet Synchronous Motor	TZ260XS110YQ	1	70/1650/400	云南航天神州汽车有限公司 Yunnan Astronautics Shenzhou Automobile Co.，Ltd.	纯电动客车 Pure Electric Bus	2	2

续上表

电动汽车驱动电机生产企业 Electric Vehicle Drive Motor Manufacturer	电动汽车驱动电机类型 Type for Driving Motor of Electric Vehicle	电动汽车驱动电机型号 Odels for Driving Motor of Electric Vehicle	驱动电机数量 Installation Quantity of Driving Motor (台/辆,unit/vehicle)	驱动电机额定功率/转速/转矩 Rated Power/Speed/Torque of Drive Motor (kW/r/min/N·m)	控制器生产企业 Controller Manufacturing Enterprise	配套车辆类型 Matching Vehicle Types	2017 年配套车型产量小计 Subtotal output of supported Odels in 2017 (辆,vehicle)	2017 年配套车型产量总计 Total output of supported Odels in 2017 (辆,vehicle)
湖北骐嘉汽车科技有限公司 Hubei Qi Jia Automotive Technology Co. ,Ltd.	永磁同步电机 Permanent Magnet Synchronous Motor	TZ220XSHBQJ053A	1	53/4000/127	湖北骐嘉汽车科技有限公司 Hubei Qi Jia Automotive Technology Co. , Ltd.	纯电动专用车 Pure Electric Special Car	1	2
	永磁同步电机 Permanent Magnet Synchronous Motor	TZ225XSHBQJ060A	1	60/5000/114.6	湖北骐嘉汽车科技有限公司 Hubei Qi Jia Automotive Technology Co. , Ltd.	纯电动专用车 Pure Electric Special Car	1	
杭州壹品电子有限公司 Hangzhou Yi Pin Electronics Co. ,Ltd.	三相异步感应电机 Three Phase Asynchronous Induction Motor	YP-AM18330B-4	1	18/3500/50	杭州壹品电子有限公司 Hangzhou Yi Pin Electronics Co. ,Ltd.	纯电动专用车 Pure Electric Special Car	2	2
福建冠龙新能源汽车科技有限公司 Fujian Guan Long New Energy Automotive Technology Co. ,Ltd.	永磁同步电机 Permanent Magnet Synchronous Motor	TZ405XSGL1	1	120/1084/1057	福建冠龙新能源汽车科技有限公司 Fujian Guan Long New Energy Automotive Technology Co. ,Ltd.	纯电动客车 Pure Electric Bus	1	2
	永磁同步电机 Permanent Magnet Synchronous Motor	TZ445XSGL1	1	80/1000/764	福建冠龙新能源汽车科技有限公司 Fujian Guan Long New Energy Automotive Technology Co. ,Ltd.	插电式混合动力客车 Plug-in Hybrid Bus	1	
浙江格雷博智能动力科技有限公司 Global Intelligent Power Technologies Co. ,Ltd.	永磁同步电机 Permanent Magnet Synchronous Motor	G210TZX040-032	1	18/3500/51	浙江格雷博智能动力科技有限公司 Global Intelligent Power Technologies Co. , Ltd.	纯电动专用车 Pure Electric Special Car	1	1
浙江云迪电气科技有限公司 Zhejiang Yundi Electric Technology Co. ,Ltd.	永磁同步电机 Permanent Magnet Synchronous Motor	TZ280XS26B	1	60/1500/400	浙江云迪电气科技有限公司 Zhejiang Yundi Electric Technology Co. , Ltd.	纯电动专用车 Pure Electric Special Car	1	1
镇江天洋汽车有限公司 Zhenjiang Passenger Car Factory	永磁同步电机 Permanent Magnet Synchronous Motor	TZ366XSZJ1	1	70/1715/400	镇江天洋汽车有限公司 Zhenjiang Passenger Car Factory	纯电动专用车 Pure Electric Special Car	1	1
深圳中德世纪新能源有限公司 Shenzhen Zhongde Century New Energy Co. ,Ltd.	永磁同步电机 Permanent Magnet Synchronous Motor	510TZ-XSZDC	1	80/1800/450	深圳中德世纪新能源有限公司 Shenzhen Zhongde Century New Energy Co. ,Ltd.	纯电动客车 Pure Electric Bus	1	1
江苏蓝博威新能源科技有限公司 Jiangsu Rambowei Amperex Technology Limited	永磁同步电机 Permanent Magnet Synchronous Motor	TZ210XSC00	1	40/3183/120	江苏蓝博威新能源科技有限公司 Jiangsu Rambowei Amperex Technology Limited	纯电动乘用车 Pure Electric Passenger Car	1	1
湖南意谱电动系统有限公司 Hunan Yi Pu Electric System Co. ,Ltd.	永磁同步电机 Permanent Magnet Synchronous Motor	TZ200XSYP035-0250T336A	1	35/3000/110	湖南意谱电动系统有限公司 Hunan Yi Pu Electric System Co. ,Ltd.	纯电动专用车 Pure Electric Special Car	1	1

续上表

电动汽车驱动电机生产企业 Electric Vehicle Drive Motor Manufacturer	电动汽车驱动电机类型 Type for Driving Motor of Electric Vehicle	电动汽车驱动电机型号 Odels for Driving Motor of Electric Vehicle	驱动电机数量 Installation Quantity of Driving Motor (台/辆,unit/vehicle)	驱动电机额定功率/转速/转矩 Rated Power/Speed/Torque of Drive Motor (kW/r/min/N·m)	控制器生产企业 Controller Manufacturing Enterprise	配套车辆类型 Matching Vehicle Types	2017年配套车型产量小计 Subtotal output of supported Odels in 2017 (辆,vehicle)	2017年配套车型产量总计 Total output of supported Odels in 2017 (辆,vehicle)`
上海电驱动股份有限公司 Shanghai Edrive Co.,Ltd.;福建万润新能源科技有限公司 Fujian Wanrun New Energy Technology Co.,Ltd.	永磁同步电机 Permanent Magnet Synchronous Motor	TZ310XS05AF;TZ290XS075753	1	50/1195/400;55/2000/358	上海电驱动股份有限公司 Shanghai Edrive Co.,Ltd.;福建万润新能源科技有限公司 Fujian Wanrun New Energy Technology Co.,Ltd.	纯电动专用车 Pure Electric Special Car	1	1
陕西法士特齿轮有限责任公司 Shaanxi Fast Gear Company with Limited Liability	永磁同步电机 Permanent Magnet Synchronous Motor	TZ260XSSFZ03	1	60/1910/300	陕西法士特齿轮有限责任公司 Shaanxi Fast Gear Company with Limited Liability	纯电动专用车 Pure Electric Special Car	1	1
南京泓凯动力系统科技有限公司 Nanjing HK Power System Technology Co.,Ltd.	永磁同步电机 Permanent Magnet Synchronous Motor	TZ365XS104	1	82/1490/525	南京泓凯动力系统科技有限公司 Nanjing HK Power System Technology Co.,Ltd.	纯电动客车 Pure Electric Bus	1	1
安徽东道新能源科技有限公司 Anhui Dongdao Amperex Technology Limited	永磁同步电机 Permanent Magnet Synchronous Motor	DTM45W26	1	45/3500/123	安徽东道新能源科技有限公司 Anhui Dongdao Amperex Technology Limited	纯电动乘用车 Pure Electric Passenger Car	1	1
北京博格华纳汽车传动器有限公司 Beijing Borg Warner Motor Driver Co.,Ltd.	永磁同步电机 Permanent Magnet Synchronous Motor	TZ242XS002	1	45/4000/105	联合汽车电子有限公司 United Automotive Electronic Systems Co.,Ltd.	纯电动乘用车 Pure Electric Passenger Car	1	1
北京连创驱动技术有限公司 Beijing Lian Chuang Driving Technology Co.,Ltd.	永磁同步电机 Permanent Magnet Synchronous Motor	TZ350XS90X401	1	90/1075/800	北京连创驱动技术有限公司 Beijing Lian Chuang Driving Technology Co.,Ltd.	纯电动客车 Pure Electric Bus	1	1
福建省福工动力技术有限公司 Fujian Fu Gong Power Technology Co.,Ltd.	永磁同步电机 Permanent Magnet Synchronous Motor	TZ400XS232	1	50/700/682	福建省福工动力技术有限公司 Fujian Fu Gong Power Technology Co.,Ltd.	插电式混合动力客车 Plug-in Hybrid Bus	1	1
十堰精密新动力科技有限公司 Shiyan Precision New Energy Technology Co.,Ltd.	永磁同步电机 Permanent Magnet Synchronous Motor	TZ327XS22C	1	50/1200/400	十堰精密新动力科技有限公司 Shiyan Precision New Energy Technology Co.,Ltd.	纯电动专用车 Pure Electric Special Car	1	1
2017年配套车型产量总计(辆)/Total Output of Supported Odels in 2017(vehicle)							819991	819991

三、混合动力发动机配套数量统计

Chapter 3 Statistics on Output of Hybrid Electric Engine

发动机生产企业 Engine Manufacturer	发动机型号 Engine Odels	排量 displacement (mL)	功率 power (kW)	配套车型油耗 Oil Consumption of Matching Models (L/100 km)	配套车型续驶里程 Driving Mileage of Matching Models (工法况)/(Operating Condition Method, km)	配套车型续驶里程 Driving Mileage of Matching Models(等速法)/(Isokinetic Method, km)	配套车型最高车速 Maximum Speed of Matching Models (km/h)	配套车辆类型 Matching Vehicle Types	2017 年配套车型产量小计 Subtotal Output of Supported Odels in 2017 (辆, vehicle)	2017 年配套车型产量总计 Total Output of Supported Odels in 2017 (辆, vehicle)
比亚迪汽车有限公司 BYD Auto Co. ,Ltd.	BYD476ZQA	1497	113	1.2;1.4;1.5;1.8	100;80;70;55	120;100;70	185;180	插电式混合动力乘用车 Plug-in Hybrid Passenger Car	43642	56528
	BYD487ZQA	1999	151	1.8;2	81;100;85;80	105;120;110;105	180	插电式混合动力乘用车 Plug-in Hybrid Passenger Car	12886	
上海汽车集团股份有限公司 SAIC Motor Co. ,Ltd.	10E4E	999	92	1.5	53	70	200	插电式混合动力乘用车 Plug-in Hybrid Passenger Car	9547	32472
	14E4E	1399	112	1.7	60	81	185	插电式混合动力乘用车 Plug-in Hybrid Passenger Car	2844	
	15E4E	1490	124	1.6	60	80	200	插电式混合动力乘用车 Plug-in Hybrid Passenger Car	20036	
	15S4U	1498	80	1.6	60	88	200	插电式混合动力乘用车 Plug-in Hybrid Passenger Car	45	
广西玉柴机器股份有限公司 Guangxi Yuchai Machinery Co. ,Ltd.; 潍柴西港新能源动力有限公司 Weichai Xigang New Energy Power Co. ,Ltd.	YC4EG160N-50; WP5NG180E51	4730;4980	118;132	—	—	52;56;70	69	插电式混合动力客车 Plug-in Hybrid Bus	119	4138
	YC4G180N-50; WP5NG180E51	5200;4980	132;132	—	—	51;69;78	69	插电式混合动力客车 Plug-in Hybrid Bus	203	
	YC6G230N-50; WP7NG240E50	7800;7140	170;177	—	—	35	69	插电式混合动力客车 Plug-in Hybrid Bus	1	
	YC6G230N-50; WP7NG240E51	7800;7470	170;177	—	—	102	69	插电式混合动力客车 Plug-in Hybrid Bus	30	
	YC6J210N-50; WP6NG240E50; YC6J210N-52; WP7NG240E50	6494;6750; 6494;7140	155;176; 155;177	—	20	50	69	插电式混合动力客车 Plug-in Hybrid Bus	78	
	YC6J210N-52; WP6NG210E50	6494;6750	155;155	—	50;40	50;55;51;52;58;63;68; 70;75;80;90;95;98; 102;106	69	插电式混合动力客车 Plug-in Hybrid Bus	3270	
	YC6J210N-52; WP7NG210E51	6494;7470	155;155	—	—	68	69	插电式混合动力客车 Plug-in Hybrid Bus	84	
	YC6J210N-52; WP7NG240E51	6494;7470	155;177	—	—	59;89	69	插电式混合动力客车 Plug-in Hybrid Bus	353	

续上表

发动机生产企业 Engine Manufacturer	发动机型号 Engine Odels	排量 displacement (mL)	功率 power (kW)	配套车型油耗 Oil Consumption of Matching Models (L/100 km)	配套车型续驶里程 Driving Mileage of Matching Models (工法况)/(Operating Condition Method, km)	配套车型续驶里程 Driving Mileage of Matching Models(等速法)/(Isokinetic Method, km)	配套车型最高车速 Maximum Speed of Matching Models (km/h)	配套车辆类型 Matching Vehicle Types	2017 年配套车型产量小计 Subtotal Output of Supported Odels in 2017 (辆, vehicle)	2017 年配套车型产量总计 Total Output of Supported Odels in 2017 (辆, vehicle)
上汽通用汽车有限公司武汉分公司 SAIC General Motors Co., Ltd. Wuhan Branch	L3A	1490	73	0.9	116	—	160	插电式混合动力乘用车 Plug-in Hybrid Passenger Car	4136	4136
广西玉柴机器股份有限公司 Guangxi Yuchai Machinery Co., Ltd.	YC4D140N-50	4214	103	—	—	51	69	插电式混合动力客车 Plug-in Hybrid Bus	10	3542
	YC4EG160-50	4730	118	12.1;14.9;16.5	—;—	50;51	69	插电式混合动力客车 Plug-in Hybrid Bus	26	
	YC4EG170N-50	4700	125	—	—	50	69	插电式混合动力客车 Plug-in Hybrid Bus	2	
	YC4FA80N-53	2982	60	—	—	76	69	插电式混合动力客车 Plug-in Hybrid Bus	200	
	YC4G180-50	5200	132	12.1;13.4;13.5	25;—	65;52;66	69	插电式混合动力客车 Plug-in Hybrid Bus	86	
	YC4G180N-50	5200	132	—	25;—	65;52;51	69	插电式混合动力客车 Plug-in Hybrid Bus	80	
	YC6A270-50	7520	199	12.8;14.1	—	51	100	插电式混合动力客车 Plug-in Hybrid Bus	114	
	YC6G230N-50	7800	170	—	—	60;61;70	69	插电式混合动力客车 Plug-in Hybrid Bus	230	
	YC6G250N-50	7800	184	—	—	80	100	插电式混合动力客车 Plug-in Hybrid Bus	300	
	YC6G260N-50	7800	191	—	—	65.6	69	插电式混合动力客车 Plug-in Hybrid Bus	70	
	YC6J200-50; YC6J200-58	6500;6500	147;147	18.8	—	50	69	插电式混合动力客车 Plug-in Hybrid Bus	25	
	YC6J200-52	6494	147	13.5; 14.7; 14.9; 15.4;18.8	—	96.5;87;85;62;75;85;84;65	69	插电式混合动力客车 Plug-in Hybrid Bus	482	
	YC6J200-58	6500	147	18.3	—	75	69	插电式混合动力客车 Plug-in Hybrid Bus	15	
	YC6J210N-52	6494	155	—	34;37;—	50; 51; 85; 104; 50; 51; 52;60;75;82;85;87;97; 100;110;	69	插电式混合动力客车 Plug-in Hybrid Bus	1345	
	YC6J220-52	6494	162	14.7	37;—	75;90;85;91;105	69	插电式混合动力客车 Plug-in Hybrid Bus	119	

续上表

发动机生产企业 Engine Manufacturer	发动机型号 Engine Odels	排量 displacement (mL)	功率 power (kW)	配套车型油耗 Oil Consumption of Matching Models (L/100 km)	配套车型续驶里程 Driving Mileage of Matching Models (工法况)/(Operating Condition Method, km)	配套车型续驶里程 Driving Mileage of Matching Models(等速法)/(Isokinetic Method, km)	配套车型最高车速 Maximum Speed of Matching Models (km/h)	配套车辆类型 Matching Vehicle Types	2017 年配套车型产量小计 Subtotal Output of Supported Odels in 2017 (辆, vehicle)	2017 年配套车型产量总计 Total Output of Supported Odels in 2017 (辆, vehicle)
广西玉柴机器股份有限公司 Guangxi Yuchai Machinery Co., Ltd.	YC6J225N-52	6494	166	—	—	51	69	插电式混合动力客车 Plug-in Hybrid Bus	276	3542
	YC6J245-52	6494	180	16.9;18.5;20.3	—	90;80;51	69	插电式混合动力客车 Plug-in Hybrid Bus	29	
	YC6L280-50	8424	206	14.3;20.4	—	50;72	100;69	插电式混合动力客车 Plug-in Hybrid Bus	62	
	YC6L280N-52	8424	206	—	—	51	69	插电式混合动力客车 Plug-in Hybrid Bus	63	
	YC6L310-50; YC6L330-50	8424;8424	228;243	18.6	—	52	69	插电式混合动力客车 Plug-in Hybrid Bus	8	
广州汽车集团乘用车有限公司 Guangzhou Automobile Group Motor Co., Ltd.	4A15K2	1495	71	1.7	60;58;60	85;80	180	插电式混合动力乘用车 Plug-in Hybrid Passenger Car	3388	3388
华晨宝马汽车有限公司 BMW Brilliance Automotive Ltd.	B38A15C	1499	100	1.8	60	—	190;195	插电式混合动力乘用车 Plug-in Hybrid Passenger Car	2033	2037
	B48B20C	1998	135	1.9;2	61;60	—	225	插电式混合动力乘用车 Plug-in Hybrid Passenger Car	4	
浙江吉利汽车有限公司 Zhejiang Geely Automobile Co., Ltd.	JLγ-4G15	1498	76	1.5	61	70	175	插电式混合动力乘用车 Plug-in Hybrid Passenger Car	1565	1565
中国重型汽车集团有限公司 China National Heavy Duty Truck Group Co., Ltd.	MT07.24-50	6870	176	—	—	54;71	69	插电式混合动力客车 Plug-in Hybrid Bus	1560	1560
上汽通用汽车有限公司 SAIC General Motors Co., Ltd.	LTG	1998	198	1.7	80	—	240	插电式混合动力乘用车 Plug-in Hybrid Passenger Car	996	996
广西玉柴机器股份有限公司 Guangxi Yuchai Machinery Co., Ltd.; 潍柴动力扬州柴油机有限责任公司 Weichai Power Yangzhou Diesel Engine Co., Ltd.	YC4D140N-50; WP4.1NG140E50	4214;4088	103;103	—	—	51;60	69	插电式混合动力客车 Plug-in Hybrid Bus	922	943
	YC4S150-50; WP4.1Q140E50	3767;4088	110;103	12.1; 17.6, 17.2; 18.0,18.1	—	51	69	插电式混合动力客车 Plug-in Hybrid Bus	21	
柳州五菱柳机动力有限公司 Liuzhou Wuling Willow Power Co., Ltd.	LJ465QR1NE2	998	45	2.4	50	80	150	插电式混合动力乘用车 Plug-in Hybrid Passenger Car	829	829
广西玉柴机器股份有限公司 Guangxi Yuchai Machinery Co., Ltd.; 潍柴(潍坊)中型柴油机有限公司 Weichai(Weifang) Medium Sized Diesel Engine Co., Ltd.	YC6J200-50; WP6.200E50	6500;6750	147;147	14.9, 14.9; 18.1, 18.1	—	62	69	插电式混合动力客车 Plug-in Hybrid Bus	38	709
	YC6J200-50; WP6.220E50	6500;6750	147;162	18.3,18.5	—	51	69	插电式混合动力客车 Plug-in Hybrid Bus	5	

续上表

发动机生产企业 Engine Manufacturer	发动机型号 Engine Odels	排量 displacement (mL)	功率 power (kW)	配套车型油耗 Oil Consumption of Matching Models (L/100 km)	配套车型续驶里程 Driving Mileage of Matching Models (工法况)/(Operating Condition Method,km)	配套车型续驶里程 Driving Mileage of Matching Models(等速法)/(Isokinetic Method,km)	配套车型最高车速 Maximum Speed of Matching Models (km/h)	配套车辆类型 Matching Vehicle Types	2017 年配套车型产量小计 Subtotal Output of Supported Odels in 2017 (辆,vehicle)	2017 年配套车型产量总计 Total Output of Supported Odels in 2017 (辆,vehicle)
广西玉柴机器股份有限公司 Guangxi Yuchai Machinery Co.,Ltd.; 潍柴(潍坊)中型柴油机有限公司 Weichai(Weifang) Medium Sized Diesel Engine Co., Ltd.	YC6J200-52; WP6.220E50	6494;6750	147;162	14.9; 18.3; 20.2; 20.6	—	58;75;70;68	69	插电式混合动力客车 Plug-in Hybrid Bus	495	709
	YC6J200-52; YC6J200-52; WP6.200E50; WP6.220E50	6494; 6494; 6750;6750	147; 147; 147;162	14.8	—	82	69	插电式混合动力客车 Plug-in Hybrid Bus	106	
	YC6J220-52; WP6.220E50	6494;6750	162;162	20.1	—	95	69	插电式混合动力客车 Plug-in Hybrid Bus	65	
潍柴西港新能源动力有限公司 Weichai Xigang New Energy Power Co.,Ltd.	WP5NG165E51	4980	121	—	—	51;52	69	插电式混合动力客车 Plug-in Hybrid Bus	2	687
	WP5NG180E51	4980	132	—	—	52.4	69	插电式混合动力客车 Plug-n Hybrid Bus	1	
	WP6NG210E50	6750	155	—	40	50;51;51.2;53;57;72.8	69	插电式混合动力客车 Plug-n Hybrid Bus	407	
	WP6NG240E50	6750	176	—	—	70.6	69	插电式混合动力客车 Plug-n Hybrid Bus	136	
	WP7NG240E50	7140	177	—	—	55	69	插电式混合动力客车 Plug-n Hybrid Bus	1	
	WP7NG240E51	7470	177	—	—	90	69	插电式混合动力客车 Plug-n Hybrid Bus	140	
潍柴动力扬州柴油机有限责任公司 Weichai Power Yangzhou Diesel Engine Co.,Ltd.; 广西玉柴机器股份有限公司 Guangxi Yuchai Machinery Co.,Ltd.	WP4.1NG140E50; YC4D140N-50	4088;4214	103;103	—	—	55;74.3	69	插电式混合动力客车 Plug-in Hybrid Bus	48	670
	WP4.1Q140E50; YC4S150-50	4088;3767	103;110	12.1;14.9	—	52;55;60	69	插电式混合动力客车 Plug-in Hybrid Bus	622	
潍柴西港新能源动力有限公司 Weichai Xigang New Energy Power Co.,Ltd.; 广西玉柴机器股份有限公司 Guangxi Yuchai Machinery Co.,Ltd.	WP5NG180E50; YC4G180N-50	4760;5200	132;132	—	—	51	69	插电式混合动力客车 Plug-in Hybrid Bus	25	526
	WP5NG180E51; YC4EG170N-50	4980;4730	132;125	—	—	60	69	插电式混合动力客车 Plug-in Hybrid Bus	10	
	WP6NG210E50; YC6J210N-52	6750;6494	155;155	—	—	83;88	69	插电式混合动力客车 Plug-in Hybrid Bus	435	
	WP7NG240E50; YC6J225N-52	7140;6494	177;166	—	—	85	69	插电式混合动力客车 Plug-in Hybrid Bus	56	

续上表

发动机生产企业 Engine Manufacturer	发动机型号 Engine Odels	排量 displacement (mL)	功率 power (kW)	配套车型油耗 Oil Consumption of Matching Models (L/100 km)	配套车型续驶里程 Driving Mileage of Matching Models (工法况)/(Operating Condition Method, km)	配套车型续驶里程 Driving Mileage of Matching Models(等速法)/(Isokinetic Method, km)	配套车型最高车速 Maximum Speed of Matching Models (km/h)	配套车辆类型 Matching Vehicle Types	2017 年配套车型产量小计 Subtotal Output of Supported Odels in 2017 (辆, vehicle)	2017 年配套车型产量总计 Total Output of Supported Odels in 2017 (辆, vehicle)
广西玉柴机器股份有限公司 Guangxi Yuchai Machinery Co., Ltd.; 潍柴动力股份有限公司 Weichai Power Co., Ltd.	YC4EG160-50; WP5. 180E51	4730;4980	118;132	12;12. 1	—	52;65;53	69	插电式混合动力客车 Plug-in Hybrid Bus	184	441
	YC4EG185-50; WP5. 180E51	4730;4980	136;132	14. 9,14. 8	—	58	69	插电式混合动力客车 Plug-in Hybrid Bus	11	
	YC4G180-50; WP5. 180E51	5200;4980	132;132	15	—	72	69	插电式混合动力客车 Plug-in Hybrid Bus	50	
	YC4S150-50; WP5. 180E51	3767;4980	110;132	14. 0,14. 1	—	52	69	插电式混合动力客车 Plug-in Hybrid Bus	60	
	YC6A240-50; WP7. 240E51	7520;7470	177;176	18. 1,18. 2	—	109	69	插电式混合动力客车 Plug-in Hybrid Bus	75	
	YC6A270-50; WP7. 270E51	7520;7470	199;199	20. 1,20. 2	—	102	69	插电式混合动力客车 Plug-in Hybrid Bus	61	
重庆长安汽车股份有限公司 Chongqing Chang'an Automobile Co., Ltd.	JL372ZQ1	999	86	1. 6	60	—	185	插电式混合动力乘用车 Plug-in Hybrid Passenger Car	362	362
张家口沃尔沃汽车发动机制造有限公司 Zhangjiakou Volvo Car Engine Mfg. Co., Ltd.	B4204T32	1969	194	2. 1	53	—	230	插电式混合动力乘用车 Plug-in Hybrid Passenger Car	271	271
潍柴(潍坊)中型柴油机有限公司 Weichai(Weifang) Medium Sized Diesel Engine Co., Ltd.; 广西玉柴机器股份有限公司 Guangxi Yuchai Machinery Co., Ltd.	WP6. 200E50; YC6J200-50	6750;6500	147;147	13. 5	—	95	69	插电式混合动力客车 Plug-in Hybrid Bus	136	230
	WP6. 200E50; YC6J200-52	6750; 6494; 6492	147;147	13. 3, 13. 4; 17. 9, 18. 1; 18. 1, 18. 3; 18. 2,18. 4	—	55;87;85	69	插电式混合动力客车 Plug-in Hybrid Bus	94	
上海柴油机股份有限公司 Shanghai Diesel Engine Co., Ltd.	SC7H215Q5	6440	158	14. 9;18. 5	—	63;66;67. 5	69;64	插电式混合动力客车 Plug-in Hybrid Bus	228	228
潍柴(潍坊)中型柴油机有限公司 Weichai(Weifang) Medium Sized Diesel Engine Co., Ltd.	WP6. 220E50	6750	162	16. 8;16. 9	—	68. 2;71. 2	69	插电式混合动力客车 Plug-in Hybrid Bus	152	212
	WP6. 245E50	6750	180	18. 3	—	70. 5	69	插电式混合动力客车 Plug-in Hybrid Bus	60	
广西玉柴机器股份有限公司 Guangxi Yuchai Machinery Co., Ltd.; 潍柴西港新能源动力有限公司 Weichai Xigang New Energy Power Co., Ltd.; 康明斯公司 Cummins Company	YC4G180N-50; WP5NG180E51; B6. 7GE5 190	5200; 4980; 6700	132;132;140	—	—	51	69	插电式混合动力客车 Plug-in Hybrid Bus	71	199
	YC6J210N-50; WP6NG210E50; YC6J210N-52; B6. 7GE5 210	6494; 6750; 6494;6700	155; 155; 155;155	—	—	50	69	插电式混合动力客车 Plug-in Hybrid Bus	128	

续上表

发动机生产企业 Engine Manufacturer	发动机型号 Engine Odels	排量 displacement (mL)	功率 power (kW)	配套车型油耗 Oil Consumption of Matching Models (L/100 km)	配套车型续驶里程 Driving Mileage of Matching Models (工法况)/(Operating Condition Method,km)	配套车型续驶里程 Driving Mileage of Matching Models(等速法)/(Isokinetic Method,km)	配套车型最高车速 Maximum Speed of Matching Models (km/h)	配套车辆类型 Matching Vehicle Types	2017年配套车型产量小计 Subtotal Output of Supported Odels in 2017 (辆,vehicle)	2017年配套车型产量总计 Total Output of Supported Odels in 2017 (辆,vehicle)
潍柴动力股份有限公司 Weichai Power Co.,Ltd.; 广西玉柴机器股份有限公司 Guangxi Yuchai Machinery Co.,Ltd.	WP7.240E51; YC6J245-50	7470;6500	176;180	18.2, 18.3; 20.1, 20.2	—	55;57.8	69	插电式混合动力客车 Plug-in Hybrid Bus	150	175
	WP7.240E51; YC6J245-52	7470; 6494; 6500	176;180	19.2,19.3;19.5	—	76;82	69	插电式混合动力客车 Plug-in Hybrid Bus	24	
	WP7.300E51; YC6A300-50	7470;7520	220;221	19.5,19.6	—	75	69	插电式混合动力客车 Plug-in Hybrid Bus	1	
潍坊潍柴道依茨柴油机有限公司 Weifang Weichai Deutsch Diesel Engine Co.,Ltd.	WP6.220E50	6750	162	14.7;19	—	75;53	69	插电式混合动力客车 Plug-in Hybrid Bus	165	166
	WP6.245E50	6750	180	13.2	—	52	100	插电式混合动力客车 Plug-in Hybrid Bus	1	
广西玉柴机器股份有限公司 Guangxi Yuchai Machinery Co.,Ltd.; 潍柴西港新能源动力有限公司 Weichai Xigang New Energy Power Co. Ltd.; 上海柴油机股份有限公司 Shanghai Diesel Engine Co.,Ltd.	YC6J210N-52; WP6NG210E50; SC7HT210Q5	6494; 6750; 6440	155;155;155	—	—	95	69	插电式混合动力客车 Plug-in Hybrid Bus	160	160
广西玉柴机器股份有限公司 Guangxi Yuchai Machinery Co.,Ltd.; 潍柴西港新能源动力有限公司 Weichai Xigang New Energy Power Co.,Ltd.; 湖北函宇动力科技有限公司 Hubei Letter Power Technology Co.,Ltd	YC6J210N-52; WP7NG210E51; B6.7GE5 210	6494; 7470; 6700	155;155;155	—	—	82	69	插电式混合动力客车 Plug-in Hybrid Bus	5	159
	YC6J210N-52; WP7NG240E51; B6.7GE5 230	6494; 7470; 6700	155;177;169	—	—	89;90	69	插电式混合动力客车 Plug-in Hybrid Bus	55	
	YC6J225N-52; WP7NG240E50; B6.7GE5 230	6494; 7140; 6700	166;177;169	—	50	55	69	插电式混合动力客车 Plug-in Hybrid Bus	99	
大众一汽发动机(大连)有限公司 Volkswagen FAW Engine(Dalian)Co.,Ltd.	CPE	1984	155	2.3	50	55	210	插电式混合动力乘用车 Plug-in Hybrid Passenger Car	155	155
广西玉柴机器股份有限公司 Guangxi Yuchai Machinery Co.,Ltd.; 潍坊潍柴道依茨柴油机有限公司 Weifang Weichai Deutsch Diesel Engine Co.,Ltd.; 一汽解放汽车有限公司无锡柴油机厂 FAW Jiefang Automobile Co.,Ltd. Wuxi Diesel Engine Plant	YC6J200-52; WP6.200E50; CA6DLD-20E5	6494; 6750; 6600	147;147;149	17.5	—	51	69	插电式混合动力客车 Plug-in Hybrid Bus	1	151
	YC6J220-52; WP6.220E50; CA6DLD-22E5	6494; 6750; 6600	162;162 164	20.1	—	51	69	插电式混合动力客车 Plug-in Hybrid Bus	150	

续上表

发动机生产企业 Engine Manufacturer	发动机型号 Engine Odels	排量 displacement (mL)	功率 power (kW)	配套车型油耗 Oil Consumption of Matching Models (L/100 km)	配套车型续驶里程 Driving Mileage of Matching Models (工法况)/(Operating Condition Method, km)	配套车型续驶里程 Driving Mileage of Matching Models(等速法)/(Isokinetic Method, km)	配套车型最高车速 Maximum Speed of Matching Models (km/h)	配套车辆类型 Matching Vehicle Types	2017 年配套车型产量小计 Subtotal Output of Supported Odels in 2017 (辆, vehicle)	2017 年配套车型产量总计 Total Output of Supported Odels in 2017 (辆, vehicle)
广西玉柴机器股份有限公司 Guangxi Yuchai Machinery Co. ,Ltd. ; 潍柴西港新能源动力有限公司 Weichai Xigang New Energy Power Co. ,Ltd. ; 上海柴油机股份有限公司 Shanghai Diesel Engine Co. ,Ltd. ; 湖北函宇动力科技有限公司 Hubei Letter Power Technology Co. ,Ltd.	YC6J210N-52; WP6NG210E50; SC7HT210Q5; B6. 7GE5 210	6494; 6750; 6440;6700	155;155; 155;155	—	—	100	69	插电式混合动力客车 Plug-in Hybrid Bus	144	144
广西玉柴机器股份有限公司 Guangxi Yuchai Machinery Co. ,Ltd. ; 潍坊潍柴道依茨柴油机有限公司 Weifang Weichai Deutsch Diesel Engine Co. ,Ltd.	YC6J200-52; WP6. 200E50	6494;6750	147;147	17. 5	—	51	69	插电式混合动力客车 Plug-in Hybrid Bus	140	140
一汽解放汽车有限公司无锡柴油机厂 FAW Jiefang Automobile Co. , Ltd. Wuxi Diesel Engine Plant; 广西玉柴机器股份有限公司 Guangxi Yuchai Machinery Co. ,Ltd.	CA4DLD-18E5; YC4EG160-50	4400;4730	134;118	12. 1	—	51;52	69	插电式混合动力客车 Plug-in Hybrid Bus	118	118
菲亚特动力科技公司 FPT INDUSTRIAL S. p. A. , 广西玉柴机器股份有限公司 Guangxi Yuchai Machinery Co. ,Ltd.	F1CE0442A * C; YC4D140N-50	2998;4214	100;103	—	—	60	69	插电式混合动力客车 Plug-in Hybrid Bus	116	116
广西玉柴机器股份有限公司 Guangxi Yuchai Machinery Co. ,Ltd. ; 潍柴西港新能源动力有限公司 Weichai Xigang New Energy Power Co. ,Ltd. ; 一汽解放汽车有限公司无锡柴油机厂 FAW Jiefang Automobile Co. , Ltd. Wuxi Diesel Engine Plant; 康明斯公司 Cummins Company	YC6J210N-52; WP6NG210E50; CA6SF2-21E5N; B6. 7GE5 210	6494; 6750; 7130;6700	155;155; 158;155	—	—	51	69	插电式混合动力客车 Plug-in Hybrid Bus	110	110
一汽解放汽车有限公司无锡柴油机厂 FAW Jiefang Automobile Co. , Ltd. Wuxi Diesel Engine Plant	CA6DLD-20E5	6600	149	14. 8	—	65	69	插电式混合动力客车 Plug-in Hybrid Bus	50	102
	CA6SF2-21E5N	7130	158	—	—	65;90	69	插电式混合动力客车 Plug-in Hybrid Bus	52	
广西玉柴机器股份有限公司 Guangxi Yuchai Machinery Co. ,Ltd. ; 一汽解放汽车有限公司无锡柴油机厂 FAW Jiefang Automobile Co. , Ltd. Wuxi Diesel Engine Plant	YC6J210N-52; CA6SF2-21E5N	6494;7130	155;158	—	—	75	69	插电式混合动力客车 Plug-in Hybrid Bus	100	100

续上表

发动机生产企业 Engine Manufacturer	发动机型号 Engine Odels	排量 displacement (mL)	功率 power (kW)	配套车型油耗 Oil Consumption of Matching Models (L/100 km)	配套车型续驶里程 Driving Mileage of Matching Models (工法况)/(Operating Condition Method,km)	配套车型续驶里程 Driving Mileage of Matching Models(等速法)/(Isokinetic Method, km)	配套车型最高车速 Maximum Speed of Matching Models (km/h)	配套车辆类型 Matching Vehicle Types	2017年配套车型产量小计 Subtotal Output of Supported Odels in 2017 (辆,vehicle)	2017年配套车型产量总计 Total Output of Supported Odels in 2017 (辆,vehicle)
广西玉柴机器股份有限公司 Guangxi Yuchai Machinery Co. ,Ltd. ; 潍柴西港新能源动力有限公司 Weichai Xigang New Energy Power Co. ,Ltd. ; 一汽解放汽车有限公司无锡柴油机厂 FAW Jiefang Automobile Co. , Ltd. Wuxi Diesel Engine Plant; 湖北函宇动力科技有限公司 Hubei Letter Power Technology Co. ,Ltd.	YC6J210N-52; WP6NG210E50; CA6SF2-21E5N; B6. 7GE5 210	6494; 6750; 7130;6700	155;155; 158;155	—	—	101	69	插电式混合动力客车 Plug-in Hybrid Bus	80	80
广西玉柴机器股份有限公司 Guangxi Yuchai Machinery Co. ,Ltd. ; 潍坊潍柴道依茨柴油机有限公司 Weifang Weichai Deutsch Diesel Engine Co. ,Ltd. ; 上海柴油机股份有限公司 Shanghai Diesel Engine Co. ,Ltd. ; 东风康明斯发动机有限公司 Dongfeng Cummins Engine Co. ,Ltd.	YC6J220-52; WP6. 220E50; SC7H215Q5; ISD210 50	6494; 6750; 6440;6700	162;162; 158;155	20;20. 1	—	100;90	69	插电式混合动力客车 Plug-in Hybrid Bus	73	73
广西玉柴机器股份有限公司 Guangxi Yuchai Machinery Co. ,Ltd. ; 潍柴(潍坊)中型柴油机有限公司 Weichai(Weifang) Medium Sized Diesel Engine Co. , Ltd. ; 一汽解放汽车有限公司无锡柴油机厂 FAW Jiefang Automobile Co. , Ltd. Wuxi Diesel Engine Plant	YC6J200-52; WP6. 200E50; CA6DLD-20E5	6494; 6750; 6600	147;147; 149	18	—	100	69	插电式混合动力客车 Plug-in Hybrid Bus	13	71
	YC6J200-52; WP6. 220E50; CA6DLD-20E5; YC6J200-58	6494; 6750; 6600;6500	147;162; 149;147	14. 9	—	64	69	插电式混合动力客车 Plug-in Hybrid Bus	52	
	YC6J200-52; YC6J200-52; WP6. 200E50; CA6DLD-20E5	6494; 6494; 6750;6600	147;147; 147;149	14. 8	—	82	69	插电式混合动力客车 Plug-in Hybrid Bus	6	
广西玉柴机器股份有限公司 Guangxi Yuchai Machinery Co. ,Ltd. ; 潍坊潍柴道依茨柴油机有限公司 Weifang Weichai Deutsch Diesel Engine Co. ,Ltd. ; 上海柴油机股份有限公司 Shanghai Diesel Engine Co. ,Ltd. ; 东风康明斯发动机有限公司 Dongfeng Cummins Engine Co. ,Ltd. ; 一汽解放汽车有限公司无锡柴油机厂 FAW Jiefang Automobile Co. , Ltd. Wuxi Diesel Engine Plant	YC6J220-52; WP6. 220E50; SC7H215Q5; ISD210 50; CA6DLD-22E5	6494; 6750; 6440; 6700; 6600	162;162; 158;155;164	20	—	100	69	插电式混合动力客车 Plug-in Hybrid Bus	51	51
中汽动力(沈阳)有限公司 China Automotive Power(Shenyang) Co. ,Ltd.	CGE6SP5-21-1E	7127	158	—	—	76	69	插电式混合动力客车 Plug-in Hybrid Bus	51	51

续上表

发动机生产企业 Engine Manufacturer	发动机型号 Engine Odels	排量 displacement (mL)	功率 power (kW)	配套车型油耗 Oil Consumption of Matching Models (L/100 km)	配套车型续驶里程 Driving Mileage of Matching Models (工法况)/(Operating Condition Method,km)	配套车型续驶里程 Driving Mileage of Matching Models(等速法)/(Isokinetic Method, km)	配套车型最高车速 Maximum Speed of Matching Models (km/h)	配套车辆类型 Matching Vehicle Types	2017 年配套车型产量小计 Subtotal Output of Supported Odels in 2017 (辆,vehicle)	2017 年配套车型产量总计 Total Output of Supported Odels in 2017 (辆,vehicle)
中国第一汽车集团有限公司 China FAW Group Co. ,Ltd.	BF6M1013-22E5N	7146	165	—	—	32	69	插电式混合动力客车 Plug-in Hybrid Bus	1	44
	BF6M1013-24E5N	7146	180	—	—	52	67	插电式混合动力客车 Plug-in Hybrid Bus	35	
	CA4GC20TDH	1995	150	2. 4	50	—	200	插电式混合动力乘用车 Plug-in Hybrid Passenger Car	8	
北京福田康明斯发动机有限公司 Beijing Foton Cummins Engine Co. ,Ltd. ; 广西玉柴机器股份有限公司 Guangxi Yuchai Machinery Co. ,Ltd. ; 上海柴油机股份有限公司 Shanghai Diesel Engine Co. ,Ltd.	ISF3. 8s5168; YC4EG185-50; SC4H180. 1Q5	3760; 4730; 4295	125;136; 132	16	—	60	69	插电式混合动力客车 Plug-in Hybrid Bus	41	41
湖北云康动力科技有限公司 Hubei Yun Kang Power Technology Co. ,Ltd.	YK210-B-N5	5880	152	—	—	100	69	插电式混合动力客车 Plug-in Hybrid Bus	40	40
潍柴动力扬州柴油机有限责任公司 Weichai Power Yangzhou Diesel Engine Co. ,Ltd.	WP4. 1NG140E50	4088	103	—	—	52	69	插电式混合动力客车 Plug-in Hybrid Bus	1	39
	WP4. 1Q140E50	4088	103	12	—	56	69	插电式混合动力客车 Plug-in Hybrid Bus	38	
锐展(铜陵)科技有限公司 Rui Exhibition(Tongling)Technology Co. ,Ltd.	TN4G18T	1799	130	2. 2	52	—	185	插电式混合动力乘用车 Plug-in Hybrid Passenger Car	39	39
湖北函宇动力科技有限公司 Hubei Letter Power Technology Co. ,Ltd.	B6. 7GE5 210	6720	155	—	—	52	69	插电式混合动力客车 Plug-in Hybrid Bus	20	20
北京奔驰汽车有限公司 Beijing Benz Automotive Co. ,Ltd.	274920	1991	155	2. 8	26	—	250	插电式混合动力乘用车 Plug-in Hybrid Passenger Car	7	7
广西玉柴机器股份有限公司 Guangxi Yuchai Machinery Co. ,Ltd. ; 潍柴西港新能源动力有限公司 Weichai Xigang New Energy Power Co. ,Ltd. ; 一汽解放汽车有限公司无锡柴油机厂 FAW Jiefang Automobile Co. , Ltd. Wuxi Diesel Engine Plant	YC6J210N-52; WP6NG210E50; CA6SF2-21E5N	6494; 6750; 7130	155;155; 158	—	—	51	69	插电式混合动力客车 Plug-in Hybrid Bus	6	6
北京福田康明斯发动机有限公司 Beijing Foton Cummins Engine Co. ,Ltd. ; 广西玉柴机器股份有限公司 Guangxi Yuchai Machinery Co. ,Ltd.	ISF3. 8s5168; YC4EG185-50	3760;4730	125;136	14. 1	—	51	69	插电式混合动力客车 Plug-in Hybrid Bus	4	4
潍柴动力股份有限公司 Weichai Power Co. ,Ltd.	WP5. 200E51	4980	147	11. 8	—	52	100	插电式混合动力客车 Plug-in Hybrid Bus	1	2
	WP7. 300E51	7470	220	14. 3	—	52	100	插电式混合动力客车 Plug-in Hybrid Bus	1	

续上表

发动机生产企业 Engine Manufacturer	发动机型号 Engine Odels	排量 displacement (mL)	功率 power (kW)	配套车型油耗 Oil Consumption of Matching Models (L/100 km)	配套车型续驶里程 Driving Mileage of Matching Models (工法况)/(Operating Condition Method,km)	配套车型续驶里程 Driving Mileage of Matching Models(等速法)/(Isokinetic Method,km)	配套车型最高车速 Maximum Speed of Matching Models (km/h)	配套车辆类型 Matching Vehicle Types	2017 年配套车型产量小计 Subtotal Output of Supported Odels in 2017 (辆,vehicle)	2017 年配套车型产量总计 Total Output of Supported Odels in 2017 (辆,vehicle)
一汽解放汽车有限公司无锡柴油机厂 FAW Jiefang Automobile Co. ,Ltd. Wuxi Diesel Engine Plant; 中国重型汽车集团有限公司 China National Heavy Duty Truck Group Co. ,Ltd.	CA6SF2-23E5N; MT07. 22-50	7130;6870	173;162	—	—	51	69	插电式混合动力客车 Plug-in Hybrid Bus	2	2
2017 年配套车型产量总计(辆)/Total Output of Supported Odels in 2017(vehicle)									119035	119035

四、车载充电电机配套数量统计

Chapter 4　Statistics on Output of Vehicle On-Board Charging Motor

充电机生产企业 Manufacturer for Charger of Electric Vehicle	充电方式 Charging Mode	充电插头 Charger Plug; 插座型号 Socket Model	充电插头 Charger Plug; 插座生产企业 Socket Manufacturer	车辆名称配套车辆类型 Matching Vehicle Types	2017 年配套车型产量小计 Subtotal Output of Supported Odels in 2017 (辆,vehicle)	2017 年配套车型产量总计 Total Output of Supported Odels in 2017 (辆,vehicle)
比亚迪汽车工业有限公司 BYD Automobile Industry Co. ,Ltd.	AC	EVP-V-16A5;BCG-AVR-2A-SN	南京康尼新能源汽车零部件有限公司 Nanjing Kangni New Energy Auto Parts Co. ,Ltd. ; 深圳巴斯巴科技发展有限公司 Shenzhen Busbar Sci-Tech Development Co. ,Ltd.	插电式混合动力乘用车 Plug-in Hybrid Passenger Car	17567	106432
	AC	EVP-V-16A5;BCG-GACR-001G	比亚迪汽车工业有限公司 BYD Automobile Industry Co. ,Ltd. ; 比亚迪汽车工业有限公司 BYD Automobile Industry Co. ,Ltd.	插电式混合动力乘用车 Plug-in Hybrid Passenger Car	1	
	AC;DC	EVP-V-16A5;BCG-GACR-001G;BCG-GDCR-001G	南京康尼新能源汽车零部件有限公司 Nanjing Kangni New Energy Auto Parts Co. ,Ltd. ; 比亚迪汽车工业有限公司 BYD Automobile Industry Co. ,Ltd.	纯电动乘用车 Pure Electric Passenger Car	3454	
	DC;AC	DC:C010003;AC:HPACI-M0L2T0-0-B	DC:乐星电缆(无锡)有限公司 LS CABLE & SYSTEM(WUXI)Co. ,Ltd; AC:德尔福派克电气系统有限公司 Delphi Packard Electric Systems Co. ,Ltd.	纯电动乘用车 Pure Electric Passenger Car	4302	
	恒电流充电;恒功率充电	直流:GVL-D-750250-A1;交流:GVL-T-440063-A1	比亚迪汽车工业有限公司 BYD Automobile Industry Co. ,Ltd.	纯电动客车 Pure Electric Bus	187	
	恒功率充电;恒功率充电	交流:GVL-T-440063-A1;直流:GVL-D-750250-A1	比亚迪汽车工业有限公司 BYD Automobile Industry Co. ,Ltd.	纯电动客车 Pure Electric Bus	1093	

续上表

充电机生产企业 Manufacturer for Charger of Electric Vehicle	充电方式 Charging Mode	充电插头 Charger Plug; 插座型号 Socket Model	充电插头 Charger Plug; 插座生产企业 Socket Manufacturer	车辆名称配套车辆类型 Matching Vehicle Types	2017 年配套车型产量小计 Subtotal Output of Supported Odels in 2017 (辆,vehicle)	2017 年配套车型产量总计 Total Output of Supported Odels in 2017 (辆,vehicle)
比亚迪汽车工业有限公司 BYD Automobile Industry Co. ,Ltd.	恒流充电;恒功率充电	直流充电插座:BCG-GDCR-001G; 交流充电插座:BCG-GACR-001G	交流插头:—;插座:比亚迪汽车工业有限公司 BYD Automobile Industry Co. ,Ltd.	纯电动乘用车 Pure Electric Passenger Car	5333	106432
	交流充电 + 直流充电	交流插头:—;插座:GVL-T-440063-A1; 直流插头:—;插座:GVL-D-750250-A1	交流插头:—;插座:比亚迪汽车工业有限公司 BYD Automobile Industry Co. ,Ltd; 直流插头:—;插座:比亚迪汽车工业有限公司 BYD Automobile Industry Co. ,Ltd.	纯电动专用车 Pure Electric Special Car	10	
	交流充电模式 2 连接方式 B	EVP-V-16A5;BCG-AVR-2C-TN-0020	南京康尼科技实业有限公司 Nanjing Kangni Technology Industry Co. ,Ltd. ; 深圳巴斯巴科技发展有限公司 Shenzhen Busbar Sci-Tech Development Co. ,Ltd.	插电式混合动力乘用车 Plug-in Hybrid Passenger Car	80	
	恒功率充电	DQ-9Z(125A-750V)-20-A01; EVP-V-16A5/BCG-GACR-001G;	中航光电科技股份有限公司 Avic Jonhon Optronic Technology Co. ,Ltd. ; 南京康尼新能源汽车零部件有限公司 Nanjing Kangni New Energy Auto Parts Co. ,Ltd. 比亚迪汽车工业有限公司 BYD Automobile Industry Co. ,Ltd.	纯电动专用车 Pure Electric Special Car	300	
	恒功率充电	EVP-V-16A5;BCG-GACR-001G; DQ-9Z(125A-750V)-20-A01	南京康尼新能源汽车零部件有限公司 Nanjing Kangni New Energy Auto Parts Co. ,Ltd. ; 比亚迪汽车工业有限公司 BYD Automobile Industry Co. ,Ltd; 中航光电科技股份有限公司 Avic Jonhon Optronic Technology Co. ,Ltd.	纯电动乘用车 Pure Electric Passenger Car	32	
	恒功率充电	EVP-V-16A5;BCG-AVR-2A-SN	南京康尼新能源汽车零部件有限公司 Nanjing Kangni New Energy Auto Parts Co. ,Ltd. ; 深圳巴斯巴科技发展有限公司 Shenzhen Busbar Sci-Tech Development Co. ,Ltd.	插电式混合动力乘用车 Plug-in Hybrid Passenger Car	30820	
	恒功率充电	EVP-V-16A5/BCG-AVR-2A-SN; GVC-S-250032-A1/GVL-S-250032-A1	南京康尼新能源汽车零部件有限公司 Nanjing Kangni New Energy Auto Parts Co. ,Ltd. ; 深圳巴斯巴科技发展有限公司 Shenzhen Busbar Sci-Tech Development Co. ,Ltd. ; 比亚迪汽车工业有限公司 BYD Automobile Industry Co. ,Ltd.	插电式混合动力乘用车 Plug-in Hybrid Passenger Car	4022	
	恒功率充电	GVC-S-250032-A1;GVL-S-250032-A1	比亚迪汽车工业有限公司 BYD Automobile Industry Co. ,Ltd.	插电式混合动力乘用车 Plug-in Hybrid Passenger Car	4038	
	恒功率充电	交流:GVL-T-440063-A1;直流:GVL-D-750250-A1	比亚迪汽车工业有限公司 BYD Automobile Industry Co. ,Ltd.	纯电动客车 Pure Electric Bus	8605	

续上表

充电机生产企业 Manufacturer for Charger of Electric Vehicle	充电方式 Charging Mode	充电插头 Charger Plug; 插座型号 Socket Model	充电插头 Charger Plug; 插座生产企业 Socket Manufacturer	车辆名称配套车辆类型 Matching Vehicle Types	2017 年配套车型产量小计 Subtotal Output of Supported Odels in 2017 (辆,vehicle)	2017 年配套车型产量总计 Total Output of Supported Odels in 2017 (辆,vehicle)
比亚迪汽车工业有限公司 BYD Automobile Industry Co. ,Ltd.	恒功率充电	交流充电插头:EVP-V-16A5 交流充电插座:BCG-GACR-001G;GVL-T-440063-A1 直流充电插座:DQ-9Z(125A-750V)-20-A01;GVL-D-750125-A1	交流插头:南京康尼新能源汽车零部件有限公司 Nanjing Kangni New Energy Auto Parts Co. ,Ltd. 交流插座:比亚迪汽车工业有限公司 BYD Automobile Industry Co. ,Ltd 直流插座:中航光电科技股份有限公司 Avic Jonhon Optronic Technology Co. ,Ltd. ; 比亚迪汽车工业有限公司 BYD Automobile Industry Co. ,Ltd.	纯电动乘用车 Fure Electric Passenger Car	10	106432
	恒功率充电	交流充电插头:EVP-V-16A5; 交流充电插座:BCG-GACR-001G; 直流充电插座:DQ-9Z(125A-750V)-20-A01	南京康尼新能源汽车零部件有限公司 Nanjing Kangni New Energy Auto Parts Co. ,Ltd. ; 比亚迪汽车工业有限公司 BYD Automobile Industry Co. ,Ltd; 中航光电科技股份有限公司 Avic Jonhon Optronic Technology Co. ,Ltd.	纯电动专用车 Fure Electric Special Car	138	
	恒功率充电;恒电流充电	交流:GVL-T-440063-A1;直流:GVL-D-750250-A1	比亚迪汽车工业有限公司 BYD Automobile Industry Co. ,Ltd.	纯电动客车 Fure Electric Bus	976	
	恒功率充电;恒流充电	交流:GVL-T-440063-A1;直流:GVL-D-750250-A1	比亚迪汽车工业有限公司 BYD Automobile Industry Co. ,Ltd.	纯电动客车 Fure Electric Bus	1859	
	恒流充电	直流插座:DQ-9Z(125A-750V)-20-A01; 交流插座:BCG-GACR-001G; 充电插头:EVP-V-16A5	直流插座:中航光电科技股份有限公司 Avic Jonhon Optronic Technology Co. ,Ltd. ; 交流插座:比亚迪汽车工业有限公司 BYD Automobile Industry Co. ,Ltd; 充电插头:南京康尼新能源汽车零部件有限公司 Nanjing Kangni New Energy Auto Parts Co. ,Ltd.	纯电动乘用车 Pure Electric Passenger Car	14459	
	恒流充电	直流插座:DQ-9Z(125A-750V)-20-A01; 交流插座:BCG-GACR-001G; 充电插头:EVP-V-16A5; 充电插头:GVC-S-250032-A1; 交流插座:GVL-S-250032-A1	直流插座:中航光电科技股份有限公司 Avic Jonhon Optronic Technology Co. ,Ltd. ; 交流插座:比亚迪汽车工业有限公司 BYD Automobile Industry Co. ,Ltd; 充电插头:南京康尼新能源汽车零部件有限公司 Nanjing Kangni New Energy Auto Parts Co. ,Ltd. ; 充电插头:比亚迪汽车工业有限公司 BYD Automobile Industry Co. ,Ltd.	纯电动乘用车 Pure Electric Passenger Car	8188	
	交流充电	EVA080KG-300;BCG-AVR-1C-TN	南京康尼新能源汽车零部件有限公司 Nanjing Kangni New Energy Auto Parts Co. ,Ltd. ; 深圳巴斯巴科技发展有限公司 Shenzhen Busbar Sci-Tech Development Co. ,Ltd.	纯电动专用车 Pure Electric Special Car	16	
	交流充电	交流:KD2-2105820;KD2-2105810	交流插头:—;插座:比亚迪汽车工业有限公司 BYD Automobile Industry Co. ,Ltd.	纯电动专用车 Pure Electric Special Car	1	
	交流充电	插头:—;插座:GVL-T-440063-A1	交流插头:—;插座:比亚迪汽车工业有限公司 BYD Automobile Industry Co. ,Ltd.	纯电动专用车 Pure Electric Special Car	298	

续上表

充电机生产企业 Manufacturer for Charger of Electric Vehicle	充电方式 Charging Mode	充电插头 Charger Plug; 插座型号 Socket Model	充电插头 Charger Plug; 插座生产企业 Socket Manufacturer	车辆名称配套车辆类型 Matching Vehicle Types	2017 年配套车型产量小计 Subtotal Output of Supported Odels in 2017 (辆,vehicle)	2017 年配套车型产量总计 Total Output of Supported Odels in 2017 (辆,vehicle)
比亚迪汽车工业有限公司 BYD Automobile Industry Co. ,Ltd.	交流充电	交流插头:—;插座:GVL-T-440063-A1	交流插头:—;插座:比亚迪汽车工业有限公司 BYD Automobile Industry Co. ,Ltd.	纯电动专用车 Pure Electric Special Car	40	106432
	交流充电;直流充电	交流插座:GVL-T-440063-A1; 直流插座:BCG-DVR-1D-000X; BCG-DVR-2D-000X; GVL-D-750125-A1	交流插座:比亚迪汽车工业有限公司 BYD Automobile Industry Co. ,Ltd; 直流插座:深圳巴斯巴科技发展有限公司 Shenzhen Busbar Sci-Tech Development Co. ,Ltd. ; 比亚迪汽车工业有限公司 BYD Automobile Industry Co. ,Ltd.	纯电动专用车 Pure Electric Special Car	1	
	交流充电;直流充电	交流:GVL-T-440063-A1 直流:BCG-DVR-1D-000X; BCG-DVR-2D-000X; GVL-D-750125-A1	交流:比亚迪汽车工业有限公司 BYD Automobile Industry Co. ,Ltd; 直流:深圳巴斯巴科技发展有限公司 Shenzhen Busbar Sci-Tech Development Co. ,Ltd. ; 比亚迪汽车工业有限公司 BYD Automobile Industry Co. ,Ltd.	纯电动专用车 Pure Electric Special Car	5	
	交流充电;直流充电	交流插头:—;插座:GVL-T-440063-A1; 直流插头:—;插座:GVL-D-750250-A1	交流插头:—;插座:比亚迪汽车工业有限公司 BYD Automobile Industry Co. ,Ltd; 直流插头:—;插座:比亚迪汽车工业有限公司 BYD Automobile Industry Co. ,Ltd.	纯电动专用车 Pure Electric Special Car	341	
	交流充电;直流充电	交流:GVL-T-440063-A1 直流:GVL-D-750250-A1	交流:比亚迪汽车工业有限公司 BYD Automobile Industry Co. ,Ltd; 直流:比亚迪汽车工业有限公司 BYD Automobile Industry Co. ,Ltd.	纯电动专用车 Pure Electric Special Car	25	
	交流充电;直流充电	交流插座:GVL-T-440063-A1; 直流插座:BCG-DVR-1D-000X; BCG-DVR-2D-000X	交流插座:比亚迪汽车工业有限公司 BYD Automobile Industry Co. ,Ltd; 直流插座:深圳巴斯巴科技发展有限公司 Shenzhen Busbar Sci-Tech Development Co. ,Ltd.	纯电动专用车 Pure Electric Special Car	132	
	交流充电;直流充电	交流插头:—;交流插座:GVL-T-440063-A1; 直流插头:—;直流插座:BCG-DVR-1D-000X; BCG-DVR-2D-000X	交流插头:—;交流插座:比亚迪汽车工业有限公司 BYD Automobile Industry Co. ,Ltd; 直流插头:—;直流插座:深圳巴斯巴科技发展有限公司 Shenzhen Busbar Sci-Tech Development Co. ,Ltd.	纯电动专用车 Pure Electric Special Car	99	
北京新能源汽车股份有限公司 Beijing Electric Vehicle Co. ,Ltd.	恒流充电	YGC691C-EV-P7(5)P-16/YGC691C-EV-S7(5)RA-T-16; F08-660150-020/F08-660051-04L	四川永贵科技有限公司 Sichuan Yonggui Science and Technology Co. ,Ltd. ; 乐清市八达光电科技股份有限公司 Yueqing Bada Photoelectric Polytron Technologies Inc.	纯电动乘用车 Pure Electric Passenger Car	61584	97947
	恒流充电	YGC691C-EV-P7(5)P-16/YGC691C-EV-S7(5)RA-T-16; F08-660150-020/F08-660051-04L; L61-B836-07P-016/L61-B1690-07S-016	四川永贵科技有限公司 Sichuan Yonggui Science and Technology Co. ,Ltd. ; 乐清市八达光电科技股份有限公司 Yueqing Bada Photoelectric Polytron Technologies Inc. ; 惠州领先精密科技有限公司 Huizhou Lingxian Precise Technology Co. ,Ltd.	纯电动乘用车 Pure Electric Passenger Car	853	

续上表

充电机生产企业 Manufacturer for Charger of Electric Vehicle	充电方式 Charging Mode	充电插头 Charger Plug; 插座型号 Socket Model	充电插头 Charger Plug; 插座生产企业 Socket Manufacturer	车辆名称配套车辆类型 Matching Vehicle Types	2017年配套车型产量小计 Subtotal Output of Supported Odels in 2017 (辆,vehicle)	2017年配套车型产量总计 Total Output of Supported Odels in 2017 (辆,vehicle)
北京新能源汽车股份有限公司 Beijing Electric Vehicle Co. ,Ltd.	恒流充电	YGC691C-EV-P7(5)P-16/YGC691C-EV-S7(5)RA-T-16; F08-660150-020/F08-660051-04L; L61-B836-07P-016/L61-B1690-07S-016	四川永贵科技有限公司 Sichuan Yonggui Science and Technology Co. ,Ltd. ; 四川永贵科技有限公司 Sichuan Yonggui Science and Technology Co. ,Ltd. ; 乐清市八达光电科技股份有限公司 Yueqing Bada Photoelectric Polytron Technologies Inc 乐清市八达光电科技股份有限公司 Yueqing Bada Photoelectric Polytron Technologies Inc. ; 惠州领先精密科技有限公司 Huizhou Lingxian Precise Technology Co. ,Ltd.	纯电动专用车 Pure Electric Special Car	2650	97947
	恒流充电	快充:车辆插座:BJEV-DVRS-2P-00125; 车辆插座:BJEV-DVSS-2P-00125 慢充:车辆插头:BJEV-AVSP-1P-0016; 车辆插座:BJEV-AVLS-1P-0016	北京新能源汽车股份有限公司 Beijing Electric Vehicle Co. ,Ltd.	纯电动乘用车 Pure Electric Passenger Car	502	
	先恒功率后恒压限流	BCG-AVP-4B-S-003/BJEV-AVSS-1P-0232; BJEV- AVSP-1P-0016/BJEV-AVRS-1P-0016;BJEV-AVSP-1P-0232/BJEV-AVSS-1P-0232	深圳巴斯巴科技发展有限公司 Shenzhen Busbar Sci-Tech Development Co. ,Ltd. ; 北京新能源汽车股份有限公司 Beijing Electric Vehicle Co. ,Ltd.	纯电动乘用车 Pure Electric Passenger Car	100	
	先恒功率后恒压限流	BJEV-AVSP-1P-0016/BJEV-AVRS-1P-0016; BJEV- AVSP-1P-0232/BJEV-AVSS-1P-0232; BCG-AVP-4B-S-003/BJEV-AVSS-1P-0032;BCG-AVP-4B-S-003/BCG-AVR-2B-SN-0015	深圳巴斯巴科技发展有限公司 Shenzhen Busbar Sci-Tech Development Co. ,Ltd. ; 北京新能源汽车股份有限公司 Beijing Electric Vehicle Co. ,Ltd.	纯电动乘用车 Pure Electric Passenger Car	693	
	先恒功率后恒压限流	BJEV-DVLS-2P-00125; BJEV-AVSS-1P-0232/BJEV- AVSP-1P-0232	北京新能源汽车股份有限公司 Beijing Electric Vehicle Co. ,Ltd.	纯电动专用车 Pure Electric Special Car	131	
	先恒功率后恒压限流	BCG-AVP-4B-S-003/BCG-AVR-1B-SN-0015	深圳巴斯巴科技发展有限公司 Shenzhen Busbar Sci-Tech Development Co. ,Ltd.	纯电动乘用车 Fure Electric Passenger Car	15	
	先恒功率后恒压限流	BJEV-AVSP-1P-0016/BJEV-AVRS-1P-0016; BJEV-AVSP-1P-0232/BJEV-AVSS-1P-0232	北京新能源汽车股份有限公司 Beijing Electric Vehicle Co. ,Ltd.	纯电动乘用车 Fure Electric Passenger Car	14263	
	先恒流充电、后恒压限流	慢充:BJEV-AVSP-1P-0016/BJEV-AVLS-1P-0016; 快充插座:BJEV-DVLS-2P-00125	慢充:北京新能源汽车股份有限公司 Beijing Electric Vehicle Co. ,Ltd. ; 快充座:北京新能源汽车股份有限公司 Beijing Electric Vehicle Co. ,Ltd.	纯电动乘用车 Fure Electric Passenger Car	17156	
杭州铁城信息科技有限公司 Hangzhou Tiecheng Information Technology Co. ,Ltd. ; 杭州富特科技股份有限公司 Hangzhou Fat Polytron Technologies Inc.	车载式	插头:V2C-DSI-EV16P/V2Z-DSI-EV16P;插座:V2C-DSI-GEL-EV32S/V2-DSD-G-EV125S; 插头:V2C-DSI-EV32P;插座:V2C-DSI-EV32S	苏州工业园区多思达科技有限公司 Suzhou Industrial Park Duosida Technology Co. ,Ltd.	纯电动专用车 Pure Electric Special Car	18	40074
	恒流充电	BCG-AVP-1A/BCG-AVR-1A; NDQC-7T (16A-250/440V)/NDQC-7Z(16A-250/440V)-)	深圳巴斯巴科技发展有限公司 Shenzhen Busbar Sci-Tech Development Co. ,Ltd. ; 中航光电科技股份有限公司 Avic Jonhon Optronic Technology Co. ,Ltd.	纯电动乘用车 Pure Electric Passenger Car	3781	

续上表

充电机生产企业 Manufacturer for Charger of Electric Vehicle	充电方式 Charging Mode	充电插头 Charger Plug; 插座型号 Socket Model	充电插头 Charger Plug; 插座生产企业 Socket Manufacturer	车辆名称配套车辆类型 Matching Vehicle Types	2017 年配套车型产量小计 Subtotal Output of Supported Odels in 2017 (辆,vehicle)	2017 年配套车型产量总计 Total Output of Supported Odels in 2017 (辆,vehicle)
杭州铁城信息科技有限公司 Hangzhou Tiecheng Information Technology Co. ,Ltd. ; 杭州富特科技股份有限公司 Hangzhou Fat Polytron Technologies Inc.	恒流充电	HVCO-M16/HVCO-F16; XP01-C-V1/XR02-C-V1; NDQC-7T(16A-250/440V)/NDQC-7Z(16A-250/440V)-0	成都晨风绿能电气技术有限公司 Chengdu Chieflead Electrical Technology Co. ,Ltd. ; 深圳巴斯巴科技发展有限公司 Shenzhen Busbar Sci-Tech Development Co. ,Ltd. ; 中航光电科技股份有限公司 Avic Jonhon Optronic Technology Co. ,Ltd.	纯电动乘用车 Pure Electric Passenger Car	3	40074
	恒流充电	XP01-C-V1/XR02-C-V1;NDQC-7T(16A-250/440V)/NDQC-7Z(16A-250/440V)-0	深圳巴斯巴科技发展有限公司 Shenzhen Busbar Sci-Tech Development Co. ,Ltd. ; 中航光电科技股份有限公司 Avic Jonhon Optronic Technology Co. ,Ltd.	纯电动乘用车 Pure Electric Passenger Car	3	
	恒流充电	V2C-DSI-EV16P/V2C-DSI-GEL-EV16S; BCG-AVP-1A/BCG-AVR-1A-SN;NDQC-7T(16A-250/440V)/NDQC-7Z(16A-250/440V)-0	苏州工业园区多思达科技有限公司 Suzhou Industrial Park Duosida Technology Co. ,Ltd. ; 深圳巴斯巴科技发展有限公司 Shenzhen Busbar Sci-Tech Development Co. ,Ltd. ; 中航光电科技股份有限公司 Avic Jonhon Optronic Technology Co. ,Ltd.	纯电动乘用车 Pure Electric Passenger Car	34408	
	交流慢充、直流快充	交流慢充:RAC-TI16K-5A/RAC-ZI16F2-2A; 直流快充:RDC-TI125/RDC-ZI125	苏州瑞可达连接系统股份有限公司 Suzhou Recodeal Interconnect System Co. ,Ltd; 苏州瑞可达连接系统股份有限公司 Sichuan Recodeal Interconnect System Co. ,Ltd.	纯电动专用车 Pure Electric Special Car	1212	
	恒压限流充电、恒流充电	插头:HV18-ACT-1B-25-4000,插座:HV18-ACZ-12-25-3600-TG; 插头:LDAC3032GT,插座:LDAC-032LGZ	临沂市海纳电子有限公司 Linyi Haina Electronics Co. ,Ltd. ; 山东龙立电子有限公司 Shandong Longli Electronic Co. ,Ltd.	纯电动乘用车 Pure Electric Passenger Car	362	
	先恒流后恒压式充电	慢充: HVCOM + HVCOF 16A250VAC,(EVP-3-16A5/EVS-V-16A5-C),(-/BCG-AVR-aA-SN-000X 16A250VAC),(DYL16-7TJ/DYL16-7ZK) 快充:(HVCOM + HVCOF 250A 750VDC),(EVS-4-250D9-S),(BCG-DVP-14V-DN-00X + BCG-DVR-1E-000X 250A 750DC	慢充:安费诺精密连接器(深圳)有限公司 Amphenol PCD Shenzhen Co. ,Ltd. ; 南京康尼新能源汽车零部件有限公司 Nanjing Kangni New Energy Auto Parts Co. ,Ltd. ; 深圳巴斯巴科技发展有限公司 Shenzhen Busbar Sci-Tech Development Co. ,Ltd. ; 浙江中杭电子有限公司 Zhejiang Zhonghang Electronic Co. ,Ltd. ; 快充:安费诺精密连接器(深圳)有限公司 Amphenol PCD Shenzhen Co. ,Ltd. ; 南京康尼新能源汽车零部件有限公司 Nanjing Kangni New Energy Auto Parts Co. ,Ltd. ; 深圳巴斯巴科技发展有限公司 Shenzhen Busbar Sci-Tech Development Co. ,Ltd.	纯电动专用车 Pure Electric Special Car	287	
杭州铁城信息科技有限公司 Hangzhou Tiecheng Information Technology Co. ,Ltd.	CAN 功能智能充电	交流车辆插座:DYL16-7ZK;交流车辆插头:DYL16-7TJ; 直流车辆插座:DYL21-9ZK	浙江中杭电子有限公司 Zhejiang Zhonghang Electronic Co. ,Ltd.	纯电动专用车 Pure Electric Special Car	25	35971
	插电式	YDG16-SAV-P1/YDG16-SAV-S1-N1	苏州怡达新能源科技有限公司 Suzhou Yida New Energy Technology Co. ,Ltd.	纯电动乘用车 Pure Electric Passenger Car	3091	

续上表

充电机生产企业 Manufacturer for Charger of Electric Vehicle	充电方式 Charging Mode	充电插头 Charger Plug; 插座型号 Socket Model	充电插头 Charger Plug; 插座生产企业 Socket Manufacturer	车辆名称配套车辆类型 Matching Vehicle Types	2017 年配套车型产量小计 Subtotal Output of Supported Odels in 2017 (辆,vehicle)	2017 年配套车型产量总计 Total Output of Supported Odels in 2017 (辆,vehicle)
杭州铁城信息科技有限公司 Hangzhou Tiecheng Information Technology Co. ,Ltd.	插接式	YGC505-EV-P7P/2, YGC505EV-S7R/2; YGC349-EV-P9P/5, YGC349-EV-S9RC/5	四川永贵科技有限公司 Sichuan Yonggui Science and Technology Co. ,Ltd.	纯电动专用车 Pure Electric Special Car	1	35971
	单相交流	XP01-C-V1/XR02-C-V2	深圳巴斯巴科技发展有限公司 Shenzhen Busbar Sci-Tech Development Co. ,Ltd.	纯电动专用车 Pure Electric Special Car	1	
	国标交流慢充	插头:V2C-DSI-EV16P,插座:V2C-DSI-G-EV16S	张家港友诚科技机电有限公司 Zhangjiagang Youcheng Technology Electromechanical Co. ,Ltd.	纯电动专用车 Pure Electric Special Car	171	
	恒流充电、恒压充电	NV2C-DSI-GEL-EV16S,NV2-DSD-G-EV125S	苏州工业园区多思达科技有限公司 Suzhou Industrial Park Duosida Technology Co. ,Ltd. ; 苏州工业园区多思达科技有限公司 Suzhou Industrial Park Duosida Technology Co. ,Ltd.	纯电动专用车 Pure Electric Special Car	21	
	恒流充电转恒压充电	V2C-DSI-EV16P(慢充插头)/NV4C-DSI-GEL-EV32S(慢充插座),EVS-4-200D9-GS(快充插座)	苏州工业园区多思达科技有限公司 Suzhou Industrial Park Duosida Technology Co. ,Ltd. ; 南京康尼新能源汽车零部件有限公司 Nanjing Kangni New Energy Auto Parts Co. ,Ltd.	纯电动专用车 Pure Electric Special Car	108	
	恒流限压,恒压限流	NDQ-9Z(125A-750V)-0	中航光电科技股份有限公司 Avic Jonhon Optronic Technology Co. ,Ltd.	纯电动乘用车 Pure Electric Passenger Car	195	
	恒压恒流	DYL16-7TJ/DYL16-7ZK,DYL21-9TJ-125A/DYL21-9ZK-125A	浙江中杭电子有限公司 Zhejiang Zhonghang Electronic Co. ,Ltd.	纯电动乘用车 Pure Electric Passenger Car	1	
	交流	V2CZ-DSI-EV32-2P-5C	苏州工业园区多思达科技有限公司 Suzhou Industrial Park Duosida Technology Co. ,Ltd.	纯电动专用车 Pure Electric Special Car	1	
	快充、慢充	交流插座: NDQC-7Z(16A-250/440V)-L 交流插头 NDQC-7T(16A-250/440V)直流插座:NDQ-9Z(125A-750V)-L 直流插头 NDQ-9T(125A-750V)-E	中航光电科技股份有限公司 Avic Jonhon Optronic Technology Co. ,Ltd.	纯电动专用车 Pure Electric Special Car	5	
	慢充、快充	M2 充电连接总成 1060-PSE-16-XC-NS/M3 充电连接总成 1040-1060-16-XC/交流充电插座 NV4C-DSI-GEL-EV16S/直流充电插座 NV2-DSD-G-EV80S	苏州工业园区多思达科技有限公司 Suzhou Industrial Park Duosida Technology Co. ,Ltd.	纯电动乘用车 Pure Electric Passenger Car	1964	
	慢充和快充	慢充:2107200X5050 充电插头总成/2107300X5050 充电插座总成; 快充:2107500X5050 充电插头/2107700X5050 直流插座	苏州工业园区多思达科技有限公司 Suzhou Industrial Park Duosida Technology Co. ,Ltd.	纯电动专用车 Pure Electric Special Car	5	
	先恒流、后恒压限流	CP32/CS32	安费诺-泰姆斯(常州)通讯设备有限公司 Anfano-timms(Changzhou)Communications Equipment Co. ,Ltd.	纯电动专用车 Pure Electric Special Car	18	
	先恒流限压再恒压限流	充电插头:V4C-DSI-EV32P/充电插座:V4C-DSI-GEL-EV32S,充电插头:YGC691G/C-EV-P7(5)P/PW-32/充电插座:YGC691C-EV-S7(5)RA-T-32	张家港友诚科技机电有限公司 Zhangjiagang Youcheng Technology Electromechanical Co. ,Ltd. ; 四川永贵科技有限公司 Sichuan Yonggui Science and Technology Co. ,Ltd.	纯电动专用车 Pure Electric Special Car	81	

续上表

充电机生产企业 Manufacturer for Charger of Electric Vehicle	充电方式 Charging Mode	充电插头 Charger Plug;插座型号 Socket Model	充电插头 Charger Plug;插座生产企业 Socket Manufacturer	车辆名称配套车辆类型 Matching Vehicle Types	2017 年配套车型产量小计 Subtotal Output of Supported Odels in 2017 (辆,vehicle)	2017 年配套车型产量总计 Total Output of Supported Odels in 2017 (辆,vehicle)
杭州铁城信息科技有限公司 Hangzhou Tiecheng Information Technology Co. ,Ltd.	先恒流再恒功率最后恒压,在充电的不同阶段会出现恒流或恒压 2 种充电方式,恒功率充电;在充电的不同阶段会出现恒流、恒功率、恒压 3 种充电方式	交流插头:XP01-C-V1,交流插座:XR02-C-V1,直流插座:XR61-C-V2,车辆插头:RAC-TI16K-5A,车辆插座:RAC-ZI16F2-2A,车辆插座:RDC-ZI125	深圳巴斯巴科技发展有限公司 Shenzhen Busbar Sci-Tech Development Co. ,Ltd. ; 苏州瑞可达连接系统股份有限公司 Sichuan Recodeal Interconnect System Co. ,Ltd.	纯电动专用车 Pure Electric Special Car	650	35971
	先恒流再恒压方式充电	YGC762-EV-S9RA-125	四川永贵科技有限公司 Sichuan Yonggui Science and Technology Co. ,Ltd.	纯电动专用车 Pure Electric Special Car	683	
	直流充电	车辆插座:RDC-ZI125,车辆插头 DC1-XTI125-35	苏州瑞可达连接系统股份有限公司 Sichuan Recodeal Interconnect System Co. ,Ltd.	纯电动专用车 Pure Electric Special Car	1	
	直流快充	YGC762-EV-S9RA-125	四川永贵科技有限公司 Sichuan Yonggui Science and Technology Co. ,Ltd.	纯电动专用车 Pure Electric Special Car	2	
	车辆支持直流快充和交流慢充。直流快充是恒流充电,交流慢充是先恒压再恒流	慢充插座:NDQC-7Z(16A-250/440V)-L;慢充插头:NDQC-7T(16A-250/440V);快充插座:NDQ-9Z(125A-750V)-L;双头慢充连接其型号:车辆端 NDQC-7T-(16A-250/440V);供电端 NDQG-7T-(16A-250/440V)	中航光电科技股份有限公司 Avic Jonhon Optronic Technology Co. ,Ltd.	纯电动专用车 Pure Electric Special Car	77	
	车载先恒流、再恒压	CP16E/CSEV32;CS06	安费诺汽车连接系统(常州)有限公司 Anfano Auto Link System(Changzhou)Co. ,Ltd.	纯电动乘用车 Pure Electric Passenger Car	41	
	车载先恒流、再恒压	F08-520150-040;F08-620000-000	乐清市八达光电科技股份有限公司 Yueqing Bada Photoelectric Polytron Technologies Inc.	纯电动乘用车 Pure Electric Passenger Car	58	
	车载先恒流、再恒压	交流:1060-PSE-16-XC-NS/NV3C-DSI-G-EV16S;直流:NV2-DSD-G-EV125S	张家港友诚科技机电有限公司 Zhangjiagang Youcheng Technology Electromechanical Co. ,Ltd.	纯电动乘用车 Pure Electric Passenger Car	1	
	车载先恒流、再恒压	RDC-ZI125;NDQ-9Z(125A-750V)-L	苏州瑞可达连接系统股份有限公司 Sichuan Recodeal Interconnect System Co. ,Ltd. ; 中航光电科技股份有限公司 Avic Jonhon Optronic Technology Co. ,Ltd.	纯电动乘用车 Pure Electric Passenger Car	13	
	车载先恒流、再恒压	慢充:RAC-2TI32/RAC-ZI32F; 快充插座:RDC-ZI125;EVS-4-125D9-S	慢充:苏州瑞可达连接系统股份有限公司 Sichuan Recodeal Interconnect System Co. ,Ltd; 快充:苏州瑞可达连接系统股份有限公司 Sichuan Recodeal Interconnect System Co. ,Ltd; 南京康尼新能源汽车零部件有限公司 Nanjing Kangni New Energy Auto Parts Co. ,Ltd.	纯电动乘用车 Pure Electric Passenger Car	142	
	车载先恒流、再恒压	直流充电插枪:YGC349-EV-P9P/5;直流充电插座:YGC349-EV-S9RC/5; 交流充电插座:YGC505-EV-S7R/2;交流充电插枪:YGC505-EV-P7P/2	四川永贵科技有限公司 Sichuan Yonggui Science and Technology Co. ,Ltd.	纯电动专用车 Pure Electric Special Car	148	

续上表

充电机生产企业 Manufacturer for Charger of Electric Vehicle	充电方式 Charging Mode	充电插头 Charger Plug; 插座型号 Socket Model	充电插头 Charger Plug; 插座生产企业 Socket Manufacturer	车辆名称配套车辆类型 Matching Vehicle Types	2017 年配套车型产量小计 Subtotal Output of Supported Odels in 2017 (辆,vehicle)	2017 年配套车型产量总计 Total Output of Supported Odels in 2017 (辆,vehicle)
杭州铁城信息科技有限公司 Hangzhou Tiecheng Information Technology Co. ,Ltd.	车载先恒流、再恒压	直流充电插座:YGC762-EV-S9RA-125; 交流充电插座:YGC691C-EV-S7(5)RA-T-16;交流充电插枪:YGC691C-EV-P7(5)P-16	四川永贵科技有限公司 Sichuan Yonggui Science and Technology Co. ,Ltd.	纯电动专用车 Pure Electric Special Car	405	35971
	车载先恒流、再恒压	CP16E004;CS16;CS06;HVCO-M16/HVCO-F16;HVCO-M125/HVCO-F125	安费诺汽车连接系统(常州)有限公司 Anfano Auto Link System(Changzhou)Co. ,Ltd; 成都晨风绿能电气技术有限公司 Chengdu Chieflead Electrical Technology Co. ,Ltd.	纯电动专用车 Pure Electric Special Car	254	
	车载先恒流、再恒压	直流充电插座:BENT-DC80-CZ9;直流充电插座:KEC-DC-125-G9; 交流充电插头/插座:BENT-AC-CT5/BENT-AC16-CZ5;交流充电插头/插座:KEC-AC-016-F5/KEC-AC-016-G5	江苏贝恩特汽配科技有限公司 Jiangsu Bainte Auto Parts Technology Co. ,Ltd; 浙江凯业新能源科技有限公司 Zhejiang Kaiye New Energy Technology Co. ,Ltd.	纯电动专用车 Pure Electric Special Car	505	
	车载先恒流、再恒压	慢充: EVP-3-16A5/EVS-V-16A5-SC; EVP-V-16A5/EVS-V-16A5-SC16A 250VAC; EVP-V-32A5/EVS-V-32A5-SC 32A 250VAC; RAC-TI16-5A/RAC-ZI16F-2A; RAC-2TI32/RAC-ZI32F; 快充:EVS-4-250D9-S;RDC-TI250/RDC-ZI250	慢充:南京康尼新能源汽车零部件有限公司 Nanjing Kangni New Energy Auto Parts Co. ,Ltd. ; 苏州瑞可达连接系统股份有限公司 Sichuan Recodeal Interconnect System Co. ,Ltd; 快充:南京康尼新能源汽车零部件有限公司 Nanjing Kangni New Energy Auto Parts Co. ,Ltd. ; 苏州瑞可达连接系统股份有限公司 Sichuan Recodeal Interconnect System Co. ,Ltd.	纯电动专用车 Pure Electric Special Car	134	
	车载先恒流、再恒压	慢充:RAC-2TI32/RAC-ZI32F;快充插座:RDC-ZI125;EVS-4-125D9-S	慢充:苏州瑞可达连接系统股份有限公司 Sichuan Recodeal Interconnect System Co. ,Ltd; 快充:苏州瑞可达连接系统股份有限公司 Sichuan Recodeal Interconnect System Co. ,Ltd; 南京康尼新能源汽车零部件有限公司 Nanjing Kangni New Energy Auto Parts Co. ,Ltd.	纯电动专用车 Pure Electric Special Car	6037	
	恒流充电	BCG-AVP-1A/BCG-AVR-1A; NDQC-7T (16A-250/440V)/NDQC-7Z(16A-250/440V)-0	深圳巴斯巴科技发展有限公司 Shenzhen Busbar Sci-Tech Development Co. ,Ltd. ; 中航光电科技股份有限公司 Avic Jonhon Optronic Technology Co. ,Ltd.	纯电动乘用车 Pure Electric Passenger Car	141	
	恒流充电	BCG-AVP-1A-S/BCG-AVR-1A-SN; HV18-ACT-1B25-5000/HV18-ACZ-1225-3600TG	深圳巴斯巴科技发展有限公司 Shenzhen Busbar Sci-Tech Development Co. ,Ltd. ; 临沂市海纳电子有限公司 Linyi Haina Electronics Co. ,Ltd.	纯电动乘用车 Pure Electric Passenger Car	1789	
	恒流充电	NV3-DSD-EV125P/NV2-DSD-G-EV125S	苏州工业园区多思达科技有限公司 Suzhou Industrial Park Duosida Technology Co. ,Ltd.	纯电动专用车 Pure Electric Special Car	1	

续上表

充电机生产企业 Manufacturer for Charger of Electric Vehicle	充电方式 Charging Mode	充电插头 Charger Plug; 插座型号 Socket Model	充电插头 Charger Plug; 插座生产企业 Socket Manufacturer	车辆名称配套车辆类型 Matching Vehicle Types	2017 年配套车型产量小计 Subtotal Output of Supported Odels in 2017 (辆,vehicle)	2017 年配套车型产量总计 Total Output of Supported Odels in 2017 (辆,vehicle)
杭州铁城信息科技有限公司 Hangzhou Tiecheng Information Technology Co. ,Ltd.	恒流充电	V2C-DSI-EV16P/V2C-DSI-GEL-EV16S; BCG-AVP-1A/BCG-AVR-1A-SN;NDQC-7T(16A-250/440V)/NDQC-7Z(16A-250/440V)-0	苏州工业园区多思达科技有限公司 Suzhou Industrial Park Duosida Technology Co. ,Ltd. ; 深圳巴斯巴科技发展有限公司 Shenzhen Busbar Sci-Tech Development Co. ,Ltd. ; 中航光电科技股份有限公司 Avic Jonhon Optronic Technology Co. ,Ltd.	纯电动乘用车 Pure Electric Passenger Car	1091	35971
	恒流充电	V2Z-DSI-EV16P/V2C-DSI-G-EV16S; DQC-7T(16A-250/440V)/DQC-7Z(16A-250/440V)-A1; 1060-PSE-16- XC-NS/NV3C-DSI-GEL-EV16S; NDQC-7T(16A-250/440V)/NDQC-7Z(16A-250/440V)-L	苏州工业园区多思达科技有限公司 Suzhou Industrial Park Duosida Technology Co. ,Ltd. ; 中航光电科技股份有限公司 Avic Jonhon Optronic Technology Co. ,Ltd. ; 张家港友诚科技机电有限公司 Zhangjiagang Youcheng Technology Electromechanical Co. ,Ltd; 中航光电科技股份有限公司 Avic Jonhon Optronic Technology Co. ,Ltd.	纯电动专用车 Pure Electric Special Car	144	
	恒流充电	XP01-C/XR02-C;EVS-4-125D9-GS	深圳巴斯巴科技发展有限公司 Shenzhen Busbar Sci-Tech Development Co. ,Ltd. ; 深圳巴斯巴科技发展有限公司 Shenzhen Busbar Sci-Tech Development Co. ,Ltd. ; 南京康尼新能源汽车零部件有限公司 Nanjing Kangni New Energy Auto Parts Co. ,Ltd.	纯电动专用车 Pure Electric Special Car	72	
	恒流充电	慢充:HVCO-M16/HVCO-F16;XP01-C-V1/XR02-C-V1;NDQC-7T(16A-250/440V)/NDQC-7Z(16A-250/440V)-R; 快充:HVCO-F125;XR61-C-V2;NDQ-9Z(125A-750V)-R	成都晨风绿能电气技术有限公司 Chengdu Chieflead Electrical Technology Co. ,Ltd. ; 深圳巴斯巴科技发展有限公司 Shenzhen Busbar Sci-Tech Development Co. ,Ltd. ; 中航光电科技股份有限公司 Avic Jonhon Optronic Technology Co. ,Ltd.	纯电动乘用车 Pure Electric Passenger Car	109	
	恒流充电	V2C-DSI-EV16P/V2C-DSI-G-EV16S; 1060-PSE-16- XC-NS/NV3C-DSI-GEL-EV16S; NDQC-7T(16A-250/440V)/NDQC-7Z(16A-250/440V)-L	苏州工业园区多思达科技有限公司 Suzhou Industrial Park Duosida Technology Co. ,Ltd. ; 张家港友诚科技机电有限公司 Zhangjiagang Youcheng Technology Electromechanical Co. ,Ltd; 中航光电科技股份有限公司 Avic Jonhon Optronic Technology Co. ,Ltd.	纯电动专用车 Pure Electric Special Car	1278	
	恒压充电	RAC-TI16K-5A/RAC-ZI32F; 1100-PSE-16-XC-NS/NV4C-DSI-G-EV16S;6808020101/680211310311	苏州瑞可达连接系统股份有限公司 Sichuan Recodeal Interconnect System Co. ,Ltd; 张家港友诚科技机电有限公司 Zhangjiagang Youcheng Technology Electromechanical Co. ,Ltd; 深圳市沃尔新能源电气科技股份有限公司 Shenzhen Wohl New Energy Electrical Technology Co. ,Ltd.	纯电动专用车 Pure Electric Special Car	3	
	恒压充电	交流充电接口:YGC691C-EV-P7(5)P-16/YGC691C-EV-S7(5)RA-T-16; YGC691C-EV-P7(5)P-32/YGC691C-EV-S7(5)RA-T-32;直流充电接口:YGC762-EV-S9RA-125	四川永贵科技有限公司 Sichuan Yonggui Science and Technology Co. ,Ltd.	纯电动专用车 Pure Electric Special Car	101	

续上表

充电机生产企业 Manufacturer for Charger of Electric Vehicle	充电方式 Charging Mode	充电插头 Charger Plug；插座型号 Socket Model	充电插头 Charger Plug；插座生产企业 Socket Manufacturer	车辆名称配套车辆类型 Matching Vehicle Types	2017年配套车型产量小计 Subtotal Output of Supported Odels in 2017（辆，vehicle）	2017年配套车型产量总计 Total Output of Supported Odels in 2017（辆，vehicle）
杭州铁城信息科技有限公司 Hangzhou Tiecheng Information Technology Co.，Ltd.	恒压限流充电	XR02-C-V2；XR61-C-V2	深圳巴斯巴科技发展有限公司 Shenzhen Busbar Sci-Tech Development Co.，Ltd.；深圳巴斯巴科技发展有限公司 Shenzhen Busbar Sci-Tech Development Co.，Ltd.	纯电动专用车 Pure Electric Special Car	2	35971
	恒压限流充电	插头：V2C-DSI-EV32P/V3-DSD-EV125P；插座：V2C-DSI-GEL-EV32S/V2-DSD-G-EV125S	苏州工业园区多思达科技有限公司 Suzhou Industrial Park Duosida Technology Co.，Ltd.	纯电动专用车 Pure Electric Special Car	10	
	恒压限流充电	交流：HVCOM/HVCOF；XP01-C-V1/XR02-C-V1；直流：HVCO/HVCOF，XR61-C-V2	安费诺精密连接器（深圳）有限公司 Amphenol PCD Shenzhen Co.，Ltd.；深圳巴斯巴科技发展有限公司 Shenzhen Busbar Sci-Tech Development Co.，Ltd.	纯电动乘用车 Pure Electric Passenger Car	51	
	交流、直流	F08-660051-04L；F08-630090-35L；F08-742050-06T；F08-660150-020	乐清市八达光电科技股份有限公司 Yueqing Bada Photoelectric Polytron Technologies Inc.	纯电动专用车 Pure Electric Special Car	2197	
	交流慢充	M2充电连接总成1060-PSE-16-XC-NS；M3充电连接总成1040-1060-16-XC；交流充电插座NV4C-DSI-GEL-EV16S	苏州工业园区多思达科技有限公司 Suzhou Industrial Park Duosida Technology Co.，Ltd.	纯电动乘用车 Pure Electric Passenger Car	11636	
	受控充电	交流插头：6808020101/交流插座：680211310211；直流插座：680411101052	深圳市沃尔新能源电气科技股份有限公司 Shenzhen Wohl New Energy Electrical Technology Co.，Ltd.	纯电动专用车 Pure Electric Special Car	356	
	受控充电	直流插座：680411101052，交流插座：680211310211	深圳市沃尔新能源电气科技股份有限公司 Shenzhen Wohl New Energy Electrical Technology Co.，Ltd.	纯电动专用车 Pure Electric Special Car	302	
	先恒流充电、再恒压充电、恒流充电与恒压充电相结合的方式	EVP-4-125D9	南京康尼科技实业有限公司 Nanjing Kangni Technology Industry Co.，Ltd.	纯电动客车 Pure Electric Bus	2	
	先恒流充电、再恒压充电、恒流充电与恒压充电相结合的方式	EVP-4-125D9	南京康尼科技实业有限公司 Nanjing Kangni Technology Industry Co.，Ltd.	纯电动专用车 Pure Electric Special Car	1	
	直流快充、交流慢充	插头：XX101-TZ07-Y32A/插座：XX101-ZK07C-Y32A；快充插座：XX102-ZK09-Y125A	浙江鑫喜电子科技有限公司 Zhejiang Xinxi Electronic Technology Co.，Ltd.	纯电动专用车 Pure Electric Special Car	1846	
台达电子企业管理（上海）有限公司 Delta Electronics（Shanghai）Co.，Ltd.	恒流充电	EVP-2-16A5-0J1；EVS-V-16A5-WSXLE-0J0	南京康尼新能源汽车零部件有限公司 Nanjing Kangni New Energy Auto Parts Co.，Ltd.	插电式混合动力乘用车 Plug-in Hybrid Passenger Car	2844	34849
	恒流充电	EVPⅡ-V-16A5-G；EVS-V-16A5-GSE	南京康尼新能源汽车零部件有限公司 Nanjing Kangni New Energy Auto Parts Co.，Ltd.	插电式混合动力乘用车 Plug-in Hybrid Passenger Car	20036	

续上表

充电机生产企业 Manufacturer for Charger of Electric Vehicle	充电方式 Charging Mode	充电插头 Charger Plug; 插座型号 Socket Model	充电插头 Charger Plug; 插座生产企业 Socket Manufacturer	车辆名称配套车辆类型 Matching Vehicle Types	2017 年配套车型产量小计 Subtotal Output of Supported Odels in 2017 (辆,vehicle)	2017 年配套车型产量总计 Total Output of Supported Odels in 2017 (辆,vehicle)
台达电子企业管理(上海)有限公司 Delta Electronics(Shanghai)Co.,Ltd.	恒流充电	慢充充电插头:EVPⅡ-V-16A5(康尼);6808020101(沃尔)慢充充电插座:CS32(安费诺);680211310311(沃尔)快充充电插座:CS06(安费诺);680411101052(沃尔)	慢充充电插头: 南京康尼新能源汽车零部件有限公司 Nanjing Kangni New Energy Auto Parts Co.,Ltd.; 深圳市沃尔新能源电气科技股份有限公司 Shenzhen Wohl New Energy Electrical Technology Co.,Ltd; 慢充充电插座:安费诺-泰姆斯(常州)通讯设备有限公司 Anfano-timms(Changzhou)Communications Equipment Co.,Ltd.; 深圳市沃尔新能源电气科技股份有限公司 Shenzhen Wohl New Energy Electrical Technology Co.,Ltd; 快充充电插座:安费诺-泰姆斯(常州)通讯设备有限公司 Anfano-timms(Changzhou)Communications Equipment Co.,Ltd; 深圳市沃尔新能源电气科技股份有限公司 Shenzhen Wohl New Energy Electrical Technology Co.,Ltd.	纯电动乘用车 Pure Electric Passenger Car	1930	34849
	传导交流充电	慢充插头(桩端):GBCV162117GBCE-V1;慢充插头(车端):GBCV162117GBCE-V2;慢充插座:GBIV1621-V0	埃梯梯科能电子(深圳)有限公司 ITT Cannon Electronics(SZ)Co.,Ltd.	插电式混合动力乘用车 Plug-in Hybrid Passenger Car	8	
	交流充电	EVPⅡ-V-16A5-G/EVS-V-16A5-GSE	南京康尼新能源汽车零部件有限公司 Nanjing Kangni New Energy Auto Parts Co.,Ltd.	插电式混合动力乘用车 Plug-in Hybrid Passenger Car	9504	
	具备快充、慢充两种充电方式	座型号(直流 125A):插头 NV3-DSD-EV125P/插座 F08-630090-25L 型号(交流 16A):插头 F08-660150-020/插座 F08-660051-04L	乐清市八达光电科技股份有限公司 Yueqing Bada Photoelectric Polytron Technologies Inc.	纯电动专用车 Pure Electric Special Car	5	
	具备快充、慢充两种充电方式	型号(直流 125A):插头 NV3-DSD-EV125P/插座 F08-630090-25L; 型号(交流 16A):插头 F08-660150-020/插座 F08-660051-04L	乐清市八达光电科技股份有限公司 Yueqing Bada Photoelectric Polytron Technologies Inc.	纯电动乘用车 Pure Electric Passenger Car	63	
	具备快充、慢充两种充电方式	插座型号(直流 125A):F08-630090-25L;插座型号(交流 16A):F08-660051-04L	乐清市八达光电科技股份有限公司 Yueqing Bada Photoelectric Polytron Technologies Inc.	纯电动乘用车 Pure Electric Passenger Car	194	
	具备快充、慢充两种充电方式	插座型号(直流 125A):F08-630090-25L;插座型号(交流 16A):F08-660051-04L	乐清市八达光电科技股份有限公司 Yueqing Bada Photoelectric Polytron Technologies Inc.	纯电动专用车 Pure Electric Special Car	257	
	具备快充、慢充两种充电方式	型号(直流 125A):插头 DC1-XTI125-35/插座 RDC-ZI125; 型号(交流 32A):插头:RAC-2TI32/插座 RAC-ZI32F	苏州瑞可达连接系统股份有限公司 Suzhou Recodeal Interconnect System Co.,Ltd.	纯电动专用车 Pure Electric Special Car	8	

续上表

充电机生产企业 Manufacturer for Charger of Electric Vehicle	充电方式 Charging Mode	充电插头 Charger Plug; 插座型号 Socket Model	充电插头 Charger Plug; 插座生产企业 Socket Manufacturer	车辆名称配套车辆类型 Matching Vehicle Types	2017年配套车型产量小计 Subtotal Output of Supported Odels in 2017 (辆,vehicle)	2017年配套车型产量总计 Total Output of Supported Odels in 2017 (辆,vehicle)
南京中港电力股份有限公司 Nanjing China Port Power Limited by Share Ltd; 杭州富特科技股份有限公司 Hangzhou Fat Polytron Technologies Inc.; 杭州铁城信息科技有限公司 Hangzhou Tiecheng Information Technology Co.,Ltd.	初始恒流充电,95%以后恒压充电,初始恒流充电,95%以后恒压充电,初始恒流充电,达到截至电压后降流充电	YG505-01-00-00XLV/YG505-02-00-00XLV, ZGEVCS600-C/ZGEVCS500-C, RAC-ZI16F2/RAC-TI16K-5A, F08-520150-040/F08-620000-000, LDAC-016CT/IC-CPD/LDAC-016CZ, ZC-16VSP/ZC-16VSR, YGC691C-EV-P7(5)P-16/YGC691C-EV-S7(5)RB-T-16	四川永贵科技有限公司 Sichuan Yonggui Science and Technology Co.,Ltd.; 南京中港电力股份有限公司 Nanjing China Port Power Limited by Share Ltd.; 苏州瑞可达连接系统股份有限公司 Sichuan Recodeal Interconnect System Co.,Ltd.; 乐清市八达光电科技股份有限公司 Yueqing Bada Photoelectric Polytron Technologies Inc.;山东龙立电子有限公司 Shandong Longli Electronic Co.,Ltd. 广州知崇新能源科技有限公司 Guangzhou Zhichong New Energy Technology Co.,Ltd.	纯电动乘用车 Pure Electric Passenger Car	10545	31316
	初始恒流充电,96%以后恒压充电;初始恒流充电,达到截至电压后降流充电	YG505-01-00-00XLV/YG505-02-00-00XLV, ZGEVCS600-C/ZGEVCS500-C, RAC-TI16K-5A/RAC-ZI16F2-2A, F08-520150-040/F08-620000-000, LDAC-C16CT/IC-CPD/LDAC-016CZ, ZC-16VSP/ZC-16VSR, YGC691C-EV-P7(5)P-16/YGC691C-EV-S7(5)RB-T-16	四川永贵科技有限公司 Sichuan Yonggui Science and Technology Co.,Ltd.; 南京中港电力股份有限公司 Nanjing China Port Power Limited by Share Ltd.; 苏州瑞可达连接系统股份有限公司 Sichuan Recodeal Interconnect System Co.,Ltd.; 乐清市八达光电科技股份有限公司 Yueqing Bada Photoelectric Polytron Technologies Inc.; 山东龙立电子有限公司 Shandong Longli Electronic Co.,Ltd.; 广州知崇新能源科技有限公司 Guangzhou Zhichong New Energy Technology Co.,Ltd.	纯电动乘用车 Pure Electric Passenger Car	9599	
	初始恒流充电,97%以后恒压充电;初始恒流充电,达到截至电压后降流充电	YG505-01-00-00XLV/YG505-02-00-00XLV,ZGEVCS600-C/ZGEVCS500-C, RAC-ZI16F2/AC-TI16K-5A, F08-520150-040/F08-620000-000	四川永贵科技有限公司 Sichuan Yonggui Science and Technology Co.,Ltd.; 南京中港电力股份有限公司 Nanjing China Port Power Limited by Share Ltd.; 苏州瑞可达连接系统股份有限公司 Sichuan Recodeal Interconnect System Co.,Ltd.; 乐清市八达光电科技股份有限公司 Yueqing Bada Photoelectric Polytron Technologies Inc.	纯电动乘用车 Pure Electric Passenger Car	1499	
	初始恒流充电,98%以后恒压充电;初始恒流充电,达到截至电压后降流充电	YG505-01-00-00XLV/YG505-02-00-00XLV, ZGEVCS600-C/ZGEVCS500-C, RAC-ZI16F2/AC-TI16K-5A, F08-520150-040/F08-620000-000, LDAC-016CT/IC-CPD/LDAC-016CZ, ZC-16VSP/ZC-16VSR, YGC691C-EV-P7(5)P-16/YGC691C-EV-S7(5)RB-T-16	四川永贵科技有限公司 Sichuan Yonggui Science and Technology Co.,Ltd.; 南京中港电力股份有限公司 Nanjing China Port Power Limited by Share Ltd; 苏州瑞可达连接系统股份有限公司 Sichuan Recodeal Interconnect System Co.,Ltd; 乐清市八达光电科技股份有限公司 Yueqing Bada Photoelectric Polytron Technologies Inc.; 山东龙立电子有限公司 Shandong Longli Electronic Co.,Ltd.; 广州知崇新能源科技有限公司 Guangzhou Zhichong New Energy Technology Co.,Ltd.	纯电动乘用车 Pure Electric Passenger Car	7	

续上表

充电机生产企业 Manufacturer for Charger of Electric Vehicle	充电方式 Charging Mode	充电插头 Charger Plug; 插座型号 Socket Model	充电插头 Charger Plug; 插座生产企业 Socket Manufacturer	车辆名称配套车辆类型 Matching Vehicle Types	2017 年配套车型产量小计 Subtotal Output of Supported Odels in 2017 (辆,vehicle)	2017 年配套车型产量总计 Total Output of Supported Odels in 2017 (辆,vehicle)
南京中港电力股份有限公司 Nanjing China Port Power Limited by Share Ltd; 杭州富特科技股份有限公司 Hangzhou Fat Polytron Technologies Inc.; 杭州铁城信息科技有限公司 Hangzhou Tiecheng Information Technology Co.,Ltd.	初始恒流充电、达到截至电压后降流充电	YG505-01-00-00XLV/YG505-02-00-00XLV, RAC-TI16K-5A/RAC-ZI16F2-2A, YGC691C-EV-P7(5)P-16/YGC691C-EV-S7(5)RB-T-16, ZC-16VSP/ZC-16VSR, LDAC-016CT/IC-CPD/LDAC-016CZ	四川永贵科技有限公司 Sichuan Yonggui Science and Technology Co.,Ltd.; 苏州瑞可达连接系统股份有限公司 Sichuan Recodeal Interconnect System Co.,Ltd.; 广州知崇新能源科技有限公司 Guangzhou Zhichong New Energy Technology Co.,Ltd.; 山东龙立电子有限公司 Shandong Longli Electronic Co.,Ltd.	纯电动乘用车 Pure Electric Passenger Car	657	31316
	初始恒流充电、达到截至电压后降流充电	YG505-01-00-00XLV/YG505-02-00-00XLV, ZGEVCS600-C/ZGEVCS500-C, RAC-ZI16F2-2A/RAC-TI16K-5A, F08-520150-040/F08-620000-000	四川永贵科技有限公司 Sichuan Yonggui Science and Technology Co. Ltd.; 南京中港电力股份有限公司 Nanjing China Port Power Limited by Share Ltd.; 苏州瑞可达连接系统股份有限公司 Sichuan Recodeal Interconnect System Co.,Ltd.; 乐清市八达光电科技股份有限公司 Yueqing Bada Photoelectric Polytron Technologies Inc.	纯电动乘用车 Pure Electric Passenger Car	7630	
	初始恒流充电、达到截至电压后降流充电	YG505-01-00-00XLV/YG505-02-00-00XLV, ZGEVCS600-C/ZGEVCS500-C, RAC-ZI16F2-2A/RAC-TI16K-5A, F08-520150-040/F08-620000-000, LDAC-016CT/IC-CPD/LDAC-016CZ, ZC-16VSP/ZC-16VSR, YGC691C-EV-P7(5)P-16/YGC691C-EV-S7(5)RB-T-16	四川永贵科技有限公司 Sichuan Yonggui Science and Technology Co.,Ltd.; 南京中港电力股份有限公司 Nanjing China Port Power Limited by Share Ltd.; 苏州瑞可达连接系统股份有限公司 Sichuan Recodeal Interconnect System Co.,Ltd.; 乐清市八达光电科技股份有限公司 Yueqing Bada Photoelectric Polytron Technologies Inc.; 山东龙立电子有限公司 Shandong Longli Electronic Co.,Ltd.; 广州知崇新能源科技有限公司 Guangzhou Zhichong New Energy Technology Co.,Ltd.	纯电动乘用车 Pure Electric Passenger Car	1379	
深圳威迈斯电源有限公司 Shenzhen VMAX Power Co.,Ltd.	分段式恒流充电	交流:J00-2107032/J00-2107031(康尼),J00-2107032/J00-2107031BA(康尼),直流:-/NDQ-9Z(125A-750V)-L(中航),-/YGC762-EV-S9RA-125(永贵)	南京康尼新能源汽车零部件有限公司 Nanjing Kangni New Energy Auto Parts Co.,Ltd.; 中航光电科技股份有限公司 Avic Jonhon Optronic Technology Co.,Ltd.; 四川永贵科技有限公司 Sichuan Yonggui Science and Technology Co.,Ltd.	纯电动乘用车 Pure Electric Passenger Car	7789	22759
	分段式恒流充电	交流:车辆插头型号:EVPⅡ-V-16A5-G(南京),NDQC-7T(16A-250/440V)(中航);车辆插座型号:EVS-V-16A5-GSG(南京),NDQC-7Z(32A-250/440V)-L(中航),直流:车辆插座:NDQ-9Z(125A-750V)-L-02(中航),NDQ-9Z(200A-750V)-L-03(中航)	南京康尼新能源汽车零部件有限公司 Nanjing Kangni New Energy Auto Parts Co.,Ltd.; 中航光电科技股份有限公司 Avic Jonhon Optronic Technology Co.,Ltd.	纯电动乘用车 Pure Electric Passenger Car	1758	
	分段式恒流充电	交流:车辆插头型号:EVPⅡ-V-16A5-G 车辆插座型号:EVS-V-16A5-GSG(南京),直流:车辆插座:NDQ-9Z(125A-750V)-L-02(中航)	南京康尼新能源汽车零部件有限公司 Nanjing Kangni New Energy Auto Parts Co.,Ltd.; 中航光电科技股份有限公司 Avic Jonhon Optronic Technology Co.,Ltd.	纯电动乘用车 Pure Electric Passenger Car	51	

续上表

充电机生产企业 Manufacturer for Charger of Electric Vehicle	充电方式 Charging Mode	充电插头 Charger Plug; 插座型号 Socket Model	充电插头 Charger Plug; 插座生产企业 Socket Manufacturer	车辆名称配套车辆类型 Matching Vehicle Types	2017 年配套车型产量小计 Subtotal Output of Supported Odels in 2017 (辆,vehicle)	2017 年配套车型产量总计 Total Output of Supported Odels in 2017 (辆,vehicle)
深圳威迈斯电源有限公司 Shenzhen VMAX Power Co. ,Ltd.	分段式恒流充电	直流插座:NDQ-9Z(200A-750V)-L-03;交流插头/插座:NDQC-7T(16A-250/440V)/NDQC-7Z(16A-250/440V)-L	直流/交流:中航光电科技股份有限公司 Avic Jonhon Optronic Technology Co. ,Ltd.	纯电动乘用车 Pure Electric Passenger Car	2	22759
	恒流充电	EVPⅡ-V-16A5-G/EVS-V-16A5-GSE	南京康尼新能源汽车零部件有限公司 Nanjing Kangni New Energy Auto Parts Co. ,Ltd.	插电式混合动力乘用车 Plug-in Hybrid Passenger Car	43	
	恒流充电	EVPⅡ-V-16A5-G/EVS-V-32A5-GHF/EVS-4-200D9-GHC	南京康尼新能源汽车零部件有限公司 Nanjing Kangni New Energy Auto Parts Co. ,Ltd.	纯电动乘用车 Pure Electric Passenger Car	10547	
	恒流充电	直流车辆插座:NDQ-9Z(125A-750V)-L/交流车辆插头:F08-720100-020/交流车辆插座:F08-710000-02L	直流车辆插座:中航光电科技股份有限公司 Avic Jonhon Optronic Technology Co. ,Ltd. ; 交流车辆插头:乐清市八达光电科技股份有限公司 Yueqing Bada Photoelectric Polytron Technologies Inc.	纯电动乘用车 Pure Electric Passenger Car	2497	
	恒流充电、恒压充电、恒压限流充电、脉冲充电	RAC-TI16K-5A/RAC-ZI16F2-2A 瑞可达, NDQ-9Z(125A-750V)-L,NDQ-9Z(125A-750V)-R,NDQ-9Z(125A-750V)-0 中航	苏州瑞可达连接系统股份有限公司 Suzhou Recodeal Interconnect System Co. ,Ltd. ; 中航光电科技股份有限公司 Avic Jonhon Optronic Technology Co. ,Ltd.	纯电动专用车 Pure Electric Special Car	1	
	快充:由 BMS 和充电桩根据不同工况限流充电;慢充:恒压限流充电	直流充电插座:NDQ-9Z(125A-750V)-L,交流充电插头/插座:NDQC-7T(32A-250/440V)/NDQC-7Z(32A-250/440V)-L	中航光电科技股份有限公司 Avic Jonhon Optronic Technology Co. ,Ltd.	纯电动专用车 Pure Electric Special Car	30	
	先恒流后恒压充电	AC2860-DG-00/NDQC-7Z(32A-250/440V)-L(慢充),NDQ-9Z(250A-750V)-L(快充)	深圳驿普乐氏科技有限公司 Shenzhen EN-plus Technologies Co. ,Ltd. ; 中航光电科技股份有限公司 Avic Jonhon Optronic Technology Co. ,Ltd.	纯电动乘用车 Pure Electric Passenger Car	29	
	先恒流后恒压充电	LDAC-016CT, AC2860-DG-00/交流:NDQC-7Z(32A-250/440V)-L,直流:NDQ-9Z(250A-750V)-L	山东龙立电子有限公司 Shandong Longli Electronic Co. ,Ltd. ; 深圳驿普乐氏科技有限公司 Shenzhen EN-plus Technologies Co. ,Ltd. ; 中航光电科技股份有限公司 Avic Jonhon Optronic Technology Co. ,Ltd.	纯电动乘用车 Pure Electric Passenger Car	12	
深圳欣锐科技股份有限公司 SHINRY Technologies Co. ,Ltd.	CAN 功能智能充电	RDC-ZI250-50;RAC-TI16-5A/RAC-ZI16F-5A	苏州瑞可达连接系统股份有限公司 Suzhou Recodeal Interconnect System Co. ,Ltd.	纯电动专用车 Pure Electric Special Car	2	20630
	充电模式 2 连接方式 B	XR02-C-V1	深圳巴斯巴科技发展有限公司 Shenzhen Busbar Sci-Tech Development Co. ,Ltd.	纯电动专用车 Pure Electric Special Car	22	
	根据车辆 SOC 情况依次经行:恒流→恒功率→恒电压充电	7 孔标准充电枪;3 孔家用充电枪;7 孔标准插座	德尔福派克电气系统有限公司 Delphi Packard Electric Systems Co. ,Ltd.	纯电动乘用车 Pure Electric Passenger Car	1	

续上表

充电机生产企业 Manufacturer for Charger of Electric Vehicle	充电方式 Charging Mode	充电插头 Charger Plug; 插座型号 Socket Model	充电插头 Charger Plug; 插座生产企业 Socket Manufacturer	车辆名称配套车辆类型 Matching Vehicle Types	2017 年配套车型产量小计 Subtotal Output of Supported Odels in 2017 (辆,vehicle)	2017 年配套车型产量总计 Total Output of Supported Odels in 2017 (辆,vehicle)
深圳欣锐科技股份有限公司 SHINRY Technologies Co. ,Ltd.	恒流;恒压	交流:XP01-C-V1/XR02-C-V1;XP02-C-V1/XR02-C-V1;直流:XR61-C-V2	深圳巴斯巴科技发展有限公司 Shenzhen Busbar Sci-Tech Development Co. ,Ltd.	纯电动乘用车 Pure Electric Passenger Car	5	20630
	恒流充电;恒功率充电;恒压充电	直流:NDQ-9Z(125A-750V)-0;交流:NDQC-7Z(16A-250/440V)-0	中航光电科技股份有限公司 Avic Jonhon Optronic Technology Co. ,Ltd.	纯电动专用车 Pure Electric Special Car	82	
	家用充电;直流充电桩充电;交流充电桩充电	M2 充电连接总成 1060-PSE-16-XC-NS/M3;充电连接总成 1040-1060-16-XC;交流充电插座 NV4C-DSI-GEL-EV16S;直流充电插座 NV2-DSD-G-EV80S	苏州工业园区多思达科技有限公司 Suzhou Industrial Park Duosida Technology Co. ,Ltd.	纯电动乘用车 Pure Electric Passenger Car	1280	
	交流充电:恒功率;直流充电:恒流	M2 充电连接总成:1060-PSE-16-XC-NS/M3;充电连接总成:1040-1060-32-XC;交流车辆插座:NV4C-DSI-GEL-EV32S;直流车辆插座:V3-DSD-G-EV200S	苏州工业园区多思达科技有限公司 Suzhou Industrial Park Duosida Technology Co. ,Ltd.	纯电动乘用车 Pure Electric Passenger Car	291	
	具备快充、慢充两种充电方式;具备快充、慢充两种充电方式	交流插头:RAC-2TI32;交流插座:RAC-ZI32F;直流插头:DC1-XTI125-35;直流插座:RDC-ZI125	苏州瑞可达连接系统股份有限公司 Suzhou Recodeal Interconnect System Co. ,Ltd.	纯电动专用车 Pure Electric Special Car	430	
	先恒流再恒压	车辆插头,供电插头:BCG-AEP-3A-S-011/车辆插座:BCG-AVR-XA-SN-00XX,BCG-DVR-1D004X	深圳巴斯巴科技发展有限公司 Shenzhen Busbar Sci-Tech Development Co. ,Ltd.	纯电动乘用车 Pure Electric Passenger Car	131	
	车载交流充电、地面直流充电	直流车端充电插座型号:HVCO/HVCOF,L61-B1691-09S-125,BCG-DVR-1D,YGC762-EV-S9RA-125,YGC762-EV-S9RA-200;交流车端充电插座型号:HVCOF,L61-B1690-07S-032,104-1211-0001,YGC691C-EV-S7(5)RA-T-32	安费诺精密连接器(深圳)有限公司 Amphenol PCD Shenzhen Co. ,Ltd. ; 惠州领先精密科技有限公司 Huizhou Lingxian Precise Technology Co. ,Ltd. ; 深圳巴斯巴科技发展有限公司 Shenzhen Busbar Sci-Tech Development Co. ,Ltd. ; 四川永贵科技有限公司 Sichuan Yonggui Science and Technology Co. ,Ltd.	纯电动专用车 Pure Electric Special Car	522	
	车载交流充电、地面直流充电	直流车端充电插座型号:L61-B1691-09S-125,YGC762-EV-S9RA-125,1104-03X-0002,BCG-DVR-1D; 交流车端充电插座型号:L61-B1690-07S-032,YGC691C-EV-S7(5)RA-T-32,1204-01X-0004,104-1211-0001	惠州领先精密科技有限公司 Huizhou Lingxian Precise Technology Co. ,Ltd. ; 四川永贵科技有限公司 Sichuan Yonggui Science and Technology Co. ,Ltd. ; 深圳容一电动科技有限公司 Shenzhen Rongyi Electric Technology Co. ,Ltd. ; 深圳巴斯巴科技发展有限公司 Shenzhen Busbar Sci-Tech Development Co. ,Ltd.	纯电动专用车 Pure Electric Special Car	912	
	车载交流充电、地面直流充电	直流充电接口插座:BCG-DVR-1D,YGC762-EV-S9RA-125,YGC762-EV-S9RA-200; 交流充电接口插座:104-1211-0001,YGC691C-EV-S7(5)RA-T-32	深圳巴斯巴科技发展有限公司 Shenzhen Busbar Sci-Tech Development Co. ,Ltd. ; 四川永贵科技有限公司 Sichuan Yonggui Science and Technology Co. ,Ltd.	纯电动专用车 Pure Electric Special Car	323	
	交流和直流充电	交流充电插头:1040-1060-32-XC,交流充电插座:NV4C-DSI-GEL-EV32S; 直流充电插座:NV2-DSD-G-EV100S	苏州工业园区多思达科技有限公司 Suzhou Industrial Park Duosida Technology Co. ,Ltd.	纯电动专用车 Pure Electric Special Car	2	

续上表

充电机生产企业 Manufacturer for Charger of Electric Vehicle	充电方式 Charging Mode	充电插头 Charger Plug; 插座型号 Socket Model	充电插头 Charger Plug; 插座生产企业 Socket Manufacturer	车辆名称配套车辆类型 Matching Vehicle Types	2017 年配套车型产量小计 Subtotal Output of Supported Odels in 2017 (辆,vehicle)	2017 年配套车型产量总计 Total Output of Supported Odels in 2017 (辆,vehicle)
深圳欣锐科技股份有限公司 SHINRY Technologies Co. ,Ltd.	交直流充电	HVCO-M16/HVCO-F16, HVCO-M125/HVCO-F125; XP01-C-V1/XR02-C-V1,1XP64-C-V4/XR61-C-V4	成都晨风绿能电气技术有限公司 Chengdu Chieflead Electrical Technology Co. ,Ltd. ; 深圳巴斯巴科技发展有限公司 Shenzhen Busbar Sci-Tech Development Co. ,Ltd.	纯电动专用车 Pure Electric Special Car	12	20630
	直流充电、交流充电	BCG-DVP-14V-DN/BCG-DVR-1E	深圳巴斯巴科技发展有限公司 Shenzhen Busbar Sci-Tech Development Co. ,Ltd.	纯电动专用车 Pure Electric Special Car	211	
	恒流充电	EVP-1-16A5-5H1/EVS-V-16A5-WXSC-4X0-00	南京康尼科技实业有限公司 Nanjing Kangni Technology Industry Co. ,Ltd.	纯电动专用车 Pure Electric Special Car	10	
	恒流充电	EVPⅡ-V-16A5-G/EVS-V-16A5-GSF,EVS-4-125D9-GS	南京康尼新能源汽车零部件有限公司 Nanjing Kangni New Energy Auto Parts Co. ,Ltd.	纯电动乘用车 Pure Electric Passenger Car	3	
	恒流充电	HV18-ACT-1B25-5000/HV18-ACZ-1225-3600TG	临沂市海纳电子有限公司 Linyi Haina Electronics Co. ,Ltd.	纯电动专用车 Pure Electric Special Car	152	
	恒流充电	HVCOM,HVCO/HVCOF	安费诺精密连接器(深圳)有限公司 Amphenol PCD Shenzhen Co. ,Ltd.	纯电动乘用车 Pure Electric Passenger Car	57	
	恒流充电	RAC-T116K-5A/RAC-Z116F2-2A	苏州瑞可达连接系统股份有限公司 Sichuan Recodeal Interconnect System Co. ,Ltd.	纯电动专用车 Pure Electric Special Car	8	
	交流慢充、直流快充	HV18-ACT-1B25-5000/HV18-ACZ-1225-3600TG, HV18-DCZ-200	临沂市海纳电子有限公司 Linyi Haina Electronics Co. ,Ltd.	纯电动专用车 Pure Electric Special Car	15	
	交流慢充、直流快充	M2 充电连接总成 1060-PSE-16-XC-NS/M3;充电连接总成 1040-1060-16-XC;交流充电插座 NV4C-DSI-GEL-EV16S;直流充电插座 NV2-DSD-G-EV80S	苏州工业园区多思达科技有限公司 Suzhou Industrial Park Duosida Technology Co. ,Ltd.	纯电动乘用车 Pure Electric Passenger Car	12160	
	交流慢充、直流快充	M2 充电连接总成 1060-PSE-16-XC-NS/M3;充电连接总成 1040-1060-32-XC;交流充电插座 NV4C-DSI-GEL-EV32S;直流充电插座 NV2-DSD-G-EV125S	苏州工业园区多思达科技有限公司 Suzhou Industrial Park Duosida Technology Co. ,Ltd.	纯电动乘用车 Pure Electric Passenger Car	636	
	具备快充、慢充两种充电方式	插头/插座型号(直流 125A):插头 NV3-DSD-EV125P/插座 NV2-DSD-G-EV125S;插头/插座型号(交流 32A):插头 1040-1060-32-XC/插座 NV4C-DSI-GEL-EV32S	苏州工业园区多思达科技有限公司 Suzhou Industrial Park Duosida Technology Co. ,Ltd.	纯电动专用车 Pure Electric Special Car	233	
	具备快充、慢充两种充电方式	插头/插座型号(直流 125A);插头 V3-DSD-EV125P/插座 V2-DSD-G-EV125S;插头/插座型号(交流 32A):插头 V2C-DSI-EV32P/插座 V2C-DSI-GEL-EV32S	苏州工业园区多思达科技有限公司 Suzhou Industrial Park Duosida Technology Co. ,Ltd.	纯电动专用车 Pure Electric Special Car	1	
	具备快充、慢充两种充电方式	电动汽车插头/插座型号(直流 125A):插头 V3-DSD-EV125P/插座 V2-DSD-G-EV125S 电动汽车插头/插座型号(交流 32A):插头 V2C-DSI-EV32P/插座 V2C-DSI-GEL-EV32S 交流插头:RAC-2T132;交流插座:RAC-ZI32F;直流插头:RDC1-XT125-35;直流插座:RDC-ZI125	苏州工业园区多思达科技有限公司 Suzhou Industrial Park Duosida Technology Co. ,Ltd. ; 苏州瑞可达连接系统股份有限公司 Suzhou Recodeal Interconnect System Co. ,Ltd.	纯电动专用车 Pure Electric Special Car	4	

续上表

充电机生产企业 Manufacturer for Charger of Electric Vehicle	充电方式 Charging Mode	充电插头 Charger Plug; 插座型号 Socket Model	充电插头 Charger Plug; 插座生产企业 Socket Manufacturer	车辆名称配套车辆类型 Matching Vehicle Types	2017 年配套车型产量小计 Subtotal Output of Supported Odels in 2017 (辆, vehicle)	2017 年配套车型产量总计 Total Output of Supported Odels in 2017 (辆, vehicle)
深圳欣锐科技股份有限公司 SHINRY Technologies Co. ,Ltd.	具备快充、慢充两种充电方式	多思达:插头/插座型号(直流 125A):插头 V3-DSD-EV125P/插座 V2-DSD-G-EV125S 插头/插座型号(交流 32A):插头 V2C-DSI-EV32P/插座 V2C-DSI-GEL-EV32S 瑞可达:插头/插座型号(直流 125A):插头:DC1-XTI125-35;插座:RDC-ZI125;插头/插座型号(交流 32A):插头:RAC-2TI32;插座:RAC-ZI32F;安费诺:插头/插座型号(直流 125A):插头:NV3-DSD-EV125P;插座:CS06;插头/插座型号(交流 32A)	苏州工业园区多思达科技有限公司 Suzhou Industrial Park Duosida Technology Co. ,Ltd. ;苏州瑞可达连接系统股份有限公司 Suzhou Recodeal Interconnect System Co. ,Ltd. ;安费诺-泰姆斯(常州)通讯设备有限公司 Anfano-timms(Changzhou) Communications Equipment Co. ,Ltd.	纯电动专用车 Pure Electric Special Car	266	20630
	快充、慢充	快充 1、插座:NDQ-9Z(250A-750V)-L, NDQ-9Z(250A-750V)-R;快充 2、插座:HVCO/HVCOF;慢充 1、插头:NDQC-7T(16A-250/440V),插座:NDQC-7Z(16A-250/440V)-L, NDQC-7Z(16A-250/440V)-R;慢充 2、插头:HVCOM(16A),插座:HV-COF(16A)	快充插座生产企业:1. 中航光电科技股份有限公司 Avic Jonhon Optronic Technology Co. ,Ltd. ;2. 安费诺精密连接器(深圳)有限公司 Amphenol PCD Shenzhen Co. ,Ltd. ;慢充插头/插座生产企业:1. 中航光电科技股份有限公司 Avic Jonhon Optronic Technology Co. ,Ltd. ;2. 安费诺精密连接器(深圳)有限公司 Amphenol PCD Shenzhen Co. ,Ltd.	纯电动专用车 Pure Electric Special Car	3	
	快充、慢充	交流充电插头:1040-1060-32-XC/交流充电插座:NV4C-DSI-GEL-EV32S/直流充电插座:NV2-DSD-G-EV100S	苏州工业园区多思达科技有限公司 Suzhou Industrial Park Duosida Technology Co. ,Ltd.	纯电动专用车 Pure Electric Special Car	184	
	快充、慢充	快充直流插座:NV2-DSD-G-EV100S/交流慢充插座:NV4C-DSI-GEL-EV32S/插头:1040-1060-32-XC	苏州工业园区多思达科技有限公司 Suzhou Industrial Park Duosida Technology Co. ,Ltd.	纯电动专用车 Pure Electric Special Car	59	
	慢充(恒流充电、恒压充电、恒功率充电)	插头:HVCOM(16A 250V);插座:HVCOF(16A 250V),插座:HVCOF(750V 250A/125A)	安费诺精密连接器(深圳)有限公司 Amphenol PCD Shenzhen Co. ,Ltd.	纯电动专用车 Pure Electric Special Car	25	
	慢充(恒流充电、恒压充电、恒功率充电)	插头:HVCOM(16A250V);插座:HVCOF(16A250V),插座:HVCOF(750V250A/125A)	安费诺精密连接器(深圳)有限公司 Amphenol PCD Shenzhen Co. ,Ltd.	纯电动乘用车 Pure Electric Passenger Car	533	
	慢充(恒流充电、恒压充电、恒功率充电)	插头:HVCOM(16A 250V);插座:HVCOF(16A 250V),插座:HVCOF(750V 80A)	安费诺精密连接器(深圳)有限公司 Amphenol PCD Shenzhen Co. ,Ltd.	纯电动专用车 Pure Electric Special Car	1	
	慢充、快充	6801107031/680211310311;680411101052	深圳市沃尔新能源电气科技股份有限公司 Shenzhen Wohl New Energy Electrical Technology Co. ,Ltd.	纯电动专用车 Pure Electric Special Car	50	
	慢充、快充	交流:166-1211-0014/169-5011-0055,直流:XP63-C-V2/BCG-DVR-1D	深圳巴斯巴科技发展有限公司 Shenzhen Busbar Sci-Tech Development Co. ,Ltd.	纯电动专用车 Pure Electric Special Car	89	
	慢充、快充	充电插头总成:2107200X5050;A 充电插座总成:2107300X505;(充电桩插头:2107500X5050;直流插座:2107700X5050)	苏州工业园区多思达科技有限公司 Suzhou Industrial Park Duosida Technology Co. ,Ltd.	纯电动专用车 Pure Electric Special Car	1	
	慢充、快充	快充直流插座:NV2-DSD-G-EV80S/交流慢充插座:NV4C-DSI-GEL-EV16S/插头:1040-1060-16-XC	苏州工业园区多思达科技有限公司 Suzhou Industrial Park Duosida Technology Co. ,Ltd.	纯电动专用车 Pure Electric Special Car	502	
	先恒流充电、后恒压限流充电	直流:-/XR61-C-V2/交流:XP02-C-V2/XR02-C-V2	深圳巴斯巴科技发展有限公司 Shenzhen Busbar Sci-Tech Development Co. ,Ltd.	纯电动乘用车 Pure Electric Passenger Car	353	

续上表

充电机生产企业 Manufacturer for Charger of Electric Vehicle	充电方式 Charging Mode	充电插头 Charger Plug;插座型号 Socket Model	充电插头 Charger Plug;插座生产企业 Socket Manufacturer	车辆名称配套车辆类型 Matching Vehicle Types	2017年配套车型产量小计 Subtotal Output of Supported Odels in 2017 (辆,vehicle)	2017年配套车型产量总计 Total Output of Supported Odels in 2017 (辆,vehicle)
深圳欣锐科技股份有限公司 SHINRY Technologies Co.,Ltd.	先恒流充电、后恒压限流充电	直流:-/XR61-C-V2/交流:XP02-C-V2/XR02-C-V2	深圳巴斯巴科技发展有限公司 Shenzhen Busbar Sci-Tech Development Co.,Ltd.	纯电动专用车 Pure Electric Special Car	4	20630
	先恒流后恒压	慢充插座:NDQC-7Z(32A-25C/440V)-L;快充插座:NDQ-9Z(125A-750V)-L	中航光电科技股份有限公司 Avic Jonhon Optronic Technology Co.,Ltd.	纯电动专用车 Pure Electric Special Car	19	
	先恒流后恒压	直流充电插座型号:KEC-DC-125-G9;交流充电插头/插座型号:KEC-AC-016-F/KEC-AC-016-G;直流车辆插座型号:CS06;交流车辆插头型号:CP16;插座型号:CS16	浙江凯业新能源科技有限公司 Zhejiang Kaiye New Energy Technology Co.,Ltd.;安费诺-泰姆斯(常州)通讯设备有限公司 Anfano-timms(Changzhou)Communications Equipment Co.,Ltd.	纯电动专用车 Pure Electric Special Car	5	
	先恒流后恒压式充电	慢充:RAC-ZI32F,NDQC-7Z(32A-250/440V)-L;快充:RDC-ZI125,NDQ-9Z(125A-750V)-L	慢充:苏州瑞可达连接系统股份有限公司 Sichuan Recodeal Interconnect System Co.,Ltd.;中航光电科技股份有限公司 Avic Jonhon Optronic Technology Co.,Ltd.;快充:苏州瑞可达连接系统股份有限公司 Sichuan Recodeal Interconnect System Co.,Ltd.;中航光电科技股份有限公司 Avic Jonhon Optronic Technology Co.,Ltd.	纯电动专用车 Pure Electric Special Car	317	
	先恒流再恒功率最后恒压	交流:EVP-3-16A5/EVS-V-16A5-SC 直流:EVS-4-250D9-S	南京康尼新能源汽车零部件有限公司 Nanjing Kangni New Energy Auto Parts Co.,Ltd.	纯电动客车 Pure Electric Bus	5	
	先恒流再恒功率最后恒压	交流:EVP-3-16A5/EVS-V-16A5-SC 直流:EVS-4-250D9-S	南京康尼新能源汽车零部件有限公司 Nanjing Kangni New Energy Auto Parts Co.,Ltd.	纯电动专用车 Pure Electric Special Car	5	
	先恒流再恒功率最后恒压	交流:EVPⅡ-V-16A5-G/EVS-V-16A5-GSC 直流:EVS-4-125D9-GS	南京康尼新能源汽车零部件有限公司 Nanjing Kangni New Energy Auto Parts Co.,Ltd.	纯电动客车 Pure Electric Bus	40	
	先恒流再恒功率最后恒压	交流:EVPⅡ-V-16A5-G/EVS-V-16A5-GSC 直流:EVS-4-125D9-GS	南京康尼新能源汽车零部件有限公司 Nanjing Kangni New Energy Auto Parts Co.,Ltd.	纯电动专用车 Pure Electric Special Car	41	
	先恒流再恒功率最后恒压	交流插头:EVPⅡ-V-16A5-G,交流插座:EVS-V-16A5-GSC,NDQC-7Z(16A-250/440V)-L,NDQC-7Z(32A-250/440V)-L,直流插座:EVS-4-200D9-GS,NDQ-9Z(250A-750V)-L	南京康尼新能源汽车零部件有限公司 Nanjing Kangni New Energy Auto Parts Co.,Ltd.;中航光电科技股份有限公司 Avic Jonhon Optronic Technology Co.,Ltd.	纯电动专用车 Pure Electric Special Car	1	
	先恒流再恒功率最后恒压	交流插头:EVPⅡ-V-16A5-G,交流插座:EVS-V-16A5-GSC,NDQC-7Z(16A-250/440V)-L;直流插座:EVS-4-125D9-GS,NDQ-9Z(125A-750V)-L	南京康尼新能源汽车零部件有限公司 Nanjing Kangni New Energy Auto Parts Co.,Ltd.;中航光电科技股份有限公司 Avic Jonhon Optronic Technology Co.,Ltd.	纯电动专用车 Pure Electric Special Car	110	
	直流	V2-DSD-G-EV250S	张家港友诚科技机电有限公司 Zhangjiagang Youcheng Technology Electromechanical Co.,Ltd.;苏州工业园区多思达科技有限公司 Suzhou Industrial Park Duosida Technology Co.,Ltd.	纯电动专用车 Pure Electric Special Car	23	

续上表

充电机生产企业 Manufacturer for Charger of Electric Vehicle	充电方式 Charging Mode	充电插头 Charger Plug; 插座型号 Socket Model	充电插头 Charger Plug; 插座生产企业 Socket Manufacturer	车辆名称配套车辆类型 Matching Vehicle Types	2017 年配套车型产量小计 Subtotal Output of Supported Odels in 2017 (辆,vehicle)	2017 年配套车型产量总计 Total Output of Supported Odels in 2017 (辆,vehicle)
深圳欣锐科技股份有限公司 SHINRY Technologies Co. ,Ltd.	直流	YGC762-EV-P9P-250/YGC762-EV-S9RA-250; NV3-DSD-EV250P/NV2-DSD-G-EV250S	四川永贵科技有限公司 Sichuan Yonggui Science and Technology Co. ,Ltd. ; 苏州工业园区多思达科技有限公司 Suzhou Industrial Park Duosida Technology Co. ,Ltd.	纯电动专用车 Pure Electric Special Car	36	20630
	直流	YGC762-EV-S9RA-250,NDQ-9Z(250A-750V)-L,680411101052	四川永贵科技有限公司 Sichuan Yonggui Science and Technology Co. ,Ltd. ; 中航光电科技股份有限公司 Avic Jonhon Optronic Technology Co. ,Ltd. ; 深圳市沃尔新能源电气科技股份有限公司 Shenzhen Wohl New Energy Electrical Technology Co. ,Ltd.	纯电动专用车 Pure Electric Special Car	453	
深圳威迈斯电源有限公司 Shenzhen VMAX Power Co. ,Ltd. ; 大明电子有限公司 Daming Electronics Co. ,Ltd.	分段式恒流充电	交流:EVPⅡ-V-16A5-G/EVS-V-16A5-GSG; 直流:-/EVS-4-125D9-GSC	南京康尼新能源汽车零部件有限公司 Nanjing Kangni New Energy Auto Parts Co. ,Ltd. ; 安徽景程汽车部件制造有限公司 Anhui Jingcheng Auto Parts Manufacturing Co. ,Ltd.	纯电动乘用车 Pure Electric Passenger Car	18452	18452
杭州富特科技股份有限公司 Hangzhou Fat Polytron Technologies Inc.	220V 交流充电	HV18-ACT-1B25-5000/HV18-ACZ-1225-3600TG	临沂市海纳电子有限公司 Linyi Haina Electronics Co. ,Ltd.	纯电动乘用车 Pure Electric Passenger Car	51	17637
	221V 交流充电	HV18-ACT-1B35-5000/HV18-ACZ-1225-3600TG	临沂市海纳电子有限公司 Linyi Haina Electronics Co. ,Ltd.	纯电动乘用车 Pure Electric Passenger Car	317	
	先恒功率后恒压限流	交流:XP01-C-V1/XR02-C-V1,XP02-C-V1/XR02-C-V1,直流:XR61-C-V2	深圳巴斯巴科技发展有限公司 Shenzhen Busbar Sci-Tech Development Co. ,Ltd.	纯电动乘用车 Pure Electric Passenger Car	4	
	车载;CAN 通讯	插头:V2C-DSI-EV16P;插座:V2C-DSI-G-EV16S	张家港友诚科技机电有限公司 Zhangjiagang Youcheng Technology Electromechanical Co. ,Ltd.	纯电动乘用车 Pure Electric Passenger Car	4735	
	非车载充电、车载充电	DYL16-7TJ/DYL16-7ZK; F08-520150-040/F08-620000-000;RAC-TI16-5A/RAC-ZI16F-2A; RAC-TI16K-5A/RAC-ZI16F2-2A;F08-610000-000;RDC-TI250/RDC-ZI250	浙江中杭电子有限公司 Zhejiang Zhonghang Electronic Co. ,Ltd. ; 乐清市八达光电科技股份有限公司 Yueqing Bada Photoelectric Polytron Technologies Inc. ; 苏州瑞可达连接系统股份有限公司 Sichuan Recodeal Interconnect System Co. ,Ltd.	纯电动专用车 Pure Electric Special Car	718	
	非车载充电、车载充电	HVCOM/HVCOF;HVCO/HVCOF	安费诺精密连接器(深圳)有限公司 Amphenol PCD Shenzhen Co. ,Ltd. ; 安费诺精密连接器(深圳)有限公司 Amphenol PCD Shenzhen Co. ,Ltd.	纯电动专用车 Pure Electric Special Car	110	
	非车载充电、车载充电	RAC-TI16K-5A/RAC-ZI16F2-2A;DYL16-7TJ/DYL16-7ZK;RDC-ZI125;DYL21-9ZK-200A	苏州瑞可达连接系统股份有限公司 Suzhou Recodeal Interconnect System Co. ,Ltd; 浙江中杭电子有限公司 Zhejiang Zhonghang Electronic Co. ,Ltd.	纯电动专用车 Pure Electric Special Car	757	

续上表

充电机生产企业 Manufacturer for Charger of Electric Vehicle	充电方式 Charging Mode	充电插头 Charger Plug; 插座型号 Socket Model	充电插头 Charger Plug; 插座生产企业 Socket Manufacturer	车辆名称配套车辆类型 Matching Vehicle Types	2017 年配套车型产量小计 Subtotal Output of Supported Odels in 2017 (辆,vehicle)	2017 年配套车型产量总计 Total Output of Supported Odels in 2017 (辆,vehicle)
杭州富特科技股份有限公司 Hangzhou Fat Polytron Technologies Inc.	恒功率充电	交流:EVPⅡ-V-16A5/EVS-V-16A5-GSC;直流:-/CS06	交流插头:南京康尼新能源汽车零部件有限公司 Nanjing Kangni New Energy Auto Parts Co. ,Ltd. ; 直流插座:安费诺汽车连接系统(常州)有限公司 Anfano Auto Link System(Changzhou)Co. ,Ltd.	纯电动乘用车 Pure Electric Passenger Car	21	17637
	恒功率充电	交流插头:RAC-TI16K-5A;交流插座:RAC-ZI16F2-2A;直流插座:CS06	交流插头:苏州瑞可达连接系统股份有限公司 Suzhou Recodeal Interconnect System Co. ,Ltd; 直流插座:安费诺汽车连接系统(常州)有限公司 Anfano Auto Link System(Changzhou)Co. ,Ltd.	纯电动乘用车 Pure Electric Passenger Car	15	
	恒流充电	HV18ACT-00-40-6000	临沂市海纳电子有限公司 Linyi Haina Electronics Co. ,Ltd.	纯电动专用车 Pure Electric Special Car	2	
	恒流充电	HV18-ACT-1B25-5000;HV18-ACZ-1225-3600TG	临沂市海纳电子有限公司 Linyi Haina Electronics Co. ,Ltd.	纯电动专用车 Pure Electric Special Car	702	
	恒流充电	NDQC-7T(16A-250/440V);NDQC-7Z(16A-250/440V)-L; NDQ-9Z(125A-750V)-L	中航光电科技股份有限公司 Avic Jonhon Optronic Technology Co. ,Ltd.	纯电动乘用车 Pure Electric Passenger Car	1213	
	恒流充电	V2C-DSI-EV16P;V2C-DSI-GEL-EV16S	苏州工业园区多思达科技有限公司 Suzhou Industrial Park Duosida Technology Co. ,Ltd.	纯电动专用车 Pure Electric Special Car	1	
	恒流充电	车辆插头:YGC349-EV-P9P/2;车辆插座:YGC349-EV-S9RC/2; 车辆插头:YGC505-EV-P7P;车辆插座:YGC505-EV-S7RXLS; 车辆插头:YGC349-EV-P9P/5;车辆插座:YGC349-EV-S9RC/5	四川永贵科技有限公司 Sichuan Yonggui Science and Technology Co. ,Ltd.	纯电动乘用车 Pure Electric Passenger Car	232	
	恒流充电	交流插头:1060-PSE-16-XC-NS;交流插座:V2C-DSI-GEL-EV32S; 直流插座:V2-DSD-G-EV125S;NV2-DSD-G-EV125S	张家港友诚科技机电有限公司 Zhangjiagang Youcheng Technology Electromechanical Co. ,Ltd.	纯电动客车 Pure Electric Bus	23	
	恒流恒压方式	NDQC-7T(16A-250/440V);NDQC-7Z(16A-250/440V)-R	中航光电科技股份有限公司 Avic Jonhon Optronic Technology Co. ,Ltd.	纯电动乘用车 Pure Electric Passenger Car	5554	
	交流慢充、直流快充	29695 E1500;29695 E1501	南京康尼科技实业有限公司 Nanjing Kangni Technology Industry Co. ,Ltd.	纯电动专用车 Pure Electric Special Car	6	
	交流慢充、直流快充	交流:29695 E1500;29695 E1501;YG196G-EVSE-691/G-16;YGC691C-EV-S7(5)RA-T-16; 直流:YGC762-EV-S9RA-125;交流:YGC691C-EV-P7(5)P-32;YGC691C-EV-S7(5)RA-T-32; 直流:YGC762-EV-S9RA-125	南京康尼科技实业有限公司 Nanjing Kangni Technology Industry Co. ,Ltd. ; 四川永贵科技有限公司 Sichuan Yonggui Science and Technology Co. ,Ltd.	纯电动专用车 Pure Electric Special Car	760	

续上表

充电机生产企业 Manufacturer for Charger of Electric Vehicle	充电方式 Charging Mode	充电插头 Charger Plug;插座型号 Socket Model	充电插头 Charger Plug;插座生产企业 Socket Manufacturer	车辆名称配套车辆类型 Matching Vehicle Types	2017 年配套车型产量小计 Subtotal Output of Supported Odels in 2017 (辆,vehicle)	2017 年配套车型产量总计 Total Output of Supported Odels in 2017 (辆,vehicle)
杭州富特科技股份有限公司 Hangzhou Fat Polytron Technologies Inc.	交流慢充、直流快充	EVP Ⅱ-V-32A5-G; EVS-V-32A5-GSLD; CP32; CS32; EVS-4-125D9-GS;CS06	南京康尼科技实业有限公司 Nanjing Kangni Technology Industry Co. ,Ltd. ; 安费诺-泰姆斯(常州)通讯设备有限公司 Anfano-timms(Changzhou)Communications Equipment Co. ,Ltd.	纯电动专用车 Pure Electric Special Car	73	17637
	交流慢充、直流快充	YG196G-EVSE-691/G-16;交流:YGC691C-EV-S7(5)RA-T-16;直流:YGC762-EV-S9RA-125	四川永贵科技有限公司 Sichuan Yonggui Science and Technology Co. ,Ltd.	纯电动乘用车 Pure Electric Passenger Car	13	
	交流慢充、直流快充	交流插头/插座:EVPⅡ-V-16A5-G/EVS-V-16A5-GSLD;EVPⅡ-V-32A5-G/EVS-V-32A5-GSLD;CP32/CS32;CP16/CS16;直流插座:EVS-4-80D9-GS;CS06B	南京康尼科技实业有限公司 Nanjing Kangni Technology Industry Co. ,Ltd. ; 安费诺-泰姆斯(常州)通讯设备有限公司 Anfano-timms(Changzhou)Communications Equipment Co. ,Ltd.	纯电动专用车 Pure Electric Special Car	228	
	交直流充电	DQC-7T(16A-250/440V)/DQC-7Z(32A-250/440V)-A1;DQC-7T(32A-250/440V)/DQC-7Z (32A-250/440V)-A1; -/DQ-9Z(125A-750V)-00; -/HVCOF 125A 750VDC	中航光电科技股份有限公司 Avic Jonhon Optronic Technology Co. ,Ltd. ; 广州安费诺诚信软性电路有限公司 Guangzhou Anfano Honest Soft Circuit Co. ,Ltd.	纯电动客车 Pure Electric Bus	6	
	交直流充电	NDQC-7T(32A-250/440V)/NDQC-7Z(32A-250/440V)-0; NDQC-7T(32A-250/440V)/NDQC-7Z(32A-250/440V)-L; NDQC-7T(32A-250/440V)/NDQC-7Z (32A-250/440V)-R; NDQC-7T(16A-250/440V)/NDQC-7Z (16A-250/440V)-0; NDQC-7T(16A-250/440V)/NDQC-7Z (16A-250/440V)-L; NDQC-7T(16A-250/440V	中航光电科技股份有限公司 Avic Jonhon Optronic Technology Co. ,Ltd. ; 安费诺精密连接器(深圳)有限公司 Amphenol PCD Shenzhen Co. ,Ltd.	纯电动客车 Pure Electric Bus	313	
	交直流充电	HVCO-M16/HVCO-F16;HVCO-M125/HVCO-F125	成都晨风绿能电气技术有限公司 Chengdu Chieflead Electrical Technology Co. ,Ltd.	纯电动专用车 Pure Electric Special Car	202	
	交直流充电	NDQC-7Z(16A-250/440V)-0;NDQ-9Z(125A-750V)-0	中航光电科技股份有限公司 Avic Jonhon Optronic Technology Co. ,Ltd.	纯电动专用车 Pure Electric Special Car	467	
	输出小于 330V 恒流充电;大于 330V 恒功率充电	HVCOM/HVCOF	安费诺精密连接器(深圳)有限公司 Amphenol PCD Shenzhen Co. ,Ltd.	燃料电池客车 Fuel Cell Bus	197	
	输出小于 330V 恒流充电;大于 330V 恒功率充电	七芯插头 RAC-TI16K-5A;七芯插座:RAC-ZI16F2-2A;九芯插座:CS05	苏州瑞可达连接系统股份有限公司 Suzhou Recodeal Interconnect System Co. ,Ltd; 安费诺-泰姆斯(常州)通讯设备有限公司 Anfano-timms(Changzhou)Communications Equipment Co. ,Ltd.	纯电动乘用车 Pure Electric Passenger Car	772	
	输出小于 330V 恒流充电;大于 330V 恒功率充电	七芯插头 RAC-TI16K-5A;七芯插座:RAC-ZI16F2-2A;九芯插座:CS06	苏州瑞可达连接系统股份有限公司 Sichuan Recodeal Interconnect System Co. ,Ltd; 安费诺-泰姆斯(常州)通讯设备有限公司 Anfano-timms(Changzhou)Communications Equipment Co. ,Ltd.	纯电动乘用车 Pure Electric Passenger Car	92	
	先恒流后恒功率	插头型号:HV18-ACT-3B60-5000;KEC-AC-032-F5,KEC-AP-032-F5;插座型号:HV18-ACZ-0360-3600TG,KEC-AC-032-G5;KEC-AP-032-F5	慢充:临沂市海纳电子有限公司 Linyi Haina Electronics Co. ,Ltd. ; 湖南杰尼新能源科技有限公司 Hunan Genny New Energy Technology Co. ,Ltd.	纯电动乘用车 Pure Electric Passenger Car	27	

续上表

充电机生产企业 Manufacturer for Charger of Electric Vehicle	充电方式 Charging Mode	充电插头 Charger Plug; 插座型号 Socket Model	充电插头 Charger Plug; 插座生产企业 Socket Manufacturer	车辆名称配套车辆类型 Matching Vehicle Types	2017 年配套车型产量小计 Subtotal Output of Supported Odels in 2017 (辆,vehicle)	2017 年配套车型产量总计 Total Output of Supported Odels in 2017 (辆,vehicle)
杭州富特科技股份有限公司 Hangzhou Fat Polytron Technologies Inc.	先恒流后恒功率	慢充:插头型号:HV18-ACT-3B60-5000;KEC-AC-032-F5;KEC-AP-032-F5;插座型号:HV18-ACZ-0360-3600TG;KEC-AC-032-G; 快充:插座型号:HV18-DCZ;KEC-DC-125-G	慢充:临沂市海纳电子有限公司 Linyi Haina Electronics Co. ,Ltd. ; 湖南杰尼新能源科技有限公司 Hunan Genny New Energy Technology Co. ,Ltd. ; 快充、插座:临沂市海纳电子有限公司 Linyi Haina Electronics Co. ,Ltd. ; 湖南杰尼新能源科技有限公司 Hunan Genny New Energy Technology Co. ,Ltd.	纯电动乘用车 Pure Electric Passenger Car	2	17637
	先恒流后恒压	车辆插头:XP02-C-V1;供电插头:XP01-C-E1;车辆插座:XR02-C-V1	深圳巴斯巴科技发展有限公司 Shenzhen Busbar Sci-Tech Development Co. ,Ltd.	纯电动专用车 Pure Electric Special Car	1	
	先恒流后恒压	交流车辆插头:XP02-C-V2;交流车辆插座:XR02-C-V2;交流供电插头:XP01-C-E2;直流车辆插座:XR61-C-V2	深圳巴斯巴科技发展有限公司 Shenzhen Busbar Sci-Tech Development Co. ,Ltd.	纯电动专用车 Pure Electric Special Car	7	
	直流充电和交流充电兼容	直流:EVS-4-125D9-GSB;交流:EVS-V-32A5-GSLB	南京康尼新能源汽车零部件有限公司 Nanjing Kangni New Energy Auto Parts Co. ,Ltd.	纯电动专用车 Pure Electric Special Car	1	
	直流充电和交流充电兼容	EVS-4-125D9-S	南京康尼新能源汽车零部件有限公司 Nanjing Kangni New Energy Auto Parts Co. ,Ltd.	纯电动客车 Pure Electric Bus	1	
	直流充电桩 + 车载充电机	交流车辆插头:XP02-C-V2;交流车辆插座:XR02-C-V2;交流供电插头:XP01-C-E2;直流车辆插座:XR61-C-V2	深圳巴斯巴科技发展有限公司 Shenzhen Busbar Sci-Tech Development Co. ,Ltd.	纯电动专用车 Pure Electric Special Car	14	
重庆长安新能源汽车有限公司 Chongqing Chang'an New Energy Automobile Co. ,Ltd.	恒流充电	慢充枪:DQC-7T(16A-250/44CV);慢充座:F08-740050-02T;快充座:F08-730090-50T	重庆长安新能源汽车有限公司 Chongqing Chang'an New Energy Automobile Co. ,Ltd.	纯电动乘用车 Pure Electric Passenger Car	1251	16410
	恒流充电	慢充枪:DQC-7T(16A-250/440V);慢充座:RAC-ZI16F2-2B;快充座:RDC-ZI125-B	重庆长安新能源汽车有限公司 Chongqing Chang'an New Energy Automobile Co. ,Ltd.	纯电动乘用车 Pure Electric Passenger Car	337	
	恒流充电	充电插座:F08-660050-02R;充电插头:DQC-7T(16A-250/440V)	重庆长安新能源汽车有限公司 Chongqing Chang'an New Energy Automobile Co. ,Ltd.	插电式混合动力乘用车 Plug-in Hybrid Passenger Car	362	
	恒流充电	直流充电插座型号:RDC-ZI125;交流充电插座型号:RAC-ZI16F2-2A;充电插头型号:DQC-7T(16A-250/440V)	重庆长安新能源汽车有限公司 Chongqing Chang'an New Energy Automobile Co. ,Ltd.	纯电动乘用车 Pure Electric Passenger Car	124	
	恒流充电、恒功率充电、恒压充电	慢充:DQC-7T(16A-250/440V),DQC-7Z(32A-250/440V)-000;快充:DQC-9Z(250A-750V)-000;慢充:F08-740050-02T	重庆长安新能源汽车有限公司 Chongqing Chang'an New Energy Automobile Co. ,Ltd.	纯电动乘用车 Pure Electric Passenger Car	1612	
	恒流充电、恒功率充电、恒压充电	慢充:DQC-7T(32A-250/440V),DQC-7Z(32A-250/440V)-000;快充:DQC-9Z(250A-750V)-000	重庆长安新能源汽车有限公司 Chongqing Chang'an New Energy Automobile Co. ,Ltd.	纯电动专用车 Pure Electric Special Car	3	
	恒流充电、涓流充电	直流充电插座型号:RDC-ZI125;交流充电插座型号:RAC-ZI16F2-2A;充电插头型号:DQC-7T(16A-250/440V)	重庆长安新能源汽车有限公司 Chongqing Chang'an New Energy Automobile Co. ,Ltd.	纯电动乘用车 Pure Electric Passenger Car	12721	

续上表

充电机生产企业 Manufacturer for Charger of Electric Vehicle	充电方式 Charging Mode	充电插头 Charger Plug; 插座型号 Socket Model	充电插头 Charger Plug; 插座生产企业 Socket Manufacturer	车辆名称配套车辆类型 Matching Vehicle Types	2017 年配套车型产量小计 Subtotal Output of Supported Odels in 2017 (辆,vehicle)	2017 年配套车型产量总计 Total Output of Supported Odels in 2017 (辆,vehicle)
江苏嘉钰新能源技术有限公司 Jiangsu Jiayu New Energy Technology Co. ,Ltd. ; 南京中港电力股份有限公司 Nanjing China Port Power Limited by Share Ltd. ; 杭州铁城信息科技有限公司 Hangzhou Tiecheng Information Technology Co. ,Ltd. ; 杭州富特科技股份有限公司 Hangzhou Fat Polytron Technologies Inc.	恒流恒压充电	RAC-TI10K-5A/RAC-ZI10F2-0. 3A	苏州瑞可达连接系统股份有限公司 Suzhou Recodeal Interconnect System Co. ,Ltd.	纯电动乘用车 Pure Electric Passenger Car	15446	15446
上海科世达——华阳汽车电器有限公司 Shanghai Kostal Huayang Automotive Electric Co. ,Ltd. ; 科世达(上海)管理有限公司 Kostal(Shanghai) Management Co. ,Ltd. ; 深圳欣锐科技股份有限公司 SHINRY Technologies Co. ,Ltd.	慢充、快充	直流充电插座:EVS-4-250D9-S/交流充电插座:EVS-V-16A5-SB/交流充电插头:EVPIV-V-16A5,直流充电插座:EVS-4-250D9-S/交流充电插座:EVS-V-16A5-SB/交流充电插头:EVPIV-V-16A5,交流插座:EVS-V-16A5-GSLD/交流插头:EVPIV-V-16A5/直流插座:EVS-4-125D9-GS;交流插座:EVS-V-16A5-GSLD/交流插头:EVPIV-V-16A5/直流插座:EVS-4-125D9-GS	南京康尼科技实业有限公司 Nanjing Kangni Technology Industry Co. ,Ltd. ; 南京康尼新能源汽车零部件有限公司 Nanjing Kangni New Energy Auto Parts Co. ,Ltd.	纯电动乘用车 Pure Electric Passenger Car	11627	11627
杭州杰能动力有限公司 Hangzhou Genwell-power Co. ,Ltd. ; 杭州铁城信息科技有限公司 Hangzhou Tiecheng Information Technology Co. ,Ltd.	恒流充电	交流模式一充电枪:BCG-AVP-8A-S-003;交流模式二控制盒:BCG-EVE-1C-G1-022;交流 16A 充电插座:BCG-AVR-2A-SN-0016;直流充电插座总成:BCG-DVR-1D-0110;交流充电接口车辆插头:EVP-3-16A5;车辆插座:EVS-V-16A5-SC;直流充电接口:EVS-4-250D9-S	深圳巴斯巴科技发展有限公司 Shenzhen Busbar Sci-Tech Development Co. ,Ltd. ; 南京康尼新能源汽车零部件有限公司 Nanjing Kangni New Energy Auto Parts Co. ,Ltd.	纯电动乘用车 Pure Electric Passenger Car	11336	11336
杭州富特科技股份有限公司 Hangzhou Fat Polytron Technologies Inc. ; 南京中港电力股份有限公司 Nanjing China Port Power Limited by Share Ltd.	BMS 通过 CAN 控制充电	慢充:插头型号:HV18-ACT-1B25-5000,KEC-AC-016-F,XYNP-Q21C50-00Z;插座型号:HV18-ACZ-1225-3600TG,KEC-AC-016-G,XYNP-Z21K33-00R; 快充:插座型号:HV18-DCZ,YGC349-EV-S9RC/5	慢充:临沂市海纳电子有限公司 Linyi Haina Electronics Co. ,Ltd. ; 湖南杰尼新能源科技有限公司 Hunan Genny New Energy Technology Co. ,Ltd. ; 惠州市阳光能动新能源科技有限公司; 快充、插座:临沂市海纳电子有限公司 Linyi Haina Electronics Co. ,Ltd. ; 四川永贵科技有限公司 Sichuan Yonggui Science and Technology Co. ,Ltd.	纯电动乘用车 Pure Electric Passenger Car	1304	11124
	BMS 通过 CAN 控制充电	慢充:插头型号:HV18-ACT-1B25-5000,KEC-AC-016-F;插座型号:HV18-ACZ-1225-3600TG,KEC-AC-016-G; 快充:插头型号:YGC349-EV-P9P/5;插座型号:HV18-DCZ,YGC349-EV-S9RC/5	慢充:临沂市海纳电子有限公司 Linyi Haina Electronics Co. ,Ltd. ; 湖南杰尼新能源科技有限公司 Hunan Genny New Energy Technology Co. ,Ltd. ; 快充插头:四川永贵科技有限公司 Sichuan Yonggui Science and Technology Co. ,Ltd. ; 插座:临沂市海纳电子有限公司 Linyi Haina Electronics Co. ,Ltd. ; 四川永贵科技有限公司 Sichuan Yonggui Science and Technology Co. ,Ltd.	纯电动乘用车 Pure Electric Passenger Car	4884	

续上表

充电机生产企业 Manufacturer for Charger of Electric Vehicle	充电方式 Charging Mode	充电插头 Charger Plug; 插座型号 Socket Model	充电插头 Charger Plug; 插座生产企业 Socket Manufacturer	车辆名称配套车辆类型 Matching Vehicle Types	2017 年配套车型产量小计 Subtotal Output of Supported Odels in 2017 (辆,vehicle)	2017 年配套车型产量总计 Total Output of Supported Odels in 2017 (辆,vehicle)
杭州富特科技股份有限公司 Hangzhou Fat Polytron Technologies Inc. ; 南京中港电力股份有限公司 Nanjing China Port Power Limited by Share Ltd.	BMS 通过 CAN 控制充电	慢充:插头型号:HV18-ACT-1B25-5000,KEC-AC-016-F;插座型号:HV18-ACZ-1225-3600TG,KEC-AC-016-G; 快充:插座型号:HV18-DCZ,YGC349-EV-S9RC/5	慢充:临沂市海纳电子有限公司 Linyi Haina Electronics Co. ,Ltd. ; 湖南杰尼新能源科技有限公司 Hunan Genny New Energy Technology Co. ,Ltd. ; 快充、插座:临沂市海纳电子有限公司 Linyi Haina Electronics Co. ,Ltd. ; 四川永贵科技有限公司 Sichuan Yonggui Science and Technology Co. ,Ltd.	纯电动乘用车 Pure Electric Passenger Car	4319	11124
	BMS 通过 CAN 控制充电	慢充:插头型号:HV18-ACT-1B25-5000,KEC-AC-016-F5;插座型号:HV18-ACZ-1225-3600TG,KEC-AC-016-G5; 快充:插头型号:YGC349-EV-P9P/5,插座型号:HV18-DCZ,YGC349-EV-S9RC/5	慢充:临沂市海纳电子有限公司 Linyi Haina Electronics Co. ,Ltd. ; 湖南杰尼新能源科技有限公司 Hunan Genny New Energy Technology Co. ,Ltd. ; 快充插头:四川永贵科技有限公司 Sichuan Yonggui Science and Technology Co. ,Ltd. ; 插座:临沂市海纳电子有限公司 Linyi Haina Electronics Co. ,Ltd. ; 四川永贵科技有限公司 Sichuan Yonggui Science and Technology Co. ,Ltd.	纯电动乘用车 Pure Electric Passenger Car	617	
科世达(上海)管理有限公司 Kostal(Shanghai)Management Co. ,Ltd. ; 深圳欣锐科技股份有限公司 SHINRY Technologies Co. ,Ltd. ; 深圳威迈斯电源有限公司 Shenzhen VMAX Power Co. ,Ltd. ; 杭州富特科技股份有限公司 Hangzhou Fat Polytron Technologies Inc. ; 康舒电子(东莞)有限公司 AcBel Electronic(Dong Guan)Co. ,Ltd.	慢充、快充	EVS-4-250D9-S/EVS-V-16A5-SB/EVPIV-V-16A5,EVS-V-16A5-GSLD/EVPIV-V-16A5/EVS-4-125D9-GS,EVS-4-125D9-GHD/EVS-V-32A5-GHLD/EVPIV-V-16A5-G, EVS-4-125D9-GS/EVS-V-32A5-GSLD/EVPIV-V-16A5-G, EVS-4-250D9-S/EVS-V-32A5-SB/EVPIV-V-16A5	南京康尼新能源汽车零部件有限公司 Nanjing Kangni New Energy Auto Parts Co. ,Ltd.	纯电动乘用车 Pure Electric Passenger Car	3783	11036
	慢充、快充	直流充电插座:EVS-4-250D9-S/交流充电插座:EVS-V-16A5-SB/交流充电插头:EVPIV-V-16A5,交流插座:EVS-V-16A5-GSLD/交流插头:EVPIV-V-16A5/直流插座:EVS-4-125D9-GS,直流充电插座 EVS-4-125D9-GHD/交流充电插座:EVS-V-32A5-GHLD/交流充电插头:EVPIV-V-16A5-G,直流充电插座:EVS-4-125D9-GS/交流充电插座: EVS-V-32A5-GSLD/交流充电插头:EVPIV-V-16A5-G	南京康尼新能源汽车零部件有限公司 Nanjing Kangni New Energy Auto Parts Co. ,Ltd.	纯电动乘用车 Pure Electric Passenger Car	7253	
珠海英搏尔电气股份有限公司 Zhuhai Enpower Electric Co. ,Ltd. ; 杭州汉克电源有限公司 Hangzhou Hank Power Supply Co. ,Ltd. ; 张家港华为电子有限公司 Zhangjiagang Huawei Electronics Co. ,Ltd.	三段式充电:初段恒流充电、二段恒压充电、三段涓流浮冲	V2C-DSI-EV16P/V2C-DSI-GEL-EV16S, CEBEA-ev16-CT/CEBEA-ev16-CZ	张家港友诚科技机电有限公司 Zhangjiagang Youcheng Technology Electromechanical Co. ,Ltd. ; 江苏西比亚新能源科技有限公司 Jiangsu Xibiya New Energy Technology Co. ,Ltd.	纯电动乘用车 Pure Electric Passenger Car	9340	9340

续上表

充电机生产企业 Manufacturer for Charger of Electric Vehicle	充电方式 Charging Mode	充电插头 Charger Plug; 插座型号 Socket Model	充电插头 Charger Plug; 插座生产企业 Socket Manufacturer	车辆名称配套车辆类型 Matching Vehicle Types	2017 年配套车型产量小计 Subtotal Output of Supported Odels in 2017 (辆,vehicle)	2017 年配套车型产量总计 Total Output of Supported Odels in 2017 (辆,vehicle)
杭州富特科技股份有限公司 Hangzhou Fat Polytron Technologies Inc. ; 杭州铁城信息科技有限公司 Hangzhou Tiecheng Information Technology Co. ,Ltd. ; 深圳欣锐科技股份有限公司 SHINRY Technologies Co. ,Ltd.	恒压限流	F08-660051-04L; F08-660150-020; RAC-TI16K-5A/RAC-ZI16F2-2A; 1060-PSE-16-XC-NS; NV3C-DSI-GEL-EV16S; DYL16-7TJ/DYL16-7ZK;F08-630090-35L;RDC-ZI125;NV2-DSD-G-EV200S	乐清市八达光电科技股份有限公司 Yueqing Bada Photoelectric Polytron Technologies Inc. ; 苏州瑞可达连接系统股份有限公司 Suzhou Recodeal Interconnect System Co. ,Ltd; 苏州工业园区多思达科技有限公司 Suzhou Industrial Park Duosida Technology Co. ,Ltd. ; 浙江中杭电子有限公司 Zhejiang Zhonghang Electronic Co. ,Ltd.	纯电动乘用车 Pure Electric Passenger Car	8109	8798
	恒压限流	RAC-TI16K-5A/RAC-ZI16F2-2A;DYL16-7TJ/DYL16-7ZK;RDC-TI250/RDC-ZI250;DYL21-9TJ-250A/DYL21-9ZK-250A	苏州瑞可达连接系统股份有限公司 Suzhou Recodeal Interconnect System Co. ,Ltd; 浙江中杭电子有限公司 Zhejiang Zhonghang Electronic Co. ,Ltd.	纯电动乘用车 Pure Electric Passenger Car	689	
苏州舜堂新能源电控设备有限公司 Suzhou Shun Tang New Energy Control Equipment Co. ,Ltd.	恒流充电	插头:IGA-016TC/插座:IGA-016ZC/IGD-125ZC	山东英迈德电子科技有限公司 Shandong Yingmaide Electronic Technology Co. ,Ltd.	纯电动乘用车 Pure Electric Passenger Car	3000	8120
	交流充、直流充电	快充:V2C-DSI-EV16P/NV4C-DSI-G-EV16S,EVS-4-125D9-S;快充:V2-DSD-G-EV125S,EVP-V-16A5/EVS-V-16A5	苏州工业园区多思达科技有限公司 Suzhou Industrial Park Duosida Technology Co. ,Ltd. ; 南京康尼新能源汽车零部件有限公司 Nanjing Kangni New Energy Auto Parts Co. ,Ltd.	纯电动乘用车 Pure Electric Passenger Car	136	
	受控充电	直流插座:F08-630090-25L,交流插座:F08-660051-04L	乐清市八达光电科技股份有限公司 Yueqing Bada Photoelectric Polytron Technologies Inc.	纯电动专用车 Pure Electric Special Car	886	
	交流慢充、直流快充	插头 HVCO-M16/交流插座 HVCO-F16,直流插座 HVCO-F125;插头 CP16E004/交流插座 CS16,直流插座 CS06	成都晨风绿能电气技术有限公司 Chengdu Chieflead Electrical Technology Co. ,Ltd. ; 成都晨风绿能电气技术有限公司 Chengdu Chieflead Electrical Technology Co. ,Ltd. ; 安费诺汽车连接系统(常州)有限公司 Anfano Auto Link System(Changzhou)Co. ,Ltd. ; 安费诺汽车连接系统(常州)有限公司 Anfano Auto Link System(Changzhou)Co. ,Ltd.	纯电动专用车 Pure Electric Special Car	2	
	先恒流、后恒压限流	慢充:NDQC-7T(16A-250/440V)/NDQC-7Z(16A-250/440V)-L;快充:NDQ-9Z(125A-750V)-L G005	快充/慢充:中航光电科技股份有限公司 Avic Jonhon Optronic Technology Co. ,Ltd.	纯电动乘用车 Pure Electric Passenger Car	1974	
	先恒流、后恒压限流	慢充:NDQC-7T(16A-250/440V)/NDQC-7Z(16A-250/440V)-L;快充:NDQ-9Z(125A-750V)-L G005	慢充:中航光电科技股份有限公司 Avic Jonhon Optronic Technology Co. ,Ltd. ; 快充:中航光电科技股份有限公司 Avic Jonhon Optronic Technology Co. ,Ltd.	纯电动专用车 Pure Electric Special Car	737	
	先恒流、后恒压限流	慢充:NDQC-7T(32A-250/440V)/NDQC-7Z(32A-250/440V)-L;快充:NDQ-9Z(125A-750V)-L G005	慢充:中航光电科技股份有限公司 Avic Jonhon Optronic Technology Co. ,Ltd. ; 中航光电科技股份有限公司 Avic Jonhon Optronic Technology Co. ,Ltd. ; 快充:中航光电科技股份有限公司 Avic Jonhon Optronic Technology Co. ,Ltd.	纯电动专用车 Pure Electric Special Car	409	
	先恒流、后恒压限流	慢充:NDQC-7T(32A-250/440V)/NDQC-7Z(32A-250/440V)-L;快充:NDQ-9Z(125A-750V)-LG005	快充/慢充:中航光电科技股份有限公司 Avic Jonhon Optronic Technology Co. ,Ltd.	纯电动乘用车 Pure Electric Passenger Car	976	

续上表

充电机生产企业 Manufacturer for Charger of Electric Vehicle	充电方式 Charging Mode	充电插头 Charger Plug; 插座型号 Socket Model	充电插头 Charger Plug; 插座生产企业 Socket Manufacturer	车辆名称配套车辆类型 Matching Vehicle Types	2017 年配套车型产量小计 Subtotal Output of Supported Odels in 2017 (辆,vehicle)	2017 年配套车型产量总计 Total Output of Supported Odels in 2017 (辆,vehicle)
武汉力行远方电源科技有限公司 Wuhan Lixing Distance Power Technology Co. ,Ltd.	恒压充电、恒流充电	交流充电插头 6801107031/交流充电插座 680211310311;直流充电插座 680411101052	深圳市沃尔新能源电气科技股份有限公司 Shenzhen Wohl New Energy Electrical Technology Co. ,Ltd.	纯电动专用车 Pure Electric Special Car	8	8041
	先恒流充电再恒压充电	XR61-C-V2,LDDC-125CZ,XR02-C-V2,LDAC-032CZ	深圳巴斯巴科技发展有限公司 Shenzhen Busbar Sci-Tech Development Co. ,Ltd. ; 山东龙立电子有限公司 Shandong Longli Electronic Co. ,Ltd. ; 深圳巴斯巴科技发展有限公司 Shenzhen Busbar Sci-Tech Development Co. ,Ltd. ; 山东龙立电子有限公司 Shandong Longli Electronic Co. ,Ltd.	纯电动专用车 Pure Electric Special Car	6431	
	先恒流充电再恒压充电	直流快充:XR61-C-V2,LDDC-125CZ,交流慢充:CEBEA-ev16-CZ,CEBEA-ev16-1-CT ,LDAC-016GZ,LDAC-016CT/IC-CPD	直流快充:深圳巴斯巴科技发展有限公司 Shenzhen Busbar Sci-Tech Development Co. ,Ltd. ; 山东龙立电子有限公司 Shandong Longli Electronic Co. ,Ltd. ; 交流慢充:江苏西比亚新能源科技有限公司 Jiangsu Xibiya New Energy Technology Co. ,Ltd. ; 山东龙立电子有限公司 Shandong Longli Electronic Co. ,Ltd.	纯电动专用车 Pure Electric Special Car	1	
	先恒流充电再恒压充电	直流快充:XR61-C-V2,LDDC-125CZ 交流慢充:CEBEA-ev16-CZ,CEBEA-ev16-1-CT	直流快充:深圳巴斯巴科技发展有限公司 Shenzhen Busbar Sci-Tech Development Co. ,Ltd. ; 山东龙立电子有限公司 Shandong Longli Electronic Co. ,Ltd. ; 交流慢充:江苏西比亚新能源科技有限公司 Jiangsu Xibiya New Energy Technology Co. ,Ltd. ; 江苏西比亚新能源科技有限公司 Jiangsu Xibiya New Energy Technology Co. ,Ltd.	纯电动专用车 Pure Electric Special Car	1601	
深圳欣锐科技股份有限公司 SHINRY Technologies Co. ,Ltd. ; 杭州铁城信息科技有限公司 Hangzhou Tiecheng Information Technology Co. ,Ltd. ; 杭州富特科技股份有限公司 Hangzhou Fat Polytron Technologies Inc.	先恒流后恒压	CP16E/CS16,NDQC-7T(16A-250/440V)/NDQC-7Z(16A-250/440V)-L,CS06	安费诺-泰姆斯(常州)通讯设备有限公司 Anfano-timms(Changzhou) Communications Equipment Co. ,Ltd. ; 中航光电科技股份有限公司 Avic Jonhon Optronic Technology Co. ,Ltd. ; 安费诺-泰姆斯(常州)通讯设备有限公司 Anfano-timms(Changzhou) Communications Equipment Co. ,Ltd.	纯电动专用车 Pure Electric Special Car	3834	6582
	先恒流后恒压	直流充电插座型号 KEC-DC-125-G9 交流充电插头/插座型号 KEC-AC-016-F5/KEC-AC-016-G5;直流充电插座型号 CS06,交流充电插头/插座型号 CP16/CS16;直流充电插座型号 NDQ-9Z(125A-750V)-L,交流充电插头/插座型号 NDQC-7T(16A-250/440V)/NDQC-7Z(16A-250/440V)-L	浙江凯业新能源科技有限公司 Zhejiang Kaiye New Energy Technology Co. ,Ltd. ; 安费诺-泰姆斯(常州)通讯设备有限公司 Anfano-timms(Changzhou) Communications Equipment Co. ,Ltd. ; 中航光电科技股份有限公司 Avic Jonhon Optronic Technology Co. ,Ltd.	纯电动乘用车 Pure Electric Passenger Car	20	

续上表

充电机生产企业 Manufacturer for Charger of Electric Vehicle	充电方式 Charging Mode	充电插头 Charger Plug; 插座型号 Socket Model	充电插头 Charger Plug; 插座生产企业 Socket Manufacturer	车辆名称配套车辆类型 Matching Vehicle Types	2017 年配套车型产量小计 Subtotal Output of Supported Odels in 2017 (辆,vehicle)	2017 年配套车型产量总计 Total Output of Supported Odels in 2017 (辆,vehicle)
深圳欣锐科技股份有限公司 SHINRY Technologies Co. ,Ltd. ; 杭州铁城信息科技有限公司 Hangzhou Tiecheng Information Technology Co. ,Ltd. ; 杭州富特科技股份有限公司 Hangzhou Fat Polytron Technologies Inc.	先恒流后恒压	直流充电插座型号 KEC-DC-125-G9 交流充电插头/插座型号 KEC-AC-016-F5/KEC-AC-016-G5;直流充电插座型号 CS06,交流充电插头/插座型号 CP16/CS16;直流充电插座型号 NDQ-9Z(125A-750V)-L,交流充电插头/插座型号 NDQC-7T(16A-250/440V)/NDQC-7Z(16A-250/440V)-L	浙江凯业新能源科技有限公司 Zhejiang Kaiye New Energy Technology Co. ,Ltd. ; 安费诺-泰姆斯(常州)通讯设备有限公司 Anfano-timms(Changzhou)Communications Equipment Co. ,Ltd. ; 中航光电科技股份有限公司 Avic Jonhon Optronic Technology Co. ,Ltd.	纯电动专用车 Pure Electric Special Car	2728	6582
杭州富特科技股份有限公司 Hangzhou Fat Polytron Technologies Inc. ; 杭州铁城信息科技有限公司 Hangzhou Tiecheng Information Technology Co. ,Ltd.	插电式	DQC-7T(16A-250/440V);DQC-7Z(16A-250/440V)-200	中航光电科技股份有限公司 Avic Jonhon Optronic Technology Co. ,Ltd.	纯电动专用车 Pure Electric Special Car	642	5806
	交流慢充、直流快充	YG196G-EVSE-691/G-16, YGC691C-EV-S7(5)RB- T-16, YGC762-EV-S9RB-125, YGC691C-EV-S7(5)RB-T-32; NDQC-7T(16A-250/440V), NDQC-7Z(16A-250/440V)-R, NDQ-9Z(125A-750V)-R, NDQC-7Z(32A-250/440V)-R; EVS-V-16A5-GSC, EVS-4-125D9-GS, EVPⅡ-V-16A5-G, EVSV-32A5-GSLB	四川永贵科技有限公司 Sichuan Yonggui Science and Technology Co. ,Ltd. ; 中航光电科技股份有限公司 Avic Jonhon Optronic Technology Co. ,Ltd. ; 南京康尼新能源汽车零部件有限公司 Nanjing Kangni New Energy Auto Parts Co. ,Ltd.	纯电动专用车 Pure Electric Special Car	5164	
张家港华为电子有限公司 Zhangjiagang Huawei Electronics Co. ,Ltd. ; 苏州舜堂新能源电控设备有限公司 Suzhou Shun Tang New Energy Control Equipment Co. ,Ltd. ; 浙江迅捷电气科技有限公司 Zhejiang Xunjie Electric Technology Co. ,Ltd.	交流慢充、直流快充	慢充: CEBEA-ev16-CZ, CEBEA-ev16-1-CT; 快充: CEBEA-DC125-CZ	江苏西比亚新能源科技有限公司 Jiangsu Xibiya New Energy Technology Co. ,Ltd.	纯电动专用车 Pure Electric Special Car	1007	5515
	先恒流后恒压	交流:CEBEA-ev16-1-CT/-(江苏),CEBEA-ev16-CT/CEBEA-ev16-CZ(江苏),NDQC-7T(16A-250/440V)/NDQC-7Z(16A-250/440V)-L(中航);直流:-/CEBEA-DC125-CZ(江苏),-/NDQ-9Z(125A-750V)-L(中航)	江苏西比亚新能源科技有限公司 Jiangsu Xibiya New Energy Technology Co. ,Ltd. ; 中航光电科技股份有限公司 Avic Jonhon Optronic Technology Co. ,Ltd.	纯电动专用车 Pure Electric Special Car	4508	
北京嘉昌机电设备制造有限公司 Beijing Jiachang Electromechanical Equipment Manufacturing Co. ,Ltd. ; 北京新能源汽车股份有限公司 Beijing Electric Vehicle Co. ,Ltd. ; 深圳欣锐科技股份有限公司 SHINRY Technologies Co. ,Ltd.	先恒流限压后恒压限流,先恒功率后恒压限流	BJEV-AVSP-1P-0016/BJEV-AVLS-1P-0016	北京新能源汽车股份有限公司 Beijing Electric Vehicle Co. ,Ltd.	纯电动乘用车 Pure Electric Passenger Car	5416	5416
台达集团 Delta	恒流充电	CC-C-L2-16-300-B;GBTACRECEPTACLE	德尔福中央电气(上海)有限公司 Delphi Central Electric(Shanghai)Co. ,Ltd. ; 威海新凯帝电子有限公司 Weihai New Kedi Electronics Co. ,Ltd.	插电式混合动力乘用车 Plug-in Hybrid Passenger Car	4136	5139
	恒压限流充电	Vehicle-1ph-3C;HVCC,HVCP/332004200	德国浩亭公司 Harting;德尔福/DELPHI;德国莱尼集团/LEONI	插电式混合动力乘用车 Plug-in Hybrid Passenger Car	7	
	慢充	CC-C-L2-16-300;GBTACRECEPTACLE	德尔福中央电气(上海)有限公司 Delphi Central Electric(Shanghai)Co. ,Ltd. ; 威海新凯帝电子有限公司 Weihai New Kedi Electronics Co. ,Ltd.	插电式混合动力乘用车 Plug-in Hybrid Passenger Car	996	

续上表

充电机生产企业 Manufacturer for Charger of Electric Vehicle	充电方式 Charging Mode	充电插头 Charger Plug; 插座型号 Socket Model	充电插头 Charger Plug; 插座生产企业 Socket Manufacturer	车辆名称配套车辆类型 Matching Vehicle Types	2017年配套车型产量小计 Subtotal Output of Supported Odels in 2017 (辆,vehicle)	2017年配套车型产量总计 Total Output of Supported Odels in 2017 (辆,vehicle)
浙江爱特新能源汽车有限公司 Zhejiang AIT New Energy Automobile Co., Ltd.	恒流充电;车载充电机与BMS通信,BMS实时采集单体电池情况,控制充电机充电。	直流充电插座型号:RDC-ZI125;交流充电插座型号:RAC-ZI16F2-2A;充电插头型号:RAC-TI16K-5A	苏州瑞可达连接系统股份有限公司 Suzhou Recodeal Interconnect System Co. ,Ltd.	纯电动乘用车 Pure Electric Passenger Car	4955	4955
南京中港电力股份有限公司 Nanjing China Port Power Limited by Share Ltd. ; 杭州富特科技股份有限公司 Hangzhou Fat Polytron Technologies Inc.	初始恒流充电,80%以后恒压充电,初始恒流充电,达到截至电压后降流充电	YG505-01-00-00XLV/YG505-02-00-00XLV,ZGEVCS600-C/ZGEVCS500-C, RAC-ZI16F2/RAC-TI16K-5A, F08-520150-040/F08-620000-000	四川永贵科技有限公司 Sichuan Yonggui Science and Technology Co. ,Ltd. ; 南京中港电力股份有限公司 Nanjing China Port Power Limited by Share Ltd. ; 苏州瑞可达连接系统股份有限公司 Sichuan Recodeal Interconnect System Co. ,Ltd. ; 乐清市八达光电科技股份有限公司 Yueqing Bada Photoelectric Polytron Technologies Inc.	纯电动乘用车 Pure Electric Passenger Car	50	4940
	初始恒流充电,95%以后恒压充电,初始恒流充电,95%以后恒压充电,初始恒流充电,达到截至电压后降流充电	YG505-01-00-00XLV/YG505-02-00-00XLV,ZGEVCS600-C/ZGEVCS500-C, RAC-ZI16F2/RAC-TI16K-5A, F08-520150-040/F08-620000-000	四川永贵科技有限公司 Sichuan Yonggui Science and Technology Co. ,Ltd. ; 南京中港电力股份有限公司 Nanjing China Port Power Limited by Share Ltd. ; 苏州瑞可达连接系统股份有限公司 Sichuan Recodeal Interconnect System Co. ,Ltd. ; 乐清市八达光电科技股份有限公司 Yueqing Bada Photoelectric Polytron Technologies Inc.	纯电动乘用车 Pure Electric Passenger Car	619	
	初始恒流充电、达到截至电压后降流充电	YG505-01-00-00XLV/YG505-02-00-00XLV, ZGEVCS600-C/ZGEVCS500-C, RAC-ZI16F2-2A/RAC-TI16K-5A, F08-520150-040/F08-620000-000, LDAC-C16CT/IC-CPD/LDAC-016CZ, ZC-16VSP/ZC-16VSR, YGC691C-EV-P7(5)P-16/YGC691C-EV-S7(5)RB-T-16	四川永贵科技有限公司 Sichuan Yonggui Science and Technology Co. ,Ltd. ; 南京中港电力股份有限公司 Nanjing China Port Power Limited by Share Ltd. ; 苏州瑞可达连接系统股份有限公司 Sichuan Recodeal Interconnect System Co. ,Ltd. ; 乐清市八达光电科技股份有限公司 Yueqing Bada Photoelectric Polytron Technologies Inc. ; 山东龙立电子有限公司 Shandong Longli Electronic Co. ,Ltd. ; 广州知崇新能源科技有限公司 Guangzhou Zhichong New Energy Technology Co. ,Ltd.	纯电动乘用车 Pure Electric Passenger Car	4271	
杭州杰能动力有限公司 Hangzhou Genwell-power Co. ,Ltd.	恒流充电	交流模式一充电枪:BCG-AVP-8A-S-003;交流模式二控制盒:BCG-EVE-1C-G1-022;交流16A充电插座:BCG-AVR-2A-SN-0016;直流充电插座总成:BCG-DVR-1D-0110;交流充电接口车辆插头:EVP-3-16A5;车辆插座:EVS-V-16A5-SC;直流充电接口:EVS-4-250D9-S	深圳巴斯巴科技发展有限公司 Shenzhen Busbar Sci-Tech Development Co. ,Ltd. ; 南京康尼新能源汽车零部件有限公司 Nanjing Kangni New Energy Auto Parts Co. ,Ltd.	纯电动乘用车 Pure Electric Passenger Car	3303	4597
	恒流充电	交流模式一充电枪:BCG-AVP-8A-S-00316A	深圳巴斯巴科技发展有限公司 Shenzhen Busbar Sci-Tech Development Co. ,Ltd.	纯电动乘用车 Pure Electric Passenger Car	50	
	恒流充电	交流模式二控制盒:BCG-EVE-1C-G1-022				

续上表

充电机生产企业 Manufacturer for Charger of Electric Vehicle	充电方式 Charging Mode	充电插头 Charger Plug; 插座型号 Socket Model	充电插头 Charger Plug; 插座生产企业 Socket Manufacturer	车辆名称配套车辆类型 Matching Vehicle Types	2017 年配套车型产量小计 Subtotal Output of Supported Odels in 2017 (辆,vehicle)	2017 年配套车型产量总计 Total Output of Supported Odels in 2017 (辆,vehicle)
杭州杰能动力有限公司 Hangzhou Genwell-power Co. ,Ltd.	恒流充电	交流 16A 充电插座:BCG-AVR-2A-SN-0016	深圳巴斯巴科技发展有限公司 Shenzhen Busbar Sci-Tech Development Co. ,Ltd.	纯电动乘用车 Pure Electric Passenger Car	50	4597
	恒流充电	直流充电插座总成:BCG-DVR-1D-0110				
	恒流充电	交流模式一充电枪:BCG-AVP-8A-S-00316A;交流模式二控制盒:BCG-EVE-1C-G1-022;交流 16A 充电插座:BCG-AVR-2A-SN-0016;直流充电插座总成:BCG-DVR-1D-0110;电动汽车交流充电接口车辆插头:EVP-3-16A;车辆插座:EVS-V-16A5-SC;电动汽车直流充电接口:EVS-4-250D9-S	深圳巴斯巴科技发展有限公司 Shenzhen Busbar Sci-Tech Development Co. ,Ltd. ; 南京康尼新能源汽车零部件有限公司 Nanjing Kangni New Energy Auto Parts Co. ,Ltd.	纯电动乘用车 Pure Electric Passenger Car	901	
	恒流充电,车载充电机与BMS 通信,BMS 实时采集单体电池情况,控制充电机充电	交流:BCG-AVP-1A-S/BCG-AVR-1A-SN;直流:BCG-DVP-14V-C/BCG-DVR-1D-0008(选装快充)	深圳巴斯巴科技发展有限公司 Shenzhen Busbar Sci-Tech Development Co. ,Ltd.	纯电动乘用车 Pure Electric Passenger Car	3	
	先恒流充电再恒压充电:BMS 与充电机通讯,控制充电机输出电压和输出电流	交流:BCG-AVP-1A-S/BCG-AVR-1A-SN;直流:BCG-DVP-14V-C/BCG-DVR-1D-0008(选装快充)	深圳巴斯巴科技发展有限公司 Shenzhen Busbar Sci-Tech Development Co. ,Ltd.	纯电动专用车 Pure Electric Special Car	340	
科世达(上海)管理有限公司 Kostal(Shanghai)Management Co. ,Ltd.	恒流恒压	交流插头:EVPⅡ-V-16A5-G/交流插座:EVS-V-16A5-GSF/直流插座:EVS-4-125D9-GHD	南京康尼新能源汽车零部件有限公司 Nanjing Kangni New Energy Auto Parts Co. ,Ltd.	纯电动乘用车 Pure Electric Passenger Car	2908	4473
	交流传导充电	交流充电插座:EVS-V-16A5-SC/交流充电插头:EVPIV-V-16A5,车辆插座:EVS-V-16A5-GHLD	南京康尼新能源汽车零部件有限公司 Nanjing Kangni New Energy Auto Parts Co. ,Ltd.	插电式混合动力乘用车 Plug-in Hybrid Passenger Car	1565	
深圳市核达中远通电源技术股份有限公司 Shenzhen VAPEL Power Supply Technology Co. ,Ltd.	具备交流充电、直流充电两种方式	XR61-C-V2(直流 125A 充电插座),XR61-C-V4(直流 250A 充电插座),XP01-C-V2(交流 32A 充电插头),XR02-C-V2(交流 32A 充电插座)	深圳巴斯巴科技发展有限公司 Shenzhen Busbar Sci-Tech Development Co. ,Ltd.	纯电动专用车 Pure Electric Special Car	4264	4279
	具备快充、慢充两种充电方式	插头/插座型号(直流 125A):插头 XP63-C-V2/插座 XR61-C-V2 插头/插座型号(交流 32A):插头 XP01-C-V2/插座 XR02-C-V2	深圳巴斯巴科技发展有限公司 Shenzhen Busbar Sci-Tech Development Co. ,Ltd.	纯电动专用车 Pure Electric Special Car	13	
	快充、慢充	快充电插座 NDQ-9Z(250A-750V)-L;快充电插头 NDQ-9T(250A-750V)-E;慢充电插座 NDQC-7Z(32A-250/440V)-L;慢充电插头 NDQC-7T(32A-250/440V)	中航光电科技股份有限公司 Avic Jonhon Optronic Technology Co. ,Ltd.	纯电动专用车 Pure Electric Special Car	2	
珠海英搏尔电气股份有限公司 Zhuhai Enpower Electric Co. ,Ltd. ; 杭州铁城信息科技有限公司 Hangzhou Tiecheng Information Technology Co. ,Ltd. ; 杭州富特科技股份有限公司 Hangzhou Fat Polytron Technologies Inc.	三段式充电:初段恒流充电、二段恒压充电、三段涓流浮冲	CEBEA-ev16-CT/CEBEA-ev16-CZ,CEBEA-DC200-CT	江苏西比亚新能源科技有限公司 Jiangsu Xibiya New Energy Technology Co. ,Ltd.	纯电动乘用车 Pure Electric Passenger Car	4081	4113
	三段式充电:初段恒流充电、二段恒压充电、三段涓流浮冲	CEBEA-ev16-CT/CEBEA-ev16-CZ,CEBEA-DC200-CZ	江苏西比亚新能源科技有限公司 Jiangsu Xibiya New Energy Technology Co. ,Ltd.	纯电动乘用车 Pure Electric Passenger Car	32	

续上表

充电机生产企业 Manufacturer for Charger of Electric Vehicle	充电方式 Charging Mode	充电插头 Charger Plug; 插座型号 Socket Model	充电插头 Charger Plug; 插座生产企业 Socket Manufacturer	车辆名称配套车辆类型 Matching Vehicle Types	2017 年配套车型产量小计 Subtotal Output of Supported Odels in 2017 （辆，vehicle）	2017 年配套车型产量总计 Total Output of Supported Odels in 2017 （辆，vehicle）
杭州铁城信息科技有限公司 Hangzhou Tiecheng Information Technology Co. ,Ltd. ; 深圳市核达中远通电源技术股份有限公司 Shenzhen VAPEL Power Supply Technology Co. ,Ltd. ; 深圳市安能能源技术有限公司 Shenzhen Anpower Energy&technology Co. , Ltd.	先恒流后恒压式充电	慢充：RAC-2TI32/RAC-ZI32F, NDQC-7Z（32A-250/440V）-L;快充插座：RDC-ZI125, EVS-4-125D9-S, NDQ-9Z（125A-750V）-L, RDC-XZI125-25-1. 2A	慢充：苏州瑞可达连接系统股份有限公司 Sichuan Recodeal Interconnect System Co. ,Ltd. ; 中航光电科技股份有限公司 Avic Jonhon Optronic Technology Co. ,Ltd. ; 快充：苏州瑞可达连接系统股份有限公司 Sichuan Recodeal Interconnect System Co. ,Ltd. ; 南京康尼新能源汽车零部件有限公司 Nanjing Kangni New Energy Auto Parts Co. ,Ltd. ; 中航光电科技股份有限公司 Avic Jonhon Optronic Technology Co. ,Ltd. ; 苏州瑞可达连接系统股份有限公司 Sichuan Recodeal Interconnect System Co. ,Ltd.	纯电动专用车 Pure Electric Special Car	3821	3821
张家港华为电子有限公司 Zhangjiagang Huawei Electronics Co. ,Ltd.	恒功率充电转恒压充电	V2C-DSI-EV16P（慢充插头）/V2C-DSI-G-EV16S（慢充插座），NV4C-DSI-G-EV16S（慢充插座）	苏州工业园区多思达科技有限公司 Suzhou Industrial Park Duosida Technology Co. ,Ltd.	纯电动乘用车 Pure Electric Passenger Car	3711	3799
	恒压充电	EVS-4-125D9-GS/EVS-V-16A5-GSLD	南京康尼新能源汽车零部件有限公司 Nanjing Kangni New Energy Auto Parts Co. ,Ltd.	纯电动专用车 Pure Electric Special Car	76	
	恒压充电	V2CZ-DSI-EV32-2P/V2CZ-DSI-EV1	张家港友诚科技机电有限公司 Zhangjiagang Youcheng Technology Electromechanical Co. ,Ltd.	纯电动专用车 Pure Electric Special Car	12	
杭州富特科技股份有限公司 Hangzhou Fat Polytron Technologies Inc. ; 杭州铁城信息科技有限公司 Hangzhou Tiecheng Information Technology Co. ,Ltd. ; 珠海英搏尔电气股份有限公司 Zhuhai Enpower Electric Co. ,Ltd.	交流慢充、直流快充	YG196G-EVSE-691/G-16; YGC691C-EV-S7 （5） RB-T-16; YGC762-EV-S9RB-125; NDQC-7T（16A-250/440V）; NDQC-7Z（16A-250/440V）-R; NDQ-9Z（125A-750V）-R; EVS-V-16A5-GSC; EVPⅡ-V-16A5-G; EVS-4-125D9-GS	四川永贵科技有限公司 Sichuan Yonggui Science and Technology Co. ,Ltd. ; 中航光电科技股份有限公司 Avic Jonhon Optronic Technology Co. ,Ltd. ; 南京康尼新能源汽车零部件有限公司 Nanjing Kangni New Energy Auto Parts Co. ,Ltd.	纯电动专用车 Pure Electric Special Car	47	2969
	交流慢充及直流快充	YG196G-EVSE-691/G-16, YGC691C-EV-S7 （5） RB-T-16, YGC762-EV-S9RB-125; NDQC-7T（16A-250/440V）, NDQC-7Z（16A-250/440V）-R, NDQ-9Z（125A-750V）-R; EVS-V-16A5-GSC, EVS-4-125D9-GS（QA）, EVPⅡ-V-16A5-G	四川永贵科技有限公司 Sichuan Yonggui Science and Technology Co. ,Ltd. ; 中航光电科技股份有限公司 Avic Jonhon Optronic Technology Co. ,Ltd. ; 南京康尼新能源汽车零部件有限公司 Nanjing Kangni New Energy Auto Parts Co. ,Ltd.	纯电动乘用车 Pure Electric Passenger Car	2758	
	交流慢充及直流快充	YG196G-EVSE-691/G-16, YGC691C-EV-S7 （5） RB-T-16, YGC762-EV-S9RB-125; NDQC-7T（16A-250/440V）, NDQC-7Z（16A-250/440V）-R, NDQ-9Z（125A-750V）-R; EVS-V-16A5-GSC, EVS-4-125D9-GS（QA）, EVPⅡ-V-16A5-G	四川永贵科技有限公司 Sichuan Yonggui Science and Technology Co. ,Ltd. ; 中航光电科技股份有限公司 Avic Jonhon Optronic Technology Co. ,Ltd. ; 南京康尼新能源汽车零部件有限公司 Nanjing Kangni New Energy Auto Parts Co. ,Ltd.	纯电动专用车 Pure Electric Special Car	164	

续上表

充电机生产企业 Manufacturer for Charger of Electric Vehicle	充电方式 Charging Mode	充电插头 Charger Plug; 插座型号 Socket Model	充电插头 Charger Plug; 插座生产企业 Socket Manufacturer	车辆名称配套车辆类型 Matching Vehicle Types	2017 年配套车型产量小计 Subtotal Output of Supported Odels in 2017 (辆,vehicle)	2017 年配套车型产量总计 Total Output of Supported Odels in 2017 (辆,vehicle)
珠海英搏尔电气股份有限公司 Zhuhai Enpower Electric Co. ,Ltd. ; 杭州铁城信息科技有限公司 Hangzhou Tiecheng Information Technology Co. ,Ltd.	恒流恒压	YG196G-EVSE-691/G-16/YGC691C-EV-S7 (5) RA-N-16, YGC691G/C-EV-P7(5)P/PW-16/YGC691C-EV-S7(5)RA-T-16,DYL16-7TJ-A/DYL16-7TJ-C/DYL16-7ZK-A	四川永贵科技有限公司 Sichuan Yonggui Science and Technology Co. ,Ltd. ; 浙江中杭电子有限公司 Zhejiang Zhonghang Electronic Co. ,Ltd.	纯电动乘用车 Pure Electric Passenger Car	2688	2688
美达电器(深圳)有限公司 Meta System Electronics (Shenzhen) Co. , Ltd.	先恒流再恒压	XP01-C-E2(交流车辆端插头)/XR61-C-V3(快充插座)/XP01-C-V2(充电枪供电端插头)/慢充插座 XR02-C-V2	深圳巴斯巴科技发展有限公司 Shenzhen Busbar Sci-Tech Development Co. ,Ltd.	纯电动乘用车 Pure Electric Passenger Car	2560	2560
深圳欣锐科技股份有限公司 SHINRY Technologies Co. ,Ltd. ; 杭州富特科技股份有限公司 Hangzhou Fat Polytron Technologies Inc. ; 苏州舜堂新能源电控设备有限公司 Suzhou Shun Tang New Energy Control Equipment Co. , Ltd.	220V 交流充电	EVP-3-16A5(交流插头),EVS-V-16A5-SC(交流插座),EVS-4-125D9-S(直流 125A 插座);DQC-7T (16A-250/440V)(交流 16A 插头),DQC-7Z(16A-250/440V)-200(交流 16A 插座),DQC-9Z(125A-750V)-20(直流 125A 插座);NDQC-7T(16A-250/440V)(交流插头),NDQC-7Z(16A-250/440V)-L, NDQC-7Z(16A-250/440V)-0,NDQC-7Z(16A-250/440V)-R	南京康尼新能源汽车零部件有限公司 Nanjing Kangni New Energy Auto Parts Co. ,Ltd. ; 中航光电科技股份有限公司 Avic Jonhon Optronic Technology Co. ,Ltd. ; 惠州领先精密科技有限公司 Huizhou Lingxian Precise Technology Co. ,Ltd. ; 广东顺科汽车电气制造有限公司 Guangdong Sanco Automobile Electric Manufacturing Co. ,Ltd.	纯电动乘用车 Pure Electric Passenger Car	2376	2376
深圳欣锐科技股份有限公司 SHINRY Technologies Co. ,Ltd. ; 杭州铁城信息科技有限公司 Hangzhou Tiecheng Information Technology Co. ,Ltd.	先恒流后恒压	直流充电插座型号 CS06,交流充电插头/插座型号 CP16/CS16,直流充电插座型号 KEC-DC-125-G9,交流充电插头/插座型号 KEC-AC-016-F5/KEC-AC-016-G5	安费诺-泰姆斯(常州)通讯设备有限公司 Anfano-timms(Changzhou)Communications Equipment Co. ,Ltd. ; 浙江凯业新能源科技有限公司 Zhejiang Kaiye New Energy Technology Co. ,Ltd.	纯电动专用车 Pure Electric Special Car	1956	2231
	恒流、恒压	交流:XP01-C-V1/XR02-C-V1,XP02-C-V1/XR02-C-V1,直流:XR61-C-V2	深圳巴斯巴科技发展有限公司 Shenzhen Busbar Sci-Tech Development Co. ,Ltd.	纯电动专用车 Pure Electric Special Car	81	
	恒流、恒压	交流:XP01-C-V1/XR02-C-V1,XP02-C-V1/XR02-C-V1,直流:XR61-C-V2	深圳巴斯巴科技发展有限公司 Shenzhen Busbar Sci-Tech Development Co. ,Ltd.	纯电动乘用车 Pure Electric Passenger Car	194	
杭州铁城信息科技有限公司 Hangzhou Tiecheng Information Technology Co. ,Ltd. ; 安徽聚捷汽车电子有限公司 Anhui Ju Jie Automobile Electronics Co. , Ltd.	恒压限流充电	交流:插头:HV18-ACT-1B25-4000/插座:HV18-ACZ-1225-3600TG,交流:插头:LDAC-016CT/IC-CPD/插座:LDAC-032CZ	临沂市海纳电子有限公司 Linyi Haina Electronics Co. ,Ltd. ; 山东龙立电子有限公司 Shandong Longli Electronic Co. ,Ltd.	纯电动乘用车 Pure Electric Passenger Car	2127	2127
法雷奥汽车内部控制(深圳)有限公司 Valeo Interior Controls (Shen Zhen) Co. , Ltd. ; 台达电子企业管理(上海)有限公司 Delta Electronics(Shanghai)Co. ,Ltd.	恒流、恒功率充电	EVP-V-16A5/EVS-V-16A5-HB	南京康尼新能源汽车零部件有限公司 Nanjing Kangni New Energy Auto Parts Co. ,Ltd.	插电式混合动力乘用车 Plug-in Hybrid Passenger Car	2126	2126

续上表

充电机生产企业 Manufacturer for Charger of Electric Vehicle	充电方式 Charging Mode	充电插头 Charger Plug; 插座型号 Socket Model	充电插头 Charger Plug; 插座生产企业 Socket Manufacturer	车辆名称配套车辆类型 Matching Vehicle Types	2017 年配套车型产量小计 Subtotal Output of Supported Odels in 2017 (辆,vehicle)	2017 年配套车型产量总计 Total Output of Supported Odels in 2017 (辆,vehicle)
张家港华为电子有限公司 Zhangjiagang Huawei Electronics Co. ,Ltd. ; 杭州富特科技股份有限公司 Hangzhou Fat Polytron Technologies Inc. ; 杭州铁城信息科技有限公司 Hangzhou Tiecheng Information Technology Co. ,Ltd.	恒功率充电转恒压充电	V2C-DSI-EV16P/V2C-DSI-G-EV16S, NV4C-DSI-G- EV16S(慢充插座)	苏州工业园区多思达科技有限公司 Suzhou Industrial Park Duosida Technology Co. ,Ltd.	纯电动乘用车 Pure Electric Passenger Car	2107	2107
德尔福 Delphi	恒流充电	8607498/0-2208383-1	德尔福/Delphi;泰科电子/TE	插电式混合动力乘用车 Plug-in Hybrid Passenger Car	1904	2033
	恒流充电	8638671/0-2208383-1	德尔福/Delphi;泰科电子/TE	插电式混合动力乘用车 Plug-in Hybrid Passenger Car	129	
台达电子企业管理(上海)有限公司 Delta Electronics(Shanghai)Co. ,Ltd. ; 法雷奥汽车内部控制(深圳)有限公司 Valeo Interior Controls (Shen Zhen) Co. , Ltd.	恒流、恒功率充电	EVP-V-16A5, EVPⅡ-V-32A5-G/NDQC-7Z(16A-250/440V)-L G004, NDQ-9Z(250A-750V)-0 G002, NDQC-7Z(32A-250/440V)-L G002,NDQ-9Z(250A-750V)-0 G002	南京康尼新能源汽车零部件有限公司 Nanjing Kangni New Energy Auto Parts Co. ,Ltd. ; 中航光电科技股份有限公司 Avic Jonhon Optronic Technology Co. ,Ltd.	纯电动乘用车 Pure Electric Passenger Car	1970	1970
杭州欣锐科技有限公司 Hangzhou Shinry Technology Co. ,Ltd. ; 杭州富特科技股份有限公司 Hangzhou Fat Polytron Technologies Inc,南京中港电力股份有限公司 Nanjing China Port Power Limited by Share Ltd.	恒功率充电	NDQC-7T(16A-250/440V)/NDQC-7Z(16A-250/440V)-L, NDQ-9Z(125A-750V)-L	中航光电科技股份有限公司 Avic Jonhon Optronic Technology Co. ,Ltd.	纯电动乘用车 Pure Electric Passenger Car	1950	1950
成都联腾动力控制技术有限公司 Chengdu Lian Teng Power Control Technology Co. ,Ltd.	恒压限流充电	交流:YGC691C-EV-P7(5)P-16/YGC691C-EV-S7(5)RA-T-16;直流插座 YGC762-EV-S9RA-125	四川永贵科技有限公司 Sichuan Yonggui Science and Technology Co. ,Ltd.	纯电动乘用车 Pure Electric Passenger Car	1878	1878
杭州铁城信息科技有限公司 Hangzhou Tiecheng Information Technology Co. ,Ltd. ; 浙江续航新能源科技有限公司 Zhejiang Xuhang New Energy Technology Co. ,Ltd.	初始恒流充电,80% 以后恒压充电	V3C-DSI-EV16P/V3C-DSI-GEL-EV32S, V2-DSD-EV125P/V2-DSD-G-EV125S; 1060-PSE-16-XC-NS/NV3C-DSI-GEL-EV32S, -/NV2-DSD-G-EV125S; YDG16-SAV-P1/YDG32-SAV-S1-L1; -/YDG200-D-S1;1202-01X-C012/1204-01X-0004;	苏州工业园区多思达科技有限公司 Suzhou Industrial Park Duosida Technology Co. ,Ltd. ; 苏州怡达新能源科技有限公司 Suzhou Yida New Energy Technology Co. ,Ltd; 深圳容一电动科技有限公司 Shenzhen Rongyi Electric Technology Co. ,Ltd.	纯电动专用车 Pure Electric Special Car	1001	1449
	初始恒流充电,81% 以后恒压充电	V3C-DSI-EV16P/V3C-DSI-GEL-EV32S, V2-DSD-EV125P/V2-DSD-G-EV125S; 1060-PSE-15-XC-NS/NV3C-DSI-GEL-EV32S, -/NV2-DSD-G-EV125S; YLG16-SAV-P1/YDG32-SAV-S1-L1; -/YDG80-D-S1; RG-AC-16A-SV001/1204-01X-0004; -/1104-03X-0021	苏州工业园区多思达科技有限公司 Suzhou Industrial Park Duosida Technology Co. ,Ltd. ; 苏州怡达新能源科技有限公司 Suzhou Yida New Energy Technology Co. ,Ltd; 深圳容一电动科技有限公司 Shenzhen Rongyi Electric Technology Co. ,Ltd.	纯电动专用车 Pure Electric Special Car	448	

续上表

充电机生产企业 Manufacturer for Charger of Electric Vehicle	充电方式 Charging Mode	充电插头 Charger Plug; 插座型号 Socket Model	充电插头 Charger Plug; 插座生产企业 Socket Manufacturer	车辆名称配套车辆类型 Matching Vehicle Types	2017 年配套车型产量小计 Subtotal Output of Supported Odels in 2017 (辆,vehicle)	2017 年配套车型产量总计 Total Output of Supported Odels in 2017 (辆,vehicle)
杭州铁城信息科技有限公司 Hangzhou Tiecheng Information Technology Co. ,Ltd. ; 杭州富特科技股份有限公司 Hangzhou Fat Polytron Technologies Inc,珠海英搏尔电气股份有限公司 Zhuhai Enpower Electric Co. ,Ltd.	恒压限流、恒电流	YG196G-EVSE-691/G-16; YGC691C-EV-S7 (5) RB-T-16; NDQC-7T (16A-250/440V); NDQC-7Z (16A-250/440V)-R; EVPⅡ-V-16A5-G;EVS-V-16A5-GSC	四川永贵科技有限公司 Sichuan Yonggui Science and Technology Co. ,Ltd. ; 中航光电科技股份有限公司 Avic Jonhon Optronic Technology Co. ,Ltd. ; 南京康尼新能源汽车零部件有限公司 Nanjing Kangni New Energy Auto Parts Co. ,Ltd.	纯电动专用车 Pure Electric Special Car	1372	1372
纽福克斯光电科技(上海)有限公司 New Focus Lighting & Power Technology (Shanghai) Co. ,Ltd.	恒流充电	交流:NDQC-7T(16A-250/440V)/NDQC-7Z(16A-250/440V)-L;直流:-/NDQ-9Z(125A-750V)-L	中航光电科技股份有限公司 Avic Jonhon Optronic Technology Co. ,Ltd.	纯电动专用车 Pure Electric Special Car	1366	1366
杭州铁城信息科技有限公司 Hangzhou Tiecheng Information Technology Co. ,Ltd. ; 深圳市核达中远通电源技术股份有限公司 Shenzhen VAPEL Power Supply Technology Co. ,Ltd.	先恒流后恒压式充电	慢充:RAC-2TI32/RAC-ZI32F, NDQC-7Z(32A-250/440V)-L;快充插座:RDC-ZI125,EVS-4-125D9-S,NDQ-9Z(125A-750V)-L,RDC-XZI125-25-1. 2A	慢充:苏州瑞可达连接系统股份有限公司 Sichuan Recodeal Interconnect System Co. ,Ltd. ; 中航光电科技股份有限公司 Avic Jonhon Optronic Technology Co. ,Ltd. ; 快充:苏州瑞可达连接系统股份有限公司 Sichuan Recodeal Interconnect System Co. ,Ltd. ; 南京康尼新能源汽车零部件有限公司 Nanjing Kangni New Energy Auto Parts Co. ,Ltd. ; 中航光电科技股份有限公司 Avic Jonhon Optronic Technology Co. ,Ltd. ; 苏州瑞可达连接系统股份有限公司 Sichuan Recodeal Interconnect System Co. ,Ltd.	纯电动专用车 Pure Electric Special Car	1145	1145
张家港华为电子有限公司 Zhangjiagang Huawei Electronics Co. ,Ltd. ; 杭州富特科技股份有限公司 Hangzhou Fat Polytron Technologies Inc.	程序控制的限压恒流充电	NV2C-DSL-EV32P/NV2C-DSL-GEL-EV32S;XP01-C-V2/XP02-C-V2;6801107031/680211310311	张家港友诚科技机电有限公司 Zhangjiagang Youcheng Technology Electromechanical Co. ,Ltd; 深圳巴斯巴科技发展有限公司 Shenzhen Busbar Sci-Tech Development Co. ,Ltd. ; 深圳市沃尔新能源电气科技股份有限公司 Shenzhen Wohl New Energy Electrical Technology Co. ,Ltd.	纯电动专用车 Pure Electric Special Car	1137	1137
杭州铁城信息科技有限公司 Hangzhou Tiecheng Information Technology Co. ,Ltd. ; 深圳欣锐科技股份有限公司 SHINRY Technologies Co. ,Ltd.	车载充电	EVP-V-16A5,EVP-C-16A5/EVS-V-16A5-SC	南京康尼科技实业有限公司 Nanjing Kangni Technology Industry Co. ,Ltd.	插电式混合动力乘用车 Plug-in Hybrid Passenger Car	829	1124
	先恒流后恒压式充电	交流插头 YGC691C-EV-P7(5)PW-16,交流插座 YGC691C-EV-S7(5)RB-T-16,直流插座 YGC762-EV-S9RA-80/YGC762-EV-S9RB-80;交流车辆插头:RAC-TI16K-5A/车辆插座:RAC-ZI16F2-2A,直流车辆插座:RDC-ZI125;交流插头 XP01-C-V1,交流插座XR02-C-V1,直流插座 XR61-C-V1	四川永贵科技有限公司 Sichuan Yonggui Science and Technology Co. ,Ltd. ; 苏州瑞可达连接系统股份有限公司 Sichuan Recodeal Interconnect System Co. ,Ltd; 深圳巴斯巴科技发展有限公司 Shenzhen Busbar Sci-Tech Development Co. ,Ltd.	纯电动专用车 Pure Electric Special Car	295	

续上表

充电机生产企业 Manufacturer for Charger of Electric Vehicle	充电方式 Charging Mode	充电插头 Charger Plug; 插座型号 Socket Model	充电插头 Charger Plug; 插座生产企业 Socket Manufacturer	车辆名称配套车辆类型 Matching Vehicle Types	2017年配套车型产量小计 Subtotal Output of Supported Odels in 2017 (辆,vehicle)	2017年配套车型产量总计 Total Output of Supported Odels in 2017 (辆,vehicle)
法雷奥汽车内部控制(深圳)有限公司 Valeo Interior Controls (Shen Zhen) Co., Ltd.	恒流、恒功率充电	EVP-V-16A5/EVS-V-16A5-EB	南京康尼新能源汽车零部件有限公司 Nanjing Kangni New Energy Auto Parts Co., Ltd.	插电式混合动力乘用车 Plug-in Hybrid Passenger Car	1029	1029
江苏嘉钰新能源技术有限公司 Jiangsu Jiayu New Energy Technology Co., Ltd.; 南京中港电力股份有限公司 Nanjing China Port Power Limited by Share Ltd.	恒流恒压充电	RAC-TI10K-5A, RAC-ZI10F2-0.3A	苏州瑞可达连接系统股份有限公司 Suzhou Recodeal Interconnect System Co., Ltd.	纯电动乘用车 Pure Electric Passenger Car	1028	1028
襄阳群龙汽车部件股份有限公司 Xiangfan Qunlong Automobile Parts Co., Ltd.	恒压限流充电	直流车辆插座型号 CS06 交流车辆插头型号 CP16/插座型号 CS16	安费诺-泰姆斯(常州)通讯设备有限公司 Anfano-timms(Changzhou) Communications Equipment Co., Ltd.	纯电动专用车 Pure Electric Special Car	1006	1027
	交流慢充、直流快充	CP16E004/CS16	安费诺-泰姆斯(常州)通讯设备有限公司 Anfano - timms(Changzhou) Communications Equipment Co., Ltd.	纯电动专用车 Pure Electric Special Car	21	
上海科世达——华阳汽车电器有限公司,科世达(上海)管理有限公司 Kostal(Shanghai) Management Co., Ltd.; 深圳欣锐科技股份有限公司 SHINRY Technologies Co., Ltd.; 深圳威迈斯电源有限公司 Shenzhen VMAX Power Co., Ltd.	慢充、快充	直流充电插座:EVS-4-250D9-S/交流充电插座:EVS-V-16A5-SB/交流充电插头:EVPIV-V-16A5,直流充电插座:EVS-4-250D9-S/交流充电插座:EVS-V-16A5-SB/交流充电插头:EVPIV-V-16A5,交流插座;EVS-V-16A5-GSLD/交流插头;EVPIV-V-16A5/直流插座;EVS-4-125D9-GS;交流插座;EVS-V-16A5-GSLD/交流插头;EVPIV-V-16A5/直流插座;EVS-4-125D9-GS,直流充电插座 EVS-4-1	南京康尼科技实业有限公司 Nanjing Kangni Technology Industry Co., Ltd.; 南京康尼新能源汽车零部件有限公司 Nanjing Kangni New Energy Auto Parts Co., Ltd.	纯电动乘用车 Pure Electric Passenger Car	1006	1006
郑州比克新能源汽车有限公司 Zhengzhou BAK New Energy Automobile Co., Ltd.	交流充电、直流充电	交流充电接口:YGC691G/C-EV-P7(5)P/PW-32, YGC691C-EV-S7(5)RA-T-32;直流充电接口:YGC762-EV-S9RA-125, YGC762-EV-P9P-125	四川永贵科技有限公司 Sichuan Yonggui Science and Technology Co., Ltd.	纯电动专用车 Pure Electric Special Car	979	979
万都 Mando	恒流、恒压限流充电	充电插头:XP01-C-V2, XP01-C-E2, XP01-C-V1/插座:XR02-C-V2, 220175	充电插头:深圳巴斯巴科技发展有限公司 Shenzhen Busbar Sci-Tech Development Co., Ltd./插座:深圳巴斯巴科技发展有限公司 Shenzhen Busbar Sci-Tech Development Co., Ltd.; 裕罗公司 YURA CORPORATION	纯电动乘用车 Pure Electric Passenger Car	427	904
	恒压充电、恒流充电	交流插头:NV4C-DSI-EV32P/交流插座:NV4C-DSI-GEL-EV32S,直流插座:NV2-DSD-G-EV125S	张家港友诚科技机电有限公司 Zhangjiagang Youcheng Technology Electromechanical Co., Ltd.	纯电动乘用车 Pure Electric Passenger Car	477	
石家庄迪龙科技有限公司 Shijiazhuang Dilong Technology Co., Ltd.	插接式	车辆插头:RAC-2TI32;车辆插座:RAC-ZI32F;直流插座:RDC-ZI125	苏州瑞可达连接系统股份有限公司 Sichuan Recodeal Interconnect System Co., Ltd.	纯电动专用车 Pure Electric Special Car	21	886
	车载式充电	V3C-DSI-EV32P/V2C-DSI-G-EV32S(交流), V2-DSD-G-EV125S(直流)	张家港友诚科技机电有限公司 Zhangjiagang Youcheng Technology Electromechanical Co., Ltd.	纯电动专用车 Pure Electric Special Car	100	
	恒流充电	YGC762-EV-S9RA-250; YGC691C-EV-S7(5)RA-T-32	四川永贵科技有限公司 Sichuan Yonggui Science and Technology Co., Ltd.	纯电动专用车 Pure Electric Special Car	1	

续上表

充电机生产企业 Manufacturer for Charger of Electric Vehicle	充电方式 Charging Mode	充电插头 Charger Plug; 插座型号 Socket Model	充电插头 Charger Plug; 插座生产企业 Socket Manufacturer	车辆名称配套车辆类型 Matching Vehicle Types	2017 年配套车型产量小计 Subtotal Output of Supported Odels in 2017 (辆,vehicle)	2017 年配套车型产量总计 Total Output of Supported Odels in 2017 (辆,vehicle)
石家庄迪龙科技有限公司 Shijiazhuang Dilong Technology Co. ,Ltd.	先恒功率后恒压限流	—	—	纯电动专用车 Pure Electric Special Car	44	886
	直流充电、交流充电	YGC762-EV-P9P-125/YGC762-EV-S9RA-125（快充），YG196G-EVSE-691/G-16/YGC691C-EV-S7（5）RA-T-16（慢充）	四川永贵科技有限公司 Sichuan Yonggui Science and Technology Co. ,Ltd.	纯电动专用车 Pure Electric Special Car	34	
	直流快充、交流慢充	HVCOF 16A/HVCOF 125A	安费诺精密连接器(深圳)有限公司 Amphenol PCD Shenzhen Co. ,Ltd. /安费诺精密连接器(深圳)有限公司 Amphenol PCD Shenzhen Co. ,Ltd.	纯电动专用车 Pure Electric Special Car	686	
重庆市力电新能源科技有限责任公司 Chongqing Li Dian New Energy Technology Co. ,Ltd. ; 杭州富特科技股份有限公司 Hangzhou Fat Polytron Technologies Inc.	交流慢充	CQY-TIAC16/CQY-ZIAC16(交流插头插座)；RAC-TI16-5A/RAC-ZI16-2A(交流插头插座)	重庆渝淅新能源科技有限公司 Chongqing Yuxi New Energy Technology Co. ,Ltd. ; 苏州瑞可达连接系统股份有限公司 Sichuan Recodeal Interconnect System Co. ,Ltd.	纯电动专用车 Pure Electric Special Car	776	778
	交流慢充、直流快充	CQY-TIAC16/CQY-ZIAC16(交流插头插座)，CQY-ZIDC125/(直流插座)；RAC-TI16K-5A/RAC-ZI16F2-2A(交流插头插座)，RDC-ZI125(直流插座)；6808020101/680211310211(交流插头插座)，680411101052(直流插座)	重庆渝淅新能源科技有限公司 Chongqing Yuxi New Energy Technology Co. ,Ltd. ; 苏州瑞可达连接系统股份有限公司 Sichuan Recodeal Interconnect System Co. ,Ltd. ; 深圳市沃尔新能源电气科技股份有限公司 Shenzhen Wohl New Energy Electrical Technology Co. ,Ltd.	纯电动专用车 Pure Electric Special Car	1	
	交流慢充、直流快充	CQY-TIAC16/CQY-ZIAC16(交流插头插座)，CQY-ZIDC125/(直流插座)；6808020101/680211310211(交流插头插座)，680411101052(直流插座)；TI16K-5A/RAC-ZI16F2-2A(交流插头插座)，RDC-ZI125(直流插座)	重庆渝淅新能源科技有限公司 Chongqing Yuxi New Energy Technology Co. ,Ltd; 苏州瑞可达连接系统股份有限公司 Sichuan Recodeal Interconnect System Co. ,Ltd; 深圳市沃尔新能源电气科技股份有限公司 Shenzhen Wohl New Energy Electrical Technology Co. ,Ltd.	纯电动专用车 Pure Electric Special Car	1	
上海埃而生电气股份有限公司 Shanghai Alson Electronics Electrical Limited by Share Ltd; 深圳银利电器制造有限公司 Shenzhen Silver Electronics Manufacturing Co. ,Ltd.	插电式，CAN 通讯	交流 NDQC-7Z（16A-250/440V）-L，NDQC-7T（16A-250/440V），直流 NDQ-9Z(125A-750V)-L;交流 XR02-C-V1，XP01-C-E1，直流 XR61-C-V2；交流 RAC-ZI16F2-2A，RAC-TI16K-5A，直流 RDC-ZI125	中航光电科技股份有限公司 Avic Jonhon Optronic Technology Co. ,Ltd. ; 深圳巴斯巴科技发展有限公司 Shenzhen Busbar Sci-Tech Development Co. ,Ltd. ; 苏州瑞可达连接系统股份有限公司 Sichuan Recodeal Interconnect System Co. ,Ltd.	纯电动专用车 Pure Electric Special Car	721	723
	直流快充、交流慢充	交流 NDQC-7Z（32A-250/440V）-L，NDQC-7T（32A-250/440V），直流 NDQ-9Z(125A-750V)-L;交流 XR02-C-V2，XP02-C-V2，直流 XR61-C-V2；交流 RAC-ZI32F，RAC-2TI3，直流 RDC-ZI125	中航光电科技股份有限公司 Avic Jonhon Optronic Technology Co. ,Ltd. ; 深圳巴斯巴科技发展有限公司 Shenzhen Busbar Sci-Tech Development Co. ,Ltd. ; 苏州瑞可达连接系统股份有限公司 Sichuan Recodeal Interconnect System Co. ,Ltd.	纯电动客车 Pure Electric Bus	2	
南京中港电力股份有限公司 Nanjing China Port Power Limited by Share Ltd.	插电式	交流车辆插头：F08-520150-040，交流车辆插座：F08-660051-04L，直流车辆插座：F08-630090-35L 交流车辆插头：EVPII-V-16A5-G，交流车辆插座：EVS-V-32A5-GSLB，直流车辆插座：EVS-4-125D9-GS	乐清市八达光电科技股份有限公司 Yueqing Bada Photoelectric Polytron Technologies Inc. ; 南京康尼新能源汽车零部件有限公司 Nanjing Kangni New Energy Auto Parts Co. ,Ltd.	纯电动专用车 Pure Electric Special Car	16	722

续上表

充电机生产企业 Manufacturer for Charger of Electric Vehicle	充电方式 Charging Mode	充电插头 Charger Plug; 插座型号 Socket Model	充电插头 Charger Plug; 插座生产企业 Socket Manufacturer	车辆名称配套车辆类型 Matching Vehicle Types	2017 年配套车型产量小计 Subtotal Output of Supported Odels in 2017 (辆,vehicle)	2017 年配套车型产量总计 Total Output of Supported Odels in 2017 (辆,vehicle)
南京中港电力股份有限公司 Nanjing China Port Power Limited by Share Ltd.	初始恒流充电,80% 以后恒压充电	CEBEA-ev16-CT/CEBEA-ev16-CZ, BCG-AVP-1A-S/BCG-AVR-1A-SN, RAC-TI16-5A/RAC-ZI16-2A	江苏西比亚新能源科技有限公司 Jiangsu Xibiya New Energy Technology Co. ,Ltd. ; 深圳巴斯巴科技发展有限公司 Shenzhen Busbar Sci-Tech Development Co. ,Ltd. ; 苏州瑞可达连接系统股份有限公司 Sichuan Recodeal Interconnect System Co. ,Ltd.	纯电动乘用车 Pure Electric Passenger Car	35	722
	初始恒流充电,81% 以后恒压充电	YG505-01-00-00XLV/YG505-02-00-00XLV, ZGEVCS600-C/ZGEVCS500-C, RAC-ZI16FC2/RAC-TI16K-5A, F08-520150-040/F08-620000-000	四川永贵科技有限公司 Sichuan Yonggui Science and Technology Co. ,Ltd. ; 南京中港电力股份有限公司 Nanjing China Port Power Limited by Share Ltd. ; 苏州瑞可达连接系统股份有限公司 Sichuan Recodeal Interconnect System Co. ,Ltd. ; 八达电气有限公司 Ba Da Electric Co. ,Ltd.	纯电动乘用车 Pure Electric Passenger Car	599	
	交流慢充、直流快充	交流插口/插座:KEC-AP-032-F/KEC-AP-032-G, KEC-AC-032-F/KEC-AC-032-G, KEC-AP-016-F/KEC-AP-016-G, KEC-AC-016-F/KEC-AC-016-G;直流插口/插座:KEC-DC-250-F9/KEC-DC-250-G9, KEC-DC-125-F9/KEC-DC-125-G9	浙江凯业新能源科技有限公司 Zhejiang Kaiye New Energy Technology Co. ,Ltd.	纯电动专用车 Pure Electric Special Car	21	
	受控充电	CEBEA-ev32-CT/CEBEA-ev32-CZ	江苏西比亚新能源科技有限公司 Jiangsu Xibiya New Energy Technology Co. ,Ltd.	纯电动专用车 Pure Electric Special Car	51	
杭州铁城信息科技有限公司 Hangzhou Tiecheng Information Technology Co. ,Ltd. ; 张家港华为电子有限公司 Zhangjiagang Huawei Electronics Co. ,Ltd.	三段式充电:初段恒流充电、二段恒压充电、三段涓流浮冲	V2C-DSI-EV16P/V2C-DSI-GEL-EV16S, CEBEA-ev16-CT/CEBEA-ev16-CZ	张家港友诚科技机电有限公司 Zhangjiagang Youcheng Technology Electromechanical Co. ,Ltd. ; 江苏西比亚新能源科技有限公司 Jiangsu Xibiya New Energy Technology Co. ,Ltd.	纯电动乘用车 Pure Electric Passenger Car	702	702
杭州奥蒂电控有限公司 Hangzhou AODI Electronic Control Co. ,Ltd	交流慢充、直流快充	6801107031;680211310311;680411101052	深圳市沃尔新能源电气科技股份有限公司 Shenzhen Wohl New Energy Electrical Technology Co. ,Ltd.	纯电动专用车 Pure Electric Special Car	105	640
	慢充、快充	RAC-TI16K-5A, RAC-ZI16F2-2A(直流插座 RDC-ZI125); YG196G-EVSE-691/G-16, YGC691C-EV-S7(5)RA-T-16(直流插座 YGC762-EV-S9RA-125); 6801107021, 680211310211, 680411101062, 680411101052	苏州瑞可达连接系统股份有限公司 Sichuan Recodeal Interconnect System Co. ,Ltd; 四川永贵科技有限公司 Sichuan Yonggui Science and Technology Co. ,Ltd. ; 深圳市沃尔新能源电气科技股份有限公司 Shenzhen Wohl New Energy Electrical Technology Co. ,Ltd.	纯电动乘用车 Pure Electric Passenger Car	535	
杭州铁城信息科技有限公司 Hangzhou Tiecheng Information Technology Co. ,Ltd. ; 杭州奥蒂电控有限公司 Hangzhou AODI Electronic Control Co. , Ltd. ; 深圳市核达中远通电源技术股份有限公司 Shenzhen VAPEL Power Supply Technology Co. ,Ltd.	恒压充电	交流充电接口:YGC691C-EV-P7(5)P-16/YGC691C-EV-S7(5)RA-T-16, YGC691C-EV-P7(5)P-32/YGC691C-EV-S7(5)RA-T-32, YG196G-EVSE-691/G-16, HVCOM/HVCOF, XP01-C-V1/XR02-C-V1, XP01-C-V2/XR02-C-V2, XP01-C-E1/XR03-C-E1, XP01-C-E2/XR03-C-E2, 1202-01X-0008/1204-01X-0004, 1202-01X-0012/120	四川永贵科技有限公司 Sichuan Yonggui Science and Technology Co. ,Ltd. ; 安费诺精密连接器(深圳)有限公司 Amphenol PCD Shenzhen Co. ,Ltd. ; 深圳巴斯巴科技发展有限公司 Shenzhen Busbar Sci-Tech Development Co. ,Ltd. ; 深圳容一电动科技有限公司 Shenzhen Rongyi Electric Technology Co. ,Ltd. ; 苏州瑞可达连接系统股份有限公司 Sichuan Recodeal Interconnect System Co. ,Ltd.	纯电动专用车 Pure Electric Special Car	602	602

续上表

充电机生产企业 Manufacturer for Charger of Electric Vehicle	充电方式 Charging Mode	充电插头 Charger Plug;插座型号 Socket Model	充电插头 Charger Plug;插座生产企业 Socket Manufacturer	车辆名称配套车辆类型 Matching Vehicle Types	2017 年配套车型产量小计 Subtotal Output of Supported Odels in 2017 (辆,vehicle)	2017 年配套车型产量总计 Total Output of Supported Odels in 2017 (辆,vehicle)
深圳市依思普林科技有限公司 Shenzhen Espirit Technology Co. ,Ltd. ;杭州铁城信息科技有限公司 Hangzhou Tiecheng Information Technology Co. ,Ltd.	先恒流再恒功率最后恒压;在充电的不同阶段会出现恒流或恒压两种充电方式,恒功率充电,在充电的不同阶段会出现恒流、恒功率、恒压 3 种充电方式	交流插头 YGC691C-EV-P7(5)PW-16/YGC691C-EV-P7(5)PW-32,交流插座 YGC691C-EV-S7(5)RB-T-16/YGC691C-EV-S7(5)RB-T-32,直流插座 YGC762-EV-S9RA-125/YGC762-EV-S9RB-125;交流车辆插头:RAC-TI16K-5A/车辆插座:RAC-ZI16F2-2A,直流车辆插座:RDC-ZI125;交流插头 XP01-C-V1/XP01-C-E2,交流插座 XR02-C-V1/XR03-C-E2,直流插座 XR61	四川永贵科技有限公司 Sichuan Yonggui Science and Technology Co. ,Ltd. ;苏州瑞可达连接系统股份有限公司 Sichuan Recodeal Interconnect System Co. ,Ltd. ;深圳巴斯巴科技发展有限公司 Shenzhen Busbar Sci-Tech Development Co. ,Ltd.	纯电动专用车 Pure Electric Special Car	600	600
珠海英搏尔电气股份有限公司 Zhuhai Enpower Electric Co. ,Ltd. ;杭州汉克电源有限公司 Hangzhou Hank Power Supply Co. ,Ltd. ;张家港华为电子有限公司 Zhangjiagang Huawei Electronics Co. ,Ltd. ;常州市武进红光无线电有限公司 Changzhou Wujin Red Light Radio Co. ,Ltd.	三段式充电:初段恒流充电、二段恒压充电、三段涓流浮冲	V2C-DSI-EV16P/V2C-DSI-GEL-EV16S, CEBEA-ev16-CT/CE-BEA-ev16-CZ	张家港友诚科技机电有限公司 Zhangjiagang Youcheng Technology Electromechanical Co. ,Ltd. ;江苏西比亚新能源科技有限公司 Jiangsu Xibiya New Energy Technology Co. ,Ltd.	纯电动乘用车 Pure Electric Passenger Car	573	573
杭州铁城信息科技有限公司 Hangzhou Tiecheng Information Technology Co. ,Ltd. ;杭州杰能动力有限公司 Hangzhou Genwell-power Co. ,Ltd.	恒流充电、恒流充电	交流模式一充电枪:BCG-AVP-8A-S-003;交流模式二控制盒:BCG-EVE-1C-G1-022;交流 16A 充电插座:BCG- AVR-2A-SN-0016;直流充电插座总成:BCG-DVR-1D-0110,电动汽车交流充电接口车辆插头:EVP-3-16A5;车辆插座:EVS-V-16A5-SC;电动汽车直流充电接口:EVS-4-250D9-S(选装快充)	深圳巴斯巴科技发展有限公司 Shenzhen Busbar Sci-Tech Development Co. ,Ltd. ;南京康尼新能源汽车零部件有限公司 Nanjing Kangni New Energy Auto Parts Co. ,Ltd.	纯电动乘用车 Pure Electric Passenger Car	50	549
	恒流充电、恒流充电	交流模式一充电枪:BCG-AVP-8A-S-003;交流模式二控制盒:BCG-EVE-1C-G1-022;交流 16A 充电插座:BCG-AVR-2A-SN-0016;直流充电插座总成:BCG-DVR-1D-0110,电动汽车交流充电接口车辆插头:EVP-3-16A5;车辆插座:EVS-V-16A5-SC;电动汽车直流充电接口:EVS-4-250D9-S(选装快充),交流插座:C&BHVFSS16S,直流插座:C & BHVFSF125	深圳巴斯巴科技发展有限公司 Shenzhen Busbar Sci-Tech Development Co. ,Ltd. ;南京康尼新能源汽车零部件有限公司 Nanjing Kangni New Energy Auto Parts Co. ,Ltd. ;深圳市凯瑞博新能源汽车部件有限公司 Shenzhen Sinohyde Automobile Enterprise Co. ,Ltd.	纯电动乘用车 Pure Electric Passenger Car	499	
南京中港电力股份有限公司 Nanjing China Port Power Limited by Share Ltd. ;苏州舜堂新能源电控设备有限公司 Suzhou Shun Tang New Energy Control E-quipment Co. ,Ltd.	恒流充电	YDG16-SAE-P1/YDG16-SAV-S1-N1	苏州怡达新能源科技有限公司 Suzhou Yida New Nnergy Technology Co. ,Ltd.	纯电动乘用车 Pure Electric Passenger Car	515	515
杭州汉克电源有限公司 Hangzhou Hank Power Supply Co. ,Ltd.	车载充电机	插头:V2C-DSI-G-EV16P 插座:V2C-DSI-EV16S	张家港友诚科技机电有限公司 Zhangjiagang Youcheng Technology Electromechanical Co. ,Ltd.	纯电动乘用车 Pure Electric Passenger Car	510	510

续上表

充电机生产企业 Manufacturer for Charger of Electric Vehicle	充电方式 Charging Mode	充电插头 Charger Plug; 插座型号 Socket Model	充电插头 Charger Plug; 插座生产企业 Socket Manufacturer	车辆名称配套车辆类型 Matching Vehicle Types	2017 年配套车型产量小计 Subtotal Output of Supported Odels in 2017 (辆,vehicle)	2017 年配套车型产量总计 Total Output of Supported Odels in 2017 (辆,vehicle)
深圳欣锐科技股份有限公司 SHINRY Technologies Co. ,Ltd. ; 武汉合康动力技术有限公司 Wuhan Hiconics Power Technology Co. , Ltd. ; 杭州富特科技股份有限公司 Hangzhou Fat Polytron Technologies Inc.	BMS 控制充电	NDQ-9Z(125A-750V)-L, XR61-C-V2, CS06, NDQC-7Z(32A-250/440V)-L,XR02-C-V2, CS32, NDQC-7Z(16A-250/440V)-L,XR02-C-V1,CS16	中航光电科技股份有限公司 Avic Jonhon Optronic Technology Co. ,Ltd. ; 深圳巴斯巴科技发展有限公司 Shenzhen Busbar Sci-Tech Development Co. ,Ltd. ; 安费诺-泰姆斯(常州)通讯设备有限公司 Anfano-timms(Changzhou)Communications Equipment Co. ,Ltd. ; 中航光电科技股份有限公司 Avic Jonhon Optronic Technology Co. ,Ltd. ; 深圳巴斯巴科技发展有限公司 Shenzhen Busbar Sci-Tech Development Co. ,Ltd. ; 安费诺-泰姆斯(常州)通讯设备有限公司 Anfano-timms(Changzhou)Communications Equipment Co. ,Ltd. ; 中航光电科技股份有限公司 Avic Jonhon Optronic Technology Co. ,Ltd. ; 深圳巴斯巴科技发展有限公司 Shenzhen Busbar Sci-Tech Development Co. ,Ltd. ; 安费诺-泰姆斯(常州)通讯设备有限公司 Anfano-timms(Changzhou)Communications Equipment Co. ,Ltd.	纯电动专用车 Pure Electric Special Car	479	479
台达电子(泰国)有限公司 Delta Electronics (Thailand) Public Co , Ltd.	恒流充电	慢充插头(桩端/车端):GBCV162117GBCE-V1/GBCV162117 GBCE-V2,CP16;慢充插座(车端):9340040-E08;快充插座(车端):XR61-C	慢充插头(桩端/车端):埃梯梯科能电子(深圳)有限公司 ITT Cannon Electronics(SZ)Co. ,Ltd. /安费诺-泰姆斯(常州)通讯设备有限公司 Anfano-timms(Changzhou)Communications Equipment Co. ,Ltd; 慢充插座(车端):深圳巴斯巴科技发展有限公司 Shenzhen Busbar Sci-Tech Development Co. ,Ltd. ; 快充插座(车端):深圳巴斯巴科技发展有限公司 Shenzhen Busbar Sci-Tech Development Co. ,Ltd.	纯电动乘用车 Pure Electric Passenger Car	315	470
	恒流充电	7PP971678 * * /4GD971093 *	德国哈丁公司 HARTING Automotive GmbH; 德国菲尼克斯电气集团 PHOENIX Contacte-Mobility GmbH	插电式混合动力乘用车 Plug-in Hybrid Passenger Car	155	
常州市武进红光无线电有限公司 Changzhou Wujin Red Light Radio Co. ,Ltd.	初始恒流充电,达到截至电压后降流充电	YGC691C-EV-P7(5)P-16/YGC691C-EV-S7(5)RB-T-16;RAC-TI16K-5A/RAC-ZI16F2-2A	四川永贵科技有限公司 Sichuan Yonggui Science and Technology Co. ,Ltd. ; 苏州瑞可达连接系统股份有限公司 Sichuan Recodeal Interconnect System Co. ,Ltd.	纯电动乘用车 Pure Electric Passenger Car	323	447
	交流充电(慢充)	XP01-C-V1/XR02-C-V1	深圳巴斯巴科技发展有限公司 Shenzhen Busbar Sci-Tech Development Co. ,Ltd.	纯电动专用车 Pure Electric Special Car	120	
	先恒流后恒压充电	快充插座 EVS-4-125D9-GS,慢充插头 EVPⅡ-V-32A5-G/慢充插座 EVS-V-32A5-GSLD	南京康尼新能源汽车零部件有限公司 Nanjing Kangni New Energy Auto Parts Co. ,Ltd.	纯电动专用车 Pure Electric Special Car	4	

续上表

充电机生产企业 Manufacturer for Charger of Electric Vehicle	充电方式 Charging Mode	充电插头 Charger Plug; 插座型号 Socket Model	充电插头 Charger Plug; 插座生产企业 Socket Manufacturer	车辆名称配套车辆类型 Matching Vehicle Types	2017 年配套车型产量小计 Subtotal Output of Supported Odels in 2017 (辆,vehicle)	2017 年配套车型产量总计 Total Output of Supported Odels in 2017 (辆,vehicle)
深圳市核达中远通电源技术股份有限公司 Shenzhen VAPEL Power Supply Technology Co. ,Ltd. ; 深圳威迈斯电源有限公司 Shenzhen VMAX Power Co. ,Ltd.	恒流恒压恒功率	慢充: RAC-TI16K-5A/RAC-ZI16F2-2A; 插头: YG196G-EVSE-691/G-16, YGC691G/C-EV-P7(5)P/PW-32, 插座: YGC691C-EV-S7(5)RA-T-32 ;快充插座: RDC-ZI125, 680411101072, YGC762-EV-S9RA-200	慢充:苏州瑞可达连接系统股份有限公司 Sichuan Recodeal Interconnect System Co. ,Ltd; 四川永贵科技有限公司 Sichuan Yonggui Science and Technology Co. ,Ltd. ; 快充插座:苏州瑞可达连接系统股份有限公司 Sichuan Recodeal Interconnect System Co. ,Ltd. ; 深圳市沃尔新能源电气科技股份有限公司 Shenzhen Wohl New Energy Electrical Technology Co. ,Ltd. ; 四川永贵科技有限公司 Sichuan Yonggui Science and Technology Co. ,Ltd.	纯电动乘用车 Pure Electric Passenger Car	424	424
郑州中电新能源汽车有限公司 Zhengzhou Zhongdian New Energy Vehicle Co. ,Ltd.	恒流限压充电	EVP Ⅱ-V-32A5-G, CP32/EVS-V-32A5-GSLD, CS32; EVS-4-125D9-GS, CS06	南京康尼科技实业有限公司 Nanjing Kangni Technology Industry Co. ,Ltd. ; 安费诺-泰姆斯(常州)通讯设备有限公司 Anfano-timms(Changzhou)Communications Equipment Co. ,Ltd.	纯电动专用车 Pure Electric Special Car	421	421
重庆市力电新能源科技有限责任公司 Chongqing Li Dian New Energy Technology Co. ,Ltd.	恒压限流充电	CQY-TIAC16/CQY-ZIAC16(交流插头插座), CQY-ZIDC125(直流插座); 6808020101/680211310211(交流插头插座), 680411101052(直流插座)	重庆渝淅新能源科技有限公司 Chongqing Yuxi New Energy Technology Co. ,Ltd; 深圳市沃尔新能源电气科技股份有限公司 Shenzhen Wohl New Energy Electrical Technology Co. ,Ltd.	纯电动乘用车 Pure Electric Passenger Car	403	403
杭州铁城信息科技有限公司 Hangzhou Tiecheng Information Technology Co. ,Ltd. ; 北京亚澳博信通信技术有限公司 Beijing ASAU Boxin Communication technologes Co. ,Ltd. ; 石家庄迪龙科技有限公司 Shijiazhuang Dilong Technology Co. ,Ltd. ; 河北捷龙汽车服务有限公司 Hebei Jie Long Automobile Service Co. , Ltd. ; 杭州铁城信息科技有限公司 Hangzhou Tiecheng Information Technology Co. ,Ltd.	在充电的不同阶段会出现恒流或恒压两种充电方式,在充电的不同阶段会出现恒流、恒功率、恒压三种充电方式;恒功率充电,先恒流充电,再恒压充电,根据电池的充电曲线对电池进行恒流,恒压充电	HVCOM/HVCOF, XP01-C-V1/XR02-C-V1, XP01-C-V2/XR02-C-V2, 插座:XR61-C-V2, XR61-C-V4	安费诺精密连接器(深圳)有限公司 Amphenol PCD Shenzhen Co. ,Ltd. ; 深圳巴斯巴科技发展有限公司 Shenzhen Busbar Sci-Tech Development Co. ,Ltd. ; 深圳巴斯巴科技发展有限公司 Shenzhen Busbar Sci-Tech Development Co. ,Ltd. ; 插座:深圳巴斯巴科技发展有限公司 Shenzhen Busbar Sci-Tech Development Co. ,Ltd. ; 深圳巴斯巴科技发展有限公司 Shenzhen Busbar Sci-Tech Development Co. ,Ltd.	纯电动专用车 Pure Electric Special Car	376	376
上海中科深江电动车辆有限公司 Shanghai Zhongke Shenjiang Electric Vehicle Co,Ltd.	直流快充、交流慢充	交流:RAC-TI16-5A/RAC-ZI16F2-2A,直流插座:RDC-ZI250	苏州瑞可达连接系统股份有限公司 Sichuan Recodeal Interconnect System Co. ,Ltd.	纯电动专用车 Pure Electric Special Car	346	346

续上表

充电机生产企业 Manufacturer for Charger of Electric Vehicle	充电方式 Charging Mode	充电插头 Charger Plug; 插座型号 Socket Model	充电插头 Charger Plug; 插座生产企业 Socket Manufacturer	车辆名称配套车辆类型 Matching Vehicle Types	2017 年配套车型产量小计 Subtotal Output of Supported Odels in 2017 (辆,vehicle)	2017 年配套车型产量总计 Total Output of Supported Odels in 2017 (辆,vehicle)
杭州铁城信息科技有限公司 Hangzhou Tiecheng Information Technology Co. ,Ltd. ; 杭州奥蒂电控有限公司 Hangzhou AODI Electronic Control Co. ,Ltd.	恒压充电	交流充电接口:YGC691C-EV-P7(5)P-16/YGC691C-EV-S7(5)RA-T-16,YGC691C-EV-P7(5)P-32/YGC691C-EV-S7(5)RA-T-32,YG196G-EVSE-691/G-16,HVCOM/HVCOF,XP01-C-V1/XR02-C-V1,XP01-C-V2/XR02-C-V2,XP01-C-E1/XR03-C-E1,XP01-C-E2/XR03-C-E2,1202-01X-0008/1204-01X-0004,1202-01X-0012/120	四川永贵科技有限公司 Sichuan Yonggui Science and Technology Co. ,Ltd. ; 安费诺精密连接器(深圳)有限公司 Amphenol PCD Shenzhen Co. ,Ltd. ; 深圳巴斯巴科技发展有限公司 Shenzhen Busbar Sci-Tech Development Co. ,Ltd. ; 深圳容一电动科技有限公司 Shenzhen Rongyi Electric Technology Co. ,Ltd. ; 苏州瑞可达连接系统股份有限公司 Sichuan Recodeal Interconnect System Co. ,Ltd.	纯电动乘用车 Pure Electric Passenger Car	14	299
	恒压充电	交流充电接口:YGC691C-EV-P7(5)P-16/YGC691C-EV-S7(5)RA-T-16,YGC691C-EV-P7(5)P-32/YGC691C-EV-S7(5)RA-T-32,YG196G-EVSE-691/G-16,HVCOM/HVCOF,XP01-C-V1/XR02-C-V1,XP01-C-V2/XR02-C-V2,XP01-C-E1/XR03-C-E1,XP01-C-E2/XR03-C-E2,1202-01X-0008/1204-01X-0004,1202-01X-0012/120	四川永贵科技有限公司 Sichuan Yonggui Science and Technology Co. ,Ltd. ; 安费诺精密连接器(深圳)有限公司 Amphenol PCD Shenzhen Co. ,Ltd. ; 深圳巴斯巴科技发展有限公司 Shenzhen Busbar Sci-Tech Development Co. ,Ltd. ; 深圳容一电动科技有限公司 Shenzhen Rongyi Electric Technology Co. ,Ltd. ; 苏州瑞可达连接系统股份有限公司 Sichuan Recodeal Interconnect System Co. ,Ltd.	纯电动专用车 Pure Electric Special Car	285	
洛阳嘉盛电源科技有限公司 Luoyang Grasen Power Technology Co. ,Ltd.	BMS 控制充电	14216151-03/14216655-03,RDC-TI250/RDC-ZI250,NDQ-9Z(250A-750V)-L	深圳乔合里科技股份有限公司 深圳乔合里科技股份有限公司,苏州瑞可达连接系统股份有限公司 Sichuan Recodeal Interconnect System Co. ,Ltd. ; 中航光电科技股份有限公司 Avic Jonhon Optronic Technology Co. ,Ltd.	纯电动专用车 Pure Electric Special Car	14	282
	BMS 控制充电	NDQ-9Z(125A-750V)-L;DC1-XTI125-35/RDC-ZI125	中航光电科技股份有限公司 Avic Jonhon Optronic Technology Co. ,Ltd. ; 苏州瑞可达连接系统股份有限公司 Suzhou Recodeal Interconnect System Co. ,Ltd.	纯电动专用车 Pure Electric Special Car	13	
	三段式充电方式	NDQ-9Z(125A-750V)-L;NDQ-9Z(250A-750V)-L;DC1-XTI125-35/RDC-ZI125	中航光电科技股份有限公司 Avic Jonhon Optronic Technology Co. ,Ltd. ; 苏州瑞可达连接系统股份有限公司 Suzhou Recodeal Interconnect System Co. ,Ltd.	纯电动专用车 Pure Electric Special Car	2	
	先恒流充电在恒压限流充电	直流:V3-DSD-EV32P-8C/CA-01-00-6419,交流:DQC-7T/CA-01-00-6720	直流:苏州工业园区多思达科技有限公司 Suzhou Industrial Park Duosida Technology Co. ,Ltd. ; 中航光电科技股份有限公司 Avic Jonhon Optronic Technology Co. ,Ltd. ; 交流:中航光电科技股份有限公司 Avic Jonhon Optronic Technology Co. ,Ltd.	纯电动乘用车 Pure Electric Passenger Car	253	

续上表

充电机生产企业 Manufacturer for Charger of Electric Vehicle	充电方式 Charging Mode	充电插头 Charger Plug; 插座型号 Socket Model	充电插头 Charger Plug; 插座生产企业 Socket Manufacturer	车辆名称配套车辆类型 Matching Vehicle Types	2017 年配套车型产量小计 Subtotal Output of Supported Odels in 2017 (辆,vehicle)	2017 年配套车型产量总计 Total Output of Supported Odels in 2017 (辆,vehicle)
法雷奥集团 Valeo GmbH	恒流充电	插头:8607498,插座:0-2288610-1	插头:德尔福/Delphi;插座:泰科电子/TE	插电式混合动力乘用车 Plug-in Hybrid Passenger Car	4	275
	恒压充电、恒流充电	插头:AD850/插座:31419098	泰科电子/TE	插电式混合动力乘用车 Plug-in Hybrid Passenger Car	121	
	恒压充电、恒流充电	插头:AD850/插座:31419098	插头:德国曼奈柯斯公司 Mennekes Stecker GmbH & Co. KG; 插座:匈牙利李尔公司 Lear Corporation Hungary KFT	插电式混合动力乘用车 Plug-in Hybrid Passenger Car	150	
深圳欣锐科技股份有限公司 SHINRY Technologies Co. ,Ltd. ; 杭州富特科技股份有限公司 Hangzhou Fat Polytron Technologies Inc.	先恒流后恒压	CP16/CS16	安费诺-泰姆斯(常州)通讯设备有限公司 Anfano-timms(Changzhou)Communications Equipment Co. ,Ltd.	纯电动专用车 Pure Electric Special Car	274	274
石家庄通合电子科技股份有限公司 Shijiazhuang Tonhe Electronics Technologies Co. ,Ltd.	车载充电,充电桩	BCGAVP1AS004/BCGAVR3ASN0001; BCGDVPCL006/BCGDVR1C0001	深圳巴斯巴科技发展有限公司 Shenzhen Busbar Sci-Tech Development Co. ,Ltd.	纯电动客车 Pure Electric Bus	7	273
	具备快充、慢充两种充电方式	插头/插座型号(直流 100A):插头 NV3-DSD-EV100P/插座 NV2-DSD-G-EV100S 插头/插座型号(交流 16A):插头 1040-1060-16-XC/插座 NV4C-DSI-GEL-EV16S	苏州工业园区多思达科技有限公司 Suzhou Industrial Park Duosida Technology Co. ,Ltd.	纯电动专用车 Pure Electric Special Car	1	
	恒流充电	HV18-ACT-1B25-5000/HV18-ACZ-1225-3600TG	临沂市海纳电子有限公司 Linyi Haina Electronics Co. ,Ltd.	纯电动专用车 Pure Electric Special Car	265	
福建万润新能源科技有限公司 Fujian Wanrun New Energy Technology Co. ,Ltd.	先恒流再恒功率最后恒压	交流插头:EVP Ⅱ-V-16A5-G,交流插座:EVS-V-16A5-GSC,NDQC-7Z(16A-250/440V)-L; 直流插座:EVS-4-125D9-GS,NDQ-9Z(125A-750V)-L	南京康尼新能源汽车零部件有限公司 Nanjing Kangni New Energy Auto Parts Co. ,Ltd. ; 中航光电科技股份有限公司 Avic Jonhon Optronic Technology Co. ,Ltd.	纯电动专用车 Pure Electric Special Car	262	262
赣州恒玖电气有限公司 Ganzhou Heng Jiu Electric Co. ,Ltd.	恒流充电	HV18-ACT-1B25-5000/HV18-ACZ-1225-3600TG	临沂市海纳电子有限公司 Linyi Haina Electronics Co. ,Ltd.	纯电动专用车 Pure Electric Special Car	259	259
石家庄迪龙科技有限公司 Shijiazhuang Dilong Technology Co. ,Ltd. ; 杭州富特科技股份有限公司 Hangzhou Fat Polytron Technologies Inc.	交流慢充、直流快充	RAC-TI16K-5A/RAC-ZI16F2-2A(交流插头插座),RDC-ZI125(直流插座)	苏州瑞可达连接系统股份有限公司 Sichuan Recodeal Interconnect System Co. ,Ltd.	纯电动专用车 Pure Electric Special Car	256	256
深圳晶福源科技股份有限公司 Shenzhen Jingfuyuan Tech Co. ,Ltd.	恒流恒压充电	交流充电插头/插座型号:XP02-C-V2/XR02-C-V2,直流充电插头/插座型号:XP63-C-V2/XR61-C-V2	深圳巴斯巴科技发展有限公司 Shenzhen Busbar Sci-Tech Development Co. ,Ltd.	纯电动专用车 Pure Electric Special Car	255	255
大连罗宾森电源设备有限公司 Dalian Luobinsen Power Equipment Co. ,Ltd.	恒流恒压充电	EVP-V-63-A7/EVS-V-63A7-SC	南京康尼科技实业有限公司 Nanjing Kangni Technology Industry Co. ,Ltd.	插电式混合动力客车 Plug-in Hybrid Bus	130	247

续上表

充电机生产企业 Manufacturer for Charger of Electric Vehicle	充电方式 Charging Mode	充电插头 Charger Plug; 插座型号 Socket Model	充电插头 Charger Plug; 插座生产企业 Socket Manufacturer	车辆名称配套车辆类型 Matching Vehicle Types	2017年配套车型产量小计 Subtotal Output of Supported Odels in 2017 (辆,vehicle)	2017年配套车型产量总计 Total Output of Supported Odels in 2017 (辆,vehicle)
大连罗宾森电源设备有限公司 Dalian Luobinsen Power Equipment Co., Ltd.	恒流限压	XP01-C-V2、XP63-C-V2/XR02-C-V2、XR61-C-V2; YG C762-EV -P9P-125/YG C762-EV -S9RA-125	深圳巴斯巴科技发展有限公司 Shenzhen Busbar Sci-Tech Development Co., Ltd.; 四川永贵科技有限公司 Sichuan Yonggui Science and Technology Co., Ltd.	纯电动客车 Pure Electric Bus	114	247
	恒压限流充电	EVP-V-63-A7/EVS-V-63A7-SC	南京康尼新能源汽车零部件有限公司 Nanjing Kangni New Energy Auto Parts Co., Ltd.	插电式混合动力客车 Plug-in Hybrid Bus	3	
深圳市前海欧凯汽车电源有限公司 Shenzhen Qianhai Okai Automobile Power Supply Co., Ltd.	1. 最低温度 T<0℃不允许充电;2. 最低温度T≥0℃则持续向充电机请求82A恒流充电;3. 恒流充电至单体最大电压4.1V时,恒流转恒压充电至4.2V;4. 直到单体达到4.2V时结束充电,发停止命令给充电机,并将SOC标定为100%;5. 充电完毕后切断充电继电器	直流: RDC-TI250/RDC-ZI250, EVS-4-125D9-GSB; 交流: RAC-2TI32/RAC-ZI32F, EVS-V-32A5-GSC	苏州瑞可达连接系统股份有限公司 Sichuan Recodeal Interconnect System Co., Ltd.; 南京康尼新能源汽车零部件有限公司 Nanjing Kangni New Energy Auto Parts Co., Ltd.	纯电动专用车 Pure Electric Special Car	229	229
法雷奥西门子新能源汽车(深圳)有限公司 Valeo & SIEMENS New Energy Vehicle (Shenzhen) Co., Ltd.	恒流、恒功率充电	EVP-V-16A5/EVS-V-16A5-H3	南京康尼新能源汽车零部件有限公司 Nanjing Kangni New Energy Auto Parts Co., Ltd.	插电式混合动力乘用车 Plug-in Hybrid Passenger Car	233	233
杭州富特科技股份有限公司 Hangzhou Fat Polytron Technologies Inc. 浙江续航新能源科技有限公司 Zhejiang Xuhang New Energy Technology Co., Ltd.; 深圳市英威腾电动汽车充电技术有限公司 Shenzhen INVT Electric Vehicle Charging Technology Co., Ltd.	非车载充电、车载充电	RAC-TI16K-5A/RAC-ZI16F2-2A, RDC-ZI250, DYL16-7TJ/DYL16-7ZK, DYL21-9ZK-20CA	苏州瑞可达连接系统股份有限公司 Suzhou Recodeal Interconnect System Co., Ltd.; 苏州瑞可达连接系统股份有限公司 Suzhou Recodeal Interconnect System Co., Ltd.; 浙江中杭电子有限公司 Zhejiang Zhonghang Electronic Co., Ltd.; 浙江中杭电子有限公司 Zhejiang Zhonghang Electronic Co., Ltd.	纯电动专用车 Pure Electric Special Car	204	204
杭州富特科技股份有限公司 Hangzhou Fat Polytron Technologies Inc, 赣州恒玖电气有限公司 Ganzhou Heng Jiu Electric Co., Ltd.	恒流充电	HV18-ACT-1B25-5000/HV18-ACZ-1225-3600TG	临沂市海纳电子有限公司 Linyi Haina Electronics Co., Ltd.	纯电动专用车 Pure Electric Special Car	200	200
郑州宇通客车股份有限公司 Zhengzhou Yutong Bus Co., Ltd.	恒流充电	DQC-9Z(125A-750V)-20, DQC-7Z(63A-250/440V), EVS-4-125D9-S, EVS-V-63A7-SC	中航光电科技股份有限公司 Avic Jonhon Optronic Technology Co., Ltd.; 南京康尼科技实业有限公司 Nanjing Kangni Technology Industry Co., Ltd.	插电式混合动力客车 Plug-in Hybrid Bus	1	199

续上表

充电机生产企业 Manufacturer for Charger of Electric Vehicle	充电方式 Charging Mode	充电插头 Charger Plug; 插座型号 Socket Model	充电插头 Charger Plug; 插座生产企业 Socket Manufacturer	车辆名称配套车辆类型 Matching Vehicle Types	2017 年配套车型产量小计 Subtotal Output of Supported Odels in 2017 (辆,vehicle)	2017 年配套车型产量总计 Total Output of Supported Odels in 2017 (辆,vehicle)
郑州宇通客车股份有限公司 Zhengzhou Yutong Bus Co. ,Ltd.	恒流充电	DQC-9Z(250A-750V)-20, DQC-9Z(125A-750V)-20, EVS-4-250D9-S, EVS-4-125D9-S	中航光电科技股份有限公司 Avic Jonhon Optronic Technology Co. ,Ltd. ; 南京康尼新能源汽车零部件有限公司 Nanjing Kangni New Energy Auto Parts Co. ,Ltd.	插电式混合动力客车 Plug-in Hybrid Bus	198	199
杭州铁城信息科技有限公司 Hangzhou Tiecheng Information Technology Co. ,Ltd. ; 杭州富特科技股份有限公司 Hangzhou Fat Polytron Technologies Inc. ; 洛阳嘉盛电源科技有限公司 Luoyang Grasen Power Technology Co. , Ltd. ; 深圳市核达中远通电源技术股份有限公司 Shenzhen VAPEL Power Supply Technology Co. ,Ltd. ; 威海天力电源有限公司 Weihai Tianli Power Supply Co. ,Ltd. ; 西安胜唐电源有限公司 Xi an Shengtang Power Supply Co. ,Ltd.	先恒流后恒压式充电	慢充:RAC-2TI32/RAC-ZI32F, NDQC-7Z(32A-250/440V)-L;快充插座: RDC-ZI125, EVS-4-125D9-S, NDQ-9Z (125A-750V)-L	慢充:苏州瑞可达连接系统股份有限公司 Sichuan Recodeal Interconnect System Co. ,Ltd. ; 中航光电科技股份有限公司 Avic Jonhon Optronic Technology Co. ,Ltd. ; 快充:苏州瑞可达连接系统股份有限公司 Sichuan Recodeal Interconnect System Co. ,Ltd. ; 南京康尼新能源汽车零部件有限公司 Nanjing Kangni New Energy Auto Parts Co. ,Ltd. ; 中航光电科技股份有限公司 Avic Jonhon Optronic Technology Co. ,Ltd.	纯电动专用车 Pure Electric Special Car	113	191
	先恒流后恒压式充电	慢充:RAC-2TI32/RAC-ZI32F;快充插座:RDC-ZI125, EVS-4-125D9-S	慢充:苏州瑞可达连接系统股份有限公司 Sichuan Recodeal Interconnect System Co. ,Ltd; 快充:苏州瑞可达连接系统股份有限公司 Sichuan Recodeal Interconnect System Co. ,Ltd. ; 南京康尼新能源汽车零部件有限公司 Nanjing Kangni New Energy Auto Parts Co. ,Ltd.	纯电动专用车 Pure Electric Special Car	78	
张家港华为电子有限公司 Zhangjiagang Huawei Electronics Co. ,Ltd.	智能充电	CP32/CS32, BCG-AVP-1B-S-033/BCG-AEP-1B-SN-0016	安费诺-泰姆斯(常州)通讯设备有限公司 Anfano-timms(Changzhou) Communications Equipment Co. ,Ltd. ; 深圳巴斯巴科技发展有限公司 Shenzhen Busbar Sci-Tech Development Co. ,Ltd.	纯电动专用车 Pure Electric Special Car	182	182
江苏银河同智新能源科技有限公司 Jiangsu Yinhe Tongzhi New Energy Technology Co. ,Ltd.	恒压限流充电	HVCOFBTR12SF925RL	安费诺精密连接器(深圳)有限公司 Amphenol PCD Shenzhen Co. ,Ltd.	纯电动专用车 Pure Electric Special Car	118	118
武汉合康动力技术有限公司 Wuhan Hiconics Power Technology Co. , Ltd. ; 石家庄迪龙科技有限公司 Shijiazhuang Dilong Technology Co. ,Ltd.	智能充电	交流充电插头/插座型号:CP32VS、CP32/CS32, XP01-C-E2、XP01-C-V2/XR02-C-V2;直流充电插座型号:CS05	安费诺汽车连接系统(常州)有限公司 Anfano Auto Link System(Changzhou) Co. , Ltd(CP32VS, CP32/CS32);深圳巴斯巴科技发展有限公司 Shenzhen Busbar Sci-Tech Development Co. , Ltd. (XP01-C-E2, XP01-C-V2/XR02-C-V2);安费诺汽车连接系统(常州)有限公司 Anfano Auto Link System(Changzhou) Co. ,Ltd(CS05)	纯电动专用车 Pure Electric Special Car	112	112
杭州普拉格新能源汽车有限公司 Hangzhou PLG New Energy Automobile Co. ,Ltd.	恒流充电	RAC-T116K-5A/RAC-Z116F2-2A;RAC-T116K-5A/RAC-Z116F2-2A	苏州瑞可达连接系统股份有限公司 Sichuan Recodeal Interconnect System Co. ,Ltd; 苏州瑞可达连接系统股份有限公司 Suzhou Recodeal Interconnect System Co. ,Ltd.	纯电动专用车 Pure Electric Special Car	111	111

续上表

充电机生产企业 Manufacturer for Charger of Electric Vehicle	充电方式 Charging Mode	充电插头 Charger Plug; 插座型号 Socket Model	充电插头 Charger Plug; 插座生产企业 Socket Manufacturer	车辆名称配套车辆类型 Matching Vehicle Types	2017 年配套车型产量小计 Subtotal Output of Supported Odels in 2017 (辆,vehicle)	2017 年配套车型产量总计 Total Output of Supported Odels in 2017 (辆,vehicle)
杭州铁城信息科技有限公司 Hangzhou Tiecheng Information Technology Co. ,Ltd. ; 深圳力工新能源科技有限公司 Shenzhen Ligong New Energy Technology Co. ,Ltd.	快充、慢充	交流插座: NDQC-7Z(16A-250/440V)-L 交流插头 NDQC-7T(16A-250/440V);直流插座:NDQ-9Z(125A-750V)-L 直流插头 NDQ-9T(125A-750V)-E;交流插头:166-1211-0014 交流插座 169-5011-0055;直流插头:XP63-C-V2 直流插座 BCG-DVR-1D;交流插头 NDQC-7T(32A-250/440V)交流插座:NDQC-7Z(32A-250/440V)-L	中航光电科技股份有限公司 Avic Jonhon Optronic Technology Co. ,Ltd. ; 深圳巴斯巴科技发展有限公司 Shenzhen Busbar Sci-Tech Development Co. ,Ltd.	纯电动专用车 Pure Electric Special Car	110	110
厦门泰中新能源有限公司 Xiamen Tai Zhong New Energy Co. ,Ltd. ; 杭州铁城信息科技有限公司 Hangzhou Tiecheng Information Technology Co. ,Ltd.	恒压限流充电	XR02-C-V2,XR61-C-V2	深圳巴斯巴科技发展有限公司 Shenzhen Busbar Sci-Tech Development Co. ,Ltd.	纯电动专用车 Pure Electric Special Car	92	92
杭州铁城信息科技有限公司 Hangzhou Tiecheng Information Technology Co. ,Ltd. ; 杭州富特科技股份有限公司 Hangzhou Fat Polytron Technologies Inc,南京安润朴新能源科技有限公司 Nanjing Anrunpu New Energy Technology Co. ,Ltd.	车载式	插头:V2C-DSI-EV16P,V2Z-DSI-EV16P; 插座:V2C-DSI-GEL-EV32S,V2-DSD-G-EV125S	苏州工业园区多思达科技有限公司 Suzhou Industrial Park Duosida Technology Co. ,Ltd. /苏州工业园区多思达科技有限公司 Suzhou Industrial Park Duosida Technology Co. ,Ltd.	纯电动专用车 Pure Electric Special Car	76	76
杭州富特科技股份有限公司 Hangzhou Fat Polytron Technologies Inc,常州龙硕新能源汽车技术有限公司 Changzhou Longshuo New Energy Vehicle Technology Co. ,Ltd.	程序控制的限压恒流充电	NV2C-DSL-EV32P/NV2C-DSL-GEL-EV32S;XP01-C-V2/XP02-C-V2;6801107031/680211310311	张家港友诚科技机电有限公司 Zhangjiagang Youcheng Technology Electromechanical Co. ,Ltd; 深圳巴斯巴科技发展有限公司 Shenzhen Busbar Sci-Tech Development Co. ,Ltd. ; 深圳市沃尔新能源电气科技股份有限公司 Shenzhen Wohl New Energy Electrical Technology Co. ,Ltd.	纯电动专用车 Pure Electric Special Car	57	71
	程序控制的限压恒流充电	V2C-DSI-EV16P/V2C-DSI-EV16S	张家港友诚科技机电有限公司 Zhangjiagang Youcheng Technology Electromechanical Co. ,Ltd.	纯电动专用车 Pure Electric Special Car	14	
马鞍山正源空气动力设备有限公司 Maanshan Zhengyuan Air Power Equipment Co. ,Ltd.	1. 最低温度 T<0℃不允许充电;2. 最低温度 T≥0℃则持续向充电机请求 82A 恒流充电;3. 恒流充电至单体最大电压 4.1V 时,恒流转恒压充电至 4.2V;4. 直到单体达到 4.2V 时结束充电,发停止命令给充电机,并将 SOC 标定为 100%;5. 充电完毕后切断充电继电器	直流:RDC-TI250/RDC-ZI250,EVS-4-250D9-GS; 交流:RAC-2TI32/RAC-ZI32F,EVS-V-16A5-GSF	苏州瑞可达连接系统股份有限公司 Sichuan Recodeal Interconnect System Co. ,Ltd. ; 南京康尼新能源汽车零部件有限公司 Nanjing Kangni New Energy Auto Parts Co. ,Ltd.	纯电动专用车 Pure Electric Special Car	60	60

续上表

充电机生产企业 Manufacturer for Charger of Electric Vehicle	充电方式 Charging Mode	充电插头 Charger Plug; 插座型号 Socket Model	充电插头 Charger Plug; 插座生产企业 Socket Manufacturer	车辆名称配套车辆类型 Matching Vehicle Types	2017 年配套车型产量小计 Subtotal Output of Supported Odels in 2017 (辆,vehicle)	2017 年配套车型产量总计 Total Output of Supported Odels in 2017 (辆,vehicle)
深圳市英威腾电动汽车驱动技术有限公司 Invt Electric Vehicle Drive Technology (Shenzhen) Co. ,Ltd.	快充、慢充	快充:插座:1. HVCO/HVCOF;2. NDQ-9Z(125A-750V)-L/NDQ-9Z(125A-750V)-R/NDQ-9Z(125A-750V)-0 ;慢充:插座:1. HVCOF(16A);2. NDQC-7Z(16A-250/440V)-L/NDQC-7Z(16A-250/440V)-R;插头:1. HVCOM(16A);2. NDQC-7T(16A-250/440V)	快充:插座生产企业: 1. 安费诺精密连接器(深圳)有限公司 Amphenol PCD Shenzhen Co. ,Ltd. ; 2. 中航光电科技股份有限公司 Avic Jonhon Optronic Technology Co. ,Ltd. ; 慢充:插座生产企业: 1. 安费诺精密连接器(深圳)有限公司 Amphenol PCD Shenzhen Co. ,Ltd. ; 2. 中航光电科技股份有限公司 Avic Jonhon Optronic Technology Co. ,Ltd. ; 插头生产企业: 1. 安费诺精密连接器(深圳)有限公司 Amphenol PCD Shenzhen Co. ,Ltd. ; 2. 中航光电科技股份有限公司 Avic Jonhon Optronic Technology Co. ,Ltd.	纯电动专用车 Pure Electric Special Car	56	56
海博瑞德(北京)汽车技术有限公司 Hiboridd (Beijing) Automotive Technology Co. ,Ltd. ; 深圳市核达中远通电源技术股份有限公司 Shenzhen VAPEL Power Supply Technology Co. ,Ltd.	恒流和恒压充电、恒流和恒压充电	YGC505-EV-P7P/YGC505-EV-S7RXLS, RAC-TI16K-5A/RAC-ZI16F2-2A	四川永贵科技有限公司 Sichuan Yonggui Science and Technology Co. ,Ltd. ; 苏州瑞可达连接系统股份有限公司 Suzhou Recodeal Interconnect System Co. ,Ltd.	纯电动乘用车 Pure Electric Passenger Car	52	52
艾默生网络能源有限公司 Emerson Network Power Co. ,Ltd. ; 深圳威迈斯电源有限公司 Shenzhen VMAX Power Co. ,Ltd.	交流充电(16A)	CI151048000/CI151049000	上海联桩新能源技术股份有限公司 Shanghai Lianzhuang New Energy Technology Limited by Share Ltd.	插电式混合动力乘用车 Plug-in Hybrid Passenger Car	45	45
深圳欣锐科技股份有限公司 SHINRY Technologies Co. ,Ltd. ; 洛阳嘉盛电源科技有限公司 Luoyang Grasen Power Technology Co. , Ltd.	BMS 控制充电	NDQ-9Z(125A-750V)-L, XR61-C-V2, CS06, NDQC-7Z(32A-250/440V)-L,XR02-C-V2, CS32, NDQC-7Z(16A-250/440V)-L,XR02-C-V1,CS16	中航光电科技股份有限公司 Avic Jonhon Optronic Technology Co. ,Ltd. ; 深圳巴斯巴科技发展有限公司 Shenzhen Busbar Sci-Tech Development Co. ,Ltd. ; 安费诺-泰姆斯(常州)通讯设备有限公司 Anfano-timms(Changzhou)Communications Equipment Co. ,Ltd. ; 中航光电科技股份有限公司 Avic Jonhon Optronic Technology Co. ,Ltd. ; 深圳巴斯巴科技发展有限公司 Shenzhen Busbar Sci-Tech Development Co. ,Ltd. ; 安费诺-泰姆斯(常州)通讯设备有限公司 Anfano-timms(Changzhou)Communications Equipment Co. ,Ltd. ; 中航光电科技股份有限公司 Avic Jonhon Optronic Technology Co. ,Ltd. ; 深圳巴斯巴科技发展有限公司 Shenzhen Busbar Sci-Tech Development Co. ,Ltd. ; 安费诺-泰姆斯(常州)通讯设备有限公司 Anfano-timms(Changzhou)Communications Equipment Co. ,Ltd.	纯电动专用车 Pure Electric Special Car	11	42

续上表

充电机生产企业 Manufacturer for Charger of Electric Vehicle	充电方式 Charging Mode	充电插头 Charger Plug; 插座型号 Socket Model	充电插头 Charger Plug; 插座生产企业 Socket Manufacturer	车辆名称配套车辆类型 Matching Vehicle Types	2017 年配套车型产量小计 Subtotal Output of Supported Odels in 2017 (辆,vehicle)	2017 年配套车型产量总计 Total Output of Supported Odels in 2017 (辆,vehicle)
深圳欣锐科技股份有限公司 SHINRY Technologies Co. ,Ltd. ; 洛阳嘉盛电源科技有限公司 Luoyang Grasen Power Technology Co. , Ltd.	三段式充电方式	NDQ-9Z(125A-750V)-L, XR61-C-V2, CS06, NDQC-7Z(32A-250/440V)-L, XR02-C-V2, CS22, NDQC-7Z(16A-250/440V)-L, XR02-C-V1, CS16	中航光电科技股份有限公司 Avic Jonhon Optronic Technology Co. ,Ltd. ; 深圳巴斯巴科技发展有限公司 Shenzhen Busbar Sci-Tech Development Co. ,Ltd. ; 安费诺-泰姆斯(常州)通讯设备有限公司 Anfano-timms(Changzhou)Communications Equipment Co. ,Ltd. ; 中航光电科技股份有限公司 Avic Jonhon Optronic Technology Co. ,Ltd. ; 深圳巴斯巴科技发展有限公司 Shenzhen Busbar Sci-Tech Development Co. ,Ltd. ; 安费诺-泰姆斯(常州)通讯设备有限公司 Anfano-timms(Changzhou)Communications Equipment Co. ,Ltd. ; 中航光电科技股份有限公司 Avic Jonhon Optronic Technology Co. ,Ltd. ; 深圳巴斯巴科技发展有限公司 Shenzhen Busbar Sci-Tech Development Co. ,Ltd. ; 安费诺-泰姆斯(常州)通讯设备有限公司 Anfano-timms(Changzhou)Communications Equipment Co. ,Ltd.	纯电动专用车 Pure Electric Special Car	1	42
	先恒流后恒压充电	NDQ-9Z(250A-750V)-R, NDQC-7T(32A-250/440V)/NDQC-7Z(32A-250/440V)-R, XR61-C-V4, XR02-C-V2	中航光电科技股份有限公司 Avic Jonhon Optronic Technology Co. ,Ltd. ; 中航光电科技股份有限公司 Avic Jonhon Optronic Technology Co. ,Ltd. ; 深圳巴斯巴科技发展有限公司 Shenzhen Busbar Sci-Tech Development Co. ,Ltd. ; 深圳巴斯巴科技发展有限公司 Shenzhen Busbar Sci-Tech Development Co. ,Ltd.	纯电动客车 Pure Electric Bus	30	
珠海英搏尔电气股份有限公司 Zhuhai Enpower Electric Co. ,Ltd.	220V 交流充电	LDAC-016CT1050S/LDAC-016CZ1025	山东龙立电子有限公司 Shandong Longli Electronics Co. ,Ltd.	纯电动专用车 Pure Electric Special Car	6	42
	恒流恒压	YG196G-EVSE-691/G-16/YG2691C-EV-S7(5)RA-N-16	四川永贵科技有限公司 Sichuan Yonggui Science and Technology Co. ,Ltd.	纯电动乘用车 Pure Electric Passenger Car	15	
	恒压限流充电	CEBEA-ev16-CT/CEBEA-ev16-CZ	江苏西比亚新能源科技有限公司 Jiangsu Xibiya New Energy Technology Co. ,Ltd.	纯电动乘用车 Pure Electric Passenger Car	5	
	先恒流后恒压	交流插头/插座:DYL16-7TJ/DYL16-7ZK;直流插头/插座:DYL21-9TJ-125A/DYL21-9ZK-125A	浙江中杭电子有限公司 Zhejiang Zhonghang Electronic Co. ,Ltd.	纯电动专用车 Pure Electric Special Car	16	
法雷奥西门子新能源汽车(深圳)有限公司 Valeo & SIEMENS New Energy Vehicle (Shenzhen) Co. ,Ltd. ; 杭州富特科技股份有限公司 Hangzhou Fat Polytron Technologies Inc.	恒功率充电	交流充电接口:EVPⅡ-V-16A5(插头)/EVS-V-16A5-GSB(插座)	南京康尼新能源汽车零部件有限公司 Nanjing Kangni New Energy Auto Parts Co. ,Ltd.	插电式混合动力乘用车 Plug-in Hybrid Passenger Car	39	39

续上表

充电机生产企业 Manufacturer for Charger of Electric Vehicle	充电方式 Charging Mode	充电插头 Charger Plug; 插座型号 Socket Model	充电插头 Charger Plug; 插座生产企业 Socket Manufacturer	车辆名称配套车辆类型 Matching Vehicle Types	2017 年配套车型产量小计 Subtotal Output of Supported Odels in 2017 (辆,vehicle)	2017 年配套车型产量总计 Total Output of Supported Odels in 2017 (辆,vehicle)
浙江迅捷电气科技有限公司 Zhejiang Xunjie Electric Technology Co., Ltd.	恒流、恒压	DYL16-7TJ/DYL16-7ZK	浙江中杭电子有限公司 Zhejiang Zhonghang Electronic Co.,Ltd.	纯电动乘用车 Pure Electric Passenger Car	39	39
武汉合康动力技术有限公司 Wuhan Hiconics Power Technology Co., Ltd.	车载充电、充电桩	YGC762-EV-P9P-125/YGC762-EV-S9RB-125,YGC691C-EV-P7(5)P-32/YGC691C-EV-S7(5)RB-T-32	四川永贵科技有限公司 Sichuan Yonggui Science and Technology Co.,Ltd.	纯电动客车 Pure Electric Bus	2	36
	恒流充电、恒压充电	交流插头 6801107031/交流插座 680211310311/直流插座 680411101082	深圳市沃尔新能源电气科技股份有限公司 Shenzhen Wohl New Energy Electrical Technology Co.,Ltd.	纯电动专用车 Pure Electric Special Car	34	
深圳市中兴物联科技有限公司 Shenzhen ZTE Welink Technology Co.,Ltd.	恒压限流充电	LEV-DC-VS36-R/LEV-DC-VS36-R	深圳龙友科技股份有限公司 Shenzhen Longyoo Technology Co.,Ltd.	纯电动客车 Pure Electric Bus	36	36
杭州富特科技股份有限公司 Hangzhou Fat Polytron Technologies Inc,浙江续航新能源科技有限公司 Zhejiang Xuhang New Energy Technology Co.,Ltd.	非车载充电、车载充电	1060-PSE-16-XC-NS/NV3C-DSI-G-EV16S/NV2-DSD-G-EV250S,RAC-TI16K-5A/RAC-ZI16F2-2A/RDC-ZI250	苏州工业园区多思达科技有限公司 Suzhou Industrial Park Duosida Technology Co.,Ltd.; 苏州瑞可达连接系统股份有限公司 Suzhou Recodeal Interconnect System Co.,Ltd.	纯电动专用车 Pure Electric Special Car	6	35
	非车载充电、车载充电	RAC-TI16K-5A/RAC-ZI16F2-2A, RDC-ZI250, DYL16-7TJ/DYL16-7ZK,DYL21-9ZK-200A	苏州瑞可达连接系统股份有限公司 Suzhou Recodeal Interconnect System Co.,Ltd.; 苏州瑞可达连接系统股份有限公司 Suzhou Recodeal Interconnect System Co.,Ltd.; 浙江中杭电子有限公司 Zhejiang Zhonghang Electronic Co.,Ltd.; 浙江中杭电子有限公司 Zhejiang Zhonghang Electronic Co.,Ltd.	纯电动专用车 Pure Electric Special Car	7	
	非车载充电、车载充电	V3C-DSI-EV16P/V3C-DSI-GEL-EV16S, V2-DSD-EV250P/V2-DSD-G-EV250S, CL-CGC016/CL-CGI016, CL-CGC250/CL-CGI250	苏州工业园区多思达科技有限公司 Suzhou Industrial Park Duosida Technology Co.,Ltd.; 苏州工业园区多思达科技有限公司 Suzhou Industrial Park Duosida Technology Co.,Ltd.; 苏州智绿环保科技有限公司 Suzhou Chilye Green Technology Co.,Ltd.	纯电动专用车 Pure Electric Special Car	22	
厦门泰中新能源有限公司 Xiamen Tai Zhong New Energy Co.,Ltd.	恒压限流充电	166-1221-0002/104-1211-0001	深圳巴斯巴科技发展有限公司 Shenzhen Busbar Sci-Tech Development Co.,Ltd.; 深圳巴斯巴科技发展有限公司 Shenzhen Busbar Sci-Tech Development Co.,Ltd.	纯电动专用车 Pure Electric Special Car	34	35
	恒压限流充电	插头 BCG-AVP-2B-S/插座交流 104-1211-0001 插座直流 BCG-DVR-2B-1D	深圳巴斯巴科技发展有限公司 Shenzhen Busbar Sci-Tech Development Co.,Ltd.	纯电动专用车 Pure Electric Special Car	1	

续上表

充电机生产企业 Manufacturer for Charger of Electric Vehicle	充电方式 Charging Mode	充电插头 Charger Plug; 插座型号 Socket Model	充电插头 Charger Plug; 插座生产企业 Socket Manufacturer	车辆名称配套车辆类型 Matching Vehicle Types	2017年配套车型产量小计 Subtotal Output of Supported Odels in 2017 (辆,vehicle)	2017年配套车型产量总计 Total Output of Supported Odels in 2017 (辆,vehicle)
杭州富特科技股份有限公司 Hangzhou Fat Polytron Technologies Inc,深圳欣锐科技股份有限公司 SHINRY Technologies Co. ,Ltd.	先恒流后恒压	CP16E/CS16,NDQC-7T(16A-250/440V)/NDQC-7Z(16A-250/440V)-L,NDQ-9Z(125A-750V)-L	安费诺-泰姆斯(常州)通讯设备有限公司 Anfano-timms(Changzhou)Communications Equipment Co. ,Ltd. ; 中航光电科技股份有限公司 Avic Jonhon Optronic Technology Co. ,Ltd. ; 中航光电科技股份有限公司 Avic Jonhon Optronic Technology Co. ,Ltd.	纯电动专用车 Pure Electric Special Car	12	22
	先恒流后恒压	NDQC-7T (16A-250/440V)/NDQC-7Z (16A-250/440V)-L, NDQ-9Z(125A-750V)-L	中航光电科技股份有限公司 Avic Jonhon Optronic Technology Co. ,Ltd. ; 中航光电科技股份有限公司 Avic Jonhon Optronic Technology Co. ,Ltd.	纯电动专用车 Pure Electric Special Car	10	
株洲天胜电子科技有限公司 Zhuzhou Tiansheng Electronic Technology Co. ,Ltd.	恒压充电、恒流充电	交流充电插头 6801107031/交流充电插座 680211310311;直流充电插座 680411101052	深圳市沃尔新能源电气科技股份有限公司 Shenzhen Wohl New Energy Electrical Technology Co. ,Ltd.	纯电动专用车 Pure Electric Special Car	20	20
航天新长征电动汽车技术有限公司 Aviation Xinchangzheng Electric Vehicle Technology Co. ,Ltd.	车载先恒流,再恒压	JBT16-2TJ/JBT16-2ZK,JBT-D-EV125S(直流充电插座);RAC-TI16K-5A/RAC-ZI16F2-2A,RDC-ZI125(直流充电插座)	杭州玖柏图电气有限公司 Hangzhou Jiu Bai Tu Electric Co. ,Ltd. ; 苏州瑞可达连接系统股份有限公司 Sichuan Recodeal Interconnect System Co. ,Ltd.	纯电动专用车 Pure Electric Special Car	10	16
	车载先恒流,再恒压	JBT-D-EV125S/RDC-ZI125(直流充电插座);JBT16-2ZK/RAC-ZI16F2-2A(交流充电插座);JBT16-2TJ/RAC-TI16K-5A(交流充电插枪)	杭州玖柏图电气有限公司 Hangzhou Jiu Bai Tu Electric Co. ,Ltd. ; 苏州瑞可达连接系统股份有限公司 Sichuan Recodeal Interconnect System Co. ,Ltd.	纯电动专用车 Pure Electric Special Car	6	
南京中港电力股份有限公司 Nanjing China Port Power Limited by Share Ltd. ; 苏州舜堂新能源电控设备有限公司 Suzhou Shun Tang New Energy Control Equipment Co. ,Ltd. ; 杭州铁城信息科技有限公司 Hangzhou Tiecheng Information Technology Co. ,Ltd.	恒流充电	YDG16-SAV-P1/YDG16-SAV-S1-N1, YDG32-SAV-P1/YDG32-SAE-P1/YDG32-SAV-S1-L1	苏州怡达新能源科技有限公司 Suzhou Yida New Energy Technology Co. ,Ltd.	纯电动乘用车 Pure Electric Passenger Car	16	16
深圳欣锐科技股份有限公司 SHINRY Technologies Co. ,Ltd. ; 北京长城电子装备有限责任公司 Beijing Changcheng Electronic Equipment Co. ,Ltd.	恒流充电、恒压充电	慢充型号:交流充电接口:HVCOM + HVCOF 32A 250VAC, HVCOM + HVCOF 16A 250VAC; 快充型号:直流充电接口:HVCO + HVCOF 250A 750VDC, HVCO/HVCOF 125A 750VDC	安费诺精密连接器(深圳)有限公司 Amphenol PCD Shenzhen Co. ,Ltd.	纯电动客车 Pure Electric Bus	15	15
张家港华为电子有限公司 Zhangjiagang Huawei Electronics Co. ,Ltd. ; 浙江迅捷电气科技有限公司 Zhejiang Xunjie Electric Technology Co. ,Ltd.	先恒流后恒压	交流:CEBEA-ev16-1-CT/CEBEA-ev16-CZ; 直流:CEBEA-DC125-CZ	交流:江苏西比亚新能源科技有限公司 Jiangsu Xibiya New Energy Technology Co. ,Ltd. ; 直流:江苏西比亚新能源科技有限公司 Jiangsu Xibiya New Energy Technology Co. ,Ltd.	纯电动专用车 Pure Electric Special Car	13	13

续上表

充电机生产企业 Manufacturer for Charger of Electric Vehicle	充电方式 Charging Mode	充电插头 Charger Plug; 插座型号 Socket Model	充电插头 Charger Plug; 插座生产企业 Socket Manufacturer	车辆名称配套车辆类型 Matching Vehicle Types	2017 年配套车型产量小计 Subtotal Output of Supported Odels in 2017 (辆,vehicle)	2017 年配套车型产量总计 Total Output of Supported Odels in 2017 (辆,vehicle)
江苏嘉钰新能源技术有限公司 Jiangsu Jiayu New Energy Technology Co., Ltd.	插电式	—	—	纯电动专用车 Pure Electric Special Car	13	13
杭州铁城信息科技有限公司 Hangzhou Tiecheng Information Technology Co., Ltd.; 珠海英搏尔电气股份有限公司 Zhuhai Enpower Electric Co., Ltd.	先以恒流充电,再以恒压充电	车辆交流插头:F08-660150-020/车辆交流插座:F08-660051-04L/车辆直流插座:F08-630090-35L,车辆交流插头:EVPII-V-16A5-G/车辆交流插座:EVS-V-32A5-GSLB/车辆直流插座:EVS-4-125D9-GS	乐清市八达光电科技股份有限公司 Yueqing Bada Photoelectric Polytron Technologies Inc.; 南京康尼新能源汽车零部件有限公司 Nanjing Kangni New Energy Auto Parts Co., Ltd.	纯电动专用车 Pure Electric Special Car	10	10
深圳欣锐科技股份有限公司 SHINRY Technologies Co., Ltd.; 张家港华为电子有限公司 Zhangjiagang Huawei Electronics Co., Ltd.	恒流—恒功率—恒压	CP32/CS32,BCG-AVP-1B-S-033,BCG-AEP-1B-S N-0016	安费诺-泰姆斯(常州)通讯设备有限公司 Anfano-timms(Changzhou)Communications Equipment Co., Ltd.; 深圳巴斯巴科技发展有限公司 Shenzhen Busbar Sci-Tech Development Co., Ltd.	纯电动专用车 Pure Electric Special Car	10	10
科世达(上海)管理有限公司 Kostal(Shanghai)Management Co., Ltd.; 苏州舜堂新能源电控设备有限公司 Suzhou Shun Tang New Energy Control Equipment Co., Ltd.	交流充电、直流充电	V2C-DSI-EV16P, EVP-V-16A5/(NV4C-DSI-G-EV16S, EVS-V-16A5, NV4C-DSI-GEL-EV32S, EVS-V-32A5-GSLD)(慢充),(V2-DSD-G-EV125S,EVS-4-125D9-S)(快充)	苏州工业园区多思达科技有限公司 Suzhou Industrial Park Duosida Technology Co., Ltd.; 南京康尼新能源汽车零部件有限公司 Nanjing Kangni New Energy Auto Parts Co., Ltd.	纯电动乘用车 Pure Electric Passenger Car	7	7
杭州富特科技股份有限公司 Hangzhou Fat Polytron Technologies Inc.; 杭州铁城信息科技有限公司 Hangzhou Tiecheng Information Technology Co., Ltd.; 江苏嘉钰新能源技术有限公司 Jiangsu Jiayu New Energy Technology Co., Ltd.	快充、慢充	直流充电座/HVCOFBTR12SF935RL0000,交流充电座/HV-COFBTR6SF506L0000	安费诺精密连接器(深圳)有限公司 Amphenol PCD Shenzhen Co., Ltd.	纯电动专用车 Pure Electric Special Car	6	6
北京昊瑞昌科技有限公司 Beijing Hao Ruichang Technology Co., Ltd.; 深圳欣锐科技股份有限公司 SHINRY Technologies Co., Ltd.	恒流恒压	EVS-4-125D9-S	南京康尼新能源汽车零部件有限公司 Nanjing Kangni New Energy Auto Parts Co., Ltd.	纯电动客车 Pure Electric Bus	5	5
松下电器 Panasonic	定功率充电	慢充插头:3.6kW:-/29690-4NCA,6kW:-/296M4-4NCE;慢充插座:-/296B1-4NCA;快充插座:-/296B1-4NCD	慢充插头:3.6kW:大连松下汽车电子系统有限公司 Panansonic Automotive Systems Dalian Co., Ltd.; 6kW:华南矢崎(汕头)汽车配件有限公司 Hua Nan Yazaki(Shantou)AutoParts Co., Ltd.; 慢充插座:矢崎(中国)投资有限公司 Yazaki(China)Investment Corporation;快充插座:矢崎(中国)投资有限公司 Yazaki(China)Investment Corporation	纯电动乘用车 Pure Electric Passenger Car	3	3

续上表

充电机生产企业 Manufacturer for Charger of Electric Vehicle	充电方式 Charging Mode	充电插头 Charger Plug; 插座型号 Socket Model	充电插头 Charger Plug; 插座生产企业 Socket Manufacturer	车辆名称配套车辆类型 Matching Vehicle Types	2017 年配套车型产量小计 Subtotal Output of Supported Odels in 2017 (辆,vehicle)	2017 年配套车型产量总计 Total Output of Supported Odels in 2017 (辆,vehicle)
杭州富特科技股份有限公司 Hangzhou Fat Polytron Technologies Inc.; 惠州市阳光能动新能源科技有限公司 Huizhou Yangguang Nengdong New Energy Technology Limited	先恒流后恒功率、先恒流后恒功率	插头型号:HV18-ACT-1B25-5000,KEC-AC-016-F/插座型号:HV18-ACZ-1225-3600TG,KEC-AC-016-G	慢充:临沂市海纳电子有限公司 Linyi Haina Electronics Co. ,Ltd. ; 湖南杰尼新能源科技有限公司 Hunan Genny New Energy Technology Co. ,Ltd.	纯电动乘用车 Pure Electric Passenger Car	2	3
	先恒流后恒功率、先恒流后恒功率	插头型号:HV18-ACT-3B60-5000,KEC-AC-032-F5,KEC-AP-032-F5 插座型号:HV18-ACZ-0360-3600TG,KEC-AC-032-G5	慢充:临沂市海纳电子有限公司 Linyi Haina Electronics Co. ,Ltd. ; 湖南杰尼新能源科技有限公司 Hunan Genny New Energy Technology Co. ,Ltd.	纯电动乘用车 Pure Electric Passenger Car	1	
深圳欣锐科技股份有限公司 SHINRY Technologies Co. ,Ltd. ; 洛阳嘉盛电源科技有限公司 Luoyang Grasen Power Technology Co. Ltd. ; 大连罗宾森电源设备有限公司 Dalian Luobinsen Power Equipment Co. Ltd.	恒流或恒压	NDQ-9Z(250A-750V)-R,NDQC-7Z(32A-250/440V)-R,BCG-DVR-2E,104-1211-0001,XR61-C-V4,XR02-C-V2	中航光电科技股份有限公司 Avic Jonhon Optronic Technology Co. ,Ltd. ; 中航光电科技股份有限公司 Avic Jonhon Optronic Technology Co. ,Ltd. ; 深圳巴斯巴科技发展有限公司 Shenzhen Busbar Sci-Tech Development Co. ,Ltd. ; 深圳巴斯巴科技发展有限公司 Shenzhen Busbar Sci-Tech Development Co. ,Ltd. ; 深圳巴斯巴科技发展有限公司 Shenzhen Busbar Sci-Tech Development Co. ,Ltd. ; 深圳巴斯巴科技发展有限公司 Shenzhen Busbar Sci-Tech Development Co. ,Ltd.	纯电动专用车 Pure Electric Special Car	3	3
深圳市核达中远通电源技术股份有限公司 Shenzhen VAPEL Power Supply Technology Co. ,Ltd.	恒流恒压恒功率	慢充:RAC-TI16K-5A/RAC-ZI16F2-2A; 快充插座:RDC-ZI125	苏州瑞可达连接系统股份有限公司 Sichuan Recodeal Interconnect System Co. ,Ltd.	纯电动乘用车 Pure Electric Passenger Car	3	3
安徽佑赛科技股份有限公司 Anhui Usem Technology Co. ,Ltd,深圳欣锐科技股份有限公司 SHINRY Technologies Co. ,Ltd.	外接充电,先恒流后恒压	YGC691C-EV-P7(5)P-32/YGC691C-EV-S7(5)RB-T-32	四川永贵科技有限公司 Sichuan Yonggui Science and Technology Co. ,Ltd.	纯电动专用车 Pure Electric Special Car	2	2
北京优科利尔能源设备有限公司 Youke New Energy Technology Co. ,Ltd.	感应式充电	YGC762-EV-S9RA-125	—	纯电动专用车 Pure Electric Special Car	2	2
杭州富特科技股份有限公司 Hangzhou Fat Polytron Technologies Inc.; 杭州南都动力科技有限公司 Hangzhou Narada Power Technology Co. ,Ltd.	先恒流再恒功率充电	插头/插座型号(直流 100A):插头 NV3-DSD-EV100P/插座 NV2-DSD-G-EV100S 插头/插座型号(交流 16A):插头 1040-1060-16-XC/插座 NV4C-DSI-GEL-EV16S	苏州工业园区多思达科技有限公司 Suzhou Industrial Park Duosida Technology Co. ,Ltd.	纯电动专用车 Pure Electric Special Car	2	2

续上表

充电机生产企业 Manufacturer for Charger of Electric Vehicle	充电方式 Charging Mode	充电插头 Charger Plug; 插座型号 Socket Model	充电插头 Charger Plug; 插座生产企业 Socket Manufacturer	车辆名称配套车辆类型 Matching Vehicle Types	2017 年配套车型产量小计 Subtotal Output of Supported Odels in 2017 (辆,vehicle)	2017 年配套车型产量总计 Total Output of Supported Odels in 2017 (辆,vehicle)
上海科世达-华阳汽车电器有限公司 Shanghai Kostal-Huayang Automotive Electric Co. ,Ltd. ; 科世达(上海)管理有限公司 Kostal(Shanghai)Management Co. ,Ltd. ; 深圳欣锐科技股份有限公司 SHINRY Technologies Co. ,Ltd. ; 深圳威迈斯电源有限公司 Shenzhen VMAX Power Co. ,Ltd. ; 杭州富特科技股份有限公司 Hangzhou Fat Polytron Technologies Inc,康舒电子(东莞)有限公司 AcBel Electronic(Dong Guan)Co. ,Ltd.	慢充、快充	直流充电插座:EVS-4-250D9-S/交流充电插座:EVS-V-16A5-SB/交流充电插头:EVPIV-V-16A5,交流插座;EVS-V-16A5-GSLD/交流插头;EVPIV-V-16A5/直流插座;EVS-4-125D9-GS,直流充电插座 EVS-4-125D9-GHD/交流充电插座:EVS-V-32A5-GHLD/交流充电插头;EVPIV-V-16A5-G,直流充电插座;EVS-4-125D9-GS/交流充电插座: EVS-V-32A5-GSLD/交流充电插头;EVPIV-V-16A5-G	南京康尼新能源汽车零部件有限公司 Nanjing Kangni New Energy Auto Parts Co. ,Ltd.	纯电动乘用车 Pure Electric Passenger Car	2	2
深圳市金霆正通科技有限公司 Shenzhen JinTing ZhengTong Technology Co. ,Ltd.	恒压限流	NV2C-DSI-EV16P/NV4C-DSI-GEL-EV16S(慢充),NV3-DSD-EV80P/NV2-DSD-G-EV80S(快充)	苏州工业园区多思达科技有限公司 Suzhou Industrial Park Duosida Technology Co. ,Ltd.	纯电动专用车 Pure Electric Special Car	2	2
深圳市金霆正通科技有限公司 Shenzhen JinTing ZhengTong Technology Co. ,Ltd. ; 上海埃而生电气股份有限公司 Shanghai Alson Electronics Electrical Limited by Share Ltd.	插电式,CAN 通讯	交流 YGC691C-EV-P7(5)PW-32/YGC691C-EV-S7(5)RA-T-32;直流 YG762C-EV-S9RA-125,交流 XP01-C-V2/XR02-C-V2;直流 XR61-C-V2,交流 NDQC-7T(32A-250/440V)/NDQC-7Z(32A-250/440V);直流 NDQ-9Z(125A-750V)-L	四川永贵科技有限公司 Sichuan Yonggui Science and Technology Co. ,Ltd. ; 深圳巴斯巴科技发展有限公司 Shenzhen Busbar Sci-Tech Development Co. ,Ltd. ; 中航光电科技股份有限公司 Avic Jonhon Optronic Technology Co. ,Ltd.	纯电动专用车 Pure Electric Special Car	2	2
深圳市依思普林科技有限公司 Shenzhen Espirit Technology Co. ,Ltd.	慢充(恒流充电、恒压充电、恒功率充电)	680411101052;680211110103312	深圳市沃尔新能源电气科技股份有限公司 Shenzhen Wohl New Energy Electrical Technology Co. ,Ltd.	纯电动专用车 Pure Electric Special Car	2	2
杭州铁城信息科技有限公司 Hangzhou Tiecheng Information Technology Co. ,Ltd. ; 深圳欣锐特科技股份有限公司 SHINRY Technologies Co. ,Ltd. ; 深圳英威腾电气股份有限公司 Shenzhen Invt Electric Co. , Ltd.	BMS 控制充电	交流 NDQC-7Z(32A-250/440V)-L,NDQC-7T(32A-250/440V),直流 NDQ-9Z(125A-750V)-L;交流 XR02-C-V2,XP02-C-V2,直流 XR61-C-V2;交流 RAC-2TI32,RAC-ZI32F,直流 RDC-ZI125	中航光电科技股份有限公司 Avic Jonhon Optronic Technology Co. ,Ltd. ; 深圳巴斯巴科技发展有限公司 Shenzhen Busbar Sci-Tech Development Co. ,Ltd. ; 苏州瑞可达连接系统股份有限公司 Sichuan Recodeal Interconnect System Co. ,Ltd.	纯电动客车 Pure Electric Bus	2	2
合肥南南电力保护设备有限公司 Hefei Nan Nan Electric Power Equipment Co. ,Ltd.	直流充电和交流充电兼容	EVS-4-125D9-S	南京康尼新能源汽车零部件有限公司 Nanjing Kangni New Energy Auto Parts Co. ,Ltd.	纯电动客车 Pure Electric Bus	1	1
河北君瑞科技有限公司 Hebei Jun Rui Technology Co. ,Ltd.	直流、交流	NDQC-7Z(16A-250/440V)-0,NDQ-9Z(125A-750V)-0	中航光电科技股份有限公司 Avic Jonhon Optronic Technology Co. ,Ltd.	纯电动专用车 Pure Electric Special Car	1	1

续上表

充电机生产企业 Manufacturer for Charger of Electric Vehicle	充电方式 Charging Mode	充电插头 Charger Plug; 插座型号 Socket Model	充电插头 Charger Plug; 插座生产企业 Socket Manufacturer	车辆名称配套车辆类型 Matching Vehicle Types	2017 年配套车型产量小计 Subtotal Output of Supported Odels in 2017 (辆,vehicle)	2017 年配套车型产量总计 Total Output of Supported Odels in 2017 (辆,vehicle)
上海埃而生电气股份有限公司 Shanghai Alson Electronics Electrical Limited by Share Ltd.	直流快充、交流慢充	交流 NDQC-7Z (32A-250/440V)-L, NDQC-7T (32A-250/440V),直流 NDQ-9Z(125A-750V)-L;交流:NV4C-DSI-GEL-EV32S, 1040-1060-32-XC,直流:NV2-DSD-G-EV125S;交流 RAC-ZI32F,RAC-2TI32,直流 RDC-ZI125	中航光电科技股份有限公司 Avic Jonhon Optronic Technology Co. ,Ltd. ; 苏州工业园区多思达科技有限公司 Suzhou Industrial Park Duosida Technology Co. ,Ltd. ; 苏州瑞可达连接系统股份有限公司 Sichuan Recodeal Interconnect System Co. ,Ltd.	纯电动客车 Pure Electric Bus	1	1
深圳力工新能源科技有限公司 Shenzhen Ligong New Energy Technology Co. ,Ltd.	慢充、快充 恒流充电	HV18-ACT-1B25-5000/HV18-ACZ-1225-3600TG(慢充),YGC762-EV-P9P-125/HV-18-DCZ(快充)	临沂市海纳电子有限公司 Linyi Haina Electronics Co. ,Ltd. ; 四川永贵科技有限公司 Sichuan Yonggui Science and Technology Co. ,Ltd.	纯电动专用车 Pure Electric Special Car	1	1
其他纯电动汽车 Other Pure Electric Vehicles				纯电动客车 Pure Electric Bus	77777	144967
				纯电动乘用车 Pure Electric Passenger Car	247	
				纯电动专用车 Pure Electric Special Car	66943	
其他插电式混合动力汽车 Other Plug-in Hybrid Electric Vehicles				插电式混合动力客车 Plug-in Hybrid Bus	15910	15910
其他燃料电池汽车 Other Fuel Cell Vehicles				燃料电池客车 Fuel Cell Bus	83	1075
				燃料电池专用车 Fuel Cell Special Car	992	
2017 年配套车型产量总计(辆)/Total Output of Supported Odels in 2017(vehicle)					819991	819991

节能与新能源汽车年鉴

YEARBOOK OF ENERGY-SAVING AND NEW ENERGY VEHICLES

第七篇 Section Ⅶ

技术成果应用案例

Application Case of Technology Achievement

商用电动车新能源系统集成的平台化开发

（供稿单位：北汽福田汽车股份有限公司）

一、成果简介

应用领域：商用新能源全系列车型，包括：电动商务车（小VAN、大VAN）、电动微/轻卡车、纯电动/混合动力重卡、燃料电池车等。

关键技术：新能源系统集成的平台化开发，包括：网络架构的平台化开发、平台化模块化的功能定义、动力系统硬件集成的平台化开发、VCU软件集成的平台化开发。

二、成果创新点及解决的难点问题

网络架构的平台化开发：新能源相关控制器都在单独一路CAN总线，便于平台化管理和拓展，通过网关与整车其他部件，如ABS、仪表等进行信息交互。新能源CAN总线的两个120Ω终端电阻所在节点固定，不因项目车型变化而变化。基于平台化考虑，不同车型，不同项目，总线节点数量不同，但节点之间的通信协议平台化开发，同一功能通信协议保持一致，以保证各控制器通讯的稳定性，提高整车总线通讯的稳定性及开发的效率，如图7－1所示。

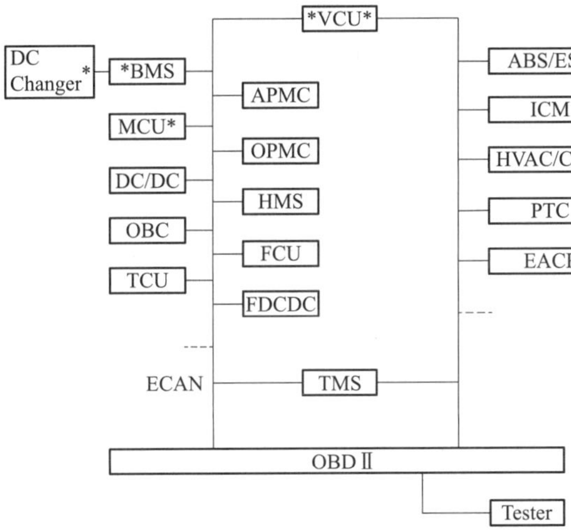

图7－1 网络架构平台化设计图

平台化模块化的功能定义以及VCU策略模型的平台化开发：整车功能按模块划分，如高压上下电模块、交流充电模块、直流充电模块、坡起辅助功能模块、预约充电功能模块、燃料电池控制功能模块等。针对不同的项目，项目需求相同的功能模块可复用，新功能需求编写新的功能定义模块以及策略模型，达到在稳定的模型基础上持续优化升级，实现功能模块平台化，提高了基于平台化开发的新车型的系统稳定性。

动力系统硬件集成的平台化开发：将新能源动力相关部件按功能划分为几部分，包括：整车控制器VCU、电池系统、电驱系统、电力附件（车载充电机OBC、DCDC）和辅助系统（转向、制动、空调等）。其中，电驱系统、电力附件和辅助系统做集成PEU/（MCU＋PDU）开发，如图7－2和图7－3所示，根据不同项目需求，采用PEU方案或者MCU＋PDU方案，通过增减内部相关元器件来实现相应功能，既节约布置空间，又降低开发成本，也便于状态管控；电池系统集成各继电器控制及状态反馈的平台化开发，可以实现不同电池厂家电池切换而无需改变整车状态，实现真正的换电功能。

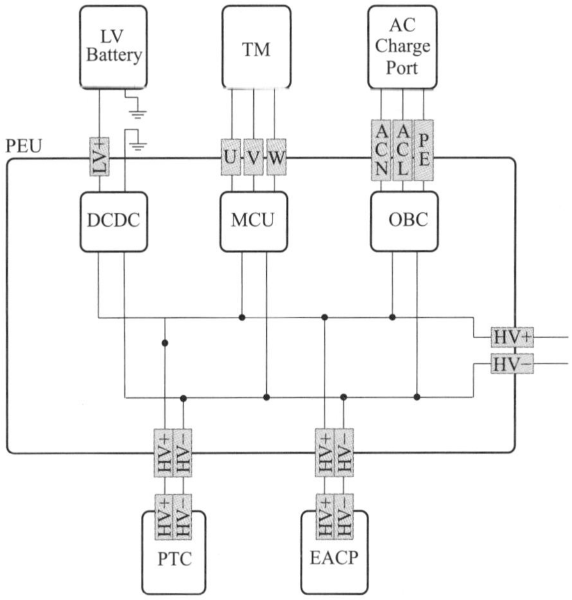

图7－2 PEU平台化开发设计原理

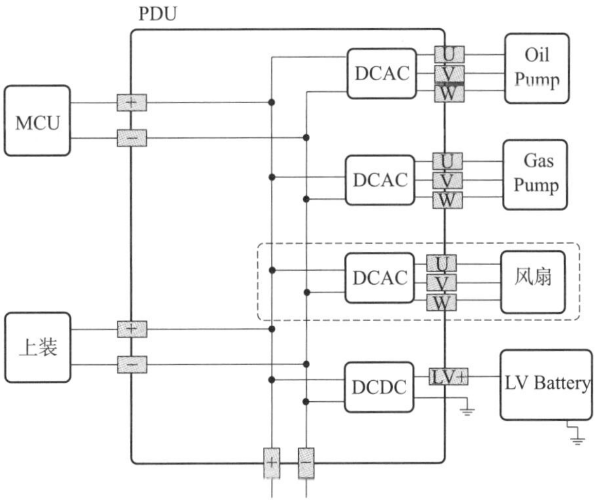

图7－3 PDU平台化开发设计原理

三、成果应用情况

福田商用新能源项目欧马可、奥铃、图雅诺及伽图系列电动车均按此平台设计开发，目前所有车型量产车辆近千台已交付客户使用，正在全国各大城市正在运行，运营稳定。

图 7－4　欧马可、伽途电动车

新车型开发、动力系统开发均在平台化基础上，新功能添加新模块，保证整车稳定可靠的基础上衍生出了多种车型，如，此平台化的智能驾驶轻卡已经成功拿到重庆市路测牌照，福田成为国内第一家拿到商用车自动驾驶路测牌照的企业。

四、社会及经济效益分析

目前商用电动车新能源系统集成平台化开发成果已经在商用新能源全系列车型实现应用，平台化产生的效益：各车型使用的零部件均为平台化产品，省去因差异导致的大量开模费用；基于平台化设计的车型零部件状态成熟，可以极大缩短项目开展所需开发周期、人员成本，并且提高新车型的可靠性；零部件开发适用性强，供应商切换所需周期短，涉变部件少，成本低且易于管控。

BJ6123EVCA－37 型纯电动城市客车的创新点与解决难点

（供稿单位：北汽福田汽车股份有限公司）

福田欧辉自主研发的 BJ6123EVCA－37 车型是一款大中型城市市区道路高端城市客车，采用福田欧辉客车第三代城市客车产品造型、安全可靠的锂离子系列动力电池、高效的直驱动力系统，使整车更加节能。自主创新设计，整车结构造型简洁大气，融合国际化都市客车流行元素，突显科技感、豪华感，让乘客倍感舒心。金属质感打造，彰显卓越品质，人体工程学座椅，让乘客乘坐更舒适。整车采用福田欧辉专有 4D 车身技术，超低地板无障碍设计。车内空间宽敞，利用合理，驾驶室与乘客区有效分离，确保驾驶不受干扰，实现“人—机—电”一体化智能操控平台，可定制用户的在线智能控制技术，在充电安全方面做到了世界领先。

图 7－5　BJ6123EVCA－37

一、整车性能及控制策略

BJ6123EVCA－37 车型采用小型驱动电机加单级减速器的形式，相比传统车型采用较大的驱动电机的形式，可以满足整车的动力性需求，并节约成本。采用小型驱动电机方案，使得电机能够工作在较高的效率区，工作效率提升，降低能耗；该车型相比传统车型采用铝车身，最大总质量不变，整备质量减小，试验质量减小，整车能耗降低，续驶里程增加，经济性更优。BJ6123EVCA－37 车型等速 40 km/h 不开空调能耗相比传统车型降低 1.3%；BJ6123EVCA－37 车型 CCBC 工况不开空调能耗相比传统车型降低 2.6%；BJ6123EVCA－37 车型 CCBC 工况开空调能耗相比传统车型降低 1.9%。

纯电动汽车整车性能水平受整车参数以及动力系统部件等影响，在动力系统部件现有技术水平的基础上通过对其关键参数的合理配置和优化是提升纯电动整车性能的一个重要且可行的技术手段。以整车整备质量作为经济性和成本特性的表征因素，在满足续驶里程约束的前提下满足整车降重目标；充分考虑工况和系统效率对整车性能的影响，采用基于联合仿真优化机制的全局优化方法，将整车经济性和整备质量作为多优化目标，以动力性为约束条件，对动力系统参数进行了综合寻优操作。

1. 基于 AutoSAR 架构的汽车电子软件开发与集成技术

整车控制器如同电动汽车的大脑，指挥各个系统协调的工作，在整车动力性、驾驶舒适性以续驶里程之间取得最佳的平衡。整车控制器最主要的功能是进行整车动力系统的控制。整车驱动控制策略负责整车动力输出控制，是纯电动车的核心内容。包括 VCU 硬件资源分配、输入信号采集、输入信号来源、输出信号逻辑、整车状态管理、上下电管理、充电管理、扭矩解析、附件管理、故障管理等。整车驱动控制策略是纯电动车整车控制系统的核心设计，它起到监督和调节各执行机构，实现和保证纯电动车行驶安全性、提高使用经济性的关键作用。在现有整车控制算法的基础上，依照 AutoSAR 架构标准，使用完整 AutoSAR 开环环境和工具链，并依照汽车电子软件 V 形开发验证流程进行，开发出符合 AutoSAR 标准的整车控制器控制软件系统，以保证软件的可靠性、可验证性要求和分层、模块化要求。

基于 ISO 26262 功能安全性标准的系统软硬件开发；在设计之初即对整机系统进行满足 ISO 26262 功能安全性等级要求的技术需求分析，并制定相应的系统开发规格指标，并在设计过程中严格落实各项功能安全性要求，以开发出满足 ISO 26262 功能安全性等级要求的整机软硬件系统。整车控制器软硬件系统设计达到 ISO 26262 ASIL－C 功能安全等级标准。

2. 动力系统参数匹配任务和目标及方案

动力系统参数匹配是整车设计的一个重要过程，主要是根据整车的基础参数以及性能指标要求选择合适的动力传动系统型式，并确定其关键特征参数，根据项目研究及开发需要，以纯电动车型为目标车型，研究通过动力系统匹配的方式所能实现的纯电动整车性能提升的潜力，探索动力系统参数匹配的技术关键，对动力系统参数进行重新匹配设计和进一步的优化，以达到满足动力性约束为基础，提升整车经济性和成本特性的目的。整车经济性体现了纯电动整车的能耗水平，为了提高经济性，通过参数匹配的方式提高。基于"全局优化"方案的动力系统参数匹配优化，如图 7－6 所示。

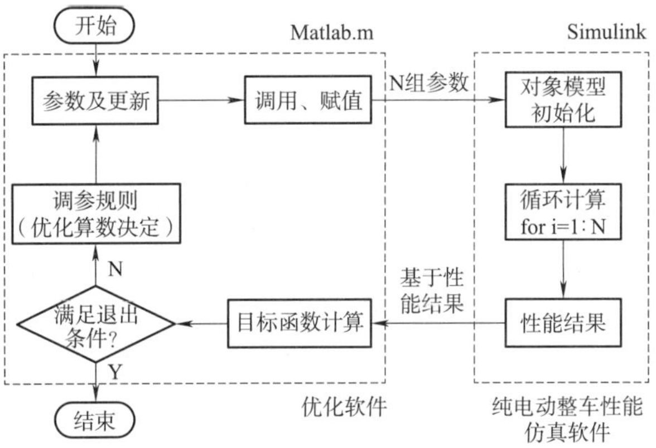

图 7－6 动力系统参数全局优化软件具体架构

建立优化软件和纯电动整车性能仿真相联合的参数优化机制，对动力系统参数进行全局寻优设计，既要满足动力性的基本要求，又应充分考虑续驶里程、能耗以及整备质量等关键指标要求。基于动力系统参数优化的特点，本课题提出基于联合仿真的优化思想，优化算法和整车性能仿真软件均基于 Matlab 软件平台搭建。

3. 纯电动汽车整车控制策略研究与开发

整车控制系统是纯电动汽车实现整车及动力系统控制和管理的核心，开发合理的整车控制策略是确保并提升整车性能的重要技术手段，也是纯电动汽车整车设计开发的主要任务之一。以纯电动汽车整车控制系统为研究对象，目的是开发出与纯电动汽车产业化和市场推广相适应的下一代纯电动汽车整车控制软件架构和控制策略。提出建立动力模式、经济模式以及跛行模式三种控制模式，在动力和经济模式下，开发基于基准转矩 MAP 加模糊转矩补偿的转矩控制架构，兼具动力性和经济性双重控制目标。在跛行模式中则注重对动力系统部件的保护，提高整车对一般异常现象的应对能力，具有跛行回家功能。

4. 优化算法选择及优化原理

传统的优化算法如梯度法、最速下降法等往往需要精确的数学函数表达，因而不适于纯电动汽车动力系统参数的全局优化问题。模拟退火算法、遗传算法、蚁群算法等智能优化算法，具有类人的思维方法和行为准则，较为适用于这种迭代计算的优化过程。基于模拟退火 PSO 算法更好的全局寻优能力，将其应用于纯电动汽车动力系统参数匹配优化过程。

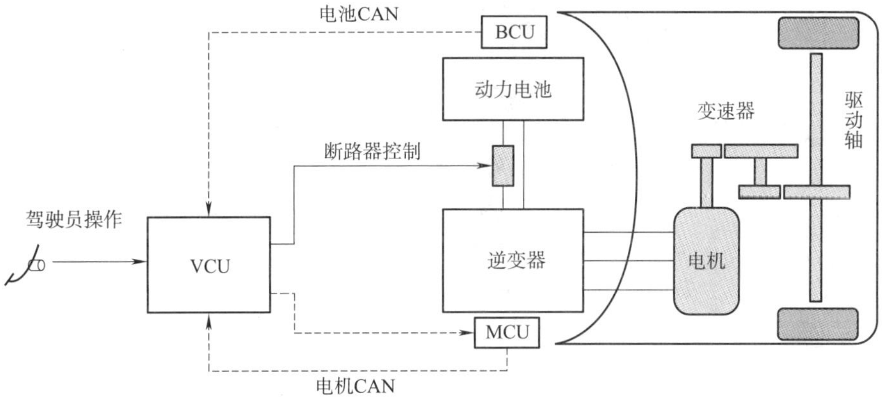

图 7－7 纯电动汽车控制系统结构原理图

二、动力蓄电池匹配设计

采用具有 －15 ℃ ~55 ℃环境中 3C(含)以上充电能力的钛酸锂动力电池组，额定电压 DC579.6 V，动力电池总配电量 101.5 kWh，动力电池组能够保证 10 年使用寿命和高安全性。电池箱单箱集成高压配电及 BMS，具备快速脱离车体的功能，具备 IP67 等级防水、防尘；同时具备过流保护、温度调节功能。后部电池箱与电机舱的采取隔热措施，防止局部电池过热。

1. 电池管理系统功能

（1）单体电池电压、电池组电压的检测。

（2）电池组温度的检测。

（3）电池组工作电流的检测。

（4）具有绝缘电阻检测功能或单设绝缘电阻检测装置。

（5）电池组冷却和加热控制（根据需要）。

（6）充放电次数记录，电池组 SOC 的估测。

（7）电池故障分析与在线报警。

（8）各箱电池离散性评价与自均衡功能。

（9）与车载监、控设备通信，为整车控制提供必要的电池数据。

（10）与充电机通讯，实现电池的安全充电，并向充电机提供完整的电池技术参数，具体要求见相关标准。

(11)符合电磁兼容要求。

(12)具备空气断路器,当电池系统出现问题四级故障时或整车维修时可以立即断开高压回路,保证乘车人员安全。

技术参数

项目名称	动力电池组主要技术参数	备注
电芯种类	高功率纳米钛酸锂离子电池	
组合方式	5 并 252 串	
额定电压/电压范围	DC579.6V/DC453.6V ~667.8V	
标称容量	175 Ah	
SOC 工作范围	15%~100%	
工作温度	-20 ℃ ~60 ℃	
可持续充/放电最大电流	535 A/300 A	充电峰值电流 553 A <25 min
箱数	16	
管理系统型号	BMU05/BSU05 -12S7T2A -24V -10K	
冷却方式	风冷	
防护等级	IP67	
绝缘阻值	500 Ω/V	

2. 动力电池组符合所有强制性国标要求

动力电池组符合 GB/T 31467.3 及《电动客车安全技术条件》

图 7-8　BJ6123EVCA-37 车型 30 cm 水深涉水试验

3. 动力电池组配备动力电池自动灭火装置

(1)动力电池灭火装置主要工作参数

动力电池灭火装置主要技术参数	
使用工作电压(DC)	18 ~32 V
使用工作电流	≤2 A
使用工作环境温度	-20 ℃ ~70 ℃
使用工作环境湿度	≤90%
使用灭火剂种类	锂离子动力电池火灾专用超细干粉
灭火类别	磷酸铁锂电池、三元聚合物电池、钛酸锂电池等
灭火速度	≤30 s
火情探测方式	烟雾和火焰(包括热辐射和光辐射)

(2)动力电池灭火装置主要功能

①启动功能:按手动启动按钮,系统会进入手动工作模式。自动模式优先,当系统故障时启动手动模式。

②消防启动信号反馈功能:当系统感应到火情信号时通过数据线及时反馈到驾驶区并发出蜂鸣声。

③故障自动检测功能:灭火系统有自动诊断功能,当灭火系统检测到传感器失效、罐体压力泄漏等故障时能在司机驾驶区发出蜂鸣声。

④系统火情识别与启动消防功能:系统具有自动识别火情信号并启动消防工作。

三、驱动系统匹配设计

采用 FTTB100A + FT-1D900JSQ 纯电动驱动系统,动力强劲,比功率较电机直驱高 35%;以 12 m 纯电动公交为例,搭载该套系统后最大爬坡度大于 16%;0 ~30 km 加速时间小于 6.5 s。

基于引入欧洲先进技术、工艺、材料、结构、体系、团队等优势资源,该系统的可靠性处于国际领先地位;关键零部件终身免维护、故障率远远低于国内同类型产品、设计寿命远超客户使用需求。工况适应性广,减速箱、电机工作温度范围广(-40 ℃ ~85 ℃);启动时提供小电流大转矩,对于频繁启、停堵车等市内工况及上下坡的山区工况都能完美适应;经过高低温、盐雾、腐蚀等试验,从容应对整车各种复杂情况。

高效低耗,电机高效区转速范围可达同类产品的 3 倍,效率表现更好,电耗更低;以 12 m 纯电动公交为例,该系统电耗比同类产品低 7%。高度集成,减速箱和驱动电机一体化设计使驱动系统体积进一步减小,易于布置,方便客户整车布置。减振降噪,优化整车匹配,电机动力通过减速箱间接传输,可以使整车与电池、后桥的匹配更加合理,有效延长电池使用寿命,降低整车震动噪声。保养成本低廉,关键零部件终身免维护,全生命周期使用成本不高于直驱系统。电机有减速箱防护,几乎无维保费用;起步加速需求电流小,对电池无损害。变频器符合欧洲制造工艺及标准的变频器,免维护。人工成本驱动核心部件免维护,人工成本低。模块化设计,可组合应用,组成其余纯电或混动系统,节约开发成本及开发工作量。安全等级高,采用欧洲安全标准,远超国标。利于整车,相比直驱系统不需要使用大速比后桥,减少主减偏磨;相比直驱系统,车辆起步时,不需要大电流,延长电池寿命。

1. 主要技术参数

驱动系统主要技术参数	
电机类型	永磁同步电机
冷却方式	液冷
额定电压(直流母线端)	570 V
额定功率	100 kW
峰值功率(1 min)	160 kW
额定扭矩	400 Nm
峰值扭矩(1 min)	900 Nm

续上表

驱动系统主要技术参数		
最高转速		7500 r/min
重量		160 kg(无控制器)
外形尺寸		500 mm×295 mm(Lxφ,电机电控分体)
环境温度范围		−40 ℃ ~85 ℃
防护等级		IP67
驱动方式		使用减速箱耦合驱动
工作制		S9
减速箱	速比	3.043
	尺寸	510 mm×244 mm×383 mm
	重量	约 70 kg
电驱动系统总输出功率(额定/最大)		100 kW/160 kW
电驱动系统总输出扭矩(额定/最大)		1 217 Nm/2 738 Nm

2. 开发模式

产品代表了国际新能源技术最尖端水平,引入欧洲产品研发流程体系、欧洲顶尖供应商体系、欧洲工艺标准,同时对国内客户的需求、使用场景进行针对性的调教,定制化驱动系统。

3. 关键技术

(1)先进技术

电机:高转速电机技术,电机抗涡流、抗退磁的永磁体技术,高绝缘及高防护技术;电机控制器:控制器安全互锁及全面故障诊断技术;减速箱:高转速减速箱技术、先进的离子氮化技术、专业化仿真技术、减速箱高转速花键润滑技术。

(2)先进工艺

电机拼块结构永磁体及拼块黏结工艺,增强电机抗涡流和抗退磁能力;齿轮供应商与德国慕尼黑工大的齿轮研究所合作,Super Finish 高精度磨齿技术、壳体高压铸造、提供航空级的产品供应。

(3)先进材料

电机永磁体采用高性能高可靠永磁材料;控制器水道底板采用散热性能更高的铝合金材料;减速箱铝壳设计,减小驱动模块重量和体积,便于整车布置,国际顶尖的高转速轴承、齿轮及齿轮轴选用优质合金钢渗碳淬火。

(4)先进结构

控制器发热源 IGBT 紧贴水道底板、功率电路和控制电路分离、叠层母排结构设计;加强筋结构优化设计、减速箱双密封结构设计。

四、电控与调试监控

1. 充电时间估算

BJ6123EVCA-37 车型具备 4 个充电插座,平均布置在车身后部左右两侧,4 个充电插座都可以单个充电插座使用,同一侧的 2 个充电插座使用和 4 个充电插座同时使用,车身上的 4 个充电插座没有主从差别,如果单枪、双枪和 4 枪充电时可以任意选充电插座。

充电时,VCU 实现了五合一内的 4 个充电正极接触器分别控制,同时 BMS 也实现了充电负极接触器的分别控制,通过总线数据交互,实现了 4 枪、双枪或任意单枪充电。

充电时间估算:初始按照 SOC 为 0 进行估算(实际受温度和其他因素影响充电时间会有差异)。

充电枪数	额定容量(Ah)	交电电流(A)	降流时间(估值)(min)	预计最小充电时间(h)
1	175	175	6	1.1
2	175	350	6	0.6
3	175	500	10	0.5
4	175	500	10	0.5

2. 充电安全及安装结构优化

为保证高压用电安全,充电插座与安装支架之间隔有绝缘板,装配时,充电插座先安装在绝缘板上,再整体安装在预先焊接在车架的安装支架上。

整体式绝缘板由于强度较低,在长期的使用及拆装中易出现断裂。在拉出充电系统的整个过程中,充电系统的高压线束及固定装置需要整体拆卸。为增加充电系统检修便利性,提高维修人员的工作效率,对安装支架及绝缘板结构进行优化,提出一种电动汽车充电接口固定装置,实现充电插座独立、快速地从安装支架后端拿出,避免拉出后端线束及拆除高压零部件和固定密封机构,实现了充电插座的独立、快速拆装。

氢燃料城市客车技术

(供稿单位:江苏陆地方舟新能源车辆股份有限公司)

一、开发背景

在 2014 年中国汽车产业发展(泰达)国际论坛上,全国政协副主席、科技部部长万钢表示,“十三五”电动汽车科技规划特别部署发展燃料电池汽车,在未来几年推进加氢站建设和燃料电池汽车示范运行等多项工作。

在 2018 年 5 月 16 日,江苏省经信委组织了江苏省燃料电池汽车产业发展研讨会,作了“关于燃料电池汽车产业发展概况与建议”的专题报告,与会领导和专家一致认为,江苏抢抓机遇,率先布局氢能和燃料电池汽车产业,已形成了一定的产业基础和先发优势。同年,首届长三角氢能燃料电池汽车科普迅游活动于 10 月 13 日,从如皋全面启动,途径南通、盐城,19 日在上海收官。

2017 年,我国燃料电池客车产量共计 116 辆,更多作为示范应用出现。在江苏省和如皋市领导的支持下，陆地方舟新能源车辆股份有限公司从 2016 年开始投入氢燃料客车的研发工作，经过 3 年的努力，完成了从功能样车到批量化生产的准备工作，预计在 2018 年 10 月小批量投入如皋市场使用。

二、成果创新点及解决的难点问题

整车使用全承载车身，抗侧翻能力强，超好的稳定性和操控性能，给驾驶员和乘客提供良好的视野和宽敞的空间。

1. 全承载车身，整车骨架使用高强度钢，不影响整车强度的情况下降低整车的重量。

Q345/550替代效果						
序号	原车规格型号（Q345）	550替代型号	Q345单只重量（支/kg）	550单只重量（支/kg）	单只减重重量（支/kg）	单只减重比例（%）
1	40×40×2	40×40×1.5	14.32	10.88	3.438	24.01
2	50×40×2	50×40×1.5	16.2	12.29	3.91	24.14
3	60×40×2	60×40×1.5	18.09	13.71	4.38	24.21
4	60×50×5	60×50×3.75	47.1	36.21	10.89	23.12
5	70×50×3	70×50×2.25	32.22	24.48	7.74	24.02
6	80×40×3	80×40×2.25	32.22	24.48	7.74	24.02
7	80×60×5	80×60×3.75	61.23	46.81	14.42	23.55
8	100×100×6	100×100×4.5	106.26	80.96	25.298	23.81
备注		以上规格为常用管型，平均减重比例为23.81%				

图 7－9　高强度钢替代效果

2. 对车身骨架的结构强度和刚度进行仿真分析，提升整车强度和刚度。通过操稳、整车碰撞、空气阻力吸塑分析、NEDC 工况等仿真分析，提升整车稳定性和舒适性。

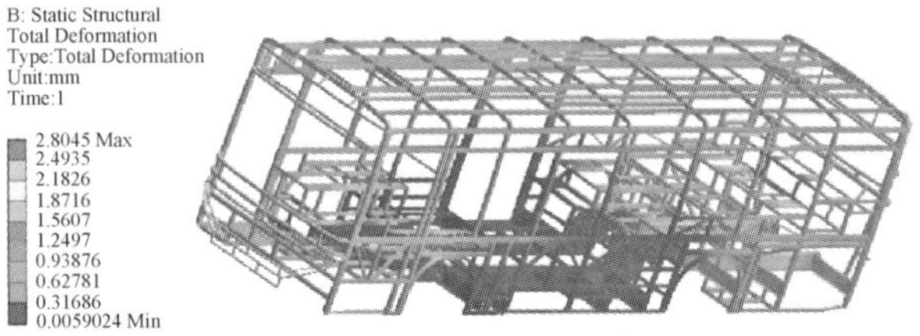

图 7－10　车身结构强度和刚度分析

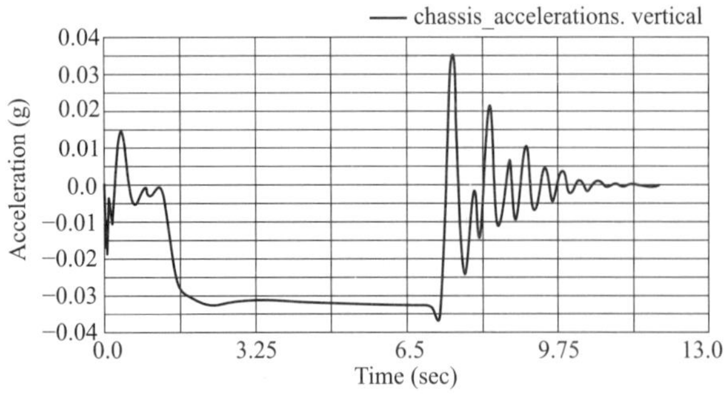

图 7－11　操稳仿真分析

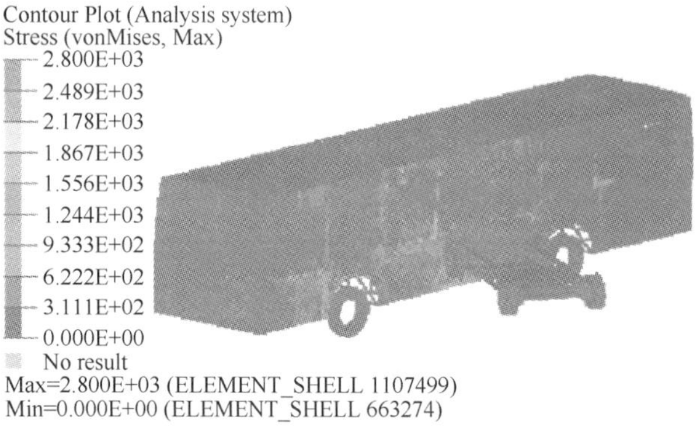

图 7－12　整车碰撞仿真

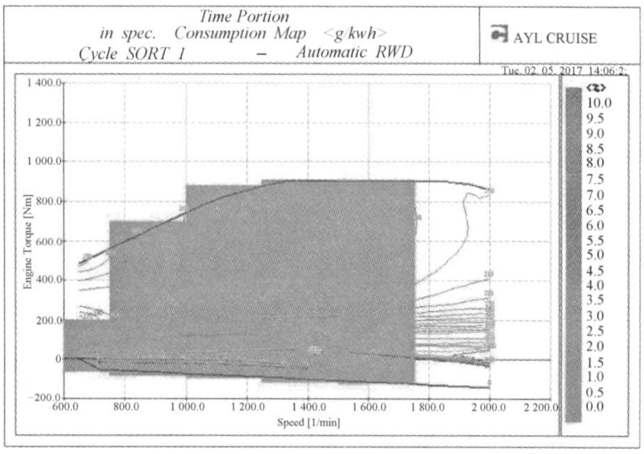

图 7－13　NEDC 工况仿真

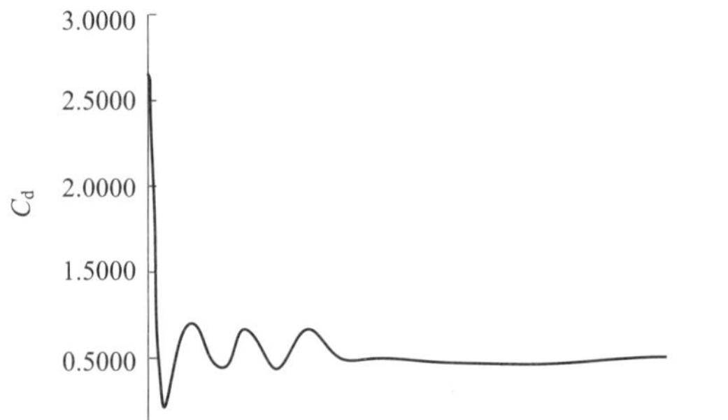

图 7－14　空气阻力系数仿真

3. 此车型采用 35 MPa 氢燃料汽车供气系统，单气瓶容量 145 L，储氢系统顶置。车载高压供氢系统是为燃料电池汽车提供氢燃料的系统装置，主要由轻质高压储氢气瓶、各种阀门、高压管路、加氢口、安全监测系统、压力/温度信号采集系统等组成。供氢时打开高压氢气瓶阀上的电磁阀，经过流阀、单向阀、过滤阀、减压阀、安全阀等到达燃料电池电堆供其使用；加氢时则是通过加氢口、压力表、单向阀，将氢气加入瓶中储存。同时，整套系统中瓶口电磁阀设置有 PRD 泄放装置，管路上设置有过流阀、安全阀等安全保护装置，以保证整个系统在使用过程中的安全。

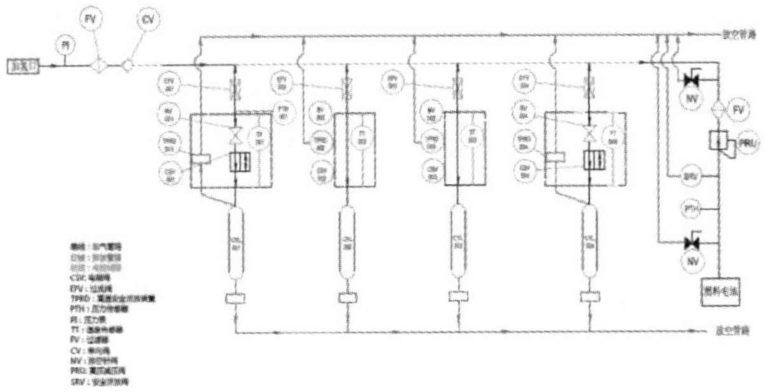

图 7－15　供气系统原理图

气瓶的框架设计在保证整体强度的同时尽量做到轻量化，抱箍与储氢气瓶之间设有缓冲保护垫，抱箍的紧固螺栓采用防松螺母，防止气瓶在充放气过程中和在车辆行驶过程中发生相对位移。框架上储氢气瓶安装，整体能够承受上、下、前、后、左、右 6 个方向上 8 g 的冲击力，相对位移不超过 13 mm。

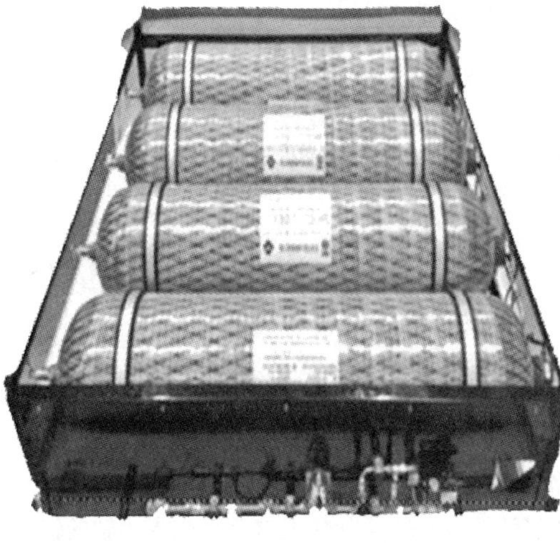

图 7－16　气瓶的框架设计

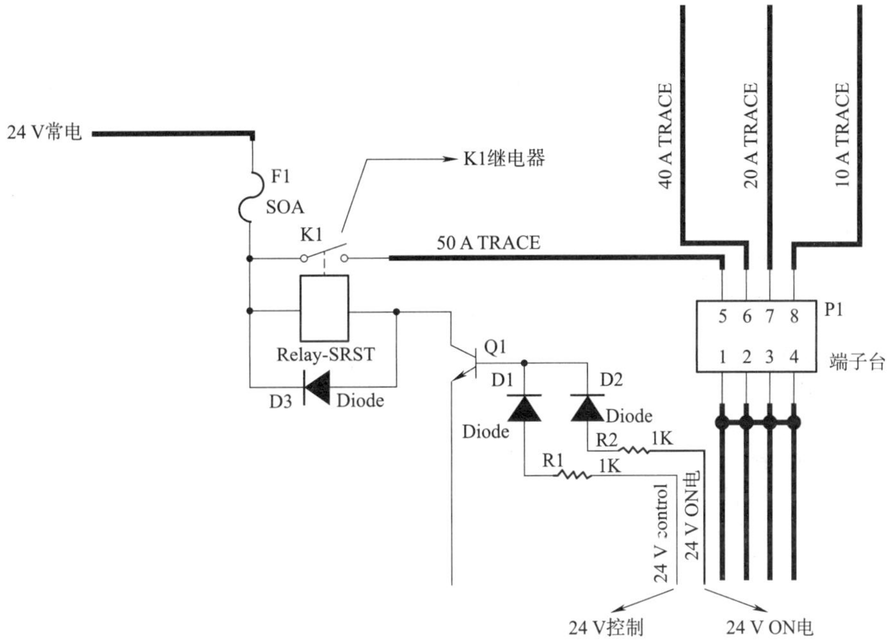

图 7－17　燃电系统 24 V 上下电框图

4. 具有安全自检功能，整车启动给出 24 V ON 电信号以后，自动提供 24 V 供电，同时提供 ON 信号，K1 继电器吸合接通 24 V 常电，燃电系统的低压网络接通。燃电系统自检开始，检测燃电模块内部部件是否正常，并且检测 DC/DC、氢源、整车通信是否正常，并将状态反馈给整车。如果有异常发生，则给出相应错误代码，系统将无法正常启动。

5. 氢气浓度检测功能：整车在车厢内部和车厢顶部均安装了检测氢气浓度的传感器，在上电后进入 READY 状态，燃电在上电 30 s 后检测氢气浓度，如果有异常，燃电报出三级故障，整车再进入故障状态。

6. 关于低温启动功能：待机状态时氢气并没有接入燃电系统，所以燃电系统到 DC/DC 输入端没有电压，燃电系统在 5 ℃以下待机时会开启加热功能，从 －10 ℃加热到 5 ℃时间约为 15 min，采用低压 24 V 加热，功率为 1 kW。加热到 5 ℃以上后维持在此温度，若在到达 5 ℃之前满足系统启动条件，也需要等待到系统温度高于 5 ℃才能启动，燃电系统一直在此等待启动信号。

7. 为了匹配该车的氢燃料电堆系统，选用了 49.5 kWh，满足 3C 放电的要求的倍率型动力电池，采用了两个标准箱储能电池。并且增加了单独水冷控温系统，确保电池箱在高温及低温系统都能保持良好的工作状态，从而更好地匹配氢燃料电堆的工作。

三、成果应用情况

产品主要投入在江苏如皋，作为氢燃料城市客车示范运营。随着长三角氢走廊建设发展规划不断地建设完成，加氢站的建设逐步取得突破，会投入更多的氢燃料城市客车，服务社会。

四、社会经济效益

汽车排放造成的环境污染和石油资源枯竭正日益加剧，寻找清洁的替代能源，是一个必然需要面对的问题。氢燃料电池车正好满足了这个要求。燃料电池通过电化学反应直接将燃料的化学能转化为电能，完全不进行燃料的燃烧过程，因此能量转化效率高达45%～60%。另外，氢燃料电池汽车不排放氧化硫、氧化氮等有害气体，也不产生温室气体 CO_2，可谓是真正的零排放汽车。另外，氢燃料电池不存在纯电动车充电时间长、续航里程短的弊病，所以氢燃料电池汽车的发展和应用对于汽车领域来说具有里程碑式的意义。

钢铝混合车身先进连接工艺

（供稿单位：上海游侠汽车有限公司）

一、成果简介

游侠X1车型为保证整车结构刚度及安全性能要求，采用了以轻质铝合金材料为主，超高强度钢板为辅的钢铝混合车身结构。整车铝合金比例达到80%。在钢铝混合车身结构设计时，大量使用了钢铝混合车身连接工艺：

（1）自冲铆接（SPR）、自攻螺接（FDS）、螺栓连接、压铆、拉铆等冷连接工艺；

（2）铝点焊、激光焊、铝弧焊、铝螺柱焊等热连接工艺。

游侠汽车经过多年的技术积累，在游侠X1车型车身制造中成功地应用了钢铝混合车身连接工艺，高标准实现钢铝混合车身连接质量要求。

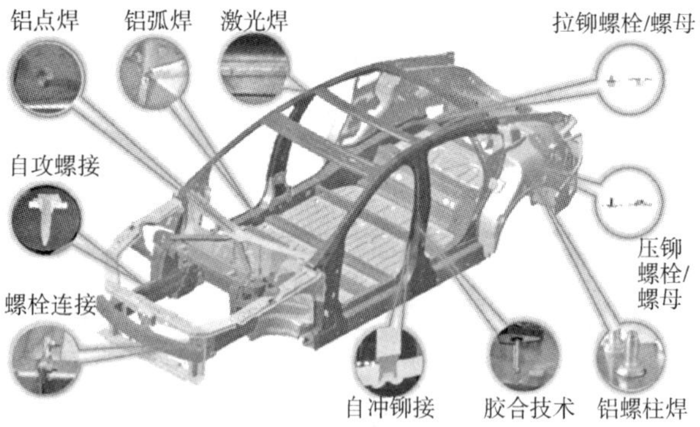

图7－18 游侠X1车型采用钢铝混合车身连接工艺

二、成果创新点及解决的难点问题

1. 游侠汽车在使用钢铝混合车身先进连接工艺时，实现了两大创新：

（1）热连接技术与冷连接技术的组合应用，优势互补；

（2）几乎覆盖了所有车身连接工艺。

2. 解决了四大难点：

（1）冷连接技术，消除了结构胶的性能影响及对镀层的破坏；

（2）热连接技术，如铝点焊无凸起、钉头等，避免铆接特征；

（3）冷连接技术，解决了铝点焊产生的强磁场干扰造成的信号丢失等缺陷；

（4）自攻螺接可实现空腔结构的连接。

三、国际水平对比分析

目前国际上采用钢铝混合车身结构的车型连接方式主要有两种方向。

（1）采用自冲铆接、压铆、拉铆、铝点焊等连接工艺，未使用自攻螺接，代表车型特斯拉钢铝混合车身；

（2）采用自冲铆接、自攻螺接等连接工艺，代表车型凯迪拉克CT6。游侠X1在此基础上，结合车身结构及性能要求，对比自冲铆接等冷连接工艺与铝点焊等热连接工艺的特性，通过结构设计优化，综合使用了上述连接方式。其所采用的连接工艺处于世界领先水平。

序号	工艺（部分）	应用车企（部分）
1	自冲铆接	特斯拉、凯迪拉克CT6、游侠X1
2	自攻螺接	凯迪拉克CT6、游侠X1
3	铝点焊	特斯拉、凯迪拉克CT6、游侠X1
4	激光焊	凯迪拉克CT6、游侠X1
5	铝弧焊	特斯拉、凯迪拉克CT6、游侠X1

四、成果应用情况

游侠X1钢铝混合车身先进连接工艺，通过三轮次、超过300组（自冲铆接132组、铝点焊及其他连接工艺200组）的实验验证和整车实际应用验证，选择出最优的连接工艺组合，应用在最合适的位置，并已实现连续8台车身合格下线。

序号	连接方式	数量
1	自冲铆接	843
2	自攻螺接	184
3	压铆	210
4	拉铆	165
5	铝点焊	1210
6	激光焊	3100
7	铝弧焊	2800
8	铝螺柱焊	172

图7－19 游侠X1钢铝混合车身

五、社会及经济效益分析

游侠汽车在采用钢铝混合车身结构的X1车型上成功应用了先进的连接工艺，形成的一套完整的数据库，将引领行业发展，指引方向。

爱驰汽车MAS平台及其首款纯电SUV车型U5 ION

（供稿单位：爱驰汽车有限公司）

一、成果简介

MAS平台是爱驰汽车全球首创上钢下铝车身结构的模块化智能电动汽车平台，具有高强度、轻量化、集成化、模块化特征。

高强度：大范围采用航空级的7系铝材，是铝合金家族中最坚韧的合金种类，更轻盈、更坚固、更安全。

轻量化：相比传统车身结构减重25%左右，车身重量降低使整车能耗降低8%~10%，加速性能提升5%，刹车性能提升5%以上。

集成化：与国际领先的电机企业联合开发新一代集成电驱系统，使电机、减速器及电控系统高度集成化和小型化，进一步减小电驱系统的重量和体积，有利于降低整车的重量和能耗，同时可有效降低系统制造成本和难度。

模块化：可大幅减少零件的数量和复杂度，车身零件数量相比传统结构减少20%以上。基于架构设计思路的多车型规划，不同车型之间可达到50%以上零件的模块化通用。

MAS是More Adaptable Structure的缩写，寓意适应性广、变化灵活，MAS平台支持同架构多型谱开发，覆盖A、A+、B三个级别，轴距可在2 600~3 000 mm之间灵活变动，可衍生出SUV、Sedan、MPV、Cross、Pickup等系列车型。

图7-20 爱驰汽车自主研发的MAS平台

二、成果创新点及解决的难点问题

1. 灵活模块化

MAS平台支持轴距和轮距的灵活变动，是具有高通用化率的模块化整车开发平台。它能实现不同级别车型之间的零部件共享，能够大大降低成本、提升生产效率，缩短产品迭代及推出时间。

2. 上钢下铝结构

MAS是全球首次在量产车上采用上钢下铝的产品平台，在底盘技术、人工智能、交互系统等方面实现多项突破，具备智能化、集成化、轻量化、数据化、定制化的特性。下车身采用7系航空级铝材，运用高压铸铝、挤出型材和冲压等工艺，以及最先进的FDS和SPR连接技术。上部车身更突破性地在影响碰撞安全的区域采用了目前应用在汽车上的最高强度热成型材料，强度达到2 000 MPa。通过上述措施的应用，车身重量与传统汽车相比，可减轻20%。

3. 适应多种驱动

MAS平台适应多种驱动形式，基于全新架构设计的车身、底盘技术以及先进的小型集成化电机的应用，整车驱动形式可应对前主驱、后主驱、四驱的灵活布置。

兼容电池包，MAS平台还兼容多种电池包设计，为满足用户中、长续航里程的使用需求，形成60~80 kWh之间的三挡电池包的开发梯度。

三、国际水平对比分析

MAS平台是全球首个采用上钢下铝车身结构设计的量产车平台，综合性能、成本、工艺等多个维度进行对比，MAS是最适应未来智能电动车的整车平台，代表了未来电动车发展的趋势。

四、成果应用情况

爱驰汽车基于MAS平台打造的首款高品质智能电动SUV车型U5 ION已经在2018北京车展亮相。

U5 ION采用全球首创的上钢下铝结构，上车身大量使用的最高强度热成型钢，下车身采用7系航空级铝材，在保障安全性的同时实现车身的轻量化。

在U5 ION的续航电池基础上，还可叠加高能量密度续航电池包，可实现整包超过160 Wh/kg的能量密度，延长续航里程150 km左右，能够为用户提供多样化的电组合选择。此外，还有自动无线充电等创新技术，让加电、充电更加轻松容易。

U5 ION应用了最新一代的ESP车身稳定系统和iBooster智能化助力器，传感器、控制器、以及整车的系统集成都达到行业最新水平，可以实现高水平的L2级自动驾驶，未来可以升级至L4级别的自动驾驶。

U5 ION还搭载人工智能科技，其毫秒级的掌脉技术、生物识别技术，可为用户形成唯一的生物ID“基因锁”。行车时，由行人交互、环境监测、电子摄像头后视镜等结合而成的“智能行车系统”，可充分保证驾乘安全。特殊的“生命感知系统”可对用户进行生命监测和机能监测，同时搭配智能互联的车联网平台，通过图像识别及语音交互、智能汽车管家等系统，实现实时云端互联、车载社交分享等功能。

图 7－21　爱驰汽车基于 MAS 平台打造的首款高品质智能电动 SUV 车型 U5 ION

五、成果的产能建设情况

MAS 平台系列车型将在爱驰汽车上饶制造基地实现量产，按照规划，该基地一期和二期建成后共可实现 30 万辆的产能规模。

图 7－22　爱驰汽车上饶制造基地全景

六、社会及经济效益分析

根据规划，爱驰汽车上饶基地二期建成后将共可实现 30 万辆的产能规模，一期计划产量 2019 年 2 000 辆，2020 年 37 000辆，2021 年 45 000 辆，2022 年 52 000 辆。预计至 2022 年累计销量达 33.7 万辆，累计产生营业收入 723 亿元。

爱驰汽车纯电跑车 RG Nathalie

（供稿单位：爱驰汽车有限公司）

一、成果简介

RG Nathalie 是由爱驰汽车全资德国子公司爱驰恭博汽车有限公司研发和生产，由爱驰汽车首席产品官、德国子公司爱驰恭博总经理 Roland Gumpert 亲手打造，是全球首款赛道级纯电动跑车，面向全球市场销售。RG Nathalie 在常规匀速工况下拥有长达 1 200 km 的续航能力，实现了纯电动汽车续航里程的革命性进步。

图 7－23　爱驰汽车 RG Nathalie 两门电动跑车

二、成果创新点及解决的难点问题

1. 甲醇制氢燃料电池技术

RG Nathalie 运用甲醇作为原料在线制氢，采用氢燃料电池技术，在驾驶过程中随时可为车辆充电，可以让车辆在常规匀速的情况下拥有 1 200 km 超长续航里程。该技术未来将应用在爱驰汽车的大众化量产车型上，将极大解决用户对纯电动车的里程焦虑。

图 7－24　RG Nathalie 拥有 1 200 km 超长续航里程

2. 独立全时四驱技术

RG Nathalie 的底盘由 Roland Gumpert 亲自调校，并拥有创新的车辆驱动方式，采用四轮四电机的独立全时四驱技术，配备电子差速器。

电子换挡，为了实现更好的动力输出，RG Nathalie 还搭载了两级减速结构(Two Gear Transmission),并将原本的机械换挡结构以电子信号代替,通过电子拨片换挡,让操控更加快速、顺畅。

三、国际水平对比分析

RG Nathalie 的 0～100 km/h 加速仅需 2.5 s,最高时速可达 300 km,最大续航 1 200 km,是全球首款赛道级电动跑车。与保时捷 Mission E 的 0～100 km/h 加速 3.5 s、最大续航 500 km 相比,RG Nathalie 优势明显。特斯拉 Roadster2 的 0～100 km/h 加速需要 1.9 s,最大续航 998 km,但要到 2020 年才能交付,而 RG Nathalie 最早将在 2018 年年底实现交付。

四、成果应用情况

2018 年之内,RG Nathalie 将开启世界各大顶级赛道的圈速测试之旅。

未来,搭载在 RG Nathalie 上的一系列技术将逐渐普及到爱驰汽车的大众化量产车型产品。

五、成果的产能建设情况

RG Nathalie 为纯手工打造,采取订单制销售模式和定制化限量生产。目前 RG Nathalie 已在全球开放预订,已经产生订单。

一款两门 2+2 座纯电动智能汽车(LP－S01)

(供稿单位:零跑科技有限公司)

一、成果简介

LP－S01 是零跑科技有限公司推出的第一款智能纯电动车型,采用两门 Coupe 设计风格,以时尚、科技舒适的产品特性带给消费者更节能高效潮流的用车体验。整车配备先进的纯电动力系统、ADAS 智能辅助系统和智能互联系统等,力求以高品质的产品服务于纯电动汽车市场。

LP－S01 为零跑科技全新自主开发车型,运用平台化开发思路,考虑高性能、低成本、高智能化原则,保证技术可实现及其先进性。在造型方面,内外造型设计、色彩设计、数字曲面设计等均自主开发;底盘重点聚焦于智能化底盘电控技术的应用和底盘平台化开发;车身和内外饰具备完全的独立开发能力,在轻量化和平台化开发中力争达到行业领先水平;三电系统自主开发:电驱动力总成一体化设计,高能量密度、高安全性动力电池系统设计以及智能驾驶算法、智能网联应用的开发,是拥有自主知识产权的核心技术。目前已获得发明专利 4 项,实用新型专利 60 项,外观专利 6 项。

专利名称	申请号
一种可实现行人保护的新型前盖铰链	2016105941693
一种电动汽车全自动充电装置及其使用方法	2016106638710
集成化电机控制器及电机控制器液冷结构	201611124989.2
电动真空泵控制方法及控制装置	2017100058839
真空罐(轻量化高强度)	2017300087461
一种用于电池包绝缘的结构	2017201420733
四轮电动汽车	2017301301689

二、成果创新点及解决的难点问题

LP－S01 的创新点在于:

LP－S01 的动力总成产品成功将 DC/DC、MCU、VCU、车载充电机、高压配电盒整合为五合一控制器,驱动电机和减速器一体集成,从而实现轻量化、冷却系统共享,进而提高电驱系统可靠性,同时电驱总成集成空调压缩机、电子真空泵、冷却系统水泵等部件,大幅减少整车布置空间。

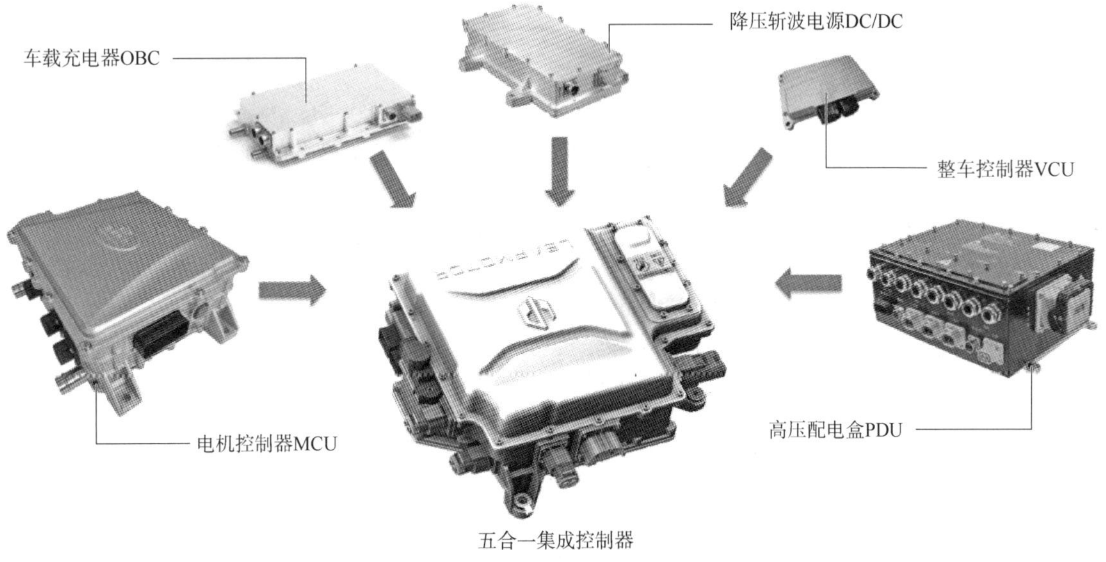

图 7－25 LP－S01 的动力总成产品

五合一控制器集成设计采用创新的三相线小盖设计，在采用控制器与电机集成方案的同时，实现控制器可单独拆卸，提高可维护性。双层水冷结构设计，根据上箱体 MCU、支撑电容、DC/DC 及下箱体 OBC 发热元器件位置及耗散功率，创新地采用双层水冷结构设计，将冷却水道与 DC/DC、OBC 底板结合，冷却满足系统散热需求。DC/DC 和 OBC 功能模块的基板与水道基板贴合安装，两基板中间采用导热硅脂填装。LP－S01 控制器在传统控制器箱体直接密封方式的基础上进行轻量化设计，去除箱体水道的基板，将冷却水道直接设计在功能模块的基板上，模块基板与箱体中间采用密封圈密封，从而减去箱体水道基板结构，实现轻量化设计。

LP－S01 的动力电池系统，是国内较早采用一次性低压铸铝成型技术的电池系统，在轻量化方面具备优势技术，由 10 个电池模组、BDU、分布式 BMS、冷却系统及其他机构件组成，BMS 硬件、软件和控制算法完全自主开发，专利技术的高低压检测模块使 BMS 具备了优于行业的高精度，从而实现电池系统的温控性能和能量密度达到国内外同行业领先水平。

研究模组和电池包成组和轻量化技术，在兼顾高能量密度的基础上，将系统安全、电气安全、机械安全和功能安全纳入研究范围。如采用双极双保险安全设计、一体化压铸工艺、冷热一体化热管理方案等关键核心技术，实现高能量密度、高安全性电池系统的开发。

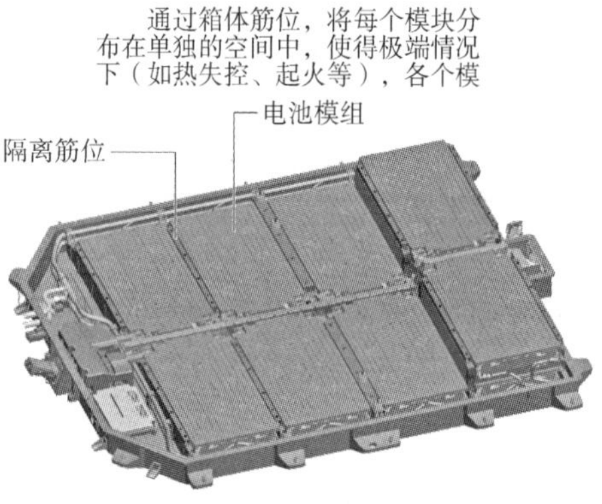

图 7－26　LP－S01 的动力电池系统

模组采用高安全性电芯双极双保险安全设计，解决了单电芯级和模组级短路、过流下的保护问题，实现了对子系统的保护。箱体制造采用整体式一体化铝压铸工艺，解决了多次成型、整形、焊接等制造问题，提高了箱体整体强度、密封性，同时达到了轻量化设计目的。采用自主研发的蛇形管液冷系统，解决了电芯使用温度过高或过低、不同区域温差大、冷却、加热效率不佳等难题，达到了冷却加热一体化、热管理效率高、温差小的目的。BSU 采用菊花链级联通信技术，解决了总线式 CAN 通讯线束复杂、成本高、控制难的问题，实现了简化系统设置、降本、增强抗干扰能力的开发目标。

LP－S01 的智能驾驶系统，基于大陆集团的 ESC 系统和零跑自研的摄像头、雷达、超声波等多种传感器，将行人、车辆的驾驶习惯，包括违章偏好，均纳入车辆避让、行驶的考虑范畴。图像传输采用自主研发的 HDCVI 技术，确保高清图像稳定传输，有利于图像智能算法的检测分析。

智能驾驶系统采用了自主研发的 9 个高清摄像头、12 个超声波传感器和 1 个 77 G 中距离毫米波雷达的多传感器融合方案，并依托在毫米波雷达技术、摄像头智能图像分析、HDCVI 高清视频传输技术和 ISP 图像处理算法技术上的深厚积累，实现了车道辅助系统、360 环视系统、盲区检测系统、前防撞预警系统、ACC 自适应巡航系统、人脸检测、疲劳检测等系统。

HDCVI(High Definition Composite Video Interface)高清复合视频接口技术，是一种基于已有 SYV75－3 或 SYV75－5 同轴电缆的高清视频传输方法，能够在低成本和较低质量的同轴电缆上实现超长距离高清视频信号的可靠传输，相比较其他同轴电缆高清视频传输系统在实际应用中对传输介质的高要求，HDCVI 可以适应长距离、低成本的传输介质以及复杂的部署场合。HDCVI 车载应用包括摄像头单元、ADAS ECU 控制器单元、虚拟仪表/中控车机显示单元。摄像头单元主要对负责图像采集，并输出 HDCVI 协议的高清视频；ADAS ECU 控制器单元负责通过 HDCVI 协议获取高清视频，运行前车碰撞辅助、车道线辅助、高清环视、盲区辅助、驾驶员疲劳辅助等功能的图像分析、识别和处理算法，并把处理结果通过显示屏显示或者进行声光震动报警。

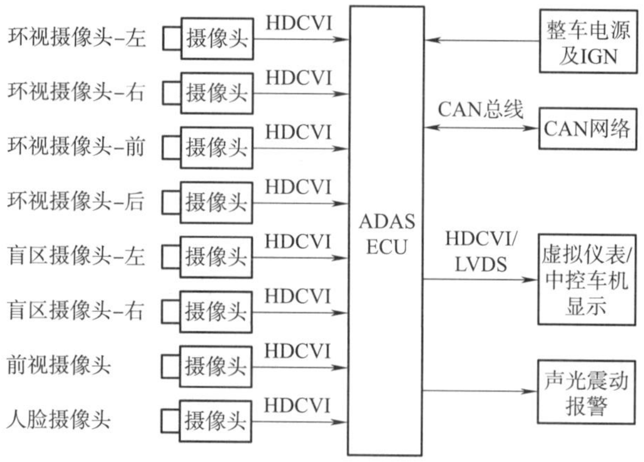

图 7－27　HDCVI 高清复合视频接口技术

高级辅助驾驶系统功能主要包括：盲区辅助系统、自适应巡航系统、车道辅助系统、前车碰撞辅助系统、限速辅助系统以及驾驶疲劳辅助系统。其中核心技术包括以下 4 个方面。

(1)毫米波雷达感知技术主要包括多目标障碍物聚类与跟踪；

(2)视觉感知技术主要包括基于图像纹理特征以及机器学习的障碍物检测与跟踪；

(3)传感融合技术主要包括多目标运动估计；

(4)车辆控制技术主要包括车辆的纵向控制(车速、车距控制)以及侧向(轨迹)控制。

LP－S01 的智能车辆网联系统，从车辆端到云端管理，实现全智能化应用，在车辆零部件智能检测、驾驶行为分析、智能出行等数据采集、数据分析上实现全系统化管理。

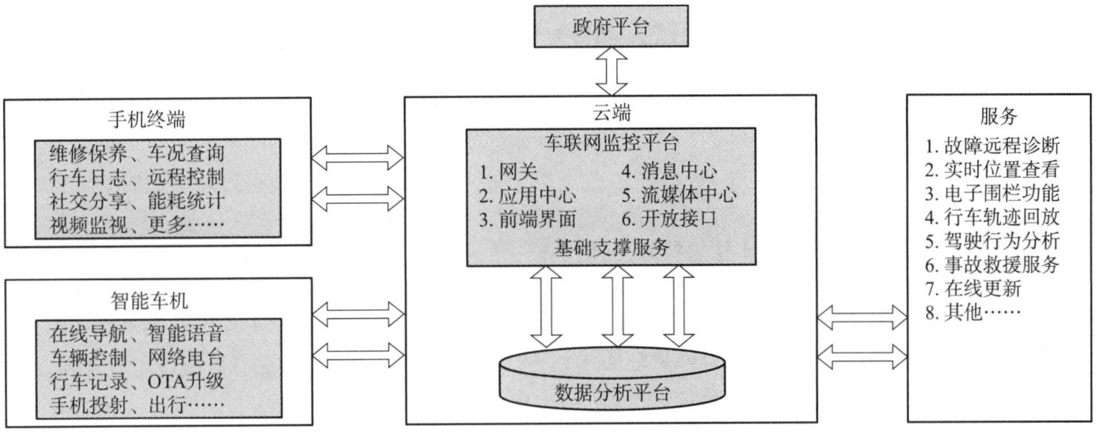

图 7－28 LP－S01 的智能车辆网联系统

智能车辆网联系统主要包括车主手机应用软件、云端服务器和智能车机。其中智能车机作为人机交互的入口，承担了多媒体娱乐的功能，同时包括车辆监控数据上传下载的通道。智能车机包含智能语音、在线地图等多种实用功能，并采集来自车辆控制器的行驶数据，通过 4G 和云端平台交互。云端服务器即零云车联网管理平台，负责收集和处理所有车辆的行驶数据，计算和提取有效信息，并通过可视化的方案展现出来。车主 APP 包括 Android 和 ios 版本，帮助车主通过手机远程掌握车辆实时信息，并可以远程下发控制指令。

LP－S01 白车身轻量化（图 7－29）在可接受成本的前提下，采用钢、铝、塑料混合结构（图 7－30），前盖使用了铝合金材料，运用了铝板冲压、型材挤压、SPR 联结工艺。同时大量使用了高强度钢板以及热成型技术，板材最高抗拉强度超过 1 500 MPa。车身前端模块使用 MFE 复合材料工艺，材料轻质的同时减少了零件数量。通过这些手段车身轻量化系数达到 2. 74，达到自主品牌先进水平（日产 Leaf 的车身轻量化系数为 3. 17）。

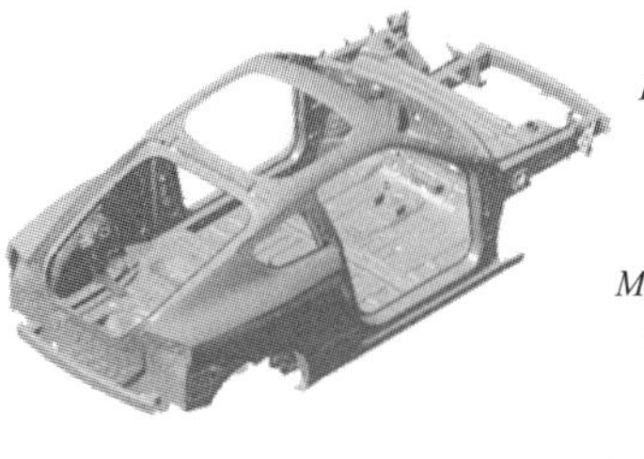

Light weight index

$$L=\frac{M_{biw}}{C_t\times A}\left[\frac{Kg}{KNm/deg\times m^2}\right]$$

L——白车身轻量化系数；
M_{biw}——白车身重量；
C_t——车身扭转刚度；
A——车辆四轮投影面积

图 7－29 LP－S01 白车身轻量化

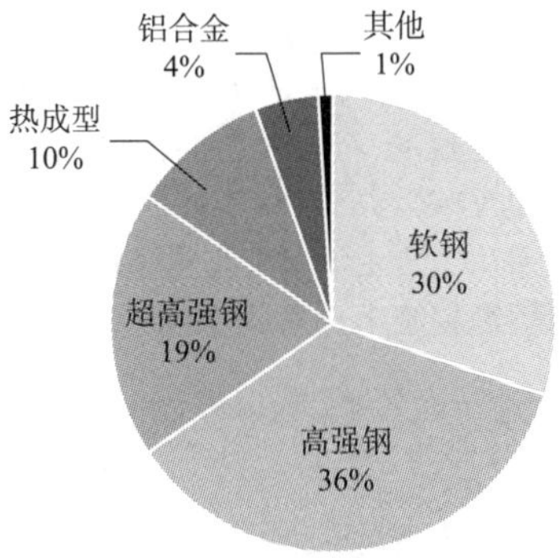

图 7－30 钢、铝、塑料混合结构所占比例

三、国际水平对比分析

LP－S01 车型在全自主开发过程中多项核心技术已达到国内、外领先水平。其中造型全自主正向开发，三电系统自主研发并自制。整车控制系统已达到国内先进水平，包括单踏板动力控制策略、三段式制动能量回收的整车控制系统、应用大数据存储、云计算领先的智联网控制系统，运用 9 摄像头、毫米波雷达和优化控制处理算法的智能驾驶系统等；动力总成包括首创的五合一控制器和先进的自主学习算法，电机为创新的拓扑结构水冷 72 槽 12 极永磁同步电机，功率密度可达 4. 59 kW/kg，同时控制器、电机、减速器集成化设计，使 LP－S01 动力总成集成度达到并超越宝马 i3 及尼桑 Leaf 车型，居于业界领先水平；动力电池系统采用一体化铸铝箱体设计、单电芯双极双保险安全设计、电池系统循环寿命提升 30% 的热管理技术、菊花链级联通信技术系统，使 LP－S01 动力电池能量密度高达 131 Wh/kg，达到国内先进水平。

四、成果的产能建设情况

LP－S01 制造基地位于浙江金华新能源汽车小镇，工厂占地 551 亩，厂房面积 345 亩，具备三电、冲压、焊装、涂装、总装五大产线，设备选型均采用国际一流品牌，建设世界级的智能化汽车工厂，计划 2019 年初投产，年产 25 万套纯电动乘用车关键零部件项目将于 2018 年底建成投产。

新能源汽车车身NVH控制技术研究

（供稿单位：山东国金汽车制造有限公司）

一、成果简介

本成果可用于白车身及整备车身NVH性能控制，提供了一种新的方法流程，适应新能源汽车快速开发节奏。

白车身NVH性能是整备车身NVH性能的基础，控制白车身的NVH性能可以提前介入设计环节，并且降低结构优化的复杂程度。现状是新能源汽车企业不具备传统车企的人力和计算资源，沿用传统车企的相关技术是不合适的，需要新的计算方法降低计算资源需求。本研究是企业在这方面的研究成果。

研究内容为针对结构传播噪声，提出以钣金结构的振动速度均方根值为评价指标，根据互易性定理以恒定功率的声源为逆向计算车身振动，符合噪声的传递过程和物理意义，能够比较全面地反映出结构NVH性能，利于衡量不同车身设计方案的效果。主要用于车身及总成的结构设计验证，以比较少的计算资源控制车身NVH性能。

二、成果创新点及解决的难点问题

1. 成果创新点

研究内容针对结构传播噪声，以钣金结构振动速度为评价指标，与传统计算技术的区别有以下方面。

(1)采用互易性定理用恒定声源激励整个车身，对车身振动的结果处理获取噪声传递函数和钣金件振动速度、主要贡献位置和模态等信息。得到的车身振动经过声腔模态的滤波，已经考虑了声腔的耦合作用；而传统方法则是正向计算，且不考虑结构声耦合作用，要分别计算多项内容才获取同样的信息。本方法的计算时间和资源需求都显著降低。

使用过程的主要数学物理内容如下。

根据互易性定理，在人耳处施加声源得到各处振动：

$$\left.\frac{P_j}{f_i}\right|_{\dot{q}_j=0} = -\left.\frac{\dot{x}_i}{q_j}\right|_{f_i=0} \tag{7-1}$$

计算出钣金件振动，以ODS表示：

$$\text{NTF} = \frac{P}{F} = \frac{V}{F} \times \frac{P}{V} = \text{ODS} \times \text{ATV} \tag{7-2}$$

对节点处振动作处理得到各钣金件的均方振动：

$$\bar{u}(f) = \sqrt{\frac{1}{n}\sum_{i-1}^{n} u_i^2(f)} \tag{7-3}$$

(2)声源激励的位置较少，结果处理简单，便于对比评价。而传统做法的曲线多达数百条，给分析处理带来困难。

(3)白车身及其总成设计阶段应用该流程，可以快速判断设计效果并加以优化。

(4)新能源汽车车身相比燃油车，主要是地板设计不同，而车身框架结构则变化不大，本方法正适用钣金件的性能评估。

2. 解决的难点问题

(1)控制指标问题：白车身NVH性能控制一直缺乏合适的指标，常用结构模态评价，不能完整反映结构的NVH性能。

(2)资源及效率问题：新能源汽车研发节奏比传统车企要快，但是计算资源却相对薄弱。导致直接沿用传统车企的做法不能适应快速的研发节奏。

三、国际水平对比

与ERP为指标对白车身结构加以评价的分析策略对比，优势如下。

(1)载荷问题。用车身安装点单位力加载，则结果繁琐难以分析。用实际载荷，则需要整备车身，白车身阶段不能应用，失去了ERP计算的意义。

(2)ERP避免了白车身阶段的声腔问题，但是同样不能考虑声腔耦合，识别的问题部位不够精确。

(3)ERP包含钣金件面积因素，不同设计方案的钣金面积不同，不利于结果横向对比。

四、成果应用情况

已用于山东国金汽车制造有限公司两款车型开发。

五、社会及经济效益分析

减少了人员及计算资源需求，支持快速验证。

全复合材料客车车身

（供稿单位：中航复合材料有限责任公司）

一、成果简介

成本和续航能力问题限制了纯电动客车的推广。客车轻量化是解决续航能力问题的重要途径之一，车身采用复合材料是纯电动客车轻量化的重要发展方向之一；中航复合材料有限责任公司自2011年开始研制全复合材料客车车身，至今已推出第二代全复合材料车身。第二代全复合材料12 m客车车身采用六大片式全承载式结构如图7－31所示，分别为前围、后围、车顶、左侧围、右侧围、车底，其中前后围采用金属材料，车顶，左右侧围、车底采用复合材料。整车四大片复合材料部件重量为1 800 kg，实现直接减重约1 000 kg，同时可以减少内饰件，间接减重约为500 kg。

全复合材料客车车身突破了三大关键技术，包括全承载式复合材料车身设计技术、车身结构连接技术和全复合材料

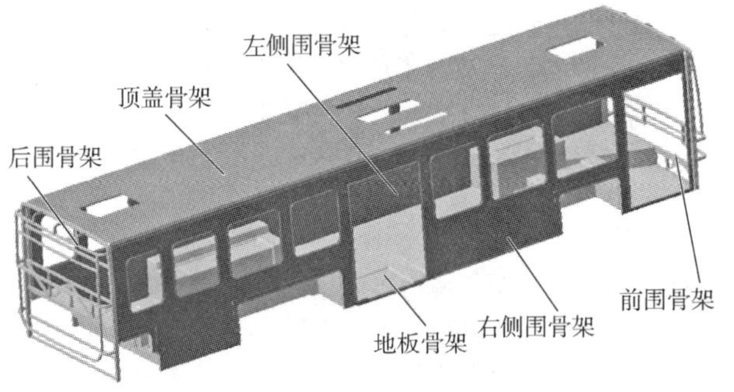

图 7-31 六大片式全承载式车身结构

车身整体制造技术。申请专利 7 项，包括：一种复合材料客车车身、一种复合材料客车车身的连接结构、一种分片式复合材料客车车身、一种复合材料夹芯板及具制造方法、一种电动客车顶置式电池的连接结构及其连接方法、一种真空导入成型制备混杂复合材料 U 型件的方法和一种用于真空灌注的大型复合材料模具。

二、成果创新点及解决的难点问题

1. 实现几大创新：

(1)车身结构与内饰功能一体化；

(2)车身性能、质量与低成本综合的结构设计技术。

2. 全复合材料客车车身实现产品的功能，解决四大难点：

(1)车身承载和内饰件功能(阻燃要求、表面光滑)为一体的材料和结构设计技术；

(2)基于结构性能、质量和成本为约束的综合设计技术；

(3)基于快速装配和适用批产的分片式结构设计及容差装配技术；

(4)复合材料低成本、高效率及大厚度大尺寸制件制造技术。

三、国际水平对比分析

北美客车工业(NABI)已采用由 TPI 复合材料公司制造了大型客车的车身壳体，该壳体使用 E -玻璃布作为增强体，整个车身分两部分制造，起到很好的减重效果。中航复合材料有限责任公司的第二代设计方案在此基础上结合制造效率，结构与内饰功能一体化化要求进行优化，现技术水平领先于世界水平。

四、成果应用情况

全复合材料车身第一代和第二代客车通过各种测试试验，尤其第二代客车已经通过上公告前的各种试验，包括侧倾和路试等试验，并已上工信部新能源车 289 批公告。

图 7-32 全复合材料车身设计

五、成果的产能建设情况

针对中国纯电动客车迅猛增长和对轻量化的迫切需求，中航复合材料有限责任公司于 2016 年开始规划全复合材料客车车身投产，重点规划了 12 m 纯电动公交车和城际车全复合材料车身和 6 m 纯电动微循环公交车全复合材料车身，规划 2019 年实现量产，其产能达到年产 1 200 辆以上，实现 3 亿以上的产值。

六、社会及经济效益分析

因全复合材料车身直接和间接减重，可减少电池安装量，为客户带来很大的经济效益，同时运营成本也将降低，预计 8 年全寿命期将减少运营费用 36 万元以上，并且二氧化碳排放量减少 760 t 以上。

复合材料客车车身零部件整体化程度高，车身零部件大大减少，为此装配线大大简化，将减少厂房面积和固定资产投资约 30%，同时也提高装配效率，整车装配减少到 10 天以内。

塔菲尔 NCM120Ah 电芯产品

(供稿单位：江苏塔菲尔新能源科技股份有限公司)

一、成果简介

塔菲尔主要产品有各种类型国标尺寸的方形铝壳锂离子动力电池和储能电池(磷酸铁锂电池和三元电池)、电池模组及电池包，产品广泛应用于电动汽车及储能。NCM120Ah 是塔菲尔自主研发与市场需求双重结合下的一款高性能指标电池，在 2017 年市场可量产化的动力电池产品中各项性能指标突出，也是塔菲尔第一款面向市场大批量生产的高能量密度三元动力电池。

二、成果创新点及解决的难点问题

1. 创新点一：高能量密度。电芯尺寸 173 mm×48 mm×132 mm(长×宽×高)，采用了 523 高电压体系，将电压应用范围提升到 4.3 V 以上，单体能量密度达到 200 Wh/kg(min)，其配备的电池系统能量密度接近 160 Wh/kg，创下 2017 年所上公告车型电池系统能量密度最高的纪录。

2. 创新点二:高效充电功能。塔菲尔在设计该产品时不仅保持了电芯高电压,克服了其带来的寿命、安全等性能方面的牺牲,还确保了快速充电性能。一般情况下,在电芯保持4.3 V 高电压应用的时候,电芯的寿命和安全都会面临挑战。根据国际通用测量指标,塔菲尔三元 120Ah 锂离子动力电池,在常温 100% DOD,1 C 充电/1 C 放电的条件下,满足循环寿命 2 500 次以上,容量保持率 80% 以上;为了满足市场应用需求,塔菲尔同时在常温 80% DOD,1 C 充电/1 C 放电的条件下进行了试验,满足循环寿命 4 000 次以上,容量保持率 80% 以上,测试结果均在指标之上。在保证三元 120Ah 电芯长寿命的同时,塔菲尔在快充方面也进行了技术改进。目前,在其他性能提升的基础上,此款电芯可 1 C 快速充电,亦可满足 -20 ℃的低温环境下 0.1 C 充电,其相关技术均处于国际领先水平。

3. 创新点三:高安全性。除了上述产品性能,高安全性是塔菲尔产品的重要保证,NCM120Ah 锂离子动力电池,从电芯材料、结构设计及工艺设计三重维度提高电芯的安全性,其中涵盖了 200 多项安全设计,只为在提高能量密度的同时确保电芯的安全性。安全设计是塔菲尔自主研发的关键技术,进一步提升了高能量密度长寿命锂离子动力电池的安全性能。

4. 创新点四:优异的低温放电性能。在三元 120Ah 锂离子动力电池设计初期,考虑到电芯低温放电性能的重要性,塔菲尔通过反复筛选、试验、优化电池的四大主材,攻克了在 -30 ℃环境温度下放电容量保持率为 90% 的难题。如此,搭载三元 120Ah 电芯的电动汽车可在极寒地正常行驶。

三、国际水平对比分析

塔菲尔产品具有高安全性、高能量密度、高功率密度、快速充放电、长寿命、优异低温性能等显著特点。塔菲尔 NCM120Ah 电芯与 2017 年市面上高端电池保持同一水准,甚至在循环寿命和充电性能等方面还略高一筹。

四、成果应用情况

NCM120Ah 电芯从研制开发到量产用时大约 1 年,由于其性能优异,充分满足市场需求,产品一经推出就获得了数家客户的青睐;搭载此款电芯的知豆,其电池包能量密度达到了 158.07 Wh/kg,这成为工信部发布的当批《新能源汽车推广应用推荐车型目录》中高系统能量密度之最;配备该款电池的知豆续航里程超过了 300 km(工况法),被顺利推向市场。

截至 2017 年 10 月 26 日上午,知豆电动汽车共产销 95 714 辆,占国产新能源汽车市场份额 6%,占纯电动乘用车市场份额 15%。从 2012 年至今,知豆的足迹已遍布意大利、捷克、斯洛伐克、法国、德国等全球 18 个国家,共出口车辆 3 000 余台,市场反响良好。

五、社会及经济效益分析

在新能源产业高速发展大环境下,塔菲尔秉承“专业、创新、分享”的发展理念,做更专的中国“芯”,立足研发和技术,进行产品和产能战略布局。随着产品和研发技术得到市场越来越多的认可,塔菲尔从东莞发展到南京,立足长三角、珠三角辐射周边地域,面向全国开展上下游供应链的战略合作,涵盖原材料开发、供应管理、电芯研发、模组、PACK 研发生产、产品应用——电动车与储能、电池梯次利用、废旧电池安全回收及原料再利用等全产业链合作,力争打造全产业集群,发挥新能源产品的最大化利用。

六、塔菲尔 NCM120Ah 电芯产品

NCM120Ah
3.66 V
200 Wh/kg
EV/ESS

图 7-33　塔菲尔 NCM120Ah 电芯产品

氢燃料移动电源车

(供稿单位:北京蓝吉新能源科技有限公司)

一、成果简介

不同于目前广泛使用的电源车,采用氢燃料电源系统作为电源车的发电的能源,这样使得电源车具备了静默式工作方式(工作噪声低于 70 dB)、无污染物排放(排放物仅是纯净的水蒸气和少量的热)、无红外热成像(排放热量小于 60 ℃)、连续长时间发电(只要氢燃料供应充足,可持续发电数天、数周,甚至上千小时)、和环境适应性强(系统工作温度 -20 ℃ ~40 ℃)等工作和功能特性。该电源系统是通过电子化数控技术控制工作方式和动态检测及检测数据,因此可以在使用过程中通过控制终端的人机交互实现系统的实时监控,操作管理甚至实现无人操作功能,从而使得该电源车具有更加可靠的工作性能和更加广泛得应用领域。该电源车可以作为发电、检修设备、会议保障、野外作业的应急备用电源,更可以在无电网电力的战争及重大自然灾害发生时,作为救灾抗灾、国防应战等紧急电力需要的保障电源车辆。

该产品的关键技术体现在使用氢气（或甲醇）等介质为能源的来源，通过燃料电池现场发电，再通过逆变系统实现不同的直流、交流应用电气要求。该成果申请了国家发明专利，其专利申请号码：201410116979.9。

二、成果创新点及解决难点问题

对比目前主流的电源车（发电单元主要是装配电池、柴油发电机组或燃汽发电机组），该成果解决了采用柴油发电机组技术的电源车的主要缺点：

（1）工作噪声大，不具备静默式工作特性。且发电过程排放大量可见黑色烟雾，排烟温度高达 500 ℃以上，污染环境的同时，无法适用于隐蔽环境要求。

（2）可持续发电时间短。柴油发电机组持续不断的发电时间一般低于 24 h，特殊机组低于 48 h。

（3）柴油发电机组是非数字电子设备，其发电启动和停止功能不能遥控、不具备独立的网络监控功能。

（4）环境适应性差，低温下（低于 -35 ℃）不能启动。

该成果解决了采用基于各种蓄电池储能技术（锂电池、铅酸电池、不间断电源）的电源车的应用局限性：

（1）储能蓄电池依赖于市电电网，使用过程受充放电的条件限制。在得不到继续充电的情况下，一次持续放电（供电）的时间低于数小时，一次放电以后，需要再次充电才能投入二次使用，但其二次充电的时间也需要数小时，不能迅速得到充电。

（2）储能蓄电池输出电能的功率密度低、由其放电性质决定了其抗瞬间冲击负荷的能力较弱。电池组体积大，比重大，对于需要瞬间释放大功率的应用场合，需牺牲非常大的占地面积（体积）和承重负担、配置多组大容量蓄电池组来满足功率要求。

（3）蓄电池的使用和保养对工作环境、温度（工作要求恒温环境，最佳工作温度 25 ℃）、湿度要求高，寿命短，使用成本高。

该成果解决了新的应用中要求的难点问题：

（1）可以在以上两种技术不能解决的低温环境下连续提供电力。

（2）可以全数控、全程实时监控条件下无人值守静默式连续提供电力。

（3）可以随时移动转移，体积小、重量轻。

（4）可以模块化扩产电力输出到兆瓦量级。

三、产品结构和原理

以 50 kW 电力为例，50 kW 移动式氢燃料电源车的主要构成包括箱体（50 kW 氢燃料电源子系统）和与箱体相连的牵引车（载体车辆子系统）。整体构造如图 7 - 34 所示。

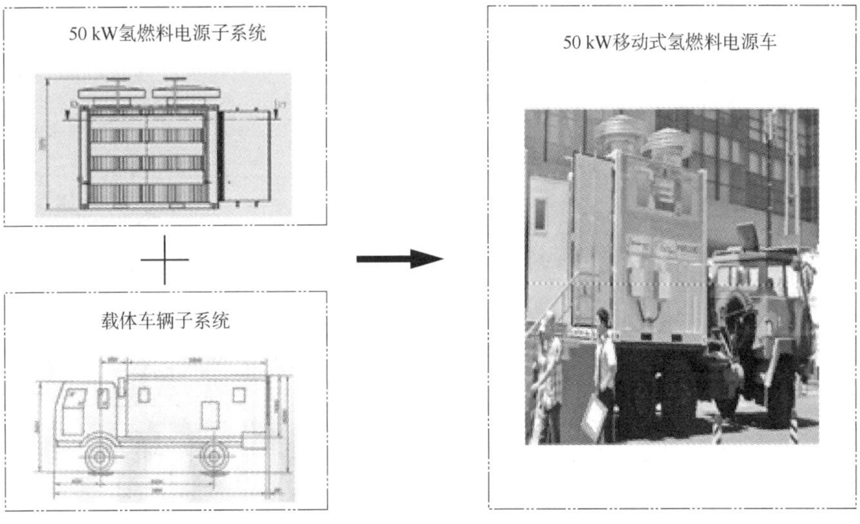

图 7 - 34　系统整体构造图

50 kW 移动式氢燃料电源车能够在不平均的土路及坎坷不平的碎石路上以 20 ~ 30 km/h 行驶，在柏油（水泥）路面上能以 30 ~ 40 km/h 行驶，并能通过铁路运输。此外，系统能够承受日降雨量 10 ~ 25 mm，降雨强度 2.5 ~ 8 mm/h 的雨淋；具有防雷、防毒、防盐雾的能力。

箱体的物理构造设计如图 7 - 35 所示，电气结构如图 7 - 36 所示。

四、国际水平对比分析

目前国际上没有商业化的同类产品。

五、成果应用情况

该成果产品技术成熟，样车产品测试工作稳定、可靠，具备生产条件。

六、社会及经济效益分析

相比使用大量的蓄电池储能放电和使用柴油燃烧发电来讲，使用燃料电池发电（零污染排放）对环境有着明显的节能减排效果，特别是对局部地区，如地下坑道，城市中心，军事、医疗建筑群环境等。在批量应用的情况下，其经济效果也将优于目前市场产品数百万元的成本。

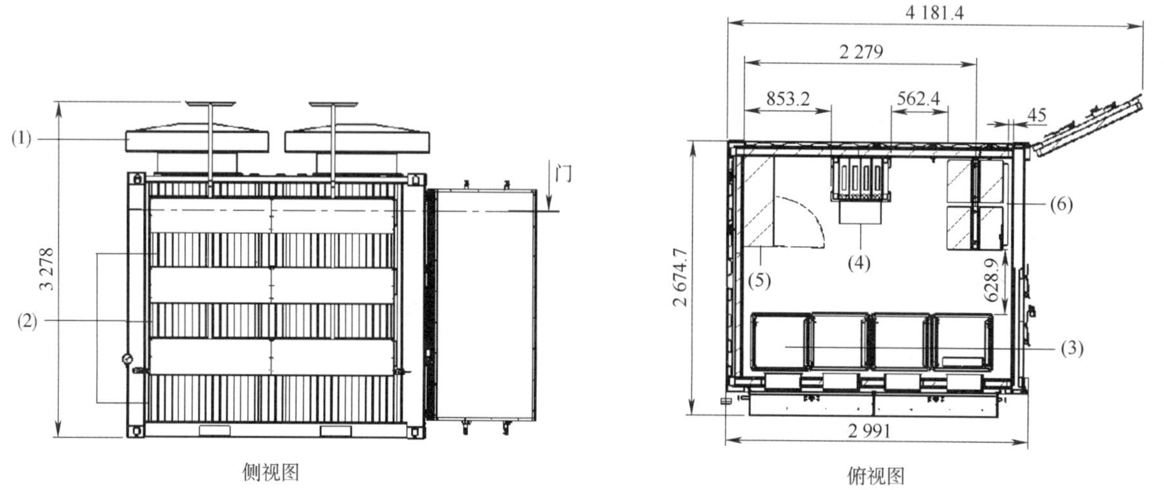

图 7－35　箱体的物理构造设计

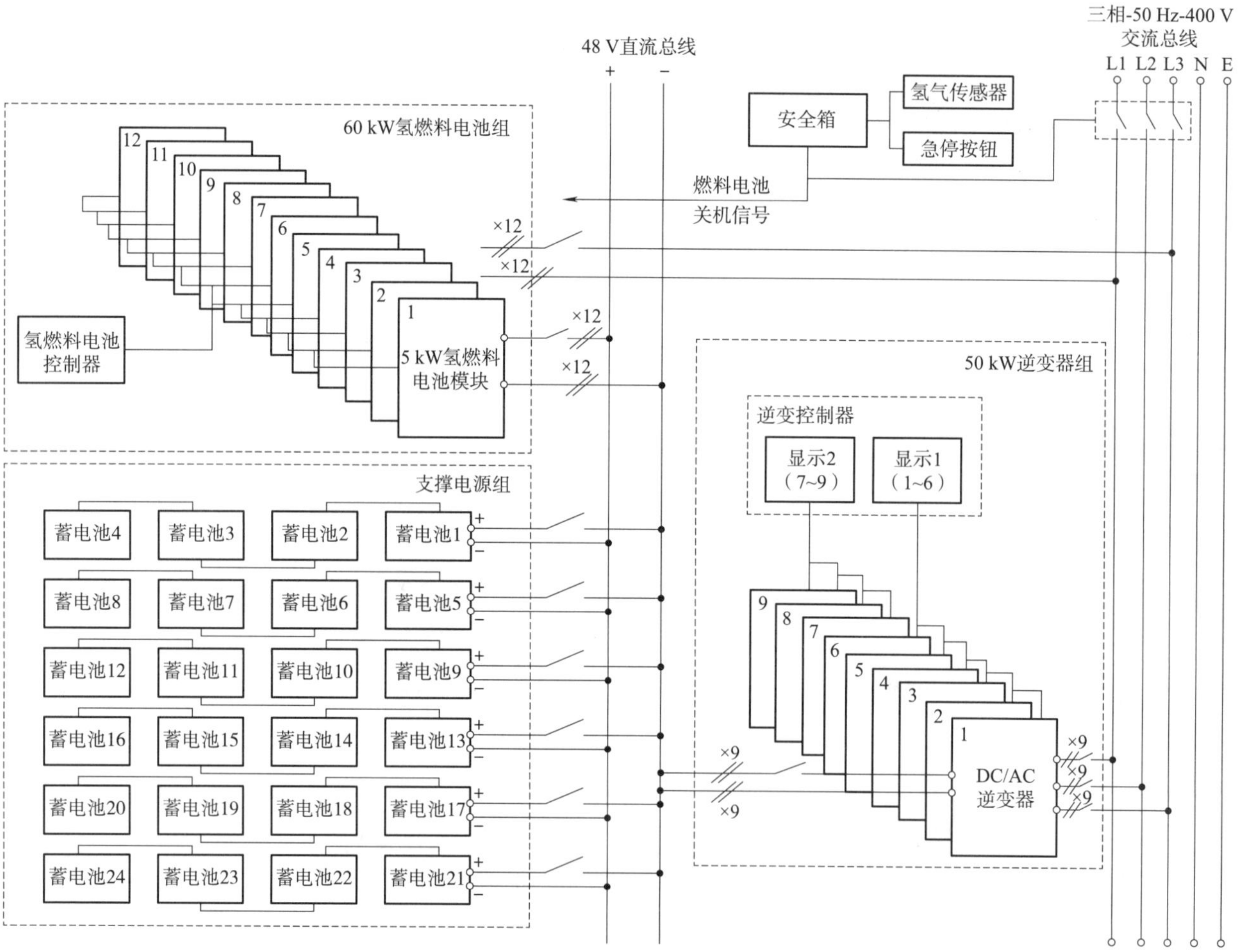

图 7－36　电气连接构造图

9SSL 系列燃料电池电堆

（供稿单位：广东国鸿氢能科技有限公司）

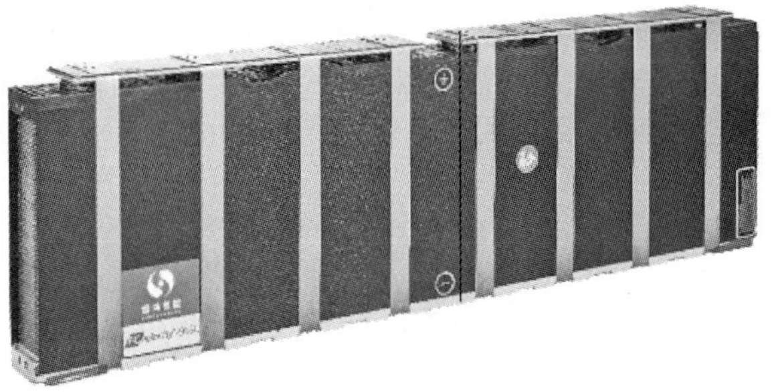

产品参数Parameters

额定功率 [kW] Rated power [kW]	3.8	4.8	10.5	14.3	17.2	21.0
直流电压 (at 300A) DC vollage (at 300A)	12.8	16.0	35.0	48.0	57.4	70.2
重量 (无冷却液) [kg] Weight (without cooling fluid) [kg]	6.2	6.8	10.2	12.5	14.3	16.6
电堆长度 [mm] Stack Length [mm]	92	104	174	220	255	302
电堆宽度 [mm] Stack Width [mm]	760	760	760	760	760	760
电堆高度 [mm] Stack Highly [mm]	60	60	60	60	60	60

图 7－37　9SSL 系列燃料电池电堆及性能数据

一、成果简介

在氢燃料电池系统中，电堆是系统的核心发电单元，它的性能和寿命是系统对外稳定输出的决定因素。由于工艺复杂、技术要求高等特点，目前国内具备电堆批量化生产技术的厂家屈指可数。国鸿氢能科技有限公司公司通过与国际知名燃料电池生产商加拿大巴拉德动力系统公司合作，引进了 9SSL 系列燃料电池电堆技术；并设计制造了世界上最具规模的商用燃料电池电堆生产线；该生产线于 2017 年 6 月建设完成，并正式投产；年产电堆可达 20 000 台。该生产线上生产的 9SSL 系列燃料电池电堆专门为交通领域设计的液冷式电堆产品，也是目前世界上最为成熟的电堆产品；采用模压柔性石墨板工艺制造，具有良好的单电池均一性，运行寿命超过 12 000 h；可根据需求功率配置，从 3.8 kW 到 26 kW。

9SSL 燃料电池电堆包含的关键技术有双极板制备和燃料电池电堆组装。燃料电池双极板对燃料电池性能和寿命具有十分重要的影响，双极板在燃料电池中起着气体分布、排水和导电的的作用，当双极板设计不合理导致气体在其中无法均匀分布，会让电极反应不均匀从而造成电池性能降低，严重的会使电极局部产生热点甚至反极，烧穿电极，导致电池的失效；同样双极板排水能力差会导致电池气体分布不均，以及电池的低温特性较差。双极板导电性不好会使电池内阻增加，导致电池输出功率减小和产热量增大，影响电池的性能和寿命。燃料电池组装技术影响着燃料电池中气体流道和水流道的尺寸和形状，从而影响电池的输出功率。

目前，国鸿氢能科技有限公司在该成果上申请专利 41 项，授权 9 项。

二、成果创新点及解决的难点问题

国鸿氢能科技有限公司研发生产的 9SSL 燃料电池电堆主要是作为电动汽车的发电装置，能够取代内燃机和动力电池。从电池反应式以及原理示意图可以看出，燃料电池发电是电化学反应过程，反应过程不需要经过卡诺循环，发电效率超过 60%，远高于内燃机的热效率，节能效果十分明显。燃料电池发电不需要用石油或煤炭这些含碳的燃料，只需要用 H_2，排放产物只有水，没有任何污染物排放，因此能够有限减少碳排放以及相关的氮氧化物。同时燃料电池能够有效克服动力电池需要充电从而续航里程不足的弊端，只要有 H_2 的供应，燃料电池能够持续放电。燃料电池的能量密度也远高于锂离子动力电池，且燃料电池的零部件 90% 可以回收利用。

9SSL 燃料电池电堆属于质子交换膜燃料电池电堆，电堆由膜电极组件（MEA）和双极板经过堆叠组装而成，根据功率要求不同组装的膜电极和双极板片数不同。MEA 是燃料电池的单体电池，由阴极扩散层、阴极催化层、质子交换膜、阳极催化层、阳极扩散层按顺序经过压合组成的三合一组件。当确定了电堆的功率后，将需要的 MEA 和双极板进行堆叠组装，用压力捆绑带进行捆绑固定。燃料电池电堆结构图如图 7－38 所示，国鸿氢能科技有限公司电堆实物图如图 7－39 所示。

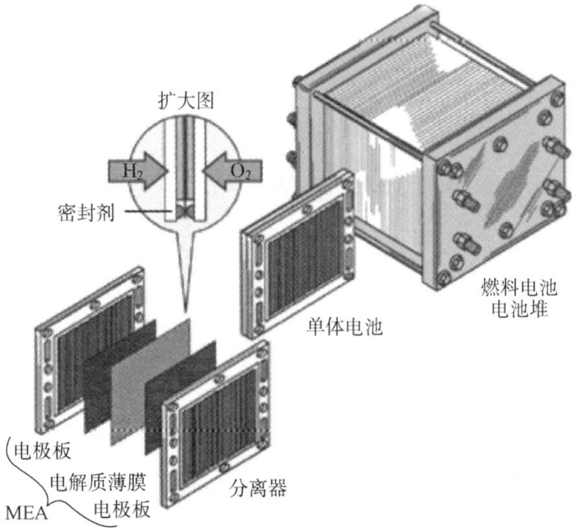

图 7－38　燃料电池结构图

9SSL 型燃料电池电堆是目前世界最为成熟的燃料电池电堆。因为采用模压石墨板工艺生产，运行寿命超过 10 000 h。

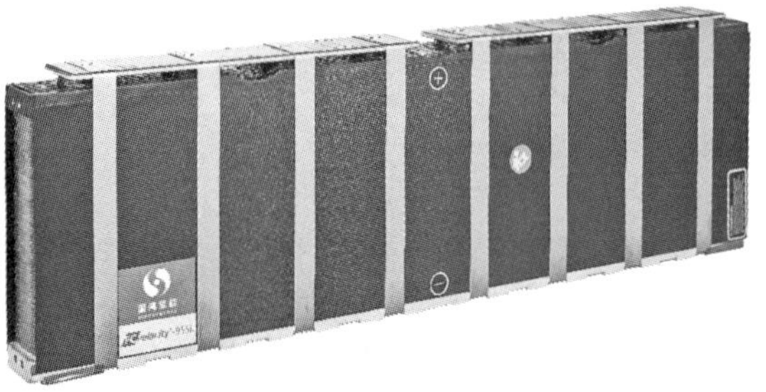

图 7－39　9SSL 燃料电池电堆

三、国际水平对比分析

国产化 9SSL 燃料电池电堆采用模压石墨板技术，体积比功率为 1.4 kW/L，电堆寿命超过 10 000 万 h。技术指标国内领先，与国际领先水平相比，电堆寿命领先国外，但是体积比功率与国外电堆相比还有差距。

四、成果应用情况

国鸿氢能科技有限公司公司生产的燃料电池已应用于公交车并投入到云浮的示范线运行，示范线有 12 辆燃料电池公交车进行载人示范运行如图 7－40 所示，是目前国内唯一商业化示范运行的燃料电池大巴。电堆设计寿命在 12 000 h，在示范运行的燃料电池大巴行驶里程均超过 30 000 km。燃料电池电堆对环境的抗干扰能力较强，目前未有因为环境空气杂质成分、湿度和温度等因素造成电池性能降低。燃料电池电堆已应用于 7.5 t 物流车如图 7－41 所示，并已销售出 500 余台。此外，燃料电池也可应用于船舶和有轨电车如图 7－42 所示。

公司	产品	额定功率(kW)	活性面积(cm^2)	体积比功率(kW/L)	寿命(h)
国鸿氢能	国产化 9SSL	27	285.5	1.4	12 000
新源动力	XY200B	43	285	1.85	3 000
巴拉德	9SSL	27	285.5	1.4	12 000
丰田	Mirai	114	255	3.1	5 000
本田	Clarity	103	300	3.1	5 000

图 7－40　云浮市示范线路氢能大巴

图 7－41　7.5 t 物流车

图 7－42　燃料电池动力船舶与有轨机车

五、成果的产能建设情况

目前，国鸿氢能科技有限公司建设有燃料电池自动化生产线，可以批量生产国产化 9SSL 燃料电池电堆，年产 9SSL 燃料电池电堆 2 万套。

六、社会及经济效益分析

按照公司设计的燃料电池产能预计，公司每年创造产值超过 3 亿元，带动相关产业产值超过 50 亿元，带动就业人数超过 1 000 人。此外，根据产能计算得出的燃料电池汽车每年运行可减少碳排放量约为 5.9 × 105 t，节能减排效果突出。

HD85 燃料电池系统

（供稿单位：广东国鸿氢能科技有限公司）

一、成果简介

燃料电池系统是保障燃料电池能够正常工作并向外放电的一套装置，它包含了燃料电池电堆、氢气循环泵、空气压缩机、水泵、气体增湿器和 DC - DC 变换装置。其主要作用是为燃料电池提供氢气、氧气、水以及相应的条件，从而保证燃料电池能够正常工作，燃料电池系统的设计好坏直接决定了燃料电池能否发挥其最佳功效，因此燃料电池系统是燃料电池新能源汽车的核心部件。国鸿氢能科技有限公司研发生产的 HD85 燃料电池系统是为商用车开发的大功率动力系统，可靠性高、维护性好、工作寿命长、动态特性好，可适应较为恶劣的工况环境，满足大中型客车、货车动力系统需求。图 7 - 44 为燃料电池系统示意图。目前国鸿氢能科技有限公司燃料电池电堆匹 HD85 燃料电池系统，电堆运行寿命超过 10 000 h，表现出优异的稳定性。

目前，国鸿氢能科技有限公司在该成果上申请专利 41 项，授权 4 项。

二、成果创新点及解决的难点问题

国鸿氢能科技有限公司研制的 HD85 燃料电池系统是面对重型卡车开发的大功率燃料电池系统，系统同时要同时给 6 个电堆供氢气、氧气和冷却水，要保证 6 个电堆的同步工作和一致性，以及系统本身能耗要低，不能过度消耗燃料电池的能量从而影响电堆向外输出功率。HD85 的创新点在于优化系统内部空压机、氢气循环泵、增湿器与电堆之间管路设计，从而使系统的重量降低、体积降低和能耗降低。

产品参数Parameters

参数Parameters	指标Value
净输出功率 [kW] Net power output [kW]	85
重量 [kg] Weight [kg]	256
尺寸 [mm] Dimensions [mm]	1 130×869×506
电压 [V] Voltage [V]	280~420
电流 [A] Current [A]	0~300
耐久性 [h] Durability [h]	>10 000
防护等级 IP grade	IP55

图 7 - 43　HD85 燃料电池系统

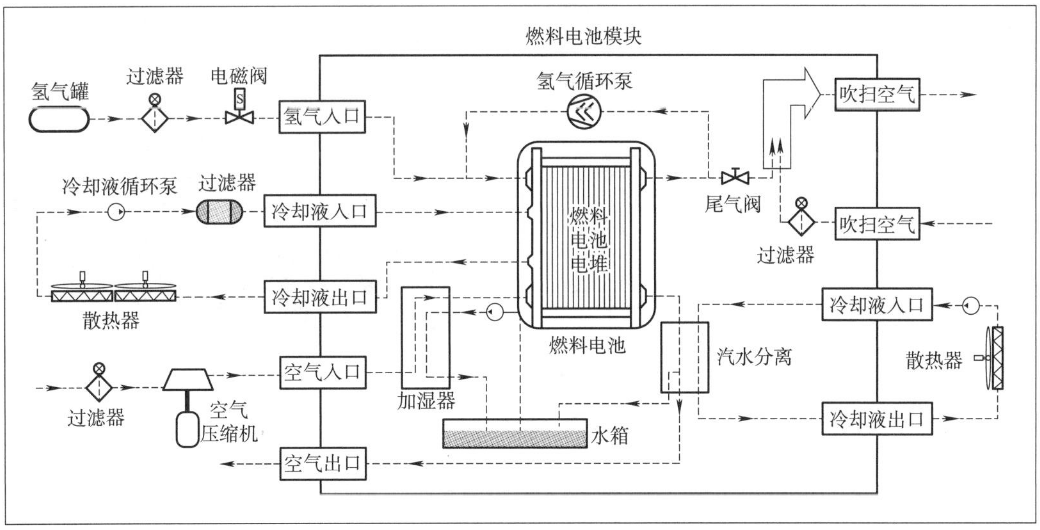

图 7 - 44　燃料电池系统

三、国际水平对比分析

国鸿氢能科技有限公司生产的国产化 HD85 燃料电池系统搭配其公司生产的 9SSL 燃料电池电堆，系统体积比功率为 1.4 kW/L，电堆寿命超过 10 000 万 h。技术指标国内领先，与国际领先水平相比，电堆寿命领先国外，但是体积比功率与国外电堆相比还有差距。

公司	产品	额定功率(kW)	活性面积(cm^2)	体积比功率(kW/L)	寿命(h)
国鸿氢能	HD85	90	285.5	1.4	12 000
新源动力	XY200B	43	285	1.85	3 000
丰田	Mirai	114	255	3.1	5 000
本田	Clarity	103	300	3.1	5 000

四、成果的产能建设情况

目前，国鸿氢能科技有限公司建设有燃料电池系统生产线，可以批量生产国产化 HD85 燃料电池系统，年产 HD85 燃料电池系统 5 000 套。

五、社会及经济效益分析

按照公司设计的燃料电池产能预计，公司每年创造产值超过 3 亿元，带动相关产业产值超过 50 亿元，带动就业人数超过 1 000 人。此外，根据产能计算得出的燃料电池汽车每年运行可减少碳排放量约为 5.9 × 105 t，节能减排效果突出。

双源电机驱动系统及燃料电池用 DC/DC

（供稿单位：辽宁省节能与新能源汽车动力控制与整车技术重点实验室）

双源电机驱动系统

一、成果简介

应用领域：双电源供电的动力系统，特别适用于燃料电池和二次电池组成的电电混合驱动系统。

包含的关键技术：

(1) 双源驱动电机开发技术；

(2) 双源驱动总成匹配技术；

(3) 动力总成能量管理策略及双源电机控制技术。

二、主要技术创新点

1. 开发了一种成本低、效率高和体积小的新型燃料电池驱动系统，包括新型双源电机控制器；

2. 提出了一种用于双源电机的零转矩 d 轴交变磁场的控制方法；

3. 提出了一种双绕组电机磁场解耦的独立矢量控制方法；

4. 设计了一种二次电源制动能量回收与驱动功率非对称装置；

5. 提出了一种识别燃料电池和二次电源性能衰减程度的方法，优化控制策略；

6. 建立了包含电化学、热力学、控制理论、功率电子学、电机学、车辆动力学等多学科联合仿真的匹配模型。

三、国际水平对标分析

1. 打破了基于 DC/DC 的常规动力系统构型方案，最大限度兼顾燃料电池和二次电源的应用特点，具有成本低、效率高、延长燃料电池寿命和技术成熟度高等特点，处于国际领先水平；

2. 提出一种用于双绕组电机的零转矩 d 轴交变磁场的控制方法，可以实现任意工况（如停车过程）下燃料电池和二次电源的能量交换，处于国际领先水平；

3. 提出一种二次电源制动能量回收与驱动功率非对称装置，处于国际领先水平；

4. 建立了基于电化学、热力学、控制理论、功率电子学、电机学、车辆动力学等多学科联合仿真模型，处于国际先进水平。

四、成果应用情况

所研发的双源电机驱动系统已成功在燃料电池模拟台架系统中得到应用。

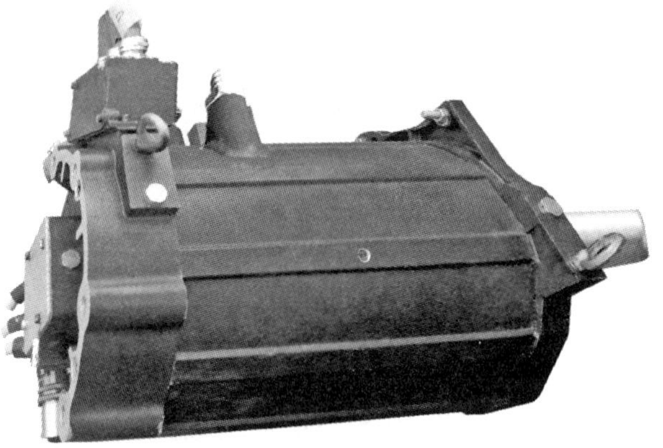

图 7－45　双源电机样机

燃料电池用 DC/DC

一、成果简介

面向燃料电池车辆现有的驱动系统，实验室开发了具有自己特色的 DC/DC 变换器，其主要特点在于输入输出双重控制、多相工作的拓扑结构、多模式的控制方法及相互转换机制、适合燃料电池特性的控制策略，燃料电池电流纹波得到最大优化，转换效率大于 93% 的高效工作区域达到 100%。

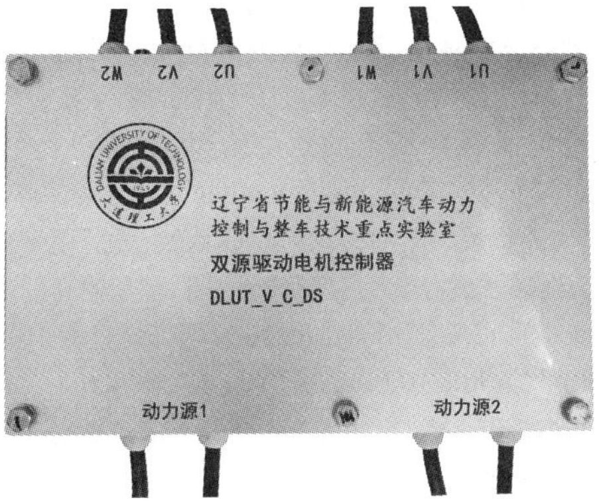

图 7 - 46　双源电机控制器样机

图 7 - 47　DC/DC 主回路

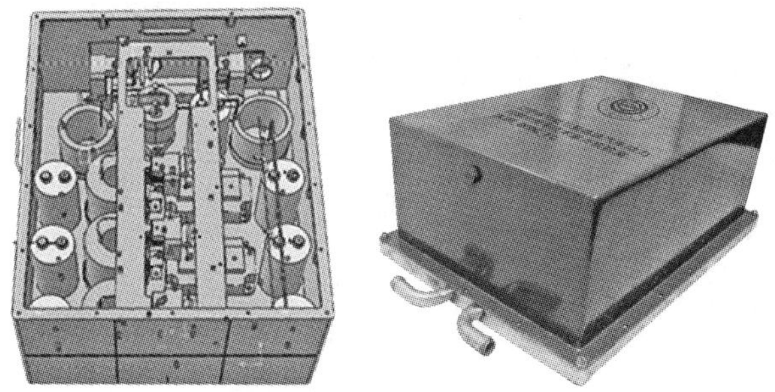

图 7 - 48　DC/DC 样机

二、主要技术创新点

1. 输入输出参数的多重控制方法；
2. 占空比与输出量线性调制方法；
3. 全工况下高效匹配方法；
4. 燃料电池电流平稳性控制方法。

三、成果应用情况

所开发的车用燃料电池 DC/DC 已成功应用于企业的小功率燃料电池系统。

玉柴飞轮集成式发动机动力总成系统

（供稿单位：广西玉柴机器股份有限公司）

一、成果简介

玉柴飞轮集成发动机动力总成系统，可运用于多种构型的混合动力系统：混联式混合动力总成系统（P1 + P2 或者 P1 + P3 方案）、增程器系统、并联式混合动力系统（P1 方案）。可适应于客车、卡车、专用车、物流车等领域。

玉柴飞轮集成式电机在原发动机飞轮及齿圈组件上集成电机转子组件，在原发动机飞轮壳内部安装电机定子组件，可与发动机曲轴直连，在实现驱动和发电基础上具有以下特点。

（1）代替原发动机起动机，具有起动发动机功能；

（2）代替原发动机飞轮，保证发动机后端输出连接结构不变；

（3）整车在瞬态加速工况时，飞轮集成式电机可产生驱动力，助力发动机加速，实现机电耦合混合动力控制；

（4）整车在滑行和制动工况时，飞轮集成式电机可实现发电，在辅助整车制动的同时实现能量回收。

专利申请相关如下。

续上表

序号	类型	专利名称	专利号
1	实用新型	ISG 的转子支架	ZL 201520101040. 5
2	实用新型	混合动力电机转子的保护装置	ZL 201520011745. 8
3	实用新型	一种发动机智能启停系统	ZL 201520598675. 0
4	实用新型	ISG 电机壳体	ZL 201520995707. 0
5	实用新型	ISG 发动机连接盘	ZL 201520996215. 3
6	实用新型	集成式发电机结构	ZL 201620435375. 5
7	实用新型	一种移动发电车专用电控发动机	ZL 201620833581. 1
8	实用新型	一种移动发电车系统	ZL 201620833232. X
9	实用新型	一种移动发电车动力总成系统	ZL 201620833480. 4
10	实用新型	一种车用的发电机	ZL 201620835521. 3
11	实用新型	一种混合动力离合器控制结构	ZL 201621298775. 2

二、成果创新点及解决的难点问题

玉柴飞轮集成式发动机动力总成，创新点如下。

1. 创新点一：结构紧凑。飞轮集成式电机采取飞轮集成电机转子组件，飞轮壳集成电机定子组件的措施，结构非常紧凑，长度仅为 245 mm，长度短、重量轻、动力损耗减少。

2. 创新点二：发动机与电机的耦合式开发，飞轮集成式电机借助发动机支承，减少电机设计必需的电机主轴、轴承和端盖等，取消扭转减振器，飞轮集成式电机集成了起动机、飞轮及齿圈组件和飞轮壳；飞轮集成式电机转子可以满足发动机对飞轮的惯量要求，保证发动机对扭振、转速波动等方面的要求。

3. 创新点三：瞬态性能（惯量）优势。飞轮集成式电机转子惯量与原发动机飞轮惯量接近，保持了原发动机的调速性能；传统电机方案的劣势为，发动机与电机相对独立，电机需要电机轴、轴承和端盖等零件，发动机需保留起动机、飞轮及齿圈组件和飞轮壳，两者在连接时需要增加扭转减振器，导致整个系统总成轴向长度偏长、重量偏大和零部件偏多等问题，存在整车动力系统总成布置困难、成本高、故障点多、维护复杂和响应性差等问题。

4. 创新点四：可靠性优势。传统方案的劣势为，混合动力系统车辆行驶中发动机处于启动停止比较频繁的工作状况，过多的发动机反复启停使曲轴产生较大的扭矩载荷冲击，长此以往使曲轴发生断裂的风险提高；发动机在较低转速运行时，机油压力过低，长期工作会导致轴瓦早磨等故障。玉柴飞轮集成式电机针对曲轴、轴瓦做相关设计改进工作，保证强度达到要求。

5. 创新点五：成本优势。玉柴飞轮集成式发动机总成系统相比传统方案减少，飞轮齿圈组件、扭矩减振器等零部件，大幅降低成本。

三、国际水平对比分析

玉柴飞轮集成式发动机动力总成系统，在商用车领域，玉柴是国内唯一一家、也是唯一实现配套开发的厂家，申请并获得专利11项。在国际上，商用车领域，玉柴也是第一家把飞轮集成式电机产品商用化的企业。

四、成果应用情况

2017年玉柴飞轮集成式发动机动力总成系统已经实现小批量产，主要配套车型10～12 m客车、18 t卡车、牵引车、物流车等。

五、社会及经济效益分析

玉柴是车用动力的专业生产企业，有条件集中优势资源进行科技攻关和突破混合动力总成产业化生产的重大技术难关，促进和带动国内与之相关的产业链的发展。同时，不受制约于某种品牌整车的限制，能为国内所有的汽车厂进行配套与技术共享，拉动国内所有整车企业的技术进步与发展，对推动民族工业的发展将会做出重大的贡献。玉柴有宽广的客户群体，容易形成批量大的生产，能有效地降低产品成本，提高产品在市场上的竞争力，从而获得良好的经济效益。

玉柴飞轮集成式发动机动力总成系统，可适用于多种混合动力系统，在混联式混合动力系统运用中具有较高的节能减排效果，以普通的12 m城市客车为例，如年行驶里程100 000 km，平均燃油耗约30L/100 km，全年耗油30 000 L，按照平均60%的节油率来计算，每年可节省燃油18 000万L油，则当燃油价格为6元/L时，每年可节油10.8万元；同时还可以减少二氧化碳排放28.4 t。

六、玉柴飞轮集成式发动机动力总成照片

应用场景1：混联式混合动力系统，如图7－49所示。

图7－49　混联式混合动力系统

应用场景2：增程式系统，如图7－50所示。

图7－50　增程式系统

从技术研发到量产应用　博格华纳电气化道路独缺电池

（供稿单位：博格华纳（中国）投资有限公司）

新能源汽车作为国家战略新兴产业之一，在“十三五”以及“中国制造2025”中都占据重要位置。随着油耗排放法规的日益严苛，加之双积分政策的正式实施，汽车行业的变革暗潮涌动。博格华纳也在这股浪潮中完成了对内燃机、混合动力、电动车市场的全面部署，并在电动车领域获得量产项目，取得实质性进展。目前博格华纳已在电动车的减速器、电机、电控、电池热管理上做全面产品部署，电气化道路独缺电池。

1. eDM电驱动模块，兼具动力性和舒适性

博格华纳在2015年收购了雷米电机后，专门为电动车研发了集成一体化的电驱动模块eDM。该电驱动模块由电子驱动变速桥eGearDrive和驱动电机eMotor组成。不仅能很好地满足电动车动力及舒适性需求，也带来更紧凑，更轻和更高的性价比。

和传统发动机最高5 000～6 000 r/min的转速相比，电机

最高转速可达 10 000 r/min 左右，高转速在实现动力性的同时，对减速器齿轮性能要求很高。博格华纳 eDM 电驱模块传承了博格华纳高精度的齿轮工艺，使用铝压铸壳体，通过采用紧凑的轻量化设计，进一步简化部件，有效将整车重量减轻至 75 kg。与竞品驱动模块相比，减重 15 kg，长度缩短 104 mm，不仅能满足当前新能源汽车轻量化及绿色节能的要求，其可扩展和紧凑型设计可帮助 OEM 实现车辆更高的传动效率。博格华纳动力驱动系统技术专家表示，“eGearDrive 电子驱动变速桥和 HVH250 电机整合而成的 eDM 电驱模块在结构上非常紧凑，在最大扭矩、体积和效率方面表现优异，重量进一步减轻，给客户的安装、维护和运行带来很大便利。”

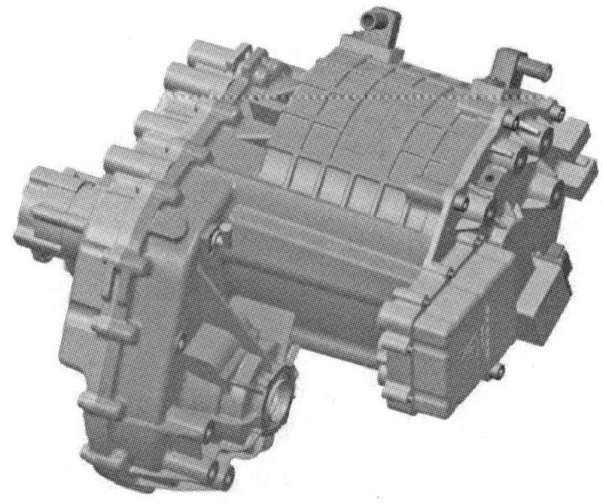

图 7 – 51　博格华纳电驱动模块（eDM）

从结构上看，eDM 电驱模块右侧体积较大部分为电机（如图 7 – 51 所示），左侧经过固定传动比齿轮后将动力传递到差速器，再由差速器分配到两侧车轮。模块使用了高精度螺旋齿轮，齿轮采用斜齿设计，齿型改进后啮合总重合度 > 4，更低的齿隙使噪声有效降低。同时，通过表面抛光减少闪点温度，进一步提升高速性能，实现齿轮部分传递效率 > 97%。

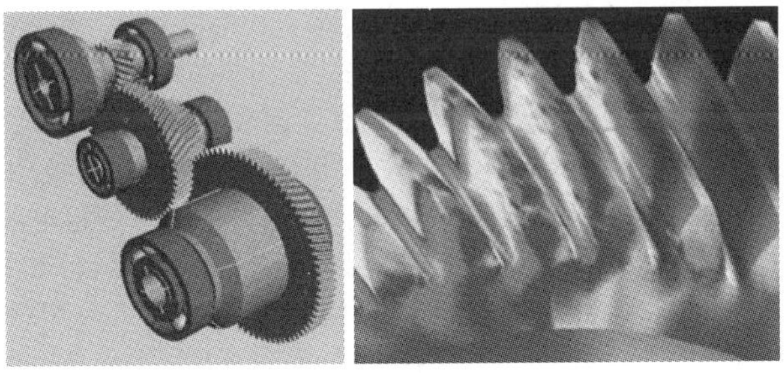

图 7 – 52　eDM 电驱模块高精度螺旋齿轮

eDM 电驱模块最终实现模块传递扭矩最高可达 315 Nm，轮上持续扭矩和轮上峰值扭矩分别达到 1 450 Nm 和 2 500 Nm，最高输入转速达 12 000 r/min，实现系统传动效率大于 93%，以更高的稳定性、牵引力和低噪声性能，给电动汽车驾乘者带来流畅、安静的驾驶体验。

2. eDM 电驱模块的电机为整车加速提供强劲动力

eDM 电驱模块的电机采用博格华纳收购的雷米 HVH250 电机，该电机可应用于混合动力及纯电动车型，具有效率高、体积小和轻量化的特点。对于电机的结构设计，

图 7 – 53　博格华纳 eDM 模块

博格华纳动力驱动系统技术专家表示，“通过采用斜极设计，扭矩波动小于 5%，达到良好的降噪效果”。

HVH250 电机采用永磁体转子，使用先进的高压发夹式矩形铜线定子绕组技术（HVH），电机功率密度，扭矩和功率密度均达到行业领先水平。由于导线排列整齐紧凑，表面积大，便于热量的传导，能有效进行冷却。可实现高效率和高持续功率。“电机本身在不同的结构中都可以应用，HVH250 电机模块化设计可根据应用需求做到不同的规格组合和性能。”

图 7 – 54　扁铜线定子绕组技术（HVH）可提升电机效率和性能并降低噪声

在车辆驾驶过程中，噪声也是电动车一项重要性能指标，eDM 噪声的阶次和发动机有所不同，为降低车内噪声，博格华纳针对集成后的 eDM 噪声进行了优化。博格华纳动力驱动系统技术专家表示，“通过转子斜极，齿轮轮廓优化，外壳刚度增强，eDM 的电机噪声水平目前达到近场噪声为 85 dB，驾驶室噪声 35 dB 的领先水平”。

在电机冷却方面，技术专家坦言，可采用油冷或水冷，根据应用要求通过 CFD 分析和试验验证，减低电机温升，达到最佳的持续产品功率。“采用用油冷对定转子和轴承冷却是博格华纳产品的高性能高耐久性的优势特征，但国内采用定子水冷更普遍，这将限制电机的持续功率为油冷的 2/3，以免发生转子温度超限产生退磁。”

应用于纯电动汽车的电机需要有较大的功率、力距以及

持续的功率。HVH250 水冷电机持续功率达到 60 kW，峰值功率为 140 kW，为整车的加速性提供了良好的支持。

3. iDM 集成控制器的电驱动模块孕育而生

iDM 为博格华纳的下一代电驱动产品。自 2017 年收购了 Sevcon 公司后，博格华纳完成了电动车上减速器、电机、电控的三大关键技术件布局，并在不久的未来会推出三位一体集成化产品 iDM。iDM 会让整个系统更为紧凑，不仅易于安装，还能有效提高使用效率，实现轻量化设计，符合新能源汽车的轻量化、绿色节能设计趋势。

4. eGearDrive 电子驱动变速桥以高效传动延长行驶里程

博格华纳早在 2008 年左右就与特斯拉一起研发出了应用于电动车的 31 - 01 型 eGearDrive 减速增扭的电子驱动变速桥。Tesla Roadster Sport 版从静止加速到 96 km/h 只需要 3.7 s 时间，传动系统的高效率功不可没，31 - 01 型 eGearDrive 现已被 Tesla 收购。2011 年，博格华纳为福特汽车的首款量产纯电动车 Transit Connect 配套了 31 - 03 型 eGearDrive。福特汽车的这款纯电动汽车是基于“北美 2010 年度卡车”的全球版 Transit Connect 开发的，旨在配备城市物流车队，最高时速 121 km/h，充满电后可行驶 129 km。这款产品同时还应用在 CODA 纯电动汽车上，它可以实现峰值 300 Nm的扭矩传递，14 000 r/min 的高输入转速。由于采用了无油泵的飞溅式润滑方式，结构简单，总成质量仅为 32.5 kg。31 - 03 型 eGearDrive 可以完全胜任前驱的 A 级和 B 级电动汽车传动系统，同时配备宽泛的减速比可供选择，减速齿轮的重合度 >4，具有较高的承载量和运行效率。为了方便实现和电机的机械接口布置，31 - 03 型 eGearDrive 使用了独特的法兰式连接器连接到电机壳体上，并可以通过调整安装布置角度以满足不同车型的需求。

除了应用于电动轿车的单速比 31 - XX 系列产品之外，博格华纳还研发了可纵置布置的应用于商用车的 32 - XX 系列产品以及具有 3 个挡位应用于电动客车的 34 - XX 系列产品。eGearDrive 将博格华纳专利技术和 100 多年的动力系统经验融于一体，由于其优异表现，eGearDrive 获得 2010 年度美国《汽车新闻》PACE 大奖。

5. 从技术研发到量产项目，电驱业务取得实质性进展

据了解，博格华纳目前大约有 15 个 eGearDrive 电子驱动桥项目在进行，其中已经有 5 家客户的产品实现了量产，其余几家预计也将在今年实现量产；eDM 电驱动模块方面，博格华纳目前已经有 7 家客户（包括 3 家传统车企、4 家新造车企业），其中有一家将在今年成功量产，与此同时，还有很多项目正在进行中；相对来说，iDM 电驱模块方案的量产时间较晚。目前，这一产品仍然在开发过程之中，预计在 2020 年可以实现量产。

6. 两大工厂准备就绪，全面支持电驱业务增长

博格华纳目前设有两大生产基地用来满足新能源汽车驱动业务的增长需求，其中北京基地以纯电动为主如 eDM、iDM，武汉基地以混动为主，并会生产各类型电机。博格华纳表示，厂房在内生产设施以及其他相关条件都准备好了，因此完全可以按照客户的需求以及计划量产的时间准时投产。为新能源汽车市场助威。

补气增焓低温热泵系统

（供稿单位：奥特佳新能源科技股份有限公司）

一、成果简介

奥特佳补气增焓低温热泵系统，主要应用于纯电动及混动等新能源汽车中，满足新能源汽车在低温环境下的低能耗、高效率制热及整车热舒适性。

由于新能源汽车中没有发动机或者发动机的热量不足，传统汽车空调应用发动机余热来制热的方案在新能源汽车尤其是纯电动汽车中无法适用。目前市场上的电动汽车大多采用电加热制热的方案，该方案制热效率低，在低温工况下会大大影响新能源汽车的续航里程。此外，由于目前广泛使用的 R134a 制冷剂在低温下的饱和压力很低，密度很小，制热性能较差，并且会导致压缩机的吸气压力很低，压缩比很大。因此，目前少数应用热泵技术的电动汽车，由于压缩比及排气温度的限制，也仅能运行在 -10 ℃以上的工况。

奥特佳补气增焓低温热泵系统，应用了蒸汽喷射式涡旋压缩机，补气增焓换热模块，分体式空调箱，内外冷凝器并联结构的热泵系统等关键技术，通过压缩机中间补气，降低压缩机的排气温度，实现压缩机在大压缩比工况下的稳定运行，从而满足热泵空调系统在低温环境下的高效制热。奥特佳补气增焓低温热泵系统应用于电动汽车，可以在 -20 ℃环境温度下提供 4 ~5 kW 制热能力，保持 2.0 以上的系统运行 COP，与电加热制热方案相比，为电动车节约 2 kW 的能耗。

专利申请相关如下。

序号	类型	专利名称	专利号
1	发明专利	电动汽车热泵空调系统	CN107512150A
2	发明专利	分体式电动汽车空调器	CN107199848A
3	发明专利	电动车低温热泵空调系统	CN107310346A
4	发明专利	电动汽车用高效低噪涡旋式压缩机	CN200810023678.6

续上表

序号	类型	专利名称	专利号
5	发明专利	电动汽车动力电池恒温方法及其系统	CN 201310414447.9
6	发明专利	基于动态ID的汽车多温区电动压缩机运行智能控制方法	CN201310414797.5
7	发明专利	电动压缩机电机插座在定子外圆面上的定位方法	CN201310414500.5
8	发明专利	涡旋式电动压缩机用直流无刷电机带平衡块转子铆压装置	CN201310414477.X
9	实用新型	双级压缩中间喷射的汽车热泵电动涡旋压缩机	CN201320565325.5
10	实用新型	无滤油器的涡旋式电动压缩机	CN201320565258.7
11	实用新型	集成吸排气压力和吸排气温度传感器的电动压缩机	CN201621364330.X

二、成果创新点及解决的难点问题

奥特佳补气增焓低温热泵系统，创新点如下。

1. 创新点一：带蒸汽喷射的电动涡旋压缩机，带蒸汽喷射的电动涡旋压缩机，引入中间压力的制冷剂到压缩机腔内，实现压缩机中间冷却，降低压缩机排气过热度，实现电动压缩机在大压缩比工况下稳定运行，从而实现热泵系统在 -20 ℃环境温度下的稳定制热。奥特佳补气增焓低温热泵系统，实车运行可以达到在 -20 ℃环境温度下，提供4～5 kW制热能力，保持2.0的系统运行COP，此时压缩机的运行压缩比可以达到20以上。

2. 创新点二：补气增焓换热模块的集成结构设计，补气换热模块由板式换热器和节流机构组成，用于提供一路中间压力的低温制冷剂到压缩机内部，实现压缩机的中间冷却。因此补气模块必须同时具备流量分配、节流及换热的功能。奥特佳补气增焓低温热泵系统中，将补气增焓换热模块中的节流阀设计成L型结构，与板式换热器上的3个进出口直接配合，时间结构更紧凑的同时，大大降低了制冷剂泄漏的风险。

3. 创新点三：分体式空调箱设计，传统汽车空调箱主体大多装配于驾驶舱的仪表板下面，装配空间十分有限，导致空调箱设计困难，还会大幅度占用驾驶腿部空间，影响乘坐舒适性。奥特佳补气增焓低温热泵系统，应用分体式空调箱设计，将空调箱的鼓风机及蒸发等部件置于防火墙外，大大减少车内空间的占用，同时也降低了车内的鼓风机运行噪声，提高乘坐舒适性。

4. 创新点四：内外冷凝器并联的热泵系统，奥特佳补气增焓低温热泵系统，采用内外冷凝器并联的结构设计，可以在制冷模式下将内部冷凝器的制冷剂回路直接切断，可以使空调箱内部结构设计更为灵活，不一定要有温度风门来阻断内部冷凝器的空气流路。内外冷凝器并联的系统设计，也可以确保系统实现不同模式的快速稳定切换。

三、国际水平对比分析

奥特佳补气增焓低温热泵系统，在电动汽车制热方面，目前市场上尚未有应用该技术的车型。与市场上常见的电加热技术相比，奥特佳补气增焓低温热泵系统具有显著的节能优势。实车测试结果显示，-18 ℃环境温度下，达到相同的制热效果，奥特佳补气增焓低温热泵系统与电加热制热相比，节能量达到近40%。即使国际市场上有少量的应用普通热泵系统的电动车量产车型，其热泵系统运行环境温度范围也都在 -10 ℃以上。

四、成果应用情况

奥特佳补气增焓低温热泵系统已经在国内纯电动车型上完成了冬季路试，实测结果显示制热能力及制热效率都很理想，与电加热相比，应用奥特佳补气增焓低温热泵系统的电动汽车，冬季续航里程可以提升10%以上。目前已经实现小批量装车试运行。

五、社会及经济效益分析

新能源汽车，尤其是纯电动汽车在世界范围内发展势头十分迅猛，我国更是加大力度支持新能源汽车的发展。过去5年的时间里，中国电动汽车的产销量几乎一直以倍数的速度进行增长，在未来10年，电动汽车更是将成为汽车行业的主流。对于电动汽车而言，续航里程是制约其广泛应用的最大瓶颈，而空调系统的运行又将极大的降低电动汽车的续航里程。

奥特佳补气增焓低温热泵系统在电动汽车中广泛应用，可以极大地帮助解决电动汽车的冬季续航里程问题，提升电动汽车在消费者心中的接受度，与国家的汽车行业发展战略相适应。预计在1～2年中，有超过10万辆电动汽车搭载奥特佳补气增焓低温热泵系统，将会创造超过3亿元的产值。更多的电动汽车的产销量，从节能减排方面而言更是具有巨大的社会效益。

六、奥特佳补气增焓低温热泵系统照片

图7-55 蒸汽喷射式电动涡旋压缩机

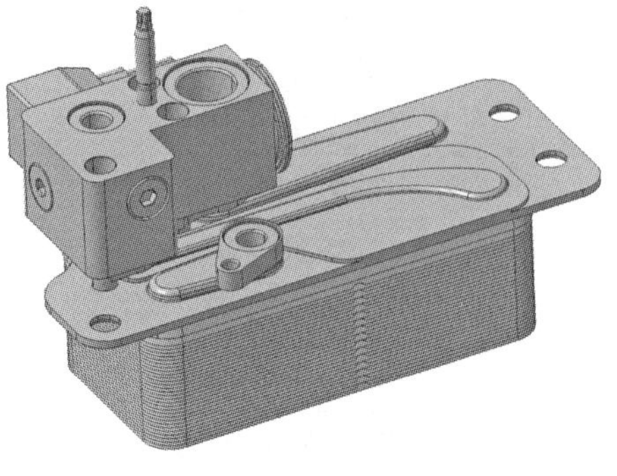

图 7 - 56　补气增焓换热模块

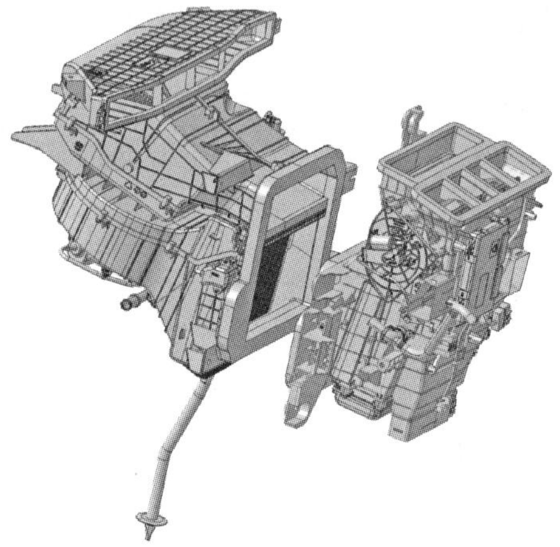

图 7 - 57　分体式空调箱

电动汽车冷却器开发

（供稿单位：浙江银轮机械股份有限公司）

一、项目背景

为了进一步减少污染以及改善欧洲市场上汽车燃油经济性，欧洲环境署在 2014 年 4 月 24 号宣布了针对欧洲汽车工业的最新的二氧化碳排放法规。2015 以及 2021 年的目标相对于 2007 年分别要减少 18% 和 40%。如果换算成油耗，2015 年的二氧化碳排放限值相当于 5.6 L/100 km 汽油或者 4.9 L/100 km柴油。2021 年的二氧化碳排放限值相当于 4.1 L/100 km 汽油或者 3.6 L/100 km 柴油。美国新能源法，要求美国汽车行业在 2020 年前，把汽车燃油效率提高 40%。按照中国的法规 CAFC，2015 应当达到的目标是 6.9 L/100 km 燃油，计划在 2020 年达到 5 L/100 km 燃油。

发展混合动力与纯电动等新能源汽车被认为是解决未来减少二氧化碳排放及提升燃油经济性的重要途径。目前，国内外的新能源汽车的销量也在不断攀升。2017 年，全球电动汽车销量达到了 122 万辆，较 2016 年的 77 万辆增长了 58%。

动力电池作为纯电动与混合动力汽车关键部件，其技术发展一直影响着新能源汽车的发展。锂离子电池具有能量密度高、循环寿命长、自放电率小、无记忆效应和绿色环保等特点，在电动车和混合动力车上得到了大规模的应用。而锂电池的最佳工作温度范围为 20 ℃ ~ 30 ℃。低温时电池容量较低，影响其使用性能。高温时电池循环寿命大大缩短，温度过高时还会产生安全问题。再者，锂离子电池在低于 0 ℃充电时也存在着安全隐患。对动力电池系统来说，电芯及电池模组的一致性是至关重要的。而电池在使用过程中不可避免地要产生热量从而导致电池温度升高。由于电芯或电池模组的位置不同，散热情况不同，从而导致其温度不同。温度的不同又反过来导致电芯及模组的性能不一致。

对电池包进行热管理，使其尽量能在最佳工作范围工作，提高其一致性，延长其使用寿命，避免安全问题等，都是非常必要的。因为电池在不同温度下的热耗率（每产生 1 kWh 的电能所消耗的热量）是不一样的，这是由于电池内部的化学反应与温度是密切相关的。如果电池在绝热或者高温等热传递不充分的内部环境中运行，电池温度将会显著上升，从而导致电池组内部形成“热点”，最终可能产生热失控。而电池一致性一旦出现问题，对于整个电池组的寿命将会产生很大的影响。采用“冷却液”对电池进行冷却的方式，较风冷方式能更好地提高电池组内的温度一致性。而最终的热量是通过电池冷却器传递到空调制冷剂，最终通过冷凝器散失到环境中去。

一个典型的电池热管理系统冷却器主要包含冷却器、电池水冷板、低温水箱。

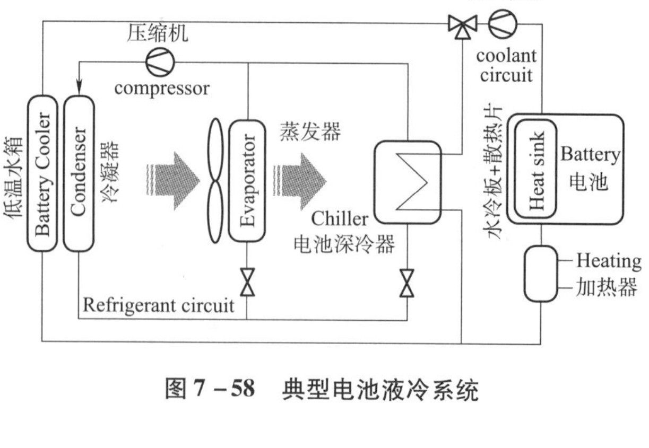

图 7 - 58　典型电池液冷系统

二、项目主要研究内容

针对纯电动车和插电增程式电动车的热管理系统和部件，研发对象主要包括电池冷却板、冷却器、以及低温散热器。研究内容主要包括以下几个方面。

1. 针对关键冷却换热器部件，建立基本的开发能力

电池冷却板主要有口琴管与冲压板两种结构形式，其性能模拟主要依靠 CFD 的方法，对水冷板流体建模，来模拟冷却液在水冷板内的流场，去除流动死角，优化流量分配，优化局部阻力损失，以达到性能与阻力的最优化。

也可通过水冷板与电池包的整体建模，流固耦合，对整个电池模组及冷却系统进行稳态或瞬态的传热模拟，实现电池模组温度分布的最优化。

水冷板的可靠性主要体现在耐压能力上，特别是对于耐压能力相对较弱的冲压板式的结构形式，因此，方案设计阶段充分凭借 FEA 的手段，对水冷板表面施加流体压力，有效评估设计方案的承压水平，指导结构设计的优化。

冷却器目的芯片或翅片是影响性能的关键零部件。对芯片或翅片的模拟分析，主要通过 CFD 的方式，获得阻力与性能的综合优化方案。

另外，在充分性能试验数据积累的基础上，形成公司内部的性能数据库后，并对经验公式模型进行性能修正，可以实现冷却器性能的快速计算，产品的快速选型，方法可靠且效率较高，图 7－59 所示为基于 e－NTU 方法的冷却器性能计算过程。

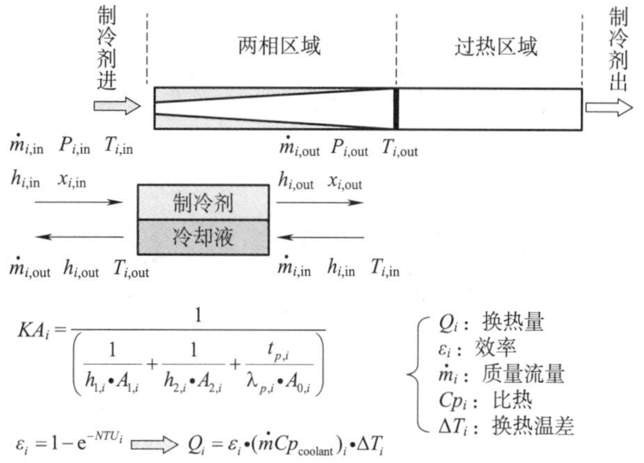

图 7－59　冷却器性能计算过程

设计开发阶段，冷却器可靠性的评判主要在于安装支架承受振动后的强度问题，通过 FEA 分析，可以得到产品的模态或谐响应结果，有效评估产品支架强度，避免后期实际运行的失效。

低温水箱与发动机高温水箱具有相似的结构，因此完全可以在开发过程中运用高温水箱的开发经验与手段，再配合特殊工况的性能验证，基本上就能满足低温水箱的开发。

2. 建立测试能力，技术规范，并形成相关部件的试制能力

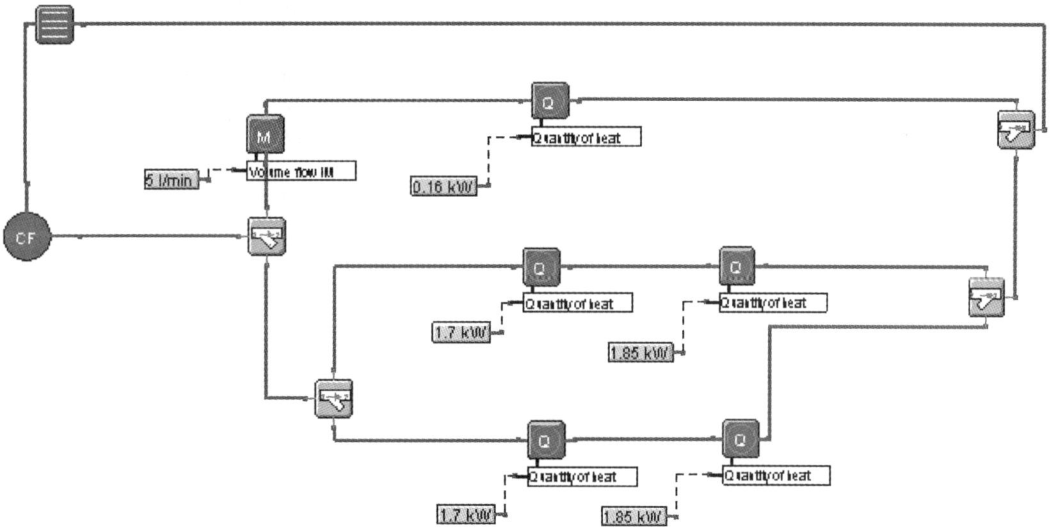

图 7－60　基于 Kuli 的低温水箱水路系统建模

针对电动汽车冷却器，目前可在银轮内部完成大部分的 DV 测试项目。同时该技术规范来自于客户的一般技术要求，依据此规范所开发的冷却器产品，可以满足客户的应用要求。

工艺路线如图 7－61 所示，银轮目前已具备从原材料检验到产品终检的一整套设备，整个生产线预计产能 50 万套/年。

三、关键技术、技术创新点及取得的成果

1. 项目的关键技术包括：

（1）关键部件的特性研究；

（2）部件热管理系统需满足的要求；

（3）关键部件设计制造；

（4）关键部件生产商；

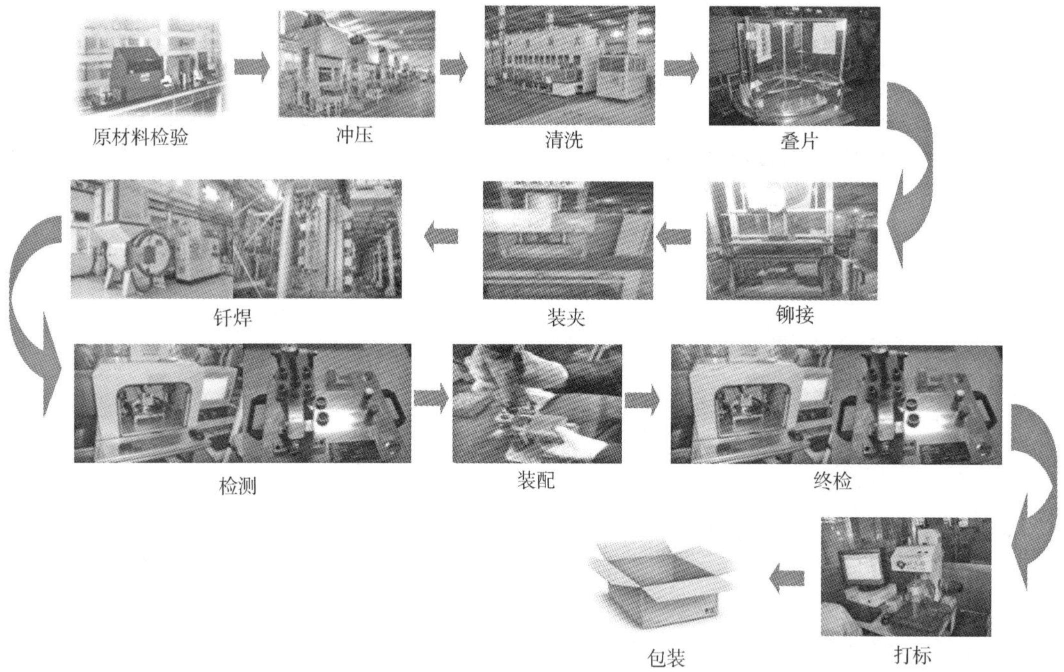

图 7－61　工艺过程

(5)热管理系统设计和集成优化；

(6)车用环境分析与控制。

2. 项目的技术创新点包括：

(1)电动汽车冷却器充分结合了电动汽车热管理的特性，所开发的水冷板具有结构紧凑、可靠性好、性能好的优点。

(2)电池冷却器在有限空间布局内达到了较高的集成度，产品紧凑性好。

(3)低温散热器运用了多流程、扁管打凸等技术手段，有效提升了散热器的性能。

四、项目效益及应用推广前景

目前水冷板已争取到了广汽、上汽、宁德时代等主机厂及电池生产企业的大部分项目，预计产值可达到 1 亿元/年。冷却器已争取到了吉利、广汽、比亚迪等主机厂的多数项目，并实现了部分项目的小批量生产，预计产值可达到 5 000 万元/年。低温散热器也争取到了广汽、上汽、吉利等客户的大量项目。

同时这些冷却器产品目前还在积极争取的项目非常多，随着电动汽车的快速发展，各大主机客户对于电动汽车平台的不断拓展与开发，产量不断扩大，相信在未来 3 ~ 5 年内，电动汽车冷却器业务还将迎来很大的增长，预计未来 3 ~ 5 年内将达到每年 3 亿元 ~ 5 亿元的销售规模，市场前景非常广阔。

客车电池热管理技术与产品

(供稿单位：上海加冷松芝汽车空调股份有限公司)

一、开发背景

国家“绿色能源汽车”发展规划：到 2020 年，城市公共交通领域的新能源电动客车要达到 20 万辆；整车法规完善、市场竞争加剧、国补退坡等因素，使得整车厂对电动客车可靠性要求持续提高。锂离子动力电池是电动客车的动力源泉和核心部件之一，其性能和稳定性对温度比较敏感：一方面，温度过高或过低，电池性能和寿命将明显衰减；目前整车厂通常对客车电池提供 8 年质保，但如果不进行合适的热管理，锂离子动力电池的寿命将降至 3 年左右。另一方面，锂离子电池存在高温下发生热失控、低温快充下发生短路等安全风险。因此，开发相关技术和产品、实现客车动力电池的可靠热管理，对于提升电动客车的安全性和可靠性具有重要意义。

二、客车电池热管理产品种类

按照载冷介质，客车电池热管理系统可分为风冷式、液冷式、直冷式 3 种。风冷式系统以调节温度后的空气为介质对电芯进行温度控制，其结构简单、便于维护，但系统效率低、温度分布不均，无法完全满足整车热管理要求，并非今后的主流发展方向。直冷式系统直接用制冷剂冷却电池，其结构简单、冷却效果好，但电池模组间的均匀分液是一大难题，目前只应用在少量轿车上。水冷式系统采用冷却液为载冷介质，其结构紧凑、换热效率高、温度均匀，为当前的研究重点。

按照系统集成方式，客车电池冷却产品按结构组成可分为独立型和共享式；按照布置方式，又可分为顶置式和裙置式。独立型系电池热管理系统除含有水泵、电池冷却器、加热器模块外，还含有独立的压缩机、冷凝器和冷凝风机；通常采用不占用车顶空间且距电池较近的裙置式布置方案，亦有顶置式方案。此系统难点在于：空间受限、维修不便，且不同车型上的冷凝器出风位置的变化，为模块化设计带来困难。共享型电池热管理系统与客车空调共享压缩机、冷凝器、冷凝风机，通常采用顶置式布置，成本优势明显；但该系统在压缩机与电池冷却器的匹配、整车降温与电池降温的平衡等方面存在难点。

图 7－62 裙置独立型电池热管理系统

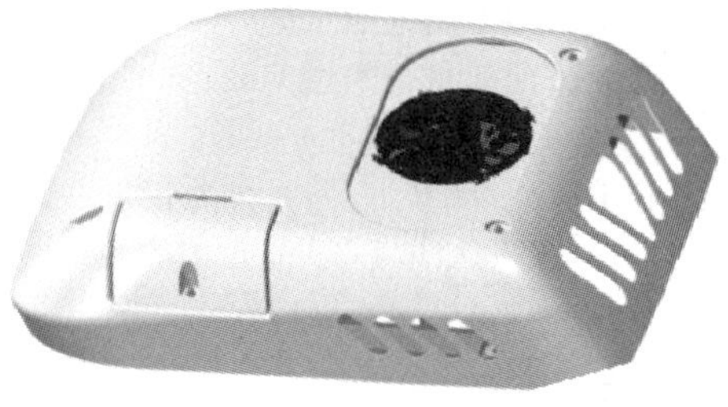

图 7－63 顶置独立型电池热管理系统

三、成果创新点及解决的难点问题

为了解决电池热管理问题、满足不同客户的需求，上海加冷松芝集中研发资源、突破一系列技术难点，开发了“模块化独立型电池热管理系统”和“顶置共享型电池热管理系统”。

1. 模块化独立型电池热管理系统的创新点及解决的难点问题如下：

（1）模块化结构设计：在紧凑空间尺寸内布置制冷模块和制热模块，并在同一安装和外形尺寸内实现侧进风和后进风统一。并通过不同制冷量、进风方式、加热模块的产品优化整合后，将所有产品系列统一为两种外形和安装尺寸，零部件的通用化率超过 80%。

（2）集成电控系统的开发：电池热管理系统从整车 CAN 总线接收 BMS 发送的电池单体最高温度（各单体电池最高值），电池单体最低温度（各单体电池最低温度）报文，自行进行系统开启、关闭以及工况调节，同时将电池的各种工作状态、故障、水温等状态反馈到整车 CAN 总线网络。并根据不同的运行模式（充电、放电等）进行自适应变频控制技术，节省能耗，并维持电池的温度恒定。

（3）开发专用的外置调试面板，有自运行、水泵运行、强制制冷、停止模式可选，可显示运行模式、出水温度和故障代码；可以进行调试、故障诊断及运行工况实时监控。

（4）良好的可维护性。通过对电控盒、冷媒接口、检修窗口等结构的优化设计，避免了当前市面上类似产品需开盖甚至需把整个系统移出才能进行维修的问题，极大提高了维修效率。

图 7－64 独立型电池热管理系统

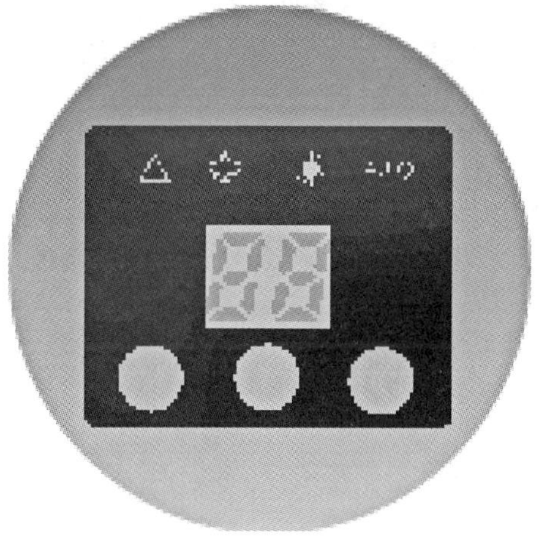

图 7－65 调试面板

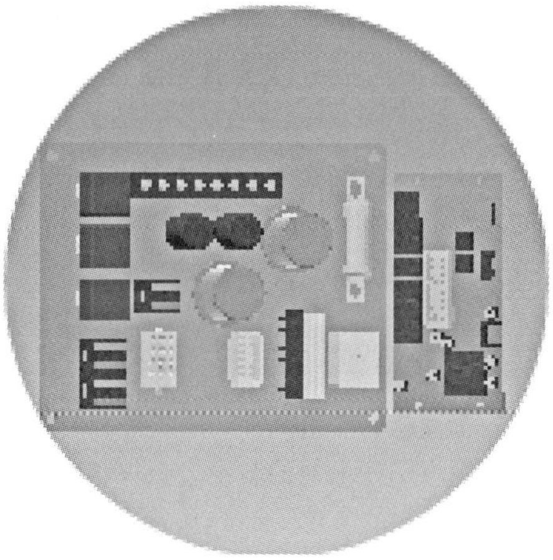

图 7－66 电控板

2. 顶置共享型电池热管理系统的创新点及解决的难点问题如下。

（1）双电子膨胀阀控制：由于电池充电时制冷需求可能超过 10 kW，而放电时需求可能只有几百瓦，故膨胀阀的匹配是难点之一。电子膨胀阀以其控制精准、调节范围广的优点，成为最佳选择，但双电子膨胀阀系统易因相互干扰而产生振荡；故通过制定合适的控制策略、并辅以大量实验，解决了双电子膨胀阀的系统干扰问题。

（2）压缩机与电池冷却器的匹配：由于共用空调系统的压缩机，共享型电池热管理系统的压缩机制冷能力远高于电池制冷需求。如果控制不好，可能出现压缩机频繁启停并有液击风险，给压缩机的可靠性带来影响。通过理论计算和试验验证，进行压缩机和电池冷却器的合理匹配；结合对压缩机转速、冷凝风量的控制，较好地解决了上述匹配问题。

图 7-67　共享型电池热管理系统

（3）系统回油：压缩机长时间低频运行时存在回油困难的问题，松芝开发了一套外置油分离器系统，解决了压缩机低温下运行的回油问题。

（4）集成控制器开发：在原有顶置空调电器控制的基础上，开发空调和电池热管理集成式的控制系统，并将变频器、变换器、逻辑控制器等主要控制部件集成设计成多合一控制器，满足车厢和电池不同需求下的运行控制模式，提高集成式系统的可靠性。

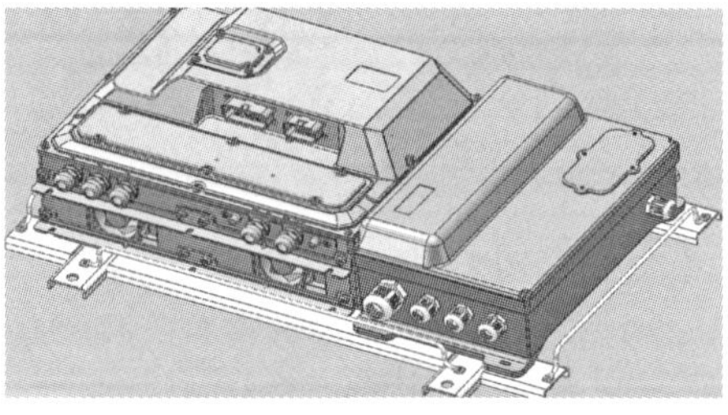

图 7-68　集成控制器

四、技术水平

目前，市面有部分独立式产品应用的案例，但在空间布置、安装维修、操作性、可靠性等方面仍存在许多不足。上海加冷松芝开发了 12 款 JLE 裙置独立型式 4 款 JLE 顶置式，基本覆盖了市场对性能、外形尺寸、安装方式的需求；通过模块化设计、集成化电控、可维护性设计等手段，提高了通用型和维护性；专用的外置调试面板便于运行工况实时监控与调试。与市场上现有产品相比，加冷松芝的独立式电池冷却模块有较明显的技术优势。

共享型热管理系统因其在结构、系统设计上的复杂性，产品研发具有一定的技术难度，尤其是在可靠性设计和智能控制方面。目前加冷松芝已完成多款主流空调产品的电池热管理系统的匹配设计，覆盖了 7～12 m 的车型应用；并且在高/低环境温度下制冷/制热、双电子膨胀阀的冷量分配、2～10 kW 范围内不同电池负荷的需求、多模式下的智能水温控制等各方面取得技术性突破，技术上亦属行业领先水平。

在上述技术和产品开发过程中，加冷松芝申请了《电动汽车动力电池的冷却和加热系统》等近 10 个相关专利，形成自主知识产权。

五、经济和社会效益

上海加冷松芝的电池热管理系统产品于 2017 年正式投产并迅速占领市场。目前为比亚迪、福田、威宏，CATL 等多家主机和电池供应商提供配套，独立型热管理系统全年销售 1 000 余台，共享型热管理系统全年实现销售近 5 000 套，产值和销量居行业之首。

上海加冷松芝开发的客车电池热管理系统为客车动力电池的温度管控提供了可靠的解决方案，提升了整车的性能和可靠性。同时，该技术促进了我国动力电池热管理技术的创新和突破，具有显著的社会效益。

新能源汽车锂电池模组及 PACK 线智能制造

（供稿单位：北京机械工业自动化研究所有限公司）

一、成果简介

新能源汽车锂电池模组及 PACK 线智能制造项目针对目前国内新能源汽车锂电池的装配设备现状应运而生。目前新能源汽车锂电池的尺寸不标准，不规范，产能低，导致很难形成批量，再加上新能源汽车厂及储能电站企业的要求五花八门，没有统一的标准，也就很难在装备方面有所突破，很多企业只能使用一些专机，替代手工生产，满足新能源汽车厂和储能的临时需求；整个制造过程信息化不足，数据记录在纸质文档上，难以管理。生产过程无数字化的数据采集，无法进行生产过程分析和预测，也无法建立制造过程的质量追溯，越来越难以适应高可靠性工业产品的苛刻要求。因此，新能源汽车锂电池模组及 PACK 线智能制造成了制约新能源汽车发展的制约因素。

新能源汽车锂电池模组线和 PACK 线智能制造对于新能源汽车锂电池系统厂商当前存在的生产自动化装备不完善、质量控制能力差、电池一致性和稳定性较弱等问题，通过推动工业机器人、智能视觉系统、增材制造装备、智能传感与控制装备、智能检测与装配装备、智能物流与仓储装备等安全可控核心智能制造装备的创新应用,开展面向多规格的新能源汽车锂电池系统自动化、信息化、数字化、智能化生产线的研制。

新能源汽车锂电池模组线和PACK线智能制造集柔性化制造、智能化物流、数字化信息自动采集与集成等关键技术于一体,实现电池模组智能装配、电池PACK智能装配及电池PACK集成在线检测等功能。完成包括中控系统、电池模组装配产线、电池PACK总装线以及电池PACK全自动检测线在内的一整套设计与制造,实现了MES系统订单下发产线、电池包组件条码层层绑定、关键数据参数存储与质量追溯的智能化信息管理、电子看板生产实时信息与生产线运行状态智能监控以及AGV智能车物料装配与输送等功能,为新能源汽车锂电池厂家的批量化生产、智能化装配、一致性管理,提供了可靠的软硬件保证。

新能源汽车锂电池模组线和PACK线智能制造已取得四项实用新型专利和一项软件著作权成果。

二、成果创新点及解决的难点问题

1. 单体电池存在厚度、电压和内阻不一致的情况,在电池装配过程中会直接影响到电池的安全稳定、整体性能和使用寿命。

在新能源汽车锂电池智能装配成组过程中,必须要兼顾单体电池的厚度公差且必须保证电池PACK的尺寸一致,保证最终电池的装配尺寸及质量是需要攻克的技术难题。在电池成组过程中,需要通过电池测厚仪、复合电压内阻测试仪对单体电池的厚度、电压和内阻进行复检,并剔除不合格的单体电池,从而保证单体电池的一致性。将测厚仪和内阻测试仪集成到电池编组设备中,机器人在拾取单体后先进行复检,根据复检结果判定对单体电池进行剔除和进一步编组处理。

2. 电池PACK在最终检测过程中进行大电流充放电测试。

按照传统方法手动测试需要经过复杂的人工接线及保证大电流通过的相应保护措施,目前,国内外并没有此类的自动检测专机,为实现电池PACK在最终检测过程中的工业化与智能化,本工序采用自动对接的方法,技术难度大,不仅需要精确定位电池箱体,而且还要保证大电流对接的可靠性。电池检测过程中承载电池的AGV采用激光定位形式,保证极高的定位精度,同时自动对接系统采用伺服电缸控制系统,保证对位电极稳定可靠同时保证对位精度。电池检测系统还兼具有报警功能,能够检测对位不准、电池不到位、通电异常等几十种报警信息,保证了电池自动检测系统的可靠性性及电池本体的安全性。

3. 为了兼容电池厚度的公差尺寸,单体电池串并联连接铜排采用软铜排形式。

采用软铜排不仅兼容了单体电池厚度公差而且对软铜排的自动焊接和紧固连接提高了可靠性。在装配过程中,装配和焊接机器人中搭配视觉系统对每个单体电池电极的焊接点和紧固点进行位置定位与修正,达到保证装配与焊接的质量可靠和装配的精度。

针对电池模组的特点,定制适合于电池模组的专用焊接夹具,每个压头对铜排焊接面的两侧区域进行大面积压紧,并且压头采用弹簧浮动式的压紧方案,保证每个压头都能够压紧到位,当浮动位移达到死限位点时,可输出最大压紧力。同时,采用激光测距进行引导跟踪,实时检测待焊极耳的平面度,并将此数据反馈到Z轴伺服机构,借此调整焊接焦距。

4. 新能源汽车锂电池模组PACK车间制造执行系统(MES)的应用。

针对新能源汽车锂电池PACK安全及高效生产的需要,本应用集成在线检测、机器视觉、RFID等智能检测及物流技术,开发电池PACK车间数字化制造管理系统(专用MES),实现电池包生产计划与现场制造装备的高效协同及品质管控。车间MES的应用,提高了本模式的智能化管理程度,能够实现从单体电池上线、模组装配、不合格品处理、电池PACK装配和测试、成品入库等整个生产过程实时数据的采集、控制、分析和历史追溯。MES系统是企业内部计划、物流、生产、品质部门取得第一手生产信息的保障系统。实现智能远程终端生产线和组装线的有限能力排产、计划的下达和过程监控,车间在制物料的管理、车间设备的运维和监控,车间可视化管理,实现预期的项目目标,即质量检测智能化、产品档案信息化、设备数据实时化、生产过程透明化、物料流转自动化、异常问题目视化、装配工艺信息化、系统平台开放化。

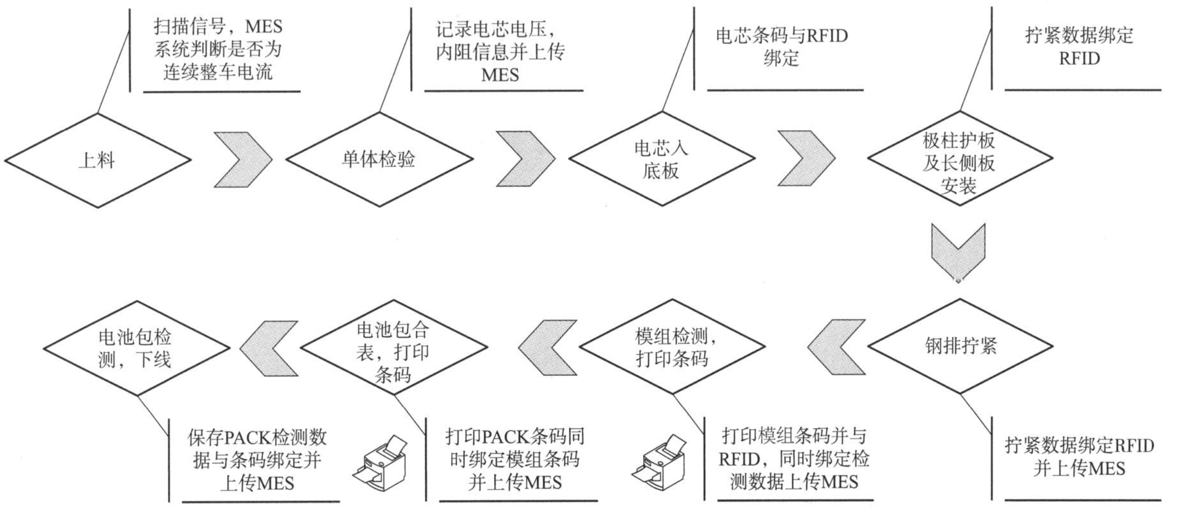

图7-69 MES工艺流程图

三、国内外水平对比分析

目前，针对由单体电池到电池成组的装配及测试，国外有些厂家在电池成组装配方面制作了部分专机，但还没有形成全自动装配生产线，也不能进行全自动的检测。国内还停留在手工装配阶段，致使生产效率低、产品一致性差、产品质量得不到可靠保证。

本应用中设计开发多台智能装配和检测专机，采用伺服定位、机器人装配、数码扫描、PLC 控制等自动化技术。生产线装配精度高，生产节拍短，是国内首创的新能源汽车锂电池模组及 PACK 自动化、智能化装配生产线。

该应用中涉及的智能测控技术和装置，如机器人、自动小车、叠垛系统、PLC 系统、管理系统等，国内都具备了一定的技术基础、装备准备和工程经验，能够满足实用自动化、智能化装配生产线，并达到国际先进水平。

分项对比情况如下表所示：

工序名称	国内现有水平	国外先进水平	本成果技术先进性
上下料工序	人工搬运，浪费人力，效率低下	机器人自动上下料，节省人工	机器人自动上下料，智能接单与派单，节约人工，提高效率
检测工序	手工对接，自动检测，本地数据记录	手动对接，自动检测，集中数据采集	电池 PACK 检测技术采用自动对接，自动检测，集中数据采集
生产过程	人工记录，问题处理滞后	未设定自动防错和预警措施	带有自动防错和预警措施，能够及时定位和数据分析
信息管理	人工记录，本地数据录入	自动采集，集中据管理	电池包质量追溯系统，实现数据自动采集、集中管理

四、成果应用情况

新能源汽车锂电池模组及 PACK 线智能制造主要由电池模组装配线、电池 PACK 装配线、检测线、MES 系统等组成。同时包括了电芯编组复检入底板及短侧板智能化装配单元、自动化铜排拧紧单元、双层模组自动入箱和电池包成品在线检测等智能化生产单元。其中车间 MES 系统可对电池的组装，实现全过程的质量可追溯管理，能够实时显示产品在各个装配过程中的产品状态和设备状态，并与相应装配过程的部件条码进行绑定，建立产品数据管理系统，实现电池 PACK 车间产品的制造、物流、质量控制全流程的数字化、智能化。

新能源汽车锂电池模组及 PACK 线智能制造实现了电池模组装配、电池 PACK 装配及电池 PACK 集成检测功能，完成包括中控系统、电池模组装配产线、电池 PACK 总装线以及电池 PACK 全自动检测线在内的一整套设计与制造，实现了 MES 系统订单下发产线、电池包组件条码层层绑定、关键数据参数存储与质量追溯的智能化信息管理、电子看板生产实时信息与生产线运行状态智能监控以及 AGV 智能车物料装配与输送等功能。

新能源汽车锂电池模组及 PACK 线采用可编程控制器进行系统集成，采用机器人进行装配工作，通过视觉系统配合机器人进行工件定位修正，采用自动读码器与 RFID 进行数据采集与转存，运用运动控制系统实现总装线自动码垛与自动入箱功能，中控系统通过 Schneider CiTect 平台开发，进行生产线状态监控、信息管理以及数据上传与存储，通过 LABVIEW 开发平台研发整套电池 PACK 自动化检测集成系统，整线结构紧凑，物流通道合理，满足产能节拍需求。

案例应用现场如图 7－70 所示。

图 7－70　锂电池现场应用

图 7－71　锂电池自动入箱应用

五、社会及经济效益分析

该案例的应用，能够使厂家节约大量的工人，使效率大大提高，工人劳动强度大大减少；通过本套生产线的投产，能够规范厂家产品的生产流程，保证产品的精度及质量；同时通过本套生产线的投产，能够带动企业的技术进步，增强企业的核心竞争力，也提高企业本身的价值，提升企业的国际竞争力，在国内同行业中掌握先机。同时也改善和提高了管理水平，与以前的手工作业相比大大提高了生产效率和产品灵活性，做到生产过程可监控和管理，保证了生产效率最高、产品质量最好。

该案例的应用，能够为制造商带来实在的经济效益，按国家的发展规划至2025年，单纯以动力电池生产为主线的专用装配生产线就能拉动至少180亿元的投资规模，为制造商提供了可靠地经济基础。此外，在动力锂电池柔性自动化装配与检测生产线的研制的过程中，也能够带动企业的技术进步，提高了企业的核心竞争力，也提高了企业本身的价值，提高了企业的国际竞争力，使企业在国内外同行业中掌握了先机。

根据相关统计每增加1人就业，会带动相关产业增加8人就业。从新能源汽车产业链看，主要包括产品研发、零部件采购、生产制造和销售服务4个方面，全产业链涉及诸多行业，往往带动100多个产业的发展。发展新能源汽车是我国从汽车大国迈向汽车强国的必由之路，能源安全与生态环境是关乎国家未来可持续发展的重大战略问题，世界主要制造强国也都在国家层面加大节能与新能源汽车发展以抢占经济增长制高点。中国通过大力发展新能源汽车可以推进产业技术进步和产品结构转型，为建设汽车强国乃至制造强国奠定基础。

车用622型动力三元材料的开发

（供稿单位：新乡天力锂能股份有限公司）

一、成果简介

新乡天力锂能股份有限公司生产的622型动力三元材料可以做到在4.25 V条件下放电比容量大于170 mAh/g，常温循环3 000次容量保持率大于80%，同时，针刺、过冲等安全性能测试能够满足国内以及国际广大客户的要求。该成果改变了公司以3C数码为主要客户的营销布局，提升了公司产品质量及整体营业能力，在新能源电动汽车市场前景广阔及政府出台相关利好政策的情况下，将会促进本公司的飞速发展。

本产品的关键技术是通过离子复合掺杂、表面包覆和水洗工艺，优化产品的合成条件，提高产品的稳定性和循环性，暂未申请专利保护。

二、成果创新点及解决的难点问题

该成果的技术创新点有下面3点，有效解决了车用622型动力三元材料能量密度低和循环性能差的问题。

1. 在正极材料中复合掺杂钙、铈离子，加强了三元材料晶面的择优取向，稳定了材料的结构，减少了Ni2+阳离子的混排，提高了正极材料安全性。

2. 材料表面包覆Al2O3减少了材料界面与电解液的副反应，降低了Ni4+对电解液的氧化，防止电解液对材料表面的腐蚀，减少表面晶格内Li+在电解液内的析出，大大提高了常温条件下材料的循环次数。

3. 采用异丙醇和水的混合溶剂进行水洗，降低材料表面的Li_2CO_3和LiOH，减少材料表面与电解液内痕量HF的反应产生的水分，提高材料的循环和高温性能。

三、国际水平对比分析

新乡天力锂能股份有限公司生产的车用622型动力三元材料和湖南桑顿，湖南升华的同类材料相比性能更稳定，可以满足国内外客户的需求。

四、成果应用情况

已经批量给星恒、骆驼、海四达等供货，客户反馈产品的性能稳定，一致性好。

五、成果的产能建设情况

新乡天力锂能股份有限公司有5条自动化生产烧结炉，可根据客户需要进行转型生产，满负荷生产可实现月产500 t的产能。

六、社会及经济效益分析

新乡天力锂能股份有限公司的车用622型动力三元材料可以为公司增加800万元的利润，同时丰富公司的产品种类，扩大公司的知名度，为公司进军行业内标杆企业助力。

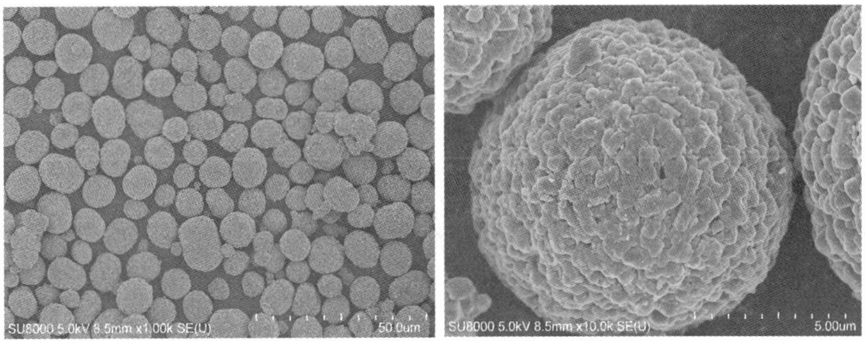

图7－72　正极材料的创新

大功率液冷充电连接器

（供稿单位：中航光电科技股份有限公司）

大功率液冷充电连接器是一种具备智能液冷系统，可以实现快速充电，高性能的车辆充电装置将会在新能源汽车后续的发展中起着至关重要的作用。

随着新能源汽车的发展，续航里程和充电时间成了制约新能源汽车发展的两个关键因素，而随着续航里程的增加，电池容量也会相应地增加，充电时间也会加长，为了提高新能源汽车在社会中的实用性以及在日常使用中的便利性，大功率充电将是缩短充电时间的一种有效的方式。中航光电科技股份有限公司研发的大功率液冷充电连接器能够实现车辆正常行驶 100 km 仅需 3 ~ 5 min 的充电时间，如图 7 – 73 所示，该技术的核心是在充电连接器中增加了一套智能液冷系统，可以使得充电连接器的充电电流提升至 500 A。

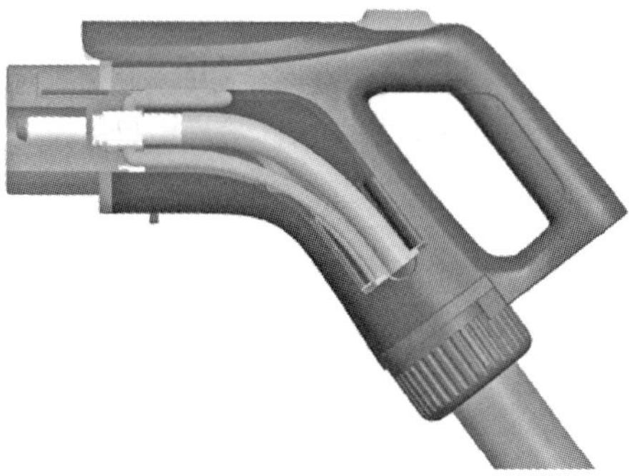

图 7 – 73　大功率液冷充电连接器

到目前为止，新能源汽车传统充电产品经过几年的市场应用及检验，爆发出了很多问题，尤其是直流大功率充电产品，随着使用时间的增加出现了大面积的高温情况，并且该问题呈现日渐蔓延的趋势。

中航光电科技股份有限公司对新能源传统的充电产品在市场上的应用情况进行了长时间的分析和总结，如图 7 – 74 所示，直流充电枪在经过长时间的使用后，均会出现温度逐渐上升的趋势，当直流充电电流 < 100 A 时，充电产品温度相对比较稳定，出现的高温概率比较低（ < 0.5%）；当充电电流在 120 ~ 180 A 之间时，充电产品在使用 5 ~ 8 个月后

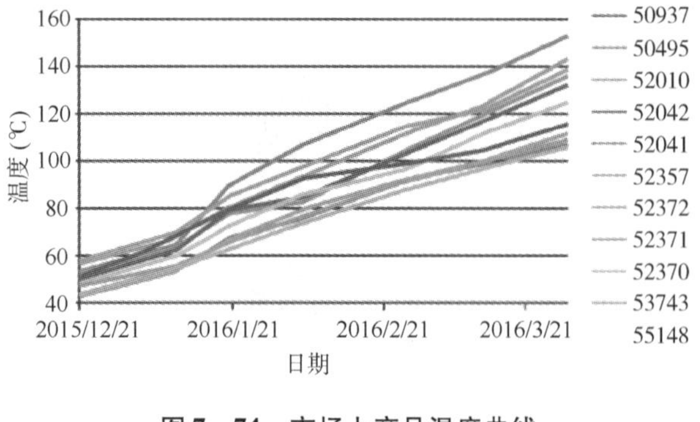

图 7 – 74　市场上产品温度曲线

就会出现大概率的高温情况；而当充电电流在 180 ~ 220 A 之间时，充电产品在使用 3 ~ 6 个月后就会出现大概率的高温情况。考虑到目前大功率充电产品的必然性，传统充电产品只有选择更大规格的充电电缆降低大功率充电时的高温风险。

中航光电科技股份有限公司研制的大功率液冷充电连接器主要是基于液冷技术的应用，通过在充电产品中加入液冷系统降低产品使用过程中的高温风险，使得充电连接器的充电电流可以达到 500 A，并且充电产品的电压可以达到 1 000 V，大功率液冷充电产品可以达到 500 kW 的功率输出。液冷系统可以同时冷却电缆及充电连接器中的功率接触件，液冷系统中的冷却液选用了绝缘油，可以符合环保要求，更重要的是具备良好的绝缘性能，因此冷却液可以直接与接触件及导线的发热体进行接触，中间不需要增加绝缘材料，由于接触件及电缆导体都具备良好的导热系数，可以有效地提高液冷系统的冷却性能。

大功率液冷充电连接器在研发过程中，对充电过程中的发热点进行了分析及实验验证，充电过程中的发热主要有接触件与导线的压接位置，针孔接触位置，其中针孔接触位置的发热最大，如图 7 – 75 所示，通过红外成像仪对接触件的发热进行了测试，成像越亮，发热越大，因此在设计过程中使得液冷系统冷却至针孔的接触部位，可以对充电插座端的接触件也有一定的冷却作用，同时在功率接触件上安装有温度传感器，充电桩可以通过反馈的温度对液冷源进行启停控制，液冷源上安装了流量传感器，压力传感器对冷却系统中的流量及压力进行检测，通过传感器的数据，可以确保充电过程中的安全。

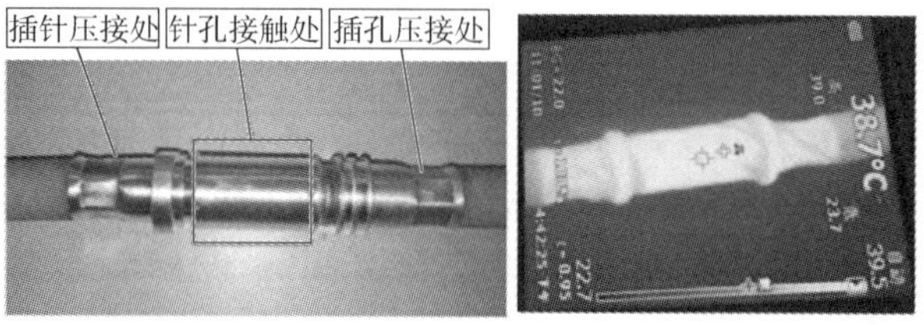

图 7 – 75　发热点分析

大功率液冷充电连接器的应用主要包括以下几个方面。

（1）长续航里程的电动汽车充电需求。伴随着电池技术的不断进步，以及人们对汽车长续航里程的需求，安装在电动汽车的动力电池容量不断增大，相应的充电时间也会增长，为了增强新能源汽车的体验感，大功率液冷充电枪可以将充电时间缩短至 15 min 以内。

（2）城市出租、物流车、长途运行的电动汽车充电需求。在城市出租、物流车以及长途运行中对充电等待时间要求越短越好。目前使用的快充，大部分车辆充电时间仍然较长。

对于长途驾驶时，对新能源汽车的快速补电更是迫切的需求，消费者也不愿意将较长的时间浪费在等待充电的过程中。

(3)大城市没有固定车位的新能源汽车。在大城市能够拥有固定车位的消费者是非常稀少的，因此公共充电资源是一种必然的选择，大功率充电可以极大地提高新能源汽车的用户体验，减少消费者的充电焦虑。

综述：大功率液冷充电连接器适合安装在城市之间的公路以及高速公路之间、城市内的公共充电站、公交运营车辆充电站。

目前，大功率液冷充电连接器已经在全球范围内开始了研究，国内主要有沃尔核材新能源、南京康尼，国外企业主要有浩讯，菲尼克斯已经开发出了大功率液冷充电连接器，充电电流均可以达到500 A。

中航光电科技股份有限公司研发的大功率液冷充电连接器已经开发完成，并且已经通过了实验室的验证，如图7-76所示，试验电流分别为250 A、300 A、350 A、400 A、450 A、500 A、550 A、600 A，每一种电流等级均测试至温度稳定，测试样品为大功率液冷充电连接器端线长7 m，充电座端压接70 mm^2 导线(无冷却)，线长1 m，当电流升至600 A，温度稳定后，大功率液冷充电连接器端最高温度为62.8 ℃，充电插座端最高温度为138.4 ℃。

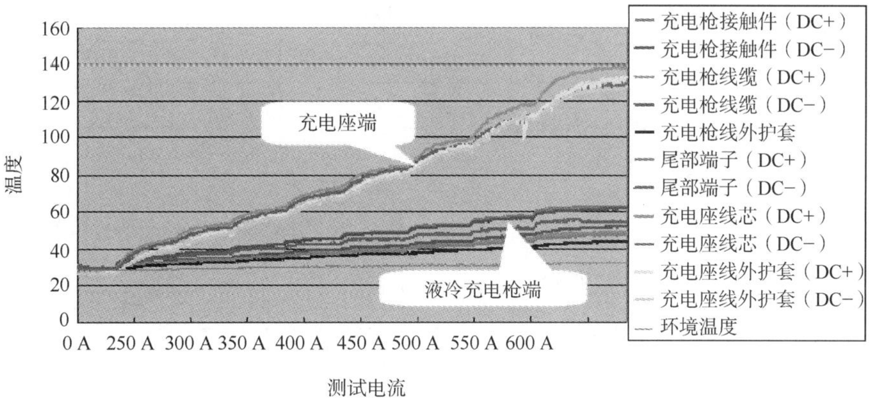

图7-76 大功率液冷充电连接器温升曲线

大功率液冷充电连接器后续仍需联合国家电网、整车、充电桩企业进行大功率充电示范站，进一步验证大功率充电的可靠性以及稳定性，为新标准的制定提供可靠的数据，同时也可以通过试点站的示范效应促进新能源汽车及充电设施的产业发展，从而改变消费者对新能源汽车"续航里程端，充电时间长，使用不方便"的印象，可以使得新能源汽车具备与传统燃油车一致的用户体验，进一步突出新能源汽车的环保、科技、使用费率低的优势，提高新能源汽车的市场占有率，起到节能减排的效果。

无极性高压直流接触器在系统中的应用

(供稿单位：昆山国力源通新能源科技有限公司)

一、成果名称

为顺应新能源汽车用高压直流接触器的发展，最大限度满足客户需求，昆山国力源通新能源科技有限公司(以下简称国力公司)研发了无极性直流接触器系列产品。无极性高压直流接触器是一类具有双向分断能力的产品，适合用于电流方向不固定的场合，具有较高的反向切断能力，弥补了普通有极性直流接触器的缺陷。客户在安装时无需考虑电流方向，避免了因偶发安装方向错误而造成的故障，可快速安装使用，具有广阔的发展前景。

二、成果简介

一种可实现正反向带载分断的高压直流接触器，主要应用于新能源汽车电池包中BDU单元中，作为主正和主负开关使用。

其中的关键技术就是通过改进高压直流接触器灭弧室，进而实现高压直流接触器的双向分断能力。

已申请与该产品相关的专利4项，具体情况如下：

序号	名称	类型	专利号
1	隔弧式无极性高压直流接触器	实用新型	ZL201720954166.6
2	隔弧式无极性高压直流接触器	发明	ZL201710650194.3
3	无极性高压直流接触器灭弧系统机构	实用新型	ZL201721014022.9
4	无极性高压直流接触器灭弧系统机构	发明	ZL201710694117.8

三、成果的创新点以及解决的难点问题

1. 成果的创新点：通过上述专利技术的使用，实现了高压直流接触器双向负载通断的功能，满足了客户对直流接触器双向通断的使用需求。

2. 解决的难点问题：高压直流接触器作为目前新能源车辆上使用的关键安全器件，一直受到整机厂的高度关注，重点表现在接触器在紧急状态下需要直接进行带载分断，以

保证整车的安全。传统的高压直流接触器一般为有极性结构,其反向带载切断能力远远低于正向带载切断能力,不能完全满足用户实际的使用需求,具有安全隐患。

如图 7-77 所示,一个典型电池包配电单元,包括总正、总负、快充正、快充负、加热、预充总计 6 个高压直流接触器。电池包有充电和放电两个过程。

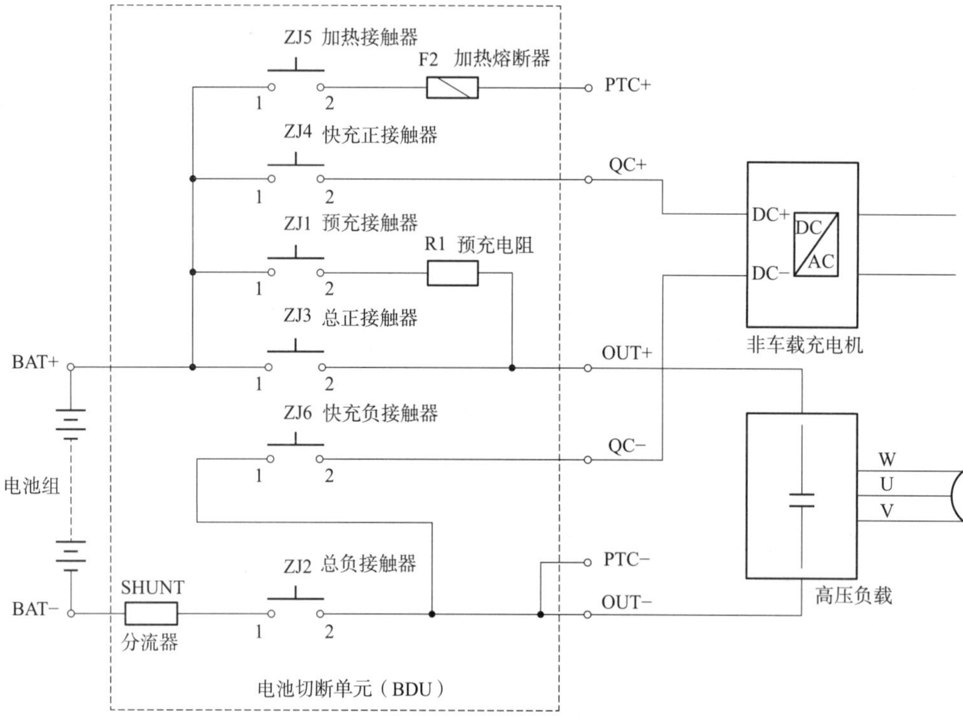

图 7-77 典型电池包配电单元

一般情况下,当使用有极性的高压直流接触器作为安全开关时,通常按照放电时电流方向来接入接触器,以满足电池包在放电过程中的安全保护需求。

在电池包的应用中,有两种情况会对电池包进行充电过程:

第一,通过外部电路(如快充)对电池包进行充电;

第二,在行驶过程中车辆制动时的能量反馈充电,该情况下,传统直流接触器不能满足安全保护需要。

如图 7-77 所示,快充时借用总负接触器作为二级保护开关,实际上,由于在电池包充电时电流是反向流过接触器的,如需要紧急断开,接触器不能完全起到保护作用。

第二种车辆制动时的能量反馈充电,该充电过程是通过电机作为发电机来对电池进行充电,此时总正和总负接触器的电流流向都与接触器的电流方向相反,正常工况下是可以工作的。但是在异常情况下,如紧急刹车时,发生碰撞导致低压控制部分断电,接触器将会紧急断开,此时普通有极性接触器有相当的几率开断失败,严重时接触器会烧毁。

目前国力公司开发设计的无电流极性的接触器使用在主正和主负的回路上就可以有效避免上述的系统问题,提高系统的安全等级。

四、国际水平对比分析

目前国际上主要以松下的高压直流接触器为代表。通过技术攻关,国力公司开发的以 GLFW150、GLFW250、GLFW300、GLFW400 为代表的双向通断高压直流接触器系列,完全可以替代松下的高压直流接触器,满足国内新能源市场作为主接触器的应用,并且满足更高的安全性要求。以 GLFW150 为例做出详细说明。

对比 GL 品牌和松下、LS 额定 150 A 接触器的技术情况如下表。

从指标对比上可以看出,国力公司的上述产品具有双向无极性的优点,同时正向电寿命和极限电寿命超过了同等级国外产品。

生产厂商	国力	松下	LS
型号	GLFW150AB	AEVS16012M16	GER150
正向电寿命	150A/450VDC 2000 次 200A/450VDC 1000 次 150A/750VDC 1000 次	120A/200VDC 50 次	150A/450VDC 1000 次
反向电寿命	无极性,同正向	未说明	-150A/200VDC 500 次
极限切断电流	1500A/450VDC 3 次 2000A/450VDC 1 次	1000A/300VDC 1 次	1500A/450VDC 1 次

注:松下以及 LS 的技术指标,摘录为松下和 LS 官方发布的技术规格书。

五、成果应用情况

2017年部分无极性直流接触器已实现小批生产,广泛应用于商用车、乘用车、物流车和重型卡车、移动补电车等特种车辆的电池电控系统中;还应用于工业直流电源、储能、充电设施等领域。国力公司客户群体庞大,在业界具有良好的口碑和信誉,主要的客户有北汽、上汽大通、江铃、华泰新能源、东南汽车、蔚来汽车、东风商用车、宇通客车、中通客车、南京金龙、金旅客车、福田汽车、CATL、力神、盟固利、比克、汇川、理工华创、欣锐、永贵、深圳华为、阳光电源、科陆、奥特迅、长园等公司。

六、产能建设情况

国力公司在昆山城北新能源产业基地目前已建有5条装配生产线,其中包括方形系列产品、圆形系列产品、环氧密封系列产品的生产装配线,同时还拥有一条自动化生产线、一条自动化检测线。具备年产100万只以上的生产能力。

为了满足不断扩大的市场需求,国力公司计划再增加3条自动化生产线,2条自动化检测线,以达到年产500万只的生产能力,目前无极性方形150 A全自动生产线体已在建,年底可投入生产,自动化检测线体已开始方案评估,预计2019年初可投入使用。

新能源产业的蓬勃发展,带动了国力公司的未来。国力公司为了满足市场需求,计划于2020年扩厂,导入MES追溯系统,打造智能化工厂。

七、社会以及经济效益分析

1. 无极性高压直流接触器的研制成功最大限度满足市场需求,确定了国力公司在该产品设计制造技术以及行业上的领先优势,实现了动力电池系统中的高压大电流双向切换,推动了新能源汽车及充电桩行业的快速发展,并带动一批新材料、新装备等配套企业的发展。

2. 产品的研制成功给国力公司带来可观的经济效益的同时,也为江苏省及昆山地区的产业聚集带来更多的机会,增加就业与税收。

3. 坚持可持续发展,是我国由制造大国向制造强国转变的核心思想。而新能源汽车的普及,不仅为国力公司向新能源领域转型奠定坚实的基础,同时也是实现国家生态文明建设的有力举措。

新荷科技——专注于物联网行业应用

(供稿单位:深圳新荷科技有限公司)

深圳新荷科技有限公司是中国新能源电动汽车监控平台建设、集成、应用平台商,同时公司还拥有国内先进的物联网高频数据分析平台。

随着国家经济转型的深入,新荷科技作为一家专注于绿色出行的新能源汽车高新技术企业,深知时代所赋予的历史使命。努力搭建并完善公司的软件运营监控平台、售后服务保障平台、车联网平台、高频数据决策平台,为用户的绿色出行提供更科学、更高效、更省心的选择方案,也努力为中国电动汽车产业的发展和能够拥有更美好的蓝天作出应有的贡献。

一、主营业务

1. 软硬件业务

企业级车联网平台研发、企业级新能源自动化管理平台研发、智能终端T-BOX研发、线下服务站建设及培训、新能源汽车高频数据分析与应用。

2. 国标联调

新荷科技为满足整车制造企业、总装企业提供新能源汽车国家监测与管理中心贯彻执行的新能源汽车国家标准的平台符合性、车辆符合性检测对接、预约、联调,获取检测报告等相关服务,基于车联网平台实现相关服务。

3. 地标对接

为满足整车企业向拥有地标城市销售,适应地方强制数据对接,新荷车联网平台同时提供相关过检、数据校验、数据转发服务。

4. 全国服务覆盖、售后无忧

新能源自动化平台签约服务站超过100家,服务站均为一、二类维修站,新荷科技为服务站提供三电维修、保养技术培训,解除整车生产企业后顾之忧。

二、主要产品与服务

1. 新能源自动化平台

平台采用新荷独有物联网RA(Regional Autonomy)架构,实现了区域部署,集中管理,分布式接入平台单台Server支持100 000+设备接入,同时支持多级链路(Multilevel Link),保障客户数据接入稳定。新荷自建私有云存储服务器,为企业提供私有云存储、实时数据计算。

新荷新能源自动化平台作为开放性平台,实现CRM模型,将用户作为平台核心的事件驱动单元进行服务提供,平台对个人客户、企业客户、供应商客户、联调工作人员分别进行了功能上的支撑。

2. 车联网平台

新荷车联网平台与自动化平台进行数据解耦,专注处理车辆高频回传数据,针对实时数据进行清洗、存储并提供高性能实时数据分析服务,保障自动化平台实时获取车辆数据及报警分析数据。

车联网平台自身实现了OB多级数据订阅及转发,能够满足企业在国标检测、地标检测中的各项需求,并能在业务数据上实现一对多的实时数据转发,高性能保障企业客户应用。

3. 高频数据决策平台

在信息时代高速发展的今天,整车企业必须学会如何利用数据完成对未来形势的判断与精准的决策制定,在面对新能源汽车全新的技术与应用体系，新荷科技作为IT企业，肩负着与整车企业一起成长、进步的使命。

新荷科技在保护整车企业数据隐私、安全的基础上，利用自身IT技术为整车企业研发的高频数据决策平台，整车企业人员通过图形化配置、输出结果，将整车企业数据进行图像化过滤，平台全时段自动运行，将整车企业所掌握的知识与数据完成无缝应用。

4. T-BOX

内置高精度GPS传感器，水平精度优于10 m，平台以地图形式显示车辆具体位置。

授时精度优于50 ns，可以准确提供时间和日期。

2路CAN总线接口，250K通信频率，连接独立网络，对整车故障、电池故障进行监测与记录，实时采集车辆工作状态。

支持SD存储卡，可进行长时间存储，存储时长至少7天。

实时传输终端采集数据，上报监控平台。

通信中断，终端支持离线数据保存，通信重连后支持离线数据补发。

通过国标及自主协议，可适用于不同车型。

5. 捍卫车企数据隐私

在数据隐私、安全尤为重要的现在，企业的数据、经验策略一旦泄露，将会造成无法估量的损失，新荷科技严格重视车企数据隐私，与车企签订数据保密协议，永不将车企数据作为商业用途，所有数据开放均由车企授权后才能操作。

6. 全产业链服务

新荷科技提供车辆运行生命周期内的三电供应商、服务站、运营商监控、运维系统，所有数据流转均在车企监控范围内流通，保障车企对车辆的全生命周期监控、运维，一站式解决车企管理难题。

7. 咨询服务

在严格保密车企数据的基础上，新荷科技提供对车企数据的应用咨询服务，保障车企在行业内的数据应用先进性，从不断积累的数据统计得出发展中遇到的问题及未来机遇。

8. 专业IT服务

新荷科技作为技术型企业，为车企提供专业IT服务，包含国标过检、T-BOX提供、监控平台、售后平台、车联网底层支持平台等，协同车企进行车辆生产、运营、售后管理，提高车企现代信息化水平。

三、新荷新能源自动化平台应用

1. 车企应用

新荷新能源自动化平台是结合新荷物联网底层技术，遵从国标GB/T 32960各项标准，量身为新能源汽车车企打造的车联网平台；在进行企业核心监管业务、售后保障业务的基础上，贯穿国家监管至终端用户使用，为车企提供了一体化管理平台。

平台与车辆T-BOX支持数据加密及对称解析，数据读取依赖客户账户信息，数据转发依赖国家平台账号，在完美支持客户应用基础上，独有的数据转发平台会将数据转发至国家平台或其他应用平台中，为保障企业数据安全，所有操作基于企业管理员账户操作。

2. 服务站应用

新荷新能源自动化平台为服务站配备报单系统、结算系统、自动化诊断系统，打通整车生产企业监控、维保一体化，所有工作均可通过新能源自动化平台完成，提高用户报修及时率，提升用户体验。新荷自建私有云存储服务器，为企业提供私有云存储、实时数据计算。全国超100家签约服务站，解除整车生产企业维保后顾之忧。

3. 三电供应商应用

新荷新能源自动化平台为三电供应商提供故障处理系统，用户车辆故障在遭遇服务站无法处理的三电问题时，新荷客服、服务站、整车企业可向三电供应商直接报单维修，节省整车企业调度时间，提高用户维修及时率。同时为整车企业提供三电核心部件（电池、电机、电控等）数据回溯功能，保障整车企业在国家政策要求变动后仍具备良好的适应性与先进性。

针对整车企业提供维保数据严格保密策略，供应商提供的部件维修服务数据在整车企业监管范围内，严防数据泄露。

4. 运营商应用

新荷新能源自动化平台同时向下提供车辆运营监控平台，整车企业可向授权运营商开放车辆数据；同时平台为大客户或大型经销商提供运营监控系统，免除客户二次搭建平台或加装T-BOX，一站式解决大客户问题，提升整车企业市场竞争力。

当整车企业需要收回车辆权限时，只需在管理系统中解除该车辆与大客户关系，该车辆数据自动关闭向客户发送，数据安全即可得到实时保障，避免非法读取或应用。

5. 客户应用APP

新荷新能源自动化平台客户端APP，让用车客户在APP上完成日常充电、SOS、保养维修等，实时了解车辆情况。在一个平台内打通整车企业向终端用户输送服务的需求，增大车辆附加值，进一步提升整车企业技术服务指标，增强市场竞争力。

客户端APP提供了整车企业最新资讯、上市车型、优惠活动等功能，终端客户第一时间了解企业信息，快速实现销售对接与服务对接。

新荷新能源自动化平台的企业端APP，整合了企业车辆监控、维修监控、告警通知、车辆入库、销售出库、角色/员工扁平化管理等功能，为故障处理各个端口提供移动办公支持，提高了企业管理效率。

移动端同时支持服务站、运营商、三电供应商等，高效的维保数据同步与客户端协同，为快速处理用车故障提供了强有力的技术支持。

四、特殊模块定制开发

1. 自定义应用客户

为与整车企业建立良好合作关系，新荷科技在原有自动化平台基础上开发适配于整车厂特殊需求的模块，如物流管理模块、订单模块、车辆调度与服务模块等等。以多适配的系统提高新能源汽车用户的满意度，为推动整车企业适应市场做好良好铺垫。目前，新荷新能源自动化平台支持 APP 启动均以企业 LOGO 打开，增强企业品牌形象；后期将增加更多人性化体验，让终端客户感知整车企业优质化服务与技术先进性。

2. 基于新荷的优势

企业应用基础功能均已实现，无需再次开发，企业无需投入大量服务器、宽带、人员等基础建设。新荷提供各个子系统、T－BOX，运维管理一站式解决方案。

五、合作企业

图 7－78　合作的企业标识

节能与新能源汽车年鉴

YEARBOOK OF ENERGY-SAVING AND NEW ENERGY VEHICLES

第八篇 Section Ⅷ

大事记

Chronicle of Events

一、2017年新能源汽车行业新增项目

Chapter 1 New Projects of New Energy Automotive Industry in 2017

1月

2017年1月5日 重庆金康新能源汽车有限公司年产能5万辆纯电动乘用车建设项目获得国家发展和改革委员会的正式批复。该项目总投资251 025万元,其中新增固定资产投资227 758万元,流动资金23 267万元。资金来源为企业自筹105 717万元,银行贷款145 308万元。按照批复,项目利用新征用地,新建冲压、焊装、涂装、总装、电池包车间等生产车间,以及综合办公楼和试车跑道等设施,新增相关生产工艺设备。

2017年1月13日 骆驼集团股份有限公司与武汉东湖高新区未来科技城建设办公室投资服务中心签订投资协议,根据该协议,骆驼集团股份有限公司将在武汉东湖新技术开发区实施“骆驼集团武汉研发中试基地”项目,该项目总投资约12亿元,占地约110亩。主要进行锂电池、燃料电池等先进电池的研究、中试。

2017年1月19日 电动车初创公司Future Mobility Corporation Ltd.(简称FMC)与南京技术开发区签订战略合作协议,FMC计划投资116.4亿元(约17亿美元)在南京建设电动汽车生产工厂。该工厂最终建成年产能达30万辆,第一阶段的建设工作将于2019年完成,初期建设完工后,可达到年生产约为15万辆纯电动中型SUV汽车,预计将于2019年在中国上市。

2017年1月25日 国能新能源汽车有限责任公司年产能5万辆纯电动乘用车项目获得国家发展和改革委员会的正式批复。该项目总投资426 688万元,其中建设投资262 391万元,铺底流动资金158 357万元,建设期利息5 940万元。按照批复,项目主要建设内容是新建研发中心、冲压车间、焊装车间、涂装车间、总装车间、动力电池组装车间、试制试验车间及配套公用动力系统和办公设施,新增相关生产研发设备。

2017年1月25日 福建省汽车工业集团云度新能源汽车股份有限公司年产能6.5万辆纯电动乘用车项目获得国家发展和改革委员会的正式批复。该项目总投资188 552万元,其中建设投资153 861万元,建设期利息2 942万元,流动资金31 749万元。资金来源为企业自筹102 467万元,银行贷款86 085万元。按照批复,项目新建冲压车间、焊装车间、涂装车间、总装车间、试验试制车间、动力站房等生产、办公及辅助设施,新增相关生产工艺设备。

2月

2017年2月4日 总投资50亿元的江苏北星高分子复合材料项目在江苏中关村科技产业园开工。该项目总用地面积14万m^2,规划新建12条锂电池隔膜生产线和20条隔膜涂覆生产线,主要采用日本隔膜生产技术,生产的高分子复合隔膜材料用于大功率储能和电动汽车用锂电池。该项目将于2019年3月全部建成投产,达产后将形成年产12亿m^2锂电池隔膜生产能力,年销售收入可达72亿元。

2017年2月7日 辽宁省抚顺市新宾满族自治县正式启动沐与康新能源汽车产业集群项目。该项目总投资91亿元,将于2019年完成建设,届时,新宾将成为新能源汽车运营东北第一县。项目一期投资4.3亿元,主要用于购置车辆和新能源汽车枢纽站建设。

2017年2月9日 邛崃市政府与融捷投资控股集团举行新能源汽车电池产业园项目签约仪式。新能源汽车电池产业园项目总投资60亿元,设电池级锂盐及锂金属材料、锂电池正负极材料、新能源汽车电池综合利用项目。根据双方签订的协议内容,该产业园将在邛崃开展40 000 t/年电池级锂盐及锂金属材料项目、10 000 t/年锂电池正负极材料项目、100万t·组/年新能源汽车及电池综合利用项目。预计年销售收入不低于120亿元,可提供3 000个就业岗位。

2017年2月17日 北京威卡威汽车零部件股份有限公司与宁波市奉化区人民政府、香港正道集团有限公司、北京致云资产管理有限公司四方共同签订了《战略合作框架协议》。根据协议,该项目总投资20亿元,占地面积311亩,其中一期工程建筑面积12.6万m^2,将于2018年底建成并投产。

2017年2月18日 远东智慧能源股份有限公司与底特律电动汽车控股股份有限公司、中国宜兴环保科技工业园发展总公司正式签约,在江苏宜兴合资组建帝特律电动汽车有限公司,合资公司投资总额为18亿美元,注册资金为6亿美元,其中智慧能源出资2.4亿美元,占股40%。项目拟规划至2020年,实现整车产能5万辆;至2021年,新能源汽车累计销量规模达到10万辆;至2030年,产销规模要达到100万辆。

2017年2月21日 车和家智能汽车第二基地及产业基金设立签约仪式在江苏省常州市举行,车和家SUV制造项目正式落户武进国家高新技术产业开发区。此次签约的第二基地项目计划投资30亿元,占地面积45万m^2,规划产能10万辆,主要用于生产纯电动及电动增程式SUV。该基地将于2017年二季度动工建设,预计将在2018年年内建成投产。项目涵盖冲压、焊接、涂装和总装四大整车制造工艺和“三电”(电机、电池、电控)等相关配套设施。

2017年2月28日 兰州知豆电动汽车有限公司年产能4万辆纯电动乘用车建设项目获得国家发展和改革委员会的正式批复。该项目总投资88 116.09万元,其中利用原有固定资产39 132.86万元,新增投资48 983.23万元。新增投资中,建设投资39 561.35万元,铺底流动资金9 421.88万元。资金来源为企业自筹。按照批复,项目将利用浙江吉利汽车有限公司兰州分公司原有冲压、焊装、涂装、总装车间及生产线并进行全面升级改造,新建动力电池存放库等设施,新增相关生产工艺设备。项目不新增产能,产后达4万辆纯

电动乘用车产能。

2017 年 2 月 28 日　北汽新能源汽车生产基地在重庆涪陵开工。该基地由北汽集团控股的北汽嘉庆(重庆)新能源汽车技术有限公司投资 30 亿元建设,占地 1098 亩,设计年产新能源汽车 30 万辆,其中一期规划 10 万辆,将于两年内建设完成并投产。

3 月

2017 年 3 月 1 日　广东省江门市高新区(江海区)举办重大产业项目投资协议签约仪式,比利时优美科集团投资的新能源汽车材料项目和香港华生电机有限公司投资的电机产业新城项目相继成功签约,两大项目将为高新区(江海区)实体经济带来飞跃式发展。这次计划在高新区(江海区)投资 30 亿元,打造年产量 20 万 t、产值超百亿元的新材料产业基地。

2017 年 3 月 10 日　安徽博菱新能源汽车股份有限公司年产能 10 万辆纯电动汽车和 2 万辆整车散件项目签约落户安徽定远县经济开发区。根据协议安徽博菱新能源汽车股份有限公司将在定远经济开发区投资总额 12 亿元(其中固定资产投资 9 亿元),建设年产能 10 万辆纯电动汽车及 2 万辆出口汽车 CKD(整车完全拆散成零部件)建设项目,用地 600 亩,产后税收达 1.5 亿元。

2017 年 3 月 15 日　湖南省政府与北京汽车集团有限公司在北京签署战略合作框架协议,根据协议,北京汽车集团有限公司将生产基地落户湖南,该基地 2020 年预计实现产值 660 亿元,税收 40 亿元。

2017 年 3 月 15 日　由宁东基地管委会、北京嘉寓(集团)有限公司、山东高登赛能源有限公司共同合作的一期项目在银川签约。该项目计划一期投资 50 亿元,规划占地面积约 1 000 亩,项目依托国之杰高性能动力电池,建设年产能 20 万辆新能源乘用车、专用车、物流车生产基地。项目计划 2 年内建成投产,投产后预计年销售收入达 300 亿元。

2017 年 3 月 17 日　浙江零跑科技有限公司、浙江大华技术股份有限公司、金华市政府产业基金投资的零跑汽车在浙江金华举行品牌发布会,与此同时,零跑汽车位于金华新能源汽车小镇厂区的制造基地也正式启动,该基地占地面积约 551 亩,投资 25 亿元,年产量 5 万台整车。

2017 年 3 月 19 日　合肥国轩高科动力能源有限公司与庐江县人民政府就在庐江经济开发区投资 3 GWh(约 10 亿 Ah)32131 圆柱电池项目签署了《投资合作协议》。该项目总投资 20 亿元,规划用地约 500 亩。其中一期项目计划新建 1 GWh 电池项目,投资 10 亿元,规划用地面积 277 亩。

2017 年 3 月 27 日　国机汽车股份有限公司赣州新能源汽车项目在赣州举行签约仪式。该项目总投资约 80 亿元,其中一期投资约 40 亿元,将建设汽车生产车间及汽车生产基地,该公司的设立目前还处于筹建阶段,预计形成 10 万辆新能源车车产能,预计 2018 年首台新能源汽车下线。

2017 年 3 月 28 日　河南速达电动汽车科技有限公司年产能 10 万辆电动汽车项目获得国家发展和改革委员会的正式批复。该项目总投资 264 310 万元,其中建设投资 238 210 万元,流动资金 26 100 万元。资金来源为:企业自筹 146 040 万元,申请银行贷款 118 270 万元。按照批复,项目利用已批准建设用地,新建冲压、焊装、涂装、总装等生产车间,以及研发中心、试车跑道、办公楼等设施,新增相关生产工艺设备,项目全部建成后形成年产能 10 万辆纯电动乘用车生产能力。

2017 年 3 月 29 日　小二租车与海南白沙黎族自治县人民政府签署战略推广协议,双方约定,在“十三五”期间,政企双方将按年度、分批次完成白沙“十三五”期间除公共服务领域外的新能源汽车指标任务,在白沙推广应用新能源汽车 500 辆,在 32 个场地建立直流充电桩 4 个、交流充电桩 102 个。

4 月

2017 年 4 月 6 日　宜宾市政府与奇瑞汽车股份有限公司、Quantum(2007)LLC(以色列量子公司)、观致汽车有限公司签署战略合作协议暨投资协议,将在宜宾市建立新能源车生产基地。协议约定在宜宾投资 55 亿元,规划建设年产能 50 万辆汽车项目,其中包括 20 万辆新能源汽车,产后预计年产值达 850 亿元。

2017 年 4 月 19 日　湖州市吴兴区政府与游侠汽车正式签署合作协议,游侠汽车第一个生产基地将在湖州市吴兴区建设投产。游侠汽车湖州超级工厂项目总投资 115 亿元,其中超级工厂生产基地 90 亿元,固定资产占 70 亿元,流动资金 20 亿元。规划总用地 2 762 亩,其中超级工厂占地 1 336 亩,核心配套工厂及研发设施占地 1 426 亩。超级工厂建成后年产能可达 20 万辆。

2017 年 4 月 19 日　浙江合众新能源汽车有限公司年产能 5 万辆纯电动乘用车项目获得国家发展和改革委员会的正式批复。该项目总投资 115 690 万元,其中建设投资 97 371万元,铺底流动资金 14 700 万元,建设期利息 3 619 万元。资金来源为企业自筹 68 190 万元,银行贷款 47 500 万元。按照批复,项目新建冲压车间、焊装车间、涂装车间、总装车间、电池包生产线、综合研发楼、试车跑道、办公楼、联合站房等建筑和公用辅助配套设施,新增相关生产工艺设备。

2017 年 4 月 22 日　四川南充市人民政府与重庆银翔实业集团在南充举行重庆银翔整车制造及核心零部件生产项目投资合作协议签署仪式。重庆银翔在南充投资 120 亿元建设占地面积 3 000 亩的整车制造、汽车核心零部件生产基地及新能源汽车技术研发中心。项目建成投产后,将形成年产 5 万辆新能源乘用汽车、15 万辆燃油乘用车、10 万辆轻卡和 10 万台发动机的能力。

2017 年 4 月 24 日　永源集团有限公司与江西赣州上犹县签订新能源汽车制造项目框架协议。该项目总投资 60 亿元,项目注册资本 1 亿元。项目分两期实施,其中一期项目总投资 20 亿元,固定资产(设备投资)9 亿元。项目建成投产后,可实现年产 20 万辆新能源汽车。一期项目达产达标后,可实现年产能 5 万辆新能源汽车,年销售收入 75 亿元,年纳税 4 亿元。

2017 年 4 月 27 日　广汽智联新能源汽车产业园项目正式开工建设,该产业园由广州汽车集团股份有限公司投资建设,产业园总体规划面积约 7500 亩,广汽集团携产业园各落户企业总投资额预计超450亿元，产业园首期动工项目为广汽自主品牌广汽乘用车新增20万辆/年（新能源汽车）产能扩建项目，计划总投资46.94亿元，建筑面积约24万m^2，计划于2018年底建成。

5月

2017年5月2日至3日 奇瑞控股有限公司与石家庄市人民政府签订新能源汽车生产基地项目框架协议，栾城区人民政府与奇瑞新能源汽车技术有限公司签订新能源汽车项目投资合作协议。该项目奇瑞计划总投资30亿元，未来有望投产小型新能源车。

2017年5月3日 珠海银隆新能源有限公司投资建设的兰州广通新能源汽车生产基地项目在兰州新区石化园区开工建设，该项目一期占地672亩，投资10亿元，建设年产能3 000辆新能源客车整车厂；二期占地230亩，投资15亿元，建设配套动力系统电池厂；三期投资将在市场及配套资源允许的情况下，追加投资20亿元，占地600亩，实施一期客车生产扩能和年产能3亿Ah的储能电池两个项目，年产值达50亿元。

2017年5月3日 清河县政府与河北御捷车业有限公司正式签约，总投资12.8亿元的年产能15万辆新能源整车和10万辆电池包项目落户清河。该项目是河北御捷车业有限公司在清河投产的第三期项目工程，将于2018年年底建成投产。投产后的项目基地将被打造成为集智能汽车+互联网+云技术为一体的现代化汽车生态园，预计年新增工业产值超50亿元、年利税超4亿元。

2017年5月4日 小鹏汽车与广东省肇庆市政府共同举行了《小鹏智能新能源汽车整车项目》发布仪式，标志着小鹏汽车与肇庆市政府共同合作规划的第一个生产基地在肇庆高新区建设投产。此次小鹏智能新能源汽车整车项目拟用地3 000亩，一二期总投资100亿元。其中一期用地600亩，投资40亿元，一期项目建成投产后，预计将拥有年产智能新能源汽车10万辆的生产能力；二期用地1000亩，投资60亿元；预留用地1 400亩用于智能汽车产业与生态配套项目生产。

2017年5月9日 总投资100亿元的银隆新能源（南京）产业园项目在溧水开发区开工建设。该项目主要生产新能源汽车、动力电池、储能电池、启停电源等产品，分三期建设，一期计划投资40亿元，将于2018年投产，形成年产能2.5万辆纯电动商用车、5亿Ah动力电池和40万辆汽车启停电源产能。

2017年5月11日 国机智骏汽车赣州基地开工仪式在赣州工业经济开发区举行。该基地总投资约80亿元，其中一期投资25亿元，建成后将实现年产能10万辆新能源汽车。

2017年5月11日 广东陆地方舟新能源电动车辆有限公司年产能5万辆纯电动乘用车建设项目获得国家发展和改革委员会的正式批复。该项目总投资178 300万元，其中建设投资161 000万元，流动资金14 550万元，建设期利息2 750万元。资金来源为企业自筹55 415万元，银行贷款122 885万元。按照批复，项目新建冲压车间、焊装车间、涂装车间、总装车间、综合办公楼、研发中心等，新增相关生产工艺设备。

2017年5月16日 青岛力神20亿Wh动力电池基地在中德生态园开工奠基。该项目为青岛市重点项目，由中国电子科技集团投资，总投资30亿元。基地一期项目总投资15.7亿元，设计产能达40亿Wh，主要生产磷酸铁锂方型锂离子电池。二期项目将再增加40亿Wh产能，合计达到80亿Wh，达产后年产值将超过120亿元。

2017年5月17日 常州经开区举行星源材质锂电池隔膜材料项目签约仪式。本次项目投资方深圳市星源材质科技股份有限公司，是我国锂电池隔膜材料上市公司和行业规模较大的企业。星源材质锂电池隔膜材料项目总投资预计30亿元。其中一期项目投资16亿元，建成达产后预计年产3.6亿m^2锂电池隔膜材料。全部建成后，年销售将达30亿元、利税9亿元。

2017年5月20日 上海鏊石汽车技术有限公司与黄石大冶湖高新区签约，投资30亿元打造新能源汽车研发生产基地。

2017年5月22日 安徽江淮汽车集团股份有限公司与大众汽车（中国）投资有限公司合资年产能10万辆纯电动乘用车项目获得国家发展和改革委员会的正式批复。该项目总投资为506 111万元。其中，建设投资295 153万元，流动资金210 958万元。项目资本金为200 000万元，占总投资的39.52%。江淮汽车和大众中国分别以现金方式出资100 000万元。总投资与项目资本金的差额306 111万元，通过自筹方式解决。合资期限为25年。按照批复，项目利用江淮汽车现有建设用地，新建冲压车间、焊装车间、涂装车间、总装车间、电池包车间、研发中心、公用动力及办公设施等，新增相关生产工艺设备。

2017年5月23日 重庆汇洋控股有限公司与四川成都经开区签订战略合作框架协议，计划投资50亿元建新能源汽车总部、研发中心、制造和销售基地。

6月

2017年6月1日 大众汽车集团与安徽江淮汽车集团股份有限公司在中国国务院总理李克强和德国总理默克尔的见证下于德国柏林正式签署了合资企业协议。根据该协议，合资公司投资总额为60亿元人民币，注册资本为20亿元人民币，双方各占50%。合资公司的经营范围包括研发、制造新能源汽车（含纯电动和增程式乘用车）；研发、制造电动汽车电池等新能源汽车相关核心部件；销售整车以及其零部件、组件、配件等业务活动。同时，合资公司可以在移动出行、车辆互联、大数据、二手车平台、再制造等新业务领域进行合作。合资公司成立后，将设立一个新品牌，并规划全新新能源汽车工厂建设，目标是年产量36万辆规模产能。

2017年6月3日 开沃汽车集团签署了在陕西投资新能源汽车产业的意向合作协议。开沃汽车拟在陕西规划投资100亿元，形成年产能1万辆客车、5 000辆专用汽车、30万辆乘用车的汽车生产基地。

2017年6月15日 合肥市政府、大众汽车集团和安徽江淮汽车集团股份有限公司三方正式签署了投资协议，以加快落实大众与江淮汽车合资企业项目进度。根据合作协议，新工厂和研发中心将在未来陆续建立。此外，合资企业还计划建立新的二手车平台。按计划，新成立的合资企业将于2018年正式投产首款电动汽车。

2017年6月16日 宁夏灵武市人民政府与浙江泓源汽车集团有限公司举行合作项目签约仪式，该项目拟总投资20亿元，项目全部建成后，将实现年产新能源汽车20万辆、产值达到300亿元，占地面积约600亩，分两期建设，一期拟投资10亿元，建设冲压、焊接、涂装、总装、电池包PACK生产线5个车间，建筑面积为10万m^2，年产车辆10万辆以上，产值达150亿元；二期根据公司发展情况拟投资10亿元，进行厂房、设备扩容升级和充电机、充电桩、整车控制器等核心零部件生产线的建设，用于全面提升新能源商用车和乘用车的生产产能。

2017年6月20日 南宁市政府与上海申龙客车有限公司在南宁签署新能源汽车生产基地项目投资协议。项目计划总投资30亿元，其中固定资产投资约25亿元，建设年产能1万辆新能源客车和3万辆新能源物流专用车生产基地。根据双方协议，申龙客车公司在邕宁新兴产业园投资建设新能源客车、新能源物流车项目。项目全部达产后，预计年产值超100亿元、各项税收超10亿元。

2017年6月22日 汕头市政府与正道集团共同推进汽车产业发展战略合作框架协议，签署仪式在香港正道集团有限公司总部举行，汕头市副市长林晓湧代表汕头市政府与正道集团有限公司签订《共同推进汽车产业发展战略合作框架协议》。根据协议，正道集团增程式乘用车项目将选址汕头，推动正道汽车城建设。项目将建成年产能100万辆乘用车生产基地。

2017年6月23日 富士康科技集团与江苏昆山签订“全面深化战略合作协议”。根据协议部署，富士康将在昆山投资建设光通信连接模块/高速连接器、新能源电池、桦汉科技、富曜精密、智慧物联科技新城、KS - FIT双创/研发中心、废弃物处置及环境污染防治技术研发等项目。计划总投资250亿元，首期投资超80亿元。

2017年6月26日 江苏太平洋精锻科技股份有限公司与姜堰开发区管委会签订了《投资协议书》，计划在公司三厂区东侧、陈庄路(二厂区)南侧新征工业用地，建设投资新能源汽车关键零部件生产项目。该项目规划用地约为149亩(以国土部门测量面积为准)，该地用途为工业用地，使用年限为50年。计划总投资不低于5亿元。

2017年6月28日上午 中航锂电动力电池项目二期工程开工暨中航锂电技术研究院有限公司揭牌仪式在江苏常州市举行。二期工程规划总投资39亿元，用地243亩，建筑面积7万m^2，建设7栋电池生产厂房及配套综合站房，新增7 GWh年生产能力，将于2018年下半年起分步建成投产。项目建成后，中航锂电(洛阳及江苏)两地年生产能力累计达12 GWh。

2017年6月28日 由中山大洋电机股份有限公司投资组建的武汉大洋电机新动力科技有限公司举行开工仪式上，该公司将在孝昌投资13.4亿元，建设年产1.7万套商用车氢燃料电池系统项目。项目达产后，年产值预计超过80亿元。

7月

2017年7月5日 北京汽车集团有限公司与戴姆勒股份公司签署了新能源汽车战略合作框架协议。根据协议，双方将共同投资50亿元人民币(约合6.55亿欧元)，在北京奔驰汽车有限公司建立纯电动车生产基地及动力电池工厂，引入梅赛德斯—奔驰品牌的纯电动车产品。

2017年7月18日 西安市政府与浙江吉利控股集团签署战略合作协议，吉利将在西安经开区泾渭新城投资建设吉利新能源汽车产业化项目，该项目2017年底开工，2020年建成投产，主要建设新能源汽车整车制造、零部件生产、物流配套，包括冲压、焊装、涂装、总装的四大工艺厂房及与之配套的管理中心、生活配套区等各项辅助设施。

2017年7月28日 淮安骏盛新能源科技有限公司电池生产基地，在淮安市淮阴高新开发区正式开启奠基。项目分三期，全部达产后实现产能80亿Wh，以期满足10万辆以上电动车的需求。

2017年7月28日 广汽集团全资设立的“广汽新能源汽车有限公司”注册成立，首期规划产能20万辆/年，预留扩建到40万辆/年的空间，计划2018年底建成。产业园占地约7500亩，除作为新能源汽车整车和零部件智能制造基地，还融合创客服务区、高档生活区、智能驾驶体验区等。

2017年7月31日 桑德集团有限公司与北京市顺义区人民政府签署“桑德新能源智能化产业项目”入区协议，双方就新能源智能化建设及功能型特色小镇共建等内容达成共识。根据协议，桑德集团将计划投资57亿元，在顺义区建设8 GWh电池芯工厂、5 GWh电池PACK工厂、3 GWh梯次利用工厂及桑德新能源研究院和新能源汽车智能化体验区，致力于打造国内领先的智能化新能源总部研发及动力电池产业化基地。

8月

2017年8月8日 洛阳市与银隆新能源股份有限公司合作签约仪式在河南郑州举行。根据协议，银隆将在洛阳打造银隆新能源(洛阳)产城融合产业园，总投资150亿元。产业园首批建设项目包括三大板块。其中，银隆将在洛阳建设新能源汽车整车生产基地，实现年产能1万辆纯电动商用车、5 000辆纯电动特种专用车、5 000辆新能源环卫车，以及新能源皮卡车、纯电动农机具等多个新能源车型。

2017年8月9日 江苏卡威(无锡)新能源汽车项目举行签约仪式，一期总投资约73.5亿元的战略型产业项目正式落户无锡市惠山区洛社镇。该项目以中高档新能源乘用车整车及核心零部件的研发、制造、销售为核心。项目一期总投资约73.5亿元，用地1 400亩，设计年产能15万辆。预计最快于2019年二季度建成投产，2022年达产后预计可实现年营业收入520亿元、税收48.8亿元。

2017年8月9日 东风汽车公司与武汉市人民政府签署了新的战略合作协议。根据协议，2017—2021年5年，东风武汉基地转型升级，将在自主事业发展、提升核心创新能力、深化合资合作、抢占新能源汽车制高点、改革创新等方面实现突破，打造新形势下的综合竞争优势。东风武汉基地将保持整车销量快速增长，至2021年达到整车年产销量240万辆。

2017年8月10日 山西省运城市大运新能源汽车生产基地二期项目集中开工。此次集中开工建设的27项重点项目，总投资128.6亿元，年度计划投资17.8亿元。其中，大运汽车新能源汽车生产基地二期项目总投资20亿元，项目将建设新能源汽车总装线、物流中心及动力配套等设施，预计两年半建成。

2017年8月30日 青岛市政府与中国第一汽车集团公司新能源商用车项目签约仪式在青岛府新大厦举行。根据协议，一汽解放新能源商用车项目将落户位于即墨的青岛汽车产业新城，拟投资10亿元，主要生产电动卡车及城际物流车，一期产能4万辆，二期将达到10万辆，预计全部投产后，年产值可达100亿元。

9月

2017年9月6日 简阳市政府与五龙电动车(集团)有限公司、昆仑石(深圳)投资基金管理有限公司在成都举行"年产40万辆新能源纯电动乘用车及4 GWh锂离子动力电池"项目战略合作签约仪式。该项目位于简阳工业集中发展区城南工业园内，计划总投资160亿元，分两期建设。一期计划总投资40亿元，其中新能源汽车项目投资30亿元，产品为新能源乘用车，产能为10万辆/年；动力电池项目投资10亿元，产品为锂离子动力电池，产能为1 GWh/年。二期计划总投资120亿元，其中新能源汽车项目投资100亿元，动力电池项目投资20亿元。

2017年9月7日 长江氢动力(佛山)研发中心及整车生产项目落户南海。该项目总占地2 300亩，总产能16万辆/年(包括客车和专用车各5 000辆、物流车5万辆、乘用车10万辆)，分两期建设，其中首期(含配套设施)投资110亿元，生产用地约1 500亩，用于生产制造纯电动和氢燃料电池客车、专用车和物流车，年产能客车5 000辆、专用车5 000辆和物流车50 000辆；二期生产(含预留)用地800亩，用于生产纯电动和氢燃料电池乘用车，年产能10万辆。建成达产后总产值400亿元。

2017年9月18日 青岛特锐德电气股份有限公司与宜昌市西陵区人民政府就智能制造电力设备生产基地项目和特来电新能源未来科技馆项目签署了《投资协议书》。项目计划总投资1亿元，并建设特来电新能源未来科技馆。

2017年9月20日 重庆巴驿站场公司和万马联合新能源投资有限公司正式签署合作协议，巴驿站场根据站场资源现状，在主城九区21个站场可以利用的场地上，分两个阶段建设500个不低于60 kW的直流充电桩。2018年4月前将建成300个充电桩，2018年底全面完成建桩计划。充电桩建成后，每天可以为1.5万辆电动车充电。

2017年9月21日 北京首汽(集团)股份有限公司与国网电动汽车服务有限公司签署战略合作协议。双方将充分发挥各自品牌及资源优势，在充换电基础设施建设、智能平台融合及数据共享、新能源汽车销售及运营、产业创新及研发等方面展开合作。

2017年9月27日 正道集团与宁波奉化区政府、北京威卡威汽车零部件股份有限公司签订协议，生产基地落户宁波奉化，年产规模达到30万辆，项目规划总投资约170亿元。宁波奉化政府将提供34亿元奖励资金用于项目建设，其中从开工建设到投产前奖励资金30亿元，投产后奖励资金4亿元。

10月

2017年10月10日 欣旺达电子股份有限公司在惠州市博罗县园洲镇欣旺达新能源产业园内举行隆重的开园仪式暨系列合作签约仪式，欣旺达惠州新能源产业园项目于2012年5月落户博罗县园洲镇，总规划建筑面积约170万m^2，规划用地共约1100亩，其中工业用房100万m^2，商住配套用房70万m^2，项目总投资额预计60亿元。

2017年10月11日 力信(江苏)能源科技有限公司锂电池项目二期投产仪式在江苏镇江举办。力信能源成立于2016年6月，锂电池项目一期于2016年投产，占地面积超过3万m^2。二期于2016年11月底动工，建筑面积约25万m^2，二期项目的投产，使力信能源镇江基地年产能达到40亿Wh，形成20万辆新能源汽车配套能力和至少10亿Wh储能系统的生产配套能力。

2017年10月15日 尼桑电池中国总部及生产基地签约落户镇江新区。尼桑电池中国总部及生产基地由金沙江资本投资建设，总投资125亿元人民币，固定资产投资100亿元人民币。镇江基地达产后可形成20 GWh三元锂电池产能，预计实现应税销售额200亿元，利税40亿元。

11月

2017年11月3日 大同市政府与苏州高迈新能源有限公司年产能10万辆新能源电动重卡项目签约仪式在御东行政中心举行，按照规划，该项目将分3个阶段进行，即过渡期、一期建设、二期建设。项目产业园落户大同经济技术开发区，总投资75亿元。分两期投资完成10万辆纯电动重卡项目建设。项目一期预计2023年达产达效，项目二期将围绕产业链延伸、相关配套设施建设及市场开发等推进。

2017年11月3日 贵安新区新能源产业项目集中签约仪式正式举行。贵安新区管委会、贵安新区开发投资有限公司分别与北京摩拜科技有限公司、新特电动汽车工业有限公司就合作打造绿色智慧共享出行体系等方面达成合作协议。

2017年11月17日 正道集团动力电池项目一期工程——宁波京威动力电池有限公司开工仪式在宁波奉化隆重举行，作为正道集团动力电池的一期工程项目，将为该集团提供30万辆新能源汽车的配套工程。根据规划，该项目总占地面积311亩，其中一期工程建筑面积12.6万m^2，总投资20亿元，将于2018年底建成并投产。

2017年11月20日 Polestar高性能电动车项目开工仪式在成都天府新区新兴产业园举行。作为沃尔沃汽车集团旗下的高性能品牌，Polestar于2017年10月17日在上海宣布成为一个全新的独立电动高性能汽车品牌，并将在成都建造全新的生产中心，首款车型Polestar 1将在此生产。该项目2018年中竣工,并开始模具安装及预生产测试。

2017年11月22日 郴州市与北京富电绿能科技股份有限公司签署富电邵阳产业园项目,该项目位于邵阳经开区,占地面积约400亩,项目包括充电桩和动力电池正极材料建设,总投资不低于31亿元,其中固定资产投资16亿元,研发测试生产和其他投资15亿元。同时邵阳市政府、北京富电绿能科技股份有限公司双方牵头成立湖南宝庆同创产业基金,一期规模30亿元,二期规模60亿元,用于生产动力三元等正极材料和交流、直流充电桩、移动充电车等充电设备生产项目。

2017年11月27日 绵阳市安州区政府与东旭光电科技股份有限公司签订了《新能源汽车项目投资合作协议》。根据协议,东旭光电科技股份有限公司将在安州区投资30亿元建设年产能1万辆新能源客车和3万辆新能源物流专用车生产基地项目,主要建设内容包括新建整车焊装、涂装、总装厂房及辅助用房、员工宿舍楼、办公、研发中心等。项目全部达产后预计达产实现年销售收入50亿元,年税收5亿元,带动当地就业超过5 000人。

12月

2017年12月4日 天齐锂业股份有限公司与遂宁市安居区政府签署《投资协议书》,双方就公司在遂宁市安居区化工产业园区"新建年产2万t碳酸锂工厂"项目达成合作共识,该项目计划总投资约15亿元。

2017年12月11日 投资100亿元的小鹏汽车智能网联科技产业园(肇庆基地)在肇庆高新区奠基动工。该项目占地总面积3 000亩,一期用地900亩,投资40亿元;二期投资60亿元。预计一期项目建成后,将实现年产能20万辆。该生产基地以发展新能源纯电动汽车为核心,研发自动驾驶,集智能网联大数据平台打造、汽车研发、零部件制造、供应链合作、整车生产、试制试验、国际业务、汽车服务贸易等多种业务为一体。

2017年12月11日 贵航莲花汽车新能源汽车项目在安顺开工。该项目总投资为30亿元左右,新厂区占地面积约353亩。项目预计于2019年6月建成批产,年产能达10万辆,其中,6.5万辆为新能源乘用车,3.5万辆为传统乘用车。

2017年12月12日 江西永兴特钢新能源科技有限公司与江西省宜丰县人民政府签署《关于江西永兴特钢新能源科技有限公司在江西宜丰工业园区建设锂电新能源材料项目合同书》。该项目初步规划年产能3万t锂电材料(电池级碳酸锂及氢氧化锂),建设年产能240万t采矿、选矿项目。一期规划建设年产1万t电池级碳酸锂,并建设年产能120万t采矿、选矿项目。

2017年12月13日 深圳市华梦汽车产业集团与肇庆新区管委会在广东省肇庆市举行战略合作协议签订仪式,总投资100亿元,年产量10万辆以上,力争在3年内实现量产。

二、2017年新能源汽车行业合资合作

Chapter 2 New Energy Automotive Industry Joint Venture Cooperation in 2017

1月

2017年1月16日 中国第一汽车集团公司与奥迪股份公司在长春正式签署《一汽、奥迪十年商业计划》。两家公司未来将继续扩大传统能源和新能源产品线,从而覆盖豪华品牌最重要的六大细分市场,新能源车型及其相关的服务领域将成为今后合作中新的重点。同时,双方约定在继续深化现有领域合作的基础上,未来十年将广泛地在全新领域开展合作,其中包括:智能互联、移动出行、联合数字化项目、金融服务合作等众多核心业务领域。

2017年1月18日 嗒嗒巴士与珠海银隆新能源有限公司签署战略合作协议。双方本着在新能源巴士领域并肩拓展的目标,深度合作、优势互补,拟共同打造面向公交、客运行业的新型生态圈。与此同时,嗒嗒巴士作为战略合作伙伴,将与珠海银隆全面拓展品牌联合、车辆定制、营销推广等多种形式的合作。

2月

2017年2月5日 陕西通家汽车股份有限公司与西安新青年控股集团有限公司正式签订战略合作框架协议,西安新青年控股集团有限公司将作为陕西总代理,双方将在新能源汽车销售,融资租赁等方面展开合作,2017年达2万辆销售目标。

2017年2月13日 中山大洋电机股份有限公司与巴拉德动力系统公司在加拿大签署了《燃料电池模块组装框架协议》。在协议生效后的5年内,大洋电机预计将向巴拉德支付2 500万美元,其中包括1 200万美元的技术解决方案费用。

2017年2月15日 中国沃特玛新能源汽车产业创新联盟与中通客车控股股份有限公司签署战略合作协议,双方将以新能源汽车领域合作为契机,建立长期、具有建设性的战略合作伙伴关系。

2017年2月20日 骆驼集团股份有限公司与山东唐骏欧铃汽车制造有限公司签订了《战略合作框架协议书》,双方拟在新能源汽车产品配套、技术支持等方面开展合作。

2017年2月23日 正道集团及宾尼法利纳设计公司在意大利正式签订净额为64 768 500欧元(约合5.31亿港元)的合约,双方签署了长达46个月的合作协议,为开发一系列新型微型涡轮增程器电动轿车,进行设计、工程及制作样品工作。

3月

2017年3月3日 恒新(中国)国际集团有限公司、香

港高科技投资集团在湖南省汉寿县签约投资建设汽车文化特色小镇。该项目面积约4 000亩（其中水面面积约1 000亩），总投资约30亿元。项目立足于汽车文化主体公园，全面融入旅游、娱乐等元素，打造汽车文化博览、汽车主题公园、专业赛场、水上乐园、风情商业、健康产业等多功能于一体的汽车文化特色小镇。

2017年3月7日 中国沃特玛新能源汽车产业创新联盟与中国恒天集团有限公司在京签署战略合作协议，双方一致同意建立长期的战略合作伙伴关系，共同研发和推广新能源汽车，并计划在2017年共同推广销售20 000辆新能源汽车，进一步推动新能源汽车产业发展和市场化普及。

2017年3月15日 中国航空工业集团有限公司与东风汽车公司在北京签署战略合作框架协议。根据协议，双方将在新能源汽车、汽车关键零部件、汽车智能化装备、专用车、通航服务等方面开展形式多样的合作。

2017年3月19日 深圳新沃运力汽车有限公司与林安物流集团在广州签署战略合作协议。双方将在新能源汽车租赁与运营、物流承运等领域，打造共赢、可持续发展的战略合作伙伴关系，共建新能源运力新生态。

2017年3月20日 财政部、科技部、工业和信息化部、发展改革委联合下发《关于开展2016年度新能源汽车补助资金清算工作的通知》（财办建〔2017〕20号），对非个人用户购买新能源汽车申请政府补贴的条件作出新的规定。

2017年3月28日 博能上饶客车有限公司与苏州埃威特集团、上海丁氏集团在上饶举行“1 000辆新能源客车销售签约仪式”。该批订单为10 ~12 m大型混合动力团体旅游客车，将服务于成都、长沙、深圳等城市的旅游与企业租赁业务。

4月

2017年4月7日 广州新穗投资有限公司、广州广汽比亚迪新能源客车有限公司、广州南方电力集团科技发展有限公司在广州市白云区潭村公交充电站成功联合举办了“珠三角湾区首个大型电动汽车充电站落成仪式”。三家企业与广州南沙润信公交有限公司共同签订了《四方战略合作框架协议》，就纯电动公交车推广应用与充电站建设运营方面达成战略合作。

2017年4月8日 上海瑞昱汽车有限公司与浙江遨优电池有限公司在上海签订了30亿Wh动力锂电池的战略合作。

2017年4月9日 重庆长安汽车股份有限公司与上海蔚来汽车有限公司在北京签署战略合作协议，双方将在智能网联新能源汽车领域展开深入合作。

2017年4月15日 湖南长高高压开关集团股份公司与时空电动汽车股份有限公司签订《战略合作框架协议》，双方将新能源汽车导入高频出行的网约车以及出租车，以及合作建设新能源充换电站。

2017年4月15日 湖南长高高压开关集团股份公司与杭州耀顶自动化科技有限公司签订《电动汽车合资运营协议书》，共同出资成立湖南长高耀顶新能源汽车服务有限公司。长高耀顶注册资本3 000万元，其中，湖南长高高压开关集团股份公司拟以自有资金出资1 800万元，股权占比60%，杭州耀顶出资1 200万元，占比40%，长高耀顶主要通过采购、租赁新能源汽车对接高频出行的网约车及出租车运营服务。

2017年4月25日 深圳市比克动力电池有限公司（以下简称比克电池）与东风柳州汽车有限公司（以下简称东风柳汽）在深圳签署了新能源汽车动力电池项目战略合作协议。根据协议，比克电池将于2017年12月31日前，为东风柳汽提供超2 000套动力电池包，主要应用于S50 EV及CV3 EV两款车型上。

2017年4月26日上午 在郑州中牟汽车产业园，郑州比克新能源汽车有限公司与河南中航之星新能源有限公司举行签约暨交车仪式，签署年度销售3 000辆新能源物流车的战略合作协议，联手拓展河南新能源汽车市场。

5月

2017年5月4日 上海汽车集团股份有限公司与宁德时代新能源科技股份有限公司合资成立时代上汽动力电池有限公司与上汽时代动力电池系统有限公司。其中，时代上汽动力电池有限公司，注册资本为20亿元。上汽管理拟持股49%，宁德时代拟持股51%。该公司将主要从事锂离子电池、锂聚合物电池等的开发、生产和销售及售后服务。上汽时代动力电池系统有限公司，注册资本为3亿元。上汽管理拟持股51%，宁德时代拟持股49%。该公司将主要从事动力电池模块和系统的开发、生产及销售。

2017年5月16日 国网电动汽车服务江苏有限公司成立大会暨揭牌仪式在南京举行。该公司由国网电动汽车服务有限公司与国网江苏省电力公司共同出资组建，是国家电网公司系统内成立的首家省级电动汽车合资公司。

2017年5月18日 上海德威明兴新能源科技有限公司与上海国际汽车城（集团）有限公司签订了《战略合作框架协议》，协议双方旨在积极推进氢燃料电池汽车产业化进程，力争抢占氢燃料电池汽车的制高点。

2017年5月20日 湖州城市集团、湖州市交通集团与北京恒天易开科技股份有限公司共同举行“新能源汽车分时租赁一体化运营项目”启动仪式。该项目预计总投资8.8亿元，分3年三期建设，拟在湖州建成400个租赁点，投放电动乘用车6 000辆。

2017年5月22日 东风电动车辆股份有限公司与深圳市航盛新能源有限公司合作协议签字仪式在武汉举行。根据合作协议，双方将合资11亿元，设立东风航盛（武汉）汽车控制系统有限公司，开发和制造新能源汽车控制系统产品。此项目将年内投产，年产值可达13亿元。

6月

2017年6月6日 浙江万马奔腾新能源产业有限公司与深圳乾龙快运有限公司在上海签署《合资经营合同》。双方拟合资设立上海万马乾龙新能源有限公司，主要经营纯电动物流车的销售、租赁及配套充电服务及相关后市场服务业务。合资公司注册资本1 000万元，奔腾新能源以自有资金现金出资600万元，占合资公司60%股权；乾龙快运以现金出资400万元，占合资公司40%股权。

2017 年 6 月 19 日 上海汽车集团股份有限公司与宁德时代新能源科技股份有限公司在江苏常州溧阳举行产业化合作项目奠基仪式，联手打造电池和电池系统生产基地。规划在江苏中关村科技产业园建设总产能超 30 GWh 动力电池生产基地，总用地面积约 2007 亩，主要客户为上汽集团旗下整车企业。其中，项目一期规划总投资 100 亿元，占地约 800 亩，将形成 18 GWh 的动力电池生产能力，计划于 2018 年底投产。另外，动力电池系统项目占地约 150 亩，计划于 2018 年 6 月投产。预计到 2020 年，合资公司将形成 36 GWh 的动力电池生产能力。

2017 年 6 月 21 日 广州汽车集团股份有限公司与华为技术有限公司在广州签订了《战略合作协议》。根据协议，双方将在企业管理、云计算、大数据、车联网、智能驾驶、新能源和国际化业务拓展等领域展开深入合作，以共同推动双方业务的发展。

2017 年 6 月 21 日 淮安铯沃尔福产业有限公司与荷兰海姆（Hymove）公司在江苏省淮安市盱眙县举行“氢气动力新能源汽车项目”签约仪式，该项目总投资 30 亿元，预期收益 70 亿元。

2017 年 6 月 26 日 中植新能源汽车有限公司、浙江军盛控股有限公司、城市合伙人创客（南京）股份有限公司在杭州千岛湖举行战略合作签约仪式。按照协议约定，3 年内 10 万辆纯电动物流车的销售和运营，由中植汽车按照创客南京的要求组织生产纯电动物流车，并提供 5 年 20 万 km 的三电质保；由专业从事新能源汽车租售的军盛控股向中植汽车或中植汽车指定的企业采购纯电动物流车并出租给创客南京；创客南京则须保证纯电动物流车约定的运营里程。

2017 年 6 月 26 日 中植新能源汽车有限公司、浙江菜鸟供应链管理有限公司、智行（杭州）汽车租赁有限公司（八匹马租车）三方还就共建“全国绿色智慧城配物流系统”在杭州千岛湖签署了战略合作协议，按照协议要求，中植汽车与八匹马租车将携手加入菜鸟网络打造百万辆新能源物流车应用的“ACE 计划”，并在新能源车辆营销及租赁、车辆运营和产品研发方面结成长期共同发展的战略合作伙伴关系。

2017 年 6 月 30 日 华菱星马汽车（集团）股份有限公司与中国恒天集团有限公司、恒天汽车有限公司、随州市城市投资集团有限公司、随州市曾都城市开发投资有限公司签订了框架协议，拟以支付现金或发行股份方式，收购湖北新楚风汽车股份有限公司 100% 股权。

7 月

2017 年 7 月 10 日 由北京汽车集团有限公司、康得新复合材料集团股份有限公司、常高新集团有限公司在北京举行“新能源汽车碳纤维部件及车体研发生产华东综合基地”项目签约仪式，项目总投资将达 120 亿元。

2017 年 7 月 19 日 东莞新沃星衡新能源汽车租赁公司与东莞市致鼎物流配送有限公司签订合作协议。根据协议，预计在 1 个月内，将有 300 多辆新能源纯电动货车进入东莞物流业，年内，预计增加至 1 000 辆。

2017 年 7 月 20 日 联想集团与上海蔚来汽车有限公司达成战略合作，双方将共同开发智能汽车计算平台。

2017 年 7 月 25 日 中国新能源汽车有限公司与湖南中车时代电动汽车股份有限公司在北京举行合作协议签约仪式。根据协议，双方将在城市配送、快递物流、公交等领域展开合作，共同发力新能源物流车市场。

8 月

2017 年 8 月 4 日 浙江吉利控股集团有限公司与沃尔沃汽车集团在宁波杭州湾吉利研究院正式签约，成立合资公司，暂定名为宁波时空方程汽车技术有限公司，双方以各占 50% 股权。

2017 年 8 月 12 日 协鑫集团有限公司与上海同捷科技股份有限公司在苏州高新区签署合作协议，双方将在苏州高新区共同建立新能源车整车基地。该项目总投资将突破百亿元，基地投产后年产能将达 100 万辆。

2017 年 8 月 18 日 光启科学有限公司与深圳巴士集团股份有限公司订立战略合作框架协议，双方将在地面公共交通系统之安全保障领域、智能运营领域、一体化综合平台搭建等领域展开合作。

2017 年 8 月 22 日 福特汽车（中国）有限公司与安徽众泰汽车股份有限公司签署了合作备忘录，双方拟在国内建立新的合资公司——众泰福特汽车有限公司，各持有新公司 50% 的股份，从事纯电动乘用车的研发、制造、销售和服务业务。

2017 年 8 月 29 日 雷诺—日产联盟与东风汽车集团股份有限公司联合成立新合资公司——易捷特新能源汽车有限公司，雷诺、日产分别持有易捷特 25% 的股份，东风持有 50% 股份。新工厂建在湖北十堰东风汽车生产基地，形成年 12 万辆的产销规模，预计将于 2019 年开始生产新款电动汽车。

9 月

2017 年 9 月 19 日 广州汽车集团股份有限公司与腾讯公司在广州签订了《战略合作框架协议》。双方将在智能网联汽车车联网服务和智能驾驶、云平台、大数据、汽车生态圈、宣传和营销领域开展业务合作，同时探讨在移动出行和汽车电商平台、新能源汽车以及汽车保险业务领域开展资本合作。

2017 年 9 月 18 日 格林美（无锡）能源材料有限公司与天津市捷威动力工业有限公司签订了《战略合作及原材料采购框架协议》。依据经营发展规划，格林美（无锡）能源材料有限公司预计未来 3 年正极材料需求量为 2018 年 3 959 t、2019 年 7 918 t、2020 年 15 837 t。天津市捷威动力工业有限公司作为大型新能源动力汽车关键零部件制造、研发、销售的高科技企业，项目已完成投资约 10 亿元。

2017 年 9 月 24 日 富电集团股份有限公司与奇瑞新能源汽车技术有限公司在北京签署战略协议，双方将在新能源汽车分时租赁领域展开合作。

10 月

2017 年 10 月 10 日 河北国和集团投资有限公司与思度新能源汽车有限公司战略合作签约仪式在石家庄市举行，

双方将在河北省内就新能源汽车的整车销售、售后服务、金融服务等方面开展广泛、深入的合作。

2017年10月13日 北京汽车工业集团总公司与百度签署战略合作框架协议，在汽车智能化领域达成集团层面的战略合作。在自动驾驶方面，将以百度Apollo开放平台与北汽集团车辆平台为基础，借助百度人工智能核心技术，于2019年前后实现L3级别自动驾驶车辆量产，2021年前后实现L4级别自动驾驶车辆量产；在车联网方面，百度Apollo将DuerOS、车辆信息安全、图像识别等产品和技术与北汽集团车载系统深度融合，共同打造一站式车联网产品。预计到2018年底，北汽集团自主品牌全面搭载百度Apollo车联网产品，到2019年，搭载百度车联网产品的北汽集团旗下车辆将突破100万辆。

2017年10月13日 重庆长安汽车股份有限公司与阿里巴巴（中国）有限公司签署战略合作协议。双方将在智能车联网平台、车联网服务以及企业社交领域三大方面展开战略合作，为用户提供极致的车联网服务。此外，双方将建立联合实验室，进行人工智能、车载应用以及信息安全等相关领域的研究和开发工作。

2017年10月15日 青岛国恩科技股份有限公司与青岛特锐德电气股份有限公司签署《全面战略合作协议》，旨在充分发挥双方资源整合和技术平台优势，在箱式变电站和充电桩的外管结构等领域进行联合技术创新和产品研发展开深度合作，实现1+1>2的效果。

2017年10月15日 青岛特来电新能源有限公司与滴滴出行签署了《战略合作协议》，充分发挥双方资源整合和技术平台优势，共同推动交通出行新能源化、共享化、智能化，携手致力于节能减排、改善大气环境和汽车产业转型升级，充分整合公司充电网络和充电技术优势，为广大滴滴司机带来更为安全、经济、快捷的充电服务，推动新能源汽车的普及应用。

2017年10月17日 精进电动科技股份有限公司与中国第一汽车集团有限公司在上海签署战略合作协议。双方将通过建立全面的战略合作关系，充分发挥各自优势，在新能源乘用车和商用车领域展开全面深度合作。

2017年10月17日 百度公司与厦门金龙联合汽车工业有限公司签署战略合作协议，双方将合作研发商用级无人驾驶微循环车，使其在特定场景下完全无人驾驶，并在2018年7月底实现小规模量产及试运营。

2017年10月19日 安阳德力汽车有限公司与武汉优希新零售有限公司举行战略合作签约仪式。双方建立战略合作关系，达成87 500辆新能源物流车战略框架合作协议。

11月

2017年11月7日 永安行科技股份有限公司与北京新能源汽车股份有限公司在北京签订了《战略合作协议书》。根据协议，北汽新能源优先向公司提供电动小汽车并提供全面的产品及技术、维保等服务支持；双方将联合开发为永安行定制的基于互联网、多媒体信息技术的新一代纯电动汽车；双方充分发挥各自优势，集合服务体系、技术平台、金融平台等资源，积极在新能源汽车电池及控制系统、多媒体系统、动力电池梯级利用、金融服务、租赁运营等多方面开展深度合作，共同推进智慧交通业务。

2017年11月17日 富顺光电科技股份有限公司与福建元隆智能科技有限公司签署了充电桩《购销合同》，合同金额为1.5亿元。

2017年11月17日 一汽服务贸易有限公司与北京恒天易开科技股份有限公司在天津举行了合资公司——一汽易开智行科技（天津）有限公司的签约仪式，合资公司将在天津进军新能源共享汽车市场，正式开展新能源汽车分时租赁项目。

2017年11月21日（欧洲中部时间） 潍柴动力股份有限公司与罗伯特·博世有限公司签署战略合作框架协议，双方将共同合作开发生产氢燃料电池及相关部件，并且双方还将在智能制造领域开展合作。

2017年11月27日 安徽江淮汽车集团股份有限公司、大众汽车股份公司、大众汽车（中国）投资有限公司三方在安徽省合肥市签署了谅解备忘录。根据谅解备忘录，三方就多用途汽车（包括但不限于皮卡、MPV、电动商用车等）产品研发、销售及市场领域在中国成立一家新的合资企业。安徽江淮汽车集团股份有限公司持股50%，大众汽车股份公司、大众汽车（中国）投资有限公司共持股50%。

2017年11月27日 国网电动汽车服务有限公司与上海蔚来汽车有限公司正式签署战略合作框架协议，双方将开启在电动汽车领域的深度合作，尤其是充换电网络的建设运营、电池储能等能源领域的合作。

2017年11月29日 北能新能源汽车技术集团有限公司与浙江汉毅股权投资基金管理有限公司在郑州共同签署《战略合作协议》。北能集团和汉毅基金将斥资200亿元推动北能新能源物流公司发展。根据战略部署，项目初期双方计划面向河南市场投放6 000辆新能源物流车，初步搭建物联网路体系，2018年上半年以同城配送和城际物流为主营业务，面向河南省18个地级市完成网络布局，覆盖全省物流市场；2018年下半年，双方将在前期布局的21个省市启动项目攻坚，力争在两年内，投入80万辆新能源汽车，最终完成新能源物联网络体系建设。

12月

2017年12月1日 中国第一汽车集团公司、东风汽车集团有限公司、重庆长安汽车股份有限公司战略合作框架协议签约仪式在湖北武汉举行。根据协议，三方将在前瞻共性技术创新、汽车全价值链运营、联合出海“走出去”、新商业模式等四大领域开展全方位的合作。三方共同围绕新能源、智能化、网联化、轻量化等领域，对战略性核心技术、平台进行联合投资、开发，并共享技术成果。

2017年12月5日 厦门金龙汽车集团股份有限公司与国网电动汽车服务有限公司签订了战略合作协议，双方将在国内企事业班车、公务用车和快递物流等领域推广新能源汽车展开合作。包括联合制订车、桩、网的系统解决方案，联合推动政府建立标准、给予配套政策，加快推进示范项目落地。

2017年12月7日 广州汽车集团股份有限公司与科大讯飞股份有限公司在广州签订战略合作框架协议。根据协议，将在智能人机交互技术、车载智能化及人工智能技术、大数据分析、智能车联网平台、广告投放、智能客服、智能销售机器人及营销创新等业务领域展开合作，协议有效期为5年。

2017年12月7日 重庆小康工业集团股份有限公司与中新融创资本管理有限公司在北京签署了《战略合作协议》，拟共同发起设立一支新能源汽车产业基金——金康新能源汽车产业投资基金（有限合伙），基金总规模为20亿元，重庆小康工业集团认购25%有限合伙份额，中新融创或其指定主体负责募集剩余份额。

2017年12月7日 安徽众泰汽车股份有限公司与福特汽车（中国）有限公司在浙江省举行合资公司工厂项目投资签约仪式，合资公司——众泰福特汽车有限公司将投资50亿元落户浙江金华，将形成年产能10万辆纯电动乘用车项目，预计2019年9月投产。

2017年12月9日 智车优行科技有限公司（奇点汽车）与东风设计研究院有限公司签署战略合作框架协议，双方将在智能新能源汽车产品研发试验、资质申报、项目建设、生产制造、技术人才、资本服务等领域进行全方位合作，共同推动新能源汽车的产业升级和发展。

2017年12月11日 福建冠城瑞闽新能源科技有限公司与中国科学院海西研究院（中国科学院福建物质结构研究所）签订《共建新能源材料及器件研究实验室的协议书》，双方将发挥各自优势，联合组建"新能源材料及器件研究实验室"。该实验室主要工作内容为开展锂电新能源等化学储能领域的试验研究与开发应用，对锂电新能源材料的市场需求、行业趋势及技术成果的产业化进行研究。

2017年12月11日 浙江金鹰股份有限公司与湖南瑞翔新材料股份有限公司共同设立的浙江金鹰瑞翔新材料有限公司锂电池正极材料项目一期正式投入生产，预计年销售额15亿元。

2017年12月13日 浙江大东南股份有限公司与江苏百能新能源汽车有限公司签订《新能源战略框架合作协议》，双方拟在新能源汽车领域建立长期、全面、稳定的战略合作关系。

2017年12月15日 雷诺集团与华晨中国汽车控股有限公司签署合同组建合资公司——华晨雷诺金杯汽车有限公司，计划以金杯、雷诺、华颂3个品牌生产销售轻型商用车，到2022年实现年销售15万辆，并加快电动车动力总成的发展。该公司将在沈阳大东区投产运营，本地化生产三大类车型：MPV、中型厢式客车及货车和大型厢式客车及货车。

2017年12月15日 安徽恒瑞新能源股份有限公司与安徽亿瑞电气有限公司、上海伏光太阳能科技有限公司、广西南宁超大公共交通有限责任公司3家企业签订充电桩供货合同，同时收到彭泽县公交总站充电桩采购项目《中标通知书》，金额合计1 604.8万元。

2017年12月15日 重庆力帆汽车有限公司与重庆快键新能源汽车有限公司在重庆市签订《战略合作框架协议》。合作期限为自本协议签署之日起，至2021年12月31日止。合作期限内，重庆快键向力帆汽车采购力帆牌LF5028纯电动物流车在内的新能源车辆原则上累计数量不低于1万辆，具体新能源车辆采购的数量、价格、品牌型号等事项以双方届时签订的采购协议或订单为准，价格不低于力帆汽车市场售价。力帆汽车保证在同等条件下优先向重庆快键供货，同时利用力帆汽车在车联网方面的技术优势，适时为重庆快键提供车联网数据及平台服务，服务费用参照市场公允价格。

2017年12月15日 奇瑞商用车（安徽）有限公司与北京国能电池科技有限公司在安徽芜湖签订战略合作协议，双方在电池供应、新能源电池技术研发、市场开拓等领域达成了多项合作共识。

2017年12月17日 八匹马租车与奇瑞商用车（安徽）有限公司、万马联合新能源投资有限公司在三亚举行战略合作协议签约仪式。奇瑞商用车将以丰富的产品线和产品力满足八匹马租车在各类市场上的应用；万马新能源作为充电桩运营商，此次合作，双方构建网络平台将各大城市及下级网点的建设更加完善，进一步加固了新能源物流车的配套保障，扩大了纯电动物流车的运行范围及车辆安全行驶监控。

2017年12月19日 赛晶电力电子集团有限公司与恒天新能源汽车有限公司的战略合作协议签约仪式在北京举行。根据协议，双方将借助恒天集团在新能源汽车整车及核心零部件研发、制造等方面的优势，以及赛晶集团在IGBT、IGBT驱动、复合母排、电力电子电容器等方面的优势，积极开展合作。双方将尽快建立联动机制，逐步开展技术开发、产品研发等方面的合作项目。

2017年12月20日 在孚能科技（赣州）有限公司与北京汽车集团有限公司签署一系列协议，包括5年100万台电池战略采购协议、加盟北京市新能源汽车技术创新中心协议以及与北汽新能源"合资电芯厂协议"和"电池回收领域战略合作协议"。

2017年12月21日 奇瑞汽车股份有限公司与宝能投资集团有限公司就战略投资观致汽车有限公司达成协议，宝能集团将作为战略投资方，与奇瑞汽车、Quantum（2007）LLC一起，共同支持观致汽车的发展。根据协议，接下来三方还将共同为观致增资65亿。

2017年12月21日 安徽江淮汽车集团股份有限公司与大众汽车（中国）投资有限公司合资（纯电动乘用车项目）收到商务部的《中华人民共和国外商投资企业批准证书》（商外资　资审字〔2017〕0010号），江淮大众注册资金20亿元，主要研发、制造纯电动汽车；研发、制造电动汽车电池等新能源汽车相关核心部件；销售整车以及其零部件、组件、配件；进口及在中国购买其开展业务活动所需要的货物及服务；出口整车以及其零部件、组件、配件；等等。

2017年12月22日 中国永达汽车服务控股有限公司与上海力信电气技术有限公司在上海签署战略投资协议。根据协议，永达将协同力信电气进一步拓展新能源汽车产业制造端，聚焦新能源汽车核心零部件的研发与制造，实现永达新能源汽车产业从销售服务端到制造端的双轮驱动和产业布局。

2017年12月23日 济宁市政府与国网电动汽车服务公司、山东省电力公司签订战略合作协议。按照协议，国网电动汽车服务公司和山东省电力公司将按照统筹规划、分步实施原则，全面投资建设电动汽车充电设施及配套服务系统，并对建成后的充电设施进行运营管理；市政府负责督导推进充电设施布点的整体规划。

三、2017 年新能源汽车行业重要事件

Chapter 3 New Energy Automotive Industry Important Events in 2017

1月

2017 年 1 月 5 日 发改委发布《关于重庆金康新能源汽车有限公司年产 5 万辆纯电动乘用车建设项目核准的批复》,同意重庆金康新能源汽车有限公司年产 5 万辆纯电动乘用车建设项目,项目总投资 251 025 万元。

2017 年 1 月 6 日 《新能源汽车生产企业及产品准入管理规定》正式发布,规定自 2017 年 7 月 1 日起施行。该规定从企业设计开发能力、生产能力、产品生产一致性保证能力、售后服务及产品安全保障能力等方面提高了准入门槛,并强化了安全监管要求,目的在于有效提高新能源汽车产品质量和安全水平。

2017 年 1 月 9 日 南京市物价局发布《关于调整电动汽车充换电服务收费的通知》,2017 年 1 月 10 起,调整电动汽车充换电服务收费。调整纯电动客车(12 m)、纯电动汽车(7 座以下)充电服务最高收费标准,分别上调 0. 12 元/kWh、0. 13 元/kWh,调整后的纯电动客车(12 m)、纯电动汽车(7 座以下)充电服务最高收费分别为 1. 23 元/kWh、1. 44 元/kWh。

2017 年 1 月 11 日 湖北省经济和信息化委员会发布《新能源汽车及专用车产业"十三五"发展规划》,该规划提到,至 2020 年,全省专用汽车产能达到 40 万辆/年,其中高品质适销对路新能源专用车产能 5 万辆/年。在全国的地位和影响进一步提升,生产规模在努力提高附加值基础上适度增长,产销量占全国的比重提高达 15%。

2017 年 1 月 13 日 国家能源局、国资委、国管局联合下发《加快单位内部电动汽车充电基础设施建设》的通知,明确到 2020 年,公共机构新建和既有停车场要规划建设配置充电设施比例不低于 10%;中央国家机关及所属在京公共机构比例不低于 30%;在京中央企业比例力争不低于 30%。

2017 年 1 月 17 日 汕头市 2017 年首批便民公交项目启动,汕头再次投入新能源公交车 305 辆,至此全市新能源公交车达到 705 辆,约占全市公交车总量的 50%,市民出行更加舒适,城市环境更加环保。

2017 年 1 月 20 日 浙江省发布《电动汽车充电基础设施建设运营管理暂行办法》。办法提出,个人、企业、机关事业单位和其他组织可以在其依法拥有所有权(或使用权)的停车场所上投资建设充电基础设施,并拥有充电基础设施所有权。

2017 年 1 月 23 日 工信部发布《新能源汽车推广应用推荐车型目录(2017 年第 1 批)》,共有 39 家企业 185 款车型进入目录,其中纯电动车 124 型(含客车 27 款,乘用车 61 款,专用车 36 款);插电式混合动力车型 60 款(含客车 48 款,乘用车 12 款);燃料电池车型 1 款(1 款为客车)。

2月

2017 年 2 月 6 日 《福州市新能源非公交汽车推广应用补贴暂行办法》出台。根据该暂行办法,福州市推广的新能源非公交汽车,2016 年地方补助标准按国家同期标准 1:1 进行补贴,2017 年 1 月 1 日起购置的新能源汽车地方补贴标准按国家有关规定做相应调整。暂行办法规定,享受地方补贴的新能源汽车所有权 3 年内不得向本市外用户转移。

2017 年 2 月 8 日 广西壮族自治区发布《新能源汽车产业发展"十三五"规划》,该规划提出,推动汽车产业转型升级,加快培育发展新能源汽车产业,其中明确要重点打造梧州市新能源汽车动力电池生产基地。

2017 年于 2 月 9 日 北京市科委联合市财政局、市经济信息化委召集相关车企召开专题会议,宣贯政策内容,并对社会发布。为加速积极响应落实四部委《关于调整新能源汽车推广应用财政补贴政策的通知》(财建〔2016〕958 号)要求,经报北京市政府批准,确定 2017 年北京市示范应用新能源小客车按照中央财政单车补贴额的 50% 确定市级财政补助标准,国家和本市财政补助总额不超过车辆销售价格的 60%。

2017 年 2 月 9 日 东营市发布《"十三五"电动汽车充电基础设施发展规划》。规划指出,结合东营市电动汽车发展目标,根据各应用领域电动汽车对充电基础设施的配置要求,经分类测算,到 2020 年,东营市需建设公共充换电站 41 座,公交车充换电站 7 座,环卫与物流等专用车充电站 4 座;建设充电桩 16 550 个,其中,居民区专用充电桩 8 550 个,单位内部停车场专用充电桩 4 000 个,分散式公共充电桩 4 000 个。

2017 年 2 月 13 日 安徽省发布《"十三五"汽车和新能源汽车产业发展规划》。根据规划内容,到 2020 年,该省力争培育年销售收入达 1 000 亿元的汽车企业集团 1 ~ 2 家。在此基础上,做优合肥、芜湖两市零部件产业基地,努力再培育全国知名汽车零部件产业基地 1 ~ 2 个,着力再培育新能源汽车产业集聚发展基地 1 ~ 2 个。

2017 年 2 月 15 日 河南省发改委、省住建厅、省交通厅联合下发了《关于进一步完善机动车停放服务收费政策的实施意见》,明确提出鼓励对短时间停车和新能源汽车停车实行收费减免优惠。

2017 年 2 月 16 日 北京市发布《关于调整北京市示范应用新能源小客车相关政策的通知》,通知明确,2017 年北京市示范应用新能源小客车财政补助标准按照中央财政单车补贴额的 50% 补贴,国家和本市财政补助总额不超过车辆销售价格的 60%。

2017 年 2 月 16 日 海南省发布《海南省电动汽车充电基础设施建设运营省级补贴实施暂行办法》。办法规定,省

发改委负责组织开展补贴资金申报、审核工作，会同省财政厅下达补贴资金支出计划。省财政厅主要负责补贴资金的经费预算安排，按程序拨付资金，会同省发改委对补贴资金进行监督。

2017 年 2 月 17 日 南充市发布《"十三五"新能源汽车产业发展规划(2016—2020 年)》。规划种提到，到 2020 年，完成"千亿百家"计划，年生产整车规模达 15 万辆(含专用车)，产业产值超 1 000 亿元，培育出 100 家产值 3 亿元以上的专业化程度较高、研发实力较强的小巨人型汽车零部件及机械制造企业。

2017 年 2 月 20 日 四川省第 143 次常务会议通过《关于加快电动汽车充电基础设施建设的实施意见》，明确到 2020 年，初步建成适度超前、车桩相随、布局合理的充电基础设施体系，全省新建集中式充换电站 600 座以上，分散式充电桩 27 万个以上，基本形成统一开放、竞争有序的充电服务市场，促进全省电动汽车产业快速健康发展。

2017 年 2 月 27 日 贵州发布《关于促进贵阳市推广应用新能源汽车的实施意见》。实施意见指出，贵阳市补助标准按照贵州省级补助标准的 100% 进行跟进补助，国家、省、市补助总额不超过车辆销售价格的 60%。除中央和省级补助外，贵阳市补助资金按属地原则(车辆注册地)由市和所在区(市、县)财政按各 50% 的比例承担。

2017 年 2 月 28 日 四川省人民政府办公厅印发《关于加快电动汽车充电基础设施建设的实施意见》，意见指出，到 2020 年，全省新建集中式充换电站 600 座以上，分散式充电桩 27 万个以上，满足 23.8 万辆以上电动汽车的充电需求，达到作为国家电动汽车示范推广地区对充电基础设施建设的总体要求，基本形成统一开放、竞争有序的充电服务市场。

3 月

2017 年 3 月 1 日 工信部发布《新能源汽车推广应用推荐车型目录(2017 年第 2 批)》，共有 40 家企业 201 款车型进入目录，其中纯电动车型 157 款(含客车 87 款，乘用车 33 款，专用车 37 款)；插电式混合动力车型 44 款(含客车 41 款，乘用车 3 款)。

2017 年 3 月 1 日 工业和信息化部、发展改革委、科技部、财政部印发《促进汽车动力电池产业发展行动方案》的通知，方案要求，持续提升现有产品的性能质量和安全性，进一步降低成本，2018 年前保障高品质动力电池供应；大力推进新型锂离子动力电池研发和产业化，2020 年实现大规模应用；着力加强新体系动力电池基础研究，2025 年实现技术变革和开发测试。方案目标到 2020 年，新型锂离子动力电池单体比能量超过 300 Wh/kg；系统比能量力争达到 260 Wh/kg、成本降至 1 元/Wh 以下，使用环境达 -30 ℃ ~55 ℃，可具备 3C 充电能力。到 2025 年，新体系动力电池技术取得突破性进展，单体比能量达 500 Wh/kg。

2017 年 3 月 1 日 上海市人民政府发布《上海市节能和应对气候变化"十三五"规划通知》。该通知提出发展绿色低碳交通，优先发展公共交通，坚持并完善小客车管控政策，绿色交通出行比重不低于 80%。到 2020 年，建成 800 km 轨道交通网络。力争形成 500 km 公交专用道，进一步提高地面公交的便捷性和服务水平。继续鼓励推广使用新能源和清洁能源车，加大充电设施建设力度。到 2020 年，新能源汽车达到 26 万辆，新能源和清洁能源公交车比例达到 50% 以上，中心城公交基本实现新能源化。加强智能交通建设和交通需求管理力度，鼓励发展拼车、新能源汽车分时租赁等共享出行模式。

2017 年 3 月 5 日 在十二届全国人大五次会议开幕会上，国务院总理在《政府工作报告》中指出，要强化机动车尾气治理，基本淘汰黄标车，加快淘汰老旧机动车，对高排放机动车进行专项整治，鼓励使用清洁能源汽车，在重点区域加快推广使用国六标准燃油。

2017 年 3 月 9 日 山东省人民政府关于印发《山东省"十三五"战略性新兴产业发展规划》的通知，通知提到，山东省要把握全球新能源汽车轻量化、智能化的科技发展趋势，完善地方性标准规范和政策体系，推进纯电动、混合动力及低能耗汽车技术创新。到 2020 年，建成聊城、临沂、枣庄、潍坊、德州等一批新能源汽车产业集聚区，纯电动轿车、载货电动车等各类新能源汽车产量达到 100 万辆。

2017 年 3 月 10 日 中机中心根据《关于进一步做好新能源汽车推广应用安全监管工作的通知》的要求，提出企业应当建设和完善新能源汽车企业监测平台，在 2017 年 4 月 1 日前，《公告》内产品按文件规定提交相关检测报告。

2017 年 3 月 13 日 重庆市发布《新能源汽车生产企业备案管理办法(暂行)》。该办法提到，对经国家或重庆市认定存在违法违规行为的企业，市新能源汽车办公室有权暂缓备案、取消备案，或给予 1 ~ 3 年内取消其备案申请资格的处罚。有弄虚作假行为的，市新能源汽车办公室有权收回相关财政补助资金，并给予 1 ~ 3 年内取消其备案申请资格的处罚。

2017 年 3 月 13 日 甘肃省财政厅、经信委与科技厅联合发布了《关于调整省级新能源汽车推广应用财政补贴政策的通知》，通知指出，2017 年 1 月 1 日之后(含当日)在省内购买的符合补贴申请条件的新能源汽车，财政补贴标准调整为省级财政按照调整后的中央财政补贴标准的 35% 执行，市(州)、县(市、区)财政按照调整后的中央财政补贴标准的 15% 执行，省、市、县补贴比例总和为中央财政补贴的 50%。

2017 年 3 月 13 日 西安市人民政府发布《关于进一步加快新能源汽车推广应用的实施方案的通知》，通知指出，调整新能源汽车补贴标准，对单位和个人购买新能源汽车的，公共服务领域按 1:0.5、非公共服务领域按 1:0.3 给予地方财政补贴。地方财政补贴(地方各级财政补贴总和)不超过中央财政单车补贴额的 50%。

2017 年 3 月 17 日 山西省经济和信息化委员发布《山西省新能源汽车产业发展 2017 年行动计划通知》，该通知计划 2017 年推进一批重点项目投产或部分投产，力争全年完成投资 50 亿元以上；推动一批龙头企业实现规模化生产，全省新能源汽车生产能力达到 10 万辆；引进一批核心配套产业项目，培育与新能源汽车相关的协作产业链。

2017 年 3 月 24 日 济南市发布《电动汽车充电基础设施建设实施方案》，方案表示，到 2020 年，济南市建成公用及专用充电站 102 座、充电桩 3.4 万个，充电基础设施配电总容量达到 84MVA，初步构建区域清晰、重点突出、疏密结合、覆盖全面的充电基础设施布局网络，并落实国家标准规范，完善市场监管体系，逐步形成统一开放、竞争有序的充电服务市场。

2017 年 3 月 27 日 四部委下发《关于开展 2016 年度新能源汽车补贴资金清算工作的通知》，2016 年非个人用户购买的新能源汽车申请补贴也要满足 3 万 km 要求。

2017 年 3 月 28 日 武汉市发布《新能源汽车充电基础设施补贴实施方案》，该方案提到，对 2013 年 1 月 1 日—2016 年 6 月 30 日投资建设的充电设施，从即日起至 4 月 20 日企业可申报新能源车充电基础设施补贴。

2017 年 3 月 30 日 上海市人民政府印发了《上海市节能和应对气候变化"十三五"规划》的通知，规划指出，在新能源及新能源汽车领域，重点发展高效光伏组件、太阳能热发电、海上风电、电动汽车电池及充电桩等设备。大力实施节能低碳项目。累计推广节能灯 796.2 万只、节能家电 329 万台，推广应用新能源汽车 5.77 万辆，淘汰黄标车和老旧车 40.37 万辆、高耗能落后机电设备 21 081 台、S7 及以下系列变压器 11 530 台。

2017 年 3 月 30 日 江苏省发布《关于做好 2017 年新能源汽车推广应用地方财政补助工作的通知》，新能源汽车的补贴从 0.9 万 ~10 万元/辆不等，地方财政给予的补助资金不得超过相应车型中央财政补贴额的 50%。对闲置的车辆和充电设施不予补助。

4 月

2017 年 4 月 1 日 工信部发布《新能源汽车推广应用推荐车型目录(2017 年第 3 批)》，共有 87 家企业 634 个车型入选，其中，纯电动车型 505 款车型(含客车 330 款，乘用车 33 款，专用车 142 款)；插电式混合动力车型 128 款(含客车 123 款，乘用车 5 款)；燃料电池车型 1 款(1 款为客车)。

2017 年 4 月 1 日 台州市《台州市市区新能源汽车推广应用财政补助暂行办法补充说明》，调整完善了纯电动乘用车、插电式混合动力(含增程式)乘用车推广应用市级配套补贴标准。纯电动乘用车按照续驶里程分级补贴，续驶 R≥250 km 的补贴 2.2 万元，150 km≤续驶 R＜250 km 的补贴 1.8 万元，100 km≤续驶 R＜150 km 的补贴 1 万元；插电式混合动力(含增程式)乘用车续驶 R≥50 km 的补贴 1.2 万元。

2017 年 4 月 10 日 北京市顺义区人民政府发布《顺义区关于加快促进新能源汽车推广应用的实施意见》。意见中提到，顺义区每年推广应用新能源汽车 500 辆以上，力争到 2020 年累计推广应用各类新能源汽车 2 000 辆以上。到 2020 年力争新增公共充电桩 2 000 个，充电站 20 座，实现城区 1 km 范围全覆盖。

2017 年 4 月 10 日 温州市发布《中心城区电动汽车充电设施专项规划》，根据规划，温州市在"十三五"期间将规划布局社会公用充电桩 604 个(一类区 264 个，二类区 340 个)；公共充电站 14 座(中型充电站 10 座，小型充电站 4 座)；专用充电站 16 座(公交车充电站 13 座，出租车充电站 3 座)。近期规划建设社会公共充电桩 339 个，点位 32 处；社会公用充电站 8 座，专用充电站 10 座。

2017 年 4 月 12 日 工业和信息化部部长苗圩在华沙与波兰能源部部长克里什托夫就加强中波新能源汽车领域合作举行会谈，并共同签署了《中华人民共和国工业和信息化部与波兰共和国能源部关于电动交通(电动汽车)领域开展合作的谅解备忘录》。

2017 年 4 月 12 日 黑龙江省发布《新能源公交车推广应用省级补助资金管理办法》。根据管理办法，黑龙江省级补助资金采取省对市县(农垦总局)"以奖代补"方式下达。黑龙江省、市、县财政新能源公交车购置补贴总额最高不得超过同期中央财政补贴额的 50%。

2017 年 4 月 13 日 三亚市发布《电动汽车充电基础设施管理暂行办法》，办法指出，三亚市新建住宅小区，配建停车位要 100% 建设充电设施或预留建设安装条件(包括电力管线预埋和电表箱、电力容量预留等)；在市区域范围内，原则上每 2 000 辆电动汽车至少建设一座集中式充(换)电站；在城际高速公路上，原则上按每座集中式充(换)电站服务半径 50 km 配建。

2017 年 4 月 21 日 辽宁省人民政府发布《辽宁省"十三五"节能减排综合工作实施方案》，方案提出，加强工业节能，落实阶梯电价政策。强化建筑节能，鼓励利用太阳能、浅层地热能等解决建筑用能需求。促进交通运输节能，大力推广节能与新能源汽车、液化天然气动力船舶等。推动商贸流通领域节能，提倡绿色包装，推广可循环包装、减量包装和可降解包装。推进农业农村节能，加快淘汰老旧农业机械，推广农用节能机械、设备和渔船。同时，加强公共机构节能，公共机构率先执行绿色建筑标准，新建建筑全部达到绿色建筑标准等。

2017 年 4 月 25 日 工信部、国家发改委、科技部联合印发《汽车产业中长期发展规划》，并设定短期目标：到 2020 年，新能源汽车年产销达到 200 万辆，动力电池单体比能量达到 300 Wh/kg 以上，系统比能量力争达到 260 Wh/kg、成本降至 1 元/Wh 以下；到 2025 年，新能源汽车占汽车产销 20% 以上，动力电池系统比能量达到 350 Wh/kg。

2017 年 4 月 25 日 海南省人民政府办公厅印发《2017 年海南省新能源汽车推广应用重点工作任务》。该任务明确，2017 年海南省新能源汽车推广任务总量为 4 960 辆，全年新增和更换的公交车中新能源汽车比例要求不低于 60%；环卫、物流、邮政、机场用车、旅游景区用车以及公共机构新增和更换车辆中新能源汽车比例要求不低于 50%。

2017 年 4 月 27 日 工信部发布《免征车辆购置税的新能源汽车车型目录(第 10 批)》，本批目录共有 776 款新能源汽车进入。其中，纯电动汽车 654 款(含客车 354 款，乘用车 63 款，货车 57 款、专用车 180 款)；插电式混合动力汽车 119 款(含乘用车 9 款，货车 110 款)；燃料电池汽车 3 款(含客车 2 款、专用车 1 款)

2017 年 4 月 27 日 天津市发布《关于进一步加强在津推广应用新能源汽车安全服务保障的通知》，文件明确要求，新能源汽车生产企业作为第一责任主体，必须建立覆盖全部在津车辆的安全服务保障体系，搭建车辆实时监测平台，建立车辆信息管控机制，做好售后服务、安全保障与应急救援、重大事故应急处置、缺陷汽车产品召回、废旧动力电池回收处置等工作，确保在津推广应用新能源汽车的产品一致性和安全可靠性。

2017 年 4 月 28 日 天津市发布《天津市推广应用新能源汽车地方补助管理办法(2017 年)》。该办法对 2017 年在天津销售并初次登记的，纳入国家 2017 年推荐车型目录，并符合本市安全服务保障要求的新能源汽车给予地方财政补贴，包括纯电动汽车、插电式混合动力汽车以及燃料电池汽车。地方补贴按照国家标准的 50% 执行，这主要是指新能源乘用车、专用车，对于新能源客车是按照国家标准的 25% 执行。另外新能源汽车的国家和地方补贴之和不能超过新能源车指导价格的 50%。

5 月

2017 年 5 月 2 日 工信部发布《新能源汽车推广应用推荐车型目录(2017 年第 4 批)》，共有 96 家企业的 453 款车型入选，其中，纯电动车型 407 款(含客车 222 款，铰接城市客车 1 款，旅游客车 1 款，专用车 158 款，乘用车 25 款)；插电式混合动力车型 44 款(44 款均为客车)；燃料电池车型 2 款(含客车 1 款，厢式运输车 1 款)。

2017 年 5 月 8 日 北京市顺义区发展和改革委员会和顺义区财政局联合发布《顺义区新能源汽车(置换)补贴实施细则(暂行)》，指出在国家和北京市对新能源汽车补贴的基础上，顺义区对符合条件的燃油车主置换新能源汽车给予最高不超过 5 万元/台的补贴，置换补贴不超过车辆实际终端销售价格的 50%。也就是说燃油车置换新能源车在国补 + 地补的基础之上还可以再拿到最高 5 万元的补助款，综合补助最高可以达到 11.6 万元。

2017 年 5 月 8 日 广东省发展和改革委员会发布《关于加强 2015 年度新能源汽车省级补助资金核查工作的通知》，通知指出，各市要核查非个人购买的新能源汽车(作业类专用车除外)截至 2017 年 4 月 30 日的行驶里程，对一个车主单位存在 10 辆以上行驶里程不足 1.5 万 km 的，应当逐家报告有关情况。

2017 年 5 月 9 日 成都市发布《电动汽车充换电基础设施建设专项规划》，规划指出，为保证 11.6 万 ~ 13.7 万辆电动汽车的充电需求，至 2020 年全市共需建设充电桩 10.7 万 ~ 12.9 万个，其中自(专)用充电桩 9.4 万 ~ 11.4 万个，公共充电桩 1.3 万 ~ 1.5 万个。展望至 2030 年，为保证 60.0 万 ~ 65.0 万辆电动汽车的充电需求，全市共需建设充电桩 53.2 万 ~ 58.0 万个，其中自(专)用充电桩 46.2 万 ~ 50.4 万个，公共充电桩 7.0 万 ~ 7.6 万个。

2017 年 5 月 9 日 合肥市人民政府办公厅印发关于调整新能源汽车推广应用政策的通知，通知明确对单位和个人购买续驶里程(工况法)大于 150 km 的纯电动乘用车，按照中央财政补助标准 1:0.5 的比例给予地方配套补助。

2017 年 5 月 10 日 深圳市财政委员会和深圳市交通运输委员会发布《深圳市新能源公交车示范推广期运营补贴办法》。办法指出，2013 年 6 月 1 日之前投入的以融资租赁方式购置的新能源公交车运营补贴标准为 26 万元/(辆·年)，2013 年 6 月 1 日(含 6 月 1 日)后投入的新能源公交车运营补贴标准为 42.27 万元/(辆·年)。办法还指出，新能源公交车单车年度运营考核里程为 6.4 万 km，实际运营里程达到 6.4 万 km 可获得全额补贴。

2017 年 5 月 16 日 梅州市发布《新能源汽车推广应用实施方案》，方案明确，到 2020 年，基本实现公交电动化，全市纯电动公交车保有量占全部公交车比例超 75%。至 2020 年，全市建成充电站 25 座，其中公交车专用充电站 13 座，专用车充电站 1 座、城际快充站 12 座，城市公共充电站 1 座；公共充电桩 700 个，内部专用充电桩 8 500 个。

2017 年 5 月 17 日 江西省发布《2017 年江西省新能源汽车推广应用财政补助和奖励方案的通知》，通知明确了 2017 年省级补贴标准为：新能源乘用车单车购置省级补贴额 = 2017 年中央财政相应车型单车补贴额 × 15%(系数)；新能源客车单车购置省级补贴额 = 2017 年中央财政相应车型单车补贴额 × 15%(系数)；新能源专用车单车购置省级补贴额 = 2017 年中央财政相应车型单车补贴额 × 10%(系数)。

2017 年 5 月 17 日 郑州市发布关于《加快电动汽车充电基础设施建设实施方案的通知(2017—2020 年)》，通知指出工作的总体目标是：到 2020 年，基本建成适度超前、车桩相随、智能高效的充电基础设施体系。规划建设公交换电站 3 座、纯电动公交充电站 143 座，公共快速充电站 239 座、公交分散专用桩 210 个、出租环卫专用桩 302 个、交流充电桩 51300 个，高速公路快速充电站 18 座，服务约 10 万辆电动汽车的充电需求。

2017 年 5 月 23 日 汕尾市发展和改革局发布《汕尾市电动汽车充电基础设施专项规划(2016—2020 年)》，该规划明确表示，总量目标为：至 2020 年，建成公交充电站 16 座，出租车冲换电站 3 座，公共服务充换电站 29 座，其他机构充换电站 5 座，建成分散式充电桩 3 135 个。

2017 年 5 月 24 日 青岛市物价局发布《青岛市电动汽车充电服务费的通知》，通知指出，电动汽车充电服务费实行最高限价管理，充电服务费按充电电度收取，电动公交车充电服务费最高为 0.60 元/kWh，电动乘用车充电服务费最高为 0.65 元/kWh。此外，要求充电设施经营企业应严格执行明码标价的规定。

2017 年 5 月 25 日 济宁市发布《加快全市电动汽车充电基础设施建设实施方案》，方案提出，加快构建以用户停车位、单位停车场、公交停车场等配建的充电设施为主体，以社会公共停车场等配建的公共充电设施为辅助，以独立占地的城市快充站和城际快充站为补充，以智能充电服务平台为支撑的充电基础设施服务体系。到 2020 年，全市建成充(换)电站 70 座、充电桩 19 000 个。

2017 年 5 月 26 日 南通市发布《2017 年南通市新能源汽车推广应用地方财政补贴实施细则》，细则指出，将给予 2017 年南通市范围内新能源汽车购买者和公共服务领域充电设施建设运营单位补贴。其中新能源乘用车最高补贴 0.9 万、新能源客车最高补贴 5 万，新能源专用车补贴 0.1 万/kWh，燃料电池车最高补贴 15 万。

2017 年 5 月 31 日 无锡市财政局、无锡市经济和信息化委员会联合发布《2017年无锡市新能源汽车推广应用财政补贴实施细则》，细则明确，新能源汽车地方财政补贴总额（含省、市、区三级财政）不超过相应车型中央财政补贴额的50%。无锡市地方财政（含市、区两级财政）补贴标准与省级补贴标准按1:1的比例进行配套，补贴总额最高不超过相应车型扣除国家补贴后汽车售价的20%（以销售发票为准）。市级与各地区按照第二条予以分担。

2017年5月31日 泰州市发布《2017年泰州市新能源汽车推广应用地方财政补贴实施细则》，根据细则，各类新能源汽车购置补贴按中央财政单车补贴额的30%核定给予补贴。泰州对公共领域充电设施建设运营单位按充电桩充电功率给予补贴，交流充电桩200元/kW、直流充电桩300元/kW。单个充电站或充电桩群的补贴总额不超过50万元。

6月

2017年6月2日 工信部发布《新能源汽车推广应用推荐车型目录(2017年第5批)》。本批目录共有92家企业的309款车型入选，其中纯电动车型264款（含客车147款，乘用车27款，专用车90款）；插电式混合动力车型42款（含客车40款，乘用车2款）；燃料电池车型3款（客车2款，专用车1款）。

2017年6月5日 扬州市财政局和扬州市经济和信息化委员会联合发布《2017年扬州市新能源汽车推广应用地方财政补助实施细则》，细则明确扬州市新能源乘用车、专用车（货车）、燃料电池汽车补助标准为中央财政相应车型单车补助额的40%，新能源客车补助标准为中央财政相应车型单车补助额的30%。地方财政补助总额最高不超过扣除国家补助后汽车售价的50%（以销售发票为准）。

2017年6月8日 深圳市公安局交通警察局发布《深圳市对新能源纯电动物流车继续实施通行优惠政策通告》，该通告明确，决定对深圳市部分道路限制新能源纯电动物流车行驶的时间、路线和区域进行调整。对已完成电子备案登记，接受监管的纯电动轻、微型货车（包含轻型厢式货车和轻型封闭式货车），除周一至周五7:30—21:00禁止通行深南大道（深南/沿河立交至香梅路段）外，允许在深圳市其余道路行驶。已完成电子备案登记，接受监管的车身长度不超过6 m的纯电动重、中型货车，限制通行的时间和路段（与普通轻、微型货车限行范围相同）。

2017年6月12日 重庆市人民政府印发《重庆市关于加强主城区公共停车场建设管理的通知》，通知指出，新建公共停车场按照不低于总停车位数量10%的比例建设电动汽车充电基础设施；已建公共停车场，通过改造、加装等方式提供电动汽车充电基础设施；鼓励根据实际需求增建电动汽车充电基础设施。

2017年6月13日 国务院法制办发布了由工信部起草的《乘用车企业平均燃料消耗量与新能源汽车积分并行管理办法(征询意见稿)》，主要包括两个方面，即油耗积分与新能源汽车积分，这两个积分的核算主体均为乘用车企业。其中，油耗积分是通过企业平均燃料消耗量和企业平均燃料消耗量目标值通过计算得出；新能源汽车积分则是根据车辆续航里程、新能源汽车的生产和进口数量等计算得出。

2017年6月14日 黑龙江省发布《关于加快电动汽车充电基础设施建设的意见》，意见指出，原则上新建住宅配建停车位应当100%建设充电设施或预留建设安装条件，大型公共建筑物配建停车场、社会公共停车场建设充电设施或预留建设安装条件的车位比例不低于10%，每2 000辆电动汽车至少配套建设一座公共充电站。

2017年6月16日 敏安新能源汽车科研文化街区暨无人驾驶试验场项目启动仪式在江苏敏安电动汽车有限公司工厂内成功举办。敏安汽车成立于2013年，一期注册资金1.3亿美元。2016年11月，获国家发改委第五张纯电动乘用车建设项目核准资质，敏安汽车目前已全面掌握了电机、电控、电池等核心零部件技术，在上海、嘉兴、宁波、南京等地建立了项目公司。

2017年6月22日 南京市发布《2017年南京市新能源汽车推广应用财政补贴实施细则》，按照规划，2017年南京市新能源汽车推广应用计划，南京市新能源汽车推广总量为2 500辆，新能源汽车充电设施建设计划总量为3 000个，其中交流桩1 770个，直流桩1 230个。

2017年6月22日 奇瑞在河南开封举行了新能源产品下线仪式，宣布将在未来5年内投资20亿帮助奇瑞商用车进军新能源市场。并为此制定了"333战略"，将从产品、技术、模式3方面进行突围，实现20W战略目标。同时也举行了纯电动版的开端K50EV下线仪式。

2017年6月26日 宁波市发布《关于调整2017年宁波市新能源汽车推广应用资金补助政策的通知》。通知明确，2017年宁波市财政（各级财政补贴总和）补助标准按照不超过中央财政单车补助额的50%进行补助。非个人用户购买的新能源汽车申请补贴，累计行驶里程须达到3万km（作业类专用车除外），补贴标准和技术要求按照车辆获得行驶证年度执行。

2017年6月27日 广元市人民政府办公室印发《关于广元市支持新能源汽车产业发展八条措施的通知》，通知规定，每天0:00—24:00，在临时占道停车场（点）首次停车，免首2 h停车费，在市及区（市）县政府财政全额投资建设的同一公共停车场（点）首次停车，免首2 h停车费。

2017年6月28日 对于中外合资生产纯电动汽车的问题，发改委与商务部联合发布的《外商投资产业指导目录（2017年修订）》给出了答案。目录指出，从7月28日起，同一家外商在国内建立纯电动汽车生产合资企业将不受两家的限制。

2017年6月29日 北京市发布《关于进一步做好2016年度北京市推广应用新能源汽车市级财政补助资金兑付工作的通知》，通知指出，2016年度在本市备案的非个人用户购买的新能源汽车申请补贴，累计行驶里程须达到3万km（作业类专用车除外），这是继国家补贴要求3万km运营条件后，地方补贴第一次把它加入到要求中。

2017年6月29日 黑龙江省发布《电动汽车充电基础设施建设运营管理暂行办法》。办法明确表示，省内各地要将充电设施专项规划有关内容纳入城乡规划，完善独立占地的充电设施布局。原则上，新建住宅配建停车位应当100%建设充电设施或预留建设安装条件，大型公共建筑物配建停车场、社会公共停车场建设充电设施或预留建设安装条件的车位比例不低于10%,每2 000辆电动汽车至少配建一座公共充电站。

7月

2017年7月3日 宁波市发布《电动汽车充电基础设施建设实施方案》,方案提出,到2020年,全市共建成电动汽车集中式充换电站不少于110座,分散式充电桩不少于41 800个,具备满足5万辆电动汽车充电需求的能力。

2017年7月3日 呼和浩特市经济和信息化委员会发布《呼和浩特市新能源汽车销售商登记管理办法(试行)》,办法要求新能源汽车销售商在呼和浩特销售新能源汽车,应向市新能源汽车推广应用领导小组办公室申请登记。申请登记的新能源汽车销售商,应具有新能源汽车生产厂家的销售授权委托书,具备工信部装〔2016〕337号文件要求的落实产品质量安全主体责任和中机函〔2017〕2号文件规定的产品技术要求,并在呼和浩特市建立较为完善的售后服务和应急保障体系。

2017年7月5日 广州市发展和改革委员会发布《广州市关于2016、2017年新能源汽车购置地方财政补贴标准的通知》,通知指出,2016与2017年地方财政补贴按当年国标1:0.5执行。

2017年7月6日 工信部发布《免征车辆购置税的新能源汽车车型目录(第11批)》。本批目录共有665款新能源汽车进入。其中纯电动汽车557款(含客车382款,乘用车34款,专用车139款,货车2款);插电式混合动力汽车106款(含客车101款,乘用车5款);燃料电池汽车2款(含客车1款,专用车1款)。

2017年7月6日 工信部发布《新能源汽车推广应用推荐车型目录(2017年第6批)》,共有58家企业的201款车型入选。其中纯电动车166型(含客车91款,乘用车18款,专用车57款);插电式混合动力车型35款(含客车31款,乘用车4款)。

2017年7月7日 株洲市人民政府办公室印发《关于加快充电基础设施建设步伐推动新能源汽车应用的通知》,根据通知,“十三五”期间,株洲市新能源汽车推广目标任务是17 300辆,年度目标分别为2 000辆、2 400辆、3 000辆、4 200辆和5 700辆。“十三五”期间,全市建设充电桩总数14 263个,年度目标分别为200个、1 200个、2 600个、4 200个和6 063个。

2017年7月8日 太原比亚迪新能源汽车基地新车下线仪式在山西转型综改示范区举行。首批下线的K8比亚迪纯电动公交车车长10.5 m,采用两级踏步及车身轻量化设计,可提供不同电量配置选择,具有耐高寒、耐高温、高安全、长寿命等特点。

2017年7月10日 重庆市发布《2017年度新能源汽车推广应用财政补贴政策》,明确重庆市级财政补贴标准为中央补贴标准的46%以内,市、区(县)财政补贴(各级财政补贴总和)不得超过中央财政单车补贴额的50%。2017年重庆市新能源汽车推广应用目标为1.6万辆左右。

2017年7月13日 杭州市发布《2017—2018年杭州市新能源汽车推广应用财政支持政策》,根据政策,在2017年1月1日—2018年12月31日期间,消费者在杭州市购买新能源汽车,微型纯电动汽车按照中央财政补贴标准的25%给予地方配套补贴,每辆补贴最高不超过1万元;其余车型按照中央财政补贴标准的50%给予地方配套补贴,其中新能源货车和专用车每辆补贴最高不超过3万元。

2017年7月14日 北京市发布《北京市推广应用新能源商用车管理办法》。该办法确定2017年北京市示范应用新能源小客车按照中央财政单车补贴额的50%确定市级财政补助标准,国家和本市财政补助总额不超过车辆销售价格的60%。按照2017年的补贴标准,购买纯电动续航里程(参配、图片、询价)为100 km及以上、但小于150 km车型,国家补贴2万元,北京市地方补贴1万元;购买纯电动续航里程为150 km及以上、但小于250 km车型,国家补贴3.6万元,北京市地方补贴1.8万元;购买续航里程为250 km及以上车型,国家补贴4.4万元,北京市地方补贴2.2万元。

2017年7月14日 东莞发布《东莞市新能源汽车产业发展“十三五”规划》,该规划指出,到2020年,东莞市培育1~3家大型新能源汽车整车企业,5~10家大型关键零部件企业,2~3家新能源汽车推广应用平台企业,打造3个以上行业知名品牌,提升东莞新能源汽车产业整体竞争力。在新能源汽车推广应用方面,到2020年,全市推广应用新能源汽车4万辆以上,重点保障新能源汽车在公交、公务、私人等领域的推广应用,并采取有效措施确保新能源汽车在出租、快递、物流、环卫等领域取得较大突破。

2017年7月18日 深圳市财政委员会发布《深圳市2017年新能源汽车推广应用财政支持政策》,财政支持政策明确了地方各级财政补贴总和不得超过中央财政单车补贴额的50%。其中对新能源汽车购置补贴、充电设施建设补贴以及动力电池回收补贴有了详细的补贴政策。

2017年7月20日 成都市发布《成都市支持新能源汽车推广应用的若干政策》。该文件规定,对在成都市公安车辆管理部门注册登记的新能源汽车新车,要按照中央财政单车补贴额的50%,给予市级配套补贴;将在3年内,逐步取消燃油货运车辆入城证发放(除认定的特种货运车辆外);纯电动的城市快递、物流等配送车辆入城,自此不再受到限制。

2017年7月21日 苏州市发布《关于做好新能源汽车推广应用安全隐患排查工作的通知》,通知表示为进一步提高苏州市新能源汽车安全运行水平,保障人民群众的生命财产安全,将开展新能源汽车推广应用安全隐患排查工作。排查范围覆盖苏州市公共服务领域推广应用的新能源汽车及其动力电池、充电基础设施,重点是2017年1月1日之前投入使用的新能源汽车及充电基础设施。

2017年7月22日 辽宁省人民政府办公厅印发《关于加快推进“电化辽宁”工作方案》,该方案预计到2020年,累计新增电能替代电量210亿kWh。按照方案,辽宁电能替代方式将涉及采暖、工业生产、交通运输、服务业、农业等众多领域。

2017年7月23日 西安市发布《机动车停车服务收费管理办法》,办法规定,在城市道路停车泊位及除医院、火车站、长途汽车站、大专院校、殡仪馆之外的经营性停车场停车,停车时间在15 min以内的免收停车服务费。在政府全额投资建设的停车场、医院、火车站、长途汽车站、大专院校、殡仪馆等经营性停车场停车,停车时间在30 min以内的免收停车服务费。

2017年7月25日 重庆市发布《新能源汽车路桥通行年费免缴实施细则(暂行)》。该细则提出,购买《免缴路桥通行年费新能源汽车车型目录》的新能源汽车,在2017年1月1日—2020年12月31日期间免缴主城区路桥通行年费。其中,已上牌车辆可申请退返缴纳的2017年1月1日至本细则颁发日期间的路桥通行年费。同日,《重庆市免缴路桥通行年费新能源汽车车型目录》发布,共8 395款新能源汽车可免缴路桥费。新能源汽车车型种类含客车、货车、专用车、乘用车等4类,车型燃料种类分为纯电动、混合动力、燃料电池等3类,所有车型均为中国车企制造,包括长安、力帆、恒通等本地多家自主品牌车企的多款车型均入围。

2017年7月25日 宿迁市发布《2017年宿迁市新能源汽车推广应用地方财政补贴实施细则的通知》,通知指出,财政资金补贴的对象为宿迁市范围内新能源汽车购买者和公共服务领域充电设施建设运营单位。其中,新能源客车按照中央财政单车补贴额的30%比例核定给予补贴,新能源乘用车按照40%的比例核定给予补贴,新能源专用车(货车)按照20%的比例核定给予补贴,燃料电池汽车按照30%的比例核定给予补贴。按充电桩充电功率对充电设施建设给予财政资金补贴,交流充电桩补贴600元/kW、直流充电桩补贴900元/kW。单个充电站或充电桩群的补贴总额不超过120万元。

2017年7月26日 合肥市发布《合肥市推广应用新能源汽车生产企业及产品管理细则(2017年修订)》。细则明确,享受市级财政补助的新能源汽车产品须符合以下条件:新能源汽车产品需获得中国强制性产品认证证书,纳入国家《新能源汽车推广应用推荐车型目录》和《免征车辆购置税的新能源汽车车型目录》;符合国家现行有关新能源汽车标准和规定;新能源汽车未发生因质量原因导致的重大安全事故;具备满足远程监测所需的车载终端并能够实现数据交换;新能源乘用车座位数不少于4座,最高车速不低于100 km/h。

2017年7月27日 东莞市发布《关于落实新能源汽车远程监控设备安装事宜的通知》,要求2017年生产或销售的新能源汽车,必须安装车载终端等远程监控设备。

2017年7月31日 工信部发布《新能源汽车推广应用推荐车型目录(2017年第7批)》,共有88户企业的282个车型入选。其中,纯电动车型249款(含客车123款,乘用车38款,专用车88款);插电式混合动力车型33款(含客车30款,乘用车3款)。

2017年7月31日 湖州市新能源汽车推广应用工作领导小组办公室印发《关于调整湖州市市本级新能源汽车推广应用地方配套补助政策的通知》,鼓励充电运营商降低充电服务费和降低公共服务领域企业的运营成本,对提供公共充电服务的各类充电设施,以实际提供的公共充电量为基数,按0.1元/kWh标准给予充电补贴,充电功率每年补贴电量上限调整为2 000 kWh。

8月

2017年8月3日 成都市发展和改革委员会发布《关于成都市电动汽车充电服务费有关问题的通知》,通知指出,电动汽车充电服务费按充电电量收取,充电服务费指导价格上限为0.60元/kWh,鼓励充电设施经营企业向下浮动充电服务费。

2017年8月9日 安徽发布关于《安徽省电动汽车充电基础设施建设规划(2017—2020年)》的通知,该通知至2020年,为满足20万辆以上电动汽车充电需求,根据不同应用领域电动汽车配置要求,建成公交车专用充换电站200座,环卫、物流等专用车充电站100座,城市公共充电站130座,分散式公共充电桩3万个,公务车与私家车分散式自用充电桩15万个,城际快充站170座,计划总投资100亿元。

2017年8月14日 杭州市新能源汽车发展与应用领导小组办公室印发《关于进一步完善参与杭州市新能源汽车推广应用企业及车型备案相关事宜的通知》,通知要求非在杭注册的生产企业需工商注册登记或委托一家在杭州主城区内的具有独立法人资格的销售机构申请备案。生产企业或销售机构已在杭州建立较为完善的售后服务和安全事故应急处理体系,近几年未发生因产品缺陷而导致的重大安全事故,对应的车辆生产企业应建立新能源汽车监测平台,并能够与本市新能源汽车监测平台实现对接。

2017年8月15日 安徽省人民政府印发《安徽省支持新能源汽车产业创新发展和推广应用若干政策》,该政策全方位资金支持当地新能源汽车产业创新发展与推广应用。鼓励当地新能源汽车企业技术创新、加大招商引资扶持力度、奖励新能源汽车销量靠前的企业、加大新能源汽车的推广与充电基础设施建设。

2017年8月16日 济南市发布《关于电动汽车充电设施服务价格的通知》,根据该通知,纯电动汽车(7座以下)充电服务价格按充换电电量收取,充电服务最高限价为1.45元/kWh(含服务费0.60元);公交纯电动汽车充电服务费最高限价为1.35元/kWh(含服务费0.60元)。

2017年8月18日 乌鲁木齐市人民政府印发《关于乌鲁木齐市电动汽车充电基础设施建设实施方案的通知》,通知指出,到2020年,全市基本建成适度超前、车桩相宜、智能高效的电动汽车充电基础设施体系,确保满足电动汽车充电服务需求,形成统一开放、竞争有序的电动汽车充电服务市场,建成充电站20座,充电桩5 183个。

2017年8月18日 镇江市发布《2017年镇江市新能源汽车推广应用地方财政补贴实施细则》,2017年,新能源客车车辆购置补贴标准为中央财政相应车型单车补贴额的30%;新能源乘用车、专用车(货车)、燃料电池汽车车辆购置补贴标准为中央财政相应车型单车补贴额的40%。地方财政补贴总额最高不超过扣除国家补贴后汽车售价的60%(以销售发票为准)。充电设施建设补贴标准中规定,对公共服务领域充电设施建设运营单位按充电桩充电功率给予补贴,交流充电桩400元/kW,直流充电桩600元/kW。单个充电站或充电桩群的补贴总额不超过50万元。对闲置的车辆和充电设施不予补贴。

2017 年 8 月 20 日 北京市发布《关于进一步加强北京市电动汽车充电基础设施建设和管理的实施意见》，该意见计划到 2020 年建立起较为完善的充电基础设施和管理制度体系。对于新建建筑充电设施配建指标，意见要求严格落实执行，居住类建筑按照配建停车位的 100% 规划建设，办公类建筑按照不低于配建停车位 25% 规划建设。

2017 年 8 月 21 日 贵阳市人民政府办公厅印发《关于加快电动汽车充电基础设施建设确保完成 2017 年度建设目标的通知》。通知明确，2017 年，贵阳市电动汽车充电基础设施建设的目标任务，保底目标是建设充电桩 5 500 个；争取目标是 7 000 个。新建住宅配建停车位应 100% 建设充电设施或预留建设安装条件，大型公共建筑物配建停车场、社会公共停车场建设充电设施或预留建设安装条件的车位比例不低于 10%。

2017 年 8 月 29 日 南京市发布《南京市"十三五"新能源汽车推广应用实施方案》。实施方案定下了未来 4 年南京新能源汽车推广的"小目标"，还将在目前道路临时停车泊位 1 h 内免费基础上，研究出台社会经营性停车场对新能源乘用车实施优惠收费政策。

2017 年 8 月 31 日 常州市发布《2017 年常州市新能源汽车推广应用地方财政补贴实施细则》，该细则显示，新北区、天宁区和钟楼区的纯电动乘用车按续驶里程不同，分别补贴 1 万、1.5 万、2 万元；插电式混合动力车补贴 1 万元。燃料电池乘用车补贴 10 万元。纯电动客车按车长不同分别补贴 2 万、6 万和 10 万元。插电式混合动力客车分别补贴 2 万、4 万和 6 万元。

2017 年 8 月 31 日 武汉市发布《关于加快新能源汽车推广应用若干政策的通知》，通知强调，新能源汽车在市内行驶时不受尾号限制，对从事城市配送的新能源物流车发放通行证，三环线内按照核定线路通行。

9 月

2017 年 9 月 1 日 工信部发布《新能源汽车推广应用推荐车型目录(2017 年第 8 批)》，共包括 95 家企业的 273 款车型，其中纯电动车型 249 款(含客车 113 款，乘用车 29 款，专用车 107 款)；插电式混合动力车型 21 款(含客车 20 款，乘用车 1 款)；燃料电池车型 3 款(3 款均为客车)。

2017 年 9 月 1 日 绍兴市发布《2017 年新能源汽车推广应用财政补助办法》。办法规定，绍兴市将对购买新能源汽车的车主按国家补助标准的 50% 给予补助。国家和地方的新能源汽车补助总额最高不超过车辆市场指导价的 50%。如果补助总额高于车辆指导价 50% 的，按车辆指导价的 50% 扣除国家补助后计算地方财政补助金额，非个人用户购买的新能源汽车申请补助，累计行驶里程须达到 3 万 km(作业类专用车除外)。但是新能源公交车不受此限。

2017 年 9 月 4 日 深圳市发布《关于深圳市对异地号牌载货汽车实施限制通行措施公告》，该公告表示，10 月 1 日起，深圳在全市范围内工作日早晚高峰期间对非本市核发机动车号牌载货汽车实施限制通行措施，外地号牌的新能源车等不受此限制。

2017 年 9 月 5 日 工信部发布《免征车辆购置税的新能源汽车车型目录(第 12 批)》。本批目录共有 487 款新能源汽车入选，其中纯电动 418 款(含客车 229 款，乘用车 50 款，货车 1 款，专用车 138 款)，插电式混合动力 68 款(含客车 66 款，乘用车 2 款)，燃料电池汽车 1 款(均为客车)。

2017 年 9 月 5 日 上海市发布《燃料电池汽车发展规划》，该规划提出，到 2020 年，聚集超过 100 家燃料电池汽车相关企业，燃料电池汽车全产业链年产值突破 150 亿元；建设加氢站 5 ~ 10 座、乘用车示范区 2 个，运行规模达到 3 000 辆，积极推动燃料电池公交、物流等车辆试点。

2017 年 9 月 5 日 山西省财政厅、山西省经济和信息化委员会发布《山西省关于新能源汽车营销补助资金管理办法的补充通知》。该通知指出，2017 年 1 月 1 日起，电动汽车营销补助按照国家同期补助资金 1∶0.5 标准执行。2017 年，甲醇客车 0.5 万元/辆，甲醇重卡 0.5 万元/辆，甲醇轿车 0.25 万元/辆，甲醇多用途乘用车 0.1 万元/辆；燃气重卡 0.5 万元/辆，燃气轻(微)卡 0.1 万元/辆。

2017 年 9 月 10 日 贵州省发布《支持电动汽车充电基础设施加快建设若干政策措施》，该措施明确，从 2017—2020 年，政府财政性资金、城市建设投资(交通投资)公司全额投资新建的停车场(以城镇道路为载体的占道停车位除外)，按不低于 3% 的比例设立电动汽车专用停车位。

2017 年 9 月 11 日 北京市发布《北京市推广应用新能源商用车生产企业及产品备案管理细则》。细则对新能源商用车生产企业提出了九大条件，其中包括：首款新能源商用车产品取得新车公告满 3 年(含)以上，客车企业首款新能源商用车产品取得公告 5 年(含)以上；整车企业及核心配套零部件企业 3 年内未出现产品缺陷导致的重大安全事故，且无因违法违规或产品质量、安全问题导致的处罚记录；企业研发人员不低于 200 人，具有三电关键技术的自主研发或验证能力；在北京市设有 3 家(含)以上授权合作的维修服务中心，每个中心配备不少于 5 个社会公用充电桩；对车辆提供部低于 3 年或 6 万 km，关键零部件不低于 5 年或 20 万 km 的质保期限；建立完善的废旧动力电池回收处理体系等。

2017 年 9 月 11 日 江门市印发《江门市加快电动汽车充电基础设施建设工作方案(2017—2020 年)的通知》，争取到 2020 年，全市建成集中式充电站约 51 座，建成分散式充电桩约 608 个。通知要求，新建住宅小区停车位建设或预留安装充电设施接口的比例应达到 100%；新建的商业服务业建筑、旅游景区、交通枢纽、公共停车场、汽车销售 4S 店、道路停车位等场所，原则上应按照不低于总停车位的 20% 配建充电设施或预留充电设施安装条件(包括电力管线预埋和电力容量预留)且 5% 建成充电设施。

2017 年 9 月 12 日 江阴市发布《2017 年江阴市新能源汽车推广应用市级财政资金补贴实施细则》。细则明确，市级补贴标准按照省级补贴标准 1∶1 的比例标准进行配套，每辆车补贴额不超过扣除国家补贴后汽车售价的 20%(以销售发票为准)。

2017 年 9 月 13 日 河北省人民政府办公厅印发《河北省"十三五"能源发展规划通知》。通知明确将积极推进电能替代，支持公共交通车辆油改电，适度超前建设充电设施、支持电动汽车发展。

2017年9月18日　海南省发布了2017年海南省新能源汽车推广应用企业及产品目录(2017年第3批),本次共有135款新能源汽车产品上榜,其中新能源乘用车12款,新能源客车91款,新能源货车和专用车32款。

2017年9月20日　交通部等14个部门发布《促进道路货运行业健康稳定发展行动计划(2017—2020年)》,要求加强城市配送车辆技术管理,对于符合标准的新能源配送车辆给予通行便利。鼓励各地创新政策措施,推广标准化、厢式化、轻量化、清洁能源货运车辆。

2017年9月20日　阜阳市政府办公室印发《关于阜阳市加快电动汽车充电基础设施建设和管理的实施意见》,意见明确,阜阳市将按照阜阳中心城区加快布局,各县市区城区、高速公路服务区和主要景区景点同步推进的原则,加强统筹规划、适度超前建设,完善政策措施、激发市场活力,创新发展模式、提高服务水平,2020年基本建成适度超前、车桩相宜、智能高效的充电基础设施体系,确保满足4万辆(标车)电动汽车充电服务需求。

2017年9月21日　四川省发布《"十三五"汽车产业发展指导意见》,意见明确,到2020年,全省汽车年产能达到400万辆,推动全省汽车产业产值突破5 000亿元,打造国家级创新研发平台达到1~2家,成为全国重要的汽车研发与制造基地。

2017年9月21日　福建省研究通过了《关于加快全省新能源汽车推广应用促进产业发展的实施意见》,到2020年福建省累计建成固定充电桩及移动储能充电设施28万个、以满足35万辆新能源汽车的充电需求,全省城市公交基本更新为新能源汽车,私人新能源乘用车累计推广超过15万辆,新能源汽车产能达到30万辆以上。

2017年9月22日　国家发改委、能源局等五部委发布《关于促进储能技术与产业发展的指导意见》,拓展电动汽车等分散电池资源的储能化应用。开展电动汽车智能充放电业务,探索电动汽车动力电池、通信基站电池、不间断电源(UPS)等分散电池资源的能源互联网管控和储能化应用。完善动力电池全生命周期监管,开展对淘汰动力电池进行储能梯次利用研究。

2017年9月23日　福建省人民政府关于印发《福建省新能源汽车产业发展规划(2017—2020年)》的通知,通知显示,到2020年,福建省新能源汽车产能达到30万辆以上,打造千亿新能源动力电池、电机基地,全产业链产值超1 800亿元,其中整车600亿元、零部件1 200亿元。

2017年9月27日　工业和信息化部、财政部、商务部、海关总署、质检总局联合公布了《乘用车企业平均燃料消耗量与新能源汽车积分并行管理办法》,该政策自2018年4月1日起实施。政策指出,对传统能源乘用车年度生产量或者进口量不满3万辆的乘用车企业,不设定新能源汽车积分比例要求;达到3万辆以上的,从2019年度开始设定新能源汽车积分比例要求。

2017年9月28日　乌鲁木齐市发展和改革委员会发布《关于乌鲁木齐市机动车安全技术检测检验收费标准及相关事项的通知》,通知指出,小型车(车辆自重3.5 t以下的含3.5 t)120元/(车·次);中型车(车辆自重3.5 t以上至6 t含6 t)140元/(车·次);大型车(车辆自重6 t以上的)160元/(车·次)。通知特别指出,为促进城市公共交通和出租行业发展,加大新能源汽车政策支持力度,公交车、出租车、新能源汽车安全技术检测检验减半执行。

2017年9月30日　工信部发布《新能源汽车推广应用推荐车型目录(2017年第9批)》,共包括95户企业的251个车型。其中,纯电动车型235款(含客车100款,乘用车25款,专用车110款);插电式混合动力车型13款(含客车10款,乘用车3款);燃料电池车型3款(3款均为客车)。

2017年9月30日　南昌市发布《2017年南昌市新能源汽车推广应用财政补助和奖励方案》。方案明确,南昌补助标准主要依据中央财政补助标准和要求以及与2017年江西省省级财政补助标准按1:1配套。

10月

2017年10月11日　广州市市政府研究通过了《广州市新能源汽车发展工作方案(2017—2020年)》。方案指出,广州力争到2018年全面实现公交电动化。到2020年底,广州新能源汽车保有量累计将达20万辆。为了鼓励政府部门使用新能源汽车,未来财政资金还可用于新能源车辆使用、道路通行、充电服务等。

2017年10月11日　唐山市人民政府发布《关于实施机动车限行交通管理措施的通告》。通告决定在全市实施机动车限行管理措施。其中悬挂合法号牌的纯电动汽车、插电式混合动力汽车、燃料电池汽车、残疾人专用汽车(残疾人驾驶)不受限。

2017年10月13日　北京市发布《示范应用纯电动小客车生产企业及产品备案目录(2017年第5批)》,浙江豪情汽车、广汽、一汽进入备案目录。进入备案的具体车型有帝豪EV(3款)、北汽EV160/EC180/ET400/EX260、Model S/Model X、传祺GE3、奔腾B30EV、比亚迪e6、瑞虎3xe、东风风神E70。

2017年10月14日　国家标准委发布2017年第26号中国国家标准公告,本次共批准《电动汽车传导充电互操作性测试规范 第2部分:车辆》等425项国家标准,其中涉及十多项新能源汽车行业标准,包括《电动汽车的术语》《电动汽车能量消耗率和续驶里程试验方法》《纯电动货车技术条件》《燃料电池电动汽车加氢枪》等。

2017年10月15日　海南省发布《新能源汽车推广应用省级财政补贴实施办法》。办法明确,新能源汽车车辆购置地方财政补贴按同期中央财政单车补贴额的50%执行,其中,省、市县两级财政各承担50%。

2017年10月16日　央行修订《汽车贷款管理办法》,规定自用传统动力汽车贷款最高发放比例80%;商用传统动力汽车贷款最高发放比例70%;自用新能源汽车贷款最高发放比例85%;商用新能源汽车贷款最高发放比例75%,并于2018年1月1日起实施。

2017年10月18日　山西省发布《山西省汽车中长期发展规划》,该规划预计到2025年,新能源汽车成为山西省汽车产业发展龙头,形成3~5个国内核心竞争强、在国内外市场有较大影响的汽车和零部件企业集团,积极向国内汽车大省梯队迈进。

2017 年 10 月 20 日 交通部公布第 1 批营运客车安全达标车型，共计 58 款车型符合标准，其中有 5 款新能源客车，这 5 款新能源客车来自宇通客车与厦门金旅。

2017 年 10 月 20 日 深圳市交通运输委员会发布《关于 2017—2020 年度纯电动巡游出租汽车推广应用工作有关事项的通知》，通知指出，将通过奖励纯电动巡游出租汽车经营权指标的方式，进一步加大纯电动小汽车在市巡游出租汽车行业的推广力度，争取在 2020 年全面实现深圳市巡游出租汽车纯电动化。

2017 年 10 月 23 日 重庆市发展和改革委员会、重庆市能源局联合发布了《重庆市电动汽车充电基础设施建设运营管理办法》（渝发改能源〔2017〕1264 号）的通知。明确规定，充电基础建设的技术及验收要求，同时还规定充电设施应满足相关运维及运营条件。

2017 年 10 月 25 日 广州市人民政府办公厅印发《广州市新能源汽车发展工作方案（2017—2020 年）》。方案指出，广州将力争到 2020 年底，全市新能源汽车整车年生产能力达到 30 万辆以上，其中新能源汽车专线年产能达 20 万辆，实现总产值超 1 000 亿元。

2017 年 10 月 30 日 工信部公布《免征车辆购置税的新能源汽车车型目录（第 13 批）》。本批共 465 款新能源车型入选，其中纯电动车型 430 款（含客车 207 款，乘用车 45 款，专用车 173 款，货车 5 款）；插电式混合动力车型 30 款（含客车 29 款，乘用车 1 款）；燃料电池车型 5 款（均为客车）。

2017 年 10 月 30 日 苏州市人民政府办公室正式发布《2017 年苏州市新能源汽车推广应用市级财政补贴实施细则》（苏府办〔2017〕317 号），规定省、市两级财政给予的补贴资金不得超过相应车型中央财政补贴金额的 50%，对闲置车辆和闲置充电设施不予补助。以财政性资金购买新能源汽车的，市级财政不再给予购车补贴。

2017 年 10 月 30 日 唐山市发布《关于实行冬春季机动车限行的通告》。通告决定在全市实施机动车限行管理措施。其中悬挂合法号牌的纯电动汽车、插电式混合动力汽车、燃料电池汽车、残疾人专用汽车（残疾人驾驶）不受限。

2017 年 10 月 30 日 苏州市人民政府办公室印发《2017 年苏州市新能源汽车推广应用市级财政补贴实施细则的通知》，明确省、市两级财政给予的补贴资金不得超过相应车型中央财政补贴金额的 50%。其中，纯电动乘用车按续驶里程不同，分别补贴 0.1 万元、0.9 万元、1.3 万元；插电式混动乘用车补贴 0.7 万元。对公共服务领域充电设施建设运营单位按充电桩充电功率予以补贴，直流充电桩补贴 600 元/kW，交流充电桩补贴 400 元/kW。单个充电站或充电桩群的省、市补贴总额不超过 200 万元。

11 月

2017 年 11 月 1 日 工信部发布《新能源汽车推广应用推荐车型目录（2017 年第 10 批）》，本次目录共有 85 家企业的 159 个车型入选，其中，纯电动车型 155 款（含客车 55 款，乘用车 22 款，专用车 78 款）；插电式混合动力车型 3 款（3 款车型为客车）；燃料电池车型 1 款（1 款车型为客车）。

2017 年 11 月 2 日 三明市人民政府办公室印发《关于加快推进新能源公交车置换工作的通知》。通知表示，要完善和落实对新能源公交车推广应用的扶持政策，营造有利于新能源公交车在城市公交行业推广应用的政策环境，引导城市公交企业主动选择新能源汽车。

2017 年 11 月 6 日 成都市发改委、成都市经信委成、都市财政局、成都市交委成、都市公安交管局联合发布了《关于新能源汽车停车收费实施减免的通知》（成发改委收费〔2017〕930 号），规定每天 0:00—24:00，在临时占道停车场（点）首次停车，免首 2 h 停车费，在市及区（市）县政府财政全额投资建设的同一公共停车场（点）首次停车，免首 2 h 停车费。

2017 年 11 月 6 日 常州康得复合材料有限公司“新能源汽车碳纤维车体及部件项目”奠基仪式在常州举行，该项目由康得新复合材料集团股份有限公司、北京汽车集团有限公司、常高新集团有限公司三方共同投资 120 亿元打造。

2017 年 11 月 10 日 福州市发布《福州市新能源公交车置换计划》，计划明确，2017 年底前，全市 2010 年以前购入的 758 辆燃油公交车（不含市公交集团 2010 年购置的 282 辆燃油公交车辆）将更新为新能源公交车；2018 年底前，全市 2011—2013 年购入的 864 辆燃油公交车（含市公交集团 2010 年购置的 282 辆燃油公交车辆）将更新为新能源公交车；2020 年，全市公交车基本更新为新能源公交车。

2017 年 11 月 10 日 西安市人民政府办公厅发布《新能源汽车生产销售企业及产品审核备案暂行规定》（市政办发〔2017〕102 号），规定西安市辖区以外的新能源汽车企业需在本市工商注册登记或指定一家具有独立法人资格的汽车销售机构。并规定，非个人用户购买的新能源汽车申请补贴资金，累计行驶里程须达到 3 万 km（作业类专用车除外），补贴标准和技术要求按照车辆获得行驶证年度执行。

2017 年 11 月 14 日 哈尔滨市政府发布《关于促进哈尔滨市新能源汽车推广应用和产业发展若干政策规定》，进一步明确了补贴标准和对象。确定“非个人用户购买的新能源汽车申请补贴，累计行驶里程须达到 3 万 km（作业专用车除外）”。将原政策规定“对纯电动汽车按 1:1、插电式混合动力汽车按 1:0.8 的比例给予地方配套财政补贴”。

2017 年 11 月 16 日 镇江市物价局发布《关于调整和明确市区机动车停放有关收费政策的通知》（镇价费〔2017〕132 号），对装有公安部门核（换）发的新能源汽车号牌的车辆停放服务，按现行相应收费标准减半收取停车服务费（继续享有进入停车场免费停车时间）。

2017 年 11 月 17 日 哈尔滨市发展和改革委员会发布《关于哈尔滨市电动汽车充电服务费收费标准有关事项的通知》，规定从 12 月 1 日—2019 年 12 月 31 日，电动汽车充电服务费按充电电量收取，最高收费标准为 0.54 元/kWh，鼓励充电设施建设运营单位在最高限价内给予用户优惠；充电设施建设运营单位可向电动汽车用户收取电费及充电服务费两项费用。通知要求，充电设施建设运营单位应严格执行明码标价的规定，在收费场所醒目位置公示服务内容、充电电价和充电服务费标准等，主动接受社会的监督。

2017 年 11 月 23 日 中机中心发布《关于调整 GB/T 31467.3—2015 审查技术要求的通知》，为减轻企业负担，在保证产品安全前提下尽可能减少实测项目，经汽车产品技术委员会讨论，主管部门批准，现对 GB/T 31467.3—2015《电动汽车用锂离子动力蓄电池包和系统 第 3 部分 安全性要求与测试方法》审查技术要求进行调整，新申报的汽车产品自 2018 年 1 月 1 日(公告第 304 批)开始执行。

2017 年 11 月 24 日上午 华夏出行有限公司、北京新能源汽车营销有限公司和西安广播电视台，在西安广播电视台西广场共同启动了“卫 · 蓝同行”公益行动计划。本次公益行动计划将面向全社会征集具有低碳环保理想的人士，共同以实际行动来影响身边更多的人加入保卫蓝天的行列，活动还特别设立了百万“卫 · 蓝同行”公益基金。

2017 年 11 月 27 日 海南省物价局发布《关于电动汽车用电实行扶持性电价政策有关问题的通知》。通知指出，电动汽车充换电设施用电按其所在场所执行峰谷分时电价政策，峰谷价差和峰平谷时段保持不变。

2017 年 11 月 28 日 北京市经信委发布《北京市推广应用新能源商用车生产企业及产品备案信息(2017 年第 3 批)》，共有 9 家企业 26 款车型入选。车型涵盖纯电动客车、纯电动厢式运输车、纯电动环境监测车、纯电动邮政车。

2017 年 11 月 29 日 广州市府常务会议审议通过了《广州市推进公交电动化工作方案》和《关于加快广州市公交充电设施建设的实施方案》，明确了广州市公交电动化工作的有关目标、任务和要求。方案提出，从 2017 年起，新增及更新的公交车 100% 推广使用纯电动车，力争在 2018 年底前实现公交电动化，并从车辆采购投放、充电桩建设、财政补贴、车辆技术保障等方面提出了相关措施。

12 月

2017 年 12 月 3 日 江铃汽车股份有限公司富山新能源汽车基地开工仪式在江西南昌小蓝经济技术开发区举行。该项目总规划占地面积 1 500 亩、投资约 128 亿元。

2017 年 12 月 4 日 工信部发布《新能源汽车推广应用推荐车型目录(2017 年第 11 批)》，共有 79 家企业的 165 款车型入选，其中纯电动车型 152 款(含客车 68 款，乘用车 26 款，专用车 58 款)；插电式混合动力车型 7 款(含客车 6 款乘用车 1 款)；燃料电池车型 6 款(含客车 5 款，专用车 1 款)。

2017 年 12 月 5 日 工信部发布《免征车辆购置税的新能源汽车车型目录(第 14 批)》。本次目录中共 158 款车型入选，其中纯电动汽车 143 款(含乘用车 26 款、客车 49 款、货车 1 款、专用车 67 款)，插电式混合动力汽车 13 款(含乘用车 5 款、客车 8 款)，燃料电池汽车 2 款(均为客车)。

2017 年 12 月 5 日 国能新能源天津工厂正式启动生产，首款车型也一同下线。该厂一期投资 42 亿元，年生产 5 万台纯电动汽车；二期建成投产后可年产 22 万辆纯电动汽车，预计年总产值 650 亿元。

2017 年 12 月 7 日 柳州市发布《关于柳州市住宅小区新能源汽车停车收费有关问题的通知》，规定从 2018 年 1 月 1 日起，新能源汽车在住宅小区停车的，1 h 内(含)不收费。

2017 年 12 月 7 日 一汽解放青岛新能源基地投产暨 2017 年第 30 万辆解放卡车下线庆祝仪式在青岛即墨举行。仪式现场，解放事业本部青岛整车事业部新能源品系经理王玉海与北京合康新能科技股份有限公司签署购车协议，北京合康决定一次性采购 500 辆解放 J6F 纯电动物流车。

2017 年 12 月 9 日 比亚迪股份有限公司与摩洛哥政府在卡萨布兰卡皇宫举行绿色交通战略合作签约仪式。比亚迪将在摩北部城市丹吉尔设立工厂，生产电池、大型电动汽车和单轨电动列车，厂区占地面积为 50 公顷，将提供 2 500 个就业岗位。厂区将设立在“丹吉尔穆罕默德六世科技城”，总占地面积为 2 000 公顷。

2017 年 12 月 9 日 北京市新能源汽车技术创新中心成立仪式在北汽新能源总部中国 · 蓝谷举行。本次参加仪式活动的发起共建方包括北汽集团、北汽新能源、中国汽车技术研究中心、清华大学、北京理工大学、中国科学院电工研究所、亦庄国际投资发展有限公司、宁德时代、国轩高科、北京奇虎科技、北京世纪金光半导体、菲仕绿能科技、国投创业、阿尔特，以及北汽产投等。

2017 年 12 月 12 日 工信部公示符合《锂离子电池行业规范条件》企业名单(第 2 批)，中信国安盟固利、上海德朗能、江苏海四达、多氟多化工能等 18 家企业在列。

2017 年 12 月 13 日 西安市发布《新能源汽车及充换电设施信息平台运行管理暂行办法》，该办法要求各新能源汽车生产企业须通过企业平台实现对在本市生产、销售的新能源车辆进行监控管理和安全预警，实时采集、监测车辆关键系统运行数据，数据保存期限不低于 3 年。各充换电设施建设、运营企业通过企业平台实现对在本市建设运行的充换电场站及充换电设施进行信息化管理，实时监控、统计充换电设施运行数据，数据保存期限不低于 3 年。

2017 年 12 月 15 日 中国重汽集团轻卡部在泉城济南正式发布了针对环卫领域的新能源汽车——豪沃(HOWO)燃料电池轻卡。这款豪沃(HOWO)燃料电池环卫车不需充电，续航里程长，不消耗化石能源，运行过程只产生水，没有污染物排放，环境友好型动力，真正实现“零排放”目标。

2017 年 12 月 19 日 工信部发布《免征车辆购置税的新能源汽车车型目录(第 15 批)》，这次共有 163 款新能源汽车入选。其中纯电动汽车 148 款，(含乘用车 23 款，客车 70 款，货车 2 款，专用车 53 款)；插电式混合动力汽车 8 款，(含乘用车 2 款，客车 6 款)；燃料电池汽车 7 款(含专用车 2 款、客车 5 款)。

2017 年 12 月 20 日 安阳市发布《安阳市市区新能源出租汽车更新实施方案》。要求车辆须进入《推荐目录》；380V 电压，40 kW 充电桩，电池使用质保期 8 年，且电池容量符合国家规定标准；综合工况续航里程达到 300 ~ 400 km；轴距在 2 600 mm 以上，后备厢容量不小于 400 L 以及其他要求。

2017 年 12 月 21 日 滴滴出行正式宣布完成新一轮超 40 亿美元股权融资，以进一步加大对 AI 交通技术的投入，加速推进国际化以及包括新能源汽车服务在内的创新业务。

2017 年 12 月 26 日 宝能集团新能源汽车产业园项目在黄埔区、广州开发区动工建设，项目总投资 300 亿元，首期规划产能 50 万辆新能源汽车及相关配套项目，整车和零部件制造达产产值将超过 1 000 亿元。

2017 年 12 月 27 日 财政部、税务总局、工业和信息化部、科技部联合发布《关于免征新能源汽车车辆购置税的公告》，自 2018 年 1 月 1 日—2020 年 12 月 31 日，对购置的新能源汽车免征车辆购置税。

2017 年 12 月 27 日 上海市发布《新能源汽车备案信息表(2017 年全年)》。更新后的备案信息表共含新能源乘用车 94 款，新能源商用车 61 款。与前几日发布的备案信息相比，又新增了 10 款车型，除一款进口车外，其他 9 款车型均享受上海地补。

2017 年 12 月 27 日 天津正式发布《天津市新能源汽车推广应用车型名单(2017 年第 3 批)的通知》，此次共有 91 个新能源车型进入，乘用车有 42 个，客车有 18 个，专用车 31 个。

2017 年 12 月 29 日 工信部发布了《新能源汽车推广应用推荐车型目录(2017 年第 12 批)》，共有 49 家企业的 120 款车型入选。其中纯电动车型 106 款(含客车 28 款，乘用车 22 款，专用车 56 款)；插电式混合动力车型 12 款(含客车 4 款，乘用车 8 款)；燃料电池车型 2 款(2 款车型均为客车)。

节能与新能源汽车年鉴

YEARBOOK OF ENERGY-SAVING AND NEW ENERGY VEHICLES

第九篇 Section Ⅸ

附　录

Appendix

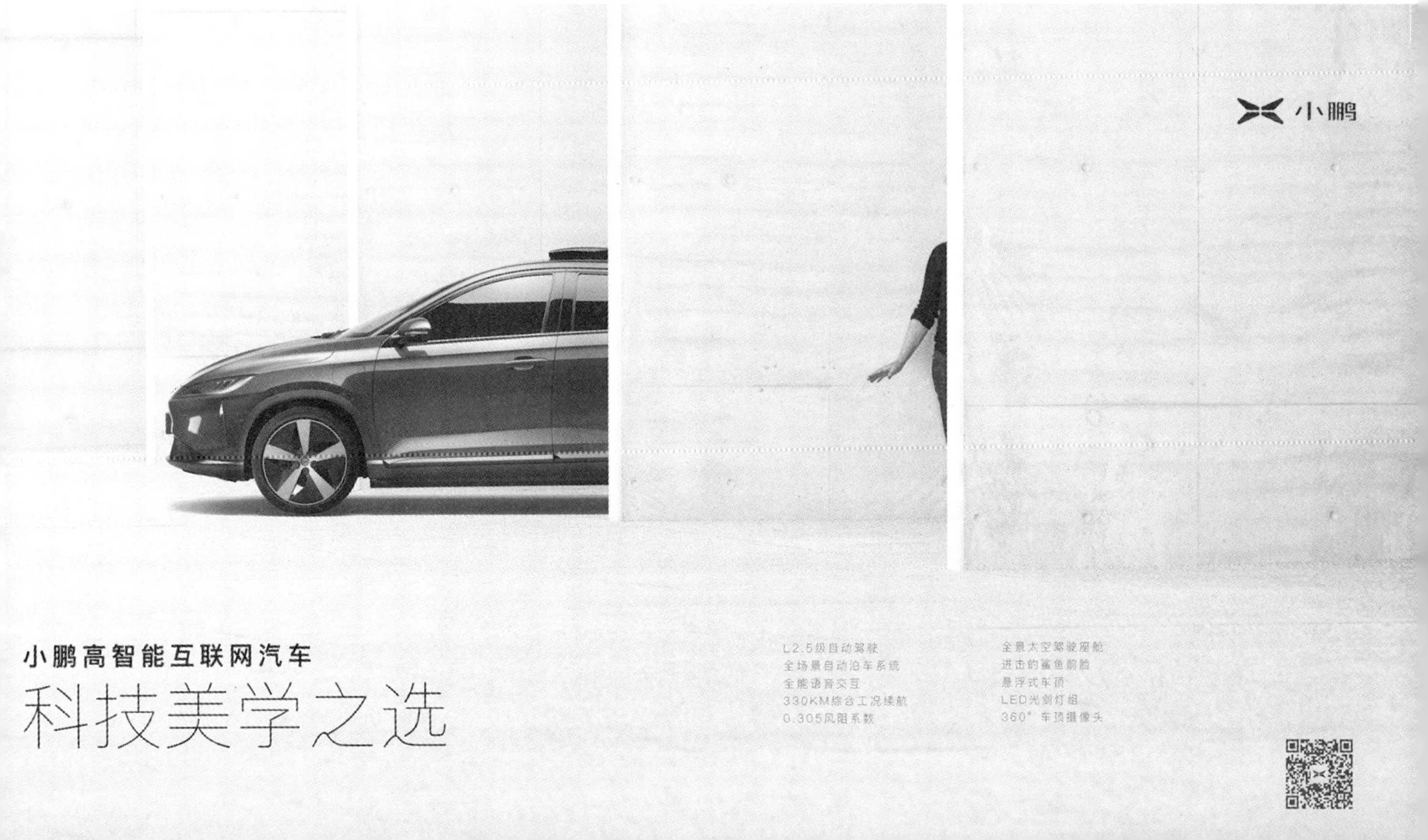

一、新能源车辆标准

Chapter 1 Electric Vehicle Standards

标准编号 Standard Number	标准名称 Standard Name	标准主要内容 Main Contents of Standards	代替标准 Instead of Standard	发布单位 Release Unit	归口单位 Technical Committees	起草单位 Drafting Unit	发布日期 Release Date	实施日期 Date of Implementation
GB/T 18384.3—2015	电动汽车 安全要求 第3部分:人员触电防护 第1号修改单	本部分规定了电动汽车电力驱动系统和传导连接的辅助系统(如果有)防止车内和车外人员触电的要求。 本部分适用于车载驱动系统的最大工作电压是B级电压的电动汽车。电动摩托车和电动轻便摩托车可参照执行	—	中国国家标准化委员会	全国汽车标准化技术委员会	中国汽车技术研究中心、上海机动车检测中心等	2017-6-12	2017-7-1
GB/T 31467.3—2015	电动汽车用锂离子动力蓄电池包和系统 第3部分:安全性要求与测试方法 第1号修改单	本部分规定了电动汽车用锂离子动力蓄电池包和系统安全性的要求和测试方法。 本部分适用于装载在电动汽车上的锂离子动力蓄电池包和系统,镍氢动力蓄电池包和系统等可参照执行	—	中国国家标准化委员会	全国汽车标准化技术委员会	中国汽车技术研究中心、中国电子科技集团公司第十八研究所等	2017-6-12	2017-7-1
GB/T 18387—2017	电动车辆的电磁场发射强度的限值和测量方法	该标准规定了电动车辆在频率范围9 kHz~30 MHz的磁场和电场的辐射发射的限值和测量方法,以及在频率范围450 kHz~30 MHz的传导发射的限值和测量方法。 本标准中的传导发射测量机适用于车载电池充电系统,其开关频率应在9 kHz以上,能量通过金属导体传输。本标准适用于纯电动汽车、混合动力电动汽车、燃料电池电动汽车等类型的电动车辆	GB/T 18387—2008	国家质量监督检验检疫总局、中国国家标准化管理委员会	全国汽车标准化技术委员会	中国汽车技术研究中心、北京新能源汽车股份有限公司、安徽安凯汽车股份有限公司等	2017-5-12	2017-12-1
GB 22757.1—2017	轻型汽车能源消耗量标识 第1部分:汽油和柴油车	本部分规定了轻型汽车能源消耗量标识的内容、格式、材质和粘贴要求。 本部分适用于能够燃用汽油或柴油燃料的、最大设计总质量不超过3 500 kg的M1、M2类和N1类车辆,不适用于可外接充电式混合动力电动汽车、纯电动汽车及仅可燃用其他单一燃料的车辆	GB 22757—2008	国家质量监督检验检疫总局、中国国家标准化管理委员会	全国汽车标准化技术委员会	中国汽车技术研究中心	2017-5-12	2018-1-1
GB 22757.2—2017	轻型汽车能源消耗量标识 第1部分:可外接充电式混合动力电动汽车和纯电动汽车	本部分规定了轻型汽车能源消耗量标识的内容、格式、材质和粘贴要求。 本部分仅适用于最大设计总质量不超过3 500 kg的M1、M2类和N1类的可外接充电式混合动力电动汽车和纯电动汽车	—	国家质量监督检验检疫总局、中国国家标准化管理委员会	全国汽车标准化技术委员会	中国汽车技术研究中心	2017-5-12	2018-1-1

续上表

标准编号 Standard Number	标准名称 Standard Name	标准主要内容 Main Contents of Standards	代替标准 Instead of Standard	发布单位 Release Unit	归口单位 Technical Committees	起草单位 Drafting Unit	发布日期 Release Date	实施日期 Date of Implementation
GB/T 31465.6—2017	道路车辆熔断器 第6部分:螺旋式高压熔断器	本部分规定了道路车辆用C型、E型和F型片式熔断器的颜色代码、试验、要求及尺寸等。 本部分适用于额定电压为32 V或58 V、额定电流不大于100 A、熔断容量为1 000 A的熔断器	—	国家质量监督检验检疫总局、中国国家标准化管理委员会	全国汽车标准化技术委员会	中国汽车技术研究中心、航天科技控股集团股份有限公司、河南天海电器有限公司、郑州宇通客车股份有限公司、安徽江淮汽车股份有限公司、泛亚汽车技术中心有限公司、太平洋精工、美国力特上海办事处、郑州跃博汽车电器有限公司、重庆力帆乘用车有限公司等	2017-5-12	2017-12-1
GB/T 31465.7—2017	道路车辆熔断器 第7部分:短引脚式熔断器	本部分规定了道路车辆用短引脚式熔断器的颜色代码、额定电流、试验程序、试验和要求及尺寸等。 本部分适用于额定电压为58 V、额定电流不超过30 A、熔断容量为1 000 A的短引脚式(K型)熔断器	—	国家质量监督检验检疫总局、中国国家标准化管理委员会	全国汽车标准化技术委员会	重庆力帆乘用车有限公司、中国汽车技术研究中心、吉门保险丝制造(厦门)有限公司、航天科技控股集团股份有限公司等	2017-5-12	2017-12-1
GB/T 33598—2017	车用动力电池回收利用拆解规范	本标准规定了车用废旧动力蓄电池包(组)、模块拆解工作的术语和定义,总体要求,作业程序及存储和管理要求。 本标准适用于车用废旧锂离子动力蓄电池、金属氢化物镍动力蓄电池的蓄电池包(组)、模块的拆解,不适用于车用废旧动力蓄电池单体的拆解	—	国家质量监督检验检疫总局、中国国家标准化管理委员会	全国汽车标准化技术委员会	广东邦普循环科技有限公司、宁德时代新能源科技股份有限公司、中国汽车技术研究中心、哈尔滨巴特瑞资源再生科技有限公司、格林美股份有限公司、湖南邦普报废汽车循环有限公司、浙江超威创元实业有限公司	2017-5-12	2017-12-1
GB/T 33594—2017	电动汽车充电用电缆	本标准规定了电动汽车充电用电缆的使用特性、表示方法、技术要求、标志、试验方法和要求、检验规则以及电缆的包装、运输和贮存。 本标准适用于电动汽车传导充电连接装置用额定电压交流450/750 V及以下、直流1.0 kV及以下充电用电缆(可包括信号或控制线芯)	—	国家质量监督检验检疫总局、中国国家标准化管理委员会	全国电线电缆标准化技术委员会	上海电缆研究所、上海国缆检测中心有限公司、中国质量认证中心、无锡鑫宏业特塑线缆有限公司、广东奥美格传导科技股份有限公司、衡阳恒飞电缆有限责任公司、中天科技装备电缆有限公司、无锡市明珠电缆有限公司、中利科技集团股份有限公司等	2017-5-12	2017-12-1
GB/T 34013—2017	电动汽车用动力电池产品规格	本标准规定了电动汽车用动力蓄电池(以下简称蓄电池)单体、模块和标准箱规格尺寸。 本标准适用于装载在电动汽车上的锂离子蓄电池和金属氢化物镍蓄电池,其他类型蓄电池参照执行	—	国家质量监督检验检疫总局、中国国家标准化管理委员会	全国汽车标准化技术委员会	中国汽车技术研究中心、比亚迪汽车工业有限公司、宁德时代新能源科技股份有限公司、国联汽车动力电池研究院有限责任公司、浙江天能能源科技股份有限公司、中国汽车工业学会、中国电子科技集团公司第十八研究所等	2017-7-12	2008-2-1

续上表

标准编号 Standard Number	标准名称 Standard Name	标准主要内容 Main Contents of Standards	代替标准 Instead of Standard	发布单位 Release Unit	归口单位 Technical Committees	起草单位 Drafting Unit	发布日期 Release Date	实施日期 Date of Implementation
GB/T 34014—2017	汽车动力蓄电池编码规则	本标准规定了汽车动力蓄电池编码的对象、代码结构组成、代码结构表示方法和数据载体。 本标准适用于汽车动力蓄电池、超级电容器及其他可充电储能装置	—	国家质量监督检验检疫总局、中国国家标准化管理委员会	全国汽车标准化技术委员会	国联汽车动力电池研究院有限责任公司、中国汽车技术研究中心、比亚迪汽车工业有限公司、宁德时代新能源科技股份有限公司、江淮汽车股份有限公司、上海捷新动力电池系统有限公司、上海卡耐能源有限公司、江苏春兰清洁能源研究院有限公司、重庆长安汽车股份有限公司等	2017-7-12	2008-2-1
GB/T 34015—2017	车用动力电池回收利用余能检测	本标准规定了车用废旧动力蓄电池余能检测的术语和定义、符号、检测要求、检测流程及检测方法。 本标准适用于车用废旧锂离子动力蓄电池和金属氢化物镍动力蓄电池单体、模块的余能检测	—	国家质量监督检验检疫总局、中国国家标准化管理委员会	全国汽标准化技术委员会	广东邦普循环科技有限公司、宁德时代新能源科技股份有限公司、中国汽车技术研究中心、哈尔滨巴特瑞资源再生科技有限公司、格林美股份有限公司、湖南邦普报废汽车循环有限公司、浙江超威创元实业有限公司	2017-7-12	2008-2-1
GB/T 4094.2—2017	电动汽车操纵件、指示器及信号装置的标志	本部分规定了电动汽车特有的操纵件、指示器及信号装置的标志和信号装置显示颜色的基本要求。 本部分适用于电动汽车	GB/T 4094.2—2005	国家质量监督检验检疫总局、中国国家标准化管理委员会	全国汽车标准化技术委员会	中国汽车技术研究中心、安徽安凯汽车股份有限公司、深圳市比亚迪汽车有限公司、湖南中车时代电动汽车股份有限公司、华晨汽车集团控股有限公司、中国第一汽车股份有限公司、浙江吉利汽车研究院有限公司、东风汽车集团股份有限公司乘用车公司、重庆长安新能源汽车有限公司、长城汽车股份有限公司、郑州宇通客车股份有限公司、上海机动车检测中心、北京现代汽车有限公司、东风汽车有限公司东风日产乘用车公司、广汽丰日有限公司、中国汽车工程研究院股份有限公司、柳州五菱汽车工业有限公司、重庆车辆检测研究院有限公司、一汽海马汽车有限公司、襄阳达安汽车检测中心、北京新能源汽车股份有限公司、北汽福田汽车股份有限公司、观致汽车有限公司、上海汽车集团股份有限公司技术中心、上海捷能汽车技术有限公司、上海通用五菱汽车股份有限公司、奇瑞新能源汽车技术有限公司、泛亚汽车技术中心有限公司、华晨宝马汽车有限公司、山东新大洋电动车有限公司、东南(福建)汽车工业有限公司	2017-9-29	2019-7-1

续上表

标准编号 Standard Number	标准名称 Standard Name	标准主要内容 Main Contents of Standards	代替标准 Instead of Standard	发布单位 Release Unit	归口单位 Technical Committees	起草单位 Drafting Unit	发布日期 Release Date	实施日期 Date of Implementation
GB/T 18386—2017	电动汽车能量消耗和续航里程试验方法	本标准规定了纯电动汽车的能量消耗率和续驶里程的试验方法。 本标准适用于纯电动汽车。电动正三轮摩托车可参照执行	GB/T 18386—2005	国家质量监督检验检疫总局、中国国家标准化管理委员会	全国汽车标准化技术委员会	中国第一汽车股份有限公司技术中心、中国汽车技术研究中心、北京新能源汽车股份有限公司、比亚迪汽车工业有限公司、东风汽车公司技术中心、中国汽车工程研究院股份有限公司	2017-10-14	2018-5-1
GB/T 34657.1—2017	电动汽车传导充电互操作性测试规范 第1部分:供电设备	本部分规定了电动汽车传导充电互操作性测试对供电设备的检测规则、测试条件、测试项目、测试方法及合格评判。 本部分适用于符合 GB/T 18487.1—2015 规定的电动汽车供电设备,包括缆上控制与保护装置、交流充电桩、非车载充电机等	—	国家质量监督检验检疫总局、中国国家标准化管理委员会	中国电力企业联合会	国家电网公司、中国电力企业联合会、国网电力科学研究院、中国汽车技术研究中心、国网电动汽车服务有限公司、许继电源有限公司、许昌开普检测技术有限公司、深圳奥特迅电力设备股份有限公司	2017-10-14	2018-5-1
GB/T 34657.2—2017	电动汽车传导充电互操作性测试规范 第2部分:车辆	本部分适用于采用 GB/T 20234.2—2015 和/或 GB/T 20234.3—2015 传导充电接口的电动汽车 本部分规定了电动汽车传导充电互操作性测试对车辆的检验规则、测试条件、测试项目、测试方法及合格评判	—	国家质量监督检验检疫总局、中国国家标准化管理委员会	全国汽车标准化技术委员会	中国汽车技术研究中心、国网电力科学研究院、中国电力科学研究院、比亚迪汽车工业有限公司、国网电动汽车服务公司、中国第一汽车股份有限公司技术中心、北京新能源汽车股份有限公司	2017-10-14	2018-5-1
GB/T 34658—2017	电动汽车非车载传导式充电机与电池管理系统之间的通信协议一致性测试	本标准规定了电动汽车非车载传导式充电机与电池管理系统之间的通信协议一致性测试要求、一致性测试系统以及一致性测试内容。 本标准适用于对声明符合 GB/T 27930—2015 的产品进行协议一致性测试	—	国家质量监督检验检疫总局、中国国家标准化管理委员会	中国电力企业联合会	国家电网公司、中国电力企业联合会、国网电力科学研究院、中国汽车技术研究中心	2017-10-14	2018-5-1
GB/T 34598—2017	插电式混合动力电动商用车技术条件	本标准规定了插电式混合动力电动商用车的术语和定义、要求及试验方法。 本标准适用于插电式混合动力电动商用车	—	国家质量监督检验检疫总局、中国国家标准化管理委员会	全国汽车标准化技术委员会	湖南中车时代电动汽车股份有限公司、中国汽车技术研究中心、安徽安凯汽车股份有限公司、郑州宇通客车股份有限公司、北汽福田汽车股份有限公司、金龙联合汽车工业(苏州)有限公司、厦门金龙旅行车有限公司、天津比亚迪汽车有限公司	2017-10-14	2018-5-1
GB/T 34585—2017	纯电动货车技术条件	本标准规定了纯电动货车的术语和定义、要求及试验方法。 本标准适用于纯电动货车	—	国家质量监督检验检疫总局、中国国家标准化管理委员会	全国汽车标准化技术委员会	中国汽车技术研究中心、东风商用车技术中心、北京航空航天大学、北京新能源汽车股份有限公司、重庆长安新能源汽车有限公司、普天新能源车辆技术有限公司、比亚迪汽车工业有限公司	2017-10-14	2018-7-01
GB/T 34593—2017	燃料电池发动机氢气排放测试方法	中国汽车技术研究中心、比亚迪汽车工业有限公司、安徽安凯汽车股份有限公司、中国第一汽车股份有限公司技术中心、上海汽车集团股份有限公司技术中心、郑州宇通客车股份有限公司	—	国家质量监督检验检疫总局、中国国家标准化管理委员会	全国汽车标准化技术委员会	同济大学、中国汽车技术研究中心、上海汽车集团股份有限公司、中科院大连化学物理研究所、浙江大学、深圳市标准化研究院、上海机动车检测中心	2017-10-14	2018-5-1

续上表

标准编号 Standard Number	标准名称 Standard Name	标准主要内容 Main Contents of Standards	代替标准 Instead of Standard	发布单位 Release Unit	归口单位 Technical Committees	起草单位 Drafting Unit	发布日期 Release Date	实施日期 Date of Implementation
GB/T 19596—2017	电动汽车术语	本标准界定了电动汽车相关的术语及定义。 本标准适用于电动汽车整车、驱动电机系统、可充电储能系统及充电器	GB/T 19596—2004	国家质量监督检验检疫总局、中国国家标准化管理委员会	全国汽车标准化技术委员会	中国汽车技术研究中心、比亚迪汽车工业有限公司、安徽安凯汽车股份有限公司、中国第一汽车股份有限公司技术中心、上海汽车集团股份有限公司技术中心、郑州宇通客车股份有限公司	2017-10-14	2018-5-1
GB/T 34425—2017	燃料电池电动汽车加氢枪	本标准规定了燃料电池电动汽车加氢枪的定义、要求和实验方法。 本标准适用于使用压缩氢气为工作介质、工作压力不超过 35 MPa、工作环境温度为-40 ℃~60 ℃的燃料电池电动汽车加氢枪	—	国家质量监督检验检疫总局、中国国家标准化管理委员会	全国信息技术标准化技术委员会	中国汽车技术研究中心、深圳市标准技术研究院、同济大学、浙江大学、中科院大连化学物理研究所、北京亿华通科技有限公司、上海大众汽车有限公司、中国第一汽车股份有限公司、上海汽车集团股份有限公司	2017-10-14	2018-5-1
GB/Z 34541—2017	氢能车辆加氢设施安全运行管理规程	本规程规定了涉及氢能车辆加氢设施安全运行的体系、人员、设备、作业、监督、应急预案等方面的管理规程。 本规程适用于以不高于 80 MPa 储氢压力的高压气态氢，或低温液态氢，或氢混合燃料为氢能车辆加氢所涉及的设施的安全运行管理	—	全国汽车标准化技术委员会	全国氢能标准化技术委员会	北京亿华通科技股份有限公司、中国标准化研究院、清华大学、上海舜华新能源系统有限公司、中国电子工程设计院、北京久安通氢能科技有限公司	2017-10-14	2018-5-1
GB/T 34544—2017	小型燃料电池车用低压储氢装置安全试验方法	本标准规定了小型燃料电池车用低压储氢装置安全(以下简称:低压储氢装置)的试验条件和试验方法。 本标准适用于内容积不大于 3 L、最高温升压力不大于 25 MPa、工作温度不低于-10 ℃且不高于 65 ℃的小型燃料电池车用低压储氢装置	—	国家质量监督检验检疫总局、中国国家标准化管理委员会	全国氢能标准化技术委员会	浙江大学、中国标准化研究院、北京有色金属研究总院、中国电子工程设计院、北京海德利森科技有限公司、沈阳斯林达安科新技术有限公司	2017-10-14	2018-5-1
QC/T 1088—2017	电动汽车用充放电式电机控制器技术条件	本标准规定了电动汽车用充放电式电机控制器的术语和定义、分类、技术要求、检验和试验方法，以及标志、包装、运输和贮存的要求。 本标准适用于可外接充电电动汽车用具有充放电功能的电机控制器	—	工业和信息化部	全国汽车标准化技术委员会	比亚迪汽车工业有限公司、安徽安凯汽车股份有限公司、上海汽车集团股份有限公司、郑州宇通客车股份有限公司、重庆长安新能源汽车有限公司、东风汽车集团股份有限公司乘用车公司、奇瑞新能源汽车技术有限公司、泛亚汽车技术中心有限公司、中国第一汽车股份有限公司、湖南中车时代电动汽车股份有限公司、苏州汇川联合动力系统有限公司、中国汽车工程研究院股份有限公司、华为技术有限公司、江门市地尔汉宇电器股份有限公司	2017-4-12	2017-10-1
QC/T 1069—2017	电动汽车用永磁同步驱动电机系统	本标准规定了电动汽车用永磁同步驱动电机系统的技术要求、试验方法、检验规则、标志与标识。 本标准适用于电动汽车用永磁同步驱动电机系统	—	工业和信息化部	全国汽车标准化技术委员会	上海电驱动股份有限公司、北京理工大学、安徽安凯汽车股份有限公司、中国汽车技术研究中心、中车株洲电力机车研究所有限公司、浙江尤奈特电机有限公司等	2017-1-9	2017-7-1

续上表

标准编号 Standard Number	标准名称 Standard Name	标准主要内容 Main Contents of Standards	代替标准 Instead of Standard	发布单位 Release Unit	归口单位 Technical Committees	起草单位 Drafting Unit	发布日期 Release Date	实施日期 Date of Implementation
QC/T 1068—2017	电动汽车用异步驱动电机系统	本标准规定了电动汽车用异步驱动电机系统的要求、试验方法、检验规则、标志与标识。 本标准适用于电动汽车用异步驱动电机系统	—	工业和信息化部	全国汽车标准化技术委员会	湖南中车时代电动汽车股份有限公司、中国汽车技术研究中心、安徽安凯汽车股份有限公司、中车株洲电力机车研究所有限公司、上海电驱动股份有限公司、浙江尤奈特电机有限公司等	2017-1-9	2017-7-1
QC/T 1086—2017	电动汽车用增程器技术条件	本标准规定了电动汽车用增程器的术语和定义、要求、试验方法和检验规则等要求。 本标准适用于由内燃机和发电机及控制器组成的车载式增程器	—	工业和信息化部	全国汽车标准化技术委员会	中国汽车工程研究院股份有限公司、重庆凯瑞电动汽车系统有限公司、安徽安凯汽车股份有限公司、北京新能源汽车股份有限公司、比亚迪汽车工业有限公司、上海通用五菱汽车股份有限公司、合肥巨一动力系统有限公司、上海大郡动力控制技术有限公司、浙江吉利新能源商用车有限公司、精进电动科技(北京)有限公司、斯太尔动力(常州)发动机有限公司、上海电驱动有限公司、重庆力华自动化技术有限责任公司、柳州五菱柳机动力有限公司、广州汽车集团股份有限公司	2017-4-12	2017-10-1
QC/T 1089—2017	电动汽车再生制动系统要求及试验方法	本标准规定了电动汽车再生制动系统测试的范围、术语和定义、符号、要求、试验方法及试验结果的处理。 本标准适用于可充电储能系统为动力蓄电池的纯电动乘用车,纯电动商用车可参照此标准执行	—	工业和信息化部	全国汽车标准化技术委员会	中国汽车技术研究中心、北京新能源汽车股份有限公司、上海汽车集团股份有限公司技术中心、中国第一汽车股份有限公司技术中心、上海通用五菱汽车股份有限公司、安徽江淮汽车股份有限公司、襄阳达安汽车检测中心	2017-7-7	2018-1-1
QC/T 1087—2017	纯电动城市环卫车技术条件	本标准规定了纯电动城市环卫车的术语和定义、技术要求、试验方法。 本标准适用于纯电动城市环卫车	—	工业和信息化部	全国汽车标准化技术委员会	中联重科技股份有限公司、柳州五菱汽车工业有限公司、郑州宇通重工有限公司、中国汽车技术研究中心、汉阳专用汽车研究所、福建龙马环卫装备股份有限公司、北京环卫集团环卫装备有限公司、安徽爱瑞特环保科技股份有限公司、比亚迪汽车工业有限公司、上海汽车商用车有限公司、徐州徐工环境技术有限公司	2017-4-12	2017-10-1
GB/T 34215—2017	电动汽车驱动电机用冷轧无取向电工钢带(片)	本标准规定了冷轧晶无取向电工钢带(片)的术语和定义、符号与牌号、一般要求、技术要求、检验和实验、复验与判定规则、包装、标志及质量证明书、订货内容。 本标准适用于制造电动汽车驱动电机用公称厚度为0.20 mm、0.27 mm、0.30 mm、0.35 mm的晶粒无取向电工钢带(片)	—	国家质量监督检验检疫总局、中国国家标准化管理委员会	全国汽车标准化技术委员会	上海机动车检测中心、冶金工业信息标准研究院、马钢(集团)控股有限公司、首钢总公司	2017-9-7	2018-6-1

二、免征车辆购置税的新能源汽车车型目录(第10~15批)

Chapter 2 List of New Energy Vehicle Models Exempt from Vehicle Purchase Tax(Tenth to Fifteenth Batches)

1. 免征车辆购置税的新能源汽车车型目录

为促进我国交通能源战略转型、推进生态文明建设、支持新能源汽车产业发展,根据《财政部 国家税务总局 工业和信息化部关于免征新能源汽车车辆购置税的公告》(公告 2014 年第 53 号)的要求,工业和信息化部会同国家税务总局等部门对企业提交的申请材料进行了审查。现将《免征车辆购置税的新能源汽车车型目录》(第十批)予以公告。

工业和信息化部
国家税务总局
2017 年 4 月 27 日

附件:免征车辆购置税的新能源汽车车型目录(第十批)

一、纯电动汽车

(一)乘 用 车

序 号	汽车生产企业名称	车辆型号	通用名称	纯电动续驶里程(km)	整车整备质量(kg)	动力蓄电池组总质量(kg)	动力蓄电池组总能量(kWh)	备 注
1	安徽江淮汽车股份有限公司	HFC7000A2EV	江淮 iEV4 时光版	166	1260	233	22	
2		HFC7000W3EV	江淮 iEV6E 时光版	156	1150	216	20	
3	北京汽车股份有限公司	BJ7000U3D6-BEV	EX260	250	1410	332	41	
4		BJ7000C5E7-BEV	EU300	300	1613	370	45	
5		BJ7000U3D5-BEV	EX260	251	1405	315	41	
6	北京现代汽车有限公司	BH7000BEVBA	新伊兰特 EV	270	1429/1470	330/350	36	
7	北京新能源汽车股份有限公司	BJ7001BPH5-BEV	EC180	162	1030	167	21	
8	北汽新能源汽车常州有限公司	BJ7000KPCC-BEV	ARCFOX1	150	870	142	17	
9		BJ7000URD2C-BEV	EX260	250	1410	332	41	
10	比亚迪汽车工业有限公司	BYD70063EVG	比亚迪 e6	450	2450	730	91	
11		BYD6440SBEV1	比亚迪元 EV	200	1780	336	31	
12		BYD7006BEVK	比亚迪 e6	450	2450	730	91	
13	比亚迪汽车有限公司	BYD6460SBEV2	比亚迪宋 EV	270	2175	430	48	
14	东风汽车公司	DFM7000G1F1BEV	E70	302	1564	387	49	
15		DFA7000G1F1BEV	E17	256	1730	396/408	48/49	
16		DFM7000G1BBEV	E70	302	1564	387	49	
17		DFA7000G1F3BEV	E17	260	1550	340	43	
18		DFA7000G1F2BEV	E17	320	1745	420	60	
19		DFM7000G1ABEV1	E70	302	1564	387	49	
20		DFA7000L2ABEV3	俊风 ER30	160	1050	174	21	

续上表

序号	汽车生产企业名称	车辆型号	通用名称	纯电动续驶里程(km)	整车整备质量(kg)	动力蓄电池组总质量(kg)	动力蓄电池组总能量(kWh)	备注
21	东风悦达起亚汽车有限公司	YQZ7002BEV	华骐	265	1445	330	36	
22	东南(福建)汽车工业有限公司	DN7006MBEV	电咖 EV10	155	1030	210	21	
23	广州汽车集团乘用车有限公司	GAC7000BEVH0A	传祺 GE3	310	1667	381	46	
24	海马汽车有限公司	HMA7002S30BEV	@3	202	1431	293	27	
25	河北中兴汽车制造有限公司	BQ6450BBEV	纯电动多用途乘用车	160	1380	300	26	
26	湖南江南汽车制造有限公司	JNJ7000EVK3	E200	160	1080	235	26	
27		JNJ7000EVX16	云 100S	155	1040/1120	216±5	20	
28		JNJ7000EVX14	云 100S	155	1040/1120	211	20	
29	江铃控股有限公司	JX70013BEV	E200S	152	980	180	17	
30		JX70011BEV	E200S	152	960	160	17	
31		JX70012BEV	E200S	152	980	180	17	
32	江西昌河汽车有限责任公司	CH7005BEVC3CA	北斗星 X5E	160	1070	198	22	
33	奇瑞汽车股份有限公司	SQR7000BEVJ601	Arrizo5 e	351	1580	390	49	
34		SQR7000BEVJ691	瑞虎 3xe	351	1515	395	49	
35		SQR7000BEVJ69	瑞虎 3xe	260	1515	400	39	
36	陕西通家汽车股份有限公司	STJ6403EV	纯电动多用途乘用车	220	1400	340	37	
37	上海汽车集团股份有限公司	CSA6456BEV1	荣威 eRX5	320	1710	357	48	
38	上汽通用五菱汽车股份有限公司	LZW7000EVA	宝骏 E100	155	700/750	160	15	
39		LZW7001EVA	宝骏 E100	155	700/750	160	15	
40	四川野马汽车股份有限公司	SQJ6460B2BEV	E70S	250	1775	349	42	
41		SQJ6460M1BEV	M302EV	255	1765	390	47	
42	天津一汽夏利汽车股份有限公司	CA7003EVA	骏派 A70E	205	1450	285	32	
43	长沙梅花汽车制造有限公司	TX6830BEV4	纯电动城市客车	260	8550	1200	97	
44	浙江豪情汽车制造有限公司	JL7001BEV37	知豆 D1	161	755	176	15	
45		JL7001BEV46	知豆 D2	155	775	180	17	
46		JL7001BEV48	远景 EVmini	155	1150	257±2	24	
47		JL7001BEV45	知豆 D2	155	775	180	17	
48		JL7001BEV42	知豆 D1	161	755	180	17	
49	浙江吉利汽车有限公司	SMA7001BEV72	知豆 D2	155	775	176	15	
50		SMA7001BEV71	知豆 D1	161	755	180	15	
51		SMA7000BEV07	K12A	153	990	182	20	
52	中国第一汽车集团公司	CA7001EVA	奔腾 B30EV	205	1450	285	32	
53	河北长安汽车有限公司	SC6449AVBEV	纯电动多用途乘用车	220	1510	280	26	
54		SC6443AVBEV	长安之星 9	190	1530	320	29	
55	上海汽车商用车有限公司	SH6522C1BEV	EG10	200	2685	590	54	

续上表

序　号	汽车生产企业名称	车辆型号	通用名称	纯电动续驶里程（km）	整车整备质量（kg）	动力蓄电池组总质量（kg）	动力蓄电池组总能量（kWh）	备　注
56	重庆长安汽车股份有限公司	SC7001CABBEV	奔奔 mini e	152	980	167	17	
57		SC6388AVBEV	欧力威 EV	252	1340	340	35	
58		SC7001CAABEV	奔奔 mini e	152	980	180	17	
59		SC6388BVBEV	欧力威 EV	252	1340	340	35	
60		SC7001CACBEV	奔奔 mini e	152	980	160	17	
61	合肥长安汽车有限公司	SC7001AFBEV	奔奔 EV	210	1240	255	28	
62	江苏九龙汽车制造有限公司	HKL6490BEV1	纯电动多用途乘用车	180	2350	435	53	
63	宝马（中国）汽车贸易有限公司	i3 1Z61	纯电动 BMW i3 升级款	271	1298	256	33	进口

（二）客　车

序　号	汽车生产企业名称	车辆型号	产品名称	纯电动续驶里程（km）	整车整备质量（kg）	动力蓄电池组总质量（kg）	动力蓄电池组总能量（kWh）	备　注
1	安徽安凯汽车股份有限公司	HFF6111K10EV21	纯电动客车	315	12000	1597	161	
2		HFF6803GEVB	纯电动城市客车	275	6000/6200	768±23	92	
3		HFF6800G03EV8	纯电动城市客车	280	6800/7200	768±23	92	
4		HFF6129G03EV-41	纯电动城市客车	685	13900	2685±80	323	
5		HFF6104G03EV6	纯电动城市客车	360	9170/9700	1170±35	141	
6	安徽冀东华夏专用车有限公司	AC6601BEV	纯电动客车	260	3200	600	56	
7	安源客车制造有限公司	PK6800BEV	纯电动城市客车	252	8235	1220	103	
8	北京北方华德尼奥普兰客车股份有限公司	BFC6809GBEV5	纯电动城市客车	252	7260/7490	765	93	
9		BFC6109GBEV1	纯电动城市客车	336	11200/11500	1616	203	
10	北汽福田汽车股份有限公司	BJ6805EVCA-11	纯电动城市客车	266	7000/7400	714	84	
11		BJ6123EVCA-35	纯电动城市客车	270/232	11850/12350	1180/993	139/119	
12		BJ6105EVCA-15	纯电动城市客车	431	11800/12300	2046/1922	249	
13		BJ6802EVUA-3	纯电动客车	218/249	7900/8350	770/765/882	93/106	
14		BJ6851EVCA-8	纯电动城市客车	318	8400/8800	1206/1142	148	
15		BJ6117EVUA-1	纯电动客车	331	11400/11700	1496/1468	183	
16		BJ6805EVCA-8	纯电动城市客车	229/262	7000/7400	770/765/870	93/106	
17		BJ6117EVUA-2	纯电动客车	320/278	11600/11900	1705/1492	167/146	
18		BJ6123EVCA-32	纯电动城市客车	543	12900/13300	2442/2385	299	
19		BJ6105EVCA-18	纯电动城市客车	279	10800/11200/11500	1191/1125	145	

续上表

序号	汽车生产企业名称	车辆型号	产品名称	纯电动续驶里程(km)	整车整备质量(kg)	动力蓄电池组总质量(kg)	动力蓄电池组总能量(kWh)	备注
20	北汽福田汽车股份有限公司	BJ6805EVCA-12	纯电动城市客车	262/225	7000/7400	716/612	85/73	
21		BJ6123EVCA-33	纯电动城市客车	266/233	11850/12350	1171/1025	138/121	
22		BJ6802EVUA-5	纯电动客车	303/265	8000/8470	1290/1125	125/110	
23		BJ6851EVCA-12	纯电动城市客车	237/219	8050/8250	776/716	92/85	
24		BJ6105EVCA-17	纯电动城市客车	247/212	10800/11300	992/850	119/102	
25		BJ6103EVUA-1	纯电动客车	346	10600/10900	1496/1468	183	
26		BJ6105EVCA-16	纯电动城市客车	251	10800/11300	1025	121	
27		BJ6851EVCA-9	纯电动城市客车	233/222	8050/8250	769/714	91/84	
28		BJ6123EVCA-36	纯电动城市客车	350/387	11700/12300/12900	1568/1518/1720	189/210	
29		BJ6103EVUA-2	纯电动客车	332/293	10800/11100	1705/1492	167/146	
30		BJ6117EVUA	纯电动客车	241	11200/11500	1125/1060	138	
31		BJ6851EVCA-7	纯电动城市客车	205/229	8050/8500	770/765/870	93/106	
32		BJ6123EVCA-31	纯电动城市客车	443	12700/13100	2046/1922	249	
33		BJ6103EVUA	纯电动客车	246	10300/10600	1125/1060	138	
34	比亚迪汽车工业有限公司	BYD6121LGEV3	纯电动城市客车	480	12300/12800	2395	277	
35		BYD6100LGEV2	纯电动城市客车	330	9300	1260	146	
36		BYD6810LZEV1	纯电动城市客车	320	9000	1440	138	
37		BYD6100LGEV3	纯电动城市客车	410	12500	2500	255	
38		BYD6100LGEV5	纯电动城市客车	320	11750	2005	197	
39		BYD6810LZEV4	纯电动城市客车	410	9400	1800	173	
40	成都客车股份有限公司	CDK6103CBEV	纯电动城市客车	310	10950	2130	207	
41		CDK6850CBEV6	纯电动城市客车	95	7400/7850	850	46	钛酸锂
42		CDK6103CBEV2	纯电动城市客车	275	10400	1468	183	
43		CDK6850CBEV5	纯电动城市客车	205	7400/7850	734	91	
44	丹东黄海汽车有限责任公司	DD6109EV5	纯电动城市客车	290	10350/10700	1060	138	
45		DD6851EV4	纯电动城市客车	260	8100/8400	765	93	
46		DD6110KEV4	纯电动客车	261	11500/11850	1060	138	
47	东风汽车公司	EQ6800CACBEV5	纯电动城市客车	250	6000/6200	760	92	
48		EQ6800CACBEV4	纯电动城市客车	280	6380/6580	1110	110	
49		EQ6100CACBEV	纯电动城市客车	270	10700/11000	1675	167	
50		EQ6810CACBEV	纯电动城市客车	260	6900/7150	1110	110	
51		EQ6810CACBEV1	纯电动城市客车	230	6500/6750	760	92	

续上表

序号	汽车生产企业名称	车辆型号	产品名称	纯电动续驶里程（km）	整车整备质量（kg）	动力蓄电池组总质量（kg）	动力蓄电池组总能量（kWh）	备注
52	东风特种汽车有限公司	EQ6830CTBEV7	纯电动城市客车	255	7700/7900	1285	129	
53		EQ6105CTBEV2	纯电动城市客车	255	11000	1160	141	
54		EQ6830CTBEV8	纯电动城市客车	255	7600	760±22	92	
55		EQ6830CTBEV9	纯电动城市客车	255	7600	860	104	
56	东莞中汽宏远汽车有限公司	KMT6109GBEV5	纯电动城市客车	285	11850/11550	1636	167	
57		KMT6860GBEV6	纯电动城市客车	251	8800/8550	1155	112	
58		KMT6860GBEV7	纯电动城市客车	291	8800/8550	1283	130	
59	佛山市飞驰汽车制造有限公司	FSQ6110BEVG1	纯电动城市客车	262	10500/10200	1060	138	
60		FSQ6850BEVG1	纯电动城市客车	263	8200/7900	995	129	
61	福建新福达汽车工业有限公司	FZ6800BEV	纯电动客车	300	6200/6500	972	89	
62		FZ6800UFBEV	纯电动城市客车	256	6200/6500	972	89	
63	福建新龙马汽车股份有限公司	FJ6109G3EV	纯电动城市客车	319	11850/11550	2500	226	
64		FJ6109GBEV1	纯电动城市客车	308	11850/11550	1530	186	
65	广西源正新能源汽车有限公司	HQK6188BEVB	纯电动城市客车	257	19500	3050	295	
66		HQK6828BEVB	纯电动城市客车	254	8600	1358	129	
67	哈尔滨通联客车有限公司	HKC681CBEV	纯电动城市客车	250	7500/7700	1200	101	
68	杭州越西客车制造有限公司	ZJC6122UBEV	纯电动城市客车	385	12500/12200	3286	258	
69		ZJC6660UBEV1	纯电动城市客车	260	5130/5250	884	71	
70		ZJC6105UBEV	纯电动城市客车	251	10300/10050	1844	148	
71	河北长安汽车有限公司	SC6800AHBEV	纯电动城市客车	262	6715/6915	1215	82	
72		SC6805ACBEV	纯电动城市客车	315	7000/7200	1250	120	
73	湖北新楚风汽车股份有限公司	HQG6810EV3	纯电动城市客车	230	7900/8050	760	92	
74		HQG6811EV	纯电动城市客车	222	7900/8050	1000	101	
75		HQG6110EV	纯电动客车	335	12500/12900	1660	163	
76	湖南南车时代电动汽车股份有限公司	TEG6106BEV14	纯电动城市客车	250	11200/10900/10600	1060	138	
77		TEG6820BEV03	纯电动城市客车	210	8120/7720	759	95	
78		TEG6851BEV09	纯电动城市客车	277	8400/8000	1060	138	
79		TEG6851BEV13	纯电动城市客车	201	7750/8150	759	95	
80		TEG6110EV04	纯电动客车	270	11400/11000	1284	162	
81		TEG6110EV05	纯电动客车	280	11900/11500	1720	168	
82		TEG6110EV06	纯电动客车	380	11900/11500	1712	216	
83		TEG6801BEV01	纯电动城市客车	251	7200/7500	759	95	

续上表

序号	汽车生产企业名称	车辆型号	产品名称	纯电动续驶里程（km）	整车整备质量（kg）	动力蓄电池组总质量（kg）	动力蓄电池组总能量（kWh）	备注
84	湖南南车时代电动汽车股份有限公司	TEG6850BEV06	纯电动城市客车	251	8300/8700	1060	138	
85		TEG6851BEV10	纯电动城市客车	340	8400/8000	1284	162	
86		TEG6851BEV11	纯电动城市客车	201	7750/8150	796	93	
87		TEG6851BEV14	纯电动城市客车	225	8100/8500	1110	111	
88		TEG6851BEV15	纯电动城市客车	300	8150/8550	1160	138	
89		TEG6851BEV16	纯电动城市客车	201	7850/8250	832	97	
90		TEG6851BEV17	纯电动城市客车	270	8450/8850	1171	116	
91		TEG6851BEV18	纯电动城市客车	350	8550/8950	1480	147	
92		TEG6851BEV19	纯电动城市客车	251	8250/8650	1184	106	
93		TEG6106BEV11	纯电动城市客车	300	11400/11100/10800	1284	162	
94		TEG6106BEV12	纯电动城市客车	465	11600/11300/11000	1950	253	
95		TEG6106BEV13	纯电动城市客车	520	12400/12100/11800	2352	295	
96		TEG6106BEV16	纯电动城市客车	230	11400/11100/10800	1171	138	
97		TEG6106BEV17	纯电动城市客车	280	11500/11200/10900	1392	166	
98		TEG6106BEV18	纯电动城市客车	280	11400/11100/10800	1720	168	
99		TEG6106BEV19	纯电动城市客车	420	11800/12200	2220	221	
100		TEG6110BEV01	纯电动城市客车	280	11900/11500	1720	168	
101		TEG6129BEV04	纯电动城市客车	201	12000/11600	1171	138	
102		TEG6129BEV05	纯电动城市客车	405	12900/12500	1950	253	
103		TEG6129BEV06	纯电动城市客车	500	13050/12650	2352	295	
104		TEG6851BEV12	纯电动城市客车	110	7800/8200	780	54	磷酸铁锂快充
105		TEG6106BEV15	纯电动城市客车	130	11100/10800/10500	960	69	磷酸铁锂快充
106	江苏登达汽车有限公司	SGK6850BEVGK21	纯电动城市客车	250/250	9050/9350	952/1200	115/104	
107	江苏九龙汽车制造有限公司	HKL6801BEV3	纯电动客车	255	6800	768	92	
108		HKL6801GBEV	纯电动城市客车	255	6150	760	92	
109		HKL6100GBEV1	纯电动城市客车	255	10800	1125	138	
110		HKL6801GBEV2	纯电动城市客车	255	6150	768	92	
111	江苏陆地方舟新能源电动汽车有限公司	RQ6110YEVH6	纯电动客车	290	12100	1780	173	
112		RQ6110YEVH5	纯电动客车	280	11800	1392	166	
113		RQ6830GEVH5	纯电动城市客车	330	6400	794	92	
114		RQ6110YEVH7	纯电动客车	280	12100	1659	166	
115		RQ6830YEVH14	纯电动客车	330	6400	832	97	

续上表

序号	汽车生产企业名称	车辆型号	产品名称	纯电动续驶里程（km）	整车整备质量（kg）	动力蓄电池组总质量（kg）	动力蓄电池组总能量（kWh）	备注
116	江苏陆地方舟新能源电动汽车有限公司	RQ6830YEVH15	纯电动客车	330	6400	794	92	
117		RQ6830GEVH4	纯电动城市客车	330	6400	832	97	
118	江西博能上饶客车有限公司	SR6810BEVG	纯电动城市客车	250	7800/8300	1020	91	
119		SR6101BEVG	纯电动城市客车	252/251	9070/9525	1200/1200	111/104	
120		SR6810BEVG2	纯电动城市客车	255/251	7450/7880	950/1050	94/93	
121	江西江铃集团晶马汽车有限公司	JMV6820GRBEV5	纯电动城市客车	275	6435	887	110	
122		JMV6820GRBEV3	纯电动城市客车	220	6290	734	91	
123		JMV6105GRBEV6	纯电动城市客车	210	10450/10800	995	129	
124		JMV6820BEV5	纯电动客车	275	6505	887	110	
125		JMV6105GRBEV3	纯电动城市客车	255	11000/11350	1550	147	
126		JMV6820BEV3	纯电动客车	220	6370	734	91	
127		JMV6105GRBEV5	纯电动城市客车	251	10650/11000	1142	147	
128	南京金龙客车制造有限公司	NJL6810BEV4	纯电动客车	269/318	4290/4380	850/965	81/92	
129		NJL6810BEV6	纯电动客车	259/314	4290/4380	850/950	78/91	
130		NJL6100BEV23	纯电动城市客车	250	11600/11900	1700	154	
131		NJL6100BEV24	纯电动城市客车	350	12650/12950	2400	215	
132		NJL6129BEV23	纯电动城市客车	350	13000	2500	230	
133		NJL6859BEV33	纯电动城市客车	253	8400/8700	1380	97	
134		NJL6100BEV39	纯电动城市客车	300	10600/10900	1720	168	
135		NJL6180BEV	纯电动城市客车	300	18200	2900	276	
136		NJL6810BEV20	纯电动客车	315	4380	775	90	
137		NJL6129BEV30	纯电动城市客车	300	11580	1739	167	
138		NJL6117BEV28	纯电动客车	380	12660	1995	202	
139		NJL6859BEV39	纯电动城市客车	250	8300/8500	1068	108	
140		NJL6117BEV32	纯电动客车	280	12340	1695	168	
141		NJL6806BEV10	纯电动客车	250	5900	768±23	92	
142		NJL6859BEV36	纯电动城市客车	250	8000/8200	833	97	
143		NJL6809BEV7	纯电动城市客车	220	6960/7160	734	91	
144		NJL6117BEV30	纯电动客车	250	11760	1177±35	141	
145		NJL6100BEV28	纯电动城市客车	380	10740/11040	1726	207	
146		NJL6100BEV38	纯电动城市客车	290	10720/11020	1710	173	
147		NJL6809EEV5	纯电动城市客车	220	7240/7440	799	92	

续上表

序 号	汽车生产企业名称	车辆型号	产品名称	纯电动续驶里程（km）	整车整备质量（kg）	动力蓄电池组总质量（kg）	动力蓄电池组总能量（kWh）	备 注
148	南京金龙客车制造有限公司	NJL6100BEV36	纯电动城市客车	300	10640/10940	1636	167	
149		NJL6100BEV43	纯电动城市客车	250	10160/10460	1177±35	141	
150		NJL6859BEV41	纯电动城市客车	250	8020/8220	860±25	104	
151		NJL6100BEV42	纯电动城市客车	250	10160/10460	1060	138	
152		NJL6859BEV38	纯电动城市客车	210	8040/8240	734	91	
153		NJL6117BEV25	纯电动客车	280	12240	1739	167	
154		NJL6100BEV30	纯电动城市客车	450	11080/11380	1984	258	
155		NJL6100BEV35	纯电动城市客车	250	10100/10400	1160	138	
156		NJL6769BEV1	纯电动城市客车	260	8000/8200	1421	124	
157		NJL6859BEV42	纯电动城市客车	260	8300/8500	1140	115	
158		NJL6117BEV29	纯电动客车	280	12400	1710	173	
159		NJL6129BEV32	纯电动城市客车	450	12120	2120	276	
160		NJL6117BEV31	纯电动客车	380	12440	1726	207	
161		NJL6107BEV13	纯电动客车	250	10900	1177±35	141	
162		NJL6117BEV33	纯电动客车	280	12440	1468	183	
163	厦门金龙联合汽车工业有限公司	XMQ6106AGBEVM1	纯电动城市客车	300	10300/10800/11300	1179	139	
164		XMQ6127AGBEVL2	纯电动城市客车	205	11900/12500	1413	104	
165		XMQ6106AGBEVL5	纯电动城市客车	202	10300/10800/11300	1260	87	
166		XMQ6110BGBEVL3	纯电动城市客车	300	10600	1060	139	
167		XMQ6106AGBEVL7	纯电动城市客车	330	11000/11500/12100	1996	202	
168		XMQ6850BGBEVM	纯电动城市客车	250	8900/9400/9800	660±10	75	
169		XMQ6106AGBEVL3	纯电动城市客车	300	10800/11200/11700	1444	180	
170		XMQ6802AGBEVL2	纯电动城市客车	300	7500/7900/8300	856	109	
171		XMQ6110BCBEVL9	纯电动客车	350	11300	1711	173	
172		XMQ6850AGBEVL5	纯电动城市客车	490	8800/9300/9800	1468	183	
173		XMQ6850BGBEVL	纯电动城市客车	210	8900/9400/9800	868	65	
174		XMQ6106AGBEVL4	纯电动城市客车	260	10300/10800/11300	1060	139	
175		XMQ6127AGBEVL3	纯电动城市客车	450	11800/12300/12800	1990	258	
176		XMQ6850AGBEVL6	纯电动城市客车	350	8800/9300/9800	1283	130	
177		XMQ6106AGBEVL8	纯电动城市客车	300	10800/11150/11650	1444	180	
178		XMQ6850AGBEVL4	纯电动城市客车	300	8400/8800/9300	944	123	
179		XMQ6662AGBEVM1	纯电动城市客车	202	5100/5400/5700	400	43	

续上表

序　号	汽车生产企业名称	车辆型号	产品名称	纯电动续驶里程（km）	整车整备质量（kg）	动力蓄电池组总质量（kg）	动力蓄电池组总能量（kWh）	备　注
180	厦门金龙联合汽车工业有限公司	XMQ6802AGBEVL4	纯电动城市客车	280	7500/7850/8250	765	93	
181		XMQ6662AGBEVL2	纯电动城市客车	260	5400/5700/6000	722	90	
182		XMQ6850AGBEVL7	纯电动城市客车	490	8750/9250/9750	1468	183	
183		XMQ6806BYBEVL	纯电动客车	300	5800/6100	765	93	
184		XMQ6106AGBEVL6	纯电动城市客车	400	11000/11500/12100	1888	245	
185		XMQ6850BGBEVM1	纯电动城市客车	260	8900/9400/9800	796	94	
186		XMQ6802AGBEVL3	纯电动城市客车	280	7500/7900/8300	765	93	
187		XMQ6106AGBEVM	纯电动城市客车	202	10300/10800/11300	880±10	100	
188		XMQ6110ECBEVL8	纯电动客车	300	10600	1060	139	
189		XMQ6127AGBEVM	纯电动城市客车	280	11600/12600/13300	1179	139	
190	厦门金龙旅行车有限公司 厦门金龙旅行车有限公司	XML6532JEVK0	纯电动轻型客车	246	2140	520	46	
191		XML6855JEVM0C	纯电动城市客车	201	8700/9000	1110	111	
192		XML6125JEVM0C	纯电动城市客车	251	13000	2080	163	
193		XML6125JEVM0C1	纯电动城市客车	210	12000/12200/12600	1660	163	
194		XML6105JEVJ0C	纯电动城市客车	208	11160/11640	1091	141	
195		XML6809JEVD0C	纯电动城市客车	201	6350	759	95	
196		XML6809JEVJ0C	纯电动城市客车	201	6350	759	95	
197		XML6105JEVD0C3	纯电动城市客车	201	11160/11640	1179	138	
198		XML6809JEVW0C	纯电动城市客车	201	6350	759	95	
199		XML6105JEVD0C5	纯电动城市客车	201	11160/11640	1142	140	
200		XML6805JEVL0C	纯电动城市客车	201	7200/7600	765	93	
201		XML6125JEVG0C1	纯电动城市客车	255	12000/12200/12600	1590	199	
202		XML6105JEVD0C1	纯电动城市客车	265	11600/12090	1616	203	
203		XML6125JEVW0C	纯电动城市客车	255	11700/12200/12600	1590	199	
204		XML6805JEVD0C	纯电动城市客车	214	7350/7750	918	112	
205		XML6855JEVW0C	纯电动城市客车	215	8700/9200	995	129	
206		XML6855JEVD0C	纯电动城市客车	215	8700/9200	995	129	
207		XML6809JEVM0C	纯电动城市客车	202	6400	808	94	
208		XML6105JEVG0C	纯电动城市客车	265	11600/12090	1616	203	
209		XML6809JEVG0C	纯电动城市客车	201	6350	759	95	
210		XML6105JEVA0C1	纯电动城市客车	264	11800/12200	1996	202	
211		XML6105JEVD0C6	纯电动城市客车	208	11160/11640	1091	141	

续上表

序号	汽车生产企业名称	车辆型号	产品名称	纯电动续驶里程(km)	整车整备质量(kg)	动力蓄电池组总质量(kg)	动力蓄电池组总能量(kWh)	备注
212	厦门金龙旅行车有限公司 厦门金龙旅行车有限公司	XML6105JEVW0C	纯电动城市客车	202	11150/11640	1170	152	
213		XML6125JEVD0C1	纯电动城市客车	201	11290/11800/12190	1179	138	
214		XML6105JEVM0C	纯电动城市客车	211	11600/12090	1660	163	
215		XML6855JEV58C	纯电动城市客车	125	8700/9200	660	75	磷酸铁锂快充
216		XML6105JEVW0C2	纯电动城市客车	132	10830/11330	880	100	磷酸铁锂快充
217		XML6855JEVW0C1	纯电动城市客车	103	8700/9200	880	65	磷酸铁锂快充
218		XML6105JEVD0C2	纯电动城市客车	135	11320/11820	1380	104	磷酸铁锂快充
219	山西皇城相府宇航汽车制造有限公司	SXK6118TBEV4	纯电动客车	250	11950	1600	161	
220		SXK6107GBEV5	纯电动城市客车	250	11000	1900	194	
221		SXK6851GBEV4	纯电动城市客车	250	8600	1200	121	
222	山西原野汽车制造有限公司	YYC6801GBEV	纯电动城市客车	290	6780/6980	1145	111	
223	石家庄中博汽车有限公司	SQ6853BEVBT9	纯电动城市客车	85	9000	1094	46	钛酸锂
224		SQ6121BEVBT7	纯电动城市客车	100	12700	1641	70	钛酸锂
225		SQ6858BEVB81	纯电动城市客车	210	8800	795	98	
226		SQ6123BEVBT9	纯电动城市客车	95	12700	1641	70	钛酸锂
227		SQ6105BEVBT31	纯电动城市客车	156	11300/11800	2022	81	钛酸锂
228		SQ6103BEVBT9	纯电动城市客车	105/90	11500	1641/1610	70/61	
229		SQ6131BEVST9	纯电动双层城市客车	161	19500/18500/17500	3325	139	
230		SQ6105BEVBT6	纯电动城市客车	140/122	11400	1641/1610	70/61	钛酸锂
231		SQ6858BEVBT8	纯电动城市客车	110	8800	1094	46	钛酸锂
232	万向集团公司	WXB6121GEV3	纯电动城市客车	492	13400	2660	307	
233		WXB6121GEV5	纯电动城市客车	431	13000	2330	269	
234		WXB6100GEV3	纯电动城市客车	351	12500	1866	215	
235		WXB6860GEV1	纯电动城市客车	303	9200	1330	154	
236		WXB6860GEV	纯电动城市客车	304	9200	1333	154	
237		WXB6100GEV	纯电动城市客车	439	12800	2330	269	
238		WXB6100GEV1	纯电动城市客车	439	12800	2330	269	
239		WXB6121GEV4	纯电动城市客车	431	13000	2330	269	
240	无锡华策汽车有限公司	HM6806CRBEV	纯电动城市客车	260	6350/6500	1100	108	
241	烟台舒驰客车有限责任公司	YTK6118EV8	纯电动客车	256	12000	1760	161	
242		YTK6810GEV	纯电动城市客车	290	6470	998	101	

续上表

序号	汽车生产企业名称	车辆型号	产品名称	纯电动续驶里程(km)	整车整备质量(kg)	动力蓄电池组总质量(kg)	动力蓄电池组总能量(kWh)	备注
243	烟台舒驰客车有限责任公司	YTK6810EV3	纯电动客车	350	6700	972	117	
244		YTK6118EV9	纯电动客车	256	11700	1580	166	
245		YTK6830GEV3	纯电动城市客车	250	7500/7300	1070	112	
246		YTK6101GEV	纯电动城市客车	260	10100/9900	1580	166	
247		YTK6128GEV1	纯电动城市客车	250	11030/10800	1580	166	
248	扬州亚星客车股份有限公司	JS6128GHBEV11	纯电动城市客车	390	12600/13000	1976	245	
249		JS6108GHBEV10	纯电动城市客车	450	10700/11300	1976	245	
250		YBL6101HBEV	纯电动客车	265	8800/9250	1425	121	
251		JS6818GHBEV8	纯电动城市客车	300	5900/6200	1065	108	
252		JS6818GHBEV12	纯电动城市客车	270	5900/6200	768±23	92	
253		JS6101GHBEV21	纯电动城市客车	280	8700/9200	1177±35	141	
254		YBL6117HBEV21	纯电动客车	230	10500/11100	1177±35	141	
255	扬子江汽车集团有限公司	WG6110BEVHG2	纯电动客车	280	12500	1250	129	
256	一汽客车(无锡)有限公司	CA6660URBEV83	纯电动城市客车	201	4390	585	61	
257		CA6660URBEV82	纯电动城市客车	255	4900	963	82	
258	郑州宇通客车股份有限公司	ZK6105BEVG16	纯电动城市客车	251	11000/11500/12000	1810	127	
259		ZK6105BEVG29	纯电动城市客车	505	12000	2385	299	
260		ZK6115BEVY53	纯电动客车	415	11600/12200	1590	199	
261		ZK6125BEVG21	纯电动城市客车	280	11000/11400/11800	1284	162	
262		ZK6805BEVG17	纯电动城市客车	385	7550/7900	1284	162	
263		ZK6808BEVQZ52	纯电动客车	255	7800/8200	759	95	
264		ZK6125BEVG19	纯电动城市客车	230	11000/11400/11800	1200	140	
265		ZK6125BEVG24	纯电动城市客车	355	11300/11750/12200	1658	201	
266		ZK6125BEVG27	纯电动城市客车	530	12900	2568	324	
267		ZK6105BEVG20	纯电动城市客车	330	10600/11050/11550	1818	187	
268		ZK6115BEVG53	纯电动城市客车	415	11400/12000	1590	199	
269		ZK6808BEVQZ53	纯电动客车	370	8050/8380	1108	143	
270		ZK6105BEVG21	纯电动城市客车	270	9850/10300/10800	1108	143	
271		ZK6115BEVZ51	纯电动客车	305	11100/11700	1108	143	
272		ZK6125BEVG23	纯电动城市客车	352	11300/11750/12200	1590	199	
273		ZK6650BEVG11	纯电动城市客车	360	4850/5050/5250	724	88	
274		ZK6805BEVG12	纯电动城市客车	251	6980/7300	794	96	

续上表

序号	汽车生产企业名称	车辆型号	产品名称	纯电动续驶里程 (km)	整车整备质量 (kg)	动力蓄电池组总质量 (kg)	动力蓄电池组总能量 (kWh)	备注
275	郑州宇通客车股份有限公司	ZK6906BEVQY51	纯电动客车	351	9600/10000	1108	143	
276		ZK6105BEVG23	纯电动城市客车	305	10050/10500/11000	1284	162	
277		ZK6805BEVG13	纯电动城市客车	280	7100/7400/7600	912	113	
278		ZK6805BEVG15	纯电动城市客车	310	7900/7300/7650	1009	131	
279		ZK6935BEVG2	纯电动城市客车	470	10050/10350	1922	249	
280		ZK6808BEVQZ51	纯电动客车	305	7900/8300	912	113	
281		ZK6115BEVZ52	纯电动客车	355	11200/11800	1284	162	
282		ZK6805BEVG11	纯电动城市客车	251	6980/7300	759	95	
283		ZK6826BEVQY51	纯电动客车	302	9000/9400	1108	143	
284		ZK6805BEVG19	纯电动城市客车	225	7150/7450/7800	800	93	
285		ZK6650BEVG13	纯电动城市客车	360	4850/5050/5250	710	88	
286		ZK6906BEVQY52	纯电动客车	485	10100/10400	1590	199	
287		ZK6826BEVQY52	纯电动客车	351	9200/9600	1284	162	
288		ZK6826BEVQG50	纯电动城市客车	251	8800/9200	912	113	
289		ZK6115BEVG52	纯电动城市客车	355	11200/11800	1284	162	
290		ZK6115BEVZ62	纯电动客车	355	11300/11900	1372	166	
291		ZK6115BEVG5	纯电动城市客车	305	11100/11600	1108	143	
292		ZK6826BEVQG51	纯电动城市客车	302	9000/9400	1108	143	
293		ZK6650BEVG7	纯电动城市客车	257	5000/5200	702	65	
294		ZK6115BEVY51	纯电动客车	305	11100/11700	1108	143	
295		ZK6115BEVY52	纯电动客车	355	11200/11800	1284	162	
296		ZK6105BEVG25	纯电动城市客车	375	10400/10850/11350	1590	199	
297		ZK6105BEVG19	纯电动城市客车	255	11090/10600/10100	1200	140	
298		ZK6105BEVG26	纯电动城市客车	375	10400/10850/11350	1658	201	
299	中国重汽集团济南豪沃客车有限公司	JK6106GBEVQ10	纯电动城市客车	270	9450/9650	1156	140	
300		JK6106GBEVQ3	纯电动城市客车	290	10500/10900	1720	168	
301		JK6106GBEV4	纯电动城市客车	280	11000/10650	1720	166	
302		JK6806GBEV5	纯电动城市客车	260	8500/8750	1110	111	
303		JK6806GBEV4	纯电动城市客车	260	8500/8750	1140	111	
304	中通客车控股股份有限公司	LCK6815EVG1	纯电动城市客车	252	6800/7000	1224	99	

续上表

序号	汽车生产企业名称	车辆型号	产品名称	纯电动续驶里程(km)	整车整备质量(kg)	动力蓄电池组总质量(kg)	动力蓄电池组总能量(kWh)	备注
305	中植一客成都汽车有限公司	CDL6810URBEV	纯电动城市客车	255	5800	812	94	
306		CDL6100URBEV4	纯电动城市客车	225	9900	1120	141	
307		CDL6810LRBEV2	纯电动客车	275	5750	740	92	
308		CDL6100URBEV5	纯电动城市客车	300	10800	1816	191	
309		CDL6810LWBEV1	纯电动城市客车	290	6470	975	101	
310		CDL6820URBEV2	纯电动城市客车	230	8000	1070	112	
311		CDL6810LRBEV3	纯电动客车	278	5750	812	94	
312		CDL6110LRBEV1	纯电动客车	315	11600	1545	166	
313	重庆穗通新能源汽车制造有限公司	YST6120BEVG	纯电动城市客车	300	12300	2430	207	
314	重庆五洲龙新能源汽车有限公司	WZL6106EVG2	纯电动城市客车	410	12500	2500	286	
315		WZL6117EV	纯电动客车	230	12500	1208	142	
316		WZL6106EVG4	纯电动城市客车	240	11500	1720	168	
317	珠海广通汽车有限公司	GTQ6105BEVB5	纯电动城市客车	250	11400	1177	141	
318		GTQ6853BEVB1	纯电动城市客车	205	9000	795	98	
319		GTQ6103BEVB1	纯电动城市客车	251	11200/11500	1177	141	
320		GTQ6181BEVBT8	纯电动铰接城市客车	130	20000/19000/18000	3325	139	钛酸锂
321		GTQ6126BEVBT9	纯电动城市客车	100	11400/11800/12200	1641	70	钛酸锂
322		GTQ6123BEVBT9	纯电动城市客车	95	12700	1641	70	钛酸锂
323		GTQ6101BEVB1	纯电动城市客车	250	9500/9000	1177	141	
324		GTQ6801BEVB1	纯电动城市客车	230	8000/7600	795	98	
325		GTQ6121BEVBT9	纯电动城市客车	95	12700	1641	70	钛酸锂
326		GTQ6119BEVH1	纯电动客车	230	11200/11800	1177	141	
327		GTQ6851BEVB1	纯电动城市客车	200	7800/8200	795	98	
328		GTQ6129BEVP1	纯电动客车	260	12200/12800	1349	173	
329		GTQ6851BEVBT9	纯电动城市客车	100	9000/8500	1094	46	钛酸锂
330		GTQ6119BEVP1	纯电动客车	230	11200/11800	1177	141	
331		GTQ6101BEVBT9	纯电动城市客车	130	10000/9500	1641	70	钛酸锂
332		GTQ6801BEVBT9	纯电动城市客车	110	8600/8200	1094	46	钛酸锂
333		GTQ6858BEVB5	纯电动城市客车	201	8800	795	98	
334		GTQ6853BEVBT9	纯电动城市客车	85	9000	1094	46	钛酸锂
335		GTQ6858BEVBT9	纯电动城市客车	85	8800	1094	46	钛酸锂
336		GTQ6119BEVP8	纯电动客车	280	12000/12500	1660	163	

续上表

序号	汽车生产企业名称	车辆型号	产品名称	纯电动续驶里程（km）	整车整备质量（kg）	动力蓄电池组总质量（kg）	动力蓄电池组总能量（kWh）	备注
337	珠海广通汽车有限公司	GTQ6123BEVB1	纯电动城市客车	210	12700	1177	141	
338		GTQ6129BEVH1	纯电动客车	260	12200/12800	1349	173	
339		GTQ6105BEVBT9	纯电动城市客车	105/90	11400	1641/1610	70/61	钛酸锂
340		GTQ6119BEVH8	纯电动客车	280	12000/12500	1660	163	
341		GTQ6126BEVB1	纯电动城市客车	220	11400/11800	1177	141	
342		GTQ6103BEVBT9	纯电动城市客车	105/90	11500	1641/1610	70/61	钛酸锂
343	上海汽车商用车有限公司	SH6632A4BEV-1	纯电动客车	251	2670	500	50	
344		SH6632A4BEV-2	纯电动客车	280	2810	560	58	
345	上海申龙客车有限公司	SLK6109ULE0BEVY1	纯电动城市客车	250	11700	1660	163	
346		SLK6108ALE0BEVY1	纯电动客车	255	11700	1660	163	
347		SLK6108AEBEVY1	纯电动客车	230	11500	1208	142	
348		SLK6859ULE0BEVY1	纯电动城市客车	205	8700/9200	1000	101	
349		SLK6118ALE0BEVS6	纯电动客车	280	11600/12000	1710	173	
350		SLK6108AEBEVS	纯电动客车	210	11000	1060	138	
351	安徽广通汽车制造股份有限公司	CHG6840BEVS	纯电动城市客车	252	8000/8200	1200	120	
352		CHG6841BEVGS	纯电动城市客车	262	8000/8200	1380	121	
353	江西宜春客车厂有限公司	JYK6100GBEV2	纯电动城市客车	205	10800/11000	1125	138	
354		JYK6803GBEV2	纯电动城市客车	255	6150	760	92	

（三）货　车

序号	汽车生产企业名称	车辆型号	产品名称	纯电动续驶里程（km）	整车整备质量（kg）	动力蓄电池组总质量（kg）	动力蓄电池组总能量（kWh）	备注
1	安徽广通汽车制造股份有限公司	CHG5050XXYBEV	纯电动厢式运输车	160	3000	470	50	
2	安徽冀东华夏专用车有限公司	AC5030XXYBEV	纯电动厢式运输车	200	1960/2000	460	54	
3	安徽江淮汽车股份有限公司	HFC5031XXYPV4EV5B3	纯电动厢式运输车	205	1975	455	43	
4		HFC5041XXYP73EV1C5	纯电动厢式运输车	385	3450	866	83	
5		HFC5049XXYEV1H	纯电动厢式运输车	315	3225	860	83	
6		HFC5061XLCP73EV3C5	纯电动冷藏车	250	3995	866	83	
7		HFC5031XLCPV4EV5B3	纯电动冷藏车	205	2290	455	43	
8		HFC5061XXYP73EV3C5	纯电动厢式运输车	250	3795/3595	866	83	
9	北汽福田汽车股份有限公司	BJ5049XXYEV5	纯电动厢式运输车	260	3100	735	83	

续上表

序　号	汽车生产企业名称	车辆型号	产品名称	纯电动续驶里程（km）	整车整备质量（kg）	动力蓄电池组总质量（kg）	动力蓄电池组总能量（kWh）	备　注
10	成都大运汽车集团有限公司	CGC4250BEV1AADKRCGD	纯电动牵引汽车	170	14000	2880	291	
11		CGC4180BEV1AACJNALD	纯电动牵引汽车	105	8030	1330	130	
12	成都通途交通机械实业有限公司	CTT5041XXYBEV	纯电动厢式运输车	220/250	3200/3370	610/745	76/75	
13		CTT5030XXYGC1BEV	纯电动厢式运输车	250	1800	423	44	
14		CTT5040XXYGW1BEV	纯电动厢式运输车	275/290	3200/3370	730/780	84/90	
15		CTT5030XLCGC1BEV	纯电动冷藏车	250	1900	423	44	
16		CTT5071CCYGW1BEV	纯电动仓栅式运输车	170	3900	745	75	
17		CTT5071XXYGW1BEV	纯电动厢式运输车	170	4050	745	75	
18		CTT5042XXYGW1BEV	纯电动厢式运输车	255	3370	745	75	
19		CTT5071XLCGW1BEV	纯电动冷藏车	170	4200	745	75	
20		CTT5040XXYGC2BEV	纯电动厢式运输车	255	3300	745	75	
21	东风汽车公司	EQ5041XXYACBEV9	纯电动厢式运输车	280/300	3000	680/750	80	
22		EQ5023XXYTBEV	纯电动厢式运输车	175	1135	280	27	
23		EQ5041XXYTBEV1	纯电动厢式运输车	326	3215	750	97	
24		EQ5044XXYTBEV5	纯电动厢式运输车	115	2560	330	31	
25		EQ5026XXYTBEV1	纯电动厢式运输车	210	1280	384	43	
26		EQ5041XXYACBEV13	纯电动厢式运输车	340	2900	750	80	
27	东风云南汽车有限公司	EQ5041XXYP3EV	纯电动厢式运输车	165	2805	600	75	
28	广西玉柴专用汽车有限公司	NZ5040XXYEV	纯电动厢式运输车	220	3100/2830	636	70	
29		NZ5041XXYEV	纯电动厢式运输车	295/255	3300	780/745	90/75	
30		NZ5030XXYEV	纯电动厢式运输车	260	1800	423	44	
31		NZ5070XLCEV	纯电动冷藏车	220	4015	745	75	
32		NZ5040XLCEV	纯电动冷藏车	220	3220	635	70	
33	河北中兴汽车制造有限公司	BQ1030E1BEV	纯电动多用途货车	220	1760	430	45	
34		BQ1030E2BEV	纯电动多用途货车	300	1880	470	60	
35		BQ1030DBEV	纯电动多用途货车	220	1760	430	46	
36	湖南江南汽车制造有限公司	JNJ5020XXYEV2	纯电动厢式运输车	185	1335	325	31	
37	华晨鑫源重庆汽车有限公司	JKC1020DABEV	纯电动货车	190	1080	270	31	
38		JKC5020XXY-DABEV	纯电动厢式运输车	190	1150	270	31	
39		JKC5020XXY-AXBEV	纯电动厢式运输车	180	1440	358	38	
40		JKC5020CCY-DABEV	纯电动仓栅式运输车	190	1200	270	31	

续上表

序号	汽车生产企业名称	车辆型号	产品名称	纯电动续驶里程(km)	整车整备质量(kg)	动力蓄电池组总质量(kg)	动力蓄电池组总能量(kWh)	备注
41	江苏九龙汽车制造有限公司	HKL5040XXYBEV1	纯电动厢式运输车	260	2250	375	45	
42	南京汽车集团有限公司	NJ5047XXYEV	纯电动厢式运输车	210	2705	675	81	
43	厦门金龙联合汽车工业有限公司	XMQ5031XXYBEVS	纯电动厢式运输车	145	1870	320	37	
44	山东凯马汽车制造有限公司	KMC1033EVB29D	纯电动载货汽车	220/235	1500	330	42/45	
45	陕西汽车集团有限责任公司	SX5070XXYBEV331L	纯电动厢式运输车	315	3850	736±10	78	
46		SX5040XXYBEV331K	纯电动厢式运输车	280	3310	720	69	
47		SX5070CCYBEV331K	纯电动仓栅式运输车	350	3900	800	83	
48		SX5070XXYBEV331K	纯电动厢式运输车	350	3900	800	83	
49		SX5040XXYBEV331L	纯电动厢式运输车	235	3220	560±10	58	
50	沈阳金杯车辆制造有限公司	SY1060DEV1S	纯电动载货汽车	220	3155	740	93	
51	一汽吉林汽车有限公司	CA5021XXYEVH1	纯电动厢式运输车	225	1650	370	43	
52		CA5021XXYEVJ1	纯电动厢式运输车	185	1600	320	34	
53	长沙梅花汽车制造有限公司	TX5022XXYBEV	纯电动厢式运输车	180	1760	300	31	
54	珠海广通汽车有限公司	GTQ5024XXYEV1	纯电动厢式运输车	212	1400	345	32	
55		GTQ5030XXYBEV1	纯电动厢式运输车	180	2300	435	53	
56		GTQ5051XXYBEV1	纯电动厢式运输车	185	3405	630	73	
57	一汽解放青岛汽车有限公司	CA4181P25BEVA80	纯电动牵引车	100	8300	1330	130	

(四)专 用 车

序号	汽车生产企业名称	车辆型号	产品名称	纯电动续驶里程(km)	整车整备质量(kg)	动力蓄电池组总质量(kg)	动力蓄电池组总能量(kWh)	备注
1	安徽安凯汽车股份有限公司	HFF5041XXYEV1	纯电动厢式运输车	265	2850	497	50	
2	北京华林特装车有限公司	HLT5320GSSEV	纯电动洒水车	260	15160	3268	324	
3		HLT5120TSLEV	纯电动扫路车	350	9040	1650	175	
4		HLT5160TSLEV	纯电动扫路车	460	14180	2850	297	
5		HLT5070GXEEV	纯电动吸粪车	350	5310	1282	145	
6		HLT5120TXSEV	纯电动洗扫车	350	9260	1650	175	
7		HLT5160ZYSEV	纯电动压缩式垃圾车	280	10880/11130	1690	175	
8		HLT5030XLCEV	纯电动冷藏车	250	2030	500/460	48	
9		HLT5031XLCEV	纯电动冷藏车	200	2470	490	49	
10		HLT5250ZXXEV	纯电动车厢可卸式垃圾车	240	15180	2982	311	
11		HLT5030ZLJEV	纯电动自卸式垃圾车	200	2280	490	49	

续上表

序号	汽车生产企业名称	车辆型号	产品名称	纯电动续驶里程（km）	整车整备质量（kg）	动力蓄电池组总质量（kg）	动力蓄电池组总能量（kWh）	备注
12	北京华林特装车有限公司	HLT5070ZLJEV	纯电动自卸式垃圾车	350	5190	1282	145	
13		HLT5320ZXXEV	纯电动车厢可卸式垃圾车	260	15460	3268	324	
14		HLT5030XXYEV	纯电动厢式运输车	200	2160	490	49	
15		HLT5070TCAEV	纯电动餐厨垃圾车	350	5740	1282	145	
16		HLT5075ZYSEV	纯电动压缩式垃圾车	350	5680/5840	1282	145	
17		HLT5250ZYSEV	纯电动压缩式垃圾车	240	17110/17500	2982	311	
18		HLT5030ZXXEV	纯电动车厢可卸式垃圾车	200	1990	490	49	
19		HLT5034CTYEV	纯电动桶装垃圾运输车	200	2200	490	49	
20		HLT5180ZYSEV	纯电动压缩式垃圾车	200	10680/10950	1725	175	
21	北汽福田汽车股份有限公司	BJ5030XSHEV5	纯电动售货车	170	1850	325	36	
22	成都大运汽车集团有限公司	CGC5044XXYBEV1CBBJFAHK	纯电动厢式运输车	230	2800	620	66	
23		CGC5074ZYSBEV1AABJFAGK	纯电动压缩式垃圾车	155	5525/5660	720	65	
24		CGC5025XXYBEV1CBEBPAMZ	纯电动厢式运输车	320	1645	408	49	
25		CGC5044XXYBEV1NBLJFAGK	纯电动厢式运输车	310	2985	700	78	
26		CGC5044XXYBEV1AAAJEAHY	纯电动厢式运输车	170	2750	475	46	
27		CGC5040XXYBEV1YAH0	纯电动厢式运输车	200	2800	698	65	
28		CGC5044XXYBEV1CBBJEAHK	纯电动厢式运输车	230	2800	620	66	
29		CGC5044XXYBEV1AAAJEAHZ	纯电动厢式运输车	170	2750	475	46	
30		CGC5044XXYBEV1CBLJFAGK	纯电动厢式运输车	230/200	2800	698	76/77/66/65	
31		CGC5025XXYBEV1NBBFBAML	纯电动厢式运输车	265	1680	420	43	
32		CGC5044XXYBEV1AAAJEAGY	纯电动厢式运输车	163	2800	475	46	
33		CGC5044XXYBEV1CBLJXAGY	纯电动厢式运输车	230	2800	690	76	
34		CGC5045XXYBEV1LBMGGANL	纯电动厢式运输车	240	2860	680	71	
35		CGC5044XXYBEV1AARJEAHY	纯电动厢式运输车	110	2600	330	31	
36		CGC5044XXYBEV1CBLJXAGK	纯电动厢式运输车	230	2800	690	76	
37		CGC5044XXYBEV1DCBJEAGK	纯电动厢式运输车	200	2800	698	65	
38		CGC5044XXYBEV1CBLJYAGK	纯电动厢式运输车	230	2800	690	76	
39		CGC5044XXYBEV1CBBJEAHY	纯电动厢式运输车	230	2800	620	66	
40		CGC5044XXYBEV1AARJEAHK	纯电动厢式运输车	115	2600	330	31	
41		CGC5044XXYBEV1DCBJEAGY	纯电动厢式运输车	200	2800	698	65	
42		CGC5044XXYBEV1AAAJEAGK	纯电动厢式运输车	171	2800	475	46	

续上表

序　号	汽车生产企业名称	车辆型号	产品名称	纯电动续驶里程（km）	整车整备质量（kg）	动力蓄电池组总质量（kg）	动力蓄电池组总能量（kWh）	备　注
43	大运汽车股份有限公司	DYX5044XXYBEV1EABJFAHK	纯电动厢式运输车	200	2800	698	67	
44		DYX5044XXYBEV1DBNLQAGK	纯电动厢式运输车	280	2800	600	91	
45	东风汽车公司	EQ5032XXYACBEV1	纯电动厢式运输车	240	2350	575	58	
46		EQ5041XLCACBEV	纯电动冷藏车	280/300	3050	680/750	80	
47		EQ5033ZZZACBEV	纯电动自装卸式垃圾车	160	1810	285	31	
48		EQ5070XXYACBEV5	纯电动厢式运输车	210	3910	700	100	
49		EQ5044XXYTBEV4	纯电动厢式运输车	106	2560	330	31	
50		EQ5045XXYTBEV4	纯电动厢式运输车	240	2805	636±5	72	
51		EQ5023XXYACBEV4	纯电动厢式运输车	320	1660	408	49	
52		EQ5040XXYACBEV10	纯电动厢式运输车	255	3060	822	83	
53		EQ5040XXYACBEV7	纯电动厢式运输车	300	3100	840	100	
54		EQ5045XXYTBEV3	纯电动厢式运输车	262	2805	690	93	
55		EQ5080XDYTBEV1	纯电动电源车	155	8080	808	77	
56		EQ5044XXYTBEV2	纯电动厢式运输车	160	2680	475	46	
57		EQ5040XXYSZBEV	纯电动厢式运输车	250	2805	650	77	
58		EQ5040XXYACBEV8	纯电动厢式运输车	255	3050	775±23	83	
59		EQ5044XXYTBEV3	纯电动厢式运输车	160	2680	475	46	
60	贵州航天成功汽车制造有限公司	GHT5021XXYD-BEV2	成功汽车 V1E	220	1310	317/320	40	
61		GHT5021XXYD-BEV1	成功汽车 V1E	235	1320	325	42/40	
62	河北中兴汽车制造有限公司	BQ5023XLHC1BEV	纯电动教练车	230	1820	360	46	
63	黑龙江龙华汽车有限公司	HLJ5030XXYBEV	纯电动厢式运输车	150	1320	275	30	
64	湖北新楚风汽车股份有限公司	HQG5042XXYEV7	纯电动厢式运输车	137	2850	460	50	
65		HQG5042XXYEV8	纯电动厢式运输车	148	2850	475	46	
66		HQG5042XXYEV5	纯电动厢式运输车	85	2650	330	31	
67		HQG5022XXYEV2	纯电动厢式运输车	222	1350	310	32	
68		HQG5022XXYEV4	纯电动厢式运输车	321	1450	401	42	
69		HQG5031XXYEV3	纯电动厢式运输车	145	1420	310	32	
70		HQG5051XXYEV3	纯电动厢式运输车	185	3405	630	73	
71		HQG5042XXYEV9	纯电动厢式运输车	223	3010	780	74	
72		HQG5042XXYEV1	纯电动厢式运输车	137	2850	460	50	
73		HQG5042XXYEV2	纯电动厢式运输车	212	2950	630	73	
74		HQG5031XXYEV4	纯电动厢式运输车	198	1520	384	43	

续上表

序 号	汽车生产企业名称	车辆型号	产品名称	纯电动续驶里程（km）	整车整备质量（kg）	动力蓄电池组总质量（kg）	动力蓄电池组总能量（kWh）	备 注
75	湖北新楚风汽车股份有限公司	HQG5022XXYEV5	纯电动厢式运输车	208	1350	325	30	
76		HQG5085TQZEV	纯电动清障车	184	5150	920	96	
77		HQG5085GSSEV	纯电动洒水车	184	4500	920	96	
78		HQG5031XXYEV5	纯电动厢式运输车	131	1420	325	30	
79		HQG5035XXYEV	纯电动厢式运输车	170	2050	390	50	
80		HQG5022XXYEV6	纯电动厢式运输车	325	1450	395	42	
81		HQG5051XXYEV2	纯电动厢式运输车	180	3405	800	78	
82		HQG5021XXYEV1	纯电动厢式运输车	260	1615	401	42	
83		HQG5042XXYEV	纯电动厢式运输车	155	2595	480	47	
84		HQG5021XXYEV4	纯电动厢式运输车	259	1615	400	42	
85		HQG5021XXYEV3	纯电动厢式运输车	260	1615	401	42	
86		HQG5021XXYEV2	纯电动厢式运输车	260	1615	380	44	
87		HQG5080XXYEV1	纯电动厢式运输车	168	4220	985	98	
88	湖南恒润汽车有限公司	HRQ5020ZXXBEV	纯电动车厢可卸式垃圾车	95	1420	142	20	
89	湖南南车时代电动汽车股份有限公司	TEG5021XXYEV01	纯电动厢式运输车	220	1400	340	37	
90		TEG5050XXYEV02	纯电动厢式运输车	261	2950	545	52	
91	江苏九龙汽车制造有限公司	HKL5040XLCBEV	纯电动冷藏车	260	2400/2500	375	45	
92	江西昌河汽车有限责任公司	CH5025XXYBEVC3CA	北斗星 X5E	160	1040	198	23	
93		CH5015XXYBEVA2CC	北斗星 E	165	940	199	21	
94	柳州五菱汽车工业有限公司	LQG5031XXYDBEV	纯电动厢式运输车	200	1600/1560	395	38	
95		LQG5032XXYDBEV	纯电动厢式运输车	190	1590/1550	395	38	
96	南京金龙客车制造有限公司	NJL5020XXYBEV11	纯电动厢式运输车	322	1658	403	61	
97		NJL5040XYZBEV4	纯电动邮政车	276	2910	630	73	
98		NJL5032XXYBEV	纯电动厢式运输车	213	2000	420	46	
99		NJL5031XXYBEV1	纯电动厢式运输车	208	1900	378	44	
100		NJL5031XYZBEV	纯电动邮政车	221	1900	420	46	
101		NJL5031XXYBEV	纯电动厢式运输车	221	1900	420	46	
102		NJL5032XXYBEV2	纯电动厢式运输车	209	2000	407	46	
103		NJL5032XYZBEV	纯电动邮政车	213	2000	420	46	
104		NJL5031XXYBEV2	纯电动厢式运输车	220	1900	407	46	
105		NJL5040XXYBEV15	纯电动厢式运输车	272	2910	660	74	
106		NJL5032XXYBEV1	纯电动厢式运输车	200	2000	378	44	

续上表

序号	汽车生产企业名称	车辆型号	产品名称	纯电动续驶里程(km)	整车整备质量(kg)	动力蓄电池组总质量(kg)	动力蓄电池组总能量(kWh)	备注
107	厦门金龙联合汽车工业有限公司	XMQ5037XSHBEVS	纯电动售货车	145	1910	320	37	
108		XMQ5030XGCBEVS	纯电动工程车	184	2200	450	49	
109		XMQ5035XGCBEVS	纯电动工程车	178	2280	450	49	
110	厦门金龙旅行车有限公司	XML5036XXYEVJ0	纯电动厢式运输车	182	2140	400	47	
111		XML5036XXYEVK0						
112		XML5036XLCEVD0E	纯电动冷藏车	182	2240	520	46	
113		XML5036XLCEVD0G	纯电动冷藏车	182	2240	520	46	
114		XML5020XXYEV10	纯电动厢式运输车	190	1330	304	32	
115	山东昊宇车辆有限公司	CLP5020CCYBEV	纯电动仓栅式运输车	210	965	240	26	
116		CLP5020XXYBEV	纯电动厢式运输车	240	990	240	26	
117	山东凯马汽车制造有限公司	KMC5023XXYEV29D	纯电动厢式运输车	120	1525	330	42	
118		KMC5033CCYEVB29D	纯电动仓栅式运输车	220/235	1690	330	42/45	
119		KMC5035XLCEVA30D	纯电动冷藏车	200	2370	490	51	
120		KMC5033XXYEVB29D	纯电动厢式运输车	220/235	1745	330	42/45	
121		KMC5042XLCEVA33D	纯电动冷藏车	270	3305	630	74	
122		KMC5022ZLJEV29D	纯电动自卸式垃圾车	120	1580	180	19	
123		KMC5022TSLEV29D	纯电动扫路车	120/140	1920	180/210	19/23	
124		KMC5042XLCEV33D	纯电动冷藏车	225	3210	620,590	76/77	
125		KMC5072XLCEV33D	纯电动冷藏车	160	4310	850,760	76/77	
126	山东唐骏欧铃汽车制造有限公司	ZB5013XXYBEVEDA	纯电动厢式运输车	145	940	186	17	
127	山西原野汽车制造有限公司	YYC5030XXYBEV2	纯电动厢式运输车	220	2000	495	53	
128		YYC5040XXYBEV1	纯电动厢式运输车	300	2750	750	80	
129	沈阳金杯车辆制造有限公司	SY5040XXYD-EV4	纯电动厢式运输车	165	2705	620	73	
130		SY5040XLCD3-EV	纯电动冷藏车	160	3200	600	75	
131		SY5060XXYD-EV1	纯电动厢式运输车	220	3395	740	93	
132	四川野马汽车股份有限公司	SQJ5020XXYM1BEV	纯电动厢式运输车	255	1710	390	47	
133	天津清源电动车辆有限责任公司	QY5031ZXXBEVYL	纯电动车厢可卸式垃圾车	165	1615	320	32	
134		QY5031TYHBEVYL	纯电动路面养护车	170	1800	320	32	
135		QY5030XXYBEVYL	纯电动厢式运输车	219	1610	390	48	
136	烟台舒驰客车有限责任公司	YTK5040XXYEV2	纯电动厢式运输车	380	3000	600	75	
137		YTK5040XXYEV1	纯电动厢式运输车	380	3000	600	73	

续上表

序号	汽车生产企业名称	车辆型号	产品名称	纯电动续驶里程(km)	整车整备质量(kg)	动力蓄电池组总质量(kg)	动力蓄电池组总能量(kWh)	备注
138	扬子江汽车集团有限公司	WG5041XXYBEV	纯电动厢式运输车	270	3070	760	69	
139		WG5032XXYBEV1	纯电动厢式运输车	255	1740/1770	449	50	
140	一汽吉林汽车有限公司	CA5027ZXXaEVD1	纯电动车厢可卸式垃圾车	145	1550	257	26	
141	一汽解放青岛汽车有限公司	CA5041XXYP40L1BEVA84	纯电动厢式运输车	260	3300	700	75	
142		CA5040XXYP40L1BEVA84	纯电动厢式运输车	185	3100	572	58	
143		CA5046XXYP40LBEVA84	纯电动厢式运输车	120	2900	330	31	
144	郑州宇通重工有限公司	YTZ5070TSLZZBEV	纯电动扫路车	200	5200	752	73	
145		YTZ5070TXSZ0BEV	纯电动洗扫车	170	6100	752	73	
146		YTZ5031TYHBEV	纯电动路面养护车	125	2540	486	45	
147	中国重汽集团成都王牌商用车有限公司	CDW5040XXYH2PEV	纯电动厢式运输车	275/290	3200/3370	730/780	84/90	
148		CDW5040XXYH3PEV	纯电动厢式运输车	255	3370	745	75	
149	中联重科股份有限公司	ZLJ5031ZZZNJBEV	纯电动自装卸垃圾车	150	2440	490	48	
150		ZLJ5030CTYNJBEV	纯电动桶装垃圾运输车	150	2290/2390	490	48	
151	中通客车控股股份有限公司	LCK5026XXYBEV1	纯电动厢式运输车	285	1620	404	44	
152	中植一客成都汽车有限公司	CDL5021XXYBEV	纯电动厢式运输车	255	1350	335	44	
153		CDL5020XXYBEV3	纯电动厢式运输车	240	1350	330	42	
154		CDL5020XXYBEV2	纯电动厢式运输车	235	1350	320±10	38	
155		CDL5030XXYBEV	纯电动厢式运输车	350	2460	600	83	
156		CDL5030XXYBEV1	纯电动厢式运输车	200	2050	425	50	
157	重庆瑞驰汽车实业有限公司	CRC5030XXYC-LBEV	纯电动厢式运输车	242	1640	400	42	
158		CRC5032XXYA-LBEV	纯电动封闭货车	224	1670	410	41	
159		CRC5030XYZB-LBEV	纯电动邮政车	227	1670	400	41	
160		CRC5030XXYD-LBEV	纯电动封闭货车	227	1670	400	41	
161		CRC5032XXYC-LBEV	纯电动封闭货车	236	1590	366	45	
162	重庆瑞驰汽车实业有限公司	CRC5032XYZB-LBEV	纯电动邮政车	236	1600	366	45	
163	重庆穗通新能源汽车制造有限公司	YST5021XXYBEV	纯电动厢式运输车	220	1650	405	41	
164	重庆长安汽车股份有限公司	SC5031XXYKQ52BEV	长安 V5	150	1560	309	30	
165	重庆长帆新能源汽车有限公司	CFX5021XXYEVA1	纯电动厢式运输车	160	1215	236	25	
166		CFX5021XXYEVA4	纯电动厢式运输车	193	1100	260	23	
167	上海汽车商用车有限公司	SH5040XXYA9EV-7F	纯电动厢式运输车	320	2570	640	74	
168		SH5040XXYA7BEV-7	纯电动厢式运输车	390	2570	640	74	

续上表

序号	汽车生产企业名称	车辆型号	产品名称	纯电动续驶里程(km)	整车整备质量(kg)	动力蓄电池组总质量(kg)	动力蓄电池组总能量(kWh)	备注
169	浙江飞碟汽车制造有限公司	FD5022XXYBEV	纯电动厢式运输车	180	1450	360	44	
170	北汽银翔汽车有限公司	BJ5021XYZAJN5X1BEV	纯电动邮政车	202	1290	300	35	
171		BJ5021XYZAJN5X2BEV	纯电动邮政车	202	1290	300	35	
172		BJ5021XXYAJN5X1BEV	纯电动厢式运输车	202	1290	300	35	
173		BJ5021XYZAJN5XBEV	纯电动邮政车	180	1290	290	30	
174		BJ5021XXYAJN5X2BEV	纯电动厢式运输车	202	1290	300	35	
175		BJ5021XXYAJN5XBEV	纯电动厢式运输车	180	1290	290	30	
176		BJ5031XXYDMN5X1BEV	纯电动厢式运输车	220	2020	480	56	
177		BJ5031XYZDMN5X1BEV	纯电动邮政车	220	2020	480	56	
178		BJ5031XYZDMN5XBEV	纯电动邮政车	220	2020	490	56	
179		BJ5031XXYDMN5XBEV	纯电动厢式运输车	220	2020	490	56	
180	湖南恒润高科股份有限公司	HHR5022XXYHQBEV	纯电动厢式运输车	230	1530	380/365	45/40	

二、插电式混合动力汽车

(一)乘 用 车

序号	汽车生产企业名称	车辆型号	通用名称	纯电动续驶里程(km)	燃料消耗量(L/100 km)	发动机排量(mL)	整车整备质量(kg)	动力蓄电池总质量(kg)	动力蓄电池总能量(kWh)	备注
1	比亚迪汽车工业有限公司	BYD6450VHEV8	比亚迪 M3	55	1.8	1497	1820	150	12	
2	比亚迪汽车有限公司	BYD7150WT5HEV3	比亚迪秦	55	1.8	1497	1760	155	11	
3		BYD7151WTHEV	比亚迪 G5DM	55	1.8	1497	1760	155	11	
4		BYD7151WTHEV1	比亚迪 G5DM	80	1.4	1497	1760	177	15	
5	广州汽车集团乘用车有限公司	GAC7150CHEVA5B	传祺 GA3S PHEV	63	1.6	1495	1623	130	13	
6		GAC6450CHEVA5B	传祺 GS4 PHEV	58	1.8	1495	1760	138	12	
7		GAC6450CHEVA5C	传祺 GS4 PHEV	60	1.8	1495	1760	130	13	
8		GAC7150CHEVA5A	传祺 GA3S PHEV	60	1.7	1495	1623	138	12	
9	奇瑞汽车股份有限公司	SQR7160PHEVJ421	ARRIZO 7	70	1.6	1598	1638	152	13	

(二)客 车

序号	汽车生产企业名称	车辆型号	产品名称	纯电动续驶里程(km)	燃料消耗量(L/100 km)	发动机排量(mL)	整车整备质量(kg)	动力蓄电池总质量(kg)	动力蓄电池总能量(kWh)	备注
1	安徽安凯汽车股份有限公司	HFF6122G03CHEV2	插电式混合动力城市客车	97	18.4(kg/100 km)	6494	12100/12800/13500	700	51	NG
2		HFF6100G03CHEV22	插电式混合动力城市客车	110	18.3(kg/100 km)	6494	11900/12600	700	51	NG

续上表

序号	汽车生产企业名称	车辆型号	产品名称	纯电动续驶里程(km)	燃料消耗量(L/100 km)	发动机排量(mL)	整车整备质量(kg)	动力蓄电池总质量(kg)	动力蓄电池总能量(kWh)	备注
3	北汽福田汽车股份有限公司	BJ6905CHEVCA-5	插电式混合动力城市客车	66	13.5	5200	8650/9200	370	28	
4		BJ6905CHEVCA-8	插电式混合动力城市客车	51	12.8	5200/4980/6700	8750/9050/9400	260	22	NG
5		BJ6105PHEVCA-16	插电式混合动力城市客车	82	14.8	6494	10500/11000/11300	490	41	
6		BJ6855CHEVCA-2	插电式混合动力城市客车	55	12.1	4088/3767	8550/9050	360	26	
7		BJ6113PHEVCA-2	插电式混合动力城市客车	56	14.8	7520	11350/11650	370	28	
8		BJ6905CHEVCA-6	插电式混合动力城市客车	66	12.8(kg/100 km)	5200/4980/6700	8750/9050/9400	370	28	NG
9		BJ6105CHEVCA-8	插电式混合动力城市客车	82	14.8	6494	10900/11200/11350	490	41	
10		BJ6105PHEVCA-11	插电式混合动力城市客车	56	17.1(kg/100 km)	6494/7470/6700	11000/11400/11950	370	28	NG
11		BJ6105PHEVCA-12	插电式混合动力城市客车	56	14.8	6494	10500/11000/11300	370	28	
12		BJ6105CHEVCA-5	插电式混合动力城市客车	56	14.1(kg/100 km)	6494/7470/6700	11200/11550/11950	370	28	NG
13		BJ6105PHEVCA-13	插电式混合动力城市客车	82	17.1(kg/100 km)	6494/7470/6700	11000/11400/11950	490	41	NG
14		BJ6127PHEVCA-3	插电式混合动力城市客车	52	18.6	8424/8424	12100/12600	370	28	
15		BJ6905CHEVCA-7	插电式混合动力城市客车	51	13.5	5200	8650/9200	260	22	
16		BJ6105CHEVCA-6	插电式混合动力城市客车	56	14.8	6494	10900/11200/11350	370	28	
17		BJ6105CHEVCA-7	插电式混合动力城市客车	82	14.1(kg/100 km)	6494/7470/6700	11200/11550/11950	490	41	NG
18		BJ6855CHEVCA-1	插电式混合动力城市客车	55	10.7(kg/100 km)	4088/4214	8550/9050/9400	360	26	NG
19	成都客车股份有限公司	CDK6112CEG5HEV	插电式混合动力城市客车	51	16.4(kg/100 km)	6494/6750/7130	11700/11300	440	27	NG
20	丹东黄海汽车有限责任公司	DD6109CHEV6	混合动力城市客车	51	16.7	6494	11000/11400/11800	400/320	26	
21		DD6851PHEV2	混合动力城市客车	51	14.9	4730	8600/8900	280	19	
22	东风汽车公	EQ6120CACCHEV	混合动力城市客车	100	21.1(kg/100 km)	5880	12200/12500	680	49	NG
23		EQ6100CACCHEV	插电式混合动力城市客车	100	19.8(kg/100 km)	5880	10800/11100	680	49	NG
24	广西源正新限公司	HQK6128PHEVNG3	插电式混合动力城市客车	51	20.4(kg/100 km)	6494	12780	330	25	NG
25		HQK6128PHEVNG2	插电式混合动力城市客车	52	19.17(kg/100 km)	6494	12780	330	25	NG
26	哈尔滨通联客车有限公司	HKC6121CHEV	混合动力城市客车	50	24.1(kg/100 km)	6494	12670/12920	400/418	27	NG
27		HKC6100HLPHEVL	混合动力客车	52	24.5(m^3/100 km)	6494	11900/11620	550	37	NG
28	湖南南车时代电动汽车股份有限公司	TEG6129EHEV11	混合动力城市客车	90	20.1	6494/6750/6440/6700	13000/12600/12200	780	54	
29		TEG6851EHEV05	混合动力城市客车	60	16.0	3760/4730/4295	8720/9120	420	31	
30		TEG6851EHEV06	插电式混合动力城市客车	51	16.0	3760/4730/4295	8700/9100	480	31	
31		TEG6106EHEV16	混合动力城市客车	100	20.0	6494/6750/6440/6700	11800/11400/11000	672	51	
32		TEG6851EHEVN02	插电式混合动力城市客车	51	23.4(m^3/100 km)	5200/4980	8900/9300	480	31	NG
33		TEG6106EHEVN08	插电式混合动力城市客车	100	20.1(kg/100 km)	6494/6750/6440/6700	12500/12900/13300	780	54	NG
34		TEG6106EHEVN09	插电式混合动力城市客车	100	20.1(kg/100 km)	6494/6750/6440/6700	12400/12800/13200	672	51	NG

续上表

序号	汽车生产企业名称	车辆型号	产品名称	纯电动续驶里程(km)	燃料消耗量(L/100 km)	发动机排量(mL)	整车整备质量(kg)	动力蓄电池总质量(kg)	动力蓄电池总能量(kWh)	备注
35	湖南南车时代电动汽车股份有限公司	TEG6106EHEV17	插电式混合动力城市客车	100	20.0	6494/6750/6440/6700	11800/11400/11000	780	54	
36		TEG6106EHEV18	插电式混合动力城市客车	51	20.0	6494/6440	11800/11400/11000	296+184	26+0.6	
37		TEG6129EHEV12	插电式混合动力城市客车	90	20.1	6494/6750/6440/6700	12900/12500	672	51	
38		TEG6129EHEVN07	插电式混合动力城市客车	95	22.6(kg/100 km)	6494/6750/6440	13300/12900/12500/12100	780	54	NG
39	厦门金龙联合汽车工业有限公司	XMQ6802AGCHEVN54	插电式混合动力城市客车	90	10.7/10.4 (kg/100 km)	4730/4980	8200/8700/9100	230	25	NG
40		XMQ6127AGCHEVD58	插电式混合动力城市客车	95	20.1	6494/6750	11600/12600/13300	440	50	
41		XMQ6802AGCHEVD54	插电式混合动力城市客车	78	10.0	4730/4980	8200/8700	230	25	
42		XMQ6850AGPHEVN52	插电式混合动力城市客车	78	12.8(kg/100 km)	5200/4980	8700/9200/9600	345	30	NG
43		XMQ6850AGCHEVN53	混合动力城市客车	52	11.5/11.6 (kg/100 km)	4730/4980	9200/9600/10100	390	27	NG
44		XMQ6850AGCHEVD53	混合动力城市客车	52	12.0	4730/4980	9200/9600	390	27	
45		XMQ6850AGCHEVN54	插电式混合动力城市客车	75	11.4 (kg/100 km)	4730/4980	9200/9600/10100	230	25	NG
46		XMQ6106AGCHEVN59	混合动力城市客车	95	13.1/13.0 (kg/100 km)	6494/6750	11400/12000/12600	400	43	NG
47		XMQ6127AGPHEVN53	插电式混合动力城市客车	106	18.1(kg/100 km)	6494/6750	12000/12800/13400/13800	700	52	NG
48		XMQ6120BGPHEVD51	插电式混合动力城市客车	80	18.5	6494	12430	565	50	
49		XMQ6127AGPHEVN52	插电式混合动力城市客车	98	18.3/18.1 (kg/100 km)	6494/6750	12000/12800/13400/13800	565	50	NG
50		XMQ6119AGCHEVN56	插电式混合动力城市客车	103	17.7/17.6 (kg/100 km)	6494/6750	12000/12500/13000	440	50	NG
51	江西博能上饶客车有限公司	SR6106PHEVNG	插电式混合动力城市客车	51	20.3/23.1 (kg/100 km)	6494/6750/7130	11050/11280	360	25	NG
52		SR6116PHEVG5	插电式混合动力城市客车	51	16.9	6494	11405/11700	360	25	
53		SR6116PHEVNG	插电式混合动力城市客车	51	21.5/31.4 (m^3/100 km)	7800/6750/7130	12300/12650	360	25	NG
54	厦门金龙联合汽车工业有限公司	XMQ6106AGPHEVN52	插电式混合动力城市客车	114	16.3/16.2 (kg/100 km)	6494/6750	11400/12000/12600	700	52	NG
55		XMQ6106AGCHEVD57	混合动力城市客车	95	13.5	6500/6750	11200/11700/12400	400	43	
56		XMQ6127AGPHEVD51	插电式混合动力城市客车	95	20.1	6494/6750	11600/12600/13300	565	50	
57		XMQ6127AGCHEVN59	插电式混合动力城市客车	102	18.3/18.0 (kg/100 km)	6494/6750	12000/12800/13400/13800	440	50	NG
58		XMQ6110BGPHEVD51	插电式混合动力城市客车	90	16.9	6494	11200	565	50	
59		XMQ6850AGPHEVD52	插电式混合动力城市客车	72	15.0	5200/4980	8700/9200	345	30	
60		XMQ6106AGPHEVD52	插电式混合动力城市客车	102	18.3	6494/6750	11000/11600/12200	565	50	

续上表

序号	汽车生产企业名称	车辆型号	产品名称	纯电动续驶里程(km)	燃料消耗量(L/100 km)	发动机排量(mL)	整车整备质量(kg)	动力蓄电池总质量(kg)	动力蓄电池总能量(kWh)	备注
61	厦门金龙联合汽车工业有限公司	XMQ6106AGPHEVN51	插电式混合动力城市客车	102	16.4/16.3(kg/100 km)	6494/6750	11200/11700/12300	565	50	NG
62		XMQ6850AGCHEVD54	插电式混合动力城市客车	65	12.0	4730/4980	9200/9600	230	25	
63	厦门金龙旅行车有限公司	XML6125JHEVG5C2	插电式混合动力城市客车	58.7	18.5	6494/6494	12465/13180	405	41	
64		XML6855JHEVD5CN2	插电式混合动力城市客车	51	11.6(kg/100 km)	5200	9485/9810	450	25	NG
65		XML6105JHEVD5CN2	插电式混合动力城市客车	65	23.5(m^3/100 km)	6494	12555/13045	900	50	NG
66		XML6105JHEVG5CN5	插电式混合动力城市客车	65	18.1(kg/100 km)	6494	12555/13045	900	50	NG
67		XML6125JHEVD5C	插电式混合动力城市客车	60	20.3	6494	12700/13200/13600	900	50	
68		XML6105JHEVG5CN6	插电式混合动力城市客车	63	14.3(kg/100 km)	6494/6750	12555/13045	820	43	NG
69		XML6105JHEVL5CN1	插电式混合动力城市客车	63	14.40(kg/100 km)	7800	12250/12730	616	43	NG
70		XML6105JHEVG5C3	插电式混合动力城市客车	65	18.8	6494	12125/12625	900	50	
71		XML6125JHEVL5CN1	插电式混合动力城市客车	59	14.6(kg/100 km)	7800/6750	12400/13180/13570	616	43	NG
72		XML6855JHEVD5C1	插电式混合动力城市客车	51	16.5	4730	9290/9745	580	30	
73		XML6125JHEVG5CN5	插电式混合动力城市客车	60	19.3(kg/100 km)	6494	12850/13400/13800	900	50	NG
74		XML6105JHEVG5CN3	混合动力城市客车	50	26.6(m^3/100 km)	6700	12535	401	26	NG
75		XML6105JHEVL5C	插电式混合动力城市客车	64	14.9	6494/6750/6600	11820/12340	616	43	
76		XML6125JHEVL5C	插电式混合动力城市客车	60.5	18.5	6494/6750/6600	12300/12790/13300	616	43	
77		XML6105JHEVG5C5	插电式混合动力城市客车	62	14.9	6494	11630/12130	405	41	
78		XML6105JHEVD5C	插电式混合动力城市客车	65	18.8	6494	12125/12625	900	50	
79		XML6125JHEVD5CN	插电式混合动力城市客车	60	25.3(m^3/100 km)	7800	12850/13400/13800	900	50	NG
80	扬州亚星客车股份有限公司	YBL6610GHEV	混合动力城市客车	105	9.1	1193	2950/2830	274	20	
81		YBL6610HEV	混合动力客车	105	9.7	1193	2950/2830	274	20	
82	郑州宇通客车股份有限公司	ZK6105CHEVNPG26	混合动力城市客车	51	19.2/19.3(kg/100 km)	6494/6750	11350/11800/12300/12590	613	33	NG
83		ZK6125CHEVNPG26	混合动力城市客车	51	21.2/21.3(kg/100 km)	6494/6750	12350/12850/13330/13750	613	33	NG
84		ZK6125PHEVPG5	混合动力城市客车	51	22.2	7520	12500/13000	405	26	
85		ZK6105CHEVPG29C	插电式混合动力城市客车	75	18.3	6500	11200/11650/12100/12330	650	51	
86		ZK6125CHEVPG29	插电式混合动力城市客车	70	20.2	6494/6750	12100/12590/13050	650	51	
87		ZK6850CHEVNPG33	插电式混合动力城市客车	60	11.4/11.5(kg/100 km)	4088/4214	9130/9530/9850/10050	449	30	NG
88		ZK6850CHEVNPG29A	插电式混合动力城市客车	60	14.0(kg/100 km)	4214/4088	9250/9600/9900/10190	519	31	NG
89		ZK6125CHEVNPG35	插电式混合动力城市客车	68	17.0(kg/100 km)	6494/6750	12350/12850/13330/13750	700	51	NG

续上表

序号	汽车生产企业名称	车辆型号	产品名称	纯电动续驶里程(km)	燃料消耗量(L/100 km)	发动机排量(mL)	整车整备质量(kg)	动力蓄电池总质量(kg)	动力蓄电池总能量(kWh)	备注
90	郑州宇通客车股份有限公司	ZK6105CHEVNPG29	插电式混合动力城市客车	75	15.2(kg/100 km)	6494/6750	11250/11700/12250/12590	650	51	NG
91		ZK6850CHEVPG33	插电式混合动力城市客车	52	12.1	4088/3767	8850/9200/9470	405	27	
92		ZK6140CHEVNPG5	插电式混合动力城市客车	51	20.5(kg/100 km)	8424	14750/15250/15660/16400	700	51	NG
93		ZK6105CHEVPG33	插电式混合动力城市客车	58	14.9	6494/6750	11100/11600/12100/12380	616	43	
94		ZK6850CHEVNPG35C	插电式混合动力城市客车	60	11.5/11.4(kg/100 km)	4214/4088	9130/9530/9850/10050	468	31	NG
95		ZK6125CHEVPG35	插电式混合动力城市客车	68	20.6	6494/6750	12100/12590/13050	700	51	
96		ZK6105CHEVPG29	插电式混合动力城市客车	75	18.3	6494/6750	11200/11650/12100/12330	650	51	
97		ZK6105CHEVNPG35C	插电式混合动力城市客车	68	14.2/14.3(kg/100 km)	6494/6750	11400/11900/12380/12640	700	51	NG
98		ZK6850CHEVPG29A	插电式混合动力城市客车	60	14.9	4088/3767	8950/9350/9600/9740	519	31	
99		ZK6125CHEVNPG29	插电式混合动力城市客车	70	16.8(kg/100 km)	6494/6750	12350/12850/13330/13750	650	51	NG
100		ZK6850CHEVNPG35	插电式混合动力城市客车	52	11.4(kg/100 km)	4214/4088	9050/9450/9780/9990	430	26	NG
101		ZK6850CHEVPG35	插电式混合动力城市客车	52	12.1	4088/3767	8850/9200/9470	430	26	
102		ZK6105CHEVNPG33	插电式混合动力城市客车	68	14.2(kg/100 km)	6494/6750	11400/11900/12380/12640	700	51	NG
103		ZK6105CHEVPG35	插电式混合动力城市客车	58	14.9	6494/6750	11100/11600/12100/12380	625	42	
104		ZK6105CHEVNPG35	插电式混合动力城市客车	58	14.2(kg/100 km)	6494/6750	11300/11800/12300/12570	625	42	NG
105	中国重汽集团济南豪沃客车有限公司	JK6126GPHEVN5Q	插电式混合动力城市客车	54	21.3(kg/100 km)	6870	11780/12100	490	41	NG
106		JK6106GPHEVN5	插电式混合动力城市客车	54	17.3(kg/100 km)	6870	11300/11800	490	41	NG
107		JK6126GCHEVN5Q	插电式混合动力城市客车	54	20.6(kg/100 km)	6870	11780/12100	490	41	NG
108		JK6106GCHEVN5Q2	插电式混合动力城市客车	55	17.9(kg/100 km)	6870	11300/11800	490	41	NG
109	辽宁乾丰专用车有限公司	QF6100HEVNG	混合动力城市客车	53	38.0	6494	11810	345	27	
110		QF6110HEVNG	混合动力城市客车	52	39.0	6494	12650	345	27	

注:插电式混合动力汽车燃料消耗量仅包括传统燃料/不含电能折算。

三、燃料电池汽车

(一)客　车

序号	汽车生产企业名称	车辆型号	产品名称	纯电动续驶里程(km)	整车整备质量(kg)	燃料电池系统额定功率(kW)	驱动电机额定功率(kW)	备注
1	南京金龙客车制造有限公司	NJL6129FCEV	燃料电池城市客车	530	11800	30	80	
2	郑州宇通客车股份有限公司	ZK6826FCEVQ1	燃料电池客车	120(氢系统不工作) 400(氢系统工作)	9700	30	100	

（二）专 用 车

序 号	汽车生产企业名称	车辆型号	产品名称	纯电动续驶里程(km)	整车整备质量(kg)	燃料电池系统额定功率(kW)	驱动电机额定功率(kW)	备 注
1	东风汽车公司	EQ5080XXYTFCEV1	燃料电池厢式运输车	305	4100	30	55/60	

2. 免征车辆购置税的新能源汽车车型目录

为促进我国交通能源战略转型、推进生态文明建设、支持新能源汽车产业发展，根据《财政部 国家税务总局 工业和信息化部关于免征新能源汽车车辆购置税的公告》（公告2014年第53号）的要求，工业和信息化部会同国家税务总局等部门对企业提交的申请材料进行了审查。现将《免征车辆购置税的新能源汽车车型目录》（第十一批）予以公告。

工业和信息化部
国家税务总局
2017年7月6日

附件：免征车辆购置税的新能源汽车车型目录（第十一批）

一、纯电动汽车

（一）乘 用 车

序号	汽车生产企业名称	车辆型号	通用名称	纯电动续驶里程(km)	整车整备质量(kg)	动力蓄电池组总质量(kg)	动力蓄电池组总能量(kWh)	备 注
1	安徽江淮汽车股份有限公司	HFC7001EAEV2	江淮 iEV7S	280	1460	320	39	
2		HFC7001EWEV	江淮 iEV7E	170	1250	240	22	
3		HFC7001EWEV1	江淮 iEV7E 时光版	156	1240	216	20	
4	北京汽车股份有限公司	BJ7000C5E8-BEV	EU300	300	1613	370	47	
5	北京汽车制造厂有限公司	BJ6420MA42BEV	纯电动多用途乘用车	200	1400	315	33	
6		BJ6420MA41BEV	纯电动多用途乘用车	200	1400	330	33	
7	北京新能源汽车股份有限公司	BJ7001BPH7 年 BEV	EC180	170	1030	170	22	
8	北汽（镇江）汽车有限公司	BJ6410UC4AEV	EX260	250	1410	332	41	
9	北汽福田汽车股份有限公司	BJ6425EVAA1	纯电动多用途乘用车	251	1350	345±5	36	
10	北汽新能源汽车常州有限公司	BJ7000BRDAC-BEV	EV160	150	1295	276	25	
11		BJ7001BPH2C-BEV	EC180	156	1058	199	20	
12		BJ7001BPH7C-BEV	EC180	170	1030	170	22	
13		BJ7000BRDEC-BEV	EV300	265	1360	332	41	
14		BJ7001BPH1C-BEV	EC180	156	1050	138	20	
15	东风汽车公司	DFM7000G1F3ACBEV	E17	260	1550	340	43	
16	海马汽车有限公司	HMA7003S13BEV	爱尚 EV	151	950	149	18	

续上表

序号	汽车生产企业名称	车辆型号	通用名称	纯电动续驶里程(km)	整车整备质量(kg)	动力蓄电池组总质量(kg)	动力蓄电池组总能量(kWh)	备注
17	河北长安汽车有限公司	SC6449BVBEV	纯电动多用途乘用车	151	1510	280	26	
18	湖南江南汽车制造有限公司	JNJ7000EVX17	云 100S	155	1040	162	20	
19	江铃控股有限公司	JX70016BEV	E200	152	950	150	18	
20		JX70014BEV	E200	152	950	150	18	
21	江苏九龙汽车制造有限公司	HKL6370BEV	ES4	155	1195	160	20	
22	江西昌河汽车有限责任公司	CH7005BEVC3CB	北斗星 X5E	260	1170	278	32	
23	陕西通家汽车股份有限公司	STJ6460EV	纯电动多用途乘用车	285	1880	450	55	
24		STJ6460EV1	纯电动多用途乘用车	285	1880	450	55	
25	浙江豪情汽车制造有限公司	JL7001BEV49	远景 EVmini	155	1075	230	22	
26		HQ7002BEV04	帝豪 EV	300	1598	416	41	
27		HQ7002BEV08	帝豪 EV	300	1538	354	43	
28		JL7001BEV47	知豆 D3	155	870	170	17	
29	浙江吉利汽车有限公司	MR7002BEV11	帝豪 EV	300	1538	354	43	
30	重庆力帆乘用车有限公司	LF7002GEV	620EV	250	1270	231	33	
31		LF7004GEV	330EV	180	995	156	22	
32	重庆长安汽车股份有限公司	SC7003ACBEV	EADO	300	1680	370	45	
33	荣成华泰汽车有限公司	SDH6440BEVGL1	华泰新圣达菲	170	1730	365±10	34	
34	四川野马汽车股份有限公司	SQJ6460B3BEV	E70Ⅱ	255	1775	420	51	

（二）客　车

序号	汽车生产企业名称	车辆型号	产品名称	纯电动续驶里程(km)	整车整备质量(kg)	动力蓄电池组总质量(kg)	动力蓄电池组总能量(kWh)	备注
1	安徽安凯汽车股份有限公司	HFF6629GEVB3	纯电动城市客车	260	4780/4960	599	69	
2		HFF6800G03EV9	纯电动城市客车	280	6800/7200	808	94	
3		HFF6109G03EV3	纯电动城市客车	300	10700/11300	1597	161	
4		HFF6109G03EV2	纯电动城市客车	255	10300/10900	1171	138	
5		HFF6109G03EV4	纯电动城市客车	310	10650/11300	1720	168	
6		HFF6104G03EV21	纯电动城市客车	395	9320/9850	1425	164	
7		HFF6803KEVB	纯电动客车	275	5900/6100	768±23	92	
8		HFF6853G03EV1	纯电动城市客车	320	8200/8600	995	129	
9		HFF6100G03EV-6	纯电动城市客车	530	13350	2661	269	
10		HFF6109K10EV31	纯电动客车	255	10400	1170±35	141	

续上表

序号	汽车生产企业名称	车辆型号	产品名称	纯电动续驶里程(km)	整车整备质量(kg)	动力蓄电池组总质量(kg)	动力蓄电池组总能量(kWh)	备注
11	安徽星凯龙客车有限公司	HFX6105BEVG02	纯电动城市客车	120	10680/10900	1200	66	钛酸锂
12		HFX6105BEVK09	纯电动客车	257	11100	1208	142	
13		HFX6104BEVG02	纯电动城市客车	257	10680/10900	1208	142	
14		HFX6815BEVG11	纯电动城市客车	260	7180/7400	806	93	
15	北奔重型汽车集团有限公司	ND6102BEV00	纯电动城市客车	210	10220/10600	1177	141	
16		ND6820BEV00	纯电动城市客车	201	7700/7900	768±23	92	
17		ND6111LEV00	纯电动客车	286	10350/10700	1177	141	
18	北京汽车制造厂有限公司	BJ6610BG41BEV	纯电动客车	152	2956	500	44	
19		BJ6610BG42BEV	纯电动客车	152	2956	500	46	
20	北汽(常州)汽车有限公司	BJ6600CJ01EV	纯电动客车	255	2960	513	52	
21		BJ6101B11EV	纯电动城市客车	230	10100/10400	1171	138	
22		BJ6101B21EV	纯电动城市客车	350	10900/11200	2240	223	
23		BJ6109C02EV	纯电动客车	350	11000/11500	1711	173	
24	北汽福田汽车股份有限公司	BJ6105EVCA-20	纯电动城市客车	313/267	11300/11750/12200	1862/1599	188/161	
25		BJ6851EVCA-15	纯电动城市客车	210	8050/8400	1064	108	
26		BJ6851EVCA-13	纯电动城市客车	206	8050/8250	728/725	88	
27		BJ6805EVCA-13	纯电动城市客车	215	7000/7400	728/725	88	
28		BJ6105EVCA-19	纯电动城市客车	255/290	10900/11300/11800	1380/1518	166/184	
29		BJ6805EVCA-15	纯电动城市客车	256	7200/7500	1064	108	
30		BJ6123EVCA-40	纯电动城市客车	176	12200/12500/12900	1624	102	钛酸锂
31		BJ6123EVCA-37	纯电动城市客车	176	12700/12980	2410	102	钛酸锂
32		BJ6123EVCA-39	纯电动城市客车	176	12200/12500/12900	1624	102	钛酸锂
33		BJ6123EVCA-38	纯电动城市客车	176	12700/12980	2410	102	钛酸锂
34	比亚迪汽车工业有限公司	BYD6121LGEV4	纯电动城市客车	570	13050	2600	328	
35		BYD6100LGEV4	纯电动城市客车	281	11100/11500	1736	166	
36		BYD6110LLEV	纯电动客车	469	13400	2414	256	
37		BYD6810HZEV1	纯电动城市客车	325	8000	1440	138	
38		BYD6100LGEV6	纯电动城市客车	480	12500	2500	303	
39		BYD6800HZEV1	纯电动城市客车	335	6850	1241	118	
40		BYD6110LLEV1	纯电动客车	290	12200	1387	161	
41		BYD6100LSEV1	纯电动双层城市客车	450	12980/12530	2258	253	
42		BYD6100LGEV7	纯电动城市客车	330	11000/11500	1755	197	

续上表

序号	汽车生产企业名称	车辆型号	产品名称	纯电动续驶里程(km)	整车整备质量(kg)	动力蓄电池组总质量(kg)	动力蓄电池组总能量(kWh)	备注
43	成都大运汽车集团有限公司	CGC6806BEV1PAMKHAUM	纯电动城市客车	280	7100/7400/7600	912	113	
44		CGC6106BEV1PAQHJATM	纯电动城市客车	305	10050/10500/11000	1284	162	
45		CGC6106BEV1PAQHJAFM	纯电动城市客车	265	11400/11100	1284	162	
46		CGC6806BEV1QACJHACM	纯电动城市客车	280	8400/8000	1060	138	
47		CGC6806BEV1EAMJHAYM	纯电动城市客车	250	7440/7640	1140	115	
48		CGC6106BEV1GAEJKATM	纯电动城市客车	300	10640/10940	1636	167	
49	成都客车股份有限公司	CDK6126CBEV1	纯电动城市客车	460	12560/12000	2284	295	
50		CDK6116CBEV	纯电动城市客车	100	10700	1200	66	钛酸锂
51		CDK6850CBEV7	纯电动城市客车	265	7800/8070	1080	131	
52		CDK6801CBEV	纯电动城市客车	210	7350/7150	734	91	
53	丹东黄海汽车有限责任公司	DD6100EV1	纯电动城市客车	290	8500/8800	1060	138	
54	东风汽车公司	EQ6811LACBEV1	纯电动客车	290	6830/7030	1110	110	
55		EQ6810CACBEV2	纯电动城市客车	300	7050/7300	1271	125	
56		EQ6800CACBEV6	纯电动城市客车	280	6380/6580	1110	110	
57		EQ6811LACBEV2	纯电动客车	310	6830/7030	1095	115	
58		EQ6810CACBEV3	纯电动城市客车	260	6900/7150	1095	115	
59	东风特种汽车有限公司	EQ6105CTBEV3	纯电动城市客车	255	11000	1672	167	
60		EQ6670CTBEV3	纯电动城市客车	255	5500	700	60	
61		EQ6105CTBEV4	纯电动城市客车	255	11000	1208	142	
62		EQ6830CTBEV10	纯电动城市客车	251	7600	1000	101	
63	东莞中汽宏远汽车有限公司	KMT6109GBEV6	纯电动城市客车	308	11850/11550	1530	186	
64		KMT6109GBEV7	纯电动城市客车	322	11850/11550	2240	223	
65		KMT6801GBEV	纯电动城市客车	255	6150	768	92	
66		KMT6802GBEV	纯电动城市客车	260	6900/6650	832	97	
67	福建新龙马汽车股份有限公司	FJ6860GBEV3	纯电动城市客车	295	8800/8550	1029	129	
68		FJ6109GBEV2	纯电动城市客车	316	11850/11550	1530	186	
69		FJ6860GBEV2	纯电动城市客车	252	8900/8650	1200	102	
70	广西源正新能源汽车有限公司	HQK6828BEVB3	纯电动城市客车	151	8000	870	61	
71		HQK6828BEVB4	纯电动城市客车	201	8050	795	100	
72	广州广汽比亚迪新能源客车有限公司	GZ6121LGEV	纯电动城市客车	480	12300	2395	277	
73	哈尔滨通联客车有限公司	HKC6810BEV01	纯电动城市客车	230	7500/7700	860±25	104	

续上表

序号	汽车生产企业名称	车辆型号	产品名称	纯电动续驶里程（km）	整车整备质量（kg）	动力蓄电池组总质量（kg）	动力蓄电池组总能量（kWh）	备注
74	杭州长江汽车有限公司	FDC6810TDABEV06	纯电动客车	340	5246	848	110	
75		FDC6810TDABEV05	纯电动客车	300	5226	1000	96	
76	河北长安汽车有限公司	SC6805ABBEV	城市纯电动客车	270	7000/7200	1145	111	
77		SC6101ABBEV	纯电动城市客车	265	9350/9850	1640	166	
78		SC6836ABEV	纯电动城市客车	251	7200/7550	1104	111	
79	湖北新楚风汽车股份有限公司	HQG6600EV1	纯电动客车	255	2700	510	51	
80	湖南中车时代电动汽车股份有限公司	TEG6106BEV20	纯电动城市客车	420	11600/11200	1696	221	
81		TEG6851BEV21	纯电动城市客车	380	8700/9100	1608	189	
82	吉利四川商用车有限公司	DNC6120BEVG	E12 远程客车	379	12400/12700	2457	226	
83		DNC6120BEVG1	E12 远程客车	328	11300/11600	1660	194	
84		DNC6100BEVG1	E10 远程客车	324	10300/10600	1430	166	
85	江苏登达汽车有限公司	SGK6809BEVGK11	纯电动城市客车	220	7200/7400	768±23	92	
86		SGK6851BEVGK11	纯电动城市客车	250	7900/8200	860±25	104	
87	江苏九龙汽车制造有限公司	HKL6800GBEV2	纯电动城市客车	255	6750	760	92	
88		HKL6802BEV1	纯电动客车	255	5650	760	92	
89	江苏卡威汽车工业集团股份有限公司	JNQ6105GEV1	纯电动城市客车	240	9100	1155	140	
90	江苏陆地方舟新能源车辆股份有限公司	RQ6830YEVH15	纯电动客车	330	6400	832	97	
91	江西博能上饶客车有限公司	SR6800BEV2	纯电动客车	257	5770/5950	768	92	
92		SR6101BEVG1	纯电动城市客车	258	9070/9525	1177	141	
93		SR6800BEV3	纯电动客车	257	5770/5950	759	95	
94		SR6800BEVG	纯电动城市客车	257	5770/5950	768	92	
95		SR6810BEVG4	纯电动城市客车	255	7450/7880	759	95	
96		SR6810BEVG3	纯电动城市客车	252	7450/7880	768	92	
97		SR6106BEVG1	纯电动城市客车	255	10510/11135	1142	147	
98		SR6800BEVG1	纯电动城市客车	257	5770/5950	759	95	
99		SR6810BEVG1	纯电动城市客车	251	7450/7880	808	94	
100		SR6101BEVG3	纯电动城市客车	258	9080/9535	1253	147	
101	江西江铃集团晶马汽车有限公司	JMV6800GRBEV1	纯电动城市客车	215	7400	734	91	
102		JMV6800GRBEV	纯电动城市客车	255	7550	887	110	
103	江西凯马百路佳客车有限公司	JXK6109BEV	纯电动城市客车	273	10600	1253±34	161	
104		JXK6811BEV	纯电动城市客车	251	7350/7150	775±22	98	

续上表

序　号	汽车生产企业名称	车辆型号	产品名称	纯电动续驶里程（km）	整车整备质量（kg）	动力蓄电池组总质量(kg)	动力蓄电池组总能量(kWh)	备　注
105	江西宜春客车厂有限公司	JYK6802BEV2	纯电动客车	255	5650	760	92	
106		JYK6802BEV3	纯电动客车	255	5650	744	93	
107		JYK6800GBEV2	纯电动城市客车	220	6750	768	92	
108		JYK6801BEV3	纯电动客车	255	6800	760	92	
109	金华青年汽车制造有限公司	JNP6103LBEVAN	纯电动客车	255	9100/8900	1060	138	
110		JNP6103BEVAN	纯电动城市客车	260	8900/8700	1060	138	
111		JNP6103BEVBN	纯电动城市客车	275	9200	1060	138	
112		JNP6843BEVN	纯电动城市客车	251	7510	863	106	
113		JNP6103BEVBND	纯电动城市客车	275	9200	1060	138	
114		JNP6123BEV3N	纯电动城市客车	251	11400	1142	147	
115		JNP6843BEVND	纯电动城市客车	235	7510	863	106	
116		JNP6123BEV3ND	纯电动城市客车	251	11200	1142	147	
117		JNP6103BEVBPD	纯电动城市客车	275	9200	1130	138	
118	昆明客车制造有限公司	KK6100GEV01	纯电动城市客车	395	9320/9850	1425	164	
119		KK6800GEV01	纯电动城市客车	280	6800/7200/7350	768±23	92	
120	牡丹汽车股份有限公司	MD6810BEV1	纯电动客车	260	5800/6000	768	92	
121		MD6811BEVG1	纯电动城市客车	260	7300/7450	860±25	104	
122	南京金龙客车制造有限公司	NJL6806BEV12	纯电动客车	250	5940	832	97	
123		NJL6129BEV35	纯电动城市客车	300	11600	1740	171	
124		NJL6810BEV22	纯电动客车	328	4380	800	93	
125		NJL6100BEV45	纯电动城市客车	250	10160/10460	1156	140	
126		NJL6806BEVG10	纯电动城市客车	250	5820	768±23	92	
127		NJL6809BEV10	纯电动城市客车	250	7150/7350	794	96	
128		NJL6129BEV33	纯电动城市客车	250	11240	1171	138	
129		NJL6810BEV21	纯电动客车	325	4380	800	92	
130		NJL6806BEVG20	纯电动城市客车	250	5820	800	93	
131		NJL6680BEV24	纯电动城市客车	200	5640/5840	536	62	
132		NJL6806BEV13	纯电动客车	250	5900	799	92	
133		NJL6100BEV40	纯电动城市客车	250	10420/10720	1171	138	
134		NJL6680BEV23	纯电动城市客车	200	5640/5840	460	52	
135		NJL6809BEV9	纯电动城市客车	250	7500/7700	1140	115	
136		NJL6107BEV12	纯电动客车	280	11300	1739	167	

续上表

序号	汽车生产企业名称	车辆型号	产品名称	纯电动续驶里程(km)	整车整备质量(kg)	动力蓄电池组总质量(kg)	动力蓄电池组总能量(kWh)	备注
137	南京金龙客车制造有限公司	NJL6859BEV43	纯电动城市客车	350	8820/9020	1518	189	
138		NJL6129BEV34	纯电动城市客车	450	12400	2320	276	
139		NJL6117BEV26	纯电动客车	280	12500	1792	184	
140		NJL6101BEV	纯电动城市客车	260	9460	1208	142	
141		NJL6100BEV47	纯电动城市客车	450	11080/11380	2160	255	
142		NJL6100BEV37	纯电动城市客车	420	10900/11200	1856	221	
143		NJL6117BEVG	纯电动城市客车	350	13000	2160	255	
144		NJL6101BEV3	纯电动城市客车	250	9460	1160	138	
145		NJL6809BEV11	纯电动城市客车	230	7100/7300	804	94	
146		NJL6859BEV44	纯电动城市客车	350	8880/9080	1608	189	
147	荣成华泰汽车有限公司	SDH6610BEVWL	华泰 D18EV	260	3150	600	58	
148	厦门金龙联合汽车工业有限公司	XMQ6802AGBEVL5	纯电动城市客车	350	7500/7900/8300	1009	132	
149		XMQ6806BGBEVL	纯电动城市客车	300	5800/6100	765	93	
150		XMQ6802AGBEVM	纯电动城市客车	250	7500/7900/8300	796	94	
151		XMQ6106AGBEVL10	纯电动城市客车	220	10800/11150/11450	1230	143	
152		XMQ6802AGBEVL6	纯电动城市客车	255	7500/7900/8300	820	95	
153		XMQ6127AGBEVL4	纯电动城市客车	335	11800/12300/12800	1616	203	
154	厦门金龙旅行车有限公司	XML6102JEVW0	纯电动客车	201	12000/11600/11200	1170	152	
155		XML6122JEVD0C	纯电动城市客车	258	12700/12350	1590	199	
156		XML6855JEVA0C	纯电动城市客车	223	9000/9500	1283	130	
157		XML6809JEVA0C	纯电动城市客车	209	6500	998	101	
158		XML6102JEVF0	纯电动客车	201	12000/11600/11200	1170	152	
159		XML6102JEVE0	纯电动客车	202	11200/11600	1091	141	
160		XML6805JEVW0C	纯电动城市客车	201	7200/7600	765	93	
161		XML6809JEVP0	纯电动客车	201	6350	759	95	
162		XML6105JEVW0C5	纯电动城市客车	218	11400/11800	1392	166	
163		XML6855JEVW0C2	纯电动城市客车	215	8700/9200	995	129	
164		XML6105JEVW0C1	纯电动城市客车	398	12200/12600	2340	304	
165		XML6112JEVM0	纯电动客车	212	12200/12600	1660	163	
166		XML6809JEVD0	纯电动客车	201	6350	759	95	
167		XML6102JEVD0C	纯电动城市客车	202	11200/11600	1091	141	
168		XML6700JEVD0C	纯电动城市客车	239	5250	795	100	

续上表

序　号	汽车生产企业名称	车辆型号	产品名称	纯电动续驶里程(km)	整车整备质量(kg)	动力蓄电池组总质量(kg)	动力蓄电池组总能量(kWh)	备　注
169	厦门金龙旅行车有限公司	XML6809JEVG0	纯电动客车	201	6350	759	95	
170		XML6102JEVW0C	纯电动城市客车	201	11200/11600/12000	1170	152	
171		XML6112JEVA0	纯电动客车	262	12300/12700	1996	202	
172		XML6102JEVW01	纯电动客车	237	12000/11600	1444	179	
173		XML6805JEVL0C1	纯电动城市客车	201	7200/7600	765	93	
174		XML6105JEVW0C3	纯电动城市客车	235	11500/11900	1444	179	
175		XML6855JEVW0C3	纯电动城市客车	287	9100/9600	1444	179	
176		XML6102JEVL0	纯电动客车	202	11200/11600	1091	141	
177		XML6809JEVD0C2	纯电动城市客车	205	6350	778	96	
178		XML6102JEVG0	纯电动客车	201	12000/11600/11200	1170	152	
179		XML6809JEVD0C1	纯电动城市客车	206	6350	832	97	
180	山东沂星电动汽车有限公司	SDL6120EVG8	纯电动城市客车	260	11500	1350	156	
181		SDL6121EVL	纯电动旅游客车	350	12800	1950	194	
182		SDL6801EV	纯电动客车	260	5700	724	88	
183		SDL6100EVG4	纯电动城市客车	260	10500	1296	152	
184		SDL6125EVG3	纯电动城市客车	350	11700	1616	203	
185		SDL6837EVG	纯电动城市客车	260	8050	808	101	
186		SDL6104EVG	纯电动城市客车	240	10500	1171	138	
187		SDL6103EVG	纯电动城市客车	300	12200	1750	173	
188		SDL6836EVG	纯电动城市客车	260	8050	900	101	
189	山西皇城相府宇航汽车制造有限公司	SXK6107GBEV6	纯电动城市客车	250	11000	1340	161	
190	上海申龙客车有限公司	SLK6129UEBEVN3	纯电动城市客车	480	12900	2568	324	
191		SLK6109UEBEVS	纯电动城市客车	490	12200	2350	282	
192		SLK6859UEBEVL1	纯电动城市客车	205	8500/9000	796	93	
193		SLK6859ULE0BEVJ1	纯电动城市客车	220	8500/9000	856	108	
194		SLK6109ULE0BEVS4	纯电动城市客车	240	10600/11000	1710	173	
195		SLK6859UEBEVJ5	纯电动城市客车	200	8500/9000	794	95	
196		SLK6109UEBEVY1	纯电动城市客车	210	11300	1208	142	
197		SLK6109ULE0BEVS9	纯电动城市客车	245	10600/11000	1444	179	
198		SLK6109ULE0BEVS7	纯电动城市客车	410	11600	2120	277	
199		SLK6129ULE0BEVN1	纯电动城市客车	465	12600/12200	2284	295	
200		SLK6109UEBEVN1	纯电动城市客车	485	12200	2424	304	

续上表

序 号	汽车生产企业名称	车辆型号	产品名称	纯电动续驶里程(km)	整车整备质量(kg)	动力蓄电池组总质量(kg)	动力蓄电池组总能量(kWh)	备 注
201	上海申龙客车有限公司	SLK6109ULE0BEVS5	纯电动城市客车	201	10200/10500	1060	138	
202		SLK6859ULE0BEVL	纯电动城市客车	120	8500/9000	870	61	磷酸铁锂快充
203		SLK6929ULE0BEVJ1	纯电动城市客车	350	9700/10200	1688	213	
204		SLK6109ULE0BEVS8	纯电动城市客车	140	10600/11000	1305	92	磷酸铁锂快充
205		SLK6859UEBEVJ3	纯电动城市客车	210	8700/9200	1140	115	
206		SLK6819UEBEVJ5	纯电动城市客车	205	7600/7950/8350	794	95	
207		SLK6109ULE0BEVL	纯电动城市客车	140	10600/11000	1305	92	磷酸铁锂快充
208		SLK6929UEBEVJ	纯电动城市客车	350	9700/10200	1792	215	
209		SLK6109UEBEVL1	纯电动城市客车	201	10600/11000	1171	138	
210		SLK6819UEBEVJ1	纯电动城市客车	205	7950/8350	765	93	
211		SLK6929UEBEVJ1	纯电动城市客车	430	9900/10400	1950	253	
212		SLK6819UEBEVY1	纯电动城市客车	205	7600/7950/8350	804	94	
213		SLK6819UEBEVN1	纯电动城市客车	260	7950/8350	1125	145	
214		SLK6859UEBEVL3	纯电动城市客车	240	8500/9000	1125	145	
215		SLK6859UEBEVJ1	纯电动城市客车	210	8400/8900	765	93	
216		SLK6859ULE0BEVJ	纯电动城市客车	120	8500/9000	870	61	磷酸铁锂快充
217		SLK6109UEBEVJ1	纯电动城市客车	201	10400/10700	1195	145	
218		SLK6859UEBEVN1	纯电动城市客车	240	8500/9000	1125	145	
219		SLK6859UEBEVL2	纯电动城市客车	100	8500/9000	850	46	钛酸锂
220		SLK6108UEBEVY1	纯电动城市客车	230	11100	1208	142	
221	上海申沃客车有限公司	SWB6128BEV02	纯电动城市客车	375	11500	1616	203	
222		SWB6112BEV07	纯电动客车	280	11200	1142	147	
223		SWB6128BEV01	纯电动城市客车	450/435	12200/11900	2284/1990	295/258	
224		SWB6108BEV04	纯电动城市客车	450/435	11800/11500	2284/1990	295/258	
225		SWB6868BEV05	纯电动城市客车	579	8650	1616	203	
226		SWB6108BEV03	纯电动城市客车	375	11100	1616	203	
227	石家庄中博汽车有限公司	SQ6119BEVP1	纯电动客车	230	11200/11800	1177	141	
228		SQ6121BEVBT1	纯电动城市客车	135	13000	1890	81	钛酸锂
229		SQ6186BEVBT6	纯电动铰接城市客车	151	18400/19500/20300	3200	139	钛酸锂
230		SQ6121BEVBT2	纯电动城市客车	175	13900	2673	102	钛酸锂
231		SQ6129BEVPT71	纯电动客车	258	13800	2395	146	钛酸锂
232		SQ6129BEVP8	纯电动客车	295	12200/12800	1349	173	

续上表

序号	汽车生产企业名称	车辆型号	产品名称	纯电动续驶里程(km)	整车整备质量(kg)	动力蓄电池组总质量(kg)	动力蓄电池组总能量(kWh)	备注
233	武汉客车制造股份有限公司	WH6801BEV	纯电动客车	255	6700	768	92	
234		WH6801GBEV	纯电动城市客车	255	6580	768	92	
235	烟台舒驰客车有限责任公司	YTK6830GEV5	纯电动城市客车	256	7500/7300	972	117	
236	扬州亚星客车股份有限公司	JS6818GHBEV9	纯电动城市客车	330	6100/6350	1171	116	
237		JS6101GHBEV12	纯电动城市客车	300	9200/9700	1208	142	
238		JS6618GHBEV	纯电动城市客车	230	4100/4300	450	52	
239		JS6108GHBEV9	纯电动城市客车	280	10400/10900	1711	173	
240		JS6101GHBEV23	纯电动城市客车	340	8800/9300	1532	166	
241		YBL6810GBEV	纯电动城市客车	323	4250	794	92	
242		JS6128GHBEV8	纯电动城市客车	275	12400/13000	1711	173	
243		JS6101SHBEV	纯电动双层城市客车	280	11200/11600	1228	145	
244		JS6101GHBEV22	纯电动城市客车	220	8000/8400	860	104	
245		JS6906GHBEV1	纯电动城市客车	255	7200/7600	774	94	
246		JS6101GHBEV17	纯电动城市客车	320	9300/9600	1720	166	
247		JS6108GHBEV11	纯电动城市客车	280	10000/10500	1822	177	
248		JS6101GHBEV20	纯电动城市客车	320	9200/9700	1659	166	
249		JS6108GHBEV15	纯电动城市客车	240	9400/9900	1171	138	
250		JS6851GHBEV11	纯电动城市客车	255	7810/8290	1000	101	
251		JS6108GHBEV12	纯电动城市客车	280	8500/9000	1160	138	
252		YBL6117HBEV18	纯电动客车	270	11000/11600	1672±30	167	
253		JS6818GHBEV15	纯电动城市客车	275	5900/6200	808	94	
254		JS6101GHBEV19	纯电动城市客车	265	8550/9000	1160	138	
255		YBL6117HBEV22	纯电动客车	270	10900/11500	1640	167	
256		JS6101GHBEV18	纯电动城市客车	335	9500/9900	1822	177	
257		JS6818GHBEV7	纯电动城市客车	300	5900/6200	1110	110	
258		JS6128GHBEV10	纯电动城市客车	230	12100/12800	1208	142	
259		JS6101GHBEV15	纯电动城市客车	320	9500/9800	1672	167	
260		YBL6117HBEV17	纯电动客车	230	10800/11400	1208	142	
261		JS6906GHBEV2	纯电动城市客车	325	7600/8000	1080	131	
262		JS6101GHBEV26	纯电动城市客车	350	8550/9000	1356	167	
263		JS6851GHBEV12	纯电动城市客车	340	7400/7800	1108	143	
264		JS6128GHBEV12	纯电动城市客车	445	12000/12400	2120	277	

续上表

序号	汽车生产企业名称	车辆型号	产品名称	纯电动续驶里程(km)	整车整备质量(kg)	动力蓄电池组总质量(kg)	动力蓄电池组总能量(kWh)	备注
265	扬州亚星客车股份有限公司	JS6818GHBEV11	纯电动城市客车	320	5900/6200	1117	111	
266		JS6108GHBEV16	纯电动城市客车	370	10000/10500	1664	210	
267		JS6618GHBEV2	纯电动城市客车	260	4400/4600	648	79	
268	扬子江汽车集团有限公司	WG6100BEVHM7	纯电动城市客车	315	11500	1659	166	
269		WG6110BEVHR1	纯电动城市客车	205	11300	1025	121	
270		WG6820BEVHK9	纯电动城市客车	255	8300/8500	808	93	
271		WG6850BEVZT4	纯电动城市客车	255	8000/8300	1075	93	
272		WG6850BEVZR1	纯电动城市客车	250	8000/8300	769	91	
273		WG6120BEVHR1	纯电动城市客车	205	11900	1171	138	
274		WG6821BEVHK9	纯电动客车	255	8300/8500	808	93	
275		WG6120BEVHM7	纯电动城市客车	310	12500	1711	173	
276	一汽客车(大连)有限公司	CA6109URBEV34	纯电动城市客车	276	10740/11000	1792	165	
277	云南航天神州汽车有限公司	YH6801BEV-A	纯电动城市客车	203	5550/5350	832	97	
278		YH6601BEV-A	纯电动客车	290	2900	560	58	
279		YH6663BEV-A	纯电动城市客车	205	4500/4300	560	58	
280	云南五龙汽车有限公司	FDE6120PDABEV06	纯电动城市客车	275/315	11400/11600	1444/1640	179/206	
281		FDE6100PBABEV09	纯电动城市客车	340	11700	2318	223	
282		FDE6100PBABEV08	纯电动城市客车	340	11700	2318	223	
283	浙江南车电车有限公司	CSR6180GSEV3	纯电动城市客车	201	18500	350/1552	0.79+181	
284		CSR6110GSEV3	纯电动城市客车	220	10700	350/1025	0.79+121	
285		CSR6121GSEV5	纯电动城市客车	230	11400	350/1171	0.79+138	
286	郑州宇通客车股份有限公司	ZK6845BEVG11	纯电动城市客车	455	8890/9150	1696	221	
287		ZK6845BEVG7	纯电动城市客车	320	8350/8700/9050	1207	157	
288		ZK6805BEVG21	纯电动城市客车	420	8050/8400/8600	1498	189	
289		ZK6105BEVG24	纯电动城市客车	315	10050/10500/11000	1372	166	
290		ZK6805BEVG21A	纯电动城市客车	420	8850/9100	1498	189	
291		ZK6845BEVG6A	纯电动城市客车	260	8800/9050/8150/8500	995	129	
292		ZK6105BEVG29A	纯电动城市客车	475	12900	2385	299	
293		ZK6105BEVG31	纯电动城市客车	255	10350/10800/11290	1230	143	
294		ZK6845BEVG10	纯电动城市客车	380	8600/8950/9150	1468	182	
295		ZK6119BEVQZ51	纯电动客车	320	11970	1284	162	

续上表

序号	汽车生产企业名称	车辆型号	产品名称	纯电动续驶里程(km)	整车整备质量(kg)	动力蓄电池组总质量(kg)	动力蓄电池组总能量(kWh)	备注
296	郑州宇通客车股份有限公司	ZK6805BEVG31	纯电动城市客车	205	7400/7700/7900	820	95	
297		ZK6119BEVQY52	纯电动客车	401	12270	1590	199	
298		ZK6650BEVG16	纯电动城市客车	210	4800/5050/5250	520	64	
299	中国重汽集团济南豪沃客车有限公司	JK6116HBEVQA10	纯电动客车	250	10700	1208	142	
300	中通客车控股股份有限公司	LCK6811EVGA	纯电动城市客车	253	6500/6800/7000	784/759	95/95	
301		LCK6108EVGK	纯电动城市客车	251	10000/10500	1208	142	
302		LCK6118EV1	纯电动客车	345	12400/13000	2000	194	
303		LCK6840EVG	纯电动城市客车	255	7800/7350	1110	111	
304		LCK6809EVGT	纯电动城市客车	265	7400/7000	966	118	
305		LCK6108EVG33	纯电动城市客车	250	10000/10500	1171	138	
306		LCK6607DEVQG	纯电动城市客车	240	2950	500	51	
307		LCK6118EV2	纯电动客车	360	12400/13000	1995	202	
308		LCK6812EVGA	纯电动城市客车	305	6700/6900/7100	1140	111	
309		LCK6122EVG6	纯电动城市客车	330	12200/12800	1995	202	
310		LCK6809EVGW	纯电动城市客车	215	7400/7000	804	94	
311		LCK6813EVGB	纯电动城市客车	255	6500/6800/7000	880	101	
312		LCK6813EVGA	纯电动城市客车	285	6900/7100	1071	111	
313		LCK6108EVGD	纯电动城市客车	295/320	10500/11000	1695/1750	168/190	
314		LCK6122EVG5	纯电动城市客车	320	12200/12800	2000	194	
315		LCK6809EVGM1	纯电动城市客车	235	7600/7200/6800	1155	112	
316		LCK6850EVG12	纯电动城市客车	210	7600/8000	796	93	
317		LCK6811EVGC	纯电动城市客车	253	6500/6800/7000	759	95	
318		LCK6108EV3	纯电动客车	250	10500/11100	1125	138	
319		LCK6108EVGM1	纯电动城市客车	290	10400/11000	1711	173	
320		LCK6108EVG10	纯电动城市客车	250	9900/10400	1156	140	
321		LCK6808EVQB	纯电动客车	260	7900/7500	1155	112	
322		LCK6809EVGS	纯电动城市客车	235	7600/7200/6800	1155	112	
323		LCK6108EVGM	纯电动城市客车	290	10400/11000	1711	173	
324		LCK6108EVG13	纯电动城市客车	215	9900/10400	1141	141	
325		LCK6117EVG8	纯电动城市客车	255	11000/11600	1206	148	
326		LCK6812EVGC	纯电动城市客车	285	6700/6900/7100	1140	111	
327		LCK6809EVGW1	纯电动城市客车	215	7400/7000	804	94	

续上表

序　号	汽车生产企业名称	车辆型号	产品名称	纯电动续驶里程(km)	整车整备质量(kg)	动力蓄电池组总质量(kg)	动力蓄电池组总能量(kWh)	备　注
328	中通客车控股股份有限公司	LCK6108EV2	纯电动客车	285	11200/11800	1720	166	
329		LCK6721EVGA	纯电动城市客车	255	5600/5800	688	69	
330		LCK6809EVGM2	纯电动城市客车	270	7700/7300/6900	1266	125	
331		LCK6809EVGF	纯电动城市客车	205	7290/6900/6500	796	93	
332		LCK6808EVQGA	纯电动城市客车	260	7900/7500	1155	112	
333		LCK6108EVG7	纯电动城市客车	260	10100/10700	1520	154	
334		LCK6809EVGL	纯电动城市客车	325	7550/7150	1060	138	
335		LCK6808EVQA	纯电动客车	260	7900/7500	1155	112	
336		LCK6108EVG12	纯电动城市客车	305	10400/11000	1566	196	
337		LCK6108EVG8	纯电动城市客车	270/250	9900/10400	1206/1125	148/138	
338		LCK6809EVGU	纯电动城市客车	230	7600/7200/6800	1080	109	
339		LCK6809EVGM	纯电动城市客车	235	7600/7200/6800	1155	112	
340		LCK6122EVG7	纯电动城市客车	290/320	11400/12100/12700	1695/1750	168/190	
341		LCK6108EVG9	纯电动城市客车	290	10500/11000	1710	173	
342		LCK6108EVGA	纯电动城市客车	280/290	9900/10400/10900	1600/1720	155/166	
343		LCK6809EVGK	纯电动城市客车	205	7250/6850/6500	765/770	93/93	
344		LCK6108EVK	纯电动客车	285	11200/11800	1695	168	
345	重庆恒通客车有限公司	CKZ6851HBEVG	纯电动城市客车	251	8200/8650/9200	1140	115	
346	重庆穗通新能源汽车制造有限公司	YST6890BEV	纯电动客车	202	9200	794	92	
347	重庆五洲龙新能源汽车有限公司	WZL6853EVG	纯电动城市客车	220	8200	940	114	
348		WZL6810EV	纯电动客车	210	6000	768±23	92	
349		WZL6106EVG5	纯电动城市客车	210	11000	1200	140	
350		WZL6103EVG	纯电动城市客车	230	10300	1372	166	
351		WZL6106EVG6	纯电动城市客车	310	12100	2160	255	
352	珠海广通汽车有限公司	GTQ6858BEVB8	纯电动城市客车	200	8800	815	94	
353		GTQ6119BEVH9	纯电动客车	224	11200/11800	1200	138	
354		GTQ6105BEVB7	纯电动城市客车	230	11400	1144	138	
355		GTQ6858BEVB9	纯电动城市客车	210	8800	823	95	
356		GTQ6121BEVB1	纯电动城市客车	220	12200/12700	1177	141	
357		GTQ6102BEVB1	纯电动城市客车	280	9800	1177	141	
358		GTQ6118BEVH3	纯电动客车	210	12200/11800	1177	141	
359		GTQ6858BEVB7	纯电动城市客车	210	8800	760	92	

续上表

序　号	汽车生产企业名称	车辆型号	产品名称	纯电动续驶里程（km）	整车整备质量（kg）	动力蓄电池组总质量（kg）	动力蓄电池组总能量（kWh）	备　注
360	珠海广通汽车有限公司	GTQ6119BEVP9	纯电动客车	224	11200/11800	1200	138	
361		GTQ6131BEVST8	纯电动双层城市客车	151	17500/18500/19500	3325	139	钛酸锂
362		GTQ6681BEVB8	纯电动城市客车	220	6220/6020	576	67	
363		GTQ6103BEVB8	纯电动城市客车	250	11200/11500	1160	136	
364		GTQ6105BEVB6	纯电动城市客车	250	11400	1160	136	
365		GTQ6119BEVH6	纯电动客车	251	11200/11800	1160	136	
366		GTQ6858BEVB11	纯电动城市客车	210	8800	796	94	
367		GTQ6118BEVP9	纯电动客车	210	12200/11800	1200	138	
368		GTQ6853BEVB8	纯电动城市客车	210	9000	815	94	
369		GTQ6119BEVP6	纯电动客车	251	11200/11800	1160	136	
370		GTQ6119BEVPT9	纯电动客车	201	12500	2400	109	钛酸锂
371		GTQ6105BEVB11	纯电动城市客车	230	11400	1180	139	
372		GTQ6118BEVH9	纯电动客车	210	12200/11800	1200	138	
373		GTQ6105BEVB9	纯电动城市客车	210	11400	1200	138	
374		GTQ6681BEVBT3	纯电动城市客车	120	6500	1094	46	钛酸锂
375		GTQ6102BEVB8	纯电动城市客车	250	9800	1160	136	
376		GTQ6118BEVP8	纯电动客车	210	12200/11800	1160	136	
377		GTQ6119BEVHT9	纯电动客车	201	12500	2400	109	钛酸锂
378		GTQ6118BEVH8	纯电动客车	210	12200/11800	1160	136	
379		GTQ6118BEVP3	纯电动客车	210	12200/11800	1177	141	
380		GTQ6105BEVBT8	纯电动城市客车	130	11600	1990	81	钛酸锂
381		GTQ6858BEVBT11	纯电动城市客车	115	9100	1415	61	钛酸锂
382		GTQ6126BEVBT3	纯电动城市客车	130	11400/11800/12200	1800	93	钛酸锂

（三）货　车

序　号	汽车生产企业名称	车辆型号	产品名称	纯电动续驶里程（km）	整车整备质量（kg）	动力蓄电池组总质量（kg）	动力蓄电池组总能量（kWh）	备　注
1	重庆盛时达汽车有限公司	DAT1043EVC	纯电动载货汽车	220	2575	635	70	
2	中国重汽集团成都王牌商用车有限公司	CDW1070H5PEV	纯电动载货汽车	170	3670	745	75	

(四)专 用 车

序 号	汽车生产企业名称	车辆型号	产品名称	纯电动续驶里程(km)	整车整备质量(kg)	动力蓄电池组总质(kg)	动力蓄电池组总能量(kWh)	备 注
1	北京和田汽车改装有限公司	HTF5041XXYBEVCA42	纯电动厢式运输车	260	3300	700	75	
2	北京汽车制造厂有限公司	BJ5020XXY1Z432BEV	纯电动厢式运输车	200	1350/1370	315	33	
3		BJ5020XXY1Z431BEV	纯电动厢式运输车	200	1350/1370	330	33	
4	北汽(常州)汽车有限公司	BJ5040XXYCJ01EV	纯电动厢式运输车	285	2960	660	91	
5		BJ5040XXYCJ03EV	纯电动厢式运输车	280	2960	669	89	
6	北汽福田汽车股份有限公司	BJ5048XJEEV1	纯电动环境监测车	275	3900	660	67	
7		BJ5023XXYEV6	纯电动厢式运输车	251	1350	345±5	36	
8		BJ5048XXYEV2	纯电动厢式运输车	307	2850	660	67	
9	比亚迪汽车工业有限公司	BYD5071XXYBEV	纯电动厢式运输车	350	4350	1260	135	
10		BYD5320GJBBEV2	纯电动混凝土搅拌运输车	260	15500	3268	324	
11		BYD5030XYZBEV	纯电动邮政车	250	1950	460	48	
12	成都大运汽车集团有限公司	CGC5025XXYBEV1NBBFBAXL	纯电动厢式运输车	265	1680	420	43	
13		CGC5025XXYBEV1NBBFAAML	纯电动厢式运输车	265	1680	420	43	
14		CGC5044XXYBEV1NBLJEAGY	纯电动厢式运输车	310	3005	700	78	
15		CGC5044XXYBEV1NBLJEAGK	纯电动厢式运输车	315	2985	700	78	
16		CGC5025XXYBEV1NBBFAAXL	纯电动厢式运输车	265	1680	420	43	
17		CGC5044XXYBEV1LBSKEAHK	纯电动厢式运输车	214	2740	472	55	
18		CGC5045XXYBEV1CBMGGANL	纯电动厢式运输车	200	2800	560	61	
19		CGC5074ZYSBEV1NBLJFAGK	纯电动压缩式垃圾车	204	5630/5765	700	78	
20	成都雅骏汽车制造有限公司	CTT5041CCYGW1BEV	纯电动仓栅式运输车	250	3210	745	75	
21	大运汽车股份有限公司	DYX5044XXYBEV1AARJEAHK	纯电动厢式运输车	115	2600	330	31	
22		DYX5044XXYBEV1DCBJEAGK	纯电动厢式运输车	200	2800	698	65	
23		DYX5044XXYBEV1DCBJEAGY	纯电动厢式运输车	200	2800	698	65	
24		DYX5044XXYBEV1AAAJEAHZ	纯电动厢式运输车	170	2750	475	46	
25	东风汽车公司	EQ5045XXYTBEV8	纯电动厢式运输车	185	2960	560	58	
26		EQ5044XSHTBEV1	纯电动售货车	115	2700	330	31	
27		EQ5045XXYTBEV6	纯电动厢式运输车	190	2805	560±10	58	
28		EQ5045XXYTBEV12	纯电动厢式运输车	360	3350	912	108	
29		EQ5023XXYACBEV5	纯电动厢式运输车	230	1525	380	41	
30		EQ5040XXYACBEV11	纯电动厢式运输车	255	3060	850	81	

续上表

序号	汽车生产企业名称	车辆型号	产品名称	纯电动续驶里程(km)	整车整备质量(kg)	动力蓄电池组总质(kg)	动力蓄电池组总能量(kWh)	备注
31	东风汽车公司	EQ5240TCXTBEV	纯电动除雪车	100	15360/16120	1330	130	
32		EQ5180XXYTBEV	纯电动厢式运输车	100	8800	1330	130	
33		EQ5042XXYACBEV4	纯电动厢式运输车	270	3050	775	83	
34		EQ5040XXYTBEV1	纯电动厢式运输车	350	3395	944	123	
35	东风云南汽车有限公司	EQ5042XXYPBEVC	纯电动厢式运输车	260	3000	736±10	78	
36		EQ5023XXYPBEVC	纯电动封闭货车	285	1355	320	36	
37		EQ5042XXYPBEVB	纯电动厢式运输车	206	2845	560	58	
38	赣州汽车改装厂	GZQ5030XXYBEV	纯电动厢式运输车	120	1260	177	22	
39		GZQ5031CCYBEV	纯电动仓栅式运输车	120	1130	177	22	
40	贵州航天特种车有限责任公司	NF5025XXYBEV	纯电动厢式运输车	280	1595	398	46	
41		NF5020XSHBEV	纯电动售货车	260	1808	398	46	
42		NF5020XXYBEV	纯电动厢式运输车	260	1683	398	46	
43	航天新长征电动汽车技术有限公司	BYN5030XXYBEV1	纯电动厢式运输车	160	1320	310	29	
44	河北长安汽车有限公司	SC5033XXYFABEV	纯电动厢式运输车	245	1770	430	51/46	
45	河北中兴汽车制造有限公司	BQ5023XLHFBEV	纯电动教练车	145	1550	177	22	
46	湖北世纪中远车辆有限公司	ZYP5030ZXXBEV1	纯电动车厢可卸式垃圾车	120	1620	309	30	
47		ZYP5030ZXXBEV	纯电动厢式运输车	120	1570	309	30	
48		ZYP5030ZZZBEV	纯电动自装卸式垃圾车	105	1950	309	30	
49	湖北世纪中远车辆有限公司	ZYP5030ZXXBEV2	纯电动车厢可卸式垃圾车	105	1760	309	30	
50		ZYP5040XXYBEV	纯电动厢式运输车	135	2775	475	46	
51		ZYP5030XXYBEV1	纯电动厢式运输车	120	1540	309	30	
52		ZYP5042XXYBEV	纯电动厢式运输车	110	2655	330	31	
53		ZYP5043XXYBEV1	纯电动厢式运输车	135	2770	475	46	
54		ZYP5042XXYBEV1	纯电动厢式运输车	110	2625	330	31	
55		ZYP5043XXYBEV	纯电动厢式运输车	135	2800	475	46	
56		ZYP5030XXYBEV2	纯电动厢式运输车	105	1760	309	30	
57	湖北新楚风汽车股份有限公司	HQG5022XXYEV1	纯电动厢式运输车	326	1450	384	43	
58		HQG5022XXYEV3	纯电动厢式运输车	208	1350	325	30	
59		HQG5046XSHEV	纯电动售货车	100	3000	295	30	
60	吉利四川商用车有限公司	DNC5046XXYBEV01	E200 远程轻卡	310	3450	800	80	
61		DNC5042XDWBEV01	E200 远程轻卡	320	3450	720	82	

续上表

序号	汽车生产企业名称	车辆型号	产品名称	纯电动续驶里程(km)	整车整备质量(kg)	动力蓄电池组总质(kg)	动力蓄电池组总能量(kWh)	备注
62	吉利四川商用车有限公司	DNC5045XXYBEV01	E200 远程轻卡	320	3450	860	83	
63		DNC5043XXYBEV01	E200 远程轻卡	320	3440	720	82	
64		DNC5047XXYBEV01	E200 远程轻卡	385	3450	840	100	
65		DNC5043XDWBEV02	E200 远程轻卡	320	3450	860	83	
66	江苏九龙汽车制造有限公司	HKL5042XLCBEV	纯电动冷藏车	225	2700	375	45	
67		HKL5030XXYBEV	纯电动厢式运输车	180	2300	435	53	
68		HKL5041XXYBEV1	纯电动厢式运输车	325	2550	615	74	
69	江苏卡威汽车工业集团股份有限公司	JNQ5042XXYBEV1	纯电动厢式运输车	270	2525	555	66	
70	江西昌河汽车有限责任公司	CH5025XXYBEVC3CB	北斗星 X5E	260	1120	278	32	
71	金华青年汽车制造有限公司	JNP5080XXYBEVCD	纯电动厢式运输车	185	3910	620	73	
72		JNP5080XXYBEV	纯电动厢式运输车	150	3755	515	52	
73	南京金龙客车制造有限公司	NJL5040XXYBEV18	纯电动厢式运输车	278	2910	650	73	
74		NJL5022XXYBEV7	纯电动厢式运输车	239	1150	315	40	
75		NJL5022XYZBEV1	纯电动邮政车	239	1150	315	40	
76		NJL5031XXYBEV3	纯电动厢式运输车	185	1900	375	45	
77		NJL5032XXYBEV3	纯电动厢式运输车	180	2000	375	45	
78		NJL5022XXYBEV8	纯电动厢式运输车	237	1150	265	40	
79		NJL5040XXYBEV21	纯电动厢式运输车	270	2910	575	71	
80		NJL5040XXYBEV20	纯电动厢式运输车	283	2910	655	75	
81		NJL5032XXYBEV6	纯电动厢式运输车	197	2000	340	49	
82		NJL5040XXYBEV22	纯电动厢式运输车	213	2910	620	56	
83		NJL5031XXYBEV6	纯电动厢式运输车	197	1900	340	49	
84	南京汽车集团有限公司	NJ5038XTYEV	纯电动密闭式桶装垃圾车	230	2500	415	55	
85		NJ5038ZZZEV	纯电动自装卸式垃圾车	230	2500	415	55	
86		NJ5047XLCEVFC2	纯电动冷藏车	350	3500	650	81	
87		NJ5038TYHJEV	纯电动路面养护车	230	2450	415	55	
88		NJ5047XXYCEV1	纯电动厢式运输车	350	2725	600	76	
89	厦门金龙旅行车有限公司	XML5036XXYEVD02	纯电动厢式运输车	182	2140	475	46	
90	山东唐骏欧铃汽车制造有限公司	ZB5040XLCBEVKDC6	纯电动冷藏车	200	3335	698	65	
91		ZB5044XXYBEVKDD6	纯电动厢式运输车	210	3100	630	74	
92		ZB5014XXYBEVEDA	纯电动厢式运输车	145	920	186	17	
93		ZB5041XXYBEVKDC6	纯电动厢式运输车	160	2805	475	46	

续上表

序号	汽车生产企业名称	车辆型号	产品名称	纯电动续驶里程(km)	整车整备质量(kg)	动力蓄电池组总质(kg)	动力蓄电池组总能量(kWh)	备注
94	山西成功汽车制造有限公司	SCH5022XXY-BEV8	成功汽车 V2E	233	1310/1340	318	39	
95	山西原野汽车制造有限公司	YYC5040XXYBEV11	纯电动厢式运输车	280	2750	630	72	
96	陕西通家汽车股份有限公司	STJ5023XXYEV6	纯电动厢式运输车	325	1370	340	44	
97		STJ5022XXYEV6	纯电动厢式运输车	255	1355	335	38	
98		STJ5024XXYEV6	纯电动厢式运输车	287	1370	340	39	
99	陕西通家汽车股份有限公司	STJ5020XXYEV6	纯电动厢式运输车	287	1370	335	39	
100	上海汽车商用车有限公司	SH5040XXYA7BEV-D4	EV80	345	2490	620	65	
101	上海申龙客车有限公司	SLK5030XYZE0BEV01	纯电动邮政车	190	2130	450	49	
102		SLK5030XXYBEV3S	纯电动厢式运输车	200	1850	420	46	
103		SLK5030XXYBEV3	纯电动厢式运输车	200	1900	420	46	
104		SLK5031XXYBEVY	纯电动厢式运输车	105	1780	309	30	
105	扬州亚星客车股份有限公司	YBL5031XXYBEV	纯电动厢式运输车	200	2000	420	46	
106		YBL5030XXYBEV	纯电动厢式运输车	200	1900	420	46	
107	扬子江汽车集团有限公司	WG5034XLCBEV	纯电动厢式冷藏车	230	2200	500	50	
108	一汽解放青岛汽车有限公司	CA5080XDYP40L1BEVA84	纯电动电源车	150	8080	808	77	
109		CA5048XXYP40L1BEVA84	纯电动厢式运输车	255	3210	630	73	
110		CA5043XXYP40L1BEVA84	纯电动厢式运输车	150	3150	475	46	
111		CA5044XXYP40L1BEVA84	纯电动厢式运输车	255	3300	700	75	
112	一汽客车(大连)有限公司	CA5040XXYBEV31	纯电动厢式运输车	320	3000	600	75	
113		CA5020XXYBEV31	纯电动厢式运输车	250	1650	350	44	
114	中通客车控股股份有限公司	LCK5022XXYEV3	纯电动厢式运输车	140	1500	270	25	
115		LCK5043XXYEVH3	纯电动厢式运输车	85	2450	330	31	
116		LCK5049XXYEVH3	纯电动厢式运输车	130	2600	475	46	
117		LCK5045XXYEV6	纯电动厢式运输车	160	2800/2650	500	51	
118		LCK5045XXYEV6W	纯电动厢式运输车	160	2800/2650	500	51	
119		LCK5043XXYEVH3Z	纯电动厢式运输车	85	2450	330	31	
120		LCK5042XXYEV5	纯电动厢式运输车	240	2700	540	50	
121		LCK5049XXYEV1	纯电动厢式运输车	245	2800	545	52	
122	重庆盛时达汽车有限公司	DAT5071XXYEVC	纯电动厢式运输车	205	3400	745	75	
123		DAT5045XXYEVC	纯电动厢式运输车	265	3300	745	75	
124		DAT5030XXYEVC	纯电动厢式运输车	255	1600	370	45	
125		DAT5032XXYEVC	纯电动厢式运输车	240	1600	370	45	

续上表

序号	汽车生产企业名称	车辆型号	产品名称	纯电动续驶里程(km)	整车整备质量(kg)	动力蓄电池组总质(kg)	动力蓄电池组总能量(kWh)	备注
126	重庆盛时达汽车有限公司	DAT5044XXYEVC	纯电动厢式运输车	295	3300	780	90	
127		DAT5070XXYEVC	纯电动厢式运输车	275	3400	780	90	
128		DAT5043XLCEVC	纯电动冷藏车	220	3220	635	70	
129		DAT5070XLCEVC	纯电动冷藏车	280	4015	780	90	
130		DAT5043XXYEVC	纯电动厢式运输车	220	2800/3050	635	70	
131	重庆长安汽车股份有限公司	SC5031XXYGND51BEV	纯电动厢式运输车	220	1800	423	44	
132		SC5031XXYKQ54BEV	纯电动厢式运输车	220	1660	370	49	
133		SC1031GND53BEV	纯电动载货汽车	180	1560	423	44	
134	珠海广通汽车有限公司	GTQ5040XXYEV3	纯电动厢式运输车	260	2860	480	53	
135		GTQ5032XXYBEV	纯电动厢式运输车	200	2000	420	46	
136		GTQ5041XXYBEV1	纯电动厢式运输车	255	2550	435	53	
137		GTQ5031XXYEV4	纯电动厢式运输车	197	1520	384	43	
138		GTQ5022XXYEV1	纯电动厢式运输车	252	1400	330	36	
139		GTQ5031XXYBEV	纯电动厢式运输车	200	1900	420	46	

二、插电式混合动力汽车

(一)乘 用 车

序号	汽车生产企业名称	车辆型号	通用名称	纯电动续驶里程(km)	燃料消耗量(L/100 km)	发动机排量(mL)	整车整备质量(kg)	动力蓄电池总质量(kg)	动力蓄电池总能量(kWh)	备注
1	比亚迪汽车工业有限公司	BYD6480STHEV5	比亚迪唐	81	1.8	1999	2390	230	20	
2	比亚迪汽车有限公司	BYD6460STHEV3	比亚迪宋	81	1.4	1497	2050	200	17	
3	重庆长安汽车股份有限公司	SC7104AA5HEV	逸动 PHEV	60	1.6	999	1600	143	13	
4	广州汽车集团乘用车有限公司	GAC7151CHEVB5	传祺 GA6PHEV	70	1.6	1495	1775/1785	153	15	
5	奥迪(中国)企业管理有限公司	Q7 2.0 Ph 4MXCVJAQ5A1	奥迪 Q7e-tron	56	2.4	1984	2515	202	17	进口

(二)客 车

序号	汽车生产企业名称	车辆型号	产品名称	纯电动续驶里程(km)	燃料消耗量(L/100 km)	发动机排量(mL)	整车整备质量(kg)	动力蓄电池总质量(kg)	动力蓄电池总能量(kWh)	备注
1	安徽安凯汽车股份有限公司	HFF6100G03CHEV13	插电式混合动力城市客车	75	14.7	6750	11200/11800	644	42	
2		HFF6101G03CHEV12	插电式混合动力城市客车	85	13.5	4730	9650/10200	644	42	
3		HFF6121G03CHEV-22	插电式混合动力城市客车	87	18.7(kg/100 km)	6494	12200/12900/13600	666	52	NG
4		HFF6122G03CHEV1	插电式混合动力城市客车	86	18.3	6494	12300/12900	700	51	

续上表

序号	汽车生产企业名称	车辆型号	产品名称	纯电动续驶里程(km)	燃料消耗量(L/100 km)	发动机排量(mL)	整车整备质量(kg)	动力蓄电池总质量(kg)	动力蓄电池总能量(kWh)	备注
5	安徽安凯汽车股份有限公司	HFF6850G03CHEV2	插电式混合动力城市客车	65	16.4(kg/100 km)	4214	8730/9270	430	26	NG
6		HFF6100G03CHEV12	插电式混合动力城市客车	75	14.7	6494	11200/11800	644	42	
7		HFF6100G03CHEV23	插电式混合动力城市客车	102	15.0(kg/100 km)	7470	11700/12400	700	51	NG
8		HFF6100G03CHEV24	插电式混合动力城市客车	97	17.5(kg/100 km)	6494	12000/12700	666	52	NG
9		HFF6102G03CHEV1	插电式混合动力城市客车	53	14.7	6494	11600/12300	960	25	
10		HFF6850G03CHEV1	插电式混合动力城市客车	56	12	4088	8200/8600	430	26	
11	北奔重型汽车集团有限公司	ND6870PHEVN	插电式混合动力城市客车	50	18.4(kg/100 km)	4700	8700/9100	230	25	NG
12		ND6122PHEVN	插电式混合动力城市客车	50	26.5(kg/100 km)	6494	12800/13210/12200	440	50	NG
13		ND6101PHEVN	插电式混合动力城市客车	50	26.5(kg/100 km)	6494	12350/11900	440	50	NG
14	北汽福田汽车股份有限公司	BJ6105CHEVCA-9	插电式混合动力城市客车	101	16.1/16.3/16.4(kg/100 km)	6494/6750/7130	11200/11700/12150	510	50	NG
15		BJ6123PHEVCA-15	插电式混合动力城市客车	89	19.8/19.8(kg/100 km)	6494/7470	12000/12500/13000	510	50	NG
16		BJ6105PHEVCA-18	插电式混合动力城市客车	100	18	6494/6600/6750	10600/11050/11500	510	50	
17		BJ6123PHEVCA-16	插电式混合动力城市客车	89	18	6494/7470	11600/12050/12500	510	50	
18		BJ6905CHEVCA-9	插电式混合动力城市客车	51	13.5	4980/5200	8650/9200	360	26	
19		BJ6105PHEVCA-17	插电式混合动力城市客车	101	16.7/16.9/16.6(kg/100 km)	6494/6750/7130	11200/11700/12150	510	50	NG
20	丹东黄海汽车有限责任公司	DD6120CHEV3N	插电式混合动力城市客车	90	18.1(kg/100 km)	7130	12000/12450	700	51	
21		DD6109CHEV5N	插电式混合动力城市客车	76	15.0(kg/100 km)	7127	11200/11600	644	42	NG
22	广西源正新能源汽车有限公司	HQK6119CHEVNG	插电式混合动力城市客车	76	19.2	6494	13050	644	42	
23	湖南中车时代电动汽车股份有限公司	TEG6851EHEV04	插电式混合动力城市客车	51	14.1	3760/4730	8800/9100	320	23	
24	江西博能上饶客车有限公司	SR6107PHEVNG	插电式混合动力城市客车	80	13.5(kg/100 km)	7800	10850/11350	760	50	NG
25		SR6126PHEVNG	插电式混合动力城市客车	94	15.8(kg/100 km)	7800	12300/12650	700	51	NG
26		SR6107PHEVN	插电式混合动力客车	80	13.5(kg/100 km)	7800	10850/11350	760	50	NG
27	江西凯马百路佳客车有限公司	JXK6127BPHEVN	插电式混合动力城市客车	61	18.8(kg/100 km)	7800	13400	495	50	NG
28		JXK6126BPHEVN	插电式混合动力城市客车	61	16.0(kg/100 km)	7800	13400/13000	700	51	NG
29	昆明客车制造有限公司	KK6103G03CHEV	插电式混合动力城市客车	102	14.1/13.9(kg/100 km)	7800/7470	11700/12400	700	51	NG
30		KK6122G03CHEV	插电式混合动力城市客车	86	17.8(kg/100 km)	7470	12100/12800/13500	700	51	NG
31	南京金龙客车制造有限公司	NJL6129HEVN4	插电式混合动力城市客车	100	21.4(kg/100 km)	6494	12900/13200	790	51	NG
32		NJL6109HEVN6	插电式混合动力城市客车	51	16.6(kg/100 km)	6494	11400	495	50	
33	厦门金龙联合汽车工业有限公司	XMQ6106AGCHEVD53	混合动力城市客车	55	18.5	6500	11000/11500/12100	288	23	
34		XMQ6127AGCHEVD53	混合动力城市客车	55	19.8	6500	12400/13100	288	23	
35		XMQ6106AGCHEVN510	插电式混合动力城市客车	95	15.9/15.9(kg/100 km)	6494/6750	11400/12000/12600	440	50	NG

续上表

序号	汽车生产企业名称	车辆型号	产品名称	纯电动续驶里程(km)	燃料消耗量(L/100 km)	发动机排量(mL)	整车整备质量(kg)	动力蓄电池总质量(kg)	动力蓄电池总能量(kWh)	备注
36	厦门金龙联合汽车工业有限公司	XMQ6850AGPHEVN53	插电式混合动力城市客车	67	12.4/12.0(kg/100 km)	5200/4980	8700/9200/9600	320	26	NG
37		XMQ6127AGCHEVN510	插电式混合动力城市客车	100	18.0(kg/100 km)	6494	12000/12800/13400/13800	513/116	0.42+52	NG
38		XMQ6850AGCHEVN55	插电式混合动力城市客车	70	12.3/12.3(kg/100 km)	4730/4980	9200/9600/10100	268	31	NG
39		XMQ6802AGCHEVN55	插电式混合动力城市客车	80	11.3/11.3(kg/100 km)	4730/4980	8200/8700/9100	268	31	NG
40	厦门金龙旅行车有限公司	XML6102JHEVD5CN	插电式混合动力城市客车	66	14.3(kg/100 km)	7800	11550/12550	565	50	NG
41		XML6102JHEVD5C	插电式混合动力城市客车	69	13.5	6494	11550/11160	565	50	
42		XML6855JHEVL5C	插电式混合动力城市客车	51	12.1	4400/4730	9290/9745	230	25	
43		XML6105JHEVL5CN2	插电式混合动力城市客车	71	14.3(kg/100 km)	6494/7130	12125/12615	410	48	NG
44		XML6105JHEVG5CN7	插电式混合动力城市客车	75	14.3(kg/100 km)	6494	12500/13000	536	51	NG
45	上海申龙客车有限公司	SLK6129UNHEVZ	插电式混合动力城市客车	82	20.0(kg/100 km)	7800	13200/13600	780	54	NG
46		SLK6859UNHEVL	插电式混合动力城市客车	52	18.1(kg/100 km)	5200	9000/9500	390	27	NG
47		SLK6129UNHEVL	插电式混合动力城市客车	82	19.5(kg/100 km)	7800	12800/13400	780	54	NG
48		SLK6109UNHEVL	插电式混合动力城市客车	85	20.5(kg/100 km)	6494	11800/12500	780	54	NG
49		SLK6859ULD5HEVL1	插电式混合动力城市客车	52	13.4	5200	8700/9200	390	27	
50		SLK6109UDHEVL	插电式混合动力城市客车	85	14.9	6494	11800/12300	700	51	
51		SLK6109UDHEVE	插电式混合动力城市客车	85	14.8	6494	11800/12100	700	51	
52		SLK6129UDHEVZ	插电式混合动力城市客车	83	17.6	6494	12400/13100	780	54	
53		SLK6109UDHEVZ	插电式混合动力城市客车	84	15.4	6494	11800/12300	780	54	
54		SLK6109UDHEVN1	插电式混合动力城市客车	90	15.4	6494	11800/12300	780	54	
55		SLK6129UDHEVN1	插电式混合动力城市客车	83	17.6	6494	12400/13100	780	54	
56		SLK6109UNHEVZ	插电式混合动力城市客车	88	19.6(kg/100 km)	6494	11800/12500	780	54	NG
57	沈阳五洲龙新能源汽车有限公司	SWM6113HEVG4	混合动力城市客车	51	20.3(kg/100 km)	7130	13000	405	41	
58	扬州亚星客车股份有限公司	JS6108GHEV16	插电式混合动力城市客车	68	16.8	6750	11000/11600	760	50	
59		JS6108GHEVC17	插电式混合动力城市客车	73	30.6(kg/100 km)	6750	10900/11500/12200	760	50	NG
60		JS6128GHEVC18	插电式混合动力城市客车	76	32.2(kg/100 km)	6750	12100/12800/13350	700	51	NG
61		JS6128GHEV12	插电式混合动力城市客车	71	18.3	6750	12100/12800	760	50	
62		JS6108GHEVC18	插电式混合动力城市客车	76	16.91(kg/100 km)	6750	10900/11500/12200	700	51	NG
63		JS6128GHEVC12	插电式混合动力城市客车	71	18.5(kg/100 km)	6750	12300/13000	760	50	NG
64		JS6851GHEVC3	插电式混合动力城市客车	70	27.1(kg/100 km)	4088	8110/8440/8800	420	31	NG
65		JS6108GHEV17	插电式混合动力城市客车	71	16.9	6750	10800/11400	760	50	
66		JS6128GHEVC15	插电式混合动力城市客车	71	34.0(kg/100 km)	6750	12100/12800/13350	760	50	NG

续上表

序号	汽车生产企业名称	车辆型号	产品名称	纯电动续驶里程(km)	燃料消耗量(L/100 km)	发动机排量(mL)	整车整备质量(kg)	动力蓄电池总质量(kg)	动力蓄电池总能量(kWh)	备注
67	扬州亚星客车股份有限公司	JS6128GHEV15	插电式混合动力城市客车	72	18.5	6750	11900/12600	760	50	
68		JS6108GHEVC16	插电式混合动力城市客车	68	16.1(kg/100 km)	6750	11100/11700/12400	760	50	NG
69		JS6851GHEV3	插电式混合动力城市客车	69	16.1	4088	8110/8440	420	31	
70	扬州亚星客车股份有限公司	YBL6101GHEV1	插电式混合动力城市客车	71	15.8	4088	9000/9500	760	50	
71		JS6128GHEV19	插电式混合动力城市客车	69	18.8	6750	12100/12800	760	50	
72		JS6128GHEVC19	插电式混合动力城市客车	70	18.9(kg/100 km)	6750	12300/13000/13500	760	50	NG
73		JS6108GHEVC19	插电式混合动力城市客车	71	16.8(kg/100 km)	6750	11100/11700/12400	760	50	NG
74		JS6108GHEV19	插电式混合动力城市客车	71	16.9	6750	11000/11600	760	50	
75	中通客车控股股份有限公司	LCK6107PHEVNG	插电式混合动力城市客车	55	17.5/19.8(kg/100 km)	6750/6498	10400/11000/11680	360	26	NG
76		LCK6850PHEVG4	插电式混合动力城市客车	58	14.9/14.8	4730/4980	7800/8200/8700	330	30	
77		LCK6107PHEVG1	插电式混合动力城市客车	55	17.8/18.0	6750/6494	10400/11000/11680	360	26	
78		LCK6127PHEVG3	插电式混合动力城市客车	85	19.3/19.5	7470/6500	11100/11600/12300	810	51	
79		LCK6107PHEVG21	插电式混合动力城市客车	75	14.8/14.9	6750/6494	10600/11200/11880	644	42	
80		LCK6127PHEVNG3	插电式混合动力城市客车	85	19.2/19.3(kg/100 km)	7140/6494	11550/12100/12600	810	51	NG
81		LCK6850PHEVG2	插电式混合动力城市客车	56	14.9/14.8	4730/4980	7800/8200/8700	300	21	
82		LCK6850PHEVNG2	插电式混合动力城市客车	52	14.5/14.8(kg/100 km)	4980/4730	8000/8400/8900	300	21	NG
83		LCK6127PHEVG5	插电式混合动力城市客车	82	19.3/19.5	7470/6500	11100/11600/12300	796	0.42+49	
84		LCK6850PHEVNG4	插电式混合动力城市客车	60	14.5/14.6(kg/100 km)	4980/4730	8000/8400/8900	330	30	NG
85		LCK6127PHEVG1	插电式混合动力城市客车	53	19.3/19.5	7470/6500	11100/11600/12300	360	26	
86		LCK6850PHEVG6	插电式混合动力城市客车	58	14.9/14.8	4730/4980	7800/8200/8700	330	31	
87		LCK6119PHEVG1	插电式混合动力城市客车	75	19.5/19.6	7470/7520	11770/12490	440±10	50	
88		LCK6109PHEVG4	插电式混合动力城市客车	76	19.2/19.3	7470/6494	11670/12390	495	50	
89		LCK6127PHEVNG	插电式混合动力城市客车	52	17.7/19.1(kg/100 km)	7140/6494	11550/12000/12500	360	26	NG
90		LCK6107PHEVG5	插电式混合动力城市客车	85	18.2/8.4	6750/6494	10600/11200/11880	796	0.42+49	
91		LCK6107PHEVG3	插电式混合动力城市客车	85	18.1/18.3	6750/6494	10600/11200/11880	810	51	
92		LCK6127PHEVNG2	插电式混合动力城市客车	85	19.1/19.3(kg/100 km)	7140/6494	11550/12100/12600	700	51	NG
93		LCK6107PHEVG4	插电式混合动力城市客车	85	18.2/18.4	6750/6494	10600/11200/11880	495	50	
94		LCK6107PHEVNG3	插电式混合动力城市客车	83	17.2/17.4(kg/100 km)	6750/6494	10600/11200/11880	810	51	NG
95		LCK6107PHEVNG4	插电式混合动力城市客车	83	16.7/17.0(kg/100 km)	6750/6494	10600/11200/11880	495	50	NG
96		LCK6107PHEVG2	插电式混合动力城市客车	87	17.9/18.1	6750/6494	10600/11200/11880	700	51	
97		LCK6107PHEVNG2	插电式混合动力城市客车	88	17.3/17.5(kg/100 km)	6750/6494	10600/11200/11880	700	51	NG
98		LCK6127PHEVG2	插电式混合动力城市客车	85	19.3/19.5	7470/6494	11100/11600/12300	700	51	

续上表

序号	汽车生产企业名称	车辆型号	产品名称	纯电动续驶里程(km)	燃料消耗量(L/100 km)	发动机排量(mL)	整车整备质量(kg)	动力蓄电池总质量(kg)	动力蓄电池总能量(kWh)	备注
99	重庆恒通客车有限公司	CKZ6851HNHEVD5	插电式混合动力城市客车	53	14.2(kg/100 km)	4730	8200/8650/9200	330	25	NG
100		CKZ6126HNHEVC5	插电式混合动力城市客车	68	24.3(kg/100 km)	7800	12100/12500/12900	616	43	NG
101		CKZ6116HNHEVD5	插电式混合动力城市客车	70	23.8(kg/100 km)	7800	11700/12000/12600	616	43	NG

注:插电式混合动力汽车燃料消耗量仅包括传统燃料/不含电能折算。

三、燃料电池客车

(一)客　车

序号	汽车生产企业名称	车辆型号	产品名称	纯电动续驶里程(km)	整车整备质量(kg)	燃料电池系统额定功率(kW)	驱动电机额定功率(kW)	备注
1	佛山市飞驰汽车制造有限公司	FSQ6860FCEVG	燃料电池城市客车	85(氢系统不工作)/308(氢系统工作)	8590	30	90	

(二)专 用 车

序号	汽车生产企业名称	车辆型号	产品名称	纯电动续驶里程(km)	整车整备质量(kg)	燃料电池系统额定功率(kW)	驱动电机额定功率(kW)	备注
1	金华青年汽车制造有限公司	JNP5080XXYFCEV3	燃料电池厢式运输车	378(纯氢 305+纯电 73)	4470	30	60	

3. 免征车辆购置税的新能源汽车车型目录

为促进我国交通能源战略转型、推进生态文明建设、支持新能源汽车产业发展,根据《财政部 国家税务总局 工业和信息化部关于免征新能源汽车车辆购置税的公告》(公告2014年第53号)的要求,工业和信息化部会同国家税务总局等部门对企业提交的申请材料进行了审查。现将《免征车辆购置税的新能源汽车车型目录》(第十二批)予以公告。

工业和信息化部
国家税务总局
2017年8月29日

附件:免征车辆购置税的新能源汽车车型目录(第十二批)

一、纯电动汽车

(一)乘 用 车

序号	汽车生产企业名称	车辆型号	通用名称	纯电动续驶里程(km)	整车整备质量(kg)	动力蓄电池组总质量(kg)	动力蓄电池组总能量(kWh)	备注
1	安徽猎豹汽车有限公司	LBA6450AABEV	C5BEV	250	1490	350	36	
2	北京汽车股份有限公司	BJ7001U5E1-BEV	ET400	350	1762	450	62	
3	北京新能源汽车股份有限公司	BJ7001BPH8-BEV	EC180	156	1050	206	22	
4	北汽福田汽车股份有限公司	BJ6425EVAA2	纯电动多用途乘用车	185	1380	302	31	

续上表

序号	汽车生产企业名称	车辆型号	通用名称	纯电动续驶里程(km)	整车整备质量(kg)	动力蓄电池组总质量(kg)	动力蓄电池组总能量(kWh)	备注
5	比亚迪汽车有限公司	BYD6460SBEV3	比亚迪宋 EV	270	2110	505	48	
6	东风汽车公司	DFM7000G1F4BEV	E70	351	1564	387	49	
7		DFM7000G1F3BEV	E70	351	1564	387	49	
8		DFM7000G1F2BEV	E70	351	1564	387	49	
9		DFA7000G1F4BEV	E17	290	1670	408	49	
10	东风裕隆汽车有限公司	DYM7009ABBEV	裕路 EV2	150	1065	179	22	
11	福建省汽车工业集团云度新能源汽车股份有限公司	YDE7000BEV1B	π1	250	1410	324	39	
12		YDE7000BEV1C	π1	150	1310	267	24	
13	合肥长安汽车有限公司	SC7004CABEV	CS15EV	300	1530	342	43	
14	河北红星汽车制造有限公司	HX6307YBEV	纯电动运动型乘用车	155	980/1030	169	21	
15	河北御捷车业有限公司	YGM6371BEV	E 行	153	1125	182	22	
16		YGM6351BEV	E 骋	150	1060	167	20	
17		YGM6372BEV	E 行	153	1125	179	22	
18		YGM6352BEV	E 骋	150	1060	174	21	
19	湖南江南汽车制造有限公司	JNJ7000EVX18	云 100S	155	1040	174	21	
20		JNJ7000EVK5	E200	165	1080	200	25	
21		JNJ7000EVX19	云 100S	255	1075	226	28	
22		JNJ7000EVA9	T11	150	710	118	15	
23	江铃控股有限公司	JX70015BEV	E200	152	950	148	18	
24		JX70021BEV	E400	252	1490	305	41	
25		JX70020BEV	E400	152	1360	200	26	
26	江苏卡威汽车工业集团股份有限公司	JNQ6340BEV	纯电动多用途乘用车	180	980	179	24	
27		JNQ6450BEV	纯电动多用途乘用车	350	1770	432	63	
28	江西昌河铃木汽车有限责任公司	CH7000BEVH2CB	EC180	156	1058	199	20	
29		CH7000BEVH2CA	EC180	156	1050	198	20	
30	江西昌河汽车有限责任公司	CH7005BEVA2CC	北斗星 E	165	980	198	20	
31	奇瑞汽车股份有限公司	SQR7000BEVJ721	奇瑞 eQ1	251	985	268	32	
32		SQR7000BEVJ722	奇瑞 eQ1	185	880/900	179	22	
33	山西成功汽车制造有限公司	SCH6431BEV	成功汽车 V2E	233	1340	318	39	
34	一汽海马汽车有限公司	HMC7000LH0BEV	爱尚 EV	151	950	160	18	
35	浙江豪情汽车制造有限公司	HQ7002BEV17	帝豪 GSE400	353	1635	384	52	
36		HQ7002BEV12	帝豪 EV	300	1575	354	44	

续上表

序号	汽车生产企业名称	车辆型号	通用名称	纯电动续驶里程(km)	整车整备质量(kg)	动力蓄电池组总质量(kg)	动力蓄电池组总能量(kWh)	备注
37	浙江豪情汽车制造有限公司	HQ7002BEV20	帝豪 EV	400	1595	382	50	
38		HQ7002BEV05	帝豪 EV	400	1595	384	52	
39		HQ7002BEV15	帝豪 GSE400	353	1635	384	52	
40		HQ7002BEV21	帝豪 EV	400	1595	384	52	
41		HQ7002BEV10	帝豪 EV	400	1595	382	50	
42		HQ7002BEV11	帝豪 EV	300	1575	354	44	
43	浙江吉利汽车有限公司	MR7002BEV08	帝豪 EV	400	1595	384	52	
44		MR7002BEV13	帝豪 EV	400	1595	382	50	
45		MR7002BEV14	帝豪 EV	300	1575	354	44	
46	郑州日产汽车有限公司	ZN6451V1YBEV	纯电动多用途乘用车	270	1680	390	49	
47	中国第一汽车集团公司	CA7001EVB	奔腾 B30EVMT	170	1450	285	32	
48	重庆长安汽车股份有限公司	SC7001AGBEV	奔奔 EV	251	1240	240	31	
49		SC7001AKBEV	奔奔 EV	180	1240	187	22	
50		SC7004CBBEV	CS15EV	300	1530	342	43	

(二)客　车

序号	汽车生产企业名称	车辆型号	产品名称	纯电动续驶里程(km)	整车整备质量(kg)	动力蓄电池组总质量(kg)	动力蓄电池组总能量(kWh)	备注
1	安徽安凯汽车股份有限公司	HFF6800G03EV61	纯电动城市客车	325	7000/7350	1065	108	
2		HFF6800G03EV73	纯电动城市客车	260	6800/7200	765	93	
3		HFF6100G03EV-7	纯电动城市客车	630	11750/12400	2340	304	
4		HFF6129G03EV-43	纯电动城市客车	240	11500/12200	1171	138	
5		HFF6124G03EV3	纯电动城市客车	680	13100/13500	2568	324	
6		HFF6129G03EV-45	纯电动城市客车	690	13900	2768	332	
7	安徽星凯龙客车有限公司	HFX6816BEVG11	纯电动城市客车	265	7180/7400	808	94	
8		HFX6850BEVG13	纯电动城市客车	107	7980/8200	850	46	钛酸锂
9	安庆安达尔汽车制造有限公司	AAQ6106EVG	纯电动城市客车	260	9900/9700	1208	142	
10	安源客车制造有限公司	PK6853BEV	纯电动城市客车	232	8790	1102	104	
11		PK6801BEV	纯电动城市客车	210	8235	1102	104	
12	北奔重型汽车集团有限公司	ND6111BEV00	纯电动城市客车	286	10350/10700	1177	141	
13		ND6822BEV00	纯电动城市客车	201	7700/7900	808	94	
14		ND6104BEV00	纯电动城市客车	210	10220/10600	1207	142	

续上表

序　号	汽车生产企业名称	车辆型号	产品名称	纯电动续驶里程(km)	整车整备质量(kg)	动力蓄电池组总质量(kg)	动力蓄电池组总能量(kWh)	备　注
15	北京北方华德尼奥普兰客车股份有限公司	BFC6109GBEV2	纯电动城市客车	225	10700/11000	1060	138	
16		BFC6129GBEVS1	纯电动城市客车	227	12900	1171	138	
17	北汽(常州)汽车有限公司	BJ6830C01EV	纯电动客车	290	6700	770	93	
18		BJ6821B11EV	纯电动城市客车	210	7400/7700	800	93	
19		BJ6821B21EV	纯电动城市客车	330	8100/8400	1425	144	
20	北汽福田汽车股份有限公司	BJ6851EVCA-16	纯电动城市客车	436/499	9000/9200	1540/1728/1518/1712	189/216	
21		BJ6105EVCA-22	纯电动城市客车	290/322	11000/11500/12000	1468/1616	182/203	
22		BJ6103EVUA-3	纯电动客车	390	10900/11500	1800	178	
23		BJ6805EVCA-16	纯电动城市客车	283	7200/7500	1061	104	
24		BJ6805EVCA-17	纯电动城市客车	383/402	7200/7500	1061/1180/1009/1142	131/147	
25		BJ6105EVCA-21	纯电动城市客车	565	12400/12800	2424	304	
26		BJ6802EVUA-6	纯电动客车	252	8000/8470	1061	104	
27	比亚迪汽车工业有限公司	BYD6100HGEV1	纯电动城市客车	340	9100	1260	146	
28		BYD6120LLEV3	纯电动客车	525	13500	2435	284	
29		BYD6120LLEV4	纯电动客车	360	12600	1680	196	
30		BYD6121LGEV5	纯电动城市客车	340	11900	1560	197	
31		BYD6700HZEV	纯电动城市客车	360	6600	1219	127	
32		BYD6810HZEV3	纯电动城市客车	330	8000	1325	138	
33		BYD6650HZEV2	纯电动城市客车	290/252	6000/5850	960/800	92/77	
34		BYD6100LSEV2	纯电动双层城市客车	310	11950	1584	184	
35	成都大运汽车集团有限公司	CGC6806BEV1EACJHACM	纯电动城市客车	270	7300	1266	125	
36		CGC6106BEV1EAEJLAWM	纯电动城市客车	290	11000	1711	173	
37		CGC6800BEV1K1	纯电动城市客车	250	5940	832	97	
38		CGC6801BEV1K2	纯电动城市客车	255	6150	760	92	
39		CGC6100BEV1K1	纯电动城市客车	250	9460	1160	138	
40		CGC6800BEV1K2	纯电动城市客车	250	7100/7300	833	97	
41		CGC6841BEV1K1	纯电动城市客车	255	7800	1110	111	
42		CGC6801BEV1K3	纯电动城市客车	251	7300	759	95	
43		CGC6101BEV1K1	纯电动城市客车	320	11000	1750	190	
44	成都客车股份有限公司	CDK6116CBEV2	纯电动城市客车	250	10200	1478	170	
45		CDK6116CBEV1	纯电动城市客车	255	10200	1512	184	

续上表

序号	汽车生产企业名称	车辆型号	产品名称	纯电动续驶里程(km)	整车整备质量(kg)	动力蓄电池组总质量(kg)	动力蓄电池组总能量(kWh)	备注
46	大汉汽车集团有限公司	CKY6820BEVG	纯电动城市客车	230	7500	760±22	92	
47		CKY6810BEVG	纯电动城市客车	250	5800	760±22	92	
48		CKY6690BEVG	纯电动城市客车	200	5200	575	69	
49	丹东黄海汽车有限责任公司	DD6100EV2	纯电动城市客车	360	8900/9200	1518	189	
50		DD6800EV1	纯电动城市客车	320	7600/7900	1060	138	
51	东风汽车公司	EQ6800CACBEV7	纯电动城市客车	280	6450/6710	1085	111	
52	东风特种汽车有限公司	EQ6830CTBEV11	纯电动城市客车	251	7400	860	104	
53	东莞中汽宏远汽车有限公司	KMT6860GBEV8	纯电动城市客车	295	8800/8550	1029	129	
54		KMT6109GBEV8	纯电动城市客车	251	10550/10300	1230	143	
55		KMT6109GBEV10	纯电动城市客车	262	10550/10300	1170	152	
56	佛山市飞驰汽车制造有限公司	FSQ6111BEVG1	纯电动城市客车	262	10500/10200	1200	140	
57		FSQ6851BEVG1	纯电动城市客车	212	8200/7900	796	93	
58	广西源正新能源汽车有限公司	HQK6109BEVB1	纯电动城市客车	140	10600/11000	1305	92	磷酸铁锂快充
59	贵州长江汽车有限公司	GK6850GBEV	纯电动城市客车	260	7245/7525	927	112	
60	桂林客车工业集团有限公司	GL6606BEV	纯电动城市客车	215	3500	428	54	
61	杭州长江汽车有限公司	FDC6120PDABEV03	纯电动城市客车	390	12150/11940	1990	258	
62		FDC6100PBABEV02	纯电动城市客车	340	11700	2318	223	
63		FDC6850PBABEV03	纯电动城市客车	245	7200/6950	918	112	
64		FDC6100PBABEV01	纯电动城市客车	320	10850/10500	1640	206	
65	河北长安汽车有限公司	SC6836BBEV	纯电动城市客车	255	7050/7400	940	111	
66	河南少林客车股份有限公司	SLG6828EVG	纯电动城市客车	260	7280/7550	1070	112	
67		SLG6100EVG	纯电动城市客车	300	9830/10150	1636	167	
68	湖南中车时代电动汽车股份有限公司	TEG6106BEV22	纯电动城市客车	430	12200/11800	2160	255	
69		TEG6700BEV02	纯电动城市客车	280	3800/4000	588	74	
70		TEG6129BEV08	纯电动城市客车	515	12900	2568	324	
71	江苏常隆客车有限公司	YS6121GBEVA	纯电动城市客车	360	11300	2178	211	
72		YS6100GBEVB	纯电动城市客车	260	8050/7850	1090	141	
73		YS6880BEVB	纯电动客车	205	7450/7300	722	92	
74		YS6107BEVB	纯电动客车	240	10450/10150	1090	141	
75		YS6860GBEVC	纯电动城市客车	220	7050/6900	1000	101	
76		YS6100BEVA	纯电动客车	270	8800/8600	1586	152	
77		YS6101GBEVA	纯电动城市客车	350	10350	2057	199	

续上表

序号	汽车生产企业名称	车辆型号	产品名称	纯电动续驶里程(km)	整车整备质量(kg)	动力蓄电池组总质量(kg)	动力蓄电池组总能量(kWh)	备注
78	江苏常隆客车有限公司	YS6100GBEVA	纯电动城市客车	270	8500/8300	1586	152	
79		YS6860GBEVB	纯电动城市客车	210	6800/6650	722	92	
80		YS6100BEVC	纯电动客车	290	8750/8550	1660	163	
81		YS6860GBEVA	纯电动城市客车	240	7300/7150	1220	117	
82		YS6100GBEVC	纯电动城市客车	290	8450/8250	1660	163	
83		YS6880BEVA	纯电动客车	250	7900/7750	1220	117	
84	江苏登达汽车有限公司	SGK6109BEVGK11	纯电动城市客车	230	9600/9900	1160	141	
85	江苏九龙汽车制造有限公司	HKL6801GBEV3	纯电动城市客车	290	6350	985	108	
86	江苏卡威汽车工业集团股份有限公司	JNQ6850GEV	纯电动城市客车	260	7550	928	111	
87	江苏陆地方舟新能源车辆股份有限公司	RQ6830YEVH18	纯电动客车	380	6550	1070	112	
88		RQ6830GEVH6	纯电动城市客车	380	6550	1070	112	
89		RQ6101GEVH4	纯电动城市客车	295	9800	1380	166	
90		RQ6110YEVH8	纯电动客车	250	11200	1232	145	
91		RQ6101GEVH3	纯电动城市客车	255	9800	1214	142	
92		RQ6830YEVH17	纯电动客车	380	6550	1070	112	
93	江苏友谊汽车有限公司	ZGT6850LBEV	纯电动城市客车	245	6900/6700	860	104	
94		ZGT6609LBEV	纯电动城市客车	220	4700/4600	520	59	
95		ZGT6118LBEV	纯电动城市客车	420	12450/12300	2250	276	
96	江西博能上饶客车有限公司	SR6810BEVG6	纯电动城市客车	258	7450/7880	835	101	
97		SR6107BEV2	纯电动客车	262	10650/10950	1720	168	
98	江西宜春客车厂有限公司	JYK6100GBEV4	纯电动城市客车	205	10800/11000	1120±20	135	
99		JYK6601BEV2	纯电动客车	250	2950	480±10	55	
100	金华青年汽车制造有限公司	JNP6103BEVAPD	纯电动城市客车	260	8900/8700	1130	138	
101		JNP6843BEVPD	纯电动城市客车	205	7510	770	93	
102		JNP6843BEVMD	纯电动城市客车	235	7510	905	106	
103		JNP6123BEV3PD	纯电动城市客车	251	11200	1210	147	
104		JNP6103BEVBZD	纯电动城市客车	300	10050	1636	164	
105		JNP6103BEVBMD	纯电动城市客车	285	9400	1250	147	
106		JNP6123BEV1P	纯电动城市客车	153	11800	1380	98	

续上表

序号	汽车生产企业名称	车辆型号	产品名称	纯电动续驶里程(km)	整车整备质量(kg)	动力蓄电池组总质量(kg)	动力蓄电池组总能量(kWh)	备注
107	金龙联合汽车工业(苏州)有限公司	KLQ6109GAEVN4	纯电动城市客车	204	10700/11000/11400	1060	138	
108		KLQ6800GEVN3	纯电动城市客车	235	7300/7600/7950	765	93	
109		KLQ6115HZEV0X3	纯电动客车	255	11680	1620	161	
110		KLQ6802GEVN1	纯电动城市客车	255	5800/6000	765	93	
111		KLQ6800GEVN4	纯电动城市客车	315	8100/7900	995	129	
112		KLQ6832GEVW1	纯电动城市客车	232	7900/8150/8290	800	93	
113		KLQ6109GAEVW3	纯电动城市客车	210	10700/11000/11400	1171	138	
114		KLQ6601GBEVX6	纯电动城市客车	235	3040/3140	513	52	
115		KLQ6800GEVW2	纯电动城市客车	215	7950/7600/7300	800	93	
116		KLQ6109GAEVN5	纯电动城市客车	300	11000/11400/11650	1468	182	
117	辽宁乾丰专用车有限公司	QF6801EVG	纯电动城市客车	220	7240/7440	799	92	
118		QF6101EVG	纯电动城市客车	300	10640/10940	1636	167	
119	南京金龙客车制造有限公司	NJL6806BEV11	纯电动客车	250	6140	1155	112	
120		NJL6859BEV40	纯电动城市客车	250	8280/8480	800	93	
121		NJL6806BEVG12	纯电动城市客车	250	5940	832	97	
122		NJL6809BEV6	纯电动城市客车	300	7530/7730	1160	138	
123		NJL6809BEV13	纯电动城市客车	250	7100/7300	833	97	
124		NJL6806BEV15	纯电动客车	250	5900	800	95	
125		NJL6100BEV49	纯电动城市客车	480	12120	2424	304	
126		NJL6680BEV25	纯电动城市客车	220	6060/6260	675	80	
127		NJL6129BEV39	纯电动城市客车	500	12840	2568	324	
128		NJL6117BEVG1	纯电动城市客车	380	12940	2120	276	
129	南京市公共交通车辆厂	NJC6850GBEV	纯电动城市客车	250	8550	1180	115	
130		NJC6805GBEV	纯电动城市客车	250	7500	1180	115	
131		NJC6105GBEV	纯电动城市客车	310	11000	1720	173	
132		NJC6101YBEV2	纯电动客车	314	11800	1720	173	
133		NJC6805GBEV2	纯电动城市客车	250	7500	800	93	
134		NJC6801YBEV3	纯电动客车	200	6200	800	93	
135		NJC6850GBEV2	纯电动城市客车	250	8200	800	93	
136		NJC6105GBEV5	纯电动城市客车	360	11200	2200	230	

续上表

序号	汽车生产企业名称	车辆型号	产品名称	纯电动续驶里程(km)	整车整备质量(kg)	动力蓄电池组总质量(kg)	动力蓄电池组总能量(kWh)	备注
137	奇瑞万达贵州客车股份有限公司	WD6602BEV6	纯电动客车	265	2950	510	51	
138		WD6109BEV1	纯电动客车	265	10900/11200	1720	168	
139		WD6105BEV11	纯电动城市客车	260	10500	1195	147	
140		WD6855BEV1	纯电动城市客车	201	8050	759	95	
141	厦门金龙联合汽车工业有限公司	XMQ6106AGBEVL11	纯电动城市客车	470	11900/12550	2340	304	
142		XMQ6850AGBEVL8	纯电动城市客车	440	9200	1712	216	
143		XMQ6106AGBEVL9	纯电动城市客车	250	10300/10800/11300	1008	162	
144		XMQ6127AGBEVL5	纯电动城市客车	255	11600/12600/13300	1230	143	
145	厦门金龙旅行车有限公司	XML6105JEVN0C	纯电动城市客车	265	11600/12090	1616	203	
146		XML6805JEVN0C	纯电动城市客车	248	7380/7830	995	129	
147		XML6105JEVW0C6	纯电动城市客车	210	11150/11640	1230	143	
148		XML6805JEVW0C1	纯电动城市客车	203	7500/7950	820	95	
149	山东沂星电动汽车有限公司	SDL6835EVG	纯电动城市客车	260	8050	960±20	101	
150	山西皇城相府宇航汽车制造有限公司	SXK6851GBEV5	纯电动城市客车	230	8100	860	104	
151	山西原野汽车制造有限公司	YYC6129GBEV	纯电动城市客车	265	12450/12800	1624	194	
152		YYC6107GBEV	纯电动城市客车	218	11800/11400	1392	166	
153	陕西秦星汽车有限责任公司	SYD6100GBEV	纯电动城市客车	223	10200/10500/10800	1340±20	161	
154	陕西跃迪新能源汽车有限公司	SQZ6820EV	纯电动城市客车	250	7900/7700	760	92	
155	上海申龙客车有限公司	SLK6803UEBEVJ1	纯电动城市客车	205	8350	765	93	
156	上海申沃客车有限公司	SWB6788BEV06	纯电动城市客车	450	7400	1142	148	
157		SWB6128BEV22	纯电动城市客车	560	12900	2568	324	
158	深圳市五洲龙汽车股份有限公司	FDG6853EVG	纯电动城市客车	210	8800	800	93	
159	石家庄中博汽车有限公司	SQ6858BEVB82	纯电动城市客车	203	8800	815	94	
160		SQ6105BEVB62	纯电动城市客车	251	11400	1160	136	
161		SQ6119BEVP61	纯电动客车	251	11200/11800	1160	136	
162	四川野马汽车股份有限公司	SQJ6100S1BEV	纯电动客车	260	7800	1175	138	
163		SQJ6101S1BEV	纯电动城市客车	360	8050	1532	166	
164		SQJ6811S1BEV	纯电动城市客车	330	6120	1070	112	
165		SQJ6810S2BEV	纯电动客车	230	5780	775	93	
166	万向集团公司	WXB6121GEV2	纯电动城市客车	492	13400	2660	307	
167		WXB6100GEV2	纯电动城市客车	351	12500	1866	215	

续上表

序号	汽车生产企业名称	车辆型号	产品名称	纯电动续驶里程(km)	整车整备质量(kg)	动力蓄电池组总质量(kg)	动力蓄电池组总能量(kWh)	备注
168	武汉客车制造股份有限公司	WH6801GBEV1	纯电动城市客车	235	6580	768	92	
169		WH6801BEV1	纯电动客车	235	6700	768	92	
170		WH6101GBEV	纯电动城市客车	235	10900	1171	138	
171	扬州亚星客车股份有限公司	JS6108GHBEV17	纯电动城市客车	365	10000/10500	1680	205	
172		JS6101GHBEV27	纯电动城市客车	285	8300/8800	1176	141	
173	扬子江汽车集团有限公司	WG6850BEVZR7	纯电动城市客车	230	8000/8300	792	92	
174		WG6110BEVHR8	纯电动城市客车	320	12000	1830	174	
175		WG6110BEVHR6	纯电动城市客车	330	12000	1711	173	
176		WG6110BEVHR9	纯电动城市客车	320	11700	1468	173	
177		WG6120BEVHR8	纯电动城市客车	300	12500	1830	174	
178		WG6120BEVHR5	纯电动城市客车	300	12300	1724	168	
179		WG6120BEVHR7	纯电动城市客车	300	12200	1659	166	
180		WG6850BEVZR9	纯电动城市客车	245	8000/8300	812	101	
181		WG6820BEVHK10	纯电动城市客车	280	8000/8200	1145	111	
182		WG6120BEVHR3	纯电动城市客车	230	12500	1171	138	
183	长沙梅花汽车制造有限公司	TX6830BEV2	纯电动城市客车	305	8550	1500	129	
184		TX6100BEV1	纯电动城市客车	248	10030/10300	1200	138	
185		TX6831BEV	纯电动城市客车	220	7420	794	92	
186		TX6100BEV	纯电动城市客车	255	10030/10300	1185	138	
187	郑州宇通客车股份有限公司	ZK6845BEVG31	纯电动城市客车	201	7800/8100/8400/8700	820	95	
188		ZK6125BEVG25	纯电动城市客车	475	12900	2385	299	
189		ZK6125BEVG27D	纯电动城市客车	530	12900	2568	324	
190		ZK6119BEVQY51	纯电动客车	320	11970	1284	162	
191		ZK6119BEVQY53	纯电动客车	320	11970	1284	162	
192		ZK6105BEVG27	纯电动城市客车	440	10900/11350/11850	1990	258	
193		ZK6105BEVG29C	纯电动城市客车	475	12000/12500/12900	2385	299	
194		ZK6105BEVG32	纯电动城市客车	305	10250/10700/11200/11700	1412	166	
195		ZK6850BEVG19	纯电动城市客车	201	7800/8100/8400/8700	800	93	
196		ZK6805BEVG22A	纯电动城市客车	255	7100/7400/7750/8100	945	112	
197		ZK6105BEVG33	纯电动城市客车	300	10050/10450/10900/11400	1392	166	
198		ZK6805BEVG25	纯电动城市客车	265	7200/7500/7800/8150	996	118	
199		ZK6809BEVQZ51	纯电动客车	255	6600/6800/7150	765	93	

续上表

序号	汽车生产企业名称	车辆型号	产品名称	纯电动续驶里程(km)	整车整备质量(kg)	动力蓄电池组总质量(kg)	动力蓄电池组总能量(kWh)	备注
200	郑州宇通客车股份有限公司	ZK6850BEVG11	纯电动城市客车	201	7650/7950/8300/8600	759	95	
201		ZK6805BEVG23	纯电动城市客车	210	7000/7300/7650/7950	832	97	
202		ZK6105BEVG35	纯电动城市客车	350	10500/10900/11350/11750	1692	200	
203		ZK6125BEVG31	纯电动城市客车	240	11490/12000/10500/11000	1230	143	
204		ZK6125BEVG25D	纯电动城市客车	420	11100/11600/12050/12590	1990	258	
205		ZK6809BEVQZ52	纯电动客车	305	6700/6900/7250	887	110	
206	中国第一汽车集团公司	CA6124URBEV22	纯电动城市客车	282	11390/11600	1822	177	
207	中通客车控股股份有限公司	LCK6860EVGW	纯电动城市客车	415	9250/9790	1608	189	
208		LCK6108EVG15	纯电动城市客车	258	10200/10800	1346	166	
209		LCK6108EVGM2	纯电动城市客车	290	10400/11000	1711	173	
210		LCK6809EVGT1	纯电动城市客车	325	7550/7150	1100	138	
211		LCK6723EVGA	纯电动城市客车	255	5600/5800	608	74	
212		LCK6809EVGM4	纯电动城市客车	235	7600/7200/6800	1155	112	
213		LCK6122EVG9	纯电动城市客车	485/530	13000	2400/2592	299/324	
214		LCK6108EVGD1	纯电动城市客车	398	10820/11200	2160	255	
215		LCK6809EVGM3	纯电动城市客车	235	7600/7200/6800	1155	112	
216	中植一客成都汽车有限公司	CDL6110LRBEV2	纯电动客车	280	11600	1500	184	
217		CDL6820URBEV3	纯电动城市客车	250	8000	1120	141	
218		CDL6110LRBEV3	纯电动客车	280	9700	1177	141	
219	重庆五洲龙新能源汽车有限公司	WZL6853EVG1	纯电动城市客车	260	9500	1660	163	
220		WZL6117EV2	纯电动客车	300	12800	2160	255	
221		WZL6810EVG	纯电动城市客车	210	6000	780±20	91	
222	珠海广通汽车有限公司	GTQ6123BEVBT11	纯电动城市客车	135	13000	2105	93	钛酸锂
223	珠海市广通客车有限公司	GTZ6859BEVB	纯电动城市客车	352/330	9580/9460	1853/1729	187/175	
224		GTZ6810BEV	纯电动客车	242	6000	832	97	
225		GTZ6112BEV1	纯电动客车	313	11500/11600	1408	166	
226		GTZ6819BEVB	纯电动城市客车	235	7400	1120	111	
227		GTZ6109BEVB1	纯电动城市客车	293	10800	1408	166	
228		GTZ6112BEV	纯电动客车	287	11500/11600	1408	166	

（三）货　车

序　号	汽车生产企业名称	车辆型号	产品名称	纯电动续驶里程（km）	整车整备质量（kg）	动力蓄电池组总质量（kg）	动力蓄电池组总能量（kWh）	备　注
1	比亚迪汽车工业有限公司	BYD111017GBE V1	纯电动货车	350	5935	1600	175	

（四）专 用 车

序　号	汽车生产企业名称	车辆型号	产品名称	纯电动续驶里程（km）	整车整备质量（kg）	动力蓄电池组总质（kg）	动力蓄电池组总能量（kWh）	备　注
1	安庆安达尔汽车制造有限公司	AAQ5040XXYEV	纯电动厢式运输车	300	2710	750	80	
2	北京华林特装车有限公司	HLT5030XCCEV	纯电动餐车	200	2800	490	49	
3		HLT5035CTYEV	纯电动桶装垃圾运输车	200	2290	490	49	
4	北汽（常州）汽车有限公司	BJ5040XYZCJ01EV	纯电动邮政车	285	2960	660	91	
5		BJ5040XJECJ01EV	纯电动环境监测车	285	2960	660	91	
6	北汽福田汽车股份有限公司	BJ5072ZZZEV-H1	纯电动自装卸式垃圾车	220	4700/4900	735±22	83	
7		BJ5023XYZEV1	纯电动邮政车	185	1320	302	31	
8		BJ5049XYZEV1	纯电动邮政车	260	3450	735	83	
9		BJ5049XYZEV2	纯电动邮政车	260	3100	735	83	
10		BJ5023XXYEV4	纯电动厢式运输车	185	1320	302	31	
11		BJ5023XXYEV5	纯电动厢式运输车	195	1260	302	31	
12	比亚迪汽车工业有限公司	BYD5070CTYBEV	纯电动桶装垃圾运输车	350	4980	1282	145	
13		BYD5110XXYBEV1	纯电动厢式运输车	350	6070	1600	175	
14	成都大运汽车集团有限公司	CGC5025XXYBEV1NBBFBAXY	纯电动厢式运输车	265	1480	420	43	
15		CGC5044XXYBEV1CBBJEAGK	纯电动厢式运输车	270	2875	540	67	
16		CGC5044XXYBEV1LBSKEAGY	纯电动厢式运输车	211	2780	472	55	
17		CGC5044XXYBEV1SBBJEAGY	纯电动厢式运输车	252	2940	580	66	
18		CGC5044XXYBEV1LBSKEAGK	纯电动厢式运输车	211	2760	472	55	
19		CGC5025XXYBEV1MBLFBAXL	纯电动厢式运输车	265	1480	450	50	
20		CGC5048XXYBEV2F1	纯电动厢式运输车	250	2800	655	75	
21		CGC5021XXYBEV1W1	纯电动厢式运输车	260	1480	420	44	
22		CGC5045XXYBEV1Z1	纯电动厢式运输车	230	2985	698	67	
23		CGC5045XLCBEV1Z1	纯电动冷藏车	270	3015	704	82	
24	成都雅骏汽车制造有限公司	CTT5060XLCGJ1BEV	纯电动冷藏车	285	4100	780	90	
25		CTT5040XXYGJ1BEV	纯电动厢式运输车	255	3300	745	75	
26		CTT5040CCYGC2BEV	纯电动仓栅式运输车	255	3210	745	75	

续上表

序　号	汽车生产企业名称	车辆型号	产品名称	纯电动续驶里程(km)	整车整备质量(kg)	动力蓄电池组总质(kg)	动力蓄电池组总能量(kWh)	备　注
27	成都雅骏汽车制造有限公司	CTT5030XBWGC1BEV	纯电动保温车	180	1730	423	44	
28	东风汽车公司	EQ5023XXYACBEV6	纯电动厢式运输车	245	1525	380	43	
29		EQ5045XXYTBEV10	纯电动厢式运输车	248	3060	736	78	
30		EQ5025XXYACBEV1	纯电动厢式运输车	220	1200	265±3	29	
31		EQ5045XLCTBEV2	纯电动冷藏车	240	3400	625	90	
32		EQ5041XDWACBEV	纯电动流动服务车	230	3300	750	80	
33		EQ5034XXYACBEV	纯电动厢式运输车	210	1705	400	41	
34		EQ5042XXYACBEV2	纯电动厢式运输车	260	2805	680	73	
35		EQ5045XXYTBEV7	纯电动厢式运输车	264	3060	755	80	
36		EQ5023XXYACBEV7	纯电动厢式运输车	226	1420	353	41	
37		EQ5041XXYACBEV14	纯电动厢式运输车	260	3000	684	74	
38	福建新龙马汽车股份有限公司	FJ5020XXYBEVA15	纯电动厢式运输车	235	1340/1350	330	37	
39		FJ5020XXYBEVA17	纯电动厢式运输车	235	1340/1350	337	37	
40		FJ5020XXYBEVA18	纯电动厢式运输车	235	1320/1330	308±4	38	
41		FJ5020XXYBEVA19	纯电动厢式运输车	235	1355/1365	348	38	
42		FJ5020XXYBEVA16	纯电动厢式运输车	220	1340/1350	320±5	36	
43	赣州汽车改装厂	GZQ5030XSHBEV	纯电动售货车	120	1690	177	22	
44		GZQ5041XXYBEV	纯电动厢式运输车	230	3305	630	74	
45	贵州新山地新能源汽车制造有限公司	NSD5032ZXXBEV	纯电动车厢可卸式垃圾车	250	1380	350	40	
46		NSD5031CCYBEV	纯电动仓栅式运输车	250	1290	350	40	
47		NSD5030XXYBEV	纯电动厢式运输车	250	1510	350	40	
48	河北红星汽车制造有限公司	HX5021XXYVEV	纯电动厢式运输车	230	1390	280	34	
49		HX5041XXYVEV	纯电动厢式运输车	280	2995	684	73	
50	河北长安汽车有限公司	SC5033XXYCBEV	纯电动厢式运输车	210	1730	420	46	
51		SC5033XXYBBEV	纯电动厢式运输车	210	1670	420	46	
52	黑龙江龙华汽车有限公司	HLJ5031XXYBEV	纯电动厢式运输车	146	2250	380	44	
53	湖北三环专用汽车有限公司	STQ5046XXYNBEV	纯电动厢式运输车	290	3370	622	79	
54		STQ5181XXYNBEV	纯电动厢式运输车	100	8700	1330	130	
55	湖北三环专用汽车有限公司	STQ3251L10Y2SBEV	纯电动自卸汽车	100	12500	1330	130	
56		STQ4181L02Y4NBEV	纯电动牵引汽车	100	6940	1330	130	
57	湖南中车时代电动汽车股份有限公司	TEG5041XXYEV01	纯电动厢式运输车	300	3000	750	80	

续上表

序号	汽车生产企业名称	车辆型号	产品名称	纯电动续驶里程(km)	整车整备质量(kg)	动力蓄电池组总质(kg)	动力蓄电池组总能量(kWh)	备注
58	淮安市苏通市政机械有限公司	HAC5021ZZZEV1	纯电动自装卸式垃圾车	120/140	1680	210	23	
59	吉利四川商用车有限公司	DNC5040XXYBEV02	E200 远程轻卡	300	3450	847	76	
60	江苏奥新新能源汽车有限公司	JAX5027XXYBEVF266LB15M2X1	纯电动厢式运输车	260	1310	310	40	
61	江苏卡威汽车工业集团股份有限公司	JNQ5043XXYBEV	纯电动厢式运输车	380	3050	648	77	
62		JNQ5043XXYBEV1	纯电动厢式运输车	270	2840	580	66	
63		JNQ5043XXYBEV2	纯电动厢式运输车	360	2860	625	90	
64		JNQ5022XXYBEV	纯电动厢式运输车	250	1150	278	33	
65		JNQ5040XXYBEV4	纯电动厢式运输车	300	2900	655	75	
66		JNQ5036XXYBEV1	纯电动厢式运输车	350	2350	555	66	
67	江西昌河汽车有限责任公司	CH5015XXYBEVA2CD	北斗星 E	165	940	198	20	
68		CH5015XYZBEVA2CA	北斗星 E	165	940	198	20	
69	江西宜春客车厂有限公司	JYK5040XXYBEV1	纯电动厢式运输车	250	2820	480±10	55	
70		JYK5040XLCBEV1	纯电动冷藏车	250	2950	480±10	55	
71	金龙联合汽车工业(苏州)有限公司	KLQ5022XXYEV1	纯电动厢式运输车	235	1620	396	44	
72	昆明客车制造有限公司	KK5041XXYEV01	纯电动厢式运输车	385	3450	866	83	
73	南京金龙客车制造有限公司	NJL5040XSWBEV4	纯电动商务车	225	2980	620	56	
74		NJL5022XXYBEV6	纯电动厢式运输车	188	1180	309	30	
75		NJL5040XXYBEV23	纯电动厢式运输车	276	2910	630	73	
76		NJL5021XXYBEV21	纯电动厢式运输车	198	1475	280	38	
77		NJL5021XXYBEV22	纯电动厢式运输车	245	1475	315	40	
78		NJL5031XXYBEV8	纯电动厢式运输车	197	1800	420	49	
79		NJL5025XXYBEV	纯电动厢式运输车	236	1400	280	37	
80		NJL5031XXYBEV7	纯电动厢式运输车	184	1800	400	46	
81		NJL5021XXYBEV25	纯电动厢式运输车	243	1475	265	40	
82		NJL5032XXYBEV8	纯电动厢式运输车	203	1850	420	49	
83		NJL5032XXYBEV7	纯电动厢式运输车	190	1850	400	46	
84	南京汽车集团有限公司	NJ5057XXYCEV7	纯电动厢式运输车	410	3400	650	81	
85	奇瑞汽车股份有限公司	SQR5023XXYBEVK06	中城博源 EV	235	1390	280	34	
86		SQR5024XXYBEVK06	开瑞优优 EV	275	1450	349	40	
87	厦门金龙旅行车有限公司	XML5036XXYEVL0	纯电动厢式运输车	185	2050	450	49	
88		XML5036XXYEVW0	纯电动厢式运输车	185	2140	520	53	

续上表

序号	汽车生产企业名称	车辆型号	产品名称	纯电动续驶里程(km)	整车整备质量(kg)	动力蓄电池组总质(kg)	动力蓄电池组总能量(kWh)	备注
89	山东凯马汽车制造有限公司	KMC5042XXYEVB33D	纯电动厢式运输车	270	3305	630	74	
90		KMC5032XXYEV29D	纯电动厢式运输车	140	1385	177	22	
91		KMC1032EV29D	纯电动载货汽车	140	1220	177	22	
92		KMC5032CCYEV29D	纯电动仓栅式运输车	140	1280	177	22	
93		KMC5030XXYEV21D	纯电动厢式运输车	130	1385	210	23	
94		KMC5030CCYEV21D	纯电动仓栅式运输车	130	1385	210	23	
95	山西原野汽车制造有限公司	YYC5030ZXXBEV	纯电动车厢可卸式垃车	130	1665	332	32	
96		YYC5041XXYBEV2	纯电动厢式运输车	210	3100	630	74	
97		YYC5030ZZZBEV	纯电动自装卸式垃圾车	130	2020	332	32	
98	陕西通家汽车股份有限公司	STJ5026XXYEV6	纯电动厢式运输车	287	1370	340	39	
99		STJ5030XXYEV2	纯电动厢式运输车	207	1935	375	46	
100	陕西跃迪新能源汽车有限公司	SQZ5040XXYEV	纯电动厢式运输车	300	2710	750	80	
101	上海汽车商用车有限公司	SH5041XLCA7BEV-7	EV80	345	3275	640	74	
102		SH5041XDWA7BEV-7	EV80	330	3650	640	74	
103		SH5041XXYA7BEV-6	EV80	365	2440	570	71	
104		SH5041XYZA7BEV-7	EV80	360	2650	640	74	
105		SH5040XXYA7BEV-5	EV80	290	2230	410	53	
106	上海申龙客车有限公司	SLK5030XXYBEV1	纯电动厢式运输车	255	1515	370	46	
107		SLK5032XXYBEV1	纯电动厢式运输车	240	1400	280	38	
108	深圳东风汽车有限公司	EQ5033CTYBEVS	纯电动桶装垃圾运输车	260	1850	412	49	
109	四川野马汽车股份有限公司	SQJ5040XXYS1BEV	纯电动厢式运输车	251	3080	376	50	
110	芜湖宝骐汽车制造有限公司	WXS5023XXYBEV03	劲骐旺旺	180	1400	312	35	
111	扬州亚星客车股份有限公司	YBL5031XXYBEV1	纯电动厢式运输车	200	2000	375	45	
112	一汽客车(大连)有限公司	CA5020XXYBEV32	纯电动厢式运输车	250	1650	380	44	
113	浙江宝成机械科技有限公司	ZBJ5030XXYBEV	纯电动厢式运输车	180	1380	280	35	
114	浙江飞碟汽车制造有限公司	FD5024XXYBEV	纯电动厢式运输车	180	1070	255	26	
115		FD5032XXYD66KBEV-1	纯电动厢式运输车	215	2250	464	50	
116	镇江天洋汽车有限公司	ZKJ5040XXYEV2	纯电动厢式运输车	310	2860	630	73	
117	郑州宇通重工有限公司	YTZ5040ZZZZ0BEV	纯电动自装卸式垃圾车	218	3000	555	55	
118		YTZ5040ZLJZ0BEV	纯电动自卸式垃圾车	220	2900	555	55	
119		YTZ5180TXSZ1BEV	纯电动洗扫车	402	12950	1980	194	
120		YTZ5030TYHZ0BEV	纯电动路面养护车	151	2850	555	55	

续上表

序号	汽车生产企业名称	车辆型号	产品名称	纯电动续驶里程(km)	整车整备质量(kg)	动力蓄电池组总质(kg)	动力蓄电池组总能量(kWh)	备注
121	郑州宇通重工有限公司	YTZ5040XTYZ0BEV	纯电动密闭式桶装垃圾车	260	2900/2800	578	55	
122		YTZ5040ZXXZ0BEV	纯电动车厢可卸式垃圾车	265	2600	578	55	
123		YTZ5040TXSZ0BEV	纯电动洗扫车	355	3700	642	81	
124	中联重科股份有限公司	ZLJ5033TSLNJBEV	纯电动扫路车	150	2760	490	48	
125	中通客车控股股份有限公司	LCK5023XXYEV5	纯电动厢式运输车	201	1260	298	29	
126		LCK5047XXYEV7	纯电动厢式运输车	251	2900/2750	608	74	
127		LCK5080XDYEV	纯电动电源车	155	8080	808	77	
128		LCK5047XXYEVH8	纯电动厢式运输车	210	2800	580	66	
129		LCK5180XDYEV1	纯电动电源车	155	17850	1156	140	
130		LCK5180XDYEV	纯电动电源车	155	17850	1208	142	
131	中通汽车工业集团有限责任公司	ZTQ5030XXYBEV30	纯电动厢式运输车	140	2320	424	49	
132		ZTQ5040XXYBEV33	纯电动厢式运输车	280	2805	700	78	
133		ZTQ5030TSLBEV30	纯电动扫路车	140	2900	424	49	
134	中植一客成都汽车有限公司	CDL5030XXYBEV2	纯电动厢式运输车	180	2050	375	45	
135	重庆盛时达汽车有限公司	DAT5033XLCEVC	纯电动冷藏车	240	1660	370	45	
136	重庆长帆新能源汽车有限公司	CFX5031XXYEVA0	纯电动厢式运输车	205	1110/1125	255	30	
137		CFX5031CCYEVA0W	纯电动仓栅式运输车	205	1200	255	30	
138	珠海广通汽车有限公司	GTQ5024XXYEV	纯电动厢式运输车	225	1400	315	36	

二、插电式混合动力汽车

(一)乘 用 车

序号	汽车生产企业名称	车辆型号	通用名称	纯电动续驶里程(km)	燃料消耗量(L/100 km)	发动机排量(mL)	整车整备质量(kg)	动力蓄电池总质量(kg)	动力蓄电池总能量(kWh)	备注
1	长城汽车股份有狠公司	CC6483AD21APHEV	P8s	50	2. 3	1967	2281	140±5	13	
2		CC6484AD21APHEV	P8	50	2. 3	1967	2281	140±5	13	

(二)客 车

序号	汽车生产企业名称	车辆型号	产品名称	纯电动续驶里程(km)	燃料消耗量(L/100 km)	发动机排量(mL)	整车整备质量(kg)	动力蓄电池总质量(kg)	动力蓄电池总能量(kWh)	备注
1	安徽安凯汽车股份有限公司	HFF6850G03CHEV11	插电式混合动力城市客车	56	12. 0	3920	8200/8600	430	26	
2		HFF6100G03CHEV26	插电式混合动力城市客车	90	14. 1(kg/100 km)	7130	11900/12600	700	51	NG
3		HFF6100G03PHEV2	插电式混合动力城市客车	90	14. 2(kg/100 km)	7130	11700/12400	700	51	NG

续上表

序号	汽车生产企业名称	车辆型号	产品名称	纯电动续驶里程(km)	燃料消耗量(L/100 km)	发动机排量(mL)	整车整备质量(kg)	动力蓄电池总质量(kg)	动力蓄电池总能量(kWh)	备注
4	北汽福田汽车股份有限公司	BJ6855PHEVCA-1	插电式混合动力城市客车	74	13.5/13.7(kg/100 km)	4088/4214	8550/9050/9400	310	30	NG
5		BJ6127PHEVUA-3	插电式混合动力客车	86	20.9/20.5(kg/100 km)	8424/7470	12500/12900	510	50	NG
6		BJ6905CHEVCA-10	插电式混合动力城市客车	69	14.9/14.8(kg/100 km)	5200/4980	8750/9050/9400	310	30	NG
7		BJ6123CHEVCA-6	插电式混合动力城市客车	89	18.0	6494/7470	12000/12400/12800	510	50	
8		BJ6127PHEVCA-5	插电式混合动力城市客车	85	18.0	8424/8424	12400/12700	510	50	
9		BJ6855CHEVCA-3	插电式混合动力城市客车	74	13.5/13.8(kg/100 km)	4088/4214	8550/9050/9400	310	30	NG
10		BJ6123CHEVCA-5	插电式混合动力城市客车	90	15.8/16.2/16.3(kg/100 km)	6494/7470/6700	12100/12650/13100	510	50	NG
11		BJ6680SHEVCA	插电式混合动力城市客车	76	10.4(kg/100 km)	2982	6200/6400	260	22	NG
12		BJ6855PHEVCA-2	插电式混合动力城市客车	72	14.8/14.8	3767/4088	8550/9050	310	30	
13	丹东黄海汽车有限责任公司	DD6109SHEV2N	插电式混合动力城市客车	51	17.1(kg/100 km)	4214	10450/11050	430	26	NG
14		DD6120CHEV4N	插电式混合动力城市客车	80	18.1(kg/100 km)	6750	12000/12450	622	43	NG
15	广西源正新能源汽 车有限公司	HQK6129CHEVNG	插电式混合动力城市客车	85	19.8	7800	12400/13100	780	54	
16		HQK6109CHEVNG	插电式混合动力城市客车	87	19.5	6494	11800/12500	780	54	
17		HQK6109PHEVNG	插电式混合动力城市客车	83	19.9	6494	11800/12500	780	54	
18		HQK6109CHEVB	插电式混合动力城市客车	83	14.7	6494	11800/12500	780	54	
19		HQK6859CHEVNG	插电式混合动力城市客车	52	14.1	5200	9000/9500	390	27	
20		HQK6859PHEVNG	插电式混合动力城市客车	52	16.8	5200	9000/9500	390	27	
21		HQK6859PHEVB	插电式混合动力城市客车	53	13.4	5200	8700/9200	390	27	
22		HQK6129CHEVB	插电式混合动力城市客车	85	17.7	6494	12400/13100	780	54	
23	哈尔滨通联客车有限公司	HKC6121CHEV01	插电式混合动力城市客车	50	24.1(kg/100 km)	6494	12695/13045	600(单电池)/716(含电容)	51	NG
24		HKC6123CHEV	插电式混合动力城市客车	50	16.6(kg/100 km)	6494	13100/12400	680	49	NG
25	湖南中车时代电动汽车股份有限公司	TEG6106EHEVN10	插电式混合动力城市客车	100	20.0(kg/100 km)	6494	11400/11800/12200	428/184	50+0.634	NG
26	江西博能上饶客车 有限公司	SR6106PHEVG5	插电式混合动力城市客车	97	13.5	6494	10650/11040	644	42	
27		SR6127PHEVN	插电式混合动力客车	80	20.7(kg/100 km)	7470	11820/12320	760	50	NG
28	金龙联合汽车工业(苏州)有限公司	KLQ6850GAHEVC5K	插电式混合动力城市客车	56	12.5/12.6(kg/100 km)	4730/4980	9550/9750/9950	449	30	NG
29		KLQ6112HAHEVE51A	插电式混合动力客车	85	13.1	8424	12200/12600	440	50	
30		KLQ6115HZAHEVE5A	插电式混合动力城市客车	72	20.4	8424	11500/12200	440	50	
31		KLQ6109GAHEVC5K	插电式混合动力城市客车	68	16.9/16.8(kg/100 km)	6494/7470	11650/11850/12200	700	51	NG
32		KLQ6850GAHEVE5K	插电式混合动力城市客车	53	12.1	4730/4980	9200/9480	230	25	
33		KLQ6109GAHEVE5K	插电式混合动力城市客车	65	14.9	6500/6750	11200/11500	400	42	

续上表

序号	汽车生产企业名称	车辆型号	产品名称	纯电动续驶里程(km)	燃料消耗量(L/100 km)	发动机排量(mL)	整车整备质量(kg)	动力蓄电池总质量(kg)	动力蓄电池总能量(kWh)	备注
34	金龙联合汽车工业(苏州)有限公司	KLQ6850GAHEVE5K1	插电式混合动力城市客车	53	12.1	4730/4980	9400/9600	520	26	
35		KLQ6129GAHEVC5K	插电式混合动力城市客车	59	19.6/20.1(kg/100 km)	6494/7470	12800/13200/13430	700	51	NG
36		KLQ6109GAHEVE5K1	插电式混合动力城市客车	62	14.9	6500/6750	11180/11500	616	43	
37		KLQ6109GAHEVE5L	插电式混合动力城市客车	69	18.1	6500/6750	11180/11500	700	51	
38		KLQ6109GAHEVC5L	插电式混合动力城市客车	68	21.9/22.4(kg/100 km)	6494/7470	11650/11850/12200	700	51	NG
39	昆明客车制造有限公司	KK6851G03CHEV	插电式混合动力城市客车	56	12	3920	8200/8600	430	26	
40	辽宁乾丰专用车有限公司	QF6102HEVNG	插电式混合动力城市客车	66	23.3(kg/100 km)	6494	12005	540/116	40	NG
41		QF6103HEVNG	插电式混合动力城市客车	69	22.2(kg/100 km)	6494	11700/11415	495	50	NG
42		QF6101HEVNG	插电式混合动力城市客车	77	22.3(kg/100 km)	6494	11400	760	50	NG
43		QF6113HEVNG	插电式混合动力城市客车	63	20.5(kg/100 km)	6494	12915/12620	760	50	NG
44	南京金龙客车制造有限公司	NJL6859HEVN3	插电式混合动力城市客车	50	14.3(kg/100 km)	4730	8800	449	30	NG
45		NJL6109HEV5	插电式混合动力城市客车	75	14.9	6494	11300	495	50	
46		NJL6129HEV5	插电式混合动力城市客车	70	14.9	6494	11760/11960	622	43	
47		NJL6859HEV3	插电式混合动力城市客车	50	12.1	4730	8800	405	27	
48	奇瑞万达贵州客车股份有限公司	WD6125EHEV2	混合动力城市客车	80	21.7(kg/100 km)	6494	13300	680	49	NG
49	厦门金龙联合汽车工业有限公司	XMQ6127AGCHEVD510	插电式混合动力城市客车	90	18.5	6494/6750	11600/12600/13300	700	51	
50		XMQ6106AGCHEVD58	插电式混合动力城市客车	105	14.9	6494	11400/12000/12600	513/116	52+0.42	
51		XMQ6127AGCHEVN512	插电式混合动力城市客车	90	17.4/16.7(kg/100 km)	6494/6750	12000/12800/13400/13800	700	51	NG
52		XMQ6106AGCHEVN512	插电式混合动力城市客车	90	15.9/15.7(kg/100 km)	6494/6750	11700/12300/12900	700	51	NG
53		XMQ6106AGCHEVD510	插电式混合动力城市客车	82	14.9	6494/6750	11400/11900/12600	616	43	
54	厦门金龙旅行车有限公司	XML6105JHEVY5C	插电式混合动力城市客车	64	14.9	6494	12625/12125	616	43	
55		XML6125JHEVG5CN6	插电式混合动力城市客车	70	14.4(kg/100 km)	6494	12800/13300/13700	536	51	NG
56		XML6105JHEVG5C7	插电式混合动力城市客车	64	14.9	6494	13050/12650	820	43	
57		XML6855JHEVC5C	插电式混合动力城市客车	52	12.1	4400/4730	9465/9920	405	27	
58		XML6125JHEVW5C	插电式混合动力城市客车	68	18.5	6440	12000/12500/13000	410	48	
59		XML6105JHEVG5C6	插电式混合动力城市客车	66	14.9	6440	12625/12125	487	44+0.422	
60	上海申沃客车有限公司	SWB6108CHEV8	混合动力城市客车	105	16.0(kg/100 km)	6750	11980	700	51	NG
61	浙江中车电车有限公司	CSR6850GPHEV1	混合动力城市客车	65	12.1	5200	9050/9250	320	26	
62		CSR6100GCHEV1	混合动力城市客车	85	14.9	6494	11030/10800	644	42	
63		CSR6121GCHEV1	混合动力城市客车	105	20.6	6494	12175/12400	700	51	

续上表

序号	汽车生产企业名称	车辆型号	产品名称	纯电动续驶里程(km)	燃料消耗量(L/100 km)	发动机排量(mL)	整车整备质量(kg)	动力蓄电池总质量(kg)	动力蓄电池总能量(kWh)	备注
64	中国重汽集团济南豪沃客车有限公司	JK6126GPHEVN5Q2	插电式混合动力城市客车	71	19.1(kg/100 km)	6870	12080/12400	700	51	NG
65	中通客车控股股份有限公司	LCK6107PHEVCNG2	插电式混合动力城市客车	83	17.2(kg/100 km)	6750	10600/11200/11880	700	51	NG
66	重庆五洲龙新能源汽车有限公司	WZL6853PHEVGEG5	插电式混合动力城市客车	55	32.4	5200	9300	318±3	25	NG

注:插电式混合动力汽车燃料消耗量仅包括传统燃料/不含电能折算。

三、燃料电池汽车

客　车

序号	汽车生产企业名称	车辆型号	产品名称	纯电动续驶里程(km)	整车整备质量(kg)	燃料电池系统额定功率(kg)	驱动电机额定功率(kW)	备注
1	上海汽车商用车有限公司	SH6612A4FCEV	FCV80	430	3105/3130	30	55	

4. 免征车辆购置税的新能源汽车车型目录

为促进我国交通能源战略转型、推进生态文明建设、支持新能源汽车产业发展,根据《财政部 国家税务总局 工业和信息化部关于免征新能源汽车车辆购置税的公告》(公告2014年第53号)的要求,工业和信息化部会同国家税务总局等部门对企业提交的申请材料进行了审查。现将《免征车辆购置税的新能源汽车车型目录》(第十三批)予以公告。

工业和信息化部
国家税务总局
2017年10月27日

附件:免征车辆购置税的新能源汽车车型目录(第十三批)

一、纯电动汽车

(一)乘　用　车

序号	汽车生产企业名称	车辆型号	通用名称	纯电动续驶里程(km)	整车整备质量(kg)	动力蓄电池组总质量(kg)	动力蓄电池组总能量(kWh)	备注
1	安徽江淮汽车股份有限公司	HFC7001A3EV	江淮 iEV7 商用版	180	1260	259	24	
2	北京汽车股份有限公司	BJ7000U3D7 年 BEV	EX350	318	1480	395	48	
3	北汽银翔汽车有限公司	BJ6450JJN6XBEV	纯电动多用途乘用车	180	1635	273	33	
4	北汽云南瑞丽汽车有限公司	BJ6410U3DX-BEV	EX260	250	1410	340	39	
5	比亚迪汽车有限公司	BYD7005BEV5	e5	350	1900	517	52	
6		BYD7005BEV4	e5	350	1900	517	52	
7		BYD7008BEV2	秦 EV	350	1950	517	52	
8	东风汽车公司	EQ6510LM5F1BEV	菱智 M5EV	200	1880	370	40	
9		EQ7000LS1F1BEV	景逸 S50EV	255	1540	316	38	
10	东风小康汽车有限公司	DXK6450EC3BEV	东风小康 EC36	252	1710	400±5	42	

续上表

序号	汽车生产企业名称	车辆型号	通用名称	纯电动续驶里程(km)	整车整备质量(kg)	动力蓄电池组总质量(kg)	动力蓄电池组总能量(kWh)	备注
11	福建省汽车工业集团云度新能源汽车股份有限公司	YDE7000BEV2B	π3	260	1450	328	40	
12		YDE7000BEV1D	π1	250	1410	320	39	
13		YDE7000BEV2A	π3	260	1450	328	40	
14	海马汽车有限公司	HMA7000S60BEV	IDENTY	260	1458	300	40	
15	河北御捷车业有限公司	YGM7000BEV	E 行	153	1015	179	22	
16		YGM7003BEV	E 骋	151	940	167	20	
17	湖南江南汽车制造有限公司	JNJ7000EVB	T300EV	250	1598	357	43	
18		JNJ7000EVX22	云 100S	155	980	125	17	
19		JNJ7000EVA11	T11	150	710	109	15	
20		JNJ7000EVX20	云 100S	255	1075	232	28	
21		JNJ7000EVE7	芝麻 E30	150	810	168	17	
22	华晨鑫源重庆汽车有限公司	JKC6450AXBEV	纯电动多用途乘用车	190	1570	358	38	
23	江铃控股有限公司	JX70023BEV	E200	152	920	132	16	
24		JX70019BEV	E160	152	990	155	19	
25		JX70022BEV	E200	152	920	142	17	
26		JX70024BEV	E160	152	990	164	20	
27	江西昌河汽车有限责任公司	CH7005BEVA2BA	北斗星 E	165	980	206	22	
28	金华青年汽车制造有限公司	JNP7007BEV1	纯电动轿车	151	980	124	17	
29	奇瑞汽车股份有限公司	SQR7000BEVJ723	奇瑞 eQ1	151	880/900	177	18	
30	荣成华泰汽车有限公司	SDH6440BEVGL2	圣达菲 XEV260	380	1799	435	61	
31		SDH6390BEVQL	XEV180	155	1220	245	25	
32		SDH7000BEVBL1	iEV230	320	1735	405	55	
33		SDH7000BEVRL	iEV160	160	1125	230	22	
34	上海汽车集团股份有限公司	CSA7002FBEV1	荣威 Ei5	301	1420	265	35	
35	四川野马汽车股份有限公司	SQJ6460B4BEV	EC70	276	1775	418	52	
36	一汽吉林汽车有限公司	CA7007REV	森雅 R7EV	180	1470	285	32	
37	长城汽车股份有限公司	CC7000CE04BEV	长城 C30EV	270	1390	275±6	37	
38	浙江豪情汽车制造有限公司	JL7001BEV61	知豆 D3	155	850	126	18	
39		JL7001BEV60	知豆 D2	155	775	168	18	
40		JL7001BEV58	知豆 D2	255	820	196	27	
41		JL7001BEV56	知豆 D2	155	775	136	18	
42		JL7001BEV55	远景 EVmini	155	1075	187	23	

续上表

序号	汽车生产企业名称	车辆型号	通用名称	纯电动续驶里程(km)	整车整备质量(kg)	动力蓄电池组总质量(kg)	动力蓄电池组总能量(kWh)	备注
43	浙江吉利汽车有限公司	SMA7001BEV40	K27	151	1155	158	19	
44	重庆力帆乘用车有限公司	LF7002EEV400	400EV	400	1550	419	59	
45	重庆力帆汽车有限公司	LF6401EEV	丰顺	150	1295	260	27	

（二）客　车

序号	汽车生产企业名称	车辆型号	产品名称	纯电动续驶里程(km)	整车整备质量(kg)	动力蓄电池组总质量(kg)	动力蓄电池组总能量(kWh)	备注
1	安徽安凯汽车股份有限公司	HFF6109G03EV5	纯电动城市客车	440	11000/11660	2020	207	
2		HFF6800G03EV4	纯电动城市客车	300	6800/7200	803	100	
3		HFF6100G03EV-61	纯电动城市客车	576	12500	2464	290	
4		HFF6124GS03EV	纯电动双层城市客车	480	16950	2340	304	
5		HFF6800G03EV8-1	纯电动城市客车	280	6800/7200	792	94	
6		HFF6800G03EV62	纯电动城市客车	280	6800/7200	793	93	
7		HFF6104G03EV42	纯电动城市客车	498	9520/10050	1518	189	
8	安庆安达尔汽车制造有限公司	AAQ6820EVG	纯电动城市客车	250	7900/7700	977	115	
9	安源客车制造有限公司	PK6853BEV1	纯电动城市客车	232	8790	1102	104	
10		PK6102BEV	纯电动城市客车	210	10800	1200	156	
11		PK6605BEV	纯电动城市客车	249	3250	459	56	
12		PK6802BEV	纯电动城市客车	258	7735	1060	138	
13	北奔重型汽车集团有限公司	ND6801BEV00	纯电动城市客车	210	7000/7200	768±23	92	
14	北汽福田汽车股份有限公司	BJ6117EVUA-3	纯电动客车	315/275	11500/11800	1424/1246	166/145	
15		BJ6105EVCA-25	纯电动城市客车	435	11800/12100/12500	2100	249	
16		BJ6105EVCA-23	纯电动城市客车	430/460	11800/12100/12500	2040/2180	245/263	
17		BJ6123EVCA-41	纯电动城市客车	500	12700/13300	2330	280	
18	成都大运汽车集团有限公司	CGC6101BEV1K2	纯电动城市客车	285	8800	1189±34	140	
19		CGC6851BEV1K1	纯电动城市客车	255	7800	1120	111	
20	成都广通汽车有限公司	CAT6180DRBEVT	纯电动铰接城市客车	130	18400/19500/20300	1865	93	钛酸锂
21		CAT6100CRBEVT	纯电动城市客车	150	10000/9500	1475	71	钛酸锂
22		CAT6680CRBEVT	纯电动城市客车	90	6600/6400	675	33	钛酸锂
23	成都客车股份有限公司	CDK6116CBEV3	纯电动城市客车	490	11400	2270	295	
24		CDK6850CBEV8	纯电动城市客车	285	7800/8070	1190	141	
25		CDK6801CBEV1	纯电动城市客车	300	7650/7450	1060	138	

续上表

序号	汽车生产企业名称	车辆型号	产品名称	纯电动续驶里程(km)	整车整备质量(kg)	动力蓄电池组总质量(kg)	动力蓄电池组总能量(kWh)	备注
26	东风汽车公司	EQ6811LACBEV3	纯电动客车	290	6930/7130	1110	110	
27		EQ6811CACBEV	纯电动城市客车	290	6830/7030	1110	110	
28	东莞中汽宏远汽车有限公司	KMT6802GBEV1	纯电动城市客车	380	6900/6650	995	129	
29		KMT6109GBEV11	纯电动城市客车	521	11850/11550	2284	295	
30		KMT6118HBEV1	纯电动客车	481	12350	2120	276	
31		KMT6109GBEV12	纯电动城市客车	430	11850/11550	2025	253	
32		KMT6118HBEV	纯电动客车	260	11450	1219	152	
33		KMT6109GBEV9	纯电动城市客车	287	10550/10300	1636	166	
34		KMT6802GBEV2	纯电动城市客车	260	6900/6650	765	93	
35	福建新福达汽车工业有限公司	FZ6108UFBEV	纯电动城市客车	295	11850	1616	203	
36		FZ6809UFBEV	纯电动城市客车	221	6000/6200	759	95	
37		FZ6108UFBEV01	纯电动城市客车	220	11850	1170	152	
38	广西华奥汽车制造有限公司	CCA6112BEV1	纯电动客车	280	11800	1660	163	
39		CCA6830BEVG03	纯电动城市客车	236	7900	812	106	
40		CCA6100BEVG01	纯电动城市客车	280	10650	1208	142	
41		CCA6670BEVG01	纯电动城市客车	250	4750	460	54	
42		CCA6830BEVG02	纯电动城市客车	295	7900	1115±15	111	
43		CCA6121BEVG02	纯电动城市客车	302	11700	1818±54	187	
44	广西源正新能源汽车有限公司	HQK6859BEVB	纯电动城市客车	330	8800/9300	1518	189	
45		HQK6109BEVB2	纯电动城市客车	250	10600/11000	1444	179	
46		HQK6859BEVB1	纯电动城市客车	350	8800/9300	1518	189	
47		HQK6118BEV1	纯电动客车	280	12000	1711	173	
48		HQK6109BEVB3	纯电动城市客车	440	11750	2340	304	
49		HQK6803BEVB	纯电动城市客车	203	8350	765	93	
50		HQK6108BEV1	纯电动客车	255	11300	1660	163	
51		HQK6109BEVB4	纯电动城市客车	440	11750	2340	304	
52	广州广汽比亚迪新能源客车有限公司	GZ6100LGEV4	纯电动城市客车	480	12660	2500	303	
53		GZ6810LZEV	纯电动城市客车	390	9400	1800	173	
54		GZ6121LGEV1	纯电动城市客车	570	13180	2600	328	
55		GZ6120LGEV3	纯电动城市客车	400	12550	2500	255	
56	哈尔滨通联客车有限公司	HKC6110BEV	纯电动城市客车	280	11920/11520	1653	166	

续上表

序号	汽车生产企业名称	车辆型号	产品名称	纯电动续驶里程(km)	整车整备质量(kg)	动力蓄电池组总质量(kg)	动力蓄电池组总能量(kWh)	备注
57	河南少林客车股份有限公司	SLG6829EVG	纯电动城市客车	210	6980/7250	768±23	92	
58	湖南中车时代电动汽车股份有限公司	TEG6801BEV03	纯电动城市客车	290	7500/7900	1085	129	
59		TEG6106BEV28	纯电动城市客车	260	10900/10500/10100	1253±34	161	
60		TEG6801BEV02	纯电动城市客车	210	7350/7650	804	94	
61		TEG6851BEV24	纯电动城市客车	250	7870/8260	1061	138	
62		TEG6851BEV22	纯电动城市客车	210	7800/8200	775±30	98	
63		TEG6106BEV23	纯电动城市客车	255	10700/10400/10100	1090±28	141	
64		TEG6106BEV25	纯电动城市客车	250	11200/10700/10200	1372	154	
65	江苏登达汽车有限公司	SGK6851BEVGK21	纯电动城市客车	125	7900/8200	870	61	磷酸铁锂快充
66		SGK6809BEVGK12	纯电动城市客车	250	7400/7600	1095	111	
67	江苏卡威汽车工业集团股份有限公司	JNQ6105GEV4	纯电动城市客车	270	9400	1361	157	
68	江西博能上饶客车有限公司	SR6101BEVG2	纯电动城市客车	286	9120/9535	1357	165	
69	江西宜春客车厂有限公司	JYK6601BEV3	纯电动客车	250	2900	470	54	
70		JYK6101GBEV1	纯电动城市客车	300	10700/10900	1338	173	
71		JYK6805GBEV1	纯电动城市客车	310	7550/7650	1060±35	129	
72	金华青年汽车制造有限公司	JNP6103BEVBS	纯电动城市客车	300	10500	1720	166	
73		JNP6103BEVAKA	纯电动城市客车	255	9000/8800	1097	138	
74	金龙联合汽车工业(苏州)有限公司	KLQ6109GAEVT	纯电动城市客车	402	11850/12050/12250	2240	258	
75		KLQ6850GEVT	纯电动城市客车	255	8700/8950/9150	1100	129	
76		KLQ6850GEVN2	纯电动城市客车	380	9150/9300/9500	1468	182	
77		KLQ6129GAEVX5	纯电动城市客车	435	13430	2670	269	
78	南京金龙客车制造有限公司	NJL6100BEV50	纯电动城市客车	300	10940	1636	167	
79		NJL6809BEV14	纯电动城市客车	250	7100/7300	833	97	
80		NJL6680BEV26	纯电动城市客车	330	6150/6330	1060	138	
81		NJL6129BEV40	纯电动城市客车	470	12500	2464	290	
82		NJL6806BEV18	纯电动客车	250	5900	800	95	
83		NJL6100BEV52	纯电动城市客车	400	11380	2100	249	
84		NJL6100GSBEV	纯电动双层城市客车	300	13500	2320	276	
85		NJL6100BEV19	纯电动城市客车	450	11600	1984	258	
86		NJL6117BEV35	纯电动客车	350	12650/13000	2160	255	
87		NJL6117BEV36	纯电动客车	350	11800/12150	1856	221	
88		NJL6859BEV45	纯电动城市客车	250	8550/8750	820	95	

续上表

序 号	汽车生产企业名称	车辆型号	产品名称	纯电动续驶里程(km)	整车整备质量(kg)	动力蓄电池组总质量(kg)	动力蓄电池组总能量(kWh)	备 注
89	南京金龙客车制造有限公司	NJL6100BEV51	纯电动城市客车	400	11380	2040	245	
90	南京市公共交通车辆厂	NJC6680GBEV	纯电动城市客车	200	5650	536	62	
91		NJC6851YBEV4	纯电动客车	250	8650	1180	115	
92		NJC6105GBEV6	纯电动城市客车	300	11600	2000	202	
93		NJC6105GBEV2	纯电动城市客车	220	10600	1200	138	
94	厦门金龙联合汽车工业有限公司	XMQ6110BGBEVL4	纯电动城市客车	300	10700	1091	141	
95		XMQ6110BGBEVL5	纯电动城市客车	365	11100	1468	182	
96		XMQ6111AGBEVN1	纯电动城市客车	150	12100/12700	1980	90	
97		XMQ6127BYBEVL	纯电动客车	330	13100	1590	199	
98		XMQ6110BCBEVL11	纯电动客车	365	11100	1468	182	
99		XMQ6110BCBEVL10	纯电动客车	300	10700	1091	141	
100		XMQ6106AGBEVL12	纯电动城市客车	225	10800/11150/11450	1091	141	
101	厦门金龙旅行车有限公司	XML6805JEVK0C	纯电动城市客车	201	7200/7600	765	93	
102		XML6805JEVJ0C	纯电动城市客车	207	7350/7750	808	101	
103		XML6855JEVD0C1	纯电动城市客车	368	9330/9900	1712	216	
104		XML6125JEVJ0C	纯电动城市客车	262	11800/12300/12700	1616	203	
105		XML6935JEV10C	纯电动城市客车	362	11750/11070	1922	249	
106		XML6809JEVM0	纯电动客车	201	6350	808	94	
107		XML6105JEVD0C7	纯电动城市客车	342	12000/12350	1990	258	
108		XML6105JEVK0C	纯电动城市客车	208	11160/11640	1091	141	
109	山东沂星电动汽车有限公司	SDL6126EVG	纯电动城市客车	400	12800	1724	202	
110		SDL6122EVL	纯电动旅游客车	350	12800	1724	202	
111		SDL6125EVG4	纯电动城市客车	550	12400	2372±68	280	
112		SDL6802EV	纯电动客车	300	5900	860	101	
113	陕西汉中客车有限公司	SHZ6102GEV	纯电动城市客车	280	10190/10450	1340±20	161	
114	陕西跃迪新能源汽车有限公司	SQZ6106EVG	纯电动城市客车	250	9750/10400	1203	145	
115	上海汽车商用车有限公司	SH6631A4BEV-5	EV80	265	2605	410	53	

续上表

序　号	汽车生产企业名称	车辆型号	产品名称	纯电动续驶里程(km)	整车整备质量(kg)	动力蓄电池组总质量(kg)	动力蓄电池组总能量(kWh)	备　注
116	上海申龙客车有限公司	SLK6109UEBEVJ	纯电动城市客车	100	10400/10900	1200	66	钛酸锂
117		SLK6109UEBEVJ3	纯电动城市客车	280	11300	1720	202	
118		SLK6118AEBEVD3	纯电动客车	280	12000	1711	173	
119		SLK6108AEBEVD3	纯电动客车	255	11300	1660	163	
120		SWB6188BEV21	纯电动铰接城市客车	202	18700	1960	147	
121		SWB6128BEV23	纯电动城市客车	201	12100	1470	111	
122	上海万象汽车制造有限公司	SXC6120GBEV8	纯电动城市客车	449	12900	2568	324	
123		SXC6110GBEV8	纯电动城市客车	438	12000	2284	295	
124		SXC6110GBEV7	纯电动城市客车	439	12000	2284	295	
125		SXC6940GBEV3	纯电动城市客车	418	10700	1888	244	
126	深圳市五洲龙汽车股份有限公司	FDG6853EVG2	纯电动城市客车	210	8800	785±5	95	
127		FDG6116EV	纯电动客车	205	12500	1208	142	
128	石家庄中博汽车有限公司	SQ6121BEVBT11	纯电动城市客车	135	13000	1800	93	钛酸锂
129	四川新筑通工汽车有限公司	TG6800CBEV1	纯电动城市客车	280	6380/6580	1110	110	
130	苏州益茂电动客车有限公司	ZQK6810EV8	纯电动城市客车	250	6000	768	92	
131		ZQK6810EV6	纯电动客车	250	6000	768	92	
132	武汉客车制造股份有限公司	WH6101BEV	纯电动客车	255	10400	1636	166	
133	烟台舒驰客车有限责任公司	YTK6101GEV3	纯电动城市客车	280	10100/9900	1393	168	
134		YTK6101GEV1	纯电动城市客车	285	10100/9900	1478	170	
135		YTK6101GEV2	纯电动城市客车	280	10100/9900	1458	167	
136		YTK6128GEV2	纯电动城市客车	252	11030/10800	1458	167	
137		YTK6812GEV	纯电动城市客车	300	6350/6150	972	117	
138		YTK6118GEV	纯电动城市客车	256	11700/11500	1580	166	
139	扬州亚星客车股份有限公司	YBL6610BEV7	纯电动客车	270	3000	460	54	
140		YBL6117HBEV23	纯电动客车	330	10800/11400	1570	191	
141		JS6128GHBEV16	纯电动城市客车	440	12400/12800	2262	276	
142		JS6108GHBEV18	纯电动城市客车	335	10000/10500	1595	188	
143		JS6851GHBEV15	纯电动城市客车	275	7400/7800	915	108	
144		JS6128GHBEV15	纯电动城市客车	385	12500/12900	2422	242	
145		YBL6610GBEV3	纯电动城市客车	270	3000	460	54	

续上表

序　号	汽车生产企业名称	车辆型号	产品名称	纯电动续驶里程(km)	整车整备质量(kg)	动力蓄电池组总质量(kg)	动力蓄电池组总能量(kWh)	备　注
146	扬子江汽车集团有限公司	WG6100BEVHM10	纯电动城市客车	238	11000	1171	138	
147		WG6110BEVHR10	纯电动城市客车	316	12000	1740	171	
148		WG6850BEVZT9	纯电动城市客车	330	8000/8300	1250	129	
149		WG6620BEVZT5	纯电动城市客车	240	4850	580	67	
150		WG6850BEVZR10	纯电动城市客车	230	8000/8300	784	92	
151	云南五龙汽车有限公司	FDE6850PBABEV03	纯电动城市客车	220	7200/6950	765	93	
152	浙江中车电车有限公司	CSR6125GLEV1	纯电动城市客车	500	12650/13050	2352	295	
153		CSR6180GLEV1	纯电动城市客车	110	18100	1624	102	钛酸锂
154		CSR6851GLEV1	纯电动城市客车	252	6750/6900	832	105	
155		CSR6850GLEV4	纯电动城市客车	209	7700/8100	800	93	
156		CSR6850GLEV3	纯电动城市客车	290	7800/8200	995	129	
157	郑州宇通客车股份有限公司	ZK6805BEVG22A1	纯电动城市客车	255	7100/7400/7750/8100	945	112	
158		ZK6126BEVGS1	纯电动双层城市客车	375	17000/18000	2568	324	
159		ZK6809BEVG51	纯电动城市客车	255	6600/6800/7150	765	93	
160		ZK6115BEVG61	纯电动城市客车	301	11100/11700	1156	140	
161		ZK6650BEVG15	纯电动城市客车	201	4850/5050/5250	495	53	
162		ZK6180BEVG31	纯电动铰接城市客车	203	18150/18800/19400	1640	191	
163		ZK6125BEVG26	纯电动城市客车	508	13000	2592	315	
164		ZK6850BEVG19A	纯电动城市客车	201	7800/8100/8400/8700	800	93	
165		ZK6805BEVG19A	纯电动城市客车	215	7400/7700/7950/8150	800	93	
166		ZK6125BEVG19A	纯电动城市客车	230	11000/11400/11800	1200	140	
167		ZK6105BEVG19A	纯电动城市客车	245	10200/10640/11090/11500	1200	140	
168	中国第一汽车集团公司	CA6100URBEV24	纯电动城市客车	320	11000/11250	1712	216	
169	中航爱维客汽车有限公司	QTK6810KFBEV	纯电动客车	270	5950	730	96	
170	中通客车控股股份有限公司	LCK6122EVG10	纯电动城市客车	520	13000	2570	315	
171		LCK6809EVGD	纯电动城市客车	205	7150/6850/6500	765	93	
172		LCK6108EVGL1	纯电动城市客车	440	10900/11500	2160	263	
173		LCK6117EVGK	纯电动城市客车	320	11200/11800	1608	189	
174		LCK6108EVGL	纯电动城市客车	225	9900/10400	1154	145	
175		LCK6108EVGL3	纯电动城市客车	420	10900/11500	2054	258	
176		LCK6108EVGM3	纯电动城市客车	400	10900/11500	2100	249	
177		LCK6108EVG17	纯电动城市客车	440	10900/11500	2060	258	

续上表

序号	汽车生产企业名称	车辆型号	产品名称	纯电动续驶里程(km)	整车整备质量(kg)	动力蓄电池组总质量(kg)	动力蓄电池组总能量(kWh)	备注
178	中通客车控股股份有限公司	LCK6117EVL	纯电动客车	320	11200/11800	1570	191	
179		LCK6809EVGM5	纯电动城市客车	205	7150/6850/6500	793	93	
180		LCK6108EVGL2	纯电动城市客车	350	10400/11000	1768	219	
181		LCK6122EVG8	纯电动城市客车	530	12900	2568	324	
182		LCK6122EVG12	纯电动城市客车	475	12500	2464	290	
183		LCK6108EVG16	纯电动城市客车	475	12000	2385	299	
184		LCK6108EVGF	纯电动城市客车	280	10200/10800	1338	173	
185	中植汽车睢宁有限公司	NK6810BEVL	纯电动客车	275	5750	740	92	
186	中植一客成都汽车有限公司	CDL6100LRBEV	纯电动客车	280	9100	1200	139	
187	重庆五洲龙新能源汽车有限公司	WZL6690EVG2	纯电动城市客车	201	5340	610	65	
188	珠海广通汽车有限公司	GTQ6607BEV3	纯电动客车	270	3060	458	46	
189		GTQ6119BEVH13	纯电动客车	330	12000/12500	1540	182	
190		GTQ6101BEVBT8	纯电动城市客车	150	10000/9500	1841	81	
191		GTQ6119BEVH3	纯电动客车	350	12000/12500	1645	189	
192		GTQ6853BEVBT8	纯电动城市客车	85	9000	1094	46	钛酸锂
193		GTQ6119BEVP13	纯电动客车	330	12000/12500	1540	182	
194		GTQ6803BEVB7	纯电动城市客车	253	7200/7600	760	92	
195		GTQ6101BEVB9	纯电动城市客车	350	10000/9500	1728	203	
196		GTQ6105BEVBT11	纯电动城市客车	143	11600	2100	93	钛酸锂
197		GTQ6119BEVP2	纯电动客车	280	12000/12500	1660	163	
198		GTQ6105BEVB12	纯电动城市客车	310	11400	1645	189	
199		GTQ6119BEVH11	纯电动客车	230	11200/11800	1180	139	
200		GTQ6123BEVBT8	纯电动城市客车	95	12700	1641	70	钛酸锂
201		GTQ6121BEVBT11	纯电动城市客车	135	13000	1800	93	钛酸锂
202		GTQ6119BEVH2	纯电动客车	280	12000/12500	1660	163	
203		GTQ6119BEVP3	纯电动客车	350	12000/12500	1645	189	
204		GTQ6119BEVP11	纯电动客车	230	11200/11800	1180	139	
205	珠海市广通客车有限公司	GTZ6119BEVB2	纯电动城市客车	432	11600	2100	249	
206		GTZ6112BEV3	纯电动客车	305	11500/11600	1478	170	
207		GTZ6119BEVB3	纯电动城市客车	295	10800	1478	170	

（三）货　车

序号	汽车生产企业名称	车辆型号	产品名称	纯电动续驶里程(km)	整车整备质量(kg)	动力蓄电池组总质量(kg)	动力蓄电池组总能量(kWh)	备注
1	山东凯马汽车制造有限公司	KMC1035EVK30D	纯电动载货汽车	200	1980	490	51	
2		KMC1030EV21D	纯电动载货汽车	130	1200	210	23	
3		KMC1042EVK33D	纯电动载货汽车	270	3200	630	74	
4	沈阳金杯车辆制造有限公司	SY1046DEV2S	纯电动载货汽车	320	2980	690	79	
5	重庆盛时达汽车有限公司	DAT1030EVC	纯电动载货汽车	255	1580	370	45	

（四）专 用 车

序号	汽车生产企业名称	车辆型号	产品名称	纯电动续驶里程(km)	整车整备质量(kg)	动力蓄电池组总质量(kg)	动力蓄电池组总能量(kWh)	备注
1	安徽江淮汽车股份有限公司	HFC5031TYHPV4EV5B3	纯电动路面养护车	205	2540	455	43	
2	安徽星凯龙客车有限公司	HFX5040XXYBEV	纯电动厢式运输车	268	2890	503	53	
3	北京华林特装车有限公司	HLT5160ZXXEV	纯电动车厢可卸式垃圾车	300	10380	1725	175	
4	北京汽车股份有限公司	BJ5023XYZV3RK-BEV	威旺 407EV	220	1600	389	44	
5		BJ5023XXYV3RK-BEV	威旺 407EV	220	1600	389	44	
6	北汽（常州）汽车有限公司	BJ5040XXYCJ04EV	纯电动厢式运输车	260	2860	685±15	76	
7		BJ5040XSWCJ01EV	纯电动商务车	255	2960	513	52	
8		BJ5040XDWCJ02EV	纯电动流动服务车	280	2960	669	89	
9		BJ5040XXYCJ05EV	纯电动厢式运输车	240	2860	685±21	71	
10		BJ5040XXYCJ02EV	纯电动厢式运输车	256	2860	588	74	
11		BJ5040XXYCJ06EV	纯电动厢式运输车	315	2860	695	92	
12	北汽福田汽车股份有限公司	BJ5030XXYEV6	纯电动厢式运输车	170	1450	348	33	
13		BJ5048XYZEV1	纯电动邮政车	307	2850	660	67	
14	比亚迪汽车工业有限公司	BYD5030XLCBEV	纯电动冷藏车	250	2050	460	48	
15		BYD3310EH9BEV	纯电动自卸车	260	15495	3268	324	
16	成都大运汽车集团有限公司	CGC5045XLCBEV2Z2	纯电动冷藏车	285	3440	658±10	77	
17		CGC5045XXYBEV2Z1	纯电动厢式运输车	295	3045	705	78	
18		CGC5048XXYBEV1F1	纯电动厢式运输车	260	2860	716	78	
19		CGC5021XXYBEV2W2	纯电动厢式运输车	265	1480	420	43	
20		CGC5044XXYBEV1SBBJEAGK	纯电动厢式运输车	260	2920	580	66	
21		CGC5045XXYBEV1Z2	纯电动厢式运输车	295	3015	704	82	
22		CGC5045XXYBEV1Z3	纯电动厢式运输车	275	3045	709±20	76	
23		CGC5021XXYBEV2W3	纯电动厢式运输车	265	1480	420	43	

续上表

序号	汽车生产企业名称	车辆型号	产品名称	纯电动续驶里程(km)	整车整备质量(kg)	动力蓄电池组总质量(kg)	动力蓄电池组总能量(kWh)	备注
24	成都客车股份有限公司	CDK5021XXYBEV	纯电动厢式运输车	190	1525	358	38	
25		CDK5040XXYBEV	纯电动厢式运输车	200	2800	630	73	
26	成都雅骏汽车制造有限公司	CTT5042XXYGC2BEV	纯电动厢式运输车	300	3400	780	90	
27	东风汽车公司	EQ5045XXYTBEV11	纯电动厢式运输车	322	3120	720	90	
28		EQ5045XXYTBEV13	纯电动厢式运输车	356	3250	840	100	
29		EQ5180XXYTBEV1	纯电动厢式运输车	100	9200	1018	123	
30		EQ5040XXYACBEV12	纯电动厢式运输车	255	3175	680	84	
31		EQ5045XXYTBEV16	纯电动厢式运输车	308	3275	748±22	80	
32		EQ5045XXYTBEV14	纯电动厢式运输车	316	3150	740	88	
33		EQ5041XXYACBEV15	纯电动厢式运输车	300	2800	640	71	
34		EQ5022XXYTBEV3	纯电动厢式运输车	232	1450	360	44	
35		EQ5045XXYTBEV19	纯电动厢式运输车	308	3125	704	82	
36		EQ5040XXYACBEV13	纯电动厢式运输车	245	3060	740	84	
37		EQ5044XXYACBEV	纯电动厢式运输车	280	2800	700	75	
38		EQ5045XXYTBEV17	纯电动厢式运输车	270	3305	195±6	74	
39		EQ5045XXYTBEV18	纯电动厢式运输车	380	3350	952	108	
40		EQ5045XXYTBEV9	纯电动厢式运输车	300	3160	808	83	
41		EQ5045XLCTBEV3	纯电动冷藏车	312	3450	720	90	
42	东风汽车股份有限公司	DFA5040XXYKBEV	EV300	275	3100	800	94	
43		DFA5030XXYABEV	纯电动厢式运输车	240	1900	387	49	
44		EQ5030ZZZPBEV	纯电动自装卸式垃圾车	160	1810	285	31	
45		EQ5030ZXXPBEV	纯电动车厢可卸式垃圾车	160	1630	285	31	
46	福建龙马环卫装备股份有限公司	FLM5030TYHDEV	纯电动路面养护车	180	2690	424	49	
47	福建新龙马汽车股份有限公司	FJ5020XXYBEVA20	纯电动厢式运输车	230	1320/1330	320±5	36	
48	广西玉柴专用汽车有限公司	NZ5041CCYEV	纯电动仓栅式运输车	255	3210	745	75	
49		NZ5030XLCEV	纯电动冷藏车	180	1900	423	44	
50	海马商务汽车有限公司	ZQ5020XXYZC1BEV	荣达 EV	262	1445	400	42	
51	河北红星汽车制造有限公司	HX5041XYZBEV	纯电动邮政车	280	2995	684	73	
52		HX5021XYZBEV	纯电动邮政车	230	1390	280	34	
53	河北中兴汽车制造有限公司	BQ5030XXYE2BEV	纯电动厢式运输车	330	1920	470	60	

续上表

序号	汽车生产企业名称	车辆型号	产品名称	纯电动续驶里程(km)	整车整备质量(kg)	动力蓄电池组总质量(kg)	动力蓄电池组总能量(kWh)	备注
54	湖北三环专用汽车有限公司	STQ5031XXYNBEV2	纯电动厢式运输车	200	1820	381	46	
55		STQ5074XXYNBEV	纯电动厢式运输车	170	4180	610/650	75	
56	湖北世纪中远车辆有限公司	ZYP5030XYZBEV2	纯电动邮政车	105	1760	309	30	
57	湖北新楚风汽车股份有限公司	HQG5040ZXXEV1	纯电动车厢可卸式垃圾车	137	2620	460	50	
58		HQG5042XXYEV10	纯电动厢式运输车	148	2850	475	46	
59		HQG5042XLCEV	纯电动冷藏车	223	3300	780	74	
60	湖南中车时代电动汽车股份有限公司	TEG5041XXYEV02	纯电动厢式运输车	260	3050	624	73	
61	淮安市苏通市政机械有限公司	HAC5021TSLEV1	纯电动扫路车	120	1890	210	23	
62		HAC5021XXYEV1	纯电动厢式运输车	120	1325	210	23	
63		HAC5021ZYSEV1	纯电动压缩式垃圾车	120	1620	210	23	
64		HAC5021ZXXEV1	纯电动车厢可卸式垃圾车	120	1420	210	23	
65		HAC5021CTYEV1	纯电动桶装垃圾运输车	120	1450	210	23	
66		HAC5021ZLJEV1	纯电动自卸式垃圾车	120	1580	210	23	
67		HAC5021XTYEV1	纯电动密闭式桶装垃圾车	117	1680	210	23	
68		HAC5020CCYEV1	纯电动仓栅式运输车	120	1140	210	23	
69	吉利四川商用车有限公司	DNC5049XXYBEV01	E200 远程轻卡	325	3450	720	84	
70	江苏奥新新能源汽车有限公司	JAX5027XLCBEVF266LB15M2X1	纯电动冷藏车	260	1410	310	40	
71		JAX5042XXYBEVA1	纯电动厢式运输车	310	3125	800	94	
72		JAX5042XXYBEV	纯电动厢式运输车	280	2925	620	76	
73	江苏登达汽车有限公司	SGK5020XXYEV02	纯电动厢式运输车	200	1350	315	33	
74	江苏卡威汽车工业集团股份有限公司	JNQ5043XLCBEV	纯电动冷藏车	350	3350	625	90	
75	江苏陆地方舟新能源车辆股份有限公司	RQ5027XXYEVH1	纯电动厢式运输车	195	1300	328	35	
76		RQ5027XXYEVH0	纯电动厢式运输车	170	1220	240	30	
77	江西昌河汽车有限责任公司	CH5015XXYBEVA2BA	北斗星 E	165	940	206	22	
78	江西江铃汽车集团改装车股份有限公司	JX5045XXYMBEV	纯电动厢式运输车	300	2310	560	62	
79	金华青年汽车制造有限公司	JNP5080XXYBEVK	纯电动厢式运输车	203	3990	720	77	
80	金龙联合汽车工业(苏州)有限公司	KLQ5040XXYBEV12	纯电动厢式运输车	280	2860/2930	660	72	
81	昆明客车制造有限公司	KK5030XXYEV04	纯电动厢式运输车	205	1975	455	43	
82	南京金龙客车制造有限公司	NJL5040XXYBEV26	纯电动厢式运输车	290	2910	610	77	
83		NJL5040XXYBEV27	纯电动厢式运输车	290	2910	610	77	
84		NJL5032XXYBEV12	纯电动厢式运输车	190	1850	460	46	
85		NJL5032XXYBEV13	纯电动厢式运输车	179	1850	378	44	

续上表

序　号	汽车生产企业名称	车辆型号	产品名称	纯电动续驶里程(km)	整车整备质量(kg)	动力蓄电池组总质量(kg)	动力蓄电池组总能量(kWh)	备　注
86	南京金龙客车制造有限公司	NJL5021XXYBEV26	纯电动厢式运输车	228	1475	280	37	
87		NJL5021XXYBEV27	纯电动厢式运输车	227	1475	328	37	
88		NJL5040XXYBEV25	纯电动厢式运输车	348	2910	695	92	
89		NJL5031XXYBEV9	纯电动厢式运输车	174	1800	378	44	
90		NJL5021XXYBEV24	纯电动厢式运输车	238	1475	350	39	
91		NJL5021XYZBEV5	纯电动邮政车	238	1475	350	39	
92		NJL5032XXYBEV14	纯电动厢式运输车	179	1850	378	44	
93		NJL5032XXYBEV9	纯电动厢式运输车	179	1850	378	44	
94		NJL5040XXYBEV24	纯电动厢式运输车	298	2910	716	78	
95		NJL5040XXYBEV28	纯电动厢式运输车	290	2910	610	77	
96	南京市公共交通车辆厂	NJC5030XXYBEV	纯电动厢式运输车	202	2100	420	46	
97	南京特种汽车制配厂有限公司	NJT5045XXYBEV3	纯电动厢式运输车	250	2880	630	73	
98		NJT5044XXYBEV1	纯电动厢式运输车	240	3140	690	73	
99		NJT5045XXYBEV5	纯电动厢式运输车	250	2880	630	73	
100	宁波杉杉汽车有限公司	NSS5042XXYBEV01	纯电动厢式运输车	248	2900	700	78	
101		NSS5020XXYBEV01	纯电动厢式运输车	206	1120	290	30	
102	山东凯马汽车制造有限公司	KMC5022XXYEVA29D	纯电动厢式运输车	140	1325	210	23	
103		KMC5035XXYEVK30D	纯电动厢式运输车	200	2050	490	51	
104		KMC5042XXYEVK33D	纯电动厢式运输车	270	3305	630	74	
105		KMC5035XLCEVK30D	纯电动冷藏车	200	2260	490	51	
106		KMC5042XLCEVK33D	纯电动冷藏车	270	3455	630	74	
107		KMC5030XXYEV30DS	纯电动厢式运输车	270	1800	449	50	
108	山东唐骏欧铃汽车制造有限公司	ZB5048XXYBEVKDD6	纯电动厢式运输车	250	3180	658±10	77	
109		ZB5015XXYBEVEDA	纯电动厢式运输车	170	840	165	20	
110	山西成功汽车制造有限公司	SCH5022XXY-BEV9	成功汽车 V2EA	250	1325	305	42	
111	山西原野汽车制造有限公司	YYC5041XXYBEV1	纯电动厢式运输车	210	3150	696	75	
112		YYC5041XXYBEV3	纯电动厢式运输车	250	3180	658±10	77	
113	陕西汽车集团有限责任公司	SX5043ZXXBEV331L	纯电动车厢可卸式垃圾车	225	3420	560±10	58	
114		SX5040XXYBEV331S	纯电动厢式运输车	265	3350	550	63	
115		SX5040XXYBEV331H	纯电动厢式运输车	300	3360	743±5	71	
116		SX5070XLCBEV331L	纯电动冷藏车	230	4560	736±10	78	
117		SX5042XXYBEV331L	纯电动厢式运输车	330	3400	736±10	78	

续上表

序号	汽车生产企业名称	车辆型号	产品名称	纯电动续驶里程(km)	整车整备质量(kg)	动力蓄电池组总质量(kg)	动力蓄电池组总能量(kWh)	备注
118	陕西汽车集团有限责任公司	SX5070GSSBEV331L	纯电动洒水车	240	4250	736±10	78	
119	陕西通家汽车股份有限公司	STJ5025XXYEV6	电牛 2 号 EV	290	1370	340	39	
120		STJ5030XXYEV3	电牛 3 号 EV	212	1935	380	47	
121		STJ5024XXYEV8	电牛 2 号 EV	242	1285	335	40	
122		STJ5024XXYEV5	电牛 2 号 EV	247	1300	325	35	
123		STJ5021XXYEV6	电牛 2 号 EV	297	1370	340	40	
124		STJ5028XXYEV6	电牛 2 号 EV	280	1370	340	38	
125	上海汽车商用车有限公司	SH5041XXYA9EV-6F	EV80	330	2600	570	71	
126		SH5041XXYA7BEV-9	EV80	356	2540	658	70	
127	上海申龙客车有限公司	SLK5030XYZBEV3	纯电动邮政车	200	1900	420	46	
128		SLK5032XYZBEV1	纯电动邮政车	255	1515	370	46	
129	深圳市五洲龙汽车股份有限公司	FDG5040XXYEV1	纯电动厢式运输车	210	2690	505±10	56	
130	沈阳金杯车辆制造有限公司	SY5046XXYD-EV2	纯电动厢式运输车	320	3260	690	79	
131	天津清源电动车辆有限责任公司	QY5020XYZBEVEZ	纯电动邮政车	190	1375	340	37	
132		QY5030ZZZBEVBZ	纯电动自装卸式垃圾车	125	2420	305	39	
133		QY5020XXYBEVYZ	纯电动厢式运输车	190	1375	340	37	
134		QY5030ZXXBEVBZ	纯电动车厢可卸式垃圾车	160	1760	305	39	
135	烟台海德专用汽车有限公司	CHD5082TSLBEV	纯电动扫路车	231	5780	952	108	
136		YTK5040XXYEV3	纯电动厢式运输车	330	2870	650	75	
137		YTK5040XXYEV7	纯电动厢式运输车	330	2870	600	75	
138	一汽解放青岛汽车有限公司	CA5046XXYP40L1BEVA84	纯电动厢式运输车	320	3250	722	92	
139		CA3251P66T1BEV	纯电动自卸汽车	120	12430	1330	130	
140		CA5040XLCP40L1BEVA84	纯电动冷藏车	320	3250	722	92	
141		CA5046XXYP40L1BEVA83	纯电动厢式运输车	315	3260	764	90	
142	浙江宝成机械科技有限公司	ZBJ5030GQXBEV	纯电动清洗车	180	1600	280	35	
143		ZBJ5030ZXXBEV	纯电动车厢可卸式垃圾车	180	1530	280	35	
144		ZBJ5030TSLBEV	纯电动扫路车	160	2000	280	35	
145		ZBJ5030CTYBEV	纯电动桶装垃圾运输车	180	1600	280	35	
146	浙江飞碟汽车制造有限公司	FD5025XXYBEV	纯电动厢式运输车	246	1450	370	44	
147	郑州宇通客车股份有限公司	ZK5042XXYBEV1	纯电动厢式运输车	305	3100/3200	614	73	
148		ZK5042XXYBEV2	纯电动厢式运输车	350	3100/3200	636	83	
149		ZK5043XXYBEV1	纯电动厢式运输车	335	3300/3400	696	83	

续上表

序号	汽车生产企业名称	车辆型号	产品名称	纯电动续驶里程(km)	整车整备质量(kg)	动力蓄电池组总质量(kg)	动力蓄电池组总能量(kWh)	备注
150	郑州宇通重工有限公司	YTZ5180GQXZ1BEV	纯电动清洗车	180	10500/10350	1996	194	
151		YTZ5180TXSZ0BEV	纯电动洗扫车	410	12700/12950	2202	274	
152		YTZ5040TSLZ0BEV	纯电动扫路车	295	3700	642	81	
153		YTZ5040XXYZ0BEV	纯电动厢式运输车	260	2800/2700	555	55	
154		YTZ5040ZZZZ1BEV	纯电动自装卸式垃圾车	205	3500	555	55	
155		YTZ5180TSLZ0BEV	纯电动扫路车	410	12560	2202	274	
156	中国第一汽车集团公司	CA5120XSHBEV21	纯电动售货车	112	10200	700±3	78	
157	中通客车控股股份有限公司	LCK5047XXYEV9	纯电动厢式运输车	251	2900/2750	572	76	
158		LCK5024XXYEV8	纯电动厢式运输车	285	1310	353	41	
159		LCK5047XXYEV7YB	纯电动厢式运输车	251	2900/2750	608	74	
160	中通汽车工业集团有限责任公司	ZTQ5030TYHBEV30	纯电动路面养护车	160	2620	424	49	
161	中植一客成都汽车有限公司	CDL5040XXYBEV	纯电动厢式运输车	290	2900	575	71	
162		CDL5040XDWBEV	纯电动流动服务车	300	3200	600	75	
163	重庆力帆汽车有限公司	LF5028XXYJEV	LF5028XXYJEV	227	1375	330	33	
164	重庆瑞驰汽车实业有限公司	CRC5033XXYA-LBEV	纯电动封闭货车	225	1590	366	40	
165	重庆盛时达汽车有限公司	DAT5071XLCEVC	纯电动冷藏车	200	3950	745	75	
166		DAT5047XXYEVC	纯电动厢式运输车	280	3200	704	82	
167	重庆长安汽车股份有限公司	SC5040XXYEAD52BEV	纯电动厢式运输车	300	3400	780	90	
168		SC5031XXYKQ53BEV	纯电动厢式运输车	265	1650	420	52	
169		SC5041XXYFRD55BEV	纯电动厢式运输车	370	2510	690	88	
170	重庆长帆新能源汽车有限公司	CFX5031XYZEVA0	纯电动邮政车	200	1110/1125	255	30	
171	珠海广通汽车有限公司	GTQ5025XXYEV	纯电动厢式运输车	235	1450	315	36	
172		GTQ5042XXYEV1	纯电动厢式运输车	137	2850	460	50	
173		GTQ5043XXYBEV1	纯电动厢式运输车	250	2700	440	53	

二、插电式混合动力汽车

(一)乘 用 车

序号	汽车生产企业名称	车辆型号	通用名称	纯电动续驶里程(km)	燃料消耗量(L/100 km)	发动机排量(mL)	整车整备质量(kg)	动力蓄电池总质量(kg)	动力蓄电池总能量(kWh)	备注
1	上海汽车集团股份有限公司	CSA7103SDPHEV	名爵 eMG6	53	1.5	999	1465	108	9	

（二）客　车

序　号	汽车生产企业名称	车辆型号	产品名称	纯电动续驶里程(km)	燃料消耗量（L/100 km）	发动机排量（mL）	整车整备质量（kg）	动力蓄电池总质量(kg)	动力蓄电池总能量(kWh)	备　注
1	北汽(常州)汽车有限公司	BJ6121B11CHEV	插电式混合动力城市客车	60.0	18	6600	11400/11800	400	42	
2		BJ6101B11PHEVN	插电式混合动力城市客车	65	20.1(kg/100 km)	7130	10900/11300	400	42	NG
3		BJ6101B11CHEV	插电式混合动力城市客车	65.0	15	6600	10800/11200	400	42	
4	北汽福田汽车股份有限公司	BJ6113PHEVCA-3	插电式混合动力城市客车	93	18	7520	11500/11800	510	50	
5		BJ6905CHEVCA-11	插电式混合动力城市客车	67.0	14.7	5200/4980	8650/9200	310	30	
6	成都客车股份有限公司	CDK6116CEG5HEV	插电式混合动力城市客车	80	16.3(kg/100 km)	6750	11700/11300	700	51	NG
7	丹东黄海汽车有限责任公司	DD6109CHEV8N	插电式混合动力城市客车	80	14.8(kg/100 km)	7130	11200/11600	644	42	NG
8	广西源正新能源汽车有限公司	HQK6129PHEVB	插电式混合动力城市客车	83.0	18	6494	12400/13100	780	54	
9		HQK6128PHEVNG5	插电式混合动力城市客车	82	17.7(kg/100 km)	6494	12680	700	51	NG
10		HQK6129PHEVNG	插电式混合动力城市客车	83	20.1(kg/100 km)	7800	12400/13100	780	54	NG
11		HQK6109CHEVNG1	插电式混合动力城市客车	86	19.8(kg/100 km)	6494	12500	700	51	NG
12		HQK6109PHEVB	插电式混合动力城市客车	85.0	15	6494	11800/12300	700	51	
13	昆明客车制造有限公司	KK6103G03PHEV	插电式混合动力城市客车	90	16.1(kg/100 km)	7470	11700/12400	700	51	NG
14	南京金龙客车制造有限公司	NJL6129HEV6	插电式混合动力城市客车	70.0	15	6494	11760/11960	534	52	
15		NJL6859HEV4	插电式混合动力城市客车	50.0	12	4730	8800	340	30	
16	奇瑞万达贵州客车股份有限公司	WD6102CHEVN1	插电式混合动力城市客车	75	18.7(kg/100 km)	6494	12100	680	49	NG
17	厦门金龙联合汽车工业有限公司	XMQ6106AGCHEVN513	插电式混合动力城市客车	80	13.8/15.7(kg/100 km)	6494/6750	12000/12600/13200	992	45	NG
18		XMQ6106AGCHEVD59	插电式混合动力城市客车	85.0	14.9	6750/6600/6494	11200/11700/12400	410	48	
19	上海申沃客车有限公司	SWB6108CHEV9	插电式混合动力城市客车	91.0	18	6494	11650	700	51	
20	上海万象汽车制造有限公司	SXC6110GHEV2	混合动力城市客车	109	18.1/18.2	7520/7470	12700	700	51	
21		SXC6120GHEV3	混合动力城市客车	102	20.1/20.2	7520/7470	13500	700	51	
22	浙江中车电车有限公司	CSR6850GNPHEV1	混合动力城市客车	65	22.7(kg/100 km)	5200	9150/9350	320	26	NG
23		CSR6100GNCHEV2	混合动力城市客车	85	27.5(kg/100 km)	6494	11550/11780/11230/11000	644	42	NG
24		CSR6121GNCHEV2	混合动力城市客车	104	36.9(kg/100 km)	6494	12375/12600	700	51	NG
25	郑州宇通客车股份有限公司	ZK6825CHEVPG23C	插电式混合动力城市客车	51.0	12.1	3767/4088	8550/8830	320	22	
26		ZK6825CHEVNPG23C	插电式混合动力城市客车	51	12.5(kg/100 km)	4214	8700/9000	320	22	NG
27	中通客车控股股份有限公司	LCK6127PHEVCNG3	插电式混合动力城市客车	83	19.2(kg/100 km)	6494	11550/12100/12600	810	51	NG
28		LCK6127PHEVCNG2	插电式混合动力城市客车	85	19.1(kg/100 km)	7140	11550/12100/12600	700	51	NG
29		LCK6107PHEVCNG21	插电式混合动力城市客车	85	17.4(kg/100 km)	6750	10600/11200/11880	700	51	NG

注:插电式混合动力汽车燃料消耗量仅包括传统燃料,不含电能折算。

三、燃料电池汽车

客　车

序号	汽车生产企业名称	车辆型号	产品名称	纯电动续驶里程(km)	整车整备质量(kg)	燃料电池系统额定功率(kW)	驱动电机额定功率(kW)	备注
1	北汽福田汽车股份有限公司	BJ6105FCEVCH	燃料电池城市客车	141(氢系统不工作)/386(氢系统工作)	12500	31	100	
2		BJ6851FCEVCH	燃料电池城市客车	75(氢系统不工作)/425(氢系统工作)	8600/8800	31	90	
3		BJ6123FCEVCH-1	燃料电池城市客车	58(氢系统不工作)/450(氢系统工作)	12200/12700/13400	60	100	
4	金华青年汽车制造有限公司	JNP6103BFCEV	燃料电池城市客车	440(纯氢 350+纯电 90)	10200	30	80	
5	郑州宇通客车股份有限公司	ZK6125FCEVG3	燃料电池城市客车	110(氢系统不工作)/500(氢系统工作)	12400/12900/13180	31	100	

5. 免征车辆购置税的新能源汽车车型目录

为促进我国交通能源战略转型、推进生态文明建设、支持新能源汽车产业发展,根据《财政部 国家税务总局 工业和信息化部关于免征新能源汽车车辆购置税的公告》(公告2014年第53号)的要求,工业和信息化部会同国家税务总局等部门对企业提交的申请材料进行了审查。现将《免征车辆购置税的新能源汽车车型目录》(第十四批)予以公告。

工业和信息化部
国家税务总局
2017年12月4日

附件:免征车辆购置税的新能源汽车车型目录(第十四批)

一、纯电动汽车

(一)乘用车

序号	汽车生产企业名称	车辆型号	通用名称	纯电动续驶里程(km)	整车整备质量(kg)	动力蓄电池组总质量(kg)	动力蓄电池组总能量(kWh)	备注
1	安徽猎豹汽车有限公司	LBA6431AABEV	CS9EV	150	1494	235	29	
2		LBA6431BABEV	CS9EV	255	1645	392	48	
3	北京汽车股份有限公司	BJ7000C5E6-BEV	EU300	300	1633	370	45	
4	比亚迪汽车有限公司	BYD7005BEV2	e5	400	1900	444	61	
5		BYD7005BEV1	e5	400	1900	444	61	
6		BYD7008BEV3	秦 EV	400	1950	444	61	
7	东风柳州汽车有限公司	LZ6510MLAEV	菱智 M5EV	200	1880	370	40	
8		LZ6462MLAEV	风行 S500EV	220	1620	316	38	
9		LZ6463MLAEV	风行 S500EV	220	1660	316	38	
10	东风裕隆汽车有限公司	DYM7009ACBEV	裕路 EV2	150	1020	176	22	
11	东南(福建)汽车工业有限公司	DN7007MBEV	DX3EV	255	1665	403	40	
12	海马汽车有限公司	HMA7002S302BEV	@3	315	1433	331	47	
13		HMA7001S60BEV	IDENTY	304	1472	309	44	

续上表

序号	汽车生产企业名称	车辆型号	通用名称	纯电动续驶里程(km)	整车整备质量(kg)	动力蓄电池组总质量(kg)	动力蓄电池组总能量(kWh)	备注
14	汉腾汽车有限公司	GXQ6450BEVT	汉腾 X5EV	252	1620	357	43	
15	河北御捷车业有限公司	YGM7000BEVA0	E 行	153	1015	182	22	
16	湖南江南汽车制造有限公司	JNJ7000EVC2	Z500EV	257	1675	400	42	
17		JNJ7000EVX21	云 100S	165	980	119	17	
18		JNJ7000EVK6	E200	170	1080	200	25	
19	奇瑞汽车股份有限公司	SQR7000BEVJ724	奇瑞 eQ1	151	880	170	18	
20	陕西通家汽车股份有限公司	STJ6460EV2	GM3	400	1920	510	66	
21	浙江吉利汽车有限公司	SMA7000BEV20	K22	158	990	158	19	
22		SMA7001BEV75	知豆 D2	255	820	196	27	
23		SMA7001BEV76	知豆 D2	155	775	136	18	
24		SMA7001BEV74	知豆 D2	155	775	136	18	
25	郑州日产汽车有限公司	ZN6495H2YBEV	纯电动多用途乘用车	300	2050	445	57	
26	重庆长安汽车股份有限公司	SC6388CVBEV	欧力威 EV	310	1340	320	43	

（二）客　　车

序号	汽车生产企业名称	车辆型号	产品名称	纯电动续驶里程(km)	整车整备质量(kg)	动力蓄电池组总质量(kg)	动力蓄电池组总能量(kWh)	备注
1	安徽安凯汽车股份有限公司	HFF6803KEVB1	纯电动客车	380	6120/6320	961	124	
2		HFF6109G03EV6	纯电动城市客车	380	10700/11300	1631	195	
3		HFF6129G03EV-46	纯电动城市客车	212	13300	2640	117	
4	安徽星凯龙客车有限公司	HFX6604BEVK05	纯电动客车	232	1	521	60	
5		HFX6608BEVK10	纯电动客车	302	3060	460	54	
6		HFX6817BEVG11	纯电动城市客车	255	7300/7100	794	94	
7	安庆安达尔汽车制造有限公司	AAQ6820EV	纯电动城市客车	250	7900/7700	760	92	
8		AAQ6106EVG1	纯电动城市客车	250	9750/10400	1203	145	
9	安源客车制造有限公司	PK6606BEV	纯电动客车	291	3030	510±10	55	
10	北奔重型汽车集团有限公司	ND6802BEV00	纯电动城市客车	255	1	935	110	
11	东莞中汽宏远汽车有限公司	KMT6860GBEV9	纯电动城市客车	295	1	1007	129	
12	福建新福达汽车工业有限公司	FZ6801UFBEV	纯电动城市客车	255	6150	759	95	
13	广西源正新能源汽车有限公司	HQK6819BEVB1	纯电动城市客车	202	7600/7900	856	108	
14		HQK6819BEVB	纯电动城市客车	202	7600/7900	1110	111	
15		HQK6109BEVB5	纯电动城市客车	250	11500	1720	168	
16		HQK6108BEV	纯电动客车	252	11700	1660	163	

续上表

序号	汽车生产企业名称	车辆型号	产品名称	纯电动续驶里程(km)	整车整备质量(kg)	动力蓄电池组总质量(kg)	动力蓄电池组总能量(kWh)	备注
17	哈尔滨通联客车有限公司	HKC6681BEV	纯电动城市客车	258	5550/5800	767	92	
18	湖南中车时代电动汽车股份有限公司	TEG6106BEV29	纯电动城市客车	241	11100/10590/10100	1352	157	
19		TEG6801BEV06	纯电动城市客车	220	7540/7150	930	107	
20		TEG6106BEV26	纯电动城市客车	420	12000/11500/11100	2170	257	
21		TEG6110EV07	纯电动客车	266	11900/11500	1530±30	184	
22	金华青年汽车制造有限公司	JNP6123BEV3K	纯电动城市客车	251	11400	1170	147	
23		JNP6103BEVBK	纯电动城市客车	280	9650	1170	147	
24	金龙联合汽车工业(苏州)有限公司	KLQ6850GEVN1	纯电动城市客车	380	8950/9150/9300	1284	162	
25	陕西跃迪新能源汽车有限公司	SQZ6820EVG	纯电动城市客车	250	7900/7700	977	115	
26	上海申龙客车有限公司	SLK6819UEBEVJ7	纯电动城市客车	240	7600/7950/8350	944	122	
27		SLK6803UEBEVY1	纯电动城市客车	205	8350	804	94	
28	上汽唐山客车有限公司	SK6858BEV25	纯电动城市客车	430	8300	1142	147	
29	深圳市五洲龙汽车股份有限公司	FDG6810EV	纯电动客车	210	6000	780	91	
30	石家庄中博汽车有限公司	SQ6105BEVBT8	纯电动城市客车	165	11700/12200	2105	93	钛酸锂
31		SQ6858BEVBT11	纯电动城市客车	115	9100	1415	61	钛酸锂
32	四川国宏汽车有限公司	LSK6810GEV1	纯电动城市客车	210	7500	860	101	
33	四川省客车制造有限责任公司	EM6105BEVG	纯电动城市客车	390	10600/10900	2099	252	
34		EM6850BEVG	纯电动城市客车	355	1	1440	173	
35	四川新筑通工汽车有限公司	TG6102CBEV1	纯电动城市客车	300	10000/10300	1711	173	
36		TG6120CBEV1	纯电动城市客车	38	1	950	25	超级电容
37	芜湖中骐汽车制造有限公司	HL6850BEV01	纯电动城市客车	250	1	833	97	
38		HL6100BEV01	纯电动城市客车	300	1	1636	167	
39	武汉客车制造股份有限公司	WH6802BEV	纯电动客车	257	1	804	94	
40	长沙梅花汽车制造有限公司	TX6831BEV1	纯电动城市客车	225	7420	808	93	
41	浙江中车电车有限公司	CSR6121GLEV2	纯电动城市客车	240	1	1230	143	
42	郑州宇通客车股份有限公司	ZK6125BEVG31A	纯电动城市客车	240	11650/12100/12500/12900	1230	143	
43		ZK6105BEVG33A	纯电动城市客车	300	10050/10450/10900/11400	1350	166	
44	中植汽车(淳安)有限公司	SPK6100BEVG	纯电动城市客车	250	7900	1177±35	141	
45		SPK6110BEVL	纯电动客车	245	11200	1545	166	
46		SPK6810BEVL	纯电动客车	278	5750	812	94	
47		SPK6100BEVP	纯电动客车	250	9450	1200	139	

续上表

序号	汽车生产企业名称	车辆型号	产品名称	纯电动续驶里程(km)	整车整备质量(kg)	动力蓄电池组总质量(kg)	动力蓄电池组总能量(kWh)	备注
48	珠海广通汽车有限公司	GTQ6601BEV3	纯电动客车	380	3325	507	62	
49	中通客车控股股份有限公司	LCK6809EVGN	纯电动城市客车	275	1	944	123	

（三）货　车

序号	汽车生产企业名称	车辆型号	产品名称	纯电动续驶里程(km)	整车整备质量(kg)	动力蓄电池组总质量(kg)	动力蓄电池组总能量(kWh)	备注
1	北汽福田汽车股份有限公司	BJ1049EVJA	纯电动载货汽车	260	3100	735	83	

（四）专 用 车

序号	汽车生产企业名称	车辆型号	产品名称	纯电动续驶里程(km)	整车整备质量(kg)	动力蓄电池组总质(kg)	动力蓄电池组总能量(kWh)	备注
1	安徽华菱汽车有限公司	HN5040XXYD10C3BEV	纯电动厢式运输车	115	2875	475	46	
2		HN5250GJBB25D4BEV	纯电动混凝土搅拌运输车	108	16000	1792	165	
3	安徽鑫盛汽车制造有限公司	AXS5040XXYBEV	纯电动厢式运输车	260	2940	625	90	
4	安阳市德力专用汽车有限公司	DSP5043XXYBEV	纯电动厢式运输车	240	3300	765	83	
5	北京华林特装车有限公司	HLT5030TSLEV	纯电动扫路车	180	2990	424	49	
6		HLT5040XXYEV	纯电动厢式运输车	260	3100	735	83	
7	北汽福田汽车股份有限公司	BJ5049CCYEV1	纯电动仓栅式运输车	260	3200	735	83	
8		BJ5049XXYEV3	纯电动厢式运输车	260	3450	735	83	
9	比亚迪汽车工业有限公司	BYD5070XYZBEV	纯电动邮政车	350	4720	1282	145	
10	成都大运汽车集团有限公司	CGC5021XXYBEV2W1	纯电动厢式运输车	265	1480	420	43	
11		CGC5045CCYBEV2Z1	纯电动仓栅式运输车	295	3205	658±10	77	
12	东风汽车公司	EQ5027XXYTBEV	纯电动厢式运输车	270	1500	450	59	
13		EQ5045XXYTBEV21	纯电动厢式运输车	330	2650	625	90	
14		EQ5045XXYTBEV15	纯电动厢式运输车	310	3000	625	90	
15		EQ5045XXYTBEV5	纯电动厢式运输车	310	3010	690	88	
16		EQ5180XYKTBEV	纯电动翼开启厢式车	100	9230	1018	123	
17		EQ5120XLHTBEV1	纯电动教练车	90	4610	560	58	
18		EQ5045XXYTBEV20	纯电动厢式运输车	300	2960	725	93	
19	东风汽车股份有限公司	DFA5025XXYACBEV	纯电动厢式运输车	220	1200	239±3	30	
20		DFA5040XXYBEV	纯电动厢式运输车	570	3050	944	132	
21	东风云南汽车有限公司	EQ5046XXYPBEV	纯电动厢式运输车	260	2945	660	74	
22	航天新长征电动汽车技术有限公司	BYN5030XXYBEV2	纯电动厢式运输车	160	1320	290	30	

续上表

序号	汽车生产企业名称	车辆型号	产品名称	纯电动续驶里程(km)	整车整备质量(kg)	动力蓄电池组总质(kg)	动力蓄电池组总能量(kWh)	备注
23	河北红星汽车制造有限公司	HX5022XXYBEV	纯电动厢式运输车	1	1390	1	1	
24	河北长安汽车有限公司	SC5035XXYDCCBEV	纯电动厢式运输车	230	2160	540	62	
25	江铃汽车股份有限公司	JX5043XXYTGA25BEV	纯电动厢式运输车	290	3305	624	73	
26	江苏奥新新能源汽车有限公司	JAX5027ZXXBEV	纯电动车厢可卸式垃圾车	150	1280	204	27	
27	江西宜春客车厂有限公司	JYK5040XXYBEV2	纯电动厢式运输车	250	2820	470	54	
28	金龙联合汽车工业(苏州)有限公司	KLQ5040XXYBEV11	纯电动厢式运输车	235	1	513	52	
29	南京金龙客车制造有限公司	NJL5025XYZBEV	纯电动邮政车	223	1400	315	40	
30		NJL5025XXYBEV1	纯电动厢式运输车	223	1400	315	40	
31	南京市公共交通车辆厂	NJC5030XYZBEV	纯电动邮政车	180	2100	470	45	
32		NJC5030XGCBEV	纯电动工程车	180	2100	470	45	
33		NJC5030XXYBEV5	纯电动厢式运输车	200	2100	470	45	
34	南京特种汽车制配厂有限公司	NJT5043XLCBEV	纯电动冷藏车	250	3140	630	73	
35		NJT5023XXYBEV1	纯电动厢式运输车	240	1470	450	52	
36	荣成华泰汽车有限公司	SDH5020XXYBEV1L	华泰 VM260	220	1410	280	38	
37	厦门金龙旅行车有限公司	XML5036XXYEVN0	纯电动厢式运输车	258	2270	650	73	
38	山西皇城相府宇航汽车制造有限公司	SXK5020XXYBEV	纯电动厢式运输车	255	1710	390	47	
39	山西原野汽车制造有限公司	YYC5046XXYBEV	纯电动厢式运输车	420	3100	935	126	
40	陕西汽车集团有限责任公司	SX5041XXYBEV331L	纯电动厢式运输车	335	3445	835	75	
41	陕西通家汽车股份有限公司	STJ5024XXYEV7	电牛 2 号 EV	253	1300	325	36	
42		STJ5027XXYEV6	电牛 2 号 EV	280	1370	343	38	
43	四川新筑通工汽车有限公司	TG5041XXYBEV1	纯电动厢式运输车	280	2805	700±3	78	
44		TG5040XXYBEV1	纯电动厢式运输车	260	3250	808	77	
45	襄阳九州汽车有限公司	SYC5030XXYABEV	纯电动厢式运输车	255	1740	449	50	
46		SYC5030XLCABEV	纯电动冷藏车	250	1790	449	50	
47		SYC5040XLCTBEV	纯电动冷藏车	190	2865	600	75	
48	新日(无锡)发展有限公司	XRF5031XXYBEV	纯电动厢式运输车	220	1550	384	43	
49	烟台海德专用汽车有限公司	CHD5120TCABEV	纯电动餐厨垃圾车	253	8710	1428	161	
50		CHD5180GSSBEV	纯电动洒水车	503	10350	2424	304	
51	烟台舒驰客车有限责任公司	YTK5040XXYEV8	纯电动厢式运输车	330	2870	600	75	
52	扬子江汽车集团有限公司	WG5042XXYBEV	纯电动厢式运输车	400	2795	730	97	
53	长春北车电动汽车有限公司	CCQ5041XDWA1BEV1	纯电动流动服务车	350	2580	658	70	

续上表

序号	汽车生产企业名称	车辆型号	产品名称	纯电动续驶里程(km)	整车整备质量(kg)	动力蓄电池组总质(kg)	动力蓄电池组总能量(kWh)	备注
54	镇江天洋汽车有限公司	ZKJ5040XXYEV3	纯电动厢式运输车	300	2860	685	76	
55	郑州日产汽车有限公司	ZN5030XXYV1YBEV	纯电动厢式运输车	298	1685	405	50	
56		ZN5031XXYV1YBEV	纯电动厢式运输车	298	1665	411	50	
57		ZN5030XYZV1YBEV	纯电动邮政车	298	1685	405	50	
58	郑州宇通重工有限公司	YTZ5180GQXZ2BEV	纯电动清洗车	410	1	2202	274	
59		YTZ5080TSLZ0BEV	纯电动扫路车	300	6300	995	129	
60		YTZ5080TXSZ0BEV	纯电动洗扫车	300	6500	995	129	
61	中国第一汽车集团公司	CA5040XXYBEV21	纯电动厢式运输车	320	3000	600	75	
62	中联重科股份有限公司	ZLJ5103TSLEQBEV	纯电动扫路车	260	8300	1513	144	
63		ZLJ5104TSLEQBEV	纯电动扫路车	260	8400	1513	144	
64	中汽商用汽车有限公司(杭州)	ZQZ5070XLCBEV	纯电动冷藏车	230	4630	880	100	
65	重庆力帆汽车有限公司	LF5028XXYKEV	纯电动厢式运输车	195	1320	280	29	
66	重庆盛时达汽车有限公司	DAT5070ZXXEVC	纯电动车厢可卸式垃圾车	240	3480	704	82	
67		DAT5030ZXXEVC	纯电动车厢可卸式垃圾车	228	1440	370	45	

二、插电式混合动力汽车

(一)乘用车

序号	汽车生产企业名称	车辆型号	通用名称	纯电动续驶里程(km)	燃料消耗量(L/100 km)	发动机排量(mL)	整车整备质量(kg)	动力蓄电池总质量(kg)	动力蓄电池总能量(kWh)	备注
1	比亚迪汽车有限公司	BYD6460STHEV7	比亚迪宋	80	1.4	1497	2170	200	17	
2	汉腾汽车有限公司	GXQ6470PHEV	汉腾 X7 三擎混动	52	2.2	1799	2005	146	13	
3	华晨宝马汽车有限公司	BMW7201BMHEV	全新 BMW5 系插电式混合动力	61	1.9	1998	1955	117	13	
4		BMW7201CMHEV	全新 BMW5 系插电式混合动力	60	2	1998	2005	117	13	
5	长安福特汽车有限公司	CAF7200A5PHEV	福特新蒙迪欧插电混动版	52	2	1999	1836	121	9	

(二)客车

序号	汽车生产企业名称	车辆型号	产品名称	纯电动续驶里程(km)	燃料消耗量(L/100 km)	发动机排量(mL)	整车整备质量(kg)	动力蓄电池总质量(kg)	动力蓄电池总能量(kWh)	备注
1	福建新福达汽车工业有限公司	FZ6109UFNHEV502	插电式混合动力城市客车	63.0	24.5(kg/100 km)	6494.0	1.0	616.0	43.0	NG
2		FZ6109UFCHEV502	插电式混合动力城市客车	63.0	14.9	6440.0	1.0	616.0	43.0	
3	哈尔滨通联客车有限公司	HKC6100HLPHEVL01	插电式混合动力客车	52.0	17.3(kg/100 km)	6494.0	1.0	570.0	37.0	NG
4	奇瑞万达贵州客车股份有限公司	WD6102CHEVN2	插电式混合动力城市客车	75.0	17.7(kg/100 km)	6750.0	1.0	680.0	49.0	NG

续上表

序　号	汽车生产企业名称	车辆型号	产品名称	纯电动续驶里程(km)	燃料消耗量(L/100 km)	发动机排量(mL)	整车整备质量(kg)	动力蓄电池总质量(kg)	动力蓄电池总能量(kWh)	备　注
5	上海申龙客车有限公司	SLK6109UDHEVZ1	插电式混合动力城市客车	90.0	15.1	6494.0	0.9	948.0	51.0	
6	四川新筑通工汽车有限公司	TG6102CPHEV1	插电式混合动力城市客车	75.0	14.1(kg /100 km)	6494.0	1.0	440.0	50.0	NG
7		TG6101CPHEV1	混合动力城市客车	51.0	14.1(kg /100 km)	6494.0	12600.0	400.0	42.0	NG
8	郑州宇通客车股份有限公司	ZK6125CHEVP5G1	插电式混合动力城市客车	68.0	20.3	6494.0	1.0	700.0	51.0	

注:插电式混合动力汽车燃料消耗量仅包括传统燃料,不含电能折算。

三、燃料电池汽车

客　车

序　号	汽车生产企业名称	车辆型号	产品名称	纯电动续驶里程(km)	整车整备质量(kg)	燃料电池系统额定功率(kW)	驱动电机额定功率(kW)	备　注
1	厦门金龙旅行车有限公司	XML6809JFCEV10	燃料电池客车	64(氢系统不工作)310(氢系统工作)	6750	31	80	
2	上海申龙客车有限公司	SLK6859UQFCEVH	燃料电池城市客车	85(氢系统不工作)360(氢系统工作)	9200/9700	30	90	

6. 免征车辆购置税的新能源汽车车型目录

为促进我国交通能源战略转型、推进生态文明建设、支持新能源汽车产业发展,根据《财政部 国家税务总局 工业和信息化部关于免征新能源汽车车辆购置税的公告》(公告2014年第53号)的要求,工业和信息化部会同国家税务总局等部门对企业提交的申请材料进行了审查。现将《免征车辆购置税的新能源汽车车型目录》(第十五批)予以公告。

工业和信息化部

国家税务总局

2017年12月19日

附件:免征车辆购置税的新能源汽车车型目录(第十五批)

一、纯电动汽车

(一)乘 用 车

序　号	汽车生产企业名称	车辆型号	通用名称	纯电动续驶里程(km)	整车整备质量(kg)	动力蓄电池组总质量(kg)	动力蓄电池组总能量(kWh)	备　注
1	安徽江淮汽车集团股份有限公司	HFC7000BEV1	江淮 iEVA50	330	1685	380	47	
2		HFC7000BEV	江淮 iEVA50	310	1750	464	47	
3		HFC7000BEV3	江淮 iEVA50	330	1660	380	47	
4		HFC7000BEV2	江淮 iEVA50	400	1800	496	60	
5		HFC6502ECEV-W	ES8	355	2460	525	67	
6	北汽云南瑞丽汽车有限公司	BJ6270H1BEV	道达 160EV	155	830	139	17	
7		BJ6271H1BEV	道达 160EV	155	830	143±5	17	

续上表

序号	汽车生产企业名称	车辆型号	通用名称	纯电动续驶里程(km)	整车整备质量(kg)	动力蓄电池组总质量(kg)	动力蓄电池组总能量(kWh)	备注
8	比亚迪汽车有限公司	BYD6460SBEV4	比亚迪宋 EV	350	2050	456	62	
9	东风汽车公司	DFA7000F1A1BEV	EJ30	171	1315	220	27	
10	海马汽车有限公司	HMA7003S20BEV	爱尚 EV	173	950	133	18	
11		HMA7002S60BEV	IDENTY	304	1472	309	44	
12	合肥长安汽车有限公司	SC7003ADBEV	EADO	300	1610	370	45	
13	奇瑞汽车股份有限公司	SQR7002BEVJ51	C3e	181	1270	250	24	
14		SQR7002BEVJ50	C3e	181	1255	250	24	
15	陕西通家汽车股份有限公司	STJ6460EV4	GM3	355	1880	458	55	
16		STJ6460EV3	GM3	380	1920	520	64	
17	上海汽车集团股份有限公司	CSA7002FBEV2	荣威 Ei5	251	1360	243	31	
18		LZW7001EVAA	宝骏 E100	155	735	127	15	
19	四川野马汽车股份有限公司	SQJ6450C1BEV	EC60	250	1480	301	36	
20	浙江豪情汽车制造有限公司	JL7001BEV57	知豆 D2	155	775	126	18	
21	重庆力帆乘用车有限公司	LF7002JEV	620EV	250	1340	246	33	
22		SC6458ACBEV	长安欧尚 EV	315	1520	370	51	
23	华晨汽车集团控股有限公司	SY7000BEVDAJ	EV180	155	1030	155	19	

(二)客　车

序号	汽车生产企业名称	车辆型号	产品名称	纯电动续驶里程(km)	整车整备质量(kg)	动力蓄电池组总质量(kg)	动力蓄电池组总能量(kWh)	备注
1	安源客车制造有限公司	PK6853BEV2	纯电动城市客车	221	8350	1119	111	
2	广西华奥汽车制造有限公司	CCA6830BEVG05	纯电动城市客车	295	7900	1068	108	
3	广西源正新能源汽车有限公司	HQK6828BEVB6	纯电动城市客车	151	8350	1170	81	
4		HQK6828BEVB5	纯电动城市客车	251	8250	995	129	
5		HQK6859BEVB2	纯电动城市客车	202	8300/8800	1110	111	
6		HQK6109BEVB6	纯电动城市客车	253	10600/11000	1444	179	
7		HQK6819BEVB3	纯电动城市客车	120	7600/7900	870	61	磷酸铁锂快充
8		HQK6109BEVB7	纯电动城市客车	280	11100	1740	202	
9	哈尔滨龙江客车制造有限公司	LJK6100PBABEV1	纯电动城市客车	290	8500/8800	1060	138	
10	湖南中车时代电动汽车股份有限公司	TEG6801BEV07	纯电动城市客车	307	7280/7670	1061	138	
11		TEG6106BEV31	纯电动城市客车	430	11700/11300/10800	1973	253	

续上表

序号	汽车生产企业名称	车辆型号	产品名称	纯电动续驶里程(km)	整车整备质量(kg)	动力蓄电池组总质量(kg)	动力蓄电池组总能量(kWh)	备注
12	江苏陆地方舟新能源车辆股份有限公司	RQ6101GEVH5	纯电动城市客车	255	9800	1232	145	
13	江苏友谊汽车有限公司	ZGT6852LBEV	纯电动城市客车	280	8800/8500	1044+145	129+0.3	
14		ZGT6830LBEV	纯电动客车	386	6550/6490	1042	129	
15		ZGT6118LBEV1	纯电动城市客车	420	12450/12300	2250+155	276+0.34	
16	江西博能上饶客车有限公司	SR6107BEV	纯电动客车	267	10360/10660/10410	1355	165	
17		SR6660BEVG	纯电动城市客车	251	4880/5090	530±10	63	
18	江西江铃集团晶马汽车有限公司	JMV6801GRBEV1	纯电动城市客车	215	7400	734	91	
19		JMV6801GRBEV	纯电动城市客车	255	7550	887	110	
20	金龙联合汽车工业(苏州)有限公司	KLQ6850GEVN6	纯电动城市客车	265	8150/8440/8670	995	129	
21		KLQ6109GAEVN6	纯电动城市客车	300	10800/11300	1468	182	
22	南京金龙客车制造有限公司	NJL6806BEV16	纯电动客车	250	5900	832	97	
23		NJL6859BEV47	纯电动城市客车	350	8400/8600	1160	138	
24		NJL6859BEV46	纯电动城市客车	350	9000/9200	1392	166	
25		NJL6100BEV54	纯电动城市客车	425	12160	2320	276	
26		NJL6680BEV27	纯电动城市客车	250	6150/6330	818	84	
27		NJL6802BEV	纯电动客车	285	8200/8500/8800	1392	166	
28	厦门金龙联合汽车工业有限公司	XMQ6650AGBEVL	纯电动城市客车	210	4800/5050/5250	520	64	
29	江西宜春客车厂有限公司	JYK6850GBEV1	纯电动城市客车	305	8350/8550	1290	145	
30	山西原野汽车制造有限公司	YYC6802GBEV	纯电动城市客车	255	5940	832	97	
31	上海申龙客车有限公司	SLK6859UEBEVL5	纯电动城市客车	210	8500/9000	884	109	
32		SLK6109UEBEVL3	纯电动城市客车	350	11300	1768	219	
33	上海申沃客车有限公司	SWB6808BEV27	纯电动城市客车	590	8000	1616	203	
34		SWB6108BEV26	纯电动城市客车	52	10900	1000	35	超级电容
35	上海万象汽车制造有限公司	SXC6111GBEV	纯电动城市客车	203	11100	1088±20	121	
36		SXC6750GBEV3	纯电动城市客车	389	6630	1060	138	
37	四川省客车制造有限责任公司	EM6120BEVG	纯电动城市客车	460	12500/12170	2355	283	
38	襄阳九州汽车有限公司	SYC6810LBEVE	纯电动客车	210	6000	750	92	
39		SYC6810CBEVE	纯电动城市客车	350	6000	944	123	
40	烟台舒驰客车有限责任公司	YTK6106EV	纯电动客车	252	9450	1194	139	
41		YTK6128GEV3	纯电动城市客车	252	11030/10800	1393	168	
42	扬州亚星客车股份有限公司	JS6618GHBEV3	纯电动城市客车	238	4400/4600	592	66	

续上表

序号	汽车生产企业名称	车辆型号	产品名称	纯电动续驶里程(km)	整车整备质量(kg)	动力蓄电池组总质量(kg)	动力蓄电池组总能量(kWh)	备注
43	浙江中车电车有限公司	CSR6110GLEV4	纯电动城市客车	469	10900/11200	1990	258	
44		CSR6110GLEV3	纯电动城市客车	393	10700/10990	1712	216	
45	郑州宇通客车股份有限公司	ZK6805BEVG49	纯电动城市客车	430	7500/7800/8090	1296	187	
46		ZK6850BEVG43	纯电动城市客车	400	8050/8350/8650	1156	168	
47		ZK6805BEVG41	纯电动城市客车	251	7000/7200/7450	648	94	
48		ZK6105BEVG45	纯电动城市客车	360	10400/10850/11350/11700	1432	203	
49		ZK6105BEVG47	纯电动城市客车	445	10900/11350/11850/12000	1728	250	
50		ZK6125BEVG47	纯电动城市客车	540	11750/12250/12500	2086	304	
51		ZK6125BEVG49	纯电动城市客车	625	12550/12900	2448	351	
52		ZK6105BEVG43	纯电动城市客车	320	10050/10500/11000	1156	168	
53		ZK6650BEVG18	纯电动城市客车	330	4850/5050/5200	616	86	
54		ZK6805BEVG43	纯电动城市客车	285	7000/7300/7590	778	111	
55		ZK6805BEVG45	纯电动城市客车	335	7300/7590/7750	925	134	
56		ZK6105BEVG49	纯电动城市客车	570	11800/12300	2216	319	
57	中国重汽集团济南豪沃客车有限公司	JK6806GBEVQ3	纯电动城市客车	380	8350/8600	1372	166	
58		JK6106GBEV5	纯电动城市客车	320	11000/10650	1616	203	
59	中植一客成都汽车有限公司	CDL6100LRBEV1	纯电动客车	250	9450	1200	139	
60	重庆恒通客车有限公司	CKZ6851HBEVJ	纯电动城市客车	255	8200/8650/9200	884±12	109	
61	珠海广通汽车有限公司	GTQ6111BEVBT1	纯电动城市客车	150	11800/12500	2120	102	钛酸锂
62		GTQ6105BEVBT8D	纯电动城市客车	130	11600	1990	81	钛酸锂
63		GTQ6126BEVB15	纯电动城市客车	400	12400/13050	2200	276	
64		GTQ6121BEVBT3D	纯电动城市客车	150	13000/13600	2210	102	钛酸锂
65		GTQ6803BEVB71	纯电动城市客车	330	7600/8000	1144	138	
66		GTQ6608BEV6	纯电动客车	250	2980	510	51	
67	珠海市广通客车有限公司	GTZ6112BEV2	纯电动客车	396	11800/11900	1856	221	
68		GTZ6129BEVB	纯电动城市客车	518	11800	2284	295	
69	山西新能源汽车工业有限公司	JHC6120BEVG1	JHC6120BEVG1	328	11300/11600	1660	194	
70		JHC6100BEVG2	JHC6100BEVG2	350	11100/11500	1590	199	

（三）货　车

序号	汽车生产企业名称	车辆型号	产品名称	纯电动续驶里程（km）	整车整备质量（kg）	动力蓄电池组总质量（kg）	动力蓄电池组总能量（kWh）	备注
1	东风汽车公司	EQ1045TTBEV	纯电动载货汽车	240	3040	636±5	72	
2	沈阳金杯车辆制造有限公司	SY1040DEV5S	纯电动载货汽车	260	2920	690	79	

（四）专 用 车

序号	汽车生产企业名称	车辆型号	产品名称	纯电动续驶里程（km）	整车整备质量（kg）	动力蓄电池组总质量（kg）	动力蓄电池组总能量（kWh）	备注
1	安徽江淮汽车集团股份有限公司	HFC5030XLCEV1	纯电动冷藏车	205	2140	455	43	
2		HFC5049XXYEV2H	纯电动厢式运输车	380	3120	766	83	
3		HFC5040XXYEV1	纯电动厢式运输车	402	3450	866	83	
4		HFC5030XXYEV1	纯电动厢式运输车	205	1975/2105	455	43	
5		HFC5060XLCEV1	纯电动冷藏车	310	3995	866	83	
6	北京汽车制造厂有限公司	BJ5040XXY1Z441BEV	纯电动厢式运输车	240	2390	405	50	
7		BJ5020XXY1Z434BEV	纯电动厢式运输车	240	1385	300	33	
8	北汽（常州）汽车有限公司	BJ5040XXYCJ07EV	纯电动厢式运输车	315	2860	695	92	
9		BJ5040XJHCJ01EV	纯电动救护车	285	3200	660	91	
10		BJ5040XLJCJ01EV	纯电动旅居车	285	3200	660	91	
11	北汽福田汽车股份有限公司	BJ5049XLCEV1	纯电动冷藏车	260	3450	735	83	
12		BJ5049XSHEV1	纯电动售货车	260	3850	735	83	
13	成都大运汽车集团有限公司	CGC4250BEV1Z1	纯电动牵引汽车	140	13340	2136	237	
14	成都雅骏汽车制造有限公司	CTT5041XXYGC2BEV	纯电动厢式运输车	255	3300	745	75	
15	丹东黄海汽车有限责任公司	DD5040XXYEV	纯电动厢式运输车	260	3200	765	83	
16	东风汽车公司	EQ5041XLCACBEV1	纯电动冷藏车	255	3190	684	74	
17	东风汽车股份有限公司	DFA5040XXYKBEV2	纯电动厢式运输车	310	3060	770±20	86	
18		DFA5040XXYKBEV1	纯电动厢式运输车	260	3000	704	82	
19	广西华奥汽车制造有限公司	CCA5024XXYBEV	纯电动厢式运输车	232	1400	340	37	
20	河南森源重工有限公司	SMQ5071XLCBEV	纯电动冷藏车	160	4400	808	77	
21		SMQ5072ZZZBEV	纯电动自装卸式垃圾车	160	5020	808	77	
22		SMQ5070ZYSBEV	纯电动压缩式垃圾车	160	5880	808	77	
23		SMQ5071XXYBEV	纯电动厢式运输车	160	4040	808	77	
24		SMQ5040XXYBEV	纯电动厢式运输车	245	2915	660	80	
25		SMQ5072ZXXBEV	纯电动车厢可卸式垃圾车	160	3770	808	77	
26	湖北三环专用汽车有限公司	STQ5049XXYNBEV	纯电动厢式运输车	295	3370	704	82	

续上表

序号	汽车生产企业名称	车辆型号	产品名称	纯电动续驶里程(km)	整车整备质量(kg)	动力蓄电池组总质量(kg)	动力蓄电池组总能量(kWh)	备注
27	湖北新楚风汽车股份有限公司	HQG5042XXYEV11	纯电动厢式运输车	225	3010	692	75	
28	吉利四川商用车有限公司	DNC5041XXYBEV01	E200 远程轻卡	325	3450	600	84	
29	吉利四川商用车有限公司	DNC5045XYZBEV01	E200 远程轻卡	320	3450	860	83	
30	江铃汽车股份有限公司	JX5043XXYTGB25BEV	纯电动厢式运输车	290	2805	624	73	
31	江铃汽车股份有限公司	JX5043XXYTGC25BEV	纯电动厢式运输车	400	3455	932	108	
32	柳州五菱汽车工业有限公司	LQG5033XXYDBEV	纯电动厢式运输车	230	1550	322	43	
33	南京汽车集团有限公司	NJ5100TQZEV	纯电动清障车	200	6890	1280±20	135	
34	南京汽车集团有限公司	NJ5038XTYEV1	纯电动桶装垃圾车	170	2100	270	33	
35	南京汽车集团有限公司	NJ5047XYCEVCC	纯电动运钞车	320	3420	600	76	
36	南京汽车集团有限公司	NJ5038XXYEV	纯电动厢式运输车	315	2350	560	77	
37	山东凯马汽车制造有限公司	KMC5042XXCEVK33D	纯电动宣传车	270	4300	630	74	
38	山西成功汽车制造有限公司	SCH5025XXYD1-BEV3	成功汽车 KE2	210	1460	345	42	
39	山西原野汽车制造有限公司	YYC5020XXYBEV	纯电动厢式运输车	230	1650	400	38	
40	陕西汽车集团有限责任公司	SX5040XXYBEV331N	纯电动厢式运输车	310	3445	624	74	
41	四川野马汽车股份有限公司	SQJ5040XXYS2BEV	纯电动厢式运输车	200	2950	428	48	
42	襄阳九州汽车有限公司	SYC5040XXYTBEV	纯电动厢式运输车	180	2800	600	75	
43	烟台舒驰客车有限责任公司	YTK5040XXYEV6	纯电动厢式运输车	320	2870	650	75	
44	烟台舒驰客车有限责任公司	YTK5040XXYEV5	纯电动厢式运输车	320	2870	682	78	
45	一汽解放青岛汽车有限公司	CA5091ZYSP40L1BEVA84	纯电动压缩式垃圾车	200	6490	722	92	
46	中国重汽集团济南商用车有限公司	ZZ5047XXYF3314Z145BEV	纯电动厢式运输车	80	2805	330	31	
47	中通客车控股股份有限公司	LCK5048XXYEVH7	纯电动厢式运输车	280	3050/3200/3350	768	82	
48	中通客车控股股份有限公司	LCK5048XLCEVH7	纯电动冷藏车	305	3250/3450	768	82	
49	淄博舜泰汽车制造有限公司	ZST5020XXYBEV	纯电动厢式运输车	200	1400/1415	330	33	
50	南京市公共交通车辆厂	NJC5030XXYBEV2	纯电动厢式运输车	180	2100	470	45	
51	浙江飞碟汽车制造有限公司	FD5082ZYSW17KBEV	纯电动压缩式垃圾车	240	6175/6345	850	91	
52	浙江飞碟汽车制造有限公司	FD5083ZYSW17KBEV	纯电动压缩式垃圾车	200	6175/6345	714±6	85	
53	沈阳金杯车辆制造有限公司	SY5040XXYD-EV5	纯电动厢式运输车	260	3195	690	79	

二、插电式混合动力汽车

（一）乘 用 车

序　号	汽车生产企业名称	车辆型号	通用名称	纯电动续驶里程(km)	燃料消耗量(L/100 km)	发动机排量(mL)	整车整备质量(kg)	动力蓄电池总质量(kg)	动力蓄电池总能量(kWh)	备　注
1	广汽菲亚特克莱斯勒汽车有限公司	GFA6450CHEV0CA	悦界	58	1.8	1495	1760	138	12	
2	广汽三菱汽车有限公司	GMC6450ACHEV	祺智	58	1.8	1495	1760	138	12	

（二）客　　车

序　号	汽车生产企业名称	车辆型号	产品名称	纯电动续驶里程(km)	燃料消耗量(L/100 km)	发动机排量(mL)	整车整备质量(kg)	动力蓄电池总质量(kg)	动力蓄电池总能量(kWh)	备　注
1	安徽安凯汽车股份有限公司	HFF6122G03CHEV22	插电式混合动力城市客车	97.0	17.6(kg/100 km)	7470.0	12100/12800/13500	700.0	51.0	NG
2		HFF6100G03CHEV-11	插电式混合动力城市客车	75.0	17.0	6750.0	11600/12200	674(144/530)	52.0	
3	广西源正新能源汽车有限公司	HQK6109CHEVB1	插电式混合动力城市客车	86.0	14.8	6494.0	12500.0	700.0	51.0	
4		HQK6109CHEVNG2	插电式混合动力城市客车	80.0	17.4(kg/100 km)	6494.0	12500.0	700.0	51.0	NG
5		HQK6109CHEVB2	插电式混合动力城市客车	80.0	14.8	6494.0	12500.0	700.0	51.0	
6	郑州宇通客车股份有限公司	ZK6115CHEVP5G1	插电式混合动力城市客车	58.0	14.9	6494.0	11900/11300	625.0	42.0	

注：插电式混合动力汽车燃料消耗量仅包括传统燃料/不含电能折算。

三、燃料电池汽车

（一）客　　车

序　号	汽车生产企业名称	车辆型号	产品名称	纯电动续驶里程(km)	整车整备质量(kg)	燃料电池系统额定功率(kW)	驱动电机额定功率(kW)	备　注
1	佛山市飞驰汽车制造有限公司	FSQ6110FCEVG1	燃料电池城市客车	30(氢系统不工作) 360(氢系统工作)	12700	60	120	
2		FSQ6700FCEVG	燃料电池城市客车	120(氢系统不工作) 320(氢系统工作)	5600	30	60	
3	上海申龙客车有限公司	SLK6109UQFCEVH	燃料电池城市客车	150(氢系统不工作) 387(氢系统工作)	12000/12500	31	100	
4		SLK6129UQFCEVH	燃料电池城市客车	160(氢系统不工作) 433(氢系统工作)	12600/13200	60	100	
5	郑州宇通客车股份有限公司	ZK6125FCEVG5	燃料电池城市客车	135(氢系统不工作) 600(氢系统工作)	12750/13100/13550	60	100	

（二）专 用 车

序　号	汽车生产企业名称	车辆型号	产品名称	纯电动续驶里程(km)	整车整备质量(kg)	燃料电池系统额定功率(kW)	驱动电机额定功率(kW)	备　注
1	东风汽车公司	EQ5081XXYTFCEV	燃料电池厢式运输车	305	4320	30	70	
2		EQ5080XXYTFCEV3	燃料电池厢式运输车	360	4150	31	60	

金杯新能源

GOLD CUP NEW ENERGY

COMPANY PROFILE

湖南金杯新能源发展有限公司

>>

金杯电工股份有限公司是我国中南部地区最大的电线电缆研发制造企业，是国内领先的高压、超高压变压器和电抗器等输变电重大装备用电磁线制造企业之一。公司于2010年12月31日在深圳证券交易所成功上市，股票代码：002533。公司拥有员工2000余人，总资产29亿元。

紧扣“中国制造2025”，“十三五”期间，金杯电工由电线电缆业务单轮驱动向“智能制造+现代物流+新能源”三大战略性新兴产业转型升级，形成三大产业“三足鼎立、齐头并进”的发展格局。到“十三五”末期，实现产值200亿元（其中线缆智能制造业务60亿元，现代物流业务60亿元，新能源业务80亿元），利税18亿元。

湖南金杯新能源发展有限公司由金杯电工控股，拥有国内一流的BMS和PACK研发团队，主要业务为新能源汽车动力系统集成（PACK），电池管理系统（BMS）的研发、生产、销售；产品广泛应用于新能源纯电动乘用车、纯电动商用车、纯电动专用车、通讯基地站后备电源、家庭储能、UPS等不同领域，矢志成为最专业的新能源电池集成系统服务商。

为全方位满足客户需求及公司快速发展步伐，同时将电控等核心零部件串成完整产业链，金杯新能源投资20亿元，正在建设“湖南省新能源汽车产业示范园”，打造一个集新能源汽车展示与推广、新能源动力系统和BMS研发与生产，电控、充电桩生产与运营，电动汽车租赁、储能系统集成、汽车金融、城市清洁物流等多位一体的综合性产业示范园。

产品介绍

PRODUCT INTRODUCTION

BMS

PACK

测试设备

TEST EQUIPMENT

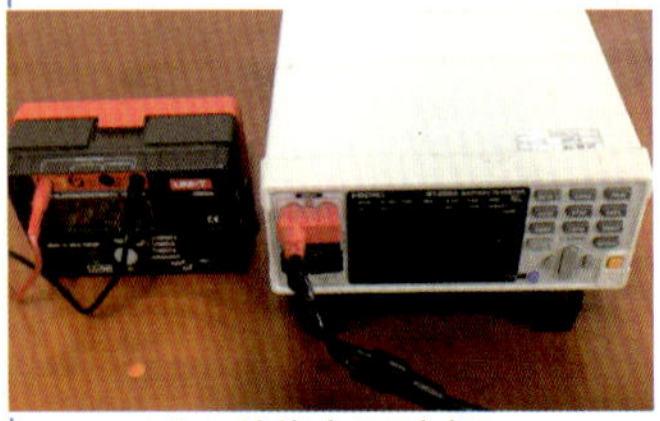

（左）绝缘电阻测试仪+
（右）电池内阻测试仪

测试车间1

测试车间3

振动台1

厂区及生产流程图

FACTORY AND PRODUCTION

福斯特

公司简介

Company Profile

远东福斯特新能源有限公司（简称福斯特）成立于2009年7月，是一家专业从事锂离子电池和动力电池研发、生产、销售及服务于一体的国家高新技术企业，是远东智慧能源股份有限公司（股票代码：600869）上市公司的全资控股子公司。

福斯特总部坐落于国家锂电新能源高新技术产业化基地——江西省宜春经济技术开发区，占地700余亩，是宜春打造“亚洲锂都”的龙头企业。员工总人数3000余人，拥有10万平方米的高洁净厂房、先进的自动化生产设备，拥有38项创新专利，掌握了行业先进的生产工艺技术，管理团队稳定优秀，产品竞争力强、交期准时。

经工信部审查，顺利进入符合《汽车动力蓄电池行业规范条件》的第四批企业目录。福斯特18650锂电池、动力电池产品广泛应用于新能源乘用车、新能源物流车和太阳能储能、风能储能、基站储能以及电动自行车、笔记本电脑、移动电源等领域。2017年福斯特销售产值突破20亿元，上交税收超亿元。现日产18650圆柱锂离子电池超120万支，动力电池现生产规模为年产10万组。

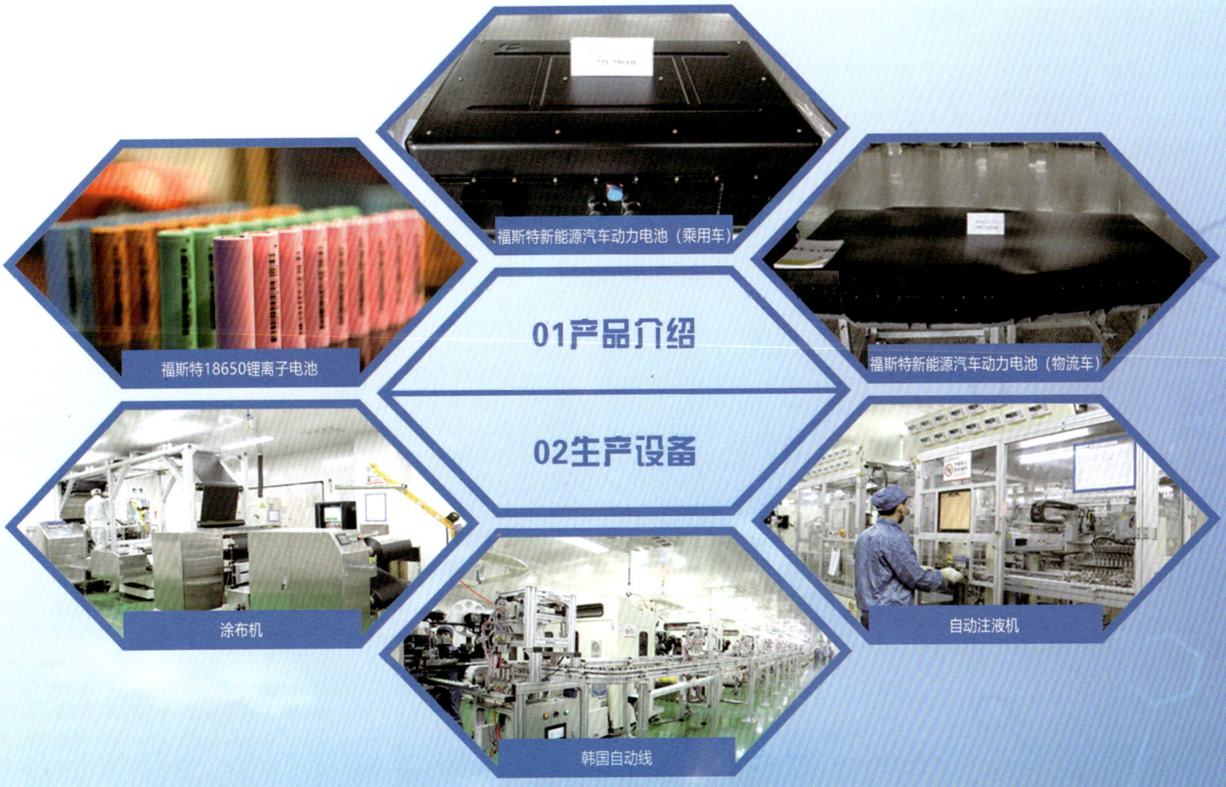

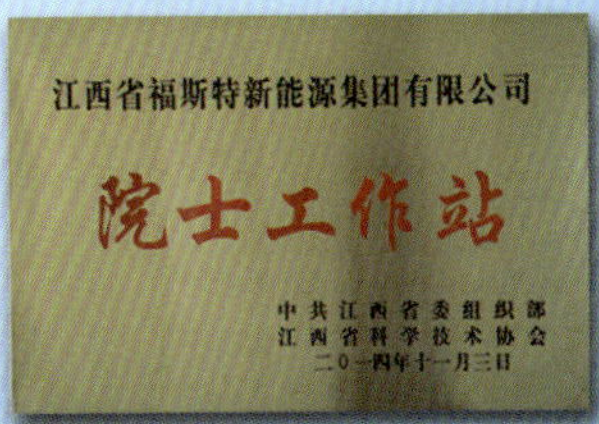

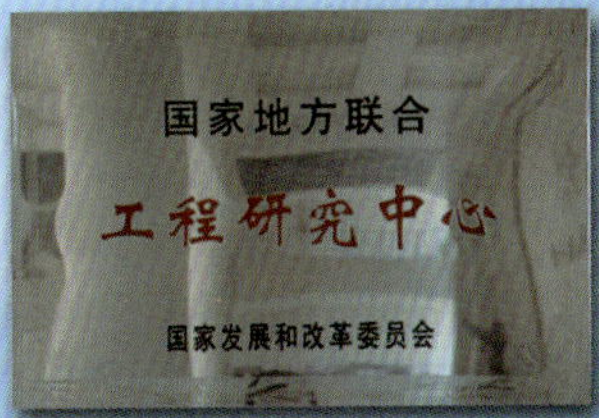

ETC 天弋能源
未 来 ， 我 们 一 直 在 路 上
公司名称：芜湖天弋能源科技有限公司
公司网址：http://www.ETCbattery.com
电话：0553-2672266

广东天劲新能源科技股份有限公司
GuangDong TeamGiant New Energy Tech Co.,LTD
单体
模组
电箱
软包动力智能制造专家
新能源乘用车★电动物流车★专用车
新能源汽车动力电池系统整体解决方案提供商
地址：深圳市龙华区观澜陂头吓社区诚光工业区二号
电话：0755-29020814
传真：0755-29020321
网址：http://www.teamgiant.cn
官网二维码
官微二维码

中信国安盟固利
CITIC GUOAN MGL

中信国安盟固利动力科技有限公司（简称“盟固利”，MGL），是中信国安股份公司（SZ.000839）的子公司，于2002年5月27日在北京中关村科技园昌平园区注册成立。MGL也是中国较早成立的专业从事新能源汽车用锂离子动力电池技术研发和产业化的公司，迄今已发展成为中国动力电池行业的重点骨干企业。

目前，盟固利已成功开发出HEV高比功率型、PHEV能量功率兼顾型、EV高比能量型、钛酸锂高功率型及储能型等系列电池产品，产品形成了从电芯、模组、BMS 到系统集成的完整链条，并已在节能与新能源汽车领域得到广泛应用。公司产品在中国 PHEV 商用车领域已经占据领先地位，同时，在新能源乘用车领域的应用也正在不断扩大，并在轨道交通、通用航空等尖端应用领域取得了重大的突破。

8Ah高功率型电池

35Ah能量功率型电池

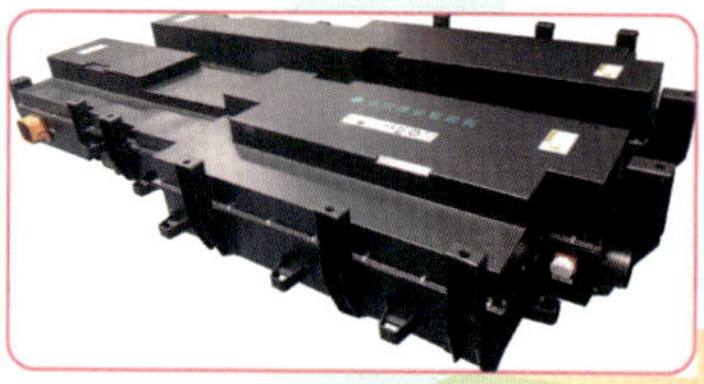

25Ah高比能量型电池

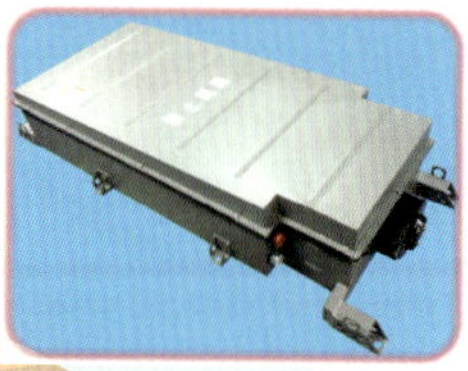

8.5Ah钛酸锂电池

截至2018年6月，全国范围内搭载盟固利动力电池的节能与新能源汽车约35000辆，累计安全行驶里程超过42亿公里！

应用案例

奥运会电动客车

世博会电动客车

亚运会电动客车

北京小营快充公交

地址：北京市昌平区白浮泉路18号　邮编：102200
电话：8610-89743388　传真：8610-89747404
网址：www.mgldl.com.cn

WATTPACK 华特电动

北京华特时代电动汽车技术有限公司，是北京长城华冠汽车技术股份有限公司的全资子公司。成立于2014年1月，是一家集电动汽车动力系统及主要零部件研发生产与销售于一体的高新技术企业。

公司整合长城华冠多年的整车设计及零部件专业设计能力，依托强大的产品研发团队、专业的生产及质量控制体系，为国内外众多电动汽车制造商提供标准电池箱、可再充电能量储存系统（RESS）、整车控制器（VCU）等产品的服务和整体解决方案。

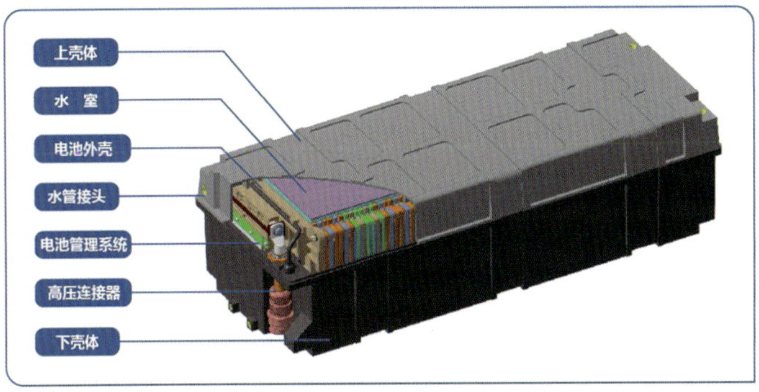

标准电池箱

标准电池箱主要特点

1. 标准模块化的设计，可适合不同车型，维修便利、安装快速、随意性好，便于维护管理。
2. 达到国家防水、防尘标准（即IP67防护等级）。
3. 采用液态介质，冷暖温控，在环境温度-30℃-+55℃情况下满足充放电要求。实现整车动力系统快速加热，低温环境下车辆“零”动力损失。
4. 在高温环境下，能够大功率持续输出能量。高效的散热及系统管理能力，实现系统的高安全性。
5. 可追溯电池全寿命周期运行状况，具有防拆设计。

RESS系统主要特点

环境适应性	1.通过热管理、保温措施，将电池保持在额定工作温度下进行工作。 2.满足防尘、防水、防腐蚀等环境适应性要求。
碰撞安全性	通过箱体、框架结构设计，满足车用碰撞安全要求。
电安全性	1.通过功能及结构设计，满足绝缘性能要求； 2.进行充电过程保护； 3.特定使用工况下的供电系统预警及保护
可靠耐久性	通过软件及硬件系统设计，保证单体电池满足可靠耐久性要求。
能量管理	通过软件系统管控，实现电池能量均衡、电池限功率保护、制动能量回收等功能。
维修性	1.满足维修安全性要求； 2.满足维修方便性要求； 3.满足故障诊断要求。
可追溯性	1.记录产品身份信息； 2.记录故障信息（能够以此判断故障责任方）

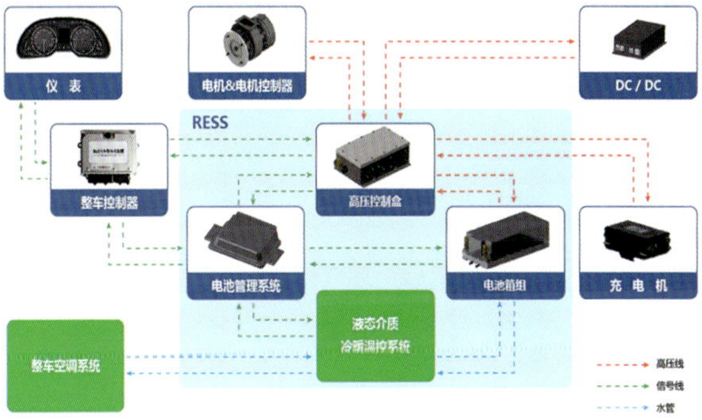

RESS系统

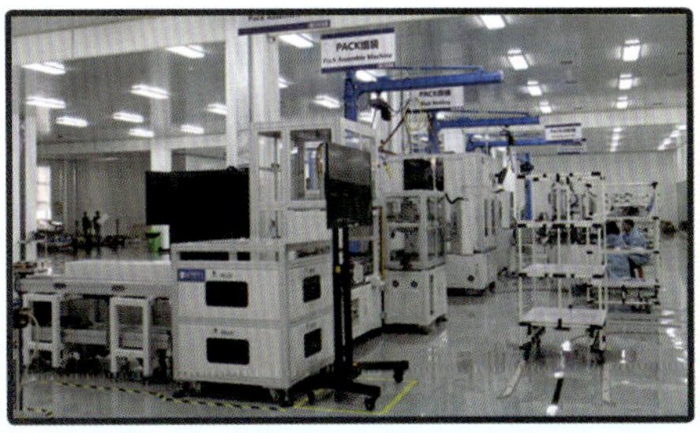

中国航天

CONSERVO .com.cn 航天钧和科技有限公司

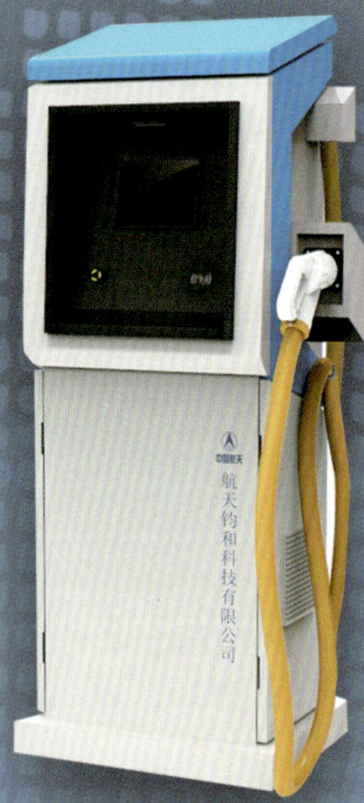

直流充电桩

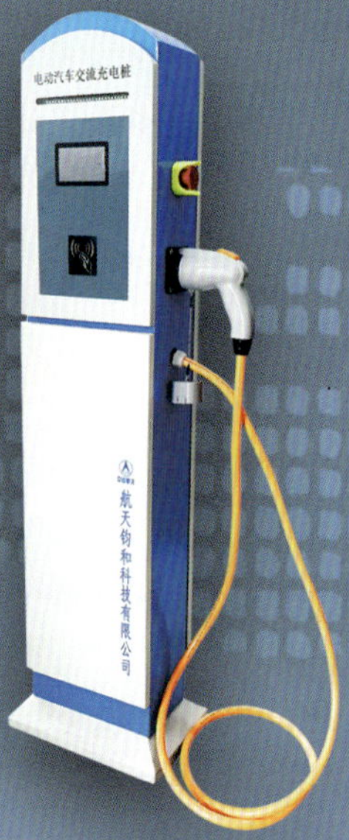

交流充电桩

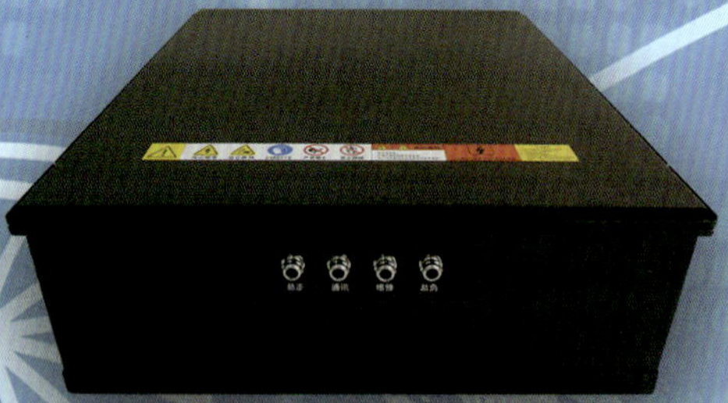

电池包

电池管理系统主控模块

远程监控车载终端

电池包内部

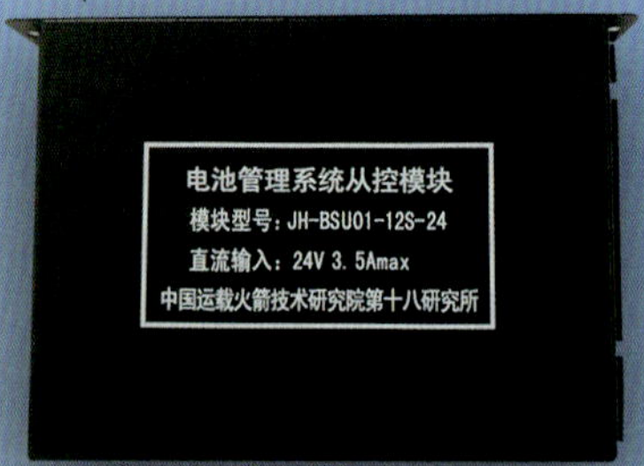

电池管理系统从控模块

联系电话：010-87960161
公司地址：北京市大兴区旧宫工业园北西甲16号
公司网址：www.conservo.com.cn

新劲
XINJING

中美合作
Sino-US cooperation

About Us 关于我们

浙江新劲空调设备有限公司是一家专业生产新能源热管理部件的高新技术企业，其产品类别分为：热力膨胀阀、电子膨胀阀、电磁膨胀阀、电磁阀、单向阀等系列，产品远销欧洲，及美、日、韩等国家，并配套于国内吉利、广汽、北汽、华晨、东南等新能源汽车厂。

新劲公司以智慧驱动品质，在国内率先通过IATF16949（2017年12月）标准认证。以品质提升品牌，产品被评为浙江省名牌产品。公司既是"浙江制造"标准起草单位，也是QCT-663行业标准主参单位。

新劲公司以持续创新为动力，以诚信为步伐，致力于成为全球优秀的新能源汽车热管理部件制造商。

Ford　VOLVO　PACCAR　CAT　广汽传祺
吉利汽车 GEELY AUTO　猎豹汽车 LEOPAARD　众泰汽车 ZOTYE AUTO　Brilliance Auto 华晨汽车　五菱汽车
东风汽车　长安商用　四川现代　FOTON 福田汽车　SOUEAST 東南汽車

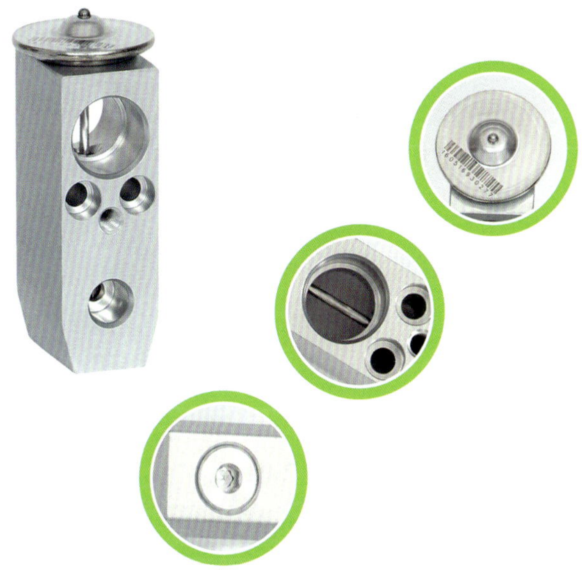

新能源热管理部件

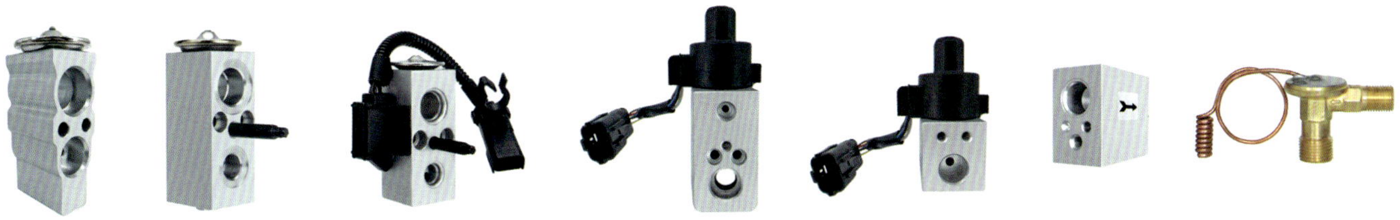

浙江新劲空调设备有限公司
ZHEJIANG XINJING AIR CONDITIONING EQUIPMENT CO.,LTD

地 址：浙江省龙泉市回归工程广源街82号　ADD：82 Guangyuan Road, Huigui Industrial Zone, Longquan City, Zhejiang　电 话/TEL：86-578-7218359　7218573
传 真/FAX：86-578-7218579　Http://www.lqxj.com　邮箱/E-mail：info@lqxj.com

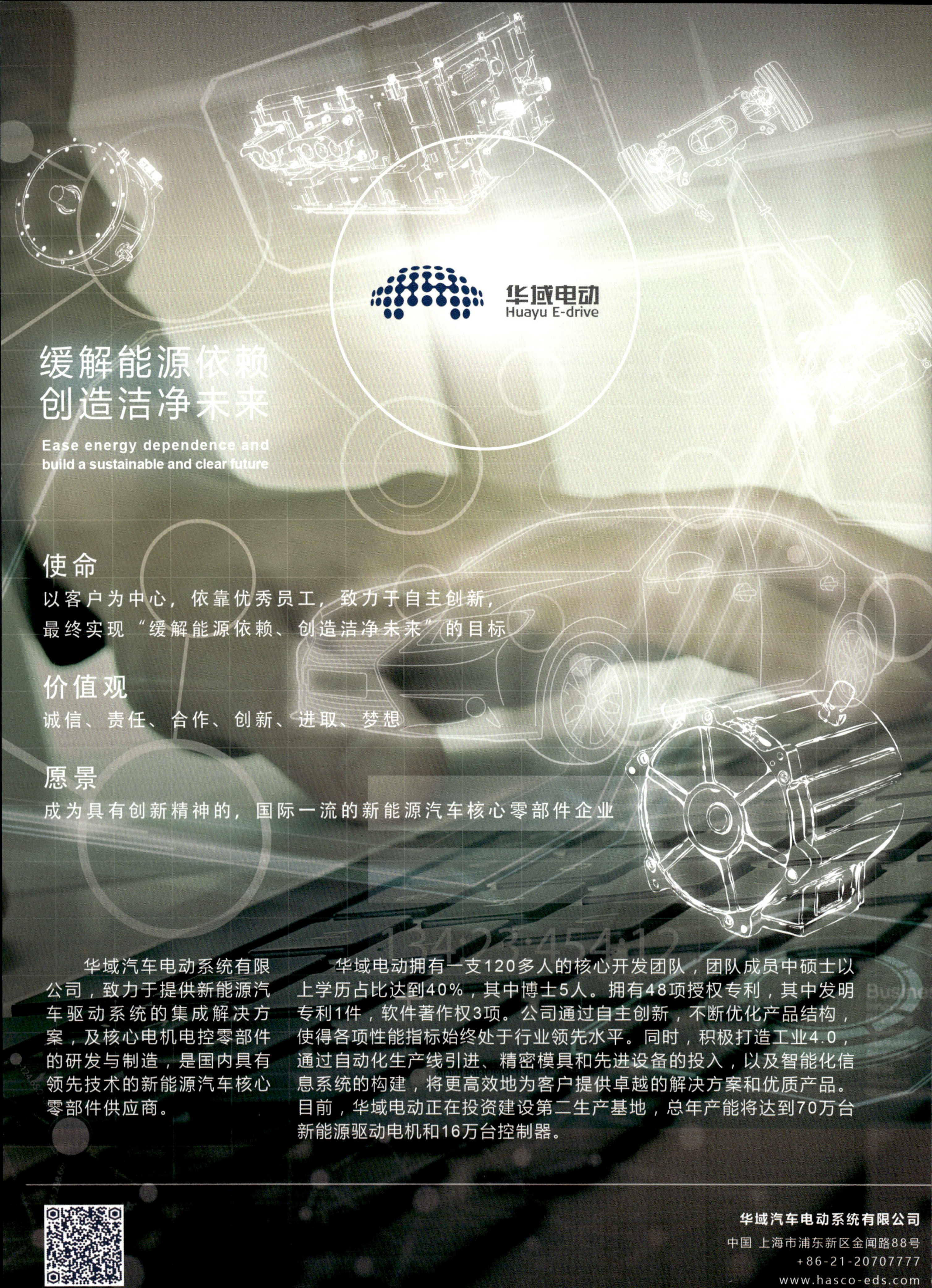
华域电动
Huayu E-drive
缓解能源依赖
创造洁净未来
Ease energy dependence and
build a sustainable and clear future
使命
以客户为中心，依靠优秀员工，致力于自主创新，
最终实现“缓解能源依赖、创造洁净未来”的目标
价值观
诚信、责任、合作、创新、进取、梦想
愿景
成为具有创新精神的，国际一流的新能源汽车核心零部件企业
华域汽车电动系统有限公司，致力于提供新能源汽车驱动系统的集成解决方案，及核心电机电控零部件的研发与制造，是国内具有领先技术的新能源汽车核心零部件供应商。
华域电动拥有一支120多人的核心开发团队，团队成员中硕士以上学历占比达到40%，其中博士5人。拥有48项授权专利，其中发明专利1件，软件著作权3项。公司通过自主创新，不断优化产品结构，使得各项性能指标始终处于行业领先水平。同时，积极打造工业4.0，通过自动化生产线引进、精密模具和先进设备的投入，以及智能化信息系统的构建，将更高效地为客户提供卓越的解决方案和优质产品。目前，华域电动正在投资建设第二生产基地，总年产能将达到70万台新能源驱动电机和16万台控制器。
华域汽车电动系统有限公司
中国 上海市浦东新区金闻路88号
+86-21-20707777
www.hasco-eds.com

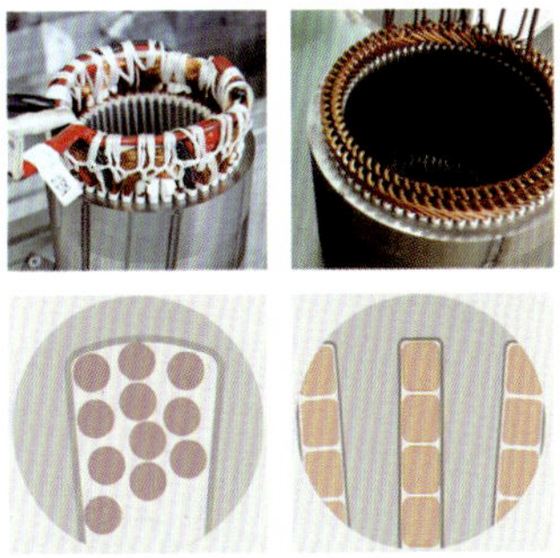

CNC® Driveline Technology | Drive Green 引领绿色未来

公司简介

珠海华粤（CNC）是成立于1993年的中外合资企业。是中国汽车工业协会理事单位、中汽协离合器委员会理事长单位、国家高新企业。拥有强大的本土研发团队与设施，公司长期与院校合作，为公司的科技发展提供源源不断的支持。

公司作为专注于汽车零部件领域的科技型公司，拥有先进的测试设备，具备OEM需要的开发、试验和制造能力及优秀的NVH和分离系统问题解决能力。

公司倡导绿色出行与制造，积极响应国家新能源汽车推进政策，致力绿色传动系统技术及产品开发，提供优质、环保产品及卓越服务，为客户打造舒适的驾乘体验。

解决各种传动系统的动力耦合问题以及耦合过程中的NVH

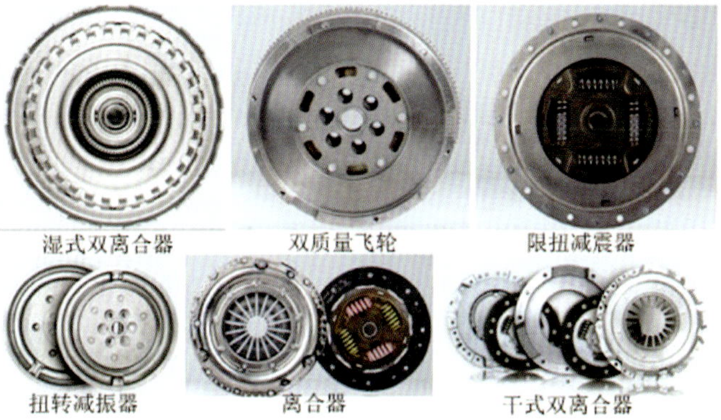

我们为客户提供优质产品，包括：

传统动力：干式离合器、湿式离合器、双质量飞轮、扭转减振器

新能源：皮带轮减震器、限扭减震器、湿式离合器、双质量飞轮

CSVW 上汽大众　FAWVW 一汽大众　上汽通用汽车 SAIC-GM　上汽通用五菱 SGMW

GAC 广汽乘用车　FAW 一汽集团　BAIC 北汽集团　FOTON 福田汽车　BRODWARD 宝沃汽车

GEELY 吉利汽车　BYD 比亚迪汽车　CHERY 奇瑞汽车　HAIMA 海马汽车　Brilliance Auto 华晨汽车

微信服务号　公司官网

珠 海 华 粤 传 动 科 技 有 限 公 司
CNC Driveline Technology Co.,Ltd.
地址：珠海市南屏镇洪湾兴湾七路1号
电话：0756-6299000 /8819200
传真：0756-8819218 /8819209
网址：www.cncdt.con.cn

汽车传动系统NVH和自动变速系统服务商和供应商

TSINGSHAN
青山工业

重庆青山工业有限责任公司

企业简介
COMPANY INTRODUCTION

重庆青山工业有限责任公司系中国兵器装备集团公司所属的国有大型工业企业。公司始建于1965年1月，资产总额逾36亿元，2017年度品牌价值逾40亿元。

公司专业从事各类汽车变速器的研发、生产和销售。经过多年的发展建设，形成了重庆、成都、郑州三大生产基地，已具备年产300万台生产制造能力，累计产销各类变速器2000余万台。拥有长安汽车集团、一汽集团、东风汽车、上汽通用五菱、北汽集团、广汽集团、奇瑞汽车、海马汽车等多家国内主流乘用车用户，同时拥有北汽新能源、长安新能源、奇瑞汽车、东风乘用车等新能源整车用户。

公司技术力量雄厚，自主研发能力强，截至2017年公司拥有有效专利262项，其中发明专利141项。代表行业主持制定发布了4项行业标准。公司拥有国家认证企业技术中心、CNAS认可实验室、博士后科研工作站，形成“两国三地五中心”的全球性布局，具备设计、分析、试制、匹配、试验、验证、工程化七大研发能力。专注于打造出满足3.0L以下乘用车的 MT、DCT、纯电动、混合动力四大产品平台，形成20个产品系列、近300个型号的产品谱系，覆盖轿车、SUV、MPV、微客等多种车型。

公司坚持管理创新，优化经营和管理模式，形成了以1项管理手册、26项管理地图、1029业务流程、3437项作业标准和60管理工具为支撑的，可复制、可远程投放，具有国际一流管理水平的《“333”精益管理体系》。

青山公司将秉承“感恩、诚信、自立、超越”的核心价值观，专注于汽车变速器领域，致力于打造世界一流变速器企业，跻身国际一流变速器企业阵营。我们重视质量和品牌塑造，为客户提供解决方案，打造节能环保、驾控愉悦的产品，与各界朋友携手并进、精诚合作，为中国民族汽车工业的振兴发展做出贡献。

产品介绍
PRODUCT INTRODUCTION

DCT双离合自动变速器介绍

DF515双离合
自动变速器

轴系布置	平行轴式
尺寸（长x宽x高）	359*470*397mm
挡位	5前进挡
离合器	湿式离合器（2个）
承载扭矩	≤160N.m
总成质量（不含油）	≤65kg
布置角度范围	±5°5
速比范围	2.7～16
输入输出高低差	74.3mm
中心距	178mm
传递效率：最高	93.5%

DF727双离合
自动变速器

轴系布置	同轴式
尺寸（长x宽x高）	396*565*471mm
挡位	7前进挡
离合器	湿式
承载扭矩	270N.m
总成质量（不含油）	≤90kg
布置角度范围	/
速比范围	2.7～18.2
输入输出高低差	82mm
中心距	191mm
传递效率：最高	94.1%

DF728双离合
自动变速器

轴系布置	平行轴式
尺寸（长x宽x高）	386.3*520*428mm
挡位	7前进挡+倒挡
离合器	干式双离合器
承载扭矩	280N.m
总成质量（不含油）	≤82kg
速比范围	17.158-2.446
输入输出高低差	71mm
中心距	189mm
传递效率：最高	96%
传递效率：综合	95%

新能源减速器介绍

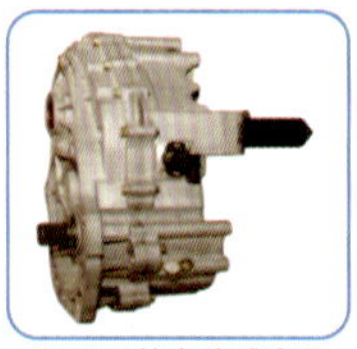

EF130纯电动减速器

轴系布置	单挡两级传动
尺寸（长x宽x高）	448*323*391mm
挡位	1挡
承载扭矩	300N.m
总成质量（不含油）	28.5
布置角度范围	28°
速比范围	7.9299
输入输出高低差	98.588mm
中心距	210mm
传递效率：最高	98%
传递效率：综合	97%

ED120电驱动桥

轴系布置	单挡双级减速
尺寸（长x宽x高）	385*267*289mm
挡位	空挡/一挡
离合器	犬齿离合器
承载扭矩	200 N·m
总成质量（不含油）	20 kg
布置角度范围	10°~25°
速比范围	7-10.04
输入输出高低差	25.4 mm
中心距	127.5 mm
传递效率：最高	96%

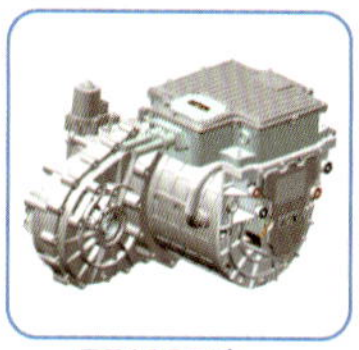

EF135三合一
电驱动总成

轴系布置	三轴式
尺寸（长x宽x高）	500*201*319mm
挡位	单挡
承载扭矩	350Nm
总成质量（不含油）	27.8Kg
布置角度范围	10.8°~ 28°
速比范围	8~10
输入输出高低差	40
中心距	214
传递效率：最高	97.9%
传递效率:NEDC综合	95.1%

MT手动变速器介绍

挡位	5挡
轴系布置	两轴式
最大扭矩	160N.m
外形尺寸	354*471*413mm
重量	36Kg

MF515前置前驱5挡变速器

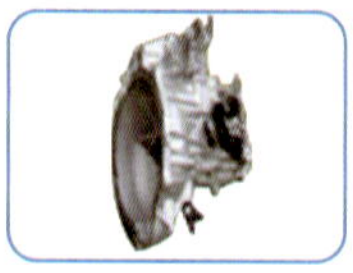

挡位	6挡
轴系布置	单中间轴+倒挡轴
最大扭矩	280N.m
外形尺寸	394*512*434mm
重量	49Kg

MF628前置前驱6挡变速器

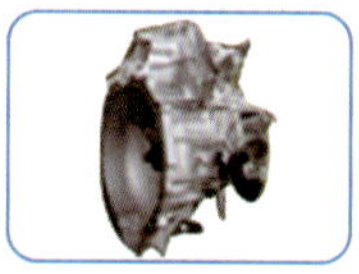

挡位	6挡
轴系布置	单中间轴+倒挡轴
最大扭矩	220N.m
外形尺寸	384*468*432mm
重量	43Kg

MF622前置前驱6挡变速器

把动力传递到每一处……

TRANSMIT POWER TO EVERYONE,EVERYWHERE

地址：重庆市璧山区青杠街道　联系电话：023-41819129　E-mail:tsingshan@tsingshan.cn　Website:www.tsingshan.cn

北京维艾迪汽车科技有限公司

VIT

北京维艾迪汽车科技有限公司
是一家在汽车无级变速器领域拥有全球领先技术、并致力于在该领域成为新生领导力量的高科技领航型企业。
注册商标：VIT：Variable Idea Transmission的缩写。
企业目标：打造世界汽车自动变速器领域技术领航型楷模企业。

产品系列：
VIT160/VITN300，VIT280/VITN1490；Y2550；VM2.8,VM7.0；
VIT1000/1000x；EVIT1.0；JN160，JN2550；
VIT.HTSK220；VIT.YXSK600；VIT.YZSK1230；VIT.DGSK3000；TDCVT2550.

应用领域：
乘用车，商用车，特种车，新能源汽车，农机，低速电动车，风电及其他中、重工业等15大领域。

纯电动–EVT

燃油动力–CCT

混合动力–HVT

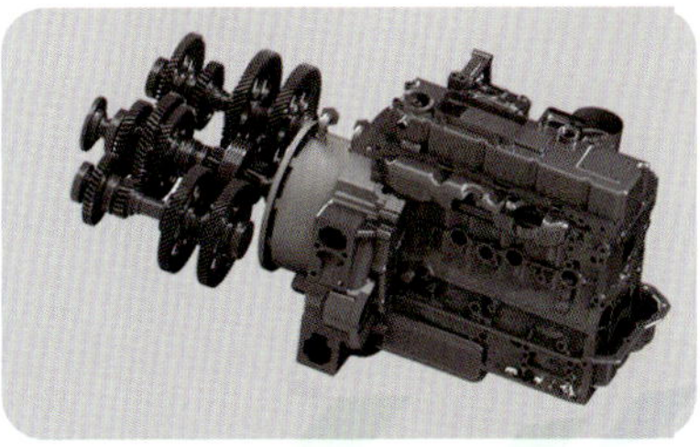

新荷价值观

捍卫车企数据隐私

在数据隐私、安全尤为重要的现在，数据、策略一旦泄露，将会造成无法估量的损失。新荷科技重视车企数据隐私，与车企签订数据保密协议，绝不将车企数据作为商业用途，所有数据开放必须由车企授权。

全产业链服务

新荷科技提供车辆的三电供应商、服务站、运营商监控、运维系统，所有数据流转均在车企监控范围内流通，保障车企对车辆的全方位监控、运维，一站式解决车企管理难题。

咨询服务

在严格保密车企数据的基础上，新荷科技提供对车企数据应用的咨询服务，保障车企在行业内的数据应用具有先进性，在不断积累数据统计的基础上，得出发展中遇到的问题及未来机遇。

专业IT服务

新荷科技作为技术型企业，为车企提供专业IT服务，包含国标过检、T-BOX产品、监控平台、售后平台、车联网底层支持平台等，协同车企进行车辆生产、运营、售后管理，提高车企现代信息化水平。

核心产品

新荷科技专注于物联网行业应用，倾心打造了新能源汽车自动化平台、车联网平台、高频数据决策平台；为用户的绿色出行提供更科学、更高效、更省心的解决方案，也为中国电动汽车产业的发展和“蓝天行动”计划的发展做出了应有的贡献。

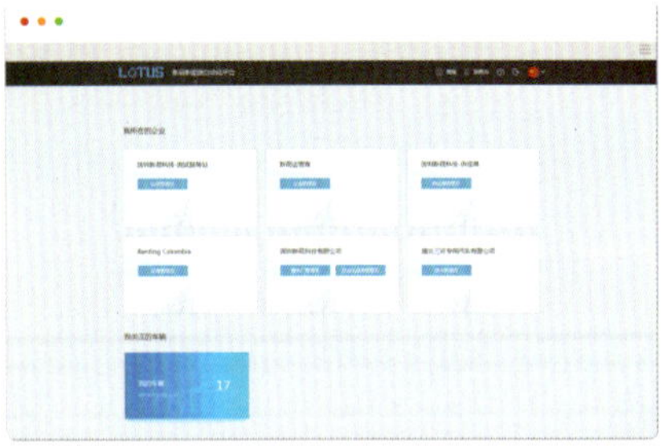

新能源自动化平台

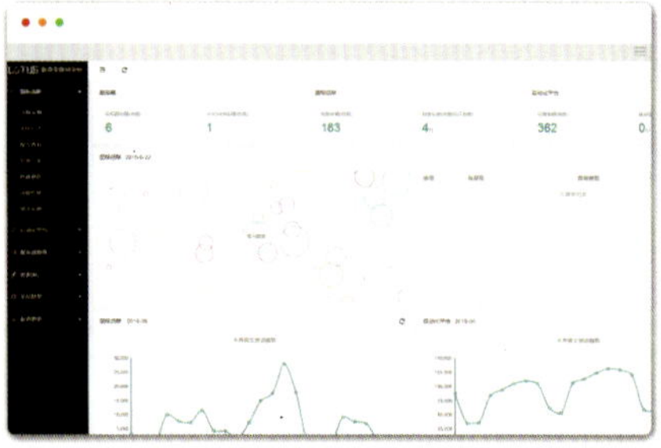

车联网平台

高频数据驱动决策平台

客户端APP

新荷新能源自动化平台的客户端APP，让用车客户在APP上完成日常充电、SOS、保养维修等，实时了解车辆情况。在一个平台内打通整车企业向终端用户输送服务的需求，增大车辆附加值，进一步提升整车企业技术服务指标，增强市场竞争力。

企业端APP

新荷新能源自动化平台的企业端APP，整合了企业车辆监控、维修监控、告警通知、车辆入库、销售出库、角色/员工扁平化管理等功能，为故障处理提供移动办公支持，提高了企业管理效率。

手机移动端

深圳新荷科技有限公司
SHENZHEN NOVELLOTUS TECHNOLOGY CO.,LTD
电话：(028) 8533-1503
邮箱：services@novellotus.com
官网：http://www.novellotus.com
成都运营中心：高新区天府五街菁蓉国际广场1号楼A区5楼
公司总部：深圳市前海深港合作区前湾一路1号A栋201室

深圳威迈斯电源有限公司

公司简介
COMPANY PROFILE

深圳威迈斯电源有限公司是以新能源汽车产业为核心业务的国家高新技术企业，于2009年进入新能源汽车领域，专注新能源汽车车载电源的研发与制造，拥有业界领先的研发创新能力和工程制造能力，产品技术水平位居行业前列，威迈斯配套了国内外众多主流车型，促进国内新能源汽车产业化方向发展。

产品介绍
PRODUCT INTRODUCTION

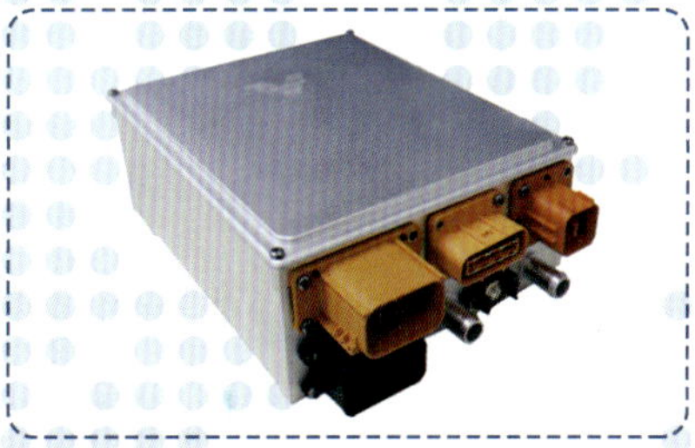

11kW车载充电机2.5kW DCDC变换

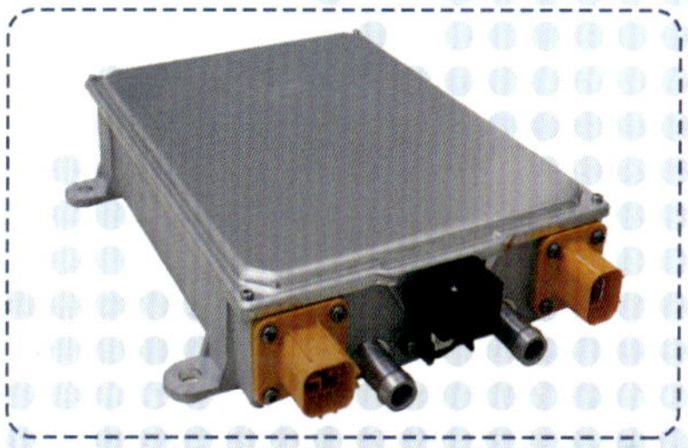

6.6kW车载充电机2.5kW DCDC变换器总成

技术案例/荣誉证书
TECHNICAL CASES/CERTIFICATE OF HONOR

艾瑞泽5E 400
6.6kW OBC

帝豪 EV450
6.6kW BI-OBC +PDU

荣威 ERX5
6.6kW OBC

逸动 EV460
6.6kW OBC+2kW DCDC +PDU

联系方式：0755-86020080

成为业界一流电源供应商，一流新能源汽车零部件供应商

BECOME A FIRST-CLASS POWER SUPPLIER AND A FIRST-CLASS SUPPLIER OF NEW ENERGY AUTO PARTS

山东龙立电子有限公司

企业简介

山东龙立电子有限公司位于临沂国家高新区，成立于2002年，占地近50亩，是集研发、生产、销售高端电连接器于一体的国家高新技术企业。

公司生产的智能电网专用连接器、新能源汽车专用连接器、铁路机车专用连接器、军工连接器等几十个系列、近万个规格品种，广泛应用于航空航天、军事电子装备、电网、铁路、新能源、通讯、石油、煤矿等国民经济各领域，用户遍及五大洲的多个国家和地区。其中，新能源汽车连接器系列产品主要包括交、直流充电连接器、车载高压大电流连接器、车载信号连接器和高低压线束总成等系列产品，并有高压配电盒（PDU），低压控制盒等新能源汽车小三电产品，主要用于电动汽车的交直流充电和高压配电、车载充电器、空调、电池组等的电路连接。

多年以来，公司专科研，重人才，不断加大研发经费的投入，积极建立高效执行力的人才梯队，先后荣获了山东省创新型企业、山东省专利明星企业、“守合同重信用”企业、山东省“一企一技术”创新企业、山东省创新型民营企业、山东省电子信息优秀创新企业、临沂市十佳科技创新企业、山东省著名商标、山东名牌等称号，在业内打响了品牌知名度，实现了公司的快速发展。

全新世界，从连接开始。公司将始终坚持“以质量为生命，以客户为中心”的经营宗旨，秉承“拼搏 创新 务实 求精”的企业精神，努力打造成为国内技术领先、实力雄厚的电连接器品牌企业。

产品展示

新能源汽车国标交流充电连接器

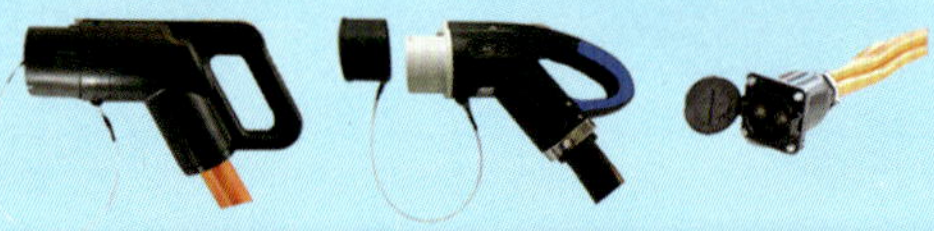

新能源汽车国标直流充电连接器

新能源汽车欧标充电连接器

新能源汽车金属高压连接器

新能源汽车塑壳高压连接器

新能源汽车低压信号连接器

新能源汽车高压配电盒

新能源汽车低压控制盒

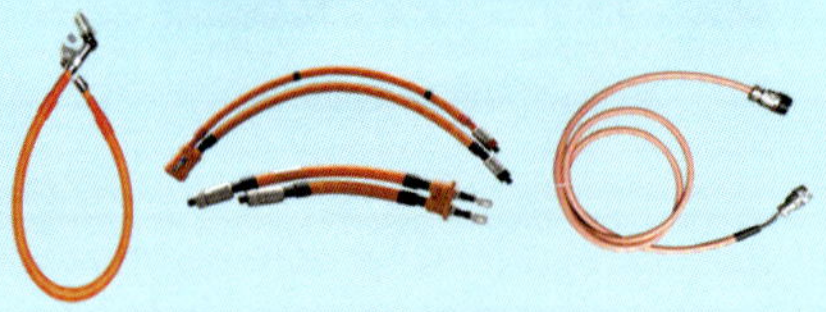

新能源汽车高压线束

山东龙立电子有限公司

地址：山东省临沂市高新技术开发区宝山路中段　　邮编：276017

电话：86-539-8282399 8258858 8258996　　传真：86-539-8258985

网址：www.sdlongli.com　　邮箱：mail.sdlongli.com

欢迎扫码关注我们

KANGNI

公司简介

南京康尼机电股份有限公司（简称康尼机电）是一家专注机电核心技术研究和应用的创新型企业，主营业务为轨道交通门系统的研发、制造、销售及提供轨道交通装备配套产品与技术服务，公司以产品性能、价格、服务综合优势赢得轨道装备市场青睐。公司于2014年8月1日在上交所A股上市，股票代码603111。随着公司“做强主业、多元发展”战略的实施，已形成以轨道交通、汽车零部件、消费电子三大主业共同发展的产业格局。

南京康尼新能源汽车零部件有限公司（简称康尼新能源）是南京康尼机电股份有限公司的控股子公司。主要从事新能源汽车的高压电气系统的设计、制造、销售与服务，主要产品有充电插座（线束）、充电枪（线束）、充电状态指示及氛围灯、充电接口电锁、高压接口插件（线束）、整车高压线束、维修开关、车载高压配电盒、车载充电桩等。公司注册资本3000万元整，生产面积20000平方米，规划建设至2020年达到年产700万套以上的生产能力。公司组建了专业的市场、营销团队进行市场开拓，专业的技术团队进行产品和过程的设计和开发，专业的运营及质量团队保障了高效、高质的产品交付能力。公司积极参加行业前沿技术、国际国家及行业各项技术标准及认证规则的研讨活动，致力于企业综合能力的不断提升和完善以满足汽车行业客户的要求。

产品介绍

PDU

充电插座

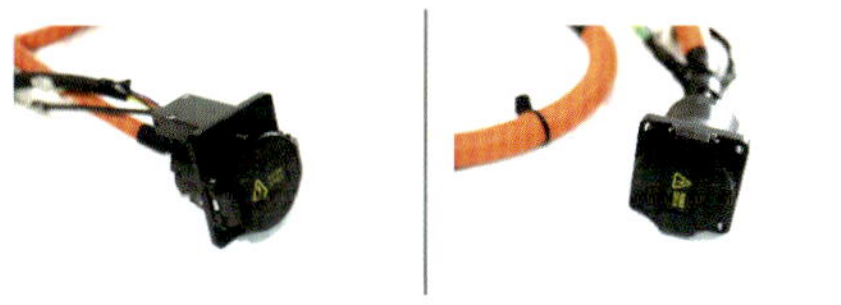

电子锁

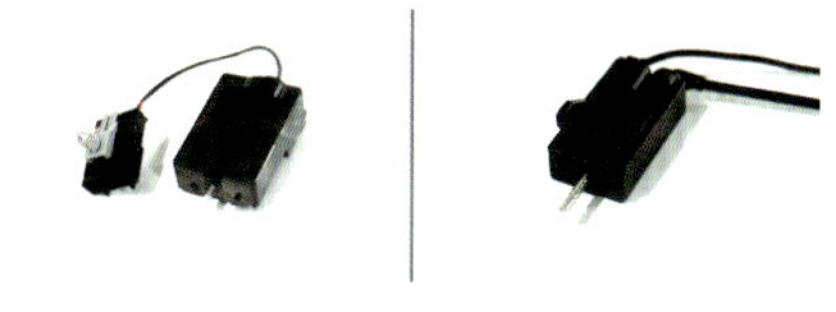

充电插座线束

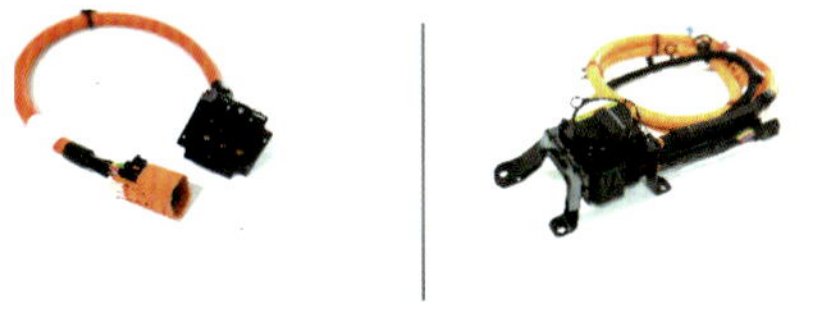

充电枪

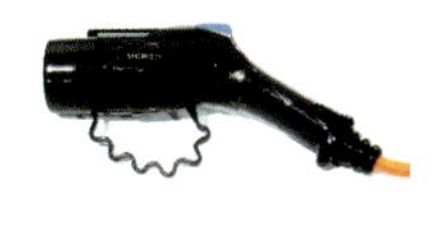

插座氛围灯

测试能力

老化试验台

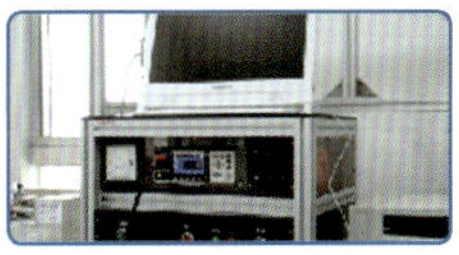

直流低电阻测试仪

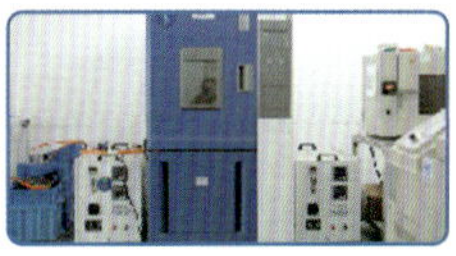

高低温交变试验箱

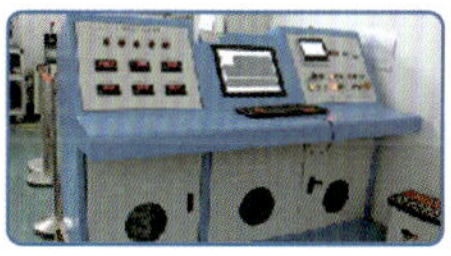

温升测试仪

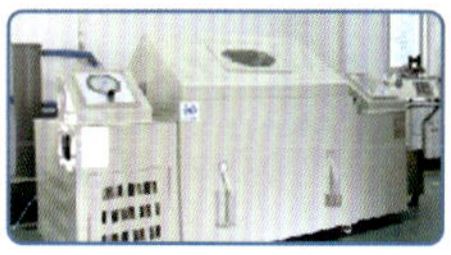

盐雾试验机

南京康尼新能源汽车零部件有限公司
NANJING KANGNI NEW ENERGY AUTO PARTS CO.,LTD.

售后服务热线：400-8859017
地址：南京市经济技术开发区恒竞路11号
邮编：210038
网址：Http://www.knn-nj.com
邮箱：knn@kn-nanjing.com

泓淋科技集團
HL TECHNOLOGY GROUP

公司简介

HL科技集团成立于1997年，注册资金2.75亿元，厂房面积12万m²，职工人数1600人，是山东省高新技术企业，也是军工企业。公司成立20年来专注于生产和研发POWER CORD、汽车花线、军工电缆、机器人电缆、车内高压线缆等特种电缆。公司在2014年全面投入研发和生产电动汽车充电座、充电枪等新源汽车领域产品，年销售在10亿人民币左右。

1.POWER CORD产品主要配套：DELL、GOOGLE、SAMSUNG、LG、HP、冠捷、台达、海尔、海信、华为等世界一流企业。

2. 特种电缆产品主要配套中国海军舰船、陆军雷达和导航系统、沈阳新松机器人、美国米勒机器人焊机、英国尼克自动焊机、中航工业船厂、中集莱福士石油平台等国内外高端客户。

3. 汽车线束及充电枪和充电插座产品主要配套吉利、上汽、江铃、一汽新能源、国电南瑞、国电能瑞、武汉合康、长城、福田、华晨、济南重汽、一汽新能源、重庆长安、北汽银翔、东风汽车、鲁能智能、知豆等知名品牌客户。

产品介绍

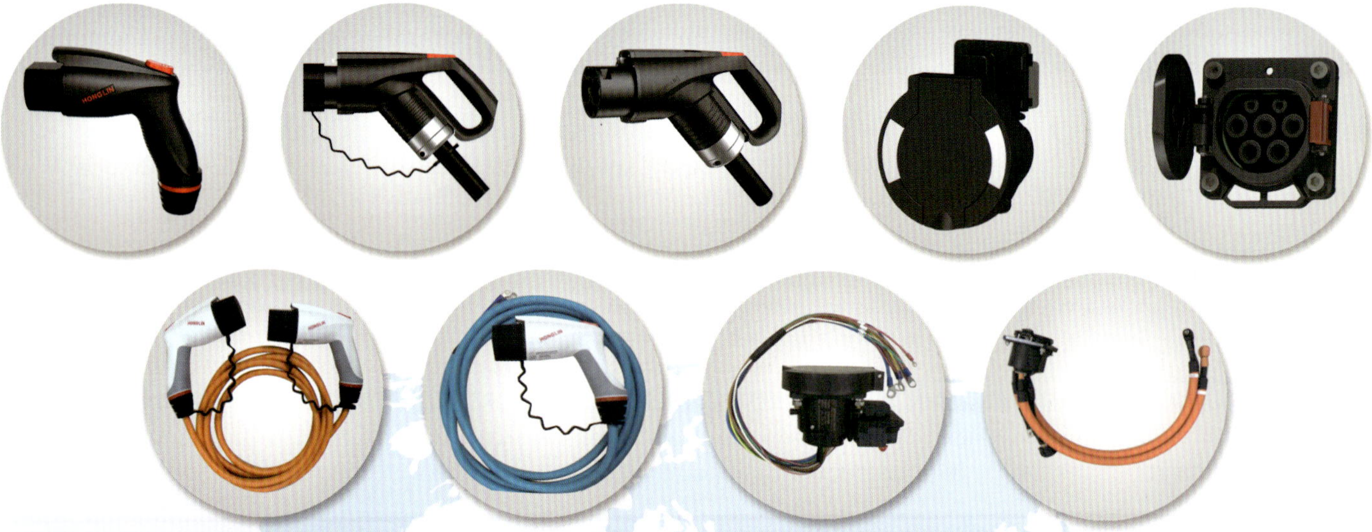

产品应用

电话：86-631-3678388 传真：86-631-5984076
地址：威海市经技区浦东路9-10 邮箱：admin@honglincable.com
网址：www.honglincable.com

EV 整车高压系统连接技术解决方案

JONHON
www.jonhon.cn

中国专业为军工防务及高端制造领域提供互连技术解决方案的高科技企业。

专注于新能源汽车高压互锁、充换电接口等产品研究与开发。

为顾客提供全面的新能源汽车及充电设备互连技术解决方案。

股票代码：002179

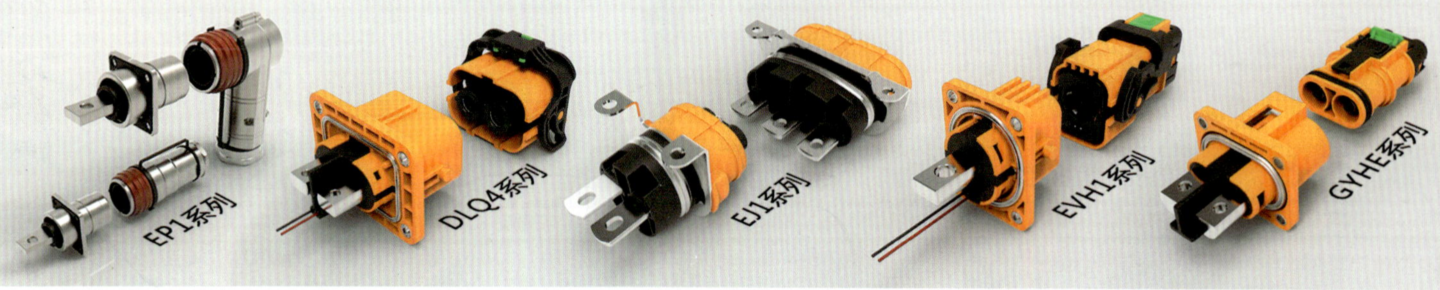

中航光电科技股份有限公司
AVIC JONHON OPTRONIC TECHNOLOGY CO., LTD.

地址：中国(河南)自由贸易试验区洛阳片区周山路10号
电话：0379-64323017　传真：0379-64323761
邮箱：market@jonhon.cn